제8판

보험법

박 세 민

INSURANCE
LAW

박영사

제 8 판 머 리 말

2011년 초판 이래 어느 덧 제8판을 출간하게 되었다. 2024년 7월 출판사측으로부터 제7판 재고가 얼마 남지 않아서 제8판 준비를 서둘려야 한다는 얘기를 들었다. 보험법에 관심이 있는 학부 및 대학원생들, 법조계, 보험회사 법무 및 보상부서 등으로부터 꾸준한 관심과 사랑을 받고 있음에 감사의 마음을 전한다. 그 만큼 책을 계속 집필하고 수정하는 작업에 무거운 책임감도 느끼고 있다.

처음에는 법학전문대학원생, 일반대학원생 그리고 학부생들이 보험법과 보험약관을 이해하고 공부하는데 도움을 주기 위한 방향으로 집필이 이루어졌으나, 이 교재에 대한 수요가 보험법조계와 보험업계로부터 더 많다는 출판사의 얘기를 듣고 보험실무, 판례 또는 보험정책에서 다루어지는 법적 쟁점 사항들의 해설에 대한 비중을 높여왔다.

제8판을 준비하면서 '본문 내용을 어떻게 표현하면 독자들이 법리와 해석을 조금이라도 더 쉽게 이해할 수 있을까' 하는 고민이 마음속에 늘 존재해 왔다. 전반적으로 본문의 많은 부분을 수정, 편집하면서 그 내용을 대대적으로 업데이트했다. 계약당사자 아닌 자에 대한 표준약관 적용 가부의 문제, 보험약관 해석 원칙 중 객관적 해석 원칙과 작성자불이익 원칙, 보험계약의 요소 중 보험사고 개념, 고지의무 위반의 주관적 요건, 보험금청구권 소멸시효, 타인을 위한 보험계약, 손해보험에서 실손보상 원칙의 구체적 적용, 피보험이익, 보험자대위 요건과 효과, 직접청구권과 보험자대위권, 자동차손해배상보장법상의 운행 및 운행자 개념, 교통사고 가해자 측 보험자에 대한 국민건강보험공단의 대위구상, 동일사고에 대한 사망보험과 후유장해보험금 지급, 대물배상에서의 통상손해, 대차료(차량 렌트비), 생명보험약관에서의 고의 면책, 타인의 생명보험에서 피보험자의 동의, 타인을 위한 생명보험에서 보험수익자 지정 · 변경 및 실손 의료보험에서 비급여 문제와 '본인이 부담한 금액'의 법적 의미 등에 대해 많은 내용이 수정, 추가되었고, 보험사기 통계 분석 등도 업데이트되었다. 또한 2024년 대법원 판례들을 해당 논점이 다루어지는 부분에서 분석하고 자세히 소개하였다.

이 책을 준비하면서 본인의 지도하에 박사학위를 취득하고 한국법학원에 연구위원으로 재직하고 있는 양지훈 박사와 현재 본인의 연구실 조교로 활동하면서 박사논문 준비를 하는 김윤지 석사로부터 본문 내용과 오탈자 수정에 관한 도움을 받았다. 또한 보험소송을 전문으로 하면서 박사논문을 준비하고 있는 정문선 변호사는 특정 쟁점에 대해 자문을 해주었다. 이들 제자들의 도움에 깊이 감사한다. 참고문헌의 인용을 빠뜨리지 않으려고 노력하였으나, 본의 아니게 누락된 것이 있으면 양해를 구하면서 다음 번 개정 작업에서 꼭 수정하고 반영할 것을 약속드린다. 언제나 그렇듯이 편안하고 따뜻한 정이 가득한 분위기를 만들어주시는 상법 전공 교수님들을 비롯하여 고려대학교 법학전문대학원 동료 선후배 교수님들께 감사의 말씀을 전한다. 이 책이 보험법학계와 법조계, 보험실무에서 도움을 줄 수 있기를 바란다. 항상 커다란 도움을 주시는 박영사 안종만 회장님께 감사드리며, 조성호 이사님과 김선민 이사님께도 고마운 말씀을 전하여 드린다.

2025년 4월
안암동 연구실에서
박 세 민

차   례

제 2 장　보험계약법의 특성

제 3 장 보험계약의 법적 성질

제 4 장 보험계약법의 법원

제 5 장 보험계약의 요소

제 6 장　보험계약의 체결

제 7 장　고지의무

제 8 장 보험계약의 효과

제 9 장 보험계약관계의 변동

제12장　화재보험

제13장 운송보험

제14장 해상보험

제16장　자동차보험

제17장　보증보험

제18장 인보험 통칙

제19장 생명보험

제20장 상해보험

제21장 질병보험

주요 참고 기본서 및 약어

강위두/임재호   강위두/임재호, 상법강의(하), 2004
구종순   구종순, 해상보험(제2판), 2004
김성태   김성태, 보험법강론, 2001
김은경   김은경, 보험계약법, 2016
김주동/마승렬   김주동/마승렬, 자동차보험론, 1999
남원식 외   남원식 외, 조문별 해석 자동차보험약관, 1998
박세민   박세민, 자동차보험법의 이론과 실무, 2007
보험연수원(편), 보험심사역 공통 1 교재, 2016
사법연수원(편) 보험법연구, 2007
서돈각/정완용   서돈각/정완용, 상법강의(하)(제4전정판), 1996
서헌제   서헌제, 상법강의(하), 2002
손주찬   손주찬, 상법(하)(제11정증보판), 2005
심재두   심재두, 해상보험법, 1995
양승규   양승규, 보험법(제5판), 2004
양승규/한창희   양승규/한창희, 해상보험법, 2007
양승규/장덕조   양승규/장덕조, 보험법의 쟁점, 2000
유주선   유주선, 보험법, 2013
이기수/최병규/김인현   이기수/최병규/김인현, 보험·해상법(제9판), 2015
이시환   이시환, 해상적하보험약관론, 2010
이은영   이은영, 약관규제법, 1994
이재복 (선박보험)   이재복, 선박보험약관론, 1999
이재복 (적하보험)   이재복, 적하보험약관론(개정판), 2005
임용수   임용수, 보험법, 2006
장덕조   장덕조, 보험법(제4판), 2018
정동윤   정동윤, 상법(하)(제4판), 2011
정진세   정진세, 판례연습 보험법, 2002
정찬형   정찬형, 상법강의(하)(제21판), 2019
정희철   정희철, 상법학(하), 1990
주석 금융법(Ⅱ)(보험업법 Ⅰ), 2007
주석 상법(보험법), 2015
최기원   최기원, 보험법(제3판), 2002
최준선   최준선, 보험·해상·항공운송법(제11판), 2018
한기정   한기정, 보험법(제2판), 2018
한창희   한창희, 보험법(개정 3판), 2016

보험제도

제 1 장

Ⅰ. 보험의 개념

1. 보험 및 보험업의 정의

　　사람들의 일상생활에는 예측할 수 없는 사고발생의 가능성과 이로 인한 경제적 어려움에 봉착할 위험이 상존하고 있다. 자본주의 및 개인책임주의 사회에서 이러한 위험은 본래 개인 스스로가 극복하고 해결해야 할 문제이지만, 위험에 따라서는 사회구조적 차원에서 발생하는 경우도 있다. 개인은 경제적 어려움에 대비하기 위하여 저축을 하지만, 저축은 위험을 특정하여 대비하는 것이 아니고, 그 저축금액은 위험 대비 이외의 용도(예를 들어 여행경비)에도 임의로 사용될 수 있다. 국가는 이러한 문제를 해결하기 위해 각종 사회보장제도(공적구제제도)를 도입하여 시행중이기는 하지만, 제도의 적용범위나 신청 요건 등에 제한이 있어서 피해자나 그 가족들에 대한 구제 및 사고를 야기한 측의 경제적 어려움의 극복에 불충분하다고 할 수 있다. 이러한 상황에서 인간이 가진 이성의 힘으로 만든 것이 바로 보험제도이다.[1]

　　보험이란 동일한 위험에 처한 다수의 사람들이 우연한 사고의 발생과 그로 인한 경제적 수요에 대비하고자 추상적인 위험단체(보험단체)를 구성하고, 그 단체 내에서 통계적 기초와 대수의 법칙(大數의 法則, principle of large numbers)에 따라 산출된 일정한 금액(보험료)을 미리 갹출하여 기금(공동기금)을 만든 후 약정된 사고(보험사고)가 우연히 발생한 구성원에게 그 기금으로부터 일정한 재산적 급여(보험금 또는 기타 급여)를 지급함으로써 경제적 어려움과 불안을 극복하는 데 도움을 주고 위험을 분산하고자 만든 제도이다.[2] 즉 우연적인 사고의 발생으로 인한 실제적 손실을 다수위험의 결합으로부터 얻게 되는 평균

---

[1] 정희철, 340면; 양승규, 20-21면; 최기원, 3면; 서헌제, 4-5면.
[2] 정동윤, 451면; 정찬형, 521-522면; 이기수/최병규/김인현, 3-4면; 김성태, 17면; 최준선, 35-36면; 양승규, 22면; 정희철, 340면; 김은경, 5면; 한기정, 5면 이하.

손실로 대체할 수 있는 제도가 보험이라 할 수 있다.[3] 보험에서 손해란 경제적 가치에 대한 비의도적이고 예기치 않은 소멸 또는 감소를 말한다. 손해가 피보험자의 의도에 따라 발생 여부가 결정되거나 감가상각이나 자연 마모와 같이 예측 가능한 손실은 보험에서 말하는 손해의 개념에 포함되지 않는다. 보험이 하나의 경제적 제도로서 작용하기 위해서는 위험에 대한 경제적 불안 극복을 추구해야 하는데, 이를 위해 '위험의 이전과 위험의 분산'[4]이 가능해야 한다. 여기에서 위험이란 사고로 인해 손해를 입을 수 있는 가능성을 의미한다.[5]

> ### [대법원 1989. 1. 31. 선고 87도2172 판결]
>
> 〈주요 판시내용〉
> 보험이라는 개념은 반드시 명확하지는 않으나 동질적인 경제상의 위험에 놓여 있는 다수인이 우연한 사고가 발생하는 경우에 재산상의 수요를 충족시키기 위하여 미리 일정률의 금액, 즉 보험료를 출연하여 공동준비 재산을 구성하고 현실적으로 재해를 입은 사람에게 일정한 금액, 즉 보험금을 지급하여 경제생활의 불안을 제거 또는 경감시키려는 제도라 할 것이고, 따라서 그 본질적인 특징은 첫째, 우연한 사고의 발생에 대한 경제적인 불안에 대비하는 제도일 것, 둘째 경제적인 불안을 제거 경감하기 위하여 다수의 경제주체가 공동으로 비축금을 마련하는 제도일 것, 셋째 그 방법으로서 이른바 대수의 법칙을 응용한 확률계산에 의하여 급부와 반대급부의 균형을 유지하도록 하는 제도라야 할 것이다.

보험이 무엇인가에 대한 명확한 정의 규정은 존재하지 않고 있다. 관련 법령에서 보험에 대한 정의를 명시적으로 규정하지 않는 것이 시장에 출시되는 새로운 금융상품의 보험상품성 여부를 유연하게 해석할 수 있는 장점이 있다. 그러나 상법 보험편이나 보험업법의 적용 여부 및 그 범위를 정하기 위해서 어느 정도의 보험의 정의는 필요하다. 또한 금융위원회의 허가를 얻어야만 보험업을 영위할 수 있는 현행 보험업법하에서는 적어도 보험이 무엇인가에 대해 최소한의 가이드라인이 요구되며, 이러한 이유에서 다소 추상적

---

3) 김문희, "다수의 보험계약에 대한 민법 제103조의 적용 요건─연구대상판결 대법원 2005. 7. 28, 선고 2005다23858 판결─", 판례연구 제18집, 부산판례연구회, 2007, 9면.

4) '위험의 이전'이란 개인에게 사고가 발생함으로써 재산적 곤란을 겪게 될 경우를 대비하여 위험중립적인 보험사업자에게 그 위험을 넘기는 것이며, '위험의 분산'이란 통계적 기초에 따른 대수의 법칙을 적용하여 보험료를 위험의 크기에 따라 개개인에게 상이하게 납입하도록 하면서 동질적이고 개별적인 위험의 집적을 통해 개개인에게는 커다란 경제적 어려움을 야기할 수 있는 위험을 위험단체 내에서 분배하여 개개인이 위험을 감수할 수 있도록 하는 것을 말한다. 양승규, 23면. '위험의 분산'과 '배분'을 별도로 구분하여 설명하기도 하지만(장덕조/한창희, 보험법 판례연구집, 2010, 법영사, 8면), 독립적 위험의 집적과정에 배분이 포함되는 것으로 해석될 여지도 있기 때문에, 위험의 분산에 배분 개념을 포함시켜 설명하는 것도 가능하다고 여겨진다.

5) 김성태, 4면.

이라 하더라도 보험의 정의는 필요하다고 여겨진다.[6] 여기에서 관련 법령이란 일반적으로 1962년에 제정된 상법의 보험편(제4편 제638조-제739조의3)[7]과 보험업법 및 금융소비자보호에 관한 법률을 말한다. 상법 제4편 보험편을 보험법 또는 보험계약법이라 부르고 있는데, 주로 보험계약의 당사자인 보험자와 보험계약자 및 기타 이해관계자의 보험계약상의 권리와 의무에 관하여 규율하고 있다. 상법 보험편 제638조는 보험계약의 의의를 "보험계약은 당사자 일방이 약정한 보험료를 지급하고 재산 또는 생명이나 신체에 불확정한 사고가 발생할 경우에 상대방이 일정한 보험금이나 그 밖의 급여를 지급할 것을 약정함으로써 효력이 생긴다"고 정하고 있다.[8] 생명, 신체 또는 재산에 대한 우연한 사고의 발생, 대가적 관계에 있는 보험료와 보험금(그 밖의 급여 포함)의 지급이 보험계약에 있어서 중요한 요소임을 알 수 있다. 그러나 이는 보험의 일부분만을 설명하는 것이다. 이 정도의 정의 규정만으로는 보험과 다른 종류의 거래를 구분하는데 어려움이 있다. 제638조에서는 최소한의 보험요소만을 규정하고 있고 기타 보험요소는 판례와 학설을 통해 추출하도록 한 것이 입법자의 의도라 할 수 있다.[9] 한편 제638조의 입법형식은 손해보험과 인보험을 구분하지 않고 一元的으로 정의하고 있다. 그러나 그 내용을 보면 보험의 목적에 대하여 '재산 또는 생명이나 신체'라고 함으로써 二元化하여 규정하고 있다.[10] 보험업법 제2조 1호는 보험상품의 의의에 대해 규정하고 있는데 위험보장의 목적, 우연한 사고의 발생, 보험료와 보험금(금전 및 기타의 급여 포함)의 대가적 관계에서의 지급 등을 보험상품을 정의하기 위한 요소로 언급하고 있다.

아래에서는 하나의 제도로서 보험을 만드는 구성요소와 관련하여 보험사고, 위험, 보

---

6) 장덕조, 4면.

7) 이 책에서 '상법 보험편', '보험법', '보험계약법'은 동일한 의미로 사용하기로 한다. 본문에서 특별히 법명을 표시하지 아니한 경우는 '상법'을 가리킨다. 정부(법무부)는 2007년 상법 보험편 개정 특별분과위원회(1기)를 구성하고 오랜 작업 끝에 상법(보험편) 개정 법률안을 마련하여 국회에 상정하였으나, 일부 조문에 대한 이해당사자간 의견이 첨예하게 대립하여 수 년이 지나도록 실질적인 심사조차 이루어지지 못했다. 2011년 정부는 제2기 특별분과위원회를 구성하고 2008년 개정안을 기초로 하여 새로운 개정안을 마련하였고 2013년 1월 29일 국무회의 의결을 거쳐, 2013년 2월 5일 국회에 입법 제안하였는바, 이 개정안은 2014년 2월 국회를 통과하여 마침내 2015년 3월 12일부터 시행되었다. 한편 제731조와 제735조의3 제3항에 대해 2017년 10월 31일 개정이 이루어진 바 있다.

8) 보험업법 제2조(정의) 이 법에서 사용하는 용어의 정의는 다음과 같다.

  2. "보험업"이란 보험상품의 취급과 관련하여 발생하는 보험의 인수, 보험료 수수 및 보험금 지급 등을 영업으로 하는 것으로서 생명보험업·손해보험업 및 제3보험업을 말한다.

  3. "생명보험업"이란 생명보험상품의 취급과 관련하여 발생하는 보험의 인수, 보험료 수수 및 보험금 지급 등을 영업으로 하는 것을 말한다.

  4. "손해보험업"이란 손해보험상품의 취급과 관련하여 발생하는 보험의 인수, 보험료 수수 및 보험금 지급 등을 영업으로 하는 것을 말한다.

  5. "제3보험업"이란 제3보험상품의 취급과 관련하여 발생하는 보험의 인수, 보험료 수수 및 보험금 지급 등을 영업으로 하는 것을 말한다.

9) 한기정, 4면.

10) 정찬형, 561면. 양승규 81면에서는 법전에서 보험계약의 개념을 완전히 밝힐 수는 없다고 설명한다.

험료와 보험금에 관하여 설명한다.11) 이러한 보험요소의 분석을 통해 보험을 개략적으로
나마 정의할 수 있게 된다. 보험을 정의하기 위해 반드시 필요한 위험의 분산, 대수의 법
칙, 수지상등의 원칙, 급여·반대급여 균등의 원칙도 보험요소로 해석하는 판례12)와 학
설13)이 있다. 그러나 이들은 보험에서 요구되는 기술적 요소로 보는 것이 타당하며 이들
기술적 요소가 엄격하게 갖추어지지 않았더라도 보험업으로 인정될 수 있다고 해석한 판
례14)도 있음을 감안할 때 이러한 기술적 요소를 반드시 보험요소에 포함시켜 해석할 필
요는 없다고 여겨진다.15)

2. 보험사고와 위험

(1) 보험사고의 불확정성과 우연성

'위험이 없으면 보험도 없다'는 표현대로 보험은 불확정한 동질의 사고로 인한 경제적
어려움에 대비하는 제도이다. 보험사고의 발생 가능성을 의미하는 '위험'은 우연하고 불확
정적(불확실)인 것이어야 한다.16) 정기적 또는 규칙적으로 발생하거나 그 발생을 예견할
수 있는 것이라면, 다시 말해 발생 시기나 발생 여부 등이 확정될 수 있으면 보험사고의
불확정성 요건을 충족하지 못한다.17) 여기에서 불확정적이라고 함은 자동차사고나 화재의
발생과 같이 발생 여부가 불확정인 경우도 있고, 사망사고와 같이 발생은 확정적이지만
그 발생 시기가 불확정한 경우도 있다. 그런데 위험이 객관적으로 불확정한 것이어야만
되는 것은 아니다. 위험이 객관적으로 확정되었어도 그 위험이 보험자, 보험계약자, 피보
험자에게 주관적으로 불확정한 상태에 있는 것이라면 이러한 위험을 대상으로 하는 보험
계약은 유효하게 성립될 수 있다(제644조 단서).18) 즉 보험계약 체결당시에 보험사고가 이
미 발생했거나 발생할 수 없는 것이라면 해당 보험계약은 무효가 되지만(위험의 객관적 확
정)(제644조 본문), 보험사고가 이미 발생한 사실 또는 발생할 수 없다는 사실을 보험자,
보험계약자와 피보험자가 알지 못한 경우에는(위험의 주관적 불확정) 보험이 남용될 위험
이 없기 때문에 이들 위험을 담보하기 위한 보험계약은 유효로 해석이 된다.19) 보험사고

---

11) 여기에서는 개략적으로 설명하고 제5장 보험계약의 요소에서 보다 상세한 설명을 하기로 한다.
12) 대판 1991. 12. 24, 90다카23899.
13) 양승규, 23면.
14) 대판 1990. 6. 26, 89도2537; 대판 1989. 1. 31, 87도2172.
15) 同旨: 한기정, 11-13면.
16) 김은경, 7면; 양승규, 100면; 김성태, 131면; 최기원, 6면.
17) 최기원, 6면.
18) 대판 1987. 9. 8, 87도565.
19) 임용수, 4-5면; 최기원, 6-8면; 정동윤, 451면; 양승규, 22-24면; 정찬형, 522면; 정희철, 340면; 서헌제, 5면.

가 인위적으로 발생하게 되면 보험사고의 불확정성을 갖추지 못한 것으로서 보험자는 원칙적으로 면책된다. 다만 보험계약자 등의 중과실로 인한 보험사고 발생의 경우에 손해보험에서는 이를 보험자의 면책사유로 규정(제659조)하는 반면에, 생명보험, 상해보험 및 질병보험에서는 보험자로 하여금 보험금을 지급하도록 정하고 있다(제732조의2, 제739조, 제739조의3).

　불확정성과 우연성이 동일한 개념인가에 대해 의문이 제기될 수 있다. 우연성 개념이 더 넓은 개념이며, 우연성은 불확정성과 비인위성을 표현하는 데에 모두 사용된다고 볼 수 있다. 불확정성과 관련된 우연성의 의미는 보험사고 발생의 문제이며 이는 보험계약의 성립 문제로 귀결되고 그 위반효과는 무효가 된다. 반면에 비인위성과 관련된 우연성은 보험계약이 일단 성립된 이후의 보험사고 발생의 원인에 관한 것으로서 그 위반효과로서 보험자의 면책이 인정된다.20) 판례의 태도도 이러하다고 할 수 있다. 보험사고의 우연성을 보험사고의 불확정성과 동일한 의미로 파악하는 판례도 있고,21) 우연성을 보험자의 면책 문제와 결부시켜 보험사고의 인위적 야기 여부로 파악하는 판례도 있다.22) 또한 우연성을 이러한 두 가지 의미 모두를 포함하는 것으로 해석한 것도 있다.23)

　한편 보험사고의 특성으로 손해 또는 재산상의 불이익을 야기할 위험(손해성)을 포함시킬 수 있다. 보험사고의 발생으로 인해 손해가 발생하며 손해를 입은 자에게 그 손해를 전보하는 것이 보험제도이기 때문이다.24) 다만 사망보험과 같은 경우엔 사망이라는 보험사고가 발생하게 되면 손해발생의 여부를 불문하고 보험계약에서 정한 보험금이 지급되는 것이므로 손해성 문제가 특별히 고려되어야 하는 것은 아니다. 즉 모든 형태의 보험사고 요소로서 손해성이 필요한 것은 아니라 할 것이다.

---

20) 同旨: 한기정, 6-7면.
21) 대판 2016. 1. 28, 2013다74110(보증보험계약이 유효하게 성립하기 위해서는 계약 당시에 보험사고의 발생 여부가 확정되어 있지 않아야 한다는 우연성과 선의성의 요건을 갖추어야 할 것이다); 대판 2010. 4. 15, 2009다81623; 대판 2013. 10. 11, 2012다25890.
22) 대판 2009. 12. 10, 2009다56603(화재보험에서 화재가 발생한 경우에는 일단 우연성의 요건을 갖춘 것으로 추정되고, 다만 화재가 보험계약자나 피보험자의 고의 또는 중과실에 의하여 발생하였다는 사실을 보험자가 증명하는 경우에는 위와 같은 추정이 번복되는 것으로 보아야 할 것이다); 대판 1991. 12. 24, 90다카23899; 대판 2014. 4. 10, 2013다18929.
23) 대판 2013. 11. 14, 2013도7494(보험계약 체결 당시에 이미 보험사고가 발생하였음에도 이를 숨겼다거나 보험사고의 구체적 발생 가능성을 예견할 만한 사정을 인식하고 있었던 경우 또는 고의로 보험사고를 일으키려는 의도를 가지고 보험계약을 체결한 경우와 같이 보험사고의 우연성과 같은 보험의 본질을 해칠 정도라고 볼 수 있는 특별한 사정이 없는 한, 그와 같이 하자 있는 보험계약을 체결한 행위만으로는 미필적으로라도 보험금을 편취하려는 의사에 의한 기망행위의 실행에 착수한 것으로 볼 것은 아니다); 대판 2012. 11. 15, 2010도6910. 한기정, 6면.
24) 김성태, 18면; 최기원, 7면; 한기정, 7면.

(2) 위험의 다수성(多數性)—보험단체

보험은 동일한 위험에 처한 다수인이 위험단체(보험단체)를 구성하고 위험을 분담(위험의 분산)하는 제도이다. 구성원 중의 한 사람에게 약정된 사고가 우연히 발생하고 그로 인해 경제적 어려움이 야기된 경우 위험단체의 다른 구성원들이 공동으로 그 경제적 불안을 어느 정도 극복시켜 준다는 의미에서 보험단체는 공동의 위험단체라 할 수 있다.25) 후술하는 대수의 법칙이 적용되기 위해 보험단체와 위험의 다수성(多數性)이 요구된다. 다수인들로 위험단체가 구성되어야만 사고발생의 개연율을 측정할 수 있고 이를 기초로 그 구성원들이 납입하는 보험료에 의해 기금 마련이 가능한데, 이는 보험계약의 유상성(有償性)과 관련이 있다. 상호보험의 경우에는 보험의 단체적 성격이 명확히 보여진다. 반면 영리보험의 경우에는 보험계약자와 보험자가 개별적으로 보험계약을 체결할 뿐, 보험계약자 상호간에는 아무런 법률적 관계가 없기 때문에 영리보험에서의 보험단체는 추상적으로만 존재한다.26)

(3) 위험의 동질성(同質性)

위험단체를 구성하고 여기에 대수의 법칙을 적용하기 위해서는 단체구성원들의 위험이 동질적인 것이어야 한다. 보험의 핵심적 요소인 대수의 법칙이 적용되기 위해서는 위험의 동질성을 전제로 하기 때문이다. 사고발생의 빈도와 보험료 규모 등에 대한 통계적 계산을 가능케 하기 위해 위험의 동질성이 요구되며 이것은 앞에서 설명한 위험의 다수성과도 연결된다. 위험의 동질성을 통해 위험단체가 구성되고 이 안에서 위험이 전가되며 분산되는 역할이 이루어진다.27)

3. 보험료와 보험금

보험계약자는 보험자에게 보험료지급채무를 부담하고, 보험자는 그 대가적 관계에서 보험계약자 측에게 보험금지급채무를 부담하는 것이 보험의 요소이다. 보험계약 체결 결과로 발생하는 보험료지급채무와 보험금지급채무를 통해 보험계약자 측의 위험이 보험자에게 이전되고 전가되는 것이다. 위험의 이전과 분산은 보험의 중요한 기능이다.28)

---

25) 대판 1966. 10. 21, 66다1458.
26) 정동윤, 451면; 양승규, 22-24면; 정찬형, 522면; 임용수, 4-5면.
27) 양승규, 22-24면; 임용수, 4-5면; 정동윤, 451면; 정찬형, 522면.
28) 위험의 이전이 없는 자가보험(self insurance)은 보험이라 할 수 없다. 한기정, 8면.

(1) 보 험 료

일반적으로 보험계약자는 일시납 또는 분납 형식으로 보험료 납입의무를 부담하며 이를 통해 보험자는 다수의 경제주체로부터 공동으로 비축금을 미리 마련하게 된다. 대법원은 상조회 사건에서 보험료에 상당하는 상조회비를 미리 납부하는 것이 아니라 회원 사망시점 마다 납입하도록 했다고 해서 보험제도의 본질에 어긋나는 것은 아니라고 판시하고 있다. 또한 상조회원이 입회시에 가입비 명목으로 일정 금액을 납입하도록 하는 것에 대해서도 기금 형성을 통한 비축금의 사전 준비의 일환으로 보는 등 보험료 지급시기와 지급방법에 대해서는 유연한 해석을 하는 것으로 보인다.29)

반드시 보험료라는 명칭이 사용되지 않더라도 무방하지만 해당 계약에서 보험료에 상당하는 금원이 존재하지 않게 되면 그 계약은 보험계약이 될 수 없다. 그리고 보험료는 반드시 위험에 대한 산정과 연계되어야 하는데, 이는 보험의 역선택을 방지하고, 급여·반대급여 균등의 원칙과 수지상등의 원칙을 실현하기 위해서이다. 보험료는 같은 위험단체 내에서도 사람에 따라 다르게 산정될 수 있는데, 이는 위험의 크기에 대한 평가가 다르기 때문이다. 각 개인이 가지는 위험의 크기에 맞춰서 보험료를 산정하는 과정에 급여·반대급여 균등의 원칙이 적용되며, 이러한 산정과정이 위험단체를 구성하는 모든 가입자에게 적용되는 결과 앞서 설명한 수지상등의 원칙이 구현되는 것이다.30)

(2) 보 험 금

한편 보험자는 약정된 보험사고의 발생으로 보험계약자 측에게 손해가 발생하고 법정 또는 약정 면책사유가 존재하지 않을 때 보험계약자로부터 받은 보험료에 대한 대가적 관계로서 보험금 또는 그 밖의 급여를 지급할 채무를 부담하게 된다. 보험기간 중에 보험사고가 발생했어도 면책사유가 없어야 보험금 지급채무가 구체화되므로 정지조건부 의무적 성격을 갖는다.31) 현금으로 지급하는 것이 일반적이지만, 현물에 의한 지급도 가능하다. 최근 들어 유상으로 제공되는 서비스(용역)가 보험계약에서의 급여의 일종(그 밖의 급여)으로 해석될 수 있는가의 문제32)가 자주 발생하고 있다. 일반적으로 보험금(현금 또는 기타의 급여)은 보험사고로 인한 손해의 발생을 전제로 지급된다. 손해의 발생과 무관하게 급여가 지급된다면 보험은 금융투자나 도박 등과 구별되지 않는다고 한다.33) 대부분의 경우에는 보험금 지급채무가 손해의 발생을 전제로 하고 있다. 그러나 예외적으로 손해 발생

29) 대판 1989. 10. 10, 89감도117; 대판 1989. 1. 31, 87도2172; 대판 1990. 6. 26, 89도2537.
30) 대판 1991. 12. 24, 90다카23899; 장덕조, 5면; 양승규, 24면.
31) 대판 2001. 6. 15, 99다72453.
32) 대판 2014. 5. 29, 2013도10457.
33) 자본시장과 금융투자업에 관한 법률 제3조 제1항; 한기정, 8면.

의 문제와 상관없이 보험금을 지급하는 경우도 있다. 보험금을 지급하는 방식에 따라 정액보상방식과 비정액보상방식(실손보상방식)으로 구분되는데 전자는 손해액을 따지지 않고 정액으로 보상하는 것이며 후자는 손해액을 산정해서 보험금액 한도 내에서 손해액만큼만 지급하는 것이다. 그런데 정액보상방식에는 상해사고와 같이 경제적 손해(예를 들어 수술비)를 계산할 수 있고 그 금액만을 지급할 수 있음에도 불구하고 수술비 크기와 무관하게 정액지급을 약정함으로써 정해진 금액만을 지급하는 경우도 있는 반면, 사망보험에서의 사망사고 중에는 경제적 손해 발생과 무관한 경우도 있고 이때에도 약정된 보험금을 지급하는 경우도 있다.

4. 대수의 법칙, 수지상등의 원칙, 위험의 분산

(1) 개   념

보험사업이 합리적으로 운영되기 위해서는 일정 기간 중에 동일한 위험을 대상으로 하는 위험단체 내에서 발생할 사고의 확률과 사고에 따른 손해의 크기를 정확히 파악할 수 있어야 한다. 예상되는 사고발생률과 실제 발생하는 사고발생률을 가능한 근접시키는 것이 보험자 입장에서는 매우 중요하다. 개개인에게 우발적으로 발생할 수 있는 특정 사고를 동일한 위험에 대한 위험단체 내에서 다수인을 대상으로 관찰하면, 일정한 기간 동안의 특정사고의 발생률을 예측할 수 있게 된다. 그 집단이 커지면 커질수록, 그리고 기간이 장기간일수록 이론적인 수치(평균치)에 가까워지는데 이것이 대수의 법칙이다. 예를 들어 한 사람이 주사위를 10번 던졌는데 계속 연속으로 6이 나올 수도 있지만, 던지는 횟수를 늘리면 늘릴수록 6이 나올 확률이 이론적인 수치인 6분의 1에 가깝게 되는 것이 바로 대수의 법칙이다.

대수의 법칙에 의해 계산된 사고발생 확률을 기초로 하여 위험단체 내에서 사고가 발생할 때에 지급되는 보험금 총액과 각종 비용을 합한 금액을 보험료의 총액과 균형을 유지하도록 하는 것을 수지상등의 원칙이라 한다. 즉 보험자가 수령하는 보험료 전체(총수입)와 보험자가 지급해야 하는 보험금 총액 및 사업비용의 합계(총지출)의 균형을 맞추는 것이 수지상등의 원칙이다. 영리를 목적으로 하는 보험자는 총지출에 일정한 이익을 포함시키게 된다.[34) 위험단체를 구성하는 구성원 각자가 부담하는 보험료는 그 단체 내에서 지급하게 되는 평균지급보험금에 사고발생의 확률을 곱한 금액과 같다(보험가입자수 × 보험료 = 사고발생건수 × 평균지급보험금). 예를 들어 한 남자가 50세에 사망함에 따라 상실하게 될 逸失利益이 2억원이고 1만 명 중에서 1년에 50명이 사망한다고 할 때에(사고발생

---

34) 한기정, 10면.

확률) 이 위험단체에서 1년이라는 기간 동안에 지급에 필요한 공동기금(평균지급보험금)은 100억원이라 할 수 있다. 이 경우에 위험단체의 구성원 1만 명은 각자가 1년에 100만원을 납부해야 하는데 이것이 보험료에 해당하며, 사고를 당한 구성원의 유가족에게 지급되는 2억원이 보험금에 해당된다.35)

　　수지상등의 원칙이 보험가입자 전체 관점에서 본 보험수리적 원칙인데 반하여, 급여·반대급여 균등의 원칙은 보험가입자 개개인의 관점에서 본 원칙이라 할 수 있다.36) 보험자는 보험계약자와 보험계약을 체결할 때에 보험료의 크기나 담보범위 등의 계약 내용을 정하게 되는데 이를 위해 보험계약자 측의 개별적 위험을 각각 측정하고 각 위험에 부합하는 보험료를 산정하여 계약내용으로 하고 보험계약자 측에게 이를 부과하게 된다. 사고발생 가능성이 높은 고위험자에게는 고액의 보험료를 부과시키는 것이다. 이러한 개별위험 측정과 그에 따른 보험료 부과를 급여·반대급여 균등의 원칙이라 하는 것이다. 이 과정을 통해 고위험자가 오히려 적극적으로 보험계약을 체결하고자 하는 역선택을 효과적으로 방지할 수 있게 된다.37)

　　보험사고의 우연성과 동질성, 위험단체의 구성, 대수의 법칙과 수지상등의 원칙 적용은 결국 위험의 분산과 모두 연계되는 개념이다. 이들 개념들은 서로 전제 조건이 되기도 하고 그 적용의 결과가 되기도 한다. 보험의 정의를 추상적으로라도 내리기 위해서는 위험의 분산과 이전이라는 보험의 역할을 빼놓을 수 없다. 수지상등의 원칙을 통해 위험단체 내에서 위험이 전가되고 분산되는 것이며 보험제도 및 보험경영의 합리성을 유지할 수 있게 된다. 위험을 동질적인 위험으로 정형화하고 위험단체 내에 대수의 법칙을 적용하게 되면 예정된 사고발생률과 실제 사고발생률을 최대한으로 일치시킬 수 있으며 이를 통해 위험의 분산이라는 보험의 중요한 기능을 수행할 수 있게 된다.38) 이는 보험의 기술적 측면이라 할 수 있다. 다만 대수의 법칙이 지나치게 강조되면 보험계약자나 보험수익자의 이익을 해할 가능성도 있다.39) 판례는 대수의 법칙이 위험단체 내에서 적용되고 있는지를 판단함에 있어서 비교적 광범위하고 유연하게 판단하는 것으로 보인다.40)

(2) 실무상 적용과 해석

　　보험의 정의 또는 보험상품성 인정 여부에 관한 대다수 판례들은 무허가 보험업자의

---

35) 서헌제, 6면.
36) 보험연수원(편), 보험심사역 공통 1 교재, 2016, 34면.
37) 한기정, 11면.
38) 한기정, 10면.
39) 사법연수원, 보험법연구, 2007, 1면; 정찬형, 524면; 정희철, 341면; 최준선, 37면; 정동윤, 452면; 최기원, 8면; 김성태, 19-20면; 임용수, 5-6면; 양승규, 23-24면; 장덕조, 5-6면.
40) 대판 1990. 6. 26, 89도2537; 대판 1989. 1. 31, 87도2172; 대판 2001. 12. 24, 2001도205.

처벌 문제 및 논란이 되는 영업이 보험업에 해당되는지에 관한 것들이다.[41] 과거 보험사업성 여부가 문제가 된 상조회 사건 중에 사업자가 가입자의 건강상태를 고려하지 않은 채 상조회 회원으로 가입시킨 것이 있다.[42] 수지상등의 원칙이나 대수의 법칙이 적용된 것이라 할 수 있는가의 문제가 핵심이었다. 대법원은 해당 사건에서 보험가입 후 100일이 경과해야 상조부의금을 지급하도록 함으로써 일부 가입자에 의해 악용될 수 있는 역선택을 방지하고자 하는 장치를 마련했고, 상조회원 가입기간이 길어질수록 보험금에 해당하는 상조부의 금액도 비례적으로 증가하도록 상품을 만들었다면 이는 수지상등의 원칙이 반영된 것이며, 궁극적으로 대수의 법칙이 적용된 것이라고 해석할 수 있다고 판단했다.[43] 다른 사건에서 법원은 상조회비와 상조부의금을 정함에 있어 대수의 법칙을 응용한 확률계산에 정확하게 기초했는가 여부에 대해서는 상세히 판단하지 않은 채, 사망이라는 동질적인 위험에 놓여 있는 다수의 회원이 우연하게 사망 사고가 발생한 경우에 재산상 수요를 충족시키기 위하여 가입회비나 상조회비를 통해 기금을 형성하고 사망사고시 상조부의금 명목으로 일정한 금액을 지급한다는 점에서 실질적으로 보험사업에 해당한다고 판시함으로써 대수의 법칙의 엄격한 적용 여부가 보험사업 판단을 위한 핵심적인 요소는 아니라고 해석될 수 있는 여지를 보이기도 하였다.[44] 다만 대수의 법칙 적용에 대한 완화된 입장을 수용한다고 하더라도 대수의 법칙이 보험의 중요한 요소임은 분명한 사실이다. 대수의 법칙을 적용함으로써 위험단체 내부에서는 보험료 수입과 총지출이 균형을 이루도록 하는 수지상등의 원칙이 작동될 수 있는 것이다.[45] 사고 발생 비율을 고려하여 보험료 상당액을 정하고 위험단체의 구성이 어느 정도 크기의 규모가 되어야 하는 지를 분석하면서 지급하게 되는 보험금 상당액을 얼마로 해야 영업의 정상적인 운영이 이루어질 수 있는가에 대해 개괄적인 산출과정을 거쳤다면 이러한 과정을 통해 대수의 법칙이나 수지상등의 원칙은 해당 계약에서 반영된 것으로 해석될 수 있을 것이다.[46]

[대법원 1990. 6. 26. 선고 89도2537 판결]

〈사실관계〉

피고인은 '가입비 2만원(100만원 상조회원) 또는 4만원(200만원 상조회원)을 납부한 55세 이상의 회원 7백 명을 1개 조로 편성하여 같은 조에 소속한 회원이 가입한 날로부터 100일이 경과한

---

41) 보험업을 영위하려면 금융위원회의 허가를 얻어야 하며 이를 위반하면 형사처벌을 받는다(보험업법 제 4조 및 제200조 제1호, 유사수신행위의 규제에 관한 법률 제3조, 제6조 제1항); 한기정, 5면.
42) 대판 1989. 9. 26, 88도2111; 대판 1990. 6. 26, 89도2537.
43) 대판 1990. 6. 26, 89도2537; 대판 1989. 1. 31, 87도2172.
44) 대판 1989. 10. 10, 89감도117; 대판 1989. 1. 31, 87도2172; 대판 1989. 9. 26, 88도2111; 장덕조, 6-7면 각 주 12; 김성태, 25면; 한기정, 12면.
45) 주석 금융법(Ⅱ)(보험업법 Ⅰ), 2007, 한국사법행정학회, 55면.
46) 同旨: 장경환, "교통범칙금대행업과 보험업", 보험학회지 제54집, 1999. 12, 128면.

후 사망하는 경우 다른 회원으로 하여금 상조금으로 2천원 또는 4천원을 별도로 납부하게 하였다. 가입한 날로부터 100일 이후 1년 미만에 사망한 회원에게는 상조부의금 70만원 또는 140만원을 지급하며 1년이 지난 회원에게는 기간경과에 따라 최대 140만원 또는 280만원의 상조부의금을 지급하고 만약 상조금을 700회 납입했거나 회원 가입 후 7년이 경과한 회원에게도 280만원을 지급한다'는 내용으로 상조회 약관을 제정하였다. 보건사회부장관으로부터 사단법인 '원로복지진흥회'의 설립허가를 받아 대표자로 취임하고 회원을 모집하면서 전국에 수십개의 지부를 설치 운영하였다. 피고인은 주무장관의 허가 없이 보험업을 영위하였다는 이유로 기소되었다.

〈주요 판시내용〉

보험사업의 범위는 그 사업의 명칭이나 법률적 구성형식에 구애됨이 없이 그의 실체 내지 경제적 성질을 실질적으로 고찰하여 해석하여야 할 것이다. 상조회에 가입한 후 7년이 경과하거나 700회에 걸쳐 상조금을 출연하면 회원의 사망 여부에 불구하고 일정금액을 지급하기로 하였다면 이는 일종의 생사혼합보험적 성질을 지닌 것이라고 보아야 하겠으며, 보험료에 상응하는 상조회비를 보험사고에 대비하여 현실적으로 미리 출연하는 것이 아니라 약관상 타 회원이 사망할 때마다 상조회원이 일정액의 상조회비를 납부하도록 되어 있다고 하더라도 그 점만으로 반드시 보험의 본질에 반한다고 볼 수는 없고, 상조회원이 입회비 명목의 금원을 먼저 납부하도록 되어 있는 것은 실질적으로 상조회원에게 사망이라는 사고가 발생하였을 때 보험금에 해당하는 상조부의금을 지급받기 위하여 출연하는 반대급부의 성질을 가지고 있는 보험료적 금원이라 할 수 있으므로 사고발생 전에 보험료의 출연이 전혀 없다고 하기도 어렵다. 또한 상조회에 가입한 후 100일 이내에 사망한 회원에게 상조부의금을 지급하지 아니하도록 되어 있다고 하더라도 이는 보험자의 보험금 지급책임에 관한 효력발생의 시기를 정한 것이며 이러한 특약이 있다고 해서 보험의 본질에 반한다고 해석할 수도 없다. 상조회원의 자격에 관하여 사망률이 낮은 연령층을 제외한 점과 건강상태를 고려함이 없이 회원으로 가입케 하면서도 100일이 경과하기 전에 사망한 경우에는 상조부의금을 지급하지 않도록 하고 있는 점이라든지 상조회원으로 가입한 기간이 길어짐에 따라 상조회비 출연의 기회가 많은 만큼 사망 시에 지급되는 상조부의금액도 연차적으로 증가하도록 되어 있는 점 등을 보면 급부와 반대급부의 균형을 유지하기 위하여 대수의 법칙을 응용한 확률계산의 방법을 고려한 것이라고 할 수 있다. 따라서 피고인이 운영한 상조사업은 실질적인 면에서 고찰할 때 동질적인 경제상의 위험에 놓여있는 다수의 회원이 사망이라는 우연한 사고가 발생한 경우의 재산상의 수요를 충족시키기 위하여 가입회비, 상조회비라는 명목으로 일정한 금액을 출연하고 사고가 발생할 때 상조부의금의 명목으로 일정한 금액을 지급한다는 점에서 그 사업명칭이나 출연 또는 지급금의 명칭에 불구하고 보험사업을 영위한 것이라고 하여야 할 것이고 피고인이 주무장관의 허가 없이 이 사건 상조사업을 영위한 것은 보험업법 위반행위에 해당한다고 할 것이다(同旨: 대판 1989. 1. 31, 87도2172).

(3) 기   타

판례는 보험업법상 보험업에 해당하는 지를 판단함에 있어서 명칭이나 형식에 얽매이지 말고 해당 사업의 실체와 경제적 성질의 실질을 갖고 판단해야 한다는 입장이다.[47] 또한 비영리적이거나 구성원이 한정되어 있는지 여부는 보험업법상 보험업에 해당하는지 여부를 판단하는 고려요소가 아니라고 해석했다.[48]

5. 유상 서비스 제공 상품에 대한 보험상품 판단기준[49]

보험자가 지급의무를 부담하는 보험급여는 현금으로 지급할 수도 있지만 현물로도 가능하다. 여기에 용역서비스 제공이 대가적 관계에서 이루어지는 경우에 이것이 보험급여가 될 수 있는가의 문제가 있다. 최근 대법원은 유상 서비스 제공 상품에 대한 보험상품성 여부를 판단함에 있어서 용역서비스와 위험보장 목적과의 관계를 해석하면서, 단지 경제적 가치 있는 급부(용역서비스)의 제공으로 손해가 보전되는 측면이 있는가의 여부보다는 그러한 경제적 위험보장의 목적이 영업의 주된 목적인지에 따라 보험상품성 인정 문제를 판단하여야 한다고 해석한 바 있다. 또한 위험에 대한 보상으로서 원칙적으로 금전으로 급부가 이루어져야 하지만, 보험자 내지는 고객의 편의 등을 위하여 금전에 대한 대체적 의미에서 용역이 제공되는 경우만을 의미하는 것이라고 보아야 한다고 법원은 해석하고 있다.[50] 그러나 대법원의 이러한 해석에 대해서는 의문이 제기된다.

[대법원 2014. 5. 29. 선고 2013도10457 판결]

〈사실관계〉

갑 회사는 정부 및 일반 기업의 해외 파견 직원을 대상으로 긴급의료서비스를 지원하는데 그 내용은 의료상담 및 의료기관의 알선 서비스('의료상담서비스'로 약함)와 회원이 심각한 상태일 때에 병원으로 이송 또는 한국으로의 송환 서비스('이송 및 송환서비스'로 약함)를 제공하는 것이다. 이러한 서비스를 제공받는 방식에는 서비스 멤버쉽 프로그램(Service Membership Program, SMP라 약함)과 액세스 멤버쉽 프로그램(Access Membership Program, AMP로 약함) 두 가지가 있다. SMP 방식은 가입자로부터 미리 서비스에 대한 대가를 지급받고 서비스를 제공하는 것이고, AMP는 서비스 내용이 의료상담서비스이면 미리 서비스 대가를 지급받으며, 이송 및 송환서비스이면 회원에게 먼저 서비스를 제공하고 추후 소요된 비용을 가입자로부터 지급받는 것으로 정하고 있다. 이송 및 송환서비스는 환자 상태가 심각한 상태일 것이 요구되는데 이송 및 송환서비스 제공 여부는 갑 회사의 판단에 의해 결정하도록 약관에서 정하고 있다. 갑 회사는 금융

---

47) 대판 1989. 1. 31, 87도2172.
48) 대판 1993. 12. 24, 93도2540; 한기정, 18면.
49) 박세민, "용역(서비스) 제공계약의 보험상품성 판단기준에 관한 소고—영국 판례와 해석 경향을 분석하면서—", 보험법연구 제14권 제1호, 2020, 47-71면.
50) 대판 2014. 5. 29, 2013도10457.

위원회의 허가를 얻지 않고 사업을 영위했다는 이유로 보험업법 위반으로 기소되었다.

〈주요 판시내용〉

보험상품의 개념요소로서의 '위험보장의 목적'이 대상영업의 주된 목적인지에 따라 판단해야 하며, 보험업법이 규정하는 '그 밖의 급여'에 포함되는 용역은 위험에 대한 보상으로서 금전에 대한 대체적 의미에서 용역이 제공되는 경우만을 의미하는 것이라고 보아야 한다고 해석하였다. 본 건에서 SMP 방식으로 이송 및 송환서비스 등의 긴급의료 지원 서비스를 제공한 것은 그 서비스의 주된 목적이 금전적 손실의 보상이 아니며 이러한 서비스를 제공받음으로써 가입자가 결과적으로 비용을 지출하지 아니하게 되는 것은 서비스 제공에 따른 부수적 효과에 불과할 뿐이므로, SMP 방식에 의한 이송 및 송환서비스 제공행위는 보험업법상의 보험상품에 해당되지 않으며 따라서 갑 회사는 보험업법을 위반한 것이 아니라고 판단하였다.

(1) 대상 영업의 주된 목적 기준

(가) 대법원의 판단

대법원은 용역제공 즉 서비스 제공이 보험상품으로 인정되기 위해서는 해당 서비스 제공이 경제적 위험보장을 목적으로 하면서 그것이 해당 상품에서 주된 목적 하에 이루어지는 것으로 한정해야 한다고 해석하고 있다. 서비스의 주된 목적이 금전적 손실 보장이 아니라 단순히 서비스 자체를 제공하는 것이라면 보험상품이 아니라는 것이다. 위 사건에서 가입자가 이송 및 송환서비스를 제공받음으로써 금전적 지출을 하지 않게 되는 것은 단지 서비스 제공에 의한 부수적 효과에 불과한 것이라고 해석하고 있다.

(나) 판례 비판

단순한 서비스 제공인지 아니면 금전적 손실 보장을 목적으로 하는 것인지를 판단할 명확한 기준이 없는 상황에서 대법원이 제시한 '주된 목적 기준'을 기초로 하여 유상 용역 제공 상품의 보험상품성 여부를 판단하는 것에 동의하기 어렵다. 대법원은 위 사건에서 SMP 방식에 의한 서비스 제공은 보험급여가 아니라고 하면서 경제적 위험보장의 목적이 대상영업의 주된 목적인지에 따라 보험상품성을 판단하여야 한다고 했다. 이렇게 해석하는 것은 사업자의 목적만이 강조되는 측면으로 이해될 수 있다. 그런데 기존 판례는 이와 달리 판시하고 있는 것으로 보인다. 과거 대법원은 보험사업이나 보험의 개념을 설명하면서 "보험사업은 동종의 우연한 사고를 당할 위험이 있는 다수인이 경제생활의 불안을 제거 또는 경감시킬 목적으로 … " 또는 "보험이라는 개념은 동질적인 경제상의 위험에 놓여 있는 다수인이 … 재산상의 수요를 충족시키기 위하여…"라고 판시한 바 있다.51) 즉 목적

---

51) 대판 1987. 9. 8, 87도565; 대판 1989. 1. 31, 87도2172. 이 판례는 우연한 사고의 발생에 대한 경제적인 불안에 대비하는 것이 보험이라고 정의하고 있는데, 이를 사업자의 주된 목적 기준으로만 판단해서는 안 된다는 것임을 간접적으로 보여주고 있다.

과 관련된 판단 주체를 가입자로 보고 있는 것이다. 주된 목적은 사업자의 입장에서만 따져야 할 문제는 아니라 할 것이다. 보험의 요소를 대부분 갖춘 상품을 거래하면서 사업자가 경제적 위험보장을 주된 목적으로 하지 않았다는 이유로 사업자의 입장만을 고려하여 보험상품이 아니라고 판단하는 것이 합리적인 것인지 재고의 여지가 있다.52) 사업자가 주된 목적을 가지지 않은 채 서비스 자체를 제공한 것이라 하더라도 그 결과 가입자의 금전적 어려움을 제거하거나 완화시키는 효과를 가져왔다면 이러한 서비스 제공은 금전적 손실을 보장한 것으로 해석될 수 있으며, 가입자 입장에서는 이것이 해당 상품 선택에 대한 주된 목적이라 여겨질 수 있다. 결국 경제적 위험보장 또는 손해 보상 여부는 목적이 아니라 결과적 측면에서 판단되어야 할 문제로 해석함이 합리적이라 할 수 있다. 주된 목적이 무엇인가를 판단하기 위해서는 소비자 입장도 고려되어야 하는 것이다. 위 사건에서 이송 및 본국 송환서비스가 전체 서비스 중에서 차지하는 비중이 미미하다고 하더라도 그 소요 비용은 대부분이 고액이며, 소비자 입장에서도 단순한 의료상담 서비스보다는 고액이 소요되는 이송 및 송환서비스로부터 경제적 어려움을 극복하거나 완화해보려는 계약 체결의 의도가 더 강한 것이라고 해석될 수 있다. 사업자가 제공하는 서비스가 궁극적으로 단체 내에서 위험의 이전과 분산 기능을 하게 되는 것이라면 서비스 제공 결과로써 금전적 손실 보장이 이루어지는 것으로 해석될 여지가 충분하다. 이렇게 해석하는 것이 대법원이 그 동안 전통적으로 보험업 여부에 대한 해석 기준으로 삼아왔던 '해당 사업의 실체와 경제적 성질의 실질' 기준과 부합한다고 할 수 있다. 주된 목적인가 아니면 부수적 목적인가에 대한 명확한 기준이 없는 상황에서 해당 사업 전체에서 위험보장 목적이 주된 사업에 해당되어야 함을 적극적으로 요구할 필요는 없다고 판단된다. 그런데 미국의 일부 판례는 제공되는 용역에 보험요소가 포함되어 있더라도 그것이 계약 전체에서 차지하는 비중이 작다면 보험요소성 용역은 계약의 부수적 내용에 불과하므로 해당 계약은 보험이라 할 수 없다고 해석하기도 한다.53)

(2) '그 밖의 급여'의 의미

⑺ 대법원의 입장

보험상품을 정의함에 있어서 보험급여로서 금전 이외에 '그 밖의 급여'를 포함하고 있다. 위 사건에서 대법원은 금전 대체로서의 '그 밖의 급여'를 보험급여로 인정하고 있다. '그 밖의 급여'가 보험급여로 인정받기 위해서는 단순히 서비스를 제공받음으로써 소비자가 금원의 손실을 면하였다고 보험상품이 되는 것은 아니며 금전지급에 갈음하여 제공되

---

52) 장덕조, 16면.
53) 한기정, 16면.

는 서비스여야 한다는 것이다. 대법원은 이송 및 송환서비스는 환자의 심각한 건강상의 위험 상태를 벗어나도록 도와주는 서비스를 제공하는 것이며 비록 가입자가 이 서비스를 통해 비용 부담에서 벗어날 수 있다고 해도 이 서비스가 금전적 손실 보상을 직접 목적으로 하는 보험급여로 볼 수 없다고 해석하고 있다.54)

(나) 판례 비판

사업자가 제공하는 '그 밖의 급여'는 가입자 입장에서 볼 때 금전 대체적인 성격이 아닌 경우를 찾기가 힘들다고 할 수 있다. 사업자가 제공하는 '그 밖의 급여' 대부분에 대해 금전으로 그 가치를 따지는 것이 가능하며, 그 제공으로 인해 위험을 당한 소비자에게 (발생할 수도 있는) 손해를 보전하는 측면이 있기 때문이다. 소비자 입장에서는 이러한 용역을 제공받음으로써 금전 손실을 면하게 되어 경제적 보장(비용 절감)을 받는 것으로 해석될 수 있다.55) 위 사건에서 사업자가 제공하는 '그 밖의 급여'에 해당하는 이송 및 송환서비스는 금전으로 지급하는 대신에 용역(서비스) 형태로 지급하는 것이다. 사업자가 제공하는 '그 밖의 급여'를 받지 않는다면 소비자로서는 동일한 서비스를 받기 위해 그 대가를 지급함으로써 경제적 손실을 감수할 수밖에 없다. 이러한 취지에서 볼 때 금전 대체적 의미로서의 '그 밖의 급여'만을 보험급여로 좁게 해석하는 대법원의 해석 방식에 대해서는 의문이 제기된다. 사업자에 의해 제공되는 '그 밖의 급여'를 금전의 대체물이어야 한다고 제한적으로 해석하는 것은, 보험업법 제2조 제1호가 금전 이외의 다른 방식에 의한 보험급여 가능성을 열어놓은 취지임을 감안할 때 합리적이지 않다고 판단된다. 왜냐하면 해당 조항에서 금전과 '그 밖의 급여'는 대등한 지위에 있는 것으로 해석함이 타당하기 때문이다. '그 밖의 급여'를 금전지급에 갈음된 금전 대체물로 제한할 합리적인 이유는 없다고 보아야 한다.

[대법원 1987. 9. 8. 선고 87도565 판결]

〈사실관계〉

피고인들은 주식회사를 설립하여 관혼상제의 실시에 관한 준비 및 알선 등을 영위하였다. 동 회사의 영업내용은 기본적으로 가입자가 매월 3천원의 회비를 60개월간 납입하면 결혼 및 장의행사의 제공을 청구할 권리를 갖고, 회사는 가입자의 청구에 따라 결혼 또는 장의행사와 같은 서비스를 제공할 의무를 부담하는 것이다. 검찰은 피고인들이 주무장관의 허가 없이 보험업을 영위하였다는 이유로 기소하였다.

---

54) 김진오, "보험업법이 규정하는 보험상품의 개념요소로서 '위험보장의 목적'을 판단하는 기준", BFL 제 68호, 2014. 11, 서울대학교 금융법센터, 65면과 김선정, "무허가 보험업의 판단기준", 생명보험, 2015년 2월호, 생명보험협회, 57면은 판례에 동의하고 있다.
55) 同旨: 한기정, 9면.

〈주요 판시내용〉

　가입자의 청구에 따라 회사는 결혼 또는 장의행사와 같은 역무를 제공할 의무를 부담하게 되는데 가입자는 회비를 완납한 후에는 언제든지 결혼 또는 장의행사의 제공을 받을 수 있고 회비 완납 전에도 회비 잔액을 현금으로 전액 납입하면 서비스의 제공을 청구할 수 있다. 또한 언제든지 소정의 수수료만 내면 가입자 명의를 변경할 수 있고, 가입자뿐만 아니라 가입신청서에 기재한 가족도 결혼 또는 장의행사를 제공받을 수 있으며, 회비를 완납한 후에는 가입자 및 가족이 결혼 또는 장의행사의 제공을 받을 때까지 이용권이 보존되었다. 회사가 일정한 자본금으로 관혼상제의 실시에 관한 모든 준비 및 알선업 등을 목적으로 하여 설립되어서 회사와 가입자간의 계약에 의하여 가입자가 매월 일정액씩 일정기간 회비를 적립하면 결혼 및 장의행사제공을 청구할 권리를 갖게 되고 회사는 가입자의 청구에 따라 결혼 또는 장의행사와 같은 역무를 제공할 의무를 부담하는 경우라면 이러한 회사의 업무내용을 가리켜 보험업법 소정의 보험사업이라고 할 수는 없다.56)

(3) 소　결

　현금이나 현물 이외에 용역(서비스)도 보험급여가 될 수 있다. 보험업법이 규정하는 보험상품의 개념요소 중 '그 밖의 급여'라는 개념에 용역(서비스)을 포함하는 것은 보험사업자가 다양한 보험수요에 맞추어 보험급부를 다양하게 구성하는 것을 가능하게 하려는 의도이다. 유상용역 제공 상품의 보험상품성을 인정하는 기준으로 유상 서비스 제공이 대상영업의 주된 목적이며 그것이 금전에 대한 대체적 의미이어야 한다고 해석하는 것은 타당하지 않다. 영국 판례의 경향은 일정한 대가를 받고 장래에 우연한 사건(계약에서 상호 합의한 일의 발생)이 발생한 경우에 일정한 용역을 제공하는 것을 보험급여에 포함하는 것에 긍정적이다. 그러나 용역제공과 소비자의 금전 지급이 대가적 의존관계에 있지 않고 용역 제공자의 재량에 따라 용역 제공 여부가 결정되는 것은 보험이라 할 수 없다. 또한 미리 산정된 대가를 소비자가 지불하고 사업자가 그 대가로서 미리 약정된 내용의 용역을 제공하는 것이 아니라 비례적 관계하에서 용역과 요금을 묶어 놓은 경우 즉 제공된 용역에 비례에서 요금이 부과되는 경우는 보험이 아니라는 입장이다. 또한 보험요소가 전체 용역에서 상당한 비중을 차지하는지, 그것이 제공자의 전체 영업에서 차지하는 비중이 상당한지 여부를 묻지 않고 보험으로 인정하고 있다. 이는 유상서비스 제공과 대상영업의

---

56) 이 판례는 상조서비스에 관한 것이라 할 수 있다. 최근 들어 장례전문인력에 의한 초혼, 수시, 출시, 염습 및 입관 서비스와 장례용품 서비스를 제공하는 이른바 상조관련 서비스 또는 상조보험이 판매되고 있다. 그런데 상조보험과 상조서비스는 구별된다. 상조보험은 보험회사에 의해 운영이 되며 금융감독원의 관리감독을 받는 반면에 상조서비스는 민간업체나 법인이 운영하고 신고를 통해 설립이 가능하다. 상조서비스는 금융기관에 의한 것이 아니기 때문에 예금자보호법의 적용대상이 아니다. 상조보험은 피보험자의 사망시점이 언제냐에 따라 보험계약자 측이 납입하는 총 보험료에 차이가 발생하지만, 상조서비스의 경우에는 잔액을 모두 납입해야 하므로 사망시점과 무관하게 궁극적으로 동일한 금액을 납입하게 된다. 김용화, 「보험지식이 미래의 부를 결정한다」, 2009, 249-253면.

주된 목적과의 관계를 고려하지 않는 것이라 할 수 있다.57) 용역급여의 보험상품성 판단 기준으로 규제필요성을 지지하는 견해도 있다. 보험급여가 용역으로 제공된다고 해도 규제필요성이 없다면 보험으로 규제할 이유가 없다는 것이다.58) 그런데 규제가 필요한가의 문제는 결국 위에서 설명한 내용들을 파악하지 않고는 판단할 수 없다. 특정 상품에 대한 보험상품성 인정 문제는 결국 각종 보험요소를 갖추고 있고 그 상품을 소비자가 선택할 결과 소비자가 지급하는 금전의 대가로 자신의 우연한 위험과 그로 인한 경제적 손실이 분산되는 효과를 얻고 있는가를 판단기준으로 삼아야 한다고 여겨진다. 이러한 조건들이 충족되고 있다면 규제필요성은 당연히 수반되는 것이라 할 수 있다.

6. 행정벌 대납 상품의 보험상품성

(1) 전통적인 보험요소 기준

대법원은 교통범칙금 대행업이 하나의 보험사업이 될 수 있음을 인정하면서도 무엇을 판단기준으로 하여 교통범칙금 대행업이 보험사업이 될 수 있는가에 대해서는 언급하고 있지 않다.59) 전통적인 보험요소를 갖추었는가의 관점에서 본다면 교통범칙금 부과라는 동일한 위험에 놓인 사람들을 대상으로 가입비 등을 산정함에 있어서 전체 운전자 수와 교통범칙금 납부자의 비율을 고려하면서 대수의 법칙이 적용되었고, 범칙금의 총액과 사업비나 가입비 등을 고려하면서 수지상등의 원칙이 적용된 결과 가입비에 차등이 생기게 되었음을 인정할 수 있다. 앞에서 언급한 상조회 관련 사건과 마찬가지로 보험사업성 판단을 위해서는 대수의 법칙이 반드시 엄격하고 정확하게 적용될 것이 요구되지는 않는다고 할 것이다.60) 적어도 전통적인 기준에 따르면 위 사건에서 동질의 위험, 위험단체의 구성, 약정된 우연한 사고에 대해 경제적 보장을 위한 급여의 지급, 이를 위해 가입자로 하여금 납입하도록 하는 금원의 존재 및 완화된 대수의 법칙 적용 요건은 충족한 것으로 해석될 수 있다.

(2) 부보이익의 적법성

교통범칙금은 행정형벌 또는 행정질서법적 성질을 가지고 있는데, 손해보험에서 피보험이익은 적법해야 한다는 보험원리에 비추어 이러한 상품에 대한 보험상품성 인정 여부

---

57) 영국 FInancial Conduct Authority의 Handbook에 포함된 규제지침(PERG art. 6.6.4, 6.6.7,, 6.7.21); 한기정, 13-18면.
58) 한기정, 18면.
59) 대판 2001. 12. 24, 2001도205.
60) 同旨: 장경환, 앞의 논문, 128면.

에 대해 검토가 요구된다. 일반적으로 책임보험은 민사책임을 대상으로 하는데 벌금이나 형사합의금 상당액을 지급하고 있는 운전자보험이나 교통범칙금대행업은 형사 또는 행정 벌책임을 대상으로 하기 때문에 이러한 의문이 제기되는 것이다.[61] 운전자보험은 벌금이라고 하는 재산형으로서의 형사책임을 책임보험 형식으로 담보하는 것인데, 운전자보험의 보험상품성은 이미 승인된 상태이다. 행정벌의 일종인 범칙금도 벌금과 마찬가지로 대납 가능성을 배제할 수 없으며 징역형 등과 비교하여 행위의 죄질이 무겁지 않다고 할 수 있으므로 범칙금을 대납하는 사업에 대해 보험상품성을 인정하는 것은 이론적으로 가능하다고 할 것이다.[62]

[대법원 2001. 12. 24. 선고 2001도205 판결]

〈사실관계〉

갑 주식회사는 금융위원회(사건 당시는 금융감독위원회)의 허가 없이 '라이센스 보장'이라는 이름 아래 회원이 연회비를 납부하면 회원가입일로부터 1년간 차량운행 중 도로교통법시행령에 규정된 다양한 위반행위(일부 위반행위는 보상범위에서 제외)로 적발되어 범칙금을 통보받는 경우에 그 횟수 및 금액에 불문하고 회원에게 그 범칙금 상당액을 지급하는 대신 국가에 이를 전부 대납함으로써 보상해 주는 내용의 상품을 판매하였다. 일반회원과 대리점회원으로 분류하고 일반회원은 위반행위 발생가능성의 정도를 예상하여 가입대상 차량 및 연령에 따라 가입비에 차등을 두었고, 대리점 회원의 경우는 대리점 가입비 및 회원가입비로 237,000원을 납부하면 일반회원 승용차운전자에 해당하는 범칙금을 주기로 약정하면서 800명에 이르는 사람으로부터 2억원에 가까운 금액을 연회비로 납부받으며 해당 사업을 영위하였다.

〈주요 판시내용〉

본 사업은 보험업법에 따른 금융위원회의 허가를 받지 않은 채 실질적으로 보험사업을 하여 회비 등의 명목으로 금전을 수입함으로써 불특정다수인으로부터 자금을 조달하는 것을 업으로 하는 행위로서 교통범칙금 상당액을 보상해주기로 약정하고 연회비를 납부 받은 영업행위는 무허가 보험사업으로 유사수신행위에 해당한다고 판시하였다.[63]

---

61) 장덕조, 225면.
62) 同旨: 장경환, 앞의 논문, 123-127면. 교통범칙금 대행업의 보험사업성 문제는 후술하는 손해보험 총론 부분 중 피보험이익에서 다시 다룬다.
63) 헌법재판소도 동일한 입장이다. 헌재 2003. 3. 27, 2002헌바4.

7. 보험의 순기능과 역기능

(1) 보험의 순기능

⑺ 경제적 안정

보험제도는 불확정한 위험발생에 따른 경제적 손실을 보험자에게 전가(이전)함으로써 개인과 기업이 겪게 될 보험사고로 인한 경제적 어려움을 극복하는 데 커다란 기여를 하고 있다. 이를 통해 개인이나 기업은 가계생활 및 기업경영의 안정을 도모할 수 있다는 점에서 사회보장적 기능도 담당한다. 보험계약자 등의 경제적 안정 추구 이외에 책임보험제도를 통해 피해자 측의 경제적 안정을 도모하는 기능을 수행하기도 한다.64)

⑷ 자본의 형성과 공급

장기 상품인 생명보험 등의 경우에 보험료를 수수하는 시점과 보험금을 지급하기까지 상당한 시차가 존재하는데 보험자는 위험단체 구성원으로부터 보험료를 계속 받음으로써 자금을 형성하고 이를 투자기금으로 활용할 수 있다. 보험자는 이를 부동산이나 주식 등에 투자하여 이익을 얻고 이렇게 축적된 자본을 금융시장에 공급함으로써 금융자본 및 산업자본으로서의 기능과 함께 산업경제와 국민경제 발전에 커다란 기여를 하고 있다. 다만 보험업법 등에 따라 보험계약자로부터 수령한 보험료에 대한 엄격한 관리와 통제가 강력하게 요구되고 있고(예를 들어 책임준비금제도, 재무건전성 유지, 자산운용의 원칙 등) 그 위반에 대한 제재도 엄격하게 시행되고 있다.65)

⑶ 신용수단

보험제도는 개인의 대출이나 해외무역 등에 있어 신용수단으로도 이용되고 있다. 예를 들어 금융기관으로부터 개인이 담보대출을 받는 경우 담보물에 대한 화재보험증권을 은행에 제시하거나 보증보험을 이용하여 신용수단으로 활용할 수 있다. 어음보험을 통해 어음발행인의 부도위험을 담보하기도 한다. 또한 해상적하보험증권이 첨부된 선하증권이나 하환(荷煥)어음으로 운송중의 목적물을 매매하거나 주거래은행으로부터 환어음의 할인을 가능하게 하는 기능을 하고 있다. 보험자가 약관대출을 통해 보험계약자 등에게 직접 신용을 제공하는 경우도 있다.

⑷ 위험의 국제적 분산

보험자가 인수하려고 하는 위험이 매우 큰 경우에 재보험 등을 통해 국내 보험시장을 넘어 국제적으로 그 위험을 분산시킴으로써 거대 위험의 인수를 가능케 한다.

---

64) 장덕조, 21면.
65) 보험업법 제120조와 동법 시행령 제63조에 의하면 보험자는 결산기마다 장래에 지급할 보험금, 환급금 및 계약자배당금의 지급에 충당하기 위해 책임준비금을 적립하여야 한다. 책임준비금을 구성하는 요소는 보험료적립금, 미경과보험료, 지급준비금, 계약자배당준비금, 이익배당준비금, 배당손실보전준비금이다.

(마) 손해방지기능

보험자는 보험금지급을 위해 보험사고의 원인 등을 조사하고 분석한다. 이를 통해 사고예방에 대한 정보를 고객들과 사회 전체에 홍보하고 대책을 수립하며 사고방지를 위한 연구활동을 하거나 이를 지원함으로써 궁극적으로 손해를 방지할 수 있는 기능을 담당한다. 음주운전방지 캠페인 등을 그 예로 들 수 있다.

(2) 보험의 역기능

보험제도는 보험가입자 측에서 납입하는 보험료보다 훨씬 고액의 보험금이 지급될 수 있는데, 그 지급 여부는 사고 발생의 불확정성에 기초하게 되므로 보험가입자로서는 보험사기나 보험범죄, 도덕적 위험의 유혹을 쉽게 받을 수 있다.[66] 특히 위험과 사고에 대한 정보가 주로 보험계약자에게 몰려 있다는 점 등 보험계약이 가지는 본질적 특성으로 인해 도덕적 위험이 현실화되면 보험사기 문제가 발생된다.[67] 보험계약이 가지는 사행계약적 성격으로 인해 처음부터 보험금 취득을 목적으로 보험계약을 체결하거나 생명보험계약 체결 후 고의로 피보험자를 살해하는 것과 같은 보험범죄(insurance crime), 보험의 도박화, 도덕적 위험(moral hazard, moral risk)[68]의 문제가 야기될 수 있고 이것이 대표적인 보험의 역기능이라 할 수 있다. 사고 위험이 높은 것을 숨기고 보험에 가입하는 방식으로 보험계약자가 위험을 역선택[69]한 후에 고의로 보험사고를 발생시키는 경우 및 손해의 크기를 과장하여 보험금을 과다청구하는 것, 보험금액을 과다하게 약정하거나 보험에 가입한 후에 피보험자가 보험사고 발생 방지에 대한 주의를 게을리 해서 잠재적인 사고발생 위험을 높이는 것도 도덕적 위험이라 할 수 있다.[70]

보험제도를 악용하게 되면 급여·반대급여 균등의 원칙과 수지상등의 원칙이 깨지게

---

66) 김성태, 168-169면.

67) 한기정, 38면.

68) 도덕적 위험을 광의로 해석하면 도덕적 위태(moral hazard)와 정신적 위태(morale hazard)를 포함한다. 고의로 보험사고를 야기하거나 발생한 손해 크기를 고의로 확대하려는 심리상태가 도덕적 위태이며 이에 대해 보험자의 면책이 인정된다. 반면에 정신적 위태는 보험계약 체결 후 위험발생에 대한 주의를 태만히 하는 등 무관심이나 부주의로 사고의 빈도(frequency)나 심도(severity)가 커지는 개인의 습성을 말하며 이로 인한 손해에 대해서는 보험자의 책임이 인정된다. 보험연수원(편), 보험심사역 공통 1, 2016, 10면. 정신적 위태를 도덕적 위태와 동일시하기도 한다.

69) 보험사고의 발생가능성이 높은 위험을 보험계약자가 오히려 적극적으로 보험의 목적으로 부보하는 것을 가리킨다. 예를 들어 생명보험에서 건강에 자신이 없거나 치명적 질병이 있는 자가 적극적으로 보험에 자진 가입하는 것이 역선택이다. 일반적으로 위험선택의 주체는 보험자인데 반해 위험 역선택의 주체는 보험계약자가 된다. 역선택에 의한 위험이 동일보험단체에 집중하게 되면 대수의 법칙에 의한 수지상등의 원칙이 무너져 보험사업 경영의 기초에 악영향을 미치게 되므로 역선택의 방지는 보험경영상 중요하다. 보험소비자연맹 사이트(www.kicf.org) '보험용어 설명'에서 인용.

70) 김성태, "보험사고와 도덕적 위험", 보험법의 쟁점(양승규/장덕조 공편), 2000, 16면; 김문희, "다수의 보험계약에 대한 민법 제103조의 적용 요건—연구대상판결 대법원 2005. 7. 28, 선고 2005다23858 판결—", 판례연구 제18집, 부산판례연구회, 2007, 9면.

되면서 보험단체의 존립을 어렵게 하고 궁극적으로 보험경영을 어렵게 한다. 동시에 다수의 선량한 보험계약자에게 도덕적 위험을 가진 자의 위험까지 부과시키게 되어 불필요한 보험료 인상을 통해 고비용화를 가져오고 선량한 보험계약자의 권익을 침해하게 된다. 사회 전체적으로도 보험이 범죄에 악용됨으로써 보험산업에 대한 부정적 이미지를 퍼뜨리게 되고 보험범죄뿐만 아니라 다른 사회적인 범죄의 증가에도 일조하게 되는 부작용을 야기하게 된다.[71] 보험가입 후 보험가입자에게 나타나는 책임의식의 해이도 커다란 문제가 되고 있다. 보험가입 후에 보험에 가입하지 않은 일반인에게 요구되는 주의의무이행을 오히려 태만히 함으로써 위험발생 가능성이 더 커지게 될 수도 있다. 이러한 보험의 역기능은 결국 보험을 도박화하게 된다. 이에 대한 대책으로 보험계약자 측에 고지의무나 통지의무와 같은 선의성과 윤리성에 기초한 각종 의무를 부과하고 있고, 도덕적 위험과 관련하여 보험자의 면책을 인정하기도 한다. 책임의식의 고취를 위해 자기부담금제도와 같이 손해의 일정부분을 보험가입자에게 부담시키거나 보험료 할증 제도를 도입하고 있다. 고의로 사고를 야기하고 보험금을 편취하는 경우 형법상의 사기죄가 적용되어 오다가 2016년부터는 보험사기방지특별법이 제정되어 시행되고 있다.[72] 아울러 보험제도가 가지는 역기능에 대한 대책으로써 보험감독당국과 수사기관 그리고 사법기관 등에 의한 보험범죄의 예방 및 적발 그리고 강력하고 효과적인 법적 제재가 요구되고 있다.[73]

Ⅱ. 보험의 종류

1. 부정액보험과 정액보험

보험금 지급방법에 따른 분류이다. 보험자가 지급하는 금액이 약정보험금액의 한도 내에서 실제 발생한 손해액을 산정하여 이를 지급하는가(부정액보험), 아니면 보험가입자의 재산에 생긴 손해와는 상관없이 보험계약에서 미리 정한 일정한 금액인가(정액보험)에 따른 분류이다. 재산보험 또는 손해보험은 원칙적으로 부정액보험이다.

---

71) 보험연수원(편), 보험심사역 공통 1, 2016, 10-11면.

72) 박세민, "보험사기방지특별법상 기망행위의 적용대상과 보험사기죄 실행착수시기에 관한 비판적 분석", 경영법률 제30집 제3호, 2020, 323-357면. 이에 대해서는 후술하는 '사기에 의한 보험계약 체결' 부분에서 설명한다.

73) 보험사기에 대해서는, 박세민, "보험사기에 대한 현행 대응방안 분석과 그 개선책에 대한 연구", 저스티스, 2009. 6, 144-177면; 최세련, "보험사기의 방지를 위한 제도개선방안에 대한 검토", 경영법률 제21집 제2호, 2011. 1, 99-138면. 보험의 순기능과 역기능에 대하여 김성태, 54-61면; 정희철, 341-342면; 양승규, 27-30면; 정찬형, 524면; 임용수, 9-10면; 최준선, 40-42면; 서헌제, 17-19면 참조.

정액보험의 경우에는 보험사고로 인해 피보험자에게 실제 손해가 발생했는지, 발생했다면 그 손해액이 얼마인지를 묻지 않고 약정된 보험금을 지급하는 것으로서 보험계약에서 약정하는 보험금액과 실제로 지급하는 보험금이 동일한 것이 원칙이다. 생명보험(사망보험 및 생존보험)은 대표적인 정액보험이지만, 변액보험의 등장으로 부정액보험적 성격을 가질 수도 있다. 상해보험 또는 질병보험은 정액보험으로 운용할 수 있고 부정액보험으로 운용할 수도 있으며, 생명보험사뿐만 아니라 손해보험사도 판매하고 있다.74) 손해보험형 상해보험은 보험목적이 사람이기 때문에 상법상으로는 인보험의 일종이지만 보상방식이 부정액 보상방식이기 때문에 손해보험형 상해보험이라는 용어를 사용하고 있는 것이다. 판례75)와 통설은 손해보험형 상해보험의 경우 성질에 반하지 않는 한 손해보험의 부정액보상에 관한 규정을 유추적용할 수 있다고 한다. 손해보험의 하나인 보증보험은 손해의 크기가 아닌 정액을 보상하는 것으로 계약을 체결할 수도 있다.76)

2. 손해보험과 인보험

(1) 손해보험

본래 손해보험이란 발생한 손해에 대하여 법률이나 약관에서 정한 손해액 산정기준에 따라 보상하는 특성을 가진 보험을 말한다. 그런데 상법 보험편에서 규정하는 손해보험은 여기에 보험목적이 재산일 것을 별도로 요구하고 있다.77) 손해보험에서 피보험이익 요건(제668조)을 명문으로 규정하고 있는 사실이 이를 뒷받침한다. 보험업법 제2조 제4호에서 '손해보험업'이란 손해보험상품의 취급과 관련하여 발생하는 보험의 인수, 보험료의 수수 및 보험금 지급 등을 영업으로 하는 것을 말한다고 규정하고 있다. 상법 보험편은 손해보험의 종류로 화재, 운송, 해상, 책임, 자동차보험을 규정하다가 2014년 개정을 통해 그동안 보험업법에서 규정하고 있던 보증보험에 관한 규정을 마련하여 이를 손해보험에 추가하였다. 보험업법에서는 기술보험, 권리보험, 날씨보험, 비용보험, 유리보험, 동물보험 등을 손해보험에 포함하고 있다(보험업법 제4조 제1항 2호 및 동법시행령 제8조 제1항). 그 밖에 장기화재보험, 장기상해보험, 장기종합보험 기타 각종 장기저축성 보험 등을 장기손해보험이라 한다. 한편 특종보험이란 주된 보험을 제외한 나머지 보험들을 말하는데, 배상책임보험, 근로자재해보장책임보험, 동산종합보험, 도난보험, 건설공사보험, 원자력보험, 신원보증보험, 이행보증보험, 지급계약보증보험, 재산종합보험 등을 말한다.78) 광의의 재산보험이

---

74) 정찬형, 527면; 정동윤, 458면.
75) 대판 2000. 2. 11, 99다50699.
76) 장덕조, 33면.
77) 김은경, 31면; 양승규, 190면; 김성태, 376면; 최기원, 160면.
78) 보험연수원(편), 보험심사역 공통 1 교재, 2016, 52면.

란 보험사고의 발생으로 인해 보험계약자 측의 재산에 생긴 손해를 보험자가 보상하는 보험이다. 재산에는 적극재산과 소극재산이 포함된다. 보험사고 발생의 객체가 특정한 물건인 경우를 물건보험이라 하고, 특정물이 아닌 모든 재산을 대상으로 한 경우를 (협의의) 재산보험이라고 한다. 전자의 예로는 화재보험이나 운송보험, 해상보험, 도난보험 등이 있고, 후자의 예로는 보험사고의 발생으로 가해자인 피보험자가 피해자에게 부담하는 법률상의 손해배상책임 등으로 인한 발생한 재산상의 간접손해를 보상하는 책임보험 등이 있다.79)

(2) 인 보 험

인보험이란 보험사고 발생의 객체(보험목적)가 사람인 보험으로서 사람의 생명과 신체에 관하여 보험사고가 발생하는 경우에 보험계약에서 정한 바에 따라 보험금액 또는 기타의 급여를 지급하는 보험을 말한다. 상법 보험편에서 손해보험을 규정함에 있어서는 보험목적과 보험금지급방식을 혼용하고 있는데(제665조), 인보험은 보험목적이 사람일 것만 요구하고 있고 보험금 지급방식에 대해서는 불문하고 있다(제727조).80) 그 결과 인보험에서 보상방식은 정액방식과 부정액방식이 모두 가능하다. 예를 들어 생명보험은 정액보상인 반면에 질병보험이나 상해보험은 정액방식과 부정액 방식에 의한 운용이 모두 가능하다. 손해보험형 상해보험 또는 손해보험형 질병보험이 그 예이다. '손해보험형'이라는 용어는 보상방식이 부정액이라는 것을 의미한다. 부정액 보상방식임에도 불구하고 손해보험형 상해보험은 상법상으로 인보험으로 분류된다. 사람이 보험목적이기 때문이다. 상법 보험편에서는 그동안 인보험을 생명보험과 상해보험으로만 분류하여 왔는데, 2015년 개정 보험법은 질병보험에 대한 독립된 節을 신설하여 질병보험자의 책임 및 질병보험에 대한 준용규정을 마련하였다.

상법 보험편과 같이 보험을 손해보험과 인보험으로 구분하는 것은 문제가 있다.81) 왜냐하면 손해보험은 보험금의 지급방식에 따른 분류이고 인보험은 객체에 따른 분류인데 인보험 중의 일부(예를 들어 상해보험이나 질병보험)는 정액방식 이외에 진료비나 수술비와 같은 부정액방식에 의한 지급도 가능하기 때문이다. 이론적으로 손해보험과 대비되는 것은 정액보험이며, 인보험에 대비되는 것은 물건보험이라 할 수 있다. 상해보험은 상법의 분류상으로는 인보험이지만, 보험업법상으로는 제3보험으로 분류된다.

상법 보험편에서는 생명보험의 종류로 사망보험, 생존보험, 양로보험, 연금보험, 단체보험을 규정하다가, 2015년에 개정된 보험법에서는 양로보험(제735조)과 연금보험(제735조

---

79) 정찬형, 527면; 정동윤, 457면; 양승규, 33-34면.
80) 한기정, 30면.
81) 양승규, 33면.

의2) 조문을 삭제하였다.82) 보험업법 제10조에서는 원칙적으로 생명보험업과 손해보험업의 겸영을 금지하고 있다. 그 이유는 양자의 보험사업 운영방식이 다르기 때문에 보험사업의 전문성 및 경영 안정성을 확보하기 위함이다.83) 다만 생명보험의 재보험 및 제3보험,84) 다른 법령에 따라 겸영할 수 있는 보험종목으로서 대통령령으로 정하는 보험종목,85) 대통령령으로 정하는 기준에 따라 제3보험의 보험종목에 부가되는 보험86)은 예외로 하고 있다.

3. 공보험, 사보험, 공영보험, 사영보험

(1) 공 보 험

공보험과 사보험은 목적에 다른 구분이다. 공보험(public insurance)이란 사보험의 영역이 미치지 못하는 부분에 대해 국가나 공공단체(공법인)가 국민경제적인 입장에서 사회보장 또는 경제정책 수행의 목적으로 운용하는 보험을 말한다. 대개의 경우 국가가 스스로 보험자가 되어 위험을 인수하며 경우에 따라서는 국가의 재정적 지원하에 특수한 사법인을 설립하고 이를 통해 간접적으로 보험을 인수하기도 한다. 공보험에는 산업재해보상보험, 국민건강보험, 국민연금보험, 고용보험, 선원보험, 군인보험과 같이 사회정책적인 목적하에 실시하는 '사회보험'과, 수출보험, 어음보험, 무역보험, 예금보험과 같이 산업보호 및 육성을 위한 '경제정책보험'이 있다. 사보험에는 상법 보험편이 적용되지만, 공보험에는 각각의 특별법이 존재하므로 상법 보험편이 적용될 여지가 적다.

> **[대법원 2002. 12. 26. 선고 2002다50149 판결]**
>
> 〈주요 판시내용〉
>
> 산업재해보상보험법 또는 국민건강보험법에 따라 보험급여를 받은 피해자가 제3자에 대하여 손해배상청구를 할 경우 그 손해발생에 피해자의 과실이 경합된 때에는 먼저 산정된 손해액에서 과실상계를 한 다음 거기에서 보험급여를 공제하여야 하고, 그 공제되는 보험급여에 대하여는 다시 과실상계를 할 수 없으며, 보험자가 불법행위로 인한 피해자에게 보험급여를 한 후 피해자의 가

---

82) 이는 양로보험과 연금보험이 생명보험에 속하지 않는다는 의미가 아니며, 기존의 조문에 표현상의 문제 등이 있었기 때문이다.

83) 장덕조, 32면.

84) 보험업법 제4조 제1항 제3호에서 제3보험업의 보험종목을 상해보험, 질병보험, 간병보험 및 그 밖에 대통령령으로 정하는 보험종목이라 정의하고 있다.

85) 예를 들어 조세특례제한법에 따른 연금저축계약, 근로자퇴직급여보장법에 따른 보험계약.

86) 예를 들어 손해보험업의 보험종목 전부를 취급하는 손해보험회사가 질병을 원인으로 하는 사망을 제3보험의 특약형식으로 담보하는 보험(요건상의 제한 있음).

해자에 대한 손해배상채권을 대위하는 경우 그 대위의 범위는 손해배상채권의 범위 내에서 보험급여를 한 전액이다. 이와 달리 손해보험에서 일부보험의 경우 보험자대위를 제한하는 상법 제682조 단서를 유추적용하여 보험자가 피부양자의 권리를 해하지 않는 범위 내에서만 피부양자의 제3자에 대한 손해배상채권을 대위할 수 있다고 판단한 것은 잘못이다.

공보험은 그 설정목적을 달성하기 위해 가입이 강제되는 강제보험(의무보험) 형식으로 운영되는 경우가 많으며, 보험자 역시 특별한 사정이 없는 한 계약의 체결을 거절하지 못한다. 예를 들어 국민건강보험의 경우 보험관계가 계약관계가 아니라 법률(국민건강보험법)에 의해 성립, 존속되며 보험료 및 보험금 지급은 공법관계로서 행정소송의 대상이 된다. 물론 이러한 특징이 모든 공보험에 공통적으로 적용되는 것은 아니다. 또한 공보험계약에는 사적자치가 상당히 제한되고 있다. 공보험의 경우에는 수지상등의 원칙이 적용되지 않으며 국가나 지방공공단체로부터 공적 보조(재정적 지원)를 받는 경우도 있다.87) 상법 보험편은 원칙상 적용되지 않는데 그 이유는 각각의 공보험의 근거법률이 보험관계를 규율하고 있고, 규정이 없는 부분은 해당 보험약관이 보충하고 있기 때문이다. 근거법률에 조문도 없고 보험약관에서도 규율하지 못하는 부분이 있을 때 여기에 상법 보험편이 적용될 수 있는가의 문제가 있는데 성질이 상반되지 않는 범위 내에서는 상법 보험편이 적용될 수 있다고 해석함이 타당하다.88)

[대법원 1993. 11. 23. 선고 93누1664 판결]

〈사실관계〉

피고회사인 한국수출보험공사가 보험금지급을 거절하자, 원고(상업은행)는 한국수출보험공사가 일반적인 보험사(사기업)가 아니라 공법인이라고 판단하여 민사소송 대신 행정소송을 제기하였다. 또한 행정법상 의무이행소송이 인정되지 않는다는 점에 주목하여 보험금지급청구의 소가 아니라 보험금지급청구거부처분취소의 소를 제기하였다. 원심은 한국수출보험공사의 보험금지급과 관련된 소는 일반 민사소송의 대상이라고 판단하여 소를 각하하였고, 원고는 상고하였다.

〈주요 판시내용〉

수출보험 제도가 보험이라는 기술적인 형태를 채용하고 있는 이상, 수출보험법상의 행정적인 규제, 감독관계가 아닌 수출보험계약에 따른 보험자와 보험계약자 사이의 법률관계는 그 성질상 공법상의 권리의무관계라 할 수는 없고, 통상의 보험에 있어서와 마찬가지로 보험계약관계라고 하는 사법상의 권리의무관계로 파악하여야 할 것이고, 따라서 한국수출보험공사의 보험금 미지급

---

87) 정동윤, 455-456면; 정희철, 342-343면; 양승규, 30면; 장덕조, 26면.
88) 한기정, 25면.

행위도 행정소송의 대상이 되는 공법상의 처분(거부처분)으로 볼 것은 아니고, 민사소송의 대상이 되는 사법상의 채무이행의 거절이라고 보는 것이 옳다.

(2) 사 보 험

사보험(private insurance)은 영리를 목적으로 사적주체가 사기업의 형태로 경영하는 보험을 말한다. 보험업법에 따른 국내외 보험회사가 운영하는 각종의 손해보험, 생명보험 또는 상해보험이 전형적인 예이다. 사보험은 일반적으로 임의보험이며 보험관계는 사법에 의해 규율되고 있고, 사적자치의 원칙이 강하게 적용된다. 상법 보험편은 사보험에 대한 기본법이다. 감독과 규제를 위해 보험업법이 적용되기도 한다. 선주상호보험조합법에 의한 상호보험도 사보험이라 할 수 있다.89) 상법 보험편은 성질이 반하지 않는 범위에서 상호보험에 준용된다. 공제도 그 실질은 사보험이라 할 수 있다.

그런데 공보험과 사보험의 구분이 항상 명확한 것은 아니다. 자동차보험은 사보험에 속하지만 자동차보험 중에서 의무적 자동차손해배상책임보험(대인배상 Ⅰ)은 공보험적 성격을 가지고 있다. 자동차손해배상보장법에 근거하는 자동차손해배상책임보험은 국가나 공공단체가 아닌 영리를 목적으로 하는 민영손해보험회사가 담당하도록 하면서도 그 가입은 강제이다(자배법 제5조). 보험자 역시 계약 체결을 거부할 수 없는 것이 원칙이며(동법 제24조), 가불금제도(동법 제11조), 보험계약의 해지 제한(동법 제25조), 자동차 양도시 일정 기간 양도인의 권리의무가 양수인에게 승계의제(동법 제26조)되는 등 사적 자치가 제한되고 있다.90) 그렇다고 하여 자동차손해배상책임보험이 순수하게 공보험이라고 볼 수도 없다. 운영주체가 민영보험회사 또는 공제이며 보험업법이나 상법 보험편이 전면적으로 적용되고 있다.91)

(3) 공영보험과 사영보험

공영보험과 사영보험은 보험사업의 주체에 따른 분류로서 공보험·사보험의 분류와 구분된다, 공보험과 유사한 것으로 공영보험(公營保險)이 있다. 공영보험은 그 본질이 사보험이며, 다만 그 영리성이 충분히 보장되지 못하기 때문에 정책적으로 국가, 지방자치단체, 기타의 공공단체가 사업주체로서 보험업을 영위하는 것이다. 공보험이 강제보험인 데 비해 공영보험은 강제보험이 아니다. 한국무역보험공사가 운영하는 수출보험 또는 우체국에서 운영하는 우체국보험 등이 공영보험의 예이다.

---

89) 사법연수원, 보험법연구, 3면.
90) 자동차손해배상책임보험에 대해서는 후술하는 자동차보험편에서 상세히 설명한다.
91) 양승규, 32면; 한기정, 24면.

　　우체국보험은 가입이 임의적이고 사보험에 속하면서도 국가가 영위하고 있다.92) 우체국보험에 공보험의 색채가 있기도 하지만 공보험으로 보기는 어렵다. 그런데 우체국보험의 실질을 사보험이라고 보더라도 우체국예금보험법이 보험계약 관계를 규정하고 있고 상법 보험편 일부 조문(제639조, 제643조, 제655조, 제662조, 제731조, 제733조, 제734조)에 대해서는 준용하는 형식을 취하고 있으므로, 상법 보험편이 직접 적용될 여지는 드물다.93) 우체국 보험사업을 국가가 경영한다는 의미는 해당 공무원(모집종사자)이 모집활동을 하면서 불법행위를 행한 경우에 보험계약자 측에게 국가가 보험업법 제102조에 따른 배상책임을 부담한다는 것이다.94)

[대법원 2007. 9. 6. 선고 2007다30263 판결]

〈사실관계〉

　우체국 직원이 원고에게 보험계약을 체결할 것을 권유하면서 중요한 사실을 설명하지 아니하였고, 이로 인해 훗날 보험계약이 무효가 되어 원고가 보험금을 지급받지 못하게 되었다.

〈주요 판시내용〉

　보험업법 제102조 제1항의 입법 취지에 비추어 보면, 우체국 예금·보험에 관한 법률 제3조에 의거하여 보험사업을 경영하는 국가 역시 '국가로부터 허가를 받아 보험업을 영위하는 자'와 마찬가지로 그 소속 직원이 보험모집을 함에 있어 보험계약자에게 가한 손해에 대하여는 보험업법 제102조 제1항에 따라 이를 배상할 책임을 진다고 보아야 할 것이다. 보험계약의 체결에 있어서 보험설계사는 유효한 보험계약이 체결되도록 조치할 주의의무가 있고, 그럼에도 보험설계사가 설명을 하지 아니하는 바람에 보험계약이 무효가 되고 그 결과 보험계약자가 보험금을 지급받지 못하게 되었다면 보험자는 보험업법 제102조 제1항에 기하여 보험계약자에게 그 보험금 상당액의 손해를 배상할 의무가 있다.

　　그런데 금융소비자보호에 관한 법률이 2021년 3월 25일 시행되면서 보험업법 제102조는 삭제되었다. 그 대신 금융소비자보호에 관한 법률 제44조 및 제45조에서 금융상품판매업자 및 금융상품직접판매업자의 손해배상책임을 규정하고 있다. 그런데 우체국보험은 동법이 적용되는 금융상품에 해당되지 않는다. 이에 따라 우체국보험의 소비자 보호에 문제가 생길 수 있다. 공보험의 기능을 보완하기 위한 사보험도 등장하고 있는데 산업재해보상보험을 보완하기 위해 그 초과손해를 담보하는 근로자재해보상책임보험이나 국민연금

---

92) 우체국예금·보험에 관한 법률 제3조 "우체국예금사업과 우체국보험사업은 국가가 경영하며 미래창조과학부장관이 관장한다"; 양승규, 32면.
93) 한기정, 24면.
94) 대판 2007. 9. 6, 2007다30263.

을 보완하기 위한 개인연금보험이 이에 속한다.95)

　사영보험(私營保險)은 私人이 사업주체가 되는 보험이다. 즉 공영보험과 사영보험은 보험사업의 주체에 따른 분류로서 공보험 · 사보험의 분류와 구별된다. 공보험은 동시에 공영보험인 경우가 많고 사보험은 사영보험인 경우가 대부분이지만 반드시 그러한 것은 아니다.96)

4. 영리보험과 상호보험

(1) 영리보험

　사보험은 위험단체의 구성원리와 영리성 유무에 따라 영리보험과 상호보험으로 나눌 수 있다. 영리보험(business insurance)이란 보험자가 영리를 목적으로 보험인수를 영업으로 하면서 위험단체의 주체가 되는 보험을 말한다. 상법 보험편이 직접 적용대상으로 하는 보험이 바로 영리보험이다.97) 보험인수를 영업으로 하는 보험자는 상법상의 당연상인이다. 여기에서 영리라 함은 일반적으로 보험계약자로부터 받은 보험료의 총액 및 이를 운용하여 얻은 수익과 지급되는 보험금의 총액 및 사업비와의 차액을 의미한다. 영리보험의 주체로는 금융위원회의 허가를 얻은 주식회사와 외국보험사업자의 국내지점을 들 수 있다. 영리보험에서 보험계약자 상호간에는 아무런 법률적인 관계가 존재하지 않는다. 주식회사와 사원사이에는 사원관계가 형성되고, 보험관계는 보험회사와 보험계약을 체결한 때에만 성립된다. 영리보험에서 보험관계와 사원관계는 완전히 별개이다. 보험회사의 사원이 되었다고 해서 자동적으로 보험관계가 성립되는 것은 아니다. 이 점이 상호보험과 영리보험의 본질적 차이라 할 수 있다.

(2) 상호보험

(가) 보험업법에 의한 상호보험

　상호보험이란 상호부조를 목적으로 하는 보험인데 보험업법에 의한 상호보험과 선주상호보험조합법에 의한 선주상호보험이 있다. 상호보험(mutual insurance)이란 동종의 위험에 놓인 다수인이 스스로 위험단체(상호회사)를 구성하고 이 위험단체가 보험사업의 주체가 되는 것이다. 상호보험을 영위하는 주체는 보험업법에 의해 금융위원회의 허가를 받은 상호회사인 보험회사에 한한다. 상호회사는 보험업법에 의해 설립되는 특수한 회사인데

---

95) 사법연수원, 보험법연구, 3면.
96) 김성태, 41-45면; 정찬형, 525면; 정동윤, 455-456면; 임용수, 12면.
97) 상법 제46조 제17호에서 보험의 인수를 기본적 상행위로 규정하고 있다. 따라서 수지의 차액은 보험자에게 귀속된다. 정동윤, 456면.

영리추구가 목적이 아니다. 상호회사는 출자의무를 부담하는 사원으로 구성되는 사단법인
이며 사원과 상호회사 사이에는 사원관계가 형성된다. 상호보험은 보험가입자가 피보험자
인 동시에 상호회사 구성원(사원)이 되는 것이며, 따라서 보험관계와 사원관계가 병존하게
된다. 즉 상호회사의 경우 보험계약자가 사원이 되는 것이다. 즉 상호보험은 상호회사가
자신의 사원에게 제공하는 보험이라 할 수 있다.[98) 영리보험에서는 각 가입자가 간접적으
로 위험단체를 구성하는 것임에 비해 상호보험에서는 보험가입자 스스로가 직접적으로 위
험단체를 만들어 그 구성원이 된다. 영리보험의 경우 보험계약자는 회사의 경영과는 무관
한 반면에, 상호보험회사의 경우에는 보험계약자가 곧 사원이므로 간접적인 책임을 부담
하게 된다. 상호보험에서 보험가입자는 사원의 지위에서 단체의 업무에 참여하게 된다. 상
호보험회사의 사원이 되면 바로 보험계약까지 체결하는 결과가 되는데 이러한 상호보험관
계의 법률적 성질에 대해서는 보험관계를 내용으로 하는 社團관계로 볼 수 있다.[99) 상호
회사는 비영리사단법인으로서 보험가입자 전원의 책임과 계산으로 보험사업을 영위한다.
상호회사 사원이 부담하는 보험료지급의무가 사원의 출자의무에 해당된다. 사원은 상호회
사 채무에 대해 보험료를 한도로 책임을 지며(유한책임)과 채권자에 대해 직접적인 의무를
부담하지는 않는다(간접책임). 상호보험 영위결과 발생한 수지의 차액은 보험가입자에 귀
속되는데 영리를 추구하지 않기 때문에 상호회사는 회사라는 명칭을 사용하더라도 상법상
의 회사가 아니다.[100) 상호보험에서 보험관계가 소멸하면 사원관계도 소멸한다. 그런데
현재 보험업법에 따른 상호회사는 존재하지 않고 있다.

(나) 선주상호보험조합법에 의한 선주상호보험

현재 존재하는 상호보험의 예로는 선주상호보험조합법에 기초한 비영리법인인 선주상
호보험조합이 영위하는 선주상호보험이 유일하다. 실무적으로는 P&I 클럽(Protection and
Indemnity Club)이라 부른다. 선주상호보험은 선주 등(선박소유자, 정기용선자, 선체용선자,
기타 선박운항업자)이 선박을 운항함으로써 발생하는 책임 및 비용을 보상하는 것이다. 선
주상호보험조합의 조합원은 조합원관계와 보험관계를 동시에 갖는다. 선주상호보험에서의
보험관계와 조합원 관계는 보험업법상의 상호보험에서 설명한 내용과 유사하다. 즉 선주
상호보험은 보험관계와 조합원관계가 결합되어 있고 보험계약자의 지위와 조합원 지위가
일치한다. 조합원은 조합의 채권자 및 조합채무에 대해 간접책임과 유한책임을 부담한다.

(다) 보험법 조문의 준용

영리보험과 상호보험은 위험단체의 구성원리와 영리성 유무에 따른 분류이며 위험분
산이라는 보험의 원리에는 차이가 없다. 보험료, 보험의 목적, 보험금액 등 동일한 용어를

---

98) 한기정, 26면.
99) 최준선, 44면; 정찬형, 526면 각주 2; 양승규, 31면.
100) 정동윤, 457면; 장덕조, 29면.

사용하며 또한 상호보험에서의 사원관계는 영리보험에서의 보험관계와 유사한 내용을 이루고 있으므로 영리보험을 적용대상으로 하는 상법 보험편의 각 조문은 그 성질이 상반되지 아니하는 한도에서 상호보험에도 준용되고 있다(제664조).101) 다만 보험업법에 특칙이 있으면 이것이 우선하여 적용되는데 예를 들어 손해보험에서 보험목적의 양도에 관한 상법 제679조가 존재함에도 불구하고 상호보험에서는 보험업법 제51조102)가 우선적으로 적용된다.103) 상호보험에 대한 직접적인 판례는 없으나 법원은 몇몇 공제사업의 성격을 상호보험과 유사하다고 판단하면서 상법 보험편 제664조를 유추적용함으로써 상법 보험편의 각 규정을 준용할 수 있다고 판시한 바 있다.104) 선주상호보험의 경우에도 보험관계에서 성질이 반하지 않는 범위에서 상법 보험편이 준용되며 다만 선주상호보험조합법에 특칙이 있으면 이 특칙이 우선하여 적용된다. 최근에는 영리보험에서도 보험계약자에게 영업이익의 일부를 배분하기도 하고 상호보험의 경우에도 구성원의 수가 많은 경우 사원의 경영참여가 현실적으로 불가능해지며, 또한 사원 이외의 자로부터도 보험계약을 인수하는 경우도 있어 사실상 양자가 접근하는 경향을 보이고 있다.105)

㈜ 기   타

영리보험에도 보험계약자에게 이익배당을 하는 경우가 있다. 보험계약자에게 배당을 하게 되는 유배당상품은 손해보험회사보다는 생명보험회사에서 훨씬 더 많이 판매한다. 그런데 유배당상품의 본질적 특성을 감안할 때 주식회사 형태의 생명보험회사보다는 상호회사 형태의 생명보험회사가 판매하는 것이 자연스럽다. 외국에서는 상호회사의 형태로 생명보험회사를 운영하는 예가 많다. 따라서 유배당상품을 판매하더라도 배당 등의 경우에 특별한 문제가 발생하지 않는다. 그런데 우리나라는 생명보험사가 유배당상품을 많이 판매하면서도 상호회사 형태로서의 생명보험사는 존재하지 않고 모두가 주식회사의 형태이다.

과거 계약자배당이 제대로 이루어지지 않은 상황에서 주식회사 형태의 생명보험사가 기업공개를 하고 증권시장에 상장을 하는 경우에 상장차익의 귀속문제가 사회적 이슈가 된 적이 있다. 즉 계약자배당이 제대로 이루어지지 않은 채 그 금액이 회사 내에 유보된 채, 이를 기초로 하여 회사의 자산 규모가 엄청나게 커진 채 상장을 하게 되는 경우에 막대한 상장차익이 발생하게 되는데 그 차익을 상법 회사편의 규정대로 소수의 주주에게만

---

101) 보험연수원(편), 보험심사역 공통 1 교재, 2016, 185면.
102) 보험업법 제51조는 "손해보험을 목적으로 하는 상호회사의 사원이 보험의 목적을 양도한 경우에 양수인은 회사의 승낙을 받아 양도인의 권리와 의무를 승계할 수 있다"고 규정하고 있다.
103) 한기정, 27면.
104) 대판 1996. 12. 10, 96다37848; 대판 1998. 3. 13, 97다52622; 장덕조, 30면.
105) 영리보험과 상호보험에 관하여 최기원, 14-15면; 임용수, 12면; 정찬형, 527면; 최준선, 44면; 정동윤, 456-457면; 손주찬, 470면; 양승규, 31-32면; 김성태, 46-50면; 서헌제, 14-15면.

귀속시켜야 하는가 아니면 회사의 성장에 기여를 한 것으로 볼 수 있는 계약자에게도 일정 부분이 귀속되어야 하는가에 대해 다툼이 있었다.106) 회사법 조문과 법이론에 따라 상장차익은 주주에게 귀속시키는 것으로 결론을 내었고, 상장하는 생명보험회사는 공공적 성격의 기금조성을 하는 것으로 심각했었던 논쟁을 마무리 지었다.

5. 가계보험과 기업보험

보험자의 상대방인 보험계약자가 개인인지 아니면 기업인지를 기준으로 분류하는 것이다. 일반 대중이 이용하는 보험으로서 보험가입자가 가계생활의 경제적 불안을 극복하기 위해 체결하는 보험을 가계보험이라 하며 생명보험, 화재보험, 자동차보험 등을 예로 들 수 있다. 기업보험은 기업가가 기업활동으로부터 야기되는 위험에 대처하기 위한 보험으로서 해상보험, 항공보험, 재보험, 기업용건물이나 공장기계 등에 대한 화재보험 등이 여기에 속한다.

가계보험과 기업보험 분류의 법률적 의미는 후술하는 제663조(보험계약자등의 불이익변경금지) 조문의 적용 문제와 관계있다. 기업보험에서의 보험계약자는 보험자와 마찬가지로 기업인으로서 대등한 경제적 교섭력과 법률적 지식 또는 동등한 정보력 등이 있다고 해석될 수 있다. 이에 따라 기업보험에는 보험가입자에 대한 법률의 후견적 보호를 내용으로 하는 제663조 본문이 적용되지 않는다. 즉 기업보험에 있어서는 당사자 사이의 사적자치의 원칙을 인정할 여지가 많다고 할 수 있다.107) 반면 가계보험에 있어서는 보험자와 보험계약자간의 경제적 교섭력 또는 보험이나 법률에 대한 전문적 지식 등에 현격한 차이가 있으므로 입법이나 약관의 해석에 있어서 사적자치의 원칙을 적용시키지 않은 채 보험계약자를 보호하고 법적으로 배려해야 할 필요가 있다. 즉 가계보험에 있어서는 보험계약 당사자간의 특약에 의해 상법 보험편에서 규정하고 있는 내용보다 보험계약자나 또는 피보험자나 보험수익자에게 불이익하게 변경하지 못하도록 함으로써 상법 보험편 규정을 상대적 강행규정화하여 보험계약자 등을 보호하고 있다.108)

[대법원 2006. 6. 30. 선고 2005다21531 판결]

〈주요 판시내용〉

상법 제663조에 규정된 '보험계약자 등의 불이익변경 금지원칙'은 보험계약자와 보험자가 서로

---

106) 이 문제에 대해서는, 박세민, "생명보험사의 기업공개와 상장차익귀속에 관한 법적고찰", 상사법연구 제18권 제3호, 2000, 143-160면 참조.
107) 임용수, 15면; 양승규, 36면; 정찬형, 530면; 정동윤, 460면.
108) 사법연수원, 보험법연구, 4면; 서헌제, 16면; 장덕조, 31면.

대등한 경제적 지위에서 계약조건을 정하는 이른바 기업보험에 있어서의 보험계약 체결에 있어서는 그 적용이 배제된다(同旨: 대판 2005. 8. 25, 2004다18903).

6. 원보험과 재보험

보험인수의 순서에 따른 분류이다. 보험자가 자신이 1차적으로 인수한 위험의 전부 또는 일부를 다른 보험자에게 2차적으로 전가하는 경우가 있다. 여기에서 원래의 보험을 원보험(원수보험, original insurance)이라 하고, 다른 보험자가 인수한 제2의 보험을 재보험(reinsurance)이라 한다. 재보험자는 다시 제2의 재보험계약(재재보험)을 체결할 수 있다. 재보험은 선박보험이나 대형 화재보험 등 원보험자가 인수한 위험의 크기가 너무 거대한 경우에 그 위험을 분산하기 위한 제도이며, 경우에 따라 국제적으로 그 위험이 분산되기도 한다. 재보험을 통해 원래의 위험은 질적, 양적, 장소적으로 분산될 수 있다. 원보험과 재보험은 법률적으로 각각 독립된 보험계약이며 원보험의 성질이 무엇이든 간에 재보험은 항상 원보험자의 보험금지급채무를 담보하게 되므로 책임보험의 성격을 가지는 손해보험이며 기업보험이다.[109]

7. 개별보험과 집단보험(집합보험)

보험목적의 수에 따른 분류이다. 개별보험은 개개의 물건이나 개개의 사람을 보험의 목적으로 하는 보험을 말한다. 반면에 집단보험은 여러 개의 물건이나 사람을 집단으로 하여 1개의 보험계약을 체결하는 것으로서 보험의 목적이 물건의 집합이면 이를 집합보험(제686조, 제687조)이라 하고 사람의 집합이면 단체보험(제735조의3)이라 한다.[110] 한편 집합된 보험의 목적이 보험기간 중 수시로 교체되는 것을 예상하고 체결하는 것을 총괄보험이라 하고, 보험의 목적이 특정된 경우를 특정보험이라 한다.[111]

특정한 건물 내의 모든 동산에 대한 동산화재보험 또는 한 사람이 소유하고 있는 여러 대의 자동차에 대해 1개의 자동차보험계약을 체결하는 것과 같은 집합보험의 경우 보험의 목적을 집합적인 단일체로 보기 때문에 하나의 보험계약만이 존재하게 된다. 집합보험의 경우 보험의 목적의 일부에 대한 고지의무위반이 있는 때에 그것이 계약 전체에 미치는 영향에 관하여는 그 일부의 물건이 전체에서 차지하는 양과 질, 다른 부분과의 계약

---

109) 최기원, 19면; 임용수, 14면; 정동윤, 460면; 최준선, 46면; 정찬형, 529면.
110) 정찬형, 529면; 양승규, 35면. 반면에 정동윤, 459면과 사법연수원, 보험법연구, 7면에서는 물건의 집단 또는 다수인을 보험의 목적으로 하는 보험을 집합보험으로 설명하고 있다.
111) 이에 대해서는 화재보험 부분에서 다시 설명한다.

상의 관련 및 상황 등을 고려하여 판단을 내리게 된다.[112]

단체보험이란 단체가 규약에 따라 구성원의 전부 또는 일부를 피보험자로 하는 1개의 생명 또는 상해보험을 말한다. 단체보험은 상법 제731조가 적용되지 않는 등 개별보험으로서의 생명보험과 적지 않은 차이가 있고, 그 운용에 있어서의 문제점도 노출되고 있다.[113]

집합보험은 보험목적이 다수인 데 비해, 동일한 보험목적에 대해 다수의 보험사고가 복합되어 있는 보험을 복합보험(combined insurance)이라 한다. 예를 들어 하나의 피보험자동차에 대해 대인배상책임보험, 대물배상책임보험, 자기차량손해보험, 자기신체사고보험, 무보험자동차에 의한 상해보험 등 여러 개의 보험사고가 복합되어 있는 것 또는 하나의 건물에 대해 화재, 도난 등의 보험이 겹쳐 있는 경우를 말한다.[114]

8. 임의보험과 강제보험

보험가입이 법률상 강제되는가의 여부에 따른 분류이다. 임의보험은 보험가입이 강제되지 않는 것으로서 대부분의 영리 사보험이 여기에 속한다. 반면 강제보험은 보험가입이 법률에 의해 강제되는 것으로서 대부분의 공보험이 여기에 속한다. 다만 사보험 중에서도 공공정책적인 성격을 가지거나 사고로 인한 손해의 범위가 매우 크고 피해자가 광범위한 자동차손해배상책임보험(대인배상책임보험 및 대물배상책임보험)이나 신체손해배상특약부화재보험, 가스사고배상책임보험 등은 당사자간의 임의에 맡길 수 없으므로 그 가입을 강제하고 있다.[115] 또한 사회복지시설 운영자에게는 화재 등의 사고로 인한 배상책임의 이행을 위해 사회복지시설배상책임보험의 가입을 강제하고 있고(사회복지사업법 제34조), 환경오염 유발물질을 배출하는 시설의 설치, 운영자 등에게 환경책임보험의 가입을 강제하고 있다(환경오염피해 비상책임 및 구제에 관한 법률 제17조).

---

112) 한국보험학회 편, 보험사전, 1997, 647면; 정찬형, 529면; 임용수, 14-15면; 최기원, 18면; 정동윤, 459면; 정희철, 346면.

113) 단체보험의 문제점에 대해서는 생명보험에서 설명한다. 단체보험에 대해서는 박세민, "상법 제735조의3(단체보험) 조문의 해석상 문제점에 대한 소고", 경영법률 제18집 3호, 2008, 83-112면 참조.

114) 정찬형, 530면; 정동윤, 459면.

115) 산업재해보상보험, 원자력손해배상책임보험, 창고화재보험, 국제여행알선업자의 여행자배상책임보험, 고용보험 등이 법률에 의해 보험가입이 강제되는 보험의 예이다. 양승규, 37면; 정동윤, 460면; 장덕조, 28면.

Ⅲ. 보험유사제도와의 구별

1. 공   제

(1) 공제제도

본래 공제제도는 동일한 직장 또는 직업군 등에 속하는 사람들이 상호구제를 목적으로 조합을 만든 후 보험료에 상당하는 금액(공제료)을 납입하고 그 구성원 또는 그 가족들에게 사망이나 부상, 화재, 교통사고 등 길흉사가 있을 때 약정된 금액(공제금)을 지급하는 제도이다. 단체를 구성한다는 면과 우연한 사고에 대해 경제적 수요를 충족시켜준다는 면에서 보험과 유사하다. 보험은 보험업법에 근거하지만, 공제는 기타 법률에 기초하고 있다. 또한 조합의 가입대상자가 한정되어 있다는 면에서 보험과는 본질적인 차이가 있다.

(2) 유사보험(공제보험)

공제 중에 농업협동조합이나 수산업협동조합, 신용협동조합, 새마을금고 또는 우체국이 전국적인 규모로 영위하는 생명공제, 화재공제, 어선공제 등은 보험제도와 매우 유사하다. 또한 각종 운수공제조합이 영위하는 자동차공제(여객자동차운수사업법 또는 화물자동차운수사업법에 의한 공제제도) 등도 보험수리적 원리가 적용되는 등 그 실질에 있어서 보험제도와 거의 동일하게 운영되고 있다. 실무상 이를 '유사보험' 또는 '공제보험'이라 부르고 있다.116) 이들 공제계약은 전국적인 규모로 운영이 되고 대수의 법칙이 적용되며 사고 발생시 지급되는 공제금의 성격이 보험금과 거의 동일하다. 또한 공제약관의 내용은 동일 종류의 보험약관의 그것과 대동소이하다.

[대법원 1996. 12. 10. 선고 96다37848 판결]

〈주요 판시내용〉

육운진흥법 제8조, 같은법시행령 제11조의 규정에 의하여 자동차운송사업조합연합회가 하는 공제사업은 비록 보험업법에 의한 보험사업은 아닐지라도 그 성질에 있어서 상호보험과 유사한 것이므로, 상법 제664조를 유추적용하여 보험료의 지급과 지체의 효과에 관한 상법 제650조, 보험계약자 등의 불이익변경금지에 관한 같은 법 제663조를 준용할 수 있다고 할 것이다.

---

116) 사법연수원, 보험법연구, 2면; 양승규, 25면에서는 '조합보험(cooperative insurance)'이라 부르고 있다.

[대법원 1998. 3. 13. 선고 97다52622 판결]

〈주요 판시내용〉

　수산업협동조합법 제132조 제1항 제6호의 규정에 의하여 수산업협동조합중앙회가 회원을 위하
여 행하는 선원보통공제는 그 가입자가 한정되어 있고 영리를 목적으로 하지 아니한다는 점에서
보험법에 의한 보험과 다르기는 하지만, 그 실체는 일종의 보험으로서 상호보험과 유사한 것이고,
단기소멸시효에 관한 상법 제662조의 규정은 상법 제664조에 의하여 상호보험에도 준용되므로,
공제금청구권의 소멸시효에 관하여도 상법 제664조의 규정을 유추 적용하여 상법 제662조의 보
험금 지급청구에 관한 단기소멸시효에 관한 규정을 준용하여야 한다.

[대법원 1991. 2. 26. 선고 90다카26270 판결]

〈주요 판시내용〉

　전국화물자동차운송사업조합 연합회의 공제사업의 경우 이는 손해보험에 유사한 것이어서 통합
공제약관 중 무면허운전으로 인한 사고에 대하여 면책을 규정한 조항이 상법 제663조의 규정에
위배되지 아니한다.

(3) 보험법 조문의 준용

　　사실상 보험과 거의 차이가 없는 유사보험에 대해 보험법이 적용되는가의 문제가 있
는데, 판례는 (대형)공제제도가 실제 보험사업과 동일한 기능을 하고 있고 따라서 특별한
사정이 없는 한 상법 보험편이 준용될 수 있다고 해석한다.[117] 2015년 개정 보험법은 제
664조를 개정하여 상법 보험편의 규정은 그 성질에 반하지 아니하는 범위에서 상호보험
이외에도 공제 그 밖에 이에 준하는 계약에 준용하는 것으로 하였다. 기존의 제664조가
상호보험에만 준용하는 것으로 정함으로써 공제 등 유사보험에 상법 보험편을 직접 적용
할 수 있는가에 대해 그동안 의문이 제기되어 왔던 것을 보완한 것이다. 공제의 법적 성
격을 상호보험과 유사한 것으로 해석한 위의 대법원 판례[118]를 반영한 것이다. 이로써 예
를 들어 공제금청구권의 소멸시효에 대해 제662조의 보험금청구권 소멸시효가 준용된다.

(4) 보험업법 적용 문제

　　그런데 이들 대형공제의 경우 전국적 규모로서 일반인들에게도 보험상품과 동일한 상

---

117) 대판 2001. 4. 10, 99다67413; 대판 1990. 6. 26, 89도2537; 대판 1991. 3. 8, 90다16771; 대판 1999. 8. 24,
　　99다24508; 대판 1998. 3. 13, 97다52622.
118) 대판 1998. 3. 13, 97다52622; 대판 1995. 3. 28, 94다47094; 대판 1999. 8. 24, 99다24508; 대판 2012. 10.
　　27, 2014다212926; 대판 2009. 7. 9, 2008다88221.

품을 판매함으로써 민영보험과 동일한 기능과 영업을 함에도 불구하고 각각의 근거 법률에 자신들이 행하는 공제사업에 대해서는 보험업법의 적용을 받지 않는다고 명시적으로 규정함으로써 보험업법의 적용을 회피하는 경우가 있다.[119] 다만 농협공제는 2012년 3월 2일부터 농업협동조합법의 개정을 통해 농협보험을 설립하고 이에 대해서는 농업협동조합법에서 규정한 사항 외에는 보험업법을 적용하도록 하였다. 이로써 농협은 ㈜ 농협생명과 ㈜ 농협손해보험을 통해 보험업법상의 보험업을 영위하고 있다. 다른 대형공제의 경우 그 실질이 보험임에도 불구하고 금융위원회나 금융감독원에 의한 전문적이고 엄격한 금융감독과 규제를 받지 않은 채, 각각의 특별법에 의해 주무부서(예를 들어 해양수산부, 행정안전부 등)에 의한 완화된 감독과 규제를 받고 있는 실정이다. 이에 따라 민영보험과 상이한 재무건전성 규제 및 다원화된 감독체계를 형성하게 되었고 이로 인한 계약자보호 및 불공정 경쟁문제가 제기되고 있다.[120] 이러한 다원적 감독 및 규제 문제에 대해 보험업법 제193조는 금융위원회는 공제업을 운영하는 자에게 기초서류에 해당하는 사항에 관한 협의를 요구하거나 공제업 관련 중앙행정기관의 장(주무부서 장관 등)에게 재무건전성에 관한 사항에 관한 협의를 요구할 수 있도록 했다. 이를 위해 공제업 관련 중앙행정기관의 장은 공제업의 재무건전성 유지를 위해 필요하다고 인정하는 경우에는 공제업을 운영하는 자에 대한 공동검사에 관한 협의를 금융위원회에 요구할 수 있도록 보험업법을 개정했다.

공제 중에는 위와 같은 전국적인 규모로 운영되는 보험적 성질의 공제 이외에 순수한 의미에서의 단순 공제도 있는데, 그 구별 기준으로, 첫째 사고가 발생한 경우 지급되는 금액이 경제적 수요를 충족할 만한가 아니면 단순히 일정한 금액만을 지급하는 데 그치고 있는가의 여부, 둘째 가입자들이 납입하는 금액이 수지균등의 원칙에 따라 공정하게 산정되어 있는가의 여부, 셋째 대수의 법칙이 적용될 정도로 가입자의 규모와 지역성이 광범위한가의 여부 등을 고려해야 한다.[121]

2. 저   축

개인이 하는 저축은 경제생활의 불안정에 대비한다는 목적을 가지고 있다. 그런데 저축은 반드시 위험을 특정하여 대비하기 위한 것은 아니다. 위험단체를 구성하거나 대수의 법칙에 따른 사고발생률을 계산하지 않고 자신의 결정에 의해 개인적으로 일정 금액을 적립하면서 이를 개인이 수시로 사용할 수 있다는 점에서 보험과 구별된다. 따라서 불확정

---

119) 수산업협동조합법 제12조 제1항, 새마을금고법 제6조 제2항, 신용협동조합법 제6조 제1항.
120) 유사보험의 감독다원화에 따른 문제점과 보험업법 적용에 대해서는, 박세민 외, "신용협동조합의 발전을 위한 제도개선방안연구" 보고서 중 제6장 공제사업(135-247면) 참조. 김은경, 38면.
121) 임용수, 8면; 이기수/최병규/김인현, 6-7면; 최준선, 39면.

한 사고 발생을 전제로 하지 않으며, 단체의 결합을 통한 위험의 분산이라는 것이 없다.[122] 저축은 개별적 경제주체의 단독행위인 반면에, 보험은 동일한 위험에 놓여있는 다수인이 추상적인 위험단체를 구성하게 되고 이 위험단체 내에서 위험의 분산 기능이 수행된다는 차이가 있다.[123] 보험의 경우 보험단체의 구성을 전제로 하며 보험기간 동안 보험사고가 발생하지 않으면 생명보험 등 저축적 성격을 가진 보험을 제외하고는 이미 납입한 보험료에 대해 반환청구를 할 수 없음이 원칙이고 이 점이 저축과 다른 점이다. 또한 저축과는 달리 중도에 보험계약을 해지하는 경우에 보험가입자들이 반환받는 금액은 납입보험료 총액에 미치지 못하는 것이 일반적이다.[124]

3. 보   증

보증이란 채권자에 대한 주채무자의 채무이행을 제3자가 담보하는 일종의 채권담보제도이다. 민법에서 규정하고 있는 보증채무가 대표적인 예이다. 보증은 보증인과 피보증인 사이의 개별적인 관계에서 이루어지며 주채무에 종속하는 성질을 가진다. 일반적으로 무상으로 제공되며 위험단체의 관념이 없고 대수의 법칙이나 수지상등의 원칙이 적용되지 않으며 위험을 보증인이 혼자 부담한다.

그런데 이러한 보증의 경우에도 채무불이행의 위험을 통계적 기초에 따라 확률로써 계산을 하고 이를 통해 보험료를 산출하고 보험금을 지급하는 것으로 상품화할 수 있는데 이것이 보증보험이다. 보증보험이란 매매 · 고용 · 도급 그 밖의 계약에 의한 채무 또는 법령에 의한 의무의 이행에 관하여 발생할 채권자 그 밖의 권리자의 손해를 보상할 것을 채무자 그 밖의 의무자에게 약속하고, 채무자 그 밖의 의무자로부터 그 보수를 수수하는 것을 목적으로 하는 손해보험을 말한다. 즉 보증보험이란 보험단체에 의한 위험의 분산과 대수의 법칙을 적용하여 채무불이행이 발생할 확률을 계산하고 이 위험을 부보함으로써 유상으로 보증을 인수하는 것을 말한다.[125] 보증보험에서는 주채무의 불이행이 주채무자의 고의에 의해 야기되더라도 보험자가 면책되지 않는다는 점이 일반 손해보험과 다르다. 기존 상법 보험편에서는 보증보험에 대한 규정이 없었지만, 2015년 개정 보험법에서는 보증보험에 관한 규정을 마련하였다. 이 신설규정은 보증보험의 보험성 인정 여부에 대한 그 동안의 논란에 대해 손해보험 성격으로서의 보증보험을 명시하는 것이라 할 수 있다.

---

122) 서헌제, 10면.
123) 장덕조, 18면.
124) 양승규, 24면; 김성태, 29면; 정찬형, 522면; 이기수/최병규/김인현, 4-5면; 임용수, 6-7면; 서헌제, 10면.
125) 최기원, 11면; 양승규, 27면; 정찬형, 524면; 임용수, 7면; 최준선, 39면; 정동윤, 454면.

[대법원 1997. 10. 10. 선고 95다46265 판결]

〈주요 판시내용〉

　보험계약자인 채무자의 채무불이행 또는 법령상의 의무불이행으로 인하여 채권자가 입게 되는 손해의 전보를 보험자가 인수하는 것을 내용으로 하는 보증보험계약은 손해보험으로, 형식적으로는 채무자의 채무불이행을 보험사고로 하는 보험계약이지만, 실질적으로는 보증의 성격을 가지고 보증계약과 같은 효과를 목적으로 하므로, 민법의 보증에 관한 규정, 특히 민법 제441조 이하에서 정한 보증인의 구상권에 관한 규정이 보증보험계약에도 적용된다.

　　민법상 보증인이 보증채무를 이행한 경우 보증인과 보증계약을 체결한 채권자와의 관계에서는 보증인이 자기채무를 이행한 것이지만, 주채무자와의 관계에서 보증인은 타인의 채무를 이행한 것이며 따라서 민사보증인은 주채무자에게 구상권을 갖는다. 그러나 보증보험은 이와 다르다. 보증보험자가 보험금을 주채무의 채권자에게 지급했더라도 이는 자기의 채무를 이행한 것이므로 보험자에게 구상권이 인정되지는 않는다.[126] 이 점이 민법상의 보증인과 구별되는 점이다. 다만 보증보험은 손해보상적 성질 외에도 보증의 성격도 함께 가지게 되므로 보증보험자가 보험계약자와 그 연대보증인에 대하여 구상권을 행사할 수 있다는 약정을 체결했다면 그 효력은 인정될 수 있다.[127]

[대법원 1992. 5. 12. 선고 92다4345 판결]

〈주요 판시내용〉

　보증보험은 계약상의 채무불이행 또는 법령상의 의무불이행으로 인한 손해를 보상할 것을 목적으로 하는 보험으로서 손해보상성과 더불어 보증성을 갖는 것이므로 보증성에 터잡은 보험자의 보험계약자 및 그 연대보증인에 대한 구상권약정이 보험의 본질에 반하거나 불공정한 법률행위로서 무효라고 볼 수 없다.

　　만약 손해가 제3자의 행위로 인해 발생했다면 보험금을 지급한 보험자는 제682조에 의해 보험계약자나 피보험자가 제3자에 대해 가지는 권리를 취득할 수 있는데 이러한 청구권대위는 구상권과는 다르다. 청구권대위는 보험사고를 야기한 제3자가 피보험자가 우연히 체결한 보험계약에 의해 자신의 책임을 부당하게 부담하지 않게 되는 것을 막기 위해 정책적으로 인정된 제도이다.

---

126) 한기정, 21면.
127) 대판 1992. 5. 12, 92다4345.

4. 자가보험(自家保險)

한 경제주체가 자신이 소유하고 있는 다수의 공장, 건물, 선박 등 동종의 재산에 관해 발생할 수 있는 우연한 손해 또는 지출에 대비하고자 스스로 사고 발생률을 계산하여 산출된 일정한 금액을 각 사업연도마다 적립하여 손실적립금을 확보하고 실제로 손해의 발생이 현실화되었을 때 적립된 금액을 통해 발생한 손해를 전보하는 제도를 자가보험(self-insurance)이라 한다. 위험률을 측정하고 계산에 의해 일정 금액을 적립하는 면에서 볼 때 보험과 유사한 면이 있다. 그러나 위험단체 내에서 위험을 분담, 전가하지 않고 손실발생위험을 기업이 스스로 보유, 부담한다는 면에서 보험과 근본적으로 다르다. 자가보험은 보험에 비해 사업비 등의 부가보험료를 절감할 수 있어서 위험비용을 낮출 수 있다. 또한 보험회사로부터 거절되는 위험에 대해서도 관리가 가능하다는 장점이 있으나, 예상을 뛰어넘는 대형사고가 발생하거나 사고발생에 대한 예측이 어긋나는 경우에는 재정적 위험에 직면할 수 있다는 단점도 있다.128)

5. 도박 · 복권(福券)

도박이나 복권은 승부의 결정 또는 당첨 등의 불확정적이고 우연한 사건에 의해 금전이나 기타의 재물이 지급된다는 점에서 사행계약적 성질을 갖는 보험과 유사한 면이 있다. 특히 복권의 경우에는 많은 인원을 대상으로 하며 과학적이고 수학에 기초한 확률적 계산을 토대로 하여 대수의 법칙이 적용되기도 한다. 그러나 도박이나 복권에는 위험을 분산하고자 하는 위험단체의 개념이 없다. 대신에 이익을 제공하려는 측면이 강하다. 물론 급여가 이득을 주는 것이라고 해서 모두 도박인 것은 아니다. 공서양속의 관점에서 이익을 제공하는 것이 부당하다고 판단되는 경우에만 도박이 된다.129) 보험이라는 제도가 가능하면 회피하고 싶은 우연한 사고로 인해 야기된 경제적 손실을 원상으로 회복시킨다는 취지임에 비해, 도박이나 복권은 그 사고의 발생을 적극적으로 원하고 그 우연한 사고에 의해 일확천금을 노리는 점에서 구별될 수 있다.130)

128) 과거 자동차손해배상보장법에서 일정 수 이상의 자동차를 가진 정부관리기업체는 주무장관으로부터 자동차손해배상자가보장의 허가를 받아 자동차의 운행으로 야기된 대인배상책임에 관한 자가보장을 하도록 한 바 있다. 서헌제, 10면; 양승규, 24면; 정찬형, 523면 각주 1; 최준선, 38면; 임용수, 7면; 정동윤, 453면; 보험연수원(편), 보험심사역 공통 1 교재, 2016, 27면.
129) 한기정, 20면.
130) 사법연수원, 보험법연구, 2면; 이기수/최병규/김인현, 4면; 서헌제, 12면; 정동윤, 452면; 최준선, 38면; 정찬형, 523면 각주 2; 임용수, 6면; 양승규, 26면.

6. 상호부금 · 계

상호부금 또는 계는 일정한 수의 계좌와 부금을 정하고 다수의 가입자에게 부금(계금)을 납부하게 하여 총 기금을 마련하고 추첨 등의 방식에 의해 당첨된 가입자에게 일정한 금전을 지급하는 것이다. 그러나 부금 등이 대수의 법칙에 의해 산출된 것이 아니고 개인의 부금액의 합계액과 급여금액이 거의 동일하며 수지상등의 원칙이 개인별 가입자에게 성립된다는 점에서 보험제도와 차이가 있다. 영리보험에서는 수지상등의 원칙이 보험가입자 개개인에게 성립되지는 않는다.[131]

Ⅳ. 보험사업에 대한 감독과 규제

보험사업은 국가의 엄격한 감독과 규제의 대상이 된다. 보험업법은 보험사업과 보험회사에 대한 국가의 허가와 영업활동에 대한 실질적인 규제와 감독에 대해 정하고 있다(실질적 감독주의). 보험에 대한 감독기관으로는 기획재정부, 금융위원회 및 금융감독원이 있다. 기획재정부는 과거에는 보험업의 인 · 허가 등에 대한 권한을 가지고 있었으나, 보험업법의 개정에 따라 인 · 허가권이 금융위원회로 이관되었다. 기획재정부는 보험정책의 수립, 보험업법시행규칙 및 보험업법에 의해 위임된 법령의 정비 등에 대한 권한을 가지면서 간접적으로 감독업무를 수행하고 있다. 금융위원회가 보험감독의 주무관청이다. 보험사업에 대한 허가, 제재, 해산 등 보험업에 대한 전반적인 감독권한을 가지는데 이를 위해 보험업감독규정을 제정하여 감독업무를 시행하고 있다. 보험회사의 해산결의, 합병, 보험계약의 이전, 영업양도, 양수의 경우 금융위원회의 인가가 필요하다. 보험업의 허가를 받을 수 있는 자는 주식회사, 상호회사와 외국보험회사에 한하며 보험종목별로 허가를 받아야 하는데 신청서와 함께 정관, 업무개시후 3년간의 사업계획서, 경영하고자 하는 보험종목별 사업방법서, 보험약관, 보험료 및 책임준비금산출방법서 기타 대통령령이 정하는 서류를 함께 첨부하여야 한다. 보험업법 또는 동법시행령에서 따로 정하고 있는 경우 외에는 생명보험업과 손해보험업을 겸영하지 못한다(보험업법 제4조, 제5조, 제10조).

금융위원회는 보험업법에 의한 업무의 일부를 보험업법시행령이 정하는 바에 따라 금융감독원장에게 위탁할 수 있다(보험업법 제194조 제3항). 금융감독원은 보험사업에 대한 세부적인 감독기관으로서의 역할을 한다. 금융감독원은 금융위원회의 지시 및 감독 하에 검사와 감독업무를 수행하게 되는데 보험사업자의 업무 및 자산상황에 대해서는 독립적인

---

131) 정동윤, 453면; 정희철, 340면.

검사권을 가진다(금융위원회의 설치 등에 관한 법률 제37조, 보험업법 제133조 제2항). 여기에서 보험사업자의 업무란 보험의 모집, 보험료 수납, 보험자산 운영 및 보험금 지급과 관련된 모든 사항을 말하며, 자산상황은 자본, 재무건전성 또는 보험금 지급능력에 관한 것을 말한다. 보험모집자에 대한 규제, 보험안내자료 내용에 대한 규제, 통신수단에 의한 모집에서의 일정 규제, 모집단계에서 요구되는 설명의무 등에 관한 규정을 두면서 위반에 대한 보험회사의 책임을 엄격하게 묻고 있다. 불완전 판매나 불공정 영업행위에 대한 규제도 중요하며, 보험회사의 자산운용 규제는 보험회사의 재무건전성을 확보하여 보험금 지급능력을 강화하기 위한 규제이다. 보험계약자 보호를 위해 자산운용상의 일정 비율을 규정하고 있고, 책임준비금 등의 적립의무, 유배당 상품의 경우 구분계리 의무 등을 규정하고 있다. 금융감독원은 보험회사를 검사함에 있어서 당해 회사에게 자료제출 요구를 할 수 있는 권한이 있다.132) 한편 금융감독원장은 업무의 일부를 대통령령이 정하는 바에 따라 보험협회의 장 등에게 위탁할 수 있다(보험업법 제194조 제4항).

　금융위원회와 금융감독원의 구체적인 권한과 감독 및 규제의 내용에 대해서는 보험업법, 동법시행령, 동법시행규칙, 보험업감독규정 및 보험업감독업무시행세칙에서 상세히 정하고 있는데, 이들 법령과 규정은 빈번히 개정작업이 이루어지고 있다.133) 금융감독당국이 행정지도를 통해 보험회사를 상대로 감독과 규제를 행하기도 하는데, 행정지도 내용을 수행하는 과정에서 보험회사들이 직접 또는 간접적으로 공동행위의 모습을 보이는 경우가 있다. 그런데 보험산업에도 경쟁원리가 적용되어야 한다는 취지에서 공정거래위원회는 보험산업에 「독점규제 및 공정거래에 관한 법률」을 적용하면서 보험업계의 공동행위에 대해 과징금을 부과하는 경우가 적지 않게 발생하고 있다. 보험회사로서는 금융감독당국에 의한 전문규제와 공정거래위원회에 의한 경쟁규제라는 중첩적(이중적) 규제를 받고 있고, 이로 인한 규제리스크의 증가문제가 발생하고 있다.134)

---

132) 장덕조, 40면.
133) 보험사업의 감독과 규제에 관하여, 양승규, 40-50면; 임용수, 16-19면; 김성태, 78-83면; 최기원, 22-32면, 장덕조, 34-43면.
134) 박세민, "행정지도에 따른 보험회사들의 공동행위에 대한 공정거래위원회의 해석에 대한 연구", 보험학회지, 제106집, 2016, 179면 이하.

보험계약법의 특성

제 2 장

Ⅰ. 보험법의 의의

　　보험법은 광의의 보험법과 협의의 보험법으로 나뉜다. 광의의 보험법은 보험관계 또는 보험제도를 규율하는 법규의 전체를 말하며 보험공법(공보험법)과 보험사법(사보험법)으로 나뉜다.[1] 보험공법은 보험에 관한 공법적 법규범을 의미하는데, 산업재해보상보험법이나 국민건강보험법 또는 무역보험법과 같은 공보험에 관한 법과 보험사업의 운영과 감독에 관한 보험업법이 그 예이다. 보험사법은 영리보험이나 상호보험과 같은 사보험에 관한 법규의 총체를 말하며 보험기업에 대한 조직법과 보험기업 활동에 대한 법이 있다. 상법 중 회사편(이른바 '회사법')과 보험업법이 조직에 관한 법규이며, 상법 중 보험편(이른바 '보험계약법' 또는 '보험법')과 보험업법 중에서 보험자와 보험계약자 간의 거래에 관한 일부 조문이 활동에 관한 법규이다. 보험사법을 보다 협의로 말한다면 사보험 중에서 영리보험에 관한 법규를 말하며, 영리보험자와 보험계약자간의 권리와 의무관계를 규율하는 법규 전체를 가리킨다.[2]

　　원래 보험은 상법총칙에서 정하고 있는 기본적 상행위의 하나로서(상법 제46조 제17호) 상법 상행위편에서 규정하여야 하지만, 보험법과 보험계약의 특수한 성격[3]으로 인해 보험계약관계를 상행위법과 별도로 규정하고 있다. 보험계약이 보험자와 보험계약자간의 합의에 의한 개별적 채권계약이라 하더라도 공공의 이익과 밀접한 관계가 있고 또한 보험계약의 단체적 성질을 고려할 때 상행위법상의 기본적인 원칙인 사적자치의 원칙을 보험계약에 그대로 적용할 수 없다.[4] 독일이나 일본 등 입법례에 따라서는 보험계약법을 상법

---

[1] 엄밀히 구분하면 보험공법과 공보험법 또는 보험사법과 사보험법은 구별된다. 정동윤, 461면; 정희철, 347면.

[2] 정찬형, 531면; 양승규, 52면; 서헌제, 39면; 임용수, 20면.

[3] 보험계약은 동일한 위험에 노출된 다수인들이 추상적으로 보험단체(위험단체)를 형성하고 여기에 대수의 법칙과 통계적 기술을 적용하여 보험료와 보험금을 산출하며 수지상등의 원칙을 유지하려는 점에서 일반적 상행위 및 상사계약과 다른 특성을 가지고 있다.

[4] 양승규, 58면; 서헌제, 39면.

에서 분리시켜 단행법 형식으로 보험법을 제정, 시행하기도 한다. 영국은 해상보험을 포함한 보험법 전 분야에서 전 세계 많은 국가에 커다란 영향을 끼치고 있다. 1906년도에 제정된 「해상보험법(Marine Insurance Act 1906)」은 해상보험뿐만 아니라 보험 전 분야에 대한 기본법으로 역할을 하고 있다. 영국에서는 「2012 소비자(고지 및 표시)보험법(Consumer Insurance (Disclosure and Misrepresentation) Act 2012)」 및 「2015 보험법(Insurance Act 2015)」이 제정되어 현재 시행 중에 있는데, 보험소비자 보호에 법 제정 및 개정의 초점이 맞추어졌다. 특히 이들 두 법률 제정으로 인해 기존의 Marine Insurance Act 1906의 일부 조문이 사문화되거나 적용범위가 제한되었다. 특히 보험계약은 더 이상 최대선의의 원칙에 기초하지 않으며 선의의 원칙에 기초하는 것으로 변경되었다. 한편 영국, 독일 등이 중심이 되어 유럽보험법의 통일화 작업(유럽보험계약법의 준칙, Principles of European Insurance contract Law)도 현재 진행되고 있다. 연방국가인 미국은 연방법으로서의 보험법은 별도로 없고 각 주에서 제정한 주법으로서의 보험(계약)법이 있는데 대표적인 것이 뉴욕주보험법이다.

Ⅱ. 보험계약법의 특성

1. 선의성과 윤리성

(1) 의   미

보험계약은 보험료를 납입하고 보험기간 중에 불확실하고 우연한 보험사고가 발생하게 되면 납입한 보험료에 비해 거액의 보험금을 받을 수 있는 점에서5) 사행계약(射倖契約)적 성격을 가진다. 따라서 보험계약에는 도덕적 위험의 문제가 본질적으로 존재하게 된다. 보험계약이 사행계약이라는 점에서 선의의 개념도 일반적 의미와는 다르다. 예를 들어 민법에서 선의란 어떤 사실을 알고 있는가의 문제와 관련되지만, 보험계약법에서의 선의 또는 악의는 사행계약성이 표출되지 않도록 하려는 의도와 관련되기 때문에 보험계약 당사자간의 윤리성과 정직성의 문제라 할 수 있다. 보험계약은 장기간의 보험기간 동안 존속하는 계속적 계약일 뿐만 아니라, 도덕적 위험의 우려가 있어 당사자의 윤리성과 선의성이 강하게 요구되는 특성이 있으므로 당사자 사이에 강한 신뢰관계가 있어야 한다. 따라서 보험계약의 존속 중에 당사자 일방의 부당한 행위 등으로 인하여 계약의 기초가 되는 신뢰관계가 파괴되어 계약의 존속을 기대할 수 없는 중대한 사유가 있는 때에는 상대방은 그 계약을 해지함으로써 장래에 향하여 그 효력을 소멸시킬 수 있다. 신뢰관계를 파

---

5) 이를 보험계약의 비등가성이라 한다.

괴하는 당사자의 부당한 행위가 해당 보험계약의 주계약이 아닌 특약에 관한 것이라 하더라도 그 행위가 중대하여 이로 인해 보험계약 전체가 영향을 받고 계약 자체를 유지할 것을 기대할 수 없다면, 특별한 사정이 없는 한 해지의 효력은 해당 보험계약 전부에 미친다고 보아야 한다.6) 보험계약이 범죄 등에 악용되게 되면 보험자에게만 불이익이 발생하는 것이 아니다. 보험계약이 악용됨으로써 보험자가 지급하게 되는 보험금은 지급하지 않아야 할 금액이 지급되는 것이다. 이러한 보험금의 누수는 보험회사의 손해율의 증가를 가져오고 위험단체의 원리상 보험료의 증액으로 이어져 다수의 선의의 보험계약자의 희생을 초래하기도 한다. 또한 보험사고의 우연성을 기초로 하는 보험제도의 뿌리를 흔들어 놓는 등 심각한 사회적 문제가 된다.7)

(2) 선의성 유지를 위한 제도

보험계약의 선의성을 유지하기 위한 제도적 장치로 보험사고의 객관적·주관적 확정의 효과(제644조), 고지의무제도(제651조), 위험변경증가의 통지의무제도(제652조), 사기로 인한 초과보험의 무효(제669조 제4항), 보험계약자 등의 고의·중과실에 의한 보험사고시 보험자의 면책(제659조), 보험사고 발생시 보험계약자의 통지의무(제657조), 손해방지의무(제680조) 등을 들 수 있다.8) 또한 중복초과보험의 경우 비례적 보상방법의 채택(제672조), 초과보험의 경우 보험금의 감액(제669조), 타인의 사망을 보험사고로 하는 경우 피보험자의 서면동의를 요구(제731조), 15세 미만자 등의 사망을 보험사고로 하는 계약의 무효화(제732조), 피보험이익이 없는 손해보험계약의 무효화 및 보험자대위 제도(제681조, 제682조) 등도 보험계약의 선의성을 유지하기 위한 것이다. 보험계약이 무효인 경우에 고의 또는 중과실이 있는 보험계약자는 보험자에게 보험료의 반환을 청구할 수 없도록 한 것도(제648조) 선의성을 유지하기 위함이다.

이러한 제도적 장치 이외에도 해석론으로서 보험계약이 보험금을 부정하게 취득하려는 목적 하에 체결되어 도덕적 위험이 수반되었음을 보험자가 입증한 경우에 선량한 사회질서 또는 신의칙 위반을 이유로 보험계약의 무효를 주장할 수 있도록 하는 것도 보험계약의 선의성을 유지하기 위함이다.9) 또한 일부 약관에서 시행하고 있는 의무적 면책금 제도(자기부담금 제도)나 현물보상제도도 선의성을 유지하기 위해 도입된 것이다.10)

---

6) 대판 2020. 10. 29, 2019다267020.
7) 사법연수원, 보험법연구, 12면.
8) 임용수, 22-23면; 정찬형, 532면; 양승규, 53-54면; 최준선, 49면; 정동윤, 463면.
9) 사법연수원, 보험법연구, 2007, 13면.
10) 서헌제, 40면.

[대법원 2000. 2. 11. 선고 99다49064 판결]

〈사실관계〉

원고의 사위는 자신의 아내(원고의 딸)를 살해하여 생명보험금을 편취하고자 아내를 보험계약자 겸 피보험자로, 보험수익자를 상속인으로 기재한 보험계약을 체결한 후 아내를 살해하였다. 이후 범행이 발각되어 범인인 원고의 사위가 보험금을 청구할 수 없게 되자 원고가 보험금을 청구하였다. 피고 보험회사는 비록 원고는 범행에 가담하지 않았지만 보험계약 자체가 무효이므로 원고도 보험금을 청구할 수 없다고 주장하였다.

〈주요 판시내용〉

생명보험계약은 사람의 생명에 관한 우연한 사고에 대하여 금전을 지급하기로 약정하는 것이어서 금전을 취득할 목적으로 고의로 피보험자를 살해하는 등의 도덕적 위험의 우려가 있으므로, 그 계약 체결에 관하여 신의성실의 원칙에 기한 선의(이른바 선의계약성)가 강하게 요청되는바, 당초부터 오로지 보험사고를 가장하여 보험금을 취득할 목적으로 생명보험계약을 체결한 경우에는 사람의 생명을 수단으로 이득을 취하고자 하는 불법적인 행위를 유발할 위험성이 크고, 이러한 목적으로 체결된 생명보험계약에 의하여 보험금을 지급하게 하는 것은 보험계약을 악용하여 부정한 이득을 얻고자 하는 사행심을 조장함으로써 사회적 상당성을 일탈하게 되므로, 이와 같은 생명보험계약은 사회질서에 위배되는 법률행위로서 무효라고 하여야 할 것이다(보험계약이 무효이므로 원고는 당연히 보험금을 청구할 수 없다).

(3) 보험금 부정취득 목적에 의한 보험계약 체결

보험계약의 사행계약성은 보험계약자에 의한 역선택 이외에도 보험금을 더 많이 받으려는 생각에서 다수의 보험계약을 체결하게 되는 경향이 있다. 다수 보험계약 체결 자체가 문제가 되지는 않는다. 손해보험에서는 보험가액 개념과 중복보험에 대한 규정(비례보상)이 있어서 손해보상의 원칙을 준수하려고 한다. 그러나 보험가액 개념이 없는 생명보험의 경우에는 중복보험의 문제가 발생하지 않으므로 다수의 보험계약을 체결하는 경우가 많다. 특히 생명보험과 관련된 보험범죄는 사람의 생명과 신체와 관련되므로 문제가 심각하다. 또한 처음부터 보험금을 부정하게 취득할 목적을 가지고 다수의 보험계약을 체결하는 사례도 적지 않다.

보험계약자의 반사회성 또는 사기 의도에 대해 법원은 ① 보험계약의 단기간 집중 체결 여부, ② 보험계약자의 직업 및 재산 상태와 보험계약 체결 경위, ③ 다수 보험에 중복적으로 가입할 특별한 이유 여부 및 집중 체결의 시기, ④ 보험의 성격(저축성인지 보장성인지), ⑤ 소득 대비 월 보험료 부담 정도, ⑥ 보험금 수령 총액의 사회적 상당성 초과 여부, ⑦ 보험계약체결 시 타사 가입 내역 등에 관한 허위 사실 고지 여부, ⑧ 보험사고 과장 여부, ⑨ 보험사고 우연성 여부, ⑩ 보험계약자의 의심스러운 행동 등 보험사고 전후의 정황, ⑪ 입원 치료의 필요성 및 입원 기간의 적정성 여부 등을 판단 기준으로 제시한 바 있다.11) 보험범죄 등에 관한 직접적인 증거가 없더라도 이들 기준을 적용하여 보험금 부정취득 목적을 추인할 수 있다는 것이 대법원의 입장이다.

> **[대법원 2020. 3. 12. 선고 2019다290129 판결]**
>
> 〈주요 판시내용〉
>
> 피고는 2005. 2. 4.부터 2011. 3. 4. 사이에 통상적으로 보험금 부정취득의 주된 유인이 되는 입원일당 보험을 보험사를 달리하여 11건이나 체결하였다. 특히 피고는 2009. 11. 27.부터 2011. 3. 14.까지 약 1년 4개월 사이에 이 사건 보험을 포함하여 7건의 입원일당 보험에 집중적으로 가입하였다. 피고가 이와 같이 단기간 내에 다수의 입원일당 보험계약을 체결하여야 할 합리적인 이유가 있는 것으로 보이지 않는다. 피고는 이 사건 보험을 포함한 11건의 입원일당 보험을 통하여 530,254,620원에 이르는 거액의 보험금을 지급받았다. 피고를 피보험자로 하여 가입한 원심판시 36건의 보험 중 이 사건 소송계속 중일 때까지 유지되던 보험의 월 납입 보험료가 1,533,216원이고, 그 중 상해나 질병으로 인한 입원일당이 보장되는 보험(이하 '입원일당 보험'이라 한다)의 월 납입 보험료만도 367,916원에 이른다. 그 외에도 피고의 남편 C를 피보험자로 하여 가입한 보험의 수도 수십 건에 이르렀던 것으로 보이므로 그로 인한 월 납입 보험료도 고액이었음을 충분히 예상할 수 있다. 반면 피고는 식당 종업원으로 일하다가 이 사건 보험계약 체결 무렵에는 아무런 직업이 없었다(피고는 'D사'라는 암자를 운영하고 있었다고 주장하지만, 설령 그렇다고 하더라도 그로 인한 수입의 발생 여부 및 액수를 알 수 있는 아무런 자료가 없다). 피고의 남편 C의 택시기사로 일하였으나, 그로 인한 수입을 알 수 있는 아무런 객관적인 자료가 제출되지 않았다. 따라서 피고가 자신의 경제적 사정에 비추어 부담하기 어려울 정도로 고액인 보험료를 정기적으로 불입하여야 하는 과다한 보험계약을 체결하였다고 봄이 타당하다.

---

11) 대판 2022. 4. 14, 2019다286441(1년 동안 8건의 보장성보험을 체결한 후 4년 9개월간 입원과 퇴원을 반복하면서 3억원에 달하는 보험금을 수령했다면, 이는 민법 제103조 위반으로 무효이며 보험금은 부당이득반환되어야 한다고 판시했다. 특히 법원은 입원과 수술치료의 원인이 된 병들이 통상적으로 여러 차례 수술을 받고 장기간 입원해야 하는 질병으로 보이지 않는다는 점을 지적했다); 대판 2020. 3. 12, 2019다290129; 대판 2019. 7. 25, 2016다224350; 대판 2015. 2. 12, 2014다73237; 대판 2009. 5. 28, 2009다12115; 대판 2014. 4. 30, 2013다69170; 대판 2005. 7. 28, 2005다23858; 김효신/김은수, "보험금 부정취득을 목적으로 하는 다수의 보험계약 체결에 관한 간접사실의 추인에 관한 연구", 영남법학 제44호, 2017, 31면 이하. 광주지법 2012. 11. 15, 2011가합9732; 전재중, "민법 제103조 위반을 이유로 한 보험계약 무효 인정 기준", 법률신문 판례해설, 2015. 10. 16.

[대법원 2014. 4. 30. 선고 2013다69170 판결]

〈주요 판시내용〉

보험계약자가 보험금을 부정취득할 목적으로 다수의 보험계약을 체결하였는지에 관하여는, 이를 직접적으로 인정할 증거가 없더라도 보험계약자의 직업 및 재산상태, 다수 보험계약의 체결 시기와 경위, 보험계약의 규모와 성질, 보험계약 체결 후의 정황 등 제반 사정에 기하여 그와 같은 목적을 추인할 수 있다. 특히 보험계약자가 자신의 수입 등 경제적 사정에 비추어 부담하기 어려울 정도로 고액인 보험료를 정기적으로 불입하여야 하는 과다한 보험계약을 체결하였다는 사정, 단기간에 다수의 보험에 가입할 합리적인 이유가 없음에도 불구하고 집중적으로 다수의 보험에 가입하였다는 사정, 보험모집인의 권유에 의한 가입 등 통상적인 보험계약 체결 경위와는 달리 적극적으로 자의에 의하여 과다한 보험계약을 체결하였다는 사정, 저축적 성격의 보험이 아닌 보장적 성격이 강한 보험에 다수 가입하여 수입의 상당 부분을 그 보험료로 납부하였다는 사정, 보험계약 시 동종의 다른 보험 가입사실의 존재와 자기의 직업·수입 등에 관하여 허위의 사실을 고지하였다는 사정 또는 다수의 보험계약 체결 후 얼마 지나지 아니한 시기에 보험사고 발생을 원인으로 집중적으로 보험금을 청구하여 수령하였다는 사정 등의 간접사실이 인정된다면 이는 보험금 부정취득의 목적을 추인할 수 있는 유력한 자료가 된다.

[대법원 2016. 1. 14. 선고 2015다206461 판결]

〈주요 판시내용〉

피고가 다수의 상해보험 등에 가입하여 월 120만원가량의 보험료를 지출하는 것이 사회통념상 지극히 이례적이라고 보기 어려운 점, 자신이 운영하는 식당에 손님으로 온 보험대리점장과 보험설계사들의 권유로 이와 같이 다수의 보험계약을 체결하게 되었다는 피고의 주장의 신빙성을 부정하기 어려운 점, 피고가 겪고 있는 병세는 대부분 일상적인 거동에 큰 장애를 일으키는 것이어서 피고가 입원의 필요성이 없음에도 위장입원을 하였다거나 그 입원기간이 사회통념상 지나치게 장기간이었다고 보기 어려운 점 등을 종합하여 피고가 보험금을 부정취득할 목적으로 이 사건 보험계약을 체결하였다고 볼 수 없다.

[대법원 2005. 7. 28. 선고 2005다23858 판결]

〈사실관계〉

원고의 아버지(소외 1)가 보험계약을 체결할 당시 원고의 가정형편은 매월 대출이자만 250만원에 이르렀음에도 불구하고, 미성년자인 원고와 원고의 동생 앞으로 약 1년간 25건의 보험계약이 집중적으로 체결됨은 물론 가족 전체로는 97건의 보험계약이 체결되어 한 달 보험료만 370만원이 넘는 상황이었다. 또한 원고의 아버지는 보험사고가 발생하지 아니하였음에도 사고가 발생한 것으로 하여 허위로 보험금을 청구하거나 위조된 의사의 입원 또는 치료 확인서를 제출함으로써 보험금을 편취하여 처벌 받은 적이 있었다. 원고의 보험금 청구에 대해 피고회사는 이 사건 보험계약은 원고의 아버지가 보험금의 부정취득을 목적으로 체결한 계약이어서 그 효력이 없다고 주장하며 보험금 지급을 거절하였다. 대출금을 갚지 못해 금융기관은 가압류를 신청했고, 다수의 보험계약 체결 당시에 특별한 수입이나 직업이 없어 부동산을 처분하거나 담보로 제공하면서 생활해왔으며, 체결된 보험계약에 의해 여러 차례에 걸쳐 이미 수억원의 보험금을 지급받았고 과거에 허위 보험금청구 및 위조된 치료확인서를 통해 보험금을 편취하거나 미수에 그쳐 형사처벌을 받은 경력도 있다.

〈주요 판시내용〉

보험계약자의 직업 및 재산상태, 다수의 보험계약의 체결 경위, 보험계약의 규모, 보험계약 체결 후의 정황 등 제반 사정을 고려하여 보면, 특별한 직업이나 수입이 없이 보유한 부동산을 처분하거나 담보로 제공하면서 생활해오던 소외 1(보험가입자)이 이 사건 보험계약을 체결한 것은 순수하게 생명, 신체 등에 대한 우연한 위험에 대비하기 위한 것이라고 보기는 어렵고, 오히려 보험사고를 가장하거나 혹은 그 정도를 실제보다 과장하여 보험금을 부정하게 취득할 목적으로 체결하였음을 추인할 수 있다고 할 것이어서, 이 사건 보험계약은 민법 제103조 소정의 선량한 풍속 기타 사회질서에 반하여 무효라고 보아야 할 것이다.

※ 반면 월 평균소득 250만원가량의 보험계약자가 보험료 월 500만원, 보험금 총액 약 50억원 정도 되는 53건의 보험계약을 체결하여 계약건수 및 보험금액이 지나치게 과다하다고 보이는 사건에 대해 계약기간이 장기(3년 내지 20년)이고 보험사고가 보험기간 중 발생하지 않는 경우에 계약기간 또는 일정한 기간이 경과하게 되면 보험수익자가 상당한 금액을 지급받기로 하는 저축적 성격의 보험도 다수 있는 점 등에 비추어 보험계약의 숫자가 많고 보험금이 다액이며 보험사고 발생경위가 석연치 않다는 사유만으로 반사회질서위반 또는 신의칙위배라고 보기 어렵다고 판시하기도 했다(대판 2001. 11. 27, 99다33311). 위 두 사건을 통해 단순히 보험계약의 건수나 보험금액 총액이 과다한 점만으로 반사회질서 또는 신의칙 위반으로 판단할 수 없고 보험계약자의 직업 및 재산상태, 다수의 보험계약의 체결 경위, 보험계약의 규모, 보험계약 체결 후의 정황 등 제반 사정을 고려해야 된다는 점을 엿볼 수 있다.[12]

[대법원 2009. 5. 28. 선고 2009다12115 판결]

〈주요 판시내용〉

민법 제103조에 의하여 무효로 되는 반사회질서 행위는 법률행위의 목적인 권리의무의 내용이 선량한 풍속 기타 사회질서에 위반되는 경우뿐만 아니라, 그 내용 자체는 반사회질서적인 것이 아니라고 하여도 법률적으로 이를 강제하거나 법률행위에 반사회질서적인 조건 또는 금전적인 대가가 결부됨으로써 반사회질서적 성질을 띠게 되는 경우 및 표시되거나 상대방에게 알려진 법률

---

12) 사법연수원, 보험법연구, 13면.

행위의 동기가 반사회질서적인 경우를 포함하고 보험계약자가 다수의 보험계약을 통하여 보험금을 부정취득할 목적으로 보험계약을 체결한 경우, 이러한 목적으로 체결된 보험계약에 의하여 보험금을 지급하게 하는 것은 보험계약을 악용하여 부정한 이득을 얻고자 하는 사행심을 조장함으로써 사회적 상당성을 일탈하게 될 뿐만 아니라, 또한 합리적인 위험의 분산이라는 보험제도의 목적을 해치고 위험발생의 우발성을 파괴하며 다수의 선량한 보험가입자들의 희생을 초래하여 보험제도의 근간을 해치게 되므로, 이와 같은 보험계약은 민법 제103조 소정의 선량한 풍속 기타 사회질서에 반하여 무효라고 할 것이다. 보험금을 부정취득할 목적으로 다수의 보험계약을 체결하였는지에 관하여 직접적인 증거가 없더라도 보험계약자의 직업, 재산상태 등 제반사정에 기하여 그 목적으로 추인할 수 있다. 과거 남편이 아내를 살해하도록 교사하였던 전력, 석연치 않은 보험사고 경위, 경제형편에 비해 지나치게 과다한 보험료 등 제반사정에 비추어 볼 때 다수의 보험계약은 보험금을 부정취득할 목적으로 체결한 것으로 추인되므로 민법 제103조에 정한 선량한 풍속 기타 사회질서에 반하여 무효이다.

법원은 이와 같이 판례를 통해 보험금 부정취득 목적 여부를 판단하기 위한 기준을 제시하고 있다. 그러나 매우 유사한 사실관계에 같은 기준을 적용하더라도 동일한 결론이 항상 도출되지는 않는다. 동일한 사실관계에서 같은 기준을 적용하고도 하급심과 상급심의 판단이 정반대인 경우도 많다. 또한 다수의 보험계약이 체결된 후 피보험자가 사망 또는 부상을 당한 사건과 관련하여 형사재판에서 예를 들어 살인죄에 대해 무죄판결이 선고된 경우에 보험금청구를 위한 민사소송에 어떠한 영향을 미칠 수 있는가의 문제도 있다.13) 보험금 부정취득 목적의 유무 문제는 사기죄 성립과도 관련이 있는데 보험사기에 대해서는 특별법인 보험사기방지특별법이 제정되어 적용되고 있다.

(4) 과다 보험금 수령과 사기죄

보험사고가 정상적으로 발생하여 보험금을 지급받을 수 있는 사유가 있더라도 이를 기화로 실제 지급받을 수 있는 보험금보다 다액의 보험금을 편취할 의사로 장기간의 입원 등을 통해 과다한 보험금을 지급받는 경우 지급받은 보험금 전체에 대하여 사기죄가 성립한다.14)

[대법원 2021. 8. 12. 선고 2020도13704 판결]

〈주요 판시내용〉
피고인들이 이 사건 각 보험계약에 따라 보험금을 지급받을 수 있는 질환을 가지고는 있었으

---

13) 황현아, "2020년 보험 관련 중요 판례 분석", KiRi 보험법리뷰 포커스, 2021. 2, 보험연구원, 14-15면.
14) 대판 2007. 5. 11, 2007도2134; 대판 2009. 5. 28, 2008도4665.

나, 피고인들의 통원치료 횟수와 기간이 통상의 경우보다 현저히 과다하고 통원치료 사이의 시간적 간격도 지나치게 짧으며, 의사들은 대부분 피고인들의 지속적인 통증 호소와 요구를 거부할 수 없어 피고인들에 대한 진료를 계속한 사실, 피고인들은 이 사건 각 보험계약을 체결하기 이전에는 해당 질환으로 통원치료 등을 받은 적이 거의 없다가 보험계약 체결 이후부터 통원치료 횟수가 갑자기 증가하였고, 동일한 질환에 대해 같은 날 여러 병원에서 진료를 받거나 같은 병원에서 함께 진료가 가능한 질환에 대해 여러 병원에서 나누어 진료를 받은 사실, 피고인들은 위와 같이 여러 병원에서 동시에 진료를 받고 있는 사정을 의사들에게 알리지 않았고, 의사들로부터 상급병원에서의 진료나 수술을 권유받고도 이를 거부한 채 기존의 통원치료만을 고집하였으며 의사가 정해준 진료 일정에 따르지 않고 수시로 병원을 방문해 진료를 요구한 사실, 피고인들은 진료 후 처방받은 약을 조제해 가지 않거나 처방받은 물리치료를 받지 않은 경우가 다수 있었던 사실, 피고인 2, 피고인 3, 피고인 4는 같은 날 20분 내지 30분 간격으로 여러 병원에 진료예약을 하고 각 병원에서 물리치료를 받은 것처럼 보험금을 청구한 내역이 다수 있는데, 통상 물리치료에 소요되는 시간과 병원 간 이동시간 등을 고려하면 이는 허위로 보험금을 청구할 의도로 진료예약을 한 것으로 보이고, 피고인 1의 경우 그 배우자만 병원 진료를 받았음에도 위 피고인이 함께 병원 진료를 받은 것처럼 가장하여 보험금을 청구한 사례가 다수 있는 사실 등을 인정하고, 피고인들이 보험금을 지급받을 수 있는 질환을 어느 정도 가지고 있음을 기화로 여러 병원에서 장기간에 걸쳐 과다하게 통원치료를 받은 후 실제 지급받을 수 있는 보험금보다 많은 보험금을 청구하는 방법으로 보험회사를 기망하여 전체 통원치료 횟수에 대한 보험금 전액을 수령함으로써 이를 편취한 것으로 인정된다.

(5) 보험사기 현황, 보험사기방지특별법

(가) 보험사기 현황

보험사기는 선량한 보험계약자에게 피해를 입히고 도덕적 해이와 범죄를 유발하며 보험금의 누수를 통해 보험계약의 단체성을 심각하게 훼손하게 되며 궁극적으로 보험료의 인상을 초래하는 등 갈수록 심각한 사회문제로 대두되고 있다.15) 금융감독원의 발표자료에 따르면 2023년 보험사기 적발금액은 1조 1,164억원이며, 적발인원은 109,522명으로 전년 대비 각각 3.2%와 6.7% 증가했다. 보험종목별 적발 금액은 자동차보험과 장기보험이 대부분을 차지하는데 자동차보험에서의 적발 금액이 5,476억원으로 전년 대비 16.4% 증가

---

15) 보험사기의 문제에 관하여는 박세민, "보험사기에 대한 현행 대응방안 분석과 그 개선책에 대한 연구" 저스티스, 통권 111호, 2009; 강영기, "보험사기와 보험계약에서의 사기무효조항의 필요성에 관한 소고", 금융법연구 제13권 제1호, 2016; 양기진, "보험사기 방지를 위한 보험계약법 개정방향", 법학연구 제55권 제3호, 2014; 장덕조, "사기적 보험금청구―상법 보험편 개정안 비판", 인권과 정의, 제386호, 2008; 한기정, "사기에 의한 보험금청구에 관한 연구", BFL, 제56호, 2012; 최세련, "보험사기의 방지를 위한 제도개선방안에 대한 검토", 경영법률 제21집 제2호, 2011; 최병규, "보험사기의 문제점과 쟁점 분석", 상사판례연구 제19집 제3권, 2006.

했고, 장기보험에서의 적발금액도 4,840억원에 이르고 있다. 보험사기 유형별로 적발 금액을 보면 사고 내용 조작이 60%에 이르고 있고, 허위사고(19%), 고의사고(14.3%) 순서이다. 사고 내용 조작을 세부적으로 보면 진단서 위·변조 및 입원수술비 과다청구가 18.2%, 자동차사고 운전자·피해물·사고일자 조작 및 과장이 17.6%, 음주·무면허 운전이 12.9%이며, 허위사고 유형 중에서는 질병의 상해사고 위장이 11.5%로 가장 높았다. 보험사기 연루 연령대별로는 50대(22.8%)의 적발 비중이 가장 높았고 60대 이상 고령층 보험사기 비중도 2022년 22.2%에서 2023년에는 22.6%로 증가했다. 20대는 주로 자동차관련 사기가 많았고, 60대 이상은 병원관련 사기가 많은 것으로 나타나고 있다.[16)

　　민법 제110조에 의해 사기에 의한 보험계약에 대해 취소권 행사가 가능하지만 보험사기 예방 효과는 거의 없다. 민법 제146조에서 정하고 있듯이 민법상 사기에 의한 의사표시의 취소는 추인할 수 있는 날로부터 3년 내 또는 법률행위를 한 날로부터 10년 내에 행사하여야 하는 취소권 행사기간의 제한이 있다. 또한 사기에 의한 초과보험이나 중복보험에 대해서도 보험법에서 별도로 규정하고 있으나(제669조 제4항, 제672조 제3항), 이들 조항은 손해보험에만 적용되는 것이어서 그 한계가 있다. 인보험에는 이들 조항이 적용되지 않기 때문에 보험계약자 겸 피보험자가 자신의 소득과 비교할 때 상당성을 일탈한 수준의 과다한 보험료를 납입하면서 단기간에 다수의 생명보험계약 또는 기타 보장성보험을 집중 체결하는 경우가 많다.

　　2008년 국회에 제출되었던 구 보험법개정안 제655조의2에서 보험계약의 당사자 또는 피보험자의 사기에 의해 체결된 보험계약은 이를 무효로 처리하며 보험자는 그 사실을 안 때까지의 보험료를 청구할 수 있으며, 다만 인보험에서는 보험수익자를 위하여 적립한 금액은 보험계약자에게 지급하도록 규정한 바 있다. 또한 사기에 의한 보험금청구에 대해 보험자를 면책 처리하는 내용이 포함되기도 했다. 그러나 보험사기의 효과를 취소가 아니라 무효로 하는 것에 대한 반대의견이 심하여 국회에서 실질적인 심사조차 이루어지지 못한 채 폐기된 바 있다. 이는 2013년 개정안에 대해서도 마찬가지였다.[17) 입법적으로 사기청구에 대해 해지권과 함께 보험자의 면책을 인정하되 과다하게 청구한 부분이 경미하거나 수개의 보험목적에서 과다청구와 관계없는 보험목적에 대한 청구에는 보험자 면책이 이루어지지 않도록 하는 내용이 포함되어야 할 것이다.[18) 영국이나 호주의 입법례에서도

16) 금융감독원 보도자료, "2023년 보험사기 적발현황", 2024년 3월 6일.
17) 개정안에 찬성하는 견해로는 한기정, 338면, 장경환, "보험사기에 관한 상법개정안의 개관", 법조 제56권 2007, 85-87면. 보험자의 해지권도 필요하다는 견해 배현모, "화재보험에서 사기적 보험금청구의 규율 방향에 관한 고찰", 저스티스 제125권, 2011, 50면. 보험자의 면책이 남용되지 않도록 재검토해야 한다는 견해, 한창희, "사기적 보험금청구", 법조 제57권, 2008, 74-75면. 과다하게 청구한 경우 보험자 면책은 부당하는 이유로 개정안에 반대하는 견해 장덕조, "사기적 보험금청구—상법 보험편 개정안 비판", 인권과 정의 386권, 2008, 65면. 이에 대해 한기정, 338면 참조.
18) 同旨: 한기정, 339면.

과다청구에 관해 보험자 면책을 인정하고 있고 독일에서도 사기적 청구에 관한 보험자 면책조항을 인정하고 있다.

한편 보험업법에서는 보험계약자, 피보험자, 보험금을 취득할 자, 그 밖에 보험계약에 관하여 이해관계가 있는 자는 보험사기행위를 하여서는 아니 된다고 정하고 있고19) 보험회사의 임직원, 보험설계사, 보험대리점, 보험중개사, 손해사정사, 그 밖에 보험 관계 업무에 종사하는 자는 ① 보험계약자, 피보험자, 보험금을 취득할 자, 그 밖에 보험계약에 관하여 이해가 있는 자로 하여금 고의로 보험사고를 발생시키거나 발생하지 아니한 보험사고를 발생한 것처럼 조작하여 보험금을 수령하도록 하는 행위 ② 보험계약자, 피보험자, 보험금을 취득할 자, 그 밖에 보험계약에 관하여 이해가 있는 자로 하여금 이미 발생한 보험사고의 원인, 시기 또는 내용 등을 조작하거나 피해의 정도를 과장하여 보험금을 수령하도록 하는 행위를 하여서는 안된다고 규정하고 있다.20) 그러나 이들 조항 역시 선언적 의미에 불과하여 보험사기 예방효과는 거의 없다.21)

(나) 보험사기방지특별법의 제정

본래 보험사기에 대해서는 형법상의 사기죄가 적용되었고, 사기로 취득한 금액이 5억원이 넘는 경우에는 특정경제범죄가중처벌 등에 관한 법률이 적용되었다. 그러나 심각한 수준의 보험사기 부작용에 대한 사회적 인식은 이에 대한 특별법의 제정을 촉구하게 되었고 2016년 9월 30일부터 「보험사기방지특별법」이 시행되고 있다. 본 법에서는 보험사기행위로 보험금을 취득하거나 제3자에게 보험금을 취득하게 한 자는 10년 이하의 징역 또는 5천만원 이하의 벌금에 처하도록 하고 있고(동법 제8조), 상습범에게는 그 죄에 정한 형의 2분의 1까지 가중하며(동법 제9조), 미수범을 처벌토록 하고 있다(동법 제10조). 보험사기행위가 의심되면 보험회사는 금융위원회에 보고할 수 있도록 했고(동법 제4조), 보험회사와 감독기관 등은 보험사기가 의심되면 수사기관에 고발 또는 수사의뢰하도록 했다(동법 제6조).

그런데 특별법상 기망행위의 대상을 보험사고에 한정시킴으로써 계약체결 과정에서의 기망행위에 대한 규제가 어렵게 되었고, 보험사기죄 실행착수 시기도 보험금 청구시로 제한함으로 인해 오히려 형법상의 사기죄에 비해 적용범위가 협소해졌다는 강한 비판이 제기되고 있다.22) 보험사기죄의 신설에 있어서 형벌 가중이라는 점 이외에 구성요건과 법정형에서 기존 사기죄와의 차별성을 찾을 수 없다는 비판도 제기된다.23)

---

19) 보험업법 제102조의2.
20) 보험업법 제102조의3.
21) 보험업법 제86조 제2항, 제88조 제2항, 제90조 제2항에서 보험업무 종사자가 보험사기행위에 연루된 경우 업무종사자의 등록을 취소할 수 있도록 규정하고 있다.
22) 박세민, "보험사기방지특별법상 기망행위의 적용대상과 보험사기죄 실행착수시기에 관한 비판적 분석", 경영법률 제30집 제3호, 2020, 323-357면.
23) 김슬기, "제정 보험사기방지특별법에 대한 형사법적 검토", 연세법학 제27호, 2016, 80면; 맹수석, "보험계약법상 보험사기에 대한 입법의 필요성 여부", 보험법연구 제11권 제1호, 2017, 178면.

보험사기에 대한 검찰처분 결과를 보면 2022년 기준으로 구약식과 기소유예 처분 비중이 높은 것으로 나타나고 있다. 2022년에 7,385명이 보험사기죄로 검찰처분을 받았는데, 이 중 2,845명이 기소되었고 이 중 구약식으로 처리된 경우가 1,616명이다(기소된 경우의 56.8%). 불기소된 사람은 1,460명이고 이 중 1,268명이 기소유예 처분을 받았다(불기소된 경우의 86.8%). 일반사기죄는 기소된 경우 중 구약식 비중이 30.9%, 불기소된 경우 중 기소유예 비중은 61.8%인 것과 비교된다. 보험사기죄에 대한 제1심 형사법원의 선고결과를 보면 2022년 수치상으로 일반사기죄와 비교할 때 벌금형의 비중이 높고 징역형 실형의 비중은 낮은 것으로 나타나고 있다. 2022년 제1심 형사재판에서 처리된 결과 중 벌금형 및 벌금형의 집행유예가 선고된 비중이 일반사기죄가 7.5%인데 비해 보험사기죄는 39.6%이다. 또한 2022년 기준으로 일반사기죄에서는 유기징역의 실형 선고 비중이 60.8%인데 비해 보험사기죄의 경우엔 22.5%에 불과하다.[24] 이러한 경향은 보험사기라는 심각한 사회적 문제 해결에 전혀 도움이 되지 않고 있다.

(다) 보험사기 방지를 위한 제언

보험회사는 보험사기 방지를 위한 사전적 예방 효과를 고려하면서 보험상품을 설계하는 노력을 해야 한다. 특별한 이유없이 지나치게 고액의 보험금이 지급될 수 있는 내용의 상품설계를 가급적 제한할 필요가 있다. 시스템을 통해 고액의 다수보험계약 체결 여부를 계약 체결과정에서 엄격히 걸러내며, 회사마다 보험가입인수 한도를 적정하게 준수하도록 해야 할 것이다. 보험계약자 측이 이에 대한 고지 및 통지의무를 위반하면 보험자는 계약해지권을 적극적으로 행사해야 한다. 자살면책기간(2년)이 경과한 후라도 보험금만을 노린 고의적 자살에 대해서는 보험금의 감액 문제를 긍정적으로 고려해 볼 수 있을 것이다. 아울러 자살면책기간을 현행 2년에서 더 장기간으로 연장하는 것도 고려해 볼 수 있을 것이다.[25] 무엇보다도 보험사기를 예방하고 적발하는 것은 보험회사를 위한 정책이 아니라 보험제도의 선의성을 유지하고 보험단체 내의 선량한 보험가입자를 보호하면서 인위적인 보험료 인상의 안정적 억제를 위한 것이라는 사회 일반의 인식 제고가 필요하다. 또한 본격적인 사회진출을 앞둔 연령대의 청소년들을 대상으로 보험에 대한 객관적이고 올바른 교육이 요구된다. 이러한 교육은 보험감독기관, 보험협회, 경찰, 보험소비자 단체 등이 공동으로 운영, 실시해야 할 것이다.

---

24) 보험연구원, KiRi 보험법리뷰, "최근 보험사기 적발 및 처벌현황", 보험연구원, 2024. 4. 15.
25) 同旨: 김선정, "장해보험금을 지급받은 피보험자가 사망한 경우 보험자의 사망보험금지급책임—대법원 2013. 5. 23, 2011다45736 판결", 기업법연구 제27권 제3호, 2013, 252면.

2. 공공성과 사회성

　　보험제도의 사회에서의 역할 등을 고려할 때 보험은 보험회사의 영리사업임에도 불구하고 공공성과 사회성을 가지게 된다. 이에 따라 보험자 자격에 대한 허가, 보통보험약관이나 보험료율에 대한 인가제 등 보험사업의 운영과 감독에 대한 국가의 개입이 인정되고 있다.26) 이러한 이유에서 사법(私法)인 보험계약법에도 공공성을 가진 내용이 존재한다. 제663조에서 규정하는 불이익변경금지의 원칙도 이러한 성격이 반영된 것이다.27) 이에 따라 보험계약은 개별적인 채권계약임에도 불구하고 계약자유의 원칙이나 사적자치의 원칙이 그대로 적용될 수 없다.

3. 기 술 성

　　보험계약은 동일한 위험에 놓여 있는 다수의 가입자들로 구성되는 추상적인 보험단체 내에서 정확하게 위험의 크기를 측정하고 이를 기초로 하여 가입자가 부담해야 하는 보험료와 보험사고 발생시 보험자가 지급해야 하는 보험금이 정해지는 특성이 있다. 위험의 크기에 따른 보험료가 개별적으로 산정되면서 급여·반대급여 균등의 원칙을 실현하게 되는 것이다. 이를 통해 지급하여야 할 보험금의 총액 및 사업비와 수령하는 보험료의 총액이 균형을 이루어야 한다. 보험제도는 위험단체 내에서 대수의 법칙을 적용하여 보험사고 발생에 대한 확률을 계산하고 이를 기초로 해서 수지상등의 원칙을 구현하는 특성이 있다. 이렇게 수리적 계산을 기초로 하는 점에서 보험제도는 기술적 구조를 가지며 이를 규율하는 보험계약법도 자연히 기술적 성격을 가진다. 보험계약 체결에 있어서 중요한 사항을 보험자에게 알리도록 하는 고지의무(제651조) 또는 위험변경 증가에 대한 통지의무(제652조)는 위험측정에 필요한 자료를 보험자에게 제공하는 것으로서 보험계약의 기술적인 성격에 의해서도 요구되는 것이다.28) 보험자가 보험료의 산정을 위한 위험측정의 단위로 삼는 일정한 기간을 보험료기간이라 한다. 예를 들어 1년의 보험기간이 여러 개의 보험료기간으로 구분될 수 있는데, 어느 한 보험료기간에 해당하는 보험료는 이를 더 이상 세분화할 수 없다는 원칙을 '보험료불가분의 원칙'이라 한다. 이 원칙은 지급보험금과 보험료

---

26) 대판 1990. 6. 26, 89도2537; 사법연수원, 보험법연구, 9면. 불공정한 내용의 개별 보험약관이 사용되는 것을 방지하고 보험계약자를 보호하기 위해 금융감독원장이 정한 일정한 보험약관을 표준약관이라 하며, 보험업감독업무시행세칙 〔별표 15〕에서 보험종목별로 구체적으로 정하고 있다. 이현열, "개정 표준약관 개관", 보험법연구 제4권 제1호, 2010, 139면.

27) 임용수, 22면; 양승규, 56면; 정동윤, 464면; 최기원, 35면; 한기정, 67면.

28) 최기원, 34면; 양승규, 54면; 정동윤, 463면.

총액과의 균형을 위한 것으로서 보험계약의 기술적 성격에서 요구된다.29)

4. 단 체 성

보험계약이란 보험자와 보험계약자간에 개별적으로 이루어진 채권계약에 불과하며 상호보험이 아닌 한 보험계약자들 간에는 아무런 법적인 관계가 없다. 그런데 보험계약은 동일한 위험에 놓여 있는 다수인으로 구성된 보험단체라는 추상적인 위험단체를 개념적으로 가지게 되고 구성원 1인에게 보험사고가 발생한 경우 구성원 전체가 그 손해를 전보해 준다는 측면에서 보험계약법은 단체법적 성격을 가지게 된다. 즉 개별위험이 위험단체 내에서 다수에게 분산되는 것이 보험계약이 갖는 특징이며 이러한 차원에서 보험계약법이 단체법적 성질을 갖는 것이다.

개개인이 체결한 개별적인 보험계약에서는 보험료와 보험금 사이에 등가성 원리가 적용되지 않을 수도 있다. 그러나 위험단체의 개념과 그 구조 측면에서 볼 때는 보험료의 총액과 보험금의 총액에 등가성 원리 및 수지상등의 원칙이 적용된다. 보험업법 제98조의 특별이익제공금지30)나 동법 제140조 제1항의 보험계약의 포괄적 이전의 허용,31) 보험약관의 해석원칙 중 보험계약자 평등대우의 원칙, 그리고 보험약관 구속력의 근거로서 법규범적 성질을 인정하는 것 등은 보험계약의 단체적 성격이 반영된 것이라 할 수 있다.

특별이익제공금지가 보험계약의 단체성과 실무적으로 문제가 되는 것은 채권계약으로서의 개별적인 계약법적 특성과의 조화 문제 및 보험계약자와 보험단체의 이익을 어떻게 적절하게 균형을 이루는가 하는 것과 관련될 수 있기 때문이다.32) 특별이익제공 금지규정

---

29) 정동윤, 463면; 최기원, 34면.

30) 제98조(특별이익의 제공 금지) 보험계약의 체결 또는 모집에 종사하는 자는 그 체결 또는 모집과 관련하여 보험계약자나 피보험자에게 다음 각 호의 어느 하나에 해당하는 특별이익을 제공하거나 제공하기로 약속하여서는 아니 된다. 1. 금품(대통령령으로 정하는 금액을 초과하지 아니하는 금품은 제외한다) 2. 기초서류에서 정한 사유에 근거하지 아니한 보험료의 할인 또는 수수료의 지급 3. 기초서류에서 정한 보험금액보다 많은 보험금액의 지급 약속 4. 보험계약자나 피보험자를 위한 보험료의 대납 5. 보험계약자나 피보험자가 해당 보험회사로부터 받은 대출금에 대한 이자의 대납 6. 보험료로 받은 수표 또는 어음에 대한 이자 상당액의 대납 7. 「상법」제682조에 따른 제3자에 대한 청구권 대위행사의 포기. 대판 2005. 7. 15, 2004다34929에서 보험회사 임원이 보험계약을 체결하기 위해 보험계약자의 회사채를 유통금리보다 낮은 표면금리에 의해 매입한 것은 보험업법상 특별이익제공금지에 해당된다고 했다.

31) 140조(보험계약 등의 이전) ① 보험회사는 계약의 방법으로 책임준비금 산출의 기초가 같은 보험계약의 전부를 포괄하여 다른 보험회사에 이전할 수 있다.

32) 정희철, 349면; 최준선, 149면; 양승규, 54-55면, 83-85면; 임용수, 21-22면; 정찬형, 532-533면. 이러한 단체성은 상호보험에서는 보험관계가 사단관계인 점에서 직접적으로 나타나지만, 영리보험에서는 개별적인 보험계약에 의하여 형성된 모든 보험계약자에 대하여 보험의 기술적 성질에 의하여 인정하는 것이므로 간접적으로 나타나는 것이라고 볼 수 있다; 최기원, 34면은 조직법적 원칙에 의해 채권계약의 효력을 지나치게 구속하는 것은 무리라고 하면서 위험단체성의 고려는 보험사업의 감독 등에 관한 보험공법에 맡기는 것이 타당하다고 주장한다; 정동윤, 464면은 보험제도의 단체성을 강조하는 나머지 채권계약의 효력을 지나치게 제약하는 것은 허용되지 않는다고 본다.

을 위반한 경우에 보험계약 자체가 무효가 되는 것으로 해석하는 견해가 있는데, 이는 보험계약의 단체적 성질을 강조하여 본 조문을 효력규정으로 보는 것이다.[33] 그러나 특별이익이 제공된 경우에 보험계약 자체를 무효로 할 것이 아니라 특별이익 제공에 관한 약정 부분만을 무효로 보는 것으로 타당하다고 여겨지며 이러한 취지에서 본 조문은 단속규정으로 보는 것이 합리적이다. 보험계약의 단체적 성질을 개별 채권계약으로서의 보험계약에 대한 상위개념으로 보는 것은 무리가 있기 때문이다.[34] 판례 중에 특별이익 약정 부분만 무효로 보고 보험계약의 효력은 그대로 인정한 것이 있다.[35]

　　보험계약의 포괄적 이전이 보험계약의 단체적 성질과 연결되는 이유는 개별 보험계약만 이전한다면 위험의 분산이 이루어지기 어렵기 때문이다.[36]

　　보험계약법의 단체법적 성질과 관련하여 개별약정과 약관설명의무 위반 취급 문제도 있다. 예를 들어 보험자가 약관의 내용보다 보험계약자 측에게 유리한 내용으로 특정 보험계약자와 계약을 체결하거나 약관상의 면책사유를 보험자가 설명하지 않은 채 특정 보험계약을 체결하는 경우에 이는 마치 보험업법상 금지되는 특별이익을 제공한 것과 같다고 볼 수 있다. 판례는 이러한 경우에 보험계약법의 단체적 성질 보다는 일반적인 계약법에 따라 판단하고 있다. 즉 개별합의된 사실이 있으면 약관 내용보다 우선적으로 당사자 사이에 적용되는 것으로 해석하고 있다.[37] 이는 개별약정 우선의 원칙은 특별이익 금지의 원칙에 영향을 받지 않는다고 보는 것이다.[38] 이러한 태도는 타당하다. 또한 약관설명의무 위반에 대해서도 보험계약자로 하여금 해당 내용(예를 들어 설명되지 않은 면책사유)을 보험계약에서 배제할 수 있는 것으로 해석하고 있다.[39] 이 역시 단체법적 성질을 반영하지 않고 해석한 것이다. 이러한 해석 방향은 타당하다.[40]

　　보험계약법의 단체성은 특히 약관해석의 원칙에서 두드러진다. 약관해석원칙 중에 객관적 해석의 원칙이 있는데 그 주요 내용은 약관을 해석함에 있어서는 개별 계약당사자가 계약을 체결한 구체적 의도, 목적이나 의사를 기준으로 하지 않고 평균적 고객의 이해가능성과 보험단체의 이해관계를 고려하여 객관적, 획일적으로 해석해야 한다는 것이다.[41] 이는 보험계약법의 단체성이 강조된 것이다. 객관적 해석의 원칙이 약관을 해석하는 중요한 원리임에는 틀림이 없으나 보험계약자가 계약을 체결하는 구체적인 의도나 목적을 고

---

33) 김성태, 160면. 양승규, 55면도 효력규정으로 해석하는 것으로 보인다.
34) 同旨: 손지열, "보험외판원의 잘못된 설명과 개별약정의 성립", 민사판례연구 제12집, 1990, 243면; 장덕조, 112면; 한기정, 59면.
35) 대판 2001. 7. 10, 2001다16449.
36) 한기정, 60면.
37) 대판 1991. 9. 10, 91다20432.; 대판 1989. 3. 28, 88다4645.
38) 손지열, "보험외판원의 잘못된 설명과 개별약정의 성립", 민사판례연구 제12집, 1990, 243면
39) 대판 1998. 11. 27, 98다32564.
40) 同地, 한기정, 60면.
41) 대판 2013. 7. 26, 2011다70794; 대판 1995. 5. 26, 94다36704.

려하지 않는 것은 문제이다. 보험계약자로서는 보험자와 개별적인 채권계약으로서의 보험계약을 체결한 것이며, 보험계약의 단체성은 보험계약의 기술적 성격과 관련이 있다. 따라서 개별 보험계약자가 자신에게 귀책사유가 없는데도 단체적 성격으로 인해 아무런 법적 근거없이 불이익을 받아서는 안된다.[42] 다만 그 불이익이 개별 보험계약자를 대상으로 하는 것이 아니고 위험단체 내의 보험계약자 모두를 위한 것일 때, 특정 보험계약자 측에게 지급해야 하는 보험금을 삭감하거나 계약 조항을 변경하는 것은 가능하다고 판시한 오래된 판례가 있다.[43]

[대법원 1966. 10. 21. 선고 66다1458 판결]

〈사실관계〉

원고의 보험금 청구에 대해 피고 보험회사는 경영상 어려움을 이유로 주무부 장관으로부터 보험금을 감액하여 지급하도록 지시받았으므로 보험금의 일부밖에 지급할 수 없다고 하였다. 이에 원고는 이 조치가 재산권 침해라고 주장하며 보험금 전액의 지급을 청구하였다. 당시 피고 보험회사는 경영난으로 인한 책임준비금 부족으로 보험사업자단의 관리하에 있었고, 약정에 따르면 1000만원을 지급해야 하는데 430만원만 지급하려고 하였다.

〈주요 판시내용〉

보험계약관계는 동일한 위험 밑에 있는 다수인이 단체를 구성하여, 그 중의 한 사람에게 위험이 발생한 경우에 그 손실을 그 구성원이 공동하여 충족시킨다는 이른바 위험단체적 성질을 가지는 것이고, 따라서 보험계약관계는 위험충족의 관계에 있어서는 서로 관련성을 가진다는 전제에서, 그 법률적 성격을 관찰해야 할 것이다. 그러므로 동 조항에 의한 기존계약의 보험금액의 삭감을 당해 보험계약을 개별적으로 관찰할 때에는, 일견 불이익한 것 같더라도, 보험회사의 유지와 경영의 파탄을 구제하기 위하여 주무부장관이 위 조항에 따른 처분을 함으로써, 전체 보험가입자가 공평한 이익을 받을 수 있다면 그와 같은 조처를 하지 아니함으로써 그 보험회사가 파탄을 일으켜 보험금의 수령이 불가능하게 되는 것보다는, 전체 보험가입자의 입장에서는 유리할 뿐 아니라, 때에 따라서는 먼저 위험이 도래한 일부가입자는, 보험금 전액을 지급받을 수 있으나, 나머지 가입자는 그 지급을 받지 못하게끔 된다면, 이는 위험단체적 성질을 가진 보험계약의 특수성에 위배한다고 하지 않을 수 없다. 그러므로 보험가입자 사이의 형평의 유지와 공동의 이익을 위하여, 재무부장관에게 일정한 권한을 부여하는 위 보험업법 관련조문은, 헌법에 위배되는 법률이라고 할 수 없다. (현재는 보험계약의 이전제도에 의해 보호받고 있다.)

---

42) 박세민, "보험계약 및 약관 해석에 있어서 보험계약의 단체성과 개별성 원리의 조화 문제에 관한 소고", 보험학회지, 제93집, 2012, 1-52면; 손주찬, 478면; 정동윤, 464면; 최기원, 34면.
43) 김성태, 161면; 한기정, 62면.

5. 상대적 강행법성(불이익변경금지의 원칙)[44]

(1) 취   지

보험계약은 개인에게는 개별적인 채권계약이지만 보험계약자들로부터 수령한 보험료는 위험단체 내에서 보험사고가 발생한 경우 보험계약자 측에게 지급되어야 하며, 금융시장에서 중요한 자금공급원의 역할을 하는 등 국민경제적으로 중요한 기능을 수행하고 있다. 비록 주식회사 형태의 사기업체가 보험사업을 운영한다고 해도 보험계약은 공공적 기능 및 공공의 이익(public interest)과 밀접한 관련이 있고 따라서 공공성과 사회성을 가진다. 이러한 이유에서 보험계약은 계약자유의 원칙이 제한되는 면이 있다.

보험계약은 보험자가 일방적으로 작성한 보험약관이 계약에 적용되는 이른바 부합계약적 성질을 가지게 된다. 따라서 보험에 관한 전문지식이 절대적으로 부족하고 보험회사와 비교하여 경제적 약자의 지위에 있는 보험계약자의 보호가 강력하게 요구된다. 보험자는 자신들이 제정한 보험약관을 보험업 허가 신청시 금융위원회에 제출해야 하고(보험업법 제5조 제3호) 기존의 약관을 변경하는 경우에는 금융위원회에 신고하도록 하고 있다(보험업법 제127조, 제128조). 이와 같이 보험약관에 대한 행정적인 감독을 수행하는 것도 보험계약의 공공성과 사회성을 반영한 것이다.[45]

(2) 불이익변경금지의 원칙

보험계약법은 본래 사적자치의 원칙이 적용되어야 한다. 그러나 보험계약의 기술성, 공공성, 사회성, 및 단체성으로 인해 사적자치의 원칙은 대대적인 수정을 요구받게 된다. 보험에 관한 지식이나 정보력, 협상력에서 상대적으로 약자인 보험계약자의 보호를 위해 상법 보험편의 모든 규정은 당사자간의 특약으로 보험계약자 또는 피보험자나 보험수익자에게 불이익하게 변경되어서는 안 된다는 원칙을 제663조 본문에서 정하고 있다. 이를 '보험계약자 등의 불이익변경금지의 원칙'이라 하며 이 원칙으로 인해 상법 보험편의 조문들은 상대적 강행규정이 되었다. 여기에서 '특약'은 특별약관을 의미하는 것이 아니고 당사자간에 특정하게 정한 약정의 의미이다. 따라서 특별약관뿐만 아니라 보통약관까지 당사자간의 약정을 모두 포함되는 개념이다. 보험계약자에게 불이익하게 변경된 약관에 의해 계약이 체결된 경우 불이익하게 변경된 약관조항만 무효가 되는 것이고, 약관 전체 또는

---

44) 보험계약법에서 상대적 강행법성 문제만 있는 것은 아니다. 예를 들어 보험사고의 불확정성(제644조), 초과보험이나 중복보험에 관한 내용(제669조 제4항, 제672조 제3항), 타인의 사망을 보험사고로 하는 경우에 타인의 동의(제731조, 제74조 제2항, 제739조, 제739조의3) 등은 절대적 강행규정으로의 성격을 갖는다. 한기정, 63면.

45) 정찬형, 533-534면; 양승규, 56면; 임용수, 22면; 정동윤, 464면; 최준선, 49면.

계약 자체가 무효가 되는 것은 아니다.46) 또한 보험계약자에게 불이익하게 변경한 계약 조항 전체를 무효로 하지 않고 효력유지를 위한 축소해석도 가능하다.47)

[대법원 1984. 1. 17. 선고 83다카1940 판결]

〈주요 판시내용〉

　보험계약의 보통약관 중 "피보험자에게 보험금을 받도록 하기 위하여 피보험자와 세대를 같이 하는 친족 또는 고용인이 고의로 사고를 일으킨 손해에 대해서는 보험자가 보상하지 아니한다"는 내용의 면책조항은 그것이 제3자가 일으킨 보험사고에 피보험자의 고의 또는 중대한 과실이 개재되지 않은 경우에도 면책하고자 한 취지라면 상법 제659조, 제663조에 저촉되어 무효라고 볼 수 밖에 없으나, 동 조항은 피보험자와 밀접한 생활관계를 가진 친족이나 고용인이 피보험자를 위하여 보험사고를 일으킨 때에는 피보험자가 이를 교사 또는 공모하거나 감독상 과실이 큰 경우가 허다하므로 일단 그 보험사고 발생에 피보험자의 고의 또는 중대한 과실이 개재된 것으로 추정하여 보험자를 면책하고자 한 취지에 불과하다고 해석함이 타당하며, 이러한 추정규정으로 보는 이상 피보험자가 보험사고의 발생에 자신의 고의 또는 중대한 과실이 개재되지 아니하였음을 입증하여 위 추정을 번복할 때에는 위 면책조항의 적용은 당연히 배제될 것이므로 위 면책조항은 상법 제663조의 강행규정에 저촉된다고 볼 수 없다.

　　금융위원회의 승인을 받은 약관이라도 제663조 본문에 위배되는 내용은 무효이며, 이 경우 약관의 규제에 관한 법률 위반 여부를 따질 것도 없이 무효가 된다. 그러나 당사자 간의 계약으로 상법의 규정보다 보험계약자 등에게 유리하게 하거나 보험자에게 불이익하게 정하는 것은 상관이 없다.48) 이러한 경우 해당 계약조항이 우선하여 적용된다.

[대법원 2000. 11. 24. 선고 99다42643 판결]

〈사실관계〉

　피고는 선원인 피보험자가 실종선고를 받았음을 이유로 보험금을 청구하였는데, 보험계약 체결 당시 피고는 원고 보험회사에게 피보험자의 직업을 원래의 직업보다 위험률이 낮은 직업으로 허위고지 했었다. 이에 원고회사는 피고가 고지의무를 위반하였음을 이유로 피보험자의 직업이 선원으로 제대로 고지되었을 때를 가정해서 산정된 보험금만 지급하고 허위고지로 인한 초과 보험금 부분에 대해서는 채무부존재확인의 소를 제기하였다.

---

46) 보험연수원(편), 보험심사역 공통 1 교재, 2016, 183-184면.
47) 대판 1984. 1. 17, 83다카1940; 한기정, 64면.
48) 정동윤, 465면. 2009년 독일 보험계약법은 개별적 규정에 의해 각각의 조문의 강행규정성을 정하고 있다(예를 들어 동법 제18조, 제32조, 제42조 등).

〈주요 판시내용〉

　피보험자의 직업이나 직종에 따라 보험금 가입한도나 보상비율에 차등이 있는 생명보험계약에서 그 피보험자의 직업이나 직종에 관한 사항에 대하여 고지의무위반이 있어 실제의 직업이나 직종에 따른 보험금 가입한도나 보상비율을 초과하여 보험계약이 체결된 경우에 보험회사가 보험금 지급사유의 발생 여부와 관계없이 보험금을 피보험자의 실제 직업이나 직종에 따른 보험금 가입한도나 보상비율 이내로 감축하는 것은 실질적으로 당사자가 의도하였던 보험금 가입한도나 보상비율 중에서 실제 직업이나 직종에 따른 보험금 가입한도나 보상비율을 초과하는 부분에 관한 보험계약을 자동 해지하는 것이라고 할 것이므로, 그 해지에 관하여는 상법 제651조에서 규정하고 있는 해지기간, 고지의무위반 사실에 대한 보험자의 고의나 중과실 여부, 상법 제655조에서 규정하고 있는 고지의무위반 사실과 보험사고 발생 사이의 인과관계 등에 관한 규정이 여전히 적용되어야 하고, 만일 이러한 규정이 적용될 여지가 없이 자동적으로 원래 실제 직업이나 직종에 따라 가능하였던 가입한도나 보상비율 범위 이내로 지급하여야 할 보험금을 감축하는 취지의 약정이 있다면 이는 당사자의 특약에 의하여 보험계약자나 피보험자, 보험수익자에게 불리하게 위 상법의 규정을 변경한 것으로서 상법 제663조에 의하여 허용되지 않는다.

(3) 적용범위

㈎ 제663조 단서

　불이익변경금지의 원칙은 재보험 및 해상보험 기타 이와 유사한 보험에는 적용되지 않도록 하고 있다(제663조 단서). 항공보험, 수출보험과 같은 기업보험이 여기에 포함될 수 있다. 이러한 기업보험의 경우에는 개인보험(가계보험)의 경우와 달리 보험계약자가 경제적으로 약한 지위에 있지 않고 보험자와의 관계에서 대등한 계약 교섭력이 있다고 여겨지므로 보험법이 이들에 대해 후견적 역할을 할 필요가 적고 오히려 어느 정도 당사자 사이의 사적 자치에 맡겨 특약에 의하여 개별적인 이익조정을 꾀할 수 있도록 할 필요가 있기 때문이다.49) 이들의 합의에 따라서는 상법 보험편에서 정하고 있는 내용보다 보험계약자에게 불리한 내용으로 변경할 수 있도록 한 것이다.

[대법원 2006. 6. 30. 선고 2005다21531 판결]

〈사실관계〉

　증권회사인 원고는 상법 제680조 제1항을 근거로 피고 보험회사에게 비용을 청구하였는데, 피고회사는 제680조 제1항과 다른 내용으로 작성된 약관을 이유로 비용의 지급을 거절하였다. 이에

---

49) 대판 2006. 6. 30, 2005다21531; 대판 2005. 8. 25, 2004다18903; 대판 2000. 11. 14, 99다52336; 대판 1996. 12. 20, 96다23818. 2009년에 개정된 독일 보험계약법 제209조에서 보험계약법의 규정은 재보험과 해상보험에는 적용하지 않는다고 정하고 있다.

원고는 이 약관이 상법 제680조의 규정을 원고에게 불이익하게 변경한 것에 해당하여 상법 제663조에 의해 무효라고 주장하였다.

〈주요 판시내용〉

이 사건 신원보증보험계약은 금융기관인 원고와 피고가 서로 대등한 경제적 지위에서 계약조건을 정한 이른바 기업보험계약에 해당하여 상법 제663조에 규정된 '보험계약자 등의 불이익변경 금지원칙'이 적용되지 아니하므로, 당해 약관이 비록 상법 제680조 제1항을 피보험자에게 불이익하게 변경한 것이라고 하더라도 원고와 피고 사이에서는 유효하다(同旨: 대판 2005. 8. 25, 2004다18903; 대판 2000. 11. 14, 99다52336).

제663조 본문의 적용 여부는 결국 가계보험인지 아니면 기업보험인지에 따라 결정되는데, 그 판단 기준으로는 보험계약자를 기준으로 판단하는 것이 타당하다고 여겨진다.[50] 불이익변경금지의 원칙이 보험에 대해 지식, 정보력, 경제력 및 계약과 관련된 협상력 등에서 약자의 지위에 있는 자를 보호하려는 취지임을 감안할 때 보험의 종류가 아니라 보험계약자의 실체를 갖고 판단함이 옳다. 예를 들어 화재보험이라도 보험계약자가 기업이면 기업보험이 되며, 자연인인 경우에는 가계보험이 되어 제663조 단서가 적용될 수 있다.[51] 다만 보험계약자가 기업형태라도 그 규모가 영세하다거나 영세한 사람들의 이익을 도모하기 위한 것이라면 달리 해석될 여지가 있다.[52] 보험계약자가 일정한 규모 이상의 기업이라면 획일적으로 기업보험으로 의제하는 것이 타당하다는 견해도 있다.[53] 판례는 영세 어민이 가입하는 수협공제에 대해서 비록 수협공제가 해상에서의 사고를 대상으로 하는 해상보험의 성격을 가지고 있기는 하지만 공제계약 당사자들의 계약 교섭력이 대등한 기업보험적인 성격을 지니고 있다고 보기 어렵다고 판시하였다.[54] 기업형태를 갖추고 있더라도 후견적 보호가 실제로 필요한가에 대한 고려가 있어야 한다는 것이다. 판례의 태도가 타당하다. 제663조 단서의 적용범위와 관련하여 '이와 유사한 보험'의 범위는 결국 보험계약자 측을 위한 법의 후견적 배려가 필요한가를 따져야 할 것이다. 궁극적으로는 보험계약의 유형과 목적 그리고 보험금이 실질적으로 누구에게 귀속되는가의 문제들을 종합적으로 판단하여 보험계약자 보호를 위한 법의 후견적 배려가 필요하지 않은 경우에만 단서규정을 적용해야 할 것이다.[55]

50) 장덕조, 58-59면; 임용수, 35면; 최기원, 36면; 한기정, 65면.
51) 한기정, 65면.
52) 장덕조, 60면.
53) 한기정, 65면.
54) 대판 1996. 12. 20, 96다23818. 판례는 대형 무역회사가 보험계약자인 수출보험(대판 2000. 11. 14, 99다52336), 금융기관이 보험계약자인 금융기관종합보험(대판 2005. 8. 25, 2004다18903), 증권회사가 보험계약자인 신원보증보험(대판 2006. 6. 30, 2005다21531)의 경우 기업보험으로 해석하였다.; 한기정, 66면.
55) 양승규, 57면; 김성태, 167면; 임용수, 23면, 32-35면.

[대법원 1996. 12. 20. 선고 96다23818 판결]

〈사실관계〉

원고는 피고회사(수협중앙회)와 원고 소유의 어선에 관하여 공제계약을 체결하면서 계약 당일 제1회 공제료를 납입하고 이후에 제2, 3회 공제료를 납입하기로 약정하였다. 그런데 이 공제계약에는 제2회 이후의 분납 공제료에 대하여는 약정 납입기일의 다음날부터 14일간의 납입유예기간을 두고 원고가 분납 공제료를 납입하지 아니하면 유예기간이 끝나는 날의 다음날부터 공제계약은 효력을 상실하되, 공제계약이 실효된 후에도 납입기일이 경과한 미납입 공제료를 납입한 때에는 공제계약은 유효하게 계속되고 다만 피고는 공제계약의 효력이 상실된 때로부터 미납입 분납 공제료 수납일까지 사이에 발생한 사고에 대하여는 보상책임을 부담하지 아니한다는 내용의 실효약관이 규정되어 있었다. 이후 원고가 제2회 공제료를 납입하지 않고 있던 중 원고의 어선이 침몰하였고, 이에 원고는 밀린 공제료를 납부하면서 이 사건 실효약관은 상법 제650조 제2항을 보험계약자에게 불리하게 변경한 것으로 무효라고 주장하면서 공제금을 청구하였다. 원심은 원고의 주장에 대해 이 사건 공제계약은 해상보험이므로 상법 제663조 단서에 의해 불이익변경금지 규정이 적용되지 않는다고 하였다.

〈주요 판시내용〉

수산업협동조합중앙회에서 실시하는 어선공제사업은 항해에 수반되는 해상위험으로 인하여 피공제자의 어선에 생긴 손해를 담보하는 것인 점에서 해상보험에 유사한 것이라고 할 수 있으나, 그 어선공제는 수산업협동조합중앙회가 실시하는 비영리 공제사업의 하나로 소형 어선을 소유하며 연안어업 또는 근해어업에 종사하는 다수의 영세어민들을 주된 가입대상자로 하고 있어 공제계약 당사자들의 계약교섭력이 대등한 기업보험적인 성격을 지니고 있다고 보기는 어렵고 오히려 공제가입자들의 경제력이 미약하여 공제계약 체결에 있어서 공제가입자들의 이익보호를 위한 법적 배려가 여전히 요구된다 할 것이므로, 상법 제663조 단서의 입법취지에 비추어 그 어선공제에는 불이익변경금지원칙의 적용을 배제하지 아니함이 상당하다.

해상보험의 경우에는 실무적으로 영국법 준거조항을 둔 영문약관이 광범위하게 이용되고 있기 때문에 우리 보험법상의 불이익변경금지의 원칙을 그대로 적용하게 되면 많은 법률 문제가 야기될 수 있다.56) 영국법 준거약관에 따라 영국 보험법을 적용한 결과 우리 보험법을 적용하는 것보다 보험계약자에게 불리할 수도 있기 때문이다. 판례는 이 경우에도 준거법 약관을 유효로 해석하고 있다.57) 이는 보험계약법의 국제성을 보여주는 것이기도 하다. 영국법 준거조항의 유효성 인정문제와 그 적용범위에 대해서는 보험계약자 보호의 관점 및 영국 1906 해상보험법이 보험자에게 유리한 내용의 조문을 많이 포함하고 있

---

56) 양승규, 56-57면; 최준선, 50-54면.
57) 대판 1996. 3. 8, 95다28779; 대판 1991. 5. 14, 90다카25314.

다는 점에서 고민해야 할 부분이 많다.58)

[대법원 1991. 5. 14. 선고 90다카25314 판결]

〈사실관계〉

　원고는 보험사고가 이미 발생했을 가능성을 알면서도 이를 숨긴 채 피고 보험회사와 해상적하보험계약을 체결하였다. 피고회사는 영국법 준거약관에 의해 적용되는 영국 해상보험법(Marine Insurance Act 1906) 제17조에 근거해 보험계약을 취소하였다. 그러자 원고는 상법 제651조상의 고지의무위반에 의한 보험계약 해지는 보험자가 그 사실을 안 날로부터 1개월 이내에 한하여 할 수 있다고 규정하고 있고 상법 제655조는 보험자는 고지의무위반과 보험사고와의 사이에 인과관계가 있는 경우에 한하여 고지의무위반을 이유로 보험계약을 해지할 수 있다고 규정하고 있는데, 위와 같은 제척기간이나 인과관계에 관한 규정이 없는 영국 해상보험법이나 영국관습을 준거법으로 하는 영국법 준거약관은 보험계약자 등의 불이익변경의 금지를 규정한 상법 제663조의 규정에 위반하여 무효라고 주장하였다.

〈주요 판시내용〉

　보험증권 아래에서 야기되는 일체의 책임문제는 외국의 법률 및 관습에 의하여야 한다는 외국법 준거약관은 동 약관에 의하여 외국법이 적용되는 결과 우리 상법 보험편의 통칙의 규정보다 보험계약자에게 불리하게 된다고 하여 상법 제663조에 따라 곧 무효로 되는 것이 아니고 동 약관이 보험자의 면책을 기도하여 본래 적용되어야 할 공서법의 적용을 면하는 것을 목적으로 하거나 합리적인 범위를 초과하여 보험계약자에게 불리하게 된다고 판단되는 것에 한하여 무효로 된다고 할 것인데, 해상보험증권 아래에서 야기되는 일체의 책임문제는 영국의 법률 및 관습에 의하여야 한다는 영국법 준거약관은 오랜 기간 동안에 걸쳐 해상보험업계의 중심이 되어 온 영국의 법률과 관습에 따라 당사자간의 거래관계를 명확하게 하려는 것으로서 우리나라의 공익규정 또는 공서양속에 반하는 것이라거나 보험계약자의 이익을 부당하게 침해하는 것이라고 볼 수 없으므로 유효하다.

※ 영국법 준거약관이 적용되는 선박보험계약에 있어서 고지의무위반에 관하여는 영국 해상보험법 제17조, 제18조가 적용되고 같은 법 소정의 고지의무위반을 이유로 한 보험계약의 취소 (avoid the contract *ab initio*)는 우리 상법 제651조 소정의 그것과는 그 요건과 효과를 달

---

58) 해상보험에 있어서 영국법 준거조항에 관하여는, 박세민 "해상보험에 있어서 영국법준거조항의 유효성 인정문제와 그 적용범위에 대한 비판적 고찰", 한국해법학회지 제33권 1호, 2011. 4, 189면 이하; 서기석, "영국해상보험법상의 담보특약 위반의 효과와 그 포기", 인권과 정의, 제244호, 1996. 12, 109면; 민중기, "영국해상보험법(협회선박기간보험약관)에 있어서 해상고유위험의 의의 및 입증책임과 담보위반의 효과", 대법원판례해설 제30호, 1998. 11, 238면; 전해동/김진권, "해상보험계약상 영국법 준거약관과 보험법의 적용에 관한 연구", 해사법연구, 제19권 제1호, 2007. 3, 319면; 석광현, "해상적하보험계약에 있어 영국법 준거약관과 관련한 법적인 문제점", 손해보험, 제302호, 1993. 12, 19면; 한창희, "해상적하보험계약에 있어서 영국법 준거조항의 효력, 고지의무, 입증책임", 판례월보, 제258호, 1991. 5, 47면; 김성태, "보험계약에 있어서 영국법준거약관과 불이익변경금지원칙", 법률신문, 2059호, 1991. 9, 15면.

리하고 있어 이에 대하여 우리 상법 제655조의 인과관계에 관한 규정은 적용될 여지가 없다 (대판 1996. 3. 8, 95다28779).

영국에서는 기업보험과 소비자보험을 구별하는데 소비자보험으로 분류되기 위해서는 보험계약자가 자연인이어야 할 것이 요구된다. 또한 자연인인 경우에도 자신의 거래, 영업 또는 직무와 전적으로 또는 주된 목적으로 보험계약을 체결한 경우라면 소비자보험 범위에서 제외된다. 영국에서는 1906 해상보험법(Marine Insurance Act 1906) 외에 고지의무 제도에 많은 변화를 가져온 2012 소비자보험법(Consumer Insurance(Disclosure and Representation Act 2012)이 현재 시행되고 있다.

(나) 상법 규정상 '다른 약정'을 할 수 있도록 한 경우

상법 조문에서 '다른 약정'을 할 수 있다고 정한 경우에 그 조문 내용에 대해서는 제663조 본문은 그 적용이 배제될 수 있다. 예를 들어 제638조의2 제1항은 "보험자가 보험계약자로부터 보험계약의 청약과 함께 보험료 상당액의 전부 또는 일부의 지급을 받은 때에는 다른 약정이 없으면 30일 내에 그 상대방에 대하여 낙부의 통지를 발송하여야 한다"고 정하고 있다. 당사자가 보험법 등에서 정한 내용과 다른 내용으로 약정을 할 수 있다는 것이고 당사자가 합의하여 정한 내용이 상법 보험편에서 규정하고 있는 것보다 보험계약자에게 불리하더라도 불이익변경금지의 원칙은 적용되지 않는다. 최초보험료의 지급을 보험자의 책임개시요건으로 정한 제656조의 경우도 여기에 해당된다. 상법이 법조문에서 보험법과 다른 약정을 할 수 있다고 규정함으로써 당사자간의 사적자치 원칙을 보장한 것이기 때문이다.59)

(다) 약관조항과 제663조 해석에 대한 판례

[대법원 1991. 12. 24. 선고 90다카23899 전원합의체 판결]

⟨사실관계⟩

원고가 잠시 차량 열쇠를 꽂아두고 정차한 사이 원고와 아무런 관계도 없는 자가 차량을 절취하여 운전하던 중 교통사고를 일으켰다. 이에 피해자의 유족들이 원고에게 손해배상청구를 하여 승소하자, 원고는 자신의 보험자인 피고회사에 보험금지급을 청구하였다. 그런데 피고회사는 사고 당시 운전자(차량 절취범)가 무면허운전 상태였으므로 무면허운전면책약관에 의해 피고회사는 아무런 책임이 없다고 항변하였다.

⟨주요 판시내용⟩

제659조 제1항은 보험사고를 직접 유발한 자, 즉 손해발생 원인에 전적인 책임이 있는 자를 보험의 보호대상에서 제외하려는 것이므로, 보험약관에서 이러한 손해발생 원인에 대한 책임조건을

---

59) 임용수, 35면.

경감하는 내용(예를 들어 경과실을 포함하는 것으로 확대하는 것)으로 면책사유를 규정하는 것은 제663조의 불이익변경금지에 저촉되겠지만, 손해발생 원인과는 관계없이 손해발생시의 상황이나 인적관계 등 일정한 조건을 면책사유로 규정하는 것은 위 제659조 제1항의 적용대상이라고 볼 수 없는 것인 바, 위 책임보험조항의 무면허운전 면책조항은 사고발생의 원인이 무면허운전에 있음을 이유로 한 것이 아니라 사고발생 시에 무면허 운전 중이었다는 법규 위반상황을 중시하여 이를 보험자의 보상대상에서 제외하는 사유로 규정한 것이므로 위 제659조 제1항의 적용대상이라고 보기 어렵다. 이러한 이유에서 자동차대인배상 Ⅱ의 무면허면책약관은 제659조의 내용을 보험계약자 등에게 불리하게 변경한 것으로 볼 수 없고 따라서 제663조 불이익변경금지의 원칙을 위반한 것이 아니다.

※ 무면허운전이 고의적인 범죄행위이기는 하나 그 고의는 특별한 사정이 없는 한 무면허운전 자체에 관한 것이고 직접적으로 사망이나 상해에 관한 것이 아니어서 그 정도가 결코 그로 인한 손해보상을 가지고 보험계약에 있어서의 당사자의 신의성, 윤리성에 반한다고는 할 수 없을 것이므로, 상해보험계약 약관 중 피보험자의 무면허운전으로 인한 상해는 보상하지 아니한다고 규정한 면책약관이 보험사고가 전체적으로 보아 고의로 평가되는 행위로 인한 경우뿐만 아니라 과실(중과실 포함)로 평가되는 행위로 인한 경우까지 보상하지 아니한다는 취지라면 제663조의 규정에 비추어 과실로 평가되는 행위로 인한 사고에 관한 한 무효이다(대판 1996. 4. 26, 96다4909; 대판 1990. 5. 25, 89다카17591).

[대법원 1995. 11. 16. 선고 94다56852 전원합의체 판결]

〈사실관계〉

원고는 피고회사와 보험계약을 체결하면서 보험료분할납입특약을 하였는데 제2회 분납보험료를 납입하지 아니하던 중 사고가 발생하였다. 이에 피고회사는 "보험계약자가 약정한 납입기한까지 제2회 분납보험료를 납입하지 아니하는 경우에는 그 날로부터 14일간의 납입유예기간을 두어 그 기간 안에 생긴 사고에 대하여는 보험금을 지급하되 그 기간이 경과하도록 그 보험료를 납입하지 아니하는 때에는 그 기간 말일의 24시부터 보험계약은 효력을 상실하고 또 이와 같이 보험계약의 효력이 상실된 후 30일 안에 보험계약자가 보험계약의 부활을 청구하고 미납한 제2회 분납보험료를 납입한 때에는 보험계약은 유효하게 계속되나 위 효력상실시부터 미납보험료 납입일 24시까지에 생긴 사고에 대하여는 보상하지 아니한다"고 규정된 약관을 이유로 면책을 주장하였다.

〈주요 판시내용〉

개정 전 상법 제650조는 보험료가 적당한 시기에 지급되지 아니한 때에는 보험자는 상당한 기간을 정하여 보험계약자에게 최고하고 그 기간 내에 지급하지 아니한 때에는 계약을 해지할 수 있도록 규정하고, 같은 법 제663조는 위의 규정은 보험당사자간의 특약으로 보험계약자 또는 피보험자나 보험수익자의 불이익으로 변경하지 못한다고 규정하고 있으므로, 분납보험료가 소정의 시기에 납입되지 아니하였음을 이유로 위와 같은 절차를 거치지 아니하고 막바로 보험계약이 해지되거나 실효됨을 규정하고 보험자의 보험금지급책임을 면하도록 규정한 보험약관은, 위 상법의 규정에 위배되어 무효라고 보아야 할 것이다.

※ 분납보험료 연체기간 중 발생한 보험사고에 대하여 보험계약은 존속하나 보험금 지급책임이 면책된다는 보험약관은 보험가입자에게는 보험계약의 해지와 실질적으로 동일한 효과가 있으므로 실질적으로 상법 제650조의 규정에 위배되는 결과를 초래하여 상법 제663조에 의하여 보험가입자에게 불이익한 범위 안에서는 무효이다(대판 1992. 11. 24, 92다23629).[60]

---

60) 이 판결에 대해 찬성의 견해로는 최준선, 판례월보, 1994. 8. 23, 31면, 반대의 견해로는 김성태, 법률신문, 제2222호, 1993. 6. 7, 15면.

보험계약의 법적 성질

제 3 장

Ⅰ. 낙성·불요식계약

　　보험계약은 불요식의 낙성계약이다. 보험자와 보험계약자간의 의사의 합치(청약과 승낙)만으로 보험계약은 성립한다.[1] 다만 일반 계약과 달리 보험계약에서는 보험 가입자가 청약자가 되고 보험자가 승낙자가 되는 것으로 정해진 점에서 차이가 있다. 보험설계사의 가입 권유는 이른바 청약의 유인이라 할 수 있다. 청약과 승낙의 의사표시를 구두로 하는 것도 가능하다. 또한 제1회 보험료를 반드시 납입해야만 보험계약이 성립되는 것도 아니다. 보험료의 지급이나 수령은 보험계약의 성립과는 상관이 없으며, 계약 체결을 반드시 특정한 방식에 의해 행해야 하는 것도 아니다. 보험청약서를 기재하지 않고 제1회 보험료를 납입하지 않았어도 보험계약의 중요 내용에 대해 양 당사자간에 합의가 있으면 그것으로써 보험계약의 성립이 인정될 수 있다. 청약서를 사용하고 보험자가 서면으로 승낙통지를 하거나 승낙통지에 갈음하여 보험증권을 교부하는 거래계의 관행은 거래계의 편의를 위한 것일 뿐, 보험계약의 성립과는 아무런 관계가 없다.[2] 따라서 제1회 보험료를 지급하면서 보험계약의 기본적인 사항(피보험자, 보험기간, 보험료, 주요 담보범위 등)을 당사자 사이에서 정했다면 비록 청약서를 작성하지 않았더라도 청약으로서의 효력이 있다.[3] 실무상으로는 정형화된 형식과 내용으로 구성된 청약서의 작성과 제1회 보험료의 지급에 의해 보험계약 체결 단계가 시작된 것으로 볼 수 있고, 보험계약이 성립되면 보험자는 지체없이 보험증권을 보험계약자에게 교부하여야 한다. 그러나 이러한 실무상의 관행이 있다고 하여 보험계약의 성격이 요식계약 또는 요물계약으로 변경되는 것은 아니다. 일반적으로 보험계약은 보험약관에 의해 이루어지는 부합계약적 성격을 가지는데 그렇다고 하여 약관

---

1) 대판 1997. 9. 5, 95다47398; 대판 1996. 7. 30, 95다1019; 대판 1998. 10. 13, 97다3163.
2) 정찬형, 563면; 양승규, 81면.
3) 임용수, 44면; 김은경, 92면.

의 규정이 곧바로 보험계약의 내용이 되는 것은 아니다. 약관 내용을 보험계약에 포함시키기 위해서는 당사자 사이에 의사의 합치가 있어야 한다. 만약 약관 내용과 다른 내용을 당사자가 합의를 했다면 당사자간에 개별적으로 달리 합의한 것이 약관내용에 우선한다.4)

[대법원 2003. 7. 11. 선고 2001다6619 판결]

〈주요 판시내용〉

원고가 이 사건 보험계약을 체결한 동기와 경위, 보험료의 종국적인 부담자가 자동차구입자인 점, 손해배상금의 전액을 보상하게 되는 특별약관이 적용되는 경우 보험료의 추가부담이 1,500원에 불과하고 보험계약자가 임의로 그 적용을 선택할 수 있었던 점, 계약 체결 당시 계약내용에 대한 인식 정도, "무한"이라고 기재된 보험가입증명서의 내용 등 여러 가지 사정에 비추어 볼 때, 비록 이 사건 보험계약의 보험료로 손해배상금의 일부 금액만을 보장하는 보통약관이 정한 금액만이 수수되었다고 하더라도, 보험자의 보상한도에 관하여는 당사자 사이에 특별약관의 내용과 같게 하기로 하거나 또는 약관의 내용과 별도로 확정판결에 의한 손해배상금 전액을 보험자가 보상하기로 하는 특별한 약정이 있었다고 봄이 상당하다.

보험계약은 당사자 사이의 의사합치에 의하여 성립되는 낙성계약으로서 별도의 서면을 요하지 아니하므로 보험계약을 체결할 때 작성·교부되는 보험증권이나 보험계약의 내용을 변경하는 경우에 작성·교부되는 배서증권은 하나의 증거증권에 불과하다. 보험증권은 보험자가 일방적으로 작성하는 것이므로 계약서가 아니며, 증거증권적 성질을 갖는다 하더라도 당사자 사이의 분쟁을 해결하는 유일한 증거가 되는 것도 아니다.5) 보험계약의 성립 여부라든가 보험계약의 당사자가 누구인지, 보험계약의 내용 등은 그 증거증권 뿐만이 아니라 계약체결의 전후 경위, 보험료의 부담자 등에 관한 약정, 그 증권을 교부받은 당사자 등을 종합하여 인정할 수 있다.6) 보험자의 책임개시 시기에 대해 달리 약정한 것이 없으면 최초의 보험료의 지급을 받은 때로부터 개시한다고 정한 제656조는 보험자의 책임개시 시기를 정한 것일 뿐 보험계약의 성립시기를 정한 것은 아니다. 따라서 제1회 보험료 지급에 대한 요구가 있다고 해도 보험계약의 낙성계약적 성질은 그대로 인정된

---

4) 대판 2003. 7. 11, 2001다6619; 대판 1998. 9. 8, 97다53663.

5) 대판 1995. 10. 13, 94다55385. 타인의 이름을 임의로 모용하여 법률행위를 한 경우에는 행위자 또는 명의인 가운데 누구를 당사자로 할 것인지에 관하여 행위자와 상대방의 의사가 일치한 경우에는 그 일치하는 의사대로 행위자의 행위 또는 명의인의 행위로서 확정하여야 할 것이지만, 그러한 일치하는 의사를 확정할 수 없을 경우에는 그 계약의 성질, 내용, 목적, 체결 경위 등 그 계약 체결전후의 구체적인 제반 사정을 토대로 상대방이 합리적인 인간이라면 행위자와 명의자 중 누구를 계약당사자로 이해할 것인가에 의하여 당사자를 결정한 다음 그 당사자 사이의 계약 성립 여부와 효력을 판단하여야 할 것이다. 장덕조, 48면.

6) 대판 1996. 7. 30, 95다1019; 대판 2003. 4. 25, 2002다64520.

다.7) 다만 최초보험료를 납입하지 아니하면 보험계약이 체결되더라도 보험자의 책임이 개시되지 않아 보험사고에 따른 보험금을 받을 수 없으므로 보험계약이 이론적으로는 낙성계약이라 할 수 있지만, 실제로는 요물계약으로 변하였다고 해석할 여지가 있는 것이 사실이다.8)

[대법원 1998. 10. 13. 선고 97다3163 판결]

〈주요 판시내용〉

보험계약은 불요식의 낙성계약으로 계약 내용이 반드시 보험약관의 규정에 국한되는 것은 아니고, 당사자가 특별히 보험약관과 다른 사항에 관하여 합의한 때에는 그 효력이 인정된다. 보험회사가 보험계약자와 사이에 1종 특수면허가 있어야 운전할 수 있는 차량에 대하여 1종 대형면허 소지자를 주운전자로 한 보험계약을 체결하였다면 보험회사는 주운전자가 소지한 1종 대형면허로 위 차량을 운전하더라도 그 운전이 운전면허가 취소, 정지된 상태에서 이루어진 것이 아닌 한 그 운전으로 인한 사고로 인한 손해를 보상하여 주기로 하는 약정을 한 것으로 인정함이 상당하다.

다만 보험법은 보험계약자의 보호를 위해 낙성계약성에 대한 예외를 두고 있는데, 보험자의 승낙 전 보상의무(제638조의2 제3항), 보험자의 낙부통지의무(제638조의2 제1항) 및 승낙의제(제639조의2 제2항) 제도가 그 예이다.

Ⅱ. 사행·선의계약성

1. 사행계약성

사행계약(aleatory contract)이란 계약당사자의 쌍방 또는 일방의 급여 발생 여부 및 범위가 계약 체결시에는 불분명하고 계약 체결 후의 우연한 사실에 달려 있는 것을 말한다.9) 보험계약은 우연하고 불확정한 보험사고의 발생으로 인해 보험계약자가 납입한 보험료보다 훨씬 고액의 보험금이 지급될 수 있는 면에서 도박과 같은 사행계약적 성격을 가진다.10) 이 불확정성은 사고발생의 여부, 사고발생의 시기 또는 사고발생의 형태의 어느 하나가 불확정적인 것을 의미한다. 보험계약의 사행계약성에 대해 우리 법제가 사행계약이

---

7) 서헌제, 24면; 최준선, 82면; 양승규, 82면.
8) 정동윤, 480면.
9) 정동윤, 482면.
10) 대판 2013. 11. 14, 2011다101520; 대판 1987. 9. 8, 87도565; 이기수/최병규/김인현, 68면; 정희철, 366면; 최준선, 84면; 정찬형, 565면.

라는 전형계약을 두고 있지 아니한 상황에서 이를 논의할 실익이 없다는 견해도 있다.[11) 보험계약을 개별적인 채권계약으로 보는 상법 보험편에서는 보험계약의 사행계약성을 염두해 두고 보험계약에 관한 다양한 조문을 제정하였다.

[대법원 1987. 9. 8. 선고 87도565 판결]

〈주요 판시내용〉
  우연한 사고(보험사고)라 함은 계약성립 당시 특정의 사고가 그 발생여부, 발생시기가 불확정하다는 것을 의미하는 것으로 그 불확정성은 객관적임을 요하지 아니하고 주관적으로 계약당사자에게 불확정하면 되는 것이므로 보험은 사행성을 그 특질로 하는 한편 보험사고는 일정한 기간(보험기간)내에 생긴 것이어야 한다.

  도박은 선량한 사회질서에 어긋나는 것으로서 법률상 허용될 수 없다. 사회질서에 반하지 않는 복권, 금융투자 등은 법률에 의해 허용이 되고 있다. 보험계약도 사행계약성이 인정되더라도 사회질서에 반하지 않는 것으로서 허용되는 것이다. 보험계약을 도박과 구분짓기 위해 손해보험계약에서 피보험자는 보험계약 체결시 적법한 피보험이익을 가져야 하며 보험계약이 도박의 목적으로 이용되면 보험계약은 무효로 해석된다.[12) 그런데 보험사고의 불확실성과 우연성이라는 측면에서 볼 때 보험계약은 개별적으로 보면 사행계약이지만 보험단체적 측면에서 보면 보험사고의 우연성과 불확실성이 확률적 기초 위에 규칙적이고 반복적으로 발생한다는 특색이 있다.[13)

  보험계약이 허용된다고 해도 계약 체결 전후, 계약의 유지, 보험사고의 발생 경위 또는 보험금청구 과정에 불법적인 행위가 개입되면 이는 사회질서에 반하게 되므로 이에 대한 규제가 필요하다. 보험계약에서의 도박적 요소를 제거하기 위해 보험법은 특수한 제도 및 규정들을 마련하고 있다. 예를 들어, 손해보험의 핵심 원칙으로 이득금지의 원칙이 있다. 도박적 요소를 제거하기 위한 법조문에 대해서는 앞서 보험계약법의 특성 중 선의성 유지를 위한 제도 부분에서 설명한 바 있다. 다만 실무상 사행계약 및 사행적 요소가 큰

---

11) 보험계약이 사행계약성을 가지고 있다는 통설적 견해에 대해 복권이나 도박은 요행을 바라면서 우연한 이득을 얻으려는 목적을 가지며 오히려 돈을 잃게 되는 경제적 불안을 초래하는 반면에, 보험계약은 우연한 사고가 발생한 경우에 경제적 어려움을 해소시켜주는 것을 목적으로 하며 결코 우연한 이득을 얻으려는 제도가 아니라는 점에서 보험계약을 사행계약으로 보는 것에 반대하는 견해가 있다. 보험연수원 (편), 보험심사역 공통 1 교재, 2016, 40면; 서돈각/정완용, 356면; 채이식, 23면에서는 원칙적으로는 우리 민법에서 사행계약이라는 전형계약이 없기 때문에 보험계약을 사행계약이라고 하는 것이 큰 의미가 없다고 한다.
12) 영국 1906 해상보험법 제4조 제1항은 사행 또는 도박을 목적으로 하는 일체의 해상보험계약은 무효라고 규정하고 있다.
13) 양승규, 86-87면(이를 기초로 하여 보험제도 전체로 보면 보험계약의 사행계약성을 인정하기 어렵다고 해석하기도 한다); 임용수, 47-48면; 강위두/임재호, 540-541면; 정찬형, 566면.

contingency 보험14)을 구별하는 것은 쉬운 일이 아니다.

2. 선의계약성

(1) 선의성과 최대선의성

보험계약의 사행계약적 성질은 필연적으로 보험계약의 선의계약성을 요구하게 된다.15) 보험계약의 선의성은 사법상의 신의성실의 원칙에 기초하고 있다. 그런데 보험계약의 사행계약적 성격을 고려하고 도박화의 방지를 위해 일반적인 선의(good faith)와는 다르게 보다 강도 높게 선의성이 요구되어 왔고, 그 결과 보험계약은 오랫동안 최대선의의 계약(contract of utmost good faith, uberrima fides)이라 이해되어 왔다.16) 역사적으로 보면 최대선의의 원칙은 통신수단이 발달하지 못했던 16세기 이래 해상보험을 중심으로 발달하여 왔다. 즉 선박이나 적하보험에 있어서 중요한 정보를 가지고 있던 보험계약자 측의 자발적인 고지에 기초하여 보험자는 위험의 크기를 평가하고 인수 여부를 결정할 수밖에 없는 상황이었다. 이러한 이유에서 영국 1906 해상보험법(Marine Insurance Act 1906) 제17조17)는 보험계약의 최대선의성을 규정한 것이다. 이후 각국의 학설과 판례도 보험계약의 최대선의의 원칙을 인정하여 왔다. 이와 같이 정보비대칭 상황과 보험계약의 사행계약성으로 인해 최대선의의 원칙이 부과된 것이다. 이에 따른 대표적인 보험제도가 고지의무와 워런티(warranty)이다.18)

[대법원 2005. 3. 25. 선고 2004다22711 판결]

〈주요 판시내용〉

영국 해상보험법 제17조에 규정된 최대선의의 의무는 같은 법 제18조 및 제20조에 규정된 피보험자의 고지의무 및 부실표시 금지의무보다 넓은 개념의 것으로서 보험계약이 체결된 이후 또는 사고 발생 이후라 할지라도 적용되는 것이며, 따라서 영국 협회선박기간보험약관이 적용되는

---

14) 예로써 우리나라 축구 국가대표팀이 올림픽대회에서 우승을 하면 1,000만원을 지급하기로 하는 내용의 상품을 들 수 있다. 이에 대해 공신력있는 국제기구가 주최하는 스포츠 경기에서는 승패에 상품가입자나 주최자가 영향을 미친다고 할 수 없으므로 contingency 보험으로 허용된다고 해석하는 견해가 유력하다. 서헌제, 27면.

15) 대판 2010. 7. 22, 2010다25353; 대판 1998. 4. 28, 98다4330. 정찬형, 566면; 장덕조, 53면.

16) 보험계약의 본질에 대해서, 박세민, "보험계약의 본질과 신뢰관계에 대한 법적 고찰", 보험학회지 제55집, 2000, 115-141면; 김성태, 113면; 양승규, 87면; 최준선, 85면; 정희철, 367면; 서돈각/정완용, 356면; 임용수, 48면.

17) 영국 1906 해상보험법 제17조는 "해상보험계약은 최대선의에 기초한 계약이며 만일 일방 당사자가 최대선의를 준수하지 않으면 다른 당사자는 그 계약을 취소할 수 있다"고 규정하고 있다. 장덕조, 52면; 손주찬, 499면; 양승규, 87면.

18) 고지의무는 제7장에서, 워런티는 제14장 해상보험에서 상세히 설명한다.

선박보험계약의 피보험자가 사고발생 이후 사기적인 방법으로 보험금을 청구하는 경우에 있어서도 보험자는 최대선의의 의무 위반을 이유로 보험계약을 취소할 수 있다.

사행계약적 성격인 보험계약의 도박화를 방지하기 위한 위의 각종 제도와 규정들은 대부분 보험계약의 선의계약성에서도 요구되고 있다. 이론적으로 볼 때 보험계약에서 요구되는 높은 선의성의 원칙은 보험계약자뿐만 아니라 보험자에게도 요구될 수 있다. 이러한 최대선의의 원칙의 상호성(nature of reciprocity)에 의해 영국 및 캐나다 보험법 일부 판례에서는 보험자에게도 고지의무를 부과하기도 했다.[19] 보험자에게 요구되는 선의성은 예를 들어 보험금 지급과 관련하여 보험자가 악의적으로 소송을 제기함으로써 보험금 지급을 고의로 지연시키거나 보험계약자 측의 궁박 또는 무경험을 이용하여 합의를 종용하는 등의 행위에서 그 위반의 모습을 볼 수 있다. 생명보험표준약관 제40조에서는 회사가 보험금 지급거절 및 지연지급의 사유가 없음을 알았거나 알 수 있었는데도 소를 제기하여 보험계약자, 피보험자 또는 보험수익자에게 손해를 가한 경우에 그에 따른 손해를 배상하도록 하고 있다. 또한 회사가 보험금 지급 여부 및 지급금액에 관하여 현저하게 공정을 잃은 합의로 보험수익자에게 손해를 가한 경우에도 손해를 배상할 책임이 있다고 정하고 있다. 최대선의의 원칙은 보험계약의 양 당사자에 대한 기본적 행위규범으로 작용하고, 보험단체의 건전한 유지에 기여하며, 보험법 규정 불비시 재판의 원용규범으로서도 역할을 해왔다. 보험계약자 등의 고의에 의한 보험사고의 발생에 대해 보험자의 면책을 규정하고 있는 것이나(제659조 제1항), 사기에 의한 초과보험(제669조 제4항) 또는 중복보험(제672조 제3항)의 경우를 무효로 하는 것도 최대선의의 원칙이 반영된 것이라 할 수 있다. 기타 고지의무(제651조), 위험변경증가 통지의무(제652조) 등도 이 원칙이 반영된 것이라 할 수 있다.[20]

(2) 최대선의성 원칙의 변화

보험계약에서 고도의 선의성 즉 최대선의성이 요구되었던 것은 역사적 관점에서 볼 때는 충분히 이유가 있었다. 보험계약에서 중요한 정보의 대부분은 보험계약자 측의 지배와 관리하에 있었고, 보험자로서는 그러한 정보 획득을 위해 거의 전적으로 보험계약자에게 의존할 수밖에 없었던 것이 과거의 보험실무의 모습이었다. 그런데 시간이 흐르면서 과거와는 비교할 수 없을 정도로 보험자 측의 보험영업 및 위험인수 환경이 변화되었다. 정보 접근성도 고도로 전산화된 영업 환경으로부터 수월하게 취득할 수 있게 되었다. 또

---

19) 보험자의 고지의무에 관하여는 후술하는 고지의무편에서 설명한다. 이에 대해 상세한 설명은 박세민, 영국보험법과 고지의무, 세창출판사, 2004, 273-322면 참조.
20) 양승규, 87면.

한 고지의무나 워런티 제도 등 최대선의의무에 기초한 제도들이 보험소비자 측에 너무나 엄격하게 규정되고 해석되고 있다는 비판이 계속적으로 제기되어 왔다. 영국에서는 2012년 소비자보험법(고지의무)[21]이 제정되었는데, 시대적 흐름을 반영하여 보험계약자 등이 부담하는 고지의무의 요건이 크게 완화된 형식으로 규정되었다. 예를 들어 어떤 사실이 고지의 대상이 되는 중요한 사실에 해당되는지에 대하여 영국에서는 그동안 신중한 보험자(prudent insurer)가 판단기준이었다. 따라서 보험계약자가 어떤 사실에 대해 중요하지 않다고 여겨서 고지를 하지 않더라도 신중한 보험자 기준에 따를 때 중요한 사실이라면 보험계약자는 결국 고지의무를 위반한 것으로 해석되어 왔다. 다시 말해 보험계약자 측이 자신이 알고 있는 내용이 중요한 사항에 해당된다는 것을 과실 없이 알지 못했더라도 신중한 보험자 기준에 따르게 되면 그 불고지는 고지의무 위반이 될 수도 있었다. 그러나 2012년 소비자보험법(고지의무)에서는 고지의무 위반이 되기 위해서는 보험계약자 측의 고의 또는 과실이 요구되는 것으로 명시적으로 규정함으로써 그 판단기준이 달라졌고 해당 요건이 완화되었다.[22] 이것은 최대선의성에 기초한 것으로 해석되었던 고지의무를 선의성에 기초하는 것으로 완화한 것이다. 또한 영국에서 2015년 보험법[23]이 새롭게 제정되었는데 기존에 존재하던 최대선의의무 위반에 대한 취소 법리가 폐지되었다. 또한 최대선의의무를 기초로 한 기존의 각종 보험법리가 2015년 보험법과 2012년 소비자보험법(고지의무) 조문에서 요구되는 수준으로 완화된다는 점(최대선의의무에서 선의의무로)을 명문으로 규정하였다.[24] 이에 따라 보험계약의 최대선의적 성격은 이제는 상징적 의미로 남게 된 것으로 해석된다.

　보험계약의 선의성을 얘기할 때에 사법상의 원리인 신의성실의 원칙과 어떠한 차이가 있는지, 동일한 것인지 의문이 제기될 수 있다. 판례 중에 선의가 신의성실의 원칙에 기초한다고 해석한 것이 있다.[25] 신의성실의 원칙은 계약의 종류나 계약 당사자에 따라 다르게 해석할 수 있는 탄력적인 개념이라 할 수 있다. 신의성실의 원칙이 보험계약에 적용된 모습이 과거에는 보험계약의 최대선의성, 현재에는 보험계약의 선의성 형태로 보여지고 있다.[26] 보험계약의 선의성을 해석할 때에는 기본적으로 신의성실의 원칙에 기초하여야 한다.

---

21) Consumer Insurance (Disclosure and Representations) Act 2012.
22) Consumer Insurance (Disclosure and Representations) Act 2012 Sec. 2 (5)(b).
23) Insurance Act 2015.
24) Insurance Act 2015 Sec. 14; 한기정, 50-51면.
25) 대판 2003. 5. 30, 2003다15556; 대판 2000. 2. 11, 99다49064.
26) 한기정, 52면.

Ⅲ. 부합계약성

보험계약은 부합계약(contract of adhesion)적 성질을 갖는다. 보험계약은 위험단체의 존재를 전제로 하여 다수의 보험계약자를 상대로 대량적, 반복적으로 체결된다. 계약의 내용이 동일, 반복적 성질을 가지며 따라서 계약 내용의 정형성이 요구되며, 또한 계약의 내용이 고도의 전문적인 지식을 요구하고 있고 기술적 성격으로 인해 보험자와 보험계약자가 일일이 개별 협상을 통해 보험계약을 체결할 수 없다. 약관을 통해 계약이 체결되지만 약관조항은 개별적 합의의 대상이 되지 않는다. 동질의 위험을 가진 다수인으로 구성된 위험단체에 대수의 법칙 등을 적용하기 위해서는 계약 내용(보험사고, 담보범위, 면책사유 등)은 정형화될 것이 필수적으로 요구된다.[27] 또한 보험계약의 체결과정이나 보험계약의 내용에 있어서 다수의 보험계약자를 평등하게 대우해야 할 필요가 있다. 이러한 상황 하에서 보험자는 보험계약에 대한 일반적, 표준적, 정형화된 조항(보통보험약관)을 미리 마련하여 금융위원회에 제출·신고하며, 금융위원회로부터 인가를 받은 후 이 표준조항에 의해 보험계약을 체결하게 된다. 이러한 부합계약적 성격하에서 상대방은 계약의 자유를 제한받게 된다. 보험계약자는 보험자가 만든 약관을 통해 계약을 체결할 것인지 아니면 계약을 체결하지 않을 것인지만을 결정할 수 있을 뿐이다. 물론 약관이 있더라도 그 내용의 일부에 대해 보험계약 당사자들이 별도의 합의를 하고 그 내용을 계약에 포함시킬 수 있다. 이 범위에 있어서는 부합계약성이 약화된다고 할 수 있다. 부합계약성으로 인해 보험계약자가 받을 불이익을 방지하기 위해 보험업법 제5조(허가신청서 등의 제출), 보험법 제638조의3(보험약관의 교부·설명의무), 제663조(불이익변경금지원칙) 및 약관의 규제에 관한 법률 등을 통해 보험계약자를 보호하고 있다. 보험자가 일방적으로 약관을 작성하게 되므로 보험사업자에 대한 감독과 규제가 요구된다. 또한 보험계약자 평등대우의 원칙이나 작성자불이익의 원칙 등 보험약관의 해석원칙도 보험계약의 부합계약성과 관련이 깊다.[28]

Ⅳ. 계속계약성

보험자의 책임은 보험기간 중 계속하여 존재하며 보험계약 관계도 그 기간 동안 계속된다. 일반적으로 손해보험계약은 1년의 보험계약 기간이고 생명보험계약의 경우에는

---

27) 양승규, 88-89면.
28) 정찬형, 568면; 임용수, 49면; 최준선, 85면; 정동윤, 483면; 양승규, 89면.

장기의 계약을 체결하게 된다. 이와 같이 당사자 사이의 보험관계가 보험기간 동안 계속적으로 존속하게 되기 때문에 보험계약의 성립 이후에도 당사자 사이에는 계속적으로 상호 신뢰관계의 유지가 필요하게 된다. 이에 따라 보험계약자나 피보험자 등은 각종 통지의무(제652조, 제657조, 제722조), 손해방지의무(제680조), 협조의무(제724조 제4항) 등을 부담하게 된다. 보험계약이 갖는 계속계약적 성질로 인해 보험계약자에게는 보험사고 발생 전에 계약에 대한 임의해지권을 부여하고 있다. 이론적으로는 보험자에게도 임의해지권을 인정할 수 있겠으나 보험계약자 측 보호를 위해 보험자에게는 인정하지 않는다. 다만 보험기간 중에 당사자간의 신뢰가 파괴된 경우엔 계약이나 법률에 명시적 규정이 없어도 신의성실의 원칙에 기초하여 계약해지가 가능하며 이러한 경우에는 해석상 보험자에게도 해지권이 부여된다고 해석될 수 있다.

　　보험계약관계를 소멸시키는 경우 보험계약의 계속적 성격을 고려하여 상법보험편에서는 장래에 향해서만 그 효력이 인정되는 '해지'를 할 수 있도록 하는 것을 원칙으로 했다. 특수한 경우를 제외하고는 보험계약의 취소, 해제, 무효와 같은 개념을 사용하는 대신 '해지'와 '실효'에 의해 장래에 대해서만 효력을 상실하도록 하고 있다.29)

V. 유상·쌍무계약성

　　보험계약은 보험계약자가 보험료를 지급하고 보험자는 보험사고가 발생하였을 때에 손해의 보상 또는 정액 지급을 약정을 하는 계약이므로 각 당사자의 보험금 지급의무와 보험료 지급의무가 대가관계에 있는 쌍무계약이다. 쌍무계약이란 매매, 교환, 임대차계약 등과 같이 계약 당사자 쌍방이 상호 법률적 대가의 의미가 있는 채무를 부담하는 계약을 말한다. 보험계약에서 보험료지급채무와 보험금지급채무가 서로 대가적 의존관계에 있기 때문에 쌍무계약성을 인정할 수 있다.30) 유상계약이란 계약당사자가 서로 대가적 관계에 있는 출연을 하는 계약을 말한다. 보험계약은 보험료지급채무와 보험금지급채무가 서로 대가적 의존관계에서 존재하며 이는 대가적 관계에서의 출연이므로 유상계약이기도 하다.

　　그런데 보험계약자가 부담하는 보험료 지급의무는 보험계약에 의해 그 지급이 확정적 성격인데 비해, 보험자의 보험금 지급의무는 사고 발생을 조건으로 하는 불확정적인 성격이다. 경우에 따라서는 보험기간 동안에 보험사고가 발생하지 않을 수도 있고 이 경우 보험자는 보험금의 지급채무를 지지 않은 채 만기가 되어 보험계약은 소멸하게 된다. 여기

---

29) 보험연수원(편), 보험심사역 공통 1 교재, 2016, 42면; 양승규, 87-88면; 임용수, 47면; 최준선, 85면; 정동윤, 483-484면; 정찬형, 567면; 한기정, 53면.

30) 대판 2001. 4. 10, 99다67413; 대판 2001. 2. 9, 2000다55089; 대판 2000. 10. 10, 99다35379.

에서 보험자가 부담하는 '대가관계에 있는 출연 또는 채무'란 무엇인가에 대해 의문이 제기될 수 있다. 보험계약이 갖는 유상·쌍무계약의 한계라 할 수 있으며, 이는 본질적으로 보험자의 책임이 무엇인가에 대한 다툼이라 할 수 있다. 이에 대해 보험자의 책임이란 피보험자의 경제생활의 불안을 제거·경감하기 위해 보험자가 보험사고 발생시 위험부담을 약속하고 이를 담보하는 것으로 보는 견해가 있다(위험부담설).31) 즉 보험기간이 만료될 때까지 보험사고가 발생하지 않을 수도 있지만, 이미 보험자는 그 기간 동안에 보험계약자의 위험을 인수함으로써 대가관계에 있는 것이다. 이러한 기대 급부에 대한 대가를 보험료로 보는 것이다. 보다 쉽게 설명하면 보험계약자는 일종의 '안심료'를 지급하는 것이라 할 수 있다. 개별 계약으로 보면 보험료와 보험금 사이에 등가성의 원리 인정에 논란이 제기될 수 있다. 그러나 보험계약의 단체성 면에서 볼 때는 쌍무·유상계약성을 인정하는 데 무리가 없는 것으로 해석된다.32) 즉 추상적인 위험단체의 입장에서 볼 때 대수의 법칙에 따른 위험의 개연율이 있고 보험사고는 그 개연율을 기초로 발생하는 것이 사실이므로 위험단체 내의 누군가는 보험금을 지급받게 된다. 따라서 단체적 구조에서 보험료 지급의무와 보험금 지급의무는 대가관계에 있는 것으로 해석할 수 있고 이러한 면에 근거하여 쌍무계약적 성격을 인정할 수 있다.33) 실무적으로도 보험사고 발생 전 계약이 해지되는 경우 장래에 대한 미경과보험료만 반환하게 된다. 또한 보험사고가 발생하지 않은 채 보험기간이 만료되었을 경우에도 보험기간 동안에 위험부담을 제공했던 보험자로서는 보험료를 반환하지 않는다. 이는 쌍무·유상계약성에 기초한 것이라 할 수 있다.34) 계약체결 시점에서 보험사고 발생이 불확정하더라도 보험계약의 본질상 유상성과 쌍무성은 인정될 수밖에 없다고 보아야 한다. 왜냐하면 보험사고 발생의 불확정성은 보험계약에서 기본적이고 본질적이기 때문이다. 보험사고의 불확정성을 이미 알고 그 대가적 의미에서 보험료를 납입하는 것이기 때문에 이러한 성질 자체가 보험계약이 가지는 유상·쌍무계약으로 인정되어야 한다.

　　보험자의 보험금 지급의무가 보험사고의 발생을 조건으로 한다고 해도 보험계약의 효력 자체는 보험계약의 성립과 함께 생기는 것이므로 보험계약은 조건부계약이라고 할 수

---

31) 김은경, 96면; 강위두/임재호, 597면; 이기수/최병규/김인현, 67면; 김성태, 108면;; 손주찬, 497-499면.
32) 장덕조, 50면; 정동윤, 481면; 최기원, 70면; 서헌제, 26면; 한편 양승규, 82면에서는 보험자의 지급책임의 법적 성질에 대해 독일 보험계약법에서 논의되고 있는 '금액급여설'(보험자는 보험사고의 발생을 조건으로 대체로 금액으로 지급하는 것을 주채무로 할 것을 약속한 것)과 위험부담에 대한 약속을 의미하는 '위험부담설'을 소개하면서 금액급여설이 지배적인 학설이라고 설명하고 있다. 동시에 어느 설에 의해서도 보험계약의 유상계약성과 쌍무계약성을 정확히 설명할 수는 없다고 한다.
33) 대판 2000. 10. 10, 99다35379; 양승규, 83-84면(보험료와 보험금의 등가성이 유지되고 급여와 반대급여의 균형이 이루어지는 점에서 보험계약의 유상·쌍무계약성은 보험계약의 단체적 특색에서 그 의미를 발견할 수 있다고 설명한다); 정찬형, 564면; 최준선, 83면; 임용수, 45면; 정동윤, 481면; 최기원, 70면.
34) 보험연수원(편), 보험심사역 공통 1, 2016, 38면.

없고 편무계약도 아니다.35) 다만 제656조에 따르면 보험자의 책임 발생시기는 당사자간에 다른 약정이 없으면 최초의 보험료의 지급을 받은 때로부터 개시되므로 보험계약의 쌍무 계약적 성질은 정확하게는 보험계약자가 최초의 보험료의 지급이 있기 전에는 인정할 수 없는 것이며 따라서 보험계약의 쌍무계약성은 최초의 보험료가 지급된 이후의 문제로 해석될 수 있다.36)

Ⅵ. 영업성(상사계약성)

보험업법상의 자격을 갖추고 금융위원회의 허가를 얻은 보험자는 보험의 인수를 영업으로 한다. 당연상인(상법 제4조)인 보험자와의 보험계약 체결에는 상법 상행위편 통칙의 상행위 일반에 관한 규정이 적용된다. 보험계약자가 상법상의 상인에 해당되지 않더라도 상인인 보험자와 보험계약을 체결하게 되면 그 계약은 상사계약이 되며 원칙적으로 계약 당사자 모두에게 상법이 적용된다(상법 제3조). 따라서 상법 보험편에 다른 규정이 없는 한 상법 상행위편 통칙규정이 민법에 우선하여 적용된다. 그런데 이러한 상행위성과 사적 자치의 원칙은 보험계약의 특수한 성질에 따른 상대적 강행법성(제663조)에 의해 제한을 받게 된다. 심지어 보험계약의 상행위성을 부인하는 일부 미국 판례도 있다.37) 보험계약의 상행위성은 인정할 수 있지만 일반적인 상사거래에서의 상행위성과는 구별된다고 해야 할 것이다. 상호보험의 경우 영리를 목적으로 하는 보험자가 위험을 인수하는 것이 아니므로 상호보험자는 상인이 아니며 상법상의 상행위성은 인정할 수 없다. 따라서 상접 상행위편 통칙규정이 민법에 우선하여 적용되지는 않는다. 그러나 상호보험의 실질은 영리보험과 동일하다고 할 수 있으므로 그 성질에 반하지 않는 한 영리보험에 관한 상법 보험편의 규정이 상호보험에도 준용된다.38)

---

35) 최기원, 70면; 최준선, 82면; 정찬형, 564면; 양승규, 83면(미국에서 보험계약을 편무계약으로 해석하는 것은 보험계약자가 보험료를 지급하지 아니한 때에 보험자는 그 계약을 해지할 수 있을 뿐 그 지급강제를 할 수 없기 때문이라고 설명하고 있다).

36) 정찬형, 564면; 손주찬, 498-499면(쌍무계약성은 초회보험료가 지급된 후에 인정된다); 임용수, 45면; 정동윤, 481면.

37) Paul v. Virginia, 8 Wall.(U.S.) 168(1868), 양승규, 85면에서 재인용. 물론 미국의 다른 판례에서는 보험사업의 상사기업성을 인정하기도 한다.

38) 정찬형, 567면; 임용수, 46면; 최준선, 84면; 정동윤, 484면; 정희철, 352-353면; 정희철, 367면; 양승규, 85면; 김은경, 96면; 한기정, 53면.

VII. 독립계약성

보험계약은 민법상의 전형계약 어디에도 속하지 않는 무명계약으로서 법률적으로 독립계약적 성질을 갖는다. 예를 들어 교량공사의 도급인이 일정기간 동안 교량에 대한 위험을 인수하거나 운송인이 운송상의 위험을 인수하는 등 도급계약이나 운송 또는 매매계약의 부대약정으로서 위험을 인수하거나 위탁매매인이 보증을 서는 것과 같이 다른 계약을 전제로 하거나 다른 계약에 부수하여 체결되는 계약은 그 내용이 보험의 성격을 갖는다고 해도 보험계약이 아니다. 보험계약의 독립계약성이란 보험계약이 주계약의 일부나 보조적 수단으로 체결되는 것이 아니며 부종성이 없다는 의미이다. 그런데 보험계약의 독립계약성은 법률상으로 그러한 성질을 갖는다는 의미일 뿐이며, 경제상으로는 다른 계약과 결합하여 또는 다른 계약에 부수하여 체결할 수 있다. 따라서 창고업자가 자신의 영업을 영위하면서 임치인을 피보험자로 하는 타인을 위한 보험계약을 체결하는 경우 임치계약과는 독립한 보험계약이 체결된 것이다.[39]

---

39) 양승규, 88면; 정희철, 367면; 정찬형, 567-568면; 임용수, 47면; 정동윤, 484면; 최준선, 87면; 장덕조, 53면.

보험계약법의 법원(法源)

제 4 장

보험계약은 '商事'에 속하므로 상법 규정이 우선 적용되며, 상법에 규정이 없으면 상관습법이 적용되고, 상관습법도 없으면 민법의 규정에 의하게 된다(상법 제1조).[1] 만약 상법의 특별법적 지위에 있는 법률, 즉 상사특별법이 있으면 상사특별법이 상법에 우선 적용된다. 이론적으로 사적자치의 원칙상 강행법규나 공서양속 등에 위반되지 않는 한 당사자 사이의 특약이 우선적으로 법률관계를 결정하게 된다.[2]

Ⅰ. 제 정 법

1. 상법 보험편

보험계약법의 법원으로서 상법 제4편 보험편이 가장 중요하다. 상법 보험편은 1962년 1월 법률 제1000호로 제정, 공포되어 1963년 1월 1일부터 시행되다가, 1991년 12월 31일 대폭 개정되어 그 개정된 내용이 1993년 1월 1일부터 시행되었다. 법무부는 2008년 보험법개정안을 마련하여 국회에 제출하였으나 일부 조문에 대한 이해 대립으로 인해 제대로 논의조차 이루어 지지 않았다. 법무부는 다시 2013년 2월에 기존의 개정안을 일부 변경하여 국회에 제출하였고 국회는 심사를 거쳐 2014년 2월에 이를 통과시켜 결국 2015년 3월 12일부터 개정 보험법이 시행되고 있다. 개정 상법 보험편에서는 보험을 손해보험과 인보

---

1) 그런데 상법 제1조를 해석함에 있어서 민법이 상사관계에 적용될 수는 있지만 보험계약법의 법원이라는 의미는 아니라고 해석됨.
2) 최준선, 59면.

험으로 구분한 후 손해보험 종목으로 화재보험, 운송보험, 해상보험, 책임보험, 자동차보험 및 보증보험을, 인보험으로는 생명보험, 상해보험 및 질병보험을 규정하고 있다. 여기에서 정하고 있지 아니한 보험의 종목에 대해서도 손해보험 또는 인보험 통칙규정은 그대로 적용된다.3) 한편 제731조와 제735조의3 제3항에 대해 2017년 10월 31일 부분 개정이 이루어진 바 있다.

2. 보험업법 등 기타 법률

보험의 인수는 기본적 상행위에 속하므로(상법 제46조 제17호) 상법의 총칙편 및 상행위편에 관한 규정들도 적용된다. 또한 계약의 성립 등 법률행위 일반에 관한 민법의 일반원칙도 적용된다. 상법이나 상관습법에 규정이 없으면 민법에 따라 보험계약 관계가 규율될 수 있다. 해상보험계약의 당사자들이 약관에서 보험계약에 대한 준거법을 우리나라 법이 아니라 영국법으로 지정하는 경우에 이러한 영국법 준거약관에 의해 영국법이 준거법으로 지정되기도 한다. 판례는 이러한 영국법 준거약관으로 인해 보험계약자에게 불리한 내용이 계약에 포함된다고 하더라도 해당 준거법 약관이 우리나라의 공익규정 또는 공서양속에 반하는 것이라거나 보험계약자의 이익을 부당하게 침해하는 것이라고 볼 수 없으므로 유효하다고 해석한다.4)

한편 보험계약법의 법원이 될 수 있는 보험 관련 특별법으로는 약관규제에 관한 법률, 보험업법, 자동차손해배상보장법, 원자력손해보상보장법, 고압가스안전관리법, 학원 설립운영 및 과외 교습에 관한 법률, 무역보험법, 예금자보호법, 화재로 인한 재해보상과 보험가입에 관한 법률 등이 있고 사회보험법에 속하는 산업재해보상보험법, 선원보험법, 국민건강보험법 등이 있다.5)

보험업법은 본래 보험업의 허가, 업무행위규제 및 재무건전성, 감독 및 제재 등 보험업 규제를 목적으로 한다. 그런데 법 조문 중에 보험자와 보험계약자간의 거래에 관한 일부조문 및 보험계약자, 피보험자, 모집종사자의 권리와 의무에 관한 조항들은 보험계약관계에 관한 것으로서 보험계약법의 법원이 될 수 있다.6) 또한 예를 들어 설명의무(보험업

---

3) 양승규, 61면.
4) 대판 1991. 5. 14, 90다카25314.
5) 양승규, 63면.
6) 보험업법의 내용은 크게 보험사업의 감독에 관한 사항과 보험계약에 관한 사항으로 구분되는데, 보험감독에 관한 규정은 공법으로서 보험계약법의 법원이라고 할 수는 없다. 보험업법이 보험계약법의 법원으로 작용할 수 있는 것은 보험모집에 관한 규정, 보험업의 주체인 주식회사 또는 상호회사에 관한 규정, 보험계약의 이전에 관한 규정 등 보험계약과 관련된 규정이라 해석된다. 예를 들어 보험계약의 체결과 모집에 관한 금지행위와(보험업법 제97조), 보험사기 방지를 위한 보험계약자 등의 의무(동법 제102조의2), 영업보증금에 대한 우선변제권(동법 제103조) 등은 사적 계약관계에 관한 규정이다. 정찬형, 538면;

법 제95조의2)에 관한 규정은 보험회사 또는 모집종사자의 행위를 규제하는 동시에 보험소비자를 보호하기 위한 내용으로서 이들 조항 역시 보험계약에 적용될 수 있다. 자본시장과 금융투자업에 관한 법률도 투자성 보험계약의 체결, 중개, 대리와 관련하여 투자권유 규제에 관한 내용이 보험계약에 적용될 수 있다.7)

3. 금융소비자보호에 관한 법률

(1) 개괄적 설명

2021년 3월 25일부터 시행되고 있는 금융소비자보호에 관한 법률도 보험계약법의 법원이 될 수 있다.8) 금융상품판매업자9)와 금융상품자문업자10)를 수범자로 하는 이 법은 금융소비자보호에 대한 기본법으로서의 역할을 하게 되는데 보험업법, 은행법, 자본시장과 금융투자업에 관한 법률, 상호저축은행법, 여신전문금융업법 등 개별 금융 관련법에서 각각 규정하고 있던 판매 등의 업무행위에 관한 규제들을 동일기능·동일규제의 원칙 하에서 통합하여 규율하고 있다. 다만 본법이 통합법으로서의 기능을 담당한다고 하더라도 개별 금융업의 특수성을 특별히 고려할 필요가 있기 때문에 보험업의 특수성을 반영하고 있는 보험업법의 조문들은 여전히 그대로 존재하고 효력을 유지하고 있다. 이러한 취지에서 볼 때 금융소비자보호에 관한 법률은 금융업의 업무행위규제에 관한 일반법적 성격을 가지며, 보험업법 등 개별 금융업법은 특별법의 성격을 가지는 것으로 해석될 수 있다. 과거 보험업법에서 규정하였던 모집종사자와 보험자의 업무행위 규제가 이제부터는 보험업법뿐만 아니라 금융소비자 보호에 관한 법률에서도 규율하게 된다.

금융소비자보호에 관한 법률에 따르면 금융상품판매업자는 금융상품직접판매업자와 금융상품판매대리·중개업자로 구분되며 보험자는 금융상품직접판매업자에 속하고 보험설계사, 보험대리상 및 보험중개사는 금융상품판매대리·중개업자에 속하게 된다. 금융소비

양승규, 62면.

7) 장덕조, 65면.

8) 동법 시행령은 2021년 5월 10일부터 시행되고 있다.

9) 동법 제2조 3. "금융상품판매업자"란 금융상품판매업을 영위하는 자로서 대통령령으로 정하는 금융 관계 법률(이하 "금융관계법률"이라 한다)에서 금융상품판매업에 해당하는 업무에 대하여 인허가 또는 등록을 하도록 규정한 경우에 해당 법률에 따른 인허가를 받거나 등록을 한 자(금융관계법률에서 금융상품판매업에 해당하는 업무에 대하여 해당 법률에 따른 인허가를 받거나 등록을 하지 아니하여도 그 업무를 영위할 수 있도록 규정한 경우에는 그 업무를 영위하는 자를 포함한다) 및 제12조 제1항에 따라 금융상품판매업의 등록을 한 자를 말하며, 다음 각 목에 따라 구분한다. 가. 금융상품직접판매업자: 금융상품판매업자 중 금융상품직접판매업을 영위하는 자. 나. 금융상품판매대리·중개업자: 금융상품판매업자 중 금융상품판매대리·중개업을 영위하는 자.

10) 동법 제2조 5. "금융상품자문업자"란 금융상품자문업을 영위하는 자로서 금융관계법률에서 금융상품자문업에 해당하는 업무에 대하여 인허가 또는 등록을 하도록 규정한 경우에 해당 법률에 따른 인허가를 받거나 등록을 한 자 및 제12조 제1항에 따라 금융상품자문업의 등록을 한 자를 말한다.

자보호에 관한 법률에서는 금융상품의 유형을 예금성, 대출성, 보장성 및 투자성 상품으로 분류하고 있다. 보험업법에 따르는 보험상품은 보장성상품으로 분류하는데, 신용협동조합법에 따른 공제상품을 기타 보장성 상품으로 분류함으로써 보험상품과 동일한 규제를 받도록 했다.11)

(2) 업무행위규제와 위반효과

금융상품판매업자가 고의 또는 과실로 금융소비자보호에 관한 법률을 위반하고 금융소비자에게 손해를 발생시킨 경우에 금융상품판매업자는 손해배상책임을 진다.12) 모집종사자의 불법행위로 인한 보험소비자의 손해에 대해 보험자에게 사용자책임이 부과되어 왔으나, 금융소비자보호에 관한 법률 시행으로 이에 대한 보험업법 제102조는 삭제되었다. 금융소비자 보호에 관한 법률은 영업행위 규제와 관련하여 적합성원칙, 적정성원칙, 설명의무, 불공정영업행위금지, 부당권유행위금지 및 광고규제 등 이른바 6대 영업행위규제를 원칙적으로 모든 금융상품에 적용하고 있다.13) 업무행위규제 위반에 대해 금융소비자보호에 관한 법률은 업무행위규제 내용별로 과태료, 벌금, 징역, 과징금 등을 부과하고 있다.

또한 금융소비자에게 위법계약해지권을 부여했다. 이는 적합성 원칙, 적정성 원칙, 설명의무, 불공정 영업행위 금지, 부당권유금지위반이 있을 때 금융소비자는 계약일로부터 5년 이내 또는 위법한 사실을 안 날로부터 1년 이내에 서면 등으로 계약의 해지를 요구할 수 있도록 했다.14) 해지요구를 받은 날로부터 금융상품판매업자는 10일 이내에 수락 여부를 통지해야 하고 거절할 때에는 거절 사유를 함께 통지해야 한다.15) 현행 약관에 의해서도 소비자는 계약을 해지할 수 있으나, 중도해지에 따른 수수료나 위약금에 대한 부담이 있었는데 위법계약해지권은 이에 대한 금융소비자의 부담이 없도록 했다. 한편 금융소비자보호에 관한 법률에서 규정하고 있는 위법계약 해지권의 제척기간과는 별도로 민법 등에서 정하는 바에 따라 법률상의 권리행사가 가능하다는 내용을 추가했다.

금융소비자보호에 관한 법률의 시행으로 설명의무에 관한 보험업법 제95조의2 제1항과 제2항, 적합성 원칙에 관한 보험업법 제95조의3, 모집광고 관련 준수사항에 관한 보험

---

11) 동법 제3조 제4호; 동법 시행령 제2조 및 제3조 제4항 제1호. 한편 보험상품과 유사한 기능을 하고 있는 대형 유사공제 상품인 수협공제, 새마을금고공제 또는 우체국공제는 본 법이 규율하는 금융상품에 포함되지 않았다. 이들 공제상품이 일반소비자를 대상으로 판매되고 있는 것을 고려하면 이들 공제상품을 제외한 것은 소비자보호 관점에서 의문이다. 보험업법 제102조가 삭제된 상황에서 소비자에 대한 손해배상책임의 문제가 명확하지 않기 때문이다. 한편 금융소비자보호법에서 보험회사란 보험업법에 따른 보험회사를 말하는데 농업협동조합법에 따른 농협생명보험 및 농협손해보험은 금융소비자보호법에서 금융회사에 포함시키고 있다. 동법 제2조 제6호 다목.
12) 동법 제44조 제1항.
13) 동법 제17조-제22조.
14) 동법 제47조 제1항 1문 및 동법 시행령 제38조.
15) 동법 제47조 제1항 2문

업법 제95조의4 등 보험업법상의 관련 조문들이 2021년 3월 25일부터 효력을 상실하게
되면서 삭제되었고, 금융소비자보호에 관한 법률에서 이에 대한 대체 규정을 마련했다. 설
명의무 등과 관련하여 일반금융소비자에게 청약을 권유하거나 일반금융소비자가 설명을
요청하는 경우, 회사에게 설명의무를 부과했고 설명서, 약관, 계약서 등 계약 서류의 교부
의무도 명시했다. 또한 설명 후 상품 내용에 대한 이해 여부를 확인하는 절차를 신설했고,
계약 서류 제공사실에 대한 입증책임을 회사에게 부과했다. 모집종사자의 설명의무 위반으
로 금융소비자가 손해배상을 청구하는 경우에 고의 또는 과실의 입증책임을 금융상품판매
업자에게 전환시켜 금융소비자 보호를 강화하게 되었다.16)

(3) 기타 중요 내용

약관교부 방법과 관련해서는 계약자가 계약서류 교부방법을 특정할 수 있도록 계약자
의 의사를 확인하는 절차를 기재하고 제공 방법 등을 열거했다. 금융소비자보호에 관한 법
률에 따르면 분쟁조정을 이해관계인이 금융감독원에 설치된 금융분쟁조정위원회에 신청하
면 소멸시효 중단의 효력이 있으며, 금융분쟁조정위원회의 조정안을 분쟁 당사자가 수용하
면 조정안 내용은 재판상화해와 동일한 효력을 가진다.17) 금융소비자보호에 관한 법률에
서는 새롭게 소송중지제도를 도입했다. 이는 조정이 신청된 사건에 대해 신청 전 또는 신
청 후에 소송이 제기되어 소송이 진행 중인 경우 수소법원(受訴法院)은 조정이 있을 때까
지 소송절차를 중지할 수 있다.18) 또한 소액분쟁19) 조정 중 조정이탈금지도 반영되었다.
조정대상기관은 소액분쟁사건의 조정절차가 개시되면 조정안을 제시받기 전에는 소를 제
기할 수 없는 것이 원칙이다.20) 이러한 소송중지제도와 조정이탈금지제도는 조정을 통한
사후구제의 혜택을 금융소비자에게 제공하기 위한 목적을 가진다.21)

청약철회권에 대해서도 기존 보험업법과 비교할 때 적지 않은 변화가 있다. 금융상품
의 종류별로 청약 철회에 대해 상세히 규정하고 있다.22) 청약철회권의 대상 계약, 행사 방
법, 효력 발생 등에 대해서 개정이 이루어졌다. 전문보험계약자 대신에 전문금융소비자에
게는 청약철회권이 제외되었다. 또한 과거에는 진단계약 및 1년 미만 단기계약에서 청약철
회권이 제외되었는데, 본법에 의해 회사지원 진단계약 및 90일 이내 계약 등이 청약철회권
이 제외되는 계약으로 규정되었다. 또한 서면, 전자우편, 문자 또는 전자적 의사표시로 청

16) 동법 제44조 제2항.
17) 동법 제40조.
18) 동법 제41조 제1항
19) 일반금융소비자가 신청해야 하며 가액이 2천만원 이내에서 대통령령이 정하는 금액 이하이어야 한다.
20) 동법 제42조
21) 한기정, 100면.
22) 동법 제46조.

약철회권의 행사 방법이 보다 구체화되었고, 서면 등을 발송시에 청약철회권의 효력이 발생하는 것으로 규정했다.

Ⅱ. 상관습법

보험에 관한 상관습법이 있으면 이것도 보험계약법의 법원이 될 수 있다. 재보험자는 원보험자에게 재보험금을 지급하게 되면 그 한도에서 원보험자가 제3자에 대해 가지는 권리를 대위취득한다(제682조 참조). 그런데 실무상 제3자에 대한 권리의 행사에 있어서 원보험자가 재보험자의 수탁적 지위에서 자기명의로 청구권대위를 행사하여 제3자로부터 회수한 금액을 재보험자에게 교부하는 상관습이 있다고 해석되고 있다.23) 상관습법과 사실인 상관습을 구별하는 것이 다수설이며24) 판례의 태도이다.25)

Ⅲ. 보험약관

1. 개   념

(1) 의   의

보험업법 제5조에 따르면 보험업 허가를 받으려는 자는 보험약관을 금융위원회에 제출해야 한다. 보험자가 약관을 작성하거나 변경하려는 경우엔 보험업감독규정 제7-50조에 의해 금융위원회에 사전 신고해야 할 의무가 부여되고 있다. 다만 금융감독원장이 정하는 표준약관을 준용하는 경우엔 그러하지 아니하다. 이와 같이 보험업에 있어서 보험약관의 존재는 필수적이다. 보험계약은 보험자가 미리 작성한 보험약관에 의해 체결되는 대표적인 부합계약의 하나이다. 보험약관이란 거래약관의 일종으로서 보험자가 동종의 위험에 대해 불특정 다수인과 다수의 보험계약을 체결하기 위해 미리 일방적으로 작성한 정형적

---

23) 서울민사지법 1981. 12. 26, 80가합5524; 최준선, 60면, 232면.

24) 서돈각/정완용, 42면; 양승규/박길준, 상법요론(제3판), 1993, 40면; 임홍근, 상법총칙, 1986, 105-106면; 채이식, 상법강의(상)(개정판), 1996, 21면; 이기수/최병규/김인현, 상법총칙·상행위법, 2003, 51-52면; 정동윤, 상법총칙·상행위법(개정판), 1996, 47-48면; 최준선, 상법총칙·상행위법(제2판), 2006, 47면.

25) 관습법이란 사회의 거듭된 관행으로 생성한 사회생활규범이 사회의 법적 확신과 인식에 의하여 법적 규범으로 승인·강행되기에 이른 것을 말하고, 사실인 관습은 사회의 관행에 의하여 발생한 사회생활규범인 점에서 관습법과 같으나 사회의 법적 확신이나 인식에 의하여 법적 규범으로서 승인된 정도에 이르지 않은 것을 말하는바, 관습법은 바로 법원으로서 법령과 같은 효력을 갖는 관습으로서 법령에 저촉되지 않는 한 법칙으로서의 효력이 있는 것이며, 이에 반하여 사실인 관습은 법령으로서의 효력이 없는 단순한 관행으로서 법률행위의 당사자의 의사를 보충함에 그치는 것이다(대판 1983. 6. 14, 80다3231).

인 계약조항을 말한다.26) 보험자가 일방적으로 작성한 약관이 계약에 포함된다는 점에서 약관내용에 관한 규제가 필요하며 이를 위해 약관규제에 관한 법률이 제정되었다. 약관규제에 관한 법률 제2조 제1호에서는 약관이란 명칭이나 형태 또는 범위에 상관없이 계약의 한쪽 당사자가 여러 명의 상대방과 계약을 체결하기 위하여 일정한 형식으로 미리 마련한 계약의 내용을 말한다고 정의하고 있다. 조문의 형태를 띨 필요가 없으며 명칭에 상관없다는 것이다. 보험계약과 보험약관은 동일한 개념이 아니다. 또한 보험계약에 보험약관 내용만 포함되는 것은 아니다.27)

　　보험계약은 부합계약이기 때문에 약관조항은 개별적 합의의 대상이 될 수 없다. 이 점에서 사적자치의 원칙에 제한이 있게 된다. 만약 보험자와 가입자가 개별적으로 교섭하면서 특정 내용에 대해 합의했다면 그 내용은 약관규제법의 적용을 받는 약관의 범위에서 제외된다.28) 판례는 개별적인 교섭이 있었다고 하기 위해서는 적어도 계약의 상대방이 그 특정 조항을 미리 마련한 당사자와 사이에 거의 대등한 지위에서 당해 특정 조항에 대하여 충분한 검토와 고려를 한 뒤 영향력을 행사함으로써 그 내용을 변경할 가능성이 있어야 한다고 판시했다.29)

> **[대법원 2000. 12. 22. 선고 99다4634 판결]**
>
> 〈주요 판시내용〉
>
> 　사업자와 고객 사이에 교섭이 이루어진 약관 조항은 약관 작성상의 일방성이 없으므로 약관의 규제에관한법률 소정의 약관에 해당하지 않는다고 할 것이나, 이 경우 원칙적으로 개개의 조항별로 교섭의 존재 여부를 살펴야 하며, 약관 조항 중 일부의 조항이 교섭되었음을 이유로 그 조항에 대하여는 같은 법의 적용이 배제되더라도 교섭되지 아니한 나머지 조항들에 대하여는 여전히 같은 법이 적용되어야 한다.

(2) 약관인정 범위

　　어떤 서류가 약관으로 인정될 수 있는가의 문제가 있다. 기초서류의 하나인 「보험료 및 책임준비금 산출방법서」도 일정한 조건 하에서 약관으로 인정될 수 있다고 여겨진다. 금융감독원 분쟁조정위원회는 산출방법서의 내용이 권리와 의무에 관한 것인 경우에 그

---

　26) 보험업을 영위하고자 하는 자는 보험종목별로 금융위원회의 허가를 받아야 하는데 허가를 위해 정관, 업무개시 후 3년간의 사업계획서, 보험종목별 사업방법서, 보험약관, 보험료 및 책임준비금의 산출방법서, 기타 대통령령이 정하는 서류를 첨부하여 금융위원회에 제출해야 한다. 특히 보험종목별 사업방법서, 보험약관, 보험료 및 책임준비금의 산출방법서를 '기초서류'라고 한다(보험업법 제5조).
　27) 대판 2017. 9. 26, 2015다245145.
　28) 대판 2000. 12. 22, 99다4634.
　29) 대판 2008. 7. 10, 2008다16950.

내용은 약관에 편입될 수 있다고 해석하고 있다.[30] 계약을 체결하는 보험가입자 입장에서 보험금 또는 환급금으로 얼마를 받을 수 있는가에 관한 내용은 매우 중요하다. 이는 보험계약상의 권리에 해당되는 것이기도 하다. 보험금을 계산하기 위한 산출식 등 관련 내용이 산출방법서에 기재되어 있다면 이는 당사자의 권리의무, 보험료 및 보험금 지급 등과 관련된 내용으로서 약관에 편입되는 것으로 해석함이 타당하다. 산출방법서는 보험회사가 계약 내용의 하나로서 일방적으로 작성한 것이며 그 내용이 당사자의 권리와 의무와 관련되기 때문이다. 보험회사가 일방적으로 작성한 상품설명서, 가입설계서 또는 가입안내장 등도 그 내용에 따라 약관에 편입될 수 있는 것으로 해석함이 타당하다. 이러한 서류에 특히 소비자에게 중요한 내용이 포함되어 있을 수 있기 때문이다.[31]

(3) 존재이유

보통보험약관이 보험계약에서 필요한 이유는 보험자가 수많은 소비자와 일일이 거래협상을 하면서 계약 내용을 개별적으로 정하는 것이 현실적으로 불가능할 뿐만 아니라 막대한 인적, 물적 비용이 소요되기 때문이다. 또한 보험계약은 위험단체의 구성을 전제로 하는데 그 구성원을 동일·평등하게 대우해야만 그 단체에 대수의 법칙을 적용하여 다수 가입자의 위험을 평균화함으로써 각종 통계적 기초를 이끌어낼 수 있는데 이를 위해서도 약관이 필요하다. 또한 보험제도의 공공성과 사회성에 비추어 미리 보험자로 하여금 일반적이고 정형적인 내용이 포함된 약관을 만들게 하고, 금융위원회 또는 금융감독원이 그 내용에 대해 규제 및 감독을 함으로써 보험계약자를 보호하려는 이유도 있다. 물론 다른 유형의 보통거래약관과 마찬가지로 불특정 다수의 보험계약자와 동일한 계약을 합리적으로 처리하기 위한 이유도 있다.[32] 이와 같이 보험약관은 보험계약 당사자간 개별 계약관계를 규율하는 동시에 동일한 위험단체 구성원들에 대한 일종의 규범 또는 통일된 기준을 정하는 역할을 하고 있다.[33] 이러한 보험약관은 상법 중 임의규정에 우선하여 적용된다.[34]

(4) 보험약관의 종류

일반적으로 보험약관은 보통보험약관, 특별보통보험약관 및 특별약관(특별보험약관)으로 분류된다.[35] 보통보험약관은 보험계약의 일반적, 정형적, 표준적인 내용을 담고 있는

---

30) 금감원 분조위 조정번호 제2017-17호, 2017년 11월 14일.
31) 약관 인정 범위에 관해서, 박세민, "산출방법서 내용의 약관 편입 여부와 설명의무에 관하여", 보험학회지 제119집, 2019. 7 참조.
32) 최준선, 61면; 정동윤, 467면; 양승규, 63-64면; 한기정, 121면-122면.
33) 황현아/손민숙, "보험산업 진단과 과제(Ⅳ)—보험분쟁과 법제", CEO Report, 보험개발원, 2020, 11면.
34) 정찬형, 537면; 양승규, 63면.
35) 양승규, 63면.

가장 기본적인 형태이다. 특별보통보험약관은 보통보험약관에 있는 담보범위나 면책사유를 축소 또는 확장하기 위해 보충적, 추가적으로 사용되는 약관을 말한다. 특별보통보험약관은 부가약관이라 부르기도 하는데 보통보험약관과 마찬가지로 보험자가 미리 정형적으로 작성하여 보험계약자에게 제시한다는 점에서 그 성격은 같다. 따라서 이들 두 약관의 경우 개별적 합의의 대상이 아니며, 계약체결을 함에 있어서 보험자가 미리 만든 약관에 의해서 체결할 것인지 말 것인지의 선택권만이 보험계약자 측에게 부여될 뿐이다.36) 실무에서는 특별보통보험약관이라는 용어는 거의 사용되지 않으며 그 대신 '특약'이라는 용어가 사용된다.

한편 전쟁위험37)을 담보의 범위에 특별히 추가적으로 포함시키고자 하는 경우와 같이 보험계약자가 별도의 보험보호를 요구하는 때에 개별적으로 보통보험약관의 내용을 변경·추가 또는 배제하는 개별적 약정을 보험자와 하는 경우가 있는데, 이를 특별약관(특별보험약관)이라 한다. 실무에서는 특별약관 대신에 '개별약관'이라는 용어가 널리 사용되고 있다. 특별약관(개별약관)은 보험자가 일방적으로 작성한 것이 아니기 때문에 보통보험약관이 아니며 특별계약조항이라 할 수 있다. 특별약관(특별보험약관)은 보통보험약관에 우선하게 되며(개별약정우선의 원칙) 해상보험 등 기업보험에서 보험단체의 이익을 해하지 않는 범위 내에서 예외적으로 이용되고 있다.38) 화재보험에 표준약관과 달리 도난, 지진, 풍수해 위험을 담보범위에 포함시키기로 하였다면 이는 화재보험에 관한 특별약관이라 할 수 있다.39) 다만 특별약관이라는 명칭을 사용하더라도, 해당 약관의 취지 등을 고려하여 그 약관의 성질을 특별보통보험약관으로 해석하기도 한다. 아래 판례에서 '관용차 특별약관'이라는 명칭을 사용하더라도 그 내용은 관용차에 대해 일반적, 보편적으로 적용된다는 의미에서 그 실질은 관용차 특별보통보험약관으로 보아야 한다고 판시하였다.40) 즉 개별적 합의의 대상이 아니라는 것이다.

[대법원 1997. 7. 11. 선고 95다56859 판결]

〈주요 판시내용〉

업무용 자동차종합보험계약상의 관용차 특별약관은 보험계약자의 선택에 의하여 적용되고 그에 따라 보험료나 담보범위가 달라지는 고유한 의미에서의 특별약관이 아니라, 피보험자동차가 관용

---

36) 한기정, 120면.
37) 후술하는 바와 같이 전쟁위험은 보험법상 보험자의 면책사유에 해당한다(제660조).
38) 약관의 규제에 관한 법률 제4조(개별약정의 우선); 양승규, 63면; 정찬형, 538-539면; 임용수, 25-26면; 정동윤, 467면; 이기수/최병규/김인현, 26면.
39) 한기정, 120면.
40) 한기정, 120면-121면.

차인 경우에는 보험계약자의 선택에 관계없이 당연히 적용되는 것이라고 봄이 상당하므로, 면책약관의 계약 편입에 있어서 당사자 사이에 별도의 합의가 있어야 하는 것은 아니고 전체 보통약관의 편입 합의만 있으면 충분하다.

2. 약관의 기재사항

보통보험약관의 내용은 상법 규정을 그대로 원용하는 원용조항, 변경하여 규정하는 변경조항 및 상법 내용을 보충하는 보충조항 등이 있다. 다만 상법의 내용보다 보험계약자 등에게 불리하게 변경하는 약관 조항은 무효가 된다.[41] 보험업감독규정 제7-59조에서는 보험자가 약관을 작성하는 경우에 필수적으로 기재해야 하는 사항에 대해 정하고 있다. ① 보험회사가 보험금을 지급하여야 할 사유, ② 보험계약의 무효사유, ③ 보험회사의 면책사유, ④ 보험회사의 의무의 범위 및 그 의무이행의 시기, ⑤ 보험계약자 또는 피보험자의 의무 및 그 의무를 이행하지 아니한 경우에 받는 손실, ⑥ 보험계약의 전부 또는 일부의 해지의 원인과 해지한 경우의 당사자의 권리의무, ⑦ 보험계약자, 피보험자 또는 보험금액을 취득할 자가 이익 또는 잉여금의 배당을 받을 권리가 있는 경우에 그 범위, ⑧ 적용이율 또는 자산운용실적에 따라 보험금 등이 변동되는 경우 그 이율 및 실적의 계산 및 공시방법 등, ⑨ 예금자보호 등 보험계약자 권익보호에 관한 사항으로서 보험계약자가 반드시 알아야 할 사항 등이 약관의 기재사항이다.[42]

3. 구속력의 근거

보험자가 일방적으로 작성한 보험약관이 보험계약자를 구속하는 근거가 무엇인가에 대하여 견해가 나뉘고 있다. 보험약관의 내용이 보험계약에 편입되어 구속력을 발휘하기 위해 당사자의 합의가 있어야 하는 것인지 아니면 약관 자체가 하나의 규범이므로 합의가 없어도 당연히 당사자를 구속하는 것인지의 문제이다. 결국 이 문제는 보험약관이 그 자체로서 법원성을 가지는가의 문제와 관련되며, 후술하는 약관설명의무의 위반 효과와도 연관성이 있다. 이에 대해 여러 학설이 있으나 크게 다음과 같이 규범설과 의사설로 나누어진다.

---

41) 서헌제, 46면; 서돈각/정완용, 366면; 최준선, 519-520면; 양승규, 64-65면.
42) 2011년 1월 24일 전문개정.

(1) 규범설(법규설)

(가) 개   념

이 설은 주무감독관청에 의해 그 내용에 대한 규제와 감독을 받는 보통보험약관은 그 자체에 규범적 성질이 있으므로 보험약관 자체의 법원성(法源性)을 인정하는 견해이다. 보험계약의 단체적 성격과 위험단체 내에서 대수의 법칙 적용을 위해서는 위험단체 구성원들에게 보편적이고 공통의 기준이 적용되어야 하며 공평한 위험분담을 위해서 보험약관 자체에 구속력이 인정될 이유가 있다고 한다. 따라서 보험약관은 당사자 사이에 합의가 없더라도 당사자를 구속한다고 해석하고 있다.

(나) 근   거

보험자의 약관설명의무 위반이 있더라도 보험계약자가 제638조의3 제2항에 의해 일정 기간 내에 보험계약을 취소하지 않으면 설명되지 않은 약관내용이라도 당연히 보험계약자를 구속한다는 해석이 규범설의 근거가 될 수 있다고 보고 있다. 즉 약관의 규제에 관한 법률 제3조에서도 약관설명의무 위반(계약편입 불인정)에 대해 규정하고 있는데 이와 다른 내용으로 보험자의 약관설명의무 위반효과(취소권)를 상법 제638조의3에서 따로 규정한 사실을 규범설의 근거로 들고 있다.[43] 이러한 취지에서 설명의무 위반이 있음에도 불구하고 계약이 취소되지 않은 채 제척기간이 경과되었다면 보험계약의 단체성을 고려하여 보험계약자가 약관의 내용을 보험계약에 편입시키는 것에 합의하지 않았다고 해도 약관의 구속력을 인정해야 한다고 해석한다.[44] 또한 시간과 비용을 줄이기 위해 보험약관에 기초하여 보험계약을 체결하는 것인데 보험자가 설명하고 보험계약자가 이해한 것에 한하여 계약의 내용으로 한다는 것은 보험약관의 존재의의를 희석시킬 수 있다고 주장한다.[45] 보험계약자 측이 약관내용을 몰랐거나 약관내용을 계약에 원용하겠다는 별도의 의사표시가 없더라도 보험약관은 당사자를 구속하며, 이러한 규범설은 보험계약의 단체적 성질과 보조를 맞추면서 보험약관의 규범력을 통해 일반 소비자 보호가 가능하다고 한다.

(다) 법규범의 성질

규범의 성질과 관련하여 자치법설과 상관습법설로 다시 나뉜다. 자치법설은 보험약관을 보험거래권 내에서 제정한 하나의 자치법으로 보아 규범성을 인정하는 견해이다. 약관은 보험업계에서 자주적으로 제정한 법규이며 성문법 불비를 보충하는 기능을 담당한다고

---

43) 약관의 규제에 관한 법률 제3조 ④ 사업자가 제2항 및 제3항을 위반하여 계약을 체결한 경우에는 해당 약관을 계약의 내용으로 주장할 수 없다. 상법 제638조의3 ② 보험자가 제1항을 위반한 경우 보험계약자는 보험계약이 성립한 날부터 3개월 이내에 그 계약을 취소할 수 있다.

44) 양승규, 114면; 장경환, "보험약관의 교부설명의무", 보험학회지 제46집, 1995, 103면 이하.

45) 장덕조, 72면, 83면.

한다.46) 그런데 보험약관의 규범성을 인정하는 견해의 대다수는 상관습법설을 주장하고 있다. 보험업계에서 약관의 구속력이 일종의 관습적 법규로 확립되었다는 것이다. 상관습법설은 보험약관의 내용 자체가 상관습법을 담고 있다는 견해와 보험약관이 존재하는 거래계에는 '보험약관에 의해서 보험계약이 체결된다'는 사실이 하나의 상관습법이라고 해석하는 견해(白地商慣習法)가 있다.47) 견해에 따라서는 의사설(합의설)에 기초하면서도 당사자의 의사가 명확하지 않은 경우에는 상관습에 의해 보험약관에 따라 보험계약이 체결된 것으로 추정된다고 해석하기도 한다.48)

(라) 비   판

규범의 성질을 자치법으로 보는 견해와 관련하여 영리단체인 보험자(보험회사)가 과연 (자치)법을 제정할 수 있는가에 대한 비판이 제기될 수 있다. 국회 또는 그로부터 수권을 받은 자만이 법규범을 만들 수 있는 우리 법체계에서 수용하기 힘든 견해이다.49) 또한 영리를 목적으로 하는 보험사업자 일방이 새로이 약관을 만들고 거래계에서 이를 이용하기 시작한 경우에 아무런 합의도 없이 구속력을 바로 인정하는 것도 문제이며 또한 새로운 상품에 대한 새로운 약관이 제정된 지 얼마 되지 않았다면 '이 약관에 의한다는 상관습 (법)'이 형성될 시간을 충분히 확보하지 못하는 것이 사실인데 이 경우에도 마치 상관습법이 이미 존재하는 것처럼 인정하는 것은 타당하지 않다는 비판이 제기될 수 있다.50)

(2) 합의설(계약설, 의사설)

(가) 개   념

일반적인 계약과 마찬가지로 당사자간의 합의가 필요하다는 견해이다. 약관에 의해 체결되는 계약도 당사자가 약관에 따라 계약을 체결하겠다고 합의했기 때문에 당사자는 약관에 구속된다는 것이다. 보험약관 자체의 법원성을 부정하게 된다.

(나) 근   거

보험자가 약관을 설명하지 않은 채 계약을 체결한 때에는 당해 약관을 계약의 내용으로 주장(편입)할 수 없다는 약관의 규제에 관한 법률 제3조 제4항이 의사설의 법적 근거가 될 수 있다. 또한 상법 제638조의3이 보통보험약관의 교부·설명의무를 규정하고 있는 것 자체가 보험약관 자체로는 법규범성을 가지지 않고 있다는 점을 간접적으로 말해주는 것

---

46) 김홍기, 「상법강의」 제3판, 2018, 15면.
47) 양승규, 70-71면; 장경환, "보험약관의 교부설명의무", 보험학회지 제46호, 1995, 111-112면; 강위두/임재호, 531면; 서헌제, 49면; 정희철, 357면; 서돈각/정완용, 366면(보통보험약관의 내용 중에서 특히 변경된 조항이나 신설된 조항 등이 있을 때 이것에 의해 보험계약이 체결되는 것이 하나의 상관습법으로 형성되었다고 해석한다); 장덕조, "보통보험약관의 구속력", 보험법연구 3, 1999, 20-23면; 최준선, 64면.
48) 임용수, 26면.
49) 한기정, 129면.
50) 최기원, 41면; 정동윤, 468면; 최준선, 62면; 한기정, 129면.

으로 해석할 수도 있다. 왜냐하면 보험약관이 법규범이라고 보면 보험자가 보험약관을 소비자에게 교부하거나 설명할 이유가 없기 때문이다. 또한 계약자보호 문제에 있어서 규범설보다 의사설이 더 우수하다고 주장하기도 하는데, 그 이유는 보험계약자가 알지 못하는 약관의 내용은 계약의 내용이 될 수 없기 때문이라는 것이다.51)

(3) 판   례

약관의 구속력과 관련하여 대법원은 약관규제에 관한 법률이 제정된 1986년 이전부터 합의설을 지지하고 있다. 즉 보통보험약관이 계약당사자에 대해 구속력을 가지는 것은 그 자체가 법규범절 성질을 갖고 있기 때문이 아니며, 보험계약 당사자가 약관을 계약 내용에 포함시키기로 합의했기 때문이라고 해석하고 있다.52) 일반적으로 보통보험약관을 계약내용에 포함시킨 보험청약서에 보험계약자가 서명을 스스로 했다면 이는 약관에 따르겠다는 의사로 해석되며 그 약관의 내용이 일반적으로 예상되는 방법으로 명시되어 있지 않다든가 또는 중요한 내용이어서 특히 보험자의 설명을 요하는 것이 아닌 한 보험계약자가 약관내용을 자세히 살펴보지 아니하거나 보험자의 설명을 듣지 아니하여 그 내용을 제대로 알지 못하더라도 서명을 한 보험계약자 측은 해당 약관에 구속된다는 것이 법원의 입장이다.

[대법원 1989. 3. 28. 선고 88다4645 판결]

〈사실관계〉

약관은 상해를 14등급으로 나누어 각 등급에 따라 보험금을 차등지급한다고 규정되어 있는 반면에 보험설계사는 300만원의 한도 내에서 치료비 전액이 보험금으로 지급된다고 설명하였고 이에 따라 보험계약이 체결되었다. 사고로 인해 380만원을 치료비로 지출한 원고는 피고회사에게 보험계약에 따라 300만원을 지급해 줄 것을 청구하였는데 이에 대해 피고회사는 원고의 부상등급은 8급에 해당되며 이에 대한 지급보험금 90만원만 지급하겠다고 주장하였다. 원고는 피고회사의 보험설계사가 원고에게 약관과 다른 내용으로 보험계약을 설명하고 이에 따라 계약이 체결되었으므로 그때 설명된 내용이 보험계약의 내용이 되고 그와 배치되는 약관의 적용은 배제된다고

---

51) 박철, "보통보험약관의 구속력", 보험법의 쟁점, 2002, 45면; 김대규, "약관편입통제조항의 기능성연구", 비교사법 제11권 1호, 2003, 259면; 양승규, "보통보험약관의 구속력", 서울대학교 법학 제27권 제4호, 1986, 162면 이하; 손주찬, 486면; 최기원, 40면; 임용수, 26면; 김성태, 144면; 이은영, 93-94면; 한기정, 132면; 김은경, 166면; 정찬형, 540-541면; 정동윤, 468-469면; 채이식, 63면; 이기수/최병규/김인현, 29면.
52) 대판 1985. 11. 26, 84다카2543(이 사건 원심은 약관의 법규범적 성격을 인정했으나, 대법원은 약관에 법규범 또는 법규범적 성질을 인정할 수 없으며 보험계약 당사자 사이에서 보통보험약관을 계약 내용에 포함시키기로 합의했기 때문에 보통보험약관이 계약당사자에게 구속력을 갖게 되는 것이라고 분명하게 판시했다); 대판 2017. 9. 26, 2015다245145; 대판 2007. 6. 29, 2007다9160; 대판 2004. 11. 11, 2003다30807; 대판 2000. 4. 25, 99다68027; 대판 1999. 7. 21, 98다31868; 대판 1991. 9. 10, 91다20432; 대판 1986. 10. 14, 84다카122.

주장하였다.

〈주요 판시내용〉

　보통보험약관이 계약당사자에 대하여 구속력을 갖는 것은 그 자체가 법규범 또는 법규범적 성질을 가진 약관이기 때문이 아니라 당사자가 계약내용에 포함시키기로 합의하였기 때문인바, 일반적으로 보통보험약관을 계약내용에 포함시킨 보험계약서가 작성되면 약관의 구속력은 계약자가 그 약관의 내용을 알지 못하더라도 배제할 수 없다. 그러나 당사자가 명시적으로 약관의 내용과 달리 약정한 경우에는 그 약관의 구속력은 배제된다고 보아야 한다. 보험회사를 대리한 보험대리점 내지 보험외판원이 보험계약자에게 보통보험약관과 다른 내용으로 보험계약을 설명하고 이에 따라 계약이 체결되었으면 그때 설명된 내용이 보험계약의 내용이 되고 그와 배치되는 약관의 적용은 배제된다.53)

　특히 판례는 계약 당사자가 약관의 세부적인 내용까지 잘 모르는 경우에도 묵시적이라도 약관을 계약에 편입시키기로 하는 합의 즉 약관을 계약 내용으로 하는 것에 관한 합의가 있으면 해당 약관은 계약의 내용이 된다고 판시하고 있다.54) 이러한 합의에 보험계약자 측의 묵시적 합의가 포함된다는 점을 분명히 한 것이다.55) 약관편입의 합의는 약관 전체를 일괄하여 그 대상으로 하게 되며, 약관의 개별조항을 대상으로 하는 것이 아니다. 일단 약관편입의 합의가 있은 이상 계약당사자가 구체적으로 약관의 개별조항의 내용을 알지 못하는 경우에도 구속력이 발생하는 것이 원칙이다.56) 물론 당사자가 명시적으로 약관과 다른 내용으로 약정했다면 그 약관의 구속력은 배제된다.

(4) 소　결

　합의설과 규범설은 계약 당사자간의 합의에 따른 채권계약적 성질의 보험계약과 단체적 성격 및 부합계약적 성질의 보험계약 성질 중에서 무엇에 방점을 두느냐의 문제라 할 수 있다. 생각건대 약관의 구속력의 근거로는 합의설이 타당하다. 보험계약의 부합계

---

53) 이 사건에서 약관의 구속력의 근거를 규범설로 보게 되면 보험회사는 90만원만 지급하게 되어 보험계약자에게 불리한 것으로 보이지만 이때에도 보험회사 대리점의 잘못으로 인해 생긴 보험계약자 측의 손해(210만원)에 대하여 보험자는 보험업법 제102조(금융소비자보호에 관한 법률 제정으로 해당 조문은 삭제되고 동법 제45조)에 따라 손해배상의 책임이 있으므로 결과적으로는 동일해질 수 있다. 물론 보험업법 제102조의 손해배상책임을 소송을 통해 구하는 경우에 야기되는 불편함(입증의 문제 및 과실상계 등)을 무시할 수는 없을 것이다. 다만 입증의 문제 역시 금융소비자보호에 관한 법률에서 보험자가 그 입증을 하도록 하였다. 한편 보험계약 체결에 대한 대리권이 없는 보험외판원(보험설계사)이 약관과 다른 내용을 설명했다고 하여 그 설명된 내용이 계약의 내용으로 된다고 판시한 것에 대해 사실행위만을 할 수 있도록 인정된 보험외판원(보험설계사)의 권한과 모순이 된다는 비판이 있을 수 있다.
54) 대판 1996. 10. 25, 96다16049; 대판 1991. 12. 24, 90다카23899.
55) 대판 2017. 6. 15, 2013다215454; 대판 1989. 11. 14, 88다카29177; 대판 1990. 4. 27, 89다카24070; 대판 1985. 11. 26, 84다카2543; 대판 1999. 7. 23, 98다31868; 대판 1996. 10. 1 1, 96다19307.
56) 대판 1991. 12. 24, 90다카23899; 대판 1996. 10. 25, 96다16049.

약적 성질을 고려하면 보험계약자 측이 해당 약관 내용을 제대로 모두 알지 못하더라도 약관 내용이 포함된 청약서에 서명을 통해 약관을 보험계약 내용으로 편입시키겠다는 것에 대한 합의를 한 것으로 해석하고 여기에서 구속력이 발생하는 것으로 해석함이 타당하다. 규범설이 근거로 하는 제638조의3 제2항은 약관설명의무 위반에 대해 '취소할 수 있다'고만 규정하고 있을 뿐, 취소하지 않은 경우에 대해서는 규정이 없는데, 약관의 규제에 관한 법률 제3조에서 보험자가 약관교부·설명의무에 위반하여 계약을 체결한 때에는 당해 약관을 계약의 내용으로 주장할 수 없다고 정하고 있음을 고려할 때도 합의설이 보다 합리적인 해석이다.57) 약관 자체를 계약의 문제로 보고 당사자 사이에 약관 내용을 계약 내용으로 편입시키기로 하는 명시적 또는 묵시적 합의를 한 것이 구속력의 근거가 된다고 해석하는 합의설이 규범설보다 설득력있는 해석이라 여겨진다.

　　약관의 규제에 관한 법률에서 개별약정에 관한 조항(동법 제4조), 약관의 뜻이 명확하지 않은 경우에는 보험계약자 측에게 유리하게 해석하도록 하는 조항(동법 제5조 제2항), 약관 조항을 사안에 따라 공정성을 잃었다는 이유로 무효로 할 수 있다는 조항(동법 제6조-제14조) 등은 규범설의 입장에서는 수용하기 어려운 내용들이다.58) 보험계약이 부합계약이라고 하더라도 기본적으로 보험자와 보험계약자 사이에 체결되는 개별적인 채권계약이며 이러한 취지에서 볼 때 계약 내용에 대한 합의가 필수적으로 요구된다. 다만 합의설에 따른다고 하더라도 여기에서의 합의는 명시적 합의뿐만 아니라 묵시적 합의도 포함한다고 해석된다.59) 보험계약의 부합계약적 성질을 고려하면 여기에서의 합의란 당사자 특히 보험계약자 측이 해당 약관 내용을 모두 잘 알지 못하더라도 약관을 보험계약 내용으로 편입시키겠다는 것에 대한 합의를 의미하는 것으로 해석할 수 있다.60) 이러한 취지에서 볼 때 해당 약관과 다른 내용의 보험으로 알고 체결한 경우에는 해당 약관은 당사자간의 보험관계를 구속하지 못한다고 해석된다.

　　보험계약자는 실제로 약관의 내용을 잘 알지 못한 채 심지어 약관의 존재마저 잘 알지 못한 채 보험계약을 체결하는 경우가 많은데 어떻게 약관의 구속력의 근거를 당사자 사이의 의사의 합치에서 찾을 수 있는가 하는 의문이 제기될 수 있다. 당사자간의 합의를 지나치게 강조하게 되면 보험계약자의 주관적 사정에 따라 계약의 효력이 좌우된다는 비판이 제기될 수 있다.61) 실무상 보험계약자 측이 약관의 존재와 그 내용을 알고 있었다는

---

57) 정찬형, 541면; 이기수/최병규/김인현, 30면.
58) 同旨: 한기정, 132면.
59) 대판 2004. 11. 11, 2003다30807.
60) 채이식, 64면(보험계약자가 보험약관의 내용을 상세히 알지 못했다고 해도 약관의 내용에 따라 보험계약을 체결할 의사는 있었다고 보는 점에서 의사설 중 부합계약설이 가장 타당하다고 설명하고 있다); 한기정, 129면.
61) 서헌제, 48면; 정동윤, 469면.

것과 그의 의사에 의해 약관내용이 계약에 편입되었다는 점에 대한 입증이 쉽지 않다. 실
제로 약관 내용을 계약내용으로 포함시키겠다는 당사자의 의사가 있었는지 불명확한 경우
에도 약관내용이 계약내용에 편입되고 있는 상황이다.

이러한 합의설의 문제점을 고려하여 등장한 것이 합의추정설이다. 합의의 존재 유무
와 관련하여 보험계약자가 구체적인 경우에 약관에 따르지 않겠다는 의사를 명백히 하지
않는 한 약관에 따르기로 하는 합의가 있는 것으로 추정하는 것이다.62) 실무에서 보험계
약자가 약관에 따르겠다는 합의가 있었는가에 대한 입증이 쉽지 않은 상황을 고려한 것이
라 할 수 있다. 그러나 약관을 계약의 내용으로 한다는 합의에 대한 입증의 문제는 묵시
적 합의의 인정범위를 유연하게 해석함으로써 해결이 가능하다고 여겨진다. 추정 방식을
통해 합의가 있다고 보게 되면 너무나 광범위하게 합의의 존재를 인정하게 되어 보험자에
게 지나치게 유리하게 된다. 다만 합의설을 따르더라도 묵시적 합의를 너무 넓게 인정하
거나 약관설명의무 예외의 범위를 지나치게 확대하게 되면 보험약관의 규범성을 인정하는
결과와 유사하게 되므로 신중하게 접근해야 할 것이다.

(5) 계약당사자 아닌 자에 대한 보험약관 적용

만약 약관을 규범의 일종으로 본다면 계약당사자 이외의 자에게도 약관의 적용을 주
장할 수 있을 것이다. 그러나 보험약관이 보험계약 당사자 사이에 구속력을 갖는 것은 당
사자가 약관의 규정을 계약 내용에 포함시키기로 합의했기 때문이라는 것이 법원의 일관
된 입장이다. 이러한 의사설의 입장에서는 계약 당사자 아닌 자, 예를 들어 배상책임보험
에서의 피해자에게는 약관을 적용하기 어려운 문제가 발생한다. 피해자는 계약 당사자가
아님에도 불구하고 제724조 제2항에 따라 직접청구권을 행사할 수 있다. 그런데 피해자는
약관을 계약에 포함시키기로 합의한 것이 없기 때문에 피해자에게는 약관의 구속력이 인
정되지 않게 된다. 따라서 보험자와 피해자 사이의 보험금 산정에 대해 분쟁이 발생하게
된다. 자동차사고와 관련하여 대법원은 피해자가 직접청구권을 행사하는 경우에 보험자가
피해자에게 보상하여야 할 손해액을 산정함에 있어서 법원이 자동차보험약관의 지급기준
에 구속되지는 않는다고 판단한 바 있다.63) 그 결과 자동차사고에 있어서 대인배상책임
보험이나 대물배상책임보험에서 보험자와 피보험자 사이의 보험금 산정에 대해서는 약
관의 지급기준이 적용되는 반면, 직접청구권을 행사하는 피해자에게 표준약관의 구속력

---

62) 정동윤, 57면에서는 약관규제법이 약관의 명시만 있는 경우에도 약관의 구속력이 인정되고 또 특정한
    경우에 설명의무를 면제하고도 약관의 구속력을 인정하고 있는 것은 순수한 형태의 의사설은 아니고 당
    사자의 합의를 추정한 것으로 볼 수 있다고 함으로써 의사추정설의 입장을 보이고 있다; 정찬형,
    540-541면; 손주찬, 486면. 이들 견해는 대판 1985. 11. 26, 84다카2543 판결을 의사추정설에 기초한 것으
    로 해석한다.
63) 대판 1994. 5. 27, 94다6819.

이 인정되지 않으므로 보험자는 민사상의 손해배상책임 원리에 기초하여 손해배상금을 정하게 된다. 자동차보험 배상책임담보에서 약관상 지급기준이 피해자에 대한 손해액 산정 기준으로서의 역할을 하기 어려운 경우가 발생할 수 있게 된다.

　　약관은 보험자가 작성하고 감독기관의 심사와 인가를 받는 것(보험회사의 개별약관)과 금융감독원이 보험업감독업무시행세칙 제5-13조에 따라 별표 15로 정하고 있는 '표준약관'으로 구별될 수 있다. 그런데 보험업감독업무시행세칙의 법적성질을 어떻게 보느냐에 따라 계약당사자 이외의 자에 대한 표준약관 적용 가능성이 있다고 여겨진다. 보험업법 제127조 이하, 동법 제196조 및 제209조, 동법시행령 제71조, 동법시행규칙 제38조 그리고 보험업감독규정 제7-50조 등에 따르면 보험약관은 감독기관인 금융위원회와 금융감독원의 통제대상이며, 금융감독원이 표준약관의 작성 주체로서 그 구체적 내용도 금융감독원이 정할 수 있다. 보험업감독규정과 보험업감독업무시행세칙의 법적성질은 법령보충적 행정규칙의 일종으로 분류할 수 있을 것이다.[64] 대법원은 '법령의 규정이 특정 행정기관에 그 법령 내용의 구체적 사항을 정할 수 있는 권한을 부여하면서 그 권한 행사의 절차나 방법을 특정하고 있지 않아 수임행정기관이 행정규칙인 고시의 형식으로 그 법령의 내용이 될 사항을 구체적으로 정하고 있는 경우, 그 고시가 당해 법령의 위임 한계를 벗어나지 않는 한, 그와 결합하여 대외적으로 구속력이 있는 법규명령으로서 효력을 가진다'고 해석하고 있다.[65] 보험업감독업무시행세칙은 그 내용 대부분이 보험관계 법령을 시행하기 위한 구체적 사항을 정한 것이고, 보험회사가 준수해야 할 내용을 담고 있음을 감안할 때, 그 실질적 내용은 보험업법 기타 관계 법령의 내용을 구체적으로 보충하는 것으로서 법규명령적 행정규칙이라고 판단할 여지가 있다. 법령보충적 행정규칙에 대해 판례는 그 대외적 법규성을 인정하고 있다.[66] 금융감독원이 제정한 행정규칙인 보험업감독업무시행세칙과 그 안에 포함된 표준약관은 법령보충적 행정규칙에 해당하여 대외적 법규성을 인정할 여지가 있다.[67] 배상책임과 같이 제3자와의 관계가 문제되는 경우에 예를 들어 자동차보험표준약관상 대인, 대물배상책임보험에 대한 내용은 계약당사자가 아닌 제3자에게도 구속력이 인정된다고 해석하는 것을 고려해볼 수 있다. 그렇지 않으면 책임보험자는 보험계약에 따른 보상책임을 부담한다는 원칙과 충돌되는 문제가 생기게 된다. 궁극적으로 표준약관이 계약당사자 이외의 자에게도 적용될 수 있는가의 문제에 대해 긍정적으로 고려해

---

64) 법제처 국가법령정보센터에서 보험업감독규정과 보험업감독업무시행세칙을 행정규칙으로 분류하고 있다.

65) 대판 2008. 4. 10, 2007두4841; 대판 2003. 9. 26, 2003두2274.

66) 대판 2010. 10. 14, 2009두23184.

67) 정문선, "자동차보험의 대차료에서 통상손해의 산정 기준에 관한 연구—부산지법 2021. 2. 18. 선고 2020나53231 판결을 중심으로—, 경영법률, 제33집 제4호, 2023, 283면-287면; 신영수, "연성규범으로의 효용과 운용상의 유의점-개정 하도급법상 표준하도급계약서를 중심으로", 법학논고 제80집, 2023;

보아야 한다.

4. 기   타

(1) 미인가 · 미신고 약관의 효력

보험자가 금융위원회로부터 보통보험약관에 대한 심사와 인가를 받지 않거나 변경약
관을 신고하지 않은 채 보험약관을 사용하게 되면 보험업법상의 제재를 받게 된다. 그러
나 미인가 또는 미신고된 약관 내용이 공익에 위반되거나 강행법규에 위반되는 것이 아니
라면 그 약관의 私法上의 효력에는 영향이 없으며 따라서 이러한 약관에 따라 체결된 보
험계약의 효력은 인정하는 것이 타당하다는 것이 다수적 견해이다.68) 또한 금융위원회의
인가를 받았거나 신고절차를 이행했다고 하더라도 법원의 해석에 따라 그 약관 내용을 무
효로 해야 하는 경우도 있다. 다시 말해 신고 등의 절차를 거쳤다고 해서 보험약관의 공
정성과 유효성이 보장되는 것은 아니다.69)

[대법원 1990. 5. 25. 선고 89다카17591 판결]

〈주요 판시내용〉

상법 제659조 제2항 및 동 제663조의 규정에 비추어 이 사건 무면허운전사고 면책에 관한 보
험약관의 규정이 보험사고가 전체적으로 보아 고의로 평가되는 행위로 인한 경우 뿐만 아니라 과
실(중과실 포함)로 평가되는 행위로 인한 경우까지 포함하는 취지라면 과실로 평가되는 행위로 인
한 사고에 관한 한 무효이고, 이는 그 보험약관이 재무부장관의 인가를 받았다 하여 달라지는 것
은 아니라고 한 원심판단은 정당하다.

---

(2) 보험약관의 변경과 소급적용

금리 또는 위험률 등에 변화가 있는 경우에 보험자는 금융위원회에 신고를 하고 약관
의 내용을 개정할 수 있다. 그러나 보험약관이 변경된 경우 소급효가 없음이 원칙이다. 즉
당사자간에 새로운 약관을 기존의 보험계약에 적용하기로 하는 합의가 없는 한 변경된 약
관은 구약관에 의해 체결된 보험계약에 아무런 영향을 미치지 못하는 것이 원칙이다.70)
소급적용되려면 당사자 사이에 이에 대한 명시적 또는 묵시적 합의가 필요하다.71) 특히
변경된 약관 내용이 보험계약자 측에게 불리하게 변경된 것이라면 당사자 사이에 별도로

---

68) 임용수, 28면; 최준선, 65면; 양승규, 71면.
69) 대판 1990. 5. 25, 89다카17591; 임용수, 28면; 한기정, 140면.
70) 정동윤, 469면.
71) 대판 1992. 5. 22, 91다36642; 임용수, 29면.

정하지 않는 한 변경된 약관은 기존의 약관에 기초하여 체결된 보험계약에 적용되지 않는다.[72] 만약 변경된 약관내용이 보험계약자나 피보험자 등에게 유리한 것이라면 이미 체결된 보험계약에 소급하여 적용할 수 있는가? 일견 개정된 약관 내용이 기존의 약관 내용보다 보험계약자에게 유리하므로 그 소급적용에 대해 보험계약자가 동의할 것이 기대된다고 해석될 수 있기 때문에 소급 적용을 긍정할 수도 있을 것이다. 그러나 판례는 약관이 보험계약자 측에게 유리하게 변경된 경우라도 당사자가 유리하게 개정된 약관에 의하여 보험계약의 내용을 변경하기로 하는 취지로 합의하거나, 보험자가 구 약관에 의한 권리를 주장할 이익을 포기하는 취지의 의사를 표시하는 등의 특별한 사정이 없는 한 개정 약관의 효력이 개정 전에 체결된 보험계약에 영향을 미친다고 할 수 없다는 입장이다.[73] 약관 구속력의 근거를 합의설에 두고 있는 이상 이러한 판례의 태도는 타당하다.

[대법원 2010. 1. 14. 선고 2008다89514 판결]

〈주요 판시내용〉

보험계약이 일단 그 계약 당시의 보통보험약관에 의하여 유효하게 체결된 이상 그 보험계약관계에는 계약 당시의 약관이 적용되는 것이고, 그 후 보험자가 그 보통보험약관을 개정하여 그 약관의 내용이 상대방에게 불리하게 변경된 경우는 물론 유리하게 변경된 경우라고 하더라도, 당사자가 그 개정 약관에 의하여 보험계약의 내용을 변경하기로 하는 취지로 합의하거나 보험자가 구 약관에 의한 권리를 주장할 이익을 포기하는 취지의 의사를 표시하는 등의 특별한 사정이 없는 한 개정 약관의 효력이 개정 전에 체결된 보험계약에 미친다고 할 수 없다.

동일한 보험계약 당사자가 일정한 기간마다 주기적으로 동종계약을 반복 체결하는 계속적 거래관계에 있어서 보험약관을 도중에 가입자에게 불리하게 변경하였다면 보험자로서는 새로운 보험계약 체결시 약관이 변경되었다는 사실 및 그 변경내용을 가입자인 상대방에게 설명하여야 할 신의칙상의 의무가 있다고 봄이 상당하고, 이러한 설명없이 체결된 보험계약은 과거와 마찬가지로 종전 약관에 따라 체결된 것으로 봄이 타당하다.[74]

다만 금융위원회가 보험업법이 정하는 바에 의해 보험약관(기초서류)의 변경을 명령하는 경우에 보험계약자·피보험자 또는 보험금을 취득할 자의 이익을 보호하기 위하여 특히 필요하다고 인정하는 경우에는 이미 체결된 보험계약에 대하여도 장래에 향하여 그 변경의 효력이 미치게 할 수 있다. 또한 금융위원회의 약관변경명령에 의해 보험계약자·피보험자 또는 보험금을 취득할 자가 명백하게 부당한 불이익을 받는 것으로 인정되는 경우

---

72) 정찬형, 553면; 최준선, 65면; 정동윤, 470면; 임용수, 28-29면.
73) 대판 2010. 1. 14, 2008다89514; 임용수, 29면; 장덕조, 83면.
74) 대판 1986. 10. 14, 84다카122; 대판 1985. 11. 26, 84다카2543; 정동윤, 470면.

에는 이미 체결된 보험계약에 의하여 납입된 보험료의 일부를 환급하거나 보험금을 증액
하도록 할 수 있다(보험업법 제131조 제2항, 제3항 및 제4항).

[대법원 1985. 11. 26. 선고 84다카2543 판결]

〈사실관계〉

원고는 피고회사와 6개월마다 보험계약을 갱신하였는데, 갱신 당시 보험대리상이 약관의 명칭
만 바뀌었을 뿐 내용에는 변경이 없고 동일하다고 설명하였다. 그리하여 원고는 최초 계약 당시
의 약관에 근거하여 보험금을 청구하였으나, 피고회사는 개정 약관을 근거로 보험금 지급을 거절
하였다.

〈주요 판시내용〉

6개월이라는 단기간을 보험기간으로 정한 보험계약을 체결한 후 그 보험기간 만료시마다 보험
계약을 갱신하여 체결해 오는 계속적 계약관계에 있어서, 그 중간에 보통보험약관의 내용이 개정
된 경우에 보험업자의 대리점직원이 보험계약자에게 개정된 약관내용을 단순히 알리지 않은 것에
그친 것이 아니라 나아가 적극적으로 그 개정이 명칭의 변경에 불과하고 그 약관내용에는 변경이
없음을 강조했기 때문에 보험계약자도 기왕에 가입한 구 약관과 같은 내용의 보험계약을 갱신하
여 체결할 의사를 표시함으로써 계약이 성립된 것이라면, 이는 당사자 사이에 명시적으로 구 약
관에 따르기로 약정한 경우와 같이 보는 것이 타당하므로 개정된 약관의 구속력은 발생할 여지가
없다고 보아야 할 것이다.

---

5. 보험약관의 해석원칙

보험약관은 보험에 대한 전문적 지위 및 경제적 지위 그리고 협상력에서 훨씬 우월한
보험자에 의해 일방적으로 작성되며 그 용어가 전문적, 기술적이고 경우에 따라서는 애매
한 표현 등도 사용되는 것이 현실이어서 그 해석을 둘러싸고 분쟁이 끊이질 않는다. 특히
보험상품이 담보하는 위험이 세분화되고 다양화되었으며, 위험의 성격을 규정하는 사회
및 경제적 환경도 빠르게 변화되고 있어서 약관 해석에 대한 분쟁은 더욱 증가하고 있
다.75) 약관에는 보험의 기술적 특성들을 반영하는 내용들이 포함되기 때문에, 사인(私人)
간의 일반 계약의 해석과는 다를 수밖에 없다. 보험자는 약관을 작성하면서 자신에게 유
리한 내용으로 작성하는 경향이 있다. 또한 아무리 세밀하게 특정 내용을 규정하려고 해
도 그 표현에 있어서 애매모호한 경우도 있다. 보험약관은 그 해석을 위해 약관의 규제에
관한 법률의 적용을 받는다. 약관 작성의 형식적 측면과 관련하여 약관의 규제에 관한 법

---

75) 황현아, "보험약관 해석과 작성자불이익 원칙", 제6회 보험법 포럼, 보험연구원, 2022, 4면.

률 제3조 제1항에서 "사업자는 고객이 약관의 내용을 쉽게 알 수 있도록 한글로 작성하고, 표준화·체계화된 용어를 사용하며, 약관의 중요한 내용을 부호, 색채, 굵고 큰 문자 등으로 명확하게 표시하여 알아보기 쉽게 약관을 작성하여야 한다"고 정하고 있다. 보험업법 제128조의4에서는 보험소비자와 모집종사자를 대상으로 보험약관의 이해도를 평가·공시하는 제도를 마련하는 등 보험약관 해석에 대한 분쟁을 줄이기 위한 노력을 기울이고 있다.

약관규제에 관한 법률 제5조에서는 약관의 해석에 대해 신의성실의 원칙(공정해석의 원칙), 객관적 해석 원칙(고객 차별금지 원칙) 및 작성자불이익의 원칙 등에 대해 규정하고 있다. 보험계약 당사자가 약관의 전부 또는 일부에 대해 다른 내용으로 개별적인 약정을 한 경우에 그 효력을 어떻게 할 것인가의 문제도 실무에서 발생하는 바, 이 문제 역시 약관해석의 원칙의 하나로서 다룰 수 있다. 아래에서는 이들 원칙에 대해 살펴보기로 한다.

(1) 개별약정 우선원칙

㈎ 원　　칙

개별약정 우선원칙이란 보험계약 당사자가 보험약관의 전부 또는 일부에 대해 이와 다른 내용으로 개별적인 약정을 하였다면 그 약정이 약관에 우선한다는 원칙을 말한다. 개별약정이란 개별적으로 협상되어진 계약조건 또는 내용을 말하며, 그 개별약정을 위한 합의 방식은 불문한다. 즉 구두에 의한 합의나 서면의 의한 합의 모두 가능하다. 약관의 규제에 관한 법률 제4조는 약관에서 정하고 있는 사항에 관하여 보험자와 고객이 약관의 내용과 다르게 합의한 사항이 있을 때에는 당해 합의 사항은 약관에 우선한다고 정하고 있다. 아래에서 보는 바와 같이 판례 역시 개별약정이 있는 경우에 약관에 우선하는 효력을 인정하고 있다.[76] 보험자가 개별 합의를 하면서 그것이 약관내용과 다르다는 것을 인식하고 위험을 인수한 것이라면, 약관에서 그에 관한 담보를 규정하지 않았다고 해도 개별약정으로 인해 보험금을 지급해야 한다는 것이다.

개별약정은 기업보험과 가계보험에서 동일하게 해석할 수 없다. 기업보험의 경우 보험계약자는 기업형태이며 따라서 경제적 지위, 보험에 대한 전문성 또는 협상력에 있어서 보험자와 대등한 지위에 있다. 예를 들어 전쟁지역으로 수출을 해야 하는 기업은 해상적하보험계약에서 면책조항의 하나인 전쟁위험에 대해 보험자로부터 보호를 받아야 할 경영상의 필요가 절실하며 이를 위해 보험료나 담보범위 등에 관하여 협상을 통해 개별약정 체결이 가능하다. 즉 보험료를 훨씬 많이 지급하더라도 담보를 얻어야 하는 기업입장과 전쟁위험

---

76) 대판 2017. 6. 15, 2013다215454; 대판 2007. 6. 29, 2007다9160; 대판 2000. 4. 25, 99다68027; 대판 1989. 3. 28, 88다4645; 대판 1985. 11. 26, 84다카2543.

을 정확히 산정하고 그 위험을 감수할 수 있을 정도의 고액의 보험료를 받을 수 있다면 보험자는 위험을 인수할 수 있다는 입장이 고려된 것이다. 이러한 양자의 의도가 합의되면 이것이 기업보험에서의 개별약정이라 할 수 있다.

반면에 가계보험의 경우에는 경제적 지위나 보험 전문성 또는 협상력 등에서 보험자에 비해 불리한 보험계약자가 적극적으로 개별약정을 시도하는 경우는 드물다. 가계보험의 경우는 부합계약적 성격이 적극 반영되어 약관 내용이 그대로 계약에 반영될 것인지 아니면 계약 체결이 이루어지지 않을 것인지의 문제로 귀결되기 때문이다. 즉 가계보험의 경우에 보험자가 협상을 통해 개별약정을 보험계약자와 체결하는 경우는 매우 드물다. 그런데 실무상 가계보험의 경우에 약관의 내용과 다르게 계약이 체결되는 경우가 있다. 대부분 약관상의 담보범위나 면책사유에 관하여 모집종사자에 의한 설명을 듣고 계약이 체결되는데 모집종사자가 약관과 다른 내용을 설명하고 이에 기초하여 계약이 체결된 경우에 이를 개별약정으로 인정할 것인가의 문제가 발생할 수 있다. 한편 당사자 사이의 개별적 합의에 의한 특별약관(특별보험약관)은 보통보험약관의 내용을 변경·추가 또는 배제하는 것으로서 보통보험약관에 우선하여 적용된다. 따라서 보험약관의 인쇄된 조항과 개별약정을 통해 手記로 작성된 내용과의 관계에서 충돌이 있으면 手記로 작성된 내용이 우선 적용된다.77)

(나) 개별약정 효력에 관한 학설

이에 관한 학설은 대부분 약관 구속력의 근거를 무엇으로 보는가 하는 문제와 연결이 된다. 약관의 구속력의 근거를 합의설(의사설)에 기초하는 경우에 개별약정 우선의 원칙은 당연한 것이라 할 수 있다. 약관 구속력의 인정 근거가 당사자간의 합의에 있다고 보는 이상 개별약정에 우선적 효력을 인정하는 것은 전혀 무리가 없다는 것이다. 그러나 약관 구속력의 인정근거를 법규범설로 보게 되면 개별약정을 인정하고 우선적 효력을 부여한다는 것은 보험계약자 평등의 원칙이라든가 또는 특정 보험계약자에 대한 특별이익 제공의 문제가 야기될 수 있으므로 인정할 수 없다고 풀이된다.78) 다만 법규범설 중에서 보험약관의 내용을 임의적 효력이 있는 상관습법으로 보면서 개별약정은 이러한 임의적 효력의 상관습법에 우선할 수 있으므로 개별약정의 우선적 효력을 인정할 수 있다는 견해도 있다.79)

(다) 개별약정 효력 인정 요건에 관한 판례

판례 중에 개별약정의 존재를 인정하기 위한 요건을 판단한 것이 있다. 약관의 특정 조항에 관하여 대등한 지위에서 개별적인 교섭을 통해 계약을 체결하려는 상대방이 자신

---

77) 양승규, 73면.
78) 양승규, 115면; 장경환, "보험약관의 교부설명의무", 보험학회지 제46집, 1995, 105면.
79) 한기정, 135면.

의 이익을 조정할 기회를 충분히 가졌다면, 그 특정 조항은 약관의 규제에 관한 법률의 규율대상이 아니라고 해석하고 있다. 그 특정조항은 개별약정으로 보아야 하기 때문이라는 것이다. 이때 개별적인 교섭이 있었다고 하기 위해서는 비록 그 교섭의 결과가 반드시 특정 조항의 내용을 변경하는 형태로 나타나야 하는 것은 아니라 하더라도, 적어도 계약의 상대방이 그 특정 조항을 미리 마련한 당사자와 거의 대등한 지위에서 당해 특정 조항에 대하여 충분한 검토와 고려를 한 뒤 영향력을 행사함으로써 그 내용을 변경할 가능성은 있어야 한다는 것이 판례의 입장이다.[80] 이러한 판단을 위해서는 보험계약 체결의 동기, 경위, 절차, 체결 목적 등을 종합적으로 판단하여 논리와 경험칙에 따라 합리적으로 해석해야 한다고 판시하고 있다.[81]

[대법원 2008. 7. 10. 선고 2008다16950 판결]

〈주요 판시내용〉

　계약의 일방 당사자가 다수의 상대방과 계약을 체결하기 위해서 일정한 형식에 의하여 미리 계약서를 마련하여 두었다가 어느 한 상대방에게 이를 제시하여 계약을 체결하는 경우에도 그 상대방과 특정 조항에 관하여 개별적인 교섭(또는 흥정)을 거침으로써 상대방이 자신의 이익을 조정할 기회를 가졌다면, 그 특정 조항은 약관의 규제에 관한 법률의 규율대상이 아닌 개별약정이 된다고 보아야 하고, 이때 개별적인 교섭이 있었다고 하기 위해서는 비록 그 교섭의 결과가 반드시 특정 조항의 내용을 변경하는 형태로 나타나야 하는 것은 아니라 하더라도, 적어도 계약의 상대방이 그 특정 조항을 미리 마련한 당사자와 거의 대등한 지위에서 당해 특정 조항에 대하여 충분한 검토와 고려를 한 뒤 영향력을 행사함으로써 그 내용을 변경할 가능성은 있어야 한다(同旨: 대판 2010. 9. 9, 2009다105383).

　　판례는 모집종사자인 보험대리상이 보험약관의 개정된 내용을 보험계약자에게 설명하거나 약관을 교부하지도 않은 채 단순히 보험약관 명칭이 변경되었다고만 설명했고 이를 신뢰한 보험계약자가 종전의 계약 내용대로의 계약을 갱신한 것이라면 이 경우는 약관의 개정에도 불구하고 구 약관을 적용하겠다는 개별약정 우선의 원칙에 따라서 종래의 보험약관(변경 전의 보험약관)이 보장하는 보험금액이 지급되어야 한다고 판시했다. 즉 당사자가 약관과 다르게 약정한 것으로 보고 이러한 개별 약정에 대해 약관 내용보다 우선적으로 당사자에게 적용되는 효력을 인정하였다.[82]

　　다른 사례로서 예를 들어 보통약관에서는 손해배상금의 일부를 보상하는 것으로 규

---

80) 대판 2008. 7. 10, 2008다16950.
81) 대판 2017. 9. 26, 2015다245145; 대판 2011. 12. 27, 2011다5134; 대판 1994. 4. 29, 94다1142.
82) 대판 1985. 11. 26, 84다카2543.

정되어 있는 반면에, 특별약관에서는 손해배상금의 전액을 보상한다고 규정되어 있는 상황에서, 보험계약자는 보통약관에 따른 보험료를 납입했고, 보험대리상 직원은 보험계약자에게 보험계약서를 교부하거나 보험약관을 설명하지 않은 채 자동차보험가입증명서에 대인배상 한도를 '무한(無限)'이라고 기재한 후 이를 교부했다면, 이는 모집종사자가 권한 없이 보험약관과 다른 내용을 보험계약 서류에 표시한 경우에 해당되며 따라서 보험계약자가 보통약관에 따른 보험료를 지급했더라도 보험자는 손해배상금 전액을 보상하는 특별약관이 적용되는 것으로 개별약정한 것으로 보아야 한다는 것이 판례의 입장이다.[83)]

　　최근 판례에서도 개별약정 우선원칙이 인정된 바 있다. 보험계약자가 가입한 보험의 보통약관에서는 '피보험자'의 상해를 담보하고 있고, 특별약관에서는 '태아는 출생시에 피보험자가 된다'고 규정되어 있는 상황에서 보험계약 청약서의 피보험자란과 고지의무의 피보험자란에 '태아'라고 기재되어 있고, 태아 상태에서 보험계약을 체결하면서 보험료를 지급하여 책임기간이 개시된 것이라면 보험계약 체결 동기, 경위, 절차, 체결 목적 등을 고려할 때 특별약관 내용과 달리 출생 전 태아를 피보험자로 하는 개별약정이 보험계약자와 보험자 사이에 있었고 이러한 개별약정이 약관 내용에 우선하여 적용되어야 한다고 판시했다.[84)]

[대법원 1991. 9. 10. 선고 91다20432 판결]

〈사실관계〉

　약관에 따르면 해산물을 먹고 식중독으로 사망하면 일반보험금의 5배를 지급한다고 하면서 다만 비브리오균에 의한 식중독 사망의 경우는 그러하지 않았다. 원고는 피보험자인 남편이 식중독으로 사망하자 피고회사에 보험금을 청구하였다. 피고회사는 원고의 남편의 사망원인이 비브리오균에 의한 식중독이어서 면책약관에 의해 보험금을 지급할 수 없다고 하였다. 원고는 피고회사의 보험설계사가 비브리오균에 의한 식중독에 의한 사망도 보험금이 지급된다고 설명하였다고 주장하였다. 원심은 피고회사의 보험설계사가 보험금지급이 거절되는 사고의 내용을 설명하지 아니하였다 하더라도 일반적으로 보통보험약관은 계약자가 그 내용을 알지 못하는 경우에도 그 약관의 구속력이 배제될 수 없다는 이유로 원고의 청구를 기각하였다.

〈주요 판시내용〉

　피고 회사를 대리한 보험대리점 내지 보험외판원이 피고 회사의 보험보통약관과 다른 내용으로 보험계약을 설명하고 이에 따라 이 사건 보험계약이 체결되었다면 모집종사자가 그때 설명한 내용이 보험계약의 내용이 되고 그와 배치되는 보통약관의 적용은 배제된다.

---

83) 대판 2003. 7. 11, 2001다6619.
84) 대판 2019. 3. 28, 2016다211224.

[대법원 2017. 6. 15. 선고 2013다215454 판결]

〈사실관계〉

甲 보험회사가 乙 주식회사 등과 자동차손해배상보장법상 '자동차'에 해당하지 않는 타이어식 지게차에 관하여 담보내용을 '대인배상Ⅰ(책임보험) 및 대물배상'으로 하는 보험계약을 체결하였는데, 보험약관에 '대인배상Ⅰ은 자동차손해배상보장법에 의한 손해배상책임에 한한다'는 규정이 있다. 자배법이 적용되지 않는 지게차 사고에 대해서도 보상한다는 개별약정이 있는 것인지 여부가 쟁점사항이었다.

〈주요 판시내용〉

위 지게차에 대해서도 자동차손해배상보장법이 적용되는 건설기계와 동일하게 취급하여 대인배상Ⅰ의 보상책임을 보장하는 내용의 자동차보험계약을 체결할 수 있고, 계약 체결 당시 당사자들 사이에 보험약관의 보상내용 관련 규정과는 다른 공동의 인식 또는 의사의 합치가 있었다고 볼 수 있으므로, 甲 회사는 지게차 사고로 발생한 손해에 대하여 대인배상Ⅰ에 따른 보험금을 지급할 의무가 있다(同旨: 대판 2017. 9. 26, 2015다245145).

[대법원 1998. 10. 13. 선고 97다3163 판결]

〈사실관계〉

보험계약 체결시 '렉카크레인'으로 기재된 차량이 운행 중에 사고가 발생했다. 이에 사고의 피해자들이 원고가 되어 차량의 보험자인 피고회사에 보험금을 청구하였다. 그런데 사고차량의 운전사는 사고 당시 1종 대형면허와 2종 중기면허를 소지한 상태였고, 피고회사는 1종 특수면허가 필요한 렉카차를 1종 대형면허와 2종 중기면허만 소지한 자가 운전했으므로 무면허운전으로 면책된다고 주장하였다. 그러나 원고는 이 사건 자동차가 렉카크레인으로 기재되긴 했지만 실제로 기중기의 일종인 '크레인'에 불과하고, 크레인은 1종 대형면허와 2종 중기면허로 운전할 수 있으므로 무면허운전이 아니라고 주장하였다.

〈주요 판시내용〉

보험회사가 보험계약자와 사이에 1종 특수면허가 있어야 운전할 수 있는 차량에 대하여 1종 대형면허 소지자를 주운전자로 한 보험계약을 체결하였다면 보험회사는 주운전자가 소지한 1종 대형면허로 위 차량을 운전하더라도 그 운전이 운전면허가 취소, 정지된 상태에서 이루어진 것이 아닌 한 그 운전으로 인한 사고로 인한 손해를 보상하여 주기로 하는 약정을 한 것으로 인정함이 상당하다.

개별약정 인정 여부는 체결된 보험계약이 자기를 위한 보험인지 아니면 타인을 위한 보험인지를 판단하는 것과 연계되기도 한다. 아래 판례는 개별약정을 통해 보험계약자가

자기가 부담하게 되는 법률상의 손해배상책임을 담보하기 위한 책임보험[85]을 체결한 것
이라고 해석했다.

[대법원 1997. 9. 5. 선고 95다47398 판결]

〈주요 판시내용〉

　임가공업자인 보험계약자는 피고와 임가공계약을 체결한 자로서 피고로부터 공급받은 가죽원피
등 원·부자재를 점유·관리하면서 이를 재단·가공하여 완제품을 만들어 줌으로써 이익을 얻는
적극적, 경제적 이익을 가지고 있는 한편 그것이 도난당하거나 멸실·훼손되는 경우에는 피고에
대하여 손해배상책임을 부담하게 되기 때문에 이를 도난당하거나 멸실·훼손하지 않고 피고에게
반환하여야 하는 의무로 말미암은 소극적, 경제적 이익도 있으므로, 보험계약자로서는 피고와는
별도로 위와 같은 소극적, 경제적 이익을 피보험이익으로 하여 보험에 가입할 필요성도 있다고
할 것이다. 보험계약자가 이 사건 보험사고 후 보험회사 담당 직원과 행한 보험계약 체결 경위
등에 관한 문답서에, 이 사건 보험계약 체결의 동기에 관하여 피고가 이미 도난 등에 대비하여
동산종합보험에 가입한 사실을 알고 있었지만 자신이 보관하고 있는 이 사건 보험목적물이 손
실·분실될 경우에 자기에게 돌아올 손해배상책임에 대비하여 이 사건 보험계약을 체결하였다는
취지로 진술하고 있고, 이 사건 동산종합보험청약서에 의하면 이 사건 보험의 목적물에는 가죽원
피, 완제품, 반제품 등 피고 소유의 물건 이외에도 보험계약자의 소유인 미싱 6대와 재단기 1대
도 포함되어 있으며, 이 사건 보험사고 발생 후 원고 보험회사가 작성한 보험금지급결의서의 피
보험자란에 보험계약자의 성명이 기재되어 있는 사정을 알 수 있는바, 이러한 제반 사정에 비추
어 보면, 보험계약자는 자신이 점유·관리하는 피고 소유의 이 사건 가죽원피, 완제품, 반제품이
도난당하거나 멸실·훼손되는 사고로 인하여 피고에게 손해배상책임을 지게 되는 경우에 이를 보
상하는 것을 목적으로 하는 일종의 책임보험의 성격을 가지는 이 사건 보험계약을 원고 보험회사
와 체결한 것으로 봄이 상당하다.[86]

　　법원은 약관과 다른 내용으로 개별적인 합의를 했다는 것을 보험계약자가 입증을 해
야 한다고 판시한 바 있다.[87]

---

85) 책임보험은 법리적으로는 피보험자가 피해자에 대한 법률상의 배상책임을 부담함으로써 발생한 자신의
　　손해를 보험자로부터 보상받기 위한 자기를 위한 보험계약이지만, 궁극적으로는 피해자가 확실하게 보상
　　을 받을 수 있도록 하는 역할을 하므로 기능적으로는 피해자인 타인을 위한 보험으로서의 역할도 하게
　　된다.
86) 이 판결은 피보험이익의 귀속주체와 중복보험 체결 여부가 쟁점이 되기도 하며, 이에 대해서는 후술하
　　는 피보험이익과 중복보험 부분에서 설명한다.
87) 대판 2015. 11. 17, 2014다81542; 대판 2013. 9. 26, 2012다1146; 대판 2008. 7. 10, 2008다16950.

[대법원 2015. 11. 17. 선고 2014다81542 판결]

〈사실관계〉

연금보험약관에는 연금액이 정기예금이율의 변동에 따라 달라질 수 있다고 기재되어 있는데, 일부분이 찢긴 채 법원에 제출된 보험증권에는 연금액이 3개월 마다 확정된 금액을 지급한다고 기재되어 있다. 약관과 달리 확정액을 지급하기로 개별약정을 한 것인지가 쟁점이 되었다. 보험자는 이 사건에서 정기예금이율의 변동에 따라 연금액이 달라질 수 있다는 약관 내용을 설명하지 않았다.

〈주요 판시내용〉

민사소송에서 당사자 일방이 일부가 훼손된 문서를 증거로 제출하였는데 상대방이 훼손된 부분에 잔존 부분의 기재와 상반된 내용이 기재되어 있다고 주장하는 경우, 문서제출자가 상대방의 사용을 방해할 목적으로 문서를 훼손하였다면 법원은 훼손된 문서 부분의 기재에 대한 상대방의 주장을 진실한 것으로 인정할 수 있을 것이나(민사소송법 제350조), 그러한 목적 없이 문서가 훼손되었다고 하더라도 문서의 훼손된 부분에 잔존 부분과 상반되는 내용의 기재가 있을 가능성이 인정되어 문서 전체의 취지가 문서를 제출한 당사자의 주장에 부합한다는 확신을 할 수 없게 된다면 이로 인한 불이익은 훼손된 문서를 제출한 당사자에게 돌아가야 한다. 보험증권에 기재된 금액을 이 사건 보험계약에 따른 연금액으로 인정하기 위하여는, 보험약관에 대한 설명의무 위반만으로는 부족하고, 보험계약자가 이 사건 보험계약 체결 당시 피고 보험회사와 그러한 내용의 합의를 하였다는 사실을 증명하여야 한다.[88]

㈑ 계약체결대리권 없는 모집종사자의 개별약정 문제

실무상 보험계약 체결은 보험설계사를 통한 경우가 대부분이다. 보험설계사는 계약체결대리권이 없다. 계약체결에 대한 대리권이 없다면 계약 내용을 약관과 다르게 임의로 변경할 권한도 없다. 보험설계사가 보험자로부터 약관과 다른 내용으로 모집할 수 있는 권한을 부여받지 못한 채 권한 없이 약관과 다른 내용으로 모집행위를 했다면 이는 불법행위 책임의 문제이지 계약상의 책임 문제가 될 수 없다. 즉 개별약정이 성립된다고 할 수 없다.[89] 보험설계사는 보험자의 대리인이 아니기 때문이다. 이러한 경우에 원칙적으로 보험자는 계약책임을 부담하지 않는다고 해석된다. 보험설계사의 불법행위의 문제가 되며 보험계약자는 그러한 행위를 한 보험설계사에게 민법상의 손해배상책임을 묻거나 보험자에게 금융소비자 보호에 관한 법률 제45조(과거에는 보험업법 제102조에 따른 사용자책임)에 따른 사용자책임을 물을 수 있다.

그런데 이러한 구제수단이 있는데도 판례의 경향은 보험자가 개별약정 대로의 효

88) 대법원은 해당 상품을 판매한 보험자의 전산정보 상에 기재되어 있는 정보 및 해당 보험계약이 체결될 무렵 판매된 같은 보험상품의 보험증권 기재 내용 등을 종합적으로 판단해보면 보험증권 중 훼손된 부분에 연금액이 정기예금이율의 변동에 영향을 받는다는 기재가 있을 가능성이 있다고 해석했다. 한기정, 138면.

89) 同旨: 정호열, "약관과 다른 보험모집인의 설명과 보험자의 책임", 보험법연구 1, 1995, 33면.

과 즉 계약상의 책임을 부담한다고 판시하고 있다. 즉 보험설계사가 약관과 다르게 설명한 경우에 보험계약자와의 사이에서 개별약정이 체결된 것으로 해석하는 경향이다. 그런데 그렇게 해석할 수 있는 법리에 관한 명확한 설명을 하지 않고 있다. 이론적으로는 민법상의 표현대리 문제가 거론될 수도 있다. 만약 표현대리의 법리가 적용된다면 보험자는 계약상의 책임 즉 개별약정에 따른 계약상의 책임을 부담할 수 있다. 표현대리 법리가 적용될 수 있는 것으로 생각할 수 있는 경우는 권한을 넘은 표현대리(민법 제126조)의 경우가 가장 많을 것이다. 그런데 권한을 넘은 표현대리가 적용되기 위해서는 일단 보험설계사에게 약관을 설명할 수 있는 권한이 보험자로부터 부여된 상황에서 권한 외의 대리행위를 한 경우여야 하고 또한 보험계약자가 보험설계자에게 그러한 권한이 있다고 믿을 만한 정당한 이유가 있어야 한다. 그러나 실무상 보험자가 보험설계사에게 약관을 설명할 권한을 특별히 수여했다고 보기가 쉽지 않은 상황에서 표현대리의 요건을 충족하는 것은 쉽지 않다.[90]

대부분의 판례에서 '보험계약자와 보험자'가 약관과 다른 내용으로 계약을 체결했다고 판결문에서 기술하고 있는데, 실무적으로는 보험설계사를 통해 청약단계가 진행되고 약관설명이 이루어진다. 보험설계사에게 보험계약 체결과 관련하여 제1회 보험료 영수권 및 보험증권 교부권한 등을 제외하고는 아무런 권한이 인정되지 않고 사실행위만을 할 수 있는 상황에서 어떠한 법리에 기초하여 보험설계사가 잘못 설명한 결과를 보험자에게 귀속시킨 채 개별약정에 따른 계약상의 책임을 보험자가 부담해야 하는가에 대한 법원의 설명이 있어야 한다. 보험설계사는 보험자의 대리인이 아니라는 점에서 더욱 그렇다.

(2) 신의성실의 원칙(공정해석의 원칙)

보험자는 보험계약자 측의 정당한 이익과 합리적인 기대에 반하지 않고 형평에 맞는 약관을 작성해야 하는데 이를 달성하기 위한 해석원리가 신의성실의 원칙이다. 약관규제에 관한 법률 제5조 제1항에서 이를 규정하고 있다. 약관에 따라 계약이 체결되는 경우든 당사자간 협의를 통해 계약이 체결되는 경우든 신의성실의 원칙이나 공정해석의 원칙은 당연히 적용되는 것이므로 이 원칙을 보험약관에 특유한 해석원칙이라 할 수는 없다.[91] 보험계약자 측의 합리적인 기대란 보험사고로 인한 손해의 보상을 받으려는 계약 체결 의도와 연계된다.[92]

---

90) 한기정, 88면.
91) 한기정, 170면.
92) 대판 1991. 12. 24, 90다카23899; 양승규, 73면.

[서울중앙지법 2020. 9. 16. 선고 2019가단5232676 판결]

〈사실관계〉

원고는 OO어린이집 소유 버스에 대해 자동차보험계약을 체결한 자동차보험자이다. 피고는 어린이집 원장 A 및 보육직원을 피보험자로 한 배상책임담보 보험계약을 체결한 책임보험자이다. 버스 운전자 B와 어린이집 인솔교사 C는 어린이집 원아 갑을 태우고 어린이집에 도착했는데, 원아 갑이 차량에서 잠이 들어 하차하지 않았음에도 과실로 나머지 원아만 데리고 하차했고, 운전기사는 그대로 차량 문을 잠그고 그대로 운행을 종료했다. 담임교사 D는 원아의 출결상황을 제대로 확인하지 않았고, 원아 갑이 등원하지 않았음을 인지하지 못하고 그 후 등원하지 않았음을 인지하고도 가족들에게 알리지도 않았고 차량 내부를 확인하지도 않았고, 오후 시간까지 어린이집 다른 교사들에게도 갑이 등원하지 않았다는 것을 알리지 않았다. 갑은 차량에서 열사병에 의한 질식사했다. 원고 보험자는 유족에게 치료비 및 손해배상금 4억 2천만을 지급했고 공동불법행위자들에게 대위구상을 청구하지 않고 어린이집 배상책임보험을 체결한 책임보험자에게 보험자대위에 기한 구상을 청구했다. 책임보험자는 해당 배상책임보험약관에 '피보험자가 소유, 점유, 임차, 사용, 관리하는 자동차, 항공기, 선박으로 생긴 손해에 대한 배상책임에 대해서는 보상하지 않는다'고 규정하고 있는데, 어린이집 통학차량과 관련한 본 사고는 면책조항이 적용되므로 자신에게 보험금 지급의무가 없다고 항변했다. 또한 유치원 피용자인 담임교사 D는 원고가 체결한 자동차보험계약의 피보험자에 해당되어 원고인 자동차보험자가 대위를 행사할 수 있는 대상이 아니므로 그의 책임보험자에 대하여도 구상청구를 할 수 없다고 항변했다.(공제계약인데 보험계약으로 변경함)

〈주요 판시내용〉

위 면책약관은 원장, 운전자 인솔교사에 대해서는 그 적용이 가능할 수 있다. 그러나 담임교사에 대해서는 적용될 수 없다. 이 사고가 차량 안에서 발생한 것이지만 담임교사 D의 원아에 대한 관리의무는 차량에 대한 관리와 구별되므로 보험약관 면책조항이 적용되지 않는다. 또한 본 자동차보험의 기명피보험자인 어린이집의 소속 보육교사라는 이유만으로 담임교사 D가 자동차보험계약의 피보험자에 해당한다고 볼 수 없다. 따라서 D는 공동불법행위 책임이 있는 제3자에 해당되어 보험자대위 상대방이 될 수 있다. 운전자 B, 인솔교사 C, 담임교사 D는 공동불법행위자이며 이들 내부관계에서 각자의 과실 정도에 따라 손해를 분담하게 되는데, 공동불법행위자의 1인 또는 그 보험자가 손해의 전부 또는 일부를 배상하여 공동면책시켰을 경우 상대방에 대해 본인 또는 피보험자의 과실비율을 넘는 부담 부분을 구상할 수 있다. 이 사건에서 원고 보험자는 보험자대위에 따라 피고 책임보험자에게 과실비율에 따라 정하여진 부담부분 한도에서 구상권을 취득하고 피고 책임보험자에 대한 원고 보험자의 대위행사는 허용된다.93)

판례는 운전자연령 한정특약이나 피보험차량을 교체할 경우 보험자의 승인을 얻도록

---

93) 이준교, "최근 법원 판례로 살펴본 자동차보험자의 대위행사 관련 쟁점 및 시사점", 손해보험, 2024년 7월호, 손해보험협회, 5면-7면.

하는 약관 내용 등의 유무효에 관한 판단을 하면서 운전자 한정특약의 경우엔 보험료 할인 혜택 뿐만 아니라 보험계약자의 선택에 의해 적용되는 것이며, 피보험차량 교체는 보험계약 내용 변경에 해당되므로 보험자가 이러한 사실을 알 수 있도록 보험자의 승인을 요구하는 약관조항은 유효하다고 보았다.[94]

임원배상책임보험약관에서 'claim'이라는 용어는 보험사고를 의미하는데 'claim'이 민사 손해배상청구 이외에 회사가 임원을 위해 지급한 형사소송에서의 방어비용도 포함된다는 것이 법원의 해석이다. 임원배상책임보험을 체결하는 목적이 회사 임원의 경영상 판단과 업무수행 중에 발생할 수 있는 임원의 법적 책임에 따른 리스크를 담보하려고 회사가 보험료를 지급하면서 체결하는 보험임을 감안할 때에 'claim'의 범위에서 형사소송을 제외할 이유가 없으며, 포함시키는 것이 보험계약자 측의 정당한 이익과 합리적인 기대에 부합하려는 것이라 할 수 있다. 이에 대해 임원배상책임보험은 배상책임보험의 일종으로 민사상의 손해배상책임을 담보하는 것이 일반적이며 만약 형사소송의 방어비용까지 담보하려면 이에 대한 별도의 약정이 있어야 한다는 취지에서 판례에 반대하는 견해가 있다.[95] 그런데 국내에 출시된 임원배상책임보험 상품 중 'claim'의 범위에 형사 기소가 포함된 사례가 있음을 감안할 때, 만약 보험회사가 형사기소에 따른 손해를 담보범위에서 제외하려는 의도였다면 담보범위에 관한 혼란을 피하기 위해 약관에서 이를 명확히 배제했어야 했는데 보험회사가 이를 담보범위에서 제외시키지 않았으며, 타 보험회사의 임원배상책임보험 상품에서는 형사기소가 포함되어 있는 점을 고려하면 보험계약자 입장에서는 'claim' 범위에 형사기소가 포함된 것으로 기대했을 것으로 해석할 수 있다.[96]

[대법원 2019. 1. 17. 선고 2016다277200 판결]

〈사실관계〉

甲 주식회사와 乙 보험회사가 임원배상책임보험계약을 체결하면서 영문과 번역문으로 '피보험회사의 임원이 그 자격 내에서 수행한 업무에 따른 부당행위로 인하여 보험기간 중 그들을 상대로 최초 제기된 청구(claim, 이하 '클레임'이라 한다)에 대하여 회사가 해당 임원에게 보상함으로써 발생한 손해를 보상한다.'는 내용의 약관 조항을 두었는데, 위 조항에서 말하는 클레임에 민사상 손해배상청구를 당한 경우뿐만 아니라 형사상 기소를 당한 경우도 포함되는지 문제되었다.

〈주요 판시내용〉

클레임이라는 영문 용어가 미국의 임원배상책임보험 관련업계에서 사용된 용례나 분쟁사례에서

---

94) 대판 1998. 6. 23, 98다14191; 대판 2003. 8. 22, 2002다31315.
95) 황현아, "2019년 보험 관련 중요 판례 분석(2)", KiRi 보험법리뷰 포커스, 2020. 4. 6, 보험연구원, 4면; 전한덕, "임원배상책임보험약관의 해석과 명시설명의무—대법원 2019. 1. 17, 선고 2016다277200 판결을 중심으로", 서강법률논총 8권 2호, 181면.
96) 대판 2019. 1. 17, 2016다277200.

결정된 의미를 보면 반드시 손해배상청구만을 의미한다고 보기 어려운 점, 임원의 업무 추진과 경영상 판단을 존중하기 위하여 회사의 비용으로 임원의 법적 책임에 대한 부담을 완화하고자 하는 임원배상책임보험의 취지에 따르면 임원이 업무상 행위로 민사상 손해배상청구를 당한 경우와 형사상 기소를 당한 경우를 달리 평가할 수 없는 점, 국내에 출시된 임원배상책임보험 상품 중 클레임의 범위에 형사 기소가 포함된 예가 있는 등의 사정에 비추어 우리나라 보험업계에서도 손해배상책임을 민사상 손해배상청구에 따른 책임만을 의미하는 것으로 이해하고 있다고 단정하기 어려운 점 등을 들어 위 '클레임'에는 임원이 직무상 수행한 업무에 따른 부당행위로 형사상 기소를 당한 경우도 포함된다.

그런데 신의성실의 원칙 그 자체가 명확한 내용을 가진 것으로 보기 어렵다. 이 원칙은 약관해석의 중요 원리이면서 동시에 법원에 의해 이루어지는 약관의 내용통제를 위한 원리로 작용하고 있다. 또한 이 원칙은 후술하는 수정해석 또는 효력유지적 축소해석의 원리와 밀접한 관계가 있고 객관적 해석의 원칙, 통일적 해석의 원칙 등으로 구체적으로 구현되고 있다.97) 보험약관상의 면책사유는 엄격하게 해석해야 한다는 것도 신의성실의 원칙으로부터 요구된다고 할 수 있다.98)

[대법원 1991. 12. 24. 선고 90다카23899 판결]

〈주요 판시내용〉

약관의규제에관한법률 제6조 제1항, 제2항, 제7조 제2, 3호가 규정하는 바와 같은 약관의 내용통제원리로 작용하는 신의성실의 원칙은 보험약관이 보험사업자에 의하여 일방적으로 작성되고 보험계약자로서는 그 구체적 조항내용을 검토하거나 확인할 충분한 기회가 없이 보험계약을 체결하게 되는 계약 성립의 과정에 비추어, 약관 작성자는 계약 상대방의 정당한 이익과 합리적인 기대 즉 보험의 손해전보에 대한 합리적인 신뢰에 반하지 않고 형평에 맞게끔 약관조항을 작성하여야 한다는 행위원칙을 가리키는 것이며, 보통거래약관의 작성이 아무리 사적자치의 영역에 속하는 것이라고 하여도 위와 같은 행위원칙에 반하는 약관조항은 사적자치의 한계를 벗어나는 것으로서 법원에 의한 내용통제 즉 수정해석의 대상이 되는 것은 당연하다.

[대법원 2007. 2. 22. 선고 2006다72093 판결]

〈사실관계〉

원고가 동산과 부동산에 관한 화재보험금을 청구하자, 피고회사는 피보험자가 동산에 관한 손해를 허위로 부풀려 신고하였으므로 '보험계약자 또는 피보험자가 손해의 통지 또는 보험금청구

---

97) 同旨: 정찬형, 554면; 최기원, 51-52면; 임용수, 36면; 최준선, 74면; 정동윤, 471면; 김은경, 63면.
98) 대판 1994. 11. 22, 93다55975.

에 관한 서류에 고의로 사실과 다른 것을 기재하였거나 그 서류 또는 증거를 위조하거나 변조한 경우 피보험자는 손해에 대한 보험금청구권을 잃게 된다'고 규정된 약관에 따라 손해액이 허위 신고된 동산뿐 아니라 허위 신고 사실이 없는 부동산에 관한 보험금청구권도 지급할 수 없다고 하였다.

〈주요 판시내용〉

이 사건과 같이 독립한 여러 물건을 보험목적물로 하여 체결된 화재보험계약에서 피보험자가 그 중 일부의 보험목적물에 관하여 실제 손해보다 과다하게 허위의 청구를 한 경우에 허위의 청구를 한 당해 보험목적물에 관하여 위 약관조항에 따라 보험금청구권을 상실하게 되는 것은 당연하다 할 것이나, 만일 위 약관조항을 피보험자가 허위의 청구를 하지 않은 다른 보험목적물에 관한 보험금청구권까지 한꺼번에 상실하게 된다는 취지로 해석한다면, 이는 허위 청구에 대한 제재로서의 상당한 정도를 초과하는 것으로 고객에게 부당하게 불리한 결과를 초래하여 신의성실의 원칙에 반하는 해석이 된다고 하지 않을 수 없다. 위 약관에 의해 피보험자가 상실하게 되는 보험금청구권은 피보험자가 허위의 청구를 한 당해 보험목적물의 손해에 대한 보험금청구권에 한한다고 해석함이 상당하다(同旨: 대판 2009. 12. 10, 2009다56603, 56610).

[대법원 2003. 8. 22. 선고 2002다31315 판결]

〈사실관계〉

원고는 피고회사와 보험계약을 체결한 후 차량을 교체하였으나 이를 피고회사에 알리지 않은 채 운행하였다. 그러던 중 사고가 발생하여 원고가 보험금을 청구하자, 피고회사는 차량교체 시에는 피고회사에 이를 알려 승인을 얻어야 한다는 약관을 이유로 보험금지급을 거절하였다.

〈주요 판시내용〉

보험계약의 피보험차량이 교체됨으로써 보험계약 내용의 변경을 초래하였으므로, 보험자에게 보험계약의 유지나 변경 등의 결정에 관한 기회를 부여할 필요가 있고, 따라서 보험자에게 피보험자동차의 대체 사실을 알려 보험자의 승인을 얻은 때로부터 대체된 자동차에 보험계약이 승계된 것으로 본다는 이 사건 영업용자동차보험 보통약관 제54조의 규정이 보험계약자나 피보험자에게 부당하게 불리하다고 할 수 없어 이를 무효로 볼 수 없다.

(3) 효력유지적 축소해석(수정해석)

효력유지적 축소 원칙은 약관내용의 전부 또는 일부가 불공정한 경우 또는 강행법규 위반인 경우에 해당 부분만을 무효로 하는 해석원칙을 말하는데 이는 동시에 법관에 의한 약관내용통제를 의미하기도 한다. 우리 판례는 약관을 해석하면서 효력유지적 축소 방식을 취하는 것에 비교적 적극적이라 할 수 있다. 예를 들어 보험료지급의무자가 주소변경 통보를 하지 않은 경우에 보험증권에 기재된 주소 또는 보험자가 알고 있는 최종 주소를 보험료 납입최고 등의 우편물 수령 장소로 간주한다고 약관에서 규정하고 있는 경우에 판례는 해당 약관조항이 보험자가 과실없이 보험료지급의무자의 변경된 주소를 알지 못한 경우에 한해서 적용된다고 하여 효력유지적 축소해석을 한 바 있다.[99]

약관해석과 관련하여 법관에 의한 약관내용통제 방법으로서 수정해석을 인정하고 있는데 수정기준으로는 강행법규범뿐만 아니라 임의적 법규범, 조리, 판례 등이 있다.[100] 보험약관이 보험자에 의해 일방적으로 작성되며, 보험계약자로서는 그 구체적 조항내용을 검토하거나 확인할 충분한 기회가 없이 보험계약을 체결하게 되는 실무적 상황에 비추어 법원에 의한 내용통제 즉 수정해석의 정당성은 인정될 수 있다.

이러한 수정해석은 조항 전체가 무효사유에 해당하는 경우뿐만 아니라 조항 일부가 무효사유에 해당하고 그 무효부분을 추출·배제하여 잔존부분만으로 유효하게 존속시킬 수 있는 경우에도 가능하다.[101] 아래 판례는 약관의 문언대로 해석하고 적용하게 되면 고객에게 불리하고 고객의 합리적 기대에 어긋나기 때문에 해당 내용에 대해 실질적으로 효력유지적 축소를 한 것인데 판결문에서는 이를 수정해석한 것이라고 표현했다.[102] 즉 판례는 효력유지적 축소해석 원칙을 수정해석이라 부르기도 한다.

[대법원 1991. 12. 24. 선고 90다카23899 전원합의체 판결]

〈주요 판시내용〉

무면허운전 면책조항을 문언 그대로 무면허운전의 모든 경우를 아무런 제한 없이 보험의 보상대상에서 제외한 것으로 해석하게 되면 절취운전이나 무단운전의 경우와 같이 자동차보유자는 피해자에게 손해배상책임을 부담하면서도 자기의 지배관리가 미치지 못하는 무단운전자의 운전면허 소지 여부에 따라 보험의 보호를 전혀 받지 못하는 불합리한 결과가 생기는바, 이러한 경우는 보험계약자의 정당한 이익과 합리적인 기대에 어긋나는 것으로서 고객에게 부당하게 불리하고 보험자가 부담하여야 할 담보책임을 상당한 이유 없이 배제하는 것이어서 현저하게 형평을 잃은 것이라고 하지 않을 수 없으며, 이는 보험단체의 공동이익과 보험의 등가성 등을 고려하더라도 마찬가지라고 할 것이다. 결국 무면허운전면책조항이 보험계약자나 피보험자의 지배 또는 관리가능성이 없는 무면허운전의 경우에까지 적용된다고 보는 경우에는 그 조항은 신의성실의 원칙에 반하여 공정을 잃은 조항으로서 위 약관규제법의 각 규정에 비추어 무효라고 볼 수밖에 없다. 그러므로 무면허운전면책조항은 무면허운전이 보험계약자나 피보험자의 지배 또는 관리가 가능한 상황에서 이루어진 경우에 한하여 적용되는 조항으로 수정해석을 할 필요가 있으며 그와 같이 수정된

---

99) 대판 2000. 10. 10, 99다35379.
100) 사법연수원, 보험법연구, 2007, 18면.
101) 임용수, 37면.
102) 대판 1991. 12. 24, 90다카23899.

범위 내에서 유효한 조항으로 유지될 수 있는바, 무면허운전이 보험계약자나 피보험자의 지배 또는 관리 가능한 상황에서 이루어진 경우라고 함은 구체적으로는 무면허운전이 보험계약자나 피보험자 등의 명시적 또는 묵시적 승인하에 이루어진 경우를 말한다고 할 것이다.

[대법원 2007. 2. 2. 선고 2006다72093]

〈주요 판시내용〉

독립한 여러 물건을 보험목적물로 하여 체결된 화재보험계약에서 피보험자가 그 중 일부의 보험목적물에 관하여 실제 손해보다 과다하게 허위의 청구를 한 경우에 허위의 청구를 한 당해 보험목적물에 관하여 위 약관 조항에 따라 보험금청구권을 상실하게 되는 것은 당연하다. 그러나 만일 위 약관 조항을 피보험자가 허위의 청구를 하지 않은 다른 보험목적물에 관한 보험금청구권까지 한꺼번에 상실하게 된다는 취지로 해석한다면, 이는 허위 청구에 대한 제재로서의 상당한 정도를 초과하는 것으로 고객에게 부당하게 불리한 결과를 초래하여 신의성실의 원칙에 반하는 해석이 되므로, 위 약관에 의해 피보험자가 상실하게 되는 보험금청구권은 피보험자가 허위의 청구를 한 당해 보험목적물의 손해에 대한 보험금청구권에 한한다고 해석함이 상당하다.

[대법원 1998. 4. 28. 선고 97다11898 판결]

〈사실관계〉

동산종합보험의 보험계약자가 2종 보통운전면허밖에 소지하고 있지 않은 그의 피용자로 하여금 1종 대형운전면허를 소지해야 운전할 수 있는 중장비인 천공기를 운전하게 하여 피용자가 이를 운전하다가 사고로 천공기가 파손된 경우, 피용자의 무면허운전은 중대한 법령 위반에 해당하고 보험계약자의 명시적 승인하에 이루어진 것으로 보아 중장비 추가약관 소정의 면책사유에 해당하는가의 여부가 문제되었다.

〈주요 판시내용〉

동산종합보험 중장비 추가약관에서 '법령이나 기타 규칙을 위반하여 발생한 손해'를 보험자의 면책사유로 규정한 경우, 면책조항을 문언 그대로 법령이나 기타 규칙을 위반하여 발생한 모든 사고를 아무런 제한 없이 보험의 대상에서 제외한 것으로 해석하게 되면, 중대한 법령 위반이 아닌 사소한 법령이나 규칙 위반의 경우에도 보험자는 면책이 되는 것이 되어 부당하다. 따라서 사소한 법령이나 규칙 위반의 경우에 있어 위 중장비추가약관상의 면책조항은 신의성실의 원칙에 반하여 공정을 잃은 조항으로서 약관의규제에관한법률 제6조 제1항의 규정에 비추어 무효라고 볼 수밖에 없으므로 위 면책조항은 위와 같은 무효인 경우를 제외하고 보험사고의 발생 당시 시행되고 있던 중장비의 소유·사용 또는 관리에 관한 법령이나 규칙의 위반이 무면허운전 행위와 같은 보험사고의 발생 혹은 증가의 개연성이 극히 큰 경우와 같은 '중대한 법령이나 규칙의 위반'이 있는 경우에 한하여 적용되는 것으로 수정해석을 하여야 할 것이고, 본 사안에서 보험계약자의 행위는 보험자의 면책사유에 해당된다.

(4) 객관적 해석의 원칙

(가) 개념과 기준

보험계약자들에게 약관을 서로 다르지 않게 적용하고 또한 그 내용을 보험계약자에 따라 서로 다르지 않게 해석하겠다는 원칙이 객관적 해석의 원칙이다(약관의 규제에 관한 법률 제5조 제1항 후단). 개별약정 우선의 원칙과 구별되는 것이라 할 수 있다. 보통보험약관은 계약 당사자 사이에 구체적인 거래와 합의과정을 통해 작성된 것이 아니며, 그 내용이 보편적이고 정형적인 것을 다루고 있고 불특정다수인을 대상으로 하기 때문에 그 해석에 있어서 일반 법률행위 또는 계약의 해석과는 달리 개개 계약 당사자가 기도한 목적이나 의사, 개별당사자의 구체적 사정 및 그 당사자의 특별한 이해가능성을 기준으로 하지 않고 평균적 고객의 이해가능성(추상적 고객의 이해가능성)을 기준으로 하되 보험단체 전체의 이해관계를 고려하여 객관적 · 획일적으로 해석하여야 한다는 원칙이다.103) 여기에서 객관적 해석의 원칙에 적용되는 기준으로 평균적 고객의 이해가능성과 보험단체 전체의 이해관계를 추출해낼 수 있다.

약관의 구속력의 근거에 관한 판례의 입장은 당사자간의 합의로 본다. 이렇게 약관 구속력의 근거를 의사의 합치 즉 법률행위에서 찾는다고 해도 약관내용을 해석함에 있어서는 계약 당사자의 구체적 사정과 의도가 아니라 객관적 해석의 원칙을 적용해야 하는 것이다.104) 이 점만 보면 마치 약관을 법규범으로 보고 객관적으로 해석하자는 것으로 보이기도 한다. 한편 객관적 해석의 또 다른 기준인 보험단체 전체의 이해관계는 보험계약의 단체적 성질이 반영된 것이다.105) 만약 보험계약자 측이 자신이 처한 특수하고 개별적인 사정, 의도 등을 계약에 반영하고 이에 바탕을 두고 약관 해석이 이루어지길 원한다면 개별약정을 해야 할 것이다.106)

(나) 자동차보험 약관에서의 배우자 범위에 관한 해석

객관적 해석의 원칙이 잘 적용된 사례로 자동차보험 대인배상 약관에서 기술하고 있는 '기명피보험자의 배우자'의 개념에 법률혼 관계의 배우자 이외에 사실혼 관계에 있는

---

103) 대판 2020. 10. 15, 2020다234538, 234545; 대판 2019. 10. 31, 2016다258063; 대판 2019. 1. 17, 2016다277200; 대판 2015. 12. 23, 2015다228553, 228560; 대판 2013. 7. 26, 2011다70794; 대판 2010. 11. 25, 2010다45777; 대판 2009. 1. 30, 2008다68944; 대판 1996. 6. 25, 96다12009; 대판 1998. 10. 23, 98다20752; 사법연수원, 보험법연구, 17면.

104) 한기정, 176면.

105) 대판 1996. 6. 25, 96다12009; 대판 1991. 12. 24, 90다카23899.

106) 약관규제에 관한 법률 제4조. 최기원, 52면; 임용수, 36면; 최준선, 74면; 정찬형, 554면; 한기정, 175면.

배우자가 포함되는가에 관한 판례가 자주 언급된다. 약관의 문언상 배우자에 법률혼상의 배우자 이외에 사실혼관계에 있는 배우자도 포함된다고 해석하는 것이 평균적 고객의 이해가능성 기준에 부합한다고 할 수 있다.

[대법원 1994. 10. 25. 선고 93다39942 판결]

〈사실관계〉

자동차종합보험(대인배상)에 가입한 원고는 원고의 사실혼 배우자가 원고에 의해 사고를 당하자 피고회사에 보험금을 청구하였다. 하지만 피고회사는 약관에서 '보험증권에 기재된 피보험자 또는 그 부모, 배우자 및 자녀가 죽거나 다친 경우에는 보상하지 아니합니다'라고 규정되어 있음을 이유로 보험금지급을 거절하였다. 그러나 원고는 약관에서 말하는 배우자는 법률상 배우자만을 의미하며, 이에 사실혼관계의 배우자가 포함된다고 해석하는 것은 약관의 규제에 관한 법률에 어긋난다고 주장하였다.

〈주요 판시내용〉

이러한 면책조항은 피보험자나 그 배우자 등이 사고로 손해를 입은 경우에는 그 가정 내에서 처리함이 보통이고 손해배상을 청구하지 않는 것이 사회통념에 속한다고 보아 규정된 것으로서, 그러한 사정은 사실혼관계의 배우자에게도 마찬가지라 할 것이므로 여기서 "배우자"라 함은 반드시 법률상의 배우자만을 의미하는 것이 아니라, 이 사건에서와 같이 관행에 따른 결혼식을 하고 결혼생활을 하면서 아직 혼인신고만 되지 않고 있는 사실혼관계의 배우자도 이에 포함된다고 봄이 상당하다. 약관의 문언상 "배우자"에 사실혼관계에 있는 배우자도 포함한다는 것이 위 약관규정의 합리적 해석 원칙에서 고객에게 불리하다고 볼 수도 없다.

그런데 아래 판례는 평균적 고객의 이해가능성 또는 보험단체 전체의 이해관계를 고려할 때 민법 제103조에서 규정하고 있는 선량한 풍속 기타 사회질서에 위반되는 부첩(夫妾) 관계는 약관에서의 배우자 개념에 포함될 수 없다고 보았다.

[대법원 1995. 5. 26. 선고 94다36704 판결]

〈주요 판시내용〉

보통거래약관 및 보험제도의 특성에 비추어 볼 때 약관의 해석은 일반 법률행위와는 달리 개개 계약 당사자가 기도한 목적이나 의사를 기준으로 하지 않고 평균적 고객의 이해가능성을 기준으로 하되 보험단체 전체의 이해관계를 고려하여 객관적·획일적으로 해석하여야 하므로 가족운전자 한정운전 특별약관 소정의 배우자에 부첩(夫妾) 관계의 일방에서 본 타방은 포함되지 아니한다고 해석함이 상당하다.

한편 중혼적 관계의 사실혼 배우자가 약관상의 배우자에 포함될 수 있는가의 문제에 대해 판례는 원칙적으로는 법적 보호를 받을 수 없지만 예외적으로 법률혼이 사실상 이혼 상태에 있다고 볼 수 있는 특수한 사정이 있다면, 중혼적 사실혼은 예외적으로 법률혼에 준하는 것으로 해석하면서 약관상의 배우자 개념에 포함시켜 보험으로부터의 보호를 받을 수 있다는 입장이다.107) 이 역시 평균적 고객의 이해가능성 기준에 부합한다고 할 수 있다.

[대법원 2009. 12. 24. 선고 2009다64161 판결]

〈주요 판시내용〉

비록 우리 법제가 일부일처주의를 채택하여 중혼을 금지하는 규정을 두고 있다 하더라도 이를 위반한 때를 혼인 무효의 사유로 규정하지 않고 단지 혼인 취소의 사유로만 규정하고 있는 까닭에(민법 제816조) 중혼에 해당하는 혼인이라도 취소되기 전까지는 유효하게 존속하는 것이고, 이는 중혼적 사실혼이라 하여 달리 볼 것이 아니다. 또한 비록 중혼적 사실혼관계일지라도 법률혼인 첫 번째 혼인이 사실상 이혼상태에 있다는 등의 특별한 사정이 있다면 법률혼에 준하는 보호를 할 필요가 있을 수 있다. 법률상 배우자와의 혼인이 아직 해소되지 않은 상태에서 甲과 혼인의 의사로 실질적인 혼인생활을 하고 있는 乙은, 甲이 가입한 부부운전자한정운전 특별약관부 자동차 보험계약상의 '사실혼관계에 있는 배우자'에 해당한다.

[대법원 2014. 9. 4. 선고 2013다66966 판결]

〈주요 판시내용〉

가족운전자 한정운전 특별약관에 규정된 가족의 범위에 기명피보험자의 자녀와 사실혼관계에 있는 사람이 포함되는지 문제된 사안에서, 약관의 해석에 관한 법리 및 가족운전자 한정운전 특별약관은 가족의 범위에 관하여 기명피보험자의 배우자, 자녀는 사실혼관계에 기초한 경우도 포함된다는 규정을 두고 있으나 기명피보험자의 사위나 며느리는 사실혼관계에 기초한 경우가 포함되는지에 관하여 아무런 규정을 두고 있지 않은 점 등을 종합하여 보면, 위 약관에 규정된 기명피보험자의 사위나 며느리는 기명피보험자의 자녀와 법률상 혼인관계에 있는 사람을 의미한다.

가족운전자 한정운전 특별약관의 해석에 있어서 기명피보험자의 모(母)에 계모가 포함되는 지 여부에 대해 대법원은 계모가 법률상 모는 아니지만, 부(父)의 배우자로서 가족 공동체를 형성하고 또한 생계를 같이하며 기명피보험자의 어머니 역할을 하면서 피보험자 동차를 사용하고 있다면 약관에서 규정하고 있는 기명피보험자의 모에 해당한다고 해석해

---

107) 대판 2009. 12. 24, 2009다64141; 대판 2010. 3. 25, 2009다84141.

야 한다고 판시했다.108) 그런데 다른 사건에서 가족운전자 한정운전 특별약관에 정한 기명피보험자의 모(母)에 기명피보험자의 부(父)의 사실상의 배우자는 포함되지 아니한다고 판시했다.109) 유사한 사실관계에 대해 같은 객관적 해석의 원칙 및 평균적 고객의 이해가능성 기준을 갖고 다른 해석을 한 것이다. 객관적 해석의 원칙과 평균적 고객의 이해가능성이라는 기준이 명확하지 않고 추상적임을 보여주는 예라고 할 수 있다. 두 번째 사건의 결론은 의문이다.110)

(다) 자살사고와 재해사망보험금 지급의 해석

사망보험계약에서 자살사고가 보험자의 면책사유인지, 일반보험금 지급사유인지 아니면 고액의 재해사망보험금 지급사유가 될 수 있는 것인지에 대해 사회적으로 커다란 논란이 된 바 있다. 법원은 약관상의 '면책사유' 해당 여부 및 면책이 되지 않고 보험자의 책임을 인정하는 '면책제한사유' 해당 여부를 해석함에 있어서 평균적 고객의 이해가능성 기준을 적용하고 있다.111) 그런데 평균적 고객의 이해가능성 기준을 적용 했음에도 불구하고 그 결과가 동일하지 않고 정반대의 해석이 나오기도 한다.

① 특약에서 정한 보험사고 범위를 해석을 통해 확대한 사례

[대법원 2007. 9. 6. 선고 2006다55005 판결]

〈사실관계〉

주계약에서는 차량탑승 중의 교통재해, 무보험자동차에 의한 사고 및 뺑소니 자동차에 의한 사고를 보험사고로, 특약에서는 재해사망을 보험사고로 규정하였다. 주계약에서 면책사유로 '피보험자가 고의로 자신을 해친 경우'를 들면서 그 단서에서는 보험자의 보상책임을 인정하는 면책제한사유로서 피보험자가 정신질환상태에서 자신을 해친 경우 및 계약의 책임개시일로부터 2년이 경과된 후를 특정하였다. 이러한 주계약상의 면책 및 면책제한사유는 특별약관에서 이를 준용했다. 또한 특별약관에서는 특별약관에서 규정하지 않은 내용은 주계약 약관을 따른다고 규정한 바 있다. 주계약에서의 면책에 대한 예외사유가 특약에 적용될 수 있는가가 문제되었다.

〈주요 판시내용〉

원심은 주계약이나 특별약관에서의 보험사고는 모두 재해여야 하는데 재해는 우연히 발생해야 하며 고의 행위는 재해가 아니므로 자살사고는 보험금 지급사유가 아니라고 판단했다. 그러나 대법원은 보험금 지급사유가 된다고 판시했다. 원심대로 주계약이나 특약이 오로지 재해만을 보험사고로 정하면서 주계약에서 이와 관련된 면책제한사유(정신질환 등)를 정한 것이라면 고의에 의

---

108) 대판 1997. 2. 28, 96다53857.
109) 대판 2009. 1. 30, 2008다68944.
110) 同旨: 장덕조, 398면.
111) 재해사고는 상해사고와 유사한 면이 있으나 개념상 구별된다. 다만 두 사고는 우발적이고 우연히 외래로부터 사고가 야기된다는 공통점이 있다. 반면에 자살사고는 우발적으로 또는 우연히 발생한 것이 아니고 고의에 의해 의도적으로 발생한 사고이다.

한 자살 또는 자해행위로 인하여 사망 또는 장해상태가 발생한 경우에는 재해보장특약 고유의 보험사고인 '재해'에 해당하지 아니하여 결국 처음부터 적용될 여지가 없다고 해석했다. 원심과 같이 해석하게 되면 주계약에서의 면책제한사유가 그 적용대상이 존재하지 아니하는 무의미한 규정으로 보는 것과 다름이 없다고 보았다. 오히려 평균적인 고객의 이해가능성을 염두에 두고 위 조항을 살펴보면, 위 조항은 고의에 의한 자살 또는 자해행위는 원칙적으로 우발성이 결여되어 이 사건 주계약 또는 특약에서 정한 보험사고에 해당하지 아니하지만, 예외적으로 피보험자가 정신질환상태에서 자신을 해치거나 계약의 책임일로부터 2년이 경과한 후에 자살하거나 자신을 해침으로써 사망 또는 고도의 장해상태가 되었을 경우에 해당하면 이를 특별히 보험사고에 포함시켜 보험금 지급사유로 본다는 취지라고 이해할 여지가 충분하다고 보았다.

[대법원 2016. 5. 12. 선고 2015다243347 판결]

〈사실관계〉

망인은 피고회사와 피보험자를 망인으로, 사망 시 수익자를 상속인으로 하는 주계약을 체결하면서, 별도로 추가보험료를 납입하고 무배당 재해사망특약에도 함께 가입하였다. 주계약 약관은 피보험자가 보험기간 중 사망하면 사망보험금을 지급하며, 특약에서는 재해로 사망한 경우에 재해사망보험금을 지급한다고 정하고 있다. 주계약 약관 제23조 제1항과 특약 약관 제11조 제1항은 각각 독립적으로 피보험자가 고의로 자신을 해친 경우를 보험금을 지급하지 않는 것으로 규정하면서, 만약 피보험자가 정신질환상태에서 자신을 해친 경우와 계약의 책임개시일부터 2년이 경과된 후에 자살하거나 자신을 해침으로써 장해등급분류표 중 제1급의 장해상태가 되었을 때에는 그러하지 아니하다고 규정하고 있다. 피보험자가 자살한 경우에 재해사망특약에 의한 보험금이 지급되는가가 쟁점이 되었다.

〈주요 판시내용〉

대법원은 피보험자의 자살에 대해 보험금 지급이 보험자에게 있다고 판단했다. 특약 제11조 제1항 제1호를 이 사건 특약 약관 제9조에 정한 보험금 지급사유(재해로 인한 사망사고)가 발생한 경우에 한정하여 적용되는 조항으로 해석한다면, 이 사건 특약 약관 제11조 제1항 제1호는 처음부터 그 적용대상이 존재하지 아니하는 무의미한 규정이 된다. 평균적인 고객의 이해가능성을 기준으로 살펴보면, 위 조항은 고의에 의한 자살 또는 자해는 원칙적으로 우발성이 결여되어 이 사건 특약 약관 제9조가 정한 보험사고인 재해에 해당하지 않지만, 예외적으로 단서에서 정하는 요건, 즉 피보험자가 정신질환상태에서 자신을 해친 경우와 책임개시일부터 2년이 경과된 후에 자살하거나 자신을 해침으로써 제1급의 장해상태가 되었을 경우에 해당하면 이를 보험사고에 포함시켜 보험금 지급사유로 본다는 취지로 이해할 여지가 충분하고 약관해석에 관한 작성자불이익의 원칙에 부합한다. 한편 '정신질환상태에서 자신을 해친 경우'가 재해사망보험금 지급사유에 해당할 수 있다는 것은 확고한 대법원의 입장이므로(대법원 2006. 3. 10. 선고 2005다49713 판결 등 참조) 이와 나란히 규정되어 있는 '책임개시일부터 2년이 경과된 후에 자살하거나 자신을 해침으로

써 제1급의 장해상태가 되었을 때'에 관하여도 마찬가지로 해석(재해사망보험금 지급사유)하는 것
이 일반적인 관념에 부합한다.112)

　　위 두 판례는 특약에서 면책 및 면책제한사유를 규정하고 있는 방식을 고려할 때 평
균적인 고객의 이해가능성 원칙을 적용한 결과 주계약과 특약에서 명확히 규정하고 있는
보험사고(재해사고)의 범위를 재해사고 이외(고의사고인 자살)로 확대한 것으로 보아야 하
며 약관상의 면책제한사유를 해석함에 있어서도 마찬가지로 해석하였다. 위 두 사건에서
특약에서의 보험사고는 재해로 인한 사망이다. 즉 우발적이고 외부에서 야기된 사고가 원
인이 된 사망사고가 특약에서의 보험사고이다. 그런데 첫 번째 사건에서 '특약에서 정하지
않은 사항은 주계약 약관에서 정하고 있는 규정을 따른다'고 정한 문구를 어떻게 해석할
것인가의 문제가 발생한다. 이 문제는 약관기재방식에 따라 담보범위(보험사고) 범위를 법
원이 임의로 확대할 수 있는가의 문제와 연결된다. 자살은 인위적으로 행하는 것이므로
재해가 아니다. 재해가 아니므로 본래 재해사고를 대상으로 하는 재해특약이 적용될 여지
가 없는 것이 아닌가 하는 합리적 의문이 생길 수 있다. 특약이 재해사고에 대해서만 적
용되는 것이라고 해석하게 되면 특약 내 모든 조항(예를 들어 특약에서 정하지 않은 사항은
주계약 약관에서 정하고 있는 규정을 따른다는 내용)도 재해사고에 대해서만 적용되어야 한
다. 이는 특약의 적용범위와 규정 형식을 볼 때 불가피한 해석이다. 재해사고가 발생한 것
을 전제로 특약 내의 면책사유나 면책제한사유를 해석, 적용하게 되는데 재해사고 자체가
발생하지 않았으므로 특약 내의 면책사유도 적용될 이유가 없고, 면책제한사유도 적용될
수 없다고 해석될 수 있는 것이다.

　　그런데 법원은 이와 달리 해석했다. 이렇게 해석하게 되면 특약에서 규정하고 있는
면책사유 및 면책제한사유로 규정된 내용들은 처음부터 적용가능성이 아예 없는 무의미한
규정이 될 수밖에 없다는 점을 법원은 특별히 주목하고 지적하고 있다.

　　다시 말하면 특약은 우연성을 핵심으로 하는 재해사고를 보험사고로 정하고 있는데,
법원은 특약에서 면책제한사유로 '피보험자가 정신질환상태에서 자신을 해친 경우와 계약
의 책임개시일부터 2년이 경과한 후에 자살한 경우에는 그러하지 아니하다'고 정한 것은
고의사고인 자살과 관련된 면책제한사유를 재해특약에서도 적용하겠다는 의지를 보인 것
이며, 그 결과 특약에서의 보험사고의 범위를 고의사고인 자살사고까지 확장한 것으로 보
는 것이 평균적 고객의 이해가능성 기준에 부합하는 것이라고 법원은 해석한 것이다.

---

112) 2심에서는 재해 특약은 추가 보험료를 납입하고 체결하는 특약으로서 약관의 체계상 재해사망의 경우
　　로만 한정하여 보험금을 추가 지급하고 자살은 보험사고로 처리되지 않는다는 것을 명확히 하고 있으며,
　　위 면책 단서 부분은 약관 제정 과정에서 부주의하게 들어간 것에 불과하다고 하여 재해사망 보험금 청
　　구를 기각하였다. 서울중앙지법 2015. 9. 9, 2015나14876. 전재중, "보험가입 2년 경과 후 자살 사고의 재
　　해사망 보상여부", 법률신문 판례해설, 2016. 5. 24.

위 두 사건은 본래 재해사고에 적용될 수 없는 내용이 보험자의 부주의로 재해사고를 담보하는 특약에서 포함된 것에서부터 문제가 발생한 것이다. 보험자가 실수로 해당 내용의 약관을 작성했다고 해도 그 책임은 보험자가 부담해야 한다는 것이 법원의 입장이다. 위와 같이 해석하지 않게 되면 실제로 적용될 일이 처음부터 아예 없는 아무런 의미가 없는 조항이 특약에 기재된 것으로 밖에 볼 수 없게 되는데 약관을 해석할 때에는 이러한 사실도 함께 고려해야 한다는 것이 법원의 입장이다. 즉 약관을 제대로 작성하지 못한 위험과 책임을 보험자가 부담해야 한다는 입장에서 특약에서의 보험사고 범위를 자살사고까지 확장한 것이라 볼 수 있다.113)

　② 특약에서 정한 보험사고 범위를 유지한 사례　　그런데 주계약 및 특약의 구성 등이 유사한 다른 사건에서 법원은 똑같은 평균적 고객의 이해가능성 기준을 적용하면서도 이와 달리 해석하기도 했다. 아래 사건에서는 평균적 고객의 이해가능성으로 볼 때 우연한 사고인 재해사고 특약의 취지를 고려할 때 고의사고인 자살은 처음부터 특약상의 사고에 포함되지 않는다는 것을 보험계약자가 분명하게 이해할 수 있었던 것으로 보아야 한다고 해석한 것이다. 법원은 특별약관이 어떤 사고를 담보 대상으로 하는지를 먼저 살펴보고 주계약 내용이 여기에 준용될 수 있는 것인지를 파악해야 한다고 했다.114) 즉 특약에서 담보하는 사고를 '재해'사고로 규정하고 있음에 유의해야 한다는 입장이다. 재해사고가 아닌 고의 자살사고에 대해서는 특약 자체가 적용될 수 없다는 입장이다. 특약 자체가 적용되지 않기 때문에 특약에 어떠한 내용이 규정되어 있는지를 고려할 필요가 없다는 것이다. 또한 법원은 설령 보험자가 면책되지 않고 보험계약자 측에게 보험금을 지급하게 된다고 해도 이것이 재해사고의 객관적 범위를 자살사고까지 확장하려는 의도를 가진 것으로 볼 수 없다고 판단했다.

[대법원 2009. 5. 28. 선고 2008다81633 판결]

〈사실관계〉

　주계약에서 일반사망과 재해사망을 모두 보험사고로 규정한 반면에 특약에서는 재해사망만을 보험사고로 규정하였다. 주계약에서는 고의에 대한 면책사유와 책임개시일부터 2년이 경과된 자살은 보장하는 면책제한사유를 규정하고 있는데, 특약은 이 내용을 준용했다. 주계약에서 정하고 있는 면책제한사유가 특약에서도 적용되는 것인지가 쟁점이 되었다.

〈주요 판시내용〉

　이 사건 주계약 준용규정은, 어디까지나 그 문언상으로도 "특약에서 정하지 아니한 사항"에 대

---

113) 한기정, 180면.
114) 앞에서 다룬 대판 2007. 9. 6, 2006다55005의 원심 판결은 이러한 입장을 취했다.

하여 주계약 약관을 준용한다는 것이므로 "특약에서 정한 사항"은 주계약 약관을 준용할 수 없음은 명백하고, 이 사건 각 특약이 정하지 아니한 사항에 한하여 이 사건 각 특약의 본래의 취지 및 목적 등에 반하지 아니하는 한도 내에서 이 사건 주된 보험계약의 약관 조항들을 준용하는 취지라고 해석된다. 따라서 이러한 해석에 비추어 보면, 이 사건 주계약 약관에서 정한 자살 면책제한 규정은 자살이 이 사건 주된 보험계약에서 정한 보험사고에 포함될 수 있음을 전제로 하여 그 면책 및 그 제한을 다룬 것이므로, 보험사고가 재해를 원인으로 한 사망 등으로 제한되어 있어 자살이 보험사고에 포함되지 아니하는 이 사건 각 특약에는 해당될 여지가 없어 준용되지 않는다고 보는 것이 합리적이며 이 사건 각 특약의 취지에도 부합된다.

오히려 평균적인 고객의 입장에서도 스스로 이 사건 각 특약의 본래 취지가 무엇인지를 분명하게 이해할 수 있는데도, 보험자가 이 사건 각 특약의 약관을 제정하는 과정에서 이 사건 각 특약의 주계약 준용조항이 어떠한 조항들을 준용하는지 일일이 적시하지 않은 점을 이유로 이 사건 각 특약의 보험사고의 범위를 재해가 아닌 자살에까지 확장하려고 해석하는 것은, 보험계약자 등에게 당초 이 사건 각 특약의 체결시 기대하지 않은 이익을 주게 되는 한편, 이 사건 각 특약과 같은 내용의 보험계약에 가입한 보험단체 전체의 이익을 해하고 보험자에게 예상하지 못한 무리한 부담을 지우게 되므로 결코 합리적이라고 볼 수 없다.115)

위 사건에서 법원은 특약이 정하지 아니한 사항에 대하여 주계약 약관을 준용한다는 것은 특약의 본래 취지와 목적 등에 반하지 아니하는 한도 내에서 주계약 약관 조항들을 준용해야 하는 것이라고 해석했다. 주계약 약관에서 정한 자살 면책제한 규정은 자살이 주계약에서 정한 보험사고임을 전제로 하여 그 면책 및 그 제한을 다룬 것이므로, 보험사고가 재해를 원인으로 한 사망 등으로 제한되어 있는 이 사건 특약에는 해당될 여지가 없어 준용되지 않는다고 해석한 것이다. 이렇게 해석하는 것이 평균적 고객의 이해가능성으로 보아야 한다는 것이다. 즉 자살사고는 재해사고를 대상으로 하는 특약상의 보험사고가 될 수 없으며 이는 계약 당사자가 특약을 체결할 때에 기본적으로 이해하고 수용한 것이라는 점이 강조된 것이다. 아래 판결에서도 면책제한조항이 있다고 하여 재해사고의 범위를 확장하여 재해사고가 아닌 사고를 보험금 지급대상에 포함시키는 것으로 해석할 수는 없다고 판시하였다.

[대법원 2010. 11. 25. 선고 2010다45777 판결]

〈사실관계〉

공제계약에서 재해로 인한 사망/장해와 재해 이외의 원인으로 인한 사망/장해를 모두 보험사고

---

115) 이 사건 원심은 평균적 고객의 입장에서 약관에서 명시한 보험사고의 범위를 해석을 통해 임의적으로 확대하는 것을 인정한 대판 2007. 9. 6, 2006다55005 사건을 원용하면서 주계약 내용이 특약에도 준용이 된다고 판시했다.

로 규정했다. 재해사망에 대해서는 유족위로금을, 장해에 대해서는 장해연금을 지급하며, 재해 외의 원인으로 인한 사망과 장해에 대해서는 유족위로금을 공제금으로 지급한다고 정하고 있다. 또한 공제계약에서는 고의사고를 면책사유로, 정신질환상태와 책임개시일 1년 경과후의 자살을 면책이 아니라고 규정했다(면책제한사유). 이 사건의 쟁점은 공제계약의 피공제자가 자살을 시도하다가 그로 인한 후유증으로 1급의 신체장해 상태가 된 사안에서, 면책제한사유가 재해로 인한 장해연금 지급사유가 될 수 있는가 하는 것이다.

〈주요 판시내용〉

대법원은 면책제한사유는 재해 외의 원인으로 인한 공제사고에 해당할 뿐이라고 판단했다. 공제약관의 재해분류표에 의하면 고의적인 자살이나 자해로 인한 사망 또는 1급장해의 경우는 원칙적으로 재해 외의 원인으로 인한 공제사고에 해당하여 유족위로금의 지급사유가 될 수 있을 뿐이다. 면책제한조항은 자살 또는 자해가 계약의 책임개시일로부터 상당기간이 경과한 후 이루어진 경우에는 그 자살 또는 자해에 공제금을 취득하려는 부정한 동기나 목적이 있는지 여부를 판정하기 어렵다는 점을 고려하여 그 면책의 예외를 인정한 것으로서, 위 면책조항에 의하여 줄어든 '재해 외의 원인으로 인한 공제사고의 객관적 범위'를 다시 일부 확장시키는 규정이라고 해석될 뿐 '재해로 인한 공제사고의 객관적 범위'까지 확장하기 위하여 둔 규정이라고는 볼 수 없으므로, 위 면책조항 및 면책제한조항은 재해에 해당하지 아니하는 원인으로 사망하거나 1급장해가 발생한 때에는 장해연금이 아니라 유족위로금이 그 공제금으로 지급되어야 하는데, 계약의 책임개시일로부터 1년 이내에 피공제자가 자살 또는 자해를 하여 공제사고가 발생한 경우라면 공제사업자가 유족위로금 지급책임을 면하지만 그 후의 자살 또는 자해로 인한 경우라면 그 지급책임을 면하지 못한다는 취지로 해석함이 자연스럽고 합리적이다.

이러한 유형의 보험약관을 해석함에 있어서 자살은 재해사고가 아니라는 점을 중시하면서 보험법의 원리 하에서 평균적 고객의 이해가능성 기준이 적용되어야 하는 것인지, 아니면 주계약과 특약에 기재되어 있는 문언상의 표현을 중시하면서 평균적 고객의 이해가능성 기준을 적용하여 보험법의 원리를 수정할 수 있는 것인지에 대해 앞으로도 고민해야 할 부분이다.[116]

사견으로 약관을 제대로 작성하지 못한 보험자의 책임을 물어 특약에서의 보험사고 범위를 확대하여 보험금 지급책임을 인정하는 것은 타당하지 않다고 여겨진다. 피보험자의 사망은 분명한 사실이므로 일반사망보험금은 당연히 지급되는 것이 맞지만, 재해사고가 아닌 경우에 재해사망보험금을 지급하는 것은 보험법의 법리상 옳지 않다. 보험금지급사유가 아닌데 보험금을 지급하게 되면 경우에 따라서는 배임의 문제가 발생할 수도 있기 때문이다. 이것은 보험회사가 고의 또는 과실로 보험계약자 측에게 손해를 발생시킨 것이라 보아

---

116) 여기에서 보험법의 원리를 수정한다는 것은 해석을 통해 재해사고의 범위를 자살까지 확장하는 것을 말한다.

야 하고 이에 따라 보험회사의 손해배상문제로 접근하는 것이 타당하다고 여겨진다.

⒰ 각종 의료관련 사건

암보험약관에서 보험금 지급사유로 '암 치료를 직접 목적으로 하는 수술'이라고 규정하고 있는데 색전술[117]이 수술에 포함되는지 여부에 관해 약관에서 수술의 범위에 대해 명시적으로 정한 바 없으면 색전술도 광의의 수술에 포함된다고 판단했다.[118] 고주파 영역에서의 전류를 통해 종양세포를 없애는 치료방법인 고주파 절제술도 갑상선 기능장애 치료를 위한 수술에 포함된다고 판단했다.[119] 그 외에 '암의 치료를 직접 목적으로 하는 수술'에는 암이나 암 치료 후 후유증을 완화하거나 합병증을 치료하는 수술은 여기에 포함되지 않는다고 판단한 것도 있다.[120]

상해보험 특별약관에서 '피보험자가 보험사고로 상해를 입고 그 직접 결과로써 입원치료를 받은 경우 피해일로부터 180일 한도로 입원일에 대하여 입원 1일당 1만 원의 임시생활비 보험금을 지급한다'고 규정한 사안에서, 법원은 객관적 해석의 원칙 적용결과 특별약관의 피해일은 '입원일'이 아니라 '사고발생일'을 의미하는 것으로 해석함이 상당하다고 판시했다.[121] 이러한 사례는 객관적 해석의 원칙뿐만 아니라 작성자불이익의 원칙을 설명할 때에도 인용될 수 있다. 아래 판례는 인과관계를 해석하면서 평균적 고객의 입장이 적용된 사례이다. 신의성실의 원칙에 의하더라도 같은 판단이 내려질 것으로 여겨진다.

[대법원 2009. 7. 9. 선고 2008다88221 판결]

〈사실관계〉

하도급관계에서 공사대금지급채무를 하수급인에게 이행하지 못하는 경우를 대비하여 하도급대금지급보증계약이 체결되었다. 보증계약 약관에는 면책사유로서 '건설산업기본법령상 하도급을 금지하는 공사를 하도급받은 경우와 무자격자가 하도급받은 공사인 때'로 정하고 있다. 이 사건의 쟁점은 보증계약의 보험자가 면책되기 위해서 약관상의 면책사유와 보증사고 사이에 인과관계가 필요한가에 관한 것이다.

〈주요 판시내용〉

대법원은 평균적 고객의 입장에서 볼 때 인과관계가 요구되지 않는다고 판단했다. 하도급대금지급보증약관에서의 면책조항이 약관의 규제에 관한 법률 제6조 제2항 제1호에서 규정하는 '고객에 대하여 부당하게 불리한 조항'에 해당하는지 여부는 무엇보다도 그 계약의 당사자인 건설공제조합의 조합원들의 평균적이고 전형적인 이익을 기준으로 판단되어야 한다. 그런데 위 면책사유

---

117) 가느다란 관을 대동맥에 삽입하여 약물을 주입하는 치료방법을 말함.
118) 대판 2010. 7. 22, 2010다28208.
119) 대판 2011. 7. 28, 2011다30147.
120) 대판 2010. 9. 30, 2010다40543.
121) 대판 2009. 11. 26, 2008다44689.

와 같은 경우에까지 건설공제조합의 보증책임을 인정하는 것은 오히려 조합원들의 보증수수료를 재원으로 하여 인수되는 건설공제조합의 보증책임을 합리적인 이유없이 확대시켜 결과적으로 조합원들 전체에 불이익으로 돌아가게 되므로 위 면책조항은 조합원들의 평균적이고 전형적인 이익을 기준으로 볼 때 조합원들에게 부당하게 불리하다고 볼 수 없다. 위 면책조항은 문언, 다른 면책사유조항과의 체계적 비교, 그 성립경과 등 어떠한 측면에서 보더라도 면책사유와 보증사고의 발생 사이의 인과관계를 요건으로 하지 않는다고 해석하여야 한다.

또한 부동산중개업자의 손해배상책임을 담보하는 공제약관에서 '보상하는 금액은 공제가입금액을 한도로 한다'고 규정되어 있는 경우에 이러한 보상한도가 공제기간 동안 발생한 모든 공제사고에 대한 공제금 총액을 의미하는지 아니면 사고 1건당의 보상금 한도인지가 명확하지 않는 상황에서 법원은 객관적으로 해석하고 통상적으로 해석할 때에 보상한도는 공제기간 중 발생한 사고 1건당의 보상한도라고 판단한 바 있다.122) 작성자불이익의 원칙을 적용하더라도 동일한 결론이 나올 것으로 판단된다.

(5) 작성자불이익의 원칙

㈎ 개   념

보험약관 특정 조항의 의미가 신의성실의 원칙이나 객관적 해석의 원칙, 평균적 고객의 이해가능성 등 약관해석의 여러 원칙을 모두 적용했음에도 불구하고 여전히 불명확하거나 특정조항에 대해 여러 가지 의미의 다의적(多義的)인 해석이 가능하고, 그 각각의 해석이 모두 설득력이 있거나 합리성을 가지고 있는 경우에는 종국적으로 그러한 약관을 작성한 보험자에게 불이익하게 해석해야 한다는 약관해석의 원칙이 작성자불이익의 원칙이다.123) 특정 조항을 해석함에 있어서 두 가지 해석이 가능한데 그 중 한 해석이 합리성이 결여된 경우라면 이때에는 작성자불이익의 원칙이 적용되지 않는다. 약관규제법 제5조 제2항에서 "약관의 뜻이 명백하지 아니한 경우에는 고객에게 유리하게 해석되어야 한다."라고 규정하고 있다. 작성자에게 불리하게 해석하도록 하면서 그 작성자는 고객이 아니라 사업자인 경우가 전제된 것이며, 보험약관의 경우엔 보험자에게 불리하게 해석하도록 하는 것이다. 약관 작성자가 상대적으로 우월한 지위에서 약관 내용을 일방적으로 작성했기 때문에 소비자 보호를 위해 작성자불이익의 원칙이 필요할 수 있다. 또한 보험자가 약관을 작성하는 과정에서 자신에게 유리한 내용으로 약관을 작성했을 가능성도 충분하므로 작성자불이익 원칙 적용이 요구될 수도 있다.

---

122) 대판 2012. 9. 27, 2010다101176.
123) 대판 2019. 3. 14, 2018다260930; 대판 2010. 12. 9, 2009다60305; 대판 2009. 5. 28, 2008다81633; 대판 2007. 2. 22, 2006다72093; 대판 1998. 10. 23, 98다20752.

작성자불이익 원칙은 약관해석의 중요한 원칙으로서 영리보험 이외의 기타 종류의 보험약관 해석에도 적용된다. 또한 임의보험약관 뿐만 아니라 강제보험 약관 해석시에도 작성자불이익 원칙은 적용된다.124) 이 원칙은 약관이 한쪽 당사자에 의해 일방적으로 작성된 것이니만큼 약관 내용을 명확하게 작성해야 할 책임이 작성자에게 있으며, 만약 불명확하게 작성되었을 때에는 약관의 작성자가 불명확한 의미로 인한 불이익을 부담해야 한다는 것이다.125)

그런데 표준약관에 대해서도 작성자불이익 원칙이 적용될 수 있는가의 문제가 있다. 생명보험, 자동차보험, 실손보험이나 화재보험 등은 표준약관이 존재한다. 표준약관 작성 주체는 개개 보험회사가 아니라 보험감독당국인 금융감독원이다. 만약 금융감독원이 작성한 표준약관의 내용에 불명확한 표현이 있다고 할 때에 표준약관의 작성자는 금융감독원임에도 불구하고 그 불명확성으로 인한 불이익을 모두 보험자가 부담해야 한다고 해석하는 것이 타당한 것인지 의문이 제기될 수 있다. 금융감독원이 작성한 표준약관과 개별 보험회사가 작성한 약관을 동일하게 취급하는 것은 타당하지 않다. 작성자불이익의 원칙이 약관의 불명확성으로 인한 불이익을 작성자에게 전가하는 것임에 비추어 표준약관상의 불명확성에 대해서는 작성주체인 금융감독원이 그 불이익 및 관련 책임을 감수해야 한다고 해석하는 것에 긍정적인 방향으로 고민해보아야 한다.

(나) 보충성의 원칙과 적용범위

① 적용범위와 원칙   당해 약관의 목적과 취지를 고려하여 공정하고 합리적으로, 그리고 평균적 고객의 이해가능성을 기준으로 객관적이고 획일적으로 해석한 결과 그 약관 조항이 하나의 의미로 해석된다면 그 약관 조항을 고객에게 유리하도록 제한하여 해석해서는 안된다.126) 이러한 경우에 약관 조항의 의미가 불명확하다고 할 수 없기 때문이다. 예를 들어 대리운전보험계약의 보험약관 중 대물배상 항목에서 보험대상으로 삼고 있는 '남의 재물'은 대리운전 대상 차량인 '타인 자동차' 이외의 물건을 의미함이 명백하므로 작성자 불이익의 원칙은 적용될 수 없다.127) 여기에서 평균적 고객이란 해당 사건에서의 당사자인 구체적인 고객이 아니라 추상적 고객을 의미한다.128)

작성자불이익의 원칙이 적용되기 위해서는 우선 신의성실의 원칙이나 객관적 해석의 원칙 등 다른 모든 약관해석의 원칙들을 먼저 적용하여 그 의미를 파악, 해석해야 하며

---

124) 대판 2012. 9. 27, 2010다101776.
125) 권오승, "보통거래약관의 해석—대법원 1981년 11월 24일 선고 80다320, 321 판결 법원 공보 672호—", 법률신문, 제1468호, 1982, 11면; 최준규, "보험계약의 해석과 작성자불이익의 원칙", BFL 48호 2011, 45-47면.
126) 대판 2018. 10. 25, 2014다232784; 대판 2015. 12. 23, 2015다228553, 228560; 대판 2010. 9. 9, 2007다5120; 대판 2009. 5. 28, 2008다81633; 대판 2007. 9. 6, 2006다55055.
127) 대판 2009. 8. 20, 2007다64877.
128) 장덕조, 85-86면.

이러한 일반적인 해석원칙을 모두 적용했는데도 그 정확한 의미를 알 수 없을 때 비로소 최종적으로 작성자불이익의 원칙이 적용되어야 한다.129) 즉 보충적으로만 적용되는 것이 작성자불이익 원칙이라 할 것이다. 여러 해석들 중에서 하나의 해석이 다른 것에 비해 보험계약자 측에게 유리하더라도 그 해석이 당해 계약 또는 약관의 목적과 취지 등에 부합되지 않는다면 보험계약자 측은 그 유리한 해석의 적용을 주장할 수 없다고 할 것이다.130)

객관적 해석원칙을 적용하여 보험금 청구를 인정하지 않은 사례로 아래의 판례가 있다. 즉 객관적 해석원칙 적용 결과 약관 문언의 해석을 명확하게 할 수 있다고 보고 작성자불이익 원칙을 적용하지 않은 경우라 할 수 있다.

[대법원 2009. 5. 28. 선고 2009다9294 판결]

〈사실관계〉

운전자 상해보험의 보통약관은 피보험자가 입은 일반적 상해사고를 보상한다고 규정하고 있는 반면 특별약관이 담보하는 내용 중에 '자동차 운전 중' 사고로 인해 타인에게 부담하는 비용이 포함되어 있는 운전자 상해보험을 체결했다. 아파트단지 내 이삿짐 운반을 위해 장시간 주차한 화물차의 고가사다리를 이용한 이삿짐 운반작업 중 인부가 추락하여 사망했다. 차량의 운전과 관계없이 그 부착 장치를 이용한 작업 중 발생한 위 사고가 보험약관의 객관적 해석상 운전자상해보험에 의한 보상대상이 되는 보험사고로 볼 수 있는가가 쟁점이 되었다.

〈주요 판시내용〉

'운전'의 개념에 대해서는 「도로교통법」상의 도로에서 차마를 그 본래의 사용 방법에 따라 사용하는 것을 말한다고 규정하고 있고, 그 중 '자동차운전'은 자동차의 원동기를 사용하는 고의의 운전행위로서, 엔진의 시동뿐만 아니라 발진조작의 완료까지 요하는 것이므로, 이는 주행 상태가 아닌 주행의 전후 단계로서 주·정차 상태에서 각종 부수적인 장치를 사용하는 것도 포함하는 「자동차손해배상 보장법」상 '운행'의 개념보다는 좁은 개념으로 해석되고 있다면서 아파트 단지 내 이삿짐 운반을 위해 장시간 주차한 화물차의 고가사다리를 이용한 이삿짐 운반작업 중의 사고는 객관적 해석상 자동차운전 중 사고라고 볼 수 없다.131)

---

129) 대판 2019. 1. 17, 2016다277200; 대판 2018. 7. 24, 2017다256828; 대판 2013. 7. 26, 2011다70794; 대판 2010. 9. 30, 2009다51318; 대판 2010. 9. 9, 2007다5120; 대판 2009. 5. 28, 2008다81633; 정찬형, 554면; 최준선, 74면; 최기원, 53면; 임용수, 38-39면; 김은경, 64면; 한기정, 188면-189면.

130) 대판 2021. 10. 14, 2018다279217; 김진우, "금융거래에서의 약관에 대한 사법적 통제", 민사판례연구 제37집, 한국민사판례연구회, 2015, 1129면.

131) 이 판례에서 특별약관의 보험료율 산정이나 예상되는 통상적인 보험사고의 유형 등을 감안할 때 해당 사고가 자동차 운전중의 사고가 아니라고 해석한다고 해도 이것이 고객에게 부당하게 불리하지 않다고 판단했다. 이는 공정성 유무를 판단함에 있어서 보험료율 산정이 고려요소로 작용했음을 보여주는 것이다. 한기정, 174면.

[대법원 2020. 10. 15. 선고 2020다234538, 234545 판결]

〈주요 판시내용〉

이 사건 보험약관의 내용, 체계 및 기타피부암과 갑상선암을 제외한 나머지 암에 대해서는 병리 또는 진단검사의학의 전문의사 자격증을 가진 자에 의한 진단확정을 요구하면서 그보다 더 고액의 보험금이 지급되는 고액암의 경우에는 그러한 진단확정을 요구하지 않는다고 보는 것은 타당하다고 보기 어려운 점 등을 종합하여 보면, 다른 특별한 사정이 없는 한 이 사건 보험약관 제3조 제7항의 '암'은 한국표준질병사인분류의 기본분류에서 악성신생물(암)로 분류되는 질병(기타피부암 및 갑상선암 제외)을 의미하는 것으로 해석함이 상당하고, 그러한 질병 중 백혈병, 뇌암, 골수암에서 정한 질병에 해당하는 '고액암'이 제외된다고 볼 수 없으므로, 약관의 해석상 고액암의 진단확정 역시 병리 또는 진단검사의학의 전문의사 자격증을 가진 자에 의하여야 고액암 진단 보험금 지급사유로 인정될 수 있을 것이다. 다만, 여기에는 병리 등의 전문의사 자격증을 가진 자에 의한 진단 확정 뿐만 아니라, 환자를 직접 대하여 진단 및 치료를 하는 임상의사가 병리 등의 전문의사 자격증을 가진 자의 병리검사결과 등을 토대로 진단을 하는 것도 포함하는 것으로 봄이 상당하다. 그러나 나아가 임상의사가 병리 등의 전문의사 자격증을 가진 자의 병리검사결과 없이, 또는 병리검사결과와 다르게 진단을 하는 것은 보험약관 제3조 제7항의 해석에 비추어 포함되지 않는다. 이 사건의 경우 이비인후과 전문의는 이 사건 보험약관 제3조 제7항에서 정한 '병리 또는 진단검사의학의 전문의사 자격증을 가진 자'에 해당하지 않는 것으로 보이므로, 비록 담당의사인 이비인후과 전문의가 망인의 병명을 두개안면골의 악성신생물 등으로 진단하였다고 하더라도, 병리 등의 전문의사 자격증을 가진 자의 병리검사결과 없이 또는 그와 다르게 암의 진단확정을 한 것인 이상 이 사건 보험약관에서 정한 고액암진단 보험금 지급사유에 해당된다고 보기 어렵다.

작성자불이익 원칙의 적용범위를 확대하는 것은 바람직하지 않다. 작성자불이익 원칙 적용을 광범위하게 하다 보면 보험회사 입장에서는 불명확한 약관 내용을 원천적으로 없애기 위해 보장범위를 아예 축소하거나 보험료를 인상할 수도 있어 오히려 보험소비자에게 불리한 결과를 초래할 가능성도 있다.[132] 그런데 판례 중에는 작성자불이익 원칙을 보충적으로 적용하지 않고 오히려 처음부터 적극적으로 적용하는 경우도 있다. 이러한 법원의 해석 경향은 바람직하지 않다. 최근 보충적 해석원칙인 작성자불이익의 원칙을 너무 쉽게 적용해서는 안되며, 작성자불이익의 원칙을 적용하기에 앞서 보다 체계적이고 충실한 약관 해석이 선행되어야 한다는 논점을 다룬 대법원 판례가 최근 나왔다.

---

132) 황현아, "보험약관 해석과 작성자불이익 원칙", 제6회 보험법 포럼, 보험연구원, 2022, 19면.

[대법원 2021. 10. 14. 선고 2018다279217 판결]

〈사실관계〉

보험계약자는 보험자와 상해보험을 체결했는데, 상해보험약관 후유장해 관련 규정에 '심한 추간판탈출증'은 '추간판탈출증(속칭 디스크)으로 인하여 추간판을 2마디 이상 수술하거나 하나의 추간판이라도 2회 이상 수술하고 '마미신경증후군'이 발생하여 하지의 현저한 마비 또는 대소변의 장해가 있는 경우'를 의미한다고 규정되어 있다. 보험계약자는 부상으로 허리를 다쳐 추간판 2마디에 '추간판 내 고주차 열 치료술'을 받았는데, 하지의 현저한 마비 또는 대소변의 장해가 발생하지는 않았다. 상해보험약관상 '심한 추간판탈출증'에 해당되는지 여부가 문제되었는데, 원심은 '심한 추간판탈출증' 장해판정 기준은 다의적 해석이 가능하므로 작성자불이익의 원칙을 적용하여 보험계약자에게 유리한 쪽으로 해석해야 하며 따라서 본 사안은 '심한 추간판탈출증'에 해당한다고 판단하였다.

〈주요 판시내용〉

특정 약관조항을 그 목적과 취지를 고려하여 공정하고 합리적으로 해석하기 위해서는 약관 조항의 문언이 갖는 의미뿐만 아니라 약관 조항이 전체적인 논리적 맥락 속에서 갖는 의미도 고려해야 한다. 약관의 목적과 취지를 고려하여 공정하고 합리적으로, 그리고 평균적 고객의 이해가능성을 기준으로 객관적이고 획일적으로 해석한 결과 약관 조항이 일의적으로 해석된다면 약관 조항을 고객에게 유리하게 해석할 여지가 없다. 해당 약관 조항은 '후유장해'에 관한 것이며 후유장해는 수술이나 사고 이후 남아 있는 육체의 훼손 상태나 기능 상실 상태를 의미한다. 후유장해 약관에서의 '심한 추간판탈출증'에 해당하기 위해서는 장해의 필수적인 표지인 '육체의 훼손 상태나 기능 상실 상태(즉 장해상태)에 해당하는 요소가 반드시 포함되어 있어야 한다. 원심이 채택한 해석에 따르면 추간판을 2마디 이상 수술한 경우에는 장해 요소가 없더라도 심한 추간판탈출증에 해당되는 것으로 해석되는바 이는 합리적인 해석이라 할 수 없다. 본 사안은 '심한 추간판탈출증'에 해당하지 않는다.

위 사건의 약관에서 '심한 추간판탈출증'은 '추간판탈출증으로 인하여 추간판을 2마디 이상 수술하거나 하나의 추간판이라도 2회 이상 수술하고 '마미신경증후군'이 발생하여 하지의 현저한 마비 또는 대소변의 장해가 있는 경우'를 의미한다고 규정하고 있다. '심한 추간판탈출증'에 대한 해석은 다음과 같이 나누어질 수 있다. 첫째, 추간판탈출증으로 인해 추간판을 2마디 이상 수술한 경우를 의미한다. 둘째, 추간판탈출증으로 인해 추간판을 2마디 이상 수술하고 '마미신경증후군'이 발생하여 하지의 현저한 마비 또는 대소변의 장해가 있는 경우를 의미한다. 셋째, 추간판탈출증으로 인해 하나의 추간판을 2회 이상 수술하고 '마미신경증후군'이 발생하여 하지의 현저한 마비 또는 대소변의 장해가 있는 경우를 의미한다. 대법원은 둘째와 셋째의 해석이 후유장해와 관련하여 합리적인 해석이라 판단했다.133) 이러한 해석이 그 조항의 목적과 취지, 약관 조항이 갖는 논리적 맥락을 고려한 것이다.

이 판례의 의미는 크다고 할 수 있다. 작성자불이익 원칙을 곧바로 적용하게 되면 마비나 장해 요건을 요구하지 않는 첫 번째 해석이 보험계약자에게 유리한 해석이라고 선택되어질 수 있기 때문이다. 이 판결에서 대법원은 특정 약관조항을 그 목적과 취지를 고려하여 공정하고 합리적으로 해석하기 위해서는 약관 조항의 문언이 갖는 의미뿐만 아니라 약관 조항이 전체적인 논리적 맥락 속에서 갖는 의미도 고려해야 한다고 하면서 이 과정을 통해 일의적 해석이 가능하다면 굳이 작성자불이익 원칙을 끌어들일 필요가 없다는 것을 보여주고 있다. 본 사건에서는 후유장해 의미를 전체적인 논리적 맥락 속에서 갖는 의미와 연관시켜 해당 문구를 해석해야 한다고 보면서 육체의 훼손 상태나 기능 상실 상태가 없다면 후유장해와 관련지을 수 없다고 본 것이다.

또한 작성자불이익의 원칙이란 다른 약관해석원칙을 적용했음에도 특정 문구의 정확한 의미를 파악할 수 없을 때에 작성자에게 불이익한 해석방법을 선택하는 원칙이지, 결코 소비자 측이 주장하는 해석방법을 선택하자는 것이 아니다.134) 예를 들어 실손의료보험 표준약관에서 보험금 지급 대상으로 규정하고 있는 '본인이 직접 부담한 금액' 문구의 의미에 대해 금융감독원 분쟁조정위원회는 이것은 실손보상원칙을 정한 것이 아니라 법정급여 중 본인부담금과 비급여를 합산한 금액을 의미한다고 해석함으로써 소비자가 실제 부담한 금액을 초과하는 이중이득을 허용하는 결과가 생길 수도 있게 되었다. 분쟁조정위원회는 이렇게 해석하는 것이 소비자에게 유리하므로 작성자불이익 원칙에 부합한다고 본 것이다.135) 그러나 이러한 해석은 타당하지 않다. 명확하지 않은 약관 내용으로 인해 작성자가 부당하게 이익을 취하게 되는 것을 방지하는 것이 작성자불이익 원칙의 취지라고 해석해야 한다. 고객에게 유리하게 해석되어야 한다는 의미가 결코 작성자불이익 원칙의 적용 결과 적극적 이익을 고객에게 반드시 귀속시켜야 한다는 것은 아니라는 것이다.

작성자불이익의 원칙에 대한 적용범위는 명확하지 않다. 우선 작성자불이익의 원칙을 적용하기 전에 먼저 적용해야 하는 '평균적 고객의 이해가능성'이라는 개념이 분명하지 않을 뿐만 아니라, 입장이 대립되는 두 사건 당사자 모두 평균적 고객의 이해가능성 기준을 각각 적용하고도 다른 해석이 나올 수 있기 때문이다. 또한 약관의 여러 해석들을 적용하여 나온 결과가 서로 대등한 경우에만 이 원칙을 적용할 것인지, 아니면 한 해석원칙의 결

133) 황현아, "보험약관 해석과 작성자불이익 원칙", 제6회 보험법 포럼, 보험연구원, 2022, 13면.
134) 최준규. "보험계약의 해석과 작성자불이익 원칙", BFL 제48호, 2011. 7, 서울대학교 금융법센터, 47면; 박철, "보통보험약관의 구속력", 보험법의 쟁점, 2000, 54면; 김상희, "암 보험약관 해석의 법적 쟁점에 대한 연구", 고려대학교 대학원 석사학위논문, 2020, 21-23면.
135) 분쟁조정결정 제2017-19호; 황현아, "보험약관 해석과 작성자불이익 원칙", 제6회 보험법 포럼, 보험연구원, 2022, 10면.

과가 좀 더 타당한 것으로 보이기는 하지만, 조금이라도 달리 해석될 가능성이 있는 경우에도 작성자불이익의 원칙을 적용할 것인지의 문제도 분명하지 않다.136)

　　보험회사와 전문인배상책임보험을 체결한 자산운용회사가 대출사업 결과 펀드 투자자에게 손해배상책임을 부담하게 된 사건에서 보험회사는 자산운용회사의 행위가 약관상 면책사유인 고의적 법령 위반행위에 해당한다고 보면서 보험금 지급을 거절하였는데, 약관상의 'wilful violation or breach of any law'의 해석이 문제가 되었다. 면책사유로 규정하고 있는 'wilful violation or breach of any law'의 'wilful'의 의미에 대해 대법원은 '단어의 일반적인 의미를 고려할 때 이는 일반적인 고의를 의미하는 것이며 계획적이거나 의도적인 법령 위반을 의미하는 것으로 제한적으로 해석할 수는 없고 미필적 고의도 포함하는 것'으로 해석하면서 특히 작성자불이익의 원칙은 예외적인 경우에 보충적으로만 적용하는 것이 타당하다고 판시하였다. 특히 기업보험의 경우 작성자불이익의 원칙 적용은 더욱 엄격해야 한다고 해석하였다.137)

[대법원 2018. 10. 25. 선고 2014다232784 판결]

〈사실관계〉

　아파트 건설사업주체인 甲 주식회사 등이 대한주택보증 주식회사와 주택분양보증계약을 체결하면서 계약에 따른 채무를 보증하기 위하여 주택분양보증채무약정을 체결하고 보증료를 지급한 후 관할 관청으로부터 입주자모집공고 승인을 받았으나 입주자모집을 공고하지 않았고, 그 후 위 승인이 취소되자 대한주택보증 주식회사를 상대로 이미 지급한 보증료 전액의 반환을 구하였다. 대한주택보증 주식회사의 보증규정과 그 시행세칙의 해당 조항에는 입주자모집공고 승인으로 보증기간이 개시된 후 분양률 저조 등의 사유로 입주자모집공고 승인이 취소되어 보증서를 반환하는 경우 보증계약을 해지하고, 입주자모집공고 승인 취소일을 기준으로 잔여 보증기간에 대한 보증료를 환불한다는 내용을 규정하고 있다.

〈주요 판시내용〉

　상법 제649조는 보험사고가 발생하기 전에 보험계약자가 언제든지 계약의 전부 또는 일부를 해지할 수 있고, 이러한 경우 당사자 사이에 다른 약정이 없으면 미경과보험료의 반환을 청구할 수 있도록 정하고 있는데, 위 해당 조항은 이를 풀어서 규정한 것으로 볼 수 있고, 위 해당 조항은 분양보증계약에서 입주자모집공고 승인이 이루어지고 보증기간이 개시된 이후에 승인이 취소됨에 따라 계약의 목적을 달성하기 어려워 계약의 해지를 인정할 만한 상당한 이유를 구체적으로 예시하고, 해지의 효과로서 보증료의 반환범위를 잔여 보증기간에 대한 보증료만 반환하도록 정

136) 최준규, 전게논문, 47면; 김준엽/맹수석, "암보험금의 지급과 약관해석의쟁점—유암종의 암해당 여부에 대한 작성자불이익 원칙의 적용을 중심으로—", 보험법연구 제14권 제1호, 2020, 78면.
137) 대판 2022. 8. 31, 2018다304014. 법률신문, "영문 보험약관 면책사유 'wilful' 문구 … 대법원 해석기준은", 2022. 10. 27.

한 것인데, 이는 거래상 일반적이고 공통된 것으로 계약 상대방인 甲 회사 등이 대한주택보증 주식회사의 설명 없이도 충분히 예상할 수 있었던 사항에 해당하므로, 위 해당 조항은 약관의 중요한 내용이 아니어서 설명의무의 대상으로 볼 수 없고, 한편 대한주택보증 주식회사의 보증규정, 그 시행세칙과 분양보증계약에 적용되는 약관의 내용을 종합하면, 위 분양보증계약은 입주자모집공고 승인을 얻을 때 장래 주채무가 발생할 것을 조건으로 보증채무가 성립하고, 보증기간은 입주자모집공고 승인시점부터 소유권 보존등기일까지이며, 보증채무가 성립하기 전에는 보증을 취소하고 보증료를 전액 반환받을 수 있지만, 보증채무가 성립한 후에는 입주자모집공고 여부를 묻지 않고 보증을 해지할 수 있고 입주자모집공고 승인 취소일을 기준으로 취소일 다음 날부터 잔여 보증기간에 대한 보증료를 반환받을 수 있을 뿐이어서, 위 보증규정과 그 시행세칙은 문언과 체계상 위와 같은 객관적이고 획일적인 해석이 가능하고 다의적으로 해석되지 않으므로, 이를 고객에게 유리하게 해석할 여지가 없어 작성자 불이익 원칙이 적용되지 않는다.

[대법원 2018. 7. 24. 선고 2017다256828 판결]

〈사실관계〉

甲이 대장 내시경 검사를 받던 중 직장에서 크기가 1㎝ 미만인 용종이 발견되어 용종절제술을 받았고, 병리 전문의사가 실시한 조직검사 결과를 토대로 甲의 주치의인 임상의사가 위 용종에 관하여 '직장의 악성 신생물'이라는 진단서를 발급하였는데, 위 용종이 甲 및 그 배우자인 乙이 丙 보험회사 등과 체결한 보험계약의 약관에서 정한 '암'에 해당하는지 문제가 되었다.

〈주요 판시내용〉

위 보험약관은 '암'을 '한국표준질병·사인분류의 기본분류에서 악성 신생물로 분류되는 질병'이라고 정의하고 있는데, 우리나라 병리학회에서는 甲의 용종과 같이 크기가 1㎝ 미만이고 점막층과 점막하층에 국한되며 혈관침윤이 없는 직장 유암종은, 세계보건기구의 2010년 소화기계 종양분류에서 세분화한 신경내분비 종양 중 L세포 타입 종양일 가능성이 높으므로, 한국표준질병·사인분류상으로도 행태코드 '/1'로 분류하여 경계성 종양으로 보는 것이 타당하다는 견해를 제시하였고, 이러한 병리학적 분류체계는 대부분의 병리 전문의사가 동의한다는 점에서 그 합리성을 섣불리 부정할 수 없으므로, 이를 전제로 보험약관에서 정한 '암'을 해석하는 것도 객관성과 합리성이 있으나, 위 보험약관은 '암'의 의미에 관하여 제3차 개정 한국표준질병·사인분류의 분류기준과 그 용어만을 인용하고 있고, 제3차 개정 한국표준질병·사인분류의 분류기준과 그 용어에 충실하게 해석하면 甲의 종양을 악성 신생물로 분류되는 질병인 암으로 보는 해석도 충분히 가능하고 그러한 해석의 객관성과 합리성도 인정되므로, 보험사고 또는 보험금 지급액의 범위와 관련하여 위 보험약관이 규정하는 '암'은 객관적으로 다의적으로 해석되어 약관 조항의 뜻이 명백하지 아니한 경우에 해당하는 것이어서 약관의 규제에 관한 법률 제5조 제2항에서 정한 작성자 불이익의 원칙에 따라 甲의 용종과 같은 상세불명의 직장 유암종은 제3차 개정 한국표준질병·사인분류상 '소화기관의 악성 신생물'로서 보험약관에서 정한 '암'에 해당한다고 해석함이 타당하다.

위 판례는 암보험약관에서 암의 정의에 대해 한국표준질병·사인분류(Korean standard Classification of Diseases, KCD)의 기본분류, 한국병리학회의 전문가 견해, 세계보건기구의 소화기계 종양분류, 한국표준질병·사인분류의 행태코드에 따라 각각 달리 정의될 수 있어서 암의 정의가 객관적으로 다의적으로 해석되는 경우에 해당되는 것이라고 보고, 작성자불이익의 원칙을 적용하여 약관에서의 암의 의미를 제3차 개정 한국표준질병·사인분류상 '소화기관의 악성신생물'로 보아야 한다고 해석한 것이다.138)

한편 직장유암종은 KCD 차수 변경139)에 따라 그 판단 기준이 여러 번 변경된 대표적인 질병이다. 보험계약 체결 시점에서의 KCD와 보험사고 발생시점에서의 KCD에 변경이 있을 수 있다. 대법원은 보험계약 체결 당시 고시된 한국표준질병·사인분류에 따라 '암'에 해당하는지를 정하되, 보험계약 체결 당시에는 악성신생물로 보지 않던 것이라도 보험사고의 발생 시점, 즉 해당 질병의 진단 확정 시를 기준으로 가장 최근에 개정 고시된 한국표준질병·사인분류에서 새롭게 악성신생물로 포함되면 이를 악성신생물로 보아 보험금을 지급하겠다는 의미로 보아야 하고, 이와 반대로 종전의 KCD에서는 암에 해당하였으나 그 후 개정으로 이에 해당하지 않게 된 경우에 그 질병을 암의 범주에서 배제하는 것은, 특별한 이유 없이 종전의 보장 범위를 좁히는 것이므로 계약자에게 불리하여 허용될 수 없다고 해석하고 있다.140)

암보험약관이 '암, 중대한 암, 상피내암'으로 구분하면서 상피내암에 대해서는 보험금 지급사유가 아니거나 소액의 보험금이 지급되는 것으로 정한 경우에 '점막 내 암종'이 상피내암에 포함되는가의 문제에 대해 상피내암 의미 자체가 다의적으로 해석될 수 있고 약관조항이 이에 관해 명확하게 규정하고 있지 않으므로 작성자불이익의 원칙이 적용되어 상피내암은 점막 내 암종을 제외한 상피 내 암종만을 의미하는 것으로 제한하여 해석하며 그 결과 점막 내 암종은 암(일반암 또는 중대한 암)에 포함된다고 해석하였다.141)

보험약관에서 '병리학적 진단에 의한 암 진단 확정'을 원칙적인 보험금 지급 사유로 하고 병리학적 진단이 가능하지 않을 때에 한하여 비로소 임상학적 진단에 수반된 다른 증거방법에 의한 암 진단 확정을 예외적·보충적 보험금 지급사유로 정하고 있는 경우에, 그 문언의 객관적 의미를 '병리학적으로 양성 종양임이 명백한데 그 위험성 등에 비추어 실질적으로 악성 종양에 준하는 것으로 볼 수 있는 경우'까지도 보험금 지급사유에 포함하는 것으로 해석하기 어렵다. 보험계약 체결 당시 '악성 종양에 준할 만큼 수술을 통한 완치가 어렵고 재발가능성이 높은 위험한 양성 종양에 대해서도 악성 종양으로 보아 보험

---

138) 대판 2018. 7. 24, 2017다285109도 유사하다.
139) 2021년 1월에 현재 사용되고 있는 8차 KCD 개정이 있었다.
140) 대판 2022. 3. 31, 2019다207615.
141) 대판 2010. 12. 9, 2010다71158; 대판 2011. 4. 28, 2011다1118; 대판 2010. 12. 9, 2009다60305.

금을 지급한다'는 약정을 하지 않은 이상, 단순히 그 위험성만으로 명시적 약정에 반하여 보험금을 지급할 수는 없다. 이 사건 보험약관의 해당 조항은 작성자 불이익 원칙이 적용되는 경우에 해당하지 않는다는 것이 법원의 입장이다.[142]

② 특정 용어 또는 문구의 해석 색전술의 수술 포함과 마찬가지로 보험증권이나 보험약관에서 수술비 지급대상이 되는 수술을 의료 기계를 사용하여 신체의 일부를 절단하거나 절제하는 외과적 치료방법으로 제한하고 있지 않고 있는 경우에 바늘을 종양 안에 삽입한 다음 고주파 영역에서 교차하는 전류를 통하게 하여 발생하는 마찰열로 종양세포를 괴사시키는 고주파 절제술도 넓은 의미의 수술에 포함될 여지가 충분히 있으므로, 고주파 절제술이 보험계약의 약관상 수술에 해당한다고 보아야 하고, 이러한 해석론이 약관 해석에 있어서의 작성자 불이익의 원칙에도 부합한다는 것이 법원의 입장이다.[143]

[대법원 2010. 7. 22. 선고 2010다28208, 28215 판결]

〈주요 판시내용〉
甲 보험회사의 보험계약 약관에서 말하는 암 수술급여금의 지급대상인 '수술'에 폐색전술이 해당하는지 여부가 문제된 사안에서, 보험계약 약관 제5조에서는 암 보험급여의 대상이 되는 수술을 특정암 또는 일반암의 치료를 직접적인 목적으로 수술을 받는 행위라고만 규정하고 있을 뿐 의료계에서 표준적으로 인정되는 수술이라고 제한하고 있지 않고, 위 약관에서 수술의 의미를 구체적으로 명확하게 제한하고 있지도 않으므로, 가는 관을 대동맥에 삽입하여 이를 통해 약물 등을 주입하는 색전술도 넓은 의미의 수술에 포함될 여지가 충분히 있고, 甲 보험회사는 병원에 직접 乙의 치료내용을 확인한 후 3년 3개월 동안 19회에 걸쳐 합계 1억 1,400만원의 암 수술급여금을 지급해 왔으므로, 乙이 받은 폐색전술은 보험계약 약관 제5조의 수술에 해당한다고 봄이 상당하고, 이러한 해석론이 약관 해석에 있어서의 작성자 불이익의 원칙에도 부합하는 것이다(同旨: 대판 2010. 7. 28, 2011다30147).

또한 암보험약관에서 '암으로 진단이 확정되고 그 암의 치료를 직접 목적으로 하여 수술을 받았을 때'를 보험금 지급사유로 규정하고 있는데, 직접 목적의 수술의 범위와 관련하여, 보험약관에서 말하는 '암의 치료'는 암의 제거나 증식 억제뿐만 아니라 암으로부터 발현되는 증상의 호전 또는 암 환자의 생명 연장을 위한 치료를 포함한다고 보는 것이 평균인의 관념에 비추어 합리적인 점, 약관 문구인 '암의 치료를 직접 목적으로 하는 수술'에서 '직접'이라는 표현은 그 문구상 위치에 비추어 '암'만을 한정 수식하는 것이 아니라 '암의 치료'를 한정 수식하는 것으로 해석할 수 있는 점 등을 고려하면, 보험약관의 '암

142) 대판 2018. 6. 28, 2018다203395.
143) 대판 2011. 7. 28, 2011다30147.

의 치료를 직접 목적으로 하는 수술'은 암을 제거하거나 암의 증식을 억제하기 위한 수술로 한정되는 것이 아니라 암 자체 또는 암의 성장으로 인하여 직접 발현되는 중대한 병적 증상을 호전시키기 위한 수술을 포함한다고 보아야 할 것이지만, 암이나 암치료 후 그로 인하여 발생한 후유증을 완화하거나 합병증을 치료하기 위한 수술까지 이에 포함된다고 보기는 어렵다고 해석하였다.144) 하급심 판결 중에 약관에 "휴일에 재해로 사망했을 때"에서 휴일이라는 표현은 '재해로 사망했을 때'를 모두 수식하는 것으로 해석될 수도 있고, 또는 '사망'이나 '재해'만 한정 수식하는 것으로 해석할 수 있다면서 약관의 뜻이 이처럼 명백하지 않은 경우에는 고객에게 유리하게 해석해야 하므로, 휴일에 발생한 재해로 사망한 이상 비록 사망한 날이 휴일이 아니더라도 휴일사망보험금 지급요건은 충족한다고 해석하였다.145) 상해보험약관에서 '피해일로부터 00일 한도로 입원일'에 대해 임시생활비를 지급한다고 정하고 있을 때, 여기서의 피해일은 입원일이 아니고 사고가 발생한 날을 의미한다고 해석하였다.146)

[대법원 2015. 5. 28. 선고 2012다50087 판결]

〈사실관계〉

甲이 乙 보험회사와 체결한 보험계약의 특정질병보장특약 약관에서 당뇨병 등을 '9대 질환'으로 규정하면서, '보험기간 중 피보험자가 책임개시일 이후에 9대 질환으로 진단확정되고, 9대질환의 치료를 직접목적으로 하여 수술을 받았을 때 수술급여금을 지급한다'고 규정하고 있는데, 甲이 당뇨병 진단을 받고 당뇨합병증인 당뇨망막병증을 치료받기 위하여 레이저 광응고술을 받고 보험금을 청구하였다.

〈주요 판시내용〉

특정질병보장특약의 보장대상인 '9대질환 중 당뇨병'에는 한국표준질병사인분류의 '당뇨병(E10-E14)'이라는 항목군에 속하는 세분류 단위에 기재된 질병도 포함된다고 보아야 하고, 당뇨망막병증은 한국표준질병사인분류 '당뇨병(E10-E14)' 항목군의 4단위, 5단위분류에 기재되어 있고, 甲은 당뇨망막병증의 치료를 직접적인 목적으로 레이저 광응고술을 받은 것이 분명하며, 특정질병보장특약 약관에서 수술의 의미를 구체적으로 명확하게 제한하고 있지 않고 레이저 광응고술도

---

144) 대판 2010. 9. 30, 2010다40543. 이에 관하여 김은경, "암보험약관상 '암치료를 직접목적으로 하여' 또는 '암의 직접치료를 목적으로'의 의미에 관한 소고", 기업법연구 제33권 제2호, 2019, 171면에서는 "보험약관에서 암의 치료는 암이라는 질병을 치료한다는 취지의 것이지 암을 치료하는 것에 특정한 방법을 요구하는 것은 아니므로 치료의 목적이 암을 치료하는 것에 있는 경우라면 암을 치료하기 위해 임상적으로 허용된 모든 방법과 내용이 인정되는 것이고, 심지어 치료에 효과가 있었는지 여부도 불문하여야 한다"고 해석한다. 그러나 해당 약관에서 이러한 표현을 쓰면서 이를 담보범위에 포함하였다면 몰라도 그렇지 않은 경우에 민영보험회사가 영위하는 암보험 상품에서 암 치료를 위한 모든 방법과 내용이 보험금 지급 대상이 된다고 해석할 수는 없을 것이다.

145) 서울중앙지법 2017. 7. 19, 2016가단5236530.

146) 대판 2009. 11. 26, 2008다44689.

넓은 의미의 수술에 포함될 여지가 충분히 있으므로, 甲이 받은 레이저 광응고술은 특정질병보장 특약 약관에서 규정한 '9대질환의 치료를 직접목적으로 받은 수술'에 해당한다.

상해보험계약에서 면책약관으로 '피보험자가 직업, 직무 또는 동호회 활동 목적으로 전문등반을 하는 동안에 생긴 손해'에 대하여 보상하지 않는다고 규정한 경우, 여기에서 말하는 '동호회'는 특별한 사정이 없는 한 같은 취미를 가지고 함께 즐기는 사람들의 모임으로서 계속적·반복적인 활동이 예상되는 모임을 의미한다고 보아야 하므로, 만약 피보험자가 일회성으로 히말라야 원정대를 만들어 고산 등반에 나섰다가 사망했다면 이 등반팀은 일회성으로 모여 구성된 것에 불과하여 '동호회'라고 볼 수 없다는 이유로 면책약관을 적용할 수 없다.[147]

③ 계약전발병부담보조항   질병입원의료비 및 질병통원의료비담보 특별약관에 피보험자가 이 특별약관의 보험기간 중에 질병(다만 보험계약 청약일로부터 과거 5년 이내에 그 질병으로 인하여 진단 또는 치료를 받은 경우에는 제외)으로 인하여 보험금 지급사유가 발생한 경우 보험자가 질병입원의료비 또는 질병통원의료비를 보상해준다고 규정되어 있다. 이 문구에서 '보험기간 중에 질병으로 인하여 입원이나 통원치료를 받은 경우'의 의미가 무엇인지 명확하지 않다. 보험기간 전에 질병이 발생했더라도 입원과 통원치료를 보험기간 중에 받았다면 보험금 지급사유가 되는 것인지, 아니면 보험기간 중에 질병이 발생하고 이로 인해 보험기간 중에 입원과 통원치료를 받은 경우만을 보험금 지급사유로 한다는 것인지 문언상 그 의미를 파악하는 것이 쉽지 않다.

법원은 전자로 해석하고 있다.[148] 즉 보험약관에서 보험기간 중에 질병으로 인하여 입원 또는 통원 치료를 받은 경우 보험자가 그 입원의료비 또는 통원의료비를 보상한다고 정하고 있을 뿐, 입원 또는 통원 치료의 원인이 되는 질병이 보험기간 중에 발생한 것이어야 한다는 취지로 규정하고 있는 것은 아니라고 해석하고 있다. 다만 피보험자가 보험계약 청약일로부터 과거 5년 이내에 같은 질병으로 인하여 진단 또는 치료를 받은 경우에는 보험계약의 보상대상에서 제외한다고 정하고 있을 뿐이라는 것이다. 신의성실의 원칙이나 평균적 고객의 이해가능성을 기준으로 볼 때 입원 또는 통원 치료의 원인이 되는 질병이 이 사건 보험기간 중에 발생하였는지 여부와 관계없이 피보험자가 그 질병으로 인하여 입원 또는 통원 치료를 받은 경우에는, 보험계약 청약일로부터 과거 5년 이내에 그 질병으로 인하여 진단 또는 치료를 받은 경우를 제외하고는 질병입원의료비 또는 질병통원의료비의 보상대상이 된다고 해석하는 것이 합리적인 것이라 판단된다.

---

147) 대판 2019. 9. 26, 2017다48706.
148) 대판 2013. 7. 26, 2011다70794.

이와 관련하여 약관에 계약전발병부담보조항(기왕질병부담보조항)이 있는 경우에 이 조항을 유효한 것으로 볼 수 있는가의 문제가 있다. 계약전발병부담보란 질병이 청약일로부터 과거 5년 이내에 이미 발생했다면 그 이후 보험기간 중에 발생한 입원이나 통원치료비를 담보하지 않겠다는 것이다. 이 문제는 고지의무 제도와 어떻게 조화를 이루면서 해석해야 하는가와 관계가 있다. 보험계약자 측이 청약서상의 질문에 정직하게 답변을 했고 실제로 계약 체결 전에 질병이 발생했다는 사실을 알지 못해서 고지를 하지 않은 것인데, 계약전발병부담보조항으로 인해 보험금을 지급받지 못하게 되는 경우를 예로 들 수 있다. 보험계약자 측이 알지 못하는 사실은 고지의무의 대상이 되지 못한다. 따라서 계약전발병부담보조항을 유효하다고 보게 되면 보험계약자로서는 고지의무 위반 사실이 없음에도 자신이 알지 못한 계약 전 질병으로 인해 보험금을 받지 못하게 될 수가 있다.149)

법원은 보험금 지급범위 등 보험상품의 내용을 어떻게 구성할 것인가는 보험자의 정책에 따라 결정되는 것이라 하여,150) 계약전발병부담보조항이 보험상품 내용에 포함될 수 있음을 간접적으로 인정하고 있다. 따라서 계약전발병부담보조항 자체를 무효로 볼 수는 없는 것이다. 다만 계약전발병부담보조항으로 인정되기 위해서는 약관 문언상 그러한 의도와 뜻이 명확히 나타나야 하며, 보험자는 이에 대한 약관설명의무를 보험계약자 측에게 구체적이고 상세하게 설명해야만 계약전발병부담보조항이 해당 계약에 편입되어 당사자를 구속하게 되는 것이다. 만약 약관 문언이 명확하지 않다면 최종적으로 작성자불이익 원칙이 적용될 수 있을 것이다.

또한 고지의무위반으로 인한 해지권 행사의 제척기간이 경과한 경우에 고지의무위반이 아닌 계약전발병부담보조항을 근거로 보험자가 면책되는 것인지가 논란이 될 수도 있다. 고지의무 이행은 보험자의 위험인수 여부를 결정하기 위한 것인 반면에, 계약전발병부담보조항은 보험자의 담보범위에 관한 문제이기 때문에 고지의무를 이행했다는 사실과 계약전발병부담보조항의 적용 문제는 서로 다른 것으로서 병행이 가능하다는 해석이 가능하다.151) 보험계약이 체결되기 전에 보험사고가 이미 발생했다면 이는 무효이며, 제644조가 강행규정이므로 당사자간의 합의에 의해 이 규정에 반하여 계약을 체결했더라도 계약은 무효라는 것이 법원의 입장이다.152) 그런데 위 질병입원의료비특약 사건에서 법원은 질병 자체가 보험기간 전에 발생했어도 입원이나 치료를 보험기간 중에 했다면 보험금 지급사

---

149) 물론 고지의무의 대상이 되는 것은 중요한 사실이고 따라서 사소한 질병 등은 고지대상이 되지 않는다. 고지대상이 되는 질병은 중요한 질병으로 제한되기 때문에 고지의무자가 이를 알지 못하는 경우는 그리 흔하지는 않을 것이다.
150) 대판 2013. 10. 11, 2012다25890.
151) 김선정, "고지의무 이행자에 대한 계약전발병부담보", 상사판례연구 제27집 제4권, 2014, 154-156면, 175면 및 177면.
152) 대판 2002. 6. 28, 2001다59064.

유라고 해석함으로써 제644조의 문제가 아닌 것으로 해석하였다. 다른 사건에서 예를 들어 甲이 乙 보험회사와 체결한 보험계약의 질병사망 특별약관에서 '보험기간 중에 발생한 질병으로 인하여 보험기간 중에 사망한 경우 질병사망보험금을 지급한다'고 정하였는데, 甲이 지속적으로 정신과 치료 등을 받던 중 목을 매 경부압박질식을 직접 사인으로 사망한 사안에서, 甲의 사망을 위 특별약관이 보장하는 보험사고로 볼 수 없다고 판시했다.[153] 정신질환이 보험기간 전에 발병했음을 이유로 질병사망 보험금 지급책임을 부인한 것이다.

④ 기타 작성자불이익 원칙에 관한 판례

[대법원 2016. 10. 27. 선고 2013다90891, 90907 판결]

〈사실관계〉

甲이 乙 보험회사와 체결한 보험계약의 보통약관에서 같은 사고로 2가지 이상의 후유장해가 생긴 경우 후유장해 지급률을 합산하는 것을 원칙으로 하면서 동일한 신체부위에 2가지 이상의 장해가 발생한 경우에는 그중 높은 지급률을 적용하되, '하나의 장해와 다른 장해가 통상 파생하는 관계가 인정되거나, 신경계의 장해로 인하여 다른 신체부위에 장해가 발생한 경우 그중 높은 지급률만 적용한다'는 취지로 정하였는데, 甲이 계단에서 미끄러져 넘어지는 사고로 추간판탈출증을 입고, 그 외에 신경계 장해인 경추척수증 및 경추척수증의 파생 장해인 우측 팔, 우측 손가락, 좌측 손가락의 각 운동장해를 입었다.

〈주요 판시내용〉

위 약관조항의 의미는 하나의 장해와 다른 장해 사이에 통상 파생하는 관계가 인정되거나 신경계의 장해로 인하여 다른 신체부위에 장해가 발생한 경우에 그러한 관계가 인정되는 장해 사이에 지급률을 비교하여 그중 높은 지급률만 적용한다는 것일 뿐이고, 신경계의 장해로 인하여 서로 다른 신체부위에 2가지 이상의 후유장해가 발생한 경우에는 특별한 사정이 없는 한 그들 신체부위 장해 사이에는 통상 파생하는 관계에 있다고 보기 어려워, 이 경우에는 신경계의 장해와 그로 인하여 발생한 다른 신체부위 장해들 사이에서 그중 가장 높은 지급률만 위 각 장해 전체의 후유장해 지급률로 적용할 것이 아니라, 파생된 후유장해의 지급률을 모두 평가해 이를 합산한 것을 신경계 장해의 지급률과 비교하여 그중 높은 지급률을 신경계의 장해와 거기서 파생된 후유장해들의 후유장해 지급률로 적용하는 것이 타당하므로, 위 사고로 인한 甲의 후유장해 지급률은 우측 팔, 우측 손가락 및 좌측 손가락 운동장해의 합산 지급률과 신경계 장해인 경추척수증의 지급률 중 더 높은 지급률을 구한 다음, 그 지급률에 추간판탈출증의 지급률을 합하여 산정하여야 한다.

---

153) 대판 2014. 4. 10, 2013다18929; 대판 2015. 6. 23, 2015다5378.

[대법원 2001. 6. 26. 선고 99다27972 판결]

〈주요 판시내용〉

화재보험계약상의 잔존물제거비용담보특별약관에서 보상하도록 규정하고 있는 "잔존물 제거비용"이란, 그 문언에서 특별히 사고현장에서의 정리비용이나 상차비용으로 국한하고 있지 아니하고, 위 특별약관을 삽입하면서 별도의 추가보험료를 납입하지는 않았지만 그로 인하여 지급되는 보험금은 항상 보험가입금액 범위 내의 실제비용으로 제한되고 있어 보험자에게 보험가입금액 이상의 예상하지 못한 부담을 주거나 혹은 피보험자나 보험계약자에게 실제 손해 이상의 부당한 이익을 줄 염려가 없게 되어 있는 점에다가, 약관의 뜻이 명백하지 아니한 경우에는 고객에게 유리하게 해석되어야 한다는 약관의 해석원칙(약관의 규제에 관한 법률 제5조 제2항)을 고려하여 보면, 잔존물에 대한 현장정리 및 상차비용 이외에 운반, 처리비용 등 보험사고인 화재로 인하여 발생한 잔존물을 실제로 제거하는데 소요되는 일체의 비용을 의미하는 것이다.

[대법원 1996. 6. 25. 선고 96다12009 판결]

〈사실관계〉

소외 1은 신용불량으로 인해 차량을 자기명의로 구입하지 못하자 소외 2의 명의를 빌려 자동차를 구입한 후 피고회사의 안전설계보험에 가입하였는데, 동 보험의 약관 제4조는 "자가운전이란 피보험자 소유의 자가용승용차를 피보험자가 직접 운전하는 행위를 말합니다"라고 규정하고 있었다. 소외 1이 운전 중 사고로 사망하자 유족인 원고가 보험금을 청구하였는데 피고회사는 소외 1은 자동차의 소유자가 아니라 명의신탁자에 불과하여 소외 1의 운전은 자가운전에 해당하지 않아 보험금을 지급할 수 없다고 항변하였다.

〈주요 판시내용〉

고객 보호의 측면에서 약관내용이 명백하지 못하거나 의심스러운 때에는 약관작성자에게 불리하게 제한 해석하여야 하는 것인바, 이러한 약관해석의 원칙에 비추어 보면, 위 보험약관 소정의 자동차 소유자에는 자동차를 매수하여 인도받아 자기를 위하여 자동차를 운행하는 자는 물론이고, 부득이한 사유로 자동차의 소유명의를 제3자에게 신탁한 채 운행하는 명의신탁자도 포함된다고 해석함이 상당하다 할 것이고, 만약 위 약관 소정의 자동차의 소유자가 자동차등록원부상의 소유자만을 뜻한다고 해석된다면, 자동차등록원부상의 등록명의자가 아닌 자동차의 실질적인 소유자인 소외 1이 피고와 위 안전설계보험계약을 체결하였을 리가 없을 것이므로, 위 약관 소정의 자동차 소유자에 자동차의 등록명의자만이 포함된다는 사실은 약관의 규제에 관한 법률 제3조 제2항 소정의 약관의 중요한 내용에 해당한다고 할 것이어서, 피고가 이를 소외 1에게 설명하지 않았다면 피고는 위 내용을 보험계약의 내용으로 주장할 수 없다고 할 것이다(대판 2007. 6. 14, 2005다9326; 대판 2005. 10. 28, 2005다35226; 대판 2007. 2. 22, 2006다72093).

(6) 기   타

약관 해석원리로서 POP원칙이 있다. 보험약관은 평범하게(plain), 통상적으로(ordinary), 통속적으로(popular) 해석해야 한다는 원칙이다. 즉 법원의 판결, 거래의 관행 또는 해당 문언이나 용어에 어떤 특별한 의미가 첨가되는 것이 입증될 수 없는 한, 보험약관의 문언들은 약관 전체의 문맥, 계약 체결의 의도 등을 고려해서 평이하고 통상적이며 통속적인 의미로 해석되어야 한다는 것이다.154) 약관에서 사용되는 용어를 해석할 때에는 약관 전체의 문맥이나 계약의 목적 등을 고려해서 통상적, 객관적, 합리적으로 해석해야 한다.155) 약관의 용어풀이란도 본문과 결합하여 전체로서 약관의 내용을 구성하는 것이므로 그것은 본문에서 사용된 용어 중 그 의미가 불명확한 것을 명확하게 한다든지 그 풀이에 혼란이 없도록 하는데 그쳐야 할 것이고 본문의 의미를 임의로 제한하거나 본문과 모순되는 내용을 규정할 수는 없는 것인바, 자동차종합보험 보통보험약관 중 "식물인간 등의 경우에는 자동차 종합보험 대인배상보험금지급기준에 의하여 산출한 금액을 법률상의 손해배상액으로 본다"는 용어풀이규정은 결국 식물인간의 경우 법률상의 손해배상액을 제한하겠다는 취지이므로 이는 법에 의하여 손해배상책임이 인정되는 금액을 제한없이 보험금으로 지급하겠다는 취지의 약관 본문의 규정에 반하거나 모순되어 효력이 없다고 할 것이다.156)

약관상의 면책사유 적용예외의 문제에 대해 법원은 엄격하게 해석해야 한다는 입장이다. 면책사유를 엄격하게 해석한다는 것은 약관 작성자의 상대방인 고객을 보호하기 위한 것이며 작성자불이익의 원칙과 같은 취지라 할 수 있다.157)

약관해석시 가급적 계약을 유효하게 존속시키는 방향으로 해석해야 한다는 원칙도 있다. 이는 법률행위의 일부가 무효이면 전부를 무효로 한다는 민법 일반원칙에 대한 특칙으로서 약관규제법 제16조가 일부무효만 인정하고 나머지 부분만으로 계약을 유효하게 존속시키는 것과 같은 원칙이라 할 수 있다.158)

6. 약관에 대한 통제

보험자에 의해 일방적으로 작성된 보험약관은 보험계약의 부합계약적 성질로 인해 사

---

154) 보험연수원(편), 보험심사역 공통 1 교재, 2016, 73면; 최기원, 52면; 한기정, 192면.
155) 최기원, 52면
156) 대판 1990. 5. 25, 89다카8290.
157) 한기정, 192면. 대판 1994. 11. 22, 93다55975; 대판 1991. 11. 26, 91다18682.
158) 김성태, 147면; 한기정, 192면.

적자치가 제한된 채 그대로 계약에 편입되어 보험계약자를 구속하게 되기 때문에 약관에 대한 다양한 통제가 이루어지고 있다. 특히 보험계약(약관)에 관한 전문적인 법률적 지식에서 훨씬 열등한 지위에 있는 보험계약자를 보호하기 위해 보험약관에 대한 규제가 필요하다. 또한 보험자와 보험계약자는 경제적으로 대등하지 않을 뿐만 아니라 협상력이나 전문성 등에서 차이가 심하기 때문에 약관에 대한 통제가 요구된다.

(1) 입법적 통제

국가가 법률로 약관의 효력 요건이나, 약관에 기재할 사항 등을 정하는 방식으로 약관을 규제하는 방식이다.159) 일반적으로 상법 보험편, 보험업법 및 약관규제에 관한 법률 등을 통해 약관을 규제하고 있다. 앞의 두 개는 약관규제에 관한 특별법적 성질을 갖고 있다.

⑺ 상법 보험편에 의한 통제

상법 보험편 제663조를 통해 상법 보험편의 제 규정은 해상보험이나 재보험 등을 제외하고는 당사자간의 특약으로 보험계약자 또는 피보험자나 보험수익자에게 불이익한 내용으로의 변경을 금지하며 이를 위반한 약관은 그 한도 안에서 무효가 되도록 하고 있다.160) 또한 제638조의3을 통해 보험자에게 약관의 교부 및 설명 의무를 부과하고 있다.161)

⑼ 보험업법에 의한 통제

보험업을 영위하고자 하는 자는 보험종목별로 금융위원회의 허가를 받아야 하는데 그 허가신청서에 영위하고자 하는 보험종목별 보험약관을 제출하도록 하고 있다.162) 보험업법은 보험자가 준수해야 할 기초서류 관리기준 및 기초서류작성과 변경원칙을 규정하고 있는데 이를 통해 기초서류의 하나인 보험약관에 대한 통제가 이루어진다.163) 보험업감독규정 제7-59조에서는 보험계약자의 보호를 위해 약관에 필수적으로 기재해야 할 내용을 정하고 있다.164)

---

159) 정동윤, 471면.
160) 대판 1992. 11. 24, 92다23629; 대판 1996. 12. 20, 96다23818.
161) 생명보험표준약관 제18조 제2항에서 보험자가 약관 및 계약자 보관용 청약서를 청약할 때 계약자에게 전달하지 않거나 약관의 중요한 내용을 설명하지 않은 때 또는 계약을 체결할 때 계약자가 청약서에 자필서명(날인 및 전자서명법 제2조 제2호에 따른 전자서명 또는 동법 제2조 제3호에 따른 공인전자서명을 포함)을 하지 않은 때에는 계약자는 계약이 성립한 날부터 3개월 이내에 계약을 취소할 수 있다고 규정하고 있다.
162) 보험업법 제4조 제1항 및 제5조 제3호.
163) 보험업법 제128조의2 및 동법 제128조의3
164) 보험업감독규정 제7-59조(보험약관의 기재사항) 보험회사는 영 별표 7 제3호에 따라 보험약관을 작성하려는 경우 다음 각 호의 사항을 기재하여야 한다. 1. 보험회사가 보험금을 지급하여야 할 사유 2. 보험계약의 무효 사유 3. 보험회사의 면책사유 4. 보험회사의 의무의 범위 및 그 의무이행의 시기 5. 보험계

(다) 약관규제에 관한 법률에 의한 통제

약관규제에 관한 일반법으로 약관의 규제에 관한 법률이 있는데, 보험계약은 부합계약적 성질로 인해 보험약관에 의해 체결되기 때문에, 보험약관 역시 약관의 규제에 관한 법률에 의한 통제를 받게 된다.165) 동법 제30조 제2항에서는 "특정한 거래분야의 약관에 대하여 다른 법률에 특별한 규정이 있는 경우에는 이 법의 규정에 우선한다"고 정함으로써 보험계약의 경우 상법과 보험업법의 규정이 약관의 규제에 관한 법률에 우선하여 적용될 수 있음을 밝히고 있는데, 대법원은 상법 특정 조문과 약관의 규제에 관한 법률과의 관계에 대해 다음과 같이 해석하고 있다.

[대법원 1998. 11. 27. 선고 98다32564 판결]

〈주요 판시내용〉

일반적으로 특별법이 일반법에 우선한다는 원칙은 동일한 형식의 성문법규인 법률이 상호 모순·저촉되는 경우에 적용되는 것이고 법률이 상호 모순·저촉되는지 여부는 법률의 입법목적, 적용범위 및 규정사항 등을 종합적으로 검토하여 판단하여야 하는데, 약관의 규제에 관한 법률 제30조 제3항에서 다른 법률에 특별한 규정이 있는 경우에 그 규정이 우선 적용되는 것으로 규정하고 있는 것도 위와 같은 법률의 상호 모순·저촉시의 특별법 우선 적용의 원칙이 약관에 관하여도 적용됨을 밝히고 있는 것이라고 할 것이다. 상법 제638조의3 제2항은 약관의 규제에 관한 법률 제3조 제3항과의 관계에서는 그 적용을 배제하는 특별규정이라고 할 수가 없으므로 보험약관이 상법 제638조의3 제2항의 적용 대상이라 하더라도 약관의 규제에 관한 법률 제3조 제3항 역시 적용이 된다.166)

통제 방식으로는 편입통제, 해석통제 및 내용통제가 있다.

① 편입통제   편입통제는 약관이 계약내용에 편입되어 당사자에게 구속력을 갖기 위해 어떠한 요건을 충족해야 하는가의 문제이다. 약관의 규제에 관한 법률 제3조에 의해 약관교부 및 설명의무를 보험자에게 부과하고 있고,167) 제4조에서 개별약정우선의 원칙을 정하고 있는데 이 역시 편입통제의 하나이다.

약자 또는 피보험자가 그 의무를 이행하지 아니한 경우에 받는 손실 6. 보험계약의 전부 또는 일부의 해지의 원인과 해지한 경우의 당사자의 권리의무 7. 보험계약자·피보험자 또는 보험금액을 취득할 자가 이익 또는 잉여금의 배당을 받을 권리가 있는 경우에는 그 범위 8. 적용이율 또는 자산운용 실적에 따라 보험금 등이 변동되는 경우 그 이율 및 실적의 계산 및 공시 방법 등 9. 예금자보호 등 보험계약자 권익보호에 관한 사항.

165) 양승규, 66면에서는 보험약관에 대해 약관규제에 관한 법률 적용을 배제해야 한다는 입장이다.

166) 반면에 양승규, 66면에서는 보험제도의 성질을 고려할 때 보통보험약관에 대한 약관의 규제에 관한 법률의 적용을 배제하는 것이 타당하며 실제로도 동법이 적용될 여지는 적다고 설명하고 있다.

167) 상법 보험편 제638조의3에서 따로 보험약관의 교부·설명의무를 보험자에게 부과하고 있고 위반 효과로 보험계약의 취소권을 보험계약자에게 부여하고 있다.

② 해석통제   해석통제는 일단 계약내용으로 편입된 약관의 해석에 관한 통제 문제이다. 제5조에서는 약관의 해석에 있어 신의성실의 원칙과 공정해석의 원칙, 객관적 해석의 원칙 및 작성자불이익의 원칙을 정하고 있는데, 이는 해석통제이다.

③ 내용통제   내용통제는 계약내용에 편입된 약관 내용이라도 일정한 경우에 효력을 잃게 하는 방식으로의 통제를 말한다. 약관규제에 관한 법률 제2장은 불공정약관조항에 대한 내용을 규정하고 있는데 이는 내용통제이다. 제6조에서 신의성실의 원칙에 위반하여 공정성을 잃은 약관 조항, 고객에게 부당하게 불리한 조항, 고객이 계약의 거래형태 등 관련된 모든 사정에 비추어 예상하기 어려운 조항, 계약의 목적으로 달성할 수 없을 정도로 계약에 따르는 본질적 권리를 제한하는 조항은 공정성을 잃은 것으로 추정된다고 규정하고 있다. 이에 대한 구체적인 내용을 제7조 이하에서 규정하고 있다. 약관규제법에서 규정한 불공정 약관조항에 해당하는지 여부를 심사할 때에는 문제되는 조항만을 따로 떼어서 볼 것이 아니라 전체 약관내용을 종합적으로 고찰한 후에 판단하여야 하고, 그 약관이 사용되는 거래 분야의 통상적인 거래관행, 거래대상인 상품이나 용역의 특성 등을 함께 고려하여 판단하여야 한다.168) 불공정약관조항의 삭제·수정 등 시정조치 권고를 할 수 있고, 금융감독원에 신고한 보험약관이 불공정약관조항에 해당된다고 인정하는 경우 금융감독원장에 사실통보 및 필요한 시정조치의 요청을 할 수 있다.169) 상법 보험편 제663조에 의해 약관 내용이 상법 보험편에서 규정하고 있는 것보다 보험계약자 등에게 불리한 경우에 그 효력을 잃게 하는 것도 입법적 통제 중 내용통제에 해당된다고 할 수 있다.

(2) 행정적 통제

보험계약의 공공적 성질과 단체적 성질을 고려하여 행정관청의 인가, 명령, 신고제도 등을 통해서 보험약관의 내용과 효력에 관한 규제를 하고 있다. 행정적 통제의 주체는 금융위원회와 공정거래위원회이며 행정적 통제를 규율하는 법에는 약관규제에 관한 법률과 보험업법 등이 있다.170)

㈎ 공정거래위원회에 의한 행정적 통제

공정거래위원회는 보험약관 내용의 불공정성을 심사하여 그 효력의 유·무효를 결정하게 된다. 구체적 사건, 즉 구체적인 계약관계를 전제로 하지 않고 특정약관 조항 자체의 불공정성을 심사함으로써 약관에 대해 추상적인 통제를 하며 약관의 효력 유무만을 심사한다. 보험계약자 등 약관조항과 관련하여 법률상의 이익이 있는 자, 소비자기본법에 의하여 등록·설립된 소비자단체 또는 한국소비자원, 그리고 사업자단체는 약관조항과 관련하

168) 대판 2020. 9. 3, 2017다245804; 대판 2013. 7. 25, 2012다17547.
169) 보험연수원(편), 보험심사역 공통 1 교재, 2016, 67면.
170) 한기정, 125면.

여 약관의 규제에 관한 법률 위반 여부에 관한 심사를 공정거래위원회에 청구할 수 있다
(약관의 규제에 관한 법률 제19조). 공정거래위원회는 사업자가 동법 제17조[171])를 위반한
경우에는 사업자에게 해당 불공정약관조항의 삭제 · 수정 등 시정에 필요한 조치를 권고할
수 있고, 그 사업자가 약관의 규제에 관한 법률 제17조의2 제2항[172])에서 정한 경우에 해
당하게 되면 사업자에게 해당 불공정약관조항의 삭제 · 수정 등 필요한 조치를 명할 수 있
다. 다른 사업자에게도 동일한 내용의 약관을 거래상 사용하지 말 것을 권고할 수 있다.
또한 공정거래위원회는 행정관청이 작성한 약관이나 다른 법률에 따라 행정관청의 인가를
받은 약관이 제6조부터 제14조까지의 규정에 해당된다고 인정할 때에는 해당 행정관청에
그 사실을 통보하고 이를 시정하기 위하여 필요한 조치를 하도록 요청할 수 있다(약관의
규제에 관한 법률 제18조).[173])

공정거래위원회의 시정조치 등은 행정소송의 대상이 될 수 있다. 만약 법원의 구체적
인 통제와 공정거래위원회에 의한 추상적 통제가 충돌하게 되면 법원의 구체적 통제가 우
선하게 되므로 약관조항에 대한 유 · 무효에 대해서는 법원이 최종적인 판단을 하게 된다.
예를 들어 공정거래위원회가 특정 약관조항이 소비자에게 불리한 것으로 결정하더라도 법
원에서 그 조항의 유효성을 최종적으로 인정할 수 있는 것이다.[174])

(나) 금융위원회에 의한 행정적 통제

보험사업을 하고자 하는 자는 금융위원회로부터 허가를 얻기 위해 기초서류의 하나로
서 보험약관을 작성하여 금융위원회에 제출해야 하며[175]) 이를 변경하는 경우에는 금융위
원회에 신고하도록 하고 있다(보험업법 제5조 제3호 및 동법 제127조 제2항).[176]) 금융위원
회는 보험자에게 보험약관에 관한 자료 제출을 요구할 수 있고(보험업법 제127조 제3항),

---

171) 약관의 규제에 관한 법률 제17조(불공정약관의 사용금지) 사업자는 제6조부터 제14조까지의 규정에 해
당하는 불공정한 약관 조항을 계약의 내용으로 하여서는 아니 된다.
172) 제17조의2(시정 조치) ② 공정거래위원회는 제17조를 위반한 사업자가 다음 각 호의 어느 하나에 해당
하는 경우에는 사업자에게 해당 불공정약관조항의 삭제 · 수정, 시정명령을 받은 사실의 공표, 그 밖에
약관을 시정하기 위하여 필요한 조치를 명할 수 있다. 〈개정 2013. 5. 28, 2020. 12. 29.〉 1. 사업자가 「독
점규제 및 공정거래에 관한 법률」 제2조 제3호의 시장지배적사업자인 경우 2. 사업자가 자기의 거래상의
지위를 부당하게 이용하여 계약을 체결하는 경우 3. 사업자가 일반 공중에게 물품 · 용역을 공급하는 계
약으로서 계약 체결의 긴급성 · 신속성으로 인하여 고객이 계약을 체결할 때에 약관 조항의 내용을 변경
하기 곤란한 경우 4. 사업자의 계약 당사자로서의 지위가 현저하게 우월하거나 고객이 다른 사업자를 선
택할 범위가 제한되어 있어 약관을 계약의 내용으로 하는 것이 사실상 강제되는 경우 5. 계약의 성질상
또는 목적상 계약의 취소 · 해제 또는 해지가 불가능하거나 계약을 취소 · 해제 또는 해지하면 고객에게
현저한 재산상의 손해가 발생하는 경우 6. 사업자가 제1항에 따른 권고를 정당한 사유 없이 따르지 아니
하여 여러 고객에게 피해가 발생하거나 발생할 우려가 현저한 경우.
173) 정찬형, 557면; 정동윤, 472면; 최준선, 77면.
174) 사법연수원, 보험법연구, 16면.
175) 현재 보험업법시행령에서는 제출서류 간소화로 이를 생략하고 있다.
176) 과거에는 인가를 받도록 했으나 인가요건이 2003년 보험업법 개정시 삭제되었고 지금은 신고대상이다.
한기정, 126면.

보험약관 작성 및 변경원칙을 위반한 보험약관에 대해서는 변경을 권고할 수 있다(보험업법 제127조의2). 보험자가 약관을 작성하거나 변경을 하면서 금융감독원이 작성한 표준약관을 기초로 하지 않는 경우에 미리 금융위원회에 신고하도록 하고 있다(보험업감독규정 제7-50조). 금융위원회는 보험회사의 업무 및 자산상황 그 밖의 사정변경으로 인하여 공익 또는 보험계약자의 보호와 보험회사의 건전한 경영을 크게 해할 우려가 있거나 보통보험약관과 같은 기초서류에 법령을 위반하거나 보험계약자에게 불리한 내용이 있다고 인정하는 경우에는 청문을 거쳐 보통보험약관과 같은 기초서류의 변경 또는 사용 정지를 명할 수 있다(보험업법 제131조 제2항).177) 보험소비자와 모집종사자를 대상으로 금융위원회는 보험약관의 이해도를 평가하고 공시할 수 있다(보험업법 제128조의4).

(3) 사법적 통제

법원은 보통보험약관의 효력이나 내용을 구체적인 사건에서 판결을 통해 해석하게 되는데 이는 법원이 재판을 통해서 약관을 통제하는 것이다. 약관의 내용이 불공정하거나 신의칙 또는 선량한 사회질서에 위반되거나 강행법규 등에 위반한 경우에 재판을 통해서 이를 무효로 하는 내용통제를 함으로써 보통보험약관에 대해 통제를 하고 있다.178) 독일과 달리 우리 법원은 구체적 사건을 통한 구체적 내용통제만 할 수 있을 뿐 법원이 약관의 추상적 내용통제를 하는 것을 인정하지 않고 있다.179)

[대법원 1998. 3. 27. 선고 97다48753 판결]

〈주요 판시내용〉

상법 제732조의2는 "사망을 보험사고로 한 보험계약에는 사고가 보험계약자 또는 피보험자나 보험수익자의 중대한 과실로 인하여 생긴 경우에도 보험자는 보험금액을 지급할 책임을 면치 못한다"고 규정하고 있고, 위 규정은 상법 제739조에 의하여 상해보험계약에도 준용되며, 한편 상법 제663조는 당사자간의 특약으로 보험계약자 또는 피보험자나 보험수익자에게 불이익하게 위 각 규정을 변경하지 못하도록 규정하고 있다. 음주운전이 고의적인 범죄행위이기는 하나 그 고의는 특별한 사정이 없는 한 음주운전 자체에 관한 것이고 직접적으로 사망이나 상해에 관한 것이 아니어서 그 정도가 결코 그로 인한 손해보상을 가지고 보험계약에 있어서의 당사자의 신의성 · 윤리성에 반한다고는 할 수 없을 것이어서, 이 사건 보험계약 약관 중 '피보험자가 음주운전을 하던 중 그 운전자가 상해를 입은 때에 생긴 손해는 보상하지 아니한다'고 규정한 이 사건 음주운전 면책약관이 보험사고가 전체적으로 보아 고의로 평가되는 행위로 인한 경우뿐만 아니라 과실

---

177) 정찬형, 556면; 정동윤, 472면; 양승규, 66면.
178) 정찬형, 556면; 양승규, 67면; 김은경, 71면; 정동윤, 471-472면.
179) 한기정, 189면.

(중과실 포함)로 평가되는 행위로 인한 경우까지 보상하지 아니한다는 취지라면 과실로 평가되는 행위로 인한 사고에 관한 한 무효이다.

법원에 의한 통제는 민사소송(보험자와 보험계약자의 다툼) 또는 행정소송(공정거래위원회의 시정조치)을 통한 개별적이고 구체적인 통제로서 최종적이며 사후적인 통제라 할 수 있다.180) 약관의 효력 유무뿐만 아니라 당사자의 권리의 존부 및 범위 등까지도 심사한다. 법원이 약관규제법에 근거하여 사업자가 미리 마련한 약관에 대하여 행하는 구체적 내용통제는 개별 계약관계에서 당사자의 권리 · 의무를 확정하기 위한 선결문제로서 약관조항의 효력 유무를 심사하는 것이므로, 법원은 약관의 내용이 고객에게 부당하게 불이익을 주는 불공정한 것인지를 살펴보는 불공정성 통제의 과정에서 개별사안에 따른 당사자들의 구체적인 사정을 고려해야 한다.181)

[대법원 2008. 12. 16. 선고 2007마1328 판결]

〈주요 판시내용〉

법원이 약관의 규제에 관한 법률에 근거하여 사업자가 미리 마련한 약관에 대하여 행하는 구체적 내용통제는 개별 계약관계에서 당사자의 권리 · 의무를 확정하기 위한 선결문제로서 약관조항의 효력 유무를 심사하는 것이므로, 법원은 약관에 대한 단계적 통제과정, 즉 약관이 사업자와 고객 사이에 체결한 계약에 편입되었는지의 여부를 심사하는 편입통제와 편입된 약관의 객관적 의미를 확정하는 해석통제 및 이러한 약관의 내용이 고객에게 부당하게 불이익을 주는 불공정한 것인지를 살펴보는 불공정성통제의 과정에서, 개별사안에 따른 당사자들의 구체적인 사정을 고려해야 한다.

---

180) 장덕조, 68면.
181) 대판 2020. 9. 3, 2017다245804; 대판 2013. 7. 25, 2012다17547; 대결 2008. 12. 16, 2007마1328.

보험계약의 요소

보험계약에는 여러 요소가 있는데 보험계약의 종류에 따라 차이가 있다. 공통적인 요소와 특유한 요소가 있는데 여기에서는 보험계약에 공통적으로 요구되는 요소에 대해 설명한다.

I. 보험자 및 그 보조자

1. 보 험 자

(1) 보험자의 개념

㈎ 금융위원회 허가

보험자(insurer)는 보험사업의 주체이며 보험을 인수하는 자로서 보험계약자와 함께 보험계약의 당사자이다. 보험업법에서는 보험자를 보험회사로 표기한다(보험업법 제2조 6호). 보험의 인수는 기본적 상행위이며, 따라서 보험의 인수를 영업으로 하는 보험자는 상법상의 (당연)상인이다(상법 제4조, 제46조 제17호). 보험자는 보험계약자로부터 보험료를 받는 대가로 보험계약에서 정한 보험사고가 발생하고 기타의 요건을 갖춘 경우에 보험금을 지급해야 할 의무를 부담하는 자이다. 보험자가 되기 위해서는 보험업법이 정한 바에 의해 50억원 이상(보험업법 제4조 제1항의 규정에 의한 보험종목의 일부만을 영위하고자 할때) 내지 300억원 이상의 자본금 또는 기금을 가진 주식회사 또는 상호회사여야 하며 금융위원회의 허가를 얻어야 한다. 외국보험회사의 경우에는 30억원 이상의 영업기금을 가지고 금융위원회의 허가를 얻어 국내지점을 설치하면 보험업을 영위할 수 있다(보험업법 제4조, 제9조, 동법시행령 제12조 및 제14조). 개인이나 합명회사, 합자회사 또는 유한회사는 보험자가 될 수 없다. 허가를 받지 않고 보험업을 영위하는 경우에는 보험업법이 정한 5

년 이하의 징역 또는 5,000만원 이하의 벌금에 처하게 된다(보험업법 제200조 제1호). 허가를 받지 않은 보험자와 보험계약을 체결한 자도 1,000만원 이하의 과태료 제재를 받는다(보험업법 제3조, 제209조 제7항 제1호). 허가를 받지 않은 채 보험업을 하는 것은 「유사수신행위의 규제에 관한 법률」에서 정한 '유사수신행위'에 해당되며 형사처벌을 받게 된다.[1] 그런데 다수설은 금융위원회로부터의 허가를 받지 아니한 자와 보험계약을 체결한 경우 보험업법상의 제재를 받는 것은 공법상의 문제일 뿐, 사법상으로는 보험계약의 효력을 부인할 수는 없다고 한다.[2] 왜냐하면 이러한 계약을 체결한 당사자간의 사적자치의 문제와 보험사업의 감독 및 규제의 문제는 차원이 다르기 때문이다. 그러나 다수설과 달리 보험업법 제1조를 감안할 때 이러한 경우 보험계약의 효력을 부인해야 한다는 견해도 있다.[3] 생각건대 보험사업의 감독 및 규제의 문제와 사적자치의 문제는 분명 다르기 때문에 사법상의 보험계약 효력을 부인할 수 없다는 주장에 일리가 있지만, 보험계약의 효력을 인정한다고 해도 보험사고 발생시 보험금이 지급되지 못하면서 결국 소송이 제기될 수밖에 없는 상황도 발생할 수 있으므로, 그렇다면 처음부터 아예 사법상의 보험계약 효력을 부인하는 것이 타당하다고 여겨진다.

보험업법상 보험자의 자격을 가질 수 있는 상호회사는 영리를 목적으로 하지 않기 때문에 영리를 목적으로 하는 상법상의 보험자로 볼 수는 없다. 그러나 그 성질이 상반되지 않는 한 영리보험에 관한 규정이 상호보험에도 준용된다(제664조). 모집종사자로서의 보험자를 말할 때 보험회사의 임원 또는 직원을 말한다. 단 대표이사, 사외이사, 감사 및 감사위원은 제외된다(보험업법 제83조).

> **[대법원 1977. 12. 13. 선고 77다228 판결]**
>
> 〈주요 판시내용〉
> 손해보험공동사무소는 그에 가입한 손해보험회사들이 손해보험을 공동인수하기로 한 협정에 따라서 손해보험회사들의 보험업무를 대행하여 계약을 체결하였다 하더라도 손해보험 공동사무소가 계약당사자가 된 것이라고는 할 수 없다.

(나) 보험계약의 이전과 책임준비금

보험자가 주식회사 형태로서 영리목적으로 보험사업을 운영하더라도 보험계약이 갖는 공공성과 사회성 등으로 인해 계약자유의 원칙이 제한되는 부분이 존재한다. 재무건전성 유지나 책임준비금제도 등 보험사업에 대하여 엄격한 감독이 이루어지고 있다. 보험자가

---

1) 유사수신행위의 규제에 관한 법률 제2조 제4호, 제3조 및 제6조-제8조.
2) 최기원, 76면; 이기수/최병규/김인현, 72면; 임용수, 51면; 김은경, 102면.
3) 김성태, 116면.

가입자에게 보험금을 제 때에 지급할 수 있는 지를 나타낸 것을 보험자의 지급여력비율이라 하는데. 이는 보험자의 경영상태를 판단할 수 있는 지표이다. 보험자가 지급여력비율에 대한 감독당국의 권고 수치를 충족하지 못하면, 금융위원회에 의해 부실금융기관으로 지정되며 매각절차 또는 청산절차를 거치게 되는 경우가 있다. 이 경우 보험업법 제140조 및 제143조 등에 의해 책임준비금 산출의 기초가 같은 보험계약의 전부를 포괄하여 다른 우량 보험자에 이전함으로써 청산 보험자가 보유하는 보험계약들은 보호를 받게 된다. 보험계약의 이전이 가능한 이유는 책임준비금 제도와 관련 있다. 보험업법 제120조와 동법 시행령 제63조에 의하면 보험자는 결산기마다 장래에 지급할 보험금, 환급금 및 계약자배당금의 지급에 충당하기 위해 책임준비금을 적립하여야 하며 신설된 보험업법 제120조의2에 의해 책임준비금의 적정성 검증을 받아야 한다. 책임준비금을 구성하는 요소는 보험료적립금, 미경과보험료, 지급준비금, 계약자배당준비금, 이익배당준비금, 배당손실보전준비금이다. 부실금융기관으로 지정된 보험자라고 해도 이미 적립해놓은 책임준비금이 있기 때문에 보험계약이 다른 보험자에게 이전되면 계약을 인수한 보험자는 부실 보험자로부터 계약과 함께 책임준비금을 받으며 추후 해당 계약자에게 보험금 등을 지급할 때에 이 책임준비금을 활용하게 된다. 보험계약이 이전되는 경우에 보험자는 이전할 보험계약에 관하여 이전계약의 내용으로 ① 계산 기초의 변경, ② 보험금액의 삭감과 장래 보험료의 감액, ③ 계약조항의 변경을 정할 수 있다.

(2) 수인의 보험자

㈎ 공동보험

고가(高價)의 보험의 목적 등에 대해 수인의 보험자가 하나의 보험계약에서 공동으로 그 위험을 인수하는 경우가 있는데 이를 공동보험이라 한다. 공동보험은 다시 수인의 보험자가 외관상 나타나며 공동으로 보험을 인수하는 '공연한 공동보험'과 그러하지 않은 '숨은 공동보험'이 있다. '공연한 공동보험'의 경우 수인의 보험자가 각각의 인수비율을 정하는 것이 일반적인 관행이기는 하지만, 이러한 별도의 특약이 없으면 공동보험의 각 보험자는 연대하여 보험금 지급 책임을 부담한다. 각 보험자는 당연상인이기 때문이다(상법 제57조 제1항).4) 반면에 '숨은 공동보험'의 경우에는 숨어 있는 보험자들이 내부적으로 인수비율을 정하고 있다고 해도 보험계약자는 외부적으로 하나의 보험자와 보험계약을 체결하게 되므로 형식적으로 단일한 보험이며 그 보험자만이 책임을 지게 된다.5)

---

4) 정찬형, 570면; 임용수, 51면; 최준선, 88면; 정동윤, 486면; 공동보험은 중복보험과 구별되는데 중복보험은 수인의 보험자가 상호간에 연결됨이 없이 동일한 피보험이익과 동일한 보험사고에 대해 별개로 수개의 보험계약을 체결하는 것으로서 특별한 규제가 적용된다(제672조).

5) 양승규, 92면.

(나) 병존보험과 중복보험

공동보험은 수인의 보험자 사이에 내부적이든 또는 외부적으로든 상호 연결이 되어 있다. 그러나 보험계약자가 수인의 보험자와 보험계약을 체결하는 경우에 보험자 상호간에 전혀 연결되지 않는 경우를 병존보험 또는 중복보험이라 한다. 병존보험이란 보험가액 범위 안에서 보험계약자가 수인의 보험자와 개별적으로 보험계약을 체결하는 것으로서 각 보험자는 자기가 인수한 부분에 대해서만 책임을 진다. 중복보험은 다시 광의의 중복보험과 협의의 중복보험으로 구별된다. 광의의 중복보험이란 동일한 보험계약의 목적에 대해 동일한 보험사고 및 동일한 피보험이익을 내용으로 하고 보험기간을 공통으로 하는 수개의 보험계약이 수인의 보험자와 동시에 또는 순차로 중복적으로 체결된 것을 말한다. 여기에는 각 계약의 보험금액의 합계가 보험가액을 초과하지 않는 것도 있고 초과하는 것도 있다. 초과하지 않는 경우에는 그 본질이 일부보험의 병존과 같으며 이 경우 각 보험자는 일부 보험자로서의 책임을 부담하면 된다.6) 반면에 협의의 중복보험은 광의의 중복보험 중에서 각 계약의 보험금액의 총액이 보험가액을 초과하는 경우를 말하는 것으로, 제672조에서 규정하고 있는 중복보험(double insurance)은 협의의 중복보험(초과중복보험)을 말한다.7)

2. 보험대리상8)

실무상 보험계약자가 보험자를 직접 만나서 직접 계약을 체결하는 경우는 드물다. 보험계약은 모집이라는 절차가 개입되어 이를 통해 체결되는 경우가 대부분이다. 모집종사자의 종류와 자격 요건은 보험업법에서 규제하고 있다. 모집종사자로는 보험대리상, 중개대리상, 보험설계사가 있고 보험회사의 임원9)과 직원도 여기에 포함된다.

상법 보험편에 보험대리상(insurance agent)의 정의규정은 없고 권한에 관한 내용만을 규정하고 있다. 보험업법에서는 보험대리점이라는 용어를 사용하고 있다. 보험대리상의 정의는 상법 상행위편의 대리상 개념(상법 제87조)10)을 유추하여 설명할 수 있다. 보험대리상이란 특정 보험자를 위하여 상시 그 영업부류에 속하는 보험계약의 체결을 대리하거나 중개하는 것을 영업으로 하는 자이다. 보험대리상이라고 할 때에는 기본적으로 체약대리

---

6) 김성태, 397면; 임용수, 257면; 최준선, 197면; 정동윤, 576면.
7) 정찬형, 672-673면.
8) 보험업법에서는 보험대리점이라는 용어를 사용하고, 상법 보험편에서는 보험대리상이라는 용어를 사용한다.
9) 다만 대표이사, 사외이사, 감사 및 감사위원은 모집종사자에서 제외된다.
10) 상법 제87조(의의) "일정한 상인을 위하여 상업사용인이 아니면서 상시 그 영업부류에 속하는 거래의 대리 또는 중개를 영업으로 하는 자를 대리상이라 한다."

상과 중개대리상을 모두 포함하는 개념이다. 보험대리상이 상법상의 대리상인가 아닌가는 구체적으로 보험자와의 계약 내용 즉 구체적인 실질에 따라 결정될 것이지만, 보험대리상은 보통 상법상의 대리상으로 보아야 할 것이다. 보험대리상은 보험자에게 고용되어 보조하는 것이 아니라 독립한 상인으로서 자신의 영업을 하는 자이므로 보험자의 상업사용인이 아니다. 독립된 상인인가는 독립적으로 운영되는 사무소의 유무, 수령하는 보수가 정액인지 아니면 부정액 수수료인지, 대리상의 영업업무에 보험자가 지휘를 하는지 아니면 특정사무의 위탁인지 등을 기준으로 판단할 문제이다.[11] 또한 보험대리상은 일정한 보험자를 위해서 계속적으로 보조하는 자이므로 불특정 다수의 보험자를 위해 보조하는 보험중개사(보험중개인)와도 구별된다.[12] 보험자가 특정되면 하나의 보험자이든 복수의 보험자이든 무방하다.

[대법원 2013. 2. 14. 선고 2011다28342 판결]

〈주요 판시내용〉

상법 제87조는 일정한 상인을 위하여 상업사용인이 아니면서 상시 그 영업부류에 속하는 거래의 대리 또는 중개를 영업으로 하는 자를 대리상으로 규정하고 있는데, 어떤 자가 제조자나 공급자와 사이에 대리점계약이라고 하는 명칭의 계약을 체결하였다고 하여 곧바로 상법 제87조의 대리상으로 되는 것은 아니고, 그 계약 내용을 실질적으로 살펴 대리상에 해당하는지 여부를 판단하여야 한다. 원고와 피고는 이 사건 메가 대리점계약을 체결하면서, 피고가 원고에게 제품을 공급하면 원고는 피고에게 해당 제품의 대금을 지급하고 제품 공급 이후 제품과 관련된 일체의 위험과 비용을 부담하여 자신의 거래처에 제품을 재판매하기로 약정한 후, 실제 피고가 기준가격에서 일정한 할인율을 적용하여 제품을 원고에게 매도하면, 원고가 자신의 판단 아래 거래처에 대한 판매가격을 정하여 자신의 명의와 계산으로 제품을 판매하였다는 것이므로, 원고가 피고의 상법상의 대리상에 해당하는 것으로 볼 수 없다.

---

(1) 체약대리상의 권한

보험업법 제2조 제10호에서 보험대리점이란 특정 보험자를 위하여 상시 그 영업부류에 속하는 보험계약의 체결을 대리하는 것을 영업으로 하는 독립된 상인(자연인, 법인, 법인이 아닌 사단 및 재단 포함)이라 정의하고 있는데, 체약대리상에 대하여만 규정하고 있고 중개대리상은 보험업법상의 보험대리상 범위에 포함되지 않고 있다.[13] 실무에서 영업을

---

11) 이철송, 「상법총칙·상행위」2016, 박영사, 461면; 한기정, 78면.
12) 정찬형, 573면; 정희철, 372-373면.
13) 보험업법 제2조 제10호는 보험대리점에 대해 보험회사를 위하여 보험계약의 체결을 대리하는 자(법인이 아닌 사단 및 재단 포함)로 정의하고 있어 보험업법상으로는 중개대리점은 보험대리점 범위에 포함

하는 보험대리점의 모습이나 권한은 이와 다르므로 보험업법상의 정의규정은 실무와 괴리가 있다. 보험업법 제87조에 따라 보험대리상이 되기 위해서는 금융위원회에 등록하여야 한다. 방카슈랑스 제도의 시행 이후에는 금융기관 보험대리점을 허용하고 있어 금융기관 점포에서 보험상품을 판매하고 있다.

　　체약대리상은 보험자의 대리인자격을 가지며 보험자 명의로 보험계약 체결권을 가지게 된다. 이와 관련하여 이론적으로 체약대리상은 고지수령권, 통지수령권, 보험료영수권, 보험료의 감액, 면제 및 지급유예권, 보험계약의 변경권, 연기권 및 해지권 등을 행사할 수 있다. 체약대리상에 의해 보험계약이 체결된 경우에 그 체약대리상(대리인)이 알고 있는 사유는 본인(보험자)이 안 것과 동일한 것으로 간주하고 있고(제646조), 의사표시의 사기 또는 강박에 있어 사실 유무는 체약대리상을 기준으로 하여 판단하게 된다.14) 특히 체약대리상이 보험계약자에 대해 보험료 대납약정을 승낙하였다면, 승낙한 시점에 보험료가 실제로 보험자에게 납입된 것과 같은 효과를 가진다.15) 다만 보험자의 소송상 대리, 보험계약자나 피보험자의 청구의 승인, 손해액 결정 등의 권한은 체약대리상에게 인정되지 않는다는 견해가 있다.16)

[대법원 2000. 7. 4. 선고 98다62909, 62916 판결]

〈주요 판시사항〉

　보험계약자 또는 피보험자의 통지가 없었다고 하더라도 보험대리인이 피보험 건물의 증·개축공사가 본격적으로 시행된 후 공사현장에 있는 보험계약자 또는 피보험자를 방문하면서 피보험 건물의 증·개축공사와 이로 인한 보험사고 발생의 위험이 현저하게 증가된 사실을 알았거나 중대한 과실로 알지 못하였다고 볼 수 있다면 화재보험보통약관상의 해지권 소멸 규정에 의하여 보험자는 보험계약을 해지할 수 없다.

[대법원 1991. 12. 10. 선고 90다10315 판결]

〈사실관계〉

　피고회사는 피고회사의 대리점을 경영하는 소외인에게 피고회사를 대리하여 보험계약을 체결하고 보험료를 수령할 권한을 수여하였고, 이에 소외인은 피고회사로부터 교부받아 보관하고 있던 피고회사 대표이사의 기명날인만이 되어 있는 보험료영수증에 해당사실을 기입하여 보험가입자에게 교부하여 왔다. 그런데 소외인과 평소 거래관계에 있던 원고가 전화로 보험계약을 청약하면서

　　되지 않는다.
14) 대판 2000. 7. 4, 98다62909.
15) 대판 1995. 5. 26, 94다60615; 대판 1991. 12. 10, 90다10315. 양승규, 94면; 정찬형, 573면.
16) 김성태, 108면.

보험료 대납을 부탁하자 소외인은 이를 받아들여 보험료 영수증을 작성하여 원고에게 교부하였다. 소외인이 보험료 대납을 약정하면서 보험기간 개시시점(대납 약정일 24시)으로 기재한 때로부터 약 1시간 후 보험사고가 발생하였는데 실제의 보험료는 다음날 오전 11시 경에 소외인에 의해 지급되었다. 원고가 보험금을 청구하자 피고회사는 보험기간이 개시되기 전에 사고가 발생하였음을 이유로 지급을 거절하였다.

〈주요 판시내용〉

비록 원고가 피고회사의 대리점에게 현실적으로 보험료를 지급한 일시는 대납약정일 다음날 11:00경이기는 하나 보험료의 영수권자인 피고회사 대리점 경영자인 소외인이 그 전날 14:00경 원고와 사이에 보험료를 대납하기로 약정한 이상 그때에 피고회사가 보험료를 영수한 것으로 보아야 할 것이다. 보험회사를 대리하여 보험료를 수령할 권한이 부여되어 있는 보험대리점이 보험계약자에 대하여 보험료의 대납약정을 하였다면 그것으로 곧바로 보험계약자가 보험회사에 대하여 보험료를 지급한 것과 동일한 법적 효과가 발생하는 것이고, 실제로 보험대리점이 보험회사에 대납을 하여야만 그 효과가 발생하는 것은 아니다(대판 1995. 5. 26, 94다60615).

[대법원 1987. 12. 8. 선고 87다카1793, 1794 판결]

〈사실관계〉

원고는 보험계약을 체결하면서 보험료를 3회에 걸쳐 납부하기로 하였고, 1회분 보험료를 납부하면서 2, 3회에 해당하는 보험료를 약속어음으로 피고회사의 대리인에게 교부하였다. 그런데 피고회사의 대리인이 약속어음을 횡령한 후 도주하였고, 이에 피고회사는 보험료를 지급받지 못하였다며 2, 3회분 보험료의 해당기간에 대한 보험계약은 실효된다는 서면통고를 하였다. 그러자 원고는 부득이 다른 보험사와 보험계약을 체결하였고, 이후 횡령된 약속어음이 원고에게 지급제시되자, 원고는 이를 지급한 후 피고회사에 2, 3회 보험료의 반환을 청구하였다.

〈주요 판시내용〉

보험회사의 대리인(사실관계에서 보험료수령권을 가지는 체약대리점임이 밝혀짐)이 보험계약자와 사이에 보험계약을 체결하고 그 보험료수령권에 기하여 보험계약자로부터 1회분 보험료를 받으면서 2, 3회분 보험료에 해당하는 약속어음 4매를 함께 교부받았다면 위 대리인이 그 약속어음을 횡령했다고 하더라도 그 변제수령의 효과는 보험자에 미친다 할 것이고 위 어음이 지급결제됨으로써 보험료납부의 효과가 생긴다.

(2) 중개대리상의 권한

특정 보험자를 위하여 상시 그 영업부류에 속하는 보험계약의 체결을 중개하는 것을 영업으로 하는 독립된 상인을 중개대리상이라 한다. 중개행위를 하는 점에서 보험중개사와 같지만 중개대리상은 특정 보험자를 중개하는 반면, 보험중개사는 불특정, 다수를 대상으로 한다. 후술하는 보험설계사도 일정한 보험자를 위해 중개에 관한 권한을 가지지만, 보험설계사는 보험자의 사용인의 지위에 불과하지만, 중개대리상은 보험자와는 독립된 상인이라는 점에서 차이가 난다.

보험업법 제2조 제10호는 보험대리상에 관해 정하면서 중개대리상에 대해서는 규정하고 있지 않은데 이는 입법적 미비이며 특별히 배제할 이유는 없다고 할 것이다.[17) 중개대리상은 보험계약 체결에 대한 대리권이 없고 고지수령권, 통지수령권, 보험료영수권, 해지권이나 변경권도 없다. 다만 보험자가 발행한 보험료 영수증을 보험자의 승인 하에 보험계약자 측에게 교부하는 경우에는 중개대리상에게도 보험료수령에 대한 권한을 인정할 수 있을 것이다. 이는 보험설계사의 경우도 마찬가지이다. 중개대리상이 어떤 중요한 사항을 알았거나 모른 것을 가지고 보험자가 그 사실을 알았거나 모른 것으로 동일시하지 못한다. 이 경우 외관법리나 표현대리에 관한 규정의 적용 여부는 요건 충족 등 구체적인 사안에 따라 판단되어야 할 것이다.[18) 견해에 따라 중개대리상에 대해서는 보험자를 위해 일정한 권한이 부여되어야 한다는 주장이 있다. 그 근거로 상법상 물건판매의 중개대리상에게 매매의 목적물의 하자 또는 수량부족 기타 매매의 이행에 관한 통지를 받을 권한이 부여되고 있는 점을 들고 있다(상법 제90조).[19)

(3) 보험대리상에 관한 신설조항

대부분의 보험계약이 보험대리점이나 보험설계사를 통하여 체결되고 있음에도 불구하고 그 동안 보험법은 보험대리상 또는 보험설계사의 권한에 대한 규정을 두고 있지 않았다. 보험계약자가 상대하는 자가 체약대리상인지 중개대리상인지 보험계약자로서는 알 수가 없다. 이로 인해 보험계약자가 이들에게 보험료를 교부하거나 중요한 사실에 대한 고지 또는 통지 등을 한 경우에 그 법적 효력과 관련하여 보험자와 다툼이 발생할 경우에 전적으로 해석에 맡겨왔다.[20)

2015년 개정 보험법은 보험대리상 등의 권한에 대해 조문을 신설하였는데 체약대리상과 중개대리상을 구분하지 않고 있다(제646조의2 제1항 및 제2항). 체약대리상을 기본으로 하고 그 권한의 일부를 제한할 수 있다고 정함으로써 중개대리상에 관한 내용을 간접적으로 규정하는 입법 형식을 취하고 있다. 체약대리상에 대해서는 보험료 영수권 및 보

---

17) 양승규, 94면. 그런데 이러한 보험업법 규정을 그대로 받아들인다면 우리 법제상 중개대리상은 영위할 수 없게 되어 있다. 사법연수원, 보험법연구, 2007, 23면. 그러나 2014년 상법 보험편의 개정을 통해 체약대리상을 원칙으로 하면서 다만 보험자가 그 권한의 일부를 제한할 수 있도록 하여 중개대리상에 관한 법적 근거가 마련되었다.
18) 사법연수원, 보험법연구, 23면.
19) 양승규, 95면. 보험중개대리상에게 통지수령권 이외에 보험자가 발행한 보험료영수증을 가지고 있을 때에는 고지수령권도 입법적으로 인정해야 한다고 설명하고 있다(同旨: 정희철, 373면).
20) 최기원, 85면.

험증권 교부권한과 청약, 고지, 통지, 해지, 취소 등 보험계약에 관한 의사표시를 수령할 수 있는 권한 등을 인정하고 있다. 또한 보험계약자에게 보험계약의 체결, 변경, 해지 등 보험계약에 관한 의사표시를 할 수 있는 권한도 인정하고 있다. 만약 보험자가 보험대리점의 이러한 권한 중 일부를 내부적으로 제한한 경우에(중개대리상), 보험계약자가 이러한 권한 제한을 알지 못한 채 보험대리점과 보험계약을 체결하였다면 보험자는 선의의 보험계약자를 상대로 보험대리점에 해당 권한이 없다는 이유로 보험계약을 해지하거나 보험금 지급을 거절하지 못하도록 하였다. 여기에서 선의란 보험대리상의 권한 제한이 있다는 사실을 알지 못하는 것을 말한다. 보험계약자의 선의 또는 악의 여부에 대해서는 보험자가 입증해야 할 것이다. 사안에 따라 보험자에게 명의대여자 책임이나 표현책임 등을 물을 수 있다.[21] 신설 조항으로 인해 예를 들어 보험계약자가 자신과 거래하는 보험대리상이 체약대리상으로 오인하고 중요한 사실을 고지하거나 통지했는데 사실은 중개대리상이었고 그가 보험자에게 그 중요한 사실을 전달하지 않았다면 보험계약자는 고지 및 통지의무를 이행하지 않은 것이 되어 보험계약자가 불측의 손해를 보았던 문제를 해결하게 되었다. 보험대리상에 관한 제646조의2는 대리상에 관한 상법 제87조에 우선하여 적용된다.[22]

(4) 실무상 대리상 권한

보험대리점이 체약대리상인지 중개대리상인지 여부는 보험자와 보험대리상간에 체결하는 대리상계약의 내용에 따라 결정된다. 보험계약자는 상대방이 체약대리상인지 중개대리상인지를 구별할 수도 없고 일반적으로 구별하지도 않고 있다.[23] 보험대리상이 체약대리상인지 중개대리상인지 명확하지 않은 경우에 상법 보험편 및 보험업법 조문을 감안할 때 보험대리상은 일단 체약대리상으로 추정해야 한다는 견해가 있다.[24] 현재 업계 실무에서는 계약의 인수결정(청약에 대한 승낙)이나 계약을 변경하는 경우 대리상이 하지 않고 보험회사가 직접 담당하는 경우가 많다. 현재 보험업계에서는 손해보험과 생명보험 구별 없이 계약체결 대리권 전부를 보험대리상에게 위임하는 대리상 계약을 체결하는 경우는 찾아보기 힘들다. 그럼에도 불구하고 보험업법 제2조 제10호에서 규정하고 있는 체약대리상에 관한 내용을 보면, 대리권 행사에 아무런 제한이 없는 것으로도 해석될 수 있다. 순수한 의미에서의 체약대리상은 현실로 존재하지는 않는다. 그렇다고 이를 중개대리상으로

---

21) 同旨: 장덕조, 100면, 103면.
22) 한기정, 78면.
23) 이로 인해 보험계약자의 이익을 해하는 일이 많으며, 견해에 따라서는 보험계약자의 이익을 보호하기 위해 중개대리상에 대해 체약대리상에 관한 규정을 유추적용하든가 또는 중개대리상에 관한 권한을 입법적으로 부여해야 한다고 주장한다. 정희철, 373면; 정찬형, 574면; 양승규, 95면; 이기수/최병규/김인현, 76면.
24) 한기정, "보험대리점 및 보험중개인의 법적 지위", 한림법학 Forum7, 1998, 168-169면.

보기도 어렵다.25) 보험실무에서 인정되고 있는 보험대리상 권한과 관련 법조문에서 규정되어진 권한 간에 간격이 있음이 사실이다.

3. 보험중개사(보험중개인)

(1) 개 념

중개대리상과 같이 보험계약의 체결을 중개하기는 하지만, 중개대리상이 특정한 보험자를 위해 중개하는 것과 달리 불특정 다수의 보험자와 보험계약자 사이의 보험계약의 체결을 중개하는 것을 영업으로 하는 독립된 상인을 보험중개사 또는 보험중개인(insurance broker)이라 한다. 보험중개사는 상법 상행위편의 중개인에 해당된다. 우리나라에서는 1997년 4월에 보험중개인 제도가 도입되었는데, 상법 보험편에는 보험중개사에 대한 내용이 없다. 보험업법에서는 '보험중개사'라는 용어를 사용하고 있다.26) 보험자의 사용인이나 대리인이 아닌 독립한 상인 자격을 가지는 보험중개사는 일정한 자격을 갖추고 금융위원회에 등록하여야 한다. 보험중개사는 보험회사의 임원 또는 직원이 될 수 없으며 보험계약의 체결을 중개함에 있어서 보험회사·보험설계사·보험대리점·보험계리사 및 손해사정사의 업무를 겸하여 영위하지 못한다.27)

(2) 법적 지위

보험중개사의 법적 지위 즉 누구를 위해 중개를 하는가의 문제가 있다. 보험설계사는 보험자, 보험대리상 또는 보험중개사에 소속되며(보험업법 제2조 9호), 보험대리상은 특정 보험자를 위하여 모집을 하는 자(보험업법 제2조 10호)인 반면에, 보험중개사는 불특정 다수를 대상으로 '독립적'으로 중개라는 사실행위를 한다는 점에서 이러한 문제가 제기되는 것이다.28) 큰 틀에서 볼 때 보험중개사는 보험자를 위한 모집종사자 지위를 갖는다고 해석된다. 그런데 세부적으로 보면 보험중개사는 보험계약자가 필요로 하는 보험상품에 관한 중요 정보를 보험계약자 측에게 제공하는 등 보험계약자를 위해 업무를 수행한다. 보험금을 청구하는 역할도 보험계약자 측을 위해 수행한다. 그런데 보험중개사가 수령하는 수수료는 보험계약자가 아닌 보험자로부터 받는다. 이에 대해 보험자가 지불하는 수수료는 보험계약자가 지급한 보험료가 그 재원이며 수수료를 보험자가 보험중개인에게 지

---

25) 대리점 계약에서 '중개'라는 표현을 사용하지 않고 '대리' 또는 '대행'의 표현을 사용하고 있는 점을 고려할 때 중개대리점으로 보기도 어렵다.
26) 보험업법 제2조 제11호, 제89조, 제89조의2, 제89조의3 및 제90조, 동법시행령 제34-39조.
27) 보험중개인 제도에 대해서는 전우현, "보험중개인의 권한과 보험계약자에 대한 관계", 보험법연구 3, 1999, 145-162면.
28) 한기정, 83면.

급하는 것은 오랜 관행이라고 해석하는 견해가 유력하다.29) 보험중개사 제도의 도입 취지를 고려할 때, 보험중개사는 보험자가 아니라 보험계약자를 위해 중개활동으로 하는 것으로 해석해야 할 것이다.30) 즉 보험중개사는 보험계약자를 위한 일방위탁중개인으로 해석함이 타당하다.

(3) 권   한

보험중개사는 중개라는 사실행위만을 하므로 계약 체결에 대한 대리권이 없고31) 고지수령권이나 통지수령권 및 보험료영수권도 가지지 못한다. 보험계약의 해지권이나 취소권 등도 없다. 독립된 상인인 점에서 보험자의 피용자인 보험설계사와도 구별된다.32) 보험중개사가 보험계약자의 수권을 통해 계약 체결에 관한 대리권 또는 보험금 청구권 행사에 대한 대리권을 가지는 것은 가능하다. 다만 보험중개사가 이러한 대리권을 갖기 위해서는 보험계약자로부터 명시적 또는 묵시적인 대리권 수여의 의사표시가 있어야 할 것이다. 다만 보험금청구와 관련하여 보험자의 면책 등을 갖고 보험자와 보험금청구권자 사이에 법적 분쟁이 생기는 경우에는 보험금청구가 법률사건이 될 수 있고, 이 경우 보험중개사가 대가를 받거나 대가를 약속받고 대리행위를 했다면 변호사법 제109조에서 정한 금지행위에 해당될 수 있다.33) 보험중개사가 보험계약자로부터 수권을 받고 그 대리권을 남용함으로써 보험계약자에게 손해를 야기했다면 보험중개사는 보험중개사 등록시 예탁한 영업보증금 또는 손해배상을 담보하기 위해 가입한 보험을 통해 보험계약자에게 손해배상을 해야 한다. 한편 보험중개사가 보험자로부터의 수권이 있는 경우에도 계약체결에 대한 대리권을 가질 수 있는데, 이 경우 위임받은 권한을 보험계약자에게 설명하도록 하고 있다.34)

---

29) Clarke, 「The Law of Insurance Contracts」, 1994, 226면; 한기정, 82면.
30) 양승규, 96면; 김은경, 115면. 반면에 최기원, 87면에서는 보험중개사는 보험계약자와 보험자 쌍방을 위한 중개인으로 보아야 한다고 하면서 그 근거로 보험중개사의 보수는 상법 제100조 제2항에 따라서 보험계약자와 보험자 쌍방이 균분으로 부담하는 것이 원칙이기 때문이라고 해석한다.
31) 양승규, 183면에서는 보험중개인제도가 발달되어 있는 외국의 경우 보험중개인을 일반적으로 보험계약자나 피보험자의 대리인으로 파악하기도 한다고 하면서 우리나라에서도 보험중개인제도가 활성화되면 보험계약 체결과정에서 보험중개인을 보험계약자의 대리인으로 인정할 수 있다고 설명하고 있다. 또한 보험중개인에게 계약 체결 대리권을 인정한다고 해도 보험계약자는 언제든지 그 보험계약을 해지할 수 있고 보험료 지급을 하지 않을 수도 있기 때문에 보험계약자를 특별히 불리하게 하는 것은 아니라고 설명한다.
32) 양승규, 96면; 정찬형, 575면; 최준선, 91면; 임용수, 55면.
33) 보험업법 제109조(벌칙) 다음 각 호의 어느 하나에 해당하는 자는 7년 이하의 징역 또는 5천만원 이하의 벌금에 처한다. 이 경우 벌금과 징역은 병과(倂科)할 수 있다. 1. 변호사가 아니면서 금품·향응 또는 그 밖의 이익을 받거나 받을 것을 약속하고 또는 제3자에게 이를 공여하게 하거나 공여하게 할 것을 약속하고 다음 각 목의 사건에 관하여 감정·대리·중재·화해·청탁·법률상담 또는 법률 관계 문서 작성, 그 밖의 법률사무를 취급하거나 이러한 행위를 알선한 자 가. 소송 사건, 비송 사건, 가사 조정 또는 심판 사건 나. 행정심판 또는 심사의 청구나 이의신청, 그 밖에 행정기관에 대한 불복신청 사건 다. 수사기관에서 취급 중인 수사 사건 라. 법령에 따라 설치된 조사기관에서 취급 중인 조사 사건 마. 그 밖에 일반의 법률사건; 한기정, 85면.
34) 보험업법 제89조 제3항, 동법 제92조 제1항 및 동법시행령 제41조 제3항 4호; 한기정, 85면.

(4) 의   무

보험중개사는 중개행위시 신의칙상 요구되는 주의의무를 부담한다. 또한 보험계약의
체결을 중개함에 있어서 그 중개와 관련된 내용을 대통령령이 정하는 바에 따라 장부에
기재하고 보험계약자에게 알려야 하며 그 수수료에 관한 사항을 비치하여 보험계약자가
열람할 수 있도록 하여야 한다(보험업법 제92조 제1항). 보험계약자가 요청하면 보험중개사
는 중개와 관련하여 보험자로부터 받은 수수료, 보수 및 그 밖의 대가를 알려야 한다(보험
업법시행령 제41조 제4항). 보험중개사는 보험자로부터 수수료를 받는 것이 일반적이지만,
보험중개사가 보험계약자와 보수계약을 체결하고 보험계약자로부터 받을 수도 있다. 이
때 해당 계약서를 보관할 것이 요구된다(보험업법시행령 제41조 제2항 4호).35)

4. 보험설계사(보험모집인)36)

(1) 보험설계사의 의의와 지위

보험설계사 또는 보험모집인(insurance salesman)은 특정한 보험자를 위하여 계속적으
로 보험계약의 체결을 중개하는 자를 말한다. 상법 보험편에서는 보험설계사에 관해 별도
의 규정을 두고 있지 않았으나, 2014년 개정을 통해 제646조의2 제3항에서 보험설계사의
권한을 규정하고 있다. 다만 상법 보험편에서 보험설계사라는 명칭을 사용하지는 않고 있
다. 대신 '보험대리상이 아니면서 특정한 보험자를 위하여 계속적으로 보험계약의 체결을
중개하는 자'로 기술함으로써 보험설계사의 의미를 풀어서 규정하고 있다. 보험설계사는
보험회사, 보험대리점 또는 보험중개사에 소속되어 보험계약의 체결을 중개하는 자로서
금융위원회에 등록하여야 한다(보험업법 제2조 제9호 및 제84조). 보험업법에서는 보험설계
사를 보험자, 보험대리점 또는 보험중개사에 소속되어 보험계약 체결을 중개하는 자로 정
의한다(보험업법 제2조 제9호). 보험설계사의 자격에는 제한이 없고 자연인뿐만 아니라 법
인, 법인이 아닌 사단 또는 재단도 보험설계사가 될 수 있다. 원칙적으로 보험회사는 다른
보험회사에 속하는 보험설계사에게 모집을 위탁하지 못하며, 보험설계사는 소속 보험회사
외의 다른 보험회사를 위해 모집하지 못한다(보험업법 제85조).

보험설계사는 중개라는 사실행위만 할 수 있으므로 상법상의 상업사용인이 아니다.
상업사용인은 일정한 범위에서의 대리권을 가지고 영업상의 업무에 종사하는 자이기 때문
이다. 보험설계사가 보험계약 체결의 중개를 업무로 한다는 점에서 중개대리상과 그 역할

---

35) 한기정, 87면.
36) 보험업법에서는 보험설계사란 용어를 사용하고 있다(보험업법 제2조 제9호).

이 동일하다. 그러나 보험설계사는 특정 보험자에게 종속되어 보험자를 위해 보험계약의 체결을 중개한다는 점[37])에서 독립된 상인적 지위에서 보험계약의 체결을 중개하는 중개대리상과 다르다. 보험설계사는 독립된 상인이 아니라 타인의 사무를 보조하는 사용인이다. 중개라는 역할은 동일하지만 특정 보험회사에 종속되지 아니하고 불특정 다수의 보험회사를 중개하는 보험중개사와도 다르다.[38])

보험설계사는 보험자에 종속되어 있는데 판례에 따르면 보험자와 보험설계사와의 관계에 대해 민법 제655조의 고용관계에 있지 않다고 보고 있다. 고용관계가 인정되려면 피용자가 임금을 목적으로 종속적 관계에서 사용자에게 노무를 제공해야 하는데 보험설계사와 보험회사와의 관계에서는 이러한 모습을 볼 수 없다는 것이 이유이다. 보험설계사는 근로기준법상의 근로자에 해당되지 않으며 독립사업자 신분이라고 판시하고 있다.[39])

[대법원 2000. 1. 28. 선고 98두9219 판결]

〈주요 판시내용〉

근로기준법상의 근로자에 해당하는지 여부는 그 계약이 민법상의 고용계약이든 또는 도급계약이든 그 계약의 형식에 관계없이 그 실질에 있어 근로자가 사업 또는 사업장에 임금을 목적으로 종속적인 관계에서 사용자에게 근로를 제공하였는지 여부에 따라 결정되는 것이고, … 원고는 조회나 석회에 참석의무가 있다고 할 수 없고, 조회, 석회 자리에서 이루어지는 보험상품의 내용이나 판매기법 등에 관한 교육이나 실적확인은 참가인 회사가 위탁자의 지위에서 행하는 보험모집인의 수탁업무의 원활한 수행을 위한 교육과 최소한의 지시에 불과하며, 원고는 위촉계약에서 수탁한 업무만을 수행하고 제공한 근로의 내용이나 시간과는 관계 없이 보험모집인 제 수당 지급규정에 의하여 오로지 자신의 노력으로 체결된 보험계약의 계약고, 수금액 등 실적에 따라 그 지급항목 및 지급액이 결정되는 수당을 지급받고, 위 규정에 정해진 실적에 미치지 아니하면 기본수당도 지급받지 못하며, 법률(보험업법 제148조 제2항)에 의하여 다른 보험회사를 위한 보험의 모집은 할 수 없지만 참가인 회사의 보험모집인으로 활동하면서 다른 종류의 영업에 종사하는 것이 금지되어 있는 것도 아니고 또 그것이 사실상 곤란한 것도 아니며, … 원고의 근로시간 및 근로내용이 참가인 회사에 의하여 지배, 관리된다고 볼 수는 없으므로 원고가 참가인 회사와 종속적인 관계에서 노무를 제공하였다고 할 수 없다.[40])

---

37) 정희철, 373면; 양승규, 96면; 정찬형, 575면; 김은경, 116면.
38) 김성태, 118면; 김은경, 116면; 양승규, 97-98면.
39) 대판 1990. 5. 22, 88다카28112; 대판 2000. 1. 28, 98두9219.
40) 이 사건에서 보험설계사는 업무수행과정에서 아무 때나 임의로 이탈할 수 있었으며, 실제로 보험보집인의 영업활동 일수는 월 평균 15일 정도였다. 한기정, 74면.

[대법원 1990. 5. 22. 선고 88다카28112 판결]

〈주요 판시내용〉

원고들이 피고 생명보험회사에서 외무원(보험설계사)으로 근무할 당시 외무원에 대하여는 사원 및 별정직 직원에 대한 인사규정과는 별도로 외무원 규정을 두고 있었으며 피고 회사의 외무원은 위 규정에 따라 위임·위촉계약에 의하여 그 업무를 위촉받도록 되어 있고 외무원의 보수에 관하여서도 피고 회사의 직원에 대한 보수규정과는 별도로 외무사원지급규정, 일반외무원제수당지급규정, 일반외무원단체보험수당지급규정을 두고 이에 따라서 그 보수를 산정하고 있었던 사실, 피고 회사의 직원이 매월 일정한 고정급과 상여금을 지급받고 있음에 비추어 외무원은 피고 회사로부터 부여받은 보험모집책임액과 그 실적에 따라 일정비율의 제수당을 지급받았을 뿐이고 기본급이나 고정급의 임금이 따로이 정해져 있었던 것은 아닌 사실, 피고 회사의 직원은 배속된 부서에서 출퇴근 시간을 지키고 엄격한 통제를 받음에 반하여 외무원은 출퇴근사항이나 활동구역 등에 특별한 제한을 받지 않고 또한 보험가입의 권유나 모집, 수금업무 등을 수행함에 있어서 피고 회사로부터 직접적이고 구체적인 지휘감독을 받음이 없이 각자의 재량과 능력에 따라 업무를 처리하여 왔다면, 원고들과 같은 외무원은 피고 회사에 대하여 종속적인 근로관계에 있었다고 보기 어렵다.

그런데 판례 중에는 보험설계사를 고용계약이나 도급적 요소가 가미된 위임계약에 따른 보험자의 사용인이라고 판시한 것이 있다.41) 아래 판례는 보험설계사의 근로자성을 인정하고 있다.

[대법원 2022. 4. 14. 선고 2021두33715 판결]

〈주요 판시내용〉

갑은 을 보험회사와 지점장 추가업무 위탁계약을 체결하고 을 회사의 위탁계약형 지점장으로 담당 지점의 운영·관리를 총괄업무를 수행하다가 추가업무 위탁계약을 해지한다는 통지를 받은 사안에서, 을 회사는 위탁계약형 지점장에게도 시기별로 구체적인 실적목표를 제시하였고, 목표 달성을 독려하는 차원을 넘어 실적 달성을 위한 구체적인 업무 내용에 관하여 일일보고, 현장활동 보고 등을 지시하는 등 위탁계약형 지점장인 갑의 업무 수행 과정에서 상당한 지휘·감독을 하였던 점, 위탁계약에 따르면 계약기간 만료 전에도 실적 부진 등을 이유로 해지할 수 있을 뿐만 아니라 을 회사의 필요에 따라 위탁계약형 지점장의 소속 지점변경이 가능하였고 이는 실질적으로는 정규직 지점장의 인사이동과 크게 다르지 않았던 점, 위탁계약형 지점장의 실제 업무시간은 정규직 지점장과 크게 다르지 않았고, 지점 내에 을 회사가 제공한 사무실에서 지점 운영 업무를 수행하면서 현장활동 시 등에는 지역단에 보고가 이루어졌으며, 휴가일정도 지역단에 보고

---

41) 대판 1989. 11. 28, 88다카33367.

되었고, 지점 사무실에 배치된 을 회사의 서무직원에 의해 출근부 관리가 이루어졌다고 볼 여지도 있어 위탁계약형 지점장이 근무시간과 근무장소에 구속을 받은 점, 위탁계약형 지점장이 스스로 비품·원자재나 작업도구 등을 소유하거나 제3자를 고용하여 업무를 대행하게 하는 등 독립하여 자신의 계산으로 사업을 영위할 수 없었던 점 등을 종합하면, 갑은 임금을 목적으로 종속적인 관계에서 을 회사에 근로를 제공한 근로자에 해당한다.

(2) 보험설계사의 권한

고객에게 보험상품을 소개하고 보험가입을 권유하는 등 중개라는 사실행위만을 하므로, 보험계약 체결권(대리권), 해지예고부 최고권이 없고, 고지 및 통지수령권도 없다.42) 보험설계사가 보험자를 대리하여 보험계약을 체결하더라도 보험설계사에게는 보험계약 체결에 대한 대리권이 없으므로 이는 무권대리가 된다.43) 또한 고객은 보험설계사에게 보험료의 전부 또는 일부를 지급하는 경우도 있다. 보험설계사에게 보험료 수령권한이 있는가에 대해서는 학설이 나뉘고 있으나, 판례는 일정한 경우에 보험설계사에게 제1회 보험료 영수권 및 가수증 교부권을 인정하고 있다. 보험설계사가 보험자에 의해 작성된 보험료영수증을 보험계약자에게 교부하고 보험료를 수령한 경우, 보험설계사가 보험료 수령권을 보험자로부터 수권받은 것으로 해석하여 제1회 보험료의 수령권을 예외적으로 인정하고 있는데, 개정 보험법은 이를 명문화하였다(제646조의2 제3항).

[대법원 1989. 11. 28. 선고 88다카33367 판결]

〈사실관계〉

보험약관에서 보험자가 제1회 보험료를 받은 후 보험청약에 대한 승낙이 있기 전에 보험사고가 발생한 때에 제1회 보험료를 받은 때에 소급하여 그때부터 보험자의 보험금지급책임이 생긴다고 규정되어 있는 경우에 생명보험의 모집인이 그의 권유에 응한 청약의 의사표시를 한 보험계약자로부터 제1회 보험료로서 선일자 수표를 발행받고 보험료 가수증을 해주었다.

〈주요 판시내용〉

생명보험의 모집인이 그의 권유에 응한 청약의 의사표시를 한 보험계약자로부터 제1회 보험료로서 선일자 수표를 발행받고 보험료 가수증을 해준 경우에는 비록 보험설계사가 소속 보험회사와의 고용계약이나 도급적 요소가 가미된 위임계약에 바탕을 둔 소속보험회사의 사용인으로서 보험계약의 체결대리권이나 고지수령권이 없는 중개인에 불과하다 하여도 오늘날의 보험업계의 실정에 비추어 제1회 보험료의 수령권이 있음을 부정할 수는 없다.

---

42) 대판 2006. 6. 30, 2006다19672; 대판 1979. 10. 30, 79다1234
43) 임용수, 56면; 정희철, 373면, 385면; 양승규, 97면; 정찬형, 575-576면. 서돈각/정완용, 373-374면은 이에 반대하고 있다.

(3) 고지 및 통지수령권 인정문제

다수설과 판례는 보험설계사에게 고지 및 통지수령권을 인정하지 않고 있다. 실무상 일반 고객은 보험계약을 체결하는 과정에서 보험설계사와 직접 접촉을 하면서 그의 권유 및 설명에 따라 청약서를 작성하고 질문서에 답변하는 등 보험설계사를 상대로 고지의무를 이행한다. 그런데 고지 또는 통지수령권한이 없는 보험설계사에게 보험계약자 등이 구두로 고지의무나 통지의무를 이행하더라도 보험설계사가 이 사실을 보험자에게 전달하지 않았다면 법률적으로 보험계약자 측은 보험자를 상대로 고지 또는 통지의무를 이행하지 않은 것으로 해석되고 있다.44) 같은 취지로 보험설계사가 어떤 중요한 사항을 알았거나 알 수 있었을 때에도 이를 가지고 보험자가 그 사실을 알았거나 알 수 있었던 것으로 동일시하지 못한다. 예를 들어 고객이 보험설계사에게 기왕증을 말했다거나 건물의 업종변경이 위험변경 통지의무 대상인 상황에서 보험설계사가 업종변경 사실을 알았다고 해도 이로써 보험자가 이를 알았다거나 보험계약자가 보험자에게 통지한 것으로 볼 수 없다는 것이다.

[대법원 2006. 6. 30. 선고 2006다19672, 19689 판결]

〈사실관계〉

피고는 원고회사와 화재보험계약을 체결한 후 영위 업종을 변경하였다. 화재가 발생하자 피고는 보험금을 청구했으나, 원고회사는 위험의 뚜렷한 증가가 있음에도 불구하고 피고가 이를 알리지 아니하였음을 이유로 보험금지급을 거절하였다. 피고가 이에 대해 업종 변경사실을 원고회사의 보험설계사에게 알렸다고 항변하였으나 원고회사는 채무부존재확인의 소를 제기하였다.

〈주요 판시내용〉

보험설계사는 특정 보험자를 위하여 보험계약의 체결을 중개하는 자일 뿐 보험자를 대리하여 보험계약을 체결할 권한이 없고 보험계약자 또는 피보험자가 보험자에 대하여 하는 고지나 통지를 수령할 권한도 없으므로, 보험설계사가 통지의무의 대상인 '보험사고발생의 위험이 현저하게 변경 또는 증가된 사실'을 알았다고 하더라도 이로써 곧 보험자가 위와 같은 사실을 알았다고 볼 수는 없다.

---

44) 보험설계사에게 고지 및 통지수령권을 인정하지 않으면 경우에 따라 보험계약자 보호의 문제가 발생할 여지가 있다. 특히 대판 1979. 10. 30, 79다1234; 대판 1998. 11. 27, 98다32564.

> **[대법원 1979. 10. 30. 선고 79다1234 판결]**
>
> 〈주요 판시내용〉
>
> 보험가입청약서에 기왕병력을 기재하지 아니하고 보험회사의 외무사원(보험설계사)에게 이를 말한 것만으로는 기왕병력을 보험회사에 고지하였다고 볼 수 없다.

또한 보험계약자가 보험자에게 중요한 사항을 고지 또는 통지하려는 것을 보험설계사가 방해하거나 보험설계사가 보험계약자에게 불고지 또는 부실고지를 권유하는 경우도 실무에서 발생하고 있다.45) 이러한 상황에서 보험설계사에게 고지 및 통지수령권을 인정하지 않으면 보험계약자는 계약상의 불이익을 당하게 된다. 이러한 상황을 고려하여 선의의 보험계약자를 보호하기 위해서는 보험설계사에게도 고지수령권을 인정해야 한다는 견해도 있고,46) 모든 종류의 보험계약에서 고지수령권을 보험설계사에게 바로 인정하는 것은 어렵지만 건물화재보험이나 자동차보험과 같이 정형화되고 대중적인 보험에 있어서는 부분적으로 고지수령권을 보험설계사에게 인정해도 무방하다는 견해도 있다.47) 반면에 보험설계사가 보험회사와 근로계약 관계에 있으면서 고정된 월급을 받는 것이 아니라 중개활동을 통해 계약이 체결된 경우에 보험회사로부터 수수료를 지급받는 지위를 감안할 때에 보험설계사가 불량한 위험을 목적으로 하는 청약을 무분별하게 수령할 가능성도 존재하는 것이 사실이므로 현 상황에서는 보험설계사에게 고지수령권을 인정할 수 없다는 견해도 존재한다.48) 보험법개정안 작업 과정에서도 보험설계사에게 고지수령권을 부여할 것인지에 대해 논의를 하였으나 실제 개정안에는 반영되지 못하였다.

(4) 보험설계사의 약관설명의무와 대리권 문제

보험설계사는 계약체결권이 없으며 대리권도 가지지 못한다. 그런데 판례 중에 보험설계사가 약관과 다른 내용으로 설명을 하고 이에 따라 계약이 체결되었다면 설명된 내용이 보험계약의 내용이 된다고 판시한 것이 있다.49) 개별약정으로 보고 개별약정 우선의 원칙을 적용하기도 한다. 사실행위만을 할 수 있는 보험설계사가 약관 내용을 변경할 수 있는 권한이 있는 것으로 해석될 수 있는 부분이다. 어떠한 근거하에 보험설계사가 약관

---

45) 김창종, "보험외무원·대리점의 지위", 「해상·보험법에 관한 제문제(하)」, 1991, 132-133면; 한기정, 75-76면.

46) 서돈각/정완용, 362면.

47) 최기원, 89면; 강위두/임재호, 521면.

48) 양승규, 97면(그런데 입법론적으로는 보험계약자 등이 보험자 또는 체약대리점과 직접 대할 수 없을 때, 예를 들어 생명보험계약의 무진단보험의 경우, 보험설계사에게 고지수령권을 부여함이 타당하다는 점을 밝히고 있다); 임용수, 57면; 최준선, 92면.

49) 대판 1989. 3. 28, 88다4645.

내용과 다르게 설명한 것을 개별약정으로 해석할 수 있는 것인지에 관한 설명이 필요한 부분이다.

[대법원 1989. 3. 28. 선고 88다4645 판결]

〈주요 판시내용〉

　보험회사를 대리한 보험대리점 내지 보험외판원이 보험계약자에게 보통보험약관과 다른 내용으로 보험계약을 설명하고 이에 따라 계약이 체결되었으면 그때 설명된 내용이 보험계약의 내용이 되고 그와 배치되는 약관의 적용은 배제된다.

　　보험계약자 입장에서 계약 체결과정 중 거의 유일하게 대면하는 보험회사 측 관계자는 보험설계사이다. 보험설계사의 법적 지위에 대한 정확한 지식을 가지지 못한 보험계약자로서는 보험설계사가 설명한 내용을 듣고 계약을 체결하게 되기 때문에 위 판결은 보험계약자를 보호하기 위한 취지에서의 해석이라 여겨진다. 그러나 이 판결이 직접적으로 보험설계사에게 대리권을 부여한 것으로 보기는 어렵고, 그 후의 판례 역시 보험설계사의 계약체결에 대한 대리권을 인정하지 않고 있다.50) 만약 보험설계사가 계약체결대리권은 가지지 못하더라도 보험약관 설명에 대한 대리권을 보험자로부터 부여받은 경우라면 보험설계사가 약관과 다른 내용으로 설명한 것이 계약 내용으로 될 수도 있을 것이다.51) 약관해석원칙의 하나인 개별약정우선의 원칙을 적용함에 있어서 계약체결 대리권이 없는 보험설계사가 약관과 다르게 설명한 경우와 체약대리점이나 보험회사 임직원이 다르게 설명한 경우를 같이 취급할 수는 없을 것이다. 아무런 대리권이 없는 보험설계사가 약관과 다른 내용으로 설명을 했고 이에 기초하여 계약을 체결했다면 이에 대해 계약상의 책임(개별약정우선의 원칙)을 논의하는 것은 의문점이 남는다. 불법행위책임(사용자책임)으로 접근하는 것이 보다 합리적인 것으로 판단된다.

　　중개라는 사실행위만을 할 수 있는 권한을 가지고 있는 보험설계사에게 고지 및 통지수령권을 전면적으로 인정하자는 주장을 받아들이는 것은 어렵다. 이 문제는 보험설계사에게 고지 및 통지수령권한을 부여할 것인가 말 것인가의 문제로 해결하기 보다는 그러한 권한이 없는 보험설계사와 보험계약 체결을 하는 보험계약자를 어떻게 법적으로 보호할 것인가의 문제로 접근해야 한다. 금융소비자 보호에 관한 법률 제21조와 제45조에서 보험설계사가 보험계약자 등이 중요한 사실을 보험자에게 알리는 것을 방해하거나 알리지 않도록 권유하거나 부실한 사실을 고지 또는 통지할 것을 권유하는 행위를 못하도록 하고

---

50) 대판 1989. 11. 28, 88다카33367; 대판 1998. 11. 27, 98다32564.
51) 同旨: 장덕조, 108면, 112면 각주 27.

있고, 만약 보험설계사가 이를 위반함으로써 보험계약자가 그로 인해 손해를 입었다면 보험자가 사용자책임을 부담하도록 규정하고 있다.52) 만약 고지 및 통지수령권을 부여하는 방향으로의 해결방안을 모색하고자 한다면 자동차보험이나 화재보험과 같이 약관의 내용이 정형화되어 있어서 보험설계사의 재량이 거의 없는 경우 또는 인보험에서 무진단 보험과 같이 보험계약자가 보험자를 직접 대면하는 일이 없는 경우 등에 한하여 예외적으로 보험설계사에게 제한적으로 고지 및 통지수령권을 부여하는 것도 고려할 수 있을 것이다.53)

5. 보 험 의

보험의(保險醫, medical examiner)란 인보험계약의 체결에서 보험자가 피보험자에 대한 위험의 인수 여부를 결정하는 데 도움을 주기 위해 피보험자에 대한 신체 및 건강상태의 검사를 실제로 실시하여 위험측정 자료를 파악하고 이에 대한 의학적 전문지식을 보험자에게 제공하여 주는 의사를 말한다. '진사의(診査醫)'라고도 한다. 보험의와 보험자 사이에는 고용계약을 체결하거나 위촉계약을 체결하는데, 전자에 의해 고용된 의사를 특별히 '사의(社醫)'라 하고, 후자의 경우를 '촉탁의(囑託醫)'로 구분하기도 한다.54)

보험의는 보험업법에서 규정하는 모집종사자가 아니다(보험업법 제83조). 또한 보험의는 보험설계사와 마찬가지로 일정한 범위의 대리권을 가지고 영업상의 업무에 종사하는 자가 아니므로 상업사용인이 아니다. 따라서 계약체결권이나 보험료수령권 등은 가지지 못한다. 그러나 보험의의 업무 및 역할을 고려할 때 피보험자가 자신의 건강상태에 대해 보험의에게 행하는 고지에 대한 수령권은 예외적으로 인정할 수 있다(통설). 다수설은 보험의가 악의 또는 중대한 과실로 인해 고지의무 사항을 알지 못한 경우에 이를 보험자의 귀책사유로 볼 수 없으며, 따라서 귀책사유없는 보험자는 고지의무 위반을 이유로 계약을 해지할 수 있다고 해석한다.55) 반면에 소수설은 보험의는 보험자의 사용인으로서 보험자의 기관과 같은 지위에 있기 때문에 고지의무 사항과 관련하여 보험의에게 악의 또는 중대한 과실이 있는 경우 이를 보험자의 악의 또는 중과실이 있는 것과 같다고 해석하여 보험계약의 해지를 할 수 없다고 해석한다.56)

---

52) 금융소비자보호에 관한 법률이 제정되기 전에는 보험업법 제102조가 보험회사의 사용자책임을 규정하였는데 지금은 해당 조문이 삭제되었다.

53) 양승규, 97면; 최기원, 89면.

54) 임용수, 58면.

55) 이기수/최병규/김인현, 79면; 정찬형, 579면; 최준선, 94면; 임용수, 58-59면. 정동윤, 490면.

56) 최기원, 91-92면.

[대법원 1976. 6. 22. 선고 75다605 판결]

〈사실관계〉

소외인은 피고회사에 보험계약의 청약을 하고 제1회 보험료를 납부하였다. 이후 피고회사가 지정한 의사(보험의)로부터 신체검사를 받았는데, 피고회사의 승낙이 있기 전 사망하였다. 상속인인 원고들이 보험금을 청구하자 피고회사는 아직 보험계약이 성립하지 않았다며 항변하였고 원고들은 진사의가 판정을 내리는 시점에서 보험계약은 성립했다고 주장하였다.

〈주요 판시내용〉

이른바 진사의는 생명보험에 있어서의 위험측정재료를 보험자에게 제공하는 말하자면 보험자의 보조자라고 하겠으므로 그에게 보험계약의 체결권이 있다고 볼 수 없어 진사의가 판정을 내린 시점을 보험계약의 성립시로 볼 수 없다. 따라서 피보험자를 진사한 사실만으로는 유효한 보험계약이 성립되었다고 볼 수는 없다.

6. 모집종사자의 불법행위책임과 보험자의 사용자책임

(1) 모집종사자의 불법행위책임

보험설계사, 보험대리상 등 모집종사자가 모집과정에서 보험계약자에게 불법행위를 행한 경우 모집종사자는 보험계약자에게 불법행위로 인한 손해배상책임을 부담한다(민법 제750조). 예를 들어 보통2종 운전면허로 운전할 수 없는 중장비 차량을 모집종사자가 보험계약자에게 운전할 수 있다고 잘못 설명하고 이를 믿은 보험계약자가 계약 체결 후 사고가 발생하여 보험금을 청구하자 보험회사가 무면허운전 면책사유임을 이유로 보험금 지급을 거절한 사건에서 모집종사자는 보험계약자에게 불법행위로 인한 손해배상책임을 부담해야 한다.57)

(2) 보험자의 사용자책임

모집종사자가 보험계약자에게 모집행위를 하면서 불법행위를 저지른 경우에 보험계약자는 모집종사자에게 불법행위에 따른 손해배상을 청구할 수 있을 뿐만 아니라 모집종사자의 사용자인 보험자에게 일정한 요건 충족 하에 손해배상책임(사용자책임)을 물을 수 있다. 과거에는 보험업법 제102조에서 이 문제를 다루었는데, 2021년 3월 25일 금융소비자보호에 관한 법률이 시행된 후부터는 동법 제45조에서 정하고 있는 금융상품직접판매업자의 사용자책임이 적용된다.

---

57) 대판 1997. 11. 14, 97다26425. 이 사건에서 약관내용을 잘못 설명한 것에 대해 개별약정으로 접근하지 않고 불법행위책임의 문제로 판단했다.

　금융상품계약체결 등의 업무를 대리하거나 중개하는 금융상품판매대리·중개업자 등이 대리나 중개업무를 하면서 금융소비자에게 손해를 야기시킨 경우에 금융상품직접판매업자는 그 손해를 배상할 책임이 있다. 다만 금융상품직접판매업자가 금융상품판매대리·중개업자 등의 선임과 그 업무 감독에 관하여 적절한 주의를 다했고 손해를 방지하기 위해 노력한 경우엔 손해배상책임을 부담하지 않는다(금융소비자보호에 관한 법률 제45조 제1항 본문 및 단서). 동 조항을 보험계약과 관련시켜 보면 보험자는 금융상품직접판매업자에 해당하며 보험설계사나 보험대리상 또는 보험회사의 임원이나 직원은 금융상품판매대리·중개업자에 속한다. 독립상인인 보험중개사는 여기에서의 금융상품판매대리·중개업자에 포함되지 않는다. 보험업법 제102조에서도 보험중개사는 빠져있었다. 대신 보험소비자 보호를 위해 보험업법 제89조 제3항에서는 보험중개사에게 영업보증금을 예탁하게 하거나 보험에 가입하도록 하고 있다. 보험회사의 사용자책임에 관해서는 본래 보험업법 제102조에서 규정하였고 이에 관한 판례가 많다. 금융소비자 보호에 관한 법률이 시행되면서 보험업법 제102조는 삭제되었으나, 보험업법 제102조의 해석과 관련 판례는 금융소비자보호에 관한 법률의 해당 조문에 적용될 수 있기에 보험업법 제102조에 대한 과거 판례를 분석하는 것은 의미가 있다.

(3) 삭제된 보험업법 제102조 해석

(가) 적용대상

　보험업법 제102조는 실무상 보험설계사에게 적용되는 경우가 가장 많지만, 그 외의 모집종사자에게도 적용될 수 있다. 그 외의 모집종사자로서는 보험회사의 임직원, 보험대리점, 보험대리점 소속 보험설계사[58]이다. 보험업법 제102조가 적용되는 많았던 사례는 보험설계사가 보험상품을 소개하고 권유하는 과정에서 허위·과대 설명을 하는 것이다. 또한 보험설계사에게 보험계약 체결에 대한 대리권이 인정되지 않는 상황에서 보험설계사가 법적 또는 계약적 권한도 없이 약관과 다르게 설명을 하는 경우이다.[59] 보험설계사가 보험회사로부터 받는 수수료 등으로 인해 보험 상품의 소개와 권유 단계에서 허위, 과대 설명이 이루어지는 경우가 많다. 보험업법 등에서 정하고 있는 준수사항을 이행하지 않음으로써 결과적으로 보험계약이 무효가 되거나 보험자에 의해 해지되어 보험계약자 측에게 불측의 손해를 야기하게 되는데 이러한 경우에 보험업법 제102조가 적용되었던 것이다.

---

58) 보험대리상 소속 보험설계사의 모집행위는 결국 보험대리상의 모집행위이기 때문에 보험자가 보험대리상 소속 보험설계사의 모집행위에 대해서도 사용자책임을 부담한다. 대판 1997. 11. 14, 97다26425.
59) 이 문제는 약관해석과 관련하여 개별약정 우선원칙에서도 설명되고 있다.

[대법원 1999. 4. 27. 선고 98다54830, 54847 판결]

〈사실관계〉

원고회사의 보험설계사인 소외 1은 보험계약자인 피고에게 소외 2를 피보험자로 하는 사망보험계약(타인의 사망보험계약)을 체결할 것을 권유하면서 소외 2의 서면동의의 필요성에 관한 설명을 하지 아니한 채 피보험자 동의란을 공란으로 비워두었다. 이후 소외 2가 사망하여 피고가 보험금을 청구하자 원고회사는 상법 제731조 제1항을 이유로 보험금 지급을 거절하면서 채무부존재확인의 소를 제기하였고, 피고는 이에 대해 반소로 보험설계사의 불법행위를 이유로 한 손해배상금청구의 소를 제기하였다.

〈주요 판시내용〉

보험설계사가 보험계약자에게 타인의 사망을 보험사고로 하는 보험계약을 체결할 것을 권유하면서 타인의 서명에 의한 동의 부분에 대한 설명을 하지 아니한 채 미리 준비하여 간 보험청약서양식에 직접 그 중요내용을 기재하고 보험계약자로부터 그의 인장을 건네받아 보험계약자란에 날인하여 보험청약서를 작성하였고, 착오로 보험청약서의 피보험자 동의란에 피보험자의 도장을 받지 않았으며, 보험설계사로부터 그 청약서를 건네받은 보험회사의 대리점 역시 이를 지적하여 보완하게 하지 아니한 상태에서 피보험자가 사망하는 보험사고가 발생한 경우, 보험설계사의 주의의무 위반으로 인하여 보험계약자가 보험금을 지급받지 못하게 되었으므로 보험회사는 보험계약자에게 그 손해를 배상할 의무가 있고, 그 손해의 범위는 보험금 상당액이다.

보험자가 사용자책임을 부담하는 경우에 해당 임직원, 보험설계사 또는 보험대리상에 대해 구상권을 행사할 수 있다. 금융소비자 보호에 관한 법률에서도 금융상품직접판매업자는 금융상품판매대리·중개업자에게 구상권을 행사할 수 있다고 규정하고 있다.60)

(나) 민법 제756조에 대한 특칙

모집종사자의 불법행위에 대해서 보험계약자 측은 민법 제750조에 따른 손해배상청구권을 가지게 된다. 또한 불법행위를 행한 모집종사자의 사용자에 대해서도 소정의 요건을 충족하게 되면 민법 제756조에 의한 사용자책임을 물을 수 있다. 그런데 민법 제756조가 있음에도 불구하고 보험업법 제102조에서 모집을 위탁한 보험회사의 배상책임을 별도로 인정하는 것은, 보험설계사를 보험회사의 피용자로 보고 있지 않은 현재의 상황 및 민법에 비해 사용자책임 요건을 완화하여 보험계약자 측을 보호하기 위한 목적을 가진다.

보험설계사를 근로기준법상의 피용자로 보지 않기 때문에 보험설계사의 금전사고 등에 대하여 보험회사는 민법상의 사용자배상책임을 부담하지 않을 수 있다 따라서 보험계약자를 보호하기 위한 특별 규정으로 보험업법 제102조 제1항을 둔 것이다. 사용자책임을 묻기 위해서는 사용자와 불법행위를 저지른 피용자와 지휘감독관계가 필요한데, 보험자의

---

60) 보험업법 제102조 제2항; 금융소비자 보호에 관한 법률 제45조 제2항.

임원과 직원 및 보험대리상과의 관계에서는 어렵지 않게 지휘감독관계를 인정할 수 있다. 그러나 보험설계사와의 관계에서는 이러한 관계의 유무가 문제될 수 있다. 따라서 보험소비자 보호를 위해 보험설계사도 보험자의 지휘감독 하에 있음을 법률에서 명시적으로 규정한 것이다.

보험업법 제102조의 책임은 보험자가 모집종사자의 허위 및 과대설명에 의해 체결된 계약에 대한 계약상의 책임을 부담하는 것이 아니고, 민법 제756조의 특칙으로서의 불법행위 책임을 부담하는 것이다. 보험업법 제102조가 민법 제756조의 특칙이라는 의미는 민법 제756조에 우선하여 보험업법 제102조가 먼저 적용된다는 의미이다.[61] 다만, 보험설계사의 행위에 표현대리의 법리가 적용될 수 있는 상황이라면, 보험자가 보험계약자 측에게 부담하는 책임은 계약상의 책임이 될 것이다. 보험자가 보험설계사에게 개별적으로 대리권을 수여한 경우가 아니라면, 보험설계사에게는 계약체결 대리권이 처음부터 없기 때문에 권한을 넘은 표현대리(민법 제126조)의 문제가 발생하지 않는다. 그러나 보험설계사가 보험회사의 묵인 하에 여러 명칭을 사용하면서 보험계약의 체결을 권유함으로써 보험계약자가 마치 보험설계사에게 대리권이나 고지수령권이 있는 것으로 오인한 때에는 민법상의 표현대리의 법리를 적용할 수도 있을 것이다.[62]

(다) 보험자 책임의 이원화

보험업법 제102조는 보험자의 책임을 이원화하고 있다. 보험자의 임원이나 직원의 행위로 인한 보험계약자의 손해에 대해서는 무과실 책임을 지며, 보험대리점이나 보험설계사의 행위에 대해서는 보험자가 과실책임을 지도록 하고 있다. 즉 보험자가 보험설계사 또는 보험대리점에게 모집을 위탁하면서 상당한 주의를 하였고 이들이 모집을 하면서 보험계약자에게 손해를 입히는 것을 막기 위하여 노력한 경우에는 보험자의 책임이 없다. 그런데 법조문의 내용상으로는 보험설계사나 보험대리점에 대해서는 보험회사가 과실책임을 부담하는 것이지만, 판례는 보험계약자를 보호하고 보험회사의 배상책임을 강화하는 의도로서 이 경우에도 무과실에 가까운 책임을 부담하도록 하고 있다.[63] 금융소비자 보호에 관한 법률 제45조 제1항은 보험자의 임원, 직원에 대한 사용자책임을 무과실책임으로 한다는 명시적 규정은 없다. 따라서 이 점에 관한 한 동 조항이 민법 제756조에 대한 특칙이라고 보기 어렵다는 해석도 가능하다. 그러나 금융소비자 보호에 관한 법률 제정 취지를 고려할 때 명시적 규정의 유무와 무관하게 이 경우의 사용자책임은 무과실책임으로 해석해야 한다. 금융소비자 보호에 관한 법률에 의해 보험소비자 보호가 오히려 약화되는

---

61) 대판 1994. 11. 22, 94다19617; 대판 1995. 7. 14, 94다19600; 대판 1998. 6. 23, 98다14191.
62) 정동윤, 487면.
63) 대판 1998. 11. 27, 98다23690; 대판 1997. 11. 14, 97다26425.

결과는 바람직하지 않기 때문이다.64)

[대법원 1998. 11. 27. 선고 98다23690 판결]

〈주요 판시내용〉

보험업법 제158조 제1항(지금은 보험업법 제102조 제1항)의 규정은 보험모집에 관하여 보험계약자에게 가한 손해에 대하여 보험사업자에게, 그 손해가 보험사업자의 임원·직원의 행위로 인한 경우에는 무과실책임을 지우고 보험모집인과 보험대리점의 행위로 인한 경우에는 무과실책임에 가까운 손해배상책임을 지움으로써 보험계약자의 이익을 보호함과 동시에 보험사업의 건전한 육성을 기하고자 하는 데 그 의의가 있다.

⒝ 법조문상의 '모집을 하면서'의 해석

판례는 보험업법 제102조상의 '모집을 하면서'의 의미65)에 대하여 보험설계사의 모집행위는 물론 보험설계사의 모집행위 그 자체는 아니더라도 그 행위를 외형적으로 관찰할 때 객관적으로 보아 보험설계사의 본래 모집행위와 밀접한 관련이 있거나 마치 그 모집행위 범위 내에 속하는 것과 같이 보이는 행위도 포함하는 것으로 새겨야 한다고 해석하고 있다.66) 즉 보험설계사의 직무범위 내의 행위는 물론이고 외형상 마치 직무범위 내에 속하는 것과 같은 행위에도 보험업법 제102조가 적용된다는 것이다. 금융소비자보호에 관한 법률 제45조 제1항 본문 및 동법 제2조 8호에서 '금융상품에 관한 계약의 체결 또는 계약 체결의 권유를 하거나 청약을 받는 것'에 대해 사용자책임을 진다고 정하고 있는데, 보험업법 제102조의 '모집을 하면서'에 관한 해석이 여기에 적용될 수 있다.

[대법원 2006. 11. 23. 선고 2004다45356 판결]

〈사실관계〉

원고는 피고회사의 보험설계사(원고의 전 남편이기도 함)를 통해 보험에 가입하면서 보험료로 1억원을 교부하였는데, 보험설계사는 6천만원을 횡령하였다. 이에 원고는 보험설계사의 불법행위로 손해를 보았음을 이유로 피고회사에 손해배상을 청구하였고, 피고회사는 원고와 보험설계사가 부부이던 시기에 횡령이 이루어진 점 등 제반사정에 비추어 볼 때 책임이 없다고 항변하였다.

〈주요 판시내용〉

구 보험업법 제158조(현행 보험업법 제102조)는 사용자의 배상책임에 관한 일반규정인 민법 제

---

64) 한기정, 94면.
65) 민법 제756조에서의 '그 사무집행에 관하여'에 대한 해석과 보험업법 제102조의 '모집을 하면서'는 유사한 의미로 해석할 수 있을 것이다.
66) 대판 2006. 11. 23, 2004다45356.

756조에 우선하여 적용되는 것이므로, 구 보험업법 제158조 제1항에 정한 '모집을 함에 있어서'라는 규정의 뜻은, 보험설계사의 모집행위 그 자체는 아니더라도 그 행위를 외형적으로 관찰할 때 객관적으로 보아 보험설계사의 본래 모집행위와 밀접한 관련이 있거나 유사하여 마치 그 모집행위 범위 내에 속하는 것과 같이 보이는 행위도 포함하는 것으로 새겨야 한다. (중략) 이 사건 각 보험계약 체결 경위 및 위 금원의 수수 경위와 아울러, 정상적인 부부관계에 있는 원고로서는 보험설계사인 남편에게 보험의 가입 및 보험청약서의 기재 등을 일임하는 이상 나아가 남편인 보험설계사로부터 굳이 보험료 영수증 등을 교부받지 않을 여지도 충분히 있는 점 등에 비추어 볼 때, 전 남편인 보험설계사의 금원수령행위는 외형상 그의 보험모집과 상당한 관련성이 있는 것으로서 마치 그 모집행위 범위 내에 속하는 것과 같이 보이는 행위라고 봄이 상당하다고 할 것이므로, 피고회사는 보험사업자로서 구 보험업법 제158조 제1항에 따라 보험설계사가 위와 같이 모집을 함에 있어서 보험계약자인 원고에게 가한 손해를 배상할 책임이 있다고 할 것이다.

(마) 보험계약자 측의 고의 또는 과실

보험계약자 측에게 중대한 귀책사유가 있고 이로 인해 보험계약자 측에게 손해가 발생한 경우에 보험자의 사용자책임은 부정된다. 보험계약자 측의 귀책사유가 보험설계사 측의 권유 등에 의해 야기되었더라도 손해에 대한 보험자의 사용자책임을 인정되지 않는다. 이러한 취지에서 보험계약자가 보험설계사와 공모하고 부실고지를 하여 보험계약을 체결한 후 그 보험계약이 해지되어 입게 된 손해에 대해 보험자는 배상책임을 지지 않는다.67)

[대법원 2002. 4. 26. 선고 2000다11065 판결]

〈사실관계〉

화물자동차 소유자가 그 자동차로 인한 교통사고 전력이 있어 보험료의 할증이 예상되자 보험설계사의 권유를 받아들여 무사고 경력의 다른 사람 명의로 보험계약을 체결하였다가 그 피용자가 교통사고를 낸 뒤 고지의무위반으로 보험계약이 해지되었다.

〈주요 판시내용〉

화물자동차 소유자는 자신의 소유인 이 사건 자동차로 사고를 야기하여 자신을 피보험자로 하여 자동차종합보험을 다시 가입하게 되면 보험료가 할증될 것임을 알고 있었음이 명백하고, 업무용 자동차종합보험계약에서 피보험자의 개념 및 피보험자가 무사고인 경우에 보험료가 체감되고, 이러한 사실이 제대로 고지되지 않았을 경우에는 보험계약이 해지될 수 있다는 등의 불이익이 따른다는 점에 대하여 이미 잘 알고 있었거나 보험거래상의 일반적이고 공통된 사항으로서 충분히 예상할 수 있었을 것으로 보이므로, 화물자동차 소유자가 보험설계사의 제안을 받아들여 무사고

---

67) 대판 2002. 4. 26, 2000다11065, 11072; 보험설계사에 관해서는 양승규, 96-97면; 임용수, 56-58면; 최준선, 91-94면; 정찬형, "보험설계사의 법적 지위", 현대상사법논집, 1997, 717-739면; 권기범, "보험설계사의 법적지위에 관한 소고", 보험법연구 3, 1999, 126-144면; 정찬형, 576면.

경력의 소외인을 보험설계사에게 소개한 것은 보험료가 할증되는 것을 피하기 위해 피보험자를 허위로 고지하여 보험계약을 체결하기로 보험설계사와 암묵적으로 공모한 것으로 볼 수밖에 없다. 이러한 상황에서 보험설계사가 모집을 하면서 실제 보험계약자인 화물자동차 소유자에 대한 관계에서 위법한 행위를 하고 그로 인하여 화물자동차 소유자에게 손해를 가하였다고 할 수 없으므로, 보험회사에 대한 보험설계사의 행위로 인한 보험업법 제102조의 손해배상책임을 인정할 수 없다.

[대법원 2008. 8. 21. 선고 2007다76696 판결]

〈주요 판시내용〉

타인의 사망을 보험사고로 하는 보험계약의 체결에 있어서 보험설계사는 보험계약자에게 피보험자의 서면동의 등의 요건에 관하여 구체적이고 상세하게 설명하여 보험계약자로 하여금 그 요건을 구비할 수 있는 기회를 주어 유효한 보험계약이 성립하도록 조치할 주의의무가 있고, 보험설계사가 위와 같은 설명을 하지 아니하는 바람에 위 요건의 흠결로 보험계약이 무효가 되고 그 결과 보험사고의 발생에도 불구하고 보험계약자가 보험금을 지급받지 못하게 되었다면 보험자는 보험업법 제102조 제1항에 기하여 보험계약자에게 그 보험금 상당액의 손해를 배상할 의무를 진다. 그런데 피보험자의 서면동의의 유효요건을 결하여 보험계약이 무효가 됨에 따라 보험사고의 발생에도 불구하고 보험계약자가 보험금을 지급받지 못하게 된 것이 전적으로 보험계약자의 책임 있는 사유에 의한 것이고, 보험설계사에게 보험계약자 배려의무 위반의 잘못이 있다고 하더라도 손해발생과 인과관계가 없으면 보험자는 제102조상의 책임을 지지 않는다.

또한 피해자인 보험계약자에게 상당한 과실이 있으면 과실상계가 인정된다.68) 불법행위로 인한 손해의 발생 또는 확대에 관하여 피해자에게도 과실이 있는 때에는 가해자의 손해배상의 범위를 정함에 있어 당연히 이를 참작하여야 하고, 양자의 과실비율을 교량함에 있어서 손해의 공평부담이라는 제도의 취지에 비추어 불법행위에 관련된 제반 상황을 충분히 고려하여야 한다.69) 피해자의 과실에는 피해자 본인의 과실 뿐만 아니라 그와 신분상 또는 사회생활상 일체를 이루는 자의 과실도 피해자 측의 과실로 참작되어야 한다. 이러한 관계가 있는지의 판단은 구체적 사정을 검토하여 피해자 측의 과실로 참작하는 것이 공평의 관념에서 타당한지를 고려해야 한다.70) 과실상계 사유에 관한 사실인정 또는 그 비율은 현저히 불합리하다고 인정되지 않는 한 사실심의 전권사항에 속한다는 것이 판례의 태도이다.71) 아래 두 판례는 타인의 서면에 의한 동의를 얻지 않은 유사 유형

---

68) 대판 2006. 6. 29, 2005다11602, 11619; 대판 2001. 11. 9, 2001다55499, 55505; 대판 1994. 11. 22, 94다19617.
69) 대판 2010. 3. 11, 2007다76733; 대판 2004. 7. 22, 2001다58269.
70) 대판 1999. 7. 23, 98다31868; 한기정, 96면.
71) 대판 2007. 1. 25, 2004다51825; 대판 1999. 7. 23, 98다31868.

의 사실관계에서 보험자의 사용자책임을 인정함에 있어서 보험계약자 측의 과실 비율이 각각 다르게 산정되었음을 보여준다.

[대법원 2001. 11. 9. 선고 2001다55499, 55505 판결]

〈주요 판시내용〉

보험회사는 보험계약자에게 보험업법 제102조 소정의 손해배상책임을 부담한다고 하면서 보험계약자에게도 이 사건 보험계약의 청약서상의 꼭 알아야 할 사항란도 제대로 읽어보지 아니하여 보험계약 체결시 타인의 서면에 의한 동의를 얻어야 한다는 사실을 알지 못하여 체결한 과실 30%가 있다고 보아 상계하였다.

[대법원 2006. 6. 29. 선고 2005다11602 판결]

〈주요 판시내용〉

타인의 사망을 보험사고로 하는 보험계약에 있어서 보험모집인이 보험계약자에게 피보험자인 타인의 서면 동의를 얻어야 하는 사실에 대한 설명의무를 위반하여 위 보험계약이 무효로 된 사안에서, 보험회사는 구 보험업법 제158조 제1항에 따라 보험계약자에게 보험금 상당액의 손해배상책임을 부담하되, 보험계약 체결 당시 보험계약청약서 및 약관의 내용을 검토하여 피보험자의 서면 동의를 받았어야 할 주의의무를 게을리한 보험계약자의 과실비율을 40% 정도로 본다.

그러나 과실상계 적용에는 한계가 있다. 예를 들어 가해행위가 사기, 횡령, 배임 등의 영득행위인 경우에 과실상계를 인정하게 되면 가해자가 불법행위로 인한 이익을 최종적으로 보유하는 경우도 발생하기 때문에 이러한 경우는 공평의 이념이나 신의칙에 반하는 결과이므로 예외적으로 과실상계가 허용되지 않는다.[72]

⒝ 기   타

과거 보험업법 개정안 내용 중에 대형법인 형태의 보험대리상 소속 보험설계사의 불법행위에 대해 해당 보험대리상에게 직접 배상책임을 부과하며, 해당 보험대리상이 해산했거나 무자력인 경우에는 비록 이들 대형법인 보험대리상과 보험자와의 사이에 실제적인 지휘감독관계가 없더라도 예외적으로 보험자의 사용자책임을 인정하자는 내용이 있었으나 법제화되지는 못했다.[73] 하급심 판례 중에 보험설계사가 특정 보험회사 소속의 전속보험설계사가 아니고 독립보험대리점(GA, General Agency) 소속으로서 보험가입자로부터 보험계약 갱신에 필요하다며 돈을 받아 이를 개인 용도로 사용한 사건에서, 보험계약의 갱신

---

72) 대판 2013. 6. 13, 2010다34159; 대판 2007. 10. 25, 2006다16758, 16765.
73) 채이배 의원 발의, 보험업법 개정안, 의안번호 15856, 2018. 10. 4; 한기정, 93면.

을 위한 금전을 마련하기 위해 다른 보험계약을 해지한 후 환급금을 받아 이를 보험설계
사 계좌에 입금하는 것은 통상의 거래관념에 비춰 상식에 맞지 않는다면서 이러한 행위는
외형적으로 볼 때 객관적으로 보험설계사의 본래 모집행위와 밀접한 관련이 있거나 유사
한 행위로 볼 수 없으며 개인적 금전거래로 볼 여지가 상당하다는 이유로 보험회사의 보
험업법 제102조에 의한 손해배상책임을 인정하지 않았다.[74] 특정 보험회사의 보험대리점
점주가 보험가입자로부터 받아 관리하던 현금카드로 대출을 받은 경우에 보험대리점에 대
한 보험회사의 사용자책임은 보험모집과 관련된 것에 국한되므로 이러한 행위에 대해 보
험업법 제102조상의 관리책임을 물을 수 없다고 해석하기도 했다.[75]

최근 보험설계사가 보험상품 안내 및 보험모집 외에 고객의 재정관리나 금융투자 상
담 역할까지 수행하는 경우가 많다. 보험자에게 부과되는 사용자책임은 '보험모집을 하면
서' 발생된 손해일 것을 요구하고 있는데, 금융투자 등의 역할 수행 중 야기된 고객의 손
해를 보험모집을 하면서 발생한 손해로 해석할 수 있는가의 문제가 생기고 있다. 보험회
사의 책임부담은 위험단체를 구성하는 다른 보험가입자에게도 영향을 필연적으로 미치게
되는 것이기 때문에 보험회사의 사용자책임 인정 범위는 합리적인 제한이 필요하다고 여
겨진다.[76]

(4) 금융소비자보호에 관한 법률에 의한 손해배상책임

2021년 3월 25일부터 시행되는 금융소비자보호에 관한 법률은 제44조와 제45조에서
금융상품판매업자[77] 등의 손해배상책임과 금융상품직접판매업자의 손해배상책임을 규정
하고 있다. 이 조문으로 인해 보험업법 제102조는 삭제되었다. 금융상품판매업자 등이 고
의 또는 과실로 금융소비자보호에 관한 법률을 위반하여 금융소비자에게 손해를 발생시킨
경우에는 그 손해를 배상할 책임이 있다. 금융상품판매업자 등이 동법 제19조의 설명의무
를 위반하여 금융소비자에게 손해를 발생시킨 경우에도 그 손해를 배상할 책임을 진다. 다
만, 그 금융상품판매업자 등이 고의 및 과실이 없음을 입증한 경우에는 그러하지 아니하

---

74) 서울중앙지법 2016. 3. 11, 2013가합88244.
75) 서울중앙지법 2015. 8. 11, 2011가단474585.
76) 同旨: 전재중, "보험모집인의 횡령, 편취 등 금전사고 관련 보험회사의 책임 한계" 법률신문 판례해설,
2016. 4. 4.
77) 동법 제2조 제3호 "금융상품판매업자"란 금융상품판매업을 영위하는 자로서 대통령령으로 정하는 금융
관계 법률(이하 "금융관계법률"이라 한다)에서 금융상품판매업에 해당하는 업무에 대하여 인허가 또는
등록을 하도록 규정한 경우에 해당 법률에 따른 인허가를 받거나 등록을 한 자(금융관계법률에서 금융상
품판매업에 해당하는 업무에 대하여 해당 법률에 따른 인허가를 받거나 등록을 하지 아니하여도 그 업무
를 영위할 수 있도록 규정한 경우에는 그 업무를 영위하는 자를 포함한다) 및 제12조 제1항에 따라 금융
상품판매업의 등록을 한 자를 말하며, 다음 각 목에 따라 구분한다. 가. 금융상품직접판매업자: 금융상품
판매업자 중 금융상품직접판매업을 영위하는 자, 나. 금융상품판매대리·중개업자: 금융상품판매업자 중
금융상품판매대리·중개업을 영위하는 자.

다. 금융상품직접판매업자는 금융상품계약체결등의 업무를 대리·중개한 금융상품판매대리·중개업자 또는 「보험업법」 제83조 제1항 제4호에 해당하는 임원 또는 직원이 대리·중개 업무를 할 때 금융소비자에게 손해를 발생시킨 경우에 그 손해를 배상할 책임이 있다. 다만, 금융상품직접판매업자가 금융상품판매대리·중개업자등의 선임과 그 업무 감독에 대하여 적절한 주의를 하였고 손해를 방지하기 위하여 노력한 경우에는 그러하지 아니하다. 또한 금융상품판매대리·중개업자등에 대한 금융상품직접판매업자의 구상권 행사는 가능하다.

Ⅱ. 보험계약자

보험계약자(policy holder, insurance purchaser)는 보험자의 계약상대방으로서 자기명의로 보험자와 보험계약을 체결하고 보험료지급의무를 부담하는 자이다. 보험자와는 달리 보험계약자가 되기 위한 자격은 따로 없다. 민법상의 권리능력만 있으면 보험계약자가 될 수 있고 행위무능력자도 가능하다. 상인이냐 비상인이냐도 묻지 않으며 개인뿐만 아니라 법인도 보험계약자가 될 수 있다. 하나의 보험계약에 대해 수인이 보험계약자가 될 수도 있는데 그 중 1인, 일부, 또는 전원에게 상행위로 되는 때에는 각 보험계약자는 연대하여 보험료납입의무를 부담한다(상법 제57조 제1항). 보험계약자는 대리인을 통해 보험계약을 체결할 수도 있는데, 이 경우 본인이 보험계약자가 되며 대리인이 어떤 사실을 알고 있다면 본인이 안 것과 동일하게 취급하므로(제646조), 보험자가 보험계약자의 대리인과 보험계약을 체결하는 경우에는 그 대리인에게 보험약관의 중요한 내용을 설명하면 그것으로 약관설명의무를 이행한 것으로 본다.78) 보험계약자는 자기를 위한 보험계약을 체결할 수도 있고 타인을 위한 보험계약을 체결할 수도 있다.

보험계약을 체결하는 자가 타인의 이름으로 법률행위를 한 경우에 체결 행위자 또는 서류상의 명의인 가운데 계약 당사자가 누구인지는 계약에 관여한 당사자의 의사해석 문제에 해당한다. 행위자와 보험자와의 의사가 일치하는 경우에는 그 일치한 의사대로 행위자 또는 명의인을 계약 당사자로 확정하여야 한다. 그러나 일치하지 않는 경우에는 그 계약의 성질·내용·목적·체결 경위 등 그 계약 체결 전후의 구체적인 여러 사정을 토대로 보험자가 행위자와 명의자 중 누구를 계약 당사자로 여겼을 것인지를 판단하여 계약 당사자를 결정하여야 한다.79)

---

78) 정찬형, 570면; 임용수, 51-52면; 최준선, 88면; 정동윤, 490면; 김은경, 105면; 대판 2001. 7. 27, 2001다 23973.
79) 대판 2016. 12. 29, 2015다226519.

[대법원 2016. 12. 29. 선고 2015다226519 판결]

〈사실관계〉

甲이 乙 보험회사와 사망보험금 수익자를 丙으로 하고, 피보험자를 甲으로 한 보험계약을 체결하면서, 신용불량자인 이유로 보험계약자를 丁 명의로 하였다.

〈주요 판시내용〉

甲이 신용 문제 때문에 자신 명의로 보험계약을 체결할 수 없어 丁의 명의를 이용한 것이므로 丁이 보험계약자가 되는 것을 의도하였고, 丁 역시 보험계약자가 되는 것을 양해하였다고 보이는 점 등을 종합하면, 보험계약의 보험가입자 측이나 보험자 모두 보험계약자를 丁으로 하는 것에 관하여 의사가 일치되었다고 할 것이므로, 보험계약의 보험계약자를 甲이 아닌 丁으로 보아야 한다. 보험회사는 청약서 등에 나타난 대로 계약자를 丁으로 알고 이 사건 보험계약을 체결한 후 丁을 계약자로 기재한 보험증권을 발급하고 매월 丁 명의의 계좌를 통해 보험료를 받아온 점을 종합하면, 이 사건 보험계약의 보험가입자 측이나 보험자 모두 그 계약자를 丁으로 하는 것에 관하여 의사가 일치되었다고 할 것이므로, 이 사건 보험계약의 보험계약자는 丁으로 보는 것이 옳다.

타인명의를 허위로 기재(모용)하여 보험계약을 체결하였다면 보험청약서에 청약자로 기재된 자(피모용인)가 보험계약자인가 아니면 타인의 명의를 모용하여 실제로 보험계약을 체결한 자(행위자, 모용인)가 보험계약자인가의 문제가 있다.[80) 아래 판례는 이 문제를 다루고 있다.

[대법원 1995. 10. 13. 선고 94다55385 판결]

〈사실관계〉

소외인 A는 피고로부터 거액의 대출을 받으면서 대출 원리금의 반환채무를 보증하기 위해 보증보험계약을 원고회사와 체결하려고 한다. A는 B1, B2, B3 등의 명의를 모용하여 서류를 위조하고 이들이 피고로부터 소액의 대출을 받는 것처럼 꾸며 보증보험의 보험청약자로 기재했고 원고회사는 이들을 계약 당사자로 생각하고 보험계약을 체결하였다. 이후 B1, B2, B3 등으로부터 변제가 이루어지지 않자 피고는 원고회사에게 보험금을 청구했고 원고회사는 피고에게 보험금을 지급하였는데 이후 보험계약이 위조되었다는 사실이 발각되었다. 원고회사는 보증보험계약이 명의도용에 의해 체결된 것이어서 무효이므로 피고는 보험금을 법률상 원인 없이 취득한 것이고, 이미 지급된 보험금을 원고회사에게 부당이득으로서 반환할 의무가 있다고 주장하였다.

〈주요 판시내용〉

타인의 이름을 임의로 모용하여 법률행위를 한 경우에는 행위자 또는 명의인 가운데 누구를 당사자로 할 것인지에 관하여 행위자와 상대방의 의사가 일치한 경우에는 그 일치하는 의사대로 행

---

80) 대판 1995. 10. 13, 94다55385.

위자의 행위 또는 명의인의 행위로서 확정하여야 할 것이지만, 그러한 일치하는 의사를 확정할 수 없을 경우에는 그 계약의 성질, 내용, 목적, 체결 경위 등 그 계약 체결전후의 구체적인 제반 사정을 토대로 상대방이 합리적인 인간이라면 행위자와 명의자 중 누구를 계약당사자로 이해할 것인가에 의하여 당사자를 결정한 다음 그 당사자 사이의 계약 성립 여부와 효력을 판단하여야 할 것이다.

이 사건 보험계약의 당사자는 모용인 A가 아니라 보험계약자로 표시된 피모용인 B1, B2, B3 라고 보아야 할 것이다. 이는 A가 아무런 권한 없이 임의로 B1, B2, B3의 이름으로 체결한 것이 므로 무권대리에 해당하며 B1, B2, B3가 이를 추인하지 아니하는 한 보험계약은 무효이다. 따라 서 차용금 상환채무가 이행되지 않음을 이유로 피고가 원고 보험회사로부터 보험금을 지급받은 것은 결국 아무런 효력이 없는 보험계약에 기한 보험금의 수령이라 할 것이어서 이는 법률상 원 인 없이 이익을 얻고, 원고 보험회사에게 같은 금액 상당의 손해를 가한 것이라고 보아야 할 것 이며 따라서 부당이득으로서 반환해야 한다.

청약서상의 명의와 보험증권에 보험계약자로 기재된 명의가 다른 경우에, 법원은 보 험증권이 보험계약 체결에 관한 증거서류이고 보험금 지급의 근거가 된다는 이유로 보험 증권에 기재된 명의자를 보험계약자로 해석한 바 있다.81)

Ⅲ. 피보험자

1. 손해보험

손해보험에서 피보험자(insured)는 피보험이익의 귀속주체를 말한다. 이로부터 보험사 고 발생시 보험자에게 보험금을 청구할 수 권리를 갖게 된다. 보험계약자와 피보험자가 동일하면 자기를 위한 손해보험, 다르면 타인을 위한 손해보험이라 한다. 피보험이익의 귀 속주체와 보험금청구권의 행사주체가 구별되는 경우가 있을 수 있는데, 피보험이익의 귀 속주체를 피보험자로 보아야 한다.82) 손해보험에서 피보험자의 자격에는 제한이 없다. 자 연인 외에 법인도 피보험자가 될 수 있다. 피보험자는 보험계약의 당사자가 아니다. 따라 서 취소권이나 해지권 등 보험계약의 당사자로서의 권리와 의무는 갖지 못하고 기본적으 로 보험료지급의무도 부담하지 않는다. 그러나 고지의무(제651조), 각종 통지의무(제652조, 제653조, 제657조), 손해방지의무(제680조)를 부담하며, 타인을 위한 보험계약에서 보험계약

---

81) 대판 2017. 4. 7, 2014다234827.
82) 대판 1999. 6. 11, 99다489.

자가 파산을 하거나 보험료의 지급지체가 있는 경우에 피보험자가 권리를 포기하지 않는 한 피보험자가 보험료를 지급해야 한다(제639조 제3항).

2. 인 보 험

인보험에 있어서 피보험자는 보험사고의 대상으로서 생명과 신체에 관하여 부보된 사람으로서 그 성질상 자연인에 한한다. 피보험자는 1인일 수도 있고 단체보험과 같이 수인일 수도 있다. 인보험에서 보험계약자와 피보험자가 다르면 타인의 생명보험 또는 타인의 상해보험이 된다.

손해보험과 달리 인보험의 경우에는 피보험자의 자격에 법률상의 제한이 있다. 보험계약의 사행계약적 성격으로 인해 도박적 요소를 차단하기 위해 타인의 사망을 보험사고로 하는 보험계약에는 보험계약 체결시 그 타인의 서면에 의한 동의를 사전에 받아야 하며, 그 보험계약으로 인해 발생한 권리를 피보험자가 아닌 자에게 양도하는 때에도 피보험자의 동의가 필요하다. 또한 보험계약자가 타인의 사망보험계약 체결 후 보험수익자를 지정하거나 변경할 때에도 그 피보험자의 동의가 필요하다(제731조, 제734조). 15세 미만자, 심신상실자 또는 심신박약자의 사망을 보험사고로 하는 보험계약은 이들의 서면동의의 유무에 상관없이 절대적으로 무효로 하고 있어(제732조) 이들은 피보험자가 될 수 없다. 다만 심신박약자가 보험계약을 체결하거나 제735조의3에 따른 단체보험의 피보험자가 될 때에 의사능력이 있는 경우에는 예외적으로 피보험자가 될 수 있다. 인보험에 있어서 피보험자는 보험사고의 객체에 불과하며 보험계약에 의한 권리를 취득하지는 못하는 반면,83) 고지의무와 각종 통지의무를 부담한다.

Ⅳ. 보험수익자

보험수익자(beneficiary)는 생명보험 등의 인보험계약에서 보험사고가 발생한 경우 또는 만기가 도래한 경우에 보험금 지급청구권을 가지는 자이다. 보험수익자는 특별한 수익의 의사표시를 하지 않아도 보험금청구권을 가진다. 보험수익자의 자격에는 제한이 없다(통설).84) 보험계약자에 의해 보험수익자가 지정되는데 실무상 특정인을 정하여 보험수익

---

83) 정찬형, 570면; 양승규, 93면.

84) 통설은 인보험계약에서 원칙적으로 누구라도 보험수익자로 지정할 수 있다고 설명하는데 그 이유는 인보험계약에는 피보험이익이 없기 때문이다. 그러나 인보험계약에서도 피보험이익이 인정될 수 있다는 견해가 있으며, 이미 영미 보험법계에서는 인보험계약에서의 피보험이익 개념을 인정하고 있는 상황에서

자로 지정하는 경우도 있고 추상적으로 단순히 '법률상의 상속인'이라고 보험증권에 기재하는 경우도 있다. 보험계약자와 보험수익자가 동일하면 자기를 위한 인보험, 다르면 타인을 위한 인보험이라 한다.

　　보험수익자는 보험계약의 당사자가 아니며 원칙적으로 보험료지급의무가 없다. 그러나 타인을 위한 인보험계약에서 보험계약자가 파산을 하거나 보험료의 지급지체가 있는 경우에 그 타인에 해당되는 보험수익자가 권리를 포기하지 않는 한 보험수익자도 보험료지급의무를 부담한다(제639조 제3항). 고지의무나 위험변경증가 통지의무도 부담하지 않는다. 그러나 피보험자의 사망이라는 보험사고의 발생을 안 때에는 보험수익자도 지체없이 보험자에게 그 통지를 발송하여야 한다(제657조). 제732조의2는 사망을 보험사고로 한 보험계약에서 사고가 보험계약자, 피보험자 또는 보험수익자의 중대한 과실로 인하여 발생한 경우에 보험자는 면책되지 않으며 보험금을 지급해야 한다고 정하고 있다. 중과실에 의한 보험사고를 예외적으로 면책사유로 보지 않는 것이다. 보험계약의 전부 또는 일부가 무효인 경우에 보험계약자와 보험수익자가 선의이며 중대한 과실이 없는 경우 보험자에 대해 지급한 보험료의 전부 또는 일부의 반환을 청구할 수 있다(제648조 단서).[85]

　　타인을 위한 생명보험을 체결한 경우 보험계약자는 보험수익자를 지정하거나 변경할 수 있는데 보험계약자가 그 지정권을 행사하지 않은 채 사망했다면 보험계약자의 승계인이 지정권을 행사할 수 있다는 약정이 없는 한 피보험자가 보험수익자의 지위를 가지게 된다(제733조 제2항). 또한 보험계약자가 보험수익자의 지정권을 행사하기 전에 피보험자가 사망한 경우에는 피보험자의 상속인이 보험수익자가 된다(제733조 제4항).

[대법원 2010. 9. 30. 선고 2010다12241, 12258 판결]

〈주요 판시내용〉
　보험회사가 피보험자인 망인의 남편이자 보험수익자인 미성년자 甲의 부(父)인 乙에게 질병사망보험금 명목의 돈을 지급하면서 乙로부터 '망인의 사망사고와 관련한 보험 문제를 종결하는 데 동의하며, 향후 추가 청구·민원 등 일체의 이의를 제기하지 않을 것을 확약한다'는 취지의 확인서를 교부받은 사안에서, 보험계약의 사망보험금 수익자가 甲으로 정해져 있음에도 보험회사가 보험수익자가 망인의 법정상속인인 것으로 착각하여 법정상속 중 1인인 乙에게 보험금을 지급하고, 乙도 보험회사 직원인 보상담당자의 말만 믿고 망인의 배우자로서 법정상속인의 지위에서 그 보험금을 수령하고 확인서를 작성해 준 점 등을 고려할 때, 乙이 실제 보험수익자인 甲의 법

　통설의 설명에는 의문이 제기될 수 있다. 정동윤, 491면. 양승규, 94면에서는 입법론적으로 피보험자에 대해 보험수익자는 일정한 혈연관계 또는 경제적 이해관계를 가지는 자로 한정할 필요가 있다고 설명하고 있다.
85) 최준선, 90면; 임용수, 53면; 정동윤, 492면.

정대리인의 지위에서 보험회사와 위와 같은 합의를 하였다고 볼 수 없어 그 합의의 효력이 甲에게 미치지 않는다.

V. 피 해 자

보험계약 관계자로서의 피해자는 책임보험에서 특별히 문제가 된다. 책임보험계약에서 피해자는 보험사고가 발생한 경우 보험자에 대해 직접청구권을 행사할 수 있다(제724조 제2항). 이에 대해서는 책임보험에서 설명한다.

VI. 보험의 목적

보험의 목적이란 보험사고의 발생 객체가 되는 특정한 물건(물건보험), 또는 사람의 생명 또는 신체(인보험)를 말한다. 인보험에서는 보험목적인 사람을 피보험자라고 한다. 보험의 목적은 보험계약에서 구체적으로 정해져야 하는데 보험자는 보험목적에 발생한 보험사고에 대해 보험금을 지급하기 때문이다. 보험의 목적은 손해보험에 있어서의 보험계약의 목적(제668조)과 구별된다. 보험계약의 목적은 보험사고가 발생하지 않음으로 인해 피보험자가 가지는 경제적 이해관계를 말하는데, 이를 피보험이익이라고 한다. 피보험이익은 손해보험에 있어서 핵심적인 요소이다. 손해보험에서 피보험이익이 필요한 이유는 보험의 도박화와 인위적 사고를 방지하기 위함이다.[86] 법조문에서 사용하는 '보험계약의 목적' 대신 실무 및 판례에서는 피보험이익이라는 용어를 일반적으로 사용한다. 보험의 목적에 관하여 보험자가 부담할 손해가 생긴 경우에는 그 후 그 목적이 보험자가 부담하지 아니하는 다른 사고의 발생으로 인하여 멸실된 때에도 보험자는 이미 생긴 손해를 보상할 책임을 면하지 못한다(제675조).

건물이나 자동차 등 경제적 이익이 있는 물건(물건보험, 적극보험) 이외에 채권이나 전재산도 보험의 목적이 될 수 있다(책임보험, 소극보험). 보험의 목적은 개별보험의 경우 단일물건이며, 집합보험의 경우에는 집합된 다수의 물건이 보험의 목적이 된다. 집합보험의 경우 그 물건이 처음부터 확정되어 있으면 특정보험이라 하고, 보험기간 중에 수시로 교체될 것이 예상되는 경우는 총괄보험이라 한다. 인보험에서는 보험의 목적이 사람의 생명과 신체가 되기 때문에 자연인에 한하게 된다. 경우에 따라서는 인보험의 목적에 제한이

---

86) 한기정, 42면.

가해지기도 하는데, 예를 들어 15세 미만자, 심신상실자 및 심신박약자의 사망을 보험사고로 하는 보험계약을 무효로 함으로써(제732조) 이들을 사망보험의 피보험자로 할 수 없다고 정하고 있다. 인보험의 경우에 피보험자는 특정한 개인이 될 수도 있고(개인보험), 교체가 예상되는 특정 단체(예를 들어 회사)의 구성원 전부 또는 일부가 될 수도 있다(단체보험).87)

Ⅶ. 보험기간(책임기간)

1. 개   념

보험기간(policy period)이란 보험자의 보상책임(보험금지급책임)이 시작되어 종료될 때까지의 기간을 말하며 책임기간이라고도 한다. 보험자는 책임기간 내에 발생한 보험사고에 대해서만 책임을 부담하는 것이 원칙이다. 보험기간은 당사자간의 약정에 의해 정하고 보험증권에 기재해야 한다. 통상적으로 손해보험은 1년, 생명보험은 1년 이상의 장기간으로 정해지고 있다. 실무상 책임기간을 보다 상세히 정하는 경우가 있는데, 예를 들어 화재보험의 경우 첫날 오후 4시부터 마지막 날 오후 4시로 보험기간을 구체화하기도 한다. 자동차종합보험의 경우 제1회 보험료를 낸 날의 다음 날 오전 0시부터 보험계약이 끝나는 날 밤 12시까지로 정하고 있다. 해상보험의 경우에도 보험자의 책임에 대해 별도의 규정이 있다(제699조, 제700조). 보험계약 체결 이후에 책임기간이 시작하는 것으로 정한 것을 장래보험이라 하며, 반대로 계약체결 이전의 특정 시점을 책임기간의 시작 시기로 정하는 것을 소급보험이라 한다(제643조).

약관이나 보험증권에서 보험자의 책임개시일을 특정일로 정했다고 하더라도(예를 들어 제688조, 제699조, 제700조), 당사자간 다른 약정이 없는 한 보험계약자에 의해 최초 보험료가 지급되지 않으면 보험자는 보험금 지급책임을 부담하지 않는다(제656조). 다시 말하여 보험자는 최초 보험료를 지급받고부터 책임기간이 종료되기 전에 발생한 보험사고에 대해서만 보험금 지급책임을 부담하는 것이다. 보험자나 그 대리인, 체약대리점 등이 최초 보험료 지급에 대한 대납약정을 했다면 보험자의 책임은 대납약정을 한 직후부터 시작된 것으로 보며, 보험계약자에 의한 현실적인 보험료 지급이 보험사고 발생 이후에 이행되었다고 해도 보험자는 보험금 지급책임을 부담한다. 대납약정 시점에서 보험료지급이 있었던 것으로 해석하여 책임기간이 개시된다고 해석하기 때문이다.

---

87) 양승규, 99면; 정찬형, 579면; 정동윤, 492면; 최준선, 97-98면.

[대법원 1995. 5. 26. 선고 94다60615 판결]

〈사실관계〉

원고가 보험금을 청구하자 피고회사는 원고가 보험료를 분할납입하기로 하였는데 제2회 분할보험료를 약정기일까지 납입하지 않아 이 사건 보험계약이 실효되어 있는 동안 발생한 사고이므로 피고에게는 보험금지급책임이 없다고 항변하였다. 그러자 원고는 피고회사의 대리점이 보험료를 대납하기로 약정하였으므로 비록 약정기일 이후에 대납액을 대리점에 지급하였더라도, 보험료는 대리점에 의해 약정기일 이전에 대납된 것이라고 주장하였다.

〈주요 판시내용〉

보험회사를 대리하여 보험료를 수령할 권한이 부여되어 있는 보험대리점이 보험계약자에 대하여 보험료의 대납약정을 하였다면 그것으로 곧바로 보험계약자가 보험회사에 대하여 보험료를 지급한 것과 동일한 법적 효과가 발생하는 것이고, 실제로 보험대리점이 보험회사에 대납을 하여야만 그 효과가 발생하는 것은 아니라 할 것인바, 원심이 위와 같은 취지에서 실제로 피고 보험회사가 위 제2회 분할보험료를 대납하였는가와는 상관없이 피고는 원고에 대한 관계에 있어서 위 대납약정에 의하여 그 보험료가 납입된 것으로 보아야 한다고 판단한 것은 옳다.

[대법원 2005. 11. 10. 선고 2005다38249, 38256 판결]

〈주요 판시내용〉

화재보험계약의 보험료로 약속어음과 그 어음금에 대한 한 달분의 이자를 지급함으로써 그 지급에 갈음하기로 하는 합의가 있는 상태에서 보험자가 보험계약자로부터 약속어음을 교부받는 것을 유예하고, 그 어음금에 대한 이자를 대납하고 보험료 영수증을 발행한 경우 보험자의 책임은 개시된 것으로 보아야 하며 따라서 이후 화재가 발생하였다면 보험자는 보험금 지급책임을 부담한다.

그런데 보험회사를 대리하여 보험계약을 체결할 정당한 권한이 있는 자가 제1회 보험료를 수령하지 않은 채 보험료영수증을 발행한 경우라도 그 자가 보험기간이 개시되기 이전에 현실로 보험료를 받을 수 있을 것으로 예상하고 이러한 기대 하에서 보험료영수증을 발급한 것일 뿐 보험료를 대납하려는 의도가 없었다면 보험료 지급 이전에 발생한 보험사고에 대하여 보험자의 보험금 지급책임은 없다고 해석된다.[88]

보험기간 중에 보험사고가 발생한 것인지 여부를 판단한 최근 판례가 있다. 甲이 직장암 증세로 병원에 입원했는데, 입원 다음날 장기간병요양진단비를 보장하는 보험계약을 체결했다. 그 후 직장암 확진을 받았고 2017년 6월 1일 노인장기요양등급판정을 신청하여 6

---

[88] 광주고법 1990. 1. 11, 88나1133(확정); 임용수, 79면.

월 8일 병원방문 실사 후 6월 21일에 1등급 판정을 받았다. 그런데 甲은 등급 판정이 내려지기 전에 대장암의 다발성 전이에 의한 패혈증으로 사망했다. 약관에는 피보험자가 보험기간 중에 사망하면 보험계약이 소멸하고, 장기간병요양진단비 보험금은 피보험자가 보험기간 중 노인장기요양보험 수급대상으로 인정되었을 경우에 지급한다고 규정되어 있었다. 이 경우 보험계약에서 정한 보험사고가 보험기간 중에 발생했다고 볼 수 있는가 여부가 문제되었다. 피보험자 사후에라도 등급판정이 있었으므로 보험계약상의 보험사고가 발생한 것으로 보아야 하는 것인지, 아니면 판정 전에 사망했으므로 그 시점에서 보험계약은 소멸했고 따라서 보험기간 중에 발생한 유효한 보험사고로 볼 수 없는 것인지의 문제가 쟁점사항이다. 이에 대해 대법원은 아래와 같이 판단했다.

[대법원 2023. 10. 12. 선고 2020다232709 판결]

〈주요 판시내용〉

甲이 乙 보험회사와 체결한 보험계약의 약관에는 '피보험자가 보험기간 중 사망할 경우 보험계약은 소멸한다.'는 조항과 '신(新)장기간병요양진단비 보험금은 피보험자가 보험기간 중 노인장기요양보험 수급대상으로 인정되었을 경우 지급한다.'는 조항을 두고 있는데, 甲이 국민건강보험공단에 장기요양인정을 신청하여 장기요양등급 판정을 받았으나 그 판정 전에 사망한 사안에서, 위 보험계약에서 보험금 지급사유로 정한 '피보험자가 보험기간 중 노인장기요양보험 수급대상으로 인정되었을 경우'는 특별한 사정이 없는 한 '피보험자가 보험기간 중 국민건강보험공단 등급판정위원회에 의하여 장기요양등급을 판정받은 경우'를 말하고, 피보험자가 노인장기요양보험 수급대상에 해당할 정도의 심신상태임이 확인되었다고 하더라도 장기요양등급 판정을 받지 않은 상태에서 보험계약이 소멸하였다면 보험기간 중 보험금 지급사유가 발생하였다고 볼 수 없다.

위 사건에서의 보험사고란 피보험자의 건강상태가 장기요양을 필요로 하는 정도, 즉 장해의 발생사실 자체가 아니라, 장기요양등급의 판정사실로 보아야 한다고 대법원은 판단했다. 피보험자 사망시 보험계약은 소멸되므로 사후적으로 내려진 장기요양등급 판정은 보험기간 내의 보험금 지급사유(보험사고)가 아니라는 것이다.[89] 판례에 동의한다.

보험사고는 보험기간 내에 발생해야 하지만 사고로 인한 손해까지 보험기간 내에 발생할 것을 요구하지는 않는다. 따라서 보험기간이 경과한 후에 손해가 발생하더라도 보험사고 자체가 보험기간 내에 발생하였다면 보험자는 보험금 지급책임을 부담하게 된

---

89) 임정윤, "간병보험 약관의 '보험기간 중보험사고 발생' 조항에 대한 해석론—대법원 2023. 10. 12. 선고 2020다232709, 232716 판결의 평석—", 보험법연구 제18권 제2호, 2024, 243면-289면; 문준우, "장기요양등급판정 전 피보험자 사망 시 요양진단비 보험금 지급여부—대법원 2023. 10. 12. 선고 2020다232709, 232716 판결", 보험법연구 제18권 제2호, 2024, 291면-311면; 이준교, "2023년 손해보험 분쟁 관련 주요 대법원 판결 및 시사점(下)", 손해보험, 2024년 2월호, 손해보험협회, 65면-67면.

다.[90) 보험기간 내에 보험사고가 발생했다는 입증책임은 보험계약자 측이 부담한다.

[대법원 1997. 4. 11. 선고 96다32263 판결]

〈주요 판시내용〉

이행보증보험계약은 주계약에서 정한 채무의 이행기일에 채무를 이행하지 아니함으로써 발생한 피보험자가 입은 손해를 보상하기로 한 보험계약이므로, 피보험자가 보험계약 당시의 준공기한이 도래하기 전에 미리 준공기한을 연기하여 준 나머지 보험계약자가 연기되기 전의 이행기일에 채무불이행을 한 바가 없게 되었고, 피보험자와 보험계약자 사이에 주계약상의 준공기한을 연기하였다 하더라도 보험회사와 보험계약자 사이의 보험계약상의 보험기간도 당연히 변경된다고 할 수 없으므로, 이와 같이 연기된 이행기일이 보험기간 이후임이 분명한 이상 비록 연기된 이행기일에 이행이 없었다고 하더라도 이는 보험사고가 약정 보험기간 이후에 발생한 것으로 보험계약에서 정한 보험금지급사유에 해당되지 아니한다.

[대법원 2002. 11. 8. 선고 2000다19281 판결]

〈사실관계〉

원고와 지속적으로 거래하던 회사가 부도나자 원고는 그 회사와 이행보증보험계약을 맺은 피고회사에 보험금을 청구하였다. 그러나 피고회사는 원고가 보험기간 내에 보험금 청구를 하지 아니하여 보험금청구권이 소멸되었다고 항변하였다.

〈주요 판시내용〉

이행보증보험계약은 그 보험기간의 범위 내에서 주계약에서 정한 채무의 이행기일에 채무를 이행하지 아니함으로써 발생한 피보험자가 입은 손해를 보상하기로 하는 보험계약이므로, 일단 보험기간 내의 이행기일에 채무를 이행하지 아니하여 보험사고가 발생한 이상 피보험자가 보험기간이 지나도록 보험금 청구를 하지 아니하였다고 하여 보험금청구권이 소멸될 이유는 없는 것이다.

2. 구별개념

(1) 보험계약기간

보험계약이 성립되어 보험계약이 종료시까지 보험계약이 존속하는 기간을 보험계약기간이라 한다. 보험계약기간은 대체로 보험기간(책임기간)과 일치하지만 당사자의 약정에 의해 보험기간을 다르게 정할 수 있다. 예를 들어 암보험의 경우 보험계약 체결 당일부터 90일이 지난 다음날부터 보험자의 책임이 개시되는 것으로 일반적으로 약정하며 또는 보험에

---

90) 양승규, 105면; 정찬형, 583면; 임용수, 67면; 정희철, 377면.

가입하기 전의 특정 시점부터 보험자의 책임이 개시되는 것으로 하는 소급보험의 경우가 있다. 물론 계약이 성립한 후에도 제1회 보험료를 납부하지 않은 경우에는 보험자의 책임이 개시되지 않는다(제656조).

(2) 보험료기간

보험료를 산출하는 기초가 되는 기간의 단위를 보험료기간이라 한다. 즉 보험사고의 발생률인 위험률을 예측하는 최소의 단위기간을 말한다. 실무에서는 대개 1년을 단위로 하여 보험료율을 정하고 있다. 물론 1년 외에 월(月)단위 또는 일(日)단위로 정할 수도 있다. 보험료기간과 보험기간은 보험계약의 종류에 따라 일치하기도 하고 다르기도 하다. 예를 들어 1년을 보험기간으로 하는 화재보험에서는 보험료기간과 보험기간이 일치한다. 반면에 생명보험과 같은 장기보험의 경우에는 20년 내지 30년이 되는 보험기간이 여러 개의 보험료기간으로 나뉘기도 한다. 반대로 운송보험의 경우에는 보험기간이 보험료기간보다 단기가 될 수 있다. 한편 보험계약자가 보험료를 납입해야 할 의무가 있는 기간을 보험료납입기간이라 하는데 보험기간과 보험료납입기간을 동일하게 할 수도 있고(10년 만기 보험의 보험료를 10년 동안 납입) 보험기간보다 단기로 정할 수도 있다(10년 만기 보험의 보험료를 5년 동안 납입).[91]

3. 종　　류

(1) 기간보험

일반적으로 보험계약을 체결하는 경우에 보험기간은 당사자 사이의 합의에 의해 그 기간을 정하게 된다. 일정한 시점부터 일정한 시점까지로 보험기간을 정하게 된다. 다만 특정일로 보험기간의 시작일이 정해졌다고 해도 최초보험료의 지급이 이행되어야만 보험자의 책임은 개시된다.

(2) 운송보험, 항해보험의 예외

보험의 종류에 따라 특정한 사실(운송 또는 항해 등)이 발생한 때를 기준으로 보험기간을 정하는 경우가 있다. 예를 들어 운송보험계약의 보험자는 다른 약정이 없으면 운송물을 수령한 때로부터 수하인에게 인도할 때까지 생길 손해를 보상할 책임이 있으며(제688조), 해상보험에서도 선박보험과 적하보험으로 나누어 보험기간의 개시와 종료에 대해 별도로 정하고 있다(제699조, 제700조).

---

91) 양승규, 106면; 정동윤, 501면; 정찬형, 585면; 최준선, 102면.

4. 예   외

(1) 승낙 전 보험사고

보험자가 보험계약자로부터 보험계약의 청약과 함께 보험료의 전부 또는 일부를 받은 경우에 그 청약을 승낙하기 전에 보험계약에서 정한 보험사고가 생긴 때에는 청약을 거절할 사유가 없는 한 보험자는 보험계약상의 책임을 진다. 다만 인보험계약의 피보험자가 신체검사를 받아야 하는 경우에 그 검사를 받지 아니한 때에는 그러하지 아니하다(제638조의2 제3항).92) 청약을 하고 최초보험료까지 납입한 보험계약자는 이제부터 보험으로부터 보호를 받을 수 있을 것이라고 믿게 되는데 청약을 거절할 만한 사유가 없음에도 보험자측이 아직 승낙을 하지 않았다는 이유로 보험으로부터 보호를 받지 못한다고 하는 것은 보험계약자의 합리적인 기대에 어긋난다고 할 수 있다. 승낙 전 보험사고 제도는 보험계약자가 가지는 이러한 합리적인 기대에 대한 이익을 보호하기 위해 정책적으로 도입한 제도이다.

(2) 소급보험

(가) 개   념

보험계약은 보험계약 체결 이후의 사고를 보장하는 것이 원칙이다. 그런데 보험자의 보험금지급책임이 인정되는 책임기간의 시작 시점을 당사자간의 합의에 의해 보험계약 성립 시점(체결 시점)보다 당기는 것이 가능하다. 책임기간의 개시시점을 보험계약의 성립 이전의 과거로 소급하는 것이다. 예를 들어 보험계약 체결은 5월 10일에 되었는데 책임기간의 시작 시점을 당사자간의 합의에 의해 5월 1일로 정하는 것을 말한다. 또는 생명보험계약을 체결하면서 보험계약의 청약시를 책임기간의 시점으로 정하는 것이다. 이를 소급보험이라 하며 제643조에서 규정하고 있다. 이에 따라 보험계약의 성립 시점에 이미 발생한 보험사고에 대해서도 그것이 보험자가 승낙한 보험기간(책임기간) 내의 사고라면 일정한 요건 하에 보험자의 보험금지급책임이 인정된다.93)

(나) 연   혁

과거 통신기술이 발달하지 못했던 시대에 화물을 적재한 선박이 이미 출항한 후 선박소유자가 해상보험자와 적하 및 선박보험을 체결하면서 보험계약 체결 이후의 사고뿐만 아니라 출항한 이후에 발생한 사고까지도 보상하도록 하는 계약을 체결하곤 하였다. 그 선박과 적하에 대해 나중에 보험계약을 체결하더라도 그 당시에는 해상에서의 보험사고

---

92) 이에 대해서는 보험계약의 체결 부분에서 상세히 설명한다.
93) 이경재, "승낙전 사고 담보 조항에 관한 연구", 기업법연구 제29권 제2호, 2015, 219면.

발생여부를 육지에 있는 관계자들이 알 수 없음을 고려하여 이미 발생했을지도 모르는 보험사고에 대해 보험보호를 받기 위해 멸실 여부를 불문하는(lost or not lost) 조건으로 특별히 인정되어 체결했던 것이다. 예를 들어 보험계약의 청약에 대한 승낙을 1월 15일에 하면서 1월 1일부터 책임기간이 시작되는 것으로 소급하여 정하는 것 또는 생명보험계약을 체결하면서 보험계약의 청약시를 책임기간의 시기로 정하는 것이다. 통신기술이 비약적으로 발전된 현재는 소급보험 체결사례가 거의 없다.

(다) 소급보험과 보험사고의 주관적 불확정성

소급보험을 체결하려는 경우에 책임기간이 시작되는 시점에 이미 보험사고가 발생했을 수도 있다. 위의 예에서 1월 15일에 보험계약을 체결하면서 1월 1일을 책임기간의 개시시점으로 하려는 경우에 이미 이때에 보험사고가 발생했을 수도 있다. 보험계약 성립(체결) 시점에서의 보험사고의 객관적 우연성 또는 객관적 불확정성을 강조하는 입장에서 보면 소급보험은 인정될 수 없다. 왜냐하면 보험계약 체결 당시에 보험사고가 이미 발생한 때에는 보험사고가 보험기간 중에 우연히 발생해야 하고 그 발생 여부가 불확정해야 한다는 원칙에 따라 당해 보험계약은 무효이기 때문이다(제644조 본문).

그런데 만약 보험계약자와 보험자 그리고 피보험자 모두가 보험사고가 이미 발생했다는 사실을 알지 못하고 보험계약을 체결한 것이라면 그 보험계약은 유효하다고 상법 보험편은 정하고 있다(제644조 단서). 소급보험을 인정하더라도 제644조 단서의 요건(주관적 불확정성)들이 충족된 경우에는 보험계약자 측에서 이를 악용할 가능성이 없기 때문이다. 이러한 취지에서 보면 제644조 단서는 소급보험을 인정하기 위한 전제 조건들에 관한 것이라 할 수 있다. 즉 보험사고의 발생 또는 불발생 여부에 대하여 보험자, 보험계약자 및 피보험자가 그 사실을 알았느냐 알지 못했느냐 라는 주관적 요소가 소급보험을 인정할 것인지에 대한 판단 기준이 된다. 보험계약을 체결하는 당시에 보험사고의 발생가능성이 아예 없다는 것이 확정되었거나 또는 이미 보험사고가 발생했기 때문에 객관적으로는 보험사고의 우연성(불확정성) 요건을 충족하지 못했다고 하더라도 보험계약의 당사자와 피보험자에게 주관적으로 보험사고의 우연성(불확정성)이 인정된다면 보험계약은 유효한 것으로 해석하게 되는 것이다. 만약 보험계약이 대리인에 의해 체결이 된다면 그 대리인의 知, 不知는 본인의 知, 不知로 해석된다(646조). 물론 소급보험이 인정되어 보험자의 책임기간의 시기가 계약체결 이전 시점으로 소급된다고 하더라도 보험계약자가 최초보험료를 지급해야만 보험자의 책임이 개시되는 것은 당연하다.[94]

---

94) 주석상법(보험 Ⅰ), 한국사법행정학회, 2015, 150-151면.

[대법원 2004. 8. 20. 선고 2002다20889 판결]

〈주요 판시내용〉

상법 제644조는 "보험계약 당시에 보험사고가 이미 발생하였거나 또는 발생할 수 없는 것인 때에는 그 계약은 무효로 한다. 그러나 당사자 쌍방과 피보험자가 이를 알지 못한 때에는 그러하지 아니하다"라고 규정하고 있는데, 보험계약의 당사자 쌍방 및 피보험자가 모두 선의이어서 위 단서가 적용되는 경우라 할지라도 그 보험계약에서 정한 책임개시시기 이후 발생한 보험사고에 대하여 보험자에게 보험금지급의무가 인정될 수 있을 뿐이고, 보험계약에서 정한 책임개시시기 이전에 보험사고가 발생한 경우 이는 그 보험자가 인수하지 아니한 위험에 해당하므로 보험금지급의무가 인정될 여지는 없다.

(라) 제644조의 강행규정성

만약 보험계약 성립 당시에 보험계약 당사자(보험계약자, 보험자)나 피보험자가 보험사고 발생 사실을 알고도 소급보험을 체결한 것이라면 그러한 계약은 무효이고 이를 알고 있었던 보험계약자는 납입한 보험료를 반환받을 수 없다(제644조 및 제648조 반대해석). 제644조는 강행규정이며 당사자간의 합의에 의해 그 내용을 변경할 수 없다. 무효 효과에 대한 추인도 불가능하다.[95] 따라서 보험자, 보험계약자 또는 피보험자 중의 일부라도 보험사고의 불발생의 확정 또는 보험사고의 기발생을 알았다면 해당 보험계약은 당연히 무효이다. 보험사고의 발생에 대해 보험계약자는 알고 피보험자는 모르는 경우라도 제644조에 따라 보험계약은 무효이며, 피보험자는 보험금을 청구할 수 없다.

[대법원 2002. 6. 28. 선고 2001다59064 판결]

〈사실관계〉

소외인은 무상운송 중의 사고에만 적용되는 보험을 체결한 후에 유상운송을 하다가 사고를 내자, 사고에 소급 적용되는 유상운송보호특약을 가입하였다. 피해자의 유족들이 소외인의 보험자인 피고회사에 보험금을 청구하였고 피고회사는 이미 일어난 사고에 대한 소급적용특약은 무효라고 항변하였다.

〈주요 판시내용〉

보험계약이 체결되기 전에 보험사고가 이미 발생하였을 경우, 보험계약의 당사자 쌍방 및 피보험자가 이를 알지 못한 경우를 제외하고는 그 보험계약을 무효로 한다는 상법 제644조의 규정은, 보험사고는 불확정한 것이어야 한다는 보험의 본질에 따른 강행규정으로, 당사자 사이의 합의에 의해 이 규정에 반하는 보험계약을 체결하더라도 그 계약은 무효임을 면할 수 없다.

---

95) 대판 2002. 6. 28, 2001다59064.

㈜ 승낙 전 보험사고와 소급보험의 관계

승낙 전 보험사고에 보험금지급책임을 인정하는 제638조의2 제3항과 소급보험과의 관계가 문제될 수 있다. 즉 승낙 전 보험보호를 소급보험과 같은 것으로 보고 제644조 단서 요건을 요구할 것인가의 문제이다. 만약 제644조 단서 요건이 요구된다고 해석하게 되면 청약 후 승낙 이전에 보험사고가 발생했다는 사실을 계약의 성립당시에 계약 당사자 또는 피보험자 중 어느 누구라도 안다면 해당 계약은 무효가 되어 승낙 전 보험보호는 불가능하게 된다.

판례는 승낙 전 보험보호 제도에 제644조 단서는 적용되지 않는다고 해석하고 있다. 만약 이 문제를 소급보험과 연관시키면서 제644조 단서 요건을 필요로 한다고 해석하게 되면 승낙 전 보험보호 제도의 취지와 충돌하기 때문이다. 예를 들어 2020년 3월 15일에 계약이 체결되었는데 보험기간은 2020년 1월 1일부터 시작되도록 한 소급보험인 경우에 청약과 보험료의 납입은 2020년 3월 11일에 이루어졌고, 2020년 3월 13일에 보험사고가 발생한 경우를 상정해보자. 승낙 전 보험사고에 대하여 보험계약의 청약을 거절할 사유가 없어서 보험자의 보험계약상의 책임이 일단 인정되면, 그 사고발생 사실을 알고도 보험자에게 고지하지 아니하였다는 사정은 청약을 거절할 사유가 될 수 없고, 보험계약 당시 보험사고가 이미 발생한 것을 보험계약 당사자나 피보험자가 알았다고 해도 보험계약이 무효로 된다고 볼 수도 없다고 해석하고 있다.[96]

법 논리적으로 따진다면 청약 후 승낙 전에 보험사고가 발생했고 이 사실을 보험계약자 또는 피보험자가 알고 있는 경우에 이는 중대한 사정변경이 생긴 것이라 할 수 있다. 또한 제651조에 따른다면 청약 후 보험계약 성립 전까지 생긴 사실에 대해서도 고지를 해야 하므로 청약 후 승낙 전에 발생한 보험사고를 고지하지 않았다면 이는 고지의무 위반이라 할 수 있다. 이러한 사실을 승낙 전에 보험자가 알게 되었더라면 이는 청약을 거절할 만한 사유에 해당하는 것이라고 해석할 수 있는 가능성도 있다. 그러나 판례는 제638조의2 제3항에서 승낙 전 보험사고에 대한 보호 제도를 특별히 규정한 취지를 고려할 때 제644조 단서를 적용해서는 안된다는 입장이다. 또한 청약 후 보험사고가 우연히 발생했다면 이것을 가지고 청약 자체를 거절할 만한 사유라 할 수는 없다고 해석한다. 승낙 전 보험보호에 관한 제638조의2 제3항에서의 요건을 충족했다면 본 제도의 취지상 고지의무 이행 여부와 결부시키지 않겠다는 의미로도 해석해야 할 것이다. 판례에 동의한다. 즉 승낙 전 사고에 대해 보험자가 보험금 지급책임을 부담한다는 것은 소급보험과는 다른 것이다. 이에 따라 청약 후 승낙 전에 보험사고가 발생하고 청약 후에 계약당사자와 피보험자

---

96) 대판 2008. 11. 27, 2008다40847.

가 이를 알게 되었다고 해도 승낙 전 보험보호를 받을 수 있다.97)

Ⅷ. 보험사고

1. 의   의

보험사고란 사람의 사망, 화재의 발생, 자동차의 추돌사고 등 보험자의 보험금 지급책임을 현실화시키는 우연한 사고를 말한다. 일부 법조문에서 보험사고를 표현하기 위해 '위험'이란 용어를 사용하기도 하는데(제647조, 제652조 등), 엄밀히 보자면 위험은 보험사고의 발생 가능성과 관련이 있는 개념이다. 보험사고는 보험계약에서 필수적인 요소로서 위험이 없으면 보험도 없다.98) 보험사고는 화재보험에서의 화재와 같이 구체적으로 특정되어 화재사고 하나로 제한될 수도 있지만, 해상보험이나 운송보험과 같이 항해 또는 운송 중 발생할 수 있는 여러 형태의 보험사고(도난, 지연, 훼손 등)를 포괄적으로 정할 수도 있다.99)

해당 보험계약에 의해 담보(보장)되는 보험사고가 무엇인지는 보험약관 또는 보험증권에 기재되는 것이 일반적이다. 보험사고는 계약시에 구체적으로 특정되어야 하며 약정된 그 보험사고가 발생한 경우에만 보험자는 보험금지급의무를 부담하게 된다. 구체적인 담보 내용이 무엇인가에 대해 약관이나 증권에서 명확하게 기재되어 있지 않다면, 보험계약자 측의 계약 체결 목적 등을 고려해서 판단해야 한다.100)

> **[대법원 2008. 11. 13. 선고 2007다19624 판결]**
> 〈주요 판시내용〉
>
> 보험계약의 주요한 부분인 보험사고나 보험금액의 확정절차는 보험증권이나 약관에 기재된 내용에 의해 결정되는 것이 보통이지만, 보험증권이나 약관의 내용이 명확하지 않은 경우에는 이에 더하여 당사자가 보험계약을 체결하게 된 경위와 과정, 동일한 종류의 보험계약에 관한 보험회사의 실무처리 관행 등 여러 사정을 참작하여 결정하여야 하고, 특히 법령상의 의무이행을 피보험이익으로 하는 인·허가보증보험에서는 보험가입을 강제한 법령의 내용이나 입법취지도 참작하여야 한다.

예를 들어 만약 보증보험약관에서 보험계약자인 주채무자의 주계약상의 채무불이행을 보험사고로 명시하면서 주계약의 해제·해지 발생이 보험기간 안에 있을 것을 요하지 않

---

97) 同旨: 한기정, 206-207면.
98) 양승규, 100면; 정찬형, 580면; 임용수, 59면; 정희철, 375면.
99) 정동윤, 499면.
100) 대판 2008. 11. 13, 2007다19624.

는다고 정하고 있다면, 특별한 사정이 없는 한 주채무자의 정당한 사유 없는 주계약의 불이행이 보험사고이고, 주계약의 해제·해지는 보험사고의 내용을 이루는 것이 아니라 보험금청구권의 행사요건에 불과하다고 봄이 타당하다. 보증보험약관에 주계약상의 채권자가 보증보험회사를 상대로 보험금을 청구하기에 앞서 도급계약을 해제해야 한다고 규정되어 있는 경우에 보험금청구권의 소멸시효는 주채무자가 약정된 준공기간 내에 공사를 마치지 못한 때부터 진행하는 것이 아니라 채권자가 상당한 기간 내에 도급계약을 해제하였다면 그때부터, 그렇지 않다면 도급계약을 해제할 수 있었던 상당한 기간이 경과한 때부터 소멸시효가 진행한다고 해석된다.101) 아래 판례는 영업배상책임보험에서 제품의 파손사고 자체가 아니라 그 파손으로 인해 야기된 타인의 재물의 손괴를 보험사고로 보았다.102)

[대법원 2000. 6. 9. 선고 98다54397 판결]

〈사실관계〉

원고회사의 보험가입자(포도재배 농가)가 피고회사의 보험가입자(포도봉지 제조자)에게서 구매한 포도봉지로 인해 포도 생산량이 감소하는 손해를 입자, 원고회사는 자신의 가입자 측에게 보험금을 지급한 뒤 피고회사에 구상권을 행사했다. 그러나 피고회사는 자신의 보험가입자가 하자 있는 포도봉지를 만든 이후에 보험에 가입하였으므로 이미 보험사고가 발생한 것이기 때문에 보험계약은 무효이므로, 원고의 구상권에 응할 이유가 없다고 항변했다.

〈주요 판시내용〉

피고회사와 사이에 보험계약을 체결할 당시 이미 포도봉지의 파손이라는 보험사고가 발생하였고 이는 상법 제644조 소정의 보험사고의 객관적 확정에 해당하므로 위 보험계약은 무효라는 피고의 주장에 대하여, 위 보험계약에 있어서 보험사고는 포도봉지 파손사고 자체가 아니라 포도봉지의 파손으로 인하여 포도재배 농가들에게 포도 생산량의 감소 또는 상품가치의 하락이라는 피해가 발생한 것을 말한다 할 것인바, 위 보험계약의 체결 당시 위와 같은 보험사고가 이미 발생하였다고 볼 만한 증거가 없다.

[대법원 2017. 3. 30. 선고 2014다68891 판결]

〈사실관계〉

보험회사는 변호사인 甲을 피보험자로 하여 甲이 제공하는 등기업무 등 법률서비스와 관련된 업무수행 불가, 실수, 태만, 과실 등에 기인하여 발생한 손해배상금을 보상하기로 하는 내용의 보험계약을 체결하였다. 甲은 乙을 등기사무장으로 고용하면서 甲의 명의로 독자적으로 등기사건을

101) 대판 2014. 7. 24, 2013다27978.
102) 한기정, 295면.

수임하여 처리할 권한을 부여하고 등기업무에 필요한 甲의 인감도장, 인감증명서, 주민등록등본 사본, 사업자등록증 사본, 변호사등록증 사본, 통장, 보안카드, 인증서 등을 주고, 乙로부터 그 대가로 매월 5,000,000원씩을 받기로 약정한 사실, 이에 따라 甲은 乙이 甲의 명의로 등기사건을 수임하여 처리하는 것과 관련하여 아무런 확인을 하지 아니하였을 뿐만 아니라 어떠한 관여도 하지 아니하였고, 등기비용이 입금되는 甲 명의의 은행계좌에 대하여도 전혀 통제하지 아니한 채 방치한 사실, 乙은 등기 위임계약의 위임자들이 甲의 계좌로 입금한 등기비용을 횡령하였고, 이로 인하여 피해자들의 등기 위임계약을 이행할 수 없게 된 사실, 乙은 변호사가 아니면서 법률사무를 취급한 행위, 甲은 변호사가 아니면서 법률사무를 취급하는 자에게 자기의 명의를 이용하게 한 행위로 인하여 각 변호사법위반으로 형사처벌을 받은 사실 등을 알 수 있다.

〈주요 판시내용〉

甲이 乙로부터 대가를 받기 위하여 의도적으로 乙에게 등기사무에 관하여 자신의 변호사 명의를 사용하게 하는 변호사법 위반의 범죄행위를 함으로써 무자격자인 乙로 하여금 등기사무를 수행하도록 하는 과정에서 그 등기비용에 대한 乙의 횡령행위가 발생하였고, 그로 인하여 甲이 이 사건 등기 위임계약의 이행을 하지 못하게 됨으로써 이 사건 보험사고가 발생한 것으로 평가할 수 있다.

그러나 아래 판결은 같은 전문인배상책임보험계약에서 보험사고가 발생한 것으로 볼 수 없다고 판시한 것이다.

[대법원 2017. 1. 25. 선고 2014다20998 판결]

〈사실관계〉

변호사 甲이 乙 보험회사와 변호사전문인배상책임 보험계약을 체결한 후, 아파트의 구분소유자들을 대리하는 관리사무소장 丙과 등기업무 위수임계약을 체결하고 구분소유자들로부터 甲 명의의 은행계좌로 등기비용을 지급받았는데, 甲이 고용한 등기사무장인 丁이 위 등기비용 중 일부를 개인적 용도로 사용하는 바람에 등기업무의 처리가 지연되어 丙이 甲에게 기한을 정하여 이행을 최고하면서 그때까지 이행을 하지 않을 경우 손해배상책임을 묻겠다는 통보를 하자, 甲이 부족한 등기비용을 개인적으로 마련하여 등기업무를 마친 다음 乙 회사를 상대로 보험금을 청구하였다.

〈주요 판시내용〉

원고가 변호사로서 법률서비스를 제공하는 업무를 하면서 제3자에게 부담하는 손해배상책임을 보상하기 위한 책임보험이므로, 등기사무장인 丁이 등기비용을 임의소비한 것 자체가 보험사고라고 할 수는 없다. 위임받은 등기사무의 불이행 등으로 위임인에 대하여 원고가 손해배상책임을 지게 되는 등의 사정이 있어야 보험사고가 발생한 것으로 인정될 수 있다. 그런데 이 사건에서는 위임사무의 처리가 지연되자 이 사건 아파트 관리소장인 丙이 기한을 정하여 이행을 최고하면서 그때까지 이행하지 않을 경우에는 손해배상책임을 묻겠다고 통보하였고, 이에 甲은 丁이 다른 용도로 써버린 등기비용을 자기 비용으로 조달하여 위임사무의 이행을 마쳤다. 그러므로 이 사건 등기위임사무의 처리에 관한 법률서비스 이행의무는 비록 그 이행이 지체되기는 했지만 결국 위임취지대로 이행이 마쳐졌다. 따라서 이 사건 아파트의 구분소유자들이 등기위임사무의 불이행으로 인하여 입은 손해는 없다고 할 것이다. 또한 그러한 손해의 배상을 구하는 청구도 없었고, 그 손해가 판결이나 보상결정 또는 보험자인 피고의 승인을 받아 이루어진 합의에 의하여 확정된 바도 없다. 결국 丁이 수임사무처리비용을 임의소비하고 甲이 이를 대납하여 위임사무를 처리한 것만으로는 이 사건 보험계약 및 그 내용에 편입된 보험약관에 정한 보험금청구권의 발생요건을 충족한다고 할 수 없다.

2. 요   건

(1) 보험사고의 불확정성(우연성)

㈎ 불확정성과 우연성

보험사고는 그 사고발생 가능성과 발생시기 등이 불확정이어야 하며 또한 우연히 발생해야 한다(비인위성). 다만 사망사고의 경우에는 발생 시기만이 불확정적이라 할 수 있다. 사고의 발생으로 인한 손해의 정도가 확정되지 않은 것도 보험사고의 불확정성에 포함될 수 있다. 만약 보험사고의 발생 여부나 발생시기가 확정되어 있는 경우, 보험사고가 예견할 수 있거나 정기적이고 규칙적으로 발생하는 경우에는 보험사고의 범주에 포함시킬 수 없다.[103] 불확정성 여부는 보험계약 체결 당시를 기준으로 판단함이 원칙이다. 제644조 본문은 보험계약 당시에 보험사고가 이미 발생하였거나 또는 발생할 수 없는 것인 때에는 당해 보험계약을 무효로 한다고 정함으로써 보험사고의 불확정성 판단의 시기를 보험계약 성립시기로 규정하고 있다. 이는 보험사고의 불확정성 여부를 객관적으로 판단해야 한다는 것을 의미한다.

그런데 견해에 따라서는 보험사고의 불확정성과 우연성(비인위성)을 구별하기도 한다.[104] 불확정성 문제는 보험계약 성립시를 기준으로 하여 보험계약의 효력 유무에 관한 것인 반면에 우연성의 문제는 보험사고가 발생한 시점을 기준으로 하여 인위적으로 보험사고를 야기했는가의 문제로서 이는 유효하게 체결된 보험계약에서 보험자의 면책 여부를 결정하는 것이라는 것이다.[105] 예를 들어 상해보험에 있어서의 불확정성이란 보험사고의 발생이 보험계약자나 피보험자의 주관적인 의도로부터 야기되지 않아야 한다는 점을 강조하는 반면에, 상해보험사고의 우연성(accidental)이라 함은 피보험자가 예측할 수 없는 원인

---

103) 한기정, 287면.
104) 장덕조, 14면; 임용수, 60면; 한기정, 288면.
105) 대판 2009. 12. 10, 2009다56603.

에 의하여 발생하는 것으로서 고의에 의한 것이 아니고 예견하지 않았는데 우연히 발생하고 통상적인 과정으로는 기대(예측)할 수 없는 결과를 가져오는 사고를 의미한다고 해석하고 있다.106) 이와 같이 불확정성과 우연성을 구별하면서 우연성을 상해사고의 독립된 요건으로 보기도 한다.107)

그런데 불확정성과 비인위성의 구별이 명확하지는 않다. 아래 판례의 태도는 불확정성 개념과 우연성(비인위성) 개념을 구별하지 않으며 혼용하고 있는 것으로 보인다.

[대법원 2001. 7. 24. 선고 2000다20878 판결]

〈사실관계〉

리스업을 운영하는 원고가 리스물건을 도난당했다며 피고회사에 보험금을 청구하자, 피고회사는 리스물건은 도난당한 것이 아니라 원고와 계약을 맺은 리스이용자가 횡령한 것이므로 약관상 면책사유에 해당한다고 항변하였다. 원심은 리스이용자의 횡령으로 인한 손해는 우연한 사정으로 인한 손해로 볼 수 없어 보험사고가 발생한 것으로 볼 수 없다며 원고패소판결을 하였다.

〈주요 판시내용〉

'우연한 사고로 입은 손해'라 함은 보험계약의 성립 당시 그 발생 여부나 발생 시기 또는 발생 방법 등이 객관적으로 확정되지 아니한 사고로 인한 손해를 의미하는데, 이 사건 리스물건이 리스이용자 측의 처분행위에 의하여 없어진 것이라 할지라도, 이 사건 보험계약 성립 당시에는 이 사건 사고의 발생 여부나 그 시기와 방법 등이 객관적으로 확정되어 있지 아니하였으므로, 이 사건 사고는 '우연한 사고'에 해당한다. 따라서 원심이 이 사건 사고는 우연한 사고가 아니므로 보험사고가 발생하지 아니하였다고 판단한 것은 잘못이다. 한편 이 사건 리스물건은 리스이용자가 임의로 처분한 것으로 인정되고, 그렇다면 이 사건 손해는 '횡령으로 생긴 손해'로서 약관에 따라 보상하지 아니하는 손해에 해당하므로, 피고회사는 원고가 이 사건 사고로 입은 손해에 관하여 보험금을 지급할 의무가 없다. (우연한 사고로서 보험사고는 맞지만, 약관상 면책사유에 해당되는 것이라 판단)

[대법원 2012. 8. 17. 선고 2010다93035 판결]

〈주요 판시내용〉

공제계약이 유효하게 성립하기 위해서는 공제계약 당시에 공제사고의 발생 여부가 확정되어 있지 않아야 한다는 '우연성'과 '선의성'의 요건을 갖추어야 한다. 여기서 '우연성'이란 특정인의 의사와 관계없는 사고라는 의미의 우연성을 뜻하는 것이 아닐 뿐만 아니라, 특정인의 어느 시점에

---

106) 대판 2010. 8. 19, 2008다78491, 78507; 대판 2010. 5. 13, 2010다6857; 대판 2003. 11. 28, 2003다35215, 35222; 대판 2001. 11. 9, 2001다55499, 55505; 대판 1998. 10. 13, 98다28114; 임용수, 517면.
107) 대판 2001. 11. 9, 2001다55499. 최윤성, "상해보험약관상의 보험사고인 '급격하고 우연한 외래의 사고'의 의미와 그에 대한 입증책임의 소재", 판례연구 14집, 부산판례연구회, 2003, 582면.

서의 의도와 장래의 실현 사이에 필연적·기계적인 인과관계가 인정되는 것도 아니므로, 중개업자가 장래 공제사고를 일으킬 의도를 가지고 공제계약을 체결하고 나아가 실제로 고의로 공제사고를 일으켰다고 하더라도, 그러한 사정만으로는 공제계약 당시 공제사고의 발생 여부가 객관적으로 확정되어 있다고 단정하여 우연성이 결여되었다고 보거나 공제계약을 무효라고 볼 수 없다.

제644조에 따르면 보험계약 체결 당시에 보험사고가 발생할 수 없는 것인 때에는 보험계약 당사자 쌍방과 피보험자가 이를 알지 못한 경우가 아닌 한 그 보험계약은 무효이다. 보증보험계약은 보험계약으로서의 성질을 분명히 가지므로 계약이 유효하게 성립되려면 계약 체결 당시에 보험사고의 발생 여부가 확정되지 않아야 한다. 판례는 보증보험계약에서 보증의 대상이 되는 주계약이 통정허위표시에 의해 체결되어 효력이 없는 경우에 주계약의 채무불이행이라는 보험사고 발생이 불가능하므로, 제644조에 따라 보증보험계약 효력이 없다고 판시했다. 이러한 경우에 선의의 제3자가 보험사고의 발생이 가능하다고 주장하면서 주계약의 유효를 주장할 수 있는가의 문제에 대해서도 판례는 부정하고 있다.[108]

[대법원 2010. 4. 15. 선고 2009다81623 판결]

〈사실관계〉

甲과 乙이 통모하여 실제 임대차계약을 체결하거나 임대차보증금을 수수함이 없이 은행(이 사건의 원고)으로부터 대출을 받기 위하여 허위로 甲을 임대인, 乙을 임차인으로 하는 임대차계약서를 작성한 후, 甲이 보증보험회사(이 사건의 피고)와 그 임대차계약을 주계약으로 삼아 임대인이 임대차보증금반환의무를 불이행하는 보험사고가 발생할 경우 보증보험회사가 보험금수령권자로 지정된 은행에 직접 보험금을 지급하기로 하는 내용의 보증보험계약을 체결하고, 은행은 乙로부터 그 보증보험계약에 따른 이행보증보험증권을 담보로 제공받고 乙에게 대출을 하였다.

〈주요 판시내용〉

보증보험계약은 기본적으로 보험계약으로서의 본질을 갖고 있으므로, 적어도 계약이 유효하게 성립하기 위해서는 계약 당시에 보험사고의 발생 여부가 확정되어 있지 않아야 한다는 우연성과 선의성의 요건을 갖추어야 한다. 위 보증보험계약은 성립할 당시 주계약인 임대차계약이 통정허위표시로서 아무런 효력이 없어 보험사고가 발생할 수 없는 경우에 해당하므로 상법 제644조에 따라 무효이다 … 이 사건 보증보험계약이 무효로 된 것은 위와 같이 보험계약으로서의 고유한 요건을 갖추지 못한 것이 그 원인이므로, 원고가 주계약인 이 사건 임대차계약이 통정허위표시인 사정을 알지 못하고 이 사건 대출에 이르렀다고 하더라도 이 사건 보증보험계약의 보험자가 은행에 대하여 이 사건 보증보험계약이 무효임을 주장할 수 없다고 볼 것은 아니다.

---

108) 대판 2010. 4. 15, 2009다81623; 대판 2015. 3. 26, 2014다203229.

> **[대법원 2015. 3. 26. 선고 2014다203229 판결]**
>
> 〈주요 판시내용〉
>
> 보증보험계약은 보험계약으로서의 본질을 가지고 있으므로, 적어도 계약이 유효하게 성립하기 위해서는 계약 당시에 보험사고의 발생 여부가 확정되어 있지 않아야 한다는 우연성과 선의성의 요건을 갖추어야 한다. 만약 보증보험계약의 주계약이 통정허위표시로서 무효인 때에는 보험사고가 발생할 수 없는 경우에 해당하므로 그 보증보험계약은 무효이다. 이때 보증보험계약이 무효인 이유는 보험계약으로서의 고유한 요건을 갖추지 못하였기 때문이므로, 보증보험계약의 보험자는 주계약이 통정허위표시인 사정을 알지 못한 제3자에 대하여도 보증보험계약의 무효를 주장할 수 있다.

그런데 통정허위표시의 선의의 제3자가 있고, 통정허위표시에 기초하여 발행된 채권을 양도받고 이것을 보험목적으로 하여 자신을 피보험자로 보험계약을 체결한 경우는 이와 다르다. 이때 보험사고는 채무자가 채무를 불이행하는 것이다. 선의의 제3자는 보험계약자이자 피보험자로서 통정허위표시의 존재를 알지 못하고 있는 상태에서 보험계약을 체결했기 때문에 특별한 사정이 없는 한 보험계약 체결 당시에 보험사고 발생이 불가능하다는 것을 알고 있었다고 보기 어렵고, 선의의 제3자는 (비록 이행은 현실적으로 불가능하더라도) 통정허위표시를 행한 채무자에게 채무의 이행을 청구할 수 있기 때문이다.109) 계약보증계약은 주계약상 채무자의 귀책사유로 계약상 의무의 전부 또는 일부를 이행하지 아니하는 경우 채권자에게 귀속하는 계약보증금의 납부의무의 이행을 보험자가 보증하는 보험계약이므로, 보험사고가 발생하였는지는 특별한 사정이 없는 한 주계약 전체를 대상으로 판단하여야 한다는 것이 판례의 입장이다.110)

(나) 입증책임

보험사고의 불확정성에 관해서는 보험금청구자에게 그 입증책임이 있고, 보험사고와 손해발생 사이의 인과관계에 대한 입증책임도 보험금청구자에게 있다. 법원은 인보험에 있어서 우연성에 대한 입증책임을 보험금청구자에게 부과한 반면에111) 화재보험 사건에서는 우연성은 추정된다고 해석하면서 이러한 추정을 깨뜨리기 위해서는 보험자가 보험계약자나 피보험자의 고의 또는 중과실 존재를 증명해야 한다고 판시한 바 있다.112)

---

109) 한기정, 293면.
110) 대판 2016. 1. 28, 2013다74110.
111) 대판 2003. 11. 28, 2003다35215.
112) 대판 2009. 12. 10, 2009다56603, 56610. 한편 독일 보험계약법 제178조는 상해보험에서의 우연성의 입증책임을 보험자에게 명시적으로 부과하고 있다. 장덕조, 12면 각주 21.

(다) 필연적으로 발생이 예견되는 보험사고

보험금을 받게 되는 보험사고(예를 들어 피보험자의 사망)가 필연적으로 발생하게 된다는 사실이 충분히 예견되었다고 해도 실제 사고가 발생하기 이전에 보험계약이 체결되었다면 당해 보험계약은 유효하다고 해석한 대법원 판례가 있다. 즉 상법상 보험계약 체결 당시에 보험사고가 이미 발생하여야 비로소 계약이 무효로 되기 때문에 보험사고의 발생이 아무리 필연적으로 예견된다고 해도 보험계약 체결 시점에서 아직 발생하지 않았다면 그 계약은 무효가 되지 않는다는 것이다. 예를 들어 보험계약 체결 전에 병원으로부터 특정 질병 진단을 받았는데 그 질병은 의학적 관점에서 볼 때 필연적으로 사망 또는 제1급 장해를 일으키는 질환(완치 불가능한 치명적 질환)이어서 보험사고가 반드시 예견되는 경우라 해도 실제 사망 사고가 발생하기 이전에 사망보험계약을 체결하였다면 그 계약은 유효하고 따라서 보험계약 체결 후 피보험자가 사망했다면 보험자는 보험금 지급책임이 있다는 것이다.[113] 대법원은 보험계약 체결시에 사망 또는 제1급 장해라는 보험사고 자체가 발생한 경우에만 해당 계약이 무효라는 입장인 것이다.

> ### [대법원 2010. 12. 9. 선고 2010다66835 판결]
> 〈주요 판시내용〉
> 상법 제644조는 보험계약 당시 보험사고가 이미 발생한 때에 그 계약을 무효로 한다고 규정하고 있으므로, 설사 시간의 경과에 따라 보험사고의 발생이 필연적으로 예견된다고 하더라도 보험계약 체결 당시 이미 보험사고가 발생하지 않은 이상 상법 제644조를 적용하여 보험계약을 무효로 할 것은 아닌바, 소외인이 비록 이 사건 제2보험계약 체결 이전에 근이양증 진단을 받았다고 하더라도 보험사고(사망 또는 제1급 장해 발생)가 위 제2보험계약 체결 이전에 발생하지 않은 이상 위 보험계약이 무효라고 할 수 없다.

일반적으로 보험사고의 불확정성이라는 것은 사고의 발생가능성과 발생시기 등이 철저히 불확정적이어야 함을 포함하는 개념이라 할 것이다. 그런데 의학적 견해에서 볼 때 사망이나 제1급 장해 등의 보험사고가 필연적으로 예견된다고 진단되는 경우라면 보험계약 체결시에 보험사고의 불확정성 요건을 충족하지 못하는 것으로 보아야 할 것이다. 이러한 질병의 경우에 의학적 기적이 일어나지 않는 한 사망사고의 발생가능성이 100%이며, 가까운 장래 시점에 발생할 것이 확실시되기 때문이다. 가까운 장래에 사망사고가 확실시된다면 일반적인 의미에서의 사망 발생 시기가 불확정하다는 것과는 다른 의미라고

---

113) 대판 2010. 12. 9, 2010다66835; 그런데 1, 2심 재판부는 상법상 계약이 무효로 되는 '보험사고가 이미 발생한 경우에는 보험사고가 시간의 경과에 따라 필연적으로 발생이 예견되는 경우를 포함한다'고 해석하였다.

해야 한다. 일반적인 의미에서의 사망 발생시기는 철저히 알지 못하는 반면에 이 경우의 사망은 매우 가까운 장래에 발생할 것이 (의학적 견지에서는) 확실하기 때문에 동일시할 수 없다. 불확정성이란 글자 그대로 발생가능성이나 발생 시기를 전혀 판단할 수 없음을 의미한다. 만약 사망보험에서 완치가 불가능한 치명적 질환이 보험기간 중에 발생했지만 실제 사망사고는 보험기간 종료 후에 발생했다면 보험자는 해당 사고에 대해 지급책임이 없다고 해석된다.

한편 이 문제를 고지의무의 대상으로 보자는 것이 판례의 입장이기는 한데, 보험계약자가 이러한 치명적인 질병의 존재를 계약 체결시 고지하지 않은 경우에 이를 단순히 고지의무 위반의 문제로만 볼 수는 없다 할 것이다. 만약 보험계약자나 피보험자가 이러한 필연적인 결과를 야기하는 질병을 가지고 있다는 것을 알았고 이를 제대로 고지하지 않은 채 보험계약을 체결하였다면 고지의무 위반 이외에 사기에 의한 보험계약 체결의 문제가 함께 제기될 수 있을 것이다. 보험계약자 측이 가지는 보험계약 체결의 목적이나 의도와도 관련될 수 있기 때문이다.114) 즉 계약 체결 후 얼마 있지 않아 보험금을 청구하게 될 보험사고가 발생할 것을 충분히 알면서 계약을 체결한 것이기 때문이다. 이러한 취지에서 대법원은 다른 사건에서 보험사고의 발생 개연성이 농후함을 인식하면서도 보험계약을 체결하는 것은 보험사고의 우연성이라는 보험의 본질을 해치는 것으로 보고 고의의 기망행위로 판단한 바 있다.115)

⒣ 수개의 보험사고에 대한 불확정성 적용

보험계약에서 담보하는 사고가 두 개 이상인 경우가 있다. 이 경우에 불확정성 문제를 각각 개별적으로 적용시켜야 하는가의 문제가 있다. 즉 하나의 보험사고는 보험계약 체결 당시에 이미 발생했거나 발생할 수 없는 것이라 무효로 해석이 되는 경우에, 다른 보험사고는 유효로 보고 보험금을 지급해야 하는 것으로 볼 수 있는가의 문제이다.

[대법원 1998. 8. 21. 선고 97다50091 판결]

〈사실관계〉

소외인은 교통사고 이외의 일반재해로 인한 사망 그리고 암 진단의 확정 및 그와 같이 확진이 된 암을 직접적인 원인으로 한 사망을 보험사고로 하는 보험계약을 피고회사와 체결한 후 불량배들로부터 폭행을 당하여 사망하였다. 이에 유족인 원고들이 보험금을 청구하였는데, 이 사건 보험계약의 보험약관에는 피보험자가 보험 계약일 이전에 암 진단이 확정되어 있는 경우에는 보험계약을 무효로 한다는 조항이 있었는데 소외인이 이 조항에 해당함을 이유로 피고회사는 보험금 지급을 거절

---

114) 판례 취지에 찬성하는 견해로는 한기정, 288면.
115) 대판 2012. 11. 15, 2010도6910.

하였다.

　〈주요 판시내용〉

　암 진단의 확정 및 그와 같이 확진이 된 암을 직접적인 원인으로 한 사망을 보험사고의 하나로 하는 보험계약에서 피보험자가 보험계약일 이전에 암 진단이 확정되어 있는 경우에는 보험계약을 무효로 한다는 약관조항은 보험계약을 체결하기 이전에 그 보험사고의 하나인 암 진단의 확정이 있었던 경우에 그 보험계약을 무효로 한다는 것으로서 상법 제644조의 규정 취지에 따른 것이라고 할 것이므로, 그 약관조항은 그 조항에서 규정하고 있는 사유가 있는 경우에 그 보험계약 전체를 무효로 한다는 취지라고 보아야 할 것이며, 단지 보험사고가 암과 관련하여 발생한 경우에 한하여 보험계약을 무효로 한다는 취지라고 볼 수는 없다.

　위 사건에서 대법원은 복수의 보험사고를 담보하면서 그 중 특정 보험사고(암)의 발생이 보험계약 성립일 이전에 확정이 되었다면 보험계약을 무효로 한다는 약관 내용은 유효하다고 하면서 전체 보험계약을 무효로 해석하고 있다. 보험사고가 암과 관련하여 발생한 경우에 한해서 보험계약을 무효로 하는 것은 아니라는 취지로 해석했다. 그런데 위 사건의 원심은 약관조항에서 규정하고 있는 사유는 보험사고가 암과 관련하여 발생한 경우에만 적용될 뿐이며, 폭행 사망사고와 같은 일반재해사고에까지 이 약관조항을 근거로 보험금 지급을 면하는 것으로 해석해서는 안된다고 해석하였다. 약관상의 면책조항의 해석과 관련해서는 그 적용범위를 축소하여 제한적으로 해석해야 한다는 원칙이 있으므로 원심의 판단이 타당하다고 여겨진다.[116]

　　(마) 예　　외

　보험사고의 우연성에 대한 예외가 있다. 대표적으로 보증보험의 경우 보험계약자(주계약의 채무자)가 고의에 의해 사고를 야기한 경우에도 보증보험회사는 피보험자(주계약의 채권자)에게 보험금을 지급해야 하는 경우가 있다. 사망보험계약이 체결된 이후 일정한 기간이 경과한 후에 피보험자가 자살한 경우에도 일반사망보험금을 지급해야 하는 경우도 있다. 또한 사망보험계약이 체결된 후 피보험자가 자유로운 의사결정을 할 수 없는 상태에서 자살한 경우에 보험금이 지급되기도 한다.[117]

　　(바) 제644조 단서

　제644조 단서는 보험계약 체결당시에 이미 보험사고가 발생하였거나 본래부터 발생할 수 없는 것이라 해도 보험계약 체결 당시에 보험자, 보험계약자 그리고 피보험자 모두가 이러한 사실을 알지 못한 때에는 보험계약은 무효로 되지 않고 보험계약이 유효하게 성립될 수 있다는 내용을 규정하고 있다. 단서의 취지는 이러한 경우에 보험계약이 악용될 가

---

116) 同旨: 한기정, 294면.
117) 보험연수원(편), 보험심사역 공통 1 교재, 2016, 135-136면.

능성이 없기 때문이다. 이를 보험사고의 주관적 불확정성이라 한다. 제644조 단서는 보험사고의 발생 여부가 이미 객관적으로 확정되어 있는 경우라도 예외적으로 보험계약을 유효로 할 수 있는 경우를 규정하고 있는 것인데, 이를 위해서는 계약의 관련자들 모두가 선의일 것을 요구하는 것이다.[118]

다만 보험계약의 당사자 쌍방 및 피보험자가 모두 선의이어서 제644조 단서가 적용되는 경우라 할지라도 최초보험료의 지급을 통해 보험계약에서 정한 책임개시시기 이후 발생한 보험사고에 대하여만 보험자에게 보험금지급의무가 인정될 수 있을 뿐이다. 보험계약에서 정한 책임개시시기 이전에 보험사고가 발생한 경우라면 보험금지급의무가 인정될 여지는 없다. 그런데 제644조 단서는 손해보험계약 체결시 또는 손해발생시 피보험이익이 절대적으로 존재해야 한다는 손해보험 원칙 및 이에 대한 통설적 견해와 충돌되는 면이 있다. 보험사고가 보험계약 체결 이전에 이미 발생하여 보험목적이 전부 멸실된 경우 또는 보험사고가 발생할 수 없는 경우 보험계약 당사자와 피보험자가 선의라고 해도 피보험이익이 존재하지 않기 때문이다.[119] 생각건대 제644조 단서는 소급보험이라는 제도의 전제요건으로서 보험계약 체결시에 피보험이익이 존재해야 한다는 손해보험의 원칙에 대한 예외라 할 수 있다.

[대법원 2004. 8. 20. 선고 2002다20889 판결]

〈사실관계〉

피보험자가 보험기간 개시 이후에 뇌성마비 진단을 받자 원고는 보험금을 청구하였으나, 피고회사는 뇌성마비 진단은 보험기간 개시 이후에 최초로 있었지만 제반 사정을 고려할 때 발병 시기는 보험기간 개시 전이므로 보험은 무효라고 항변하였고, 원심에서는 뇌성마비의 발병 시기에 대한 피고회사의 주장이 받아들여졌다.

〈주요 판시내용〉

보험계약의 당사자 쌍방 및 피보험자가 모두 선의이어서 제644조 단서가 적용되는 경우라 할지라도 그 보험계약에서 정한 책임개시 시기 이후 발생한 보험사고에 대하여 보험자에게 보험금지급의무가 인정될 수 있을 뿐이고, 보험계약에서 정한 책임개시 시기 이전에 보험사고가 발생한 경우 이는 그 보험자가 인수하지 아니한 위험에 해당하므로 보험금지급의무가 인정될 여지는 없다 할 것이다. 뇌성마비의 발병 원인, 발병 시기 및 1997. 3. 17. 이전의 피보험자의 성장과정, 병력에 비추어 볼 때 피보험자가 1997. 3. 17. 이후에 최초로 뇌성마비라는 진단을 받았다는 것만으로는 피보험자가 1997. 3. 17. 이후에 비로소 제1급의 장해상태가 되었다고 인정하기에 부족

---

118) 대판 2010. 4. 15, 2009다81623.
119) 同旨: 이정원, "손해보험계약에서 피보험이익 및 위험과 상법 제644조의 관계", 경영법률 제23집 제4호, 2013, 300면.

하다. 상법 제644조 단서에 의하여 위 장해로 인한 보험금지급채무가 인정되어야 한다는 원고의
주장을 배척한 원심의 조치는 결과적으로 옳다고 판시하였다.

(사) 제644조의 적용범위

제644조 본문은 보험사고의 객관적 확정에 대한 효과를 규정하고 있다. 한편 동조 단
서는 보험사고의 주관적 불확정의 효과를 규정함으로써 제643조의 소급보험을 인정하기
위한 조건이 무엇인가를 알려주고 있다. 제644조가 소급보험에 적용된다는 점에는 이론이
없다.[120] 그런데 제644조가 소급보험 이외에 보험계약 체결 이후의 보험사고를 담보하는
일반적인 보험계약(장래보험)[121]의 체결에도 적용될 수 있는 것인가 하는 의문이 제기될
수 있다. 만약 제644조가 장래보험에도 적용된다고 보면 보험사고가 이미 발생했다는 사
실 자체에 의해 전손 또는 분손 여부를 고려하지 않고 보험계약은 제644조 본문에 의해
무효가 된다. 장래보험에 제644조 단서가 적용된다면 보험의 목적 등 보험계약의 요소와
충돌되는 부분이 있다. 예를 들어 보험사고가 이미 발생하여 보험목적물이 존재하지 않는
경우에 보험계약 당사자와 피보험자가 사고 발생 사실을 알지 못했다고 하여 해당 보험계
약을 유효로 해석한다고 가정해보자. 보험목적은 존재하지 않으므로 보험사고가 발생할
가능성(위험)은 없으며 따라서 보험계약을 통해 위험을 분산하는 기능도 작동하지 않으며,
보험자가 위험을 실제로 인수한 것도 아니다. 보험계약자가 이미 보험료를 지급한 경우에
보험계약자와 피보험자가 선의이며 중과실이 없다는 점이 입증되지 못하면 이미 지급한
보험료를 반환받을 수 없다. 보험자는 보험료를 수령하고서도 보험금 지급책임을 부담하
는 일은 없다.[122] 이와 같이 소급보험과는 달리 장래보험 계약체결에서는 제644조 단서를
적용한 결과를 받아들이기 어려운 부분이 있다.

그렇다면 장래보험과 제644조의 관계 문제가 왜 논의되어야 하는지 의문이 제기될 수
있다. 제644조가 장래보험에 적용될 수 있는가의 논의는 과거 보험사고의 발생에도 불구
하고 여전히 동일한 보험목적에 대해 장래 보험사고의 발생가능성이 남아 있는 경우가 대
상이 될 것이다. 예를 들어 보험목적인 건물에 과거에 화재사고가 발생했지만 그 사고가
전손이 아니고 분손이라서 남은 보험의 목적에 대해 또 다른 화재사고 발생가능성이 장래
에도 존재하는 경우에 잔존 부분에 대한 화재보험계약 체결이 유효한 것으로 볼 수 있는
가의 문제이다. 다른 예로서 중대질병보험인 CI(Critical Illness) 보험과 같이 몇 가지 특정
질병에 대해 집중적으로 보장을 하는 보험에서 과거에 그 중 일부 질병에 대한 진단을 받

---

120) 대판 2002. 6. 28, 2001다59064; 김이수, "상법 제644조의 적용범위에 관한 고찰", 상사판례연구[Ⅶ], 박
　　영사, 2007, 196면.
121) 장래보험이라는 용어는 법률용어가 아니며 보험법학계에서 확립된 용어도 아니지만, 소급보험과 비교
　　하여 보험계약 체결 이후의 보험사고를 담보한다는 의미로 사용한다. 이정원, 전게논문, 296면.
122) 이정원, 전게논문, 296면 및 299면.

았더라도, 나머지 질병의 발생 위험이 잔존하고 있고 이에 대한 보험보호의 필요성이 있을 수 있다. 암보험에서도 마찬가지이다. 암 진단을 받았으나 수술과 약물치료의 발전에 따라 완치율이 높아지고 있을 뿐만 아니라 암 진단을 받은 신체 부위 외의 다른 신체 부위에 다른 종류의 암 발생에 대한 위험을 담보해야 할 현실적인 필요가 있다.

이러한 경우에 제644조 본문을 문언적으로만 해석해서 담보범위에 포함된 보험사고가 과거에 이미 발생했으니 장래의 보험사고를 목적으로 한 보험계약 체결도 무효로 해야 할 것인가, 아니면 과거 발생한 부분은 담보범위에서 제외하고 잔존 부분에 대한 보험계약 체결은 유효로 해석할 여지가 있는 것인지에 관한 검토가 필요하다고 할 수 있다. 판례는 제644조는 강행규정적 성질을 가지고 있어 이와 다른 내용의 당사자 합의를 절대적으로 무효로 하고 있다. 즉 보험계약 체결 전에 보험사고가 발생한 경우에 (보험사고 발생 사실을 알고 있는) 당사자가 합의로 제644조 본문과 달리 보험계약을 체결하려고 해도 그 계약은 무효가 된다.123)

판례는 명확하지는 않지만 장래보험 계약체결에도 제644조를 적용하는 것으로 보인다.124) 그런데 판례대로 제644조가 장래보험 계약체결에도 적용된다고 할 때에 제644조 단서 내용에 따라 과거 보험사고 사실을 알고 있는 (악의의) 보험자는 잔존하는 보험목적에 대한 보험사고 발생가능성에 대해 보험계약자와의 합의에 따라 보험료의 인상, 담보범위의 제한 또는 보험금의 감액 등의 계약 조건 변경을 통해 위험을 인수하는 것이 불가능하다.125) 생각건대 제644조는 소급보험에만 적용되며 장래보험 계약체결에는 적용되지 않는 것으로 해석함이 합리적이라 여겨진다. 과거 일부 보험사고가 발생했어도 앞으로 보험사고 발생가능성이 여전히 남아있을 수 있는 질병보험이나 CI보험, 암보험 계약 체결은 유효하다고 해석되어야 한다.126)

(2) 발생가능성

보험사고는 발생가능성이 있어야 한다. 다시 말해 보험계약을 체결할 당시에 이미 보험사고가 발생했거나(이미 멸실된 건물에 대해 화재보험계약을 체결) 물리적으로 절대 발생이 불가능한 사고(항해불능의 선박에 대해 선박항해보험을 체결)에 대한 보험계약의 체결은 무효이다. 당사자 합의가 있어도 무효이다.127) 계약체결 당시에는 발생가능성이 있었으나 체결 후 불가능하게 된 경우는 보험계약의 유효성 인정에 아무런 영향이 없다.128) 다만

---

123) 대판 2002. 6. 28, 2001다59064.
124) 대판 2004. 8. 20, 2002다20889; 대판 1998. 8. 21, 97다50091.
125) 김이수, 전게논문, 201-202면, 204면; 김상희, 전게논문, 99-103면; 이정원, 전게논문, 298면.
126) 현재 보험업계에서는 재발된 암에 대해서도 보험금을 지급하는 암보험 상품을 판매하고 있다.
127) 대판 2002. 6. 28, 2001다59064.
128) 정찬형, 581-582면; 최준선, 96면; 임용수, 61면; 정동윤, 499면.

제644조 단서에 의해 예외가 인정될 수 있다.

(3) 특정성―보험사고의 범위

보험사고는 보험기간 중 보험의 목적에 대해 발생할 수 있는 다양한 형태의 불확정한 사고 중 보험계약에서 정한 범위 내의 사고로 한정되어야 한다. 보험사고의 종류와 그 범위가 특별히 정해져야 한다는 것이다. 예를 들어 특정한 주소에 소재한 건물에 대해 화재 보험계약을 체결했다면 보험기간 중에 그 건물에 발생한 홍수로 인한 손해에 대해서는 보험자는 보상책임이 없다. 보험계약자가 소유하고 있는 다른 주소지 건물에 대한 화재에 대해서도 보험자는 책임이 없다. 즉 보험의 목적과 보험사고의 종류 및 범위가 특정되고 한정되어야 한다. 이 범위 밖의 사고에 대해서는 보험자의 책임이 인정되지 않는다.

보험의 종류에 따라 보험사고가 1개로 한정되는 경우가 있고(피보험자의 사망이나 건물의 화재발생), 보험계약에서 인정한 포괄적인 사고를 담보하는 경우도 있다(해상보험자의 포괄적인 책임). 보험계약에서 보험사고의 범위를 확대하거나 축소할 수 있음은 물론이다.129)

[대법원 2003. 1. 24. 선고 2002다33496 판결]

〈주요 판시내용〉

손해보험에 있어서 전세금담보에 관한 '보험의 목적이 보통약관 소정의 손해(화재에 따른 손해, 화재에 따른 소방손해, 화재에 따른 피난손해)를 입고 전세계약이 유지될 수 없을 경우에 점포임대자로부터 임차한 점포의 전세금을 돌려받지 못함으로써 발생한 손해를 임대차계약시에 명시된 전세금을 한도로 보상하는 것'을 내용으로 하는 특약은 화재로 인하여 임대차목적물이 소실되는 등의 사유로 임대차계약이 종료되는 경우에 임차인이 임대인으로부터 전세금의 전부나 일부를 반환받지 못하게 되는 손해를 담보하기 위한 것으로서, 이 경우 '전세금을 돌려받지 못한다.'라고 함은 임차인이 전세금을 사실상 반환받지 못하는 상태에 있으면 족한 것이고, 임차인이 임대인에 대하여 전세금반환청구권을 가지고 있는지 여부 및 그 전세금을 반환받을 가능성이 있는지 여부 등은 위 특약에 따른 보험금청구권의 행사에 아무런 영향이 없다고 봄이 상당하다.

---

129) 임용수, 61-62면; 정찬형, 583면; 김은경, 125면.

IX. 보험금액과 보험금

1. 보험금액과 보험가액

손해보험에서 보험금액(sum insured)이란 보험계약의 당사자가 합의에 의해 정한 보험자 급여의무의 약정 최고한도액을 말한다.[130] 손해보험자는 피보험자에게 생긴 손해액을 보험금액의 한도 내에서 보험금으로 보상하게 된다. 한편 손해보험의 경우 보험의 목적에 대한 경제적 이익(객관적인 가치) 즉 피보험이익을 금전적으로 환산한 것을 보험가액이라 하는데 보험가액은 보험자가 부담하는 보상책임의 법률상의 최고한도액을 말한다. 정액보험에서는 보험금액과 보험자가 실제 보험계약자 측에게 지급해야 하는 금액이 동일하다. 부정액보험에서는 보험금액이 보험자가 지급해야 하는 최고 한도 금액의 한도의 의미가 된다. 부정액보험에서는 보험금이 보험금액과 일치할 수도 있고 그보다 작을 수 있다.

2. 보 험 금

보험금이란 보험계약에서 약정된 보험금액의 범위 내에서 보험사고 발생시에 현실로 지급되는 보상액을 말한다. 그런데 손해보험의 경우 보험금액과 보험금이 동일한 개념으로 혼용되기도 한다. 예를 들어 보험법 제682조에서 "손해가 제3자의 행위로 인하여 생긴 경우에 보험금액을 지급한 보험자는 …"라고 규정하고 있는데 여기에서의 '보험금액'은 '보험금'의 의미로 사용되고 있다. 보험금액과 보험금을 구별하지 않고 혼용하여 사용하는 것은 입법기술상의 과오라 할 것이며 이에 대한 수정이 요구된다. 생명보험과 같은 정액보험의 경우에는 보험금액과 보험금이 일치하게 된다.[131] 보험금은 대개 현금으로 지급되지만 현물로 지급되거나 의료행위의 제공 등 기타의 방법으로도 급여가 가능하다. 또한 원칙적으로 일시금으로 지급되지만 분할지급도 가능하다. 2015년 개정 보험법은 제727조 제2항을 신설하여 보험금은 당사자간의 약정에 의해 분할하여 지급할 수 있음을 분명히 하였다.

한편 보험약관상의 이자지급약정에 따라 지급하는 금전은 보험금에 속하지만 보험약관상의 이율에 의한 보험금을 초과하는 이익을 지급하기로 한 초과이자지급약정은 그 범위 내에서 보험업법 위반으로 무효이므로 그 약정에 따라 지급하는 돈은 보험금이 아니다. 이것은 보험가입 금액이 고액이고 보험계약 기간이 장기인 보험상품에 가입하여 준

---

130) 정희철, 378면; 양승규, 104면.
131) 양승규, 104면; 정찬형, 585면.

데 대한 보답의 의미로 지급하는 사례금이라고 법원은 판시하고 있다.[132]

X. 보 험 료

1. 순보험료, 부가보험료, 영업보험료

보험료(premium)는 보험금지급책임을 부담하는 보험자에게 그 대가로서 보험계약자가 지급하는 금액이다. 보험금지급책임에 대한 대가적 성질이므로 보험계약의 성질을 유상계약과 쌍무계약으로 만드는 요소이다. 보험료는 보험상품의 가격으로 이해할 수도 있다. 보험료는 '순보험료'와, '부가보험료'로 나눌 수 있다. 이 둘을 합친 것을 '영업보험료'라 한다.[133] 순보험료란 보험기간 중에 약정된 보험사고가 발생한 경우에 보험금을 지급하기 위한 재원인 위험보험료와 보험계약기간의 종료시에 보험자가 지급하기로 약정한 만기보험금의 지급재원인 저축보험료를 말한다. 위험보험료는 소멸되는 성격이기 때문에 적립의 문제가 발생하지 않는다. 반면 저축보험료는 보험기간이 만료될 때에 만기보험금을 지급하기 위하여 적립되는 것으로서 보험료적립금이라 할 수 있다. 제648조에서는 보험계약이 전부 또는 일부가 무효인 경우에 보험계약자, 피보험자 또는 보험수익자가 선의이고 중대한 과실이 없으면 보험자에 대하여 보험료의 전부 또는 일부의 반환을 청구할 수 있다고 규정하고 있다. 이와 관련하여 이미 체결된 보험계약이 무효가 되는 경우에 적립적 성격을 가진 저축보험료가 반환의 대상이 되는가의 문제가 있다. 만약 보험금을 부정하게 취득할 목적으로 다수의 보험계약을 체결하고 사소한 질병 등을 이유로 현저히 과도하게 입원 등을 함으로써 거액의 입원실비 등을 수령받아 보험계약이 무효가 된 경우라면 저축보험료의 반환은 없는 것으로 해석해야 할 것이다.[134] 부가보험료에는 영업수수료(신계약비, 유지비, 수금비), 인건비, 물건비 등의 사업비와 보험회사의 이윤이 포함된다.[135] 보험자간에 발생하는 보험료율의 경쟁은 주로 부가보험료를 대상으로 하여 이루어진다. 보험회사

---

132) 대판 2001. 7. 10, 2001다16449; 최준선, 99면; 임용수, 64면; 정동윤, 502면.

133) 보험료의 산출은 보험계리인에 의해 대수의 법칙에 따라 보험계약자가 지급할 보험료 총액과 보험사고 발생시에 지급할 보험금 총액이 균등하도록 계산된다(수지상등의 원칙). 보험료를 p, 위험률을 w, 보험금액을 Z라 할 때 p=Zw이다. 이때 위험률 w=보험금수령자의 수(r)/보험계약자의 수(n)이므로 보험료 p=r/n · Z가 된다. 이를 Lexis의 법칙이라고도 한다. 보험자는 보험사업의 허가를 얻기 위해 금융위원회에 보험료 및 책임준비금산출방법서를 제출하여야 한다(보험업법 제5조 제3호). 양승규, 102-103면; 정찬형, 586면; 최준선, 98면; 임용수, 62-63면; 정동윤, 503면(순보험료에 대한 부가보험료의 비율이 적을수록 보험사업의 효율이 높고 보험가입자에게 이익이 된다).

134) 김형진, "보험금부정취득 목적 다수보험계약에 대한 소송실무상의 쟁점—대법원 2018. 9. 13. 선고 2016다255125 판결에 대한 평석을 중심으로—", 재산법연구 제36권 제1호, 2019, 257면.

135) 보험연수원(편), 보험심사역 공통 1 교재, 2016, 50면.

는 보험금의 지급에 충당하는 순보험료를 결정하기 위한 요율의 공정하고 합리적인 산출을 위하여 금융위원회의 인가를 받아 법인 형태의 보험료율 산출기관을 설립할 수 있도록 하고 있다. 현재 보험개발원이 보험료율 산출기관이다.136) 장기보험의 경우에 보장보험료와 적립보험료로 구별된다. 위험보험료, 위험저축보험료 및 부가보험료로 구성되어 있는 보장보험료는 보험사고 발생시 보험금 지급재원으로서 예정이율(확정금리)을 적용하여 준비금을 적립한다. 한편 적립저축보험료와 부가보험료로 구성되어 있는 적립보험료는 만기시 환급금 지급재원으로서 공시이율(변동금리)을 적용하여 준비금을 적립하는데 상품별로 최저보증이율을 적용하기도 한다.

2. 최초보험료, 계속보험료, 제1회 보험료, 제2회 이후의 보험료

최초보험료는 보험자의 책임을 개시시키기 위한 일시납보험료 또는 분납보험료의 제1회 지급분에 해당하는 보험료를 말한다. 계속보험료는 최초보험료 이외의 일체의 보험료로서 일단 개시된 보험자의 책임을 계속 유지시키기 위해 지급되는 보험료이다. 반면에 제1회 보험료는 보험료를 분할하여 지급하기로 약정한 경우에 처음으로 지급하는 보험료라는 의미이며 제2회 이후의 보험료란 그 후의 보험료를 말한다. 원칙적으로 보험자의 책임은 최초보험료를 지급받은 때로부터 시작되는 것이지만, 최초보험료 지급 전이라도 보험자의 책임을 개시하는 것으로 당사자간에 약정할 수 있다. 예를 들어 외상보험 즉 위험을 먼저 보장하면서 보험료의 지급을 유예한다는 합의가 있는 경우에는 보험자의 책임은 이미 시작되었으므로 보험계약자가 지급하는 첫 번째 보험료는 최초보험료가 아니다. 보험자의 책임이 이미 개시되었기 때문이다. 최초보험료는 항상 제1회 보험료가 되지만 제1회 보험료가 항상 최초보험료가 되지는 않는다. 제2회 이후의 보험료는 항상 계속보험료이다.137) 보험계약이 만기가 되어 갱신을 하는 경우 처음 지급하는 보험료는 갱신되는 보험계약에서의 보험자 책임을 개시시키기 위한 것이므로 최초보험료가 될 것이다. 계속보험료 지급의 불이행으로 계약이 해지된 경우에 보험계약을 부활시키기 위해 연체된 보험료와 약정이자를 지급해야 하는바, 이때는 해지 후에 소멸되었던 보험자의 책임을 다시 개시시키려는 것이기 때문에 최초보험료가 된다.138)

보험계약 체결시에 보험기간 전체에 대한 보험료를 한꺼번에 전부 납입하는 것을 일시납보험료라 하며 생명보험 등 장기보험의 경우 보험기간을 균등하게 몇 개의 보험료기간으로 나누어 분할하여 계속하여 납입하는 것을 분(할)납보험료라 한다. 일시납의 경우

---

136) 보험업법 제176조; 동법시행령 제85조 이하.
137) 이에 대해서는 장경환, "보험약관상의 실효약관의 효력", 사법행정, 1991. 10, 16-18면; 정찬형, 586면.
138) 장덕조, 185면.

보험기간과 보험료기간이 일치한다고 할 수 있다. 분할하여 보험료를 지급하는 경우 제1회 보험료가 최초보험료가 되며 그 이후의 보험료가 계속보험료가 된다.

3. 보험료불가분의 원칙

보험기간이 다수의 보험료기간으로 구분되어 있을 때 어느 한 보험료기간에 지급해야 하는 보험료와 위험은 더 이상 분할할 수 없다는 원칙이다. 보험료를 산정하기 위해서는 보험사고 발생률을 예측하고 계산해야 하는데 이를 위한 최소 단위기간이 보험료기간이며 이 보험료기간 및 그 기간 내의 보험료와 위험은 더 이상 세분화할 수 없다는 의미이다.[139] 예를 들어 어느 한 보험료기간 도중에 보험계약이 해지되었을 때 실제로는 보험자가 그 보험료기간 중의 일부(해지될 때까지)에 대해서만 위험을 부담한 것이지만, 그 기간 내의 위험이 불가분이므로 보험자가 그 기간의 위험 전부를 인수한 것으로 보고 보험계약자는 그 보험료기간 전체에 대한 보험료를 모두 지급해야 하고, 나머지 기간에 대한 보험료의 반환을 청구하지 못한다는 것이 보험료불가분의 원칙이다.[140] 즉 보험료불가분의 원칙은 보험자가 보험료기간 중의 일부분이라도 위험부담을 한 경우에 보험료기간의 중도에 보험계약이 해지되거나 실효 등으로 종료한 때에도 보험자는 그 보험료기간에 대응하는 보험료 전액을 취득할 수 있다는 것이다.

판례는 상법 보험편에 보험료불가분의 원칙을 규정한 조문이 없을 뿐만 아니라 인정할 수도 없다는 입장이다.[141]

> **[대법원 2008. 1. 31. 선고 2005다57806 판결]**
>
> 〈주요 판시내용〉
>
> 상법은 보험계약이 중도에 종료된 경우에 관하여 이른바 보험료불가분의 원칙에 관한 규정, 즉 보험자는 보험료 계산의 기초가 되는 단위기간인 보험료기간 전부의 보험료를 취득할 수 있고 미경과기간에 대한 보험료를 반환할 의무가 없다는 취지의 규정을 두고 있지 않으며, 오히려 상법 제649조 제1항과 제3항에서는 위 보험료불가분의 원칙과는 달리 보험사고의 발생 전에는 보험계약자가 언제든지 보험계약을 해지하고 미경과기간에 대한 보험료의 반환을 청구할 수 있도록 규정하고 있다. 한편, 상법 제652조 제2항은 보험기간 중에 사고발생의 위험이 변경되거나 증가되었다는 통지를 피보험자 등으로부터 받은 보험자가 보험료의 증액을 청구하거나 보험계약을 해지할 수 있도록 규정하면서도 보험계약이 해지된 경우 미경과기간에 대한 보험료 반환에 관하여 규

---

139) 한기정, 355면.
140) 정동윤, 501면; 양승규, 106-107면.
141) 대판 2008. 1. 31, 2005다57806.

정을 두지 않고 있다. 그러나 앞에서 본 보험료불가분의 원칙에 관한 우리 상법의 태도를 고려하여 볼 때, 보험자가 피보험자 등으로부터 사고발생의 위험이 변경 또는 증가되었다는 통지를 받고 이를 이유로 보험계약을 해지하는 경우, 보험약관에서 미경과기간에 대한 보험료를 반환하도록 정하고 있다면 그 보험약관은 유효하다고 보아야 하고, 그것이 상법 또는 상법상의 원칙에 위반하여 무효라고 볼 수 없다.

보험료불가분의 원칙은 절대적인 원칙이 아니며 당사자 사이의 합의에 의해 달리 정할 수 있다. 보험자는 이 원칙에 대한 원용을 포기할 수도 있다. 실무상으로도 보험계약이 해지 또는 실효된 경우에 이미 경과한 기간에 대해 단기요율로 산정된 보험료를 공제한 금액 또는 일할계산(日割計算)을 통한 보험료를 보험계약자에게 환급하는 경우가 많다.142) 즉 어느 보험료기간 도중에 해지가 되었을 때 해지 이후부터 그 보험료기간의 만기까지의 보험료를 보험자가 그대로 갖는 것이 아니고 이를 일할계산하여 보험계약자 측에게 반환한다는 것이다.

보험료불가분의 원칙은 보험계약의 기술적 성격을 설명하기 위한 이론적 도구의 역할을 수행하여 온 것이 사실이다. 학계에서도 이러한 측면에서의 보험료불가분의 원칙을 설명해왔다. 그러나 보험료기간을 더 이상 세분화할 수 없다는 원칙을 포기하고 일할계산에 의해 일부 보험료를 돌려주도록 보험약관에서 규정하고 있는 것이 대세인 현 상황에서는 더 이상 보험료불가분의 원칙과 보험계약의 기술적 성격을 연계시키기 어렵게 되었다. 보험약관에서 보험료불가분의 원칙 적용을 포기하고 일할계산에 의한 일부 보험료 반환을 규정하는 것이 일반적인 경향이 되고 있는 현 상황에서는 보험료불가분의 원칙은 상법상의 원칙이라 할 수 없다. 독일 보험계약법도 2007년 개정을 통해 보험료불가분의 원칙을 포기하였다. 보험료불가분의 원칙은 이론적으로만 남아 있는 유물이며, 현재 실무적으로는 적용되는 예는 거의 없다.143) 만약 보험료불가분의 원칙을 특별히 계약에 적용하려면 보험계약 당사자의 약정이 있어야 할 것이다.144)

4. 보험료의 감액 또는 반환청구

보험계약의 당사자가 특별한 위험을 예기하여 보험료의 액을 정한 경우에 보험기간 중 그 예기한 위험이 소멸한 때에는 보험계약자는 그 후의 보험료의 감액을 청구할 수 있다(제647조). 보험계약의 전부 또는 일부가 무효인 경우에 보험자가 받은 보험료는 위험보

---

142) 정찬형, 585면; 정동윤, 502면; 양승규, 107면. 보험료불가분의 원칙에 대한 비판에 대해 최준선, 103
   면; 한기정, 355-357면.
143) 이기수/최병규/김인현, 86면; 김성태, 127면.
144) 한기정, 358면.

장이 아직 개시되지 않았으면 부당이득으로서 반환해야 할 것이지만, 보험법은 보험계약
자와 피보험자가 선의이며 중대한 과실이 없는 때에 한하여 보험계약자는 보험자를 상대
로 보험료의 전부 또는 일부의 반환을 청구할 수 있도록 하였다. 보험계약자와 보험수익
자가 선의이며 중대한 과실이 없는 때에도 같다(제648조).

I. 청약과 승낙

1. 청 약

보험계약은 낙성·불요식 계약이다.[1] 따라서 보험계약자가 보험자에 대해 일정한 보험계약을 체결할 것을 목적으로 하는 일방적인 의사표시인 청약을 하고 이에 대해 보험자가 승낙을 하면 보험계약이 성립한다. 청약은 보험계약자의 대리인이 할 수도 있다. 보험모집 절차를 보면 대개 보험설계사나 보험대리상에 의해 보험가입을 권유하는 행위가 있게 되는데 이것을 청약의 유인이라 한다. 보험가입자는 구두 또는 서면으로도 청약할 수 있고 일정한 방식이 없음이 원칙이나, 실무상으로는 보험설계사가 제공하는 청약서에 일정한 사항을 기재하고 제1회 보험료를 납부하는 방식을 취한다. 과거와 달리 지금은 보험료를 보험설계사에게 직접 현금으로 지급하는 일은 거의 없으며, 자동이체 또는 카드결제 방식에 의한 보험료 납입이 이루어지고 있다. 보험설계사는 보험계약자 측(청약자)가 작성한 청약서를 보험자, 보험자의 대리인 또는 체약대리상에게 송부하여야 한다.[2]

청약에는 보험계약관계자, 보험기간, 보험목적, 보험사고, 보험금액과 보험료 등 계약을 결정할 수 있는 내용이 포함되어야 하는데, 보험계약 체결을 위한 구체적이고 확정적 수준의 의사표시여야 한다.[3] 약관내용이 보험계약의 내용으로 되는 경우가 대부분이지만, 약관만이 보험계약의 내용이 되는 것은 아니다. 보험계약의 기본적인 사항을 당사자 사이에서 정했다면 비록 청약서를 작성하지 않았거나 보험료를 납입하지 않았더라도 청약으로서의 효력은 인정된다.[4] 이러한 청약이 보험자에게 도달하고 이에 대한 승낙이 있게 되면

---

1) 대판 2017. 9. 26, 2015다245145.
2) 정찬형, 587-588면; 정희철, 380면; 서헌제, 57면.
3) 대판 2012. 4. 26, 2010다10689; 대판 2003. 4. 11, 2001다53059.
4) 임용수, 44면, 73면; 최준선, 104면.

보험계약 자체는 성립한다.5)

보험계약자가 보험설계사에게 청약서 작성 등을 위임을 하여 보험설계사가 청약서를 대신 작성하고 제1회 보험료도 대납한 경우에도 그 청약은 유효하게 보아야 할 것이다. 이 경우 고지의무 사항의 임의기재 문제와 관련하여 작성을 위임받은 자가 기재내용에 관하여 계약자와 아무런 상의도 없이 임의로 기재하였거나 계약자의 의사에 반하여 기재한 경우에만 임의기재에 해당한다.6)

보험의 청약이 청약서 작성이라는 방식을 취하고, 제1회 보험료를 납입하는 절차를 밟는다고 해도 이는 보험계약의 성립요건이 아니며 보험계약의 낙성·불요식 성질을 변경시키는 것은 아니다. 최초보험료의 납입을 요구하는 것은 보험자의 책임개시시기를 정하는 것일 뿐, 보험계약의 성립요건은 아니다. 인터넷과 같이 전자거래에 의해 보험계약이 체결되는 경우, 청약과 승낙 등이 전자문서에 의해 행해진다는 점에서 차이가 있으나, 그 효력은 일반적인 경우와 같다.7)

보험자와 보험계약자 측이 대화자간에 있는 경우에 청약은 상법 제51조에 따라 보험자가 즉시 승낙하지 아니하면 청약의 효력을 상실한다. 격지자간에는 승낙기간의 유무에 따라 달리 정하고 있다. 승낙기간을 정한 경우에는 보험계약 청약자가 그 기간 내에 승낙의 통지를 보험자로부터 받지 못하면 청약의 효력을 상실한다(민법 제528조 제1항) 반면 승낙의 기간을 정하지 않았다면 청약 후 상당한 기간 내에 승낙의 통지를 보험계약자 측이 받지 못하면 청약 효력을 상실한다(민법 제529조). 여기에서 상당한 기간이란 청약의 의사표시가 보험자에게 도달한 후에 보험자가 결정하고 그 의사표시를 하는 데에 필요한 시간을 말한다.8)

2. 청약의 철회

청약의 효력은 민법 제527조 이하에서 정하고 있는 일반 원칙에 의한다. 이에 따라 청약서를 기재하고 보험자에게 이를 교부하면 청약을 한 것이 된다. 청약에는 구속력이 인정되어 청약자는 보험자가 승낙 여부를 결정할 수 있는 상당한 기간 내에는 자신의 청약을 임의로 철회할 수 없다고 해석한다.9) 그런데 사망보험계약 등 장기보험계약 등의 경우에 보험계약자 측에서 자신의 청약을 철회해야 할 필요성이 발생할 수 있다. 다른 종류

---

5) 한기정, 195면.
6) 임용수, 73면.
7) 양승규, 109면.
8) 대판 1999. 1. 19, 98다48903.
9) 양승규, 109면.

의 상거래에 관한 법률에서는 이미 청약철회제도(cooling off)를 인정하고 있었는데, 보험계약에서는 2014년 보험업법 개정을 통해 청약철회제도가 도입되었다.[10] 이로써 보험계약에서도 보험증권을 받은 날로부터 법령이나 약관에서 정한 기일 이내에 아무런 불이익을 받지 않고 보험계약의 청약을 철회할 수 있도록 하고 있다.[11] 청약의 의사표시에 아무런 하자가 없는 경우에도 아무런 불이익없이 일방적으로 그 의사표시를 철회할 수 있는 것이다. 예를 들어 생명보험실무에서는 계약자는 보험증권을 받은 날 부터 15일 이내에 그 청약을 철회할 수 있도록 하면서, 진단계약, 여행자보험과 같이 보험기간이 1년 미만인 계약 또는 전문보험계약자[12]가 체결한 계약은 청약을 철회할 수 없는 것으로 하고 있다.[13] 청약철회 기간보다 보험기간이 짧은 여행자보험과 같은 경우에 청약철회를 인정하게 되면 결국 무상으로 여행기간 중에 보험혜택을 받게 되어 불합리하며, 진단계약의 경우에는 피보험자가 청약철회제도를 악용하여 건강검진을 무료로 받는 일이 발생할 수 있기 때문에 청약철회를 할 수 없도록 정한 것이다.[14]

　　과거 보험업법 제102조의4에서 일반보험계약자의 청약철회를 규정하고 있었고, 청약철회의 효과에 대해 생명보험표준약관에서 보험자는 청약의 철회를 접수한 날로부터 3일 이내에 이미 납입 받은 보험료를 반환하여야 하며, 보험료 반환이 늦어진 기간에 대하여는 이 계약의 보험계약대출이율을 연단위 복리로 계산한 금액을 더하여 지급하도록 하고 있다. 다만 계약자가 제1회 보험료를 신용카드로 납입한 계약의 청약을 철회하는 경우에는 보험자는 신용카드의 매출을 취소하며 이자를 더하여 지급하지 않는다고 규정하고 있다.[15] 금융소비자보호에 관한 법률이 시행되면서 보험업법 제102조의4는 삭제되었다. 보험업법상의 청약철회제도의 내용 대부분은 금융소비자보호에 관한 법률 제46조에서 규정되고 있다. 청약철회제도의 취지를 고려하여 금융상품판매업자(보험자)는 일반금융소비자(일반보험계약자)에 대하여 청약 철회에 따른 손해배상 또는 위약금 등의 금전지급을 청구할 수 없으며, 청약이 철회된 당시 이미 보험사고가 발생하면 청약철회의 효력은 발생하지 않지만, 일반금융소비자(일반보험계약자)기 보험사고의 발생을 알면서도 청약을 철회한 경우엔 소비자의 의사를 존중하여 청약 철회의 효력이 인정된다.[16]

10) 방문판매 등에 관한 법률 제8조, 할부거래에 관한 법률 제8조; 한기정, 197면.
11) 정동윤, 506면에서도 보험자가 승낙할 때까지는 원칙적으로 청약에 대해 철회할 수 있는 것으로 해석하고 있다.
12) 보험계약에 관한 전문성, 자산규모 등에 비추어 보험계약의 내용을 이해하고 이행할 능력이 있는 자로서 보험업법 제2조(정의) 19호, 보험업법시행령 제6조의2(전문보험계약자의 범위 등) 또는 보험업감독규정 제1-4조의2(전문보험계약자의 범위)에서 정한 국가, 한국은행, 대통령령으로 정하는 금융기관, 주권상장법인, 지방자치단체, 단체보험계약자 등의 전문보험계약자를 말한다.
13) 생명보험표준약관 제17조 제1항.
14) 이현열, "개정 표준약관 개관", 보험법연구 제4권 제1호, 2010, 141면.
15) 생명보험표준약관 제17조 제2항-제5항.
16) 금융소비자보호에 관한 법률 제46조.

3. 승   낙

보험자의 승낙이란 보험계약자의 특정한 청약에 대해 보험계약의 성립(체결)을 목적으로 하는 보험자의 의사표시이다. 보험계약의 성립이 인정되려면 개개 청약에 대한 구체적인 승낙이 있어야 한다. 보험자에게 승낙의 의무가 있는 것은 아니다.[17] 자동차보험의 대인배상 I과 같이 의무책임보험과 같이 강제성 있는 보험을 제외하고는 보험자는 보험계약자 측의 청약에 대해 승낙을 할 것인지의 여부를 자유롭게 결정할 수 있다. 보험계약은 청약에 대해 보험자가 청약서 내용을 검토하고 건물과 같은 보험의 목적을 실제로 조사하거나 생명보험의 경우 필요에 따라 신체검사를 통해 피보험자의 건강상태 등에 대한 검토를 거친 후 인수 여부를 결정한 다음 보험계약자에게 승낙의 통지를 발송한 때에 성립한다.[18]

계약의 성립시기 역시 대화자와 격지자간에 따라 구분된다. 대화자간에는 승낙이 도달한 때에 보험계약이 성립된다. 격지자간에는 승낙의 통지를 발송한 때에 보험계약이 성립된다(민법 제531조). 민법 제111조에서 정하고 있는 의사표시 효력발생시기에 관한 도달주의 원칙과 다른 부분이다. 보험계약에서는 실무상 보험자가 보험증권을 작성하여 보험계약자에게 발송(교부)하는 것으로서 승낙통지에 갈음한다. 이에 따라 보험계약의 성립시점은 보험증권을 발송(송달)한 시점이라고 해석되기도 한다.[19] 보험계약의 성립을 위해 보험증권이 반드시 요구되는 것은 아니다. 보험증권은 증거증권에 불과하다. 승낙을 함에 있어 보험자는 보험가입금액을 제한하거나 보장의 일부를 계약에 포함시키지 않거나 보험료를 할증하는 등 조건부 승낙을 할 수도 있다. 생명보험에서 보험의가 피보험자의 건강에 대한 판정을 내린 시점을 보험계약의 성립시점으로 볼 수는 없다. 그 이유는 보험의는 보험계약 체결에 대한 대리권을 가지지 못하기 때문이다.

[대법원 1991. 11. 8. 선고 91다29170 판결]

〈사실관계〉

원고는 아들을 피보험자로 하는 보험을 청약하면서 아들이 오토바이를 운전하지 않는다고 고지하였다. 제1회 보험료 납부 이후 아들이 오토바이 운전 중 사망하였는데 피고회사의 규정에 의하면 오토바이 운전을 하는 사람은 동 보험에 가입할 수 없게 분류되어 있어, 피고회사는 제1회 보험료를 반환하면서 보험의 승낙을 거절하였다.

---

17) 대판 1991. 11. 8, 91다29170(보험자는 피보험자가 당해 청약된 보험계약에 적합하지 아니하는 경우에는 승낙을 거절할 수 있다).
18) 대판 1976. 6. 22, 75다605; 양승규, 110면.
19) 한기정, 199면.

<주요 판시내용>

　보험계약은 보험계약자의 청약과 보험회사의 승낙에 의하여 성립되고 보험회사는 피보험자가 당해 청약된 보험계약에 적합하지 아니한 경우에는 승낙을 거절할 수 있으며, 보험회사가 보험계약자로부터 제1회 보험료를 받고 승낙을 거절하는 경우에는 거절통지와 함께 받은 보험료를 반환하여야 하는 사실, 피고회사는 여러 종류의 보험상품을 판매하면서 내부적인 사무처리 지침으로 일정한 직종을 위험직종으로 분류하여 특정보험에의 가입 및 그 한도를 제한하고 있는데, 원고는 이 사건 보험계약청약시 사실과 달리 고지한 사실, 그 후 앞서 본 바와 같이 피고는 원고에게 보험가입승낙 거절의 통지를 함과 아울러 이미 납부된 1회분 보험료를 반환하였으므로 원고와 피고 사이의 위 보험계약은 피고가 적법하게 승낙을 거절함으로써 성립되지 않았다.

　판례에 따르면 청약과 승낙의 합치에 따라 계약이 성립된 것으로 인정받기 위해서는 당사자의 서로 대립하는 수 개의 의사표시의 객관적 합치가 필요하고 객관적 합치가 있다고 인정되기 위해서는 당사자의 의사표시에 나타나 있는 사항에 관하여는 모두 일치하고 있어야 하는 한편 계약 내용의 '중요한 사항' 및 계약의 객관적 요소는 아니더라도 특히 당사자가 그것에 중대한 의의를 두고 계약 성립의 요건으로 할 의사를 표시한 때에는 이에 관하여 합치가 있어야 한다고 판시하고 있다.20)

4. 낙부통지의무

(1) 도입취지

　보험계약이 성립하기 위해서는 보험자의 승낙이 필수적인데 실무상으로 보험자가 청약서를 검토하고 보험의 목적을 검사하거나 보험의를 통해 피보험자를 신체검사하는 절차를 거치게 되므로 청약시점에서부터 승낙의 통지를 발송하기까지 상당한 시간이 소요된다. 상사계약에 있어서 상인이 상시 거래관계에 있는 자로부터 그 영업부류에 속한 계약의 청약을 받은 때에는 지체없이 낙부의 통지를 발송하여야 하며 이를 해태하면 승낙한 것으로 본다(제53조). 이러한 특별한 관계가 아니라면 청약을 받은 자는 청약에 대해 승낙 여부의 의사표시를 반드시 해야 할 의무가 있는 것이 아니며 승낙의 기간을 정하지 아니한 계약의 청약에서 만약 상당한 기간 안에 승낙의 통지가 없다면 그 청약은 효력을 상실하게 되어 보험계약은 성립하지 않게 된다(민법 제529조, 상법 제52조).21) 일반적으로 보험계약자는 보험자와 상시거래관계에 있다고 할 수 없고 따라서 상법 제53조가 적용되지 않는다. 그런데 법률문외한인 보험계약의 청약자로서는 보험설계사의 권유에 따라 청약서를 작성하

---

20) 대판 2012. 4. 26, 2010다10689.
21) 양승규, 111면.

고 보험료의 전부 또는 일부를 납입하고 신체검사가 필요한 경우 해당 검사를 받았다면 대개 보험계약이 유효하게 성립한 것으로 믿게 된다. 한편 보험자로서는 청약시 최초보험료를 이미 수령한 상태이다. 이러한 상태에서 청약자 보호의 문제가 발생하게 된다.

(2) 내   용

1991년 12월 보험법을 개정할 때 보험계약자의 보호를 위해 낙부통지의무 제도를 도입하였다. 즉 상법 제53조에서 요구하는 상시거래관계의 존재를 요구하지 않은 채 이에 대한 특칙으로서 보험자가 보험계약자로부터 보험계약의 청약과 함께 보험료상당액의 전부 또는 일부의 지급을 받은 때에는 다른 약정이 없으면 그 지급일로부터 30일 내에 보험계약자에 대하여 낙부의 통지를 발송하도록 하였다(제638조의2 제1항 본문). 인보험계약에서 피보험자가 신체검사를 받아야 하는 경우에 그 기간은 신체검사를 받은 날로부터 기산하도록 하였다(제638조의2 제1항 단서). 따라서 피보험자가 신체검사를 받아야 하는 유진사계약의 경우에 비록 보험계약자가 청약서를 제출하면서 제1회 보험료를 납입했어도 피보험자가 보험의에 의한 신체검사를 받지 않았다면 낙부통지의무는 보험자에게 부과되지 않는다. 보험계약자 측이 지급해야 하는 보험료상당액의 전부 또는 일부라는 것은 보험자의 책임을 개시시키기 위한 최초보험료를 말하며, 일부의 지급이란 보험료를 분납하는 경우에 초회보험료를 말한다. 낙부통지의무에 대한 규정은 임의규정적 성격이며, 따라서 당사자간의 합의를 통해 그 적용을 배제할 수 있다고 해석된다.[22] 생명보험표준약관 제16조 제3항에서도 유사한 내용이 규정되어 있다.

5. 승낙의제

보험자가 위 낙부통지의무에 따른 30일 기간 내에 청약에 대한 승낙 또는 거절의 통지를 발송하지 않으면 승낙한 것으로 본다(제638조의2 제2항). 이로써 30일의 기간이 낙부통지 없이 경과하게 되면 경과한 날에 보험계약이 성립된 것으로 간주한다. 물론 승낙의제제도의 적용을 위해서는 위 낙부통지의무의 다른 요건들이 충족되어야 하는 것이므로 보험계약자는 청약과 함께 보험료상당액의 전부 또는 일부를 납입하였거나 유진사보험의 경우 신체검사를 받아야만 승낙의제제도의 혜택을 받을 수 있다. 따라서 보험료상당액의 전부 또는 일부를 납입하지 않은 채 청약이 있고 보험자가 상당한 기간 내에 승낙의 통지를 발송하지 않으면 청약은 그 효력을 잃는다. 승낙의제 조항은 임의규정으로서 당사자간의 특약으로 그 적용을 배제할 수 있다.

---

22) 한기정, 199면-200면.

그런데 승낙의제에 대해 보험자와 보험계약자는 상시거래관계에 있지 않으며 일정 기간이 경과되었다는 이유로 피보험자나 보험목적의 적격성 여부를 묻지 않고 보험계약이 성립되도록 하는 것은 문제가 있음을 지적하는 견해가 있다.23) 그러나 청약의 관행을 볼 때 청약을 하면서 최초보험료까지 선급하는 보험계약자 입장에서 볼 때 이제 보험으로부터의 보호를 받을 수 있다고 믿는 것이 보통이며, 최초보험료까지 수령한 보험자가 자신에게 부과된 낙부통지의무를 제대로 이행하지 않은 채 보험계약이 성립되지 않았음을 주장하는 것은 지나치게 보험자에게 유리하게 해석하는 것이다. 또한 승낙의제를 인정하여 보험계약이 성립된 경우에도 보험목적이나 피보험자의 적격성과 관련하여 고지의무위반 등의 해지사유가 있는 경우 보험자는 해지권을 행사할 수 있으므로 승낙의제제도의 적용에는 문제가 없다고 해석함이 타당하다.24)

Ⅱ. 승 낙 전 보 상

1. 제도의 취지

이 제도 역시 1991년 12월 보험법 개정당시 도입된 것으로 적격피보험체의 보호를 목적으로 하고 있다. 보험계약자가 보험의 청약과 함께 보험료의 전부 또는 일부를 지급했음에도 불구하고 보험자가 승낙의 통지를 발송할 때까지는 보험계약이 성립되지 않는다. 보험자로서는 청약일로부터 승낙일까지 실제로 위험을 인수하지 않으면서도 상당기간 동안 보험료를 받고 있는 셈이 된다. 또한 승낙의제 제도가 있어도 승낙의제가 실제로 적용되는 시점이 도달하기 까지는 보험으로부터의 보호가 불가능하다. 이러한 경우 청약을 거절할 만한 사유가 없는 상황에서 단지 보험자의 승낙이 아직 없었다는 이유로 그 사이에 발생한 보험사고에 대해 보험료를 이미 수령한 보험자가 보험금 지급책임을 부담하지 않는다는 것이 불합리하다는 지적에 따라 도입한 제도이다. 이 제도가 보험법에 도입되기 전에도 그 당시의 생명보험표준약관에서는 이 제도를 규정하고 있었다. 또한 이 제도 도입 전 판례에서도 승낙 전 사고 보상을 인정하면서 다만 보험자가 피보험자가 적격피보험자가 아니라는 것을 입증하면 면책된다고 규정한 약관의 효력을 인정하기도 했다.25)

이 제도의 도입으로 인해 보험자는 승낙 전 사고에 대해 보험계약상의 책임을 지게 된다(제638조의2 제3항). 신체검사를 받아야 하는 인보험의 경우에는 신체검사를 받을 것이

---

23) 장경환, "개정 보험계약법의 개관(상)", 고시계 420호, 1992. 2, 79-80면; 김성태, 181면; 최기원, 114면.
24) 임용수, 76-77면; 한기정, 200면.
25) 대판 1991. 11. 8, 91다29170.

요구된다. 신체검사를 받지 아니하면 승낙 전 보상제도의 적용이 없고 따라서 보험자는 보험금 지급책임이 없다. 이에 따라 승낙의제가 인정되기 전(승낙통지기간의 경과 전)의 보험사고에 대해 적격피보험체에 대한 보호가 가능하게 되었다. 결과적으로 보험계약의 낙성계약성을 상당히 완화한 것이며 보험자의 승낙 전이라도 피보험자가 보험보호를 받을 수 있도록 하여 보험계약자 측의 합리적 기대이익을 보호하려는 것이다.26) 이러한 취지에서 볼 때 승낙 전 사고에 대해 보험자가 부담하게 되는 책임은 보험자의 승낙 전 책임이므로 보험계약의 체결로 인한 계약상의 책임이 아니라 법률 규정에 의한 책임으로 보아야 한다.27) 그런데 기업보험의 경우에는 당사자간의 특약에 의해 승낙 전 사고 보상 규정을 배제할 수 있다고 해석된다.28)

2. 요   건

(1) 청약시 보험료상당액의 전부 또는 일부납입

보험자는 보험계약자로부터 유효한 청약과 함께 보험료상당액의 전부 또는 일부(제1회 보험료)를 받았어야 한다. 다시 말해 최초보험료의 지급이 이루어져야 한다. 체약대리점이 보험료에 대한 대납약정을 하였다면 약정일에 보험료가 지급된 것으로 해석한다.29) 따라서 대납약정 후 현실적으로 보험료가 납입되기까지의 기간에 보험사고가 발생한 경우에 본 조항의 다른 요건이 충족되었다면 보험자는 보험금 지급책임을 부담한다고 해석해야 할 것이다.30) 제1회 보험료를 선일자수표로 지급한 경우에는 선일자수표가 실제로 결제되어야 보험료의 지급이 있는 것으로 볼 수 있으므로 선일자수표가 실제로 결제되기 전의 보험사고에 대해서는 보험자의 보험금지급책임이 인정되지 않는다고 해석하고 있다. 인보험계약에서 피보험자의 신체검사를 필요로 하는 경우엔 신체검사를 받아야만 이 제도가 적용된다.

---

26) 임용수, 78면; 최준선, 106면; 이에 대해 김성태, 182면에서는 본 제도의 목적 등을 설명하면서 유사한 입법례를 찾아보기 힘든 제도라고 설명한다; 제638조의2의 도입취지와 이에 대한 비판적 견해로 장경환, "개정 보험계약법의 개관", 고시계 1992. 2, 77-80면; 정찬형, 589면.

27) 장덕조, 120면; 보험연수원(편), 보험심사역 공통 1 교재, 2016, 127면.

28) 김성태, 183면; 서헌제, 59면.

29) 대판 1991. 12. 10, 90다10315; 대판 1995. 5. 26, 94다60615.

30) 임용수, 79면; 반면에 김성태, 183면에서는 승낙 전 보상제도가 예외적인 제도이므로 보험료 지급의 의미를 너무 넓게 해석하여 체약대리상의 대납약정의 경우까지 포함하는 것은 타당하지 않다고 보아 판례에 반대하고 있다.

[대법원 1989. 11. 28. 선고 88다카33367 판결]

〈사실관계〉

원고는 피고회사와 보험계약을 체결하면서 제1회 보험료를 선일자 수표로 납입하였는데, 동 계약의 약관에는 보험자가 제1회 보험료를 받은 후 보험청약에 대한 승낙이 있기 전에 사고가 발생한 때에도 보험자가 책임을 지기로 되어 있었다. 원고가 이를 근거로 보험금을 청구하자 피고회사는 제1회 보험료가 선일자 수표로 납입되었고 그 발행일이 도래하지 않아 결과적으로 제1회 보험료 자체가 납입되지 않았다며 보험금 지급을 거절하였다.

〈주요 판시내용〉

선일자 수표는 그 발행자와 수취인 사이에 특별한 합의가 없었더라도 일반적으로 수취인이 그 수표상의 발행일 이전에는 자기나 양수인이 지급을 위한 제시를 하지 않을 것이라는 약속이 이루어져 발행된 것이라고 의사해석함이 합리적이며 따라서 대부분의 경우 당해 발행일자 이후의 제시기간 내의 제시에 따라 결제되는 것이라고 보아야 한다. 이 사건과 같은 생명보험의 모집인이 그의 권유에 응한 청약의 의사표시를 한 보험계약자로부터 제1회 보험료로서 선일자 수표를 발행받고 보험료 가수증을 해준 경우에는, 비록 보험설계사가 소속 보험회사와의 고용계약이나 도급적 요소가 가미된 위임계약에 바탕을 둔 소속보험회사의 사용인으로서 보험계약의 체결대리권이나 고지수령권이 없는 중개인에 불과하다 하여도 오늘날의 보험업계의 실정에 비추어 제1회 보험료의 수령권이 있음을 부정할 수는 없으나, 그렇더라도 그가 선일자 수표를 받은 날을 보험자의 책임발생 시점이 되는 제1회 보험료의 수령일로 보아서는 안 된다.

(2) 청약 승낙 전 보험사고 발생

승낙에는 승낙의제에 의한 의제승낙도 포함되는 것으로 보아야 할 것이다.[31] 즉 승낙의제 인정 전의 보험사고에 대해서도 적격피보험체에 대한 보호가 가능하다.[32] 그런데 앞에서도 설명한 대로 승낙 전 사고에 대해 보험자가 책임을 진다는 것과 소급보험과는 다르다. 승낙 전 보상제도에서는 제644조 단서가 적용되지 않는다. 즉 청약 후 승낙 전에 보험사고가 발생한 경우에 그 사고 발생 사실을 청약 후에 보험자, 보험계약자 또는 피보험자가 이를 알았다고 해도 승낙 전 보상제도는 그대로 적용되어 보험보호를 받게 되는 것이다. 이렇게 해석하지 않고 제644조 단서가 적용된다고 해석하게 되면 1991년에 보험법을 개정하면서 도입한 승낙 전 보상 제도는 존재 의미가 없어지기 때문이다.[33] 판례의 입장이기도 하다.[34]

---

31) 임용수, 77면.
32) 정찬형, 589면.
33) 同旨: 한기정, 207면.
34) 대판 2008. 11. 27, 2008다40847.

(3) 청약을 거절할 만한 사유 부재

아직 청약에 대해 승낙을 하지 않은 보험자 입장에서 볼 때 객관적으로 청약을 거절할 만한 사유가 없어야 한다. 그 판단 시점은 보험사고 발생 당시를 기준으로 함이 타당하다.35) 청약을 거절할 만한 사유란, 보험자가 인수할 수 없는 또는 인수하기에 적합하지 않은 위험을 목적으로 하여 청약을 한 것을 말한다.36) 부적격피보험체인 경우나 고지의무위반 사실이 있는 경우가 이에 해당한다. 청약을 거절할 만한 사유의 존재 여부에 대한 입증책임은 면책을 주장하려는 보험자가 부담한다.37) 조문의 내용을 볼 때 청약을 거절할 만한 사항에 대해 보험계약자가 이를 인식하고 있는지의 여부 또는 그 사유와 보험사고 사이에 인과관계가 있어야 하는가에 대해서는 묻지 않는다. 청약을 거절할 만한 사유란 보험자가 미리 마련하고 있는 객관적인 보험인수 기준에 따를 때에 인수할 수 없는 위험 상태 또는 그러한 사정이 있는 것을 말한다. 이것이 판례의 입장이다. 보험사고 발생 사실을 보험자에게 고지하지 않은 것은 청약을 거절할 만한 사유에 해당하지 않는다.38)

[대법원 2008. 11. 27. 선고 2008다40847 판결]

〈주요 판시내용〉

여기에서 청약을 거절할 사유란 보험계약의 청약이 이루어진 바로 그 종류의 보험에 관하여 해당 보험회사가 마련하고 있는 객관적인 보험인수기준에 의하면 인수할 수 없는 위험상태 또는 사정이 있는 것으로서 통상 피보험자가 보험약관에서 정한 적격피보험체가 아닌 경우를 말하고, 이러한 청약을 거절할 사유의 존재에 대한 증명책임은 보험자에게 있다. 이른바 승낙 전 보험사고에 대하여 보험계약의 청약을 거절할 사유가 없어서 보험자의 보험계약상의 책임이 인정되면, 그 사고발생사실을 보험자에게 고지(통지)하지 아니하였다는 사정은 청약을 거절할 사유가 될 수 없다.

청약을 거절할 사유에 대해 고지의무위반 사실은 포함되지 않는다는 해석이 있다.39) 그러나 계약체결과정에서 중요한 사실에 대한 고지의무위반이 있다면 보험자에게는 청약을 거절할 만한 사유에 해당되는 것이라고 해석해야 할 것이다.40) 만약 보험계약청약서에

---

35) 한기정, 205면; 김은경, 155면.
36) 정동윤, 507면.
37) 대판 2008. 11. 27, 2008다40847; 정동윤, 507면; 서헌제, 59면; 김은경, 155면; 장덕조, 112면. 이에 대해 본 승낙 전 보상 제도는 보험계약자의 합리적 기대를 보호하기 위해 예외적으로 만든 제도이므로 이 제도로부터 보호를 받으려는 보험계약자 측이 부보적격체에 대한 입증책임을 부담하는 것으로 해석해야 한다는 견해도 있다. 김성태, 184면.
38) 대판 2008. 11. 27, 2008다40847.
39) 장덕조, 120면.
40) 김은경, 155면; 임용수, 78면. 한기정, 205면에서도 원칙적으로 청약을 거절할 만한 사유에 고지의무 위반 사실이 포함될 수 있다는 견해로 보인다.

피보험자의 직업이나 직종 등에 따라 보험가입금액에 최고한도액이 명시되어 있는 경우에 그 한도액을 초과하여 청약을 한 후 청약에 대한 승낙이 있기 전에 보험사고가 발생한 경우에는 초과 청약액에 대해서는 보험자는 보험금 지급책임이 없다고 해석해야 한다.[41] 한도를 초과하여 청약을 한 것에 대해 인수심사 단계에서 피보험자의 직업이나 직종 등에 대해 보험자가 영업상 필요한 주의를 기울이면 청약서상의 기재가 잘못되었다는 것을 알 수 있었을 것이다. 즉 보험자가 알았거나 중대한 과실로 알지 못한 경우에 해당된다고 할 수 있다. 따라서 이를 이유로 보험자는 보험계약자 측의 고지의무위반을 주장할 수 없을 것이며, 이것이 청약을 거절할 만한 사유로 보기는 어렵다고 여겨진다. 이러한 취지에서 보험자의 책임은 인정하되 초과 청약액에 대해서는 보험자의 책임이 없다고 해석된다.

Ⅲ. 보험약관 교부·설명의무[42]

1. 개   념

(1) 의의와 근거

보험자의 보험약관 교부·설명의무는 보험자가 일방적으로 작성한 보통보험약관상의 중요한 내용이 보험계약자 측이 알지 못하는 가운데 보험계약에 편입되어 이로 인해 보험계약자 측이 예측하지 못한 불이익을 당하게 되는 것을 방지하기 위해 보험계약이 체결되기 전에 보험계약자로 하여금 약관상 중요한 내용을 알 수 있도록 하기 위해 보험자에게 부과하는 계약 전 의무이다.[43] 특히 약관의 구속력의 근거에 대한 합의설의 입장에서 볼 때 보험자의 약관설명의무는 논리적으로 당연히 요구된다.[44] 왜냐하면 약관상의 중요한 내용이 보험계약자 측에게 제대로 설명되는 것이 합의설에서 말하는 당사자 합의를 위한 전제가 되기 때문이다. 즉 합의설의 핵심인 당사자간의 합의가 실질적 의미를 가지기 위해서 보험계약자는 약관의 내용을 알아야 하며 이를 위해 보험자에게 약관설명의무가 부과되는 것이다. 약관설명의무가 이행되지 않은 채 이루어진 당사자의 합의는 그 효력이 없는 것으로 해석될 수 있다. 상법 제638조의3이나 약관규제에 관한 법률 제3조에서 보험자를 약관설명의무의 이행주체로 규정하고 있으나, 보험설계사, 보험대리점, 보험중개사를

---

41) 임용수, 81면.
42) 약관의 개념, 구속력의 근거, 약관해석원칙 및 약관통제 등의 문제는 제3장 보험계약법의 법원(法源)에서 설명하였다.
43) 대판 2003. 5. 30, 2003다15556; 대판 1999. 2. 12, 98다51374; 대판 1998. 11. 27, 98다32564.
44) 정찬형, 549면.

통해 보험모집이 이루어지는 경우 이들이 보험자를 대신하여 본 의무를 이행하여야 한다. 계약체결대리권을 가지는 체약대리점이 의무이행자라는 것에는 문제가 없다. 해당 대리권에 약관설명의무 이행에 관한 권한이 포함된 것으로 볼 수 있기 때문이다. 그러나 보험설계사나 보험중개사는 계약체결대리권이 없어서 약관설명의무의 이행자가 될 수 있는지 의문이 제기될 수 있으나, 실무상 고객은 이들을 통해 청약을 하고 제1회 보험료를 지급하고 있기 때문에 약관설명의무의 이행자성을 인정해야 할 것이다. 판례도 같은 취지이다.45) 이와 관련하여 체약대리권이 없는 모집종사자에게 보험자가 설명의무를 이행할 권한을 별도로 수여한 것으로 보아야 한다는 해석도 있다.46)

(2) 의무의 내용

교부의무란 고객이 요구할 경우 그 약관의 사본을 고객에게 전달하여 고객이 약관의 내용을 알 수 있게 하는 것을 의미한다. 명시의무는 계약의 종류에 따라 일반적으로 예상되는 방법으로 약관 내용을 분명하게 밝히는 것을 말한다. 계약서에 약관을 인쇄해 놓는 것, 약관이 기재된 서면을 계약서에 첨부하는 것, 구두에 의한 계약체결의 경우에 계약체결 전이나 직후에 약관이 기재된 서면을 교부하거나 송부하는 것, 사업자의 영업소에서 계약을 체결하는 경우에는 약관이 영업소의 눈에 쉽게 띄는 장소에 게시되도록 하는 것, 고객이 임의로 인쇄물을 집어갈 수 있도록 비치하는 것 등을 포함하는 것으로 풀이된다. 즉 약관 내용을 쉽게 볼 수 있도록 하는 것이 명시의무의 핵심이다. 설명의무란 약관에 대한 고객의 이해에 중대한 영향을 미치는 최소한의 중요한 약관 내용에 대해서만은 고객이 실제로 인식하고 이해할 수 있도록 설명을 해야 하는 것을 말하며, 이러한 설명의무의 이행을 통해 명실상부한 명시의 효과를 거둘 수 있는 것이다(약관의 규제에 관한 법률 제3조 제2항 및 제3항).47) 약관의 교부, 명시, 설명의무는 결국 약관의 중요 내용에 대한 '고객의 이해가능성의 부여와 제고' 측면을 핵심적 내용으로 삼고 있다.48)

(3) 관련조문49)

제638조의3 제1항은 과거 「보험약관의 교부·명시의무」라는 표제 하에 "보험자는 보험계약을 체결할 때에 보험계약자에게 보험약관을 교부하고 그 약관의 중요한 내용을 알려주어야 한다"고 규정하였다. 그런데 2015년 개정 보험법에서는 '알려주어야 한다'는 표

---

45) 대판 2007. 9. 6, 2007다30263; 양승규, 113-114면; 장덕조, 71면.
46) 한기정, 161면.
47) 박세민, "보험법 개정방향에 관한 연구(상)", 법조 596호, 2006. 5, 77-79면; 김성태, 186면; 이은영, 118면.
48) 대판 2016. 9. 23, 2016다221023; 대판 2005. 10. 7, 2005다28808; 대판 1998. 11. 27, 98다32564; 이은영, 117면.
49) 약관설명의무의 위반 효과는 후술한다.

현을 보다 명확하게 '설명하여야 한다'로 바꾸고, 조문의 표제도 「보험약관의 교부 · 설명의무」로 변경했다. 약관의 규제에 관한 법률 제3조는 보험자는 계약체결에 있어서 고객에게 약관의 내용을 계약의 종류에 따라 일반적으로 예상되는 방법으로 명시하고, 고객이 요구할 때에는 당해 약관의 사본을 고객에게 교부하도록 하고 있다. 또한 약관에 규정되어 있는 중요한 내용을 고객이 이해할 수 있도록 설명하도록 규정하고 있다. 두 법률 사이에 교부의무와 관련하여 고객의 요구가 필요한지에 대해 차이가 있다. 생명보험표준약관 제18조에서도 약관 교부 · 설명의무를 규정하고 있다. 보험업법 제97조 제1항 제1호-제4호에서도 설명의무를 규정하고 있었는데, 금융소비자보호에 관한 법률이 시행되면서 동법 제19조에서 설명의무를 규정하게 되었고 이 부분은 삭제되었다. 또한 보험업법 제95조의2 제3항 및 제4항에서도 설명의무를 규정하고 있는데, 여기에서 정하고 있는 설명의무는 일반보험계약자를 대상으로 한다고 해석된다.

2. 적용범위

(1) 이행방법

보험약관을 교부하거나 명시, 설명하는 방법에 대해서는 특별히 정한 것이 없다. 다만 판례는 보험상품의 내용이나 보험료율의 체계 등 보험약관에 기재되어 있는 중요한 내용에 대하여 구체적이고 상세하게 명시 · 설명하여야 한다고 판시하고 있다.[50]

교부 및 설명의무는 반드시 교부가 먼저 이행되고 그 후에 설명의무가 이행되어야 하는 것은 아니다.[51] 명시의무는 명시의무 자체만으로 독자적인 의미를 갖기보다는 일반적으로 명시의무가 설명의무와 연계될 때에 비로소 보험계약자 측에게 실질적인 도움을 주게 된다. 제638조의3에서도 명시의무를 별도로 규정하고 있지는 않다. 이러한 의미에서 볼 때 중요한 내용에 대해 구체적이고 상세하게 설명함으로써 명시의 목적을 궁극적으로 달성할 수 있을 것이다. 판례는 매우 작은 활자로 인쇄하거나 눈에 잘 띄지 않는 곳에 해당 내용을 기재하면 이는 명시의무 위반이라고 해석하고 있다.[52] 약관규제에 관한 법률 제3조 제1항은 '사업자는 고객이 약관의 내용을 쉽게 알 수 있도록 한글로 작성하고, 표준화 · 체계화된 용어를 사용하며, 약관의 중요한 내용을 부호, 색채, 굵고 큰 문자 등으로 명확하게 표시하여 알아보기 쉽게 약관을 작성하여야 한다'고 규정하고 있으며, 제2항은 '사업자는 계약을 체결할 때에는 고객에게 약관의 내용을 계약의 종류에 따라 일반

---

50) 대판 2004. 4. 27, 2003다7302; 대판 1999. 5. 11, 98다59842; 대판 1995. 8. 11, 94다52492; 대판 1996. 4. 12, 96다4893; 대판 1997. 9. 26, 97다4494.

51) 김성태, 193-194면.

52) 대판 1990. 4. 27, 89다카24070.

적으로 예상되는 방법으로 분명하게 밝히고…'로 규정하고 있다. 이들 내용은 명시의무의 이행방법에 관한 것이라 할 수 있다.[53]

약관설명의무는 약관상의 중요한 내용에 한정되는데 약관의 규제에 관한 법률 제3조 제3항은 보험자로 하여금 고객이 이해할 수 있도록 설명할 것을 요구하고 있다. 고객에게 구두로 설명하는 것이 일반적인 이행방법이지만, 비대면 거래의 경우 다른 방식도 가능한 것으로 유연하게 해석할 필요는 있다. 서면에 의해 설명하는 경우 해당 서면을 고객에게 교부하는 것만으로는 부족하며, 구두에 의한 설명을 보충하기 위해 약관 내용을 쉽게 표현된 서면을 활용하는 것도 설명의무의 이행방법이라 할 수 있다.[54] 고객으로부터 서면확인을 받은 경우에 보험자가 특정 내용에 대해 설명한 것으로 보고 설명의무가 이행되었을 개연성이 높다고 판시한 것도 있다.[55] 약관의 일부만 축소, 요약되어 있는 보험안내자료만 교부되고 이에 기초하여 설명된 경우에는 보험안내자료에 포함된 내용(축소, 요약된 약관의 일부)만이 계약의 구성부분이 되는 것으로 해석하는 것이 타당하다. 보험약관만으로 보험계약의 중요사항을 설명하기 어려운 경우에는 보험회사 또는 보험모집종사자는 상품설명서 등 적절한 추가 자료를 활용하는 등의 방법으로 개별 보험상품의 특성과 위험성에 관한 보험계약의 중요사항을 고객이 이해할 수 있도록 설명하여야 한다.[56] 본 조문의 적용대상이 되는 약관이란 '약관'이라는 제목하에 인쇄되어 배부되는 책자 이외에도 CD 형태로 배부되는 약관, 가입설계서나 가입안내문, 팸플릿(pamphlet), 상품설명서, 산출방법서 등의 보험안내자료를 포함한다고 해석해야 한다.

[대법원 2014. 10. 27. 선고 2012다22242 판결]

〈주요 판시내용〉

보험자 또는 보험모집종사자가 고객에게 보험계약의 중요사항에 관하여 어느 정도의 설명을 하여야 하는지는 보험상품의 특성 및 위험도 수준, 고객의 보험가입경험 및 이해능력 등을 종합하여 판단하여야 하지만, 보험업법이나 동법시행령 등에서 규정하는 보험자와 보험모집종사자의 의무 내용이 유력한 판단 기준이 될 수 있다. 보험계약의 중요사항은 반드시 보험약관에 규정된 것에 한정된다고 할 수 없으므로, 보험약관만으로 보험계약의 중요사항을 설명하기 어려운 경우에는 보험회사 또는 보험모집종사자는 상품설명서 등 적절한 추가자료를 활용하는 등의 방법으로 개별 보험상품의 특성과 위험성에 관한 보험계약의 중요사항을 고객이 이해할 수 있도록 설명하여야 한다. 보험회사 또는 보험모집종사자는 고객과 사이에 보험계약을 체결하거나 모집할 때 보

---

53) 한기정, 162면.
54) 한기정, 162면.
55) 대판 1997. 3. 14, 96다53314.
56) 대판 2014. 10. 27, 2012다22242.

험료의 납입, 보험금, 해약환급금의 지급사유와 그 금액의 산출 기준은 물론이고, 변액보험계약인 경우 그 투자형태 및 구조 등 개별 보험상품의 특성과 위험성을 알 수 있는 보험계약의 중요사항을 명확히 설명함으로써 고객이 그 정보를 바탕으로 보험계약 체결 여부를 합리적으로 판단을 할 수 있도록 고객을 보호하여야 할 의무가 있다.

교부의무, 명시의무, 설명의무 중에서 가장 중요한 것은 설명의무인데, 예를 들어 보험자가 약관을 교부하지 않았더라도 약관의 중요한 내용에 대해 보험계약자 측에게 구체적이고 상세하게 설명하였음이 입증되었다면 보험자는 본 의무를 이행한 것으로 해석해야 한다.[57] 보험자가 설명한 내용은 약관상의 문언 내용보다 우선하여 적용된다.[58] 즉 약관 내용과 다르게 보험자가 설명을 했고 보험계약자가 그 설명에 기초하여 보험계약을 체결하게 된 것이라면 보험자가 설명한 내용이 약관에 우선하여 적용된다. 경우에 따라서는 설명의무의 이행방법으로서 서면 방식을 취하기도 한다. 그런데 청약서나 안내문을 보험계약자 측에게 우편으로 송부했다는 사실만으로 보험자가 설명의무를 이행한 것으로 해석될 수 없다. 또한 안내문 등의 송부를 통해 보험계약자가 그 약관 내용을 알게 되었으므로 보험자가 부담하는 약관설명의무 범위에서 그 부분이 제외되는 것으로 해석할 수 없다.

[대법원 1999. 3. 9. 선고 98다43342, 43359 판결]

〈사실관계〉

원고회사는 망인(피고의 부친)과 계약을 체결하면서 보상받지 못하는 손해의 종류가 기재된 안내문과 보상받을 수 없는 손해를 확인하라는 내용이 기재된 상해보험청약서를 우송하였는데, 망인이 보험기간 중 보상받지 못하는 사고로 사망하자 원고회사는 보험금지급책임이 없음을 주장하였다. 그러나 피고는 원고회사가 위의 약관을 설명하지 않았다고 항변하였다.

〈주요 판시내용〉

보험계약의 청약을 유인하는 안내문에 보험약관의 내용이 추상적·개괄적으로 소개되어 있을 뿐 그 약관 내용이 당해 보험계약에 있어서 일반적이고 공통된 것이어서 보험계약자가 충분히 예상할 수 있거나 법령의 규정에 의하여 정하여진 것을 부연하는 것과 같은 것이 아닌 이상, 청약서나 안내문의 송부만으로 그 약관에 대한 보험자의 설명의무를 다하였다거나 보험계약자가 그 내용을 알게 되어 굳이 설명의무를 인정할 필요가 없다고는 할 수 없다.

※ 보험자가 보험계약자에게 보험약관을 우송하면서 주운전자를 허위로 기재하면 보험금을 받지 못하는 경우가 있으므로 기존의 계약 내용 중 잘못된 부분이 있으면 이를 즉시 수정 신고해야 한다는 취지의 안내문을 동봉하여 우송한 사정만 가지고서 바로 보험계약자가 주운전자제도와

---

57) 임용수, 88면, 90면.
58) 대판 1989. 3. 28, 88다4645; 최준선, 67면.

관련된 보험약관의 구체적인 내용을 알고 있었다거나, 보험자가 보험계약자에게 주운전자를 부실 신고한 경우에 입게 되는 계약 해지의 불이익에 관하여 구체적이고도 상세한 설명을 하였음을 추인하기에 부족하다(대판 1997. 9. 26, 97다4494).

(2) 의무이행의 시기

제638조의3 제1항은 '보험계약을 체결할 때'로 정하고 있다. 조문이 '보험계약을 체결할 때'로 정하고 있는 점을 보면 청약에 대해 보험자가 승낙할 때까지 보험자는 본 의무를 이행할 수 있는 것으로 해석할 수 있다.[59] 그러나 청약자가 청약서를 작성하여 보험자에게 교부하기 전에 보험자로부터 보험약관을 교부받고 약관상의 중요한 내용에 관한 설명을 듣도록 하는 것이 본 의무의 취지에 부합한다고 할 것이다. 서명날인된 청약서를 보험자에게 교부한 후 승낙 전 단계에서 뒤늦게 약관상 중요 내용에 대해 설명을 듣는 것은 보험계약자 측에게 큰 의미가 없다. 보험계약자의 청약시에 약관설명의무가 요구된다고 해석하는 것이 타당하다.[60] 이에 대한 개정이 요구된다. 이러한 지적을 반영하여 현행 생명보험표준약관에서는 제18조 제1항에서 "회사는 계약자가 청약할 때에 계약자에게 약관의 중요한 내용을 설명하여야 하며, 청약 후에 지체 없이 약관 및 계약자 보관용 청약서를 드립니다."라고 변경하였다.

보험약관의 교부·설명의무는 원칙적으로 보험계약을 새로이 체결할 때에 적용된다. 기존 계약의 갱신이나 부활에 있어서 기존의 약관의 내용과 비교하여 중요한 부분에 변경 특히 보험계약자 또는 피보험자에게 불리한 변경이 있는 경우에는 갱신이나 부활의 경우에도 보험자는 설명의무를 부담하게 된다. 그러나 만약 보험계약자 측에게 불리한 내용으로의 약관 변경이 없다면 기존 계약의 갱신시 또는 부활시 보험자는 동일한 내용에 대한 약관의 설명의무는 부담하지 않는다고 해석된다.[61] 다만 이러한 경우 구체적인 약관의 설명은 하지 않더라도 기존의 약관 내용과 같다는 점은 고객에게 말해주어야 할 것이다.[62]

(3) 의무이행의 상대방

설명의무의 상대방은 반드시 보험계약자 본인에 국한되는 것이 아니고, 보험자가 보험계약자의 대리인과 보험계약을 체결할 경우에는 그 대리인에게 보험약관을 설명함으로

---

59) 임용수, 87면
60) 김성태, 193면; 최기원, 125면; 최준선, 73면; 정동윤, 510면. 주석상법(보험 Ⅰ), 한국사법행정학회, 2001, 66면; 한기정, 163면.
61) 양승규, 118면; 최기원, 118-119면; 최준선, 70면; 임용수, 89면. 이와 달리 부활의 경우 약관조항 설명의무를 부활계약 체결시 이행해야 한다는 판례도 있다. 대판 2005. 12. 9. 2004다26164. 한편 이 경우에 설명의무가 면제되지는 않고 경감될 수 있을 뿐이라고 해석하는 견해도 있다. 김성태, 194면.
62) 정동윤, 509면.

써 족하다.63)

> ### [대법원 2001. 7. 27. 선고 2001다23973 판결]
>
> 〈사실관계〉
>
> 피고의 종업원이 사고를 일으키자 원고회사는 26세 이상 한정운전특별약관을 이유로 보험금지급을 거절하였다. 그러나 피고는 동 조항을 설명들은 적이 없다고 주장하였고, 원고회사는 피고에게 직접 설명한 것은 아니지만 피고의 대리인에게 설명하였다고 항변하였다. 원심은 피고가 보험계약 체결 당시 그 대리인에게 통상적인 체결권한만을 주었을 뿐, 보험계약의 내용을 결정할 권한을 위임한 것은 아니므로 원고회사는 피고에게 직접 설명의무를 이행했어야 한다며 원고패소 판결하였다.
>
> 〈주요 판시내용〉
>
> 설명의무의 상대방은 반드시 보험계약자 본인에 국한되는 것이 아니라, 보험자가 보험계약자의 대리인과 보험계약을 체결할 경우에는 그 대리인에게 보험약관을 설명함으로써 족하다고 할 것이다. 차량구입자가 차량판매자에게 보험계약을 체결할 권한을 위임한 경우, 보험계약자에게 적합한 보험계약을 체결할 권한을 포괄적으로 위임한 것으로 보면서 보험회사가 직접 차량구입자에게 특약의 적용 여부를 확인하지 못하고 차량판매자와 보험계약을 체결하였다고 하더라도 그러한 사정만으로는 차량구입자가 차량판매자에게 연령에 따른 한정운전 등 특별약관의 적용을 받지 않는 통상적인 업무용자동차보험계약의 체결권한만을 수여하였다고 단정할 수는 없다고 할 것이다. 그렇다면 이 사건 보험계약 체결 당시 보험자가 차량구입자의 대리인인 차량판매자에게 특별약관의 내용을 설명하고 그의 동의를 받은 이상, 보험자는 면책약관 등의 설명의무를 다한 것이라고 보아야 할 것이다.

보험목적이 양도된 경우 보험자가 양수인에 대해서도 약관설명의무를 부담한다고 해석하는 견해와,64) 양수인에 대하여는 위 의무를 부담하지 않는 것으로 해석하는 견해로 나뉜다.65) 보험목적의 양도가 있는 경우에 보험목적의 양도인 또는 양수인은 보험자에 대하여 지체없이 그 사실을 통지하도록 정하고 있다(제679조 제2항). 통지의무 위반효과에 대해서는 규정이 없다. 이에 대해 다수설은 통지가 없어도(즉 대항요건을 갖추지 않더라도) 보험목적의 양도에 따른 권리 및 의무의 이전은 양도인과 양수인뿐만 아니라 보험자 기타 제3자에 대해서도 그 효력이 미친다고 해석한다.66) 즉 통지하지 않더라도 양수인은 보험목적의 양수 사실을 입증하게 되면 보험자에 대하여 보험금청구권을 행사할 수 있다는 것

63) 대판 2001. 7. 27, 2001다23973; 대판 1992. 3. 10, 91다31883.
64) 정찬형, 544-549면; 임용수, 91-92면; 한기정, 162면.
65) 김성태, 194면; 최준선, 70면; 최기원, 119면.
66) 정동윤, 606면; 강위두/임재호, 619면; 최준선, 239면; 임용수, 310면; 양승규, 267-268면; 손주찬, 606-607면.

이다.67)

　　생각건대 통지를 통해 보험자가 보험목적의 양도사실과 양수인이 누구인지를 알았다면 보험계약상의 권리와 의무를 승계하게 되는 양수인에게 약관의 중요한 사항을 설명하도록 하는 것이 타당할 것이다. 보험소비자를 보호하는 차원에서도 양수인에 대한 설명의무는 요구되는 것이다. 대법원은 보험계약의 승계절차에 관하여 보험회사의 자동차종합보험약관에 보험계약자가 서면에 의하여 양도통지를 하고 이에 대하여 보험회사가 보험증권에 승인의 배서를 하도록 규정되어 있다고 하더라도, 보험회사가 그와 같은 약관내용을 보험계약을 승계하고자 하는 자에게 구체적으로 명시하여 상세하게 설명하지 아니한 때에는 이를 보험계약의 내용으로 주장할 수 없다고 판시한 바 있다.68)

[대법원 2001. 6. 15. 선고 99다72453 판결]

〈주요 판시내용〉

　보험금청구권의 양수인에게 당해 보험계약의 약관에 관한 명시·설명의무가 이행되지 않았으므로 보험자는 양수인에게 위 약관을 계약의 내용으로 주장할 수 없다는 취지의 주장은 그 명시·설명의무가 이행되지 않은 상대방을 양수인으로 특정하고 있음이 분명하므로, 위 주장 속에 보험계약자에 대하여 명시·설명의무가 이행되지 않았다는 취지도 포함되어 있다고 볼 수는 없고, 따라서 보험계약자에 대한 명시·설명의무 불이행 주장에 대하여 판단하지 않았다 하더라도 이를 판단유탈이라고 볼 수는 없으며 나아가 양수인에 대한 명시·설명의무 불이행 주장에 보험계약자에 대한 명시·설명의무 불이행 주장까지 포함되는지 여부를 석명하여야 하는 것도 아니다.

3. 설명 대상—중요한 내용의 의미

　　약관의 명시 및 교부의무의 대상에 대해서는 약관규제법 제3조 제2항이나 상법 보험편 제638조의3 제1항에서 특별히 규정하고 있지 않다. 판례 중에 '보험계약의 중요한 내용에 대하여 구체적이고 상세한 명시·설명의무를 부담한다'고 한 것이 있다.69) 그러나 이 판례는 설명의무의 대상을 표현한 것으로 보아야 한다. 교부 및 명시의무는 약관 자체를 교부하거나 고객이 약관의 내용을 알 수 있게 하는 것이지, 약관 중에서 중요한 내용만을 교부하거나 명시하는 것으로 한정하여 해석할 이유는 없다.70)

　　반면 설명의무는 그 대상을 정하는 것이 필요하다. 현실적으로 약관 전체를 설명할

---

67) 정찬형, 710면.
68) 대판 1994. 10. 14, 94다17970.
69) 대판 2004. 4. 27, 2003다7302.
70) 한기정, 149면.

것을 요구할 수는 없다. 보험자는 약관의 내용 전부를 설명해야 하는 것은 아니며 그 중 중요한 내용만을 설명하면 된다. 중요한 내용은 후술하는 고지의무의 대상인 중요사항과 유사하다고 말할 수 있다. 고지의무의 대상인 중요사항이 계약체결 여부 및 계약 조건에 영향을 미치는 것71)으로 해석되는 것과 마찬가지로, 약관설명의무의 대상이 되는 중요한 내용이란 객관적으로 볼 때 사회통념에 비추어 고객이 계약체결의 여부 또는 대가(계약 조건)를 결정하거나 계약체결 후 어떤 행동을 취할지에 관하여 직접적인 영향을 미칠 수 있는 사항을 말하고, 약관조항 중에서 무엇이 중요한 내용에 해당하는지에 관하여는 일률적으로 말할 수 없으며, 구체적인 사건에서 개별적 사정을 고려하여 판단하여야 한다.72) 일반적으로 보험상품의 내용, 보험료율의 체계, 보험청약서상 기재사항의 변동, 보험료와 그 지급방법, 보험금, 보험기간, 보험사고의 내용과 범위, 보험자의 책임범위와 책임개시시기, 보험자의 면책사유, 보험계약의 해지 및 무효사유, 고지의무, 각종 통지의무 등 보험계약자나 피보험자가 부담하는 의무 및 그 위반효과 등과 같이 보험계약 체결 여부나 그 조건에 영향을 미칠 수 있는 것이 설명의무의 대상이 되는 중요한 사항이라 할 수 있고, 구체적으로는 보험계약의 종류에 따라 그 범위가 달라질 수 있다.73) 만약 약관상의 특정 조항이 보험계약자가 체결시에 알았더라도 계약을 체결했을 것이라고 해석될 수 있다면, 그 조항은 보험자가 설명할 의무가 있는 중요한 내용에 해당한다고 볼 수 없다.

전문직업배상책임보험에서 보상책임의 범위와 시기를 명확히 정하기 위해서 피보험자는 보험자에게 보험기간 내에 피보험자를 상대로 이루어진 손해배상청구의 사실을 필수적으로 통지하여야 한다고 해당 약관에서 규정하고 있다. 피보험자의 서면통지 조항은 단순히 서면통지 위반에 따른 추가 손해가 발생한 경우 보험자의 보상책임이 확대되는지 여부의 문제가 아니라 보험금 지급의무의 전제조건으로 기능한다. 이에 따라 전문직업배상책임보험의 보험자는 보험기간 내에 피보험자로부터 손해배상청구에 대한 서면통지가 없는 경우 그로 인하여 손해가 증가하였는지 여부와 관계없이 보험금지급책임을 부담하지 않는다. 서면통지를 하지 않는 경우 피보험자가 보험금을 지급받을 수 없는 불이익을 입게 하는 내용이므로, 서면통지에 관한 내용은 보험자가 구체적이고 상세한 명시 · 설명의무를 부담하는 보험계약의 중요한 내용이라고 해석된다.74)

대법원은 임원배상책임보험약관에 포함된 '증권거래법 및 유사법률 부담보 특별약

71) 대판 1996. 12. 23, 96다27971.
72) 대판 2013. 2. 15, 2011다69053; 대판 2010. 7. 15, 2010다19990; 대판 2008. 12. 16, 2007마1328.
73) 대판 2008. 12. 16, 2007마1328; 대판 2005. 10. 7, 2005다28808; 대판 2001. 7. 27, 99다55533; 대판 2000. 7. 4, 98다62909, 62916; 대판 2000. 5. 30, 99다66236; 대판 1999. 5. 11, 98다59842; 대판 1999. 3. 9, 98다43342; 대판 1998. 6. 23, 98다14191; 대판 1997. 9. 26, 97다4494. 정찬형, 544면; 서헌제, 61면; 최준선, 70면; 임용수, 82-83면; 정동윤, 509면; 한기정, 149면.
74) 대판 2020. 9. 3, 2017다245804.

관'에서 보험계약자 측이 증권거래법 등을 위반하였거나 위반하였다고 주장된 사안과 관련된 손해에 대해서는 보험자의 보상범위에서 제외한다고 규정하고 있다면, 이는 증권거래법을 위반한 경우뿐만 아니라 위반으로 주장된 경우까지 보험자의 면책을 인정한다는 것인데, 위반으로 주장된 경우를 담보범위에서 제외하는 것은 보험계약자에게 불리한 내용이며 보험계약자 측의 합리적 기대와 거리가 있는 내용이므로 보험자는 보상범위에 관해 구체적인 설명을 해야 한다는 것이 법원의 판단이다.[75]

약관의 규제에 관한 법률 제3조 및 보험법 제638조의3에서는 설명의무의 대상을 따로 정하고 있지 않다. 반면 보험업법 제95조의2 제3항 및 제4항에서는 일반보험계약자를 설명의무 대상으로 한다고 해석된다. 여기에서 임원배상책임보험과 같은 기업보험의 경우에도 보험법 또는 약관의 규제에 관한 법률 제3조에 의한 설명의무가 보험자에게 부과되는가의 문제가 있다. 약관의 규제에 관한 법률은 주된 목적이 소비자 보호이고 약관설명의무는 사업자가 일반 소비자에게 부담하는 것으로 한정해야 하며 전문성과 협상력 측면에서 보험회사와 대등한 지위에 있는 기업보험에는 적용되지 않는 것으로 해석해야 한다는 견해가 있다.[76]

[대법원 2016. 9. 23. 선고 2016다221023 판결]

〈주요 판시내용〉

화물운송주선업 등을 영위하는 甲 주식회사가 乙 보험회사와 체결한 적재물배상책임보험의 보통약관에서 '보상하는 손해'에 관하여 피보험자가 화주로부터 수탁받은 시점으로부터 수하인에게 인도하기까지의 운송 과정(차량운송 및 화물운송 부수업무) 동안에 발생한 보험사고로 수탁화물에 대한 법률상의 배상책임을 부담함으로써 입은 손해를 보상한다고 규정한 사안에서, 위 보험계약은 화물자동차 운수사업법에 따라 일정 규모 이상의 화물자동차를 소유하고 있는 운송사업자나 특정 화물을 취급하는 운송주선사업자 등이 반드시 가입하여야 하는 의무보험으로서, 보험계약자인 甲 회사로서는 보험금 지급대상이 되는 보험사고가 '차량운송 및 화물운송 부수업무'가 이루어지는 육상운송 과정 동안에 발생한 보험사고에 한정되고 수탁화물을 적재한 차량이 선박에 선적되어 선박을 동력수단으로 해상구간을 이동하는 경우에는 제외된다는 설명을 들었더라도 보험계약을 체결하였을 것으로 보이므로, 위 약관조항은 명시·설명의무의 대상이 되는 보험계약의 중요한 내용이라고 할 수 없다. 즉 약관조항에 관한 명시·설명의무가 제대로 이행되었더라도 그러한 사정이 보험계약의 체결 여부에 영향을 미치지 아니하였다면 약관조항은 명시·설명의무의 대상이 되는 보험계약의 중요한 내용이라고 할 수 없다.

---

75) 대판 2019. 1. 17, 2016다277200.
76) 김원규, "보험계약법상 설명의무의 면제와 기업보험에 관한 연구", 법학연구 제19권 제3호, 2019, 107-126면; 황현아, "2019년 보험 관련 중요 판례 분석(2), KiRi 보험법리뷰 포커스, 2020. 4, 보험연구원, 4-5면.

[대법원 2005. 10. 7. 선고 2005다28808 판결]

〈사실관계〉

운송인이 선하증권과 상환 없이 임의로 수산물을 반출하자, 선하증권의 소지자인 원고는 운송인의 책임보험자인 피고회사에 운송인의 불법행위를 이유로 보험금을 청구하였다. 그런데 피고회사는 운송인이 보험계약 체결 당시 화물의 손상이나 운송지연만 담보하는 섹션Ⅰ과 화물의 멸실까지 담보하는 섹션Ⅱ 중에서 섹션Ⅱ의 보험료가 고액이라는 이유로 섹션Ⅰ만 가입하였으므로 원고의 보험금청구에 응할 수 없다고 주장하였고, 원고는 피고회사가 계약체결 당시 섹션Ⅰ과 섹션Ⅱ의 상세한 내용을 설명하지 않았다고 주장하였다.

〈주요 판시내용〉

만약 어떤 보험계약의 당사자 사이에서 이러한 명시·설명의무가 제대로 이행되었더라도 그러한 사정이 그 보험계약의 체결 여부에 영향을 미치지 아니하였다고 볼 만한 특별한 사정이 인정된다면 비록 보험사고의 내용이나 범위를 정한 보험약관이라고 하더라도 이러한 명시·설명의무의 대상이 되는 보험계약의 중요한 내용으로 볼 수 없다. 보험계약 체결 당시 이 사건 섹션Ⅱ에서 별도로 정한 부보위험의 내용이나 섹션Ⅰ의 보상한계 등에 관하여 구체적이고도 상세하게 명시·설명하였다고 하더라도 거액의 보험료를 추가로 지출하면서까지 섹션Ⅱ에 굳이 가입하였을 것으로는 보이지 아니한다. 사정이 이러하다면 적어도 이 사건 보험계약의 피보험자와 보험자인 피고 사이에서는 섹션Ⅰ의 보상한계 또는 섹션Ⅱ의 구체적인 담보 내용은 이 사건 보험계약의 중요한 내용이 아니며 따라서 설명의무의 대상이 아니다.

4. 설명의 정도

(1) 구체적이고 상세한 설명

보험자는 일반적으로 예상할 수 있는 방법에 의해 약관을 보험계약자에게 교부하고, 약관 조항 중에서 중요한 내용을 보험계약자에게 설명하되 구체적이고 상세하게 설명하여야 한다. 약관에 기재된 보험계약자 등의 의무를 이행하지 아니한 경우에 계약해지 또는 보험자의 면책 등 보험계약자가 입게 되는 구체적인 불이익 내용까지도 설명하여야 한다.[77] 보험자가 고객에게 설명하면 되는 것이고 해당 내용에 대해 고객으로부터 설명에 대한 개별적이고 구체적인 동의를 얻을 필요는 없다. 그 이유는 설명의무의 핵심은 보험자가 일방적으로 작성한 약관의 중요 내용(정보)을 계약 체결 전에 고객에게 제공한다는 취지이기 때문이다.[78] 설명은 보험계약자 측이 이해할 수 있을 정도로 이행해야 한다.[79]

---

77) 대판 1999. 5. 11, 98다59842; 대판 1997. 9. 26, 97다4494.
78) 장덕조, 70면.
79) 대판 2014. 10. 27, 2012다22242; 약관의 규제에 관한 법률 제3조 제3항.

통신판매 방식으로 체결된 보험계약에서 보험자가 약관의 개요를 소개한 것이라는 내용과 면책사유에 해당하는 경우를 확인하라는 내용이 기재된 안내문과 청약서를 보험계약자에게 우편으로 우송한 것만으로는 보험자의 면책약관에 관한 설명의무를 다한 것으로 볼 수 없다고 해석된다.[80] 보험약관의 교부와 설명의 방법에 대해서는 아무런 규정이 없기 때문에 보험약관을 교부하는 것 이외에 중요한 내용이 기재된 가입설계서 또는 가입안내서 등과 같은 자료를 제시하면서 거기에 기재된 중요한 내용을 설명할 수도 있다.[81] 또한 일부에 대해서만 설명을 했다면 설명의무를 모두 이행한 것으로 해석되지 않을 수 있다.

[대법원 2015. 5. 28. 선고 2012다50087 판결]

〈주요 판시내용〉

이 사건 보험약관 제13조 제2항에 9대질환의 수술은 입원을 동반한 수술일 경우에 한한다고 규정하고 있고, 계약자가 이 사건 보험계약 체결 당시 서명한 이 사건 개인보험계약청약서에 '보험약관과 개인별 해약환급금 예시표 및 가입자 보관용 청약서를 수령하였으며, 약관의 중요내용에 대한 안내를 받았음'이라는 인쇄문구가 있는 사실은 인정되나, 보험증권에는 이 사건 입원수술 한정조항의 내용이 기재되어 있지 않고, 계약자가 레이저 광응고술이 9대질환 수술급여대상이 되는지 문의하였을 때 보험회사가 지급사유에 해당한다고 하면서 가입자에게 19회에 걸쳐 5,700만 원을 지급한 사정 등에 비추어 보면 위 개인보험계약청약서의 기재만으로는 보험회사가 보험계약 체결 당시 입원수술 한정조항에 관한 명시·설명의무를 이행하였다고 보기 어렵기 때문에 보험회사는 입원수술 한정조항을 보험계약의 내용으로 주장할 수 없다.

약관 내용을 보완하거나 그 내용을 구체화하기 위해 별도 문서인 산출방법서나 가입설계서에 기재된 내용을 원용해야 할 경우가 있다. 이때 약관에서 이를 원용하는 것에 대하여 특별히 지시문언이나 지시문구[82]가 없더라도 산출방법서 등의 내용은 약관에 당연히 편입되는 것으로 해석함이 타당하다.[83] 또한 예를 들어 '지급보험금은 산출방법서에서 정한 방식에 의한다'라는 문구가 약관에 기재되어 있지 않다고 해도 법률적으로는 문제가 되지 않는다고 해석될 수 있다. 왜냐하면 정액보험 등 지급보험금의 크기가 미리 정해진 경우를 제외하고는 보험회사가 보험금을 지급하기 위해서는 반드시 산출방법서에 따라야 하며, 실무상 이 방법 이외에는 보험금을 계산하는 근거나 자료가 따로 없으므로 이러한 문구가 약관에 기재되어 있는가 여부에 상관없이 지급보험금은 산출방법서에서 정한 방식

---

80) 대판 1999. 3. 9, 98다43342, 43359.
81) 임용수, 90면.
82) 예를 들어 약관에 "… 산출방법서에 따른다"고 기재되어 있는 것을 말한다.
83) 약관 인정 범위에 관해서, 박세민, "산출방법서 내용의 약관 편입 여부와 설명의무에 관하여", 보험학회지 제119집, 2019. 7 참조.

에 따를 수 밖에 없기 때문이다. 산출방법서는 보험감독기관에 미리 제출해야 하는 서류로서 산출방법서 등의 내용에 대해서는 보험감독기관의 검토를 거친 것으로 보아야 하며 지급보험금의 규모가 산출방법서에 따라 정해진다는 것은 일종의 보험업계의 상관습(법)으로 해석될 여지가 있다. 보험계약자 측이 이 문구의 유무에 따라 보험계약 체결 여부에 영향을 받는 것으로 해석하기는 어렵다. 같은 취지에서 연금보험에서 수학식에 의한 복잡한 연금계산방법 자체는 설명의무의 대상이 아니라는 것이 판례의 입장이다.[84]

(2) 설명의무 등이 면제되는 경우

약관규제에 관한 법률 제3조 제2항에 따라 여객운송업, 전기·가스 및 수도사업, 우편업, 공중전화 서비스 제공 통신업의 경우에는 약관교부 및 명시의무가 면제되지만, 보험계약에는 적용되지 않는다. 한편 동법 제3조 제3항 단서에 따르면 계약의 성질상 설명하는 것이 현저하게 곤란한 경우에 사업자의 약관설명의무는 면제된다고 규정하고 있다. 물론 이 내용도 보험계약에는 원칙적으로 적용되지 않는다. 다만 아래 판례는 예외적으로 보험계약에서 설명이 곤란한 경우를 인정하고 있다.

> **[대법원 2011. 7. 28. 선고 2011다23743 판결]**
>
> 〈주요 판시내용〉
> 화재보험보통약관에서 '보험계약을 맺은 후 보험의 목적에 아래와 같은 사실이 생긴 경우에는 보험계약자나 피보험자는 지체 없이 서면으로 회사에 알리고 보험증권에 확인을 받아야 한다'고 규정하면서 그 중 하나로 '그 이외에 사고발생의 위험이 현저히 증가한 경우'를 들고 있는 경우... 어떠한 상태의 발생이나 변경이 여기에 해당하는지는 구체적인 여러 사정을 종합하여 인정·판단하여야 할 문제이므로, 평균적 고객의 입장에서 예상하기 어려운 사유를 현저한 위험 증가 사유로 약관에 규정하고 있다는 등의 특별한 사정이 없는 한, 무엇이 여기에 해당되는지를 보험자가 보험계약 체결 시 보험계약자에게 미리 설명하기는 곤란하므로 보험자에게 이에 관한 설명의무가 있다고 볼 수 없다.

보험계약에서 약관설명의무의 면제에 관한 판례가 누적되면서 면제의 유형화가 가능하게 되었다. 첫째, 보험계약을 갱신하는 경우에 보험약관이 기존 약관의 내용과 동일한 경우, 둘째, 보험계약자나 그 대리인이 보험약관의 내용을 잘 알고 있는 경우,[85] 셋째, 보험약관에서 정하고 있는 사항이 거래상 일반적이고 공통적인 것이어서 보험계약자가 별도

84) 대판 2015. 11. 17, 2014다81542.
85) 대판 2010. 7. 15, 2010다19990; 대판 2005. 8. 25, 2004다18903; 대판 1998. 4. 14, 97다39308; 대판 1999. 3. 9, 98다43342; 대판 2003. 8. 22, 2003다27054; 대판 1999. 2. 12, 98다51374.

의 설명을 듣지 않더라도 충분히 예상할 수 있는 사항86)이거나 넷째, 법령에 정하여진 것을 되풀이하거나 부연하는 데 불과한 경우 보험자는 설명의무를 부담하지 않게 된다.87) 학계에서도 동일한 입장이다.

[대법원 2020. 10. 29. 선고 2019다267020 판결]

〈주요 판시내용〉

보험계약자 측이 입원치료를 지급사유로 보험금을 청구하거나 이를 지급받았으나 그 입원치료의 전부 또는 일부가 필요하지 않은 것으로 밝혀진 경우, 입원치료를 받게 된 경위, 보험금을 부정 취득할 목적으로 입원치료의 필요성이 없음을 알면서도 입원을 하였는지 여부, 입원치료의 필요성이 없는 입원 일수나 그에 대한 보험금 액수, 보험금 청구나 수령 횟수, 보험계약자 측이 가입한 다른 보험계약과 관련된 사정, 서류의 조작 여부 등 여러 사정을 종합적으로 고려하여 보험계약자 측의 부당한 보험금 청구나 보험금 수령으로 인하여 보험계약의 기초가 되는 신뢰관계가 파괴되어 보험계약의 존속을 기대할 수 없는 중대한 사유가 있다고 인정된다면 보험자는 보험계약을 해지할 수 있고, 위 계약은 장래에 대하여 그 효력을 잃는다. 한편 이러한 해지권은 신의성실의 원칙을 정한 민법 제2조에 근거한 것으로서 보험계약 관계에 당연히 전제된 것이므로, 보험자에게 사전에 설명할 의무가 있다거나 보험자가 이러한 해지권을 행사하는 것이 상법 제663조나 약관의 규제에 관한 법률 제9조 제2호를 위반한 것이라고 볼 수 없다.

거래상 일반적이고 공통된 것이어서 별도의 설명 없이도 충분히 예상할 수 있는 사항은 설명의무가 면제된다고 하는데, 그 판단기준으로 보험계약자가 해당 약관조항을 충분히 실제로 예상할 수 있었는가를 실질적 측면에서 따져야 한다.88) 예를 들어 보험계약자나 피보험자가 손해발생의 통지 또는 보험금 청구를 하면서 관련 서류에 고의로 사실이 아닌 것을 기재하거나 서류나 증거를 위조 또는 변조한 경우 보험금청구권이 상실된다는 약관 내용은 신의성실의 원칙에 반하는 사기적 보험금청구행위를 허용할 수 없다는 취지의 내용이므로 이는 설명이 없더라도 충분히 예상할 수 있었던 사항에 해당된다고 판시하고 있다.89) 자동차보험 대인배상 Ⅱ에서의 업무상재해면책 조항도 자동차보험약관에서 일반적이고 공통되는 사항이기 때문에 설명의무 대상이 아니라는 것이 판례이다.90)

반면에 특정 질병 등을 치료하기 위한 외과적 수술 등의 과정에서 의료과실이 개입되

---

86) 대판 1991. 5. 14, 91다6634; 대판 2005. 3. 17, 2003다2802; 대판 2010. 3. 25, 2009다91316, 91323; 대판 1994. 10. 25, 93다39942; 대판 2001. 7. 27, 99다55533.
87) 대판 1999. 9. 7, 98다19240; 대판 1998. 11. 27, 98다32564; 대판 2000. 7. 4, 98다62909; 대판 1994. 10. 25, 93다39942; 대판 2001. 1. 15, 2000다31847; 대판 2003. 5. 30, 2003다15556; 대판 2004. 11. 25, 2004다28245.
88) 장덕조, 75면; 한기정, 156면.
89) 대판 2003. 5. 30, 2003다15556.
90) 대판 1990. 4. 27, 89다카24070.

어 발생한 손해를 보상하지 않는다는 것은 일반인이 쉽게 예상하기 어려우므로, 약관에 정하여진 사항이 보험계약 체결 당시 금융감독원이 정한 표준약관에 포함되어 시행되고 있었다거나 국내 각 보험회사가 위 표준약관을 인용하여 작성한 보험약관에 포함되어 널리 보험계약이 체결되었다는 사정만으로는 그 사항이 '거래상 일반적이고 공통된 것이어서 보험계약자가 별도의 설명 없이 충분히 예상할 수 있었던 사항'에 해당하여 보험자에게 명시·설명의무가 면제된다고 볼 수 없다고 해석한 바 있다.[91] 정액보험인 상해보험에서는 약정보험금 전액을 지급하는 것이 원칙이므로 예를 들어 상해보험에서 기왕장해에 대한 감액규정과 같이 특별한 규정이 있을 때에만 감액지급이 가능하며 이러한 내용은 거래상 일반적이고 공통된 것이어서 보험계약자가 별도의 설명 없이도 충분히 예상할 수 있는 내용이라고 볼 수 없다고 해석된다.[92] 또한 '선박승무원, 어부, 사공 그 밖에 선박에 탑승하는 것을 직무로 하는 사람이 직무상 선박에 탑승하고 있는 동안에 보험금 지급사유가 발생한 때에는 보험금을 지급하지 않는다'는 내용의 상해보험 면책조항은 보험금 지급의무의 존부를 결정하게 되는 사항으로서 이러한 유형의 보험사고가 발생할 경우 보험계약자 내지 피보험자의 이해관계에 직접적인 영향을 미치는 중요한 사항이고 그 내용에 비추어 거래상 일반적이고 공통된 것이어서 보험계약자가 별도의 설명이 없이도 충분히 예상할 수 있는 사항이라거나 법령에 의하여 정하여진 것을 되풀이하거나 부연하는 정도에 불과한 사항이라고 볼 수 없다는 이유에서 설명의무의 대상이 된다는 것이 법원의 입장이다.[93]

보험계약자나 그 대리인이 그 약관의 내용을 충분히 잘 알고 있는 것과 같이 약관의 내용을 보험계약자 측에게 따로 설명할 필요가 없는 특별한 사정이 있다는 점은 보험자가 입증해야 한다.[94]

[대법원 2011. 7. 28. 선고 2011다23743 판결]

〈주요 판시내용〉

화재보험보통약관에서 보험계약자 등의 통지의무 대상으로 '사고발생의 위험이 현저히 증가한 경우'를 규정하고 있는 경우, 위 약관에서 말하는 '사고발생 위험의 현저한 증가'란 그 정도의 위

91) 대판 2013. 6. 28, 2013다22058.
92) 대판 2015. 3. 26, 2014다229917; 대판 2010. 3. 25, 2009다91316(이 사건 보험계약 체결 당시 망인에 대하여 이륜자동차 운전을 제외한 직업 또는 직무에 해당하는 상해급수가 적용되었기에 그 후 망인이 이륜자동차를 직접 사용하게 된 경우에는 사고발생의 위험이 현저하게 변경 또는 증가된 경우에 해당하여 원고에게 지체 없이 통지하여야 한다는 점은 보험자가 보험계약 체결 당시 이를 명시하여 설명하지 않는다면 망인으로서는 이를 예상하기 어려웠을 것으로 보이므로, 이 사건 약관조항의 내용이 단순히 법령에 의하여 정하여진 것을 되풀이하거나 부연하는 정도에 불과하다고 볼 수도 없고, 따라서 이 사건 약관조항에 대한 보험자의 명시·설명의무가 면제된다고 볼 수 없다).
93) 대판 2016. 12. 29, 2015다226519.
94) 대판 2010. 7. 15, 2010다19990; 대판 2001. 7. 27, 99다55533; 대판 2003. 8. 22, 2003다27054.

험이 계약 체결 당시에 존재하였다면 보험자가 계약을 체결하지 아니하였거나 또는 적어도 동일한 조건으로는 계약을 체결하지 아니하였으리라고 생각되는 정도의 위험의 증가를 뜻하는 것으로서, 어떠한 상태의 발생이나 변경이 여기에 해당하는지는 구체적인 여러 사정을 종합하여 인정·판단하여야 할 문제이므로, 평균적 고객의 입장에서 예상하기 어려운 사유를 현저한 위험 증가 사유로 약관에 규정하고 있다는 등의 특별한 사정이 없는 한, 무엇이 여기에 해당되는지를 보험자가 보험계약 체결 시 보험계약자에게 미리 설명하기는 곤란하므로 보험자에게 이에 관한 설명의무가 있다고 볼 수 없다.

[대법원 2014. 7. 24. 선고 2013다217108 판결]

〈주요 판시내용〉

'보험계약을 체결한 후 피보험자가 그 직업 또는 직무를 변경하게 된 때에는 보험계약자 또는 피보험자는 지체 없이 이를 피고 보험회사에게 알려야 하고, 그 알릴 의무를 불이행할 경우 피고 보험회사는 그 사실을 안 때부터 1개월 이내에 보험금이 감액 지급됨을 통보하고 감액된 보험료를 지급한다'는 내용의 보험약관 조항은 보험료율의 체계 및 보험청약서상 기재사항의 변동사항에 관한 것으로서 보험자가 명시·설명하여야 하는 보험계약의 중요한 내용에 해당되며, 이러한 약관조항은 제652조 제1항 및 제653조가 규정한 '사고발생의 위험이 현저하게 변경 또는 증가된' 경우에 해당하는 사유들을 개별적으로 규정하고 있는 것이므로 제652조 제1항이나 제653조의 규정을 단순히 되풀이하거나 부연한 정도의 조항이라고 할 수 없다.

[대법원 2007. 4. 27. 선고 2006다87453 판결]

〈사실관계〉

피고는 원고회사와 자신의 자동차에 관하여 보험계약을 체결한 후 자동차를 양도하였는데, 양수인은 자동차등록명의를 변경하지 아니한 상태에서 교통사고를 일으켰다. 보험약관에는 "보험계약자 또는 기명피보험자가 보험기간 중에 피보험자동차를 양도한 경우에는 이 보험계약으로 인하여 생긴 보험계약자 및 피보험자의 권리와 의무는 피보험자동차의 양수인에게 승계되지 아니한다. 그러나 보험계약자가 이 권리와 의무를 양수인에게 이전하고자 한다는 뜻을 서면으로 보험회사에 통지하여 이에 대한 승인을 청구하고 보험회사가 승인한 경우에는 그 승인한 때로부터 양수인에 대하여 이 보험계약을 적용한다. 보험회사가 위 승인을 하지 않은 경우에는 피보험자동차가 양도된 후에 발생한 사고에 대하여는 보험금을 지급하지 아니한다"라는 내용이 포함되어 있었는데 피고는 자동차 양도에 관하여 원고회사에 아무런 통지를 하지 아니하였고, 이에 원고회사는 피고의 통지의무 해태를 이유로 피고들에게 보험계약에 따른 보험금지급의무가 없다는 통지를 하였다. 그러나 원고회사는 보험계약을 체결할 당시에 피고에게 이 약관을 설명하지 않았다.

<주요 판시내용>

상법 제726조의4는 "피보험자가 보험기간 중에 자동차를 양도한 때에는 양수인은 보험자의 승낙을 얻은 경우에 한하여 보험계약으로 인하여 생긴 권리와 의무를 승계한다(제1항). 보험자가 양수인으로부터 양수사실을 통지받은 때에는 지체 없이 낙부를 통지하여야 하고 통지 받은 날부터 10일내에 낙부의 통지가 없을 때에는 승낙한 것으로 본다(제2항)"라고 규정하고 있고, 이 사건 약관은 위 상법규정을 풀어서 규정한 것에 지나지 아니하는 것으로서 거래상 일반인들이 보험자의 개별적인 설명 없이도 충분히 예상할 수 있었던 사항이라고 볼 수 있는 점에 비추어 보면, 이 사건 약관은 보험자인 원고가 보험계약자에게 개별적으로 명시·설명해야 하는 사항에 해당하지 아니하는 것으로 보아야 할 것이다.

법령에 규정된 내용과 동일한 내용이 약관에 있는 경우에 이를 약관설명의무의 대상으로 볼 것인가의 여부에 대해 일률적으로 판단하는 것은 쉽지 않다. 약관의 내용이 보험계약자에게 불리한 것이라 하더라도 약관 내용이 법령에 이미 규정되어 있는 경우라면 보험자의 약관설명의무의 대상에서 제외하는 것으로 해석하기도 한다. 이에 따르면 제651조상의 고지의무나 제652조나 제653조의 통지의무에 관한 사항도 이미 법령에 정해져있으므로 약관설명이 면제되는 것이라 해석될 수 있다.[95] 같은 취지에서 타인의 사망을 보험사고로 하는 경우에 생명보험표준약관 제19조 제1호에서 타인의 서면동의를 보험계약이 체결될 때까지 얻지 않으면 당해 보험계약을 무효로 하고 있는데 이러한 내용은 제731조에 규정되어 있어 약관이 이를 되풀이하거나 부연하는 정도에 불과하므로 보험자의 설명의무 대상이 되지 않는다고 해석하기도 한다.[96]

이러한 해석태도가 약관설명의무의 대상에 대해 명확하게 정할 수 있는 장점은 있겠으나, 단지 법령에 정해져 있다는 객관적인 사실만을 강조하여 실제로 보험계약자가 법령에 정해진 사실 자체를 전혀 모르고 있는 경우까지도 보험자의 약관설명의무에서 제외시킴으로써 보호를 받을 수 없도록 하는 것은 보험자의 약관설명의무 제도의 본래의 취지를 고려할 때 문제가 있다고 여겨진다. 타인의 사망을 보험사고로 하는 경우에 타인의 서면동의를 받도록 하는 상법상의 내용이 생명보험표준약관에서 되풀이되었다고 해도 이것은 보험계약을 무효로 만드는 중요한 내용에 해당되므로 보험자의 설명의무의 대상으로 보아야 할 것이다. 이에 대해 법령에 정해진 내용을 알지 못한 고객의 보호문제를 약관설명의무의 문제로 접근하는 것은 바람직하지 않다고 하면서, 계약체결에서의 신의칙상 주의의무로서 상법 제731조에 대한 설명의무를 보험자에게 부과한 것으로 해석하는 견해가 있다.[97]

95) 양승규, 113면.
96) 임용수, 86면.
97) 대판 1998. 11. 27, 98다23690. 한기정, 159면, 778면.

한편 판례는 보험계약자가 보험자와 과거 수차례에 걸쳐 해당 사건과 같은 종류의 보험계약을 체결했었다는 사실만 가지고는 보험계약자가 해당 보험의 약관 내용을 알고 있었다고 해석할 수 없다고 한다.[98]

통지의무와 이에 대한 설명의무 면제 여부에 관한 최근의 판례가 주목을 끈다.

[대법원 2021. 8. 26. 선고 2020다291449 판결]

〈사실관계〉

원고는 피고 보험회사와 5건의 상해보험계약을 체결하고 있는데 1건의 상해보험은 이륜차를 보유한 상태에서 가입을 했고, 이륜차 부담보 특약을 포함시켰다. 나머지 4건의 상해보험계약 체결 시에는 이륜차를 보유하지 않은 상태였고, 청약서에서 운전차량으로는 승용차만 표시를 하면서 이륜차 부담보 특약에는 가입하지 않았다. 모든 상해보험약관에는 보험기간 중에 직업을 변경하거나 이륜차를 계속적으로 사용하게 되면 이를 통지해야 한다는 점 및 이를 위반하면 계약이 해지된다는 점을 명시하고 있다. 원고는 오토바이 사고로 95% 영구장해를 입었고 보험금을 청구하였으나, 보험회사는 1번 계약에 대해서는 이륜차 부담보 특약을 이유로, 나머지 상해보험계약에 대해서는 통지의무 위반을 근거로 보험금의 지급을 거절하였다. 이에 원고는 이륜차를 사용하게 되면 이를 통지해야 한다는 점에 대해 설명을 듣지 못했으므로 이 내용은 계약에 포함될 수 없다고 주장을 하였다.

〈주요 판시내용〉

약관에서 이륜차 계속 사용시 이를 보험자에게 의무적으로 통지해야 한다고 규정한 것은 약관 설명의무의 대상이고, 원고가 약관 내용을 알았거나 알 수 있었다고 보기 어려우므로, 보험자는 설명하지 않은 이 약관 조항에 근거해서 보험계약을 해지할 수 없다. 비록 원고가 과거 이륜차를 보유한 상태에서 상해보험을 체결하면서 이륜차 부담보 특약을 가입한 적이 있었다고 해도 그러한 사정만으로 계속적으로 이륜차를 사용할 때에 이것이 통지의무의 대상이 된다는 점까지 알았을 것으로 보기는 어렵다.

위 판결은 고지의무와는 달리 통지의무는 보험계약이 체결된 이후 보험기간 중이라도 통지 사유가 발생하게 되면 보험계약자 측이 이를 자발적으로 통지해야 한다는 점을 감안하여, 보험계약자 측이 과거 이륜차 부담보 특약을 체결했던 경험이 있었다고 하더라도 보험기간 중에 계속적으로 이륜차를 사용하게 되면 이것이 통지의무의 대상이 된다는 점을 알았다고 보기 어렵다고 해석하면서 보험자는 이에 대한 약관의 내용을 설명해야 한다고 판단한 것이다. 실무상으로 보험계약자 측이 통지의무를 제대로 인식하지 못하여 보험계약을 해지당하는 일이 빈번히 발생하고 있다. 이에 보험감독당국은 통지의무 및 그 위

---

98) 대판 2001. 7. 27, 99다55533.

반효과에 대한 약관설명의무를 보험자가 부담한다는 것을 보험업법시행령에 추가하였고, 현재는 동일한 취지의 내용이 금융소비자보호법에 규정되어 있다.99)

생각건대 상해보험에서 이륜차의 운행이 사고 위험을 증가시킬 수 있고 보험료에도 영향을 미칠 수 있다는 사실은 일반적이고 공통적이라고 판단될 수 있는 여지가 있는 것이 사실이다. 이를 감안하면 상해보험계약 체결시에는 이륜차를 운행하지 않았다가 보험기간 중에 이륜차를 계속 사용하게 될 때에 위험이 증가될 수 있다는 사실에 대해서도 소비자가 이미 알았거나 알 수 있었다고 해석할 여지가 있다. 그러나 보험기간 중에 이에 대한 통지의무를 위반하게 되면 보험계약이 해지되어 보험금을 받을 수 없게 된다는 점까지 소비자가 예상하고 있다고 보기는 어렵다는 점에서 보험자는 이에 대한 약관설명의무를 부담한다고 판시한 판례의 태도는 타당하다.

5. 설명의무 대상의 예100)

(1) 대상이 되는 사항

주기적인 오토바이 운전 사실이 보험계약의 인수조건 등에 영향을 미치는 중요한 사항으로서 보험자에게 고지되어야 하고, 이를 고지하지 않을 경우 보험계약이 해지되어 보험금을 지급받지 못할 수도 있다는 사실,101) 보험금 지급을 위한 선행조건으로서 피보험자가 손해를 알게 된 후 반드시 30일 이내에 그 사실을 보험자에게 서면으로 통지해야 한다고 규정한 내용, 102) 약관에 방어비용과 관련하여 응소를 하려면 사전에 서면으로 동의를 구해야 한다는 내용은 제652조, 제657조 및 제720조 제1항과 다르게 보험금 청구요건을 피보험자에게 불리하게 강화한 내용이어서 설명의무의 대상이 된다.103) 보험자의 책임은 당사자 간에 다른 약정이 없으면 최초의 보험료의 지급을 받은 때로부터 개시한다고 규정하고 있는 상법의 일반 조항과 달리 암보험에서 보험자의 책임이 보험증권에 기재된 보험기간의 첫날로부터 그 날을 포함하여 90일이 지난 날의 다음 날에 시작한다는 내용으로 보험자의 책임개시시기를 정한 경우,104) 연금보험에서 연금액 및 연금액이 변동될 수 있으면 그 가능성에 관한 사실,105) 보험계약 체결 당시 오토바이 운전자에게는 보험금의

99) 보험업법시행령 제42조의2 제1항 제7호; 금융소비자보호법 감독규정 별표3 1의 라; 황현아, "2021년 보험 관련 중요 판례 분석(2), KiRi 보험법리뷰 포커스, 2022. 2, 보험연구원, 2-4면.
100) 사법연수원, 보험법연구, 2007, 29-31면 참조.
101) 대판 2020. 1. 16, 2018다242116.
102) 대판 2005. 8. 25, 2004다18903.
103) 대판 2019. 1. 17, 2016다277200.
104) 대판 2005. 12. 9, 2004다26164, 26171.
105) 대판 2015. 11. 17, 2014다81542.

지급이 제한된다는 약관의 내용,106) 보험계약 체결 후에 이륜자동차를 사용하게 되면 보험계약자나 피보험자는 이를 지체없이 보험자에게 알려야 하는 의무에 대한 내용,107) 자동차보험에서 주운전자에 관한 사항,108) 다른 자동차 운전담보 특별약관 중에서 보상하지 아니하는 손해로 '피보험자가 자동차정비업, 주차장업, 급유업, 세차업, 자동차판매업 등 자동차 취급업무상 수탁받은 자동차를 운전 중 생긴 사고로 인한 손해'를 규정한 조항,109) '선박승무원, 어부, 사공 그 밖에 선박에 탑승하는 것을 직무로 하는 사람이 직무상 선박에 탑승하고 있는 동안에 보험금 지급사유가 발생한 때에는 보험금을 지급하지 않는다'는 내용의 면책조항,110) 선박미확정의 해상적하보험계약에서 부보 대상이 되는 표준규격 선박을 정하고 있는 영국 협회선급약관의 내용,111) 상해보험계약에서 피보험자가 '전문등반, 글라이더 조종, 스카이다이빙, 스쿠버다이빙, 행글라이더 또는 이와 비슷한 위험한 운동을 하는 동안 발생한 손해'를 면책사유로 정한 경우 그 내용,112) 업무용자동차보험에서의 유상운송면책약관,113) 자동차보험료 할증기준, 자동차보험에서 연령한정 또는 가족운전자한정 특별약관,114) '보험약관에 정한 보험금에서 상대방 차량이 가입한 자동차보험 등의 대인배상으로 보상받을 수 있는 금액을 공제한 액수만을 자기신체사고 보험금으로 지급한다.'는 약관의 내용,115) 보험계약의 승계절차에 관하여 보험회사의 자동차종합보험약관에 보험계약자가 서면에 의하여 양도통지를 하고 이에 대하여 보험회사가 보험증권에 승인의 배서를 하도록 규정되어 있는 사항,116) 배상책임보험약관에서 피보험자의 폭행 또는 구타에 기인하는 배상책임은 보상하지 아니한다는 면책조항을 규정하고 있는 경우에 그 면책조항이 상법 제659조 제1항의 내용을 초과하는 범위 등은 보험자의 명시·설명의무의 대

---

106) 대판 2005. 10. 28, 2005다38713, 38720(미간행); 대판 1995. 8. 11, 94다52492.
107) 대판 2010. 3. 25, 2009다91316.
108) 대판 1997. 9. 26, 97다4494; 대판 1998. 4. 14, 97다39308.
109) 대판 2001. 9. 18, 2001다14917.
110) 대판 2016. 12. 29, 2015다226519.
111) 대판 2001. 7. 27, 99다55533.
112) 대판 1999. 3. 9, 98다43342, 43359.
113) 대판 1999. 5. 11, 98다59842. 다만 과거 보험계약 체결의 경험으로 보아 보험계약자가 비사업용자동차를 유상운송에 사용하게 되면 보험자가 면책된다는 점을 이미 알고 있었다고 판단할 수 있는 경우에는 유상운송면책조항이 설명의무의 대상이 되지 않을 수 있다(대판 1992. 5. 22, 91다36642).
114) 대판 2014. 9. 4, 2013다66966; 대판 2003. 8. 22, 2003다27054; 대판 1998. 6. 23, 98다14191.
115) 대판 2004. 11. 25, 2004다28245('보험약관에 정한 보험금에서 상대방 차량이 가입한 자동차보험 등의 대인배상으로 보상받을 수 있는 금액을 공제한 액수만을 자기신체사고 보험금으로 지급한다.'는 약관 조항은 자기신체사고보험에 있어서 구체적인 보험금 산정방식에 관한 사항이 아니라 다른 차량과의 보험사고에 있어서 보험금의 지급 여부 및 지급 내용에 관한 사항으로서, 그 다른 차량의 대인배상에서 지급받을 수 있는 보상금이 약정 보험금액을 초과하는 경우에는 피보험자의 실제 손해액이 잔존하고 있는 경우에도 보험금을 지급받지 못하는 것을 내용으로 하고 있으므로 이러한 사항은 보험계약의 체결 여부에 영향을 미칠 수 있는 보험계약의 중요한 내용이 되는 사항이고…).
116) 대판 1994. 10. 14, 94다17970: 보험회사가 그와 같은 약관내용을 보험계약을 승계하고자 하는 자에게 구체적으로 명시하여 상세하게 설명하지 아니한 때에는 이를 보험계약의 내용으로 주장할 수 없다.

상이 된다.117) 해상보험계약에서 워런티(warranty) 조항을 사용하여 계약을 체결하는 경우에 보험자는 원칙적으로 당해 보험계약자에게 워런티의 의미 및 효과에 대하여 충분히 설명하여야 한다.118) 약관 소정의 '자동차 소유자'에는 자동차를 매수하여 인도받아 자기를 위하여 자동차를 운행하는 자는 물론이고, 부득이한 사유로 자동차의 소유명의를 제3자에게 신탁한 채 운행하는 명의신탁자도 포함된다고 해석함이 상당하다고 할 수 있는바, 만약 자동차 소유자가 자동차등록원부상의 소유자만을 뜻한다고 해석된다면, 자동차등록원부상의 등록명의자가 아닌 자동차의 실질적인 소유자인 보험가입자가 그 보험계약을 체결하였을 이유가 없을 것이므로, 그 약관 소정의 자동차 소유자에 자동차의 등록명의자만이 포함된다는 사실은 약관의 규제에 관한 법률 제3조 제2항 소정의 약관의 중요한 내용에 해당하게 되어, 보험자가 이를 보험가입자에게 설명하지 않았다면 보험자는 그 내용을 보험계약의 내용으로 주장할 수 없다.119) 보험계약 체결 후 피보험자의 직업이나 직무가 변경된 경우 이에 대한 통지의무의 존재 및 그 위반시 보험금이 감액될 수 있다는 내용도 설명의무의 대상이다.120)

(2) 대상이 되지 않는 사항

연금보험에서 수학식에 의한 복잡한 연금계산방법 자체는 설명의무의 대상이 아니라는 것이 법원의 입장이다.121) 가족운전자한정특별약관에서 가족의 범위에 기명피보험자의 딸과 사실혼관계에 있는 사위는 포함되지 않는다는 사실,122) 피보험자동차의 양도에 관한 통지의무를 규정한 보험약관,123) 무보험자동차에 의한 상해보상특약에 있어서 보험금액의

---

117) 대판 2006. 1. 26, 2005다60017(상법 제659조 제1항은 보험사고가 피보험자의 고의 또는 중대한 과실로 인하여 생긴 때에는 보험자는 보험금을 지급할 책임이 없다고 규정하고 있을 뿐인데, 위 면책조항은 피고의 폭행 또는 구타로 예견하지 않았던 중한 결과가 발생한 때에 피고에게 고의 또는 중대한 과실이 없더라도, 중한 결과에 대하여 상당인과관계와 과실이 있음을 전제로 그 중한 결과 전반에 대하여 면책된다는 것이어서, 상법이 이미 정하여 놓은 것을 되풀이 하거나 부연한 정도에 불과하다고 할 수도 없으므로, 위 면책조항은 상법 제659조 제1항의 내용을 초과하는 범위에서 원고의 명시·설명의무의 대상이 된다).

118) 대판 2010. 9. 9, 2009다105383.

119) 대판 1996. 6. 25, 96다12009.

120) 대판 2014. 7. 24, 2013다217108.

121) 대판 2015. 11. 17, 2014다81542.

122) 대판 2014. 9. 4, 2013다66966(자동차종합보험의 가족운전자 한정운전 특별약관은 보험자의 면책과 관련되는 중요한 내용에 해당하는 사항으로서 일반적으로 보험자의 구체적이고 상세한 명시·설명의무의 대상이 된다. 그러나 보험계약자가 기명피보험자의 사위나 며느리가 될 자가 자동차를 운전하다가 발생하는 사고에 대하여도 종합보험을 적용받기 원하는 의사를 표시하는 등의 특별한 사정이 없는 한, 보험자가 기명피보험자의 자녀가 사실혼관계에 있을 경우를 상정하여 그 자녀와 사실혼관계에 있는 사람은 기명피보험자의 사위나 며느리로서 가족의 범위에 포함되지 않는다고까지 약관을 명시·설명할 의무가 있다고 볼 수는 없다).

123) 대판 2007. 4. 27, 2006다87453. 단순한 통지의무는 법령상의 내용이므로 보험계약자에게 설명의무가 면제되는 반면에, 자동차보험계약의 승계에 있어서 승인배서의 문제는 보험자의 승낙을 조건으로 권리와 의무가 양수인에게 승계되는 것이므로 양수인(승계인)에 대한 설명의무가 요구된다고 해석해야 할 것이다.

산정기준이나 방법,124) 작업기계로 사용되는 중기는 교통승용구로 보지 않는다는 약관조항,125) 적재물배상책임보험의 보통약관에서 '보상하는 손해'에 관하여 피보험자가 화주로부터 수탁받은 시점으로부터 수하인에게 인도하기까지의 운송 과정(차량운송 및 화물운송 부수업무) 동안에 발생한 보험사고로 수탁화물에 대한 법률상의 배상책임을 부담함으로써 입은 손해를 보상한다고 규정한 약관 내용,126) 자동차 대인배상책임보험에서 배상책임이 있는 피보험자의 피용자이며 산업재해보상보험법에 의한 재해보상을 받을 수 있는 사람이 죽거나 다친 경우를 면책사유로 정한 것, 약관면책조항의 배우자에 사실혼관계의 배우자가 포함된다는 사항,127) 복합화물운송주선업자들이 통상 체결하는 복합화물운송 배상책임 보험계약의 보상한계 또는 별도의 부보위험을 특약의 구체적인 담보 내용으로 한 것,128) 화재보험에서 폭발손해에 대한 면책조항이 포함된 기존화재보험을 해지하고 새로 영문으로 된 F.O.C. (F)약관에 따른 화재보험계약을 체결하는 경우에 해석상 차이가 없는 폭발면책조항,129) 어떤 면허를 가지고 피보험자동차를 운전하여야 무면허운전이 되지 않는지에 관한 사항,130) 보험계약을 체결한 후 피보험자동차의 구조변경 등의 중요한 사항에 변동이 있을 때 또는 위험이 뚜렷이 증가하거나 적용할 보험료에 차액이 생기는 사실이 발

---

124) 대판 2004. 4. 27, 2003다7302(무보험자동차에 의한 상해보상특약의 보험자는 피보험자의 실제 손해액을 기준으로 위험을 인수한 것이 아니라 보통약관에서 정한 보험금 지급기준에 따라 산정된 금액만을 제한 적으로 인수하였을 뿐이어서(대판2001. 12. 27. 2001다55284), 그 특약에 따른 보험료도 대인배상Ⅱ에 비하여 현저히 저액으로 책정되어 있고, 이 사건 보험금 산정기준이 급부의 변경, 계약의 해제사유, 피고의 면책, 원고 측의 책임 가중, 보험사고의 내용 등에 해당한다고 보기 어려울 뿐만 아니라 보험자에게 허용된 재량을 일탈하여 사회통념상 용인할 수 있는 한도를 넘어섰다고 보기도 어렵기 때문에 약관설명의무 대상이 아니다). 또한 동 판례에서 이러한 산정기준이 모든 자동차보험자가 일률적으로 적용하는 것이어서 거래상 일반인들이 보험자의 설명없이도 충분히 예상할 수 있었던 사항이라고 판단했다.; 한기정, 157면.
125) 대판 2002. 2. 8, 2001다72746.
126) 대판 2016. 9. 23, 2016다221023.
127) 대판 1994. 10. 25, 93다39942: 이러한 면책조항은 피보험자나 그 배우자 등이 사고로 손해를 입은 경우에는 그 가정 내에서 처리함이 보통이고 손해배상을 청구하지 않는 것이 사회통념에 속한다고 보아 규정된 것으로서, 그러한 사정은 사실혼관계의 배우자에게도 마찬가지라 할 것이므로 여기서 "배우자"라 함은 반드시 법률상의 배우자만을 의미하는 것이 아니라 사실혼관계의 배우자도 이에 포함된다고 봄이 상당하다. 또한 객관적으로 보아 보험계약자가 약관면책조항의 배우자에 사실혼관계의 배우자가 포함됨을 알았더라면 보험회사와 보험계약을 체결하지 아니하였으리라고 인정할 만한 사정도 엿보이지 않는다면 이는 설명의무의 대상이 되는 약관의 중요한 내용에 해당하지 않는다.
128) 대판 2005. 10. 7, 2005다28808: 이는 보험모집인이 그에 관하여 구체적이고 상세하게 명시·설명하였다고 하더라도 보험계약자가 거액의 보험료를 추가로 지출하면서까지 위 특약에 가입하였을 것으로는 볼 수 없는 점 등에 비추어 명시·설명의무의 대상이 되는 약관의 중요한 내용에 해당한다고 볼 수 없다고 판시하였다.
129) 대판 1993. 4. 13, 92다45261, 45278: 「화재로 생긴 것이든 아니든 파열 또는 폭발로 생긴 손해는 보상하여 드리지 아니합니다. 그러나 이 결과로 생긴 화재손해는 보상하여 드립니다」라고 규정된 국문으로 쓰여진 화재보험보통약관에 따라 화재보험을 체결하여 오다가 그 기존화재보험을 해지하고 F.O.C.(F) Policy에 따른 담보조건으로 이 사건 화재보험계약을 체결한 사실이 인정되고 그 폭발면책약관의 내용에 해석상 차이가 없다고 보이므로 원고가 피고에게 위 면책약관을 특별히 설명하여 주지 않았다 하더라도 약관설명을 하지 아니한 것이라고도 할 수 없다.
130) 대판 2000. 5. 30, 99다66236.

생한 때에는 보험계약자 또는 피보험자는 지체 없이 이를 보험자에게 알릴 의무를 규정하고 있는 약관의 내용 등은 보험자의 약관설명의무의 대상이 되지 않는다.[131] 또한 공장화재보험계약의 화재보험보통약관에서 보험계약자 등의 통지의무 대상으로 '위험이 뚜렷이 증가할 경우'를 규정하고 있는데, 보험계약자가 보험자에 대한 통지없이 다량의 폐마그네슘을 반입하여 보관하던 중 화재가 발생한 사안에서, 보험자가 보험계약을 체결하면서 폐마그네슘과 같은 위험품을 취급할 경우 이를 통지해야 한다는 내용을 설명하지 않았더라도 위 약관규정은 상법 제652조 제1항에서 이미 정하여 놓은 통지의무를 화재보험에서 구체적으로 부연한 정도의 규정에 해당하여 보험자에게 별도의 설명의무가 인정되지 않는다.[132] 또한 오토바이에 탑승하다가 사고를 당한 경우에 차량 탑승 중의 사고와 비교하여 지급보험금이 1/10 수준이라는 설명을 듣고도 보험계약을 그대로 체결한 것이라면 오토바이 탑승 중의 교통사고가 약관상 차량탑승 중의 교통사고에 해당되지 아니한다는 것은 설명의무의 대상이 아니라고 해석된다.[133] 자동차종합보험의 부부운전자한정운전 특별약관은 보험자의 면책과 관련되는 중요한 내용에 해당하는 사항으로서 일반적으로 보험자의 구체적이고 상세한 명시·설명의무의 대상이 되는 약관이라고 할 것이나, 법률상 혼인을 한 부부가 별거하고 있는 상태에서 그 다른 한쪽이 제3자와 혼인의 의사로 실질적인 부부생활을 하는 경우를 상정하여 '사실혼 관계에 있는 배우자'에 해당하는지 여부까지 명시·설명의무의 대상이 된다고 볼 수는 없다.[134] 수출입업자인 보험계약자가 보험계약 체결 이전에 수차례에 걸쳐 해상보험자와 선박미확정 해상적하보험계약을 체결하였던 사실만으로, 약관의 내용을 모른 채 반복하여 보험계약을 체결할 수도 있는 점에 비추어 볼 때, 보험계약자가 해당 약관의 내용을 알고 있었다고 추인하는 것은 타당하지 않다.[135]

[대법원 2016. 6. 23. 선고 2015다5194 판결]

〈주요 판시내용〉

이 사건 갑판적재 약관은 영국 적하약관에 공통적으로 포함되어 있는 약관으로서 해상적하보험자들이 일반적으로 사용하는 해상보험시장의 국제적 표준약관이다. 이 사건 보험계약 체결 업무를 담당하였던 원고 측 실무자는 약 10년간 해상적하보험계약 체결 업무에 종사하여 왔고, 그 기간 동안 피고회사와 월 30건 내지 50건 가량의 해상적하보험계약을 체결한 바 있다. 원고가 피

---

131) 대판 1998. 11. 27, 98다32564: 이는 상법 제652조에서 이미 정하여 놓은 통지의무를 자동차보험에서 구체적으로 부연한 정도의 규정에 해당하여 그에 대하여는 보험자에게 별도의 설명의무가 인정된다고 볼 수가 없다; 대판 1999. 9. 7, 98다19240.
132) 대판 2011. 7. 28, 2011다23743.
133) 서울고법 2009. 1. 16, 2008나42920.
134) 대판 2010. 3. 25, 2009다84141.
135) 대판 2001. 7. 27, 99다55533.

고회사와 해상적하보험을 체결한 위 기간 동안 사용한 보험증권의 표면과 이면에는 모두 이 사건 갑판적재 약관이 기재되어 있었다. 이러한 상황에서 보험계약 체결 당시 원고는 이 사건 갑판적재 약관의 내용을 잘 알고 있었다고 보이므로, 피고회사가 그 내용을 설명하지 않았더라도 이 사건 갑판적재 약관은 이 사건 보험계약의 내용이 된다고 봄이 상당하다.

6. 입증책임

보험약관을 교부하고 중요한 내용을 보험계약자에게 설명했다는 사실에 대해 입증의 수월성 등을 고려할 때 보험자가 그 입증책임을 부담하는 것이 타당하다. 특히 약관규제에 관한 법률 제3조 제4항에서 '사업자가 약관의 설명의무를 위반하여 계약을 체결한 경우에 해당 약관을 계약의 내용을 주장할 수 없다'고 규정하고 있음을 고려하면 해당 약관을 계약내용으로 하려는 사업자 즉 보험자가 설명의무를 이행했다는 사실을 입증하도록 하는 것이 입증책임 분배 이론에 따를 때 맞다고 본다.136) 실무에서는 청약서상에 청약자로 하여금 보험약관을 교부받고 중요한 내용에 대해 설명을 들었다는 것에 대해 자필서명을 하게 함으로써 이에 대한 확인을 하도록 하고 있다. 보험업법 제95조의2 제2항에서 보험회사나 모집종사자는 설명한 내용을 일반보험계약자가 이해하였음을 서명, 기명날인, 녹취, 그 밖에 대통령령으로 정하는 방법으로 확인받도록 하고 있다.

보험계약자가 보험자로부터 약관 설명을 들었고 그 내용을 이해했음을 인정하면서 청약서에 스스로 자필서명을 해놓고 시간이 흐른 후에 태도를 바꿔서 보험자가 약관설명을 하지 않았다고 주장하는 경우가 실무에서 빈번히 발생하고 있다. 자필서명에 대해 사실상의 추정력만 인정되는 경우엔 보험계약자의 서명을 받았음에도 불구하고 보험자가 설명의무를 이행했음을 또 다시 입증해야 한다. 그러나 보험계약자의 자필서명 후에는 보험자의 설명의무 불이행 사실을 보험계약자 측이 입증하도록 해야 한다. 스스로 자필서명을 하고도 나중에 보험자로부터 중요한 내용의 설명을 듣지 못했다고 주장하는 등 보험계약자가 이 제도를 악용하는 경우가 있기 때문이다.137) 자필서명을 입증책임의 전환 근거로 해석하는 것을 고려할 수 있다. 판례도 자필서명에 대해 실질적 증명력을 인정하고 있다.138) 참고로 금융소비자보호에 관한 법률에서 금융상품판매업자는 설명에 필요한 설명서를 일반금융소비자에게 제공하고 일반금융소비자는 그 내용을 이해했음을 서명, 기명날인, 녹취 또는 기타 대통령령으로 정하는 방법으로 확인하도록 하고 있는데(제19조 제2항), 서명 등에 의한 확인은 그 진정성을 부정할 만한 분명한 반증이 없는 한, 효력이 인정된다.139)

---

136) 임용수, 65면; 한기정, 165면.
137) 최기원, 125면; 임용수, 92면.
138) 대판 2003. 4. 25, 2003다12373
139) 대판 1986. 2. 25, 85다카856.

보험자가 약관설명의무를 이행하지 않은 이유가 보험계약자 또는 그 대리인이 약관내용을 이미 잘 알고 있기 때문이거나 그 밖의 설명의무 면제사유에 해당되는 것이라면 이러한 사실에 대해서는 보험자가 입증해야 할 것이다.140)

[대법원 2003. 4. 25. 선고 2003다12373 판결]

〈사실관계〉

피고는 원고회사와 자동차종합보험계약을 체결하였는데, 보험계약의 청약서에는 운전자의 나이를 만 26세 이상으로 한정하여 그 미만의 자가 운전 중 사고가 난 경우에는 원고가 면책된다는 특약이 기재되어 있었다. 그런데 피고의 직원으로서 26세 미만인 자가 운전 중 사고를 냈고 이에 원고회사는 면책을 주장하나, 피고는 원고가 특약에 대한 설명의무를 이행하지 않았다고 항변하였다.

〈주요 판시내용〉

자필서명 바로 앞에 "본인은 이 보험에 가입한 차량이(만 26세 이상만) 운전 가능하다는 연령 특약 내용 설명과 함께 보험상품 내용을 충분히 설명 듣고 상기 청약사항을 숙지하여 청약사항에 이의가 없음을 확인하며 (중략) 본 자동차 보험의 청약서사본 및 약관을 전달받았음을 확인합니다."라고 기재되어 있는 사실(인쇄된 문구의 괄호 안에 '만 26세 이상만'을 타자로 기재, 삽입함)을 알 수 있는바, 계약 당사자의 일방이 위와 같은 형식 및 내용의 청약서에 자필서명하여 상대방에게 교부한 이상 그 청약서의 내용 특히 타자로 기재하여 삽입한 내용은 특별한 사정이 없는 한 실질적 증명력이 있다고 하지 않을 수 없다.

[대법원 1997. 3. 14. 선고 96다53314 판결]

〈사실관계〉

피고는 원고회사와 보험계약을 체결하면서 주운전자를 허위고지하였고, 이에 원고회사는 약관에 근거하여 보험계약을 해지하려 하였다. 그러나 피고는 원고회사가 보험계약을 체결하면서 주운전자제도와 관련된 보험약관의 내용, 특히 부실고지의 경우에 입게 되는 계약해지의 불이익 등에 관하여 구체적이고도 상세한 설명을 하지 아니하였으므로 동 약관은 보험계약의 내용이 되지 아니하여 원고의 보험계약 해지는 부적법하다고 항변하였고, 원고회사는 설명의무를 이행하였다고 주장하였다.

〈주요 판시내용〉

원·피고가 계약을 체결함에 있어, 피고로부터 "위 차량은 운전기사 없이 본인이 직접 운전하고 있으며, 차후 기사 고용시 운전자변경신청을 할 것을 확약합니다"라는 내용의 확인서를 교부

---

140) 대판 2010. 7. 15, 2010다19990; 대판 2003. 4. 25, 2003다12373; 대판 2003. 8. 22, 2003다27054; 대판 2001. 7. 27, 99다55533.

받은 사실을 알 수 있는바, 피고로부터 위 확인서를 수령함에 있어서는 피고에게 주운전자의 개념과 주운전자가 누구인가에 따라 운전자의 성향요율이 달라져 결국 보험료율이 달라지게 된다는 등 주운전자에 관한 보험계약상의 고지의무 등에 관하여 구체적이고 상세한 설명을 하였을 개연성이 높다.

7. 약관설명의무 위반의 효과

(1) 약관조항의 계약 편입 불가

약관의 규제에 관한 법률 제3조 제4항은 보험자가 약관의 설명의무를 위반하여 계약을 체결한 경우에 그 약관을 계약의 내용으로 주장할 수 없다고 규정하고 있다. 여기에서 '주장할 수 없다'는 의미는 설명되지 않은 약관조항을 계약 내용이라고 보험자가 주장할 수 없으며, 보험계약자 측은 계약 내용에서 이를 배제할 수 있다는 의미이다.141) 이러한 위반 효과는 교부·명시·설명의무의 일부만 위반하더라도 발생할 수 있고,142) 만약 약관의 일부에 대해서만 설명의무 등이 위반된 것이라면 해당 부분만 계약 내용에 편입되지 않는다.143) 약관의 규제에 관한 법률 제3조 제4항에서 약관설명의무 위반이 있는 경우에는 '그 약관을 계약의 내용으로 주장할 수 없다'고 표현하고 있는데, 이에 대해 고객 측에서 설명되지 않은 해당 약관을 계약내용에서 배제해야 한다는 주장을 하지 않으면 해당 약관은 완전한 구속력을 갖게 된다고 해석하는 견해가 있다.144) 그러나 보험계약자가 설명되지 않은 약관 내용을 계약에 편입시키려는 의사를 적극적으로 표현한 경우에는 계약 내용으로 될 여지가 있지만, 편입 또는 배제의 의사표시를 하지 않는 경우엔 설명의무 위반효과로서 계약으로의 편입은 인정되지 않는다고 해석해야 할 것이다. 이것이 약관의 구속력의 근거로서 합의설을 취하는 이유와도 부합된다고 하겠다. 약관설명의무가 보험계약자 측을 보호하기 위한 제도임을 고려하면 구체적인 경우에 설명되지 않은 약관 내용이더라도 이를 계약에 편입시키는 것이 보험계약자에게 유리한 것이라면 보험계약자가 예외적으로 이를 계약 내용으로 주장하는 것은 무방하다고 여겨진다. 한편 약관조항을 잘못 설명하였다면 설명한 대로의 효력이 발생된다고 해석된다.145)

---

141) 장덕조, 74면.
142) 한기정, 142면.
143) 대판 2003. 8. 22, 2003다27054.
144) 한기정, 142면.
145) 대판 2005. 10. 28, 2005다38713, 38720; 대판 2003. 11. 14, 2003다35611; 대판 1999. 3. 9, 98다43342, 43359; 대판 1998. 6. 23, 98다14191.

[대법원 1999. 3. 9. 선고 98다43342, 43359 판결]

〈사실관계〉

원고회사는 망인(피고의 부친)과 계약을 체결하면서 보상받지 못하는 손해의 종류가 기재된 안내문과 보상받을 수 없는 손해를 확인하라는 내용이 기재된 상해보험청약서를 우송하였는데, 망인이 보험기간 중 보상받지 못하는 사고로 사망하자 원고회사는 보험금지급책임이 없음을 주장하였다. 그러나 피고는 원고회사가 위의 약관을 설명하지 않았다고 항변하였다.

〈주요 판시내용〉

원고회사는 피고에게 보험약관에 기재되어 있는 보험상품의 내용, 보험료율의 체계 및 보험청약서상 기재사항의 변동 등 보험계약의 중요한 내용에 대하여 구체적이고 상세한 명시·설명의무를 부담한다. 만약 원고회사가 이러한 보험약관의 명시·설명의무에 위반하여 보험계약을 체결한 경우 피고에게 그 약관의 내용을 보험계약의 내용으로 주장할 수 없다.

[대법원 2010. 9. 9. 선고 2009다105383 판결]

〈주요 판시내용〉

보험회사가 영국법 준거약관에 의하여 영국 해상보험법이 적용되는 워런티(warranty) 약관 조항을 사용하여 해상운송업자인 보험계약자와 선박에 관한 보험계약을 체결하면서 보험계약자가 일정 기한까지 선박에 대한 현상검사와 그에 따른 권고사항을 이행할 것을 워런티 사항으로 정한 사안에서, 보험회사가 워런티의 의미와 효과에 관하여 보험계약자가 제대로 이해할 수 있도록 충분히 설명하지 않는 경우에는 보험계약자가 위 워런티 약관 조항의 의미와 효과를 전체적으로 이해할 수 없게 되어 예측하지 못한 불이익을 받게 되므로, 그 경우 위 약관 조항 전체가 처음부터 보험계약에 편입되지 못하는 것으로 보아야 하고, 이와 달리 위 워런티 약관 조항을 현상검사와 그에 따른 권고사항을 이행하여야 한다는 부분과 그 이행사항이 워런티에 해당한다는 부분으로 분리하여 전자는 보험회사가 보험계약자에게 설명해 준 부분이어서 우선 보험계약에 분리 편입되고, 후자는 그 의미와 효과에 대하여 준거법인 영국 해상보험법에 규정된 사항이어서 법령에 규정된 것으로 별도의 설명 없이 보험계약에 편입될 수 있는 것으로 보아, 전자와 후자가 각각 분리하여 편입되는 방식으로 위 워런티 약관 조항 전체가 보험계약에 편입되는 것으로 볼 수는 없다.

　　보험자의 설명의무 위반으로 보험약관의 전부 또는 일부의 조항이 보험계약의 내용으로 되지 못하는 경우 보험계약은 나머지 부분만으로 유효하게 존속하고, 다만 유효한 부분만으로는 보험계약의 목적 달성이 불가능하거나 그 유효한 부분이 한쪽 당사자에게 부당하게 불리한 경우에는 그 보험계약은 전부 무효가 된다(약관규제법 제16조). 법률행위의 일부가 무효이면 전부를 무효로 한다는 사법의 일반원칙(민법 제137조)에 대한 특칙이며 보험계약자를 보호하기 위한 것이다. 해당 계약 전부를 무효로 하는 것 보다는 의무위반

부분만 배제하고 계약의 효력을 유지키시는 것이 고객에서 유리할 수 있기 때문이다. 나머지 부분만으로 보험계약이 유효하게 존속하는 경우에 보험계약의 내용은 나머지 부분의 보험약관에 대한 해석을 통하여 확정되어야 하고, 만일 보험계약자가 확정된 보험계약의 내용과 다른 내용을 보험계약의 내용으로 주장하려면 보험자와 사이에 다른 내용을 보험계약의 내용으로 하기로 하는 합의가 있었다는 사실을 증명하여야 한다(약관규제법 제4조).146)

(2) 계약자의 취소권

개정 전 상법 조문에 따르면 보험자가 약관의 교부·명시·설명의무를 위반한 때에는 보험계약자는 보험계약이 성립한 날부터 제척기간 1월 내에 그 계약을 취소할 수 있다(제 638조의3 제2항)고 규정했었다. 그런데 보통의 보험계약자가 복잡한 보험상품과 약관을 잘 이해하고 취소하려면 1개월은 보험계약자 보호에 부족하다는 지적에 따라 2015년 개정 보험법에서는 약관설명의무 위반시 보험계약자는 '보험계약이 성립한 날부터 3개월 이내에 그 계약을 취소할 수 있다'고 변경하였다.147) 보험법 개정안 논의 과정에서는 취소권 행사기간의 기산점에 대해 '보험증권을 받은 날'로 변경하자고 의견이 모아졌지만148) 국회에서의 심사과정에서 채택되지 않았고 행사기간만을 연장하였다. 보험계약의 종류에 따라 약관에서 취소권 행사기간의 기산점을 달리 정할 수 있는데, 예를 들어 생명보험표준약관에서는 보험계약자는 청약일로부터 3개월 이내에 보험자의 약관설명의무 위반을 이유로 보험계약을 취소할 수 있다고 정하고 있다.149) 약관의 교부·설명의무 모두를 한꺼번에 위반할 필요는 없고 그 중 한 가지만 위반해도 취소권 행사가 가능하다. 그런데 약관설명의무 위반 여부는 대부분 보험계약이 성립된 후 상당한 시간이 경과된 후 보험금 청구 과정에서 문제가 되는 경우가 많기 때문에150) '보험계약이 성립한 날부터 3개월'이라는 취소권 행사기간 내에 보험계약자가 취소권을 행사하는 일은 그리 많지 않다.151) 보험계약자가 보험계약을 취소하면, 그 계약은 처음부터 무효로 되며 따라서 원상회복 의무가 당사자에게 부과되면서 보험자는 보험계약자에게 이미 지급받은 보험료를 반환하여야 한

---

146) 대판 2015. 11. 17, 2014다81542.
147) 이 개정안에 대한 비판으로는 손해보험협회 법무회계팀, "상법 보험편 개정안의 주요 쟁점 사항에 대한 고찰", 손해보험 2009년 8월호, 42-44면.
148) 일반적으로 청약에 대해 보험회사가 보험증권을 발송하는 때에 승낙이 있다고 해석되며 이때 보험계약이 성립된 것으로 본다. 그런데 보험증권을 언제 발송했는가를 보험계약자 측에서 알기는 어려우며 자신에게 우편 등으로 도달이 되어야 비로소 승낙사실을 알게 되는데 기산점을 보험계약의 성립시로 본다면 보험계약자 입장에서는 적지 않은 날짜를 고스란히 잃게 되는 경우가 있기 때문에 보험계약자가 실제로 보험증권을 받은 날을 기산점으로 하자는 의견으로 모아진 것이다.
149) 생명보험표준약관 제18조 제2항; 최준선, 73면.
150) 임용수, 94면.
151) 최기원, 126면; 한기정, 145면.

다.152)

상법 보험편에서 정하고 있는 위반효과로서의 취소권은 보험계약자에게는 약관의 규제에 관한 법률상의 위반 효과에 비해 불리하다. 예를 들어 설명되지 않은 면책사유가 있을 때 만약 보험계약자 측이 제척기간 내에 취소권을 행사했다면 보험계약자 측으로서는 기납입보험료만 돌려받을 수 있을 뿐 사고가 발생하더라도 보험금의 지급청구는 할 수 없다. 보험사고가 발생하여 보험계약자 측에게 손해가 생겼음에도 보험계약자 측에게 인정되는 것이 단지 취소권이라면, 보험계약자로서는 취소권을 행사하더라도 거의 아무런 도움을 받지 못한다고 할 수 있다.153) 반면 약관규제에 관한 법률에 따르면 설명되지 않은 면책사유는 계약 내용에 편입되지 않으므로 해당 면책사유는 적용되지 않아 보험금청구가 가능하다.

(3) 위반효과에 대한 약관규제법과 상법의 관계

약관설명의무 위반효과에서 논란이 되는 것은 보험계약자가 3월내에 보험계약을 취소하지 않은 경우의 처리 문제이다. 즉 보험계약자가 3월내에 취소권을 행사하지 않은 경우에 그 약관의 구속력을 인정할 수 있는가의 문제이다. 이에 대해 상법 제638조의3만이 단독 적용된다는 견해와 약관의 규제에 관한 법률 제3조가 중첩적으로 적용된다는 견해로 나뉜다.

(가) 상법단독적용설

① 내　　용　　상법 제638조의3이 적용되는 경우에 약관의 규제에 관한 법률 제3조의 적용이 배제된다고 해석하면서 보험계약자가 법 소정의 기간 내에 보험계약을 취소하지 않았다면, 비록 설명되지 않은 약관조항이라도 보험계약자는 그 내용에 구속된다고 해석하는 견해이다. 이에 따르면 3월의 기간이 경과하게 되면 취소권은 소멸되며 보험계약관계는 그대로 유지된다고 본다. 약관의 구속력에 대해 규범설을 지지하는 경우에 이 설을 주장한다.

② 논　　거　　상법 단독적용설의 중요한 논거로는 일반법과 특별법의 관계를 들고 있다. 즉 약관의 규제에 관한 법률은 약관거래에 관한 일반법인데 반해, 상법 제638조의3은 보험약관에 관한 특별법이라는 것이다. 그 근거로, 첫째 약관의 규제에 관한 법률 제30조 제2항이 "특정한 거래분야의 약관에 대하여 다른 법률에 특별한 규정이 있는 경우에는 이 법의 규정에 우선한다"고 정하고 있음을 들고 있다. 따라서 보험계약자가 3월 내에 보험계약을 취소하지 않았다면 더 이상 보험약관 설명의무 위반문제를 다툴 수 없다고

---

152) 양승규, 114면; 이기수/최병규/김인현, 93면; 임용수, 93면.
153) 최기원, 126면; 임용수, 94면.

해석한다. 취소권이 행사되지 않은 채 그 행사기간이 경과되었다면 설명의무위반의 문제는 치유되어 더 이상 문제삼을 수 없고, 보험약관은 확정적으로 유효라고 해석한다.

둘째, 일단 보험계약을 체결한 이상 보험계약의 단체적 성격과 보험계약자 평등대우의 원칙이 적용되어야 하므로 보험계약 체결단계에서의 교부·설명의무의 이행 여부에 의해 특정 약관조항이 어떤 보험계약자에게는 적용되고 다른 보험계약자에게는 적용되지 않게 하는 것은 보험계약의 단체적 성질상 바람직하지 않다고 한다. 즉 보험약관의 경우에는 부합계약성이 보다 강조되어야 한다는 것이다.

셋째, 불확정한 법률관계에 있어 취소권이 소정의 기간 내에 행사되지 않은 경우에는 확정적으로 유효한 법률관계가 된다는 것이 일반적인 취소권에 관한 해석임을 근거로 하여 상법 제638조의3에 의한 취소권이 행사되지 않았다면 약관의 규제에 관한 법률 제3조에도 불구하고 설명되지 않은 약관조항이 그대로 보험계약의 내용으로 확정된다는 것이다.154)

(나) 중첩적용설

① 내　　용　　보험계약자가 보험계약 성립일로부터 3월내에 행사할 수 있는 취소권은 보험계약자에게 주어진 권리일 뿐이며 의무가 아니다. 따라서 보험계약자가 보험계약을 취소하지 않았다고 하더라도 보험계약자가 보험자의 설명의무 위반의 법률효과를 더 이상 주장할 수 없다거나, 보험자의 설명의무 위반의 하자가 치유되는 것은 아니라고 해석한다. 계약성립일로부터 3개월 이내에 취소권을 행사한 경우 약관규제에 관한 법률은 적용되지 않으며, 보험자는 민법상의 부당이득반환의 책임을 부담하게 된다. 만약 취소권의 행사없이 3월의 기간이 경과하면 약관의 규제에 관한 법률 제3조 제4항이 적용되어 설명되지 않은 약관조항은 계약의 내용으로 주장할 수 없다. 이러한 경우에 보험사고 발생시 보험계약자는 보험금을 청구할 수 있으며, 예를 들어 보험자가 설명하지 않은 약관상의 면책조항 등을 이유로 보험금 지급을 거절하면 보험계약자는 설명의무 위반을 이유로 해당 면책사유가 계약에 편입되지 않음을 주장할 수 있다.

② 논　　거　　제638조의3 제2항은 보험계약자가 그 취소권을 행사하지 아니한 경우에 설명되지 않은 약관내용이 계약의 내용으로 되는지 여부에 관하여 아무것도 정하지 않고 있다. 이 부분을 약관의 규제에 관한 법률이 채워주고 있다. 따라서 제638조의3

154) 정호열, "약관명시설명의무와 고지의무와의 관계", 정동윤 교수 화갑기념논문집, 589면; 정희철, 355면; 장경환, "보험약관의 교부설명의무—입법취지와 성격을 중심으로—", 보험학회지 제46집, 1995, 105-106면, 112면, 116면; 장경환, "보험약관과 약관규제법", 보험법연구 2, 1998, 147면; 손주찬, "보험약관명시의무 위반과 고지의무 위반을 이유로 하는 계약해지", 판례월보, 1996. 10, 20면; 양승규, 70면, 114-115면 (보험자가 보험계약을 체결할 때에 보험계약자에게 약관의 내용을 잘못 설명했더라도 약관조항과 그 내용은 개별적인 홍정대상이 아니므로 약관의 내용이 변경되는 것은 아니라고 설명하고 있다); 김성태, 190면; 유주선, 80면; 강위두/임재호, 535-536면; 김은경, "보험자의 설명의무에 대한 재고", 상사판례연구 제20집 제3권, 2007, 124면 이하.

제2항은 약관에 대한 설명의무를 위반한 경우에 그 약관을 계약의 내용으로 주장할 수 없는 것으로 규정하고 있는 약관의 규제에 관한 법률 제3조 제3항과의 사이에 아무런 충돌이 없다고 해석해야 한다는 것이다. 결국 제638조의3 제2항은 약관의 규제에 관한 법률 제3조 제3항과의 적용을 배제하는 특별규정이라고 할 수가 없으므로, 보험약관이 제638조의3 제2항의 적용 대상이라 하더라도 약관의 규제에 관한 법률 제3조 제4항 역시 적용이 된다고 해석하고 있다.

두 조문의 도입 취지가 소비자(보험계약자)의 보호인데 보험계약자가 보험계약 성립 후 3월 이내에 당해 보험계약을 취소하지 않았다고 하여 설명되지 않은 약관조항(예를 들어 설명되지 아니한 면책조항)을 보험계약자에게 그대로 적용하게 되면, 약관의 규제에 관한 법률 제3조를 적용하는 경우와 비교할 때 보험계약자 보호라는 조문의 목적에 정면으로 충돌하게 된다. 또한 일반 약관의 경우와 달리 보험약관에 대해서만 보험자의 설명의무를 완화해야 하는 정책적 이유가 없음을 근거로 들기도 한다. 보험계약의 단체적 성격과 보험계약자 평등의 원칙을 이유로 보험자에게만 유리하게 해석하는 것에 대한 법적 근거가 없다.155)

(다) 판례의 입장

대법원은 중첩적용설의 입장에 있다. 판례는 제638조의3 제2항과 약관의 규제에 관한 법률 제3조 제4항과의 관계에서 그 어떤 모순이나 저촉이 없다고 판단하면서 제638조의3 제2항은 약관의 규제에 관한 법률 제3조 제4항 적용을 배제하는 특별규정이라고 할 수 없다는 입장이다.156) 이에 따라 설명하지 않은 약관조항은 취소권 행사기간의 경과 후에도 보험계약 내용에 편입되지 않는다고 해석하고 있다.

[대법원 2003. 5. 30. 선고 2003다15556 판결]

〈주요 판시내용〉

일반적으로 보험자 및 보험계약의 체결 또는 모집에 종사하는 자는 보험계약의 체결에 있어서 보험계약자 또는 피보험자에게 보험약관에 기재되어 있는 보험상품의 내용, 보험료율의 체계 및 보험청약서상 기재사항의 변동사항 등 보험계약의 중요한 내용에 대하여 구체적이고 상세한 명시 · 설명의무를 지고 있으므로 보험자가 이러한 보험약관의 명시 · 설명의무에 위반하여 보험계약을 체결한 때에는 그 약관의 내용을 보험계약의 내용으로 주장할 수 없다.

---

155) 이기수/최병규/김인현, 93면; 최기원, 126-127면; 최준선, 70면; 정찬형, 550면; 임용수, 94-95면; 우성만, "약관과 다른 보험모집종사자의 설명과 보험자의 책임", 판례연구 Ⅱ, 1992, 287면; 한기정, 145면-148면; 정동윤, 470면; 강위두/임재호, 589면; 채이식, 68면.
156) 대판 1998. 11. 27, 98다32564; 대판 1999. 3. 9, 98다43342; 대판 1989. 9. 12, 88누6856.

[대법원 1998. 11. 27. 선고 98다32564 판결]

〈사실관계〉

보험사고가 발생하자 원고회사는 피고의 고지의무위반을 이유로 보험계약 해지를 주장하였고, 피고는 계약 체결시 원고회사가 고지의무에 대한 약관내용을 설명하지 아니하였으므로 약관의규제에관한법률 제3조가 적용되어 계약해지는 부적법하다고 항변하였다. 이에 원고회사는 동법 제30조 제3항에 의해 특별법인 상법 제638조의3 제2항만 적용되므로 피고의 항변은 이유 없다고 주장하였다.

〈주요 판시내용〉

일반적으로 특별법이 일반법에 우선한다는 원칙은 동일한 형식의 성문법규인 법률이 상호 모순·저촉되는 경우에 적용되는 것이고 법률이 상호 모순·저촉되는지 여부는 법률의 입법목적, 적용범위 및 규정사항 등을 종합적으로 검토하여 판단하여야 하는데, 약관규제법 제30조 제3항에서 다른 법률에 특별한 규정이 있는 경우에 그 규정이 우선 적용되는 것으로 규정하고 있는 것도 위와 같은 법률의 상호 모순·저촉시의 특별법 우선 적용의 원칙이 약관에 관하여도 적용됨을 밝히고 있는 것이라고 할 것이다. 그런데 상법 제638조의3 제2항은 보험자의 설명의무 위반의 효과를 보험계약의 효력과 관련하여 보험계약자에게 계약의 취소권을 부여하는 것으로 규정하고 있으나, 나아가 보험계약자가 그 취소권을 행사하지 아니한 경우에 설명의무를 다하지 아니한 약관이 계약의 내용으로 되는지 여부에 관하여는 아무런 규정도 하지 않고 있을 뿐만 아니라 일반적으로 계약의 취소권을 행사하지 아니하였다고 바로 계약의 내용으로 되지 아니한 약관 내지 약관 조항의 적용을 추인 또는 승인하였다고 볼 근거는 없다고 할 것이므로, 상법 제638조의3 제2항은 약관규제법 제3조 제4항과의 관계에서는 그 적용을 배제하는 특별규정이라고 할 수가 없으므로 보험약관이 상법 제638조의3 제2항의 적용 대상이라 하더라도 약관규제법 제3조 제4항 역시 적용된다.

[대법원 1996. 4. 12. 선고 96다4893 판결]

〈주요 판시내용〉

상법 제638조의3 제2항에 의하여 보험자가 약관의 교부 및 설명의무를 위반한 때에 보험계약자가 보험계약 성립일로부터 1월 내에 행사할 수 있는 취소권은 보험계약자에게 주어진 권리일 뿐, 의무가 아님이 그 법문상 명백하므로 보험계약자가 보험계약을 취소하지 않았다고 하더라도 보험자의 설명의무 위반의 법률효과가 소멸되어 이로써 보험계약자가 보험자의 설명의무 위반의 법률효과를 주장할 수 없다거나 보험자의 설명의무 위반의 하자가 치유되는 것은 아니다.

(라) 검 토[157]

중첩적용설이 타당하다. 제638조의3 제2항은 취소권을 행사하지 않은 경우 설명되지 않은 약관이 어떻게 되는지에 관해 정하고 있지 않으므로, 이에 관한 내용이 담긴 약관규제에 관한 법률 제3조 제4항과 상호 모순될 것도, 저촉될 것도 없다. 상법적용설은 제638조의3을 보험단체를 위한 규정으로 보고 있고 또한 3개월 내에 취소하지 않으면 보험자가 설명의무를 명백히 위반했어도 보험계약자가 이를 더 이상 문제 삼을 수 없다는 것인데, 이는 불합리하다. 약관 구속력에 관한 대법원의 입장은 당사자가 그 내용을 알고 합의했기 때문이라는 이른바 '계약설(의사설)'이다.[158] 계약설을 취하는 입장에서는 설명의무는 필수적으로 요구된다고 할 수 있다. 보험계약을 체결함에 있어서 보험자는 청약자에게 보험약관을 교부하고 그 약관의 중요한 내용을 알려야 한다고 규정하는 제638조의3 조항이 이러한 계약설의 법적 근거가 된다고 해석해야 할 것이다.

상법만이 단독으로 적용되는 것으로 해석하는 것은 보험계약의 단체성을 지나치게 강조한 것이라 할 수 있다. 보험계약은 여러 중요한 특수한 성질이 있으며 단체성은 그 중의 하나이며 여러 해석 기준 중의 하나일 뿐이다. 보험계약의 선의성 측면에서 볼 때 제638조의3은 분명 문제점을 내재하고 있는 조문이다. 어떠한 조항이 약관의 중요한 내용이어서 보험자의 설명을 필요로 하는 것은 신의칙상의 의무이기 때문이다. 제638조의3 조문은 1991년에 신설되었다. 이 조문의 제정 당시에 입법자는 1986년에 제정된 약관의 규제에 관한 법률 제3조의 내용을 알고 있었을 것이다. 그럼에도 제638조의3 제2항이 보험약관의 교부 · 명시의무 위반효과로서 '… 계약을 취소할 수 있다'고만 규정한 것은 취소하지 않는 경우에는 약관의 규제에 관한 법률 제3조를 적용시키겠다는 의도가 내재적으로 존재하는 것으로 해석해야 한다.

보험자의 약관설명의무의 이행 여부가 문제되는 것은 대부분이 보험사고의 발생 후인데 취소권의 행사기간이 경과했다는 이유만으로 설명되지 않은 약관내용에 구속되도록 하는 것은 약관설명의무 제도를 도입한 취지에 맞지 않는다.[159] 상법 단독적용설에 따르면 보험약관에 관한 한 상법 제4편 보험편이 약관의 규제에 관한 법률에 대한 특별법의 지위에 있으며 따라서 상법 제4편 보험편만이 적용된다고 해석한다. 물론 약관의 규제에 관한 법률 제30조 제2항은 특정한 거래 분야의 약관에 대하여 다른 법률에 특별한 규정이 있는 경우에는 약관의 규제에 관한 법률의 규정에 우선한다고 규정되어 있다. 그러나 그 취지는 약관의 규제에 관한 법률보다 개별적이고 특정한 분야만을 대상으로 하는 다른 법이 보다 적절하고 충분한 내용을 담고 있다는 점을 전제로 하는 것이다. 따라서 특정한 분야

157) 박세민, "보험법 개정방향에 관한 연구(상)", 법조 596호, 2006. 5, 68-84면.
158) 대판 1985. 11. 26, 84다카2543; 대판 1986. 10. 14, 84다카122.
159) 임용수, 94면.

를 대상으로 하는 다른 법의 내용이 불충분하거나 내용이 없는 부분에 대해서는 약관의 규제에 관한 법률이 보충적으로 적용되는 것으로 해석되어야 할 것이다.160) 여기에서 상법 보험편을 특정한 분야를 대상으로 하는 다른 법이라 할 때에 해당 내용은 취소하지 않은 경우에 대한 내용이 없으므로' 상법 보험편이 보다 적절하고 충분한 내용을 담고 있다고 할 수 없다. 판례의 입장은 일반법과 특별법의 관계라 해도 두 법이 상호 모순되거나 저촉되지 않으면 중첩적용이 가능하며, 반대로 모순되거나 저촉되면 특별법이 적용된다고 하면서, 모순과 저촉 여부에 관해서는 두 법률의 제정목적, 규정 내용 및 적용 범위 등을 검토해서 판단해야 한다고 판시하고 있다.161) 약관규제에 관한 법률 제30조 제2항 해석에 있어서도 특별법이 우선하는 경우는 일반법과 특별법 사이에 서로 모순되거나 저촉되는 경우로 한정된다는 것이 판례의 태도이다.162) 보험약관 설명의무의 위반효과로서 '취소할 수 있다'라고만 규정하고 있는 것은 입법의 미비이며 미완성된 조문이라고 해야 할 것이다. 따라서 취소하지 않은 경우에 대해 약관의 규제에 관한 법률을 적용하더라도 양 법 사이에 모순되거나 저촉되는 것은 없다고 판단된다.

8. 보험계약자 측의 고지의무위반과의 관계

상법 보험편 제651조에서 정하고 있는 고지의무 제도를 약관에서 다시 규정하고 있는 경우에는 보험자가 약관상의 고지의무에 대한 것을 따로 설명하지 않았다고 해도 보험자가 약관설명의무를 위반한 것으로 보기는 어렵다는 것이 법원의 입장이다. 판례는 제651조의 고지의무나 제652조의 위험변경증가 통지의무를 약관에서 단순히 되풀이되거나 부연하는 정도로 규정되어 있는 것이라면 해당 약관 내용은 설명의무가 면제된다는 입장이다.163) 그러나 약관에서 정하고 있는 고지의무 내용이 상법에서 정하고 있는 내용을 크게 확대한 것이어서 보험계약자가 통상적으로 이해하거나 예상할 수 있는 범위를 초과하는 등의 특별한 사정이 있는 경우에는 설명의무의 대상이 된다.164) 그리고 약관 내용이 상법 보험편에서 정하고 있는 것보다 보험계약자 등에게 불리하게 규정되어 있다면 가계보험에서는 해당 약관 조항은 효력이 없다(제663조).

보험계약자가 고지의무를 위반했다고 해도 고지의무의 대상이 되는 특정 중요사항에 대하여 보험자가 약관설명의무를 이행하지 않았다면 보험자는 고지의무 위반을 이유로 보

---

160) 이은영, 746면.
161) 대판 1989. 9. 12, 88누6856; 대판 2016. 11. 25, 2014도14166.
162) 대판 1998. 11. 27, 98다32564.
163) 대판 2011. 7. 28, 2011다23743; 대판 2000. 7. 4, 98다62909; 대판 1998. 1. 27, 98다32564.
164) 대판 2011. 7. 28, 2011다23743; 대판 1998. 11. 27, 98다32564; 임용수, 97-98면.

험계약을 해지할 수 없다. 판례도 이러한 경우에 보험자는 고지의무 위반을 주장할 수 없다는 입장이다.165) 예를 들어 보험계약자가 자동차보험계약을 체결하면서 주운전자에 관한 고지의무를 위반하였으나 보험자가 약관상의 주운전자 제도에 대한 설명의무를 제대로 이행하지 아니한 경우 그것은 계약의 내용에 편입되지 않으므로 보험계약자의 고지의무위반을 이유로 보험자가 보험계약을 해지할 수 없다고 해석한다.166)

이와 반대의 견해가 있다. 보험자의 약관설명의무 위반에 대해서는 보험계약자에게 취소권을 인정하는 반면에 보험계약자가 자신의 중요한 의무인 고지의무를 위반했음에도 불구하고 보험자가 고지의무의 대상이 되는 특정한 중요 사항에 대한 약관설명의무 위반을 했다는 이유로 보험계약을 해지하지 못하도록 하는 것은 보험계약자 측을 과보호하는 것으로서 문제가 있다고 해석하는 견해가 있다. 이러한 주장의 근거로 고지의무는 계약의 성립에 따른 의무가 아니라 법률에서 요구하는 의무이기 때문에 고지의무 내용을 규정한 약관조항이 계약에 편입되어야만 그 의무를 이행해야 하는 것이 아니라는 것이다.167)

보험계약자 등이 약관 내용을 잘 알고 있거나 약관 내용이 거래상 일반적이고 공통된 것이어서 별도의 설명이 없더라도 충분히 예상할 수 있다거나 이미 법령에 의해 정해진 것을 약관에서 되풀이하거나 부연하는 등 약관설명의무가 면제되는 경우에는 보험자가 해당 내용을 설명하지 않았다고 해도 보험계약자가 해당 내용에 대한 고지의무 위반이 있으면 보험자는 보험계약자의 고지의무위반을 이유로 보험계약을 해지할 수 있다고 해석해야 할 것이다. 예를 들어 중요 질병 같은 과거병력에 관하여 고지의무를 위반한 것과 같이 그 고지가 보험자의 설명이 없어도 보험계약자가 충분히 통상적으로 예상할 수 있는 것으로 여겨지는 경우에는 고지의무 위반을 이유로 보험계약의 해지가 가능한 것으로 보아야 할 것이다. 또한 주운전자제도에 대해 보험계약자가 이미 잘 알고 있었다면 비록 보험자가 약관상의 주운전자에 대한 것을 설명하지 않았다고 해도 만약 보험계약자가 주운전자에 대한 고지의무를 위반하게 되면 보험자는 고지의무 위반을 주장할 수 있다.168)

---

165) 대판 1992. 3. 10, 91다31883; 대판 1996. 3. 8, 95다53546; 대판 1998. 4. 10, 97다47255; 대판 1997. 9. 26, 97다4494; 대판 1996. 4. 12, 96다4893; 대판 1995. 8. 11, 94다52492.
166) 최기원, 198면; 임용수, 97면; 한기정, 167-168면.
167) 김성태, 190-191면; 이기수/최병규/김인현, 124면; 양승규, "보험약관의 명시설명의무 위반과 고지의무 위반으로 인한 보험계약 해지 여부", 손해보험, 1992. 10, 37면; 장경환, "보험약관과 약관규제법", 보험법연구 2, 1998, 146면; 이상훈, "고지의무에 관한 최근 판례의 동향", 보험법연구 3, 1999, 188면. 취소기간이 경과함으로써 약관의 명시 설명의무 위반이라는 보험자 측의 잘못은 치유되고 보험계약자 측의 고지의무 위반이 있다면 보험자는 보험계약을 해지할 수 있다고 해석하는 것이 옳다고 주장한다.
168) 대판 1998. 4. 14, 97다39308.

9. 보험업법 및 금융소비자 보호에 관한 법률상의 설명의무

(1) 개념, 설명 방법 및 정도

과거에는 보험업법 제95조의2에서 설명의무를 규정하고 있었는데, 금융소비자보호에 관한 법률 제19조 및 동법시행령 제13조에서 설명의무를 상세히 규정함에 따라 보험업법 제95조의2 제1항과 제2항은 삭제되었다. 다만 보험업법 제95조의2 제3항 및 제4항의 설명의무는 금융소비자보호에 관한 법률 시행 이후에도 그대로 효력을 유지하고 있다. 보험업법 제95조의2 제1항과 제2항에 관한 내용은 금융소비자보호에 관한 법률 시행 이후에도 적용될 수 있는 부분이 있기 때문에 비록 삭제되었다고 해도 이에 대한 분석은 여전히 필요하다. 보험업법상의 설명의무는 상법 제638조의3 또는 약관규제에 관한 법률 제3조에 기초한 약관설명의무보다 그 범위가 넓다.[169) 보험약관에 규정되지 않은 내용이라도 보험계약 체결에 있어서 중요한 내용으로 분류될 수 있는 것들이 있는데, 보험법법에서는 이에 대한 설명의무를 부과하고 있는 것이다. 판례에서도 보험약관만으로 보험계약의 중요한 내용을 설명하기 어려운 경우에는 모집종사자나 보험자는 상품설명서 등 추가자료를 통해 해당 보험상품의 특성이나 위험성 등 보험계약 체결에 있어서 중요한 내용을 상대방인 고객이 이해할 수 있도록 설명하도록 요구하고 있다.[170)

[대법원 2014. 10. 27. 선고 2012다22242 판결]

〈주요 판시내용〉

보험계약의 중요사항은 반드시 보험약관에 규정된 것에 한정된다고 할 수 없으므로, 보험약관만으로 보험계약의 중요사항을 설명하기 어려운 경우에는 보험회사 또는 보험모집종사자는 상품설명서 등 적절한 추가 자료를 활용하는 등의 방법으로 개별 보험상품의 특성과 위험성에 관한 보험계약의 중요사항을 고객이 이해할 수 있도록 설명하여야 한다.

보험업법상의 설명의무는 보험계약에 대한 전문성과 정보비대칭 상황을 해소하려는 목적 하에 보험소비자를 보호하기 위해 모집종사자 또는 보험자에게 부과되고 있다. 신의 칙상 요구되는 주의의무적 성격을 갖고 있으며 보험계약에 대한 중요한 설명을 들은 보험계약자는 그 정보를 기초로 하여 보험계약 체결 여부 및 계약상의 조건들을 판단할 수 있게 된다.[171) 보험업법상의 설명의무 위반에 대해서는 과징금과 과태료가 부과되며 보험자

---

169) 장경환, 앞의 논문, 190면.
170) 대판 2018. 4. 12, 2017다229536.
171) 한기정, 100면.

의 손해배상책임도 인정될 수 있다.172)

> ### [대법원 2013. 6. 13. 선고 2010다34159 판결]
>
> 〈주요 판시내용〉
>
> 보험회사 또는 보험모집종사자는 고객과 사이에 보험계약을 체결하거나 모집함에 있어서 보험료의 납입, 보험금·해약환급금의 지급사유와 그 금액의 산출 기준, 변액보험계약인 경우 그 투자형태 및 구조 등 개별 보험상품의 특성과 위험성을 알 수 있는 보험계약의 중요사항을 명확히 설명함으로써 고객이 그 정보를 바탕으로 보험계약 체결 여부를 합리적으로 판단을 할 수 있도록 고객을 보호하여야 할 의무가 있고, 이러한 의무를 위반하면 민법 제750조 또는 구 보험업법 제102조 제1항(2010. 7. 23. 법률 제10394호로 개정되기 전의 것, 이하 같다)에 기하여 이로 인하여 발생한 고객의 손해를 배상할 책임을 부담한다.

보험업법상의 설명의무는 전문보험계약자가 아니라 일반보험계약자에게 이행되어야 한다. 물론 신의칙에서 요구되는 수준의 설명의무는 고객 보호 차원에서 전문보험계약자에게도 이행됨이 요구되며 위반에 대해 민법 제750조상의 손해배상책임이 부과될 수 있다.173) 설명은 구두 또는 서면으로 할 수 있는데 서면에 의해 설명이 이루어지는 경우에는 단순히 설명내용이 포함된 서면을 보험계약자에게 교부하는 것으로는 부족하다. 서면에 의한 설명의무 이행은 원칙적으로 구두로 설명하면서 이해를 돕기 위한 보조적 수단으로 사용되는 것으로 제한되어야 할 것이다.174)

금융소비자보호에 관한 법률은 설명의무와 관련하여 일반금융소비자가 이해할 수 있도록 설명해야 한다고 규정175)하고 있는데 이는 삭제된 보험업법 제95조의2 제1항과 유사하다. 여기에서 말하는 일반보험계약자는 평균적(prudent)인 일반보험계약자가 아니라 설명의무의 상대방인 특정한(actual) 일반보험계약자를 가리키는 것으로 해석된다.176) 판례에 따르면 설명의 정도는 고객의 보험가입경험 및 이해능력을 고려해야 한다고 함으로써 평균적 고객이 아니라 특정된 고객임을 간접적으로 말하고 있다.177) 금융소비자보호에 관한 법률에서 금융상품판매업자는 설명에 필요한 설명서를 일반금융소비자에게 제공하고 일반금융소비자는 그 내용을 이해했음을 서명, 기명날인, 녹취 또는 기타 대통령령으로 정

---

172) 보험업법 제196조 제2항; 보험업법 제209조 제2항 18호, 3항 6호 및 7호.
173) 보험업법 제95조의2 제1항. 한기정, 101면.
174) 한기정, 103면.
175) 동법 제19조 제1항.
176) 자본시장법에서도 금융투자상품 설명의무를 해석함에 있어서 일반투자자란 설명의 상대방인 특정한 투자자를 가리킨다고 해석된다. 김건식/정순섭, 「자본시장법」(제3판), 2013, 두성사, 780면; 한기정, 101면.
177) 대판 2013. 6. 13, 2010다34159.

하는 방법으로 확인하도록 하고 있다.[178] 서명 등에 의한 확인은 그 진정성을 부정할 만한 분명한 반증이 없는 한, 효력이 인정된다.[179]

(2) 설명대상

보험업법상 설명의무는 계약 체결 단계, 보험금청구 단계 그리고 보험금 심사 및 지급 단계에서의 중요한 사항을 대상으로 하고 있다. 각 단계에서 요구되는 설명사항은 동법시행령 42조의2와 보험업감독규정 4-35조의2에서 상세하게 정하고 있다. 일반보험계약자가 설명을 거부하는 경우에는 보험자 설명의무는 적용되지 않는다.[180] 금융소비자보호에 관한 법률 제19조 제1항에서는 금융상품판매업자는 보장성보험, 투자성보험, 예금성보험, 대출성보험에 관하여 중요한 사항을 일반금융소비자가 이해할 수 있도록 설명하되 일반금융소비자가 특정 사항에 대한 설명만을 원하는 경우에는 해당사항으로 설명의무의 범위를 한정하고 있다. 판례에 따르면 보험의 내용, 위험성, 투자수익률에 따른 해약환급금의 변동, 특히 해약환급금이 납입보험료 원금 상당액에 이르기까지 상당한 기간이 소요된다는 점 등을 설명해야 할 중요한 사항으로 보고 있다.[181] 일반적으로 보험회사 또는 보험모집종사자는 고객과 보험계약을 체결하거나 모집할 때 보험료의 납입, 보험금·해약환급금의 지급사유와 그 금액의 산출 기준, 변액보험인 경우 그 투자형태 및 구조 등 개별 보험상품의 특성과 위험성을 알 수 있는 보험계약의 중요사항을 명확히 설명함으로써 고객이 그 정보를 바탕으로 보험계약 체결 여부를 합리적으로 판단할 수 있도록 고객을 보호하여야 할 의무가 있다. 변액보험의 경우 보장되지 않는 고율의 수익률을 전제로 하여 보험계약 내용을 설명함으로써 중요 사항이 허위로 또는 왜곡되어 설명되었다면 설명의무 위반이다.[182] 보험금 청구가 있는 경우에 보험자는 일반보험계약자에게 보험금의 지급절차 및 지급내역, 보험금 감액이 있는 경우 그 사유 등을 설명해야 한다.[183]

(3) 설명의무 위반과 착오

보험회사 또는 보험모집종사자가 설명의무를 위반하여 고객이 보험계약의 중요사항에 관하여 제대로 이해하지 못한 채 착오에 빠져 보험계약을 체결한 경우, 민법 제109조에 따라 법률행위의 중요부분에 착오가 있으면 의사표시는 취소할 수 있다.[184] 대법원은 법

---

178) 금융소비자보호에 관한 법률 제19조 제2항.
179) 대판 1986. 2. 25, 85다카856.
180) 보험업법 제95조의2 제3항.
181) 대판 2013. 6. 13, 2010다34159.
182) 대판 2012. 12. 26, 2010다86815; 대판 1994. 1. 11, 93다26205; 한기정, 104면.
183) 보험업법 제95조의2 제4항.
184) 대판 2018. 4. 12, 2017다229536.

률행위 내용의 중요 부분에 착오가 있다고 하기 위하여는 표의자에 의하여 추구된 목적을 고려하여 합리적으로 판단하여 볼 때 표시와 의사의 불일치가 객관적으로 현저해야 한다고 판시하고 있다.[185] 즉 표의자에게 그러한 착오가 없었다면 해당 의사표시를 하지 않았으리라고 여겨지는 정도로 중요해야 하는 것이다.[186]

> ### [대법원 2018. 4. 12. 선고 2017다229536 판결]
>
> 〈주요 판시내용〉
>
> 이 사건 상품은 과세이연 여부 및 급여종류에 따라 과세방식이 다르고 이에 따라 가입자가 해지 시 또는 55세 이후 급여 수령 시 지급받을 수 있는 금액이 달라지며, 이는 가입 여부, 중도해지 여부, 급여종류 등에 관한 근로자의 선택에도 영향을 미치는 특성을 갖고 있다. 이러한 내용은 상품설명서에 기재되어 있다. 그런데 과세이연 여부 및 급여종류에 따른 과세방식의 차이 등은 이에 관한 상세한 설명 없이는 세무지식이 없는 근로자가 제대로 이해하는 것이 사실상 곤란하다. 보험회사는 과세이연 여부 및 급여종류에 따른 과세방식의 차이와 이에 따른 급여수령액의 변동 등 이 사건 상품의 특성을 알 수 있는 보험계약의 중요사항을 명확히 설명하지 않음으로써 설명의무를 위반하였다고 볼 수 있다. 또한 소비자가 보험회사의 직원으로부터 충분한 설명을 들어 위와 같은 착오에 빠지지 않았더라면 위와 같이 과세이연의 혜택을 배제한 채 이 사건 계약을 체결하지는 않았을 것이 명백하다. 따라서 위와 같은 착오는 계약 내용의 중요한 사항에 관한 것에 해당하고, 소비자는 위와 같은 착오를 이유로 이 사건 계약을 취소할 수 있다고 봄이 타당하다.

착오와 관련해서는 법률행위 내용의 중요 부분에 관한 착오인가의 문제 외에 그 착오가 동기의 착오인지의 문제가 있다. 판례의 태도는 동기의 착오에 불과하다고 하더라도 그러한 착오를 일으키지 않았더라면 보험계약을 체결하지 않았거나 아니면 적어도 동일한 내용으로 보험계약을 체결하지 않았을 것이 명백하다면, 그 착오는 보험계약의 내용의 중요부분에 관한 것에 해당하므로 이를 이유로 보험계약을 취소할 수 있다고 한다.[187] 당사자가 동기를 법률행위의 내용으로 삼은 경우에 동기의 착오가 법률행위 내용의 착오가 된다는 것이다.[188] 동기가 상대방에게 표시된 경우[189] 또는 동기가 상대방에 의해서 유발된 경우[190]가 여기에 해당된다.[191] 위 2017다229536 사건은 장래 추가적인 세금부담 없

---

185) 대판 2003. 4. 11, 2002다70884.
186) 최병규, "2018년도 주요 보험판례에 대한 연구", 상사판례연구 제32집 제1권, 2019, 131면.
187) 대판 2018. 4. 12, 2017다229536; 김선정, "민법상 보험약관의 설명의무—대법원 2018. 4. 12. 선고 2017다229536 판결—", 보험법연구 제12권 제1호, 2018, 283면.
188) 대판 1984. 10. 23, 84다카1187.
189) 대판 1997. 8. 26, 97다6063.
190) 대판 1998. 9. 22, 98다23706; 대판 1992. 2. 25, 91다38419.
191) 한기정, 107면.

이도 연금상품을 수령할 수 있다고 믿고 계약을 체결한 경우에 소비자가 보험회사의 직원으로부터 충분한 설명을 들어 이러한 착오에 빠지지 않았더라면 과세이연의 혜택을 배제한 채 계약을 체결하지는 않았을 것이 명백하기 때문에 이 사건에서의 착오는 계약 내용의 중요한 사항에 관한 것에 해당하고, 소비자는 이러한 착오를 이유로 해당 계약을 취소할 수 있다고 판단하였다. 즉 계약 체결 동기가 법률행위의 내용이 되는 경우에 해당된다고 해석한 것이다. 판례의 결론에 찬성한다.192)

(4) 설명의무 위반효과

(가) 공법상 제재

보험업법상 설명의무 위반이 있게 되면 과징금 및 과태료가 부과된다.193) 보험자와 같은 금융상품판매업자가 금융소비자보호에 관한 법률 제19조의 설명의무를 위반하여 금융소비자에게 손해를 발생시킨 경우에도 과징금 및 과태료가 부과된다.194) 이는 공법상의 제재에 해당된다. 이러한 공법상의 제재는 보험자나 모집종사자의 설명의무 위반시 보험계약자 측이 해당 내용을 이미 알고 있는 경우에도 상당인과관계 또는 실질적 위법성 문제를 묻지 않은 채 위법하다고 판단하여 부과될 수 있다. 물론 감면 가능성은 있다.

(나) 사법상 효과

설명의무 위반에 대해서는 손해배상책임이나 계약의 해지와 같은 사법상의 제재도 수반된다. 보험자의 보험업법상의 설명의무 위반에 대해 금융소비자보호에 관한 법률의 시행에 따라 삭제된 보험업법 제95조의2 제1항 또는 제2항 및 효력이 계속 유지되고 있는 동조 제3항 및 제4항에서 그 위반효과로서의 손해배상책임에 관한 내용은 없다. 그러나 보험자 또는 모집종사자의 설명의무는 보험업법에 근거하지 않더라도 신의칙상의 주의의무에서도 부과될 수 있는 것이고, 이러한 취지에서 보면 보험자 또는 모집종사자의 설명의무 위반에 대해 손해배상책임을 인정될 수 있다고 해석된다.195) 삭제된 보험업법 제102조의 손해배상책임에 관해 다음과 같은 판례가 있다. 보험설계사가 보험계약자에게 타인의 사망을 보험사고로 하는 보험계약을 체결할 것을 권유하면서 제731조에서 정하고 있는 타인의 서면동의가 반드시 요구된다는 설명을 하지 아니한 채 미리 준비하여 간 보험청약서 양식에 직접 그 중요내용을 기재하고 보험계약자로부터 그의 인장을 건네받아 보험계약자란에 날인하여 보험청약서를 작성하고, 착오로 보험청약서의 피보험자 동의란에 피보험자의 도장을 받지 않았고, 보험설계사로부터 그 청약서를 건네받은 보험회사의

---

192) 同旨: 한기정, 107면.
193) 보험업법ㅂ 제196조 제2항, 동법 제209조 제5항 18호, 제6항 6호 및 7호.
194) 금융소비자보호에 관한 법률 제57조 제1항 1호 및 동법 제69조 제1항 2호 및 6호 가목
195) 同旨: 한기정, 105면.

대리점 역시 이를 보완하지 아니한 상태에서 피보험자가 사망하는 보험사고가 발생한 경우, 보험설계사의 약관설명의무 위반으로 인하여 보험계약자가 보험금을 지급받지 못하게 되었으므로 보험회사는 보험계약자에게 그 손해를 배상할 의무가 있으며 그 손해의 범위는 보험금 상당액이 될 것이다.196) 설명의무위반이 있은 이후 해약환급금이 지급되었다면, 보험계약자가 설명의무위반으로 입은 손해는 납입한 보험료 합계액에서 지급받은 해약환급금액을 공제한 금액 상당이다.197)

> ### [대법원 2014. 10. 27. 선고 2012다22242 판결]
>
> 〈주요 판시내용〉
>
> 보험회사 또는 보험모집종사자는 고객과 보험계약을 체결하거나 모집할 때 고객이 정보를 바탕으로 보험계약 체결 여부를 합리적으로 판단을 할 수 있도록 고객을 보호하여야 할 의무가 있고, 이러한 의무를 위반하면 민법 제750조 또는 보험업법 제102조 제1항에 따라 이로 인하여 발생한 고객의 손해를 배상할 책임을 부담한다. 보험계약 체결에 설명의무 위반이 있는 경우에 이후 보험약관에 따른 해약환급금이 지급되었다면, 보험계약자가 설명의무 위반으로 입은 손해는 납입한 보험료 합계액에서 지급받은 해약환급금액을 공제한 금액 상당이며, 해약환급금이 실제로 지급되지 않았다면 손해액에서 공제할 수 없다.

판례는 보험자나 모집종사자의 설명의무 위반으로 보험계약자에게 재산상 손해의 발생이 인정되는데도 증명 곤란 등의 이유로 손해액의 확정이 불가능하여 배상을 받을 수 없는 경우에 이러한 사정을 정신적 손해로서의 위자료 증액사유로 참작할 수 있다고 판시하고 있다.198) 한편 보험자의 약관설명의무 위반이 인정되더라도 보험계약자 측의 과실도 인정되는 경우에는 과실상계가 인정될 수 있다. 대법원은 보험계약자가 청약서상의 '꼭 알아야 할 사항'란도 제대로 읽어보지 아니하고 보험계약을 체결한 사안에서 타인의 서면에 의한 동의를 얻어야 한다는 사실을 알지 못한 채 체결한 과실비율을 30%로 보아 과실상계를 한 바 있다.199)

금융상품판매업자의 설명의무 위반에 대해서도 금융소비자의 손해를 배상할 책임을 진다. 다만 그 금융상품판매업자 등이 고의 및 과실이 없음을 입증한 경우에는 그러하지 아니하다(금융소비자보호에 관한 법률 제44조, 47조). 금융상품판매업자가 자신에게 귀책사유가 없음을 입증하도록 함으로써 금융소비자 보호를 추구하고 있다.

---

196) 대판 1999. 4. 27, 98다54830.
197) 대판 2014. 10. 27, 2012다22242.
198) 대판 1984. 11. 13, 84다카722; 대판 2018. 4. 12, 2017다229536.
199) 대판 2001. 11. 9, 2001다55499.

(5) 상법 보험편 및 약관법상의 약관설명의무와 보험업법상의 설명의무 비교

약관규제법 제3조 및 상법 보험편 제638조의3은 약관설명의무를 규정하고 있다. 의무 부과 목적은 보험약관에 관한 정보비대칭 상황에 관한 해소이다. 위반효과로는 설명되지 않는 약관 내용이 계약에 편입되지 못하거나 계약의 취소가 인정된다. 보험업법과 금융소비자보호에 관한 법률에서도 설명의무를 부과하고 있는데 설명대상이 약관에 한정되지 않고 보험계약의 중요사항, 계약체결 후 보험금 지급과정에서의 중요사항까지 이르게 되어 그 범위가 더 넓다. 위반효과도 공법상의 제제와 사법상의 제제로 나뉘는데 사법상의 위반효과로서는 손해배상과 계약 해지가 인정된다. 보험업법과 금융소비자보호에 관한 법률상의 설명의무의 취지도 정보비대칭 해소인 점에서는 동일하지만 해당 정보의 대상에서 차이가 있다.200)

---

200) 한기정, 108면.

고지의무

제 7 장

I. 개 념

1. 의 의

　고지의무(duty of disclosure)란 보험계약자 또는 피보험자가 보험계약체결 당시에 보험자에게 중요한 사항을 고지하거나 또는 이러한 사항에 대해 부실고지(misrepresentation)를 하지 아니할 의무를 말한다(제651조). 생명보험표준약관에서는 '계약 전 알릴 의무'로 표현되고 있다.[1] 고지의무는 보험계약 성립시에 요구되는 의무인 점에서 계약 체결 후에 요구되는 위험변경증가의 통지의무(제652조) 또는 보험사고 발생 통지의무(제657조 제1항) 등과는 구별된다. 고지의무는 보험계약의 사행계약적 성질을 극복하기 위하여 당사자 사이에 선의성 또는 윤리성이 요구되는 것과 관련하여 인정되는 의무이다.[2] 현행 상법 보험편에서 규정하고 있는 고지의무는 보험자의 질문 여부와 상관없이 보험계약자 측이 중요한 사항을 자발적으로 고지해야 하는 것이다. 즉 보험자가 질문하지 않은 것이라 하더라도 특정 사항이 중요한 사항이라면 보험계약자 측은 스스로 고지해야 한다. 다만 실무상으로는 청약서상의 질문란에 답변하는 방식으로 고지의무의 이행이 요구되고 있으며, 이러한 고지의무의 수동화는 세계적인 경향이며 여러 국가에서 법률 개정도 이루어졌다. 우리나라의 생명보험표준약관이나 화재보험표준약관에서는 청약서에서 질문한 사항에 대해 알고 있는 사실에 대해 답변하도록 함으로써 고지의무를 답변의무 또는 수동의무적 성격으로 이미 변화시키고 있다.[3] 보험계약자 측의 고지의무는 보험자 측이 부담하는 보험약관 설

---

[1] 생명보험표준약관 제13조.
[2] 고지의무제도에 대하여, 박세민, "중요성 판단의 문제와 해석—고지의무제도를 중심으로", 상사법연구 제15권 제2호, 1996, 247-266면; 최병규, "고지의무에 관한 종합적 검토", 경영법률 제9집, 1999, 293-331면; 이상훈, "고지의무에 관한 최근 판례의 동향", 보험법연구 3, 1999, 177-192면; 장덕조, "고지의무의 요건과 효과에 관한 체계적 해석", 보험법연구 2, 1998, 152-178면; 최준선, 110면; 정찬형, 590면; 양승규, 115-116면; 김은경, 189면.
[3] 생명보험표준약관 제13조; 화재보험표준약관 제15조.

명의무와 대응되는 성격을 가지게 된다.[4]

2. 법적 성질

고지의무위반이 있다고 해서 보험자가 고지의무의 이행을 강제하거나 불이행에 대한 손해배상청구를 할 수 있는 것은 아니다. 의무 위반시 보험자가 해지권을 행사함으로 인해 야기되는 불이익을 보험계약자가 피하고 보험계약상의 보험금청구권을 유지하기 위한 전제조건으로서 보험계약자 등이 부담하는 것으로서, 고지의무의 법적 성질은 간접의무적 성질을 갖고 있다(통설).[5] 또한 고지의무는 보험계약 체결 후 그 효과로서 인정되는 계약상의 의무가 아니며 법률의 규정에 의해 부과되는 특수한 법정의무로 보아야 한다.[6] 고지의무에 관한 상법의 규정은 상대적 강행규정적 성질을 가지므로 보험계약자 측에게 불리한 내용으로 변경할 수 없다.

3. 인정근거

고지의무의 인정근거를 설명하는 학설은 다양하지만 정보비대칭 상황, 보험이 갖는 기술성 및 보험과 도박을 구별하기 위한 선의성을 기반으로 하는 설명이 가장 설득력이 있다. 보험계약 체결과 관련된 위험과 중요한 사실에 대한 조사를 보험자 스스로 한다는 것이 불가능한 상황에서 보험자는 불량위험을 사전에 제거하고 위험의 크기를 정확히 측정하여 사고발생의 개연율을 산정하고 이를 기초로 보험금과 보험료를 정확히 산출하기 위해(급여·반대급여 균등의 원칙 실현) 중요한 정보가 필요하다. 이를 보험의 기술성이라 하는데 이러한 기술적 측면에서 보험계약자의 협력과 이에 따른 고지의무가 요구되고 있다.[7] 즉 보험자가 보험사고 발생의 가능성을 측정함에 있어서 중요한 정보를 가지고 있는 보험계약자로 하여금 그 정보를 보험자에게 정확하고 정직하게 제공하도록 하여 보험계약자의 역선택(adverse selection)을 막고 도덕적 해이(moral hazard)도 방지하려는 것이다. 동시에 보험계약이 본래 가지는 사행계약적 성질과 그에 따른 보험의 도박화 그리고 도덕적 위험 방지를 위해서도 고지의무가 요구된다. 즉 보험계약의 선의성을 유지하기 위해 고지의무를 요구하는 측면도 있다. 즉 선의성과 정보비대칭 상황에 따른 보험계약의 기술성

---

4) 서헌제, 64면.
5) 양승규, 116면; 서돈각/정완용, 371면; 한기정, 211면; 정찬형, 591면; 최준선, 111면. 임용수, 100면; 정희철, 382면; 손주찬, 520면.
6) 임용수, 100면; 양승규, 116면; 정찬형, 591면.
7) 최기원, 157면; 양승규, 117면; 장덕조, 125면; 채이식, 52면; 서돈각/정완용, 372-373면; 정찬형, 592면; 정동윤, 511면.

양자로부터 고지의무의 인정근거를 찾을 수 있다고 해석함이 타당할 것이다.8)

Ⅱ. 고지의무자

1. 보험계약자와 피보험자

보험계약자(정확히는 향후 보험계약자가 될 청약자)가 고지의무자이다(제651조). 그 의무이행은 대리인이나 이행보조자에 의해서도 가능하다.9) 보험계약자가 보험계약 청약서에 질문사항을 직접 기재한 경우뿐만 아니라 보험설계사가 기재행위를 대행한 경우에도 보험계약자가 고지한 것으로 인정된다.10) 보험계약자가 계약체결 도중에 사망한 경우에는 보험계약자의 상속인이 고지의무를 부담하며 보험계약자가 법인인 경우에는 대표기관의 구성원들이 각기 고지의무를 부담하게 된다.11) 한편 고지의무자가 복수인 경우 각자가 고지의무를 부담한다. 다만 그 중 1인이 중요한 사실에 대한 고지의무를 이행하게 되면 다른 사람은 그 사실에 대한 고지의무를 면하게 된다. 즉 동일한 사항에 대해서는 1인만 고지하면 충분하다.12)

보험계약자와 피보험자가 동일인인 경우에는 별 문제가 없으나, 타인의 생명과 신체에 관한 인보험의 경우 및 타인을 위한 손해보험의 경우에 보험계약자와 동일인이 아닌 피보험자도 의무를 부담하는지 의문이 제기될 수 있다. 이 경우 피보험자도 보험계약자와 독립하여 고지의무를 이행해야 한다. 손해보험의 경우 타인은 보험금청구권을 가진 피보험이익의 귀속주체이기 때문이다. 또한 인보험의 경우에는 피보험자의 생명과 신체에 관한 일정한 사실이 보험계약 체결과 관련하여 중요한 사실이 되기 때문에 피보험자도 고지의무자가 된다.13) 인보험계약에서의 보험수익자는 고지의무자가 아니다.

---

8) 김성태, 208면; 김은경, 190면; 임용수, 100면; 정희철, 382-384면; 손주찬, 519-520면; 이기수/최병규/김인현, 101면; 한기정, 209면. 고지의무 제도에 관한 고전적인 영국 판례인 Carter v. Boehm (1776) 3 Burr. 1905 에서도 정보비대칭 상황에서 보험계약 당사자간의 선의성에 기초하여 고지의무가 요구된다고 한다.

9) 대판 2013. 6. 13, 2011다54631. 대리인은 고지의무자가 아니라는 견해로는 한기정, 212면.

10) 최기원, 174면; 임용수, 110면.

11) 최기원, 158면.

12) 양승규, 118면; 장덕조, 126면; 임용수, 101면; 최기원, 158면.

13) 양승규, 118면; 임용수, 101면; 정찬형, 592면; 서돈각/정완용, 373면; 이기수/최병규/김인현, 102면; 정희철, 384면.

2. 보험자의 고지의무[14)]

영국, 미국, 캐나다 등에서는 고지의무를 보험자에게도 부과함이 타당하다고 해석하는 판례가 등장한 바 있다.[15)] 이들 판례는 보험자와 보험계약자 모두에게 선의의 원칙이 적용된다고 해석하면서, 보험자는 계약체결 전후 단계에서 중요한 사실을 상대방에게 고지해야 하는 의무를 부담한다는 것이다. 그런데 대륙법계 국가의 보험법에서는 고지의무가 보험계약자 측에게만 부과되고 있다. 그 이유는 계약의 체결과 관련된 중요한 정보를 보험계약자측만 알고 있는 것으로 보기 때문이다. 그런데 계약에 있어서 중요한 사실이 보험계약자의 지배를 벗어나 보험자에게만 알려져 있는 경우도 있을 수 있고, 따라서 이 고지의무는 보험계약자뿐만 아니라 보험자에게도 부과되는 의무라고 영미법계의 일부 판례는 해석하는 것이다. 이러한 영미법계의 보험자 고지의무가 우리에게는 상법 보험편의 약관설명의무나 보험업법상의 보험자 설명의무, 적합성의 원칙 등의 모습으로 구현되는 것으로 해석될 수 있다. 한편 영국 하급심 판례 중에는 보험자 고지의무 위반효과로 보험계약자는 계약을 취소할 수 있을 뿐만 아니라 보험자를 상대로 손해배상청구권을 인정한 것이 있다.[16)] 보험자와 보험계약자 사이에 존재하는 신뢰관계(信賴關係) 또는 신인관계(信認關係, fiduciary relationship)를 그 손해배상 인정의 법리적 기초로 보고 있다. 미국에서는 적어도 책임보험 영역에서는 보험자와 보험계약자 사이에 신뢰관계가 존재하는 것으로 받아들여지고 있고,[17)] 이러한 신뢰관계는 다른 종류의 보험에서 인정되기도 한다.[18)]

3. 타인을 위한 손해보험과 제639조 제1항

보험계약자와 피보험자가 다른 경우에 피보험자는 보험계약 체결 사실을 전혀 알지 못해 고지의무를 이행하지 못하는 경우가 발생할 수 있다. 타인을 위한 손해보험계약은

---

14) 이에 대해서는 박세민, "보험자의 고지의무에 관한 연구", 상사법연구 제17권 제2호(1998), 371-405면.

15) 최대선의의무의 상호성에 대한 고전적 판례로는 Carter v. Boehm (1776) 3 Burr. 1905; 보험자의 고지의무에 대한 영국의 기념비적인 판례로는 Banque Keyser Ullman S.A. v. Skandia Insurance Co. [1987] Lloyd's Rep. 69; Banque Finaciere de la Cite S.A. v. Westgate Insurance Co. [1989] 2 Lloyd's Rep. 513; [1990] 2 Lloyd's Rep. 377 등이 있다. 그 밖에 Re Bradley and Essex and Suffolk Accident Indemnity Society [1912] 1 K.B. 415와 Horry v. Tate & Lyle Refineries Ltd [1982] 2 Lloyd's Rep. 416 등의 판례에서도 이러한 원리를 다루고 있다. John Birds, "Insurer's duty of utmost good faith: damages for non-disclosure", [1986] Journal of Business Law 439.

16) Banque Keyser Ullman S.A. v. Skandia Insurance Co. [1987] Lloyd's Rep. 69.

17) Crisci v. Security Insurance Co. 426 P. 2d 173 (1967) (Calif. S.C.); Gruenberg v Aetna Insurance Co. 510 P. 2d 1032 (1973) (Calif. S.C.); Rova Farms Resort Inc. v. Investors Insurance Co. of North America 323 A. 2d. 495 (1974); Florida Farm Bureau v. Rice 393 So. 2d, 552 (1980) (Florida C.A.).

18) Egan v. Mutual of Omaha Insurance Co. 598 P. 2d 452 (1979) (Calif. S.C.); Hoskins v Aetna Life Insurance Co, 452 N.E. 2d. 1315 (1983) (Ohio S.C.).

계약 체결에 대하여 타인으로부터 위임을 받은 경우뿐만 아니라 위임을 받지 않고도 보험
계약자가 단독으로 체결할 수 있기 때문이다. 보험계약자가 피보험자에게 보험계약 체결
사실을 알리지 않은 경우에는 원칙적으로 그 피보험자는 보험계약 체결 사실을 알지 못하
고 있으므로 고지의무를 부담하지 않는다고 해석될 수 있다.[19] 다만 이러한 경우 보험계
약자는 타인의 위임없이 자신이 단독으로 타인을 위한 손해보험계약을 체결했음을 보험자
에게 고지해야 한다. 만약 보험자에게 그 사실을 알리지 않았다면 그 타인은 보험계약 체
결 사실을 자신이 알지 못했기 때문에 고지의무를 이행하지 못했던 것임을 보험자에게 대
항하지 못한다(제639조 제1항 단서). 즉 피보험자의 고지의무위반이 인정된다.[20] 보험계약
자로 하여금 타인의 위임없이 손해보험계약을 체결한 사실을 보험자에게 고지함으로써 보
험자는 그 피보험자에게 보험계약 체결사실을 통보하고 피보험자로 하여금 고지의무를 이
행하도록 하려는 것이다. 즉 손해보험에 있어서 자기를 위한 보험이든 타인을 위한 보험
이든 피보험자는 고지의무를 부담한다.[21] 보험계약자와 피보험자가 다른 인보험의 경우에
는 이러한 조항이 없는데, 그 이유는 인보험에서 타인의 사망보험(제731조) 또는 타인의
상해보험(제739조) 등을 체결하는 경우에는 계약체결시까지 피보험자의 서면동의를 받도록
하기 때문에 피보험자가 보험계약 체결 사실을 알지 못한다는 상황이 생길 가능성이 없다
고 해석되기 때문이다. 질병보험의 경우에도 마찬가지이다(제739조의3). 다만 보험계약자와
피보험자가 다르고 보험이 순수한 생존보험인 경우에늕 피보험자의 서면동의가 요구되지
않으므로, 타인인 피보험자가 보험계약 체결 사실을 알지 못할 수 있다. 이러한 예외적 상
황에서는 제639조 제1항 단서의 적용이 필요하다. 그러나 이는 이론적인 문제일 뿐, 실무
에서 생존보험만을 계약 내용으로 하여 체결하는 경우는 드물고 이 경우에도 피보험자는
신체검사를 받아야 하기 때문에 피보험자가 보험계약 체결 사실을 알지 못한다고 할 수
있는 경우는 거의 없다.[22]

4. 기　　타

　대리인에 의해 보험계약이 체결되는 경우 대리인도 고지의무를 이행해야 한다. 대리
인에 의해 보험계약이 체결되는 경우 고지의무위반 여부는 대리인을 기준으로 판단해야
한다. 보험계약자가 알고 있거나 중과실로 알지 못한 중요한 사항을 대리인이 알지 못해

19) 최준선, 112면; 정찬형, 593면; 임용수, 101면.
20) 김성태, 349면.
21) 양승규, 118면은 특히 보증보험과 같이 보험계약자와 피보험자가 서로 이해를 달리하는 경우에 보험자
　　는 피보험자로부터 고지를 받아 그 보험인수 여부를 결정하도록 하는 것이 바람직하다고 설명한다.
22) 同旨: 한기정, 213면.

불고지 또는 부실고지했다면 이는 고지의무 위반이 된다(민법 제116조 제2항).23) 대리인 자신이 알고 있는 사실도 당연히 고지해야 한다(제646조).24) 본인은 알지 못하더라도 대리인이 알고 있는 중요한 사실이 있다면 대리인은 이를 보험자에게 고지해야 하는 것이다. 대리인이 실제로는 알지 못하더라도 알 수 있었던 상황까지도 고지해야 하는가의 문제가 있는데 이는 제646조의 내용을 벗어난 것으로서 포함되지 않는다고 보아야 할 것이다.25) 다만 대리인의 독자적인 고지의무 위반으로 인해 그 불이익이 본인에게 귀속되도록 하는 것이 합리적이지 못하다는 지적도 존재하고 있다.26)

Ⅲ. 고지수령권자

1. 수령권이 있는 자

보험자와 그 대리인, 고지수령에 대한 대리권을 가진 체약대리점 및 인보험에 있어서 보험의(保險醫)가 고지수령권을 가지고 있다. 보험자가 여럿이고 그들 사이에 서로 연결관계가 없는 경우에 약관에서 달리 정함이 없는 한 고지의무자는 모든 보험자에 대하여 각각 고지를 해야 한다.

보험대리상의 고지수령권한을 보험자가 제한했다면 이로써 선의의 보험계약자에게 대항하지 못한다(제646조의2 1항 제3호 및 제2항). 보험법에서 규정하고 있는 보험대리상은 원칙적으로 체약대리상이므로 고지수령권을 가지고 있는데, 만약 보험자와 특정 보험대리상이 중개대리상계약을 체결함으로써 그 보험대리상이 고지수령권을 포함하여 계약체결에 대한 대리권을 가지지 못하게 되었고 이러한 사실을 모르는 보험계약자가 그 대리상에게 구두로 고지를 했다면 보험자는 그 대리상에게 행한 고지의무는 효과가 없다는 주장을 할 수 없다는 것이다.

보험의는 계약체결에 관한 대리권은 없으나, 의사라는 직무의 특성과 피보험자와의 문진과정에서 의사로서의 역할을 고려할 때 보험자로부터 고지수령에 대한 대리권을 부여받은 것으로 해석된다.27) 인보험계약 체결을 위해 보험의가 피보험자에 대한 신체검사를 진행하는 경우에 문진과정에서 보험계약자 측이 자신의 건강상태에 대해 보험의에게 행한

---

23) 한기정, 212면.
24) 양승규, 118면; 최준선, 112면; 정동윤, 513면.
25) 同旨: 한기정, 212면. 이와 반대로 임용수, 101면에서는 이 경우도 포함된다고 해석한다.
26) 장덕조, 127면.
27) 대판 2001. 1. 5, 2000다40353.

고지는 고지의무 이행으로 인정이 되며, 피보험자의 건강상태에 대하여 보험의가 알고 있거나 업무상 알고 있었을 것으로 인정되는 사항은 고지 대상에서 제외된다. 보험의에 대한 고지는 보험자에 대한 고지와 동일시되며 따라서 보험의가 피보험자의 건강상태에 대해 어떤 사실을 알았느냐 알지 못했느냐는 보험자의 그것과 동일하다고 해석된다. 그런데 보험의가 피보험자의 건강검진을 했다고 하여 그것 자체로 보험계약자나 피보험자의 고지의무가 면제되거나 축소되는 것은 아니라 할 것이다. 즉 보험의가 알고 있거나 중과실로 알지 못한 사항을 제외하고는 고지의무자의 고지의무가 면제되거나 축소되는 것이 아니다.28)

2. 수령권이 없는 자

고지수령권한이 없는 자에 대한 중요 사실의 고지는 고지의무의 이행으로서의 효력이 없다. 계약 체결에 대한 대리권을 가지지 않는 중개대리상이나 보험중개사 및 보험설계사는 고지수령권이 없다. 보험중개사는 자신에게 고지수령권한이 없다는 서면을 보험계약자 측에게 발급하고 설명해야 한다.29) 보험계약 체결을 위한 중개행위만을 하는 보험설계사의 고지수령권을 인정하기 어렵다는 것이 학계의 통설적 입장30)이고 판례의 태도이다.31) 보험설계사에 대한 고지의무 이행은 보험자에 대한 이행으로 해석하지 않으며, 보험설계사가 특정 사실에 대해 알거나 과실로 인해 알지 못한 경우에 이를 보험자의 그것과 동일하다고 해석할 수는 없다.32) 보험가입청약서에 기왕병력을 기재하지 않은 채 보험설계사에게 중요 사실을 구두로 말한 것만으로는 기왕병력을 보험회사에 고지하였다고 볼 수 없다. 그런데 이 경우에 만약 보험계약자가 기망에 의해 고지의무를 위반하고 보험계약을 체결한 것이 사기죄에 해당하는지 여부가 문제가 될 때에 보험설계사에게 그 내용을 알렸다는 사실은 보험계약자에게 기망의 의도나 편취의 의도가 없는 것으로 해석될 수 있

---

28) 임용수, 101면.

29) 보험업법 제92조 제1항; 동법 시행령 제41조 제3항 제2호; 동법 시행규칙, 제24조 제1호(보험중개사는 보험증권을 발행하거나 보험회사를 대리하여 보험계약의 체결 및 변경 또는 해지의 의사표시를 수령할 권한이 없으며, 보험료의 수령 또는 환급, 보험계약자 등으로부터의 보험계약에 관한 고지 또는 통지사항의 수령, 보험사고에 대한 보험회사 책임 유무의 판단이나 보험금의 결정에 대한 권한이 없다).

30) 정희철, 385면; 손주찬, 521면; 양승규, 119면(다만 입법론적으로 인정 여부를 신중하게 고려할 필요가 있다고 한다); 정찬형, 593면; 채이식, 53면. 이기수/최병규/김인현, 102면(보험설계사의 고지수령권을 인정할 수 없지만, 보험계약의 청약자는 보험설계사의 권유에 따라 보험계약을 청약하고 그 보험설계사에게 청약서를 전달하는 거래의 실정에 비추어 입법론적으로는 보험계약자를 보호하기 위하여 보험설계사의 고지수령권을 인정하는 것이 바람직하다고 한다); 최준선, 113면(입법론적으로 보험설계사에게도 고지수령권을 부여하는 것에 대해 검토할 필요가 있다고 한다).

31) 대판 2006. 6. 30, 2006다19672, 19689; 대판 1979. 10. 30, 79다1234; 대판 1998. 11. 27, 98다32564.

32) 임용수, 103면.

는 근거가 될 수 있을 것이다.[33]

한편 보험가입자는 보험설계사에게 보험료의 일부 또는 전부를 지급하고 청약서를 작성하면서 구두로 중요한 사실에 대해 고지를 하면 자신의 의무를 모두 이행한 것으로 기대하고 있는 현실을 감안하여 자동차보험이나 화재보험과 같이 정형화된 보험 또는 보험설계사의 재량이 거의 없는 계약체결의 경우에는 보험설계사에게도 예외적으로, 제한적으로 고지수령권을 인정해야 한다는 입장이 있다.[34] 물론 보험자가 보험설계사나 보험중개사에게 고지수령 권한에 대해 개별적인 수권을 했다면 이들의 고지수령권은 인정된다.

[대법원 2006. 6. 30. 선고 2006다19672, 19689 판결]

〈주요 판시내용〉

보험모집인은 특정 보험자를 위하여 보험계약의 체결을 중개하는 자일 뿐 보험자를 대리하여 보험계약을 체결할 권한이 없고 보험계약자 또는 피보험자가 보험자에 대하여 하는 고지나 통지를 수령할 권한도 없으므로, 보험모집인이 통지의무의 대상인 '보험사고발생의 위험이 현저하게 변경 또는 증가된 사실'을 알았다고 하더라도 이로써 곧 보험자가 위와 같은 사실을 알았다고 볼 수는 없다.

후술하는 고지의무의 수동의무화(답변의무)[35] 즉 청약서상의 질문란에 정확하고 정직하게 답변을 하면 고지의무를 이행한 것으로 입법화되면 고지수령권한이 있는가, 없는가의 문제는 실무적으로는 구별의 실익이 없다고 할 것이다. 그러나 우리 보험법은 아직 고지의무의 수동의무화에 대한 개정이 이루어지지 않았고, 따라서 이론적으로 청약서상의 질문 이외에 중요한 사실에 대한 고지의무를 이행함에 있어서 상대방의 고지수령권한 유무는 여전히 쟁점이 될 가능성이 있다.

Ⅳ. 고지의 시기 및 방법

1. 시   기

고지는 청약시뿐만 아니라 청약에 대한 승낙이 있는 시점, 즉 계약이 성립할 때까지

---

33) 同旨: 맹수석, "보험계약법상 보험사기에 대한 입법의 필요성 여부", 보험법연구 제11권 제1호, 2017, 185면.

34) 최기원, 89면; 정동윤, 514면도 보험설계사에게 고지수령권을 인정해야 한다고 주장한다; 서돈각/정완용, 373-374면에서도 보험설계사의 고지수령권을 긍정하고 있다.

35) 프랑스, 독일, 일본은 고지의무를 수동의무(답변의무)로 제한하는 것을 입법화하였다.

이행해야 한다.36) 따라서 청약 후 승낙 전에 새로운 사실이 발생하였거나 청약시에 알지 못했던 사실을 승낙 전에 새롭게 알게 된 경우 이를 보험자에게 고지해야 한다.37) 독일 보험계약법은 청약의 의사표시 시점까지 보험계약자가 알고 있는 중요한 사항을 고지해야 한다고 규정하고 있다.38)

[대법원 2012. 8. 23. 선고 2010다78135, 78142 판결]

〈사실관계〉

甲이 乙 보험회사에 피보험자를 丙으로 하는 보험계약을 청약하고 보험청약서의 질문표에 丙이 최근 5년 이내에 고혈압 등으로 의사에게서 진찰 또는 검사를 통하여 진단을 받았거나 투약 등을 받은 적이 없다고 기재하여 乙 보험회사에 우송하였는데, 사실은 청약 당일 丙이 의사에게서 고혈압 진단을 받았고, 이에 甲이 상법 제651조에서 정한 중요한 사항에 대한 고지의무를 위반하였는지가 문제되었다.

〈주요 판시내용〉

상법 제651조에서 정한 '중요한 사항'에 대한 고지의무 위반 여부 판단 시점은 보험계약 성립시이다. 乙 보험회사의 해지 의사표시에 따라 보험계약이 적법하게 해지되었으므로, 보험계약에 기한 乙 보험회사의 보험금 지급의무는 존재하지 아니한다.

청약시 고지의무를 이행하지 않았어도 보험계약 성립시에 추가 또는 정정하면 고지의무위반이 아니다.39) 약관에서는 고지의무의 이행시기를 의사의 건강진단시까지로 하거나 또는 제1회 보험료 납입시까지로 정하기도 한다. 생명보험표준약관에서는 계약자 또는 피보험자는 청약시(진단계약의 경우에는 건강진단시를 말함)에 청약서에서 질문한 사항에 대하여 알고 있는 사실을 반드시 사실대로 알려야 한다고 정하고 있다.40)

제638조의2에 의한 승낙의제와 관련하여 청약일 또는 신체검사를 받은 날로부터 30일 이내의 기간에 발생한 중요한 사실에 대해서도 고지해야 할 것이다. 일단 고지한 사항도 청약에 대한 보험자의 승낙 전까지는 이를 변경하거나 추가 또는 철회할 수 있다. 계약 성립 후에 발생 또는 알게 된 사실은 고지의무가 아닌 위험변경 증가에 관한 통지의무 대상이 된다.

우리 대법원은 영국 1906 해상보험법상의 최대선의 의무를 해석함에 있어서 보험

---

36) 대판 2012. 8. 23, 2010다78135.
37) 그러나 후술하는 바와 같이 고지의무를 자발적 의무가 아니라 질문에 대한 답변의무 즉 수동의무로 변경하게 되면, 청약 후 계약 성립 전의 새로운 사실에 대해서는 고지대상이 아니라고 해석해야 할 것이다.
38) 독일 보험계약법 제19조 제1항.
39) 양승규, 119-120면.
40) 생명보험표준약관 제13조.

계약 체결 이후에도 공정거래(공정계약유지)의 원칙(a principle of fair dealing)이 계속적으로 준수되어야 하고 이에 기초하여 선의의 의무 역시 계약 전반에 걸쳐 준수되어야 하지만, 보험계약 체결 이후 단계에 이르러서도 최대선의무를 광범위하게 인정하게 되면 보험계약자나 피보험자에게 과도한 부담을 초래하고 계약관계의 형평을 훼손할 우려가 있기 때문에 일단 계약이 성립된 이후에는 상대방에게 손해를 일으키거나 계약관계를 해치지 않을 의무로 축소, 완화된다고 보아야 한다고 판단했다.[41) 보험계약을 갱신하는 경우 원칙적으로 이는 새로운 계약을 체결하는 것이므로 고지의무를 이행해야 하지만, 갱신 시점을 기준으로 하여 과거의 고지사항에 추가나 변경내용이 없는 경우에는 고지의무가 면제된다고 해석된다. 보험계약이 부활되는 경우에는 보험계약이 실효된 시점부터 보험계약의 부활을 위한 청약시점까지 새롭게 발생한 중요한 사실에 대해서는 고지해야 한다.[42)

2. 이행방법[43)

위험 즉 보험사고 발생가능성에 관한 정보비대칭 상황에서 해당 정보를 잘 알고 있거나 수월하게 접근할 수 있을 것이라고 여겨지는 보험계약자 측이 어떻게 해당 정보를 보험자에게 전달할 것인가의 문제이다. 보험자에 대한 고지의 방법에는 아무런 제한이 없고 서면(전자서면 포함), 구두, 이메일, 명시적, 묵시적 방법 모두 가능하다. 그런데 보험계약자 측이 고지의무 제도라는 것 자체를 알지 못하는 경우도 있고, 또한 무엇을 고지해야 하는 것인지 그 대상을 알지 못하는 경우도 많다. 실무상으로는 보험자의 약관설명을 통해 고지의무 제도의 존재를 보험계약자 측에게 알리며, 의무이행 방법으로는 청약서상의 질문표가 널리 활용되고 있다. 고지는 보험계약자뿐만 아니라 그 대리인이나 이행보조자를 통하여 할 수도 있다.[44)

고지의무를 수동의무화하는 개정이 아직 이루어지지 않은 우리 법제에서는 청약서상에 질문되지 않은 (중요한) 사항에 대해 여전히 보험계약자가 고지의무를 부담하는 것인지 여부가 문제된다. 판례는 청약서상의 질문에 답한 것으로써 고지의무가 모두 이행된 것으로는 볼 수는 없다는 입장이며, 청약서상의 질문사항에 없더라도 해당 보험계약에서 중요한 사실을 보험계약자 측이 알면서 고지하지 않았다면 이는 고지의무 위반이라고 해석하고 있다.[45) 그 근거로 제651조의2의 반대해석을 들고 있다. 즉 보험자가 질문하지 않

---

41) 대판 2018. 10. 25, 2017다272103.

42) 임용수, 108~109면.

43) 여기에서는 자발적 고지의무의 이행 방법에 관해 설명한다. 고지의무를 수동의무로 보는 경우에 대해서는 후술한다.

44) 양승규, 120면.

45) 대판 1999. 11. 26, 99다37474; 대판 1996. 12. 23, 96다27971.

은 사항이라고 해서 그것이 중요하지 않다고 할 수는 없기에 고지의무는 남아 있다고 해석하는 것이다.[46]

V. 질문표와 고지의무의 수동의무화

1. 질문표의 필요성

판례에 따르면 어떠한 사항이 중요한 사항인지의 문제는 보험자의 입장에서 보험의 기술적 성격에 비추어 객관적으로 관찰하고 판단하여 정해지는 것이라 정의되고 있다.[47] 고지의무의 대상이 되는 중요한 사실이 무엇인가를 판단하는 주체는 '신중하고 사려깊은 보험자(prudent insurer)'이다. 즉 무엇이 중요한 사항인가에 대해 논란이 있는 경우 최종적으로 보험의 기술에 정통한 보험전문가의 감정에 의해 결정하여야 한다는 것이다.[48]

그런데 보험 문외한인 보험계약자나 피보험자 입장에서 신중하고 사려깊은 보험자가 무엇을 중요한 사실로 판단할 것인가를 예견하는 것은 매우 어려운 일이라 할 수 있다. 무엇이 중요한 사항인지 잘 알지도 못하는 보험계약자에게 보험자가 질문을 하지 않은 것에 대해서도 중요한 사실 여부를 판단하여 이를 자발적으로 고지하도록 요구하는 것은 보험계약자에게는 엄청난 부담이라 할 수 있다. 이러한 상황을 고려하여 보험에 대한 전문적인 지식을 가지고 있는 보험자가 보험청약 단계에서 위험의 인수 여부 및 위험 크기의 정확한 산정을 위해 알고 싶어 하는 내용의 목록(질문리스트, 질문표)이 실무상 많이 활용되고 있다. 이러한 질문표는 일반적으로 청약서에 기재되어 있다. 전문적 지식과 보험계약 체결에 대한 경험이 많고 세부적인 보험기술에 전문성을 가진 보험자가 작성하여 서면으로 질문한 사항은 중요한 사항으로 추정된다(제651조의2). 여기에서 말하는 '서면'이란 청약서상의 질문표는 물론이고 보험계약 청약서 자체도 포함되므로 청약서에서 질문하고 있는 것도 중요한 사항으로 추정된다.[49] 추정력을 부여하는 것은 이를 통해 고지의무 대상을 명확히 할 수 있고,[50] 보험 전문가인 보험자가 질문한 사항은 특별한 사정이 없는 한 중요한 사항에 해당된다고 볼 수 있기 때문이다.[51] 다만 질문 내용이 추상적이거나 애매한 경우는

---

46) 한기정, 219면.
47) 대판 2001. 11. 27, 99다33311.
48) 대판 1996. 12. 23, 96다27971; 임용수, 104면.
49) 대판 2001. 1. 5, 2000다31847; 대판 2004. 6. 11, 2003다18494.
50) 최기원, 163면.
51) 임용수, 106면.

추정력을 인정하기 어려울 것이다. 그런데 추정력을 부여하게 되면 이는 보험계약자에게 불리하게 작용될 가능성이 크다.[52] 질문된 사항에 대해 불고지하거나 부실고지하게 되면 그 질문사항이 중요한 사항이 아니라는 것을 보험계약자 측이 입증하지 못하는 한 보험계약자나 피보험자는 고지의무위반이 되기 때문이다.[53] 질문표에서 질문된 사항은 중요한 것으로 추정되기 때문에 해당 질문에 대한 고지의무 위반과 관련하여 해당 질문에 대해 답변한 보험계약자 측의 고의 또는 중과실의 존재가 수월하게 입증될 수 있는 것인지의 문제에 대해 판례는 부정하고 있는 것으로 보이는데, 이러한 태도는 타당하다.[54]

　　보험청약서에서 답변을 구하는 것이 구체적으로 어떤 사항에 관한 것인가는 결국 보험청약서에 기재된 질문내용의 해석에 관한 문제이고, 그 해석은 보험계약자나 피보험자가 부담하게 되는 고지의무의 대상인 '중요한 사항'의 범위에 영향을 미칠 수 있으므로 그 해석은 평균적인 보험계약자의 이해가능성을 기준으로 하여 객관적·획일적으로 이루어져야 한다.[55]

[대법원 1997. 3. 14. 선고 96다53314 판결]

〈사실관계〉

피고는 원고회사와 보험계약을 체결하면서 주운전자를 허위로 고지하였고 이를 이유로 원고회사는 피고에게 보험금채무부존재확인의 소를 제기하였다. 원심은 원고회사가 피고에게 주운전자에 대해 서면으로 질문하였음을 인정할 수 없다 하여 원고 패소판결을 내렸다.

〈주요 판시내용〉

일반적으로 보험계약을 체결함에 있어 보험계약자가 보험자로부터 보험청약서를 제시받았다 하여 그 청약서에 기재된 각 항목에 관하여 서면으로 질문받은 것으로 볼 수는 없다 할 것이나, 피고는 원고회사와 사이에 위 차량에 관하여 이 사건 보험계약 직전에 기간이 만료된 보험계약을 체결함에 있어 원고회사에게 위 차량의 주운전자가 변경되는 경우 주운전자 변경신청을 할 것을 서면으로 확약한 바 있으므로, 이 사건 보험계약을 체결함에 있어 위와 관련하여 원고회사로부터 주운전자란이 기재된 보험청약서를 제시받았다면 이는 보험자인 원고회사로부터 서면으로 주운전자에 관한 질문을 받은 것으로 볼 수 있다 할 것이다.

---

52) 최기원, 163-164면.
53) 대판 2004. 6. 11, 2003다18494; 대판 1997. 3. 14, 96다53314; 정동윤, 516면; 양승규, 120-121면.
54) 대판 2004. 6. 11, 2003다18494; 한기정, 227면-228면. 반면에 임용수, 111면에서는 보험계약자 측의 고의 또는 중과실의 존재가 쉽게 입증될 수 있다고 해석한다.
55) 대판 2010. 10. 28, 2009다59688.

2. 고지의무의 수동의무화(답변의무)

보험자는 보험사고 발생 가능성을 정확히 산정하고 보험계약 체결 여부를 판단하기 위해 알고 싶은 정보를 청약서를 통해 질문할 수 있을 뿐만 아니라, 오랜 기간 보험업을 영위하면서 누적된 각종 데이터와 노하우 등으로 인해 중요한 사항에 누구보다도 수월하게 접근하고 정보를 획득할 수 있는 지위에 있게 되었다. 이러한 상황을 고려하여 외국에서는 청약서상의 질문에만 대해 정직하게 답변하면 고지의무를 이행하는 것으로 간주하는 방향으로의 개정이 이루어지고 있고, 현재 국제적 경향이라 할 수 있다. 이는 고지의무의 성질을 질문에 대한 답변의무 즉 수동의무화 하는 것이라고 할 수 있다.

입법적으로 개정하기 전이라도 고지의무를 질문에 대한 답변의무로 제한하자는 의견이 있다. 즉 보험자가 질문하지 않은 사항은 고지대상이 아니라고 해석하자는 것이다.[56] 판례는 현행법 하에서 고지의무를 수동의무(답변의무)로 그 성격을 제한할 수는 없다는 입장이다. 즉 보험자가 질문하지 않는 사항이라도 그것이 중요한 사항이면 고지의무자는 자발적으로 고지해야 한다는 입장이다.[57] 다만 약관에서 고지의무를 청약서상의 질문에 대해 답변하는 것으로 제한하고 있다면 해당 약관 조항은 유효하다는 것이 판례의 입장이다. 또한 보험청약서에서 보험자가 질문을 하면서 답변의 범위를 제한하는 경우에 이는 고지의무의 범위를 축소한 것으로 해석하고 있다.[58]

현행 보험법하에서는 고지의무의 성격을 다음과 같이 해석할 수 있을 것이다. 해석을 통해 고지의무를 수동의무(답변의무) 성격으로 제한하는 것은 타당하지 않다. 이는 입법적으로 해결해야 할 문제이다. 판례는 현행법의 해석상 고지의무를 수동의무(답변의무)로 그 성격을 제한할 수는 없다는 입장이지만,[59] 동시에 예를 들어 보험자가 제공한 자동차보험 청약서에 피보험차량이 지입차량으로서 지입차주에 의하여 유상운송에 제공되고 있는지 여부에 관한 질문사항이 없었다면 그 사실을 특별히 고지하지 않았다고 하여 보험계약자의 중대한 과실에 의한 고지의무 위반이 있다고 볼 수 없다고 풀이하기도 했다.[60] 생각건대 현행법 하에서 질문표에 기재되지 않은 내용 중에 보험계약자 측에서 중요한 사실임을 알면서도 고지하지 않았다면 이러한 악의적 불고지에 대해서는 고지의무 위반이 인정될 수 있다고 해석함이 타당하다.[61] 다시 말하여 질문표상에 없는 사항이라도 보험계

56) 강대섭, "고지의무에 있어서 중요한 사항과 질문표의 효력", 안암법학 제7권, 1998, 295면; 권혁재, "보험계약자의 고지의무",「해상·보험법에 관한 제문제(하), 재판자료 53권, 1991, 186면.
57) 대판 1999. 11. 26, 99다37473.
58) 대판 1996. 12. 23, 96다27971.
59) 대판 1999. 11. 26, 99다37473.
60) 대판 1996. 12. 23, 96다27971.
61) 정동윤, 517면; 손주찬, 525면; 양승규, 123면; 한기정, 219면은 질문하지 않은 사항에 대해 보험계약자가 악의로 묵비한 경우 민법상의 사기를 이유로 계약 취소할 수 있다고 해석한다.

약자가 알고 있고 그 사실이 사고발생에 영향을 줄 수 있다고 보험계약자가 인식하고 있
는 경우에는 고지의무의 대상이 될 수 있다고 해석하는 것이다.62)

　　보험계약자가 특정 사실을 알고 있었는가의 여부 및 보험계약자가 악의로 그 사실을
묵비하였다는 입증책임은 고지의무위반을 주장하여 보험계약을 해지하려는 보험자에게 있
다.63) 서면에서 질문되지 않은 사항은 일단 중요하지 않은 사항으로 추정되므로, 그것이
중요한 사항이라는 입증책임은 보험자가 부담한다. 반대로 보험계약자는 비록 서면으로
질문되어져 있다고 하더라도 그것이 중요한 사항이 아니라는 것을 입증하게 되면 보험자
의 고지의무위반 주장에 대항할 수 있다.64)

[대법원 1999. 11. 26. 선고 99다37474 판결]

〈사실관계〉

　소외인은 암 치료 종료 후 5년이 지나 검사를 실시한 결과 의사로부터 암 재발의 가능성을 고
지받고 확진을 위한 재검사 요구를 받은 상태에서 5년 내 암을 앓거나 치료받은 적이 없다고 신
고하면서 생명공제계약을 체결하였다. 청약서상의 질문표란에 소외인의 병력, 자각증세, 의사의
암 재발 가능성에 대한 고지사실 등은 포함되지 않았다. 소외인이 사망하자 유족인 원고가 보험
금을 청구했는데 피고회사는 고지의무위반을 이유로 청구를 거절하였다.

〈주요 판시내용〉

　복합항암화학요법 치료를 종료한 이후 정기적인 검진을 위하여 병원에 다니던 동안 그의 상태
는 비록 통상적인 의미에서 암 질병을 앓고 있는 것은 아니라고 할지라도 공제계약자가 공제계약
체결시에 공제사업자에게 고지하여야 할 중요한 사항이 되는 암 질환에 준하는 것이거나, 혹은
소외인의 병력 내지 자각증세, 최종 검사 결과에 따른 의사의 암 재발 가능성 고지사실 등은 공
제계약 청약서상의 질문사항에 포함되어 있지 않다고 하더라도 피공제자의 생명위험 측정상 중요
한 사실로서 공제계약의 특성상 공제계약자가 공제사업자에게 고지할 사항에 포함되는 것이라고
할 것임에도, 소외인이 이 사건 공제계약을 체결하면서 피고에게 이를 고지하지 아니한 것은 고
지의무위반에 해당한다고 보아야 할 것이다.65)

　　만약에 입법을 통해 고지의무가 수동의무로 그 성격이 완전히 바뀌게 되면 보험계약
자 측은 질문표상의 질문에 대해서만 답변만 하면 고지의무를 이행한 것으로 해석될 것이
다.66) 고지의무가 수동의무화 되면 청약시 질문란에 정직하게 답변하는 것으로 고지의무

---

62) 대판 2004. 6. 11, 2003다18494.
63) 대판 1999. 11. 26, 99다37474; 최준선, 117면; 정동윤, 517면.
64) 임용수, 108면.
65) 정진세, "보험자의 과실과 질문표의 효과", JURIST, 2002. 2(Vol. 377), 61-65면에서는 이 판결에 대해
　　반대의 평석을 하고 있다. 정찬형, 595-596면.
66) 한기정, 216면은 "현행법의 해석을 통해서 고지의무의 수동화를 시도하는 것은, 보험자가 질문표를 사

가 이행된 것으로 해석되므로, 청약 후 계약성립 전에 발생한 새로운 중요사항에 대해서는 고지대상이 아니라는 해석이 가능하게 된다.

3. 수동의무화에 대한 해외 입법례

(1) 정보비대칭 상황의 변화

영국 보험법학계는 고지의무에 대한 1906 해상보험법 제18조 이하의 조문 내용과 그 해석이 시대에 뒤떨어졌으며 보험계약자의 지위를 상대적으로 불리하게 하고 있음을 꾸준히 비판해왔다.[67] 17-18 세기에는 해상보험이 중심이었는데, 선박이나 적하물에 관한 해상사고에 관한 정보는 거의 전적으로 보험계약자 측인 선주나 하주의 지배하에 있었다. 보험자는 보험계약자로부터의 정보에 전적으로 의존할 수 밖에 없었던 당시의 상황이 적극 반영된 것이 고지의무에 관한 고전적 판례인 Carter v. Boehm[68] 판결이다. 영국에서는 전통적으로 고지의무 제도를 매우 엄격하게 해석하면서 결과적으로 보험자에게 유리한 방향으로 해석해 왔다. 고지의무 위반의 해석에 있어서 우리와는 달리 영국은 불과 몇 년전 전까지만 해도 보험계약자의 중과실 요건(고의 또는 과실)을 요구하지 않은 채 객관적 요건인 불고지 또는 부실고지 여부만을 문제 삼아왔다.[69] 보험자가 청약서에서 질문하지 않은 사항에 대해서도 신중하고 사려깊은 보험자에 의해 중요사항으로 인정되면 고지할 것이 요구되었고, 무과실인 경우에도 고지의무 위반이 인정되기도 했다. 보험계약이 오랜 기간에 걸쳐 다른 계약과 달리 일반적인 선의성(good faith)을 넘어선 최대선의(utmost good faith)의 계약으로 인식되어 온 이유가 바로 이러한 고지의무 제도의 엄격한 해석 때문이기도 하다.[70]

용하여 중요사항에 대해서 묻는 것은 보험자가 질문표에서 묻는 중요사항에 대해서만 관심이 있다는 외관을 보험계약자에게 주는 것이고 이를 신뢰하여 질문표에 응답하는 방식으로 고지를 마친 보험계약자를 보호해야 한다"고 해석한다.

67) J. Birds, "The Reform of Insurance Law" [1982] Journal of Business Law 449; F. Achampong, "Uberrima Fides in English and American Insurance Law: A Comparative Analysis" (1987) 36 International Comparative Law Quarterly 329; H. Yeo, "Uberrima Fides — Reciprocity of Duty in Insurance Contracts" (1988) 2 Review of International Business Law 271; "Of reciprocity and remedies — duty of disclosure in insurance contracts" (1991) 11 Legal Studies 131; R. Hasson, "Uberrima Fides in Insurance Law — A Critical Evaluation" (1969) 32 Modern Law Review 615; "Good Faith in contract Law — Some Lessons from Insurance Law" (1987-1988) 13 Canadian Business Law Journal 93; A. Diamond, "The law of marine insurance — has it a future?" [1986] Lloyd's Maritime and Commercial Law Quarterly 25, 33; H. Brooke, "Materiality in insurance contracts" [1985] Lloyd's Maritime and Commercial Law Quarterly 24, 437.

68) (1766) 3 Burr.

69) 영국 1906 해상보험법 제18조 제1항 및 제2항.

70) 한기정, 210면.

이러한 엄격성으로 인해 영국식의 고지의무제도는 영국 내부 뿐만 아니라 많은 다른 국가에서 학계의 비판의 대상이 되어 왔다. 고지의무에 대한 비판 중에서 어떤 사실이 중요한 사실인가 여부를 무엇을 기준으로 판단할 것인가의 문제가 그 중심에 있는데, 그 비판은 두 가지로 분류되고 있다. 하나는 '중요성의 정도(불고지 또는 부실고지로부터 보험자가 얼마나 영향을 받고 계약을 체결하게 되었는가의 문제)'에 관한 것71)이고, 또 다른 하나는 '중요성 판단의 기준(무엇을 기준으로 하여 해당 사항이 고지대상이 되는 중요한 사항으로 판단되는가의 문제)'에 관한 것72)이다. 영국 보험법을 계승한 미국은 그 후 해상보험 영역에서만 영국식의 엄격한 고지의무 법리를 적용했고, 해상보험을 제외하고는 고지의무 위반 요건으로 고의(악의)에 의한 불고지만을 인정하는 등 영국의 해석론과는 거리를 두고 있다.73) 미국에서 해상보험 이외의 보험에서는 고지의무가 최대선의무(duty of utmost good faith)가 아니라 일반적인 선의의무(duty of good faith)로 그 성격이 변화하게 되었음을 보여주고 있다.

그런데 그 후 고지의무의 근거로 인정되어 온 정보비대칭 상황에 획기적인 변화가 생겨왔다. 18세기에 고지의무 제도가 처음 만들어졌을 때와는 비교할 수 없을 정도로 보험자의 정보접근성은 전문성과 수월성 측면에서 비약적으로 향상되었고, 보험계약자가 지배하는 중요한 정보를 보험자는 가지지 못한다는 정보비대칭에 대한 전통적인 인식과 상황도 크게 변하게 되었다. 위험이나 보험사고에 관한 정보를 보험자가 과학적으로 수월하고 폭 넓게 획득할 수 있게 되었다. 이러한 고지의무 제도에 관한 비판과 시대적 변화를 반영하여 영국에서는 2012년에 소비자보험(고지 및 표시)법(Consumer Insurance (Disclosure and Representation) Act 2012)과 2015년 보험법(Insurance Act 2015)을 제정하면서 고지의무를 완화하는 방향으로 관련 조문을 제정하였다.74)

(2) 2012 영국 소비자보험법의 중요내용

이 법은 보험계약자가 자신의 영업 또는 직업과의 관련성이 없이 체결하는 보험계약을 적용대상으로 한다. 1776년 이래 줄곧 유지되었던 자발적 성격의 고지의무를 폐지하면서, 보험자의 질문에 대해 소비자는 합리적인 주의를 기울여 정직하게 답변하면 의무를 이행한 것으로 간주하는 것으로 고지의무의 성격을 바꾸었다. 이 법은 부실고지 또는 고지의무 위반 여부를 판단하는 데에 있어서 고의와 과실이라는 주관적 요건을 새롭게 부과

---

71) 이에 대해서는 박세민, "중요성 판단의 문제와 해석", 상사법연구 제15권 제2호, 1996, 247-266면.
72) 이에 대해서는 박세민, "현행 신중한 보험자(prudent insurer) 기준에 대한 비판적 재고", 보험학회지 제68집, 2004, 1-37면.
73) Thomas J. Schoenbaum, Key Divergences Between English and American Law of Marine Insurance: A Comparative Study, 1999, Cornell Maritime Press, Chapter 2; 한기정, 210면.
74) Consumer Insurance (Disclosure and Representations) Act 2012 Sec. 2 (5)(b).

했고, 그 위반효과를 달리하여 정하는 큰 변화를 주었다. 고의에 의한 고지의무위반의 경우 보험자는 보험계약을 취소할 수 있고, 이미 수령한 보험료는 반환하지 않아도 된다. 만약 부실고지나 고지의무 위반이 과실로 행해진 경우에는 인수거절과 조건변경으로 나누어 규정하되, 조건변경과 관련해서는 부실고지나 불고지가 없었을 상황을 가정해놓고 의무위반이 행해진 현 상황과 비교하여 위반효과를 정하고 있다. 첫째, 고지의무 위반 등이 없었으면 보험자가 위험을 인수하지 않았을 것이라면 보험자는 보험계약을 취소하고 수령한 보험료를 반환하도록 한다. 만약 같은 상황에서 보험자가 계약을 체결하더라도 책임제한 또는 담보범위의 제한 등 다른 조건이 포함된 보험계약을 체결했었을 것이라면 그 조건이 소급되어 처음부터 보험계약에 포함되어 체결된 것으로 계약을 변경할 수 있게 했다. 만약 고지의무 위반 등이 없었으면 보험료를 높여 받았을 것이라면 보험자는 보험금을 비율적으로 감액하여 지급할 수 있게 하였다. 비율적으로 감액한다는 의미는 실제 부과된 보험료와 비교하여 고지의무 위반이 없었더라면 산정되었을 보험료의 비율만큼 보험금을 감액하는 것이다. 이러한 고지의무 위반 효과에 대한 변경은 고지의무 위반 효과를 '취소(avoidance)' 한 가지로만 규정함으로써 이른바 '全部 아니면 全無(all or nothing)'방식을 고수했던 영국의 1906 해상보험법 조문과 비교하여 획기적인 개정이라 할 수 있다.

(3) 2015 영국 보험법의 중요내용

2015 영국 보험법은 2012 소비자보험법에서 다루고 있지 않은 비소비자보험에 적용되는 내용과 소비자보험 및 기업보험에 모두 적용되는 내용으로 구성되어 있다. 중요 내용으로는 비소비자보험계약 영역에서 기존의 고지의무를 공정한 정보제공(표시)의무(duty of fair presentation)로 대체하였다. 최대선의의 원칙과 정보비대칭 상황을 지나치게 강조함으로써 보험계약자 측에게 매우 불리하고 불공정한 제도로 강한 비판을 받아온 고지의무를 폐지한 것이다. 대신에 보험계약 당사자 및 관계자가 알고 있거나, 알아야 하거나 또는 알고 있을 것이라고 여겨지는 정보나 상황들을 분류하여 규정함으로써 보험계약자 측이 제공(표시)하는 정보나 사실의 범위를 합리적으로 제한할 수 있도록 하였다. 비소비자보험의 보험계약자가 보험자와 대등한 지위에서 합리적 범위 내의 정보나 상황 등을 알려준다는 의미에서 공정한 정보제공(표시)의무(duty of fair presentation)라는 용어를 선택한 것으로 보인다.

의무위반 효과에 대해서는 2012 소비자보험법의 내용과 유사하게 규정하였다. 보험계약자의 기망에 의한 보험금청구(fraudulent claims)에 대해 과거에는 이에 대한 명문의 규정이 없는 관계로 이를 일반적인 최대선의의 원칙 위반으로 해석하면서 1906 해상보험법 제17조에 따라 보험자는 보험계약을 취소(avoidance)했었다. 그러나 2015 보험법에서는 기망행위가 발생한 시점부터 보험자는 보험계약을 종료(termination, 해지)시킬 수 있도록 하였고, 따라서 기망행위 이전에 발생한 정상적인 보험사고에 대해서는 보험자의 책임을 인정하고 있다.

2015 보험법은 비소비자보험계약에 적용되는 워런티(warranty) 제도에 대해서도 대대적인 변화를 가져왔는데, 이에 대해서는 해상보험편에서 설명한다. 한편 청약서상의 '계약기초조항(basis of contract clause)'을 삭제하였는데, 계약기초조항이란 보험계약자 측이 청약서상에 기재한 내용의 진실성을 담보하겠다는 것이며, 만약 조금이라도 거짓이 있게 되면 보험자는 지급책임에서 벗어날 수 있도록 했던 것인데 이를 삭제한 것이다.

또한 2015 보험법은 오랫동안 보험계약의 대표적인 특성으로 인식되어온 최대선의성(utmost good faith)의 원칙을 규정하고 있는 1906 해상보험법 제17조를 삭제하지 않고 그대로 두는 대신에, 동 조문에서 규정하고 있던 최대선의성 원칙의 위반효과인 계약의 취소권75)을 삭제하였다. 이로써 보험계약의 최대선의성은 상징적인 의미로 남게 되었고, 보험계약자 측의 최대선의성 원칙의 위반을 이유로 보험자가 보험계약을 소급하여 취소하는 일은 사라지게 되었다. 2015 보험법은 기업보험 부분에서 공정한 정보제공(표시)의무, 워런티, 기망에 의한 보험금청구, 보험금 지급지체에 관한 조문의 내용을 일정한 조건하에서 변경하여 달리 정할 수 있다고 규정하고 있는데, 이것은 계약자유의 원칙을 보다 적극적으로 반영한 것이다. 제한된 범위와 조건하에서 임의규정성을 인정한 것이다.

(4) 국제적 경향과 우리의 과제

고지의무에 관한 제651조는 보험계약 체결시 보험계약자나 피보험자는 보험자가 중요한 사항이라고 여길 수 있는 모든 사실을 스스로 판단하여 자발적으로 고지해야 한다는 내용이며 이것이 우리나라에서의 고지의무에 대한 전통적인 해석 방식이다. 이러한 고지의무의 성격과 해석이 보험계약자에게 매우 불리한 것이라는 비판이 오랫동안 제기되어 왔다. 이러한 지적을 반영하여 약관에서는 청약서에서 질문한 사항에 대해 보험계약자가 알고 있는 사실에 대해 답변하도록 함으로써 고지의무를 답변의무 또는 수동의무적 성격으로 변화시키기도 했다.76) 다시 말하여 보험계약자가 보험자의 질문여부와 무관하게 자신에게 불리한 사실이라 해도 자발적으로 보험자에게 고지할 것을 요구받던 고지의무제도가 점차 보험자가 서면으로 질문한 청약서상의 질문표에 정직하게 답변하면 고지의무를 이행한 것으로 해석되는 수동적 성격으로의 변화를 추구하게 된 것이다. 실무상으로도 보

---

75) 2015 보험법은 영국의 1906 해상보험법 제17조에서 "···, and, if the utmost good faith be not observed by either party, the contract may be avoided by the other party"(당사자의 일방이 최대선의를 준수하지 않을 경우에는 타방은 그 계약을 취소할 수 있다) 부분을 삭제했다.

76) 생명보험표준약관 제13조; 화재보험표준약관 제15조.

험자는 위험의 인수 여부와 계약조건 등의 결정을 위해 중요한 사항을 보험계약자에게 적극적으로 질문하게 되고 보험계약자 측으로서는 이러한 보험자의 질문에 답변함으로써 고지의무를 이행한 것으로 생각하게 되었다.

이러한 고지의무의 수동의무화 경향은 국제적인 추세라 할 수 있다. 프랑스가 1989년에,77) 독일은 2007년,78) 일본은 2008년79)에 보험계약법을 개정하면서 고지의무를 수동의무화 하였다. 2006년 스위스 보험계약법 개정 및 2012년 영국 소비자보험(고지 및 표시)법 개정에서도 고지의무를 수동의무화 하였다. 미국에서는 대부분의 주에서 악의에 의한 불고지만을 고지의무 위반으로 인정하고 있다. 악의에 의한 불고지인 경우에는 보험자가 질문을 하지 않은 사항에 대해서도 고지의무 위반으로 다루어지고 있다. 호주에서는 보험계약법을 개정하여 2021년 10월 5일부터 소비자보험에서는 보험계약자는 더 이상 고지의무를 부담하지 않으며, 다만 부실고지를 하지 않도록 합리적인 주의를 기울여야 한다는 의무를 부담하게 되었다. 다만 비소비자 보험계약의 경우에는 보험계약자 또는 피보험자는 여전히 고지의무를 부담하고 또 부실고지를 하지 않아야 할 의무를 부담한다. 현재 진행 중인 유럽통일보험계약법(안)에서도 고지의무의 수동의무화가 규정되었다.

이러한 국제적인 추세에서 고지의무의 수동의무화 경향을 반영하는 입법이 우리 보험법에도 요구된다. 2021년 이에 관한 상법 개정안이 국회에 제출된 적이 있었다.80) 이 개정안에서 고지의무를 "보험계약자 또는 피보험자가 될 자는 보험계약 체결시 보험계약의 내용 중 보험자가 범위를 명확하고 정확하게 정하여 서면으로 고지를 요구하는 내용을 성실하게 고지하여야 한다"고 규정함으로써 고지의무의 법적성질을 수동의무로 변화시키고자 했다. 보험자가 서면으로 질문하였더라도 중요하지 않은 것으로 입증이 되면 보험계약자 측이 제대로 고지하지 않았다고 하더라도 고지의무 위반으로 해석하기는 어려울 것이다. 왜냐하면 고지의무의 대상이 되는 것은 어디까지나 중요한 사항으로 한정되기 때문이다. 한편 고지의무를 수동의무화하는 경우에 현행 제651조의281)는 삭제되어야 할 것이다. 고지의무가 수동의무로 그 성격이 바뀌게 되면 제651조의2 존재의미가 없어지기 때문이다. 추정조항이 삭제되면 질문한 내용이 중요한 사항이라는 것을 보험자가 입증해야 한다. 또한 고지의무가 수동의무화된 경우에 보험자에 의한 추상적이고 포괄적인 질문82)의 효력은 부정되어야 하며 이러한 포괄적인 질문에 대해 보험계약자 측이 불고지하더라도

---

77) 프랑스 보험계약법 L. 113-2조 제2항.
78) 독일 보험계약법 제19조 제1항 제1문.
79) 일본 보험계약법 제4조, 제37조, 제84조.
80) "상법 일부개정법률안", 정운천의원 등 12인, 제안이유 및 주요내용(2021. 2. 8, 의안정보시스템 의안번호 7989).
81) 제651조의2(서면에 의한 질문의 효력) "보험자가 서면으로 질문한 사항은 중요한 사항으로 추정한다."
82) 예를 들어 "위에서 질문한 사항 이외에 그 밖에 중요한 사실이 있습니까?"와 같은 질문이 여기에 해당될 것이다.

이를 고지의무 위반으로 해석하지 않는 것이 고지의무를 수동의무화한 취지에 부합한다고
할 것이다. 이러한 질문은 수동의무화로 바뀐 고지의무를 다시 자발적 의무로 해석하게
할 여지를 만들 수 있기 때문이다.

Ⅵ. 고지의무위반

고지의무위반이 되기 위해서는 중요한 사항에 관하여 고지의무자가 고의 또는 중과실
로 불고지 또는 부실고지를 해야 한다. 이와 같이 보험법은 고지의무 위반이 되려면 중요
한 사실(고지사항), 객관적 요건과 주관적 요건을 갖출 것을 요구하며, 보험자가 고지의무
위반 사실을 입증해야 한다.83)

1. 중요한 사항

(1) 중요한 사항의 개념84)

㈎ 의   의

보험계약자나 피보험자가 보험계약 체결 당시에 보험자에게 고지해야 할 '중요한 사
항(material facts)'이란, 합리적이고 신중한 보험자가 보험사고의 발생과 그로 인한 책임부
담의 개연율을 측정하여 보험계약을 체결할지의 여부 또는 체결한다면 보험료는 얼마로
산정할 것이며 특별한 면책조항을 추가할 것인지 등의 보험계약의 내용을 결정하는 것에
영향을 줄 수 있는 사항을 말한다. 즉 객관적으로 신중한 보험자가 그 사실을 안다면 그
계약을 체결하지 않든가 적어도 동일한 조건으로는 계약을 체결하지 않으리라고 여겨지는
사항이 중요한 사항이라 해석된다. 중요한 사항의 문제는 고지의무 범위를 결정할 수 있게
된다. 어떠한 사실이 이에 해당하는가는 보험의 종류에 따라 달라질 수밖에 없는 사실인
정의 문제로서 객관적으로 관찰하여 판단되어야 할 것이다. 계약당사자의 주관적 판단에
따라 결정해서는 안되며, 전문가의 의견(expert witness)이 중시된다.85)

㈏ 중요한 사항의 판단 주체

중요한 사항 여부에 관한 판단주체는 보험계약자를 상대로 보험계약을 실제로 체결한

---

83) 대판 2004. 6. 11, 2003다18494; 대판 1993. 4. 13, 92다52085; 정희철, 387면; 정찬형, 600면; 양승규, 123
   면; 서돈각/정완용, 378면.
84) 이에 대한 논의도 고지의무가 수동의무로 입법적으로 개정되면 그 실익이 없다고 할 수 있다. 현행 우
   리 보험법에서는 고지의무의 수동의무화가 아직 받아들여지지 않고 있다.
85) 대판 1996. 12. 23, 96다27971.

특정 보험자(actual insurer)가 아니다. 실제로 보험계약을 체결한 특정 보험자를 기준으로 중요한 사항 여부를 판단하게 하면 이는 보험자 1인의 주관적 판단에 따르게 되어 고지의무의 안정성이 훼손되기 때문이다.86) 대신에 의인화(擬人化, anthropomorphic conception)된 개념으로서의 추상적이고 객관화된 보험자를 판단주체로 하였다.87) 영국이나 우리나라에서는 이를 위해 신중한 보험자(prudent insurer) 기준(신중하고 사려깊은 보험자 기준)을 채택하고 있다. 어떠한 사실이 중요한 사항인지가 보험의 종류에 따라 달라지는 사실인정의 문제이다 보니 보험의 기술성에 정통하고 객관적으로 판단할 수 있는 전문가의 감정이 중시되고 있다.

그런데 신중한 보험자 기준도 보험계약자에게 불리하다는 비판이 꾸준히 제기되어왔다. 왜냐하면 신중한 보험자는 동종업계의 평균적인 보험자를 그 개념으로 하기 때문이다. 소비자와 해당 보험계약을 체결한 특정 보험자는 불고지된 사항을 중요한 사항으로 보지 않음에도 불구하고 그 보험자가 속한 동종 보험업계의 평균적인 보험자가 중요한 사항으로 해석한다면 그 불고지는 고지의무 위반이 될 수 있기 때문이다. 또한 동종업계의 평균적인 보험자의 판단은 아무래도 같은 업종에서 일하는 특정 보험자 편에 설 가능성도 배제할 수 없기 때문이다.

이러한 합리적이고 신중한 보험자 기준의 대안으로 신중한 보험계약자(prudent in-sured) 기준이 제시되고 있다. 영국의 법체계를 승계한 호주에서는 1984년에 보험계약법을 개정하면서 신중한 보험자 기준을 폐지하고 신중한 보험계약자 기준을 채택한 바 있고, 과거 영국에서도 1957년 Law Reform Committee 5차 보고서에서 신중한 보험계약자 기준의 채택을 권고한 바 있다.88)

⒟ 신중한 보험자에 대한 영향의 정도

고지의 대상이 되는 중요한 사항에 해당되는지 여부를 결정짓기 위해 불고지 또는 부실고지 된 것이 신중한 보험자의 판단에 어느 정도로 영향을 주어야 하는가의 문제가 있다. 우리 대법원은 결정적영향론(decisive influence test)에 기초하고 있는 것으로 보이며89) 학설도 이에 따르고 있다.90) 이러한 판례의 입장을 약관에서 반영하고 있다. 예를 들어 생명보험표준약관에서는 '회사가 그 사실을 알았더라면 계약의 청약을 거절하거나 보험가입금액 한도 제한, 일부 보장 제외, 보험금 삭감, 보험료 할증과 같이 조건부로 승낙하는

---

86) 한기정, 221면.

87) Davis Contractors Ltd. v. Fareham U.D.C. [1956] A.C. 696, 728면.

88) 이에 대한 상세한 설명은 박세민, "현행 신중한 보험자 기준에 대한 비판적 재고", 보험학회지 제68집, 2004. 8, 1-37면.

89) 대판 2011. 11. 10, 2009다80309; 대판 2004. 6. 11, 2003다18494; 대판 2005. 7. 14, 2004다36215; 대판 2003. 11. 13, 2001다49623; 대판 1996. 12. 23, 96다27971; 대판 1997. 9. 5, 95다25268.

90) 양승규, 120면; 최기원, 160면.

등 계약 승낙에 영향을 미칠 수 있는 사항을 말한다'고 정하고 있는데,[91] 결정적 영향론에 기초하고 있음을 분명하게 보여주고 있다. 결정적 영향론은 미국의 대다수 주, 뉴질랜드, 호주, 캐나다 등 영미법계의 영연방 국가에서 지지 받고 있다.

반면에 영국에서는 많은 비판에도 불구하고 현재 비결정적 영향론을 취하고 있다. 비결정적 영향론에 따르면 고지의무의 범위가 훨씬 넓어져서 보험계약자 측에게는 불리하다. 이에 따르면 합리적이고 신중한 보험자가 위험의 크기를 평가하는 과정(계약체결 여부를 결정하거나 조건 등 계약 내용의 결정 과정)에서 주관적으로 또는 내심적으로 어떤 특정한 사실을 단순히 알기 원했었다고 판단하는 경우면(relevant to the process of the evaluation of the risk) 그 특정 사실은 중요한 사실이 될 수 있다는 것이다. 보험자가 실제로 인수를 거절하거나 계약 조건 등을 변경했는가 여부는 문제삼지 않는다. 즉 신중한 보험자가 계약체결 여부를 결정하거나 계약 내용의 결정에 직접적인 영향을 미치지 않아도 된다. 이 점이 결정적 영향론과의 핵심적인 차이점이며 보험계약자로서는 보험자 측이 단순히 주관적으로 또는 내심적으로 알기를 원하는 것으로 해석될 수 있는 범위에 있는 사항들까지도 모두 고지해야 하는 부담이 있다. 즉 고지의무의 범위를 결정하는 중요한 사항의 범위가 가장 넓어진다.

결정적 영향론이 타당하다고 여겨진다. 결정적 영향론이냐 비결정적 영향론이냐의 문제는 영국의 1906 해상보험법 제18조 제2항의 "… would influence the judgment of a prudent insurer …"를 해석함에 있어서 'would'를 본래 의미로 해석할 것인지 아니면 'might'의 의미로 확대하여 해석할 것인지의 문제라 할 수 있다.[92]

영국 판례는 비결정적 영향론에 대한 많은 비판을 고려하여 하나의 대안을 제시하고 있다. 고지의무 위반을 이유로 보험자가 보험계약을 취소(avoid)[93]하기 위한 전제조건으로 기존의 중요성 판단에 더하여 '보험계약자와 실제로 보험계약을 체결한 보험자의 유인(誘引)(inducement of actual insurer)'이라는 요소를 추가하였고, 이 해석과 관련해서 다시 '유인의 추정(presumption of inducement)'이라는 개념을 도입하기도 했다.[94] 즉 신중한 보험자가 주관적으로 알기를 원했을 뿐만 아니라 실제로 보험계약을 체결한 실제의 보험자

---

91) 생명보험표준약관 제2조 제2호 다.
92) Pan Atlantic Insurance Co. v. Pine Top Insurance Co. [1994] 3 W.L.R. 677. 결정적 영향론의 논거와 비결정적 영향론의 논거에 대한 상세한 설명은, 박세민, "중요성 판단의 문제와 해석", 상사법연구 제15권 제2호, 1996, 247-266면.
93) 고지의무 위반효과로서 우리 보험법은 '해지'를 인정하고 있지만(제651조), 영국 보험법은 '취소(avoid)'를 명시하고 있다.(영국 해상보험법 제18조)
94) 보험자의 유인 및 유인의 추정이라는 요소를 판단한 Pan Atlantic Ins. Co. v. Pine Top Ins. Co. 사건에 대한 자세한 분석 및 비결정적 영향론에 대한 비판을 무마하기 위한 유인요소(inducement)의 도입과 그 문제점에 대해서는, 박세민, "영국의 고지의무에 있어서 유인요소에 대한 해석과 우리 보험법에의 적용문제", 보험학회지, 제63집, 2002. 12, 109-144면.

가 특정 사실의 불고지로 인해 계약 체결 여부에 대해 유인되었음을 추가로 요구하고 있고, 유인의 입증과 관련하여 유인이 추정된다는 점을 귀족원 판결에서 추가한 바 있다. 그러나 이러한 판례와 해석은 후술하는 영국의 2012년 소비자보험(고지 및 표시)법 (Consumer Insurance(Disclosure and Representation) Act 2012)과 영국의 2015년 보험법 (Insurance Act 2015)의 제정에 따라 고지의무의 이행 방식이 질문에 대한 답변 형식으로 바뀌면서 그 성격이 수동적인 의무로 변함으로써 논의의 의미가 퇴색되었다.

[대법원 2005. 7. 14. 선고 2004다36215 판결]

〈주요 판시내용〉

보험계약자나 피보험자가 보험계약 당시에 보험자에게 고지할 의무를 지는 상법 제651조에서 정한 '중요한 사항'이란, 보험자가 보험사고의 발생과 그로 인한 책임부담의 개연율을 측정하여 보험계약의 체결 여부 또는 보험료나 특별한 면책조항의 부가와 같은 보험계약의 내용을 결정하기 위한 표준이 되는 사항으로서, 객관적으로 보험자가 그 사실을 안다면 그 계약을 체결하지 않든가 적어도 동일한 조건으로는 계약을 체결하지 않으리라고 생각되는 사항을 말한다. 어떠한 사실이 이에 해당하는가는 보험의 종류에 따라 달라질 수밖에 없는 사실인정의 문제로서 보험의 기술에 비추어 객관적으로 관찰하여 판단되어야 한다(同旨: 대판 1996. 12. 23, 96다27971; 대판 2001. 11. 27, 99다33311; 대판 2004. 6. 11, 2003다18494 등).

[대법원 2011. 11. 10. 선고 2009다80309 판결]

〈주요 판시내용〉

甲이 자신을 기명피보험자로 하여 자동차보험계약을 체결하면서 피보험차량의 실제 소유자에 관하여 고지하지 않은 사안에서, 이 사건 보험계약에서 기명피보험자의 자격을 피보험차량의 소유자로 제한하지 아니하였고, 아울러 기명피보험자 이외에 기명피보험자와 같이 살거나 살림을 같이 하는 친족으로서 피보험자동차를 사용 또는 관리 중인 사람 및 기명피보험자의 승낙을 얻어 피보험자동차를 사용하거나 관리 중인 사람 등도 피보험자에 포함시킴으로써 피보험자를 폭넓게 규정하고 있는 점 등에 비추어 보면, 이 사건 보험계약에서 보험료율의 산정은 피보험차량의 소유 여부에 따라 달라지는 것이 아니라 기명피보험자의 연령·성향·운전 및 사고경력 등에 따라 달라진다고 볼 수 있으므로, 기명피보험자가 피보험차량인 이 사건 차량을 실제 소유하고 있는지 여부는 상법 제651조에서 정한 '중요한 사항'에 해당한다고 볼 수 없다. 또한 甲이 자신을 기명피보험자로 하여 보험계약을 체결한 것이 피보험자에 관한 허위고지에 해당한다고 할 수 없다.

(2) 구체적 사례

(가) 절대적 위험사실

이는 보험목적 자체에 존재하는 사실을 말한다. 화재보험에 있어서 보험목적인 건물의 구조, 재질, 사용목적, 건물 내 인화물, 이행보증보험에서의 주계약상의 거래조건, 공사금액과 공사기간, 실제착공일, 보험계약자(이행보증보험의 주채무자)의 신용이나 자력, 선급금액 등이 중요한 사항이고,95) 인보험에 있어서는 피보험자의 연령, 성별, 유전병, 암, 정신병, 중풍, 고혈압, 당뇨병, 임신 여부 등 현재 및 과거의 병력 등이 중요한 사항이다. 이러한 사실은 '절대적 위험사실'이라 할 수 있다. 과거의 병력 중에서도 편도선염, 위장병, 유산 등은 고지의무의 대상이 되지 않으나, 피보험자가 보험계약 체결 당시에 정신분열증으로 인해 심신박약상태인 것은 고지대상이라 할 수 있다.96) 건강검진에서 낭종의 존재와 추적검사의 소견97)도 고지대상이다. 질병에 걸려 피보험자의 신체에 심각한 이상이 생긴 사실도 고지대상이다.98) 피보험자의 나이는 보험자가 알아야 할 중요한 사항이기는 하지만 실무상으로 계약체결 여부를 결정하는 데에 영향을 미치지는 않는다. 이에 생명보험표준약관에서는 피보험자의 나이 또는 성별에 관한 기재사항이 사실과 다른 경우에는 정정된 나이 또는 성별에 해당하는 보험금 및 보험료로 변경하는 것으로 정하고 있다.99)

(나) 관계적 위험사항

이는 보험목적을 둘러싼 환경에 존재하는 사실이다. 피보험자의 신분, 직업, 보험계약자와의 관계, 화재보험에서 건물 근처의 상황(주유소 등 인화물질 취급업소 유무), 부모의 생존 여부 및 부모의 死因 및 사망 연령, 건강 여부100) 등도 중요한 사실이라 할 수 있는데, 이는 피보험자나 보험의 목적의 환경에 존재하는 '관계적 위험사항'이라 할 수 있다. 건물이 7-8개월간 비어있었음에도 불구하고 이를 고지하지 않고 화재보험에 가입했다면 고지의무 위반을 이유로 화재보험금을 받을 수 없다. 건물이 공실상태로 방치되는 것은 외부인의 침입 또는 건물 자체의 하자로 인해 화재 발생의 위험이 증가할 수 있기 때문이다.101) 보증보험에서는 주계약상의 주채무자에게 보증인이 있는 경우에 보증인이 누구인가는 보험사고 발생의 가능성 등과는 관계없이 보험사고가 발생한 후에 보험자가 구상권을 행사하기 위한 대비를 해 두기 위한 것이므로, 보증인에 관한 사항은 일반적으로는 고

---

95) 대판 1987. 6. 9, 86다카216; 대판 2002. 7. 26, 2001다36450; 대판 1998. 6. 12, 97다53380.
96) 최준선, 114-115면.
97) 대판 2011. 4. 14, 2009다103349.
98) 대판 2019. 4. 23, 2018다281241.
99) 생명보험표준약관 제21조.
100) 대판 1969. 2. 18, 68다2082.
101) 대구지법 서부지원 2017. 5. 10, 2016가단50041.

지의무의 대상이 되지 않는다.102)

(다) 추단적 위험사항

이는 절대적 또는 관계적 위험사항을 추단할 수 있는 사실을 말한다. 피보험자가 다른 보험회사로부터 과거 보험계약의 청약을 거절당한 사실이나 보험자에 의해 보험계약이 해지된 사실, 질병을 원인으로 하여 장기간 입원했던 사실, 자동차보험에서 사고경력 등은 '추단적 위험사항'이라 할 수 있다.103) 오토바이를 일상적으로 운전하는 사람은 통상적으로 자동차를 운전하는 사람과 비교하여 교통사고 위험이 크고 사고 피해도 심하다고 판단되므로 상해보험에서 오토바이를 소유하고 운전하는 것은 고지대상이다.104)

(라) 다수 보험계약 체결과 중요한 사항

① 인보험계약   생명보험이나 상해보험의 경우에는 다른 보험자와의 보험계약 체결 사실이 고지대상이 된다고 해석하는 것이 판례의 입장이며 다수설적 견해이다.105) 그 근거는 일반적으로 다른 인보험계약의 존재 사실은 보험계약자 측의 도덕적 위험과 연계될 수 있고, 특히 인보험의 경우는 정액보험적 성격으로 인해 보험계약이 다수인 경우 보험수익자가 받을 수 있는 보험금의 총액이 엄청난 고액이 되기 때문에 보험사고가 인위적으로 발생할 가능성이 높다는 점을 들 수 있다. 또한 생명보험계약의 보험자가 청약서에서 다른 보험계약의 존재를 질문했다면 이는 보험계약 체결 여부를 결정할 때에 판단자료로 삼겠다는 것을 분명히 한 것으로 볼 수 있기 때문이다. 이에 대한 불고지 또는 부실고지가 있다면 이는 고지의무 위반이 될 수 있는 것이다.106)

이러한 판례와 통설에 반대하면서 인보험에서 다른 보험계약의 존재는 '특별한 경우에만' 중요사항으로 인정되어야 한다고 해석하는 견해가 있다. 그 논거로 첫째, 보험계약자가 질문된 내용이 중요하다는 추정을 번복하지 못했다고 해서 그 불이익을 곧바로 보험계약자에게 귀속시키는 것은 문제가 있고, 둘째, 상해보험에서 다른 보험계약들이 존재하는 경우에 보험계약의 체결이 거절되거나 보험료에 차이가 발생한다는 사실을 인정할 증거 자료가 특별히 없는 점을 들고 있다.107)

판례에 찬성한다. 생각건대 일반적으로 인보험은 동일한 보험수익자를 내용으로 하는 계약이 다수 체결될 수 있는 가능성이 높고, 이 경우 보험자로서는 보험계약자의 소득수준이나 계약체결 경위 등과 함께 얼마나 많은 다른 인보험계약이 체결되었는가를 면밀히

102) 대판 2001. 2. 13, 99다13737. 장덕조, "보증보험에서의 고지의무와 기망행위", 보험법연구 5, 2003, 10-25면에서는 고지의무제도가 보증보험에는 제한적으로 적용된다는 이론구성을 하여야 한다고 설명한다.
103) 최기원, 161면; 정동윤, 515면; 임용수, 104-105면; 정찬형, 596면; 최준선, 114-115면.
104) 대판 2011. 12. 8, 20451.
105) 대판 2001. 11. 27, 99다33311; 대판 2004. 6. 11, 2003다18494. 강위두/임재호, 801면; 김성태, 218면; 양승규, 120면; 장덕조, 132면 각주 67; 최기원, 165면.
106) 대판 2001. 11. 27, 99다33311; 대판 2004. 6. 11, 2003다18494.
107) 한기정, 224면-226면.

심사하는 경향이 강하다. 인보험계약에서 다수 보험계약 체결 사실은 추단적 위험사항으로 보아야 하고 보험자가 위험인수 여부를 판단하는 데에 중요한 요소라고 판단된다. 인보험에서는 피보험이익이 인정되지 않아 여러 개의 고액 생명보험계약 체결이 가능하기 때문에 고액의 보험금을 노리는 보험범죄 발생가능성이 있음을 고려해야 한다. 청약서상의 질문란에서 다수보험계약 체결 사실 여부를 질문하고 있다면 이는 중요한 사항으로 추정되며 특별한 이유가 없는 한 보험계약자가 이 추정을 번복하는 일은 거의 없으므로 결국 고지대상이 되는 중요한 사항이라고 보아야 한다. 고지의무가 수동의무화 되면 질문란에 있는 다수보험계약 체결 여부에 관한 질문은 당연히 중요한 사항이 될 것이다.

그런데 생명보험표준약관 제14조 제5항에서 다른 보험가입내역에 대한 고지의무 위반을 이유로 보험자는 계약을 해지하거나 보험금 지급을 거절하지 않는다고 규정하고 있다.

② 손해보험   판례는 손해보험에서 중복보험을 체결한 사실은 고지의무의 대상이 되는 중요한 사항에 해당되지 않는다고 해석하고 있다. 손해보험의 보험자가 보험계약 체결 시에 동일한 보험 목적에 대해 체결한 다른 손해보험계약의 유무에 따라 보험계약 체결 여부 또는 보험료율 산정을 달리 했을 것이라는 사정이 보이지 않다는 이유에서 손해보험에서 중복보험 체결 사실은 고지의무의 대상이 아니라는 것이다.[108] 이러한 판례에 찬성하는 견해도 있다.[109]

그러나 다수설은 판례에 반대한다. 손해보험에서 초과보험이나 중복보험은 보험사기나 보험범죄의 원인이 될 수 있기 때문에 이를 미리 방지하고 사기적 보험금 청구를 막기 위해 중복보험 체결사실을 고지하도록 할 것이 요구되며, 보험자가 계약 체결 전에 이 문제를 충분히 고려할 수 있도록 하자는 취지에서 다른 손해보험계약의 존재는 고지대상이라고 해석한다.[110]

다수설에 찬성하고 판례에 반대한다. 인보험의 경우와 마찬가지로 손해보험에서도 다른 보험계약 체결 사실은 고지대상이 되는 중요한 사항으로 보아야 할 것이다. 청약서상에서 이에 관한 질문이 있다면 이 질문은 중요한 사항으로 추정이 될 것이고 특별한 상황이 아닌 한 보험계약자가 이러한 추정을 번복하는 일은 거의 없다. 청약서상에서 질문이 없다고 해도 고지대상이라고 해석해야 하는데 첫째, 손해보험에서는 초과 또는 중복보험에 대한 규제가 있으므로 사전에 이에 대한 정보를 보험자에게 제공해야 한다는 점, 둘째, 보험범죄 예방을 위해 보험계약자 측의 기망의도 여부에 대한 사전 조사 기회가 보험자에게 주어져야 한다는 점 등을 그 이유로 들 수 있다. 특히 다른 보험계약이 보상하게 되는

108) 대판 2003. 11. 13, 2001다49623.
109) 문영화, "손해보험계약에 있어서 중복보험계약의 체결사실이 상법 제651조 소정의 고지의무의 대상이 되는 '중요한 사항'인지 여부", 대법원판례해설 제47권 2004.
110) 양승규, 120면; 최기원, 165면; 장경환, "손해보험에서의 다수계약 통지의무", 보험학회지 제75권 2006, 김성태, "중복보험과 고지의무", 민사판례연구 제27권, 2005.

손해에 대해서는 담보하지 않는다는 이른바 '초과전보조항'을 법원이 유효하다고 판시하고 있으므로111) 보험자에게는 다른 보험계약 체결 여부가 중요한 사실이라 할 수 있다.112)

　　손해보험에서 이득금지 원칙상 다수보험계약을 체결했어도 실손해 만큼만 보상되며 기망에 의해 중복보험이 체결되었다면 해당 보험계약을 무효로 처리하면 된다면서 판례에 찬성하는 견해가 있으나,113) 계약 체결과정에서 걸러낼 수 있는 문제를 계약 체결 후 보험금을 청구하는 시점에 이르러 문제점을 파악하려는 것은 합리적이지 않다고 보여진다. 참고로 제651조 고지의무가 아니라 제652조의 통지의무와 관련하여 생명보험계약을 체결한 후 다른 생명보험에 다수 가입한 경우에 그것 자체로는 사고발생의 위험이 현저하게 변경 또는 증가된 경우에 해당한다고 할 수 없어 제652조상의 통지의무의 대상이 되지는 않는다는 것이 법원의 입장이다.114) 또한 손해보험에서도 보험계약자가 손해보험계약을 중복 체결한 사정이 위험의 현저한 증가에 해당하지 않는다고 해석하고 있다.115)

[대법원 1997. 9. 5. 선고 95다25268 판결]

〈주요 판시내용〉

　　렌터카 회사인 소외 회사가 이 사건 피보험차량을 지입차주로 하여금 소외 회사의 감독을 받지 아니하고 독자적으로 렌터카 영업을 하는 것을 허용하는 형태로 차량임대사업을 영위한 때에는, 그 운행 형태는 대여자동차의 본래의 운행 형태와 거의 같은 것이어서 사고위험률이 현저히 높다고 볼 수 없는 점 등에 비추어 볼 때, 영업용 자동차보험계약에 있어 고지의무의 대상이 되는 중요한 사항, 또는 통지의무나 위험유지의무의 대상이 되는 '위험의 현저한 변경이나 증가된 사실'에 해당된다고 인정하기 어렵다.

[대법원 2001. 11. 27. 선고 99다33311 판결]

〈사실관계〉

　　보험계약자 겸 피보험자가 사망하여 유족들이 보험금을 청구하자, 피고회사는 보험계약체결 당시 다른 보험계약의 존재를 청약서에 기재하여 질문하였음에도 보험계약자가 이를 고지하지 아니

---

111) 대판 2002. 5. 17, 2000다30127(보험약관 중 초과전보조항의 취지는 피보험자가 입은 손해에 대하여 보상한도액을 상한으로 하여 보험금을 지급하되 다른 보험계약에 의하여 전보되는 금액을 공제한다는 것이어서 다른 보험자와 사이의 부담 부분의 조정에 관한 것일 뿐 피보험자의 보험이익을 감소시키는 것이 아니고 피보험자에게 다른 보험계약의 체결의무를 부과하는 것도 아니므로, 그 조항이 약관의규제에관한법률 제7조 제2호 소정의 '상당한 이유 없이 보험회사의 손해배상 범위를 제한하거나 사업자가 부담하여야 할 위험을 고객에게 이전시키는 조항'에 해당되지 않는다).
112) 同旨: 장덕조, 133면.
113) 한기정, 227면.
114) 대판 2001. 11. 27, 99다33311.
115) 대판 2003. 11. 13, 2001다49630.

하였음을 이유로 보험금지급을 거절하였다.

〈주요 판시내용〉

보험자가 생명보험계약을 체결함에 있어 다른 보험계약의 존재 여부를 청약서에 기재하여 질문하였다면 이는 그러한 사정을 보험계약을 체결할 것인지의 여부에 관한 판단자료로 삼겠다는 의사를 명백히 한 것으로 볼 수 있고, 그러한 경우에는 다른 보험계약의 존재 여부가 고지의무의 대상이 된다고 할 것이다. 그러나 그러한 경우에도 보험자가 다른 보험계약의 존재 여부에 관한 고지의무위반을 이유로 보험계약을 해지하기 위하여는 보험계약자 또는 피보험자가 그러한 사항에 관한 고지의무의 존재와 다른 보험계약의 존재에 관하여 이를 알고도 고의로 또는 중대한 과실로 인하여 이를 알지 못하여 고지의무를 다하지 않은 사실이 입증되어야 할 것이다.116)

[대법원 2003. 11. 13. 선고 2001다49623 판결]

〈사실관계〉

원고는 피고회사와 계약을 체결하면서 다른 회사와 맺은 별도의 보험계약의 존재에 대해 피고회사에 알리지 않았고, 피고회사는 원고의 보험금청구에 대해 고지의무위반을 이유로 지급을 거절하였다. 그런데 피고회사는 보험계약 체결 당시 별도의 보험계약이 존재하는지에 대해 서면으로 묻지는 않았다.

〈주요 판시내용〉

상법 제672조 제2항에서 손해보험에 있어서 동일한 보험계약의 목적과 동일한 사고에 관하여 수개의 보험계약을 체결하는 경우에는 보험계약자는 각 보험자에 대하여 각 보험계약의 내용을 통지하도록 규정하고 있으므로, 이미 보험계약을 체결한 보험계약자가 동일한 보험목적 및 보험사고에 관하여 다른 보험계약을 체결하는 경우 기존의 보험계약에 관하여 고지할 의무가 있다고 할 것이나, 손해보험에 있어서 위와 같이 보험계약자에게 다수의 보험계약의 체결사실에 관하여 고지 및 통지하도록 규정하는 취지는, 손해보험에서 중복보험의 경우에 연대비례보상주의를 규정하고 있는 상법 제672조 제1항과 사기로 인한 중복보험을 무효로 규정하고 있는 상법 제672조 제3항, 제669조 제4항의 규정에 비추어 볼 때, 부당한 이득을 얻기 위한 사기에 의한 보험계약의 체결을 사전에 방지하고 보험자로 하여금 보험사고 발생시 손해의 조사 또는 책임의 범위의 결정을 다른 보험자와 공동으로 할 수 있도록 하기 위한 것일 뿐, 보험사고발생의 위험을 측정하여 계약을 체결할 것인지 또는 어떤 조건으로 체결할 것인지 판단할 수 있는 자료를 제공하기 위한 것이라고 볼 수는 없으므로 중복보험을 체결한 사실은 상법 제651조의 고지의무의 대상이 되는 중요한 사항에 해당되지 아니한다.

---

116) 정경영, "다른 생명보험계약 체결사실에 관한 보험계약자의 통지의무", 보험법연구 5, 2003, 27-47면에서는 이 판결에 대해 제651조보다는 제652조의 문제로 접근하여 그 요건을 판단하였어야 한다고 해석하고 있다; 정찬형, 594면 각주 3.

[대법원 1987. 6. 9. 선고 86다카216 판결]

〈주요 판시내용〉

도급공사의 수급인이 도급계약상의 의무를 불이행하므로 인하여 장차 도급인이 입게 될 손해의 배상을 확보해 줄 목적으로 도급인을 피보험자로 하여 수급인과 보험자와 사이에 체결되는 이른바 이행(계약)보증보험계약의 경우에 그 보험금지급의 원인이 되는 보험사고의 발생, 즉 수급인에게 도급계약상의 의무불이행이 있는지의 여부는 당해 이행(계약)보증보험계약의 당사자인 수급인과 보험자 사이에 이행보증의 대상으로 약정된 도급공사의 공사금액, 공사기간, 공사내용 등을 기준으로 판정해야 한다. 공사도급계약에 대한 이행보증보험계약을 체결하는 경우에 공사금액과 공사기간 등은 일반적으로 그 이행보증의 대상이 되는 도급공사의 내용을 특정하고 보험사고의 발생 여부를 판정하는 기준으로서 고지의무의 대상이 되는 중요사항에 해당한다.

⒨ 기   타

고지의무의 대상이 되는 중요한 사실은 보험계약자나 피보험자가 실제로 알고 있어야 한다. 사실을 알지 못한 데 과실이 있다고 해도 실제로 알지 못한 사실은 고지의무의 대상이 될 수 없다고 해석해야 할 것이다.[117) 보험계약자가 마땅히 알았어야 할 사항도 고지사항에 포함한다는 견해가 있으나,[118) 고지의무는 보험계약자에게 중요한 사항을 탐지해야 할 의무까지 요구하는 것은 아니라고 보아야 하기 때문에 보험계약자가 실제로 알고 있는 사항으로 한정되는 것으로 해석함이 타당할 것이다.피보험자가 질병으로 인해 신체에 중대한 이상이 생긴 것은 인지하고 있었으나, 구체적인 병명은 알지 못한 상태에서 신체상의 중대한 이상 증세를 보험자에게 고지하지 않고 보험계약을 체결한 경우에 고지의무 위반 여부가 문제된다. 대법원은 보험계약자가 피보험자의 구체적인 질병이 '고도의 폐결핵'이라는 것을 알지는 못했지만 피보험자가 계약 체결 이전부터 심한 기침, 가래, 체중 감소 등의 증세를 가지고 있었음을 알고 있었다면, 이는 고지의무의 대상이 된다고 판시하였다.[119) 판례의 취지는 찬성할 수 있으나, 중대한 건강상의 이상 증세 등 그 적용범위를 구체적으로 한정하여야 할 것이다. 암 치료 종료 후 5년이 경과한 후 의사가 피보험자에 대한 최종건강검진 결과 암재발의 위험성이 있음을 알려준 사실은 이에 대해 생명보험계약 청약서상의 질문란에서 질문을 하지는 않았지만, 보험자에게 고지해야 할 사항이

---

117) 대판 1996. 12. 23, 96다27971. 보험계약에 있어 고지의무위반이 성립하기 위하여는 고지의무자에게 고의 또는 중대한 과실이 있어야 하고, 여기서 말하는 중대한 과실이란 고지하여야 할 사실은 알고 있었지만 현저한 부주의로 인하여 그 사실이 중요하다는 것에 대한 판단을 잘못하거나 그 사실이 고지하여야 할 중요한 사실이라는 것을 알지 못하는 것을 말한다. 최준선, 114면; 임용수, 104면; 강위두/임재호, 558면; 정동윤, 515면; 양승규, 122면.

118) 서돈각/정완용, 375면.

119) 대판 2019. 4. 23, 2018다281241.

다.120) 자동차보험에서 주운전자의 연령, 직업 및 차량용도(유상운송 제공 여부), 차량의 모델과 연식에 관한 것은 중요한 사실이다.121) 반면 보험가입차량이 기명피보험자의 소유 인지 여부는 고지사항이 아니다.122) 자동차 임대업자가 피보험차량을 지입차주로 하여금 자신의 감독을 받지 않고 유상운송에 제공하도록 한 것과 같은 자동차의 운행형태에 관한 것도 중요한 사항이 아니라고 판시한 것이 있다.123) 그런데 자동차 운행형태가 자동차의 용도와 관계가 있다면 이는 중요한 사항으로 판단될 수도 있다.

2. 객관적 요건

(1) 불고지와 부실고지

고지의무 위반이 되려면 보험계약자 등이 중요한 사실을 알면서 고지하지 않거나(불 고지, non-disclosure) 사실과 달리 부실하게 고지(부실고지, misrepresentation)하여야 한다. 불고지 또는 부실고지가 있었는가의 여부는 보험계약 체결 당시를 기준으로 하게 된다. 불고지란 보험계약자가 어떤 사실이 중요한 사항인 줄 알면서도 이를 보험자에게 알리지 않는 것을 말하며, 부실고지란 사실과 다르게 진술(허위고지)하는 것을 말한다. 세부적인 면에서는 사실과 다르더라도 전체적으로 보아 보험자가 위험의 크기를 산정하는 데에 영 향을 주지 않을 정도라면 부실고지로 보기는 어려울 것이다.124) 고지된 부분은 진실되지 만 고지되지 않은 부분이 있는 경우에 고지되지 않은 부분 때문에 해당 고지는 전체적으 로 허위가 되는 것이므로 부분고지(일부고지)는 부실고지에 해당된다.125)

(2) 청약서상의 질문에 대한 무응답

질문표상의 특정 질문에 대해 보험계약자 측이 아무런 기재를 하지 않고 공란으로 남 겨둔 것은 질문에 대해 답을 하지 않았다는 측면에서 보면 불고지가 되고, 질문의 성격이 yes/no를 답해야 하는 경우에는 답변을 하지 않음으로써 그 질문에 대해 '해당사항 없음' 이라는 부정적인 답변을 한 것으로 해석될 수도 있다.126) 이는 일률적으로 정할 수 없다. 만약 yes/no 중에서 답을 해야 하는 경우가 아니라면 질문에 답하지 않은 것은 불고지로 보아야 한다. 그러나 제651조에서 위반효과에 대해 불고지와 부실고지를 구분하지 않는

---

120) 대판 1999. 11. 26, 99다37474.
121) 대판 1994. 2. 25, 93다52082; 대판 1993. 4. 13, 92다52085.
122) 대판 2005. 7. 14, 2004다36215.
123) 대판 1996. 12. 23, 96다27971; 대판 1997. 9. 5, 95다25268.
124) 임용수, 112면; 양승규, 122면.
125) 한기정, 229면.
126) 임용수, 109면; 양승규, 123면; 한기정, 230면.

것을 감안할 때 큰 차이가 있는 것은 아니다.

질문에 대해 보험계약자 측이 아무런 기재를 하지 않은 채 무응답 상태에서 보험자가 보험계약을 체결하였다가 추후 불고지를 이유로 고지의무 위반 주장을 할 수 있는가의 문제가 있다. 영국 판례는 보험계약자는 고지의무 위반 책임을 부담해야 한다는 입장이다. 반면 아무런 이의없이 계약을 체결한 후에 나중에 불고지를 문제 삼아 보험계약의 효력을 부인하는 것은 신의성실의 원칙 또는 금반언의 원칙에 반한다는 주장도 있다.127) 보험자가 보험계약자 측의 무응답을 계약 체결 전에 불고지로 보고 고지의무 위반 주장을 하는 것은 가능하지만, 일단 보험자에 의해 보험계약이 체결된 후에는 무응답을 이유로 보험자가 고지의무 위반 주장을 하는 것은 신의성실의 원칙상 받아들이기 어렵다.128)

3. 주관적 요건

중요한 사항이 무엇인가를 신중한 보험자가 판단하게 되므로 보험 문외한인 보험계약자를 보호해야 할 필요성이 제기된다. 보험계약자 보호 차원에서 고지의무 위반이 성립되기 위해서는 보험계약자나 피보험자가 고의 또는 중대한 과실로 중요한 사실을 고지하지 않거나 사실과 다르게 고지해야 한다는 주관적 요건이 요구된다.129)

(1) 고   의

고의란 害意 또는 적극적 기망의사를 말하는 것이 아니다. 여기에서의 고의란 고지사항을 알고 있다는 의미이다. 따라서 사기행위에서의 고의보다 그 범위가 넓다.130) 고의에 의한 고지의무위반이란, 첫째 고지의무자가 어떤 사실의 존재를 알고 있고, 둘째 그 사실이 중요하다는 점도 인식하면서, 셋째 그 사실이 고지의무의 대상이 된다는 것을 인식한 채 불고지하거나 부실고지하는 것을 말한다. 즉 고의의 인식대상으로는 '사실의 인식', '중요성의 인식(중요사항 해당성)' 및 '고지 해당성'에 대한 인식이 모두 요구된다고 할 수 있다.131) 예를 들어 어떤 사실을 알고 있는데, 그것이 보험자의 보험계약의 체결 여부나 보험료 산정에 영향을 끼치는 중요한 사실임을 알지 못해 고지하지 않은 경우라면 이는 고의에 의한 고지의무 위반이라 볼 수 없다. 즉 중요사항 인식도 고의에서의 인식대상에 포함되는 것이다. 만약 보험계약자가 해당 사항을 이미 알고 있었고, 그것이 중요

---

127) 호주의 1984 보험계약법 제21조 제3항; 한기정, 230면.
128) 한기정, 231면.
129) 한기정, 221면.
130) 이상훈, "고지의무위반의 효과", 보험법의 쟁점, 2000, 151면; 장덕조, "고지의무위반의 요건과 효과에 대한 체계적 해석", 보험법연구, 1999, 155-162면; 양승규, 121면; 김성태, 223면; 장덕조, 134면.
131) 대판 2001. 11. 27, 99다33311; 대판 2004. 6. 11, 2003다18494.

한 사항이며 또한 고지대상이 된다는 것을 알고 있었는데, 보험설계사의 권유에 의해 보험자 또는 보험의에게 고지하지 않았다면 이는 고의로 고지의무를 위반한 경우에 해당된다.

[대법원 2001. 11. 27. 선고 99다33311 판결]

〈주요 판시내용〉

보험자가 다른 보험계약의 존재 여부에 관한 고지의무위반을 이유로 보험계약을 해지하기 위하여는 보험계약자 또는 피보험자가 그러한 사항에 관한 고지의무의 존재와 다른 보험계약의 존재에 관하여 이를 알고도 고의로 또는 중대한 과실로 인하여 이를 알지 못하여 고지의무를 다하지 않은 사실이 입증되어야 할 것이다.(同旨: 2004. 6. 11, 2003다18494)

위 판례는 고지의무 위반이 되기 위해서는 보험계약자나 피보험자가 다른 보험계약체결이라는 중요한 사항을 알고 있을 뿐만 아니라 보험자에게 이를 알려주어야 할 의무 즉 고지의무의 존재까지도 인식했으나 이를 위반한 경우여야 한다고 해석하고 있다. 판례의 태도는 고지의무 성립요건을 엄격하게 해석하고 있다고 판단된다. 그런데 이렇게 고지의무의 성립요건을 매우 엄격하게 해석하게 되면 고지의무제도 본연의 취지와 그 역할이 제대로 수행되기 어렵다는 비판이 있다.132)

질문란에서 묻지 않은 중요한 사실에 대해서는 고지의무자가 악의로 불고지한 경우만 고지의무위반으로 다루어야 할 것이다. 즉 악의의 불고지가 아니면 이를 고지의무위반으로 볼 수 없다.133) 이러한 경우 질문되지 않았던 사항의 중요성을 고지의무자가 알고 있었음에도 이를 고지하지 않았다는 것을 보험자가 입증해야 할 것이다.134) 다른 보험회사에 고지한 내용을 보험회사가 조회해야 할 의무가 있다고 보기 어렵기 때문에, 다른 보험회사에 고지한 것을 가지고 고지의무 이행을 주장할 수는 없다. 일반적으로 보험자는 보험계약자와의 대면 관계에서 서면에 의해 질문을 하게 된다. 그런데 최근 들어 대면 방식에 의하지 않고 전화를 통해 보험모집, 청약, 계약체결이 이루어지는 경우가 많다. 법원은 전화 가입시 텔레마케터의 말이 빠르고 발음이 다소 부정확하더라도 소비자가 그 내용을 다시 확인하지 않은 채 대답을 하였다면 소비자는 텔레마케터의 질문을 이해한 것으로 보아야 하며 이 질문에 불고지 또는 부실고지한 것이라면 고지의무를 위반한 것으로 보아야

---

132) 김문희, "다수의 보험계약에 대한 민법 제103조의 적용 요건—연구대상판결 대법원 2005. 7. 28, 선고 2005다23858 판결—", 판례연구 제18집, 부산판례연구회, 2007, 14면.

133) 양승규, 123면; 정동윤, 518면.

134) 대판 1992. 10. 23, 92다28259; 정찬형, 600면; 임용수, 112면; 최준선, 117면; 정동윤, 518면; 서돈각/정완용, 376면.

한다고 해석한 바 있다.135)

(2) 중 과 실

㈎ 중과실의 의미

중과실에 의한 고지의무위반이란 보험계약자 측이 조금만 주의를 기울였다면 이미 알고 있던 어느 사실이 중요하다는 것(중요성 인식)과 그 사실이 고지의무의 대상이 된다는 것(고지의무 해당성)을 알았을 텐데 현저한 부주의로 그 사실의 중요성을 잘못 판단하거나 고지의무 대상이 되는 사실이라는 것을 알지 못한 것을 말한다.136) 중요성 인식 또는 중요사항 해당성과 관련하여 예를 들어 평소 자신이 알고 있는 기왕증에 대한 불고지를 하게 되면 중과실에 해당된다. 즉 보험계약자가 심각한 증상이라고 스스로 생각하지 않았더라도 그가 알고 있는 기왕증상을 고지하지 않은 때에는 중대한 과실에 의한 불고지로 해석될 수 있다. 또한 질문표에 답하는 경우에 그 기재사항을 한번 읽어보았으면 잘못 고지된 것을 알 수 있었음에도 불구하고 이를 게을리 함으로써 고지하지 못한 것도 중과실에 의한 고지의무 위반에 해당된다.137) 특히 치료를 받았던 중대 질병에 대해서는 정확한 병명을 알지 못하더라도 이를 불고지하면 고지의무위반이 된다.

판례는 중과실의 요건을 엄격하게 해석하고 있다. 이러한 취지에서 피보험자 甲이 乙 보험회사와 보험계약을 체결하면서 갑상선 결절 등의 사실을 고지하지 않은 사안에서, 건강검진결과 통보 내용에 비추어 甲으로서는 어떠한 질병을 확정적으로 진단받은 것으로 인식하였다고 보기 어렵거나, 최초 검진 이후 2년여 동안 별다른 건강상의 장애나 이상 증상이 없었으며 갑상선 결절과 관련된 추가적인 검사나 치료도 받지 않았다면 피보험자 甲이 고의 또는 중대한 과실로 인하여 중요한 사실을 고지하지 아니한 것으로 단정하기 어렵다고 판시하였다.138)

[대법원 2004. 6. 11. 선고 2003다18494 판결]

〈주요 판시내용〉

망인이 체결한 판시 보험목록 기재 보험계약들 중 이 사건 보험계약들 외에는 보험청약서에서 다른 보험계약의 존재 여부를 묻고 있지 아니할 뿐만 아니라, 기록상 일반적으로 상해보험계약의 체결에 있어서 다른 보험계약들이 존재하는 경우에는 보험계약의 체결이 거절되거나 보험료에 차이가 있다는 사실을 인정할 별다른 자료도 없는 점 등에 비추어 망인이 단기간에 다수

---

135) 서울고법 2017나2055603; 최혜원, "전화 모집 보험의 고지의무 위반", 법률신문 판례해설 2019. 2. 14.
136) 대판 1996. 12. 23, 96다27971; 대판 2004. 6. 11, 2003다18494; 대판 2011. 4. 14, 2009다103349.
137) 장덕조, 138면; 양승규, 122면.
138) 대판 2011. 4. 14, 2009다103349.

의 보험계약을 체결하였다거나 일반적인 고지의무의 내용과 그 위반효과 등에 대하여 알고 있
었다는 사유만으로는 고의가 있었거나 중대한 과실로 이를 알지 못한 것으로 인정하기 어렵
다.139)

반면 병원에서 검사나 진단을 받지는 않았지만 보험계약 체결 얼마 전부터 피보험자
가 식사도 제대로 하지 못해 체중 감소 및 기침 등의 증세가 있었다면 이를 알고 있는 보
험계약자나 피보험자가 이를 고지하지 않게 되면 고지의무 위반이 될 수 있다. 만약 이러
한 증상을 가진 채 계약체결 후 얼마 지나지 않아 피보험자가 폐결핵과 같은 중대질병으
로 사망한 경우에는 계약 체결 전에 건강상 여러 심각한 증세가 있었을 것이므로 이를 고
지하지 않았다면 고지의무 위반으로 해석될 가능성이 매우 높다.140) 의료기관으로부터의
진단 등이 없고 그 증세가 객관적으로 보아 심각하지 않은 경우라면 청약서상의 질문이
없는 상황에서 그 증세를 말하지 않았다고 하여 이를 고지의무 위반으로 해석하기는 어려
울 것이다. 그러나 중대한 증세가 있다면 의료기관 방문 여부나 구체적 병명을 알고 있는
가의 여부에 상관없이 고지대상이 되는 중요한 사항이라고 해석되어야 할 것이다. 고지의
무가 보험계약의 선의성에 기초한다는 취지에서 볼 때 이는 고지대상이라고 해석함이 타
당하다.

일반적으로 질문란에 포함된 질문사항들은 중요한 사항으로 추정되므로 질문란에 있
는 질문사항에 대해 불고지하거나 부실고지 하였다면 보험계약자가 그 질문사항이 중요하
지 않다는 점을 입증하지 못하는 한 고지의무위반으로 해석된다. 질문란의 질문사항은 고
지의무자의 주의를 환기시키는 면이 있기 때문에 고지의무자의 고의 또는 중과실을 상대
적으로 수월하게 입증할 수 있다는 견해가 있다.141) 그러나 판례는 중과실의 요건을 엄격
하게 해석하면서 이에 반대하는 입장이다.142) 판례의 태도가 타당하다.

(나) 중요사실 자체를 알지 못한 경우

문제는 중요사실의 존재 자체를 보험계약자 등이 알지 못한 것이 중과실에 포함되는
가 하는 것이다. 불포함설과 포함설로 나뉜다.

① 불포함설   불포함설에 의하면, 중과실에 의한 고지의무위반이란 고지의무자가
어떤 사실의 존재를 알기는 했는데 잘못된 판단에 의해 그 사실이 중요하다는 것과 고지
의무 해당성을 인식하지 못한 것을 말하며 그 중요사실의 존재 자체를 알지 못한 경우는
포함시키지 않는다는 것이다. 이를 포함하게 된다면 모르는 사실에 대해서까지 고지의무

---

139) 김문희, 전게논문, 14면.
140) 대판 2019. 4. 23, 2018다281241.
141) 정진세, 305-306면; 양승규, 122면; 장덕조, 138면; 임용수, 111면.
142) 대판 2004. 6. 11, 2003다18494.

자가 적극적으로 탐지(확인)를 해서 고지해야 하는 부당한 결과를 야기할 수 있기 때문이다. 확인 또는 탐지의무는 없어도 보험계약자가 업무상 당연히 알 수 있는 사실에 대해 알지 못한 경우는 중과실에 의한 고지의무위반에 해당되는 것으로 해석해야 할 것이다.143)

　　② 포 함 설　　　포함설은 중과실로 인하여 고지의무자가 중요한 사실의 존재 자체를 알지 못한 경우도 고지의무 위반에 포함된다는 것이다. 일반적으로 중과실은 고의와 동일시되는데 어떤 사실 자체를 중과실로 인식하지 못한 보험계약자 측을 보호해야 할 필요성이 적다는 것이다.144) 그런데 포함설에 따르더라도 알 수 있는 가능성이 전혀 없는 모르는 사실에 대해서까지 고지의무자가 탐지해서 고지할 것을 요구하는 것은 아니라고 해석한다.

　　③ 판 　　례　　　불포함설의 입장이 판례의 전통적인 경향이었다.145)

[대법원 2012. 11. 29. 선고 2010다38663 판결]

〈사실관계〉

　피고는 손해보험업을 영위하는 원고회사와 냉동창고 건물에 관한 보험계약을 체결하였는데, 체결 당시 냉동창고 건물이 형식적 사용승인에도 불구하고 냉동설비 공사 등 보험의 목적인 건물이 완성되지 않아 잔여공사를 계속하여야 할 상황이었는데 이러한 사정을 원고회사에 고지하지 않았다.

〈주요 판시내용〉

　잔여공사로 인하여 완성된 냉동창고 건물에 비하여 증가된 화재의 위험에 노출되어 있었으며, 그 위험의 정도나 중요성에 비추어 이 사건 보험계약을 체결할 피고는 위와 같은 사정을 고지하여야 함을 충분히 알고 있었거나 적어도 현저한 부주의로 인하여 이를 알지 못하였다고 봄이 상당하다. 보험계약에서 고지의무 위반이 성립하기 위하여는 고지의무자에게 고의 또는 중대한 과실이 있어야 하고, 여기서 말하는 중대한 과실이란 고지하여야 할 사실은 알고 있었지만 현저한 부주의로 인하여 그 사실의 중요성의 판단을 잘못하거나 그 사실이 고지하여야 할 중요한 사실이라는 것을 알지 못하는 것을 말한다.

　　그런데 판례 중에 포함설의 입장으로 보이는 것도 있다. 제651조에서의 중대한 과실이란 현저한 부주의로 중요한 사항의 존재를 몰랐거나 중요성 판단을 잘못하여 그 사실이 고

---

143) 최기원, 161면, 173면; 장덕조, 138면; 김은경, 198면; 한기정, 236면; 정찬형, 599면; 양승규, 122면; 최준선, 118면; 정동윤, 517면; 임용수, 110면; 김성태, 224면; 정희철, 387면. 영국 1906 해상보험법 제18조 제1항도 업무상 등의 이유로 당연히 알 수 있는 사항을 알지 못했다면 이는 고지의무 위반으로 보고 있다.

144) 이기수/최병규/김인현, 105면.

145) 대판 2012. 11. 29, 2010다38663; 대판 2011. 4. 14, 2009다103349, 103356; 대판 1996. 12. 23, 96다27971.

지하여야 할 중요한 사항임을 알지 못한 것을 의미한다고 해석함으로써 포함설의 입장을 보이기도 했다.146)

[대법원 2013. 6. 13. 선고 2011다54631 판결]

〈주요 판시내용〉

여기서 중대한 과실이란 현저한 부주의로 중요한 사항의 존재를 몰랐거나 중요성 판단을 잘못하여 그 사실이 고지하여야 할 중요한 사항임을 알지 못한 것을 의미하고, 그와 같은 과실이 있는지는 보험계약의 내용, 고지하여야 할 사실의 중요도, 보험계약의 체결에 이르게 된 경위, 보험자와 피보험자 사이의 관계 등 제반 사정을 참작하여 사회통념에 비추어 개별적·구체적으로 판단하여야 하고, 그에 관한 증명책임은 고지의무 위반을 이유로 보험계약을 해지하고자 하는 보험자에게 있다.

고지해야 할 사실 자체를 중과실로 알지 못한 경우에도 중과실에 의한 고지의무 위반으로 보겠다는 것이다.147) 판례의 태도가 변경된 것이라면 자신이 알지 못하는 사실에 대해 탐지(확인)를 해야 할 의무를 보험계약자 측에게 부과한 것 같은 효과를 가져오는 것이 아닌가 하는 의문이 제기될 수 있다.

(다) 소   결

고지의무란 본래 보험계약자 등이 무엇인가를 알고 있다는 것을 전제로 하여 이를 불고지하거나 사실과 다르게 고지하지 않도록 하는 목적을 가진다. 이러한 취지에서 보면 고지의무 위반의 주관적 요건으로서의 중과실이 모르고 있는 사실에 대한 탐지(확인)의무를 포함하는 것으로 해석하기 어렵다. 그런데 포함설의 입장에서도 보험계약자에게 새로운 사실에 대한 적극적인 탐지(확인)의무를 부과하는 것은 아니라고 해석한다면, 불포함설과 포함설 사이에 커다란 차이가 있다고 볼 수는 없다. 왜냐하면 중요사실의 존재 자체를 알지 못한 경우는 고지의무 위반에 포함시키지 않겠다는 불포함설에 의하더라도 보험계약자가 업무상 당연히 알 수 있는 사실에 대해 중과실로 알지 못한 경우에 대해서는 중과실에 의한 고지의무 위반으로 해석하고 있기 때문이다. 다만 업무상 당연히 알 수 있는 사항인지 여부에 대해서는 엄격히 해석해야 할 것이다.148) 이를 달리 해석하면 신중하고 합리적인 보험계약자라면 당연히 알 수 있는 사실(예를 들어 피보험자의 기왕증 유무)에 대하여 중과실로 알지 못한 경우는 고지의무 위반으로 해석할 수 있다.149)

---

146) 대판 2013. 6. 13, 2011다54631.
147) 같은 취지로 대판 2001. 11. 27, 2009다103349; 대판 2019. 4. 23, 2018다281241.
148) 한기정, 236면.
149) 최준선, 118면; 정찬형, 599면.

포함설을 취하고 있는 것으로 보이는 판례에서도 보험계약자가 적극적으로 확인(탐지)
하여 고지하는 등의 조치를 취하지 않았다는 것만 갖고는 고지의무 위반에 있어서 중과실
이 있다고 할 것은 아니라고 판시하였다. 이러한 모든 것을 고려해보면 결국 포함설과 불
포함설에 커다란 차이가 있지 않다는 것을 간접적으로 말해주는 것이라 할 수 있다.

한편 보험계약자, 보험계약자를 대리하여 보험계약을 체결한 자 그리고 피보험자가
서로 다른 주소에서 각각 따로 거주하고 있고 피보험자가 받은 진단명이 즉시 치료를 받
아야 할 정도로 중한 것이 아니어서 피보험자 본인이 아니면 다른 사람이 정확하게 알 수
있는 가능성이 없고, 가족에게도 바로 알렸을 것으로 볼 만한 사정이 아니라면 보험계약
자나 보험계약자를 대리한 사람이 피보험자의 갑상선결절의 진단을 받은 사실을 당연히
알았거나 쉽게 알 수 있었을 것이라고 단정할 수는 없다고 해석된다. 피보험자가 진단 받
은 병명이 중한 것이 아닌 경우라면 보험계약자와 피보험자가 같이 살고 있는 상황이라고
해도 보험계약자가 당연히 알았거나 쉽게 알 수 있었을 것으로 해석하기는 어려울 것이
다.150) 같은 이유에서 가벼운 신경쇠약, 위궤양, 위염 등에 대해 의사로부터 정확한 병명
을 듣지 못해 불고지한 경우를 고의 또는 중과실에 의한 고지의무위반으로 볼 수 없
다.151) 이러한 상황에서 보험계약자가 피보험자의 건강 또는 신체상태를 적극적으로 확인
하지 않아 사실과 다르게 질문표에 답변했다고 해도 그 자체로 당연히 중과실에 의한 고
지의무 위반으로 해석되지는 않는다고 보아야 한다. 보험계약자가 아닌 다른 사람을 피보
험자로 하는 타인의 인보험 계약에서 피보험자인 타인의 건강 또는 신체상태에 대해서는
질문표상의 질문을 통해 보험자가 확인해야 한다. 중대한 질병과 같이 특별한 사정이 있
으면 보험계약자가 알아야 하거나 알 수 있었을 것으로 해석될 수 있지만, 중대한 질병이
아니라면 타인의 인보험에 있어서 보험계약자가 피보험자의 건강상태를 확인하고 탐지해
야 할 의무가 있는 것은 아니라고 할 것이다.

질문표에 대한 답변이 '예'와 '아니오' 둘 중에서 선택해야 하는 경우에 만약 보험계약
자가 어떤 사실의 존재를 알고 있음에도 그 존재를 묻는 질문에 '아니오'라고 답을 했다면
고지의무 위반이 될 것이다. 그러나 어떤 사실의 존재를 알지 못한 상황에서 그 존재에
대해 '아니오'라고 답을 한 경우에 그 답의 의미는 어떤 사실이 존재하지 않는다고 답을
한 것으로 해석될 수도 있지만, 존재 여부에 대해 모른다는 의미로 '아니오'라는 답을 선
택한 것일 수도 있다. 결국 이러한 상황에서의 '아니오'로 답한 의미에 대해서는 보험계약
의 내용, 고지하여야 할 사실의 중요도, 보험계약의 체결에 이르게 된 경위, 보험자와 피
보험자 사이의 관계 등 제반 사정을 참작하여 사회통념에 비추어 개별적 · 구체적으로 판

---

150) 장덕조, "2013년도 보험법 판례의 동향과 그 연구", 상사판례연구 제27집 제2권, 2014, 80면.
151) 김성태, 217면; 임용수, 110-111면.

단하여야 하고, 그에 관한 증명책임은 고지의무 위반을 이유로 보험계약을 해지하고자 하는 보험자에게 있다고 할 것이다.152)

[대법원 2013. 6. 13. 선고 2011다54631 판결]

〈주요 판시내용〉

피보험자와 보험계약자가 다른 경우에 피보험자 본인이 아니면 정확하게 알 수 없는 개인적 신상이나 신체상태 등에 관한 사항은, 보험계약자도 이미 그 사실을 알고 있었다거나 피보험자와의 관계 등으로 보아 당연히 알았을 것이라고 보이는 등의 특별한 사정이 없는 한, 보험계약자가 피보험자에게 적극적으로 확인하여 고지하는 등의 조치를 취하지 아니하였다는 것만으로 바로 중대한 과실이 있다고 할 것은 아니다. 더구나 보험계약서의 형식이 보험계약자와 피보험자가 각각 별도로 보험자에게 중요사항을 고지하도록 되어 있고, 나아가 피보험자 본인의 신상에 관한 질문에 대하여 '예'와 '아니오' 중에서 택일하는 방식으로 고지하도록 되어 있다면, 그 경우 보험계약자가 '아니오'로 표기하여 답변하였더라도 이는 그러한 사실의 부존재를 확인하는 것이 아니라 사실 여부를 알지 못한다는 의미로 답하였을 가능성도 배제할 수 없으므로, 그러한 표기사실만으로 쉽게 고의 또는 중대한 과실로 고지의무를 위반한 경우에 해당한다고 단정할 것은 아니다.

한편 보험자가 청약서상에서 질문란을 통해 질문하면서 그 질문 형식이 답변의 범위를 일정 범위로 제한하는 형식인 경우에 보험계약자 측이 이러한 범위 내에서 답변을 한 것이라면 범위 밖의 나머지 사실을 알고 있는 보험계약자가 이에 대해 별도의 고지를 하지 않았다고 해서 고의 또는 중과실을 인정할 수는 없다. 즉 그 범위를 벗어난 사항에 대해 보험계약자 등이 알고 있고 또한 그 중요사항 해당성에 대해서도 알고 있다고 해도 보험자가 답변의 범위를 제한한 것으로 여겨지는 경우 범위 밖의 내용에 대해 불고지 또는 부실고지 했어도 고지의무 위반과 관련하여 고의 또는 중과실을 인정할 수 없다고 판단된다.153)

[대법원 1996. 12. 23. 선고 96다27971 판결]

〈사실관계〉

지입차주가 승합차를 렌터카 회사에 지입만 하여 두고 온양영업소장이라는 직함을 부여받아 실제로는 렌터카 회사의 아무런 지시 · 감독 없이 독자적으로 운행하며 온양지역을 거점으로 온양에서 천안으로 통학하는 학생들을 등 · 하교시켜 주는 여객유상운송에 제공하여 왔다. 렌트카 회사

---

152) 대판 2013. 6. 13, 2011다54631, 54648.
153) 한기정, 234면.

는 승합차에 관하여 피고회사와 영업용자동차종합보험계약을 갱신 체결하였는데, 보험계약을 체결함에 있어서 지입차주가 이 사건 승합차를 렌트카 회사의 지시·감독을 받음이 없이 독자적으로 유상운송에 제공하고 있다는 사실을 피고회사에게 알리지 아니하였다. 지입차주가 사고를 일으켰고 피고회사는 사고발생 직후 보험계약자인 렌트카 회사가 영업용자동차보통보험약관에서 정한 '계약 전 알릴 의무'를 위반하였다는 이유로 보험계약을 해지하였다.

〈주요 판시내용〉

　지입차주가 승합차를 렌터카 회사에 지입만 하여 두고 온양영업소장이라는 직함을 부여받아 실제로는 렌터카 회사의 아무런 지시·감독 없이 독자적으로 운행하며 온양지역을 거점으로 온양에서 천안으로 통학하는 학생들을 등·하교시켜 주는 여객유상운송에 제공한 경우, 그 운행형태는 대여자동차 본래의 운행형태에 비하여 사고위험률이 현저히 높다고 볼 수 없어 영업용자동차보험계약에 있어 고지의무의 대상이 되는 중요한 사항에 해당하지 않을 뿐 아니라, 그렇지 않다 하더라도 보험자가 고지의무의 대상이 되는 사항에 관하여 스스로 제정한 보험청약서 양식을 사용하여 질문하고 있는 경우에 보험청약서에 기재되지 않은 사항에 관하여는 원칙적으로 고지의무 위반이 문제될 여지가 없다 할 것이므로, 보험자가 제공한 보험청약서에 당해 차량이 지입차량으로서 지입차주에 의하여 유상운송에 제공되고 있는지 여부에 관한 사항이 없었다면 그 사실을 특별히 부기하지 않았다고 하여 보험계약자인 렌터카 회사에게 중대한 과실이 있다고 볼 수 없다.

4. 입증책임

　고지의무 위반을 이유로 보험자가 보험계약을 해지하려면 보험자가 고지의무 위반 요건인 주관적 요건과 객관적 요건의 존재를 입증해야 한다.[154]

[대법원 2004. 6. 11. 선고 2003다18494 판결]

〈주요 판시내용〉

　보험자가 다른 보험계약의 존재 여부에 관한 고지의무위반을 이유로 보험계약을 해지하려면 보험계약자 또는 피보험자가 다른 보험계약의 존재를 알고 있는 것 외에 그것이 고지를 요하는 중요한 사항에 해당한다는 사실을 알고도, 또는 중대한 과실로 알지 못하여 고지의무를 다하지 아니한 사실을 입증하여야 한다.

---

154) 대판 2004. 6. 11, 2003다18494; 대판 2001. 11. 27, 99다33311; 대판 1993. 4. 13, 92다52085; 양승규, 123면; 정찬형, 600면; 최준선, 119면; 서돈각/정완용, 378면; 정희철, 387면; 이기수/최병규/김인현, 108면.

Ⅶ. 고지의무위반의 효과

1. 보험계약의 해지

(1) 제651조 및 제655조

(가) 보험사고가 발생하기 전의 해지

고지의무 위반의 주관적 요건과 객관적 요건이 충족되었다고 하여 보험계약이 당연히 실효되는 것은 아니다. 고지의무 위반효과로서 보험자에게 계약을 해지할 수 있는 권한을 부여하고 있다. 고지의무위반이 있게 되면 보험사고 발생의 전후를 불문하고 보험자는 일정한 기간 내에 해지권을 행사하여 계약을 해지할 수 있다(제651조). 해지권을 행사하지 않으면 고지의무 위반에도 불구하고 보험계약은 그대로 유효하게 유지된다. 보험사고가 발생하기 전에 보험자가 고지의무위반을 이유로 보험계약을 해지하는 경우 해지의 의사표시가 보험계약자 측에게 도달한 때에 장래에 향해서만 보험계약의 효력 상실 효과가 있다(민법 제111조, 제543조). 해지 이전까지 보험계약의 효력은 인정되며 따라서 보험자는 해지할 때까지의 보험료를 청구할 수 있고, 이미 보험료를 수령한 경우에 이를 반환할 필요가 없다.155) 이론적으로는 해지를 한 시점이 포함되는 보험료기간의 종료에 이르기까지 아직 받지 아니한 보험료(미납보험료)도 보험료불가분의 원칙에 의해 보험자가 취득할 수 있다. 그러나 현재 실무상으로는 보험자가 해당 보험료기간에 대한 보험료를 전부 받은 경우에 해지시점 이후에 대해 일할계산(日割計算)하여 보험계약자에게 돌려주고 있다.

[대법원 2000. 1. 28. 선고 99다50712 판결]

〈주요 판시내용〉

보험계약의 해지권은 형성권이고, 해지권 행사기간은 제척기간이며, 해지권은 재판상이든 재판 외이든 그 기간 내에 행사하면 되는 것이나 해지의 의사표시는 민법의 일반원칙에 따라 보험계약자 또는 그의 대리인에 대한 일방적 의사표시에 의하며, 그 의사표시의 효력은 상대방에게 도달한 때에 발생하므로 해지권자가 해지의 의사표시를 담은 소장 부본을 피고에게 송달함으로써 해지권을 재판상 행사하는 경우에는 그 소장 부본이 피고에게 도달할 때에 비로소 해지권 행사의 효력이 발생한다 할 것이어서, 해지의 의사표시가 담긴 소장 부본이 제척기간 내에 보험계약자에게 송달되어야만 해지권자가 제척기간 내에 적법하게 해지권을 행사하였다고 할 것이고, 그 소장이 제척기간 내에 법원에 접수되었다고 하여 달리 볼 것은 아니다.

---

155) 대판 2000. 1. 28, 99다50712; 정찬형, 602면; 정동윤, 518면; 임용수, 116면.

(나) 보험사고가 발생한 후의 해지

보험사고가 발생한 후에 고지의무위반을 이유로 보험자가 보험계약을 해지한다면 보험자는 발생한 보험사고에 대해 보험금을 지급할 책임이 없고, 이미 지급한 보험금이 있으면 그 반환을 청구할 수 있도록 정하고 있다(제655조 본문). 민법에서 인정되는 해지의 효과(장래효)와는 달리 이미 지급된 보험금에 있어서 예외적으로 소급효를 인정156)한 것은 고지의무위반에 대한 제재적 성격을 보여주는 것이라 할 수 있다.157) 즉 해지권 행사 이전에 보험사고가 발생했더라도 그 보험사고는 고지의무 위반이 실제로 행해진 이후에 발생했음을 고려한 것이다. 그런데 실무상으로는 해지를 하고 나서도 기납입보험료를 반환하기도 하며, 생명보험 등 저축적 요소를 가진 장기보험에 있어서는 보험수익자에게 적립금을 반환하기도 한다(제736조 제1항).158)

(2) 해지권의 행사

해지권은 형성권이므로159) 보험자는 보험계약자나 그 대리인(보험계약자가 사망한 경우에는 상속인이나 대리인에게, 상속인마저 없는 경우에는 재산관리인)에게 일방적인 의사표시로 행사하면 된다.160) 고지의무 위반에도 불구하고 보험자가 해지권을 행사하지 않으면 보험계약의 효력은 그대로 계속된다. 보험계약의 당사자가 아닌 피보험자나 보험수익자에게 한 해지의 의사표시는 해지로서의 효력이 인정되지 않는다. 타인을 위한 보험에서 약관에서 별도로 인정하지 않는 한 보험수익자에게 하는 해지의 의사표시는 효력이 없다.161) 해지의 의사표시가 상대방에게 도달해야 효력이 발생하는데 해지권을 재판상 행사하는 경우에는 해지 의사표시를 담은 소장 부본이 상대방에게 도달해야 그 효력이 생긴다.162)

---

156) 대판 2010. 7. 22, 2010다25353.
157) 김성태, 332-333면; 최기원, 183면; 임용수, 117면. 그런데 보험금 지급과 관련하여 소급효를 인정하는 것을 이유로 고지의무 위반의 효과를 해제로 해석해야 한다는 견해가 있다(최준선, 121면; 손주찬, 530-531면). 그런데 해제는 처음부터 보험계약이 성립하지 않았던 것과 같으며 따라서 각 당사자는 원상회복의무를 부담하는 데 비해, 현행법과 같이 해지로 규정하는 것은 보험사고 발생시까지만 소급효를 인정함으로써 사고 발생 이전의 보험관계를 일단 유효하게 존속하는 것으로 다룬다는 점에서 해제와 구별된다. 한기정, 238면-239면에서는 제655조에서 인과관계가 없는 보험사고에 대해서는 보험금을 지급하도록 하고 있기 때문에 일률적으로 제재적 성격이 있다고 해석할 수는 없다는 입장이다.
158) 생명보험이 보장적 기능 이외에 저축적 기능도 있으므로 고지의무 위반으로 인한 계약 해지의 경우에 기납입보험료에서 저축을 위한 부분에 대해서는 보험계약자에게 반환하도록 하는 것이다. 양승규, 124면.
159) 대판 2000. 1. 28, 99다50712.
160) 대판 1989. 2. 14, 87다카2973; 대판 2000. 1. 28, 99다50712.
161) 대판 1989. 2. 14, 87다카2973; 최준선, 120면; 임용수, 114면; 양승규, 124면.
162) 대판 2000. 1. 28, 99다50172.

[대법원 2002. 11. 8. 선고 2000다19281 판결]

〈주요 판시내용〉

보험계약에 있어서 보험계약자의 고지의무위반을 이유로 한 해지의 경우에 계약의 상대방 당사자인 보험계약자나 그의 상속인(또는 그들의 대리인)에 대하여 해지의 의사표시를 하여야 하고, 보험금 수익자에게 해지의 의사표시를 하는 것은 특별한 사정(보험약관상의 별도기재 등)이 없는 한 효력이 없다고 할 것이며, 이러한 결론은 그 보증보험계약이 상행위로 행하여졌다거나 혹은 보험계약자의 소재를 알 수 없다는 이유만으로 달라지지는 않는다고 할 것이다.

보험자가 해지권을 행사하는 방법에는 특별한 정함이 없으나 실무상으로는 약관이 정하는 방법, 즉 서면에 의하고 있다. 그러나 이메일 등 기타의 방법도 가능하다. 재판상 행사이든 재판 외 행사이든 불문한다. 해지의 의사표시가 보험계약자 측에게 도달했을 때에 보험계약자가 충분히 해지사유에 대해 알 수 있을 정도로 해지의 사유를 구체적으로 적시하여야 한다.163) 왜냐하면 상법 보험편이나 약관에서 정하고 있는 해지사유는 여러 가지인데 보험계약자 측에서 정확한 해지사유를 알아야만 보험자의 해지권 행사에 적절히 대응할 수 있기 때문이다. 보험자가 해지권을 행사하는 경우에 조건이나 기한을 붙일 수 없다. 특정 해지사유를 이유로 보험자가 해지의 의사표시를 한 후 다른 해지사유에 의한 것으로 전용하는 것도 허용될 수 없다고 해석된다.164)

경제적으로 독립된 보험목적이 수개인 경우에 (예를 들어 2대의 자동차를 보험목적으로 하여 자동차보험계약을 체결하면서 그 중 한 대에 대해 부실고지를 하거나, 경제적으로 독립한 여러 개의 물건을 화재보험계약의 목적으로 하여 보험계약을 체결하면서 그 중 일부에 대해 불고지 또는 부실고지를 한 경우)에 다수설과 판례는 일부에 대해서만 고지의무위반 등으로 계약해지가 가능할 때에 보험자가 그 나머지 부분만으로는 동일한 조건으로 보험계약을 체결하지 않았으리라는 사정이 있는 경우에만 보험계약을 전부 해지할 수 있는 것으로 해석하고 있다. 그러한 사정이 없다면 고지의무 위반이 있는 보험목적에 대해서만 보험계약을 (일부)해지해야 할 것이다.165) 집합보험이나 단체보험의 경우에 보험계약의 일부분에 대한 분리가 가능한 경우에는 일부해지를 인정할 필요가 있다. 이를 인정하지 않을

---

163) 대판 2004. 12. 10, 2004다55377.

164) 대판 2004. 12. 10, 2004다55377; 생명보험표준약관 제14조 제2항에서는 계약을 해지하거나 보장을 제한할 경우에는 계약전 알릴의무 위반사실뿐만 아니라 계약전 알릴의무 사항이 중요한 사항에 해당되는 사유 및 계약의 처리결과를 "반대증거가 있는 경우 이의를 제기할 수 있습니다"라는 문구와 함께 계약자에게 서면으로 알려 주어야 한다고 정하고 있다. 임용수, 115-116면. 반면에 최기원, 182면은 구체적으로 해지사유를 명시할 필요는 없고 고지의무 위반으로 해지권이 발생했다는 것과 해지권이 행사되었다는 것을 보험계약자가 아는 것으로 충분하다고 한다.

165) 대판 1999. 4. 23, 99다8599; 임용수, 114-115면; 장덕조, 141면.

경우, 예를 들어 복수의 피보험자 중 1인만이 고지의무를 위반했을 뿐인데도 고지의무를 충실히 이행한 다른 피보험자에 대한 계약도 해지된다면 다른 피보험자들은 신계약을 다시 체결해야 하는 불편을 당하게 될 것이기 때문이다.

[대법원 1999. 4. 23. 선고 99다8599 판결]

〈사실관계〉

원고회사와 화재보험계약을 맺은 소외 회사에 사고가 발생하여 보험금청구권의 질권자인 피고가 보험금을 청구하자, 원고회사는 소외 회사가 보험에 가입한 동산과 부동산 중 동산이 중고품임에도 이를 신품인 것처럼 속여 계약을 체결하였으므로 동산 부분은 물론 부동산 부분의 보험금도 지급할 수 없다고 다투었다.

〈주요 판시내용〉

경제적으로 독립한 여러 물건에 대하여 화재보험계약을 체결함에 있어 집합된 물건 전체에 대하여 단일의 보험금액으로써 계약을 체결하거나 물건을 집단별로 나누어 따로이 보험금액을 정하거나 간에, 보험의 목적이 된 수개의 물건 가운데 일부에 대하여만 고지의무위반이 있는 경우에 보험자는 나머지 부분에 대하여도 동일한 조건으로 그 부분만에 대하여 보험계약을 체결하지 아니하였으리라는 사정이 없는 한 그 고지의무 위반이 있는 물건에 대하여만 보험계약을 해지할 수 있고 나머지 부분에 대하여는 보험계약의 효력에 영향이 없다고 할 것이다. 따라서 보험회사의 보험금지급채무를 인정한다.

한편 수인의 보험계약자와 보험자 사이에 실질적으로 독립된 별개의 보험계약들이 형식상으로 하나의 보험계약으로 체결되는 경우를 복합보험(composite policy)이라 하는데, 이 경우 특정 보험계약자의 고지의무 위반이 있어도 다른 보험계약자의 보험계약 효력에는 영향을 미치지 못한다.[166]

(3) 해지권의 제한

㈎ 보험자의 악의 또는 중과실

고지의무 제도의 취지는 보험자에게 위험에 대한 정확한 정보를 제공하여 그 인수 여부를 결정하도록 하는 것이다. 따라서 비록 보험계약자 측에서 중요한 사실을 고지하지 않았다고 해도 그 중요한 사실을 보험자가 이미 알고 있거나 충분히 알 수 있었을 것이라고 여겨지는 상황에서 보험자가 스스로 위험을 인수하는 선택(자기과실에 의한 위험선택)을 한 것은 보험자의 악의 또는 중과실이 인정될 수 있으며 이를 보험자의 해지권 제한 사유

---

166) 한기정, 248면.

로 하고 있다.167) 보험자에게 악의 또는 중과실이 있었다는 사실은 보험계약이 해지되지 않고 그대로 유지되기를 바라는 보험계약자가 입증해야 한다.

　　보험회사의 임직원, 체약대리상 또는 보험의 등 보험자를 위해 고지수령권이 있는 모집종사자의 경우에도 마찬가지이다. 즉 이들이 보험계약자 측의 고지의무 위반 사실을 알았거나 중과실로 알지 못한 경우에도 보험자의 해지권 행사가 제한된다.168) 다만 판례는 보험의의 중과실을 보험자의 중과실로 보기 위해서는 보험의가 단순히 보험회사에 소속되었다는 사실만 갖고는 부족하다는 입장이다. 보험의가 피보험자에 대한 건강위험 측정 자료를 보험자에게 제공하는 보험자의 보조자의 자격에서 고지수령을 했을 것이 요구된다는 것이 판례의 태도이다. 고지수령권이 인정되지 않는 보험중개사나 보험설계사의 악의 또는 중과실은 보험자의 해지권 제한사유로 인정할 수 없다.

[대법원 2001. 1. 5. 선고 2000다40353 판결]

〈사실관계〉

　피고회사는 종합건강진단센터를 설립하여 고액보험계약자들을 대상으로 건강진단서비스를 제공했는데, 이 사건의 보험계약자는 건강진단에서 고혈압이라는 판정을 받았으나 피고회사에 고지하지 아니한 채 고혈압으로 사망하였다. 이에 원고가 보험금을 청구하자 피고회사는 보험계약자가 고혈압 사실을 숨겼으므로 보험계약을 해지하겠다고 통지하였고, 원고는 피고회사가 건강진단 결과를 충분히 알 수 있었으므로 계약을 해지할 수 없다고 다투었다. 위 센터의 진단 결과는 의료법상 피진단자의 동의 없이 외부유출이 금지되어 그 결과는 피고회사의 관련 부서에 통보되지 않았고, 관련 부서도 자료에 접근할 수 없었다.

〈주요 판시내용〉

　보험자의 악의나 중대한 과실에는 보험자의 그것뿐만 아니라 이른바 보험자의 보험의(保險醫)를 비롯하여 널리 보험자를 위하여 고지를 수령할 수 있는 지위에 있는 자의 악의나 중과실도 당연히 포함된다고 할 것이나, 보험자에게 소속된 의사가 보험계약자 등을 검진하였다고 하더라도 그 검진이 위험측정자료를 보험자에게 제공하는 보험자의 보조자로서의 자격으로 행해진 것이 아니라면 그 의사가 보험자에게 소속된 의사라는 사유만으로 그 의사가 검진 과정에서 알게 된 보험계약자 등의 질병을 보험자도 알고 있으리라고 보거나 그것을 알지 못한 것이 보험자의 중대한 과실에 의한 것이라고 할 수는 없다.

　　과거와는 비교할 수 없을 정도로 보험자는 엄청난 양의 중요한 정보에 쉽게 접근할 수 있게 되었다. 정보의 전문성뿐만 아니라 접근의 수월성 측면에서 오히려 보험자가 보

---

167) 정찬형, 602면; 임용수, 121면; 양승규, 126면.
168) 대판 2001. 1. 5, 2000다40353.

험계약자 측보다 더 많은 정보를 가질 수도 있다. 이러한 상황에서 보험자가 조금만 주의를 기울인다면 쉽게 접근하여 인식할 수 있는 정보에 대해 이를 게을리 하여 해당 정보를 인지하지 못했다면 이는 보험자의 중과실을 인정할 수 있을 것이다.

보험자의 중과실이 인정되는 예로는 질문표상의 답변이 거짓임이 청약서의 다른 문언상 명백한데 이를 인식하지 못한 것, 보험청약서 작성일과 기재된 피보험자의 생년월일을 볼 때 피보험자의 연령이 잘못되었음을 인식하지 못한 것, 보험의가 피보험자를 진찰하면서 피보험자가 심각한 중풍을 앓고 있다는 사실을 발견 못한 것 등을 들 수 있다. 고지수령권한이 있는 사람에게 중요한 사실을 고지했으나 그가 사실과 다르게 기재한 것도 보험자의 중과실로 볼 수 있다.169) 피보험자가 종합병원 등 의료기관에서 단체로 또는 개인적으로 건강진단을 받고 피보험자의 건강상태를 판단할 수 있는 기초자료를 보험자에게 제출하였고 보험자가 이를 기초로 하여 청약에 대해 승낙을 하였다면 그 자료에 포함되어 있는 정보와 관련하여 진실과 다른 것이 있더라도 보험자는 당해 계약을 해지할 수는 없다고 해석해야 할 것이다.170) 보험자 측의 중과실이 인정되기 때문이다. 그런데 인보험에서 보험자가 피보험자에 대한 건강진단을 실시하지 않았다는 것만으로는 해지권 제한사유로서의 보험자의 중대한 과실이라 할 수 없다.171) 또한 청약을 거절당한 자가 같은 보험자와 다시 보험계약을 체결하면서 청약 거절 사유에 대해 고지하지 않는 경우 또는 과거에 고지된 사항과 정반대의 정보를 보험자가 보유하고 있는 경우 등도 보험자의 중과실이 인정될 수 있다.172)

보험자는 자신이 보유하고 있는 정보에 대한 주의의무가 요구된다. 아래 판례의 취지도 보험자가 가지는 정보에 대한 주의의무를 인정하고 있는 것으로 보인다.

[대법원 2011. 12. 8. 선고 2009다20451 판결]

〈사실관계〉
甲이 오토바이를 소유·운전하면서도 '비소유 및 비탑승'으로 고지하여 피고회사와 상해사망 시 보험금이 지급되는 보험계약을 체결한 후 자신의 오토바이를 운전하다가 상해사고로 사망하자, 피고회사가 고지의무 위반을 이유로 보험계약을 해지하였다. 이에 대해 보험계약자 측은 보험자가 관련 정보를 쉽게 알 수 있었다고 항변하였다.

〈주요 판시내용〉
甲이 2006. 4. 15. 오토바이를 피보험차량으로 하여 피고회사의 자동차보험에 가입하여 이 사

---

169) 임용수, 121면; 한기정, 243면.
170) 同旨: 임용수, 126면.
171) 임용수, 121면; 정찬형, 603면; 최준선, 122면 각주 1; 정동윤, 519면; 한기정, 243면.
172) 한기정, 244면.

건 보험 가입 당시까지 위 오토바이에 관한 자동차보험을 유지하고 있었다면, 甲이 위 자동차보험에 가입한 내역은 특별한 사정이 없는 한 피고회사의 전산망에 입력되어 있었다고 보아야 할 것이다. 따라서 보험자인 피고회사로서는 이 사건 보험의 인수 여부를 결정하고 甲의 고지의무 위반으로 인한 자신의 불이익을 방지하기 위하여 甲의 인적사항을 이용하여 피고회사의 전산망에서 甲의 자사(自社) 보험가입현황을 조회함으로써 甲의 위 자동차보험 가입내역을 쉽게 확인할 수 있었을 것이고, 그 결과 甲의 오토바이 소유 및 탑승 여부에 관한 고지의무 위반사실도 쉽게 알 수 있었을 것이다. 그렇다면 피고회사는 이 사건 보험계약 체결 당시 甲이 오토바이 소유 및 탑승 여부에 관하여 전산망의 조회를 통하여 불실고지 사실을 알았거나, 만일 조회를 하지 아니하여 몰랐다면 이는 중대한 과실에 해당한다고 할 것이므로, 피고회사는 위와 같은 甲의 고지의무 위반을 이유로 이 사건 보험계약을 해지할 수 없다고 할 것이다.

보험계약 체결 당시 보험계약자의 고지의무 위반사실에 대해 보험자가 알았거나 중대한 과실로 인해 알지 못한 경우에 보험자의 해지권 행사를 제한하고 있는 제651조 단서가 보험계약의 단체적 성질 및 그 구성원에 대한 평등대우원칙을 고려할 때 고지의무를 위반한 보험계약자 측에게 지나친 특혜를 주는 것 아니냐는 견해가 있다. 또한 보험자가 고지의무위반의 사실을 확정적으로 안 때에만 해지권을 제한해야 한다는 견해도 있다.[173] 그러나 고지의무제도가 정확한 위험의 크기를 측정하여 보험료와 보험금을 산정하기 위한 제도임을 고려할 때 고지의무위반의 사실을 보험자가 이미 알고 있거나 현저한 부주의로 이를 알지 못한 채 스스로의 선택에 의해 위험을 인수하고 보험계약을 체결한 후 보험료까지 수령한 보험자를 보호해 주어야 할 합리적 이유는 없다고 할 것이다. 불고지된 사실에 대해 보험자가 이미 알고 있거나 조금만 주의를 기울였더라면 쉽게 알 수 있었음에도 불구하고 이러한 보험자로 하여금 고지의무 위반을 이유로 해지권을 행사할 수 있도록 허용한다면 오히려 보험자의 과보호 문제가 제기될 수 있기 때문이다.[174]

한편 제651조에서는 해지권 제한사유로 보험자가 고지의무 위반사실을 알았거나 중대한 과실로 알지 못한 경우를 정하고 있으나, 생명보험표준약관에서는 보험자가 위험인수를 업무로 하는 전문가라는 점을 고려하여 보험자가 경과실로 고지의무 위반사실을 알지 못한 경우에도 해지권을 제한하고 있다.[175] 또한 보험설계사 등이 보험계약자 또는 피보험자에게 고지할 기회를 주지 않았거나 사실대로 고지하는 것을 방해한 경우, 사실대로 고지하지 않게 하였거나 부실한 고지를 권유했을 때에도 보험자의 해지권은 제한된다.[176]

---

173) 양승규, 126면(보험계약은 보험단체를 전제로 하고 그 구성원을 평등하게 대우해야 한다는 측면에서 볼 때 악의 있는 고지의무 위반자에게 특별한 이익을 주는 것은 입법론적으로 고려해야 한다고 설명하고 있다); 김성태, 233면.

174) 同旨: 김은경, 202면; 최기원, 196면; 임용수, 122-123면.

175) 생명보험표준약관 제14조 제1항; 이현열, "개정 표준약관 개관", 보험법연구 제4권 제1호, 2010, 143면.

176) 생명보험표준약관 제14조 제1항 5호.

(나) 해지권 행사의 제척기간 경과

고지의무위반의 사실을 보험자가 안 때로부터 1월, 계약을 체결한 때로부터 3년이 경과하면 보험자는 계약을 해지할 수 없다(제651조). 판례는 해지권 행사기간을 제척기간으로 보는데,[177] 보험자가 고지의무위반의 사실을 알고도 1월이 경과하면 보험자는 그러한 위험을 스스로 선택한 것으로 인정할 수 있으며, 보험계약을 체결한 날로부터 3년이 경과하고 이 기간 내에 보험사고가 발생하지 않았다면 고지의무위반이 있더라도 보험관계를 유지하는 것이 타당하다고 여겨지기 때문에 이러한 제척기간을 둔 것이다.[178] 법에서 정한 제척기간이 경과하게 되면 보험자는 고지의무위반을 이유로 더 이상 해지권을 행사할 수 없게 되므로[179] 이 기간을 불가쟁기간(不可爭期間, incontestable period)이라고 한다. 제척기간이 경과하기 전에 보험자의 해지 의사표시가 보험계약자 등에게 도달되어야 하며, 이 기간이 경과한 후에 행한 해지통지는 해지권 소멸 후의 의사표시이므로 효력이 없다.[180] 제척기간이 도과했는지 여부는 당사자가 이를 주장하지 않더라도 법원이 직권으로 조사해 판단해야 한다.

보험자가 고지의무 위반 사실을 알았다는 것에 대한 입증의 정도는 엄격하게 해석해야 할 것이다. 보험자가 고지의무 위반사실을 안다는 것은 보험자 이외에 보험계약의 체결권이 있는 체약대리점 또는 보험자의 대리인이 안 것도 포함한다. 계약체결권이 없는 보험설계사나 영업소장이 알고 있는 것은 보험자가 안 것으로 보지 않는다. 보험자가 고지의무 위반의 사실을 '안 때'라는 것은 단순히 의심을 하는 정도가 아니라 고지의무위반 사실을 객관적인 증거 등을 통해 확실하게 알게 된 때를 말한다.[181] 그 이유는 보험자가 보험계약을 해지하기 위해서는 고지의무 위반 사실에 대해 구체적으로 입증해야 하기 때문이다. 제652조의 현저한 위험변경증가에 대한 통지의무 위반과 관련하여 보험자가 위반사실을 '안 때'를 해석함에 있어서 판례는 보험자가 위반 사실에 대해 '객관적인 증거를 통해 확실하게 알게 된 때'라고 해석하고 있는 것도 같은 취지라 할 수 있다.[182]

[대법원 2020. 11. 26. 선고 2020다247268 판결]

〈사실관계〉
피고 보험회사로부터 위임받은 손해사정회사가 2016. 2. 26.까지 원고 및 보험설계사 소외인과

---

177) 대판 2000. 1. 28, 99다50172.
178) 정찬형, 602면; 정희철, 388면.
179) 대판 1986. 11. 25, 85다카2578; 한기정, 242면.
180) 대판 1986. 11. 25, 85다카2578; 정찬형, 602면; 최준선, 123면; 임용수, 124면; 정동윤, 519면; 양승규, 125면.
181) 대판 2020. 11. 26, 2020다247268. 임용수, 125면; 양승규, 125면; 최기원, 200면.
182) 대판 2011. 7. 28, 2011다23743.

면담하고 0000 산부인과병원을 비롯한 각 병원에서 발급받은 의무기록 사본 등을 검토한 후, 2016. 3. 3. 피고에게 1차 중간보고서를 제출하였고, 2016. 3. 9. 소외인을 재면담하면서 메일 및 통화이력을 확인한 후 같은 해 3. 14. 피고에게 2차 중간보고서를 제출하였다. 2차 중간보고서에는, 원고가 2015. 7. 29. 오후 6:30경 소외인과 이 사건 보험가입을 위해 전화통화를 마치고 난 후 같은 날 저녁 0000 산부인과병원에서 산전 정기검진을 받았는데 태아의 심실중격결손 소견으로 대학병원에서 정밀검사를 받을 것을 권유받았고, 다음 날 ▲▲대학교병원에서 태아 심장에 대한 초음파검사 결과 태아의 심실중격결손 진단이 내려진 사실, 소외인은 2015. 7. 31. 원고에게 원고의 자필서명이 되어 있지 않은 이 사건 보험계약 청약서 및 '계약 전 알릴의무 사항' 서면을 우편으로 발송한 사실, 원고는 위 청약서 등에 자필서명을 한 후 이를 다시 소외인에게 우편으로 발송하였고, 소외인은 2015. 8. 10. 이를 수령하였으며, 원고는 같은 날 이 사건 보험에 가입된 사실이 기재되어 있다.

〈주요 판시내용〉

사실관계가 위와 같다면, 피고는 손해사정회사의 2차 중간보고서에 의하여 이미 '이 사건 보험계약 체결 이전에 원고가 보험설계사 소외인과의 전화를 마치고 0000 산부인과병원 및 ▲▲대학교병원에서 태아의 심실중격결손 진단을 받았음에도 소외인과의 전화통화 당시 고지된 내용에 따라 "최근 3개월 이내 의사로부터 진찰 또는 검사를 통하여 질병의심소견 등 의료행위를 받은 사실이 있는지"에 관한 질문에 대하여 "아니오"로 표시된 계약 전 알릴의무 서면의 기재 내용을 수정하지 않은 채 이 사건 보험계약의 청약서 등에 자필서명을 하여 제출한 사실'을 알았다고 할 것이다. 그렇다면, 피고는 2차 중간보고서가 제출된 2016. 3. 14. 이미 이 사건 보험계약 당시 보험계약자인 원고가 고의 또는 중대한 과실로 중요한 사항인 위 질문에 대하여 부실의 고지를 한 사실을 알게 되었다고 봄이 상당하다. 따라서 원고의 고지의무 위반을 이유로 한 피고의 해지권 행사의 제척기간은 2016. 3. 14.부터 진행되므로, 그로부터 1개월이 지난 2016. 5. 4.에 이루어진 피고의 해지 의사표시는 제척기간 도과 후의 해지권 행사로 효력이 없다.

제651조상의 제척기간을 단축하는 당사자간의 합의는 유효하다. 실무상으로 생명보험 표준약관 제14조 제1항 제2호에서는 '회사가 그 사실을 안 날부터 1개월 이상 지났거나 또는 보장개시일부터 보험금 지급사유가 발생하지 아니하고 2년(진단계약의 경우 질병에 대하여는 1년)이 지났을 때, 또는 계약을 체결한 날부터 3년이 지나면' 보험계약을 해지할 수 없다고 정함으로써 제척기간을 단축하고 있다.

[대법원 2011. 7. 28. 선고 2011다23743 판결]

〈주요 판시내용〉

해지권 행사기간의 기산점은 보험자가 계약 후 위험의 현저한 증가가 있는 사실을 안 때가 아니라 보험계약자가 위와 같은 통지의무를 이행하지 아니한 사실을 보험자가 알게 된 날이라고 보아야 한다. 나아가 보험계약자가 보험자에 대하여 위험의 현저한 증가가 없었다거나 그러한 사실을 알지 못하였다고 주장하면서 통지의무 위반이 없다고 다투고 있는 경우에는 그때까지 보험자가 보험계약자의 통지의무 위반에 관하여 의심을 품고 있는 정도에 그치고 있었다면 그러한 사정만으로 해지권이 발생하였다고 단정할 수 없으므로 이러한 상태에서 곧바로 해지권의 행사기간이 진행한다고 볼 수는 없고, 그 후 보험자가 보험계약자의 통지의무 위반 여부에 관하여 조사·확인절차를 거쳐 보험계약자의 주장과 달리 보험계약자의 통지의무 위반이 있음을 뒷받침하는 객관적인 근거를 확보함으로써 통지의무 위반이 있음을 안 때에 비로소 해지권의 행사기간이 진행한다고 보아야 한다.

(이 판례는 통지의무에 관한 것이지만 고지의무에도 적용될 수 있다)

(다) 약관설명의무위반과 고지의무위반과의 관계

보험자가 보험약관의 설명의무를 위반하여 보험계약을 체결한 때에는 설명되지 않은 약관의 내용을 보험계약의 내용으로 주장할 수 없다. 설명되지 않은 부분은 계약의 내용이 아니므로 보험계약자나 그 대리인이 보험자로부터 설명받지 않은 특정 사항에 대해 고지의무를 위반했다고 해도 이를 이유로 하여 보험자는 보험계약을 해지할 수 없다. 즉 약관설명을 듣지 못한 보험계약자가 그 약관에 규정된 사항에 대한 고지의무를 위반했다고 해도 이를 이유로 보험자는 보험계약을 해지할 수 없다.[183]

(라) 보험자의 책임있는 사유에 의해 불고지된 경우

보험계약자가 특정 사실을 보험자에게 고지하였는데 이와 관련된 다른 추가적 또는 연관된 사실에 대해 보험자가 추가질문을 하지 않거나 더 이상 고지할 것을 별도로 요구하지 않음으로 인해 보험계약자가 관련 부분에 대해 추가 고지를 하지 않은 경우에 보험자는 그 부분에 대한 고지의무 위반을 이유로 해지할 수 없다. 보험자나 그 대리인이 보험계약자 등의 고지의무 이행을 방해하는 경우도 이에 해당할 수 있다.[184] 보험자 또는 그 대리인의 귀책사유로 인해 고지의무 위반이 발생한 것으로 해석될 수 있기 때문이다. 보험설계사나 보험대리상 등 모집종사자가 보험계약자의 의사에 반하여 고지사항을 청약서에 임의로 기재하거나 보험설계사가 임의로 고지사항란을 기재하고 기명날인까지 대행함으로써 보험계약자 측이 고지사항을 확인하지도 못한 채 보험계약의 청약이 이루어진 경우에도 보험자는 고지의무위반을 이유로 해지권을 행사할 수 없다. 그러나 고지의무자의 동의하에 또는 고지의무자로부터 위임을 받고 보험계약자가 구두로 고지한 내용을 청

---

183) 대판 1997. 3. 14, 96다53314; 대판 1998. 11. 27, 98다32564; 대판 1996. 4. 12, 96다5520; 대판 1996. 3. 8, 95다53546; 대판 1996. 4. 12, 96다4893; 대판 1995. 8. 11, 94다52492; 대판 1992. 3. 10, 91다31883; 정찬형, 604면; 정동윤, 515면; 최준선, 125면. 한편 이러한 해석은 정직하지 못한 보험계약자를 지나치게 보호함으로써 보험계약의 선의성과 단체성에 위배된다고 해석하는 견해가 있다(김성태, 234-235면; 서헌제, 78면).
184) 보험업법 제97조 제1항 3호. 최기원, 198면; 임용수, 123면; 한기정, 248면.

약서에 단순히 기재하는 기재대행의 경우에는 임의기재에 해당하지 않는다.[185] 보험설계사 등 모집종사자가 중요사항의 불고지 또는 부실고지를 권유한 것만으로는 특별한 사정이 없는 한 보험자의 귀책사유를 인정하기 어렵다는 해석이 있으나,[186] 보험소비자 보호 취지에서 보험자의 귀책사유를 인정하는 것이 타당하다고 할 수 있다. 금융소비자보호에 관한 법률 제45조에서도 이러한 경우 보험자의 사용자책임을 인정하고 있다.

㈑ 불고지·부실고지 사항의 소멸

고지의무의 위반이 있더라도 불고지 또는 부실고지한 사항이 보험사고의 발생 전에 소멸하였다면 보험자의 해지권 행사는 제한되어야 한다는 해석이 있다.[187] 고지의무 위반행위는 있었으나, 보험사고와 인과관계가 생길 수 없음을 그 이유로 들고 있다. 하자 치유가 되었다고 보는 것이다. 판례는 보험자의 해지권은 고지의무 위반의 효과이며, 인과관계 문제는 해당 사고에 대한 보험금 지급책임의 유무에 관한 것이라는 입장이다.[188] 보험자는 보험사고가 발생하기 전이라도 고지의무 위반을 이유로 보험계약을 해지할 수 있다(제651조). 고지의무 위반은 선의성 또는 신의성실의 원칙 위반의 문제이기도 하다. 따라서 보험사고의 발생 전에 불고지 또는 부실고지된 사항이 소멸되었더라도 고지의무 위반은 이미 형성된 것이고 이에 따라 보험계약의 해지는 인정되어야 할 것이다.

㈒ 해지권의 포기

해지권 행사여부는 보험자의 권리이므로 보험자는 스스로 해지권을 포기할 수 있다. 고지의무자의 동의없이 보험자의 단독행위로서 명시적인 의사표시에 의해 포기할 수도 있고 묵시적으로도 포기할 수 있다. 묵시적으로 해지권을 포기하였다는 것을 인정하기 위해서는 보험자는 고지의무 위반 사실을 알면서도 보험증권을 교부하거나 계약의 갱신을 하거나 고지의무 위반사실을 안 이후에도 보험료 지급을 유예하는 등의 행위가 있어야 할 것이다.[189] 고지의무위반 사실을 알고 지급기한이 이미 도래한 보험료를 수령한 것만 가지고는 보험자가 해지권을 포기한 것으로 볼 수는 없겠지만, 장래의 보험기간을 위해 보험료를 수령한 것이라면 이는 보험계약의 유지를 위해 해지권을 포기한 것으로 볼 수 있을 것이다.[190] 다만 보험계약의 단체성을 감안할 때 특정 보험계약자의 고지의무 위반에 대해 보험자가 특별히 해지권을 포기하는 것을 무제한적으로 인정할 수 있는 것인지 고민해보아야 한다. 해지권 포기는 위험과 보험계약의 불일치를 인정하는 결과가 되고 결과적으로 보험단체에게 불리해지기 때문이다.

185) 임용수, 123-124면.
186) 한기정, 249면.
187) 최기원, 192면; 한기정, 248면.
188) 대판 2010. 7. 22, 2010다25353.
189) 장덕조, 145면 각주 106; 한기정, 248면; 최기원, 201면; 손주찬, 530면.
190) 최기원, 201면; 최준선, 125면; 임용수, 126면.

2. 고지의무 위반효과로서의 비례보상 등의 문제

현재 우리 보험법에서 고지의무 위반의 주관적 요건은 고의 또는 중과실로 제한되어 있고 고지의무 위반의 효과는 보험자에 의한 해지권 행사가 유일하다. 보험자가 해지권을 행사함에 따라 보험계약은 장래를 향해 효력을 잃게 되므로 보험사고가 발생하더라도 보험계약자로서는 보험금 전액을 지급받지 못하게 된다. 고지의무 위반이 있으면 고지의무 위반의 정도를 고려하지 않고 보험계약자는 보험보호를 모두 잃을 수 있으며 보험자는 기존 계약의 효력을 그대로 유지시키거나 그 효력을 상실시키는 두 방안 중 하나를 선택할 뿐이다.

이러한 全部 또는 全無(all or nothing)식에서 탈피하여 고지의무 위반의 효과를 완화하려는 시도가 바로 보험금의 비례보상과 계약변경권이다. 해외 법제에서는 이에 대한 개정이 이루어지고 있다. 기존의 고지의무 위반효과로서의 全部 또는 全無 방식은 정보비대칭이 뚜렷하여 대부분의 정보를 보험계약자에게 의존했던 과거 시대의 상황을 적극 반영한 것이다. 그러나 현재는 보험자가 오히려 빅데이터(big data)에 보다 쉽게 접근할 수 있고 오랜 기간 동안의 영업상 정보와 노하우가 집적되었으며 인터넷 등 정보통신의 획기적인 발달로 과거의 정보비대칭 상황은 완전히 달라졌다. 이러한 변화를 반영하기 위해 앞에서 설명한 고지의무의 수동화 또는 중요한 사실의 판단기준을 기존의 신중하고 사려깊은 보험자에서 신중하고 사려깊은 보험계약자로 변경하는 등의 시도[191]가 행해지고 있다.

이와 함께 고지의무위반의 주관적 요건을 보다 다양하게 구분하고 이에 따라 보험금을 비례적으로 보상하는 법리가 서서히 도입되고 있다. 비례보상에 대하여는 이미 프랑스 등에서 입법화하였고 유럽보험계약법준칙(안)(Principle of European Insurance Contract Law, PEICL)에서도 비례보상의 내용을 담고 있다. 보험계약자 측의 과실로 고지의무 위반이 있는 경우에 보험자가 이러한 위반사실을 알았더라면 보험료를 증액하여 계약을 체결하였을 것으로 인정된다면 그 (증액된) 보험료와 실제 지급한 보험료의 비율에 따라 보험금을 감액하여 지급하는 것을 비례보상이라 한다. 비례보상을 인정하고 있는 프랑스, 유럽보험계약법 준칙 이외에 영국의 법개정위원회 개정안에서도 고지의무 위반이 고의에 의하지 않은 경우에만 보험금의 비례적 감액을 인정하고 있다.[192] 2008년 개정된 독일보험계약법에서도 보험계약자가 고지의무를 중과실로 위반한 경우에 의무위반의 비율에 따라 보험자의 급부의무가 정해지는 것으로 규정되었다.[193] 영국의 2012 소비자보험법 내용을 보면 고지

---

191) 신중하고 합리적인 보험자 기준에 대한 비판 및 신중하고 합리적인 보험계약자 기준에 대한 상세한 설명은, 박세민, 영국보험법과 고지의무, 2004, 200-203면 및 237-244면 참조.
192) 한기정, "보험계약상 고지의무에 대한 입법론적 고찰", 서울대학교 법학, 52권 제3호, 2011, 373면.
193) 독일 보험계약법 제28조 제2항.

의무를 위반한 보험계약자에게 고의가 있으면 계약은 취소되어 보험자는 면책이 된다.194) 고지의무 위반에 대해 보험계약자에게 과실이 있는 경우에는 이를 인수거절의 경우와 계약조건 변경으로 구분하여 계약의 효력과 면책여부를 각각 정하고 있다. 즉 인수거절의 경우에는 보험계약을 취소할 수 있고195) 보험자는 면책이 되는 반면에, 계약조건 변경의 경우에는 변경된 내용 또는 추가 조건 등을 계약에 포함시키게 된다. 계약변경권은 계약의 효력을 그대로 존속시키면서 고지의무 위반효과로서 계약변경을 통해 위험과 계약의 내용을 일치하도록 조정하는 것이다.196) 만약 계약조건의 변경이 보험료에 관한 것이라면 보험료 증액 등을 인정한다. 보험료에 대한 계약변경권을 행사하게 되면 보험금의 비례보상이 수반될 수 있다. 고의가 있는 경우에는 계약변경권은 인정되지 않는다.

3. 인과관계

(1) 제655조

(가) 본문 해석

보험사고가 발생한 후에 고지의무 위반을 이유로 보험자가 계약을 해지한 경우 보험자는 보험금지급책임이 없고 이미 보험금을 지급했다면 반환을 청구할 수 있다(제655조 본문). 그런데 만약 보험계약자 또는 피보험자가 고지의무 위반 사실과 보험사고 사이에 상당한 인과관계가 없음을 입증하면 보험자는 보험계약에서 정한 보험금을 지급해야 하며, 보험계약자가 이미 수령한 보험금이 있다면 그 반환을 거절할 수 있다고 해석된다.197) 이와 같이 우리 보험법은 보험자의 보험금 지급책임과 관련하여 고지의무 위반과 보험사고 사이에 인과관계의 존재를 요구하고 있다.198)

---

194) 이때 보험료는 보험자에게 귀속된다.
195) 이때 보험료는 보험계약자에게 반환된다.
196) 한기정, 앞의 논문, 374면.
197) 대판 1992. 10. 23, 92다28259(보험계약을 체결함에 있어 중요한 사항의 고지의무를 위반한 경우 고지의무위반 사실이 보험사고의 발생에 영향을 미치지 아니하였다는 점, 즉 보험사고의 발생이 보험계약자가 불고지하였거나 불실고지한 사실에 의한 것이 아니라는 점이 증명된 때에는 상법 제655조 단서의 규정에 의하여 보험자는 위 불실고지를 이유로 보험계약을 해지할 수 없을 것이나, 위와 같은 고지의무위반 사실과 보험사고 발생과의 인과관계가 부존재하다는 점에 관한 입증책임은 보험계약자 측에 있다 할 것이므로, 만일 그 인과관계의 존재를 조금이라도 규지할 수 있는 여지가 있으면 위 단서는 적용되어서는 안 될 것이다). 同旨: 대판 1994. 2. 25, 93다52082; 대판 1997. 10. 28, 97다33089; 양승규, 127면.
198) 이러한 우리의 입법태도에 대해 고지의무 제도의 본래의 취지(정확한 위험산정과 불량위험의 배제)를 고려할 때 인과관계의 유무를 사후에 문제 삼는 것은 타당하지 않고, 보험계약자가 처음에 제대로 고지했더라면 계약이 아예 체결되지도 않았을 상황과 균형이 맞지 않다는 등의 이유로 인과관계를 문제삼지 않고 곧 바로 보험자를 면책시키는 것이 타당하다는 견해가 있다. 양승규, 126면; 김성태, 229-330면.

[대법원 2001. 5. 15. 선고 99다26221 판결]

〈주요 판시내용〉

영국 해상보험법 및 관습에 의하면 고지의무 불이행과 보험계약 체결 사이에 인과관계가 있는 것만을 중요사항으로 보아 고지의무의 대상으로 하고 있는 것은 아니다.

보험법 제655조 본문 중 지적할 사항이 있다. 제655조 본문은 보험사고가 발생한 후에 도 보험자가 제650조의 규정에 의하여 계약을 해지한 때에는 이미 지급한 보험금의 반환 을 청구할 수 있다고 규정되어 있다. 법문의 외양상으로는 계속보험료(월납분담금) 미지급 에 따른 상법 제650조 제2항의 규정에 의한 계약해지의 경우에도 이미 지급한 보험금의 반환을 청구할 수 있는 것으로 되어 있다. 그러나 계속보험료의 연체로 인하여 보험계약이 해지된 경우에는 보험자는 계약 해지시로부터 향후 더 이상 보험금을 지급할 의무만을 면 할 뿐, 계속보험료의 연체가 없었던 기간에 발생한 과거의 보험사고에 대하여 이미 보험계 약자가 취득한 보험금을 소급하여 사라지게 하는 것이 아니므로, 보험자는 보험계약자에 대하여 이미 지급한 보험금의 반환을 구할 수 없다 할 것이다. 그럼에도 불구하고 제655조 는 제650조에 의해 보험계약이 해지되는 경우 이미 지급한 보험금의 반환을 청구할 수 있 다고 표현함으로써 오해를 야기하고 있다.199) 이에 대한 입법적 개정이 요구된다.

(나) 단서 해석

과거 제655조 단서는 "고지의무에 위반한 사실 … 이 보험사고의 발생에 영향을 미치 지 아니하였음이 증명된 때에는 그러하지 아니하다"라고 규정되었다. 여기에서 '그러하지 아니하다'의 의미에 대해 보험계약 해지 여부까지도 포함되는지 논란이 되었다. 고지의무 위반 사실이 있으나 사고와의 인과관계가 없는 경우에 해당 사고에 대한 보험금을 지급해 야 한다는 점에는 이견이 없다. 그러나 보험계약의 해지와 관련해서는 보험계약을 해지할 수 없다는 견해200)와 보험계약을 해지할 수 있지만 보험금은 지급해야 한다는 견해가 있 다.201)

과거 대법원은 보험사고의 발생과 고지의무위반 사실 간에 인과관계가 없다는 점이

199) 대판 2001. 4. 10, 99다67413; 박세민, "보험법 개정방향에 관한 연구(하)", 법조 제597호, 2006. 6, 법무 부, 230-233면.
200) 양승규, 126-127면; 손주찬, 532면; 정희철, 388면; 김성태, 226면.
201) 박세민, "보험법 개정방향에 관한 연구(하)", 법조 597호, 2006. 6, 법무부, 225-230면; 심상무, "고지의 무위반의 효과", 법률신문 제2141호, 1992. 7. 23, 10면; 김재걸, "고지의무위반에 의한 계약해지의 효력에 관한 일고찰", 하촌 정동윤 선생 화갑기념, 21세기 상사법의 전개, 1999, 569면; 최병규, "고지의무에 관 한 종합적 검토", 경영법률 제9집, 1999, 314면, 316면; 정동윤, 520-521면; 최기원, 184면; 정찬형, "암보 험에 있어서 보험자의 보험계약의 해지 여부 및 보험금지급채무의 범위(보험사고와 인과관계가 없는 사 항에 관한 고지의무위반이 있는 경우)", 법학논집(목포대 법학연구소) 창간호, 2001, 97-117면.

고지의무자에 의해 입증이 되면 보험자는 고지의무위반을 이유로 보험계약을 해지할 수 없다고 판시하였다.202) 이러한 해석은 합리적이지 못하다. 예를 들어 자동차보험 등과 같이 보험사고에 대해 보험금을 지급한 후에도 계약관계가 지속되는 계약에서 이미 발생한 보험사고와 고지의무 위반 사실 사이에 인과관계가 없다는 이유로 보험자가 보험계약을 해지할 수 없다면 그 후 보험사고가 발생했는데 이때에도 고지의무 위반과 인과관계가 없다면 보험금을 또 다시 지급해야 하는 불합리한 문제가 발생하게 된다.203) 이러한 판례에 따르게 되면 고지의무 위반이 있고 보험사고가 발생하지 않으면 보험자는 계약을 해지할 수 있지만, 고지의무 위반이 있고 보험사고가 발생한 후에는 고지의무 위반과의 사이에 인과관계의 유무를 따져야 하고 인과관계가 없음이 입증이 되면 고지의무 위반 사실이 분명한데도 보험자는 보험계약을 해지할 수 없다는 결론에 이르게 된다. 즉 동일한 고지의무 위반에 대해서 보험사고 발생 여부에 따라 결론이 달라지게 되는 것이다.204)

고지의무 위반에 대한 법적 효과가 보험자의 보험계약 해지라는 점은 제651조에 의해 명백하다(제651조에서는 인과관계의 존재를 요구하는 내용이 없다). 해지권 행사 결과에 대해서는 제655조 본문에서 구체적으로 규정하고 있고, 인과관계의 문제는 보험금 지급과 관련하여 제655조 단서에 이르러서야 비로소 거론되고 있다. 이를 종합해 보면 고지의무 위반의 효과는 오로지 해지이고, 인과관계의 문제는 보험금 지급책임 인정여부의 요건인 셈이다.205) 따라서 인과관계가 없는 경우라도 일단 고지의무위반 사실은 존재하므로 보험계약의 선의적 성격에서 볼 때 보험계약자에게는 제재가 필요하다고 할 수 있고, 이러한 취지에서 보험자는 계약을 해지할 수 있다고 해석해야 한다. 다만 사고와의 인과관계가 없는 경우라면 해당 사고에 대한 보험금지급책임은 면하지 못하는 것으로 해석함이 타당하다.206)

2015년 개정 보험법은 '그러하지 아니하다'의 표현을 삭제하는 대신 '보험금을 지급할 책임이 있다'고 변경하였다(제655조 단서). 본래 개정 논의 단계에서는 '그러하지 아니하다'의 표현 대신 '계약을 해지하더라도 보험금을 지급할 책임이 있다'로 의견이 모아졌으나 국회에 제출된 개정안에는 '계약을 해지하더라도'의 문구가 삭제되었다. 비록 '계약을 해지하더라도'의 문구가 빠졌다고 하더라도 인과관계 없는 고지의무 위반에 대해 보험자는 고

---

202) 대판 2001. 1. 5, 2000다40353; 대판 1992. 10. 23, 92다28259; 대판 1997. 9. 5, 95다25268; 대판 1994. 2. 25, 93다52082.
203) 정동윤, 520면.
204) 손해보험협회 법무회계팀, "상법 보험편 개정안의 주요 쟁점사항에 관한 고찰", 손해보험 2009년 8월 호, 48면.
205) 박세민, "보험법 개정방향에 관한 연구(하)", 법조 597호, 2006. 6, 법무부, 225-230면; 정찬형, 607면; 이준섭, "고지의무위반으로 인한 보험계약 해지와 보험금청구권", 경영법률 제6집, 1996, 265면; 김성태, 334면; 최준선, 125면; 장경환, "고지의무위반사실과 인과관계없는 보험사고의 연장과 보험자의 책임범위", 생명보험, 1999년 12월호, 19-20면; 임용수, 119면.
206) 정동윤, 520면.

지의무 위반을 이유로 보험계약을 해지할 수 있다고 해석해야 할 것이다. 법조문상 인과 관계가 없을 때 '보험금을 지급할 책임이 있다'는 의미는 이미 지급한 보험금이 있으면 그 반환을 청구할 수 없다는 의미이기도 하다. 한편 대법원도 이러한 비판적인 견해를 수용하여 기존의 판결을 변경하였다. 고지의무 위반과 보험사고 발생 사이에 인과관계가 없는 경우에 보험자는 고지의무 위반을 이유로 보험계약을 해지할 수 있다고 새롭게 판시함으로써 해지를 긍정하고 있다. 보험사고 발생 여부에 상관없이 고지의무 위반이 있게 되면 고지의무위반과 보험사고 발생 사이에 인과관계 여부를 따지지 않고 보험자는 보험계약을 해지할 수 있다고 해석하고 있다.207) 인과관계 유무는 보험금 지급 문제(보험자 책임)에만 연결시킨 것이다.

[대법원 2010. 7. 22. 선고 2010다25353 판결]

〈주요 판시내용〉

상법 제651조는 고지의무 위반으로 인한 계약해지에 관한 일반적 규정으로 이에 의하면 고지의무에 위반한 사실과 보험사고 발생 사이에 인과관계를 요하지 않는 점, 상법 제655조는 고지의무 위반 등으로 계약을 해지한 때에 보험금액청구에 관한 규정이므로, 그 본문뿐만 아니라 단서도 보험금액청구권의 존부에 관한 규정으로 해석함이 상당(하다). (그런데) 보험사고가 발생한 후에는 사후적으로 인과관계가 없음을 이유로 보험금액을 지급한 후에도 보험계약을 해지할 수 없고 인과관계가 인정되지 않는 한 계속하여 보험금액을 지급하여야 하는 불합리한 결과가 발생하는 점, 고지의무에 위반한 보험계약은 고지의무에 위반한 사실과 보험사고 발생 사이의 인과관계를 불문하고 보험자가 해지할 수 있다고 해석하는 것이 보험계약의 선의성 및 단체성에서 부합하는 점 등을 종합하여 보면, 보험자는 고지의무를 위반한 사실과 보험사고의 발생 사이의 인과관계를 불문하고 상법 제651조에 의하여 고지의무 위반을 이유로 계약을 해지할 수 있다.

---

(2) 입증책임과 정도

판례는 제655조 단서와 관련해서 인과관계를 넓게 해석하고 있는데, 이는 일반적인 상당인과관계와는 커다란 차이가 있다고 할 수 있다.208) 판례는 고지의무위반 사실과 보험사고 사이에 인과관계의 존재를 조금이라도 엿볼 수 있는 여지가 있으면 인과관계의 존재를 인정해야 한다고 함으로써 보험자에게 유리하게 해석하고 있다. 또한 고지의무위반 사실과 보험사고 사이에 인과관계가 부존재하다는 것에 대한 입증책임은 보험계약자 또는 피보험자에게 부과하고 있다.209)

---

207) 대판 2010. 7. 22, 2010다25353.
208) 한기정, 250면.
209) 대판 1992. 10. 23, 92다28259; 대판 1997. 10. 28, 97다33089; 대판 1994. 2. 25, 93다52082; 대판 1997. 9.

[대법원 1992. 10. 23. 선고 92다28259 판결]

〈사실관계〉

보험계약자 겸 피보험자는 남편과 이혼 후 유흥업소 접대부로 일하면서 알게 된 원고를 보험수익자로 하여 피고회사와 상해보험을 체결하면서 자신의 직업을 가정주부로 허위고지하였다. 피보험자는 그 후 일본 동경으로 가서 생활을 하다가 새벽 5시쯤에 유흥가가 밀집되어 있는 동경 시내에서 자동차 사고로 사망하였다. 보험수익자의 보험금 청구소송 계속 중에 피고회사는 고지의무 위반을 이유로 하여 보험계약자 겸 피보험자의 상속인에게 보험계약의 해지 통보를 하였다.

〈주요 판시내용〉

고지의무위반 사실과 보험사고 발생과의 인과관계가 부존재하다는 점에 관한 입증책임은 보험계약자 측에 있다 할 것이므로, 만일 그 인과관계의 존재를 조금이라도 엿볼 수 있는 여지가 있으면 제651조 단서는 적용되어서는 안 될 것이다. 만일 위 피보험자가 이 사망 직전에도 계속 접대부로 종사하고 있었다면, 그의 사망사고가 비록 우연한 교통사고로 인한 것이기는 하지만, 그 발생시각이나 장소 등 특수한 사정으로 미루어 볼 때 접대부의 종사활동에 기인한 것이라고 볼 여지가 충분하고, 이러한 경우 위 사고의 발생과 이 사건 보험계약체결상의 피보험자 직업에 관한 고지의무 위반사실과의 사이에 전혀 인과관계가 존재하지 아니한다고 단정할 수는 없다 할 것이다.

[대법원 1997. 10. 28. 선고 97다33089 판결]

〈사실관계〉

소외인은 피고회사의 생명공제 상품에 가입하면서 왼쪽 눈이 실명된 사실을 알리지 않았다. 소외인은 실명 이후에도 일정한 운행시간의 정함이 없이 주야로 계속하여 화물자동차를 운전하여 왔으나 교통사고를 전혀 일으키지 않았는데, 이 사건 사고 당시 동생과 교대로 사고차량을 운전하다가 앞서 가던 화물자동차를 추돌하여 사망하였다. 피고회사는 고지의무위반을 이유로 공제금 지급을 거절하였는데 원심은 고지의무위반과 사고발생 사이에 인과관계 있음을 피고회사가 증명하지 못하였다는 이유로 원고승소판결을 내렸다.

〈주요 판시내용〉

고지의무위반 사실과 공제사고 발생과의 인과관계의 존재를 조금이라도 엿볼 수 있는 여지가 있으면 고지의무위반을 이유로 한 공제자의 계약해지권을 제한하여서는 아니 된다고 할 것인바, 원심판결이 적법하게 인정한 사실에 의하더라도 한쪽 눈의 실명 상태에서 나머지 한쪽 눈만으로 화물자동차를 운전하여 야간에 고속도로를 운행하는 것이 양쪽 눈을 모두 사용하는 경우에 비하여 시야가 제한되고, 거리 측정 및 균형감각의 유지에 지장을 줄 수 있음은 물론 피로가 쉽게 누적될

5, 95다25268.

수 있을 것임은 경험법칙상 이를 충분히 인정할 수 있다 할 것이고, 또 도로교통법시행령 제45조 제1항 제1호 가, 나의 규정에 의하면 한쪽 눈이 상실된 자는 다른 눈의 시력이 0.7 이상일 때 한해서 제2종 면허를 받을 수 있을 뿐이고, 제1종 면허는 받을 수 없는 것인데도 제1종 면허로만 운전할 수 있는 이 사건 차량을 운전을 하는 것은 일응 사고 발생 방지를 위해 법령이 금하고 있는 행위를 하고 있는 것 그 자체로 사고 발생에 영향을 미치는 것이라고 보여지고, 이 사건 사고의 내용이 상대방의 과실이 전혀 개입되지 않은 망인의 과실 만에 의한 추돌사고인 점에 비추어 이 사건 교통사고는 위 소외인이 한쪽 눈이 실명된 상태에서 나머지 한쪽 눈으로만 운전한 사정에 기인한 것이라고 볼 여지가 충분하다 할 것이고, 이렇게 보는 한 위 교통사고의 발생과 위 고지의무 위반 사실과의 사이에 전혀 인과관계가 존재하지 않는다고 단정할 수는 없다 할 것이다.

학계의 다수 의견은 판례에 찬성하고 있다. 판례처럼 인과관계를 넓게 해석하면서 인과관계 유무가 분명하지 않을 경우에는 보험자에게 유리하게 해석하고 인과관계 부존재에 대한 입증책임을 보험계약자에게 부과하자는 것이다.210) 학설 중에는 민법상의 채무불이행 또는 불법행위에 있어서는 상당인과관계를 고려해야 하지만, 제651조는 고지하지 않은 '원인'으로 야기된 '손실'을 보상하지 않겠다는 취지이므로 고지의무 위반에 대해서는 상당인과관계론을 적용하는 것이 부적당하다고 하면서 조건설적 인과관계론을 주장하는 견해도 있다.211) 위 두 판례는 인과관계의 문제를 조건설적 측면에서 파악한 것으로 보인다.

한편 판례 및 다수 학설에 반대하는 견해도 있다. 판례처럼 인과관계를 조금이라도 엿볼 수 있으면 인과관계가 있다는 식으로 넓게 해석하는 것은 보험소비자 보호 관점에서 볼 때 문제가 있다는 것이다.212) 또한 본래 입증책임이란 사실관계가 불분명할 때 그 주장을 하는 자에게 부담시키는 것이라면서 고지의무자가 현실적으로 인과관계의 부존재를 입증하기는 대단히 어렵다는 것을 고려하여 인과관계의 부존재 입증책임을 보험계약자에게 부담시키는 것을 비판하는 견해가 있다.213) 약관에 따라서는 입증책임을 보험자에게 부과시키기도 한다. 생명보험표준약관 제14조 제4항은 '계약전 알릴의무를 위반한 사실이 보험금 지급사유 발생에 영향을 미쳤음을 회사가 증명하지 못한 경우에는 계약의 해지 또는 보장을 제한하기 이전까지 발생한 해당보험금을 지급한다'고 정하고 있다. 법원은 이러한 약관 내용은 유효하다고 판시하고 있다.214) 보험계약자가 부담하던 입증책임을 보험자에게로 이전시키는 것은 보험계약자에게 불리한 것이 아니기 때문이다.

---

210) 양승규, 127면; 이균성, "고지의무의 위반과 인과관계", 민사판례연구 제17집, 1995, 230면; 김용균, "보험사고의 발생과 고지의무위반과의 인과관계", 대법원판례해석 1992 하반기, 377면: 서헌제, 75-76면.
211) 정신세, "고지의무 위반과 인과관계', 상사법연구, 2001. 9, 423-432면.
212) 최병규, "고지의무에 관한 종합적 검토", 경영법률 제9집, 1999, 306면.
213) 최준선, "고지의무와 인과관계", 판례월보, 1995. 2, 16-23면.
214) 대판 1997. 10. 28, 97다33089.

> **[대법원 1997. 10. 28. 선고 97다33089 판결]**
>
> 〈주요 판시내용〉
>
> 고지의무를 위반한 사실이 공제사고 발생에 영향을 미쳤음을 공제사업자가 증명하지 못한 때에는 해지권이 발생하지 않는다는 공제약관의 규정에 의하여 고지의무위반이 공제사고의 발생에 영향을 미쳤다는 사실에 대한 입증책임은 보험자에게 있다. 입증책임의 소재에 관하여 당사자 간에 특약이 있으면 특별한 사정이 없는 한 그에 따라야 할 것이다.

인과관계 부존재 입증을 엄격하게 해석한다는 것을 달리 표현하면 고지의무 위반 사실과 발생한 보험사고 사이에 인과관계의 존재를 가급적 넓게 인정하겠다는 것이고, 그렇게 되면 경우에 따라서는 인과관계에 있어서 조건설을 적용하는 것과 큰 차이가 없다고 비판받을 수도 있다. 제655조 단서의 취지가 그 문구의 개정 전이나 개정 후를 불문하고 보험계약자 측을 보호하겠다는 것임을 감안하면, 고지의무 위반 사실이 보험사고 발생에 어느 정도의 개연율을 높이는지에 대한 많은 정보를 가지고 있는 보험자 측에서 인과관계의 존재에 대하여 입증하도록 하는 것을 고려해볼 수 있을 것이다. 고지의무 위반에 있어서의 인과관계 문제는 어떤 원인(고지의무 위반사실)이 보험사고 발생률의 증가에 영향을 끼쳤는가의 문제로 파악해야 함이 타당하다 할 것이다. 이러한 취지에서 위 92다28259 판결에서 제655조 단서의 인과관계는 부존재하는 것으로 사실상 추정되며, 이 추정을 번복하려면 보험자가 고지의무 위반이 보험사고 발생률의 증가에 영향을 끼쳤음을 적극적으로 입증해야 한다는 해석이 가능하다.[215]

(3) 다른 보험계약 체결사실과 인과관계 삭제론과 존치론

(가) 인과관계 삭제론

다른 보험계약 체결사실에 대한 불고지와 보험사고 발생 간에 인과관계가 없다고 해석되면 보험자로서는 발생된 보험사고에 대해 항상 보험금 지급책임을 부담하게 된다. 그런데 이는 부당하므로 제655조 단서를 삭제해야 한다는 주장이 있다. 삭제론의 근거로 상법 제655조 단서의 인과관계 특칙이 보험계약자를 지나치게 보호한다는 점을 지적한다. 고지의무 제도가 본래 계약 인수과정에서 불량위험을 미리 보험자가 적발하고 차단하기 위한 것인데 보험계약 체결 후 보험사고가 발생한 후에 보험사고 발생의 원인으로서의 고지의무 위반과 사고발생과의 인과관계 여부를 뒤늦게 문제 삼는 것은 고지의무 제도 취지와 충돌한다고 한다. 같은 취지에서 고지의무가 제대로 이행되었더라면 보험계약 자체가

---

215) 同旨: 한기정, 252-254면.

체결되지 않았었을 수도 있는 사실과 비교할 때 인과관계 여부에 따라 보험금 지급 문제가 결정되도록 하는 것은 균형적으로 맞지 않는다고 한다. 고지의무를 위반했다는 것은 어쨌든 불량한 계약자인데 인과관계가 없다는 이유로 다른 선량한 보험계약자와 동일하게 보험으로부터의 보호를 받게 하는 것은 타당하지 않다고도 한다. 또한 수지상등의 원칙을 준수하기 위해서 고지의무 위반이 있으면 인과관계 유무를 불문하고 보험단체에서 해당 보험계약자를 퇴출시켜야 한다고도 한다. 특히 도덕적 해이와 같은 주관적 위험의 경우에 실무적으로 인과관계가 입증되기 인정하기 어렵기 때문에 상법 제655조 단서의 인과관계 특칙을 삭제하지 않으면 보험자는 항상 보험금 지급책임을 부담한다는 점도 지적되고 있다.216)

(나) 인과관계 존치론

민사책임 문제와 달리 보험계약에서 고지의무와 관련된 인과관계의 본질을 확률적 측면 또는 개연성 등으로 보면 다른 보험계약 체결 사실과 보험사고 사이에는 확률적 측면에서의 인과관계를 인정할 수 있으며, 따라서 제655조 단서상의 인과관계의 필요성은 여전히 존재한다고 해석할 수 있다는 견해이다. 인과관계라는 것이 보험계약자나 피보험자를 보호하는 역할을 하며 현행 보험모집의 현실 등을 감안할 때도 제655조 단서는 유지할 필요가 있다고 한다. 또한 불고지 또는 부실고지된 중요사항이 보험자 입장에서 볼 때 계약체결을 거절(인수거절)할 정도는 아니고, 단지 계약의 조건변경사유에 불과한 경우에는 인과관계 삭제를 주장하는 것은 지나치다고 한다. 고지의무 위반을 이유로 보험료가 증액되거나 면책사유 확대 등으로 계약 조건이 변경되면 고지의무 위반이 없었을 때와 비교해서 보험자는 자신이 원하는 내용으로 계약을 변경했으므로 불리해질 것도 없고 보험계약자는 자신이 저지른 고지의무 위반에 대한 대가를 지불했다고 볼 수 있으므로 고지의무 위반을 하지 않은 보험계약자에 비해 유리할 것도 없다. 즉 인과관계 특칙이 있다고 해서 보험계약자가 무조건 보호를 받는 것은 아니라는 것이다. 제655조 단서의 인과관계 특칙이 보험계약자를 지나치게 보호한다는 삭제론의 주장은 이 부분에 있어서 타당하지 않다는 입장이다.217)

---

216) 장덕조, 142면; 최병규, "고지의무에 관한 종합적 검토", 경영법률 제9집, 1999, 322-323면; 김선정, "보험계약상 고지의무에 관한 최근 판례와 연구동향", 상사법연구 제14권 제2호, 1995, 283면; 김성태, 230면; 양승규, 126면; 이균성, "고지의무의 위반과 인과관계", 민사판례연구 제17집, 1995, 228-229면; 김용균, "보험사고의 발생과 고지의무 위반과의 인과관계", 대법원판례해설 1992 하반기, 377면; 김재걸, "고지의무 위반에 의한 계약해지의 효력에 대한 일고찰", 21세기 상사법의 전개-하촌 정동윤선생화갑기념논문집, 1999, 579면; 이석웅, "고지의무 위반과 보험사고의 발생과의 인과관계", 대법원판례해설 1997 하반기, 176면.

217) 한기정, 255-257면; 정진세, "고지의무 위반과 인과관계", 사법행정 35권 제10호, 1994, 85면; 최준선, "고지의무와 인과관계", 판례월보 1995. 2, 23면.

4. 고지의무위반과 민사상 사기·착오

(1) 민법상의 착오와 사기

보험계약자나 피보험자의 중요사항에 대한 불고지나 부실고지에 기초하여 보험자가 보험계약 체결을 승낙하는 의사표시를 하는 경우에 사안에 따라서는 그 의사표시가 민법상의 사기 또는 착오에 의한 의사표시에 해당될 수도 있다.

사기에 의한 초과보험이나 중복보험체결에 대해 무효로 처리하는 규정이 있지만(제669조 제4항 및 제672조 제3항), 보험계약자 측이 사기에 의해 고지의무를 위반한 것에 대한 규정은 따로 없고 오로지 해석에 맡기고 있다. 이 경우에 상법 제651조의 고지의무 위반 이외에 민법의 착오나 사기에 관한 규정(민법 제109조 및 제110조)이 함께 적용될 수 있는가의 문제가 발생한다.[218] 보험계약자가 보험자를 기망할 의도를 가지고 중요한 사실에 관하여 고지의무를 위반했고 그로 인해 보험자가 착오에 빠져 보험계약 체결에 대한 승낙의 의사표시를 했다면 이는 민법 제110조의 사기에 의한 의사표시에 해당될 수 있고 이 경우 그러한 의사표시를 행한 자는 의사표시를 취소할 수 있다. 고지의무 위반시 고의의 의미는 적극적인 기망의사를 말하는 것이 아니고 고지사항을 알고 있다는 의미이다. 반면에 민법 제110조에서의 사기의 고의는 이와 다르다. 민법 제110조에서의 고의는 상대방을 기망을 통해 착오에 빠지게 하려는 의도와 그 착오로 인하여 그 상대방이 의사표시를 하게끔 하려는 의도를 말한다.

민법 제109조의 착오에 의한 의사표시가 문제될 수도 있다. 착오에 의한 의사표시를 한 표의자는 그 착오가 자신의 중과실로 야기된 것이 아닌 한 해당 의사표시를 취소할 수 있다. 고지의무의 대상이 되는 중요한 사실은 원칙적으로 동기의 착오에 불과하여 민법 제109조에 해당되지 않을 수 있지만, 예외적으로 계약당사자가 해당 중요 사항을 보험계약의 중요부분으로 간주할 때에는 그 사실에 관하여 착오가 성립될 수 있다.[219] 질문표에 답변을 하는 경우는 동기가 표시된 경우로 볼 수 있고, 따라서 민법상 착오가 성립될 수 있을 것이다. 착오에 의한 의사표시는 법률행위의 중요부분에 착오가 있어야 하는데, 고지의무의 대상이 되는 중요사실에 관한 착오가 여기에 해당될 수 있다.[220]

218) 정동윤, 521면; 서헌제, 78면.
219) 정동윤, 522면.
220) 대판 1996. 3. 26, 93다55487. 한기정, 259면.

[대법원 1996. 3. 26. 선고 93다55487 판결]

〈주요 판시내용〉

  의사표시는 법률행위의 내용의 중요부분에 착오가 있는 때에는 취소할 수 있고 의사표시의 동기에 착오가 있는 경우에는 당사자 사이에 그 동기를 의사표시의 내용으로 삼았을 때에 한하여 의사표시의 내용의 착오가 되어 취소할 수 있는 것이며, 법률행위의 중요부분의 착오라 함은 표의자가 그러한 착오가 없었더라면 그 의사표시를 하지 않으리라고 생각될 정도로 중요한 것이어야 하고 보통 일반인도 표의자의 처지에 섰더라면 그러한 의사표시를 하지 않았으리라고 생각될 정도로 중요한 것이어야 한다.

(2) 민법 적용의 실익

  고지의무 위반시 보험계약자의 사기 또는 보험자의 착오가 있는 경우에 제651조상의 해지권 이외에 민법상의 취소권도 행사할 수 있는가에 대해 학설이 대립된다. 상법 제651조의 고지의무 위반에 민법 제109조나 제110조가 적용될 수 있는가의 문제이다. 상호 경합관계가 인정이 되어 중복적으로 적용될 수 있는지 아니면 상법만 단독 적용될 수 있는지가 논점이다. 일반적인 고지의무 위반에 대해 보험자는 그 사실을 안 날로부터 1개월, 계약체결일로부터 3년 이내에 해지권을 행사해야 하는 반면에, 민법 제146조는 사기나 착오 등을 원인으로 계약을 취소하려는 경우 추인할 수 있는 날로부터 3년 그리고 법률행위를 한 날로부터 10년으로 그 취소기간을 정하고 있다. 따라서 3년 경과 10년까지의 기간 동안에 민법이 적용될 수 있는 것인지가 논의의 실익이라 할 수 있다. 또한 보험료 반환 문제에 있어서도 고지의무 위반을 이유로 보험자가 계약을 해지하는 경우 장래를 향해 보험계약이 실효되는 것이므로 보험자에 의한 해지의 의사표시가 실행될 때까지 계약은 유효하며 따라서 보험자는 보험계약자로부터 납입받은 보험료를 반환할 의무가 원칙적으로 없다. 이에 반하여 취소의 경우는 계약체결시점으로 소급효가 있으므로 계약은 처음부터 무효가 된다. 보험자로서는 법률상 원인없이 보험료를 수령한 결과가 되므로 보험계약자 측에게 원칙적으로는 이를 반환해야 한다.221) 취소권을 행사하게 되면 고지의무 위반과 보험사고 발생 사이에 인과관계가 없더라도 보험자는 결과적으로 면책이 된다. 민법을 적용하는 경우 이러한 차이가 있다.

---

221) 보험연수원(편), 보험심사역 공통 1 교재, 2016, 151-152면. 다만 사기를 원인으로 하여 취소되는 경우에는 보험료 반환이 인정되지 않을 수도 있다.

(3) 민법 적용에 대한 학설의 대립

약관에서 사기에 의해 체결된 보험계약은 무효라고 규정하고 있다면 민법에 의한 취소의 문제를 따질 것 없이 무효로 처리된다. 그러나 약관에 규정이 없는 경우에 민법의 적용 문제를 가지고 견해가 나뉜다.

㈎ 상법단독적용설

고지의무위반에 대한 상법의 규정은 보험계약의 선의성, 단체성 및 기술성 등의 특성을 고려하여 일부러 소급효를 제한한 것이므로 고지의무 위반에 대해서는 상법만이 적용되어 보험계약을 해지할 수 있을 뿐이라는 것이다. 이 견해의 근거는 고지의무에 관한 상법 보험편의 규정은 사기나 착오 등 의사표시 불일치에 관한 민법규정의 특칙이라 할 수 있으므로 민법상의 사기 및 착오 규정이 적용될 수 없다는 것이다. 이 설에 따르면 보험계약은 해지를 한 때부터 장래에 향해서만 효력을 상실하게 되고 보험법상의 제척기간이 도과하면 보험계약을 해지할 수 없게 되고 민법에 의해서도 계약을 취소할 수 없게 된다. 보험계약자에게 유리한 해석이다.222)

㈏ 중복적용설(양법적용설, 경합적용설)

고지의무에 관한 제651조와 민법 제109조 및 제110조는 배척관계가 아니라 병존관계에 있다고 보아야 하므로 민법도 적용될 수 있다고 보는 견해이다. 보험법상의 제척기간이 도과한 경우에도 보험자는 사기 또는 착오를 이유로 민법에 의해 보험계약을 취소할 수 있고, 보험자가 취소권을 행사하게 되면 보험계약은 소급하여 효력이 상실되고(민법 제141조), 취소권 행사 결과 보험자로서는 고지의무 위반사실과 보험사고 발생간의 인과관계의 유무에 상관없이 보험금 지급책임을 지지 않게 된다. 즉 보험계약자가 인과관계의 부존재를 입증한 경우라도 취소에 의해 보험자의 책임은 없다. 보험자에게 유리한 해석이다. 그 근거는 제651조상의 고지의무 위반규정은 착오, 사기 등의 의사의 흠결 또는 의사표시의 하자에 대한 민법상의 규정과 비교할 때 요건이나 효과가 다르므로 상법과 민법이 특별법과 일반법의 관계에 있지 않고 두 법이 모두 적용될 수 있다는 것이다. 고지의무제도는 보험자를 보호하기 위한 제도인데 사기, 착오에 관한 민법의 규정을 배제한다면 보험자에게 불리하게 되므로 양 법을 모두 적용해야 한다는 것이다.223)

---

222) 서돈각/정완용, 378-379면; 정희철, 389면.
223) 채이식, 60면; 최준선, 127면. 민법 제109조는 법률행위의 내용의 중요부분에 착오가 있는 때에 적용되는바, 위험측정을 위한 중요한 사항은 원칙적으로 보험계약의 동기에 불과하므로 민법 제109조가 적용되지 않으나, 예외적으로 계약당사자가 중요사항을 보험계약의 중요부분으로 삼은 때에는 그 사실에 관한 고지의무위반은 동시에 법률행위 내용의 중요부분의 착오가 되어 보험자는 민법에 따른 계약의 취소도 할 수 있다는 것이다(정동윤, 522면).

(다) 사기·착오 구별설

보험자에게 착오가 있는 경우에는 민법의 적용을 부정하고 보험법상의 해지권만이 가능하지만, 보험계약자의 사기가 있는 경우에는 害意가 있는 보험계약자에게 특혜를 줄 필요가 없기 때문에 보험법상의 해지권뿐만 아니라 불가쟁기간이 경과한 후에도 민법에 의한 취소권 행사가 가능하다고 한다(다수설). 즉 보험계약자나 피보험자가 고지의무를 위반하여 보험자를 단순히 착오에 빠뜨린 정도라면 보험자는 제651조와 제655조에 의해 보험계약을 해지할 수 있을 뿐이고, 민법 제109조에 의해 계약을 취소할 수는 없다고 한다. 반면에 보험계약자나 피보험자가 사기로 고지의무를 위반하여 보험자를 기망했다면 보험자는 제651조나 제655조에 따라 계약을 해지할 수 있을 뿐만 아니라 민법 제110조에 따라 계약을 취소할 수 있다고 해석하는 것이다. 만일 보험계약자의 사기에 대해 민법이 적용되지 않는다면 사기행위를 한 자가 상법에 의해 더 두터운 보호를 받게 되는 모순이 생기게 된다는 것이다.224) 따라서 사기에 의한 고지의무 위반이 있으면 비록 제651조상의 해지권 행사기간이 경과했어도 보험자는 민법 제110조에 따라 계약을 취소할 수 있게 된다. 또한 고지의무 위반과 보험사고 사이에 인과관계가 없어서 제655조 단서에 따라 보험자가 보험금 지급책임을 부담한다고 해석되는 경우에도 고지의무 위반이 사기에 의한 것이라면 민법 제110조와 동법 제146조가 적용되어 보험자는 계약을 취소할 수 있고 보험금 지급책임을 부담하지 않게 되는 것이다.225)

(4) 판 례

법원의 입장은 중복적용설(양법적용설)의 입장에 있는 것으로 보인다. 보증보험계약에 대한 판결에서 사기뿐만 아니라 착오의 경우에도 민법이 적용될 수 있다는 판례가 있다. 사기로 인한 고지의무위반에 있어서 사기에 대한 입증책임은 보험자가 부담한다고 한다. 한편 보험금을 부정취득할 목적으로 다수의 보험계약이 체결된 경우에 민법 제103조 위반으로 인한 보험계약의 무효와 고지의무 위반을 이유로 한 보험계약의 해지 및 민법상의 취소 요건을 모두 충족한다면 보험자는 보험계약의 무효, 해지 또는 취소를 선택적으로 주장할 수 있다는 것이 판례의 입장이다.226)

---

224) 김성태, 238면; 손주찬, 534면; 최기원, 204-205면; 양승규, 127-129면(보험계약자의 사기에 의한 고지의무위반의 경우 민법의 원칙에 따라 보험계약을 취소하여 무효로 돌리거나 입법에 의해 보험계약을 무효로 하는 것이 바람직하다고 설명하고 있다); 정찬형, 607-608면; 강위두/임재호, 564면; 임용수, 129면; 정동윤, 522면; 이기수/최병규/김인현, 122-123면; 한기정, 262면.
225) 맹수석, "보험계약법상 보험사기에 대한 입법의 필요성 여부", 보험법연구 제11권 제1호, 2017, 180면.
226) 대판 2017. 4. 7, 2014다234827; 대판 1991. 12. 27, 91다1165; 대판 1998. 6. 12, 97다53380; 대판 2002. 7. 26, 2001다36450; 대판 2003. 11. 13, 2001다33000.

[대법원 2017. 4. 7. 선고 2014다234827 판결]

〈주요 판시내용〉

　보험계약을 체결하면서 중요한 사항에 관한 보험계약자의 고지의무 위반이 사기에 해당하는 경우에는 보험자는 상법의 규정에 의하여 계약을 해지할 수 있음은 물론 보험계약에서 정한 취소권 규정이나 민법의 일반원칙에 따라 보험계약을 취소할 수 있다. 따라서 보험금을 부정취득할 목적으로 다수의 보험계약이 체결된 경우에 민법 제103조 위반으로 인한 보험계약의 무효와 고지의무 위반을 이유로 한 보험계약의 해지나 취소는 그 요건이나 효과가 다르지만, 개별적인 사안에서 각각의 요건을 모두 충족한다면 위와 같은 구제수단이 병존적으로 인정되고, 이 경우 보험자는 보험계약의 무효, 해지 또는 취소를 선택적으로 주장할 수 있다.

[대법원 1998. 6. 12. 선고 97다53380 판결]

〈주요 판시내용〉

　공사도급계약과 관련하여 체결되는 이행(계약)보증보험계약이나 지급계약보증보험에 있어 보험사고에 해당하는 수급인의 채무불이행이 있는지 여부는 보험계약의 대상으로 약정된 도급공사의 공사금액, 공사내용 및 공사기간과 지급된 선급금 등을 기준으로 판정하여야 하므로, 이러한 보증보험계약에 있어 공사기간이나 선급금액도 공사대금 등과 함께 계약상 중요한 사항으로서 이를 허위로 고지하는 것은 기망행위에 해당할 수가 있고, 따라서 이러한 경우에는 민법의 일반원칙에 따라 보험자가 그 보험계약을 취소할 수 있다(同旨: 대판 1991. 12. 27, 91다1165).227)

[대법원 2002. 7. 26. 선고 2001다36450 판결]

〈주요 판시내용〉

　공사도급계약과 관련하여 체결되는 이행(계약)보증보험계약이나 지급계약보증보험에 있어 그 보험사고에 해당하는 수급인의 채무불이행이 있는지 여부는 그 보험계약의 대상으로 약정된 도급공사의 공사금액, 공사내용 및 공사기간과 지급된 선급금 등을 기준으로 판정하여야 하므로, 이러한 보증보험계약에 있어 공사계약 체결일이나 실제 착공일, 공사기간도 공사대금 등과 함께 그 계약상 중요한 사항으로서 수급인측에서 이를 허위로 고지함으로 말미암아 보험자가 그 실제 공사의

---

227) 다만 보증보험계약에서 주채무자에 해당하는 보험계약자가 계약체결 과정에서 보험자를 기망하였다는 이유로 보험자가 보증보험계약 체결의 의사표시를 취소한 경우에, 보험자가 이미 보증보험증권을 교부하여 피보험자가 그 보증보험증권을 수령한 후 이에 터잡아 새로운 계약을 체결하거나 이미 체결한 계약에 따른 의무를 이행하는 등으로 보증보험계약의 채권담보적 기능을 신뢰하여 새로운 이해관계를 가지게 되었다면 원칙적으로 그 취소로써 피보험자에게 대항할 수 없다. 다만 이 경우에도 피보험자가 그와 같은 기망행위가 있었음을 알았거나 알 수 있었다는 등의 특별한 사정이 있는 때에는 보험자가 보험계약자의 기망을 이유로 한 취소를 가지고 피보험자에게 대항할 수 있다(대판 2002. 11. 8, 2000다19281; 대판 1999. 7. 13, 98다63162).

진행상황을 알지 못한 채 보증보험계약을 체결한 경우에는 이는 법률행위의 중요한 부분에 관한 착오로 인한 것으로서 민법의 일반원칙에 따라 보험자가 그 보험계약을 취소할 수 있다.

그런데 최근 하급심 판결 중에 보험자가 벌목 근로자인 피보험자의 직업이 사무직인 것으로 알고 보험계약을 체결한 사건에서 민법 제109조에 의한 취소를 부정한 것이 있다.[228]

(5) 검   토

생각건대 사기·착오 구별설이 타당하다고 여겨진다. 기망의 의사를 가지고 고지대상인 중요사항을 불고지하거나 부실고지한 보험계약자 측에게 민법 제110조가 적용될 수 없다고 해석하는 상법단독적용설은 타당하지 않다. 사기의 경우에는 기망행위를 한 보험계약자를 보호할 이유가 없으므로 민법에 의해 취소할 수 있도록 하는 것이 타당하다.

그런데 착오의 경우는 이와 다르다. 민법상 착오라는 것은 법률행위 내용의 중요부분에 대한 착오를 말한다. 보험계약상의 위험인수 심사과정에서 보험자는 보험계약자 등이 제공한 정보(청약서상의 질문에 대한 답변 내용)를 기초로 계약 체결 여부나 계약 내용 등에 대해 고려하게 된다. 이 과정에서 보험자는 승낙의 의사표시를 함에 있어 보험계약자 등의 불고지나 부실고지에 기초하여 착오에 의한 의사표시를 하는 경우가 많다. 고지의무는 보험법 특유의 제도이다. 보험계약의 계속계약적 성격으로 인해 위반효과에 대해서도 취소가 아닌 해지로 규정하는 등 고지의무는 보험계약의 특성을 반영한 보험법 고유의 제도이다. 고지의무위반에 있어서 보험계약자의 고의·중과실 등 주관적 요건, 해지권의 단기소멸시효 및 보험금 지급 책임과 인과관계의 유무 등 제651조와 제655조는 민법과는 그 입법취지와 조문의 목적 등에서 많은 차이가 있다. 이 부분에서 상법 제651조는 중요사항의 고지와 관련해서는 민법의 특칙적 성질을 가진다. 그런데 여기에 민법이 적용되면 제651조 및 제655조에서 특별히 규정하고 있는 내용들(주관적 요건, 해지권의 단기소멸시효, 보험금 지급책임을 위한 인과관계 부존재 요건)을 무의미하게 만들게 된다. 이는 제651조 및 제655조를 만든 목적과 충돌된다고 볼 수 있다. 민법상의 착오가 중복하여 적용되면 상법 제651조에서 규정하고 있는 고의 또는 중과실이라는 주관적 요건이 무의미해질 수 있다. 민법상의 착오에는 표의자의 상대방에게 귀책사유가 있는지를 묻지 않기 때문이다. 즉 고의 또는 중과실 없이 불고지 또는 부실고지된 경우도 착오가 성립될 수 있게 된다는 문제가 발생한다. 또한 중복적용설에 따르게 되면 민법 제109조에 따라 보험계약 취소가 가능하므로 상법 제651조에서 특별히 규정하고 있는 단기제척기간과 인과관계 부존재 항변 등을 피할 수 있게 되어 부당한 결과를 초래할 수 있게 된다.[229]

228) 서울남부지법 2024. 4. 12. 2023가단203430(확정).
229) 한기정, 263면.

이러한 사정을 고려할 때 착오에 대해서는 민법 규정은 적용하지 않고 상법(보험법)만 적용되는 것으로 해석함이 타당하다고 하겠다. 즉 상법 제651조는 민법상 착오에 대한 특칙이라고 해석함이 타당하며, 민법상 착오는 고지의무 위반에는 적용되지 않는다고 해석함이 합리적이다.230) 다만 민법상 착오가 적용되지 않는 것은 상법 제651조의 고지의무에서의 중요사항에 한정되며, 이와 무관한 계약 당사자의 동일성, 보험목적의 동일성 등에 관한 착오에 대해서는 민법 제109조가 당연히 적용된다.231)

(6) 약관규정

생명보험표준약관은 해지권의 행사기간과 관련하여 보험자가 고지의무 위반사실을 안 날로부터 1월 그리고 보장개시일부터 보험금지급사유가 발생하지 않고 2년(진단 계약은 1년), 계약체결일로부터 3년으로 규정함으로써 상법의 규정을 수정하고 있다.232) 또한 생명보험표준약관은 "계약자 또는 피보험자가 대리진단, 약물사용을 수단으로 진단절차를 통과하거나 진단서 위·변조 또는 청약일 이전에 암 또는 에이즈 감염의 진단 확정을 받은 후 이를 숨기고 가입하는 등의 뚜렷한 사기의사에 의하여 계약이 성립되었음을 회사가 증명하는 경우에는 보장개시일부터 5년 이내(사기사실을 안 날부터는 1개월 이내)에 계약을 취소할 수 있습니다"라고 규정하고 있다.233) 취소권의 행사기간을 민법보다 단축하고 있는데 보험자가 스스로 자기에게 불리하게 제한하고 있는 것이므로 그 규정의 효력은 인정된다.234) 화재보험표준약관 제17조도 사기에 의한 계약임을 보험회사가 증명하게 되면 계약체결일로부터 5년 이내에(사기사실을 안 날부터 1개월 이내)에 계약을 취소할 수 있다고 규정하고 있다. 약관에서 이와 같이 사기에 의한 보험계약 체결에 대해 취소권을 규정하고 있다면 민법을 원용하지 않고도 계약에 편입된 약관에 의해 보험계약을 취소할 수 있다.235)

다만 입법론적으로 사기로 인한 고지의무위반이 입증된 경우에 계약을 취소할 것이 아니라 무효로 처리함이 사기에 의한 초과보험이나 중복보험의 경우에 무효로 처리하는 것(제669조 제4항, 제672조 제3항)과 균형을 맞출 수 있다는 견해가 있다.236) 보험자가 사기를 이유로 보험계약을 취소하는 때에도 보험자는 사기의 사실을 안 때까지의 보험료를 청구할 수 있도록 하고 있다(제669조 제4항).237)

---

230) 장덕조, 148면; 한기정, 263면.
231) 同旨: 한기정, 262면-263면.
232) 생명보험표준약관 제14조.
233) 생명보험표준약관 제15조.
234) 임용수, 129면; 대판 2000. 11. 24, 99다42643.
235) 맹수석, 전게논문, 181면.
236) 양승규, 129면; 최준선, 130면.
237) 정찬형, 609-610면; 최준선, 127면.

5. 고지의무 위반과 형법상의 사기죄

보험계약자 측이 고지의무를 위반한 경우에 형법상의 사기죄에 대한 기망행위와의 관계가 문제된다.[238] 고지의무자가 중요한 사실의 존재와 이것이 고지대상이 된다는 것을 알고 있으면서 이를 알리지 않은 행위 즉 부작위에 의한 고지의무 불이행과 형법상의 사기죄에서의 기망행위의 연결성 부분이 문제가 될 수 있다.

보험계약자 측이 고의로 고지의무 위반을 했더라도 그러한 고의를 사기죄에 있어서의 기망의사 또는 편취의사와 곧바로 동일한 것으로 해석해서는 안된다. 사기죄를 성립시키는 기망의사 또는 편취의사와 고지의무 위반에서의 고의는 같지 않다. 고지의무 위반의 주관적 요건으로서의 고의는 적극적 기망의사가 아니라 고지사항을 알고 있다는 의미이다. 반면에 사기죄에서의 고의에서는 편취의 의사가 중요하다.

판례에 따르면 상법상 고지의무를 위반하여 보험계약을 체결하였다는 사정만으로 보험계약자에게 미필적으로나마 보험금 편취를 위한 고의의 기망행위가 있었다고 단정하여서는 안된다는 입장이다. 기망행위로 인정되기 위해서는 추가적 요건이 필요하다. 고지의무 위반 사실 이외에 예를 들어 보험사고가 이미 발생하였음에도 이를 고지하지 않은 채 보험계약을 체결하거나, 보험사고 발생의 개연성이 농후함을 인식하면서도 이를 제대로 고지하지 않고 보험계약을 체결하거나, 또는 보험사고를 임의로 조작하려는 의도를 가지고 보험계약을 체결하는 경우와 같이 '보험사고의 우연성'이라는 보험의 본질을 해할 정도에 이르러야 고지의무 위반행위가 비로소 보험금 편취를 위한 고의의 기망행위에 해당한다고 해석한다.[239] 피보험자가 질병에 이미 걸렸음을 알고 또한 그 질병에 대하여 고지를 해야 하는 것을 알면서도 이를 고지하지 않은 채 보험계약을 체결하고 그 후에 질병을 이유로 보험금을 청구하는 행위는 형법상의 사기죄의 기망행위가 인정된다는 것이다. 보험자가 피보험자의 질병을 알지 못한 데에 과실이 있거나 고지의무 위반을 이유로 보험자가 보험계약을 해지할 수 있다고 해도 형법상 사기죄가 성립되는 것에는 영향을 미치지 못한다는 것이 판례의 태도이다.[240] 특히 상해·질병보험계약을 체결하는 보험계약자가 보험사고 발생의 개연성이 농후함을 인식하였는지는 보험계약 체결 전 기왕에 입은 상해의 부위 및 정도, 기존 질병의 종류와 증상 및 정도, 상해나 질병으로 치료받은 전력 및 시기와 횟수, 보험계약 체결 후 보험사고 발생 시까지의 기간과 더불어 이미 가입되어 있는 보험의 유무 및 종류와 내역, 보험계약 체결의 동기 내지 경과 등을 두루 살펴 판단하여야 한

---

238) 중과실에 의한 고지의무 위반은 형법상의 사기죄 문제와 관련되지 않는다.
239) 대판 2019. 4. 3, 2014도2754; 대판 2012. 11. 15, 2010도6910; 이상원, "보험범죄의 특성과 보험사기의 구성요건", BFL 제56호, 2012, 17면.
240) 대판 2007. 4. 12, 2007도967.

다고 해석하고 있다.[241]

> ### [대법원 2006. 2. 23. 선고 2005도8645 판결]
>
> 〈주요 판시내용〉
>
> 사기죄의 요건으로서의 기망은 널리 재산상의 거래관계에 있어 서로 지켜야 할 신의와 성실의 의무를 저버리는 모든 적극적 또는 소극적 행위를 말하는 것이고, 그 중 소극적 행위로서의 부작위에 의한 기망은 법률상 고지의무 있는 자가 일정한 사실에 관하여 상대방이 착오에 빠져 있음을 알면서도 그 사실을 고지하지 아니함을 말하는 것으로서, 일반거래의 경험칙상 상대방이 그 사실을 알았더라면 당해 법률행위를 하지 않았을 것이 명백한 경우에는 신의칙에 비추어 그 사실을 고지할 법률상 의무가 인정된다.

아래 판례는 보험사기방지특별법이 제정(2016)되기 전에 발생한 사건을 대상으로 하고 있어서 형법상의 사기죄 성립이 문제된 것이다.

> ### [대법원 2019. 4. 3. 선고 2014도2754 판결]
>
> 〈사실관계〉
>
> 피고인이, 갑에게 이미 당뇨병과 고혈압이 발병한 상태임을 숨기고 을 생명보험 주식회사와 피고인을 보험계약자로, 갑을 피보험자로 하는 2건의 보험계약을 체결한 다음, 고지의무 위반을 이유로 을 회사로부터 일방적 해약이나 보험금 지급거절을 당할 수 없는 이른바 면책기간 2년을 도과한 이후 갑의 보험사고 발생을 이유로 을 회사에 보험금을 청구하여 당뇨병과 고혈압 치료비 등의 명목으로 14회에 걸쳐 보험금을 수령하여 편취하였다는 내용으로 기소되었다.
>
> 〈주요 판시내용〉
>
> 보험계약자가 고지의무를 위반하여 보험회사와 보험계약을 체결한다 하더라도 그 보험금은 보험계약의 체결만으로 지급되는 것이 아니라 보험계약에서 정한 우연한 사고가 발생하여야만 지급되는 것이다. 상법상 고지의무를 위반하여 보험계약을 체결하였다는 사정만으로 보험계약자에게 미필적으로나마 보험금 편취를 위한 고의의 기망행위가 있었다고 단정하여서는 아니 되고, 더 나아가 보험사고가 이미 발생하였음에도 이를 묵비한 채 보험계약을 체결하거나 보험사고 발생의 개연성이 농후함을 인식하면서도 보험계약을 체결하는 경우 또는 보험사고를 임의로 조작하려는 의도를 갖고 보험계약을 체결하는 경우와 같이 그 행위가 '보험사고의 우연성'과 같은 보험의 본질을 해할 정도에 이르러야 비로소 보험금 편취를 위한 고의의 기망행위를 인정할 수 있다. 피고인이 위와 같은 고의의 기망행위로 보험계약을 체결하고 위 보험사고가 발생하였다는 이유로 보험회사에 보험금을 청구하여 보험금을 지급받았을 때 사기죄는 기수에 이른다.

---

241) 대판 2017. 4. 26, 2017도1405; 대판 2006. 2. 23, 2005도8645.

위 사건에서 대법원은 고의로 보험사고를 일으키거나 보험사고를 위장 또는 과장하여 보험금을 청구하는 '보험금 사기'와 기망에 의한 고지의무 위반과 같이 기망행위로 보험계약을 체결하는 '보험계약체결 사기'에 대해 양자 모두 보험금을 수령해야만 사기죄의 기수가 성립한다고 판시했다.242) 보험사기방지특별법이 적용되지 않고 형법상의 사기죄 성립의 문제로 판단한 것이다.

그런데 2016년 9월 30일부터 시행되고 있는 보험사기방지특별법에 따르면 앞선 기망행위가 보험사고와 관련되지 않고 보험금 청구행위가 수반되지 않으면 보험사기죄가 되지 않게 된다.243) 이러한 특별법의 내용은 부당하다. 보험사기 범위에는 보험계약 '체결과정'에서의 사기도 포함되어야 함이 마땅하다. 보험사기 방지라는 중요한 목적을 달성하기 위해서는 보험금 편취를 위한 기망의도를 가지고 고의로 고지의무를 위반한 행위를 보험계약 체결과정에서의 사기로 보고 보험사기죄의 실행착수를 인정해야 할 것이다. 보험사기방지특별법에 따르게 되면 보험사기죄의 실행착수 시점이나 보험사기행위로 인정될 수 있는 기망행위의 인정 범위가 기존의 형법상의 사기죄에 비해 협소해졌다고 해석될 여지가 있다. 특별법에서 보험사기죄의 실행 착수시기가 보험금 청구시로 규정되었기 때문이다. 악의의 고지의무 위반과 같은 보험금청구 이전 단계에서의 행위에 대해서는 보험사기죄의 실행의 착수가 인정이 되지 않아 보험사기방지는 거의 불가능하게 되었다. 보험금을 청구하기 이전 단계에서의 기망행위에 대해서는 특별법이 적용되지 못할 가능성이 높다. 특별법이 기망행위의 대상을 보험사고의 발생, 원인, 내용으로 한정함으로써 계약체결 과정에서의 기망행위에 대한 규제가 어렵게 되었기 때문이다. 물론 단순한 고지의무 위반을 기망행위로 해석하자는 것은 아니다. 그러나 기망에 의한 고지의무 위반을 통해 보험계약을 체결하는 행위에 더하여 보험사고의 우연성을 해칠 수 있는 행위가 추가적으로 수반된다면 보험금청구 이전이라도 특별법상의 보험사기죄의 실행의 착수가 성립되는 것으로 해석함이 특별법이 추구하려는 목적과 부합될 것으로 판단된다.244) 보험사고의 우연성을 해할 정도의 행위가 수반될 때에 악의의 고지의무 위반행위를 기망행위의 실행착수시기로 볼 수 있다고 해석함이 타당하다.245) 이에 대한 특별법의 개정이 요구된다.

242) 황현아, "2019년 보험 관련 중요 판례 분석(1), KiRi 보험법리뷰 포커스, 2020. 2, 보험연구원, 5-6면.
243) 박세민, "보험사기방지특별법상 기망행위의 적용대상과 보험사기죄 실행착수시기에 관한 비판적 분석", 경영법률, 제30집 제3호, 2020, 340면.
244) 최준혁, "보험사기의 실행의 착수, 기수시기와 죄수—대법원 2019. 4. 3. 선고 2014도2574 판결—", 법조 제68권 제3호, 2019, 법조협회, 692면 및 699면; 안경옥, "보험사기의 범죄적 특성과 형사처벌", 형사정책, 제15권 제2호, 2003, 248-249면. 이상원, "보험범죄에 대한 입법방향: 제18대 국회의 입법안을 중심으로", 형사정책, 제24권 제2호, 2012, 233-234면; 박세민, "보험사기방지특별법상 기망행위의 적용대상과 보험사기죄 실행착수시기에 관한 비판적 분석", 경영법률, 제30집 제3호, 2020, 323-350면.
245) 대판 2019. 4. 3, 2014도2754.

6. 사기에 의한 보험계약 체결과 무효 인정 문제

현행 판례나 다수설의 입장은 보험계약자 등이 기망의 의도로 고지의무를 위반하여 보험계약을 체결한 경우에 제651조에 따라 보험자는 고지의무 위반에 따른 계약 해지 및 민법 제110조에 의한 계약의 취소를 할 수 있다. 여기에서 기망으로 고지의무를 위반하여 보험계약을 체결한 것에 대해 무효라는 제재효과를 부여할 수 있는가 의문이 제기된다. 판례는 보험금을 부정취득할 목적으로 고지의무 위반 등을 통해 다수의 보험계약을 체결한 경우에 민법 제103조에 근거하여 무효라고 판시하고 있다.246) 보험계약자가 자신의 수입 등 경제적 사정에 비추어 부담하기 어려울 정도로 고액인 보험료를 정기적으로 불입하여야 하는 과다한 보험계약을 체결하였다는 사정, 단기간에 다수의 보험에 가입할 합리적인 이유가 없는데도 집중적으로 다수의 보험에 가입하였다는 사정, 보험모집인의 권유에 의한 가입 등 통상적인 보험계약 체결 경위와는 달리 적극적으로 자의에 의하여 과다한 보험계약을 체결하였다는 사정, 저축적 성격의 보험이 아닌 보장적 성격이 강한 보험에 다수 가입하여 수입의 많은 부분을 보험료로 납부하였다는 사정, 보험계약 시 동종의 다른 보험 가입사실의 존재와 자기의 직업·수입 등에 관하여 허위의 사실을 고지하였다는 사정 또는 다수의 보험계약 체결 후 얼마 지나지 아니한 시기에 보험사고 발생을 원인으로 집중적으로 보험금을 청구하여 수령하였다는 사정 등의 사실이 인정된다면 이는 보험금 부정취득의 목적을 추인할 수 있는 유력한 자료가 된다고 판시함으로써 보험금 부정취득 목적 판단의 기준을 제시하면서 그 목적이 인정되면 보험계약을 무효로 보고 있다.247) 판례의 이러한 취지 및 민법 제2조, 동법 제103조 등을 고려하면 사기에 의해 체결된 보험계약을 무효로 하는 상법 보험편의 조문 신설이 필요하다고 여겨진다.248) 이를 통해 사기에 의한 초과보험 및 사기에 의한 중복보험 체결에 대해 무효로 하는 기존 조문과 균형을 이룰 수 있다.249)

---

246) 대판 2005. 7. 28, 2005다23858; 대판 2001. 11. 27, 99다33311; 대판 2000. 2. 11, 99다49064.
247) 대판 2017. 4. 7, 2014다234827; 대판 2015. 2. 12, 2014다73237; 대판 2009. 5. 28, 2009다12115.
248) 同旨: 맹수석, 전게논문, 188-189면.
249) 상법 제669조 제4항 및 제672조 제3항.

보험계약의 효과

제8장

Ⅰ. 보험자의 의무

1. 보험증권 교부의무

(1) 보험증권

(가) 의의 및 법적 성질

보험증권(insurance policy)이란 보험계약이 체결된 이후에 보험계약의 성립(체결) 사실과 그 내용을 증명하기 위해 계약의 내용을 기재하고 보험자가 기명날인 또는 서명하여 보험계약자에게 교부하는 증거증권을 말한다.[1] 보험계약의 청약의 유인을 위해 모집종사자가 고객에게 교부하는 보험안내자료나 청약서와 다르다. 보험증권에는 법정사항이 보험자에 의해 일방적으로 기재되며 보험자만이 기명날인 또는 서명하게 되므로 이를 계약서라고 할 수 없다.[2] 보험계약 체결시 보험자에게 보험증권의 작성·교부의무가 부과되고 있지만 이는 거래상의 편의를 위한 것일 뿐, 보험증권의 작성행위를 가지고 보험계약이 요식계약이라고 해석할 수는 없다. 보험계약은 낙성불요식 계약이기 때문에 보험증권의 발행이 보험계약의 성립요건이 되는 것은 아니며[3] 보험증권을 작성해야만 보험계약상의 권리와 의무가 발생하게 되는 설권증권도 아니다.[4]

(나) 보험증권의 작성과 교부

보험자는 보험계약이 성립한 때에는 지체없이 보험증권을 작성하여 보험계약자에게 교부하여야 한다(제640조 1항 본문). 보험계약자에게는 보험증권의 교부청구권이 인정되며

---

[1] 대판 2012. 4. 26, 2010다10689; 대판 1996. 7. 30, 95다1019; 대판 1988. 2. 9, 86다카2933. 대판 2003. 4. 25, 2002다64520. 영국 1906 해상보험법 제22조는 "다른 성문법에 별도의 규정이 있는 경우를 제외하고는 해상보험계약은 해상보험증권에 구현되지 않는 한 증거로서 인정되지 못한다. 보험증권은 계약성립시 또는 그 후에 이를 작성하고 발행할 수 있다"고 정하고 있다.

[2] 정찬형, 610면; 양승규, 131면; 최준선, 107면; 정희철, 389면.

[3] 대판 1988. 2. 9, 86다카2933.

[4] 양승규, 131면.

타인을 위한 보험계약의 경우에도 보험계약자만이 보험증권 교부청구권을 가지며 피보험자 또는 보험수익자는 보험증권 교부청구권을 가지지 못한다.[5] 보험계약자의 청구가 없어도 보험자는 이를 작성하여 교부하여야 한다.[6] 보험계약자의 의사에 반하여 보험자가 보험증권을 보험계약자가 아닌 제3자에게 교부한 경우 보험자가 보험증권 교부의무를 이행한 것으로 볼 수 없다.[7] 타인을 위한 보험계약의 경우에도 보험계약자에게 보험증권을 교부해야 한다. 손해보험의 피보험자나 인보험의 보험수익자를 보험증권에 기재하는 기명식으로 발행할 수도 있고, 해상보험증권이나 운송보험증권과 같이 무기명식 또는 지시식으로 발행할 수도 있다. 보험계약자가 보험료의 전부 또는 최초의 보험료를 지급하지 아니한 때에는 보험자는 보험증권의 교부를 거절할 수 있다(제640조 제1항 단서). 물론 보험료의 전부 또는 최초의 보험료를 수령하지 않고도 보험자는 자신의 결정으로 보험증권을 발행·교부할 수 있다. 보험증권의 뒷면에는 대개 보통보험약관이 기재되어 있는데 이는 계약의 내용을 정한 것으로서 보험계약은 이 약관에 따라 체결되었다는 추정을 받게 된다.[8]

[대법원 1999. 2. 9. 선고 98다49104 판결]

〈사실관계〉

원고는 거래상 보증보험증권을 타인에게 제출하기 위해 피고회사와 보증보험계약을 체결하였는데, 피고회사는 보험증권을 원고가 아니라 이해관계 있는 제3자에게 교부하였고 이에 원고는 목적했던 거래를 성사시키지 못하게 되어 피고회사에 손해배상을 청구하였다.

〈주요 판시내용〉

상법 제640조의 규정에 의하면 보험자는 보험계약이 성립한 때에는 보험계약자가 보험료를 납부하지 아니하는 등의 특별한 사정이 없는 한 지체없이 그 계약의 성립과 내용을 증명하는 보험증권을 작성하여 보험계약자에게 교부하여야 할 의무가 있고, 그 보험증권이 보험계약자의 의사에 반하여 보험계약자의 구상의무에 관하여 담보를 제공한 제3자에게 교부되었다고 하여 이러한 의무가 이행되었다고 볼 수 없다.

(다) 보험증권의 재교부 등

기존의 보험계약을 연장하거나 변경한 경우에는 보험자는 새로 보험증권을 작성하여 교부할 필요없이 보험증권에 계약 연장이나 변경 사실을 기재함으로써 보험증권의 교부에 갈음할 수 있다(제640조 제2항). 물론 이 경우에 새로 보험증권을 작성하여 보험계약자에게 교부할 수도 있다. 보험증권의 소지는 자신이 권리자임을 가장 쉽게 증명할 수 있는 방법

---

5) 양승규, 130면.
6) 정동윤, 525면.
7) 대판 1999. 2. 9, 98다49104.
8) 정찬형, 612면; 최준선, 107면.

일 뿐만 아니라, 그 기재내용이 일단 진실하다는 사실상의 추정을 받게 되므로 보험계약자로서는 보험증권을 소지하는 것이 여러모로 편리하다. 만약 보험증권을 멸실(분실 포함) 또는 현저하게 훼손한 때에는 보험계약자는 보험자에 대하여 증권의 재교부를 청구할 수 있다. 증권작성의 비용은 보험계약자의 부담으로 한다(제642조).9) 실무에서는 보험자가 비용을 받지 않고 보험증권을 재교부하고 있다. 보험증권에 대한 이러한 설명은 온라인 또는 유무선 통신을 통해 보험계약 체결 여부 및 계약 내용에 대한 확인이 수시로 가능한 현 상황에서 맞지 않는 부분도 있음이 사실이다. 일반적으로 증권을 멸실 또는 훼손한 자는 민사소송법의 공시최고 절차를 밟아 제권판결을 얻지 않으면 증권의 재교부를 청구하지 못함이 원칙이다. 그런데 보험증권은 증거증권일 뿐, 요식성이 강하지 않으며, 유가증권성이나 상환성을 가지는 것도 아니기 때문에 제권판결 없이 재교부를 청구할 수 있다.10) 다만 무기명식이나 지시식으로 발행된 해상적하보험증권 등 유가증권성을 가지는 보험증권의 경우에는 공시최고절차에 의한 제권판결을 받은 후에 재교부를 청구해야 할 것이다.11) 보험증권은 상환증권으로서의 성격이 강하지 않기 때문에 보험증권이 멸실되거나 훼손된 경우에 보험증권 없이도 보험금을 청구할 수 있다.

(2) 기재사항

보험증권에는 공통적으로 ① 보험의 목적, ② 보험사고의 성질, ③ 보험금액, ④ 보험료와 그 지급방법, ⑤ 보험기간을 정한 때에는 그 시기와 종기, ⑥ 무효와 실권의 사유, ⑦ 보험계약자의 주소와 성명 또는 상호, ⑧ 보험계약의 연월일, ⑨ 보험증권의 작성지와 그 작성연월일을 기재해야 한다(제666조). 2015년 개정 보험법은 여기에 '피보험자의 주소, 성명 또는 상호'를 기재하도록 추가하였다. 이러한 공통적인 기재사항 이외에 보험계약의 종류에 따라 별도로 정한 기재사항이 존재한다.

화재보험증권에는 건물을 보험의 목적으로 한 때에는 그 소재지, 구조와 용도, 동산을 보험의 목적으로 한 때에는 그 존치한 장소의 상태와 용도, 보험가액을 정한 때에는 그 가액을 추가로 기재해야 한다(제685조). 운송보험의 경우에는 운송의 노순(路順)과 방법, 운송인의 주소와 성명 또는 상호, 운송물의 수령과 인도의 장소, 운송기간을 정한 때에는 그 기간, 보험가액을 정한 때에는 그 가액을 따로 기재해야 한다(제690조). 해상보험에서 선박을 부보한 경우 그 선박의 명칭, 국적과 종류 및 항해의 범위, 적하를 부보한 경우에는 선박의 명칭, 국적과 종류, 선적지, 양륙지 및 출하지와 도착지를 정한 때에는 그 지명, 보험가액을 정한 때에는 그 가액을 공통사항 이외에 별도로 기재해야 한다(제695조). 자동차보

---

9) 약관으로 달리 정할 수 있다. 정동윤, 525면; 김은경, 240면.
10) 보험연수원(편), 보험심사역 공통 1 교재, 2016, 61면.
11) 양승규, 137면; 김성태, 253면; 임용수, 131면, 137면; 서헌제, 81면.

험증권에는 자동차소유자와 그 밖의 보유자의 성명과 생년월일 또는 상호, 피보험자동차의 등록번호, 차대번호, 차형연식과 기계장치, 차량가액을 정한 때에는 그 가액을 기재해야 한다(제726조의3). 인보험의 경우 손해보험에서의 공통사항 이외에 보험계약의 종류, 피보험자의 주소, 성명 및 생년월일, 보험수익자를 정한 때에는 그 주소, 성명 및 생년월일을 기재해야 한다(제728조). 상해보험의 경우 피보험자와 보험계약자가 동일인이 아닐 때에 그 보험증권 기재사항 중 피보험자의 주소, 성명 및 생년월일 대신에 피보험자의 직무 또는 직위만을 기재하는 것으로 갈음할 수 있다(제738조).

(3) 보험증권교부의 효과

상법 제650조에서는 보험계약이 성립한 때에 보험증권을 지체없이 작성하여 보험계약자에게 교부하도록 하고 있다. 그런데 실무상 보험계약자의 청약에 대해 보험증권을 보험자가 보험계약자에게 교부함으로써 승낙의 의사표시에 갈음하는 효과가 발생한다고 해석된다.[12] 이러한 실무가 계약 성립(체결)시에 보험증권을 작성하여 교부하도록 하는 제650조와 충돌되는 것이라고 해석할 수는 없다. 상법 보험편은 보험자의 보험증권 교부의무 위반의 효과를 규정하고 있지 않으며, 보험자가 보험증권 교부의무를 위반하더라도 보험계약의 성립이나 효력에는 영향을 미치지 아니한다. 다만 보험증권 교부의무를 위반하여 보험계약자에게 손해를 야기한 경우에는 불법행위로 인한 손해배상청구가 가능할 수 있다.[13]

[대법원 2015. 11. 17. 선고 2014다81542 판결]

〈사실관계〉

원고는 만 55세 되는 해부터 10년 동안 연금을 지급하는 내용의 연금저축보험계약을 체결하였다. 약관은 '지급되는 연금액은 피고회사의 보험료 및 책임준비금 산출방법서에 정한 바에 따라 계산한다'고 규정하고 있고, 산출방법서에 의하면 연금액은 책임준비금의 액수와 연금 지급 당시의 1년 만기 정기예금이율의 변동에 영향을 받게 되어 있고, 책임준비금 자체도 보험료 납입 당시의 1년 만기 정기예금이율의 변동에 영향을 받게 되어 있다. 원고가 피고로부터 교부받은 보험증권의 '보상구분'란에는 "연금은 10년간에 걸쳐 3개월마다 1,821,380원을 계약해당일에 총 40회 지급하여 드립니다"라고 기재되어 있다. 그런데 이 사건 보험증권은 2개의 점선을 이용하여 3단으로 접히게 되어 있고, 원고는 이 사건 보험증권을 그 3단 부분이 떨어져 나간 채로 증거로 제출하였는데, 연금에 관한 위와 같은 기재는 이 사건 보험증권의 2단 부분에 있는 것이다. 이 사건 보험계약이 체결될 무렵에 판매된 이 사건 보험과 같은 보험상품의 보험증권에는 그 2단 부분에 이 사건

---

12) 사법연수원, 보험법연구, 2007, 72면; 최기원, 208면.
13) 최기원, 208면.

보험증권의 '보상구분'란 기재와 유사한 기재가 있으며 그 3단 부분에 "해당 납입일자에 보험료가 납입되지 않거나 기준이율(1년 만기 정기예금이율 × 125%: 현행 10.625%)의 변동 및 계약변경이 있을 경우 상기 예정연금액과 실제연금액은 차이가 있을 수 있습니다."라는 기재가 있다.

〈주요 판시내용〉

이 사건 보험증권은 그 일부가 훼손된 채로 증거로 제출되었는데, 피고회사의 전산정보(상품보장내역)의 기재 내용, 이 사건 보험계약이 체결될 무렵 판매된 이 사건 보험계약과 같은 보험상품의 보험증권의 기재 내용 등에 비추어 보면, 이 사건 보험증권 중 훼손된 부분에 피고의 주장과 같이 이 사건 보험계약에 따른 연금액은 1년 만기 정기예금이율의 변동에 따라 변동된다는 취지의 기재가 있을 가능성을 배제할 수 없으므로, 결국 이 사건 보험증권이 그 전체로서 이 사건 보험계약에 따른 3개월 단위 연금액을 1,821,380원으로 확정적으로 기재하고 있다고 단정할 수는 없다. 보험증권은 보험계약이 성립한 이후 보험계약의 성립과 그 내용을 증명하기 위하여 보험자가 작성하여 보험계약자에게 교부하는 증권으로서 보험계약 체결 당시에 교부되는 서류가 아니라는 점을 더하여 보면, 훼손되어 그 일부만이 제출된 이 사건 보험증권에 3개월마다 1,821,380원씩의 연금을 지급한다는 기재가 있다고 하더라도, 이러한 사정만으로 위 금액을 이 사건 보험계약에 따른 연금액으로 하기로 하는 원고와 피고 사이의 합의가 있었다고 인정하기는 어렵다.

[대법원 1996. 7. 30. 선고 95다1019 판결]

〈사실관계〉

소외 2는 피고(리스회사)와 리스계약을 체결하면서 채무이행을 담보하기 위해 원고회사와 피고 리스회사를 피보험자로 하는 이행보증보험계약을 체결하고 그 증권을 제공하였다. 소외 2가 채무를 이행하지 않아 원고회사는 피고에게 보험금을 지급한 후 소외 2에게 구상권을 행사하였다. 그런데 구상금청구소송에서 이 보험계약은 소외 2가 체결한 것이 아니라 소외 2의 납품대상업체인 소외 1이 담보목적으로 가지고 있었던 소외 2의 사업자등록증사본과 인감도장을 이용하여 소외 2의 명의를 위조하여 체결한 것임이 밝혀졌다. 이 사실을 알게 된 원고회사는 보험계약이 애초에 무효였음을 이유로 피고인 리스회사를 상대로 이미 지급한 보험금을 반환하라고 요구하였다.

〈주요 판시내용〉

타인의 이름으로 임의로 법률행위를 행한 경우에 행위자 또는 명의인 가운데 누구를 당사자로 할 것인지에 관하여 행위자와 상대방의 의사가 일치한 경우에는 그 일치하는 의사대로 행위자의 행위 또는 명의자의 행위로서 확정하여야 할 것이지만, 그러한 일치하는 의사를 확정할 수 없을 경우에는 계약의 성질, 내용, 체결 경위 및 계약체결을 전후한 구체적인 제반 사정을 토대로 상대방이 합리적인 인간이라면 행위자와 명의자 중 누구를 계약 당사자로 이해할 것인가에 의하여 당사자를 결정하고, 이에 따라 계약의 성립 여부와 효력을 판단함이 상당하다 할 것이다. 사실관계가 원심이 적법하게 확정한 바와 같다면, 이 사건 보증보험계약의 당사자는 보험약정서에 보험계약자로 표시된 소외 2이고, 위 소외 1이 권한 없이 위 소외 2 명의로 이를 체결한 것으로 보아야 할 것이므로, 이 사건 보증보험계약은 위 소외 2가 추인을 하였다는 등의 특별한 사정이 없는 한 그 계약 내용대로 효력을 발생할 수 없는 것이라고 할 것이다. 따라서 체결된 보험계약은 무효이고 리스회사는 법률상 원인없이 보험금을 수령하였으므로 부당이득으로 보험자에게 반환해야 한다.

[대법원 2003. 4. 25. 선고 2002다64520 판결]

〈사실관계〉

화재로 보험목적물이 소실되자 원고는 보험증권에 보험가액이 기재되지는 않았지만 계약 체결 당시 심사가액 및 감정가액 전액을 보험가입금액으로 하는 동시에 보험가액으로 하기로 하는 합의가 있었으므로 본 계약은 기평가보험이라고 주장한 반면에, 피고회사는 이를 부인하며 미평가보험임을 주장했다.

〈주요 판시내용〉

기평가보험으로 인정되기 위한 당사자 사이의 보험가액에 대한 합의는 명시적인 것이어야 하기는 하지만 반드시 보험증권에 '협정보험가액' 혹은 '약정보험가액'이라는 용어 등을 사용하여야만 하는 것은 아니고 당사자 사이에 보험계약을 체결하게 된 제반 사정과 보험증권의 기재 내용 등을 통하여 당사자의 의사가 보험가액을 미리 합의하고 있는 것이라고 인정할 수 있으면 충분하다. 그러나 상법 제685조 제3호는 화재보험에 있어서 보험자와 보험계약자 사이에 보험가액을 정한 때에는 그 가액을 화재보험증권에 기재하도록 규정하고 있는 한편, 이 사건 보험계약에 관한 보험증권이나 보험청약서에는 '보험가입금액'의 기재만 있을 뿐 '보험가액'의 기재나 보험가액에 해당하는 다른 유사한 가액의 기재는 없는 사실, 화재보험에서 기평가보험은 협정보험가액 특별약관에 의하여 인수하여 전부보험으로 처리되고 있고, 그러한 특별약관이 없는 경우에는 미평가보험으로 처리되는 것이 보험 실무의 관행인 사실을 알 수 있는바, 이와 같은 상법의 규정과 보험증권이나 보험청약서, 보험약관의 기재 내용 및 실무 관행 등을 종합하여 보면, 이 사건 보험계약에 있어서 당사자 사이에서 보험가액을 협정하였다고 보기는 어렵다.

(4) 보험증권의 법적 성질

(가) 요식증권성

보험증권에는 제666조에서 정하고 있는 법정사항을 공통적으로 기재해야 하고 보험계약의 종류에 따라 각각 특유한 사항을 추가로 기재해야 하는 점에서 요식증권적 성질을 가진다. 그러나 어음 또는 수표에서와 같은 정도의 엄격성이 요구되지는 않으므로 일부 법정사항의 기재가 누락되거나 법정사항 이외의 내용이 추가되었다고 해서 보험증권이 무효가 되는 것은 아니다.[14]

14) 양승규, 132면; 정찬형, 612면; 정희철, 390면.

(나) 증거증권성과 이의약관(異議約款)

① 증거증권성   보험증권은 보험계약의 성립을 증명하기 위한 증거증권이다. 증거증권인 보험증권을 보험계약자가 아무런 이의없이 수령하게 되면 계약의 내용 및 성립과 관련하여 보험증권상의 기재내용은 사실상의 추정력을 가지게 된다.[15] 보험증권을 소지하고 있으면 보험계약 내용의 진정성이 사실상 추정을 받게 되므로 보험계약의 성립과 내용에 대한 주장을 함에 있어서 유리하다. 보험증권은 하나의 증거증권에 불과한 것이어서 보험계약의 성립 여부나 보험계약의 당사자가 누구인지, 또는 보험계약의 구체적인 내용 등에 관하여 보험증권만이 아니라 계약체결의 전후 경위, 보험료의 부담자 등에 관한 약정, 증권을 교부받은 당사자 등을 종합하여 파악하여야 한다. 즉 보험증권은 보험계약의 성립과 그 내용에 대한 증거가 될 수는 있지만, 보험증권상의 기재내용과 사실상의 보험계약 내용이 다른 경우에는 보험증권이 사실상의 추정력을 가지고 있을 뿐임을 감안할 때에 보험계약자는 보험계약에서 본래 합의된 내용을 따로 입증함으로써 보험증권의 기재내용을 다툴 수 있고 진실한 계약에 따른 권리를 주장할 수 있다.[16] 예를 들어 보험증권에 피보험자로 기재되었다고 해서 그 자가 법률적으로 피보험자로 확정되는 것은 아니다. 일단 피보험자로 사실상 추정되지만, 피보험이익의 귀속주체가 아님이 입증되면 그 자는 피보험자가 될 수 없다.

보험증권의 기재내용과 보험약관의 내용이 서로 다른 때에는 우선 보험증권 이외에 보험계약 청약서, 보험약관의 내용 등을 종합하여 진정한 방향으로 보험계약의 내용을 확정함이 타당하다. 즉 보험계약자로서는 보험증권 외에 보험약관, 보험계약청약서, 상품안내서, 사업방법서 등 다른 방법으로 보험계약의 내용을 증명할 수 있다. 청약서 등 다른 서류 등을 통해 확인한 후에도 보험증권의 기재내용이 약관의 내용과 다른 경우에는 보험계약자에게 유리하게 해석해야 하며 다만, 보험계약자, 피보험자 또는 보험수익자가 보험증권 기재내용과 약관내용이 뚜렷이 다르다는 것을 명확히 알았거나 알 수 있었을 경우에는 그러하지 아니하다.[17]

[대법원 1992. 10. 27 선고 92다32582 판결]

〈사실관계〉
보험계약자 A 회사는 리스회사로부터 청정실 설비를 리스 받으면서 리스회사를 피보험자로 하

---

15) 임용수, 133면; 최기원, 209면; 한기정, 279면.
16) 대판 2003. 4. 25, 2002다64520; 대판 1997. 9. 5, 95다47398; 대판 1988. 2. 9, 86다카2933; 대판 1992. 10. 27, 92다32852; 대판 1988. 2. 9, 86다카2933. 정찬형, 610면; 임용수, 133면; 양승규, 132면; 한기정, 280면.
17) 임용수, 132-133면; 한기정, 280면. 작성자불이익의 원칙은 약관해석의 원칙이지만 그 취지는 보험약관과 보험증권이 상호 충돌하는 경우에도 적용될 수 있다고 본다는 입장이다.

는 리스보증보험계약을 원고회사와 체결하였다. A 회사의 대표이사가 부도로 인해 거래정지처분을 받은 후 도피하였다. 원고 보험회사는 피보험자인 리스회사에게 보험금을 지급한 후에 보험계약자 A의 채무이행을 연대보증한 피고에게 구상권을 행사하였다. 리스보증보험증권에는 보험목적물이 '청정실 설비'로만 기재되어 있었으나, 리스계약에서는 스크루컴프레셔, 에어드라이어, 수전설비 및 내선설비 등 다른 물건이 포함되어 있었다. 약관에는 '피보험자가 보험자의 승인없이 리스물건의 종류 등을 변경하게 되면 보험자는 손해를 보상하지 않는다'는 면책조항이 있었다. 피고는 원고 보험회사의 구상권 행사에 대해 본래 원고 보험회사가 약관에 의해 보험금지급책임이 없는데도 불구하고 보험금을 지급한 것이므로 자신에게 구상권을 행사해서는 안 된다고 항변하였다.

〈주요 판시내용〉

보험계약은 당사자 사이의 의사합치에 의하여 성립되는 낙성계약이고, 보험계약을 체결할 때 작성교부되는 보험증권은 하나의 증거증권에 불과한 것이어서 보험계약의 내용은 반드시 위의 증거증권만에 의하여 결정되는 것이 아니라 보험계약 체결에 있어서의 당사자의 의사와 계약 체결의 전후 경위 등을 종합하여 그 내용을 인정할 수도 있다. 보험계약체결의 전후 경위를 종합하여 A 회사가 원고 보험회사와 체결한 이 사건 리스보증보험계약의 보험목적물이 보험증권에 기재된 청정실 설비뿐만 아니라 스크루콤프레셔, 에어드라이어, 수전설비 및 내선설비도 포함되어 있다고 판단한 것은 정당하다. 기록에 의하면 피고가 A 회사의 원고 보험회사에 대한 구상채무를 연대보증하였음이 명백하며, 이에 따라 원고 보험회사가 피고에 대하여 보증책임의 이행(구상권 행사)을 구하는 것이 잘못이라 할 수 없다.

② 이의약관(異議約款)　　　보험증권의 기재 내용에 대해 보험계약자는 이의를 제기할 수 있으나, 이를 무제한으로 받아들일 수는 없다. 보험법은 보험계약의 당사자는 보험증권의 교부가 있은 날로부터 일정한 기간 내에 한하여 그 증권내용의 정부(正否)에 관한 이의를 할 수 있음을 약정할 수 있는데 이러한 내용을 정한 약관을 이의약관이라 한다. 그 기한을 부당하게 단기간으로 정하지 못하도록 하여 보험계약자를 보호하고 있는데 1개월 이하로는 정할 수 없도록 하였다(제641조). 이의약관 취지는 보험계약 내용과 보험증권 기재내용에 차이가 있어서 나중에 당사자 간에 분쟁이 발생할 수 있기 때문에 미리 이를 해결하기 위함이다.18) 이의약관은 명시적으로 정하여져 있는 경우에만 효력이 있다. 이의약관이 없다면 민법의 일반원칙에 따라 이의를 제기할 수 있을 것이다. 그런데 민법의 일반원칙에 따르게 되면 오랫동안 보험관계를 불안정하게 할 수 있기 때문에 이의약관을 따로 인정하고 있는 것이다.19) 이의약관이 있으면 보험계약 당사자는 약관에서 정한 기간 내에만 증권상의 기재내용에 대한 정정을 청구할 수 있다. 만약 그 기간이 경과하면 기재내용은 확정적인 효력을 가지게 된다고 일반적으로 해석된다.

---

18) 양승규, 136면.
19) 최준선, 109면; 임용수, 136면; 양승규, 136면.

다만 실제 보험계약 내용과 다른 내용이 담긴 보험증권을 보험자가 일방적으로 작성하는 것임을 감안하고 보험증권을 받은 소비자가 그 내용을 꼼꼼히 살펴보리라는 것을 기대하기가 쉽지 않은 상황에서 이의기간이 경과했다고 하여 보험증권 기재 내용에 확정적 효력을 인정하는 것이 타당한 지는 의문이다.[20] 보험증권 기재내용에 사실상의 추정력만 부여하는 것이 타당하다. 청약서나 가입설계서, 상품설명서 등에 의해 보험계약의 실질적 내용을 증명할 수 있다고 본다. 물론 명백한 오기 또는 착오는 이의기간이 지나더라도 이를 다툴 수 있다.[21]

㈐ 상환증권성, 면책증권성, 비설권증권성

보험자는 보험금을 지급할 때 보험계약자에게 보험증권의 상환을 요구하고 보험증권과 상환하여 보험금을 지급함이 원칙이다.[22] 견해에 따라서는 보험약관에서 보험계약상의 권리를 행사할 때에 보험증권을 상환하거나 제시해야 한다고 규정하고 있는 경우에 한해 상환증권성을 인정하기도 한다.[23] 그런데 실무상으로는 보험금청구권에 대한 권리를 다른 방법으로라도 입증만 할 수 있으면 보험증권과 상환하지 않고도 보험금이 지급되고 있다. 보험증권의 상환 필요성은 보험증권이 제3자에 의해 선의취득된 경우 보험자의 이중지급 가능성과 관계된다. 그런데 보험증권은 그 성질상 제3자에 의해 선의취득되어 보험자가 이중지급의 위험에 놓이게 될 경우가 드물다. 따라서 실무상 보험증권의 상환증권성은 논의의 실익이 그리 크지 않다.

한편 보험자는 보험금 등을 지급함에 있어서 보험증권 제시자의 자격 유무를 조사할 권리는 있으나, 의무는 없다. 따라서 보험자는 보험증권을 제시한 자에게 보험금을 지급하게 되면 보험증권을 제시한 자가 무권리자라 하여도 보험자의 악의 또는 중과실이 아닌 한 책임을 면하게 된다. 이것이 보험증권이 가지는 면책증권적 성질이다. 보험증권이 지시식 또는 무기명식 유가증권에 해당하는 경우에도 면책증권성이 인정된다.[24]

또한 보험증권은 비설권증권이다. 보험증권의 작성에 의해 비로소 보험계약상의 법률관계가 발생하는 것이 아니라, 이미 발생된 보험계약상의 법률관계를 명확히 하기 위한 증권이기 때문이다.

㈑ 유가증권성

유가증권이란 재산적 가치가 있는 사권(私權)을 표창하는 증권으로서 권리의 행사를 위해 증권의 소지를 필요로 하는 것을 말한다. 유가증권은 주로 채권을 표창하는데 물권

---

20) 한기정, 287면.
21) 정찬형, 611면; 양승규, 133면, 136면; 임용수, 136면; 김성태, 252면; 강위두/임재호, 569면; 정동윤, 525면; 김은경, 239면.
22) 정희철, 389면, 391면; 양승규, 131-133면.
23) 임용수, 134면; 최기원, 214면; 한기정, 281면.
24) 정찬형, 610면; 최준선, 109면; 임용수, 134-135면; 양승규, 133면; 최기원, 212면.

이나 주주 지위의 표창도 가능하다. 유가증권의 예로는 어음이나 수표, 화물상환증, 선하증권 등을 들 수 있다. 주주지위를 표창하는 주권도 유가증권의 하나이다. 보험증권이 유가증권이라면 유가증권 성질에 따라 보험계약자는 보험증권을 제시하고 상환해야만 자신의 권리를 행사할 수 있으며, 보험증권에 배서 또는 교부를 통해 권리 이전을 할 수 있다. 보험증권에 유가증권성을 인정하지 않게 되면 보험증권이 없더라도 다른 방식으로 자신이 권리자임을 증명하고 권리를 행사할 수 있고 또 보험증권을 상환할 필요도 없다. 권리의 이전을 위해서는 민법 제450조에 따라 지명채권 양도에 대한 대항요건을 갖출 것이 원칙적으로 요구된다.

　보험증권이 유가증권이라고 해도 불완전한 유가증권이다. 어음이나 수표와 달리 설권증권, 문언증권, 무인증권이 아니라는 의미이다.[25] 이에 따라 보험자는 보험계약자 등의 고지의무나 통지의무 위반 사유를 가지고 보험증권을 현재 소지하고 있는 자에게 대항할 수 있게 된다.

　보험증권의 유가증권성 인정 문제는 특히 보험증권이 지시식 또는 무기명식으로 발행된 경우에 다루어진다.[26] 통상의 보험증권은 피보험자나 보험수익자 같은 보험금청구권자의 성명이 보험증권상에 기재되며 배서에 의해 양도되는 것이 일반적이지 못하다. 원칙적으로 보험증권은 유가증권도 아니고 유통증권도 아니라고 해석된다.[27] 보험증권의 유가증권성 문제는 사고발생에 따른 장래의 보험금청구권, 해지환급금청구권 및 피보험자(손해보험)나 보험수익자(인보험) 지위의 양도 문제와 관련된다. 해지환급금청구권은 인보험의 경우는 물론 손해보험의 경우에도 양도성에 문제가 없다. 피보험이익의 존재가 요구되지 않기 때문이다. 다만 배서 또는 교부를 통해 양도를 하더라도 보험계약의 해지권이 여전히 보험계약자에게 있는 점을 감안하면 해지환급금청구권만이 표창된 유가증권의 양도는 실무에서 그리 많이 발생할 것으로 보이지는 않는다.[28]

　① 인보험증권　　통설은 인보험증권의 유가증권성을 부정한다. 인보험증권은 대체로 지시식 또는 무기명식으로 보험증권을 발행하지 않는데, 설사 그러한 형식으로 발행했다고 해도 인보험증권에 대해서는 유가증권성을 인정할 수 없다는 것이 통설적인 견해이다. 인보험의 경우에는 사람의 생명과 신체를 목적으로 하는 특수성에 비추어 보험증권의 양도를 쉽게 인정할 수 없다. 또한 보험계약자가 보험수익자를 변경할 수 있는 권리가 유보되어 있는 경우에 인보험증권의 양도는 허용되기 어렵다. 변경권이 유보되지 않았고 인보험증권이 지시식 또는 무기명식으로 발행되어 민법 제450조의 지명채권 양도의 대

---

25) 한기정, 282면.
26) 영국 1906 해상보험법 제50조에서는 해상보험증권의 양도성을 원칙적으로 인정하고 있다.
27) 양승규, 133면; 김은경, 241면.
28) 同旨: 한기정, 283면.

항요건 충족을 피할 수 있다고 해도 피보험자 이외의 자에게 보험계약상의 권리(보험금청구권)를 이전하는 경우에는 피보험자의 동의를 얻도록 하고 있으므로(제731조), 전전유통적 성질을 전제로 하는 유가증권성을 인정하기는 어렵다.[29) 상해보험의 경우에도 보험증권의 유통성을 인정하기가 쉽지 않다. 인보험의 경우 보험수익자의 성명이 포함되어 있고 기명식으로 발행되는 것이 원칙이며, 보험수익자를 변경하게 되면 보험자에게 통지하여야 하고 통지가 없으면 보험자에게 대항할 수 없다(제734조, 제739조). 예를 들어 특정인이 보험회사와 10년 만기 생명보험에 가입한 후 제3자로부터 대출을 받으면서 생명보험증권을 제3자에게 양도하더라도 제3자는 보험금을 청구할 수 없다.[30)

그런데 미국이나 영국 등에서는 생명보험의 전매제도(life settlement)가 운용되고 있는 바, 이 경우 생명보험증권의 유가증권성이 인정될 소지가 있다.[31) 종신보험은 사망사고가 발생해야만 보험수익자로 지정된 자가 보험금을 수령할 수 있다. 따라서 보험계약자로서는 피보험자의 생존기간 동안에 보험계약으로부터의 혜택을 활용할 수 없다. 물론 보험계약자가 계약을 해지하고 해지환급금을 받아 이를 사용할 수 있으나 보험계약 체결 후 상당한 기간이 경과하지 않는 한 납입보험료 총액과 비교하여 훨씬 적은 해지환급금이 지급되기 때문에 보험계약자로서는 손해이다. 그런데 만약 보험증권을 채권화하고 유통하게 된다면 보험계약자는 계약을 해지하지 않고도 자산을 유동화할 수 있게 된다. 더 많은 해지환급금 상당의 금액을 받을 수 있게 된다. 생명보험의 전매제도가 생명보험증권을 채권화한 예이다. 다만 손해보험증권이 아닌 생명보험증권의 채권화 문제는 생명보험에서의 피보험이익의 문제와 관련되기 때문에 생명보험에서 피보험이익 개념을 인정하지 않고 있는 우리나라에서는 이에 대해 아직 적극적인 논의가 이루어지지 않고 있다.[32)

한편 인보험 중에서 보험수익자 변경권이 유보되지 않은 생존보험의 경우에 보험금청구권이 화체된 보험증권의 유가증권성을 인정할 수 있다는 견해가 있다.[33) 다만 순수

---

29) 양승규, 134면; 한기정, 282면, 285면.
30) 임용수, 135면; 정찬형, 613면; 정희철, 392면; 서돈각/정완용, 370면; 서헌제, 83면; 정동윤, 526-527면에서는 유가증권의 개념을 넓게 해석하는 경우에 양도성의 유무가 중요한 것이 아니라 어떠한 권리의 행사에 증권의 소지가 필요한가 아닌가에 따라 유가증권성의 유무가 결정되는데 인보험증권의 경우에는 증권이 없어도 다른 방법으로 보험수익자임을 증명하면 보험금 청구를 할 수 있으므로 이 점에서 그 유가증권성을 인정할 수 없다고 해석한다.
31) 생명보험의 전매제도에 대하여, 한병규, "생명보험 전매제도 도입에 관한 연구", 고려대학교 대학원 법학박사학위 논문, 2014. 5; 김문재, "미국에서의 생명보험전매제도의 규제와 그 시사점", 기업법연구 제22권 제4호, 2008, 401-441면; 정진옥, "생명보험계약상의 권리의 양도", 상사판례연구 제22집 제3권, 2009, 397-421면; 정진옥, "생명보험계약자의 명의변경", 상사판례연구 제23집 제2권, 2010, 175-206면; 김선정, "보험계약자 변경", 상사판례연구 제21집 제4권, 2008, 237-274면.
32) 이 주제를 다룬 논문으로 김선정, "보험수익자 지정변경에 대한 보험자의 동의권 존부—일본에서의 최근 논의의 시사점을 중심으로—", 보험학회지 제84집, 2009, 139-167면; 김은경, "보험증권의 채권(債券)화가능성과 유가증권성 문제", 보험법연구 제11권 제1호, 2017, 51-74면.
33) 한기정, 282, 285-286면.

한 의미에서의 생존보험이 시장에서 판매되는 경우는 매우 드물다.

② 손해보험증권과 학설대립   손해보험증권은 기명식 이외에 지시식이나 무기명식으로 발행할 수 있다. 지시식 또는 무기명식의 손해보험증권이 유가증권인가에 대해서는 견해가 나뉘고 있다.

(a) 유가증권부정설   일반손해보험에서 보험의 목적이 이전되지 않는 한 증권의 점유이전 만으로는 권리가 이전되지 않는 점과 보험금청구권의 행사는 그 성질상 증권 외의 사정, 즉 보험료의 지급이나 기타 각종 의무이행과도 깊은 관계가 있다는 점 등을 이유로 손해보험증권의 유가증권적 성질을 부정하는 견해이다. 물건보험에서 보험증권이 지시식이나 무기명식으로 발행되었다고 해서 그 보험증권의 유가증권성이 반드시 인정되는 것이 아니라는 것이다. 운송보험의 경우에도 물건의 양도가 아닌 지시식 또는 무기명식의 보험증권의 이전에 의해 보험관계가 이전되는 것이 아니며, 운송증권인 화물상환증이나 선하증권의 인도에 의해 운송물의 인도의 효력이 생기는 것(상법 제133조, 제861조)을 고려할 때 지시식 또는 무기명식 보험증권의 유가증권성을 부인하고 있다.34) 손해보험에서는 단순히 보험증권에 피보험자로 기재되었다고 피보험자가 되는 것이 아니라 실제로 피보험이익을 가지고 있어야 보험금청구권을 가지는 피보험자로 인정된다. 따라서 보험증권의 양도를 통해 양수인이 피보험이익을 가지고 있어야 보험금청구권 행사에 제약이 없게 된다. 만약 양수인이 피보험이익을 가지지 못하면 보험금청구권은 효력을 상실하게 된다. 피보험이익의 양도는 피보험자 지위의 양도 문제와 묶여 있는데 피보험자의 지위 이전은 보험자 입장에서 볼 때 중요한 사항이기 때문에 보험자의 동의없이 피보험자의 지위를 임의로 자유롭게 이전하는 것을 허용할 수는 없다. 즉 보험증권의 전전유통적 성질을 인정하기 어렵다는 것이다. 손해보험의 경우에 일반적으로 이러한 문제가 있어서 유가증권적 성질을 인정하기 어렵다는 것이다.35)

(b) 일부긍정설   통설에 따르면 일반적으로는 손해보험 증권의 유가증권성을 부정하되, 화물상환증, 선하증권, 창고증권 등과 같은 유가증권에 부수해서 유통이 되는 운송보험증권, 적하보험증권, 창고보험증권 등은 지시식 또는 무기명식으로 발행된 경우에 한해 예외적으로 유가증권성을 인정할 수 있다고 한다. 즉 보험의 목적인 물건이 그 성질상 유통성이 있고 이전에 의해 위험이 변동되지 않는 경우에 보험의 목적에 대한 권리가 선하증권이나 화물상환증, 창고증권에 화체되어 유통되는 운송보험, 해상적하보험, 창고보험에 있어서 보험계약상의 권리의 이전을 위하여 지시식 또는 무기명식으로 보험증권이

34) 양승규, 134면; 정동윤, 528면은 손해보험증권이 지시식 또는 무기명식으로 발행되었다 해도 유가증권성을 인정하기 어렵다는 입장을 기본으로 하면서, 통설과 같이 지시식 또는 무기명식 보험증권이 선하증권 또는 창고증권 등과 일체가 되어 유통되는 경우에만 유가증권성을 인정한다고 해도 선의취득과 항변의 절단이 인정되지 않으므로 별 실익이 없다고 한다.
35) 한기정, 283-284면.

발행되는 경우가 많은데, 이 경우 보험증권에 표창된 권리의 성질에 반하지 않는 한 보험
증권의 유가증권성을 인정하는 것으로 해석할 수 있다고 한다. 이러한 경우는 배서나 교
부를 통해 보험금청구권의 양도와 함께 피보험이익도 신속하고 간편하게 이전된다. 보험
자가 보험증권을 지시식이나 무기명식으로 작성한 것은 피보험이익을 가지는 피보험자의
지위 이전에 대해 보험자가 미리 동의의 의사표시를 행한 것으로 해석할 수 있어서 전전
유통되는 데에 문제가 되지 않는다.36)

생각건대 지시식이나 무기명식으로 발행된 보험증권 중에서 운송보험증권이나 해상적
하보험증권 등에 첨부되어 유통된다면 유가증권성을 인정할 수 있을 것이다. 실무상으로
도 예를 들어 한국의 수출업자가 CIF 조건으로 영국의 수입자에게 물건을 매도한 후 보
험회사로부터 지시식 보험증권을 교부받아 이를 영국의 수입업자에게 배서양도한 경우에
그 수입업자는 보험증권을 제시하고 보험금을 청구할 수 있다.37) 다만 유가증권성을 인정
한다고 해도 보험증권은 불완전한 유가증권이다. 보험증권이 배서 또는 교부되는 경우 권
리이전적 효력, 자격수여적 효력 및 면책적 효력은 인정된다. 그러나 보험증권은 無因증권
이 아니므로 보험자는 고지의무위반, 통지의무위반, 보험료불지급 또는 위험의 변경·증가
등 보험계약에 기한 항변사유를 가지고 보험증권의 소지인에게 대항할 수 있고 선의취득
도 인정되지 않는다. 즉 보험계약상의 항변이 배서나 교부에 의해 절단되지 않는다.38) 여
기에서 선의취득을 인정하지 않는 이유는 해당 보험증권이 화물상환증이나 선하증권 또는
창고증권 등과 부수해서 유통되는 경우에 한해 예외적으로 보험증권의 유가증권적 성질을
인정할 수 있기 때문이다.39)

(c) 보험금청구권의 질권설정 및 보험목적의 양도와의 구별   보험증권의 양도성
문제와 보험금청구권에 대한 질권설정 및 보험목적의 양도와는 구별해야 한다. 건물을 담보
로 하여 은행으로부터 대출을 받고 그 건물에 대해 체결된 화재보험의 증권에 질권을 설정
한 경우 은행은 담보권자로서 대출자의 건물에 대한 피보험이익을 가지므로 보험금청구권
에 대한 질권자의 지위에서 보험금을 받을 수 있다. 그러나 이는 보험증권의 유가증권성과
는 무관하다.   또한 보험계약자가 피보험자동차를 제3자에게 양도하고 그 양도 사실을 보험
회사에 통지하여 승낙을 받았다면 이는 보험목적의 양도 문제이고 양도의 효과로서 양수인
에게 보험계약관계가 이전되는 것이므로 역시 보험증권의 양도 문제와는 관계가 없다.40)

36) 한기정, 284면.
37) 서헌제, 82-83면.
38) 최준선, 110면; 이기수/최병규/김인현, 134면; 양승규, 135-136면; 최기원, 213면; 김성태, 249면; 서돈
    각/정완용, 370-371면; 정찬형, 614-615면; 임용수, 135면; 손주찬, 540면; 절충설에서도 유통증권과의 관
    계를 묻지 않고 지시식 보험증권에만 유가증권이 인정된다는 주장이 있다(정희철, 391-392면).
39) 이에 대해 선의취득을 인정하는 견해도 있다. 한기정, 283면.
40) 서헌제, 82-83면.

2. 보험금지급의무

보험자의 보험금 지급의무는 보험계약에서 보험자가 부담하는 의무 중 가장 중요하며, 보험계약자가 부담하는 보험료지급의무와 대가적 관계에 있다. 보험금지급의무는 보험사고가 보험기간 중에 발생하고 면책사유가 없어야 발생되므로 일종의 정지조건부 의무이다. 그렇다고 해서 보험계약이 정지조건부 계약이라고 할 수는 없다. 보험계약은 청약에 대한 승낙이 있게 되면 체결(성립)되고 곧바로 효력이 생기기 때문이다.41)

(1) 발생요건

㈎ 보험기간 중의 보험사고 발생42)

손해보험에서 보험자의 보험금지급책임은 보험기간 중에 보험계약에서 정한 보험사고가 발생하고 이로 인한 손해에 대해 피보험자가 보험자에게 보험금을 청구하면 발생한다. 여기에서 보험기간이란 보험자의 책임기간을 말한다.

보험사고의 내용은 보상책임의 범위와 관련된다. 보험계약에서 정한 보험사고가 발생해야 하므로 예를 들어 건물에 대해 화재보험을 가입한 상태에서 홍수로 건물이 멸실된 경우에 특약 등에 의해 홍수에 의한 사고도 담보범위에 포함되지 않는 한 보험자는 보험금지급책임이 없다. 보험계약의 주요한 부분인 보험사고나 보험금액의 확정절차는 보험증권이나 약관에 기재된 내용에 의해 결정되는 것이 보통이지만, 보험증권이나 약관의 내용이 명확하지 않은 경우에는 이에 더하여 당사자가 보험계약을 체결하게 된 경위와 과정, 동일한 종류의 보험계약에 관한 보험회사의 실무처리 관행 등 여러 사정을 참작하여 결정하여야 하고, 특히 법령상의 의무이행을 피보험이익으로 하는 인·허가보증보험에서는 보험가입을 강제한 법령의 내용이나 입법취지도 참작하여야 한다.43)

[대법원 2017. 1. 25. 선고 2014다20998 판결]

〈주요 판시내용〉

보험금 지급책임의 근거가 되는 보험사고는 보험계약의 내용에 편입된 보험약관의 내용과 보험약관이 인용하고 있는 보험증권의 내용 등을 종합하여 결정하여야 하고, 보험약관의 해석은 일반 법률행위와 달리 개별 계약당사자의 의사나 구체적인 사정을 고려함이 없이 평균적 고객의 이해가능성을 기준으로 하되 보험단체 전체의 이해관계를 고려하여 객관적, 획일적으로 하여야 한다.

---

41) 한기정, 287면.
42) 보험사고에 대해서는 제5장 보험계약의 요소에서 설명한 바 있다.
43) 대판 2008. 11. 13, 2007다19624; 대판 2017. 1. 25, 2014다20998.

보험기간 중에 보험사고가 발생했으나, 손해는 보험기간이 경과한 후에 생길 수도 있는데, 이 경우에 보험자의 보험금지급책임 발생함은 물론이다. 보험기간 경과 후에 보험금 지급청구가 행사되어도 보험자의 보상책임은 인정된다. 인보험의 경우에는 원칙적으로 손해 발생 여부에 무관하게 보험기간 중에 보험계약에서 정한 보험사고가 발생하고 보험수익자가 보험금을 청구하면 보험자의 보험금지급책임이 발생한다.44) 보험금이란 인보험의 경우에는 보험계약에서 당사자가 약정한 금액이 될 것이며 손해보험의 경우에는 당사자간의 약정최고액(보험금액)을 한도로 하여 피보험자가 실제로 보험사고로 인해 손해를 입은 손해액이 될 것이다.45) 판례는 손해보험의 경우 보험금청구자가 보험사고의 발생, 손해와의 인과관계의 존재, 손해액 등을 입증할 것을 요구하고 있고, 인보험의 경우엔 보험사고의 발생만 입증하면 된다.46)

일반적으로 보험계약이 성립한 후의 보험기간(책임기간) 중에 발생한 보험사고여야 한다. 보험기간이 개시되기 전 또는 보험기간이 경과된 후에 보험사고가 발생하면 원칙적으로 보험자는 보험금 지급의무가 없다. 그러나 소급보험의 경우에는 보험계약이 성립하기 전의 어느 시기를 보험기간의 시기로 할 수 있고 이때 발생한 보험사고에 대해 보험금 지급이 가능하다(제643조).47) 승낙 전 사고보상(제638조의2 제3항)도 예외적으로 보험기간이 개시되기 전의 사고를 보상하는 것이다.48) 보험기간 중에 보험사고가 발생하지 않은 채 보험계약이 종료하게 되면 보험자는 보험금 지급책임을 부담하지 않으며 보험자는 이미 그동안 잠재적으로 위험부담을 한 것으로 해석되므로 지금까지 수령한 보험료에 대해서 원칙적으로 반환할 의무가 없다.49)

---

44) 대판 2004. 8. 20, 2002다20889.
45) 정찬형, 615면; 임용수, 137면; 정동윤, 530면.
46) 대판 2004. 8. 20, 2002다20889.
47) 임용수, 138면.
48) 보험자가 보험계약자로부터 보험계약의 청약과 함께 보험료상당액의 전부 또는 일부를 받은 경우에 그 청약을 승낙하기 전에 보험계약에서 정한 보험사고가 생긴 때에는 그 청약을 거절할 만한 사유가 없는 한 보험자는 보험계약상의 책임을 진다. 따라서 보험자의 승낙이 있기 전이라도 보험계약자가 보험료를 지급하였다면 고지의무위반이나 보험자가 보험인수를 할 수 없는 사정이 있지 아니하는 한 보험자는 보험금 지급책임을 부담한다. 인보험계약의 피보험자가 신체검사를 받아야 하는 경우에 그 검사를 받지 아니한 때에는 청약을 거절할 만한 사유가 없어도 보험자는 보험계약상의 책임을 지지 아니한다. 즉 신체검사를 받지 않은 경우 보험계약자가 보험료를 지급하였거나 피보험자의 건강에 아무런 문제가 없다고 하더라도 법에서 정한 요건을 충족시키지 못했기 때문에 보험자는 보험금 지급책임을 부담하지 않는다. 왜냐하면 피보험자에 대한 진단은 보험자가 보험인수 여부를 결정하는 전제조건이기 때문이다. 양승규, 139면.
49) 김성태, 254면.

[대법원 2002. 11. 8. 선고 2000다19281 판결]

〈사실관계〉

원고와 지속적으로 거래하던 회사가 부도나자 원고는 그 회사와 이행보증보험계약을 맺은 피고회사에 보험금을 청구하였다. 그러나 피고회사는 원고가 보험기간 내에 보험금 청구를 하지 아니하여 보험금청구권이 소멸되었다고 항변하였다.

〈주요 판시내용〉

이행보증보험계약은 그 보험기간의 범위 내에서 주계약에서 정한 채무의 이행기일에 채무를 이행하지 아니함으로써 발생한 피보험자가 입은 손해를 보상하기로 하는 보험계약이므로, 주계약의 당사자 사이에서 그 채무 이행기일이 보험기간 경과 후로 연기되었다면 특별한 사정이 없는 한 보험금 지급의무가 발생하지 않을 것이나, 일단 보험기간 내의 이행기일에 채무를 이행하지 아니하여 보험사고가 발생한 이상, 피보험자가 보험기간이 지나도록 보험금 청구를 하지 아니하였다고 하여 보험금청구권이 소멸될 이유는 없는 것이다.

(나) 보험료 지급50)

보험계약이 성립한 후에 보험사고가 발생했다고 하더라도 보험자가 보험계약자로부터 보험료를 받지 못했다면 보험금지급책임은 원칙적으로 보험자에게 부과되지 않는다.51) 당사자간에 다른 약정이 없으면 보험계약자로부터 최초의 보험료(일시지급의 경우엔 보험료 전부, 분할로 보험료를 지급하기로 한 경우에는 제1회 보험료)의 지급을 받은 때로부터 보험자의 보험금 지급책임이 개시된다(제656조). 따라서 보험계약이 성립한 후에 보험기간 중 보험사고가 발생하더라도 최초의 보험료의 지급이 이루어지기 전 또는 계속보험료의 부지급으로 보험계약이 해지된 이후에 발생한 사고에 대해서 보험자는 보험금 지급책임을 부담하지 않는다.52) 만약 보험료를 보험기간이 개시된 이후에 받기로 당사자간에 약정했다면(외상보험), 보험사고가 보험료 지급 전에 발생하였더라도 당사자간의 약정으로 이미 보험기간(책임기간)이 개시되었으므로 그 기간 안에 발생한 보험사고에 대해서 보험료를 지급받지 않았더라도 보험자는 보험금 지급책임을 부담하게 된다.53) 이것이 제656조에서 규정하고 있는 다르게 약정한 예이다.

(다) 면책사유 부존재54)

보험자가 면책을 주장할 수 있는 사유가 발생하면 보험자는 보험금 지급책임을 부담하지 않는다. 보험금청구권은 약정된 보험사고에 의하여 피보험자에게 손해가 발생한 경

---

50) 최초보험료나 계속보험료 개념에 대해서는 제5장 보험계약의 요소에서 설명했다.
51) 대판 1974. 12. 10, 73다1591.
52) 양승규, 138면.
53) 장덕조, 154-155면; 정찬형, 616면; 임용수, 139면; 양승규, 138면.
54) 면책사유에 대한 상세한 설명은 후술하는 '면책사유' 부분에서 다룬다.

우에 비로소 권리로서 구체화되는 정지조건부 권리이고, 그 조건부권리도 보험사고가 면책사유에 해당하는 경우에는 그에 의하여 조건 불성취로 확정되어 소멸하는 것이다.55)

(2) 보험금청구권자

손해보험에서는 피보험자가, 인보험에서는 보험수익자가 보험금을 청구할 수 있는 권리를 갖는다. 손해보험에서 보험사고 발생 이전에 피보험자가 사망하게 되면 피보험자의 상속인이 보험금청구권자가 되며, 인보험에서 보험사고 발생(피보험자의 사망) 전에 보험수익자가 사망하게 되면 보험계약자가 다시 재지정할 수 있고, 만약 이 상황에서 보험계약자가 지정권을 행사하지 않고 사망하였다면 보험수익자의 상속인이 보험수익자 지위에서 보험금을 청구할 수 있게 된다(제733조 제3항). 보험금청구권자가 미성년자인 경우 부모에게 공동의 친권이 있으므로 부모 공동의 명의로 보험금을 청구해야 할 것이다. 미성년자의 부모가 이혼을 한 경우에는 단독 친권행사자로 지정된 부모의 일방이 보험금을 청구할 수 있다. 만약 단독 친권행사자로 지정된 자가 사망을 하게 되면 그 동안은 생존하고 있는 타방에게 친권이 자동적으로 부여되는 것으로 해석되어 왔다(통설). 그런데 이혼 뒤 아이들의 단독 친권을 가진 사람이 사망을 하는 경우 전 배우자는 친권을 자동으로 받지 못하고 법원에서 그의 양육능력과 양육상황 등에 대해 구체적인 자격심사를 받도록 민법이 개정되었다. 심사결과 전 배우자에게 친권을 주는 것이 부적절하다고 판단되면, 법원은 4촌 이내 친족이나 다른 사람들을 물색하여 후견인을 지정할 수 있다.

친권자가 미성년자를 대리하여 한 행위는 미성년자에게 그 법률효과가 귀속되므로,56) 보험수익자가 미성년자인 경우에 보험자가 그 친권자에게 보험금을 지급하였다면 보험자는 보험금 지급의무를 이행한 것이며 보험수익자에 대한 보험금 지급의무는 당연히 소멸된 것으로 보아야 할 것이다. 사망보험금의 보험수익자가 별도로 지정된 경우에는 그 보험수익자만이 보험금을 청구할 수 있으며, 이 경우에 사망한 피보험자의 재산상속인이 따로 존재하더라도 재산상속인은 보험금 지급을 청구할 수 없다. 보험사고가 발생한 후에 피보험자나 보험수익자가 사망하게 되면 보험금청구권은 상속재산이 된다. 물론 보험수익자로 지정된 자가 피보험자인 경우에는 피보험자의 재산상속인은 상속재산으로서 보험금을 청구할 수 있게 된다.57)

---

55) 대판 2001. 6. 15, 99다72453.
56) 대판 1994. 4. 29, 94다1302. 미성년자의 법정대리인의 법률행위는 미성년자를 위하여 한 행위로 추정되므로 후견인의 피후견인 재산에 관한 처분행위는 피후견인인 미성년자를 대리하여 한 행위로서 미성년자에 대하여 그 효과가 발생한다.
57) 대판 2002. 9. 9, 2002다33229; 임용수, 141-142면; 양승규, 146면.

(3) 이행방식과 지급시기

(가) 이행방식

보험금 지급은 원칙적으로 금전으로 하지만, 당사자간에 현물 또는 기타의 급여를 지급할 것을 약정할 수 있다. 보험급여로 채무면제도 가능하다. 예를 들어 유리보험이 현물로 지급하는 예이고, 치료행위가 기타의 급여의 예라고 할 수 있다. 기타의 급여와 관련하여 용역(서비스)제공 방식도 가능한데 이 경우 유상용역제공 상품이 보험업법상의 보험상품에 해당되는가 여부가 문제될 수 있다.58) 책임보험상의 보험사고로 인해 피해자가 손해를 입고 가해자인 피보험자를 상대로 손해배상청구를 한 경우에, 책임보험자가 피보험자를 대신하여 피보험자의 피해자에 대한 재판상, 재판 외의 방어를 하는 것도 금전 이외의 보험급여에 해당한다.59) 일시금으로 지급함이 원칙이지만 분할지급도 가능하다. 손해보험의 경우에는 보험금액 한도 내에서 손해사정절차를 거쳐 확정된 실손해액이 지급되는 보험금이며(부정액보험), 생명보험의 경우에는 보험계약에서 정한 보험금액이 지급되는 보험금이다(정액보험). 2015년 개정 보험법은 제727조 제2항을 신설하여 인보험계약에 있어서 당사자간의 약정에 따라 보험금을 분할하여 지급할 수 있다고 정하였다. 그런데 이 조항은 보험금 지급방식에 관한 것으로서 인보험계약뿐만 아니라 손해보험계약의 경우에도 적용될 수 있는 내용이며 따라서 인보험계약 총론 부분이 아니라 보험계약 총론 부분으로 그 위치를 변경함이 타당하리라 여겨진다.

(나) 지급시기

지급시기에 관해서는 제658조에서 보험자는 보험금액의 지급에 관하여 약정기간이 있는 경우에는 그 기간 내에, 약정기간이 없는 경우에는 보험계약자 또는 피보험자로부터 보험사고발생의 통지를(제657조 제1항)받은 후 지체없이 지급할 보험금액을 정하고 그 정해진 날부터 10일 내에 피보험자 또는 보험수익자에게 지급하도록 정하고 있다. 해석상으로 '지체없이'는 '상당한 주의를 다해서 신속하게'의 의미라고 볼 수 있다. 보험자가 이미 보험사고 발생을 알고 있다면 보험사고 발생통지가 있었는지 여부에 상관없이 이행기는 시작된다고 보아야 한다. 보험사고 발생통지는 보험계약자뿐만 아니라 피보험자나 보험수익자도 할 수 있다. 중요한 것은 보험사고 발생통지가 보험자에게 도달되어야 한다는 점이다.60) 보험자가 손해를 보상할 경우에 보험료의 지급을 받지 아니한 잔액(미지급보험료)이 있으면 그 지급기일이 도래하지 아니한 때라도 보상할 금액에서 이를 공제할 수 있

---

58) 박세민, "용역(서비스) 제공계약의 보험상품성 판단기준에 관한 소고—영국 판례와 해석 경향을 분석하면서—", 보험법연구 제14권 제1호, 2020, 47-71면.

59) 김성태, 598면; 임용수, 283면.

60) 한기정, 331면.

다(제677조).

> **[대법원 2001. 6. 26. 선고 99다27972 판결]**
>
> 〈주요 판시내용〉
> 이 사건 화재보험약관 제17조 제1항에서는 보험사고가 발생한 경우 피고 보험회사는 손해발생 통지를 받은 후 지체없이 지급할 보험금을 결정하고, 지급할 보험금이 결정되면 10일 이내에 이를 지급하도록 규정하고 있는바, 위 규정의 문언이나 보험사고 발생 후 보험금액을 확정하여 지급하기까지는 다소 시일이 소요되는 점, 위 약관 제17조 제2항에서는 명시적으로 지연이자의 기산일을 정하고 있는 점 등을 종합하여 보면 위 규정의 취지는 단순히 보험금의 지급절차만을 규정한 것이 아니라 손해보험인 이 사건 화재보험계약에서의 보험금 지급시기를 정한 것이라고 할 것이다. 원심이 같은 취지에서 피고 보험회사가 이 사건 보험사고에 대하여 지급할 보험금을 결정한 때로부터 10일이 경과한 1997. 4. 11.부터 지연손해금이 기산된다고 판단한 것은 정당하다.

보험자와 보험금청구권자 사이에 보험금지급기간에 대한 유예 합의를 했다면 이는 유효하다. 예를 들어 타인을 위한 보험계약에 있어서 피보험자는 직접 자기 고유의 권리로서 보험자에 대한 보험금지급청구권을 취득하는 것이므로 특별한 사정이 없는 한 피보험자는 보험계약자의 동의가 없어도 보험금 지급기한을 연기하는 등 그 권리를 행사하고 처분할 수 있다. 이러한 보험금지급기한 유예의 합의는 보험금지급청구권에 관한 소멸시효의 이익을 미리 포기하는 것에 해당된다고 할 수 없으므로 제663조나 제658조의 규정에 위반되는 것이라고 볼 수 없다.[61]

> **[대법원 1981. 10. 6. 선고 80다2699 판결]**
>
> 〈주요 판시내용〉
> 피보험자와 보험자 사이의 보험금지급기한 유예의 합의는 보험금지급청구권에 관한 소멸시효의 이익을 미리 포기하는 것에 해당하지 아니하며 이를 제663조, 제658조의 규정에 위반하는 것이라고 볼 수 없다.

그런데 제658조는 보험사고 발생의 통지를 받은 후 보험금을 정함에 있어서 단순히 '지체없이' 정하도록 하고 있어 실무상으로는 신속한 보상에 많은 문제를 야기할 가능성이 있다. 예를 들어 사고발생 통지를 받은 후 보험사고의 확정 또는 그 책임의 유무 또는 지급할 보험금의 확정에 대해 당사자간에 합의가 이루어지지 않는 경우 결국 소송을 통해 확정짓게 되는데, 이러한 경우 1-2년 이상의 시간이 소요될 수도 있어 '지체없이'라는 문

---

61) 대판 1981. 10. 6, 80다2699.

구가 무의미해지기도 한다. 즉 법조문에서 보험사고 발생통지를 받은 후 일정한 기간 이내에 보험금을 정하도록 규정하지 않음으로 인해 실무상으로는 신속한 보상이 제대로 이행되지 않을 가능성이 많다.62) 보험금액을 정하는 기한 또는 이를 위한 구체적 기준과 기한 위반에 대한 제재에 대해서 입법이 필요하다.

　　생명보험표준약관에서는 보험자는 보험금 청구를 위한 서류를 접수한 때에는 접수증을 교부하고, 휴대전화, 문자메세지 또는 전자우편 등으로도 송부하며, 그 서류를 접수한 날부터 3 영업일 이내에 보험금을 지급하며, 다만 지급사유의 조사나 확인이 필요한 때에는 접수 후 10 영업일 이내에 지급한다고 정하고 있다. 또한 보험자가 보험금 지급사유의 조사 및 확인을 위하여 위 지급기일 이내에 보험금을 지급하지 못할 것으로 예상되는 경우에는 그 구체적인 사유, 지급예정일 및 보험금 가지급 제도(회사가 추정하는 보험금의 50% 이내를 지급)에 대하여 피보험자 또는 보험수익자에게 통지하도록 하고 있다. 이러한 제도는 생명보험뿐만 아니라 다른 보험계약에도 확대 적용할 수 있을 것이다. 장해지급률의 판정 및 지급할 보험금의 결정과 관련하여 확정된 장해지급률에 따른 보험금을 초과한 부분에 대한 분쟁으로 보험금 지급이 지연되는 경우에는 보험수익자의 청구에 따라 이미 확정된 보험금을 먼저 가지급할 수 있다고 정하고 있다.63) 그런데 지급예정일 시한에 별도 규정이 없어서 추가조사가 필요한 경우 무한정 보험금의 지급이 지연될 가능성이 있다. 이러한 문제에 대해 금융감독원은 보험회사 측의 사고에 관한 추가조사가 필요하더라도 보험금 지급일이 원칙적으로 30 영업일을 넘지 않도록 하기 위해 표준약관을 개정하였고 이에 따라 보험자는 특별한 사유가 없는 한 서류를 접수한 날부터 30 영업일 이내에 지급하여야 한다. 다만 소송제기, 분쟁조정 신청, 수사기관의 조사, 해외에서 발생한 보험사고에 대한 조사 등의 경우에는 적용되지 않도록 하였다.64) 생명보험의 경우에는 면책사유가 존재하지 않는 한 당사자간에 미리 약정된 금액을 그대로 지급하면 되므로, 별도로 손해사정절차를 거치거나 보험금액을 정하는 절차를 거칠 이유가 없다.

　　보험자의 보험금 지급의무는 보험계약상의 채무이다. 보험금 지급의무를 이행하지 않는 것은 채무불이행에 해당된다. 현행 상법 보험편에서는 보험자의 보험금 지급 지체 효과에 대해 아무런 규정이 없다. 민법에 의하면 채무불이행에 대해 채권자는 채무자에게 통상의 손해배상청구를 할 수 있고(민법 제390조), 특별한 사정으로 인한 특별손해가 있다면 채무자가 그 사정을 알았거나 알 수 있을 때에 한하여 배상의 책임이 있다고 규정하고 있다(민법 제393조). 보험자가 보험금을 제때에 지급하지 않거나 부당하게 지급을 지체한다면 이는 이행지체에 해당이 되며, 따라서 채권자인 보험계약자 측은 보험금과 통상손해

---

62) 최준선, 130면; 정찬형, 624-625면; 정동윤, 531면; 정희철, 396면.
63) 생명보험표준약관 제8조 제1항, 제3항 및 제4항; 임용수, 143면.
64) 생명보험표준약관 제8조 제3항.

로서의 지연배상을 청구할 수 있을 것이다. 한편 보험계약자 측에게 특별한 사정으로 인한 특별손해가 있다면 채무자인 보험자가 이를 알았거나 알 수 있었을 때에 한하여 예외적으로 배상책임이 인정되지만 입증의 문제가 남는다. 상법 보험편에 이에 관한 조문의 신설이 필요하다고 하겠다. 보험자가 피보험자의 정당한 보험금 지급청구에 대해 악의로 지급을 지체 또는 거절하는 경우와 그렇지 않은 경우를 나누어 규정해야 할 것이다.[65] 영국에서는 보험금 지급지체의 효과에 대해 2016 영국 기업법(Enterprise Act 2016)에 의해 2015 영국 보험법을 개정하고 제13조 A를 신설하여 이를 규정하고 있다.[66] 교통사고 당시에는 예상하지 못한 후발 손해가 발생할 수 있다. 불법행위로 상해를 입었지만 후유증 등으로 인하여 불법행위 당시에는 전혀 예상할 수 없었던 후발손해가 새로이 발생한 경우와 같이, 사회통념상 후발손해가 판명된 때에 비로소 현실적으로 손해가 발생한 것으로 볼 수 있는 경우에는 후발손해 판명 시점에 불법행위로 인한 손해배상채권이 성립하고, 지연손해금 역시 그때부터 발생한다고 봄이 상당하다. 이 경우 후발손해가 판명된 때가 불법행위시이자 그로부터 장래의 구체적인 소극적·적극적 손해에 대한 중간이자를 공제하는 현가산정의 원칙적인 기준시기가 된다고 보아야 하고, 그보다 앞선 시점이 현가산정의 기준시기나 지연손해금의 기산일이 될 수는 없다.[67]

(대) 지급장소

보험금 지급장소에 대해 법률의 규정은 없으며 민법상 지참채무의 원칙(민법 제467조 제2항)에 따라 채권자인 피보험자나 보험수익자의 주소 또는 영업소가 지급장소가 된다. 그러나 약관에서 달리 정할 수 있으며 추심채무로서 보험자의 영업소에서 지급하는 경우가 있다. 현재 실무상으로는 피보험자나 보험수익자의 은행계좌로 자동이체하고 있다.[68]

(4) 보험금청구권의 소멸시효

(가) 시효기간과 중단

① 시효기간　　2015년 개정 보험법은 보험금청구권의 소멸시효를 기존 2년에서 3년으로 연장하였다(제662조). 보험료반환청구권과 적립금반환청구권도 마찬가지로 3년간 행사하지 아니하면 시효의 완성으로 소멸하도록 하였다. 손해보험이나 인보험 모두에 적용된다. 이는 단기의 소멸시효로 인한 보험계약자의 불이익을 제거하고 자동차손해배상보

---

65) 이진수, "보험금지급지체의 손해와 보험자의 의무―영국의 보험계약법 개정안의 시사점―", 상사판례연구 제23집 제2권, 2010, 162면 및 169면.
66) 제13조 A는 보험자가 보험금 지급의무를 위반하는 경우 보험계약자는 손해배상청구(또는 계약 위반에 대한 구제 수단)를 제기할 수 있다는 내용이며, 2017년 5월부터 시행된다.
67) 대판 2022. 6. 16, 2017다289538; 법률신문, "교통사고 당시에는 예상 못한 후발 손해 발생했다면", 2022. 7. 8.
68) 정찬형, 624면; 양승규, 147면; 임용수, 143면.

장법에서 피해자의 보험금청구권의 시효가 2년에서 3년으로 연장된 것과 균형을 맞춘 것이다. 보험금청구권의 소멸시효기간을 약관에서 연장하는 것은 가능하지만 단축할 수는 없다.

② 소멸시효의 중단 권리자가 권리를 행사하게 되면 소멸시효는 중단된다. 소멸시효가 중단되면 그때까지 진행된 소멸시효 기간은 적립되지 않으며, 중단사유가 종료한 때부터 다시 처음부터 진행한다(민법 제178조 제1항). 소멸시효 중단에 대해서는 민법에서 규정하고 있는데 그 사유로는 청구, 압류, 가압류, 가처분, 승인이 있다(민법 제168조). 시효중단 사유로서의 청구에는 재판상 청구, 파산절차참가, 지급명령, 화해를 위한 소환 또는 임의출석, 최고가 포함된다(민법 제168조-174조). 채무자에 대해 채무의 이행을 최고한 후 6월 내에 재판상의 청구, 파산절차참가, 화해를 위한 소환, 임의출석, 압류 또는 가압류, 가처분을 하지 아니하면 시효중단의 효력이 없다(민법 제174조). 즉 최고만으로는 시효중단 효과가 잠정적일 뿐이며, 일정기간 내에 위 행위가 수반되어야 시효중단 효과가 확정된다. (보험금지급)채무이행을 최고받은 채무자(보험자)가 그 이행의무의 존부 등에 대하여 조사를 해 볼 필요가 있다는 이유로 채권자(보험계약자 측)에 대하여 그 이행의 유예를 구하는 경우에는 채권자(보험계약자 측)가 그 회답을 받을 때까지는 최고의 효력이 계속된다고 보아야 하고, 따라서 민법 제174조 소정의 6월의 기간은 채권자(보험계약자 측)가 채무자(보험자)로부터 회답을 받은 때로부터 기산되는 것이라고 해석하여야 한다.[69] 채무자(보험자)가 소멸시효 완성 후에 채권자(보험계약자 측)에 대하여 채무를 승인함으로써 그 시효의 이익을 포기한 경우에는 그때부터 새로이 소멸시효가 진행한다.[70]

[대법원 2014. 12. 24. 선고 2012다35620 판결]

〈주요 판시내용〉

민법 제174조 소정의 시효중단 사유로서의 최고에 있어, 채무이행을 최고받은 채무자가 그 이행의무의 존부 등에 대하여 조사를 해 볼 필요가 있다는 이유로 채권자에 대하여 그 이행의 유예를 구한 경우에는 채권자가 그 회답을 받을 때까지는 최고의 효력이 계속된다고 보아야 하고, 따라서 같은 조에 규정된 6월의 기간은 채권자가 채무자로부터 회답을 받은 때로부터 기산되는 것이라고 해석하여야 한다. 채무이행을 최고받은 채무자가 채권자에 대하여 그 이행의 유예를 구한 경우가 아니라면 특별한 사정이 없는 한 민법 제174조에 규정된 6월의 기간은 최고가 있은 때로부터 기산되는 것이라고 보아야 하고, 이때 채무자가 채권자에 대하여 그 이행의 유예를 구하였는지에 관한 증명책임은 시효중단의 효력을 주장하는 채권자에게 있다고 할 것이다. 그런데 피고회사가 원고의 이 사건 보험금 지급청구에 대하여 그 이행의 유예를 구하였다고 볼 아무런 사정도 나

---

69) 대판 2014. 12. 24, 2012다35620; 대판 2010. 5. 27, 2010다9467.
70) 대판 2009. 7. 9, 2009다14340.

타나 있지 않다. 그렇다면 원고가 피고회사에 위 각 보험금 지급을 청구한 때로부터 6월의 기간이 기산된다고 보는 것이 타당하다고 할 것이다.

[대법원 1993. 6. 22. 선고 93다18945 판결]

〈사실관계〉

피해자인 원고의 보험금청구에 대해 피고회사는 소멸시효완성을 이유로 항변하였다. 원고는 피고회사가 소멸시효의 기산일 이후 수차례 원고에게 합의를 시도하였으므로 소멸시효는 그때마다 중단되었다고 주장하였다.

〈주요 판시내용〉

보험가입자를 위한 포괄적 대리권이 있는 보험회사가 입원비와 수술비, 통원치료비 등을 피해자에게 지급하고 또 보험가입자에게 손해배상책임이 있음을 전제로 하여 손해배상금으로 일정 금원을 제시하는 등 합의를 시도하였다면 보험회사는 그때마다 손해배상채무를 승인하였다 할 것이므로 그 승인의 효과는 보험가입자에게 미친다.

[대법원 2006. 4. 13. 선고 2005다77305, 77312 판결]

〈주요 판시내용〉

상법 제724조 제2항에 의하여 피해자가 보험자에게 갖는 직접청구권과 피보험자의 보험자에 대한 보험금청구권은 별개의 청구권이므로, 피해자의 보험자에 대한 손해배상청구에 의하여 피보험자의 보험자에 대한 보험금청구권의 소멸시효가 중단되는 것은 아니다.

보험금청구권의 소멸시효 중단사유에 관하여 민법 외에 금융소비자보호에 관한 법률에서도 보험금청구권 소멸시효 중단에 관해 규정하고 있다. 보험회사나 보험금청구권자 등 이해관계인이 금융감독원에 설치된 금융분쟁조정위원회에 분쟁조정을 신청하면 소멸시효 중단의 효력이 있다. 분쟁조정신청에 따라 중단된 소멸시효는 양 당사자가 조정안을 수락한 경우 또는 분쟁조정이 이루어지지 아니하고 조정절차가 종료된 때부터 새로이 진행한다(금융소비자보호에 관한 법률 제40조).[71]

(나) 기 산 점

제662조는 보험금청구권의 소멸시효 기산점에 관하여 아무것도 규정하지 않고 있다. 따라서 소멸시효는 권리를 행사할 수 있는 때로부터 진행한다고 규정한 민법 제166조 제1항에 따를 수밖에 없다. 여기에서 보험금청구권이라는 권리를 언제부터 행사할 수 있는 것으로 볼 수 있는가의 문제가 발생한다.

---

71) 한기정, 350면-351면.

(다) 판례의 태도

① 기본 원칙   판례의 기본적인 입장은 소멸시효 기산점을 보험사고가 발생한 때
로 보고 있다.[72] 즉 보험금청구권은 보험사고의 발생으로 인하여 구체적인 권리로 확정되
며 그때부터 그 권리를 행사할 수 있게 되는 것이므로, 특별한 사정이 없는 한 보험금청
구권의 소멸시효는 원칙적으로 보험금을 청구할 수 있는 시점인 보험사고가 발생한 때로
부터 진행한다고 해석함이 판례의 태도이며 다수설이다. 즉 보험금 지급유예기간을 정하
고 있더라도 보험금청구권의 소멸시효는 보험사고가 발생한 때로부터 진행하고 지급유예
기간이 경과한 다음날부터 진행한다고 볼 수는 없다고 다수 판례는 판시하고 있다.[73] 예
를 들어 보험약관에서 '회사는 손해발생 통지 및 보험금 청구서류를 접수한 때에는 접수
증을 교부하고 그 서류를 접수한 날로부터 3일 이내에 지급한다고 정하고 있고, 상법 제
658조에서 '보험자는 보험금액의 지급에 관하여 약정기간이 있는 경우에는 그 기간 내에,
약정기간이 없는 경우에는 제657조 제1항의 통지를 받은 후 지체 없이 지급할 보험금액을
정하고 그 정하여진 날부터 10일 내에 피보험자 또는 보험수익자에게 보험금액을 지급하
여야 한다'고 각각 정하고 있는 경우에 '서류를 접수한 날로부터 3일' 또는 '정하여진 날로
부터 10일'을 약관 또는 법률조항에서 정한 보험금 지급유예기간이라고 한다. 그런데 소멸
시효의 기산점은 이러한 보험금지급유예기간이 경과한 다음날부터 진행하는 것이 아니라
보험사고가 발생한 때로부터 진행한다고 해석하고 있다.[74]

다만 일부 판례 중에는 보험금 지급시기가 정해진 경우에는 그 기간이 경과한 다음날
이 소멸시효의 기산점이라고 해석한 것도 있고,[75] 보험금 지급시기가 정하여지지 않은 경
우에는 보험자가 보험계약자로부터 사고발생의 통지를 받은 후에 지급할 보험금액을 정하
고 보험금지급유예기간인 10일이 경과한 다음날이 기산점이라고 보아야 한다고 해석한 것
도 있다.[76]

② 법률상의 장애와 사실상의 장애   조건의 불성취나 기한의 미도래 등 법률적 장
애가 있어서 권리행사를 할 수 없는 동안에는 소멸시효가 진행하지 않는다. 책임보험에서
는 피보험자의 제3자에 대한 채무가 확정되어야 보험금을 청구할 수 있으므로 피보험자가

---

72) 대판 1993. 7. 13, 92다39822.
73) 대판 2005. 12. 23, 2005다59383; 대판 2000. 3. 23, 99다66878; 대판 2009. 7. 9, 2009다14340; 대판 1998.
   5. 12, 97다54222; 대판 1993. 7. 13, 92다39822; 판례에 찬성하는 입장으로 정진옥, "책임보험에서 피해자
   의 직접청구권의 소멸시효", 경성법학 제4호, 1995. 8, 260-261면; 장덕조, 159면; 한기정, 343면. 김성태,
   258면; 임용수, 144면; 최기원, 220면; 이기수/최병규/김인현, 175면.
74) 대판 2005. 12. 23, 2005다59383.
75) 대판 2006. 1. 26, 2004다19104.
76) 대판 1993. 7. 13, 92다39822; 대판 1981. 10. 6, 80다2699; 정찬형, 625면; 양승규, 147면; 최준선, 131면;
   정진세, "보험금의 지급유예기간과 소멸시효 기산점" 고시연구, 2002. 5, 155-163면. 최한준, "보험금청구
   권의 법적 개념에 관한 연구", 경영법률 제12집, 2001, 397-417면.

제3자에 대해 변제, 승인, 화해 또는 재판으로 채무가 확정되지 않은 상태는 법률상의 장애라 할 수 있다. 보험금청구권 행사를 위해 약관이나 법률에서 특별한 절차를 요구하는 경우에 이것도 법률상의 장애라 할 수 있다. 판례는 이러한 절차를 마친 때, 또는 권리자가 책임있는 사유로 절차를 마치지 못한 경우에는 그러한 절차를 마치는데 소요되는 상당한 기간이 경과한 때로부터 소멸시효가 진행한다고 본다.[77]

보험금지급에 대해 약정기한이 있으면 이는 법률상 장애로 볼 수 있으며 따라서 약정기간이 경과할 때부터 소멸시효가 진행되는 것으로 보아야 한다. 판례 중에는 이러한 경우에도 보험사고가 발생한 때부터 소멸시효가 진행된다고 해석한 것이 있는데,[78] 이는 의문이다.[79] 보험금지급에 관하여 약정기간이 없는 경우는 보험사고가 발생한 때부터 보험금청구권을 행사할 수 있기 때문에 법률상의 장애가 없으므로, 보험사고가 발생한 때가 소멸시효의 기산점이 되어야 한다. 제658조에서 보험금지급에 대한 약정기간이 없으면 '보험사고발생통지→지급할 보험금액 확정→확정된 날부터 10일 내 보험금 지급'을 내용으로 하고 있으나 이것은 보험금청구권 행사에 대한 법률상의 장애가 아니고 보험자의 이행지체책임이 시작되는 시점을 규정한 것으로 보아야 한다. 민법에서도 기한을 정하지 않은 채권의 경우 채권자는 언제든지 권리를 행사할 수 있으므로, 소멸시효의 기산점은 채권이 발생한 때부터이고, 채무자의 이행지체책임은 이행청구를 받은 때부터이기 때문에(민법 제387조 제2항), 권리행사시점과 이행지체시점은 다를 수 있는 것이다.[80]

법률상의 장애가 아닌 사실상의 장애에 불과한 경우에는 이는 소멸시효 기산점에서 고려해야 할 특별한 사정이 아니므로 보험사고가 발생한 때로부터 소멸시효가 진행한다.[81] 보험금청구권자가 단순히 보험사고의 발생을 알지 못하는 것은 권리행사의 사실상의 장애에 불과하며 따라서 소멸시효의 진행을 막을 수는 없다. 권리의 존재나 행사가능성을 알지 못하는 것도 사실상의 장애이다.[82]

[대법원 2021. 1. 14. 선고 2018다209713 판결]

〈주요 판시내용〉

원고는 망인의 사망 후 1개월이 경과하기 전인 2009. 12. 24. 피고 보험회사에게 보험금 지급을 청구하였는데, 피고는 원고에게 일반사망보험금을 지급하였을 뿐 재해사망보험금은 지급하지 않았다. 원고는 2010. 4. 14. 망인이 자유로운 의사결정에 따라 사망한 것이 아니라 공무상 스트

---

77) 대판 2006. 1. 26, 2004다19104.
78) 대판 2005. 12. 23, 2005다59383.
79) 同늡: 한기정, 349면.
80) 최기원, 220면; 장덕조, 159면; 한기정, 349면.
81) 대판 2021. 1. 14, 2018다209713; 대판 2006. 4. 27, 2006다1381; 대판 1997. 11. 11. 97다36521.
82) 한기정, 348면.

레스 등으로 인한 우울증으로 사망하였음을 이유로 공무원연금공단에 공무원연금법상의 유족보상금을 신청하였는데 거부되자, 2011. 1. 28. 그 거부처분을 취소해 달라는 취지의 관련 행정소송을 제기하기도 하였다. 그런데 원고가 망인의 사망 후 피고 보험회사를 상대로는 이 사건 재해사망보험금 청구권을 행사하지 못할 법률상의 장애 사유나 특별한 사정이 있었다고 보이지 않는다. 비록 공무원연금공단이 2010. 5. 31. '망인이 공무상의 과로와 스트레스로 인하여 사망하였다고 볼 수 없다'는 이유로 원고의 유족보상금 지급을 거부하고, 이에 따라 원고가 관련 행정소송을 제기하여 제1심에서는 패소판결을 받았다가 항소심에서 승소판결을 받고 2015. 7. 9.에야 비로소 그 상고심 판결이 선고되어 항소심 판결이 확정된 점, 피고는 망인의 사망이 고의로 자신을 해친 경우로서 보험금을 지급하지 아니하는 보험사고에 해당한다는 이유로 원고의 재해사망보험금 지급 청구를 거부해 온 점 등이 인정된다고 하더라도, 이러한 점들만으로는 객관적으로 보아 보험사고가 발생한 사실을 2015. 7. 9.까지는 확인할 수 없었던 사정이 있는 경우에 해당한다고 볼 수 없다.

피해자가 스스로 자동차를 운전하다가 사망한 사고에 대해 보험회사가 보험금청구권자에게 그 사고는 면책 대상이어서 보험금을 지급할 수 없다는 내용의 잘못된 통보를 하였다고 하더라도 이로써 피해자 가족이 보험금청구권을 행사할 수 없게 된 것은 아니라는 것이다. 다시 말해 그와 같은 잘못된 통보를 받았더라도 피해자 측은 얼마든지 보험금청구권을 행사할 수 있었으며, 보험사고 발생 사실을 알 수 없게 되었다고 볼 수도 없다는 것이 판례의 입장이다. 면책사유에 해당한다고 잘못 통보한 것은 보험금청구권을 행사하는 데 있어서 법률상의 장애사유가 될 수 없으므로 보험회사의 보험금 지급채무는 사고 발생시로부터 3년(판결 당시는 2년)의 기간이 경과함으로써 시효소멸한다고 판시한 바 있다.83) 또한 대법원전원합의체판결에서 무면허운전에 관한 종전의 견해를 변경한 바 있다고 하여 이로써 피해자가 보험회사에 대하여 보험금 직접청구권을 행사함에 있어 법률상 장애가 있었다 할 수 없으므로 피해자가 보험자에 대하여 판결금액 상당의 보험금을 직접 청구하는 소송을 제기한 경우네 직접청구권의 소멸시효는 확정판결이 있은 때로부터 기산된다고 판시했다.84)

판례의 경향을 보면 보험계약자가 보험금청구권의 행사가능성을 알지 못하거나 권리의 존재를 알지 못한 것을 사실상의 장애로 보고 있다.85) 판례에 법원성이 인정되지 않는 우리나라에서 판례의 변경을 법률의 변경으로 동일시할 수 없으므로 변경 전의 판례를 믿고 권리가 없다고 생각하여 권리행사를 하지 않은 것은 사실상 장애에 불과하다는 것이다.86) 보험계약자 등이 보험사고의 발생을 알고도 보험자에게 사고발생에 대한 통지를 하

83) 대판 1997. 11. 11, 97다36521.
84) 대판 1993. 4. 13, 93다3622.
85) 同旨: 한기정, 368면.
86) 한기정, 344면.

지 않은 경우에도 보험사고가 발생한 때로부터 소멸시효가 진행되는 것이 원칙이다. 이러한 소멸시효 기산점 해석에 대해 다음과 같은 예외가 인정된다.

③ 보험사고 발생여부가 객관적으로 분명하지 않은 경우   법원은 보험사고가 발생한 것인지의 여부가 객관적으로 분명하지 아니하여 보험금청구권자가 과실 없이 보험사고의 발생을 알 수 없었던 경우에는 보험금청구권자가 보험사고의 발생을 알았거나 알 수 있었던 때로부터 보험금청구권의 소멸시효가 진행한다고 해석하고 있다.[87] 본래 이 경우는 사실상의 장애로 볼 수도 있다. 그러나 보험사고가 발생한 것인지의 여부가 객관적으로 분명하지 아니하여 보험금청구권자가 과실없이 보험사고의 발생을 알 수 없었던 경우에도 보험사고가 발생한 때로부터 보험금청구권의 소멸시효가 진행한다고 해석하는 것은, 보험금청구권자에게 너무 가혹하여 사회정의와 형평의 이념에 반할 뿐만 아니라 소멸시효제도의 존재이유에 부합된다고 볼 수도 없으므로, 이와 같이 객관적으로 보아 보험사고가 발생한 사실을 확인할 수 없는 사정이 있는 경우에는, 보험금청구권자가 보험사고의 발생을 알았거나 알 수 있었던 때로부터 보험금액청구권의 소멸시효가 진행한다고 해석하는 것이 타당하다.

[대법원 2015. 9. 24. 선고 2015다30398 판결]

〈주요 판시내용〉

객관적으로 보아 보험사고가 발생한 사실을 확인할 수 없는 경우, 보험금청구권의 소멸시효의 기산점은 보험금청구권자가 보험사고 발생을 알았거나 알 수 있었던 때이다. 이러한 취지에서 군 복무 중 목을 매 사망한 甲에 대하여, 당초 군 수사기관에 의해 망인의 사인은 단순 자살이라고 결론 내려졌으므로 망인이 구타·가혹행위 등으로 인한 육체적, 정신적 고통을 견딜 수 없는 상태에서 사망에 이르렀다는 이 사건 결정이 있기까지는, 망인이 자유로운 의사결정을 할 수 없는 상태에서 사망에 이르게 되어 보험사고가 발생하였는지 여부가 객관적으로 분명하지 않았다가, 이 사건 결정이 있게 됨으로써 보험사고의 발생이 객관적으로 확인될 수 있게 되었고 원고들도 그때서야 보험사고의 발생을 알았거나 알 수 있게 되었다고 보아야 할 것이므로, 원고들의 피고들에 대한 보험금청구권의 소멸시효는 이 사건 결정이 있은 때부터 진행한다고 할 것이다.

[대법원 1993. 7. 13. 선고 92다39822 판결]

〈사실관계〉

보험사고의 피해자인 원고가 가해자의 책임보험자인 피고회사에 보험금을 청구하자, 피고회사

---

87) 대판 2015. 9. 24, 2015다30398; 대판 2013. 9. 26, 2013다34693; 대판 2012. 9. 27, 2010다101776; 대판 2009. 11. 12, 2009다52359; 대판 1993. 7. 13, 92다39822; 대판 2001. 4. 27, 2000다31168.

는 이미 소멸시효기간이 완성되었다고 항변하였다. 그러나 원고는 처음 보험사고의 가해자가 피보험자가 아닌 제3자로 지목되었고, 이로 인해 제3자가 아닌 피보험자가 운전한 것이라는 판결이 나올 때까지는 피보험자의 보험자인 피고회사에 보험금을 청구할 수 없었으므로 판결이 내려진 때로부터 소멸시효를 기산하면 아직 시효기간이 완성되지 않았다고 주장하였다.

〈주요 판시내용〉

특별한 다른 사정이 없는 한 원칙적으로 보험금청구권의 소멸시효는 보험사고가 발생한 때로부터 진행한다고 해석하는 것이 상당하지만, 보험사고가 발생한 것인지의 여부가 객관적으로 분명하지 아니하여 보험금청구권자가 과실 없이 보험사고의 발생을 알 수 없었던 경우에도 보험사고가 발생한 때로부터 보험금청구권의 소멸시효가 진행한다고 해석하는 것은, 보험금청구권자에게 너무 가혹하여 사회정의와 형평의 이념에 반할 뿐만 아니라 소멸시효제도의 존재이유에 부합된다고 볼 수도 없으므로, 이와 같이 객관적으로 보아 보험사고가 발생한 사실을 확인할 수 없는 사정이 있는 경우에는, 보험금액청구권자가 보험사고의 발생을 알았거나 알 수 있었던 때로부터 보험금액청구권의 소멸시효가 진행한다고 해석하는 것이 타당하다. 이 사건 장기운전자복지보험계약상의 보험사고는 1988. 3. 11.에 발생하였다고 볼 수밖에 없지만, 피보험자가 아닌 소외 2가 자동차를 운전하다가 교통사고를 일으킨 것으로 공소가 제기되어 1990. 7. 4. 제1심법원에서 무죄의 판결을 선고받을 때까지는, 피보험자인 망 소외 1이 자동차를 운전하다가 교통사고를 일으켜 사망하는 이 사건 보험사고가 발생한 사실이 객관적으로 확인되지 않고 있다가, 1990. 7. 4.에야 보험사고의 발생이 객관적으로 확인될 수 있게 되었고 보험금청구권자인 원고들도 그때에야 보험사고의 발생을 알 수 있게 되었다고 보아야 할 것이므로, 원고들의 피고에 대한 보험금청구권의 소멸시효는 그때부터 진행한다고 할 것이다. 따라서 1990. 11. 24.에 보험금을 구하는 소를 제기한 것은 보험사고의 객관적으로 확인되는 시점을 기준으로 볼 때 소멸시효가 완성되지 않은 것이다.

[대법원 2013. 9. 26. 선고 2013다34693 판결]

〈주요 판시내용〉

원심은 의료전문가가 아닌 원고로서는 망인의 사망 당시 그것이 의료기관의 과실에 기한 것임을 알지 못하였고, 보험사고의 발생 여부가 객관적으로 분명하지 아니하여 보험금청구권자가 과실 없이 보험사고의 발생을 알 수 없었던 경우에 해당한다는 원고의 주장에 대하여, ○○○의원 소속의 의사를 업무상과실치상 혐의로 고소하였으나 무혐의 불기소처분을 받았다는 사정이나 원고가 의료기관을 상대로 손해배상소송을 제기하여 현재까지 재판 진행 중이라는 사정만으로는 이 사건 보험사고가 발생한 것인지 여부가 분명하지 아니하여 보험금청구권자가 과실 없이 보험사고의 발생을 알 수 없었던 경우에 해당한다고 보기는 어렵고, 오히려 망인의 사망 당시 비록 원고가 의료과실의 존부 및 사망과의 인과관계 등에 관하여 구체적인 인식은 없었다고 하더라도 의료기관의 과실 및 그로 인하여 망인이 사망하였을 가능성을 전혀 알 수 없는 상태였다고 보기는 어렵고, 특히 2008. 8. 7.경 원고가 일부 의료기관을 상대로 위와 같이 형사고소를 한 점 등을 고려하면, 적어도 위 형사고소 시점에는 의료기관의 과실에 의한 보험사고의 발생을 알았거나 알 수 있었다고 볼 것이므로, 망인의 사망 시점인 2008. 6. 12.부터 또는 적어도 위 형사고소 시점인 2008. 8. 7.경부터 이 사건 보험사고와 관련하여 이 사건 보험계약으로 인한 재해사망보험금 청구권의 소멸시효가 진행된다 할 것이고, 그때부터 이 사건 소 제기 시까지 원고가 의료기관의 과실을 확인하거나 그로 인한 책임을 주장하는 데에 장해가 될 만한 특별한 사정이 있었다고 볼 만한 사정도 없다는 이유로 원고의 주장을 모두 배척하였다. 앞서 본 법리에 비추어 살펴보면, 원심의 위와 같은 판단은 정당하여 수긍할 수 있고, 거기에 상고이유의 주장과 같이 보험금청구권의 소멸시효 기산점에 관한 법리오해 등의 위법은 없다.

④ 장해보험   장해보험의 경우에 어느 시점을 보험사고가 발생한 것으로 볼 것인가의 문제가 있다. 즉 장해를 야기한 사고가 발생한 시점을 보험금청구권 소멸시효의 기산점으로 볼 것인지 아니면 치료 등의 이유로 상당한 기간이 경과한 후 장해정도(등급)가 결정된 상태를 기산점으로 볼 것인가의 문제이다. 이는 책임보험에서의 보험금청구권 소멸시효에서의 문제와 유사하다. 불법행위 등이 발생한 시점과 손해배상채무액이 확정되는 시점이 다르기 때문이다. 생각건대 후유장해보험금 청구권은 후유장해 등급이나 그 정도가 판명된 때에 시효가 진행되는 것으로 해석해야 한다. 예를 들어 화재사고가 발생하여 4개월간 치료를 받은 후 장해가 확정되었다면 장해가 확정된 시점을 보험금청구권의 소멸시효 기산점으로 보아야 할 것이다.88) 가해행위와 이로 인한 현실적인 손해의 발생 사이에 시간적 간격이 있는 불법행위의 경우 소멸시효의 기산점이 되는 불법행위를 안 날은 단지 관념적이고 부동적인 상태에서 잠재하고 있던 손해에 대한 인식이 있었다는 정도만으로는 부족하고 그러한 손해가 그 후 현실화된 것을 안 날을 의미한다. 특히 교통사고와 같은 가해행위가 있을 당시 피해자의 나이가 왕성하게 발육·성장활동을 하는 때이거나, 최초 손상된 부위가 뇌나 성장판과 같이 일반적으로 발육·성장에 따라 호전가능성이 매우 크거나(다만 최초 손상의 정도나 부위로 보아 장차 호전가능성이 전혀 없다고 단정할 수 있는 경우는 제외한다), 치매나 인지장애 등과 같이 증상의 발현 양상이나 진단 방법 등으로 보아 일정한 연령에 도달한 후 전문가의 도움을 받아야 정확하게 진단할 수 있는 등의 특수한 사정이 있는 때에는 법원은 피해자가 담당의사의 최종 진단이나 법원의 감정 결과가 나오기 전에 손해가 현실화된 사실을 알았거나 알 수 있었다고 인정하는 데 매우 신중할 필요가 있다.89)

---

88) 대판 1992. 5. 22, 91다41880; 김선정, "장해보험금을 지급받은 피보험자가 사망한 경우 보험자의 사망보험금지급책임—대법원 2013. 5. 23, 2011다45736 판결", 기업법연구 제27권 제3호, 2013, 242-243면; 김성태, 872-873면.
89) 대판 2019. 7. 25, 2016다1687.

재해장해보장을 받을 수 있는 기간 중에 장해상태가 더 악화된 경우에는 그 악화된 장해상태를 기준으로 장해등급을 결정한다고 보험약관이 규정하고 있는 경우, 보험사고가 발생하여 그 당시의 장해상태에 따라 이미 보험금을 지급받은 후 당초의 장해상태가 더 악화된 경우 추가로 지급받을 수 있는 보험금청구권의 소멸시효는 그와 같은 장해상태의 악화를 알았거나 알 수 있었을 때부터 진행한다.[90)]

[대법원 2019. 7. 25. 선고 2016다1687 판결]

〈주요 판시내용〉

甲이 만 15개월 무렵에 교통사고를 당하여 뇌 손상 등을 입은 후 약간의 발달지체 등의 증세를 보여 계속 치료를 받던 중 만 6세 때 처음으로 의학적으로 언어장애 등의 장애진단이 내려지고 제1심에서의 신체감정 결과 치매, 주요 인지장애의 진단이 내려진 사안에서, 치료경과나 증상의 발현시기 및 정도와 함께 사고 당시 甲의 나이, 최초 손상의 부위 및 정도, 최종 진단경위나 병명 등을 종합적으로 고려하면, 사고 직후에 언어장애 등으로 인한 손해가 현실화되었다고 단정하기 어렵고, 나아가 甲이나 그 법정대리인으로서도 그 무렵에 혹시라도 장차 상태가 악화되면 甲에게 어떠한 장애가 발생할 수도 있을 것이라고 막연하게 짐작할 수 있었을지언정 뇌 손상으로 인하여 발생할 장애의 종류나 정도는 물론 장애가 발생할지 여부에 대해서조차 확실하게 알 수 없었을 것으로 볼 여지가 충분한데도, 교통사고 당시 甲이 손해의 발생 사실을 알았다고 인정한 다음 그에 따라 교통사고가 발생한 날이 불법행위에 기한 손해배상청구권의 소멸시효의 기산점이 된다고 본 원심판단에 법리오해 등의 잘못이 있다.

⑤ 기타의 경우   책임보험의 보험금청구권의 발생시기나 발생요건에 관하여 달리 정한 경우 등 특별한 다른 사정이 없는 한 원칙적으로 책임보험의 보험금청구권의 소멸시효는 피보험자의 제3자에 대한 법률상의 손해배상책임이 상법 제723조 제1항이 정하고 있는 변제, 승인, 화해 또는 재판의 방법 등에 의하여 확정됨으로써 그 보험금청구권을 행사할 수 있는 때로부터 진행된다고 봄이 상당하다.[91)]

[대법원 2006. 4. 13. 선고 2005다77305, 77312 판결]

〈주요 판시내용〉

자동차보험계약의 피보험자가 주취상태로 차량을 운전하다가 피해자를 충격하여 상해를 입힌 사건에서, 상법 제723조에 의해 피보험자가 제3자에게 손해배상금을 지급하거나 상법 또는 보험약관이 정하는 방법으로 피보험자의 제3자에 대한 채무가 확정되면 피보험자는 보험자에 대하여

---

90) 대판 2009. 11. 12, 2009다52359.
91) 대판 2002. 9. 6, 2002다30206; 대판 1993. 4. 13, 93다3622.

보험금청구권을 행사할 수 있으므로 피보험자가 피해자 측에 이미 합의금으로 손해배상액을 지급한 시점부터 피보험자의 보험자에 대한 보험금청구권의 소멸시효가 진행된다.

[대법원 2002. 9. 6. 선고 2002다30206 판결]

〈사실관계〉

피고 보험회사는 원고를 피보험자, 원고의 직원을 피보증인으로 하는 신원보증보험계약을 체결하였는데, 원고의 직원이 원고의 고객에게 손해를 끼치는 사고가 두 건 발생하였다. 두 사고는 각각 조정과 확정판결에 의해 원고의 손해배상책임이 확정되었고, 원고는 손해배상을 한 후 피고회사에 보험금을 청구하였는데 피고회사는 두 사고 모두 소멸시효가 완성되었다는 항변을 하였다. 원고는 가해자의 불법행위시로부터 소멸시효를 기산하면 기간이 완성되었지만 가해자에 대한 손해배상청구사건의 판결확정일로부터 기산하면 기간이 완성되지 않았고, 약관에는 '보통약관상 피보증인의 제3자에 대한 범죄행위로 인하여 피보험자가 제3자에 대하여 법률상 손해배상책임을 부담함으로써 입은 손해'라고 표기되어 있으므로 기산점은 판결확정일이 되어야 한다고 주장하였다.

〈주요 판시내용〉

책임보험에 있어서 피보험자가 제3자에 대하여 변제, 승인, 화해 또는 재판으로 인하여 채무가 확정된 때에는 보험자는 특별한 기간의 정함이 없으면 그 확정의 통지를 받은 날로부터 10일 내에 보험금을 지급하도록 규정하고 있으므로 이러한 책임보험의 성질에 비추어 피보험자가 보험자에게 보험금청구권을 행사하려면 적어도 피보험자가 제3자에게 손해배상금을 지급하였거나 상법 또는 보험약관이 정하는 방법으로 피보험자의 제3자에 대한 채무가 확정되어야 할 것이고, 약관에서 책임보험의 보험금청구권의 발생시기나 발생요건에 관하여 달리 정한 경우 등 특별한 다른 사정이 없는 한 원칙적으로 책임보험의 보험금청구권의 소멸시효는 피보험자의 제3자에 대한 법률상의 손해배상책임이 상법 제723조 제1항이 정하고 있는 변제, 승인, 화해 또는 재판의 방법 등에 의하여 확정됨으로써 그 보험금청구권을 행사할 수 있는 때로부터 진행된다고 봄이 상당하다.

원심이 적법하게 인정한 사실관계에 의하면, 이 사건 사고는 책임보험의 성질을 지니고 있다고 할 것이고, 손해배상 청구사건의 판결이 확정됨으로써 원고의 손해배상책임도 비로소 확정되어 원고로서는 피고에 대하여 이 부분 보험금청구권을 행사할 수 있게 되었으므로 그 보험금청구권의 소멸시효는 위 판결확정 시점부터 진행된다고 할 것이니, 원고가 이 사건 소를 제기한 2001. 4. 11.에는 1999. 7. 27.부터 기산하여 아직 2년(현재는 3년)의 소멸시효가 완성되지 아니하였다고 할 것이다.

만약 약관에서 보험금청구권을 행사함에 있어 특별한 절차를 밟을 것을 요구하고 있다면 그러한 절차를 마친 때부터 소멸시효가 진행될 것이다. 예를 들어 약관에서 제724조 제1항[92]의 내용을 요구하고 있다면 가해자인 피보험자는 피해자 측에게 손해배상을 한

---

92) 제724조 제1항은 '보험자는 피보험자가 책임을 질 사고로 인하여 생긴 손해에 대하여 제3자가 그 배상을 받기 전에는 보험금의 전부 또는 일부를 피보험자에게 지급하지 못한다'고 규정하고 있다.

후에야 비로소 보험자에게 보험금을 청구할 수 있게 되며 이때부터 소멸시효가 진행된다고 할 것이다. 복합운송주선업 인 · 허가보증보험계약상의 보험사고가 발생한 경우에 보험금청구권을 행사하기 위하여는 화물유통촉진법 등의 관계 규정에 따라 마련된 '복합운송주선업 영업보증금 및 보증보험가입금 운영규정'에서 정한 보험금의 확정절차를 마쳐야 하므로, 그 보험금청구권의 소멸시효는 위 절차를 마쳤거나, 채권자가 그 책임 있는 사유로 이를 마치지 못하였다면 위 절차를 거치는 데 필요하다고 볼 수 있는 시간이 경과한 때로부터 진행한다.93)

[대법원 2014. 7. 24. 선고 2013다27978 판결]

〈주요 판시내용〉

甲 재단법인과 도급계약을 체결한 乙 주식회사가 丙 보험회사와 체결한 보증보험계약의 약관에서 '보험사고는 乙 회사가 정당한 이유 없이 계약을 이행하지 아니한 때 발생한다. 보험금청구권은 2년간 행사하지 아니하면 소멸시효가 완성하고 甲 법인은 보험금 청구시 주계약인 도급계약을 해제하여야 한다'는 취지로 정한 사안에서, 甲 법인이 乙 회사의 채무불이행으로 도급계약의 목적을 달성할 수 없게 된 무렵부터 3년이 경과한 후에야 도급계약을 해제한 것을 상당한 기간 내의 해제라고 볼 수 없고, 해제 절차의 지연은 甲 법인의 책임 있는 사유 때문이므로, 甲 법인의 보험금청구권은 시효로 소멸하였다고 봄이 타당하다.

행방불명된 선원의 사망에 대한 확인증명을 대신하는 역할을 하는 실종선고 심판이 확정되는 때에 비로소 보험금청구권에 대한 권리행사를 할 수 있게 되었다고 봄이 상당하며, 그 때부터 시효기간이 진행된다. 관공서에서 수해, 화재나 그 밖의 재난을 조사하고 사망한 것으로 통보하는 경우에는 가족관계등록부에 기재된 사망연월일을 기준으로 한다.94)

㈑ 소멸시효 완성의 주장과 신의칙 위반

채무자(보험자)가 소멸시효가 완성되었음을 이유로 항변권을 행사하는 경우에도 우리 민법의 대원칙인 신의성실의 원칙과 권리남용금지의 원칙의 지배를 받는다. 채무자가 시효완성 전에 채권자(보험금청구권자)의 권리행사나 시효중단을 불가능 또는 현저히 곤란하게 하였거나, 그러한 조치가 불필요하다고 믿게 하는 행동을 하였거나, 객관적으로 채권자가 권리를 행사할 수 없는 장애사유가 있었거나, 또는 일단 시효완성 후에 채무자가 시효를 원용하지 아니할 것 같은 태도를 보여 권리자로 하여금 그와 같이 신뢰하게 하는 등의 사정이 있어 채무자(보험자)가 소멸시효의 완성을 이유로 채무이행(보험금 지급)의 거절을

93) 대판 2006. 1. 26, 2004다19104; 대판 2014. 7. 24, 2013다27978; 임용수, 145면.
94) 생명보험표준약관 제4조 제1항; 대판 1998. 3. 13, 97다52622.

인정하는 것이 현저히 부당하거나 불공평하게 되는 등의 특별한 사정이 있는 경우에는 채무자가 소멸시효의 완성을 주장하는 것이 신의성실의 원칙에 반하여 권리남용으로서 허용될 수 없다는 것이 판례의 입장이다.[95]

　　다만 실정법에 정하여진 개별 법제도의 구체적 내용에 좇아 판단되는 바를 신의칙과 같은 법원칙을 들어 배제 또는 제한하는 것은 법의 해석·적용에서 구현되어야 할 중요한 기본적인 법가치의 하나인 법적 안정성을 후퇴시킬 우려가 없지 않다. 특히 소멸시효 제도는 법률관계에 불명확한 부분이 필연적으로 내재할 수밖에 없는 점을 감안하여 그 법률관계의 주장에 일정한 시간적 한계를 설정함으로써 그에 관한 당사자 사이의 다툼을 종식시키려는 것을 취지로 하므로, 애초 그 제도가 누구에게나 무차별적·객관적으로 적용되는 시간의 경과가 1차적인 의미를 가지는 것임을 고려하면, 법적 안정성의 요구는 더욱 뚜렷하게 제기된다. 따라서 신의칙을 들어 소멸시효의 적용을 배제하거나 제한하는 데에는 신중할 필요가 있다.[96]

[대법원 2016. 10. 27. 선고 2016다224183, 224190 판결]

〈주요 판시내용〉

　甲을 피보험자로 하는 보험계약의 책임개시일로부터 2년 후 甲이 자살하여 수익자인 乙이 보험자인 丙 보험회사를 상대로 보험계약에 기초한 재해사망보험금의 지급 등을 구한 사안에서, 乙의 재해사망보험금 청구권은 소멸시효의 완성으로 소멸하였고, 丙 보험회사의 소멸시효 완성 주장이 신의성실의 원칙에 반한 권리남용이라고 볼 수 없으며, 丙 보험회사가 乙이 재해사망보험금을 지급받지 못한 데 따른 손해배상책임을 부담하지 않는다. 보험계약에 기초한 재해사망보험금 청구권은 소멸시효의 완성으로 소멸하였고, 관련 쟁점에 대한 금융분쟁조정위원회의 심결은 법원을 구속하지 않는 점 등에 비추어 보면, 丙 보험회사가 이 사건 보험계약에 기초한 재해사망보험금 지급의무의 존재를 알면서 미지급사유를 乙에게 알리지 않아 乙의 권리행사를 현저히 곤란하게 하였다고 하기 어려우며, 달리 丙 보험회사의 소멸시효 완성 주장이 신의성실의 원칙에 반한 권리남용이라고 볼 만한 사정이 없다.

[대법원 2010. 5. 27. 선고 2009다44327 판결]

〈주요 판시내용〉

　교통사고로 심신상실의 상태에 빠진 甲이 乙 보험회사를 상대로 교통사고 발생일로부터 2년이 경과한 시점에 보험계약에 기한 보험금의 청구를 내용으로 하는 소를 제기한 사안에서, 보험금청

---

95) 대판 2014. 5. 29, 2011다95847; 대판 2008. 5. 29, 2004다3469; 대판 2002. 10. 25, 2002다32332.
96) 대판 2016. 9. 30. 2016다218713, 218720; 대판 2010. 9. 9, 2008다15865.

구권에 대하여는 2년(현재는 3년으로 개정됨)이라는 매우 짧은 소멸시효기간이 정해져 있으므로 보험자 스스로 보험금청구권자의 사정에 성실하게 배려할 필요가 있다는 점, 권리를 행사할 수 없게 하는 여러 장애사유 중 권리자의 심신상실 상태에 대하여는 특별한 법적 고려를 베풀 필요가 있다는 점, 甲이 보험사고로 인하여 의식불명의 상태에 있다는 사실을 그 사고 직후부터 명확하게 알고 있던 乙 보험회사는 甲의 사실상 대리인에게 보험금 중 일부를 지급하여 법원으로부터 금치산선고를 받지 아니하고도 보험금을 수령할 수 있다고 믿게 하는 데 일정한 기여를 한 점 등을 종합하여 보면, 乙 보험회사가 주장하는 소멸시효 완성의 항변을 받아들이는 것은 신의성실의 원칙에 반하여 허용되지 아니한다.

(5) 보험금청구권의 압류·양도

본래 보험금청구권은 양도 또는 압류(가압류)의 대상이 될 수 있다. 보험금청구권에 법원으로부터의 (가)압류 등이 있게 되면 보험자는 보험계약자에게 해약환급금이나 보험금을 지급해서는 안 된다. 보험계약자 등도 보험계약의 처분을 하여서는 안 된다. 그런데 특별한 이유에서 보험금청구권의 압류나 양도가 제한될 수 있다. 자동차손해배상보장법 제40조는 자동차사고로 인한 피해자의 보호를 목적으로 책임보험금의 한도 안에서 피해자의 보험회사에 대한 직접청구권과 가불금청구권을 제도적으로 보장하기 위하여 그 청구권의 압류, 양도를 금지하고 있다. 이 규정은 강행규정이라 할 것이므로, 압류, 양도가 금지된 이들 청구권에 대하여 법원으로부터 압류 및 전부명령을 받았다 하더라도 그로 인하여 실체법상의 효과를 발생시킬 수 없다.97) 이른바 뺑소니 사고 등의 피해자를 보호하기 위한 자동차손해배상보장사업상의 피해보상청구권 역시 압류 또는 양도의 대상이 될 수 없다.

양도나 압류가 제한되는 것은 이와 같이 대인배상 Ⅰ 또는 정부보장사업에 기초한 청구권으로 한정된다.98) 즉 해당 법률에서 열거되어 있는 경우에 한정하여 보험금청구권의 양도와 압류가 금지되며, 그 외의 피해자의 가해자에 대한 손해배상청구권이나 대인배상 Ⅱ 또는 의무보험 범위 내의 대물배상에 해당되는 보험금은 압류나 가압류의 대상이 될 수 있다.99) 다만 피해자의 직접청구권에 대한 양도 또는 압류 금지와 관련하여, 이는 자동차의 운행으로 사람이 사망하거나 부상한 경우에 있어서 인적 피해에 대한 손해배상을 보장하는 제도를 확립함으로써 피해자를 보호하려는 데에 그 목적이 있으므로, 교통사고 피해자를 치료한 의료기관이 피해자에 대한 진료비 청구권에 기하여 피해자의 보험사업자 등에 대한 직접청구권을 압류하는 것까지 금지하는 취지로 볼 것은 아니라는 것이 법원의 해석이다.100)

---

97) 대판 1988. 2. 9, 87다카2540.
98) 대판 2007. 4. 26, 2006다54781.
99) 대판 1988. 2. 9, 87다카2540; 임용수, 149-150면; 한기정, 340면.
100) 대판 2004. 5. 28, 2004다6542.

I. 보험자의 의무 367

[대법원 2007. 4. 26. 선고 2006다54781 판결]

〈주요 판시내용〉

  자동차손해배상 보장법은 교통사고 피해자의 보험사업자 등에 대한 직접청구권을 압류 또는 양
도할 수 없도록 규정하고 있는바, 같은 법 제10조 제1항은 '보험가입자 등'에게 같은 법 제3조의
규정에 의한 손해배상책임이 발생한 경우에 피해자는 보험사업자 등에게 보험금 등을 자기에게
직접 지급할 것을 청구할 수 있도록 규정하고 있고, 같은 법 제9조는 강제(의무)보험에 가입한 자
와 당해 강제(의무)보험계약의 피보험자를 '보험가입자 등'으로 정의하고 있으므로, 피해자가 같은
법 제10조 제1항에 의하여 보험사업자 등에게 행사하는 직접청구권은 강제(의무)보험의 피보험자
에게 손해배상책임이 발생한 경우에 같은 법 제5조 제1항에 의하여 강제되는 강제(의무)보험금의
범위에 한하고, 따라서 같은 법 제10조 제1항의 규정에 의한 직접청구권의 양도금지를 정한 같은
법 제40조의 규정도 위 범위에서 적용된다. (법조문은 현행법에 맞추어 바꿈)

(6) 면책사유

㈎ 개   념

  보험계약에서 정한 보험사고가 보험기간 중에 발생했더라도 보험자가 보험금 지급책
임을 부담하지 않게 되는 사유를 면책사유라 한다. 예를 들어 보험계약자의 고의 또는 중
과실로 보험사고가 발생한 경우에 보험자가 보험금 지급책임을 면하게 하는 것이 대표적
인 면책사유이다. 특정 사고를 담보위험에서 아예 배제함으로써 처음부터 해당 사고를 보
험사고로 해석하지 않아 보험자가 보험금 지급책임을 부담하지 않게 되는 것도 면책사유
라 할 수 있다. 그 외에도 약관에서 또는 법률에서 특별히 보험자가 보험금 지급책임을
부담하지 않는 것으로 정하고 있는 것도 면책사유의 하나이다. 예를 들어 약관에서 피보
험자나 보험수익자가 기망에 의해 보험금을 과다 청구하면 보험자가 면책된다고 정하는
것이 가능할 수 있다.

  대수의 법칙 적용과 위험의 분산 등 보험의 원리를 훼손하지 않고 보험단체의 균형과
형평의 이념을 유지하면서 보험계약자 등의 도덕적 위험을 방지하기 위한 것이 면책사유
의 인정 이유이다. 면책사유란 법 규정 위반 또는 약관상의 일정한 사유에 해당하는 경우
에 보험자가 보험계약의 효력은 그대로 유지한 채 보험사고에 대한 해당 보험금청구에 대
해서 보험금을 지급하지 않아도 되는 것을 말하며 보험계약이 장래를 향하여 소멸되는 보
험자에 의한 계약 해지와는 구별된다.[101) 면책사유가 보험사고 발생과의 사이에 인과적
관계에 있을 것이 요구되는 경우도 있고, 그렇지 않은 경우도 있다.

  약관상의 면책사유와 법정면책사유로 구분되며, 특히 약관상의 면책사유는 보험계약

---

101) 신인식, "책임보험에서 면책사유 고의의 인정기준 및 범위", 보험법연구 제1권 제2호, 2007, 173면.

자가 그 내용을 잘 알고 있는 경우가 아니라면 약관규제법 제3조 및 상법 제638조의3에 따른 보험자의 약관설명의무의 대상이 될 수 있다.[102] 또한 불이익변경금지의 원칙에 대한 상법 제663조의 적용대상이 되기도 한다.[103] 약관상의 면책사유는 보험계약의 종류에 따라 달라진다. 법정면책사유는 모든 보험에 공통적인 공통면책사유(제659조, 제660조, 제732조의2, 제739조, 제739조의3), 손해보험 일반에 적용되는 법정면책사유(제678조) 그리고 각 보험에서 별도로 정하고 있는 개별 면책사유로 구분된다. 만약 법정면책사유가 약관에 동일하게 또는 유사한 내용으로 규정되어 있는 경우에 그 내용이 법령에 규정되어 있는 것을 반복하거나 부연하는 정도에 불과하다면 이는 설명의무의 대상이 되지 않는다.[104]

(나) 책임면제사유와 담보위험배제사유

① 일 반 론   보험자의 면책사유는 일반적으로 책임면제사유(exception)와 담보위험배제사유 또는 부담보위험(exclusion)으로 분류되는 것이 통설적인 견해이다. 책임면제사유는 보험사고의 발생에 대해 보험계약자나 피보험자의 고의 또는 중과실 등 보험사고의 원인과 결부시켜 이를 이유로 보험자를 면책시키는 것이다. 즉 손해발생원인에 책임이 있는자에 대해 보험자의 면책을 인정하는 것이다. 이에 대해 담보위험배제사유는 처음부터 특정 사고를 담보위험의 범주에서 아예 제외시킴으로써 보험자가 보험계약에서 해당 위험을 인수하지 않음으로써 결과적으로 면책되도록 하는 것이다.[105]

특정한 면책조항의 성격을 담보위험배제사유로 볼 것이냐, 아니면 책임면제사유로 파악할 것이냐의 문제는 약관해석을 통해 결정될 수밖에 없으며[106] 무엇으로 보느냐에 따라 그 면책조항의 효력에 대한 해석이 달라진다. 특정면책사유를 담보위험배제사유로 보면 보험자가 그 특정사고에 대한 위험을 인수하지 않겠다는 것으로서 처음부터 담보위험의 범위에서 제외된다. 따라서 발생된 그 특정사고에 대해 보험자의 책임은 없으며 이에 따라 보험사고의 발생과 인과관계가 있는지 여부를 고려할 필요가 없다.[107] 또한 그 특정사유를 아예 담보범위에서 제외시킨 것이므로 그것이 보험계약자 또는 피보험자 등에게 불이익하게 제659조 내용을 변경한 것이고 따라서 제663조의 위반이 되는가의 문제도 따질 필요가 없다는 것이 법원의 입장이다.[108] 예를 들어 A, B, C라는 사고를 처음부터 보험자가 보상하지 않는 것으로 약관에 정했고 이러한 약관을 계약에 편입시키는 데에 보험계약자가 합의했다면 불이익변경금지의 원칙이나 인과관계의 존부 여부를 따질 필요가 없

---

102) 대판 2001. 7. 27, 99다55533; 대판 1998. 6. 23, 98다14191.
103) 대판 1991. 12. 24, 90다카23899.
104) 대판 2000. 7. 4, 98다62909; 대판 1998. 4. 14, 97다39308; 대판 1998. 11. 27, 98다32564.
105) 김성태, 265면; 정동윤, 532면; 양승규, 139면.
106) 한기정, 319면.
107) 대판 1991. 12. 24, 90다카23899; 김성태, 265면.
108) 대판 1991. 12. 24, 90다카23899; 대판 1992. 1. 21, 90다카25499.

다는 것이다.

반면에 특정면책사유를 책임면제사유로 보게 되면 발생한 보험사고와 그 원인과의 관련성을 따지게 되므로 제659조 제1항 및 제663조를 적용하게 되며 그 해석 결과에 따라 해당 면책조항을 유효로 볼 것인가 아니면 무효로 볼 것인가의 문제를 판단하게 된다. 제659조 제1항은 손해발생 원인에 전적인 책임이 있는 자를 보험의 보호대상에서 제외하려는 것이므로 보험약관에서 보험자의 면책범위와 그 가능성을 확대하여 보험자 측에게 유리하게 할 수 있도록 손해발생 원인에 대한 책임조건을 경감하는 내용으로 면책사유를 규정하는 것은 제663조의 불이익변경금지에 저촉된다고 할 것이다. 그러나 손해발생 원인과는 관계없이 손해발생시의 상황이나 인적 관계 등 일정한 조건을 면책사유로 규정하는 것은 제659조 제1항의 적용대상이라고 볼 수 없다. 자동차보험약관에 규정된 무면허운전 면책조항은 사고발생의 원인이 무면허운전에 있음을 이유로 한 것이 아니라 사고발생시에 무면허운전 중이었다는 법규위반 상황을 중시하여 이를 보험자의 보상 대상에서 배제하는 사유로 규정한 것이므로 제659조 제1항의 적용대상이라고 보기 어렵다는 것이 법원의 입장이다.109)

그런데 책임면제사유와 담보위험배제사유가 명확히 구분되는 것은 아니며 과거 실무에서는 크게 구분하지도 않는 것으로 보이기도 한다. 예를 들어 손해발생시의 상황이나 조건과 관련된 사유를 담보위험배제사유로 본 판례도 있고,110) 담보위험배제사유로 보지 않은 것도 있다.111)

아래 판결은 노사관계에서 발생하는 재해보상은 자동차보험의 대인배상 책임보험 범위에서 처음부터 배제한 것이며 이러한 담보위험배제사유가 제659조에 규정된 면책사유를 보험계약자 또는 피보험자 등에게 불이익하게 변경한 것으로 해석할 수 없으므로 제663조 위반의 문제가 되지 않으며 따라서 재해보상을 대인배상책임보험 범위에서 배제한 것은 유효하다고 판시하였다.

[대법원 1992. 1. 21. 선고 90다카25499 판결]

〈사실관계〉

택시운송업을 하는 피고는 자동차사고의 피해자가 피보험자인 피고의 피용자로서 근로기준법에 의한 재해보상을 받을 수 있는 사람인 경우에는 원고회사가 그로 인한 손해를 보상하지 아니하기로 하는 내용의 자동차종합보험계약을 체결하였다. 그런데 피고의 피용자인 운전자가 재해보상을 받을 수 있는 사고로 사망하였고, 이에 원고회사는 채무부존재확인의 소를 제기하였다.

---

109) 대판 1991. 12. 24, 90다카23899.
110) 대판 1991. 12. 24, 90다카23899.
111) 대판 1996. 4. 26, 96다4909.

〈주요 판시내용〉

자동차종합보험계약 중 대인배상책임보험 계약에 있어서 그 사고의 피해자가 배상책임의무가 있는 피보험자의 피용자로서 근로기준법에 의한 재해보상을 받을 수 있는 사람인 경우에는 그 사고로 인하여 피보험자가 입게 된 손해를 보험자가 보상하지 아니하기로 정한 자동차종합보험보통약관상의 면책조항은, 사용자와 근로자의 노사관계에서 발생한 업무상 재해로 인한 손해에 대하여는 노사관계를 규율하는 근로기준법에서 사용자의 각종 보상책임을 규정하는 한편, 이러한 보상책임을 담보하기 위하여 산업재해보상보험법으로 산업재해보상보험제도를 설정하고 있어서, 노사관계에서 발생하는 재해보상에 대하여는 원칙적으로 산업재해보상보험에 의하여 전보 받도록 하고 제3자에 대한 손해배상책임을 전보하는 것을 목적으로 한 자동차보험의 대인배상범위에서는 이를 제외하려는 데에 그 취지가 있는 것이므로, 손해발생원인에 책임이 있는 자를 보험의 보호대상에서 제외하려는 상법 제659조의 적용대상이라고 보기 어렵고, 따라서 위 면책조항이 보험계약자 또는 피보험자 등에게 불이익하게 상법 제659조에 규정된 면책사유를 변경함으로써 같은 법 제663조에 위반되어 무효라고 볼 수는 없다(同旨: 대판 1990. 4. 27, 89다카24070).

무면허운전 또는 음주운전으로 생긴 사고에 대해 보험자가 면책된다고 규정했던 약관 조항의 해석에서 법원은 손해보험과 인보험을 구분하여 달리 기준을 적용하고 있다. 손해보험에 대해서는 앞에서 설명했다.112) 그런데 상해보험 또는 자동차보험에서의 자기신체사고보험에서 무면허운전(음주운전)으로 인하여 운전자 자신이 다친 손해에 대해서는 법원이 이와 달리 판단하고 있다.

[대법원 1998. 3. 27. 선고 97다27039 판결]

〈주요 판시내용〉

상법상 생명보험과 상해보험 같은 인보험에 관하여는 보험자의 면책사유를 제한하여 비록 중대한 과실로 인하여 생긴 것이라 하더라도 보험금을 지급하도록 규정하고 있는 점이나, 인보험이 책임보험과 달리 정액보험으로 되어 있는 점에 비추어 볼 때 인보험에 있어서의 무면허 면책약관의 해석이 책임보험에 있어서의 그것과 반드시 같아야 할 이유가 없으며, 무면허운전의 경우에는 면허 있는 자의 운전이나 운전을 하지 아니하는 자의 경우와 달리 보험사고 발생의 가능성이 많을 수도 있으나 그 정도의 사고 발생 가능성에 관한 개인차는 보험에 있어서 구성원 간의 위험의 동질성을 해칠 정도는 아니고, 또한 무면허운전이 고의적인 범죄행위이기는 하나 그 고의는 특별한 사정이 없는 한 무면허운전 자체에 관한 것이고 직접적으로 사망이나 상해에 관한 것이 아니어서 그로 인한 손해보상을 해준다고 하여 그 정도가 보험계약에 있어서의 당사자의 선의성·윤리성에 반한다고는 할 수 없으므로, 인보험에 해당하는 상해보험에 있어서의 무면허운전 면책약관이 보험사고가 전체적으로 보아 고의로 평가되는 행위로 인한 경우뿐만 아니라 과실(중과실 포함)

112) 대판 1991. 12. 24, 90다카23899.

로 평가되는 행위로 인한 경우까지 포함하는 취지라면 과실로 평가되는 행위로 인한 사고에 관한 한 무효라고 보아야 한다(同旨: 대판 1998. 3. 27, 97다48753; 대판 1998. 4. 28, 98다4330; 대판 1996. 4. 26, 96다4909).

인보험에 적용되는 제732조의2는 사망을 보험사고로 한 보험계약에서 보험계약자 등의 중과실로 사고가 발생하더라도 보험자는 보험금지급책임이 있다고 규정하고 있다. 따라서 상해가 고의로 인해 발생한 것이 아닌 경우까지 보험자를 면책시키려는 약관조항은 그 효력을 인정할 수 없다고 법원은 해석하고 있다(제732조의2는 제739조에 의해 상해보험에도 준용된다). 무면허운전(음주운전)을 하여 피보험자 자신이 사망하거나 부상을 당한 사고가 발생한 경우에 고의에 관한 입증이 이루어지지 않았다면 피보험자가 고의로 죽거나 다치려고 무면허운전을 한 것으로 해석할 수는 없다는 것이다. 중대한 법규위반 행위인 무면허운전(음주운전)을 해서는 안되는 것임을 알면서도 현저하게 주의의무를 게을리함으로써 무면허운전(음주운전)을 감행한 것이고 그 결과 사망 또는 부상사고가 발생한 것이므로 이는 중과실에 의한 사고라 할 수 있다. 고의는 무면허 또는 음주운전에 관한 것이지 사망이나 상해에 관한 것은 아니라는 것이다. 따라서 사망이나 부상에 대해서는 고의가 없기 때문에 제732조의2에 따라 보험자는 보험금 지급책임을 부담하게 된다는 것이다.

결론적으로 법원은 무면허운전(음주운전) 면책사유를 해석함에 있어서 인보험에서는 고의 또는 중과실 여부를 따지는 원인면책으로 보는 반면에, 대인배상 책임보험과 같은 손해보험에서는 상황면책으로 분석함으로써 이원화하여 해석하고 있다. 이러한 이분법적 해석의 근거가 무엇인지는 분명하지 않다.[113] 법원은 자동차보험의 책임보험의 하나인 대인배상책임보험과 인보험은 서로 차이가 있으므로 인보험에서의 무면허(음주운전)면책약관을 해석함에 있어서 책임보험에서의 해석과 동일하게 해석해야 할 이유는 없다고 했다.[114] 법원의 이러한 계속된 판단으로 인해 상해보험이나 자기신체사고보험과 같은 인보험에서 무면허운전(음주운전) 면책사유가 약관에 규정되는 것은 제732조의2를 보험계약자 등에게 불이익하게 변경한 것으로 해석되었고 이에 따라 그 후 해당 약관에서 무면허운전(음주운전) 면책약관은 삭제되었다. 그런데 법원의 입장과 달리 만약 손해발생시의 상황 또는 조건으로 무면허운전(음주운전)을 보게 되면 무면허운전(음주운전) 면책약관은 담보위험배제사유로 해석되며 따라서 해당 약관조항은 유효하며 보험자는 보험금지급책임을 부담하지 않게 된다.

대법원의 이분법적 해석은 타당하지 않다. 중대한 법규위반행위 및 그 행위 결과 사

---

113) 이에 대해서는 자동차보험 및 상해보험에서 다시 설명한다.
114) 대판 1998. 3. 27, 97다27039; 대판 1998. 4. 28, 98다4330.

망 등 중대한 피해가 초래되었다면 중대한 결과에 대한 고의가 있었는지의 유무를 따지지 않고 보험자가 면책되는 것으로 보는 것이 보험의 원리에 맞다. 상해보험에서 피보험자의 선천적 기왕증이 보험금 지급의 감액사유가 될 수 있다는 판례가 있다.[115] 피보험자에게 아무런 귀책사유나 비난가능성이 없는 이러한 경우에도 보험금을 감액하는 것을 인정하는 것이다. 그런데 인보험에서 적어도 무면허운전행위 또는 음주운전행위 자체에 대해서 고의가 있었음을 인정하면서도 이원화된 해석을 통해 보험금을 전액 지급하라는 것은 타당하지 않다.[116]

최근 들어 면책사유 해석과 관련하여 그 성격을 담보위험배제사유로 인정하는 판례가 증가하는 추세이다.[117]

[대법원 2002. 10. 11. 선고 2002다564 판결]

⟨주요 판시내용⟩

상해보험약관에서 계약체결 전에 이미 존재한 신체장해 또는 질병의 영향으로 상해가 중하게 된 때에 보험자가 그 영향이 없었을 때에 상당하는 금액을 결정하여 지급하기로 하는 내용의 약관이 있는 경우에는 그 약관에 따라 보험금을 감액하여 지급할 수 있다.

원심이 적법히 인정한 바와 같이 이 사건 상해보험의 보통약관 제29조 제1항에 피보험자가 약관 소정의 상해를 입고 이미 존재한 신체장해 또는 질병의 영향으로 약관 소정의 상해가 중하게 된 경우 피고는 그 영향이 없었던 때에 상당하는 금액을 결정하여 지급한다고 규정되어 있는바, 그 취지는 보험사고인 상해가 발생하였더라도 보험사고 외의 원인이 부가됨에 따라 본래의 보험사고에 상당하는 상해 이상으로 그 정도가 증가한 경우 보험사고 외의 원인에 의하여 생긴 부분을 공제하려는 것이다.

[대법원 2015. 6. 23. 선고 2015다5378 판결]

⟨주요 판시내용⟩

(상해보험)면책약관에서 피보험자의 정신질환을 피보험자의 고의나 피보험자의 자살과 별도의 독립된 면책사유로 규정하고 있는 경우, 이러한 면책사유를 둔 취지는 피보험자의 정신질환으로 인식능력이나 판단능력이 약화되어 상해의 위험이 현저히 증대된 경우 증대된 위험이 현실화되어 발생한 손해는 보험보호의 대상으로부터 배제하려는 데에 있고 보험에서 인수하는 위험은 보험상품에 따라 달리 정해질 수 있는 것이어서 이러한 면책사유를 규정한 약관조항이 고객에게 부당하게 불리하여 공정성을 잃은 조항이라고 할 수 없으므로, 만일 피보험자가 정신질환에 의하여 자

---

115) 대판 2013. 10. 11, 2012다25890.
116) 同旨: 한기정, 322면.
117) 대판 2007. 10. 11, 2006다42610.

유로운 의사결정을 할 수 없는 상태에 이르렀고 이로 인하여 보험사고가 발생한 경우라면 위 면책사유에 의하여 보험자의 보험금지급의무가 면제된다.[118]

② 전통적인 면책사유 분류에 대한 검토　　통설적 견해에 따를 때 면책사유의 하나인 담보위험배제사유는 특정 사고를 담보위험의 범주에서 제외시킴으로써 보험자가 보상하지 않는 사고로 약관에 규정한 것이다. 따라서 담보위험배제사유에 해당하는 사고는 처음부터 보험사고가 아니라고 해석하고 있다. 그런데 이렇게 해석하게 되면 보험사고의 발생을 전제로 하게 되는 면책사유에 대한 일반적인 개념 또는 해석과 부합하지 않는다.[119] 이러한 이유에서 면책사유를 책임면제사유와 담보위험배제사유로 구분하는 방식을 비판하면서, 담보위험배제사유로 해석되는 사고도 보험사고에 포함되는 것으로 보되, 다만 약관에서 이를 면책으로 정하고 있기 때문에 보험자가 위험을 인수하지 않은 것으로 해석해야 한다는 견해가 있다. 이에 따르면 보험자가 일방적으로 특정 사고를 담보위험에서 제외시킨 것에 대해 법원이 절대적인 면책효과를 인정해서는 안된다는 입장이다. 또한 담보위험배제사유는 보험자가 인수하지 않은 위험이고 책임면제사유는 인수한 위험이라는 주장은 잘못이라면서 보험자에 의한 위험 인수 여부를 기준으로 양자를 구별할 수는 없다고 비판하는 견해도 있다.[120]

생각건대 현재의 통설과 같이 면책사유의 개념 또는 정의를 보험사고의 발생을 전제로 할 것이 아니라고 여겨진다. 면책사유의 핵심은 보험사고가 발생했는가의 여부가 아니라 어떤 사고가 발생했을 때에 보험자가 면책되는가 그리고 그 내용은 타당하고 합리적인가의 문제라고 할 수 있다. 면책사유란 첫째, 보험사고의 원인과 관계되는 사유 둘째, 보험사고와의 관련성 유무를 고려하지 않은 채 법률이나 약관에서 특별히 보험자의 지급책임을 면하는 것으로 정한 사유 셋째, 보험자가 처음부터 담보하는 사고의 범주에서 제외시키는 것으로 약관에서 정한 사유들 전부를 의미한다고 볼 수 있다. 이러한 방식으로 면

---

118) 만약 이를 담보위험배제사유로 보지 않게 되면 인보험에서 고의사고만을 보험자의 면책사유로 인정하고 있는 제732조의2 및 제739조를 보험계약자에게 불이익하게 변경한 결과가 되어 제663조 위반이 되어 해당 조항은 무효가 된다. 유의할 것은 2010년 표준약관 개정을 통해 상해보험약관에서 정신질환 면책조항은 삭제되어 더 이상 이 문제는 발생하지 않는다.

119) 유영일, "자동차대물배상책임보험의 복수 피보험자에 대한 면책약관의 개별적용", 보험법연구 3, 1999, 67면.

120) 양진태, "보험계약의 면책사유에 관한 연구—'책임면제사유/담보위험배제사유 구별론'을 중심으로—", 보험법연구 제16권 제3호, 2022, 43면, 48면, 61-62면, 67면. 대판 1991. 12. 24, 90다카23899 판결에서 이 회창 대법관의 보충의견을 보면 무면허운전사고도 보험사고임에 틀림없고 다만 보험자가 인수한 위험의 범위에서 제외하는 결과라고 해석하고 있다. 김용준 대법관의 별개의견에서는 무면허운전사고도 보험사고에 해당하지만 그 사고로 인한 손해는 보상하여 주지 않겠다는 보험자의 책임면제사유를 정한 것이 무면허운전면책조항이라고 해석하고 있다. 이러한 해석은 대인배상책임보험에서 무면허운전사고를 담보위험배제사고로 보면서 처음부터 담보범위에서 제외되었으므로 보험사고가 아니라고 보는 주류적 해석과 차이가 있다.

책사유를 정의하게 되면 담보위험배제사유에 해당하는 사고가 보험사고인지 여부를 굳이
따질 필요가 없을 것이다. 또한 면책사유가 책임면제사유와 담보위험배제사유만으로 구분
된다고 설명할 필요도 없다. 책임보험에서 배상청구 사실의 통지의무를 위반하여 증가된
손해에 대해 보험자가 면책되는 것으로 정한 것도(제722조 제2항 본문) 면책사유의 하나인
데 보험사고와의 관계가 문제되지는 않는다. 또한 기망에 의해 보험금을 과다 청구하는
경우를 약관에서 보험자의 면책사유로 정한 경우도 면책사유의 하나인데 보험사고와 아무
런 관계가 없다.121) 이렇듯 면책사유를 정의함에 있어서 보험사고의 발생을 반드시 전제
할 필요는 없다고 판단된다. 첫째와 둘째의 면책사유의 경우에는 제663조가 적용될 수 있
을 것이지만, 셋째의 경우에는 적용되지 않는 것으로 해석해야 한다. 왜냐하면 셋째의 경
우는 보험자가 특정 사고를 처음부터 보상범위에서 제외한 것이고 그에 따라 보험료는 저
렴하게 산정되었으며, 이러한 내용의 약관을 해당 보험계약에 편입시키는 데에 보험계약
자가 합의한 것이므로 여기에 제663조 불이익변경금지의 원칙을 적용시키는 것은 타당하
지 않다고 여겨지기 때문이다. 다만 해당 약관에 대한 내용통제는 법원에 의해 가능하다
고 판단된다.122)

(다) 법정공통면책사유

① 제659조 제1항 취지   보험사고가 보험계약자 또는 피보험자나 보험수익자의
고의 또는 중대한 과실로 인하여 생긴 때에는 보험자는 보험금을 지급할 책임이 없다(제
659조 제1항). 보험사고의 우연성 결여로 인한 보험계약의 도박화 및 보험범죄의 발생을
방지하기 위한 목적을 가진다.123) 인위적으로 야기된 보험사고는 공익, 선량한 풍속, 신의
성실의 원칙에 반하며, 보험정책적으로도 보험사고 및 손해발생의 결과를 야기한 자가 책
임을 지도록 함이 타당하기 때문이다. 조문상 (경)과실로 인한 보험사고에 대해서는 보험
자의 책임이 인정되며,124) 과실상계 원칙도 적용되지 않는다고 해석해야 할 것이다.125)
다만, 기업보험의 경우에 계약당사자간의 약정으로 경과실 사고에 대해서도 보험자의 면
책을 인정할 수 있다고 판단된다. 피보험자가 고의로 사고를 야기하여 보험금을 지급받으
면 사기죄에 해당될 수도 있다.126) 보험자가 보험금 지급책임을 면하려면 보험사고가 보

---

121) 한기정, 298면.
122) 同旨: 한기정, 319면.
123) 정희철, 394면; 양승규, 140-141면; 정찬형, 617면; 서돈각/정완용, 364면; 최기원, 223면; 손주찬, 545면.
124) 헌재 1999. 12. 23, 98헌가12(중과실에 의한 사고의 경우 인위성, 반사회성은 고의의 경우와는 달리 상대
    적인 것에 불과한 것으로서 경과실과의 경계가 모호하고, 경과실인지 중과실인지 여부에 따라 그 결과가
    판이하게 다르므로 피해자 보호 또는 보험계약자측의 보호라는 법익과, 이와 상반되는 법익을 형량할 때
    보상을 해주는 것이 신의성실원칙이나 공익에 반하지 않고, 나아가 바람직하다고 보는 입장도 충분히 있
    을 수 있다. 오늘날 세계 각국에서는 책임보험을 중심으로 하여 중과실을 포함한 과실사고 전반에 대하
    여 보상을 해주는 방향으로 나아가는 경향이다).
125) 헌재 1999. 12. 23, 98헌가12.
126) 대판 1982. 7. 13, 82도874; 박세민, "보험사기방지특별법상 기망행위의 적용대상과 보험사기죄 실행착수

험계약자, 피보험자 또는 보험수익자의 고의 또는 중과실에 의해 발생했다는 것을 입증하는 것으로 충분하지 않고 고의 또는 중과실과 보험사고 사이에 상당인과관계가 있다는 것도 보험자가 입증해야 한다. 상당인과관계가 존재한다면 고의 또는 중과실의 행위는 부작위도 포함될 수 있을 것이다.[127] 참고로 인보험의 경우엔 인위적으로 야기된 보험사고에 대한 보험자의 면책범위를 보험계약자 등의 고의에 한정하고 있다(제732조의2, 제739조, 제739조의3).

그런데 고의면책에는 예외가 있다. 첫째, 자동차보험에서 대인배상 Ⅰ(자동차손해배상책임보험, 의무보험)에서는 고의에 의한 사고에 대해서도 보험자가 피해자에게 보상책임을 지도록 하고 있다. 피해자는 보험자에게 직접청구권을 행사할 수 있고, 고의사고에 대해 피해자에게 보험금을 지급한 보험자는 사고를 야기한 보험계약자나 피보험자에게 구상할 수 있다. 고의사고를 야기한 자에게 보험금이 지급되는 것이 아니고 피해자에게 지급되는 것이며 구상권 행사가 가능함을 고려할 때 악용될 가능성이 크지 않다.

둘째, 보증보험의 경우에도 고의사고에 대해 보험자의 책임이 인정된다. 보증보험에서 보험사고란 주계약상의 주채무자에 의한 채무불이행 또는 법령상의 의무불이행을 말한다. 보증보험에서는 주계약상의 주채무자가 보증보험계약자가 되는데 보증보험사고의 성격상 보험계약자(주계약의 주채무자)의 채무불이행 또는 법령상의 의무불이행이 보험계약자의 인식하에서 발생하게 된다. 즉 보증보험에 있어서의 보험사고는 불법행위 또는 채무불이행 등으로 발생하는 것이고 불법행위나 채무불이행 등은 보험계약자의 인식을 그 전제로 하고 있으므로 보증보험에서는 고의와 중과실 면책을 규정한 제659조가 적용될 수 없다.[128] 보증보험에서의 보험사고는 본질적으로 인위적인 사고로서의 성질을 가지게 되므로 만약 제659조가 적용된다면 보험자는 면책이 되어 보증보험 체결의 의미가 없어지기 때문이다.[129] 또한 보험금을 지급한 보험자가 구상권을 행사하는 것도 약정에 의해 가능하므로 보증보험의 경우 고의 사고에 대한 보험자 책임은 인정됨이 타당하다. 보험계약자가 사고를 야기한 경우에 원칙적으로 보험계약자는 청구권대위(제682조)의 대상이 아니지만, 고의에 의한 사고라면 청구권대위가 가능할 수 있다.[130]

셋째, 피보험자의 자살이 피보험자의 고의사고이기는 하지만 고의면책의 예외가 인정되는 경우가 있다. 본래 면책대상으로서의 자살은 사망자가 자신의 행위의 의미와 결과를 인식하고 의도적으로 자신의 생명을 절단하는 행위가 요구된다. 판례는 보험자가 자살면

시기에 관한 비판적 분석", 경영법률 제30집 제3호, 2020, 323-357면.

127) 보험연수원(편), 보험심사역 공통 1 교재, 2016, 165면.
128) 대판 1995. 7. 14, 94다10511.
129) 대판 1995. 9. 29, 94다47261; 대판 1995. 7. 14, 94다10511.
130) 한기정, 308면.

책 주장을 하기 위해서는 유서 등 객관적인 물증 또는 일반인의 상식에서 자살이 아닐 가능성에 대한 합리적인 의심이 들지 않을 만큼 명백한 주위 정황사실을 입증해야 한다고 판시하고 있다.131) 생명보험표준약관 제5조는 피보험자가 고의로 자신을 해치더라도 첫째, 피보험자가 심신상실 등으로 자유로운 의사결정을 할 수 없는 상태에서 자신을 해친 경우 특히 그 결과 사망에 이르게 된 경우에는 재해사망보험금(약관에서 정한 재해사망보험금이 없는 경우에는 재해 이외의 원인으로 인한 사망보험금)을 지급하며 또한 계약의 보장개시일(부활(효력회복)계약의 경우는 부활(효력회복)청약일)부터 2년이 지난 후에 자살한 경우에는 재해 이외의 원인에 해당하는 사망보험금을 지급한다고 규정하고 있다.132) 즉 고의사고인 자살에 대해 예외적으로 보험자의 책임을 인정하고 있다. 이에 대해서는 후술하는 생명보험의 면책사유 부분에서 설명한다. 보험상품의 약관에 따라 보험계약자와 피보험자 등의 고의만을 면책사유로 정하기도 하고 어떤 것은 중과실을 포함시키기도 한다.

[대법원 1995. 9. 29. 선고 94다47261 판결]

〈사실관계〉

부동산중개업자인 소외인은 대지 소유자로부터 매매의뢰를 받은 사실이 없음에도 원고에게 위 대지가 싸게 나와 있으니 매수하라고 기망하였고, 이에 속은 원고로부터 매수의뢰를 받은 후 소유자에게 매매대금을 전달한다는 명목으로 금원을 받아 편취하였다. 이에 원고는 소외인이 가입되어 있는 전국부동산중개업협회(피고)에 공제금을 청구하였고, 피고는 사건이 소외인의 고의에 의해 일어난 것이므로 공제금을 지급할 수 없다고 하였다.

〈주요 판시내용〉

부동산중개업법에 의하면 중개업자는 손해배상 책임을 보장하기 위하여 대통령령이 정하는 바에 의하여 보증보험 또는 공제에 가입하거나 공탁을 하여야 한다고 규정되어 있는바, 공제가입과 선택적으로 가입할 수 있도록 되어 있는 보증보험은 일반적인 책임보험과는 달리 주채무의 이행을 담보하고 채무자 등이 채무를 이행하지 아니하는 경우 그 손해를 보상해 주는 일종의 보증업무를 다수의 경제주체를 대상으로 하는 보험의 형태와 결합시킨 새로운 형태의 보험제도로서 이러한 보증보험에 있어서의 보험사고는 불법행위 또는 채무불이행 등으로 발생하는 것이고 위 불법행위나 채무불이행 등은 보험계약자의 고의 또는 과실을 그 전제로 하고 있으므로 보험계약자에게 고의 또는 중대한 과실이 있는 경우 보험자의 면책을 규정한 상법 제659조의 적용이 배제되는 것으로 풀이함이 상당하고, 부동산중개업법에 근거하여 피고 협회가 운영하는 공제제도 역시 중개업자가 그의 불법행위 또는 채무불이행으로 인하여 거래당사자에게 부담하게 되는 손해배상 책임을 보증하는 보증보험적 성격을 가진 제도라고 보아야 할 것이므로 위 공제약관에 공제가

---

131) 대판 2002. 3. 29, 2001다49234.
132) 대판 2006. 3. 10, 2005다49713.

입자인 중개업자의 고의로 인한 사고의 경우까지 공제금을 지급하도록 규정되었다고 하여 이것이 공제제도의 본질에 어긋난다거나 고의, 중과실로 인한 보험사고의 경우 보험자의 면책을 규정한 상법 제659조의 취지에 어긋난다고 볼 수 없다(同旨: 대판 1998. 3. 10, 97다20403).

제659조에도 불구하고 당사자간에 보험계약자의 고의 또는 중과실에 대해서도 보험자가 보험금 지급책임을 부담하기로 특별히 약정하였다면 중과실로 야기된 보험사고에 대해 보험금을 지급하는 것으로 약정을 하는 것은 보험계약자의 이익을 위해 보험자의 책임을 확장하는 약정이므로 신의성실의 원칙과 공익에 반하지 않는 한 이를 인정할 수 있다. 그러나 자동차보험에서의 대인배상 Ⅰ과 같은 의무보험 등 특별한 경우를 제외하고는 고의사고에 대해 보험금 지급을 약정하는 것은 범죄를 조장할 수 있고 제659조 입법취지에 반한다고 할 것이므로 원칙적으로 무효로 보아야 할 것이다.[133) 피보험자가 고의로 사고를 일으킨 경우에도 보험금을 지급하는 것은 기망에 의한 보험금취득 등 부당한 목적에 악용될 가능성이 높다. 그러나 고의사고를 보험자의 면책으로 규정한 조문을 절대적 강행규정으로 보기는 어렵다. 엄격한 제한 하에 예외적으로 고의사고에 대해서도 보험자의 책임을 인정하는 경우가 있기 때문이다. 엄격한 요건 하에 완화될 수 있는 상대적 강행규정으로 해석함이 타당하다.[134)

한편, 약관에서 보험계약자 또는 피보험자 등이 법인인 경우에 법인의 이사 또는 그 업무를 집행하는 기타 기관의 고의 또는 중과실을 보험자의 면책사유로 규정하였다면 고의 또는 중과실의 판단기준이 되는 이사 등은 원칙적으로 법인의 대표권 및 업무집행권을 가지는 대표기관을 의미한다고 보아야 한다.[135)

[대법원 2005. 3. 10. 선고 2003다61580 판결]

〈사실관계〉

피고의 보험금 청구에 대해 원고회사는 피고의 법인등기부상 이사로 등기되어 있는 자의 고의 또는 중과실로 사고가 발생하여 원고회사는 면책된다고 주장하였다. 그러나 위 이사는 회사의 실질적인 소유자로부터 지휘·감독을 받으며 업무를 담당하였고, 매월 그로부터 일정한 급여를 받으면서 근로소득세와 고용보험료를 납부하는 자였다.

---

133) 최기원, 222면; 정찬형, 617-618면; 양승규, 143면. 최준선, 138면; 정희철, 394면; 서돈각/정완용, 383면; 정동윤, 534면; 이기수/최병규/김인현, 140면. 반면에 김성태, 272면에서 고의면책 원칙을 강행규정으로 보는 것은 설득력이 약하다고 한다. 채이식, 108면에서도 당사자는 신의칙에 위배되거나 반사회적 법률행위가 되지 않는 범위 내에서 고의 또는 악의에 의한 사고를 보험사고로 하는 보험계약도 체결할 수 있다고 해석한다. 즉 고의로 인한 사고를 보험사고로 한 보험계약을 모두 무효로 할 수는 없다고 한다.

134) 채이식, 108-109면; 김성태, 272면; 한기정, 310면.

135) 대판 2005. 3. 10, 2003다61580.

〈주요 판시내용〉

보험계약자 또는 피보험자 등이 법인인 경우에는 '법인의 이사 또는 그 업무를 집행하는 기타의 기관'의 고의 또는 중과실에 의한 손해에 대하여 보험자가 면책되도록 한 이 사건 면책 약관에 있어 '법인의 이사 또는 그 업무를 집행하는 기타의 기관'은, 원칙적으로 법인의 대표권 및 업무집행권을 가지는 대표기관을 의미한다고 보아야 할 것이고, 주식회사의 대표권이 없는 이사의 경우에는 그 회사의 규모나 구성, 보험사고의 발생시에 해당 이사의 회사에 있어서의 업무내용이나 지위 및 영향력, 해당 이사와 회사와의 경제적 이해의 공통성 내지 해당 이사가 보험금을 관리 또는 처분할 권한이 있는지 등의 여러 가지 사정을 종합하여, 해당 이사가 회사를 실질적으로 지배하고 있거나 또는 해당 이사가 보험금의 수령에 의한 이익을 직접 받을 수 있는 지위에 있는 등 해당 이사의 고의나 중과실에 의한 보험사고의 유발이 회사의 행위와 동일한 것이라고 평가할 수 있는 경우에 비로소 여기의 '이사'에 해당된다고 보아야 할 것이다. 이 사건에서 피고의 설립 경위, 운영형태 및 그 규모 등에 비추어 보면, 사고를 유발한 이사는 실질에 있어서는 임금을 목적으로 종속적인 관계에서 근로를 제공하는 고용자일 뿐이지 위 면책조항에서 피보험자의 범위에 포함된다고 정하고 있는 피보험자와 동시할 수 있을 정도의 권한과 책임을 가지는 실질적인 이사에 해당한다고 할 수 없다.

② 고   의

(a) 고의의 의미   판례에 따르면 보험약관에서 '보험계약자 등의 고의에 의한 사고'를 면책사유로 규정하고 있는 경우에 여기에서의 '고의'라 함은 자신의 행위로 인하여 일정한 결과가 발생할 것을 알면서도 이를 감행하는 것으로서 보험사고 발생을 인식하면서 이를 행하는 심리 상태를 말한다.[136] 이는 민법상 불법행위에 있어서의 고의 개념에 대한 판례 입장과 크게 다르지 않다.[137]

[대법원 2001. 4. 24 선고 2001다10199 판결]

〈주요 판시내용〉

책임보험은 피보험자의 법적 책임 부담을 보험사고로 하는 손해보험이고 보험사고의 대상인 법적 책임은 불법행위책임이므로 어떠한 것이 보험사고인가는 기본적으로는 불법행위의 법리에 따라 정하여야 할 것인바, 책임보험 계약 당사자 간의 보험약관에서 고의로 인한 손해에 대하여는 보험자가 보상하지 아니하기로 규정된 경우에 고의행위라고 구분짓기 위하여는 특별한 사정이 없는 한 구체적인 정신능력으로서의 책임능력이 전제되어 있다고 볼 것이어서 '피보험자의 고의에 의한 손해'에 해당한다고 하려면 그 피보험자가 책임능력에 장애가 없는 상태에서 고의행위를 하

---

136) 대판 2010. 1. 28, 2009다72209; 대판 2004. 12. 10, 2004다31401.
137) 대판 2002. 7. 12, 2001다46440(불법행위에 있어서 고의는 일정한 결과가 발생하리라는 것을 알면서 감히 이를 행하는 심리상태로서, 객관적으로 위법이라고 평가되는 일정한 결과의 발생이라는 사실의 인식만 있으면 되고 그 외에 그것이 위법한 것으로 평가된다는 것까지 인식하는 것을 필요로 하는 것은 아니다).

여 손해가 발생된 경우이어야 한다. 피보험자가 사고 당시 심신미약의 상태에 있었던 경우, 사고로 인한 손해가 '피보험자의 고의로 인한 손해'에 해당하지 아니하여 보험자가 면책되지 아니한다.

　　피보험자의 자살, 화재보험에 있어서의 방화, 상해보험에서 피보험자의 자해행위 등이 고의에 의한 보험사고이다. 여기에는 확정적 고의 이외에 일정한 결과가 발생하리라는 것을 인식하면서도 그것을 용인하는 미필적 고의도 포함된다고 할 것이다.[138] 미필적 고의와 확정적 고의는 효과 면에서는 같지만 확정적 고의는 그 입증이 어려운 반면에 미필적 고의는 여러 정황으로 추정이 가능하기 때문에 이 둘을 구분하는 실익이 있다. 그 효과는 동일하기 때문에 미필적 고의에 의해 보험사고가 발생하더라도 보험자는 특단의 사정이 없는 한 보험금 지급책임을 면하게 된다. 결과발생 가능성을 인식은 하였지만 이를 용인하지 않는 인식있는 과실과 미필적 고의는 구별해야 한다.[139] 고의에 의한 행위는 대부분 작위에 의한 것이지만, 특정 의무가 존재함에도 불구하고 이를 이행하지 않은 채 부작위 상태에 있는 경우도 고의가 인정될 수 있다.[140] 단지 법령을 위반한 것으로는 고의가 인정되지 않으며 보험사고의 발생에 대한 고의가 있어야 면책사유로서의 고의로 인정된다.[141]

　　민법이나 형법 또는 보험사기방지특별법 등 타법에서의 고의의 범위와 보험계약에서 보험자 면책사유로서의 고의의 범위가 동일하게 해석되지는 않는다.[142] 앞에서 설명한 대로 판례는 고의의 개념을 자신의 행위로 인하여 일정한 결과가 발생할 것을 알면서도 이를 감행하는 것으로서 보험사고 발생을 인식하면서 이를 행하는 심리 상태를 말한다고 해석한다. 고의의 존부에 대해 다소 엄격하게 해석하고 있다. 다만 보험계약에 있어서 고의는 사고의 원인행위 발생(보험사고의 발생)에 대해 존재하면 충분하며 손해라는 결과의 발생 또는 보험금 취득에 대한 고의까지 필요한 것은 아니라고 해석함이 타당하다.[143] 이에 대해 사고의 원인행위를 인식하기만 하면 고의라고 해석하게 되면 고의가 지나치게 확대된다는 이유로 결과발생 즉 보험사고로 인한 손해의 발생을 아는 것까지 필요하다는 견해도 있다.[144]

　　보험계약에서 보험금을 받게 되는 사유 즉 보험사고를 일부러 일으키려는 의도를 가지고 보험사고를 감행하게 되면 이를 인위적 보험사고로 보아야 하기 때문에 보험사고의

138) 대판 2010. 1. 28, 2009다72209; 대판 2001. 3. 9, 2000다67020; 대판 1997. 9. 30, 97다24276.
139) 보험연수원(편), 보험심사역 공통 1 교재, 2016, 168면.
140) 한기정, 304면.
141) 신인식, 전게논문, 174면.
142) 민법상 불법행위에서의 고의와 보험자 면책사유로서의 고의의 범위와 해석의 문제점에 관하여, 조규성, "2017년 자동차보험분야 판례회고", 보험법연구 제12권 제1호, 2018, 82면 이하.
143) 정찬형, 618면; 정희철, 394면; 양승규, 142면; 김성태, 269면; 임용수, 154-155면; 사법연수원, 보험법연구, 65면.
144) 장덕조, 167면; 한기정, 305면.

결과 즉 손해 발생에 대한 고의까지 필요하다고 볼 이유는 없다고 판단된다. 고의란 원인
행위에 대한 고의를 말하는 것이다. 고의의 의미를 원인 이외에 결과인 보험사고로 인한
손해발생에 대한 인식까지 요구하는 것으로 해석하게 되면 피보험자가 '결과가 이렇게 될
줄 몰랐다'고 항변을 하는 경우에 고의성에 관하여 보험자가 제시하는 추정적 증거에 법
원이 강한 증거력을 인정하지 않는 한 결과에 대한 고의 입증은 실무상 매우 어렵다는 문
제가 생긴다. 일반적으로 보험사고의 우연성을 말할 때 그 우연이란 사고 발생 또는 그
시작의 우연을 말하는 것이다. 이러한 취지에서 볼 때 고의란 원인행위 즉 사고의 발생이
나 사고의 시작됨을 인식하는 것으로 충분하다고 생각된다. 결과의 발생 또는 보험금 취
득에 대한 고의까지 필요한 것으로 보면 보험자 면책사유 취지를 제대로 살리지 못한다.
고의를 보험자의 면책사유로 인정하는 이유는 보험사고는 '우연히 발생'해야 하며 인위적
으로 발생되어서는 안된다는 보험의 대원칙을 지키기 위해서이다. 즉 사고의 우연한 '발
생'과 면책사유로서의 고의를 연계시키는 것이 필요하다.

　　자동차보험약관에서 보험계약자 또는 피보험자의 고의에 의한 손해를 보험자가 보상
하지 아니하는 사항으로 규정하고 있는 경우, 이러한 면책약관은 엄격히 제한적으로 해석
함이 원칙이다. 사망 등 중대한 결과에 대해 고의 유무에 대한 판단은 신중히 해야 한다.
상해와 사망 또는 사망에 준하는 중상해 사이에는 그 피해의 중대성에 있어 질적인 차이
가 있고 손해배상책임의 범위에도 커다란 차이가 있다. 그러므로 통상 예상할 수 있는 범
위를 넘어서 사망 등과 같은 중대한 결과가 생긴 경우에까지 고의면책약관이 적용되리라
고는 생각하지 않는 것이 보험계약자 등의 일반적인 인식이라 할 수 있다. 이러한 취지에
서 볼 때 자동차 운행으로 인한 사고의 경위와 전후 사정 등에 비추어 보험계약자 등이
피해자의 상해에 대하여는 이를 인식·용인하였으나, 피해자의 사망 등 중대한 결과에 대
하여는 이를 인식·용인하였다고 볼 수 없는 경우에는 그 사망 등으로 인한 손해는 보험
약관에서 정한 보험계약자 등의 고의에 의한 손해에 해당하지 아니하고 따라서 면책약관
이 적용되지 아니하는 것으로 판례는 해석하고 있다.

　　사망 등과 같은 중대한 결과는 단순히 그 결과만으로 판단해서는 안된다.145) 그 판단
을 위해서는 운전자가 의도한 결과와 피해자에게 실제 발생한 결과 사이의 차이, 가해 차
량 운전자와 피해자의 관계, 사고의 경위와 전후 사정 등을 고려해서 판단해야 할 것이
다.146) 피해자가 음주단속을 하던 경찰에게 피해를 입히거나 절친한 친구끼리 서로 장난
을 치던 중에 피해자가 피해를 입은 경우에 대해 법원은 피해자의 사망이나 중상해 등의
결과에 대한 미필적 고의 인정 여부에 대해 신중하게 해석하는 것으로 보인다.147) 아래

---

145) 한기정, 305면.
146) 대판 2020. 7. 23, 2018다276799; 대판 2010. 11. 11, 2010다62628.
147) 황현아, "2020년 보험 관련 중요 판례 분석", KiRi 보험법리뷰 포커스, 2021. 2, 보험연구원, 16면.

판례는 사망에 대한 고의 인정에 법원이 다소 엄격한 기준을 갖고 판단하고 있음을 보여준다. 즉 상해의 고의는 인정할 수 있지만 사망에 대한 고의 또는 식물인간 상태에 대한 고의를 인정하기는 어렵다는 입장이다.

[대법원 2010. 11. 11. 선고 2010다62628 판결]

〈주요 판시내용〉

사람이 승용차 보닛 위에 엎드려 매달리자 그를 차량에서 떨어지게 할 생각으로 승용차를 지그재그로 운전하다가 급히 좌회전하여 위 사람을 승용차에서 떨어뜨려 사망에 이르게 한 사안에서, 위 사고의 경위, 피해자가 전도된 지점의 도로 여건, 사고 당시 가해차량 운전자의 음주 상태, 목격자의 진술 등 여러 사정에 비추어, 가해차량 운전자로서는 피해자가 달리던 차에서 떨어지면서 어느 정도의 큰 상해를 입으리라는 것은 인식·용인하였다고 할 것이나, 나아가 피해자가 사망하리라는 것까지를 인식하고 용인하였다고는 볼 수 없으므로, 피해자의 사망으로 인한 손해는 가해차량 운전자의 '고의에 의한 손해'라고 할 수 없어 자동차보험의 면책약관이 적용되지 않는다.

[대법원 1991. 3. 8. 선고 90다16771 판결]

〈주요 판시내용〉

공제가입차량의 운전사가 여고 2년생인 피해자를 태우고 차량을 운행하던 중 피해자가 위 운전사가 자기를 감금 내지 강제추행하려는 의도를 알아채고 하차하여 줄 것을 요구하였으나 동인이 이에 불응하고 그대로 질주하자 다급한 나머지 우측출입문을 열고 뛰어 내리다가 길바닥에 떨어져 뇌출혈 등으로 사망하였다면 피해자의 추락에 의한 사망에 관하여 위 운전사에게 고의가 있었다고 단정할 수 없다.

[대법원 1997. 9. 30. 선고 97다24276 판결]

〈주요 판시내용〉

차량 운전자가 오토바이 운전자와 시비가 붙어 차량을 운전하여 오토바이를 추격하던 중 그 오토바이 운전자가 당황한 나머지 넘어져 사고를 당한 경우에는 차량 운전자에게 피해자의 사망 또는 상해에 관한 고의 또는 미필적 고의가 있었다고 볼 수 없다.

[대법원 2007. 10. 26. 선고 2006다39898 판결]

〈주요 판시내용〉

음주단속 중이던 경찰관이 단속을 피해 도주하는 자동차에 매달려 가다가 떨어지면서 지하철공사장의 철제 H빔에 부딪혀 뇌손상으로 식물인간 상태에 이른 경우, 운전자로서는 위 경찰관이 달리던 차에서 떨어지면서 어느 정도의 상해를 입으리라는 것은 인식·용인하였다고 할 것이나 나아가 철제 H빔에 부딪혀 식물인간 상태에 이르리라고는 예견·인식하고 용인하였다고 볼 수 없으므로, 위 사고로 인한 손해가 보험계약자 등의 고의로 인한 것이라 할 수 없어 자동차보험의 면책약관이 적용되지 않는다.

위 판례는 상해에 대해서는 인식을 했으나 중상해나 사망에 대해서는 보험계약자가 인식 또는 용인했다고 볼 수 없어 보험계약자 등의 고의가 인정되지 않으므로 중상해나 사망에 대해 보험자는 보험금지급책임이 있다고 판시했다. 즉 예를 들어 피보험자에게 경찰관의 음주운전단속을 방해하고 피하려는 고의는 인정될 수 있어도 경찰관의 뇌손상 및 그로 인해 식물인간 상태에 이르게 된 결과에 대한 고의나 미필적 고의는 없으므로 그 부분에 대한 보험자의 책임이 인정되어야 한다는 것이다. 그러나 경찰관이 매달린 차량을 그대로 질주하였다면 음주운전 의혹을 받는 운전자는 경찰관이 떨어져서 죽거나 크게 다칠지도 모른다는 것을 인식하면서도 운전을 감행한 것이라고 해석하는 것이라고 보는 것이 보다 타당하지 않을까 하는 의문이 제기된다. 미필적 고의가 인정될 수 있는 여지가 있다고 판단된다. 아래 판례는 미필적 고의를 인정하고 있는 예이다.

[대법원 2001. 3. 9. 선고 2000다67020 판결]

〈사실관계〉

피고가 사고를 낸 후 피해자가 승용차 앞 유리창에 매달리자 그 상태에서 승용차를 지그재그로 운행하는 바람에 피해자가 땅에 떨어지면서 뒷바퀴에 부딪혀 상해를 입게 되었다. 이에 원고회사는 사고가 피고의 고의에 의한 것이므로 보험금을 지급할 수 없다고 하였다.

〈주요 판시내용〉

자동차보험약관상 면책사유인 '피보험자의 고의에 의한 사고'에서의 '고의'라 함은 자신의 행위에 의하여 일정한 결과가 발생하리라는 것을 알면서 이를 행하는 심리 상태를 말하고, 여기에는 확정적 고의는 물론 미필적 고의도 포함된다고 할 것이며, 고의와 같은 내심의 의사는 이를 인정할 직접적인 증거가 없는 경우에는 사물의 성질상 고의와 상당한 관련성이 있는 간접사실을 증명하는 방법에 의하여 입증할 수밖에 없고, 무엇이 상당한 관련성이 있는 간접사실에 해당할 것인가는 사실관계의 연결상태를 논리와 경험칙에 의하여 합리적으로 판단하여야 할 것이다. 출발하

려는 승용차 보닛 위에 사람이 매달려 있는 상태에서 승용차를 지그재그로 운행하여 도로에 떨어
뜨려 상해를 입게 한 경우, 운전자에게 상해 발생에 대한 미필적 고의가 있다.

[대법원 2010. 1. 28. 선고 2009다72209 판결]

〈주요 판시내용〉

　출발하려는 승용차 보닛 위에 올라타 출발을 막기까지 하는 사람을 보닛 위에 그대로 태운 채
승용차를 40여m 주행하다 급정거하여 위 사람을 도로에 떨어뜨려 상해를 입게 한 경우, 운전자
에게 상해의 결과 발생에 대한 미필적 고의가 있었다고 보아 보험계약 약관 규정에서 정한 면책
사유에 해당한다.

　　고의란 피보험자의 내면적 심리상태이기 때문에 제3자가 이를 입증한다는 것은 대단
히 어려운 일이다. 따라서 고의를 입증할 만한 아무런 직접적인 증거가 없는 상황이라면
보험자가 고의의 입증을 위해 추정적인 증거를 제시한 것을 가지고 고의의 유무를 판단해
야 할 경우도 있을 것이다. 보험사고에 복수의 원인이 존재하는 경우에 보험자로서는 피
보험자의 고의가 보험사고의 발생에 유일하거나 결정적인 원인이라는 것을 입증해야만 면
책을 주장할 수 있다. 피보험자의 고의행위가 단순히 공동원인의 하나이었다는 점을 입증
하는 것으로는 면책사유로서 부족하다. 이러한 인과관계는 상당인과관계보다 엄격한 것이
라 여겨진다.148) 아래 판례에서 보험회사는 사망이 수혈거부라는 고의에 의해 발생했음을
이유로 면책을 주장했으나 법원은 이를 받아들이지 않았다.

[대법원 2004. 8. 20. 선고 2003다26075 판결]

〈사실관계〉

　원고는 망인의 보호자이면서도 생명이 위급한 망인에게 종교적인 이유로 수혈을 거부하여 결국
사망케 하였다. 원고가 보험금을 청구하자 피고회사는 최소한 원고의 미필적 고의로 인해 망인이
사망한 것이므로 보험금을 지급할 수 없다고 주장하였고, 원심은 원고 패소 판결을 하였다.

〈주요 판시내용〉

　보험사고의 발생에 기여한 복수의 원인이 존재하는 경우, 그 중 하나가 피보험자 등의 고의행
위임을 주장하여 보험자가 면책되기 위하여는 그 행위가 단순히 공동원인의 하나이었다는 점을
입증하는 것으로는 부족하고 피보험자 등의 고의행위가 보험사고 발생의 유일하거나 결정적 원인
이었음을 입증하여야 할 것이다. 자신이 유발한 교통사고로 중상해를 입은 동승자를 병원으로 후
송하였으나 동승자에 대한 수혈을 거부함으로써 사망에 이르게 한 경우, 수혈거부가 사망의 유일

---

148) 한기정, 313면.

하거나 결정적인 원인이었다고 단정할 수 없다면 수혈거부행위가 사망의 중요한 원인 중 하나이었다는 점만으로는 보험회사가 보험금의 지급책임을 면할 수 없다.

(원심은 수혈을 거부한 것이 사망에 대한 중요한 원인의 하나에 해당하며, 피보험자에게 미필적 고의가 있었다고 판단하였다.)

　　(b) 고의와 책임능력　　　고의행위라고 구분짓기 위하여는 특별한 사정이 없는 한 구체적인 정신능력으로서의 책임능력이 전제되어 있다고 보아야 한다. 따라서 '피보험자의 고의에 의한 손해'에 해당한다고 하려면 그 피보험자가 책임능력에 장애가 없는 상태에서 고의행위를 하여 손해가 발생된 경우이어야 한다. 심신상실 등의 상태에 있는 피보험자가 인위적으로 보험사고를 야기한 경우에 이를 고의사고라고 보기는 어렵다. 피보험자가 심신상실 등으로 자유로운 의사결정을 할 수 없는 상태에서 자신을 해친 경우는 생명보험표준약관 제5조에서 보험자의 책임을 인정하고 있는데 이러한 약관조항의 효력은 유효하다.149) 판례는 이에 대한 약관조항이 없더라도 동일한 상황에서 자신을 해쳤다면 보험자책임은 당연히 인정된다는 입장이다.150) 심신상실 상태에서의 행위에 대해 책임보험에서는 피보험자가 가해자로서 피해자에 대한 배상책임 문제를 다루어야 하므로 민법에서의 불법행위와 마찬가지로 책임능력이 없는 상태에서의 행위로 파악하는 반면,151) 다른 종류의 보험에서는 이를 자유로운 의사결정을 할 수 없는 상태에서의 행위로 파악하고 있다.152)

[대법원 2001. 4. 24. 선고 2001다10199 판결]

〈사실관계〉

　정신분열증으로 인하여 심신이 미약한 상태에 있었던 피보험자의 고의로 사고가 발생하자, 원고회사는 사고로 인한 손해를 원고회사가 먼저 보상하되 그 사고로 인한 손해가 원고회사의 보험약관상 보상하지 아니하는 '피보험자의 고의로 인한 손해'로 판명되는 경우에는 피고가 원고회사의 보상금 상당액을 원고회사에 배상하기로 한 약정에 근거하여 우선 보험금을 지급한 후 피고에게 약정금 지급을 청구하였다.

〈주요 판시내용〉

　사실을 토대로 소외인은 이 사건 사고 당시 정신분열증으로 인하여 정상적인 사물판별 능력이나 행위통제 능력이 미약한 상태에 있었다고 판단한 다음 소외인은 고의에 의하여 이 사건 사고를 일으켰다고 볼 것이나 그때에 그는 심신미약 상태로서 그의 행위의 결과에 대한 책임의식 역

---

149) 생명보험에서 자살에 대한 보험금 지급 문제에 대해서는 제19장 생명보험 법정면책사유에서 설명한다.
150) 대판 2006. 3. 10, 2005다49713; 대판 2014. 4. 10, 2013다18929; 대판 2011. 4. 28, 2009다97772.
151) 대판 2001. 4. 24, 2001다10199. 한기정, 314면.
152) 대판 2008. 8. 21, 2007다76696.

시 현저히 미약하였기에 스스로의 행위를 통제하여 이 사건 사고에 나아가지 않을 것을 기대할 수 없었으니 고의의 범주에 해당하는 사고라고 할 수 없고 또한 보험계약의 선의성, 윤리성에도 어긋나지 않아 위의 면책조항에 해당하는 사고라 할 수 없다. 책임보험 계약 당사자 간의 보험약관에서 고의로 인한 손해에 대하여는 보험자가 보상하지 아니하기로 규정된 경우에 고의행위라고 구분짓기 위하여는 특별한 사정이 없는 한 구체적인 정신능력으로서의 책임능력이 전제되어 있다고 볼 것이어서 '피보험자의 고의에 의한 손해'에 해당한다고 하려면 그 피보험자가 책임능력에 장애가 없는 상태에서 고의행위를 하여 손해가 발생된 경우이어야 한다. 따라서 피보험자가 사고 당시 심신미약의 상태에 있었던 경우 사고로 인한 손해가 피보험자의 고의로 인한 손해에 해당되지 않아 보험자가 면책되지 않는다.

[대법원 2006. 3. 10. 선고 2005다49713 판결]

〈사실관계〉

가족과의 갈등, 과도한 업무, 각종 질병으로 신체적, 정신적으로 많이 쇠약해져 있었던 피보험자가 원고(피보험자의 남편)와의 격렬한 부부싸움을 했다. 남편이 아내(망인)에게 같이 죽자고 하면서 베란다로 끌고 가서 망인의 상체를 베란다 밖으로 밀고, 이를 보던 자녀들이 아내의 다리를 잡고 이를 말리자, 남편이 베란다를 등지고 거실로 향하던 중 아내가 극도의 흥분되고 불안한 심리상태를 이기지 못하고 순간적인 정신적 공황상태에서 아파트 베란다 밖으로 뛰어내려 자살하였다. 이에 원고가 보험금을 청구하자 피고회사는 사고가 피보험자의 고의에 의한 것임을 이유로 면책을 주장하였다.

〈주요 판시내용〉

상법 제659조 제1항 및 제732조의2의 입법 취지에 비추어볼 때, 사망을 보험사고로 하는 보험계약에 있어서 자살을 보험자의 면책사유로 규정하고 있는 경우, 그 자살은 사망자가 자기의 생명을 끊는다는 것을 의식하고 그것을 목적으로 의도적으로 자기의 생명을 절단하여 사망의 결과를 발생케 한 행위를 의미하고, 피보험자가 정신질환 등으로 자유로운 의사결정을 할 수 없는 상태에서 사망의 결과를 발생케 한 경우까지 포함하는 것이라고 할 수 없을 뿐만 아니라, 그러한 경우 사망의 결과를 발생케 한 직접적인 원인행위가 외래의 요인에 의한 것이라면 그 보험사고는 피보험자의 고의에 의하지 않은 우발적인 사고로서 재해에 해당한다. 부부싸움 중 극도의 흥분되고 불안한 정신적 공황상태에서 베란다 밖으로 몸을 던져 사망한 경우, 위 사고는 자유로운 의사결정이 제한된 상태에서 망인이 추락함으로써 사망의 결과가 발생하게 된 우발적인 사고로서 보험약관상 보험자의 면책사유인 '고의로 자신을 해친 경우'에 해당하지 않는다(同旨: 대판 2011. 4. 28, 2009다97772; 대판 2008. 8. 21, 2007다76696).

실무에서 피보험자가 우울증을 앓고 있던 상황에서 자살을 한 경우에 이를 약관상의 자살면책제한으로 보고 보험금이 지급될 수 있는가의 문제가 자주 발생한다. 이에 관해서

는 '생명보험 약관상의 면책사유' 부분에서 설명한다.

③ 중 과 실

(a) 중과실의 의미   중과실이란 고의에 매우 가까울 정도로 현저하게 주의를 태만히 한 상태를 말한다. 약간의 주의를 했다면 손쉽게 위법, 유해한 결과를 예견할 수 있는 경우인데도 불구하고 만연히 이를 간과함으로써 고의에 가까운 현저히 주의를 결여한 상태를 말한다. 즉 통상인에게 요구되는 정도의 상당한 주의를 하지 않더라도 약간의 주의를 한다면 자신의 행위로 인해 결과가 발생하리라는 것을 예견할 수 있었음에도 불구하고 현저히 주의를 게을리함으로써 인식하지 못하고 이를 행한 것을 말한다.153) 상법 제659조 제1항에서는 중과실에 의한 사고도 인위적 사고로 보면서 보험자의 면책사유로 규정하고 있다. 다만 인보험에서는 그러하지 아니하다(제732조의2, 제739조, 제739조의3). 중과실 속성이 갖는 반사회성 및 경과실 사고에 비해 중과실에 의한 보험사고에 인위성을 인정하여 사고의 우연성을 해한다고 볼 여지가 있기 때문에 면책사유로서 인정될 수 있다.

[대법원 2007. 11. 16. 선고 2007다37820 판결]

〈주요 판시내용〉

이 사건 보험계약에 적용되는 영업용자동차보험 보통약관은 '보험계약자 또는 피보험자의 고의로 인한 손해'를 면책사항으로 규정하고, 상법 제659조 제1항과는 달리 중대한 과실로 인한 보험사고를 면책사유에서 제외하고 있으므로 피고 보험회사로서는 원고 측의 중과실에 의한 면책을 주장할 수 없다 할 것이다.

헌법재판소는 중과실을 고의와 같이 취급하여 보험자의 면책을 인정할 수 있지만, 반드시 그렇게 해야 하는 것은 아니라는 입장이다.154) 따라서 손해보험에서 고의만 면책으로 하고 중과실 사고에 대해서는 보험자의 책임을 인정하는 것은 가능하며, 이러한 약관은 유효하다고 해석된다. 판례도 같은 입장이다.155)

[헌법재판소 1999. 12. 23. 선고 98헌가12 결정]

〈주요 판시내용〉

중과실에 대하여 고의와 동일한 취급을 하는 것은 중과실에 의한 사고가 경과실에 의한 사고에 비하여 상대적으로 인위성을 띠므로 사고의 우연성을 해한다고 볼 여지가 없지 아니하고, 반사회

---

153) 대판 2017. 3. 30, 2014다68891; 대판 1994. 8. 26, 94다4073; 대판 1991. 7. 12, 91다6351.
154) 헌재 1999. 12. 23, 98헌가12.
155) 대판 2007. 11. 16, 2007다37820.

성이 있으므로 보험정책상으로도 경과실과는 구별할 필요가 있다고 보기 때문이라고 할 것이지만, 이것이 보험의 원리상 반드시 요청되는 것이라고 할 수는 없다.

보험계약자 등의 중대한 과실이 면책사유가 되기 위해서는 그 주의태만의 정도가 비난받을 정도로 무거운 경우로 한정되어야 할 것이다.156) 가연성 물질이 있는 곳에서 화기를 부주의하게 다루는 것, 음주운전이나 횡단보도 이외의 곳에서의 무단횡단, 야간에 자동차전용도로에서의 무단횡단, 정지신호에서 차량을 정지시키지 않고 운전하는 것 등이 그 예이다. 보험계약자 측의 경과실로 인해 보험사고가 발생한 경우에 보험자는 면책되지 않는다. 실무적으로 부주의한 행동이 있는 경우에 그것이 경과실인지 아니면 중대한 과실인지를 구별하는 것은 쉽지 않으며 그에 관한 구별 기준이 존재하는 것도 아니다. 중과실의 인정 범위를 지나치게 확대하면 보험자의 면책범위가 넓어지게 되어 보험계약의 효용이 감소하게 되기 때문에 중과실 인정 문제는 도덕적 측면 또는 사회공익적 측면에서 비난받을 수 있는 경우로 한정해야 한다는 견해가 있다.157)

[대법원 2017. 3. 30. 선고 2014다68891 판결]

〈사실관계〉

보험회사는 변호사인 甲을 피보험자로 하여 甲이 제공하는 등기업무 등 법률서비스와 관련된 업무수행 불가, 실수, 태만, 과실 등에 기인하여 발생한 손해배상금을 보상하기로 하는 내용의 보험계약을 체결하였다. 甲은 乙을 등기사무장으로 고용하면서 甲의 명의로 독자적으로 등기사건을 수임하여 처리할 권한을 부여하고 등기업무에 필요한 甲의 인감도장, 인감증명서, 주민등록등본 사본, 사업자등록증 사본, 변호사등록증 사본, 통장, 보안카드, 인증서 등을 주고, 乙로부터 그 대가로 매월 5,000,000원씩을 받기로 약정한 사실, 이에 따라 甲은 乙이 甲의 명의로 등기사건을 수임하여 처리하는 것과 관련하여 아무런 확인을 하지 아니하였을 뿐만 아니라 어떠한 관여도 하지 아니하였고, 등기비용이 입금되는 甲 명의의 은행계좌에 대하여도 전혀 통제하지 아니한 채 방치한 사실, 乙은 등기 위임계약의 위임자들이 甲의 계좌로 입금한 등기비용을 횡령하였고, 이로 인하여 피해자들의 등기 위임계약을 이행할 수 없게 된 사실, 乙은 변호사가 아니면서 법률사무를 취급한 행위, 甲은 변호사가 아니면서 법률사무를 취급하는 자에게 자기의 명의를 이용하게 한 행위로 인하여 각 변호사법위반으로 형사처벌을 받은 사실 등을 알 수 있다.

〈주요 판시내용〉

甲이 乙로부터 대가를 받기 위하여 의도적으로 乙에게 등기사무에 관하여 자신의 변호사 명의를 사용하게 하는 변호사법 위반의 범죄행위를 함으로써 무자격자인 乙로 하여금 등기사무를 수행하도록 하는 과정에서 그 등기비용에 대한 乙의 횡령행위가 발생하였고, 그로 인하여 甲이 이

---

156) 대판 1991. 7. 12, 91다6351; 양승규, 142면.
157) 보험연수원(편), 보험심사역 공통 1 교재, 2016, 166면.

사건 등기 위임계약의 이행을 하지 못하게 됨으로써 이 사건 보험사고가 발생한 것으로 평가할
수 있다. 그렇다면 甲이 약간의 주의만을 기울였다면 손쉽게 乙의 횡령행위를 예견하여 방지할
수 있었음에도 의도적으로 방치하는 과정에서 乙의 횡령행위를 간과한 것이므로, 甲은 고의에 가
까울 정도로 현저히 주의를 결여한 상태에 있었던 것으로 보이고, 결국 이러한 상태를 원인으로
하여 이 사건 보험사고가 발생한 것으로 볼 수 있다. 따라서 이 사건 보험계약에 따른 보험회사
의 보험금 지급책임은 상법 제659조 제1항에 따라 면책되었다고 할 것이다.

[대법원 1994. 8. 26. 선고 94다4073 판결]

〈주요 판시내용〉
자동차운전자가 자동차대여업자로부터 자동차를 대여받음에 있어 도로교통법에 의하여 운전하
는 때에 반드시 지녀야 할 운전면허증이나 이에 갈음하는 증명서가 아닌 운전면허증 사본을 제시
한다는 것은 극히 이례적인 일이라고 할 것이므로 자동차대여업자로서는 조금만 주의를 기울여
그 원본이나 주민등록증의 제시를 요구하는 등의 방법으로 확인하였더라면 쉽게 그 진위를 가려
볼 수 있었을 것인데도 이를 태만히 한 것은 중대한 과실에 속한다고 보아 보험회사의 면책항변
을 인정할 수 있다.

(b) 인보험과 중과실   보험계약자 등의 중과실사고에 대해 보험자의 면책을 인
정할 것인가의 문제는 입법정책의 문제이다. 또한 보험계약자 등의 중과실사고에 대해 보
험자의 면책을 규정하고 있는 제659조 제1항은 강행규정이라고 할 수 없다. 이러한 취지
에서 사망을 보험사고로 한 보험계약과 상해보험에서는 사고가 보험계약자 또는 피보험자
나 보험수익자의 중대한 과실로 인하여 생긴 경우에도 보험자는 보험금 지급책임을 부담
한다고 규정하고 있다(제732조의2, 제739조, 제739조의3). 보험계약자 측의 중과실로 인한
사고에 있어서 보험자의 면책을 인정하지 않음으로써 정책적으로 유족 또는 피보험자 본
인의 경제적 생활보장을 도모하는 데에 그 취지가 있으므로 그 입법목적의 정당성은 인정
된다는 것이 법원의 입장이다. 또한 손해보험과 인보험 모두에 적용되는 제659조에서 중
과실 사고를 면책사유로 규정했음에도 불구하고 제732조의2에 의해 인보험의 보험자가 보
험금 지급책임을 부담하도록 하는 것이 보험자의 영업의 자유를 제한한 것이 아닌가의 문
제에 대해 법원은 이러한 보험자의 영업의 자유에 대한 제한은 상반되는 법익과의 균형을
해할 정도로 과도하여 입법재량의 범위를 벗어났다고 보기 어려우며 계약 당사자간의 계
약의 자유를 침해한 것으로 볼 수 없고 헌법 제37조 제2항에 의해 기본권 제한에 요구되
는 과잉금지의 원칙에도 부합한다고 해석하고 있다.158) 헌법재판소는 물건보험과 구별하

---

158) 대판 2000. 7. 4, 98다56911; 대판 1999. 8. 24, 99다24263; 임용수, 156면.

여 인보험에서 보험계약자 측을 더욱 두텁게 보호하는 것은 헌법상의 평등권이나 영업의 자유에 위반되지 않는다고 결정했다.

[대법원 1998. 3. 27. 선고 97다48753 판결]
[헌법재판소 1999. 12. 23. 선고 98헌가12 결정]
(상법 제732조의2 위헌제청, 상법 제732조의2 위헌소원)

〈사실관계〉

소외인이 음주운전 중 사고로 사망하자 보험수익자인 원고는 보험금을 청구하였다. 그러자 피고회사는 소외인이 사고 당시 음주운전을 하고 있었으므로 음주운전 면책약관에 의해 보험금을 지급할 수 없다고 하였다. 원고는 이 약관이 상법 제732조의2에 위배된다며 소를 제기하였고, 이 사건을 포함하여 사실관계가 유사한 여러 사건에서 담당 재판부가 음주운전의 경우에도 보험금을 지급받을 수 있는 근거규정이 되는 상법 제732조의2를 대상으로 직권으로 위헌법률심판을 제청하거나 보험회사들이 헌법소원을 제기하였다(사건 당시의 약관에 의거함).

〈대법원 주요 판시내용〉

이 사건 보험계약은 상해를 보험사고로 한 보험계약에 해당하므로 상법 제732조의2, 제739조, 제663조들이 적용된다고 할 것이어서 피고는 보험사고가 고의로 인하여 발생한 것이 아니라면 비록 중대한 과실에 의하여 생긴 것이라 하더라도 이 사건 보험계약에 의한 보험금을 지급할 의무가 있다고 할 것인데, 음주운전에 관하여 보면, 음주운전이 고의적인 범죄행위이기는 하나 그 고의는 특별한 사정이 없는 한 음주운전 자체에 관한 것이고 직접적으로 사망이나 상해에 관한 것이 아니어서 그 정도가 결코 그로 인한 손해보상을 가지고 보험계약에 있어서의 당사자의 신의성·윤리성에 반한다고는 할 수 없을 것이어서, 이 사건 보험계약 약관 중 '피보험자가 음주운전을 하던 중 그 운전자가 상해를 입은 때에 생긴 손해는 보상하지 아니한다'고 규정한 이 사건 음주운전 면책약관이 보험사고가 전체적으로 보아 고의로 평가되는 행위로 인한 경우뿐만 아니라 과실(중과실 포함)로 평가되는 행위로 인한 경우까지 보상하지 아니한다는 취지라면 과실로 평가되는 행위로 인한 사고에 관한 한 무효이므로, 이 사건 보험계약의 피보험자인 소외 망인이 비록 음주운전 중 이 사건 보험사고를 당하였다 하더라도 그 사고가 고의에 의한 것이 아닌 이상(이 사건의 경우 위 소외 망인이 술에 취하긴 하였어도 고의 또는 고의에 준하는 행위로서 위 보험사고를 일으켰다고 볼 수 있는 아무런 증거가 없다) 피고는 원고들에 대하여 위 음주운전 면책약관을 내세워 보험금의 지급을 거절할 수 없다.

〈헌법재판소 주요 판시내용〉

중과실과 경과실의 구별이 상대적이며, 그 경계가 모호한데다가 보험계약자 측이 현저히 약자의 지위에 있어 보호의 필요성이 있음에 비추어 볼 때, 이 사건 법률조항에 의하여 자유를 제한하는 정도는 상반되는 법익과의 균형을 해할 정도로 과도하지는 않아 입법재량의 범위를 벗어났다고 볼 수 없으므로 보험자의 영업의 자유, 보험자와 보험계약자 사이의 계약의 자유를 침해하였다고 할 수 없다. 중대한 과실이라는 것은 그 태양과 범위를 한정할 수 없고, 위험이 상존하는 현대생활의 복잡성에 비추어볼 때 중대한 과실로 인한 보험사고를 일으킬 가능성이 있는 보험계약자와 그렇지 않은 보험계약자라는 분류가 가능한지 여부를 단정할 수 없으며, 설령 그러한 분류가 가능하다 하더라도 중대한 과실로 인한 사고발생에 관한 개인차는 보험단체 구성원간의 동질성을 해할 정도는 아니고, 보험계약자 측은 중과실로 인한 사고에서도 보험혜택을 받을 수 있다는 점에서는 모두가 같은 취급을 받으므로, 위 규정이 보험계약자의 평등권을 침해한다고도 할 수 없다. 헌법상의 평등권이나 영업의 자유 등에 위반된다고는 할 수 없다.

그런데 인보험 사고에 있어서 인위적인 사고라는 강한 의심이 있더라도 피보험자 등의 고의를 입증하는 것이 실무상 매우 어려운 일임을 감안할 때 인보험에서 중과실 사고에 대해 보험자의 책임을 인정하는 것은 도덕적 위험을 야기할 가능성이 있음을 유의해야 할 것이다.159)

④ 입증책임   고의나 중과실 면책에 대한 입증책임은 면책을 주장하는 보험자가 부담한다. 판례는 약관에서 "보험계약자나 피보험자의 고의 또는 중대한 과실로 발생한 손해에 대하여는 보상하지 아니한다"고 규정하고 있는 경우에 보험자가 보험금 지급책임을 면하기 위해서는 위 면책사유에 해당하는 사실을 증명할 책임이 있고, 여기에서의 증명은 법관의 심증이 확신의 정도에 달하게 하는 것을 가리킨다고 판시했다. 그 확신이란 자연과학이나 수학의 증명과 같이 반대의 가능성이 없는 절대적 정확성을 말하는 것은 아니지만, 통상인의 일상생활에 있어 진실하다고 믿고 의심치 않는 정도의 고도의 개연성을 말하는 것이고, 막연한 의심이나 추측을 하는 정도에 이르는 것만으로는 부족하다고 해석된다.160)

이에 따라 원인이 밝혀지지 않은 보험사고의 경우 보험자가 면책사유에 대한 입증을 하지 못하는 한 보험자는 보험금 지급책임을 부담하게 된다.161) 사망보험에서 자살자의 내심의 의사인 고의를 보험자가 입증한다는 것은 대단히 어렵다. 직접적인 증거가 있다면 그 입증이 수월하지만 그렇지 못한 경우에는 보험자는 추정적 증거를 제시하는 것으로 충분하다고 해석된다.162) 고의와 같은 내심의 의사는 이를 인정할 직접적인 증거가 없는 경우에는 사물의 성질상 고의와 상당한 관련성이 있는 간접사실을 증명하는 방법에 의하여 입증할 수밖에 없고, 무엇이 상당한 관련성이 있는 간접사실에 해당할 것인가는 사실관계

---

159) 서헌제, 89면; 김성태, 273면.
160) 대판 2009. 12. 10, 2009다56603, 56610; 대판 2012. 4. 13, 2011다1828; 대판 2009. 3. 26, 2008다72578, 72585; 대판 2010. 6. 10, 2009다94315; 대판 2010. 5. 13, 2010다6857.
161) 윤승진, "보험자의 면책사유에 대한 고찰", 해상보험법에 관한 제문제(하), 재판자료 제53집, 법원행정처, 1991, 335면.
162) 양승규, 143면; 임용수, 153면.

의 연결상태를 논리와 경험칙에 의하여 합리적으로 판단하여야 할 것이다.163)

원칙적으로 생명보험에서 자살은 고의에 의한 사고이므로 보험자가 면책이 된다. 면책을 위해서 보험자는 그 자살이 고의 행위에 의해 야기되었다는 점을 입증해야 할 것이다. 자살의 의도가 나타난 유서 등의 물증이나, 일반인의 상식에서 자살이 아닌 가능성에 대한 합리적인 의심이 들지 않을 만큼 명백한 주위 정황사실을 입증해야 한다는 것이 법원의 입장이다.164) 판례는 피보험자가 달리는 기차에 부딪쳐서 사망했는데 그가 자살하였다고 추단할 만한 물증이나 자살할 만한 동기가 있었다는 점에 관한 자료가 없으므로, 일반인의 상식에서 자살이 아닐 가능성에 대한 합리적인 의심이 들지 않을 만큼 명백한 주위 정황사실이 입증되었다거나, 피보험자가 달리는 기차에 쉽게 치어 죽을 수도 있다는 가능성을 인식하고서도 그 결과를 스스로 용인함으로써 사고가 발생하였다고 단정하여 '피보험자가 고의로 자신을 해친 경우'에 해당한다고 할 수 없다고 해석하였다.165) 생명보험표준약관은 피보험자의 자살에 대해서도 보험자의 책임을 인정하는 경우를 규정하고 있다. 보험자가 자살을 입증하여 면책을 주장하는 경우 보험계약자 측은 그 행위가 자유로운 의사결정을 할 수 없는 상태에서 이루어진 것임을 입증하여 보험자의 보상책임이 있음을 주장해야 할 것이다.166)

⑤ 전쟁위험 면책 보험사고가 전쟁 기타의 변란으로 인하여 생긴 때에는 당사자 간에 특약이 없는 한 보험자는 보험금액의 지급책임을 면한다(제660조). 전쟁이란 국가 간의 교전상태이며 선전포고 유무는 불문한다. 피보험자가 전투훈련 중에 사망한 경우도 전쟁위험 면책대상이 될 수 있다고 해석하는 견해도 있다.167) 변란은 내란, 폭동 또는 소요와 같이 일상적인 경찰력으로는 통제 또는 방어할 수 없는 전쟁에 준하는 비상사태를 말한다.168) '폭동'이란 다수인이 결합한 폭행, 협박 등의 집단행동에 의해 통상의 경찰력으로는 적어도 한 지방에 있어서의 평온 또는 안녕질서를 유지할 수 없을 정도의 중대한 사태를 의미한다. '소요'란 폭동에는 이르지 아니하나 한 지방에서의 공공의 평화 내지 평온을 해할 정도로 다수의 군중이 집합하여 폭행, 협박 또는 손괴 등 폭력을 행사하는 상태를 말한다. 법원은 면책사유로서의 변란, 폭동, 소요 등의 개념적용을 엄격하게 해석하고 있다.

전쟁, 혁명, 내란, 사변, 폭동, 소요 기타 이들과 유사한 사태를 보험자의 면책사유로 규정한 취지는, 이러한 사태 하에서는 보험사고 발생 가능성이나 그 손해정도를 통계적으로 예측하는 것이 거의 불가능하여 타당한 보험료를 산정하기 어려울 뿐 아니라 통상의

---

163) 대판 2001. 3. 9, 2000다67020; 대판 2010. 1. 28, 2009다72209.
164) 대판 2010. 5. 13, 2010다6857.
165) 대판 2002. 3. 29, 2001다49234.
166) 임용수, 164; 한기정, 317면.
167) 최준선, 138면; 양승규, 145면; 서헌제, 92면.
168) 정찬형, 623면; 정동윤, 534면; 양승규, 145면.

보험료로는 그 위험을 인수할 수 없고 사고발생시에는 사고의 대형화와 손해액의 누적적인 증대로 보험자의 인수능력을 초과할 우려가 있다는 데에 있다.169) 보험계약자 등의 고의사고가 도덕적 위험을 방지하기 위한 것인 반면에 전쟁위험 면책은 보험단체의 균형을 유지하는 것이 주된 목적이다. 다만 제660조는 임의규정이므로 당사자간의 특약에 의해 전쟁위험을 담보로 하는 것은 무방하다. 실무상으로도 추가보험료를 지급하고 전쟁, 소요 등에 대한 담보특약을 추가하기도 한다. 이러한 당사자간의 특약이 바로 개별약정으로서 특별약관에 해당된다. 예를 들어 중동지역에서 전쟁이 진행 중에 있는 경우에 그 지역을 항해하는 원유 수송선을 대상으로 추가보험료를 받고 전쟁위험을 담보하는 개별약정으로서의 특별약관에 의해 계약을 체결하기도 한다.170) 아래 두 판례는 고객보호 차원에서 면책사유를 해석함에 있어서 엄격하게 해석한 것이며, 이는 작성자불이익의 원칙 적용과 같은 취지라 할 수 있다.171)

[대법원 1991. 11. 26. 선고 91다18682 판결]

〈주요 판시내용〉

야구 경기장 앞에서 귀가 중인 1,000여 명의 관중이 구경하는 가운데에 약 20여 명이 역전패당한 것에 불만을 품고 버스에 돌과 병을 던져 차창 등이 파손되자, 관중 가운데 4, 5명이 관중들에게 자제할 것을 호소하고 버스의 길을 비켜주자고 하며 수신호를 함에 따라 버스운전사가 군중 사이로 버스를 운행하다가 관중에 떠밀려 넘어진 피해자를 역과하여 사고가 발생하였고 이에 관중들이 격분하여 더욱 격렬하게 폭력을 행사하게 된 사정이 인정되는바, 위와 같은 폭력사태가 일어나게 된 경위와 장소 및 이 사건 사고 발생 당시에 있어서의 폭력행사의 정도 등에 비추어 보면 위 폭력사태는 한 지방의 평화 내지 평온을 해할 정도의 소요에 해당하는 것으로는 보기 어렵다고 할 것이다.

[대법원 1994. 11. 22. 선고 93다55975 판결]

〈주요 판시내용〉

화재 당시 대학생들은 단순히 범민족대회 참가를 봉쇄하려는 경찰의 저지선을 뚫기 위하여 화염병을 투척하기에 이르렀고, 그 폭력행사의 정도도 경찰에 대하여서만 화염병을 투척하였을 뿐이고, 인근의 다른 상가나 행인에 대하여는 아무런 폭행이나 협박 또는 손괴 등을 하지 아니하였으며, 그 시위장소 또한 지하철역에서 위 대학교 정문에 이르는 도로에 한정되었고, 다른 지역으로는 확산되지 아니하였음이 분명하고, 보험약관상의 면책사유요건의 엄격해석의 원칙을 참작하

---

169) 정희철, 396면.
170) 양승규, 145면; 서헌제, 92면; 정찬형, 623면; 임용수, 159면, 323면; 사법연수원, 보험법연구, 67면.
171) 한기정, 192면.

면 위 대학생들의 폭력사태는 그 폭력사태의 발생경위와 장소 및 당시에 있어서의 폭력행사의 정도 등에 비추어 보건대 한 지방의 평화 내지 평온을 해할 정도의 소요 기타 유사한 상태에 해당하는 것으로 보기 어렵다.

㈜ 특수한 법정면책사유

손해보험계약에서 보험의 목적의 성질, 하자 또는 자연소모로 인한 손해에 대해서는 보험자의 면책사유가 된다(제678조). 보험의 목적의 성질로 인한 손해의 예로는 운송보험에서 운송의 목적인 과일이나 육류, 해산물과 같이 시간의 경과에 따라 부패되는 것을 들 수 있다. 자연발화의 위험, 액체의 자연발산, 용기의 흡수로 인한 감량 등을 원인으로 한 손해의 발생에 대해서도 보험자는 보상할 책임이 없다. 보험목적의 성질로 인한 손해는 보험목적 고유의 하자와 동일한 의미로 볼 수 있다. 한편 보험목적의 하자로 인한 손해로는 운송에서의 포장의 불비나 결함으로 인하여 야기된 손해를 말하며 이는 보험목적 고유의 하자와 구별된다. 자연소모로 인한 손해는 자동차 타이어의 마모와 통상적으로 보험의 목적을 사용하거나 시간이 경과함에 따라 자연스럽게 생기는 손해를 말한다(예를 들어 기계의 장기사용으로 인한 노후화). 그런데 자연소모로 인해 야기된 사고, 예를 들어 자동차 타이어의 마모는 자연소모로서 담보에서 제외되지만, 그 자연소모로 인해 다른 자동차와 충돌한 경우에 충돌로 인한 손해(후발손해)는 자동차보험에서 보상된다.[172] 손해보험의 목적의 성질 등에 의한 손해를 특별히 면책사유로 한 것은 보험사고의 우연성을 인정하기 어렵기 때문이라는 것이 다수설적 견해이다. 목적물 자체에 위험성이 내포되어 있는 것은 이미 객관적으로 위험의 발생이 확정되어 있는 것이므로 보험사고로 취급할 수 없다는 것이다. 이 면책사유는 그 성질상 손해보험 중 물건보험에만 적용되며 책임보험에는 적용되지 않는다.[173] 육상운송보험에서 보험사고가 송하인 또는 수하인의 고의 또는 중대한 과실로 인하여 발생한 때에도 보험자는 면책된다(제692조). 수하인은 운송계약의 당사자는 아니지만 운송계약상의 권리와 의무를 가지기 때문에 이들의 고의 또는 중과실을 보험계약자 등의 고의·중과실과 같이 취급하는 것이다. 해상보험의 경우에도 다양한 법정면책사유를 정하고 있다.[174]

㈝ 약관상의 면책사유

보험약관에서 일정한 사유를 면책사유로 정할 수 있는데 이를 약정면책사유라 한다. 보험계약은 부합계약적 성질로 인해 약관에 의해 그 계약 내용이 정해지므로 약관상의 면

---

172) 보험연수원(편), 보험심사역 공통 1 교재, 2016, 204-205면.
173) 최준선, 138면, 208면; 정찬형, 679면; 정동윤, 587면; 정희철, 422면; 양승규, 221면; 김은경, 357면; 이기수/최병규/김인현, 210면; 한기정, 518면.
174) 이에 관해서는 후술하는 손해보험 총론 및 개별 손해보험계약을 설명할 때 다루어진다.

책사유에 대하여 보험계약자 측이 제대로 이해하는 것은 실무상 중요하다. 약관상의 면책
사유는 보험자가 담보하는 범위에서 처음부터 제외한 것으로서(담보위험배제사유) 제663조
불이익변경금지의 원칙이 적용되지 않는다고 해석하는 견해가 있다.175) 그러나 담보위험
배제사유와 책임면제사유의 구분이 불확실한 상황에서 약관상의 면책사유의 유효성을 해
석함에 있어서 제663조와의 관계를 고려하지 않을 수 없다. 약정면책사유 내용이 상법 보
험편 규정과 관련되어 있다면 제663조 불이익변경금지원칙의 적용 문제가 발생할 수 있
다. 약관상의 면책사유가 보험법에서 정하고 있는 내용보다 보험계약자 등에게 불이익한
것이라면 그 효력을 인정하기 어려울 것이다. 만약 면책사유 내용이 상법 조문과 관련이
없다면 제663조 적용 문제는 없을 것이다. 다만 이 경우 약관 면책사유 내용의 불공정성
문제로 인해 약관규제법 및 판례에 따른 해석과 그 적용 문제는 발생할 수 있다. 즉 내용
통제의 대상이 될 수 있다. 약관이 보험자에 의해 일방적으로 작성되었고, 소비자는 약관
내용에 대해 아무런 교섭 기회가 없었음을 감안할 때 약관면책조항을 문언 그대로 해석하
기 보다는 합리적으로 제한하여 해석할 필요가 있고 작성자불이익 원칙이나 객관적해석의
원칙에 따라 약관 내용을 해석해야 할 경우가 다수 발생하게 된다.176) 또한 약관설명의무
의 대상이 된다. 한편 지진, 분화, 태풍, 홍수, 해일 등 천재지변으로 인한 사고에 대해 상
법 보험편에서는 이를 보험자의 면책사유로 규정하고 있지는 않으나, 상품의 종류에 따라
약관에서 이를 보험자의 면책사유로 규정하기도 한다.

　손해보험 영역에서는 대부분의 보험상품에서 전쟁, 폭동, 사변, 내란, 소요의 경우 면
책사유로 규정하고 있고, 천재지변의 경우에는 상품별로 면책 여부가 나누어지고 있다. 반
면에 생명보험의 경우 천재지변에 의한 사고는 현재 보험금 전액을 지급하도록 처리하고
있고 전쟁이나 변란 등에 대해서는 재해사망 특약을 통해 보험금이 지급되고 있다. 과거
에는 전쟁 기타 변란의 경우에 보험료 산출기초에 중대한 영향을 미칠 우려가 있다는 이
유로 금융위원회의 인가를 얻어 보험금의 감액지급을 할 수 있도록 하였으나, 현재는 보
험금 전액을 지급하고 있다. 대지진 같은 천재지변이나 9.11 테러 같은 것이 발생한 경우
에 생명보험회사의 재해특약에서는 보상해주지만, 손해보험회사의 상해에서는 보상이 되
지 않는 게 일반적이다.

㈐ 보험자의 계약 해지에 의한 면책

　보험계약자나 피보험자가 보험료지급의무(제650조), 고지의무(제651조), 위험변경증가
통지의무(제652조)를 위반한 경우 또는 보험계약자나 피보험자의 고의·중과실로 인한 위
험의 변경증가(제653조)를 이유로 보험자가 보험계약을 해지하는 경우 보험자는 보험금의

---

175) 양승규, 146면.
176) 한기정, 325면.

지급책임이 없으며 이미 지급한 보험금이 있으면 이에 대한 반환을 청구할 수 있다(제655조). 이는 보험자의 면책사유라기 보다는 해지의 효과로 보아야 할 것이다.177) 생명보험의 경우 보험계약자의 임의해지(제649조), 보험료지급의 지체(제650조), 고지의무위반(제651조), 위험변경증가의 통지의무위반(제652조), 보험계약자 등의 고의·중과실로 인한 위험증가(제653조), 보험자의 파산선고(제654조) 조항에 의해 보험계약이 해지된 때 보험자는 보험수익자를 위해 적립한 금액을 보험계약자에게 지급하여야 한다(제736조).

(사) 면책사유의 개별적용

손해보험에서 복수의 피보험자가 있는 경우 그 중 일부의 피보험자에 대하여 면책사유가 적용되는 경우에 이러한 면책사유는 당해 피보험자에게 개별적으로 적용되는가 아니면 전체 피보험자 모두에게 적용되는가의 문제가 있다.178) 면책조항은 개별적으로 적용되어야 하므로 배상책임을 부담하는 피보험자가 2인 이상인 경우에 그 중 1인에 대해서만 면책사유가 해당된다면 보험자는 다른 피보험자에 대해서는 면책을 주장하지 못한다. 즉 책임보험에서 동일한 사고로 피해자에 대하여 배상책임을 지는 피보험자가 복수로 존재하는 경우, 피보험이익도 피보험자마다 개별로 독립하여 존재하는 것이므로 각각의 피보험자마다 손해배상책임 발생요건이나 보험자 면책조항 적용 여부를 개별적으로 가려서 보상책임의 유무를 결정하는 것이 원칙이다. 이는 약관에 피보험자 개별적용에 관한 조항을 별도로 규정하고 있지 않더라도 특별한 사정이 없는 한 면책사유는 개별적용된다.179) 면책사유 개별적용 문제는 자동차보험에서 대인배상책임보험 뿐만 아니라 대물배상책임보험에서도 마찬가지이며, 자동차보험 이외의 일반 책임보험에서도 개별적용을 인정하고 있다.180) 다만 자동차보험표준약관에서는 자동차보험 대물배상책임에서 면책사유의 개별적용을 인정하면서, 예외적으로 보험계약자와 기명피보험자의 고의사고, 유상운송으로 인한 손해, 시험용·경기용·경기를 위해 연습용으로 사용 중에 야기된 손해에 대해서는 보험자가 모든 피보험자에 대해 면책된다고 규정하고 있다.181)

[대법원 1988. 6. 14. 선고 87다카2276 판결]

〈주요 판시내용〉

자동차종합보험보통약관상의 "배상책임이 있는 피보험자의 피용자로서 근로기준법에 의한 재해

---

177) 양승규, 140면.
178) 정동윤, 536면; 이에 대해 양승규, "복수의 피보험자에 대한 면책약관의 개별적용, 보험법연구 2, 1998, 10-12면에서는 도덕적 위험의 방지를 위해 개별적용조항이 특별히 존재하지 않는 한 면책약관의 개별적용은 부당하다고 한다.
179) 대판 2012. 12. 13, 2012다1177; 대판 1988. 6. 14, 87다카2276; 대판 1997. 7. 11, 95다56859.
180) 대판 1996. 5. 14, 96다4305; 대판 1998. 4. 23, 97다19403(전원합의체); 대판 2012. 12. 13, 2012다1177.
181) 자동차보험표준약관 제9조 제1항.

보상을 받을 수 있는 사람이 대인사고로 죽거나 다친 경우에는 보상을 하지 아니한다"는 약관조항은 배상책임있는 피보험자와 피해자 사이의 인적 관계와 보상관계를 근거로 보험자의 면책을 규정한 것이라 할 것이므로 하나의 사고에 대하여 배상책임이 있는 피보험자가 복수인 경우에는 각 피보험자별로 위 면책조항의 적용요건인 인적관계의 유무를 가려 보험자의 면책여부를 결정할 것이지 위 조항을 보험대상의 제외사유를 규정한 것으로 보아 배상책임있는 복수의 피보험자 중 어느 1인이라도 피해자와의 사이에 동조 소정의 인적 관계가 있기만 하면 보험자가 모든 피보험자에 대한 보상책임을 면하는 것으로 해석할 것이 아니다.182)

[대법원 2010. 12. 9. 선고 2010다70773 판결]

〈주요 판시내용〉

자동차종합보험과 같은 이른바 손해배상책임보험은 피보험자가 보험사고로 인하여 제3자에게 손해배상책임을 지는 경우에 이를 보상하는 것이므로, 보험자의 보상의무는 피보험자의 제3자에 대한 손해배상책임의 발생을 그 전제로 하는 것이고, 한편 자동차보험에서 동일 자동차사고로 인하여 피해자에 대하여 배상책임을 지는 피보험자가 복수로 존재하는 경우에는 그 피보험이익도 피보험자마다 개별로 독립하여 존재하는 것이니만큼 각각의 피보험자마다 손해배상책임의 발생요건이나 면책약관의 적용 여부 등을 개별적으로 가려 그 보상책임의 유무를 결정하여야 한다.

인보험의 경우에도 보험수익자가 복수로 있는 경우에 그 중 1인에 대한 면책사유는 다른 보험수익자에게는 영향을 미치지 않는다.183) 생명보험표준약관 제5조 제2호는 보험수익자가 고의로 피보험자를 해친 경우에 보험자는 보험금 지급책임을 부담하지 않지만, 고의로 피보험자를 해친 보험수익자가 여러 보험수익자 중 1인인 경우에는 그 보험수익자에 해당하는 보험금을 제외한 나머지 보험금을 다른 보험수익자에게 지급한다고 규정함으로써 피보험자를 해친 보험수익자만 보험금을 받을 수 없다. 이때 그 보험수익자가 취득했을 보험금 부분은 다른 보험수익자에게도 배분되지 않는다.184) 이 부분은 2015년 보험법 개정을 통해 반영되었다(제732조의2 제2항 신설).

(아) 보험금청구권의 양도와 면책사유 주장

보험금청구권이 양도되거나 보험금청구권에 질권을 설정하는 경우에 보험자가 가지는 면책사유를 양수인이나 질권자에게 대항할 수 있는가의 문제가 있다. 민법 제349조 제1항은 지명채권을 목적으로 한 질권의 설정은 설정자가 민법 제450조의 규정(지명채권양도의

---

182) 이 판례에 대해 해당 면책조항을 담보위험배제사유로 보면서 해당 판결을 비판하는 견해가 있다. 양승규, "복수의 피보험자에 대한 면책약관의 개별적용", 보험법연구 제2권, 1998, 12면.

183) 김성태, 290면.

184) 생명보험표준약관 제5조 제2호 단서(다만, 그 보험수익자가 보험금의 일부 보험수익자인 경우에는 다른 보험수익자에 대한 보험금을 지급합니다). 대판 2001. 12. 28, 2000다31502; 임용수, 166면.

대항요건)에 의하여 제3채무자에게 질권설정의 사실을 통지하거나 제3채무자가 이를 승낙함이 아니면 이로써 제3채무자 기타 제3자에게 대항하지 못한다고 규정하고 있다. 또한 민법 제451조가 준용된다고 정하고 있다. 민법 제451조 제1항은 채무자가 이의를 보류하지 아니하고 승낙을 한 때에는 양도인에게 대항할 수 있는 사유로서 양수인에게 대항하지 못한다고 정하고 있다. 이들 민법 조문을 종합하면 채권양도나 채권에 대한 질권설정에 있어서 채무자가 이의를 보류하지 않은 승낙을 한 경우, 채무자는 질권설정자에게 대항할 수 있는 사유로서 질권자에게 대항할 수 없다. 여기에서 대항할 수 없는 사유는 협의의 항변권에 한하지 아니하고, 넓게 채권의 성립, 존속, 행사를 저지하거나 배척하는 사유를 포함한다. 이것이 민법의 원칙이다.

　　그런데 보험금청구권은 보험사고에 의하여 피보험자에게 손해가 발생한 경우에 비로소 권리로서 구체화되는 정지조건부 권리이고, 그 조건부 권리도 보험사고가 면책사유에 해당하는 경우에는 그에 의하여 조건 불성취로 확정되어 소멸하는 것이라 할 것이다. 일반 채권과는 달리 보험금청구권의 경우에 보험금청구권의 양도 또는 질권설정에 대한 채무자의 승낙과는 별도로 면책사유가 있으면 보험금을 지급하지 않겠다는 취지가 당연히 전제되어 있다고 보아야 하며, 그 양수인 또는 질권자도 그러한 사실을 알고 있었다고 해석해야 할 것이다. 더구나 보험사고가 발생하기 전에 보험금청구권의 양도 또는 질권설정을 승낙함에 있어서 보험자가 보험계약자 측에게 가지는 면책사유의 행사가능성이 매우 높아서 어렵지 않게 면책사유 사실을 인식하고 있다는 등의 사정이 없는 한, 승낙시점에 아직 존재하지도 아니하는 면책사유 항변을 보류하고 이의하여야 한다고 해석할 수는 없다. 이러한 취지에서 보험사고 발생 전에 보험자가 비록 보험금청구권 양도 승낙시나 질권설정 승낙시에 면책사유에 대한 이의를 보류하지 않았다 하더라도 보험자는 보험계약상의 면책사유를 양수인 또는 질권자에게 주장할 수 있다고 해석해야 한다. 판례의 입장이다.185) 보험자가 보험계약자측에 대한 면책사유의 존재를 이미 인식하고 있다고 볼 수 있는 예를 들어보면, 만약 계속보험료가 미납된 상태임을 인식하면서 보험자가 보험금청구권의 양도나 질권설정에 대해 승낙을 할 때에 계속보험료의 미납입으로 인해 보험계약이 곧 해지될 수도 있음을 보험자는 이미 알고 있었다고 해석하면서, 보험료 미납을 이유로 한 해지 항변(면책사유)에 대하여 보험자가 이의를 보류하지 아니하고 양도 또는 질권설정을 승낙했다면 보험자는 양수인 또는 질권자에 대하여 보험료미납을 이유로 하는 보험계약의 해지를 가지고 대항할 수 없다고 해석된다.

---

185) 대판 2002. 3. 29, 2000다13887; 대판 2001. 6. 15, 99다72453.

[대법원 2001. 6. 15. 선고 99다72453 판결]

〈주요 판시내용〉

보험사고 발생 전의 보험금청구권 양도를 승인함에 있어서 보험자가 위 항변사유가 상당한 정도로 발생할 가능성이 있음을 인식하였다는 등의 사정이 없는 한 존재하지도 아니하는 면책사유 항변을 유보하고 이의하여야 한다고 할 수는 없으므로, 보험자는 비록 위 보험금청구권 양도 승인시에 면책사유에 대한 이의를 유보하지 않았다 하더라도 보험계약상의 면책사유를 주장할 수 있다.

[대법원 2002. 3. 29. 선고 2000다13887 판결]

〈사실관계〉

채무자의 보험금청구권에 대해 질권을 설정하고 피고회사로부터 그 승낙을 받은 원고가 보험금을 청구하자 피고회사는 보험료가 미납되어 보험금을 지급할 수 없다고 했다. 이에 원고는 피고회사가 원고의 질권 설정 당시에 보험료 미납과 관련한 이의를 보류하지 않은 채 승낙의 의사표시를 하였으므로 보험료 미납의 항변을 할 수 없다고 주장하였다.

〈주요 판시내용〉

다른 면책사유의 경우에는 보험자가 채권양도 또는 질권설정 승낙시에 면책사유 발생 가능성을 인식할 수 있었다고 단언할 수 없는 것이지만, 보험료 미납이라는 사유는 승낙시에 이미 발생할 수 있는 가능성이 있다는 점을 보험자가 누구보다도 잘 알고 있었다고 보아야 할 것이어서, 보험료 미납이라는 면책사유는 당연히 승낙시에 보험자가 이의를 보류할 수 있는 것이라 할 것이고, 그러함에도 보험자가 이의를 보류하지 아니한 경우에까지 면책사유의 일종이라는 이유만으로 양수인 또는 질권자에게 대항할 수 있다고 하는 것은 양수인 또는 질권자의 신뢰보호라는 원칙을 무시하는 결과가 된다 할 것이므로, 보험료 미납을 이유로 한 해지 항변은 보험자가 이의를 보류하지 아니하고 양도 또는 질권설정을 승낙한 경우에는 양수인 또는 질권자에 대하여 대항할 수 없다.

다만 양수인이나 질권자에게 악의 또는 중과실이 인정되는 경우에는 승낙 당시까지 양도인 또는 질권설정자에게 생긴 사유를 갖고 양수인 또는 질권자에게 대항할 수 있다고 해석된다.186)

[대법원 2002. 3. 29. 선고 2000다13887 판결]

〈주요 판시내용〉

보험계약상 보험료가 현실로 납입된 이상은 중도해지의 경우든 만기 도달의 경우든 어떠한 경우에도 보험료환급금이 발생하게 되어 있는 경우에 있어서는, 보험료 미납이 있으면 당연히 보험

---

186) 한기정, 330면.

료환급청구권이 발생할 여지가 없다고 보아야 할 것이지, 보험금청구권의 경우와 같이 보험료환급책임이 면제되는 것이 아니라 할 것이므로, 그 양도 또는 질권설정 승낙시 이의를 보류하지 않았다면 보험료가 현실적으로 납입된 것으로 추정하는 것이 일반적이지, 보험료 미납시에는 보험료환급금을 지급하지 않겠다는 취지를 당연히 전제로 하고 있다고 볼 수도 없다 할 것이어서, 그러한 이의를 보류하지 아니하고 질권설정을 승낙한 이상 당연히 질권자에 대하여 대항할 수 없다고 보아야 할 것이며, 또 그러한 경우에 그 환급청구권에 대하여 질권을 취득하는 질권자로서는 보험료 미납 사실을 알지 못하는 한 당연히 환급청구권에 대하여 어떠한 항변권도 없다고 믿을 수밖에는 없다 할 것이므로, 보험료 미납으로 인하여 보험료환급금 지급이 거절될 수도 있다는 예상을 하지 못한 것에 중과실이 있다고 볼 수도 없다.

(자) 면책사유와 관련된 기타사항

① 대표자책임이론　　보험계약자, 피보험자 또는 보험수익자가 아닌 제3자의 고의 또는 중과실로 인해 보험사고가 야기된 경우 보험자가 면책되지 않고 보상책임을 지게 된다. 그런데 친족이나 피용인 등 보험계약자 등과 법률상 또는 경제상 특별한 관계에 있는 자의 고의 또는 중과실을 보험계약자 등의 고의 또는 중과실과 동일한 것으로 보고 보험자를 면책시키려는 이론이 있는데 이를 대표자책임이론이라 하여 독일에서 인정되고 있다. 예를 들어 보험계약자 등이 법인인 경우에 법인의 업무집행사원이나 임원 등의 고의 또는 중과실이나 보험계약자 등의 배우자 등의 고의 또는 중과실로 인해 보험사고가 발생한 경우 대표자책임이론의 적용을 통해 보험자의 면·부책 여부가 문제될 수 있다.

상법 보험편에는 이에 대한 규정이 없다. 이 이론을 우리나라에서도 인정하자는 일부 견해[187]가 있으나 우리나라는 일반적으로는 이 이론을 받아들이지 않고 있다.[188] 판례도 대표자책임이론에 대해 부정한다. 과거 화재보험표준약관에서는 피보험자와 세대를 같이하는 친족이나 고용인이 고의로 일으킨 손해를 면책사유로 규정한 적이 있었다. 그런데 2010년 3월 29일에 개정된 화재보험표준약관에서는 이를 삭제함으로써 대표자책임이론에 따른 면책조항을 삭제하였다. 다만 보험계약자나 피보험자가 이러한 제3자와 적극적으로 공모를 하거나 교사 또는 방조 등을 함으로써 보험사고 발생에 그 귀책사유를 인정할 수 있는 경우에는 보험자의 면책이 인정될 수 있다.

---

187) 최기원, 225-226면. 대표자책임이론을 일반적으로 받아들일 수는 없고, 다만 이에 대해 당사자간의 약정이 있다면 인정할 수 있다는 견해(손주찬, 546면)와 그 관계가 법정대리인이나 상법상의 지배인과 같은 특수한 경우에 예외적으로 인정할 수 있다는 견해도 있다(양승규, 144면).
188) 정찬형, 622면; 이기수/최병규/김인현, 140면; 김성태, 279면; 최준선, 137면; 임용수, 159면; 한기정, 318면.

[대법원 1984. 1. 17. 선고 83다카1940 판결]

〈사실관계〉

원고는 음식점을 경영하면서 피고회사와 화재보험계약을 체결하였는데 원고의 고용인이 원고로 하여금 보험금을 타게 할 목적으로 고의로 보험사고를 일으켰다. 이에 원고가 보험금을 청구하자 피고회사는 보험계약의 보통약관 제4조 제2항에 '피보험자에게 보험금을 받도록 하기 위하여 피 보험자와 세대를 같이하는 친족 또는 고용인이 고의로 일으킨 손해에 대하여는 보험자가 보상하 지 아니한다.'고 규정되어 있으므로 피고회사는 면책된다고 항변하였다.

〈주요 판시내용〉

이 사건 보통약관 제4조 제2항에서 피보험자에게 보험금을 받도록 하기 위하여 피보험자와 세 대를 같이 하는 친족 또는 고용인이 고의로 일으킨 손해에 대하여는 보상하지 아니한다고 규정한 취지가 위의 제3자가 일으킨 보험사고에 피보험자의 고의 또는 중대한 과실이 개재되지 아니한 경우에도 보험자의 보상책임을 면제하고자 한 것이라면 이는 위 상법 제663조의 강행규정에 저 촉되어 무효라고 볼 수밖에 없음은 소론과 같다. 그러나 위 보통약관 제4조 제2항의 면책조항은 위와 같은 취지라기보다도 피보험자와 밀접한 생활관계를 가진 친족이나 고용인이 피보험자를 위 하여 보험사고를 일으킨 때에는 피보험자가 이를 교사 또는 공모하거나 감독상 과실이 큰 경우가 허다하므로 일단 그 보험사고발생에 피보험자의 고의 또는 중대한 과실이 개재된 것으로 추정하 여 보험자를 면책하고자 한 취지에 불과하다고 해석함이 타당하다. 그렇다면 위와 같이 추정규정 으로 보는 이상 피보험자가 보험사고발생에 자신의 고의 또는 중대한 과실이 개재되지 아니하였 음을 입증하여 위 추정을 번복한 때에는 위 면책조항의 적용은 당연히 배제될 것이므로 위 면책 조항은 상법 제663조의 강행규정에 저촉된다고 볼 수 없다.

위 판례는 대표자책임이론이 적용될 수 있는 하나의 사례인 '피보험자와 밀접한 생활 관계를 가진 친족이나 고용인이 피보험자를 위하여 보험사고를 일으킨 때'에는 피보험자 가 이를 교사 또는 공모하거나 감독상 과실이 큰 경우가 허다하므로 일단 그 보험사고 발 생에 피보험자의 고의 또는 중대한 과실이 개재된 것으로 추정한다고 하여 입증책임을 피 보험자에게 전환하고 있다. 따라서 피보험자 자신이 보험사고에 전혀 개재되지 않았음을 입증해야만 보험금청구가 가능한 것으로 해석하고 있다. 이러한 입증책임의 전환이 불이 익변경금지의 원칙에 대한 제663조 위반이 아닌가하는 의문이 제기될 수 있다. 판례는 추 정적 부여가 제663조에 저촉되지 않는다는 입장이다. 생각건대 고용인의 범위를 한정(예를 들어 '보험목적물을 사실상 관리하는 고용인' 등)하지 않은 채 일반적인 고용인의 행위에 대 해서까지 피보험자로 하여금 추정을 깨뜨리도록 하는 것은 피보험자에게 불리한 방향으로 의 입증책임을 전환한 것이라고 해석될 수 있다.189) 위 판례에 대하여 피보험자의 고의

---

189) 손지열, "자동차보험약관 해석상의 제문제", 재판자료 20집, 317면; 장덕조, 171면.

또는 중과실이 게재된 것으로 추정하는 것은 바람직하지 않으며 대표자책임이론은 수용할 이유가 없다는 견해가 있다.190)

　　② 사기에 의한 보험금청구　　사기에 의한 보험금청구는 개인의 도덕적 해이의 문제를 넘어 이미 사회적으로 심각한 수준에 이르고 있다. 형사법적 측면에서 볼 때 과거에는 형법상의 사기죄를 해석, 적용해왔으나, 지금은 보험사기방지특별법 및 특정경제범죄 가중처벌 등에 관한 법률이 적용되기도 한다. 현행 상법 보험편에는 사기에 의한 보험금청구를 면책으로 할지, 취소사유로 할지 아니면 해지사유로 할지에 대해 아무런 법규정이 없다. 사기에 의한 보험금청구의 행위 유형에는 손해 통지 또는 보험금 청구에 관한 서면이나 증거를 위조하거나 변조하는 행위, 보험금의 지급 여부 또는 그 산정에 중대한 영향을 미치는 사항을 거짓으로 알리거나 숨기는 행위 등이 있다. 과거 국회에 제출된 상법 보험편 개정안에 이러한 사기에 의한 보험금청구에 대해 보험자가 그 사실을 안 날부터 1개월 이내에 보험자의 면책(보험금청구권의 상실)을 부여하는 규정이(제657조의2) 포함되었지만, 국회를 통과하지 못했다.

　　과거 화재보험표준약관에서 사기에 의한 보험금청구가 있는 경우에 보험자의 면책을 규정한 적이 있다.191) 해당 약관에 대해 법원은 보험계약자 또는 피보험자가 손해의 통지 또는 보험금 청구에 관한 서류에 고의로 사실과 다른 것을 기재하였거나 그 서류 또는 증거를 위조 또는 변조한 경우 보험금청구권을 상실하는 것으로 약관에서 규정했다면 그러한 약관은 불이익변경금지의 원칙을 위반한 것이 아니며 유효하다고 해석했다. 상법 보험편에서 사기에 의한 보험금청구에 관한 규정이 없는데 이를 약관에서 규정했다고 해서 제663조 불이익변경금지의 원칙에 어긋난 것이라고 할 수 없다는 것이다. 보험사고의 원인이나 손해의 정도 등에 관한 정보나 자료들이 보험계약자나 피보험자 측의 관리지배하에 있는 경우가 대부분인 상황에서 피보험자가 해당 서류나 정보를 조작하고 위조하여 보험금을 청구하는 것은 신의성실의 원칙에 반하며 그 제재로서 보험금청구권에 관한 실권을 인정한 것이다. 사기청구에 대한 약관의 면책조항은 불공정하지 않았다고 해석한 것이다.192) 이러한 판례의 태도는 정당하다.193) 다만 엄격하게 문리해석을 적용하게 되면 보험계약자에게 불리하게 적용되므로 보험금청구권의 실권을 인정할 정도의 부당행위가

---

190) 한기정, 318면에서는 추정력을 부여하는 것도 인정할 수 없으며, 대표자책임이론에 대한 약정이 있어도 그 약정은 효력이 없는 것으로 해석해야 한다는 입장이다.

191) 2010년 이전까지의 화재보험표준약관 제22조 제1호. 반면 당시 생명보험표준약관에서는 이에 대한 규정이 없었다.

192) 대판 2006. 11. 23, 2004다20227, 20234; 대판 2007. 2. 22, 2006다72093; 대판 2007. 12. 27, 2006다29105; 대판 2009. 12. 10, 2009다56603.

193) 최준선, 141면; 임용수, 162면; 맹수석, "보험계약법상 보험사기에 대한 입법의 필요성 여부", 보험법연구 제11권 제1호, 2017, 192면.

있고 보험의 효용과 기능 등을 종합적으로 고려하여 면책조항의 적용을 합리적으로 제
한할 필요가 있다는 입장이다.194) 같은 취지에서 피보험자가 보험금을 청구하면서 구체적
인 내용에 있어서 일부 사실과 다른 서류를 제출하거나 보험목적물의 가치를 다소 높게 신
고한 경우에는 보험금청구권 상실을 전적으로 인정하기 어렵다고 해석해야 할 것이다.195)
이러한 구 약관에 대한 당시 판례는 사기적 보험금 청구에 관한 약관의 면책조항이 적
용되기 위해서는 보험계약자나 피보험자에게 기망의 의도(고의)가 있을 것을 특별히 요
구하였다.

　현행 화재보험표준약관 제31조 제1항에서는 이러한 경우에 보험자는 그 사실을 안 날
로부터 1개월 이내에 계약을 해지할 수 있도록 하고 있다. 과거 약관에서 규정했었던 보
험자의 면책(보험금청구권 상실)을 삭제하고 해지만 인정하고 있다.196) 계약의 효력을 장
래를 향하여 해지할 것인지 아니면 계약의 효력은 그대로 두고 해당 사고에 대한 피보험
자의 보험금청구권을 상실하도록 할 것인지는 정책적으로 결정되는 문제이고 입법례도 각
각 다르다. 사기에 의한 보험금청구의 효력을 제한하게 하는 법적 근거로는 민법 제2조에
서 찾을 수도 있다.197) 이러한 약관 내용은 일반인이 상식적으로 알고 있는 사항이라고
해석될 수 있기 때문에 약관설명의무의 대상이 아니라고 해석된다.198)

　사기에 의한 보험금 청구시 정당한 보험금 청구 부분까지도 상실되는 것으로 해석하
는 것은 합리적이지 않다. 사기에 의한 보험금청구가 다른 보험금 지급 여부 또는 그 산
정에 현저한 영향을 미치지 않은 것이 분명한 경우에는 정당한 보험금에 대해서는 보험자
의 책임을 인정하는 것으로 해석함이 타당할 것이다.199) 예를 들어 독립한 여러 물건을
보험목적물로 하여 체결된 화재보험계약에서 피보험자가 그 중 일부의 보험목적물에 관하
여 실제 손해보다 과다하게 허위의 청구를 한 경우에 피보험자가 상실하게 되는 보험금청
구권은 피보험자가 허위의 청구를 행한 당해 보험목적물의 손해에 대한 보험금청구권에
한한다고 해석함이 상당하다.200) 이러한 취지에서 보면 보험금청구권자가 다수인 경우에
그 중 1인이 허위의 청구를 했더라도 다른 피보험자가 가지는 보험금청구권은 상실되지

---

194) 대판 2009. 12. 10, 2009다56603; 대판 2007. 12. 27, 206다29105; 한기정, 336면.
195) 대판 2007. 12. 27, 2006다29105.
196) 이에 대해 이미 일어난 보험사고와 관련하여 사기적인 보험금청구에 대해 보험금청구권을 상실하는 것
　　으로 규정하는 것은 보험소비자에게 지나치게 불리할 수 있다는 견해가 있다. 장덕조, "사기적 보험금청
　　구—상법 보험편 개정안 비판", 인권과 정의 제386호, 2008, 65-68면; 한창희, "사기적 보험금청구", 법조
　　제623호, 2008, 74-75면.
197) 박세민, "보험사기에 대한 현행 대응방안 분석과 그 개선책에 대한 연구", 저스티스 제111호, 2009, 162면.
198) 대판 2003. 5. 30, 2003다15556.
199) 이와 달리 사기적 청구가 있으면 실제로 발생한 손해부분에 대해서도 보험금청구권 전부를 박탈해야
　　한다는 견해가 있다. 장경환, "보험사기청구에 대한 보험계약법상의 입법론 검토", 손해보험 제552호,
　　2014, 31면; 한기정, "사기에 의한 보험금청구에 관한 연구", BFL, 제56호, 2012, 38면.
200) 대판 2007. 2. 22, 2006다72093; 대판 2009. 12. 10, 2009다56603; 대판 2007. 6. 14, 2007다12090.

않는 것으로 해석함이 타당하다.[201] 이는 생명보험에서 보험수익자가 둘 이상 있는 경우에 일부가 고의로 피보험자를 사망하게 했더라도 보험자는 다른 보험수익자에 대한 보험금 지급 책임을 면하지 못하도록 하는 조항(제732조의2 제2항)을 신설한 것과 같은 취지이다. 보험자가 사기청구를 조사하기 위해 소요된 비용이 있다면 이는 피보험자 측을 상대로 청구가 가능하다고 보고 실무상으로는 지급하는 보험금에서 이를 공제하도록 함이 타당할 것이다.[202] 과다하게 청구한 부분이 경미한 경우처럼 보험계약을 해지하거나 보험금 청구권을 상실하게 하는 것이 부당하다고 여겨지는 경우에는 과다청구 부분을 제외하고 보험자의 보험금 지급책임을 인정해야 할 것이다.[203]

(7) 보험자의 채무부존재 확인소송과 확인의 이익

보험사고 발생 후 보험금청구권자가 보험자를 상대로 보험금을 청구하는 경우에 보험자가 예를 들어 고지의무 위반 등을 이유로 보험계약을 해지하고 보험금 지급채무 부존재 확인소송을 제기하는 경우가 있다. 이때 일반적인 확인의 이익 요건 외에 소를 제기해야 할 특별한 사정 등의 추가적인 요건이 필요한 것인지 문제가 될 수 있다. 대법원은 보험계약의 당사자 사이에 계약상 채무의 존부나 범위에 관해 다툼이 있는 경우에 보험회사는 먼저 보험수익자를 상대로 소극적 확인의 소를 제기할 확인의 이익이 있으며, 이러한 확인의 소가 보험계약자 측에게 반드시 불이익한 것만이 아니며, 보험자의 남용가능성에 대해서는 별도의 제재가 가능하기 때문에 일반적인 확인의 이익 요건 외에 보험사기 의심 등 추가적인 요건이 요구되는 것은 아니라고 판단하였다. 확인의 소에서는 권리보호 요건으로서 확인의 이익이 있어야 하고 확인의 이익은 보험회사의 권리 또는 법률상의 지위에 현존하는 불안·위험이 있고 그 불안·위험을 제거하는 데 보험수익자를 상대로 확인판결을 받는 것이 가장 유효적절한 수단일 때에만 인정된다고 할 것이다. 그러므로 보험계약의 당사자 사이에 계약상 채무의 존부나 범위에 관하여 다툼이 있는 경우 그로 인한 법적 불안을 제거하기 위하여 보험회사는 먼저 보험수익자를 상대로 소극적 확인의 소를 제기할 확인의 이익이 있다고 할 것이다.[204]

---

201) 한기정, 336면.

202) 同旨: 맹수석, 전게논문, 193면.

203) 사기적 청구에 관한 입법적 방향에 대해서는 본서 제2장 보험계약법의 특성 1. 선의성과 윤리성(5) 보험사기방지특별법과 향후과제 부분에서 다루었다.

204) 대판 2021. 6. 17, 2018다257958 전원합의체 판결; 황현아, "2021년 보험 관련 중요 판례 분석(1)", KiRi 보험법리뷰 포커스, 2021. 12. 20, 보험연구원, 5-6면.

3. 보험료반환의무[205]

(1) 반환사유

보험계약이 무효 또는 취소되면 처음부터 보험계약의 효력이 발생하지 않게 되므로 보험계약자는 보험료를 지급해야 할 의무가 없게 된다. 따라서 무효 또는 취소시까지 보험자가 수령한 보험료가 있다면 보험자는 부당이득법리에 따라 수령한 보험료를 보험계약자에게 반환함이 원칙이다. 다만 보험료 반환에 대해 보험법은 특칙을 갖고 있다.

㈎ 보험계약의 무효

일반적으로 보험계약의 무효원인으로는 보험계약이 선량한 풍속 기타 사회질서에 위반하는 경우(민법 제103조), 보험사고가 보험계약 체결 당시 이미 발생하였거나 발생할 수 없는 경우(제644조), 타인의 사망보험에서 피보험자인 타인의 서면 동의를 얻지 못한 경우(제731조), 15세 미만자, 심신상실자, 심신박약자의 사망을 보험사고로 한 경우(제732조), 사기에 의한 초과보험 및 중복보험(제669조, 제672조 제3항) 등이다.[206]

보험계약의 전부 또는 일부가 무효인 경우에 보험계약자와 피보험자(손해보험의 경우) 또는 보험계약자와 보험수익자(생명보험의 경우)가 무효원인에 대해 선의이며 중대한 과실이 없는 때에는 보험자에 대하여 이미 지급한 보험료의 전부 또는 일부의 반환을 청구할 수 있다(제648조). 예를 들어 보험사고가 아닌 다른 사유로 인해 보험의 목적이 존재하지 않게 되는 경우이다. 물론 보험계약자 등의 악의 또는 중과실에 의해 보험계약이 무효로 된 때에는 보험자는 보험료반환의무를 부담하지 않는다. 보험계약자 등의 중과실에 대해서도 보험계약자가 보험료 반환청구를 하지 못하는 것은 민법조항만으로는 설명하기 어려우므로 이는 보험계약자 등의 선의성 위반에 대한 제재 규정으로 보아야 한다는 견해가 있다. 사기로 인한 초과보험 또는 중복보험 체결은 무효이고 보험자는 그 사실을 안 때까지의 보험료를 청구할 수 있는데(제669조 제4항 단서, 제672조 제3항), 이것은 보험료 반환에 대한 제648조 보다 보험계약자에 대해 더 엄격한 불이익을 주는 것이다.[207] 무효 원인에 대해 보험자도 악의 또는 중과실이 있는 경우에 이에 관한 규정은 없으나, 이러한 보험자를 보호할 필요가 없다고 여겨진다.[208] 보험자의 보험료 반환의무에 관한 규정은 강행규정적 성격을 가지므로 이를 면제하도록 하는 특약은 무효로 보아야 할 것이

205) 보험자가 보험료를 반환해야 하는 경우 보험자가 그동안 받은 모든 보험료를 반환하는 것이 아니라 일정액을 공제한 후 나머지 금액을 반환하는 것이다.

206) 양승규, 148면에서 보험계약 당시에 보험사고가 객관적으로 확정되어 있어도 보험계약자, 보험자, 피보험자가 선의의 경우에는 보험계약은 유효이며(제644조), 초과보험이나 중복보험의 경우에도 그 초과된 부분을 당연무효로 하고 있지 않으므로(제669조, 제672조) 보험계약자 등이 선의이며 중과실이 없는 때에 그 보험계약이 무효로 되는 일은 거의 일어나지 않는다고 설명한다.

207) 한기정, 417면.

208) 한기정, 352면.

다.209)

(나) 보험계약의 취소

보험자가 보험약관 교부·설명의무를 위반하여 제638조의3에 근거하여 보험계약자가 보험계약을 취소한 경우에 명문의 규정은 없으나, 취소의 원인을 제공한 보험자는 보험료 반환의무를 부담한다고 보아야 할 것이다.210)

(다) 보험계약의 해지

보험사고가 발생하기 전에는 보험계약자는 언제든지 계약의 전부 또는 일부를 해지할 수 있고 타인을 위한 보험계약의 경우에는 보험계약자는 타인의 동의를 얻거나 보험증권을 소지한 경우에 한하여 사고 발생 전에 임의로 계약을 해지할 수 있다. 이러한 경우 보험계약자는 미경과보험료 부분에 대한 반환을 청구할 수 있다(제649조 제1항 및 제3항). 미경과보험료란 보험자가 받은 수입보험료 중 아직 보험자의 책임이 남아 있는 기간에 대한 부분을 말한다. 즉 해지 시점이 포함된 보험료기간까지를 제외한 그 이후의 나머지 보험료기간에 해당하는 보험료를 말한다. 제649조 제3항에 따르면 임의해지의 경우에만 미경과보험료의 반환이 가능한 것으로 보이기도 한다. 그러나 다른 원인을 이유로 해지하는 경우에도 미경과보험료의 반환은 똑같이 적용된다. 즉 보험자 파산선고를 이유로 한 보험계약자의 해지(제654조), 고지의무 위반으로 인한 계약해지(제651조), 위험변경증가에 따른 계약해지(제652조, 제653조)의 경우에도 임의해지의 경우와 마찬가지로 미경과보험료의 반환청구가 가능하다고 해석된다. 이를 규정하는 약관조항은 유효하다는 것이 판례의 입장이다.211) 다만 보험료지급지체를 이유로 해지되는 경우에는 성격상 미경과보험료가 존재하지 않는다.212)

[대법원 2008. 1. 31. 선고 2005다57806 판결]

〈주요 판시내용〉

상법 제652조 제2항에 따라 보험자가 피보험자 등으로부터 사고발생의 위험이 변경 또는 증가하였다는 통지를 받고 이를 이유로 보험계약을 해지하는 경우, 보험약관에서 미경과기간에 대한 보험료를 반환하도록 정하고 있다면 그 보험약관은 유효하다.

보험료불가분의 원칙을 고수하게 되면 해지 당시에 해당하는 보험료기간에 대한 보험료 반환은 불가능하지만, 실무에서는 보험계약자를 위해 일할계산(日割計算) 방식을 통하

---

209) 최준선, 142면; 정동윤, 537면.
210) 양승규, 148면; 정찬형, 629면; 최준선, 145면; 정동윤, 537면.
211) 대판 2008. 1. 31, 2005다57806.
212) 한기정, 353면.

여 해지 당시의 보험료기간을 포함하여 남은 기간에 대하여 보험료를 반환하고 있다.[213)] 인보험의 경우 보험계약이 해지되면 보험자는 보험료적립금을 보험계약자에게 반환해야 한다(제736조 제1항).

보험계약 중에는 보험기간 중에 보험사고가 발생하여 보험금을 지급하더라도 보험계약이 그대로 종료되지 않고 원래 약정된 보험금액에서 지급한 보험금액을 감액한 잔액을 나머지 보험기간에 대한 보험금액으로 하여 보험계약이 존속되도록 하기도 한다. 보험계약 존속 중에 중도에 보험계약이 해지될 때에 미경과보험료 반환의 문제가 발생하는데 미경과보험료 산정기준이 본래 약정된 보험금액인지 아니면 보험금 지급 후 감액된 보험금액인지의 문제에 대해, 대법원은 이미 보험금을 지급한 부분에 대해서는 미경과기간의 보험료를 반환할 의무가 없다고 판단하고 있다. 즉 후자의 입장에 서 있다.

[대법원 2008. 1. 31. 선고 2005다57806 판결]

〈주요 판시내용〉

(위험변경증가를 이유로 해지된 경우에도 미경과보험료를 반환하기로 하는 약관 조항이 유효하다고 판단하면서) 이는 보험기간 중에 보험사고가 발생하여도 보험계약이 종료하지 않고 원래 약정된 보험금액에서 위 보험사고에 관하여 지급한 보험금액을 감액한 잔액을 나머지 보험기간에 대한 보험금액으로 하여 보험계약이 존속하는 경우에도 마찬가지이다. 원래 약정된 보험금액에서 이미 발생한 보험사고에 관하여 지급한 보험금액을 감액한 잔액을 나머지 보험기간에 대한 보험금액으로 하여 보험계약이 존속하는 형태의 보험에서, 보험계약의 해지 전에 보험사고가 발생함으로써 보험금이 일부 지급된 경우에는 이미 발생한 보험사고로 인하여 보험자가 담보하는 위험의 크기가 감소하였으므로, 그 후 보험계약이 해지됨으로써 미경과기간에 대한 보험료를 반환하여야 한다고 하더라도 보험자는 이미 보험금을 지급한 부분에 대하여는 미경과기간의 보험료를 반환할 의무가 없고, 실제로 보험자가 위험의 인수를 면하게 된 부분에 상응하는 보험료를 기준으로 하여 미경과기간의 보험료를 산정·반환할 의무가 있다.

(2) 소멸시효

2015년 개정 보험법은 보험계약자 측이 가지는 보험료 반환 및 적립금 반환청구권의 소멸시효를 3년으로 그 기간을 연장하였다.[214)]

---

213) 정찬형, 629면 각주 3; 양승규, 149면; 정희철, 397면. 보험업법 제120조와 동법 시행령 제63조에 의하면 보험자는 결산기마다 장래에 지급할 보험금, 환급금 및 계약자배당금의 지급에 충당하기 위해 책임준비금을 적립하여야 한다. 정동윤, 538면. 책임준비금을 구성하는 요소는 보험료적립금, 미경과보험료, 지급준비금, 계약자배당준비금, 이익배당준비금, 배당손실보전준비금이다. 보험업법은 제120조의2를 신설하여 책임준비금의 적정성 검증을 받도록 하고 있다.

214) 반면 고지의무 위반, 위험변경통지의무 위반, 약관설명의무 위반, 보험자 파산, 선박미확정의 적하예정보험에서의 통지의무 위반시 등에 인정되는 해지권에 대해서는 소정의 제척기간이 인정된다.

[대법원 2011. 3. 24. 선고 2010다92612 판결]

〈주요 판시내용〉

보험계약이 무효인 경우 보험계약자가 그 보험계약에 기하여 보험자에게 납입한 보험료 전체의 반환청구권의 소멸시효는 보험료를 마지막으로 납입한 때부터 진행한다고 판단한 것은 소멸시효의 기산점에 관한 법리를 오해한 것이다. 무효인 보험계약에 따라 납부한 보험료에 대한 반환청구권은 특별한 사정이 없는 한 그 보험료를 납부한 때에 발생하여 행사할 수 있다고 할 것이므로, 위 보험료반환청구권의 소멸시효는 특별한 사정이 없는 한 각 보험료를 납부한 때부터 진행한다고 볼 것이다.

보험계약기간의 만기나 실효 등으로 인해 보험금청구권 또는 보험료반환청구권이 발생했으나 소멸시효 3년이 경과하도록 계약자 등이 찾아가지 않는 돈을 휴면보험금이라 한다. 휴면보험금은 권리를 행사하지 않아 소멸시효가 완성되었으므로 법률상으로는 보험자의 지급책임이 발생하지 않는다. 그러나 실무에서는 보험계약자 보호 측면에서 보험자는 이 휴면보험금에 대해 소멸시효 이익을 포기하고 지급하고 있다.215)

(3) 보험금반환청구권의 소멸시효

보험사고가 발생하여 보험자가 보험금을 지급했으나, 그 후 무효사유에 의해 보험계약이 무효가 되거나 보험사고가 고의에 의해 발생했음이 입증된 경우에 보험자는 지급한 보험금에 대한 반환청구권을 행사하게 된다. 이때 보험금 반환청구권의 소멸시효가 상사소멸시효인 5년이 적용되는 것인지 아니면 10년의 민사소멸시효가 적용되는 것인지에 관해 최근의 판례의 경향은 5년의 상사소멸시효가 적용되는 것으로 해석하고 있다. 부당이득반환청구권이 상행위인 계약에 기초하여 이루어진 급부 자체의 반환을 구하는 것으로서 채권의 발생 경위나 원인, 당사자의 지위와 관계 등에 비추어 법률관계를 상거래 관계와 같은 정도로 신속하게 해결할 필요성이 있는 경우 등에는 상법 제64조가 유추적용되어 같은 조항이 정한 5년의 상사 소멸시효기간에 걸리며, 이러한 법리는 실제로 발생하지 않은 보험사고의 발생을 가장하여 청구하여 수령한 보험금 상당액에 대한 부당이득반환청구권의 경우에도 마찬가지로 적용할 수 있다고 판시하고 있다.216) 보험회사가 보험금청구권의 질권자에게 화재보험금을 지급하였으나 그 화재가 피보험자의 고의로 인한 것이라는 이유로 이미 지급한 보험금에 대해 부당이득반환청구권을 행사하는 경우에도 5년의 상사소멸시효가 적용된다고 해석하고 있다.217)

---

215) 보험연수원(편), 보험심사역 공통 1 교재, 2016, 182면.
216) 대판 2021. 8. 19, 2018다258074.
217) 대판 2008. 12. 11, 2008다47886. 보험계약은 상인 간에 이루어진 기본적 상행위이고, 보험회사가 주장하

[대법원 2021. 7. 22. 선고 2019다277812 전원합의체 판결]

〈주요 판시내용〉

보험계약자가 다수의 계약을 통하여 보험금을 부정 취득할 목적으로 보험계약을 체결하여 그것이 민법 제103조에 따라 선량한 풍속 기타 사회질서에 반하여 무효인 경우 보험자의 보험금에 대한 부당이득반환청구권은 상법 제64조를 유추적용하여 5년의 상사 소멸시효기간이 적용된다고 봄이 타당하다. 상세한 이유는 다음과 같다.

① 보험계약이 선량한 풍속 기타 사회질서에 반하여 무효인 경우 보험자가 반환을 구하는 것은 기본적 상행위인 보험계약(상법 제46조 제17호)에 기초하여 그에 따른 의무 이행으로 지급된 보험금이다. 이러한 반환청구권은 보험계약의 이행과 밀접하게 관련되어 있어 그 이행청구권에 대응하는 것이다.

② 보험계약자가 다수의 계약을 통하여 보험금을 부정 취득할 목적으로 보험계약을 체결한 경우는 보험자가 상행위로 보험계약을 체결하는 과정에서 드물지 않게 발생하는 전형적인 무효사유의 하나이다. 이때에는 사안의 특성상 복수의 보험계약이 관련되므로 여러 보험자가 각자 부당이득반환청구권을 갖게 되거나 하나의 보험자가 여러 개의 부당이득반환청구권을 갖게 되는데, 이러한 법률관계는 실질적으로 동일한 원인에서 발생한 것이므로 정형적으로 신속하게 처리할 필요가 있다.

③ 보험계약자가 보험료의 반환을 청구하려면 상법 제648조에 따라 보험계약자와 피보험자나 보험수익자가 모두 선의이고 중과실이 없어야 하고, 보험계약자의 보험금 청구권이나 보험료 반환채권에는 상법 제662조에 따라 3년의 단기 소멸시효기간이 적용된다. 그러나 상법 제648조나 제662조는 그 문언상 보험자의 보험금 반환청구권에는 적용되지 않음이 명백하고, 위 규정들이 보험계약 무효의 특수성 등을 감안한 입법정책적 결단인 이상 이를 보험자가 보험금 반환을 청구하는 경우에까지 확장하거나 유추하여 적용하는 것은 적절하지 않다. 그렇다고 해서 보험자의 보험금에 대한 부당이득반환청구권에 대해서 민사 소멸시효기간이 적용된다고 볼 수는 없고, 보험계약의 정형성이나 법률관계의 신속한 처리 필요성에 비추어 상사 소멸시효기간에 관한 규정을 유추적용하여야 한다.

(보험금 부당이득반환청구권의 소멸시효기간을 10년이라고 본 대판 2016. 10. 27, 2014다233596 판결을 변경)

　보험회사가 보험수익자를 상대로 보험계약자 겸 피보험자의 과다입원을 원인으로 수

는 부당이득반환청구권은 기본적으로 상행위에 해당하는 보험계약에 기초한 급부가 이루어짐에 따라 발생한 것일 뿐만 아니라, 그 채권 발생의 경위나 원인, 원고(보험회사)와 피고(질권자)의 지위와 관계, 장기간의 시간이 경과함에 따라 상사소멸시효가 완성되거나 책임재산이 일탈되고 이로 인하여 질권자인 피고가 질권설정자에 대하여 가지는 금융거래상의 채권 보전 내지 행사가 곤란하게 되는 점 등에 비추어 그 법률관계를 상거래 관계와 같은 정도로 신속하게 해결할 필요성이 있다고 봄이 상당하므로 이에 대하여는 5년의 소멸시효기간을 정한 상법 제64조가 적용되는 것으로 보아야 한다.

령한 보험금에 대한 부당이득반환을 구하는 사안에서도 같은 이유로 5년의 상사소멸시효 기간이 적용된다고 판시한 바 있다.218) 상행위인 계약에 기초하여 이루어진 급부 자체의 반환임을 감안할 때 5년의 상사소멸시효기간이 적용된다는 이유에 설득력이 있는 것이 사실이다. 그런데 이렇게 해석하는 경우에 보험금이 지급된 후 5년이 경과된 후 보험사기 사실이 밝혀진 경우에 보험금의 환수가 불가능하다는 문제가 있다. 심각한 보험사기의 폐해와 그 규모를 감안할 때 보험사기로 인해 지급된 보험금의 환수 문제는 매우 중요하다. 보험금 반환청구권의 소멸시효 문제는 원인이 무엇인지를 분류하여 10년과 5년의 소멸시효를 달리 적용하는 문제를 고려해볼 수 있을 것이다.219)

(4) 보험료 반환시 대리점의 수수료 반환 요건

보험대리점 계약상 수수료 반환 규정은 보험계약의 효력이 전부 또는 일부라도 상실되어 보험회사가 고객에게 보험료를 환급하게 되는 경우의 정산관계를 정한 것으로서 보험대리점의 전적인 잘못으로 보험료를 환급한 경우에만 적용된다고 볼 근거는 없다는 것이 대법원의 입장이다. 다만 보험회사의 잘못으로 보험료를 반환한 경우에는 반드시 수수료 전액을 반환해야 하는 것은 아니며, 신의칙 및 형평의 원칙에 따라 합리적으로 대리점이 반환해야 할 수수료 금액을 제한(감액)할 수 있다고 해석하고 있다.220)

4. 배당의무

이익잉여금을 재원으로 주주에 대하여 이루어지는 이익배당과 잉여금을 보험계약자에게 정산 또는 환원하는 계약자배당이 있다. 판례는 사차익(死差益)이나 이차익(利差益) 등 이원(利源)별로 발생한 이익이 있다 하여 보험계약자들에게 구체적인 계약자배당금 청구권이 당연히 발생하는 것이라고는 볼 수 없고, 보험회사가 약관에서 정한 바에 따라 그 지급률을 결정하여 계약자배당 준비금으로 적립한 경우에 한하여 인정되는 것이라고 해석한다.221)

---

218) 대판 2021. 8. 19, 2019다259354.
219) 同旨: 황현아, "2021년 보험 관련 중요 판례 분석(1)", KiRi 보험법리뷰 포커스, 2021. 12. 20, 보험연구원, 7-8면.
220) 대판 2022. 8. 11, 2022다229745; 법률신문, "보험사가 보험모집위탁사 '불완전판매'로 고객에게 보험료 환급해준 경우", 2022. 8. 30; 황현아, "2022년 보험 관련 중요 판례 분석(1)", KiRi 보험법리뷰 포커스, 2022. 12. 19, 보험연구원, 5-7면.
221) 대판 2005. 12. 9, 2003다9742.

[대법원 2005. 12. 9. 선고 2003다9742 판결]

〈주요 판시내용〉

주식회사인 보험회사가 판매한 배당부 생명보험의 계약자배당금은 보험회사가 이자율과 사망률 등 각종 예정기초율에 기반한 대수의 법칙에 의하여 보험료를 산정함에 있어 예정기초율을 보수적으로 계산한 결과 실제와의 차이에 의하여 발생하는 잉여금을 보험계약자에게 정산·환원하는 것으로서 이익잉여금을 재원으로 주주에 대하여 이루어지는 이익배당과는 구별되는 것이므로, 계약자배당전잉여금의 규모가 부족한 경우에도 이원(利源)의 분석 결과에 따라 계약자배당준비금을 적립하는 것이 그 성질상 당연히 금지된다고는 할 수 없는 것이나, 사차익(死差益)이나 이차익(利差益) 등 이원(利源)별로 발생한 이익이 있다 하여 보험계약자들에게 구체적인 계약자배당 청구권이 당연히 발생하는 것이라고는 볼 수 없고, 보험회사가 약관에서 정한 바에 따라 그 지급률을 결정하여 계약자배당준비금으로 적립한 경우에 한하여 인정되는 것이며, 계약자배당전잉여금의 규모와 적립된 각종 준비금 및 잉여금의 규모 및 증감 추세를 종합하여 현재 및 장래의 계약자들의 장기적 이익 유지에 적합한 범위 내에서 계약자배당이 적절하게 이루어지도록 하기 위한 감독관청의 규제나 지침이 있는 경우, 보험회사로서는 위 규제나 지침을 넘어서면서까지 계약자배당을 실시할 의무는 없는 것이다.

Ⅱ. 보험계약자·피보험자·보험수익자의 의무

1. 보험료지급의무

(1) 지급의무자와 수령권자

(가) 보험료지급의 의미

보험계약은 유상·쌍무계약으로서 보험계약자는 위험을 인수하려는 보험자에게 보험료를 지급할 의무를 부담한다. 보험제도는 보험금액의 총액과 보험료의 총액이 상호 균형을 이루는 것을 전제로 하기 때문에 보험계약자가 부담하는 보험료 지급의무는 보험자의 보험금 지급의무에 대립되는 중요한 의무이며 보험계약의 효력을 발생시키고 이를 유지하기 위한 요건이 된다.222) 보험계약이 성립되었다고 하더라도 보험계약자가 최초의 보험료를 지급하지 않는 한 다른 약정이 없으면 보험자의 책임은 개시되지 않는다(제656조). 여기에서 '다른 약정'이란 최초 보험료를 지급하지 않았어도 보험자의 책임을 먼저 개시하고 그 후에 보험료를 지급하기로 하는 이른바 외상보험에 대한 약정을 의미한다. 실무상으로는 보

---

222) 사법연수원, 보험법연구, 47면.

험계약의 청약시 보험계약자는 보험료의 전부 또는 일부를 지급하고 있다. 그러나 보험료의 지급이 보험계약의 성립 요건은 아니며 또한 청약시 보험료를 지급한다고 하여 보험계약이 요물계약적 성질을 가지는 것도 아니다.

최초보험료는 일시납의 경우 보험료의 전부, 분할지급의 경우엔 초회인 제1회 보험료를 말한다. 보험계약자가 보험청약시 보험료의 전부 또는 일부를 지급하게 되면 청약에 대한 승낙 전에 발생한 보험사고에 대해 청약을 거절할 만한 사유가 없는 한 보험자는 보험금 지급책임을 부담하게 된다. 계속보험료는 약정된 기일에 납입해야 하는데 보험계약자가 이를 해태하게 되면 보험자는 상당한 기간을 정하여 계속보험료의 지급을 최고하고 그 기간 내에 지급하지 않게 되면 계약을 해지할 수 있도록 하고 있다(제650조 제2항).

⑷ 보험료지급의무자

보험료지급의무는 보험계약자의 가장 중요한 의무이며 자기를 위한 보험이든 타인을 위한 보험이든 보험계약자가 보험료지급의무를 부담한다. 원칙적으로 피보험자와 보험수익자는 보험료지급의무를 부담하지 않는다. 다만 타인을 위한 보험의 경우, 보험계약자가 파산선고를 받거나 보험료 지급을 지체하는 경우에 있어서 그 타인은 자신의 권리를 포기하지 아니하는 한 보험료지급의무를 부담한다(제639조 제3항 단서). 즉 타인을 위한 보험계약을 체결한 보험계약자가 파산선고를 받거나 보험료 지급을 지체하는 경우에 그대로 보험계약이 해지되도록 내버려두는 대신 타인, 즉 피보험자나 인보험에서의 보험수익자로 하여금 제2차적으로 보험료를 납입하도록 하여 계약해지를 막고 보험계약을 유지토록 하여 자신들에게 이익이 되도록 하기 위함이다.[223] 이 경우 피보험자나 보험수익자가 보충적으로 부담하는 보험료지급의무는 계약상의 의무가 아니라 법정 의무라 할 것이다. 이때 보험자는 피보험자 등의 보험료 지급을 거절하고 보험계약을 해지할 수 없다고 해석해야 할 것이다.[224] 특정한 타인을 위한 보험의 경우에 보험계약자가 보험료의 지급을 지체한 때에는 보험자는 그 타인에게도 상당한 기간을 정하여 보험료의 지급을 최고한 후가 아니면 그 계약을 해지하지 못한다(제650조 제3항). 보험료지급의무를 부담하는 보험계약자가 다수인 경우에 그 중 1인 또는 전원에게 보험료의 지급이 상행위로 인한 채무여야 연대책임을 부담하게 된다(제57조 제1항). 원칙적으로 제3자도 보험료지급채무를 변제할 수 있으나, 보험계약 당사자가 이를 허용하지 않는다는 의사표시가 있는 경우 또는 이해관계가 없는 제3자는 보험계약자의 의사표시에 반해서 변제하지 못한다(민법 제469조).[225]

---

223) 타인을 위한 보험이 아닌 계약에서 보험료의 지급이 제3자에 의해 이루어지는 경우에 보험계약자가 이의를 제기하면 보험자는 수령지체의 책임을 지지 않고 그 수령을 거부할 수 있다고 해석된다(민법 제469조). 양승규, 150면.
224) 사법연수원, 보험법연구, 48면.
225) 한기정, 361면.

(다) 보험료수령권자

보험료를 수령할 수 있는 자는 보험자와 그 대리인, 보험자로부터 보험료 수령권한이 인정된 보험회사 임직원 등이다. 체약대리상도 기본적으로 보험료수령권을 갖는다. 만약 보험자가 체약대리상의 이 권한을 제한해도 선의의 제3자에게 제한사실을 대항하지 못한 다. 보험설계사는 보험자가 작성한 영수증을 보험계약자에게 교부하는 경우에 보험료 수 령권이 인정된다(제646조의2 제3항). 실무상으로 보험설계사가 제1회 보험료를 수령하여 보 험자에게 지급하는 관행을 고려할 때 보험회사는 보험설계사에게 적어도 묵시적으로 보험 료를 수령할 권한을 위임한 것으로 해석할 수 있다고 해석하는 견해도 있다.226) 최근의 실무는 보험설계사가 보험계약자로부터 현금을 수령하는 일은 드물고, 청약서 기재를 통 해 계좌이체 등의 방식을 택하고 있다. 보험의나 보험중개사 등은 보험료 수령권이 없다. 보험중개사가 모집 활동을 하는 경우에 자신이 보험료 수령권을 가지지 못했음을 서면으 로 보험계약자에게 알리도록 보험업법시행규칙에서 정하고 있다.227) 보험료 수령에 대한 권한을 가진 자가 보험료를 수령한 후 이를 횡령했어도 보험료는 납입된 것으로 본다. 또 한 보험료 수령에 대한 권한을 가진 자가 보험료를 대납하기로 보험계약자 측과 약정했다 면 실제로 체약대리점 등이 보험자에게 보험료상당액을 대신 납입했는가 또는 대납약정이 있은 후에 보험계약자가 체약대리점 등에게 실제로 보험료를 지급했는가를 불문하고 대납 약정일에 보험료 지급이 있는 것으로 해석한다.228)

[대법원 1987. 12. 8. 선고 87다카1793, 1794 판결]

〈사실관계〉

원고는 보험계약을 체결하면서 보험료를 3회에 걸쳐 납부하기로 하였고, 1회분 보험료를 납부 하면서 2, 3회에 해당하는 보험료도 약속어음으로 피고회사의 대리인에게 교부하였다. 그런데 피 고회사의 대리인이 약속어음을 횡령한 후 도주하였고, 이에 피고회사는 보험료를 지급받지 못하 였다며 2, 3회분 보험료의 해당기간에 대한 보험계약은 실효된다는 서면통고를 하였다. 그러자 원고는 부득이 다른 보험사와 보험계약을 체결하였고, 이후 횡령된 약속어음이 원고에게 지급제 시되자, 원고는 이를 지급한 후 피고회사에 2, 3회 보험료의 반환을 청구하였다.

〈주요 판시내용〉

---

226) 임용수, 168면.

227) 보험업법시행규칙 제24조 제1호.

228) 대판 1987. 12. 8, 87다카1793; 대판 1991. 12. 10, 90다10315; 대판 1995. 5. 26, 94다60615. 그런데 보험업 법 제98조 제4호에서는 보험계약의 체결 또는 모집에 종사하는 자는 그 체결 또는 모집과 관련하여 보험 계약자나 피보험자에게 보험계약자나 피보험자를 위한 보험료의 대납을 제공하거나 제공하기로 약속하 여서는 안 된다고 정하고 있는데 이는 이러한 대납 약정을 특별이익의 제공으로 보아 금지하고 있는 것 이다.

보험회사의 대리인이 원고와 사이에 보험계약을 체결하고 그 보험료수령권에 기하여 원고로부터 1회분 보험료를 받으면서 2, 3회분 보험료에 해당하는 위 약속어음을 함께 교부받았다면 그 변제 수령의 효과는 보험회사에 미친다 할 것이고 그 대리인이 그 약속어음을 횡령하였다고 해도 변제 수령의 효과는 보험자에게 미친다. 그럼에도 불구하고 보험회사가 보험계약상의 채무를 이행하지 아니할 의사를 명백히 한 이상 보험계약자인 원고는 보험회사가 스스로 실효되었다고 주장하는 위 2, 3회분의 보험계약을 해약하여 그 보험료 해당금액의 반환을 청구할 수 있다 할 것이다.

(2) 지급보험료의 액

보험계약자가 부담하는 보험료는 계약 체결시에 정해지며 보험증권에 표시된다. 보험자는 보험사업의 허가를 받기 위해 경영하려는 보험업의 보험종목별 사업방법서, 보험약관, 보험료 및 책임준비금의 산출방법서를 금융위원회에 제출하여야 하는데,[229] 보험료는 보험자가 정한 보험료율에 의해 결정된다. 보험료는 당사자의 합의에 의해 증감이 가능하다.

(가) 보험료감액청구

보험료란 위험담보에 대한 대가적 성격인데 위험 중 보험사고 발생가능성은 보험기간 중에 수시로 변경될 수 있는 것이다. 예를 들어 보험계약의 당사자가 특별한 위험을 예기하여 보험료의 액을 정한 경우에 보험기간 중 그 예기한 위험이 소멸한 때에는 보험계약자는 그 후의 보험료의 감액을 청구할 수 있다(제647조). 이러한 청구권은 형성권이며 감액의 효력은 보험료불가분의 원칙에 따라 그 시점이 속한 보험료기간이 끝난 이후의 장래에 대해서만 발생한다.[230] 다만 보험료불가분의 원칙이 실무상 적용되지 않고 있는 점을 감안하면, 위험이 소멸되어 보험료 감액을 청구한 시점부터 장래를 향하여 보험료 감액의 효과가 생기는 것으로 해석해야 할 것이다. 보험계약 체결시 특별한 위험을 예기하여 보험료가 특별히 고액으로 정해졌다는 사실 및 그 위험이 소멸되었다는 것에 대한 입증책임은 감액을 주장하는 보험계약자가 부담한다.[231] 한편 손해보험에서 보험금액이 보험가액을 현저하게 초과한 초과보험의 경우 또는 보험가액이 현저하게 보험기간 중에 감소하게 된 경우에도 보험자 또는 보험계약자는 보험료와 보험금액의 감액을 청구할 수 있다(제669조 제1항, 제3항). 이것은 보험료가 보험금액을 기초로 하여 산정되는 동시에, 손해보상을 위해 지급되는 보험금은 보험가액을 한도로 하게 되므로 만약 보험금액이 보험가액을

---

229) 보험업법 제5조 제3호. 이들 세 가지 서류를 실무상 '기초 서류'라고 한다.
230) 양승규, 151면(보험계약자는 보험자가 그 보험료기간의 일부에 대해서만 특별위험을 부담했더라도 보험료불가분의 원칙에 따라 그 보험료기간을 통하여 약정한 보험료를 지급해야 하며 그 보험료기간이 경과한 후에만 감액된 보험료를 지급할 수 있는 것이다). 보험연수원(편), 보험심사역 공통 1 교재, 2016, 135면.
231) 최기원, 238면; 최준선, 144면; 임용수, 169-170면; 김은경, 261면.

초과하게 되면 초과부분의 보험료는 보험자의 부당이득으로 인정될 수 있기 때문이다. 장래효에 관한 것은 특별위험의 소멸의 경우와 마찬가지로 해석될 수 있다.232)

(나) 보험료증액청구

보험기간 중에 보험계약자 또는 피보험자가 사고발생의 위험이 현저하게 변경 또는 증가된 사실을 알고 지체없이 보험자에게 통지한 때에 보험자는 통지를 받은 때로부터 1월 내에 보험료의 증액을 청구하거나 보험계약을 해지할 수 있다(제652조). 또한 보험기간 중에 보험계약자, 피보험자 또는 보험수익자의 고의 또는 중대한 과실로 인하여 사고발생의 위험이 현저하게 변경 또는 증가된 때에도 보험자는 그 사실을 안 날부터 1월 내에 보험료의 증액을 청구하거나 계약을 해지할 수 있다(제653조). 청구권의 형성권적 성질 및 그 장래효에 대해서는 감액청구권과 마찬가지이다. 보험료불가분의 원칙이 실무에서 인정되지 않는 점을 감안하면 보험료 증액의 효과는 증액청구 시점 이후부터 장래를 향해 효과가 발생하는 것으로 해석함이 타당하다.

(다) 보험료납입면제

약관에서 일정한 사유를 보험료 납입면제사유로 정하고 있다. 예를 들어 甲과 乙 보험회사가 체결한 보험계약의 약관에 '피보험자인 甲이 장해지급률 50% 이상인 상태가 된 경우 이후 주계약 보험료 납입을 면제한다.'는 내용을 규정하고 있는데, 甲이 자궁적출술과 양쪽 난소절제술을 받은 후 위 규정에 따른 보험료 납입면제를 요청하였으나, 乙 회사가 '양쪽 난소 절제가 난소암 예방 목적으로 이루어진 것이어서 보험계약 약관상 장해에 해당하지 않는다.'는 이유로 거절한 사안에서, 절제 시술 이후 난소 자체에서 악성 종양이 발견되지 아니하였고 수술에 예방적 목적이 일부 포함되어 있었더라도, 시술을 담당한 의사의 시술 현장에서의 전문적인 판단에 따라 질병 치유의 목적을 겸하여 양쪽 난소 절제가 이루어졌으므로 보험계약에서 정한 보험료 납입 면제사유에 해당한다고 판단한 판례가 있다.233)

(3) 지급시기와 장소

(가) 지급시기234)

보험자의 책임을 개시하기 위해서 보험계약자는 계약체결 후 지체없이 보험료의 전부(일시납의 경우) 또는 제1회 보험료(분할납의 경우)를 지급하여야 한다(제650조 제1항). 실무상으로는 (보험계약 체결 후가 아니라) 보험계약 청약시에 보험료의 전부 또는 제1회 보험료를 지급하게 된다. 장기보험적 성질을 가지는 생명보험의 경우에는 보험료를 분할하여

232) 한기정, 363-364면.
233) 대판 2021. 9. 9, 2021다234368.
234) 보험료에 관한 설명은 제5장 보험계약의 요소 중 보험료 부분에서 설명했다.

납부하는 것이 보통이다. 생명보험표준약관에 따르면 보험자는 계약의 청약을 승낙하고 제1회 보험료를 받은 때부터 이 약관이 정한 바에 따라 보장을 한다. 그런데 약관에서는 보험자가 청약과 함께 제1회 보험료를 받은 후 그 후에 승낙한 경우에도 제1회 보험료를 받은 때부터 보장이 개시된다고 규정하고 있다.235) 보험계약자는 계약체결 후 지체없이 보험료의 전부 또는 제1회 보험료를 지급하여야 하며, 보험계약자가 이를 지급하지 아니하는 경우에는 다른 약정이 없는 한 계약 성립 후 2월이 경과하면 그 계약은 해제된 것으로 본다(제650조 제1항). 다만 제650조 제1항은 임의규정적 성격이므로 당사자는 달리 약정할 수 있다. 최초 보험료를 지급받은 때로부터 보험자의 책임이 시작되므로 보험료는 선급됨이 원칙이다.236) 계속보험료는 약정한 시기에 지급하여야 하고 보험계약자가 이를 게을리하면 계약해지사유가 된다(제650조 제2항). 지급시기에 관한 약정이 없는 상황에서 계속보험료는 각기 새롭게 시작되는 보험료기간의 개시와 동시에 발생하는 것으로 해석해야 할 것이다.

(나) 지급장소

지급장소는 당사자의 약정이 있으면 그에 따르며, 약정이 없으면 민법상 지참채무의 지급장소 원칙이 준용되어 채권자인 보험자의 영업소(지점)가 지급장소로 해석된다(민법 제467조 제2항 단서). 특히 채권자인 보험회사의 지점에서 거래가 이루어졌다면 채무이행 장소는 그 행위의 성질 또는 당사자의 의사표시에 의하여 특정되지 아니한 경우 특정물 인도 외의 채무이행은 그 지점을 이행장소로 보아야 한다(상법 제56조). 판례는 보험대리점(또는 수금사원)이 보험계약자를 방문하여 보험료를 수금(추심)했다고 하여 그러한 사정만으로 보험자와 보험계약자 사이에 보험료 납입채무를 지참채무에서 추심채무로 변경하기로 하는 합의가 있는 것으로 보기는 어렵다고 판시하였다.237) 단순히 보험계약자 측의 편의를 위해 방문 수금하는 것으로 해석될 수 있는 정도라면 추심채무로의 변경으로 인정하기는 어렵다고 판단된다.238) 만약 약관에서 보험회사가 방문수금을 하는 것으로 정하였다면 이는 추심채무로 보아야 하며 그 약관효력은 인정된다.239) 추심채무와 지참채무의 구별의 실익은 다음과 같다. 지참채무의 경우 지급시기에 보험료지급이 이행되지 않으면 보험자의 추

---

235) 생명보험표준약관 제23조 제1항; 임용수, 170-171면.

236) 이론적으로 보험료지급의무는 보험계약의 효과라고 할 수 있지만 실무에서는 보험계약의 청약시 보험료의 전부 또는 일부를 지급하게 된다. 서헌제, 96면.

237) 대판 2005. 6. 9, 2005다19408; 임용수, 172면. 그런데 이러한 경우 당사자 사이에서 지참채무를 추심채무로 변경한다는 특약 또는 묵시적 합의가 있는 것으로 보아야 한다는 견해도 있다. 양승규, 153면; 김성태, 297면; 정찬형, 631면; 장덕조, 184면; 손주찬, 552면; 이기수/최병규/김인현, 178면.

238) 최기원, 245면; 한기정, 365면.

239) 서울중앙지법 2002. 5. 28, 99가단325087(확정). 보험계약자에게 허용되는 1월의 납입유예기간 중 분할보험료의 자동이체용 계좌잔고가 부족하다는 이유로 납입방법을 직접납부방식으로 바꾼 보험자는 보험계약자의 보험료미지급을 이유로 보험계약을 해지할 수 없다. 임용수, 172면; 사법연수원, 보험법연구, 52면.

심행위의 유무를 따지지 않고 이행지체가 되는 반면에, 추심채무에서는 보험자가 보험료를 추심하지 않는 동안은 보험계약자의 이행지체 문제는 발생하지 않으며 이 기간 동안에 보험사고가 발생하게 되면 보험자는 보험금 지급책임을 부담한다는 것이다.240) 최근에 자주 이용되는 자기거래은행의 지로(Giro) 또는 인터넷뱅킹 등 온라인, 텔레뱅킹으로 납부하는 것은 지참채무에 의한 납입으로 해석하고 있다.241) 그런데 특약으로 보험료를 자동이체하는 경우 보험계약자는 이체계좌에 보험료상당액을 예치하여 두는 것으로 족하므로 이러한 한도 내에서 보험료 납입채무는 추심채무에 해당한다고 해석하는 견해도 있다.242)

(4) 지급방법

(가) 어음 · 수표에 의한 보험료 지급

보험료를 현금이 아닌 어음이나 수표로 지급하는 경우에 어음이나 수표의 교부 후에 부도(변제의 거절)의 문제가 남아 있기 때문에 어느 시점에 보험료가 지급된 것으로 보아 보험자의 책임이 개시되는 것으로 해석할 수 있는가의 문제는 실무적으로 중요하다. 약속어음의 만기가 도래하지 않거나 수표를 아직 지급제시하지 않고 있는 사이에 보험사고가 발생하는 경우에 보험자의 보험금 지급책임이 개시된 것으로 보아야 하는가의 문제가 발생할 수 있다.243) 즉 보험료의 지급시기를 어음 · 수표의 교부 시점으로 볼 것인가 아니면 어음 · 수표의 결제 시점으로 볼 것인가의 문제이다. 물론 어음이나 수표로 보험료를 지급할 때 보험료 지급시기를 언제로 볼 것인가에 대한 당사자간의 약정이 있으면 그에 따르면 된다. 대부분은 보험료지급시기를 어음이나 수표의 교부 시점으로 할 것인지 아니면 실제로 어음금이나 수표금이 지급되는 시점으로 할 것인지를 당사자가 정하게 된다. 이러한 약정이 없는 경우가 문제이다.

① 일반 어음 · 수표법의 법리　　은행 발행의 자기앞 수표 또는 은행이 지급보증한 당좌수표를 교부하는 경우에 그 지급이 확실하므로 이는 원인채무(기존채무, 보험료지급채무)의 지급에 갈음하여 수수된 것으로 볼 수 있고,244) 따라서 어음이나 수표가 수수(교부)된 때를 보험료 지급시기로 볼 수 있다. 그러나 그 밖의 경우에는 특별히 당사자간에 달리 약정하지 않는 한 어음과 수표는 원인채무의 지급이 되지 않으며 원인채무의 '지급을 위하여(또는 지급을 담보하기 위하여)' 수수되는 것으로 추정된다. 다시 말해 특약이 없는 한 어음과 수표의 지급은 '지급에 갈음하여' 수수되는 것으로 해석되지 않는다. 즉 특약이

---

240) 임용수, 173면.
241) 김성태, 297면; 임용수, 172-173면; 양승규, 153면; 정찬형, 632면.
242) 임용수, 172면.
243) 서헌제, 98면.
244) 대판 1960. 5. 19, 4292민상784.

없는 한 일반적으로는 어음과 수표의 교부는 기존채무(원인채무)인 보험료 지급채무를 이행하기 위한 것이고 지급에 갈음하여 수수되는 것이 아니기 때문에 교부 자체만으로 보험료의 지급이 있는 것으로 볼 수는 없다. 따라서 어음과 수표의 현실적인 지급(결제)이 있는 때에 비로소 보험료의 지급이 있는 것으로 해석해야 한다. 기존채무와 어음채무 또는 수표채무는 병존하게 되며 어음채무 또는 수표채무가 변제되어야 기존채무가 비로소 변제된다고 해석된다. 이것이 어음수표의 일반법리이다.245)

따라서 이 법리에 따르면 어음이나 수표가 지급을 위하여 수수되었다면 지급제시 전(결제 전)에 발생한 보험사고에 대해 보험자는 보험금 지급책임이 없다.246) 선일자수표247)의 경우에도 실제로 지급이 된 때에 비로소 보험료의 지급이 있는 것으로 해석된다. 만약 당사자간의 합의에 의해 어음이나 수표가 보험료의 지급에 갈음하여 교부된 것이라면 교부시점에 보험료의 지급이 있는 것으로 보게 된다. 따라서 이 시점에서 보험자의 책임이 개시되며 후일 어음이나 수표가 부도(지급거절)가 나더라도 이는 어음 또는 수표채무의 불이행이 될 뿐이며, 이미 개시된 보험자의 책임에는 아무런 영향을 미치지 않는 것으로 해석된다.

어음 · 수표의 일반법리에 따를 때 보험자의 책임개시 시점은 보험자가 언제 지급제시를 하느냐에 따라 달라지게 된다(지급을 위하여 교부된 경우). 만약 수표를 제시하여 지급되기 전에 보험사고가 발생한 경우에 보험계약자는 보호를 받지 못하게 되는 결과를 초래할 수 있다는 비판이 제기될 수 있을 것이다. 또한 결제 이전에는 보호를 받지 못하므로 보험계약자로서는 어음이나 수표를 교부할 이유가 없다는 비판이 제기될 수 있다.

② 해제조건부 대물변제설   어음 · 수표의 교부를 일종의 대물변제로 보아 교부시점에 일단 보험료채무가 이행(소멸)된 것으로 해석하고 다만 나중에 어음과 수표가 지급거절(부도)되면 이를 해제조건으로 해석하는 것이다. 어음 · 수표의 교부를 현금의 지급에 갈음한 대물변제로 해석하므로 교부시에 보험료를 지급한 것으로 해석한다. 따라서 실제의 결제를 기다리지 않고 어음 · 수표 교부시 보험자의 책임은 개시되거나(최초보험료의 경우) 그 책임이 계속된다(계속보험료의 경우). 나중에 부도가 있게 되면 해제조건이 성취되는 것으로서 대물변제의 효과가 어음이나 수표의 교부시점에 소급하여 보험료 지급의 효과가 상실된다. 이로써 보험료채무가 다시 부활하게 되며, 보험료 지급이 이루어졌다는 것을 전제로 한 각종 법률효과가 어음이나 수표의 교부시점부터 발생하지 않은 것으로 해석한다. 이 설에 따르면 어음수표의 교부를 현금에 갈음한 대물변제로 해석하므로 교부 후 결제시점 사이에 보험사고가 발생한 경우에 보험자는 보험금을 일단 지급하여야 한다. 선

---

245) 대판 1990. 5. 22, 89다카13322; 대판 1997. 3. 28, 97다126.
246) 정찬형, 632면; 김은경, 263면; 손주찬, 553-554면.
247) 선일자수표란 수표면상의 발행일자를 수표의 현실 발행일보다 뒷날의 일자로 기재한 수표를 말한다.

일자수표의 경우에도 교부한 날에 보험료 지급이 있는 것으로 해석한다.248) 이에 대한 비판으로 특별한 약정 없이 어음이나 수표의 교부를 대물변제로(즉 보험료지급에 '갈음'하여 교부한 것으로) 해석하는 것은 어음·수표의 일반법리에 반하며, 어음이나 수표의 교부시 대물변제에 의해 보험료채무가 소멸되었다고 해석하면서 나중에 부도가 있는 경우에 소멸된 보험료채무를 다시 부활시켜 이에 관한 채무불이행의 효과를 묻는 것도 어음·수표의 일반법리에 반한다는 견해가 있다.249)

③ 유 예 설   어음·수표의 교부가 있는 때에 현실적인 보험료 지급이 있는 것으로 해석하지는 않으며, 어음 또는 수표의 결제가 있을 때까지 보험료의 지급이 유예된다고 풀이하는 해석이다. '유예'란 보험료의 현실적 지급이 지금 당장 이행되지 않더라도 보험자가 일단 책임부담을 감수하겠다는 의미이다. 따라서 유예의 효과로서 승낙 전 보험보호(제638조의2 제3항)가 가능하게 된다. 또한 최초보험료가 지급되지 않았다는 이유로 보험자의 책임이 개시되지 않는다는 주장이나 계속보험료의 지급이 지체되었음을 이유로 계약해지 주장을 할 수 없게 된다.250) 만약 부도가 있게 되면 그 유예의 효과가 장래에 향하여 소멸한다고 해석하는 것이다. 부도가 나더라도 유예의 효과는 소급하지 않고 다만 장래에 향하여 소멸하게 되므로 부도시까지 발생하는 보험사고에 대해서는 보험자는 책임을 지고 부도시점부터 장래에는 보험자의 책임이 없는 것이다.251) 따라서 보험자가 보험료를 어음으로 수령한 경우 이는 지급을 조건으로 하여 보험자가 위험을 인수한 것이며, 보험자는 어음의 지급이 거절된 때까지에 발생하는 보험사고에 대해서는 그 책임을 져야 한다. 지급제시를 할 수 있는 날에 어음을 제시하여 지급이 있으면 보험자는 계속 책임을 부담하며 지급이 거절된 때에는 그때부터 보험계약상의 책임을 지지 않는다고 해석된다. 이 설에 따를 때 어음이나 수표의 부도로 인해 보험료 지급유예의 효과가 소멸하게 되면 다시 보험료 지급기일이 도래하게 된다.252) 선일자수표의 경우에도 이를 교부한 때에 보험료의 지급이 유예될 뿐이어서 따라서 보험료지급채무는 여전히 존재하지만 보험자의 책임은 발생되는 것으로 해석한다.

---

248) 채이식, 87면(어음·수표가 교부된 때에 보험가입자가 확정적으로 반대급부를 제공하고 보험자가 이를 수령하였으므로 그때에 보험료의 지급을 받았고 따라서 그때부터 보험자의 책임이 개시된다고 본다); 강위두/임재호, 574면.

249) 장경환, "어음에 의한 제1회 보험료의 지급과 보험자의 책임개시", 상법사례연습(최기원 편저, 제2판), 2000, 661면.

250) 한기정, 379면.

251) 장덕조, 189면; 한기정, 381면; 정동윤, 541면; 同人, "선일자수표에 의한 보험료지급과 승낙전 사고에 대한 보험자의 책임", 서울지방변호사회 판례연구 5, 1992, 299면; 최기원, 241면; 장경환, "보험료지급에 있어서의 두 가지 법적문제", 상사법연구, 1987, 50면, 同人, "약속어음에 의한 보험료지급과 보험자의 책임개시", 법정고시, 1997. 11. 77면; 최준선, 146면.

252) 장경환, "어음에 의한 제1회 보험료의 지급과 보험자의 책임개시", 상법사례연습(최기원 편저, 제2판), 2000, 659면.

④ 어음·수표 구분설   어음은 신용증권적 성질이 강하므로 어음을 교부한 경우 지급기일(만기)까지 보험자가 보험료의 지급을 유예한 것으로 해석하며(유예설) 수표는 그 지급증권적 성질을 반영하여 부도(지급거절)를 해제조건으로 하여 수표를 교부한 시점에 대물변제에 의해 보험료 지급이 있는 것으로 해석하는 견해이다(해제조건부 대물변제설).253) 이러한 구분설을 취하면서 선일자수표는 어음과 같이 다루어야 하므로 유예설에 따라야 한다는 견해가 있다. 발행인과 수취인 간에 수표에 기재된 발행일 이전에는 지급제시를 하지 않을 것이라는 특약이 있고, 선일자수표에 신용증권적 성격도 있기 때문에 유예설이 타당하다는 것이다.254) 어음·수표 구분설에 대해 어음이 신용증권이고 수표가 지급증권이라 하여 그 교부의 성질을 달리 취급할 근거는 없다고 비판하는 견해가 있다.255)

⑤ 해제조건부 대물변제설과 유예설의 비교

(a) 부도의 효과   해제조건부 대물변제설은 부도에 의해 해제조건이 성취되고 이로 인해 대물변제의 효과가 어음 또는 수표의 교부시점으로 소급하여 보험료 지급의 효과가 상실되는데 반해, 유예설에서는 부도의 효과가 장래를 향해서만 인정된다.

(b) 보험료 채무 병존과 보험료 공제 여부   해제조건부 대물변제설은 어음이나 수표를 교부한 때에 보험료채무가 대물변제에 의해 이행(소멸)된 것으로 해석하는 것에 비해, 유예설에 따르게 되면 어음이나 수표가 교부되더라도 보험료의 지급이 이행된 것으로 해석되지 않고 단지 결제시 또는 부도시까지 유예의 효과만이 인정되는 것이므로 어음금 또는 수표금 지급채무와 보험료 지급채무는 모두 존재하게 된다. 어음이나 수표가 교부된 후에 발생한 보험사고에 대해 양 설 모두가 보험자의 보험금 지급책임을 인정한다고 해도 보험료채무의 소멸을 인정하는 해제조건부 대물변제설과 달리 유예설에 의하게 되면 보험료 채무가 소멸되지 않고 단지 유예되어 있을 뿐이므로 지급보험금에서 지급이 유예된 보험료를 공제하여 지급하게 된다.

(c) 보험사고 발생 후 부도가 난 경우   보험사고가 발생한 후에 부도가 난 경우에 해제조건부 대물변제설에 의하면 보험사고가 발생함으로 인해 생긴 보험금청구권이 부도로 인해 소급하여 소멸하게 되어 이미 수령한 보험금의 환급 문제가 생기지만, 유예설에 의하면 사고 발생으로 생긴 보험금청구권이 그대로 확정되며 보험자는 보상책임을 부담하게 된다.256)

---

253) 양승규, 153면(다만 선일자수표의 교부에는 당사자 사이에 발행일자까지 수표의 지급을 유예하기로 하는 것이 일반적이므로 어음과 같이 다루어지는 것이 타당하다고 설명한다); 김성태, 301-302면; 이기수/최병규/김인현, 154면; 임용수, 174면; 손주찬, 553면; 서헌제, 99면.

254) 양승규, 153면.

255) 정동윤, "선일자수표에 의한 보험료지급과 승낙전 사고에 대한 보험자의 책임", 서울지방변호사회 판례연구 5, 1992, 299면.

256) 사법연수원, 보험법연구, 50-51면; 장경환, "어음에 의한 제1회 보험료의 지급과 보험자의 책임개시", 상법사례연습(최기원 편저, 제2판), 2000, 660-661면.

⑥ 비   판   대체적인 우리나라의 학설은 어음·수표의 결제 전의 보험사고에 대해 보험자의 보험금 지급책임을 인정하고 있다. 해제조건부 대물변제설에 의하든 유예설에 의하든 모두 어음 또는 수표가 교부된 시점에서부터 보험자의 책임이 시작되는 것은 같다. 다만 그 이론구성에 차이가 있을 뿐이다. 생각건대 이 문제는 일반 어음·수표의 일반 법리를 토대로 하는 것이 가장 타당하다고 여겨진다. 은행이 발행한 자기앞수표나 은행이 지급보증한 당좌수표를 보험료로 교부한 경우 이는 금전으로 보험료를 지급한 것과 동일하게 볼 수 있으나, 기타 일반적인 어음이나 수표를 보험료 지급을 위해 교부한 경우에는 당사자간에 달리 약정하지 않는 한 이는 보험료 지급을 '위하여'교부한 것으로 추정된다. 즉 현금으로 보험료를 지급한 경우와 동일하게 볼 수 없다고 해석된다. 결국 보험자는 원인채무와 관련된 보험료 채권과 지급과 관련된 어음 또는 수표 채권을 모두 가지게 된다. 따라서 이에 따르면 어음과 수표를 교부받은 후 결제 전에 보험사고가 발생한 경우 보험자는 보험금지급책임을 지지 않는다고 해석하는 것이 원칙론상 타당하다. 다만 어음 또는 수표를 지급받은 보험자가 어음 또는 수표의 지급기일 이전에 보험계약자에게 보험기간이 명시된 보험증권을 교부하였다면 이는 당사자간에 어음이나 수표의 교부를 보험료지급에 '갈음'한다는 묵시적 합의가 있는 것으로 추정하거나 보험료를 지급받기 전에 보험기간(책임기간)이 개시하는 것으로 특별히 약정한 것으로 볼 수 있으므로 이때에는 보험자는 어음이나 수표의 교부 후에 발생한 보험사고에 대해 보험금 지급책임을 지게 된다고 해석할 수 있을 것이다.257)

(나) 판례의 태도

일반어음이나 수표에 의한 보험료 지급 문제를 직접적으로 다룬 판례는 없는 것으로 보인다. 다만 선일자수표가 수수된 경우의 판례를 통해 법원의 태도를 간접적으로 엿볼 수 있을 뿐이다. 선일자수표란 수표면상의 발행일자를 현실의 발행일보다 뒷날의 일자로 기재한 수표를 말한다. 수표를 발행할 당시에는 은행에 자금이 없지만 수표면에 기재된 발행일까지는 자금이 마련될 것으로 예상할 수 있을 때 선일자수표를 발행할 수 있을 것이다. 선일자수표의 발행은 유효한 것으로 해석된다. 여기에서 선일자수표로 보험료를 지급한 경우 선일자수표를 교부한 날에 보험료의 지급이 있고 따라서 보험자의 책임이 인정되는 것으로 해석할 수 있는가의 문제가 제기된다.258) 선일자수표에 대한 판례의 태도는 적어도 해재조건부 대물변제설이나 유예설을 취한 것으로 볼 수는 없다. 대법원은 선일자수표를 받은 날을 보험료의 대물변제나 보험료지급의 유예로 보지 않으며 따라서 보험자의 책임발생 시점이 되는 제1회 보험료의 수령일로 보아서는 안 된다고 판시하고 있

---

257) 정찬형, 633면.
258) 선일자수표는 수표라는 측면에서는 지급증권이지만 선일자수표라는 특성상 일정한 지급기일 전까지는 제시하지 않을 것이라는 당사자간의 기대가 있다는 점에서 신용증권적 성질도 가진다. 서헌제, 99면.

다.259) 이에 따르면 수표 결제 전의 보험사고에 대해 보험자의 책임을 부정한다.

선일자수표의 경우에는 발행일자 이후에 비로소 지급을 위한 제시가 있으리라는 강한 기대를 하는 것이 사실이다. 경우에 따라서는 당사자간에 이를 약정하는 경우도 있다. 이러한 대법원의 태도가 수표법상의 수표의 신용증권화 방지 목적260)과 부합하지 않는 면이 있기는 하다. 그러나 선일자수표의 발행을 유효한 것으로 보는 이상 선일자수표를 발행할 때 당사자 사이에 수표상의 발행일 이전에는 결제되지 않을 것이라는 묵시적 합의가 있었던 점을 무시할 수는 없을 것이다. '선일자'라는 특별한 명칭을 사용하는 것을 보더라도 이러한 당사자간의 합의는 존중되어야 하며 이러한 취지에서 볼 때 대법원의 판결은 어음 · 수표 일반법리에 따른 것이라 할 수 있다.

[대법원 1989. 11. 28. 선고 88다카33367 판결]

〈사실관계〉

원고는 피고회사와 보험계약을 체결하면서 제1회 보험료를 선일자수표로 납입하였는데, 동 계약의 약관에는 보험자가 제1회 보험료를 받은 후 보험청약에 대한 승낙이 있기 전에 사고가 발생한 때에도 보험자가 책임을 진다고 규정되었다. 원고가 이를 근거로 보험금을 청구하자 피고회사는 제1회 보험료가 선일자수표로 납입되었고 그 발행일이 도래하지 않아 결과적으로 제1회 보험료 자체가 납입되지 않았다며 보험금 지급을 거절하였다.

〈주요 판시내용〉

선일자수표는 그 발행자와 수취인 사이에 특별한 합의가 없었더라도 일반적으로 수취인이 그 수표상의 발행일 이전에는 자기나 양수인이 지급을 위한 제시를 하지 않을 것이라는 약속이 이루어져 발행된 것이라고 의사해석함이 합리적이며 따라서 대부분의 경우 당해 발행일자 이후의 제시기간 내의 제시에 따라 결제되는 것이라고 보아야 한다. 물론 선일자수표도 본질적으로 일람불(출급)성을 잃은 것은 아니므로 위에서 본 발행일자 이전에 지급을 위한 제시가 있을 때에는 그 날에 지급하여야 되게 되어 있음은 수표법 제28조 제2항에 의하여 분명하고 이것은 동시에 발행자에게 위험(부도, 과료 등)부담을 강요하는 것과 같은 측면이 없지 아니하나 그렇다고 해서 선일자수표가 발행 교부된 날에 액면금의 지급효과가 발생된다고 볼 수 없다. 이 사건에 있어서와 같이 보험약관상에 보험자가 제1회 보험료를 받은 후 보험청약에 대한 승낙이 있기 전에 보험사고

---

259) 대판 1989. 11. 28, 88다카33367. 이 판례에 대해 찬성하는 견해와 반대하는 견해가 나뉘어 있다. 찬성의 평석으로 양승규, 법률신문 제1967호, 11면이 있고, 반대 취지의 평석으로 강위두, 법률신문, 제1978호, 15면이 있다. 반대하는 견해의 근거는 수표의 신용증권화 방지라는 수표법의 입법취지와 맞지 않으며 보험자와 보험계약자 사이에 특별한 약속이 있는 것으로 보고 보험자책임을 부정하는 것은 이론적 근거가 없다고 한다.

260) 수표법 제28조 제2항에 의하면 수표상에 기재된 발행일 이전이라도 지급제시되면 지급하여야 한다. 만약 지급인이 지급을 거절하면 수표의 소지인은 수표면의 발행일자까지 기다리지 않고 즉시 전자(前者)에 소구(遡求, 상환청구)할 수 있게 된다. 이는 수표의 일람출급성을 반영한 해석으로 선일자 수표를 일반 수표와 동일하게 취급하는 해석이다. 최준선, 147면.

가 발생한 때에는 제1회 보험료를 받은 때에 소급하여 그때부터 보험자의 보험금지급 책임이 생긴다고 되어 있는 경우에 이 사건과 같은 생명보험의 모집인이 그의 권유에 응한 청약의 의사표시를 한 보험계약자로부터 제1회 보험료로서 선일자수표를 발행받고 보험료 가수증을 해 준 경우에는, 비록 보험설계사가 소속 보험회사와의 고용계약이나 도급적 요소가 가미된 위임계약에 바탕을 둔 소속보험회사의 사용인으로서 보험계약의 체결대리권이나 고지수령권이 없는 중개인에 불과하다 하여도 오늘날의 보험업계의 실정에 비추어 제1회 보험료의 수령권이 있음을 부정할 수는 없으나, 그렇더라도 그가 선일자수표를 받은 날을 보험자의 책임발생 시점이 되는 제1회 보험료의 수령일로 보아서는 안 된다.

(다) 신용카드에 의한 지급

신용카드로 보험료를 납입하는 경우에 보험자의 책임개시 시점과 관련하여 언제 보험료가 지급된 것으로 보아야 하는가의 문제가 있다. 이에 대하여 ① 특별한 사정이 없으면 실제로 카드대금이 결제된 시점에서 보험료가 납입된 것으로 보아야 한다는 견해,261) ② 신용카드회사로부터 매출 승인(거래 승인)을 받은 시점에 보험료가 납입된 것으로 보아야 한다는 견해가 있다.262) 매출승인을 받은 시점을 보험료가 지급된 시점으로 보는 것이 타당하다. 왜냐하면 매출승인이 있게 되면 보험자는 신용카드회사로부터 신용카드대금을 결제받을 수 있는 것이 일반적이기 때문이다. 즉 신용카드에 의한 납부를 보험료채무의 지급에 갈음하는 것으로 볼 수 있다.263)

이에 대해 생명보험표준약관에서는 자동이체 또는 신용카드 납입의 경우에는 자동이체신청 및 신용카드매출승인에 필요한 정보를 제공한 때를 제1회 보험료를 받은 때로 보고 보장이 개시되며 다만 계약자의 귀책사유로 자동이체 및 매출승인이 불가능한 경우에는 보험료가 납입되지 않은 것으로 본다고 정하고 있다.264) 이는 매출승인에 앞서 이에 필요한 정보를 제공한 때에 보험료 납입의 효력을 인정하고 있으므로 보험계약자에게 유리하며 따라서 이 약관의 효력은 인정된다고 할 것이다.265)

한편 보험료를 신용카드 자동청구로 납입한 후 카드를 분실하여 새로 발급받았는데, 변경된 카드 정보를 보험자에게 알리지 않는 경우에 보험료가 미납될 수 있다. 보험자로부터 납입최고를 받고도 납입하지 않게 되면 보험계약은 해지된다. 신용카드로 보험료를 납입하는 경우에 자동이체 잔고 부족으로 인해 보험계약이 해지되는 경우도 있다. 신용카드로 보험료를 납입하는 경우에 보험료 자동이체일 전에 통장 잔고를 확인하고 보험료 납

261) 김성태, 302면.
262) 임용수, 176면.
263) 한기정, 382면.
264) 생명보험표준약관 제23조 제1항.
265) 임용수, 176-177면.

입 신용카드를 교체한 경우엔 변경된 카드 정보를 보험자에게 반드시 알려야 한다.266)

(5) 보험료지급지체의 효과

(개) 최초보험료의 부지급

보험자의 책임은 당사자간에 다른 약정이 없으면 최초 보험료의 지급을 받은 때로부터 개시한다(제656조). 계약체결 후 보험계약자는 지체없이 보험료의 전부 또는 제1회 보험료를 지급하여야 하며 이를 지급하지 아니하는 경우에 다른 약정이 없는 한 계약 성립 후 2월이 경과하면 그 계약은 해제된 것으로 본다(제650조 제1항). 제650조 제1항 법조문에 '다른 약정이 없는 한'이라는 표현이 있는 것으로 보아 임의규정적 성격으로 해석된다. 일시납의 경우 보험료의 전부, 분할납의 경우엔 초회보험료가 최초보험료가 되는데, 법조문상으로 최초보험료 지급시기는 보험계약 체결 이후 즉시이다. 다만 실무상으로 최초보험료는 대부분 청약단계에서 지급되며 최초보험료가 지급되지 않는 경우는 거의 없기 때문에 최초보험료 부지급 문제가 발생하는 것은 흔하지 않다.267)

계속계약적 성질을 가지는 보험계약에서 상대방에 대해 원상회복 의무를 부담하게 되는 '해제'라는 용어를 사용하는 것은 예외적이다. '해제된 것으로 본다'의 의미는 당사자 사이에 달리 약정하지 않은 채 계약체결 후 2월이 경과할 때까지 보험계약자가 보험료의 전부 또는 제1회 보험료를 지급하지 않으면 보험자의 보험계약 해제의사표시 없이 해제된 것으로 간주되어 처음부터 무효인 것으로 간주한다는 의미이다. 물론 이 규정도 임의규정이라 할 수 있다. 조문에서 '해제한 것으로 본다'는 것은 보험자가 자신의 권리를 행사하지 않은 채, 계약체결 후로부터 2월이 경과한 경우에 해당 보험계약에 대한 효과를 법률이 일률적으로 확정한다는 의미인 것이다. 따라서 체결일로부터 2월이 경과하기 전에 보험사고가 발생했는데, 보험계약 체결일로부터 2월이 경과한 시점에서 이 사실을 알게된 경우에 최초보험료 지급 없이 이미 2월이 경과되었으므로 보험계약은 처음부터 무효가 되어 보험자는 보험금지급책임을 부담하지 않는다.268) 여기에서 다른 약정이란 예를 들어 '외상보험'에 의해 보험자가 위험을 인수한 경우인데 이때에는 보험계약자가 최초보험료를 지급하지 아니하고 2월이 경과했어도 보험자의 해제의사표시 없이는 그 보험계약은 해제되지 않는 것으로 해석된다.269)

최초보험료의 지급시기는 보험계약의 체결 이후 즉시이다. 계약성립 후 최초보험료 지급이 지체된 후 2월이 경과하기 전이라면 보험자는 민법 제544조에 따라 상당한 기간을

---

266) 한국경제, "수술받았는데 보험금 못 준다니…낭패본 이유가 발칵", 2024. 9. 28. 기사 참조.
267) 한기정, 366면.
268) 김성태, 304면; 양승규, 155면; 임용수, 177면.
269) 양승규, 155면.

정해 보험료 지급을 최고하고, 그 기간 동안에 최초보험료의 지급이 없으면 보험계약을 해제할 수 있는 것으로 해석해야 한다. 제650조 제1항에서 해제로 간주되는 것은 보험자를 위하여 보험자가 굳이 해제의 의사표시를 하지 않아도 된다는 것을 규정된 것이라고 해석된다. 다시 말하면 해제의제가 규정되었다고 해서 보험자가 해제의 의사표시를 할 수 없는 것은 아니라는 것이다. 즉 계약성립으로 인해 최초보험료 지급시기가 도래했는데 최초보험료 지급이 지체된 후 2월이 경과하기 전이라면 보험자는 민법에 의해 자신에게 주어진 권리인 최고권과 해제권을 적법하게 행사할 수 있다고 해석해야 한다. 해제가 의제되거나 해제권이 행사되면 보험계약은 소급하여 효력이 상실된다. 이로써 원상회복의무가 발생하는데 보험자는 보험료를 받은 것이 없고, 보험계약자 역시 보험금을 받은 것이 없으므로 이에 대한 원상회복의무는 발생하지 않는다. 보험계약 성립 후 최초보험료가 지급되지 않은 때부터 해제의제 또는 해제권 행사가 있기 전까지는 보험계약이 유효하게 유지되겠지만, 이 기간 중에 발생한 보험사고에 대해 (외상보험이 아닌 한) 최초보험료를 받지 못한 보험자는 보험금지급책임을 부담하지 않는다.[270]

(나) 계속보험료의 부지급

보험료를 분할하여 납입하도록 되어있는 경우에 제1회 보험료 이후의 잔여 보험료를 계속보험료라 한다. 계속보험료 지급시기는 법률이 아니라 보험계약에서 당사자가 정하게 된다. 보험계약에서 정한 보험료의 지급기일에 계속보험료(제2회 이후의 보험료)를 지급하게 되면 최초보험료의 지급으로 인해 이미 발생한 보험자의 책임이 계속 유지된다.[271] 계속보험료가 약정한 시기에 지급되지 아니한 때에는 보험자는 상당한 기간을 정하여 보험계약자에게 최고하고 그 기간 내에 지급되지 아니한 때에는 그 계약을 해지할 수 있다(제650조 제2항). 계속보험료가 약정한 기일에 납입되지 않은 경우라도 보험자가 보험계약을 해지하지 않으면 발생한 보험사고에 대해 보험자는 보험금 지급책임을 지게 된다. 따라서 자동해제되는 위의 경우와 달리 계속보험료의 부지급에 있어서 보험자의 해지권 행사가 중요하다.[272] 한편 타인을 위한 보험계약과 같이 보험계약자와 피보험자(또는 보험수익자)가 다른 때에는 상법 제650조 제3항에 따라 보험자는 타인에게도 상당한 기간을 정하여 보험료의 지급을 최고하여야 한다.[273]

(다) 최고와 해지권의 행사요건

① 보험계약자의 귀책사유에 의한 계속보험료의 납입불이행   약정한 시기에 계속보험료가 납입되지 않아야 하며 부지급의 원인이 보험계약자 측의 귀책사유에 의한 것이

---

270) 최기원, 247면; 한기정, 368-369면.
271) 정동윤, 545면.
272) 정찬형, 634-635면; 양승규, 156면.
273) 대판 2003. 2. 11, 2002다64872.

어야 한다. 예를 들어 보험자가 보험료를 방문수금하기로 약정하였는데 보험회사의 보험
설계사 등이 보험계약자를 방문하지 않은 경우 또는 보험료 액수에 대해 다툼이 있는 관
계로 보험계약자가 계속보험료를 지급하지 않은 경우에 보험계약자는 계속보험료 납입불
이행에 대한 책임이 없다고 해석된다. 즉 보험자 측의 귀책사유에 의해 계속보험료가 지
급되지 않고 있다면 보험자는 보험계약을 해지할 수 없는 것으로 해석된다.274) 판례에 따
르면 보험료율에 대해 당사자간에 다툼이 있어 보험계약자가 계속보험료 지급을 지체하는
경우에 보험계약자의 귀책을 인정할 수 없다고 한다.275) 체약대리점이 제1회 보험료를 수
령하면서 그 후의 계속보험료를 약속어음으로 받아 이를 횡령하였다면 보험자는 계속보험
료를 수령한 것으로 해석된다.276)

> ### [대법원 1991. 7. 9. 선고 91다12875 판결]
>
> 〈사실관계〉
>
> 원고는 피고회사와 보험계약을 체결하고 보험료는 분할납입하기로 하였는데, 원고는 제2회 보
> 험료를 납입할 무렵에 이르러 원고에게 적용된 보험료율이 다른 보험회사보다 높게 잘못 책정되
> 어 있어 제1회 보험료를 초과부담한 사실을 알고, 피고회사에게 초과지급한 보험료의 환급과 보
> 험료율의 시정을 수차 요구하였다. 그러나 피고회사는 이에 응하지 않았고 원고도 제2회 보험료
> 를 납입하지 아니하여 서로 다툼이 있게 되었다. 결국 피고회사는 원고의 주장을 받아들여 원고
> 가 제2회 보험료를 원래의 납입유예기간 이후에 납입하였는데, 납입 당일 사고가 발생하자 피고
> 회사는 원고의 보험료 납입지연으로 인해 보험금을 지급할 수 없다고 하였다.
>
> 〈주요 판시내용〉
>
> 보험계약자가 제2회 보험료를 납입기일 내에 납입하지 아니한 것은 보험자가 보험료율을 타사에
> 비하여 높게 잘못 책정함으로써 다툼이 있어 왔고, 그로 인하여 보험자의 보험설계사가 제2회 보
> 험료를 징수하러 가지도 아니하였고, 결국 보험자가 보험계약자의 항의를 이유있는 것으로 받아들
> 여 그 보험료율을 보험계약자의 요구대로 시정하여 보험계약자는 보험자의 직원들이 찾아온 때에
> 바로 제2회 보험료를 납입하였으므로 보험계약자의 보험료 납입지연에 어떠한 잘못이 있다고 할
> 수 없고, 뿐만 아니라 위와 같은 사정하에서 보험자가 위 보험의 유효기간을 소급하여 기재해 준
> 것은 면책기간에 관한 위 특별약관의 적용을 배제하여 위 보험계약의 실효를 인정하지 아니하고
> 제2회 보험료를 제때에 납입한 것으로 인정해 주는 취지라고 해석함이 상당하고, 따라서 보험자는
> 보험계약자에게 위 사고로 인한 보험금을 지급할 의무가 있다.

---

274) 최준선, 148-149면; 양승규 156면; 임용수, 179면.
275) 대판 1991. 7. 9, 91다12875.
276) 대판 1987. 12. 8, 87다카1793, 1794; 임용수, 179면; 정동윤, 543면; 정찬형, 635면 각주 4; 양승규,
   156-157면.

② 상당한 기간의 최고와 해지의사표시

(a) 최　　고　　계속보험료가 약정한 시기에 지급되지 아니한 때에는 보험자는 상당한 기간을 정하여 보험료지급의무자에게 최고하고 그 기간 내에 지급되지 아니한 때에는 그 계약을 해지할 수 있다(제650조 제2항). '최고(催告)'라는 것은 보험료지급의무자에게 계속보험료를 지급하도록 보험자가 요구하는 의사의 통지이다. 최고의 방법에는 제한이 없으나 실무에서는 등기우편 등의 서면이나 녹음방식에 의한 전화를 통한 최고 방식을 취하고 있다. 최고 여부에 관한 분쟁에 대비하여 입증을 위해서이다. 납입최고를 했다는 사실 및 그 후 해지의 의사표시가 있었다는 사실에 대한 입증은 제도의 취지상 보험자가 부담하기 때문이다.277) 보험계약자가 계속보험료 지급지체 사실을 알고 있는 경우에도 최고를 해야 한다. 지급을 독촉하고 지급기일을 상기시키는 것이 최고의 목적이기 때문이다. 다만 보험계약자가 계속보험료를 지급하지 않겠다는 뜻을 명확히 밝힌 경우에는 최고가 사실상 불필요한 경우이므로 이때에는 최고 없이 계약을 해지할 수 있을 것이다. 또한 계속보험료가 지체된 상황에서 보험자와 보험계약자가 계약을 해지하는 것에 합의가 되었다면 최고는 필요 없다고 해석된다.278) 최고는 계속보험료가 약정한 시기에 지급되지 않을 때에 할 수 있다. 따라서 계속보험료의 납입기일이 아직 도래하기도 전에 미리 최고를 하는 것은 제650조 제2항에서 말하는 최고라 할 수 없다. 이는 단순히 보험료 납입기일을 알려주는 통지에 불과하다고 해석해야 할 것이다. 최고를 하면서 상당한 기간(최고기간)을 정하게 되는데 그 기간은 최고가 보험계약자에게 도달된 날의 다음 날로부터 기산된다. 만약 이와 달리 그 최고기간이 계속보험료의 납입기일을 기준으로 하여 시작하도록 약관에서 정하였다면 이는 제650조 제2항의 취지에 반한다고 해석해야 할 것이다. 어느 정도의 기간을 상당한 기간으로 볼 것인가는 거래의 통념에 따라 정하면 되는데, 보험기간이 1년 미만인 계약에서는 1주, 그 외의 경우는 보통 2주 이상의 기간이면 별 문제가 없다는 견해가 있다.279) 납입최고와 해지에 대한 안내를 우편으로 하는 경우에 내용증명우편이나 등기우편 방식을 보통우편 방식과 동일하게 볼 수 없다. 판례는 등기우편이나 내용증명우편으로 발송한 경우에 반송 등이 없다면 우편물은 그 무렵 수취인에게 배달된 것으로 보고 있다.280) 그러나 보통우편의 방법으로 발송되었을 때 반송되지 않았다는 사실만으로 상당한 기간 내에 그 최고서의 도달이 추정된다고 볼 수 없다고 해석된다. 법원은 송달의 효력을 주장하는 보험자가 도달사실을 입증하여야 한다고 판시하고 있

---

277) 양승규, 157면; 임용수, 179면; 한기정, 369면.
278) 同旨: 임용수, 179면, 184면.
279) 양승규, 157면. 2009년 개정된 독일보험계약법 제38조 제1항에서는 "계속보험료가 제때에 납입되지 않은 경우 보험자는 보험계약자에게 문서형식으로 적어도 2주간에 해당하는 지급기한을 정할 수 있다"고 정하고 있다.
280) 대판 1992. 3. 27, 91누3819; 대판 1969. 3. 25, 69다2449.

다.281) 약관에서는 서면으로 알리는 방법으로 특별히 등기우편의 방식을 명기하고 있다.

생명보험표준약관 제10조에 따르면 계약자(보험수익자가 계약자와 다른 경우 보험수익자를 포함)는 주소 또는 연락처가 변경된 경우에는 지체없이 그 변경 내용을 회사에 알려야 하며, 계약자 또는 보험수익자가 그 변경 내용을 알리지 않은 경우에는 계약자 또는 보험수익자가 회사에 알린 최종의 주소 또는 연락처로 등기우편 등 우편물에 대한 기록이 남는 방법으로 알린 사항은 일반적으로 도달에 필요한 시일이 지난 때에 계약자 또는 보험수익자에게 도달된 것으로 보고 있다. 물론 이 규정은 보험자의 과실로 보험계약자의 새로운 주소 등을 알지 못한 경우에는 적용되지 않는다. 다시 말해 이 규정은 보험자가 과실 없이 보험계약자 또는 피보험자의 주소 등 소재를 알지 못한 경우에 한하여 적용되는 것이다. 그런데 보험계약자 측이 주소변경이나 전화번호 변경을 보험자에 통지하지 아니하였다는 사유만으로는 보험계약의 해지에 필요한 최고절차가 면제되는 것으로 볼 수 없다.282)

(b) 해지예고부 최고　　　제650조 제2항의 문언을 충실히 해석하면 계속보험료의 납입지체가 있는 경우 보험자는 최고와 해지의 의사표시 모두를 해야 하는데, 실무에서는 납입최고를 하면서 최고기간 안에 계속보험료가 납입되지 않으면 보험계약은 별도의 의사표시 없이 그 기간의 경과시 자동으로 해지된다는 뜻을 미리 알려주는 이른바 '해지예고부 최고'가 이용되기도 한다. 해지예고부 최고는 1995년 대법원 전원합의체에 의해 그때까지 업계에서 사용하던 실효약관의 효력이 무효로 판시되면서 업계에서 이를 대체하는 형식으로 등장하게 되었다. 엄격히 해석할 때 해지예고부 최고는 제650조 제2항을 충실히 준수하는 것은 아니다. 왜냐하면 제650조 제2항은 해지의 의사표시를 별도로 할 것을 요구하기 때문이다. 따라서 해지예고부 최고의 유효성 여부가 문제될 수 있는데 일반적으로 그 효력이 인정되고 있다. 해지예고부 최고를 유효로 해석하는 이유는 제650조 제2항에서 해지의 의사표시를 했는가의 유무가 중요한 것이 아니라 보험계약자에게 상당한 유예기간을 주면서 보험료 지급을 최고했는가의 문제가 핵심적 내용이기 때문이다. 제650조 제2항의 중요한 입법취지가 상당한 기간 동안에 계속보험료를 납입할 수 있는 기회를 제공하려는 것으로 판단되므로 이러한 목적을 달성할 수 있을 정도의 상당한 기간을 보장하는 것이라면 해지예고부 최고의 효력은 인정될 수 있다고 여겨진다.283) 해지예고부 최고는 최고기간 내에 보험료지급이 불이행되는 것을 정지조건으로 하는 해지의 의사표시로서 보험계약자에게 특별히 불이익을 주지 않는다고 볼 수 있다.284) 판례도 그 효력을 인정하고 있다.285)

281) 대판 2009. 12. 10, 2007두20140; 대판 2002. 7. 26, 2000다25002; 대판 2003. 2. 28, 2002다74022.
282) 대판 1997. 7. 25, 97다18479.
283) 최준선, 152면; 양승규, 157면; 임용수, 180면.
284) 한기정, 373면.
285) 대판 2002. 2. 5, 2001다70559; 대판 2003. 4. 11, 2002다69419; 대판 1970. 9. 29, 70다1508(보험계약이 아닌 일반계약에서 해제조건부 납입최고를 유효한 것으로 보았다); 대판 1979. 9. 25, 79다1135. 그러나 김성

최고기간 내의 보험사고에 대해서는 보험자의 책임이 인정된다. 실무적으로 최고절차에 많은 시간과 비용이 소요되는 것이 사실이다. 특히 통지가 도달되었는가에 대해 많은 분쟁이 야기되고 있다. 도달에 대한 입증책임은 보험자가 부담하게 되는데 이에 관한 입증은 현실적으로 쉽지 않다. 그 해결방안으로 보험자가 보험계약자에게 등기우편으로 최고를 한 경우에 통상적인 우송기간이 경과하게 되면 도달의 효력을 인정하는 이른바 '도달의제' 제도의 도입을 고려할 수 있을 것이다.286)

[대법원 2003. 4. 11. 선고 2002다69419 판결]

〈주요 판시내용〉

상법 제650조 제2항의 취지가 보험자가 보험계약자에게 보험료미납사실을 알려주어 이를 납부할 기회를 줌으로써 불측의 손해를 방지하고자 하는 것임에 비추어 보험자가 보험계약을 해지하기 위해서는 반드시 최고와 해지의 의사표시를 별도로 하여야 한다고 볼 것은 아니고 보험료의 납입을 최고하면서 보험료가 납입되지 않고 납입유예기간을 경과하면 별도의 의사표시 없이 보험계약이 해지된다는 취지의 통지(해지예고부 납입최고) 역시 그것이 상당한 기간을 정한 최고이고 그 최고기간의 종기가 약관이 정한 납입유예기간의 종기보다 앞선 것이 아니라면 최고기간 내의 불이행을 정지조건으로 하는 해지의 의사표시로서 특별히 계약자에게 불이익을 주지 않으므로 유효하다(同旨: 대판 2002. 2. 5, 2001다70559; 대판 2005. 6. 9, 2005다19408).

(c) 약관의 규정   생명보험표준약관에서는 계약자가 제2회 이후의 보험료를 납입기일까지 납입하지 아니하여 보험료 납입이 연체 중인 경우에 회사는 14일(보험기간이 1년 미만인 경우에는 7일) 이상의 기간을 납입최고기간으로 정하여 계약자(타인을 위한 보험계약의 경우 특정된 보험수익자를 포함)에게 납입최고기간 내에 연체보험료를 납입하여야 한다는 내용과 납입최고기간이 끝나는 날까지 보험료를 납입하지 아니할 경우 납입최고기간이 끝나는 날의 다음날에 계약이 해지된다는 내용을 서면(등기우편 등), 전화(음성녹음) 또는 전자문서 등으로 알려야 한다고 정하고 있다. 해지 전에 발생한 보험사고에 대하여 회사는 보상하여 주며 위에 따라 계약이 해지된 경우에는 해지환급금을 지급한다고 규정하고 있다. 또한 회사가 위 납입최고 등을 전자문서로 안내하고자 할 경우에는 계약자의 서면동의, 전자서명법 제2조 제2호에 따른 전자서명 또는 동법 제2조 제3호에

태, 307면에서는 실효약관에 대한 대법원의 엄격한 해석을 고려할 때 해지예고부 최고의 효력을 인정하기 어렵다고 해석한다.

286) 同旨: 장경환, "실효조항의 효력", 상법사례연습(최기원 편저, 제2판), 2000, 619-620면. 보험계약자가 계속보험료를 약정된 기일에 지급하지 않고 최고를 통해 후에 지급한 경우에 최고절차에 소요된 비용을 보험계약자가 부담하도록 하는 것을 고려할 수 있다고 설명하기도 한다.

따른 공인전자서명으로 동의를 얻어 수신확인을 조건으로 전자문서를 송신하여야 하며, 계약자가 전자문서에 대하여 수신을 확인하기 전까지는 그 전자문서는 송신되지 아니한 것으로 보고 있다. 전자문서가 수신되지 아니한 것을 회사가 확인한 경우에는 위 납입최고 기간을 설정하여 위 내용을 서면(등기우편 등) 또는 전화(음성녹음)로 다시 알리도록 하고 있다.287)

[대법원 2000. 10. 10. 선고 99다35379 판결]

〈사실관계〉

원고는 피고회사와 사이에 원고 소유의 차량에 대하여 개인용 자동차종합보험계약을 체결하면서 보험료 합계 금 669,850원 중 제1회분 금 492,960원은 계약 당일에, 나머지 금 176,890원은 약정 후일에 각 지급하기로 약정하였다. 보험료 분할납입 특별약관 규정에 의하면 보험계약자가 약정한 납입일자까지 제2회 이후의 분할보험료를 납입하지 아니한 때에는 약정한 납입일자로부터 30일간의 납입최고기간을 두고, 그 납입최고기간 안에 분할보험료를 납입하지 아니하는 때에는 납입최고기간이 끝나는 날의 24시부터 보험계약이 해지되며, 보험계약자가 약정한 납입일자까지 분할보험료를 납입하지 아니한 경우 회사는 보험계약자 및 기명피보험자에게 납입최고기간이 끝나는 날 이전에 서면으로 최고하되, 이때 보험계약자 또는 피보험자가 주소변경을 통보하지 않는 한 보험증권에 기재된 보험계약자 또는 기명피보험자의 주소를 회사의 의사표시를 수령할 지정장소로 한다고 규정하고 있다. 원고가 주소를 보험증권에 기재된 주소에서 다른 곳으로 옮기고도 피고에게 주소변경을 통지하지 않은 채 제2회 분납보험료를 납부하지 아니하여, 피고회사는 약관 규정에 따라 보험증권에 기재된 원고의 종전 주소로 보험료납입최고서를 발송하였으나 반송되었다.

〈주요 판시내용〉

약관의규제에관한법률 제12조 제3호는 의사표시에 관하여 정하고 있는 약관의 내용 중 고객의 이익에 중대한 영향을 미치는 사업자의 의사표시가 상당한 이유 없이 고객에게 도달된 것으로 보는 조항은 무효로 한다고 규정하고 있는데, 보험계약자 또는 피보험자가 개인용자동차보험 보통약관에 따라 주소변경을 통보하지 않는 한 보험증권에 기재된 보험계약자 또는 기명피보험자의 주소를 보험회사의 의사표시를 수령할 지정장소로 한다고 규정하고 있는 개인용자동차보험 특별약관의 보험료 분할납입 특별약관 제3조 제3항 후단을 문언 그대로 보아 보험회사가 보험계약자 또는 피보험자의 변경된 주소 등 소재를 알았거나 혹은 보통 일반인의 주의만 하였더라면 그 변경된 주소 등 소재를 알 수 있었음에도 불구하고 이를 게을리한 과실이 있어 알지 못한 경우에도 보험계약자 또는 피보험자가 주소변경을 통보하지 않는 한 보험증권에 기재된 종전 주소를 보험회사의 의사표시를 수령할 지정장소로 하여 보험계약의 해지나 보험료의 납입최고를 할 수 있다고 해석하게 되는 경우에는 위 특별약관 조항은 고객의 이익에 중대한 영향을 미치는 사업자의 의사표시가 상당한 이유 없이 고객에게 도달된 것으로 보는 조항에 해당하는 것으로서 위 약관의규제에

---

287) 생명보험표준약관 제26조.

관한법률의 규정에 따라 무효라 할 것이고, 따라서 위 특별약관 조항은 위와 같은 무효의 경우를 제외하고 보험회사가 과실 없이 보험계약자 또는 피보험자의 변경된 주소 등 소재를 알지 못하는 경우에 한하여 적용되는 것이라고 해석하여야 한다(同旨: 대판 2003. 2. 11, 2002다64872).

[대법원 1997. 7. 25. 선고 97다18479 판결]

⟨사실관계⟩

원고는 피고회사와 분납보험료 납입 방식으로 자동차보험계약을 체결하였다. 약관에 보험계약자가 약정한 납입기일까지 제2회 이후의 분할보험료를 납입하지 아니할 때에는 납입일자로부터 14일간의 납입유예기간을 두어 그 유예기간 안에 생긴 사고에 대하여는 보상을 하나 유예기간이 끝나는 날의 24시부터는 보험계약의 효력이 상실된다고 규정하고 있다. 원고는 보험기간 중 이사를 하고 전화번호도 변경하였으며 제2회분의 보험료를 납입기일까지 납입하지 아니하던 중 원고의 아들이 피보험자동차를 운전하다가 이 사건 사고를 일으켰다. 원고가 제2회분 보험료를 납입하지 않아 보험계약이 위 유예기간이 만료된 날 실효되었다고 피고회사는 주장하였다.

⟨주요 판시내용⟩

상법 제663조 전단 규정의 취지에 비추어 보면 피보험자가 주소 변경이나 전화번호 변경을 보험회사에 통지하지 아니하였다는 사유만으로는 보험계약의 해지에 필요한 상법 규정의 위 최고절차가 면제되는 것으로 볼 수 없으므로 보험회사가 보험계약을 실효 처리함에 있어 그 전후를 통하여 상법 제650조 제2항 소정의 최고 절차를 취하였다고 인정할 만한 증거가 없는 경우, 보험회사의 보험계약에 대한 실효 처리는 무효이다.

　　(d) 제650조 제3항 해석　　　제650조 제3항은 타인을 위한 보험의 경우 보험계약자가 보험료의 지급을 지체한 때에 보험자는 그 타인에게도 상당한 기간을 정하여 보험료의 지급을 최고한 후가 아니면 계약을 해제 또는 해지하지 못한다고 정하고 있다. 타인을 위한 보험의 경우 계속보험료의 납입지체가 있는 경우 상당한 기간을 정하여 먼저 보험계약자에게 최고하고 최고기간 내에 계속보험료가 여전히 납입되지 않은 때에 보충적으로 피보험자 또는 보험수익자인 타인에게도 똑같이 상당한 기간을 정하여 최고해야 된다는 것이다.[288]

　　제650조 제3항은 '계약을 해제 또는 해지하지 못한다'고 규정하고 있는데, 계약의 해제가 문제되는 경우는 제650조 제1항이다. 제650조 제3항이 계속보험료의 부지급의 경우에 적용된다는 점은 의문의 여지가 없는데, 이 조항이 최초보험료의 부지급의 경우에도 적용되는지에 대해 의견이 나뉜다. 보험계약자가 계약성립 후 2월이 경과할 때까지 제1회 보험료를 지급하지 않아 계약이 (자동)해제된 상황에서 그 계약이 타인을 위한 보험인 경

---

288) 임용수, 182면; 정희철, 398면; 정찬형, 635면.

우에 다시 그 타인에게 최고를 해야 하는 것인지 의문이 제기된다. 타인을 위한 보험계약의 경우 제650조 제1항과 제650조 제3항은 보험료지급 지체의 법적 효과가 서로 충돌되는 것으로 보이고 있다.

이에 대해 제650조 제3항의 문언대로 타인을 위한 보험의 경우에는 보험계약자가 계약성립 후 2월 안에 제1회 보험료를 지급하지 않아도 자동해제되지 않으며 보험자가 그 타인에게 상당한 기간을 정하여 최고하여야만 해제될 수 있다고 해석하는 견해가 있다. 즉 제650조 제3항의 규정은 타인을 위한 보험계약에서 보험계약자의 계속보험료의 지급지체의 경우뿐만 아니라 보험계약자의 최초보험료의 지급지체의 경우(해제의제)에도 적용된다고 해석하는 것이다. 즉 타인을 위한 보험에서 최초보험료가 지급되지 않은 경우엔 제650조 제1항은 적용되지 않고 동조 제3항만 적용된다는 견해이다. 그 근거로 제650조 제1항은 당사자가 달리 정할 수 있는 임의규정이지만, 제650조 제3항은 편면적 강행규정이라는 점, 제650조 제3항에서 계속보험료 뿐만 아니라 최초보험료도 포함될 수 있도록 '보험료'라는 용어를 특별히 사용한 점, 제650조 제3항이 '해제 또는 해지하지 못한다'고 규정함으로써 해제의제가 적용되지 않도록 한 것을 들고 있다.[289]

그러나 이렇게 해석하면 자기를 위한 보험의 경우와 균형이 맞지 않는다. 일반적으로 최초의 보험료를 지급하지 아니하면 보험자의 책임조차 개시되지 않는데, 타인을 위한 보험의 경우에는 보험자로 하여금 2월이 경과하기를 기다린 후 다시 타인에게 최고를 하여야만 해제할 수 있도록 해석함은 보험자에게 지나친 부담을 주는 것이라 할 수 있다.[290] 타인을 위한 보험의 경우에도 보험계약자가 보험계약 성립 후 2월이 경과할 때까지 제1회 보험료를 지급하지 않았다면 제650조 제1항 규정에 의해 계약이 해제된 것으로 간주될 것인데, 그렇다면 이미 해제된 계약에 대해 타인에게 또다시 최고를 하도록 한 제650조 제3항의 규정은 제1항의 내용과 충돌된다. 생각건대 제650조 제3항은 타인을 위한 보험계약에서 보험계약자가 계속보험료에 대한 지급지체가 있는 경우에 적용되며, 보험계약자가 최초보험료인 제1회 보험료를 지급하지 않는 경우엔 제650조 제1항이 적용되는 것으로 해석함이 타당할 것이다.[291]

한편 타인을 위한 보험에서 계속보험료가 약정한 시기에 지급되지 않아 보험계약자에게 납입최고를 하는 경우 동시에 타인에게도 같은 기간을 정하여 납입최고를 하여 납입을 독촉하였다면 이는 제650조 제3항의 취지와 모순되는 것으로 해석해야 할 것이다. 비록 제650조 제3항이 명시적으로 보험계약자가 보험료 지급을 지체하여 납입최고를 하고 그 후에도 이행이 이루어지지 않으면 타인에게 보험료 지급의무가 발생하는 것으로 규정하고

289) 한기정, 367면; 이기수/최병규/김인현, 156면; 양승규, 155면; 최기원, 249면.
290) 정동윤, 543면; 임용수, 215면.
291) 임용수, 215면.

있지는 않지만, 보험계약자가 1차적으로 보험료 지급의무를 부담하며 타인은 타인을 위한 보험계약의 특성상 2차적 보험료 지급의무자로 해석함이 타당하다.292) 보험계약자의 보험료지급의무가 이행되지 않을 것이 확실하게 된 경우에 비로소 피보험자나 보험수익자에게 제2차적으로 납입최고를 해야 하는 것으로 해석함이 타당할 것이다. 보험료 지급의무는 제1차적으로 보험계약자가 부담하는 것이며 피보험자나 보험수익자는 보충적으로 그 의무를 부담하는 것임을 고려할 때 보험계약자에 대한 최고기간이 끝날 때를 기다리지 않은 채 피보험자나 보험수익자에게도 동시에 납입최고를 하는 것은 제650조 제3항의 취지에 맞지 않는다고 할 것이다.293)

③ 해지의 효과　　최고가 보험계약자에게 도달된 때부터 정해진 기간이 경과할 때까지 보험료의 지급이 없을 때 보험자는 보험계약 해지의 의사표시를 하여야 한다. 해지의 의사표시는 보험자의 일방적인 의사표시로서 보험계약자에게 도달하여야만 그 효력이 생긴다. 다만 해지예고부 최고가 이용되고 있다면 최고기간 경과 후에 해지를 위한 별도의 의사표시는 필요 없을 것이다. 보험계약이 해지되면 보험계약의 효력은 상실되는데 해지의 효과는 원칙적으로 장래에 향하여만 있게 된다. 따라서 해지가 된 이후부터는 보험사고가 발생하더라도 보험자에겐 보험금을 지급할 의무가 없다. 기왕에 담보된 보험료기간에 대해서는 보험자는 보험계약자로부터 보험료를 받을 수 있다.294) 미경과보험료가 있으면 이는 보험계약자에게 반환하여야 한다.

그런데 제655조 본문은 해지의 효과로서 예외적으로 소급적 효력도 인정하고 있는데 여기에 주의할 점이 있다. 조문에 따르면 고지의무위반, 위험변경증가 통지의무 위반, 고의 또는 중과실로 인한 위험증가 및 보험료의 지급지체를 이유로 보험계약이 해지된 경우 이미 지급한 보험금이 있으면 그 보험금의 반환을 청구할 수 있다고 규정하고 있다. 즉 해지 이전에 발생한 보험사고에 대해서도 면책을 규정하고 있다. 그러나 계속보험료가 납입지체 되기 이전의 보험사고에 대해 지급된 보험금에 대해서는 반환을 청구할 수 없다고 해석해야 할 것이다.295) 이에 대한 조문 표현의 변경이 필요하다. 판례도 이에 대한 수정해석을 하고 있다.296)

---

292) 반대: 한기정, 370면.
293) 이에 관하여 동시에 납입최고하는 것이 모순되지 않는다고 했던 제1판(2011년)에서의 의견을 변경한다. 임용수, 182면; 최기원, 249면.
294) 최준선, 149면.
295) 同旨: 정찬형, 636면; 임용수, 183면.
296) 대판 2001. 4. 10, 99다67413.

[대법원 2001. 4. 10. 선고 99다67413 판결]

〈사실관계〉

원고회사는 피고들의 월납 공제료 미납을 이유로 피고들과의 각 공제계약을 해지하였다. 그런데 원고회사는 이에 그치지 않고 미납 이전에 일어난 공제사고에 대하여 원고회사가 이미 지급한 공제금의 반환도 청구하였다.

〈주요 판시내용〉

상법 제655조 본문은 보험사고가 발생한 후에도 보험자가 제650조의 규정에 의하여 계약을 해지한 때에는 이미 지급한 보험금액의 반환을 청구할 수 있다고 되어 있어, 법문의 외양상으로는 계속보험료(월납분담금) 미지급에 따른 상법 제650조 제2항의 규정에 의한 계약해지의 경우에도 이미 지급한 보험금액의 반환을 청구할 수 있는 것으로 되어 있으나, 상법 제650조 제2항이 보험계약자를 보호하기 위하여 계속보험료가 연체된 경우에 상당한 최고기간을 둔 다음 해지하도록 규정하고 있는 점 등에 비추어 볼 때, 계속보험료의 연체로 인하여 보험계약이 해지된 경우에는 보험자는 계약해지시로부터 더 이상 보험금을 지급할 의무만을 면할 뿐, 계속보험료의 연체가 없었던 기간에 발생한 보험사고에 대하여 이미 보험계약자가 취득한 보험보호를 소급하여 사라지게 하는 것이 아니므로, 보험자는 보험계약자에 대하여 이미 지급한 보험금의 반환을 구할 수 없다 할 것이다.

계속보험료의 지급지체 이후 보험자에 의한 해지 이전에 보험사고가 발생한 경우 보험자의 보험금지급책임을 인정해야 하는가의 문제가 있다. 해지권 행사 이전 최고기간 동안의 납입유예기간의 취지를 고려할 때 보험자의 보험금지급책임은 유효하게 존재하는 것으로 해석해야 한다.[297] 보험자로서는 지급보험금액에서 납입 지체된 보험료 상당액을 공제하고 지급하면 될 것이다.

한편 계속보험료의 부지급을 이유로 제650조 제2항에 따라 보험계약이 해지되고 해지환급금이 아직 보험계약자에게 지급되지 않은 경우에 보험계약자는 일정한 기간 내에 연체된 보험료와 약정이자를 지급하면서 보험계약의 부활을 청구할 수 있는 보험계약의 부활제도가 있다(제650조의2) 이에 대해서는 후술한다.

㈔ 실효약관

① 실효약관의 의의   보험계약자가 계속보험료를 약정한 지급기일까지 지급하지 않는 경우에 그 지급기일로부터 보험자가 지급유예해 준 일정한 기간이 경과할 때까지 계속보험료를 여전히 지급하지 않게 되면 제650조 제2항에서 규정하고 있는 최고와 해지의 절차를 거치지 않고 자동적으로 보험계약의 효력을 상실하는 것으로 정한 보험약관의 조항을 실효약관(실효조항)이라 한다. 지급유예기간 안에 보험사고가 발생하게 되면 비록 계

---

297) 同旨: 한기정, 377면.

속보험료의 지급이 없더라도 보험자가 유예해 준 효과로 인해 보험자는 보험금 지급책임을 부담하게 된다. 이러한 실효약관 내용이 계속보험료의 부지급시 상당한 기간을 정하여 최고하고 그래도 계속보험료가 지급되지 않는 경우에 해지할 수 있도록 한 제650조 제2항과 비교하여 제663조(불이익변경금지의 원칙)를 위반하여 그 효력이 무효가 아닌가 하는 문제가 제기된다.298)

② 학   설

(a) 실효약관 유효설   실효약관의 효력을 인정하는 주요 논거로 최고절차에 따르면 등기우편 또는 내용증명우편등의 비용이 들고 이는 보험료 인상으로 이어질 수 있는 등의 문제가 있으므로 보험단체 전체의 이익을 고려하여야 한다는 점, 분할보험료 납입은 보험계약자의 편의 도모를 위한 것인 점, 이미 일정한 유예기간을 허락한 점, 대량적으로 보험계약을 다루어야 하는 보험실무의 특수한 상황을 고려하여야 한다는 점을 들고 있다. 즉 일정한 기간을 유예하여 주었음에도 불구하고 보험계약자의 귀책사유로 인해 계속보험료를 지급하지 않는 경우에 보험자가 계약해지의 절차를 밟지 않았다고 하여 그 후의 보험사고에 대해서 보험자의 책임을 인정하는 것은 개별적인 보험계약자, 즉 계속보험료를 지급하지 않은 당해 보험계약자에게는 이익이 될 수 있겠으나, 보험단체 전체적으로 볼 때는 이익이 되지 않는 것이 되므로 실효약관의 효력은 인정되어야 한다고 해석한다.299) 또한 보험계약의 단체적 성격으로 인해 실효조항의 효력을 인정한다고 하더라도 보험계약자를 보호하기 위해서는 실효조항에 의해 인정되는 유예기간이 제650조 제2항에 의해 부여되는 기간(최고와 해지의 절차를 밟는 데 필요한 기간)보다 장기간이 되어야 함을 강조하는 견해도 있다.300)

---

298) 또한 계속보험료를 미지급하고 있는 기간 동안에 발생한 보험사고에 대해 보험자가 면책된다고 정한 약관상의 면책조항에 대해서도 마찬가지이다. 최준선, 149-150면.

299) 최기원, 251면; 김성태, 306-307면(특히 기업보험에서는 실효약관의 효력을 인정할 수 있다); 양승규, 159면; 서돈각/정완용, 387면; 장경환, "상법 제650조 제2항과 실효약관", 보험법연구 3, 1999, 205-223면 (실효약관을 무효로 보는 대법원판례는 사전통지를 하는 실무관행을 무시하고 제650조 제2항의 규정에만 기초하여 결과적으로 중복 통지를 요구하는 불편함을 초래한다고 비판한다); 同人, "보험약관상의 실효약관의 효력", 사법행정, 1991. 10, 23면(다만 개별보험계약자를 위하여 실효약관상의 유예기간이 제650조 제2항의 절차를 밟을 때의 기간보다 길어야 한다고 설명한다); 정희철, 398면; 양해환, "상법 제663조 불이익변경금지원칙 적용에 있어서 문제점(최고제도와 관련하여)", 기업법연구 제8집, 2001, 79-100면(상법 제650조 제2항에 대한 입법론적 제안으로 상당한 기간을 2주 정도의 구체적 기간으로 정하고 해지조건부 최고를 인정하며 민법 제544조 단서규정을 원용하여 추가로 규정할 것을 주장한다); 정찬형, 635면.

300) 장경환, "실효조항의 효력", 상법사례연습(최기원 편저, 제2판), 2000, 616-617면. 구체적으로 보험기간이 1년을 초과하는 생명보험이나 장기저축성 손해보험의 경우에는 2주 이상, 보험기간이 1년 이하인 자동차보험 등 단기보험에서는 1주 이상을 제650조 제2항에서 말하는 최고에서 정해야 하는 상당한 기간으로 보고 있다. 또한 우편에 의해 서신이 도달하는 것이 보통 발송일로부터 3일정도 소요되므로 최고와 해지의 통지가 보험계약자에게 도달하기 위해서는 각각 3일 정도가 소요된다고 풀이하면서 따라서 장기보험에서는 최소 20일, 단기보험에서는 최소 13일보다 장기간의 유예기간이 실효조항에 의해 인정되어야 한다고 설명하고 있다.

(b) 실효약관 무효설   반면에 제650조 제2항에서 해지를 하나의 요건으로 특별히 규정하고 있는 것을 고려할 때 최고와 해지의 절차를 배제한 실효약관은 제663조 위반으로 보험계약자 등에게 불이익하게 변경된 것으로 해석해야 하고 따라서 무효로 보아야한다는 견해가 있다.301)

③ 판   례   판례는 과거 유예기간을 둔 실효약관에 대해서 유효로 해석하거나, 유예기간이 없는 실효약관에 대해서는 유효로 본 것과 무효로 해석한 것으로 그 견해가 나뉘었으나,302) 현재는 전원합의체 판결 이후 일관하여 무효설을 취하고 있다.303) 공정거래위원회에서도 실효약관은 무효라고 의결된 바가 있다.304)

[대법원 1995. 11. 16. 선고 94다56852 전원합의체 판결]

〈사실관계〉

원고는 피고회사와 보험계약을 체결하면서 보험료분할납입특약을 하였는데 제2회 분납보험료를 납입하지 아니하던 중 사고가 발생하였다. 이에 피고회사는 "보험계약자가 약정한 납입기한까지 제2회 분납보험료를 납입하지 아니하는 경우에는 그 날로부터 14일간의 납입유예기간을 두어그 기간 안에 생긴 사고에 대하여는 보험금을 지급하되 그 기간이 경과하도록 그 보험료를 납입하지 아니하는 때에는 그 기간 말일의 24시부터 보험계약은 효력을 상실하고 또 이와 같이 보험계약의 효력이 상실된 후 30일 안에 보험계약자가 보험계약의 부활을 청구하고 미납한 제2회 분납보험료를 납입한 때에는 보험계약은 유효하게 계속되나 위 효력상실시부터 미납보험료 납입일 24시까지에 생긴 사고에 대하여는 보상하지 아니한다"고 규정된 약관을 이유로 면책을 주장하였다.

〈주요 판시내용〉

제650조는 보험료가 적당한 시기에 지급되지 아니한 때에는 보험자는 상당한 기간을 정하여보험계약자에게 최고하고 그 기간 내에 지급하지 아니한 때에는 계약을 해지할 수 있도록 규정하고, 같은 법 제663조는 위 규정을 보험당사자 간의 특약으로 보험계약자 또는 보험수익자의 불이익으로 변경하지 못한다고 규정하고 있으므로, 분납 보험료가 소정의 시기에 납입되지 아니하였음을 이유로 그와 같은 절차를 거치지 아니하고 막바로 보험계약이 해지되거나 실효됨을 규정하

---

301) 채이식, 85면; 최준선, 150면; 임용수, 185면; 정동윤, 544면; 장덕조, 191면; 이기수/최병규/김인현, 158
    면; 강위두/임재호, 643면; 한기정, 375면.
302) 유효로 본 것으로 대판 1992. 11. 27, 92다16218; 대판 1977. 9. 13, 77다329(생명보험약관에서의 실효조
    항); 대판 1987. 6. 23, 86다카2995(자동차보험 보험료분할 납입 특별약관에서의 실효조항) 등이 있다. 반면
    에 무효로 본 것으로는 대판 1992. 11. 24, 92다23629; 대판 1995. 10. 13, 94다19280(이 판결은 전원합의체
    판결에 의하지 않은 채 대판 1992. 11. 27, 92다16218 판결을 번복함) 등이 있다.
303) 대판 1995. 11. 16, 94다56852(전원합의체); 대판 1997. 7. 25, 97다18479; 대판 2002. 7. 26, 2000다25002;
    대판 1996. 12. 10, 96다37848; 대판 1996. 12. 20, 96다23818; 대판 2000. 4. 11, 99다53223; 대판 2001. 6. 29,
    2000다64953.
304) 공정거래위 의결 1994. 8. 25, 94-264; 1995. 7. 20, 95-135; 정동윤, 544면.

고 보험자의 보험금지급 책임을 면하도록 규정한 보험약관은 위 상법의 규정에 위배되어 무효라고 보아야 할 것이다.

[대법원 1996. 12. 20. 선고 96다23818 판결]

〈사실관계〉

원고는 피고회사와 원고 소유의 어선에 관하여 공제계약을 체결하면서 계약 당일 제1회 공제료를 납입하고 이후에 제2, 3회 공제료를 납입하기로 약정하였다. 그런데 이 공제계약에는 제2회 이후의 분납 공제료에 대하여는 약정 납입기일의 다음날부터 14일간의 납입유예기간을 두고 원고가 분납 공제료를 납입하지 아니하면 유예기간이 끝나는 날의 다음날부터 공제계약은 효력을 상실하되, 공제계약이 실효된 후에도 납입기일이 경과한 미납입 공제료를 납입한 때에는 공제계약은 유효하게 계속되고 다만 피고는 공제계약의 효력이 상실된 때로부터 미납입 분납 공제료 수납일까지 사이에 발생한 사고에 대하여는 보상책임을 부담하지 아니한다는 내용의 실효약관이 규정되어 있었다. 이후 원고가 제2회 공제료를 납입하지 않고 있던 중 원고의 어선이 침몰하였고, 이에 원고는 밀린 공제료를 납부하면서 이 사건 실효약관은 상법 제650조 제2항을 보험계약자에게 불리하게 변경한 것으로 무효라고 주장하면서 공제금을 청구하였다. 원심은 원고의 주장에 대해 이 사건 공제계약은 해상보험이므로 상법 제663조 단서에 의해 불이익변경금지 규정이 적용되지 않는다고 하였다.

〈주요 판시내용〉

이 사건 어선공제는 항해에 수반되는 해상위험으로 인하여 피공제자의 어선에 생긴 손해를 담보하는 것인 점에서 해상보험에 유사한 것이라고 할 수 있으나, 기록에 의하면 위 어선공제는 피고 수산업협동조합중앙회가 실시하는 비영리 공제사업의 하나로 소형 어선을 소유하며 연안어업 또는 근해어업에 종사하는 다수의 영세어민들을 주된 가입대상자로 하고 있는 사실을 알 수 있는바, 사정이 이와 같다면 이 사건 어선공제는 공제계약 당사자들의 계약교섭력이 대등한 기업보험적인 성격을 지니고 있다고 보기는 어렵고 오히려 공제가입자들의 경제력이 미약하여 공제계약 체결에 있어서 공제가입자들의 이익보호를 위한 법적 배려가 여전히 요구된다 할 것이므로, 위에서 본 상법 제663조 단서의 입법취지에 비추어 이 사건 어선공제에는 불이익변경금지원칙의 적용을 배제하지 아니함이 상당하다 할 것이다. 그렇다면 분납 공제료가 소정의 시기에 납입되지 아니하였음을 이유로 상법 제650조 제2항 소정의 절차를 거치지 아니하고 곧바로 공제계약이 실효됨을 규정한 이 사건 실효약관은 상법 제663조의 규정에 위배되어 무효라고 보아야 할 것이다.

※ 본 사안에서 어선공제를 해상보험의 일종으로 본다면, 불이익변경금지의 원칙이 적용되지 않으므로(제663조 단서) 실효약관은 그 효력을 인정할 수 있을 것이다. 그러나 제663조 단서가 적용되지 않는 어선공제로 본다면, 실효약관의 효력을 인정할 수 없고 따라서 공제금은 지급되어야 한다.

④ 비   판   생각건대 제650조 제2항이 개정되지 않는 한 제663조와의 관계에서 실효약관의 효력을 그대로 인정하기는 어렵다고 생각된다. 제650조 제2항에 의하면 보험자는 계속보험료가 약정된 지급기일에 지급되지 않았다는 점, 지급최고의 통지가 보험계약자에게 도달되었다는 사실, 최고에서 정한 기간이 상당하다는 점, 그 기간경과 후에 해지의 통지를 하고 이러한 해지의 의사표시가 보험계약자에게 도달되었다는 사실을 입증해야만 지급책임을 면할 수 있다. 그러나 실효조항에 의하면 유예기간이 경과할 때까지 여전히 계속보험료가 지급되지 않았다는 사실만 입증하면 충분하다. 결과적으로 법이 정한 최고와 해지의 통지를 받음으로 인해 계약을 존속시킬 수 있는 기회를 실효약관으로 인해 보험계약자는 상실할 수 있다는 점에서 실효약관은 분명 보험계약자에게 불리한 내용이다. 보험계약의 단체적 성질을 무시할 수는 없으나 그 단체적 성질로 인해 법률에서 명시적으로 정한 내용까지도 변경할 수 있다고 해석해야 할 법적 근거는 없다. 또한 보험료 분납 방식이 보험계약자에게 유리한 면이 있는 것은 분명하지만 동시에 보험계약자에게 납입에 대한 편의를 제공함으로써 보험계약의 체결을 유인하는 방법으로 이용될 수도 있기 때문에 보험자의 영업에도 유리한 면이 있는 것도 사실이다.305) 한편 납입최고는 하였으나 약관상 상당한 유예기간의 설정이 없었고 해지의 의사표시도 없었다면 이러한 실효약관 역시 무효라 해석된다.

⑤ 책임면제약관조항(면책조항)의 효력   책임면제약관조항이란 계속보험료가 연체되더라도 보험계약관계는 그대로 존속시키되 보험료 미지급기간 동안에는 보험자의 보험금 지급책임을 면하도록 규정한 약관조항을 말한다. 해지예고부 최고가 최고기간이라는 유예기간을 두면서 최고기간의 만료로 보험계약이 종료되는 반면에, 책임면제약관조항은 계속보험료의 지체가 있으면 유예기간 없이 바로 보험자를 면책시키되 보험계약의 효력은 지속시키는 차이가 있다. 책임면제약관조항에 대해 대법원은 그 효력을 부인하고 있다.306) 전원합의체 판결 이전에도 대법원은 "분납보험료 연체기간 중 발생한 보험사고에 대하여 보험계약은 존속하나 보험금 지급책임이 면책된다는 보험약관은 보험가입자에게는 보험계약의 해지와 실질적으로 동일한 효과가 있으므로 실질적으로 상법 제650조의 규정에 위배되는 결과를 초래하여 상법 제663조에 의하여 보험가입자에게 불이익한 범위 안에서는 무효"라고 하여 책임면제약관조항의 효력을 부인한 바 있다.307)

㈒ 기   타

보험료 납입이 부담돼 연체 위험이 있는 경우에 자동대출납입이나 보험료 감액을 활

---

305) 최준선, "실효약관의 효력", 상법사례연습(하)(제3판), 2001, 291-292면; 심상무, "계속보험료 납입지체에 관한 유예기간부 실효조항의 효력", 상사법연구 제12집, 1993, 275-276면.
306) 대판 1995. 11. 16, 94다56852.
307) 대판 1992. 11. 24, 92다23629.

용하여 보험계약을 유지하는 방법도 있다. 자동대출납입은 보험료 미납시 해약환급금 범
위 내에서 대출을 받아 보험료를 납입하는 제도이다. 반면 보험료 감액은 계약 내용을 변
경해 보험금과 보험료를 동시에 줄일 수 있는 방법이다. 이 경우 감액된 부분에 대해서는
계약이 해지된 것으로 처리되고 보험자가 해지환급금을 지급한다.308)

(6) 소멸시효

2015년 개정 보험법에 따르면 보험자의 보험료청구권은 2년간 행사하지 아니하면 시
효의 완성으로 소멸한다. 그 기산점은 최초보험료의 경우에는 지급시기를 정했으면 그 시
기가 기산점이며, 그 시기를 정하지 않았다면 보험계약이 성립한 때가 기산점이라 할 수
있다. 계속보험료의 경우에는 당사자가 약정한 각 보험료 지급기일의 익일이다(제650조).
보험료채권의 지급확보를 위해 수표가 수수된 경우 수표금 채권에 대한 소송상의 청구가
있게 되면 보험료채권의 소멸시효에 대한 중단의 효력이 있다.309)

2. 위험변경 · 증가와 관련된 의무

보험계약이 체결된 이후에 위험이 현저하게 변경되거나 증가되는 경우가 발생할 수
있다. 이렇게 되면 계약에서 산정된 위험과 실제의 위험이 다르게 되는 문제가 발생한다.
보험자 입장에서는 사고발생 가능성이 높아진 것을 그대로 수용할 수는 없는 일이다. 보
험계약을 더 이상 유지하지 않는 것이 유리할 수도 있고, 보험계약을 유지하더라도 담보
범위나 보험료의 크기 등 보험계약의 조건을 변경할 필요성도 발생하게 된다. 이에 관련
된 조문이 제652조, 제653조 및 제655조이다.

(1) 위험변경 · 증가 통지의무

㈎ 의   의

보험기간 중에 보험계약자 또는 피보험자가 사고발생의 위험이 현저하게 변경 또는
증가된 사실을 안 때에는 지체없이 보험자에게 통지하여야 한다(제652조 제1항). 위험의 변
경 또는 증가가 보험계약자 또는 피보험자의 고의나 중과실에 의하지 아니하고 발생한 경
우를 대상으로 한다. 사고발생에 영향을 미치지 않는 경미한 위험의 변경이나 증가는 통
지대상이 아니다. 보험계약을 체결하기 전에 보험자는 위험의 크기를 산정한 후, 위험의
인수 여부 및 인수할 경우의 보험료를 결정하게 되는데, 이렇게 산정된 위험이 보험기간
중에 현저하게 변경 또는 증가되었다면 종래의 보험계약을 그대로 유지하는 것은 보험계

---

308) 한국경제, "수술받았는데 보험금 못 준다니…낭패본 이유가 발칵", 2024. 9. 28. 기사 참조
309) 대판 1961. 11. 9, 4293民上748; 최준선, 153면; 정찬형, 637면; 양승규, 160면; 임용수, 186면.

약의 단체성에 반할 수 있다. 보험자로서는 변경 또는 증가된 위험, 즉 사고발생의 가능성을 새롭게 산정하여 보험료를 재조정하거나 재보험에 가입하는 등의 대처방안이 요구되는데, 이에 대한 정보는 보험의 목적을 지배하거나 관리하는 보험계약자나 피보험자가 가지고 있게 된다. 따라서 보험계약자 등에게 본 통지의무를 부과함으로써 보험자로 하여금 새롭게 변한 위험에 적극적으로 대처하도록 하려는 것이 본 의무의 취지이다.[310]

통지수령권은 보험자와 대리인 및 체약대리상이 가진다. 계약체결에 대한 대리권이 없는 보험설계사 또는 보험중개사는 통지를 수령할 권한이 없다. 이들이 통지의무의 대상인 위험이 현저하게 변경 또는 증가된 사실을 알았다고 해도 이를 가지고 보험자가 알았다고 동일시할 수는 없다.[311] 물론 보험자가 별도로 보험설계사나 보험중개사에게 통지수령권한을 부여했다면 통지수령권을 가질 수 있다. 이러한 수권을 받지 못한 보험중개사는 보험계약에 관한 고지 또는 통지수령권한이 없다는 것을 기재한 서면을 미리 보험계약자에게 교부하고 설명해야 한다.[312] 인보험의 보험수익자는 통지의무자로 볼 수 없다. 제646조의2 제1항 제3호를 보면 보험대리상은 통지수령권이 인정되는데, 동조 제2항에서 제1항의 권한 중 일부를 제한할 수 있다고 규정하고 있다. 이는 계약체결 대리권과 통지수령권이 없는 중개대리상을 간접적으로 규정한 것이라 할 수 있다. 다만 보험자는 이러한 권한 제한을 이유로 선의의 보험계약자에게 대항할 수는 없다. 보험계약자 입장에서는 상대방이 체약대리상인지 아니면 중개대리상인지 알 수 없다. 만약 그 상대방이 단순히 중개라는 사실행위만을 하는 중개대리상이라면 고지수령권도 없고 통지수령권도 없어서 보험계약자가 이들에게 고지의무 또는 통지의무를 이행하더라도 법적으로 보호를 받지 못하게 된다. 이러한 불합리한 점을 감안하여 보험자는 대리상에 대한 권한 제한을 이유로 선의의 보험계약자에게 대항할 수 없다고 특별히 규정하여 선의의 보험계약자를 보호하고 있다.

[대법원 2006. 6. 30. 선고 2006다19672, 19689 판결]

〈주요 판시내용〉

보험설계사는 특정 보험자를 위하여 보험계약의 체결을 중개하는 자일 뿐 보험자를 대리하여 보험계약을 체결할 권한이 없고 보험계약자 또는 피보험자가 보험자에 대하여 하는 고지나 통지를 수령할 권한도 없으므로, 보험설계사가 통지의무의 대상인 '보험사고발생의 위험이 현저하게 변경 또는 증가된 사실'을 알았다고 하더라도 이로써 곧 보험자가 위와 같은 사실을 알았다고 볼 수는 없다.

---

310) 대판 1992. 7. 10, 92다13301; 최준선, 155면; 임용수, 187면; 정희철, 399면; 정찬형, 641면; 양승규, 161면.
311) 대판 2006. 6. 30, 2006다19672; 최준선, 161면.
312) 보험업법 제92조 제1항; 동법시행령 제41조 제3항 2호; 동법시행규칙 제24조 제1호.

[대법원 1998. 11. 27. 선고 98다32564 판결]

〈사실관계〉

피고는 원고회사와 보험계약 체결 당시 보험설계사에게 장차 트럭에 크레인을 장착할 예정임을 알려주었으나 그 후 크레인 장착을 완료한 사실을 원고회사에 통지하지 않았고, 보험설계사 역시 위 보험계약 체결 당시 보험계약자에게 구조변경 후 그 사실을 보험자에게 서면으로 알리고 보험증권에 보험자의 승인을 받아 할증된 보험료를 추가로 납입하여야 한다는 약관의 내용을 제대로 설명하지 않은 사안에서, 원고회사가 통지의무 위반을 이유로 면책을 주장하였다.

〈주요 판시내용〉

자동차보험에 있어서는 피보험자동차의 용도와 차종뿐만 아니라 그 구조에 따라서도 보험의 인수 여부와 보험료율이 달리 정하여지는 것이므로 보험계약 체결 후에 피보험자동차의 구조가 현저히 변경된 경우에는 그러한 사항이 계약 체결 당시에 존재하고 있었다면 보험자가 보험계약을 체결하지 않았거나 적어도 그 보험료로는 보험을 인수하지 않았을 것으로 인정되는 사실에 해당하여 상법 제652조 소정의 통지의무의 대상이 되고, 따라서 보험계약자나 피보험자가 이를 해태할 경우 보험자는 바로 상법 규정에 의하여 자동차보험계약을 해지할 수 있다.

보험계약자가 보험계약 체결 당시 보험설계사에게 장차 트럭에 크레인을 장착할 예정임을 알려주었으나 그 후 크레인 장착을 완료한 사실을 보험자에게 통지하지 않았고, 보험설계사에 불과한 자에게 피보험차량에 크레인을 장착할 예정이라는 사실을 알려주었을 뿐이라면, 일반적으로 보험설계사가 독자적으로 보험자를 대리하여 보험계약을 체결할 권한이 없을 뿐만 아니라 고지 내지 통지의 수령권한도 없는 점에 비추어볼 때 그로써 피보험차량의 구조변경에 관한 통지의무를 다한 것이라고 할 수 없으므로, 보험계약자가 나아가 보험계약 체결 후에 보험자에게 크레인 장착을 완료한 사실을 통지하지 아니한 이상, 이는 보험계약자가 상법 제652조 소정의 통지의무를 해태한 것이라고 할 것이다.

(나) 법적 성질과 근거

보험계약자가 본 통지의무를 이행함으로써 계약해지를 당하는 불이익한 결과를 피할 수 있고, 불이행하더라도 보험자가 이를 강제할 수는 없다는 점에 비추어 볼 때, 본 통지의무의 법적 성질은 간접의무로 봄이 통설적 해석이다.[313] 본 의무가 요구되는 근거는 보험료 산출과 보험의 단체성을 건전하게 유지하기 위해서 위험의 크기를 정확히 산정해야 한다는 기술적 측면 및 일반 계약법상의 사정변경의 원칙이라고 해석된다.[314] 본 통지의무가 보험계약자 측에게 부과되는 이유는 이에 관한 정보의 대부분이 보험계약자 측의 지

---

313) 서돈각/정완용, 391면; 양승규, 161면; 김성태, 311면, 최기원, 256면; 임용수, 187면; 정찬형, 641면; 정동윤, 546면; 이기수/최병규/김인현, 158면; 정희철, 399면.
314) 최준선, 156면.

배 영역에 있기 때문이다.315)

(다) 발생요건

① 보험기간 중의 위험의 현저한 변경 또는 증가　　제652조 제1항에 따르면, 위험의 현저한 변경 또는 증가가 '보험기간 중에' 발생한 것이어야 한다. 즉 위험의 현저한 변경 또는 증가가 계약이 체결된 이후에 발생 또는 변경되어야 한다. 독일 보험계약법에서는 보험계약자가 청약의 의사표시 시점까지 알고 있는 것을 고지의무의 대상으로 하고 있고, 청약의 의사표시 시점 이후 알게 된 사정을 위험증가 통지의무의 대상으로 하고 있다.316) 보험계약이 체결(성립)되기 전에 존재하던 위험에 대해서는 제651조의 고지의무의 대상이 된다. 그런데 본 조항의 '보험기간 중에'라는 문구는 '보험계약 체결 이후에'로 바꾸는 것이 보다 정확한 표현이라 할 것이다. 그 이유는 일반적으로 보험기간이라 함은 보험자의 책임이 부과되는 '책임기간'을 의미하는데 경우에 따라서는 보험계약이 체결된 이후에도 보험기간(책임기간)이 곧바로 개시되지 않을 수도 있기 때문이다. 즉 보험계약의 체결 후 보험기간(책임기간)의 개시 전에 위험의 현저한 변경 또는 증가가 있는 경우에도 이에 대한 통지를 필요로 하기 때문이다.317)

② 계약 체결 전의 위험증가 사실을 계약 체결 후에 알게 된 경우　　계약체결 전에 이미 존재하였던 위험의 현저한 변경 또는 증가사실을 계약 체결 후에 비로소 보험계약자가 알게 된 경우에는, 비록 보험기간 중에 발생한 위험의 현저한 변경 또는 증가는 아니지만 보험자의 입장에서 볼 때 위험의 인수 여부의 재고려 또는 보험료의 재산정 필요성이 있는 점을 감안하여 제652조의 통지의무의 대상이 된다고 할 수 있다.318) 이에 대해 우리 보험법상 고지의무가 청약시 뿐만 아니라 청약시 이후 계약 체결시까지 요구되는 것이므로 보험계약 체결 이전의 위험변경증가 사실은 고지의무 대상이 되는 것으로 보아야 한다는 해석이 있다.319) 그러나 해당 위험변경증가 사실을 계약 체결 후에 보험계약자가 알게 되었다면 이는 고지의무의 대상이 될 수 없다. 고지의무는 계약 체결 시점까지 보험계약자가 알고 있는 것을 그 대상으로 하기 때문이다. 이는 통지의무 대상으로 보는 것이 타당하다고 여겨진다. 보험계약의 선의성에 의해서도 비록 보험기간 중에 발생한 것은 아니지만 이에 대한 통지가 요구된다고 할 수 있다.

③ 고지의무 위반과 통지의무 위반의 중첩적용 문제　　피보험자의 직업과 같은 중

---

315) 대판 1992. 7. 10, 92다13301.

316) 독일 보험계약법 제19조 제1항 및 제23조 제3항.

317) 정동윤, 545면. 반면에 최준선, 156-157면에서는 '보험기간 중에'라는 표현을 '보험계약 청약 후'로 변경할 것을 제안하고 있다. 이에 대해 한기정, 392면에서 고지의무와 위험변경증가 통지의무는 연계시키는 것이 법리에 맞다고 하면서, 고지의무가 보험계약 체결 당시를 기준으로 하는 상황에서 위험변경증가에 대해서만 보험계약의 청약시로 변경하는 것은 지지하기 어렵다고 한다.

318) 양승규, 162면; 김성태, 315-316면; 채이식, 92면; 임용수, 188면.

319) 한기정, 393면.

요한 사실에 대해 부실고지가 이루어진 상태에서 보험계약이 체결된 경우에 계약 체결 후에 자신의 정확한 직업에 대해 통지를 해야 할 의무가 피보험자에게 부과되는가의 문제가 있다. 예를 들어 건설 현장에서 일하는 일용직 노동자가 사망보험계약을 체결하면서 자신의 직업을 사무관리직이라고 고지하고 계약을 체결한 경우를 예로 들어보자. 통상적으로 건설 현장 일용직 노동자는 근무 중 재해 또는 상해사고의 위험이 높으므로 해당 보험가입이 어렵거나 보험료가 비싸다. 계약 체결 후에 피보험자가 건설 현장에서 작업 중 추락하여 사망사고를 당했고 유족들은 사망보험금을 청구한 사건에서 보험자는 피보험자에게 직업 위험에 관한 변경을 알릴 의무가 있는데 피보험자가 측이 이를 위반했으니 이는 통지의무 위반이며 계약 해지사유가 된다고 하면서 보험금 지급을 거절했다. 대법원은 피보험자가 계약 체결 전에 고지의무를 위반한 것은 맞지만, 계약 도중에 직업이 변경된 것은 아니기 때문에 통지의무 위반은 아니라고 판단했다. 통지의무는 보험기간 중의 위험의 현저한 변경과 증가를 대상으로 하는데, 보험계약 기간 동안에 실제 직업이 변경되지 않았다면 피보험자의 실제 직업이 보험회사에 고지된 직업과 다르더라도 상법상 통지의무를 위반했다고 볼 수 없다는 것이다. 한편 고지의무 위반이 있더라도 만약 해지권 행사기간이 이미 경과되었다면 보험자는 계약을 해지할 수 없다고 판단했다.320) 이러한 판단은 소비자 보호 측면에서 고지의무와 통지의무에 관한 제651조와 제652조를 단순히 문리해석한 것이라 할 수 있다.

   대법원의 이러한 해석은 비판의 여지가 많다. 이 문제는 보험계약 체결 후 3년이 지나 고지의무에 대한 제척기간이 경과한 경우에, 보험자가 통지의무 위반을 이유로 계약을 해지하고 면책될 수 있는 것인지가 쟁점사항이다. 유사한 쟁점을 다룬 다른 사건들에서 하급심 판결은 결론이 나누어진다. 고지의무 위반과 통지의무 위반의 경합(중첩적용)을 인정한 사건으로 상해보험계약 체결 이전부터 오토바이를 사용했고, 보험가입 이후에도 이에 대해 통지하지 않은 채 계속 사용하다가 교통사고로 사망한 사건에서 법원은 제척기간이 경과한 고지의무 위반에 통지의무 위반이 흡수되지 않는다고 하면서 고지의무 위반과 통지의무 위반이 경합될 수 있음을 인정하였다.321) 또 다른 사건의 하급심에서 피보험자가 보험계약 체결 이전에도 오토바이를 사용하였다고 하더라도 이로써 보험기간 동안 준수하여야 할 통지의무가 당연히 면제되거나, 보험계약 체결 이후에도 오토바이를 계속적으로 사용하였다는 사실이 보험계약 체결 당시나 그 이전에 존재한 사유에 편입되어 제척기간의 제약을 받는 고지의무의 대상에 흡수된다고 볼 것은 아니라고 판단하면서 통지의무 위반으로 인한 보험계약의 해지를 인정하였다. 즉 고지의무 위반의 제척기간이 경과되

---

320) 대판 2024. 6. 27, 2024다219766. 다른 사건에서 일부 하급심 판결도 동일하게 판단하였다. 서울중앙지법 2023. 11. 27, 2023가단5089336; 서울중앙지법 2023. 7. 20, 2022가단5317676.
321) 서울중앙지법 2019. 5. 17, 2017나86240.

었어도 이와 무관하게 통지의무는 그대로 존재한다고 판단한 것이다.[322] 반면 이러한 해석과 달리 통지의무가 발생하기 위해서는 보험계약자가 '보험계약 체결 이후' 오토바이를 직접 사용함으로써 위험이 증가된 경우여야 하며, 만약 보험계약자가 보험계약 체결 당시 이미 오토바이를 사용하고 있었다면 이는 보험기간 중 위험이 증가된 경우에 해당되지 않아 통지의무가 발생하지 않는다고 판단한 것도 있다.[323] 통지의무가 요구되기 위해서는 계약 체결 후 발생한 위험증가여야 하는데 보험계약 체결 당시 이미 오토바이를 사용했으므로 보험기간 도중 발생한 위험증가에 해당되지 않는다고 보아 고지의무 위반의 제척기간이 경과하게 되면 통지의무는 없다고 해석한 것이다.

　　대법원 2024. 6. 27, 2024다219766 사건은 위에서 언급한 여러 하급심 판결들 중에서 고지의무 위반의 제척기간이 경과하게 되면 통지의무는 없다고 해석한 것과 동일한 입장이다.[324] 대법원 해석대로라면 보험계약 체결 전에 이미 존재했던 위험변경 증가 행위를 숨기고 고지하지 않은 채 제척기간 3년만 경과하게 되면 보험자는 고지의무 위반을 주장할 수도 없고, '보험기간 중'에 사고발생의 위험이 현저하게 변경 또는 증가된 경우에 해당되지 않으므로 통지의무 위반도 주장할 수 없다고 해석된다. 이렇게 되면 고지의무를 위반한 보험계약자가 고지의무를 제대로 고지한 보험계약자 보다 훨씬 우대되는 부당한 결과를 초래하게 된다. 위 대법원 판단은 재고되어야 한다.

　　④ 보험계약자 등의 사실인지　　보험계약자 등에게 본 의무를 부과하기 위해서는 위험이 보험계약 체결 이후에 현저하게 변경되거나 증가되었다는 사실을 보험계약자나 피보험자가 알았어야 하며,[325] 그러한 사실을 안 이후에는 지체없이 보험자에게 통지하여야 한다. 위험의 변경 또는 증가 사실을 다른 사람이 알았더라도 보험계약자와 피보험자가 이를 알지 못했다면 통지의무를 부담하지 않는다. 어떻게 알았는가는 불문한다. 따라서 위험의 현저한 변경이나 증가 사실을 보험계약자 등이 스스로 알게 된 경우뿐만 아니라 알지 못했던 것을 다른 사람이 이를 알려주어 알게 된 것도 포함한다. 보험계약자 등이 어떠한 상태의 변경 등을 알았다고 해도 그것이 위험의 현저한 변경이나 증가인 것으로 인식하지 못한 때에는 통지의무가 없다. 이러한 측면에서 볼 때 보험계약자와 피보험자가 위험의 현저한 변경과 증가에 대한 적극적인 탐지의무를 갖는 것이라고는 할 수 없다. 보험자가 이미 위험의 변경이나 증가사실을 알고 있다면 보험계약자 등은 이를 통지할 의무가 없다고 해석된다.[326]

---

322) 부산지법 2022. 9. 10, 2021가단337652.
323) 전주지법 남원지원 2015. 5. 6, 2014가단3284; 서울중앙지법 2023. 11. 27, 2023가단5089336; 서울중앙지법 2023. 7. 20, 2022가단5317676.
324) 이 사건의 제1심 법원(광주지법 2023. 9. 14, 2022가합50361)과 제2심 법원(광주고법 2024. 1. 24, 2023나25826)의 판단은 대법원 판단과 같다.
325) 김성태, 315면; 최기원, 265면.
326) 대판 2000. 7. 4, 98다62909, 62916; 정찬형, 641면; 임용수, 190면; 최준선, 161면; 양승규, 162면.

[대법원 2000. 7. 4. 선고 98다62909, 62916 판결]

〈사실관계〉

피고는 원고회사와 건물 화재보험계약을 체결한 후 공사를 하였고, 공사 중 화재가 발생하였다. 그런데 화재보험계약의 보통약관 제9조는 "보험계약자나 피보험자는 보험계약을 맺은 후 보험의 목적 또는 보험의 목적을 수용하는 건물의 구조를 변경·개축·증축하거나 계속하여 15일 이상 수선하는 경우에는 지체 없이 서면으로 보험자에게 알리고 보험증권에 확인을 받아야 한다고 규정하고 있고, 제11조는 제9조에 정한 계약 후 알릴 의무를 이행하지 아니하였을 때는 보험자가 계약을 해지할 수 있으며, 다만 보험자가 그 사실을 안 때로부터 1개월이 지났거나 보험자의 중대한 과실로 알지 못한 때에는 계약을 해지할 수 없다"고 규정하고 있다. 피고는 3층 바닥부분을 증축하여 관람 및 집회근린 생활시설로 용도변경하기 위해 공사를 시작하였는데 공사 중 인부의 부주의로 인해 화재가 발생하여 건물 일부가 소실되었다. 원고회사는 피고가 공사에 착수하였음을 서면으로 통지하지 아니하였으므로 화재보험계약을 해지한다는 뜻을 통지하였다. 그런데 이러한 사실에 대해 보험대리인은 알았거나 중대한 과실로 알지 못한 상황이었다.

〈주요 판시내용〉

화재보험계약을 체결하고 난 뒤 피보험건물의 구조와 용도에 상당한 변경을 가져오는 증축 또는 개축공사를 하였다면 이는 제652조의 통지의무 대상이 된다고 할 수 있다. 따라서 보험계약자 등이 통지의무를 해태한 경우 보험자는 보험계약을 해지할 수 있다. 다만 보험계약자 또는 피보험자의 통지가 없었다고 하더라도 보험대리인이 피보험 건물의 증·개축공사와 이로 인한 보험사고 발생의 위험이 현저하게 증가된 사실을 알았거나 중대한 과실로 알지 못하였다고 볼 수 있는 상황이라면 보험자는 보험계약을 해지할 수 없다.

⑤ 동일보험자와 다수 보험계약 체결시 1개 계약에 대한 통지의무 이행을 다른 계약에 대한 통지의무 이행으로 볼 수 있는가?　　　　보험계약자가 특정 보험자와 ○○보험계약을 먼저 체결한 상태에서 동일한 보험자와 다른 종류의 보험계약을 체결했고 그 후에 피보험자 직업 변경 사실을 보험설계사를 통해 보험자에게 통지한 경우 이러한 통지가 먼저 체결된 ○○보험계약에 대해서도 통지의무를 이행한 것으로 볼 수 있는가의 문제가 있다. 대법원은 보험계약자로서는 담당 보험설계사에게 직업 변경 사실을 통지하면서 나중에 체결한 보험계약과 피보험자에 대한 정보를 공유하는 ○○보험계약에 대해서도 보험자에게 통지가 이루어진다고 믿었을 것이며, 보험계약자가 피보험자의 직업변경 사실을 알릴 당시에 나중에 체결한 보험계약만을 특정한 것으로 보이지는 않으며, 보험설계사는 보험계약자가 나중에 체결한 보험계약 외에 ○○계약에 가입되어 있고 거기에도 변경 전 직업으로 기재되어 있다는 점을 알고 있었던 것으로 볼 수 있다는 이유로 ○○계약에 대해서도 보험자에게 직업변경 사실의 통지가 이행한 것으로 해석함이 타당하다고 판단하

였다.327)

㈃ 위험의 현저한 변경 및 증가

① 위험의 현저한 변경 및 증가의 의미   제652조상의 위험은 일반적으로 사고발생의 가능성(개연성)을 의미한다. 현저한 변경 또는 증가가 무엇인가에 대해 아무런 규정이 없다. 생각건대 위험의 현저한 변경이나 증가의 의미는 고지의무에 있어서 중요한 사항의 개념과 유사한 것으로 이해해도 무방할 것이다.328) 사고발생의 위험이 '현저하게 변경 또는 증가된 사실'이란 그 변경 또는 증가된 위험이 보험계약의 체결 당시에 존재하고 있었다면 보험자가 보험계약을 체결하지 않았거나 적어도 동일한 조건 또는 그 보험료로는 보험을 인수하지 않았을 것으로 인정되는 사실을 말한다고 해석할 수 있으며 이는 객관적으로 판단되어야 할 것이다.329) 통설도 마찬가지이다. 보험계약자나 피보험자가 현저한 위험변경증가를 알았다는 의미는 어떤 사실이나 상태가 변경되었다는 것을 알았을 뿐만 아니라 그 변경으로 인해 보험자가 처음에 인수했던 위험이 현저하게 변경 또는 증가되었다는 사실까지 인식해야 함을 의미한다.330) 이는 고지의무를 해석함에 있어서 고지사실에 대한 인식뿐만 아니라 고지해야 할 중요한 사실에 해당된다는 것을 인식해야 한다는 것과 같은 취지에서,331) 위험변경증가 사실 뿐만 아니라 그것이 통지해야 할 사실이라는 것까지 보험계약자의 인식의 대상으로 보는 것이다. 또한 위험변경증가가 계속되는 중 보험계약자 측이 이 사실을 알게 된 경우에도 통지의무를 부담하게 된다. 이미 소멸되었다면 이는 통지대상이 아니라고 해야 한다.332)

예를 들어 甲이 乙 보험회사와 아들 丙을 피보험자로 하여 丙이 상해로 후유장해를 입을 경우 보험금을 지급받는 보험계약을 체결한 이후에 丙이 운전면허를 취득하여 오토바이를 운전하다가 두개골 골절 등 상해를 입자 후유장해에 대한 보험금 지급을 청구하였는데, 乙 회사가 오토바이 운전에 따른 위험의 증가를 통지하지 않았다는 이유로 甲에게 보험계약 해지의사를 표시한 사안에서, 보험청약서에 오토바이 소유 또는 운전 여부를 묻

---

327) 대판 2024. 11. 28, 2022다238633; 이준교, "2024년 손해보험 분쟁 관련 주요 대법원 판결 및 시사점 (上)", 손해보험, 2025년 1월, 손해보험협회, 49면-50면.
328) 同旨: 장덕조, 193면.
329) 대판 2014. 7. 24, 2013다217108; 대판 2011. 7. 28, 2011다23743; 대판 2004. 6. 11, 2003다18494; 대판 1996. 7. 26, 95다52505; 대판 2000. 7. 4, 98다62909; 대판 1998. 11. 27, 98다32564; 대판 1997. 9. 5, 95다25268; 대판 2003. 11. 13, 2001다49630; 정찬형, 638면 각주 4; 양승규, 161면; 최준선, 157면; 임용수, 188면; 정동윤, 545-546면. 반면 채이식, 92면에서는 위험의 현저한 변경 또는 증가사실을 이처럼 확대해석해서는 곤란하며 이보다 범위를 좁게 잡아 일반적으로 보험자가 예상할 수 없는 돌발적인 사건이 발생한 경우에 한한다고 새기는 것이 타당하다고 해석한다.
330) 대판 2014. 7. 24, 2012다62318; 대판 2014. 7. 24, 2013다217108; 사법연수원, 보험법연구, 57면; 최준선, 157면.
331) 한기정, 394면.
332) 한기정, 394면.

는 질문이 있었던 점 등에 비추어 보험계약 체결 당시 丙이 오토바이 운전을 하였다면 乙 회사가 보험계약을 체결하지 않았거나 적어도 그 보험료로는 보험을 인수하지 않았을 것이라고 추정되는 점, 丙이 위 사고 이전에 오토바이 사고를 당한 적이 있는 점, 甲은 보험 청약서의 오토바이 소유 또는 운전 여부를 묻는 질문에 '아니오'라고 대답함으로써 오토바이 운전이 보험인수나 보험료 결정에 영향을 미친다는 점을 알게 되었다고 보이는 점 등에 비추어 보면, 甲은 丙의 오토바이 운전 사실과 그것이 보험사고 발생 위험의 현저한 변경·증가에 해당한다는 것을 알았다고 보이고 丙의 오토바이 운전 사실을 乙 회사에 통지하지 않아 상법 제652조 제1항에서 정한 통지의무를 위반하였으므로, 乙 회사는 상법 제652조 제1항에서 정한 해지권을 행사할 수 있다고 해석된다.[333]

반면 피보험자 측이 직업 변경으로 인해 사고발생의 위험이 현저하게 변경 또는 증가된다는 것을 알았다고 볼 증거가 없다면 보험회사는 직업변경에 대한 통지의무 위반을 이유로 보험계약을 해지할 수는 없다고 해석해야 한다.

[대법원 2014. 7. 24. 선고 2012다62318 판결]

〈주요 판시내용〉

보험기간 중에 보험계약자 또는 피보험자가 사고발생의 위험이 현저하게 변경 또는 증가된 사실을 안 때에는 지체 없이 보험자에게 통지하여야 하는데, 여기서 '사고발생의 위험이 현저하게 변경 또는 증가된 사실'이란 변경 또는 증가된 위험이 보험계약의 체결 당시에 존재하고 있었다면 보험자가 계약을 체결하지 않았거나 적어도 그 보험료로는 보험을 인수하지 않았을 것으로 인정되는 사실을 말하고, '사고발생의 위험이 현저하게 변경 또는 증가된 사실을 안 때'란 특정한 상태의 변경이 있음을 아는 것만으로는 부족하고 그 상태의 변경이 사고발생 위험의 현저한 변경·증가에 해당된다는 것까지 안 때를 의미한다.

[대법원 1992. 11. 10. 선고 91다32503 판결]

〈주요 판시내용〉

상법 제652조, 제653조의 규정취지 등을 종합하여 고려해 볼 때, 위 약관의 면책조항에서 말하는 '위험의 현저한 증가'는 그 증가한 위험이 공제계약 체결당시 존재하였던 거라면 피고가 계약을 체결하지 않았거나 실제의 약정 공제분담금보다 더 고액을 분담금으로 정한 후에야 계약을 체결하였을 정도로 현저하게 위험이 증가된 경우를 가리킨다고 봄이 상당하다 할 것이다.

어떠한 상태의 발생이나 변경이 여기에 해당하는 지는 구체적인 여러 사정을 종합하

---

333) 대판 2014. 7. 24, 2012다62318.

여 판단하여야 할 문제이다. 따라서 평균적 고객의 입장에서 예상하기 어려운 사유를 현저한 위험 증가 사유로써 약관에 규정하고 있다는 등의 특별한 사정이 없는 한, 무엇이 위험의 현저한 변경·증가에 해당되는 지를 보험자가 보험계약 체결시 보험계약자에게 미리 설명하기는 곤란하므로 보험자에게 이에 관한 설명의무가 있다고 볼 수 없다.334) 보험계약자가 보험계약을 체결할 때에는 피보험자가 미성년자였고 오토바이 운전을 하지 않았으나, 그 후 피보험자가 오토바이를 탈 수 있는 나이가 되었고 부모와 따로 살면서 실제로 오토바이를 운전하다가 사고가 발생한 경우가 문제될 수 있다. 보험자는 계약 체결 시에 피보험자인 자녀가 향후 오토바이를 운전하게 되면 이 사실을 자신에게 통지해야 한다는 점을 미리 보험계약자 측에게 설명해야 한다. 보험자로부터 설명을 들은 보험계약자가 피보험자의 오토바이 운전 사실을 알았다면 당연히 보험자에게 통지를 해야 한다. 보험계약자가 중과실로 피보험자의 오토바이 운전사실을 알지 못해 그 사실을 통지하지 못한 경우에도 통지의무 위반으로 해석될 수 있다. 피보험자도 통지의무를 이행해야 하는데 만약 피보험자가 보험계약 체결 사실 자체를 알지 못했다면 그에게 통지의무를 부과할 수는 없을 것이다. 피보험자가 보험계약 체결 사실을 알고는 있었지만 통지의무의 존재 및 오토바이 운전행위가 통지의무의 대상이 된다는 것에 인지를 하지 못한 경우에 통지의무 위반을 묻기는 어려울 것이다. 일반적으로 보험자는 보험계약 체결 시점에 부모인 보험계약자에게는 통지의무에 관한 설명을 하지만, 나이 어린 피보험자에게는 따로 계약 체결 시점이나 그 후에 설명을 해주지는 않는다. 이러한 경우에 약관설명의무 위반에 대한 보험자의 책임을 물을 수는 없을 것이다. 결국 이에 관한 통지의무 이행 여부는 보험계약 체결 사실을 인지하고 있는 피보험자의 나이를 고려하고 관련 상황을 종합적으로 판단하여 법원이 결정해야 할 문제이다.335)

위험의 현저한 변경이나 증가를 보험계약자가 미리 예측할 수 있었는가의 여부는 문제삼지 않는다. 따라서 예측할 수 있었던 위험의 증가가 있더라도 통지해야 한다.336) 견해에 따라서는 위험의 '변경'은 의미가 없는 표현이라고 한다. 일반적으로 '변경'은 '증가' 또는 '감소'를 말하게 되는데 여기에서 위험의 '감소'는 처음부터 제652조와 관련이 없고, '증가'만이 문제될 수 있는데 이미 '증가'에 대해서는 규정이 있다는 이유로 '변경'의 용어를 삭제하고 '위험이 현저하게 증가된 경우에'로 규정함이 타당함을 지적하고 있다.337) 독일 보험계약법이나 일본 보험법에서도 위험의 증가에 대해서만 규정하고 있다.338) 이러한 견

---

334) 대판 2011. 7. 28, 2011다23743.
335) 최병규, "이륜차운전과 통지의무", 경영법률 제29집 제3호, 2019, 308면 및 319면.
336) 최준선, 161면.
337) 노일석, "보험계약에 있어서 위험의 변경·증가", 상사법연구 제5집, 1987, 20면; 손주찬, 557면; 최기원, 256면; 정동윤, 546면.
338) 독일보험계약법 제23조-제27조; 일본 보험법 제29조, 제56조; 한기정, 386면.

해에 대해 '변경'이란 표현이 큰 의미는 없으나 조문에 있더라도 無害한 규정이고 예를 들어 위험의 종류를 변경한 경우에 새롭게 보험계약을 체결하지 않고 기존의 보험자와 이러한 사실에 대해 협의를 하고 변경된 위험에 대한 보험료를 조정하는 등에 편리하게 사용할 수 있는 근거가 될 수 있으므로 현재의 규정 방식에 큰 문제가 있는 것은 아니라는 해석이 있다.339) 그러나 위험 크기의 변경을 규정하고 있는 제652조의 취지를 고려할 때 위험의 '변경'은 삭제함이 타당하다고 여겨진다.

현저한 위험의 변경 또는 증가가 있었는지 여부는 보험목적물의 사용·수익방법의 변경, 보험료율의 주요 결정요소의 변경 등 구체적인 여러 사정을 종합하여 객관적으로 인정·판단하여야 할 것이며 이에 관한 입증책임은 그 존재사실을 들어 보험계약의 해지를 주장하는 보험자가 부담한다. 입증책임을 보험계약자에게 전가시키는 약관의 내용은 제663조의 위반으로 무효로 해석해야 할 것이다.340)

② 일시적인 변경 및 증가　위험이 현저하게 변경되거나 증가된 새로운 상태가 어느 정도 지속적으로 유지·정착되어야 한다. 기존의 위험이 새로운 상태로 정착되어야 하는 것이다.341) 1회성 또는 일시적인 위험 변경이나 증가는 제652조상의 통지대상이 아니다.342) 예를 들어 오토바이 운전자에게 일정한 보장제한을 가하는 경우라면 상당한 기간 동안에 계속적, 반복적으로 오토바이를 운전하는 사람으로 한정하여 보아야 할 것이다.343) 위험의 변경 또는 증가가 단기간 동안이어서 다시 원래의 위험의 크기로 회복될 수 있다고 해도 이는 어쨌든 일시적 위험변경증가가 아니며 변경 또는 증가된 상태가 어느 정도 계속되고 있는 것이어서 이는 통지의 대상이 된다.344) 일시적인 위험이 증가했다가 이미 소멸된 경우는 통지할 필요가 없다고 해석된다.345) 어느 정도가 일시적인지 지속적 또는 계속적인지는 구체적, 개별적으로 판단해야 할 문제이다.

[대법원 1992. 11. 10. 선고 91다32503 판결]

〈주요 판시내용〉

2.5톤 타이탄 화물트럭의 뒷부분에 달린 갈고리 모양의 연결고리에 건설용 컴프레서를 연결하여 이를 견인하면서 위 화물트럭을 운전하다가 사고가 야기된 경우에, 약관상의 면책조항에서 말하는 '위험의 현저한 증가'는 그 증가한 위험이 공제계약 체결당시 존재하였던 거라면 피고가 계

339) 최준선, 157면.
340) 대판 1996. 7. 26, 95다52505; 임용수, 190-191면; 최준선, 161면; 한기정, 386면.
341) 양승규, 162면; 최기원, 258면.
342) 대판 1992. 11. 10, 91다32503.
343) 임용수, 189면.
344) 양승규, 163면; 최준선, 160면.
345) 최준선, 161면; 양승규, 162면.

약을 체결하지 않았거나 실제의 약정 공제분담금보다 더 고액을 분담금으로 정한 후에야 계약을 체결하였을 정도로 현저하게 위험이 증가된 경우를 가리킨다고 봄이 상당하다 할 것이다. 공제분담요율 산정기준으로서의 위험의 개념은 일정상태의 계속적 존재를 전제로 하는 것으로 여겨지므로 일시적으로 위험이 증가되는 경우는 위 약관에서 말하는 위험의 현저한 증가에 포함되지 않는다고 해석하면서 공제사의 면책항변은 배척됨이 타당하다.

③ **귀책사유의 유무**　　위험의 현저한 변경 또는 증가가 보험계약자나 피보험자에 의해 야기된 것이 아니어야 한다. 즉 자연적으로 위험이 현저하게 변경 또는 증가되거나 보험계약자 또는 피보험자와 전혀 연관이 없는 제3자에 의해 야기된 것이어야 한다. 견해에 따라서는 이를 위험의 변경 또는 증가의 원인이 객관적이어야 한다고 설명하기도 한다.346)

④ **구체적 사례**　　회사가 화재보험의 보험계약자인데 회사 소속 근로자들이 폐업신고에 항의하면서 화재보험의 목적인 공장건물을 상당기간 점거하여 외부인의 출입을 차단하고 농성하는 행위는 보험목적물 또는 이를 수용하는 건물에 대한 점유의 성질을 변경하거나 또는 그에 영향을 주어 보험료 등을 조정할 필요성이 있게 되는 사정에 해당하여 통지의무의 대상이 된다.347) 화재보험의 목적물이 양도되었으나 그 소유자만 변경되었을 뿐 보험료율의 결정요소인 영위직종과 영위작업, 건물구조 및 작업공정이 양도 전후에 동일한 경우에 보험목적물의 양도로 인하여 위험의 현저한 증가 또는 변경이 있었다고 볼 수 없으므로, 통지의무 위반을 이유로 보험계약을 해지할 수는 없다.348) 또한 렌터카 회사가 피보험차량을 지입차주로 하여금 렌터카회사의 감독을 받지 아니하고 독자적으로 렌터카 영업을 하는 것을 허용하는 형태로 렌터카 사업을 영위한 때에는, 그 운행 형태는 대여자동차의 본래의 운행 형태와 거의 같은 것이어서 사고위험률이 현저히 높다고 볼 수 없는 점 등에 비추어 볼 때, 영업용 자동차보험계약에 있어 고지의무의 대상이 되는 중요한 사항, 또는 통지의무의 대상이 되는 '위험의 현저한 변경이나 증가된 사실'에 해당된다고 인정하기 어렵다고 판시했다.349)

한편 화재보험계약 체결 후 건물의 구조와 용도에 상당한 변경을 초래하는 증축 또는 개축공사의 시행,350) 또는 피보험자동차의 현저한 구조 변경,351) 공장화재보험계약에서

---

346) 정동윤, 546면; 양승규, 162면; 김성태, 313면; 정찬형, 670면. 이와 달리 제652조의 위험변경증가가 보험계약자 등의 귀책사유에서 비롯되지 않은 경우로 한정하지 않는 것이 타당하다는 견해로, 한기정, 387면 및 최병규, 전게논문, 316면.
347) 대판 1992. 7. 10, 92다13301.
348) 대판 1996. 7. 26, 95다52505; 임용수, 189면.
349) 대판 1997. 9. 5, 95다25268.
350) 대판 2000. 7. 4, 98다62909, 62916. 이 판결에서 이러한 증·개축공사의 시행은 통지의무의 대상이 된다고 인정하면서 다만 보험자의 대리인 지위에 있는 자가 이 사실과 이로 인해 위험이 현저하게 증가된 사실을 알았거나 중대한 과실로 알지 못한 경우에는 보험자의 해지권은 인정할 수 없다고 판시하였다.
351) 대판 1998. 11. 27, 98다32564.

폐기물 처리업자가 다량의 폐마그네슘을 반입하여 보관하는 경우352) 등도 현저한 위험
증가에 해당된다. 다만 이들 경우는 사실관계에 따라 후술하는 제653조의 피보험자 등의
귀책사유에 의해 위험이 현저하게 변경 또는 증가된 것으로도 해석할 수 있다. 그러나 실
무상 제652조나 제653조의 위반효과가 거의 동일하므로 구별의 실익은 거의 없다고 할 것
이다.

[대법원 1999. 1. 26. 선고 98다48682 판결]

〈사실관계〉

피보험자가 베스타 승합차에 대해 피고 보험회사와 업무용자동차종합보험에 가입하였다. 약관에
는 비사업용자동차를 사업용으로 사용한 경우 면책되는 조항이 있었다. 그런데 피보험자는 사고 당
일 서적 도매상으로부터 일당을 받고 다른 차량과 함께 서적을 배달하던 중 사고를 야기하였다. 이
에 피해자의 유족들이 피고회사에 보험금을 지급하자 피고회사는 면책을 주장하였다.

〈주요 판시내용〉

업무용자동차종합보험계약의 약관에서 비사업용으로 보험에 가입된 자동차를 계속적 · 반복적으로
유상운송에 제공하다가 발생된 사고에 관하여 보험자의 면책을 규정한 것은 주된 이유가 사업용 자
동차와 비사업용 자동차는 보험사고 위험률에 큰 차이가 있어 보험료의 액수가 다르기 때문이다.
피보험자가 서적도매상에서 일당을 받고 서적의 상 · 하차, 분류 및 배달업무에 종사하면서 다른 차
량과 함께 가끔 자신 소유의 피보험자동차를 이용하여 서적을 배달한 일이 있다는 정도의 사실만으
로는 차량의 운송 경위나 목적, 빈도 등에 비추어 볼 때, 업무용자동차종합보험계약의 약관에서 보
험자의 면책사유로 규정된 '계속적 · 반복적인 유상운송제공행위'나 통지의무의 대상인 '위험이 현저
하게 변경 또는 증가된 경우'에 해당한다고 보기 어렵다.

---

⑤ 다른 보험계약 체결 사실   판례에 따르면 생명(상해)보험계약을 체결한 후 다른
생명(상해)보험에 다수 가입한 경우에 그것 자체로는 사고발생의 위험이 현저하게 변경 또
는 증가된 경우에 해당한다고 할 수 없어 제652조상의 통지의무의 대상이 되지는 않는다
는 것이 법원의 입장이다.353) 보험계약자가 손해보험계약을 중복체결한 사정 역시 위험의
현저한 증가에 해당하지 않는다고 해석하고 있다.354)

---

352) 대판 2011. 7. 28, 2011다23743.
353) 대판 2001. 11. 27, 99다33311. 대판 2004. 6. 11, 2003다18494도 같은 취지이다. 그러나 이 판결에 대해
    정진세, 법률신문 제3089호, 2002. 7. 8, 15면에서는 반대의 평석을 하고 있다. 또한 장덕조, "중복체결된
    상해보험계약", 상사판례연구 제6집, 2006, 266-267면도 이러한 판례의 입장에 비판적이다.
354) 대판 2003. 11. 13, 2001다49630; 대판 2004. 6. 11, 2003다18494. 이에 대해 동일한 위험을 담보하는 다른
    보험계약이 체결됨으로써 보험사고가 인위적으로 발생할 가능성이 높고 이로써 도덕적 위험이 증가되는
    측면이 있으므로 보험계약 체결사실 통지의무를 정한 약관은 상법 제652조의 위험변경증가의 통지의무
    와 취지를 같이한다고 해석하는 견해가 있다. 정경영, "다른 생명보험계약 체결사실에 관한 보험계약자의
    통지의무", 보험법연구 5, 2003, 삼지원, 41면.

[대법원 2003. 11. 13. 선고 2001다49630 판결]

〈주요 판시내용〉

상법 제672조 제2항에서 손해보험에 있어서 동일한 보험계약의 목적과 동일한 사고에 관하여 수개의 보험계약을 체결하는 경우에는 보험계약자는 각 보험자에 대하여 각 보험계약의 내용을 통지하도록 규정하고 있으므로, 이미 보험계약을 체결한 보험계약자가 동일한 보험목적 및 보험사고에 관하여 다른 보험계약을 체결하는 경우 기존의 보험계약의 보험자에게 새로이 체결한 보험계약에 관하여 통지할 의무가 있다고 할 것이나, 손해보험에 있어서 위와 같이 보험계약자에게 다수의 보험계약의 체결사실에 관하여 통지하도록 규정하는 취지는 부당한 이득을 얻기 위한 사기에 의한 보험계약의 체결을 사전에 방지하고 보험자로 하여금 보험사고 발생시 손해의 조사 또는 책임의 범위의 결정을 다른 보험자와 공동으로 할 수 있도록 하기 위한 것일 뿐, 보험사고발생의 위험을 측정하여 계약을 체결할 것인지 또는 어떤 조건으로 체결할 것인지 판단할 수 있는 자료를 제공하기 위한 것이라고는 볼 수 없으므로, 손해보험에 있어서 다른 보험계약을 체결한 것은 상법 제652조 및 제653조의 통지의무의 대상이 되는 사고발생의 위험이 현저하게 변경 또는 증가된 때에 해당되지 않는다.

(대판 2003. 11. 13. 2001다49623에서는 손해보험계약을 중복체결한 사실은 상법 제651조의 고지의무의 대상이 되는 중요한 사항에 해당되지 아니한다고 판시하기도 했다.)

[대법원 2001. 11. 27. 선고 99다33311 판결]

〈주요 판시내용〉

생명보험계약 체결 후 다른 생명보험에 다수 가입하였다는 사정만으로 상법 제652조 소정의 사고발생의 위험이 현저하게 변경 또는 증가된 경우에 해당한다고 할 수 없다.

판례에 찬성하면서 보험계약자 측의 주관적 위험을 의심할 정도로 보험계약이 다수 누적된 경우를 제외하고는, 다른 보험계약의 존재를 알았다고 해서 보험자가 보험계약자 측의 주관적 위험을 평가하여 위험인수를 거절하거나 다른 조건으로 위험을 인수하였을 것이라고 인정하기는 쉽지 않다고 해석하는 견해가 있다. 같은 취지로 손해보험의 경우 중복해서 보험계약이 체결되었더라도 피보험자는 실손해를 초과하여 보상받을 수 없으며 중복보험이 체결되었다고 해서 보험사고 발생 확률이 높아진다고 말할 수 없다고 하면서 위험의 현저한 변경 또는 증가에 해당되지 않아 통지의무의 대상이 아니라고 해석하기도 한다.355)

---

355) 한기정, 389-391면은 일반적으로 다른 보험계약의 체결사실은 일반적으로 고지의무와 통지의무의 대상이 되지 않으며, 다만 특별한 경우에만 고지대상 또는 통지대상이 될 수 있다고 한다.

그러나 학계의 다수설은 위 판례에 대해 반대한다. 판례는 생명 또는 상해보험계약에서 다른 보험계약 체결사실 여부를 고지의무의 대상으로 보면서 위험변경증가 통지의무의 대상이 되지 않는다고 하는데, 이러한 판례의 결론에 대해서는 의문이 제기될 수 있다. 일반적으로 고지의무의 대상이 되는 중요한 사항과 제652조상의 통지의무의 대상이 되는 위험변경증가는 그 의미가 유사하다는 것이 기존 판례의 입장인데,356) 정반대의 결론이 도출되었기 때문이다. 다른 보험계약의 체결사실은 통지의무의 대상이 된다고 해석함이 타당하다. 보험계약 체결 후 동일한 위험을 담보하는 보험계약을 체결할 경우 이를 통지하도록 하고, 그와 같은 통지의무의 위반이 있으면 보험계약을 해지할 수 있다는 내용의 약관이 있을 때 그러한 약관은 유효하다고 할 것이다. 판례 역시 이러한 약관은 유효하다는 입장이다. 다만 약관조항에 따라 보험자가 통지의무 위반을 이유로 보험계약을 해지하기 위해서는 보험계약자 또는 피보험자가 그러한 사항에 관한 통지의무의 존재와 다른 보험계약의 체결 사실에 관하여 이를 알고도 고의로 또는 중대한 과실로 인하여 이를 알지 못하여 통지하지 않은 사실이 입증되어야 한다고 한다.357) 생각건대 약관에서의 통지의무를 유효하다고 해석하는 판례를 감안하면 제652조의 해석에 있어서도 다른 보험계약 체결은 통지의 대상이 되는 위험의 현저한 변경증가에 해당되는 것으로 보아야 한다.

보험계약자 측의 주관적 위험을 의심할 정도로 보험계약이 다수 누적된 경우에만 고지의무나 통지의무의 대상이라고 해석하는 것은 어느 정도가 되어야 보험계약자 측의 주관적 위험을 의심할 정도가 되는지에 대해 아무런 판단 기준이 없는 것을 감안할 때 오히려 보험계약자 측의 도덕적 위험을 증가시킬 상황을 키울 수도 있는 부작용이 충분히 예상된다. 결론적으로 인보험이나 손해보험에서 다른 보험계약 체결사실은 고지의무 뿐만 아니라 통지의무의 대상이 되는 것으로 보는 것이 합리적이다. 약관에서 다른 보험계약 체결한 사실을 고지 또는 통지하도록 규정했다면 보험자는 보험계약자에게 이를 설명해야 한다. 또한 통지의무 위반과 보험사고 사이에 인과관계 유무를 따져야 하며 만약 인과관계가 없는 것으로 인정되면 보험자는 해당 사고에 대하여 보험금 지급책임을 지고 계약을 해지할 수 있다.

(마) 통지의 시기와 방법

보험계약자 또는 피보험자는 위험이 현저하게 변경 또는 증가되었다는 사실을 안 때에는 지체없이 보험자에게 통지해야 한다. 사고발생의 위험이 현저하게 변경 또는 증가된 사실을 안 때란 사고발생의 위험과 관련된 특정한 상태에 대한 변경이 있음을 아는 것만으로는 부족하고 그 상태의 변경이 사고발생 위험의 현저한 변경 또는 증가에 해당된다는

---

356) 대판 1996. 12. 23, 96다27971; 대판 1997. 9. 5, 95다25268.
357) 대판 2001. 11. 27, 99다33311.

것까지 안 때를 의미한다고 할 것이다.358) 또한 '지체없이'의 의미는 '자기의 책임있는 사유로 늦춤이 없이'이다.359) 통지발송사실에 대해서는 보험계약자 등이 입증해야 한다.360) 위험변경증가 통지의무는 그 통지가 보험자에게 도달되어야 이행된 것으로 해석된다. 구두 또는 서면 등 통지의 방법에는 제한이 없다. 판례는 약관에서 서면으로 통지하도록 되어 있다면 구두에 의한 통지는 효과가 없다고 판시한 바 있다.361) 그러나 가계보험 등의 경우에 통지의 방법을 서면통지만으로 제한한다면 이는 제663조 위반으로 그러한 약관의 내용은 무효라고 해석된다.362)

해상보험에서는 항로변경, 발항 또는 항해의 지연, 이로 또는 선박변경 등의 사유가 있을 때에 별도의 통지 절차를 요구하지 않은 채 보험자는 보험금 지급책임을 지지 않는 것으로 규정하고 있다.363) 해상보험의 이들 조항이 보험자의 면책을 규정하고 있음을 고려하여, 보험자의 보험료 증액이나 보험계약의 해지를 규정하는 제652조나 제653조와의 관계가 경합적 관계인지 아니면 해상보험 규정만이 적용되는 특칙으로 해석해야 하는지의 문제가 있다. 상법 제701조 등 해상보험에서 위험 변경사유가 있는 경우에 이를 육상에 있는 피보험자 등이 확인하는 것이 현실적으로 쉽지 않으며 보험기간이 단기간이라는 해상보험상의 특성상 통지나 해지 등의 절차가 적합하지 않은 사정을 감안하면 제652조나 제653조와의 경합적 관계에 있다고 볼 것은 아니다. 이는 해상보험계약에서의 특칙으로 해상보험 규정만이 적용되는 것으로 해석함이 상당할 것이다.364)

(바) 효   과

① 통지를 하지 않은 경우   보험계약자 등이 현저한 위험변경증가 사실을 알면서도 지체없이 보험자에게 통지하지 않은 때에는 보험자는 그 사실을 안 날로부터 1월 내에 한하여 계약을 해지할 수 있다(제652조 제1항). 보험계약자 등이 현저한 위험변경증가 사실을 알지 못하는 경우에는 통지의무가 부과되지 않으며, 다만 알지 못한 것에 보험계약자 측의 중과실이 인정된다면 이는 안 것과 동일하게 다루어질 수 있다.365) 1월의 기간은 제척기간이다. 1월이 지나면 보험자가 증가된 위험을 전과 동일한 조건으로 인수한 것으로 의제된다.366) 보험자가 보험계약자 등의 통지의무 위반을 알고 있거나 중대한 과실로 알

---

358) 대판 2014. 7. 24, 2013다217108.
359) 정찬형, 641면; 양승규, 163면; 임용수, 191면; 김은경, 270면.
360) 양승규, 163면. 이에 대해 한기정 394면은 발신주의는 법조문상의 근거가 없으므로 일반원칙에 따라 도달주의에 따라 해석해야 하며 따라서 보험자에게 도달되어야 통지의 효력이 생긴다고 해석하고 있다.
361) 대판 1992. 7. 10, 92다13301.
362) 임용수, 191면; 한기정, 395면; 최준선, 162면.
363) 상법 제701조-제703조.
364) 최준선, 161면. 이와 달리 경합적 관계에 있다는 견해로, 한기정, 386면.
365) 김성태, 315면.
366) 정동윤, 547면; 김은경, 271면.

지 못한 때에는 계약을 해지할 수 없다.367) 해지의 의사표시는 1월의 제척기간 내에 보험계약자에게 도달해야 한다. 보험계약자의 대리인이나 보험계약자의 사망시 그의 상속인에게 행한 해지의 의사표시는 유효하나, 피보험자나 보험수익자를 상대로 한 해지의 의사표시는 효력이 없다.368) 이 기간 내에 해지의 의사표시가 보험계약자에게 도달하지 않은 채 제척기간이 도과하게 되면 해지권은 소멸한다.369) 해지권을 행사할 때에는 통지의무 위반사실의 존재와 이로 인해 해지한다는 뜻을 명시해야 한다.

해지권의 행사는 보험사고가 발생했는지와 무관하게 행사할 수 있다고 해석된다.370) 보험사고가 발생하기 이전은 물론이고 보험사고가 발생한 이후에도 보험자는 해지권을 행사할 수 있다. 위험변경증가 통지의무 위반이 있는 경우에 통지의무 위반과 보험사고 발생 사이의 인과관계의 유무를 불문하고 보험자는 해지권을 행사할 수 있다. 인과관계의 문제는 보험금 지급과 관련되는 것이다.371) 재판에 의해 해지권을 행사할 수도 있고 재판 외의 방법으로 행사할 수도 있다. 보험계약자 등의 본 의무 해태를 이유로 보험자가 보험계약을 해지하려면 그 위험의 변경이나 증가가 현저한 것이었음을 보험자가 입증해야 한다.372) 해지권 행사기간의 기산점은 보험자가 계약 체결 후 위험의 현저한 증가가 있는 사실을 안 때가 아니라 보험계약자가 위와 같은 통지의무를 이행하지 아니한 사실(위반 사실)을 보험자가 알게 된 날이라고 보아야 한다. 보험자가 보험계약자의 통지의무 위반에 관하여 의심을 품고 있는 정도에 그치고 있었다면 그러한 사정만으로 해지권이 발생하였다고 단정할 수 없고 따라서 이러한 상태에서 해지권의 제척기간이 진행한다고 볼 수는 없다. 보험계약자 측의 통지의무 위반이 있음을 뒷받침하는 객관적인 근거를 확보함으로써 통지의무 위반이 있음을 안 때에 비로소 해지권의 행사기간이 진행한다고 보아야 한다.373)

[대법원 2011. 7. 28. 선고 2011다23743, 23750 판결]

〈사실관계〉

손해보험회사인 甲주식회사와 폐기물 처리업자인 乙주식회사가 체결한 공장화재보험계약의 화재보험보통약관에서 뚜렷한 위험의 변경 또는 증가와 관련된 통지의무를 이행하지 않은 경우를 해지사유로 규정하는 한편, 그 사실을 안 날부터 1개월 이상 지났을 때에는 계약을 해지할 수 없

---

367) 대판 2000. 7. 4, 98다62909, 62916.
368) 한기정, 398면.
369) 대판 2000. 1. 28, 99다50712.
370) 양승규, 163면; 한기정, 397면; 최준선, 166면.
371) 대판 2010. 7. 22, 2010다25353.
372) 양승규, 163면.
373) 대판 2011. 7. 28, 2011다23743, 23750.

다고 규정하고 있는데, 乙회사가 甲회사에 대한 통지없이 다량의 폐마그네슘을 반입하여 보관하던 중 화재가 발생하였고, 甲회사가 통지의무 위반을 이유로 보험계약을 해지하였다.

〈주요 판시내용〉

乙회사가 마그네슘으로 인하여 화재가 발생한 것이 아니라고 주장하면서 甲회사에 보험금을 청구한 상태에서는 화재보고서에 마그네슘에 빗물이 유입되면서 화재가 발생한 것으로 추정된다고 기재되어 있는 것만으로는 甲회사가 그 무렵에 화재가 마그네슘이 자연발화되어 발생한 것이어서 마그네슘으로 인하여 화재발생의 위험성이 현저하게 증가하였다는 사실을 알았다고 보기 어렵고, 추가적인 조사, 확인절차를 거쳐 보험계약 해지를 통보한 시점에 이르러서야 乙회사가 공장에 반입하여 보관한 폐마그네슘이 자연발화가 가능하여 화재발생의 위험성이 현저하게 증가하였다는 사실을 알았다고 보아야 하므로 그 무렵에서야 비로소 甲회사가 乙회사의 통지의무 위반이 있음을 알게 되었다고 해석해야 한다.

[대법원 2000. 1. 28. 선고 99다50712 판결]

〈사실관계〉

피고는 원고회사를 포함한 보험회사들과 수개의 보험계약을 체결하였는데, 이를 원고회사에 통지하지 아니한 상태에서 보험사고가 발생하였다. 원고회사는 채무부존재확인의 소를 제기하면서 약관에 따라 보험계약의 해지를 통보하였는데, 약관상 해지의 의사표시는 보험회사가 사실을 안 때로부터 1개월이 지나면 할 수 없다고 규정되어 있었다. 그러나 피고가 소장 부본을 송달받은 때는 1개월이 이미 지난 시점이었고 이에 피고는 원고회사가 보험계약을 해지할 수 없다고 주장하였다.

〈주요 판시내용〉

보험계약의 해지권은 형성권이고, 해지권 행사기간은 제척기간이며, 해지권은 재판상이든 재판외이든 그 기간 내에 행사하면 되는 것이나 해지의 의사표시는 민법의 일반원칙에 따라 보험계약자 또는 그의 대리인에 대한 일방적 의사표시에 의하며, 그 의사표시의 효력은 상대방에게 도달한 때에 발생하므로 해지권자가 해지의 의사표시를 담은 소장 부본을 피고에게 송달함으로써 해지권을 재판상 행사하는 경우에는 그 소장 부본이 피고에게 도달할 때에 비로소 해지권 행사의 효력이 발생한다 할 것이어서, 해지의 의사표시가 담긴 소장 부본이 제척기간 내에 피고에게 송달되어야만 해지권자가 제척기간 내에 적법하게 해지권을 행사하였다고 할 것이다.

한편 약관에서 '보험기간 중에 피보험자의 직업변경이 되면 보험자에게 통지해야 하며, 이를 이행하지 않으면 보험회사는 그 사실을 안 때부터 1개월 이내에 보험금이 감액 지급됨을 통보하고 감액된 보험료를 지급한다'고 규정하고 있다면 이는 약관설명의무의 대상이 된다. 만약 가입자 측에게 이를 설명하지 않았으면 이에 대한 통지의무 위반은 인

정되지 않는다고 해석된다. 이러한 약관조항은 제652조 제1항의 통지의무를 개별적으로 구체화하여 규정한 것으로 해석해야 하며, 단순히 법조문을 되풀이하거나 부연한 정도가 아니기 때문에 설명의무의 대상이 된다는 것이 법원의 입장이다.374)

[대법원 2014. 7. 24. 선고 2012다62318 판결]

〈주요 판시내용〉

이 사건 제2보험계약 보통약관은 '보험계약 체결 후 피보험자가 그 직업 또는 직무를 변경하거나 이륜자동차 또는 원동기장치 자전거를 직접 사용하게 된 경우 보험계약자 또는 피보험자는 지체 없이 서면으로 회사에 알려야 하고, 뚜렷한 위험의 증가와 관련된 위 알릴 의무를 이행하지 아니하였을 경우 회사는 손해발생의 전후를 묻지 않고 보험계약을 해지할 수 있다'고 규정하고 있다. 보험계약자 측인 원고의 상고이유는 제2보험계약 보통약관의 계약 후 알릴 의무 조항은 피고 보험회사의 설명의무 위반으로 위 보험계약의 내용이 되지 아니하므로 위 약관조항에 정한 알릴 의무 위반은 인정될 수 없다는 취지이나, 위 약관조항은 상법 제652조 제1항의 통지의무를 구체화하여 규정한 것으로 이 사건 제2보험계약에 있어서 상법 제652조 제1항에 정한 통지의무 위반이 인정되는 이상, 설령 원심의 이 부분 판단에 그 주장과 같은 잘못이 있다고 하더라도, 이는 판결 결과에 아무런 영향을 줄 수 없으므로, 이 부분 상고이유는 더 나아가 살펴 볼 필요 없이 이유 없다.

---

② 통지를 한 경우　　보험자가 보험계약자 등으로부터 위험의 현저한 변경 또는 증가에 대한 통지를 받은 때에는 1월 내에 보험료의 증액을 청구하거나 계약을 해지할 수 있다(제652조 제2항). 보험료증액과 계약해지는 선택적 사항으로서 사정변경의 원칙을 반영한 것이다.375) 법문의 내용상 보험료증액으로 충분하다고 해도 보험자는 해지권을 행사할 수 있다고 해석된다.376) 대개는 보험료의 증액을 청구하고 보험계약자가 이를 거절하면 보험계약을 해지할 것이다. 통지를 수령한 때가 기산점이 될 것이다. 통지를 수령한 후 1월의 제척기간 내에 보험자가 보험계약을 해지하거나 보험료를 증액청구하기 전에 보험사고가 발생한 경우에도 보험자는 여전히 해지권을 행사할 수 있다.377) 보험료증액청구권 또는 해지권은 형성권이다.

③ 해지의 효과　　보험자가 계약을 해지하게 되면 보험계약은 장래에 향하여 그 효력을 상실하게 되며 보험계약관계는 종료된다. 즉 보험자가 계약을 해지하게 되면 해지 이후의 사고에 대해 보험자의 보험금 지급책임은 없다. 해지의 효과가 장래를 향해 발생

---

374) 대판 2014. 7. 24, 2012다62318.
375) 정동윤, 547면; 양승규, 164면.
376) 한기정, 395면.
377) 同旨: 임용수, 193면; 정찬형, 641면; 김은경, 270면.

한다는 점에서 당연하다. 해지 이전까지 보험계약은 유효하다. 보험계약이 해지되더라도 그때까지의 보험료기간에 해당되는 보험료에 대해 보험자는 이를 청구할 수 있고 보험계약자는 그 지급의무를 부담한다. 그 이유는 해지시점 이전에 보험사고가 발생했고 그 사고가 위험변경증가 사실로부터 아무런 영향을 받지 않았다면 보험자는 보험금지급책임을 부담하기 때문이다.

위험변경증가에 의해 보험사고가 발생하고 그 후에 보험자가 해지한 때에 보험자는 보험금을 지급할 필요가 없고 이미 보험금을 지급하였다면 그 반환을 청구할 수 있다(제655조). 해지임에도 불구하고 이미 지급된 보험금과 관련해서는 제한적으로 소급효가 인정된다.[378] 생명보험의 경우에 보험계약이 해지되면 보험자는 보험료적립금을 반환해야 한다(제736조).

만약 보험계약자 등이 위험변경이나 증가된 사실과 보험사고의 발생 사이에 인과관계가 없음을 증명하였다면 발생한 보험사고에 대한 보험금을 청구할 수 있고, 이미 수령한 보험금의 반환도 거절할 수 있다(제655조 단서).[379] 다만 이 경우 보험자는 비록 해당 보험사고에 대해 보험금을 지급하더라도 본 의무위반을 이유로 보험계약을 해지할 수 있다고 해석해야 할 것이다.[380] 원칙적으로 인과관계 부존재에 대한 입증은 보험계약자가 해야 하지만,[381] 약관에서 인과관계에 대한 입증을 보험자가 부담하도록 정하고 있다면 그 효력은 인정된다. 인과관계의 정도와 관련하여 고지의무에서 판례는 '인과관계의 존재를 조금이라도 엿볼 수 있는 여지가 있으면 인과관계를 인정하는데 충분하다'는 입장인데,[382] 이는 위험변경증가에서도 마찬가지라 여겨진다.[383] 한편 보험계약자나 피보험자가 현저한 위험변경 증가 사항을 통지했고 보험자는 추가보험료를 납입할 것을 청구한 경우에 추가보험료 납입유예기간 중에 보험사고가 발생했다면 보험자는 이 기간 중에 발생한 보험사고에 대해 그것이 현저하게 변경, 증가된 위험으로 야기된 사고라 해도 책임을 져야 할 것이다. 왜냐하면 통지를 받은 보험자가 해지권 행사를 포기하고 보험료의 증액을 선택하여 추가보험료를 청구한 것이기 때문이다.[384]

---

378) 대판 2010. 7. 22, 2010다25353. 고지의무 위반 사건이지만 제652조 위반에도 적용될 수 있다.

379) 대판 1997. 9. 5, 95다25268; 양승규, 164면. 한편 한기정, 400면에서 인과관계와 관련하여 위험변경증가와 보험사고 발생 사이에 인과관계가 인정되기만 하면 위험변경증가가 해지 이전에 언제 생겼는지를 묻지 않고 보험자를 면책시키는 것은 불합리하다고 하면서, 제652조와 제655조를 합리적으로 해석한다면 보험계약자가 위험변경증가의 사실을 알고 통지를 할 수 있었던 때 이후에 발생한 사고에 한정하여 보험자의 면책가능성을 인정해야 한다고 해석한다. 이는 당연하다.

380) 최준선, 163면; 정찬형, 644면.

381) 대판 1997. 9. 5, 95다25268.

382) 대판 2004. 9. 23, 2004다31814; 대판 1992. 10. 23, 92다28259; 대판 1997. 10. 28, 97다33089.

383) 한기정, 400면.

384) 보험연수원(편), 보험심사역 공통 1 교재, 2016, 161면.

[대법원 2010. 7. 22. 선고 2010다25353 판결]

〈주요 판시내용〉

보험자는 고지의무를 위반한 사실과 보험사고의 발생 사이의 인과관계를 불문하고 상법 제651
조에 의하여 고지의무 위반을 이유로 계약을 해지할 수 있다. 그러나 보험금청구권에 관해서는
보험사고 발생 후에 고지의무 위반을 이유로 보험계약을 해지한 때에는 고지의무에 위반한 사실
과 보험사고 발생 사이의 인과관계에 따라 보험금 지급책임이 달라지고, 그 범위 내에서 계약해
지의 효력이 제한될 수 있다(통지의무와 관련해서도 적용될 수 있다).

(2) 위험의 현저한 변경 · 증가금지의무(위험유지의무)

(가) 의의 및 법적 성질

보험기간 중에 보험계약자, 피보험자 또는 보험수익자의 고의 또는 중대한 과실로 인
하여 사고발생의 위험이 현저하게 변경 또는 증가된 때에는 보험자는 그 사실을 안 날부
터 1월 내에 보험료의 증액을 청구하거나 계약을 해지할 수 있다(제653조). 보험계약자 등
의 이행보조자의 귀책사유에 의한 위험의 현저한 변경이나 증가도 마찬가지이다. 제652조
상의 통지의무와 달리 보험수익자도 본 의무를 부담하고 있다. 본 의무는 보험단체 전체
의 이익을 위하고 보험계약 체결 당시의 위험을 전제로 이를 인수한 보험자를 보호하기
위한 것이다.385)

다수설은 이 의무를 보험계약자 등의 '위험유지의무'로 부르고 있다.386) 그런데 보험
계약자 등은 계약체결 시점에서 산정된 위험을 계약 체결 후에도 똑같이 동일하게 유지해
야 할 법률상의 의무는 없다고 본다. 왜냐하면 제653조가 대상으로 하는 것은 위험이 '현
저하게' 변경되거나 증가된 경우이기 때문이다. 즉 '현저한' 수준에 이르지 않은 정도의 위
험의 변경이나 증가에 대해 제653조는 보험계약자 등에게 어떤 적극적인 대응을 요구하지
는 않고 있다. 따라서 제653조는 위험의 현저한 변경 · 증가에 대해서만 금지의무를 규정
한 것으로 보는 것이 합리적이다.387) 이러한 취지에서 볼 때 본 의무를 위험유지의무로
보는 것은 정확한 표현은 아니라고 할 것이다.

사행계약적 성질을 갖는 보험계약에서 보험계약자 등이 보험사고 발생에 대한 위험을
보험자의 동의없이 임의로 현저하게 변경하거나 증가시켜서는 안 된다는 점을 고려할 때 본
의무의 근거를 보험계약의 단체성 및 선의성에서 찾을 수 있다. 법적 성질은 고지의무나 위

---

385) 정동윤, 549면.
386) 양승규, 165면; 정찬형, 644면; 노일석, "보험계약에 있어서 위험의 변경 · 증가", 상사법연구 제5집,
1987, 24면; 임용수, 193-194면; 정동윤, 548면; 사법연수원, 보험법연구, 59면; 서헌제, 104면; 장덕조,
196면.
387) 同旨: 최준선, 163면; 채이식, 95면.

험변경 · 증가 통지의무와 같이 간접의무로 본다.388) 본 조문의 '보험기간 중에'를 '보험계약 체결 후에'로 변경하는 것이 보다 정확한 표현이라는 점은 앞에서 설명한 바와 같다.

(나) 위험의 현저한 변경 및 증가

보험계약자, 피보험자 또는 보험수익자의 고의나 중과실에 의해 보험기간 중에 사고 발생의 위험이 현저하게 변경 또는 증가되어야 한다. 예를 들어 개인용 출퇴근 자동차를 택배영업 등 업무용으로 지속적으로 사용하거나 상해보험의 피보험자가 고위험 직종으로의 직업 변경을 하는 경우 등이다.389) 보험계약자 등의 고의 또는 중과실에 대한 입증책임 또는 현저한 위험변경증가 사실에 대한 입증책임은 계약을 해지하려는 보험자가 부담한다.390) 만약 약관에서 입증책임을 보험계약자 측에게 부담시키고 있다면 이는 무효로 보아야 한다. 제652조의 통지의무와 마찬가지로 위험의 현저한 변경 또는 증가의 의미는 그 변경 또는 증가된 위험이 보험계약의 체결 당시에 존재하고 있었다면 보험자가 보험계약을 체결하지 않았거나 적어도 그 보험료로는 보험을 인수하지 않았을 것으로 인정되는 사실을 말한다고 해석된다.391) 위험이 현저하게 변경되거나 증가된 상태가 어느 정도 지속적으로 유지되어야 한다. 일시적인 위험 변경이나 증가는 제653조의 현저한 위험의 변경 또는 증가에 해당되지 않는다. 일시적이 아니고 지속성이 있다면 그 기간의 장단은 불문한다.392) 보험기간 중에 보험계약자 등의 고의 또는 중과실로 위험변경증가가 생긴 경우는 그 이후에 원상으로 회복된 경우에도 제653조의 적용대상이 된다고 해석하는 견해가 있다.393) 그런데 보험사고 발생 전에 원상회복이 되었음에도 불구하고 제653조를 적용하는 것이 타당한지는 의문이다. 위험의 크기가 원상회복됨으로써 동일한 위험이 되었는데 이에 대해 장래를 향해 보험료 증액을 인정하는 것도 의문이며, 더군다나 보험계약의 해지를 인정하는 것도 타당하지 않다고 보여진다.

[대법원 1992. 11. 10. 선고 91다32503 판결]

〈사실관계〉

일반화물자동차 용도로 피고회사의 보험에 가입한 소외인이 트럭 뒷부분에 갈고리 모양의 연결고리를 용접하여 붙인 후 컴프레셔를 견인하여 가던 중 연결부분이 끊어지는 바람에 컴프레셔가

---

388) 김성태, 312면; 양승규, 165면; 정찬형, 645면; 정동윤, 549면; 정희철, 401면; 서헌제, 103면. 영미법에서는 계약체결 후 보험자의 동의없이 담보위험의 성질이나 그 범위를 변경하게 되면 보험자는 계약을 취소할 수 있도록 하고 있다. 장덕조, 125면.
389) 대판 2003. 6. 10, 2002다63312.
390) 대판 1996. 7. 26, 95다52505; 최준선, 165면; 임용수, 193면, 195면.
391) 대판 1996. 7. 26, 95다52505; 대판 2000. 7. 4, 98다62909; 대판 1998. 11. 27, 98다32564; 대판 1997. 9. 5, 95다25268; 대판 2003. 11. 13, 2001다49630.
392) 대판 1992. 11. 10, 91다32503; 임용수, 195면.
393) 한기정, 402면.

떨어져 나가면서 다른 자동차와 충돌하여 피해자를 사망케 하였다. 피해자의 유족들인 원고가 피고회사에 보험금을 청구하자 피고회사는 견인용 차량의 경우 일반화물자동차보다 보험료가 할증되어 있음에도 소외인이 이러한 사실을 알리지 아니하였다는 이유로 보험금 지급을 거절하였다.

〈주요 판시내용〉

약관의 면책조항에서 말하는 '위험의 현저한 증가'는 그 증가한 위험이 공제계약 체결당시 존재하였던 거라면 피고가 계약을 체결하지 않았거나 실제의 약정 공제분담금보다 더 고액을 분담금으로 정한 후에야 계약을 체결하였을 정도로 현저하게 위험이 증가된 경우를 가리킨다고 봄이 상당하다 할 것이며, 또한 공제분담요율 산정기준으로서의 위험의 개념은 일정상태의 계속적 존재를 전제로 하는 것으로 여겨지므로 일시적으로 위험이 증가되는 경우는 위 약관에서 말하는 위험의 현저한 증가에 포함되지 않는다고 해석된다. 화물트럭의 뒷부분에 갈고리모양의 연결고리를 용접 부착한 것은 그로 인하여 일단 위험의 증가가 발생하였다고 볼 수 있으나 피고회사가 그와 같은 변경사실을 알았다 하더라도 추가로 공제분담금을 부과하지는 않았을 것으로 보이므로 이를 이 사건 약관 소정의 면책사유에 해당하는 위험의 '현저한' 증가에 해당한다고는 볼 수 없다 할 것이며, 소외인이 소론과 같이 이 사건 화물트럭의 연결고리장치에 무게 3.3톤의 컴프레셔를 로우프로 매단 채 사람의 통행이 많은 서울시내 거리를 2km 이상 운행하였다 하더라도 이는 일시적인 위험의 증가에 지나지 않는 것으로서 이것 역시 위 약관 소정의 면책사유에는 해당하지 않는다고 여겨진다.

(다) 효   과

보험자는 위험의 변경 또는 증가 사실을 안 날로부터 1월 내에 보험료의 증액을 청구하거나 계약을 해지할 수 있다(제653조). 제652조와 달리 제653조에서는 보험계약자 등에게 통지의무를 부과하지 않고 있는데 그 이유는 자신의 귀책사유에 의해 위험을 현저하게 변경 또는 증가시킨 자가 이러한 사실을 자발적으로 통지한다는 것을 기대하기 어렵기 때문이다.[394] 보험자의 해지권은 형성권이며 보험사고의 발생 전뿐만 아니라 보험사고가 발생한 이후에도 행사할 수 있다. 대부분의 경우 보험자가 사고 발생 전에 의무위반 사실을 알게 된 경우에는 보험료증액청구를 할 것이며 사고 발생 후에 알게 되었다면 보험계약 해지권을 행사할 것이다. 1월의 제척기간이 경과하게 되면 보험자는 해지권을 행사할 수 없게 되며 제척기간 도과 후 보험사고가 발생하면 보험자는 보험금지급책임을 진다. 그 기산점은 보험자가 보험계약자 등의 고의 또는 중과실로 인해 위험이 현저하게 변경되거나 증가되었음을 안 날이다. 제652조에서의 기산점이 통지의무 위반임을 안 날이라는 것과 차이가 있다.[395] 제척기간 내에 보험사고가 발생한 경우 보험자는 제척기간이 아직 경

---

394) 임용수, 196면. 다만 김성태, 313면은 자신의 귀책사유로 인해 위험을 현저하게 변경 또는 증가시켰더라도 신의칙상 보험계약자 등은 통지의무를 부담하는 것으로 해석해야 한다고 한다.

395) 한기정, 403면.

과하지 않았으므로 보험계약을 해지할 수 있으며 해지권을 행사하게 되면 당연히 보험금 지급책임은 부담하지 않게 된다.396) 해지권을 행사하게 되면 장래를 향하여 보험계약은 효력을 상실하며 해지 이전까지는 보험계약은 유효하다.

보험금지급과 관련하여 제655조 본문에 의해 제한적 소급효가 인정되어 이미 지급한 보험금의 반환을 청구할 수 있다. 즉 보험사고가 발생하여 보험금을 이미 피보험자나 보험수익자에게 지급한 후에 본 의무위반 사실을 안 때에도 보험자는 계약을 해지할 수 있고 이러한 경우에 이미 지급한 보험금의 반환을 청구할 수 있다. 그러나 보험계약자가 자신 또는 피보험자의 고의 또는 중대한 과실로 인한 위험의 현저한 변경 또는 증가사실이 보험사고와 인과관계가 없음을 입증한 때에 보험자는 보험금지급책임을 부담하며 이미 지급한 보험금의 반환청구를 할 수 없다. 다만 인과관계가 없음이 입증된 경우에도 제653조 위반을 이유로 보험자는 보험계약을 해지할 수 있다고 해석된다.397) 인과관계 부존재에 대한 입증은 보험계약자가 해야 한다.398) 보험기간 중에 현저한 위험변경이 보험계약자 등의 귀책사유로 인해 발생했고 이로 인해 사고가 발생한 것이라면, 이미 영향을 받은 사고의 발생 후에 그 변경이나 증가가 원래 상태로 회복되었어도 보험자는 보험금 지급책임이 없고 해지권을 행사할 수 있다고 해석해야 할 것이다.399)

[대법원 2003. 6. 10. 선고 2002다63312 판결]

〈사실관계〉

원고는 피보험자의 직업이나 직종에 따라 보험금 가입한도에 차등이 있는 생명보험계약을 피고회사와 체결하였는데, 동 계약의 약관에는 피보험자가 직업이나 직종을 변경하는 경우에 그 사실을 통지하도록 하면서 그 통지의무를 해태한 경우에는 직업 또는 직종이 변경되기 전에 적용된 보험료율이 직업 또는 직종이 변경된 후에 적용해야 할 보험료율에 대한 비율에 따라 보험금을 삭감하여 지급한다고 규정되어 있었다. 그런데 피고회사는 이러한 변경사실을 안 날로부터 1개월이 지나서 보험금을 삭감하였고, 이에 원고는 보험금 삭감은 그 실질이 부분 해지이므로 1개월의 제척기간이 지나면 삭감할 수 없다고 주장하였다.

〈주요 판시내용〉

피보험자의 직업이나 직종에 따라 보험금 가입한도에 차등이 있는 생명보험계약에서 피보험자가 직업이나 직종을 변경하는 경우에 그 사실을 통지하도록 하면서 그 통지의무를 해태한 경우에 직업 또는 직종이 변경되기 전에 적용된 보험료율과 직업 또는 직종이 변경된 후에 적용해야 할

---

396) 임용수, 196면.
397) 반면 양승규, 166면에서는 의무위반과 보험사고 사이에 인과관계가 없음이 보험계약자에 의해 입증된 경우 보험자는 보험계약을 해지할 수 없는 것으로 해석하고 있다.
398) 대판 1997. 9. 5, 95다25268.
399) 한기정, 403면.

보험료율에 대한 비율에 따라 보험금을 삭감하여 지급하는 것은 실질적으로 약정된 보험금 중에서 삭감한 부분에 관하여 보험계약을 해지하는 것이라 할 것이므로 그 해지에 관하여는 상법 제653조에서 규정하고 있는 해지기간 등에 관한 규정이 여전히 적용되어야 한다.

(라) 제652조와 제653조의 비교

① 적용요건의 비교   제652조는 위험이 현저하게 변경되거나 증가된 원인에 대해서는 묻지 않고 보험계약자 또는 피보험자가 이를 알았을 때 통지의무를 부과하고 있는 반면에, 제653조는 보험계약자, 피보험자 또는 보험수익자의 고의 또는 중과실에 의한 위험의 현저한 변경이나 증가된 경우를 적용대상으로 하고 보험계약자 등에게 통지의무를 부과하지 않는다. 이를 이유로 제652조는 위험의 객관적 변경·증가를 규정한 것이고, 제653조는 위험의 주관적 변경·증가를 규정한 것이라고 해석하기도 한다.400) 그런데 제653조에서 귀책사유가 있는 보험계약자, 피보험자 또는 보험수익자는 이러한 변경이나 증가 사실을 당연히 알았을 것이고, 이 점에서 볼 때 제652조의 적용대상이 될 수 있다. 즉 원인을 묻지 않고 있는 제652조는 제653조의 내용을 포함할 수 있는 것이라 할 수 있다.

② 효과의 비교   제652조는 통지를 한 경우와 그렇지 않은 경우를 나누어 전자의 경우에는 보험자는 통지를 받은 때로부터 1월 내에 보험료의 증액을 청구하거나 계약을 해지할 수 있다고 하는 반면에, 통지를 하지 않은 경우에는 보험계약자가 제652조상의 통지의무를 이행하지 아니한 사실을 보험자가 알게 된 날로부터 1월 내에 계약을 해지할 수 있다. 문언으로 보면 통지를 하지 않은 경우에 보험자는 보험료의 증액을 청구할 수는 없고 오로지 계약의 해지만을 할 수 있는 것으로 보인다. 그러나 이 규정은 강행규정이 아니므로 통지를 하지 않은 경우에도 보험료의 증액을 할 수 있다고 해석된다. 따라서 1월 내에 보험료의 증액을 청구하거나 계약을 해지할 수 있게 되어 통지를 한 경우와 그렇지 않은 경우에 차이가 없게 된다. 그런데 이러한 효과는 제653조의 경우와 동일한 것이다.

결국 이를 종합하여 보면 위험의 현저한 변경이나 증가에 대해 보험계약자 등이 통지를 하거나 하지 않거나 또는 보험계약자 등의 고의 또는 중과실에 의해 현저하게 위험이 변경·증가된 경우이거나 그렇지 않은 경우이거나 동일한 효과를 보이고 있다. 결국 적용요건 면에서 볼 때 제653조는 제652조의 내용에 포함될 수 있고 두 조문의 법률효과가 동일한 것을 고려해 볼 때 제653조의 존재의의는 상대적으로 약하다고 할 수 있다.401) 판례 중에 위험변경증가가 보험계약자 측의 고의 또는 중과실에 의해 야기되었음에도 제653조가 아니라 제652조를 적용한 것도 있다.402)

---

400) 임용수, 190면; 서돈각/정완용, 390면; 양승규, 162면; 정찬형, 638면, 644면.
401) 同旨: 최준선, 166면.
402) 대판 1998. 11. 27, 98다32564(피보험자동차의 현저한 구조 변경); 한기정, 404면.

[대법원 1998. 11. 27. 선고 98다32564 판결]

〈주요 판시내용〉

자동차보험에 있어서는 피보험자동차의 용도와 차종뿐만 아니라 그 구조에 따라서도 보험의 인수 여부와 보험료율이 달리 정하여지는 것이므로 보험계약 체결 후에 피보험자동차의 구조가 현저히 변경된 경우에는 그러한 사항이 계약 체결 당시에 존재하고 있었다면 보험자가 보험계약을 체결하지 않았거나 적어도 그 보험료로는 보험을 인수하지 않았을 것으로 인정되는 사실에 해당하여 상법 제652조 소정의 통지의무의 대상이 되고, 따라서 보험계약자나 피보험자가 이를 해태할 경우 보험자는 바로 상법 규정에 의하여 자동차보험계약을 해지할 수 있다.

3. 보험사고 발생통지의무

(1) 의   의

보험계약자 또는 피보험자나 보험수익자는 보험사고의 발생을 안 때에는 지체없이 보험자 또는 그 대리인에게 이 사실에 대한 통지를 발송하여야 한다(제657조 제1항). 보험계약자 등이 보험사고의 발생을 알지 못하는 경우에는 과실여부를 불문하고 통지의무를 부담하지 않는다. 객관적으로 보험사고가 발생해야 하며 보험사고 발생 가능성만 있는 경우엔 통지의무가 발생하지 않는다.403) 사망보험의 피보험자는 보험사고가 발생하게 되면 본인이 사망하는 것이므로 스스로 본 의무를 이행할 수는 없을 것이며, 상해보험의 경우에는 상황에 따라 의무이행이 가능할 수 있을 것이다. 여기에서 말하는 보험사고란 보험자가 책임을 부담하게 되는 사고여야 하므로, 예를 들어 상해보험의 피보험자가 상해가 아닌 질병으로 사망하였다면 여기에 해당되지 않는다.404) 보험사고의 발생사실이 통지의 대상이 되며, 손해의 발생까지 있어야 하는 것은 아니다. 통지의무자의 귀책사유 없이 지체없이 '발송'하였다면 본 의무는 이행한 것으로 해석해야 하며, 그 통지가 보험자에게 도달하였는가 여부에 대한 위험을 통지의무자에게 부담시킬 수는 없다. 즉 보험자가 부도달의 위험을 부담한다.405)

통지의 방법에는 제한이 없다. 서면, 구술, 전화 기타 이메일에 의한 통지도 가능하다. 개인보험의 경우에 통지의무의 이행을 서면으로 한다는 합의가 있음에도 불구하고 보험계약자 측이 구두로 통지한 경우 이를 통지의무 위반으로 보기는 어려울 것이다.406) 보험계

---

403) 한기정, 409면.
404) 양승규, 168면. 화재보험에서 보험의 목적이 지진이나 홍수로 멸실된 것도 여기에서 말하는 보험사고는 아니다.
405) 사법연수원, 보험법연구, 58면.
406) 최기원, 265면; 한기정, 410면.

약자 등이 보험사고 발생을 알지 못한 때에는 알지 못함에 과실이 있는지의 여부를 불문하고 본 통지의무는 부담하지 않는다고 해석된다. 보험자가 이미 보험사고의 발생을 안 때에는 보험계약자는 통지를 할 필요가 없다. 보험자가 어떻게 알게 되었는가는 불문한다. 통지의무자가 수인인 경우, 1인의 통지로 보험사고발생이 보험자에게 전달되면 그것으로 족하다. 보험사고 발생의 통지는 법률행위와 관련된 의사표시가 아니고 단순히 사고 발생이라는 사실의 통지이므로 무능력자라도 단독으로 할 수 있다.[407]

(2) 취지와 법적 성질

본 보험사고발생 통지의무를 보험계약자 등에게 부과한 이유는 보험자로 하여금 보험사고의 원인을 조사하거나 손해보험에 있어서 손해의 범위와 종류에 대하여 신속히 확정하고 경우에 따라서는 손해확대를 방지하도록 하기 위함이다. 또한 자신의 보상책임 유무를 확인하거나 가해자에 대한 보험자대위권을 확보하기 위해서도 필요하다.[408] 이러한 취지에서 본 의무에는 보험자가 사고의 원인을 조사하는 일 등에 보험계약자 등이 협조해야 할 의무도 포함된다고 해석된다.[409] 화재보험표준약관에서는 보험계약자에게 증거자료제출에 대해서도 규정하고 있다.[410] 보험사고발생 통지는 보험금지급채무의 이행기와 연관된다. 즉 보험금 지급시기에 대해 약정하지 않았다면 보험사고 발생통지가 없으면 보험금지급채무의 이행기는 도래하지 않는다(제658조).[411]

본 의무의 법적 성질에 대해서는 일종의 보험금청구를 위한 전제조건으로 보아 보험자에 대한 진정한 의무로 보는 견해와,[412] 통지가 없더라도 보험자가 보험사고 발생을 알게 되면 보험금청구를 할 수 있기 때문에 본 의무를 보험금청구를 위한 전제조건으로 볼 수는 없고 또한 그 이행을 강제할 수도 없으므로 고지의무와 마찬가지로 간접의무로 보아야 한다는 견해가 있다.[413]

(3) 통지의무자와 그 상대방

통지의무자는 보험계약자, 피보험자(손해보험) 및 보험수익자(인보험)이다. 보험계약자

---

407) 임용수, 198면.
408) 정희철, 400면; 양승규, 166-167면; 정찬형, 643면; 한기정, 408면.
409) 정찬형, 643면; 양승규, 167면; 김성태, 317면; 임용수, 197면.
410) 화재보험표준약관 제5조 제3항.
411) 한기정, 410면.
412) 최기원, 267면; 장덕조, 197면; 정찬형, 643면; 서돈각/정완용, 391면; 정희철, 400면; 양승규, 167면; 최준선, 154면; 서헌제, 108면; 손주찬, 559면; 정동윤, 548면(공제를 받지 않는 완전한 보험금청구권을 확보하기 위한 전제조건으로 해석한다); 김은경, 274면; 한기정, 409면.
413) 김성태, 318면; 임용수, 197면.

와 피보험자 또는 보험계약자와 보험수익자 중 어느 1인이 통지하면 된다.414) 물론 대리인 또는 이행보조자로 하여금 통지를 하게 할 수 있다.415) 통지수령권이 있는 자는 보험자와 그 대리인이다. 보험자로부터 통지수령권한을 가진 자도 통지의 상대방이다. 보험대리상은 통지수령권한이 있다. 다만 보험자는 이 권한을 제한할 수 있지만 선의의 보험계약자에게 그 제한을 가지고 대항할 수 없다. 보험설계사나 보험중개사는 통지수령권한이 없다.416) 특히 보험중개사는 고지 또는 통지수령권한이 없다는 내용의 서면을 미리 보험계약자에게 발급하고 설명해야 한다.417) 물론 이들에 대해 보험자가 통지수령에 대한 개별적인 수권을 하게 되면 이들도 통지수령권을 가지게 되는 것은 물론이다.

(4) 의무위반의 효과

보험계약자 또는 피보험자나 보험수익자가 본 통지의무를 게을리함으로 인해 손해가 증가된 때에는 보험자는 그 증가된 손해를 보상할 책임이 없다(제657조 제2항). 즉 보험자는 통지의무 해태로 가중된 손해 또는 통지의무 위반으로 인해 보험자가 대위권행사를 통한 구상을 할 수 없게 된 손해 등을 직접 통지의무자에게 배상청구하거나 보험금에서 이를 공제하고 나머지만 지급하게 된다.418) 이는 본 의무 위반에 대해 성격상 손해배상책임을 부과한 것으로 해석할 수 있다. 따라서 비록 보험계약자 등에게 그 의무이행을 강제할 수는 없어도 사고발생통지의무를 보험자에 대한 진정한 의무로 분류함이 보다 타당하리라 여겨진다. 통지의무자가 보험사고 발생에 대한 통지를 하지 않았다고 하여 보험자가 보험금 지급책임을 전부 면하는 것은 아니며 해지권도 인정되지 않는다. 단지 보험자는 사고발생에 대한 통지를 받을 때까지 보험금지급채무에 대해 이행지체 책임을 지지 않게 되는 것 뿐이다.419) 통지의무 위반 사실이나 이로 인한 손해의 증가액 및 인과관계에 대해서는 보험자가 입증책임을 가진다.420) 보험사고발생 통지의무 위반에 대해 위반효과로서 해지권이 발생하지는 않는다.

4. 소송통지의무

책임보험에서 가해자인 피보험자를 상대로 피해자가 소송을 제기한 경우에 일반적으

---

414) 정동윤, 548면.
415) 양승규, 167면.
416) 대판 2006. 6. 30, 2006다19672.
417) 보험업법 제92조 제1항; 동법시행령 제41조 제3항 2호; 동법시행규칙 제24조 제1호.
418) 양승규, 168면.
419) 임용수, 199면; 서헌제, 108면; 정찬형, 644면; 양승규, 168면; 장덕조, 198면.
420) 임용수, 199면.

로 약관에서는 보험계약자 등에게 소송제기 사실에 대한 통지의무를 부과하고 있다. 소송을 제기당한 피보험자가 소송에 적절히 대응하지 않아 부적정한 손해배상액을 명하는 판결을 받은 후 그 판결금액을 보험회사에게 청구할 수 있도록 한다면 이는 실손해를 전보한다는 손해보험의 본래의 취지에 반하고 보험회사로 하여금 부당하게 불이익을 입게 하는 것이다. 그와 같은 폐해를 피하고 후일의 분쟁을 방지하기 위하여 소송이 제기된 때에는 그 소송에서 적정한 배상액이 정해지도록 보험회사에게 직접, 간접으로 소송에 관여할 기회를 주기 위한 것이라고 해석된다. 또한 만약 피보험자가 보험회사에게 피해자 등으로부터 소송을 제기당한 사실을 통지하여 보험회사로 하여금 소송에 실질적으로 관여할 수 있도록 하였거나 소송에서 피해자의 사고 당시의 수입액에 관한 자료를 제출토록 하였더라면 판결에서 피해자의 수익상실로 인한 손해액이 과다하게 인용되는 것을 방지할 수 있었음에도 이를 게을리한 사정이 있다면, 피보험자의 의무해태로 인하여 적정 손해액 이상으로 판결에서 인용된 손해액에 대하여는 보험회사에게 보상의무가 없다고 판시하고 있다.421)

5. 기타 통지의무

보험계약자는 동일한 피보험이익, 동일한 사고에 관해 수개의 보험계약을 체결하는 경우 즉 중복보험을 체결하는 경우에 보험계약자는 각 보험자에 대해 각 보험계약의 내용을 통지해야 하며(제672조 제2항), 피보험자가 보험기간 중에 보험의 목적을 양도한 때에는 보험의 목적의 양도인 또는 양수인은 보험자에 대하여 지체없이 그 사실을 통지해야 양수인이 보험계약상의 권리와 의무를 승계한 것으로 추정받을 수 있다(제679조). 책임보험의 경우 피보험자가 제3자에 대하여 변제, 승인, 화해 또는 재판으로 인하여 채무가 확정된 때에도 지체없이 보험자에게 그 통지를 발송하여야 한다(제723조). 선박보험에서 보험계약의 체결당시에 하물을 적재할 선박을 지정하지 아니한 경우 보험계약자 또는 피보험자가 그 하물이 선적되었음을 안 때에는 지체없이 보험자에 대하여 그 선박의 명칭, 국적과 하물의 종류, 수량과 가액의 통지를 발송해야 한다(제704조 제1항).

---

421) 대판 1994. 8. 12, 94다2145.

보험계약관계의 변동

제 9 장

Ⅰ. 보험계약의 무효와 취소

1. 무효사유

보험계약의 무효란 보험계약이 성립한 때로 소급하여 그때부터 법률상의 효력이 발생하지 않는 것을 말한다. 계약이 무효가 되면 유효한 계약이 존재하지 않게 되므로 계약당사자에게 원상회복의무가 있다. 원상회복의무란 예를 들어 보험계약이 무효가 되기 전에 보험계약자가 보험자에게 납입했던 보험료가 있다면 보험자는 그것을 보험계약자에게 돌려주어야 하는 것을 의미한다. 그런데 상법 제648조에서는 보험계약이 무효인 경우에 보험계약자 등에게 고의 또는 중과실이 있으면 보험계약자는 보험자에 대하여 자신이 지급한 보험료의 반환을 청구할 수 없다고 규정하고 있다.

(1) 보험사고의 객관적 확정

보험계약 당시에 보험사고가 이미 발생하였거나 또는 아예 발생할 수 없는 것인 때에는 그 계약은 무효로 한다(제644조). 이 조문은 보험사고의 불확정적 성질(우연성)을 말해주는 규정이며 강행규정적 성질을 가지고 있다. 당사자간의 합의에 의해 이미 발생한 보험사고에 대해 보험계약을 체결하더라도 그 계약은 무효이며 추인이 불가능하다.[1] 이미 보험사고가 발생했다면 보험의 대상이 없는 것이고, 발생할 수 없는 경우라면 보험사고 발생의 우연성이 없기 때문이다.[2]

---

1) 대판 2002. 6. 28, 2001다59064; 임용수, 209면.
2) 양승규, 175면; 정동윤, 550면.

[대법원 2002. 6. 28. 선고 2001다59064 판결]

〈사실관계〉

소외인은 무상운송 중의 사고에만 적용되는 보험을 체결한 후에 유상운송을 하다가 사고를 내자, 위 사고에 소급 적용되는 유상운송보호특약을 가입하였다. 이에 피해자의 유족들이 소외인의 보험자인 피고회사에 보험금을 청구하였고 피고회사는 이미 일어난 사고에 대한 소급적용 특약은 무효라고 항변하였다.

〈주요 판시내용〉

보험계약이 체결되기 전에 보험사고가 이미 발생하였을 경우, 보험계약의 당사자 쌍방 및 피보험자가 이를 알지 못한 경우를 제외하고는 그 보험계약을 무효로 한다는 상법 제644조의 규정은, 보험사고는 불확정한 것이어야 한다는 보험의 본질에 따른 강행규정으로, 당사자 사이의 합의에 의해 이 규정에 반하는 보험계약을 체결하더라도 그 계약은 무효임을 면할 수 없다.

　　보험사고의 불확정성 문제는 보험사고의 발생 여부 등이 반드시 객관적으로 판단할 때 그 발생이 불확정적이고 우연한 것이어야 한다는 것은 아니다. 보험자와 보험계약자 및 피보험자가 보험사고의 발생 또는 발생 불가능 사실을 알지 못한 채 보험계약을 체결하였다면 그 보험계약은 유효하다(제644조 단서). 즉 주관적으로 불확정적이어도 무방하다. 대리인에 의해 계약이 체결된 경우 대리인이 안 것은 본인이 안 것과 동일하게 취급된다(제646조).

　　한편 보험사고의 불확정성에 대한 제644조의 취지를 고려할 때 보험계약에서 정한 보험사고의 하나가 무효라면 보험계약 전체가 무효로 된다고 해석해야 한다(민법 제137조 제1문).3) 이러한 취지의 내용이 약관에 포함되어 있는 경우에 약관의 규제에 관한 법률 제6조 제1항, 제2항 제1호가 규정하고 있는 신의성실의 원칙에 반하거나 고객에 대하여 부당하게 불리하여 공정을 잃은 조항으로서 무효라고 할 수 없고, 같은 법 제7조 제2호가 규정하고 있는 상당한 이유 없이 사업자의 손해배상범위를 제한하거나 사업자가 부담하여야 할 위험을 고객에게 이전시키는 조항으로서 무효라고 볼 수도 없다.

[대법원 1998. 8. 21. 선고 97다50091 판결]

〈사실관계〉

소외인은 일반재해 또는 교통재해로 인한 사망 및 장해와 암 진단의 확정 및 확진이 된 암을 직접적인 원인으로 한 사망 등을 보장대상으로 하는 피고회사의 보험에 가입한 후 재해(다른 사람의 폭행)로 사망하였다. 이에 유족인 원고들이 보험금을 청구하였는데, 피고회사는 이 사건 보

---

3) 임용수, 210면.

험계약의 보험약관에는 피보험자가 보험 계약일 이전에 암 진단이 확정되어 있는 경우에는 보험
계약을 무효로 한다는 조항이 있었는데 소외인이 이에 해당함을 이유로 보험금 지급을 거절하
였다.

〈주요 판시내용〉

암 진단의 확정 및 그와 같이 확진이 된 암을 직접적인 원인으로 한 사망을 보험사고의 하나로
하는 보험계약에서 피보험자가 보험계약일 이전에 암 진단이 확정되어 있는 경우에는 보험계약을
무효로 한다는 약관조항은 보험계약을 체결하기 이전에 그 보험사고의 하나인 암 진단의 확정이
있었던 경우에 그 보험계약을 무효로 한다는 것으로서 상법 제644조의 규정 취지에 따른 것이라
고 할 것이므로, 상법 제644조의 규정 취지나 보험계약은 원칙적으로 보험가입자의 선의를 전제
로 한다는 점에 비추어 볼 때, 그 약관조항은 그 조항에서 규정하고 있는 사유가 있는 경우에 그
보험계약 전체를 무효로 한다는 취지라고 보아야 할 것이지, 단지 보험사고가 암과 관련하여 발
생한 경우에 한하여 보험계약을 무효로 한다는 취지라고 볼 수는 없다.

[대법원 2004. 8. 20. 선고 2002다20889 판결]

〈사실관계〉

피보험자가 보험기간개시 이후에 뇌성마비진단을 받자 원고는 보험금을 청구하였으나, 피고회
사는 뇌성마비진단은 보험기간개시 이후에 최초로 있었지만 제반 사정을 고려할 때 발병시기는
보험기간개시 이전이므로 보험은 무효라고 항변하였고, 원심에서는 뇌성마비의 발병시기에 대한
피고회사의 주장이 받아들여졌다.

〈주요 판시내용〉

보험자의 책임개시일 이후에 최초로 뇌성마비라는 진단을 받았다는 것만으로는 피보험자 측이
책임개시일 이후에 제1급의 장해상태가 되었다고 인정하기에 부족하다. 보험계약의 당사자 쌍방
및 피보험자가 모두 선의이어서 제644조 단서가 적용되는 경우라 할지라도 그 보험계약에서 정한
책임개시시기 이후 발생한 보험사고에 대하여 보험자에게 보험금지급의무가 인정될 수 있을 뿐이
고, 보험계약에서 정한 책임개시시기 이전에 보험사고(해당 질병의 발병)가 발생한 경우 이는 그
보험자가 인수하지 아니한 위험에 해당하므로 보험금지급의무가 인정될 여지는 없다 할 것이다.

---

(2) 사기에 의한 초과·중복보험

손해보험에서 보험계약자의 사기에 의하여 초과보험 또는 중복보험이 체결된 경우
그 계약은 무효가 된다. 일반적으로 사기에 의한 계약은 취소의 대상이 되지만, 보험의
도박화를 방지하기 위해 사기에 의한 초과보험 또는 중복보험의 체결을 무효로 하고 있
다. 그런데 이 경우 무효임에도 불구하고 보험자는 그 사실을 안 때까지의 보험료를 청구
할 수 있다(제669조 제4항, 제672조 제3항). 보험계약자가 지급하지 않은 보험료가 있다면

보험자는 그 부분에 대해 당연히 그 지급을 청구할 수 있다. 일반적인 무효의 효과와 차이가 있다. 역시 강행규정이며 그 위반으로 무효가 된 계약을 추인해도 유효로 되지 못한다.

(3) 심신상실자 등을 피보험자로 하는 사망보험

15세 미만자, 심신상실자 또는 심신박약자의 사망을 보험사고로 한 보험계약은 무효이다(제732조). 이들 피보험자의 서면동의가 있었는가의 여부 또는 보험수익자를 누구로 지정했는가를 불문하고 무조건 무효가 된다. 보험자는 보험료를 청구할 수 없으며 이미 수령한 보험료가 있다면 반환하여야 한다. 다만 제732조는 이들의 사망을 보험사고로 하는 경우만을 대상으로 하므로 15세 미만자, 심신상실자 또는 심신박약자의 상해나 질병을 대상으로 하는 보험계약은 유효하다. 2015년 개정 보험법에서는 단서 조항을 신설하여 심신박약자가 보험계약을 체결하거나 제735조의3에 따른 단체보험의 피보험자가 될 때에 의사능력이 있는 경우에는 유효한 계약을 체결할 수 있다고 개정하였다. 강행규정이며 그 위반으로 무효가 된 계약을 추인해도 유효로 되지 못한다.

(4) 타인의 사망보험시 그 타인의 서면동의가 결여된 계약

타인의 사망을 보험사고로 하는 보험계약에는 보험계약 체결시에 그 타인의 서면에 의한 동의를 얻어야 하며 이에 위반하여 체결된 보험계약은 무효이다(제731조). 타인의 서면동의 없이 그 타인의 사망을 보험사고로 하는 보험계약 체결을 허용하는 경우 보험금 지급조건 자체가 공서양속에 반할 수 있고 피보험자인 그 타인에 대한 살해의 위험과 보험계약의 도박화, 보험범죄의 조장 등의 상황이 초래될 우려가 크므로 이를 배제하기 위함이다. 본 조항은 강행규정이며 그 위반으로 무효가 된 계약을 추인해도 유효로 되지 못한다. 상해보험 및 질병보험에도 준용된다(제739조, 제739조의3). 동의방식의 다양화를 추구하여 서면의 범위를 확대하는 개정이 2017년에 이루어졌다.4)

[대법원 1996. 11. 22. 선고 96다37084 판결]

〈주요 판시내용〉

타인의 사망을 보험사고로 하는 보험계약에는 보험계약 체결시에 그 타인의 서면에 의한 동의를 얻어야 한다는 상법 제731조 제1항의 규정은 강행법규로서 이에 위반하여 체결된 보험계약은 무효이다. 상법 제731조 제1항의 입법취지에는 도박보험의 위험성과 피보험자 살해의 위험성 외에도 피해자의 동의를 얻지 아니하고 타인의 사망을 이른바 사행계약상의 조건으로 삼는 데서 오

---

4) 이에 관해서는 후술하는 '타인의 생명보험' 부분에서 상세히 설명한다.

는 공서양속의 침해의 위험성을 배제하기 위한 것도 들어 있다고 해석되므로, 상법 제731조 제1
항을 위반하여 피보험자의 서면 동의 없이 타인의 사망을 보험사고로 하는 보험계약을 체결한 자
스스로가 무효를 주장함이 신의성실의 원칙 또는 금반언의 원칙에 위배되는 권리 행사라는 이유
로 이를 배척한다면, 그와 같은 입법취지를 완전히 몰각시키는 결과가 초래되므로 특단의 사정이
없는 한 그러한 주장이 신의성실 또는 금반언의 원칙에 반한다고 볼 수는 없다. 보험자가 보험계
약이 유효함을 전제로 보험료를 징수하고서도 보험사고가 발생한 이후에야 비로소 피보험자의 서
면동의가 없었다는 사유를 내세워 이 사건 보험계약의 무효를 주장하는 것이 신의성실 또는 금반
언의 원칙에 반한다고 볼 수 없다.

(5) 계약일반에 공통적인 무효사유

보험계약이 선량한 풍속 기타 사회질서에 반하거나(민법 제103조), 법률이 금지하고
있는 불법적인 이익을 담보하는 보험계약을 체결한 경우에 그 보험계약은 무효이다. 예를
들어 보험계약자가 다수의 보험계약을 통하여 보험금을 부정취득할 목적으로 보험계약을
체결한 경우, 이러한 목적으로 체결된 보험계약에 의하여 보험금을 지급하게 하는 것은
보험계약을 악용하여 부정한 이득을 얻고자 하는 사행심을 조장함으로써 사회적 상당성을
일탈하게 된다. 뿐만 아니라 합리적인 위험의 분산이라는 보험제도의 목적을 해치고 위험
발생의 우연성을 파괴하며 다수의 선량한 보험가입자들의 희생을 초래하여 보험제도의 근
간을 해치게 된다. 따라서 이와 같은 보험계약은 민법 제103조 소정의 선량한 풍속 기타
사회질서에 반하여 무효라고 할 것이다. 이러한 경우에 보험계약 전체가 무효가 되기 때
문에 보험수익자가 고의로 사고를 일으키지 않았더라도 보험금을 청구할 수 없다.[5]

[대법원 2000. 2. 11. 선고 99다49064 판결]

〈주요 판시내용〉

생명보험계약은 사람의 생명에 관한 우연한 사고에 대하여 금전을 지급하기로 약정하는 것이어
서 금전을 취득할 목적으로 고의로 피보험자를 살해하는 등의 도덕적 위험의 우려가 있으므로,
그 계약 체결에 관하여 신의성실의 원칙에 기한 선의(이른바 선의계약성)가 강하게 요청되는바,
당초부터 오로지 보험사고를 가장하여 보험금을 취득할 목적으로 생명보험계약을 체결한 경우에
는 사람의 생명을 수단으로 이득을 취하고자 하는 불법적인 행위를 유발할 위험성이 크고, 이러
한 목적으로 체결된 생명보험계약에 의하여 보험금을 지급하게 하는 것은 보험계약을 악용하여
부정한 이득을 얻고자 하는 사행심을 조장함으로써 사회적 상당성을 일탈하게 되므로, 이와 같은
생명보험계약은 사회질서에 위배되는 법률행위로서 무효이다. 피보험자를 살해하여 보험금을 편

---

5) 대판 2018. 9. 13, 2016다255125; 대판 2017. 4. 7, 2014다234827; 대판 2005. 7. 28, 2005다23858; 대판
   2000. 2. 11, 99다49064.

취할 목적으로 체결한 생명보험계약은 사회질서에 위배되는 행위로서 무효이고, 따라서 피보험자를 살해하여 보험금을 편취할 목적으로 피보험자의 공동상속인 중 1인이 상속인을 보험수익자로 하여 생명보험계약을 체결한 후 피보험자를 살해한 경우, 다른 공동상속인은 자신이 고의로 보험사고를 일으키지 않았다고 하더라도 보험자에 대하여 보험금을 청구할 수 없다. 이 사건에서 아내를 피보험자로 하는 생명보험계약을 체결한 남편이 아내를 살해하였는데 보험계약자인 남편 이외에 보험수익자로 지정된 피보험자의 친정부모도 보험금청구를 할 수 없다고 판시하였다.

민법 제103조 등의 위반을 이유로 보험계약이 무효가 되는 경우에 보험계약자 측이 이미 지급받은 보험금이 있다면 반환되어야 한다. 이때 보험수익자가 보험계약자와 다른 경우 즉 타인을 위한 보험계약 형식으로 체결된 경우에 기본 계약이 무효가 되면 보험자로부터 보험금을 수령한 제3자 즉 보험수익자도 보험금 부당이득반환 의무를 부담한다. 이러한 해석은 보험사기가 의심되는 보험계약에 있어서 계약 체결시에 보험수익자를 가족 등 제3자로 지정하거나 보험기간 중에 보험수익자를 타인으로 변경한 경우에 지정 또는 변경된 보험수익자가 보험금 반환의무를 부담한다는 것을 명확히 하는 것이다.[6] 이러한 해석은 민사상 일반적인 제3자를 위한 계약에서 특별한 사정이 없는 한 제3자를 위한 계약의 낙약자가 제3자에게 이미 지급한 것이 있는 경우에 낙약자는 제3자를 상대로 계약 무효에 따른 부당이득반환청구를 할 수 없다는 입장과 다른 것이다.[7] 보험계약의 특수성이 반영된 해석이라 할 수 있다. 보험계약자와 피보험자가 다른 타인을 위한 손해보험계약의 경우에서도 이러한 법원의 입장을 볼 수 있다. 건물 임차인이 보험계약자로서 화재보험계약을 체결한 직후 화재가 발생하여 실질적인 피보험자인 건물주에게 보험금이 지급된 후에 방화 등을 이유로 민법 제103조 위반이 문제가 되어 보험회사가 건물주에게 부당이득반환청구를 한 사건에서 법원은 실질적인 피보험자인 건물주에게 보험금을 지급한 것은 보험자가 보험계약에 따라 자신의 고유한 채무를 이행한 것이며 따라서 보험계약이 무효라면 보험금을 지급받은 제3자 건물주는 이를 보험회사에 반환해야 한다고 판시하였다.[8]

그런데 단순히 다수의 보험계약을 체결했다는 사실 또는 수입에 비해 고액의 보험료를 지급하면서 다수의 보험을 체결했다는 사실만 갖고는 이러한 다수의 보험계약 체결이 사회질서에 반하는 것으로 주장하기 어려울 것이다. 보험금 편취에 대한 목적이 보험자에 의해 입증이 되어야 보험계약의 무효를 주장할 수 있다는 것이 법원의 입장이다. 예를 들어 월 수입의 2배 이상의 보험료를 지급하면서 수십 개의 보험 및 공제에 가입하고 보험

---

6) 대판 2018. 9. 13, 2016다255125; 김형진, "보험금부정취득 목적 다수보험계약에 대한 소송실무상의 쟁점— 대법원 2018. 9. 13. 선고 2016다255125 판결에 대한 평석을 중심으로—", 재산법연구 제36권 제1호, 2019, 238면.

7) 대판 2010. 8. 19, 2010다31860, 31877.

8) 서울중앙지법 2018. 11. 15, 2017가단5237738(확정)(김형진, 전게논문, 241면에서 재인용).

사고시 수령하게 될 보험금 총액이 수십 억원에 이르는 경우라도 기망에 대한 구체적 입증이 없다면 보험회사는 보험금을 지급해야 한다는 것이 법원의 태도이다.[9]

[대법원 2016. 1. 14. 선고 2015다206461 판결]

〈주요 판시내용〉

피고가 다수의 상해보험 등에 가입하여 월 120만원가량의 보험료를 지출하는 것이 사회통념상 지극히 이례적이라고 보기 어려운 점, 자신이 운영하는 식당에 손님으로 온 보험대리점장과 보험설계사들의 권유로 이와 같이 다수의 보험계약을 체결하게 되었다는 피고의 주장의 신빙성을 부정하기 어려운 점, 피고가 겪고 있는 병세는 대부분 일상적인 거동에 큰 장애를 일으키는 것이어서 피고가 입원의 필요성이 없음에도 위장입원을 하였다거나 그 입원기간이 사회통념상 지나치게 장기간이었다고 보기 어려운 점 등을 종합하여 피고가 보험금을 부정취득할 목적으로 이 사건 보험계약을 체결하였다고 볼 수 없다(同旨: 대판 2019. 7. 25, 2016다224350).

실무상 보험자가 피보험자 측의 기망을 입증하기가 어려운 것이 사실이고 직접적인 증거를 취득하는 것도 매우 어렵다. 따라서 보험계약자 측의 부정한 목적에 대한 간접증거, 정황증거를 통한 추인의 방향으로 이 문제를 해결해야 할 것이다. 보험계약자가 보험금을 부정취득할 목적으로 다수의 보험계약을 체결하였는지에 관하여는 이를 직접적으로 인정할 증거가 없더라도, 보험계약자의 직업 및 재산상태, 다수의 보험계약의 체결 경위, 보험계약의 규모, 보험계약 체결 후의 정황 등 제반 사정에 기하여 그와 같은 목적을 추인할 수 있다는 것이 판례의 태도이다.[10] 단기간에 고액의 보험계약을 집중적으로 체결했다든지, 장기적 성격의 저축성 보험보다는 보장성 보험 위주로 많은 수의 보험계약을 체결했다든지, 보험금 총액이 사회의 일반적인 관점에서 볼 때 지나치게 고액이라든지, 월 수입액에 비해 매달 지급해야 하는 보험료 총액이 지나치게 많거나, 대출까지 받으면서 보험료를 지급하고 있다든가 보험사고에 인위적 요인이 가해져 보험사고의 우연성에 의심이 가는 사정이 있다든가 하는 것들을 종합적으로 고려해야 할 것이다.[11] 아래 판결은 이 문제에 대해 법원이 고려하는 기준이라 할 수 있다.

---

9) 대판 2001. 11. 27, 99다33311.

10) 대판 2018. 9. 13, 2016다255125; 대판 2017. 4. 7, 2014다234827; 대판 2016. 1. 14, 2015다206461; 대판 2005. 7. 28, 2005다23858.

11) 대판 2015. 2. 12, 2014다73237; 대판 2009. 5. 28, 2009다12115; 주기동, "중복체결된 보험과 공서양속", 법조 제54권 제10호, 2005, 233면; 장덕조, 200면.

[대법원 2017. 4. 7. 선고 2014다234827 판결]

〈주요 판시내용〉

보험계약자가 자신의 수입 등 경제적 사정에 비추어 부담하기 어려울 정도로 고액인 보험료를 정기적으로 불입하여야 하는 과다한 보험계약을 체결하였다는 사정, 단기간에 다수의 보험에 가입할 합리적인 이유가 없는데도 집중적으로 다수의 보험에 가입하였다는 사정, 보험모집인의 권유에 의한 가입 등 통상적인 보험계약 체결 경위와는 달리 적극적으로 자의에 의하여 과다한 보험계약을 체결하였다는 사정, 저축적 성격의 보험이 아닌 보장적 성격이 강한 보험에 다수 가입하여 수입의 많은 부분을 보험료로 납부하였다는 사정, 보험계약 시 동종의 다른 보험 가입사실의 존재와 자기의 직업·수입 등에 관하여 허위의 사실을 고지하였다는 사정 또는 다수의 보험계약 체결 후 얼마 지나지 아니한 시기에 보험사고 발생을 원인으로 집중적으로 보험금을 청구하여 수령하였다는 사정 등의 간접사실이 인정된다면 이는 보험금 부정취득의 목적을 추인할 수 있는 유력한 자료가 된다(同旨: 대판 2014. 4. 30, 2013다69170; 대판 2015. 2. 12, 2014다73237).

[대법원 2005. 7. 28. 선고 2005다23858 판결]

〈사실관계〉

원고의 보험금 청구에 대해 피고회사는 이 사건 보험계약은 원고의 아버지(소외 1)가 보험금의 부정취득을 목적으로 체결한 계약이어서 그 효력이 없다고 주장하며 보험금 지급을 거절하였다. 참고로 원고의 아버지가 보험계약을 체결할 당시 원고의 가정형편은 매월 대출이자만 250만원에 이르렀음에도 불구하고, 미성년자인 원고와 원고의 동생 앞으로 약 1년간 25건의 보험계약이 집중적으로 체결됨은 물론 가족 전체로는 97건의 보험계약이 체결되어 한 달 보험료만 370만원이 넘는 상황이었다. 대출금을 갚지 못해 금융기관은 가압류를 신청했고, 다수의 보험계약 체결 당시에 특별한 수입이나 직업이 없어 부동산을 처분하거나 담보로 제공하면서 생활해왔으며, 체결된 보험계약에 의해 여러 차례에 걸쳐 이미 수억원의 보험금을 지급받았고 과거에 허위 보험금청구 및 위조된 치료확인서를 통해 보험금을 편취하거나 미수에 그쳐 형사처벌을 받은 경력도 있다.

〈주요 판시내용〉

보험계약자가 다수의 보험계약을 통하여 보험금을 부정취득할 목적으로 보험계약을 체결한 경우, 이러한 목적으로 체결된 보험계약에 의하여 보험금을 지급하게 하는 것은 보험계약을 악용하여 부정한 이득을 얻고자 하는 사행심을 조장함으로써 사회적 상당성을 일탈하게 될 뿐만 아니라, 또한 합리적인 위험의 분산이라는 보험제도의 목적을 해치고 위험발생의 우발성을 파괴하며 다수의 선량한 보험가입자들의 희생을 초래하여 보험제도의 근간을 해치게 되므로, 이와 같은 보험계약은 민법 제103조 소정의 선량한 풍속 기타 사회질서에 반하여 무효라고 할 것이다"라고 판시하여 선의계약성에 위반하여 체결된 보험계약의 효력이 무효임을 매우 구체적으로 선언하였고, "보험계약자의 직업 및 재산상태, 다수의 보험계약의 체결 경위, 보험계약의 규모, 보험계약 체결

I. 보험계약의 무효와 취소   475

후의 정황 등 제반 사정을 고려하여 보면, 소외 1이 이 사건 보험계약을 체결한 것은 순수하게 생명, 신체 등에 대한 우연한 위험에 대비하기 위한 것이라고 보기는 어렵고, 오히려 보험사고를 가장하거나 혹은 그 정도를 실제보다 과장하여 보험금을 부정하게 취득할 목적으로 체결하였음을 추인할 수 있다고 할 것이어서, 이 사건 보험계약은 민법 제103조 소정의 선량한 풍속 기타 사회질서에 반하여 무효라고 보아야 할 것이다"라고 판시하였다.

> ### [대법원 2009. 5. 28. 선고 2009다12115 판결]
>
> 〈주요 판시내용〉
> 甲이 자신이나 그 처인 乙을 보험계약자로, 乙을 피보험자로 하는 다수의 보험계약을 체결하였다가 乙이 교통사고로 사망하자 보험금의 지급을 청구한 사안에서, 甲이 乙을 살해하도록 교사하였던 전력, 석연치 않은 보험사고 경위, 경제형편에 비해 지나치게 과다한 보험료 등 제반 사정에 비추어 볼 때, 위 다수의 보험계약은 보험금을 부정취득할 목적으로 체결한 것으로 추인되므로 민법 제103조에 정한 선량한 풍속 기타 사회질서에 반하여 무효이다.

(6) 기   타

그 밖에 의사표시의 무효사유(민법 제107조, 제108조)로 인하여 보험계약의 청약의 의사표시 등이 무효인 경우 그 보험계약은 무효가 된다.[12] 또한 명문의 규정은 없지만 손해보험계약 체결 당시에 피보험이익이 존재하지 않으면 해당 계약은 무효로 해석한다. 피보험이익의 흠결로 무효가 된 경우 이를 추인해도 유효한 계약이 되지 못한다.

> ### [대법원 1995. 10. 13. 선고 94다55385 판결]
>
> 〈주요 판시내용〉
> 甲이 乙명의를 모용하여 보험회사와 보증보험계약을 체결하고 그 보험증권을 이용하여 금융기관으로부터 乙명의로 차용한 금원을 상환하지 않아 보증보험회사가 보험금을 지급한 경우, 그 보험계약을 무효로 보아 보험회사는 부당이득 반환청구를 할 수 있다.

보험계약자가 보험금을 부정취득하기 위해 기망의 의도로 고지의무를 위반하면서 다수의 보험계약을 체결한 것이라면 무효에 대한 민법 제103조, 취소를 규정한 민법 제110조 및 고지의무 위반에 따른 보험계약의 해지에 관한 상법 제651조가 병존적으로 적용될 수 있다. 즉 요건의 충족 여부에 따라 보험계약의 무효, 취소 및 해지에 대한 주장을 보험

---

12) 정찬형, 647-648면.

자가 선택할 수 있다.[13]

> **[대법원 2017. 4. 7. 선고 2014다234827 판결]**
>
> 〈주요 판시내용〉
> 　보험계약을 체결하면서 중요한 사항에 관한 보험계약자의 고지의무 위반이 사기에 해당하는 경우에는 보험자는 상법의 규정에 의하여 계약을 해지할 수 있음은 물론 보험계약에서 정한 취소권 규정이나 민법의 일반원칙에 따라 보험계약을 취소할 수 있다. 따라서 보험금을 부정취득할 목적으로 다수의 보험계약이 체결된 경우에 민법 제103조 위반으로 인한 보험계약의 무효와 고지의무 위반을 이유로 한 보험계약의 해지나 취소는 그 요건이나 효과가 다르지만, 개별적인 사안에서 각각의 요건을 모두 충족한다면 위와 같은 구제수단이 병존적으로 인정되고, 이 경우 보험자는 보험계약의 무효, 해지 또는 취소를 선택적으로 주장할 수 있다.

2. 취소사유

　보험계약이 취소되면 보험계약이 성립된 때로 소급하여 그 효력이 없어진다. 아래의 원인은 보험계약의 취소사유이다.

(1) 약관교부 · 설명의무 위반

　보험자는 보험계약을 체결할 때에 보험계약자에게 보험약관을 교부하고 그 약관의 중요한 내용을 설명해야 하는 약관교부 · 설명의무를 부담하는데, 이를 위반한 때에 보험계약자는 보험계약이 성립한 날부터 3개월 이내에 그 계약을 취소할 수 있다(제638조의3). 이 경우 보험계약은 처음부터 무효가 되고 보험자는 보험계약자로부터 수령한 보험료를 전부 반환해야 한다(제648조).[14]

　생명보험표준약관 제18조에서도 약관교부 및 설명의무를 규정하고 있다. 보험회사 또는 보험모집종사자가 설명의무를 위반하여 고객이 보험계약의 중요사항에 관하여 제대로 이해하지 못한 채 착오에 빠져 보험계약을 체결한 경우, 그러한 착오가 동기의 착오에 불과하다고 하더라도 그러한 착오를 일으키지 않았더라면 보험계약을 체결하지 않았거나 아니면 적어도 동일한 내용으로 보험계약을 체결하지 않았을 것이 명백하다면, 위와 같은 착오는 보험계약의 내용의 중요부분에 관한 것에 해당하므로 이를 이유로 보험계약을 취소할 수 있다.[15]

---

13) 대판 2017. 4. 7, 2014다234827.
14) 최준선, 169면; 임용수, 212면; 양승규, 174면.
15) 대판 2018. 4. 12, 2017다229536.

(2) 사기에 의한 고지의무 위반

보험계약을 체결함에 있어 중요한 사항에 관하여 보험계약자의 고지의무위반이 사기에 해당하는 경우에는 보험자는 상법의 규정에 의하여 계약을 해지할 수 있는 동시에 민법 제110조에 따라 그 보험계약을 취소할 수 있다(통설 및 판례). 이 경우 보험계약자는 보험자가 사기의 사실을 안 때까지의 보험료를 지급하여야 하며 보험자는 이를 반환할 필요가 없다(제669조 제4항 유추해석).[16] 보험계약의 내용 중에서 중요 부분에 착오가 있어서 착오에 의해 보험계약이 체결된 경우에도 의사표시를 한 자에게 중과실이 없는 한 보험계약을 취소할 수 있다고 해석된다.[17] 다만 고지의무 위반이 착오에 해당하는 경우에는 판례는 상법 외에 민법도 적용될 수 있다는 입장이지만, 착오·사기구별설에 따르면 착오에 대해서는 상법만 적용되므로 보험자가 보험계약을 취소할 수 없다고 해석한다.

(3) 약관상 사기에 의한 계약

보험계약자 또는 피보험자가 대리진단, 약물사용을 수단으로 진단절차를 통과하거나 진단서 위·변조 또는 청약일 이전에 암 또는 인간면역결핍바이러스(HIV) 감염의 진단 확정을 받은 후 이를 숨기고 가입하는 등의 뚜렷한 사기의사에 의하여 계약이 성립되었음을 보험자가 증명하는 경우에는 보장개시일부터 5년 이내(사기 사실을 안 날부터는 1개월 이내)에 계약을 취소할 수 있다.[18]

Ⅱ. 보험계약의 변경

보험계약이 체결된 이후 사정이 변경된 경우에는 원래의 보험계약에 영향을 미치게 되어 보험계약의 변경이 있게 된다.

1. 합의에 의한 변경

보험계약기간 중에 당사자의 합의에 의해 담보위험의 범위를 확대하거나 축소할 수

---

16) 정찬형, 648면; 최준선, 169면; 임용수, 213면; 양승규, 176면; 장덕조, 201면. 반면 한기정, 417면에서는 보험자는 그 사실을 안 때까지의 보험료를 반환해야 하고, 그때까지의 보험료의 지급을 청구할 수 없다고 해석한다.
17) 정찬형, 648면; 최준선, 169면; 임용수, 213면; 양승규, 176면.
18) 생명보험표준약관 제15조.

있고, 이에 따라 보험료도 증액 또는 감액을 할 수 있다. 즉 합의에 의해 보험계약의 내용을 변경할 수 있다. 보험기간의 연장 등도 가능하다. 중요한 것은 합의에 기초해야 한다는 점이다. 따라서 보험자가 계약 체결시 합의된 내용을 임의로 변경한 후에 임의 변경한 내용이 담긴 보험증권을 보험계약자에게 교부하고 보험계약자가 이에 대해 이의를 제기하지 않았다고 해도 변경된 내용이 당연히 보험계약자를 구속하는 것으로 해석해서는 안 된다.[19] 물론 합의에 의한 변경은 강행규정에 반하지 않아야 한다. 또한 생명보험계약에서 보험자의 승낙이 있으면 보험계약자 지위의 변경도 가능하다.

2. 위험변동에 따른 변경

(1) 보험료감액청구권

원칙적으로는 위험의 감소는 보험계약관계에 영향을 미치지 않는다.[20] 그러나 보험계약의 당사자가 전쟁위험과 같은 특별한 위험을 예기하여 특별히 고액의 보험료를 정한 경우에 보험기간 중 그 예기한 특별한 위험이 소멸한 때에는 보험계약자는 그 후의 보험료의 감액을 청구할 수 있다(제647조).

(2) 보험료증액청구권

보험기간 중에 보험계약자 또는 피보험자가 사고발생의 위험이 현저하게 변경 또는 증가된 사실을 안 때에는 지체없이 통지해야 한다. 이를 게을리한 때에 보험자는 그 사실을 안 날로부터 1월 내에 한하여 계약을 해지할 수 있으며, 통지를 받은 보험자는 1월 내에 보험료의 증액을 청구하거나 계약을 해지할 수 있다(제652조). 위험이 인위적이지 않고 자연적으로 증가된 경우이다.

보험기간 중에 보험계약자, 피보험자 또는 보험수익자의 고의 또는 중대한 과실로 인하여 사고발생의 위험이 현저하게 변경 또는 증가된 때에는 보험자는 그 사실을 안 날부터 1월 내에 보험료의 증액을 청구하거나 보험계약을 해지할 수 있다(제653조). 보험계약자 등의 귀책사유에 의한 위험증가인 경우이다. 위험증가를 이유로 보험료가 보험자의 일방적인 의사표시에 의해 증가되었는데, 그 변동폭이 위험증가에 따른 범위를 현저히 초과했다면 정당하다고 인정되는 범위로 축소되어 보험료 증가의 효과가 발생한다고 해석할 수 있다.[21] 그러나 위험감소의 경우에는 이렇게 해석할 이유는 없다고 본다. 보험료 감액폭이 위험감소의 크기를 현저히 초과했더라도 이는 보험자의 선택이며, 보험계약자에게는

---

19) 김성태, 321면.
20) 정찬형, 649면; 임용수, 213면; 정동윤, 552면.
21) 한기정, 425면.

불리한 것이 없기 때문이다. 보험료감액청구권이나 보험료증액청구권은 형성권이며 의사표시가 보험자에게 도달되면 그 법률효과가 발생하게 된다.

3. 해상보험상의 특칙

선박이 보험계약에서 정하여진 발항항이 아닌 다른 항에서 출항한 때 또는 선박이 보험계약에서 정하여진 도착항이 아닌 다른 항을 향하여 출항한 때에는 보험자는 책임을 지지 아니한다. 보험자의 책임이 개시된 후에 보험계약에서 정하여진 도착항이 변경된 경우에는 보험자는 그 항해의 변경이 결정된 때부터 책임을 지지 아니한다(제701조). 선박이 정당한 사유없이 보험계약에서 정하여진 항로를 이탈한 경우에는 보험자는 그때부터 책임을 지지 아니한다. 선박이 손해발생 전에 원항로로 돌아온 경우에도 보험자는 책임을 지지 아니한다(제701조의2).

피보험자가 정당한 사유없이 발항 또는 항해를 지연한 때에는 보험자는 발항 또는 항해를 지체한 이후의 사고에 대하여 책임을 지지 아니한다(제702조). 적하를 보험에 붙인 경우에 보험계약자 또는 피보험자의 책임있는 사유로 인하여 선박을 변경한 때에는 그 변경 후의 사고에 대하여 보험자는 책임을 지지 아니한다(제703조).

Ⅲ. 보험계약의 소멸

1. 당연소멸

(1) 보험기간의 만료

보험기간 내에 보험사고가 발생하지 않은 채 보험기간이 만료가 되면 보험계약은 당연히 소멸된다. 다만 약관에서 기간 만료시 차기 보험료를 납입하면 계약(갱신)이 계속되는 것으로 정할 수 있다.22)

(2) 보험사고의 발생

보험사고가 발생한 후에 보험계약은 유지되는 경우도 있고 종료되는 경우도 있다. 예를 들어 화재보험에서 보험의 목적인 건물이 화재로 인해 전소되어(전손사고) 이에 따라 보험금 전부가 지급되거나, 사망보험에서 피보험자가 사망하여 사망보험금이 지급된

---

22) 최준선, 170면; 양승규, 176면; 김은경, 281면.

경우 향후 보험약관상의 보험금 지급사유가 더 이상 발생할 수 없는 것이므로 보험계약은 원칙적으로 그 목적의 달성에 의해 소멸한다고 해석된다. 그때부터 보험계약은 종료한다.23)

반면에 보험사고가 발생하여 보험금이 지급되었어도 보험계약이 반드시 종료되는 것은 아니고 그대로 유지되는 경우도 있다. 만약 보험사고로 인해 일부 손해가 발생하여 보험금의 일부만이 지급되었다면 당사자간의 약정으로 나머지 보험금액의 한도에서 보험기간이 종료할 때까지 보험계약을 유지할 수 있다고 해석된다.24) 책임보험이나 상해보험에서는 보험계약 기간 내에 사고 건수에 대한 제한이 없으므로 보험기간 동안에는 여러 차례 보험사고가 발생하고 보험금이 여러 번 지급되었더라도 보험계약은 종료되지 않고 그대로 유지된다.25) 이와 같이 보험계약이 보험사고 발생 후에도 유지되는 경우에 계약 체결시 약정된 보험금액을 그대로 유지하는 것으로 당사자가 정할 수도 있고, 약정된 보험금액에서 보험사고에 따라 이미 지급한 보험금을 공제한 후 나머지 금액을 보험금액으로 하여 보험계약이 유지되기도 한다.

(3) 보험목적의 멸실

(가) 절대적 멸실

여기에서의 보험목적의 멸실이란 보험사고 이외의 원인으로 보험목적이 절대적으로 멸실된 경우를 말한다. 예를 들어, 화재보험의 목적인 건물이 화재가 아닌 홍수에 의해 멸실된 경우 보험계약은 종료된다. 즉 보험의 목적이 절대적으로 소멸하게 되면 피보험이익이 소멸하게 되므로 더 이상 보험의 목적을 대상으로 보험금 지급사유가 발생할 수 없기 때문에 보험계약은 종료된다.26)

(나) 보험목적의 양도(상대적 멸실)

보험의 목적이 양도된 경우에는 보험계약이 종료되지 않고 보험의 목적의 양수인을 피보험자로 하여 기존의 보험계약상의 권리와 의무가 양수인에게 승계된 것으로 추정되는 것으로 정하고 있다(제679조). 그런데 이러한 경우 양수인에게 승계된 것으로 추정되는데 그친다. 따라서 보험목적이 양수인에게 양도되었음에도 불구하고 보험계약상의 권리 등에 대하여 양수의 의사가 없었음이 증명되면 보험계약상의 권리와 의무는 양수인에게 이전되지 않는다. 한편 보험 목적의 양도로 인해 기존 보험계약의 피보험자(양도인)가 보험의 목적에 대해 가지고 있었던 피보험이익이 소멸되었으므로 기존의 보험계약은 그 효력을 잃

---

23) 김성태, 328면; 정동윤, 552면.
24) 화재보험표준약관 제8조 제4항 "회사가 손해를 보상한 경우에는 보험가입금액에서 보상액을 뺀 잔액을 손해가 생긴 후의 나머지 보험기간에 대한 보험가입금액으로 합니다."
25) 정찬형, 650면; 임용수, 215-216면; 최준선, 171면; 양승규, 178면.
26) 임용수, 216면; 정동윤, 553면.

게 될 것이다. 한편 선박보험에서 선박이 양도될 때, 선박의 선급을 변경할 때, 선박을 새로운 관리로 옮긴 때, 보험자의 동의가 없으면 보험계약은 종료하며, 자동차보험에서도 피보험자동차의 양도가 있는 경우에 양수인이 보험자의 승낙을 얻은 경우에만 기존의 보험계약이 종료되지 않고 양수인에게 기존의 보험계약상의 권리와 의무가 승계된다(제703조의2 제1호, 제726조의4 제1항).

(4) 보험료의 부지급으로 인한 보험계약해제

보험계약자는 계약체결 후 지체없이 보험료의 전부 또는 제1회 보험료를 지급하여야 하며 보험계약자가 이를 지급하지 아니한 경우에는 다른 약정이 없는 한 계약 성립 후 2월이 경과하면 그 계약을 해제된 것으로 본다(제650조 제1항). 해제가 되면 보험계약 체결시로 소급하여 보험계약의 효력이 없게 된다. 이 경우 보험자의 해제의 의사표시가 별도로 요구되지 않고 보험계약은 자동해제 되어 처음부터 무효가 된다. 다만 당사자간에 이와 달리 정할 수 있다. 한편 보험계약자가 최초의 보험료를 지급하지 않으면 계약이 성립된 이후 2월이 경과하기 전이라도 보험자는 민법 제544조에 따라 보험계약을 해제할 수 있다고 해석된다.27)

(5) 보험자의 파산선고

보험자가 파산선고를 받은 때에는 보험계약자는 계약을 해지할 수 있는데, 만약 보험계약자가 계약을 해지하지 아니한 때에는 보험계약은 파산선고 후 3월을 경과한 때에는 그 효력을 잃는다(제654조 제1항, 제2항). 여기에서의 파산선고에는 회생절차개시를 포함하는 것으로 해석해야 한다. 파산선고가 보험자의 책임개시 전이든 후이든 불문한다. 해지라는 법률행위가 없더라도 법규정에 의해 저절로 보험계약이 실효되는 경우이다.28) 실무적으로는 보험회사가 파산을 하게 되면 보험회사의 해산사유가 된다(보험업법 제137조 제1항 제5호). 보험회사의 파산은 엄청난 사회적 파장을 일으킨다. 이러한 상황에 대비하기 위하여 보험자의 재무건전성을 유지하기 위한 각종 제도를 보험업법에서 규정하고 있고,29) 특히 보험업법 제140조 제1항은 경영상태나 재무건전성이 부실한 보험회사가 파산하여 해산하는 경우 책임준비금 산출의 기초가 동일한 보험계약의 전부를 포괄하여 계약 체결 방식을 통해 다른 보험회사에게 이전시킴으로써 보험계약을 유지토록 하여 보험계약자를 보호하고 있다. 보험계약이 가지는 사회성과 공공성이 반영된 것이다. 또한 예금자보호법의 시행으로 보험자가 보험금을 지급할 수 없는 경우에 예금보험공사가 보험금을 대신 지급할

---

27) 한기정, 418면.
28) 보험연수원(편), 보험심사역 공통 1 교재, 2016, 142면.
29) 예를 들어, 보험업법 제123조.

수 있도록 하여 보험계약자를 보호하고 있다.30)

2. 당사자의 의사에 의한 소멸

(1) 보험계약자의 해지

(가) 임의해지

보험사고가 발생하기 전에는 보험계약자는 언제든지 계약의 전부 또는 일부를 해지할 수 있다. 이러한 임의해지권은 보험계약자에게만 인정되며 보험자에게는 인정되지 않는다. 보험사고가 발생하기 전에 보험계약이 보험계약자에 의해 해지되더라도 보험자는 어떠한 불이익도 받지 않는다. 해지될 때까지 보험자가 받은 보험료는 보험계약자에게 돌려줄 이유가 없다. 그때까지 보험자는 위험을 인수해온 것이기 때문이다. 다만 타인을 위한 보험의 경우 보험계약자는 그 타인의 동의를 얻지 아니하거나 보험증권을 소지하지 아니하면 그 계약을 해지하지 못한다(제649조 제1항).31) 생명보험표준약관에서도 '계약자는 계약이 소멸하기 전에 언제든지(다만, 연금보험의 경우 연금이 지급개시된 이후에는 제외) 계약을 해지할 수 있으며, 이 경우 보험자는 해지환급금을 계약자에게 지급한다'고 정하고 있다.32) 사고 발생 전에 보험계약자가 임의로 보험계약을 해지하는 경우 보험계약자는 당사자간에 다른 약정이 없으면 미경과보험료의 반환을 청구할 수 있다(제649조 제3항).

앞에서 설명한대로 화재보험 등의 경우에 건물이 화재로 인해 전부 멸실되거나 사망보험에서 피보험자가 사망하게 되면 보험금의 지급이 있은 후 해당 보험계약은 종료된다. 그러나 보험사고의 발생으로 보험의 목적에 일부의 손해가 생기고 이에 대해 보험금을 지급하고 나머지 보험금액의 한도 내에서 보험계약관계가 계속 유지되거나 또는 책임보험이나 상해보험 등과 같이 보험금이 지급된 후에도 계약체결시 약정된 보험금액을 그대로 유지하면서 보험계약 관계가 그대로 유지되는 경우가 있다. 이 경우에 보험계약자는 보험사고 발생 후에도 그 보험계약을 해지할 수 있는가 의문이 제기될 수 있다. 1991년 12월 보험법 개정시 보험사고의 발생으로 보험자가 보험금액을 지급한 때에도 보험금액이 감액되지 아니하는 보험의 경우(예를 들어 책임보험, 자동차보험)에는 보험계약자는 그 사고발생 후에도 보험계약을 해지할 수 있다고 정하였다(제649조 제2항). 새로운 사고가 다시 발생하기 전에 계약의 해지를 가능하게 한 것이다.33) 문리적으로 보면 보험사고가 발생한 후에

---

30) 최준선, 171면; 임용수, 217면; 정동윤, 553면; 양승규, 177-178면.
31) 타인을 위한 보험계약의 해지와 관련하여 타인의 동의없이 보험계약자가 보험증권을 소지하기만 하면 임의해지를 할 수 있는가의 문제에 관해서는 후술하는 타인의 보험계약에서 설명한다.
32) 생명보험표준약관 제29조 제1항.
33) 정동윤, 553면; 임용수, 217-218면; 양승규, 179면.

도 보험금액이 감액되지 않고 유지되는 경우에만 임의해지할 수 있는 것으로 보이지만, 보험금액이 감액된 채 보험계약이 유지된 경우에도 임의해지가 가능한 것으로 해석함이 타당하다.34) 그런데 보험사고 발생 전의 임의해지와 달리 보험사고 발생 후의 해지에는 미경과보험료 반환청구 규정이 없어서35) 보험사고 발생 후 해지는 사실상 무의미한 규정이 되었다. 즉 보험계약자가 사고발생 후 계약을 그대로 두면 계속해서 보장을 받을 수 있는데, 미경과보험료의 반환도 받지 못하면서 보험계약을 해지할 이유가 그리 크지 않기 때문이다.36) 한편 보험금액이 감액된 경우에 해지환급금도 마찬가지로 감액된다고 해석된다.

(나) 보험자의 파산으로 인한 해지

보험자가 파산선고를 받은 때로부터 3월이 경과하기 전에 보험계약자는 보험계약을 해지할 수 있다(제654조 제1항).37) 파산선고 후 3월을 경과하게 되면 계약은 해지하지 않더라도 효력을 잃는다. 해지가 의제되는 것이다. 입법취지는 보험자의 다른 채권자보다 보험계약자를 우선적으로 보호하려는 것이다. 즉 보험사고가 발생해도 보험금이 지급되지 못할 가능성이 높은 상황에서 보험계약자가 계약을 해지도 못하고 계속 보험료를 지급해야 하는 상황을 막기 위함이다. 파산선고 후 계약이 해지되거나 실효되는 경우에 보험자는 해지환급금을 보험계약자에게 지급해야 한다. 그러나 실무적으로는 앞에서 설명한 대로 보험계약이 우량 보험회사로 포괄적으로 이전되므로 보험계약자가 보험자의 파산을 이유로 보험계약을 해지하는 일은 드물다.38)

그런데 보험자의 파산선고에 대해 제654조에 의한 보험계약자의 임의해지는 「채무자 회생 및 파산에 관한 법률」 제119조 및 제335조에 대한 특칙이다. 동법에 따르면 회생절차개시시 또는 파산선고시 쌍방미이행 쌍무계약에 대한 해지권이 제한된다. 파산관재인이나 관리인이 계약을 해제 또는 해지하거나 채무자의 채무를 이행하고 상대방의 채무이행을 청구할 수 있기 때문이다. 그런데 상법 제654조에서 보험자의 파산선고시 보험계약자의 임의해지권 행사의 제한을 없앤 것이다. 한편 보험계약자가 제654조에 의한 임의해지권을 행사하지 않으면, 보험자의 파산관재인도 해지권을 행사할 수는 없다고 보아야 한다는 견해가 있다.39)

34) 한기정, 420면.
35) 상법 제649조 제3항.
36) 보험연수원(편), 보험심사역 공통 1 교재, 2016, 138면.
37) 반면, 보험계약자가 파산선고를 받은 경우에는, 보험계약의 효력에는 영향이 없고 다만 타인을 위한 보험계약에서 그 타인이 보험료지급의무를 부담하게 될 수 있다(제639조 제3항 단서); 정찬형, 651면.
38) 임용수, 218면.
39) 한기정, 421면.

(2) 보험자의 해지

(가) 제650조 제2항 내지 제653조

보험자가 보험계약을 해지할 수 있는 사유로는 이미 앞에서 설명한 대로 상당한 최고기간 이후까지도 계속보험료의 지급이 지체된 경우(제650조 제2항), 고지의무위반(제651조), 위험변경·증가통지의무 위반(제652조), 위험의 현저한 변경증가·금지의무 위반(제653조) 등이다. 특정한 타인을 위한 보험의 경우에 보험계약자가 보험료의 지급을 지체한 때에는 보험자는 그 타인에게도 상당한 기간을 정하여 보험료의 지급을 최고한 후가 아니면 그 계약을 해지하지 못한다(제650조 제3항).

보험자가 해지를 하게 되면 보험사고가 발생한 후에도 보험금을 지급할 책임이 없고 이미 지급한 보험금이 있으면 그 반환을 청구할 수 있다(제655조). 예외적으로 해지에 제한적으로 소급효를 인정한 것이다. 그 이유는 예를 들어 고지의무 위반 등의 사실은 대개 보험사고 발생 이후에 보험사고의 조사 과정에서 알려지게 되는데, 해지에 소급효를 인정하지 않는다면 이러한 경우에도 보험금의 지급이 강제되기 때문이다. 또한 전면적인 소급효를 인정하지 않는 것은 이미 보험자가 수령한 보험료를 반환할 필요가 없도록 하기 위함이다.40) 다만 보험자가 보험계약을 해지한 경우 당사자간에 보험료 반환에 대한 약정을 했다면 보험자는 미경과보험료를 반환해야 할 것이다.

[대법원 2008. 1. 31. 선고 2005다57806 판결]

〈주요 판시내용〉

보험료불가분의 원칙에 관한 우리 상법의 태도를 고려하여 볼 때, 상법 제652조 제2항에 따라 보험자가 피보험자 등으로부터 사고발생의 위험이 변경 또는 증가하였다는 통지를 받고 이를 이유로 보험계약을 해지하는 경우, 보험약관에서 미경과기간에 대한 보험료를 반환하도록 정하고 있다면 그 보험약관은 유효하다. 이는 보험기간 중에 보험사고가 발생하여도 보험계약이 종료하지 않고 원래 약정된 보험금액에서 위 보험사고에 관하여 지급한 보험금액을 감액한 잔액을 나머지 보험기간에 대한 보험금액으로 하여 보험계약이 존속하는 경우에도 마찬가지이다. 원래 약정된 보험금액에서 이미 발생한 보험사고에 관하여 지급한 보험금액을 감액한 잔액을 나머지 보험기간에 대한 보험금액으로 하여 보험계약이 존속하는 형태의 보험에서, 보험계약의 해지 전에 보험사고가 발생함으로써 보험금이 일부 지급된 경우에는 이미 발생한 보험사고로 인하여 보험자가 담보하는 위험의 크기가 감소하였으므로, 그 후 보험계약이 해지됨으로써 미경과기간에 대한 보험료를 반환하여야 한다고 하더라도 보험자는 이미 보험금을 지급한 부분에 대하여는 미경과기간

---

40) 서헌제, 113면; 김성태, 332-333면; 장경환, "고지의무 위반사실과 인과관계없는 보험사고의 연장과 보험자의 책임범위", 생명보험, 1999. 12, 18면.

의 보험료를 반환할 의무가 없고, 실제로 보험자가 위험의 인수를 면하게 된 부분에 상응하는 보험료를 기준으로 하여 미경과기간의 보험료를 산정·반환할 의무가 있다.

(내) 선박미확정의 적하예정보험

해상보험계약의 체결 당시에 하물을 적재할 선박을 지정하지 아니한 경우에 보험계약자 또는 피보험자가 그 하물이 선적되었음을 안 때에는 지체없이 보험자에 대하여 그 선박의 명칭, 국적과 하물의 종류, 수량과 가액의 통지를 발송하여야 하는데 이를 해태한 때에 보험자는 그 사실을 안 날부터 1월내에 계약을 해지할 수 있다(제704조).

(대) 약관규정에 의한 해지

보험법 규정 외에도 실무상 약관에서 정한 일정한 사유가 발생하게 되면 보험자가 보험계약을 해지할 수 있는 경우도 존재한다.[41] 이들 약관 조항은 제663조의 보험계약자 등의 불이익변경금지의 원칙 위반 여부 및 강행법규 위반 여부 등을 고려하여 그 효력을 판단해야 할 것이다. 생명보험표준약관 제30조는 중대사유로 인한 보험자의 해지에 관해 규정하고 있다. 즉 보험자는 보험계약자, 피보험자 또는 보험수익자가 고의로 보험금 지급사유를 발생시킨 경우 또는 보험계약자, 피보험자 또는 보험수익자가 보험금 청구에 관한 서류에 고의로 사실과 다른 것을 기재하거나 그 서류 또는 증거를 위조 또는 변조한 경우에 그 사실을 안 날부터 1개월 이내에 계약을 해지할 수 있다고 정하고 있다.

(라) 판례가 인정한 민법 제2조 신의성실의 원칙에 의한 해지

보험계약자 측이 입원치료를 지급사유로 하여 보험금을 청구하거나 또는 이러한 보험금을 지급받았으나 그 입원치료의 전부 또는 일부가 필요하지 않은 것으로 밝혀진 경우에 입원치료를 받게 된 경위, 보험금을 부정 취득할 목적으로 입원치료의 필요성이 없음을 알면서도 입원을 하였는지 여부, 입원치료의 필요성이 없는 입원 일수나 그에 대한 보험금 액수, 보험금청구나 수령 횟수, 보험계약자 측이 가입한 다른 보험계약과 관련된 사정 또는 서류의 조작 여부 등 여러 사정을 종합적으로 고려하여 보험계약자 측의 부당한 보험금 청구나 수령으로 인하여 보험계약의 기초가 되는 신뢰관계가 파괴되어 보험계약의 존속을 기대할 수 없는 중대한 사유가 있다고 인정된다면, 보험자는 보험계약을 해지할 수 있고, 이 계약은 장래에 대하여 그 효력을 잃는다. 이러한 해지권은 신의성실의 원칙을 정한 민법 제2조에 근거한 것으로서 보험계약 관계에 당연히 전제된 것이므로, 보험자에게 사전에 설명할 의무가 있다거나 보험자가 이러한 해지권을 행사하는 것이 상법 제663조나 약관의 규제에 관한 법률 제9조 제2호를 위반한 것이라고 볼 수 없다. 또한 보험자가 보험금 지급에 관한 심사를 하는 단계에서 보험금 지급 요건을 충족하지 못한 것을 밝

---

41) 임용수, 220면; 양승규, 180면.

히지 못하고 보험금을 지급한 후에 이를 이유로 하여 보험자가 해지권을 행사했다면 보험자의 이러한 해지권 행사를 보험계약상 신의성실의 원칙에 위반된 것이라고 볼 수도 없다. 다만 이러한 해지권은 보험약관에 명시되어 있지 않고 또 구체적 사안에서 해지사유가 있는지 여부가 명확하지 않은 면이 있을 뿐만 아니라, 보험자가 부당한 보험금 청구를 거절하거나 기지급 보험금을 반환받는 것을 넘어서 보험계약 자체를 해지하는 것은 자칫 보험계약자 측에 과도한 불이익이 될 수 있다는 점을 고려할 때, 구체적 사안에서 보험자가 이와 같은 해지권을 행사할 수 있는지는 신중하고 엄격하게 판단하여야 한다. 신뢰관계를 파괴하는 당사자의 부당한 행위가 해당 보험계약의 주계약이 아닌 특약에 관한 것이라 하더라도 그 행위가 중대하여 이로 인해 보험계약 전체가 영향을 받고 계약 자체를 유지할 것을 기대할 수 없다면, 특별한 사정이 없는 한 해지의 효력은 해당 보험계약 전부에 미친다고 보아야 한다.42)

3. 보험계약자 채권자의 해지

보험계약자가 계약을 해지하면 해지환급금을 받게 된다. 보험계약자가 경제적 어려움으로 인해 자신의 채권자에 대한 채무변제를 제대로 하지 못하는 경우에 그 채권자는 보험계약자가 체결한 생명보험계약과 같은 장기성 보험에서 적립되어 있는 해약환급금으로 채무의 일부라도 변제를 받고자 한다. 이를 위해 채권자대위권을 통해 채무자인 보험계약자의 해당 보험계약을 해지할 수 있다. 다만 해지권에 대한 채권자대위권행사를 위해서는 채무자가 무자력이어야 한다.

여기에서 보험계약자의 채권자가 채권자대위권이 아니라 추심권에 기초해서 채무자인 보험계약자의 해지권을 자기의 이름으로 행사하여 채권을 추심할 수 있는가의 문제가 있다. 보험계약에 관한 해지환급금채권은 보험계약자가 해지권을 행사할 것을 조건으로 효력이 발생하는 조건부 권리이기는 하지만 금전 지급을 목적으로 하는 재산적 권리로서 민사집행법 등 법령에서 정한 압류금지재산이 아니어서 압류 및 추심명령의 대상이 된다. 그 채권을 청구하기 위해서는 보험계약의 해지가 필수적이어서 추심명령을 얻은 채권자는 채무자의 보험계약 해지권을 자기의 이름으로 행사하여 그 채권의 지급을 청구할 수 있는데 이렇게 해지권을 행사하는 것은 그 채권을 추심하기 위한 목적 범위 내의 행위로서 허용된다는 것이 법원의 입장이다.43) 타인을 위한 보험계약에서 보험계약자의 채권자가 보험계약을 해지하는 경우에는 제649조 제1항 단서의 적용을 받게 된다. 따라서 타인의 동

---

42) 대판 2020. 10. 29, 2019다267020; 대판 2020. 11. 5, 2020다211832.
43) 대판 2009. 6. 23, 2007다26165.

의 또는 보험증권의 소지가 요구된다. 이 때 채권자는 추심권에 기초해서 보험자에게 보험증권 교부를 청구할 수 있다고 해석된다.[44]

[대법원 2009. 6. 23. 선고 2007다26165 판결]

〈주요 판시내용〉

보험계약에 관한 해약환급금채권은 보험계약자가 해지권을 행사할 것을 조건으로 효력이 발생하는 조건부 권리이기는 하지만 금전 지급을 목적으로 하는 재산적 권리로서 민사집행법 등 법령에서 정한 압류금지재산이 아니어서 압류 및 추심명령의 대상이 되며, 그 채권을 청구하기 위해서는 보험계약의 해지가 필수적이어서 추심명령을 얻은 채권자가 해지권을 행사하는 것은 그 채권을 추심하기 위한 목적 범위 내의 행위로서 허용된다고 봄이 상당하다. 그러므로 당해 보험계약자인 채무자의 해지권 행사가 금지되거나 제한되어 있는 경우 등과 같은 특별한 사정이 없는 한, 그 채권에 대하여 추심명령을 얻은 채권자는 채무자의 보험계약 해지권을 자기의 이름으로 행사하여 그 채권의 지급을 청구할 수 있다. 해약환급금청구권에 대한 추심명령을 얻은 채권자가 추심명령에 기하여 제3채무자를 상대로 추심금의 지급을 구하는 소를 제기한 경우 그 소장에는 추심권에 기초한 보험계약 해지의 의사가 담겨 있다고 할 것이므로, 그 소장 부본이 상대방인 보험자에 송달됨에 따라 보험계약 해지의 효과가 발생하는 것으로 해석함이 상당하다.

민사집행법 제246조 제1항 제7호 및 민사집행법시행령 제6조에서는 압류금지가 되는 보장성보험의 보험금, 만기환급금, 해약환급금 등의 범위에 관해 규정하고 있다. 이 범위 내에서는 압류가 금지된다. 따라서 채권자는 보장성보험에 대해 압류추심명령을 받아 계약을 해지하여 해지환급금 채권을 책임재산으로 확보할 수 없다. 보장성보험에 대해 채권자의 해지를 인정하는 것은 채무자에게 너무 가혹하며 보험계약의 해지로 인해 중병 치료 중인 자에게 지급되던 병원비까지 압류되도록 하는 것은 사회적, 도덕적으로 비난받을 수 있고 서민생계를 위협할 수 있다는 지적 때문이다.[45] 다만 보장성보험이라 할지라도 위 법령에서 정한 범위를 넘는 금액은 압류가 가능하다.

그런데 실무에서 보험계약자의 채권자에 의한 채권추심과 이를 위한 계약해지는 대부분이 저축성보험을 대상으로 하고 있다. 이렇게 되면 보험계약으로부터 보장을 받게 될 것이라는 기대이익을 가지고 있는 보험수익자 입장에서는 보험계약의 수혜를 상실하게 되는 등의 불이익을 받게 된다. 그런데 해약환급금에 대한 압류채권자의 보험계약의 해지가 개인 채권자보다는 카드회사 등 금융기관에 의해 남용되는 부작용이 있는 것이 현실이다.[46]

---

44) 한기정, 422면.
45) 한기정, 423면.
46) 박인호, "해약환급금청구권에 대한 압류와 보험계약자의 채권자에 의한 보험계약의 해지에 관한 고찰", 상사판례연구 제27집 제3권, 2014, 109면.

일본 보험법은 이러한 경우에 보험계약자 또는 보험수익자를 보호하기 위해 '개입권'제도를 도입하였다.47) 개입권이란 법률이 정한 범위 내의 보험수익자가 해지권(일본-해제권)을 행사한 자에게 보험자가 지불했어야 할 금액을 보험계약자의 동의를 얻어 지급하고 보험자에게 그 사실을 통지함으로써 해지의 효력이 생기지 않도록 하는 것이다. 우리 보험법에는 아직 도입이 되지 않고 있다.

Ⅳ. 보험계약의 부활

1. 의   의

(1) 개념 및 취지

보험계약자가 계속보험료 지급을 지체함으로 인해 보험자에 의해 해지되어 보험계약이 실효되었는데, 해지환급금이 보험계약자 측에게 아직 지급되지 않은 경우에 보험계약자는 일정한 기간 내에 연체보험료에 약정이자를 붙여 보험자에게 지급하면서 해지 또는 실효되었던 보험계약의 부활(reinstatement)을 청구(청약)할 수 있다. 보험자가 이러한 부활청구에 대해 승낙을 하게 되면 종전과 동일한 내용의 보험계약이 부활되어 성립하게 된다(제650조의2).

보험계약자로서는 보험계약이 해지되어 해지환급금을 받는 경우 이 금액은 자신이 지금까지 납입한 보험료 총액과 비교하여 금액 면에서 손해가 된다. 또한 동일한 보장을 내용으로 하는 보험계약 체결이 다시 필요한 경우에 동일한 담보내용임에도 불구하고 연령 증가 등으로 인해 인상된 보험료를 지급해야 하는 부담도 발생한다. 한편 보험자로서도 기존의 고객을 타 회사에 뺏기게 될 가능성이 높다. 이러한 상황을 고려하여 실효된 종래의 보험계약을 회복시켜 양 당사자 모두에게 이익을 주는 제도가 보험계약의 부활이다.48) 보험계약 부활제도는 손해보험보다는 장기적 성격의 인보험에서 주로 이용된다.49)

(2) 법적 성질

부활계약은 실효 전의 종래의 보험계약과 동일한 성질과 계약조건을 그대로 유지하여 실효 전의 상태로 보험계약을 회복시키는 것을 목적으로 하는 특수한 계약으로 해석된

---

47) 일본 보험법 제60조 및 제89조 이하. 일본 보험법에서는 채권자가 보험계약을 '해제'할 수 있도록 하고 있다.
48) 최준선, 173면; 김성태, 337면; 임용수, 220면; 정동윤, 555면; 양승규, 169면; 서헌제, 113면.
49) 장덕조, 204면.

다.50) 특수계약으로 보는 것이 판례의 입장이기도 하다.

[대법원 2005. 12. 9. 선고 2004다26164 판결]

〈주요 판시내용〉

　이 사건 보험계약 약관 제14조 제3항에서 피보험자가 책임개시일의 전일 이전에 암으로 진단이 확정되어 있는 경우에 이 사건 보험계약은 무효로 한다고 규정하고 있으나, 한편 위 약관 제17조 제2항에서 효력 상실된 계약이 부활하는 경우에 위 약관 제14조 제3항을 다시 적용하도록 규정하고 있지 않으므로, 위 약관 제14조 제3항이 이 사건 부활계약에는 적용되지 않는다고 판단한 원심은 옳다.

　위 판결에서 만약 보험계약 부활의 법적성질을 새로운 보험계약으로 보았다면 부활일로부터 책임개시일 사이에 암진단이 확정된 것은 보험계약일과 책임개시일 사이에 암진단이 확정된 것으로 볼 수 있고 따라서 보험계약의 부활을 무효로 해석했어야 했다. 법원은 특수한 계약으로 보면서 약관에서 달리 규정하고 있지 않다면 부활일로부터 책임개시일 사이에 암진단 확정은 보험계약일과 책임개시일 사이에 확진을 받은 것과 동일시할 수 없고 따라서 부활된 보험계약이 무효가 되는 것은 아니라고 보았다.

　부활된 계약은 신계약이 아니고 종전 계약의 계속이며, ‘계약’의 하나이므로 보험계약자의 일방적 의사에 의해 계약이 부활되는 것은 아니며 보험자의 승낙이 있어야 한다.51) 실무상 보험부활청약서의 작성이 요구되며 신체검사가 필요한 보험의 경우 이를 받아야 하는데 이는 새로운 보험계약을 체결한다기보다는 실효된 보험계약의 효력을 회복시키기 위한 절차로 보아야 한다.52)

2. 요　　건

(1) 계속보험료의 부지급으로 인한 해지

　최초 보험료 지급으로 인해 보험자의 책임이 일단 개시된 이후에 보험계약자가 약정된 기간 내에 계속보험료의 지급을 지체함으로 인해 보험자에 의해 보험계약이 해지된 경

---

50) 최기원, 275면; 서돈각/정완용, 396면; 정찬형, 652면; 임용수, 221면; 정동윤, 555면; 정희철, 486면; 이기수/최병규/김인현, 165면; 손주찬, 2005, 566면; 김성태, 337면; 장덕조, 204면; 김은경, 287면.

51) 다만 약관에 따라 보험자의 승낙을 반드시 요구하지 않는 것도 있다. 예를 들어 자동차보험료분할납입 특별약관 제5조 제1항에서는 보험계약이 해지되고 해지환급금이 지급되지 않은 경우에 30일 안에 보험계약자가 보험계약의 부활을 청구하고 당해 분할보험료를 납입한 때에는 이 보험계약은 유효하게 계속된다고 정하고 있다; 양승규, 170면.

52) 한기정, 427면.

우여야 한다. 계속보험료가 아닌 최초보험료의 지급 지체의 경우에는 보험계약 부활의 문제가 아니라 보험자의 책임이 개시되지 않는 문제가 발생한다. 또한 계속보험료의 미지급이 아닌 기타의 사유(고지의무위반 등)로 보험계약이 해지된 경우에는 보험계약의 부활 문제가 적용되지 않는다.53) 약관설명의무 위반으로 보험계약이 취소된 경우에도 부활 문제는 적용되지 않는다.

상당한 기간의 최고기간과 해지의 의사표시 등 제650조 제2항 또는 해지예고부 최고와 같은 약관 소정의 해지절차를 충족시키지 못해 보험자에 의한 보험계약의 해지가 부적법하거나 무효인 경우에 비록 보험계약자가 부활청약을 하면서 연체보험료와 약정이자를 지급했다고 해도 이를 무효인 계약해지에 대한 추인으로 해석할 수는 없다.54) 제650조 제2항은 상대적 강행규정이므로, 그 요건을 충족하지 못했다면 보험계약은 적법하게 해지되거나 실효됨이 없이 그대로 유지되어 온 것이므로, 부활청약은 원래 유효하게 존속하고 있는 보험계약에 대한 확인적 의미를 가지는 데 불과하다고 해석된다.55)

(2) 해지환급금의 미지급

보험계약이 해지 또는 실효된 후에 보험계약자가 해지환급금을 보험자로부터 아직 반환받지 않은 상태여야 한다. 해약환급금을 받지 않는 경우에는 보험계약대출 등에 따라 해약환급금이 차감되었으나 보험계약자가 이를 받지 않은 경우 또는 해약환급금이 없는 경우를 포함한다. 즉 보험자가 반환해야 할 해약환급금 등이 없는 보험계약의 경우에는 본 요건 없이 보험계약자는 보험계약의 부활을 청약할 수 있다고 해석된다.56) 만약 보험자가 보험계약자에게 해지환급금 등을 이미 지급하였다면 보험자와 보험계약자와의 관계는 그것으로 완전히 종료되어 보험계약의 부활 문제는 더 이상 발생하지 않게 된다. 견해에 따라서는 이때에도 보험자가 승낙하면 보험계약의 부활을 인정할 수 있다고 한다. 즉 해지환급금이 지급된 경우에도 이를 반환하고 계약을 부활시킬 수 있다고 설명한다.57) 보험계약자 측에게 유리한 해석이다. 향후 이 요건에 대한 개정 논의가 필요하다. 그러나 개정되기 전까지는 명문으로 해지환급금이 지급되지 않아야 함을 규정하고 있음을 감안하면 해지환급금의 미지급은 중요한 요건이라 할 수 있다.58)

한편 보험계약자가 해지환급금 등을 지급받을 당시 보험계약의 해지에 대한 의사를

---

53) 임용수, 221면; 양승규, 171면.
54) 한기정, 428면에서는 제650조 제2항의 요건을 충족하지 못한 경우, 부활의 청약에 대해 보험자가 승낙을 하면 보험계약의 부활로 효력을 인정할 수 있다고 해석하는데, 조문이 '제650조 제2항에 따라 보험계약이 해지되고'로 명시된 점을 고려하면 의문이다.
55) 임용수, 225-226면.
56) 양승규, 171면; 김성태, 338면; 정찬형, 653면; 최준선, 174면; 정동윤, 555면.
57) 정희철, 398면; 한기정, 428면.
58) 정찬형, 636면, 653면.

가지고 있어야 한다. 보험계약상의 일부 보험금에 관한 약정지급사유가 발생한 후에 그 보험계약이 해지 또는 실효되었다는 보험회사의 직원의 말만을 믿고 해지환급금을 수령한 경우에 다른 해지사유가 없었던 이상 보험계약자의 수령행위를 보험계약을 해지하기로 하는 의사로써 행한 행위로 보아서는 안 된다.[59] 또한 보험계약자가 보험회사의 일방적인 해지통지와 함께 보내 온 기납입 보험료를 수령한 경우 그 수령행위를 보험계약을 해지하겠다는 의사로써 행한 행위라고 해석할 수는 없다.[60]

[대법원 2002. 7. 26. 선고 2000다25002 판결]

〈사실관계〉

피보험자의 유족인 원고들의 보험금청구에 대해 피고회사는 사망한 피보험자가 이미 계약을 해지하고 해지환급금까지 수령하였으므로 보험금을 지급할 수 없다고 항변하였다. 이에 대하여 원고들은 망인의 해약환급금 수령은 피고회사의 직원이 잘못된 안내를 하여 그렇게 된 것이므로 해지는 효력이 없다고 주장했다.

〈주요 판시내용〉

예기치 못한 망인의 위암 발병으로 치료를 받게 될 급박한 상황에서 이 사건 각 보험계약상의 일부 보험금에 관한 약정지급사유가 발생한 이후에 위 각 보험계약이 해지, 실효되었다는 피고회사 직원의 말만을 믿고 당시 경제적 필요에 조금이라도 충당하고자 망인이 대리인을 통하여 해지환급금을 수령하였다고 하더라도, 다른 해지사유가 없었던 이상 이를 곧 각 보험계약을 해지하기로 하는 의사로써 한 행위라고 할 수는 없다.

---

(3) 청약과 승낙

보험계약자가 약관에서 정한 일정한 기간 내에 해지된 보험계약의 부활청약을 하면서 부활청약을 하는 날까지의 연체보험료에 약정이자를 붙여 보험자에게 지급하고 보험자는 부활청약에 대해 승낙하여야 한다. 일정기간과 관련하여 생명보험표준약관에서는 3년으로 정하고 있고[61] 자동차보험의 경우에는 특별약관에서 보통 30일로 하고 있다. 연체보험료와 약정이자의 지급을 일정 시점 이후로 유예하는 당사자간의 약정은 그 효력이 인정될 수 있다.[62]

실효된 보험계약의 부활을 위해서는 부활의 구체적 의사와 함께 연체보험료와 약정이자를 함께 보험자에게 지급해야 하는데, 약정이자 부분에 대한 언급도 없고 보험료의 현

---

59) 대판 2002. 7. 26, 2000다25002.
60) 임용수, 184면.
61) 생명보험표준약관 제27조 제1항.
62) 한기정, 428면.

실적 납부도 없는 상황에서 보험료의 납입을 단순히 약속한 것만 가지고는 이를 부활을
위한 청약의 의사표시라고 해석할 수는 없다.63) 부활의 청약은 해지 또는 실효된 종래의
보험계약을 회복시키려 하는 것이지만, 새로운 보험계약을 체결하는 것과 같은 절차를 밟
아야 한다. 따라서 보험계약자는 해지 또는 실효 후 부활 청약시점까지의 새로운 중요한
사항에 대해 고지의무를 부담하는 것으로 해석된다. 그런데 부활 이전에 발생한 중요한
사실이면 기간의 제한을 설정하지 않는 것으로 해석함이 타당하다.64) 이러한 해석에 따르
면 과거 실효되기 전에 중대한 질병으로 장기간 의사처방을 받고 약을 복용한 사실을 부
활을 청약하면서 보험자에게 고지하지 않았다면 고지의무 위반의 문제가 발생할 수 있다.
인보험의 경우 보험계약의 부활을 위해 보험회사가 신체검사를 요구하는 경우가 많다. 보
험계약의 부활도 낙성 · 불요식 계약의 성질을 가지지만 실무에서는 질문란이 포함된 보험
계약부활 청약서의 작성이 요구되기도 한다.65) 실효 후 피보험자의 건강이 악화되는 등
보험사고 발생가능성이 높게 되었을 때 보험계약자가 부활청약을 함으로써(역선택) 부활제
도를 악용하는 것을 방지하기 위함이다.66)

　　보험자의 승낙은 구체적으로 부활청약에 대한 승낙이어야 한다. 따라서 보험계약이
해지된 이후에 보험자가 착오로 보험료 납입을 독촉하거나 보험료를 수령하는 것만 가
지고는 부활청약에 대한 승낙이라 할 수 없다.67) 보험계약자가 생명보험에서 부활청약
기간인 해지 후 3년이 경과한 후에 부활의 청약을 하는 경우에 보험자가 이를 승낙하면
보험계약은 부활된다고 해석함이 타당할 것이다.68) 보험자의 의사를 존중하고 동시에 부
활을 인정하더라도 보험계약자에게 특별히 불리하지 않기 때문이다. 부활요건으로서 계속
보험료 부지급에 의한 계약해지와 해지환급금의 미지급 요건과 달리 청약을 위한 일정한
기간에 관한 요건과 연체보험료와 약정이자의 지급 시점에 관한 요건에 대해서는 당사자
간의 합의에 따른 변경이 가능하다고 해석할 수 있다. 해당 조문에서 정한 요건을 충족한
상태에서 보험계약자 측의 부활청약이 있을 때, 보험자는 승낙의무가 있는가 아니면 승낙
을 거절할 수 있는가의 문제가 있다. 해지된 사유가 계속보험료의 부지급인데 이에 대해
연체된 보험료와 약정이자까지 지급함으로써 해지사유가 소멸되었고 또한 해지환급금이
아직 보험계약자 측에게 지급되지 않고 있다는 점을 감안하면 일반적인 보험계약에서의
청약에 대한 승낙과 달리 보험자는 부활청약에 대해 승낙의무가 있다고 해석해야 할 것이

63) 임용수, 184면. 그러나 김성태, 307면에서는 실효된 보험계약의 부활에 관한 의사표시로서의 의미를 갖
　　는다고 해석한다.
64) 생명보험표준약관 제27조 제2항.
65) 양승규, 171면; 김은경, 288면.
66) 정동윤, 556면; 정찬형, 653면; 양승규, 171면; 최기원, 278면; 임용수, 222면; 강위두/임재호, 587면; 정
　　희철, 486면.
67) 김성태, 339면; 서헌제, 114면.
68) 손주찬, 566면; 최준선, 174면; 임용수, 223면; 정동윤, 556면.

다.69) 따라서 보험자가 부활청약을 받은 때로부터 30일 이내에 보험자가 합리적 이유 없이 청약에 대해 거절을 한 경우 보험계약자는 법원에 소를 제기하고 보험자의 승낙의 의사에 갈음하는 판결을 받을 수 있으며, 이 판결이 확정되면 그 시점에 계약 당사자의 의사합치에 따라 보험계약은 부활된다고 해석된다.70)

(4) 제638조의2 준용

부활청약에 대해 승낙의무가 있는 것으로 해석하지 않는다면 승낙과 관련하여 제638조의2가 준용된다. 이에 따라 보험자는 부활청약을 받은 후 다른 약정이 없으면 30일 내에 보험계약자에게 낙부의 통지를 발송하여야 하며,71) 보험자가 이 기간 내에 낙부의 통지를 해태하게 되면 승낙한 것으로 의제된다. 승낙이 의제되면 보험계약의 부활은 인정된다. 신체검사를 요하는 인보험의 경우 피보험자가 신체검사를 받은 날로부터 기산한다. 앞에서도 설명한 바와 같이 일정한 요건을 모두 갖춘 청약에 대해서 보험자는 승낙의무를 부담한다고 해석하게 되면 제638조의2는 준용되지 않는다고 해석될 수 있다.

(5) 약관명시 · 설명의무

보험계약의 부활에 약관명시 · 설명의무가 요구되는가의 문제에 대해 보험계약자 측에게 불리한 내용으로의 약관변경이 없다면 보험계약의 부활시 보험자는 동일한 내용의 약관명시 · 설명의무는 부담하지 않는다고 해석해야 한다.72) 보험계약의 부활의 법적성질을 새로운 계약 체결이 아니라 특수계약으로 볼 때 상법에 특별히 규정이 있거나 당사자간에 달리 약정하지 않았다면 보험계약 부활시에 약관의 명시 · 설명의무는 적용되지 않는다고 보아야 한다.

다만 법률에서 정한 내용과 달리 규정된 약관 내용이 부활 후에도 적용되는 것이라면 이에 관한 설명은 필요하다는 것이 법원의 입장이다.73)

[대법원 2005. 12. 9. 선고 2004다26164 판결]

〈주요 판시내용〉

이 사건 보험약관 제7조 제1항은 회사의 책임의 시기 및 종기에 관하여 "회사의 책임은 보험증권에 기재된 보험기간의 첫날 오후 4시에 시작하며 마지막 날 오후 4시에 끝납니다. 그러나 특정

---

69) 정호열, "부활과 고지의 범위", 보험학회지 제60집, 2001, 88면; 한기정, 429면.
70) 한기정, 429면.
71) 그런데 일정한 요건을 모두 갖춘 청약에 대해서 보험자는 승낙의무가 있다고 해석해야 할 것이다.
72) 양승규, 181면; 임용수, 89면.
73) 대판 2005. 12. 9, 2004다26164.

암, 일반암 또는 상피내암에 대한 회사의 책임은 보험증권에 기재된 보험기간의 첫날로부터 그 날
을 포함하여 90일이 지난 날의 다음날에 시작하며 마지막 날에 끝납니다."라고 규정하고, 위 약관
제17조 제2항은 효력상실된 계약이 부활하는 경우 위 약관 제7조의 규정을 다시 적용한다고 규정
하고 있음을 알 수 있는바, 상법 제656조에 의하면, 보험자의 책임은 당사자 간에 다른 약정이 없
으면 최초의 보험료의 지급을 받은 때로부터 개시한다고 규정하고 있음에 비추어, 위 약관 제7조
는 상법의 일반 조항과 다르게 책임개시시기를 정한 것으로 보험자가 구체적이고 상세한 명시·설
명의무를 지는 보험계약의 중요한 내용이라 할 것이고, 위 약관의 내용이 거래상 일반적이고 공통
된 것이어서 보험계약자가 별도의 설명 없이도 충분히 예상할 수 있었던 내용이라 할 수 없다.

3. 효   과

보험계약이 부활되면 해지 또는 실효되기 전의 종전의 보험계약이 그 효력을 회복하
게 되어 보험계약이 유효하게 존속한다. 보험자는 해지되었던 계약과 같은 내용의 보상책
임을 부담한다. 원칙적으로 부활청약에 대해 보험자가 승낙한 시점부터 보험자의 책임이
개시된다. 따라서 종전의 보험계약이 해지(실효)된 시점부터 부활되는 시점까지 발생한 보
험사고에 대해서는 보험자는 보험금을 지급할 책임이 없다. 즉 해지 이후 부활청약 전의
기간은 보험자의 책임기간에 포함되지 않는다고 해석해야 한다. 그렇지 않으면 불량위험
이 보험계약의 부활을 통해 오히려 더 적극적으로 편입되는 역선택의 문제가 발생하기 때
문이다. 일반적으로 약관에서도 해지 이후 부활청약 전의 기간은 책임기간에서 제외된다
고 규정하는데 그 효력은 인정된다.[74] 부활청약을 하면 승낙 전 보상제도와 함께 승낙 한
때부터 보험자의 보상책임이 시작된다고 해석함이 타당하다.[75] 보험계약자로 하여금 해지
또는 실효 후 부활 청약시점까지의 중요한 사항에 대해 고지의무를 이행하도록 하는 것도
같은 목적이다.

보험계약 부활의 법적성질을 특수한 계약으로 볼 때에 부활로 인해 종전의 보험계약
이 회복되므로 종래의 보험계약에 있던 무효, 취소, 해지 등 각종 항변사유는 보험계약의
부활 이후에도 그대로 존속된다. 다만 보험계약의 부활절차를 통해 그 원인이 제거된 때,
예를 들어 종전의 보험계약 체결시 고지의무위반 사실이 있었더라도 부활 청약시에 정정
또는 보완 등을 통해 고지의무를 제대로 이행하였다면 이를 더 이상 문제 삼을 수 없다
고 해석해야 할 것이다. 보완 또는 정정을 하면서 새롭게 이행된 고지사항을 기준으로 하
여 고지의무위반 여부를 판단해야 할 것이다.[76] 부활청약에 있어서 고지의무 위반을 이유

---

74) 대판 1987. 6. 23, 86다카2995.
75) 한기정, 431면.
76) 정동윤, 556면; 임용수, 223-224면; 양승규, 172-173면; 정찬형, 654면; 최준선, 174면; 손주찬, 567면;
    김성태, 339면.

로 보험자가 해지권을 행사할 때 제척기간의 기산점은 보험계약의 부활시를 기준으로 한
다.77)

　　보험계약 부활의 법적성질을 특수한 계약으로 볼 때에 부활은 새로운 계약이 아니라
이미 실효된 보험계약의 효력을 회복시키는 것이므로 고지의무의 이행이 당연히 요구된다
고 할 수는 없다. 이론대로라면 부활에 고지의무 제도를 적용시키기 위해서는 제651조의
준용규정이 필요하다. 그러나 고지의무가 부활에 적용되지 않으면 역선택의 문제가 발생
할 수 있으므로 보험약관에서는 보험계약 부활에 고지의무 이행을 요구하고 있다(생명보험
표준약관 제27조 제2항). 여기에서 고지의무의 범위는 부활 이전에 발생한 중요한 사항이면
굳이 '해지 이후 부활시점까지'라는 기간의 제한을 두지 않는 것으로 보아야 한다. 다만
해지 이후 발생한 사항으로 고지의무 범위를 정하더라도 특수계약설에 의하면 해지 이전
발생한 사항에 대해서 보험자의 항변사유는 존속되기 때문에 보험자는 위험변경증가에 관
한 제652조나 제653조 위반을 문제 삼을 수 있을 것이다.78)

　　무효의 원인이 강행규정 위반인 경우에는 부활시점에서 이에 대한 보완이 있었다고
해도 이미 무효가 된 보험계약의 하자의 치유를 인정하기는 어렵다. 예를 들어 하자의 원
인이 타인의 사망을 보험사고로 하는 보험계약을 체결하면서 타인 즉 피보험자의 서면동
의를 받지 않은 경우에, 부활시점에 타인의 서면동의를 받았다고 해도 제731조 제1항의
해석에 있어서 사후동의는 인정되지 않기 때문에 해당 하자는 치유되지 않는다고 해석해
야 할 것이다.79) 해지된 보험계약이 그것 자체로 사기로 인한 초과보험 또는 중복보험
에 해당되어 무효라면 이것이 강행규정임을 감안할 때 부활로 인해 하자가 치유되는 것
으로 해석할 수는 없다. 당사자들은 새로운 보험계약을 체결해야 한다.

　　그런데 보험계약의 부활에 있어 승낙 전 사고 보상에 관한 제638조의2 제3항도 준용
되므로 보험자가 보험계약자로부터 보험계약의 부활청약과 함께 연체보험료와 약정이자를
받은 경우에 그 청약을 승낙하기 전에 보험계약에서 정한 보험사고가 생긴 때에는 그 청
약을 거절할 사유가 없는 한 보험자는 보험계약상의 책임을 진다. 인보험계약의 피보험자
가 신체검사를 받아야 하는 경우에 그 검사를 받지 아니한 때에는 보험자는 승낙 전 사고
에 대해 보상책임이 없다. 계약이 실효된 기간 중에 보험사고가 발생한 사실을 알고 보험
계약자가 부활의 청약을 한 경우 보험계약의 부활을 인정할 수는 없다.80)

　　일반적으로 암보험의 경우 보험자의 책임개시시점이 보험계약 체결일로부터 90일이
지나야 시작되는데 실효된 암보험계약이 부활하는 경우에도 90일 부담보조항을 다시 적용

---

77) 장덕조, 206면; 한기정, 432면.
78) 한기정, 431면.
79) 同旨: 한기정, 432면.
80) 최기원, 277면; 양승규, 173면.

한다고 규정하고 있으면, 부활일로부터 그 날을 포함하여 90일이 되는 다음 날을 암보험 계약의 책임개시일로 보아야 한다. 만약 부활계약의 책임개시일을 종전 계약의 책임개시 일로 보게 되면 종전 보험계약이 해지 또는 실효된 후 암진단을 받고 이를 숨긴 채 부활 청약을 할 수 있기 때문이다. 한편 판례는 피보험자가 책임개시일 이전에 암진단 확정을 받은 경우에 보험계약을 무효로 한다는 면책조항이 있는 경우에, 실효된 보험계약이 부활 되면서 그 면책조항을 부활계약에도 다시 적용하도록 약관에서 특별히 규정하고 있지 않 으면 그 면책조항은 부활계약에는 적용되지 않는다는 입장이다.[81] 원칙적으로 종래의 보 험계약에 있던 무효사유는 보험계약의 부활 이후에도 그대로 존속되는 것이지만, 보험계 약자 측의 이익을 위해 예외를 둔 것이라 해석할 수 있다. 생명보험계약에서 피보험자의 자살을 면책사유로 정하면서 만약 보험계약 성립 후 2년이 경과한 후의 자살에 대해서는 보험자의 보상책임을 인정하고 있는데(생명보험표준약관 제5조 1호), 암보험 책임기간의 개 시일의 해석과 마찬가지로 2년의 자살면책기간은 부활시점부터 기산된다고 해석해야 한 다. 만약 약관에서 이에 대해 특별히 규정하고 있지 않더라도 자살면책기간의 제도 취지 를 고려할 때 계약체결시점이 아니라 부활시점부터 기산되는 것으로 해석되어야 한다. 다 만 앞에서 설명한 판례의 입장대로라면 별도의 약관조항이 없다면 원래 보험계약의 체결 시점이 기산점이라고 해석할 수밖에 없다는 해석도 가능하다.[82]

[대법원 1987. 6. 23. 선고 86다카2995 판결]

〈주요 판시내용〉

　보험계약의 약속상, 보험계약자가 보험료납입유예기간 경과시까지 보험료를 납입하지 아니하여 보험계약이 실효된 후라도 보험계약자가 미납보험료를 납입한 때에는 보험계약은 유효하게 계속 되나, 그 경우 보험계약이 실효된 때로부터 미납보험료를 영수한 날의 오후 6시까지 생긴 사고에 대하여는 보상하지 아니하기로 약정하였다면 보험자가 납입유예기간 경과 후에 보험계약자로부터 미납보험료를 영수하면서 아무런 이의가 없었다 하더라도 그로 인하여 납입유예기간 경과후 미납 보험료 영수 전에 발생한 사고에 대하여는 보험자는 보험금을 지급할 책임이 없다.

[대법원 2005. 12. 9. 선고 2004다26164, 26171 판결]

〈주요 판시내용〉

　약관 제14조 제3항에서 피보험자가 책임개시일의 전일 이전에 암으로 진단이 확정되어 있는 경

---

81) 대판 2005. 12. 9, 2004다26164; 임용수, 224-225면.
82) 한기정, 433면.

우에 이 사건 보험계약은 무효로 한다고 규정하고 있으나, 한편 약관 다른 조항에서 효력 상실된 계약이 부활하는 경우에 약관 제14조 제3항을 다시 적용하도록 규정하고 있지 않으므로, 위 약관 제14조 제3항이 이 사건 부활계약에는 적용되지 않는다.

Ⅴ. 보험계약 순연 부활제도

1. 의　　의

계속보험료의 미납으로 보험계약이 해지된 경우에 보험계약자가 효력이 상실된 계약을 연체보험료를 납입하지 않고 실효기간 만큼 보험기간을 순연하여 계약을 부활하는 것을 말한다.

2. 취　　지

계속보험료 납입지체로 실효된 계약을 부활시키기 위해 보험계약자는 그 동안 지체된 연체보험료와 약정이자를 모두 납입해야 하는데 이러한 보험계약자 측의 경제적 어려움을 덜어주기 위한 목적을 가진다. 물론 보험자에게도 기존의 자사 고객을 타사에 뺏기지 않고 계약을 유지시킬 수 있다는 이점도 있다.

3. 계약 순연 부활이 허용되지 않는 경우

과거에 계약 순연 부활을 이미 한 계약, 이미 보험금 지급사유가 발생한 계약, 계약일의 순연에 따른 가입연령의 변경으로 가입연령 범위를 초과하는 계약과 같이 순연된 계약일 시점에서 순연 후 계약의 가입이 불가능한 계약 등에는 계약 순연 부활제도가 허용되지 않는다.

4. 고지의무 등

계약 순연 부활을 하는 경우에도 보험계약자 측의 고지의무 등은 동일하게 적용된다.[83]

---

83) 보험연수원(편), 보험심사역 공통 1 교재, 2016, 144면.

타인을 위한 보험계약

제10장

I. 개 념

1. 의의와 효용

타인을 위한 보험(insurance for whom it may concern, insurance for the benefit of third party)이란 보험계약자가 보험사고가 발생한 경우에 특정 또는 불특정의 타인을 보험금청구권을 가지는 피보험자(손해보험) 또는 보험수익자(인보험)로 정하면서 자기명의로 체결하는 보험을 말한다(제639조). 즉 보험계약자가 피보험자 또는 보험수익자와 동일인이 아닌 경우이다. 타인을 위한 보험계약은 보험계약자가 자기명의로 체결하는 것이며 타인의 대리인 자격에서 체결하는 것이 아니다.[1] 타인을 위한 보험계약은 그 타인, 즉 피보험자 또는 보험수익자를 특정하지 않고도 체결할 수 있다.

타인을 위한 보험계약은 과거 해상보험에서 대리인 또는 중개인이 상품소유자의 이익을 위해 자기의 이름으로 보험계약을 체결하던 관행에서 유래된 것이다.[2] 남편이 자기의 사망을 보험사고로 하는 생명보험계약을 체결하면서 아내 또는 자녀를 보험수익자로 정하는 것이나, 회사가 단체규약에 따라 구성원을 피보험자로 하여 단체생명보험계약을 체결하고 보험수익자를 피보험자로 지정하는 것, 격지자(隔地者)간의 매매에 있어서 매도인이 매수인을 위해 운송중의 상품에 대해 운송보험계약을 체결하는 것,[3] 창고업자가 자기가 보관하는 타인의 물건에 대해 그 물건의 소유자를 위한 보험계약을 체결하는 것, 타인의 건물을 임차한 임차인이 임대인을 위해 화재보험계약을 체결하는 것 등이 그 예이다. 주채무자가 계약에서 정한 채무를 이행하지 않음으로 인해 채권자가 입을 손해를 담보하기 위해 주채무자가 보험계약자가 되고 채권자를 피보험자로 하여 체결하는 보증보험도 전형

---

1) 임용수, 230면.
2) 정동윤, 557면; 정희철, 404면; 정찬형, 655면; 양승규, 181면.
3) 정희철, 404면; 정찬형, 655-656면; 양승규, 181-182면.

적인 타인을 위한 보험계약이다. 또한 보험계약자(피보험자)가 집합된 물건을 일괄하여 화재보험계약을 체결하는 경우에 피보험자의 가족과 사용인의 물건도 화재보험에 포함된 것으로 하는데, 이 경우 화재보험은 그 가족 또는 사용인을 위하여서도 체결한 것으로 본다는 규정(제686조)에 따라 타인을 위한 보험계약의 하나로 볼 수 있다.4)

타인을 위한 보험계약이 보험계약자에게 유리한 점도 있다. 타인을 위한 보험의 경우 보험계약자는 보험금청구권을 제외한 권리를 행사할 수 있는데, 예를 들어 운송인이 화주(운송물의 소유자)를 위해 가입하는 운송보험의 경우에 화주(운송물 소유자가 피보험자임에도 불구하고 실무에서는 보험계약자(운송인)가 보험금청구를 하는 경우가 적지 않으며, 보험계약자가 보험증권을 소지하고 있는 경우에 보험계약상의 권리에 대한 처분권을 가질 수도 있으므로 보험계약자가 피보험자(화주)를 상대로 보수청구권이나 손해배상청구권 등을 가지는 경우에 그 이행을 간접적으로 강제할 수 있게 된다.5)

타인을 위한 보험계약 체결인지 여부는 대개는 계약체결 시점에서 정해지지만, 예를 들어 생명보험계약에서 보험계약자가 계약체결 시점에는 자신을 보험수익자로 정했다가 그 이후에 타인으로 보험수익자를 변경하는 경우엔 계약 체결 이후에 타인을 위한 보험계약이 되기도 한다.

2. 책임보험과의 구별

책임보험은 일반적으로 보험계약자와 피보험자가 동일인으로서 피보험자가 가해자가 되어 타인에 대해 법률상의 손해배상책임을 지게 되는 경우에 그로 인한 피보험자의 재산상의 손해를 보험자가 보상하는 손해보험의 일종으로서 피해자인 타인의 손해를 궁극적으로 보험자가 보상하는 것이다. 책임보험은 가해자인 피보험자가 무자력 상황이라 하더라도 보험자에 의해 피해자의 손해에 대한 보상이 이루어지므로 결과적으로 피해자인 제3자를 보호하는 역할을 하고 있다. 특히 피해자에게는 보험자를 상대로 보험금을 직접 청구할 수 있는 권리(직접청구권)가 인정되고 있다. 이렇듯 책임보험은 피해자라는 타인을 위한 보험계약으로서의 기능이 있는 것이 사실이지만, 책임보험은 그 본질상 또는 체결 형식상으로 볼 때 어디까지나 보험계약자 자기를 위한 보험이다. 예를 들어 운송인이나 창고업자가 운송 중 또는 보관 중인 물건의 멸실 등으로 인해 손해가 발생하여 물건의 소유권자가 자신에게 행사하게 될 손해배상청구에 대비하기 위해 보험에 가입하는 것은 운송업자나 창고업자가 자기의 이익을 위해 체결하는 것이다. 다만 결과적으로 타인이 이익을 받게 되어 타

---

4) 정찬형, 655면 각주 3; 양승규, 181-182면; 최준선, 175면.
5) 정동윤, 558면; 김은경, 292면.

인을 위한 보험으로서의 기능도 존재하는 것이다. 즉 책임보험에서 보험금청구권을 가지게 되는 피보험이익의 귀속주체는 어디까지나 가해자인 피보험자(보험계약자)이다. 특히 책임보험에서의 직접청구권 성질을 판례와 마찬가지로 손해배상청구권으로 보게 되면 피해자인 제3자를 보험금청구권자로 볼 수는 없고 따라서 책임보험이 피해자인 제3자를 위한 보험계약으로 볼 수는 없다. 또한 피해자인 제3자를 피보험자로 보기 위해서는 고지의무 등 각종 의무를 피해자가 부담해야 하는데 책임보험에서 피해자가 이러한 의무를 부담하지는 않기 때문에 책임보험은 결국 보험계약자 자기를 위한 보험으로 보아야 한다.6)

그런데 구체적인 관계에서 보험계약자가 체결한 보험이 보험계약자 자기를 위한 보험인지 아니면 타인을 위한 보험인지 구별하기 어려운 경우가 적지 않다. 건물임차인이 임차건물을 자기의 소유로 표시하면서 화재보험을 체결한 경우를 예로 들어보자. 이를 타인(건물주인 임대인)을 위한 보험으로 보면 임차인에게 화재사고에 대한 귀책사유가 없는 경우(예를 들어 전기합선 등 건물의 하자가 화재의 원인인 경우)에도 보험자는 보험금 지급책임을 부담하게 된다. 만약 제3자에 의해 화재가 발생했다면 보험금을 지급한 보험자는 제3자를 상대로 보험계약자가 가지는 불법행위로인한 손해배상청구권을 청구권대위 행사할 수 있다. 그러나 책임보험으로 보면 화재사고에 대해 임차인이 임대인에게 법률상의 손해배상책임을 지지 않는 한 보험자는 보험금 지급책임을 부담하지 않는다. 책임보험이라면 보험사고가 임차인의 중과실이나 경과실 등 귀책사유로 발생해야만 보험자는 보험금 지급책임을 부담하며, 이 경우에 사고를 야기한 임차인이 피보험자이므로 보험금을 지급한 보험자는 임차인에 대해 청구권대위를 행사하지 못한다.7) 왜냐하면 청구권대위는 보험사고가 보험계약자, 피보험자 그리고 보험자를 제외한 제3자에 의한 행위로 발생하여 손해가 생길 것을 요건으로 하기 때문이다.8)

[대법원 2003. 1. 24. 선고 2002다33496 판결]

〈사실관계〉

이 사건 건물의 임차인인 원고는 피고회사와 화재보험계약을 체결하면서 피보험자와 피보험이익을 명확하게 정하지 아니하였는데, 사고가 발생하자 피고회사에 보험금을 청구하였다. 이에 피고회사는 본 계약은 원고가 아니라, 건물의 소유주를 위한 보험이므로 건물의 소유주가 피보험자이며 원고는 보험금을 청구할 수 없다고 주장하였다.

〈주요 판시내용〉

손해보험에 있어서 보험의 목적물과 위험의 종류만이 정해져 있고 피보험자와 피보험이익이 명

---

6) 한기정, 440면.
7) 김성태, 344-345면. 물론 임차인의 고의 또는 중과실이 있는 경우에는 보험자가 면책된다(제659조).
8) 대판 2012. 4. 26, 2011다94141.

확하지 않은 경우에 그 보험계약이 보험계약자 자신을 위한 것인지 아니면 타인을 위한 것인지는 보험계약서 및 당사자가 보험계약의 내용으로 삼은 약관의 내용, 당사자가 보험계약을 체결하게 된 경위와 그 과정, 보험회사의 실무처리 관행 등 제반 사정을 참작하여 결정하여야 하는 것이다. 음식점을 경영하는 임차인이 임차건물과 그 안에 있는 시설 및 집기비품 등에 대하여 피보험자에 대하여는 명확한 언급이 없이 자신을 보험목적의 소유자로 기재하여 화재보험을 체결하였고 이러한 화재보험은 다른 특약이 없는 한 피보험자가 그 목적물의 소유자인 타인에게 손해배상의무를 부담하게 됨으로써 입게 되는 손해까지 보상하기로 하는 책임보험의 성격을 갖는다고는 할 수 없다. 원심은 그 내세운 증거에 의하여, 원고가 이 사건 보험계약을 체결하게 된 경위와 과정, 이 사건 보험계약의 내용으로 삼은 보통보험약관의 내용, 이 사건과 같이 보험계약자가 보험목적물의 소유자가 아닌 경우에 있어서 피고회사의 실무처리 관행, 원고가 이 사건 보험계약을 체결하면서 맺은 특약의 내용 등에 관하여 그 판시와 같은 사실을 인정한 다음, 그 사실관계에서 나타난 그 판시의 제반 사정에 비추어 볼 때 이 사건 보험계약 중 건물에 관한 부분은 임차인인 원고가 그 소유자를 위하여 체결한 타인을 위한 보험계약이므로, 원고는 이 사건 건물 부분에 관한 보험금을 청구할 권리가 없다고 판단하였고, 이러한 판단은 옳다.

3. 담보권 설정과의 구별

금융기관이 부동산 담보를 조건으로 대출을 해주는 경우에 실무상 대출을 원하는 사람에게 담보물에 대한 화재보험계약을 체결토록 한 후 화재보험증권에 금융기관을 보험금수취인으로 기재하도록 요구하는 관례가 많다. 판례에 따르면 타인을 위한 손해보험계약에서 말하는 '타인'이란 피보험이익의 귀속주체인 피보험자를 말하는 것이다. 손해보험에서 피보험자는 피보험이익을 가지고 있어야 한다. 따라서 피보험이익이 없이 단지 보험금을 수취할 권리가 있는 자로 지정되었을 뿐인 자는 여기에서 말하는 타인이라 할 수 없다. 따라서 금융기관을 보험금수취인으로 하는 것은 대출채무자인 보험계약자가 자기를 위한 화재보험계약상의 보험금청구권에 금융기관을 질권자로 하여 질권을 설정한 데 불과할 뿐, 금융기관을 피보험자로 하는 타인을 위한 보험계약을 체결한 것이라 해석할 수 없다.

금융기관이 보험금청구권에 질권을 가지는 경우와 금융기관이 타인을 위한 보험계약에서의 타인(피보험자)으로 지정된 경우에 차이가 있다. 보험계약자가 계속보험료 지급을 지체하는 경우 후자의 경우에는 보험자가 타인에 해당하는 금융기관에 대해서도 상당기간을 정하여 보험료 지급을 최고하지 않으면 보험계약을 해지할 수 없는 데 비해, 전자의 경우에는 금융기관은 단순히 보험금수취인일 뿐 타인을 위한 보험계약의 타인이 아니므로 금융기관에 대해 최고하지 않더라도 보험자는 보험계약을 해지할 수 있다.9)

---

9) 대판 1999. 6. 11, 99다489; 김성태, 341-342면, 346면; 서헌제, 117면.

[대법원 1999. 6. 11. 선고 99다489 판결]

〈사실관계〉

수출회사인 소외인은 피고 수출보험공사와 단기수출보험계약을 체결하면서 수출거래약정을 맺고 있던 원고 은행을 보험금수취인으로 정하였다. 약관에는 보험계약자가 수출대금을 회수할 수 없게 된 경우 입게 되는 손실을 보상한다고 정하고 있다. 소외인은 수출품을 선적한 후 이를 피고 수출보험공사에 통지하고 환어음을 발행하여 선적서류와 함께 원고 은행에 매도(어음할인)하였다. 이때 담보로서 보험증권이 원고 은행에 제출되었다. 이후 보험계약자인 소외인이 계속보험료의 지급을 지체하였고 피고 수출보험공사는 일정기간의 최고를 거친 후 보험계약의 해지를 통보하였다. 환어음의 지급이 거절된 경우에 원고 은행은 피고 수출보험공사로부터 보험금을 지급받을 수 있는가? (원고 은행이 피보험자라면 보험자는 이러한 타인을 위한 보험에서 피보험자에 해당하는 원고 은행에게도 최고 절차를 거쳐야 하는가의 문제이다)

〈주요 판시내용〉

타인을 위한 손해보험계약에서 말하는 타인이란 보험계약자가 제3자를 주체로 하는 피보험이익에 관하여 보험계약을 체결한 경우 그 제3자, 즉 피보험이익의 주체인 피보험자를 말하는 것이고, 단지 보험계약자에게 귀속되는 피보험이익에 관하여 체결된 손해보험계약에서 보험금을 수취할 권리가 있는 자로 지정되었을 뿐인 자는 여기에서 말하는 타인이라 할 수 없다. 보험계약자가 체결한 단기수출보험의 보험약관이 보험계약자의 수출대금회수불능에 따른 손실만을 보상하는 손실로 규정하고 보험금수취인의 손실에 대해서는 아무런 언급이 없다면, 보험약관에 의한 보험계약으로 보험에 붙여진 피보험이익은 보험계약자의 이익, 즉 보험계약자가 수출계약 상대방의 채무불이행 등의 보험사고로 자신에게 귀속되는 수출물품의 대금채권이 멸손되어 장차 손해를 받을 지위에 있으나 아직 손해를 받지 아니하는 데 대하여 가지는 이익이 될 뿐, 보험금수취인의 이익은 그 피보험이익이 아니므로, 그 보험계약은 보험금수취인을 위한 타인을 위한 보험계약으로 볼 수 없다. 보험계약자의 피보험이익을 보호하는 계약이며, 이 계약은 원고 은행 즉 타인을 위한 계약이 아니라고 판시하면서 원고 은행의 보험금청구를 기각하였다.

Ⅱ. 법 적 성 질

타인을 위한 보험계약의 성질에 대해서는 자기명의로 보험계약을 체결하는 보험계약자가 보험금 수취의 효과를 직접적으로 타인(피보험자 또는 보험수익자)에게 귀속하도록 한다는 점에서 일반적으로 민법상의 제3자를 위한 계약의 일종으로 해석하고 있다(통설).10)

---

10) 최기원, 132-134면; 최준선, 176면; 정찬형, 657면; 임용수, 231면; 이기수/최병규/김인현, 167-168면; 서돈각/정완용, 399면; 정희철, 405면; 채이식, 44면; 한기정, 435면.

다만 민법상의 제3자를 위한 계약에서는 당사자의 개성을 중시하여 제3자의 권리가 발생하기 위해 제3자의 수익의 의사표시가 필요하지만(민법 제539조 제2항), 타인을 위한 보험계약에서는 그 타인이 수익의 의사표시를 하지 않고도 당연히 계약상의 이익을 향유한다는(제639조 제2항) 차이점이 있다.11) 민법상 타인을 위한 계약에서 채무자는 타인인 제3자가 권리를 향유할 것인지 여부를 최고할 수 있지만(민법 제540조), 타인을 위한 보험계약에서는 동 규정이 적용되지 않는다. 이를 반영하여 판례는 타인을 위한 보험계약을 특수한 성질을 가진 제3자를 위한 계약의 일종으로 해석하고 있다.12)

보험계약법에서 규정하고 있는 타인을 위한 보험계약은 그 특수한 성질로서 첫째, 제3자는 수익의 의사표시를 하지 않고도 권리를 포기하지 않는 한 당연히 보험계약상의 권리를 취득한다는 점,13) 둘째, 타인의 위임없이 타인을 위한 보험계약을 체결하는 경우에 보험자에게 이러한 사정을 고지해야 한다는 점, 그리고 셋째, 예외적인 경우에 타인을 위한 보험계약에서 보험계약자에게도 보험금청구권을 인정하고 있는 점, 넷째, 민법에서는 제3자가 일단 수익의 의사표시를 하여 권리를 취득하게 되면 계약당사자는 이를 변경 또는 소멸시키지 못하는데(민법 제541조), 타인을 위한 보험에서는 타인의 동의가 있거나 보험계약자가 보험증권을 소지하고 있으면 보험사고가 발생하기 전에 보험계약자는 임의로 계약을 해지할 수 있다는 점(상법 제649조 제1항),14) 다섯째, 인보험계약에서 보험계약자는 보험수익자 변경권을 가지고 있는 점(상법 제733조, 제739조, 제739조의3) 등을 들 수 있다.15) 이러한 성격을 고려하면 타인을 위한 보험계약의 법적 성질은 상법상 특수한 계약으로 보아야 할 것이다. 판례도 마찬가지이다.

민법상의 제3자를 위한 계약관계에서는 낙약자와 요약자 사이의 법률관계(이른바 기본관계)를 이루는 계약이 무효이거나 해제된 경우 그 계약관계의 청산은 계약의 당사자인 낙약자와 요약자 사이에 이루어져야 하므로, 특별한 사정이 없는 한 낙약자가 이미 제3자

---

11) 한편 민법상의 수익의 의사표시는 제3자를 위한 계약의 본질적인 요소가 아니라고 하면서 수익의 의사표시가 없더라도 기본관계에 관하여 성립요건이 갖추어지면 제3자를 위한 계약 자체는 성립하고 당사자 사이에 효력이 발생하며, 수익의 의사표시는 수익자가 권리를 취득하기 위한 요건일 뿐이라고 해석하기도 한다. 지원림, 민법강의(제7판), 2009, 1300면[5-74].

12) 대판 1974. 12. 10, 73다1591; 대판 1981. 10. 6, 80다2699.

13) 민법상의 제3자를 위한 계약에서는 당사자의 개성이 중시되는 반면, 타인을 위한 보험계약은 다수계약이므로 수익자의 의사를 문제 삼을 필요가 없다는 견해(양승규, 183면), 타인을 위한 보험에서 타인에게 특별한 부담을 부과하는 것이 아니고, 또한 타인이 수익을 거절하는 경우가 없기 때문에(정동윤, 558-559면) 수익의 의사표시를 별도로 필요로 하지 않는다고 본다. 그렇다고 타인의 의사가 완전히 필요없는 것은 아니다. 보험계약자가 파산선고를 받거나 보험료의 지급을 지체한 경우 타인이 그 권리를 포기하지 않는 한 타인도 보험료를 지급할 의무가 있기 때문이다(제639조 제3항 단서). 한기정, 435면.

14) 대판 1974. 12. 10, 73다1591(상법 제649조 소정 사유 즉 보험사고가 발생하기 전에 보험계약자에 의하여 계약의 전부 또는 일부가 임의 해지된 경우에는 그 해지의 효과로서 그 범위에서 민법 제541조의 적용이 배제된다).

15) 김성태, 343면; 양승규, 183면; 장덕조, 209면; 한기정, 435면.

에게 급부한 것이 있더라도 낙약자는 계약해제 등에 기한 원상회복 또는 부당이득을 원인으로 제3자를 상대로 그 반환을 구할 수 없다.[16] 그런데 타인을 위한 보험계약에서는 이와 다르게 해석하고 있다. 예를 들어 민법 제103조 위반을 이유로 기본 계약이 무효가 되면 보험자로부터 보험금을 수령한 제3자 즉 보험수익자는 보험금 부당이득반환 의무를 부담해야 한다는 것이다.[17] 보험계약자와 피보험자가 다른 타인을 위한 손해보험계약의 경우에도 마찬가지이다.[18] 보험계약에서 보험수익자나 피보험자에게 지급되는 보험금은 보험단체 내의 일종의 기금에서 지급된다는 점 또는 지급하지 않아도 될 보험금의 누수는 보험단체 내의 선의의 보험계약자 모두에게 불이익이 된다는 점 등의 보험계약의 특수한 성질이 있기 때문에 일반적인 제3자를 위한 계약에서의 법리가 타인을 위한 보험계약에 그대로 적용되는 것은 불합리하다고 할 수 있다.[19]

[대법원 2018. 9. 13. 선고 2016다255125 판결]

〈주요 판시내용〉

보험계약자가 타인의 생활상의 부양이나 경제적 지원을 목적으로 보험자와 사이에 타인을 보험수익자로 하는 생명보험이나 상해보험 계약을 체결하여 보험수익자가 보험금 청구권을 취득한 경우, 보험자의 보험수익자에 대한 급부는 보험수익자에 대한 보험자 자신의 고유한 채무를 이행한 것이다. 따라서 보험자는 보험계약이 무효이거나 해제되었다는 것을 이유로 보험수익자를 상대로 하여 그가 이미 보험수익자에게 급부한 것의 반환을 구할 수 있고, 이는 타인을 위한 생명보험이나 상해보험이 제3자를 위한 계약의 성질을 가지고 있다고 하더라도 달리 볼 수 없다.

Ⅲ. 요   건

1. 타인을 위한다는 의사표시

(1) 의사표시의 존재

제3자인 타인을 위한다는 보험계약자의 의사표시가 있어야 한다. 타인을 위하여 보험계약을 체결한다는 의사표시는 반드시 명시적으로 해야 하는 것은 아니고 묵시적이어도 상관없으며 구체적인 사정에 따라서 피보험자 또는 보험수익자의 존재를 추정할 수 있으

---

16) 대판 2010. 8. 19, 2010다31860, 31877.
17) 대판 2018. 9. 13, 2016다255125.
18) 서울중앙지법 2018. 11. 15, 2017가단5237738(확정).
19) 대판 2018. 9. 13, 2016다255125.

면 충분하다. 타인을 위한다는 의미의 의사표시가 계약 당사자 사이에 존재해야 하는데, 보험청약서나 보험증권에 보험계약자가 아닌 타인을 피보험자 또는 보험수익자로 기재하는 방식을 취하고 있다. 손해보험계약에서 타인을 위한다는 의미는 특정 또는 불특정의 제3자를 피보험자로 한다는 것이다. 즉 타인이 보험금청구권을 갖도록 한다는 것이다.[20)]

그런데 후술하는 바와 같이 손해보험에서 피보험자는 피보험이익의 귀속주체여야 한다. 피보험이익의 귀속과 관계없이 단순히 보험금을 수령하는 것으로 지정된 자는 피보험자라 할 수 없다. 예를 들어 건물 매도인이 매매대금을 완납 받지 않은 상태에서 매수인의 요청에 따라 소유권을 매수인에게 이전해 주면서 건물에 보험사고가 발생하게 되면 보험금은 매도인이 수령한다는 내용이 담긴 보험계약을 매수인이 체결하였다. 보험기간 중에 보험사고가 발생하였는데 매수인의 사업장을 관할하는 세무서가 보험회사가 지급할 보험금에 대해 조세채권에 따른 압류조치를 취했다고 가정할 때에, 만약 위 보험계약을 타인을 위한 보험으로 본다면 세무서는 타인의 권리를 압류한 결과가 되지만, 본래 매수인이 가지는 보험금청구권에 단지 매도인을 질권자로 하여 질권을 설정한 것으로 보게 되면 국세채권은 담보권에 우선하기 때문에 세무서의 압류조치는 정당한 것이 된다. 이 사례에서 건물의 매도인처럼 매매대금의 미수금 채권에 대한 채권자 지위에 있는 자는 일반적으로 채무자 소유의 건물에 대해 피보험이익이 인정되지 않으므로 매도인은 위 보험에서 피보험자가 될 수 없다. 따라서 이 사건에서 보험금수령자를 매도인으로 한 것은 단순히 질권설정의 의사표시로 보아야 한다.[21)]

(2) 누구를 위한 것인지 분명하지 않은 경우

타인을 위한 보험계약 여부에 대해 당사자간의 합의가 존재하지 않거나 그 의도가 분명하지 않은 경우, 예를 들어 청약서상 피보험자나 보험수익자 부분을 공란으로 처리한 경우에는 통설은 '자기를 위한 보험계약'으로 추정된다고 해석하고 있다.[22)] 그러나 여기에서의 추정은 약한 의미에서 사실상의 추정에 불과하다. 만약 약관이나 법률 규정의 취지를 고려하여 피보험자나 보험수익자 확정 문제를 해결할 수 있다면 피보험자나 보험수익자가 누구인지 분명하지 않다고 하여 단순하게 보험계약자를 보험수익자로 추정한다고 판단해서는 안된다. 또한 추정된다고 해도 그 추정은 깨뜨려지는 경우가 많다.[23)]

판례는 누구를 위한 보험계약인지 분명하지 않은 경우에 해당 계약이 보험계약자 자

---

20) 김성태, 348면; 정찬형, 688면.
21) 서헌제, 120-121면.
22) 이기수/최병규/김인현, 168면; 양승규, 183면; 정찬형, 657면; 최준선, 177면; 임용수, 232-233면; 서돈각/정완용, 400면; 최기원, 136면; 정희철, 405면; 채이식, 44면; 서헌제, 121면; 김은경, 293면.
23) 同旨: 한기정, 437면.

신을 위한 것인지 아니면 타인을 위한 것인지는 보험계약서 및 당사자가 보험계약의 내용으로 삼은 약관의 내용, 당사자가 보험계약을 체결하게 된 경위와 그 과정, 보험회사의 실무처리 관행 등 제반 사정을 참작하여 결정하여야 한다는 입장이다.[24) 인보험의 경우에는 보험수익자의 지정권 또는 변경권에 대해 상법 보험편이나 해당 약관에서 규정하고 있다.[25) 또한 손해보험의 경우에는 피보험이익의 귀속주체가 누구인가를 따지는 것이 중요하기 때문에 보험계약이 보장하는 이익이 무엇인가를 분석해야 한다. 이를 통해 누구를 위한 보험인지 분명하지 않은 경우라도 피보험이익의 존재나 약관 및 상법 조문을 통해 피보험자나 보험수익자가 누구인지가 판단될 수도 있다.

(3) 타인의 특정 여부

타인이 구체적(특정인)으로 정해져야만 타인을 위한 보험계약이 성립하는 것이 아니다. 타인은 보험계약 체결 당시에 정해질 수도 있고 만약 이때 정해지지 않았다면 적어도 보험사고 발생 전까지만 정해질 수 있으면 된다. 사고발생 당시 피보험이익의 귀속주체로 인정되는 자(손해보험) 또는 생명보험계약에서 보험계약자나 피보험자의 상속인의 지위에 있게 되는 자를 타인으로 하는 것처럼 불특정의 타인을 위한 보험계약 체결도 가능하다.[26)

타인을 위한 보험계약의 당사자는 보험계약자와 보험자이며, 타인은 당사자가 아니다. 따라서 계약 체결과 관련된 착오 등 의사표시의 하자 문제나 행위능력의 유무를 따질 때 타인의 그것이 문제되지는 않는다. 다만 타인에 해당되는 피보험자가 법률에 따라 보험계약상의 각종 권리와 의무의 주체가 될 수 있다. 예를 들어 보험사고의 객관적 확정의 효과(제644조) 또는 고지의무(제651조) 등에서 피보험자의 선의, 고의 및 중과실 여부가 계약에 영향을 미친다.[27)

---

24) 대판 2016. 5. 27, 2015다237618; 대판 2014. 5. 29, 2014다202691; 대판 2009. 12. 10, 2009다56603, 56610; 대판 2007. 2. 22, 2006다72093; 대판 2000. 11. 10, 2000다29769; 대판 1997. 5. 30, 95다14800.

25) 제733조, 제739조, 제739조의3, 생명보험표준약관 제11조. 예를 들어 타인을 위한 인보험에서 보험계약자가 지정권을 행사하지 않고 사망하면 피보험자가 보험수익자가 되며, 지정권을 행사하기 전에 피보험자가 사망하면 피보험자의 상속인이 보험수익자가 된다. 또한 생명보험표준약관에 따르면 보험계약자가 보험수익자를 지정하지 않은 채 피보험자가 사망하면 피보험자의 상속인이 보험수익자가 되며, 피보험자가 생존하면 보험계약자가 상속인이며, 피보험자가 장해상태가 되거나 질병이 진단확정되면 피보험자가 보험수익자로 된다.

26) 정희철, 404면; 양승규, 181면; 한기정, 438면.

27) 최준선, 177면; 정동윤, 560면.

[대법원 1997. 5. 30. 선고 95다14800 판결]

〈사실관계〉

공장을 경영하는 임차인이 임차건물과 그 안에 있는 동산 및 기계 등에 대하여 '사업장종합보험'을 체결하였고 그 약관에는 '보험회사는 보험에 가입한 물건에 입은 화재에 따른 손해, 소방손해, 피난손해 등을 보상'하도록 되어 있다. 계약 체결 당시 보험사는 등기부 서류에 의해 건물이 임대인의 소유인 것을 확인하였으나 임차인이 보험계약을 체결하면서 임대인을 위해 보험계약을 체결한다는 의사표시를 하지 않았기 때문에 임차인을 피보험자로 하여 보험계약을 체결하고 보험청약서의 소유자란에 임차인의 성명을 기재하였다. 보험기간 중에 전기합선으로 추정되는 화재가 발생하여 건물, 기계, 동산 등이 소실되었다. 보험계약자인 임차인의 채권자들로부터 보험금청구권에 대한 가압류 명령을 받자 보험회사는 보험금 전액을 공탁하고, 보험금 공탁으로 보험금지급책임을 소멸하였다는 이유로 보험금지급채무의 부존재확인을 구하였다.

〈주요 판시내용〉

본 건 보험계약은 손해보험의 일종인 화재보험으로서의 성격을 갖는 것임이 분명하고, 이러한 화재보험은 다른 특약이 없는 한 피보험자가 그 목적물의 소유인 타인에게 손해배상의무를 부담하게 됨으로써 입게 되는 손해까지 보상하기로 하는 책임보험의 성격을 갖는다고 할 수 없으며, 또한 이와 같이 손해보험에 있어서 보험의 목적물과 위험의 종류만이 정해져 있고 피보험자와 피보험이익이 명확하지 않은 경우에 그 보험계약이 보험계약자 자신을 위한 것인지 아니면 타인을 위한 것인지는 보험계약서 및 당사자가 보험계약의 내용으로 삼은 약관의 내용, 당사자가 보험계약을 체결하게 된 경위와 그 과정, 보험회사의 실무처리 관행 등 제반 사정을 참작하여 결정하여야 한다. 위의 보험계약 체결시 건물의 임차인인 사업자가 건물주를 피보험자로 한다는 별다른 의사표시를 하지 않으므로 보험청약서의 소유자란에 사업자의 성명을 그냥 기재하였을 뿐인 점, 한편 건물의 임차인인 사업자가 그의 이름으로 보험계약을 체결한 경우에도 건물주의 동의서를 제출하게 한 후 보험금을 지급하여 온 점, 이때 지급되는 보험금은 당해 건물에 발생한 손해액 전액에 해당하는 금원인 점 등에 비추어 볼 때, 위의 보험계약 중 건물에 관한 부분은 보험계약자인 임차인이 그 소유자를 위하여 체결한 것으로서, 보험회사는 보험사고가 발생한 경우에 보험계약자인 임차인이 그 건물의 소유자에 대하여 손해배상책임을 지는지 여부를 묻지 않고 그 건물의 소유자에게 보험금을 지급하기로 하는 제3자를 위한 보험계약을 체결하였다고 봄이 상당하다. 법원은 보험회사의 보험금지급채무부존재 확인청구를 기각하였다.28) (임차인이 아닌 임대인이 피보험자로서 보험금청구권을 가지므로)

---

28) 이 판결에 대해 보험계약자의 행방불명 등으로 타인을 위한 의사를 확인할 수 없음에도 불구하고 타인을 위한 보험계약으로 해석한 것은 합리적이지 못하다는 비판이 있다. 김창준, "보험계약자가 타인의 물건에 대하여 체결한 보험계약의 성질", 보험법연구 3, 1999, 224-241면; 정찬형, 655면 각주 3.

2. 위임의 여부

(1) 타인의 위임

보험계약자는 피보험자나 보험수익자로 지정되는 자의 위임에 의해서 이들을 위한 보험계약을 체결할 수도 있고, 이들의 위임을 받지 아니하더라도 사무관리의 형태로 또는 법률이나 계약상의 의무 이행의 형태로 타인을 위한 보험계약을 체결할 수도 있다.[29] 즉 타인의 위임이 없어도 보험계약자는 타인을 위한 보험계약을 자기의 명의로 체결할 수 있으므로, 타인의 위임은 보험계약 성립의 요건이 아니다.

(2) 위임이 없는 경우

손해보험계약의 경우에 타인의 위임이 없이 타인을 위한 보험계약을 체결한 보험계약자는 이러한 사실(타인의 위임이 없었다는 사실)을 보험자에게 고지하여야 한다(제639조 제1항 단서). 손해보험의 경우에 이러한 고지를 통해 보험자의 주의를 환기하여 도박보험의 위험을 방지할 수 있게 하며, 보험자가 이러한 계약이 체결되었다는 사실을 그 타인에게 알려줌으로써 타인인 피보험자가 자기에게 부과되는 고지의무(제651조), 위험변경증가에 대한 통지의무(제652조, 제653조), 보험사고 발생의 통지의무(제657조), 손해방지의무(제680조) 등을 이행할 수 있도록 하기 위함이다.[30] 만약 보험계약자가 이러한 사정을 보험자에게 고지하지 않았다면 보험계약자는 타인이 그 보험계약이 체결된 사실을 알지 못했기 때문에(타인의 위임없이 보험계약자가 임의로 체결했으므로) 고지의무 등을 이행하지 못했다는 항변을 보험자에게 할 수 없다(제639조 제1항 단서). 예를 들어 자신을 위한 보험계약이 체결된 사실을 전혀 알지 못한 피보험자가 고지의무나 통지의무를 이행하지 못하여 보험자가 보험계약을 해지하더라도 보험계약자로서는 보험자에게 피보험자가 보험계약 체결사실을 알지 못하여 그 의무를 이행하지 못한 것이라고 주장하면서 대항할 수 없다. 결과적으로 보험사고가 발생하더라도 보험자는 고지의무나 통지의무 위반을 이유로 하여 보험계약을 해지하면서 보험금 지급책임을 면할 수 있게 된다.[31] 반대로 보험계약자가 보험자에게 타인의 위임이 없이 보험계약을 체결했음을 고지했다면, 피보험자는 계약체결 사실을 알지 못했고 그 결과 고지의무 등을 이행하지 못했음을 보험자에게 항변할 수 있다.

그런데 보험자로서는 청약서를 통해 보험계약자와 피보험자가 동일인이 아니라는 것

---

29) 정동윤, 564면; 최준선, 177면.
30) 정찬형, 658면; 정동윤, 559면; 최준선, 178면; 임용수, 233면; 정희철, 406면; 김성태, 349면에서는 타인의 위임이 없다는 사실을 보험계약자는 보험자에게 제651조상의 고지의무 이행의 일환으로 고지해야 한다고 해석한다.
31) 정동윤, 559면.

을 쉽게 인지할 수 있다. 따라서 보험계약자로부터의 고지를 기다리지 말고 오히려 보험 자로 하여금 피보험자인 타인에게 보험계약 체결 사실 및 피보험자로서의 각종 의무의 존 재 및 그 이행을 촉구할 의무를 부여함이 보다 타당하다고 해석하면서 본 단서조항은 입 법적으로 문제가 있다고 비판하는 견해가 있다.[32] 설득력이 있는 주장이다. 한편 제639조 제1항 단서는 손해보험에만 적용되는 것으로 되어 있다. 그런데 인보험에서도 보험금청구 권을 가지는 보험수익자에게 일정한 의무가 부과되고 있는 경우가 있음을 고려하면 해석 상으로는 인보험계약에도 적용되는 것으로 보아야 할 것이다. 입법의 미비이며 향후 개정 이 요구된다.

Ⅳ. 타인을 위한 보험계약의 효과

1. 보험계약자의 지위

(1) 일반적 권리와 의무

타인을 위한 보험계약에서 보험계약자는 자기명의로 계약을 체결하게 되므로 보험자 와 함께 계약의 당사자 지위를 갖는다. 보험계약자는 보험자를 상대로 보험증권교부청구 권(제640조), 보험료감액청구권(제647조, 제669조 제1항), 보험료반환청구권(제648조), 미경과 보험료반환청구권(제649조 제3항), 보험적립금반환청구권(제736조) 등을 행사할 수 있다. 인 보험계약의 경우 보험계약자는 보험수익자의 지정권과 변경권을 가진다(제733조). 그러나 보험계약자는 보험금이나 기타 급여청구권은 가지지 못한다. 이는 타인에게 귀속되기 때 문이다.

한편 보험계약자는 보험자에 대하여 보험료지급의무(제639조 제3항), 고지의무(제651 조), 위험변경·증가통지의무(제652조), 위험의 현저한 변경·증가금지의무(위험유지의무, 제 653조), 보험사고발생 통지의무(제657조), 손해방지경감의무(제680조) 등을 부담한다. 타인을 위한 보험계약에서 보험계약자는 그 타인의 동의없이 타인의 이익을 해하는 권리행사나 권리처분을 하지 못한다고 해석된다. 그 이유는 타인을 위한 보험에서는 그 타인이 수익의 의사표시를 하지 않더라도 당연히 계약으로부터의 이익을 직접 취득하는 지위에 있기 때문 이다.[33] 보험자는 보험계약자의 이러한 의무 위반이 있으면 해지권 행사나 면책 주장을 할 수 있다.[34]

---

32) 김성태, 349-350면.
33) 임용수, 238면.
34) 한기정, 442면.

> **[대법원 1989. 4. 25. 선고 87다카1669 판결]**
>
> 〈주요 판시내용〉
>
> 타인을 위한 손해보험계약은 타인의 이익을 위한 계약으로서 그 타인(피보험자)의 이익이 보험의 목적이 되는 것이지 여기에 당연히 보험계약자의 보험이익이 포함되거나 예정되어 있는 것은 아니라 할 것이므로 피보험이익의 주체는 그 타인이 되는 것이고 보험계약자가 되는 것은 아닌 것이다.

(2) 해 지 권

타인을 위한 보험을 체결한 보험계약자는 보험계약의 당사자로서 보험계약의 해지권 (제649조)을 행사할 수 있는데, 이때 보험계약자는 타인의 동의를 얻거나 보험증권을 소지한 경우에만 해지권을 행사할 수 있다(제649조 제1항 단서). 이는 이미 발생한 타인의 보험계약상의 권리를 보험계약자가 임의로 계약을 해지함으로써 상실시키는 것을 방지하기 위함이다.35) 제649조 조문을 보면 보험계약자는 타인의 동의와 보험증권의 소지 요건 중에서 한 가지만 충족하면 해지권을 행사할 수 있는 것으로 보인다. 이러한 입법취지는 보험계약자가 타인을 위한 보험계약을 체결한 후에 보험자로부터 수령한 보험증권을 타인에게 교부하지 않은 채 자신이 그대로 가지고 있는 경우는 보험증권을 갖고만 있어도 계약을 임의해지할 수 있고, 만약 보험계약자가 타인에게 교부한 경우엔 타인의 동의를 얻어야 계약을 임의해지할 수 있다는 것이다.36)

그런데 실무상 보험계약 체결과정에서 보험계약자가 보험증권교부청구권을 가지고 있고 보험자는 보험증권을 보험계약자에게 교부하게 되므로, 타인을 위한 보험계약의 경우에도 특별한 사정이 없는 한 보험증권은 보험계약자가 소지하고 있다고 보아야 할 것이다. 또한 과거와는 달리 보험증권을 재발급 받는 것이 쉬우므로 타인에게 보험증권을 교부하고서도 보험계약자가 다시 보험증권을 재발급 받을 수도 있다. 법조문을 문리적으로만 해석하게 되면 보험증권을 소지하기만 하면 타인의 동의없이도 보험계약자는 타인을 위한 보험계약을 임의해지할 수 있는 것이 된다. 원래부터 보험증권을 소지하고 있는 보험계약자가 추가로 피보험자나 보험수익자의 동의를 얻어야만 보험계약을 해지할 수 있는 것이라고 해석해야 하는 것인지 의문이 든다. 생각건대 타인인 피보험자를 보호하기 위해서는 보험계약자가 보험증권을 소지하고 있더라도 타인의 동의가 있는 경우에만 보험계약을 해지할 수 있는 것으로 제한적으로 해석하는 것이 타당하다고 여겨진다.37)

---

35) 정찬형, 659면; 정동윤, 560면; 정희철, 407면; 김은경, 296면.
36) 손주찬, 주석상법(보험), 2001, 121면; 한기정, 419면.
37) 김성태, 356면(타인의 동의와 보험증권의 소지를 같이 취급하는 것에 대해 의문을 제기한다); 서헌제, 123면.

(3) 보험금청구권 (제639조 제2항 단서[38]) 해석의 문제)

(가) 판례와의 충돌

일반적으로 가해자가 피보험자에게 손해배상을 하면 피보험자의 손해가 더 이상 존재하지 않으므로 보험자는 면책이 되는 것이 원칙이다. 타인을 위한 보험계약에서 보험계약자에 의해 보험사고가 발생한 경우에 타인인 피보험자는 보험자로부터 보험금을 지급받기 전까지는 가해자인 보험계약자로부터 손해배상을 받을 수 있다. 가해자로부터 손해배상을 받게 되면 피보험자에게는 더 이상 손해가 없으므로 손해보험계약의 원리상 손해보험자는 그 한도 내에서 보험금을 지급해야 할 책임에서 면책이 된다. 판례의 입장이다.[39]

그런데 타인을 위한 손해보험의 경우에 제639조 제2항 단서에서 보험계약자가 그 타인에게 보험사고의 발생으로 생긴 손해의 배상을 한 때에는 보험계약자는 그 타인의 권리를 해하지 아니하는 범위 안에서 보험자에게 보험금의 지급을 청구할 수 있다고 규정하고 있다. 이 조문으로 인해 보험계약자가 가해자인 경우에 보험계약자가 피보험자에게 먼저 손해배상을 하더라도 보험자가 면책이 되지 않고 손해배상을 한 보험계약자는 그 타인의 권리를 해하지 않는 범위 안에서 보험자에게 보험금의 지급을 청구할 수 있다는 것이다. 예를 들어 임치물의 소유자를 위한 보험계약을 체결한 창고업자가 자신이 보관중인 물건이 멸실함에 따라 발생한 물건 소유자의 피해를 먼저 배상하면 타인을 위한 보험계약을 체결한 창고업자는 보험자에게 보험금 지급을 청구할 수 있다는 취지이다. 제639조 제2항 단서의 내용은 기존의 판례와 부합하지 않는다.

그런데 제639조 제2항 단서와 충돌되는 또 다른 판례가 있다. 판례를 언급하기 전에 청구권대위를 간략히 설명할 필요가 있다. 청구권대위란 피보험자의 손해가 가해자인 제3자의 행위로 인해 생긴 경우에 피보험자에게 보험금을 지급한 보험자는 제3자의 귀책사유를 입증할 필요 없이 자신이 지급한 보험금의 한도 내에서 보험계약자나 피보험자가 가해자인 제3자에 대해 가지는 권리를 법률상 당연히 취득하여 행사하는 것을 말한다(제682조). 그런데 판례는 보험자가 행사하게 되는 청구권대위에서의 상대방 범위에 타인을 위한 보험계약을 체결한 보험계약자가 포함된다고 해석하고 있다.[40] 이는 제639조 제2항 단서와 충돌된다. 예를 들어 보험계약자인 창고업자가 임치물의 소유자를 위한 보험계약을 체결했는데 보험계약자인 창고업자의 행위에 의해 임치목적물이 훼손되어 피보험자인 임치물 소유자에게 손해가 발생했고 보험자가 피보험자에게 보험금을 지급하였다면, 판례에 따라 손

---

38) 제639조 ② "제1항의 경우에는 그 타인은 당연히 그 계약의 이익을 받는다. 그러나 손해보험계약의 경우에 보험계약자가 그 타인에게 보험사고의 발생으로 생긴 손해의 배상을 한 때에는 보험계약자는 그 타인의 권리를 해하지 아니하는 범위 안에서 보험자에게 보험금액의 지급을 청구할 수 있다."

39) 대판 2000. 11. 10, 2000다29769.

40) 대판 1989. 4. 25, 87다카1669; 대판 1990. 2. 9, 89다카21965; 대판 2000. 11. 10, 2000다29769.

IV. 타인을 위한 보험계약의 효과   513

해를 입은 임치물 소유자가 보험사고를 야기한 보험계약자(창고업자)에게 가지는 손해배상청구권을 청구권대위에 의해 보험자가 대위행사할 수 있게 된다. 즉 타인을 위한 보험계약을 체결한 보험계약자를 상대로 보험자는 자신이 피보험자에게 지급한 보험금 상당액을 청구할 수 있게 되는 것이다. 제639조 제2항 단서에 의하면 타인을 위한 보험에서 피보험자에게 먼저 배상을 한 보험계약자는 그 금액을 보험자로부터 받을 수 있다는 것인데, 위 두 부류의 판례대로라면 타인을 위한 보험에서 가해자인 보험계약자가 피보험자에게 손해배상을 하면 보험자는 면책이 되며, 타인을 위한 보험계약을 체결한 보험계약자는 청구권대위의 상대방이 되어 결과적으로 보험계약자가 최종적으로 피해에 대한 책임을 져야 한다.

이러한 충돌 문제와 관련하여 두 가지 논점을 살펴보아야 한다. 하나는 타인을 위한 보험계약을 체결한 보험계약자가 청구권대위에서의 제3자 범위에 포함될 수 있는가의 문제이고, 다른 하나는 제639조 제2항 단서는 구체적으로 어떤 경우에 적용될 수 있는가의 문제이다.

(나) 타인을 위한 보험계약자와 청구권대위의 제3자 범위

설명을 위해 하나의 예를 들어본다. 건물의 임차인이 임대인을 위해 화재보험계약을 체결하였는데 임차인의 과실에 의해 화재가 발생한 경우 또는 운송인이 하주(荷主)를 피보험자로 하는 운송보험계약을 체결하였는데 운송인의 과실에 의해 운송물이 멸실된 경우와 같이 타인을 위한 보험에서 보험계약자의 과실로 인하여 보험사고가 발생하고 이로 인해 손해가 생긴 경우에 피보험자(임대인 또는 하주)에게 보험금을 지급한 보험자는 보험계약자인 임차인 또는 운송인에 대해 제682조에 따른 청구권대위를 행사할 수 있는가의 문제, 즉 타인을 위한 보험의 보험계약자가 청구권대위의 제3자에 해당하는가에 대해 의견이 나뉘고 있다.

① 포 함 설   이 설은 타인을 위한 보험계약의 보험계약자도 청구권대위의 제3자가 될 수 있다는 견해로서 이 설에 따르면 보험자는 사고를 야기한 보험계약자에게 대위권을 행사할 수 있다. 주요 근거는 ㉠ 보험자대위의 취지가 보험사고를 야기한 자가 책임을 면하는 일이 없도록 하자는 것이므로 타인을 위한 보험계약을 체결한 보험계약자라도 보험사고를 야기했으면 청구권대위의 제3자 범위에 포함시켜 책임을 부담하도록 해야 한다는 점, ㉡ 형식상으로는 보험계약자가 보험료지급의무를 부담하고 있지만 예를 들어 운송인인 보험계약자가 받는 운송료에 보험료가 반영되어 있다고 볼 수 있으므로 사실상 보험료를 타인의 계산으로 하고 있는 점, ㉢ 타인을 위한 손해보험은 오로지 피보험이익의 귀속주체인 피보험자의 보호를 목적으로 하므로 타인을 위한 손해보험계약에서의 보험계약자는 피보험이익의 주체가 아니라는 점이다. 또한 ㉣ 일반적으로 제3자라 함은 피보험자 이외의 사람을 말한다는 점 ㉤ 독일과 일본의 학설 및 판례가 포함설을 취하고 있음이

제시되고 있다. 물론 포함설을 취하더라도 당사자간의 특약에 의해 보험계약자에게 대위권을 행사할 수 없다고 한 경우에는 보험계약자는 보험자의 대위권 행사를 거절할 수 있다고 본다.41)

포함설이 판례의 태도이다. 제639조 제2항 단서가 1991년에 신설된 이후에도 판례는 계속해서 포함설의 입장을 취하고 있다.

[대법원 1990. 2. 9. 선고 89다카21965 판결]

〈사실관계〉

소외 한국전력과 운송계약을 맺은 피고 대한통운이 운송 중 사고를 내자, 한국전력을 피보험자로 한 운송보험계약을 피고 대한통운과 체결한 원고 보험회사는 소외 한국전력에 보험금을 지급한 후, 보험계약자인 대한통운에게 보험자대위권을 행사하였다. 이에 피고 대한통운은 보험자대위에서 말하는 제3자의 범위에 보험계약자는 포함되지 않으므로 원고 보험회사는 자신에게 보험자대위권을 행사할 수 없다고 항변하였다.

〈주요 판시내용〉

보험자대위에 관한 상법 제682조의 규정을 둔 이유는 피보험자가 보험자로부터 보험금액을 지급받은 후에도 제3자에 대한 청구권을 보유, 행사하게 하는 것은 피보험자에게 손해의 전보를 넘어서 오히려 이득을 주게 되는 결과가 되어 손해보험제도의 원칙에 반하게 되고 또 배상의무자인 제3자가 피보험자의 보험금수령으로 인하여 그 책임을 면하게 하는 것도 불합리하므로 이를 제거하여 보험자에게 그 이익을 귀속시키려는 데 있고 이와 같은 보험자대위의 규정은 타인을 위한 손해보험계약에도 그 적용이 있다. 타인을 위한 손해보험계약은 타인의 이익을 위한 계약으로서 그 타인의 이익이 보험의 목적이 되는 것이지 여기에 당연히(특약 없이) 보험계약자의 보험이익이 포함되거나 예정되어 있는 것은 아니라 할 것이므로 피보험이익의 주체가 아닌 보험계약자는 비록 보험자와의 사이에서는 계약당사자이고 약정된 보험료를 지급할 의무자이지만 그 지위의 성격과 보험자대위규정의 취지에 비추어 보면 보험자대위에 있어서 보험계약자와 보험계약자 아닌 제3자를 구별하여 취급하여야 할 법률상의 이유는 없는 것이며 따라서 타인을 위한 손해보험계약자가 당연히 제3자의 범주에서 제외되는 것은 아니다(同旨: 대판 1989. 4. 25, 87다카1669).

[대법원 2000. 11. 10. 선고 2000다29769 판결]

〈사실관계〉

영화촬영장비의 임차인이 그 파손으로 인해 입은 손해를 임대인이 보상받도록 하기 위해 임대

---

41) 최기원, 327면; 김성태, 449면, 786면; 홍성무, "보험자대위권" 재판자료 제53집 해상보험법에 관한 제문제(하), 법원행정처, 427면; 이기수/최병규/김인현, 208면; 임용수, 293면; 김은경, 375면; 강위두/임재호, 684면.

인을 피보험자로 하는 보험계약에 가입했다. 보험계약자인 임차인의 과실로 촬영장비 렌즈가 파손되었고, 보험자는 보험금을 지급한 후 피보험자인 임대인이 가지는 보험계약자(임차인)에 대한 손해배상청구권을 대위행사하고자 했다.

〈주요 판시내용〉

손해보험계약에 있어 손해가 제3자의 행위로 인하여 생긴 경우 피보험자는 보험자가 보험금을 지급하기 전까지는 자유로이 제3자로부터 손해배상을 받을 수 있고 그 경우 보험자는 그 한도 내에서 면책되게 되나, 이와 반대로 제3자의 손해배상에 앞서 보험자가 먼저 보험금을 지급한 때에는 그 보험금의 지급에도 불구하고 피보험자의 제3자에 대한 손해배상청구권은 소멸되지 아니하고 지급된 보험금액의 한도에서 보험자에게 이전될 뿐이며, 이러한 법리는 손해를 야기한 제3자가 타인을 위한 손해보험계약의 보험계약자인 경우에도 마찬가지라고 할 것이다.

② 불포함설   타인을 위한 보험의 보험계약자는 청구권대위의 제3자 범위에 포함되지 않으며 따라서 보험자는 그에게 대위권을 행사할 수 없다는 견해이다. 그 근거는 ㉠ 동일한 사실관계에서 보험계약자가 타인을 위한 보험계약 형식으로 보험계약을 체결하지 않고 책임보험계약을 체결한 경우에는 이러한 문제가 발생할 여지가 없다는 점, ㉡ 운송인이 운송물 소유자를 위하여 운송보험에 가입하는 것과 같이 타인을 위한 보험계약을 체결하는 보험계약자는 그 타인에게 손해가 발생한 경우 자기의 배상책임을 면하려는 생각으로 보험에 가입하고 보험료를 지급하는 것인데 위 판례의 태도는 실무에서의 이러한 보험계약자의 합리적 기대와 입장을 전혀 고려하지 않았다는 점, ㉢ 판례대로라면 보험계약을 체결하고 보험료를 납부한 운송인의 입장에서 볼 때 자신이 사고에 대한 책임을 궁극적으로 져야 하므로 보험에 가입하지 않은 경우와 아무런 차이가 없게 되는 반면에, 보험자로서는 사고의 책임이 있는 보험계약자로부터 자신이 피보험자에게 지급한 보험금 상당액을 구상하게 되어 아무런 금전지급도 없이 보험계약자로부터 보험료만 챙기는 불합리한 결과가 발생할 수 있다는 점, ㉣ 보험계약자는 보험계약상의 보험료지급의무를 비롯하여 여러 의무(고지의무, 통지의무, 손해방지의무 등)를 부담하고 있으므로 포함설을 따르게 되면 보험계약자에게 너무 가혹한 점,[42] ㉤ 1991년 보험법 개정시 신설된 제639조 제2항 단서의 내용은 당시 판례가 인정하고 있던 보험계약자에 대한 보험자의 대위권 행사를 배제한 것으로 볼 수 있는데, 판례의 태도는 제639조 제2항 단서를 무의미하게 만들고 있다는 점 등을 들고 있다.[43]

---

42) 보험계약자의 고의 또는 중과실에 의해 사고가 야기된 경우 일반적으로 보험자는 면책이 되므로, 청구권대위가 문제되는 것은 보험계약자의 경과실에 의한 사고 발생의 경우이다. 보험계약자가 보험료지급의무를 포함한 각종 의무를 부담하고 있음을 고려할 때 경과실로 야기된 보험사고에 대해서까지 청구권대위를 인정하는 것은 보험계약자에게 너무 가혹한 것이다. 同旨: 장덕조, 264면.

43) 정동윤, "타인을 위한 보험에서 보험자의 보험계약자에 대한 청구권대위의 가부", 고려법학 제41호, 2003, 12-14면; 장덕조, 263-265면; 최준선, 223면; 정찬형, 692면; 양승규, 247-248면(임차인이 목적물에

제639조 제2항 단서는 타인을 위한 손해보험계약에서 보험사고로 인한 타인의 손해를 보험계약자가 배상을 하면 보험계약자는 그 타인의 권리를 해하지 않는 범위 안에서 보험자에게 보험금을 청구할 수 있도록 하고 있다. 이는 가해자가 보험계약자인 경우에 보험자가 면책이 되지 않고 최종적인 배상 책임자가 되도록 만든 것인데, 만약 보험자가 피보험자에게 보험금을 지급하고 가해자인 보험계약자에게 청구권대위를 행사한다고 하게 되면 보험자가 아니라 보험계약자가 최종적인 배상 책임자가 되기 때문에 판례의 태도는 제639조 제2항 단서의 내용 및 입법취지와 충돌된다. 따라서 이러한 충돌을 피하기 위해서는 타인을 위한 보험계약에서 보험계약자는 청구권대위의 범위에서 제외되는 것으로 해석함이 타당하다.44)

③ 검   토   불포함설이 타당하다. 일반적으로 타인을 위한 보험에서의 보험계약자는 피보험자에게 손해가 발생한 경우에 보험자가 그 손해를 보상하는 것이지 자신이 청구권대위의 대상이 되어 자신이 최종적인 책임을 부담한다고 생각하지 않는다. 이것이 보험계약 체결의 이유이며, 보험계약자의 이러한 기대에는 합리성이 인정된다. 포함설이나 판례는 이러한 보험계약자의 합리적 기대에 반한다. 보험계약자는 보험금청구권을 제외하고는 각종 권리를 행사하고 의무를 부담하게 되는 등 제3자와는 그 지위가 분명 다르다. 똑같은 사실관계에서 보험계약자가 책임보험에 가입했더라면 제3자 범위에 포함되는가의 문제가 발생하지 않고 책임보험계약으로부터 보호를 받았을 문제를, 단지 보험계약자가 타인을 위한 보험계약 방식을 선택했다는 이유로 청구권대위에서의 제3자 지위에서 궁극적으로 보험계약자가 최종적인 책임을 부담해야 한다는 것은 타당하지 않다. 또한 포함설이 주장하는 보험자대위의 취지, 즉 보험사고에 대한 책임을 면하는 자가 없도록 해야 한다는 원칙은 같은 사실관계에 대해 책임보험계약을 체결한 경우에는 왜 적용되지 않는지를 설명하지 못하고 있다.45) 책임보험을 체결함으로써 가해자에 해당되는 책임보험의 피보험자가 재산상의 손해를 보험자에게 전가함으로써 최종적인 책임을 면하게 되기 때문이다.

화재보험표준약관에서는 이러한 판례와 달리 타인을 위한 보험계약의 경우 보험자는 보험계약자에 대하여 가지는 대위권을 포기한다고 규정하고 있다(제14조 제3항),46) 이는 타인을 위한 보험계약을 체결한 보험계약자의 기대를 제대로 반영한 것이라 하겠다. 또한 판례 중에 보험료를 받은 보험자가 보험계약자에게 구상권을 행사하는 것은 보험의 일반원리에 반한다고 판시한 것도 있다.47) 종합적으로 판단하면 포함설을 취하는 판례는 변경

대해 화재보험계약을 체결한 경우 임차인이 비록 피보험자로 기재되지 않았더라도 임차인은 '묵시적인 공동피보험자'로 보아 보험자의 대위권을 부인하는 미국 판례를 소개하고 있다); 정희철, 469면.
44) 한기정, 443면, 557면.
45) 최준선, 223-224면.
46) 대판 2024. 7. 11, 2020다246913.
47) 대판 2001. 2. 9, 2000다55089.

되어야 한다.

[대법원 2001. 2. 9. 선고 2000다55089 판결]

〈주요 판시내용〉

보험자가 위험부담의 대가로 보험료를 지급받고 다시 보험계약자에게 구상권을 행사하는 것은 보험의 일반적인 원리에 반하는 것이어서 특별한 약정이 없는 한 인정될 수 없다고 할 것이다.

(다) 제639조 제2항 단서의 적용 범위

판례가 처음으로 포함설을 취한 것은 이 조문이 신설되기 전이었다. 그런데 판례와 다른 내용으로 1991년에 제639조 제2항 단서가 만들어진 이후에도 판례의 입장은 변하지 않고 있다.[48] 판례와 같이 타인을 위한 손해보험의 보험계약자가 청구권대위의 제3자의 범주에 포함된다고 해석하는 한, 보험계약자의 보험금청구권을 규정하고 있는 제639조 제2항 단서는 어떻게 해석해야 하는가의 문제가 있다.

타인을 위한 보험계약에서 보험계약자에 의해 보험사고가 발생하게 되면 타인인 피보험자는 보험자로부터 보험금을 지급받기 전까지는 가해자인 보험계약자로부터 손해배상을 받을 수 있다. 가해자로부터 손해배상을 받게 되면 피보험자에게는 더 이상 손해가 없으므로 손해보험계약의 원리상 손해보험자는 그 한도 내에서 보험금을 지급해야 할 책임에서 면책이 된다. 판례의 태도이다.[49]

그런데 제639조 제2항 단서는 이러한 원칙에 대한 예외를 규정하고 있다. 즉 타인을 위한 손해보험계약자가 피보험자인 타인에게 배상을 먼저 하면 보험계약자는 그 타인의 권리를 해하지 않는 범위 한에서 보험자에게 보험금의 지급을 청구할 수 있다는 것이다. 보험자는 면책이 되지 않고 궁극적인 책임자가 되어 보험금 지급책임을 부담하게 되는 것이다.[50] 그런데 보험자가 가해자인 보험계약자에게 청구권대위를 할 수 있다는 또 다른 판례에 따르면 최종적인 책임 부담자는 보험자가 아니라 보험계약자가 된다. 이와 같이 제639조 제2항 단서와 포함설을 취하는 판례는 서로 충돌되고 모순된다.

---

48) 제639조 제2항 단서는 1991년 12월 31일에 신설, 시행되었는데, 법원은 2000년에도 기존의 입장(포함설)을 그대로 유지하였다.

49) 대판 2000. 11. 10, 2000다29769(손해가 제3자의 행위로 인해 발생한 경우 피보험자는 보험자로부터 보험금을 지급받기 전에는 자유롭게 제3자로부터 손해배상을 받을 수 있고, 이렇게 되면 보험자는 그 한도 내에서 면책된다)

50) 본래 민법 제399조 및 제763조에 따르면 채무불이행 또는 불법행위의 배상의무자가 배상을 하면 채권 또는 불법행위의 목적인 물건이나 권리를 취득한다. 그러나 보험금청구권은 이러한 물건 또는 권리에 갈음하는 것으로 볼 수 없기 때문에 배상의무자는 취득할 수 없다는 것이 통설이다. 따라서 제639조 제2항 단서는 채무불이행이나 불법행위의 배상의무자가 배상을 한 경우 보험금청구권을 취득할 수 없다고 해석되는 민법상 배상자대위의 중요한 예외이기도 하다. 한기정, 442면 및 557면.

먼저 보험사고가 보험계약자의 고의 또는 중과실에 의해 발생한 경우에는 제659조에 의해 보험자는 면책되므로 보험계약자가 보험자에게 보험금을 청구할 수는 없다. 즉 제639조 제2항 단서가 적용되지 않는다. 만약 보험계약자의 과실없이(귀책사유 없이) 보험사고가 발생했고 보험계약자가 피보험자의 손해를 먼저 보상한 경우에만 제639조 제2항 단서가 제한적으로 적용된다는 것이 견해가 있다.51) 이 경우 보험금청구권 행사를 위해 보험계약자가 보험증권을 소지할 것이 요구된다고 해석할 이유는 없다고 보인다.52)

다음으로, 만약 보험계약자의 경과실에 의해 보험사고가 발생하고 보험사고로 인한 피보험자의 손해를 보험계약자가 먼저 배상을 한 경우엔 해석이 나뉜다. 제639조 제2항 단서가 적용되어 보험자에게 보험금지급청구가 가능하다는 견해53)와 보험자가 부담해야 할 피보험자의 손해가 존재하지 않으므로 보험금청구를 부정하는 견해가 있다.54)

포함설을 취하는 판례의 입장에서 볼 때 타인을 위한 보험계약을 체결한 보험계약자의 고의, 중과실 및 경과실에 의해 보험사고가 발생한 경우에 제639조 제2항 단서가 적용될 여지는 없게 된다. 불가항력 등 보험계약자의 귀책사유 없이 보험사고가 발생하고 이로 인한 피보험자의 손해를 보험계약자가 먼저 전보를 해준 경우에 한해 제한적으로 제639조 제2항 단서가 적용되어 보험자에게 보험금을 청구할 수 있다고 해석된다. 이렇게 제한적으로 해석하는 이유는 판례가 취하는 포함설과 제639조 제2항 단서의 해석 사이에서 충돌을 피하기 위함이다.

그러나 이는 타당하지 않다. 앞에서도 설명한 바와 같이 제639조 제2항 단서의 입법취지는 가해자인 보험계약자가 피보험자에게 손해배상을 하면 보험자가 면책된다는 판례에 대한 중대한 예외를 인정한 것이다. 즉 판례와 달리 가해자가 보험계약자인 경우 보험자가 면책이 되지 않고 최종적인 책임 부담자가 되도록 한 것이다. 보험사고 발생에 대해 보험계약자의 고의 또는 중과실에 대해서는 보험자가 면책이 될 것이고, 보험계약자의 귀책사유가 없는 경우엔 제639조 제2항 단서가 적용될 수 있다. 문제는 타인을 위한 보험계약에서 보험계약자의 경과실로 보험사고가 야기된 경우인데, 제639조 제2항 단서를 일부러 규정한 취지를 고려할 때, 보험계약자가 타인의 손해를 배상하면 보험자에게 보험금을

---

51) 김성태, 354-355면; 최기원, 143면; 임용수, 235면; 송상현, "보험금지급의무와 불법행위 손해배상의무와의 관계", 정희철선생 정년기념 상법논총, 1985, 280-282면.
52) 반면 최기원, 143면은 보험증권의 소지를 요구하고 있다.
53) 양승규, 186면; 임용수, 235면; 정동윤, "타인을 위한 보험에서 보험자의 보험계약자에 대한 청구권대위의 가부", 고려법학 제41권(특히 책임보험이 타인을 위한 보험계약을 체결된 경우 보험계약자의 제3자성은 부정되어야 한다는 입장이다), 2003, 12-14면; 한기정, 442면.
54) 김성태, 354-355면; 최기원, 143면, 송상현, "보험금지급의무와 불법행위 손해배상의무와의 관계", 정희철선생 정년기념 상법논총, 1985, 280-282면. 이들 견해는 보험계약자에게 귀책사유가 없는 경우에만 제639조 제2항 단서가 적용된다고 해석한다. 그러나 법조문에서 "보험계약자가 … 손해의 배상을 한 때에는…"라고 규정되어 있는 점을 감안하면 이렇게 제한적으로 해석하는 것은 문리해석에 반한다는 해석이 있다. 同旨: 한기정, 443면.

청구할 수 있다고 해석해야 한다. 또한 궁극적으로는 제639조 제2항 단서 취지를 고려하여 타인을 위한 보험계약을 체결한 보험계약자는 청구권대위의 제3자의 범위에 포함되지 않는다는 내용으로의 판례 변경이 요구된다.

2. 피보험자 및 보험수익자의 지위

(1) 보험금청구권

타인을 위한 보험계약의 피보험자 또는 보험수익자는 보험자에 대하여 수익의 의사표시나 보험계약자의 동의 없이도 자기의 고유한 권리로서 보험계약상의 보험금청구권을 당연히 행사할 수 있다(제639조 제2항 제1문).[55] 즉 타인을 위한 보험계약에서 피보험자가 보험계약 체결 당시에 자신을 위한 보험계약이 체결된 사실을 아는지 모르는지를 불문하고, 또는 자신을 위한 보험계약을 체결해달라고 보험계약자에게 위임을 했든지 하지 않았든지를 불문하고 또한 수익의 의사표시를 하지 않은 경우라도 일단 타인을 위한 보험계약이 체결되면 그 계약상의 이익을 피보험자가 갖는다.[56] 이때 타인은 타인을 위한 보험계약의 효과로서 보험금청구권을 당연히 자기 고유의 권리로서 원시적으로 취득하는 것이며, 보험계약자의 권리를 승계취득하거나 대위행사하는 것이 아니다.

[대법원 1992. 11. 27. 선고 92다20408 판결]

〈주요 판시내용〉

타인을 위한 보험계약에 있어서 피보험자는 직접 자기 고유의 권리로서 보험자에 대한 보험금 지급청구권을 취득하는 것이므로 특별한 사정이 없는 한 피보험자는 보험계약자의 동의가 없어도 임의로 권리를 행사하고 처분할 수 있다.

실무상 보험계약자가 보험증권교부청구권을 가지고 있고 보험자는 보험증권을 보험계약자에게 교부하게 되므로 타인을 위한 보험계약의 경우에도 특별한 사정이 없는 한 보험증권은 보험계약자가 소지하고 있다고 보아야 할 것이다. 피보험자 또는 보험수익자가 보험증권을 소지하지 아니한 때에도 보험금청구권을 가지는가의 문제가 있는데 보험증권에서의 상환증권성은 강하게 요구되는 것이 아니므로, 타인은 보험증권이 없이도 보험금청구권을 행사할 수 있다고 해석된다.[57]

---

55) 대판 2006. 1. 26, 2002다74954; 대판 1992. 11. 27, 92다20408; 대판 1981. 10. 6, 80다2699.
56) 장덕조, 96면.
57) 정동윤, 564면.

(2) 기타 권리행사

피보험자 또는 보험수익자는 보험계약자의 동의를 받지 않더라도 임의로 자신의 권리를 행사하거나 처분할 수 있다. 예를 들어 보증보험계약에서 보험자와 피보험자(주계약상의 채권자) 사이에 보험금지급기한을 유예하기로 합의한 경우에, 보험계약자(주계약의 주채무자) 또는 그 구상금채무의 연대보증인의 동의가 없더라도 채무연기에 의한 보험금청구권의 시효중단 효력이 인정된다.58)

[대법원 1981. 10. 6. 선고 80다2699 판결]

〈사실관계〉

피고는 소외 은행으로부터 융자를 받으면서 원고 보험회사와 대출금과 연체이자 상환을 보증하기 위해 소외 대출은행을 피보험자로 하는 이행보증보험계약을 체결하였다. 피고는 원고회사의 이행보증 담보로서 부동산에 저당권을 설정하였다. 피고가 채무를 불이행하자 원고회사는 피보험자인 대출은행과 저당권을 실행하여 담보물이 처분될 때까지 보험금 지급기한을 연기하기로 합의하였다. 그 후 담보권 실행에 따른 배당을 받은 후 피보험자인 은행에게 보험금을 지급하였다. 원고회사가 피고에게 구상금 청구를 하자 피고는 원고회사가 피고와는 아무런 상의 없이 피보험자와 보험금지급기한 유예의 합의를 하였으므로 합의는 무효이고, 그 결과 합의 후 원고회사가 지급한 보험금은 보험금지급청구권의 소멸시효가 완성된 후 지급된 보험금이 되므로 원고회사는 피고에게 구상할 수 없다고 주장하였다.

〈주요 판시내용〉

타인을 위한 보험계약에 있어서 피보험자는 직접 자기 고유의 권리로서 보험자에 대한 보험금지급청구권을 취득하는 것이므로 특별한 사정이 없는 한 피보험자는 보험자의 지급기한을 연기하는 등 그 권리를 행사하고 처분할 수 있다. 피고가 원고회사에게 제공한 담보물에 관한 권리를 원고회사가 실행하여 담보물이 처분될 때까지 보증보험금의 지급기한을 연기하기로 하는 원고회사와 피보험자인 은행간의 합의가 보험계약자인 피고의 동의 없이 이루어졌다고 하더라도 보험계약자는 그러한 사정만으로 합의의 효력을 부인할 수는 없다. 피보험자와 보험자 사이의 보험금지급기한 유예의 합의는 보험금지급청구권에 관한 소멸시효의 이익을 원고회사가 미리 포기하는 것에 해당하지 아니하고 따라서 보험계약자인 피고에게 불이익한 것이라고 할 수 없어 제658조와 제663조에 위배되는 것이라고 볼 수 없다.

---

58) 대판 2006. 1. 26, 2002다74954; 대판 1981. 10. 6, 80다2699.

[대법원 2006. 1. 26. 선고 2002다74954 판결]

〈주요 판시내용〉

(타인을 위한 보험계약인) 보증보험계약에 있어서 보험자와 피보험자가 보험금 지급기한을 유예하기로 합의한 경우, 보험계약자 또는 그 구상금채무의 연대보증인의 동의가 없더라도 그러한 사정만으로 위와 같은 채무연기에 의한 보험금청구권의 시효중단의 효력을 부인할 수는 없다.

다만 피보험자 등이 임의로 자신의 권리를 행사하거나 처분하는 경우에도 보험자는 보험료부지급 등 각종 해지권 행사나 고지의무위반 등 보험계약자와의 관계에서 발생한 모든 항변사유 또는 면책사유를 가지고 타인인 피보험자나 보험수익자에게 대항할 수 있다.59) 즉 보험계약자의 행위능력 유무, 의사표시의 하자, 고지의무 위반, 위험변경증가에 대한 통지의무 위반 등에 대한 항변을 가지고 보험자는 타인 즉 피보험자나 보험수익자에게 주장할 수 있다.60)

민법상 제3자를 위한 계약에서 제3자가 수익의 의사표시를 한 후 권리를 취득하게 되면 그 후에는 당사자가 제3자의 권리를 함부로 변경하거나 소멸시키지 못한다(민법 제541조). 그러나 보험계약에서는 제649조 제1항에 의해 타인을 위한 보험계약자가 타인의 동의를 얻거나 보험증권을 소지하고 있으면 보험사고가 발생하기 전에는 계약을 임의로 해지할 수 있으며, 인보험의 경우 보험계약자는 보험수익자에 대한 변경권(제733조, 제739조, 제739조의3)을 가지게 되므로 보험수익자의 권리는 그 한도에서 제한되기도 한다.61)

(3) 의   무

피보험자 또는 보험수익자는 타인을 위한 보험에서 계약당사자가 아니므로 원칙적으로 보험료지급의무가 없다. 그러나 예외적으로 타인에게 일정한 의무가 부과되는 경우가 있다. 보험계약자가 파산선고를 받거나 보험료의 지급을 지체한 때에 피보험자 또는 보험수익자가 그 권리를 포기하지 아니하는 한 피보험자나 보험수익자도 보험료를 지급할 의무가 있다(제639조 제3항 단서). 특정한 타인을 위한 보험의 경우에 보험계약자가 보험료의 지급을 지체한 때에는 보험자는 그 타인에게도 상당한 기간을 정하여 보험료의 지급을 최고하여야만 그 계약을 해지할 수 있다(제650조 제3항).62) 이 두 개의 조항은 피보험자나

---

59) 양승규, 187면; 정찬형, 660면; 정동윤, 564면; 정희철, 407면; 김은경, 295면.

60) 민법 제542조에서 채무자는 민법 제539조의 제3자를 위한 계약에 기한 항변으로 그 계약의 이익을 받을 제3자에게 대항할 수 있다고 규정하고 있다. 한기정, 436면.

61) 임용수, 236면; 양승규, 187면; 정희철, 407면; 정찬형, 660면; 한기정, 444면.

62) 앞에서 설명한 대로 제650조 제3항은 보험계약자가 계속보험료에 대한 지급지체가 있는 경우에 적용되며, 보험계약자가 제1회 보험료를 지급하지 않아 보험계약의 해제가 의제되는 제1항의 경우에는 적용되지 않는다고 해석함이 타당할 것이다. 법조문에 의해 해제가 의제되어 이미 해제된 계약에 대해 최고를

보험수익자가 보험계약을 유지하는 데에 특별한 이해관계를 가지고 있다는 사실을 고려한 조항이라 할 수 있다.[63] 타인을 위한 보험계약에서 타인이 보험계약 체결사실을 알았다면 그 타인에 해당하는 피보험자도 고지의무를 이행해야 하며(제651조), 위험변경·증가통지의무(제652조), 위험의 현저한 변경·증가금지의무(위험유지의무, 제653조), 손해방지경감의무(제680조), 보험사고 발생통지의무(제657조 제1항) 등도 부담한다. 이러한 의무는 피보험자 또는 보험수익자의 지위에 수반하는 법정의무로 해석되며 보험계약에 따르는 계약상의 의무로 풀이할 수는 없다.[64]

　　타인인 피보험자가 고의 또는 중과실로 보험사고를 야기했다면 보험자는 면책이 된다. 다만 사망을 보험사고로 한 보험계약에서는 사고가 타인인 피보험자의 중과실로 인해 발생한 경우에는 보험자는 보험금 지급책임을 부담하게 된다. 즉 이 경우 타인인 피보험자의 고의사고에 대해서만 보험자가 면책이 된다(제732조의2 제1항, 제739조, 제739조의3).

[대법원 2013. 6. 13. 선고 2011다54631 판결]

〈주요 판시내용〉

　　피보험자와 보험계약자가 다른 경우에 피보험자 본인이 아니면 정확하게 알 수 없는 개인적 신상이나 신체상태 등에 관한 사항은, 보험계약자도 이미 그 사실을 알고 있었다거나 피보험자와의 관계 등으로 보아 당연히 알았을 것이라고 보이는 등의 특별한 사정이 없는 한, 보험계약자가 피보험자에게 적극적으로 확인하여 고지하는 등의 조치를 취하지 아니하였다는 것만으로 바로 중대한 과실이 있다고 할 것은 아니다. 더구나 보험계약서의 형식이 보험계약자와 피보험자가 각각 별도로 보험자에게 중요사항을 고지하도록 되어 있고, 나아가 피보험자 본인의 신상에 관한 질문에 대하여 '예'와 '아니오' 중에서 택일하는 방식으로 고지하도록 되어 있다면, 그 경우 보험계약자가 '아니오'로 표기하여 답변하였더라도 이는 그러한 사실의 부존재를 확인하는 것이 아니라 사실 여부를 알지 못한다는 의미로 답하였을 가능성도 배제할 수 없으므로, 그러한 표기사실만으로 쉽게 고의 또는 중대한 과실로 고지의무를 위반한 경우에 해당한다고 단정할 것은 아니다.

---

3. 보증보험에서의 취소권 문제

　　보험자가 보험계약자에 대한 항변사유를 가지고 피보험자에 대해 그 항변권을 행사할 수 있다고 하여도 보증보험에 있어서는 예외이다. 보증보험에서는 보증보험의 계약자가 주채무자이고 피보험자가 채권자로서 서로의 이해가 상충되는 특성이 있어 해석상 주의를

하도록 하는 것은 모순되기 때문이다.
63) 양승규, 187면; 정찬형, 660면.
64) 사법연수원, 보험법연구, 2007, 79면.

요한다. 즉 보증보험자가 보증보험계약자의 기망을 이유로 하여 보험계약을 취소하는 경우를 예를 들어보자. 보험자가 보증보험계약을 체결하면서 보증보험증권을 보험계약자 측에게 교부한 결과 피보험자가 그 보증보험증권을 가지고 이에 터잡아 새로운 계약을 체결했거나 혹은 피보험자가 보증보험계약의 채권담보적 기능을 신뢰하여 새로운 이해관계를 가지게 되었다면, 그와 같은 피보험자의 신뢰를 보호할 필요가 있다 할 것이므로, 피보험자가 보험계약자의 기망행위가 있었음을 알았거나 알 수 있었던 경우와 같이 특별한 사정이 없는 한, 보험자는 보험계약자와의 사이에서 발생한 보험계약의 취소사유를 가지고 피보험자에게 대항할 수 없다.65) 이러한 취지에서 2015년 개정 보험법 제726조의6 제2항에서 보증보험계약에 관하여는 보험계약자의 사기, 고의 또는 중대한 과실이 있는 경우에도 이에 대하여 피보험자에게 책임이 있는 사유가 없으면 고지의무(제651조), 위험변경증가통지의무(제652조), 위험의 현저한 변경증가금지의무(위험유지의무, 제653조), 보험자의 면책사유(제659조 제1항)를 피보험자에게 적용하지 않는다고 명확히 규정하고 있다.

[대법원 1999. 7. 13. 선고 98다63162 판결]

〈사실관계〉

보증보험의 피보험자인 피고는 보증보험계약자가 보험자인 원고회사로부터 수령한 보증보험증권을 담보로 물건(자동차)을 판매하였다. 이후 보험계약자의 자동차할부대금 불이행을 이유로 피고인 피보험자가 보험금을 청구하자 원고회사는 보험계약자가 보증보험계약을 체결할 당시에 연대보증인에 관한 위조된 인감증명서를 제출하였음이 밝혀졌고 이에 따라 사기를 이유로 보증보험계약을 취소하였으므로 보험금을 지급할 수 없다고 주장하였다.

〈주요 판시내용〉

자동차할부판매보증보험과 같은 경우 피보험자는 보증보험에 터잡아 할부판매계약을 체결하거나 혹은 이미 체결한 할부판매계약에 따른 상품인도의무를 이행하는 것이 보통이므로, 일반적으로 타인을 위한 보험계약에서 보험계약자의 사기를 이유로 보험자가 보험계약을 취소하는 경우 보험사고가 발생하더라도 피보험자는 보험금청구권을 취득할 수 없는 것과는 달리, 보증보험계약의 경우 보험자가 이미 보증보험증권을 교부하여 피보험자가 그 보증보험증권을 수령한 후 이에 터잡아 새로운 계약을 체결하거나 혹은 이미 체결한 계약에 따른 의무를 이행하는 등으로 보증보험계약의 채권담보적 기능을 신뢰하여 새로운 이해관계를 가지게 되었다면 그와 같은 피보험자의 신뢰를 보호할 필요가 있다 할 것이므로, 피보험자가 그와 같은 기망행위가 있었음을 알았거나 알 수 있었던 경우 등의 특별한 사정이 없는 한 보험자는 그 취소를 가지고 피보험자에게 대항할 수 없다.

---

65) 대판 2002. 11. 8, 2000다19281; 대판 1999. 7. 13, 98다63162; 대판 2001. 2. 13, 99다13737; 정찬형, 660면.

손해보험총론

제11장

I. 개　　념

1. 손해보험의 개념과 종류

손해보험계약은 계약에서 정한 보험사고로 인해 피보험자에게 발생한 물건이나 기타 재산상의 손해를 보험자가 보상할 것을 약정하고 보험계약자는 그 대가로 보험료를 지급할 것을 약정하는 계약이다. 물건이나 재산상의 손해를 보상한다는 면에서 얼마의 손해가 발생하게 될지를 알 수가 없으며 따라서 보상액수를 미리 정할 수 없는 부정액보험 성격을 가진다. 반면 인보험계약은 사람의 생명이나 신체를 대상으로 하여 여기에 생긴 우연한 사고를 보험사고로 하는데 사람의 생명이나 신체에 생긴 손해 크기를 계산하는 것이 불가능하므로 인보험은 원칙적으로 정액보험의 성질을 가지게 된다(예를 들어 사망보험). 다만 인보험에 속하는 상해보험은 손해와 관계없이 미리 약정된 금액을 지급하는 정액보험 형식으로 운용할 수도 있고, 부상이 발생한 경우에 실제 소요된 치료비를 지급하는 것과 같이 부정액보험적 성격으로 판매할 수도 있다.

상법은 보험을 크게 손해보험과 인보험으로 구분하고 있지만 이는 단일기준이 아닌 이중적 기준에 의한 분류라고 할 수 있다. 즉 손해보험은 보험사고에 대하여 지급되는 보험금이 실손해에 대한 금액, 즉 부정액보험이라는 측면에서의 구분이다. 손해보험은 보상 방식에 의한 분류인데, 이러한 손해보험에 대응되는 개념은 정액보험이라 할 수 있다. 반면 인보험은 보험사고의 객체를 기준으로 하고 있기 때문에 인보험에 대응되는 것은 물건보험 또는 재산보험이 된다.[1]

기존 상법 보험편에서는 손해보험의 종류로서 화재보험, 운송보험, 해상보험, 책임보

---

1) 최준선, 182면; 정찬형, 662면.

험, 자동차보험을 규정하고 있었다. 보험업법 제4조 및 동법시행령 제8조 제1항에서는 이 외에도 기술보험, 권리보험, 도난보험, 유리보험, 동물보험, 원자력보험, 비용보험, 날씨보험 등을 규정하고 있다. 보증보험은 지금까지는 보험업법에 의해 인정되는 손해보험이었으나 2015년 개정 보험법에서 이에 관한 조문을 신설함으로써 상법 보험편에서 인정되는 손해보험의 종류임을 분명히 하였다.

인간의 현대 생활관계가 복잡해지면서 새로운 위험이 등장하게 되고 이에 대한 새로운 종류의 손해보험, 예를 들어 권리보호보험, 레저종합보험, 펫(pet)보험, 날씨보험 등 신종보험상품이 지속적으로 만들어지고 있고 이에 대한 새로운 분쟁도 발생하고 있다. 2021년 6월에는 소액 단기 전문보험사의 설립 요건을 완화하는 보험업법시행령도 마련되었다. 실무적으로 보험법에서 규정하고 있지 않은 많은 종류의 손해보험 상품이 판매되고 있고 이에 대한 각각의 약관이 존재한다. 이러한 보험계약에 대해서도 보험계약법의 통칙 규정과 손해보험계약의 통칙 규정이 적용된다.2)

2. 실손보상원칙

(1) 실손보상원칙의 개념

(가) 의의와 역할

손해보험계약은 재산상의 손해 부분에 대해 계약에서 정한 보험금액 한도 내에서 실제로 발생한 손해만을 보상하는 실손보상적 성질(principle of indemnity)을 가진다. 실손보상원칙은 손해보험계약에서 본질적이고 절대적인 원칙으로서 피보험자가 보험사고로 인해 실손해 이상의 이익을 얻는 것을 금지하기 위한 원칙을 말한다(이득금지의 원칙).3) 보험가액을 초과하거나 실손해를 초과하여 보상하지 않는 것이 손해보험에서의 중요한 원리이다. 실손보상의 원칙, 이득금지의 원칙 또는 손해보상의 원칙은 동일한 의미로 사용되며 그 핵심은 피보험자는 손해의 전보를 넘어서 이득을 얻을 수 없다는 것이다.

(나) 실손보상원칙의 반영

실손보상원칙은 그것 자체에 대한 명시적 규정은 없지만, 그 원리가 다양한 형태로 조문에 반영되어 있다. 계약당사자끼리 약정보험금액(약정 최고한도액)을 아무리 고액으로 정하더라도 보험자가 지급하게 되는 보험금은 보험가액(법정 최고한도액)을 초과하지 못한다. 피보험이익의 개념이 여기에서 중요한 역할을 한다. 피보험이익이란 피보험자가 보험의 목적에 대해 가지는 이익을 말한다. 손해보험계약에서 보험가액은 피보험이익을 금전

---

2) 임용수, 243면; 최준선, 186면; 양승규, 192-193면; 정찬형, 662면.
3) 대판 2002. 3. 26, 2001다6312.

으로 평가한 것이기 때문에 보험가액을 넘어서는 손해가 피보험자에게 발생할 수는 없기 때문이다. 이러한 취지에서 손해보험에서 피보험자가 보험목적에 대해 이익(피보험이익)을 가지지 않으면 해당 보험계약은 무효가 된다. 피보험자가 지급받는 보상액이 사고발생시 또는 손해발생시점과 장소에서의 보험가액을 기준으로 하는 원칙도 피보험자가 손해를 넘어서 이득을 얻어서는 안된다는 원칙이 적용된 것이며, 보험자가 보험금을 지급한 후 피보험자가 보험의 목적 또는 사고를 야기한 제3자에 대해 가지는 권리를 대위하도록 하는 것도 이득금지의 원칙 또는 실손보상의 원칙을 반영한 것이다. 실손보상의 원칙은 손해보험계약의 도박화를 방지하고 인위적으로 보험사고를 야기하는 보험범죄를 방지하는 역할을 하게 되므로 절대적 강행법규성을 가지며 손해보험에서의 대원칙이라 할 수 있다.

[대법원 2000. 11. 10. 선고 2000다29769 판결]

〈주요 판시내용〉

손해보험계약에 있어 손해가 제3자의 행위로 인하여 생긴 경우 피보험자는 보험자가 보험금을 지급하기 전까지는 자유로이 제3자로부터 손해배상을 받을 수 있고, 그 경우 보험자는 그 한도 내에서 면책된다. 손해보험계약에 있어 제3자의 행위로 인하여 생긴 손해에 대하여 제3자의 손해배상에 앞서 보험자가 먼저 보험금을 지급한 때에는 그 보험금의 지급에도 불구하고 피보험자의 제3자에 대한 손해배상청구권은 소멸되지 아니하고 지급된 보험금액의 한도에서 보험자에게 이전될 뿐이다.

(다) 실손의료보험에서의 실손보상원칙 및 이득금지원칙

예를 들어 실손의료보험 표준약관에서 "피보험자가 부담하는 비용을 보험사가 보상한다"라고 규정되어 있는 경우에 '피보험자가 부담하는 비용' 문구의 의미가 무엇인가 의문이 제기될 수 있다. 2013년 1월 이후의 실손의료보험 표준약관은 보험자가 보상하는 손해에 대해 '피보험자 본인이 실제로 부담한 금액'이라고 기재하고 있기는 하지만 논란이 야기되는 것은 마찬가지이다. 이는 실손보상원칙과 직접적으로 연결된다.

① 지인할인에 따라 감액된 의료비   만약에 피보험자가 병원으로부터 본래의 치료비에 대해 지인할인(知人割引) 명목으로 일정 금액을 할인받은 경우에 보험자의 보상이 피보험자가 실제 지급한 금액(지인할인을 받은 후의 금액)을 대상으로 하는지 아니면 할인받기 전의 본래의 치료비를 대상으로 하는지 문제가 될 수 있는데, 실손의료보험의 취지를 고려할 때 실제로 피보험자가 실제로 최종적으로 부담한 금액만을 보험자가 부담하며 따라서 할인금은 보험자의 보상대상에서 제외된다고 해석되어야 한다. 대법원도 실손의료보험 표준약관이 '국민건강보험법에 의하여 피보험자가 부담하는 급여 및 비급여 의료비

를 보상한다'는 취지로 규정되어 있는 경우 피보험자가 의료기관에 실제로 부담하는 진료
비용을 담보한다고 해석해야 하며 의료기관으로부터 할인받은 부분은 보상대상이 될 수
없다고 판단했다.4) 실손보상이라는 것이 실제 지출한 의료비를 보상하는 것을 넘어 추가
혜택이나 이익을 담보하는 것은 아니기 때문이다. 실손보험 약관상의 '피보험자가 부담하
는 비용'의 의미는 명확하므로 작성자불이익의 원칙이 적용될 여지가 없다. 실손보상의
취지상 해당 문구가 다의적으로 해석될 여지가 없기 때문이다.

　　② 위험분담제에 따른 사후환급금　　　　제약회사가 고가의 항암제 등 신약을 출시한
경우에 의료기관으로부터 신약 처방을 받고 약제비를 지급한 실손의료보험 가입자에 대해
제약회사가 위험분담 차원에서 사후에 환급금을 보험가입자에게 지급하는 사례가 있다.
신약의 효능에 대한 불확실성 존재 및 엄청나게 높은 가격 책정으로 인해 국민건강보험법
은 국민건강보험공단과 제약회사 간에 위험분담계약을 체결하고 해당 신약의 요양급여비
용 중 일부를 제약회사가 부담할 수 있도록 하고 있는데 이를 위험분담계약에 따른 사후
환급금이라고 한다. 이러한 경우에도 실손의료보험의 보상 범위가 보험가입자가 의료기관
에 처음에 지급한 금액 전체인가 아니면 사후에 환급받은 부분을 뺀 금액인가의 문제가
발생한다. 환급금은 국민건강보험법상의 요양급여가 아니고 제약회사가 위험분담에 따라
지급한 것이다. 대법원은 이러한 경우 보험가입자가 최종적이고 실제적으로 부담한 요양
급여비용만이 실손의료보험의 대상이 되며, 실제로 부담하지 않은 부분(환급금)은 지급대
상이 아니라는 입장이다. 피보험자가 위험분담제도에 따라 제약회사로부터 환급받게 되는
금액에 대해서는 피보험자가 실제로 부담한 의료비로 볼 수 없다는 것이다. 실손보험약관
상의 '피보험자가 부담한 비용' 문구의 의미는 '국민건강보험법에서 정한 요양급여 중 본
인부담금(본인이 실제로 부담한 금액)과 비급여(본인이 실제로 부담한 금액)'를 보험금 지급
대상으로 정한 것이며, 이 의미는 실손보험의 취지상 명확하고 일의적이라 할 수 있으므
로 작성자불이익의 원칙이 적용될 여지는 없으며, 또한 이러한 내용은 별도의 설명이 없
더라도 거래상 일반적이고 공통된 내용으로 충분히 예상할 수 있는 것이기에 약관설명의
무의 대상이 되지 않는다고 해석하고 있다.5)

　　③ 본인부담상한제에 따른 사후환급금　　　　같은 문제가 국민건강보험법상의 본인부
담상한제에 따른 사후환급금에 대해서도 발생하고 있다. 관련 법령은 국민건강보험 가입
자의 소득수준에 따른 연간 본인부담의료비 상한액을 정하고 있다. 만약 가입자가 상한액
을 초과하여 의료비를 지급한 초과분에 대해서는 국민건강보험공단이 부담하게 된다. 실
손의료 보험자는 가입자가 국민건강보험공단으로부터 돌려받게 되는 금액에 대해서는 실

---

4) 대판 2024. 10. 31, 2023다240916.
5) 대판 2024. 7. 11, 2024다223949.

손보험의 보장대상이 아니라는 입장이다. 실손의료보험 표준약관은 시행 시기에 따라 건보공단으로부터 사전 또는 사후 환급이 가능한 금액은 보상하지 않는다고 명시하기도 하고 그렇지 않은 경우도 있다. 두 가지 경우에 대한 대법원 판례가 각각 존재한다. 첫째, 이에 대한 내용이 명시되지 않은 실손의료보험 표준약관에 따라 보험계약이 체결된 경우에 본인부담상한제에 따른 사후환급금이 실손보험의 보상대상인지 문제가 된 사건에서, 대법원은 실손의료보험의 제도 취지와 이득금지원칙을 고려할 때 실손의료보험은 피보험자 본인이 최종적으로 부담하는 금액만을 담보한다고 보아야 하며, 본인부담상한제를 초과하여 국민건강보험공단으로부터 환급받는 부분은 보장대상이 아니라고 판단하였다.6) 둘째, 사전 또는 사후 환급이 가능한 금액을 보상하지 않는다고 약관에서 명시적으로 규정하고 있는 경우에도, 대법원은 그 환급금을 부당이득으로 보고 실손의료보험금을 지급한 보험자는 해당 환급금 상당의 금액을 피보험자에게 반환을 청구할 수 있다고 판시했다. 이러한 면책조항의 내용은 실손보상원칙이 반영된 것이고 본인부담상한액 초과 본인부담금은 사후보전이 예정된 금액으로서 이를 손해로 볼 수 없기 때문에 사후환급금이 실손의료보험의 보상대상에서 제외된 것이며 이것이 피보험자에게 부당하게 불리한 것이라고 볼 수 없어 불공정한 약관이 아니라고 판시하였다. 또한 이 면책내용은 관련된 사항을 고려할 때 예상하기 어려운 조항에 해당한다고 볼 수 없으며 거래상 일반적이고 공통된 것이어서 보험자의 약관설명의무 대상에서 제외된다고 판시하였다.7)

한편 현행 실손의료보험 표준약관에 따르면 '법령 등에 따라 의료비를 감면받거나 의료기관으로부터 의료비를 감면받은 경우'에는 감면 후 실제 본인이 부담한 의료비 기준으로 실손보험금이 지급되지만, 예외적으로 '감면받은 의료비가 근로소득에 포함되는 경우', 「국가유공자 등 예우 및 지원에 관한 법률」 및 「독립유공자 예우에 관한 법률」에 따라 의료비를 감면받은 경우'에는 감면 전 의료비를 기준으로 실손의료 보험금을 지급하게 된다.8) 이에 따라 현행 실손의료보험 표준약관에 따르면 직원복리후생제도와 무관하게 원칙적으로 감면 후 의료비를 실손의료보험 보장대상으로 하되, 예외적으로 감면 전 의료비를 적용하는 경우를 약관에서 제한적으로 열거하고 있다.9)

⑷ **손해배상과 손해보상**

보험자가 부담하는 손해보상의무는 불법행위자나 채무불이행자가 부담하는 손해배상의무와 유사하다. 보상책임이든 배상책임이든 손해를 전보(塡補)할 책임이라는 점에서는

---

6) 대판 2024. 1. 25, 2023다283913.
7) 대판 2022. 7. 14, 2022다215814.
8) 김형진/하상수, "실손의료보험의 법적 성격과 실무상 쟁점에 대한 고찰—본인부담제 상한제 관련 약관상 보상책임을 중심으로—", 보험법연구 제17권 제2호, 2023, 한국보험법학회, 54면-55면.
9) 이준교, "2024년 손해보험 분쟁 관련 주요 대법원 판결 및 시사점(上)", 손해보험, 2025년 1월, 손해보험협회, 40면.

같다. 그러나 보상책임과 배상책임은 근본적으로 다르다. 불법한 원인에 의한 손해를 피해자 이외의 자가 전보하는 것을 손해배상이라 하고, 손해배상책임을 묻기 위해서는 타인에게 그 손해발생에 대한 귀책사유가 있어야 한다. 배상책임의 기초가 되는 채무불이행이나 불법행위는 위법한 가해행위이다.

반면에 계약 등 적법한 원인에 의한 손실을 전보하는 것을 손해보상이라 한다. 손해보상의무는 계약의 효과로서 당사자가 약정한 보험금액의 한도에서 보험사고로 인해 피보험자가 입은 재산상의 실손해(적극적 손해)를 대상으로 하는 것이다. 즉 보상책임의 기초가 되는 것이 적법한 법률행위이다. 보상책임의 기초가 되는 것은 계약(손해보험계약)의 효과로 발생하는데 비해 손해배상의무자가 부담하는 배상책임은 법률의 규정에 의해 성립한다.10) 손해보험에서의 보상은 타인의 귀책사유의 존재를 묻지 않으며 우연한 사고로 인해 발생한 경제적 위험을 보험자에게 전가하고 보험자가 그 손실을 보상하는 것이다.

불법행위자나 채무불이행자가 부담하는 손해배상의무는 법률에 기초하는 것으로서 불법행위 또는 채무불이행과 상당인과관계에 있는 모든 손해 즉 적극적 손해, 소극적 손해(일실이익) 및 정신적 손해(위자료)를 포함(민법 제393조 및 제763조)하지만, 보상책임은 당사자가 약정한 보험금액을 한도로 하여 약관에서 정한 방식으로 산정된 금액을 지급한다.11) 손해보험상의 실손보상에서는 소극적 손해와 정신적 손해는 제외되는 것이 원칙이다. 다만 소극적 손해라 하더라도 당사자간에 특별히 약정을 한 경우에는 예외적으로 상실된 피보험자의 이익이나 보수를 보험자가 보상할 손해액에 산입할 수 있다(제667조). 손해보험에서는 보험계약자나 피보험자 등의 고의, 중과실에 대해 보험자가 면책이지만, 손해배상에서는 고의, 중과실, 경과실이 배상책임 인정을 위한 주관적 요건으로 요구된다.12)

(2) 실손보상원칙의 예외

사고발생 또는 손해발생시점과 장소에서의 보험가액을 기준으로 실손보상이 이루어지는 것이 원칙이다. 그러나 보험계약을 체결할 당시 당사자 사이에서 미리 피보험이익의 가액에 대하여 합의를 하는 기평가보험(제670조)이나, 당사자간의 약정으로 손해액을 중고품 가액이 아니라 신상품을 조달할 수 있는 신품가액으로 산정할 수 있도록 한 신가보험(제676조) 등과 같이 실손보상 원칙의 예외가 인정되는 경우가 있다. 선박보험, 적하보험 또는 운송보험에서의 보험가액불변경주의도 실손보상원칙의 예외이며, 피보험자의 상실이익이나 특별비용을 보상하는 것(제667조)도 실손보상원칙의 예외라 할 수 있다.13) 이러한

---

10) 한기정, 449면.
11) 대판 1992. 6. 23, 91다33070; 정동윤, 567-568면; 최준선, 181면 각주 1; 양승규, 191면; 임용수, 241-242면; 정찬형, 661면; 정희철, 409면; 서헌제, 128면; 김성태, 365면; 김은경, 301면.
12) 장덕조, 218면.
13) 양승규, 191면; 최준선, 181면; 김성태, 421면; 임용수, 241면.

예외를 인정하는 것은 이러한 제도의 적용결과 피보험자에게 초과 이득을 일부분 제공할 수 있는 여지가 있지만, 제도 자체가 피보험자에게 이득을 주기 위한 목적이 아니라 사고로 인한 경제적 수요를 실질적으로 충족시켜 줌으로써 보험의 효용을 제고하기 위함이다. 즉 실손보상원칙의 예외가 존재하기는 하지만 이는 이득금지원칙의 본질을 침해하지 않는 범위 내에서 보험정책적 차원에서 이득금지의 원칙을 완화하는 것 뿐이다. 이러한 예외에도 불구하고 큰 틀에서 볼 때 이득금지의 원칙 또는 실손보상원칙은 손해보험에서 절대적 요소라고 해석될 수 있다.14)

Ⅱ. 손해보험계약의 요소

일반 보험계약의 경우와 마찬가지로 손해보험계약에서도 보험자, 보험계약자, 피보험자, 보험의 목적, 보험기간, 보험사고, 보험금, 보험료 등이 계약의 요소가 된다. 손해보험에서는 특히 손해발생의 기초가 되는 이익인 피보험이익의 개념 및 이와 관련된 보험가액과 보험금액이 핵심적 요소라 할 수 있다.

1. 피보험이익

(1) 개념 및 유형

⑺ 개　　념

손해보험계약은 손해에 대한 보상을 목적으로 하는데 피보험자가 보험의 목적에 어떠한 이익을 가져야만 보험사고에 따른 손해 발생이 인정되고 그 손해전보가 가능하게 된다. 예를 들어 화재보험에서 이득금지의 원칙을 실현하기 위해서는 화재사고가 발생한 경우에 피보험자가 화재보험의 목적(예를 들어 건물)에 대해 가지는 일정한 경제적 이익에 대한 손해만큼만 보상이 이루어지게 하면 된다. 화재보험의 목적에 피보험자가 아무런 경제적 이익을 가지지 않음에도 불구하고 보험금을 받도록 하는 것은 이득금지의 원칙에 반하므로 손해보험의 원리에 맞지 않는다. 손해보험계약에서 이득금지의 원칙과 실손보상의 원칙을 실현하기 위해서 피보험자가 보험목적에 대해 가지는 이익을 피보험이익(insurable interest)이라 한다.15) 법조문상으로는 피보험이익을 '보험계약의 목적'16)으로 표

---

14) 한기정, 452면.

15) 보험연수원(편), 보험심사역 공통 1 교재, 2016, 186면.

16) '보험계약의 목적'은 피보험이익을 말하며, 보험사고의 객체를 말하는 '보험의 목적'과는 구별된다.

현하기도 한다(제668조, 제669조 제1항, 제672조 제2항).17) 그러나 학계나 판례에서는 일반적으로 피보험이익이라는 용어를 더 많이 사용한다.18)

손해보험계약에서 피보험이익의 존재는 사행적 성질을 가지는 보험계약을 도박과 구별할 수 있는 기준이 될 수 있다. 손해보험에서 보험자의 보험금지급의무는 우연한 보험사고의 발생에 따라 구체화되며 이에 따라 보험계약은 도박적 요소를 가질 수밖에 없다. 이러한 상황에서 도박적 요소를 제거하기 위해 피보험자가 보험의 목적에 대해 특별한 이익이나 관계를 가지는 경우에만 여기에 생긴 손해에 대한 보험금을 수취할 수 있도록 하고 또한 그 이익을 넘어서는 보험금 지급을 규제하기 위해 피보험이익의 개념이 요구되는 것이다.19) 예를 들어 시가 1억원의 주택을 소유한 사람은 화재가 발생하여 주택이 전소하게 되면 1억원을 잃게 되는데 이렇게 보험사고가 발생함으로 인해 잃어버릴 염려가 있는 이익이 피보험이익이다. 주택의 소유자는 자기 소유 주택에 대해서는 피보험이익을 가지지만 그 집의 소유자가 아닌 옆집 사람은 그 집에 화재가 발생해도 잃어버릴 염려가 있는 이익이 없기 때문에 피보험이익을 가지지 않는다. 따라서 피보험이익이 없는 옆집 사람은 그 집을 목적으로 하는 화재보험을 체결할 수 없다.20) 또한 주택 소유자라 하더라도 주택에 대한 소유자로서의 이익 즉 피보험이익의 가치는 위의 예에서 시가 1억원이기 때문에 이를 넘어서는 보험금을 지급하는 것이 허용된다면 인위적인 보험사고를 야기하게 될 가능성이 높아진다. 따라서 피보험이익은 보험사고가 인위적으로 야기될 수 있는 부분을 막는 역할도 하고 있다. 따라서 손해보험에서 피보험이익의 존재는 매우 중요하다.

피보험이익의 개념을 정의하기 위해 학설은 크게 '이익설'과 '관계설'로 구별된다. '이익설'에 따르면 '피보험자가 재산상의 손해가 발생할 수 있는 보험의 목적에 대해 갖는 경제상의 이익' 또는 '보험사고가 발생함으로 인해 피보험자가 손해를 입을 염려가 있는 경제적 이익'을 의미한다고 해석한다.21) 반면에 '관계설'에 따르면 '보험사고가 발생하여 손해를 입게 되는 경우에 피보험자가 그 목적에 대해 가지는 적법한 경제적 이해관계'를 피보험이익이라 풀이하고 있다.22) 관계설은 독일 및 영미법계에서의 다수설이라 할 수 있

---

17) 동일한 화물을 송하인과 운송인이 각각 보험계약을 체결한 경우에 보험의 목적은 동일하지만 송하인이 가지는 피보험이익과 운송인이 가지는 그것은 다르다. 전자의 경우에는 소유권에 기초한 이익이며, 후자의 경우에는 배상책임의 불발생이라는 소극적 이익을 기초로 한다. 즉 동일한 목적에 대해 경제적 이해관계가 다르다면 수개의 피보험이익이 존재할 수 있고 이에 따라 수개의 보험계약이 존재할 수 있다. 이러한 경우 중복보험이 아니며 서로 다른 별개의 계약이다. 임용수, 244면; 정찬형, 664면; 양승규, 195면.

18) 한기정, 454면.

19) 정동윤, 493면; 최준선, 181면; 정찬형, 663면; 양승규, 193면.

20) 보험연수원(편), 보험심사역 공통 1 교재, 2016, 46면.

21) 최기원, 281면; 김성태, 379면; 김은경, 311면. 제668조에서 "보험계약은 금전으로 산정할 수 있는 '이익'에 한하여 보험계약의 목적(피보험이익)으로 할 수 있다"고 규정한 것이 이익설의 근거라고 해석하는 견해도 있다. 한기정, 454면.

22) 양승규, 195면; 정찬형, 664면; 이기수/최병규/김인현, 183면; 정희철, 411면; 장덕조, 220면.

다. 실무적으로는 두 학설에 커다란 차이가 있는 것이 아니며 단지 표현 방식의 차이라 할 수 있다.23)

(나) 유형과 판례

피보험이익은 소유이익, 사용·수익이익, 담보이익, 책임이익, 기대이익 등으로 구분될 수 있다. 적극적 이익으로서의 피보험이익이 있고, 책임보험과 같이 소극적 이익이 피보험이익이 될 수도 있다. 보험목적의 소유자는 그 보험목적에 대하여 당연히 피보험이익을 가진다. 실질적으로 소유자이면 되고 반드시 등기부상의 명의와 일치할 필요는 없다. 따라서 건물의 매수인이 대금을 전액 지불하고 매도인으로부터 등기권리증까지 받았으나 개인적인 사정으로 인해 등기이전을 미루고 있는 경우에 비록 등기부상에는 여전히 매도인이 소유자로 기재되어 있으나 매수인이 건물에 대한 피보험이익을 갖는다.

보험목적의 소유자가 주식회사처럼 법인인 경우에는 회사의 재산에 대하여 법인만이 회사 자산에 대해 소유권을 가지며 대표이사나 1인 주주는 회사의 자산에 대한 소유권 등의 법적 권리(법적 이익)은 가지지 못한다. 우리나라의 통설은 법적 이익뿐만 아니라 피보험자가 특정 주식회사의 주주인 경우에 인정되는 사실상 이익도 피보험이익에 포함시키고 있다.24) 이 문제에 대해 영국 판례 중에 법적 권리가 없는 주주는 사실상의 이익만 가질 뿐이며 보험증권상에 피보험자로 기재되었더라도 피보험이익이 없으므로 보험금청구 권리가 없다고 판시한 것이 있다.25) 반면 미국 판례 중에는 주주는 자신이 소유한 주식에 대해 피보험이익을 가지므로 주식회사의 재산에 대해서도 피보험이익을 갖는다고 판시한 것이 있다.26) 미국 판례에서는 사실상의 이익을 피보험이익에 포함시키기도 하고 제외시키기도 한다.27)

대법원은 리스이용자와 같이 보험목적에 대해 사용권을 가지는 자에게 피보험이익을 인정할 수 있는가의 문제에 대해, 리스이용자는 보험목적에 관하여 소유자는 아니지만 사용권을 기초로 하여 법률상 이해관계가 있으며 이로써 보험계약에 대해 피보험이익이 있음을 인정한 바 있다.28)

---

23) 양승규, 195면; 김성태, 379면; 장덕조, 221면; 한기정, 454면.
24) 주주는 회사 재산에 대해 간접적인 이해관계를 가지고 있을 뿐이고 이러한 이해관계는 피보험이익이 될 수 없다는 기존의 견해를 변경한다. 주주의 피보험이익을 인정한다. 한기정, 456면-457면, 459면-461면.
25) Macaura v. Northern Assurance Co. Ltd. [1925] AC 619.
26) JAM Inc. v. Nautilus Ins. Co. 128 S.W. 3d. 879 (2004)(선박회사의 주주는 그 회사가 소유한 1개 선박에 대해 해상보험에 가입했는데 주주는 선박에 대한 소유권을 가지지는 않지만 선박회사 주주로서 이익배당청구권이나 잔여재산분배청구권을 갖고 있으므로 선박이 멸실 또는 훼손되는 경우 주식 가치 하락이라는 경제적 손실을 입을 수 있기 때문에 피보험이익이 인정될 수 있다); 한기정, 460면.
27) 이에 관한 미국 판례에 대해 한기정, 464면-465면.
28) 대판 2010. 9. 9, 2009다105383. 이 사건에서 리스이용자는 리스가 종료하게 되면 소유자인 리스제공자로부터 보험목적을 양도받을 수 있는 지위에 있었다. 이 사건의 사실관계에서 준거법은 영국 해상보험법(Marine Insurance Act 1906)으로 했는데, 동법 제5조 제1항에서는 해상사업에 이해관계를 가진 모든 자

> **[대법원 2010. 9. 9. 선고 2009다105383 판결]**
>
> 〈주요 판시내용〉
>
> 리스회사 甲과 선박 등에 관한 리스계약을 체결한 리스이용자 乙이 그 계약에 따라 리스선박에 대하여 협회선박기간보험약관[Institute Time Clauses(Hull-1/10/ 83)]이 적용되는 선박보험계약을 체결하면서 피보험자를 '소유자(owner) 甲, 관리자(manager) 乙'로 한 사안에서, 乙은 리스계약상 선박의 법률상 소유자는 아니지만 리스이용자로서 선박을 사용할 권리를 갖고 있고 그 멸실·훼손에 대하여 위험부담을 지고 선박의 훼손시 이를 복원·수리할 의무를 부담하며 리스기간 종료시 선박을 법률상 소유자인 리스회사로부터 양도받을 수 있는 지위에 있는데, 그렇다면 乙은 그 선박에 관하여 법률상 이해관계가 있고 그 결과 선박의 멸실이나 손상 등으로 수리비 등을 지출함으로써 손해를 입거나 그에 관하여 책임을 부담할 수 있는 지위에 있으므로, 위 보험계약의 준거법인 영국 해상보험법상 그 보험계약에 관하여 피보험이익이 있다.

보험의 목적에 관한 담보권자는 피담보채권의 범위 내에서 피보험이익을 가진다. 임차인이 임차건물에 대해 자기 자신을 피보험자로 하는 화재보험계약을 체결한 경우에 이는 소유자(임대인)를 위한 보험계약(타인을 위한 보험계약)으로 해석해야 한다.29) 다만 임차인이 전세권 등기를 했다면 전세금의 한도 내에서 임차인이 가지는 피보험이익을 인정할 수 있을 것이다. 소유자로부터 건물을 매수하고 계약금만 지급한 매수인은 매도인 소유의 건물에 대해 피보험이익이 없다. 이 경우 매수인은 단순한 채권자에 불과하며 채무자 소유의 물건에 대해 피보험이익이 인정되지 않는다. 그러나 소유권유보부 할부매매 등에 있어서 매수인의 피보험이익이 인정될 수 있다. 예를 들어 소유자로부터 건물을 10회 분할 지급 조건으로 매수하고 8회 중도금까지 지급하였으나 아직 소유권 이전을 받지 못한 매수인은 소유권 취득에 대한 기대이익이 있으므로 피보험이익이 인정될 수 있다. 채권자(매수인)가 물권적 기대이익 또는 채권적 기대이익을 가지는 경우에는 피보험이익이 인정된다.30)

부동산을 매매하면서 매매대금의 일부만 지급되고 소유권 이전도 되지 않은 상태에서 건물을 매수인 측이 사용하면서 매수인이 화재보험계약을 체결한 경우에 현재 보험목적을 점유하면서 사용수익권을 가지고 있고, 장차 매매 잔금을 모두 지급하게 되면 소유권을 취득하면서 이전등기도 마치게 될 것을 기대할 수 있는 이익을 피보험이익으로 보면서 보험계약에 의해 보호될 수 있다는 것이 법원의 입장이다.31)

는 피보험이익이 있다고 규정하고 있고 동조 제2항에서는 해상사업의 이해관계를 보다 구체적으로 예시하여 규정하고 있다.

29) 대판 1997. 5. 30, 95다14800.

30) 서헌제, 131-132면.

31) 대판 2011. 2. 24, 2009다43355. 한기정, 461-462면.

[대법원 2011. 2. 24. 선고 2009다43355 판결]

〈주요 판시내용〉

화재보험은 다른 특약이 없는 한 피보험자가 그 목적물의 소유자인 타인에게 손해배상의무를 부담하게 됨으로써 입게 되는 손해까지 보상하기로 하는 책임보험의 성격을 갖는다고는 할 수 없다. 그리고 부동산을 매수한 자가 그 부동산에 관하여 자신을 피보험자로 하여 화재보험계약을 체결하였다면, 특별한 사정이 없는 한 이는 자기를 위한 보험계약이라고 봄이 상당하다.

아래 사건에서도 기대이익이 피보험이익으로 보호될 수 있음을 보여주고 있다.

[대법원 2018. 3. 15. 선고 2017다240496 판결]

〈사실관계〉

甲 주식회사가 파라과이 소재 乙 외국법인과 운임 및 보험료 포함 조건으로 수출계약을 체결하면서 丙 운송회사에 운송을 위탁하였다. 수출화물이 운송 중 도난당하는 사고가 발생하자 그로부터 3일 후 '도난당한 화물은 회수가능성이 없으니 손해배상을 청구한다'는 내용의 서면을 丙 회사에 보냈는데, 甲 회사와 丙 회사가 체결한 항공화물 운송계약에는 '丙 회사는 화물의 도난 등으로 인한 甲 회사와 제3자의 모든 손해를 배상하여야 한다. 손해배상액은 甲 회사가 산정하여 서면통보하고 丙 회사는 통보일로부터 15일 이내에 전액 현금으로 甲 회사에 지급하여야 한다'는 내용의 조항이 있고, 丙 회사가 수출화물을 선적하면서 송하인을 甲 회사, 수하인을 乙 법인으로 하여 발행한 항공화물운송장의 이면약관에는 '화물이 멸실, 손상, 지연된 경우 인도받을 권리를 가지는 자에 의해 운송인에게 서면으로 이의가 이루어져야 한다. 항공화물운송장이 발행된 날 또는 화물을 인수한 날로부터 120일 이내에 서면으로 된 이의가 이루어지지 않는 경우에는 운송인을 상대로 소를 제기할 수 없다'는 내용의 조항이 있는 포함되어 있었다. 쟁점은 운송계약의 대상인 수출품에 대해 매도인이 자신을 피보험자로 하여 해상적하보험계약을 체결하였을 때에 피보험이익이 매도인에게 있는가 하는 것이다.

〈주요 판시내용〉

운임 및 보험료 포함(Carriage and Insurance Paid, CIP) 조건으로 매수인을 수하인으로 하여 항공화물운송인에게 운송물을 위탁하는 방법으로 물품을 인도하기로 하는 수출입매매계약이 체결되었고, 특별한 사정이 없는 한 물품이 도착지에 도착함으로써 매수인이 운송인에 대하여 물품의 인도청구권을 취득하였을 때에 매도인으로부터 매수인에게 물품의 인도가 이루어지고 그 소유권이 매수인에게 이전된다. 이 경우 매도인으로서는 운송계약의 대상인 수출 물품이 목적지에 손상 없이 도착하여 상대방에게 무사히 인도되는 것에 관하여 기대이익(expected profit)을 포함하여 경제적 이익이 있으며, 매도인과 보험회사 사이에 체결한 보험계약의 피보험이익이 매도인에게 있다. 물품이 매도인에게 인도되지 않은 채 운송 도중에 분실되었으므로 매도인에게 여전히 소유권이 있다. 따라서 매도인은 보험사고 발생시에 기대이익과 함께 소유자로서 소유이익이라는 피보험이익도 가진다.

　거래의 한쪽 당사자는 보험목적에 대하여 소유권을 가지고 상대방은 취득에 대한 기대이익을 가지는 등, 거래의 양 당사자가 한 시점에서 모두 피보험이익을 가질 수도 있는 것이어서 소유권이나 소유이익의 이전이 피보험이익의 이전과 항상 일치하는 것은 아니다.32)

[서울민사지법 1993. 11. 2. 선고 93가합18704 판결(확정)]

〈사실관계〉

　영국의 해상보험법 및 관습에 의하면 피보험자는 보험사고 발생시에 피보험이익을 가지고 있어야 하는데, C&F조건(Cost & Freight; 운임포함)에 의한 수입화물의 경우에 선적 전(구체적으로 목적물인 시멘트가 선박의 난간을 통과한 시점 전)에는 수입상에게 소유권 또는 소유이익이나 멸실 또는 손상에 따른 위험부담이 이전되지 아니하므로 수입상은 피보험이익이 없는바, 선적 전에 발생한 이 사건 보험사고(비가 내림에도 불구하고 시멘트에 덮개를 하지 않아 빗물이 스며들어 시멘트가 한국에 도착했을 때 이미 상당부분 응고가 됨)에 대하여 수입상인 원고로서는 피보험이익이 없어 이로 인한 손실에 대하여는 피고 보험회사가 원고에게 보험금을 지급할 의무가 없다는 점에 대해 다툼이 있었다.

〈주요 판시내용〉

　손해보험에 있어서 피보험이익이란 보험의 목적에 대하여 보험사고가 발생함으로써 피보험자가 손해를 입게 되는 경우에 그 목적에 대하여 피보험자가 가지는 경제적 이해관계를 의미하는 것으로서 소유자이익에 한하지 아니하고 담보이익, 사용수익이익 및 물권적 또는 채권적 취득기대이익도 포함한다고 할 것이다. 따라서 거래의 한쪽 당사자는 보험목적에 대하여 소유권을 가지고 상대방은 취득기대이익을 가지는 등으로 하여 거래의 양 당사자가 한 시점에서 모두 피보험이익을 가질 수도 있는 것이어서 소유권이나 소유이익의 이전이 피보험이익의 이전과 항상 일치하는 것은 아니다. 이 사건 보험사고에 있어서, 원고는 수출업자와 매매계약을 체결하고 소외 한일은행을 통하여 취소불능신용장까지 개설함으로써 위 손해발생 당시에 위 보험목적에 대한 피보험이익을 가지고 있었고, 이 사건 보험계약에서 창고간 약관을 적용함으로써 보험자인 피고의 책임은 화물이 증권상에 명기된 항구에서의 창고 또는 장치장에서 운송개시를 위하여 출발할 때부터 개시되었다고 할 것이니 비록 이 사건 보험사고 중 무역거래의 C&F 조건에 따라 이 사건 보험목적이 선측난간을 통과하기 전으로서 그 손상 또는 멸실에 대한 위험부담이 수입업자인 원고에게 이전되지 않은 상태에서 발생한 부분이 있다고 하더라도, 피고로서는 보험자로서 보험금을 지급할 의무가 있다.

---

32) 서울민사지법, 1993. 11. 2, 93가합18704(확정).

동산의 양도담보설정자가 해당 동산을 보험목적으로 하고 자기 자신을 피보험자로 하는 화재보험계약을 체결한 경우에 양도담보설정자에게 피보험이익이 인정될 수 있는가의 문제가 있다. 법리적으로 보면 동산의 소유권은 채권담보 목적으로 양도담보권자에게 이전된다. 양도담보설정자는 소유이익이 없다. 그러나 법원은 이러한 경우에 양도담보설정자가 화재보험계약에서의 피보험이익이 있다고 해석하였다. 양도담보권자가 해당 동산의 소유권을 취득하지만, 이는 채권자의 우선변제권을 확보해주기 위한 것일 뿐이며, 양도담보설정자는 사실상의 소유이익을 가지며 또한 그 물건에 대한 사용, 수익권을 가지며 또한 변제기에 채무전액을 변제하면 소유권을 다시 찾아올 수 있기 때문에 이를 피보험이익으로 인정할 수 있다는 해석이다.[33]

> **[대법원 2009. 11. 26. 선고 2006다37106 판결]**
>
> 〈주요 판시내용〉
> 동산 양도담보설정자는 담보목적물인 동산의 소유권을 채권자에게 이전해 주지만 이는 채권자의 우선변제권을 확보해 주기 위한 목적에 따른 것으로, 양도담보설정자는 여전히 그 물건에 대한 사용, 수익권을 가지고 변제기에 이르러서는 채무 전액을 변제하고 소유권을 되돌려 받을 수 있으므로, 그 물건에 대한 보험사고가 발생하는 경우에는 그 물건에 대한 사용·수익 등의 권능을 상실하게 될 뿐 아니라 양도담보권자에 대하여는 그 물건으로써 담보되는 채무를 면하지 못하고 나아가 채무를 변제하더라도 그 물건의 소유권을 회복하지 못하는 경제적인 손해를 고스란히 입게 된다. 따라서 양도담보설정자에게 그 목적물에 관하여 체결한 화재보험계약의 피보험이익이 없다고 할 수 없다.

(2) 성   질

통설에 따르면 손해보험계약에서 피보험이익의 존재를 필수불가결한 요소로 보면서 피보험이익은 손해보험계약의 성립과 존속을 위한 절대적인 요건으로 보고 있다(절대설).[34] 이에 따르면 피보험이익이 없으면 손해보험계약은 무효가 된다. '이익이 없으면 보험이 없다'라는 표현은 손해보험계약에 있어서 피보험이익의 지위를 잘 설명하고 있다. 손해보험

---

33) 대판 2009. 11. 26, 2006다37106.
34) 정희철, 410면; 최기원, 282면; 손주찬, 571면; 서돈각/정완용, 406면; 양승규, 193면, 196면; 김은경, 303면; 정동윤, 494면; 한기정, 455면. 반면 제644조를 근거로 하여 피보험이익이 없는 경우에도 손해보험계약의 유효성을 인정할 수 있으며 기평가보험이나 신가보험이 그 예라고 해석하면서 피보험이익은 손해보험계약에서 상대적 지위에 있다고 해석하는 견해가 있다. 김성태, 384면. 영국에서는 손해보험계약에서 피보험이익 개념을 없애려는 입법적 노력이 진행 중에 있다. 그 근거로는 영국에서 도박은 더 이상 금지대상이 아니고 법률의 규제(Gambling Act 2005)를 받으면서 용인되고 있고, 금융공학적인 기법 하에 새롭게 만들어지는 파생금융상품과 보험상품을 피보험이익 개념을 가지고 구별하기 어렵다는 점 등을 들고 있다. Law Commission, Insurance Contract Law Issues Paper 4, Insurable Interest, 2008. 장덕조, 223면.

계약에서 이득금지의 원칙이 본질적 원칙이고 이 원칙을 실현하기 위해 피보험이익이 필요하다는 측면에서 볼 때 통설은 타당하다. 그런데 이러한 절대설에 의할 때 기평가보험(제670조), 신가보험(제676조 제1항 단서), 보험가액불변경주의(제689조 제1항, 제696조 제1항, 제697조), 해상보험에서의 보험위부(제710조) 등의 제도를 설명하기 어려운 부분이 있다. 그러나 이는 피보험이익의 개념을 탄력적으로 해석함으로써 해결할 수 있다고 판단된다. 같은 취지에서 손해와 피보험이익의 개념을 탄력적으로 풀이하여 확정손해, 현실손해에 한정하지 않고 불확정손해 또는 개연손해도 포함한다고 해석하기도 한다.35)

원래 피보험이익은 보험계약에서 특정된 피보험자와 불가분의 관계에 있다. 따라서 보험의 목적이 보험계약 기간 중에 양도되면 그 보험의 목적에 대해 피보험자가 가지고 있던 피보험이익은 소멸된다고 해석하는 것이 옳다. 그러나 예외적으로 제679조 제1항은 "피보험자가 보험의 목적을 양도한 때에는 양수인은 보험계약상의 권리와 의무를 승계한 것으로 추정한다"고 정하고 있는데 이는 보험의 목적이 양도된 경우에 법조문과 같이 해석하는 것이 실무상 당사자의 의사에 보다 부합된다는 측면에서 예외적으로 인정되는 것이라 할 수 있다.36)

통설적 견해에 따르면 생명보험계약에서는 피보험이익을 인정할 수 없다고 한다. 그러나 영미 보험법학계와 판례에서는 일반적으로 생명보험계약에서의 피보험이익을 인정하고 있다. 우리나라에서도 생명보험계약에서 피보험이익의 개념을 인정할 수 있다는 견해가 등장하고 있다.37) 생각건대 생명보험과 같은 인보험에서도 피보험이익의 개념을 인정할 수 있다고 해석된다. 손해보험에서 피보험이익이 일반적으로 피보험자가 보험의 목적에 대해 가지는 경제적 이해관계를 의미하는 것에 비하여, 생명보험계약에서는 보험계약자와 피보험자 사이에 존재하는 중요한 경제적 관계를 의미한다고 해석할 수 있다.38) 또한 이를 인정함으로써, 예를 들어 제731조(타인의 생명의 보험)의 취지를 제대로 살릴 수

---

35) 정동윤, 494면, 567면; 강위두/임재호, 591면; 양승규, 196면; 최준선, 188면. 이러한 절대설에 대해 수정절대설이 있는데 손해보험을 적극보험과 소극보험으로 구분하여 적극보험에 한하여 피보험이익을 보험계약의 요건으로 보고, 소극보험에 대해서는 피보험이익을 인정할 여지가 없다고 보는 견해도 있다.

36) 최준선, 187면; 양승규, "보험계약법에 있어서의 피보험이익", 보험학회지 창간호, 122-123면.

37) 김철호, "생명보험에서의 피보험이익에 관한 연구", 고려대학교 법학박사 학위논문, 2010 참조; 정동윤, 493면. 상법은 손해보험에 관하여만 피보험이익을 요구하는 규정을 두고 생명보험에 관하여는 이 규정을 준용하지 않고 있으나 이는 입법의 불비로 보고 있다. 1984년에 개정된 호주 보험계약법 제18조와 제19조는 피보험이익을 요구하는 전제에서 타인의 생명보험이 허용되는 범위를 명시하고 있다; 이재복, "보험범죄의 방지를 위한 법률적 대처방안(생명보험계약을 중심으로)", 기업법연구, 제8집, 2001, 111-143면; 정희철, 410면; 안귀옥, "생명보험의 피보험이익에 관한 연구", 1998년도 고려대학교 법학석사 학위논문; 양승규, 194면, 440면. 그 근거로 피보험이익은 보험계약에 의하여 보험자가 담보하고 있는 위험에 대하여 보험사고가 생길 때에 피보험자에게 보험보호를 하여야 할 경제적 이익이 있느냐 없느냐는 문제와 연관시켜 보는 것이 오늘의 보험거래의 실정에 맞는다는 점을 들고 있다. 최준선, 188면; 임용수, 244면에서 근거로 소개함.

38) 정동윤, 493면.

있다고 판단된다. 피보험이익에 대한 조문을 손해보험 통칙 부분에서 정하지 않고 이를 보험법 통칙 부분으로 옮기면서 인보험에서의 피보험이익을 포함할 수 있는 내용으로 개정하는 문제를 고려해야 할 것이다.

(3) 피보험이익의 요건

㈎ 금전으로 산정할 수 있는 이익

피보험이익은 사회통념상 금전에 의해 객관적으로 산정할 수 있는 이익이어야 한다 (제668조). 즉 경제적 가치를 가져야 한다. 객관적으로 그 가치를 금전으로 산정할 수 없는 주관적, 정신적, 종교적, 도덕적, 감정적 이익은 피보험이익이 인정될 수 없다. 예를 들어 유일하게 남아 있는 돌아가신 아버지의 일기장을 5억원의 도난보험에 가입하는 것은 허용되지 않는다. 가족 사진을 고액의 도난보험에 가입하는 것도 허용될 수 없다. 그 당사자에게는 그 만한 가치가 있을 수 있겠지만, 객관적으로 그 가치를 인정할 수 없기 때문이다. 금전으로 평가할 수 없는 피보험이익을 인정하게 되면 이득금지의 원칙이 훼손될 수 있으며 보험계약이 도박의 목적으로 악용될 가능성이 높기 때문이다. 다만 전문 감정인(鑑定人)의 평가 등 객관적으로 가액이 산정될 수 있으면 피보험이익이 인정될 수 있다. 금전으로 산정할 수 있는 이익이면 족하고 그것이 반드시 법률상의 권리(보험의 목적에 대한 소유권, 물권, 채권 등)이어야 하는 것은 아니다.[39] 화재 등에 의한 영업불능으로 인한 손실과 같은 사실상의 이해관계도 경제상의 이익으로 평가될 수 있다면 이를 피보험이익으로 할 수 있다.

경제적 가치를 가지는 이익이라면 예를 들어 건물의 소유자가 그 건물에 대해 가지는 경제적 이해관계와 같이 적극적 이익뿐만 아니라 타인의 물건을 보관하는 자가 그 물건이 멸실 또는 훼손되지 않음으로 인해 가지는 이해관계 즉 배상책임을 부담하지 않게 되는 소극적 이익도 피보험이익이 될 수 있다. 조건부이익 또는 상실이익도 가능하다. 다만 보험사고로 인하여 피보험자가 얻을 것으로 기대된 이익이나 보수의 상실을 피보험이익으로 하기 위해서는 당사자간에 특약이 존재해야 한다(제667조).[40] 해상보험에서의 희망이익보험과 같이 장래의 이익을 대상으로 할 수도 있다(제698조). 금전으로 산정할 수 있는 이익이어야 한다는 점에서 물건보험에서 피보험이익을 인정하는 것은 문제가 되지 않는데, 책임보험과 같은 재산보험에 대해서는 그 인정 여부에 대해 논란이 있을 수 있다. 생각건대 금전으로 산정할 수 있는 이익의 개념을 광의로 해석하고 제725조의2[41]를 만든 취지 등

---

39) 대판 1988. 2. 9, 86다카2933.

40) 최준선, 189면; 정희철, 412면; 양승규, 197-198면; 정동윤, 496-497면; 임용수, 245면; 정찬형, 666면.

41) 제725조의2(수개의 책임보험) 피보험자가 동일한 사고로 제3자에게 배상책임을 짐으로써 입은 손해를 보상하는 수개의 책임보험계약이 동시 또는 순차로 체결된 경우에 그 보험금액의 총액이 피보험자의 제3자에 대한 손해배상액을 초과하는 때에는 제672조와 제673조의 규정을 준용한다.

을 고려할 때 책임보험과 같은 재산보험에 있어서 피보험이익의 개념 자체를 굳이 부정할
필요는 없다고 여겨진다.

(나) 적법한 이익

피보험이익은 법으로부터 보호를 받을 수 있는 적법한 이익이어야 한다. 법이 금지하
거나 선량한 풍속 또는 사회질서에 위반되는 행위에 의해 얻을 수 있는 이익(무기류, 마약
등의 소유이익, 탈세, 도박, 절도, 밀수품의 판매로 인한 희망이익 등)은 피보험이익이 될 수
없다. 이러한 이익을 피보험이익으로 하여 보험계약을 체결하게 되면 보험계약은 무효이
며, 보험자는 민법 제746조에 따라 이미 수령한 보험료를 반환할 필요가 없다.[42] 적법성
여부는 객관적인 기준에 의해 판단해야 하는 것이며 주관적으로 당사자의 선의, 악의를
기준으로 하지 않는다.[43] 위법행위에 대한 제재의 취지를 강조하는 입장에서는 위법행위
의 결과로 발생할 손해, 확정판결에 의한 벌금, 관세벌과금의 보상 등을 위한 보험은 원칙
적으로 인정되지 않는다.[44] 그런데 최근 교통사고를 원인으로 하여 부과된 형사책임에 속
하는 벌금, 형사합의금 또는 변호사비용 등을 보상해주는 운전자보험 상품이 판매되고 있
다. 이러한 운전자에 대하여 보험상품으로서의 적정성에 대해 의문이 제기되고 있다. 보험
부보하려는 이익이 적법한 것이 아니며 도덕적 해이의 문제가 발생할 우려가 있기 때문이
다.[45] 보험은 원칙적으로 민사책임을 대상으로 한다. 교통사고를 야기한 운전자에게 부과
되는 벌금은 민사상의 불법행위법 또는 형법상의 제재적 성격을 가지고 있는데 이를 보상
범위에 포함시키고 보험회사에서 보험금을 지급한다는 것은 도덕적 위험을 방지하고자 하
는 취지와 충돌할 여지가 있는 것이 사실이다. 그러나 위법행위에 대한 제재적 성격과 우
연한 사고에 대한 보상 관계에 대해 보험제도가 가지는 고유의 특성을 강조하면서 양립
가능성을 인정한 헌법재판소의 결정이 있다. 보험상품성을 인정할 수 있다는 입장이다.

[헌법재판소 1999. 12. 23. 선고 98헌가12 결정]

〈주요 결정내용〉

반사회적 행위나 위법행위가 개재된 모든 사고가 보험에 의한 보호에서 제외된다면 우연한 사
고로 인하여 초래되는 생활의 불안정에 대비하고자 하는 보험제도의 유용성은 반감될 우려가 있
기 때문이다. 이 사건 법률조항이 생명보험의 보험계약자 측을 보호하려는 본래의 입법목적을 달
성하기 위해서는 도로교통법 등 실정법의 위반행위도 포섭할 수밖에 없는 측면이 있는 것이다.

---

42) 임용수, 245면; 양승규, 197면.
43) 정동윤, 496면; 최준선, 189면; 정찬형, 665면; 양승규, 197면(피보험자의 능력이나 신분관계 등 인적상
태와 피보험이익의 적법성은 관계가 없다. 따라서 피보험자가 전쟁개시로 적국인이 되더라도 사법관계에
속하는 범위에서는 보험계약의 효력에 영향을 미치지 않는다고 설명한다).
44) 최준선, 189면; 최기원, 283면.
45) 장덕조, 24-25면, 225면.

아울러 보험의 보장적 기능을 강화하기 위하여 나라마다 중과실사고에 대해서도 보험에 의한 보호를 확대해주려고 하는 경향이 있음을 고려할 필요가 있다. 이러한 것들은 보험이라는 제도가 민법상 과실책임에 관한 이론이나 반사회적 위법행위를 방지하기 위한 여타 실정법이 추구하는 목적과 조화되기 어려운 고유의 특성을 가지고 있기 때문이라고 말할 수 있다.

　운전자보험은 자동차보험 중 대인배상책임보험과 적지 않은 관계에 있다. 대인배상책임보험이 피해자의 손해를 보다 확실하게 보장하기 위한 기능도 있는 반면, 책임보험 본래의 취지대로 피해자에게 법률상의 손해배상책임을 부담하게 되는 가해자(피보험자)의 재산상의 손해를 보험회사가 보상하는 측면도 존재한다. 여기에서 가해자의 재산상의 손해범위를 민사상의 손해에 한정시키지 않고 형사상의 손해 또는 자신의 형사상의 책임을 적법한 테두리 안에서 감경시키기 위한 노력의 일환으로 볼 수 있는 형사합의금까지 확대하는 것은 불가능하지 않다고 여겨진다. 이러한 취지에서 볼 때 운전자보험의 보험성은 인정될 수 있다. 본래 형사책임은 책임자에 대한 전속적 성격을 가지고 있기 때문에 벌금을 보험에서 담보하는 것은 선량한 풍속에 반하는 동시에 도덕적 해이의 우려가 있는 것이 사실이다. 그런데 책임보험이라는 것이 피해자 보호 외에도 피해자에 대한 손해배상책임을 부담하게 되는 가해자인 피보험자의 재산상 손해를 담보하는 기능을 하는 것이며, 고의로 야기된 사고에 대해서는 책임보험의 담보범위에서 배제하고 있으며, 가해자인 피보험자 측이 보험료 납입 의무를 부담하고 있는 점을 고려해보면, 운전자보험의 보험상품성은 이론적으로도 인정될 수 있다고 여겨진다.

　한편 도로교통법상 교통범칙금을 부과받은 자에게 교통범칙금을 대납해주는 범칙금대행업에 대하여도 보험상품으로서의 적정성이 문제된 적이 있었다. 대법원은 교통범칙금대행업에 대해 보험사업이 될 수 있음을 인정하면서 감독당국의 허가를 받지 않은 채 이러한 사업을 하는 것은 무허가 유사수신행위에 해당한다고 판결을 내린바 있다.46) 대법원이 교통범칙금대행업을 보험사업의 하나로 인정했다는 것은 교통범칙금 상당액과 관련된 이익을 적법한 것으로 해석했다는 의미로 판단된다. 이 판례에 대해 범칙금의 대납을 허용하게 되면 교통법규 위반을 조장하고 결국 사고발생 가능성이 증가되는 부작용을 들어 반대하는 견해가 있다.47) 그러나 벌금 등의 재산형은 대납가능성이 본질적으로 존재하며 고의행위가 아니라면 비난가능성이 상대적으로 낮은 교통범칙금대행업은 보험사업으로 인정할 수 있다는 해석도 가능하다. 즉 행정벌의 일종인 범칙금도 벌금과 마찬가지로 대납 가능성을 배제할 이유는 없으며, 징역형 등과 비교하여 행위의 죄질이 무겁지 않다고 할 수 있으므로 범칙금을 대납하는 사업에 대해 보험상품성을 인정하는 것은 이론적으로 가능하

---

46) 대판 2001. 12. 24, 2001도205. 헌법재판소도 동일한 입장이다. 헌재 2003. 3. 27, 2002헌바4.
47) 징덕조, 24-25면, 225면.

다는 것이다.[48]

　교통범칙금 대행업의 보험사업성 인정을 위한 또 하나의 고려요소는 이 상품에 대해 보험업법에 의한 감독과 규제의 필요성이 있는가의 문제이다. 보험제도의 기능 즉 위험의 이전과 분산 외에도 그 기능이 제대로 작동되고 보험계약자 측을 보호하기 위해 주무 감독기관과 법률에 의한 감독, 규제 및 검사가 필요한가의 여부를 따지는 것은 중요하다.[49] 특히 사업자의 재무건전성에 대한 적절한 규제와 감독을 통해 사고가 발생했을 때 약정된 경제적 보장을 가입자가 제대로 받을 수 있도록 하는 것이 사업의 성격상 요구되는가를 검토해봐야 할 것이다. 이러한 면에서 볼 때 많은 운전자들의 불측의 피해를 예방하기 위해서도 교통범칙금 대행업의 보험사업성을 인정하고 교통범칙금 대행업자의 자본금이나 기금관리에 대한 적절한 보험업법상의 감독과 규제가 요구된다고 할 수 있다.[50] 단속법규나 질서법규 위반은 그 위법성이 경미하므로 그에 따른 손실보상을 내용으로 하는 보험계약을 무조건 무효로 보는 것은 옳지 않다.[51] 교통법칙금 대행업의 보험사업성은 인정될 수 있으며, 이에 대한 대법원의 해석 방향은 타당하다고 판단된다.

[대법원 2001. 12. 24. 선고 2001도205 판결]

〈주요 판시내용〉

　유사수신행위의규제에관한법률의 입법 취지, 같은 법 제2조 제4호 규정의 입법의도 및 규정형식 등을 종합하여 보면, 같은 법 제2조 제4호 소정의 '유사수신행위'라 함은 "보험업법 제5조 제1항의 규정에 의한 금융감독위원회의 허가를 받지 아니하고 실질적으로 보험사업을 하여 회비 등의 명목으로 금전을 수입함으로써 불특정다수인으로부터 자금을 조달하는 것을 업으로 하는 행위"를 말한다. 보험사업이라 함은 같은 위험에 놓여 있는 다수의 보험가입자로부터 위험을 인수하여 그 대가로서 위험률에 따른 보험료를 받아 이를 관리·운영하고, 그 가입자에게 불확정한 사고가 생길 때에는 일정한 보험금액 기타의 급여를 지급하는 것을 내용으로 하는 사업으로서, 보험사업의 범위는 그 사업의 명칭이나 법률적 구성형식에 구애됨이 없이 그의 실체 내지 경제적 성질을 실질적으로 고찰하여 판단하여야 한다. 교통범칙금 상당액을 보상해 주기로 약정하고 연회비를 납부받은 영업행위가 실질적으로 무허가 보험사업으로 유사수신행위의규제에관한법률 제2조 제4호 소정의 '유사수신행위'에 해당한다.

(다) 확정적 이익

　계약체결 당시 피보험이익의 귀속주체, 보험의 목적, 양자의 관계 등 피보험이익의 존

---

48) 장경환, "교통범칙금대행업과 보험업", 보험학회지 제54집, 1999, 116면 이하.
49) 장덕조, 19면; 한기정, "보험업의 개념에 관한 연구", 보험법연구 제9권 제2호, 2015, 22-23면.
50) 장경환, 앞의 논문, 127면; 한기정, 467-468면.
51) 이기수/최병규/김인현, 184면.

재 및 소속이 객관적으로 확정되어 있거나 보험계약 체결당시에 현존하거나 확정되어 있지 않았더라도 적어도 보험사고가 발생할 때까지는 확정될 수 있어야 한다.52) 그래야만 손해의 크기에 대한 확정을 하고 그에 대한 보상(보험금의 지급)을 할 수 있기 때문이다. 예를 들어 운송품의 도달로 하주가 취득하게 되는 이익은 피보험이익이 될 수 있으나, 복권에 당첨되어 얻을 수 있을 것으로 생각되는 예정이익은 피보험이익이 될 수 없다. 복권 당첨으로 얻을 수 있는 이익은 확정될 수 없는 이익이며 피보험자의 손해도 확정할 수 없으므로 그러한 손해에 대한 보상이 불가능하기 때문이다.53) 보험계약을 체결할 당시에 피보험이익에 관한 모든 내용이 구체적으로 확정되어야 하는 것은 아니며 추후 보험사고가 발생하게 될 때 피보험이익을 확정할 수 있을 정도로 해당 요소가 정하여져 있는 것으로 충분하다. 따라서 수개의 피보험이익 중에서 그 중 하나에 대해 선택적으로 또는 그 피보험이익의 귀속주체가 미확정인 채로 보험계약을 체결할 수도 있으나 보험사고가 발생할 때까지는 확정할 수 있어야 한다.54)

보험사고가 발생할 때까지만 확정될 수 있다면, 조건부이익, 장래의 이익에 대해서도 피보험이익이 가능하다. 보험의 목적은 일반적으로 계약 체결시에 확정되지만, 장래 창고에 입고할 물건과 같이 계약체결시에 확정되지 않더라도 보험계약을 체결할 수 있다. 또한 집합된 물건을 일괄하여 보험의 목적으로 한 때에는 그 목적에 속한 물건이 보험기간 중에 수시로 교체된 경우에도 보험사고의 발생 시에 현존한 물건은 보험의 목적에 포함된 것으로 한다(총괄보험, 제687조). 해상보험에서 적하의 도착으로 인하여 얻을 기대이익 또는 보수와 같은 희망이익을 피보험이익으로 한 보험계약도 그 희망이익의 범위가 구체적으로 확정되고 지나치게 과다하지 않으면 체결이 가능하다(제689조 제2항, 제698조).55) 소송계속중의 물건과 같이 그 주체가 불확정한 경우에도 보험사고 발생시까지 그 주체를 확정할 수 있는 한 피보험이익이 인정될 수 있다.56)

⒭ 피보험이익과 피보험자가 불분명한 경우

앞서 설명한대로 동일한 보험목적에 대해 여러 개의 피보험이익이 있을 수 있고, 그 피보험이익의 귀속주체인 피보험자가 다수가 될 수 있다. 여기에서 특정 보험목적에 대해 체결된 보험계약에서 피보험이익이 무엇이며 피보험자가 누구인가가 보험증권에 명확하게 기재되지 않은 경우에 그 해석 문제가 남는다. 이 문제가 중요한 것은 피보험자를 누구로 보느냐에 따라 보험계약의 성격이 타인을 위한 보험계약이 될 수도 있고, 아니면 자기를 위한 보험계약이 될 수도 있기 때문이다. 이 문제는 보험금지급의무 및 그 이행지체시 이

---

52) 정동윤, 497면; 양승규, 198면.
53) 보험연수원(편), 보험심사역 공통 1 교재, 2016, 187면.
54) 최기원, 284면; 임용수, 246면; 정찬형, 666면; 최준선, 189면; 정희철, 412면; 양승규, 198면.
55) 임용수, 246면; 정찬형, 666면; 최준선, 198면; 서헌제, 134면.
56) 정동윤, 497면; 양승규, 198면.

행 최고의 상대방이 누구인가의 이슈와도 연계된다.

손해보험에서 피보험자가 분명하지 않은 경우에 보험계약자를 피보험자로 추정한다는 것이 전통적인 견해이다.57) 그러나 피보험자와 피보험이익이 불분명할 때 법원은 다음과 같은 기준을 가지고 판단하기도 한다.58) 법원의 판단이 우선되어야 하고, 이 과정을 통해서도 피보험자를 확정하기 어려울 때는 전통적인 견해처럼 보험계약자를 피보험자로 추정할 수 있을 것이다.59)

[대법원 2016. 5. 27 선고 2015다237618 판결]

〈주요 판시내용〉

손해보험에 있어서 보험의 목적물과 위험의 종류만이 정해져 있고 피보험자와 피보험이익이 명확하지 않은 경우에 그 보험계약이 보험계약자 자신을 위한 것인지 아니면 타인을 위한 것인지는 보험계약서 및 당사자가 보험계약의 내용으로 삼은 약관의 내용, 당사자가 보험계약을 체결하게 된 경위와 그 과정, 보험회사의 실무처리 관행 등 제반 사정을 참작하여 결정하여야 한다.

이에 대한 많은 예는 임차인이 임대인 소유의 건물이나 공장, 시설 등에 대해 화재보험 등을 체결하면서 피보험자를 구체적으로 기재하지 않은 채 자기 자신을 보험목적의 소유자로 기재한 경우에 발생하고 있다. 피보험이익이 소유자의 소유이익인지 아니면 임차인이 부담하게 될 책임에 대한 이익인지의 문제인 것이다. 법원의 입장은 당사자 사이에 특약이 없다면 임차인이 화재보험을 체결한 경우에 여기에는 임차인의 과실로 인해 보험목적에 발생한 화재손해를 배상할 책임을 면하게 되는 책임이익을 피보험이익으로 한 것으로 보기는 어렵다는 입장이다.60) 또한 이러한 사례에 대한 실무 관행을 보면 임차인이 건물주를 피보험자로 하겠다는 의사표시를 하지 않고 보험청약서 소유자란에 사업자(임차인)의 성명을 기재하고 자신의 이름으로 보험계약을 체결했다고 해도 보험자가 보험금을 지급하기 위해서는 건물주로 하여금 동의서를 제출하게 하는 관행 등을 고려할 때 해당 화재보험계약은 임차인 본인을 위한 책임보험적 성격이 아니라 임대인을 위한 보험계약 즉 타인을 위한 보험계약으로 해석한 것이다. 물론 보험계약 체결 전후에 작성된 서류들로부터 달리 해석될 수 있다면 이러한 경우 임차인이 자기를 위한 보험계약, 즉 책임보험계약을 체결한 것으로 해석될 여지도 있다.

---

57) 양승규, 183면.
58) 대판 1997. 5. 30, 95다14800; 대판 2002. 1. 24, 2002다33496; 대판 2007. 2. 22, 2006다72093
59) 同旨: 한기정, 469면.
60) 대판 1997. 5. 30, 95다14800; 대판 2014. 5. 29, 2014다202691; 대판 2009. 12. 10, 2009다56603; 대판 2003. 1. 24, 2002다33496.

[대법원 1997. 5. 30. 선고 95다14800 판결]

〈사실관계〉

공장을 경영하는 임차인이 임차건물과 그 안에 있는 동산 및 기계 등에 대하여 '사업장종합보험'을 체결하였고 그 약관에는 '보험회사는 보험에 가입한 물건에 입은 화재에 따른 손해, 소방손해, 피난손해 등을 보상'하도록 되어 있다. 계약 체결 당시 보험사는 등기부 서류에 의해 건물이 임대인의 소유인 것을 확인하였으나 임차인이 보험계약을 체결하면서 임대인을 위해 보험계약을 체결한다는 의사표시를 하지 않았기 때문에 임차인을 피보험자로 하여 보험계약을 체결하고 보험청약서의 소유자란에 임차인의 성명을 기재하였다. 보험기간 중에 전기합선으로 추정되는 화재가 발생하여 건물, 기계, 동산 등이 소실되었다. 보험계약자인 임차인의 채권자들로부터 보험금청구권에 대한 가압류 명령을 받자 보험회사는 보험금 전액을 공탁하고, 보험금 공탁으로 보험금지급책임을 소멸하였다는 이유로 보험금지급채무의 부존재확인을 구하였다.

〈주요 판시내용〉

본건 보험계약은 손해보험의 일종인 화재보험으로서의 성격을 갖는 것임이 분명하고, 이러한 화재보험은 다른 특약이 없는 한 피보험자가 그 목적물의 소유자인 타인에게 손해배상의무를 부담하게 됨으로써 입게 되는 손해까지 보상하기로 하는 책임보험의 성격을 갖는다고 할 수 없으며, 또한 이와 같이 손해보험에 있어서 보험의 목적물과 위험의 종류만이 정해져 있고 피보험자와 피보험이익이 명확하지 않은 경우에 그 보험계약이 보험계약자 자신을 위한 것인지 아니면 타인을 위한 것인지는 보험계약서 및 당사자가 보험계약의 내용으로 삼은 약관의 내용, 당사자가 보험계약을 체결하게 된 경위와 그 과정, 보험회사의 실무처리 관행 등 제반 사정을 참작하여 결정하여야 한다. 위의 보험계약 체결시 건물의 임차인인 사업자가 건물주를 피보험자로 한다는 별다른 의사표시를 하지 않으므로 보험청약서의 소유자란에 사업자의 성명을 그냥 기재하였을 뿐인 점, 한편 건물의 임차인인 사업자가 그의 이름으로 보험계약을 체결한 경우에도 건물주의 동의서를 제출하게 한 후 보험금을 지급하여 온 점, 이때 지급되는 보험금은 당해 건물에 발생한 손해액 전액에 해당하는 금원인 점 등에 비추어 볼 때, 위의 보험계약 중 건물에 관한 부분은 보험계약자인 임차인이 그 소유자를 위하여 체결한 것으로서, 보험회사는 보험사고가 발생한 경우에 보험계약자인 임차인이 그 건물의 소유자에 대하여 손해배상책임을 지는지 여부를 묻지 않고 그 건물의 소유자에게 보험금을 지급하기로 하는 제3자를 위한 보험계약을 체결하였다고 봄이 상당하다. 법원은 보험회사의 보험금지급채무부존재 확인청구를 기각하였다.

한편 피보험자와 피보험이익이 분명하지 않은 아래 판례에서는 자기를 위한 책임보험을 체결한 것이라고 해석하기도 했다.

[대법원 1997. 9. 5. 선고 95다47398 판결]

〈주요 판시내용〉

임가공업자가 소유자로부터 공급받은 원·부자재 및 이를 가공한 완제품을 보험목적으로 하고 그 소유자와 피보험자를 명시하지 않은 채 동산종합보험을 甲 보험자와 체결한 경우(소유자는 가죽원피 등에 대해 소유이익을 부보하기 위해 자신을 피보험자로 하는 다른 동산종합보험을 乙 보험자와 체결했음), 그 보험계약은 임가공업자가 자신이 보관하고 있는 그 보험목적물의 멸실·훼손으로 인하여 손해가 생긴 때의 손해배상책임을 담보하는 소극적 이익을 피보험이익으로 한 책임보험의 성격을 가진 것으로 봄이 상당하므로, 소유자가 동일한 목적물에 대한 소유자의 이익을 부보하기 위하여 체결한 동산종합보험계약과는 피보험이익이 서로 달라 중복보험에 해당하지 않는다.

임가공업자가 甲 보험회사와 체결한 동산종합보험 약관은 "보험에 가입한 물건이 우연한 사고로 입은 손해를 약관에 따라 보상한다"고 규정하고 있다. 이 약관만 본다면 甲 보험회사와 체결한 보험계약의 피보험이익이 책임이익이라고 보기는 어렵다. 그러나 이 사건에서 보험사고 발생 후에 임가공업자는 자신의 보험자가 아닌 乙보험자에게 자신이 부담하게 될 손해배상책임을 담보하기 위한 동산종합보험계약을 甲보험자와 체결했다고 진술했고, 보험청약서상의 보험목적에 가죽원피 외에 임가공업자의 기계도 포함되어 있었으며, 甲보험자가 작성한 보험금지급 결의서의 피보험자란에 임가공업자의 성명이 기재되어 있었던 사실 등 보험계약 체결경위나 실무상의 관행 등을 고려할 때 임가공업자가 자신이 부담하게 될 손해배상책임을 담보하기 위해 자기를 위한 책임보험적 성격의 보험계약을 체결한 것으로 해석함이 타당하다.[61]

(4) 피보험이익의 역할과 효용

(가) 도덕적 위험의 방지와 책임범위의 확정

손해보험계약에서 피보험이익이 없으면 사행계약적 성질을 가지는 보험계약과 도박과의 구별이 불가능하다. 피보험이익이 없는 손해보험계약은 무효이다. 피보험이익이 없는 자에게 보험금청구권을 인정하게 되면 인위적으로 보험사고를 유발시킬 가능성이 높아진다. 또한 피보험이익의 존재로 보험자의 책임범위를 결정할 수 있기 때문에 보험계약의 도박화를 방지할 수 있다.[62] 보험자는 보험사고가 발생한 경우 피보험이익을 금전적으로 산정한 가액, 즉 보험가액을 한도로 책임을 부담하기 때문이다. 보험자의 책임범위는 피보

---

61) 한기정, 469면-470면.
62) 양승규, 193면, 199면.

험이익의 평가액, 즉 보험가액을 법정최고한도로 하게 된다.63) 이로써 피보험자 등이 인위적으로 보험사고를 야기하는 것을 어느 정도 방지할 수 있다.64) 보험금액은 보험계약 당사자가 합의를 통해 결정하게 되는데, 보험금액은 보험가액을 초과할 수 없는 것이므로 피보험이익은 보험가입금액을 제한하는 기능도 한다.65) 반면에 피보험이익의 개념이 인정되지 않는 생명보험의 경우 고액의 생명보험계약을 집중적으로 다수 체결하는 등 도덕적 위험의 문제가 발생할 가능성이 높다.

(나) 초과보험 · 중복보험의 규제

손해보험계약은 피보험자가 입은 실손해에 대해서만 보상을 하는 것이지 결코 손해액을 넘어선 초과이득을 주려는 것이 아니다. 따라서 당사자간에 합의한 보험금액이 피보험이익의 가액, 즉 보험가액을 초과하는 초과보험(제669조)이나 동일한 피보험이익에 대해 여러 개의 보험을 중복하여 체결함으로써 각각의 보험금액의 총액이 보험가액을 초과하는 중복보험(제672조)에 대해 특별히 규정을 따로 두고 규제를 하고 있다. 이러한 규제는 궁극적으로 고의로 보험사고를 야기하여 이득을 얻으려는 도덕적 위험 및 보험범죄의 시도를 차단하는 기능을 하게 된다. 즉 피보험이익의 가액(보험가액)은 초과보험이나 중복보험의 판단 기준으로서의 기능을 하고 결과적으로 도박보험이나 초과 · 중복보험 등을 방지하여 보험계약의 사행성을 방지하는 기능을 한다.

(다) 보험계약의 동일성 구별

보험의 목적인 물건 하나에도 다수의 피보험이익(보험계약의 목적)이 존재할 수 있다. 예를 들어 동일한 건물에 대해 소유권자와 저당권자는 각자 자신이 가지는 법률상의 권리인 소유권과 저당권을 기초로 하여 각각 독립하여 보험계약을 체결할 수 있는데, 이것이 가능한 이유는 소유권자와 저당권자가 가지는 피보험이익이 다르기 때문이다. 동일한 보험의 목적에 대해서도 피보험이익이 다르다면 복수의 보험계약이 성립될 수 있고, 이러한 경우 동일한 보험목적에 여러 개의 보험계약이 체결되더라도 중복보험의 법리가 적용되지 않는다. 즉 보험계약의 동일성은 피보험이익의 동일성을 기준으로 판단하는 것이다.66) 반대로 보험계약이 다수인 경우에 그 보험계약들이 대상으로 하는 피보험이익이 동일하다면 중복보험이 되어 동일한 보험계약을 취급된다(제672조). 이렇게 피보험이익이 다르면 상이한 보험계약으로 간주되는데 이는 피보험이익에 의한 보험계약의 개별화라고 표현되기도 한다(통설).

---

63) 정찬형, 667면; 최준선, 189면; 임용수, 246면.
64) 양승규, 200면.
65) 장덕조, 227면.
66) 대판 2009. 12. 24, 2009다42819; 대판 2005. 4. 29, 2004다57687. 이기수/최병규/김인현, 185면; 정동윤, 494면; 임용수, 247면; 정찬형, 667면; 양승규, 200면; 최준선, 190면.

[대법원 1988. 2. 9. 선고 86다카2933, 2934, 2935 판결]

〈주요 판시내용〉

손해보험계약은 피보험이익에 생긴 손해를 전보하는 것을 목적으로 하는 것이며 선박보험에 있어 피보험이익은 선박소유자의 이익 외에 담보권자의 이익, 선박임차인의 사용이익도 포함되므로 선박임차인도 추가보험의 보험계약자 및 피보험자가 될 수 있다.

[대법원 1997. 9. 5. 선고 95다47398 판결]

〈주요 판시내용〉

임가공업자가 소유자로부터 공급받은 원·부자재 및 이를 가공한 완제품에 대하여 동산종합보험을 체결한 경우, 그 보험계약은 임가공업자가 자신이 보관하고 있는 그 보험목적물의 멸실·훼손으로 인하여 손해가 생긴 때의 손해배상책임을 담보하는 소극적 이익을 피보험이익으로 한 책임보험의 성격을 가진 것으로 봄이 상당하므로, 소유자가 동일한 목적물에 대한 소유자의 이익을 부보하기 위하여 체결한 동산종합보험계약과는 피보험이익이 서로 달라 중복보험에 해당하지 않는다.

(라) 일부보험의 보상액 조정

보험금액이 보험가액에 미달하는 일부보험이 체결되었는데 손해가 피보험이익의 일부에 대해서만 발생한 경우에 피보험이익의 산정액인 보험가액을 기준으로 하여 그 보상액이 조정될 수 있다. 즉 보험자의 보상액은 부보비율, 즉 보험금액의 보험가액에 대한 비율에 따라 결정된다.[67]

(5) 피보험이익의 흠결

손해보험계약에서 피보험이익의 지위에 관한 통설적 견해인 절대설에 의하면, 피보험이익이 흠결된 경우 그 손해보험계약은 당연무효이다. 판례도 간접적으로 이러한 입장을 보이고 있다.[68]

피보험이익이 존재하지 않은 채 보험계약이 체결되었다면 당연무효가 된다. 이 경우에는 민법상의 부당이득의 법리가 적용되어 보험자는 수령한 보험료를 반환해야 한다(민법 제741조). 만약 절도나 도박 등에 의해 얻은 이익을 피보험이익으로 하여 보험계약을 체결하는 경우라면 적법하지 않은 피보험이익을 대상으로 한 것이므로 보험계약은 무효이

---

67) 최준선, 190면.
68) 대판 2018. 3. 15, 2017다240496(매도인이 운송계약이 이행되는 것에 대해 경제적 이익을 가지는 이상 보험계약의 피보험이익이 인정되므로 보험계약을 무효라고 볼 수 없다).

고 보험자는 보험료를 청구할 수 없음이 원칙이다. 만약 보험계약자가 이미 보험료를 지급한 경우라면 보험계약자 또는 피보험자가 선의이거나 중과실이 없다면 보험료의 반환을 청구할 수 있지만, 그러하지 않은 경우 불법원인급여(상법 제648조 및 민법 제746조)를 이유로 보험자는 수령한 보험료를 반환할 필요가 없다고 본다. 반대의 특약이 있더라도 마찬가지라 해석된다.[69] 피보험이익의 흠결에 관한 입증책임은 보험계약의 무효를 주장하는 보험자가 부담한다.[70]

피보험이익이 보험계약 체결시에는 존재하다가 보험기간 중에 소멸되는 경우가 있다. 이 때에는 피보험이익의 소멸 시부터 보험계약의 효력이 상실된다. 예를 들어 화재보험을 체결한 피보험자가 보험 목적인 건물을 보험기간 중에 양도한 경우에 피보험자는 해당 건물에 대해 더 이상 피보험이익을 가지지 못하며, 그가 체결한 보험계약은 실효된다. 이 경우 실무상으로는 제679조 제1항에서 정하고 있는 보험목적의 양도 문제가 적용되는데 보험목적을 양수한 자가 일정한 요건을 갖춘 경우에 보험계약상의 권리와 의무를 승계한 것으로 추정되도록 규정함으로써 보험계약의 실효에 대한 예외를 인정하고 있다.

피보험이익의 흠결은 손해보험계약의 효력과 관련된 중요한 문제이며, 피보험이익 흠결로 인한 보험계약의 무효는 절대적 강행규정이다. 따라서 보험자가 보험사고 발생 전에는 이 문제를 거론하지 않다가 보험사고가 발생하여 피보험자가 보험금을 청구하자 그때서야 비로소 해당 보험계약에서의 피보험이익의 흠결을 주장하더라도 이를 무조건 신의칙 위반으로 보기는 어렵다. 왜냐하면 이를 신의칙 위반으로 보아 보험계약의 무효 주장을 배척한다면 보험계약자나 피보험자 측의 도덕적 위험이나 보험범죄를 방지하기 위한 피보험이익 본연의 기능이 그 역할을 제대로 할 수 없기 때문이다.[71]

2. 보험가액

(1) 개 념

보험자가 보상하게 되는 법률상의 최고한도액(법정 보상한도액)을 말하는 보험가액(insurable value)이란 피보험이익의 평가액, 즉 피보험이익에 대한 일반적, 객관적이고 합리적인 금전적 평가액을 말한다. 다시 말하여 보험목적의 시장 가격을 의미한다. 일반적으로 보험가액은 인보험에서는 인정되기 어렵다. 보험계약을 체결할 때에 당사자간에 약정되는 보험금액은 원칙적으로 보험가액을 초과할 수 없다. 보험가액은 구체적인 손해액을 산정하기 위해 필요한 개념이며 이득금지의 원칙과 관련하여 피보험자에게 실손해 보상을

---

69) 대판 1964. 7. 12, 64다389; 대판 1966. 12. 27, 66다2145; 양승규, 197면; 임용수, 247-248면.
70) 대판 1999. 4. 23, 99다8599; 대판 1988. 2. 9, 86다카2933.
71) 대판 2006. 6. 29, 2005다11602. 임용수, 248면; 최준선, 191면; 정동윤, 497면; 한기정, 472면.

넘어서는 이득이 생겼는가 여부를 판단하는 기준이 되기도 한다. 보험가액의 평가는 객관적으로 이루어져야 하며 피보험자의 주관에 따라 산정이 된다면 피보험자가 부당한 이득을 꾀할 우려가 높다. 보험가액은 고정된 것이 아니며 경제상황에 따라 변동이 될 수 있으며, 시기와 장소에 따라 달라질 수도 있다. 보험법 조문에서는 '보험가액(제670조, 제671조, 제672조, 제674조 등)', '보험계약의 목적의 가액(제669조 제1항)', '가액(제676조 제1항)'이라는 단어가 혼용되고 있다. 일반적으로 손해보험에서는 보험가액의 산정이 가능하다. 그런데 책임보험의 경우엔 보험가액을 인정하는 견해와 부정하는 견해가 나뉘고 있다.

(2) 보험가액 산정기준

원래 손해보험에 있어서 보험자가 보상할 손해액은 그 손해가 발생한 때와 장소에서의 가액에 의하여 산정하는 것이 원칙이다(제676조 제1항). 이는 보험가액이 장소와 시각에 따라 변동이 되는데 사고발생 시점의 가액을 보험가액으로 한다는 원칙을 말하는 것이다. 이는 피보험자가 초과이득을 얻는 것을 방지하기 위함이며, 손해액 산정기준과 보험가액 산정기준은 동일하다.[72] 그 가액 산정을 위해서는 주관적 가치가 아니라 객관적 가치를 기준으로 해야 한다는 것이 통설이다.

보험가액을 산정하는 방법을 아래와 같이 미평가보험과 기평가보험으로 나눌 수 있다.

(3) 미평가보험

(개) 의의 및 산정원칙

당사자가 계약체결 당시 보험가액에 대해 합의하지 않고 보험증권에도 보험가액을 기재하지 않는 것을 미평가보험(unvalued policy)이라 한다(제671조). 미평가보험은 보험목적에 대한 사고발생의 때와 장소에서의 객관적 가치(시장가치)를 보험가액으로 하게 되는데, 이는 피보험자의 정확한 실제 손해를 보상하기 위함이다. 보험사고가 발생해야 피보험자의 실손해를 평가할 수 있는 시점과 장소가 정해지며, 이를 기초로 보험가액을 산정할 수 있게 된다.[73] 평가방법은 사회통념에 따른 객관적인 가격에 의해 산정되어야 할 것이다. 따라서 피보험이익이 소유권이면 보험목적의 교환가액(시장가격)을 표준으로 해야 할 것이며, 피보험이익이 담보권이면 보험목적의 담보가액이 표준이 될 것이다.[74] 조문에서는 평가의 기준이 되는 장소에 대해 언급이 없으나, 사고발생지를 기준으로 함이 타당할 것이다.[75] 실무상 미평가보험이 보편적이다.

---

72) 한기정, 474면.
73) 정동윤, 572면; 임용수, 252면; 한기정, 477면.
74) 정찬형, 670면; 정희철, 415면.
75) 대판 1991. 10. 25, 91다17429.

[대법원 2016. 10. 27. 선고 2013다7769 판결]

〈주요 판시내용〉

손해보험은 본래 보험사고로 인하여 생길 피보험자의 재산상 손해의 보상을 목적으로 하는 것으로(상법 제665조), 보험자가 보상할 손해액은 당사자 간에 다른 약정이 없는 이상 손해가 발생한 때와 곳의 가액에 의하여 산정하고(상법 제676조 제1항), 이 점은 손해공제의 경우도 마찬가지이므로, 매매의 목적물이 화재로 소실됨으로써 매도인이 지급받게 되는 화재보험금, 화재공제금에 대하여 매수인의 대상청구권이 인정되는 이상, 매수인은 특별한 사정이 없는 한 목적물에 대하여 지급되는 화재보험금, 화재공제금 전부에 대하여 대상청구권을 행사할 수 있고, 인도의무의 이행불능 당시 매수인이 지급하였거나 지급하기로 약정한 매매대금 상당액의 한도 내로 범위가 제한된다고 할 수 없다.

(나) 사고발생시 가액기준의 예외

① 보험가액불변경주의　　미평가보험의 경우 사고발생시의 가액을 기준으로 한다는 원칙의 예외로서 보험가액 불변경주의가 있다. 이는 운송보험이나 선박보험 또는 적하보험과 같이 비교적 보험기간이 짧아 보험가액의 변동이 적거나 보험의 목적물이 장소적으로 이동함으로써 손해발생의 시간과 장소를 명확하게 확정하는 데에 어려움이 있는 경우에 적용되는 특칙이다. 이러한 경우에 사고발생의 시점과 장소를 기준으로 보험가액을 산정하면 오히려 당사자 사이에 분쟁이 일어날 소지가 많다. 보험가액불변경주의란 일정한 시점을 정하고 그때의 보험가액을 보험기간 전체의 보험가액으로 정하는 특칙을 말한다. 운송보험의 경우 발송한 때와 곳의 가액과 도착지까지의 운임 기타의 비용을 보험가액으로 한다(제689조). 선박보험의 경우 보험자의 책임이 개시될 때의 선박가액을 보험가액으로 하며(제696조 제1항), 적하보험에서는 선적한 때와 곳의 적하의 가액과 선적과 보험에 관한 비용을 보험가액으로 한다(제697조). 적하의 도착으로 인하여 얻을 이익 또는 보수에 관한 보험에 있어서는 계약으로 보험가액을 정하지 아니한 때에는 보험금액을 보험가액으로 한 것으로 추정한다(제698조). 예를 들어 수입품에 대해 미평가보험 방식의 해상적하보험계약을 체결하였는데 선적당시 그 곳에서의 물품의 가액이 5만 달러, 선적 및 보험료의 합계가 3천 달러로 송장에 기재되었다. 수입품이 한국에 도달한 시점에 그 수입품의 부작용에 대한 우려로 인해 그 가격이 폭락하여 5천 달러 정도로 거래되는 상황에서 운송도중에 그 수입품이 전부 훼손된 경우에 피보험자는 제697조에 따라 5만 3천 달러가 보험가액이 되며 전손일 경우 이 금액을 지급하여야 한다. 보험가액불변경주의에 따를 때 경우에 따라서는 피보험자가 초과이득을 취할 수도 있다. 이러한 부작용 가능성이 있음에도 불구하고 사고발생 시점과 장소의 불분명과 입증 곤란을 회피하기

위한 목적 하에 이러한 예외가 실무에서 인정되고 있다.76)

　　② 신가보험　　　보험사고 발생시 보험목적에 대해 피보험자가 입은 실손해를 보상하는 대신 해당 보험목적을 새로 구입할 수 있는 신품가액을 기준으로 손해액을 산정하기로 당사자가 합의하는 이른바 신가보험도 예외에 해당된다. 보험의 목적이 보험사고 발생시에 중고품이더라도 신제품을 재조달 할 수 있는 금액으로 보상하는 것으로 당사자간에 약정한 때에는 신품가액을 기준으로 하여 그 보상액을 산정한다. 본래 고정자산에 대해서는 취득가액으로부터 감가액을 공제한 가액이 보험가액이 되며, 유동자산의 경우에는 교환가액인 시가에 의하는 것이 원칙이다. 그러나 기계 등 고정자산의 경우 감가액이 공제된 금액을 보험가액으로 하는 경우 피보험자가 수령한 보험금으로는 피해를 입은 기계와 동일 성능을 가진 것을 재구입할 수 없는 경우도 있으므로 재조달 가액을 보험가액으로 할 필요가 있다(제676조 제1항 단서).77) 중고품을 구하기 어려운 경우도 있고 업계의 관행이 물건이 멸실되거나 훼손되었을 때에 중고품 보다는 신품을 재조달하는 경우도 많다. 이러한 신가보험의 경우 목적물의 재조달가액이 보험가액이 되는데, 1991년 보험법 개정시 도입되었다. 신가보험이 실손보상의 원칙에 어긋나거나 또는 손해액의 산정은 보험사고 발생 시점과 장소의 보험가액을 기준으로 한다는 원칙에 위배되는 측면이 있는 것은 사실이지만, 피보험자에게 초과이득을 제공하려는 것이 아니고 사고로 인한 경제적 수요를 실질적으로 충족시키려는 보험정책에 의해 예외적으로 인정된다.78) 피보험자에게 초과이득을 주는 것은 아니기 때문에 이득금지의 원칙에 반하지는 않는 것으로 해석된다.79)

　　③ 초과보험에서의 보험가액　　　물건보험에서 보험금액이 보험가액을 현저하게 초과하는 보험을 초과보험이라 한다. 초과보험 여부는 보험계약 체결 시점에서의 보험가액이 기준이 되기도 하고 보험기간 중의 보험가액을 기준으로 하여 결정되기도 한다. 따라서 초과보험에서의 보험가액은 보험가액 산정기준 원칙에 대한 예외라 할 수 있다. 이러한 예외를 두는 이유는 초과보험 효과로서 인정되는 보험료감액청구권과 관계된다.80)

(4) 기평가보험

⑺ 의　　　의

　　앞에서 설명한 대로 보험목적에 대한 사고발생의 때와 장소에서의 객관적 가치(시장가치)를 보험가액으로 한다는 기준이 있음에도 불구하고 목적물의 멸실·훼손으로 인하여

---

76) 한기정, 475면.
77) 정동윤, 571면.
78) 김성태, 393면, 420-421면; 장덕조, 247면; 한기정, 519-520면; 최준선, 194면; 정찬형, 670면; 임용수, 252면; 정동윤, 572-573면.
79) 최준선, 194면; 김성태, 393면; 정찬형, 670면; 임용수, 252면; 정동윤, 572-573면.
80) 한기정, 476면.

사고발생 후 보험가액을 산정함에 있어서 곤란한 점이 있고, 이로 인하여 분쟁이 일어날 소지가 많기 때문에 분쟁을 사전에 방지하고[81] 보험가액의 입증을 용이하게 하려고 보험계약 체결시에 당사자 사이에 보험가액을 미리 상의하여 결정하는 제도가 있다. 이것이 기평가보험(valued policy)제도이고 이렇게 합의된 보험가액을 협정보험가액이라 한다(제670조 본문). 그 협정가액이 사고발생시의 가액을 현저하게 초과하지 아니하는 한 유효하다.[82]

언제 약정해야 하는가의 문제에 있어 기평가보험의 취지를 고려할 때 계약체결시 또는 계약체결 후라도 사고발생 이전에 당사자가 합의하여 결정할 수 있다. 사고발생 후에 하는 약정은 제670조에서 규정하는 기평가보험이 아니다. 보통은 보험계약 체결시에 약정을 하게 된다. 이를 통해 보험료와 보험금액을 산정하기 때문이다. 기평가보험제도는 민법상의 손해배상액의 예정(민법 제398조)과 유사한 취지의 제도로써 주로 해상보험과 운송보험에서 행하여진다.[83] 기평가보험으로 인정되기 위해서는 당사자간에 보험가액에 대한 합의가 명시적이어야 하며 그 협정보험가액은 보험증권에 기재하여야 한다(제685조 제3호, 제690조 제5호, 제695조 제3호, 제726조의3).[84] 협정보험가액을 기재한 보험증권을 기평가보험증권이라 한다. 그런데 보험증권에 기재하지 않더라도 당사자가 보험가액을 미리 정한 것이라면 기평가보험으로 인정될 수 있다.

합의는 명시적이어야 하는가 아니면 묵시적 합의도 가능한가의 문제가 있다. 학설 중에 명시적 합의가 필요하다는 견해가 있다.[85] 판례는 '기평가보험으로 인정되기 위해서는 당사자간에 명시적 합의가 있어야 한다고 하면서, 약정보험가액 또는 협정보험가액 같은 용어를 사용하지 않고 다른 용어를 사용했더라도 당사자 사이에 보험계약을 체결하게 된 제반 사정과 보험증권의 기재 내용 등을 통하여 당사자의 의사가 보험가액을 미리 합의하고 있는 것이라고 인정할 수 있으면 족하다'고 해석하고 있다.[86] 기평가보험이 되기 위해서는 명시적 합의가 있어야 하는 것이 판례의 입장인 것으로 해석될 여지도 있으나, 기평가보험에 관한 제670조에서 합의 방식을 명시적 합의로 제한하지 않고 있음을 고려하면 묵시적 합의도 가능하다고 여겨진다.[87]

---

81) 대판 2003. 3. 26, 2001다6312.
82) 대판 2002. 3. 26, 2001다6312. 최준선, 192면; 임용수, 250면; 정희철, 414면; 정찬형, 668-669면.
83) 정동윤, 571면.
84) 정찬형, 668면; 양승규, 201면; 임용수, 250면.
85) 양승규, 202면.
86) 대판 2002. 3. 26, 2001다6312.
87) 同旨: 한기정, 479면.

[대법원 2002. 3. 26. 선고 2001다6312 판결]

〈사실관계〉

원고는 피고회사와 자기차량손해보험계약을 체결하면서 보험금액을 9,867만원으로 정하여 기재하였고 차량을 도난당하자 보험금을 청구하였다. 이에 피고회사는 보험증권에 기재된 보험금액은 보험료를 정하기 위한 기준일 뿐이고, 보험가액을 정하여 합의한 것이 아니어서 이 사건 보험계약은 기평가보험이 아니므로 보험금액 전액을 지급할 수 없고 사고발생시의 가액으로 피고회사가 결정한 4,350만원만 지급하겠다고 주장하였다. 또한 보험계약이 기평가보험일지라도 보험개발원이 정한 차량기준가액표에 의하면 이 사건 트럭과 유사한 차량의 가액이 5,500만~6,600만원에 불과하므로 이 사건 보험계약은 협정보험가액이 보험사고 발생시의 실제 가액을 현저히 초과하므로 상법 제670조 단서의 규정에 따라 사고발생시의 가액을 보험가액으로 해야 한다고 주장하였다.

〈주요 판시내용〉

기평가보험으로 인정되기 위한 당사자 사이의 보험가액에 대한 합의는 명시적인 것이어야 하기는 하지만 반드시 협정보험가액 혹은 약정보험가액이라는 용어 등을 사용하여야만 하는 것은 아니고 당사자 사이에 보험계약을 체결하게 된 제반 사정과 보험증권의 기재 내용 등을 통하여 당사자의 의사가 보험가액을 미리 합의하고 있는 것이라고 인정할 수 있으면 충분하다고 할 것이다.

자기차량손해보험계약에서 차량가액을 정하고 이에 따라 자기차량손해금의 보험금액을 정한 경우, 당사자 사이에 보험의 목적물인 차량에 관하여 그 보험가액을 미리 약정하고 있는 것이므로 그 자기차량손해보험계약은 기평가보험이라고 할 수 있다. 상법 제670조 단서에서는 당사자 사이에 보험가액을 정한 기평가보험에 있어서 협정보험가액이 사고발생시의 가액을 현저하게 초과할 때에는 사고발생시의 가액을 보험가액으로 하도록 규정하고 있는바, 양자 사이에 현저한 차이가 있는지의 여부는 거래의 통념이나 사회의 통념에 따라 판단하여야 하고, 보험자는 협정보험가액이 사고발생시의 가액을 현저하게 초과한다는 점에 대한 입증책임을 부담한다고 할 것이다.

원심은, 그 채용 증거에 의하여 보험개발원이 정한 차량기준가액표에 이 사건 트럭과 동종의 차량은 차량가액이 규정되어 있지 아니하고, 이 사건 보험사고 당시인 1999. 4/4분기 차량기준가액표에는 1997.식 21.5t 아시아덤프트럭 21.5TDF가 5,560만원, 1997.식 21.5t 쌍용덤프트럭 DTG020LD가 6,609만원, 1997.식 21.5t 대우볼보덤프트럭 GYZ46TD가 6,002만원, 1997.식 21.5t 아시아덤프트럭 AM1100이 5,961만원으로 정하여져 있는 사실 등은 인정되지만 위와 같은 사정만으로는 이 사건 협정보험가액이 보험사고 발생시의 가액을 현저히 초과한다고 인정하기에 부족하다고 판단하였는바 원심의 위와 같은 사실인정과 판단은 정당하다고 할 것이다.

보험계약을 체결할 당시에 약정보험금액을 보험가액으로 한다는 합의가 없으면 보험금액을 정했다고 해서 이것이 보험가액으로 인정되지 않는다. 따라서 보험금액을 정하고 이를 보험증권에 기재한 것만으로 기평가보험이 되지는 않는다.88) 공장화재보험계약에 관한 보험증권이나 보험청약서에 보험가입금액의 기재만 있고 보험가액의 기재나 보험가액에 해당하는 다른 유사한 기재가 없을 뿐만 아니라 협정보험가액 특별약관도 첨부되어 있지 않은 경우에, 이것을 보험가액이 협정된 기평가보험으로 보기는 어렵다.89)

[대법원 2003. 4. 25. 선고 2002다64520 판결]

〈사실관계〉

원고는 피고회사와 보험가입금액을 약 13억원으로 하는 공장화재보험계약을 체결하였는데, 사고가 발생하자 보험금을 청구하였다. 보험증권이나 보험청약서에는 보험가입금액만 기재되어 있고 보험가액이나 이와 유사한 것에 대한 금액 기재는 없었으며, 협정보험가액 특별약관도 첨부되어 있지 않은 상태였다. 이에 피고회사는 본 보험은 기평가보험이 아니라 미평가보험이므로 보험금을 일부만 지급하겠다고 주장하였다.

〈주요 판시내용〉

상법 제685조 제3호는 화재보험에 있어서 보험자와 보험계약자 사이에 보험가액을 정한 때에는 그 가액을 화재보험증권에 기재하도록 규정하고 있는 한편, 기록에 의하면, 이 사건 보험계약에 관한 보험증권이나 보험청약서에는 '보험가입금액'의 기재만 있을 뿐 '보험가액'의 기재나 보험가액에 해당하는 다른 유사한 가액의 기재는 없는 사실, 이 사건 보험계약에 적용되는 화재보험약관 제16조 제2항에 의하면, 공장물건에 생긴 손해에 대하여 지급할 보험금은, ① 보험가입금액과 보험가액이 같은 때에는 손해액 전액, ② 보험가입금액이 보험가액보다 많을 때에는 보험가액을 한도로 손해액 전액, ③ 보험가입금액이 보험가액보다 적을 때에는 '손해액×보험가입금액/보험가액'을 보상하도록 규정하고 있고, 위 약관에는 위 제16조의 규정을 배제하는 내용의 협정보험가액 특별약관이 첨부되어 있지 아니한 사실, 화재보험에서 기평가보험은 협정보험가액 특별약관에 의하여 인수하여 전부보험으로 처리되고 있고, 그러한 특별약관이 없는 경우에는 미평가보험으로 처리되는 것이 보험 실무의 관행인 사실을 알 수 있는바, 이와 같은 상법의 규정과 보험증권이나 보험청약서, 보험약관의 기재 내용 및 실무 관행 등을 종합하여 보면, 이 사건 보험계약에 있어서 당사자 사이에서 보험가액을 협정하였다고 보기는 어렵다고 할 것이다.

(나) 효   과

① 사고발생시 가액으로의 추정   당사자간에 합의를 통해 보험가액을 정한 때에 그 협정보험가액은 사고발생시의 가액으로 정한 것으로 추정한다(제670조 본문). 따라서 보험사고가 실제로 발생하게 되면 보험자는 협정 보험가액을 기초로 하여 산정된 손해를

---

88) 대판 1991. 10. 25, 91다17429.
89) 대판 2003. 4. 25, 2002다64520; 대판 2002. 3. 26, 2001다6312. 임용수, 250-251면; 사법연수원, 보험법연구, 2007, 83-84면.

보상하게 된다. 그런데 합의 가액을 산정할 때에 면밀하게 계산하지 않고 개략적으로만 산정하게 되면 실제 가액과 차이가 발생할 수 있다. 또한 상세하게 계산해서 합의 가액을 산정했어도 보험기간 도중에 경기 변동 등을 이유로 보험가액이 변동할 수도 있다. 즉 실제 가액과 합의된 가액 사이에 차이가 발생할 수 있다. 기평가보험의 효과로서 추정의 효과만 인정하므로 실제가액과 합의한 가액이 다른 경우에 이를 증명하여 다툴 수 있다.[90]

② 현저한 초과   협정보험가액이 실제 보험가액을 현저히 초과하는 경우에는 피보험자에게 이득을 줄 수 있고 인위적 사고발생의 원인이 될 수도 있다. 실손보상의 원칙 또는 이득금지의 원칙을 추구하기 위해 협정보험가액이 사고발생시의 가액을 현저하게 초과한 때에는 기평가금액(협정보험가액)을 무시하고 사고발생시의 가액을 보험가액으로 한다(제670조 단서).[91] 판례는 그 초과 원인에 상관없이 그 차이가 현저한 경우 사고발생시의 가액을 보험가액으로 보아야 한다는 입장이다. 이와 관련하여 협정보험가액이 실제 가액을 처음부터 현저하게 초과했음에도 불구하고 보험자가 그대로 약정을 했다면 이는 보험자의 고의 또는 과실에 의해 체결된 것이라 할 것인데, 판례는 보험자의 고의나 과실에 의하여 이러한 보험가액이 정하여진 경우에도 제670조에 의하여 사고발생시의 가액을 보험가액으로 보아야 한다는 입장이다.[92] 예를 들어 특정 물품을 수입하여 보관하면서 그 평가액(협정보험가액)을 1억원으로 하여 화재보험계약을 체결한 후 보험기간 중에 화재가 발생하였는데 화재 발생 즈음에 그 수입품의 부작용으로 인해 시장 가격이 폭락하여 그 가액이 1500만원에 그친 경우에는 사고발생시의 가액인 1500만원을 보험가액으로 하게 되며 만약 전손사고라면 1500만원만 지급하면 될 것이다.[93]

양자 사이에 현저한 차이가 있는지의 여부는 거래 및 사회의 통념에 따라 판단하여야 하고, 보험자가 이에 관한 입증책임을 부담한다.[94] 현저한 차이의 판단과 관련하여 '상도덕(商道德) 또는 상도의(商道義)'라는 관점에서 용인될 수 없을 정도의 경우에만 현저히 초과라고 인정해야 한다는 견해와,[95] 객관적인 입장에서 거래 및 사회의 통념에 비추어 월등히 초과하는 경우에만 현저한 초과로 보아야 한다는 견해가 있다.[96] 생각건대 이들 견해는 상호 커다란 차이가 없다고 본다. '상도의', '사회의 통념'이라는 것이 결국 거래 및 사회의 통념에 기초하는 개념이기 때문이다.

그런데 입법론적으로 보험가액의 평가가 공정하게 이루어졌다면 그러한 합의에 대해

---

90) 대판 2002. 3. 26, 2001다6312; 김성태, 394면.
91) 보험연수원(편), 보험심사역 공통 1 교재, 2016, 191면.
92) 대판 2011. 9. 29, 2011다41024.
93) 정찬형, 669면.
94) 대판 2011. 9. 29, 2011다41024; 대판 2002. 3. 26, 2001다6312; 대판 1988. 2. 9, 86다카2933; 양승규, 202면.
95) 채이식, 132면; 김성태, 394면.
96) 최준선, 195면; 한기정, 481면.

서는 확정적인 효력을 인정함이 타당하며, 다만 사기, 도박, 고지의무 위반 등에 의해 이루어진 경우에 한하여 보험계약을 무효로 하는 것이 기평가보험 제도를 인정하는 취지와 부합한다고 해석할 수도 있다. 당사자가 합의한 가액에 기초하여 보험료가 산정되고 납입되어 왔고, 실무상 이득금지 원칙에 대한 예외가 인정되는 경우가 적지 않게 있음을 근거로 들 수 있다. 또한 현저한 초과 여부의 판단이 오히려 당사자 간에 분쟁을 야기할 가능성이 높다는 것도 확정적 효력 인정의 근거로 제시되기도 한다. 이러한 입법례로는 영국과 미국 등이 있다.97)

③ 현저하지 않은 정도의 초과　협정보험가액과 실제가액 사이에 차이가 있기는 하지만 그 정도가 현저한 차이가 아니라고 해석되는 경우에는 제670조의 반대해석 취지상 협정보험가액이 그대로 확정된다고 보아야 한다. 즉 현저하지 않은 정도로 초과된 협정보험가액은 제670조 내용의 취지 및 당사자간의 합의를 존중하고자 하는 기평가보험의 취지를 고려할 때 추정이 아니라 확정적 효력이 있는 것으로 해석됨이 타당하다. 물론 현저하지 않은 정도로 초과된 부분에 대해 피보험자가 이득을 취하는 문제가 있기는 하지만, 이것이 인위적 사고나 보험계약의 도박화와 연계되지 않는다는 전제하에 예외를 인정할 수 있다고 여겨진다.98)

④ 기　타　협정보험가액은 보험증권에 기재해야 하지만 합의한 보험가액과 보험증권에 기재된 금액에 차이가 있는 경우 반증을 통해 원래 당사자가 합의한 보험가액을 주장할 수 있다. 이러한 기평가보험계약에 있어 당사자는 추가보험계약으로 평가액을 감액 또는 증액할 수 있다.99) 실무상 해상보험에서는 일반적으로 기평가보험이 행해지는데, 만약 당사자 사이에 보험가액에 대한 합의가 없었다면 보험가액불변경주의 원칙에 따라 특정 시점에서의 보험가액을 전 보험기간에 걸쳐 적용시키고 있다.100) 이에 관해서는 해상보험 부분에서 설명한다.

[대법원 1988. 2. 9. 선고 86다카2933, 2934, 2935 판결]

〈사실관계〉
　보험계약자인 소외인 A는 원고로부터 선박을 임차하고 피고회사와 보험가액과 보험금액을 30만 달러, 선박전손의 경우 보험금을 소외인의 채권자인 은행 B에게 직접 지급하기로 하는 선박보

97) 임용수, 251면; 양승규, 202면-203면; 정찬형, 669면; 정동윤, 572면; 서헌제, 137면; 장덕조, 229면; 김은경, 329면; 한기정, 483면-484면; 김주동, "상법 제670조 기평가보험에 관한 고찰", 보험학회지 제63집, 2002, 222면. 이와 달리 확정적 효력 인정 방향으로의 개정이 손해보험의 보상성 원칙에 반한다는 것을 근거로 확정적 효력 인정에 반대하는 견해도 있다. 채이식, 132면.
98) 한기정, 481면.
99) 대판 1988. 2. 9, 86다카2933; 임용수, 251면; 최준선, 193면; 정찬형, 669면.
100) 제689조, 제696조-제698조; 사법연수원, 보험법연구, 84면.

험계약을 체결하였다. 보험기간 중 피고회사는 A와 원고와의 합의에 따라 보험금액을 45만 달러로 변경하였고 전손사고가 발생하면 추가보험금 15만 달러는 직접 원고에게 지급하고 30만 달러는 은행 B에게 지급하기로 하는 배서증권을 발행하여 이를 교부하였다. 선박이 좌초되었고 원고가 보험회사에게 15만 달러 보험금을 청구하였는데 보험회사는 사기에 의한 초과보험이라는 이유로 보험금 지급을 거절하였다.

〈주요 판시내용〉

상법 제670조는 당사자의 합의로 미리 보험가액을 정할 수 있게 하고 다만 그 가액이 사고발생시의 가액을 현저하게 초과할 때에는 사고발생시의 가액을 보험가액으로 한다고 규정하는 한편 상법 제669조 제4항은 보험금액이 보험계약의 목적의 가액을 현저하게 초과하는 계약의 체결이 보험계약자의 사기로 인한 것인 때에는 그 계약은 무효로 한다고 규정하고 있는바, 이러한 기평가보험계약에 있어 당사자는 추가보험계약으로 평가액을 감액 또는 증액할 수 있는 것이며 초과보험계약이라는 사유를 들어 보험가액의 제한 또는 보험계약의 무효를 주장하는 경우 그 입증책임은 무효를 주장하는 보험자가 부담하여야 한다고 해석할 것이다.

[대법원 2011. 9. 29. 선고 2011다41024, 41031 판결]

〈주요 판시내용〉

보험계약 당시 당사자 사이에 정한 피보험차량의 가액이 사고발생 당시 상급품을 기준으로 한 시세를 약 2.7배 초과한 사안에서, 보험계약 당시 정한 피보험차량 가액이 사고발생 당시의 시세를 현저히 초과하므로 보험자는 사고 발생 당시의 시세를 한도로 보험금 지급의무가 있다.

3. 보험금액과 보험가액의 관계

(1) 개   념

㈎ 보험금액

보험금액(sum insured)은 보험자가 부담하는 보상의무의 약정최고한도(계약상의 최고한도)가 되는 금액을 말하며 계약에서 당사자간 약정에 의하여 정해진다. 피보험자가 입은 손해는 피보험이익의 평가액인 보험가액을 초과할 수 없고 보험자의 보상책임도 법률상의 최고한도액인 보험가액을 한도로 하여 제한받게 된다. 이러한 보험가액 한도 내에서 당사자가 보험자 급여의무의 최고한도를 정한 것이 (약정)보험금액이다. 판례 역시 보험금액이란 보험사고 발생시 보험자가 피보험자에게 지급해야 할 금액의 한도를 정한 것이라고 해석하고 있다.[101] 다만 제658조에서처럼 보험자가 실제로 피보험자에게 지급하는 보험금의

---

101) 대판 2002. 5. 17, 2000다30127.

의미로 보험금액이라는 용어를 사용하기도 한다.102)

> **[대법원 2002. 5. 17. 선고 2000다30127 판결]**
>
> 〈주요 판시내용〉
>
> 손해보험계약에서 정한 보험금액은 보험사고로 인하여 발생한 손해 가운데 다른 사유로 전보되지 아니한 금액 범위 내에서 보험자가 피보험자에게 지급하여야 할 금액의 한도를 정한 것으로서, 피보험자에게 보험사고로 인한 손해 가운데 다른 사유를 통하여 전보되고 최종적으로 남은 손해가 있는 경우 그 범위 내에서 보험금액을 한도로 보상한다는 뜻이지, 피보험자가 보험사고로 입은 손해 가운데 보험금액을 넘는 손해가 일단 전보되기만 하면 그 보상책임을 면한다는 취지는 아니다.

보험금액은 손해보험과 인보험에 있어서 공통된 개념이다.103) 보험금액은 보험자의 보상책임의 한도를 결정하는 기능 외에 보험료를 산출하는 기준이 되기도 한다. 보상한도액이 정해져야 보험료가 산정될 수 있다. 사고로 인한 손해가 발생한 경우에 이 보험금액 한도 내에서 실제로 피보험자에게 지급되는 금액을 보험금이라 한다. 생명보험과 같은 정액보험의 경우에는 약정된 금액이 그대로 지급되므로 보험금액과 보험금은 일치하게 된다. 손해보험에서 보험금액은 보험가액 한도 내에서 그 이하로 정하는 것은 자유이지만(일부보험) 보험가액을 초과하여 정하는 것(초과보험)은 제669조에 의해 제한된다.104)

보험금액이 정해지면 원칙적으로 보험기간 중에는 이를 변경하지 않지만, 물가변동 등으로 인해 보험가액이 보험기간 중에 현저하게 감소함으로써 약정한 보험금액이 보험가액을 현저하게 초과하는 상황이 된 경우에는 보험자 또는 보험계약자는 보험금액의 감액을 청구할 수 있으며 보험계약자는 보험료의 감액도 청구할 수 있다(제669조 제1항).105)

> **[대법원 1989. 8. 8. 선고 87다카929 판결]**
>
> 〈주요 판시내용〉
>
> 공사물건보험의 보험목적은 공사의 목적물 그 자체뿐 아니라 공사용 자재와 재료, 공사용가설물 등에 포괄적으로 미치며, 건설공사는 공사의 진행과 함께 공사목적물의 가액이 점차 증가하는 것이어서 공사중의 각 시점에 있어서의 보험금액을 미리 정확하게 정할 수 없으므로 착공으로부터 인도에 이르기까지 항상 실손해를 전보하기 위하여 보험기간의 시기부터 종기까지 사이에 공

---

102) 한기정, 484면.
103) 임용수, 253면; 양승규, 204면. 보험가액은 앞에서 설명한 대로 물건보험에서 인정된다고 봄이 일반적이고, 책임보험에서는 그 인정 여부에 대해 논란이 되고 있다. 이에 대해서는 책임보험에서 설명한다.
104) 정찬형, 670면; 임용수, 253면.
105) 정동윤, 573면.

사의 목적물, 공사재료, 공사용가설물 등을 포괄하는 1개의 보험금액을 설정하는 것이며, 이때의 보험금액은 결국 공사가 완성된 시점의 공사목적물의 견적가격, 즉 완성가격이다.

보험가액을 최대한도로 하여 당사자 사이에서 계약상의 최고한도인 보험금액을 정하고 이 보험금액의 한도 내에서의 실손해액을 지급하면서 보험자의 손해보상의무는 이행된다. 그런데 손해보험의 일종인 책임보험에서 손해란 결국 제3자에게 입힌 손해에 대한 법률상의 손해배상책임이 되는데 그 손해가 어느 정도가 될 것인지를 계약체결시에 예측할 수 없으므로 책임보험에서는 보험가액이 원칙적으로 산정될 수 없다(통설).106) 책임보험에서는 보험자의 보상한도를 정하기 위해 당사자가 보험금액을 임의로 정하게 되는데 유한 또는 무한으로 정하게 된다.107)

책임보험에서는 보험사고의 발생으로 보험금액의 전부 또는 일부가 지급되어도 보험계약은 종료되지 않으며 보험금액도 줄어들지 않는다. 반면 물건보험과 같이 보험가액이 인정되는 경우에는 보험자가 보험금액의 전부를 지급하면 보험계약은 소멸한다. 만약 분손이 발생하여 보험금액의 일부만 지급한 경우에는 잔존보험금액을 그 후의 보험기간에 대한 보험금액으로 하거나(잔존보험금액주의) 원래의 보험금액을 그 후의 보험기간에 대한 보험금액으로 할 수도 있다(보험금액복원주의).108)

(나) 보험가액과 보험금액의 관계

보험가액과 보험금액은 동일 개념이 아니다. 보험가액은 보험자가 보상해야 할 법률상의 최고한도액(피보험이익의 금전적 평가액)이며, 보험금액은 당사자가 정한 보험자 보상책임의 약정최고한도액이다. 따라서 보험금액은 보험가액 한도 내에서 당사자가 자유롭게 정할 수 있지만, 보험가액 이상으로 정하는 것은 보험법에 의해 제한된다. 다만 해상보험에서 적하의 도착으로 인하여 얻을 이익 또는 보수에 대한 보험(희망이익보험)에 있어서는 계약으로 보험가액을 정하지 아니한 때에는 보험금액을 보험가액을 한 것으로 추정한다고 정하고 있다(제698조).

보험가액과 동일한 금액으로 보험금액(보상한도액)이 약정된 경우를 전부보험이라 한다. 즉 전부보험에서는 보험가액의 전부가 부보된 경우로서 보험가액과 보험금액이 일치한다.109) 보험금액과 보험가액의 관계가 실무상 문제가 되는 경우는 양자가 일치하지 않는 경우로서 구체적으로는 초과보험, 중복보험, 일부보험의 문제가 발생한다.

---

106) 다만 보관자책임보험이나 재보험 등의 경우에는 한도액이 정해질 수 있기 때문에 이러한 경우에는 배상책임보험이라도 보험가액이 존재할 수 있다. 보험연수원(편), 보험심사역 공통1 교재, 2016, 190면.
107) 한기정, 485면.
108) 정동윤, 574면.
109) 전부보험에서는 소손해부담보 등의 특약조건이 없는 한 손해의 전액을 보험자가 보상하게 된다. 최준선, 195면.

(2) 초과보험

(가) 의   의

초과보험(over insurance)이란 물건보험에서 보험금액이 보험가액을 현저하게 초과하는 보험을 말한다(제669조 제1항). 초과보험 해당 여부는 원칙적으로 보험계약 체결시의 보험가액이 기준이 된다(제669조 제2항).[110] 예를 들어, 보험계약 체결시 보험가액 1억원짜리 건물에 대해 보험금액 5억원의 화재보험계약을 체결하는 것을 말한다. 초과보험은 보험가액을 전제로 하는 경우에 발생하고, 인보험과 같은 정액보험의 경우에는 성립하지 않는다. 또한 보험가액 개념을 인정하기 쉽지 않은 책임보험의 경우에도 보험원리상 초과보험의 성립을 인정하기는 쉽지 않다.[111] 초과보험을 체결했어도 보험자의 보상한도액은 보험가액을 넘어설 수는 없다. 따라서 보험가액을 초과하여 약정된 보험금액을 감액할 필요가 있고, 이에 수반하여 보험료 감액도 필요하게 된다. 초과보험은 당사자의 의도와는 달리, 예를 들어 경제상황의 변동 등으로 인해 보험기간 중에 보험가액이 감소함으로써 초과보험이 형성되는 경우도 있고(제669조 제3항), 처음부터 보험계약자 측의 의도에 의해 초과보험계약이 체결되는 경우도 있다.

물론 보험금액을 아무리 고액으로 약정하더라도 손해보험에서 보험자는 실손해에 대한 보상만을 하면 된다. 따라서 보험가액을 현저히 초과하는 보험금액을 약정하더라도 보험계약자 측에게 초과이득을 주게 되는 것은 아니다. 그러나 초과보험에 대한 아무런 규제를 하지 않고 이를 방치하게 되면 보험에 대해 전문적인 지식을 갖고 있지 아니한 보험계약자 측은 고액의 보험금액 전부를 지급받는 것으로 오인할 가능성이 있고 이로 인하여 보험범죄를 유발할 가능성도 높아질 수 있다. 이러한 이유에서 초과보험에 대한 일정한 규제가 필요하다.[112]

(나) 요   건

보험금액이 보험가액을 현저하게 초과해야 한다. '현저하게 초과한 경우'만을 문제삼는 것은 가급적 보험계약의 효력을 유지하려는 취지라고 해석된다.[113] '현저하게'의 의미는 사실문제로서 보험금액의 크기가 사회통념상 보험가액을 '월등하게' 또는 '명백히 상당한 정도 이상'으로 초과하는 것을 말한다.[114] 반면 위험변경증가에 관한 제652조 및 제

---

110) 반면 보험사고 발생시점을 기준으로 해야 한다는 견해로, 정동윤, 575면.
111) 최준선, 195면.
112) 임용수, 254면; 정동윤, 574면; 최기원, 290면에서는 보험계약자가 부보할 수 없는 주관적 가치를 고려하여 피보험이익을 과대평가함으로써 초과보험이 되기도 하고 또한 보험계약을 체결함에 있어 보험대리인이나 보험중개인이 개입하는 경우 그들의 수수료 이익을 고려하여 보험계약자에게 보험가액을 과대평가하도록 유도함으로써 초과보험이 되는 경우도 있다고 한다. 정찬형, 671면; 정희철, 416-417면.
113) 정동윤, 575면.
114) 임용수, 254면.

653조와의 균형을 위해 현저한 초과의 의미를 보험료 및 보험금액의 감액에 영향을 줄 정도의 초과를 의미하는 것이라고 해석하는 견해도 있다.[115] 제669조 제1항 조문을 볼 때 '현저하게'의 의미는 전자로 해석함이 타당하다.

초과보험이라는 사실에 대한 입증책임은 이를 주장하는 자가 부담한다.[116] 보험가액을 과대하게 합의하고 그 이하의 금액으로 보험금액을 정함으로써 형식적으로는 초과보험 요건을 충족하지 않더라도 실질적으로 보험금액이 객관적인 보험가액을 현저하게 초과한 경우도 초과보험에 포함된다고 해석된다.[117] 초과보험 여부를 판단하기 위한 보험가액의 평가는 보험계약 체결 당시 또는 경제상황 등의 변동으로 인하여 보험가액이 보험기간 중에 현저하게 감소한 때에는 '그때(감소의 시점)'를 기준으로 하여 초과보험 여부를 결정하게 된다(제669조 제3항). 즉 여기에서의 보험가액은 사고발생시의 보험가액을 의미하는 것은 아니다. 보험가액불변경주의가 적용되는 경우에는 법률이 특별히 정하고 있는 시점에서의 보험가액을 기준으로 한다.[118] 여러 개의 동일한 보험계약이 합해져서 보험금액이 보험가액을 초과하는 경우에도 초과보험에 관한 제669조가 적용된다고 해석된다. 동일한 보험계약이란 보험사고, 보험기간 또는 피보험이익 등이 중복되는 경우를 말한다. 여러 개의 동일한 계약이 단일 보험자와 체결될 수도 있고, 수인의 보험자와 체결되는 경우도 있을 수 있다.

(다) 효 과

① 입 법 례　　초과보험의 경우에 초과된 부분만을 당연무효로 처리하는 입법례(객관주의)와 보험계약자의 선의·악의에 따라 그 효력을 달리하는 입법례(주관주의)가 있다. 구상법에서는 객관주의를 취했으나 현재는 주관주의에 기초한 입법을 하고 있다.[119] 즉 제669조는 단순한 초과보험과 사기에 의한 초과보험을 구분하여 그 법률효과를 달리 취급하고 있다.

② 단순한 초과보험　　당사자가 의도하지 않은 채 초과보험계약을 체결한 경우에[120] 보험계약은 무효가 되지 않고 보험자 또는 보험계약자는 보험료와 보험금액의 감액을 청구할 수 있다(제669조 제1항). 보험기간 중 경기변동으로 인해 초과보험이 된 경우에도 감액청구권을 행사할 수 있다. 보험금감액청구권을 행사하지 않은 채 보험사고가 발생한다고 하더라도 보험자가 보상할 손해액은 그 손해가 발생한 때와 곳의 가액에 의하여

---

115) 한기정, 487면.
116) 양승규, 206면.
117) 최준선, 195-196면; 양승규, 205면.
118) 임용수, 255면; 최준선, 196면.
119) 양승규, 206면.
120) 예를 들어 부보된 물건의 시세를 보험계약자가 잘못 알고 보험금액을 시세보다 높게 책정한 경우 또는 경기변동으로 인해 부보물의 가액이 하락하여 보험가액이 보험금액보다 작게 되는 경우를 들 수 있다.

산정하지만(제676조 제1항), 보험계약자는 불필요하게 초과보험에 따른 고액의 보험료를 납부하는 결과가 되어 부당하다고 할 수 있다. 반대로 보험자는 필요 이상의 고액의 보험료를 받게 되므로 이 또한 공정하다고 할 수 없다.

감액청구권은 형성권이며 현저하게 초과되었음이 입증되면 상대방은 감액청구에 따라야 하는 것으로 해석된다. 다만 보험료의 감액은 장래에 대하여서만 그 효력이 있다(제669조 제1항 단서). 따라서 보험사고가 발생한 후에 손해사정단계에서 보험자가 비로소 당해 보험계약이 초과보험이었음을 알게 된 경우에 보험약관에 별도로 정한 바가 없더라도 그때까지의 초과부분에 대한 보험료를 소급적으로 보험계약자에게 반환할 의무가 없다는 의미이다.121) 보험료 감액의 효과가 장래효를 가지는 것은 이론적으로는 보험료불가분의 원칙과 관련되지만, 실무에서 보험료불가분의 원칙이 적용되지는 않고 있다. 장래효는 제669조 제1항 단서에서 정하고 있는 법적 효과라 할 수 있다. 보험료 감액이 장래효가 있기 때문에 보험계약자가 보험료감액을 늦게 할수록 불리하다. 당사자가 보험료 또는 보험금액의 감액을 청구할 것인지는 자유롭게 결정할 수 있으므로 만약 당사자가 감액을 청구하지 않는다면 초과보험 상태는 그대로 유지가 된다.122)

③ 사기적 초과보험   보험계약 체결 시 보험계약자의 사기에 의해 보험금액이 보험가액을 현저하게 초과하는 계약이 체결된 때에는 그 계약은 전체를 무효로 한다(제669조 제4항). 예를 들어 보험가액에 관한 서류를 보험계약자 측이 고의로 위조하여 보험자에게 제출하고 이러한 사정을 모르는 보험자의 승낙에 의해 초과보험이 체결된 경우가 해당된다. 사기의 성립 여부는 보험계약 체결 시의 보험가액을 기준으로 한다. 여기에서의 사기는 기본적으로 민법 제110조에서의 사기의 개념과 동일하게 취급해야 할 것이다.123) 사기(기망)와 관련된 보험계약자 측의 고의에는 기망을 통해 보험자를 착오에 빠지게 하려는 고의와 착오에 기해 보험자로 하여금 승낙의 의사표시를 하게 하려는 고의가 필요하다는 것이 통설적 견해이다(2중의 고의).124) 이에 더하여 보험계약자가 부당하게 이득을 취하려는 의도를 가지고 있음을 필요로 한다고 해석해야 할 것이다.125)

원래 사기에 의한 법률행위는 민법상 취소의 대상인데, 사기에 의한 초과보험을 무효로 규정한 것은 입법자의 특별한 의지라 할 수 있다.126) 계약이 사기에 의해 체결되었다

---

121) 양승규, 207면; 정찬형, 672면; 최준선, 196면; 임용수, 256면.
122) 정동윤, 575면; 정찬형, 672면; 손주찬, 582면; 김은경, 337면; 양승규, 206면.
123) 김성태, 396면; 최기원, 292면에서는 보험계약자가 청약을 함에 있어서 의식적으로 부실한 기재를 한 것만으로는 불충분하고 보험계약자가 사실대로 기재하였다면 보험자가 그 청약을 거절하였거나 가능한 한 승낙하지 않을 것이라거나 다른 조건으로 승낙할 것이라는 것을 알았을 때에 사기가 있는 것으로 본다고 해석하고 있다; 채이식, 137면; 임용수, 256면.
124) 한기정, 489면.
125) 대판 2000. 1. 28, 99다50712.
126) 양승규, 207면; 정찬형, 672면; 최준선, 197면; 임용수, 256면.

면 우연히 보험사고가 발생하더라도 초과부분만을 무효로 하지 않고 계약 전체를 무효로 하며 보험금은 전혀 지급되지 않는다. 지급한 보험금이 있다면 그 반환을 청구할 수 있다. 제669조 제4항 및 제648조를 종합적으로 고려할 때 보험계약자는 보험자가 기망의 사실을 안 때까지의 보험료를 지급할 의무를 부담하며, 보험자는 이러한 사실을 안 때까지의 보험료를 청구할 수 있다.[127] 보험계약자는 이미 지급한 보험료의 반환을 청구할 수 없음은 당연하고(제648조), 지급하지 않은 보험료가 있다면 이것까지 모두 지급해야 하는 것이다. 이렇게 사기적 초과보험에 대해 민법 제110조와 달리 소급효 불인정 등 제669조 제4항에서 특별히 규정하고 있는 것은 사기적 초과보험에 있어서의 사기(기망)의 의도에 민법 제110조에서 요구하는 일반적인 2중의 고의 외에 보험계약자에게 부당한 이득을 취하려는 고의를 추가로 요구하는 것과 연계된다고 할 수 있다.[128]

초과보험계약이라는 사유를 들어 보험가액을 한도로 보험금액을 제한하거나 또는 보험계약의 무효를 주장하는 경우, 그 입증책임은 무효를 주장하는 보험자가 부담한다.[129] 무효의 효과는 선의의 제3자에게도 미친다. 따라서 복수의 보험계약자 중 일부에게 기망의 의도가 없었다거나, 타인을 위한 보험계약에서 보험계약자에게는 기망의 의도가 있었지만 피보험자는 선의인 경우에도 보험계약 전체가 무효가 된다. 보험목적을 양수한 양수인이 선의라고 하더라도 보험계약은 무효이다.[130]

한편 단순한 초과보험의 경우와 사기로 인한 초과보험에서 현저한 초과의 의미를 동일하게 해석할 수 있는지 아니면 달리 해석해야 하는가의 문제가 있다. 이에 대해 단순한 초과보험에서는 보험료 및 보험금액의 감액에 영향을 줄 정도의 초과를 현저한 초과로 볼 수 있지만, 이러한 해석이 사기로 체결된 초과보험에 적용된다고 보는 것은 무리라고 해석하는 견해가 있다.[131] 생각건대 현저한 초과의 의미에는 당연히 보험료 및 보험금액의 감액에 영향을 줄 정도의 초과가 포함된다고 하겠다. 단순한 초과보험이나 사기에 의한 초과보험에 있어서 현저한 초과에 대한 해석을 질과 양으로 해석하는 것은 해석의 일관성에 문제가 발생할 수 있다. 양자의 경우에 현저한 초과의 의미는 동일한 것으로 보아야 하며(월등한 초과 또는 명백히 상당한 정도의 이상), 다만 주관적으로 기망의 의도 유무를 갖고 판단하는 것이 타당하다고 여겨진다. 이러한 주관적 요소가 있으면 선의성 위반으로 보고 보험계약을 취소가 아니라 무효로 처리하면서 소급효 제한을 인정하는 취지라고 해석함이 타당하다.

---

127) 정찬형, 672면; 임용수, 256면; 정동윤, 575면.
128) 同旨: 한기정, 489면.
129) 대판 1988. 2. 9, 86다카2933, 2934, 2935; 대판 1999. 4. 23, 99다8599.
130) 최기원, 292면; 최준선, 197면.
131) 한기정, 490면.

(3) 중복보험

(가) 의   의

① 광의의 중복보험   중복보험(double insurance)이란 수인의 보험자와 동시에 또는 순차로 복수의 보험계약을 체결하면서 동일한 보험의 목적에 대해 동일한 보험사고 및 동일한 피보험이익을 내용으로 하고 보험기간을 공통으로 하면서 동일한 피보험자를 계약내용을 하는 것을 말한다. 여기에는 각 계약의 보험금액의 합계가 보험가액을 초과하지 않는 경우도 있고 초과하는 경우도 있다. 초과하지 않는 경우를 광의의 중복보험이라 부르고 초과하는 경우를 협의의 중복보험이라 부른다. 광의의 중복보험은 여러 개의 유효한 일부보험이 병존할 뿐이고 각 보험자는 일부 보험자로서의 책임을 부담하면 되므로 특별한 문제는 없다.132) 이러한 광의의 중복보험은 고가의 물건을 위해 1인의 보험자와 보험계약을 체결하였으나 보험자의 자력 등에 불안감을 느낀 보험계약자가 다시 수인의 보험자와 여러 개의 보험계약을 체결하거나, 보험계약자가 자기를 위한 보험계약을 체결하였는데 제3자가 그 보험계약자를 위하여 보험계약(즉 타인을 위한 보험계약)을 다시 체결하는 경우에 발생할 수 있다.133)

[대법원 2005. 4. 29. 선고 2004다57687 판결]

〈주요 판시내용〉

중복보험이라 함은 수개의 보험계약의 보험계약자가 동일할 필요는 없으나 피보험자가 동일인일 것이 요구되고, 각 보험계약의 보험기간은 전부 공통될 필요는 없고 중복되는 기간에 한하여 중복보험으로 보면 된다. 두 개의 책임보험계약이 보험의 목적, 즉 피보험이익과 보험사고의 내용 및 범위가 전부 공통되지는 않으나 상당 부분 중복되고, 발생한 사고가 그 중복되는 피보험이익에 관련된 보험사고에 해당된다면, 이와 같은 두 개의 책임보험계약에 가입한 것은 피보험자, 피보험이익과 보험사고 및 보험기간이 중복되는 범위 내에서 상법 제725조의2에 정한 중복보험에 해당한다.

---

② 협의의 중복보험(초과중복보험)   협의의 중복보험은 광의의 중복보험에서 중복의 요건 외에 각 계약의 보험금액의 총액이 보험가액을 초과하는 경우를 말한다. 제672조에서 규정하고 있는 중복보험은 협의의 중복보험(초과중복보험)을 말한다.134) 초과중복보험의 경우에 보험가액을 초과하는 보험금액의 수령을 목적으로 한 보험범죄의 가능성이

---

132) 김성태, 397면; 양승규, 208면; 임용수, 257면. 최준선, 197면; 정동윤, 576면.
133) 정찬형, 673면; 정희철, 418면; 양승규, 208면.
134) 정찬형, 673면.

높고, 따라서 보험계약의 도박화가 조장될 수 있다. 따라서 이득금지의 원칙이 준수되도록 각 보험자의 보상책임의 분배와 조정에 대해 제672조에서 특별히 규제하고 있다. 여러 개의 보험계약을 체결하였는데 그 중 어느 하나의 보험계약이 무효 또는 취소된 경우에는 그 보험계약을 제외하고 나머지 계약을 가지고 중복보험 여부를 판단하는 것이 타당할 것이다.[135]

보험계약자가 중복보험임을 알지 못하고 계약을 체결하는 경우도 있고, 중복 체결을 알지만 보험자의 보상한도가 보험가액 한도 내로 제한되는 사실을 알지 못하고 체결하는 경우도 있다. 보험업법 제95조의5에서는 보험자 또는 모집종사자로 하여금 보험계약자의 동의를 얻어 동일한 위험을 보장하는 다른 보험계약을 체결하고 있는지를 확인하도록 하고 있다. 중복보험은 보험가액의 존재를 전제로 하므로 기본적으로 물건보험에서 인정되며, 다만 예외적으로 책임보험과 상해보험에서도 여러 개의 보험계약이 체결되어 있을 때 중복보험에 준하여 해석할 수도 있다(제725조의2).[136]

③ 구별개념   중복보험과 구별해야 하는 것 중에 '공동보험'이 있는데 이는 동일한 피보험이익과 보험사고를 담보하기 위해 하나의 보험계약에 의해 수인의 보험자가 공동으로 그 위험을 인수하는 것이다. 한편 '병존보험'은 한 보험계약자가 동일한 피보험이익과 보험사고에 대해 보험가액의 한도 내에서 서로 관계가 없는 수인의 보험자와 각각 (일부)보험계약을 체결하는 것을 말한다. 병존보험의 경우 각 보험자 사이에 아무런 연결이 없으며 각 보험자는 보험가액의 한도에서 일부보험자로서의 책임을 부담하게 된다.[137]

(나) 요   건

① 수인의 보험자와 수개의 보험계약을 체결   중복보험이 되기 위해선 수인의 보험자와 수개의 보험계약을 동시에 또는 순차로 체결해야 한다. 수 개의 보험계약이 동시에 체결된 경우를 '동시중복보험'이라 하고 순차로 체결된 경우를 '이시중복보험'이라 한다. 중복보험은 수인의 보험자와 수개의 보험계약을 체결할 것이 요구되므로, 만약 한 보험자와 위의 내용을 가진 보험계약을 여러 개 체결했다면 이는 중복보험이 아니라 단순한 초과보험이 된다.[138] 즉 보험계약이 여러 개라도 1인의 보험자와 보험계약을 체결한 때에는 그 보험금액의 총액이 보험가액을 초과하더라도 중복보험이 아닌 초과보험이 된다. 보험목적이 양도되면 보험계약상의 권리와 의무가 양수인에게 승계된 것으로 추정되는데, 만약 양수인이 그 보험의 목적에 대해 독자적으로 별도의 보험계약을 체결하였다면 양도인이 체결했던 보험계약상의 권리와 의무의 승계 추정이 반증에 의해 깨지지 않은 한 2개

135) 주기동, "상법상 통지의무와 보험약관상 통지의무", 법조, 2003. 7, 22면; 임용수, 257면.
136) 양승규, 208면.
137) 정동윤, 576면; 양승규, 208면.
138) 정찬형, 673면; 임용수, 257면.

의 보험계약이 존재하게 되므로 중복보험이 인정될 수 있다.139) 반면에 양수인에게 보험계약의 승계의사가 없는 것으로 여겨지는 경우에는 양도인이 체결했던 보험계약은 양수인에게 승계되지 못한 채 보험목적에 대해 양도인이 가지고 있었던 피보험이익이 소멸되어 그 효력을 잃게 되며, 따라서 보험목적의 양도에 의한 중복보험의 문제는 발생하지 않는다.140)

> **[대법원 1996. 5. 28. 선고 96다6998 판결]**
>
> 〈주요 판시내용〉
>
> 상법 제679조의 추정은 보험목적의 양수인에게 보험승계 의사가 없다는 것이 증명된 경우에는 번복된다고 할 것인데, 보험목적의 양수인이 그 보험목적에 대한 1차 보험계약과 피보험이익이 동일한 보험계약을 체결한 사안에서, 제1차 보험계약에 따른 보험금청구권에 질권이 설정되어 있어 보험사고가 발생할 경우에도 보험금이 그 질권자에게 귀속될 가능성이 많아 1차보험을 승계할 이익이 거의 없고, 또한 그 양수인이 그 보험목적에 관하여 손해의 전부를 지급받을 수 있는 필요충분한 보험계약을 체결한 경우, 양수인에게는 보험승계의 의사가 없었다고 봄이 상당하고, 따라서 1차보험은 양수인에게 승계되지 아니하였으므로 양수인이 체결한 보험이 중복보험에 해당하지 않는다.

② 보험계약 요소의 중복　　제672조상의 초과중복보험이 되기 위해서는 보험의 목적, 피보험자, 피보험이익, 보험사고가 동일해야 한다. 피보험이익, 보험사고 또는 보험기간이 다르면 중복보험이 아니다.141) 보험계약자가 동일할 필요는 없고 보험계약자가 수인이라도 상관없지만 피보험자는 동일인일 것을 요구한다.142) 보험기간의 경우 완전히 동일할 필요는 없고 다른 보험계약상의 보험기간과 부분적으로 공통되는 부분이 있으면 그 중복되는 범위 내의 사고에 대해 중복보험이 인정된다.143) 보험사고 역시 완전히 동일할 필요는 없고 보험사고의 일부가 다른 보험사고와 공통되면 그 공통되는 사고에 대해 중복보험이 된다.144) 보험자가 담보하는 보험사고가 다르면 피보험이익이 같더라도 제672조상의 중복보험이 될 수 없다. 따라서 예를 들어 동일한 물건에 대해 체결한 화재보험과 도난보험은 중복보험 관계가 아니다.

---

139) 대판 1996. 7. 26, 95다52505.
140) 대판 1996. 5. 28, 96다6998; 최준선, 197면.
141) 대판 1989. 11. 14, 88다카29177; 대판 1997. 9. 5, 95다47398; 정희철, 418면; 정찬형, 673면.
142) 대판 2005. 4. 29, 2004다57687.
143) 대판 2009. 12. 24, 2009다53499.
144) 예를 들어, 화재보험과 동산종합보험의 경우 전체적으로 담보되는 보험사고의 범위가 다르다고 해도 '화재'라고 하는 보험사고가 중복되어 있을 때에 중복보험으로 볼 수 있다. 대판 2005. 4. 290, 2004다 57687. 양승규, 209면.

[대법원 2005. 4. 29. 선고 2004다57687 판결]

〈주요 판시내용〉

중복보험이라 함은 수개의 보험계약의 보험계약자가 동일할 필요는 없으나 피보험자가 동일인일 것이 요구되고, 각 보험계약의 보험기간은 전부 공통될 필요는 없고 중복되는 기간에 한하여 중복보험으로 보면 된다.

[대법원 2009. 12. 24. 선고 2009다53499 판결]

〈주요 판시내용〉

두 개의 책임보험계약이 보험의 목적, 즉 피보험이익과 보험사고의 내용 및 범위가 전부 공통되지는 않으나 상당 부분 중복되고, 발생한 사고가 그 중복되는 피보험이익에 관련된 보험사고에 해당된다면, 이와 같은 두 개의 책임보험계약에 가입한 것은 피보험자, 피보험이익과 보험사고 및 보험기간이 중복되는 범위 내에서 상법 제725조의2에 정한 중복보험에 해당한다.

[대법원 1989. 11. 14. 선고 88다카29177 판결]

〈사실관계〉

원고는 피고회사와 자동차종합보험계약을 체결하였는데, 원고의 고용인이 사고를 당하자 피고회사는 피해자가 근로기준법에 의한 재해보상을 받을 수 있는 경우이므로 보험금을 지급할 수 없다고 주장하였다. 이에 원고는 피고회사의 면책약관이 상법 제659조에 규정된 면책사유보다 보험계약자에게 불리하고, 중복보험의 경우를 규정한 상법 제672조보다도 불리하여 무효라고 주장하였다.

〈주요 판시내용〉

자동차종합보험보통약관에 의하면 대인배상에 관한 보험회사의 면책사유의 하나로 피해자가 배상책임이 있는 피보험자의 고용인으로서 근로기준법에 의한 재해보상을 받을 수 있는 사람인 경우를 들고 있는바, 사용자와 근로자의 노사관계에서 발생한 업무상 재해로 인한 손해에 대하여는 노사관계를 규율하는 근로기준법에서 사용자의 각종 보상책임을 규정하는 한편 이러한 보상책임을 담보하기 위하여 산업재해보상보험법으로 산업재해보상보험제도를 설정하고 있으므로, 위 면책조항은 노사관계에서 발생하는 재해보상에 대하여는 산업재해보상보험에 의하여 전보받도록 하고 제3자에 대한 배상책임을 전보하는 것을 목적으로 한 자동차보험의 대인배상범위에서는 이를 제외한 취지라고 보는 것이 타당하며, 위와 같은 면책조항이 상법 제659조에 규정된 면책사유보다 보험계약자에게 불이익하게 면책사유를 변경한 규정이라고 볼 수는 없다. 상법 제672조의 중복보험은 동일한 목적과 동일한 사고에 관하여 수개의 보험계약이 체결된 경우를 말하는 것인바, 산업재해보상보험과 자동차종합보험(대인배상보험)은 보험의 목적과 보험사고가 동일하다고 볼 수 없는 것이어서 사용자가 산업재해보상보험과 자동차종합보험에 함께 가입하였다고 하여도 상법 제672조 소정의 중복보험에 해당한다고 할 수 없으므로 위 논지도 이유없다.

중복보험에 있어서는 피보험이익이 동일해야 하는 점이 중요하다. 피보험이익이 동일하다는 것은 피보험자, 보험목적 및 경제적 이익이 동일하다는 의미라고 해석된다.[145] 동일한 보험의 목적에 수개의 보험계약이 체결되어도 피보험이익이 다르면 중복보험이 아니다.[146] 예를 들어 자동차보험 중 자기차량손해에 가입한 자동차소유자가 수리를 의뢰하였는데 수리를 하는 동안에 파손, 도난 등의 손해로 인해 자동차수리업자가 자동차소유자에게 부담하게 될 배상책임에 대비하기 위해 자동차수리업자가 자동차취급업자로서 배상책임에 가입했다면 동일한 자동차를 보험의 목적으로 한다고 해도 소유자로서의 피보험이익과 자동차취급업자가 가지는 피보험이익은 서로 다르므로 중복보험이 아니다.

[대법원 1997. 9. 5. 선고 95다47398 판결]

〈주요 판시내용〉

소외인(임가공업자)은 자신이 점유·관리하는 피고(소유자) 소유의 이 사건 가죽원피, 완제품, 반제품이 도난당하거나 멸실·훼손되는 사고로 인하여 피고에게 손해배상책임을 지게 되는 경우에 이를 보상하는 것을 목적으로 하는 일종의 책임보험의 성격을 가지는 보험계약을 원고회사와 체결한 것으로 봄이 상당하다고 할 것이므로, 보험목적물에 대한 소유자의 이익을 부보하기 위하여 피고(소유자)가 소외 보험회사와 체결한 동산종합보험계약과는 피보험이익이 서로 달라 중복보험에 해당한다고 할 수 없다.[147]

③ 보험금액의 총액이 보험가액을 초과해야   동일한 보험의 목적에 대해 보험사고와 피보험이익이 같은 보험계약을 수인의 보험자와 복수로 체결하더라도 보험금액의 총액이 보험가액을 초과하지 않는다면 제672조상의 중복보험이라 할 수 없다. 초과보험에 관한 법조문에서는 '현저한' 초과를 요구하는 반면, 중복보험 조문에서 보험금액의 합계가 보험가액을 '현저하게' 초과해야 함을 특별히 요구하지는 않는다.

현행 보험법하에서는 '총 보험금액의 보험가액 초과'만을 중복보험 인정의 요건으로 하고 있다. 법조문을 충실하게 적용한다면 '총 보상액이 실제 손해액을 초과'하는 것은 중복보험이 되지 않는다. 그런데 중복보험은 보험금액과 보험가액간의 관계 이외의 경우에

145) 대판 1989. 11. 14, 88다카29177. 한기정, 494면.
146) 양승규, 209면; 최준선, 198면; 임용수, 258면; 정동윤, 577면.
147) 이 판결에 대한 평석으로, 김창준, "보험계약자가 타인 소유의 물건에 대하여 체결한 보험계약의 성질", 보험법연구 3, 1999, 238면.

서도 문제될 수 있다. 예를 들어 1억원의 건물에 대해 A보험회사와 5천만원을 보험금액으로 하여 화재보험계약을 체결하고, B보험회사와는 4천만원을 보험금액으로 하면서 동시에 제1차 위험보험계약 형식148)으로 화재보험계약을 체결했는데 손해액 6천만원인 화재가 발생한 경우를 예로 들어보자. 두 보험계약의 보험금액의 합계(9천만원)는 보험가액인 1억원을 초과하지 않아 현행 제672조에 따른 중복보험계약이 되지 않는다. 그러나 보험계약자는 A보험회사로부터 3천만원을(비례부담 원칙에 의해 6천만원 × 5천만원/1억원), B보험회사로부터는 4천만원을(제1차 위험보험특약에 의해 보험금액 한도 내에서는 전액 지급하게 되므로) 보험금으로 받으므로 수령하는 보상액의 총액(7천만원)이 손해액(6천만원)을 초과하게 된다. 이러한 상황은 중복보험의 원리가 적용되어야 할 것이다. 이렇게 해석하는 것이 초과중복보험에 대한 제672조의 취지를 고려할 때 타당한 해석이라 여겨진다.149)

한편 중복보험의 경우에 보험자는 보험계약자로부터 보험료를 전부 받으면서 자신이 부담하는 보험금 지급책임은 각자 보험금액의 비율에 따라서만 부담하도록 하는 현행 규정과 제도를 비판하면서 보험자로 하여금 이미 수령한 보험료를 정산하여 그 차액을 보험계약자에게 반환하도록 해야 한다는 지적이 있다. 이러한 보험료 환급 문제에 대해 보험료는 동질의 위험집단에 대한 보험사고 발생확률을 계산하여 산정된 것이므로, 경과기간 동안 납입된 보험료는 전체 피보험자(보험단체) 중 사고가 발생한 자에 대한 보험금으로 이미 지급된 상태이므로 이를 소급 정산하여 반환하는 것은 보험의 기본 원리에 위배된다고 보아야 한다. 보험료 환급에 대한 보험법 조문이 없고 약관에서 이에 대해 따로 정하지 않는 한 소급적 효력의 보험료 환급은 인정하기 어렵다.

④ 수개의 책임보험 등   책임보험은 보험가액을 산정할 수 있는 물건보험이 아니며, 피해자에 대한 법률상 손해배상책임액이 보험계약 체결 시점에서는 확정될 수 없고, 보험사고가 발생한 후에야 확정될 수 있으므로 체결시점에서 보험가액의 크기를 정확히 산정하는 것은 불가능하다. 이와 같이 책임보험에서는 보험가액이 원칙적으로 산정될 수 없으므로 본래 중복보험의 문제가 발생할 수 없다. 그런데 중복보험과 유사한 형태로 수개의 책임보험계약이 체결된 경우에 중복보험에 관한 규정을 적용하지 않게 되면 제3자 또는 피보험자는 부당한 이익을 취할 수도 있게 된다. 이러한 불합리한 경우를 해결하기 위해 수개의 책임보험이 체결된 경우에 별도의 규정을 두고 있다. 즉 두 개 이상의 책임보험계

---

148) 보험금액의 한도 내에서 항상 손해액 전액을 지급하는 것으로 당사자 간에 약정을 할 수 있는데 이를 제1차 위험보험(first risk policy) 또는 실손보상특약이라 한다.

149) 同旨: 양승규, 209면 및 212-213면에서는 상법에 규정은 없으나 중복보험에 의해 보험금액의 총액이 보험가액을 현저하게 초과하는 때에는 초과보험의 경우와 같이 보험계약자는 그 사실을 안 때에 보험금액과 보험료의 감액을 청구할 수 있고 보험료의 감액은 장래에 대해서만 효력이 생긴다고 해석하고 있다. 또한 감액청구의 방법으로서 각 보험자의 보험금액의 비율에 따라 그 감액을 청구할 수도 있고 아니면 한 보험자에 대해서만 보험금액의 감액을 청구하여 병존보험으로 할 수도 있다고 풀이하고 있다.

약이 체결되었는데 피보험이익과 보험사고의 내용 및 범위가 전부 공통되지는 않으나 상당 부분 중복되고, 발생한 사고가 중복되는 피보험이익에 관련된다면, 두 개 이상의 책임보험계약에 가입한 것은 피보험자, 피보험이익과 보험사고 및 보험기간이 중복되는 범위 내에서 상법 제725조의2에 정한 중복보험에 해당한다고 본다.[150] 즉 피보험자가 동일한 사고로 제3자에게 배상책임을 부담함으로써 입은 손해를 보상하는 수개의 책임보험계약이 동시 또는 순차로 체결된 경우에 그 보험금액의 총액이 피보험자의 제3자에 대한 손해배상액을 초과한 때에도 제672조의 규정이 준용되므로(제725조의2) 책임보험자의 보상책임도 이에 따른다. 수 개의 책임보험에 대해 중복보험 규정이 준용되기 위해서는 반드시 보험금액의 총액이 피보험자의 제3자에 대한 손해배상액을 초과하여야 한다. 그렇지 않다면 피보험자가 여러 보험자에 대해 보험금을 모두 청구하더라도 이중의 이득을 취하는 문제가 발생하지 않기 때문이다.[151]

또한 무보험자동차에 의한 상해담보특약은 상해보험으로서의 성질과 함께 손해보험으로서의 성질도 갖고 있는 손해보험형 상해보험인데, 하나의 사고에 관하여 여러 개의 무보험자동차특약이 체결되고 그 보상액의 총액이 피보험자가 입은 실제 손해액을 초과하는 때에 중복보험에 관한 법리가 적용된다는 것이 판례의 입장이다.[152]

⒟ **기준이 되는 보험가액**

동시중복보험의 경우에는 계약체결 당시의 보험가액에 따라 중복보험 여부를 판단해야 하며 이때 중복보험에 해당이 된다면 보험계약자는 각 보험자에 대해 통지의무를 부담한다(제672조 제2항). 계약체결 당시에는 중복보험이 아니었으나 계약 체결 후 경기변동으로 인해 보험가액의 감소 등의 사정으로 인해 중복보험이 된 경우에는 사고발생시(손해액 평가시)를 기준으로 하여 중복보험 여부를 판단함이 타당할 것이다. 한편 이시중복보험의 경우에는 첫 번째 이후의 계약을 체결할 당시의 보험가액을 기준으로 하여야 한다.[153] 이러한 견해와 달리 제672조의 규제는 보험사고 발생시 보험자들의 책임 분배와 조정을 위한 것이므로 중복보험 여부의 판단을 동시, 이시를 불문하고 사고발생 시점에서의 보험가액을 기준으로 해야 한다는 견해가 있다.[154] 생각건대 이 문제는 동시에 또는 각각 다른 시기에 수개의 보험계약을 체결하면서 어느 시점의 보험가액을 기준으로 중복보험 여부를 판단해야 하는가의 문제일 뿐이다. 보험자들간의 책임의 분배 문제는 중복보험 여부가 결정된 이후의 문제이다. 여러 개의 보험계약이 동시에 또는 이시에 체결되고 있는데 기준

---

150) 대판 2005. 4. 29, 2004다57687; 대판 2009. 12. 24, 2009다42819.
151) 보험연수원(편), 보험심사역 공통 1 교재, 2016, 202면.
152) 대판 2006. 11. 10, 2005다35516.
153) 손주찬, 585면; 정동윤, 577-578면; 최준선, 198면.
154) 한기정, 496면.

이 되는 보험가액을 일률적으로 정할 필요는 없다고 여겨진다. 예를 들어 사기에 의한 중복보험이 문제가 되는 경우에는 보험계약의 체결 시점을 기준으로 해야 할 것이고, 그 밖의 다른 경우에는 위에서 설명한 시점에서 판단해야 할 것이다.

⑷ 효 과

중복보험에서 보험자들 각자가 자신이 약정한 보험금액 내에서 손해액 전부를 지급하게 되면 피보험자는 초과이득을 얻게 될 수 있다. 보험자들 사이에 책임의 분배와 조정이 필요하여 이것이 중복보험 효과 문제이다.

(초과)중복보험에 효력에 대해서는 크게 세 가지 입법주의가 있다. 첫 번째로 우선책임주의(선보험우선주의)가 있는데 同時중복보험의 경우에는 각 보험자는 각 보험금액의 총 보험금액에 대한 비율에 의해 책임을 지며, 異時중복보험의 경우에는 먼저 체결한 보험자의 책임이 우선하고 후에 체결한 보험자는 부족부분(전 보험계약과 중복되지 않는 부분)에 대해서만 책임을 부담하는 것이다. 둘째로 비례보상주의는 동시 또는 이시중복보험을 불문하고 각 보험자는 자신이 부담하는 보험금액의 총보험금액에 대한 비율에 따라 책임을 부담하는 것이다. 마지막으로 연대책임주의는 각 보험자가 각자의 보험금액의 한도 내에서 실손해에 대해 연대책임을 부담하며,[155] 손해보상을 한 보험자는 자신이 부담한 보험금액의 총보험금액에 대한 비율에 따라서 다른 보험자에 대해 구상권을 행사하도록 하는 것이다.[156] 우리 보험법은 비례주의와 연대주의를 혼용하고 있다. 비례책임은 보험자들 사이의 내부적 관계에 관한 것인 반면, 연대책임은 각 보험자가 피보험자에 대해 가지 대외적 관계에 대한 것이다.

① 보험자의 보상책임(보험계약자가 선의의 경우) 동시중복보험, 이시중복보험을 불문하고 보험자는 각 보험계약의 체결 시점과 관계없이 피보험자에 대하여 각자의 보험금액의 한도에서 연대책임을 지되 각 보험자 사이에 보상책임을 합리적으로 분담시키기 위해 개별 보험자의 보상책임은 각자의 보험금액의 비율에 따른다(제672조 제1항).[157] 이와 같이 중복보험자의 보상책임은 보험계약자가 선의일 때 비례주의와 연대주의를 합치고 있다(연대비례보상주의). 연대책임을 부담하더라도 보험자는 자신이 약정한 보험금액을 한도로 책임을 부담하는 것이며, 약정 보험금액을 초과하는 책임은 부담하지 않는다. 중복보험이라서 책임이 더 무거워지는 것은 아니다. 수개의 책임보험이 중복보험의 형태로 체결된 경우에도 같다(제725조의2).[158] 예를 들어 보험가액 1억원 건물에 대해 甲, 乙, 丙 보험

155) 2009년 독일 보험계약법 제78조.
156) 채이식, 140-141면; 최준선, 199면; 이기수/최병규/김인현, 193면; 양승규, 210면; 정찬형, 674면; 임용수, 259면.
157) 중복보험에서 각 보험자의 보상액 = 손해액 × 각 보험금액 / 총 보험금액.
158) 최준선, 199면.

회사와 각각 보험금액 1억원, 6,000만원, 4,000만원으로 하는 화재보험계약을 체결한 후 화재가 발생하여 전손(1억원의 손해)이 생긴 경우 甲은 5,000만원(전손 손해액 1억원 × 1억원/2억원), 乙은 3,000만원(전손 손해액 1억원 × 6천만원/2억원), 丙은 2,000만원(전손 손해액 1억원 × 4천만원/2억원)의 지급책임이 있다(비례주의). 그런데 각 보험자는 다른 보험계약이 존재하지 않는다고 가정했을 때에 자신이 부담하게 되는 손해보상액을 한도로 연대책임을 부담함에 따라 각 보험자는 피보험자가 1억원의 전손보상을 받을 때까지 각자 자신의 보험금액인 1억원, 6,000만원, 4,000만원 한도 내에서 연대책임을 부담한다. 만약 5000만원의 손해만 발생한 경우에는(분손) 비례보상주의에 의해 甲은 2,500만원(분손 손해액 5천만원 × 1억원/2억원), 乙은 1,500만원(분손 손해액 5천만원 × 6천만원/2억원), 丙은 1,000만원(분손 손해액 5천만원 4천만원/2억원)의 책임을 지는데, 각 보험자는 연대책임주의에 의해 각각 5,000만원, 3,000만원, 2,000만원을 한도로 하여 보상책임을 부담한다.[159] 보험계약자가 선의인 경우에 우리 보험법이 정하고 있는 비례보상주의와 연대책임주의에 대한 규정은 강행규정은 아니라고 해석된다. 따라서 보험계약의 당사자는 약관이나 계약을 통해 중복보험에 있어서 보험자의 보상책임의 방식이나 보험자들 상호간의 분담 방식에 대해 상법 보험편의 규정과 달리 정할 수 있다. 만약에 중복보험의 요건으로 각 보험계약에 의한 보상액의 총액이 손해액을 초과하는 경우를 포함한다고 하면 이 경우 각 보험자의 보상책임은 각 보험계약에 의한 보상액의 비율에 따르면 될 것이다.

[대법원 2002. 5. 17. 선고 2000다30127 판결]

〈주요 판시내용〉

  수개의 손해보험계약이 동시 또는 순차로 체결된 경우에 그 보험금액의 총액이 보험가액을 초과한 때에는 상법 제672조 제1항의 규정에 따라 보험자는 각자의 보험금액의 한도에서 연대책임을 지고 이 경우 각 보험자의 보상책임은 각자의 보험금액의 비율에 따르는 것이 원칙이라 할 것이나, 이러한 상법의 규정은 강행규정이라고 해석되지 아니하므로, 각 보험계약의 당사자는 각개의 보험계약이나 약관을 통하여 중복보험에 있어서의 피보험자에 대한 보험자의 보상책임 방식이나 보험자들 사이의 책임 분담방식에 대하여 상법의 규정과 다른 내용으로 규정할 수 있다.[160]

---

159) 양승규, 211면; 임용수, 260면; 정동윤, 578-579면; 사법연수원, 보험법연구, 88면.
160) 입법론으로 중복보험에 있어서 보험자의 책임에 관해 상법의 규정과 다른 내용의 약정이 있는 경우에는 그 약정에 따른다는 내용의 조항을 신설하는 것이 요구된다.

> **[대법원 2016. 12. 29. 선고 2016다217178 판결]**
>
> 〈주요 판시내용〉
>
> 피보험자가 무보험자동차에 의한 교통사고로 인하여 상해를 입었을 때에 손해에 대하여 배상할 의무자가 있는 경우 보험자가 약관에 정한 바에 따라 피보험자에게 손해를 보상하는 것을 내용으로 하는 무보험자동차에 의한 상해담보특약(이하 '무보험자동차특약보험'이라 한다)은 상해보험의 성질과 함께 손해보험의 성질도 갖고 있는 손해보험형 상해보험이므로, 하나의 사고에 관하여 여러 개의 무보험자동차특약보험계약이 체결되고 보험금액의 총액이 피보험자가 입은 손해액을 초과하는 때에는 손해보험에 관한 상법 제672조 제1항이 준용되어 보험자는 각자의 보험금액의 한도에서 연대책임을 지고, 이 경우 각 보험자 사이에서는 각자의 보험금액의 비율에 따른 보상책임을 진다. 위와 같이 상법 제672조 제1항이 준용됨에 따라 여러 보험자가 각자의 보험금액의 한도에서 연대책임을 지는 경우 특별한 사정이 없는 한 보험금 지급책임의 부담에 관하여 각 보험자 사이에 주관적 공동관계가 있다고 보기 어려우므로, 각 보험자는 보험금 지급채무에 대하여 부진정연대관계에 있다.

각 보험자는 보험금지급채무에 대하여 부진정연대관계에 있다고 해석된다. 특별한 사정이 없는 한 보험금 지급책임과 관련하여 각 보험자 사이에 주관적 공동관계가 있다고 보기 어렵기 때문이다.[161] 제672조 제1항의 연대채무가 부진정연대채무라는 것은 피보험자에 대하여 연대책임을 부담하는 특정 보험자의 보험금 지급채무의 소멸시효가 완성되었다고 하더라도, 이는 채권자를 만족시키는 사유가 아니어서 상대적 효력이 있음에 불과하다는 것이다. 따라서 피보험자에게 손해액의 전부를 보상한 다른 보험자가 구상권을 행사해 오는 경우에 구상의무가 없다는 주장을 하지 못한다.[162]

다수의 실손의료보험계약이 체결된 경우 각 계약의 보상대상의료비 및 보상책임액에 따라 각 계약의 비례분담금을 지급한다. 그 산출방식은 실손의료보험표준약관 제35조 제3항에서 정하고 있다. 한편 2009년 10월 1일부터 시행되어온 표준화된 실손의료보험이 보험수익자를 동일인으로 하여 다수 체결된 경우에 보험수익자는 보험금 전부 또는 일부의 지급을 다수계약이 체결되어 있는 회사 중 한 회사에 청구할 수 있고, 청구를 받은 회사는 해당 보험금을 보험가입금액 한도 내에서 지급한다고 규정하고 있다. 이때 보험금을 지급한 회사는 보험수익자가 다른 회사에 대하여 가지는 해당 보험금청구권을 취득하되, 회사가 지급한 금액이 보험수익자가 다른 회사에 청구할 수 있는 보험금의 일부인 경우에는 해당 보험수익자의 보험금청구권을 침해하지 않는 범위에서 그 권리를 취득하도록 정했다.[163]

---

161) 대판 2016. 12. 29, 2016다217178.
162) 대판 2016. 12. 29, 2016다217178.
163) 실손의료보험표준약관 제36조.

② 사기에 의한 중복보험　　보험계약자가 기망의 의도로 중복보험계약을 체결하면 수개의 보험계약은 전부 무효이며 보험자는 그 사실을 안 때까지의 보험료를 보험계약자에게 청구할 수 있다(제672조 제3항, 제669조 제4항). 수개의 보험계약이 동시에 체결되든 이시에 체결되든 사기에 의한 것임이 보험자에 의해 입증이 되면 모든 보험계약을 무효로 하면서 각 보험자가 기망의 사실을 안 때까지 보험료를 지급받을 수 있도록 한 것은 기망이라는 반사회적 행위에 대한 제재로 볼 수 있다.164) 여기에서 사기(기망)의 개념은, 초과보험에서와 마찬가지로 기망을 통해 중복보험에 대해 보험자를 착오에 빠지게 하려는 고의, 그 착오에 의해 보험자로 하여금 의사표시를 하게 하려는 고의 및 중복보험을 통해 부당한 이득을 취하려는 고의를 의미한다.165) 사기 유무의 판단은 계약 체결 시점에서 판단한다. 즉 동시체결의 경우엔 그 시점, 순차로 체결되는 경우에는 중복 요건을 충족시키게 된 보험계약의 체결시점이 사기여부 판단 시점이 될 것이다. 보험금액 총액이 보험가액을 현저하게 초과할 것을 요구하는가의 문제와 관련해서 사기 없이 체결된 중복보험 성립에는 초과가 현저할 것이 요구되지 않지만, 사기로 인해 체결된 중복보험의 성립에는 현저한 초과가 요구된다는 해석이 있다.166) 그러나 제672조 제1항에서 사기 유무를 따로 구분하지 않은 채 중복보험을 정의하고 있는 입법형식을 고려하면 사기로 체결된 중복보험의 경우에도 일반적인 중복보험의 요건 및 기망의 의도로 충분하며 보험금액의 합계액이 보험가액을 현저하게 초과할 것을 요구하는 것으로 해석하기는 어렵다.

③ 중복보험 통지의무

(a) 의의와 적용범위　　동시중복보험이든 이시중복보험이든 중복보험을 체결한 보험계약자는 각 보험자에 대하여 각 보험계약의 내용을 통지하여야 한다(제672조 제2항). 보험계약의 내용이란 각 보험회사의 상호와 보험금액에 관한 것이 될 것이다. 통지의무를 규정한 취지는 사기에 의한 보험계약의 체결을 사전에 막고 통지를 받은 보험자로 하여금 다른 보험자들과 함께 보험사고를 조사하고 책임의 범위와 손해액 산정을 함께 할 수 있도록 하기 위함이다.167) 통지의 방법에 대해서는 규정이 없으므로 서면이나 구두 기타의 방법이 가능하다. 통지의무 시기는 중복보험이 되는 보험계약이 체결되는 시점이다. 이시중복보험의 경우엔 두 번째 보험계약이 체결되는 시점이 된다.168)

중복보험의 통지의무에 대한 제672조 제2항의 규정을 보면, 초과중복보험(협의의 중복보험)의 경우에만 통지의무를 부과하는 것이 아니다. 단순 중복보험 즉 병존보험의 경우에

164) 임용수, 264면; 김성태, 399면.
165) 대판 2000. 1. 28, 99다50712; 장덕조, 224면.
166) 한기정, 506면.
167) 대판 2003. 11. 13, 2001다49630; 임용수, 260면; 정동윤, 579면.
168) 한기정, 503면.

도 통지의무과 부과된다. 즉 수개의 보험계약이 각각 일부보험으로서 보험금액의 총액이 보험가액을 초과하지 않는 경우에도 보험계약자는 각 보험자에 대하여 각 보험계약의 내용을 통지하도록 하고 있다. 이는 보험기간 중에 물가의 하락으로 병존보험이 초과중복보험으로 바뀌게 되는 경우를 대비하기 위함이다.169) 또한 보험사고 발생시 각 보험자의 손해보상액의 합계가 실제의 손해액을 초과할 수도 있고, 초과중복보험의 경우 각 보험자는 연대책임을 부담하기 때문에 통지의무가 부과되는 측면도 있다.170)

책임보험에서는 보험가액을 구체화하기 어렵기 때문에 초과보험이나 중복보험 규정을 적용하기 어렵다는 것이 통설적 견해이다.171) 그런데 다수의 책임보험을 체결하는 경우에도 통지의무를 부과하고 있다(제672조, 제725조의2). 제725조의2는 다수의 책임보험계약이 체결된 경우에 '그 보험금액의 총액이 피보험자의 제3자에 대한 손해배상액을 초과하는 때에' 통지의무에 관한 제672조가 준용된다고 규정하고 있다. 그런데 책임보험에 있어서 그 초과여부는 보험사고가 발생 후 피보험자의 제3자에 대한 손해배상액이 확정된 경우에만 알 수 있다. 제672조의 규정 내용대로라면 다수의 책임보험계약이 체결된 때에 통지해야 한다. 그러나 다수의 책임보험계약이 체결된 경우에는 보험사고가 발생하고 손해배상액이 확정된 이후에야 비로소 통지의무 이행이 가능한 것이 되어 본래 제672조의 통지의무의 취지와 일치하지는 않는다.

(b) 위반효과   현행 보험법에서는 통지의무를 위반한 경우에 그 위반 효과에 대한 규정이 없다. 보험계약자가 정당한 사유 없이 중복보험 체결의 통지의무를 게을리 한 경우에 사기의 추정을 받아 계약이 무효로 될 수 있다는 견해가 있으나,172) 통지의무 위반에 대한 제재규정이 없는 상황에서 단지 통지의무를 게을리 하였다는 사유만으로 사기로 인한 중복보험계약이 체결되었다고 추정할 수는 없다.173) 이것이 판례의 입장이다.174) 통지의무 위반효과에 대한 법규정이 없는 상황에서 법률상 추정은 당연히 불가능하며, 사실상의 추정도 매우 엄격하게 제한되어야 한다. 한편 통지의무 위반 사실이 불법행위를 구성할 수도 있다. 보험계약자가 고의 또는 과실로 통지의무를 게을리 하여 보험자가 손해를 입었다면 보험자는 손해배상청구를 할 수 있다고 판단된다.175)

---

169) 보험연수원(편), 보험심사역 공통 1 교재, 2016, 197면.
170) 손주찬, 586면; 임용수, 261면; 양승규, 211-212면; 정찬형, 676면.
171) 다만 물건보관자의 책임보험(제725조)의 경우엔 책임의 한도를 정할 수 있기 때문에 보험가액 개념이 인정될 수 있고 따라서 초과, 중복, 일부보험 규정의 적용이 가능하다는 것이 통설적 견해이다.
172) 최기원, 298면; 양승규, 212면, 213면; 정동윤, 579면.
173) 김성태, 399면; 임용수, 263면.
174) 대판 2000. 1. 28, 99다50712; 임용수, 262-263면; 최준선, 200면; 김성태, 399면.
175) 한기정, 504면.

[대법원 2000. 1. 28. 선고 99다50712 판결]

〈사실관계〉

피고는 원고회사를 포함한 보험회사들과 수개의 보험계약을 체결하였는데, 이를 원고회사에 통지하지 아니한 상태에서 보험사고가 발생하였다. 원고회사는 이에 대해 피고가 다른 보험계약의 존재에 대해 통지하지 않은 채 중복보험을 체결하였으므로, 이는 사기로 인해 체결된 중복보험계약이어서 무효라고 주장하였다.

〈주요 판시내용〉

사기로 인하여 체결된 중복보험계약이란 보험계약자가 보험가액을 넘어 위법하게 재산적 이익을 얻을 목적으로 중복보험계약을 체결한 경우를 말하는 것이므로, 통지의무의 해태로 인한 사기의 중복보험을 인정하기 위하여는 통지의무가 있는 보험계약자 등이 통지의무를 이행하였다면 보험자가 그 청약을 거절하였거나 다른 조건으로 승낙할 것이라는 것을 알면서도 정당한 사유 없이 위법하게 재산상의 이익을 얻을 의사로 통지의무를 이행하지 않았음을 보험자가 입증하여야 할 것이고, 단지 통지의무를 게을리하였다는 사유만으로 사기로 인한 중복보험계약이 체결되었다고 추정할 수는 없다.176)

(c) 통지의무 위반에 대한 약관 규정   통지의무 위반효과에 대해 약관에서 정하고 있는 경우가 있다. 약관에서는 통지의무 위반에 대해 보험자의 해지권을 정하거나 보상의무를 면제해주는 것으로 정하기도 하는데, 이러한 약관의 효력에 대해서는 이를 인정하는 견해177)와 불이익변경금지의 원칙 또는 약관의 규제에 관한 법률 제9조 제2호178)를 근거로 하여 무효로 보아야 한다는 견해179)가 나뉜다. 법원은 중복보험 통지의무 위반 효과로 보험계약을 해지할 수 있다고 정한 약관은 유효하다고 판시하고 있다. 다만 판례는 통지의무 위반을 이유로 보험자가 보험계약을 해지하기 위해서는 보험계약자가 고의 또는 중과실로 의무를 이행하지 못했음을 보험자가 입증해야 한다는 입장이다.180) 해지는 장래효가 있으므로 해지 이전에 발생한 보험사고에 대해서는 보험자의 면책은 인정되지 않는다고 해석된다.181)

---

176) 이 판결에 대해 찬성취지의 평석으로는, 정진세, "중복보험 통지의무", JURIST, 2002. 7 (Vol. 382), 67-72면; 정찬형, 676면 각주 2.

177) 최기원, 298면; 양승규, 212면.

178) 약관의 규제에 관한 법률 제9조(계약의 해제ㆍ해지) "계약의 해제ㆍ해지에 관하여 정하고 있는 약관의 내용 중 다음 각호의 1에 해당되는 내용을 정하고 있는 조항은 이를 무효로 한다." 제2호 "사업자에게 법률에서 규정하고 있지 아니하는 해제권ㆍ해지권을 부여하거나 법률의 규정에 의한 해제권ㆍ해지권의 행사요건을 완화하여 고객에 대하여 부당하게 불이익을 줄 우려가 있는 조항."

179) 주기동, "상법상 통지의무와 보험약관상 통지의무", 법조(2003. 7), 31-32면. 그 근거로 중복보험을 규제하는 취지는 부당한 이득을 얻기 위한 사기에 의한 보험계약의 체결을 방지하고 보험자가 각각 부담하는 보상비율을 알게 하기 위함이며, 고지의무와 같이 위험측정과 관련된 것이 아니라는 점을 들고 있다.

180) 대판 2001. 11. 27, 99다33311.

181) 한기정, 504면.

[대법원 2001. 11. 27. 선고 99다33311 판결]

〈주요 판시내용〉

　보험계약 체결 후 동일한 위험을 담보하는 보험계약을 체결할 경우 이를 통지하도록 하고, 그
와 같은 통지의무의 위반이 있으면 보험계약을 해지할 수 있다는 내용의 약관은 유효하다고 할
것이다. 그러나 그와 같은 경우에도 보험자가 통지의무위반을 이유로 보험계약을 해지하기 위하
여는 고지의무위반의 경우와 마찬가지로 보험계약자 또는 피보험자가 그러한 사항에 관한 통지의
무의 존재와 다른 보험계약의 체결 사실에 관하여 이를 알고도 고의로 또는 중대한 과실로 인하
여 이를 알지 못하여 통지를 하지 않은 사실이 우선 입증되어야 할 것이다.

　　화재보험표준약관에서 '보험계약자나 피보험자는 이 계약에서 보장하는 위험과 동일
한 위험을 보장하는 계약을 다른 보험자와 체결하고자 할 때 또는 이와 같은 계약이 있음
을 알았을 때 지체없이 보험자에 대한 서면통지를 하고 보험증권에 확인을 받아야 하며
이로써 위험이 증가된 경우에는 보험자는 통지를 받은 날부터 1개월 이내에 보험료의 증
액을 청구하거나 계약을 해지할 수 있다'고 정하고 있다. 또한 손해의 발생 여부에 관계없
이 보험자는 뚜렷한 위험의 변경 또는 증가와 관련된 약관 제16조에서 정한 통지의무(계
약 후 알릴의무)를 이행하지 아니하였을 때 계약을 해지할 수 있다고 정하고 있다.182)

　　(d) 입 법 론 　　통지의무 위반효과에 대한 내용이 상법 보험편에 규정되어야 할
것이다. 만약 보험계약자나 피보험자가 고의 또는 중대한 과실로 다수보험계약의 통지를
하지 않거나 허위의 통지를 한 경우라면 보험자는 그러한 사실을 안 날 및 계약을 체결한
날부터 각각 일정한 기간 내에 한하여 계약을 해지할 수 있도록 규정하는 것을 고려할 수
있을 것이다. 이 경우 보험자가 각 보험계약이 체결될 당시에 다른 보험계약의 존재 및 그
내용을 알았거나 중대한 과실로 알지 못한 경우에는 해지권을 행사하지 못하도록 할 수 있
을 것이다.183)

　　보험계약자의 통지의무 위반으로 인해 보험자가 중복보험 체결 사실을 알지 못한 상
황에서 각 보험자가 피보험자에게 보험금을 각각 전부 지급했다면 피보험자는 법률상 원인
없이 부당하게 초과 이득을 얻은 것으로 해석될 수 있으므로, 각 보험자는 초과 지급부분
에 대해 피보험자에게 부당이득반환청구권을 행사할 수 있다고 해석된다.184) 동일한 상황
에서 특정 보험자가 자신의 분담부분을 넘어 지급하지 않아도 될 부분까지 피보험자에게
지급한 경우에, 보험금 전액을 지급한 보험자는 다른 보험자들에게 구상권을 행사하게 된

---

182) 화재보험표준약관 제16조 제1항 제1호 및 제2항. 제30조 제3항.
183) 장경환, "상법 제672조(중복보험)의 개정에 관하여", 경희법학 제42권 제1호, 2007, 311면 이하; 이기수/
　　최병규/김인현, 197면.
184) 한기정, 504면.

다. 한편 중복보험이 체결된 상황에서 보험사고에 따른 손해 전부에 대해 보험금 전액을 지급한 특정 보험자가 피보험자에게 부당이득반환청구권을 행사할 수 있는가의 문제가 있다. 피보험자 입장에서는 보험사고 발생에 따른 손해액 만큼의 보험금을 받은 것이고, 다만 그 보험금을 복수의 보험자로부터 받은 것이 아니고 특정 보험자로부터만 받은 것뿐이다. 피보험자 입장에서 부당하게 이득을 취한 것이 없으며 또한 법률상 원인없이 받은 것도 아니다. 이 문제는 보험자들 간에 구상의 문제로 해결해야 할 것이다. 비례보상은 보험자들 간의 내부적 관계이기 때문이다.

(e) 기   타   고지의무 제도가 답변의무(수동의무)로 전환되는 경우에는 後보험자에 대해 先보험 체결 사실을 알리는 것은 청약서상의 질문표에 답변하는 형식이 될 것이다. 청약서상의 질문란에서 이에 관한 질문을 했음에도 불구하고 (그러한 질문의 의미를 이해하고도) 중복체결 사실을 정직하게 답변하지 않았다면 보험의 종류를 불문하고 고지의무 위반으로 해석된다. 문제는 고지의무가 답변의무로 전환되기 전에 청약서상에서 타 보험계약 체결에 대하여 명확하게 질문을 하지 않은 경우이다. 일반적으로 타 보험계약 체결 사실은 손해보험 또는 인보험을 불문하고 後보험자에게 고지대상이 된다고 해석해야 할 것이다.[185] 견해에 따라서는 중복보험계약을 체결하는 보험계약자가 모든 보험자에 대해 중복보험 통지의무를 부담하는 것은 아니라고 해석하기도 한다. 이에 따르면 後보험자에게 先보험사실을 통지하는 것은 제651조상의 고지의무로 보아야 하기 때문에 이에 대한 위반효과로는 보험계약의 해지가 문제될 수 있는 반면에, 先보험자에 대한 관계에서는 제672조 법조문상으로 위반효과가 규정되어 있지 않은 중복보험 통지의무를 인정하는 것으로 해석하기도 한다.[186] 한편 뒤에 체결된 다수의 보험계약의 체결이 제652조나 제653조의 통지대항이 되는가의 문제가 있다. 이론적으로는 타 보험계약 체결 사실만 갖고는 위험의 현저한 변경이나 증가가 있는 것으로 해석하기는 어려울 것이다. 그러나 보험계약자 측의 경제상황이나 수입 규모 등을 감안할 때 사회통념상 지나치게 고액의 보험료를 납입하는 보장성 보험을 단기간에 자발적으로 집중 가입하면서 통지를 제대로 하지 않았다면 여기에는 도덕적 위험의 문제와 함께 위험이 현저하게 변경되거나 증가되었음을 인정할 수도 있을 것이고 그에 따른 통지의무 위반도 인정될 수 있을 것이다.[187] 아울러 약관에서 다른 보험계약 체결 사실에 대해 고지 또는 통지해야 한다고 규정하고 있다면 이러한 약관 조항은 유효하다고 여겨진다.[188]

---

185) 장덕조, 242면.
186) 주기동, "상법상 통지의무와 보험약관상 통지의무", 법조(2003. 7), 26면; 임용수, 261면.
187) 정경영, "다른 생명보험계약 체결사실에 대한 보험계약자의 통지의무", 보험법연구 5, 2003, 41면; 최병규, "중복보험과 고지·통지의무 위반에 대한 법적 검토—대법원 2001. 1. 5, 선고 2000다31847 판결에 대한 평석을 중심으로—", 경영법률 제23집 제4호, 2013, 277면.
188) 김문희, "다수의 보험계약에 대한 민법 제103조의 적용요건—연구대상판결 대법원 2005. 7. 28, 선고

④ 보험자 1인에 대한 권리포기   중복보험계약을 체결한 보험계약자가 수인의 보험자 중 특정 보험자 1인에 대한 권리를 포기한 경우 이는 다른 보험자의 권리의무에 영향을 미치지 아니한다(제673조). 피보험자가 특정 보험자에 대하여 권리를 포기하면 그 특정 보험자가 원래 분담하여야 할 분담액에 대하여는 다른 보험자도 책임을 면하며, 다른 보험자는 원래의 자기 부담부분에 대하여만 지급할 의무가 있도록 한 것이다.189) 특정 보험자에 대한 청구권 포기가 있다고 해서 다른 보험자의 부담부분이 증가하는 것이 아니다. 특정 보험자 1인과 피보험자가 공모하여 특정보험자에 대한 권리만을 포기하는 경우 다른 보험자에게 불이익을 주는 것을 막기 위한 규정이다.190)

보험계약자가 甲, 乙보험자와 중복보험계약을 체결한 경우에 각 보험자는 자신의 분담금을 보험금으로 지급하면 될 것인데, 만약 피보험자가 乙 보험자에 대한 권리를 포기한 경우에 甲은 자신이 원래 부담하게 되어 있는 분담금 부분만을 보험금으로 지급하면 된다. 만약 甲이 피보험자가 乙에 대한 권리를 포기한 것을 모른 경우에 어차피 乙은 보험금을 지급하지는 않을 것이므로 甲은 자신의 약정보험금액을 한도로 하여 연대책임을 부담하게 될 것이다. 보험금을 지급한 甲은 약정보험금액과 비례원칙에 따른 자신의 분담금액의 차이를 乙에게 구상할 수 있다. 구상에 응한 乙은 자신에 대한 청구권을 포기한다고 했던 피보험자에게 부당이득의 법리(민법 제741조)에 의하여 그 차액만큼을 다시 구상할 수 있게 된다.191) 각 보험자 사이에 주관적 공동관계가 있다고 보기 어렵기 때문에 각 보험자는 보험금 지급채무에 대하여 부진정연대관계에 있다고 해석된다. 따라서 피보험자가 특정 보험자에 대한 보험금청구권을 포기하는 경우에 이러한 면제는 상대적 효력이 있을 뿐이다.192) 이 경우 구상권의 소멸시효 기간은 보험자가 모두 상인인 점을 감안할 때 상사채권 소멸시효 기간인 5년으로 해석해야 할 것이다. 기산점은 실제로 피보험자에게 보험금을 지급한 날이 될 것이다.193)

[대법원 2006. 11. 10. 선고 2005다35516 판결]

〈주요 판시내용〉

원고의 이 사건 청구는 원고와 피고의 각 무보험자동차특약보험이 상법 제672조 제1항이 준용되는 중복보험에 해당함을 전제로 하여 그 부담비율에 따른 구상권을 행사하는 것인데, 각각의 보험계약은 상행위에 속하는 점, 원고와 피고는 상인이므로 중복보험에 따른 구상관계는 가급적 신

2005다23858 판결—", 판례연구 제18집, 부산판례연구회, 2007, 13면.
189) 정동윤, 579면; 최준선, 200면; 임용수, 263면; 양승규, 211면.
190) 최기원, 299면; 임용수, 263면; 정동윤, 579면; 양승규, 211면.
191) 정찬형, 675면; 정동윤, 580면; 한기정, 501면.
192) 장덕조, 235-236면; 한기정, 501-502면.
193) 대판 2006. 11. 23, 2006다10989; 대판 2006. 11. 10, 2005다35516.

속하게 해결할 필요가 있다고 보여지는 점 등에 비추어, 상법 제64조가 적용되어 5년의 소멸시효에 걸리는 것으로 보아야 할 것이다.

㈜ 수개의 보험계약과 초과전보조항

① 개　　념　　보험계약자가 특정 보험자와 제1차 위험보험[194] 형식의 일부보험을 체결하고 다른 보험자와는 그것을 초과하는 손해만을 담보하는 일부보험 계약을 체결하도록 할 수 있다. 이를 위해 실무상 하나의 보험계약 약관에 초과전보조항(excess coverage clauses, excess of loss insurance)이 있게 된다. 예를 들어 A 보험계약과 B 보험계약이 있는 경우, B 보험계약이 담보하는 손해 또는 A 보험계약이 없었을 경우에 B 보험계약이 담보하였을 손해에 대해서는 A 보험계약에서 담보하지 아니하고, 다만 A 보험계약이 없었을 경우에 B 보험계약이 보상하였을 보험금액을 초과하는 손해에 대하여 A 보험계약의 보상한도액을 상한으로 책임을 부담한다고 정하는 것을 말한다. 초과전보책임은 2차적 책임적 성격을 갖는다. 즉 A 보험약관에 다른 보험조항(other insurance provisions)을 포함시켜서 기본보험(primary insurance)에서 보상할 금액을 초과하는 손해에 대해서만 보상하기로 하는 것이다.[195] 여기에서 B는 기본 보험자가 되며 A는 초과전보 보험계약의 보험자가 된다. 초과전보조항은 책임보험 영역에서 주로 이용되며 보험자들 상호간에 구상의 문제가 발생하지 않는다. 초과전보책임은 법정책임이 아니며, 당사자들 간의 약정에 의해 성립되며 보험자의 책임이 분할되고 그 부분만을 담보하는 것이다.[196]

② 유효성　　초과전보조항의 취지는 피보험자가 입은 손해에 대하여 보상한도액을 상한으로 하여 보험금을 지급하되 다른 보험계약에 의하여 전보되는 금액을 공제한다는 것이어서 다른 보험자와 사이의 부담 부분의 조정에 관한 것일 뿐, 피보험자의 보험이익을 감소시키는 것이 아니고 피보험자에게 다른 보험계약의 체결의무를 부과하는 것도 아니므로, 그 조항이 약관의 규제에 관한 법률 제7조 제2호 소정의 '상당한 이유 없이 사업자(보험회사)의 손해배상 범위를 제한하거나 사업자가 부담하여야 할 위험을 고객에게 이전시키는 조항'에 해당되지 않는다고 해석되며 그 유효성이 인정된다.[197]

법원은 중복보험에서 연대비례보상방식을 정하고 있는 제672조 제1항은 강행규정으로 해석되지 않는다는 입장이다.[198] 따라서 보상 방법을 연대비례보상방식 대신에 이와 같이 분할초과방식으로 당사자가 정하더라도 그 효력을 부인할 이유는 없다. 초과전보책

---

194) 일부보험의 경우 당사자간의 특약으로 비례부담을 하지 않고 보험금액의 범위 내에서 손해액 전액을 지급하는 보험을 제1차 위험보험이라 한다.
195) 양승규, 213-214면; 同人, "보험약관의 초과전보조항의 효력", 손해보험 제416호, 2003. 7, 67-71면.
196) 장덕조, 238면; 한기정, 498-500면.
197) 대판 2002. 5. 17, 2000다30127.
198) 대판 2002. 5. 17, 2000다30127.

임은 중복보험에서의 연대·비례책임과 달리 보험자 간에 책임을 분할하고 초과 부분에 대해서만 책임을 지는 것이다. 중복보험은 보험계약자가 보험료를 이중으로 부담하게 되지만, 초과전보조항은 보험료의 이중부담을 최소화할 수 있다. 즉 초과전보보험자는 초과전보책임만 부담하고 보험계약자는 이에 대한 보험료만 부담하면 된다. 보험계약자로서는 보험료 부담을 줄일 수 있는 장점이 있다. 판례는 중복보험에서의 연대·비례 보상을 분할·초과책임으로 변경한 것이 보험계약자에게 불리한 것만은 아니라고 해석하면서 초과전보조항의 유효성을 인정한다.

[대법원 2002. 5. 17. 선고 2000다30127 판결]

〈사실관계〉

소외 회사는 원고회사 및 피고회사와 피보험자를 자기로 하는 각각의 보험계약을 체결하였다. 사고가 발생하자 원고회사는 소외 회사에 보험금을 지급하였는데, 원고회사는 초과전보조항에 근거하여 소외 회사가 피고회사와 맺은 보험계약부분에 대해서는 보험금을 지급하지 않을 수 있었음에도 불구하고 착오로 피고회사가 담보하는 부분에 해당하는 금액까지도 보험금을 지급하였다. 이에 원고회사는 소외 회사가 피고회사에 대해 가지는 보험금청구권을 양도받기로 하였다. 이에 대해 피고회사는 피고회사가 소외 회사에게 지급할 보험금의 한도액은 금 5천만원인데, 소외 회사는 이미 원고회사로부터 금 5천만원을 초과하는 금액을 수령하여 애초에 보험금청구권을 가지지 못하게 되었으므로 원고회사가 이를 양도받을 수 없고, 원고회사가 소외 회사와 맺은 계약에 존재하는 초과전보조항은 상법 제672조 제1항에 위배되어 무효라고 주장하였다.

〈주요 판시내용〉

보험약관 중 초과전보조항의 취지는 피보험자가 입은 손해에 대하여 보상한도액을 상한으로 하여 보험금을 지급하되 다른 보험계약에 의하여 전보되는 금액을 공제한다는 것이어서 다른 보험자와 사이의 부담 부분의 조정에 관한 것일 뿐 피보험자의 보험이익을 감소시키는 것이 아니고 피보험자에게 다른 보험계약의 체결의무를 부과하는 것도 아니므로, 그 조항이 약관의규제에관한법률 제7조 제2호 소정의 '상당한 이유 없이 사업자(보험회사)의 손해배상 범위를 제한하거나 사업자가 부담하여야 할 위험을 고객에게 이전시키는 조항'에 해당되지 않는다. 손해보험계약에서 정한 보험금액은 보험사고로 인하여 발생한 손해 가운데 다른 사유로 전보되지 아니한 금액 범위 내에서 보험자가 피보험자에게 지급하여야 할 금액의 한도를 정한 것으로서, 피보험자에게 보험사고로 인한 손해 가운데 다른 사유를 통하여 전보되고 최종적으로 남은 손해가 있는 경우 그 범위 내에서 보험금액을 한도로 보상한다는 뜻이지, 피보험자가 보험사고로 입은 손해 가운데 보험금액을 넘는 손해가 일단 전보되기만 하면 그 보상책임을 면한다는 취지는 아니다.

다만 수개의 보험계약에서 각 보험계약이 각각 '다른 보험조항'199)을 두어 초과손해

---

199) 기본보험(primary insurance)에서 보상할 금액을 초과하는 손해에 대해서만 보상하기로 하는 것을

만을 담보하기로 하여 서로 충돌하게 되는 경우가 있을 수 있다. 이 경우 초과전보 보험
자 입장에서 보면 1차적 책임을 부담하는 다른 보험자가 없는 것과 같다. 1차 책임자가
없게 되면 각각의 '다른 보험조항'을 무시하고 각자의 보험을 기본 보험으로 간주하여
모든 초과전보 보험자는 1차적 책임을 지게 되며 따라서 제672조 제1항에 따라 보험금
액의 비율에 따라 보상책임을 부담하는 것으로 해석해야 할 것이다(연대비례보상주의 방
식).200)

(4) 일부보험

(가) 개   념

① 의   의   보험금액이 보험가액에 미달하는 보험을 일부보험(under insurance)
이라 한다(제674조). 보험료를 절약하기 위해 일부보험을 체결할 수도 있고, 책임보험, 해
상보험 또는 자동차보험 등에서 보험사고 발생에 대한 피보험자의 주의를 환기시키기 위
해 손해의 일부를 피보험자가 부담하도록 하면서 의식적으로 일부보험을 체결하기도 한
다. 또는 보험계약 체결시에는 보험금액과 보험가액이 동일했는데 보험계약이 체결된 후
에 물가의 인상으로 인해 보험가액이 상승되거나 또는 계약 체결시 목적물의 저평가 등에
의해서도 일부보험이 생길 수 있다.201) 초과보험이나 중복보험과는 달리 일부보험의 경우
에 피보험자가 보험가액을 넘어서는 보험금을 받는 문제는 발생하지 않는다. 따라서 사기
에 의한 일부보험 문제는 발생하지 않는다. 의도적으로 일부보험을 체결하는 경우 일부보
험 여부의 판단은 보험계약 체결 당시의 보험가액을 기준으로 하게 된다. 반면 계약 체결
후의 경기변동에 의해 우연하게 일부보험이 된 경우에 실무상 일부보험 여부가 문제되는
것은 보험사고가 발생된 이후에 손해보상이 이루어지는 시점이 될 것이기 때문에 손해보
상 당시의 보험가액이 기준이 된다고 할 수 있다.202)

보험에 가입하지 않은(부보하지 않은) 보험가액의 나머지 부분에 대해서는 보험계약자
스스로가 위험을 부담하게 된다. 이때 자기의 부담부분에 대해 보험계약자가 다른 보험에
가입할 수도 있겠으나 계약에 의해 자기의 부담부분을 스스로 보유하도록 합의를 하였다
면 이 계약상의 자기부담 부분에 대해서는 다른 보험계약을 체결할 수 없다고 해석하는
견해가 있다.203) 책임보험에서 보험가액의 개념을 인정하지 않는 견해에 따르면 일부보험
이 성립되지 않지만, 재보험에서는 재보험가액의 개념을 인정할 수 있으므로 일부보험이

다른 보험조항이라 한다.
200) 양승규, 215면; 한기정, 500면.
201) 정찬형, 677면; 정동윤, 580면; 최준선, 201면; 임용수, 264면.
202) 최준선, 201면; 임용수, 265면; 정동윤, 580면. 반면 양승규, 216면에서는 '사고발생시의 가액'을 기준으
　　로 평가하여야 한다고 설명하고 있다.
203) 양승규, 215면.

성립될 수 있다.204)

② 비율보험과의 구별   일부보험과 구별해야 하는 것으로 비율보험이 있다. 이는 보험자의 손해보상한도를 보험가액의 일정비율로 정하여 그 비율의 범위 내에서는 전액보상(완전보상)을 하는 것이다. 즉 비율보험에서는 보험가액 전체를 부보하고 다만 보험자의 보상책임이 보험가액에 대한 일정한 비율에 의해 정해진다는 것이다. 예를 들어, 보험가액 1억원의 경우 60%의 비율보험이 체결되면, 6,000만원까지는 완전보상을 받을 수 있다.205)

(나) 효   과

① 비례부담의 원칙   일부보험의 경우 보험자는 보험금액의 보험가액에 대한 비율(부보비율=보험금액 / 보험가액)에 따라 보상할 책임을 진다(제674조 본문). 이를 비례부담의 원칙(비례책임)이라 한다. 여기에서의 비례책임은 중복보험 효과에서 말하는 비례책임과는 다른 것이다. 전손의 경우에는 보험가액 한도 내에서 당사자가 약정한 보험금액의 전액이 지급되지만 분손의 경우에는 손해액에 부보비율을 곱하여 산출되는 금액을 지급한다.206) 예를 들어, 보험가액 1억원 건물에 대해 보험금액을 5,000만원으로 한 화재보험계약을 체결한 경우에 화재로 인해 전손(1억원의 손해)이 발생한 경우 보험금액 5,000만원 전부를 지급하게 되며, 만약 4,000만원의 손해(분손)가 발생하였다면 4,000만원에 부보비율인 5000만원/1억원 즉 1/2을 곱하여 산출된 2,000만원을 지급하는 것이다. 보상받지 못한 부분에 대한 손해는 피보험자가 스스로 부담하게 된다.207)

그런데 보험계약자가 보험계약을 체결할 당시에는 전부보험으로 체결하였으나, 보험계약이 성립한 후에 물가의 상승으로 인한 보험가액의 인상 등으로 일부보험이 된 경우(자연적인 일부보험)에 이 보상방식을 적용하게 되면 손해보상액을 가지고 당사자 사이에 분쟁이 야기될 가능성이 높다. 이러한 자연적 일부보험에 비례책임을 적용하게 되면 피보험자에게 불리할 수 있기 때문이다. 왜냐하면 당사자가 약정보험금액을 합의하고 그에 따라 보험계약자는 산출된 보험료를 지급했으며 피보험자는 약정보험금액 내에서는 손해액의 전부를 보상받을 수 있을 것이라고 기대했는데, 보험기간 중에 보험가액이 상승했다는 이유로 일부보험으로 간주되어 손해액 산정에 있어서 비례부담원칙이 적용될 수 있기 때문이다.208)

② 제1차 위험보험(실손보상특약)   비례부담의 원칙은 강행규정이 아니며, 따라서 당사자간에 보험자는 보험금액의 한도 내에서 실제손해를 전부 보상할 책임을 지는 것으

---

204) 최기원, 294면; 최준선, 201면; 임용수, 265면.
205) 정찬형, 677면; 정희철, 420면; 양승규, 217면; 최준선, 202면; 임용수, 266면; 정동윤, 581면.
206) 일부보험에서 보험자의 보상액 = 손해액 × 보험금액 / 보험가액이다.
207) 정동윤, 580면.
208) 양승규, 216면(전부보험을 체결했으나 보험가액이 상승하여 일부보험이 된 경우에 비례책임의 예외를 인정할 것이 요구된다고 해석한다); 한기정, 508-509면.

로 특약을 맺을 수 있다(제674조 단서). 즉 (약정)보험금액의 한도 내에서 항상 손해액 전액을 지급하는 것으로 당사자 간에 약정을 할 수 있는데 이를 제1차 위험보험(first risk policy) 또는 실손보상특약(실손해보상계약)이라 한다. 제1차 위험보험이 있게 되면 지급보험금 산정에서 보험금액의 보험가액에 대한 비율은 고려하지 않게 된다. 따라서 위의 예에서 보험금액 5,000만원 한도 내에서는 비례부담의 원칙에 따른 2,000만원이 지급되지 않고 4,000만원 손해액 전부를 지급하게 된다. 제1차 위험보험은 화재보험에서 많이 이용된다.209) 비례책임과 제1차 위험보험은 피보험자의 자기부담금에서 차이가 난다. 비례책임에서는 피보험자의 자기부담금이 항상 존재하게 되며, 보험료는 저렴하다. 반면에 제1차 위험보험은 손해가 보험금액 한도 내에서 발생하면 피보험자의 자기부담금이 없지만, 이를 초과하면 초과부분에 대해서는 피보험자가 부담하게 된다. 따라서 비례책임에 비해 자기부담이 적을 수 있고 보험료는 더 비싸다고 할 수 있다.210)

    화재보험표준약관에서는 비례부담의 원칙과 비율보험 방식을 혼합하고 있다. 즉 동약관 제9조는 보험가입금액이 보험가액의 80%이거나 이보다 클 때, 보험가입금액을 한도로 하여 손해액 전액을 지급하도록 규정하고 있다. 반면에 보험가입금액이 보험가액의 80% 해당액보다 적을 때에는 보험가입금액을 한도로 하여 손해액 × 보험가입금액/보험가액의 80% 해당액을 지급하도록 규정하고 있다. 제1차 위험보험은 위에서 설명한 일부보험에서의 비례부담원칙의 불합리성을 극복하는 대안을 제시할 수 있다.

㈐ 입 법 론

    일부보험에서 산술적 측면에서는 비례책임의 근거를 찾을 수 있다. 그러나 전부보험에 가입한 후에 물가상승 등으로 보험가액이 상승하게 돼서 발생하는 자연적 일부보험의 경우엔 비례책임이 불합리하다고 할 수 있다. 왜냐하면 전부보험 계약 체결을 통해 보험계약자 측은 보험료 전부를 납입해왔고, 보험금액 한도 내에서는 전부 보상을 받을 것으로 기대하기 때문이다. 이러한 기대에 합리성은 충분히 인정된다고 하겠다. 제674조가 어떠한 이유로 일부보험이 성립되었는가를 구체적으로 따지지 않은 채 단지 일반적 효과로서 비례책임을 규정하는 것은 타당하지 않다. 오히려 제1차 위험보험을 당사자간의 특약으로 할 것이 아니라 일부보험의 원칙적인 효과로 간주하고, 비례책임을 당사자간의 특약이 있는 경우에만 적용시키되 보험료 산정은 비례책임에 맞게 산정되도록 고려할 수 있다.211)

---

209) 임용수, 265-266면; 정동윤, 580면; 양승규, 217면; 정찬형, 677면; 정희철, 420면; 김성태, 402면.
210) 同旨: 한기정, 509면.
211) 한기정, 509면.

Ⅲ. 손해보험계약의 효과

보험계약 총론 부분에서 이미 설명한 보험자 및 보험계약자의 각종 권리와 의무가 손해보험계약의 효과라고 할 수 있다. 이에 대한 중복 설명은 피하고 여기에서는 손해보험계약에서 특유한 보험자의 손해보상의무와 보험계약자 등의 손해방지·경감의무를 중심으로 설명한다.

1. 보험자의 손해보상의무(보험금 지급의무)212)

손해보험계약의 보험자는 보험사고로 인하여 생긴 피보험자의 재산상의 손해를 보상할 책임이 있다(제665조). 손해보험자의 가장 본질적이고 중요한 의무라 할 수 있다. 이는 보험자가 보험계약자로부터 보험료를 수령하고 위험을 인수한 대가로서 부담하는 의무로서 그 내용은 결국 보험금지급의무이다.213) 보험자의 책임은 당사자 간에 다른 약정이 없는 한 최초의 보험료를 지급받은 때로부터 개시한다(제656조).

(1) 보상의무의 발생 요건

㈎ 보험사고의 발생

보험자의 손해보상의무는 보험기간 중에 보험의 목적에 보험계약에서 정한 보험사고가 발생함으로써 현실화된다.214) 만약 보험사고가 발생하지 않은 채 보험기간이 경과하게 되면 특별한 약정(무사고반환 특약)이 없는 한 보험자는 지금까지 수령한 보험료를 반환할 필요가 없다. 이미 위험부담이라는 급부를 제공했기 때문이며 이러한 취지에서 보험계약의 쌍무계약성이 유지되는 것이다.215) 보험사고가 보험기간 내에 발생하면 되고 손해까지 이 기간 안에 발생해야 하는 것은 아니다. 즉 보험사고가 이 기간 내에 발생한 이상 손해가 보험기간 경과 후에 확정되어도 보험자의 보험금 지급책임은 인정된다. 다만 보험기간 경과 후에 어느 정도의 기간 안에 손해가 발생해야 보상이 가능하다는 내용의 약정은 가능하다고 본다. 손해가 보험기간 내에 생겼어도 보험사고 자체가 보험기간 개시 전에 발생했다면 보험자는 손해를 보상할 책임이 없다.216) 보험사고가 보험기간 내에 발생했다는

---

212) 보험자의 보험금 지급의무는 이미 설명한 바 있다. 여기에서는 손해보험에서 손해보험자의 손해와 보험금 지급의무에 한정하여 설명한다.
213) 양승규, 218면; 임용수, 267면.
214) 임용수, 267면.
215) 최준선, 203면; 정찬형, 678면; 정희철, 420-421면.
216) 김성태, 417면; 최기원, 302면; 양승규, 219면; 정찬형, 678면; 정동윤, 583면; 정희철, 421면.

점 및 이로 인하여 손해가 발생했고 이들 사이에 상당인과관계가 있음에 대한 입증책임은 보험계약자 측이 부담한다.[217]

(나) 재산상 손해의 발생

손해보험에서 보험자가 보상의무를 부담하기 위해서는 약정한 보험사고로 인해 재산상의 손해(재산적 손해)가 피보험자에게 발생하여야 한다. 여기에서의 손해란 피보험자가 보험사고 발생 전에 가지고 있던 피보험이익에 관하여 보험사고로 야기된 재산상의 불이익(재산상태의 차이)을 말한다. 상해보험에서 피보험자의 상해로 인해 발생한 치료비 등도 재산상의 손해 개념에 포함될 수 있다. 판례는 손해보험에서 재산상의 손해란 사고 전후에 있어서 피보험이익의 차이를 의미한다고 하여 이른바 '차액설'에 기초하고 있다.[218] 정신적인 손해는 비재산적인 손해로서 제665조가 규정하고 있는 손해보험자의 책임 대상에 포함하지 않는다.[219] 그러나 보험자와 보험계약자 사이에 정신적 손해와 같은 비재산적 손해를 담보하기로 하는 약정을 체결했다면 그 효력은 인정될 수 있다. 다만 비재산적 손해에 대해 객관적인 산정이 가능해야 할 것이다.[220]

피보험이익에 발생한 적극손해만을 대상으로 손해액을 산정하는 것이 원칙이다. 따라서 보험사고가 없었다면 피보험자가 얻었을 것으로 예상되는 이익이나 보수가 있었는데, 우연히 발생한 보험사고로 인하여 이것이 상실된 경우에 당사자간에 다른 약정이 없으면 보험자가 보상할 손해액에 산입하지 아니한다(제667조). 여기에서 상실이익(逸失이익, 희망이익, 소극이익, 간접손해)이란, 예를 들어 화재보험의 목적인 상가가 화재로 인해 훼손되어 임대료를 받지 못하는 것과 같이 보험사고가 발생하지 않았더라면 일반적으로 피보험자가 얻었을 것이라 기대되는 이익을 말하며, 보험사고로 인해 피보험자가 직접적으로 입은 재산상의 손해가 아니라 그에 부수해서 생긴 손해이다. 이러한 상실이익은 이를 보상범위에 포함시키려는 당사자간의 특약이 있는 경우에 한해 보험자의 보상대상이 된다.[221] 이러한 간접손해를 보상하기 위해서는 별도의 특약을 가입해야 하는데 대표적인 간접손해 담보약관으로는 화재위험이나 기계위험으로 인한 상실소득을 보상하는 기업휴지보험(企業休止保險, business interruption insurance)이 있다. 이는 화재로 점포나 공장이 휴업함으로써 생기는 간접손해를 보상하는 보험이다.[222] 이러한 간접손해의 보상은 실무상 패키지 보험계

---

217) 정동윤, 583면; 양승규, 219면; 최준선, 203면; 임용수, 268면; 장덕조, 245면; 김은경, 352면.

218) 대판 1992. 6. 23, 91다33070; 대판 2005. 12. 8, 2003다40729. 민법상의 배상책임에서도 손해에 대해 차액설이 통설이며 판례의 태도이다. 대판 1992. 6. 23, 91다33070(전원합의체).

219) 양승규, 219면; 김은경, 352면. 채무불이행이나 불법행위자의 손해배상책임에는 비재산적 손해도 포함된다는 것이 통설이며 판례의 태도이다. 대판 1992. 6. 23, 91다33070.

220) 한기정, 512면.

221) 양승규, 220면. 불법행위자나 채무불이행자와 같은 손해배상의무자의 배상책임 범위에는 상실이익이나 일실이익과 같은 소극적 손해도 포함된다. 대판 1992. 6. 23, 91다33070.

222) 보험연수원(편), 보험심사역 공통 1 교재, 2016, 189면.

약 형식으로 체결되는 경우가 많다.223)

(다) 사고와 손해 사이의 인과관계

보험자의 보상의무 발생을 위해서는 보험사고와 피보험자가 직접 입은 재산상의 손해 사이에 상당인과관계가 있어야 한다는 것이 판례의 입장224)이고 통설적 견해이다. 손해의 발생, 손해액, 보험사고와 손해 발생 사이의 상당인과관계의 존재 등은 보험계약자가 입증해야 한다.

[대법원 1999. 10. 26. 선고 99다37603 판결]

〈주요 판시내용〉

보험자가 벼락 등의 사고로 특정 농장 내에 있는 돼지에 대하여 생긴 손해를 보상하기로 하는 손해보험계약을 체결한 경우, 농장 주변에서 발생한 벼락으로 인하여 그 농장의 돈사용 차단기가 작동하여 전기공급이 중단되고 그로 인하여 돈사용 흡배기장치가 정지하여 돼지들이 질식사하였다면, 위 벼락사고는 보험계약상의 보험사고에 해당하고 위 벼락과 돼지들의 질식사 사이에는 상당인과관계가 인정된다(同旨: 대판 1989. 7. 25, 88누10947).225)

[대법원 2003. 4. 25. 선고 2002다64520 판결]

〈주요 판시내용〉

화재보험자는 보험가액과 보험금액의 범위 내에서 화재와 상당인과관계가 있는 손해를 보상할 책임이 있고, 화재와 손해 사이에 상당인과관계가 있는지 여부는 구체적 사정을 고려하여 개별적으로 판단하여야 할 것이다. 화재로 인한 건물 수리시에 지출한 철거비와 폐기물처리비는 화재와 상당인과관계가 있는 건물수리비에 포함된다고 보아야 할 것이다.

상당인과관계의 인정에 있어서 그 범위를 어디까지 인정할 것인가는 구체적인 사실관계를 기준으로 개별적으로 판단하여야 하는 사실문제이다.226) 예를 들어, 화재보험에 가입한 경우 화재가 발생하여 이를 진압하기 위해 뿌려진 물에 의해 보험의 목적물에 손해가 생긴 경우 보험사고와 손해 사이에 상당성을 인정할 수 있어 보험자의 보상의무가 인정된다. 이에 대해 화재보험표준약관에서는 사고에 따른 소방손해(화재진압과정에서 발생한

---

223) 박세민, "패키지보험 중 재산종합위험담보의 피보험이익과 법적 쟁점에 관한 연구―서울중앙지법 2015 가합524591 및 서울고법 2017나2002821 판결을 대상으로―", 기업법연구 제35권 제1호, 2021, 199면.
224) 대판 2003. 4. 25, 2002다64520; 대판 1999. 10. 26, 99다37603. 불법행위자의 손해배상책임도 마찬가지이다. 대판 2007. 7. 13, 2005다23599.
225) 이 판결에 대해 반대취지의 평석으로 정경석, "보험사고와 손해사이의 인과관계: 낙뢰와 돼지의 질식사", 서울지방변호사회 판례연구 제16집(하), 2003. 1, 98-111면.
226) 대판 2003. 4. 25, 2002다64520; 양승규, 221면.

손해)도 보상하는 손해의 범위(상당인과관계)에 포함됨을 명시적으로 규정하고 있다.227)

　　보험의 목적에 관하여 보험사고로 인하여 보험자가 부담해야 할 손해가 발생했다면 그 후에 보험의 목적이 보험자가 부담하지 아니하는 사고의 발생으로 인하여 멸실되었다고 해도 보험자는 이미 생긴 손해를 보상할 책임을 면하지 못한다(제675조). 즉 화재보험의 목적이 화재로 일부 훼손된 후 홍수가 발생하여 전부 멸실된 경우에 화재로 인한 손해부분에 대해서는 보험자의 보상책임이 인정된다. 즉 계약에서 예정한 보험사고와 예정하지 아니한 사고가 경합하여 손해가 발생한 경우에 예정된 보험사고가 손해의 발생에 기여한 데 대하여 보험자는 보상책임이 있다. 보험계약에서 정한 보험사고로 인해 손해가 발생했다면 다른 원인의 경합과 무관하게 보험사고와 손해사이의 상당인과관계를 인정할 수 있다는 것이 판례의 입장이다. 업무상 재해가 발생한 경우에 업무 외의 사유가 복합적으로 작용하였더라도 인과관계가 인정된다. 예를 들어 근로자가 평소 누적된 과로와 연휴동안의 과도한 음주 및 혹한기의 노천작업에 따른 고통 등이 복합적인 원인이 되어 심장마비를 일으켜 사망하였다면 그 사망은 산업재해보상보험법상의 업무상 사유로 인한 사망에 해당한다.228) 즉 손해의 발생에 보험계약에서 담보하는 사고가 유일하거나 결정적인 원인이어야 하는 것은 아니다.229)

[대법원 2005. 12. 8. 선고 2003다40729 판결]

〈주요 판시내용〉

　이 사건의 경우, 보험약관의 담보조항 제1조에서 정한 보험사고는 '피보험자에게 손해를 입히거나 자신이 재정적 이득을 얻을 명백한 의도로 행한 피용자의 부정직한 행위'이므로 이 사건 보험기간 중 발생한 소외인의 세 차례 불법인출행위는 모두 보험사고에 해당하고, 그로 인한 손해는 보험사고 전후의 피보험자 재산상태의 차이라고 할 것이므로 소외인이 불법인출행위를 한 날인 2001. 1. 8. 10억원, 2001. 1. 27. 40억원, 2001. 3. 20. 5억원의 각 손해가 확정적으로 발생하였다고 할 것이며, 따라서 소외인이 2001. 1. 27. 40억원을 불법인출한 이후에 그 돈을 어디에 사용하였는지의 문제는 보험사고로 인한 손해 발생의 문제가 아니라 손해 발생 후 그 손해액의 일부 상환 내지 충당의 문제에 불과하다고 할 것이다. 그렇다면 소외인의 2001. 1. 27.자 불법인출로 인하여 원고에게 40억원의 손해가 발생하였고, 소외인이 그 중 30억원으로 보험기간 전에 불법인출했던 계좌에 상환한 것은 보험기간 전에 이미 발생했던 손해액을 변제한 것일 뿐, 이 사건 보험사고로 인한 손해액을 변제한 것으로 볼 수 없다고 판단한 원심의 조치는 정당하다.230)

---

227) 화재보험표준약관 제3조 제1항 제2호.
228) 대판 1990. 2. 13, 89누6990; 대판 1991. 4. 12, 91누476; 정찬형, 679면; 임용수, 269면; 최준선, 204면; 정동윤, 583면; 양승규, 221면.
229) 김은경, 353면; 양승규, 221면.
230) 정찬형, 680면.

(2) 손해의 산정과 보상

(가) 손해액 산정의 원칙과 예외

① 원 칙 보험자가 보상할 손해액은 그 손해가 발생한 때와 장소의 보험가액에 의하여 산정한다(제676조 제1항 본문). 손해란 피보험이익의 전부 또는 일부가 멸실됐거나 감손된 것을 말하는데 통상 보험사고 발생 시점과 장소를 기준으로 그 전후의 재산상태의 차이에 의해 산정할 수 있다. 보험자가 보상할 손해가 확정적으로 발생한 이상 그 이후 생긴 사정은 손해액의 일부 상환 또는 충당의 문제로 취급될 수 있을 뿐이어서 보험금 지급 시점에 그때까지 실제 얼마가 상환되고 어디에 충당되었는지 여부를 확인하면 족하다. 손해보상의 방법은 금전지급이 가장 일반적이며 경우에 따라 현물급여 또는 용역제공 등의 방법이 약정에 의해 행해지기도 한다. 예를 들어, 화재보험표준약관 제12조에서는 손해의 일부 또는 전부에 대하여 재건축, 수리 또는 현물의 보상으로서 보험금의 지급에 대신할 수 있다고 정하고 있다. 현물보상은 금전으로 지급하는 데서 야기될 수 있는 도덕적 위험을 억제하는 효과가 있다.231)

② 예 외 보험자가 보상할 손해액은 그 손해가 발생한 때와 장소의 보험가액에 의하여 산정한다는 원칙에 대한 예외로서 신가보험, 기평가보험 및 보험가액불변경원칙에 대해서는 앞에서 설명한 바 있다.

③ 손해액의 사정 보험자가 보상을 하기 위해서는 손해에 대한 사정을 해야 한다. 보험사고가 발생하게 되면 보험자는 보험의 목적과 보험사고에 대한 각종 조사를 해야 하며, 손해액 및 보험금에 대한 산정은 실무상 손해사정사가 담당한다. 손해보험상품(보증보험계약은 제외)을 판매하는 보험회사 또는 제3보험상품을 판매하는 보험회사는 손해사정사를 고용하여 보험사고에 따른 손해액 및 보험금의 사정에 관한 업무를 담당하게 하거나 손해사정사 또는 손해사정을 업으로 하는 자를 선임하여 그 업무를 위탁하여야 한다(보험업법 제185조, 보험업법시행령 제96조의2). 보험업감독규정 9-16조 제2항은 보험계약자, 피보험자, 보험수익자, 피해자, 기타 보험사고에 대한 이해관계자 등이 손해사정사를 선임할 수 있는 경우를 규정하고 있다. 손해액 산정에 관한 비용은 보험자가 부담한다(제676조 제2항). 그런데 보험자가 부담하는 금액이 통상적으로 소요되는 금액을 초과하게 되면 보험계약자나 피보험자 등이 손해사정사의 보수를 부담하는 경우도 있다(보험업감독규정 9-16조 제3항). 손해사정사의 산정결과는 구속력을 가지지 못한다. 만약 '손해액이나 보상액과 관련하여 분쟁이 발생하면 분쟁조정위원회의 중재에 따른다'는 내용이 보험계약에 포함되어 있다면 이러한 중재합의 조항은 피보험자에게도 미친다. 따라서 피보험자가 중

---

231) 김성태, 422면; 최준선, 206면; 임용수, 271면.

재를 거치지 않고 소송을 제기하였다면 그 소송은 각하되어야 한다.232) 민법상 채무불이행 또는 불법행위 책임에서 채권자 또는 피해자에게 과실이 있으면 손해배상책임 및 그 금액 산정에 참작하게 되는 과실상계는 손해보험에서의 보상책임에서는 변형된 형태로 완화되어 적용된다.233) 한편 보험사고로 인해 피해자에게 손해 이외에 이익도 발생한 경우 그 한도에서 손해는 감소된 것이므로 그 이익은 손해사정시 공제되어야 한다. 통설과 판례의 입장이다.234) 다만 보험자로부터 받는 보험금은 여기에서의 이익 개념에 포함되지 않는다.

　　④ 외화표시보험　　　보험료, 보험가액 및 보험금액이 외화로 표시되어 있는 보험계약을 외화표시보험이라고 한다. 외화표시보험에서 보험금의 지급을 외국 통화로 할 것인지 아니면 우리나라 통화로 할 것인지는 약정에 의해 정해진다. 다만 통례는 우리나라 통화로 지급한다. 민법 제378조는 외화채권 채무자는 지급할 때에 우리나라 통화로 변제할 수 있다고 규정하고 있다.

　　이때 외화에 대한 우리나라 통화로의 환산시기가 문제될 수 있다. 판례는 '현실로 이행하는 때'로 해석하고 있다. 민법 제378조가 환금시기와 관련하여 '변제기'라는 용어 대신 '지급할 때에'라고 표시하고 있음을 감안할 때, 환산시기는 이행기가 아니라 현실로 이행하는 때로 해석함이 타당하다는 것이다.235) 이에 대해 일부 학설은 제676조 제1항에서 보험자가 보상할 손해액은 그 손해가 발생한 때와 장소의 가액에 의한다고 정하고 있으므로 환산시기도 손해가 확정된 때를 기준으로 하는 것이 타당하다고 한다.236) 외화표시보험에서 손해가 발생한 때와 장소의 가액을 기준으로 손해액을 정한다고 해도 우리나라 통화와의 환산 문제는 현실로 이행하는 때를 기준으로 한다고 해석해야 한다. 판례에 동의한다.

[대법원 1991. 3. 12. 선고 90다2147 전원합의체 판결]

〈주요 판시내용〉

　채권액이 외국통화로 지정된 금전채권인 외화채권을 채무자가 우리나라 통화로 변제함에 있어서는 민법 제378조가 그 환산시기에 관하여 외화채권에 관한 같은 법 제376조, 제377조 제2항의 "변제기"라는 표현과는 다르게 "지급할 때"라고 규정한 취지에서 새겨 볼 때, 그 환산시기는 이행기가 아니라 현실로 이행하는 때, 즉 현실이행시의 외국환시세에 의하여 환산한 우리나라 통화로 변제하여야 한다고 풀이함이 상당하다. 채권자가 위와 같은 외화채권을 대용급부의 권리를

---

232) 서울중앙지법 2016. 8. 19, 2012가합76831.
233) 이에 대해서는 보험자대위 부분에서 상세하게 설명한다.
234) 대판 1962. 6. 14, 61민상1359; 한기정, 516면~517면.
235) 대판 1991. 3. 12, 90다2147.
236) 양승규, 225면; 최준선, 206면.

행사하여 우리나라 통화로 환산하여 청구하는 경우에도 법원이 채무자에게 그 이행을 명함에 있어서는 채무자가 현실로 이행할 때에 가장 가까운 사실심 변론종결 당시의 외국환 시세를 우리나라 통화로 환산하는 기준시로 삼아야 한다.

(나) 손해보상의 범위

손해보상의 범위는 손해에 대한 법률상의 최고한도액인 보험가액을 한도로 하여 약정 최고한도액인 보험금액 내에서의 실제 손해액이다. 이 점이 정액보험과 다른 점이다.

① 전부보험   보험가액의 전부를 부보하는 전부보험(보험가액=보험금액)에서 피보험이익의 전부가 멸실(전손)하면 약정보험금액 전부를 지급하며(손해액=보험금), 피보험이익의 일부가 멸실(분손)된 경우에는 발생한 실손해액(보험가액-잔존가액)을 보상하면 된다(보험금< 보험금액). 가해자로부터 일부 손해배상액을 받았다면 약정보험금액(전부보험에서 보험가액과 동일한 금액)과 보험자가 실제로 지급하는 보험금은 같을 수 없다. 즉 피보험자가 가해자로부터 손해배상액을 지급받았으면 보험자는 이를 제외하고 보상하게 된다. 손해보험계약에서 정한 보험금액이란 보험사고로 인하여 발생한 손해 가운데 다른 사유로 전보되지 아니한 금액 범위 내에서 보험자가 피보험자에게 지급하여야 할 금액의 한도를 정한 것으로서, 피보험자에게 보험사고로 인한 손해 가운데 다른 사유를 통하여 전보되고 최종적으로 남은 손해가 있는 경우 그 범위 내에서 보험금액을 한도로 보상한다는 뜻이다.[237)]

[대법원 2002. 5. 17. 선고 2000다30127 판결]

〈주요 판시내용〉

손해보험계약에서 정한 보험금액은 보험사고로 인하여 발생한 손해 가운데 다른 사유로 전보되지 아니한 금액 범위 내에서 보험자가 피보험자에게 지급하여야 할 금액의 한도를 정한 것으로서, 피보험자에게 보험사고로 인한 손해 가운데 다른 사유를 통하여 전보되고 최종적으로 남은 손해가 있는 경우 그 범위 내에서 보험금액을 한도로 보상한다는 뜻이지, 피보험자가 보험사고로 입은 손해 가운데 보험금액을 넘는 손해가 일단 전보되기만 하면 그 보상책임을 면한다는 취지는 아니다.

② 일부보험   보험가액의 일부에 대해서만 부보한 일부보험에서 전손의 경우에는 당사자가 약정한 보험금액의 전액이 지급되지만, 분손의 경우에는 손해액에 부보비율을 곱하여 산출되는 금액(손해액×보험금액/보험가액)을 지급한다. 다만 보험금액의 한도 내에서 피보험자의 손해액 전액을 지급하는 것으로 당사자간에 약정을 할 수 있는데 이를 제1

---

237) 대판 2002. 5. 17, 2000다30127.

차 위험보험(실손보상특약)이라 함은 이미 설명한 바 있다(제674조 단서). 제1차 위험보험에서 손해액이 보험금액 밑이면 지급보험금은 손해액과 같다. 손해액이 보험금액보다 지급보험금은 보험금액과 같다.238)

③ 초과·중복보험　　보험금액이 보험가액을 현저히 초과하는 초과보험의 경우에는 보험금액의 감액이 이루어지므로 전손의 경우 보험가액을 한도로 하고, 분손의 경우에는 실손해액을 지급한다(제669조 제1항). 즉 이득금지의 원칙에 따라 손해액은 보험가액을 기준으로 산정되는데 보험금은 손해액과 동일하다. 중복보험의 경우 전손이 발생한 때에는 보험자는 각자의 보험금액의 한도에서 연대책임을 지는데 이때 각 보험자의 보상책임은 각자의 보험금액의 비율에 따른다(제672조 제1항).239) 분손이 생긴 때에는 보험자는 각자의 보험금액에 분손의 비율을 곱한 금액의 한도에서 연대책임을 지되 각 보험자간의 보상책임은 각자의 보험금액의 비율에 따른다.240)

④ 자기부담금　　자기부담이란 손해액 일부를 피보험자 자신이 부담하는 것을 말한다. 따라서 보험자는 지급하는 보험금에서 피보험자 측이 부담하는 자기부담금을 공제하게 된다. 자기부담금 제도는 손해의 일정부분을 피보험자가 부담하는 것이기 때문에 보험사고 발생 가능성의 억제 효과를 기대할 수 있으며, 이를 통해 도덕적 해이 문제도 완화할 수 있고, 보험계약자 측은 자신이 손해액의 일정부분을 부담하는 만큼의 보험료를 줄일 수 있는 효과도 있다. 자동차보험 표준약관은 음주운전과 무면허운전 사고에서 자기부담금을 규정하고 있다. 자기부담금과 관련된 문제는 과실상계의 문제와 함께 보험자의 청구권대위의 범위를 둘러싼 제682조 제1항 단서 적용 등에서 법적 쟁점을 일으키고 있다.241)

⑤ 소손해면책(小損害免責)　　이는 보험사고로 인한 손해가 발생했는데 그 손해액이 극히 소액인 경우에는 보상을 위한 통지나 손해사정절차 등에 소요되는 부수비용이 더 많이 들어 그 실익이 상대적으로 적다고 판단하여 보험자가 이러한 소액손해에 대해서 면책이 되도록 약정하는 것이다. 도덕적 위험을 줄이는 효과가 있고 면책에 해당되는 만큼의 보험료를 줄일 있는 장점이 있다.242) 선박보험에서 그 활용이 많다.243)

⑥ 미지급 보험료 공제　　보험자가 보험계약자로부터 보험료의 지급을 받지 아니한 부분(미지급 보험료)이 있으면 그 보험료의 지급기일이 아직 도래하지 아니한 때에도 보험자는 보상할 금액에서 이를 공제할 수 있다(제677조). 이는 상법이 인정하는 특수한 상계

---

238) 한기정, 523면.
239) 정찬형, 682면; 임용수, 273면.
240) 정동윤, 585면.
241) 이에 관해서는 청구권대위 및 자기차량손해보험에서 설명한다.
242) 한기정, 523면.
243) 김성태, 423면; 임용수, 272면.

라고 할 수 있다. 보험금 지급시 지급기일이 이미 도래한 보험료채권은 제677조가 아니더라도 민법 제492조에 의해 당연히 상계할 수 있다. 보험료 지급기일이 아직 도래하지 아니한 때에도 보험자가 지급할 보험금에서 미지급 보험료를 공제할 수 있도록 규정하고 있는 제677조의 취지는 보험금이 지급되면 보험계약의 효력이 상실될 수 있다는 것을 감안한 것이다. 그런데 보험계약에 따라서는 보험금을 지급하더라도 보험계약의 효력이 상실되지 않고 그대로 유지되는 경우가 있는데 이러한 경우에는 제677조에서와 같은 기한이익의 상실에 대한 근거가 약하다고 할 수 있다. 한편 제677조에서 말하는 미지급 보험료의 의미를 보험사고 발생시점이 포함되는 보험료기간의 보험료라고 해석할 여지가 있다.244) 그러나 실무에서 보험료불가분의 원칙은 적용되지 않고 있고 약관에서도 보험계약의 효력이 상실된 경우에 미경과 기간에 대해서는 일할계산해서 보험계약자에게 보험료를 반환하고 있음을 감안할 때, 보험금 지급시에 지급기일이 도래하지 않은 보험료는 사고발생 시점 이전의 보험료를 말한다. 결과적으로 제677조가 적용되는 실제 범위는 좁다고 해석할 수 있다.245)

(3) 보상의무의 이행

보험금의 지급방식, 보험금의 지급 시기, 이행장소, 보험금청구권의 소멸시효 및 그 기산점 등에 대해서는 보험계약의 효과 부분에서 이미 설명한 바 있다. 피해자가 입은 손해에 대해 보험자가 실제로 보험금을 지급하기까지는 장기간이 소요될 수 있다. 즉 사고의 원인과 피해조사 등 피해자의 손해를 확정하는 데 적지 않은 시간이 요구되는 상황에서 실무상으로는 피보험자의 청구에 따라 추정보험금의 일정 부분을 가지급금으로 지급하기도 한다.246) 보험사고로 인해 전손이 생기고 보험금 전액이 지급되면 보험관계는 종료되며 더 이상 유지되지 않는 것이 원칙이다. 분손의 경우에는 지급한 보험금액을 공제한 잔액을 보험금액으로 하여 보험계약이 유지될 수 있다. 그러나 자동차보험과 같은 경우에는 보험기간 내에 보험사고가 여러 차례 발생하더라도 보험계약 체결시의 원래 보험금액을 그대로 유지하면서(보험금액의 복원) 보험계약이 존속된다.247)

---

244) 김성태, 422면.
245) 한기정, 525면.
246) 화재보험표준약관 제7조 제1항에서 지급할 보험금이 결정되기 전이라도 피보험자의 청구가 있을 때에는 회사가 추정한 보험금의 50% 상당액을 가지급보험금으로 지급한다고 정하고 있다. 참고로 생명보험 표준약관 제8조 제3항 및 제4항에서도 회사가 보험금 지급사유의 조사 및 확인을 위하여 제1항의 지급기일 이내에 보험금을 지급하지 못할 것으로 예상되는 경우에는 그 구체적인 사유, 지급예정일 및 보험금 가지급 제도(회사가 추정하는 보험금의 50% 이내를 지급)에 대하여 피보험자 또는 보험수익자에게 즉시 통지하여 드리며, 장해지급률의 판정 및 지급할 보험금의 결정과 관련하여 확정된 장해지급률에 따른 보험금을 초과한 부분에 대한 분쟁으로 보험금 지급이 늦어지는 경우에는 보험수익자의 청구에 따라 이미 확정된 보험금을 먼저 가지급할 수 있다고 정하고 있다. 임용수, 274면; 최준선, 206면; 양승규, 224면.
247) 최준선, 208면; 정동윤, 586면.

(4) 보험금청구권과 물상대위

(가) 담보권자 보호 방법

보험의 목적에 대해 질권이나 저당권을 가지는 담보물권자라고 해도 보험계약에서 피보험자로 지정되지 않는 한 보험의 목적, 즉 담보물이 보험사고로 인해 멸실 또는 훼손된 경우 보험자에게 보험금을 청구할 수 없는 것이 일반적인 원칙이다.[248] 이러한 상황에서 담보권자의 이익을 보험제도에 의해 보호하는 방법으로는 첫째, 담보권자가 자신이 가지는 담보권자로서의 이익을 피보험이익으로 하여 자기를 위한 보험계약을 체결하는 것이다. 이렇게 되면 담보권자 자신이 피보험자로서 보험금청구권을 가지게 된다. 둘째, 채무자인 담보권설정자가 채권자인 담보권자를 피보험자로 하는 타인을 위한 보험계약을 체결하는 것이다. 저당권자를 피보험자로 하는 보험을 '저당보험'이라 한다.[249] 담보권자는 담보권설정자에 의해 피보험자로서의 지위를 가지게 되므로 보험금청구권을 가진다. 셋째, 채무자인 담보권설정자가 자신을 피보험자로 하는 자기를 위한 보험계약을 체결하면서 담보권자로 하여금 보험금청구권에 질권을 가지게 할 수 있다. 금융기관이 자금을 대출해주는 경우 일반적으로 담보물을 확보하게 되는데 담보물의 멸실 또는 훼손에 대비하여 담보물권 설정자로 하여금 화재보험 등에 가입하게 하고 그 보험금청구권을 양도받아 보험사고가 발생하게 되면 금융기관(채권자)이 이를 행사하고 있다. 실무상 보험금을 직접 채권자에게 지급하도록 하는 내용의 피보험자의 배서가 기재된 보험증권이 금융기관에게 양도된다.

> **[대법원 1978. 1. 17. 선고 77누221 판결]**
>
> 〈주요 판시내용〉
> 해상보험계약을 체결함에 있어서 선박이 전손된 경우에 근저당권자를 보험금의 수익자(피보험자)로 하기로 약정한 때에는 그 선박이 전손처리되었다면 당연히 그 보험금지급청구권은 근저당권자에게 귀속되었다고 할 것이다.

(나) 물상대위

담보권자가 위의 보호방법 중 어느 것도 실행하지 않고 물상대위를 할 수 있는가의 문제가 있다. 물상대위란 담보목적물이 멸실되거나 훼손되는 경우 또는 공용징수되면서 그 가치의 변형물(또는 代價物)이 존재하는 경우에 이 변형물에 대하여 담보물권자가 담보

---

248) 양승규, 227면.
249) 양승규, 228면.

물권을 행사하는 것을 말한다.250) 민법 제342조에서 "질권은 질물의 멸실, 훼손 또는 공
용징수로 인하여 질권설정자가 받을 금전 기타 물건에 대하여도 이를 행사할 수 있다"고
정함으로써 동산질권의 물상대위를 인정하고 있다. 이 조문은 권리질권과 저당권에 준용
되고 있다(민법 제355조, 370조). 담보물권자인 금융기관이 보험증권을 징구하지 않은 경우
(따라서 실질적으로 담보권자가 보험금청구권을 행사할 수 없는 경우) 보험사고가 발생하게
되면 피보험자의 지위에 있는 담보물권 설정자가 보험금을 지급받게 되는데, 이때 담보권
자는 그 보험금청구권에 대하여 물상대위권을 행사할 수 있다고 해석된다. 이러한 해석이
가능한 것은 물상대위의 객체에 대해 민법 제342조에서는 '금전 기타 물건'으로 정하고
있는데, 여기에는 물건이나 금전에 대한 인도청구권이나 지급청구권이 포함되기 때문이
다.251) 판례도 보험금청구권을 담보목적물의 멸실이나 훼손시 그 가치의 변경물로 보고
화재보험계약에서 화재보험금청구권은 담보목적물이 가지는 가치의 변형물로 보아 민법
제370조나 동법 제342조에 의한 담보권자의 물상대위권을 인정하고 있다. 판례는 양도담
보권의 경우도 물상대위를 인정하여 보험금청구권에 대하여 양도담보권자는 물상대위를
할 수 있다.252)

[대법원 2004. 12. 24. 선고 2004다52798 판결]

〈주요 판시내용〉

저당목적물이 소실되어 저당권설정자가 보험회사에 대하여 화재보험계약에 따른 보험금청구권
을 취득한 경우 그 보험금청구권은 저당목적물이 가지는 가치의 변형물이라 할 것이므로 저당권
자는 민법 제370조, 제342조에 의하여 저당권설정자의 보험회사에 대한 보험금청구권에 대하여
물상대위권을 행사할 수 있다고 봄이 상당하다.

[대법원 2009. 11. 26. 선고 2006다37106 판결]

〈주요 판시내용〉

동산에 대하여 양도담보를 설정한 경우 채무자는 담보의 목적으로 그 소유의 동산을 채권자에
게 양도해 주되 점유개정에 의하여 이를 계속 점유하지만, 채무자가 위 채무를 불이행하면 채권
자는 담보목적물인 동산을 사적으로 타인에 처분하거나 스스로 취득한 후 정산하는 방법으로 이
를 환가하여 우선변제 받음으로써 위 양도담보권을 실행하게 되는데, 채무자가 채권자에게 위 동
산의 소유권을 이전하는 이유는 채권자가 양도담보권을 실행할 때까지 스스로 담보물의 가치를

---

250) 대판 2004. 12. 24, 2004다52798.
251) 대판 2002. 10. 11, 2002다33137.
252) 대판 2004. 12. 24, 2004다52798; 대판 2009. 11. 26, 2006다37106.

보존할 수 있도록 함으로써 만약 채무자가 채무를 이행하지 않더라도 채권자가 양도받았던 담보물을 환가하여 우선변제받는 데에 지장이 없도록 하기 위한 것인바, 이와 같이 담보물의 교환가치를 취득하는 것을 목적으로 하는 양도담보권의 성격에 비추어 보면, 양도담보로 제공된 목적물이 멸실, 훼손됨에 따라 양도담보 설정자와 제3자 사이에 교환가치에 대한 배상 또는 보상 등의 법률관계가 발생되는 경우에도 그로 인하여 양도담보 설정자가 받을 금전 기타 물건에 대하여 담보적 효력이 미친다. 따라서 양도담보권자는 양도담보 목적물이 소실되어 양도담보 설정자가 보험회사에 대하여 화재보험계약에 따른 보험금청구권을 취득한 경우에도 담보물 가치의 변형물인 위 화재보험금청구권에 대하여 양도담보권에 기한 물상대위권을 행사할 수 있다.

다만 담보권자가 물상대위를 하기 위해서는 보험자가 피보험자에게 보험금을 지급하기 전에 담보권자가 보험금을 압류하거나 배당요구 등의 조치를 취해야 한다(민법 제342조 후문).[253] 즉 금전 기타 물건의 지급 또는 인도 전에 담보권자가 압류해야 하는데, 그 이유는 압류를 통해 물상대위의 목적이 되는 금전 기타 물건의 특정성을 유지(확보)함으로써 제3자에게 불측의 손해를 입히지 않기 위해서이다. 압류 절차 없이 담보권설정자에게 지급 또는 인도된 금전이나 물건을 담보권자가 물상대위하게 되면 제3자와의 법률관계가 혼란스러워지기 때문이다. 담보권설정자에게 지급이나 인도가 되면 변형물의 특정성이 상실되기 때문이다. 따라서 담보권자가 보험금청구권에 물상대위를 행사하기 위해서는 보험금이 지급되기 전에 압류를 해야 한다.

[대법원 2002. 10. 11. 선고 2002다33137 판결]

〈주요 판시내용〉

민법 제370조, 제342조 단서가 저당권자는 물상대위권을 행사하기 위하여 저당권설정자가 받을 금전 기타 물건의 지급 또는 인도 전에 압류하여야 한다고 규정한 것은 물상대위의 목적인 채권의 특정성을 유지하여 그 효력을 보전함과 동시에 제3자에게 불측의 손해를 입히지 않으려는데 있는 것이므로, 저당목적물의 변형물인 금전 기타 물건에 대하여 이미 제3자가 압류하여 그 금전 또는 물건이 특정된 이상 저당권자가 스스로 이를 압류하지 않고서도 물상대위권을 행사하여 일반 채권자보다 우선변제를 받을 수 있다.

압류를 질권자나 저당권자와 같이 담보권자 자신이 해야만 제3자에 대해 우선변제권을 행사할 수 있다는 견해가 있으나,[254] 채권압류를 요구하는 이유인 목적물의 특정성 보

---

253) 대판 2002. 10. 11, 2002다33137.
254) 양승규, 229면. 보험금청구권에 대한 물상대위는 그 보험금의 지급 전에 압류를 요건으로 하고 있는 점에서 담보권자 자신에 의하여 보험금의 압류를 하지 아니하면 제3자에 대하여 우선변제권을 행사할 수 없다고 풀이함이 타당하다고 설명한다.

존의 목적은 다른 채권자에 의한 압류에 의해서도 가능하므로 다른 채권자가 압류한 경우에도 물상대위는 가능한 것으로 해석함이 타당하다. 판례도 같은 입장이다.[255]

[대법원 1996. 7. 12. 선고 96다21058 판결]

〈주요 판시내용〉

민법 제370조에 의하여 저당권에 준용되는 제342조 후문이 "저당권자가 물상대위권을 행사하기 위하여서는 저당권 설정자가 지급받을 금전 기타 물건의 지급 또는 인도 전에 압류하여야 한다"라고 규정한 취지는, 물상대위의 목적이 되는 금전 기타 물건의 특정성을 유지하여 제3자에게 불측의 손해를 입히지 아니하려는 데 있는 것이므로, 저당목적물의 변형물인 금전 기타 물건에 대하여 이미 제3자가 압류하여 그 금전 또는 물건이 특정된 이상 저당권자는 스스로 이를 압류하지 않고서도 물상대위권을 행사할 수 있다.

한편 입법론적으로 담보권자에 의한 압류 대신 보험자에게 물상대위 통지를 하자는 견해도 있다. 저당권의 물상대위의 경우엔 등기를 통하고 질권의 물상대위의 경우엔 점유를 통해 보험목적에 담보물권자가 존재한다는 것을 보험자가 알 수 있을 것이고, 양도담보와 같이 그것이 외부에 공시되지 않는 경우에도 보험자에게 통지가 이루어지면 보험자는 양도담보권자의 존재를 알 수 있게 된다. 통지를 받은 보험자는 보험금을 피보험자가 아닌 담보권자(물상대위자)에게 지급하면 압류를 통하지 않고도 물상대위 제도의 취지를 살릴 수 있다고 해석한다.[256] 한편 담보물권자가 물상대위권을 행사하는 경우 보험자는 피보험자에 대해 가지고 있었던 고지의무위반이나 통지의무 위반 등의 항변사유를 가지고 물상대위자에게도 대항할 수 있다. 피보험자가 갖는 권리의 크기를 넘어서 물상대위자가 행사하는 것을 인정할 수는 없기 때문이다.[257]

(5) 면책사유

보험계약자 또는 피보험자의 고의나 중대한 과실로 인한 보험사고에 대해 보험자는 면책이 되며, 전쟁 등을 원인으로 하는 보험사고에 대해서도 당사자간에 다른 약정이 없으면 보험자는 면책된다(제659조, 제660조). 손해보험의 목적의 성질, 하자 또는 자연소모로 인한 손해에 대해서도 손해보험의 보험자는 면책된다(제678조).

손해보험의 목적의 성질 등에 의한 손해를 특별히 면책사유로 한 것은 보험사고의 불

---

255) 대판 1998. 9. 22, 98다12812; 대판 1996. 7. 12, 96다21058; 대판 2002. 10. 11, 2002다33137; 임용수, 275-276면.
256) 양승규, 229면.
257) 보험금청구권에 대한 물상대위에 관하여, 이기수/최병규/김인현, 238면; 최준선, 208면; 김성태, 523면; 양승규, 228-229면; 정찬형, 682-683면; 임용수, 275면; 채이식, 118면; 한기정, 526-528면.

확정성을 인정하기 어렵기 때문이라는 것이 다수설적 견해이다. 목적물 자체에 위험성이 이미 내포되어 있는 것은 객관적으로 위험의 발생이 확정되어 있는 것이므로 보험사고로 취급할 수 없다는 것이다. 이 면책사유는 그 성질상 손해보험 중 물건보험에만 적용되며 책임보험에는 적용되지 않는다.258) 그런데 일반적으로 보험사고는 그 발생 여부 뿐만 아니라 발생 시기나 손해액의 크기 등에서 불확정적이어야 한다. 그런데 손해보험의 목적의 성질 또는 자연소모로 인한 손해의 경우 발생시기나 손해액의 크기 등에서 불확정성이 전혀 없다고 말할 수는 없다. 따라서 면책의 근거를 위험의 불확정성 문제로 접근하는 것은 설득력이 약하다고 할 수 있다. 오히려 이러한 손해는 손해율이 높아 보험단체 내에서 적절한 위험의 분산에 적합하지 않음을 면책의 근거로 보아야 한다.259) 손해보험계약에 있어 손해가 제3자의 행위로 인하여 생긴 경우 피보험자는 보험자가 보험금을 지급하기 전까지는 자유로이 제3자로부터 손해배상을 받을 수 있고, 그 경우 보험자는 그 한도 내에서 면책된다.260) 일반적으로 보험사고 해당 여부는 청구원인에 관한 것이며 보험금을 청구하는 자가 증명책임을 부담하는 반면, 면책사유의 존재 및 보험사고와의 관계에 대해서는 항변에 해당되기 때문에 보험자가 입증책임을 부담한다.261) 그 밖에 면책사유는 아니지만 보험계약자 등의 고지의무위반(제651조), 위험변경증가 통지의무 위반(제652조), 위험의 현저한 변경증가금지 의무 위반(제653조) 등으로 보험자가 보험계약을 해지한 경우에도 피보험자는 보험금청구권을 행사할 수 없다.

(6) 보험자의 손해보상의무와 사기에 의한 보험금청구

현행 화재보험표준약관 제31조 제1항에서는 보험계약자 또는 피보험자가 고의로 보험금 지급사유를 발생시킨 경우 또는 보험금 청구에 관한 서류에 고의로 사실과 다른 것을 기재하였거나 그 서류 또는 증거를 위조 또는 변조한 경우에 보험자는 그 사실을 안 날부터 1개월 이내에 계약을 해지할 수 있다고 정하고 있다. 이는 화재보험에만 적용되는 것이 아니고, 다른 종류의 보험계약에도 적용되는 원칙이라 할 수 있다. 이러한 약관상의 내용은 거래상 일반인들이 보험자의 설명 없이도 당연히 그 내용을 알거나 충분히 예상할 수 있는 사항에 해당하여 설명의무의 대상이 아니라는 것이 법원의 입장이다.

258) 최준선, 138면, 208면; 정찬형, 679면; 정동윤, 587면; 정희철, 422면; 양승규, 221면-222면; 김은경, 357면; 이기수/최병규/김인현, 210면; 한기정, 518면.
259) 同旨: 한기정, 518면.
260) 대판 2000. 11. 10, 2000다29769; 최준선, 205면; 임용수, 270면.
261) 임용수, 270면.

> **[대법원 2003. 5. 30. 선고 2003다15556 판결]**
>
> 〈주요 판시내용〉
>
> 약관상 보험금청구권의 상실사유는 보험계약에 있어서 신의성실의 원칙에 반하는 사기적 보험금청구행위를 허용할 수 없다는 취지에서 규정된 것으로서, 보험계약 당사자의 윤리성이나 선의성을 요구하는 보험계약의 특성 및 상법에 보험의 투기화·도박화를 막고 피보험자에게 실제의 피해 이상의 부당한 이득을 취득하지 못하도록 하기 위하여 고의로 인한 보험사고의 경우에는 보험자의 면책을 인정하고, 보험계약이 사기로 인한 초과보험인 경우 그 계약 자체를 무효로 규정하고 있는 점 등에 비추어 볼 때 이는 거래상 일반인들이 보험자의 설명 없이도 당연히 예상할 수 있던 사항에 해당하여 설명의무의 대상이 아니다.

2. 보험계약자와 피보험자의 손해방지·경감의무

(1) 개   념

(가) 의   의

손해보험계약의 보험계약자와 피보험자는 보험사고가 발생한 경우에 손해의 방지와 경감을 위하여 노력하여야 한다. 이를 위하여 소요된 필요 또는 유익한 비용이 발생했을 때에 이러한 손해방지비용과 보험자가 사고손해에 대해 지급한 보상액의 합계액이 약정보험금액을 초과한 경우라도 보험자는 이를 부담한다(제680조 제1항). 이것이 보험계약자와 피보험자가 부담하는 손해방지·경감의무(duty to avert or minimize the loss)이다.262) 보험자가 부담해야 하는 손해방지비용이라 함은 보험자가 담보하고 있는 보험사고가 발생한 경우에 보험사고로 인한 손해의 발생을 방지하거나 손해의 확대를 방지함은 물론 손해를 경감할 목적으로 행하는 행위에 필요하거나 유익하였던 비용을 말한다. 즉 비용지출 결과 손해의 경감이 실제로 있었던 경우뿐만 아니라 그 상황에서 손해경감의 목적을 가지고 행한 타당한 행위에 대한 비용을 의미한다.263)

손해방지비용에 대한 보험자의 부담은 원칙적으로 보험사고의 발생을 전제로 하는 것이므로 보험자가 보상책임을 지지 않는 사고에 대해서는 이 의무도 부담하지 않으며, 따라서 보험자가 비용을 부담하는 문제도 발생하지 않는다.264) 보험사고 발생을 전제로 하는 의무이므로 보험사고 이외의 사고에 대해서는 손해방지의무가 부과될 이유가 없다.265) 보험사고 자체가 보험계약자나 피보험자의 고의 또는 중과실로 야기되지 않았다면 보험

---

262) 손해방지의무라고 부르기도 한다.
263) 보험연수원(편), 보험심사역 공통 1 교재, 2016, 213면.
264) 임용수, 279면.
265) 대판 1993. 1. 12, 91다42777.

자는 보험금 지급의무를 부담하게 되므로, 보험계약자나 피보험자가 보험사고 자체의 발생을 방지하거나 경감하도록 하는 의무를 부과할 수는 없는 것이다.266)

(나) 제도의 취지

보험계약자 등에게 손해방지 및 경감의무를 부담하도록 한 것은 보험사고가 발생한 경우에 보험의 목적에 대한 손해의 발생과 확대를 막는 것이 신의성실의 원칙에 부합하고 국민경제적인 면에서 유익하다는 점에서 공익 측면이 강조된 것이다. 즉 보험계약자 또는 피보험자가 손해의 방지와 경감을 위한 노력을 했다면 손해를 막을 수 있었던 상황에서 이들이 고의 또는 중대한 과실로 손해의 방지에 노력하지 않은 것은 부작위에 의한 손해의 확장으로 볼 수 있고 도덕적 위험의 문제와 함께 신의성실의 원칙에 반하며 결과적으로 보험자의 부담을 증가시켜 보험단체 전체에 불이익을 가져오는 것으로 해석할 수 있기 때문이다.

정액보험의 경우에는 약정된 보험사고가 발생하면 손해의 크기를 산정할 필요없이 약정된 보험금액(지급보험금과 동일)을 지급하는 것이기 때문에 손해방지의무가 적용되지 않는다. 이러한 이유에서 정액보험 방식의 인보험의 피보험자나 보험수익자는 본 의무를 부담하지 않는다. 손해방지의무는 손해보험이나 손해보험형 상해보험267)과 같은 비정액보상 방식의 보험에는 적용된다고 하겠다.268) 상해보험약관에서는 "정당한 이유없이 피보험자가 치료를 게을리하거나 또는 계약자나 수익자가 치료를 하여주지 않으므로 인하여 보상하는 손해에서 정한 상해가 중하게 된 경우에는 회사는 그 영향이 없었던 때에 상당하는 금액을 결정하여 지급합니다"라고 규정하여 제한적으로 손해방지경감의무를 부과하고 있다.269) 약관에서 손해방지비용을 보험자가 부담하지 않기로 하거나 제한을 두는 것은 불이익변경금지의 원칙에 위배되어 무효라고 해석해야 한다.

(2) 법적 성질

보험계약자 또는 손해방지 및 경감과 직접적인 관계가 있는 피보험자의 의무위반으로 인해 보험자가 상당인과관계의 손해를 입은 경우에 보험자는 손해배상을 청구할 수 있다.270) 또는 보험자가 피보험자에게 지급해야 할 손해보상액에서 보험자가 입은 손해액만큼을 공제할 수 있다는 점에서 비록 보험자가 보험계약자에게 본 의무의 이행을 강제할

266) 한기정, 528면.
267) 예를 들어 자동차보험 중 무보험자동차에 의한 상해담보에 대해 법원은 손해보험형 상해보험이라고 판단하고 있다.
268) 양승규, 230-231면; 서돈각/정완용, 417면; 손주찬, 591면; 정동윤, 587면; 정희철, 424면; 정찬형, 684-685면; 최준선, 210면; 임용수, 276면; 서헌제, 145면.
269) 보험연수원(편), 보험심사역 공통 1 교재, 2016, 214면.
270) 유사한 취지로 대판 2016. 1. 14, 2015다6302; 대판 1994. 8. 12, 94다2145.

수는 없다고 해도 간접의무는 아니고 진정한 의무이며, 형평의 견지에서 법이 특별히 인정한 법적 의무로 보아야 할 것이다. 통설적 견해이다.[271] 이러한 통설적 견해와 달리 제680조는 본문에서는 '… 노력하여야 한다'고만 표기되어 있고, 그 노력에 수반된 비용을 보험자가 부담하도록 하는 내용뿐이므로 이를 법적 의무로 볼 수는 없으며, 단지 필요비와 유익비를 보험자에게 부담시키기 위한 전제로 보아야 한다는 견해가 있다.[272]

[대법원 1994. 8. 12. 선고 94다2145 판결]

〈주요 판시내용〉

피보험자의 소송통지의무를 규정한 자동차보험보통약관 취지는, 소송을 제기당한 피보험자가 소송에 적절히 대응하지 않아 부적정한 손해배상액을 명하는 판결을 받은 후 그 판결금액을 보험회사에게 청구할 수 있다고 한다면 이는 실손해를 전보한다는 자동차보험의 본래의 취지에 반하고 보험회사로 하여금 부당한 불이익을 입게 하는 것이므로 그와 같은 폐해를 피하고 후일의 분쟁을 방지하기 위하여 소송이 제기된 때에는 그 소송에서 적정한 배상액이 정해지도록 보험회사에게 직접, 간접으로 소송에 관여할 기회를 주기 위한 것이다. 만약 피보험자가 보험회사에게 피해자 등으로부터 소송을 제기당한 사실을 통지하여 보험회사로 하여금 소송에 실질적으로 관여할 수 있도록 하였거나 소송에서 피해자의 사고 당시의 수입액에 관한 자료를 제출하였다면 판결에서 피해자의 수익상실로 인한 손해액이 과다하게 인용되는 것을 방지할 수 있었음에도 이를 게을리한 사정이 있다면, 자동차보험보통약관 취지로 보아 피보험자의 의무해태로 인하여 적정 손해액 이상으로 판결에서 인용된 손해액에 대하여는 보험회사에게 보상의무가 없다고 봄이 상당하다.

---

(3) 요건과 시기

㈎ 의무의 주체

손해방지의무의 이행주체는 보험계약자 또는 피보험자이다. 이들의 대리인, 지배인 또는 선장과 같은 포괄적인 대리권을 가진 자 등도 의무자이다. 타인을 위한 손해보험계약에서 보험의 목적을 보험계약자가 점유하고 있다면 타인을 위한 손해보험의 보험계약자도 본 의무를 이행하여야 한다.[273] 보험계약자나 피보험자가 수인인 경우에는 각자가 이 의무를 부담한다. 손해방지의무자가 이 의무를 위반하였으나 다른 관계자가 대신 이행한 때에는 본 의무를 이행한 것으로 해석할 수 있을 것이다.[274]

---

271) 최준선, 210면; 정희철, 424면; 최기원, 306면; 임용수, 277면; 양승규, 231면; 정찬형, 684면; 정동윤, 588면; 서헌제, 145면; 김은경, 359면; 한기정, 529면.
272) 박인호, "손해방지의무와 손해방지경감비용에 대한 고찰―책임보험을 중심으로―", 보험법연구 제14권 제2호, 2020, 155면. 채이식, 144면과 강위두/임재호, 674면도 간접의무로 해석한다.
273) 최준선, 211면; 양승규, 231-232면; 임용수, 277면.
274) 최기원, 306면; 임용수, 277면; 김은경, 360면; 한기정, 530면.

(나) 이행 시기

원칙적으로 보험사고의 발생을 전제로 한다. 보험사고가 발생하면 본 의무는 개시된다. 만약 보험사고 발생 이전에 손해의 발생을 방지해야 하는 의무를 부담하는 것으로 해석하게 되면, 보험사고가 불가피하게 발생하여 손해가 생긴 경우에 그 손해액을 공제하고 보험금을 지급하게 된다고 해석될 수도 있기 때문에 본 의무의 개시시기를 보험사고가 발생한 때로 해석함이 타당하다.275)

[대법원 1993. 1. 12. 선고 91다42777 판결]

〈주요 판시내용〉

손해보험에서 피보험자가 손해의 확대를 방지하기 위하여 지출한 필요·유익한 비용은 보험자가 부담하게 되는바(상법 제680조 제1항), 이는 원칙적으로 보험사고의 발생을 전제로 하는 것이므로, 손해보험의 일종인 책임보험에 있어서도 보험자가 보상책임을 지지 아니하는 사고에 대하여는 손해방지의무가 없고, 따라서 이로 인한 보험자의 비용부담 등의 문제도 발생할 수 없다 할 것이다.

(다) 주관적 요건

제680조는 보험계약자 등의 주관적 요건에 대해서 아무런 언급이 없다. 해석의 문제로 남는다. 단순히 보험사고 발생에 대한 위험이 존재할 때에 보험사고의 발생 자체를 미리 방지하는 것은 본 의무의 내용이 아니다.276) 의무자가 보험사고의 발생을 알지 못한 때에는 본 의무의 이행은 불가능하다.보험계약자 등이 중과실로 보험사고의 발생을 알지 못한 경우라도 알지 못한 이상 본 의무를 부과할 수는 없다고 본다.277) 손해방지의무 위반이 되기 위해서는 보험계약자 등의 고의 또는 중과실에 의해 본 의무에 대한 의무불이행이 있어야 한다. 판례도 같은 입장이다.278) 경과실에 의한 위반은 문제 삼지 않는다고 해석된다.279)

---

275) 박인호, 전게논문, 149-150면; 주석상법(보험 Ⅰ), 한국사법행정학회, 2015, 478면.
276) 김성태, 605면; 양승규, 232면; 최기원, 307면; 임용수, 278면; 한기정, 531면.
277) 손주찬, 591면에서는 보험계약자 등이 중과실로 알지 못한 경우에도 손해방지의무가 부과되어야 한다고 해석한다. 그러나 이렇게 되면 보험계약자 등에게 탐지의무라는 또 다른 의무를 부과하는 결과가 되어 타당하지 않다.
278) 대판 2016. 1. 14, 2015다6302.
279) 채이식, 144면은 경과실에 의한 위반도 포함되어야 한다는 입장이다.

> **[대법원 2016. 1. 14. 선고 2015다6302 판결]**
>
> 〈주요 판시내용〉
>
> 보험계약자와 피보험자가 고의 또는 중대한 과실로 손해방지의무를 위반한 경우에는 보험자는 손해방지의무 위반과 상당인과관계가 있는 손해에 대하여 배상을 청구하거나 지급할 보험금과 상계하여 이를 공제한 나머지 금액만을 보험금으로 지급할 수 있으나, 경과실로 위반한 경우에는 그러하지 아니하다.

㈜ 객관적 요건

손해방지의무 실행을 위한 객관적 요건은 보험사고가 발생해야 한다는 것이다. 즉 보험사고가 발생하면 손해방지의무는 개시된다. 한편 보험사고 자체가 발생한 것은 아니지만 보험사고가 발생한 것과 같게 볼 수 있는 상태가 생겼을 때에도 그때부터 피보험자 등의 손해방지의무는 생긴다고 풀이된다. 예를 들어, 화재보험계약을 체결한 상태에서 옆 건물에 화재가 발생하여 곧 불이 자기 건물로 옮겨질 것으로 예상할 수 있는 때에도 비록 보험사고 자체가 발생한 것은 아니지만 예방조치로서의 본 의무가 요구된다고 할 수 있다.[280] 그런데 이러한 상황이 발생했음에도 불구하고 손해방지의무 위반이 있는 경우에 이를 고의 또는 중과실에 의한 인위적인 보험사고로 보고 보험자의 면책사유로 해석하는 견해도 있다.[281] 생각건대 자기 집이 아니고 옆 집에 발생한 화재에 대해 보험계약자 측에 의한 인위적 보험사고로 해석하기보다는 손해방지의무 위반 문제로 접근하는 것이 타당하다고 여겨진다. 그러나 예를 들어 전기의 누전으로 화재의 발생위험이 있음을 알면서도 이를 방치함으로써 화재가 발생한 때에는 부작위에 의해 보험사고를 야기한 것으로 볼 수 있고 따라서 면책사유의 문제로 해석할 수 있을 것이다.[282] 본 의무의 종기는 손해방지 · 경감의 가능성이 존재하지 아니하는 때이다.[283]

> **[대법원 2016. 1. 28. 선고 2013다74110 판결]**
>
> 〈주요 판시내용〉
>
> 상법 제680조 제1항이 규정한 손해방지의무는 원칙적으로 보험사고의 발생을 전제로 하는 것이나, 보험사고가 발생한 것과 같게 볼 수 있는 상태가 생겼을 때에도 그때부터 피보험자의 손해방지의무가 생기는 것이다. 기록에 의하면 피고 공제조합의 각 4차 선급금보증계약 체결 당시 이

---

280) 대판 2016. 1. 28, 2013다74110; 대판 2008. 4. 28, 2007다7175; 대판 2003. 6. 27, 2003다6958; 대판 2002. 6. 28, 2002다22106; 대판 1994. 9. 9, 94다16663; 김은경, 362면; 양승규, 232면.
281) 장덕조, 250면.
282) 양승규, 232면.
283) 정찬형, 684면; 양승규, 232면; 최준선, 211면; 임용수, 278면; 최기원, 308면; 정동윤, 588면; 김은경, 362면.

사건 제1, 2 계약에 기한 보험사고가 발생하였다거나 보험사고가 발생한 것과 같게 볼 수 있는 상태가 생겼다고 볼 수 없으므로 원심이 원고의 손해방지의무 위반을 이유로 한 피고 공제조합의 책임 면제 주장을 배척한 것은 정당하다.

(4) 범　　위

보험자의 비용상환의무는 보험자와 손해방지·경감의무자 간의 이익을 확보하고 손해방지·경감행위를 장려하기 위해 인정된다. 보험자가 보상책임을 부담하지 않는 사고로 인해 보험의 목적에 생길 손해를 방지하는 데에 소요된 비용은 여기에 포함되지 않는다.284) 따라서 전손만을 담보하는 보험계약에서 분손의 위험만이 있는 경우에는 보험계약자와 피보험자의 손해방지·경감의무는 발생하지 않는다.285)

손해방지·경감의무의 이행모습은 화재발생시 소화 등 화재진압행위나 구조활동, 가재도구를 끌어내는 등 직접적인 것일 수도 있고, 증거나 증인의 확보 등 간접적인 것일 수도 있다.286) 다만 여기에서의 손해는 보험계약상의 피보험이익에 대한 구체적인 침해 결과로 발생하는 손해를 의미하는 것으로 해석해야 한다. 보험자의 대위권이나 구상권과 같이 보험자가 손해를 보상한 후에 취득하게 되는 이익을 상실함으로써 결과적으로 보험자에게 부담되는 손해까지 포함하는 것으로 볼 수는 없다. 판례의 태도이다.287) 명문의 규정이 없는 상황에서 그 손해의 범위에 보험자의 손해까지를 포함시킴으로써 피보험자 등에게 보험자의 이익을 위하여 구상권을 확보하고 대위권의 행사를 용이하게 하여야 할 의무를 부담하도록 의무의 범위를 확대하는 것은 본 제도의 취지에 맞지 않는다고 여겨진다.288) 판례의 입장이기도 하다. 생각건대 손해방지의무는 보험사고로 인한 손해의 발생을 방지하거나 손해의 확대방지 및 경감 목적을 위한 것이며, 따라서 여기에서 손해란 피보험자 측의 피보험이익에 관한 손해의 의미로 해석함이 타당하다.

> ### [대법원 2018. 9. 13. 선고 2015다209347 판결]
>
> 〈주요 판시내용〉
>
> 상법 제680조 제1항 본문은 "보험계약자와 피보험자는 손해의 방지와 경감을 위하여 노력하여야 한다."라고 정하고 있다. 위와 같은 피보험자의 손해방지의무의 내용에는 손해를 직접적으로 방지하는 행위는 물론이고 간접적으로 방지하는 행위도 포함된다. 그러나 그 손해는 피보험이익

---

284) 정찬형, 686-687면; 양승규, 234면; 최준선, 214면; 임용수, 281면; 정동윤, 590면.
285) 정동윤, 588면; 양승규, 232면; 정희철, 425면; 임용수, 278면; 정찬형, 684면.
286) 최준선, 211면; 정찬형, 684-685면; 임용수, 279면; 정희철, 425면; 양승규, 233면.
287) 대판 2018. 9. 13, 2015다209347; 서울고법 1999. 2. 3, 98나36360(확정); 임용수, 279면.
288) 반면에 대위권이나 구상권 확보 등과 같은 간접적 손해방지도 포함된다는 견해로, 양승규, 233면; 한기정, 532면.

에 대한 구체적인 침해의 결과로서 생기는 손해만을 뜻하는 것이고, 보험자의 구상권과 같이 보험자가 손해를 보상한 후에 취득하게 되는 이익을 상실함으로써 결과적으로 보험자에게 부담되는 손해까지 포함된다고 볼 수는 없다.

(5) 의무이행의 정도

어느 정도로 손해방지행위를 해야 하는가의 문제는 일률적으로 정할 수 없고, 보험사고의 종류 또는 사고발생 당시의 보험계약자 등의 상태 등을 참작하여 결정하여야 한다. 보험계약자가 보험에 가입하지 않은 경우를 상정하고 보험계약자 등이 신의칙에 따라 자신의 일을 처리하는 정도의 주의로서 자기의 이익을 위해 기울이는 노력의 정도가 될 것이다.289) 보험계약자나 피보험자가 할 수 있는 방법 중에서 보험계약이 체결되지 않은 상황에서 사고가 발생했더라면 보험계약자나 피보험자가 손해방지를 위해 노력했을 정도의 작위 또는 부작위 수준290)이면 된다. 본 의무는 보험사고가 발생한 이후에 사고로 인한 손해의 발생, 그 손해의 확대방지 또는 손해의 경감을 위해 노력할 것을 요구하는 것이고, 보험사고의 발생 자체를 방지하는 것은 본 의무의 적용대상이 아니다.291)

비록 이러한 노력에도 불구하고 아무런 성과가 없다고 하더라도 본 의무는 이행된 것으로 해석된다. 즉 노력을 하여 반드시 손해방지 및 경감의 효과가 현실로 나타나야 하는 것은 아니다. 의무의 이행은 보험계약자 등이 스스로 할 수도 있지만 타인에게 시킬 수도 있다. 보험사고 발생의 통지를 받은 보험자가 손해의 발생을 막거나 손해의 확대방지 또는 경감 등을 위해 보험계약자나 피보험자에게 지시를 하는 경우에 보험계약자나 피보험자는 이 지시에 따라야 할 것이다(통설). 이때 보험자를 위한 것임을 보험계약자나 피보험자가 의식할 필요는 없다.292) 사고발생 통지를 받은 보험자가 직접 손해방지행위를 하는 경우 보험단체의 이익과 공익보호 차원에서 볼 때 보험계약자 등은 이를 허용해야 할 것이다.293)

---

289) 이기수/최병규/김인현, 227면; 정동윤, 588면; 정찬형, 685면; 정희철, 425면; 양승규, 233면; 최기원, 310면; 서헌제, 146면; 김은경, 363면.

290) 손해방지행위의 이행은 보험계약자 등이 신의칙에 따라 자신의 일을 처리하는 정도의 주의로써 하면 된다. 사정이 허락한다면 보험자에게 연락하여 보험자의 지시를 받아 성실하게 수행하여야 한다. 정찬형, 685면; 양승규, 233면; 최준선, 211면. 신의칙상 자기의 이익에 대하여 손해방지와 경감을 위하여 기울이는 것과 같은 정도의 노력을 하면 된다고 해석하기도 한다. 최기원, 310면; 임용수, 280면; 정동윤, 588면.

291) 최준선, 211면; 정동윤, 588면.

292) 김성태, 431면; 최준선, 212면; 양승규, 233면; 최기원, 310-311면; 정찬형, 685면; 임용수, 279-280면; 정희철, 425면; 서돈각/정완용, 417면.

293) 보험연수원(편), 보험심사역 공통 1 교재, 2016, 213면.

(6) 의무위반의 효과

손해방지ㆍ경감의무 위반사실의 존재 및 보험계약자나 피보험자의 의무위반에 대한 고의 또는 중과실에 대해서는 보험자가 입증책임을 부담한다고 해석해야 할 것이다.[294) 현행 보험법은 손해방지의무를 위반한 경우의 효과에 대해 아무런 규정이 없다. 판례는 손해방지의무의 법적 성질을 간접의무가 아니라 진정한 의무로 보면서 보험계약자나 피보험자가 고의 또는 중대한 과실로 손해방지의무를 위반한 경우에 보험자는 그 위반과 상당인과관계에 있는 손해에 대해 배상을 청구하거나 지급할 보험금과 상계하여 이를 공제한 나머지 금액만을 보험금으로 지급할 수 있다고 판시하고 있다.

[대법원 2016. 1. 14. 선고 2015다6302 판결]

〈주요 판시내용〉

보험계약자와 피보험자는 손해의 방지와 경감을 위하여 노력하여야 한다(상법 제680조 제1항 전문). 보험계약자와 피보험자가 고의 또는 중대한 과실로 손해방지의무를 위반한 경우에는 보험자는 손해방지의무 위반과 상당인과관계가 있는 손해, 즉 의무 위반이 없다면 방지 또는 경감할 수 있으리라고 인정되는 손해액에 대하여 배상을 청구하거나 지급할 보험금과 상계하여 이를 공제한 나머지 금액만을 보험금으로 지급할 수 있으나, 경과실로 위반한 경우에는 그러하지 아니하다.

학설도 같은 취지이다. 보험계약자와 피보험자의 고의 또는 중과실에 의해 본 의무의 위반이 있는 경우에 의무위반과 상당인과관계가 있는 손해, 즉 보험계약자 등이 손해방지ㆍ경감의무를 위반하지 않았다면 방지 또는 경감할 수 있으리라고 인정되는 손해액에 대해 보험자는 손해배상을 청구하거나 또는 상계에 의해 지급할 손해보상액에서 이를 공제할 수 있으며 경과실은 제외된다고 해석하는 견해가 통설이다.[295) 화재보험표준약관 제

---

294) 최기원, 314면; 임용수, 281면; 정찬형, 686면; 최준선, 213면; 정동윤, 590면. 반면 양승규, 234면과 채이식, 144면에서는 보험자가 보험계약자 등의 손해방지의무 위반사실을 증명하는 경우에 보험계약자 등이 손해배상책임을 지지 않기 위해서는 그 의무위반이 자신의 고의 또는 중과실로 기인한 것이 아님을 입증하여야 한다고 해석한다.

295) 김성태, 436-437면; 양승규, 234면; 정찬형, 685-686면; 이기수/최병규/김인현, 229면; 임용수, 281면; 정동윤, 589면; 손주찬, 593면; 정희철, 425면; 서돈각/정완용, 417면. 반면에 채이식, 144면에서는 보험계약자 등이 의무를 이행하지 않았다고 해도 보험자가 그로 인한 손해배상을 구한다거나 법원에 강제이행을 구하지 못한다고 해석하고 있다. 또한 다수설은 보험계약자 등이 고의 또는 중대한 과실로 손해의 방지의무를 해태한 때에 본 의무의 위반이 되는 것으로 해석하고 있는데, 상법에 이와 같이 해석할 근거규정이 없고 보험계약자 등에게 무거운 손해방지의무를 부과할 공익적 필요가 있는 점에 비추어 (경)과실로 의무를 이행하지 않은 경우에도 의무위반이 된다고 해석한다. 한편 최기원, 313면에서는 경과실로 인한 의무위반에 대해 보험자가 손해배상청구를 하거나 상계에 의한 공제를 하고, 고의나 중과실의 경우에는 공익보호 차원에서 보험자의 보상의무를 면제하자고 해석하면서 다만 중과실이 있는 경우에는 그 손해의 정도가 의무를 이행하였더라도 동일하였을 경우에는 예외로 본다고 풀이하고 있다.

10조에서 이러한 내용을 정하고 있다. 보험계약자 등의 책임 발생 원인으로는 채무불이행 또는 불법행위로 보기보다는 법정의무 위반으로 보는 것이 타당할 것이다.[296)]

생각건대 본 의무를 보험금 청구의 전제조건으로 해석하기는 무리가 있고 따라서 고의 또는 중과실로 인해 본 의무를 위반했어도 이를 보험자의 면책사유로 해석할 수는 없다고 여겨진다. 또한 보험계약자 등의 경과실로 인한 의무위반에 대해 손해배상청구를 인정하거나 상계에 의한 공제를 인정하는 것은 보험계약자 등에게 지나치게 무거운 의무를 부담시키는 결과가 되어 타당하지 않다고 여겨진다. 위반효과로서 보험자는 손해배상청구, 보험금과의 상계 및 보험금으로부터의 공제 방식을 선택할 수 있다. 보험자가 피보험자 등을 상대로 하여 직접 손해배상청구를 실행하기보다는 그 손해액만큼을 지급 보험금에서 공제하는 방식을 취하는 것이 보다 수월할 것으로 판단된다.[297)] 다만 이 경우에 보험계약자나 피보험자의 의무위반이 손해의 발생 및 확대에 영향을 미치지 아니한 경우에는 공제 등을 할 수 없도록 해석해야 할 것이다. 보험사고가 발생하여 곧바로 보험목적에 손해가 생기고 그 후 손해방지의무 위반이 있어서 그 손해가 확대되었다면, 보험사고 발생으로 인해 즉시 생긴 손해에 대해서는 보험자의 보상책임이 인정되어야 한다.[298)] 의무위반이 있으면 보험자는 손해배상청구나 공제 등을 선택할 수 있는데, 무엇을 선택하든 보험계약자 측이 부담하게 되는 손해배상책임은 보험사고 발생으로 인해 보험자가 보상할 손해액의 한도 내에서만 인정된다고 해석해야 한다. 만약 이를 초과하여 보험계약자 등이 손해배상책임을 부담하게 되면 보험에 가입한 것이 오히려 불이익이 되는 결과가 되기 때문이라는 것이다.[299)]

이와 달리 손해방지의무는 법적 의무로 볼 수 없고, 제680조에서 아무런 위반효과를 규정하지 않았는데, 손해방지의무 위반을 이유로 보험금에서 공제를 한다든가 또는 손해배상책임을 묻는 것은 의문이라고 해석하는 견해가 있다. 이 견해에 따르면 약관에서 위반효과로서 보험금 공제 등을 규정했다면 이는 불이익변경금지의 원칙에 대한 제663조 위반으로 보고 그 효력을 인정할 수 없다고 해석한다.[300)] 생각건대 불이익변경금지의 원칙도 신의성실의 원칙 등에 기반하여 해석하고 적용되어야 할 것이다. 만약 약관에서 보험계약자 등의 고의에 의해 야기된 보험사고에 대해서도 보험금을 지급한다는 내용이 규정되어 있어서 보험법 조문 내용보다 보험계약자 등에게 유리하다고 해도 고의사고에

---

296) 양승규, 234면; 정찬형, 686면; 정동윤, 589면; 장덕조, 252면; 김은경, 364면. 그러나 최준선, 212-213면은 다수설에 찬성하면서 채무불이행에 의한 손해배상청구로 해석하고 있다.

297) 同旨: 김성태, 437면; 최준선, 212면; 정동윤, 589면.

298) 반대의견으로 최기원, 313면은 보험목적에 화재가 발생하여 일부가 훼손되었는데 손해방지의무를 위반하여 그 손해가 확대되었다면 위반 이전의 훼손에 대해서도 보험자는 면책되어야 한다는 입장이다.

299) 한기정, 534면.

300) 유주선, "독일보험계약 손해방지의무와 우리 법에의 시사점", 고려법학 제61호, 2011, 480면.

대한 보험금 지급을 허용할 수는 없는 것과 같이 불이익변경금지의 원칙 적용도 무제한
으로 허용될 수는 없다고 할 것이다.

(7) 손해방지비용

㈎ 개념 및 내용

손해방지비용은 보험사고가 발생한 경우에 이로 인한 손해 발생과 그 확대를 방지하
거나 손해를 경감하기 위해 소요된 필요비 또는 유익비를 말한다.[301] 필요비는 피보험자
의 주관적 판단이 아니라 지출할 당시에 인식 가능한 객관적 사정에 따라 판단하게 되며,
실제 손해의 발생을 방지했는가라는 결과와는 무관하다. 유익비는 지출 결과 손해액의 증
가를 방지하거나 경감시켜 손해액 감소의 효과를 얻은데 지출된 비용으로 해석된다.[302]
손해방지의무의 이행을 위해 필요 또는 유익하였던 비용(손해방지비용)과 보험계약에 따
른 보상액의 합계액이 약정보험금액을 초과한 경우라도 보험자는 이를 부담한다(제680조
제1항 단서).[303] 손해방지의무의 이행으로 인해 손해가 방지되었거나 경감되는 효과가 나
타난 경우에만 보험자의 책임이 인정되는 것은 아니다. 그러한 효과가 없더라도 손해방지
의무를 이행하는데 소요된 필요비와 유익비는 보험자가 보상해야 한다. 손해방지를 위한
행위가 실패하여 결국 전손사고가 발생했고 필요비 또는 유익비와 보상액 합계액이 약
정보험금액을 초과하게 되었어도 보험자는 이를 부담하도록 하고 있다. 보험계약자 측
에게 비용부담을 시키게 되면 제대로 된 손해방지의무의 이행을 기대하기 어렵기 때문
에 보험자의 부담으로 함으로써 보험계약자 측의 손해방지의무 이행을 촉진시키는 것이
목적이다.

손해방지의무는 보험자가 담보하기로 되어 있는 보험사고가 발생한 때에 개시되는 것
으로서 약관에서 규정하고 있는 범위 내의 보험사고의 발생이 의무발생의 요건이다. 면책
사유 등으로 인해 보험자가 보상책임을 지지 아니하는 사고 또는 약관에서 담보하고 있는
보험사고 이외의 사고에 대하여는 보험자의 손해방지비용 상환 등의 문제가 발생하지 않
는다.

그런데 제680조상의 문구 표현에 따르면 손해방지비용은 손해방지의무의 이행을 위
해 지출된 비용으로 한정되는 것으로 보인다. 따라서 손해방지의무의 이행이 아닌 보험사
고 발생을 예방하기 위해 지출된 비용은 손해방지비용에 포함되지 않는다는 문제가 생긴
다.[304] 손해방지비용인가의 여부는 객관적으로 보아 필요한 비용인지 유익한 비용인지 여

---

301) 대판 2003. 6. 27, 2003다6958; 대판 1995. 12. 8, 94다27076.
302) 주석상법(보험 Ⅰ), 한국사법행정학회, 2015, 480면; 박인호, 전게논문, 158면.
303) 대판 2007. 3. 15, 2004다64272.
304) 대판 2006. 6. 30, 2005다21531; 주석상법(보험 Ⅰ), 한국사법행정학회, 2015, 478면; 박인호, 전게논문,

부와 함께 그 이익이 보험자에게 귀속되었는지를 갖고 판단해야 하며, 손해방지의무의 이행에 따른 비용에 한정시킬 필요가 없다는 해석이 있다. 이에 따르면 보험사고의 발생이 객관적으로 예견되거나 책임보험에서 위법한 행위나 위법상태가 생겨서 법률상의 손해배상책임이 예견되는 경우에 이 단계는 아직 일반적인 보험사고 또는 책임보험에서의 보험사고가 발생한 것은 아니지만, 보험계약자나 피보험자가 보험사고 발생 자체를 방지하거나 그로 인한 손해의 방지 또는 경감을 위해 노력했고 비용을 지출했다면 그 이익은 보험자에게 귀속되는 측면이 강하므로 이러한 경우에도 제680조를 적용하여 보험계약자 등이 지출한 비용에 대해서는 보험자가 부담하도록 해야 한다는 해석이 가능하다. 이러한 해석은 특히 책임보험 영역에서 그 필요성이 요구될 수 있다. 예를 들어 피보험자가 점유하는 물건의 하자로 인해 타인에게 법률상의 손해배상책임이 발생하게 되는 상황에서 미리 물건의 하자를 보수하고 비용을 지출한 경우에 이 단계는 아직 책임보험에서의 보험사고가 발생한 것이 아니고 손해방지의무의 이행에 따른 비용이 아니라는 이유로 제680조의 적용을 배제하는 것이 타당한지 의문이 제기될 수 있다. 왜냐하면 보험계약자나 피보험자가 미리 하자 보수를 함으로써 피보험자가 부담하게 될 법률상의 손해배상책임의 발생을 차단할 수 있게 되고 궁극적으로 그 이익은 보험자가 누리게 되는 것으로 해석될 수 있기 때문이다.305) 이러한 해석은 손해방지경감의무가 보험사고의 발생을 전제로 한다는 통설적인 견해와 차이가 있으나, 손해방지경감의무 제도의 취지상 수긍할 수 있는 해석이라 여겨진다. 또한 예를 들어 건축물 등에 누수가 발생하고 그것이 피보험자의 책임 있는 사유로 제3자에게 손해를 입힌 경우에 방수공사와 관련해서 누수 부위나 원인을 찾는 작업과 관련된 탐지비용, 누수를 직접적인 원인으로 해서 제3자에게 손해가 발생하는 것을 미리 방지하는 작업이나 이미 제3자에게 발생한 손해의 확대를 방지하는 작업과 관련된 공사비용 등은 손해방지비용에 해당할 수 있다.306) 그러나 아무런 위험이 없는 상황에서 단순히 장래의 사고를 미리 방지하려는 예방적 조치 내지 노후시설의 보수공사는 손해방지비용에 해당하지 않는다.

[대법원 2022. 3. 31. 선고 2021다201085, 201092 판결]

〈사실관계〉

　보험회사와 배상책임보험계약을 체결한 피보험자가 운영하는 헬스장 샤워실에서 누수가 발생하여 아래층 당구장 전창으로 물이 새는 사고가 발생하였다. 피보험자는 샤워실의 방수공사를 했는데 보험회사는 방수공사비용은 손해방지비용이 아니라고 주장하였다.

159면.

305) 박인호, 전게논문, 160면, 163면 및 173면.

306) 대판 2022. 3. 31, 2021다201085, 201092.

〈주요 판시내용〉

피보험자의 책임 있는 사유로 제3자에게 발생한 손해를 보상하는 책임보험에서는 건축물 등에 누수가 발생하더라도 그것이 피보험자의 책임 있는 사유로 제3자에게 손해를 입힌 경우에 비로소 보상 대상이 된다. 누수 부위나 원인은 즉시 확인하기 어려운 경우가 많고, 그로 인한 피해의 형태와 범위도 다양하다. 또한 누수와 관련하여 실시되는 방수공사에는 누수 부위나 원인을 찾는 작업에서부터 누수를 임시적으로 막거나 이를 제거하는 작업, 향후 추가적인 누수를 예방하기 위한 보수나 교체 작업 등이 포함된다. 따라서 방수공사의 세부 작업 가운데 누수가 발생한 후 누수 부위나 원인을 찾는 작업과 관련된 탐지비용, 누수를 직접적인 원인으로 해서 제3자에게 손해가 발생하는 것을 미리 방지하는 작업이나 이미 제3자에게 발생한 손해의 확대를 방지하는 작업과 관련된 공사비용 등은 손해방지비용에 해당할 수 있다. 구체적인 사안에서 누수로 인해 방수공사가 실시된 경우 방수공사비 전부 또는 일부가 손해방지비용에 해당하는지는 누수나 그로 인한 피해 상황, 피해의 확대 가능성은 물론 방수공사와 관련한 세부 작업의 목적이나 내용 등을 살펴서 개별적으로 판단해야 한다.

다만 손해방지비용의 범위가 지나치게 확대되어 해석되면 배상책임보험을 재물보험계약으로 변질시키는 결과를 초래하기도 한다. 시설물 보수 등의 비용은 본래 재물보험의 가입을 통해 보상받아야 하는 것이 원칙이다. 손해방지비용의 확대가 상황에 따라서는 피보험자의 도덕적 해이와 함께 피보험자가 이득을 보는 경우도 발생할 수 있어서 손실보상 원칙에도 반할 수 있다.307)

⒩ **보험자 부담범위 제한 약정의 효력-편면적 강행규정 여부**

① 판례와 다수설　　판례와 다수설은 손해방지비용 부담에 관한 제680조 제1항 단서는 편면적 강행규정이므로 보험계약자 등에게 불리한 내용으로 변경하는 당사자간의 약정은 효력이 없다고 한다. 이러한 취지에서 보험자의 지시에 따라 손해방지비용을 지출한 경우에 한하여 손해보상액과의 합계액이 약정보험금액을 초과하더라도 보험자가 그 비용 전부를 부담한다고 약관에서 정하고 있다면, 이러한 약관 내용은 불이익변경금지의 원칙 위반으로 보아 무효로 해석하고 있다.308) 같은 취지에서 보험자의 사전동의 없는 손해방지비용에 대해 보험자의 면책을 정하는 내용의 약관도 무효로 보아야 할 것이다. 이는 후술하는 방어비용에서도 마찬가지이다. 손해방지비용을 보험자가 부담하지 않기로 하거나 보험금액 한도 내에서만 부담하기로 정한 약관 역시 무효이다.

---

307) 이준교, "2022년 손해보험 분쟁 관련 주요 대법원 판결 및 시사점(상)", 손해보험, 2023년 1월, 손해보험 협회, 44면.
308) 대판 2002. 6. 28, 2002다22106.

> **[대법원 2002. 6. 28. 선고 2002다22106 판결]**
>
> 〈주요 판시내용〉
>
>   영업배상특약보험계약에 관한 보통약관 제4조 제2항 ③은 피보험자가 지급한 소송비용, 변호사비용, 중재, 화해 또는 조정에 관한 비용 중에서 피보험자가 미리 보험자의 동의를 받아 지급한 경우에만 보험금을 지급하도록 규정하고 있는데, 이러한 제한 규정을 보험자의 "사전 동의"가 없으면 어떤 경우에나 피보험자의 방어비용을 전면적으로 부정하는 것으로 해석하는 한에서는 이러한 약관조항으로 인하여 피보험자의 방어비용을 보험의 목적에 포함된 것으로 일반적으로 인정하고 있는 상법 제720조 제1항의 규정을 피보험자에게 불이익하게 변경하는 것에 해당하고, 따라서 이러한 제한규정을 둔 위 약관조항은 상법 제663조에 반하여 무효라고 볼 것이다.

  ② 소 수 설   손해방지비용과 손해보상액과의 합계액이 보험금액을 초과한 경우에 보험자의 지시나 동의 여부에 무관하게 보험자가 손해방지비용에 대해 모두 책임을 지도록 하는 것이 타당한가에 대해 의문을 제기하는 견해가 있다. 이 견해에 따르면 손해방지비용은 기본적으로 보험금액의 한도 내에서 부담하며 손해방지의무의 이행이 보험자의 지시나 동의에 따른 것인 경우에 한하여 손해방지비용과 보상액이 보험금을 초과하더라도 보험자가 이를 부담하는 것으로 제한적으로 해석하자는 것이다.309) 비용 보상을 통해 손해방지의무를 장려할 공익적 이유가 그리 크지 않다고 보면서 보험자 부담범위를 제한하는 약정을 무조건 무효로 볼 것은 아니라는 견해도 있다.310) 생각건대 일반적으로 손해방지활동이 긴급한 상황에서 이루어지는 것을 고려할 때 보험자의 지시나 동의를 얻지 못했다고 하여 손해방지비용을 보험금액의 한도 내에서 보상하도록 하는 것은 보험자에게 지나치게 유리한 해석이라는 비판이 가능하다. 만약 긴급한 상황이 아니라면 사정이 허락하는 한 보험계약자는 보험자의 지시를 구하도록 하는 것을 고려할 수 있을 것이다. 한편 해상보험의 경우 보험자는 보험의 목적의 안전이나 보존을 위하여 지급할 특별비용을 보험금액의 한도 내에서 보상할 책임이 있다고 규정하고 있다(제694조의3).

  (다) 보험사고의 발생여부가 불분명한 경우와 손해방지의무

  앞에서 설명한대로 손해방지의무는 보험자의 보상책임의 대상이 되는 보험사고의 발생을 전제로 한다. 그런데 보험사고에 해당하는지 여부가 불분명한 경우가 있다. 이때에도 손해방지의무가 부과되는 것인지, 만약 손해방지의무를 이행했는데, 그 후 보험사고에 해당되지 않음이 확정된 경우에 의무이행에 따른 비용은 누가 부담해야 하는가의 문제가 있

---

309) 장덕조, 253면 각주 62. 독일보험계약법 제82조, 제83조에서는 보험자의 지시가 있는 경우에 한하여 보험금액의 초과분에 대해 보험자가 책임을 지도록 하고 있고 보험계약자는 보험자의 지시에 따라야 한다는 것이 의무사항이다. 양승규, 235면 및 240면; 강위두/임재호, 678면.
310) 채이식, 145면.

다. 판례는 이러한 상황에서 지출된 비용도 손해방지비용으로 보고 보험자의 보상책임이 있다고 한다. 즉 보험사고 발생시 또는 보험사고가 발생한 것과 같게 볼 수 있는 경우에 피보험자의 법률상 책임 여부가 판명되지 아니한 상태에서 피보험자가 손해확대방지를 위한 긴급한 행위를 하였다면 이로 인하여 발생한 필요·유익한 비용도 손해방지비용으로써 보험자가 부담하여야 한다.311)

[대법원 1993. 1. 12. 선고 91다42777 판결]

〈사실관계〉

자동차보험 피보험자가 운전 중 자전거를 타고 무단횡단 하던 타인이 부상을 입은 사고가 발생했다. 피보험자가 가해자로서 교통사고 직후 자신의 책임 유무를 판단하기 어려운 가운데 의식을 잃은 피해자를 신속하게 치료받게 하고자 병원에 이송했고, 피해자가 의식을 회복하지 못해 가족에게 연락을 취하지 못하는 상황에서 병원은 피보험자에게 피해자의 치료비 채무를 연대보증하지 않으면 수술을 할 수 없다고 하여 피해상태의 악화를 방지하고자 치료비채무를 연대보증했다. 그 다음 날 피보험자는 보험자에게 이러한 사실을 통보했고, 통보 후 약 1개월이 지난 후에 피보험자는 이 사고에 대해 책임이 없으며 따라서 보험자는 보험금을 지급하지 않겠다는 통지를 피보험자에게 했다. 이것이 손해방지비용에 해당하는지가 문제되었다.

〈주요 판시내용〉

손해보험에서 피보험자가 손해의 확대를 방지하기 위하여 지출한 필요·유익한 비용은 보험자가 부담하게 되는바, 이는 원칙적으로 보험사고의 발생을 전제로 하는 것이므로, 손해보험의 일종인 책임보험에 있어서도 보험자가 보상책임을 지지 아니하는 사고에 대하여는 손해방지의무가 없고, 따라서 이로 인한 보험자의 비용부담 등의 문제도 발생할 수 없다 할 것이나, 다만 사고발생시 피보험자의 법률상 책임 여부가 판명되지 아니한 상태에서 피보험자가 손해확대방지를 위한 긴급한 행위를 하였다면 이로 인하여 발생한 필요·유익한 비용도 위 법조에 따라 보험자가 부담하는 것으로 해석함이 상당하다(同旨: 대판 2003. 6. 27, 2003다6958; 대판 2002. 6. 28, 2002다22106).

책임보험의 경우에는 후술하는 바와 같이 보험사고 발생시점에 관해 견해가 나뉘고 있지만 일반적으로 피보험자에게 손해배상을 청구할 수 있는 사고가 발생한 때부터 본 의무를 부담하게 된다. 다만 발생된 사고에 대해 피보험자의 책임소재 여부가 분명하지 않은 경우에도 판례는 손해확대를 방지하기 위해 소요된 비용을 손해방지비용에 포함시키고 있다.312) 책임 여부가 확정될 때까지 손해방지의무를 인정하지 않게 되면 피해자 보호에 문제가 생길 수 있기 때문이다. 따라서 사고를 야기한 책임보험의 피보험자는 응급조치를

---

311) 대판 2003. 6. 27, 2003다6958; 대판 1993. 1. 12, 91다42777.
312) 대판 1993. 1. 12, 91다42777.

신속히 해야 하며, 사고에 대해 법률상 책임이 없는 것으로 추후 확정되었다고 해도 응급조치에 소요된 비용을 보험자가 부담하도록 하는 판례의 입장은 타당하다.

[대법원 1994. 9. 9. 선고 94다16663 판결]

〈주요 판시내용〉

자동차 소유자인 피보험자가 사고 직후 자신에게 손해배상책임이 있는지 여부를 판단하기 어려운 가운데 중상을 입어 의식을 잃은 피해자를 신속하게 치료를 받게 함으로써 더 이상의 피해상태의 악화를 방지하기 위하여 치료비 채무의 연대보증을 하였다면, 피보험자의 책임 유무가 가려지지 아니한 상태에서 그가 손해배상책임을 져야 할 경우에 대비하여 한 최소한도의 손해확대방지행위라고 보아야 하므로 이로 인하여 보험회사의 면책통보 이전까지의 치료비로서 피보험자가 지출한 금원은 보험회사가 보상하여야 할 손해확대방지비용에 해당한다.

[대법원 2003. 6. 27. 선고 2003다6958 판결]

〈주요 판시내용〉

피보험자인 원고가 자신이 공급한 레미콘에 콘크리트 경화 불량 등의 하자가 있음을 확인하고 피고 보험회사에게 그 사실을 통지하면서 보험사고에 해당하는지 여부를 알려달라고 요청하였으나 피고 보험회사가 회답을 하지 않자, 독자적으로 외부 연구소에 그 하자의 원인분석을 의뢰하는 한편 건물 지하 벽면을 구성하고 있는 콘크리트 하자 부분을 그대로 방치할 경우 건물의 붕괴 등 건물 안전상 치명적인 손해가 발생할 위험도 배제할 수 없어 시급한 하자 보수공사가 필요하다고 판단하여 외부 전문 보수공사 회사에 그 보수공사를 의뢰한 것은, 보험사고가 발생한 것과 같게 볼 수 있는 때로서 그 법률상 책임 여부가 판명되지 아니한 상태에서 원고 피보험자가 피보험자로서의 손해방지의무의 일환으로서 행한 것이라 할 것이고, 위 콘크리트 하자로 인하여 건물의 기성 부분이 붕괴되는 등으로 인하여 타인의 신체에 장해를 입히거나 타인의 재물을 망가뜨려 시공사에게 손해가 발생하는 것을 방지하기 위하여는 통상적인 시멘트가 아닌 초속경 시멘트를 사용하고 야간 작업도 병행하여 최대한 빨리 보수공사를 완료할 필요성도 있었다고 보여지는 점을 감안하면, 원고 피보험자가 지출한 하자보수 공사비 중 원심 인정의 40,266,400원은 손해방지를 위하여 지출한 필요하고도 유익한 비용이라 할 것이므로, 피고 보험회사는 원고 피보험자에게 위 금원에서 원고의 자기부담금을 뺀 나머지 금원을 보험금으로 지급하여야 할 것이다.

(8) 방어비용과의 관계

(가) 방어비용의 개념

방어비용 문제는 책임보험에서 야기된다. 방어비용은 보험사고로 인해 피해자가 인적·물적 손해를 입고 가해자(책임보험의 피보험자)를 상대로 손해배상청구를 한 경우에 책임보험의 피보험자인 가해자가 그 방어를 위하여 지출한 재판상 또는 재판 외의 필요비용(예를 들어 변호사 비용)을 말한다. 제720조 제1항은 이러한 필요비용을 보험자가 부담한다고 규정하고 있다. 방어비용 역시 원칙적으로는 계약에서 정한 보험사고의 발생을 전제로 하는 것이다. 책임보험에서의 담보범위에서 제외되어 있어서 보험자에게 보상책임이 없는 사고는 보험자가 '자신의 책임 없음' 또는 '면책 주장'만으로 보상책임에서 벗어날 수 있게 된다. 이러한 경우 피보험자가 지출한 방어비용은 보험자와는 무관하게 자기 자신의 방어를 위한 것에 불과하여 피보험자는 책임보험의 보험자에 대하여 보상을 청구할 수 없다.

　　다만 사고발생시 피보험자 및 보험자의 법률상 책임 여부가 판명되지 아니한 상태에서 피해자라고 주장하는 자의 청구를 방어하기 위하여 피보험자가 재판상 또는 재판 외의 필요비용을 지출하였다면 이로 인하여 발생한 방어비용은 보험자의 보상책임도 아울러 면할 목적의 방어활동의 일환으로 지출한 비용으로서 보험자가 부담하여야 한다. 만약 피보험자가 지급한 소송비용, 변호사비용, 중재, 화해 또는 조정에 관한 비용 중에서 피보험자가 미리 보험자의 동의를 받아 지급한 경우에만 보험금을 지급한다는 약관 내용이 있다고 할 때에, 그 의미를 보험자의 사전 동의가 없으면 어떤 경우에나 피보험자의 방어비용을 전면적으로 부정하는 것으로 해석한다면 이는 제720조 제1항의 규정을 피보험자에게 불이익하게 변경하는 것에 해당하고, 따라서 이 약관조항은 상법 제663조에 반하여 무효라고 볼 것이다.313)

　　판례는 피해자가 피보험자가 아닌 제3자를 상대로 소를 제기한 경우, 비록 피보험자가 다른 거래상의 이유로 인해 그 판결에 영향을 받는다고 하더라도 피보험자 자신에게 직접적인 재판상 또는 재판외의 청구가 없는 이상 제3자를 상대로 한 소송에서의 변호사비용 등은 제720조상의 방어비용이라고 할 수 없다고 판시하고 있다.314)

[대법원 1995. 12. 8. 선고 94다27076 판결]

〈사실관계〉

　원고는 피고회사와 자동차종합보험계약을 체결하였는데, 원고는 피해자와의 소송에서 변호사 비용을 지출하였다며 이를 피고회사에 청구하였다. 그런데 피고회사는 원고가 아니라 원고와 기술원조 계약을 체결하고 있던 소외 회사가 피해자와 소송을 하였으므로, 그 과정에서 소요된 변호사 비용은 피보험자가 당사자로 된 소송이 아니어서 약관상 지급할 책임이 없다고 주장하였다.

〈주요 판시내용〉

　상법 제720조 제1항에서 규정한 방어비용은 피해자가 보험사고로 인적, 물적 손해를 입고 피보험자를 상대로 손해배상 청구를 한 경우에 그 방어를 위하여 지출한 재판상 또는 재판 외의 필요

---

313) 대판 2002. 6. 28, 2002다22106.
314) 대판 1995. 12. 8, 94다27076.

비용을 말하는 것이므로 피해자로부터 아직 손해배상 청구가 없는 경우 방어비용이 인정될 여지가 없는 것이지만, 피해자가 반드시 재판상 청구한 경우에 한하여 방어비용이 인정된다고 볼 것은 아니다. 그러나 이 사건에 있어서와 같이 피해자가 원고에게 재판상 청구는 물론 재판 외의 청구조차 하지 않은 이상 제3자인 소외 회사를 상대로 제소하였다 하여 그 소송의 변호사 비용이 상법 제720조 소정의 방어비용에 포함된다고 볼 수 없으므로, 이 사건 변호사 비용이 보험자인 피고가 보상하여야 할 방어비용에 해당하지 않는다. 원심이 적법하게 확정한 사실에 의하면 원고가 지출한 변호사 비용은 이 사건 보험사고로 인한 손해배상 의무를 확정하는 데 아무런 의미가 없는 소송에 원고가 자의로 개입하여 지출한 비용이라고 할 것이므로 원고의 손해방지와 경감을 위하여 필요한 손해방지 비용이라고 볼 수 없다.

(나) 손해방지비용과 방어비용

　　제680조상의 손해방지·경감비용은 비용의 문제이지만, 제720조에 규정된 방어비용은 보험급여의 일종으로 볼 수 있다.315) 제720조 제1항에서 방어비용은 보험의 목적에 포함된 것으로 하고 피보험자는 보험자에 대해 그 비용의 선급을 청구할 수 있는 것으로 정하고 있다.316) 판례는 방어비용과 손해방지비용은 구별되는 개념이라고 해석하고 있다. 보험계약에 적용되는 보통약관에 손해방지비용과 관련한 별도의 규정을 두고 있다고 하더라도, 그 규정이 당연히 방어비용에 대하여도 적용된다고 할 수는 없다는 것이 판례의 입장이다.317) 손해방지비용은 원칙적으로 보험사고가 발생한 이후에 손해를 방지 또는 그 확대를 방지하거나 경감하는데 소요된 비용을 말한다. 그런데 보험사고 발생시 피보험자와 보험자간에 법률상 책임 여부가 판명되지 아니한 상태에서 피해자의 후송과 치료비용 등 긴급조치비용은 손해확대방지비용으로 인정할 수 있고, 아울러 피해자가 제기한 소송에 응소하면서 피보험자가 지출한 변호사 비용은 방어비용이 된다.318) 물론 책임보험자는 방어비용을 지급하지 않고 피보험자를 대신하여 제3자의 청구를 직접 방어할 수도 있다.319)

---

315) 同旨: 김성태, 598면, 601면; 임용수, 284면. 반면에 책임보험에서의 방어비용은 손해방지비용에 해당한다는 견해도 있다. 강위두/임재호, 655면은 보험자의 방어비용부담에 대한 제720조는 주의적 규정에 불과하다고 한다. 그 밖에 방어비용 지급채무는 책임보험제도의 원활한 운용을 위하여 법이 정책적으로 인정한 부수적 채무로 보는 해석도 있다.

316) 임용수, 283면.

317) 대판 2002. 6. 28, 2002다22106.

318) 대판 2002. 6. 28, 2002다22106; 대판 2006. 6. 30, 2005다21531.

319) 보험급여는 금전 지급 이외의 방식으로도 가능한데, 피보험자의 제3자에 대한 재판상 또는 재판 외의 방어는 금전 이외의 보험급여에 해당한다고 해석한다. 김성태, 598면; 임용수, 283면.

[대법원 2006. 6. 30. 선고 2005다21531 판결]

〈사실관계〉

원고는 피고회사와 원고의 직원들에 대한 신원보증보험계약을 체결하였다. 동 계약에 적용되는 약관에는 '손해의 방지와 경감의무'로 '피보험자는 보험기간 중 보험사고의 방지에 힘써야 하며, 보험사고가 생긴 때에는 손해의 방지와 경감에 힘써야 합니다'(제1항), '피보험자가 제1항의 손해 방지 또는 경감을 위하여 회사의 동의를 얻어 지출한 필요 또는 유익한 비용은 보험가입금액을 초과하는 경우라도 회사가 보상하여 드립니다'(제2항)라고 규정되어 있었다. 원고는 직원들의 불법행위로 인해 원고가 입은 손해와 그에 소요된 변호사 비용을 피고회사에 청구하였는데 피고회사는 원고가 지출한 변호사 비용은 원고가 피고회사의 동의를 얻지 아니하고 지출한 것이므로 보상할 수 없다고 주장하였다.

〈주요 판시내용〉

상법 제680조 제1항에 규정된 '손해방지비용'은 보험자가 담보하고 있는 보험사고가 발생한 경우에 보험사고로 인한 손해의 발생을 방지하거나 손해의 확대를 방지함은 물론 손해를 경감할 목적으로 행하는 행위에 필요하거나 유익하였던 비용을 말하는 것이고, 같은 법 제720조 제1항에 규정된 '방어비용'은 피해자가 보험사고로 인적·물적 손해를 입고 피보험자를 상대로 손해배상청구를 한 경우에 그 방어를 위하여 지출한 재판상 또는 재판 외의 필요비용을 말하는 것으로서, 위 두 비용은 서로 구별되는 것이므로, 보험계약에 적용되는 보통약관에 손해방지비용과 관련한 별도의 규정을 두고 있다고 하더라도, 그 규정이 당연히 방어비용에 대하여도 적용된다고 할 수는 없다.

(9) 일부보험과 손해방지비용상환

일부보험의 경우에도 보험자는 손해방지비용에 대한 상환의무를 부담하는데 그 비용은 보험금액의 보험가액에 대한 비율에 따라 결정하며 남은 비용은 보험계약자 측이 부담하게 된다. 즉 일부보험에서는 제674조의 비례보상 방식에 따라 보험자가 그 일부를 부담하고 나머지는 보험계약자 측이 부담할 수 있다. 비례보상 방식에 따른 손해방지비용과 보험금의 합계가 보험금액을 초과한 경우에도 제680조 단서에 의해 보험자가 이를 부담해야 할 것이다.320) 일부보험에서의 손해방지비용의 비례보상에 대해 1991년 12월 보험법 개정 전에는 이에 대한 규정이 제680조 제2항에 있었는데 이를 삭제하였다. 삭제한 이유에 대해 일부보험에 대해 비례보상을 하는 것은 당연한 것이기 때문에 삭제한 것이라는 견해가 있는 반면에, 제1항에서는 보험금액을 초과한 손해방지비용을 지급하기로 하면서 제2항에서 비례보상 규정을 의도적으로 삭제한 것은 일부보험에서도 손해방지비용은 전액

---

320) 同旨: 장덕조, 253면.

지급해야 한다는 입법자의 의도로 볼 수도 있다는 견해도 있다.321) 이에 대한 입법적 해결이 요구된다고 하겠다.

(10) 비용상환의무 배제특약의 효력

손해방지비용을 보험자가 부담하지 않기로 하는 특약은 제663조 위반으로 보아 무효로 해석함이 타당할 것이다.322)

(11) 보험자 상호간의 구상문제

공동불법행위자들의 보험자 간에는 손해방지비용 상환과 관련하여 부진정연채채무관계가 있다고 해석된다. 복수의 피보험자가 있고 각 피보험자의 과실이 개입되어 보험사고가 발생한 상황에서 복수의 피보험자 중 한 피보험자 측이 손해방지의무를 이행하면서 지급된 비용을 그의 보험자가 손해방지비용으로 지급하였다면, 그 보험자는 다른 피보험자의 보험자에 대해 과실비율에 따라 산정된 손해방지비용에 대한 구상권을 직접 행사할 수 있다는 것이 법원의 입장이다. 이렇게 손해방지비용을 전부 상환한 보험자는 다른 보험자에 대해 '직접' 구상권을 취득하게 된다.

[대법원 2007. 3. 15. 선고 2004다64272 판결]

⟨사실관계⟩

공동불법행위자 중 1인인 소외 1 회사가 손해의 경감 및 확산 방지를 위한 비용을 지출하자 소외 1 회사의 보험자인 원고회사는 일단 그 비용을 보상해 준 후, 다른 공동불법행위자인 소외 2의 보험자인 피고회사에게 과실비율에 따른 구상권을 행사하였다.

⟨주요 판시내용⟩

공동불법행위로 말미암아 공동불법행위자 중 1인이 손해의 방지와 경감을 위하여 비용을 지출한 경우에 위와 같은 손해방지비용은 자신의 보험자뿐만 아니라 다른 공동불법행위자의 보험자에 대하여도 손해방지비용에 해당한다고 보아야 할 것이므로, 공동불법행위자들과 사이에 각각 보험계약을 체결한 보험자들은 각자 그 피보험자 또는 보험계약자에 대한 관계에서뿐만 아니라, 그와 보험계약관계가 없는 다른 공동불법행위자에 대한 관계에서도 그들이 지출한 손해방지비용의 상환의무를 부담한다고 할 것이다. 또한, 이러한 관계에 있는 보험자들 상호간에는 손해방지비용의 상환의무에 대하여 공동불법행위에 기한 손해배상채무와 마찬가지로 부진정연대채무의 관계에 있

---

321) 보험연수원(편), 보험심사역 공통 1 교재, 2016, 214면.
322) 대판 2002. 6. 28, 2002다22106; 이기수/최병규/김인현, 226-227면; 손주찬, 592면; 정동윤, 589면, 591면; 최기원, 316면; 최준선, 215면; 임용수, 282면; 김성태, 435면; 양승규, 235면; 정찬형, 668면; 서돈각/정완용, 417면. 반면에 채이식, 145면에서는 보험계약자 등에게 보상을 통하여 손해방지의무의 이행을 장려할 절대적인 공익적 이유는 없다고 생각되므로 이러한 특약은 유효한 것으로 해석한다.

다고 볼 수 있으므로, 공동불법행위자 중의 1인과 사이에 보험계약을 체결한 보험자가 그 피보험자에게 손해방지비용을 모두 상환하였다면, 그 손해방지비용을 상환한 보험자는 다른 공동불법행위자의 보험자가 부담하여야 할 부분에 대하여 직접 구상권을 행사할 수 있다고 할 것이다.

그런데 이렇게 손해방지비용을 전부 상환한 보험자가 다른 보험자에게 '직접' 구상권을 행사하는 방식 이외에 비용 상환을 전부 한 보험자가 청구권대위의 방식 구상할 수도 있다. 즉 손해방지비용을 모두 지급한 보험자는 자신의 피보험자가 다른 피보험자에 대해 가지는 구상권을 대위하여 행사하거나 또는 자신의 피보험자가 다른 피보험자의 보험자에 대해 가지는 구상금직접청구권을 대위하여 행사할 수도 있다.[323]

Ⅳ. 보험자대위

1. 개념과 근거

(1) 의   의

보험자대위(subrogation)란 보험사고로 인한 피보험자의 손해에 대해 보험자가 피보험자에게 보험금을 지급한 경우에 피보험자나 보험계약자가 보험의 목적에 대하여 가지는 권리 또는 사고를 야기한 제3자에 대하여 가지는 권리를 보험자가 법률상 당연히 취득하는 것을 말한다. 보험의 목적에 대한 권리(물권적 권리)를 대위하는 것을 잔존물대위라 하고(제681조), 제3자에 대한 권리(청구권)를 취득하는 것을 청구권대위라 한다(제682조).

(2) 근   거

피보험자나 보험계약자가 보험금을 지급받고도 보험 목적물에 대한 권리를 그대로 가지거나 제3자에 대한 손해배상청구권을 행사할 수 있도록 하는 것은 손해보험의 실손보상적 성질과 충돌하게 된다. 즉 보험자대위가 필요한 이유는 손해보험계약의 성질상 피보험자가 이중의 이득을 취하는 것을 방지하고 동시에 피보험자가 우연히 보험계약을 체결한 결과 보험자로부터 손해에 대해 보험금을 수령했다는 이유로 보험사고에 대한 책임을 부담하는 제3자(가해자)가 그 책임을 면하게 되는 일이 없도록 하기 위해 보험자대위 제도가 필요한 것이다(통설).[324] 보험자대위의 문제는 손해보험계약을 전제로 한다. 그런데 예외

---

323) 同旨: 한기정, 537면.

324) 대판 2021. 6. 10, 2020다298389; 대판 1989. 4. 25, 87다카1669; 손주찬, 595면; 서돈각/정완용, 418면; 채이식, 147면; 정희철, 426면; 최준선, 216면; 이기수/최병규/김인현, 203면; 정찬형, 690면; 최기원, 319면.

적으로 인보험인 상해보험에서도 당사자간의 특약에 의해 보험자대위 중에서 청구권대위가 인정될 수 있고, 국민건강보험법에서도 이를 허용하는 것을 고려할 때 보험정책적으로 보험계약의 도박화를 방지하고 보험사고의 발생을 방지하려는 목적도 보험자대위를 인정하는 근거가 될 수 있다고 해석할 수 있다.325) 생각건대 보험자대위의 근거는 보험정책적인 면과 이중이득금지라는 실손보상계약적 성질의 양자 모두에서 찾는 것이 타당하다고 여겨진다.326) 그 근거를 어느 하나의 견해로 한정해야 할 실익은 없다할 것이다. 판례는 통설적 입장에 선 것으로 보인다.

[대법원 1990. 2. 9. 선고 89다카21965 판결]

〈주요 판시내용〉

보험자대위에 관한 상법 제682조의 규정을 둔 이유는 피보험자가 보험자로부터 보험금액을 지급받은 후에도 제3자에 대한 청구권을 보유, 행사하게 하는 것은 피보험자에게 손해의 전보를 넘어서 오히려 이득을 주는 결과가 되어 손해보험제도의 원칙에 반하고 배상의무자인 제3자가 피보험자의 보험금 수령으로 인하여 그 책임을 면하는 것도 불합리하므로 이를 제거하여 보험자에게 그 이익을 귀속시키려는 데 있다(同旨: 대판 1989. 4. 25, 87다카1669).

---

(3) 법적 성질

보험자대위는 대위의 요건을 충족하게 되면 피보험자나 보험계약자가 보험의 목적 또는 제3자에 대하여 가지는 권리를 보험자가 법률상 당연히 취득하는 제도이다. 이러한 권리의 이전은 양도행위가 아니며 권리의 이전에 당사자의 개별적인 의사표시가 필요 없다. 손해를 야기한 제3자의 고의 또는 과실을 묻지 않으며 권리의 이전에 등기 또는 인도 등 물권변동의 절차(잔존물대위의 경우)나 지명채권양도의 대항절차도 요구되지 않는다(청구권대위의 경우). 즉 청구권대위의 경우 지명채권양도의 대항요건(민법 제450조)을 갖추지 않더라도 채무자 기타 제3자에게 대항할 수 있다.327)

통설인 손해보상계약설 또는 이득방지설과 달리, 소수설로서 '기술설'이 있는데, 이는 보험자의 손해보상은 잔존물의 가액을 공제한 실손해로 하여야 하나 잔존물의 가액의 산정에 시간과 비용이 소모되므로 이러한 과정을 생략하여 신속한 손해보상을 하기 위해 보험금을 지급하고 보험자로 하여금 잔존물 또는 청구권을 취득하게 하는 것이라고 해석한다. 김성태, 439면; 강위두/임재호, 608면.

325) 양승규, 238면; 정진세, "피보험자의 손해배상청구권 포기와 보험대위", 정진세 교수 정년기념논문집, 482면; 서헌제, 149면.
326) 同旨: 정동윤, 592면; 장덕조, 257면.
327) 김성태, 441면; 이기수/최병규/김인현, 203면; 정찬형, 689면; 정희철, 426면; 서돈각/정완용, 418면; 최기원, 320면; 양승규, 238면; 최준선, 217면; 임용수, 285면; 정동윤, 592면; 채이식, 146면; 서헌제, 148면.

[대법원 1995. 11. 14. 선고 95다33092 판결]

〈주요 판시내용〉

보험사고에 의하여 손해가 발생하고 피보험자가 그 손해에 관하여 제3자에게 손해배상 청구권을 갖게 되면 보험금을 지급한 보험자는 제3자에게 귀책사유가 있음을 입증할 필요가 없이 법률의 규정에 의하여 당연히 그 손해배상 청구권을 취득하게 된다고 할 것이므로, 제682조 소정의 '제3자의 행위'란 '피보험이익에 대하여 손해를 일으키는 행위'를 뜻하는 것으로서 고의 또는 과실에 의한 행위만이 이에 해당하는 것은 아니다.

보험자대위 제도는 민법의 배상자대위(민법 제399조)와 그 취지를 같이한다고 할 수 있다. 민법상의 배상자대위란 예를 들어 물건 임차인이 해당 물건을 도난당한 경우에 임차인이 임대인에게 가액 전부에 대해 손해배상을 했다면 임차인이 그 물건에 대한 소유권을 취득하는 것과 같이 채권자가 그 채권의 목적인 물건 또는 권리의 가액의 전부를 손해배상으로 받은 때에 채무자는 그 물건 또는 권리에 관하여 당연히 채권자를 대위하는 것을 말한다(민법 제399조). 이는 불법행위로 인한 손해배상에도 준용된다(제763조). 채무자의 과실과 제3자의 과실이 경합하여 채권자에게 손해가 발생한 경우에 채권자는 채무자 이외에 제3자에 대해서도 손해배상청구권을 가지는데, 만약 채무자가 채무를 이행하면 제3자에 대해 채권자가 가지는 손해배상청구권을 채무자가 대위한다고 해석된다.328) 이러한 민법상의 배상자대위도 채권자가 이중으로 이득을 얻는 것을 차단하기 위한 것으로서 보험자대위와 유사하다. 다만 배상자대위는 채권자가 채권의 목적인 물건 또는 권리의 가액 전부를 손해배상으로 취득할 것으로 요건으로 하는 반면에, 보험자대위의 경우는 보험자가 보험금액의 일부를 지급한 경우에도 인정된다. 또한 배상자대위는 채무자가 손해를 배상한 경우에 적용되는 반면, 보험자대위는 보험자가 보험계약에 따라서 손해를 보상한 경우에 적용된다.329)

2. 잔존물대위

(1) 개   념

잔존물대위란 보험의 목적의 전부가 멸실한 경우에 보험금 전액을 지급한 보험자가 보험의 목적에 대해 가지는 피보험자의 권리를 법률상 당연히 취득하는 제도를 말한다(제681조). 전손사고가 발생한 경우에 잔존물이 다소 존재하더라도 전손으로 간주되어 보험자

---

328) 한기정, 540면.
329) 사법연수원, 보험법연구, 89면; 한기정, 540면.

가 보험금 전액을 지급했다면 잔존물에 대한 피보험자의 권리가 보험자에게 법률상 당연
히 이전하는 것을 말한다. 예를 들어, 자동차보험에 있어서 자동차사고 후 남은 엔진이나
타이어, 화재보험에서 타지 않은 석재, 난파(침몰)된 선박 등에 대한 피보험자의 권리가 보
험금 전액을 지급한 보험자에게 이전되는 제도이다.[330]

이 제도는 손해보험에서 피보험자가 손해 크기 이상의 초과이득을 얻게 되는 것을 막
기 위한 것이다. 즉 손해보험의 중요한 원칙인 이득금지의 원칙을 준수하기 위함이다. 전
손으로 처리하여 보험금 전부를 받은 피보험자가 잔존물에 대한 소유권을 그대로 가지고
이를 처분하여 추가 이익을 얻는 것은 초과이득에 해당되기 때문이다. 잔존물대위는 그
성질상 인보험에 적용될 수 없다.

(2) 보험위부와의 비교

잔존물대위는 해상보험에서의 보험위부 제도와 유사하지만 서로 다른 제도이다. 잔존
물대위는 보험의 목적에 현실전손이 발생하고 피보험자의 손해에 대해 보험자가 전부 보
상해 준 후 법률상 당연히 잔존물에 대한 권리를 취득하는 것이다. 반면에 해상보험에 있
어서의 보험위부는 보험의 목적이 전부 멸실한 것과 동일시할 수 있는 추정전손의 경우에
피보험자가 보험의 목적에 관한 자신의 권리를 보험자에게 양도하겠다는 의사표시를 하여
자기의 권리를 보험자에게 이전한 후 보험자에 대해 보험금 전부를 청구하는 제도를 말한
다(제710조 이하). 보험위부는 선박이나 적하 등 해상보험의 목적이 피보험자의 지배나 관
리를 벗어난 채 항해 중에 있어서 보험목적 전부 멸실에 대한 증명이나 그 계산이 어려운
경우에 적용되는 제도이다.[331]

보험자가 보험금을 지급하고 보험목적에 대한 권리를 취득한다는 면에서 잔존물대위
와 유사하다. 그러나 잔존물대위는 손해보험계약에서 인정되는 반면에, 보험위부는 해상보
험에서만 인정이 되며, 다음과 같은 점에서 양자는 구별된다. 먼저 제도 인정의 주된 목적
이 잔존물대위는 이중이득의 금지이지만, 보험위부는 손해산정시 소요되는 시간과 비용을
줄이기 위한 것이 주된 목적이다. 잔존물대위는 현실전손을 요건으로 하여 권리 이전의
효과가 법률상 당연히 발생하는 데 비하여, 보험위부는 보험의 목적이 전부 멸실한 것과
동일시되는 추정전손의 경우에 인정이 되며 피보험자의 특별한 의사표시를 요건으로 한
다. 즉 보험위부는 보험금 전부를 받으려는 피보험자가 보험자의 의사와는 상관없이 보험
목적에 대한 자신의 권리를 보험자에게 이전시키는 것이다. 이러한 위부권은 형성권이다.
또한 잔존물대위는 보험자가 피보험자에게 지급한 보험금을 한도로 하여 잔존물에 대한

330) 임용수, 286면.
331) 한기정, 542면.

권리를 보험자가 취득하지만, 보험위부의 경우에는 위부 목적물의 가액이 보험자가 지급한 보험금보다 크다고 해도 보험자는 위부 목적물의 전부를 취득할 수 있다는 점에서 차이가 있다.332)

(3) 잔존물대위 요건

(가) 보험목적의 전부멸실

보험의 목적의 전부가 보험사고로 멸실되어야 한다. 즉 전손을 의미한다. 보험의 목적에 일부만 손해가 생기는 분손의 경우에는 실손해보상의 원칙에 따라 잔존물의 가치를 공제하고 보험금을 지급하므로 잔존물대위의 문제는 발생하지 않게 된다.333) 목적물의 물리적 전부 멸실은 당연히 전부 멸실에 해당된다. 전부 멸실의 판단 여부는 종래의 용법에 따른 경제적 가치 측면에서의 이용 가능·불가능 여부(회복능력과 회복가치의 유무, 동일성 상실 유무)를 가지고 따져야 한다.334) 합리적 비용을 통해 경제적 가치를 회복할 수 없다면 전손으로 해석되어야 한다. 반면 합리적인 비용을 들여 정상적인 목적으로 회복시킬 수 있다면 이는 분손으로 해석된다.335)

잔존물의 가치가 어느 정도 남아 있더라도 보험계약 체결 당시에 보험의 목적이 가지는 본래의 경제적 기능을 모두 상실한 것으로 해석되어 그 이용이 어렵다면 이를 전부 멸실로 보아야 하며, 이러한 경우 잔존물이 있더라도 잔존물의 가액을 평가하지 않고 전손으로 처리하여 보험금의 전부를 지급하게 되는 것이다. 이러한 경우 잔존물대위 제도가 없다면 보험의 효용은 크게 훼손된다고 할 수 있다. 차량이 크게 파손되어 소요되는 수리비가 차량 가액보다 고가인 경우도 전손으로 해석된다. 보험목적 전부를 도난당한 경우도 전손으로 해석한다. 이 경우에 보험금 전부를 지급한 보험자로서는 피보험자가 도난당한 차량에 대해 잔존물대위권을 가지는 것이다.336)

전손으로 간주되는 기준을 보험약관에서 정하는 경우도 있다. 당사자간에 보험가액의 얼마 이상의 손해가 생긴 때 이를 전손으로 간주한다는 특약은 유효한 것으로 볼 수 있다.337) 예를 들어 상법 해상편 제754조 제1항 제2호는 수선비가 선박 가액의 4분의 3을 초과하게 되면 이를 선박의 수선불능으로 본다고 규정하고 있다(전손의제).

---

332) 정동윤, 593면; 양승규, 239-240면; 정찬형, 690면; 최준선, 217면; 김성태, 443면; 임용수, 287면; 서헌제, 149면.
333) 최준선, 218면; 임용수, 287면.
334) 양승규, 240면.
335) 최기원, 321면; 임용수, 286-287면; 김성태, 443-444면; 양승규, 240면; 정동윤, 593면.
336) 한기정, 542면; 서헌제, 150면.
337) 양승규, 240면; 정찬형, 690면; 최준선, 218면.

(나) 보험금액의 전부지급

보험자가 보험금의 전부를 피보험자에게 지급해야 한다. 여기에서의 보험금이란 실손
해에 대한 금액 이외에 보험자가 부담하는 손해방지비용(제680조) 또는 손해액 산정비용
(제676조 제2항) 등이 포함된 액수이다. 보험금의 일부만 지급한 경우에 그 지급 금액에 비
례한 잔존물대위는 불가능하며, 지급액에 비례한 권리도 취득하지 못한다.[338] 보험금의
일부만 지급해도 생기는 청구권대위와 구별된다. 따라서 보험자가 보험금의 일부만 지급
하고 잔액을 지급하지 않고 있는 사이에 보험의 목적이 구조되었다면 보험자는 그 물건에
대한 권리를 취득할 수 없으며, 또한 피보험자는 구조된 보험의 목적의 가액을 보험금액
에서 공제해야 한다.[339]

(4) 효　　과

(가) 당연 이전 및 이전되는 권리의 종류

잔존물대위로 인해 보험자는 피보험자가 보험의 목적(잔존물)에 대해 가지는 피보험이
익에 관한 모든 권리를 법률상 당연히 취득하게 된다. 보험자가 취득하는 권리가 잔존물
에 대한 소유권으로 한정되는 것은 아니며 경제적으로 이익이 있는 모든 권리가 포함된
다.[340] 임차권은 보험목적의 전손과 함께 소멸하게 되지만, 저당보험의 경우에는 보험의
목적이 전부 멸실되어 저당권자인 피보험자가 보험자로부터 보험금을 지급받은 때에는 보
험금을 지급한 보험자는 저당권자가 그의 채무자에 대하여 가지는 채권을 취득할 수 있다
고 해석된다.[341]

법률행위가 아니라 법률의 규정에 의한 취득이므로 피보험자에 의한 권리이전절차(등
기나 인도 등의 물권변동절차)나 보험자에 의한 권리취득의 효력발생요건 또는 대항요건
등은 필요하지 않다.[342] 승계취득이므로 피보험자가 가졌던 권리에 하자가 있으면 하자가
있는 채로 보험자에게 이전된다. 보험자가 권리를 취득하는 것은 법률규정에 의한 효과이
지 피보험자의 권리이전의 의사표시에 의한 것이 아니기 때문에 소멸시효는 존재하지 않
는다.

(나) 이전 시기, 권리의 처분 및 협조의무

잔존물에 대한 권리가 보험자에게 이전되는 시기는 보험자가 보험금과 비용을 전부

---

338) 임용수, 288면; 정찬형, 690면; 정동윤, 593면; 이기수/최병규/김인현, 204면; 최기원, 322면; 최준선,
　　219면; 서헌제, 150면.
339) 양승규, 241면.
340) 최기원, 322면; 정찬형, 691면; 양승규, 242면. 반면에 서돈각/정완용, 419면에서는 이전되는 권리의 범
　　위를 목적물에 대한 피보험자의 소유권만으로 제한적으로 해석하고 있다.
341) 양승규, 242면; 최준선, 219면.
342) 정동윤, 594면; 양승규, 241면.

지급한 때이다.343) 여기에서 비용이란 손해방지비용(제680조)이나 손해액의 산정에 관한 비용(제676조 제2항)을 말한다.

피보험자는 보험자로부터 보험금을 받기 전에는 잔존물을 타인에게 임의로 유효하게 처분할 수 있다. 피보험자가 보험자로부터 보험금을 받기 전에는 잔존물에 관한 권리를 여전히 피보험자가 가지고 있기 때문이다. 이 경우 보험자는 피보험자가 잔존물 처분으로 인해 얻은 이익(잔존물 처분 가액)을 공제하고 보험금을 지급하면 된다. 만약 피보험자가 보험금을 수령한 후 잔존물을 처분하였다면 이는 타인(보험자)의 권리에 대한 침해이므로 피보험자는 보험자를 상대로 불법행위에 따른 손해배상책임을 부담할 수 있다고 해석된다. 법률상 당연히 권리를 취득한 보험자는 피보험자 또는 제3자에 대하여 그 권리를 주장할 수 있다.344)

본래 잔존물대위에 의해 보험자는 법률의 규정에 따라 권리를 취득하는 것이기 때문에 피보험자의 협조가 필요하지는 않는다. 그러나 잔존물에 대한 권리가 보험자에게 이전된 후에도 피보험자가 계속 잔존물을 점유하고 있고 보험자가 실제로 그 권리를 행사할 수 없는 상황이라면, 피보험자는 그 잔존물에 대한 손해를 감소하기 위한 적절한 조치를 취해야 하며 보험자가 그 권리를 행사하거나 처분할 수 있도록 필요한 협조를 해야 할 것이다. 예를 들어 잔존물대위에 의해 부동산을 취득하는 경우에 권리이전을 위해 등기가 필요하지는 않지만, 보험자가 이를 등기하지 않으면 제3자에게 처분을 할 수 없다. 이 때 등기를 위해 피보험자의 협조가 필요하다. 이는 신의칙상 피보험자에게 요구되는 사항이라 할 것이다.345)

(다) 일부보험의 경우

보험가액의 일부를 부보한 일부보험에서 보험의 목적물에 전손이 생긴 경우 잔존물대위가 인정되는데, 보험금액의 보험가액에 대한 비율로 보험자는 잔존물에 대해 가지는 권리를 취득하게 된다. 비록 보험자는 보험금액 전액을 지급하였지만 보험가액의 일부에 대해서만 부보된 것이므로 부보되지 않은 부분에 대해서는 피보험자가 스스로 위험을 감수하면서 그 부분에 대한 권리를 가지기 때문이다. 이 경우 잔존물에 대한 권리를 보험자와 피보험자가 공유하게 된다.346) 예를 들어, 보험가액 5,000만원인 자동차보험에서 보험금액 4,000만원으로 보험계약을 체결한 경우에 자동차사고(전손) 후 잔존물에 대한 권리 중 보

343) 대판 1981. 7. 7, 80다1643; 영국 1906 해상보험법 제79조 제2항 단서는 사고발생시부터 권리가 이전하는 것으로 정하고 있다; 최준선, 219면; 임용수, 288면; 양승규, 242면.
344) 양승규, 241면.
345) 화재보험표준약관 제14조 제2항(청구권대위에 관한 것이지만, 잔존물대위에도 그 취지는 적용될 수 있다고 여겨진다); 양승규, 242-243면; 최기원, 322면; 정찬형, 691면; 최준선, 219면; 임용수, 288면; 정동윤, 594면; 한기정, 547면.
346) 정찬형, 691면; 최준선, 220면; 임용수, 289면; 정동윤, 594면; 양승규, 243면; 김은경, 372면.

험자가 4/5, 피보험자가 1/5를 취득하는 것이다.

㈔ 대위권의 포기

잔존물에 대한 권리를 보험자가 취득한 경우 보험자는 공법상, 사법상의 의무를 부담하는 경우가 있다. 예를 들어, 선박보험에서 선박이 침몰로 인해 전손이 발생한 경우에 잔존물대위에 의해 난파물에 대한 권리를 대위한 보험자는 그 잔해가 선박이나 어선의 항행 또는 어로행위를 방해할 우려가 있으면 장해물 등을 제거해야 할 공법상의 의무를 부담한다(선박의 입항 및 출항 등에 관한 법률 제40조 제1항). 그런데 만약 그 제거 비용이 잔존물의 가액을 초과하는 경우 보험자로서는 오히려 잔존물대위로 인해 불이익을 받게 되므로 보험자로 하여금 대위권을 포기할 수 있다고 해석된다. 이러한 포기는 보험계약의 체결 시에 미리 할 수도 있고, 보험계약 중간에도 가능하며 보험금의 전부를 지급하는 때에 포기할 수도 있다. 대위권 포기는 상대방 있는 단독행위라고 해석해야 한다. 보험자가 대위권을 포기하는 경우 피보험자 측에게 즉시 통지해야 한다.[347] 대위권 포기 사실을 피보험자가 알지 못함으로 인해 잔존물에 대해 피보험자 자신에게 권리가 있음을 알지 못하고, 이로 인해 아무런 법적 조치를 취하지 못해서 피보험자가 예상치 못한 손해를 입을 수 있기 때문이다.[348]

대위권 포기를 보험자의 단독행위가 아니라 보험계약자와 약정을 통해 약관에서 이를 정할 수도 있다. 화재보험표준약관에서는 보험자가 보험금을 지급하고 잔존물을 취득할 의사표시를 하는 경우에 잔존물은 보험자의 소유가 된다고 정하고 있다. 이를 반대로 해석하면 그러한 취득 의사표시를 하지 않은 경우에는 보험자가 가질 수 있는 대위권은 포기된 것으로 해석될 수 있다.[349] 이러한 약관 조항은 유효한 것으로 해석된다. 보험자가 대위권을 포기하면 잔존물에 대한 모든 권리는 다시 피보험자에게 귀속되므로 피보험자가 공법상 또는 사법상의 의무를 부담하게 된다.[350]

만약 잔존물의 소유권은 보험자가 취득하면서 그에 따른 의무나 책임을 부담하지 않고 이를 피보험자의 부담으로 한다는 특약이 약관에 있다면 이러한 특약의 효력에 대해서는 논란의 여지가 있다.[351] 생각건대 제거비용의 크기를 알지 못하는 상황에서 이러한 약정의 효력은 인정될 수 없다고 본다. 잔존물대위란 잔존물에 대한 권리와 의무가 보험금 전부를 지급한 보험자에게 이전하는 것인데, 약관에서 의무는 피보험자에게 귀속된다고

---

347) 김성태, 445면.

348) 한기정, 544면.

349) 화재보험표준약관 제13조.

350) 양승규, 244면; 정동윤, 594면; 최기원, 322-323면; 김성태, 445면; 임용수, 289면; 정찬형, 691면; 채이식, 149면.

351) 사법연수원, 보험법연구, 92면. 반면 김성태 445면과 최기원 323면에서는 보험자가 잔존물에 대한 권리를 취득하면서 비용을 피보험자가 부담하는 것으로 하는 약정은 유효하다고 해석하고 있고, 최준선 226면에서는 공법상 의무를 피보험자가 부담한다는 약정은 유효하다고 해석하고 있다.

정하고 있는 것은 제663조상의 불이익변경금지의 원칙에 반하는 것으로 해석될 수 있다. 또한 잔존물대위의 취지가 초과이익을 피보험자에게 인정하지 않겠다는 것인데, 초과이익 여부를 따지려면 권리 이외에 의무나 책임까지도 포함해서 판단해야 함이 타당하기 때문이다.352)

　　화재보험표준약관에서는 약관에서 보상하는 화재손해가 발생한 경우 계약자 또는 피보험자가 지출한 잔존물 제거비용을 화재사고 손해액의 10%를 초과하지 않는 범위 내에서 보험자가 추가로 지급하도록 하고 있다. 이는 보험의 효용을 제고하기 위함이다. 그런데 이 경우에 지급 보험금과 제거비용의 합계액이 보험가입금액을 초과할 수 없다고 규정하고 있다.353) 이러한 약관 내용에 따라 보험자가 화재사고 전손에 대해 보험금 전부를 지급한 경우 잔존하는 보험목적에 대한 제거비용은 지급할 의무가 없다고 해석된다. 제거비용까지 지급하게 되면 이미 보험금 전부를 지급한 상태에서 보험금과의 합계액이 보험가입금액을 초과할 것이기 때문이다.354) 다만 다른 비용 즉 손해방지비용, 대위권 보전비용, 잔존물 보전비용, 기타 협력 비용은 보험가입금액을 초과한 경우에도 이를 전액 지급한다고 규정하고 있다.355)

3. 청구권대위

(1) 의의와 근거

㈎ 의　　의

　　청구권대위란 피보험자의 손해가 제3자의 행위로 인하여 생긴 경우에 피보험자에게 보험금을 지급한 보험자는 제3자의 귀책사유를 입증할 필요 없이 지급한 보험금액의 한도에서 보험계약자나 피보험자가 그 제3자에 대하여 가지는 권리를 법률상 당연히 취득하는 것을 말한다(제682조 본문).356) 제3자에 대한 청구권대위가 인정되기 위하여는 보험자가 피보험자에게 보험금을 지급할 책임이 있는 경우라야 한다.357) 청구권대위의 취지상 보험자가 보험사고 발생의 책임이 있는 자에게 대위권을 행사한 결과 자신이 피보험자에게 지급한 보험금 이상을 받게 되었다면 보험금을 공제한 나머지 금액은 피보험자에게 반환해야 한다.

---

352) 한기정, 545면.
353) 화재보험표준약관 제3조 제2항 제1호 및 제8조 제1항; 최준선, 220면.
354) 한기정, 545면.
355) 화재보험표준약관 제8조 제2항 및 제3항.
356) 대판 1995. 11. 14, 95다33092에서 보험사고로 손해를 입은 피보험자가 그 손해에 대해 제3자에게 손해배상청구권을 갖게 되면 보험금을 지급한 보험자는 제3자의 귀책사유를 입증할 필요없이 그 손해배상청구권을 대위취득한다고 판단했다.
357) 대판 2014. 10. 15, 2012다88716; 대판 2009. 10. 15, 2009다48602.

(나) 근   거

피보험자의 손해가 제3자의 행위로 인해 야기된 경우 피보험자는 제3자를 상대로 불법행위 또는 채무불이행에 의한 손해배상청구권을 행사할 수도 있고 보험자를 상대로 보험금청구권을 행사할 수도 있는데, 두 청구권은 독립한 권리로서 양립할 수 있다.358) 그런데 피보험자가 두 청구권을 중첩적으로 행사하는 것을 허용한다면 실손해를 보상하는 손해보험계약의 성질에 반하는 동시에 피보험자에게 이중의 이득을 주기 때문에 도덕적 위험의 문제가 발생할 수도 있다. 그래서 피보험자가 보험자로부터 보험금청구권을 행사해서 손해전보를 받았다면 실손보상의 원칙 또는 이득금지의 원칙을 준수하기 위해 그 금액만큼은 피보험자로 하여금 제3자에게 손해배상청구권을 행사할 수 없도록 해야 할 필요성이 있고 이를 위한 제도가 청구권대위이다.

한편 제3자에 대해 피보험자가 손해배상청구권을 가지고 있다는 이유로 보험금청구권을 인정하지 않는다면 이는 보험계약 체결 목적과 맞지 않을 뿐만 아니라 피보험자로서는 제3자를 상대로 시도해야 하는 소송상의 어려움 또는 제3자의 무자력 가능성 등의 난관에 봉착할 수도 있다.359) 또한 피보험자 측이 우연히 보험계약을 체결한 결과 손해에 대해 보험자로부터 보험금을 수령하게 되었다고 가해자인 제3자가 자신의 책임을 면하게 되는 불합리한 결과를 방지하기 위한 것도 청구권대위를 인정하는 근거가 된다.360)

청구권대위의 근거를 다수설과 판례는 실손해 전보라는 손해보험계약의 본질과 이중이득 금지로 보고 있다. 이에 따르면 상해보험에 청구권대위가 허용되는가의 문제에 있어서 상해보험계약 중 손해보험적 성질을 갖는 경우에 한하여 당사자간에 청구권대위 행사에 대한 약정이 있으면 청구권대위가 허용된다고 해석된다. 반면 청구권대위 인정 근거를 정책적 이유에서 찾는다면 손해보험적 성격의 상해보험뿐만 아니라 모든 상해보험계약에서 보험자대위가 허용되는 것으로 정책을 정할 수도 있을 것이다.361) 다만 보험계약에 따라 미리 보험료를 받아온 보험자가 청구권을 대위행사하여 제3자로부터 지급보험금액을 돌려받게 되면 보험자는 반대급부 없이 보험료만 챙기게 되는 부당이득을 인정하는 것이 아닌가 하는 의문이 생긴다. 이러한 비판을 반영하여 보험료 산정시 청구권대위가 반영되어야 하며, 보험료 산정에 반영될 수 없다면 보험자의 부당이득 보다는 오히려 제3자의 면책을 허용하는 것이 낫다는 이유에서 청구권대위를 폐지해야 한다는 견해도 있다.362)

358) 최준선, 220면.
359) 보험연수원(편), 보험심사역 공통 1 교재, 2016, 218면.
360) 대판 1995. 11. 14, 95다33092; 대판 1989. 4. 25, 87다카1669. 정찬형, 692면; 이기수/최병규/김인현, 206면; 최기원, 324면; 김성태, 446-447면; 최준선, 220면; 임용수, 290-291면.
361) 박기억, "인보험에 있어서 보험자대위금지원칙과 자기신체사고보험", 보험법연구 제3권 제2호, 2009, 179-180면.
362) Robert Merkin/Jenny Steele, Insurance and the Law of Obligations, 2013, Oxford Press. p. 112(한기정, 548면에서 재인용).

(대) 적용범위

청구권대위의 취지를 고려할 때 이득금지의 원칙이 적용되는 손해보험에 적용된다. 청구권대위는 인보험에 관한 한 원칙적으로 금지되고 있다(제729조 본문). 즉 원칙적으로 인보험에서 보험자는 보험사고로 인해 생긴 보험계약자 측의 제3자에 대한 권리를 대위행사할 수 없다. 일반적으로 인보험은 정액보험이기 때문에 이득금지 원칙을 기초로 하는 청구권대위가 적용될 여지가 없다. 따라서 보험계약자 측은 보험자로부터 보험금을 지급받더라도 가해자에게 손해배상청구권을 행사할 수 있다. 다만 제729조 단서는 인보험의 하나인 상해보험의 경우에 당사자간의 약정을 통하여 보험자는 피보험자의 권리를 해하지 아니하는 범위 안에서 그 권리를 대위하여 행사할 수 있다고 규정하고 있다. 이 단서조항은 상해보험 중 실손보상적(비정액 보상방식) 성격을 가진 상해보험에 적용되는 것으로 해석된다. 예를 들어, 대위약정이 있는 상태에서 피보험자가 제3자의 불법행위로 인해 상해를 입은 경우에 의료비 또는 휴업보상비를 보험자가 피보험자에게 지급하였다면 보험자는 가해자인 제3자에 대하여 대위권을 행사할 수 있도록 하는 것이다.363) 상해보험이더라도 실손보상의 성격을 가지므로 실손보상적 성격의 상해보험에서 피보험자에게 이득금지의 원칙을 적용하려는 것이다. 그러나 실손보상적 성격의 상해보험이라 하더라도 대위약정이 없다면 피보험자는 이중으로 청구하여 이중지급을 받을 수 있게 된다. 질병보험에도 제729조가 준용된다(제739조의3).

(래) 손익상계와 청구권대위

손해보험사고에 관하여 불법행위나 채무불이행에 기한 손해배상책임을 지는 제3자가 있어 피보험자가 그를 상대로 손해배상청구를 하는 경우에, 피보험자가 손해보험계약에 따라 보험자로부터 수령한 보험금은 보험계약자가 스스로 보험사고의 발생에 대비하여 그 때까지 보험자에게 납입한 보험료의 대가적 성질을 지니는 것으로서 제3자의 손해배상책임과는 별개의 것이므로 수령한 보험금을 손익상계의 대상으로 보지 않고 따라서 그의 손해배상책임액에서 공제할 것이 아니라는 것이 판례의 태도이다.364) 즉 피보험자가 보험금을 수령했더라도 가해자를 상대로 아무런 공제나 감액없이 손해 전부에 대해 손해배상청

---

363) 대판 2002. 3. 29, 2000다18752, 18769(상해보험에서 대위권행사에 관한 약정이 없으면 피보험자가 제3자로부터 손해배상을 받았다고 해도 보험자는 보험금을 지급할 의무가 있으며 피보험자가 제3자에 대해 가지는 권리를 보험자가 대위행사할 수 없다); 국민건강보험법 제53조; 양승규, 236면.

364) 대판 1998. 11. 24, 98다25061; 대판 2015. 1. 22, 2014다46211; 대판 2021. 6. 30, 2018다288723. 甲 주식회사가 乙 주식회사 소유의 건물에서 발생한 불이 甲 회사 소유의 건물로 옮겨붙은 사고로 발생한 전체 손해액 중 丙 보험회사로부터 받은 보험금을 공제한 잔액을 손해배상으로 구한 사안에서, 甲 회사의 전체 손해액에서 보험금을 공제하고 남은 손해액이 실화책임에 관한 법률 제3조 제2항에 따라 경감된 乙 회사의 손해배상책임액보다 적으므로 乙 회사는 甲 회사에 남은 손해액 전부를 지급할 의무가 있는데도, 乙 회사의 손해배상책임액에서 보험금을 공제한 잔액이 乙 회사가 최종적으로 지급하여야 할 손해배상액이라고 판단하는 것은 잘못이다. 대판 2015. 1. 22, 2014다46211.

구권을 행사할 수 있다. 다만 보험금을 지급한 보험자가 청구권대위에 의해 이 손해배상
청구권을 취득하게 된다.[365]

(2) 요 건

(개) 가해행위의 존재

① 가해행위와 피보험자의 손해   청구권대위가 발생하기 위해서는 피보험자에게
손해를 야기 시키는 제3자에 의한 가해행위가 있어야 한다. 제3자의 가해행위가 있어도
피보험자에게 손해가 생기지 않았다면 청구권대위는 성립되지 않는다.   보험사고가 발생
하여 손해액을 산정하는 데 소요된 비용이 피보험자가 입은 손해인지 여부와 관련하여 판
례는 '보험자가 보험금의 지급 범위를 확인하기 위하여 지출한 손해액 산정비용은 보험자
의 이익을 위한 것일 뿐, 보험계약자 또는 피보험자가 입은 손해라고 할 수 없으므로, 그
비용을 지출한 보험자가 보험계약자 또는 피보험자를 대위하여 가해자를 상대로 그 비용
상당의 손해배상을 구할 수 없다고 판시한 바 있다.[366] 제3자의 행위에 의해 보험사고가
야기되고 이로 인해 손해가 발생하여야 하는데, 여기에서 손해는 전손 이외에 분손의 경
우도 포함한다. 보험가액의 일부에 대해서만 보험에 가입한 일부보험의 경우에도 청구권
대위가 가능하다.[367]

② 가해행위의 성질   보험사고를 야기한 제3자의 행위는 방화와 같은 불법행위나
임차인의 실화와 같은 채무불이행 행위 뿐만 아니라 적법행위도 포함된다. 제682조 법문에
서도 가해행위를 위법행위로 한정하고 있지 않다. 적법행위로 인한 손해전보 목적의 청구
권도 피보험자의 초과이익을 방지할 필요가 있으며, 보험금청구권으로 인해 제3자가 부당
하게 면책되는 것을 방지할 필요가 동일하게 있기 때문이다.[368] 판례도 같은 취지이다.

[대법원 1995. 11. 14. 선고 95다33092 판결]

〈사실관계〉

건물소유주와 화재보험계약을 체결한 원고회사는 화재가 발생하자 소유주에게 보험금을 지급한
후에 건물의 임차인인 피고를 상대로 구상권을 행사하였다. 그런데 화재의 원인이 피고에게 있는
지는 당시 명확히 밝혀지지 않은 상태였다. 원심은 이 사건 화재가 피고의 행위로 인하여 발생하
였다는 것, 즉 피고에게 선량한 관리자로서의 주의의무를 다하지 못하였고 바로 그 때문에 이 사
건 화재가 발생하였다는 것을 보험자대위를 주장하는 원고회사가 주장, 입증하여야만 할 것인데,

---

365) 한기정, 550면.
366) 대판 2013. 10. 24. 2011다13838.
367) 임용수, 291면.
368) 한기정, 551면.

이를 인정할 증거가 없어서 결국 보험자대위의 요건이 갖추어졌다고 볼 수 없다며 원고패소판결을 내렸다.

〈주요 판시내용〉

　보험사고에 의하여 손해가 발생하고 피보험자가 그 손해에 관하여 제3자에게 손해배상 청구권을 갖게 되면 보험금을 지급한 보험자는 제3자에게 귀책사유가 있음을 입증할 필요가 없이 법률의 규정에 의하여 당연히 그 손해배상 청구권을 취득하게 된다고 할 것이므로, 상법 제682조 소정의 '제3자의 행위'란 '피보험이익에 대하여 손해를 일으키는 행위'를 뜻하는 것으로서 고의 또는 과실에 의한 행위만이 이에 해당하는 것은 아니라고 보아야 할 것이다(同旨: 대판 1994. 1. 11, 93다32958; 대판 1993. 1. 26, 92다4871).

　적법행위로 인해 피보험자에게 손해가 발생되고 이로 인해 피보험자가 가지는 손해전보청구권이 청구권대위의 대상이 되는 예로는 해상보험에서 인정되는 선장의 공동해손행위이다. 선박 또는 선박에 적재된 적하물에 위험이 발생하게 되는 경우에 이를 피하기 위해 선장은 선박이나 적하에 대해 자신에게 부여된 권한에 근거하여 처분을 할 수 있는데 이러한 처분으로 인해 생긴 손해를 공동해손이라 한다. 선장의 적법한 공동해손행위로 인해 손해를 입은 사람이 공동해손행위로 인해 이익을 입은 사람에게 공동해손분담청구권을 행사할 수 있는데 이 분담청구권도 청구권대위의 대상이 될 수 있다.

　이와 같이 제682조 소정의 '제3자의 행위'란 피보험이익에 대하여 손해를 일으키는 행위를 뜻하는 것으로서 고의 또는 과실에 의한 행위만이 이에 해당하는 것은 아니라고 보아야 할 것이다. 또한 보험자가 청구권대위에 의한 권리행사를 함에 있어 제3자의 고의 또는 과실 등 귀책사유를 입증할 필요가 없이 법률의 규정에 의해 당연히 손해배상청구권을 취득한다.[369]

　한편 피보험자와 제3자간의 법률관계가 무엇이냐에 따라 청구권대위 인정 여부가 결정되기도 한다. 투숙객 甲이 모텔에 투숙했는데 모텔에 화재사고가 발생했다. 화재 발생 전에 甲이 흡연했다는 사실이 확인되었으나 담배꽁초가 발견된 장소와 발화 지점 사이에는 간격이 있었고 발화요인을 추정할 수 있는 증거물 등이 발화지점 인근에서 감식되지 않았다. 출동한 소방서는 원인 미상의 화재로 판단했다. 모텔 소유자와 화재보험계약을 체결한 보험자가 피보험자인 모텔 소유자에게 보험금을 지급한 후에 모텔 소유자가 투숙객 甲에게 행사할 수 있는 손해배상청구권을 대위하여 투숙객 甲과 甲과 배상책임보험을 체결한 배상책임보험자 A에게 구상권을 행사했다. 甲과 배상책임보험자 A는 화재사고 책임이 甲에게 없다는 이유로 대위청구를 거절하면서 소송을 제기했다. 이에 대해 대법원은 아래와 같이 판단했다.

369) 대판 2021. 6. 10, 2020다298389; 대판 1995. 11. 14, 95다33092; 임용수, 291면; 정동윤, 595면.

[대법원 2023. 11. 2. 선고 2023다244895 판결]

〈주요 판시내용〉

숙박업자가 고객과 체결하는 숙박계약은 숙박업자가 고객에게 객실을 제공하여 이를 일시적으로 사용할 수 있도록 하고, 고객은 숙박업자에게 사용에 따른 대가를 지급하는 것을 내용으로 한다는 점에서 임대차계약과 유사하다. 그러나 숙박업자와 고객의 관계는 통상적인 임대인과 임차인의 관계와는 다르다. 숙박업자는 고객에게 객실을 사용·수익하게 하는 것을 넘어서서 고객이 안전하고 편리하게 숙박할 수 있도록 시설 및 서비스를 제공하고 고객의 안전을 배려할 보호의무를 부담한다. 숙박업자에게는 숙박시설이나 설비를 위생적이고 안전하게 관리할 공법적 의무도 부과된다(공중위생관리법 제4조 제1항 참조). 숙박업자는 고객에게 객실을 제공한 이후에도 필요한 경우 객실에 출입하며 고객의 안전 배려 또는 객실 관리를 위한 조치를 취하기도 한다. 숙박업자가 고객에게 객실을 제공하여 일시적으로 이를 사용·수익하게 하더라도 객실을 비롯한 숙박시설에 대한 점유는 그대로 유지하는 것이 일반적이다. 그러므로 객실을 비롯한 숙박시설은 특별한 사정이 없는 한 숙박기간 중에도 고객이 아닌 숙박업자의 지배 아래 놓여 있다고 보아야 한다. 그렇다면 임차인이 임대차기간 중 목적물을 직접 지배함을 전제로 한 임대차 목적물 반환의무 이행불능에 관한 법리는 숙박계약에 그대로 적용될 수 없다. 고객이 숙박계약에 따라 객실을 사용·수익하던 중 발생 원인이 밝혀지지 않은 화재로 인하여 객실에 발생한 손해는 특별한 사정이 없는 한 숙박업자의 부담으로 귀속된다고 보아야 한다.

숙박업자와 투숙객간의 숙박계약을 임대차계약으로 보면 투숙객의 객실 반환의무 이행불능이 자기 책임이 아니라는 증명을 다하지 못하는 이상 투숙객 甲 또는 그의 배상책임보험자 A는 화재보험금을 지급한 보험자의 대위구상에 응해야 할 것이다. 그러나 숙박계약을 임대차계약이 아니며 객실의 지배가 숙박업자에 있다고 보게 되면 원인 미상의 화재사고로 인해 객실에 발생한 손해는 숙박업자의 부담이 된다. 따라서 숙박업자가 투숙객에게 손해배상청구권을 가질 수 없고, 결과적으로 청구권대위에 따른 구상청구는 받아들일 수 없다고 판단했다.[370]

(나) 제3자의 행위에 의한 보험사고 발생

① 제3자의 개념

(a) 피보험자의 제3자성   제3자는 청구권대위의 상대방이 되는 자이다. 제3자는 보험사고를 야기하여 피보험자에게 손해배상의무를 부담하는 자로서 원칙적으로 보험자 및 피보험자를 제외한 자를 말한다.[371] 보험계약자도 제3자 범위에서 제외될 수 있다.

---

370) 이준교, "2023년 손해보험 분쟁 관련 주요 대법원 판결 및 시사점(下)", 손해보험, 2024년 2월호, 손해보험협회, 67면–68면.

371) 대판 2024. 12. 26, 2024다250286; 대판 2012. 4. 26, 2011다94141.

보험사고를 야기한 자가 보험계약상의 피보험자의 범주에 속하는 경우 그 자는 청구권대위에서의 제3자에 해당되지 않는다. 타인을 위한 보험계약의 피보험자도 청구권대위에서의 제3자 범위에 포함되지 않는다.372) 자동차보험의 경우 보험증권에 기재된 기명피보험자 이외에 다양한 부류의 피보험자 범위가 있는데 이들 범위에 속하는 자도 피보험자이므로 청구권대위에서의 제3자가 아니다. 자동차보험에서 피보험자의 종류를 다양하게 확대시키는 이유는 차량운전을 소유자 이외에 다른 사람이 하는 경우도 많아서 사고발생 및 배상책임이 발생될 가능성이 높기 때문이다. 자동차보험에서 이들을 피보험자 범주에 포함시키지 않게 되면 자동차보험의 혜택을 받지 못하고 각자가 배상책임 담보를 위한 보험계약을 개별적으로 체결해야 하기 때문이다. 자동차보험 중 대인배상 Ⅰ, 대인배상 Ⅱ, 대물배상에서는 기명피보험자, 친족피보험자, 승낙피보험자, 사용피보험자, 운전피보험자가 모두 피보험자이므로 청구권대위의 제3자에 포함되지 않는다. 즉 승낙피보험자나 운전피보험자가 차주인 기명피보험자의 자동차를 사용 또는 관리 중에 사고를 야기하더라도 이들은 피보험자의 범위에 포함되는 자로서 청구권대위의 제3자에 해당되지 않으므로 보험사고에 대해 보험금을 지급한 보험자는 이들에게 청구권대위를 행사할 수 없다.373) 또한 피보험 차량의 소유자로부터 주차관리를 위탁받아 관리 중에 있는 자나 기명피보험자인 회사를 위하여 피보험차량을 운전하는 피용자는 보험자가 보험자대위권을 행사할 수 있는 제682조의 제3자에 해당하지 않는다. 자동차의 운전자는 운전피보험자의 지위를 갖는 자로서 그 자의 과실로 인해 교통사고가 발생하여 피해자에게 인적손해가 생긴 경우에 보험자가 보험금을 지급했더라도 그 운전자를 상대로 대위권을 행사할 수는 없다.374) 판례에 따르면 운전자를 운전피보험자에 포함시킨 이유는 보험자의 책임범위를 확대하여 피보험자와 피해자를 보호하기 위함이며, 운전피보험자의 면책이 주된 목적은 아니라고 한다.375)

[대법원 2000. 9. 29. 선고 2000다33331 판결]

〈사실관계〉

피고의 소속부대는 원고회사와 자동차종합보험을 체결하였다. 그런데 운전병인 피고가 부대를 무단으로 벗어났다가 사고를 냈고, 이에 원고회사는 피해자에게 보험금을 지급한 후에 이 경우에는 피고가 위의 피보험자에 해당하지 않는다고 주장하면서 피고를 상대로 구상권을 행사하였다.

---

372) 대판 2017. 9. 26, 2015다245145; 대판 2016. 5. 27, 2015다237618; 대판 1993. 6. 29, 93다1770; 대판 1989. 4. 25, 87다카1669.
373) 대판 2006. 2. 24, 2005다31637; 대판 1991. 11. 26, 90다10063; 대판 2001. 11. 27, 2001다44659; 대판 2000. 9. 29, 2000다33311; 대판 2006. 2. 24, 2005다31637; 대판 1995. 6. 9, 94다4813; 대판 2001. 6. 1, 2000다33089; 대판 1993. 6. 29, 93다1770.
374) 대판 2006. 2. 24, 2005다31637; 대판 2001. 11. 27, 2001다44659; 대판 1991. 11. 26, 90다10063.
375) 대판 2005. 9. 15, 2005다10531.

〈주요 판시내용〉

　자동차종합보험보통약관에 피보험자는 기명피보험자 외에 기명피보험자의 승낙을 얻어 자동차를 사용 또는 관리중인 자 및 위 각 피보험자를 위하여 피보험자동차를 운전 중인 자 등도 포함되어 있다면, 이러한 승낙피보험자 등의 행위로 인하여 보험사고가 발생한 경우 보험자가 보험자대위의 법리에 의하여 그 권리를 취득할 수 없다. (중략) 기명피보험자인 소속부대가 관리하는 피보험자동차인 이 사건 사고차량(소속부대장 승용차)의 운전병으로 근무하던 피고는 사고 당시 운전을 하게 된 경위가 어떠한지를 불문하고 위 약관에서 말하는 피보험자를 위하여 피보험자동차를 운행하는 자에 해당하고 따라서 상법 제682조에서 말하는 제3자에 해당하지 아니한다고 보아야 할 것이다(同旨: 대판 1991. 11. 26, 90다10063; 대판 2001. 11. 27, 2001다44659).

[대법원 1995. 6. 9. 선고 94다4813 판결]

〈주요 판시내용〉

　자동차종합보험에 가입된 굴착기를 운전기사와 함께 임차하여 공사현장에 투입하여 작업 중 운전기사의 운전상의 과실로 보험사고가 발생하고 거기에 임차인의 감독상 주의의무 위반이 경합되어 있는 사안에서, 보험약관에 의하면 피보험자는 보험증권에 기재된 기명피보험자 이외에 기명피보험자의 승낙을 얻어 자동차를 사용 또는 관리하는 자 및 위 각 피보험자를 위하여 자동차를 운전중인 자(운행보조자 포함) 등도 포함되어 있으므로 임차인은 보험계약의 기명피보험자로부터 굴삭기를 그 운전기사와 함께 임차하여 사용 또는 관리중인 자로서 운전기사 및 기명피보험자와 함께 보험계약상의 피보험자에 해당됨이 명백하여 상법 제682조에서 말하는 "제3자"는 아니고, 또한 임차인이 작업감독상 주의의무를 태만히 한 것이 사고발생 원인의 하나가 됨으로써 피해자에 대하여 그로 인한 손해배상책임을 져야 한다고 하더라도, 결국 위 사고는 제3자의 행위가 아니라 바로 피보험자의 행위로 인하여 생긴 것이므로 보험자는 그 임차인에 대하여 보험자대위권을 행사할 수 없다(同旨: 대판 1995. 11. 28, 95다31195).

　　승낙피보험자의 행위로 인하여 보험사고가 발생한 경우에 사전에 기명피보험자와 승낙피보험자 사이에 '모든 손해는 승낙피보험자가 부담한다'는 약정을 했고, 기명피보험자가 승낙피보험자를 상대로 손해배상 채무부담에 관한 약정에 기하여 청구권을 갖는다 하여도 보험자는 청구권대위의 법리에 의하여 그 권리를 취득할 수 없다. 승낙피보험자 역시 피보험자의 지위에 있으므로 제3자의 범위에 포함될 수 없기 때문이다.376)

　　(b) 공동불법행위자　　　제3자의 수는 불문한다. 따라서 피보험자가 다른 사람들과 함께 공동으로 불법행위를 저지른 경우에 피보험자는 제3자에 포함되지 않지만, 다른 공동불법행위자들은 제3자에 포함된다. 다른 공동불법행위자는 피보험자가 아니기 때문에 청구

---

376) 대판 1993. 1. 12, 91다7828.

권대위의 상대방이 된다. 피보험자와 보험계약을 체결한 보험자가 피해자에게 손해배상을 전부 함으로써 피보험자뿐만 아니라 다른 공동불법행위자가 공동으로 면책되는 경우에, 피보험자가 다른 공동불법행위자에 대해서 갖는 구상권을 보험자가 대위취득할 수 있다.[377]

     (c) 약정을 통한 피보험자의 제3자성 인정   본래 피보험자는 청구권대위에서의 제3자에 포함되지 않지만, 약정을 통해 제3자성이 인정되는 경우가 있다. 동일한 피보험자가 소유하는 보험의 목적 간에 보험사고가 발생한 경우, 예를 들어 동일한 피보험자가 선박을 2척 소유하고 있는데 각각 다른 보험회사와 선박보험계약을 체결한 상태에서 일방 보험회사에 가입한 선박의 일방적인 과실에 의해 선박충돌사고가 발생하고 이로 인해 타방 보험회사에 가입한 선박이 침몰한 한 경우에 보험목적의 소유자가 동일하다는 우연한 사정에 의해 대위권을 행사할 수 없다고 하는 것은 부당하기 때문에 선박보험 실무상 이에 관한 대위권 행사를 인정하는 특별한 규정을 두고 있다. 예를 들어 A가 가지고 있는 선박들 중에서 선박 a(甲 보험회사와 선박보험 체결)의 일방적인 과실로 선박 b(乙 보험회사와 선박보험 체결)에 손해가 발생한 경우에, 乙 보험회사가 A에게 보험금을 지급한 후 A에게 대위권(선박 b의 소유인 A가 甲 보험회사에 대하여 가지는 청구권)을 행사할 수 있도록 한 것이다. 즉 서로 다른 선박소유자에게 속한 것으로 가정하여 대위권 행사를 인정하고 있다. 이러한 약관을 실무상 자매선약관(sistership clause)이라 한다.[378]

     (d) 기   타   타인을 위한 손해보험계약을 체결한 보험계약자의 제3자성에 대해서는 앞서 설명한 타인을 위한 보험부분에서 이미 상세히 다루었다.[379] 판례는 타인을 위한 보험에서 보험계약자의 제3자성을 인정하면서 보험자는 타인을 위한 보험계약을 체결한 보험계약자를 상대로 청구권대위를 행사할 수 있다고 판시했다.[380] 그러나 앞에서 설명한 대로 타인을 위한 보험계약자는 청구권대위의 제3자 범위에 포함되지 않는다고 보는 것이 타당하다.[381]

    일반적으로 제3자는 손해를 야기한 행위자이며, 대부분 가해행위를 한 주체(불법행위 또는 채무불이행으로 인한 채무자)가 청구권대위 행사의 상대방(피청구권자)이 된다. 즉 가해행위자와 피청구권자가 동일인인 경우가 일반적이다. 그러나 그렇지 않은 경우도 있다. 해상보험에 있어서의 공동해손분담청구권이 대위권의 목적이 된 경우에는 손해를 야기한 행위자가 제3자가 되지는 않는다. 여기에서 제3자는 공동해손분담채무를 부담하는 선박

---

377) 대판 1998. 12. 22, 98다40466; 대판 1994. 1. 11, 93다32958; 대판 1989. 11. 28, 89다카9194.
378) 심재두, 해상보험법, 1995, 222-223면, 393-394면, 429면; 김성태, 454-455면; 서헌제, 156면; 양승규, 247면; 한기정, 553면.
379) 제10장 타인을 위한 보험계약 참조.
380) 대판 1989. 4. 25, 87다카1669; 대판 1990. 2. 9, 89다카21965; 대판 2000. 11. 10, 2000다29769. 다만 실무상 화재보험표준약관에서는 이러한 판례와 달리 타인을 위한 보험계약의 경우 보험자는 보험계약자에 대하여 가지는 대위권을 포기한다고 규정하고 있다(제14조 제3항). 대판 2024. 7. 11, 2020다246913.
381) 타인을 위한 보험계약 부분에서 상세히 설명했다.

또는 적하이해관계인인 반면에 사고를 야기한 행위자는 선장이다. 즉 선장의 공동해손행위로 인하여 선박이나 적하에 손해를 입은 자는 공동해손행위로 인해 이익을 얻은 자(선박 또는 적하이해관계인)에게 공동해손분담청구권을 가진다. 이때 공동해손행위로 인하여 선박이나 적하에 손해를 입은 자의 보험자가 이들의 손해에 대해 보험금을 지급했다면 보험자는 이들이 공동해손행위로 인해 이익을 얻은 자에게 가지는 공동해손분담청구권에 대해 청구권대위 행사가 가능하다. 이 경우에는 손해를 야기한 행위자(적법한 행위를 한 선장)와 손해배상책임이 있는 자(선박 또는 적하이해관계인)가 다른 경우이다.382) 책임보험에서 피해자에게 인정되는 직접청구권도 보험자대위권의 대상이 될 수 있는데,383) 피해자의 보험자가 피해자에게 보험금을 지급한 후에 피해자가 가해자의 보험자에 대해 가지는 직접청구권을 피해자의 보험자가 대위할 수 있는데 이 경우도 가해행위자와 피청구권자가 일치하지 않는 경우이다.384)

파산면책을 받은 가해자에 대한 자동차보험자의 대위권 행사에 관한 판례가 있다.385)

[대법원 2024. 5. 17. 선고 2023다308270 판결]

〈사실관계〉

피고 甲이 자동차배상책임보험에 가입하지 않은 아버지 차량을 갖고 고가도로 1차로를 제한속도 이내로 주행하던 중 차로에 다른 차량이 진입하는 것을 발견하고 충돌을 피하려다가 중앙선을 침범하여 맞은편에서 진행하는 피해차량을 충격하였고, 위 사고로 피해차량에 타고 있던 3명 중 1명은 사망하였고, 2명은 중상을 입는 사고가 발생했다. 乙 보험회사가 자동차손해배상보장사업에 따라 피해자들에게 보상금을 지급한 후 甲을 상대로 피해자들의 손해배상청구권을 대위행사하는 소를 제기하여 청구를 인용하는 판결이 선고·확정되었는데, 그 후 甲이 파산 및 면책을 신청하여 면책결정이 확정되었고, 甲이 법원에 제출한 채권자 목록에 乙 보험회사의 대위채권이 포함되어 있었다. 이 사건 원고인 자동차손해배상진흥원은 자동차손해배상보장법에 따른 업무를 수행하기 위해 乙 보험회사로부터 대위채권을 양수하고 피고 甲에게 채권금액을 청구하였으나 피고 甲은 법원면책결정으로 채무상환 의무가 없다고 항변하였다.386)

〈주요 판시내용〉

이 사건의 논점은 甲의 교통사고 발생이 甲의 중대한 과실에 의해 야기된 것인지에 관한 것이다. 만약 중대한 과실에 의한 사고로 해석된다면 원고 자동차손해배상진흥원의 대위채권은 채무

---

382) 정찬형, 696면; 최준선, 228면; 양승규, 246면.
383) 대판 1998. 9. 18, 96다19765.
384) 대판 2016. 5. 27, 2015다237618; 대판 1999. 6. 11, 99다3143.
385) 대판 2024. 5. 17, 2023다308270.
386) 채무자회생 및 파산에 관한 법률 제566조에 따르면 채무자의 중대한 과실로 타인의 생명 또는 신체를 침해한 불법행위로 인하여 발생한 손해배상에 따른 채무는 면책이 되지 않는다고 규정하고 있다.

자회생 및 파산에 관한 법률상 '비면제채권'에 해당하여 甲은 그 책임을 이행하여야 한다. 교통사고처리 특례법 제3조 제2항 단서는 중과실이 아닌 경과실로 중앙선을 침범하는 경우도 있음을 예정하고 있으므로, 채무자가 위 조항 단서 제2호에서 정한 중앙선 침범 사고를 일으켰다는 사정만으로 곧바로 채무자 회생 및 파산에 관한 법률 제566조 제4호에서 규정하는 중대한 과실이 존재한다고 단정하여서는 안 되는 점, 甲은 다른 사고의 발생을 피하려는 과정에서 중앙선을 침범하게 된 것으로 보이는 점, 甲은 사고 당시 제한속도를 현저히 초과하여 주행하지 않았고, 그 밖에 다른 주의의무를 위반하였다고 볼 만한 사정을 찾기 어려운 점, 피해자들 중 1명이 사망하였고, 2명이 중상을 입었다는 사정은 '타인의 생명 또는 신체 침해의 중한 정도'에 관한 것으로서 채무자에게 중대한 과실이 있는지를 판단하는 직접적인 기준이 될 수 없는 점에 비추어 甲이 약간의 주의만으로도 쉽게 피해자들의 생명 또는 신체 침해의 결과를 회피할 수 있는 경우임에도 주의의무를 현저히 위반하여 사고를 일으켰다고 보기 어렵다. 따라서 乙 보험자의 대위채권은 면책채권에 해당되며 乙 보험자로부터 대위채권을 양수한 원고 자동차손해배상진흥원의 피고 甲에 대한 양수금 청구도 인정될 수 없다.

　　② 공동생활을 하는 가족 등　　보험사고를 야기한 제3자가 보험계약자 또는 피보험자와 실질적으로 공동생활을 함께하는 가족, 즉 동거가족인 경우 그의 과실로 인해 손해가 생겼다면, 청구권대위 제도는 적용되지 않는다. 즉 피보험자와 실질적으로 생계를 같이하는 가족은 원칙적으로 청구권대위의 제3자에 포함되지 않는다는 것이 통설적 견해이다.[387] 이러한 경우에 피보험자는 보험사고를 야기한 동거가족에 대한 청구권을 포기하거나 용서하는 등 그 권리를 행사하지 않는 것이 일반적인데, 만약 청구권대위 제도를 적용한다면 보험자는 손해를 입은 피보험자에게 보험금을 지급한 후 사고를 야기한 그의 동거가족으로부터 그 금액을 다시 환수함으로써 가족 전체의 입장에서 볼 때 보험의 이익을 제공받지 못하는 것과 마찬가지가 되기 때문이다. 만약 이러한 경우 피보험자에 의하여 행사되지 않는 권리를 보험자가 대위취득하여 행사하는 것을 허용한다면 사실상 피보험자는 보험금을 지급받지 못한 것과 동일한 결과가 초래된다. 판례도 이러한 취지이다.

[대법원 2002. 9. 6. 선고 2002다32547 판결]

〈사실관계〉
　　보험계약자 겸 피보험자의 미성년자인 아들인 피고가 피보험자의 허락 없이 무면허상태로 운전하다가 사고를 내자 원고회사는 피해자에게 보험금을 지급한 후 피고에게 보험자대위권을 행사하였다.

---

387) 손주찬, 598면; 양승규, 248면; 정찬형, 693면; 정동윤, 595-2면; 최기원, 327면; 이기수/최병규/김인현, 208면; 임용수, 293면; 서돈각/정완용, 421면; 김은경, 374면. 반면에 채이식, 153면에서는 이러한 해석이 입법론적으로 옳을지 몰라도 현행법의 해석으로는 따르기 어렵다고 한다.

〈주요 판시내용〉

피보험자의 동거친족에 대하여 피보험자가 배상청구권을 취득한 경우, 통상은 피보험자는 그 청구권을 포기하거나 용서의 의사로 권리를 행사하지 않은 상태로 방치할 것으로 예상되는바, 이러한 경우 피보험자에 의하여 행사되지 않는 권리를 보험자가 대위취득하여 행사하는 것을 허용한다면 사실상 피보험자는 보험금을 지급받지 못한 것과 동일한 결과가 초래되어 보험제도의 효용이 현저히 해하여진다 할 것이다. 무면허면책약관은 보험약관에 있어서의 담보위험을 축소하고 보험료의 할인을 가능하게 하는 데 그 취지가 있는 것이기는 하나, 그 경우에도 피보험자의 명시적이거나 묵시적인 의사에 기하지 아니한 채 무면허 운전자가 피보험자동차를 운전한 경우에는 면책조항의 예외로서 보험자가 책임을 지는 점에 미루어 무면허 운전자가 동거가족인 경우에도 보험자의 대위권 행사의 대상이 되는 것으로 해석한다면, 무면허 운전자가 가족이라는 우연한 사정에 의하여 면책약관에 위배되지 않은 보험계약자에게 사실상 보험혜택을 포기시키는 것이어서 균형이 맞지 않는 점 등에 비추어, 무면허운전 면책약관부 보험계약에서 무면허 운전자가 동거가족인 경우 특별한 사정이 없는 한 상법 제682조 소정의 제3자의 범위에 포함되지 않는다고 봄이 타당하다(同旨: 대판 2000. 6. 23, 2000다9116, 운전자 연령한정운전 특약부 자동차보험계약에서 연령 미달의 운전자가 보험계약자나 피보험자의 동거가족인 경우에 제682조 소정의 보험자대위권 행사의 대상인 제3자에 포함되지 않는다).

[대법원 2009. 8. 20. 선고 2009다27452 판결]

〈주요 판시내용〉

甲이 자동차종합보험(책임보험 포함)에 가입하지 않은 채 사실상 보유·사용하던 차량을 그 처인 乙이 운전하던 중 과실에 의한 사고로 동승자인 딸 丙이 부상을 입은 데 대하여 구 자동차손해배상 보장법(2008. 2. 29. 법률 제8852호로 개정되기 전의 것)상의 보장사업자가 같은 법 제26조에 따라 치료비와 보상금을 지급한 후 피해자 丙이 사고차량의 법률상 운행자인 甲과 乙에 대해 가지는 손해배상청구권을 대위행사한 사안에서, 손해배상채무자가 피해자의 동거친족임을 이유로 그 대위행사가 허용되지 않는다고 판시하였다.

2015년 개정 보험법은 제682조 제2항의 신설을 통해 "보험계약자나 피보험자의 제1항의 권리가 그와 생계를 같이 하는 가족에 대한 것인 경우에는 보험자는 그 권리를 취득하지 못한다."라고 명시적으로 규정함으로써 기존의 학설과 판례의 입장을 반영하였다. 여기에서 가족은 민법 제779조의 가족의 범위388)와 같은데, 다만 '생계를 같이하는'이라는 요건을 추가한 것이다. 이는 배우자를 제외한 나머지 직계혈족 및 형제자매의 경우 생계

---

388) 민법 제779조(가족의 범위) ① 다음의 자는 가족으로 한다. 1. 배우자, 직계혈족 및 형제자매 2. 직계혈족의 배우자, 배우자의 직계혈족 및 배우자의 형제자매, ② 제1항 제2호의 경우에는 생계를 같이 하는 경우에 한한다.

를 같이 하지도 않는데 대위권 행사를 금지시키는 것은 지나치게 보험자에게 불이익하다는 것이 고려된 것이다.389)

한편 제682조 제2항을 문리적으로만 해석해서 생계를 같이 하는 '가족'으로 한정하여 적용해야 하는가의 문제가 있다. 제682조 제2항의 입법취지를 고려하면, 가족이 아니더라도 사고를 야기한 자의 행위를 용서하거나 그에게 손해배상청구권을 행사하지 않을 것이라고 일반적으로 여겨지는 관계(경제적·신분적 공동생활 관계)에 있는 사람도 포함되는 것으로 해석해야 할 것이다. 판례는 이러한 관계에 있는 것을 '강한 일체성을 가진 신분적·경제적 공동생활체'라고 표현하면서 이러한 관계를 가지고 있다면 생계를 같이 하는 가족이 아니더라도 제682조 제2항이 적용될 수 있음을 간접적으로 보여주고 있다.390) 한편 그 동거가족이 고의로 손해를 야기한 경우에는 보험자의 대위권을 인정하거나 보험자의 보험금 지급책임을 면하도록 해야 한다는 것이 다수적 견해이다.391) 과거 판례에서도 가족의 고의가 없어야만 청구권대위가 적용되지 않는다는 점을 분명히 했으며,392) 신설된 법문(제682조 제2항 단서)에서도 이를 명확히 반영하였다.

[대법원 2016. 10. 27. 선고 2014다224233 판결]

〈주요 판시내용〉

甲 주식회사와 화재보험계약을 체결한 乙 보험회사가 보험목적물인 건물에 발생한 화재로 甲 회사에 보험계약에 따른 보험금을 지급한 후 甲 회사가 속한 관리단대표자회의의 위탁을 받아 건물의 유지·관리 업무를 수행하는 丙 단체를 상대로 구상금 지급을 구한 사안에서, 丙 단체는 피보험자인 甲 회사와 동거가족으로 평가할 수 있을 정도로 강한 일체성을 가진 신분적·경제적 공동생활체에 속하지 않으므로 乙 보험회사가 丙 단체에 대하여 보험자대위의 법리에 의한 권리를 행사할 수 있다.

(다) 제3자에 대한 권리의 존재

① 청구권의 존재   보험계약자나 피보험자가 가해행위를 행한 제3자에 대하여 권리를 가지고 있어야 보험자가 대위권을 행사할 수 있다. 일반적으로 보험자는 보험금을 지급함으로써 피보험자가 제3자에 대해 가지는 불법행위 또는 채무불이행에 의한 손해배상청구권을 당연히 대위취득하게 된다.

② 보험계약자의 청구권   잔존물대위와는 달리 청구권대위에서는 피보험자뿐만 아

---

389) 법무부 상사법무과, 상법 보험편 개정 조문별 개정 이유, 2008. 8, 37면.
390) 대판 2016. 10. 27, 2014다224233.
391) 정찬형, 694면; 양승규, 249면; 최준선, 225면; 이기수/최병규/김인현, 204면; 정동윤, 595-2면.
392) 대판 대판 2002. 9. 6, 2002다32547.

니라 보험계약자가 제3자에 대해 가지는 권리도 대위의 대상이 된다. 자기를 위한 손해보험계약이 체결되어 있는 경우 보험계약자와 피보험자가 동일인이므로 별 문제가 없다. 타인을 위한 손해보험계약이 체결되어 있는 경우 보험계약자가 제3자에 대해 가지는 권리도 청구권대위의 객체가 될 수 있는가 의문이 제기될 수 있다. 예를 들어 창고업자와 같이 타인의 물건의 보관자(수치인)가 그 물건의 소유자인 타인(임치인이자 피보험자)을 위해 보험계약을 체결한 경우에 그 물건이 제3자에 의해 멸실된 때에 그 물건을 보관중이던 보험계약자(수치인)가 가해자인 제3자에 대해 손해배상청구권을 갖게 되는 것을 생각할 수 있는데, 제682조는 청구권대위의 객체를 피보험자뿐만 아니라 보험계약자가 제3자에 대하여 가지는 권리라고 정함으로써 이를 해결하고 있다.393) 피보험자인 임치인이 보험자로부터 보험금을 받게 되면 그 범위 내에서 수치인에게 손해배상책임을 물을 수 없으므로 청구권대위의 취지를 감안할 때 수치인도 가해자인 제3자에게 손해배상청구권을 행사할 수 없도록 해야 할 것이다. 왜냐하면 수치인으로 하여금 가해자에게 손해배상청구권을 행사하도록 하게 되면 수치인은 실질적으로 초과이득을 얻게 되는 결과가 되기 때문이다. 이 경우 보험자는 피보험자인 임치인이 가해자를 상대로 갖는 손해배상청구권과 보험계약자인 수치인이 가해자에게 갖는 손해배상청구권을 대위취득하고 이를 경합적으로 행사할 수 있다.394)

③ 청구권의 시효소멸 등   대위권 행사의 객체인 피보험자의 제3자에 대한 권리는 그것이 피보험자가 직접 가지는 것일 수도 있고 그들의 승계인이 가진 것일 수도 있다. 또한 이 권리가 보험사고로 직접 발생한 것일 수도 있고 간접적으로 발생한 것일 수도 있다.395) 제3자에 대한 피보험자의 손해배상청구권 등의 권리가 시효 또는 변제로 인해 이미 소멸한 경우 청구권대위를 할 권리가 없으므로 대위의 여지가 없다.396) 피보험자가 보험금청구권을 제3자에게 양도한 경우 이로 인해 취득한 제3자의 보험금청구권은 보험사고 발생 자체로부터 생긴 것이 아니라 보험계약 및 채권양도계약에 의해 생긴 것이어서 이는 청구권대위의 목적이 될 수 없다.397)

[대법원 1988. 12. 13. 선고 87다카3166 판결]

〈사실관계〉

소외인 1은 피고 보험자에 대한 보험금청구권을 소외인 2에게 양도하였다. 소외인 2의 선박이

393) 최준선, 228면; 정찬형, 699면; 임용수, 294면; 양승규, 250면.
394) 同旨: 한기정, 559면.
395) 양승규, 250면; 임용수, 294면; 250면; 최준선, 225면; 정동윤, 596-597면.
396) 대판 1993. 6. 29, 93다1770.
397) 대판 1988. 12. 13, 87다카3166.

다른 선박과 충돌하였고 그 보험자인 원고 보험회사가 보험금을 지급하였다.
　〈주요 판시내용〉
　소외인 1이 피고 보험자에 대하여 갖는 보험금청구권을 소외인 2에게 양도하였다 하더라도 그로 인하여 취득한 소외인 2의 보험청구권은 이 사건 선박충돌사고의 발생자체로 인하여 생긴 것이 아니라 피고 보험자와 소외인 1 사이의 보험계약 및 소외인 1과 소외인 2 사이의 채권양도계약에 의하여 생긴 것이어서 이는 보험자 대위의 목적이 될 수 없다고 판단한 것은 정당하다.

　④ 보험금 수령 전 피보험자에 의한 권리의 처분　　보험자가 청구권대위에 의해 권리를 취득하는 시기는 보험금을 지급한 때이다. 따라서 보험사고가 발생한 후 보험자가 보험금을 지급하기 전까지 피보험자는 자유로이 제3자로부터 손해배상을 받을 수 있고 그 경우 보험자는 그 한도 내에서 면책된다.398) 보험자가 보험금을 지급하기 전에 피보험자 등은 제3자에 대한 권리를 행사하거나 포기, 면제 또는 처분할 수도 있다. 손해의 전보를 받은 것과 같으므로 이득금지의 원칙에 따라서 보험자는 지급할 보험금에서 공제할 수 있어 보험금 지급책임을 면하게 된다. 그 부분의 제3자에 대한 권리가 존재하지 않으므로 보험자대위권은 인정되지 않는다.399) 다만 피보험자가 자신이 가지는 청구권의 일부만 행사 또는 처분했다면 그 부분을 제외한 청구권은 피보험자에게 속하며, 이 부분에 대한 보험금을 보험자가 지급하게 되면 존속된 청구권을 대위할 수 있다.400)

[대법원 2000. 11. 10. 선고 2000다29769 판결]
　〈주요 판시내용〉
　손해보험계약에 있어 손해가 제3자의 행위로 인하여 생긴 경우 피보험자는 보험자가 보험금을 지급하기 전까지는 자유로이 제3자로부터 손해배상을 받을 수 있고, 그 경우 보험자는 그 한도 내에서 면책된다.

[대법원 1981. 7. 7. 선고 80다1643 판결]
　〈주요 판시내용〉
　상법 제682조에 의하여 손해가 제3자의 행위로 인하여 생긴 경우에 보험금액을 지급한 보험자는 그 지급한 금액의 한도에서 그 제3자에 대한 보험계약자 또는 피보험자의 권리를 취득하나,

---

398) 대판 2000. 11. 10, 2000다29769.
399) 대판 1981. 7. 7, 80다1643; 대판 1993. 6. 29, 93다1770(보험자가 취득하게 되는 손해배상청구권의 소멸시효의 기산점과 기간은 피보험자가 본래 가지는 청구권 자체를 기준으로 판단해야 한다); 대판 1997. 12. 16, 95다37421. 양승규, 251면; 최준선, 225면; 정찬형, 698-699면; 임용수, 294면.
400) 대판 1995. 9. 29, 95다23521.

보험자가 보험금액을 지급하여 위 대위의 효과가 발생하기 전에 피보험자 등이 제3자에 대한 권리를 행사하거나 처분한 경우에는 그 부분에 대하여는 보험자가 이를 대위할 수 없다. 보험목적물을 임차사용 중에 화재가 발생하여 그 일부가 소실된 경우에 보험금을 지급하기 전에 임차인이 임대인과 사이에 화재복구비용을 일부 지급하고 화재로 인한 나머지 손해배상채무를 면제받기로 화해가 성립된 때에는 그 부분에 대한 보험자의 청구권대위는 인정되지 않는다(同旨: 대판 1995. 9. 29, 95다23521; 대판 1993. 6. 29, 93다1770).

⑤ 보험금 수령 후 피보험자에 의한 권리의 처분   보험사고가 발생한 후에 피보험자가 보험금을 먼저 지급받은 경우, 즉 대위의 효과가 발생한 후에는 피보험자가 가진 제3자에 대한 청구권은 당연히 보험자에게 이전된다. 따라서 피보험자가 이 권리를 임의로 행사하거나 처분할 수는 없다. 보험자가 보험금을 먼저 지급한 경우 지급 보험금 한도에서 보험금을 받은 피보험자가 제3자에 대한 권리를 행사, 포기하거나 처분(양도)하는 경우에는 무권리자의 행위로서 무효가 된다.401) 보험금을 지급한 보험자는 피보험자를 상대로 보험자대위권 침해를 이유로 불법행위에 따른 손해배상청구를 할 수 있다. 만약 피보험자가 제3자로부터 다시 변제를 받았다면 부당이득의 문제가 발생할 수 있어 보험자에게 반환해야 한다.402) 대위의 효과가 이미 발생했으므로 제3자 역시 피보험자의 청구에 응할 법률상의 의무는 없다.

[대법원 1997. 11. 11. 선고 97다37609 판결]

〈사실관계〉
보유건물에 대해 원고회사와 화재보험에 가입한 피고는 화재로 인한 손해가 발생하자 원고회사로부터 보험금 3,000만원을 수령하였다. 그 후 피고는 화재에 책임있는 임차인으로부터 배상액 1,000만원을 받고 그의 경제적 사정을 고려하여 나머지는 면제해 주었다. 원고회사는 자신이 화재에 책임있는 자에게 가지는 권리가 피고의 행위에 의해 침해되었음을 이유로 피고에게 이미 지급받은 보험금 3,000만원의 부당이득반환을 청구하였다.

〈주요 판시내용〉
피고의 임차인에 대한 2,000만원의 손해배상청구권의 포기는 무효이다. 화재보험의 피보험자가 보험금을 지급받은 후 화재에 대한 책임 있는 자로부터 손해배상을 받으면서 나머지 손해배상청구권을 포기하였다 하더라도, 피고의 화재에 대한 책임 있는 자에 대한 손해배상청구권은 피고인 피보험자가 보험자로부터 보험금을 지급받음과 동시에 그 보험금액의 범위 내에서 보험자인 원고에게 당연히 이전되므로, 이미 이전된 보험금 상당 부분에 관한 손해배상청구권의 포기는 무권한 자의 처분행위로서 효력이 없고 원고회사가 이로 인하여 손해를 입었다고 볼 수 없다. 이 사례에

401) 대판 2000. 11. 10, 2000다29769; 대판 1997. 11. 11, 97다37609.
402) 대판 1999. 4. 27, 98다61593; 대판 1997. 11. 11, 97다37609. 양승규, 254면; 정동윤, 598면.

서 보험자대위를 알지 못한 임차인이 피보험자인 피고에게 지급한 1,000만원은 유효하며 그 한도 내에서 임차인의 채무는 소멸하게 된다. 피고는 원고회사에게 1,000만원에 대한 부당이득반환채 무를 부담하며, 원고회사는 임차인에 대해 나머지 2,000만원의 손해배상청구권을 그대로 대위취 득하게 된다.

보험사고가 발생하기 전에 피보험자 등이 장래 발생할 수도 있을지도 모를 제3자에 대한 권리를 미리 약정에 의해 포기한 경우에 제3자에 대한 청구권 자체가 존재하지 않으 므로 보험자는 이를 대위할 수 없다. 이러한 청구권 포기 약정의 효력에 대해 판례는 인 정하고 있다. 청구권 포기 약정시 보험자는 이에 대비하기 위해 약관에 가해자인 제3자가 면책된 범위에서 보험금 지급의무를 면한다고 미리 정할 수 있으므로 보험자가 불측의 불 이익을 받는 것으로 보기 어렵다고 할 수 있다.403) 예를 들어 기명피보험자와 파견사업주 사이에 체결된 근로자 파견계약의 내용 등에 비추어 볼 때, 기명피보험자는 파견근로자가 유발한 피보험자동차에 의한 보험사고에 관하여 파견사업주에게 사용자책임에 기한 손해 배상청구권 또는 근로자 파견계약상의 채무불이행에 기한 손해배상청구권을 행사하지 않 겠다는 취지가 포함되어 있는 것으로 해석된다면, 보험자가 청구권행사로 취득할 기명피 보험자의 파견사업주에 대한 권리는 존재하지 않는다.404)

⒟ 보험금 지급

① 대위권 발생 시점   청구권대위가 인정되기 위해서는 보험자가 보험금을 지급 해야 한다. 즉 대위의 시점은 보험자가 피보험자에게 보험금을 지급한 때이다.405) 보험금 을 피보험자에게 지급해야만 청구권대위가 성립되므로 보험자가 대위취득하게 될 권리의 이전과 상환하는 조건으로 보험금을 지급하겠다고 하는 것은 허용되지 않는다.406) 손해가 제3자의 행위로 인하여 생긴 경우에 피보험자에게 보험금을 지급한 보험자는 그 시점에서 지급한 금액의 한도에서 제3자에 대한 보험계약자 또는 피보험자의 권리를 취득한다. 현 금 대신 현물로 지급하는 것도 가능하다.

[대법원 1994. 12. 9. 선고 94다46046 판결]

〈사실관계〉

원고 의료보험조합의 피보험자인 소외인은 1991. 6. 20 피고가 운전하던 오토바이로 야기된 교

---

403) 한기정, 560면.
404) 대판 2005. 9. 15, 2005다10531; 정찬형, 699면. 한편 제3자에 대한 피보험자의 권리의 존재와 관련하여 손해배상청구권의 혼동 문제도 있는데 이는 책임보험 부분에서 다룬다.
405) 대판 2014. 10. 15, 2012다88716; 대판 2009. 10. 15, 2009다48602; 대판 1994. 4. 12, 94다200; 대판 1995. 3. 3, 93다36332.
406) 한기정, 560면.

통사고로 상해를 입고 원고 의료보험조합의 요양취급기관에 입원하여 치료를 받았으며 원고 조합은 1992. 1. 21 치료비 중 원고 조합의 부담부분(약 900만원)을 지급하였다. 그런데 원고 조합이 이 금액을 지급하기 전인 1991. 11. 25 소외인은 피고 측과 치료비와 손해배상비조로 일정 금액을 지급받으면서 민·형사상 일체의 이의를 하지 않기로 합의하였다. 원고 조합이 피고에게 구상청구를 하였는데 피고는 대위의 효과가 발생하기 이전에 피고와 소외인 사이에 합의가 이루어진 관계로 소외인의 피고 자신에 대한 손해배상청구권이 소멸하였음을 주장하면서 원고 조합은 대위권을 행사할 수 없다고 항변하였다.

〈주요 판시내용〉

의료보험법상의 요양급여는 원칙적으로 보험자 또는 보험자단체가 지정한 요양취급기관에 의하여 질병 또는 부상이 치유되기까지 요양케 하는 현물급여의 형태로 이루어진다고 보아야 할 것이고, 따라서 피보험자가 요양취급기관에서 치료를 받았을 때 현실적으로 보험급여가 이루어지므로 의료보험조합은 그 보험급여의 한도 내에서 제3자에 대한 구상권을 취득한다고 보아야 한다.

보험금 외에 손해방지비용이 있어서 이것도 지급해야 하는 경우에는 보험자가 이들 비용도 지급해야 대위권을 행사할 수 있다. 면책된 보험자는 보험금을 지급하지 않게 되므로 청구권대위를 할 수 없다. 대위의 효과가 발생하기 전에 피보험자 등이 제3자에 대한 권리를 행사하거나 처분한 경우에는 그 부분에 대하여는 보험자가 이를 대위할 수 없다.407)

잔존물대위와 달리 보험금을 전액 지급할 필요는 없으며, 일부만 지급한 경우에 피보험자의 권리를 해하지 않는 범위 내에서 그 권리를 대위할 수 있다(제682조 단서).408) 여기에서 피보험자의 권리를 해하지 않는다는 의미는 보험자가 보험금의 일부만 지급함으로써 손해의 일부가 아직 남아있어서 남은 손해에 대해 가해자인 제3자를 상대로 피보험자가 손해배상청구권을 행사할 수 있도록 한다는 것이다. 보험자가 피보험자에게 보험금을 지급하기 전에 피보험자가 제3자에 대하여 가지는 손해배상채권이 그 제3자의 변제 등으로 인하여 일부 소멸한 후 보험자가 피보험자의 나머지 손해액을 초과하는 금액을 보험금으로 지급하였다면, 피보험자의 손해는 모두 전보되었다고 할 것이므로 보험자는 피보험자가 제3자에 대하여 가지는 나머지 금액에 관한 손해배상청구권을 대위행사할 수 있다.409)

② 적법한 지급   보험자가 피보험자에게 지급하는 보험금은 당해 보험계약이 유효한 상태에서 보험계약에 따른 적법한 지급이어야 한다. 따라서 보험자가 면책되는 보험사고이거나 담보하지 않는 손해임에도 불구하고 이를 무시하고 보험금을 지급한 경우 이는 부적법한 지급 또는 임의의 지급이므로 보험자에게 대위권은 발생하지 않는다.410)

---

407) 대판 1981. 7. 7, 80다1643; 대판 2000. 11. 10, 2000다29769.
408) 대판 2002. 12. 26, 2002다50149.
409) 대판 1995. 9. 29, 95다23521; 대판 1981. 7. 7, 80다1643; 임용수, 295면.
410) 대판 2014. 10. 15, 2012다88716; 대판 2009. 10. 15, 2009다48602; 대판 1995. 3. 3, 93다36332; 대판 1994.

[대법원 2014. 10. 15. 선고 2012다88716 판결]

〈주요 판시내용〉

상법 제682조 제1항에서 정한 보험자의 제3자에 대한 보험자대위가 인정되기 위하여는 보험자가 피보험자에게 보험금을 지급할 책임이 있는 경우라야 하고, 보험계약에서 담보하지 아니하는 손해에 해당하여 보험금지급의무가 없는데도 보험자가 피보험자에게 보험금을 지급한 경우에는 보험자대위의 법리에 따라 피보험자의 손해배상청구권을 대위행사할 수 없는데, 이러한 이치는 상법 제729조 단서에 따른 보험자대위의 경우에도 마찬가지로 적용된다.

책임보험에서 피보험자에게 보험사고 발생에 아무런 귀책사유가 없어 보험자가 피보험자에게 보험금을 지급할 의무가 없음에도 불구하고 보험자가 피보험자에게 보험금을 지급했다는 이유만으로 청구권대위를 인정할 수는 없다. 왜냐하면 피보험자가 받은 부적법한 지급은 법률상 원인 없는 것이므로 부당이득으로 반환해야 하고, 따라서 피보험자가 제3자에 대한 청구권을 보유하거나 행사하더라도 지급받은 보험금의 반환으로 인해 초과이득의 문제는 발생하지 않기 때문이다. 이는 상해보험에 관한 제729조 단서에 따른 보험자대위의 경우에도 마찬가지이다. 무효, 취소, 해지된 보험계약에 대해 보험자가 보험금을 지급한 경우에도 그 보험금은 반환대상이 되므로 피보험자가 이중이득을 취하는 일이 없으며 따라서 보험자는 청구권대위를 행사할 수 없다.411)

③ 판   례   아래 판례는 부적법한 지급에 관한 것이다. 확인되지 않은 피보험자의 손해를 보상한 것은 보험금의 부적법한 지급이라는 것이 판례의 태도이다. 피보험자에게 배상책임이 발생할 가능성이 있는 것에 불과한 경우 보험자가 피해자에게 보험금을 지급했어도 피보험자의 권리를 대위할 수 없다.412)

[대법원 2009. 10. 15. 선고 2009다48602 판결]

〈주요 판시내용〉

甲차량(A보험회사와 계약)이 乙차량(B 보험회사와 계약)을 들이받아 그 충격으로 乙차량이 밀려나가 발생한 丙의 손해를 乙차량의 보험자 B가 대물보상보험금을 지급하여 배상한 사안에서, 위 사고에 대하여 乙차량의 운전자의 과실 여부 및 그 비율이 확인되지 않은 상태에서 피해자에게 보상을 하고 乙의 청구권을 대위하려고 한 경우에 피보험자에게 배상책임이 발생할 가능성이

---

4. 12, 94다200.

411) 대판 2014. 10. 15, 2012다88716; 대판 2009. 10. 15, 2009다48602; 대판 2007. 10. 12, 2006다80667; 대판 1995. 3. 3, 93다36332; 대판 2007. 12. 28, 2007다54351; 대판 1995. 3. 3, 93다36332; 최준선, 227면; 임용수, 294면; 정동윤, 596면; 양승규, 249면.

412) 대판 2009. 10. 15, 2009다48602.

있는 것에 불과한 경우 보험자가 피해자에게 보험금을 지급했어도 피보험자의 권리를 대위할 수 없다.

면책사유에 해당되는 사고에 대해 보상을 한 경우에도 부적법한 보험금 지급이라 할 수 있다.[413)]

[대법원 1994. 4. 12. 선고 94다200 판결]

〈사실관계〉

원고회사와 소외 회사 간에 맺어진 자동차종합보험계약의 보험약관에 의하면, 피보험자동차의 운전자가 무면허운전을 하였을 때에 생긴 사고로 인한 손해에 대하여는 보상하지 아니하도록 규정되어 있었다. 그런데 원고회사는 피보험자동차 운전자의 면허가 취소되어 무면허상태에 있었던 때 일어난 사고에 대하여 보험금을 지급한 후, 상대방 운전자인 사고의 가해자 피고를 상대로 구상권을 행사하려 하였다.

〈주요 판시내용〉

이 사건 사고는 보험약관상 보험자가 면책되는 무면허 운전시에 생긴 사고이고, 따라서 원고의 보험금지급은 보험약관을 위배하여 이루어진 것으로 적법하지 아니하므로, 보험자 대위의 법리상 원고가 소외 회사의 피고에 대한 구상권을 대위행사할 수 없다.

[대법원 2014. 11. 27. 선고 2012다14562 판결]

〈주요 판시내용〉

상법 제682조에서 정한 제3자에 대한 보험자대위가 인정되기 위하여는 보험자가 피보험자에게 보험금을 지급할 책임이 있는 경우이어야 한다. 보험자가 보험약관에 정하여져 있는 중요한 내용에 해당하는 면책약관에 대한 설명의무를 위반하여 약관의 규제에 관한 법률 제3조 제4항에 따라 해당 면책약관을 계약의 내용으로 주장하지 못하고 보험금을 지급하게 되었더라도, 이는 보험자가 피보험자에게 보험금을 지급할 책임이 있는 경우에 해당하므로 보험자는 보험자대위를 할 수 있다.

피해자의 손해액을 초과하여 보험금을 지급한 경우 그 초과분은 부적법한 보험금 지급이므로 청구권대위를 행사할 수 없다.[414)]

---

413) 대판 1994. 4. 12, 94다200.
414) 대판 2002. 5. 24, 2002다14112.

[대법원 2002. 5. 24. 선고 2002다14112 판결]

〈주요 판시내용〉

공동불법행위자 중의 1인과 사이에 체결한 보험계약에 따라 보험자가 피해자에게 손해배상금을 보험금액으로 모두 지급함으로써 공동불법행위자들이 공동면책이 된 경우 보험금액을 지급한 보험자가 상법 제682조 소정의 보험자대위의 제도에 따라 보험계약을 체결한 공동불법행위자 아닌 다른 공동불법행위자에 대하여 취득하는 구상권의 범위는 지급한 보험금액의 범위 내에서 피해자가 불법행위로 인하여 입은 손해 중 다른 공동불법행위자의 과실비율에 상당하는 부분을 한도로 하는 것이므로 보험자가 피해자의 손해액을 초과하여 보험금액을 지급하였다 하더라도 그 초과부분에 대하여는 구상할 수 없다.

(3) 효   과

㈎ 권리의 이전

① 당연 이전   보험자는 피보험자에게 지급한 보험금의 한도 내에서 제3자에 대한 보험계약자 또는 피보험자의 권리를 법률상 당연히 취득(승계취득)한다.[415] 손해가 제3자의 행위로 인하여 발생한 경우에 보험금을 지급한 보험자가 제3자에 대한 보험계약자 또는 피보험자의 권리를 취득하는 법률관계는 그 법적 성질이 법률에 의한 채권의 이전에 해당한다.[416] 이전 시점은 보험금을 지급한 때이다. 보험자가 피보험자에게 보험금을 지급한 때에 법률상 당연히 취득하는 것이므로, 보험자, 피보험자, 제3자 등에게 이전의 의사표시가 있었는지 불문하며, 통지, 승낙 등 지명채권양도시 필요한 대항요건 등의 절차를 밟을 필요가 없다. 권리의 이전을 양 당사자나 어느 일방이 인식하였는가의 여부 또는 보험자, 피보험자, 제3자 등에게 이전의 의사가 있었는가도 묻지 않는다.[417] 이전되는 권리는 보험자가 피보험자에게 지급한 보험금의 한도를 그 범위로 하며, 지급된 보험금만큼 피보험자가 제3자에 대하여 청구할 수 있는 배상액은 감소한다.[418] 보험자가 보험금의 일부를 지급한 때에도 피보험자의 권리를 해하지 아니하는 범위 내에서 그 권리를 대위한다 (제682조 단서). 보험금 전액을 지급해야만 대위가 인정되는 잔존물대위와 구별되는 부분이다.[419]

자동차보험사고에서 피해를 입은 피보험자에게도 과실이 있는 경우 가해자인 상대방은 피보험자에 대해 과실상계를 주장할 수 있으므로 피보험자에게 보험금을 지급한 보험

---

415) 대판 1999. 6. 11, 99다3143.
416) 대판 2024. 7. 25, 2019다256501.
417) 김성태, 468면; 임용수, 296면; 양승규, 251면.
418) 대판 1981. 7. 7, 80다1643; 대판 1993. 6. 29, 93다1770; 대판 1988. 4. 27, 87다카1012.
419) 정찬형, 697면.

자의 대위권행사는 상계된 금액만큼 줄어든다. 보험자가 대위권을 행사하여 제3자로부터 회복한 금액이 피보험자에게 지급한 금액을 초과하는 경우라면 지급된 보험금을 공제한 나머지 초과부분을 피보험자에게 돌려주어야 한다.420)

　　외국적 요소가 있는 보험계약에서 보험자가 보험계약에 따라 피보험자에게 보험금을 지급하고 피보험자의 제3자에 대한 권리를 취득하는지 여부를 둘러싼 법률관계는 피보험 자와 보험자 사이의 법률관계인 보험계약의 준거법에 따른다.421) 영국 보험법 법리에 따르면 보험자가 피보험자에게 보험금을 지급함으로써 '피보험자의 이름'으로 그의 권리 또는 다른 구제수단을 실현할 자격을 취득하는 것을 의미하고, 그러한 권리 등이 보험자에게 당연 이전하는 것을 의미하는 것은 아니라고 해석되고 있다.422) 영국에서 보험자대위는 보험자 자신의 명의가 아니라 '피보험자의 명의'로 피보험자가 사고책임이 있는 제3자에게 가지고 있는 모든 권리를 행사할 수 있도록 보장받는다는 것이다. 따라서 피보험자의 협조 및 동의가 필수적이다. 만약 보험자가 자신의 명의로 피보험자의 권리를 행사하려면 피보험자로부터 그 권한을 양도받아 행사할 수 있는데 이는 보험자대위와는 다른 법률관계가 적용된다. 따라서 준거법이 영국법인 경우에 보험자가 피보험자 명의가 아니라 보험자 명의로 대위소송을 제기하였다면 이는 영국법에 부합하지 않으므로 대위청구가 배척된다는 것이 우리 대법원의 해석이다.423)

　　② 이전되는 권리　　　제682조 제1항 본문은 "손해가 제3자의 행위로 인하여 발생한 경우에 보험금을 지급한 보험자는 그 지급한 금액의 한도에서 그 제3자에 대한 보험계약자 또는 피보험자의 권리를 취득한다"고 규정하고 있다. 법조문만 보면 가해행위를 한 제3자에 대한 보험계약자 또는 피보험자의 권리만이 대위효과로서 이전되는 권리인 것으로 해석되지만, 통설이나 판례는 이전되는 권리의 범위를 이 보다 더 넓게 해석하고 있다.

　　(a) 채무불이행 또는 불법행위에 따른 손해배상청구권　　　보험자가 취득하게 되는 권리는 보험계약자나 피보험자가 손해를 야기한 제3자에게 가지는 불법행위 또는 채무불이행으로 인한 손해배상청구권이다.424) 수인이 공동으로 피보험자에게 불법행위를 저지른 경우 이들은 연대하여 손해배상책임을 지는데, 피보험자의 손해에 대해 보험자가 보험금을 지급했다면 이들 공동불법행위자들에 대한 피보험자의 손해배상청구권을 대위취득한다. 만약 공동불법행위자 가운데 피보험자와 가족 관계 등 청구권대위를 배제해야 할 자(제3자 범위에서 제외해야 할 자)가 있는 경우 그 분담부분을 공제한 액을 한도로 손해배상

---

420) 임용수, 297면; 정동윤, 597면; 양승규, 252면.
421) 대판 2024. 7. 25, 2019다256501.
422) 영국 해상보험법 제79조.
423) 대판 2024. 7. 25, 2019다256501; 대판 2024. 10. 25, 2022다243550. 이준교, "2024년 손해보험 분쟁 관련 주요 대법원 판결 및 시사점(下)", 손해보험, 2025년 2월호, 손해보험협회, 30면-31면.
424) 대판 1988. 12. 13, 87다카3166.

청구권이 보험자에게 이전된다.425)

(b) 공동해손분담청구권   제3자의 행위는 선장의 공동해손처분행위와 같이 적법행위도 포함되므로 이 경우 공동해손분담청구권도 보험자가 취득할 수 있다.

(c) 사용자책임에 따른 손해배상청구권   판례에 따르면 특별한 사정이 없는 한 피해자(또는 피보험자)에게 보험금을 지급한 책임보험자는 사고책임이 있는 피용자의 사용자가 부담하는 사용자책임에 대한 손해배상청구권의 대위구상이 가능하다는 입장이다. 예를 들어 피보험자동차의 소유자이며 자동차보험계약의 기명피보험자인 A회사는 파견 전문업체 B로부터 운전기사 C를 파견 받아 C로 하여금 운전하게 했는데, C의 과실로 사고가 발생하여 자동차보험자가 피해자에게 보험금을 지급했다면, 자동차보험자는 기명피보험자인 A회사가 사고를 유발한 운전기사 C의 사용자인 파견 전문업체 B에 대하여 가지는 사용자책임에 기한 손해배상청구권을 대위하여 그 사용자에 대한 대위 구상청구가 가능하다.426)

> ### [대법원 2010. 8. 26. 선고 2010다32153 판결]
>
> 〈주요 판시내용〉
>
> 보험사고가 피보험자인 파견근로자(업무위탁계약에 따라 업무위탁자가 업무수탁자로부터 파견 받은 근로자)의 행위로 인하여 발생한 경우로서 보험자가 보험자대위의 법리에 따라 피보험자인 업무위탁자가 또 다른 피보험자인 파견근로자 본인에 대하여 가지는 권리를 취득할 수는 없다고 하더라도, 업무수탁자가 피보험자인 업무위탁자에 대하여 파견근로자의 사용자로서 별도로 손해배상책임을 지는 이상, 보험자는 보험자대위의 법리에 따라 피보험자인 업무위탁자가 파견근로자의 사용자에 대하여 가지는 권리를 취득할 수 있으며, 설령 업무수탁자가 파견근로자에 대하여 구상권을 행사할 수 있다고 하더라도 제반 사정에 따라 구상권의 행사가 부인되거나 제한될 수도 있으며, 보험사고에 대하여 과실이 큰 파견근로자에게 일정한 정도의 손해를 분담시키는 것이 반드시 부당하다고 할 수도 없으므로, 업무위탁자가 보험사고를 유발한 파견근로자의 사용자인 업무수탁자에 대하여 가지는 사용자책임에 기한 손해배상청구권 등에 대하여 보험자대위를 인정하는 것이 반드시 불합리하다고 볼 수 없다.

(d) 구 상 권

a. 피용자에 대한 구상권   자신이 고용한 피용자의 행위에 의해 피해자에게 손해가 발생한 경우에 사용자는 사용자책임을 부담하게 되는데, 사용자의 보험자가 피해자에 대해 손해배상을 했다면 사용자가 자신의 피용자에게 가지는 구상권(민법 제756조 제3

---

425) 양승규, 252면.

426) 대판 2005. 9. 15, 2005다10531; 대판 2010. 8. 26, 2010다32153; 이준교, "최근 법원 판례롤 살펴본 자동차보험자의 대위행사 관련 쟁점 및 시사점", 손해보험, 2024년 7월호, 손해보험협회, 14면.

항)은 청구권대위의 대상이 된다. 따라서 피해자에게 보상을 한 사용자의 보험자는 손해를 야기한 피용자에게 구상권을 내용으로 한 청구권대위를 행사할 수 있다. 다만 사용자가 피용자를 상대로 구상권을 행사할 때는 사업의 성격과 규모, 시설의 현황, 피용자의 업무 내용과 근로조건 및 근무태도, 가해행위의 발생원인과 성격, 가해행위의 예방이나 손실의 분산에 관한 사용자의 배려의 정도, 기타 제반 사정에 비추어 손해의 공평한 분담이라는 견지에서 신의칙상 상당하다고 인정되는 한도 내에서만 피용자에 대하여 손해배상을 청구하거나 구상권을 행사할 수 있다는 등의 일정한 제한이 있을 수 있다.427) 이러한 구상권 제한의 법리는 사용자의 보험자가 청구권대위에 의해 피용자에 대해 구상권을 행사하는 경우에도 마찬가지이다.428) 구상권 제한 법리에 따라 보험자의 구상권 행사가 배척되거나 구상금액이 감축될 수도 있고, 대위가능 범위가 제한될 수도 있다.

그러나 만약 피용자에게 보험자가 있는 경우에 피해자에게 보상을 한 사용자의 보험자가 피용자의 보험자에 대해 구상권을 행사하는 경우는 구상권 제한 법리를 동일하게 적용할 수는 없다. 신의칙 적용 상황이 다르기 때문이다. 사용자와 피용자의 공동불법행위로 인해 피해자인 제3자에게 손해가 발생한 상황에서 사용자의 보험자가 피해자에게 공동불법행위로 인한 손해에 대해 보험금을 모두 지급한 결과 피용자의 보험자가 면책되는 경우가 있다. 이 때 피용자의 보험자가 부담했어야 할 부분에 대하여 사용자의 보험자가 직접 구상권을 행사하는 경우에는 그와 같은 구상권의 행사는 피해자의 직접청구권을 대위하는 성격을 갖는 것이어서 피용자의 보험자는 사용자의 보험자에 대하여 구상권 제한의 법리를 주장할 수 없다.429)

[대법원 2017. 4. 27. 선고 2016다271226 판결]

〈주요 판시내용〉

일반적으로 사용자가 피용자의 업무수행과 관련하여 행하여진 불법행위로 인하여 직접 손해를

---

427) 대판 2017. 4. 27, 2016다271226; 대판 2014. 5. 29, 2014다202691; 대판 2009. 11. 26, 2009다59350; 대판 1991. 5. 10, 91다7255.

428) 대판 2017. 4. 27, 2016다271226.

429) 대판 2017. 4. 27, 2016다271226. 지귀연, "이른바 사용자의 피용자에 대한 구상권 제한의 법리가 사용자의 보험자와 피용자의 보험자 사이에서도 적용될 수 있는지 여부", 대법원 판례해설 제111호, 2017. 12, 13면~16면. 사용자의 피용자에 대한 손해배상 등 제한의 법리는 결국 권리행사자와 상대방의 인적 특성에 중점을 두어 양자 사이의 손해를 공평하게 분담하기 위해 신의칙을 적용하여 피용자의 책임을 제한하는 성격이어서, 그러한 인적 특성이 유지되는 경우가 아니라면 그 적용을 긍정해서는 안될 것이라고 하면서 이 판결을 통해 이른바 구상권 제한의 법리는 사실상 피용자만이 할 수 있는 이른바 인적항변의 성격을 가지게 된다고 평가를 하고 있다. 이러한 해석에 대해 여하윤, "사용자의 보험자가 피용자의 보험자를 상대로 행사하는 구상권의 제한 여부", 법조 Vol. 725, 2017 논문에서도 같은 취지로 설명하고 있다. 이준교, "최근 법원 판례로 살펴본 자동차보험자의 대위행사 관련 쟁점 및 시사점", 손해보험 2024년 7월호, 손해보험협회, 17면.

입었거나 피해자인 제3자에게 사용자로서의 손해배상책임을 부담한 결과로 손해를 입게 된 경우에 사용자는 사업의 성격과 규모, 시설의 현황, 피용자의 업무내용과 근로조건 및 근무태도, 가해행위의 발생원인과 성격, 가해행위의 예방이나 손실의 분산에 관한 사용자의 배려의 정도, 기타 제반 사정에 비추어 손해의 공평한 분담이라는 견지에서 신의칙상 상당하다고 인정되는 한도 내에서만 피용자에 대하여 손해배상을 청구하거나 구상권을 행사할 수 있고, 이러한 구상권 제한의 법리는 사용자의 보험자가 피용자에 대하여 구상권을 행사하는 경우에도 다를 바 없다.

그러나 사용자의 보험자가 피해자인 제3자에게 사용자와 피용자의 공동불법행위로 인한 손해배상금을 보험금으로 모두 지급하여 피용자의 보험자가 면책됨으로써 사용자의 보험자가 피용자의 보험자에게 부담하여야 할 부분에 대하여 직접 구상권을 행사하는 경우에는, 그와 같은 구상권의 행사는 상법 제724조 제2항에 의한 피해자의 직접청구권을 대위하는 성격을 갖는 것이어서 피용자의 보험자는 사용자의 보험자에 대하여 구상권 제한의 법리를 주장할 수 없다.

b. 다른 공동불법행위자에 대한 구상   수인이 공동불법행위를 저지른 경우 그 중 한 가해자가 다른 가해자의 부담부분까지 피해자에게 배상을 했다면 배상을 한 가해자는 다른 공동불법행위자에게 구상권을 취득한다.[430]

[대법원 1989. 9. 26. 선고 88다카27232 판결]

〈주요 판시내용〉

공동불법행위자는 채권자에 대한 관계에 있어서는 연대책임(부진정연대채무)이 있으나 그 공동불법행위자의 내부관계에 있어서는 일정한 부담부분이 있고 이 부담부분은 공동불법행위자의 과실의 정도에 따라 정하여지는 것이며 공동불법행위자 중의 한 사람이 자기의 부담부분 이상을 변제하여 공동의 면책을 얻게 하였을 때에는 다른 공동불법행위자에게 그 부담부분의 비율에 따라 구상권을 행사할 수 있다.

교통사고에 있어서 차량 소유자의 차량 관리상의 과실과 그 차량을 무단운전한 자의 과실이 경합된 경우, 보험자가 그 자동차 소유자와 체결한 보험계약에 따라 피해자들에게 그 손해배상금을 보험금액으로 모두 지급함으로써 차량 소유자와 무단운전자가 공동면책이 되었다면, 그 소유자는 무단운전자의 부담 부분에 대하여 구상권을 행사할 수 있고, 보험자는 보험자대위의 제도에 따라 차량 소유자의 무단운전자에 대한 구상권을 취득한다.[431] 구상권을 청구권대위의 대상으로 보지 않으면 피보험자가 이중이득을 취하거나

---

430) 대판 2008. 7. 24, 2007다37530; 대판 2002. 9. 24, 2000다69712; 대판 2000. 8. 22, 2000다29028; 대판 1989. 9. 26, 88다카27232.

431) 대판 1995. 9. 29, 94다61410; 대판 1996. 2. 9, 95다47176; 대판 1996. 3. 26, 96다3791; 대판 1999. 6. 11, 99다3143; 대판 1998. 12. 22, 98다40466; 대판 1994. 1. 11, 93다32958; 대판 1989. 11. 28, 89다카9194; 대판 1993. 1. 26, 92다4871.

구상의무자가 부당하게 면책될 수 있기 때문이다. 통설도 판례의 취지와 같다. 다만 공동불법행위자 중 한 가해자가 자신의 부담부분에 미달한 손해배상을 하거나 자기의 부담부분 범위 내에서만 배상한 경우에는 그 가해자의 보험자는 보험자대위권을 행사할 여지는 없다고 풀이된다.432)

　　　　c. 다른 공동불법행위자의 보험자에 대한 구상　　　공동불법행위자의 보험자들 중에 한 보험자가 피해자에게 손해배상을 함으로써 모두가 공동면책된 경우에 보험금을 지급한 보험자는 자신의 피보험자 이외의 다른 공동불법행위자가 부담하는 부분에 대해 다른 공동불법행위자를 상대로 구상권을 가진다. 한편 피보험자를 포함한 수인이 공동으로 불법행위를 행한 경우에 보험자를 통해 피해자에게 손해배상을 모두 이행한 피보험자는 제724조 제2항에 의해 다른 공동불법행위자의 책임보험자에게 구상할 수 있다. 이 구상권에는 직접청구권도 포함되며 이들 권리는 청구권대위의 대상이 된다. 결국 피해자에게 보험금을 지급한 보험자는 자신의 피보험자가 다른 공동불법행위자의 책임보험자에 대하여 갖는 구상금 직접청구권을 대위할 수 있다.433) 본래 직접청구권은 피해자보호를 위한 것인데, 판례는 피해자에게 먼저 변제한 다른 공동불법행위자 보호를 위해서도 직접청구권을 인정하고 있다.434)

[대법원 1999. 6. 11. 선고 99다3143 판결]

〈주요 판시내용〉

　공동불법행위자의 보험자들 상호간에는 그 중 하나가 피해자에게 보험금으로 손해배상금을 지급함으로써 공동면책되었다면 그 보험자는 상법 제682조의 보험자대위의 법리에 따라 피보험자가 다른 공동불법행위자의 부담 부분에 대한 구상권을 취득하여 그의 보험자에 대하여 행사할 수 있고, 이 구상권에는 상법 제724조 제2항에 의한 피해자가 보험자에 대하여 가지는 직접청구권도 포함된다.

　한편 이러한 사실관계에서 청구권대위의 법리를 거치지 않고 복수의 책임보험자들 상호간에 구상관계가 성립함으로써 곧바로 구상권을 가질 수 있다고 해석하는 판례도 있다.

---

432) 대판 1989. 9. 26, 88다카27232; 정동윤, 597면.
433) 대판 2016. 5. 27, 2015다237618; 대판 2008. 2. 29, 2007다89494; 대판 1998. 12. 22, 98다40466; 대판 1999. 6. 11, 99다3143; 대판 1998. 9. 18, 96다19765; 대판 1998. 7. 10, 97다17544; 대판 1995. 9. 29, 95다23521.
434) 이러한 판례 태도에 대해 여하윤, "사용자의 보험자가 피용자의 보험자를 상대로 행사하는 구상권의 제한 여부", 법조 Vol. 725, 2017, 679면 및 장덕조, "2017년도 보험법 판례의 동향과 그 연구", 상사판례연구 제31집 제1권, 2018, 215면에서 보험자가 피해자 직접청구권을 대위한다는 논거로 접근하는 것은 적절하지 않다고 비판한다. 이준교, "최근 법원 판례로 살펴본 자동차보험자의 대위행사 관련 쟁점 및 시사점", 손해보험, 2024년 7월호, 손해보험협회, 18면.

공동불법행위자들과 각각 보험계약을 체결한 보험자들은 각자 그 공동불법행위의 피해자에 대한 관계에서 제724조 제2항에 의한 손해배상채무를 직접 부담하는 것이므로, 이러한 관계에 있는 보험자들 상호간에는 공동불법행위자 중의 1인과 사이에 보험계약을 체결한 보험자가 피해자에게 손해배상금을 보험금으로 모두 지급함으로써 공동불법행위자들의 보험자들이 공동면책되었다면 그 손해배상금을 지급한 보험자는 다른 공동불법행위자들의 보험자들이 부담하여야 할 부분에 대하여 직접 구상권을 행사할 수 있다고 판시하고 있다.435)

　　　　d. 기　　　타　　　공동불법행위 관계에서 피해자에게 보험금을 지급한 보험자가 청구권대위에 의해 다른 공동불법행위자에 대하여 취득하는 구상권의 범위는 지급한 보험금액의 범위 내에서 피해자의 손해 중 다른 공동불법행위자의 과실비율에 상당하는 부분을 한도로 하는 것이므로 보험자가 피해자의 손해액을 초과하여 보험금을 지급하였다 하더라도 그 초과부분에 대하여는 구상할 수 없다.436) 보험자대위의 법리에 따라 피보험자인 공동불법행위자가 다른 공동불법행위자 또는 그 보험자에 대해 가지는 구상권은 그 지급한 보험금의 한도에서 피보험자의 보험자에게 법률상 당연히 이전하게 되므로, 그 결과 피보험자인 공동불법행위자로서는 보험자로부터 구상권을 다시 양도받아 취득하는 등의 특별한 사정이 없는 한 다른 공동불법행위자를 상대로 실제로 구상권을 행사할 수는 없게 된다고 보아야 한다.437)

[대법원 2017. 4. 27. 선고 2016다271226 판결]

〈사실관계〉

　원고는 동북전력 주식회사와 근로자재해보장책임과 사용자배상책임 등을 보장하는 보험계약('배상책임보험')을 체결한 보험자이고, 피고는 광명건설 주식회사와 회사 소유인 가해차량에 대하여 자동차손해보험계약을 체결한 보험자이다. 동북전력은 한국전력공사로부터 가로수 전지작업을 도급받게 되자, 광명건설로부터 가해차량을 임차하여 작업현장에 투입하였는데, 동북전력의 직원인 소외 1이 가해차량을 운전 중 과실로 동북전력의 직원인 소외 2를 충격하여 상해를 입었다. 원고 보험회사는 소외 2의 총 손해액에서 과실 10%를 상계한 후 근로복지공단으로부터 지급받은 각종 급여를 공제하고 남은 손해액에다 위자료를 합하여 66,038,298원을 산정한 후에 소외 2에게 손

435) 대판 1998. 9. 18, 96다19765; 대판 2014. 1. 29, 2013다65901; 대판 2009. 12. 24, 2009다42819; 대판 2004. 10. 28, 2004다39689; 대판 1999. 2. 12, 98다44956; 대판 1999. 6. 11, 99다3143; 대판 1998. 7. 10, 97다17544. 윤찬영, "교통사고 피해자에 대한 보험금지급에 기한 보험자대위의 허용 여부—대법원 1999. 6. 11, 99다3143 판결의 비판적 분석에 기초하여—", 저스티스 제125호, 2011, 208면에서 보험자대위 논거를 바탕으로 한 대법원 판결의 비논리성이 비판의 대상이 되자, 공동불법행위자들의 보험자 간에 구상문제에 대하여는 직접구상권 논거를 적용하여 판시한 것이라고 평가하고 있다. 이준교, "최근 법원 판례로 살펴본 자동차보험자의 대위행사 관련 쟁점 및 시사점", 손해보험, 2024년 7월호, 손해보험협회, 18면.
436) 대판 2002. 5. 24, 2002다14112.
437) 대판 1994. 10. 7, 94다11071; 대판 1995. 7. 14, 94다36698.

해배상금으로 합의에 따라 65,970,000원을 지급하였다. 원고 보험회사는 피고 보험회사에 대해 공동불법행위에 기한 구상금 청구를 하면서 공동불법행위자인 동북전력 주식회사와 가해차량 운전자 과실 비율을 10:90으로 산정하여 59,373,000원(65,970,000×90%)을, 중복보험(동부전력 주식회사와 원고 보험회사 사이의 배상책임보험과 광명건설과 피고 보험회사 사이의 자동차보험은 중복보험에 해당됨)에 의한 구상금 청구로 32,985,000원(65,970,000원×10%/2)을 지급할 것을 요구했다.

   〈주요 판시내용〉

   책임비율을 30:70으로 정함이 상당하다고 하면서 동북전력이 부담할 부분은 19,791,000원(=65,970,000원×30%)인데, 동북전력의 보험자인 원고 보험회사가 위 부담부분을 넘는 65,970,000원을 지급함으로써 공동의 면책을 얻게 하였으므로 동북전력과 함께 공동불법행위책임을 지는 가해차량 운전자의 보험자인 피고 보험회사는 원고 보험회사에게 구상금으로 46,179,000원(65,970,000원-19,791,000원)을 지급할 의무가 있다. 원고 보험회사가 지급한 보험금 전액에 대하여 중복보험에 해당하고,[438] 따라서 원고는 소외 2에게 지급한 보험금 중 이 사건 자동차보험의 보험자인 피고의 보상책임 부분에 대하여 구상권을 행사할 수 있다. 중복보험계약을 체결한 피고 보험회사는 원고 보험회사에게 원고의 출재액 65,970,000원에서 공동불법행위책임에 기한 구상금 46,179,000원을 공제한 나머지 출재액 19,791,000원 중 이 사건 각 보험계약이 정한 산식에 의해 원고와 피고의 각자 보험금액의 비율에 따라 산정한 9,895,500원[19,791,000원×{65,970,000원÷(65,970,000원+65,970,000원)}]을 지급할 의무가 있다고 판단하였다. 한편 공동불법행위자의 구상권과 중복보험관계에 있는 다른 보험자에 대한 구상권은 각 구상권의 성립요건을 개별적으로 충족하는 한 어느 쪽을 먼저 행사하여도 무방하고 이를 동시에 행사할 수도 있으며, 다만 한쪽 구상권으로부터 만족을 얻을 경우 다른 구상권의 범위는 위와 같이 만족을 얻는 부분을 제외한 나머지 출재액 중 다른 구상권에 의한 구상채무자의 부담부분으로 축소되는 관계에 있을 뿐이다.[439]

   책임보험에 가입되어 있는 둘 이상의 자동차가 공동으로 하나의 사고에 관여한 경우, 각 보험자는 피해자의 손해액을 한도로 하여 각자의 책임보험 한도액 전액을 피해자에게 지급할 책임을 진다고 새겨야 할 것이다. 따라서 보험자가 자동차 사고의 공동불법행위자 중 1인과 체결한 보험계약에 따라 피해자에게 배상한 금액 중 다른 공동불법행위자의 과실비율에 따른 금액이 사고 당시의 책임보험 한도액을 초과하는 경우에는, 보험자 대위에

---

438) 이 사건 각 보험계약은 모두 피보험자가 보험기간 중의 사고로 인하여 '근로자'를 포함한 제3자에게 손해배상책임을 짐으로써 피보험자가 입게 되는 손해를 보상하기 위한 것이므로 이 사건 각 보험계약의 피보험이익은 일정 부분 공통되는 점, 이 사건 사고는 업무상 재해이자 자동차사고이기도 하므로 이 사건 각 보험계약의 보험사고에 모두 해당하는 점, 이 사건 배상책임보험의 피보험자인 동북전력은 가해차량의 임차인으로서 이 사건 자동차보험의 승낙피보험자에 해당하므로 각 보험계약의 피보험자 역시 중복되는 점 등을 고려하면 중복보험에 해당한다.

439) 이 판결에 대한 평석으로 조규성, "2017년 자동차보험분야 판례회고", 보험법연구 제12권 제1호, 2018, 94-98면; 장덕조, "2017년도 보험법 판례의 동향과 그 연구", 상사판례연구 제31집 제1권, 2018, 203-215면.

따라 다른 공동불법행위자에게 구상금을 청구하는 경우에 그 공동불법행위자 및 보험자가 부담하는 구상금은 책임보험금의 한도액 전액이 된다.440)

[대법원 2002. 9. 4. 선고 2002다4429 판결]

〈사실관계〉

원고회사의 피보험자와 피고회사의 피보험자의 공동불법행위로 보험사고가 발생하자 원고회사가 피해자에게 보험금을 지급한 후 피고회사에 보험자대위권을 행사하였다. 원심은 공동불법행위자간의 과실비율을 3:7로 확정하였고, 이에 따라 원고회사와 피고회사의 부담액은 각각 약 3600만원과 약 8600만원이라고 판결하였다. 그러나 피고회사의 책임보험금 한도액은 1500만원이므로 원고회사는 피고회사에 1500만원만 구상할 수 있고, 피고회사가 이미 피해자에게 500만원을 지급했으므로 결과적으로 원고회사는 피고회사에 1000만원만 청구할 수 있다고 판결하였다. 이에 피고회사는 과실비율에 따른 손해배상액을 산정한 후 그 금액이 책임보험금 한도액보다 크다고 해서 책임보험금 한도액 전부를 피고회사가 부담하는 것은 불합리하고, 애초에 책임보험금 한도액인 1500만원을 기준으로 과실비율을 산정해야 하므로 1500만원의 70%인 1050만원에서 기지급 손해배상액을 제외한 550만원만 피고회사가 부담해야 한다고 상고하였다.

〈주요 판시내용〉

책임보험의 성질에 비추어 책임보험에 가입되어 있는 2 이상의 자동차가 공동으로 하나의 사고에 관여한 경우, 각 보험자는 피해자의 손해액을 한도로 하여 각자의 책임보험 한도액 전액을 피해자에게 지급할 책임을 진다고 새겨야 할 것이므로, 보험자가 자동차 사고의 공동불법행위자 중 1인과 체결한 보험계약에 따라 피해자에게 배상한 금액 중 다른 공동불법행위자의 과실비율에 따른 금액이 사고 당시의 책임보험한도액을 초과하는 경우에는, 보험자 대위에 따라 다른 공동불법행위자에게 구상금을 청구하는 경우에 그 공동불법행위자 및 보험자가 부담하는 구상금은 책임보험금의 한도액 전액이 된다.

(e) 직접청구권   책임보험에서 제3자(피해자)는 피보험자(가해자)가 책임을 질 사고로 입은 손해에 대하여 보험금액의 한도 내에서 보험자에게 직접 보상을 청구할 수 있는데(제724조 제2항 본문), 이를 피해자의 직접청구권이라 한다. 가해자와 피해자가 서로 다른 보험자에 각각 가입되어 있는 경우 피해자의 보험자가 자신의 피보험자인 피해자에게 보험금을 지급한 후 피해자가 가해자의 보험자에게 가지는 직접청구권을 피해자의 보험자는 대위할 수 있다고 판례는 해석하고 있다. 즉 직접청구권도 보험사고의 발생으로 인해 피보험자인 피해자가 취득한 청구권이며 따라서 청구권대위의 대상이라고 본다.441)

---

440) 대판 2002. 9. 4, 2002다4429; 대판 2002. 4. 18, 99다38132(전원합의체 판결); 대판 2002. 7. 23, 2002다24461, 24478.
441) 대판 2016. 5. 27, 2015다237618; 대판 1999. 6. 11, 99다3143; 대판 1998. 9. 18, 96다19765; 한기정, 574면.

다른 공동불법행위자의 보험자를 상대로 한 구상권에 관한 앞의 설명이 여기에서도 반복된다. 피보험자를 포함한 수인이 공동불법행위를 행한 경우에 피보험자의 보험자가 보험계약에 따라 피해자에게 손해배상금을 지급한 결과 다른 공동불법행위자들이 공동면책된 경우, 이들 공동면책된 불법행위자들에 대하여 피보험자가 가지는 구상권을 보험자는 대위행사할 수 있다. 만약 다른 공동불법행위자의 구상금 지급채무가 그들 각자의 책임보험자의 담보범위에 포함된다면 결국 피보험자의 보험자는 자신의 피보험자가 다른 공동불법행위자들의 책임보험자에 대하여 갖는 구상금 직접청구권을 대위할 수 있다.442)

아래 판례는 가해자에 대한 손해배상청구권 행사가 제한되더라도 가해자의 책임보험자에 대한 직접청구권의 행사도 제한된다고 해석하기 어려운 경우에는 그 직접청구권은 청구권대위의 대상이 된다고 판시했다.

[대법원 2019. 12. 13. 선고 2018다287010 판결]

〈사실관계〉

학교안전공제의 피공제자인 甲이 경과실로 다른 피공제자인 乙에게 상해를 가하였고 이에 甲을 피보험자로 하는 책임보험자인 원고가 乙에게 보험금을 지급한 다음 피고 학교안전공제회를 상대로 구상권을 행사했다.

〈주요 판시내용〉

학교안전사고가 피공제자의 고의 또는 중대한 과실로 인하여 발생하고 학교안전공제회가 공제급여를 지급한 경우에는 그 공제급여 금액의 범위 내에서 학교안전사고를 일으킨 자 등에게 구상권을 행사할 수 있다. 반면에 피공제자가 경과실로 학교안전사고를 일으킨 경우에는 수급권자에게 공제급여가 지급되더라도 학교안전공제회로부터 구상을 당하지 않는다. 결과적으로 경과실로 학교안전사고를 일으킨 피공제자와 학교안전공제회 사이에서는 학교안전공제회가 최종적인 부담을 지게 된다. 한편 피해자는 상법 제724조 제2항에 의하여 가해자 측의 책임보험자에게 보험금 직접청구권을 행사할 수 있다. 피해자가 가해자인 피공제자의 책임보험자에 대하여 갖는 보험금 직접청구권은 가해자인 피공제자에 대한 손해배상청구권과는 별개의 권리이다. 가해자인 피공제자가 경과실로 학교안전사고를 일으킨 경우에 학교안전공제회의 구상권 행사가 제한되는 것은 학교안전법이 그러한 피공제자를 특별히 보호하기 위한 취지를 근거로 한 것이므로, 이러한 취지를 넘어서 가해자인 피공제자의 책임보험자에게까지 이러한 규정을 확장하여 적용할 수는 없다. 학교안전공제회는 수급권자에게 공제급여를 지급한 후 학교안전사고를 일으킨 손해배상책임 있는 피공제자의 책임보험자에게 수급권자의 보험금직접청구권을 대위행사할 수 있다. 이는 책임보험의 피보험자인 피공제자가 경과실로 학교안전사고를 일으킨 경우에도 마찬가지로 적용된다. 즉,

---

442) 대판 2002. 9. 4, 2002다4429.

가해자인 피공제자가 경과실로 학교안전사고를 일으킨 경우에 학교안전공제회가 수급권자에게 공제급여를 지급하더라도 그 피공제자에게 구상할 수 없으나, 그렇다고 하여 그 피공제자의 책임보험자에 대해서까지 구상할 수 없게 되는 것은 아니다.443)

③ 권리의 동일성   보험자가 대위하는 권리는 자기가 지급한 보험금의 한도 내에서 피보험자가 손해를 야기한 제3자에 대해 가지고 있던 권리가 승계취득되는 것이므로 피보험자가 제3자에 대해 행사할 수 있는 권리의 범위 내에서 동일성이 유지된다.444) 즉 피보험자가 가졌던 청구권에 하자나 제한이 있었다면 이는 보험자에게 이전되는 권리에 그대로 승계된다. 따라서 제3자의 책임내용은 청구권대위에 의해 달라지지 않으며 보험자는 원래 피보험자가 제3자에 대해 가졌던 권리보다 더 큰 권리를 가질 수는 없다.445)

[대법원 1988. 4. 27. 선고 87다카1012 판결]

〈주요 판시내용〉

상법 제682조 소정의 보험자대위제도에 따라 그 지급한 보험금의 한도 내에서 피보험자가 제3자에게 갖는 손해배상청구권을 취득하는 결과 피보험자는 보험자로부터 지급을 받은 보험금의 한도 내에서 제3자에 대한 손해배상청구권을 잃고 그 제3자에 대하여 청구할 수 있는 배상액이 지급된 보험금액만큼 감소된다.

피보험자가 제3자를 상대로 가지는 청구권에 제3자가 항변사유를 갖고 있다면 제3자는 청구권대위를 행사하는 피보험자의 보험자에게 대항할 수 있다. 소멸시효기간도 그 권리의 이전으로 인해 새롭게 개시되는 것이 아니고 그대로 합산된다. 따라서 피보험자가 가해자인 제3자에 대해 가지고 있는 청구권 자체를 기준으로 소멸시효의 기산일과 기간이 정해진다. 여기에서 대위취득하는 권리가 구상권인지 손해배상청구권인지를 구별하여야 한다. 이에 대해서는 후술한다.

④ 대위취득 후 제3자의 손해배상금 지급

(a) 원   칙   보험자가 청구권대위에 의하여 피보험자가 가지는 제3자에 대한 손해배상청구권을 취득한 이후 제3자가 피보험자에게 손해배상금을 지급하였다고 해도 이는 변제수령 권한 없는 자에 대한 변제로서 무효이므로 보험자의 청구권대위 행사에 영향이 없고 따라서 보험자는 청구권대위를 그대로 행사할 수 있다.446) 다만 제3자가 보험자

---

443) 가해자인 피공제자의 책임보험자와 학교안전공제회 사이에서는 학교안전사고가 경과실에 의해 발생했는지 여부와 관계없이 책임보험자가 최종적인 손해배상책임을 부담한다는 것이다. 한기정, 575면.
444) 대판 1999. 6. 11, 99다3143.
445) 대판 1988. 4. 27, 87다카1012.
446) 대판 1995. 7. 14, 94다36698.

가 보험자대위권을 취득한 사실을 모르고 과실 없이 피보험자에게 손해배상금을 지급하였다면, 이는 채권의 준점유자에 대한 변제로서 유효하다(민법 제470조). 제3자가 변제 등을 할 때에 보험자의 권리를 알고 있었다면 보험자의 청구권대위권 행사는 그로 인해 영향을 받지 않는다.447)

　　채권의 준점유자에 대한 변제가 유효하기 위한 요건으로서의 선의라 함은 준점유자에게 변제수령의 권한이 없음을 알지 못하는 것뿐만 아니라 적극적으로 진정한 권리자라고 믿었음을 요하는 것으로 해석되고 있고, 무과실이란 그렇게 믿는 데에 과실이 없음을 의미한다. 따라서 피해자인 피보험자가 보험에 가입하여 보험금을 수령한 사실을 가해자인 제3자가 전혀 모르고 이 점에 대하여 과실이 없이 피보험자에게 손해배상을 한 경우, 또는 제3자가 피보험자의 보험가입 사실 및 이미 보험금을 수령한 사실을 알고 있었더라도 피보험자가 입은 손해액과 피보험자가 보험자로부터 보험금을 수령한 금액을 살펴, 피보험자에게 아직도 손해가 남아 있고 제3자 자신에 대한 손해배상청구권이 피보험자에게 아직도 남아있다고 믿으면서 그 손해배상을 제3자가 한 경우에만 선의, 무과실에 해당된다고 할 수 있을 것이다. 이때 보험금을 지급한 보험자는 지급보험금 한도에서 청구권대위를 행사할 수 있을 것이다.

　　만일 피보험자가 보험자로부터 수령한 보험금과 가해자로부터 수령한 손해배상금의 합계액이 실제 손해를 초과한 경우 이는 과잉배상이며 과잉 부분에 대해 결과적으로 피보험자는 보험자로부터 법률상 원인없이 이익을 얻은 것이 된다.448)

　　(b) 대위취득 후 제3자의 손해배상금 지급이 청구권대위에 끼치는 영향

　　a. 실제 손해액을 초과하지 않는 경우　　　보험자가 지급한 보험금과 제3자로부터 받은 손해배상금을 합하더라도 피보험자가 입은 실제의 손해액에 미치지 못한다면, 피보험자는 그 모자라는 금액에 대해서는 여전히 제3자에게 손해배상청구권을 행사하게 될 것이다. 이 경우 제3자의 변제는 유효하고 이 경우에 초과이득 등의 문제는 없으며, 또한 보험자의 청구권대위에도 영향을 미치지 아니한다.449) 예를 들어 전체 손해액이 1억원인데 보험금으로 4천만원을, 제3자로부터 4천만원을 손해배상금으로 피보험자가 받았다고 가정하자. 피보험자는 가해자인 제3자에게 여전히 2천만원의 손해배상청구가 가능하다. 제3자는 궁극적으로 1억원에 대한 손해배상책임이 있으므로 보험자가 행사하는 청구권대위 금액 4천만원에 대해서도 책임을 져야 한다.

　　b. 실제 손해액을 초과하는 경우　　　만약에 두 금액을 합친 액수가 실제 손해액

---

447) 대판 1999. 4. 27, 98다61593; 대판 1995. 7. 14, 94다36698. 양승규, 254면; 정찬형, 700-701면; 최기원, 336면; 이기수/최병규/김인현, 213면; 최준선, 231면; 채이식, 153면.
448) 대판 1999. 4. 27, 98다61593; 한기정, 567면.
449) 同旨: 한기정, 567면.

을 초과(과잉배상)하게 된다면 제3자의 변제가 채권의 준점유자에 대한 변제요건을 충족함
으로써 유효한가의 여부에 따라 청구권대위에 영향을 미칠 수도 있다. 만약 제3자의 변제
가 무효인 경우라면 청구권대위는 영향을 받지 않게 된다. 이 경우 피보험자가 제3자로부
터 받은 금액은 무효이므로 부당이득반환을 해야 하며 따라서 청구권대위는 영향을 받지
않으므로 보험자는 지급한 보험금 한도 내에서 정상적으로 청구권대위를 행사할 수 있다.
예를 들어 공동불법행위 사고에 있어서 자동차손해배상 책임보험자가 사망한 피해자의 상
속인에게 피해자의 사망으로 인하여 발생한 손해 일체에 대한 보상으로 보험금을 지급하
였다면, 그로써 보험자는 상법 제682조 소정의 청구권대위 규정에 의하여 피보험자가 다
른 공동불법행위자에 대하여 가지는 구상권을 취득하는 한편, 그 상속인은 보험금을 지급
받음으로써 피해자의 사망으로 인한 다른 공동불법행위자에 대한 손해배상청구권을 상실
하게 되므로, 그 후 다른 공동불법행위자가 사망한 피해자의 상속인에게 손해배상금을 지
급하였더라도 이는 변제수령 권한이 없는 자에 대한 변제로서 무효이고, 따라서 보험자가
취득한 청구권대위권에는 아무런 영향을 미칠 수 없다.450)

[대법원 1995. 7. 14. 선고 94다36698 판결]

〈사실관계〉

　원고회사는 피보험자와 피고의 공동불법행위로 인한 보험사고 피해자의 유족에게 보험금을 지
급한 후 피고에게 보험자대위권을 행사하였다. 그런데 피고는 이미 대리인을 통하여 피해자에게
손해배상금을 지급했다는 이유로 원고회사의 청구에 응하지 않았고, 원고회사는 피고의 지급이
보험금 지급 이후에 행해진 것이어서 무효라고 주장하였다.

〈주요 판시내용〉

　자동차 손해배상 책임보험자가 사망한 피해자의 상속인에게 피해자의 사망으로 인하여 발생한
손해 일체에 대한 보상으로 보험금을 지급하였다면, 그로써 보험자는 상법 제682조 소정의 보험
자대위 규정에 의하여 피보험자가 다른 공동불법행위자(피고)에 대하여 가지는 구상권을 취득하는
한편, 그 상속인은 보험금을 지급받음으로써 피해자의 사망으로 인한 다른 공동불법행위자에 대
한 손해배상청구권을 상실하게 되므로, 그 후 다른 공동불법행위자의 대리인이 사망한 피해자의
상속인에게 손해배상금을 지급하였더라도 이는 변제수령 권한이 없는 자에 대한 변제로서 무효이
고, 따라서 보험자가 상법 제682조에 정한 보험자대위 규정에 의하여 취득한 권리에 아무런 영향
을 미칠 수 없다.

　만약 제3자의 변제가 유효하다면 초과액에 대해 보험자가 제3자에 대해 갖는 청구권
대위는 영향을 받게 되어 청구권대위 행사가 불가능하게 된다. 즉 변제한 제3자가 선의,

---

450) 대판 1995. 7. 14, 94다36698.

무과실이어서 그 변제가 유효한 경우에 과잉배상된 금액의 범위에서 청구권대위권은 상실된다. 청구권대위가 상실된 보험자는 청구권대위권의 침해를 이유로 피보험자에 대해 부당이득반환청구 또는 불법행위로 인한 손해배상청구를 할 수 있다. 제3자의 변제가 유효한가의 여부는 민법 제470조에 의해 결정된다. 이에 대해서는 앞에서 설명했다. 채권의 준점유자에 대한 변제의 유효한가의 문제 및 피보험자가 과잉배상을 받았는가에 대한 입증책임은 보험자에게 있다고 할 것이다.[451]

(나) 피보험자의 협조의무

보험금을 지급받은 피보험자는 보험자가 법률상 당연히 취득한 권리에 대해 대위행사를 행사할 수 있도록 필요한 협조를 해야 한다. 본래 법률의 규정에 의해 보험자가 권리를 취득하는 것이기 때문에 피보험자의 협조는 필요없다. 그러나 제3자와 계약관계 또는 당사자관계에 있는 보험계약자 또는 피보험자의 협조가 없으면 보험자의 대위권 행사, 보전, 처분이 대단히 어렵기 때문에 신의칙상 요구되는 의무라 할 것이다. 화재보험표준약관에서는 보험자가 취득한 권리를 행사하거나 보전하는 것에 관하여 보험계약자 또는 피보험자로 하여금 필요한 조치를 하도록 하며 또한 보험자가 요구하는 증거 및 서류를 제출하도록 하고 있다.[452] 이러한 협조의무에 위반함으로써 보험자가 그 대위권의 행사 또는 보전을 통해 취득할 수 있었을 금액 중에서 취득하지 못한 손해가 생긴 경우에 피보험자 등은 손해배상책임을 부담한다고 해석된다.[453]

(다) 소멸시효와 기산점

보험자가 대위취득한 권리가 피보험자가 다른 공동불법행위자에게 가지는 구상권인지 아니면 피보험자가 가해자에 대해 가지는 손해배상청구권인지에 따라 소멸시효 기간이 달라질 수 있다.

① 손해배상청구권　　　자동차보험에서의 피보험자가 제3자의 불법행위로 인해 손해를 입은 경우에 피보험자의 보험자가 피보험자의 손해에 대해 보험금을 지급하면 피보험자가 제3자에 대해 가지는 손해배상청구권을 대위취득한다. 이 경우 보험자에게 이전되는 권리는 본래 피보험자가 제3자에 대해 가지는 권리와 동일한 성질을 가지며, 보험자가 취득하는 채권은 소멸시효 기간과 그 기산점 또한 피보험자가 제3자에 대해 가지는 채권 자체를 기준으로 판단해야 한다. 따라서 보험자가 대위하는 손해배상청구권은 민법 제766조에 따라 피보험자가 손해 및 가해자를 안 날로부터 3년, 불법행위가 있은 날로부터 10년이 경과하면 시효로 소멸된다.[454]

---

451) 대판 1999. 4. 27, 98다61593.
452) 화재보험표준약관 제14조 제2항. 자동차보험표준약관 제34조 제3항에서도 피보험자의 협조의무를 규정하고 있다.
453) 김성태, 465면; 양승규, 253면; 정찬형, 700면; 임용수, 297면.
454) 대판 1999. 6. 11, 99다3143.

> **［ 대법원 2011. 1. 13. 선고 2010다67500 판결 ］**
>
> 〈주요 판시내용〉
>
> 무면허 운전자가 음주 상태로 가해차량을 운전하다가 진행방향 맞은 편 도로에 정차해 있던 피해차량을 들이받아 피해차량을 운전하던 피해자를 다치게 하고 피해차량을 손괴하자, 피해차량에 관하여 피해자와 자동차종합보험계약을 체결한 보험회사가 자신의 피보험자인 피해자에게 제3자의 불법행위로 인한 손해의 배상으로 보험금을 지급한 사안에서, 이 경우 공동불법행위자 상호간의 구상권 문제는 생길 여지가 없고, 보험회사는 보험금을 지급한 보험자로서 보험자대위의 법리에 따라 피보험자의 가해차량 소유자 및 보험자에 대한 손해배상채권 자체(불법행위에 기초한 청구권)를 취득하는 것이므로, 보험회사가 취득한 가해차량 소유자 및 보험자에 대한 손해배상청구권은 피보험자가 그 손해 및 가해자를 안 때부터 민법 제766조 제1항에서 정한 3년의 소멸시효가 진행한다.
>
> (가해차량 소유자 및 보험자에 대하여 보험자대위에 의하여 손해배상채권이 아닌 구상권을 취득한 것으로 보고 10년의 소멸시효에 걸린다고 판시한 원심 판결을 파기함.)

　② 구 상 권　　공동불법행위자중의 1인과 보험계약을 체결한 보험자가 피해자에게 손해를 보상하여 다른 공동불법행위자가 공동면책되는 경우에 보험자와 체결한 피보험자(공동불법행위자 중의 1인)는 공동면책된 다른 공동불법행위자들에게 구상권을 가지게 된다. 이 경우 면책을 시킨 보험자가 대위취득하는 권리는 손해배상청구권이 아니고 공동불법행위자간에 인정되는 구상권이다.455) 이같이 제682조의 보험자대위의 법리에 따라 취득한 피보험자의 다른 공동불법행위자들 및 그들의 보험자들에 대한 구상권의 소멸시효기간은 일반채권과 같이 10년이고, 그 기산점은 구상권이 발생한 시점, 즉 구상권자가 현실로 피해자에게 손해배상금을 지급한 때이다.456)

　　보험계약이 상행위에 해당한다고 하여 그로 인하여 취득한 구상권 자체가 상사채권으로 변한다고 할 수 없다. 예를 들어 공제조합이 공동불법행위자 중의 1인과 체결한 공제계약에 따라 그 공동불법행위자를 위하여 직접 피해자에게 배상함으로써 그 공동불법행위자의 다른 공동불법행위자에 대한 구상권을 보험자대위의 법리에 따라 취득한 경우, 공제계약이 상행위에 해당한다고 하여 그로 인하여 취득한 구상권 자체가 상사채권으로 변한

---

455) 대판 1999. 6. 11, 99다3143; 대판 1989. 11. 28, 89다카9194; 대판 1998. 12. 22, 98다40466; 대판 1994. 1. 11, 93다32958.

456) 대판 2024. 9. 27, 2024다249729; 대판 2024. 11. 14, 2023다233642; 대판 2024. 11. 20, 2021다220864; 대판 1998. 12. 22, 98다40466; 대판 1999. 6. 11, 99다3143. 대판 1996. 3. 26, 96다3791. 한편 대판 1993. 6. 29, 93다1770에서 대위취득한 것이 피보험자가 다른 공동불법행위자에 대해 가지는 구상권인데도 불구하고, 이를 손해배상청구권으로 보고 민법 제766조에 따라 소멸시효를 판단한 것에 대해 비판이 있다. 김성태, 473면; 양승규, "책임보험자의 연대채무자에 대한 구상권의 소멸시효", 손해보험 제299호, 1993, 40면-41면; 한기정, 576면.

다고 할 수 없다.457) 이러한 해석이 다수의 대법원 판결이다.458)

[대법원 1999. 6. 11. 선고 99다3143 판결]

〈사실관계〉

소외인 2는 주운전자를 자기 자신, 피보험자를 그의 처인 피고 2로 하는 자동차보험계약을 피고 1 보험회사와 체결하였다. 소외인 2로부터 차량을 빌린 소외인 3이 1992. 7. 16 음주운전을 하면서 소외인 1의 차량과 충돌하였다. 소외인 1의 차량은 전파되고 그 차량에 탑승한 소외인 4, 5 등이 다쳤다. 소외인 1의 보험자인 원고회사는 1992. 8. 14 소외인 1에게 차량에 대한 보상금으로 670만원, 1993. 2. 24, 소외인 4, 5에게 상해보상금 7,300만원을 지급하였다. 1997. 8. 9 원고회사가 피고 1과 피고 2를 상대로 구상금 청구의 소를 제기하였다.

〈주요 판시내용〉

보험자대위에 의하여 피보험자 등의 제3자에 대한 권리는 동일성을 잃지 않고 그대로 보험자에게 이전되는 것이므로, 이때에 보험자가 취득하는 채권의 소멸시효 기간과 그 기산점 또한 피보험자 등이 제3자에 대하여 가지는 채권 자체를 기준으로 판단하여야 한다. (중략) 원고회사는 보험금을 지급한 보험자로서 보험자대위의 법리에 의하여 피해자이면서 자신의 보험계약상의 피보험자인 소외인 1의 피고 1, 2 들에 대한 손해배상채권 자체를 취득하는 것이고, 따라서 소외인 1이 그 손해 및 가해자를 안 때로부터 민법 제766조 제1항에 정한 3년의 소멸시효가 진행되는 것이다.

보험자의 보험금 지급으로 인해 피보험자와 공동불법행위관계에 있는 다른 자들이 면책되는 경우에 피보험자가 다른 공동불법행위자에 대해 취득하는 구상권도 보험자에게 이전하는데 이 권리는 손해배상청구권이 아니므로 시효기간은 10년으로 해석된다. 원고 보험회사는 피보험자인 소외인 1의 차량에 탑승했던 소외인 4, 5에게 상해보상금을 지급하고 이들 소외인 4, 5가 공동불법행위자인 소외인 1과 피고 1(피고 2)에 대한 손해배상청구권을 대위취득하였다. 원고 보험회사의 보험금 지급으로 피고 1(피고 2)도 면책되었기에 원고 보험회사는 이들에 대한 구상청구를 할 수 있다. 이때 보험금을 지급한 보험자가 보험자대위에 의하여 다른 공동불법행위자 및 그의 보험자에 대하여 가지는 구상권의 소멸시효 기간은 일반채권과 같이 10년이고, 그 기산점은 구상권이 발생한 시점, 즉 구상권자가 현실로 피해자에게 손해배상금을 지급한 때이다. 원고 보험자는 1992. 8. 14 피해자인 소외인 4, 5에 대한 관계에서 피해차량의 보유자로서 공동불법행위자의 지위에 있는 소외인 1의 보험자로서 그들에게 보험금을 지급하였고 결과적으로 피고 2가 면책되었다. 원고 보험회사는 보험자대위에 의해 취득한 소외인 1의 피고 2 및 그의 보험자인 피고 1에 대한 구상금 채권의 소멸시효는 원고 보험회사가 보험금을 지급할 날을 기준으로 할 때 구상금 청구 소송을 제기한 1997. 8. 9에는 소멸시효가 완성되지 아니하였다.

---

457) 대판 1996. 3. 26, 96다3791.
458) 대판 2008. 7. 24, 2007다37530; 대판 1999. 6. 11, 99다3143; 대판 1998. 12. 22, 98다40466; 대판 1999. 3. 26, 96다3791; 대판 1994. 1. 11, 93다32958; 대판 2002. 5. 24, 2002다14112; 대판 2002. 9. 4, 2002다4429; 대판 1999. 2. 5, 98다22031; 임용수, 292면; 정동윤, 598면.

구상채권의 발생 근거로는 위에서 본 제682조의 보험자 대위행사 이외에 제724조 제2항의 피해자 직접청구권을 매개로 한 책임보험자간의 직접구상권 행사로도 가능하다.459) 공동불법행위에서 공동불법행위자들과 각각 보험계약을 체결한 보험자들은 그 공동불법행위의 피해자에 대한 관계에서 제724조 제2항에 따른 손해배상채무를 직접 부담하는 것이므로, 공동불법행위자 중의 1인과 보험계약을 체결한 보험자가 피해자에게 손해배상금을 보험금으로 모두 지급함으로써 공동불법행위자들의 보험자들이 공동면책되었다면, 그 손해배상금을 지급한 보험자는 다른 공동불법행위자들의 보험자들이 부담하여야 할 부분에 대하여 직접 구상권을 행사할 수 있다.460) 즉 공동불법행위에서 피해자의 손해를 먼저 보상한 책임보험자가 보험자대위 법리에 의하지 않고 복수의 책임보험자들 사이에서 직접 구상권을 행사할 수도 있다.461) 피보험자가 다른 공동불법행위자에 대해 가지는 구상권의 소멸시효와 피해자에게 먼저 보상을 한 보험자가 공동면책된 다른 공동불법행위자의 (책임)보험자에 대해 가지는 구상권의 소멸시효는 다르다는 것이 판례의 입장이다. 공동불법행위자 중의 1인과 보험계약을 체결한 보험자가 피해자에게 손해배상금을 보험금으로 모두 지급한 경우 다른 공동불법행위자들의 보험자들에 대하여 직접 구상권을 가짐과 동시에 상법 제682조에 따라 피보험자의 다른 공동불법행위자들의 보험자들에 대한 구상권을 대위 취득하게 되나, 이러한 '구상권'과 '보험자대위권'은 내용이 전혀 다른 별개의 권리이다.462) 공동불법행위자들과 각각 보험계약을 체결한 보험자들 상호 간에 있어서 공동불법행위자 중의 1인과 보험계약을 체결한 보험자가 피해자에게 보험금액의 범위 내에서 손해배상금을 지급하고 다른 공동불법행위자의 보험자가 부담해야 할 부분에 대해 보험자대위 방식이 아니라 직접 구상권을 행사하는 경우 보험자의 손해배상금 지급행위는 상인이 영업을 위하여 하는 행위이고 그 구상금 채권은 보조적 상행위로 인한 채권에 해당되므로 그 권리를 행사할 수 있는 때로부터 5년의 소멸시효가 적용된다는 것이 판례의 입장이다.463)

한편 피해자에게 손해배상을 한 공동불법행위자(피보험자)의 다른 공동불법행위자에 대한 구상권은 피해자가 갖게 되는 다른 공동불법행위자에 대한 손해배상채권과는 그 발생 원인과 법적 성질을 달리하는 별개의 독립한 권리이므로, 공동불법행위자가 다른 공동불법행위자에 대한 구상권을 취득한 이후에 피해자가 가지는 다른 공동불법행위자에 대한 손해배상채권이 시효로 소멸되었다고 하여 그러한 사정만으로 이미 취득한 구상권이 소멸

459) 이준교, "2024년 손해보험 분쟁 주요 대법원 판결 및 시사점(下)", 손해보험, 2025년 2월호, 손해보험협회, 35면-36면.
460) 대판 1998. 7. 10, 97다17544; 대판 1998. 9. 18, 96다19765; 대판 1999. 2. 12, 98다44956.
461) 대판 2024. 9. 27, 2024다249729; 대판 2024. 11. 14, 2023다233642; 대판 2024. 11. 20, 2021다220864; 대판 1999. 2. 12, 98다44956.
462) 대판 2024. 9. 27, 2024다249729.
463) 대판 1998. 7. 10, 97다17544; 대판 2006. 11. 10, 2005다35516.

된다고 할 수 없다.464)

[대법원 2024. 9. 27. 선고 2024다249729 판결]

〈주요 판시내용〉

　갑이 소유 차량을 운전하여 편도 2차로 도로의 1차로를 따라 주행하던 중 2차로에 주차된 을 소유 차량의 뒤에서 나오는 보행자를 충격하는 교통사고를 야기하자, 갑 소유 차량 운전자의 보험자인 병 보험회사가 피해자에게 합의금 및 치료비 명목의 돈을 지급한 다음, 을 소유 차량 운전자의 보험자인 정 보험회사를 상대로 을 소유 차량 운전자의 과실비율에 따른 구상금을 청구하였는데, 정 회사가 구상금채권 중 일부가 시효로 소멸하였다고 항변한 사안에서, 병 회사가 청구원인으로 내세우는 청구권은 갑 소유 차량 운전자의 보험자인 병 회사가 피해자에게 손해배상금을 보험금으로 모두 지급하여 공동면책됨으로써 상법 제682조의 보험자대위 법리에 따라 취득한 갑 소유 차량 운전자의 정 회사에 대한 구상권으로서 그 소멸시효기간이 10년이고, 병 회사가 피해자에게 손해배상금을 지급한 때로부터 10년이 지나기 전에 소를 제기하여 위 구상금채권의 소멸시효가 중단되었다고 보아야 하는데도, 병 회사의 청구권을 갑 소유 차량 운전자의 보험자인 병 회사의 을 소유 차량 운전자의 보험자인 정 회사에 대한 직접적인 구상권으로 오해하여 병 회사의 구상금채권 중 일부가 5년의 상사시효 경과로 소멸하였다고 본 원심판단에는 변론주의 위반 등 잘못이 있다.

(4) 대위권 행사의 제한

(가) 제682조 제1항 단서 해석

　① 보험금 일부지급의 의미　　　제682조 제1항 단서는 "보험자가 보상할 보험금액의 일부를 지급한 때에는 피보험자의 권리를 해하지 않는 범위 내에서만 그 권리를 행사할 수 있다"고 정하고 있다. 보험금의 일부만 지급한 보험자는 그 금액 내에서 청구권을 대위취득하며 피보험자의 권리를 해하지 않는 범위 내에서 청구권을 행사할 수 있다. 피보험자는 보험자로부터 보상받은 부분을 제외한 나머지 손해에 관하여 가해자인 제3자에 대한 청구권을 가지며, 보험자는 피보험자에게 지급한 부분만큼의 청구권을 대위취득함으로써 두 권리가 병존하면서 경합할 수 있다. 경합의 문제는 주로 가해자의 변제자력이 부족할 때 나타난다. 이러한 경우에 보험자의 청구권대위 행사는 피보험자의 권리를 해하지 않는 범위 내에서 행사할 수 있다고 규정하고 있으므로 피보험자의 권리가 우선적으로 보호된다. 보험자의 청구권대위 행사가 이렇게 제한되더라도 피보험자가 초과이득을 얻는 것이 아니기 때문에 문제가 없다. 여기에서 '보험금액의 일부를 지급한 때'의 법적 의미가 무엇인가가 논란이 되고 있다.

---

464) 대판 1996. 3. 26, 96다3791.

② 단서 조항은 보험금 일부지급에만 적용되는가?

　(a) 보험금 일부지급　　보험자가 지급한 보험금이 자신이 보상해야 할 보험금의 일부이어서(보험금의 일부지급) 피보험자가 실제로 입은 손해액에 미달하는 경우 앞에서 설명한 대로 보험계약자나 피보험자가 가해자인 제3자에게 가지는 손해배상청구권과 보험자의 대위권이 경합하게 되는데, 단서조항에 의해 피보험자의 권리를 우선하여 보호한다는 의미이다.465) 예를 들어 보험가액 1,000만원의 물건에 전부보험을 체결한 상황에서 제3자의 귀책사유로 전부 멸실된 경우에 보험자가 600만원을 지급한 때에 보험자는 600만원에 대해서만 대위하고 피보험자는 제3자에 대하여 400만원에 대해 손해배상청구권을 보유한다. 이때 제3자의 자력이 충분하지 않은 상황에서 보험자와 피보험자가 함께 청구권을 행사할 수 있다고 해도 피보험자의 권리가 우선된다.

　(b) 보험금 전부지급　　제3자가 손해를 야기하고 피보험자의 손해에 대해 보험자가 보험금 전액을 지급했어도(보험금의 전부지급) 피보험자의 손해가 남는 경우가 있다. 피보험자가 보험금 전액을 지급받은 경우에도 아직 손해가 남아 있으면 남은 손해 부분에 대해서는 제3자에 대해 손해배상청구권을 피보험자가 그대로 보유하고 또 행사할 수 있는 것이다. 이때 제3자의 자력이 충분하지 않은 상태에서 손해배상청구권과 보험자의 대위권 행사의 경합이 있게 되는 경우에도 피보험자의 권리를 해하지 않는 범위 내에서만 보험자대위가 인정된다고 해석한다. 이렇게 해석하더라도 피보험자가 손해를 초과하는 이득을 얻는 것이 아니기 때문이다. 예를 들어 건물에 대해서만 화재보험계약을 체결한 후 제3자의 행위에 의해 그 건물이 전소된 경우 피보험자가 보험자로부터 보험금을 받더라도 가구에 대한 손해부분에 대해서는 피보험자는 제3자에게 배상청구를 할 수 있고, 이때 제3자의 변제 자력이 부족한 경우에 보험자는 대위권을 취득하더라도 피보험자의 권리를 해하지 못한다. 따라서 제682조 제1항 단서는 보험금의 일부만이 지급된 경우만을 대상으로 하는 것이 아니라 보험자가 보험금 전부를 지급한 때에도 적용될 수 있는 원칙이라 할 것이다. 단서 적용의 기준은 피보험자에게 남은 손해액이 있는가 하는 것이다. 남은 손해액이 있다면 손해의 잔액에 대해 보험계약자나 피보험자가 제3자에 대해 가지는 권리가 남아있으므로 보험금을 전부 지급한 보험자의 대위권 행사는 제한된다.466) 보험자가 지급한 보험금으로 피보험자의 손해가 전부 보상되었는지 아니면 일부만 보상되었는지를 고려하여 보험자의 대위권 행사의 범위를 해석해야 한다. 보험금 전부를 지급했어도 손해에 대한 전부 보상이 되지 않는 경우가 있으므로 보험금 전부지급은 손해에 대한 전부 보상과 다른 것이다. 결론적으로 제682조 제1항 단서는 보험계약이 전부보험이든 일부보험이든

465) 최준선, 228면; 임용수, 299면; 양승규, 255면.
466) 양승규, 255면; 정희철, 428면; 임용수, 299면; 최준선, 229면; 정찬형, 702면; 최기원, 337면; 정동윤, 599면; 서돈각/정완용, 422면; 장덕조, 269면; 박세민, 전게논문, 233면.

양자 모두에 적용되는 것으로 해석해야 한다.

[대법원 2012. 8. 30. 선고 2011다100312 판결]

〈사실관계〉

甲이 운영하는 점포에서 甲과 乙의 과실이 경합하여 화재가 발생하였는데, 甲과 점포 내 시설 및 집기비품에 대하여 화재보험계약을 체결한 원고회사가 甲에게 보험금을 지급하고, 乙과 가스사고배상책임보험계약 등을 체결한 피고회사가 甲을 제외한 피해자들에게 보험금을 지급한 뒤 원고회사가 피고회사를 상대로 구상금을 청구하였다.

〈주요 판시내용〉

보험사고가 피보험자와 제3자와 과실이 경합되어 발생한 경우 피보험자가 제3자에 대하여 그 과실분에 상응하여 청구할 수 있는 손해배상청구권 중 피보험자의 전체 손해액에서 보험자로부터 지급받은 보험금을 공제한 금액 만큼은 여전히 피보험자의 권리로 남는 것이고, 그것을 초과하는 부분의 청구권만이 보험자가 보험자대위에 의하여 제3자에게 직접 청구할 수 있게 된다고 할 것이다. 위 사안에서 화재보험계약에서 시설과 집기 비품을 구분하여 따로 그 보험가액이 산정되기는 하였지만 그 보험사고의 내용이 동일하며 하나의 보험증권이 발급된 점, 보험자 대위와 관련하여 약관에서는 "보험자가 보험금을 지급한 때에는 그 지급한 보험금의 한도 내에서 보험계약자 또는 피보험자가 제3자에 대하여 가지는 손해배상청구권을 취득하되, 보험자가 보상한 금액이 피보험자가 입은 손해의 일부인 경우에는 피보험자의 권리를 침해하지 아니하는 범위 내에서 보험자가 그 권리를 취득한다"라는 규정을 두었을 뿐, 시설과 집기비품 부분은 별개의 보험계약으로 취급할 것인지에 대하여는 아무런 규정을 두고 있지 아니한 점 등에 비추어 보면, 위 보험계약은 시설과 집기 비품 모두를 대상으로 한 하나의 보험계약으로 체결되었다고 보아야 하고, 원고회사가 대위할 수 있는 범위는 乙(또는 피고회사)의 책임부분에서 甲의 잔존손해액(실제 발생한 손해에서 원고회사로부터 수령한 보험금을 제한 나머지 금액)을 공제한 나머지 금액으로 제한되어야 한다. 즉 원고회사는 甲의 전체 손해액 중 乙의 과실비율에 해당하는 금액과 전체 손해액 중 甲이 지급받은 보험금을 공제한 나머지 부분의 차액 범위 내에서만 보험자대위를 할 수 있다.

(c) 약관규정　　　보험회사의 대위에 관한 자동차보험표준약관을 보면 제34조 제1항에서 "보험회사가 피보험자 또는 손해배상청구권자에게 보험금 또는 손해배상금을 지급한 경우에는 지급한 보험금 또는 손해배상금의 범위에서 제3자에 대한 피보험자의 권리를 취득합니다. 다만 보험회사가 보상한 금액이 피보험자의 손해의 일부를 보상한 경우에는 피보험자의 권리를 침해하지 않는 범위에서 그 권리를 취득합니다"라고 규정하고 있다.

(d) 소　　결　　　생각건대 상법 제682조 제1항 단서에서의 '보험자가 피보험자에게 보상할 보험금액의 일부를 지급한 때'란 피보험자가 입은 손해의 일부만이 보상된 경우를 의미하는 것으로 해석해야 한다고 여겨진다. 본래 잔존물대위와는 달리 청구권대위의 경

우 보험자는 보험금을 전부 지급하지 않아도 그 행사가 가능하다. 보험금의 일부만 지급해도 청구권행사가 가능한 것이며 제682조 제1항 본문[467]은 이를 반영한 것이라 할 수 있다. 즉 보험자가 보험금을 전부 지급했건 일부 지급했건, 지급한 범위 내에서 대위권을 행사할 수 있다는 원칙을 본문에서 정하고 있다. 반면 단서에서 표현하고 있는 '보험자가 보상할 보험금액의 일부를 지급한 경우'란 보험금의 전부 또는 일부를 지급한 결과 피보험자의 손해의 일부가 아직 남아있는 경우에 피보험자의 권리를 침해하지 아니하는 범위에서만 대위권 행사가 가능함을 규정한 것으로 해석해야 할 것이다.[468]

③ 자기부담금은 보상받지 못한 손해(미보전손해)인가?   일반적으로 보험계약에서 자기부담금이 약정되면 보험자는 자기부담금을 제외하고 보험금을 지급하게 되는데 예를 들어 자동차보험계약에서의 자기부담금이 보험자로부터 보상받지 못한 손해의 일부인가의 여부에 대해 의문이 제기되고 있다. 피보험자의 입장에서 보면 수령한 보험금 중에서 자기부담금이 공제되었기 때문에 자기부담금 상당액은 보상받지 못한 손해의 일부로 생각할 수도 있다. 그러나 자기부담금이란 보험료 할인이라는 혜택을 받으면서 보험사고로 발생한 손해 중에서 피보험자 자신이 자기부담금 상당 부분에 대한 손해를 스스로 부담하기로 약속한 부분이다. 자기차량손해담보에서 자기부담금이 약정된 경우에 보험자는 자기부담금을 공제하고 보험금을 지급하는 이유는 자기부담금 상당액을 피보험자가 스스로 부담하기로 약정했기 때문이다. 따라서 자기부담금은 발생된 손해 중에서 피보험자 자신이 부담하기로 약정함으로써 보험자의 지급책임이 인정되는 손해 범위에 처음부터 포함되지 않는다고 보아야 한다. 따라서 자기부담금은 보험계약상의 미보전 손해에 해당되는 것이 아니며, 결론적으로 자기부담금은 보험자의 지급대상으로서의 손해의 개념에 포섭될 수 없다고 하겠다.[469]

(나) 일부보험에서의 대위

잔존물대위에서는 일부보험에 대한 규정이 있으나(제681조 단서), 청구권대위에서는 일부보험에 대해 아무런 규정이 없다. 원칙상 일부보험에서는 보험자는 보험금액의 보험가액에 대한 비율로 그 보상책임을 정하게 된다. 따라서 일부보험의 경우에 보험자는 부보비율에 따라 보험금을 지급하고 그 지급한 보험금의 범위 안에서 권리를 취득하므로 제3자에 대한 청구권은 피보험자와 보험자가 나누어 가지게 된다. 이 경우 누구의 권리가 우선하는가의 문제가 남는다. 피보험자에게 과실이 없고 제3자의 자력이 충분한 경우에는 아래의 학설 어느 것에 의하더라도 동일한 결과를 가져온다. 즉 보험자는 지급한 보험금

---

467) 제682조 제1항 "손해가 제3자의 행위로 인하여 발생한 경우에 보험금을 지급한 보험자는 그 지급한 금액의 한도에서 그 제3자에 대한 보험계약자 또는 피보험자의 권리를 취득한다".

468) 박세민, "자기부담금이 약정된 자기차량손해 보험자의 구상권 범위와 상법 제682조 제1항 단서의 해석에 관한 연구", 상사판례연구 제34집 제1권 2021, 231-233면.

469) 자기부담금과 관련된 문제에 대해서는 후술하는 청구권대위와 과실상계 문제 및 자동차보험 중 자기차량손해보험 부분에서도 설명된다. 박세민, 전게논문, 249면 이하 참조.

의 한도에서 제3자에 대해 대위권을 행사할 수 있고 피보험자도 나머지 금액에 대해 제3자에게 청구할 수 있게 된다. 문제는 피보험자에게 과실이 있어서 손해액 산정에 과실상계가 인정되는 경우 또는 제3자의 자력이 피보험자의 손해를 충족시키지 못하는 경우이다. 이에 대해 학설은 나뉘고 있다.

① 절대설(보험자 우선설)　　보험자는 자신이 지급한 보험금의 한도에서 우선적으로 배정을 받고 나머지가 있을 때에 피보험자에게 배분된다고 해석하는 견해이다. 손해보험형 상해보험의 판례 중에는 절대설의 입장에 선 것으로 보이는 것도 있다. 무보험자동차에 의한 상해보험에서 피보험자에게 사망보험금을 지급한 보험자가 피보험자인 피해자의 과실비율에 따라 가해자에게 청구권대위를 행사한 경우에 대법원은 '실제 손해액을 기준으로 위험을 인수하는 일반 손해보험과 달리 보험금 지급기준에 따라 보험금이 지급되는 손해보험형 상해보험에서는 보험자의 대위권이 우선한다'고 판시한 바 있다.470) 또한 국민건강보험공단이 보험급여를 지급하고 대위취득하는 권리에 대해서도 다수 판례는 절대설의 입장을 취하기도 했다.471)

② 비례설(상대설)　　제681조 단서를 유추적용하여 부보비율에 따라 각자의 분배비율이 정해져야 한다는 견해로서 상대설이라 부르기도 한다.

③ 차액설(피보험자 우선설)　　피보험자가 우선적으로 제3자로부터 배상을 받고 나머지가 있으면 보험자가 이를 대위할 수 있다는 견해이다. 통설적 견해이며, 대법원 판례의 주류적 경향이다.

이러한 세 가지 견해의 차이점을 예를 들어 설명해본다. 보험가액 1,000만원 건물에 대해 보험금액을 700만원으로 하여 화재보험에 가입한 후 임차인의 귀책사유에 의해 건물에 화재가 발생하여 500만원의 손해가 발생하였는데 임차인의 자력이 300만원에 불과한 경우에 절대설에 의하면 350만원을 지급한 보험자472)가 300만원을 모두 가지게 되며, 상대설에 의하면 300만원의 70%인 210만원을 보험자가 가지고 나머지 90만원을 피보험자가 가지게 된다. 반면 차액설에 의하면 발생한 손해 500만원 중 보험자로부터 350만원을 받은 피보험자는 손해의 잔액부분인 150만원을 임차인으로부터 먼저 받으며 보험자는 남은 150만원만 취득하게 된다.

순수한 손해보험에서 절대설은 피보험자에게 너무 불리한 해석이며 상대설은 일부보험의 원칙상 이론적으로는 타당하다고 할 수 있다.473) 그런데 제682조 제1항 단서의 취지는 피보험자의 이득금지의 원칙에 위반되지 않는 범위 안에서 피보험자의 이익을 고려해

---

470) 대판 2013. 4. 25, 2011다94981.
471) 대판 2015. 12. 10, 2015다230228; 대판 2013. 10. 24, 2013다208524; 대판 2012. 9. 13, 2012다39103.
472) 부보비율에 따라 보험자의 보상책임은 손해액 500만원의 70%인 350만원이다.
473) 서울민사지법 1999. 6. 10, 98가합35186(확정)은 비례설(상대설)에 기초하고 있다.

야 한다는 것이다. 또한 보험자는 자신의 영업으로서 지금까지 보험료를 받아왔고 보험계
약에 따라 피보험자에게 보험금을 지급한 것이므로 청구권대위의 취지를 고려할 때 피보
험자를 우선적으로 보호하게 되는 차액설이 타당하다.[474] 피보험자의 청구권에 우선권을
인정하는 차액설에 따르더라도 피보험자가 초과이득을 얻는 것은 아니므로 보험자의 청구
권대위권 행사가 제약을 받아도 무방하다.

　　한편 차액설에 따를 때에 피보험자의 권리행사 순서에 따라 청구액이 달라진다는 점
을 지적하는 견해가 있다. 위의 사례에서 보험자에게 먼저 청구하면 500만원(보험자로부터
350만원 + 가해자로부터 150만원)을 받는 반면에, 가해자에게 먼저 청구하면 440만원(가해
자로부터 300만원 + 보험자로부터 140만원[475]))이 된다는 것이다.[476] 그러나 보험자의 보
상책임은 잔여 손해액이 아니라 최초 손해액을 기준으로 부보비율로 제한하는 것이 타당
하다. 즉 가해자에게 먼저 청구를 하더라도 보험자의 보상책임을 정하기 위한 부보비율은
잔여 손해액(200만원)에 적용하는 것이 아니라 최초 손해액(500만원)에 적용된다고 보고 이
에 따라 보험자는 잔여 손해액 200만원을 지급해야 한다고 해석되어야 한다. 이렇게 본다
면 피보험자의 권리행사 순서에 따라 청구액이 달라지는 일은 발생하지 않는다.[477] 대법
원 판례는 대체적으로 차액설의 입장이다.[478]

[대법원 2013. 9. 12. 선고 2012다27643 판결]

〈주요 판시내용〉

　피보험자가 보험자로부터 보험금을 지급받고도 보상받지 못한 손해액이 남아 있는 경우 피보험
자가 제3자에 대하여 그 과실분에 상응하여 청구할 수 있는 손해배상청구권 중 피보험자의 전체
손해액에서 보험자로부터 지급받는 보험금을 공제한 금액(이하 '미보상손해액'이라고 한다)만큼은
여전히 피보험자의 권리로 남는 것이고, 그것을 초과하는 부분의 청구권만이 보험자가 보험자대
위에 의하여 제3자에게 직접 청구할 수 있게 된다. 따라서 피보험자의 제3자에 대한 손해배상청
구권이 미보상손해액에 미치지 못한다면 보험자가 보험금을 지급한다 하더라도 보험자대위권을
행사할 수 없다고 할 것이다. 결국 보험자대위권의 범위는 상법 제682조에 의하여 피보험자가 제
3자에 대하여 가지는 전체 손해배상청구권 중 미보상손해액을 공제한 나머지 부분에 대하여만 행
사할 수 있는 것으로 정해지는 것이고, 피보험자의 제3자에 대한 손해배상청구권 중 미보상손해

---

474) 이기수/최병규/김인현, 219면; 정찬형, 704면; 정동윤, 600면; 최기원, 337-338면; 최준선, 229면; 양승
　　규, 257면; 김성태, 481면; 임용수, 301면; 잔존물대위에서는 상대설이 타당할 것이다. 2008년 개정된 일
　　본 보험법은 제25조에서 차액설을 규정하고 있다. 장덕조, 271면.
475) 가해자로부터 배상을 받고 남은 손해액 200만원에 대해 부보비율 70%에 따라 보험자는 140만원만 지
　　급하는 것으로 계산한 것임.
476) 김성태, 480면.
477) 同旨: 한기정, 565면.
478) 대판 2013. 9. 12, 2012다27643; 대판 2012. 8. 30, 2011다100312.

액 범위 내의 권리는 피보험자의 온전한 권리이므로, 피보험자의 행사 또는 처분 여부에 관계없이 보험자는 그 부분에 대하여 보험자대위권을 행사할 수 없는 것이다.

[대법원 2012. 8. 30. 선고 2011다100312 판결]

〈주요 판시내용〉

손해보험에서의 보험자대위권은 피보험자의 이중이득을 방지하기 위하여 정책적으로 인정되는 것인 점 등을 고려할 때, 이른바 '일부보험'의 경우 보험자가 대위할 수 있는 피보험자의 제3자에 대한 권리의 범위는 보험약관 등에 이에 관한 명시적인 규정이 있다면 이에 따라야 할 것이나, 그렇지 않다면 약관 해석에 관한 일반원칙에 따라 고객에게 유리하게 해석하여, 피보험자가 실제로 입은 손해 이상의 이득을 취하는 것이 아닌 이상, 피보험자의 권리를 해하지 아니하는 범위 내로 제한된다고 봄이 타당하다. 따라서 손해보험계약의 약관에서 "보험자가 보험금을 지급한 때에는 지급한 보험금의 한도 내에서 보험계약자 또는 피보험자가 제3자에 대하여 가지는 손해배상청구권을 취득하되, 보험자가 보상한 금액이 피보험자가 입은 손해의 일부인 경우에는 피보험자의 권리를 침해하지 아니하는 범위 내에서 보험자가 그 권리를 취득한다"고 규정하고 있다면 보험자대위에 의하여 보험자가 행사할 수 있는 권리의 범위는 그 약관 규정에 따라 제한된다. 따라서 보험사고가 피보험자와 제3자의 과실이 경합되어 발생한 경우 피보험자가 제3자에 대하여 그 과실분에 상응하여 청구할 수 있는 손해배상청구권 중 피보험자의 전체 손해액에서 보험자로부터 지급받은 보험금을 공제한 금액만큼은 여전히 피보험자의 권리로 남는 것이고, 그것을 초과하는 부분의 청구권만이 보험자가 보험자대위에 의하여 제3자에게 직접 청구할 수 있게 된다.

---

④ 국민건강보험공단 등의 대위 범위에 관한 최근 판례 경향   국민건강보험공단이나 근로복지공단, 국민연금공단 등은 각 근거 법령에 따라 모두 제3자(가해자)에 대한 구상권을 가진다. 동일한 법리에 기초한 구상권이므로 위 공단들의 구상금 청구에 대한 판결은 결을 같이 한다. 여기에서 쟁점은 책임보험의 한도액을 초과하는 피해자의 손해가 발생한 경우이다. 가해자의 책임보험자를 상대로 행사하는 공단의 대위권과 피해자의 손해배상청구권 중에서 무엇을 우선해야 하는가의 문제이다. 공단의 구상권이 우선한다고 인정한다면 피해자는 그만큼 손해를 전보받지 못하는 문제가 있다. 이에 대해 대법원은 근로복지공단 사건479)과 국민건강보험공단 사건480)에서 각 공단의 대위권에 우선적 지위를 부여하는 입장에서 판단한 바 있다.

---

479) 대판 2015. 12. 10, 2015다230228.
480) 대판 2019. 4. 23, 2015다231504.

[대법원 2019. 4. 23. 선고 2015다231504 판결]

〈사실관계〉

피고 보험회사는 공동피고 C와 사이에서 피보험자를 C로 하여 수상레저기구의 소유·사용 또는 관리하는 동안에 다른 사람에게 손해를 끼친 경우에 그 손해를 1억 원의 한도에서 보상하는 내용의 수상레저 종합보험계약을 체결했다. 피해자는 2012. 7. 28. C가 운행하는 수상오토바이에 탑승하였다가 하선하던 중 C의 과실로 부상을 당했다. 피해자는 2012. 10. 16.부터 2013. 5. 21.까지 G병원 등에서 치료를 받았고, 원고인 국민건강보험공단은 각 요양기관인 병원에 대하여 전체 치료비 31,565,250원 중 24,926,200원을 지급했다. 피고 보험회사는 피해자의 부친에게 총 23,017,207원을 지급하였고, 피해자에게 76,982,793원을 지급함으로써 이 사건 보험계약에서 정한 보험금 지급한도 1억 원을 모두 지급하였다. 피해자는 15%의 노동능력을 영구적으로 상실했고 그 손해액은 일실수입손해, 기왕치료비 손해, 항후치료비, 개호비, 위자료 등 총 162,944,250원으로 산정되었다.

〈주요 판시내용〉

국민건강보험공단이 불법행위로 인한 피해자에게 보험급여를 한 후 피해자의 가해자 또는 그 보험자에 대한 손해배상채권을 대위하는 경우, 피해자의 과실 등을 고려하여 산정된 손해배상채권의 범위 내에서 보험급여액 전부에 관하여 피해자의 가해자 또는 그 보험자에 대한 손해배상채권을 대위할 수 있고, 여기에서 국민건강보험공단의 보험급여 이후 가해자 또는 그 보험자가 손해배상 명목으로 피해자에게 지급한 돈을 공제할 수는 없다. 피해자에게 보험급여를 한 원고 국민건강보험공단은 피해자의 손해배상채권 범위 내에서 국민건강보험공단이 부담한 보험급여액 전부를 C의 보험자인 피고 보험회사에 대하여 구상할 수 있다.

위 사건에서 전체치료비는 31,565,250원이었는데 국민건강보험공단이 이를 모두 지급한 것이 아니라 피해자의 자기부담금을 제외한 나머지 금액만을 치료비로 지급하였다. 피해자는 일실수입손해, 개호비 등 전보되지 않은 손해액이 남아 있다. 따라서 피해자는 가해자 또는 가해자의 보험회사를 상대로 이에 대한 손해배상청구권을 갖는다. 위 사건에서 대법원은 국민건강보험공단이 피해자에게 보험급여를 한 후 피해자의 가해자 또는 그 보험자에 대한 손해배상채권을 대위하는 경우, 피해자의 과실 등을 고려하여 산정된 손해배상채권의 범위 내에서 보험급여액 전부에 관하여 피해자의 가해자 또는 그 보험자에 대한 손해배상채권을 대위할 수 있고, 여기에서 국민건강보험공단의 보험급여 이후 가해자 또는 그 보험자가 손해배상 명목으로 피해자에게 지급한 돈을 공제할 수는 없다고 판시했다. 즉 국민건강보험공단은 피해자가 가해자에 대해 가지는 손해배상청구권보다 우선하여 권리를 행사할 수 있게 되었다. 피해자는 여전히 일실수입손해, 개호비, 위자료 등에 대해 청구해야 하는데 피해자가 가해자 측 보험자에게 직접청구를 해도 대법원 판결에 따르면 보험자는 이를 거절할 수밖에 없게 되었다. 그 이유는 국민건강보험공단의 보험급여 이후 가해자 측 보험자가 손해배상 명목으로 피해자에게 지급한 돈을 구상권 범위에서 공제할 수 없다고 판시함으로써, 피해자에게 이를 지급했어도 보험자는 그 지급 사실을 가지고 국민건강보험공단에 대항할 수 없기 때문이다. 이러한 결론은 국민건강보험공단의 구상권 행사가 피해자의 손해배상청구권에 우선한다는 입장에 선 것이라 할 수 있다. 위 판례는 국민건강보험공단이 피보험자에 대한 급여를 지급한 후 가해자나 가해자 측 보험자에게 구상하는 경우에 국민건강보험법상의 보험자대위가 피보험자의 손해배상청구권과 비교해 절대적 우위를 인정한 것이다. 근록복지공단의 산업재해보상보험법상 보험자대위의 경우도 마찬가지로 해석된다.

   이 판결에 대해 국민건강보험공단의 구상권이 피보험자에 대한 관계에서 우선권을 가지게 되는 것에 아무런 법적 근거가 없으며 타당하지 않다는 비판이 제기되었다.481) 그 후 대법원은 국민건강보험공단과 근로복지공단의 구상권과 관련하여 각 전원합의체 판결에서 기존의 '과실상계 후 공제' 방식을 폐기하고, '공제 후 과실상계' 방식으로 그 입장을 변경하였다.482) 즉 아래 판결에서 국민건강보험공단의 대위 범위는 가해자의 책임비율에 해당하는 금액으로 제한된다고 해석함으로써 상대설과 유사한 결론에 이른 것이다.

[대법원 2021. 3. 18. 선고 2018다287935 전원합의체 판결]

〈주요 판시내용〉

   국민건강보험공단이 불법행위의 피해자에게 보험급여를 한 다음 국민건강보험법 제58조 제1항에 따라 피해자의 가해자에 대한 기왕치료비 손해배상채권을 대위하는 경우 그 대위의 범위는, 가해자의 손해배상액을 한도로 국민건강보험공단이 부담한 보험급여비용(공단부담금) 전액이 아니라, 그 중 가해자의 책임비율에 해당하는 금액으로 제한되고 나머지 금액(공단부담금 중 피해자의 과실비율에 해당하는 금액)에 대해서는 피해자를 대위할 수 없으며 이는 보험급여 후에도 여전히 손해를 전보받지 못한 피해자를 위해 국민건강보험공단이 최종적으로 부담한다고 보아야 한다. 이와 같이 본다면 국민건강보험법에 따라 보험급여를 받은 피해자가 가해자를 상대로 손해배상청구를 할 경우 그 손해 발생에 피해자의 과실이 경합된 때에는, 기왕치료비와 관련한 피해자의 손해배상채권액은 전체 기왕치료비 손해액에서 먼저 공단부담금을 공제한 다음 과실상계를 하는 '공제 후 과실상계' 방식으로 산정하여야 한다.

   국민건강보험공단의 구상권 행사가 피해자의 손해배상청구권에 우선한다는 해석은 타

---

481) 박성원, "국민건강보험공단의 구상권에 대한 절대적 우위를 인정한 대법원 2019. 4. 23. 선고 2015다 231504 판결에 대한 비판", 보험법연구 제14권 제1호, 2020, 117-119면, 123면.
482) 국민건강보험공단 사건으로 대판 2021. 3. 18, 2018다287935(전원합의체); 근로복지공단 사건으로 대판 2022. 3. 24, 2021다241618(전원합의체).

당하지 않으며, 전원합의체 판결에 의해 '공제 후 과실상계'방식으로 변경하여 피해자의 손해배상청구권이 보호될 수 있도록 한 것은 타당하다.483)

　　이 판결 이후 다른 사건에서 대법원은 국민건강보험공단의 대위 범위는 가해자의 책임비율에 해당하는 금액으로 제한되어야 한다는 위 전원합의체 판결과 동일하게 해석하면서 국민건강보험공단의 보험급여 이후 가해자 또는 그 보험자가 손해배상 명목으로 피해자에게 지급한 돈을 공제할 수는 없지만, 다만 국민건강보험공단이 피해자를 대위하여 얻는 손해배상채권은 피해자의 전체 손해배상채권 중 건강보험 보험급여와 동일한 사유에 의한 손해배상채권, 즉 보험급여와 손해배상이 상호보완적 관계에 있어 보험급여의 실시로 가해자에 대한 손해배상채권이 전보되어 소멸될 수 있는 경우에 한정되므로, 책임보험과 관련하여 그 한도액이 있는 때에는 국민건강보험공단이 가해자의 보험자에게 손해배상채권을 대위 청구한 경우 그 보험자가 피해자에게 책임보험금으로 지급한 돈이 건강보험 보험급여와 상호보완적 관계에 있지 않다면 이는 보험자가 국민건강보험공단에 지급할 책임보험금에서 공제되어야 한다고 판시하였다.484) 피해자가 지급한 비급여치료비는 국민건강보험공단의 보험급여와 상호보완적 관계에 있지 않으므로 국민건강보험공단은 이 부분에 대한 대위권리가 없다고 판단했다. 즉 자동차보험자가 국민건강보험공단의 손해배상채권 대위 이후에 국민건강보험공단의 건강보험 보험급여와 상호보완적 관계에 있는 기왕치료비 상당의 책임보험을 피해자에게 지급하였다고 하더라도 자동차보험자는 이를 이유로 국민건강보험공단이 대위한 손해배상청구를 거부할 수 없지만, 비급여치료비 상당금액은 이와 달리 해석해야 한다고 판단했다. 즉 비급여대상 치료비 상당의 손해배상채권은 건강보험 보험급여와 상호보완적 관계에 있지 않고 동일한 사유에 의한 손해배상채권이라고 볼 수 없으므로 국민건강보험공단이 건강보험 보험급여를 실시했다고 해도 피해자를 대위하여 비급여대상 치료비 상당의 손해배상채권을 얻을 수 없다는 것이다. 피해자가 지급한 비급여치료비는 국민건강보험공단의 보험급여와 상호보완적 관계에 있지 않으므로 국민건강보험공단은 이 부분에 대한 대위권리가 없고, 따라서 자동차보험자가 지급한 비급여치료비는 정당하게 지급한 보험금이므로 책임보험금에서 이를 제외한 금액만을 국민건강보험공단의 대위구상금으로 지급하면 된다고 해석한 것이다.485)

---

483) 양희석, "보험자대위 및 국민건강보험공단의 구상권 인정범위에 대한 판례연구—대법원 2021. 3. 18, 2018다287935 전원합의체 판결—", 보험법연구 제16권 제1호, 2022, 303면-336면.
484) 대판 2024. 7. 11, 2021다305437.
485) 이준교, "2024년 손해보험 분쟁 관련 주요 대법원 판결 및 시사점(下)", 손해보험, 2025년 2월호, 손해보험협회, 33면-34면.

(5) 청구권대위와 손익상계, 과실상계 및 자기부담금 환급의 문제

(가) 손익상계

손익상계란 채무불이행이나 불법행위로 인해 피해자에게 손해가 생기는 경우에 같은 이유로 인해 피해자가 이익을 얻은 것이 있다면 손해배상액을 산정함에 있어서 손해액으로부터 그 이익을 공제하며 이로써 가해자는 공제되는 범위 내에서 면책되는 것을 말한다. 손익상계에서 공제되는 이익의 범위는 채무불이행 또는 불법행위와 상당인과관계에 있는 것으로 제한된다. 그러나 별개의 계약을 원인으로 하는 경우 예를 들어 보험계약상의 보험금은 손익상계의 대상이 되지 않는다. 판례는 보험자로부터 지급받은 보험금은 이미 납입한 보험료에 대한 대가적 성질을 가지는 것으로 가해자가 피해자에게 부담해야 할 배상액을 산정함에 있어서 피해자인 피보험자가 자신의 보험자로부터 지급받은 보험금은 손익상계로서 공제해야 할 이익에 해당되지 않는다고 판시하고 있다.486) 보험금을 손익상계로 공제하게 되면 피해자의 의사에 부합되지 않으며 가해자의 손해배상의무를 감축시키게 되어 타당하지 않기 때문이다. 따라서 피해자인 피보험자는 지급받은 보험금이 있더라도 감액되지 않은 손해배상청구권을 가해자에게 그대로 청구할 수 있게 된다. 다만 보험금 수령으로 손해의 전부를 전보받았다면 청구권대위 제도에 의해 가해자에 대한 손해배상청구권은 보험금을 지급한 보험자가 행사하게 될 것이다.487)

(나) 과실상계와 구상액 산정(피보험자에게 남은 손해가 있는 경우)488)

제3자의 행위로 피보험자에게 손해가 발생한 경우에 피해자인 피보험자에게도 과실이 있다면 가해자의 손해배상액을 산정할 때에 과실상계가 이루어진다. 이때 보험금을 피보험자에게 지급한 보험자가 청구권대위를 행사함에 있어서 이미 보험금을 지급받은 피보험자에게 아직 남은 손해액이 있어서 피보험자도 가해자에게 손해배상청구를 해야 하는 경우가 생길 수 있다. 이는 과실상계가 있는 경우에 구상액 산정의 문제이기도 하다.

① 전통적인 실무상 구상 방식　　먼저 전체 손해액에서 과실상계를 적용하여 가해자인 제3자의 책임배상액을 산출하고, 그 후 피보험자가 자신의 보험자로부터 지급받은 보험금을 공제한 액수가 피보험자의 남은 손해라고 해석하였다. 피보험자는 이 금액을 가해자인 제3자에게 청구할 수 있고, 보험자는 자신의 피보험자에게 지급한 보험금에 해당되는 금액에 대해서 가해자인 제3자에게 청구권대위를 행사할 수 있다고 해석하는 것이 전통적인 구상 방식이었다.489) 가령 피해자(피보험자)에게 1천만원의 손해가 발생했는데

---

486) 대판 1998. 11. 24, 98다25061.
487) 한기정, 549-550면.
488) 박세민, "자기부담금이 약정된 자기차량손해 보험자의 구상권 범위와 상법 제682조 제1항 단서의 해석에 관한 연구", 상사판례연구 제34집 제1권 2021. 237-266면.

제3자의 과실 비율이 70%이고(즉 피해자의 과실비율은 30%), 피해자가 보험자로부터 5백만원을 지급받은 경우를 생각해보자. 제3자는 자신의 책임배상액 7백만원(1천만원 × 0.7)에서 보험금 5백만원을 공제한 2백만원에 대해 피해자에게 손해배상책임이 있다. 이 방식에 의하면 보험자는 자신이 지급한 보험금에 대해서는 가해자를 상대로 대위행사가 가능한 반면에, 피보험자 입장에서는 보험에 가입했음에도 불구하고 자신의 과실비율에 해당되는 손해를 보험자로부터 보상받지 못하게 된다.490) 전체 손해액에 곧바로 과실상계를 적용하다보니 피보험자의 손해의 크기가 줄어들었기 때문이다. 줄어든 손해인 700만원에 대해 손해배상책임이 있는 가해자는 500만원을 보험자에게(보험자가 500만원을 피보험자인 피해자에게 지급했으므로), 200만원을 피해자에게 배상하게 되는 결과가 된다. 즉 전통적인 구상방식에 의하면 보험자대위권의 범위는 제682조에 의하여 피보험자가 제3자에 대하여 가지는 전체 손해배상청구권 중 미보상손해액을 공제한 나머지 부분에 대하여만 행사할 수 있는 것으로 정해지는 것이고, 피보험자의 제3자에 대한 손해배상청구권 중 미보상손해액 범위 내의 권리는 피보험자의 온전한 권리이므로, 피보험자의 행사 또는 처분 여부에 관계없이 보험자는 그 부분에 대하여 보험자대위권을 행사할 수 없다고 해석했다.491)

② 변경된 방식   이러한 전통적인 구상 방식은 2015년 대법원 전원합의체 판결에 의해 다음과 같이 변경되었다.492) 사실관계와 주요 판시내용은 다음과 같다.

[대법원 2015. 1. 22. 선고 2014다46211 전원합의체 판결]

〈사실관계〉

갑은 00시 소재 건물에서 접착테이프를 제조, 가공하는 공장을 운영하였고, 을은 갑의 건물에 인접한 건물을 소유하면서 자동차 부품을 제조하는 공장을 운영하였다. 을의 공장 창고 부근에서 화재가 발생하였고, 갑의 공장에 불이 붙어 건물 일부와 내부에 보관하고 있던 갑 소유의 기계와 재고자산 등이 불에 타는 손해가 발생하였다. 전문기관의 감식결과 을 소유의 창고건물에서 갑의 공장 쪽으로 불이 연소된 것은 추정되지만 정확한 발화지점과 원인을 확정할 수 없었다. 갑은 보험회사로부터 시설에 대한 화재보험금으로 76,572,976원, 기계 부분에 대해 144,459,937원, 재고자산 등 동산 부분에 대해 103,207,865원 등 총 324,240,778원을 지급받았다. 갑은 을에게 민법 제758조에 따라 화재로 인한 총 손해액 707,008,186원 중 지급받은 보험금을 공제한 382,767,408원과 지연이자를 손해배상하라고 주장했다. 이에 대해 을은 화재가 자신의 창고에서 발화했다고 확인되지 않았다고 주장하면서 가사 화재로 인한 손해배상책임이 있다고 해도 중과실에 의한 화재가 아닌 이상, 자신의 손해배상책임은 실화책임에 관한 법률에 따라 감경되어야 한

---

489) 대판 2009. 4. 9, 2008다27721.
490) 한기정, 579면; 박세민, 전게논문, 237면.
491) 대판 2013. 9. 12, 2012다27643; 대판 2012. 8. 30, 2011다100312.
492) 박세민, 전게논문, 237면 이하.

다고 주장하였다.

〈주요 판시내용〉

　손해보험의 보험사고에 관하여 동시에 불법행위나 채무불이행에 기한 손해배상책임을 지는 제3자가 있어 피보험자가 그를 상대로 손해배상청구를 하는 경우에, 피보험자가 손해보험계약에 따라 보험자로부터 수령한 보험금은 보험계약자가 스스로 보험사고의 발생에 대비하여 그때까지 보험자에게 납입한 보험료의 대가적 성질을 지니는 것으로서 제3자의 손해배상책임과는 별개의 것이므로 이를 그의 손해배상책임액에서 공제할 것이 아니다. 따라서 위와 같은 피보험자는 보험자로부터 수령한 보험금으로 전보되지 않고 남은 손해에 관하여 제3자를 상대로 그의 배상책임을 이행할 것을 청구할 수 있는바, 전체 손해액에서 보험금으로 전보되지 않고 남은 손해액이 제3자의 손해배상책임액보다 많을 경우에는 제3자에 대하여 그의 손해배상책임액 전부를 이행할 것을 청구할 수 있고, 위 남은 손해액이 제3자의 손해배상책임액보다 적을 경우에는 그 남은 손해액의 배상을 청구할 수 있다. 후자의 경우에 제3자의 손해배상책임액과 위 남은 손해액의 차액 상당액은 보험자대위에 의하여 보험자가 제3자에게 이를 청구할 수 있다. 갑 회사의 전체 손해액에서 갑 회사가 수령한 손해보험금을 공제한 잔액이 실화책임에 관한 법률 제3조 제2항에 따라 경감된 을 회사의 손해배상책임액보다 많으므로 을 회사는 甲 회사에 손해배상책임액 전액을 지급할 의무가 있다(同旨: 대판 2016. 1. 28, 2015다236431).

　위 사건은 제3자의 손해배상책임액의 산정시 피해자(피보험자)가 보험자로부터 받은 보험금 규모만큼 공제되는지 여부, 보험금으로 전보되지 않은 나머지 손해 중 어느 범위에서 제3자에게 청구할 수 있는가의 문제, 피보험자의 손해배상청구권과 보험자의 대위권 행사의 경합 문제 그리고 보험자 대위권 행사의 범위 등의 논점을 다루고 있다.

　대법원은 손해보험의 보험사고에 관하여 동시에 불법행위나 채무불이행에 기한 손해배상책임을 지는 제3자가 있어 피보험자가 그를 상대로 손해배상청구를 하는 경우에, 피보험자가 손해보험계약에 따라 보험자로부터 수령한 보험금은 보험계약자가 스스로 보험사고의 발생에 대비하여 그때까지 보험자에게 납입한 보험료의 대가적 성질을 지니는 것으로서 제3자의 손해배상책임과는 별개의 것이므로 이를 그의 손해배상책임액에서 공제해서는 안된다고 판시했다.[493] 위에서 언급한 전통적 방식에서는 손해배상액을 산정할 때에 보험금을 공제해야 한다고 해석하였던 것을 전원합의체 판결에 의해 변경한 것이다. 또한 대법원은 피보험자는 보험자로부터 수령한 보험금을 받고도 남은 손해액에 관하여 제3자를 상대로 그의 배상책임을 이행할 것을 청구할 수 있다고 하면서, 다만 이 경우 가해자 측의 책임액은 책임제한사유가 있으면 이를 적용한 금액이어야 한다고 했다. 위 사건의 사실관계에서 가해자는 실화책임에 관한 법률에 따라 책임의 제한이 60%로 판단되었다.

---

493) 同旨: 대판 2021. 6. 30, 2018다288723.

이를 종합하면 보험금 수령 후의 피해자의 남은 손해액과 손해배상에 대한 제3자의 책임액이 동일하지 않고 다를 수 있다는 것을 의미한다. 즉 제3자의 손해배상책임액을 산정할 때에는 보험금을 공제해서는 안되지만, 피보험자(피해자)의 손해를 따질 때에는 수령한 보험금이 공제되며 남은 금액을 제3자에게 청구하고, 공제된 금액 부분은 보험금을 지급한 보험자가 대위행사하게 된다. 피보험자는 제3자를 상대로 전체 손해액에서 수령한 보험금으로 전보되지 않고 남은 손해액이 제3자의 손해배상책임액보다 많을 경우에는 피보험자는 제3자에 대하여 그의 손해배상책임액 전부를 이행할 것을 청구할 수 있으며, 이 경우 보험자는 대위청구할 수 없다. 만약 남은 손해액이 제3자의 손해배상책임액보다 적을 경우에는 그 남은 손해액의 배상을 청구할 수 있다. 후자의 경우에 제3자의 손해배상책임액과 위 남은 손해액의 차액 상당액은 청구권대위에 의하여 보험자가 제3자에게 이를 청구할 수 있다고 판시하고 있다.494) 즉 전원합의체에 의해 변경된 방식에 따르면 피해자의 전체 손해액에서 보험금을 공제한 잔액을 과실상계 등이 반영된 제3자의 책임액과 비교하여 잔액이 많으면 제3자의 책임액 전액이 손해배상범위가 되고, 잔액이 적으면 그 잔액이 손해배상범위가 되며 이때 제3자의 책임액과 잔액과의 차이만큼을 보험자가 대위행사할 수 있는 것이다.495)

변경된 방식에 따르면 전통적인 구상방식을 설명하면서 앞에서 예로 들었던 피해자의 총손해액(1천만원)에서 보험금으로 전보되고 남은 손해가 5백만원이며, 이 금액은 제3자의 손해배상책임액(7백만원)보다 적으므로 피해자는 남은 손해액인 5백만원을 제3자에게 전부 청구할 수 있다. 제3자의 배상책임액이 7백만원인 상황에서 보험금으로 5백만원을 지급한 보험자는 제3자에게 2백만원(제3자의 손해배상책임액과 피해자의 남은 손해액과의 차액)을 대위행사할 수 있을 뿐이다. 즉 전통적인 방식과는 달리 피해자는 보험자로부터의 보험금 5백만원과 제3자로부터 받은 손해배상금 5백만원으로 자신에게 발생한 손해를 전부 보상받을 수 있는 반면에, 보험자는 자신이 지급한 보험금의 전액에 대한 대위권 행사를 할 수 없게 된다.

③ 변경된 방식에 관한 평가   위 두 방식의 차이는 피해자에게 발생한 손해액 전체에서 과실상계 등을 적용하여 산정된 가해자의 배상책임액에서 보험자로부터 지급된 보험금을 공제한 금액을 피해자가 제3자에게 손해배상으로 청구할 수 있는 것인가, 아니면 손해액 전체에서 지급된 보험금으로 전보되지 않은 금액을 제3자의 인정책임액 한도에서 피해자가 청구할 수 있는 것인가이다.496) 이 문제는 결국 손해보험계약을 체결한

---

494) 대판 2015. 1. 22, 2014다46211(전원합의체 판결); 대판 2019. 11. 15, 2019다240629; 대판 2016. 1. 28, 2015다236431; 대판 2019. 11. 14, 2019다216589. 이들 사건들은 모두 일부보험 형식으로 체결된 화재보험에서의 대위에 관한 사건이다.

495) 최근 대판 2021. 1. 14, 2020다261776에서도 동일한 취지의 판결이 선고되었다.

496) 이성남, "자기부담금제도와 관련한 최근 판례의 비판적 검토 및 합리적 제도 개선방안에 대한 연구",

피보험자(피해자)에게 과실이 있는 경우에 피보험자의 과실 부분이 손해보험계약에 의해 보상이 가능한 것인가의 문제이기도 하다. 손해보험의 주된 목적이 피보험자의 손해보상에 있고 피보험자의 초과이득 문제가 발생하지 않는다면, 피보험자의 과실 부분도 손해보험계약의 보상범위에 포함된다고 해석해야 할 것이다.[497] 자동차보험에서의 자기차량손해보험이 그 예가 될 것이다. 이것이 피보험자 측이 보험계약을 체결하면서 가진 합리적 기대이기 때문이다. 변경 전 방식에 따르면 보험자의 대위권은 가해자의 손해배상책임액 범위에서 보호될 수 있는 반면에, 변경 후의 방식에 따르면 보험자의 대위권은 피해자가 제3자에 대해 가지는 (전체 손해액에서 보험금으로 전보되지 않는 금액에 대한) 손해배상청구권보다 후순위 지위에 놓이게 되어 보험자는 그만큼 불리하다고 할 수 있다. 즉 피해자의 손해액 전체에 비해 과실상계나 그 밖의 책임감경 사유가 반영된 제3자의 책임액이 적은 경우에 보험자의 대위권 행사금액은 제한되거나 대위권 행사로 아무 것도 얻지 못하게 될 수도 있게 된다. 반면 피해자는 손해액 전체에 대한 피해 회복이 더 수월해질 수 있게 된다.[498]

(다) 변경된 구상방식과 자기차량손해담보에서 자기부담금 환급 문제

일부보험 형식으로 체결된 화재보험에서의 손해배상청구를 다룬 위 전원합의체 판결이 자동차보험 중 자기부담금이 약정된 자기차량손해의 구상금 사건에서 그대로 원용되고 있다.[499] 자기부담금을 미보전손해로 해석하고 이를 가해자 측에게 청구할 수 있다고 해석하는 것이다. 그런데 이러한 원용의 타당성에 의문이 든다. 자기부담금은 도덕적 해이와 역선택을 방지하고 보험료를 절감하기 위해 피보험자의 손해액 일부를 보험자에게 전가시키지 않고 피보험자 자신이 부담하기로 보험계약 당사자간에 약정한 것이기 때문이다. 보험자는 소손해사고에 대한 손해사정절차를 진행하지 않음으로 인해 비용 절감을 기대할 수 있고, 비용절감은 보험료의 할인으로 이어지게 된다. 자기부담금을 약정한 피보험자는 보험사고로 인해 손해가 생기게 되면 자기가 부담하게 되는 금액이 존재하기 때문에 보험사고 발생을 감소시키려는 노력을 더 하면서 결과적으로 피보험자가 보험사고를 유발하거나 발생된 손해가 확대되는 것을 그대로 내버려둘 가능성을 감소시키는 효과도 있다.[500] 보험회사 입장에서는 자기부담금 상당액의 공제를 통해 그 금액만큼의 지

기업법연구 제34권 제2호, 2020. 6, 173면.

497) 同旨: 한기정, 579-580면.

498) 이성남, 전게 논문, 180면, 184면.

499) 서울중앙지법, 2020. 2. 13, 2019나25676; 서울중앙지법, 2019. 4. 26, 2018나65424; 서울남부지법 2018. 9. 14, 2018가소132538; 서울남부지법 2018. 8. 21, 2018가소181653.

500) 임대순, "자동차보험 자기차량담보의 역선택과 도덕적 해이에 관한 연구", 국민대학교 박사학위논문, 2015, 25-26면; 장경환, "자동차의무책임보험에서의 음주운전사고 등에 대한 구상방식에 의한 자기부담금제 도입에 관하여", 보험법연구 5, 삼지원, 2003, 172면; 황현아, "자차보험 자기부담금 환급의 쟁점", KiRi 보험법리뷰 포커스, 2020. 6. 1, 보험연구원, 7면.

급책임 규모가 줄어드는 이익도 있는 것이다. 결국 자기부담금 제도는 계약 당사자가 각자 일정한 목적을 갖고 의도적으로 약정한 결과로서 계약의 채무적 성질을 가지는 것이라 할 수 있다. 자기부담금은 손해의 일부를 피보험자가 스스로 부담하겠다는 약정이기 때문에 결코 보험자로부터 전보받지 못한 손해(미보상손해)로 간주할 수 없는 것이다. 자기부담금 약정이 있는 자기차량손해담보에서 자기부담금을 제외하고 보험자가 보험금을 지급했다면 보험자로서는 자신에게 지급책임이 있는 보험금 전부를 지급한 것이다. 특히 자기차량손해담보의 보험료는 쌍방과실 사고에서 상대방 과실분은 상대방이 가입한 대물배상보험에서 보험금이 지급되고, 자기차량손해담보에서는 보험자 자신과 계약을 체결한 피보험자의 과실로 인한 손해만을 담보하는 것을 고려하여 산출된 것이다. 자기부담금 상당액을 피보험자가 보험자로부터 보상받지 못한 손해라고 해석하면서 위 전원합의체 판결을 원용하면서 피보험자가 다시 자기부담금 상당액을 상대방 측 보험자인 대물배상보험자로부터 환급받을 수 있는 것이라고 해석하는 것은 타당하지 않다. 이렇게 되면 자기차량손해 보험료는 재산출될 수밖에 없으며 보험료는 필연적으로 인상될 것이다. 피보험자가 부담하기로 한 부담한 자기부담금 상당액을 미보전 손해로 해석할 수 없다. 최근의 하급심과 같이 자기차량손해담보의 피보험자가 자신의 보험자로부터 받지 못한 자기부담금 상당액을 전보받지 못한 손해의 일부로 해석하면서 대물배상 보험자에게 손해배상청구할 수 있도록 판시501)한 것은 자기부담금의 법적 성질을 잘못 이해한 것이라 판단된다.

　　자기부담금과는 성질이 다른 과실상계 또는 책임제한 사유의 쟁점을 다룬 위 전원합의체 판결을 자기부담금제도가 포함된 자기차량손해에서의 청구권대위 사건에 그대로 원용하는 것에 대해서는 비판적 시각에서 보다 깊은 검토가 필요하다. 특히 자기부담금 약정이 있는 자기차량손해 담보는 전부보험인데 반해, 위 전원합의체 판결 및 같은 취지의 후속 대법원 판례는 모두 일부보험 형식의 화재보험이라는 점에서 그 법리가 동일하다고 할 수 없다.

　　㈃ 하나의 사고로 보험목적물이 아닌 재산에까지 손해가 발생한 경우 제3자의 책임액
　　　　산정 기준

　　하나의 사고로 보험목적물과 보험목적물이 아닌 재산에 대하여 한꺼번에 손해가 발생한 경우, 보험목적물이 아닌 재산에 발생한 손해에 대해서는 보험계약으로 인한 법률관계를 전제로 하는 상법 제682조의 보험자대위가 적용될 수 없다.502) 따라서 제3자의 행위로 발생한 사고로 인하여 피보험자에게 보험목적물과 보험목적물이 아닌 재산에 모두 손해가

---

501) 서울중앙지법 2020. 2. 13, 2019나25676; 서울중앙지법 2019. 4. 26, 2018나65424; 서울남부지법 2018. 9. 14, 2018가소132538; 서울남부지법 2018. 8. 21, 2018가소181653.
502) 대판 2019. 11. 14, 2019다216589; 대판 2019. 11. 15, 2019다240629.

발생하여, 피보험자가 보험목적물에 관하여 보험금을 수령한 경우, 피보험자가 제3자에게 해당 사고로 인한 손해배상을 청구할 때에는 보험목적물에 대한 손해와 보험목적물이 아닌 재산에 대한 손해를 나누어 그 손해액을 판단하여야 하고, 보험목적물이 아닌 재산에 대한 손해액을 산정할 때 보험목적물에 관하여 수령한 보험금액을 고려하여서는 아니 된다.

예를 들어 주방기구 매장을 운영하던 甲이 이웃 건물 소유자인 乙의 과실로 화재가 발생하여 매장 내 물건들이 훼손되어 3억 1700여 만원 손해가 생기고 甲이 丙 보험회사와 체결된 화재보험에 따라 매장 내 보험목적물에 대한 손해 1억 8900여 만원을 보상받았지만, 보험 목적물이 아닌 창고 내 물품 1억 2800여 만원에 대한 손해를 보상받지 못했다. 실화책임에 관한 법률에 따라 중과실이 없는 乙의 책임은 20%로 제한되었다. 전체 손해액에서 보험금으로 전보되지 않고 남은 손해액이 乙이 물어야 할 손해배상책임액보다 많은 경우에는 乙에게 손해배상책임액 전부를 이행할 것을 청구할 수 있는데, 乙의 손해배상책임액은 전체 손해액 3억 1700여 만원의 20%가 아니라, 甲이 보험회사로부터 받지 못한 피해액 1억 2800여 만원을 기준으로 20%가 적용되어야 한다는 것이 판례의 입장이다. 즉 제3자의 행위로 발생한 사고로 인해 피보험자에게 보험목적물과 보험목적물이 아닌 재산에 모두 손해가 발생해 피보험자가 보험목적물에 관해 보험금을 수령한 경우 피보험자가 제3자에게 청구할 수 있는 손해배상액의 산정 기준은 전체 손해액이 아니라 피보험자가 보험회사로부터 받지 못한 피해액이 되어야 한다는 것이다.503)

[대법원 2020. 10. 15. 선고 2018다213811 판결]

〈주요 판시내용〉

갑이 을 보험회사와 매장 내 물품을 보험목적물로 하는 보험계약을 체결한 후 병이 소유한 건물의 지붕 보강 공사 중 발생한 화재로 인하여 갑의 매장 내 물품뿐만 아니라 가설창고 내 물품 등이 소훼되는 손해가 발생하였는데, 갑이 을 회사로부터 보험목적물에서 발생한 손해 전액에 대해서 보험금을 지급받은 후 병을 상대로 손해배상을 구한 사안에서, 갑은 보험목적물인 매장 내 물품에서 발생한 손해에 대해서는 보험금을 모두 지급받았으므로, 병에게 더 이상 위 손해의 배상을 청구할 수 없는 반면, 보험목적물이 아닌 재산 등에서 발생한 손해액 중 병의 손해배상책임액만큼 병에게 배상을 청구할 수 있는데도, 보험목적물 여부를 구분하지 않고 갑의 전체 손해액

---

503) 대판 2020. 10. 15, 2018다213811. 건물에 대해 화재보험이 체결되어 있고, 제3자의 불법행위로 건물과 가구가 소실되어 제3자가 건물에 대해 1억원, 가구 2천만원의 손해배상책임을 지는데, 보험자가 건물 손해의 일부인 7천만원을 보험금으로 지급한 경우 피보험자는 제3자에게 건물의 남은 손해액 3천만원을 청구할 수 있고, 보험자는 지급한 7천만원을 제3자에게 대위청구할 수 있다. 만약 피보험자의 전체 손해액 1억 2천만을 기준으로 수령한 보험금 7천만원을 공제한 5천만원을 남은 손해로 보고 피보험자가 제3자에게 건물의 남은 손해와 관련해서 5천만원을 배상청구할 수 있고, 보험자는 5천만원까지만 대위청구할 수 있다고 해석하는 것은 피보험자가 2천만원의 이득을 얻을 수 있게 되므로 이득금지 원칙에 반하여 타당하지 않다. 한기정, 566면.

중 보험금으로 전보되지 않고 남은 손해액이 병의 전체 손해배상책임액보다 많기 때문에 갑이 병에게 전체 손해배상책임액을 청구할 수 있다고 보는 것은 잘못이다.

[대법원 2019. 11. 14. 선고 2019다216589 판결]

〈사실관계〉

갑 보험회사가 을 주식회사와 피보험자를 을 회사로 하여 그 소유의 건물과 동산을 보험목적물로 하는 보험계약을 체결하였고, 위 보험계약은 보험목적물의 보험금액이 사고발생 시의 가액으로 산정한 총보험가액에 미치지 못하는 일부보험에 해당하였는데, 병이 운영하던 정비공장에 화재가 발생하여 을 회사의 건물 등으로 불길이 옮겨 붙는 화재사고가 발생하여 위 보험목적물뿐만 아니라 보험에 가입하지 아니한 별도 가건물 내 보관된 재고자산 등이 소실되는 손해가 발생하였고, 갑 회사가 을 회사에 위 화재로 보험목적물에 발생한 손해에 대하여 보험금을 지급한 후 병과 그 보험자인 정 보험회사를 상대로 구상금 지급을 구했다.

〈주요 판시내용〉

화재로 을 회사가 입은 전체 손해에는 보험목적물에서 발생한 손해와 보험목적물과 무관하게 발생한 손해가 모두 포함되어 있는데, 보험목적물이 아닌 부분과 관련된 손해에 대해서는 갑 회사에 보험금지급의무가 없을 뿐만 아니라 갑 회사가 을 회사에 지급한 보험금에 이 부분 손해액이 포함되어 있지도 않으므로, 갑 회사가 가해자인 병과 그 보험자인 정 회사에 보험자대위를 행사할 수 있는 범위는 보험목적물에 발생한 손해에 한정되고, 위 보험계약은 지급하는 보험금액이 총보험가액보다 적은 일부보험으로서 갑 회사가 보험목적물에 관하여 보험금을 전부 지급하여도 을 회사에 수령한 보험금으로 전보되지 않고 남은 손해가 있으므로, 을 회사는 병과 정 회사에 대하여 보험목적물에 관하여 남은 손해액의 배상을 청구할 수 있고, 갑 회사는 보험목적물에 관한 병과 정 회사의 손해배상책임액과 을 회사의 남은 손해액의 차액 상당액에 대하여 보험자대위권을 행사할 수 있는데도, 이와 달리 갑 회사가 보험자대위를 행사할 수 있는 범위를 보험목적물이 아닌 부분과 관련된 손해액이 포함된 전체 손해액을 기준으로 산정한 원심판단에 법리오해의 잘못이 있다.

부보 목적물과 부보 목적물이 아닌 재산에 대한 손해에서 보험자가 부보 목적물에 대해 보험금을 지급하고 구상권을 행사하는 경우에 보험자의 대위권 행사범위는 보험목적물을 대상으로 산정해야 하므로 부보 목적물에 발생한 손해에 대한 보험금을 전부 지급한 경우에는 보험자는 제682조 제1항 본문에 따라 지급한 보험금의 한도에서 피보험자가 가해자에 대해 가지는 손해배상청구권을 취득한다. 즉 보험자가 행사하는 청구권대위의 범위는 보험목적물에 생긴 손해에 한정되며 미보상손해액 역시 부보 목적물을 대상으로 판단해야 한다.504)

---

504) 대판 2019. 11. 14, 2019다215421; 박성원, 전게논문, 114-115면. 이 논문 118면에서 국민건강보험공단의

(6) 재보험에서의 대위

보험자는 보험사고로 인하여 부담할 책임에 대하여 그 책임의 전부 또는 일부를 다른 보험자에게 인수시키는 재보험계약을 체결할 수 있다(제661조). 재보험에 있어서도 보험자대위가 인정되는데 이 경우 보험자대위에 의한 권리의 귀속문제와 권리의 행사 문제를 분리하는 상관습이 있다. 원칙적으로 원보험자가 원보험계약의 피보험자에게 보험금을 지급하고 제3자에 대한 권리를 대위취득하며 다음으로 재보험자가 원보험자에게 재보험금을 지급하면서 그 지급한 금액의 한도 내에서 원보험자가 제3자에 대하여 가지는 대위권을 다시 대위취득한다. 그런데 재보험자는 원보험자의 보험계약자나 피보험자와 직접적인 법률관계를 가지는 것은 아니므로 재보험자가 스스로 대위권을 행사하는 것은 쉬운 일이 아니다. 따라서 상관습상 제3자에 대한 권리행사를 재보험자의 수탁자의 지위에서 원보험자가 자기명의로 권리를 행사한 뒤 제3자로부터 회수한 금액을 재보험자에게 그 보험금의 비율에 따라 교부하는 방식으로 재보험에서의 대위가 이루어지고 있다.505)

[대법원 2015. 6. 11. 선고 2012다10386 판결]

〈주요 판시내용〉

재보험관계에서 재보험자가 원보험자에게 재보험금을 지급하면 원보험자가 취득한 제3자에 대한 권리는 지급한 재보험금의 한도에서 다시 재보험자에게 이전된다. 그리고 재보험자가 보험자대위에 의하여 취득한 제3자에 대한 권리의 행사는 재보험자가 이를 직접 하지 아니하고 원보험자가 재보험자의 수탁자의 지위에서 자기 명의로 권리를 행사하여 그로써 회수한 금액을 재보험자에게 재보험금의 비율에 따라 교부하는 방식에 의하여 이루어지는 것이 상관습이다. 따라서 재보험자가 원보험자에게 재보험금을 지급함으로써 보험자대위에 의하여 원보험자가 제3자에 대하여 가지는 권리를 취득한 경우에 원보험자가 제3자와 기업개선약정을 체결하여 제3자가 원보험자에게 주식을 발행하여 주고 원보험자의 신주인수대금채무와 제3자의 채무를 같은 금액만큼 소멸시키기로 하는 내용의 상계계약 방식에 의하여 출자전환을 함으로써 재보험자가 취득한 제3자에 대한 채권을 소멸시키고 출자전환주식을 취득하였다면, 이는 원보험자가 재보험자의 수탁자의 지위에서 재보험자가 취득한 제3자에 대한 권리를 행사한 것이라 할 것이므로, 재보험자의 보험자대위에 의한 권리는 원보험자가 제3자에 대한 권리행사의 결과로 취득한 출자전환주식에 대하여도 미친다. 그리고 이러한 법리 및 상관습은 재재보험관계에서도 마찬가지로 적용된다.

구상권에 대해 절대설 입장을 취한 대판 2019. 4. 23, 2015다231504는 이러한 원칙을 어기고 국민건강보험공단의 보상대상이 아닌 일실수입손해와 위자료에 대한 피해자의 손해배상청구권보다 국민건강보험공단이 취득한 치료비채권에 대한 구상권에 우선권을 인정했다고 비판하고 있다.

505) 대판 2015. 6. 11, 2012다10386; 최기원, 339면; 최준선, 232면; 양승규, 257-258면; 임용수, 302면; 정찬형, 704면; 정동윤, 600면; 서돈각/정완용, 422면; 채이식, 156면; 이기수/최병규/김인현, 221면.

Ⅴ. 손해보험계약의 변경과 소멸

　　손해보험계약도 일반적인 보험계약에서와 마찬가지로 당사자가 보험계약을 해지하거나 보험사고가 발생하는 등의 사유에 의해 보험계약이 종료된다. 또한 손해보험의 종류에 따른 특수한 계약 변경 및 소멸사유가 존재한다. 보험가액의 변동에 따른 손해보험계약의 변경에 대해서는 제669조 제1항 및 제3항과 제674조에서 정하고 있음은 이미 설명하였다. 손해보험계약은 피보험이익이 소멸하거나 보험 목적이 양도됨으로 인해 그 내용에 변경이 생긴다.

1. 피보험이익의 소멸

　　손해보험계약에서 피보험이익의 소멸이란 보험계약 체결 당시에 피보험자가 부보한 이익이 완전히 없어지는 것을 말하며, 도난이나 분실 등 피보험자의 점유를 잠시 이탈한 것과 같은 일시적인 피보험이익의 상실은 포함되지 않는다.506) 손해보험계약은 피보험이익의 존재를 필수적인 요소로 하고 있다. 손해보험에서 보험의 목적에 대해 피보험자가 피보험이익을 가지지 못하면 그 보험계약은 효력이 없게 된다. 손해보험에서 계약 체결 당시에 피보험이익이 존재하지 않으면 보험사고는 원천적으로 발생할 수 없게 되며 보험계약은 처음부터 무효라고 해석하는 것이 통설적 견해이다. 다만 보험자, 보험계약자 및 피보험자가 모두 이러한 사실을 알지 못한 경우에는 예외적으로 그 효력이 인정된다(제644조).507)

　　보험계약이 성립한 후 보험기간 중에 보험사고 이외의 원인으로 피보험이익이 소멸되면 그 보험계약은 그때부터 효력을 상실한다. 예를 들어 화재보험의 목적인 건물이 홍수로 유실되거나 자동차보험의 피보험자동차가 폐차됨으로써 책임보험에서 피보험자가 책임을 질 가능성이 없어진 경우 등 피보험이익이 보험사고 이외의 사유로 소멸되면 그 사실이 보험자의 책임이 개시되기 전에 발생한 것인가 또는 그 후에 발생한 것인가를 불문하고 소멸 이후부터 그 보험계약은 효력을 상실한다.

　　보험자의 책임이 개시되기 전에 피보험이익이 소멸한 경우 체결된 보험계약은 무효로 되며 보험계약자와 피보험자가 선의이고 중대한 과실이 없으면 보험자는 수령한 보험료의 전부 또는 일부를 보험계약자에게 반환해야 한다(제648조). 보험자의 책임이 개시된 이후에 피보험이익이 소멸된 경우 보험자는 그때까지의 보험료기간에 대한 보험료를 받을 수

---

506) 최준선, 234면; 정찬형, 705면; 정동윤, 603면; 양승규, 260-261면; 임용수, 303면; 김은경, 385면.
507) 정찬형, 706면.

있고 보험계약자는 미경과보험료기간에 대한 보험료에 대해서는 반환을 청구할 수 있다. 다만 실무에서는 단기요율에 따라 보험료를 정산하고 있다.508)

2. 보험목적의 양도

(1) 의   의

보험목적의 양도란 보험기간 중 피보험자가 보험의 목적을 개별적인 의사표시(계약)에 의해 타인에게 양도하는 것을 말한다. 매매 또는 증여 등 개별적인 의사표시에 의한 양도를 의미하고, 피보험자가 사망하거나 상속, 회사가 합병되는 경우와 같이 보험의 목적과 보험계약상의 권리 및 의무가 포괄적으로 승계되는 것과는 구별된다. 상속이나 합병 등 포괄승계의 경우에는 법률상 당연히 보험계약상의 권리와 의무가 이전하는 것이지만, 보험목적의 양도란 특정승계로서 양도인과 양수인의 합의에 의한 것이다. 따라서 상속이나 합병 등으로 인해 보험목적과 함께 보험계약이 포괄적으로 승계되는 것은 제679조에서 말하는 양도가 아니다. 또한 목적물 자체의 양도라는 면에서 보험사고의 발생으로 피보험자가 가지는 보험금청구권을 타인에게 양도하는 것과도 구별된다. 보험금청구권의 양도는 채권양도의 하나로서 민법의 규정에 의한 양도인 반면에, 보험목적의 양도란 후술하는 바와 같이 양수인이 보험계약상의 권리와 의무를 가지게 되기 때문이다.509) 인보험에서 보험의 목적은 피보험자의 생명이나 신체이므로 소유권 변동을 의미하는 양도의 객체가 될 수 없음은 당연하다.

(2) 권리승계추정제도의 취지

보험의 목적이 피보험자(양도인)에 의해 보험기간 중에 타인에게 양도되면 피보험자로서는 목적물에 대해 가졌던 피보험이익이 소멸되므로 보험계약은 양도시점에서 효력이 상실된 것으로 해석되는 것이 원칙이다.510) 한편 양수인은 보험자와 아무런 계약관계가 없기 때문에 양수인이 보험의 목적을 양수한다고 해도 보험자와의 보험계약 관계가 자동적으로 생길 수는 없고 따라서 보험의 보호를 받지 못하게 된다. 그 보험계약은 양도인인 피보험자가 체결한 것이기 때문이다.

---

508) 정동윤, 603면; 양승규, 261면; 최준선, 234면; 임용수, 303면; 정찬형, 706면.

509) 김성태, 494면; 최기원, 343-344면; 임용수, 304, 307면; 정찬형, 706면, 708면; 정희철, 430-431면; 양승규, 262, 264면; 최준선, 234면; 서돈각/정완용, 425면; 정동윤, 603-604면; 이기수/최병규/김인현, 232면; 한철, "보험목적의 양도", 고시연구 2002. 12, 68면; 보험금청구권의 양도성은 인정될 수 있다. 다만 생명보험의 경우 피보험자의 서면에 의한 동의를 얻어야 한다는 제한이 있다(제731조 제2항).

510) 양승규, 262면. 다만 다른 자동차 운전담보 특별약관의 적용을 받는 자동차보험계약을 체결한 기명피보험자가 피보험자동차를 양도한 후 보험기간 내에 '다른 자동차'를 운전하다가 사고가 발생한 경우, 보험자는 특별약관에 의한 보험금 지급의무를 부담한다. 대판 1998. 12. 23, 98다34904.

그러나 이러한 원칙을 고수하게 되면 보험 목적의 양도로 인해 기존의 보험계약은 효력을 잃게 되고 양도인이 지금까지 납입한 보험료는 쓸모없게 된다. 또한 양수인이 즉시 보험계약을 새로이 체결하지 않는 경우 보험의 목적에 대해 일시적인 보험계약의 공백이 생길 우려가 있다. 이를 고려하여 보험목적의 양도가 있는 경우에 보험계약관계를 소멸시키지 않고 양수인에게 승계(양수)하도록 하자는 해석이 설득력이 있고 당사자의 의사에도 합치된다. 판례도 같은 입장이다.

이에 따라 제679조 제1항은 "피보험자가 보험의 목적을 양도한 때에는 양수인은 보험계약상의 권리와 의무를 승계한 것으로 추정한다"고 정하고 있다. 이는 보험의 목적이 양도된 경우 보험계약상의 권리도 함께 양도된 것으로 당사자의 통상의 의사를 추정하고, 이것을 사회경제적 관점에서 긍정한 것이라 할 수 있다.[511] 다만 양수인이 보험계약상의 권리와 의무를 승계함에 있어서 현행 조항과 같이 승계추정 방식을 채택할 수도 있고 양수인이 당연히 승계하는 것으로 정할 수도 있다.[512] 이는 입법정책의 문제이다.

그런데 제679조는 보험목적의 양도가 있는 경우에 양도인과 양수인 사이에 통상적인 승계의사를 추정한 것에 불과하기 때문에 임의규정이라 할 수 있다. 따라서 당사자간의 계약에 의해 그 적용을 변경하거나 배제할 수 있으며, 이러한 약정은 그 효력이 인정된다. 즉 제663조상의 보험계약자등의 불이익변경금지의 원칙에 위배되거나 약관의 규제에 관한 법률 제6조에서 정한 신의칙에 반한 불공정한 약관으로서 무효라고 해석되지 않는다.[513]

[대법원 1991. 8. 9. 선고 91다1158 판결]

〈사실관계〉

원고가 보험금을 청구하자 피고회사는 "피보험자가 보험기간 중 자동차를 양도한 때에는 보험계약으로 인하여 생긴 보험계약자 및 피보험자의 권리와 의무는 양수인에게 승계되지 아니합니다. 그러나 보험계약으로 인하여 생긴 권리와 의무를 승계한다는 것을 약정하고, 피보험자 또는 양수인이 그 뜻을 회사에 서면으로 통지하여 회사의 승인을 받은 때에는 그때로부터 양수인에 대하여 이 보험계약을 적용합니다"라고 규정된 약관을 이유로 청구를 거절하였다. 이에 원고는 동 약관이 상법 제679조의 적용을 배제하고 있어 상법 제663조에 의해 무효라고 주장하였다.

---

511) 양승규, 262-263면; 정희철, 430면; 서헌제, 164면; 임용수, 304-305면; 정동윤, 603면; 정찬형, 707면; 최준선, 235면.

512) 제679조 제1항의 입법태도를 '추정주의'라 하는데 이를 비판하면서 '당연이전주의' 또는 '승계주의'를 주장하는 견해가 다수 있다. 양승규, 267면; 장경환, "보험목적의 양도(하-1)", 사법행정, 1992. 9, 60-61면; 정호열, "보험목적의 양도", 고시계, 1992. 3, 38면; 이러한 비판을 반영하여 2008년에 만들어진 구 보험법 개정안에서는 제679조 제1항에서 "피보험자가 보험목적을 양도한 경우 양수인은 보험계약상의 권리와 의무를 승계한다"고 정함으로써 '추정주의'를 '당연이전주의 또는 승계주의'로 변경하고자 했다.

513) 대판 1991. 8. 9, 91다1158; 대판 1993. 4. 13, 92다8552; 대판 1993. 6. 29, 93다1480; 최준선, 235면; 임용수, 305면.

〈주요 판시내용〉

상법 제679조의 취지는 보험의 목적이 양도된 경우 양수인의 양도인에 대한 관계에서 보험계약상의 권리도 함께 양도된 것으로 당사자의 통상의 의사를 추정하고, 이것을 사회경제적 관점에서 긍정한 것이고 동조에 위반한 법률행위를 공서양속에 반한 법률행위로서 무효로 보아야 할 것으로는 해석되지 아니하므로 위 규정은 임의규정이라고 할 것이고, 따라서 당사자간의 계약에 의해 위 규정의 적용을 배제할 수 있다고 할 것이다.514)

(3) 권리승계추정의 요건

(가) 유효한 보험관계의 존재

제679조 제1항이 적용되기 위해서는 보험의 목적의 양도 당시 보험자와 양도인 사이에 유효한 보험계약 관계가 존재하고 있어야 한다. 보험계약이 유효한 이상 정지조건이나 해제조건이 붙어 있어도 무방하다. 그러나 보험계약이 체결되었어도 조건이나 기한 등의 제한으로 인해 보험계약의 효력이 발생하지 않고 있는 경우라면 제679조 제1항이 적용되지 않는다. 또한 보험계약이 유효하게 성립되었으나 양도 당시에 보험계약이 이미 해지되었거나 또는 실효 등으로 보험관계가 소멸하였다면 제679조 제1항은 적용되지 않는다. 즉 이 경우 양수인은 보험계약상의 권리와 의무를 승계할 수 없다. 반면 취소, 해제 또는 해지사유가 있더라도 이를 취소(해제, 해지)하지 않았다면 문제되지 않는다. 보험자에게 항변사유가 존재해도 보험계약상의 권리와 의무가 양수인에게 이전되지만, 보험자는 양수인에게 항변사유를 들어 대항할 수 있다.515) 즉 보험자가 보험계약에 대해 취소권이나 해지권을 가지고 있는 경우 보험의 목적이 양도된 후에는 보험자는 양수인에 대하여 취소권이나 해지권을 행사하게 된다.516) 즉 보험관계는 동일성을 유지한 채 양수인에게 승계된다.

(나) 양도의 대상

동산이나 부동산 등 보험의 목적은 특정되고 개별화된 물건이어야 한다. 제679조가 적용되는 전형적인 경우가 보험목적의 특정성과 개별성이 요구되는 개별보험이라 할 수 있다. 특정한 보험의 목적물을 대상으로 하지 않는 재산보험에서는 제679조가 적용되지 않는다. 유체물에 한정되지 않고 유가증권이나 채권, 무체재산권과 같은 무형적 권리도 포함된다.517)

---

514) 다만 이 판결은 1991년 상법개정으로 제726조의4가 신설되기 이전에 발생했던 사안이다. 제726조의4에 따르면 자동차 양도에 따른 자동차보험의 승계는 보험자의 동의가 있어야 한다. 따라서 본 사건에서와 같이 보험자의 승인을 요구하는 약관이 현재 존재한다면 이는 법률에 이미 규정되어 있는 것을 반복하여 약관에서 규정한 것으로 보아야 한다. 한기정, 583면.

515) 정동윤, 604면; 한기정, 584면.

516) 김성태, 493면; 최기원, 341-342면; 최준선, 237면; 임용수, 305-306면; 양승규, 263면; 김은경, 397면.

517) 김성태, 492면; 최기원, 342면.

　　보험목적이 집합된 형식으로 특정되지만 물건별로 개별화되지 않는 보험이 집합보험이다. 가재도구 또는 가게의 상품 전체와 같이 집합체의 형식으로 존재하는 복수의 물건을 일괄적으로 보험의 목적으로 하는 보험계약을 말한다. 다수설에 따르면 집합보험에서 보험목적의 일부만을 양도하는 경우에 제679조가 적용된다고 하면 집합성과 충돌될 수 있기 때문에 보험관계가 이전되지 않는다. 따라서 집합보험의 경우에는 보험목적의 전부를 양도한 경우에 제679조 제1항이 적용된다고 해석해야 한다. 보험료나 면책사유 등 보험계약의 요소에 영향을 미칠 수 있기 때문이다.518)

　　집합된 물건이 하나의 보험목적이 되면서 보험기간 중 집합된 물건이 수시로 교체됨으로 인해 보험목적을 특정지을 수 없고, 보험사고가 발생해야만 비로소 보험목적을 확정지을 수 있는 것을 총괄보험이라고 한다. 총괄보험은 집합보험과 같이 집합된 물건으로서의 개별성은 인정되지만, 보험사고가 발생할 때까지 특정성이 제한되는 특성이 있다. 총괄보험에 제679조가 적용되는가의 문제가 있다. 보험목적의 일부만 양도되는 경우에는 집합보험에서처럼 제679조가 적용되지 않는다고 해석된다. 그런데 총괄보험의 경우에는 보험목적의 전부를 양도하는 경우에도 제679조의 적용은 어렵다고 해석함이 타당하다. 총괄보험에서 보험목적은 보험사고가 발생해야만 확정될 수 있으므로 그 이전에 보험목적의 전부를 양도한다는 개념을 인정하기 어렵기 때문이다.519)

⑷ 보험목적물의 물권적 이전

　　제679조는 유상양도이든 무상양도이든 불문하고 적용되지만, 양도를 위한 단순 채권계약만으로는 부족하고 보험의 목적에 대한 소유권이 양수인에게 이전되어야(물권적 양도) 보험계약관계가 양수인에게 이전된다. 단순한 채권행위만으로는 피보험이익이 양수인에게 이전되지 않기 때문이다. 일반적으로 보험목적에 관한 인도 또는 등기가 있어야 물권적 이전의 효력이 생긴다. 물권적 이전이 있기만 하면 채권자에의 통지 또는 승낙 등 제3자에 대한 대항요건은 갖출 필요가 없다. 등기할 수 있는 선박의 경우 그 소유권의 이전은 당사자 사이의 합의만으로 그 효력이 생기며 등기는 제3자에 대한 대항요건이다(상법 제743조).520) 강제집행의 결과 競落人에게 보험의 목적이 귀속된 경우(낙찰) 또는 양도담보나 영업양도의 경우에 대하여는 보험의 목적의 양도에 준하여 해석함으로 보험계약관계의 이전이 추정된다고 해석된다.521) 앞에서 설명한 상속이나 합병 등 포괄승계 등은 제679조상의 보험목적의 양도가 아니다.

---

518) 양승규, 263면; 최준선, 261면; 한기정, 586면. 이와 달리 집합보험에서 보험목적의 일부의 양도에 대해서도 제679조 제1항이 적용될 수 있다는 견해로, 김성태, 504면.

519) 한기정, 587면.

520) 최준선, 237면; 최기원, 343면.

521) 정희철, 431면; 서돈각/정완용, 425면; 손주찬, 604면; 최기원, 344면; 양승규, 264면; 한기정, 583면.

보험목적에 대한 소유권만이 양도대상으로 보는 것이 다수설인데,522) 임차인이 보험목적인 임차물을 전대(轉貸)하는 것도 제679조 제1항의 양도라고 보는 해석도 있다. 예를 들어 임차인이 피보험자인 보험계약에서 피보험이익이 임차권이라면 제679조에 따라 임차권의 양수인에게 의한 보험관계 승계 추정이 가능하다는 것이다.523) 더 나아가 소유권, 임차권뿐만 아니라 피보험이익에 해당할 수 있는 기타 권리나 이익까지도 양도대상으로 확대해야 한다는 견해도 있다. 그런데 임차권 양도를 위해서는 실질적으로 임대인의 동의가 필요한 경우도 있을 수 있는데, 이는 제679조 조문 내용과 거리가 있다고 보여진다.

(4) 양도의 효과

(가) 피보험자 및 보험계약자 지위이전

보험의 목적을 피보험자가 양도한 때에는 양수인은 보험계약상의 권리와 의무를 승계한 것으로 추정한다(제679조 제1항). 즉 반증이 없는 한 양수인이 피보험자의 지위를 가지며 따라서 양수인이 보험금청구권을 가진다는 의미이다. 보험목적의 양도가 있게 되면 피보험자의 지위는 양수인이 승계한다. 따라서 양수인은 피보험자로서의 권리와 의무도 승계받는다(통설).

보험계약자 지위 승계에 대해서는 자기를 위한 보험계약과 타인을 위한 보험계약을 나누어 보아야 한다. 자기를 위한 보험에서 통설은 보험계약자 지위가 양수인에게 이전되는 것으로 해석한다. 만약 피보험자의 지위만 이전되고 보험계약자의 지위가 이전되지 않는다고 한다면,524) 보험계약자인 양도인은 양도를 하고서도 보험료지급의무 등 각종 의무를 부담해야 한다는 불합리한 결과가 초래된다. 또한 양도 후 보험계약자인 양도인이 고의 또는 중과실로 보험사고를 야기한 경우 양수인이 보험보호를 받지 못하게 되는 불측의 손해를 입을 우려가 있으므로 보험계약자의 지위도 승계되는 것으로 해석해야 한다. 이러한 해석이 '보험계약상의 권리와 의무'를 승계하는 것으로 추정한다는 규정과도 일치된다.

타인을 위한 보험에서는 보험계약자 지위이전을 부정하는 견해(다수설)525)와 긍정하는 견해526)로 나뉜다. 생각건대 타인을 위한 보험의 경우에는 양도인, 양수인 및 보험계약자의 통상적인 의사를 고려할 때 보험계약자 지위의 이전은 부정하는 것이 타당하다. 예를 들어 건물을 임차한 자가 건물주를 위해 화재보험에 가입한 경우(타인을 위한 보험계

---

522) 임용수, 307면; 김성태, 492면.
523) 양승규, 264면; 한기정, 587면.
524) 강위두/임재호, 629면; 정희철, 431면. 보험계약자 지위 이전을 부정하면 승계의 결과 자기를 위한 보험이 타인을 위한 보험이 된다.
525) 김성태, 495면-496면; 양승규, 265면; 정동윤, 605면; 정찬형, 708면.
526) 임용수, 308면; 장덕조, 279면. 이에 따르면 타인을 위한 보험이 보험목적의 양도 후에 자기를 위한 보험이 된다.

약)에 건물이 양도가 되면 보험계약자 지위는 이전되지 않는다고 해석하는 것이 합리적이다.527)

(나) 이전의 추정

이러한 보험계약상의 권리와 의무는 양수인에게 승계된 것으로 추정되는데 그친다. 입증을 통해 추정을 번복하면 승계의 효과가 발생하지 않는다. 이 추정은 법률상 추정이므로 적극적 반대사실의 증명이 있어야만 추정사실을 번복할 수 있다. 화재보험에서 보험의 목적인 건물을 양도하면서 보험계약의 이전은 하지 않는 것으로 합의한 경우와 같이 보험목적의 양도에도 불구하고 보험계약상의 권리 등의 양도의 의사가 없었음이 증명되면 보험계약상의 권리와 의무는 양수인에게 이전되지 않는다. 이러한 경우 피보험자(양도인)가 보험의 목적에 대해 가지고 있었던 피보험이익이 소멸한 것이므로 기존의 보험계약은 그 효력을 잃게 될 것이다(다수설).528) 판례는 보험목적의 양수인이 종전 보험을 승계할 이익이 거의 없어서 피보험이익이 같은 보험계약을 새로이 체결한 경우에 기존 보험의 승계 추정이 번복되는 것으로 해석하고 있다.

그런데 추정이 번복되는 경우 양수인에게 불리할 수도 있고, 보험자 입장에서도 보험목적이 양도되었는데 누가 피보험이익을 갖는 피보험자인지에 대해 분쟁이 발생할 수도 있어서 '추정주의' 보다는 '승계의제'를 도입해야 한다는 견해가 있다.529)

[대법원 1996. 5. 28. 선고 96다6998 판결]

〈사실관계〉

원고는 피고 보험회사와 소외인으로부터 양수한 공장내부시설에 대하여 화재보험계약(2차 보험)을 체결하였다. 그런데 계약 당시 원고 소유의 공장내부시설에는 이미 양도 전에 화재보험계약(1차 보험)이 체결되어 있었'다. 보험사고가 발생하여 원고가 보험금을 청구하자 피고회사는 원고가 보험목적인 공장내부시설을 양도받으면서 기존의 화재보험계약을 승계하였으므로 원고의 보험계약은 중복보험에 해당하여 보험금을 지급할 수 없다고 하였다. 그런데 이미 체결된 화재보험계약은 원고에게 공장시설을 양도한 소외인(전 소유자)의 채권자인 소외 은행이 소외인에 대한 채권을 담보하기 위해 체결한 보험으로, 보험금에 대해서는 소외 은행이 질권을 설정해 둔 상태였다. 그리고 원고가 피고회사와 계약을 체결할 당시 소외인은 소외 은행에 대한 채무불이행상태에 있었다.

---

527) 同旨: 한기정, 589면-590면.
528) 정찬형, 709면; 양승규, 267면; 강위두/임재호, 618면; 임용수, 309면; 최준선, 238면; 정동윤, 605면; 정희철, 431면. 반면에 채이식, 159면에서는, 보험의 목적을 양도하는데 만일 보험자가 반증을 들어 책임을 면할 수 있다고 한다면 양수인을 보호하려는 목적으로 도입된 제679조가 유명무실해질 우려가 있으므로, 동 규정의 입법 취지를 살려서 반대의 특약이 없는 한 보험계약상의 지위도 동시에 양도한 것으로 '의제' 되는 것으로 해석함이 타당하다고 한다.
529) 최기원, 347면-348면; 김성태, 497면(승계의제 외에 양수인에게 보험계약 해지권을 부여해야 한다고 한다).

〈주요 판시내용〉

상법 제679조의 추정은 보험목적의 양수인에게 보험승계가 없다는 것이 증명된 경우에는 번복된다고 할 것인데, 보험목적의 양수인이 그 보험목적에 대한 1차 보험계약과 피보험이익이 동일한 보험계약을 체결한 사안에서, 제1차 보험계약에 따른 보험금청구권에 질권이 설정되어 있어 보험사고가 발생할 경우에도 보험금이 그 질권자에게 귀속될 가능성이 많아 1차 보험을 승계할 이익이 거의 없고, 또한 그 양수인이 그 보험목적에 관하여 손해의 전부를 지급받을 수 있는 필요 충분한 보험계약을 나중에 체결한 경우, 양수인에게는 양도전의 1차 보험에 대한 승계의 의사가 없었다고 봄이 상당하고, 따라서 1차 보험은 양수인에게 승계되지 아니하였으므로 양수인이 체결한 보험이 중복보험에 해당하지 않는다. 1차 보험의 승계 추정은 번복되며 2차 보험이 중복보험이라는 피고 보험회사의 주장은 타당하지 않다.

(다) 보험자에 대한 통지—대항요건 문제

피보험자가 보험의 목적을 양도한 때에 양도인 또는 양수인은 보험자에 대하여 지체 없이 그 사실을 통지하여야 한다(제679조 제2항). 피보험자의 교체는 권리와 의무의 주체가 변경되는 것이므로 보험자에게는 보험계약의 유지 여부 등을 결정하기 위한 중요한 고려 사항이기 때문이다. 통지의무자는 양도인 또는 양수인으로서 그 중 1인이 이행하면 되고 통지를 할 때에 양수인이 누구인지 명시해야 한다.530) 통지의 방법에 대해서는 규정이 없으나 화재보험표준약관에서는 보험계약자 또는 피보험자로 하여금 지체없이 서면으로 보험자에게 알리고 보험증권에 확인을 받도록 규정하고 있다.531) 그런데 해상적하보험과 같이 보험의 목적이 선하증권의 양도로 이전되는 것이 전제되어 지시식 보험증권이 발생된 경우에는 보험자에 대한 통지는 필요없고 보험증권에 배서로 충분하다고 할 수 있다.532)

제679조에 따라 보험금청구권이 양수인에게 이전되는 경우에 양수인이 보험자 기타 제3자에게 이를 주장하기 위하여 민법상의 채권양도의 대항요건이 필요한가의 문제가 있다. 또한 보험계약에 무효나 취소 등의 사유가 있을 때 보험자는 이러한 항변사유를 양수인에게도 주장할 수 있는데, 승계 후에 양도인에게 발생한 항변사유를 갖고 보험자가 양수인에게도 이를 주장할 수 있는가의 문제 역시 대항요건과 관련된다. 이에 대해서는 학설이 나뉘고 있다.

① 대항요건필요설　　　제679조 제1항의 양도에 대항요건이 필요하며 제2항의 통지의무가 바로 대항요건이라고 해석한다.533)

② 대항요건불필요설　　　제679조 제2항의 통지의무와 대항요건은 별개의 것으로서

---

530) 최기원, 350면
531) 화재보험표준약관 제16조 제1항 제2호.
532) 양승규, 266면; 장덕조, 279면.
533) 정희철, 431면.

대항요건을 갖추지 않더라도 제679조 제1항에 의해 권리의 이전 효과는 발생한다는 것이다(통설). 즉 통지가 없어도(대항요건을 갖추지 않더라도) 보험목적의 양도 로 인한 보험금청구권의 양도는 양도인과 양수인뿐만 아니라 보험자 기타 제3자에 대해서도 그 효력이 미친다고 해석한다. 보험금청구권의 양도는 대항요건주의를 취한 민법 제449조의 채권양도와는 다른 것이다.534)

　　③ 검　　　토　　　제679조 제2항은 민법 제450조와 여러 면에서 차이가 있다. 첫째, 제679조 제2항에서의 통지의무자는 양도인 또는 양수인인데 비해, 민법 제450조 제1항의 지명채권 양도의 통지는 양도인으로 한정된 점, 둘째, 민법 제450조 제2항에서의 지명채권 양도의 통지와 달리 제679조 제2항에서는 확정일자 있는 증서를 요하지 않는 점, 셋째, 민법 제450조 제1항과는 달리 제679조 제2항은 '즉시' 통지할 것을 요구하고 있는 점, 넷째, 제679조 제2항에서는 대항요건으로서의 승낙이 요구되지 않는 점, 다섯째, 제679조 제2항에는 위반 효과가 규정되지 않은 점 등에서 차이가 있다.535)

　　생각건대 대항요건은 필요하지 않다고 해석해야 한다. 대항요건이 필요하다고 해석하게 되면 제679조 제1항의 "… 권리와 의무를 승계한 것으로 추정한다"는 내용이 무의미하게 된다. 권리 및 의무의 승계에 보험자의 승낙을 요구하지도 않고 있다. 또한 '대항하지 못한다'고 규정하지 않고, 단순히 '통지하여야 한다'고 규정한 것을 볼 때 대항요건불필요설이 타당하다고 여겨진다.536) 제679조 제2항이 규정하고 있는 통지는 대항요건과는 관련이 없다고 해석된다. 이러한 취지에서 양수인은 양도사실을 보험자에게 통지하지 않았더라도 보험약관에 달리 정함이 없는 한 보험목적의 양수 사실을 입증하여 피보험자의 지위에서 보험금을 청구할 수 있다고 해석함이 타당할 것이다.537)

　　④ 보험자 및 제3자 보호의 문제　　　대항요건 불필요설을 따를 때 보험금청구권의 양도사실을 알지 못하고 양수인이 아닌 양도인에게 보험금을 지급한 보험자를 어떻게 보호할 것인가의 문제가 있다. 즉 보험자의 이중지급위험의 문제이다. 민법 제451조에 따르면 채권양도에서 채무자는 대항요건이 갖추어지기 전에 양도인에 대해 가지는 변제 등의 항변사유를 양수인에게 주장할 수 있게 된다. 이로써 보험자의 이중지급 위험의 문제는 해결될 수 있는 것으로 보인다. 그러나 제679조는 대항요건이 전제되지 않는 반면에 민법 제451조는 대항요건주의을 전제로 하고 있어 법리 적용의 일관성에 문제가 있다.538) 다수

---

534) 정동윤, 606면; 강위두/임재호, 619면; 최준선, 239면; 임용수, 310면; 양승규, 267-268면; 손주찬, 606-607면; 김은경, 399면; 한기정, 591면.

535) 정찬형, 709면; 장덕조, 280면; 한기정, 594면.

536) 김성태, 501면.

537) 양승규, 268면; 최준선, 155면, 239면; 김성태, 500면; 이기수/최병규/김인현, 235면; 임용수, 310면; 장덕조, 280면; 한철, "보험목적의 양도", 고시연구, 2002. 12, 70면; 정찬형, 710면.

538) 한기정, 592면.

설은 민법 제470조 채권의 준점유자에 대한 변제규정에 의해 보호될 수 있다고 해석한
다.539) 즉 채무자인 보험자가 선의이며 무과실로 양도인에게 보험금을 지급하게 되면 채
권의 준점유자에 대한 변제로서 유효하며 따라서 보험자는 보호받을 수 있다고 해석한다.
그로 인해 보험자가 손해를 입은 때에는 이를 배상해야 한다고 해석함이 다수의 견해이
다.540) 그러나 보험자가 무과실에 의한 변제여야 하는데, 양도사실을 알지 못한 보험자
에게 무과실 요건을 요구하는 것은 매우 엄격하다는 비판이 가능하다. 보험목적의 양도의
경우 선의의 보험자가(무과실 요건은 묻지 않고) 양도인에게 보험금을 지급했다면 이러한
항변사실을 양수인에게 주장할 수 있다고 해석함이 타당하다. 민법 제451조에서도 채무자
(보험자)의 선의만 요구하며 무과실을 요구하지는 않는다.541)

　　한편 양도사실을 알지 못하는 제3자가 보험금청구권에 대해 질권 등의 권리를 취
득한 경우 양수인이 이미 취득한 보험금청구권 사이에 우열의 문제를 어떻게 해석할 것
인가의 문제가 남는다. 대항요건주의에선 먼저 대항요건을 갖춘 자의 권리가 우선한다.
그러나 제679조와 같이 대항요건주의를 취하지 않는 경우에는 먼저 권리를 취득한 자
의 권리가 우선한다. 지명채권에 대해 선의취득이 인정되지 못하기 때문에 질권이 설정
되기 이전에 보험목적이 양도됨으로써 보험금청구권이 양도되어 이미 양수인이 보험금
청구권을 가지게 되므로 제3자는 양수인에게 질권 등의 자신의 권리를 주장할 수 없다.
즉 양수인의 권리가 우선하게 된다.542)

㈜ 통지의무위반에 대한 효과

　　제679조 제2항은 양도인 또는 양수인에게 양도사실에 대한 통지의무를 부과하면서
그 위반에 대해서는 아무런 규정을 두고 있지 않다. 입법의 불비라 할 수 있다. 통지의무
위반의 문제는 보험목적의 양도로 인해 위험이 현저하게 변경되거나 증가되었는가의 해석
과 관계있다. 통지의 취지는 피보험자 교체가 보험계약 효력에 영향을 미칠 수 있으므로
일종의 위험변경·증가에 대한 통지로 해석할 수 있다. 만약 위험의 현저한 변경이나 증
가가 인정이 된다면 이는 제652조의 문제가 되어 보험계약자 또는 피보험자에게 위험변경
증가에 대한 통지의무가 요구된다(제652조 제1항 제1문). 보험자는 통지를 받은 날로부터 1
월 내에 계약을 해지하거나 보험료의 증액을 청구할 수 있고(제652조 제2항), 보험계약자
등이 통지의무를 해태하면 보험자는 그 사실을 안 날로부터 1월 내에 계약을 해지할 수
있다(제652조 제1항 제2문). 보험목적 양도의 통지의무 위반효과에 대한 규정이 없는 상황

---

539) 정동윤, 606면; 강위두/임재호, 619면; 최준선, 239면; 임용수, 310면; 양승규, 267-268면; 손주찬,
　　606-607면; 김은경, 399면.
540) 서돈각/정완용, 427면; 강위두/임재호, 619면; 최준선, 240면; 양승규, 268면; 정찬형, 710-711면; 정동
　　윤, 606면.
541) 同旨: 한기정, 593면.
542) 同旨: 한기정, 593면.

에서 제652조의 적용은 가능하다고 본다. 제679조 제2항이 대항요건과 무관한 통지의무를 규정하면서 위반효과에 대해 아무런 내용을 정하지 않은 상황에서, 그 위반효과 문제를 제652조와 연계시키는 것은 피보험자의 교체가 보험계약의 효력에 영향을 미칠 수 있음을 고려할 때 설득력이 있다고 여겨진다. 만약 보험목적의 양도로 인해 위험의 현저한 변경이나 증가를 인정할 수 없는 경우에는, 제652조는 적용할 수 없으며 양수인은 통지를 하지 않았음에도 불구하고 양수 사실을 증명하여 보험금을 청구할 수 있다고 해석된다실무상 약관에서는 보험의 목적이 양도된 경우 보험계약자나 피보험자는 지체없이 서면으로 보험자에게 통지하고 보험증권에 확인을 받도록 하고 있으며, 위험이 증가된 경우에는 보험자는 통지를 받은 날부터 1개월 이내에 보험료의 증액을 청구하거나 보험계약을 해지할 수 있는 것으로 규정하고 있다.543)

보험목적의 양도결과 보험계약자나 피보험자의 변경으로 위험이 현저하게 변경 또는 증가된 것을 주관적인 위험의 변경 또는 증가로 보아 이를 제653조의 문제로 해석하는 견해가 있다.544) 그러나 피보험자가 보험의 목적을 양도한 것 자체가 제653조가 규정하고 있는 보험계약자나 피보험자의 고의 또는 중대한 과실로 인해 위험이 현저하게 변경 또는 증가된 것으로 보기는 어렵다. 비록 양도 사실이 피보험자에 의해 이루어진 것이라 하더라도 위험의 현저한 변경 또는 증가의 문제는 양도의 결과로서 파악해야 할 것이다. 물론 고의로 위험을 현저하게 변경 또는 증가시키기 위해 보험목적을 양도한 경우라면 제653조가 고려될 수 있을 것이지만 이러한 예외적인 경우를 제외하고는 일반적으로는 제652조의 문제로 보아야 할 것이다.545) 특히 제653조는 보험계약자나 피보험자의 고의 또는 중과실로 인해 위험이 변경되거나 증가된 경우를 대상으로 하면서 귀책사유가 있는 자에게 통지의무를 부과하는 것은 그 충실한 의무 이행을 기대하기 어렵다는 점에서 제653조에는 통지의무가 규정되어 있지도 않다. 판례는 보험목적의 양도로 위험이 현저하게 변경 또는 증가되었는가를 따져 그 유무에 따라 보험자에게 해지권을 인정할 수 있다고 판시하고 있다.546) 판례 역시 위험의 현저한 변경 또는 증가를 양도 후의 결과로서 파악하는 것으로 보인다.

---

543) 화재보험표준약관 제16조 제1항 제2호, 제2항.
544) 김은경, 401면; 정동윤, 607면; 양승규, 268면; 정찬형, 712면; 이기수/최병규/김인현, 237면에서도 보험목적의 양도로 보험사고 발생의 가능성이 현저하게 변경하거나 증가한 때에는 이를 피보험자의 고의로 인한 것으로 본다고 해석하고 있다.
545) 김성태, 503면; 최준선, 240면.
546) 대판 1996. 7. 26, 95다52505.

[대법원 1996. 7. 26. 선고 95다52505 판결]

〈사실관계〉

보험목적물에 대해서 피고 보험회사와 보험계약(1차 보험)을 체결한 소외 양도인이 보험목적물을 양도하고 양수인은 원고 보험회사와 보험계약(2차 보험)을 체결하였다. 보험가액은 3억 2천만원으로 평가되었는데 1차 보험에서 보험금액을 2억 9천만원, 2차 보험에서 3억 5천만원으로 하여 각각 체결하였다. 보험사고가 발생하여 2억 8천만원의 손해가 생겼고 원고는 보험금을 양수인에게 지급하였다. 사고가 발생한 다음날 피고 보험회사는 보험목적이 양도된 사실을 알게 되었고 보험목적의 양도로 인해 위험의 현저한 변경·증가가 있으면 해지할 수 있다는 약관조항에 의거하여 보험계약을 해지하였다. 원고는 자신의 보험과 피고의 보험이 보험가액을 초과하는 중복보험관계에 있음을 이유로 피고에게 중복보험자로서의 부담부분에 대한 보험금을 청구하였다. 그러자 피고는 양도인이 목적물을 양도하고도 약관에 규정된 통지의무를 이행하지 않았으므로 보험계약을 해지했다고 항변하였다.

〈주요 판시내용〉

화재보험의 목적물이 양도된 경우 그 양도로 인하여 현저한 위험의 변경 또는 증가가 있고 동시에 보험계약자 또는 피보험자가 양도의 통지를 하지 않는 경우에는 보험자는 통지의무 위반을 이유로 당해 보험계약을 해지할 수 있으나, 보험목적의 양도로 인하여 현저한 위험의 변경 또는 증가가 없는 경우에는 양도의 통지를 하지 않더라도 통지의무 위반을 이유로 당해 보험계약을 해지할 수 없다고 봄이 상당하다 할 것이다. 화재보험의 목적물의 양도로 인하여 이러한 정도의 위험의 변경 또는 증가가 있었는지 여부는 보험목적물의 사용·수익방법의 변경 등 기록에 나타난 양도 전후의 구체적인 여러 사정을 종합하여 인정·판단하여야 할 것이지(이에 관한 입증책임은 그 존재사실을 들어 보험계약의 해지를 주장하는 자가 부담한다 할 것이다), 화재보험의 목적물의 양도로 인하여 소유자가 바뀌었다고 하여 당연히 위험의 현저한 변경 또는 증가가 있었다고 볼 수는 없다 할 것이다. 이 사건에서 양수인은 양도인으로부터 위 기계기구 등을 양수한 후 상호만을 변경하였을 뿐 그 영위직종과 영위작업, 공장건물구조 및 작업공정이 양도 전후에 따라 동일한 사실을 엿볼 수 있고, 달리 위 기계기구 등 보험목적물의 양도로 인하여 위험의 현저한 증가 또는 변경이 있었다고 볼 만한 사정을 찾아보기 어렵다. 사정이 이와 같다면 피고로서는 보험계약자가 이 사건 화재보험의 목적물의 양도사실의 통지를 하지 않았다고 하더라도 이와 같은 통지의무 위반을 이유로 보험계약을 해지할 수는 없다고 할 것이다. 따라서 두 보험계약은 보험금액의 합계(6억 4천만원)가 보험가액(3억 2천만원)을 초과하는 중복보험이 되며 따라서 피고 보험회사는 원고 보험회사가 지급한 2억 8천만원 중 자신의 분담비율(2억 9천만원/6억 4천만원) 부분을 지급할 책임이 있다.

통지의무위반의 효과에 관한 내용을 입법적으로 마련할 것이 요구된다. 위반 효과에 대한 명문의 규정이 없는 현 상황에서는 약관과 판례의 취지를 종합적으로 고려하여 보험목적의 양도 결과 위험의 현저한 변경이나 증가가 있는가의 여부에 따라 보험자에게 해지권 또는 보험료 증액 청구권을 인정함이 합리적이라 여겨진다.547) 보험목적의 양도 후 양수인도 일정한 기간 내에 보험계약을 해지할 수 있는 것으로 정하는 것을 고려할 수도 있다. 그 근거로는 보험계약자는 보험사고 발생 이전에는 언제든지 계약의 전부 또는 일부를 해지할 수 있다는 제649조를 들 수 있다.

(5) 보험계약 종류에 따른 특칙

(가) 자동차보험

제679조에 대한 특칙으로서 제726조의4는 자동차보험의 경우에 피보험자가 보험기간 중에 자동차를 양도한 때에는 양수인은 보험자의 승낙을 얻은 경우에 한하여 보험계약으로 인하여 생긴 권리와 의무를 승계한다고 정하고 있다.548) 자동차보험에서 피보험자 지위의 변경은 보험사고 발생에 커다란 영향을 끼칠 수 있기 때문에 보험자의 승낙을 요구한 것이다. 자동차보험표준약관에서는 제726조의4보다 그 요건을 보다 구체화하고 있는데, 판례는 그러한 약관의 유효성을 인정하고 있다. 자동차보험의 경우 양수인이 양수사실을 보험자에게 통지했는데 보험자가 통지받은 날로부터 10일이 경과되도록 낙부통지를 하지 않으면 승낙이 의제되며 그 이후의 보험사고에 대해서는 보험자의 보상책임이 인정된다.549) 이러한 약관규정에 위반한 자동차의 양도는 보험계약상의 권리와 의무가 양수인에게 승계되지 않으므로 보험자는 보험금지급의무를 면한다.550)

---

547) 2008년도 구 보험법개정안에서는 "양도인 또는 양수인이 양도의 통지를 하지 아니한 상태에서 양도일부터 1개월을 지나 보험사고가 발생하고, 보험자가 제1항의 승계를 하지 않으리라는 사정이 인정되는 경우 보험자는 보험금을 지급할 책임을 면한다"고 정한 바 있다. 이에 대해 양도인 등의 통지의무 위반이 있음에도 불구하고 양도 후 1개월이 지나 발생한 보험사고에 한하여 보험자가 면책되도록 하는 것(즉 양도 후 1개월 동안 양수인을 보호하는 것)은 지나치게 양수인을 보호하는 것이라는 비판이 있다. 즉 이에 따르면 보험목적이 양도되어 보험사고의 위험이 높아졌고 양도인 등이 통지의무를 위반하여 보험자가 보험목적의 양도 사실을 알지 못하여 계약을 해지하지도 못했는데 양도일로부터 1개월 이내에 발생한 보험사고에 대해서 보험자로 하여금 책임을 지도록 하는 것은 타당하지 않다고 한다. 또한 2008년도 개정안에서는 보험목적 양도시 보험자가 보험계약의 해지통지를 하더라도 즉시 해지되는 것이 아니고 보험계약자가 해지 통지를 받은 후 15일이 지나야 해지의 효력이 생기는 것으로 하였는데 해지 통지 후 15일의 해지예고기간의 이익을 제공하는 것은 지나치게 양수인을 보호하는 것이라는 비판도 있었다. 한창희, "상법개정안 손해보험에 관한 검토", 보험법연구 제1권 제2호, 한국보험법학회, 119-120면; 강민규/이기형, "보험계약법 개정안의 주요 내용과 특징", KiRi Weekly, 2003. 2. 25, 보험연구원, 5면.

548) 자동차 양도의 경우 보험사고가 발생한 경우 그 책임의 소재에 대해 많은 논점이 있다. 이에 대해서는 자동차보험에서 다룬다.

549) 자동차보험표준약관 제48조 제1항에서 "보험계약자 또는 기명피보험자가 보험기간 중에 피보험자동차를 양도한 경우에는 이 보험계약으로 인하여 생긴 보험계약자 및 피보험자의 권리와 의무는 피보험자동차의 양수인에게 승계되지 않습니다. 그러나 보험계약자가 이 권리와 의무를 양수인에게 이전하고자 한다는 뜻을 서면 등으로 보험회사에 통지하여 보험회사가 승인한 경우에는 그 승인한 때부터 양수인에 대하여 이 보험계약을 적용합니다"라고 정하고 있다.

550) 대판 1996. 5. 31, 96다10454; 정찬형, 711면.

[대법원 1996. 5. 31. 선고 96다10454 판결]

〈주요 판시내용〉

피보험자가 보험기간 중 자동차를 양도한 때에는 보험계약으로 인하여 생긴 보험계약자 및 피보험자의 권리와 의무는 양수인에게 승계되지 아니하나 보험계약으로 인하여 생긴 권리와 의무를 승계한다는 것을 약정하고 피보험자 또는 양수인이 그 뜻을 회사에 서면으로 통지하여 회사의 승인을 받은 때에는 그때로부터 양수인에 대하여 보험계약을 적용한다고 규정한 (구) 자동차종합보험보통약관 제42조가 제663조의 보험계약자 등의 불이익변경금지조항에 위배된다거나 약관의규제에관한법률 제6조에 정한 신의칙에 반한 불공정한 약관조항 또는 같은 법 제12조 제2호에 정한 고객의 의사표시의 형식이나 요건에 대하여 부당하게 엄격한 제한을 가하는 조항으로서 무효라고 할 수는 없다. 지입차주가 차량을 회사에 지입하여 그 회사를 기명피보험자로 하여 보험회사와 사이에 보험계약을 체결하였다가 다시 지입회사를 교체하면서 그 교체된 지입회사로 차량소유권이전등록을 마쳤다면, 설령 지입차주가 이전등록 이후에도 여전히 지입차주로서 그 차량을 실질적으로 운행관리하여 오다가 사고를 일으켰다고 하더라도, 기명피보험자인 교체 전 지입회사로서는 그 차량에 대한 운행이익이나 운행지배권을 이미 상실하고 교체된 지입회사가 새로이 운행지배를 취득하므로 이는 피보험자가 실질적으로 교체되어 예측위험률의 변화 등 보험계약의 기초에 변경을 초래할 가능성이 있는 경우라 할 것이므로, 차량의 양도에 따른 (구) 자동차종합보험보통약관 제42조 제1항 단서 소정의 보험승계절차가 이루어지지 않았다면 보험자는 차량의 양도 후에 발생한 사고에 대하여 면책된다.

통설은 자동차 양도에 대해 제726조의4를 제679조의 특칙으로 보면서 자동차양도에 대해서는 제679조가 적용되지 않는다고 본다. 그런데 이러한 통설에 대해 양도인 또는 양수인이 승계의 의사가 없음을 입증한 경우에는 승계되지 않으므로 제726조의4에도 불구하고 승계추정에 관한 제679조가 적용될 가능성도 있다는 해석도 있다.551) 그런데 양수인이 승계의 의사가 없는데 양도사실을 (양도인의) 보험자에게 통지하고 보험자의 승낙을 기다리는 경우는 없을 것이며, 또한 양도인이 승계에 대해 반대할 이유도 그리 크지 않기 때문에 제679조가 적용될 경우는 거의 없을 것이다. 특히 제726조의4 문언에서 요건을 충족하면 '승계한다'로 규정하고 있음이 제679조와 명백히 비교되는 부분이다. 통설처럼 자동차양도에서는 제679조가 아니라 제726조의4가 적용된다고 해석되어야 한다.

(나) 선박보험

선박보험에서는 선박이 양도된 때 보험자의 동의가 없으면 보험계약이 종료된다(제703조의2). 즉 보험자의 동의가 있으면 기존 보험계약이 유지된다. 이 경우에 보험계약이 양수인에게 승계되는가에 대해 제703조의2에서 이를 규정하고 있지는 않지만, 승계되는

---

551) 한기정, 585면.

것으로 해석해야 할 것이다. 이것이 제679조가 있음에도 불구하고 제703조의2 제1호를 특별히 만든 이유라고 할 것이다. 자동차보험이나 선박보험에서 이러한 특칙을 둔 것은 자동차의 운행자나 또는 선박의 운항자가 누구냐에 따라 위험이 달라질 수 있는 것이기 때문에 자동차나 선박이 양도되는 경우에는 보험자의 동의를 얻도록 하는 것이다.[552]

[대법원 2004. 11. 11. 선고 2003다30807 판결]

⟨주요 판시내용⟩

상법 제703조의2는 제1호에서 "선박을 양도할 때"를 자동종료사유의 하나로 규정하고 있는바, 이처럼 선박의 양도를 보험계약의 자동종료사유의 하나로 규정하는 것은 선박보험계약을 체결함에 있어서 선박소유자가 누구인가 하는 점은 인수 여부의 결정 및 보험료율의 산정에 있어서 매우 중요한 요소이고, 따라서 소유자의 변경은 보험계약에 있어서 중대한 위험의 변경에 해당하기 때문이라고 할 수 있는데, 특별한 사정이 없는 한 조업허가를 얻기 위한 목적으로 허위의 매매계약서를 작성하였다는 점만으로는 보험계약상 중대한 위험의 변경이 발생한다고 보기는 어렵다는 점에 비추어 그와 같은 경우를 상법 제703조의2 제1호의 "선박을 양도할 때"에 해당한다고 새길 수는 없다.

(다) 책임보험

보험목적의 양도는 물건보험을 대상으로 한다. 그런데 책임보험은 피보험자가 불법행위나 채무불이행으로 인한 피해자에 대한 배상책임을 담보하는 보험이다. 따라서 피보험자가 누구인가의 문제가 중요하며 이는 보험계약의 인수여부, 보험료 산정 또는 면책사유 등에 영향을 미친다. 따라서 의사나 변호사 등의 전문직업인 책임보험에 있어서는 제679조가 적용되지 않는다. 이러한 보험은 인적요소가 중요하기 때문에 그 지위가 양도된다고 해도 보험계약은 이전되지 않는다.

그런데 특정한 영업과 관련하여 피보험자의 제3자에 대한 배상책임을 대상으로 하는 영업책임보험에서는 그 영업의 양도를 보험의 목적의 양도와 같게 해석하면서 제679조의 적용을 인정할 여지가 있다. 자동차책임보험도 특정물의 이용에 관련된 보험이므로 보험목적의 양도의 법리가 적용될 가능성이 있다.[553]

---

552) 보험연수원(편), 보험심사역 공통 1 교재, 2016, 208면.
553) 양승규, 263-264면; 서헌제, 164면; 이기수/최병규/김인현, 232면; 최기원, 342면; 최준선, 237면; 임용수, 306면; 채이식, 158면.

I. 의의와 기능

화재보험계약(contract of fire insurance)이란 보험의 목적에 화재가 발생하여 이로 인해 피보험자에게 발생한 재산상의 손해를 보험자가 보상할 책임이 있는 손해보험계약을 말한다(제683조). 화제보험은 물건에 대한 손해를 보상하는 손해보험이다. 약관에서 보험회사가 보험에 가입한 물건이 입은 화재에 따른 직접손해, 소방손해, 피난손해 등을 보상하도록 되어 있는 경우에, 이러한 화재보험은 다른 특약이 없는 한 피보험자가 목적물의 소유자인 타인에게 손해배상의무를 부담하게 됨으로써 입게 되는 손해까지 보상하기로 하는 책임보험의 성격을 갖는다고는 할 수 없다.[1] 본래의 화재보험계약은 보험사고가 건물이나 그 부속물 등 보험의 목적물에 발생한 화재이어야 하며 이로 인한 피보험자의 손해를 보상하는 것이다. 그러나 실무적으로는 화재 이외에 폭발 등의 위험으로 인한 손해도 특약으로 보상범위에 포함시키는 경우가 많다. 또한 손해의 범위도 직접손해 이외에 간접손해까지 담보하는 경우도 있다.

화재보험은 화재로 인한 손해보상을 통해 피보험자의 경제생활을 보장한다. 화재예방의 효과와 함께 내화설비 또는 시설 구축을 촉진하는 효과도 있다.[2] 또한 금융기관으로부터 개인이 담보대출을 받는 경우 담보물에 대한 화재보험증권을 은행에 제시함으로써 신용을 높이는 기능을 하기도 한다.[3] 「화재로 인한 재해보상과 보험가입에 관한 법률」에 따르면 화재위험이 큰 특수건물[4] 소유자는 그 특수건물의 화재로 인하여 다른 사람이 사

---

1) 대판 2011. 2. 24, 2009다43355; 대판 2009. 12. 10, 2009다56603.
2) 장덕조, 287면.
3) 임용수, 315면.
4) '특수건물'이란 국유건물·공유건물·교육시설·백화점·시장·의료시설·흥행장·숙박업소·다중이용업소·운수시설·공장·공동주택과 그 밖에 여러 사람이 출입 또는 근무하거나 거주하는 건물로서 화재의 위험이나 건물의 면적 등을 고려하여 대통령령으로 정하는 건물을 말한다(화재로 인한 재해보상과 보험가입에 관한 법률 제2조 제3호), . 최준선, 224면, 243면; 임용수, 315면; 양승규, 270면.

망하거나 부상을 입었을 때 또는 다른 사람의 재물에 손해가 발생한 때에는 과실이 없는 경우에도 법령이 정한 보험금액의 범위에서 그 손해를 배상할 책임이 있다(동법 제4조 제1항). 이를 위해 화재보험에 강제적으로 가입해야 한다(동법 제5조 제1항). 화재에 관한 또 다른 법률인「실화책임에 관한 법률」에 따르면 실화자에게 중대한 과실이 없는 경우에 손해배상의무자로 하여금 손해배상의 경감을 법원에 청구할 수 있게 하고 있다(실화책임에 관한 법률 제1조 및 제3조). 그런데 화재로 인한 재해보상과 보험가입에 관한 법률」에서 특수건물 소유자는「실화책임에 관한 법률」에도 불구하고 경과실에 대해서도 배상책임이 있다고 규정하고 있다(화재로 인한 재해보상과 보험가입에 관한 법률 제4조 제1항 2문). 여기에서의 손해배상책임과 화재로 인한 보험목적의 손해를 담보하기 위한 의무보험이 신체손해배상특약부화재보험이다. 신체손해배상특약부화재보험을 체결하면서 풍재, 수재 또는 건물의 붕괴로 인한 손해를 담보하는 내용을 추가할 수 있고 이 경우 손해보험회사는 보험가입을 거절하지 못한다(화재로 인한 재해보상과 보험가입에 관한 법률 제5조 제2항, 제3항). 다만 손해배상책임, 풍재, 수재 또는 건물 붕괴 보장은 화재보험에 속하지 않는다.5)

Ⅱ. 보험의 요소

1. 보험사고

화재보험에 있어서의 보험사고는 화재이다. 여러 가지 위험을 종합적으로 담보하면서 그 중에 화재로 인한 손해보상을 포함시키는 경우에는 이를 화재보험이라 할 수 없다. 화재란 일반적으로 '사회통념상 화재라고 인정할 수 있는 성질과 규모를 가지고 통상의 용법에 의하지 않으며 독립한 연소력을 가진 화력의 연소작용'이라 풀이된다.6)

가스불이나 난로불, 또는 용광로의 불 등은 통상의 용법에 의한 불로서 통제가 가능하므로 화재보험에서 말하는 화재가 아니다. 불은 열 또는 빛을 수반하는 연소작용이어야 한다. 자력으로 퍼져나갈 힘이 없는 불은 화재가 아니며, 스스로의 발열에 의한 화재도 가능하다.7) 즉 보험사고로서의 화재가 인정되기 위해서는, ① 통상의 용법을 벗어나고, ②

---

5) 한기정, 599면.

6) 정희철, 432면; 손주찬, 609면; 서돈각/정완용, 429면; 정동윤, 611면; 최기원, 356면; 임용수, 316면; 양승규, 270-271면; 이기수/최병규/김인현, 242면; 한기정, 599면; 최준선, 242면; 정호열, "화재보험의 보험사고와 거래의 실제", 보험법연구 5, 2003, 86-93면; 정찬형, 713면.

7) 서헌제, 169면(봄철 논두렁에 놓은 쥐불은 화재가 아니지만, 이 불이 번져서 산불이 발생했다면 이는 화재이다); 최준선, 244면. 정동윤, 611면에서는 불꽃이 생기지 않고 단순히 스스로 발열하여 생긴 손해는 화재보험의 보험사고가 아니라고 한다.

독립하여 연소할 수 있어야 하며, ③ 화력에 의한 연소작용이어야 한다. 통상적인 용법과 정상적인 장소를 벗어난 불은 보험사고로서의 화재가 될 수 있고 이를 미국 판례에서는 '해로운 불'로 부르기도 한다. 이를 반대로 해석하면 미리 정해진 용법에 따라 불이 사용되고 본래 있어야 할 장소에 있다면 이는 보험자가 담보하는 화재가 아니고 면책의 대상이 될 수 있을 것이다.[8] 담보범위와 면책으로서의 화재를 구분하는 기준은 결국 통제가능성의 문제로 귀결된다고 볼 수 있다. 따라서 보험의 목적을 쓰레기 소각장에서 다른 쓰레기들과 정상적으로 불태우거나, 화재로 번지지 아니한 난로의 복사열 또는 백열물질에 의해 보험의 목적에 손상이 발생한 경우 또는 담배 불똥이 떨어져 옷에 구멍이 생긴 경우 등은 화재가 아니다. 반면 화재가 발생하여 연기에 의해 가구가 그을린 것은 화재로 인한 손해라고 해석할 수 있다.

화재의 개념은 계약 당사자간의 특약에 의해 그 범위를 변경 또는 제한할 수 있다.[9] 매매의 목적물이 화재로 소실됨으로써 채무자인 매도인의 매매목적물에 대한 인도의무가 이행불능이 되었다면, 채권자인 매수인은 화재사고로 매도인이 지급받게 되는 화재보험금, 화재공제금 전부에 대하여 대상청구권을 행사할 수 있다.[10] 한편 아파트의 한 가구에서 화재가 발생하여 전소된 후 이웃에 불이 번져 피해를 야기한 경우에 아파트 건물 전체 및 부속설비에 대해 보험계약을 체결한 보험회사가 이웃 피해자들에게 보험금을 지급한 후, 화재가 발생한 집의 소유자에 대해 민법상 공작물 설치, 보존의 하자를 이유로 그 가구의 소유자가 가입한 보험회사를 상대로 피해자들이 가지고 있는 보험금 직접청구권을 대위청구하는 소송을 제기하기 위해서는 그 소유자가 집을 관리하면서 통상 갖추어야 할 안정성을 갖추지 못했다는 점이 먼저 증명되어야 하며 이는 그러한 책임을 주장하는 쪽에서 입증해야 한다. 화재의 최초 발화지점과 원인이 밝혀지지 않았는데도 화재가 발생한 집을 점유, 소유하고 있다는 사정만으로는 민법 제758조상의 책임이 인정될 수 없다.[11]

2. 보험의 목적

화재보험의 목적은 동산 또는 부동산을 포함하여 교량, 立木, 삼림 등 화력의 연소작용에 의해 불에 탈 수 있는 유체물이면 된다. 개별적인 것이든 기계, 가구, 의류 등 집합된 것이든 불문하며 건물은 미등기 상태의 것도 포함되며 건축 중에 있는 것도 보험의 목적이 될 수 있다.[12] 본래 화재보험은 개별적인 유체물을 대상으로 함이 원칙이지만, 공장

---

8) 장덕조, 290면.
9) 양승규, 271-272면; 임용수, 316-317면; 정찬형, 714면 각주 1; 최준선, 242면.
10) 대판 2016. 10. 27, 2013다7769.
11) 대판 2017. 8. 28, 2017다218208.
12) 최준선, 243면; 임용수, 317면; 정희철, 432면; 양승규, 272면; 정호열, "화재보험의 보험사고와 거래의

이나 가정 내 물건을 대상으로 할 때는 그 변동가능성으로 인해 특별히 집합보험에 대해 별도로 규정을 두고 있다(제686조). 다만 동산을 화재보험에 부보한 경우 ① 통화, 유가증권, 인지, 우표 및 이와 비슷한 것, ② 귀금속, 귀중품(무게나 부피가 휴대할 수 있으며 점당 300만원 이상), 보옥, 보석, 글·그림, 골동품, 조각물 및 이와 비슷한 것, ③ 원고, 설계서, 도안, 물건의 원본, 모형, 증서, 장부, 금형(쇠틀), 목형(나무틀), 소프트웨어 및 이와 비슷한 것, ④ 실외 및 옥외에 쌓아둔 동산은 보험증권에 기재한 경우에만 화재보험의 목적이 될 수 있다.13) 한편 건물을 화재보험에 부보한 경우에 피보험자의 소유인 칸막이, 대문, 담, 곳간 및 이와 비슷한 것과 같은 건물의 부속물과 피보험자 소유인 간판, 네온사인, 안테나, 선전탑 및 이와 비슷한 것 등의 건물의 부착물은 다른 약정이 없는 한 화재보험의 목적에 포함된다. 그리고 피보험자와 같은 세대에 속하는 사람의 소유물도 당사자 사이에 다른 약정이 없으면 보험의 목적에 포함되도록 화재보험표준약관은 정하고 있다.14)

3. 피보험이익

동일한 목적물이라고 해도 피보험이익의 귀속주체가 누구냐에 따라 화재보험의 피보험이익은 다르다. 예를 들어 하나의 건물에 대해 소유자, 임차인, 담보권자가 가지는 피보험이익은 각각 다르다. 소유자의 피보험이익은 보험목적물의 가액 전체에 미치지만 담보권자의 피보험이익은 피담보채권액을 한도로 하여서만 피보험이익이 인정된다.15) 은행융자담보물을 화재보험의 목적으로 하는 경우에는 그 보험계약은 융자액의 한도에서 하는 것이 상례이고 융자담보물의 시가전액을 보험의 대상으로 하는 것이 아니다.16)

피보험이익의 동일성 유무는 중복보험 여부를 판단하는 기준이 된다. 화재보험에서 피보험자와 피보험이익이 불명확한 경우 그 보험계약이 자기를 위한 보험계약인지 아니면 타인을 위한 화재보험인지가 문제될 수 있다. 다수설은 피보험자가 누구인가가 불명확한 화재보험계약에 있어서는 보험 목적의 소유자가 가지는 피보험이익을 부보한 것으로 해석해야 한다는 입장이다.17) 판례에 따르면 그 판단을 위해 보험계약서 및 당사자가 보험계약의 내용을 삼은 약관의 내용, 당사자가 보험계약을 체결하게 된 경위와 그 과정, 보험회사의 실무처리 관행 등 여러 사정을 참작하여 결정해야 한다고 한다.18) 부동산을 매수한

실제", 보험법연구 5, 2003, 93-103면; 정찬형, 713면; 정동윤, 612면; 김은경, 413면.

13) 화재보험표준약관 제3조 제3항; 최준선, 243면; 양승규, 272면.
14) 화재보험표준약관 제3조 제4항; 임용수, 317-318면; 양승규, 272면.
15) 대판 1961. 10. 26, 60민상288; 서헌제, 170면.
16) 대판 1961. 10. 26, 60민상288(정찬형, 714면 각주 2; 양승규, 273면에서 재인용)..
17) 김성태, 511면; 최준선, 244면; 양승규, 273면; 최기원, 358면; 정찬형, 714면; 정동윤, 612면; 이기수/최병규/김인현, 243면.
18) 대판 2014. 5. 29, 2014다202691; 대판 2011. 2. 24, 2009다43355; 대판 2003. 1. 24, 2002다33496; 대판

자가 그 부동산에 관하여 자신을 피보험자로 하여 화재보험계약을 체결하였다면, 특별한 사정이 없는 한 이는 자기를 위한 보험계약이라고 보아야 한다.19) 매수인이 법적으로는 아직 소유자가 아니더라도 보험목적에 대해 피보험이익이 인정될 수 있으므로 화재보험계약 체결은 가능하다.20)

　　임차인이 임차건물과 그 안의 시설 및 집기비품 등에 대하여 피보험자에 대한 명확한 언급 없이 자신을 보험목적의 소유자로 기재하여 화재보험계약을 체결한 경우, 이러한 화재보험은 특약이 없는 한 피보험자가 그 목적물의 소유자인 타인에게 손해배상의무를 부담하게 됨으로써 입게 되는 손해까지 보상하기로 하는 책임보험의 성격을 갖는다고 할 수 없으며, 보험계약자인 임차인이 그 소유자를 위하여 체결한 화재보험이라 해석된다.21) 즉 임차인은 보험계약자로서 보험료를 부담하지만, 소유자를 위한 화재보험계약을 체결한 것이다.

[대법원 2014. 5. 29. 선고 2014다202691 판결]

〈주요 판시내용〉

　손해보험에서 보험의 목적물과 위험의 종류만이 정해져 있고 피보험자와 피보험이익이 명확하지 않은 경우에, 그 보험계약이 보험계약자 자신을 위한 것인지 아니면 타인을 위한 것인지는 보험계약서 및 당사자가 보험계약의 내용으로 삼은 약관의 내용, 당사자가 보험계약을 체결하게 된 경위와 그 과정, 보험회사의 실무처리 관행 등 제반 사정을 참작하여 결정하여야 한다. 나아가 보험계약에 편입된 약관에 보험에 가입한 물건이 입은 화재에 따른 손해, 소방손해, 피난손해 등을 보험회사가 보상하도록 되어 있다면 그 보험계약은 손해보험의 일종인 화재보험으로서의 성격을 지닐 뿐, 다른 특약이 없는 한 피보험자가 그 목적물의 소유자인 타인에게 손해배상의무를 부담하게 됨으로써 입게 되는 손해까지 보상하는 책임보험의 성격을 가진다고 할 수 없다.

　　그런데 이 경우 임차인의 과실로 화재가 발생하게 되면 피보험자인 소유자에게 보험금을 지급한 보험자는 화재사고의 귀책사유가 있는 임차인에게 보험자대위권을 행사하게 된다. 앞에서 설명한대로 현행 판례가 타인을 위한 보험계약을 체결한 보험계약자가 청구권대위의 제3자 범위에 포함될 수 있다고 해석하기 때문이다. 임차인으로서는 보험료도 부담하고 화재사고로 인한 손해배상도 부담하게 되는 것이다. 만약 임차인이 명확하게 임차인으로서 부담하게 될 책임을 담보하기 위한 책임보험에 가입한 경우라면 이러한 불이익을 당하지는 않는다. 이러한 취지에서 공동주택의 임차인이 화재사고로 인한 배상책임

　　1997. 5. 30, 95다14800.

19) 대판 2011. 2. 24, 2009다43355.

20) 한기정, 600면.

21) 대판 2014. 5. 29, 2014다202691; 대판 2012. 4. 26, 2011다94141; 대판 2009. 12. 10, 2009다56603.

을 보험자로부터 담보받는 내용의 책임보험에 의무적으로 가입하는 내용으로 주택임대차 보호법의 개정이 요구된다.[22] 또한 타인을 위한 보험계약을 체결한 보험계약자는 보험금을 지급한 보험자가 행사하게 되는 청구권대위의 제3자 범위에 포함되지 않는다고 해석함이 타당하다. 이에 대한 대법원 판결의 변경이 요구된다.

4. 보험기간

현행 화재보험표준약관에서는 보험자의 보장개시와 관련하여 계약의 청약을 보험자가 승낙하고 제1회 보험료 등을 받은 때부터 약관이 정한 바에 따라 보장을 한다고 규정하고 있다. 또한 보험자가 보험계약자로부터 계약의 청약과 함께 제1회 보험료 등을 받은 경우에 그 청약을 승낙하기 전에 계약에서 정한 보험금 지급사유가 생긴 때에는 화재보험자는 계약에서 정한 보상책임을 부담한다.[23]

5. 화재보험증권

화재보험계약을 체결하는 경우에도 다른 종류의 보험계약과 마찬가지로 보험계약이 성립한 때에 보험자는 지체없이 화재보험증권을 작성하여 보험계약자에게 교부하여야 한다(제640조). 화재보험증권에는 제666조에서 규정하고 있는 공통사항과 제685조에 따라 ① 건물을 보험의 목적으로 한 때에는 그 소재지, 구조와 용도, ② 동산을 보험의 목적으로 한 때에는 그 존치한 장소의 상태와 용도, ③ 보험가액을 정한 때에는 그 가액을 기재하여야 한다. 목적물의 소재지나 구조 또는 용도를 사실과 달리 기재한 경우 기망에 의한 보험계약 체결로 인정되어 보험계약이 취소 또는 무효로 되는 경우도 있다. 또한 고지의 무위반 등의 이유로 계약이 해지되어 보험자의 책임이 면하게 되는 경우도 있다.[24] 앞에서 설명한대로 ① 통화, 유가증권, 인지, 우표 및 이와 비슷한 것, ② 귀금속, 귀중품(무게나 부피가 휴대할 수 있으며 점당 300만원 이상), 보옥, 보석, 글·그림, 골동품, 조각물 및 이와 비슷한 것, ③ 원고, 설계서, 도안, 물건의 원본, 모형, 증서, 장부, 금형(쇠틀), 목형(나무틀), 소프트웨어 및 이와 비슷한 것, ④ 실외 및 옥외에 쌓아둔 동산은 보험증권에 기재한 경우에만 화재보험의 목적이 될 수 있다.[25]

---

22) 김은경, "공동주택에서의 화재보험의 법적 의미", 보험법연구 제12권 제1호, 2018, 201-206면.
23) 화재보험표준약관 제25조 제1항 및 제2항.
24) 양승규, 274면; 임용수, 325면.
25) 화재보험표준약관 제3조 제3항; 최준선, 243면; 양승규, 272면.

Ⅲ. 보험자의 보상책임

1. 보상범위 (위험보편의 원칙과 실무)

화재보험에 있어서 위험보편의 원칙이란 화재로 인해 보험의 목적물에 손해가 생긴 경우에 보험자는 그 화재의 원인을 불문하고 피보험자의 모든 재산상 손해를 보상할 책임이 있음을 의미한다. 그런데 이 원칙은 어디까지나 이론적인 면을 강조한 것이며, 실무상으로 법정 또는 약정 면책사유에 의해 위험보편의 원칙은 제한되고 있다. 즉 보험자의 보상범위는 약관에서 정해진다.26) 예를 들어 폭발손해 자체는 화재로 인한 것이든 아니든 일반화재보험약관에서 면책사유로 되어 있다. 그러나 폭발면책약관의 단서조항을 보면, "… 그러나 이 결과로 생긴 화재손해는 보상합니다"라고 규정되어 있어서, 폭발 시 폭발손해 자체는 면책이나 그로 인해 발생된 화재손해는 보험자가 지급책임을 부담한다.27) 폭발은 화재와는 구별되는 개념이므로 폭발이 있고 이로 인해 화재가 야기된 경우에 있어서 폭발 자체에 의한 손해가 화재보험에 의하여 담보되지 않는 것은 당연한 것이다. 반면 화재가 먼저 발생하고 이로 인하여 폭발이 야기된 경우에는 특약이 없는 한 폭발 자체에 의한 손해도 화재와 상당인과관계가 있는 것이어서 화재보험에 의하여 담보된다.28)

2. 보상범위

(1) 상당인과관계의 손해

화재보험자는 보험가액과 보험금액의 범위 내에서 화재와 상당인과관계에 있는 손해를 보상해야 한다. 상당인과관계 유무에 대한 판단은 구체적인 사정을 고려하여 개별적으로 판단해야 하는 사실문제인데, 보험사고와 피보험이익과의 관계를 고려해야 할 것이다.29) 상당인과관계에 있는 손해에 대해 화재보험표준약관 제3조 제1항에서 정하고 있다. 상당인과관계가 인정되는 손해로 화재로 인한 직접적인 손해는 물론이고 화재의 소방 또는 손해의 감소 조치로 인해 야기된 손해 즉 소방손해도 포함된다(제684조). 보험계약자나

26) 김성태, 513면; 양승규, 274-275면; 최준선, 244면; 정동윤, 613면; 임용수, 317면 및 325면; 정찬형, 715면; 최기원, 363면.
27) 보험연수원(편), 보험심사역 공통 1 교재, 2016, 21면.
28) 대판 1993. 4. 13, 92다45261, 45278. 심상무, "화재보험약관상 폭발면책조항의 효력", 상사판례연구 제9집, 1998, 290-301면은 본 판결에 찬성하면서 폭발로 인한 화재손해를 보상하지 않는 것은 위험보편의 원칙에 반한다고 지적하고 있다. 정찬형, 715면 각주 1; 최준선, 245면.
29) 양승규, 279면; 정찬형, 716-717면; 정동윤, 613면; 정희철, 433면.

피보험자 이외에 소방대원 또한 기타의 자에 의한 행위도 보상범위에 포함된다.30) 화재로 인한 피난손해(피난지에서 5일 동안에 보험목적에 생긴 손해, 소망손해를 포함한다)도 보상범위에 포함된다. 판례는 화재가 발생한 건물의 철거비와 폐기물처리비는 화재와 상당인과관계가 있는 건물수리비에 포함된다고 보아야 한다고 판시하였다.31)

[대법원 2003. 4. 25. 선고 2002다64520 판결]

〈사실관계〉

　건물화재를 이유로 원고가 보험금을 청구하자 피고회사는 원고의 청구항목 중 건물수리시 지출한 철거비와 폐기물처리비는 화재와 상당인과관계에 있는 손해가 아니라는 이유로 보험금을 지급할 수 없다고 하였다.

〈주요 판시내용〉

　화재보험자는 보험가액과 보험금액의 범위 내에서 화재와 상당인과관계가 있는 손해를 보상할 책임이 있고, 화재와 손해 사이에 상당인과관계가 있는지 여부는 구체적 사정을 고려하여 개별적으로 판단하여야 할 것인데, 이러한 법리와 기록에 의하여 살펴보면, 위 철거비와 폐기물처리비는 이 사건 화재와 상당인과관계가 있는 건물수리비에 포함된다고 보아야 할 것이고, 이를 손해액에 산입되지 아니하는 별도의 비용으로 볼 것은 아니다. 화재로 손상된 중고의 기계 · 기구의 원상회복을 위하여 신규의 부품을 구입하여 수리를 한다면 그 복원된 기계 · 기구의 가액이 손상 이전의 가액을 초과하게 되는 경우를 흔히 예상할 수 있으므로, 위의 경우에 수리비 상당액을 손해액으로 산정함에 있어서는 재조달가액의 산정시와 마찬가지로 감가액을 고려하여야 하는 것이 원칙이고, 다만 신규의 부품으로 교환하더라도 기계 · 기구의 전체 가치가 손상 이전의 가치를 초과하지 않는다고 인정되는 경우에 한하여 감가공제를 하지 아니하여도 무방하다.

　화재보험표준약관 제3조 제2항은 보상하는 손해 및 비용의 범위에 대해 정하고 있는데, 잔존물 제거비용, 손해방지비용, 대위권 보전비용, 잔존물 보전비용, 기타 협력비용을 지급하도록 하고 있다. 현행 화재보험표준약관은 잔존물 제거비용을 '사고현장에서의 잔존물의 해체비용, 청소비용 및 차에 싣는 비용으로 한정하고 하면서, 다만 보험회사가 보상하지 않는 위험으로 보험의 목적이 손해를 입거나 관계법령에 의하여 제거되등으로써 생긴 손해는 보상하지 않는다'고 규정함으로써 보상되는 비용 범위를 명확하게 규정하고 있다. 과거 약관에서는 잔존물 제거비용 범위를 명확하게 규정하지 않았는데, 잔존물 제거비용 범위를 판시한 판례가 있다.32)

---

30) 장덕조, 294면; 김은경, 423면; 임용수, 326면; 정동윤, 613-614면; 정찬형, 717면; 이기수/최병규/김인현, 248면; 양승규, 279면.
31) 대판 2003. 4. 25, 2002다64520.
32) 대판 2001. 6. 26, 99다27972.

[대법원 2001. 6. 26. 선고 99다27972 판결]

〈주요 판시내용〉

화재보험계약상의 잔존물제거비용담보특별약관에서 보상하도록 규정하고 있는 "잔존물 제거비용"이란, 그 문언에서 특별히 사고현장에서의 정리비용이나 상차비용으로 국한하고 있지 아니하고, 위 특별약관을 삽입하면서 별도의 추가보험료를 납입하지는 않았지만 그로 인하여 지급되는 보험금은 항상 보험가입금액 범위내의 실제비용으로 제한되고 있어 보험자에게 보험가입금액 이상의 예상하지 못한 부담을 주거나 혹은 피보험자나 보험계약자에게 실제 손해 이상의 부당한 이익을 줄 염려가 없게 되어 있는 점에다가, 약관의 뜻이 명백하지 아니한 경우에는 고객에게 유리하게 해석되어야 한다는 약관의 해석원칙(약관의규제에관한법률 제5조 제2항)을 고려하여 보면, 잔존물에 대한 현장정리 및 상차비용 이외에 운반, 처리비용 등 보험사고인 화재로 인하여 발생한 잔존물을 실제로 제거하는데 소요되는 일체의 비용을 의미하는 것이다.

반면에 화재시 다른 곳에 안전하게 옮겨놓았던 물건이 분실되거나 도난당한 경우는 상당인과관계에 있는 손해로 볼 수 없다.[33] 건물이 화재보험의 목적인 경우에 피보허자가 입은 집기 및 비품의 소실로 인한 손해도 보상대상이 아니다.[34] 또한 공장화재시 공장 재개를 위한 복구기간 동안의 휴업손실이나 건물을 대상으로 한 화재보험에서 피보험자가 입은 영업손실 등 간접손해는 담보범위에 포함되지 않는다.[35] 물론 당사자 특약으로 이러한 손해를 보상할 수 있도록 정할 수 있다.

[대법원 1999. 5. 11. 선고 99다8155 판결]

〈사실관계〉

원고는 건물화재로 손해를 입자 건물수리비 이에 소요된 부가가치세, 집기 및 비품구입비, 수리기간동안의 영업손실비(임차료상실분)를 화재보험자인 피고회사에게 보험금으로 청구하였다. 피고회사가 건물수리비만을 보험금으로 지급하자 원고는 기타 비용에 대하여 보험금을 지급하라며 소를 제기하였다.

〈주요 판시내용〉

화재보험의 피보험자인 원고는 부가가치세 납세의무자인 사업자이고 원고가 보험사고로 소훼된 건물을 수리하는 것은 자기사업을 위하여 사용할 재화나 용역을 공급받는 것으로서, 원고가 그 수리비용을 지급할 때 거래징수 당하는 부가가치세는 부가가치세법 소정의 매입세액에 해당하여

---

33) 정희철, 433면; 양승규, 279면.
34) 대판 1999. 5. 11, 99다8155.
35) 대판 1999. 5. 11, 99다8155; 김성태, 520면; 최준선, 244면; 양승규, 276면 및 279면; 임용수, 326면; 정찬형, 717면; 한기정, 601면; 정동윤, 613면.

자신들의 매출세액에서 공제하거나 뒤에 환급받을 수 있으므로, 그 부가가치세 상당액은 이 사건 보험사고로 인하여 원고들이 입은 손해에 해당하지 아니한다. 이 사건 화재로 인하여 원고가 입은 손해 중 집기 및 비품의 소실로 인한 손해와 영업손실 등의 간접손해는 모두 건물을 보험목적으로 한 이 사건 화재보험의 보상대상이 아니고, 또 보험목적물이 소훼됨으로 인하여 원고들이 입은 손해 중 화재에 대하여 책임이 있는 임차인들이 원고들에게 지급한 임대보증금에 의하여 이미 전보된 손해에 대하여는 원고들이 보험금을 청구할 수 없다.

(2) 면책사유

(가) 법정면책사유

보험사고가 보험계약자 또는 피보험자의 고의 또는 중대한 과실로 인하여 생긴 때(제659조)와 보험사고가 전쟁 기타의 변란으로 인하여 생긴 때에 다른 약정이 없는 경우(제660조)는 보험계약의 공통적인 법정면책사유로서 화재보험계약에도 그대로 적용된다. 한편 보험의 목적의 성질, 하자 또는 자연소모로 인한 손해(제678조)는 공통적인 손해보험계약의 법정면책사유로서 화재보험자는 보상할 책임이 없다. 그런데 전쟁 기타의 변란에 대한 면책과 목적물의 성질, 하자, 자연소모에 대한 면책에 대해 보험자가 특별히 책임을 진다고 약정하는 것은 유효하다. 또한 보험계약자나 피보험자의 중과실로 인한 손해에 대해 보험자가 보상하도록 하는 특약도 유효하다고 해석된다. 다만 고의에 의한 손해까지 보상하도록 하는 것은 보험의 본질에 반하므로 그러한 약정은 무효라고 해석해야 할 것이다.36) 화재보험에서 화재가 발생한 경우에는 우연성은 추정되고, 다만 화재가 보험계약자나 피보험자의 고의 또는 중과실에 의하여 발생하였다는 사실을 보험자가 증명하는 경우에는 위와 같은 추정이 번복되는 것으로 보아야 한다.37)

(나) 약정면책사유

화재보험표준약관 제4조에서는 다음과 같은 사유를 면책사유로 규정하고 있다.

① 계약자, 피보험자 또는 이들의 법정대리인의 고의 또는 중대한 과실

법정대리인은 피보험자가 미성년자인 경우에 그 친권자이거나 후견인 등을 말한다.38) 견해에 따라서는 임의대리인도 포함해야 한다는 주장도 있다.39)

② 화재가 발생했을 때 생긴 도난 또는 분실로 생긴 손해

화재사고에 의한 피난손해는 화재보험자의 보상범위에 포함된다.40) 그러나 화재가 발

---

36) 최기원, 364면; 최준선, 245면; 정동윤, 613면.
37) 대판 2009. 12. 10, 2009다56603; 대판 2009. 3. 26, 2008다72578; 대판 2012. 4. 13, 2011다1828.
38) 양승규, 275면.
39) 윤승진, "보험자의 면책사유에 대한 고찰", 해상·보험법에 관한 제문제(하), 재판자료 제53집, 345면; 임용수, 320면.
40) 화재보험표준약관 제11조 제1항 제3호.

생했을 때 생긴 도난 또는 분실로 생긴 손해는 화재에 의해 직접적으로 생긴 손해라고 볼 수 없고 도덕적 위험의 문제가 야기될 우려가 있기 때문에 보험자의 면책사유로 한 것이다. 물론 화재보험계약에서 도난위험담보특약이 있는 경우에는 보험자는 보상책임이 있다.41)

③ 보험의 목적의 발효, 자연발열, 자연발화로 생긴 손해

연소성이 강한 휘발유가 햇빛에 노출되어 자연 발화된 경우는 보험목적의 성질에 따른 손해로서 보험자는 면책이 된다.42) 이는 화재보험 목적의 고유한 성질에서 비롯된 손해이기 때문에 면책사유로 한 것이다. 그러나 자연발열 또는 자연발화로 연소된 다른 보험의 목적에 생긴 손해는 보상한다.

④ 화재로 기인되지 아니한 수도관, 수관, 수압기 등의 파열로 생긴 손해

파열(폭발)은 그 자체만으로 화재라 할 수 없으므로 파열로 인해 보험의 목적물에 손해가 생긴 때에 화재보험자의 보상범위에서 제외한 것이다. 그러나 파열(폭발)로 인해 화재가 발생하고 이로 인해 야기된 손해에 대해서는 보험자는 보상책임을 부담한다.43) 번개와 지진은 화재를 유발하는 것이 일반적인데 화재보험에서는 면책사유로 규정할 수 있으나, 특약이 있으면 보상이 가능하다.

⑤ 발전기, 여자기(정류기 포함), 변류기, 변압기, 전압조정기, 축전기, 개폐기, 차단기, 피뢰기, 배전반 및 그 밖의 전기기기 또는 장치의 전기적 사고로 생긴 손해

담보범위로서의 화재란 열 또는 빛을 수반하는 연소작용이어야 하는데 전기는 여기에 포함되지 않기 때문이다.44) 그러나 그 결과로 생긴 화재손해는 보상한다.

⑥ 원인의 직접, 간접을 묻지 아니하고 지진, 분화 또는 전쟁, 혁명, 내란, 사변, 폭동, 소요, 노동쟁의, 기타 이들과 유사한 사태로 생긴 화재 및 연소 또는 그 밖의 손해

이에 대해서는 보험계약 공통의 법정면책사유 부분에서 설명하였다. 이러한 비상사태를 보험자의 면책사유로 규정한 이유는 이러한 사태 하에서는 보험사고 발생 가능성이나 그 손해정도를 통계적으로 예측하는 것이 거의 불가능하여 타당한 보험료를 산정하기 어려울 뿐 아니라 사고발생시에는 사고의 대형화와 손해액의 누적적인 증대로 보험자의 인수능력을 초과할 우려가 있기 때문이다.45)

그런데 과학의 발달로 인해 지진으로 인한 화재를 담보하는 보험상품도 존재한다.46)

⑦ 핵연료물질(사용된 연료를 포함) 또는 핵연료 물질에 의하여 오염된 물질(원자핵 분열 생성물을 포함)의 방사성, 폭발성 그 밖의 유해한 특성 또는 이들의 특성에 의

41) 양승규, 276면; 임용수, 321면.
42) 서헌제, 171면.
43) 최기원, 369-370면; 양승규, 277면; 임용수, 322면.
44) 장덕조, 294면.
45) 임용수, 323면; 양승규, 277면.
46) 장덕조, 295면.

한 사고로 인한 손해

이러한 손해는 원자력보험이 적용되어야 하며, 위의 비상사태와 마찬가지로 위험예측이 어렵고 사고발생시에는 사고의 대형화 등으로 인해 통상적인 보험료에 의해서는 화재보험자의 인수능력을 초과하기 때문이다. 핵연료물질에 의해 화재가 발생한 경우에도 보험자는 면책이 된다.47)

⑧ 위 ⑦ 이외의 방사선을 쬐는 것 또는 방사능 오염으로 인한 손해

이러한 손해는 화재사고를 원인으로 발생한 것이라고 해도 화재보험자는 면책이 된다.48)

⑨ 국가 및 지방자치단체의 명령에 의한 재산의 소각 및 이와 유사한 손해

이들 손해 역시 국가 등의 명령에 의해 야기된 것으로 화재보험이 담보하는 통상적인 손해가 아니기 때문에 화재보험자의 면책사유로 규정한 것이다.49)

(3) 손해보상의 방법

화재보험표준약관은 보험자는 손해의 일부 또는 전부에 대하여 재건축, 수리 또는 현물의 보상으로서 보험금의 지급에 대신할 수 있다고 정하고 있다.50) 현물보상에 의한 방법은 오로지 보상이 실손해에 직접적으로 한정되므로 이득을 목적으로 한 보험범죄에 대한 예방의 효과가 있다.51)

구 화재보험표준약관에서는 '피보험자에게 보험금을 받도록 하기 위하여 피보험자와 세대를 같이하는 친족이나 고용인이 고의로 일으킨 손해'를 화재보험자의 면책사유로 규정하였다. 독일과 달리 대표자책임이론52)을 받아들이지 않는 우리나라는 피보험자와 밀접한 생활관계를 가지는(세대를 같이하는) 친족이나 고용인이 피보험자를 위해 보험사고를 일으킨 경우에 피보험자가 이들을 교사하거나 공모 또는 방조하는 경우를 예상하여 보험자의 면책사유로 하였던 것이다. 즉 이러한 사유가 있는 경우 보험사고의 발생에 피보험자의 고의나 중대한 과실이 게재된 것으로 추정하여 보험자를 면책시키려는 것이었다. 이 경우 고용인도 친족과 마찬가지로 피보험자와 세대를 같이하여야 한다고 해석하였다.53)

---

47) 양승규, 277면; 임용수, 323면.
48) 최기원, 371면; 양승규, 278면.
49) 임용수, 324면.
50) 화재보험표준약관 제12조.
51) 김성태, 520면.
52) 보험계약자 또는 피보험자가 아닌 제3자의 고의 또는 중과실로 보험사고가 야기된 경우 보험자는 당연히 보상책임이 있으나, 제3자가 피보험자의 친족이거나 고용인일 경우에 이들의 고의 또는 중과실을 보험계약자 측의 고의 또는 중과실과 동일한 것으로 보고 보험자를 면책시키는 이론을 대표자책임이론이라 한다.
53) 대판 1984. 1. 17, 83다카1940; 임용수, 321면; 반면에 양승규, 275면은 고용인은 피보험자와 세대를 같이하는 사람에 한하지 않는다고 해석하고 있다. 같은 취지로 최기원, 365면(상업사용인과 같이 피보험자

그런데 2010년 약관의 개정으로 인해 이 면책조항은 삭제되었다.

Ⅳ. 집합보험과 총괄보험

1. 집합보험의 개념과 내용

집합보험이란 개별보험에 대응되는 것으로서 경제적인 측면에서 각각 독립한 여러 물건의 집합물을 일괄하여 보험의 목적으로 한 것을 말한다(제686조). 예를 들어 집안에 있는 가구나 집기 또는 공장의 기계, 비품이나 원자재 등을 일괄적으로 부보하는 것이다. 집합보험은 그 성격상 화재보험 이외에도 운송보험이나 해상적하보험에서도 활용될 수 있다. 이러한 이유에서 현행법에서는 집합보험에 관한 내용이 화재보험에서 규정되고 있으나, 이론적으로는 손해보험통칙에서 규정하였어야 하는 것으로 보인다.54) 집합보험은 일괄적으로 부보된 여러 물건에 대하여 단일의 보험금액으로써 보험계약을 체결하기도 하고, 집합된 물건을 집단별로 분류하여 각각 보험금액을 정하는 방식을 취하기도 한다.55) 한편 집합보험 중에서 운송중에 있는 화물이나 집안의 가구 또는 집기와 같이 보험의 목적이 특정되어 있는 것을 담보하는 것을 특별히 '특정보험'이라 한다.

집합된 물건을 일괄하여 보험의 목적으로 한 때에는 피보험자의 가족과 사용인의 물건도 보험의 목적에 포함된 것으로 하며 그 보험은 그 가족 또는 사용인을 위하여서도 체결한 것으로 정하고 있다(제686조). 즉 이 경우에 그 화재보험계약은 가족이나 사용인을 위한 타인을 위한 보험계약의 성질을 가지게 된다. 따라서 피보험자의 가족이나 사용인은 그들의 소유에 속하는 물건이 화재로 인해 손상을 입은 경우 화재보험자에게 손해에 대한 보상을 청구할 수 있다(제639조 제1항). 다만 약관에 의해 보험증권에 반드시 기재하여야만 보상의 범위에 포함되는 것으로 특별히 정하는 경우가 있는데 이러한 경우에는 반드시 보험증권에 명시되어야만 보상을 받을 수 있다.56) 현실적으로 가족이 아닌 자와 같이 사는 경우가 많은 상황을 고려하여 제686조상의 가족이라는 표현 대신 '주거공동체에서 보험계약자와 함께 생활하는 자'로 바꾸자는 견해가 있다.57)

의 영업을 비독립적인 지위에서 보조하는 자도 여기에 포함된다고 해석하고 있다).
 54) 정찬형, 717면; 서돈각/정완용, 430면; 정희철, 434면; 양승규, 281면.
 55) 이기수/최병규/김인현, 248면; 양승규, 280면; 임용수, 327면; 정찬형, 717면; 최준선, 243면; 임용수, 327면.
 56) 이기수/최병규/김인현, 249면; 임용수, 329면; 양승규, 281-282면; 정찬형, 718면; 정동윤, 614면; 정희철, 434면.
 57) 최병규, "보험법상 집합보험에 대한 연구", 상사판례연구 제25집 제1권, 2012, 411면.

2. 총괄보험

총괄보험은 여러 개의 물건을 집합물처럼 보험목적으로 하는 점에서 집합보험의 일종
이라 할 수 있다. 그러나 총괄보험은 창고에 있는 물건이나 슈퍼의 상품과 같이 보험의
목적이 특정되어 있지 않고 보험기간 중에 보험목적의 일부 또는 전부가 수시로 교체될
수 있는 것을 예정하고 여러 물건을 일괄하여 부보한다는 특징이 있다.

총괄보험의 경우에 그 목적에 속한 물건이 보험기간 중에 수시로 교체되는 경우에도
보험사고의 발생시에 현존한 물건은 보험의 목적에 포함된 것으로 하여, 보험금액의 범위
안에서 보험자는 보험사고로 인해 발생한 그 물건에 대한 손해보상을 하게 된다(제687조).
집합물의 내용이 수시로 교체됨으로써 특정되지 않아도 보험계약의 성립을 인정하는 것으
로서 그 성질상 단체구성원인 피보험자의 교체를 인정하는 단체보험과 유사하며 일종의 예
정보험(open policy)이라 할 수 있다.58) 예를 들어 창고안의 물건에 대한 총괄보험에서는
수시로 교체되는 보험의 목적을 특정하는 방법과 그 범위와 단위 등에 대한 기준을 보험계
약에서 마련하게 되며, 그 범위 안에서 물건이 수시로 교체되어도 보험계약이 그대로 유지
되다가 화재 발생시 창고 안에 현존하는 물건에 대해서 모두 보험보호를 받게 된다. 제687
조는 총괄보험에서의 보험목적의 특정 기준을 명시하고 있지만, 이 조문이 없더라도 총괄보
험의 계약당사자는 보험사고 발생시를 기준으로 하여 보상 문제를 해결하고자 하기 때문에
이 조문은 선언적 규정이라 할 수 있다.59)

보험계약에서 정한 범위 내의 물건이라도 집합된 물건에서 완전히 분리되거나 제3자
에게 양도된 경우에는 화재보험의 목적에서 제외된다. 보험목적의 양도에 있어서 양도의
객체인 보험의 목적은 동산이나 부동산 등 특정되고 개별화된 물건이어야 한다.60) 만약
집합물을 보험목적으로 하여 보험계약을 체결한 후 개별 물건이 이탈한 경우 이는 보험
목적의 양도로 볼 수 없으며, 단순히 보험목적의 구체적 내용에 변경이 생긴 것으로 보
아야 한다는 것이 통설이다.

3. 부보물 일부에 대한 고지의무 위반

집합보험이나 총괄보험에서 일괄적으로 부보된 여러 물건 가운데 그 일부에 대해서만
고지의무위반이 있는 경우 그 처리 방법에 대해 규정이 없다. 해석상 보험자는 나머지 부

---

58) 정찬형, 718면; 양승규, 282면; 정희철, 435면.
59) 한기정, 604면.
60) 임용수, 329면; 이기수/최병규/김인현, 250면; 양승규, 263면, 280면 및 282면; 정찬형, 707면, 719면; 정
   동윤, 615면.

분에 대하여도 동일한 조건이었다면 보험계약을 체결하지 않았을 것이라는 사정이 있다면 전체에 대해 해지를 할 수 있겠지만, 그러한 사정이 없다면 고지의무위반이 없는 나머지 부분에 대해서는 보험계약의 효력에 영향이 없다고 해석된다.61)

[대법원 1999. 4. 23. 선고 99다8599 판결]

〈주요 판시내용〉

경제적으로 독립한 여러 물건에 대하여 화재보험계약을 체결함에 있어 집합된 물건 전체에 대하여 단일의 보험금액으로써 계약을 체결하거나 물건을 집단별로 나누어 따로이 보험금액을 정하거나 간에, 보험의 목적이 된 수개의 물건 가운데 일부에 대하여만 고지의무위반이 있는 경우에 보험자는 나머지 부분에 대하여도 동일한 조건으로 그 부분만에 대하여 보험계약을 체결하지 아니하였으리라는 사정이 없는 한 그 고지의무위반이 있는 물건에 대하여만 보험계약을 해지할 수 있고 나머지 부분에 대하여는 보험계약의 효력에 영향이 없다고 할 것이고, 이 경우 보험계약자가 일부 물건에 대하여 고지하지 아니한 사항이 보험계약의 나머지 부분에 있어서도 상법 제651조에서 정한 '중요한 사항'에 해당하는 경우에만 그 불고지를 들어 계약 전체를 실효시키거나 해지할 수 있다.

또한 보험의 목적 일부에 대해 보험기간 중에 위험이 변경되거나 증가된 사유가 발생하면 보험자는 그 부분에 대한 추가 보험료의 지급을 청구하거나 그 부분에 대한 보험계약의 해지를 청구할 수 있다고 해석된다.62)

---

61) 대판 1999. 4. 23, 99다8599.
62) 임용수, 328면; 양승규, 280면; 이기수/최병규/김인현, 249면.

운송보험

제13장

I. 의 의

운송보험계약(contract of transport insurance)이란 육상운송에서 야기되는 운송물에 관한 사고로 인한 손해를 보상하는 손해보험계약의 일종이다. 원칙적으로 운송보험계약의 보험자는 특별한 약정이 없으면 운송인이 운송물을 수령한 때로부터 수하인에게 인도할 때까지 운송물에 대해 생긴 손해를 보상할 책임을 부담하게 된다(제688조). 대부분 운송인이 운송물의 소유자인 화주(貨主)를 피보험자로 하여 체결하는 타인을 위한 보험 형식으로 운송보험이 체결된다. 따라서 운송인이 화주에 대한 자신의 법률상의 손해배상책임을 담보하기 위해 운송인 자신을 피보험자로 체결하는 운송책임보험과 구별된다.[1]

본래 운송보험에는 육상운송 이외에 해상운송, 항공운송 및 복합운송이 모두 포함될 수 있지만, 상법 보험편에서의 운송보험은 육상운송을 대상으로 하고 있다. 상법상 물건운송에서는 해상운송과 항공운송을 제외하고 있다. 상법 제125조에서 육상운송업이 적용되는 장소를 육상 또는 湖川, 항만으로 하고 있는데, 실무적으로는 운송보험약관에서는 그 적용범위를 육상과 호천으로 하고 있고, 항만에서의 보험사고는 약관에 의해 해상보험의 적용대상이 되고 있다.[2] 해상물건운송에 대한 해상보험은 따로 정하고 있다. 다만 해상적하보험에서는 운송약관(통과약관, transit clauses)에 의해 해상운송뿐만 아니라 내륙운송 중(적하의 집하장에서 수하인의 최종창고까지)의 사고를 담보하기도 한다. 컨테이너 발달에 따른 (해륙)복합운송계약은 해상운송과 육상운송을 함께 담당하는데, 실무적으로는 해상보험상의 특약에 의해 육상운송의 위험을 담보함으로써 해상보험과 (육상)운송보험이 일괄적으로 이루어지기도 한다.[3] 이러한 이유에서 운송보험을 해상보험에 통합하는 것이 바람직하다는 주장도 있다.[4]

---

1) 서헌제, 174면.
2) 정동윤, 616면; 양승규, 283면.
3) 최준선, 246면; 임용수, 330면; 최기원, 380면; 정찬형, 719면; 양승규, 283면.
4) 양승규, 283면; 정찬형, 719면; 정동윤, 616면.

Ⅱ. 보험의 요소

1. 보험의 목적

운송보험의 목적은 운송물이다. 여객이 죽거나 다친 경우의 보상책임은 생명보험, 상해보험 또는 운송인의 배상책임보험이 적용되며, 자동차와 같은 운송수단(용구)에 생긴 손해에 대해서는 운송보험이 아닌 차량보험이 적용된다.[5] 운송물은 반드시 송하인과 운송인사이의 운송계약의 목적인 물건에 한정되는 것은 아니며, 운송인이 자기 소유의 물건을 자기를 위하여 운송하는 경우에도 운송보험의 목적이 될 수 있다.[6]

2. 보험사고

보험사고의 범위는 보통 약관에서 정한다. 도로 또는 철도 등 육상운송 중에 운송물에 생길 수 있는 모든 사고이다. 대개의 경우 차량의 충돌, 전복 또는 추락 등 운송 특유의 사고로 인한 운송물의 멸실 또는 훼손 등이지만, 운송물을 싣거나 내리는 과정에서의 사고도 포함된다. 운송에 부수하여 발생할 수 있는 화재, 폭발, 도난, 지진, 침수, 훼손 등의 각종 사고도 포함된다. 이와 같이 운송보험에서 보험사고의 범위가 매우 광범위한 이유는 운송보험의 목적인 운송물은 운송인의 점유하에 있으며 목적지에 도착할 때까지 피보험자인 화주에 의한 감독이 불가능하고, 손해가 발생하여도 피보험자가 그 원인을 증명하는 것이 어렵기 때문에 보험사고의 범위를 확대하여 보험자의 책임을 폭넓게 인정하기 위함이다. 다만 약관에서 특정한 사고를 보상범위에서 제외하는 것은 가능하다.[7]

3. 피보험이익

일반적으로 운송물에 대해 피보험자가 가지는 경제적 이해관계를 운송보험에서의 피보험이익이라 한다. 그런데 피보험자가 누구냐에 따라 다양한 피보험이익이 존재한다. 송하인이 운송물에 대한 소유자로서 가지는 이익 외에도 운송물의 도착으로 인해 운송물의 소유자인 송하인이 얻을 이익(희망이익보험, 제689조 제2항), 운송인이 수하인 또는 송하인

---

5) 최기원, 380면; 양승규, 284면; 정찬형, 720면.
6) 정동윤, 617면; 최준선, 246-247면; 임용수, 330-331면.
7) 최기원, 380면; 양승규, 284면; 최준선, 247면; 임용수, 331면; 정찬형, 720면; 정동윤, 617면; 서헌제, 174면.

에게 손해배상책임을 지게 되는 경우 발생하는 손해와 같은 소극적 이익(책임보험), 운송인이 운송중의 사고로 인해 운임을 받지 못하게 되는 경우 그 운임손해(운임보험)도 운송보험에서 피보험이익으로 할 수 있다.[8] 운송물이 매매된 경우 매도인과 매수인 중 누가 운송물에 대해 피보험이익을 가지는가는 체결되는 매매계약의 세부 내용에 따라 달라질 수 있다.[9]

4. 보험가액

운송보험에 있어서 당사자 사이에 보험가액에 대한 합의가 있으면 그 협정보험가액을 사고발생시의 가액으로 정한 것으로 추정한다(기평가보험). 만약 협정보험가액이 사고발생시의 가액을 현저하게 초과할 때에는 사고발생시의 가액을 보험가액으로 한다(제670조).

미평가보험의 경우에는 사고발생시와 장소에서의 가액을 보험가액으로 하는 것이 보험계약의 원칙이다. 그러나 운송보험에서는 '보험가액불변경주의 원칙'에 따라 예외를 두고 있다. 즉 미리 당사자간의 합의가 없으면 운송물을 발송한 때와 장소에서의 목적물의 가액과 도착지까지의 운임 기타의 비용(세금 또는 포장비 등)을 보험가액으로 하고 있다(제689조 제1항).[10] 운송보험계약의 기간이 비교적 단기간이고 운송물이 장소적으로 계속하여 이동함에 따라 손해가 생긴 때와 장소에서의 가액을 정확하게 산정하는 것이 어렵기 때문에 이러한 예외를 둔 것이다.[11] 따라서 운송보험기간 도중의 가액변경은 고려되지 않는다. 다만 운송물의 멸실로 인하여 지출할 필요가 없게 된 운임 기타의 비용(창고보관료 또는 보험료 등)은 보험가액 산정시 공제하여야 할 것이다(상법 제134조 제1항). 또한 운송물이 도착지에 도착한 다음 이를 매각하여 얻을 이익(희망이익)은 그 자체가 별도의 피보험이익이 될 수 있기 때문에 당사자간에 약정(특약)이 있는 때에 한하여 보험가액 중에 산입한다(제689조 제2항). 여기에서 희망이익의 보험가액은 도착지의 예정가액에서 발송지의 가액과 운임 및 기타의 비용을 뺀 금액이 될 것이다.[12]

8) 정찬형, 720면; 최준선, 247면; 양승규, 284면; 임용수, 331면; 정동윤, 617면; 정희철, 436면.
9) 서헌제, 174면.
10) 운송보험에서 운송물에 대한 보험가액은 발송지가액을 기준으로 하는 반면에, 운송인의 손해배상책임과 관련하여서는 도착지가액을 기준으로 하고 있다(상법 제137조 참조); 양승규, 285면.
11) 김성태, 535면; 정희철, 437면; 양승규, 285면; 서헌제, 175면.
12) 양승규, 285면; 정동윤, 618면; 임용수, 332면; 최준선, 247면; 정찬형, 721면.

5. 보험기간

운송보험계약의 보험자는 다른 약정이 없으면 운송인이 운송물을 수령한 때로부터 수하인에게 인도할 때까지 생길 손해를 보상하여야 한다.13) 즉 운송보험의 책임기간은 운송물을 수하인에게 인도할 때까지이므로 실제로 운송이 이루어지는 기간보다 더 연장되어 있다. 운송물이 운송을 위해 운송인에게 맡겨져 있는 전 기간을 보험기간으로 하는 것이다. 특약이 없는 한 운송계약이 중단되거나 종료되더라도 운송인이 운송물을 점유 또는 보관하고 있는 동안에는 운송물을 수하인에게 인도할 때까지 운송보험의 보험자는 보상책임을 부담한다.14) 운송인의 사정으로 운송이 잠시 중단된 경우에는 그 중단기간도 보험기간에 포함된다. 보험자의 책임은 보험기간이 종료할 때까지 계속되므로 운송인과 송하인 또는 수하인과의 사이에 운송인의 책임이 그 이전에 소멸한다는 약정을 하였다고 해도 운송보험자의 책임에는 영향을 미치지 않는다. 송하인의 지시(제139조 운송물의 처분청구권)에 따라 운송물을 본래의 수하인이 아니고 다른 제3자에게 인도해야 하는 경우 운송물이 제3자에게 인도된 때에 보험기간은 종료된다.15)

수하인을 알 수 없거나 수령거부 또는 수령불능 등 운송물을 수하인에게 인도할 수 없는 사유로 인해 운송물을 공탁하거나 경매하는 때에는(제142조) 이를 인도에 준하여 그 때 보험기간이 종료되는 것으로 해석된다. 운송인이 운송물을 수령한 후에 운송보험계약이 체결된 경우 보험자의 책임은 보험계약이 성립하고 최초의 보험료를 지급받은 때로부터 개시한다. 물론 소급에 대한 특약이 있는 경우에는 운송보험계약이 체결되기 이전의 특정 시점이 보험자의 책임기간 개시 시점으로 정해질 수 있다.16)

6. 육상운송보험증권

운송보험증권에는 손해보험증권의 일반적인 기재사항인 제666조 소정의 사항 이외에 ① 운송의 노순과 방법, ② 운송인의 주소와 성명 또는 상호, ③ 운송물의 수령과 인도의 장소, ④ 운송기간을 정한 때에는 그 기간, ⑤ 보험가액을 정한 때에는 그 가액을 기재하여야 한다(제690조). 또한 보험계약자와 피보험자가 다른 경우, 예를 들어 운송인이 수하인

---

13) 운송보험약관에서는 운송기간에 대해 "보험의 목적을 보험증권에 기재한 발송지의 보관장소(창고포함)에서 반출(적재위험을 포함)할 때부터 보험증권에 기재된 도착지의 보관장소에 보험의 목적이 반입(하역위험을 포함)되었을 때 또는 그 보관장소에 반입되기 전이라도 보험증권에 기재된 도착지의 보관장소에 도착한 후 24시간이 경과된 때까지"로 규정하고 있다(제4조); 정찬형, 721면; 양승규, 286면.

14) 정동윤, 618면.

15) 최기원, 382면; 김성태, 535면; 임용수, 333면; 김은경, 435면.

16) 김성태, 535면; 서헌제, 175면; 최준선, 247면; 임용수, 332-333면; 양승규, 285-286면; 정찬형, 721면; 정동윤, 618면; 정희철, 436-437면; 손주찬, 614면.

을 위해 보험계약을 체결한 때에는 보험증권에 그 사실을 명기해야 할 것이다.17)

Ⅲ. 운송보험자의 손해보상책임

1. 원   칙

보험자는 다른 약정이 없는 한 운송인이 운송물을 수령한 때로부터 수하인에게 인도할 때까지 운송인의 점유하에 있는 기간 동안에 보험사고로 인해 운송물이 멸실 또는 훼손된 때에 보험사고와 상당인과관계에 있는 손해를 피보험자에게 보상할 책임을 진다. 손해보상액의 산정과 관련된 보험가액은 앞에서 설명한 바와 같이 기평가보험의 경우에는 합의된 보험가액에 의하며(제670조), 미평가보험의 경우에는 보험가액불변경주의의 원칙에 기초한 제689조에 의해 산출된 금액, 즉 운송물을 발송한 때와 곳의 가액과 도착지까지의 운임 기타의 비용을 보험가액으로 하여 이를 기준으로 한다.18)

2. 면책사유

(1) 법정면책사유

운송보험계약에서도 일반 손해보험계약에서와 같이 보험계약자 또는 피보험자의 고의 또는 중과실로 인한 보험사고에 대해 보험자는 면책된다(제659조). 기타 전쟁면책(제660조)이나 보험목적물의 성질, 하자 또는 자연소모에 대한 면책조항(제678조)도 적용된다. 운송보험 특유의 면책사유로서 보험사고가 송하인 또는 수하인의 고의 또는 중대한 과실로 인하여 발생한 때에는 보험자는 이로 인하여 생긴 손해를 보상할 책임이 없다(제692조). 이들은 보험계약자나 피보험자가 아니더라도 운송계약상의 권리와 의무를 가지며(상법 제143조-141조) 운송보조자로서의 지위를 가지고 있기 때문이다. 운송보험에서 운송인이 보험계약자 또는 피보험자가 아닌 경우에(예를 들어 송하인 등이 운송보험계약의 보험계약자 또는 피보험자인 경우) 운송인의 고의 또는 중대한 과실로 인한 보험사고에 대해 보험자는 보험금지급책임을 부담하며, 사고를 야기한 운송인에 대해 송하인이나 수하인이 가지는 운송계약상의 권리를 대위취득할 수 있다.19)

---

17) 양승규, 286면.
18) 정찬형, 722면.
19) 정찬형, 722면; 양승규, 287면; 서헌제, 175면; 한기정, 608면; 임용수, 334면; 정동윤, 620면; 정희철, 437-438면; 김은경, 437면.

(2) 약정면책사유

보험계약자, 피보험자 또는 이들의 대리인이나 사용인의 고의 또는 중대한 과실 및 이들의 사용인으로서 운송에 종사하는 자의 고의, 포장의 불완전, 운송지연, 핵연료물질 또는 핵연료물질에 의해서 오염된 물질, 방사능, 폭발성 그 밖의 유해한 특성 또는 이들의 특성에 의한 사고, 동맹파업, 태업, 작업장폐쇄, 쟁의행위, 폭동, 소요 또는 이와 유사한 사건, 억류, 압류 또는 이와 유사한 행위, 지진, 분화 또는 이와 유사한 사고 등 약관에서 특별히 정한 사유에 따라 보험자는 보상책임을 면할 수 있다. 또한 보험의 목적이 無蓋貨車 (완전히 덮이지 않은 운송용구에 적재되거나 야적된 경우)의 경우에 생긴 손해에 대해서도 보험자는 보상책임을 지지 않는 것으로 정하고 있다.20)

3. 운송의 중지나 변경

운송보험계약은 운송의 필요에 의해 일시 운송을 중지하거나 운송의 노순(路順) 또는 방법을 변경한 경우에도 그 효력을 잃지 않는다. 물론 당사자간에 이와 달리 약정을 한 경우에는 그러한 약정의 효력은 인정된다(제691조). 이는 운송도중의 도로 및 교통상황 등의 특성을 반영한 것으로서 후술하는 해상보험에서 항해변경이나 이로(離路) 등의 경우를 보험자의 면책사유로 규정하고 있는 것과 비교된다.

만약 운송의 일시중지나 운송의 노순이나 운송방법을 변경한 결과 위험이 현저하게 변경되거나 증가되었다면 보험자는 이를 입증하고 제653조에 의해 보험료의 증액을 청구하거나 계약을 해지할 수 있다고 해석한다.21) 이에 대해 제691조는 해상운송(제701조의2, 제703조)과 달리 육상운송에서는 노순 또는 방법의 변경이 위험을 크게 증가시키지 않는 점을 고려한 특칙이라고 풀이되므로 제653조는 적용되지 않는다고 해석하는 견해가 있다.22) 생각건대 운송의 일시중지나 운송의 노순, 운송방법의 변경 자체가 곧바로 제653조의 적용을 가져온다고 할 수는 없겠지만, 그 결과 위험이 현저하게 변경되거나 증가되었

---

20) 양승규, 287-288면(有蓋貨車, 즉 완전히 덮여진 운송용구에 적재했더라도 발생되었을 손해는 보험자의 보상책임을 인정하고 있다. 다만 이러한 면책사유 중에서 운송지연이나 무개화차에의 운송물 적재 등이 보험계약자 측이 아닌 운송인의 고의 또는 중과실로 인한 경우에까지 보험자의 면책사유로 하는 것은 그 타당성에 의문이 있으며, 이에 대해서는 보험자가 피보험자에 대해 보험금을 지급하고 운송인에게 보험자대위권을 행사하는 것이 합리적이라고 풀이하고 있다); 임용수, 334면.

21) 김성태, 536면; 한기정, 608면; 강위두/임재호, 633면; 양승규, 288면; 최준선, 248면; 임용수, 335면; 정찬형, 723면; 서헌제, 176면(예를 들어 4차선의 고속도로와 2차선의 꾸불꾸불한 국도는 사고발생의 빈도가 다르다고 할 수 있으므로 운송경로의 변경으로 인해 위험이 현저하게 변경되거나 증가가 수반되는 경우이다).

22) 정동윤, 619면; 서돈각/정완용, 439-440면.

음이 입증되었다면 제653조의 적용대상이 될 수 있다고 해석해야 할 것이다. 운송약관에서는 위험이 현저하게 변경되거나 증가된 경우 보험계약자나 피보험자는 이를 통지해야 하고, 통지가 없으면 보험자는 계약을 해지할 수 있다고 정하고 있다.23)

---

23) 최준선, 248면; 임용수, 335면.

I. 의의와 기능

근대보험의 효시로서 역사적으로 가장 오래된 보험인 해상보험(contract of marine insurance)이란 해상사업에 관한 사고로 인하여 선박, 적하, 운임 등에 생긴 손해를 보상하는 것을 목적으로 하는 손해보험을 말한다(제693조). 해상보험은 항해에 관한 사고, 즉 해상위험을 기초로 하지만 해상적하보험에서는 약관(운송약관)에 의해 해상에서의 위험뿐만 아니라 항해에 관계되는 內水 또는 창고까지의 육상위험도 담보하는 경우도 있다.[1] 해상보험은 구체적이고 상세한 내용을 약관에 규율하는데 실무상으로는 해상보험의 국제적 성격으로 인해 해상보험계약상의 책임문제를 영국의 법률과 관습에 따른다는 '영국법 준거조항'이 널리 이용되고 있다.[2] 따라서 해상보험에 있어서는 영국의 1906 해상보험법이 사실상 중요한 法源이 되고 있다.[3]

국제 무역의 대부분은 해상운송을 통해 이루어지기 때문에 해상보험은 중요한 기업보험으로 자리잡고 있다. 또한 국제무역거래에 있어서 대금 결제와 관련하여 매수인의 거래은행이 발행하는 상업신용장은 그 발행 조건의 하나로 해상보험증권의 제출을 요구하고 있으므로 국제무역거래에서도 신용제공 측면에서 해상보험계약은 중요한 위치를 차지하고 있다.[4]

---

1) 영국 1906 해상보험법 제2조 제1항에서 해상보험계약에서 내수 또는 육상위험에 대해서도 담보범위를 확대할 수 있다고 정하고 있다. 양승규, 289-290면.
2) 대판 2005. 11. 25, 2002다59528; 대판 1991. 5. 14, 90다카25314.
3) 정찬형, 724-725면; 양승규, 292면; 정희철, 439면.
4) 양승규, 290면.

Ⅱ. 해상보험의 성질 및 특성

1. 기업보험

해상보험은 주로 해운업이나 무역업 등을 영위하는 기업이 보험계약자가 되어 해상보험자와 대등한 지위에서 계약의 내용이나 조건을 결정하고 체결하는 이른바 기업보험의 하나이다. 따라서 제663조가 규정하고 있는 '보험계약자등의 불이익변경금지의 원칙'이 적용되지 않는다. 해상보험의 경우에는 당사자간의 사적자치 영역을 확대하여 구체적인 사안에 대해 개별적인 합의에 의해 법률문제를 해결할 수 있도록 하고 있다.5) 따라서 상법 보험편에서 규정하고 있는 것보다 보험계약자 측에게 불리한 내용이 합의를 통해 계약에 포함되더라도 그러한 약정의 효력은 인정된다.

[대법원 1996. 12. 20. 선고 96다23818 판결]

〈주요 판시내용〉

상법 제663조 단서가 해상보험에 같은 법조 본문 소정의 보험계약자 등의 불이익변경금지원칙이 적용되지 아니하도록 규정하고 있는 취지는 해상보험이 보험계약자와 보험자가 서로 대등한 경제적 지위에서 계약조건을 정하는 이른바 기업보험의 일종으로 보험계약의 체결에 있어서 보험계약자의 이익보호를 위한 법의 후견적 배려는 필요하지 않고 오히려 어느 정도 당사자 사이의 사적 자치에 맡겨 특약에 의하여 개별적인 이익조정을 꾀할 수 있도록 할 필요가 있고, 또한 해상보험에 있어서는 그 보험의 성격상 국제적인 유대가 강하고 보험실무상으로도 영국법 준거조항을 둔 영문 보험약관이 이용되고 있는 실정이므로 불이익변경금지원칙을 일률적으로 적용하여 규제하는 것이 반드시 옳다고 할 수 없다는 고려에서 나온 것이다.

수산업협동조합중앙회에서 실시하는 어선공제사업은 항해에 수반되는 해상위험으로 인하여 피공제자의 어선에 생긴 손해를 담보하는 것인 점에서 해상보험에 유사한 것이라고 할 수 있으나, 그 어선공제는 수산업협동조합중앙회가 실시하는 비영리 공제사업의 하나로 소형 어선을 소유하며 연안어업 또는 근해어업에 종사하는 다수의 영세어민들을 주된 가입대상자로 하고 있어 공제계약 당사자들의 계약교섭력이 대등한 기업보험적인 성격을 지니고 있다고 보기는 어렵고 오히려 공제가입자들의 경제력이 미약하여 공제계약 체결에 있어서 공제가입자들의 이익보호를 위한 법적 배려가 여전히 요구된다 할 것이므로, 상법 제663조 단서의 입법취지에 비추어 그 어선공제에는 불이익변경금지원칙의 적용을 배제하지 아니함이 상당하다.

---

5) 대판 1996. 12. 20, 96다23818; 임용수, 337면; 양승규, 290면; 김은경, 442면.

2. 국제적 성질─영국법 준거약관6)

(1) 영국법 준거약관 일반론

부보되는 위험(보험사고)이 국제적인 거래 과정에서 발생할 가능성이 많은 경우에 보험약관에 외국법을 준거법으로 하는 내용이 포함될 수 있다. 해상보험은 해상사업의 성격상 국제적 성격이 강하며, 계약의 체결과 해석에 있어서 전통적으로 영국의 1906 해상보험법과 약관, 실무와 관습으로부터 강한 영향을 받고 있다. 해상보험이 영국을 중심으로 오랜 기간에 발달되어 왔기 때문이다. 1906년에 제정된 영국의 해상보험법(Marine Insurance Act 1906)은 제정된 지 100여 년이 훨씬 넘었지만, 그 규정의 내용이 1700년대 이후의 다양한 해상보험 판례들을 집대성하여 성문화한 것으로서 현재까지도 중요한 법원으로서 역할을 하고 있다. 영국의 런던보험자협회(Institute of London Underwriters, ILU)가 중심이 되어 제정한 협회약관(Institute Clauses)은 우리나라를 포함하여 전 세계 많은 국가에서 표준약관으로 사용되고 있다. 이들 협회약관에는 영국법 준거조항이 삽입되어 있다.7) 영국법과 우리 보험법 사이에는 고지의무, 인과관계, 워런티 제도, 중복보험, 근인(近因)원칙, 소멸시효, 책임보험에 있어서의 피해자 직접청구권, 해상보험증권의 법적효과 등에서 적지 않은 차이가 있다.8) 그런데 우리 대법원은 "해상보험증권 아래에서 야기되는 일체의 책임문제는 영국의 법률 및 관습에 의하여야 한다는 영국법 준거약관은 오랜 기간 동안에 걸쳐 해상보험업계의 중심이 되어 온 영국의 법률과 관습에 따라 당사자간의 거래관계를 명확하게 하려는 것으로서 우리나라의 공익규정 또는 공서양속에 반하는 것이라거나 보험계약자의 이익을 부당하게 침해하는 것이라고 볼 수 없어 유효하다"고 판시하여

---

6) 이에 관하여 박세민, "해상보험에 있어서 영국법 준거조항의 유효성 인정문제와 그 적용범위에 관한 비판적 고찰", 한국해법학회지 제33권 제1호, 2011. 4, 189면 이하.

7) 표준협회약관으로는 1983년 협회선박기간보험약관(Institute Time Clauses-Hulls), 협회선박항해보험약관(Institute Voyage Clauses-Hulls), 협회적하보험약관 A, B, C(Institute Cargo Clauses A, B, C), 협회전쟁약관(Institute War Clauses), 협회동맹파업약관(Institute Strikes Riots and Civil Commotions Clauses) 등이 있다. 그런데 런던보험자협회는 런던국제보험 및 재보험시장연합(London International Insurance and Reinsurance Market Association, LIRMA)과의 합병을 통해 1998년 12월 런던국제언더라이팅협회(International Underwriting Association of London, IUA)로 그 모습을 바꾸었다. 협회선박기간보험은 1995년(ITC-Hulls(1/11/95))과 2003년(ITC-Hulls(1/11/03)에 각각 개정했는데, 우리나라 실무에서는 아직도 1983년 약관을 가장 널리 사용하고 있다. 2006년 런던국제언더라이팅협회는 로이즈시장협회와 합동적하위원회(Joint Cargo Committee, JCC)를 구성하여 기존의 1982년 협회적하약관을 개정하는 작업을 해왔고 마침내 2009년 1월에 새로운 협회적하약관 (A)(B)(C)을 공표하였다. 이현균, "영국 해상보험법상 선박기간보험계약에서의 감항능력 결여로 인한 보험자 면책과 적법성 담보에 관한 연구─대법원 2020. 6. 4. 선고 2020다204049 판결의 평석을 중심으로─", 한국해법학회지 제42권 제2호, 2000, 295면; 이재복, 적하보험, 55-56면; 이재복, "2009년 협회적하약관(ICC)의 도입과 ICC(1982)와의 비교분석", 보험학회지 제83집, 2009. 8, 59-92면.

8) 장덕조, 302면.

영국법 준거약관의 효력을 인정하고 있다.9) 국제사법 제25조에서도 당사자는 계약의 성립
과 효력의 준거법을 자유로이 선택할 수 있도록 하고 있다(당사자자치). 이에 따라 국내
보험회사와 국내 기업이 해상보험을 체결한 경우에 우리 상법 보험편 보다 영국 법률과
관습이 더 중요한 법원으로 작용하고 있다.10)

[대법원 1991. 5. 14. 선고 90다카25314 판결]

〈사실관계〉

원고는 보험사고가 이미 발생했을 가능성을 알면서도 이를 숨긴 채 피고회사와 보험계약을 체
결하였고, 피고회사는 영국법 준거약관에 의해 적용되는 영국 해상보험법 제17조에 근거해 보험
계약을 취소하였다. 그러자 원고는 상법 제651조는 고지의무위반을 이유로 한 보험계약 해지는
보험자가 그 사실을 안 날로부터 1개월 이내에 한하여 할 수 있다고 규정하고 있고, 상법 제655
조는 보험자는 고지의무위반과 보험사고와의 사이에 인과관계가 있는 경우에 한하여 고지의무위
반을 이유로 보험계약을 해지할 수 있다고 규정하고 있는데, 위와 같은 제척기간이나 인과관계에
관한 규정이 없는 영국 해상보험법이나 영국관습을 준거법으로 하는 영국법 준거약관은 보험계약
자 등의 불이익변경의 금지를 규정한 상법 제663조의 규정에 위반하여 무효라고 주장하였다.

〈주요 판시내용〉

보험증권 아래에서 야기되는 일체의 책임문제는 외국의 법률 및 관습에 의하여야 한다는 외국
법 준거약관은 동 약관에 의하여 외국법이 적용되는 결과 우리 상법 보험편의 통칙의 규정보다
보험계약자에게 불리하게 된나고 하어 상법 제663조에 따라 곧 무효로 되는 것이 아니고 동 약
관이 보험자의 면책을 기도하여 본래 적용되어야 할 공서법의 적용을 면하는 것을 목적으로 하거
나 합리적인 범위를 초과하여 보험계약자에게 불리하게 된다고 판단되는 것에 한하여 무효로 된
다고 할 것인데, 해상보험증권 아래에서 야기되는 일체의 책임문제는 영국의 법률 및 관습에 의
하여야 한다는 영국법 준거약관은 오랜 기간 동안에 걸쳐 해상보험업계의 중심이 되어 온 영국의
법률과 관습에 따라 당사자간의 거래관계를 명확하게 하려는 것으로서 우리나라의 공익규정 또는
공서양속에 반하는 것이라거나 보험계약자의 이익을 부당하게 침해하는 것이라고 볼 수 없으므로
유효하다. (2015 영국 보험법의 제정으로 판례 해석에 주의를 요함)

---

(2) 영국법 준거약관 유형 및 그에 따른 국내법률 적용 배제

영국법 준거약관은 그 내용에 따라 다음과 같이 크게 3가지로 분류되며, 판례는 이들
세 유형의 준거약관을 모두 유효한 것으로 판단하고 있다.11) ① "이 보험계약에서 발생하

---

9) 대판 2005. 11. 25, 2002다59528, 59535; 대판 1996. 3. 8, 95다28779; 대판 1991. 5. 14, 90다카25314; 대판
　　1998. 7. 14, 96다39707; 대판 1977. 1. 11, 71다2116; 대판 1989. 9. 12, 87다카3070; 대판 1996. 10. 11, 94다
　　60332; 대판 1998. 5. 15, 96다27773; 김성태, 168면; 장덕조, 62면.
10) 대판 1991. 5. 14, 90다카25314.
11) 대판 1998. 7. 14, 96다39707; 대판 2001. 7. 27, 99다55533; 대판 2016. 6. 23, 2015다5194.

는 모든 책임문제는 영국의 법률과 관습에 따라 규율된다(All questions of liability under this policy are to be governed by the law and custom of England)", ② "이 보험증권의 규정 또는 첨부된 어떠한 반대규정에도 불구하고, 이 보험은 일체의 보상청구에 대한 책임 및 결제에 대해서만 영국의 법률과 관습을 따를 것을 상호 이해하고 합의한다(Notwith-standing anything contained herein or attached hereto to the contrary, this insurance is understood and agreed to be subject to English law and practice only as to liability for and settlement of any and all claims)", ③ "이 보험은 영국의 법률과 관습에 따른다(This insurance is subject to English law and practice)."[12]

위 ① 유형의 '모든 책임문제는 영국의 법과 관습에 따른다'는 내용의 영국법 준거조항이 포함되어 있다면, 예를 들어 고지의무위반이 있을 때 고지의무의 제척기간 및 인과관계에 관한 우리 보험법 제651조 또는 제655조 대신, 영국의 2015 보험법(Insurance Act 2015) section 3 이하가 적용된다.[13] 또한 워런티(warranty) 제도가 우리 보험법에는 존재하지 않음에도 불구하고 영국법 준거조항에 의해 적용되어 워런티 위반이 있으면 보험자의 면책이 인정될 수도 있다.[14] 해상보험 또는 무역보험과 같이 국제적으로 통용되는 보험약관에는 우리나라「약관의 규제에 관한 법률」의 일부조항이 적용되지 않을 수 있다.[15] 보험자의 약관설명의무가 문제될 수도 있다.[16]

[대법원 1996. 3. 8. 선고 95다28779 판결]

〈사실관계〉

선박의 상태가 불량함을 알고도 원고가 보험에 가입한 후 보험금을 청구하자 피고회사는 영국법 준거약관에 의해 적용되는 영국 해상보험법 제17조를 이유로 보험계약을 취소하였다. 그러자 원고는 처음 보험에 가입할 때는 선박의 상태가 불량했지만 보험사고 발생 시에는 선박이 모두 수리되어 보험계약시의 고지의무위반과 보험사고 사이에는 인과관계가 없으므로 상법 제655조에 의해 피고회사는 보험금을 지급해야 한다고 주장하였다. 또한 원고는 피고회사가 보험사고 발생 이전에 선박의 상태가 불량함을 알게 되었고 이러한 경우 상법 제651조는 피고회사가 1개월 내에

---

12) 유기준, 해상보험판례연구, 두남, 2002, 77면; 김인현, "우리나라 해상보험법 판례회고와 시사점", 보험법연구 제4권 제1호, 2010. 6, 175-176면.

13) 대판 1996. 3. 8, 95다28779; 대판 1991. 5. 14, 90다카25314. 2015 영국 보험법이 제정됨으로 인해 고지의무나 최대선의의무에 관한 기존의 1906 해상보험법(Marine Insurance Act 1906)의 제17조 이하 조문은 적용되지 않는다. 다만 2015 영국 보험법 시행일 전에 체결된 보험계약이나 공제계약에 대해서는 영국의 1906 해상보험법이 적용된다. 최준선, 249면.

14) 대판 1998. 5. 15, 96다27773.

15) 약관의 규제에 관한 법률 제15조 및 동법 시행령 제3조에 따라 해상보험약관에 대해서 약관의 규제에 관한 법률 제7조부터 제14조까지의 규정 적용을 제한할 수 있다. 대판 1999. 12. 10, 98다9038. 한기정, 611면.

16) 대판 2001. 7. 27, 99다55533.

만 보험계약을 해지할 수 있다고 규정하고 있으므로 피고회사는 보험계약을 해지할 수 없다고 주장하였다.

〈주요 판시내용〉

영국법 준거약관이 적용되는 선박보험계약에 있어서 고지의무위반을 이유로 한 보험계약의 해지에 관하여는 영국 해상보험법 제17조, 제18조가 적용되고 같은 법 소정의 고지의무위반을 이유로 한 보험계약의 해지는 우리 상법 제651조 소정의 그것과는 그 요건과 효과를 달리하고 있어 이에 대하여 상법 제655조의 인과관계에 관한 규정은 적용될 여지가 없다. 그리고 고지의무위반을 이유로 한 보험계약의 취소를 규정하고 있는 영국 해상보험법 제18조에는 그 취소권의 행사기간에 관하여 아무런 제한을 두고 있지 않으나, 영국 법원의 판례에 의하면 피보험자의 고지의무위반 사실을 안 보험자가 기간의 제한 없이 무한정하게 고지의무위반을 원인으로 보험계약을 취소할 수 있는 것이 아니라 그 사실을 안 날로부터 보험계약 취소 여부를 결정하는데 필요한 상당한 기간 내에 취소권을 행사하여야 하고, 보험자가 취소권을 행사하지 않을 의사임이 명백할 정도로 오랜 시간이 흐른 경우나 보험자가 취소권을 늦게 행사함으로써 피보험자에게 손해가 발생한 경우 또는 제3자의 권리관계가 개입하게 된 경우라면 보험자가 보험계약을 추인하였다고 볼수 있다는 것일 뿐, 그렇다고 하여 그 상당한 기간을 소론과 같이 일률적으로 우리 상법 제651조 소정의 제척기간에 상응하는 1개월 내라고 단정할 수는 없는 것이다(同旨: 대판 2005. 11. 25, 2002다59528, 59535). (2015 영국 보험법의 제정으로 판례 해석에 주의를 요함)

선박보험에서는 위 ③ 유형 '이 보험은 영국의 법률과 관습에 따른다'고 정하고 있다. 이로써 모든 법률문제는 영국의 법과 관습에 따르도록 하여 선박기간보험의 경우 준거법 조항이 포괄적으로 규정되어 있다,

[대법원 2015. 3. 20. 선고 2012다118846 판결]

〈주요 판시내용〉

선박보험에서 해상보험업계의 일반적 관행에 따라 영국법 준거약관을 사용하고 있고 그것이 대한민국의 공익이나 공서양속에 반한다거나 피고의 이익을 부당하게 침해하는 것이라고 볼 수 없으므로, 이 사건 선박보험과 관련된 모든 법률관계의 준거법은 영국법이고 달리 약관규제법을 적용하여야 할 사정이 없어, 이 사건 선박보험에는 약관규제법이 적용되지 않는다.

반면 적하보험에서는 위 ② 유형 "이 보험증권에 포함되어 있거나 또는 이 보험증권에 첨부되는 어떠한 반대되는 규정이 있음에도 불구하고, 이 보험은 일체의 전보청구 및 결제에 관해서 영국의 법률과 관습에만 의한다"라고 규정하고 있다. 이에 따라 적하보험증권에서 영국법이 적용되는 범위는 보험금 청구 및 지급과 관련된 사항으로 제한적으로 규정하고 있다. 따라서 보험계약의 보험목적물이 무엇인지에 관한 사항, 보험계약의 성립 여

부에 관한 사항, 보험료 채권이나 계약의 유효성 여부에 관한 사항은 영국의 법률과 실무가 적용되지 않고 우리나라의 법률이 적용될 수 있다.[17]

(3) 영국법 준거약관의 법적 성질

대법원은 영국법 준거약관의 법적 성질에 관해 국제사법 제25조 제1항에서 규정하고 있는 것과 같이 당사자 의사에 의해 준거법을 선택할 수 있다는 '저촉법적 지정설'을 따르고 있는 것으로 해석되며, 그 중 당사자가 보험계약의 책임부분만 영국법을 준거법으로 정하였기 때문에 그 외 부분은 국제사법에 따라 객관적으로 준거법을 결정해야 한다는 '부분 지정설'을 취하고 있다.[18]

(4) 영국법 준거약관의 적용 한계

외국법을 적용함으로써 우리의 공서양속에 반하는 경우 또는 보험계약자의 이익을 부당하게 침해하는 경우에는 외국법 준거약관의 효력을 부인할 수 있다.[19] 영국법 준거약관에 의해 2015 영국 보험법이 적용되는 경우에 예를 들어 우리 보험법에서 존재하지 않는 워런티(warranty) 제도에 관한 보험자의 약관설명의무 필요성에 관한 의문이 있다. 판례는 만약 보험자가 이에 대한 설명의무를 위반한 경우에는 해당 계약 내용에 편입되지 않으며, 보험자는 워런티 위반을 이유로 보험계약을 해지할 수 없다고 한다. 이는 결과적으로 준거약관에 따른 영국법의 적용이 제한을 받는 것이라 할 수 있다.[20] 즉 영국법 준거약관에 의해 영국법의 적용을 받더라도, 영국법상의 해당 내용이 중요한 내용이어서 약관설명의무의 대상이 되는데도 불구하고, 이를 설명하지 않게 되면 해당 내용은 계약으로의 편입이 인정되지 않게 된다. 그런데 해당 판례는 영국법을 준거법으로 지정했음에도 불구하고, 약관의 규제에 관한 법률에 따른 설명의무가 왜 문제되는가의 이유에 대해서는 밝히지 않고 있다. 이 문제에 보험계약은 준거법 지정 외에는 외국적 요소가 없는 순수 국내계약이어서 국제사법 제25조 제3항에 따라 국내적 강행규정인 약관의 규제에 관한 법률이 적용된다고 해석하는 견해가 있다.[21]

---

17) 대판 1998. 7. 14, 96다39707; 이 판결에 대한 찬성 취지의 평석으로, 한창희, "해상적하보험증권의 영국법 준거조항상 영국법의 적용범위", 보험법연구 3, 1999, 75-81면; 정찬형, 724면 각주 2; 최준선, 249면; 정동윤, 621-622면.

18) 석광현, 국제사법과 국제소송(제2판), 박영사, 2002, 55면; 이현균, 전게논문, 298면.

19) 대판 2005. 11. 25, 2002다59528, 59535 및 대판 1996. 3. 8, 95다28779; 장덕조, 89면.

20) 대판 2010. 9. 9, 2009다105383; 장덕조, 90면.

21) 석광현, "약관규제법은 국제정 강행규정인가", 법률신문, 2011. 3. 21. 이 견해에 대해 선박보험은 외국 재보험사에게 위험이 전가되는 부분이 대부분이어서 국내계약으로 볼 수 없다고 비판하는 견해가 있다. 한창희, "워런티 관련 대법원 2010. 9. 9. 선고 2009다105383 판결의 연구", 보험학회지 제92집, 2012, 67면. 한기정, 622면.

적하보험에서의 준거법 약관이 보험계약 전부에 대한 준거법을 지정한 것이 아니라 보험자의 '책임' 문제에 한정하여 영국의 법률과 관습에 따르기로 한 것이라면 보험자의 책임에 관한 것이 아닌 사항에 관하여는 해당 보험계약과 가장 밀접한 관련이 있는 우리나라의 법이 적용된다고 할 것이다(국제사법 제26조 제1항). 약관의 설명의무에 관한 사항은 약관의 내용이 계약내용이 되는지 여부에 관한 문제로서 보험자의 책임에 관한 것이라고 볼 수 없으므로22) 이에 관하여는 영국법이 아니라 우리나라의 약관규제법이 적용된다.23) 현재 수협어선공제, 한국선주상호보험조합 및 한국해운조합의 공제계약에는 영국법 준거조항이 삽입되어 있지 않으므로 우리나라 법이 준거법이 되고 있다.24)

Ⅲ. 해상보험의 종류

1. 피보험이익에 의한 분류

(1) 선박보험

선박보험(hull insurance)이란 선박을 보험목적으로 하는 보험으로서 보험의 목적인 선박의 소유자가 가지는 피보험이익에 관한 보험이다. 그런데 선박보험에서의 피보험이익에는 선박소유자 이외에 담보권자가 가지는 이익이나 선박임차인이 가지는 사용이익도 포함될 수 있다. 따라서 선박소유자 이외에 담보권자나 선박임차인도 선박보험에서 보험계약자나 피보험자가 될 수 있다.25) 선박관리자(선박이용자)도 선박보험의 피보험이익을 가지는 것으로 해석된다.

> **[대법원 1988. 2. 9. 선고 86다카2933, 2934, 2935 판결]**
>
> 〈주요 판시내용〉
> 선박보험에 있어 피보험이익은 선박소유자의 이익 외에 담보권자의 이익, 선박임차인의 사용이익도 포함되므로 선박임차인도 추가보험의 보험계약자 및 피보험자가 될 수 있다.

---

22) 대판 2001. 7. 27, 99다55533.
23) 대판 2016. 6. 23, 2015다5194; 대판 2001. 7. 27, 99다55533.
24) 사법연수원, 보험법연구, 2007, 105면.
25) 대판 2010. 9. 9, 2009다105383; 대판 1988. 2. 9, 86다카2933, 2934, 2935; 최준선, 250-251면; 임용수, 338면; 정동윤, 622면.

[대법원 2010. 9. 9. 선고 2009다105383 판결]

〈주요 판시내용〉

리스회사 甲과 선박 등에 관한 리스계약을 체결한 리스이용자 乙이 그 계약에 따라 리스선박에 대하여 협회선박기간보험약관[Institute Time Clauses(Hull-1/10/ 83)]이 적용되는 선박보험계약을 체결하면서 피보험자를 '소유자(owner) 甲, 관리자(manager) 乙'로 한 사안에서, 乙은 리스계약상 선박의 법률상 소유자는 아니지만 리스이용자로서 선박을 사용할 권리를 갖고 있고 그 멸실·훼손에 대하여 위험부담을 지고 선박의 훼손시 이를 복원·수리할 의무를 부담하며 리스기간 종료시 선박을 법률상 소유자인 리스회사로부터 양도받을 수 있는 지위에 있는데, 그렇다면 乙은 그 선박에 관하여 법률상 이해관계가 있고 그 결과 선박의 멸실이나 손상 등으로 수리비 등을 지출함으로써 손해를 입거나 그에 관하여 책임을 부담할 수 있는 지위에 있으므로, 위 보험계약의 준거법인 영국 해상보험법상 그 보험계약에 관하여 피보험이익이 있다.

선박보험의 대상은 해상법상의 선박(상행위나 기타 영리를 목적으로 항해에 사용하는 선박)26)으로 한정되지 않으며 거래 통념상 선박으로 인정되는 모든 것을 포함한다. 건조 중인 선박은 상법상의 선박에 해당되지 않으나 고정시킨 이후에는 선박으로 인정된다.27) 제742조에서 선박의 속구목록에 기재된 물건은 선박의 종물로 추정하며, 제696조 제2항에서는 선박 자체 이외에 선박의 속구, 연료, 식량 기타 항해에 필요한 모든 물건을 선박보험의 목적에 포함시키고 있다. 다만 당사자 간의 약정에 의해 물건의 일부를 선박보험의 목적에서 제외시킬 수 있다.28)

(2) 적하보험

적하보험(cargo insurance)은 선박에 의하여 수송되는 해상운송물(적하)에 대한 소유자이익을 피보험이익으로 하는 보험이다(제697조). 적하는 해상운송의 객체가 될 수 있는 것으로서 경제적 가치가 있어야 하며 살아 있는 동물도 적하가 될 수 있다. 그러나 연료, 안전한 항해를 위한 모래, 식료품, 선원이나 여객의 수하물이나 휴대품 등 운송 이외의 목적인 물건은 적하의 범위에서 제외된다.29)

---

26) 해상법 제740조.
27) 양승규/한창희, 29면; 김은경, 445면.
28) 대판 1978. 12. 26, 78다2028(의장품이 선체의 종물이라 할지라도 특히 당사자가 공제계약(보험계약)의 목적물로 삼지 아니하기로 합의한 것이라면 그 법적 운명에 있어서 반드시 선체와 함께 하여야 할 이유는 없다); 양승규, 292면; 임용수, 337면; 정찬형, 725면 각주 3; 최준선, 250면; 정동윤, 622면.
29) 최기원, 387면; 임용수, 338면; 정찬형, 725-726면; 정희철, 439면; 양승규, 292면.

(3) 운임보험

운송인은 화물을 계약대로 운송한 경우에 운임을 청구할 수 있는데 운송물의 전부 또는 일부가 해상위험으로 인해 멸실한 때에는 그 운임을 청구할 수 없게 된다. 여기에서 운송인이 해상위험으로 인해 받을 수 없게 된 운임을 피보험이익으로 한 보험을 운임보험(freight insurance)이라 한다(제134조 제1항, 제706조 제1호, 제815조).[30] 여기에서 운임이란 비용을 포함한 총운임을 의미하는데, 순운임 산출에 관한 분쟁을 피하기 위함이다. 물론 당사자의 특약으로 순운임을 목적으로 할 수도 있다. 총운임을 부보한 것인지 순운임을 부보한 것인지 의문이 있는 때에는 총운임을 부보한 것으로 해석함이 타당할 것이다.[31]

(4) 희망이익보험

보험의 목적인 적하가 목적지에 무사히 도착하여 매수인 또는 수하인이 이를 매각하거나 중개인, 운송주선인, 위탁매매인 등이 중개를 함으로써 얻을 수 있는 보수(수수료) 등과 같이 기대되는 이익을 부보한 것을 희망이익보험(insurance on profits on goods)이라 한다. 이때 보험가액을 정하지 아니한 때에는 보험금액을 보험가액으로 추정한다(제698조). 희망이익보험만을 부보하는 것은 드물고, 선적지의 적하의 가액에 일정률(예를 들어 10%)의 가액을 더하여 적하보험과 함께 부보하는 것이 일반적이다.[32]

(5) 선비보험(船費保險)

선비(disbursements)란 선박의 운항에 요구되는 일반적인 경비의 총칭이다. 선비보험(disbursements insurance)이란 선박의 의장(艤裝)[33] 기타 선박의 운항에 요하는 모든 비용에 대해 가지는 피보험이익에 대한 보험이다. 대개 선비는 총운임에 포함되어 운임을 통하여 회수되기 때문에 선비에 대한 피보험이익은 운임보험에 포함시킨다. 그런데 선비만을 별도로 부보할 수도 있는데 이러한 경우를 선비보험이라 한다.[34]

(6) 불가동손실보험(不稼動損失保險)

선박이 해난사고로 인해 가동할 수 없게 된 경우 선주 및 선체용선자가 불가동 기간

---

30) 그런데 운송물의 전부 또는 일부가 송하인의 책임없는 사유로 인하여 멸실한 경우 운송인은 그 운임을 청구할 수 없다(상법 제134조 제1항).

31) 최기원, 391면; 임용수, 338면; 최준선, 251면; 정동윤, 623면; 양승규, 293면; 김은경, 446면.

32) 양승규, 293면; 최준선, 251면; 정찬형, 726면; 임용수, 339면; 정동윤, 623면.

33) 선박의 선체가 완성된 때부터 취항에 이르기까지의 공사를 총칭하여 의장이라고 한다. 선체 및 기관 이외에 선박의 운항에 필요한 제설비와 속구류를 의장품이라 하고 이러한 의장품을 선체 및 기관에 내장하는 공사를 의장공사라고 한다. 한국보험학회(편) 보험사전(1997).

34) 양승규, 293면; 임용수, 339면; 최준선, 251면; 정동윤, 623면.

동안 무익하게 지급해야 할 선박경상비35) 또는 손실된 운임 기타 용선료의 손실을 전보하는 보험이다. 즉 해난사고로 인해 선주 등이 입게 되는 간접손해가 선박보험에 의해 담보되지 않으므로 이를 보상하기 위한 보험으로서 대개 선박가액의 일정 비율을 한도로 하여 선박보험에 추가하여 가입한다.36)

(7) 선주책임상호보험

해상보험계약에 의해 인수되지 않는 위험을 담보하기 위해 선박소유자, 선박임차인, 용선자 기타 선박운항업자 등이 조합원 자격으로 선주책임상호보험조합(P&I Club, Protection & Indemnity)을 결성하여 영위하는 책임보험을 말한다. 즉 선주책임상호보험은 선박의 운항과 관련하여 발생하는 여러 배상책임 중에서 선박소유자, 용선자 또는 선박운항자 등이 제3자, 선원 및 하주에 대하여 부담하는 배상책임 및 비용을 피보험이익으로 하는 보험을 말한다. 구체적으로 ① 운송화물에 대한 책임, ② 선원이나 여객의 사상, 질병에 대한 책임, ③ 해상오염으로 인한 손해에 대한 배상책임과 그 제거비용, ④ 선박충돌로 인한 손해배상책임, ⑤ 부표, 어구 기타 시설물의 손해에 대한 책임, ⑥ 기타 선박의 운항으로 인하여 선주 등이 부담해야 하는 책임과 비용을 담보한다. 일반 해상보험자들은 선박소유자의 손해배상책임 중에서 충돌손해배상책임의 3/4만 인수해 왔는데, 선박소유자들이 선주책임상호보험을 통해 나머지 손해배상책임에 대한 위험을 해결하는 것이 실무에서의 관행이다. 우리나라는 과거 영국이나 유럽계 P&I Club에 주로 가입했었는데 1999년 12월 선주상호보험조합법이 제정됨으로 인해 한국선주책임상호보험조합이 설립되어 현재 운영되고 있다.37)

2. 보험기간에 의한 분류

(1) 항해보험(voyage policy)

선박보험보다는 적하보험에 많이 이용되는 것으로서 특정한 항해를 기준(A항으로부터 B항까지로 보험기간을 정하는 것)으로 하여 이를 보험기간으로 정하는 보험이다(제699조 제1항). 실무상 적하보험에서의 항해보험은 대개 운송을 개시한 때로부터 선적항을 거쳐 양륙항에 도착하여 하물을 인도할 때까지가 보험기간이 된다.38)

---

35) 선박의 가동 또는 불가동과 관계없이 경상적으로 지출되는 비용으로 선원비, 수선비, 잡비 등의 직접선비와 금리, 보험료, 일반관리비 등의 간접선비로 구성된다.

36) 최기원, 391-392면; 최준선, 251-252면; 정동윤, 623면.

37) 선주책임상호보험에 대해서는, 박영준, "선주책임상호보험에 관한 연구", 고려대 법학박사학위 논문, 2003; 김종윤, "한국 P&I 보험 개설", 보험법연구 5, 2003, 125-143면; 정동윤, 623-624면; 정찬형, 726-727면; 최준선, 252면; 사법연수원, 보험법연구, 105면.

38) 임용수, 340면; 양승규, 293면.

(2) 기간보험(time policy)

기간보험이란 선박보험에 많이 이용되는 것으로서 당사자가 정한 일정한 기간(1년 또는 6개월 등) 동안을 보험자의 책임기간으로 한다. 일반적으로 ○○년 ○○월 ○○일 ○○시부터 ○○년 ○○월 ○○일 ○○시까지 또는 ○○년 ○○월 ○○일 ○○시부터 1년이라고 기간을 정하고 있다.39)

(3) 혼합보험(mixed policy)

혼합보험이란 일정한 기간과 특정한 항해를 기준으로 하여 보험기간을 정하는 보험이다. 보험자는 정해진 항구 사이를 운항하면서 정해진 기간 내에 발생한 해상사고만을 담보하게 된다. 예를 들어 인천에서 시드니까지 20일로 보험기간을 정하는 것으로서, 주로 선박보험에서 이용되지만 실무상 그 사용 예는 그리 많지 않다.40)

3. 예정보험

(1) 의의와 효용

보험계약 내용의 전부가 보험계약 체결시에 확정되어 있는 보험을 확정보험이라 하는데 이에 대비되는 것이 예정보험이다. 예정보험(floating policy)이란 계약체결 당시에 보험계약의 주요 원칙에 대해서만 일단 합의를 하고 적하물의 종류나 이를 적재할 선박, 보험금액 등 보험증권에 기재해야 할 보험계약 내용의 일부가 확정되지 않은 보험계약을 말한다.41) 적하보험에서 이러한 계약 요소가 확정될 때까지 기다리지 않고 신속하고 간편하게 보험계약 내용의 일부가 미확정인 상태에서 보험계약이 '성립'되도록 하는 것이다. 즉 향후 확정될 피보험이익에 대해 미리 보험계약을 체결하고 확정되는 대로 보험의 보호를 받을 수 있도록 하는 것이 예정보험이다.42) 불확정한 사항이 확정된 때에 보험계약자는 보험자에게 통지할 의무가 있는데 이 통지에 의해 계약의 내용이 최종적으로 확정된다.

다수설에 따르면 예정보험이란 향후 확정될 피보험이익에 대해서 미리 보험계약을 체결하고 확정되는 대로 보험자로부터 보험보호를 받도록 하는 것이다. 계약 내용의 일부가 확정되어 있지 않더라도 예정보험은 보험계약의 예약이 아니라 계약 체결 시점부터 보

39) 양승규, 294면.
40) 사법연수원, 보험법연구, 106면; 정찬형, 727면; 양승규, 294면; 임용수, 340면; 정동윤, 624면; 정희철, 440면.
41) 임용수, 340면.
42) 양승규, 294면; 정희철, 451면.

험계약은 이미 성립된 것이다.[43] 보험계약자에게 무보험상태가 되는 위험을 막아주는 역할을 한다고 해석한다.[44] 한편 예정보험이란 포괄적인 보험계약이 예약의 형태로 미리 체결되는 것이고, 그 후 보험계약자의 통지의무 이행에 의해 예정보험이 가지는 불확정적인 요소가 확정됨으로써 보험자의 위험담보가 구체화되는데 보험계약자의 통지의무는 일종의 예약완결권적 성질을 갖는다고 해석하기도 한다.[45] 예정보험이 체결되면 보험자는 기본적인 보험증권을 발행하고 나중에 보험계약의 나머지 요소가 확정되어 보험계약자가 이를 통지하게 되면 보험자는 보험계약의 성립을 증명하는 보험증명서(insurance certificate)를 발급하게 된다.[46]

[대법원 2000. 11. 14. 선고 99다52336 판결]

〈사실관계〉

원고는 피고회사와 보험계약을 체결하였는데 동 계약의 약관은 원고가 결제 기간 1년 이내의 모든 일반수출거래 및 위탁가공무역 거래를 피고회사의 단기수출보험포괄보험에 가입시킬 의무를 부담하는 대신 피고회사는 이를 거부하지 못하는 내용을 규정하고 있었다. 원고의 보험금 청구에 대해 피고회사는 보험사고가 발생한 거래에 대해서는 원고가 통지하지 않아 피고회사가 전혀 알지 못했으므로 보험계약이 성립되지 않았다고 항변하였다.

〈주요 판시내용〉

보험계약자는 포괄보험 적격거래에 대하여 한국수출보험공사에게 보험에 가입하여야 할 의무를 부담하고 한국수출보험공사는 보험계약자의 보험가입 신청에 대하여 그 인수를 거부할 수 없도록 한 단기수출보험포괄보험특약은 보험계약자가 일정 기간 중에 성립된 수출계약 전부를 보험계약에 부보하겠다는 예약의 성질을 가지고 있어 보험계약자가 개별적 수출계약마다 수출통지라는 예약완결권을 행사함으로써 한국수출보험공사와의 보험계약이 체결되는 것이라고 할 것이므로, 그 조건에 합치하는 모든 수출계약에 대하여 보험자인 한국수출보험공사의 책임이 자동적으로 발생하는 것은 아니라 보험계약자가 한국수출보험공사에게 수출 통지를 함으로써 비로소 이에 대한 보험관계가 성립되는 것으로 해석함이 상당하다.

특히 계속적으로 해외무역에 종사하는 무역업자들은 화물의 운송시마다 그때그때 개별적으로 보험계약을 체결하는 불편을 피하기 위해 하물의 종류, 항로, 조건 등을 미리 정하여 두고 그 범주에 속하는 모든 적하를 부보하기로 하는 장기적하보험계약(long term

---

43) 한기정, 613면.
44) 대판 2000. 11. 14, 99다52336; 임용수, 340면; 최준선, 265면; 정동윤, 636면; 양승규, 295면; 한기정, 613면.
45) 대판 2000. 11. 14, 99다52336.
46) 서헌제, 195면; 김은경, 452면.

cargo insurance contract)의 형식으로 예정보험을 이용하는 경우가 많다. 예정보험은 해상보험 외에도 운송보험, 재보험, 화재보험, 수출보험, 보증보험 등에서도 이용된다. 실무상으로는 해상적하보험에서 많이 활용되고 있다.47) 예정보험계약에는 개별적 예정보험계약과 포괄적 예정보험계약(open policy)이 있다. 포괄적 예정보험이란 일정한 기간 동안 일정한 조건에 따라 정해지는 다수의 선적화물에 대해 포괄적·계속적으로 보험의 목적으로 하는 것을 말한다. 하주가 개개 하물을 운송하는 경우 그 명세를 보험자에게 통지를 하게 되면 보험자는 자동적으로 책임지도록 되어 있다.48) 포괄적 예정보험에서 정식의 보험증권이 발행되기 전에 보험자가 보험계약을 인수한 증거로서 계약의 명세를 약식으로 기재하여 발생하는 것을 보험각서라고 한다.49)

(2) 선박미확정의 적하예정보험

(가) 개념과 취지

선박미확정의 적하예정보험이란 적하보험계약을 체결할 당시에 하물을 적재할 선박이 확정되지 않은 예정보험을 말한다(제704조). 보험계약 체결지와 선적지가 다른 경우 또는 체결시점과 선적시점이 다른 경우에 선박만을 지정하지 않은 채 적하보험계약을 유효하게 체결할 수 있도록 함으로써 보험계약자의 무보험상태를 방지하기 위해 이용되고 있다.50)

(나) 적하예정보험계약의 효과

① 선박확정의 통지   하물을 적재할 선박이 미확정된 상태에서 보험계약을 체결한 후 보험계약자 또는 피보험자가 당해 하물이 선적되었음을 안 때에는 지체없이 보험자에 대하여 그 선박의 명칭, 국적과 하물의 종류, 수량과 가액의 통지를 발송하여야 한다(제704조 제1항). 이 통지의무는 예정보험 성격의 적하보험계약이 성립된 이후에 요구되는 계약상의 의무이다. 보험계약자 또는 피보험자는 하물이 선적되었음을 안 때에 지체없이 통지의무를 부담하는데, 이 시점에서 선박의 명칭과 국적을 알 수 있기 때문이다. 선박종류는 해상보험사고 발생 가능성과 밀접한 관련성이 있으므로 보험자에게 선박에 관한 정보를 알려주기 위함이다. 다만 그 의무위반으로 인해 손해배상책임을 부담하는 것은 아니므로 간접의무적 성격을 갖는다(통설).51) 보험계약자나 피보험자가 하물의 선적사실을 안 때가 보험사고의 발생 전이냐 아니냐를 묻지 않으며 그 사실을 안 후 지체없이 통지를 발송하면 그 의무를 다한 것으로 해석된다. 통지의 방법에는 제한이 없고, 통지를 발송했다

---

47) 정동윤, 636면; 양승규, 295면.
48) 정찬형, 746면; 양승규, 295면; 최준선, 264면; 정동윤, 636면; 정희철, 451면.
49) 서헌제, 195면.
50) 정동윤, 636면; 최준선, 265면; 정찬형, 747면; 양승규, 295면; 한기정, 613면.
51) 김성태, 559면; 양승규, 296면; 최준선, 265면; 정찬형, 747면; 정동윤, 637면.

는 사실은 보험계약자가 입증해야 한다.[52]

> **[대법원 1966. 1. 25. 선고 64다53 판결]**
>
> 〈주요 판시내용〉
>
> 선박미확정의 적하해상보험계약에서 화물을 철선에 실을 것을 전제로 하여 이를 기준으로 한 보험료율에 의하여 보험료를 지급한 경우에 그 화물을 목선에 적재한 때에는 선적 전에 보험자에게 통고하고 목선에 해당하는 추가보험료를 지급하여야만 그 보험계약이 유효하게 존속되는 것이다.

위 판결은 선박미확정의 적하예정보험을 체결하면서 적어도 선박의 종류에 대해서는 당사자 사이에 합의가 있던 상황에서 그 합의 내용을 이행하지 못한 채 다른 선박이 확정됨을 통고한 경우에 추가보험료를 지급함으로써 보험계약을 유지할 수 있다는 결론이다. 그런데 보험자가 선박미확정 상태에서 적하예정보험계약을 체결해 준 취지에 맞지 않는다고 비판하는 견해가 있다.[53] 추가보험료의 지급이 있더라도 보험자가 이를 거절하면 보험계약은 효력이 상실된다고 보아야 한다.

② 통지해태의 효과   간접의무적 성격을 가지는 통지의무를 위반한 경우에 통설은 손해배상책임을 묻지 않는다. 보험계약자 등이 통지의무를 위반한 때에 보험자는 그 사실을 안 날로부터 1월 내에 계약을 해지할 수 있다(제704조 제2항). 보험자의 해지권은 보험사고 발생 전은 물론이고 보험사고 발생 후에도 행사할 수 있다. 해지로 인해 보험사고가 발생하여도 보험자는 보험금 지급책임을 부담하지 않으며 보험료 반환의무도 없는 것으로 해석된다.[54]

Ⅳ. 해상보험의 요소

1. 보험의 목적

해상보험의 목적은 해상사업에 관한 위험으로 인해 손해를 입을 가능성이 있는 재산으로서(제693조) 해상보험계약의 피보험이익과 관련이 있다. 단일물이나 집합물과 같은 물

---

52) 양승규, 296-297면; 정동윤, 637면; 김은경, 457면; 영국 1906 해상보험법 제29조 제2항에서 추후의 확정통지는 보험증권의 이서(배서) 또는 기타의 관습적 상법에 의해서 이를 행할 수 있다고 정하고 있다.
53) 양승규, 297면; 同人, "선박비확정의 예정보험", Fides, VolⅩⅢ, No. 1, 1966; 정찬형, 747면 각주 3.
54) 정동윤, 637면; 정찬형, 747면; 양승규, 297면.

건뿐만 아니라 채권과 같은 재산권도 보험의 목적이 된다. 운송용구인 선박(제696조). 적하(제697조),55) 희망이익(제698조), 운임(제706조 제1호), 船費 등이 모두 해상보험계약의 목적이다. 이 점에서 운송물만이 목적이 되는 육상운송보험과 다르다(제688조). 항해 중 발생한 여객의 인적손해는 별도의 상해보험에서 담보해야 하는 것으로서 여객은 해상보험의 목적이 되지는 않는다.56)

2. 해상보험증권

(1) 의의와 기재사항

해상보험증권은 해상보험계약이 체결된 후에 보험계약의 내용을 증명하기 위해 보험자가 발행하는 증권이다. 전 세계적으로 영국에서 사용되는 해상보험증권(Lloyd's S.G. Policy)이 널리 사용되고 있다. 해상보험증권의 발행은 계약의 성립요건이 아니며, 보험자만이 기명날인 또는 서명하므로 계약서도 아니다.57) 적하보험증권은 국제무역에서 선하증권과 함께 선적서류(shipping document)를 구성하는 일부가 되는데 선적서류란 운송물을 대표하는 증권으로서 이에 의해 물품의 매매나 대금지급을 가능하게 한다.

손해보험증권 공통의 기재사항인 제666조 소정의 사항 이외에 ① 선박을 보험에 붙인 경우에는 그 선박의 명칭, 국적과 종류 및 항해의 범위, ② 적하를 보험에 붙인 경우에는 선박의 명칭, 국적과 종류, 선적항, 양륙항 및 출하지와 도착지를 징한 때에는 그 지명, ③ 보험가액을 정한 때에는 그 가액을 기재하여야 한다(제695조). 영국 1906 해상보험법 제22조는 보험계약이 체결되었더라도 보험증권에 기재된 사항에 한하여만 보험계약의 존재를 입증할 수 있고 보험증권의 증거로 인정될 수 있다고 정함으로써 해상보험증권의 작성을 강제하고 있다.58)

(2) 해상보험증권의 유가증권성 인정문제

보험증권은 보험금청구권이라는 재산적 가치가 있는 사권을 표창하는 증권으로서 해

---

55) 底荷(운송물이 없거나 부족한 상태의 이른바 '空船'은 균형을 잃어 안정성에 문제를 야기할 가능성이 있기 때문에 선박의 균형을 잡기 위하여 싣는 물 따위의 바닥짐), 선박항해용의 소모품, 기타 운송계약의 목적물이 아닌 것은 제외한다; 최준선, 253면; 임용수, 342면; 정희철, 440면; 정찬형, 727면.
56) 정찬형, 727-728면; 임용수, 341-342면; 양승규, 298면; 최준선, 253면; 정동윤, 625면.
57) 그런데 영국에서는 영국 1906 해상보험법 제22조에 따라 해상보험계약이 체결되었더라도 보험증권이 발행되지 않으면 보험자에게 보험금을 청구할 수 없도록 하여 해상보험증권에 특별한 법적 효과를 부여하고 있다. 즉 영국에서는 해상보험증권이 작성되어야만 보험계약의 존재와 그 효력이 증거로써 인정되고 있다. 또한 동법 제52조에 의해 특약이 없는 한 보험계약자의 보험료지급의무와 보험자의 보험증권 발행의무는 동시이행의 관계에 있다. 사법연수원, 보험법연구, 109면 및 110면.
58) 정찬형, 730면 각주 3; 양승규, 303면.

상보험증권은 증거증권, 면책증권, 약한 의미에서의 상환증권적 성질을 가진다.59) 보험증권의 유가증권성 인정 문제는 특히 보험증권이 지시식 또는 무기명식으로 발행된 경우에 다투어진다. 통상의 보험증권은 보험금청구권자 등 권리자의 성명이 보험증권상에 기재되며 따라서 배서에 의해 양도되는 것이 일반적이지 않다.

그런데 해상적하보험에서 증권이 지시식이나 무기명식으로 발행된 경우 보험금청구권의 행사를 위해서는 증권의 소지가 필요한 점 등을 고려할 때 지시식이나 무기명식으로 발행된 경우에 한해서는 유가증권성을 인정할 수 있다고 해석된다. 실무에선 적하보험증권이 신용장 거래에 있어서 선하증권과 같이 양도되거나 유통되고 있어 유가증권성을 인정할 수 있다는 것이 다수설적 견해이다.60) 다만 유가증권성을 인정한다고 해도 보험증권은 불완전한 유가증권이다. 보험증권이 배서 또는 교부되는 경우 권리이전적 효력, 자격수여적 효력 및 면책적 효력은 인정되지만 보험증권은 無因증권이 아니므로 보험자는 고지의무위반 등의 항변사유를 가지고 보험증권의 소지인에게 대항할 수 있게 된다. 즉 보험계약상의 항변이 배서나 교부에 의해 절단되지 않는다.61)

(3) 양도의 문제

해상보험증권의 유가증권성을 인정할 때 양도가 가능하다고 풀이된다. 영국 1906 해상보험법 제50조 제1항 및 제3항에서 해상보험증권은 양도를 금지하는 명시적인 조건이 있지 않는 한 배서 또는 기타의 관습적인 방법에 의해 양도가 가능하며 손해발생 전후를 불문하고 양도가 가능하다고 규정하고 있다. 동조 제2항에 따라 보험증권이 양도되면 양수인은 자기의 이름으로 보험자를 상대로 소송을 제기할 수 있는데, 보험자는 양도인에게 대항할 수 있는 사유로 양수인에게도 항변할 수 있다.62)

3. 보험사고

(1) 해상사업에 관한 사고

제693조에서 해상보험자는 해상사업에 관한 사고로 인하여 생길 손해를 보상할 책임이 있다고 정함으로써 보험사고의 종류를 조문에 열거하는 방식을 취하지 않고 포괄적으

---

59) 본래 엄격한 의미에서의 상환증권성이란 보험자가 보험금을 지급하는 경우에 피보험자로부터 보험증권을 받아야하는 것이지만, 피보험자가 보험증권을 제출할 수 없는 경우에는 다른 방법에 의해 보험금청구권 존재를 증명함으로써 보험금을 청구할 수 있다.

60) 양승규, 133-136면, 303면; 최기원, 213면; 김성태, 249면.

61) 최준선, 110면; 양승규, 135면; 이기수/최병규/김인현, 134면.

62) 사법연수원, 보험법연구, 109-110면.

로 해상사업에 관하여 발생하는 모든 사고를 보험사고로서 정하고 있다(포괄책임주의).63) 따라서 선박의 침몰이나 좌초, 충돌 또는 악천후 등 해상고유(특유)의 사고(perils of the seas)64) 이외에도 항해 중에 발생할 수 있는 화재, 해적, 도난, 폭발, 억류, 투하, 선원의 불법행위, 선적방법의 불완전, 포획 등 기타의 사고에 대해서도 보험자는 보상책임을 부담하는 것이 원칙이다.65)

[대법원 1998. 5. 15. 선고 96다27773 판결]

〈주요 판시내용〉

선박보험계약의 내용을 이루는 협회선박기간보험약관(Institute Time Clauses Hulles, 1983. 10. 1.) 제6조 제1항에서 말하는 해상 고유의 위험(perils of the seas)이라 함은 해상에서 보험의 목적에 발생하는 모든 사고 또는 재난을 의미하는 것이 아니라, 해상에서만(of the seas) 발생하는 우연한 사고 또는 재난만을 의미하며, 우연성이 없는 사고, 예컨대 통상적인 바람이나 파도에 의한 손상, 자연적인 소모 등은 이에 해당하지 아니하고, 보험의 목적에 생긴 손해가 이러한 해상 고유의 위험으로 인하여 발생한 것이라는 점에 관한 입증책임은 피보험자가 부담한다.

부두 등에서의 하역 중의 사고를 포함하여 항해를 전후한 內水 또는 육상에서의 사고를 포함한다. 즉 해상사업에 관한 사고란 항해의 결과 또는 항해에 부수하여 발생하는 모든 위험으로서 해상에서 예측하지 못한 우연한 사고를 말한다.66)

또한 컨테이너 운송의 발달에 따른 복합운송과 문전에서 문전으로(from door to door) 또는 창고에서 창고로(from warehouse to warehouse)의 운송이 활발해짐에 따라 해상보험의 담보범위에 해상에서의 사고 이외에 항해와 관련이 있는 육상에서의 사고가 포함되기

---

63) 영국 1906 해상보험법은 열거책임주의를 취하고 있다. 영국 1906 해상보험법 제1조에서 계약에 의해 합의된 범위에서의 해상사업에 수반하는 손해를 담보하는 것으로 하고 있다. 동법 제3조에서는 해상위험이란 해상 고유의 위험, 화재, 이와 같은 종류의 위험 또는 보험증권에 기재되는 기타 일체의 위험을 말한다고 규정하면서 보험증권해석에 관한 규칙 제12조에서 '기타 일체의 위험'은 보험증권에 특히 기재된 위험과 유사한 종류의 위험만을 말한다고 정함으로써 열거책임주의를 취하고 있다. 장덕조, 311면.

64) 해상 고유의 위험(perils of the seas)이란 해상에서 보험의 목적에 발생하는 모든 사고를 의미하는 것이 아니라 해상에서만(of the sea) 발생하는 우연한 사고만을 말한다. 그런데 '해상에서만(of the sea) 발생하는 우연한 사고'의 의미는 위험의 발생장소가 해상이라는 것을 강조하는 것이 아니라 해상과 본질적인 관계가 있어야 한다는 의미이다. 김인현/권오정, 해상보험법, 법문사, 2020, 54-55면. 우연한 사고여야 한다는 점에서 통상적인 선체의 자연적인 마모, 바람과 파도의 작용은 포함되지 아니한다. 적하보험에서 적하를 적재한 선박이 압류되어 법원의 명령에 따라 경매에 붙여지게 되어 적하를 매각함으로 인해 발생한 차액 상당의 손해는 해상고유의 위험으로 인한 손해라 할 수 없다. 대판 1998. 5. 15, 96다27773; 심재두, 194면; 최준선, 254면; 임용수, 342-343면; 양승규, 298면.

65) 영국 1906 해상보험법 제3조 제2항 (c)에서 해상위험이란 항해에 기인 또는 부수하는 위험 중 해상 고유의 위험, 화재, 전쟁위험, 해적, 강도, 포획, 나포, 군주 및 국민의 억지(抑止) 또는 억류, 투하, 선원의 악행 및 이와 유사하거나 보험증권에 기재된 기타 모든 위험을 말한다고 정하고 있다.

66) 임용수, 342면; 정동윤, 625면; 정찬형, 728면; 정희철, 440면; 양승규, 298면.

도 한다. 즉 door to door 서비스 등에 의해 선적지의 송하인의 주소지로부터 수하인의 주소지까지의 모든 위험(선적지의 일정한 창고로부터 최종 목적지에서 수하인에게 운송물을 인도할 때까지의 육상위험을 포함)을 담보하기도 한다.67) 반대로 약관에 의해 보험사고를 해상고유의 위험만으로 제한할 수도 있다.68)

그런데 해상보험실무에서는 보험자의 책임범위를 열거주의 또는 개별적 책임주의로 하고 있어 상법 보험편에서 포괄책임주의로 규정하고 있는 것과 차이가 있다.69)

(2) 입증책임

포괄책임주의 하에서는 부보위험의 포함여부나 면책사유의 존재를 보험자가 입증해야 한다.70) 반면에 열거책임주의에서는 피보험자가 열거위험으로 인하여 손해가 발생했음을 입증해야 한다. 손해가 해상고유의 위험에 의해 발생했고 양자는 근인관계에 있음을 입증해야 하는데, 그 증명의 정도는 피보험자와 보험자가 서로 상반된 사실이나 가설을 주장할 경우 그 양자의 개연성을 비교하여 이른바 증거의 우월(preponderance of evidence)에 의한 증명으로 충분하다는 것이 법원의 입장이다.71) 이는 보험사고가 부보위험에 의해 일어났을 개연성이 그렇지 않을 개연성보다 우월할 정도로 증명되어야 한다는 것이다.72) 이에 따라 그 증명의 정도는 보험사고가 부보위험에 의하여 일어났을 개연성이 그렇지 않을 개연성보다 우월할 정도로 증명되어야 한다.73)

4. 보험기간

보험기간이란 보험자의 책임기간을 의미한다. 기간보험의 경우에는 보험기간의 시기와 종기가 날짜와 시간 등에 의해 명확하므로 별 문제가 없으나, 항해보험 또는 혼합보험의 경우에는 그 시점이 명확하지 않아 상법 보험편은 특별히 규정을 두고 있다.74) 기간보험에 사용되는 날짜와 시간은 일반적으로 보험증권이 발행된 곳의 날짜와 시간을 의미한

---

67) 정희철, 440-441면; 양승규, 299면; 정찬형, 728면.
68) 정동윤, 625면; 최준선, 254면.
69) 임용수, 343면.
70) 민중기, "영국해상보험법(협회선박기간보험약관/ITCH)에 있어서 해상 고유 위험의 의의 및 입증책임과 담보위반의 효과", 대법원판례해설 30호, 법원도서관, 1998, 244면; 장덕조, 312면.
71) 대판 2001. 5. 15, 99다26221.
72) 이정원, "영국 해상보험법의 몇 가지 문제에 대한 고찰", 법률신문, 2021. 7. 26.
73) 이현균, 전게논문, 303-304면.
74) 항해보험의 경우 보험기간의 개시와 종료에 대해 영국 1906 해상보험법과 협회약관에서는 별도로 상세한 규정을 두고 있다. 영국법 준거조항에 의해 영국의 이들 규정이 적용될 수 있으므로 이들 규정에 대한 이해는 해상실무상 중요하다. 기간보험 및 항해보험에 대한 상세한 설명으로는 양승규/한창희, 228-294면을 참조할 것.

다. 한편 기간보험에서 부보된 선박이 항해 중에 보험기간이 종료되는 것에 대비하여 협회선박기간보험약관에서는 피보험자가 보험자에게 사전통지를 하고 추가보험료를 지급함으로써 부보된 선박이 목적항에 도착할 때까지 보험기간을 연장할 수 있도록(held covered) 규정하고 있다.75)

(1) 선박보험

항해단위로 선박을 보험에 붙인 경우에 보험기간은 하물 또는 저하(底荷, ballast)76)의 선적에 착수한 때에 개시한다. 하물이나 저하의 선적에 착수한 후에 보험계약이 체결된 경우에는 보험기간은 계약이 성립한 때에 개시한다(제699조 제1항 및 제3항). 한편 도착항에서 하물 또는 저하를 양륙한 때에 보험기간은 종료한다(제700조 본문 전단). 다만 불가항력으로 인하지 아니하고 양륙이 지연된 때에는 그 양륙이 보통 종료될 때에 종료된 것으로 한다(제700조 단서). 선박보험의 경우에는 보험자의 동의가 없는 상태에서 선박을 양도하거나, 선박의 선급을 변경하거나 또는 선박을 새로운 관리로 옮긴 때에 보험계약이 종료되는 것으로 정하고 있다(제703조의2).

(2) 적하보험과 희망이익보험

항해단위로 적하를 보험에 붙인 경우에는 보험기간은 하물의 선적에 착수한 때에 개시한다. 하물 또는 저하의 선적에 착수한 후에 보험계약이 체결된 경우에는 보험기간은 계약 성립시에 개시한다(제699조 제2항, 제3항). 한편 양륙항 또는 도착지에서 하물을 인도한 때가 보험기간의 종료시점이 된다(제700조 본문 후단). 다만 불가항력으로 인하지 아니하고 양륙이 지연된 때에는 그 양륙이 보통 종료될 때에 보험기간이 종료된 것으로 한다(제700조 단서). 보험종료사유가 발생하기 이전이라도 통상의 운송과정을 벗어나는 경우에는 보험이 종료된다는 판례가 있는데, 이는 영국 협회적하보험약관에 기초한 것이다.77)

> **[대법원 2003. 6. 13. 선고 2001다42660 판결]**
>
> 〈주요 판시내용〉
>
> 영국의 해상보험법(Marine Insurance Act 1906)이나 판례 또는 관습에 의할 때 보험이 통상의 운송과정 중에 계속된다는 약관 제8.1조의 해석상 제8.1.1조 내지 제8.1.3조에서 정하는 보험종료사유가 발생하기 이전이라도 통상의 운송과정을 벗어나는 경우에는 이로써 보험이 종료하는

---

75) 사법연수원, 보험법연구, 112면.
76) 공선(空船)은 선박이 균형을 잃어 안정성이 없기 때문에, 선박의 균형을 잡기위하여 싣는 물이나 바다짐을 말한다.
77) 장덕조, 307면 각주 55.

것인지 여부 및 피보험자가 운송을 중단하고 화물을 반송하기로 결정하는 경우 그러한 의도적인 운송중단에 의하여 통상의 운송과정에서 벗어나게 되는 것인지 여부는 분명하지 아니하나, 일반적인 해석 기준에 따라 위 약관 조항의 내용을 검토해 보면, 협회적하보험약관(Institute Cargo Clauses A) 제8.1조에서 보험이 통상의 운송과정 중에 계속된다는 부분의 해석상 제8.1.1조 내지 제8.1.3조에서 정하는 보험종료사유가 발생하기 이전이라도 통상의 운송과정을 벗어나는 경우에는 이로써 보험이 종료하고, 피보험자가 운송을 중단하고 화물을 반송하기로 결정한 경우에는 그러한 의도적인 운송중단에 의하여 통상의 운송과정에서 벗어난 것이어서 결국 보험이 종료한다.

실무에서 사용하는 협회적하약관에서는 화물이 운송을 위하여 창고 또는 보관장소를 떠날 때에 보험자의 책임이 개시되고 수하인의 최종창고 또는 보관장소에 인도될 때에 그 책임이 끝나는 것으로 확정된다고 규정하고 있다.78) 이에 따라 적하보험에서 출하지와 도착지를 따로 정한 경우에는 출하지에서 하물의 운송에 착수한 때에 보험자의 책임이 개시되고 도착지에서 하물을 인도한 때에 보험자의 책임이 종료된다(제699조 제2항, 제700조). 적하의 도착으로 인해 얻을 이익 또는 보수를 보험에 붙인 경우(희망이익보험), 일반적으로 적하보험과 함께 취급되므로 그 보험기간의 개시와 종료의 시기는 적하보험과 동일하게 해석한다.79)

(3) 운송약관

보험기간에 대한 상법의 규정은 임의규정이기 때문에 실무상으로는 약관에서 이와 달리 정할 수 있는데 운송약관(transit clause)이 적용되는 경우가 많다. 운송약관이 도입된 것은 해륙복합운송이 발달함에 따라 해상보험자의 책임이 해상운송과 연계되는 육상운송에까지 확대해야 할 필요성이 제기되었기 때문이다. 이에 따르면 해상보험자의 책임은 화물이 출발지의 보관창고를 떠날 때 개시되어 수하인의 최종창고에 입고할 때에 종료된다.80)

[대법원 1988. 9. 27. 선고 84다카1639, 1640 판결]

〈사실관계〉

원고는 미국에서 원면을 수입하면서 피고회사와 해상적하보험계약을 체결하였는데 이 계약에 의하면 보험기간은 적하가 원고의 한국 내 수하인의 '최종창고'에 입고되면 종료되는 것으로 정한 운송약관이 포함되었다. 그런데 적하가 수입된 후 원고가 소유하고 있는 대전공장 보세장치장에 반입되어 일부는 통관되고 일부는 아직 통관되지 않은 채 보세창고에 보관되어 있던 중 화재로

---

78) 임용수, 344-345면; 양승규, 300-301면.
79) 최준선, 255면; 정동윤, 626면.
80) 서헌제, 180면; 김은경, 461면.

멸실되었다. 이에 원고는 아직 적하가 최종창고에 도착하지 않고 중간창고인 보세창고에 보관되어 있었음에 불과하므로 보험기간이 종료되지 않았음을 이유로 보험금을 지급하라고 요구하였다.

〈주요 판시내용〉

원고가 관세법의 규정에 따라 설영한 자가보세장치장은 보세구역으로서 세관장의 엄격한 관리감독을 받는 것은 맞지만 자가보세장치장에 반입된 물품은 화주인 원고의 지배하에 있는 것으로서 그 보관책임은 원고에게 있고 다만 관세 확보라는 관세행정 목적의 범위 내에서 세관장의 감독을 받는 데에 지나지 않는다. 그렇다면 자가보세장치장이 보세창고라는 이유만으로 그 화물이 아직 수하인의 지배하에 들어갔다고 볼 수 없는 중간창고와 같이 취급할 수는 없음이 명백하다. 즉 그 물품은 화주에게 인도된 것으로 해석함이 타당하다. 보험증권에 보험기간의 종기가 원고의 최종창고에 입고될 때까지로만 기재되어 있고 최종창고의 뜻이 무엇인지 구체적으로 명시되어 있지 않은 상황에서 보험기간의 종기를 원고의 자가보세장치장이 아닌 원고의 일반 원면창고에 입고될 때까지로 합의가 이루어진 것으로 보기는 어렵다.

5. 보험가액

(1) 기평가보험

실무상 해상보험은 거의 기평가보험 형식으로 부보된다. 당사자간에 보험가액을 미리 정한 때에는 그 가액은 사고발생시의 가액으로 정한 것으로 추정하며, 다만 그 협정가액이 사고발생시의 실제가액을 현저하게 초과할 때에는 사고발생시의 가액을 보험가액으로 한다(제670조). 이와 달리 영국의 1906 해상보험법 제27조 제3항은 미리 보험증권에 의해 약정된 보험가액은 기망에 의한 것이 아닌 한 보험자와 피보험자 사이에서는 손해가 전손이든 분손이든 불문하고 확정적인 것이 된다고 규정하고 있다.

(2) 미평가보험—보험가액불변경주의

당사자간에 보험가액을 미리 정하지 아니한 때에는 원칙적으로 사고발생시의 가액을 보험가액으로 한다(제671조). 다만 해상보험의 경우에는 이 경우에 예외적으로 아래에서의 '보험가액불변경주의 원칙'에 따르게 된다.

(가) 선박보험

선박보험에서는 보험자의 책임이 개시될 때의 선박가액을 보험가액으로 한다. 이때 선박의 속구, 연료, 식량 기타 항해에 필요한 모든 물건은 보험의 목적에 포함된 것으로 해석하여 이들의 가액도 보험가액에 포함된다(제696조). 여기에서 보험자의 책임이 개시될 때란 기간보험에서는 당사자가 합의한 보험기간의 개시시점이 될 것이고, 항해보험의 경우에는 앞에서 설명한 대로 하물 또는 저하의 선적에 착수한 때가 될 것이다(제699조 제1

항). 후술하는 적하보험의 경우와 달리 선박보험의 경우에는 보험가액을 산정하는 기준이 되는 장소에 대한 규정을 두고 있지 않은데 평가의 기준이 되는 장소는 보험자의 책임이 개시될 때 선박이 존재하는 장소로 해석된다(다수설).[81]

(나) 적하보험

적하보험에서는 선적한 때와 장소의 적하의 가액과 선적 및 보험에 관한 비용을 보험 가액으로 한다(제697조). 적하의 가액이란 적하의 선적시와 그 곳에서의 거래가액을 의미 한다.[82] 선적에 관한 비용이란 선적비용 이외에 포장비, 통관수수료, 관세 등의 선적부수 비용을 말한다. 보험에 관한 비용이란 적하보험료 및 적하보험을 체결하는 데에 들어간 중개료 등을 말한다.[83]

(다) 운임보험

운송보험에서는 보험가액 산정시 도착지까지의 운임을 포함하는 데 반해(제689조 제1 항), 적하보험에 있어서는 적하의 보험가액 산정에서 운임을 포함시키지 않으므로(제697조) 별도의 운임보험을 체결할 수 있다. 보험법은 운임보험의 보험가액에 관하여는 규정하고 있지 않다. 다만 해석상 선지급운임 또는 착급운임을 불문하고 운임보험에서의 보험가액 은 피보험자가 당해 운송에서 받을 수 있는 운임의 총액에 보험에 관한 비용을 합친 금액 으로 풀이된다.[84]

(라) 희망이익보험

적하의 도착으로 인하여 얻을 이익 또는 보수를 보험에 붙인 경우에 계약에서 별도로 보험가액을 정하지 아니한 때에는 보험금액을 보험가액으로 한 것으로 추정한다(제698조). 그런데 희망이익보험은 독립적으로 체결되기보다는 선적지의 적하의 가액에 일정률(예를 들어 10%)의 가액을 더하여 적하보험과 함께 부보하는 것이 일반적이어서 당사자 사이에 보험가액을 정하는 협정보험가액이 일반적이다.[85]

---

81) 정찬형, 730면; 정동윤, 627면; 손주찬, 620면; 최준선, 256면; 강위두/임재호, 638면; 임용수, 345면. 반면 양승규, 301면에서는 선박이 공해상에서 항해하고 있는 동안에 보험계약을 맺어 보험기간이 개시되었다면 선박의 현재지에서 보험가액을 평가할 수 없다는 이유로 다수설과 같이 보험자의 책임이 개시될 때 그 선박이 존재하는 장소를 기준으로 평가해서는 안 되며 다른 특별한 사정이 없는 한 해상기업의 용구로서의 성질을 갖는 선박은 영업용 고정자산의 평가방법에 따라야 한다고 주장한다.
82) 양승규, 302면.
83) 최준선, 256면; 양승규, 302면; 임용수, 346면; 정찬형, 730면; 정동윤, 627면.
84) 양승규, 302면; 김은경, 464면.
85) 최준선, 256면; 임용수, 346면; 정동윤, 627면; 양승규, 293면, 303면.

V. 해상보험자의 손해보상책임과 범위

1. 보상하는 손해

보험자가 보상하는 손해에 대해서는 해상보험약관에서 정하는 것이 일반적이다. 원칙적으로 해상보험자는 면책사유가 없는 한 보험기간 중에 계약에서 정한 해상사업에 관한 사고로 인하여 보험의 목적에 생긴 피보험자의 손해를 보상할 책임을 진다. 그 보상은 보험계약에서 정한 보험가액을 한도로 하여 보험금액의 범위 내에서 이루어진다. 여기에서의 손해란 보험사고와 상당인과관계에 있는 것으로서 달리 약정하지 않는 한 피보험위험을 근인(近因)으로 하여 야기된 손해를 말한다(loss proximately caused by a peril insured).[86] 여기에서 근인이란 가장 효과적인 원인(proximate in efficency)을 말하며 그 판단은 법원의 사실인정의 문제이다.[87] 그런데 보상하는 손해는 보험자와 보험계약자간의 합의에 따라 그 범위를 제한할 수도 있고 확대할 수도 있다. 해상보험자는 원칙적으로 피보험이익에 대한 직접손해를 보상할 책임이 있고 간접손해에 대해서는 책임을 부담하지 않는다. 다만 아래와 같은 간접손해에 대해서 보험자는 보상책임이 있다.[88]

(1) 공동해손손해

(가) 공동해손의 의의

선박과 적하의 공동위험을 면하기 위해 선장은 선박 또는 적하에 대해 처분행위를 할 수 있는데, 이 처분으로 인해 생긴 손해(희생) 또는 비용을 선장의 처분행위 덕분에 위험을 면한 선박 또는 적하의 이해관계인이 분담해야 하는 것을 공동해손(general average)이라고 한다(제865조, 제866조). 선박이나 적하 자체의 희생을 공동해손희생이라 하고 공동위험을 면하기 위하여 지출한 비용을 공동해손비용, 각 이해관계인이 부담해야 하는 분담금을 공동해손분담금이라고 하는데 보험자는 담보위험을 피하기 위한 공동해손손해를 자신의 피보험자에게 보상할 책임을 부담한다.[89] 공동해손제도는 해상법 또는 해상보험법상 오랜 역사를 가지고 있는 제도로서, 요크-앤트워프 규칙(York-Antwerp Rules)에 의해 규

---

86) 박세민, "해상보험법상의 인과관계 이론에 관한 해설", 한국해법학회지 제29권 제2호(2007. 11), 293-329면.

87) 이정원, "영국 해상보험법의 몇 가지 문제에 대한 고찰", 법률신문, 2021. 7. 26.

88) 임용수, 347면; 정동윤, 629면, 631면; 양승규, 304면.

89) 영국 1906 해상보험법 제66조; 협회적하보험약관은 담보위험 이외의 다른 원인으로 인한 손해를 피하기 위한 공동해손손해도 보상한다고 규정하고 있다(Institute Cargo Clause A, B, C 제2조); 사법연수원, 보험법연구, 122-123면.

율되고 있다.90)

(나) 공동해손으로 인한 직접손해

선장의 공동해손처분행위는 해상사업에 관한 사고이다. 따라서 선장의 공동해손 처분행위로 인해 보험의 목적물이 멸실되어 피보험자가 직접 손해를 입은 경우(피보험자의 적하가 투하된 경우)에는 보험자는 당연히 그 손해를 보상하여 주고, 피보험자가 선박 또는 적하의 이해관계인(공동해손분담의무자)에게 가지는 공동해손분담청구권을 보험자가 정산금액을 한도로 대위취득한다(제682조). 공동해손으로 인한 손해에 대한 정산은 그 위험이 끝난 때에 항해가 종료한 곳의 법률과 관습에 따라 하거나, 운송계약에서 요크-앤트워프 규칙에 의한다고 특별히 정한 경우에는 그 규칙에 따라 행한다. 보험자가 피보험자의 공동해손으로 인한 손해를 보상하는 것은 선장의 공동해손처분행위가 해상위험에 관한 사고이기 때문이다. 따라서 위험이 존재하지 않는데 선장이 착오로 위험이 존재한다고 믿고 처분을 하여 손해가 발생하거나 또는 보험계약에서 담보하지 않는 위험을 방지하기 위해 야기된 손해에 대해서는 보험자는 책임을 지지 않는다.91)

(다) 공동해손분담액

공동해손은 그 위험을 면한 선박 또는 적하의 가액과 운임의 반액과 공동해손의 액과의 비율에 따라 각 이해관계인이 이를 분담하게 되는데 그 분담액을 공동해손분담액(general average contribution)이라 한다(제866조). 선장의 공동해손처분행위로 인한 손해와 비용을 분담해야 할 선박 또는 적하의 이해관계인이 피보험자인 경우에 보험자는 피보험자가 공동해손분담의무를 부담함으로 인해 발생한 손해에 대해 보상책임을 지게 된다(제694조). 이 손해는 목적물에 대한 직접손해가 아니고 일종의 간접손해이므로, 엄격히 말하면 이는 책임보험의 일종이라 할 수 있다. 그러나 공동해손의 분담을 선박 또는 적하 자체에 대한 피보험이익의 상실과 동일시하여 해상보험자의 보상책임으로 규정하고 있다.

예를 들어 A와 B가 미국에서 수입하는 수입품의 운송을 위해 C와 해상운송계약을 체결하였고 A는 X 보험사와, B는 Y 보험사와 각각 해상보험계약을 체결하였다. 항해 도중에 풍랑이 심하여 침몰의 위기에 처하자 C 선박의 선장은 적재된 A의 수입품을 바다에 투하하여 선박의 총중량을 줄인 후에 목적지에 도착하였다. 공동해손으로 인한 A의 손해(A 수입품의 보험가액)에 대하여 위험을 면하게 된 B와 C는 분담하여야 한다. A에게 보험금을 지급한 X 보험사는 A가 B(결국은 Y 보험사)에 대해 가지는 공동해손분담청구권을 대위취득하게 된다.92)

---

90) 본 규칙은 국제조약이 아니고, 사적인 약관에 지나지 않는다. 그러나 오늘날 대부분의 해상운송약관이나 해상보험약관에 의해 본 규칙이 채용되므로 공동해손에 관한 국제적인 통일 규칙적 성격을 가지고 있다. 양승규, 306면.

91) 영국 1906 해상보험법 제66조 제6항; 양승규, 305-306면.

92) 서헌제, 181-182면.

원래 선박보험의 경우 보험자의 책임이 개시될 때의 선박가액을 보험가액으로 하지만, 공동해손분담액을 산정함에 있어 선박의 가액은 선박이 도달하는 장소와 때의 가액으로 한다. 적하보험에 있어서는 선적한 때와 곳의 적하의 가액과 선적 및 보험에 관한 비용을 보험가액으로 하는 반면, 공동해손분담액의 산정에 있어서는 적하의 양륙의 장소와 때의 가액으로 한다(제696조, 제697조, 제867조). 따라서 공동해손분담가액(선박과 적하의 잔존가액)과 보험가액에 차이가 생길 수 있다. 이에 대해 선박 또는 적하의 공동해손분담액이 보험가액을 초과할 때에는 그 초과액에 대한 분담액은 보상하지 아니한다고 특별히 정하고 있다(제694조 단서). 초과액까지 보험자에게 부담시키는 것은 가혹하기 때문이다.93)

(2) 해난구조료

항해선 또는 그 적하물 기타 그 밖의 물건이 어떠한 수면에서 위난에 조우한 경우에 의무없이(구조계약 없이) 이를 구조한 자는 그 결과에 대해 상당한 보수를 청구할 수 있다(제882조). 해난사고 구조자가 구조된 선박이나 적하의 이해관계인에게 청구하는 보수를 해난사고구조료(salvage charge)라 한다.94) 보험자는 자신의 피보험자가 지급해야 하는 구조료를 보상할 책임이 있다. 이 구조료는 해상사업에 특유한 비용손해이다. 해난구조료는 손해방지비용과는 다르나, 그 해난이 보험사고인 해상위험으로 인한 것인 때에는 공동해손분담액과 같은 성질의 것이므로 보험자는 보험가액의 범위 내에서 피보험자가 지급할 구조료를 보상할 책임이 있다.95) 나만 보험의 목적물의 구조료분담가액이 보험가액을 초과할 때에는 그 초과분에 대한 분담액은 보상하지 아니한다(제694조의2).96) 구조료와 분손(단독해손손해), 공동해손손해를 합친 합계액이 보험금액을 초과하는 경우에도 피보험자는 보험금액을 한도로 하여 보상을 받을 수 있다.97)

(3) 선박충돌로 인한 손해

선박충돌이 있는 경우에 보험에 붙여진 선박에 생긴 피보험자의 직접손해에 대해서는 당연히 보험자가 보상을 한다. 그런데 선박의 충돌로 인해 상대방 선박에 손해가 생긴 때에 피보험자가 상대방에게 부담하는 손해배상의무는 선박자체에 생긴 손해가 아니고 간접손해이기 때문에 선박보험이 적용되기 보다는 선박과 관련하여 발생한 법률상의 책임에 대한 책임보험의 영역에 속한다고 할 것이다. 이에 관한 보험자의 보상책임 유무에 대해

---

93) 양승규, 305-307면; 최기원, 401면; 임용수, 347면; 정찬형, 734면; 최준선, 257면; 정동윤, 630면.
94) 구조계약이 있는 경우에는 사안에 따라 공동해손비용이나 특별비용(손해방지비용)으로 보상될 수 있을 것이다. 사법연수원, 보험법연구, 123면.
95) 영국 1906 해상보험법 제65조, 제73조 제2항.
96) 양승규, 307-308면; 임용수, 347-348면; 최준선, 257면; 정동윤, 630면; 이기수/최병규/김인현, 266면.
97) 사법연수원, 보험법연구, 123면.

상법 보험편에 규정이 없다. 따라서 특약이 없는 한 이러한 간접손해에 대해서 보험자는 책임이 없다고 해석할 수 있다. 그러나 선박충돌로 인해 피보험자가 제3자에 대해 손해배상책임을 부담함으로써 야기되는 손해 역시 항해에 관한 사고와 연계되며, 이러한 취지에서 실무에서는 '충돌약관(collision clause, running down clause)'을 두어 선박충돌로 인한 피보험자의 손해배상책임에 대해 해상보험자의 담보책임을 인정하고 있다.98)

(4) 특별비용(손해방지비용)

특별비용, 즉 손해방지비용이란 피보험자가 보험사고로 인해 부보된 목적물에 발생하는 손해를 방지하거나 경감하기 위해 지출한 비용을 말한다. 보험자는 보험의 목적의 안전이나 보존(적하의 보관, 건조, 포장 등)을 위하여 피보험자가 지급한 특별비용을 보험금액의 한도 내에서 보상할 책임이 있다.99) 이는 제680조에서 규정하고 있는 손해방지·경감비용의 일종으로 해석되기 때문에 보험자의 보상범위에 포함되는 것이다. 특별비용은, 예를 들어 보험의 목적인 선박이 사고로 파손된 경우에 선박을 수리하기 위해 특정 항구로 회항하거나 예인하는 데 소요되는 비용, 또는 하물을 적재한 선박이 사고로 항해가 불가능한 경우에 목적지까지 하물을 수송하기 위해 양륙, 보관, 환적에 소요되는 비용 등을 말하며 피보험자에 의해 또는 피보험자를 위하여 지출하는 비용이다.100) 우리 보험법과 협회선박보험약관은 특별비용의 보상한도를 보험금액으로 한정하고 있는데 비해, 협회적하보험약관에서는 이러한 제한을 두고 있지 않다(제694조의3).101)

2. 상법상 손해보상범위

손해는 피보험이익의 전부에 생긴 것인가 아니면 일부에 생긴 것인가에 따라 전손과 분손으로 나뉜다. 보험자의 손해보상책임은 손해의 유형에 따라 달라지는데 법률과 약관에서 구체적으로 보상범위를 정하고 있다.102)

---

98) 정동윤, 631면; 양승규, 309면; 최준선, 257면; 최기원, 401면; 임용수, 348면. 이 경우 선주상호보험조합(P&I Club)에서 충돌로 인한 손해배상책임의 1/4을 보상하고, 나머지(3/4)를 선박보험자가 보상하는 것이 일반적이다.

99) 영국 1906 해상보험법 제78조 제1항; 협회약관에서도 이를 규정하고 있다.

100) 김성태, 562면; 양승규, 308면; 최기원, 402면; 최준선, 257면; 임용수, 348면; 정동윤, 630면.

101) 사법연수원, 보험법연구, 123면.

102) 양승규, 310면.

(1) 전   손

(개) 개   념

전손(total loss)이란 보험기간 중에 보험사고로 피보험이익의 전부가 멸실 또는 완전히 파괴된 것을 말한다. 약간의 잔존물의 가치가 남아 있더라도 종래의 용법에 따른 경제적 가치(기능)가 소멸하게 되면 잔존물의 가치 유무를 불문하고 전손으로 본다. 즉 부보된 종류의 물건으로서의 기능을 완전히 상실할 정도로 파괴된 것을 전손이라 한다.103) 전부보험에서의 전손인 경우 보험가액의 전액이 보험금액이며 또한 손해액이므로 그것이 보상액이 된다. 보상액 이외에 손해산정비용(제676조 제2항)과 손해방지경감비용(제680조 제1항 단서)도 보상범위에 포함된다.104) 보험가액은 기평가보험의 경우에는 원칙적으로 당사자가 정한 금액이며(제670조), 미평가보험인 경우에는 보험가액불변경주의 원칙에 따라 선박보험에서는 보험자의 책임이 개시될 때의 선박가액이며 적하보험에서는 선적한 때와 곳의 가액과 선적 및 보험에 관한 비용이다(제696조, 제697조).

일반보험과 달리 해상보험에서는 전손을 다시 현실전손(actual total loss)과 추정전손(constructive total loss)으로 구분한다. 현실전손은 일반보험에서의 전손 개념과 같이 취급할 수 있고, 추정전손은 해상보험의 특유한 제도라고 할 수 있다.105)

(나) 현실전손

영국 1906 해상보험법 제57조 제1항에서 "보험의 목적이 파괴되거나 원래 부보된 것과 같은 종류의 것으로 될 수 없을 정도로 손상을 입었거나 피보험자가 보험의 목적을 회복할 수 없는 상태로 그 점유를 박탈당한 경우를 현실전손이라 한다"고 정하고 있다. 우리 상법 보험편에서도 동일한 해석이 가능할 것이다. 선박의 경우 선박이 침몰 또는 좌초되어 구조될 가능성이 없거나 화재가 발생하여 선박이 전소된 경우를 선박의 현실전손으로 볼 수 있다. 공동해손행위로서 적하를 바다에 투하함으로써 적하를 후에 구조할 수 없다면 적하에 대한 현실전손이 인정될 수 있으며, 항해 도중에 적하를 수하인이 아닌 제3자에게 매각처분하거나 도착항에서 선장의 고의 또는 과실로 수하인이 아닌 제3자에게 인도함으로써 적하를 회수할 수 없게 되는 경우도 적하의 현실전손으로 인정할 수 있다. 한편 적하에 전손이 발생하면 운임의 전손도 초래되며 선박이 전손됨으로써 적하가 전손된 경우도 마찬가지이다. 적하를 적재한 선박에 있어서 적하에는 손상이 없는데 선박 자체가 항해가 불가능한 경우에도 운임의 전손이 발생하게 된다. 선박의 현실전손이 있어도

---

103) 정동윤, 631면; 양승규, 310면.
104) 정찬형, 735면.
105) 영국 1906 해상보험법 제56조 제2항; 임용수, 349면.

적하의 일부 또는 전부가 구조되어 다른 선박으로 운반되어 운임을 취득한 경우에는 그러하지 아니하다.106)

(다) 추정전손107)

일반적으로 추정전손이란 보험의 목적이 실제로 전부 멸실되었는지 명확하지 않지만 전손으로 추정하는 것을 말한다. 즉 보험의 목적이 실제로는 전부 멸실되지 않았지만 법률의 해석이나 의제에 의해 전손으로 추정하는 손해를 말한다. 해상보험의 경우에는 보험사고가 대부분 바다에서 발생하기 때문에 보험사고의 발생 여부와 그 원인 및 손해의 정도에 대한 입증이 일반 손해보험과 달리 대단히 어렵다. 이러한 특수성을 고려하여 추정전손 개념이 등장하게 된 것이다. 현실전손이 불가피한 것으로 판단하여 전손에 해당되는 보험금의 지급을 청구할 수 있도록 하거나 현실전손을 피하기 위한 비용이 비경제적이어서 그대로 현실전손을 인정하는 것이 타당하다고 인정되는 경우에 추정전손이 인정되는 것이다.108)

현실전손이 있게 되면 보험자는 피보험자에게 보험금을 지급하고 대위권을 취득하게 되는 반면에, 추정전손의 경우에는 피보험자는 이를 분손으로 취급하여 실제의 손해를 청

---

106) 구종순, 291-296면.
107) 추정전손에 관한 영국 1906 해상보험법 및 협회기간약관의 내용은 다음과 같다.
    영국 1906 해상보험법(Marine Insurance Act 1906) 제60조
    (1) 보험증권에 명시적인 특약이 있는 경우를 제외하고 보험의 목적의 현실전손이 불가피한 것으로 보이거나 또는 만약 비용을 지불한다면 보험 목적의 가액을 초과하는 비용의 지출 없이는 현실전손을 면할 수 없음을 이유로 하여 보험의 목적이 합리적으로 위부되는 경우를 추정전손이라 한다.
    (2) 특히 다음의 경우에는 추정전손이 있게 된다.
       (ⅰ) 피보험자가 담보위험에 의해 선박이나 적하의 점유 빼앗긴 경우에 (a) 피보험자가 선박이나 적하를 회복할 것 같지 않거나 (b) 선박이나 적하를 회복하기 위한 비용이 복구했을 때의 가액을 초과할 때 또는
       (ⅱ) 선박에 손상이 있는 경우 선박이 담보위험에 의해 손상을 입고 이를 수리하기 위한 비용이 수리했을 때 선박의 가액을 초과하는 경우에 추정전손이 있게 된다. 수리비를 산정함에 있어서 다른 이해관계자가 부담하게 될 수리에 대한 공동해손분담액은 공제하지 않는다. 그러나 장래 구조작업 경비와 선박이 수리되는 경우에 그 선박이 부담하는 장래의 공동해손분담액은 포함되어야 한다.
       (ⅲ) 적하가 손상된 경우에 그 수리비와 목적항까지 적하를 운반하는 데 소요되는 비용이 목적항에 도착시의 적하 가액을 초과할 때 추정전손이 있게 된다.
    협회기간약관(선박) 제19조 추정전손
    19.1 선박이 추정전손인지의 여부를 확인함에 있어 협정보험가액이 수리 후의 가액으로 간주되며 피보험선박이나 난파선의 손상가액 또는 해제가액은 고려되지 않는다.
    19.2 피보험선박의 회복 또는 수리에 소요되는 비용을 기초로 하는 추정전손에 대한 보험금 지급 청구는 그러한 비용이 협정보험가액을 초과하지 않는 한 보상되지 않는다. 이러한 결정을 함에 있어 단일 사고 또는 동일한 사고로부터 야기되는 연속된 손상에 대한 비용만이 고려대상이 된다.
108) Arnould's Law of Marine Insurance Average Vol. Ⅱ (16th ed. by M. Mustill and J. Gilman) Stevens & Sons, London, (1981) para. 1168; 채동헌, "영국 해상보험법상 선박기간보험에 있어 감항능력 부재로 인한 보험자의 면책 및 추정전손에의 해당 여부에 관한 각종법리", 대법원 판례해설 40호, 467면; 양승규, "동일사고에서 생기는 일련의 손해와 추정전손", 한국해법회지 제11권 제1호(1990. 4), 134면; 최기원, 402면, 418면.

구할 수도 있고 현실전손으로 취급하여 보험위부109)를 하면서 전손에 해당되는 보험금의 지급을 청구할 수도 있다.110) 보험자는 피보험자의 보험위부를 통해 보험의 목적의 잔존물에 대한 권리와 부수되는 각종 권리를 승계할 권리를 가진다.111) 우리 보험법으로는 보험위부가 단독행위이므로 추정전손의 요건에 해당하는지의 여부, 즉 추정전손의 판단시점은 보험위부의 통지가 보험자에게 도달한 때라고 해석해야 할 것이다. 반면 영국 1906 해상보험법상으로는 추정전손의 판단시점은 보험금 청구소송이 제기된 때이다.112)

(라) 선박전손

선박전손의 경우 보험자는 보험금액 전부를 지급하여야 하며 그 밖에 손해방지경감비용(제680조 제1항 단서), 손해산정비용(제676조 제2항) 등도 지급한다. 선박의 존부가 2월간 분명하지 아니한 때에는 그 선박의 행방이 불명한 것으로 하며 이를 전손으로 추정한다(제710조).113) 따라서 선박이 2월간 행방불명인 경우 현실전손으로 추정하여 보험자는 피보험자에게 전손에 따른 손해를 보상한다(제711조).114)

[대법원 1991. 5. 14. 선고 90다카25314 판결]

〈주요 판시내용〉

영국 해상보험법 및 영국법원의 판례에 의하면 열거책임주의가 적용되는 분손부담보조건의 적하보험계약에 있어서 피보험자가 보험자로부터 손해를 전보받기 위하여는 손해가 보험증권상에 열거된 부보위험으로 인하여 발생하였다는 적극적 사실을 입증하여야 함이 일반적인 원칙이기는 하나, 화물이 선박과 함께 행방불명된 경우에는 현실전손으로 추정되고, 그 현실전손은 일응 부보위험인 해상위험으로 인한 것으로 추정되어 보험자는 전보책임을 면할 수 없는 것이며, 부보위험으로 인한 손해라는 추정은 보험자가 부보위험이 아닌 다른 위험 내지 면책위험으로 인한 것일 가능성이 있음을 주장하고 그 가능성이 보다 우월하거나 동일함을 입증하는 경우에 한하여 깨어지는 것이라고 할 것이다.

---

109) 보험위부에 대해서는 후술함.
110) 영국 1906 해상보험법 제61조.
111) 영국 1906 해상보험법 제63조 제1항; 상법 제718조에는 보험자는 위부로 인하여 그 보험의 목적에 관한 피보험자의 모든 권리를 '취득'한다고 정하고 있다.
112) 사법연수원, 보험법연구, 120면; 양승규/한창희, 694면에서는 영국 해상보험 실무상 위부의 통지를 받을 때에는 보험자는 소송개시영장이 위부의 통지가 행하여진 날에 발행된 것으로 본다고 설명하고 있다.
113) 구상법에서는 선박의 행방불명을 보험위부의 원인으로 규정하였다(구상법 제710조 제2호).
114) 영국에서는 선박이 행방불명되고 상당기간 동안 그 소식을 알지 못하는 경우 현실전손으로 추정될 수 있다(영국 1906 해상보험법 제58조); 사법연수원, 보험법연구, 119면; 선박의 추정전손에 대해서는 한창희, "영국 해상보험법상의 추정전손에 관한 연구", 서울대 법학박사학위논문, 1993; 정영석/이광호, "선박 추정전손의 성립요건", 해사법연구 제14권 제2호, 2002, 123-147면; 정찬형, 735면; 양승규, 311면.

(마) 적하의 전손

적하가 전손된 경우에도 보험자는 보험금액 전부를 보상한다. 분손부담보 조건의 적하보험계약에서 하물이 선박과 함께 행방불명인 경우에 그 적하는 현실전손으로 보아야 하고 그 전손은 특별한 사정이 없는 한 부보위험인 해상위험으로 인한 것으로 추정하여 보험자는 그 보상책임을 부담한다.115)

(2) 분   손

분손(partial loss)이란 전손에 이르지 않는 일부의 손해를 말한다. 즉 보험사고로 인해 피보험이익의 일부가 멸실한 것을 말한다. 분손의 경우에는 그 손해액의 산정이 어려우므로 특별규정을 두고 있다.

(가) 선박의 분손

선박보험에서 전손만의 담보(total loss only)로 계약이 체결된 경우, 선박의 분손에 대해서 보험자는 보상책임이 없다. 그러나 분손담보특약의 경우에는 담보위험을 근인으로 하여 선박에 생긴 훼손이 단독해손이든 공동해손이든 보험자는 보상책임을 부담한다. 이 경우 보험자는 보험금액의 한도에서 1회의 사고로 생긴 선박의 훼손을 수선하는 데 소요되는 합리적인 수선비를 보상하게 된다(제707조의2 제1항). 선박의 사용으로 인한 통상의 마모(wear and tear)로 인해 가치가 감소된 부분을 수선비에서 공제하는데, 이를 관습상의 공제(customary deductions)라 한다.116) 선박이 수리되기 전에 다시 전손이 생기게 되면 보험자는 전손에 대해서만 책임을 부담하게 된다. 또한 달리 정하지 않는 한 보험자는 연속손해에 대하여 비록 그 손해의 합계가 보험금액을 초과하더라도 이를 보상할 책임을 부담한다. 보험기간 중 분손이 여러 차례 발생하는 경우(수회의 분손사고)에 보험자는 매 사고마다 보험금액의 한도까지 손해배상책임을 진다.117) 보험자는 하나의 사고로 생긴 손해보상을 하여도 보험금액이 감소되는 것이 아니라, 자동복원되므로 각 사고마다 보험금액을 한도로 하여 손해보상책임을 지게 된다.118) 보험기간 중 수회의 사고가 발생하여 사고마다 보험금액을 한도로 보상을 함으로서 각 보상액의 합계가 보험금액을 초과하여도 무방하다.119)

상법 보험편은 선박의 전부보험의 경우 선박의 분손에 대해 전부수선한 경우, 일부수선한 경우 및 미수선의 경우에 대해 다음과 같은 특별 규정을 두고 있다. ① 선박의 일

---

115) 대판 1991. 5. 14, 90다카25314; 최준선, 261면; 양승규, 311면; 임용수, 349면; 정동윤, 632면.
116) 영국 1906 해상보험법 제69조 제1항; 양승규, 311면; 최준선, 262면.
117) 영국 1906 해상보험법 제77조 제77조 제1항 및 제2항.
118) 우리나라의 선박보험약관에서도 보험자의 책임은 한 번의 사고마다 각각 별개로 결정한다고 정하고 있다. 양승규, 312면; 정동윤, 632면.
119) 한기정, 620면.

부가 훼손되어 그 훼손된 부분의 전부를 수선한 경우에는 보험자는 수선에 따른 비용을 1회의 사고에 대하여 보험금액을 한도로 보상할 책임이 있다(제707조의2 제1항). 보험기간 중 수회의 사고가 발생하면 사고마다 보험금액을 한도로 보상하며 보험기간 중의 수회의 사고로 인해 각 보상액의 합계가 보험금액을 초과하여도 무방하다.120) ② 선박의 일부가 훼손되어 그 훼손된 부분의 일부를 수선한 경우에는 보험자는 수선에 따른 비용과 수선을 하지 아니함으로써 생긴 감가액을 보상할 책임이 있다(제707조의2 제2항). ③ 선박의 일부가 훼손되었으나 이를 수선하지 아니한 경우에는 보험자는 그로 인한 감가액을 보상할 책임이 있다(제707조의2 제3항).121) 그 보상의 범위는 그것을 수선하는 데 드는 합리적인 비용을 초과하지 않는 범위가 될 것이다.122)

(나) 적하의 분손

보험의 목적인 적하가 훼손되어 양륙항에 도착한 때에는 보험자는 도착항에서 가지는 그 훼손된 상태의 가액과 훼손되지 아니한 상태의 가액과의 비율에 따라 보험가액의 일부에 대한 손해를 보상할 책임이 있다(제708조). 즉 적하의 분손의 경우 보험자는 손해를 입은 부분이 전체에 대하여 가지는 비율을 보험가액의 비율로 계산하여 그 보상책임을 지게 된다. 적하의 분손에서 양륙항을 기준으로 훼손율을 정하는 이유는 피보험자의 실손해가 양륙항에서의 손해이기 때문이다.123) 예를 들어 적하가 도착항에서 가지는 훼손된 가치가 200만원이고 훼손되지 않은 상태의 가액이 500만원인 경우 감가율이 60%인데 전부보험의 경우에는 500만원×0.6=300만원을 보험자가 보상하며, 보험금액이 200만원인 일부보험의 경우에는 500만원×0.6×2/5=120만원을 보험자가 보상해야 한다.124) 일부보험의 경우 보험자는 제708조에 의해 산정된 손해액을 부보비율에 따라 보상할 책임이 있다(제674조). 제708조는 적하의 훼손의 경우만을 규정하고 있지만 적하의 일부의 멸실로 수량이나 중량이 감소된 경우에도 동일하게 처리해야 할 것이다.125)

영국 1906 해상보험법 제71조는 적하의 분손에 대해 규정하고 있는데 기평가보험의 경우에는 멸실된 부분의 보험가액과 적하 전체의 보험가액과의 비율을 보험증권에 기재된 보험가액에 곱하여 산출된 금액을 보상하게 되며, 미평가보험의 경우에는 전손의 경우와 마찬가지로 확인되는 멸실부분의 보험가액을 보상할 책임을 부담하도록 규정하고 있다.

---

120) 최준선, 262면; 임용수, 350면; 정찬형, 735-736면.
121) 영국 1906 해상보험법 제69조에서 선박의 분손에 대해 규정하고 있다.
122) 양승규, 312면.
123) 임용수, 350면; 양승규, 313면.
124) 정찬형, 736면; 임용수, 351면.
125) 강위두/임재호, 641면; 최준선, 262면; 양승규, 313면; 정찬형, 736면; 임용수, 351면; 정동윤, 633면; 이기수/최병규/김인현, 271면. 영국 1906 해상보험법 제71조에서 화물, 상품 등의 분손에 대해 상세히 규정하고 있다.

⑷ 운임의 분손

운송물의 전부 또는 일부가 송하인의 책임없는 사유로 멸실한 때에 운송인은 그 운임을 청구하지 못한다(제815조, 제134조 제1항). 그러나 선박의 침몰 또는 멸실 등으로 운송계약이 종료하거나[126] 법정사유로 운송계약이 해제된 때에[127] 운송인은 운송의 비율에 따라 현존하는 운송물의 가액의 한도에서 운임을 청구할 수 있다(제810조 제2항, 제811조 제2항). 이 경우 해상운송인은 운임의 일부만을 송하인으로부터 지급받게 되므로 운임의 분손이 생기는데 운임의 분손이 있는 경우에 보험자는 피보험자인 해상운송인이 상실한 운임의 운임총액에 대한 비율에 따라 보상을 하여야 한다.[128]

(3) 적하의 매각

항해 도중에 불가항력으로 보험의 목적인 적하를 매각한 때에는 보험자는 그 매각에 의해 취득한 대금에서 운임 기타 필요한 비용을 공제한 금액과 보험가액과의 차액을 보상하여야 한다(제709조 제1항). 원래 이것은 적하에 훼손이 생긴 것은 아니지만 불가항력으로 인해 적하를 매각하게 되면 정상적인 가격 이하의 대금을 수령하게 되므로 그 차액을 손해로 보고 이를 보상하는 것이다. 여기에서 '불가항력으로 적하를 매각한 경우'란 상법 해상편 제750조 제3호에서 정하고 있듯이 선박수선료, 해난구조료 기타 항해의 계속에 필요한 비용을 지급할 목적으로 적하를 매각한 경우와 같이 선장의 적하처분권이 인정되는 경우를 말한다. 이 경우 적하이해관계인이 지급할 운임이나 기타 필요한 운송물의 처분비용 등을 매각대금에서 공제하게 된다. 전부보험의 경우에는 그 차액 모두를 보상하지만, 일부보험의 경우에는 그 차액에 부보비율을 곱하여 산정된 금액을 지급하게 된다. 불가항력으로 인해 적하를 매각한 경우에 적하의 매수인이 대금을 지급하지 아니한 때에는 보험자는 그 금액을 지급하여야 한다. 보험자가 그 금액을 지급한 때에는 피보험자가 가지는 매수인에 대한 권리를 취득한다(제709조 제2항).[129]

3. 약관에 의한 보상 범위

해상보험에서는 보험사고와 그로 인한 피보험자의 손해가 다양하기 때문에 선박과 적

---

126) 운송계약은 선박이 침몰 또는 멸실한 때, 선박이 수선할 수 없게 된 때, 선박이 포획된 때, 운송물이 불가항력으로 인하여 멸실된 때에 종료한다(제810조 제1항).

127) 항해 또는 운송이 법령을 위반하게 되거나 그 밖에 불가항력으로 인하여 계약의 목적으로 달할 수 없게 된 때에는 각 당사자는 계약을 해제할 수 있다(제811조 제1항).

128) 양승규, 314면; 최준선, 262면; 정동윤, 633면; 영국 1906 해상보험법 제70조에서 운임의 분손에 대해 규정하고 있다.

129) 양승규, 313-314면; 임용수, 351면; 정찬형, 736-737면; 최준선, 262면; 정동윤, 633면.

하의 종류에 따라 보험자의 보상책임의 범위를 보험약관에서 특별히 정하여 사용하는 것이 일반적이다. 영국의 구약관(S.G. 보험약관)에서는 전손만의 담보, 분손부담보, 분손담보 등을 정하여 사용하여 왔다. 그런데 신약관인 1982년 협회적하보험약관(Institute Cargo Clauses, ICC)이 사용되면서 그 담보범위를 확대하였고, 1983년 10월부터 시행된 협회기간 선박보험약관(Institute Time Clauses-Hulls, ITC-Hulls)에 의해 구약관이 폐지됨으로써 선박보험에서 전손만의 담보 약관이나 분손부담보 약관 등이 사라지게 되었다.130) 1983년과 1995년의 ITC 약관을 개정하여 2003년 국제선박보험약관(International Hull Clauses)이 현재 공포되어 시행 중이다. 물론 기존의 협회기간선박보험약관도 함께 사용되고 있다. 해상보험실무상 영국의 보험약관이 국제적으로 널리 사용되고 있기 때문에 영국의 구 약관(S.G. 보험약관)과 협회보험약관에서 정하고 있는 보험자의 보상책임을 이해할 필요가 있다.

(1) 전손만의 담보(total loss only, T.L.O.)

보험의 목적의 전손의 경우에만 보험자가 보상책임을 부담하는 것이다. 특약이 없는 한 단독해손(분손), 공동해손, 구조해손 등의 손해와 비용에 대하여는 보험자의 책임이 없도록 하는 약관이다. 여기에서의 전손은 현실전손이든 추정전손이든 불문한다. 전손만을 담보하므로 손해사정비용을 절감할 수 있고 보험료가 저렴하며 선박보험에서 주로 이용되었으나 보험자의 보상범위가 매우 제한적이다.131) 수선비용이 추정전손이 되는가의 여부를 결정함에 있어서 '단일사고 또는 그 사고에서 생긴 일련의 손해에 관한 비용만을 고려한다'는 약관규정에서의 단일사고의 의미가 중요하다. 단일사고로 생긴 손해는 해상보험자가 담보하는 한 개의 보험사고로 선박이 입은 손상을 의미하며, 일련의 손해란 그 사고와 관련하여 생긴 손상과 그것을 회복 또는 수선하기 위하여 소요된 모든 비용을 의미한다.132)

[대법원 1989. 9. 12. 선고 87다카3070 판결]

〈주요 판시내용〉

선박보험약관상 추정전손 여부를 결정함에 있어서 단일사고로 인한 비용 또는 같은 사고에서 야기되는 일련의 손해로 인한 비용만을 고려하도록 규정한 단일사고(Single Accident) 규정은 보험목적물에 대한 전손만의 보험에 가입한 자가 어떤 보험사고로 손상을 입고도 이를 수리하지 아니하고 있다가 후의 보험사고로 입은 손해와 합하여 추정전손을 주장하지 못하도록 하기 위한

---

130) 양승규, 315면; 정찬형, 737면 각주 4.
131) 최기원, 402면, 406면; 최준선, 259면; 양승규, 315면; 정희철, 446면; 임용수, 352면; 정동윤, 633면; 김은경, 472면.
132) 양승규, "동일사고에서 생기는 일련의 손해와 추정전손", 한국해법학회지 제11권 제1호, 한국해법학회, 1990, 127-144면; 장덕조, 315면.

데에서 발단된 것이고, 근인(Proximate Cause)의 원칙은 어떤 특정보험사고(담보위험)와 손해 사이의 인과관계에 관한 문제로서 수개의 보험사고를 한데 묶어 단일사고로 볼 수 있느냐의 문제와는 반드시 같다고 할 수 없고 오히려 단일사고의 문제는 각 손해와 보험사고 사이의 근인의 존재를 전제로 한 다음 단계의 문제이다. 선박 좌초 후 선원의 이선으로 인해 원주민이 선박을 약탈한 경우 원주민의 약탈은 선행의 주된 보험사고라 할 수 있는 좌초의 기회에, 좌초에 기인하여 발생한 것이라는 점에서 좌초와 약탈을 단일사고, 특히 이 사건 보험약관 제12.2조 후단의 동일한 사고로부터 생기는 일련의 손해(Sequence of damages arising from the same accident)에 해당한다.

(2) **분손부담보**(단독해손부담보, free from particular average, F.P.A.)

적하보험의 경우에 전손 또는 공동해손에 의한 손해, 구조료, 손해방지비용에 대해서만 보상책임을 부담하고, 적하의 일부만에 대한 손해(분손), 즉 단독해손에 대해서는 책임을 지지 않는 것이다. 선박보험의 경우에도 대체로 같은 취지로 해석된다. 다만 약관에서 선박의 침몰, 화재, 좌초, 충돌로 인한 손해에 대하여는 단독해손이라도 보험자의 보상책임을 인정하는 경우가 있다.133)

(3) **분손담보**(with average, W.A.)

분손담보는 상법과 약관에 의한 면책사유에 속하는 손해 이외의 모든 손해에 대하여 보상책임을 부담하는 약관이다. 즉 전손뿐만 아니라 공동해손이든 단독해손이든 불문하고 분손에 대해서도 보험자가 보상책임을 부담한다. 모든 손해를 보상하게 되므로 일반적으로 보험료는 고액이다. 일반적으로 적하보험에서 이용되었는데 분손은 보험증권에 기재된 일정률 미만일 경우에는 보상하지 아니한다.134)

[대법원 1977. 1. 11. 선고 71다2116 판결]

〈주요 판시내용〉

보험당사자 사이에 체결된 보험계약의 내용을 보험증권 및 적하보험협회 약관 기재에 비추어보면 본건 보험계약의 담보조건은 영국해상법에서 말하는 현실전손, 추정전손은 물론 공동해손 및 선박 부선의 좌초 침몰 또는 대실화에 의한 해손과 3% 이상의 단독해손(분손)은 이를 보험회사가 담보하기로 하는 내용의 이른바 분손담보약관(average clause 또는 W.A)에 의한 분손담보조건

---

133) 최기원, 407면; 정동윤, 634면; 양승규, 316면; 최준선, 259면; 임용수, 352면; 정찬형, 737면; 정희철, 446-447면.

134) 최준선, 259면; 최기원, 407면; 임용수, 353면; 정동윤, 634면; 양승규, 316면; 정희철, 447면; 정찬형, 737면.

이라 할 것이고 또 본건 보험증권에 포함되어 있는 손해방지약관에 의하면 손해방지비용은 보험
자가 전손금을 지불한 후이던가 또는 보험의 조건이 전손담보, 분손담보는 물론 분손불담보라 하
더라도 그것이 담보위험에 기인하는 손해를 방지하기 위한 것이라면 일체 이를 보험자가 피보험
자에게 보상해야 할 성질의 것이라고 해석할 것이다.

(4) 협회약관에 의한 담보범위

협회기간선박보험약관은 담보위험을 근인으로 하여 발생한 피보험자의 손해에 대해서
전손, 분손을 불문하고 보상하고 있다. 반면에 현행 협회적하보험약관은 과거와 비교하여
담보범위를 확대하여 운영하면서 적하보험약관을 A, B, C 세 가지로 나누어 사용하고 있
는데, A 약관은 면책사유가 없는 한 해상위험으로 인한 보험의 목적의 멸실 또는 손상을
모두 담보함으로써 그 담보범위가 가장 넓고 B, C 순서로 담보범위가 정하여져 있다. A
약관은 모든 위험에 의한 손해(All Risks)를 그 멸실이나 손상의 정도에 상관없이 담보하
며 일반 화물에 많이 사용되는 담보조건이다.[135]

(5) 특별약관

그 밖에 특별한 위험을 담보하기 위한 특별약관이 있는데 협회전쟁약관과 협회동맹파
업약관이 있다. 이들 보험은 일반위험에 비해 담보되는 위험이 대단히 크기 때문에 보험
계약자가 지급하게 되는 보험료가 매우 고액이다.[136]

4. 영국 1906 해상보험법상의 담보특약(워런티, warranty) 위반

워런티 제도는 영국의 1906 해상보험법 (The Marine Insurance Act 1906)에 기초하고
있다. 그런데 2015년에 영국 국회를 통과하고 2016년 8월부터 시행되고 있는 2015 보험법
(The Insurance Act 2015)은 워런티에 관한 대대적인 개혁 내용을 담고 있다. 먼저 전통적
인 워런티 내용과 위반 효과를 설명한 후 새롭게 변경된 내용을 다루기로 한다.

(1) 워런티에 대한 전통적인 개념

영국 1906 해상보험법에서는 워런티(warranty) 제도가 있다. 이는 보험계약상의 권리
주장을 위해서는 절대적으로 준수해야 하는 전제조건을 말한다. 워런티 조항이란 보험계
약자 등이 보험자에게 일정한 사실의 존재를 긍정하거나 부정하는 약속을 하거나 또는 특

---

135) 서헌제, 183면; 양승규, 317면.
136) 서헌제, 184면.

정 조건을 충족시킬 것을 약속한 경우에 그 약속에 위반이 있으면 보험자는 면책된다는 내용이다. 전제조건이 지켜지지 않으면 손해와의 인과관계를 불문하고 보험자는 면책된다. 이러한 영국법상의 워런티 조항이 일반적으로 영문해상보험약관에 포함되어 있는데 이를 국내에서도 적용할 수 있다는 것이 대법원의 입장이다. 워런티에 관한 규정이 존재하지 않는 우리나라 법원은 '워런티'라는 용어를 사용하기도 하고[137] '담보특약'이라는 용어를 사용하기도 한다.[138] 워런티 조항이 국내에서도 적용될 수 있다는 대법원의 입장을 고려할 때 보험계약을 체결하면서 선박의 감항능력의 결여를 상법 제706조처럼 손해발생과의 인과관계를 요하는 보험자의 일반 면책사유로 규정한 것이 아니라, 선박이 발항 당시 감항능력(seaworthiness)을 갖추고 있을 것을 '조건'으로 하여 보험자가 해상위험을 인수한다는 취지로 체결한 것이 분명하다면 보험사고가 그 조건의 결여 이후에 발생한 경우에는 보험자는 조건 결여의 사실, 즉 발항 당시의 불감항(unseaworthiness) 사실만을 입증하면(워런티 위반만 입증) 그 조건 결여와 손해발생 사이의 인과관계를 입증할 필요 없이 보험금 지급책임을 부담하지 않게 된다고 과거에 법원은 해석한 바 있다.[139] 즉 감항능력 결여문제를 보험자의 면책사유로 정할 수도 있고, 판례와 같이 일종의 워런티로 정할 수도 있다. 다만 워런티 위반일 이전에 손해가 발생하면 보험자는 보상책임이 있다.

[대법원 1995. 9. 29. 선고 93다53078 판결]

〈주요 판시내용〉

어선보통공제약관에서 "공제 목적인 어선이 발항 당시 통상의 해상위험을 사실상 감내할 수 있을 정도로 적합한 상태에 있을 것을 조건으로 하여 공제계약의 청약을 승낙하여 보상책임을 부담합니다"라고 규정하고 있는 경우, "공제의 목적인 어선이 발항 당시 통상의 해상위험을 사실상 감내할 수 있을 정도로 적합한 상태"란 공제의 목적물인 선박이 발항 당시 통상의 해상위험을 사실상 감내할 수 있는 정도의 감항능력을 갖추고 있는 상태를 뜻하고, 이러한 감항능력은 언제나 선체나 기관 등 선박시설이 당해 항해에 있어서 통상의 해상위험을 감내할 수 있는 능력(물적 감항능력)을 구비함과 동시에 그 선박에 승선하고 있는 선원의 기량과 수에 있어서도 그 항해에 있어서 통상의 해상위험을 감내할 수 있는 정도의 상태(인적 감항능력)에 있어야만 완전히 갖추어진다고 보는 것이, 위 약관의 문언과 상법 제706조 제1항의 규정 등에 비추어 정당하다. 상법 제663조 단서 규정에 의하면 해상보험에 있어서는 보험계약자 등의 불이익변경 금지의 원칙이 적용되지 아니하여 해상보험 약관으로 상법의 규정과 달리 규정하더라도 그와 같은 약관규정은 유효하다고 할 것인바, 위와 같은 약관이 있는 경우, 이는 감항능력의 결여를 상법 제706조처럼 손

---

137) 대판 2010. 9. 9, 2009다105383.
138) 대판 1996. 3. 8, 95다28779; 장덕조, 318면.
139) 대판 1995. 9. 29, 93다53078; 박세민, "해상보험법상 담보의 개념과 영국 협회적하보험약관 제5호 및 상법 제706조 제1항에 관한 고찰", 한국해법학회지 제27권 제2호, 2005. 11, 107-147면.

해발생과의 인과관계를 요하는 보험자의 면책사유로 규정한 것이 아니라, 선박이 발항 당시 감항능력을 갖추고 있을 것을 조건으로 하여 보험자가 해상위험을 인수한다는 취지임이 문언상 명백하므로, 보험사고가 그 조건의 결여 이후에 발생한 경우에는 보험자는 조건 결여의 사실, 즉 발항 당시의 불감항 사실만을 입증하면 그 조건 결여와 손해발생(보험사고) 사이의 인과관계를 입증할 필요 없이 보험금 지급책임을 부담하지 않게 된다.

[대법원 1996. 10. 11. 선고 94다60332 판결]

〈주요 판시내용〉

보험증권에 그 준거법을 영국의 법률과 관습에 따르기로 하는 규정과 아울러 감항증명서의 발급을 담보한다는 내용의 명시적 규정이 있는 경우 이는 영국 해상보험법 제33조 소정의 명시적 담보에 관한 규정에 해당하고, 명시적 담보는 위험의 발생과 관련하여 중요한 것이든 아니든 불문하고 정확하게(exactly) 충족되어야 하는 조건(condition)이라 할 것이다. 부보선박이 특정 항해에 있어서 그 감항성을 갖추고 있음을 인정하는 감항증명서는 매 항해시마다 발급받아야 비로소 그 담보조건이 충족된다. 일단 담보특약 위반이 있는 경우 보험자는 보험증권에 명시적 규정이 있는 경우를 제외하고는 자동적으로 그 위반일에 소급하여 그 보험계약상의 일체의 책임을 면하고 보험자가 담보특약 위반을 이유로 보험계약을 해지하여야만 비로소 그 보험계약상의 책임을 면하게 되는 것은 아니므로, 보험자가 담보특약 위반을 안 직후 보험계약을 해지하지 않았다고 하여 이로써 보험회사가 그 담보특약 위반에 대한 권리를 포기하였다고 볼 수는 없다.

워런티에는 보험증권에 그 내용이 기재되어 있는 명시적 워런티(express warranty)와 명시 여부와 상관없이 법률상 당연히 준수되어야 하는 묵시적 워런티(implied warranty)가 있다. 명시적 워런티는 해상보험계약 당사자간에 그 내용을 임의로 정할 수 있음이 원칙인데 영국 1906 해상보험법은 특별히 '중립 워런티(warranty of neutrality)'와 '안전 워런티(warranty of good safety)'를 명시적 워런티의 예로서 규정하고 있다. 한편 감항능력 워런티(warranty of seaworthiness)와 적법성 워런티(warranty of legality)는 묵시적 워런티의 일종이다. 감항능력 워런티는 선박소유자가 특정 항해의 보험기간이 개시될 때에 선박에 관한 물적, 인적 감항능력을 제대로 갖출 것을 약속하는 것인데 선박소유자인 피보험자가 부보 선박의 상태를 지배할 수 있는 항해보험에서만 인정된다. 항해보험에서는 출발항이 보험계약에서 정해지기 때문에 출항하기 전에 선박소유자가 부보 선박의 상태를 통제하거나 지배할 수 있는 반면에, 기간보험에서는 보험기간이 개시될 때에 선박이 이미 항해 중에 있는 등 선박소유자가 선박의 감항능력을 갖추기 위한 준비나 통제를 할 수 없는 경우가 다수 발생하기 때문이다.[140] 한편 청약서 등에 "자신에 의해 작성된 진술이나 특

---

140) 장덕조, 301면.

정 사항이 진실이며 이것을 당사자간에 보험계약의 본질적 조항(basis of the contract)으로 하는 것에 대해 동의한다"는 문구를 보험계약자가 확인하고 서명하는 실무상의 관행이 있다. 그런데 이 문구로 인해 보험계약자가 확인한 특정사항이나 진술의 진실성이 워런티로 그 성질이 변경되어 사소한 위반에 대해서도 보험자가 면책되는 것으로 해석되어 왔다.

(2) 전통적인 워런티 위반 효과

워런티는 그 약속 내용이 문자 그대로 정확하게 준수되어야 하며(엄격이행의 원칙) 이 것이 충족되지 않으면 보험자는 그 위반일로부터 보험금 지급책임을 면하게 된다. 그 위 반 사항이 가령 사소하더라도 워런티 위반이 된다. 부보된 위험과 관련하여 얼마나 중요 한가의 여부를 묻지 않고(중요성 불문의 원칙), 워런티 위반이 있으면 보험자는 책임을 면 한다. 일단 워런티 위반이 있게 되면 그 후 손해가 발생하기 이전에 위반 상태가 치유되 고 워런티가 충족되었다고 해도 보험자는 계속 면책된다. 워런티 위반과 손해 사이에 인 과관계는 요구하지 않으며(인과관계 불필요의 원칙) 별도의 규정이 없는 한 워런티 위반일 에 소급하여 자동적으로 보험자는 보상책임을 면하게 된다. 즉 보험자가 워런티 위반을 이유로 별도로 해지의 의사표시를 하지 않아도 된다.[141] 워런티 위반이 있으면 보험자는 보상책임을 면하게 되는데, 보험계약이 이로써 종료되는 것이 아니고 보험계약의 효력은 유지된다.

[대법원 1998. 5. 15. 선고 96다27773 판결]

〈주요 판시내용〉

선박보험증권과 약관에 준거법을 영국의 법률과 관습에 따르기로 하는 규정과 아울러 선급 (ship's class)을 유지(maintaining)하기로 하는 내용의 명시적 규정이 있는 경우, 이는 영국 해 상보험법 제33조 소정의 명시적 담보(express warranty)에 관한 규정에 해당하고, 명시적 담보 는 위험의 발생과 관련하여 중요한 것이든 아니든 불문하고 정확하게(exactly) 충족되어야 하는 조건(condition)으로서 엄격히 지켜져야만 하며, 일단 담보위반이 있는 경우, 설사 보험사고가 담 보위반과 아무런 관계없이 발생하였다고 하더라도, 보험자는 보험증권에 별도의 명시적 규정이 있는 경우를 제외하고는 자동적으로 그 담보특약 위반일에 소급하여 그 보험계약상의 일체의 책 임을 면한다. 그러므로 보험자가 담보특약에 관한 사항을 알든 모르든 피보험자로서는 담보특약 을 정확히 지켜야만 하고, 이를 위반하게 되면 그 사유와 시기에 관계없이 보험자는 바로 그 시 점부터 보험계약상의 일체의 책임을 면하게 되므로, 보험자로서는 담보특약에 관한 사항을 구태 여 알아야 할 필요가 없고, 피보험자는 보험자에게 담보특약에 관한 사항을 고지할 의무도 없는 것이다. 이 사건 보험증권상의 담보특약은 영국 해상보험법 제33조 소정의 명시적 담보로서 이

---

141) 영국 1906 해상보험법 제33조 제3항 및 제34조 제2항; 대판 196. 10. 11, 94다60332.

사건 선박의 선급이 계속 유지되어야만 그 담보조건을 충족하는 것인데, 위와 같이 선박의 격벽이 제거되어 그 시점부터 선급이 정지된 이상, 피보험자인 원고는 담보특약을 위반한 것으로 되어 보험자인 피고회사는 그 담보위반일 이후에 발생한 이 사건 사고로 인한 보험금 지급책임을 면하게 된다.

[대법원 1996. 10. 11. 선고 94다60332 판결]

〈주요 판시내용〉

보험증권에 그 준거법을 영국의 법률과 관습에 따르기로 하는 규정과 아울러 감항증명서의 발급을 담보한다는 내용의 명시적 규정이 있는 경우 이는 영국 해상보험법 제33조 소정의 명시적 담보에 관한 규정에 해당하고, 명시적 담보는 위험의 발생과 관련하여 중요한 것이든 아니든 불문하고 정확하게(exactly) 충족되어야 하는 조건(condition)이라 할 것인데, 해상보험에 있어서 감항성 또는 감항능력이 '특정의 항해에 있어서의 통상적인 위험에 견딜 수 있는 능력'(at the time of the insurance able to perform the voyage unless any external accident should happen)을 의미하는 상대적인 개념으로서 어떤 선박이 감항성을 갖추고 있느냐의 여부를 확정하는 확정적이고 절대적인 기준은 없으며 특정 항해에 있어서의 특정한 사정에 따라 상대적으로 결정되어야 하는 점 등에 비추어 보면, 부보선박이 특정 항해에 있어서 그 감항성을 갖추고 있음을 인정하는 감항증명서는 매 항해시마다 발급받아야 비로소 그 담보조건이 충족된다. 영국 해상보험법상의 담보특약 위반에 대한 권리 포기는 그 포기의 범위 내에서만 담보특약 위반을 이유로 면책을 주장할 수 없는 효과가 발생하는 것이므로, 당해 보험계약에서 이미 발생한 담보특약 위반에 대한 권리를 포기한 일이 있다 하더라도 그 담보특약 위반 이후에 발생하는 담보특약 위반에 대한 권리도 모두 포기하기로 하였다고 볼 만한 특단의 사정이 없는 한 권리 포기 이후에 다시 발생한 담보특약 위반에 대한 권리도 포기하였다고 볼 수는 없다.

그런데 워런티는 약관의 중요한 내용이므로 보험자가 워런티의 의미와 효과에 대해 보험계약자가 제대로 이해할 수 있도록 충분히 설명하지 않은 경우 약관의 규제에 관한 법률에 따라 설명되지 않은 워런티 내용은 계약에 편입되지 않는다는 판결이 있다.142)

[대법원 2010. 9. 9. 선고 2009다105383 판결]

〈주요 판시내용〉

비록 워런티라는 용어가 해상보험 거래에서 흔히 사용되고 있다 하더라도 해상보험계약을 체결한 경험이 없거나 워런티에 관한 지식이 없는 보험계약자가 워런티의 의미 및 효과에 관하여 보험자로부터 설명을 듣지 못하고 보험계약을 체결할 경우 워런티 사항을 충족시키지 않으면 어떠

---

142) 대판 2010. 9. 9, 2009다105383; 대판 2001. 7. 27, 99다55533.

한 불이익을 받는지에 관하여 제대로 인식하지 못한 채 그 위반 즉시 보험금청구권을 상실할 위험에 놓일 뿐만 아니라 그와 같은 상실 사실조차 모른 채 보험사고를 맞게 되는 곤란한 상황에 처할 수 있다. 따라서 이러한 워런티 조항을 사용하여 해상보험을 체결하는 보험자로서는 원칙적으로 당해 보험계약자에게 워런티의 의미 및 효과에 대하여 충분히 설명할 의무가 있다고 할 것이고, 단순히 워런티 조항이 해상보험 거래에서 흔히 사용되고 있다는 사정만으로 개별 보험계약자들이 그 의미 및 효과를 충분히 잘 알고 있다거나 충분히 예상할 수 있다고 단정하여 이를 언제나 설명의무의 대상에서 제외될 수 있는 사항이라고 볼 수는 없다. 보험회사가 영국법 준거약관에 의하여 영국 해상보험법이 적용되는 워런티(warranty) 약관 조항을 사용하여 해상운송업자인 보험계약자와 선박에 관한 보험계약을 체결하면서 보험계약자가 일정 기한까지 선박에 대한 현상검사와 그에 따른 권고사항을 이행할 것을 워런티 사항으로 정한 사안에서, 보험회사가 워런티의 의미와 효과에 관하여 보험계약자가 제대로 이해할 수 있도록 충분히 설명하지 않는 경우에는 보험계약자가 위 워런티 약관 조항의 의미와 효과를 전체적으로 이해할 수 없게 되어 예측하지 못한 불이익을 받게 되므로, 그 경우 위 약관 조항 전체가 처음부터 보험계약에 편입되지 못하는 것으로 보아야 한다.

(3) 2015년 영국 보험법과 워런티 제도의 대변혁

워런티 위반 효과가 보험자에게 일방적으로 유리하고 지나치게 엄격하다는 비판이 오랜 기간 동안 제기되어 왔다. 이에 영국과 스코틀랜드 법률위원회(English and Scottish Law Commission)는 2000년대 중반 이래 워런티 제도 개혁에 대한 보고서를 꾸준히 만들어 왔고, 이 보고서를 기초로 2015년 2월에「2015 영국 보험법(The Insurance Act 2015)」이 제정되었다. 이 법은 2016년 8월부터 시행되고 있는데 워런티에 대한 대대적인 개정 내용을 담고 있다. 이 법에 따라 워런티의 성질을 규정하고 있는 영국 1906 해상보험법의 제33조 제3항 2문과 워런티 위반이 허용되는 경우를 규정한 제34조는 전체 삭제되었다. 워런티 개혁의 구체적인 내용을 보면 ① 보험계약의 본질적 조항(계약기초조항, basis of contract clause)을 워런티로 변경하는 것을 금지함을 원칙으로 하고 있다.143) 이미 제정되어 시행되고 있는「2012 영국 소비자보험법(The Consumer Insurance(Disclosure and Representation) Act 2012)」에서도 보험계약의 본질적 조항이 폐지되었다. ② 새로운 법은 워런티 위반을 이유로 보험자가 면책되는 것은 워런티 위반시부터 워런티 위반의 치유 전까지임을 분명히 하고 있다. 기존에는 치유를 인정하지 않은 채 워런티 위반이 있게 되면 위반일로부터 장래를 향해 자동적으로 보험자의 보상책임이 면제가 되었었다. 이러한 법리를 폐지하고, 보험자는 워런티 위반일로부터 위반 내용의 치유시까지만 면책되는 것으

---

143) 2015 영국 보험법 제9조. 다만 동법 제15조 이하에서의 요건을 충족하는 것을 조건으로 예외적으로 그 변경을 당사자가 합의할 수 있는 예외를 인정하고 있다.

로 변경하였다. 따라서 위반이 있더라도 치유가 되었고 그 이후에 보험사고로 인한 손해가 야기되었다면 보험자의 보험금 지급책임은 인정되는 것이다.144) ③ 손해와 워런티 위반 사이의 인과관계 존재를 묻지 않던 기존의 법리를 폐지하고, 조문에서 정하고 있는 제한적인 상황의 경우에 보험계약자 측이 계약조항의 불이행과 보험사고 발생 사이에 인과관계가 없었음을 증명한 때에는 보험자의 보상책임이 면제되지 않는다.145)

VI. 해상보험자의 면책사유

1. 상법상의 법정면책사유

해상보험도 손해보험의 일종으로서 손해보험에 일반적으로 적용되는 공통적인 법정면책사유(제659조, 제660조, 제678조)가 적용됨은 당연하다.146) 보험법은 해상기업과 해상위험의 특수성을 고려한 해상보험자의 면책조항을 별도로 마련하고 있고, 보험약관에서도 상세한 면책조항을 두고 있다. 해상보험에 특유한 법정면책사유로는 다음과 같은 것이 있다.

(1) 감항능력주의의무 위반

(가) 개   념

감항능력주의의무는 해상보험뿐만 아니라 해상운송계약에서도 선박소유자에게 요구되는 중요한 의무이다. 항해보험이든 기간보험이든 선박보험과 운임보험의 경우 감항능력의 흠결로 인한 손해에 대해 보험자는 면책이다. 즉 선박 또는 운임을 부보한 경우에 선박이 발항당시 안전하게 항해를 하기에 필요한 인적, 물적 준비를 하지 아니하거나147) 필요한 서류를 비치하지 아니함으로 인하여 생긴 손해에 대해 보험자는 보상할 책임이 없다(제706조 제1호). 필요한 서류가 비치되지 않음으로 인해 선박이 압류, 포획되거나 운임을 받지 못하게 되는 경우를 그 예로 들 수 있다.148) 법조문의 내용대로라면 감항능력의 흠결

---

144) 2015 영국 보험법 제10조.
145) 2015 영국 보험법 제11조.
146) 영국 1906 해상보험법 제3조에서는 해상보험자는 전쟁 위험에 수반되는 위험도 담보 범위에 포함될 수 있음을 명기하고 있다. 우리 보험법은 제660조에서 전쟁면책조항을 두어 당사자의 특약이 있지 않는 한 전쟁위험으로 인한 손해는 모든 보험계약에서 보험자의 면책사유로 정하고 있는 데 반해, 영국법에서는 반대로 특약이 없으면 전쟁위험으로 인한 손해에 대해서도 보험자의 보상책임을 인정하고 있다. 다만 협회보험약관에서 전쟁을 면책사유로 하고 있기 때문에 실무상으로는 차이가 없다; 양승규, 318면.
147) 대판 1996. 10. 11, 94다60332; 최준선, 258면. 영국 1906 해상보험법상 감항증명서는 매 항해시마다 발급받아야 한다.
148) 최준선, 258면; 임용수, 353~354면.

에 대해 보험계약자나 피보험자의 과실유무는 불문한다. 또한 법조문에 따르면 적하보험의 경우에는 제706조 제1호가 적용되지 않는다.[149] 따라서 규정대로라면 감항능력이 없는 선박에 선적된 적하에 손해가 생긴 경우에도 보험자는 보상책임이 있다.[150] 입법의 불비로 보아야 하며 이에 대한 개정이 요구된다.[151]

　　감항능력주의의무 위반으로 인해 보험자가 면책되기 위해서는 감항능력 결여와 손해 사이에 인과관계가 있어야 한다. 다만 해상보험은 기업보험으로서 제663조의 보험계약자 등의 불이익변경금지원칙이 적용되지 않으므로 당사자의 합의에 의해 감항능력을 갖출 것을 계약의 '조건'으로 하고, 감항능력주의의무 위반과 손해 사이에 인과관계가 없어도 보험자는 발항 당시 선박의 불감항 상태에 대해서만 입증을 하면 본 면책사유가 적용될 수 있는 것으로 정할 수 있다는 것이 판례의 입장이다.[152] 그런데 감항능력을 갖출 것을 계약의 '조건'으로 하는 것을 일종의 워런티로 볼 때, 인과관계를 불문한다는 법원의 해석이 워런티 제도에 대한 개혁 이후에도 유지될 수 있을지 확실하지 않다.

[대법원 2014. 5. 29. 선고 2013다1754 판결]

〈주요 판시내용〉

　감항성 또는 감항능력이란 선박이 자체의 안정성을 확보하기 위하여 갖추어야 하는 능력으로서 일정한 기상이나 항해조건에서 안전하게 항해할 수 있는 성능을 말한다(선박안전법 제2조 제6호). 어떤 선박이 감항성을 갖추고 있는지를 판단하는 확정적이고 절대적인 기준은 없고, 특정 항해에서의 구체적·개별적인 사정에 따라 상대적으로 판단하여야 하며(대법원 1996. 10. 11. 선고 94다60332 판결 참조), 이러한 감항능력은 선체나 기관 등 선박자체, 항해에 필요한 서류·장치 등 선박의장(船舶艤裝), 선박에 승선하고 있는 선원의 수와 능력 등이 특정 항해에서 통상의 해상위험을 감내할 수 있는 상태에 있어야만 완전히 갖추어진다고 할 것이다.

　⑷ 내　　용

　일반적으로 선박의 감항능력(seaworthiness)이란 선박의 시설이 특정 항해에 발생할 수 있는 통상적인 해상 위험을 극복하기 위한 물적감항능력을 갖추고 또한 선장과 선원의 경험이나 기량 및 인원 수에서도 통상적인 위험을 감당할 수 있어야 함(인적감항능력)을 의미한다.[153] 상법 해상편 제794조에서 감항능력주의의무와 관련하여 선박이 안전하게 항해

---

149) 대판 1986. 11. 25, 85다카2578; 박세민, "해상보험법상 담보의 개념과 영국 협회적하보험약관 제5조 및 상법 제706조 제1항에 관한 고찰", 한국해법학회지 제27권 제2호, 2005. 11, 107-147면.
150) 서헌제, 185면.
151) 김성태, 563면.
152) 대판 1995. 9. 29, 93다53078.
153) 대판 1995. 8. 22, 94다61113에서 원칙적으로 선박직원법에 따른 해기사면허가 없는 선원이 승선한 선박

를 할 수 있게 하며, 필요한 선원의 승선, 선박의장과 필요품의 보급 및 선창, 냉장실 기타 운송물을 적재할 선박의 부분을 운송물의 수령, 운송과 보존을 위하여 적합한 상태에 둘 것을 요구하고 있다. 출항준비를 하는 자가 위험물이 표시된 최신 해도(海圖)가 비치되지 않은 것을 알고도 그대로 출항한 것은 감항능력 결여로 인한 보험자의 면책이 인정된다는 것이 법원의 입장이다.154) 여기에서 감항성 또는 감항능력은 '특정의 항해에서 통상적인 위험에 견딜 수 있는 능력'을 의미하는 상대적인 개념으로서, 어떤 선박이 감항성을 갖추고 있느냐의 여부를 확정할 수 있는 절대적인 기준은 없고, 특정 항해에서의 특정한 사정에 따라 상대적으로 결정되어야 한다.155) 이러한 취지에서 떠돌아다니는 거대한 얼음과 충돌하여 생긴 선박의 외판 구멍으로 바닷물이 들어와 선박이 충돌한 경우에 선박의 구체적 감항능력의 결여와 사고 사이의 상당인과관계가 없음을 이유로 보험자의 면책을 부정한 판례가 있다.156) 부보선박이 특정 항해에 있어서 그 감항성을 갖추고 있음을 인정하는 감항증명서는 매 항해시마다 발급받아야 비로소 그 담보조건이 충족된다.157)

(대) 영국 1906 해상보험법에서의 감항능력 결여

영국 1906 해상보험법상의 법리에 의하면, 항해보험의 경우에는 원칙적으로 감항능력 불비로 인한 보험자의 면책을 인정하지만, 기간보험의 경우에는 선박이 감항능력이 있어야 한다는 묵시적 담보가 없다. 다만 예외적으로 피보험자가 선박이 감항능력이 없음을 알면서도(피보험자의 인식, with the privity) 항해하게 한 경우에는 보험자가 면책될 수 있다. 따라서 이 법리에 의하면, 선박기간보험에서 감항능력 결여로 인하여 보험자가 면책되기 위하여는 ① 손해가 감항능력이 없음으로 인하여 발생한 것이어야 하고, ② 피보험자가 감항능력이 없음을 알고 있어야 하며, ③ 이러한 감항능력의 결여와 보험사고 사이에 인과관계, 즉 손해의 일부나 전부가 감항능력이 없음으로 인하여 발생한 것이라는 점이 인정되어야 하되, 이러한 요건에 대한 입증책임은 보험자가 부담한다.158) 영국에서는 근인관계가 없더라도 감항능력 결여가 사고와 조건적인 관계에 있거나 또는 보험사고 발생

은 소위 인적 감항능력을 결여한 것으로 추정되나, 선원이 그 면허를 소지하였는지 여부만이 선박의 인적 감항능력의 유무를 결정하는 절대적인 기준이 되는 것은 아니고, 비록 그 면허가 없다고 하더라도 사실상 특정 항해를 안전하게 수행할 수 있는 우수한 능력을 갖춘 선원이 승선하였다면 이러한 경우까지 선박이 인적 감항능력을 결여하였다고 할 수는 없다고 판시한 바 있다. 선주가 해기사 면허가 없는 자를 기관장 대행으로 승선시켰다는 사실만으로 인적감항능력이 결여된 것으로 볼 수 없다는 것이다; 양승규, 319면.

154) 대판 2005. 11. 10, 2003다31299.
155) 대판 1996. 10. 11, 94다60332.
156) 대판 2002. 6. 28, 2000다21062.
157) 대판 2002. 6. 28, 2000다21062; 대판 1996. 10. 11, 94다60332; 임용수, 353-354면.
158) 대판 2002. 6. 28, 2000다21062. 최종현, "영국 해상보험법상 선박의 불감항으로 인한 보험자의 면책 및 추정전손법리", 보험법연구 5, 2003, 61-73면; 박세민, "영국과 미국 해상보험법상 감항능력담보해석에 관한 비교 분석", 경영법률 제16권 제1호, 2005. 11, 393-427면; 정찬형, 738-739면; 임용수, 354면.

의 여러 근인 중의 하나인 경우에도 인과관계를 인정하고 있다.159) 우리 대법원은 인과관계를 상당인과관계에 기초하여 해석하기도 하고,160) 영국 법원과 유사하게 근인관계보다 넓게 해석하기도 한다.161) 영국 법원은 피보험자의 인식을 광범위하게 해석하고 있는데, 피보험자의 인식(악의, privity)이란 "감항능력이 없다는 것을 적극적으로 아는 것(positive knowledge of unseaworthiness)"뿐만 아니라 "감항능력이 없을 수도 있음을 인식하면서도 추가조치 없이 그대로 내버려두는 것(turning the blind eyes to unseaworthiness)"도 포함하는 개념이라고 해석하고 있다.162)

[대법원 2002. 6. 28. 선고 2000다21062 판결]

〈주요 판시내용〉

영국 해상보험법 제39조 제4항은 "어느 선박이 부보된 해상사업에서 통상 일어날 수 있는 해상위험을 견디어낼 수 있을 만큼 모든 점에서 상당히 적합(reasonably fit)할 때에는 감항능력이 있는 것으로 간주된다"고 규정하고, 제39조 제5항은 "기간보험(Time Policy)에서는 해상사업의 어떤 단계에서이든 선박이 감항능력이 있어야 한다는 묵시적 담보가 없다. 그러나 피보험자가 선박이 감항능력이 없음을 알면서도(with privity of the assured) 항해하게 하였다면 보험자는 감항능력이 없음으로 인하여 발생한 일체의 손해에 대하여 책임을 지지 아니한다"고 규정하고 있다.

영국 해상보험법상 선박기간보험에 있어 감항능력 결여로 인한 보험자의 면책요건으로서 피보험자의 악의(privity)는 영미법상의 개념으로서 피보험자가 선박의 감항능력 결여의 원인이 된 사실뿐 아니라, 그 원인된 사실로 인하여 해당 선박이 통상적인 해상위험을 견디어낼 수 없게 된 사실, 즉 감항능력이 결여된 사실을 알고 있는 것을 의미하는 것으로서, 감항능력이 없다는 것을 적극적으로 아는 것뿐 아니라, 감항능력이 없을 수도 있다는 것을 알면서도 이를 갖추기 위한 조치를 하지 않고 그대로 내버려두는 것(turning the blind eyes to unseaworthiness)까지 포함하는 개념이다. 감항능력의 결여와 보험사고 사이에 인과관계, 즉 손해의 일부나 전부가 감항능력이 없음으로 인하여 발생한 것이라는 점이 인정되어야 하되, 이러한 요건에 대한 입증책임은 보험자가 부담한다.

---

159) Susan Hodges, "The legal implication of the ISM Code: insurance and limitation of liability", The International Journal of Insurance Law, January 2000, 138면(이현균, 전게논문, 310면에서 재인용)
160) 대판 2002. 6. 28, 2000다21062; 서울고법 2018. 11. 16, 2017나2071933.
161) 대판 2020. 6. 4, 2020다204049.
162) 대판 2002. 6. 28, 2000다21062. Susan Hodges, Law of Marine Insurance, 1996, Cavendish Publishing Ltd, 136면; Compania Maritima San Basilio S.A. v. The Oceanus Mutual Underwriting Association ("The Eurysthenes") [1976] 2 Lloyd's Rep. 171, 179; 박세민, 전게논문, 415-416면.

(2) 용선자 등의 고의 중과실

적하보험에 있어서 용선자, 송하인 또는 수하인의 고의 또는 중과실로 인한 손해에 대해 보험자는 면책된다(제706조 제2호). 이들은 적하보험에 있어서 보험계약자나 피보험자는 아니다. 그러나 적하보험에 있어서 용선자와 송하인은 해상물건운송계약의 당사자가 되며, 수하인은 운송물을 수령할 수 있는 권리를 가지는 자로서 이들이 비록 해상보험계약에 있어서 보험계약자나 피보험자가 아니라 하더라도 적하보험에 있어서 이들의 고의 또는 중과실로 인한 손해는 보험계약자나 피보험자의 고의 또는 중과실로 볼 수 있기 때문에 보험자의 면책사유로 규정한 것이다. 적하보험의 면책사유는 일반적으로 적하보험에 부수하여 체결되는 희망이익보험에도 같이 적용될 수 있다.163)

(3) 항해 중의 통상비용

도선료, 입항료, 등대료, 검역료 기타 선박 또는 적하에 관한 항해 중의 통상비용에 대해 보험자는 면책이다(제706조 제3호). 이러한 비용은 운임에서 지급되는 비용으로 해석되며 항해에 있어서 당연히 그 지출이 예상되는 것(통상비용)으로서 우연성이 없다는 이유에서 보험자의 면책으로 정해진 것이다. 그러나 일반적, 통상적으로 예상할 수 없는 사고로 인해 불가피하게 이로(離路)를 함으로써 생긴 입항료나 등대료는 보험자가 보상해야 할 것이다.164)

(4) 소손해면책

소손해면책(franchise)이란 손해가 보험가액의 일정비율 또는 일정금액 이하인 소액인 경우에 보험자의 면책을 인정하는 것이다. 그 취지는 소액손해를 산정하기 위한 비용과 시간의 낭비를 막고 도덕적 위험을 방지하기 위함이다.165) 구상법 제707조에서는 소손해면책을 명문으로 인정한 바 있다.166) 1991년 보험법을 개정하면서 이를 삭제하였는데 이는 보험약관에서 면책비율이나 금액 등을 보험거래의 실정에 맞게 따로 정하고 있기 때문이다. 소손해면책은 분손의 경우에만 적용되며 그 손해가 면책한도액을 초과하는 경우에는 손해의 전부를 보상해야 한다. 그런데 손해액이 보험가액의 일정한 비율 또는 일정한 금액을 초과하는 경우에도 일정한 한도액까지는 피보험자가 부담하게 하여 이를 공제하고 이를 초과하는 부분, 즉 나머지 손해만을 보험자가 보상하도록 하는 것이 있는데 이를 공

163) 양승규, 319면; 정동윤, 634면; 최준선, 258면; 임용수, 355면.
164) 최기원, 410면; 최준선, 258면; 정동윤, 634면; 임용수, 355면; 양승규, 319면; 김은경, 475면.
165) 최준선, 259면; 양승규, 320면.
166) 구상법 제707조.

제소손해면책(deductible clause 또는 excess clause)이라 하며 선박보험에서 일반적으로 이용되고 있다.167) 반면에 한도액을 초과하는 경우에는 모든 손해를 보상하는 것이 무공제소손해면책이라 한다.

2. 영국 1906 해상보험법상의 법정면책사유

영국 1906 해상보험법 제55조에서는 피보험위험에 근인(近因)하여 일어나지 않은 손해, 피보험자의 고의의 불법행위에 기인하는 손해,168) 지연(遲延)에 기인하여 발생한 손해, 보험의 목적의 통상의 자연소모, 통상의 누손, 파손, 고유의 하자 또는 고유의 성질, 쥐 또는 벌레(해충) 등에 근인하여 발생한 손해, 해상위험에 근인하여 일어나지 않은 기계의 손상에 대해 보험자의 보상책임을 인정하지 않고 있다. 보험자는 부보위험에 근인(近因)하여 발생한 손해에 대해서만 책임을 지는데, 근인(近因)의 해석과 관련하여 시간의 근접성이 아니라 그 원인이 지배적 또는 효과적이었는지(dominant or effective cause)를 기준으로 한다.169)

3. 약관상의 면책사유

해상보험에서는 복잡한 항해사업에 관한 사고와 다양한 유형의 손해 및 보험자의 면책사유에 대해 그 상세한 내용을 약관에서 특별히 정하여 이를 실무에 적용시키고 있다. 즉 해상보험자는 법정면책사유 이외에 약관에 규정된 면책사유에 의해서도 보상책임을 면한다. 실무상으로 전 세계적으로 적용되는 영국의 협회보험약관(Institute Clauses)의 담보범위와 면책사유가 중요하다. 2003년 국제선박보험약관, 협회선박보험약관과 협회적하보험약관 A, B, C는 면책사유를 상세하게 규정하고 있다.170) 해상보험은 기업보험으로서 약관

---

167) 정동윤, 635면; 양승규, 320면; 최준선, 259면; 협회기간선박보험약관 제12조 제1항 제1문은 "피보험위험으로 인해 발생한 보험금은 각각 별개의 사고 또는 사건으로 인하여 발생한 모든 보험금의 합계가 … 를 초과하지 않으면 이 보험에서는 보상하지 아니하며, 초과하는 경우에는 이 금액을 공제하고 보상한다"고 정하고 있다. 이재복, 선박보험, 208면.

168) 영국 1906 해상보험법 제55조 제2항 (a) 보험자는 피보험자의 고의의 불법행위에 기인하는 어떠한 손해에 대해서도 보상책임을 지지 않는다. 그러나 보험증권에 별도의 합의사항이 마련되어 있는 경우를 제외하고 보험자는 피보험위험에 근인하여 일어나는 일체의 손해에 대해서는 비록 그 손해가 선장이나 선원의 불법행위 또는 과실이 없었더라면 발생하지 않았을 경우에도 그 보상책임을 져야 한다고 규정하고 있다. 신윤부, 해상보험과 해상운송, 1985, 168면.

169) 이현균/권오정, "해상사이버리스크에 관한 영국보험업계의 대응과 시사점", 보험법연구 제14권 제2호, 한국보험법학회, 2020, 238-239면.

170) 협회기간선박보험약관상의 면책사유에 대해서는, 이재복, 선박보험, 252면 이하, 협회적하보험약관상의 면책사유에 대해서는, 이시환, 47면 이하 참조할 것; 양승규, 321-323면.

상의 면책사유에 제663조 본문의 보험계약자 등의 불이익변경금지의 원칙이 적용되지 않는다(제663조 단서).

Ⅶ. 위험의 변경과 소멸

일반 보험계약에서도 보험기간 중에 보험계약자, 피보험자 또는 보험수익자의 고의 또는 중대한 과실로 인하여 사고발생의 위험이 현저하게 변경 또는 증가된 때에는 보험자는 그 사실을 안 날부터 1월 내에 보험료의 증액을 청구하거나 계약을 해지할 수 있도록 하고 있다(제653조). 그런데 해상보험의 경우에는 해상위험의 특수성을 고려하여 항해의 변경, 선박의 변경, 이로, 발항이나 항해의 지연 등으로 인한 위험의 변경에 대해 달리 정하고 있다. 그 이유는 예를 들어 항해를 임의로 변경하는 경우에 오랜 경험상 계약 체결 시 측정된 위험률과 달라질 수 있고 또한 이에 따라 보험료가 달라 질 수 있기 때문이다. 보험법은 이를 일종의 워런티 위반으로 다루고 있고 따라서 이러한 보험관계의 변동이 사고의 발생과 아무런 인과관계가 없더라도 보험자는 보상책임을 면하도록 해석해 왔다.171) 그러나 워런티 제도에 대한 2015 영국 보험법의 시행으로 인해 향후 이에 대한 조항 및 해석을 현재와 동일하게 가져갈 수 있을지 확실하지 않다.

1. 항해변경(change of voyage)

본래 해상보험자는 보험계약에서 정한 특정항구에서 또 다른 특정항구까지의 선박의 항해 중에 발생한 보험사고로 인해 피보험자가 입은 손해를 보상할 책임이 있다. 그러나 선박이 보험계약에서 정하여진 발항항이 아닌 다른 항에서 출항한 때에 보험자는 책임을 지지 않는다. 선박이 보험계약에서 정하여진 도착항이 아닌 다른 항을 향하여 출항한 때에도 마찬가지이다(제701조 제1항, 제2항).172) 즉 항해의 변경이란 보험계약에서 정한 발항항이나 도착항을 변경하는 것으로서 보험계약의 내용 변경이 된다.

보험자의 책임이 개시된 후에 보험계약에서 정하여진 도착항이 변경된 경우에는 보험

---

171) 영국 1906 해상보험법 및 협회약관에서의 항해의 변경과 이로에 대하여는, 양승규/한창희, 264-275면; 서헌제, 186-187면 참조.
172) 영국 1906 해상보험법 제45조 제1항에서는 위험의 개시 후 선박의 도착항을 자의로 변경하는 것을 항해변경으로 정하고 있다. 또한 동법 제43조에서 발항지가 보험증권에 정해져있는 경우에 선박이 그 곳에서 출항하지 않고 다른 곳에서 출항한 때에 보험자의 책임이 개시되지 않는 것으로 정하고 있고, 제44조에서 도착항이 보험증권에 정해져 있는 경우에 선박이 다른 도착항을 향하여 항행할 때에도 보험자의 책임은 개시하지 않는 것으로 정하고 있다.

자는 그 변경이 결정된 때부터 책임을 지지 아니한다(제701조 제3항).173) 보험자가 면책되는 것은 그 변경이 결정된 때부터이므로, 예를 들어 A항에서 B항을 거쳐 C항까지의 항해에 대한 위험을 담보하는 항해보험에서 도착항을 D항으로 변경하였다면 그 원항로를 떠나지 않은 B항까지의 항해에서 사고가 야기된 때에도 보험자는 그 손해에 대한 보상책임이 없다.174) 이러한 경우에는 보험계약자나 피보험자의 지시와 같이 보험계약자 등의 귀책사유에 의한 경우에만 보험자는 면책이 되며, 전쟁이나 항구의 봉쇄, 파업과 같이 보험계약자 등의 귀책사유없이 불가피하게 도착항이 변경된 경우에는 변경 후의 사고에 대해서 보험자의 책임을 인정할 수 있다고 해석된다. 한편 항해의 변경이 피보험자의 지시나 관여 없이 선장의 단독행위에 의해 결정되었다면 보험자는 해상사고로 인한 손해보상책임을 부담하는 것으로 해석해야 할 것이다.175)

   항해변경은 항해보험에서만 인정되며 선박보험이든 적하보험이든 불문한다. 제701조상의 항해변경 내용은 당사자간에 합의가 없는 경우에 적용되며, 합의가 있으면 그 합의에 따르게 되어 보험계약은 그대로 유효하고 따라서 항해변경 후에 야기된 사고에 대해 보험자는 보상책임을 부담한다.176) 보험자는 항해변경이 있었다는 사실을 입증하고 면책될 수 있다. 이때 피보험자는 그 항해의 변경이 자신에게 책임있는 사유로 인한 것이 아니라는 점을 입증함으로써 보험자의 보상책임을 청구할 수 있을 것이다.177)

2. 이로(離路, deviation)

   이로란 항해변경과는 달리 원래 계약에서 정한 항해는 그대로 유지하면서 예정된 항로 또는 통상적인 항로를 벗어난 항해를 말한다.178) 선박이 정당한 사유없이 보험계약에서 정하여진 항로를 이탈한 경우에는 보험자는 그때부터 책임을 지지 않는다. 약정된 항로와 다르다는 점에서 선박의 항해를 지연시키고 새로운 위험이 증가한 것으로 볼 수 있으며 그러한 보험계약자의 일방적인 계약위반으로부터 보험자를 보호하기 위해 인정된 제도이다. 여러 개의 양륙항이 있는 경우에 보험계약에서 특별히 정한 순서나 지리적인 순서에 따라 항행하지 않는 것도 이로로 해석될 여지가 있다.179) 선박이 손해발생 전에 원

---

173) 선박보험에서는 하물 또는 저하의 선적에 착수한 때에 보험자의 책임이 개시된다.
174) 양승규, 326면.
175) 임용수, 358면; 양승규, 325-326면; 최준선, 263면; 정동윤, 628면; 이기수/최병규/김인현, 273면.
176) 정찬형, 731면; 양승규, 326면; 협회적하보험약관 제10조에서는 보험자의 책임이 개시된 후에 도착항이 피보험자에 의해 변경된 경우 그 뜻이 보험자에게 지체없이 통지되는 것을 조건으로 추후에 협정하여야 할 보험료와 보험조건에 따라 담보가 계속된다고 정하고 있다.
177) 양승규, 327면.
178) 정동윤, 628면; 정찬형, 732면.
179) 영국 1906 해상보험법 제47조 제1항.

항로를 돌아온 경우에도 보험자의 보상책임은 없다(제701조의2). 정당한 사유로 인정할 수 있는 예로는 인명구조, 풍랑이나 악천후 등의 불가항력, 항해사고 등이다.180) 이로가 결정된 것만으로는 부족하고 실제로 항로를 이탈한 경우에만 보험자가 면책된다.

[대법원 1998. 2. 10. 선고 96다45054 판결]

〈주요 판시내용〉

선적항을 출항하여 항해하던 중 레이더 장비의 노후에 따른 성능유지를 위하여 필요한 일상적인 점검을 받고 선용품도 공급받기 위하여 다른 항구로 임시 기항하였다면 선주는 선적항을 출항할 당시 선박에 설치된 레이더 장비의 성능과 고장 여부를 점검하여 감항능력을 유지 확보하여야 하는데도 이를 게을리하였다고 할 것이고, 이와 같이 발항 당시 레이더에 관한 감항능력주의의무의 이행을 다하지 아니한 선박이 출항한 지 하루도 지나지 않은 상태에서 레이더의 수리 점검 및 선용품 공급을 위하여 예정된 항로를 변경한 것은 정당한 이유로 인한 이로에 해당한다고 할 수 없고 보험자는 면책된다.

---

3. 발항 또는 항해의 지연(delay in voyage)

피보험자가 정당한 사유없이 발항 또는 항해를 지연한 때에 보험자는 발항 또는 항해를 지체한 이후의 사고에 대하여 책임을 지지 아니한다(제702조). 여기에서 발항이란 선박보험에서는 그 시발항, 적하보험에서는 선적항에서의 발항을 말하며, 항해의 지연은 중간항에서의 지체를 의미한다. 풍랑이나 악천후로 발항이나 항해를 할 수 없는 불가항력, 선적항의 파업 등으로 하물의 선적이 지연되거나 기타 항해사고로 발항 또는 항해를 계속할 수 없거나 인명구조를 위해 이로를 한 경우 등은 정당한 사유로 해석될 수 있다.181)

4. 선박변경(change of ship)

선박변경이란 보험계약에서 정해진 선박이 다른 선박으로 변경되는 것을 말한다. 선박보험에 있어서 선박은 보험의 목적이 되므로 피보험자에 의한 선박의 변경은 후술하는 바와 같이 보험계약의 종료사유가 된다. 적하보험에 있어서는 선박은 보험의 목적이 아니고 단지 운송용구일 뿐이지만, 적하보험에서 보험계약자 또는 피보험자의 책임있는 사유로 인하여 선박을 변경한 때에 그 변경 후의 사고에 대하여 보험자는 책임을 지지 아니한

---

180) 최준선, 263면; 임용수, 358-359면; 정동윤, 628면; 양승규, 331-332면; 김은경, 479면.
181) 양승규, 330면, 332면; 최준선, 263면; 정찬형, 732면; 정동윤, 629면.

다(제703조). 선박의 구조와 성능은 해상보험에 있어서 중요한 요소로서 선박의 개성이 중시되기 때문이다. 다만 선박의 변경이 항해중의 사고로 인한 운항불능으로 인해 다른 선박에 환적하여 적하를 운송한 경우에는 선박의 변경 후의 사고에 대해서도 보험자는 보상책임을 부담한다.182)

제703조에서 보험자가 책임을 지지 않는다는 의미는 보험자가 책임을 개시하기 전에 선박이 변경된 경우에는 보험자의 책임개시가 전혀 발생되지 않는 것이며, 책임개시 이후에 선박이 변경된 경우에는 보험자가 면책된다는 의미이다. 희망이익보험은 적하보험과 함께 이용되기 때문에 희망이익보험의 경우에도 선박의 변경은 보험자의 면책사유가 된다. 운임보험의 경우에도 마찬가지로 해석된다. 선박미확정의 적하예정보험에서 선박의 종류와 톤수를 정한 경우 다른 종류의 선박으로 변경하는 것도 선박변경에 해당된다고 해석된다. 보험자는 선박변경 사실을 입증하여 면책을 주장할 수 있으며 피보험자로서는 그 선박변경이 피보험자의 귀책사유로 인한 것이 아니라는 것을 입증하여야 보험자에 대해 손해보상을 청구할 수 있다.183)

5. 선박의 양도 등

선박보험의 경우 보험자의 동의없이 선박을 양도하거나, 선박의 선급184)을 변경하거나 또는 선박을 새로운 관리로 옮긴 때 보험계약은 종료하므로 그 후의 사고에 대해서는 보험자는 책임을 지지 않는다(제703조의2). 선박보험에서 피보험자와 선박의 관계를 중시하는 거래의 실정을 반영한 것이다. 손해보험통칙에서 정하고 있는 보험목적의 양도에 관한 규정(제679조)은 적용되지 않는다. 즉 선박의 양도가 있는 경우에 보험계약상의 권리와 의무가 양수인에게 승계되는 것으로 추정되지 않으며, 보험자의 동의가 있는 경우에만 보험계약이 이전되는 것이다. 선박의 변경에 대해 영국 1906 해상보험법에서는 명시의 규정을 두지 않고 있지만 선박불변경을 묵시의 조건(implied condition)으로 하고 있다.185)

[대법원 2004. 11. 11. 선고 2003다30807 판결]

〈사실관계〉

피고의 보험금 청구에 대해 원고회사는 피고의 선박양도로 인해 보험계약이 종료되었다고 주장하면서 채무부존재확인의 소를 제기하였다. 이에 피고는 선박양도는 실제로 이루어진 것이 아니

---

182) 양승규, 328면.
183) 정찬형, 732면; 정동윤, 629면; 최준선, 263면; 양승규, 327-329면.
184) 해당 선박이 항해에 적절할지 여부에 대해 선급회사로부터 부여받은 등급을 말함.
185) 임용수, 360면; 정동윤, 629면; 양승규, 333면.

고 외부적으로는 선박의 소유권이 이전되었지만 내부적으로는 여전히 피고가 선박의 소유권을 가지고 있다고 주장하였다. 원심은 '선박의 소유권에 자의에 의하든 아니든 간에 어떠한 변경'이 있는 경우란 보험계약을 체결할 때와 비교하여 소유권에 다른 상태가 발생하는 경우를 말하는 것이고, 실질적으로 유효한 소유권의 변경이 있는 경우에 한하여 위 규정에 따른 소유권의 변경이 있는 것은 아니라고 하여 원고승소 판결을 내렸다.

〈주요 판시내용〉

상법 제703조의2는 제1호에서 "선박을 양도할 때"를 자동종료사유의 하나로 규정하고 있는바, 이처럼 선박의 양도를 보험계약의 자동종료사유의 하나로 규정하는 것은 선박보험계약을 체결함에 있어서 선박소유자가 누구인가 하는 점은 인수 여부의 결정 및 보험료율의 산정에 있어서 매우 중요한 요소이고, 따라서 소유자의 변경은 보험계약에 있어서 중대한 위험의 변경에 해당하기 때문이라고 할 수 있는데, 특별한 사정이 없는 한 조업허가를 얻기 위한 목적으로 허위의 매매계약서를 작성하였다는 점만으로는 보험계약상 중대한 위험의 변경이 발생한다고 보기는 어렵다는 점에 비추어 그와 같은 경우를 상법 제703조의2 제1호의 "선박을 양도할 때"에 해당한다고 새길 수는 없다.

6. 선장의 변경

해상보험에 있어서 유사한 경험과 자격을 갖춘 선장들 사이에서는 구체적으로 선장이 누구인가의 문제는 중요하지 않다. 따라서 선장이 변경되더라도 보험계약의 효력에는 영향이 없다.186) 그러나 현저하게 경험이나 기량 능에 차이가 있는 사로 변경이 된 경우에는 인적감항능력결여의 문제로 해석될 여지는 있다.

Ⅷ. 보험위부187)

1. 서   론

(1) 개   념

보험위부(abandonment)란 해상보험에서 보험의 목적이 전부멸실 하였으나 그 증명 또는 계산이 곤란한 때에 또는 전부멸실(전손)한 것과 동일시되는 때에 법률상 추정전손을 현실전손과 동일시하여 피보험자가 보험의 목적에 대한 자기의 모든 권리를 보험자에게 이전(위부)하고, 보험자에게 보험금의 전부의 지급을 청구하는 해상보험 특유의 제도이다

---

186) 정찬형, 733면; 임용수, 360면; 정동윤, 629면; 양승규, 329면.

187) 박세민, "영국 및 한국 해상보험법상 추정전손과 그 형식적 성립요건으로서의 보험위부에 대한 법적고찰", 한국해법학회지 제31권 제2호, 2009. 11, 249-291면.

(제710조, 제718조).

　　해상보험 초기에는 예를 들어 선박이 행방불명되었을 때 보험의 목적이 전손된 것으로 추정하여 일단 보험금을 지급하였고 후에 피보험자가 보험의 목적에 대한 권리를 회복하면 보험금을 반환하도록 하였다(추정주의). 다시 말해 전손이 추정되는 경에 피보험자는 보험금 전액을 받을 수 있지만, 추루 피보험이익의 전부나 일부가 멸실되지 않고 존재하는 것이 증명된 경우 피보험자는 부당이득반환법리에 따라 이미 지급받은 보험금 전액 또는 일부를 반환해야 한다. 이러한 원칙을 고수하게 되면 후에 전손이 없었다는 증명이 있는 때에는 피보험자는 수령한 보험금을 반환해야 하므로 수령한 보험금을 안심하고 다른 곳에 사용할 수 없는 불편이 야기되었다. 보험위부는 전손을 추정하는 것에서 더 나아가 피보험자가 보험금 전부를 확정적으로 지급받을 수 있는 제도인 것이다.[188]

(2) 보험위부의 기능

　　보험위부 제도는 해상보험 특유의 제도로서 일반적인 손해보험의 원리 면에서 볼 때는 예외적인 것이라 할 수 있다. 보험위부 제도를 만든 이유는 추정전손 개념이 해상보험에 특유하게 존재하는 것과 연관성이 있다. 일반적인 손해보험 원칙에서 볼 때 피보험이익의 전부 또는 일부의 멸실 등을 피보험자가 증명해야만 손해의 보상을 받을 수 있다. 즉 피보험자가 보험자에게 보험금을 청구하기 위해서는 사고가 해상보험에서 담보하는 위험에 의해 발생했고 그로 인해 손해가 생겼으며 그 손해 범위 역시 해상보험에서 담보하는 범위 내에 있어야 한다. 그런데 해상사고의 경우에는 보험의 목적(선박 또는 적하물)이 피보험자의 지배 또는 관리를 벗어나 있으므로 손해의 산정 또는 입증이 쉽지 않다는 특성이 있다.

　　피보험자의 편의를 위해 현실적으로 전손이 아니지만 경제적으로 전손과 동일하게 볼 수 있는 경우 또는 전손으로 된 것이 거의 확실하지만 입증이 어려운 해상보험의 특수한 환경을 고려하여 일정한 사정이 발생한 경우 법률상 현실전손과 동일시하여 손해의 발생 사실에 대한 증명이나 손해액 산정절차를 생략하고 보험위부를 통해 보험금을 청구할 수 있도록 하는 것이다. 만약 보험위부가 없다면 해상사고의 특성상 손해의 입증이 어려움을 이유로 보험자가 보험금 지급을 쉽게 거절할 수 있을 것이다.[189]

---

188) 정동윤, 638면; 정희철, 447면; 정찬형, 740면; 양승규, 334-335면; 김성태, 572면; 한기지ᇰ, 625면.
189) 최기원, 417면; 양승규, 334면; 정찬형, 740면; 임용수, 360-361면; 최준선, 266면.

2. 법적 성질

위부의 원인이 있게 되면 피보험자는 보험의 목적에 대한 권리를 보험자에게 위부하고 보험금의 전부를 청구할 수 있다(제710조). 보험위부는 보험목적에 대한 피보험자의 권리를 보험자의 의사를 묻지 않고 이전시키고, 그 대신 보험자에게 보험금 전부의 지급을 청구하는 것이다. 제716조와 제717조가 위부에 대한 보험자의 '승인' 또는 '불승인'에 대하여 규정하고 있지만, 이는 위부권을 행사함에 있어 보험자의 승낙을 필요로 한다는 의미가 아니다. 보험위부는 일정한 형식을 필요로 하지 않는 피보험자의 불요식의 단독행위이다. 즉 위부권은 피보험자의 일방적인 의사표시에 의해 법률효과가 나타나는 형성권이며, 위부 후에는 임의로 이를 철회하지 못한다.190) 영국 1906 해상보험법 제62조 제4항에서도 위부의 통지가 정당하게 행해졌을 경우에 피보험자의 권리는 보험자가 위부의 수락을 거절하였다는 사실에 의해 침해되지 않는다고 하여 보험위부의 단독행위적 성질을 규정하고 있다.

3. 보험위부의 원인—추정전손

제710조는 보험위부의 원인에 대해 규정하고 있는데 이 규정은 강행규정이 아니므로 당사자간의 특약에 의해 위부의 원인을 변경, 확장 또는 제한을 할 수 있다.191)

(1) 선박·적하의 점유상실

피보험자가 보험사고로 인하여 자기의 선박 또는 적하의 점유를 상실하여 이를 회복할 가능성이 없거나 회복하기 위한 비용이 회복하였을 때의 가액을 초과하리라고 예상될 경우 피보험자는 이를 위부할 수 있다(제710조 제1호). 이러한 요건이 충족되었어도 위부권 행사 전에 선박이나 적하의 점유가 회복되면 위부권은 소멸한다. 선박이 침몰192)되거나 선박 또는 적하가 교전국이나 교전단체에 포획되거나 전쟁, 범죄수사, 검역 등의 필요에 의해 국내외의 관공서에 압류되는 등 피보험자가 선박이나 적하의 점유를 상실하게 된 원인을 불문한다.193) 포획은 나포를 의미하는데 포획의 적법, 불법 여부는 묻지 않는다. 나포는 일반적으로 교전국 또는 교전단체에 의해 행해지는 것으로 전쟁위험의 하나이며 따

---

190) 양승규, 335면 및 340면; 손주찬, 632면; 최준선, 266면; 정동윤, 638면; 최기원, 417면 및 420면; 김성태, 572면; 정찬형, 740면; 임용수, 361면; 이기수/최병규/김인현, 278면; 서헌제, 189면; 김은경, 483면; 한기정, 625면.
191) 정희철, 448면; 정찬형, 741면.
192) 침몰되어 그 인양비용이 선박 또는 적하의 가액을 초과하는 경우를 말한다. 서헌제, 189면.
193) 양승규, 336면; 정동윤, 638면; 정찬형, 741면; 이기수/최병규/김인현, 278면.

라서 보험계약에서 전쟁위험면책약관 또는 포획 · 나포면책약관(free of capture and seizure clause)이 있으면 선박 또는 적하가 나포되어도 위부를 할 수 없다. 해적에 의해 약탈된 경우에도 회복이 불가능하다고 보고 나포에 준하여 위부권을 인정할 수 있을 것이다.194)

물론 선박이나 적하의 점유상실이 항행금지구역을 항행하는 등 피보험자 또는 송하인, 수하인, 용선자의 고의 또는 중과실이 원인인 경우에는 보험위부가 인정되지 않으며, 필요한 선박서류를 비치하지 않아 나포되는 경우에도 보험위부는 인정되지 않는다. 적하보험의 목적인 적하가 구조된 때에도 그 적하는 위부할 수 없다(제712조). 나포가 선박만을 목적으로 함으로써 적하는 다른 방법으로 운송이 가능한 경우라면 그 적하에 대해서는 위부를 할 수 없다고 해석된다. 선박 또는 적하에 대한 회복이 단지 불확실한 것(uncertain)만 가지고는 선박 또는 적하의 점유를 회복할 가능성이 없다고 단정지을 수 없기 때문에 추정전손이 되지 않는 것으로 해석해야 할 것이다.195)

선박의 존부가 2월간 분명하지 아니한 때에는 과거에는 이를 위부의 원인으로 보았으나 1991년 12월 상법을 개정하면서 그 선박의 행방이 불명한 것으로 하고 이를 전손으로 추정한다(제711조). 즉 선박의 행방불명은 보험위부의 원인이 되지 않고, 곧바로 전손 즉 보험사고의 발생이며, 보험금을 청구할 수 있다. 이 기간의 기산점은 사고의 발생시 또는 최후의 통신이 있었던 때이다.196) 보험금을 지급한 후에 선박이 발견된 경우에 보험자는 보험금을 반환받아야 한다는 견해가 있으나,197) 제681조 잔존물대위에 의해 보험자는 선박에 대한 권리를 취득하는 것으로 해석함이 타당하다.198)

(2) 선박수선비의 과다

㈎ 수선비의 개념

선박이 보험사고로 인하여 심하게 훼손되어 이를 수선하기 위한 비용이 수선하였을 때의 가액을 초과하리라고 예상될 경우 피보험자는 위부할 수 있다(제710조 제2호). 경제적 추정전손이며 가장 대표적인 위부원인이다.199) 따라서 수선비용이 선박가액보다 적게 소요되는 경우에는 피보험자는 그 선박을 위부할 수 없다.200) 수선비용은 보험사고를 당한 선박을 위험상태에서 구조하여 감항능력을 갖춘 선박으로 원상회복하는 데 드는 합리적인

---

194) 양승규, 336-337면; 장덕조, 322-323면.
195) 임용수, 362면; 양승규, 336-337면; 최준선, 266면; 정찬형, 741면.
196) 최준선, 266면. 이러한 입법태도에 대해 보험금 지급 후에 선박의 존재가 증명이 되면 그 보험금을 반환해야 한다는 견해(최기원, 427면)와 보험자가 잔존물대위에 의해 그 선박에 대한 권리를 취득하게 된다고 해석하는 견해가 있다(양승규, 336면); 정찬형, 741면.
197) 최기원, 427면.
198) 양승규, 336면; 장덕조, 323면.
199) 서헌제, 189면.
200) 양승규, 337면.

모든 비용을 포함한다고 해석된다. 이에는 선박의 손상 부위와 정도를 감정하기 위한 비용, 선박을 수선항으로 예인하기 위한 비용, 선급검사인의 검사료, 예선증명서의 발급비용, 수선감독자의 감독비용, 기타 수선에 부수하는 비용이 포함된다.[201]

[대법원 2002. 6. 28. 선고 2000다21062 판결]

〈주요 판시내용〉

추정전손인지 여부의 판단을 위한 영국 해상보험법 및 협회선박기간보험약관상의 선박수리비는 훼손된 선박을 원상으로 회복하는 데 소요되는 비용으로서, 이에는 선박의 손상 부위와 정도를 감정하기 위한 비용, 선박을 수선항으로 예인하기 위한 비용, 선급검사인의 검사료, 예선증명서의 발급비용, 수선감독자의 감독비용, 기타 수선에 부수하는 비용이 포함되고, 그 수리의 정도는 동일한 적하를 운송하는 데 필요한 수리가 아니라 공선(空船) 상태로 또는 어떠한 적하 상태에서 원래의 목적항으로 항해할 수 있는 선박으로 수리하는 것이다.

선박의 수리비는 해당 보험사고로 인하여 발생한 손해에 한정되어야 하고, 보험사고로 인하여 발생하지 않은 수리비는 제외되어야 할 것이므로, 피보험자로서는 해당 보험사고가 추정전손에 해당한다는 이유로 위부를 하기 위하여는 우선 해당 피보험사고가 발생하지 아니하였으면 선박이 수리가 필요하지 아니한 상태 였음과 보험사고 후에 발생한 수리비를 입증하거나, 혹은 위와 같은 선박의 보험사고 전 무하자를 입증하지 못한다면, 해당 피보험사고로 인하여 손상을 입은 선박 부분을 특정하고, 그에 대한 구체적인 수리비를 입증하여야만 한다(同旨: 대판 2001. 2. 23, 98다59309).[202]

수리의 정도에 대해 위 판례는 동일한 적하를 운송하는 데 필요한 수리가 아니라 공선(空船) 상태로 또는 어떠한 적하 상태에서 원래의 목적항으로 항해할 수 있는 선박으로 수리하는 것이라고 해석하고 있다.

(나) 단일사고 비용

수선비용의 계산에서는 단일사고(single accident)로 인한 비용 또는 동일한 사고에서 생긴 일련의 손해에 관한 비용을 기준으로 한다. 여러 번의 보험사고로 인한 분손에 대한 수선비용을 합할 수는 없다. 이는 보험목적물에 대한 전손만의 보험에 가입한 자가 어떤 보험사고로 손상을 입고도 이를 수리하지 않고 있다가 후의 보험사고로 입은 손해와 합산하여 추정전손을 주장하는 것을 못하도록 하기 위한 것이다. 동일한 사고를 원인으로 연달아 계속하여 일어난 사고는 동일한 사고에서 생긴 일련의 손해와 비용으로 해석해야

---

201) 대판 2001. 2. 23, 98다59309; 대판 2002. 6. 28, 2000다21062; 정동윤, 639면; 양승규, 338면.
202) 이 판결(대판 2001. 2. 23, 98다59309)에 대한 평석으로, 이균성, "타협전손과 선박저당권자의 지위", 민사판례연구 제24권, 2002. 1, 648-665면; 한창희, "선박보험약관상의 추정전손", 저스티스 제61호, 2001. 6, 243-260면.

할 것이다.203) 판례는 선박 좌초 후 선원의 이선으로 인해 원주민이 선박을 약탈한 경우 원주민의 약탈은 선행의 주된 보험사고라 할 수 있는 좌초의 기회에, 좌초에 기인하여 발생한 것이라는 점에서 좌초와 약탈을 동일한 사고로부터 생기는 일련의 손해(sequence of damages arising from the same accident)에 해당한다고 해석했다.204)

[대법원 1989. 9. 12. 선고 87다카3070 판결]

〈사실관계〉

원고 보험회사와 전손만을 담보하는 조건(TLO)으로 피고 소유의 선박에 대해 선박보험계약을 체결하였다. 약관에는 영국법준거조항이 있었고 추정전손 여부를 결정함에 있어서 단일사고로 인한 비용 또는 같은 사고에서 야기되는 일련의 손해로 인한 비용만 고려한다는 조항(single accident clause)이 포함되어 있었다. 피보험선박은 항해 중 좌초하였고 안전을 위해 선장과 선원이 모두 대피한 사이에 원주민들이 배를 약탈하여 손해가 확대되었다. 피고는 선박의 인양비용과 수리비용의 합이 선박의 가액을 넘는다는 이유로 원고회사에 추정전손을 원인으로 한 보험위부를 주장하며 보험금을 청구하였다. 그러자 원고회사는 선박의 좌초와 원주민들의 약탈은 서로 다른 사고이므로 각각의 사고로 인한 손해가 선박을 가액을 초과하지 않으며 각각의 손해를 합하여 추정전손을 인정할 수는 없다고 주장하였다.

〈주요 판시내용〉

선박보험약관상 추정전손 여부를 결정함에 있어서 단일사고로 인한 비용 또는 같은 사고에서 야기되는 일련의 손해로 인한 비용만을 고려하도록 규정한 단일사고(single accident) 규정은 보험목적물에 대한 전손만의 보험에 가입한 자가 어떤 보험사고로 손상을 입고도 이를 수리하지 아니하고 있다가 후의 보험사고로 입은 손해와 합하여 추정전손을 주장하지 못하도록 하기 위한 데에서 발단된 것이고, 근인(proximate cause)의 원칙은 어떤 특정보험사고(담보위험)와 손해 사이의 인과관계에 관한 문제로서 수개의 보험사고를 한데 묶어 단일사고로 볼 수 있느냐의 문제와는 반드시 같다고 할 수 없고 오히려 단일사고의 문제는 각 손해와 보험사고 사이의 근인의 존재를 전제로 한 다음 단계의 문제이다. 선박 좌초 후 선원의 이선으로 인해 원주민이 선박을 약탈한 경우 원주민의 약탈은 선행의 주된 보험사고라 할 수 있는 좌초의 기회에, 좌초에 기인하여 발생한 것이라는 점에서 좌초와 약탈을 단일사고, 특히 이 사건 보험약관 제12.2조 후단의 동일한 사고로부터 생기는 일련의 손해(sequence of damages arising from the same accident)에 해당한다고 판시하여 추정전손을 인정하였다.205)

---

203) 대판 1989. 9. 12, 87다카3070; 정동윤, 639면; 양승규, 338면; 임용수, 362-363면; 최준선, 267면.
204) 대판 1989. 9. 12, 87다카3070.
205) 찬성하는 평결로 양승규, "동일사고에서 생긴 일련의 손해와 추정전손", 해법회지, 1990, 127면 이하.

(3) 적하수선비 · 운송비용의 과다

적하가 보험사고로 인하여 심하게 훼손되어서 이를 수선하기 위한 비용과 그 적하를 목적지까지 운송하기 위한 비용과의 합계액이 도착하는 때의 적하의 가액을 초과하리라고 예상되는 경우 피보험자는 위부할 수 있다(제710조 제3호). 적하의 운송도중 훼손된 적하를 다른 선박으로 옮겨 실어 적하의 운송을 계속하는 데 소요되는 비용과 수선비용의 합계액이 목적지에 적하가 도착한 때의 가액을 초과하리라고 예상되는 경우를 보험위부의 원인으로 하고 있는 것이다.206) 적하를 운송하는 선박이 수선불능으로 되면 적재된 적하도 위부할 수 있음이 원칙이지만, 이 경우 선장이 지체없이 다른 선박으로 적하의 운송을 계속한 때에는 피보험자는 그 적하를 위부할 수 없다(제712조).

4. 위부권 행사요건

(1) 위부의 통지, 시기 및 방법

보험위부의 원인이 발생한 때에 피보험자가 상당한 기간 내에 보험의 목적을 위부하고 보험금의 전부를 청구한다는 의사표시를 하는 것을 위부의 통지라고 한다. 피보험자가 보험위부를 하고자 할 때에는 위부를 할 수 있는 원인이 발생한 때로부터 상당한 기간 내에 보험자에 대하여 그 통지를 발송하여야 한다(제713조). 상당한 기간이란 피보험자가 보험위부의 원인이 있음을 안 때로부터 위부의 원인을 증명하고 위부권을 행사할 수 있는 합리적인 기간을 말한다.207) 피보험자 또는 그 대리인이 위부의 통지를 할 수 있으며 통지의 방법에는 구두 또는 서면 등 제한이 없다. 실무상으로는 서면에 의해 위부통지를 하고 있다. 위부권은 형성권이므로 위부의 통지가 일단 보험자에게 도달한 후에는 위부를 철회할 수 없다고 해석된다. 피보험자가 상당한 기간 내에 위부통지를 발송하지 않으면 제713조의 취지상 위부권이 상실되며 그 손실은 분손으로 취급되고 통상적인 방법을 통해 보험금 지급을 청구할 수 있다. 위부 통지를 게을리 했다고 하여 보험금청구권이 상실되는 것은 아니므로 피보험자는 별도로 손해의 사실 및 그 액수를 입증하여 보험금을 청구할 수 있다. 위부의 원인은 위부통지시에 존재하는 것으로 충분하고 그 후에 변경이 있는 경우도 특별한 사정이 없는 한 위부의 효력은 발생한다고 해석된다.208)

---

206) 정동윤, 639면; 임용수, 364면; 양승규, 339면.

207) 양승규, 339면.

208) 강위두/임재호, 646면; 정찬형, 742면; 양승규, 339-340면; 임용수, 364-365면; 최기원, 420면; 김성태, 575면; 최준선, 267면; 정동윤, 640면; 이기수/최병규/김인현, 281면.

(2) 위부의 무조건성과 위부의 범위

위부는 무조건이어야 한다(제714조). 보험위부의 취지가 손해의 입증과 손해액 산정과정을 생략하면서 해상보험계약의 당사자간의 법률관계를 신속하게 처리하고 종료하려는 것이므로 위부권을 행사하면서 여기에 조건이나 기한을 붙일 수는 없는 것이다.209) 다만 그 조건이 피보험자에게 유리한 것이라면 제663조에 위반되지 않으므로 당사자 합의에 의해 조건부의 위부를 할 수 있다고 해석하는 견해가 있다.210)

위부는 위부의 원인이 발생한 보험의 목적의 전부에 대하여 하여야 한다(제714조 제2항 본문). 보험의 목적이 전손과 동일시되는 때에 인정되는 제도이기 때문이다.211) 그러나 예외적으로 위부의 원인이 일부에 대하여 생긴 때에는 그 부분에 대하여만 이를 할 수 있다(제714조 제2항 단서). 예를 들어 보험증권상 선박과 적하 전부가 부보되었는데 나포가 선박만을 목적으로 함으로써 적하는 다른 방법으로 운송이 가능한 경우라면 그 적하에 대해서는 위부를 할 수 없다고 해석된다. 이러한 예외적인 경우에 피보험자가 위부권을 행사하게 되면 보험의 목적에 대해 피보험자와 보험자는 공유자의 지위에 있게 된다.212)

보험가액의 일부만을 보험에 붙인 일부보험의 경우에는 위부는 부보비율, 즉 보험금액의 보험가액에 대한 비율에 따라서만 이를 할 수 있다(제714조 제3항). 이때에도 보험의 목적에 대해 피보험자와 보험자가 공유관계에 있게 될 것이다.213)

(3) 다른 보험계약 등에 관한 통지

피보험자가 위부를 함에 있어서는 보험자에게 보험의 목적에 관한 다른 보험계약의 체결사실과 피보험자가 부담하는 채무의 유무와 그 종류 및 내용을 통지하여야 한다(제715조). 보험자로 하여금 중복보험 여부에 대해 알게 하고 담보물권자의 권리행사에 대해 보험자가 대비할 수 있도록 하기 위함이다. 이 통지는 보험금의 지급과 관련되어 있는 것이며, 위부 통지와 구별되므로 제713조에서 정한 위부의 통지기간에 반드시 함께 하여야 하는 것은 아니다. 즉 다른 보험계약 등에 관한 통지에 대해서는 그 기간이 정하여 있지 않으며 보험자는 다른 보험계약 등에 관한 통지를 받을 때까지 보험금의 지급을 거절할 수 있다고 정하고 있고(제715조 제2항), 또한 보험금의 지급에 관한 기간의 약정이 당사자 사이에 있는 때에 그 기간은 이러한 통지를 받은 날로부터 기산한다고 정하고 있다(제715조

209) 양승규, 340면; 최준선, 268면; 정동윤, 640면; 최기원, 422면; 채이식, 179면; 이기수/최병규/김인현, 282면.
210) 최기원, 422면; 임용수, 365면.
211) 임용수, 366면; 양승규, 340-341면.
212) 양승규, 337면, 341면; 최준선, 268면; 임용수, 366면.
213) 최준선, 268면; 정동윤, 640면; 임용수, 366면; 양승규, 341면.

제3항).214)

(4) 위부의 승인 · 불승인

(개) 개   념

위부권의 법적 성질은 형성권으로서 위부의 통지가 보험자에게 도달하면 그 효과가 발생한다. 제716조와 제717조는 위부에 대한 보험자의 '승인', '불승인'을 규정하고 있는데 이는 위부에 대한 승낙의 의미로 해석해서는 안 된다. 피보험자의 위부권 행사는 불요식의 단독행위이므로 피보험자의 일방적 의사표시로써 위부의 효과가 생기는 것이다. 즉 보험자의 승인은 위부통지의 효력발생요건이 아니라 위부의 원인에 대한 증명을 추가로 요구하느냐 않느냐의 문제이다.215)

(나) 보험위부의 승인

보험자가 위부를 승인한다는 의미는 손해에 대한 자신의 책임 및 피보험자의 위부 통지가 유효하다는 것을 보험자가 확정적으로 인정하는 것이다. 보험자가 위부를 승인한 후에는 그 위부에 대하여 이후 이의를 하지 못한다(제716조). 따라서 보험자가 위부를 승인하게 되면 피보험자가 예를 들어 warranty를 위반했다고 하더라도 보험자는 이를 이유로 책임을 면할 수 없다. 보험자가 위부를 승인하게 되면 피보험자는 더 이상 위부원인을 증명하지 않고 보험금을 청구할 수 있게 된다. 이러한 이유에서 실무상으로는 보험자는 일단 보험위부를 거절하는 경우가 많다. 보험자가 위부의 통지를 받고 단순히 침묵하고 있는 것만 가지고는 위부에 대한 승인을 한 것으로 볼 수 없으며, 명시적으로 승인을 하거나 보험금을 지급하는 것과 같은 행위에 의해 판단해야 한다. 보험위부가 승인되었는가의 여부는 사실문제에 속한다.216)

(다) 보험위부의 불승인

보험자가 위부통지에 나타난 사실에 대하여 이의를 하면서 위부를 승인하지 아니한 때에는 피보험자는 구체적으로 위부의 원인을 증명하여야만 보험금의 지급을 청구할 수 있다(제717조). 즉 피보험자의 위부의 통지에 나타난 사실만으로 그 위부권을 인정할 수 없다고 보험자가 이의를 제기하는 경우 보험위부의 불승인이 있는 것으로 풀이되며, 피보험자가 구체적으로 위부원인을 추가적으로 증명하지 못하면 보험금의 지급을 청구할 수 없다.217) 즉 위부의 승인 또는 불승인은 위부원인의 증명에 관한 것이라 할 수 있다.

---

214) 이기수/최병규/김인현, 282면; 양승규, 341면; 정찬형, 743면; 임용수, 366면; 최준선, 268면; 정동윤, 640-641면; 정희철, 449면; 채이식, 179면.

215) 최준선, 268면; 임용수, 367면; 정동윤, 641면; 정희철, 450면; 정찬형, 743면; 양승규, 342면.

216) 이기수/최병규/김인현, 282면; 양승규, 342면; 정동윤, 641면; 임용수, 367면; 사법연수원, 보험법연구, 121면.

217) 임용수, 367면; 정동윤, 641면; 양승규, 342면.

(5) 위부의 포기

위부권을 행사할 것인가의 문제는 피보험자가 결정하게 되므로 피보험자는 위부를 포기할 수 있다. 보험법은 이에 관한 규정을 두고 있지 않다. 그런데 일정한 행위가 피보험자의 위부의 포기(철회) 또는 보험자의 수락으로 간주될 여지가 있기 때문에 이에 관한 분쟁을 방지하기 위해 실무상으로는 위부포기약관(waiver clause)을 두고 있다.218)

5. 보험위부의 효과

보험위부가 유효하게 이행되면 피보험자는 보험금청구권을 가지게 되고 보험자는 보험목적에 대한 권리를 취득하게 된다. 권리취득을 위해 등기, 점유, 대항요건 구비 등 다른 형식 요건이 요구되지는 않는다. 피보험자가 권리를 취득하는 것이 의사표시에 의한 효과인지 아니면 법률이 부여하는 효과인지 다툼이 있는데, 보험위부의 위 두 가지 효과(피보험자의 보험금청구권 취득과 보험자의 보험목적에 대한 권리 취득)는 모두 피보험자의 위부의 의사표시에 의한 효과라고 보아야 할 것이다. 왜냐하면 피보험자가 위부의 의사표시를 보험자에게 행할 때 보험의 목적에 관한 모든 권리를 보험자에게 이전한다는 의사 이외에 궁극적으로는 자기 자신이 보험자에게 보험금 전액을 청구하려는 의사가 포함되어 있다고 해석함이 타당하기 때문이다.219) 영국 1906 해상보험법 제63조 제1항에서는 위부의 효과로서 보험자는 보험목적의 잔존물에 대한 피보험자의 이익과 권리를 ‘승계할 권리’를 갖는다고 정하고 있다. 승계할 의무가 아니라 승계할 권리를 갖게 되므로 그 권리를 행사하지 않음으로 인해 보험자는 승계를 거절할 수도 있음이 명확하다고 할 수 있다.220) 반면 우리의 경우에는 제718조 제1항에서 “보험자는 위부로 인하여 그 보험의 목적에 관한 피보험자의 모든 권리를 취득한다”고 정하고 있다. 보험자가 권리의 승계를 거절할 수 있는가가 분명하지 않지만 보험자는 그 권리를 포기할 수 있다고 해석해야 할 것이다.

(1) 보험자의 권리취득

㈎ 권리이전의 범위

위부로 인해 보험자는 보험의 목적에 대해 피보험자가 가지는 모든 권리를 취득한다

---

218) 서헌제, 191면.
219) 양승규, 343면; 서돈각/정완용, 457면; 장덕조, 326-327면. 이에 대해 최기원, 423면과 김성태, 576면은 법률상의 효과와 의사표시상의 효과로 나누어 설명하고 있다.
220) 영국 1906 해상보험법 제63조 제1항은 유효한 위부가 있는 경우 보험자는 보험의 목적물에 잔존하는 피보험자의 일체의 이익과 보험의 목적물에 부수하는 소유권에 기인한 일체의 권리를 승계할 권리를 갖는다고 정하고 있다.

(제718조 제1항). 위부의 원인이 보험의 목적의 일부에 대해 생긴 경우에 그 부분에 대하여
만 위부를 하고 보험금을 청구할 수 있다. 보험가액의 일부를 보험에 붙인 경우(일부보험)
에는 보험금액의 보험가액에 대한 비율로 보험의 목적에 대한 권리를 취득하게 된다(제714
조 제3항).

보험자가 취득하는 권리는 보험의 목적에 관해 피보험자가 가지는 모든 권리이다.
즉 보험자는 보험의 목적이 현존하거나 그 잔존물이 있을 때 그 소유권 이외에 피보험자
가 보험의 목적에 대하여 가지고 있는 질권이나 저당권 기타의 물권 등도 취득하게 된
다.221) 위부의 원인인 손해가 제3자에 의해 야기된 경우에 피보험자가 제3자에 대해 가지
는 권리, 예를 들어 선박의 충돌에 의한 손해배상청구권이나 공동해손분담청구권도 이전
하는 권리의 범위에 포함되는가에 대해 의견이 나뉘고 있다. 피보험자가 제3자에 대해 가
지는 이러한 권리도 보험의 목적물의 당연한 보충물로 볼 수 있으므로 보험위부제도의 취
지상 보험자에게 이전된다고 해석하여야 할 것이다. 즉 보험자는 위부된 물건에 대해 피
보험자와 동일한 지위에 서는 것으로 해석해야 할 것이며, 따라서 피보험자가 제3자에 대
해 가지는 권리도 보험자가 취득하는 것으로 해석함이 타당할 것이다. 모든 권리를 취득
한다는 제718조의 표현을 볼 때에도 제3자에 대한 청구권이 포함된다고 해석해야 한
다.222) 다만 선박보험에서 위부된 선박이 회수되어(예를 들어 점유상실의 회복) 항해를 계
속하여 운임을 취득하게 되는 경우에 피보험자가 가지는 운임청구권은 별개의 피보험이익
으로서 선박과 독립하여 보험의 목적이 될 수 있으므로 보험자에게 이전하는 권리에 포함
되지 않는다고 해석된다. 위부 전에 성립한 운송계약의 완료에 의한 운임청구권에 대해서
는 보험자가 권리를 갖는 것으로 해석할 수 없기 때문이다.223)

(나) 권리이전의 시기

이에 대하여 별도의 규정은 없다. 해석상 피보험자의 위부의 의사표시가 보험자에게
도달한 때에 보험의 목적에 대해 피보험자가 가지는 모든 권리가 보험자에게 이전된다고
해석된다(통설). 보험자대위와는 달리 피보험자가 보험자로부터 보험금을 지급받았는가의
여부를 불문한다. 따라서 보험자가 피보험자에게 보험금을 지급하기 전에 보험자는 보험
의 목적에 관한 피보험자의 모든 권리를 이미 취득하는 결과가 된다. 보험자의 위부 승인

---

221) 양승규, 345면.
222) 정동윤, 642면; 이기수/최병규/김인현, 284면; 최기원, 424면; 양승규, 345면; 최준선, 269면; 임용수,
  367면; 정찬형, 744면; 정희철, 449면; 손주찬, 635면. 서헌제, 193면; 장덕조, 327면. 반면에 서돈각/정완
  용, 457-458면과 채이식, 180면에서는 포함되지 않는다고 해석하고 있다. 불포함 견해에 따르면 제3자에
  대한 피보험자의 권리는 보험위부의 효과로서는 보험자에게 이전하지 않으며 보험자는 청구권대위의 요
  건을 갖추어야만 제3자에 대한 권리를 취득할 수 있다고 본다.
223) 김성태, 577면; 서헌제, 193면; 이기수/최병규/김인현, 285면; 최준선, 269면; 최기원, 424-425면; 양승
  규, 345면; 임용수, 367-368면; 정찬형, 744면; 정동윤, 642면.

여부를 불문하고 위부의 통지가 도달하면 자동적으로 권리가 이전된다(제718조).224) 한편 보험자가 위부의 승인을 하지 않으면 피보험자는 위부의 원인을 증명해야만 보험금의 지급을 청구할 수 있는데 피보험자가 위부의 통지를 했으나 보험자가 이를 승인하지 않고 있는 동안에는 피보험자는 보험금을 청구하지 못하는 반면에 보험자는 보험 목적에 관한 모든 권리를 취득하게 된다(제717조, 제718조). 이러한 불합리한 면을 고려하여 실무상으로는 영국법에 따라 위부의 통지가 있으면 피보험자의 보험금청구권을 인정하고 만약 보험자가 위부의 승인을 거절하게 되면 보험목적의 소유권이 이전되지 않는 것으로 하고 있다.225)

(다) 보험의 목적에 부수하는 부담과 보험자의 지위

보험위부가 있게 되면 보험의 목적에 설정되어 있는 담보물권과 같은 부담 및 침몰된 선박을 제거해야 할 공법상 또는 사법상의 의무까지도 소유권과 함께 보험자에게 이전하게 된다. 즉 보험위부의 효력이 발생할 때에 보험의 목적에 저당권이나 우선특권이 있는 상태라면 부담부(負擔附) 상태로 보험위부의 효력이 발생한다.226) 이러한 의무 등이 보험자에게 큰 부담이 되는 경우에 피보험자가 위부권을 행사하더라도 보험자는 보험의 목적에 대한 권리를 포기할 수 있고 이에 따라 보험자는 보험위부 후에 보험의 목적에 수반되는 각종 부담과 의무로부터 벗어날 수 있다.227) 선박보험약관에서는 위부된 보험의 목적에 존재하는 우선특권, 질권, 저당권 그 밖의 물권 및 임차권 등을 소멸시키기 위한 비용이나 공법상 또는 사법상의 의무를 이행하기 위한 비용 등을 피보험자에게 부담시키되, 그 비용을 보험자가 지불한 경우에는 지급하는 보험금에서 이를 공제하는 방식을 취하고 있다. 다만 보험자의 권리의 포기는 위부의 성립과 함께 하여야 할 것이다.228)

(2) 피보험자의 권리와 의무

(가) 피보험자의 보험금청구권

피보험자는 위부로 인해 손해액에 대한 구체적인 입증을 할 필요 없이 보험자에 대하여 보험금의 전부를 청구할 수 있다(제710조). 위부의 원인이 보험의 목적 일부에 대해서만 생긴 때에는 그 부분에 대해서만 위부를 하면서 그 부분에 대한 보험금 전부를 청구할 수 있다(제714조 제2항 단서). 보험금의 지급한도는 계약에서 정한 보험가액과 보험금액에

---

224) 이기수/최병규/김인현, 285면; 정찬형, 744면; 정동윤, 642면; 임용수, 368면; 최준선, 269면; 양승규, 345-346면; 정희철, 450면; 서헌제, 192면.
225) 서헌제, 192면.
226) 정찬형, 744면.
227) 근래에는 보험위부의 경우 선체철거의무 또는 어업보상부담 등 보험위부에 따른 의무와 부담을 피하기 위해 보험위부가 거의 행해지지 않고 있다. 정동윤, 643면; 양승규, 346면.
228) 양승규, 346면; 최준선, 269면; 이기수/최병규/김인현, 286면; 정찬형, 745면; 임용수, 368면; 정동윤, 642면; 정희철, 450면.

따라 결정된다.229) 보험가액의 일부를 보험에 붙인 경우(일부보험)에는 위부는 보험금액의 보험가액에 대한 비율에 따라서만 이를 할 수 있다(제714조 제3항). 지급한도는 기평가보험에서는 당사자간에 협의된 협정보험가액(제670조)을 한도로 하며, 미평가보험의 경우에는 제696조에서 제698조에서 정하고 있는 보험가액을 한도로 보험금액의 범위 내에서 정해진다. 피보험자는 손해방지비용을 청구할 수도 있다.230)

(나) 피보험자의 의무

피보험자의 위부의 의사표시가 보험자에게 도달한 시점에 보험의 목적에 관한 피보험자의 모든 권리는 보험자에게 이전하므로 피보험자가 보험위부를 한 때에는 보험금을 수령했는가의 여부를 불문하고 보험의 목적에 관한 모든 서류를 보험자에게 교부하여야 할 의무가 있다(제718조 제2항). 그러한 서류로는 선박국적증명서, 등기증서, 임대차나 담보권 설정의 계약서 등을 들 수 있다. 보험위부로 인해 보험의 목적에 대한 권리를 취득한 보험자는 피보험자에게 이러한 서류를 교부하여 줄 것을 청구할 수 있다. 보험자가 보험위부로 인해 보험의 목적에 관한 모든 권리를 취득한 후 그 행사를 용이하도록 하기 위함이다. 물론 서류교부의무는 위부의 효과일 뿐 요건이 아니기 때문에 서류교부의무의 해태가 위부의 효력에 영향을 미치는 것은 아니다. 보험위부를 한 후에도 피보험자는 보험의 목적에 관해 손해방지 · 경감의무를 부담하며 그 비용을 보험자에게 청구할 수 있다.231)

6. 잔존물대위와의 비교

잔존물대위는 보험의 목적에 현실전손이 발생하고 피보험자의 손해에 대해 보험자가 전부 보상해 준 후 법률상 당연히 잔존물에 대한 권리를 보험자가 취득하는 것이다. 반면에 해상보험에 있어서의 보험위부는 보험의 목적이 전부 멸실한 것과 동일시할 수 있는 추정전손의 경우에 피보험자의 특별한 의사표시에 의해 피보험자가 보험의 목적에 관한 권리를 보험자에게 이전한 후 보험자에 대해 보험금 전부를 청구하는 제도를 말한다(제710조 이하). 보험자가 피보험자에게 보험금을 지급하고 보험목적에 대한 권리를 취득한다는 면에서 잔존물대위와 유사하다.

그러나 잔존물대위는 손해보험계약에서 인정되는 반면에, 보험위부는 해상보험에서만 인정이 되며, 다음과 같은 점에서 양자는 구별된다. 먼저 제도 인정의 주된 목적이 잔존물대위는 이중이득의 금지이지만, 보험위부는 손해산정시 소요되는 시간과 비용을 줄이기

---

229) 기평가보험의 경우에는 제670조, 미평가보험의 경우에는 제696-제698조에서 산정된 보험가액을 한도로 보험금액의 범위 내에서 보상한다.
230) 양승규, 344면; 서헌제, 192면.
231) 최준선, 269면; 양승규, 344면; 정찬형, 745면; 임용수, 369면; 정동윤, 641면.

위한 것이 주된 목적이다. 잔존물대위는 현실전손을 요건으로 하여 권리 이전의 효과가 법률상 당연히 발생하는 데 비하여, 보험위부는 보험의 목적이 전부 멸실한 것과 동일시되는 추정전손의 경우에 인정이 되며 피보험자의 특별한 의사표시를 요건으로 한다. 또한 잔존물대위는 보험자가 지급한 보험금을 한도로 하여 잔존물에 대한 권리를 보험자가 취득하지만, 보험위부의 경우에는 위부 목적물의 가액이 보험자가 피보험자에게 지급한 보험금보다 크다고 해도 보험자는 위부 목적물의 전부를 취득할 수 있다는 점에서 차이가 있다.232)

232) 정동윤, 593면; 양승규, 239-240면; 정찬형, 690면; 최준선, 217면; 김성태, 443면; 임용수, 287면; 서헌제, 149면.

Ⅰ. 개 념

1. 의 의

책임보험(liability insurance)이란 보험기간 중 당사자간에 약정된 사고로 인해 제3자에게 손해가 발생하고 손해를 야기한 피보험자가 배상책임을 부담하게 되는 경우에 그로 인한 피보험자의 재산상의 손해를 보험자가 보상하는 손해보험의 일종이다(제719조).[1] 가해자가 책임보험에서의 피보험자이며, 피해자는 제3자이다. 피보험자가 피해자에게 부담하는 배상책임은 계약상의 책임일 수도 있고 불법행위에 따른 책임일 수도 있다. 대부분은 고의·과실로 제3자에게 야기한 손해에 대한 배상책임이지만, 예외적으로 무과실책임에 따른 배상책임의 문제가 발생할 수도 있다.[2] 산업혁명 이후 산업재해가 급격히 증가함에 따라 불법행위법의 원리가 엄격책임 및 무과실책임으로 변화하게 되고 피해자에 대한 기업주의 책임은 과거와 비교할 수 없을 정도로 강화되었다. 자동차손해배상보장법, 원자력손해배상보장법, 근로기준법상 재해보상책임 등은 무과실책임을 입법화한 것이다.[3] 사회적 위험 또는 구조적 위험에 대한 피해보상이 공공복지 측면에서 그 해결책을 찾기 시작했고 무과실책임론, 원인책임, 결과책임론에 기초하여 피해자 보호의 문제가 중요한 사회적 이슈가 되고 결과적으로 기업가는 과거에 비해 무거운 배상책임을 부담하게 되었다. 이러한 사회적 상황하에서 책임보험의 급격한 발전을 가져왔고 이제는 현대 사회에서 가장 중요한 보험 분야의 하나가 되어 비약적으로 성장하고 있다.[4] 일상생활에서도 잠재적으로 가해자가 될 수 있는 지위에 있는 자는 책임보험에 가입함으로써 자신이 부담할 수 있는 배상책임

---

[1] 대판 2002. 9. 6, 2002다30206.
[2] 박인호, "호의동승자에 대한 운행자 및 보험자의 배상책임 제한", 보험법연구 제12권 제2호, 2018, 60면.
[3] 보험연수원(편), 보험심사역 공통 1 교재, 2016, 231면.
[4] 서헌제, 196-197면; 양승규, 347면, 349면; 정희철, 452-453면; 정찬형, 749면.

으로 인한 위험을 보험자에게 전가함으로써 기업활동이나 영업활동 또는 개인활동을 보다 적극적으로 할 수 있게 된다. 동시에 책임보험을 통해 가해자의 배상능력이 확보됨으로써 피해자는 보다 충실하게 보호받을 수 있게 된다.

2. 배상책임과 보상책임

책임보험에서의 배상책임은 벌금이나 과태료와 같은 형사적 또는 행정적 책임도 포함될 수 있지만,5) 원칙적으로 민사책임을 담보한다. 민사책임인 이상 불법행위로 인한 손해배상책임이나 채무불이행으로 인한 손해배상책임 외에 보증인의 책임 등에도 책임보험이 적용될 수 있다.6) 다만 당사자간의 약정에 의해 증가되는 배상책임으로 인한 손해는 특약에서 이를 담보하는 것으로 정하지 않는 한 보상하지 않는 것이 원칙이다. 일반적인 민사책임에 있어서는 행위자의 고의 또는 과실에 의해 발생한 손해에 대해 배상책임을 지는데, 책임보험에서는 행위자의 고의로 인한 손해는 면책으로 한다. 다만 예외적으로 자동차보험 중 의무책임보험인 대인배상 Ⅰ에서는 고의로 인한 손해에 대해서도 보험자의 보상책임을 인정한다. 책임보험에서의 보험사고는 대부분이 피보험자의 과실에 의해 발생한다. 따라서 피보험자의 중과실을 일반 손해보험에서와 같이 면책사유로 하지 않고 보상대상으로 하고 있는데 이것이 책임보험의 중요한 특성의 하나이다.

> **[대법원 2001. 4. 24. 선고 2001다10199 판결]**
>
> 〈주요 판시내용〉
> 책임보험은 피보험자의 법적 책임 부담을 보험사고로 하는 손해보험이고 보험사고의 대상인 법적 책임은 불법행위책임이므로 어떠한 것이 보험사고인가는 기본적으로는 불법행위의 법리에 따라 정하여야 할 것인바, 책임보험 계약 당사자 간의 보험약관에서 고의로 인한 손해에 대하여는 보험자가 보상하지 아니하기로 규정된 경우에 고의행위라고 구분짓기 위하여는 특별한 사정이 없는 한 구체적인 정신능력으로서의 책임능력이 전제되어 있다고 볼 것이어서 '피보험자의 고의에 의한 손해'에 해당한다고 하려면 그 피보험자가 책임능력에 장애가 없는 상태에서 고의행위를 하여 손해가 발생된 경우이어야 한다.

불법행위나 채무불이행으로 인한 배상책임 외에도 법률상 또는 계약상 보상책임도 책임보험이 담보하는 민사책임에 포함된다고 할 수 있다. 이러한 취지에서 원수보험자가 보

---

5) 그런데 형사책임으로 인한 손해를 책임보험자로 하여금 보상하도록 하는 것이 선량한 사회질서에 반하는 것인가의 여부에 대해서는 논란이 있을 수 있다; 양승규, 361면.
6) 정동윤, 650면; 정희철, 456면; 임용수, 370면; 정찬형, 749면, 754면; 최준선, 270면; 양승규, 361면.

험금을 지급함으로써 입게 되는 손해를 보상하는 재보험을 책임보험으로 성격으로 보고 있다.7) 즉 책임보험은 배상책임 외에 보상책임에도 적용된다고 해석할 수 있다. 책임보험에 관한 상법 보험편 규정은 책임보험의 목적을 배상책임으로 보고 있으므로 보상책임이 책임보험에서의 보험목적인 경우엔 이들 조문들이 성질에 반하지 않는 범위 내에서 유추적용 된다고 보아야 한다.8)

Ⅱ. 성   질

1. 손해보험 · 소극보험 · 재산보험

책임보험은 책임보험에서의 피보험자가 가해자가 되어 제3자(피해자)에게 법률상의 손해배상을 부담함으로써 발생한 손해를 보험자가 보상하는 손해보험의 일종이다. 보험기간 동안 보험자가 책임을 부담하게 될 사고의 수를 제한하지 않으며 피해자의 수, 사고 건수 또는 그 규모에 따라 보험자의 보상책임이 정해지는 손해보험의 일종이다. 화재보험과 같이 화재가 발생하여 보험의 목적인 피보험자 소유의 건물이 전소된 것과 같이 피보험자가 직접 입은 재산상의 적극적인 손해를 보상하는 것이 아니라, 피보험자가 제3자에게 손해배상책임을 부담함에 따라 재산상 출연을 하게 되어 입게 되는 피보험자의 간접손해를 보상하는 특성이 있다(소극보험). 또한 책임보험은 물건보험이 아니라 피보험자가 제3자의 생명, 신체 또는 재산에 가한 손해를 배상함으로써 야기된 피보험자 자신의 재산에 생긴 손해를 보상하는 재산보험의 성질을 가진다.9) 책임보험의 이러한 소극보험적 성질과 재산보험적 성질로 인해 보험사고나 피보험이익 등에서 일반 손해보험과는 다른 특성이 있다.10)

2. 타인을 위한 보험으로의 기능과 역할

법률적으로는 책임보험은 보험계약자이면서 피보험자가 피해자에 대한 법률상의 배상책임을 부담함으로써 발생한 자신의 손해를 보험자로부터 보상받기 위한 것으로서 자기를 위한 보험이다. 그런데 책임보험은 궁극적으로 피해자가 충분한 보상을 받을 수 있도록

---

7) 김성태, 590면.
8) 한기정, 631면.
9) 양승규, 348면.
10) 김성태, 196면.

하기 위한 제도이므로 타인을 위한 보험으로서의 역할을 하고 있다. 물론 책임보험의 경우에도 보험계약자가 피보험자를 따로 정하는 타인을 위한 보험의 형식으로 체결하는 것은 가능하다.[11]

Ⅲ. 기　　능

1. 가해자(피보험자) 보호

자본주의 경제의 발달과 산업사회로 들어오면서 공장기계의 대혁신과 자동차의 발명 등 문명이기로 인해 인류사회는 편리함을 추구할 수 있게 되었다. 그러나 그 부작용으로 사회구조적인 위험을 비롯하여 과거와는 비교할 수 없을 정도의 다양한 위험과 재해가 발생하고 있고 이에 따른 피해자 구제의 필요성이 어느 때보다도 강조되고 있다. 불법행위법의 원리가 전통적인 과실책임주의에서 엄격책임, 무과실책임 또는 위험책임이론 등으로 변하고 이러한 수정된 원리가 각국의 판례와 제정법에 반영되고 있다. 피해자에 대한 가해자의 책임 특히 기업의 책임은 엄청나게 강화되고 있는데, 이에 따라 기업은 사고에 따른 손해 배상을 위한 자력이 모자라 파탄을 겪는 경우도 발생한다. 이러한 배경 하에서 가해자의 책임을 보험자에게 전가함으로써 손해배상책임 부담으로 인한 가해자의 경제적 어려움을 극복 또는 완화할 수 있게 하는 책임보험이 발달하게 되었다. 책임보험에서 보험금을 청구할 수 있는 자는 가해자인 피보험자이지 피해자가 아니다. 책임보험은 법 형식적으로 볼 때 결코 타인(피해자)을 위한 보험이 아니다. 후술하는 바와 같이 피해자에게 직접청구권이 인정되지만 이는 보험금청구권과는 법적 성질이 다르며 또한 피해자는 제2차적 보험료지급의무를 부담하지 않기 때문에 책임보험은 가해자인 피보험자를 위한 보험 즉 자기를 위한 보험이라 할 수 있다. 이와 같이 책임보험의 제1차적인 기능은 가해자인 피보험자의 보호라 할 수 있다.[12]

2. 피해자 보호

현대 사회는 사회구조적인 책임이나 산업재해에 대한 사용자의 책임을 엄격하게 묻고 있다. 그런데 기업주의 무과실책임을 인정한다고 해도 가해자가 무자력 상태이거나 배상

---

11) 장덕조, 329면.
12) 정동윤, 646면; 서헌제, 197면; 정찬형, 749면; 정희철, 453면; 양승규, 349면, 353면; 최준선, 271면; 한기정, 633면.

자력이 불충분한 경우에 피해자는 충분한 보상을 받을 수 없게 된다. 이러한 상황에서 책임보험 제도를 통해 가해자(피보험자)의 책임(위험부담)을 보험자에게 전가시킴으로써 피해자는 보다 확실하고 안정적인 보상을 받을 수 있게 된다. 피해자보호를 위해 입증책임이 가해자에게 부과되는 경향이 짙고 특별법에 의해 책임보험의 가입이 강제되는 경우도 많다. 책임보험의 보험금은 피보험자가 수령하지만, 궁극적으로 피해자에게 귀속하게 되어 피해자는 피해에 대한 전보를 받게 된다. 또한 책임보험에서는 피해자의 직접청구권을 인정함으로써 피해자를 보다 강력하게 보호하고 있다. 이러한 피해자 보호기능은 다른 손해보험과 구별되는 책임보험 특유의 기능으로서 기능적으로 타인을 위한 보험의 역할을 하게 된다.

3. 역 기 능

비록 책임보험으로 인해 피해자는 보상을 받을 수 있지만, 책임보험은 피보험자 자신이 야기한 사고에 대한 배상책임을 보험자에게 전가시킨다는 점에서 자기책임의 원리를 무너뜨리고 피보험자의 도덕적 해이를 가져오는 역기능도 있음을 유의하여야 한다. 특히 피보험자의 책임의식과 주의력을 감소시키고 사고를 은연중에 조장할 수 있는 부작용이 우려되고 있다.

Ⅳ. 종   류[13)]

1. 대인배상 · 대물배상 책임보험

피보험자의 배상책임의 객체에 따라 대인배상책임보험과 대물배상책임보험으로 분류된다. 타인의 인적손해(사망, 상해 등)에 대한 피보험자의 배상책임을 적용대상으로 하는 것이 대인배상책임보험이고, 자동차보험 중의 대인배상책임보험과 근로자재해보상책임보험이 그 예이다. 반면 피보험자가 타인의 물건이나 기타의 재산상의 손해에 대한 배상책임을 지게 되는 경우에 이를 보상하는 책임보험이 대물배상책임보험이고, 자동차보험 중 대물배상이 그 예이다.

---

13) 정동윤, 645-646면; 이기수/최병규/김인현, 289-291면; 양승규, 350-352면; 임용수, 371-372면; 정찬형, 750면; 최준선, 271면.

2. 영업책임보험 · 전문인책임보험 · 개인책임보험

피보험자에 따른 분류이다. 제조물책임보험, 원자력손해배상책임보험, 승강기책임보험 또는 영업용자동차보험과 같은 영업책임보험이 있는데 이는 피보험자가 영업을 영위하는 자로서 그러한 영업으로 인해 타인에게 배상책임을 부담하는 경우에 이를 보상하는 책임보험이다. 전문인책임보험은 회사의 이사14) 또는 의사, 변호사, 공인회계사 등의 책임보험과 같이 피보험자가 전문직에 종사하는 자로서 그 직업과 관련하여 타인에게 부담하는 배상책임에 적용되는 책임보험이다. 한편 개인용자동차보험과 같이 일반 개인이 일상생활에서 타인에게 인적 또는 물적 손해를 가함으로써 부담하게 되는 법률상의 손해배상책임을 적용대상으로 하는 책임보험이 개인책임보험이다.

3. 유한 · 무한책임보험

보험금액의 한도 유무에 따라 유한배상책임보험과 무한배상책임보험으로 나뉜다. 피해자 1인당 또는 사고당 보험자의 보상책임의 한도액이 미리 정해져 있는 것이 유한배상책임보험이다. 반면 피보험자가 사고로 인해 타인에게 부담하는 손해를 보상책임의 한도액을 정하지 않고 보상하는 것이 무한배상책임보험이다. 대인배상책임보험은 유한 또는 무한으로 영위되고 있다.

4. 임의 · 강제책임보험

가입의 강제성 유무에 따라 자동차종합보험이나 제조물책임보험과 같은 임의책임보험과 자동차손해배상책임보험(자동차손해배상보장법), 신체손해배상특약부화재보험(화재로 인한 재해보상과 보험가입에 관한 법률)산업재해보상보험(산업재해보상보험법), 원자력손해배상책임보험(원자력손해배상법), 환경책임보험(환경오염피해 배상책임 및 구제에 관한 법률)과 같이 피해자 보호라는 사회적 요청에 따라 특별법에 의해 법률상 가입이 강제되어 있는 강제책임보험으로 나뉜다. 강제책임보험은 공보험 요소가 강하다. 특히 빈번하게 발생하는 자동차사고로 인해 자동차운행자는 자동차손해배상보장법에 의한 의무책임보험에 가입

---

14) 회사임원배상책임보험은 회사의 이사, 감사 및 이에 준하는 자를 피보험자로 하여 회사가 보험계약자로서 체결하는 타인을 위한 보험의 형식을 띤다. 피보험자가 회사의 임원으로서 업무와 관련된 행위로 인해 손해배상책임을 부담함으로 입은 손해를 보험자가 전보하여 주는 것으로서 이사의 책임을 추궁하는 주주의 대표소송과 제3자에 의한 소송이 증가하면서 그 이용도가 점차 높아지고 있다. 김영선, "전문직업인배상책임보험", 상사법연구 제18권 제2호, 1999, 211면 이하; 정동윤, 666면.

이 강제되며 화재나 폭발사고에 대비하기 위해 특정시설 소유자 역시 책임보험의 가입이 강제되고 있다.15)

Ⅴ. 책임보험계약의 요소

1. 보험의 목적

물건보험과 달리 책임보험은 피보험자가 제3자에 대해 부담하는 손해배상책임으로 인해 피보험자에게 발생할 수 있는 불특정의 전 재산에 대한 간접손해를 보상하는 것(소극손해)이기 때문에 책임보험에 있어서의 보험의 목적이 무엇인가가 문제가 되고 있다. 책임보험이 가지는 소극보험적 성격을 고려할 때 책임보험에서의 보험의 목적은 피보험자가 제3자에 대해 부담하는 '배상책임'이라고 해석하는 견해16)와 책임보험이란 피보험자가 제3자에게 손해배상책임을 부담함으로써 피보험자의 재산의 감소로 인한 손해를 보상하는 것이므로 책임보험의 목적은 피보험자의 '전 재산'이라고 보는 견해도 있다.17)

생각건대 책임보험이 타인에게 손해배상책임을 부담함으로써 피보험자에게 발생할 수 있는 간접손해(소극손해)를 보상한다는 책임보험의 특성을 고려할 때 책임보험의 목적은 어디까지나 피보험자의 '손해배상책임'이며 피보험자의 전 재산은 이를 담보하는 것으로 해석함이 타당할 것이다. 제719조에서 "책임보험계약의 보험자는 피보험자가 보험기간 중의 사고로 인하여 제3자에게 배상할 책임을 진 경우에 이를 보상할 책임이 있다"고 규정하고 있는데, 이로부터 제721조가 책임보험의 보험목적을 배상책임을 볼 수 있는 근거가 될 수 있다. 피보험자가 경영하는 사업으로 인해 발생한 배상책임을 보험의 목적으로 하는 영업책임보험에서는 제3자에 대한 피보험자 자신의 책임 이외에 대리인이나 그 사업감독자와 같이 그 영업상의 보조자의 제3자에 대한 책임도 책임보험의 목적에 포함하고 있다(제721조). 또한 피보험자가 제3자의 청구를 방어하기 위하여 지출한 재판상 또는 재판외의 필요비용은 보험의 목적에 포함된 것으로 하며 이 비용은 최종적으로 피보험자가 제3자에게 손해배상책임을 지지 않게 되는 경우에도 보험의 목적에 포함된 것으로 해석한다(제720조).18) 제720조나 제721조에서 말하는 보험의 목적은 보험자의 보상범위와 관계되

---

15) 보험연수원(편), 보험심사역 공통 1 교재, 2016, 230면; 한기정, 632면.
16) 정찬형, 751면; 양승규, 355-356면; 정동윤, 647면; 강위두/임재호, 652면; 임용수, 373-374면; 정희철, 453면; 장덕조, 336면; 한기정, 634면; 김은경, 500면.
17) 김성태, 587-588면; 최기원, 431면; 이기수/최병규/김인현, 291면; 최준선, 271면; 서돈각/정완용, 461면; 손주찬, 638면; 서헌제, 199면; 한창희, 466면.
18) 정동윤, 647면; 양승규, 356면.

는 것으로서 이러한 점을 고려하면 책임보험의 목적은 피보험자의 '배상책임'으로 보는 것이 타당할 것이다.[19]

2. 피보험이익과 보험가액

(1) 피보험이익

책임보험은 손해보험이기는 하지만 보험가액을 쉽게 산정할 수 있는 물건보험이 아니라는 점에서 책임보험에서 피보험이익의 개념을 인정할 수 있는가의 문제가 다투어질 수 있다. 이러한 이유에서 책임보험에서 피보험이익의 개념을 부정하는 견해가 있기도 하지만,[20] 다수설은 책임보험에서의 피보험이익 개념을 인정한다. 책임보험의 보험목적을 배상책임으로 보게 되면, 피보험이익은 제3자에 대해 피보험자가 배상책임을 부담하는 사고가 발생하지 않음으로써 가지게 되는 경제적 이익으로 볼 수 있다. 책임보험에 있어서 피보험자는 만약 배상책임을 자신이 이행한다면 입게 되는 경제적 손해를 책임보험을 통해 보험자에게 전가함으로써 회피할 수 있는 이익이 책임보험에 있어서의 피보험이익이라 해석할 수 있다. 피보험이익은 사고발생시까지 확정할 수 있으면 되는데 사고가 발생한 경우에 배상규모를 금전으로 산정하는 것이 가능하다는 점에서 책임보험에서의 피보험이익을 인정함에 큰 무리는 없다고 판단된다.[21]

(2) 보험가액

일반적으로 책임보험에서는 당사자간에 보험금액을 정하는데 이것은 단일사고에 대해 적용되는 책임한도액이면서 보험료 산정 기준이 되고 있다. 그런데 책임보험에서는 보험기간 동안에 보험자가 책임을 지는 사고의 수를 제한하지는 않는다.[22] 책임보험에서 손해의 크기는 물건보험과 달리 계약 체결시점에서는 불확정적이고 보험사고가 발생한 후에야 확정될 수 있기 때문에 피보험이익의 금전적 평가액인 보험가액을 계약 체결시에 정확히 산정한다는 것은 원칙적으로 불가능한 측면이 있다. 책임보험에서는 이와 같이 보험가액의 개념을 구체화하기 어려우며, 원칙적으로 일부보험, 초과보험의 문제는 발생하지 않는다는 해석이 통설이다. 다만 임차인, 운송인이나 창고업자와 같은 타인의 물건보관자의 책

---

19) 임용수, 374면.
20) 손주찬, "책임보험계약의 문제점", 상사법의 제문제, 309-311면. 제3자에 대해 피보험자가 부담하는 법률상의 손해배상 부담액이 피보험자의 전 재산을 초과하는 경우도 있으므로 피보험자가 전 재산에 대하여 가지는 경제적 이익이 피보험이익이라는 견해는 성립할 수 없다고 해석한다; 서헌제, 200면(다만 물건보관자의 책임보험과 같이 보험자의 책임이 일정한 목적물에 생긴 손해로 제한되는 경우에는 예외적으로 보험가액을 정할 수 있으므로 그 한도 내에서는 피보험이익을 인정할 수 있다고 해석한다).
21) 한기정, 635면.
22) 정찬형, 751-752면.

임보험(제725조)의 경우에는 보관하는 물건의 가액이 미리 계산될 수 있고 보험자의 책임은 해당 목적물에 생긴 손해로 제한된다. 따라서 이 경우에는 계약 체결시부터 보험가액을 산정하는 것이 가능하다. 한편 책임보험 성격을 가지는 재보험의 경우에도 원수보험자의 책임한도가 원수보험자의 보상의무 한도로 정해질 수 있으며 이 경우도 계약 체결시부터 보험가액을 산정할 수 있게 된다. 이러한 경우에 초과보험이나 일부보험, 중복보험의 문제가 생길 수 있고,[23] 기평가보험에 관한 제670조도 적용 가능하다.[24]

　　이와 같이 통설은 책임보험에서 보험가액 개념을 인정하기 어렵다는 입장이지만, 책임보험의 보험목적을 배상책임이라고 볼 때 그 책임의 크기는 사고발생시에 정해질 수 있으며, 따라서 사고발생시에 책임보험의 보험가액을 산정할 수 있다는 해석이 가능하다. 피보험이익은 보험계약 체결시(보험사고 발생 전)에도 필요할 수 있지만, 중복보험 여부 판단처럼 보험사고 발생시에도 필요하다. 따라서 책임보험에서 보험가액을 인정할 수 있다고 해석함이 타당하다.[25]

　　한편 보험가액의 개념을 인정하지 않는 해석에 따르더라도 중복보험의 문제가 책임보험에서 발생할 수 있는데, 이에 대해 법률에서 책임보험에도 중복보험에 관한 규정이 준용된다고 특별히 규정하고 있다. 판례도 같은 취지이다.[26] 즉 피보험자가 동일한 사고로 제3자에게 배상책임을 부담함으로써 입은 손해를 보상하는 수개의 책임보험계약이 동시 또는 순차로 체결된 경우에 그 보험금액의 총액이 피보험자의 제3자에 대한 손해배상액을 초과하는 때에는 중복보험에 관한 제672조가 적용되어 각 보험자는 각자의 보험금액의 비율에 의해 손해를 부담하되 각 보험자는 보험금액의 한도 내에서 연대책임을 지게 된다(제725조의2, 제672조, 제673조).[27]

[대법원 2005. 4. 29. 선고 2004다57687 판결]

〈주요 판시내용〉

　두 개의 책임보험계약이 보험의 목적, 즉 피보험이익과 보험사고의 내용 및 범위가 전부 공통되지는 않으나 상당 부분 중복되고, 발생한 사고가 그 중복되는 피보험이익에 관련된 보험사고에 해당된다면, 이와 같은 두 개의 책임보험계약에 가입한 것은 피보험자, 피보험이익과 보험사고 및 보험기간이 중복되는 범위 내에서 상법 제725조의2에 정한 중복보험에 해당한다. 이 경우 각 보험자는 각자의 보험금액의 비율에 따른 보상책임을 연대하여 진다.

---

23) 정동윤, 648면; 서헌제, 200면; 양승규, 357면.
24) 한기정, 635면-636면.
25) 同旨: 한기정, 474면 및 635면.
26) 대판 2005. 4. 29, 2004다57687.
27) 최준선, 273면; 임용수, 375면; 정찬형, 752면; 양승규, 357면; 정동윤, 649면.

다만 제725조의2가 없다고 해도 책임보험의 보험목적을 배상책임으로 보게 되면 사고발생시에 '피보험자의 제3자에 대한 손해배상액'이 확정될 수 있고, 이것이 사고발생시에 산정되는 보험가액이라 할 수 있다. 따라서 책임보험에서도 보험금액과 보험가액이 모두 존재할 수 있으며, 제725조의 2 조문의 유무에 상관없이 중복보험 규정은 책임보험에 적용된다고 볼 수 있다.28)

3. 보험사고

제3자에 대한 배상책임을 이행함으로 인해 발생하는 손해를 담보하는 책임보험에 있어서 보험사고가 무엇인가에 대해서는 학설이 나뉘고 있다.29) 학설이 나뉘는 이유는 우선 책임보험에서는 사고로 인해 제3자가 손해를 입고 제3자는 가해자인 피보험자에게 배상책임을 묻게 되며 재판 등을 통해 피보험자의 배상책임이 인정되면 가해자인 피보험자가 제3자에게 그 손해를 배상함으로써 피보험자가 재산상의 손해를 입게 되는 일련의 모습을 띠고 있으며, 둘째 책임보험에서의 보험사고가 무엇인가를 정의하고 있는 법률상의 규정이 없으며 셋째 책임보험과 관련된 여러 조문(제719조, 제720조, 제722조, 제723조)이 다양하게 해석될 수 있어 각 학설의 근거로 사용될 수 있기 때문이다.30)

(1) 손해사고설

제3자에 대해 피보험자가 배상책임을 부담하게 되는 원인이 되는 사고 또는 약관에서 정해진 손해사고가 제3자에게 발생한 것을 보험사고로 본다. 다수설적 견해라 할 수 있다.31) 보험사고의 발생 시점을 단일, 객관적으로 특정할 수 있는 장점이 있다. 이 설에 따르면 원인이 되는 사고가 발생했지만 피해자가 배상청구를 하지 않아서 책임이 구체화되지 않은 경우 또는 손해배상청구권이 시효로 소멸되는 등의 사유가 있는 경우에도 책임보험에서의 보험사고의 발생을 인정하고 책임보험자에게 보험금을 청구할 수 있다고 해석해야 하는가의 문제가 있다. 피보험자의 전 재산에는 그 어떤 소극적인 손해도 발생하지 않기 때문에 책임보험의 원리와 맞지 않는다는 단점이 있다.

---

28) 한기정, 637면.
29) 아래의 각 학설에 대한 내용, 논거 및 비판에 관하여, 최기원, 433-437면; 정찬형, 753면; 양승규, 357-361면; 최준선, 273면; 김성태, 591-593면; 이기수/최병규/김인현, 294면; 정동윤, 649-650면.
30) 정찬형, 752면; 정동윤, 649면; 양승규, 359-360면; 정희철, 455면.
31) 양승규, 358면, 360면; 김성태, 591-592면; 임용수, 377-378면; 정찬형, 753면; 서돈각/정완용, 463면; 정동윤, 649-650면; 정희철, 455면; 이기수/최병규/김인현, 273면; 김은경, 503면; 장덕조, 338면.

[대법원 2017. 1. 25. 선고 2014다20998 판결]

〈사실관계〉

변호사 甲이 乙 보험회사와 변호사전문인배상책임 보험계약을 체결한 후, 아파트의 구분소유자들을 대리하는 관리사무소장 丙과 등기업무 위수임계약을 체결하고 구분소유자들로부터 甲 명의의 은행계좌로 등기비용을 지급받았는데, 甲이 고용한 등기사무장인 丁이 위 등기비용 중 일부를 개인적 용도로 사용하는 바람에 등기업무의 처리가 지연되어 丙이 甲에게 기한을 정하여 이행을 최고하면서 그때까지 이행을 하지 않을 경우 손해배상책임을 묻겠다는 통보를 하자, 甲이 부족한 등기비용을 개인적으로 마련하여 등기업무를 마친 다음 乙 회사를 상대로 보험금을 청구하였다.

〈주요 판시내용〉

원고가 변호사로서 법률서비스를 제공하는 업무를 하면서 제3자에게 부담하는 손해배상책임을 보상하기 위한 책임보험이므로, 등기사무인 丁이 등기비용을 임의 소비한 것 자체가 보험사고라고 할 수는 없다. 위임받은 등기사무의 불이행 등으로 위임인에 대하여 원고가 손해배상책임을 지게 되는 등의 사정이 있어야 보험사고가 발생한 것으로 인정될 수 있다. 그런데 이 사건에서는 위임사무의 처리가 지연되자 이 사건 아파트 관리소장인 丙이 기한을 정하여 이행을 최고하면서 그때까지 이행하지 않을 경우에는 손해배상책임을 묻겠다고 통보하였고, 이에 甲은 丁이 다른 용도로 써버린 등기비용을 자기 비용으로 조달하여 위임사무의 이행을 마쳤다. 그러므로 이 사건 등기위임사무의 처리에 관한 법률서비스 이행의무는 비록 그 이행이 지체되기는 했지만 결국 위임취지대로 이행이 마쳐졌다. 따라서 이 사건 아파트의 구분소유자들이 등기위임사무의 불이행으로 인하여 입은 손해는 없다고 할 것이다. 또한 그러한 손해의 배상을 구하는 청구도 없었고, 그 손해가 판결이나 보상결정 또는 보험자인 피고의 승인을 받아 이루어진 합의에 의하여 확정된 바도 없다. 결국 丁이 수임사무처리비용을 임의소비하고 甲이 이를 대납하여 위임사무를 처리한 것만으로는 이 사건 보험계약 및 그 내용에 편입된 보험약관에 정한 보험금청구권의 발생요건을 충족한다고 할 수 없다.

(2) 손해배상청구설

이 설은 피해자인 제3자가 가해자인 책인보험의 피보험자에게 사고로 인해 발생한 손해에 대하여 재판상 또는 재판외의 손해배상청구를 한 시점을 보험사고 발생시점으로 보는 견해이다.[32] 제720조에서 방어비용을 보험의 목적에 포함된 것으로 하여 보험자가 부담하도록 한 것과 제722조에서 피보험자가 제3자로부터 배상의 청구를 받게 되면 지체없이 보험자에게 통지하도록 규정하고 있는 것과 관련이 있다. 즉 피해자가 배상청구를 했는데 추후 그 배상청구가 법적 근거 없음이 판명되었더라도 그 배상청구와 관련하여 소요된 방어비용에 대해 보험자의 보상책임을 인정할 수 있다는 장점 및 피해자는 단순히 손해배상청

---

32) 최기원, 435-436면; 김은경, 507면.

구만 하면 되므로 피해자에게 유리한 장점이 있다. 그러나 보험사고 인정 여부가 피해자가 배상청구를 언제 하느냐에 따라 달라질 수 있다는 단점이 있다. 손해사고가 보험기간 중에 발생했더라도 피해자인 제3자가 보험기간이 경과한 후에 배상청구를 하게 되면 이를 보험사고로 볼 수 없게 되기 때문이다.33) 또한 제724조 제2항에서 손해사고 발생시 타인이 피보험자가 아닌 보험자에게 직접 청구할 수 있는 권리를 가지는 것과도 부합하지 않는 면이 있다.34) 전문직업배상책임보험은 보험기간 내에 피보험자가 제3자로부터 재판상 또는 재판외의 배상청구를 받는 것, 즉 손해배상청구 기준(Claim-made basis)으로 보험사고를 규정하고 있다. 전문직업배상책임보험에서 보상책임의 범위와 시기를 명확히 정하기 위해서 피보험자는 보험자에게 자기 자신을 상대로 이루어진 손해배상청구 사실을 필수적으로 통지하여야 한다. 피보험자의 서면통지 조항은 보험금 지급의무의 전제조건으로서의 기능을 담당한다. 보험자는 보험기간 내에 피보험자로부터 손해배상청구에 대한 서면통지가 없는 경우 그로 인하여 손해가 증가하였는지 여부와 관계없이 보험금 지급 책임을 부담하지 않는다.35)

(3) 법률상 책임발생설(책임부담설, 채무확정설)

이 설은 피보험자가 제3자에게 배상책임을 부담하는 경우, 즉 제3자에 대하여 부담할 채무가 판결이나 화해 등에 의해 확정된 경우를 보험사고로 해석하는 견해이다.36) 이 견해에 따르면 피보험자의 책임이 손해사고설이나 손해배상청구설에 비해 더 구체화될 수 있다. 제719조가 책임보험자의 책임에 대해 보험기간 중의 사고로 인하여 제3자에게 배상할 책임을 부담한 경우로 정하고 있는 것과 관련성을 갖는다.37) 그런데 이 설에 의하면 제3자의 청구에 응소하여 소송을 한 결과 피보험자가 승소한 경우와 같이 피보험자의 책임부담이 없게 된 경우는 보험사고의 발생 자체가 없는 것이 되는데 이 경우에도 제720조에서 규정하고 있는 것처럼 보험자가 방어비용을 부담해야 하는가의 문제가 있다. 또한 제722조나 제724조 제2항과도 부합하지 않는다.38)

(4) 배상책임이행설

이 설은 피보험자가 피해자에게 손해배상의무를 이행한 것을 보험사고로 해석하는 것

---

33) 임용수, 376면; 정동윤, 649면.
34) 한기정, 639면.
35) 대판 2020. 9. 3, 2017다245804.
36) 최준선, 274면; 채이식, 187면; 강위두/임재호, 654면; 손주찬, 641면.
37) 제723조 제1항은 "피보험자가 제3자에 대하여 변제, 승인, 화해 또는 재판으로 인하여 채무가 확정된 때에는 지체없이 보험자에게 통지를 발송하여야 한다"고 규정하고 있다.
38) 김성태, 592면; 임용수, 377면; 최기원, 436면; 정동윤, 649면; 한기정, 639면; 양승규, 359면; 김은경, 505면.

이다. 피보험자가 제3자에게 배상을 해야만 보험금을 청구할 수 있도록 하고 있는 제724조 제1항과 연계된다. 그러나 이 설을 지지하는 견해는 현재 없다. 그 이유는 제724조 제1항에서 피보험자의 책임 이행 전에는 보험자가 보험금 지급을 거절할 수 있으면서도 만약 보험자가 보험금을 지급하면 그 지급은 유효하고 다만 그 지급을 갖고 피해자에게 대항할 수 없다고 해석되기 때문에 제724조 제1항이 배상책임이행설의 근거가 될 수는 없다. 또한 책임보험에 있어서는 피해자에게 직접청구권을 인정함으로써(제724조 제2항) 피보험자가 자신의 손해배상책임을 이행하기 전이라도 피해자는 보험자에게 직접 보험금을 청구할 수 있기 때문이다. 이 설에 따르게 되면 피보험자가 자력이 없어 피해자에게 손해배상책임을 이행하지 못하면 책임보험에서의 보험사고는 발생하지 않는 것이 되는 모순점이 있다.

(5) 검   토

판례는 명확하게 책임보험에서의 보험사고가 무엇을 기준으로 해야 하는가에 대해 명확하게 입장을 보이지 않고 있다. 다만 손해사고설의 입장에 선 것으로 볼 수 있는 판례가 있다.39)

[대법원 2000. 6. 9. 선고 98다54397 판결]

〈사실관계〉

원고회사의 보험가입자(포도재배 농가)가 피고회사의 보험가입자(포도봉지 제조자)에게서 구매한 포도봉지로 인해 포도 생산량이 감소하는 손해를 입자, 원고회사는 자신의 가입자 측에게 보험금을 지급한 뒤 피고회사에 구상권을 행사했다. 그러나 피고회사는 자신의 보험가입자가 하자 있는 포도봉지를 만든 이후에 보험에 가입하였으므로 이미 보험사고가 발생한 것이기 때문에 보험계약은 무효이므로, 원고의 구상권에 응할 이유가 없다고 항변했다.

〈주요 판시내용〉

피고회사와 사이에 보험계약을 체결할 당시 이미 포도봉지의 파손이라는 보험사고가 발생하였고 이는 상법 제644조 소정의 보험사고의 객관적 확정에 해당하므로 위 보험계약은 무효라는 피고의 주장에 대하여, 위 보험계약에 있어서 보험사고는 포도봉지 파손사고 자체가 아니라 포도봉지의 파손으로 인하여 포도재배 농가들에게 포도 생산량의 감소 또는 상품가치의 하락이라는 피해가 발생한 것을 말한다 할 것인바, 위 보험계약의 체결 당시 위와 같은 보험사고가 이미 발생하였다고 볼 만한 증거가 없다.

이론적으로도 손해사고설이 타당하다고 여겨진다. 제3자가 피보험자에게 배상청구를 할 수 있는 원인이 되는 사고가 생긴 것을 보험사고로 볼 때에, 책임보험의 기능이 궁극

---

39) 대판 2000. 6. 9, 98다54397..

적으로 피해자를 위한 보험이고 보험자가 지급하는 보험금이 결국에 피해자에게 귀속되는 실무상의 모습과 무리없이 연계될 수 있다.40) 책임보험상의 보험사고를 손해사고가 아닌 다른 것으로 보게 되면, 예를 들어 약관에서 정한 보험사고가 보험기간 중에 발생하고 제3자가 보험기간이 경과한 후에 피보험자에게 배상청구를 한 경우에 보험기간이 경과한 후에 발생한 보험사고에 대해 보험자가 책임을 지는 결과가 되는 문제가 생긴다.41)

그런데 손해사고설이 모든 형태의 책임보험에 일반적으로 적용되는 것으로 보기는 어렵다. 손해사고와 배상청구 사이에 시간적 간격이 큰 경우 실무상으로는 개별 책임보험계약의 특성을 고려하여 당해 해당 약관에서 보험사고에 관한 개별적인 규정을 통해 이 문제를 해결하고 있다.42) 이러한 경우 당사자가 손해사고를 보험사고로 하되 배상청구가 일정한 기간 안에 있어야만 보험자의 보상책임이 발생한다고 약정할 수 있다.43)

VI. 책임보험계약의 효과(법률관계)

책임보험계약의 체결 결과 보험자와 보험계약자(피보험자)간의 보험관계와, 가해자(피보험자)와 피해자간의 책임관계 및 보험자와 피해자간의 보상관계(제724조 제2항)라는 3면적 법률관계가 형성된다.44)

1. 책임보험자의 의무

(1) 손해보상의무

책임보험자는 피보험자가 보험기간 중의 사고로 인하여 제3자에게 배상할 책임을 진 경우 이로 인한 피보험자의 재산상 손해를 보상할 책임이 있다(제719조). 책임보험이 소극보험이며 재산보험임을 알 수 있다. 물건보험에서는 보험의 목적에 피보험이익을 가지는 피보험자를 보험계약 체결 당시에 확정하거나 또는 보험사고 발생 시점에서 확정할 수 있어야 하지만, 책임보험에서는 손해사고가 발생한 때에 구체적으로 누가 피보험자인가를 판단해야 하는 경우가 있다. 예를 들어 자동차보험의 경우 사고발생시 자동차의 보유자, 운전자 또는 그 관리인 등이 각각 피보험자가 될 수 있다.45)

---

40) 서헌제, 201면; 정희철, 455면; 양승규, 360면.
41) 김성태, 592-593면; 임용수, 377-378면; 양승규, 360면; 정찬형, 753면.
42) 김성태, 592-593면; 서헌제, 201면.
43) 한기정, 638면; 장덕조, 339면.
44) 서헌제, 202면.
45) 최기원, 438면; 양승규, 347-349면, 363면; 정찬형, 748면; 최준선, 271면; 정동윤, 644-645면; 정희철,

(가) 손해보상요건

① 보험기간 중의 보험사고 발생   보험기간 중에 보험계약에서 정한 손해사고가 발생하여 제3자가 인적 또는 물적 손해를 입었어야 한다. 즉 책임보험약관에서 보험자가 담보하기로 하는 사고여야 하며 그 사고는 보험기간 중에 발생한 것이어야 한다. 피해자의 배상청구, 피보험자의 배상책임 확정 및 배상책임의 이행이 보험기간 안에 행해져야 하는 것은 아니다. 보험기간 전이나 후에 발생한 사고로 인한 손해에 대해서는 보험자의 보상책임이 인정되지 않는다. 책임보험에서 무엇을 보험사고로 볼 것인지에 대해서는 앞에서 설명한 바 있다.

② 책임의 존재와 확정   책임보험의 피보험자는 가해자로서 제3자에 대해 법률상의 손해배상책임을 부담하여야 한다. 비록 손해사고가 보험기간 중에 발생했어도 피보험자에게 법률상의 손해배상책임이 없는 경우에는 보험자는 손해보상의무가 없다.46) 피보험자의 법적 책임이 존재하는 가의 여부는 그것이 계약상 책임이면 계약내용과 법규를 기초로 판단하며, 계약상 책임이 아니면 법규 등을 갖고 판단하면 될 것이다.47)

[대법원 2024. 7. 11. 선고 2022다252936 판결]

〈사실관계〉

甲 보험회사가 아파트 건물에 관하여 체결한 재난배상책임보험계약의 약관에서 '피보험자가 소유·관리 또는 점유하는 시설에서 화재 등으로 발생한 손해에 대하여 피보험자의 과실 여부를 불문하고 피보험자가 피해자에 대하여 법률상의 손해배상책임을 부담하는 경우에 이를 보상한다.'는 취지로 정하고 있는데, 乙 소유 세대 거실 천장의 형광등에서 화재가 발생하여 아파트 공용부분 및 다른 세대에 피해가 발생하였다. 화재가 형광등에서 발생한 것은 분명하지만 구체적인 발화원인을 밝힐 수는 없었고, 화재원인이 되는 공작물 설치·보존상의 하자가 존재한다고 볼 수도 없어 乙에게 민법 제758조의 공작물책임이 인정되지도 않았다. 아파트종합보험(화재보험)의 보험자인 丙 보험회사가 피해자들에게 보험금을 지급한 후 배상책임보험자인 甲 회사를 상대로 보험금 상당액을 대위구상 청구했다.

〈주요 판시내용〉

해당 보험계약은 상법 제719조의 책임보험에 해당하므로 피보험자가 피해자에게 과실 또는 무과실의 법률상 손해배상책임을 부담하는 경우에만 甲 회사에 보험금 지급의무가 발생한다. 따라서 피보험자인 乙의 피해자들에 대한 손해배상책임이 인정되지 않는다면 화재사고에 대해 보험금을 지급한 종합보험(화재보험) 보험자는 재난책임보험자에게 보험자대위에 기한 구상청구를 할 수 없다.48)

452면, 456면.

46) 대판 1994. 1. 14, 93다25004.

47) 한기정, 641면.

48) 보험자대위의 요건으로 제3자에 대한 보험계약자 또는 피보험자의 권리의 존재(청구권의 존재)가 요구되는데, 이 사건에서 발화세대 입주자는 화재에 대한 과실책임이 인정되지 않으므로 법률상 배상책임을

책임보험의 피보험자가 보험자에게 보험금청구권을 행사하려면 피보험자가 제3자에게 손해배상금을 지급하였거나 상법 또는 보험약관이 정하는 방법으로 피보험자의 제3자에 대한 채무가 확정되어야 한다.49) 책임은 당사자간에 합의, 변제, 승인, 화해 또는 재판으로 확정된 것이어야 한다.50) 불가항력에 의한 손해사고의 발생에는 보험자의 보상책임은 없다. 보험자의 보상범위는 피보험자의 제3자에 대한 법률상의 손해배상책임액을 한도로 하며, 손해보상액은 보험금액과 손해액의 범위 내에서 결정된다.51)

③ 면책사유의 부존재   보험자의 손해보상의무가 인정되기 위해서는 보험자에게 인정되는 법정 또는 약정면책사유가 없어야 한다. 책임보험에 특유한 면책사유를 상법 보험편에서 따로 규정하지는 않고 있다. 공통 법정면책사유인 제659조(고의 중과실 면책)는 책임보험에도 적용되는 것으로 해석될 수 있다. 그런데 보험계약자나 피보험자의 중과실에 의한 손해배상책임에 대해 책임보험제도의 취지를 고려하여 보험자의 책임을 인정하자는 약정은 가능하다.52) 만약 약관에서 보험계약자나 피보험자의 고의만을 면책으로 하고 중과실에 대해서는 보상책임을 인정하는 것으로 정하는 것은 유효하다.53) 약관에 규정이 없더라도 중과실 사고에 대해서는 보상되도록 하는 것이 책임보험 제도의 취지에 부합한다고 해석하는 견해도 있다.54) 다만 앞에서 설명한대로 예외적으로 정책적 필요에 의해 피보험자의 고의에 의한 손해에 대해서도 보험자의 보상책임이 인정되기도 한다. 즉 자동차손해배상보장법에 기초한 대인배상 Ⅰ(강제책임보험)의 경우에는 보험계약자나 피보험자의 고의에 의한 사고에 대해서도 피해자는 보험자에게 직접청구를 할 수 있고 보험자는 이에 대해 지급의무를 부담한다. 물론 이 경우 보험금을 피해자에게 지급한 보험자는 피보험자에게 구상권을 행사할 수 있다.55)

(나) 손해보상범위

① 보상 한도   기본적으로 책임보험의 보험자는 당사자간에 약정한 보험금액의 범위 내에서 피보험자가 피해자에게 부담하는 법률상의 손해배상액을 한도로 보상할 책임

부담하지 않는다. 따라서 피해세대의 피해자들은 발화세재 입주자에 대한 어떠한 청구권도 갖지 못한다. 제724조에 따른 책임보험자에 대한 피해자 직접청구권도 가질 수 없다. 이러한 이유에서 보험자대위에 기한 구상청구는 배척됨이 타당하다. 이준교, "2024년 손해보험 분쟁관련 주요 대법원 판결 및 시사점(下)", 손해보험, 2025년 2월호, 손해보험협회.

49) 대판 2018. 12. 13, 2015다246186; 대판 2017. 1. 25, 2014다20998.
50) 양승규, 362-363면; 서헌제, 203면.
51) 대판 2002. 9. 6, 2002다30206; 정희철, 454면; 양승규, 357면.
52) 이기수/최병규/김인현, 294면; 장덕조, 343면; 양승규, 361면 및 364면; 정찬형, 754-755면; 정동윤, 650면, 651면; 한기정, 642면. 반면에 김성태, 602면과 최준선, 274면에서는 제659조를 근거로 하여 중과실에 대해 보험자의 보상책임을 부정해야 한다고 해석한다.
53) 배상책임보험약관 제4조 제1호.
54) 정찬형, 755면; 임용수, 379면; 양승규, 364면; 김은경, 510면.
55) 자동차보험표준약관 제5조; 양승규, 361-362면.

이 있다.56) 유한책임보험에서는 피해자 1인이나 물건 또는 매 사고에 따른 보험자의 책임한도액을 정하고 있는데, 보험자는 보험금액의 한도 내에서 피보험자가 피해자에게 부담해야 하는 손해배상액을 보상하게 된다. 무한책임보험에서는 피보험자는 사고와 상당인과관계에 있는 손해를 피해자에게 배상해야 하므로, 보험자는 이에 대한 손해배상액을 보상하게 된다.57)

② 책임확정   보험자의 보상의무는 피보험자의 변제, 승인 및 판결이나 재판상의 화해, 중재 또는 서면에 의한 합의로 손해액이 확정되었을 때에 구체화되고 피보험자는 보험회사에 대하여 보험금의 지급을 청구할 수 있다.58) 판례는 상법 또는 보험약관이 정하는 방법으로 피보험자의 제3자에 대한 채무가 확정되어야 피보험자가 보험금을 청구할 수 있다고 해석한다.59) 피보험자가 피해자에게 보험금을 지급받을 수 있도록 최선을 다해 도와주고 만약 보험금이 지급되지 않으면 자신의 부담으로 손해를 배상해 주겠다고 약속한 사실만을 가지고는 제723조 제1항에서 말하는 채무확정방법의 하나로서의 '승인'이라고 할 수는 없다.60)

[대법원 1988. 6. 14. 선고 87다카2276 판결]

〈사실관계〉

원고는 교통사고를 낸 후 피해자들에게 치료비의 일부를 지급하였고 나머지 금액에 대해서도 지급청구를 받고 있는 상황이었다. 원고가 이미 지급한 치료비와 지급청구를 받고 있는 치료비 모두를 책임보험금으로 청구하자, 피고회사는 이미 지급한 치료비만을 보험금으로 지급하고 나머지 금액은 금액이 확정되면 지급하겠다고 주장하였다.

〈주요 판시내용〉

상법 제723조 제1, 2항과 자동차종합보험보통약관상의 규정 제9조 제1항 등을 종합하면 피보험자가 보험자에게 보험금청구권을 행사하려면 적어도 피보험자가 제3자에게 손해배상금을 지급하였거나 상법 또는 보험약관이 정하는 방법으로 피보험자의 제3자에 대한 채무가 확정되어야 할 것이므로 피보험자가 제3자인 보험사고 피해자들의 치료비손해 중 그 일부만 지급하고 나머지를 지급하지 아니하고 있다면 아직 지급하지 아니한 피해자들의 치료비손해에 관하여 그것이 상법 또는 보험약관이 정하는 방법으로 확정되지 아니하는 한 그에 대한 보험금청구권을 행사할 수 없고, 이미 지급한 치료비손해에 관하여도 그 보험금청구권을 행사할 수 있음에 그치는 것이므로 그 전액이 피보험자가 배상할 법률상의 손해배상책임 범위에 속하는지의 여부까지를 가려서 그 보상범위를 확정하여야 한다.

56) 대판 1988. 6. 14, 87다카2276.
57) 정동윤, 651-652면; 양승규, 364-365면.
58) 대판 2017. 1. 25, 2014다20998; 대판 2002. 9. 6, 2002다30206; 대판 1988. 6. 14, 87다카2276.
59) 대판 2018. 12. 13, 2015다246186.
60) 서울고법 1991. 3. 13, 90나48312; 임용수, 379-380면; 양승규, 365면.

③ 법률에 의한 보상범위 확대　　피보험자가 경영하는 사업에 관한 책임을 보험의 목적으로 한 때에는 피보험자의 대리인 또는 그 사업감독자의 제3자에 대한 책임도 보험의 목적에 포함된 것으로 하여 보험자가 보상책임을 부담한다(제721조). 또한 피보험자가 제3자의 청구를 방어하기 위하여 지출한 재판상 또는 재판외의 필요비용은 보험목적에 포함된 것으로 간주하여 보험자가 부담하도록 하고 있다(제720조 제1항). 이외에도 피보험자가 담보의 제공 또는 공탁으로써 재판의 집행을 면할 수 있는 경우에는 보험자에 대하여 보험금액의 한도 내에서 그 담보의 제공 또는 공탁을 청구할 수 있다(제720조 제2항).

④ 약관이 정한 경우　　피보험자의 제3자에 대한 손해액이 확정된 경우 보험약관상 보험금 지급기준에 의해 산출된 금액의 한도 내에서 보험자가 피보험자에게 보상하되, 다만 확정판결에 의해 손해액이 확정된 경우에는 판결에 따른 손해액을 기준으로 피보험자에게 보상한다고 약관에서 정하는 경우가 있다. 판례는 이 약관 조항은 유효하다는 입장이다.61) 확정판결에 의하지 아니하고 피보험자와 피해자 사이의 서면에 의한 합의로 배상액이 결정된 경우에는 보험자는 보험약관에서 정한 보험금 지급기준에 의하여 산출된 금액의 한도 내에서 보험금을 지급할 의무가 있다고 판시했다.62)

[대법원 1998. 3. 24. 선고 96다38391 판결]

〈주요 판시내용〉

　자동차종합보험 보통약관에서 대인배상의 보상 한도에 관하여 '약관의 보험금 지급기준에 의하여 산출한 금액을 보상하되, 다만 소송이 제기되었을 경우에는 대한민국 법원의 확정판결에 의하여 피보험자가 손해배상청구권자에게 배상하여야 할 금액'을 보상하도록 규정하고 있는 경우, 위 약관조항은 보험계약의 당사자인 보험계약자와 보험자 간에 합의에 의하여 계약 내용에 편입된 것으로서 보험자가 원칙적으로 위와 같은 약관상의 지급할 보험금을 기준으로 하여 보험료를 책정하고 보험계약자로서도 이를 용인하였다고 보여지고, 위 보험약관에 정한 보험금 지급기준에 의하여 산출된 금액이 법원의 확정판결에 의하여 인정된 금액보다 적다고 하더라도 피보험자와 보험자 간에 보험금 지급에 관하여 합의가 이루어지지 아니한 경우에는 법원의 판결에 의한 손해배상액을 보상하여 주는 것인 이상, 피보험자로서는 보험자와의 사이에 합의가 이루어지지 않는다고 하여 피해자와 성급하게 서면합의를 할 것이 아니고 우선 손해배상금의 일부조로 피해자에게 지급하고 나머지 손해배상액은 보험자에게 소송을 해서 받기로 하는 등의 조치를 취할 수 있는 점 등에 비추어 보면, 위 약관의 보험금 지급기준에 관한 조항이 신의법칙에 위반되거나 피보험자에게 부당하게 불리한 조항이어서 약관의규제에관한법률 제6조의 규정에 위배되어 무효라고

---

61) 대판 1998. 3. 24, 96다38391; 대판 1995. 11. 7, 95다1675; 대판 1998. 3. 24, 96다38391; 대판 1994. 4. 12, 93다11807; 대판 1992. 11. 24, 92다28631; 임용수, 380면.
62) 대판 1998. 3. 24, 96다38391; 대판 1994. 4. 12, 93다11907.

볼 수 없으므로, 위와 같은 보험약관 아래서 확정판결에 의하지 아니하고 피보험자와 피해자 사이의 서면에 의한 합의로 배상액이 결정된 경우에는 보험자는 위 보험약관에서 정한 보험금 지급기준에 의하여 산출된 금액의 한도 내에서 보험금을 지급할 의무가 있다.

[대법원 1994. 4. 12. 선고 93다11807 판결]

〈사실관계〉

원고가 피해자와 합의한 손해배상액을 피고회사에 청구하자, 피고회사는 약관에 의해 산출한 보험금보다 합의금이 더 많으므로 약관에 의해 산출된 보험금만 지급하겠다고 주장하였다.

〈주요 판시내용〉

확정판결에 의하지 아니하고 피보험자와 피해자 사이에 서면에 의한 합의로 손해배상액을 결정한 경우에는 보험회사는 보험약관에서 정한 보험금 지급기준에 의하여 산출된 금액의 한도 내에서 보험금을 지급할 의무가 있다(同旨: 대판 1992. 11. 24, 92다28631).

피해자와 피보험자 사이에 판결에 의하여 확정된 손해액은 그것이 피보험자에게 법률상 책임이 없는 부당한 손해라는 등의 특별한 사정이 없는 한 보험자는 원본이든 지연손해금이든 모두 피보험자에게 지급할 의무가 있다.[63]

(다) 손해보상의 상대방(손해보상청구권자)

보험자가 부담하는 손해보상의 상대방은 피보험자일 수도 있고(제724조 제1항) 또는 직접청구권 제도에 의해 피해자가 될 수도 있다(제724조 제2항). 즉 보험금청구권자는 피보험자이며 제3자는 직접청구권을 행사할 수 있다. 피보험자의 동거가족이나 생활을 같이 하는 사용인은 일반적으로 피보험자의 범위에서 제외된다. 피해자를 치료한 병원은 가해자인 피보험자에 대해 손해배상을 청구할 수 있는 자에 해당하지 않는다.[64] 다만 후술하는 바와 같이 교통사고 피해자를 치료한 의료기관이 피해자에 대한 진료비 청구권에 기하여 피해자의 직접청구권을 압류하는 것은 가능하다는 것이 판례의 태도이다.[65]

(라) 책임보험금 지급채무 이행기

보험계약의 일반 원칙에 따르면 보험계약상 보험자는 보험금액의 지급에 관하여 약정기간이 있는 경우에는 그 기간 내에, 약정기간이 없는 경우에는 보험사고 발생의 통지를 받은 후 지체없이 지급할 보험금액을 정하고 그 정하여진 날부터 10일 내에 피보험자에게 보험금액을 지급하여야 한다(제657조 제1항, 제658조).

그런데 책임보험에서는 이에 대해 별도의 규정이 있다. 제3자에 대한 배상채무가 확

---

63) 대판 2000. 10. 13, 2000다2542; 대판 1995. 9. 29, 95다24807; 임용수, 379-380면; 양승규, 365면.
64) 최기원, 438면; 양승규, 348-349면, 361면; 정찬형, 748면, 754면; 최준선, 275면.
65) 대판 2004. 5. 28, 2004다6542.

정되면 피보험자는 보험자에게 통지해야 하며, 통지를 받은 보험자는, 기간에 대해 특별히 약정하지 않았다면, 그 통지를 받은 날로부터 10일 내에 보상책임을 이행해야 한다(제723조 제1항 및 제2항). 책임보험의 경우 제3자에 대한 피보험자의 손해배상액이 확정되기 전까지는 보험자의 보험금지급채무의 이행기는 도래하지 않는 것으로 해석해야 할 것이다. 즉 변제, 승인, 화해 또는 재판 등에 의한 책임확정이 없으면 보험자는 보험금채무의 이행지체에 빠지지 않는다.66)

책임보험에서 손해보상의 이행기에 대해 특칙을 따로 규정한 이유는 제657조 제1항 및 제658조가 책임보험에 그대로 적용되기 어려운 부분이 있기 때문이다. 먼저 일반원칙에서는 '보험사고 발생 통지'를 요건으로 하는 반면에, 책임보험에서는 '배상채무 확정'이 변제기 요건인 점에서 차이가 난다. 또한 일반원칙에서는 보험사고 통지를 받을 보험자에게 보험금을 정한 시간적 여유를 주고, 보험금이 정해지면 그 때부터 10일 내에 지급하라고 규정하고 있다. 그러나 책임보험에서는 배상책임이 확정된 후에 보험자가 통지를 받게 되므로 더 이상 배상액을 정할 시간이 책임보험자에게 부여될 이유는 없다는 점에도 차이가 있다.67)

(마) 수개의 책임보험

본래 책임보험에서는 보험가액을 정할 수 없기 때문에 중복보험의 문제가 발생할 수 없음이 원칙이다. 그러나 손해배상액이 확정되게 되면 그 금액과 여러 개의 책임보험계약으로부터 지급받게 되는 총 보험금과의 관계에서 중복보험의 문제가 발생할 수 있다. 상법은 책임보험의 경우에도 중복보험의 규정을 준용하고 있다.68) 피보험자가 동일한 사고로 제3자에게 배상책임을 짐으로써 입은 손해를 보상하는 수개의 책임보험계약이 동시 또는 순차로 체결된 경우에 그 보험금액의 총액이 피보험자의 제3자에 대한 손해배상액을 초과하는 때에는 각 보험자는 각자의 보험금액의 한도에서 연대책임을 지고 또한 각자의 보험금액의 손해배상액에 대한 비율에 따라 보상책임을 진다(제725조의2).

[대법원 2017. 4. 27. 선고 2016다271226 판결]

〈사실관계〉

원고는 동북전력 주식회사와 근로자재해보장책임, 사용자배상책임 등을 보장하는 보험계약(배상책임보험)을 체결한 보험자이고, 피고는 광명건설 주식회사와 회사 소유인 가해차량에 대하여 자동차손해보험계약을 체결한 보험자이다. 동북전력은 한국전력공사로부터 가로수 전지작업을 도급

---

66) 대판 2002. 9. 6, 2002다30206; 양승규, 366면.
67) 한기정, 645면.
68) 정찬형, 758면; 정동윤, 653면; 정희철, 457면; 양승규, 367면. 이에 대해서는 후술하는 직접청구권에서 다시 설명한다.

받게 되자, 광명건설로부터 가해차량을 임차하여 작업현장에 투입하였는데, 동북전력의 직원인 소외 1이 가해차량을 운전 중 과실로 동북전력의 직원인 소외 2를 충격하여 상해를 입었다.

〈주요 판시내용〉

중복보험에 해당하기 위해서는 두 개 이상의 보험의 보험기간, 피보험이익, 보험사고, 피보험자가 중복되거나 동일해야 할 것인데, 이 사건 각 보험계약은 모두 피보험자가 보험기간 중의 사고로 인하여 '근로자'를 포함한 제3자에게 손해배상책임을 짐으로써 피보험자가 입게 되는 손해를 보상하기 위한 것이므로 이 사건 각 보험계약의 피보험이익은 일정 부분 공통되는 점, 이 사건 사고는 업무상 재해이자 자동차사고이기도 하므로 이 사건 각 보험계약의 보험사고에 모두 해당하는 점, 이 사건 배상책임보험의 피보험자인 동북전력은 가해차량의 임차인으로서 이 사건 자동차보험의 승낙피보험자에 해당하므로 각 보험계약의 피보험자 역시 중복되는 점 등을 고려하면, 원고가 지급한 보험금 전액에 대하여 중복보험에 해당하고, 따라서 원고는 소외 2에게 지급한 보험금 중 이 사건 자동차보험의 보험자인 피고의 보상책임 부분에 대하여 구상권을 행사할 수 있다.

[대법원 2009. 12. 24. 선고 2009다43819 판결]

〈주요 판시내용〉

두 개의 책임보험계약이 보험의 목적, 즉 피보험이익과 보험사고의 내용 및 범위가 전부 공통되지는 않으나 상당 부분 중복되고, 발생한 사고가 그 중복되는 피보험이익에 관련된 보험사고에 해당된다면, 이와 같은 두 개의 책임보험계약에 가입한 것은 피보험자, 피보험이익과 보험사고 및 보험기간이 중복되는 범위 내에서 상법 제725조의2에 정한 중복보험에 해당한다. 이 경우 각 보험자는 각자의 보험금액의 비율에 따른 보상책임을 연대하여 진다. 제1 책임보험계약과 제2 책임보험계약의 피보험자인 甲과 제2 책임보험계약의 피보험자인 乙의 공동불법행위로 피해자 丙이 사망하는 보험사고가 발생한 사안에서, 제1 책임보험계약의 보험자가 丙에 대한 보험금의 지급으로 甲의 부담부분 이상을 변제하여 공동의 면책을 얻게 하였다면, 제1 책임보험계약의 보험자는 지급한 보험금 중 보험약관 및 상법 제672조 제1항에 따라 각 보험금액의 비율에 따라 산정한 제2 책임보험계약의 보험자의 보상책임 부분에 대하여도 구상권을 행사할 수 있다(同旨: 대판 2005. 4. 29, 2004다57687).

현행 제725조의2는 수개의 책임보험을 체결한 경우에 제672조를 준용하도록 하고 있어 통지의무의 대상이 된다. 현행 조문은 "… 그 보험금액의 총액이 피보험자의 제3자에 대한 손해배상액을 초과한 때에는 제672조와 제673조의 규정을 준용한다"고 정하고 있다. 그런데 그 초과 여부는 보험사고가 발생한 후 피보험자가 제3자에 대해 부담하는 손해배상액이 확정된 후에야 알 수 있다. 이때가 되어야 비로소 책임보험에서의 중복보험 여부가 결정된다. 따라서 책임보험에서의 중복보험의 통지의무는 보험사고가 발생한 이후에나

이행가능하다. 일반적으로 중복보험 통지의무는 중복보험을 체결할 때 요구되기 때문에 수개의 책임보험에 가입하는 경우에 중복보험에서의 통지의무 시기에 대해서는 별도의 조문이 필요하다.

(배) 공동불법행위로 인한 사고

피보험자의 귀책사유로 인한 사고로 제3자에게 손해가 생긴 경우 그 손해가 공동불법행위에 의한 것인 때에는 그 피보험자와 다른 공동불법행위자는 연대하여 배상할 책임이 있다(민법 제760조). 이때 공동불법행위자 중의 1인이 피해자의 모든 손해를 배상함으로써 다른 공동불법행위자의 손해배상책임이 면제된 경우에 손해배상을 한 공동불법행위자는 다른 불법행위자에 대해 그가 본래 부담했어야 할 금액에 대해 구상권을 행사할 수 있게 된다. 만약 공동불법행위자의 1인인 피보험자의 책임보험자가 피해자의 모든 손해를 보상하게 되면 그 보험자는 자신의 피보험자가 다른 공동불법행위자에 대해 가지는 구상권을 대위취득한다(제682조).69)

[대법원 1994. 10. 7. 선고 94다11071 판결]

〈주요 판시내용〉

공동불법행위자 중의 1인과 사이에 체결한 보험계약에 따라 보험자가 피해자에게 손해배상금을 보험금으로 모두 지급함으로써 공동불법행위자들이 공동면책된 경우, 보험계약을 체결한 공동불법행위자가 변제 기타 자기의 출재로 공동면책이 된 경우와 마찬가지로 그 공동불법행위자는 다른 공동불법행위자의 부담부분에 대하여 구상권을 취득할 수 있으나, 한편 이와 같은 사유로 보험자가 보험금을 지급한 때에는 상법 제682조 소정의 보험자대위의 법리에 따라 보험계약자인 공동불법행위자의 다른 공동불법행위자에 대한 구상권은 그 지급한 보험금액의 한도에서 보험자에게 법률상 당연히 이전하게 되어 피보험자를 대위하여 구상권을 행사할 수 있다(同旨: 대판 1989. 11. 28, 89다카9194).

(사) 책임보험금청구권의 소멸시효

보험계약 일반원칙에 따르면 보험사고가 발생한 때로부터 보험금청구권의 소멸시효 기산점이 진행된다. 그러나 책임보험의 피보험자는 채무확정이 있기 전에는 보험자에게 보험금을 청구할 수 없다. 일반원칙이 책임보험에 그대로 적용되기 어렵다. 책임보험에 관한 판례는 책임보험의 보험금청구권 소멸시효에 대해 책임보험에서의 손해사고가 발생한 후 피보험자(가해자)의 제3자에 대한 배상책임이 변제, 승인, 화해 또는 재판에 의해 확정됨으로써 보험금청구권을 행사할 수 있는 때로부터 진행된다는 입장이다.70)

---

69) 대판 1989. 11. 28, 89다카9194; 양승규, 366-367면.
70) 대판 2002. 9. 6, 2002다30206.

[대법원 2002. 9. 6. 선고 2002다30206 판결]

〈주요 판시내용〉

책임보험의 성질에 비추어 피보험자가 보험자에게 보험금청구권을 행사하려면 적어도 피보험자가 제3자에게 손해배상금을 지급하였거나 상법 또는 보험약관이 정하는 방법으로 피보험자의 제3자에 대한 채무가 확정되어야 할 것이고(대법원 1988. 6. 14. 선고 87다카2276 판결 참조), 상법 제662조가 보험금의 청구권은 2년간(개정 전) 행사하지 아니하면 소멸시효가 완성한다는 취지를 규정하고 있을 뿐, 책임보험의 보험금청구권의 소멸시효의 기산점에 관하여는 상법상 아무런 규정이 없으므로, "소멸시효는 권리를 행사할 수 있는 때로부터 진행한다."고 소멸시효의 기산점에 관하여 규정한 민법 제166조 제1항에 따를 수밖에 없는바(대법원 1998. 2. 13. 선고 96다19666 판결), 약관에서 책임보험의 보험금청구권의 발생시기나 발생요건에 관하여 달리 정한 경우 등 특별한 다른 사정이 없는 한 원칙적으로 책임보험의 보험금청구권의 소멸시효는 피보험자의 제3자에 대한 법률상의 손해배상책임이 상법 제723조 제1항이 정하고 있는 변제, 승인, 화해 또는 재판의 방법 등에 의하여 확정됨으로써 그 보험금청구권을 행사할 수 있는 때로부터 진행된다고 봄이 상당하다. 책임보험에서 피보험자가 보험금을 청구하기 위해서는 손해배상금액이 확정되어야 그 권리를 행사할 수 있을 것이다. 원칙적으로 책임보험의 보험금청구권의 소멸시효는 피보험자의 제3자에 대한 법률상의 손해배상책임이 제723조 제1항이 정하고 있는 변제, 승인, 화해 또는 재판의 방법 등에 의하여 확정됨으로써 그 보험금청구권을 행사할 수 있는 때로부터 진행하며 3년의 시효에 걸리는 것으로 해석해야 할 것이다. 판례의 입장이기도 하다.[71]

(2) 보험자가 부담하는 방어의무와 방어비용

(가) 방어의무의 의의

책임보험자의 주된 의무로 앞에서 설명한 배상책임에 대한 보상 외에 방어의무 및 그 소요비용 지급 의무가 있다. 책임보험에서 보험자가 부담하는 방어의무(duty of defence)란, 책임보험에서의 피보험자(가해자)가 보험계약에서 정한 사고를 야기하여 제3자인 피해자에게 인적 또는 물적 손해가 발생한 경우에 피해자가 피보험자를 상대로 손해배상청구소송을 제기한 경우에 책임보험자는 피보험자가 이 소송을 방어하기 위해 지출한 재판상 또는 재판 외의 필요비용을 지급할 의무를 의미한다(제720조 제1항). 책임보험에서 가해자인 피보험자와 피해자간의 화해, 중재 또는 소송절차에 의해 확정된 피보험자의 법률상의 손해배상책임은 결국 보험자가 부담하기 때문에 보험자로서는 피보험자의 소송절차에 있어 적극적으로 개입하여 피보험자를 방어해 줄 의무가 있다. 또한 피해자가 보험자에게 직접청

---

71) 대판 2012. 1. 12, 2009다8581; 대판 2002. 9. 6, 2002다30206. 최준선, 279면; 양승규, 366면. 김상준, "책임보험적 성격을 갖는 신원보증보험금 청구권의 소멸시효의 기산점", 대법원판례해설 42호, 2003, 법원도서관, 656-675면; 장덕조, 342면.

구권을 행사할 수도 있다는 면에서 보험자의 방어의무가 요구되기도 한다. 방어의무를 이행하는데 소요되는 비용을 방어비용이라 한다.

(나) 방어비용의 성격과 범위

첫째, 피보험자가 피해자인 제3자의 청구를 방어하기 위하여 지출한 재판상 또는 재판 외의 필요비용은 보험의 목적에 포함된 것으로 하여 보험자로 하여금 보상하도록 하고 있고 피보험자는 그 비용의 선급을 청구할 수 있도록 하고 있다(제720조 제1항). 피보험자가 현실적으로 방어비용을 지출한 경우는 물론이고, 지출하지는 않았으나 지출하게 될 것이 명백하다고 여겨지는 경우에는 보험자에게 그 선급을 청구할 수 있다.72)

둘째, 재판상의 필요비용으로는 심판의 수수료, 송달, 공고 및 증거조사비용 등의 재판비용과 소송서류 작성비, 여비 등의 당사자 소송 소요비용 및 대법원 규칙 내에서 정하는 변호사 보수 등의 소송비용을 말한다.73) 책임보험의 피보험자가 제3자로부터 보험사고로 인한 손해배상청구소송을 당하여 지출한 변호사 보수와 관련한 부가가치세를 매출세액에서 공제받거나 환급받을 수 있는 경우, 부가가치세 상당액은 보험사고로 인하여 피보험자가 지출한 방어비용에 해당한다고 볼 수 없다는 것이 판례의 입장이다.74)

[대법원 2018. 5. 15. 선고 2018다203692 판결]

〈주요 판시내용〉

책임보험의 피보험자가 제3자로부터 보험사고로 인한 손해배상청구소송을 당하여 그 소송에서 방어하기 위하여 변호사 보수를 지출한 경우, 피보험자가 부가가치세 납세의무자인 사업자이고, 변호사 보수와 관련한 부가가치세가 자기 사업을 위하여 공급받은 재화나 용역에 대한 것으로서 부가가치세법상 매입세액에 해당하여 피보험자의 매출세액에서 공제받거나 환급받을 수 있다면, 부가가치세 상당액은 보험사고로 인하여 피보험자가 지출한 방어비용에 해당하지 않는다. 그리고 피보험자가 현실적으로 부가가치세액을 공제받거나 환급받은 때에만 위 부가가치세액을 손해액에서 공제하는 것이 아니라, 피보험자가 부가가치세액을 공제나 환급받을 수 있음에도 자기의 책임으로 공제나 환급을 받지 못하였다면 그로 인한 불이익은 피보험자가 부담해야 하므로, 그 부가가치세도 방어비용에서 공제하여야 한다(同旨: 대판 1995. 12. 8, 94다27076).

셋째, 피해자로부터의 손해배상청구가 없으면 방어비용의 문제는 발생하지 않는다. 피해자로부터의 재판상 청구는 물론 재판 외의 청구라도 있어야만 방어비용의 문제가 발생한다. 피해자가 피보험자에게 재판상 청구 또는 재판 외의 청구를 하지 않은 채 제3자를

---

72) 대판 2002. 6. 28, 2002다22106.
73) 최준선, 279면.
74) 대판 2018. 5. 15, 2018다203692.

상대로 소를 제기한 경우 비록 피보험자가 다른 거래상의 이유로 인해 그 판결(피해자와 제3자간의 판결)로부터 영향을 받는다고 하더라도 피보험자 자신에게 재판상 청구는 물론 재판외의 청구조차 없는 이상 제3자를 상대로 한 소송에서의 변호사 비용 등이 제720조상의 방어비용이라고 할 수 없다.75)

[대법원 1995. 12. 8. 선고 94다27076 판결]

〈사실관계〉

원고는 피고회사와 자동차종합보험계약을 체결하였는데, 원고는 피해자와의 소송에서 변호사 비용을 지출하였다며 이를 피고회사에 청구하였다. 그런데 실제로 원고가 아니라 원고와 기술원조 계약을 체결하고 있던 미국의 소외 회사가 피해자와 소송을 하였다. 원고와 소외 회사는 패소 가능성이 높다고 판단하고 60만 달러를 지급하면서 화해로 소송을 종결시켰다. 그 화해금은 소외 회사가 미국에서 가입한 다른 보험회사가 지급하였다. 원고는 소송과정에서 소외 회사가 지출한 변호사 비용을 피고회사에게 청구를 하였고 피고회사는 이에 대해 그 과정에서 소요된 변호사 비용은 피보험자가 당사자로 된 소송이 아니어서 약관상 지급할 책임이 없다고 주장하였다.

〈주요 판시내용〉

상법 제720조 제1항에서 규정한 방어비용은 피해자가 보험사고로 인적, 물적 손해를 입고 피보험자를 상대로 손해배상 청구를 한 경우에 그 방어를 위하여 지출한 재판상 또는 재판 외의 필요비용을 말하는 것이므로 피해자로부터 아직 손해배상 청구가 없는 경우 방어비용이 인정될 여지가 없는 것이지만, 피해자가 반드시 재판상 청구한 경우에 한하여 방어비용이 인정된다고 볼 것은 아니다. 그러나 이 사건에 있어서와 같이 피해자가 원고 회사에게 재판상 청구는 물론 재판 외의 청구조차 하지 않은 이상 제3자인 소외 회사를 상대로 제소하였다 하여 그 소송의 변호사 비용이 상법 제720조 소정의 방어비용에 포함된다고 볼 수 없으므로, 이 사건 변호사 비용이 보험자인 피고가 보상하여야 할 방어비용에 해당하지 않는다.

넷째, 제720조 제2항은 피보험자가 담보의 제공 또는 공탁으로써 재판의 집행을 면할 수 있는 경우에 보험자에 대하여 보험금액의 한도 내에서 그 담보의 제공 또는 공탁을 청구할 수 있다고 규정하고 있는데, 담보 또는 공탁비용도 방어비용으로 해석된다. 방어행위, 담보제공행위 또는 공탁행위가 보험자의 지시에 의한 경우에는 방어비용에 손해액을 합한 금액이 보험금액을 초과한 경우라도 보험자는 이를 부담하여야 한다(제720조 제3항).76)

다섯째, 사고발생시 피보험자 및 보험자의 법률상 책임 여부가 판명되지 아니한 상태에서 피해자라고 주장하는 자의 청구를 방어하기 위하여 피보험자가 재판상 또는 재판 외의 필요비용을 지출하였다면 여기에는 보험자의 보상책임을 면할 목적도 있기 때문에 이

---

75) 대판 1995. 12. 8, 94다27076; 임용수, 381면.

76) 김성태, 601면; 정동윤, 653면; 서헌제, 204면; 한기정, 648면.

로 인하여 발생한 재판상 또는 재판 외의 필요비용은 방어비용으로 해석되며 따라서 제 720조에 의해 보험자가 부담하여야 한다. 피보험자가 제3자에 대한 손해배상책임이 없음 이 판명된 경우에도 그 이전까지 지출된 부분은 보험자가 보상해야 한다.[77]

여섯째, 방어비용은 보험사고의 발생을 전제로 하기 때문에 보험사고가 아닌 사고와 관련하여 피보험자가 지출한 비용은 제720조의 방어비용 범위에 포함되지 않는다.[78] 이러 한 경우 피보험자가 지출한 방어비용은 보험자와는 무관하게 자기 자신의 방어를 위한 것 에 불과하여 피보험자는 보험자에 대하여 보상을 청구할 수 없다.

[대법원 2002. 6. 28. 선고 2002다22106 판결]

〈주요 판시내용〉

보험자에게 보상책임이 없는 사고에 대하여는 보험자로서는 자신의 책임제외 또는 면책 주장만 으로 피해자로부터의 보상책임에서 벗어날 수 있기 때문에 피보험자가 지출한 방어비용이 보험자 와 무관한 자기 자신의 방어를 위한 것에 불과한 것이라면 이러한 비용까지 보험급여의 범위에 속하는 것이라고 하여 피보험자가 보험자에 대하여 보상을 청구할 수는 없다고 할 것이다. 다만 사고발생시 피보험자 및 보험자의 법률상 책임 여부가 판명되지 아니한 상태에서 피해자라고 주 장하는 자의 청구를 방어하기 위하여 피보험자가 재판상 또는 재판 외의 필요비용을 지출하였다 면 이로 인하여 발생한 방어비용은 바로 보험자의 보상책임도 아울러 면할 목적의 방어활동의 일 환으로 지출한 방어비용과 동일한 성격을 가지는 것으로서 이러한 경우의 방어비용은 당연히 위 법조항에 따라 보험자가 부담하여야 하고, 또한 이때의 방어비용은 현실적으로 이를 지출한 경우 뿐만 아니라 지출할 것이 명백히 예상되는 경우에는 상법 제720조 제1항 후단에 의하여 피보험 자는 보험자에게 그 비용의 선급을 청구할 수도 있다.[79]

(다) 상대적 강행규정

약관에서 피보험자가 지급한 소송비용, 변호사비용, 중재, 화해 또는 조정에 관한 비 용 중에서 피보험자가 미리 보험자의 동의를 받아 지급한 경우에만 보험금을 지급하도록 규정하고 있고 이를 해석함에 있어서 보험자의 사전 동의가 없으면 어떤 경우에도 피보험 자의 방어비용을 전면적으로 부정하는 것으로 해석한다면, 이는 제720조 제1항의 규정을 피보험자에게 불이익하게 변경하는 것에 해당하고, 따라서 이 약관조항은 상법 제663조에 반하여 무효라고 볼 것이다.[80] 즉 방어비용 부담에 관한 제720조의 성격은 편면적 강행

---

77) 대판 2002. 6. 28, 2002다22106.
78) 대판 2002. 6. 28, 2002다22106.
79) 이 판결에 대한 평석으로, 김성태, "책임보험의 방어비용과 손해방지의무", 법률신문 제2557호, 1996. 12, 14-15면.
80) 대판 2002. 6. 28, 2002다22106.

규정(상대적 강행규정)으로서 약관에서 보험계약자 등에게 불리하게 변경하여 정했다면 그 내용은 효력이 없다.

[대법원 2002. 6. 28. 선고 2002다22106 판결]

〈주요 판시내용〉

영업배상특약보험계약에 관한 보통약관 제4조 제2항 ③은 피보험자가 지급한 소송비용, 변호사비용, 중재, 화해 또는 조정에 관한 비용 중에서 피보험자가 미리 보험자의 동의를 받아 지급한 경우에만 보험금을 지급하도록 규정하고 있는데, 이러한 제한 규정을 보험자의 "사전 동의"가 없으면 어떤 경우에나 피보험자의 방어비용을 전면적으로 부정하는 것으로 해석하는 한에서는 이러한 약관조항으로 인하여 피보험자의 방어비용을 보험의 목적에 포함된 것으로 일반적으로 인정하고 있는 상법 제720조 제1항의 규정을 피보험자에게 불이익하게 변경하는 것에 해당하고, 따라서 이러한 제한규정을 둔 위 약관조항은 상법 제663조에 반하여 무효라고 볼 것이다.

㈜ 방어의무의 수행

보험자는 피해자인 제3자가 피보험자를 상대로 손해배상청구를 한 경우 피보험자를 위해 방어를 할 의무가 있다. 실무적으로는 보험자의 방어의무를 이행하기 위해 소송대행에 대한 특약을 보험계약자와 체결하기도 한다. 즉 보험자가 변호사를 선임해서 피보험자를 위해 방어를 하게 하도록 하는 약정을 체결하는 경우도 있다.[81] 이와 관련하여 자동차종합보험약관 제13조 제1항에는 '피보험자가 손해배상청구를 받은 경우 보험자는 피보험자의 동의를 얻어 그 소송을 대행할 수 있다'고 규정하고 있는데, 이 문구의 해석에 있어서 피보험자가 반드시 보험자로 하여금 그 소송을 대행하도록 할 의무가 있는 것으로는 보이지 않으므로(피보험자가 소송의 대행을 동의하지 않는 경우에는 보험자는 보조참가할 수 있을 것이다), 피보험자가 손해배상청구소송을 보험자로 하여금 대행하도록 하지 않고 개인적으로 법조인을 소송대리인으로 선임하여 독자적으로 수행하였다고 하여 곧 위 약관조항을 위배한 것으로 보기는 어렵다는 것이 법원의 해석이다. 즉 보험자와 피보험자가 소송대행특약을 체결했더라도 피보험자가 독자적으로 소송을 수행하는 것은 가능하다.[82]

보험자는 방어의무를 수행하기 위해 자기 자신에게 요구되는 통상의 주의력을 가지고 방어의무를 이행해야 한다. 보험자는 피보험자를 위해 직접 제3자를 상대로 피보험자의 책임 범위와 배상액 규모를 협상할 의무가 있다. 자동차보험표준약관 제36조 제1항에서 보험회사는 피보험자의 협조 요청이 있는 경우에 피보험자의 법률상 손해배상책임을 확정하기 위하여 피보험자가 손해배상청구권자와 행하는 합의, 절충, 중재 또는 소송에 대하여

---

81) 최준선, 279면; 정동윤, 653면; 양승규, 368면; 보험연수원(편), 보험심사역 공통 1 교재, 2016, 233면.
82) 대판 2000. 4. 21, 99다72293; 한기정, 650면.

협조하거나, 피보험자를 위하여 이러한 절차를 대행할 수 있다고 정하고 있다. 필요에 따라서는 피보험자의 협조를 얻을 수도 있다. 피해자가 배상청구의 소송을 제기한 경우에 보험자가 막연히 면책사유에 해당하다고 주장하면서 소송수행을 제대로 하지 않았다면 방어의무 위반이 될 수 있다. 또한 보험자가 중요한 증거 또는 적절한 방어방법을 찾지 못하거나 항소를 적당한 시기에 하지 못하는 등 자신이 부담하는 방어의무를 제대로 이행하지 않음으로 인해 승소가능성이 높았음에도 불구하고 결국 패소를 한다거나 손해배상액이 증가되는 등 피보험자가 실제로 손해를 입은 경우에도 방어의무 위반이 되며 보험자는 피보험자에 대해 손해배상책임을 부담한다고 해석된다.[83]

(3) 손해방지비용과의 비교

책임보험자가 부담하는 방어비용은 제680조에서 규정하고 있는 일반손해보험에서의 손해방지·경감의무 및 그 비용과 비교된다. 대판 1993. 1. 12, 91다42777에서 피보험자 및 보험자의 법률상 책임 여부가 판명되지 아니한 상태에서 피해자라고 주장하는 자의 청구를 방어하기 위하여 피보험자가 재판상 또는 재판 외의 필요비용은 방어비용이면서 그 성격이 손해방지비용과 같다고 판시하기도 했다.[84] 학설은 양자는 구별된다는 것이 다수설이다.[85] 소수설은 제720조는 제680조의 특별규정으로 볼 수 있고, 방어비용은 그 본질에 있어서 손해방지비용과 동일하다고 해석하고 있다.[86] 방어비용을 책임보험에 있어서 보험급여의 하나로 취급해야 하는 것은 책임보험의 성격과 그 본질에서 유래하는 측면이 있다.[87] 제720조가 피보험자가 지출한 방어비용을 '보험의 목적'에 포함된 것으로 규정하고 있으므로, 피보험자의 소송상 방어와 이에 소요된 비용은 책임보험자의 보험급부(보험급여)의 내용을 이룬다고 볼 수 있다. 방어비용은 책임보험의 본질상 방어(소송)와 관련될 수밖에 없으므로 그 비용을 보험목적에 포함시킨 것이다. 방어비용은 피보험자에게 방어의무가 있음을 전제로 그 비용을 보상하려는 것이 아니다. 책임보험의 본질상 책임보험자의 보상범위에 당연히 포함되는 것이며 이러한 이유에서 방어비용은 보험급여의 일종인 것이다.[88]

반면에 손해방지·경감비용은 비용의 문제이다. 방어비용은 필요비용에 한정하면서 책임보험계약에서 보험의 목적에 포함되는 것인데 반해, 손해방지비용은 그 용도가 '필요

---

83) 양승규, 369-370면; 최준선, 280면; 정동윤, 653면; 장덕조, 344면.
84) 한기정, 647면.
85) 김성태, 601면; 임용수, 381면; 정동윤, 653면; 장덕조, 329면.
86) 최기원, 439면; 강위두/임재호, 738면.
87) 장덕조, 347면; 김상준, "책임보험에 있어서의 손해방지비용과 방어비용", 대법원판례해설 40호, 2002, 법원도서관, 705면.
88) 同旨: 한기정, 649면.

또는 유익하였던 비용'인 점에서 차이가 있다. 방어비용은 보험급여이므로 보험금액을 한도로 지급되며, 예외적으로 보험자의 지시에 의한 경우에는 방어비용과 손해액의 합계가 약정 보험금액을 초과하더라도 보험자는 보상하게 된다. 반면에 손해방지비용은 함께 지급되는 보험금과의 합계가 보험금액을 초과하는 경우에도 통상적으로 보험자의 지급책임이 인정되는 것과 차이가 있다. 이것은 손해방지의무와 이에 소요되는 손해방지비용이 손해보험에서 손해의 확대방지와 경감이라는 정책적인 목적 및 신의성실의 원칙 차원에서 요구되는 것임을 보여준다고 할 수 있다. 이러한 견지에서 손해방지·경감비용은 '방어비용'과는 구별되는 개념으로 해석된다.[89] 판례의 입장 역시 양자를 구별하고 있다.[90] 피보험자의 행위가 방어행위와 손해방지행위에 모두 해당되는 경우가 있을 수 있고 이 경우 방어비용청구권과 손해방지비용청구권은 청구권 경합 관계에 있을 수 있다.[91] 판례도 같은 취지이다.[92]

> **[대법원 2006. 6. 30. 선고 2005다21531 판결]**
>
> 〈주요 판시내용〉
> 상법 제680조 제1항에 규정된 '손해방지비용'은 보험자가 담보하고 있는 보험사고가 발생한 경우에 보험사고로 인한 손해의 발생을 방지하거나 손해의 확대를 방지함은 물론 손해를 경감할 목적으로 행하는 행위에 필요하거나 유익하였던 비용을 말하는 것이고, 같은 법 제720조 제1항에 규정된 '방어비용'은 피해자가 보험사고로 인적·물적 손해를 입고 피보험자를 상대로 손해배상청구를 한 경우에 그 방어를 위하여 지출한 재판상 또는 재판 외의 필요비용을 말하는 것으로서, 위 두 비용은 서로 구별되는 것이므로, 보험계약에 적용되는 보통약관에 손해방지비용과 관련한 규정을 두고 있다고 하더라도, 그 규정이 당연히 방어비용에 대하여도 적용된다고 할 수는 없다.

　피해자가 책임보험자에게 직접청구권을 행사하는 경우(제724조 제2항), 보험자는 자기를 위한 방어를 하게 된다. 그런데 이 방어행위는 형식적으로는 보험자를 위한 방어이지만, 그 결과는 피보험자에게도 영향을 줄 수 있다. 만약 보험자가 그 방어를 제대로 수행

---

89) 同旨: 김성태, 598면, 601면; 정동윤, 653면; 한기정, 649면; 임용수, 381면; 장덕조, 346-347면. 반면에 최준선, 276-277면에서는 방어비용은 손해방지·경감비용의 성질을 가진 것으로 해석하고 있다. 이 견해에 따르면 제680조에서 규정하고 있는 손해방지비용은 손해보험에 일반적으로 적용되는 것인데 반해, 제720조에서 규정하는 방어비용은 손해보험 중에서 책임보험 분야에 특별히 적용되는 것이라 해석한다. 한편 방어비용은 책임보험의 본질과는 무관하며 책임보험제도의 합리적 운용을 위해 법이 정책적으로 인정하는 부수적 채무로 보는 견해도 있다. 손주찬, 645면.

90) 대판 2006. 6. 30, 2005다21531.

91) 한기정, 649면.

92) 대판 2006. 6. 30, 2005다21531.

하지 않아 부적절하게 배상책임이 인정되거나 배상액 규모가 부적정하게 결정되었다면 피
보험자는 보험료 증가 등의 불이익을 입을 수 있게 된다. 보험자와 피보험자는 위임관계
에 있으므로 보험자는 선량한 관리자의 주의의무를 가지고 방어를 수행해야 한다.

2. 책임보험에서 피보험자의 의무

(1) 통지의무

(개) 사고발생 및 배상청구통지의무

① 내 용   책임보험계약의 보험계약자 또는 피보험자는 보험계약 통칙에서 요
구되는 보험사고 발생 통지의무를 부담한다(제657조). 따라서 책임보험에서의 보험계약자
또는 피보험자는 제3자에게 법률상의 배상책임을 질 원인이 되는 사고가 발생한 것을 안
때에는 지체없이 보험자에게 통지해야 한다.

피보험자가 제3자로부터 배상의 청구를 받은 때에도 보험자에게 지체없이 그 통지를
발송하여야 한다(제722조 제1항). 보험자로 하여금 청구과정에서 직접 또는 간접으로 관여
하고 적절한 대비를 할 수 있도록 하기 위함이다.[93] 여기에서 '제3자로부터 배상의 청구
를 받은' 것이란 피보험자에 대한 모든 배상청구를 말하며 그것이 정당한 청구이든 부당
한 청구이든 통지해야 하며 재판상 또는 재판 외의 청구를 불문한다. 통지의 방법에는 제
한이 없으나 청구의 중요한 내용에 대해서는 알려야 한다. 실무상으로는 서면에 의한 통
지가 요구된다. 재판상 청구인 경우에는 보험계약자 또는 피보험자에 대한 소송고지 또는
배상청구의 원인이 된 사고의 조사절차가 시작된다면 그 사실도 보험자에게 통지해야 한
다. 배상청구 통지의무 취지를 고려할 때 보험자가 제3자의 배상청구사실을 알고 있다면
피보험자는 본 통지의무를 이행할 필요가 없다고 해석된다.[94]

② 위반효과   개정 전 보험법은 책임보험에서 피보험자가 피해자로부터 배상청구
를 받은 때에는 지체없이 보험자에게 통지를 발송하도록 하고 있을 뿐, 통지를 하지 않은
경우의 위반효과에 대해서는 규정이 없었다. 피보험자가 이러한 통지의무를 게을리하여
보험자에게 손해를 입힌 경우에, 만약 보험자가 통지를 받고 소송에 개입을 했었더라면
피보험자의 손해배상액을 줄일 수 있는 특별한 사정이 있는 경우라면 피보험자의 통지의

---

93) 대판 1994. 8. 12, 94다2145(피보험자의 소송통지의무를 규정한 자동차보험보통약관 제50조의 취지는, 소
송을 제기당한 피보험자가 소송에 적절히 대응하지 않아 부적정한 손해배상액을 명하는 판결을 받은 후
그 판결금액을 보험회사에게 청구할 수 있다고 한다면 이는 실손해를 전보한다는 자동차보험의 본래의
취지에 반하고 보험회사로 하여금 부당한 불이익을 입게 하는 것이므로 그와 같은 폐해를 피하고 후일의
분쟁을 방지하기 위하여 소송이 제기된 때에는 그 소송에서 적정한 배상액이 정해지도록 보험회사에게
직접, 간접으로 소송에 관여할 기회를 주기 위한 것이다).
94) 정동윤, 654면; 임용수, 382면-383면; 양승규, 370-371면; 최준선, 280면.

무 해태를 이유로 보험자는 지급해야 할 보상금에서 그 금액을 공제하거나 이미 보험금을 지급하였다면 그 금액을 구상할 수 있는 것으로 해석하여 왔다.95) 판례도 배상청구 통지 의무를 게을리 하여 증가된 손해에 대해서는 보험자가 면책된다는 약관 규정을 유효하다 고 판시한 바 있다.96)

[대법원 1994. 8. 12. 선고 94다2145 판결]

〈사실관계〉

원고의 피용자가 원고와 피고회사가 맺은 영업용자동차보험의 피보험차량에 탑승하여 가던 중 사고로 부상을 입었다. 이에 피용자는 원고를 상대로 손해배상청구를 하였고 이 과정에서 원고는 이 사실을 피고 보험회사에게 알리지 않았고 또한 제대로 대응하지 않아 원래 피용자가 받던 임 금보다 많은 금액을 기준으로 손해배상액이 확정되었다. 높은 급여 소득을 주장하는 피용자에 대 해 아무런 방어조치를 취하지 않았고 이를 통해 피해배상액(일실수입)이 산정되었으며 항소도 포 기하여 판결이 확정되었다. 이후 원고가 피고회사에 확정된 손해배상액의 지급을 요구하자 피고 회사는 보험약관에 '피보험자는 손해의 방지와 경감에 힘쓰고 피해자로부터 손해배상청구소송을 제기당한 때에는 이를 서면으로 보험회사에 알려야 할 의무가 있고 정당한 이유 없이 이러한 의 무를 게을리 함으로 인하여 손해가 늘어났을 때에는 보험회사는 늘어난 손해에 대하여는 보상하 지 아니한다'고 규정되어 있음을 이유로 보험금을 일부만 지급하겠다고 주장하였다.

〈주요 판시내용〉

만약 피보험자인 원고가 피고에게 피해자로부터 위 소송을 제기당한 사실을 통지하여 피고 보 험회사로 하여금 위 소송에 실질적으로 관여할 수 있도록 하였거나 위 소송에서 피해자의 사고 당시의 수입액에 관한 자료를 제출하였다면 위 판결에서 피해자의 수익상실로 인한 손해액이 과 다하게 인용되는 것을 방지할 수 있었다고 볼 수 있는 사정이 있다면 피보험자인 원고의 위와 같 은 의무해태로 인하여 적정 손해액 이상으로 위 판결에서 인용된 손해액에 대하여는 피고 보험회 사에게 보상의무가 없다고 봄이 상당할 것이다.

그런데 2015년 개정 보험법에서는 이에 관해 제2항을 신설하였다. 그 표제도 '피보험 자의 배상청구 사실 통지의무'로 변경하였는데 그 내용을 보면 "피보험자가 제1항의 통지 를 게을리 하여 손해가 증가된 경우에는 보험자는 그 증가된 손해를 보상할 책임이 없다. 다만, 피보험자가 제657조 제1항에 의해 보험사고 발생 통지를 한 경우에는 그러하지 아 니하다"고 정하였다. 즉 책임보험에서 피보험자가 피해자로부터 배상청구를 받고도 그 통 지를 게을리 함으로 인해 손해가 증가된 경우에 보험자는 그 증가된 손해에 대해 보상책 임을 면제받게 된다.

---

95) 정찬형, 759면; 임용수, 383면; 최준선, 280면; 양승규, 371면; 정동윤, 654면; 채이식, 189면.
96) 대판 1994. 11. 24, 94다2145.

다만 피보험자가 손해배상책임의 원인이 된 보험사고 발생에 관하여 통지를 발송하였다면 그 후 배상청구 사실을 통지하지 않았거나 게을리했다는 이를 이유로 증가된 손해에 대해 보험자가 면책되지는 않는다는 점을 명확히 하였다. 이를 달리 표현하면 보험사고발생통지를 했다면 배상청구사실의 통지의무는 실질적으로 면제된다는 것이다. 책임보험의 피보험자가 보험사고 발생 통지를 이행했는데 다시 배상청구사실 통지의무를 이행하도록 하는 것은 피보험자에게 이중의 통지의무를 부과하는 것과 같기 때문이다. 즉 이러한 경우에 배상청구 통지의무는 면제된다고 해석된다. 물론 이 경우에도 보험사고 발생통지의무를 게을리하여 증가된 손해가 있다면 보험자는 이 부분에 대해서는 면책된다. 반대로 배상청구사실을 통지했다고 해서 사고발생 통지의무가 면제되는 것은 아니다. 이러한 취지의 명문 규정이 없으며 해석상으로도 수용하기 어렵다.[97]

(나) 채무확정통지의무

피보험자는 채무확정통지의무도 부담한다. 피보험자가 제3자에 대하여 변제, 승인, 화해 또는 재판으로 인하여[98] 채무가 확정된 때에는 지체없이 보험자에게 그 통지를 발송하여야 한다(제723조 제1항). 제3자에 대한 피보험자의 채무가 확정되어야만 보험자의 보상책임의 범위가 정해질 수 있으며 따라서 보험자가 확정된 채무액을 정확히 알고 이를 준비하는 것이 중요하기 때문이다. 이때 채무확정의 통지는 변제, 승인, 화재 또는 재판으로 확정된 채무의 내용과 그 증거를 제시하면서 통지해야 할 것이다. 피보험자의 채무확정통지를 보험자가 받은 날로부터 10일 내에 보험자는 보험금액을 지급하여야 한다(제723조 제2항).

변제, 승인 등을 통해 피보험자의 채무액이 확정되었다고 해도 보험자가 반드시 그 금액 전부에 대해 보상책임이 인정되는 것은 아니다. 만약 보험약관에서 보험금 지급기준에 대해 정하고 있다면 그 기준에 의해 산출된 금액의 한도 내에서 보험자는 보상책임이 인정된다.[99] 채무확정 통지는 보험자의 보험금채무의 변제기를 정하는 기준이 되는 것일 뿐이며, 채무확정 통지를 게을리 하더라도 보험자의 손해보상책임과 그 의무의 범위에는 영향을 미치지 않는 것으로 해석된다. 피보험자가 채무확정통지를 게을리한 경우에도 그 확정된 손해액이 원본이든 지연손해금이든 보험자는 피보험자에게 모두 지급해야 할 책임이 있다.[100] 다만 책임확정 통지를 게을리하면 손해보상의 이행기가 그 만큼 늦추어지는 불이익을 입을 뿐이다(통설). 채무확정통지의무의 위반 효과에 대해서 보험법상 규정이 없다.

97) 한기정, 652면.
98) 재판으로 인한 채무의 확정은 판결에 의한 것이든, 소송상의 화해로 인한 것이든 불문한다. 양승규, 371면.
99) 한기정, 655면.
100) 대판 2000. 10. 13, 2000다2542; 최기원, 444-445면; 임용수, 383면; 최준선, 280면; 양승규, 371면; 정찬형, 760면; 정동윤, 654면.

(2) 보험자에 대한 협의 · 협조의무

(가) 협의의무

① 개   념   책임보험은 피해자에 대한 피보험자의 손해배상책임을 궁극적으로 보험자가 부담하는 것이다. 따라서 피보험자가 제3자에 대한 채무를 확정함에 있어서는 보험자에게 불필요하게 손해가 가중되는 것을 막기 위해 보험자와 협의를 하여 적정하게 문제를 해결하여야 한다.[101]

② 협의의무의 약정과 위반효과   피보험자는 변제, 승인 또는 화해 등을 하면서 채무를 확정함에 있어서는 보험자의 사전 동의(협의)를 얻어야 한다(제723조 제3항). 보험자의 동의가 없으면 보험자는 그 책임을 면한다는 합의를 할 수 있다. 그러나 보험자가 이러한 합의를 이유로 보상을 거절하려면 피보험자가 보험자와의 사전협의 없이 변제, 승인 등을 하여 결과적으로 현저히 부당하게 보험자의 책임을 가중시킨 경우여야 한다.[102] 제723조 제3항은 이를 규정하고 있다. 즉 보험자의 동의없이 피보험자가 채무승인을 행한 경우에 그것이 현저하게 부당한 것이라면 보험자는 보상책임을 면하게 되지만, 현저하게 부당한 것이 아니라고 해석된다면 보험자는 동의가 없었더라도 보상책임을 부담하게 된다.

여기에서 무엇을 기준으로 '현저한 부당성' 여부를 판단해야 하는가의 문제가 있다. 피해자가 피보험자와 보험자를 공동피고로 하여 제기한 손해배상소송의 제1심 판결에서 손해배상을 명하는 판결을 선고받고 피보험자는 항소하지 않았고 보험자만이 항소를 했으며 항소심에서 제1심 판결 금액보다 감액된 금액으로 조정이 성립되었는데, 대법원은 결과가 이렇다고 해도 피보험자가 항소를 하지 않은 것이 현저하게 부당한 경우에 해당되어서 보험자가 면책이 된다고 볼 수 없다고 판단했다.[103] 보험자가 전액의 보상을 거절하는 것인지 아니면 부당한 부분에 대해서만 보상을 거절할 수 있는가에 대해 의견이 나뉘고 있으나, 전액을 보험자의 면책으로 해석하는 것은 피보험자에게 지나치게 불이익하기 때문에 부당한 부분에 대해서만 보상을 거절하는 것으로 해석함이 타당할 것이다. 즉 피보험자는 실손해를 증명하여 그 범위 내에서는 보험금을 청구할 수 있다고 해석함이 타당하다.[104] 만약 부당하게 보험금을 수령할 목적으로 보험자의 동의없이 피보험자

---

101) 양승규, 372면.

102) 임용수, 384면; 정찬형, 760면; 이기수/최병규/김인현, 300면; 양승규, 372면, 374면; 최준선, 280면; 정동윤, 655면; 정희철, 458면; 서돈각/정완용, 464-465면; 김은경, 521-522면.

103) 대판 2000. 4. 21, 99다72293. 판례 중에 현저하게 부당한 정도는 아니지만 보험자의 동의없이 피보험자가 채무승인행위와 같이 채무를 확정하는 행위를 하였다면 그 위반 부분에 대해서는 보험자가 보험금을 지급함에 있어 상계를 하거나 손해배상을 청구할 수 있다고 판시한 것이 있다. 대판 1998. 3. 24, 96다38391; 대판 1995. 11. 7, 95다1675; 대판 1992. 11. 24, 92다28631.

104) 대판 2000. 4. 21, 99다72293도 같은 취지로 보인다. 장덕조, 350면 각주 155; 채이식, 188면.

가 현저히 부당한 변제를 피해자에게 행한 경우 이는 사기에 의한 보험금청구에 해당된다고 해석될 수 있다. 만약 이러한 경우에 보험자가 전부 면책된다는 약정이 있다면, 전부 면책 약정은 여기에 적용될 수 있다고 판단된다.[105]

[대법원 2000. 4. 21. 선고 99다72293 판결]

〈사실관계〉

보험사고의 피해자가 가해자인 피고와 피고의 책임보험사인 원고회사를 공동피고로 하여 손해배상을 청구하여 1심에서 승소하자, 공동피고였던 피고는 이에 항소하지 아니하고 원고회사만 항소하였다. 항소심에서는 1심판결보다 적은 손해배상액이 확정되었으나 그 효력은 원고회사에만 미치는 관계로, 항소하지 않은 피고는 1심판결에서 확정된 손해배상액을 피해자에게 지급하였다. 그러자 원고회사는 1심판결에서 확정된 손해배상액과 항소심에서 확정된 손해배상액의 차액부분은 피고가 손해배상소송에서 원고회사에 협력하지 아니하고 항소를 포기하여 발생한 손해이므로 그 부분에 대해서는 피고에게 보험금을 지급할 수 없다고 주장하였다.

〈주요 판시내용〉

책임보험계약의 피보험자가 보험자의 동의 없이 제3자에 대하여 변제, 승인 또는 화해를 한 경우에는 보험자가 그 책임을 면하게 되는 합의가 있는 때에도 그 행위가 현저하게 부당한 것이 아니면 보험자는 보상할 책임을 면하지 못한다고 규정하고 있는 상법 제723조 제3항의 취지에 비추어 보면, 피보험자가 제3자로부터 재판상 손해배상청구를 받아 그 소송에서 손해배상을 명하는 판결을 선고받고 항소하지 않은 채 이를 확정시켰다고 하더라도 그것이 '현저하게 부당한 경우'로 평가되지 않는 한 보험자는 보상할 책임을 면할 수 없다. 피해자가 피보험자 및 보험자를 공동피고로 하여 제기한 손해배상청구소송의 제1심판결에 대하여 피보험자는 항소하지 않고 보험자만이 항소하여 항소심에서 제1심판결 금액보다 감액된 금액으로 조정이 성립되었다는 사실만으로 피보험자의 항소부제기를 '현저하게 부당한 경우'로 평가하여 보험자가 그 차액 상당의 보험금지급의무를 면한다고 볼 수 없다.

(나) 협조의무

① 개   념   보험사고 통지를 받은 보험자는 보험사고 조사과정에서 피보험자의 협조를 받아야 할 필요가 많다. 이때 보험계약으로부터 또한 신의성실의 원칙으로부터 피보험자는 협조의무를 부담한다고 볼 수 있다.[106] 제724조 제4항에 따라 피해자인 제3자는 보험자에게 직접청구권을 행사할 수 있는데, 이 때 피보험자는 보험자의 요구에 따라 필요한 서류, 증거의 제출, 증언 또는 증인의 출석에 협조하여야 한다고 정하고 있다. 견해에 따라서는 제724조 제4항의 내용은 제3자가 직접청구권을 행사한 경우뿐만 아니라 보험

---

105) 한기정, 655면.
106) 양승규, 373면.

사고로 인한 분쟁의 해결 전 과정에서 요구될 수 있는 것이라고 해석하기도 한다.[107] 생각건대 피보험자의 협조의무를 피해자가 직접청구권을 행사하는 경우에만 요구되는 것으로 한정할 이유는 없다고 보여진다.

② 보험약관 규정　　이러한 피보험자의 협조의무는 책임보험약관에서 규정하고 있다. 배상책임보험표준약관 제12조 제3항에서 보험자는 피보험자를 위해 방어행위를 하면서 피보험자에게 협조를 요구할 수 있다고 규정하고 있다. 자동차보험표준약관 제30조 제1항에서도 '보험회사가 손해배상청구권자의 청구를 받았을 때에는 지체 없이 피보험자에게 통지합니다. 이 경우 피보험자는 보험회사의 요청에 따라 증거확보, 권리보전 등에 협력하여야 하며, 만일 피보험자가 정당한 이유 없이 협력하지 않은 경우 그로 인하여 늘어난 손해에 대하여는 보상하지 않는다'고 규정하고 있다.

사고발생의 사실관계에 대해 피보험자는 보험자에게 정확히 통지하고 조사에 협조하여야 한다. 또한 보험자가 제3자의 청구에 대해 방어를 하는 경우에 피보험자는 증언을 하거나 증인의 출석을 확보하는 등의 협조를 하여야 한다. 손해사고가 발생한 경우 응급치료나 긴급조치가 요구되는 경우를 제외하고는 피보험자는 제3자에 대한 변제, 승인, 화해 등으로 채무를 확정함에 있어서 보험자와 협의를 하여야 한다. 피보험자가 사고의 원인 등에 대해 진실을 속이거나 거짓 증언을 하거나 피해자와 공모를 하거나 정당한 이유 없이 보험자의 협조요청을 무시한다면 협조의무 위반이 될 것이다. 피보험자의 협조의무 위반에 대해서도 법률의 규정이 없으나 협의의무 위반의 경우와 동일하게 해석할 수 있을 것이다. 즉 피보험자의 협조의무 위반이 현저하게 부당한 경우에는 보험자는 보상책임을 면하게 되지만, 현저하게 부당한 것이 아니라면 보험자는 이를 이유로 보험금지급을 거절할 수는 없는 것으로 해석된다.[108]

Ⅶ. 제3자의 직접청구권

1. 직접청구권의 도입

(1) 책임보험과 피해자의 지위

책임보험에서 가해자인 피보험자와 책임보험자 사이에는 보험관계가 있고, 가해자인 피보험자와 피해자인 제3자 사이에는 불법행위 등에 따르는 배상책임관계가 존재한다. 반

---

107) 양승규, 372면; 장덕조, 350면; 김은경, 522면.
108) 양승규, 373-374면.

면에 보험관계와 책임관계가 분리되어 있는 법체계하에서 책임보험자와 피해자인 제3자 사이에는 직접적으로 연결되는 법률관계가 존재하지 않는다. 즉 보험계약자와 피보험자가 동일한 책임보험에서 피해자인 제3자와 보험자 사이에는 어떤 권리와 의무도 존재하지 않음이 원칙이다. 그런데 피해자는 책임보험계약의 당사자는 아니지만 피해자와 보험자 사이에도 일정한 관계를 인정할 수 있다. 책임보험을 통하여 보험자는 가해자 지위에 있는 피보험자에게 보험금을 지급해야 할 의무를 부담하며, 피해자는 피보험자에게 손해배상청구권을 가지는 일종의 채권자의 위치에 있게 된다. 그런데 피보험자가 보험자로부터 수령한 보험금을 피해자에게 손해배상금으로 지급하지 않고 임의로 유용하면서 별다른 책임재산도 없는 경우 또는 피보험자가 자신이 가지는 보험금청구권을 타인에게 양도하거나 질권을 설정하여 피해자 보호에 소홀히 하거나 보험자가 피보험자에 대하여 가지는 반대채권으로 보험금청구권과 상계하는 경우 등에 있어서 피해자 보호의 문제가 발생하게 된다. 한편 책임보험은 제1차적으로 피보험자를 위한 보험(자기를 위한 보험)이면서도 책임보험의 보험자가 지급하게 되는 보험금은 결국 피해자인 제3자에게 귀속되는 것이기 때문에 경제적인 측면에서 볼 때에는 피해자와 보험자 사이에 일정한 관계를 인정할 수 있다.109) 결론적으로 책임보험은 가해자인 피보험자의 보호와 피해자 보호 역할을 하고 있다.

(2) 직접청구권의 도입

1991년 보험법 개정시 상법 제724조 제2항에서 "제3자는 피보험자가 책임을 질 사고로 인한 손해에 대하여 보험금액의 한도 내에서 보험자에게 직접 보상을 청구할 수 있다"고 정함으로써 이른바 제3자의 직접청구권을 명문화하였고 이를 통해 책임보험을 통하여 피해자 보호의 효과를 획기적으로 높일 수 있게 되었다.110)

직접청구권 이전에 피해자 보호를 위한 제도가 없었던 것은 아니다. 가해자와의 합의 또는 확정판결을 통해 배상금액이 정해지면 피해자는 채권집행 방법으로 피보험자가 가지는 보험금청구권에 강제집행을 할 수 있다. 또한 피해자는 채권자대위권을 행사하여 피보험자의 보험금청구권을 대위행사할 수도 있다. 그러나 강제집행 절차가 복잡하며, 채권자대위권 행사를 위해서는 피보험자의 무자력 요건이 필요하여 그 행사가 쉽지 않다. 피해자가 이러한 절차를 완료하기 전에 피보험자가 먼저 보험자로부터 보험금을 수령한 후 사적으로 유용하는 것을 막을 순 없다. 또한 채권자대위권을 피해자가 행사해도 제3채무자

---

109) 정찬형, 761면 각주 1; 정동윤, 656면; 정희철, 458면; 서헌제, 208면; 양승규, 375면; 임용수, 386면.
110) 개정 전 상법 제724조 제2항에서 "보험자는 보험계약자에게 통지를 하거나 보험계약자의 청구가 있는 때에는 제3자에게 보험금액의 전부 또는 일부를 직접 지급할 수 있다"고 규정하여 보험자의 직접 지급을 인정하기도 했으나, 현행 직접청구권은 피해자가 직접 보험자에게 청구할 수 있도록 규정함으로써 본질적으로 차이가 있다. 박세민, "책임보험상의 직접청구권을 둘러싼 법적 논점에 관한 고찰", 안암법학 제27권, 2008, 502면.

인 보험자가 피보험자에게 임의변제가 가능하며, 이를 방지하기 위해서는 피해자는 보험
금청구권에 가압류 등의 조치를 취해야 한다.111) 피해자 보호를 위한 법적 제도가 없는
것은 아니지만 피해자를 적극적으로 보호하는 데는 한계가 있다.

직접청구권의 도입은 가해자에 대해 일반적인 채권자 지위만 가지고 있던 피해자에게
보험자를 상대로 직접 보상을 청구할 수 있도록 함으로써 피해자를 강력하게 보호할 수
있게 되었다. 가해자의 배상채무 이행 여부에 의존할 필요가 없이 자신의 피해에 대해 보
험자에게 직접 보상을 청구할 수 있게 된 것이다. 1991년 보험법 개정이 이루어지기 전에
는 자동차손해배상보장법이나 산업재해보상보험법, 화재로 인한 재해보상과 보험가입에
관한 법률, 원자력손해배상보장법 등 일부 의무책임보험에서 피해자에게 직접청구권을 인
정해왔다. 또한 상법 제정시부터 보관자의 책임보험의 경우 피해자인 물건소유자는 보험
자에 대하여 직접 그 손해의 보상을 청구할 수 있도록 했다. 또한 판례는 그 동안 책임보
험에서 피해자의 직접청구권은 법률 또는 약관에서 이를 규정하는 경우에 인정된다고 판
시하였다.112) 그런데 1991년 보험법을 개정하면서 의무책임보험뿐만 아니라 임의책임보험
에도 일반적으로 적용되는 피해자의 직접청구권을 마침내 도입한 것이다. 이제는 모든 형
태의 책임보험에서 피해자의 직접청구권이 제724조 제2항에 의해 일반적으로 인정된 것이
다.113) 이러한 광범위한 적용범위는 해외 입법례와 비교된다. 프랑스 보험법 제124-3조는
우리나라와 마찬가지로 모든 형태의 책임보험에서 직접청구권을 인정하고 있다. 반면에
독일 보험계약법 제115조에 따르면 직접청구권은 의무보험에 한정하여 적용하고, 보험계
약자의 파산, 소재불명 등 법이 특별히 정하고 있는 상황에서만 직접청구권 행사가 가능
하다. 일본 보험법 제22조는 일반 책임보험에서 직접청구권 대신 선취특권을 통해 책임보
험금의 배분 우선권을 피해자에게 부여하고 있다. 다만 자동차손해배상보장법이나 선박유
류오염손해배상보장법과 같은 강제책임보험에서는 직접청구권을 인정하고 있다.

우리 보험법에서 법률로 직접청구권을 규정함으로써 보험자와 피해자간에 이른바 '보
상관계'가 정식으로 형성되었고, 앞에서 언급한 보험관계, 배상책임관계와 함께 3면 관계
가 성립하게 되었다.114) 직접청구권을 규정하고 있는 제724조 제1항은 강행규정으로 해석
된다.115)

111) 한기정, 656면-657면.
112) 대판 1988. 12. 13, 87다카3166; 대판 1993. 5. 11, 92다2530; 대판 1992. 11. 27, 92다12681.
113) 보험법 이외에도 자동차손해배상보장법 제10조, 화재로 인한 재해보상과 보험가입에 관한 법률 제9조,
    환경오염피해 배상책임 및 구제에 관한 법률 제20조 제1항 및 자동차보험표준약관 제29조에서도 피해자
    의 직접청구권을 인정하고 있다.
114) 임용수, 386면; 양승규, 375면.
115) 김성태, 618면.

(3) 시간적 적용범위

법원은 1991년 보험법 개정 조항의 시간적 적용범위와 관련하여 그 시행일(1993년 1월 1일) 이전에 보험계약이 체결되고 보험사고가 발생한 경우에도 피해자는 신설 조항인 제724조 제2항에 의해 보험자에 대해 직접청구권을 행사할 수 있다고 판시하였다.

[대법원 1995. 7. 25. 선고 94다52911 판결]

〈사실관계〉

자동차 사고의 피해자인 원고들이 가해자의 보험자인 피고회사를 상대로 직접 보험금을 청구하자, 피고회사는 원고들이 행사하는 '직접청구권'은 상법 개정으로 인해 인정되는 권리이므로 상법 개정 전에 일어난 사고에는 적용이 없다고 항변하였다.

〈주요 판시내용〉

상법(1991. 12. 31. 법률 제4470호로 개정된 것) 제724조 제2항 본문은 피해자의 직접청구권을 규정하여, 위 개정 상법의 시행일인 1993. 1. 1.부터는 교통사고의 피해자가 가해차량에 대한 자동차보험을 인수한 보험회사에 대하여 직접 보상을 청구할 수 있게 되었다. 위 개정 상법 부칙 제2조 제1항 본문에 의하면 개정 상법 시행 이전에 성립한 보험계약에도 개정 상법 중 보험편의 규정을 적용한다는 것이므로, 보험사고인 교통사고가 개정 상법 시행 이전에 발생하였다고 하더라도 피해자는 위 상법 제724조 제2항 본문의 규정에 의하여, 자동차보험을 인수한 보험회사에 대하여 직접 보상을 청구할 수 있다고 할 것이다.116)

---

2. 직접청구권의 인정근거

과거 직접청구권의 근거에 대해 법정효과설(법규설), 책임보험 본질설, 계약당사자의 의사표시효과설 등 학설이 나뉘어 있었으나, 피해자의 직접청구권이 1991년 상법 개정을 통해 제724조 제2항에 명문으로 신설됨으로써 이러한 학설의 대립은 그 의미가 퇴색되었다고 할 수 있다. 제724조 제2항은 직접청구권에 대한 창설적 규정이며 선언적(확인적) 규정은 아니다. 명문으로 규정된 이상 직접청구권은 책임보험에서의 피해자를 보호하기 위해 법이 정책적으로 특별히 인정하고 있는 권리, 즉 법정효과설(법규정효과)로써 그 법적근거를 해석함이 타당할 것이다.117) 판례도 이러한 법정효과설의 입장이라 할 수 있다.118) 이제 직접청구권은 임의책임보험과 강제책임보험을 구분하지 않고 모든 형태의 책

---

116) 이 판결에 반대 취지의 평석으로, 김성태, 법률신문 제2447호, 1995. 10. 16, 14면.
117) 양승규, 377-378면; 정동윤, 657면; 정희철, 459면; 정찬형, 762면; 이광복, "책임보험에 있어서 피해자의 직접청구권", 고려대 법학석사학위논문, 1996. 2.
118) 대판 2017. 10. 26, 2015다42599.

임보험에서 인정되고 있으며 그 인정근거는 법률의 규정이라고 해석함이 타당하다.

[대법원 2017. 10. 26. 선고 2015다42599 판결]

〈주요 판시내용〉

　보험자가 피보험자의 손해배상채무를 병존적으로 인수하게 되는 원인은, 피보험자가 제3자에 대하여 손해배상채무를 부담하는 것과는 별개로, 기초가 되는 보험자와 피보험자 사이의 법률관계인 책임보험계약에 관하여 제3자의 보험자에 대한 직접청구권을 인정하는 법규정이 존재하기 때문이다.

---

3. 직접청구권의 법적 성질

　　직접청구권의 법적성질에 대해 이를 손해배상청구권으로 보는 견해와 보험금청구권으로 보는 견해로 대별된다. 견해에 따라서는 의무책임보험이냐 아니면 임의책임보험이냐에 따라 직접청구권의 성질을 달리 보기도 한다. 직접청구권의 법적 성질을 무엇으로 보느냐에 따라 그 내용, 효력, 소멸시효나 지연손해금의 산정 등에 차이가 생긴다.119)

(1) 학　　설

㈎ 손해배상청구권설

　① 근　　　거　　　손해배상청구권설은 피해자가 가해자인 책임보험의 피보험자에게 손해배상청구권을 갖고 있는 것을 전제로 하여 피해자의 직접청구권을 보험자에 대한 손해배상청구권으로 해석하는 것이다. 우리나라에서 다수설은 손해배상청구권설이라 할 수 있따. 그 근거는, 첫째 피해자와 보험자간에는 보험계약관계가 없으므로 직접청구권을 보험금청구권으로 해석할 수는 없으며, 둘째 책임보험은 그 본질상 피해자의 존재 및 피해자가 가해자에게 가지는 손해배상청구권을 전제로 하고 있으므로 피해자 입장에서는 손해배상청구권을 가해자에게 행사하기보다는 배상가능성이 보다 확실한 보험자에게 행사하는 것일 뿐이다. 따라서 그 실질은 손해배상청구권과 동일한 것으로 보아야 한다는 것이다.120) 셋째, 직접청구권은 가해자인 피보험자가 피해자에게 가지는 손해배상채무를 보험자가 중첩적(병존적)으로 인수한 결과 인정되는 손해배상청구권으로 보아야 하고 따라서 보험자와 피보험자는 연대채무관계에 있으며 본질적으로 같은 성질을 가진 것으로 해석할 수 있다는 것이다. 넷째, 직접청구권은 피해자를 보호하기 위해 법률 또는 약관에 의해 인정되는 것인데 그 법적 성질을 보험금청구권으로 보게 되면 불법행위에 기한 손해배상청

---

119) 서헌제, 209면.

120) 김성태, "직접청구권의 성질과 시효", 민사판례연구 제16권, 민사판례연구회, 1994, 184-186면.

구권과 비교할 때 소멸시효기간이 단축되므로 피해자 보호를 위한다는 직접청구권의 의미를 반감시키게 된다. 다섯째, 피보험자가 가지는 보험금청구권을 법률의 규정에 따라 피해자가 대신 청구하는 것으로 해석하게 되면, 피보험자의 다른 채권자들이 보험금청구권을 압류하거나 피보험자가 이를 처분하거나 또는 피보험자가 파산하게 되는 경우에 피해자 보호의 문제가 생길 수 있음을 지적하기도 한다.[121] 일본, 프랑스와 독일에서도 직접청구권의 법적 성질을 손해배상청구권설로 보고 있다.[122] 예를 들어 독일 보험계약법 제115조는 '직접청구권'이라는 표제 하에 제1항에서 직접청구권에 대해 '제3자는 다음의 경우에 보험자에게도 손해배상청구를 할 수 있다'고 규정함으로써 피해자가 청구하는 직접청구권의 법적 성질이 손해배상청구권임을 명시하고 있다. 일본 자동차손해배상보장법 제16조에서도 '피해자는 … 보험금액의 한도에서 손해배상액을 지불할 것을 청구할 수 있다'고 규정하고 있다.

② 비 판   직접청구권의 법적 성질을 손해배상청구권설에 의하더라도 직접청구권은 가해자인 피보험자와 보험자 사이에 체결된 책임보험계약 및 피보험자가 가지는 보험금청구권에 부종될 수밖에 없는 측면이 있다. 판례도 보험자가 제3자에 대하여 부담하는 구체적인 책임의 범위와 내용은 책임보험계약에 따라 정해질 수밖에 없다고 판시함으로써 부종성(附從性)을 인정하고 있다.[123] 보험계약에서 피보험자가 부담해야 하는 자기부담금이 있는 경우에 피해자가 보험자에게 직접청구권을 행사하더라도 보험자는 피보험자가 부담했어야 할 자기부담금은 공제한 후에 손해배상금을 피해자에게 지급해야 한다는 것이 법원의 입장이다.[124] 이는 보험자가 피해자에게 부담하게 되는 책임한도액이나 손해배상금액 등은 보험자와 피보험자 사이의 보험계약을 전제로 하고 있음을 인정하고 있는 것이다.[125] 또한 보험사고가 피보험자의 고의행위에 의해 야기된 경우에 보험자는 면책이 되는데, 피보험자의 손해배상채무를 책임보험자가 병존적으로 인수한 것이라고 해석하게 되면 보험자의 면책을 논리적으로 설명하기 어렵게 된다. 손해배상청구권설이 가지는 한계이다.

---

121) 이연갑, "책임보험에 있어서 직접청구권과 상계의 효력", 민사판례연구 제24권, 민사판례연구회, 2002, 239면.

122) 김동훈, "책임보험에 있어서 피해자의 직접청구권", 오늘의 법률, 1998. 11. 15, 3748-3749면; 강재철, "책임보험과 피해자인 제3자", 해상·보험법에 관한 제문제(하), 법원행정처, 1991, 522-523면; 황경학, "피해자의 직접청구권에 관한 소고", 인천법조 제2집, 1995, 67면; 김성태, 623면. 다만 639면에서 손해배상청구권설을 지지하면서 상법 제725조에서 규정하고 있는 보관자책임보험에서 소유자가 가지는 직접청구권에 대해서는 그 목적이 손해배상이 아니라 손해전보이므로 보험금청구권과 동일한 것으로 보아야 한다고 해석한다; 임용수, 387면; 최준선, 284면; 이기수/최병규/김인현, 302면; 최기원, 448면; 정동윤, 657면; 장덕조, 354면; 정찬형, 763-764면; 한기정, 663면.

123) 대판 2017. 10. 26, 2015다42599.

124) 대판 2017. 3. 30, 2014다68891; 대판 2014. 9. 4, 2013다71951.

125) 대판 2017. 5. 18, 2012다86895.

[대법원 2017. 3. 30. 선고 2014다68891 판결]

〈주요 판시내용〉

이 사건 보험약관 제4장에서 하나의 손해배상청구(보험사고)의 결과로 발생하는 손해배상금에 관하여, 손해배상금이 자기부담금을 초과하는 경우에 한하여 그 초과분을 보상하기로 약정한 사실을 인정한 다음, 피해자들의 피고 보험회사에 대한 손해배상청구는 상법 제724조 제2항에 따른 것으로 피고 보험회사는 그 보험금액의 한도 내에서만 직접 손해배상책임을 지게 되므로, 자기부담금 1,000만원은 피고 보험회사가 피해자들에게 지급할 손해배상금에서도 공제되어야 한다.

(나) 보험금청구권설

① 근   거   직접청구권은 손해배상채무와는 독립적인 성격을 가지며 법률의 특별한 규정에 따른 보험금청구권으로 보아야 한다는 해석이다. 피해자와 보험자 사이에서 직접청구권 관계는 보험계약에 근거를 두는 것이지 손해배상법리에 기초하지 않는다는 것이다. 책임보험의 본질을 피해자를 위한 보험, 즉 타인을 위한 보험으로 보면서 피해자의 지위를 피보험자의 지위에 놓고 여기에서 직접청구권의 성질을 보험금청구권으로 해석하는 것이다. 그 근거로서, 첫째 보험자에게는 손해사고에 관한 어떠한 귀책사유도 없는데 직접청구권을 손해배상청구권으로 보면서 보험자로 하여금 손해배상채무를 부담하게 하는 것은 법리적으로 받아들이기 어려우며, 둘째 책임보험이란 보험자가 보험계약자로부터 보험료를 받고 피보험자가 제3자에게 배상책임을 질 사고로 입은 손해를 보상할 것을 약정한 것이지 그 제3자에 대한 채무를 중첩적으로 인수하려는 것은 아니기 때문에 보험자에게 채무인수의사를 인정하는 것은 무리가 있는 해석이라는 것이다. 셋째, 보험금청구권설에 따르면 보험자가 피보험자에게 가지는 항변권을 당연히 피해자에게도 행사할 수 있게 된다. 그러나 손해배상청구권설과 같이 보험자가 제3자에 대하여 손해배상채무인수에 따르는 책임을 부담하는 것으로 해석하게 되면 피보험자의 고의로 인한 사고에 대해 제659조에 따라 보험자가 보험금지급을 면하게 될 수 있음에도 불구하고 손해배상채무 인수 결과 보험자는 피해자에 대한 관계에서는 지급을 거절할 수 없게 되는 불합리한 결과를 가져온다고 한다. 또한 제3자의 직접청구권은 보험금액의 한도 내에서만 인정되는 점을 고려할 때 피해자가 보험자에 대하여 가지는 직접청구권은 법률의 규정에 따르는 보험금청구권으로 보아야 하며 손해배상청구권으로 해석하는 것은 옳지 않다고 한다.126)

---

126) 정진옥, "직접청구권의 소멸시효와 기산점", 상사판례연구 제7집(1996), 177-179면; 임충희 "자동차책임보험에서의 피해자의 직접청구권에 관한 고찰", 보험학회지 제37집(1991), 314면; 정경영, "공동불법행위 피해자의 직접청구권", 보험법연구 3, 삼지원(1999), 45면; 이광복, "책임보험에 있어서 피해자의 직접청구권", 고려대 법학석사학위 논문, 1996. 2, 64면 이하; 양승규 376-377면; 김은경 526면; 강위두/임재호 746면.

② 비   판   보험금청구권설에 따르면 피해자 보호 문제에 있어서 손해배상청구
권설에 비해 상대적으로 약하다고 할 수 있다. 특히 직접청구권이 보험금액의 한도 내에서
만 인정되기 때문에 피해자의 손해가 약관상의 보험금액을 초과하는 경우, 피해자가 실질적
인 보상을 받기 어렵게 된다.

(다) 절 충 설

의무책임보험에서는 상대적으로 피해자 보호가 두터운 손해배상청구권설을 취하고 임
의책임보험에서는 보험금청구권설을 지지하는 절충적인 해석도 있다. 이 견해는 직접청구
권의 인정근거는 법규정에서 찾으면서도 성질에 대해서는 보험계약의 밖에 있는 손해배상
청구권론을 적용시키면서 이를 임의책임보험까지 확대하는 것은 문제가 있다고 지적하고
있다.127) 그러나 책임보험의 강제여부 만을 가지고 직접청구권의 법적성질을 논하는 것은
타당하지 않다는 비판이 있다.

(2) 판   례

과거 판례 가운데에는 자동차보험보통약관에 피보험자가 피해자에게 부담하는 손해배
상액이 판결에 의하여 확정되는 등의 일정한 경우에는 피해자가 보험회사에 대하여 직접
보험금의 지급을 청구할 수 있도록 규정되어 있다 하더라도, 약관에 의하여 피해자에게
부여된 보험회사에 대한 보험금액청구권은 상법 제662조 소정의 보험금청구권에 다름 아
니므로 이를 2년(과거의 소멸시효기간)간 행사하지 아니하면 소멸시효가 완성된다고 해석
하여 보험금청구권설의 태도를 위한 것이 있었다.128)

그러나 주류적인 판례는 손해배상청구권설의 입장에 서있다. 다수의 판례는 직접청구
권의 법적 성질은 피보험자가 부담하는 피해자에 대한 손해배상채무를 보험자가 병존적으
로 인수한 것으로서 피해자가 보험자에 대하여 가지는 손해배상청구권이고 피보험자의 보
험자에 대한 보험금청구권의 변형 내지는 이에 준하는 권리가 아니라고 해석하고 있다.
또한 피해자의 보험자에 대한 손해배상채권과 피해자의 피보험자에 대한 손해배상채권은
별개 독립의 것으로서 병존한다고 하더라도, 각 채권은 피해자에 대한 손해배상이라는 단
일한 목적을 위하여 존재하는 것으로서 객관적으로 밀접한 관련 공동성이 있다고 해석한
바 있다.129) 대법원은 최근 판례에서도 직접청구권의 법적 성질을 손해배상청구권으로 해

---

127) 장경환, "자동차손해배상책임보험에서의 직접청구권의 성질과 손해배상청구권의 혼동", 경희법학 제38
  권 제1호, 2003, 148-151면.

128) 대판 1993. 4. 13, 93다3622; 대판 1995. 2. 10, 94다4424. "책임보험인 자동차종합보험에 관하여 개정상법
  의 시행 전에 그 약관에 의하여 인정되던 보험금직접청구권은 피보험자의 보험자에 대한 보험금청구권
  에 바탕을 두고 그와 내용을 같이 한다"; 대판 1997. 11. 11, 97다36521.

129) 대판 1993. 5. 11, 92다2530; 대판 1994. 5. 27, 94다6819; 대판 1995. 7. 25, 94다52911; 대판 1998. 7. 10,
  97다17544; 대판 1999. 2. 12, 98다44956; 대판 2000. 6. 9, 98다54397; 대판 2000. 12. 8, 99다37856; 대판
  2001. 12. 28, 2001다61753; 대판 1999. 11. 26, 99다34499; 대판 2004. 10. 28, 2004다39689; 대판 2006. 4. 13,

석한 바 있다.130)

[대법원 1998. 7. 10. 선고 97다17544 판결]

〈사실관계〉

원고회사와 피고회사는 공동불법행위자 각각의 보험자인데, 원고회사가 피해자에게 보험금을 지급한 후 피고회사에 보험금의 일부를 구상하였다.

〈주요 판시내용〉

상법 제724조 제2항에 의하여 피해자에게 인정되는 직접청구권의 법적 성질은 보험자가 피보험자의 피해자에 대한 손해배상채무를 병존적으로 인수한 것으로서 피해자가 보험자에 대하여 가지는 손해배상청구권이라고 할 것이고, 공동불법행위에 있어서 공동불법행위자들과 각각 보험계약을 체결한 보험자들은 그 공동불법행위의 피해자에 대한 관계에서 같은 법 제724조 제2항에 의한 손해배상채무를 각자 직접 부담하는 것이므로, 이러한 관계에 있는 보험자들 상호간에 있어서는 공동불법행위자 중의 1인과 사이에 보험계약을 체결한 보험자가 피해자에게 손해배상금을 보험금으로 모두 지급함으로써 공동불법행위자들의 보험자들이 공동면책 되었다면 그 손해배상금을 지급한 보험자는 다른 공동불법행위자들의 보험자들이 부담하여야 할 부분에 대하여 직접 구상권을 행사할 수 있다고 봄이 상당하다고 할 것이다.131)

※ 상법 제724조 제2항에 의하여 피해자에게 인정되는 직접청구권의 법적 성질은 피해자가 보험자에 대하여 가지는 손해배상청구권이고 피보험자의 보험자에 대한 보험금청구권의 변형 내지는 이에 준하는 권리가 아니다(대판 2017. 5. 18, 2012다86895).

---

(3) 검   토

직접청구권은 피해자가 가해자에 대해 가지는 손해배상청구권과 같은 성질을 가진 것으로서 가해자에 대한 손해배상청구권을 직접청구권으로 이름을 변경하여 보험자에 대하여 행사하는 것으로 해석해야 할 것이다.

직접청구권은 보험계약으로부터 유래한 것이 아니라 정책적인 결정에 따라 법률에 의해 제3자가 행사하는 권리이다. 또한 피해자인 제3자와 보험자간에는 아무런 보험계약관계가 존재하지 않으므로 직접청구권의 법적 성질을 보험계약상의 청구권인 보험금청구권으로 볼 수는 없다. 책임보험은 기본적으로 보험계약자와 피보험자가 동일하게 체결되는 자기를 위한 보험이지 결코 그 본질이 타인을 위한 보험이 아니다.132) 즉 책임보험이 피

2005다77305, 77312; 대판 2014. 8. 28, 2012다118273.

130) 대판 2019. 4. 11, 2018다300708; 대판 2019. 1. 17, 2018다245702; 대판 2017. 5. 18, 2012다86895, 86901; 대판 2017. 10. 26, 2015다42599.

131) 이 판결에 대한 비판적 취지의 평석으로, 정경영, "공동불법행위 피해자의 직접청구권", 보험법연구 3, 삼지원, 1999, 36-59면.

132) 윤진수, "자동차손해배상보장법 제3조의 손해배상채권과 채무가 동일인에게 귀속되는 경우, 혼동에 의

해자보호 기능을 수행한다고 해서 피해자가 피보험자의 지위를 가질 수는 없는 것이다. 책임보험의 본질을 타인을 위한 보험으로 해석하는 보험금청구권설에 의하게 되면 책임보험계약과 타인을 위한 일반적인 손해보험과의 구별이 애매해질 수 있다는 큰 단점이 있다. 다만 직접청구권의 법적 성질을 손해배상청구권설로 보더라도 보험자가 이로 인해 더 불리해지지 않도록 탄력적인 해석이 요구된다고 할 것이다.

　　보험자의 책임은 책임보험계약을 기초로 하여 성립된 것이므로 보험계약과 전혀 무관한 책임일 수는 없는 것이며 보험자는 담보위험의 범위 내에서만 책임을 지게 된다.133) 보험자가 부담하는 손해배상채무는 보험계약을 전제로 하는 것으로서 피해자의 직접청구권 행사에 따른 보험자의 책임도 보험계약에 따른 보험자의 책임 한도액의 범위 내에서 인정되어야 한다.134) 즉 보험자가 제3자에 대해 부담하는 구체적인 책임의 내용이나 범위는 책임보험계약에 기초하여 정해질 수밖에 없다. 이러한 이유에서 후술하는 직접청구권의 부종성 및 그 범위에 대한 논의가 필요한 것이다. 직접청구권의 보험금청구권에 대한 부종성을 어느 범위에서 인정할 것인가에 따라 손해배상청구권설을 취할 때 피해자 보호의 범위가 달라지게 된다.135)

　　한편 책임보험계약을 체결할 당시에 과연 보험자가 보험료를 받고 피보험자의 손해배상채무를 병존적으로 인수하고자 하는 의도가 있었는가가 분명하지 않은 점, 고의·과실 등의 귀책사유를 전제로 하는 손해배상채무를 인수했다고 하면서 피보험자의 고의 사고에 대해 보험자가 보상책임을 면하게 되는 점 등에 대한 비판은 여전히 남는다.136) 피해자와 보험자 사이에 보험관계가 없으므로 직접청구권을 보험금청구권으로 해석할 수 없다는 주장 또는 보험자에게 손해사고에 대해 귀책사유가 없으므로 직접청구권을 손해배상청구권으로 해석할 수 없다는 주장은 적어도 이론적으로는 설득력이 있었다, 그러나 직접청구권의 법적 근거를 제724조 제2항에 따른 법정 효과로 볼 때, 이제는 설득력이 약해졌다고 할 수 있다. 왜냐하면 직접청구권은 제724조 제2항에 의해 창설되었으므로, 피해자와 보험자 사이에 보험관계가 의제된다는 이론이 불가능하지 않으며 또한 손해사고에 대한 귀책사유 없는 보험자가 법률에 의해 중첩적 채무인수를 하는 것도 가능하기 때문이다.137)

　　한 직접청구권의 소멸 여부", 판례월보 제302호, 1995, 48면; 임용수, 387면.
133) 최준선, 284면.
134) 대판 2019. 1. 17, 2018다245702; 대판 2017. 5. 18, 2012다86895, 86901.
135) 한기정, 664면.
136) 장덕조, 354면.
137) 한기정, 662면-663면.

4. 직접청구권의 소멸시효

(1) 시효기간

㈎ 학   설

직접청구권의 시효기간과 관련하여 학설이 대립되는데, 그 본질은 직접청구권의 성질을 무엇으로 보는가의 문제이다. 보험금청구권설에 따르면 직접청구권에 대해서는 상법 제662조가 적용되어 3년의 시효로 소멸한다고 해석한다. 또한 직접청구권은 그 법적 성질이 보험금청구권으로서 가해자인 피보험자에 대한 손해배상청구권과 별개의 권리이므로 양자의 소멸시효는 각각 독자적으로 개시되고 시효기간도 다르며 보험자 또는 가해자인 피보험자 일방에 대한 시효정지나 중단의 효력은 다른 권리에 미치지 않게 된다.

반면에 다수설이나 주류적 판례와 같이 손해배상청구권설을 취하게 되면 양자는 동일한 내용의 권리로서 직접청구권의 시효기간이 손해배상청구권의 시효기간과 동일하게 해석된다. 예를 들어 불법행위의 경우라면 상법 제662조가 아니라 민법 제766조에 따라 제3자인 피해자 또는 그 법정대리인이 손해 및 가해자를 안 날로부터 3년 또는 그 행위가 있은 날로부터 10년의 기간으로 소멸한다고 한다.138) 이는 피해자를 손해배상청구권자와 동일하게 간주함으로써 피해자를 보호하려는 취지라고 할 수 있다.

> **[대법원 2005. 10. 7. 선고 2003다6774 판결]**
> 〈주요 판시내용〉
> 상법 제724조 제2항에 의하여 피해자가 보험자에게 갖는 직접청구권은 보험자가 피보험자의 피해자에 대한 손해배상채무를 병존적으로 인수한 것으로서 피해자가 보험자에 대하여 가지는 손해배상청구권이므로 민법 제766조 제1항에 따라 피해자 또는 그 법정대리인이 그 손해 및 가해자를 안 날로부터 3년간 이를 행사하지 아니하면 시효로 인하여 소멸한다.

한편 직접청구권의 법적 성질을 손해배상청구권으로 본다고 하더라도 보험자로서는 제3자의 직접청구권 행사에 의해 더 불리해질 이유는 없으며, 제3자는 여전히 가해자인 피보험자에 대한 손해배상청구권을 가지고 있는 것이므로 직접청구권의 소멸시효기간은 그 법적 성질에 상관없이 일반적인 보험금청구권의 소멸시효와 같다고 해석함이 타당하다는 견해도 있다. 즉 3년간 행사하지 않으면 직접청구권의 소멸시효가 완성되는 것으로 해석하자는 것이다.139)

138) 대판 2005. 10. 7, 2003다6774; 대판 1999. 12. 28, 99다47235; 임용수, 388면; 김성태, "직접청구권의 본질", 보험법연구 1, 1995, 188-190면.
139) 同旨: 정동윤, 658면; 정찬형, 766-767면; 장경환, "자동차손해배상책임보험에서의 직접청구권의 성질과 손해배상청구권의 혼동", 상법학의 전망(임홍근교수 정년퇴임기념논문집), 2003, 367면.

(나) 검 토

직접청구권의 법적 성질을 다수설과 판례가 손해배상청구권으로 보는 주된 이유 중의 하나는 시효기간의 면에서 손해배상청구권으로 보는 것이 피해자를 더 두텁게 보호할 수 있기 때문이다. 이러한 취지에서 볼 때 민법 제766조를 적용하는 것이 책임보험 계약 체결의 목적과 관련하여 논리적으로 일관성이 있다. 그러나 보험법이 아니라 민법에 따라 시효를 정하는 것은 지나치게 장기간 동안 보험관계를 미확정인 상태로 두게 된다. 이렇게 되면 피보험자의 보험금청구권이 이미 시효완성 되었음에도 불구하고 피해자의 직접청구권은 여전히 존재하게 되는 문제점이 야기된다. 생각건대 직접청구권 제도를 도입함에 있어서 이미 정책적인 판단이 고려된 만큼, 소멸시효 기간의 해석에 있어서도 정책적으로 판단할 수 있는 문제라고 할 수 있다. 이러한 취지에서 직접청구권의 법적성질을 손해배상청구권으로 보더라도 그 소멸시효는 보험금청구권의 소멸시효와 동일하게 정책적으로 해석하는 것이 가능하다고 여겨진다. 직접청구권을 규정하고 있는 자동차손해배상보장법에서는 3년간 행사하지 아니하면 소멸하는 것으로 개정[140]하였으므로 자동차보험약관의 대인배상Ⅰ에서의 직접청구권의 소멸시효는 학설의 대립 없이 3년이 된다(자동차손해배상보장법 제41조). 또한 제3자가 가지는 직접청구권은 제3자가 피보험자에 대한 손해배상청구권의 존재를 전제로 하는 것이므로 만약 손해배상청구권이 시효로 소멸한 경우라면 직접청구권도 소멸된 것으로 해석해야 할 것이다. 예를 들어 임치물의 멸실, 훼손으로 생긴 창고업자의 책임은 그 물건을 출고한 날부터 1년이 경과하면 시효로 소멸하는데(제166조), 만약 창고업자가 보관자 책임보험계약을 체결했는데 그 물건의 소유자가 1년 동안 권리행사를 하지 아니했다면 창고업자의 책임은 시효로 소멸되었으므로 소유자는 직접청구권을 행사할 수 없다고 해석해야 할 것이다.[141]

(2) 직접청구권 소멸시효의 기산점

직접청구권의 소멸시효 기산점은 직접청구권의 법적성질을 무엇으로 보는가에 따라 달라진다. 직접청구권의 법적성질을 손해배상청구권으로 볼 때 손해배상청구권의 소멸시효 기산점은 민법 제766조에 따라 불법행위의 피해자 또는 그 법정대리인이 손해 및 가해자를 안 날로부터 또는 불법행위를 한 날로부터 소멸시효가 기산된다.[142]

---

140) 개정 전에는 2년이었다.
141) 양승규, 380면.
142) 대판 2005. 10. 7, 2003다6774.

[대법원 2008. 1. 18. 선고 2005다65579 판결]

〈주요 판시내용〉

　민법 제766조 제1항의 '손해 및 가해자를 안 날'은 손해의 발생, 위법한 가해행위의 존재, 가해행위와 손해의 발생과의 사이에 상당인과관계가 있다는 사실 등 불법행위의 요건사실에 관하여 현실적이고도 구체적으로 인식하였을 때를 의미하고, 피해자 등이 언제 불법행위의 요건사실을 현실적이고도 구체적으로 인식한 것으로 볼 것인지는 개별 사건의 여러 객관적 사정을 참작하고 손해배상청구가 사실상 가능하게 된 상황을 고려하여 합리적으로 인정하여야 한다.

　만약에 직접청구권의 법적성질을 보험금청구권으로 볼 때 직접청구권의 소멸시효 기산점은 책임보험에서의 보험금청구권 소멸시효 기산점과 연계된다. 일반보험과는 달리 책임보험에서 보험금청구권의 소멸시효 기산점은 보험사고 발생시가 아니라 피보험자의 제3자에 대한 배상책임이 변제, 승인, 화해 또는 재판에 의해 확정됨으로써 그 보험금청구권을 행사할 수 있는 때라는 것이 판례의 입장이다. 따라서 책임보험에서 보험금청구권의 소멸시효 기산점과 직접청구권의 소멸시효 기산점이 동일하다는 것이다.[143] 그러나 피보험자와 피해자간의 배상책임이 확정될 때까지 피해자가 직접청구권을 행사하지 못하게 하는 것은 피해자 보호라는 직접청구권 제도의 취지와 맞지 않는다.

　직접청구권의 소멸시효 기간점은 직접청구권의 법적성질을 무엇으로 보든 간에 일반적인 보험금청구권의 소멸시효 기산점에 관한 일반 원칙인 보험사고가 발생한 때를 기준으로 하는 것이 타당하다고 여겨진다.[144] 한편 제3자가 보험자에 대하여 직접청구권을 행사한 경우에 보험자가 제3자와 손해배상금액에 대하여 합의를 시도하였다면 보험자는 그때마다 손해배상채무를 승인한 것이 되므로 제3자의 직접청구권 소멸시효 기간의 진행은 중단되며 승인의 효과는 보험계약자 측에게 미친다고 해석된다.[145]

---

143) 대판 2002. 9. 6, 2002다30206. 그런데 대판 1993. 4. 13, 93다3622에서 직접청구권의 법적성질을 보험금청구권으로 보면서 피보험자가 피해자에게 부담하는 손해배상액이 판결에 의하여 확정되는 등의 경우에 피해자가 보험회사에 대하여 직접 보험금의 지급을 청구할 수 있다는 약관의 규정에 따라 피해자가 보험회사에 대하여 판결금액 상당의 보험금을 직접 청구하는 소송을 제기하였다면 직접청구권의 소멸시효는 확정판결이 있은 때로부터 기산되며 다수설과 판례에 따르면 그 소멸시효기간은 10년이 된다고 판시한 바 있다. 그런데 이 판례는 약관에서 피해자가 보험자에게 직접 보험금의 지급을 청구할 수 있는 경우를 명시하고 있는 경우에 적용되는 해석이며, 이러한 약관 내용이 없는 경우에도 이렇게 해석해야 한다는 것은 아니다. 同旨: 한기정, 667면.

144) 대판 1993. 7. 13, 92다39822.

145) 대판 1993. 6. 22, 93다18945; 정찬형, 767면.

[대법원 1993. 6. 22. 선고 93다18945 판결]

〈주요 판시내용〉

보험가입자를 위한 포괄적 대리권이 있는 보험회사가 입원비와 수술비, 통원치료비 등을 피해자에게 지급하고 또 보험가입자에게 손해배상책임이 있음을 전제로 하여 손해배상금으로 일정 금원을 제시하는 등 합의를 시도하였다면 보험회사는 그때마다 손해배상채무를 승인하였다 할 것이므로 그 승인의 효과는 보험가입자에게 미친다.

5. 직접청구권의 내용과 행사

(1) 행사요건과 지급금액

(가) 행사요건과 행사주체

제3자가 보험자에 대하여 직접청구권을 행사하기 위해서는 보험기간 중에 책임보험자가 담보하는 보험사고에 의한 손해가 피보험자의 귀책에 의해 제3자에게 발생하여야 한다. 따라서 피보험자의 귀책사유에 의해 사고가 발생하고 그로 인해 손해가 야기되었다고 하더라도 그 사고가 책임보험자의 담보범위에 속하지 않는다면 보험자는 이에 대한 보상책임이 없는 것이다.146) 즉 직접청구권 행사를 위해서는 피해자가 가해자에 대한 손해배상청구권을 가지면서 동시에 가해자인 피보험자는 보험자에게 보험금청구권을 행사할 수 있어야 한다. 두 요건이 충족되어야 피해자는 보험자를 상대로 직접청구권을 취득하고 행사할 수 있는 것이다. 직접청구권을 행사할 수 있는 자는 직접 피해를 입은 피해자 자신과 그 대리인 및 피해자의 승계인이 될 것이다. 다른 법률에서 금지하지 않는 한 직접청구권의 양도는 가능하며 이 경우 양수인이 직접청구권을 행사할 수 있다. 피해자와 동거하는 가족이나 피해자의 채권자는 직접청구권을 행사할 수 없다고 해석된다. 자동차손해배상보장법상의 직접청구권을 제외하고는 피해자의 채권자가 직접청구권에 압류 등의 강제집행을 할 수는 있다.147) 자동차손해배상보장법이 직접청구권의 압류를 금지하는 이유는 보험자로부터의 금액이 직접 현실적으로 피해자에게 전달되도록 함으로써 피해자를 보호하려는 것이다. 따라서 피해자 보호 취지가 지켜지는 경우, 예를 들어 교통사고 피해자를 치료한 의료기관이 피해자에 대한 진료비청구권에 기초하여 피해자가 보험자에게 가지는 직접청구권을 압류하더라도 이미 피해자는 현실적인 보호를 받았기 때문에 그 압류는 가능하다고 판단된다.148)

책임보험관계에서 피해자가 다수인 경우에 직접청구권을 행사할 수 있는 주체가 다수

---

146) 양승규, 378면.
147) 김성태, 634면.
148) 대판 2004. 5. 28, 2004다6542; 한기정, 660면.

가 된다. 이들 사이에 우선순위는 존재하지 않는다. 각자는 자기 권리 전부에 대해 권리주장을 할 수 있고, 보험자는 다수의 직접청구권자 누구에게 변제해도 유효한 변제로 인정받을 수 있다. 이 경우 직접청구권자들의 내부관계에서 신의칙 내지 공평의 원칙상 정산의무를 원칙적으로 인정할 것인가의 문제가 있다. 판례에서 이에 대한 해답을 간접적으로 찾을 수 있다.149)

[대법원 1994. 4. 26. 선고 93다24223 판결]

〈주요 판시내용〉

채권양도 통지, 가압류 또는 압류명령 등이 제3채무자에 동시에 송달되어 그들 상호간에 우열이 없는 경우에도 그 채권양수인, 가압류 또는 압류채권자는 모두 제3채무자에 대하여 완전한 대항력을 갖추었다고 할 것이므로, 그 전액에 대하여 채권양수금, 압류전부금 또는 추심금의 이행청구를 하고 적법하게 이를 변제받을 수 있고, 제3채무자로서는 이들 중 누구에게라도 그 채무 전액을 변제하면 다른 채권자에 대한 관계에서도 유효하게 면책되는 것이며, 만약 양수채권액과 가압류 또는 압류된 채권액의 합계액이 제3채무자에 대한 채권액을 초과할 때에는 그들 상호간에는 법률상의 지위가 대등하므로 공평의 원칙상 각 채권액에 안분하여 이를 내부적으로 다시 정산할 의무가 있다.

한편 공동불법행위의 경우에 공동불법행위자들이 각각 책임보험계약을 체결했고 그 중 한 공동불법행위자의 보험자가 피해자에게 손해배상으로 보험금을 지급하여 공동불법행위자 및 그 보험자들이 공동 면책된 경우에, 보험금을 지급한 보험자는 다른 보험자들에 대해 보험자대위 방식에 의한 구상권 행사를 할 수도 있고, 보험자대위 방식 대신 복수의 책임보험자들 사이에서 생기는 구상권을 직접 행사할 수도 있다. 이에 대해서는 앞의 청구권대위 부분 중 공동불법행위 부분 및 소멸시효와 기산점 부분에서 설명한 바 있다.

(나) 부종성(附從性)

① 제724조 제2항 단서   보험자와 피보험자 사이의 보험관계는 피해자가 가지는 직접청구권 성립의 원인을 제공하는 것으로서 양자는 밀접한 관계가 있고 직접청구권은 보험관계에 대해 일종의 부종성(附從性)을 가진다.150) 이러한 부종성은 권리의 존부 외에 그 범위에도 영향을 미치며 결국 피해자가 보험자를 상대로 가지는 직접청구권은 피보험자가 보험자에 대해 가지는 보험금청구권의 크기와 범위를 넘어설 수는 없다.151)

제724조 제2항 단서는 이러한 부종성을 반영하고 있다. 즉 피보험자가 사고에 대해

---

149) 대판 1994. 4. 26, 93다24223; 한기정, 679면.
150) 김성태, 624면.
151) 同旨: 정경영, "공동불법행위 피해자의 직접청구권", 보험법연구 3, 삼지원, 1999, 53-54면.

피해자를 상대로 가지는 항변이 있다면 보험자는 이 항변으로서 직접청구권을 행사하는 피해자에게 대항할 수 있다. 예를 들어 피해자가 피보험자에게 대해 가지는 손해배상청구권이 시효로 소멸하게 되면 가해자인 피보험자가 피해자에 대해 부담하게 되는 법률상의 손해배상책임은 더 이상 존재하지 않게 되므로 피보험자에게 재산상의 손해가 발생할 일이 없게 되어 피보험자는 책임보험계약상의 보험금청구권을 행사할 일이 없게 되며 결국 피해자는 보험자를 상대로 직접청구권을 행사하지 못한다. 또한 보험자가 지급하게 되는 보험금의 한도는 책임보험계약에서 구체적으로 정해지게 된다. 책임보험계약에서 약정된 보험금액 한도 내에서 피해자는 직접청구권을 행사할 수 있다. 따라서 유한배상책임보험의 경우에 피해자의 손해가 보험계약에서 정한 보험금액의 한도를 초과하는 경우에는 피해자인 제3자는 초과부분에 대해서는 직접청구권을 행사할 수 없게 된다.[152) 가해자에게 청구해야 한다.

    ② 자기부담금   만약 약관에서 보험자가 보상해야 하는 손해범위와 관련하여 피보험자의 자기부담금이 약정되어 있는 경우에 피보험자는 피해자에게 손해배상을 한 후 보험자에게 책임보험금을 청구하게 되면 보험자는 보험가입금액의 한도 내에서 자기부담금을 공제한 금액을 지급하게 된다. 이 때 피해자가 보험자를 상대로 직접청구권을 행사할 때에도 보험자는 피해자에게 자기부담금 만큼을 공제할 수 있다. 피해자의 직접청구권은 가해자인 피보험자와 보험자간의 보험계약을 원인으로 하므로 직접청구권에 따라 보험자가 부담해야 하는 손해배상 채무 역시 보험계약을 전제로 하기 때문이다. 보험자의 책임 규모는 보험계약에 따른 보험자의 책임한도액 범위 내에서 인정되며 따라서 피보험자의 자기부담금이 있으면 보험자는 손해배상금에서 자기부담금을 공제한 금액을 피해자에게 직접 지급하면 된다.

    직접청구권의 법적 성질을 보험금청구권으로 보면 이는 당연한 해석이고, 손해배상청구권으로 보더라도 직접청구권은 보험계약을 기초로 하고 있고 피해자는 보험금액 한도에서 보험자에게 직접청구권을 행사할 수 있는 것이기에 동일한 결론에 이른다.[153) 직접청구권이 피해자 보호를 위해 도입된 법정권리라고 해도 보험계약의 한도와 계약내용을 도외시하고 행사할 수 있는 것은 아니다. 제724조 제2항 본문에서 보험금액의 한도 내에서 피해자가 보험자에게 직접청구권을 행사할 수 있다고 규정하고 있는 점을 고려할 때 직접청구권의 법적성질을 손해배상청구권으로 보더라도 자기부담금은 공제되어야 한다.

---

152) 양승규, 378면.
 153) 대판 2014. 9. 4, 2013다71951; 대판 2017. 3. 30, 2014다68891; 한기정, 668면.

[대법원 2017. 3. 30. 선고 2014다68891 판결]

〈주요 판시내용〉

　이 사건 보험약관 제4장에서 하나의 손해배상청구(보험사고)의 결과로 발생하는 손해배상금에 관하여, 손해배상금이 자기부담금을 초과하는 경우에 한하여 그 초과분을 보상하기로 약정한 사실을 인정한 다음, 원고(피해자)들의 피고 보험회사에 대한 이 사건 손해배상청구는 상법 제724조 제2항에 따른 것으로 피고 보험회사는 그 보험금액의 한도 내에서만 직접 손해배상책임을 지게 되므로, 자기부담금 1,000만 원은 피고 보험회사가 원고(피해자)들에게 지급할 손해배상금에서도 공제되어야 한다.

(다) 보험약관상 지급기준 및 보험약관별 보상한도

　① 표준약관 내용의 적용 범위　　자동차보험표준약관은 손해배상액 산정을 위한 기준을 약관에 미리 정하고 있는데 실무상 약관상의 지급기준에 따라 산정된 손해배상금과 법원에서 산정하는 손해배상금에 차이가 발생하게 된다. 이 때 보험자가 직접청구권을 행사한 피해자에게 지급해야 하는 손해액이 약관상의 지급기준에 의해 산정된 금액에 따라야 하는가의 문제가 발생한다. 자동차보험표준약관상의 지급기준(과실상계, 위자료, 장례비, 일실수입에 관한 기준)은, 재판에 의해 피보험자의 피해자에 대한 책임배상액이 확정되지 않는 한, 피보험자가 보험자에게 보험금을 청구할 때에는 보험자가 부담하게 되는 금액 산정에 있어서 구속력 있는 기준이 된다. 피해자가 가지는 직접청구권의 법적 성질을 보험금청구권으로 본다면, (재판에 의해 배상액이 정해지지 않는 한), 보험자의 피해자에 대한 책임액은 약관상의 지급기준에 따라야 할 것이다. 그러나 그 법적 성질을 손해배상청구권으로 본다면 보험회사가 보상하여야 할 손해액을 산정함에 있어서 자동차보험 약관상의 지급기준에 구속되지 않으며, 일반적인 통상의 인신사고에 관한 손해배상책임 법률과 판례에 따르면 된다는 것이 법원의 해석이다. 이렇게 산정된 손해배상액 중 보험금액의 한도에서 직접청구권 행사가 허용되는 것이다.154)

[대법원 2019. 4. 11. 선고 2018다300708 판결]

〈주요 판시내용〉

　상법 제724조 제2항에 의하여 피해자에게 인정되는 직접청구권의 법적 성질은 보험자가 피보험자의 피해자에 대한 손해배상채무를 병존적으로 인수한 것으로서 피해자가 보험자에 대하여 가지는 손해배상청구권이고 피보험자의 보험자에 대한 보험금청구권의 변형 내지는 이에 준하는 권

---

154) 대판 2019. 4. 11, 2018다300708; 대판 2019. 4. 23, 2018다281241; 대판 1994. 5. 27, 94다6819; 대구지법 2016. 4. 21, 2015나15243(확정).

리는 아니다. 이러한 피해자의 직접청구권에 따라 보험자가 부담하는 손해배상채무는 보험계약을 전제로 하는 것으로서 보험계약에 따른 보험자의 책임 한도액의 범위 내에서 인정되어야 한다는 취지일 뿐, 법원이 보험자가 피해자에게 보상하여야 할 손해액을 산정하면서 자동차종합보험약관의 지급기준에 구속될 것을 의미하는 것은 아니다. 교통사고 피해차량의 소유자인 甲이 가해차량의 보험자인 乙 보험회사를 상대로 차량의 교환가치 감소에 따른 손해에 관해 상법상 직접청구권을 행사하였으나, 乙 회사가 자동차종합보험약관의 대물배상 지급기준에 '자동차 시세 하락의 손해'에 대해서는 수리비용이 사고 직전 자동차 거래가액의 20%를 초과하는 경우에만 일정액을 지급하는 것으로 규정하고 있다는 이유로 이를 거절한 사안에서, 피해차량은 교통사고로 통상의 손해에 해당하는 교환가치 감소의 손해를 입었고, 위 약관조항은 보험자의 책임 한도액을 정한 것이 아니라 보험금 지급기준에 불과하여 乙 회사가 보상하여야 할 손해액을 산정하면서 법원이 약관조항에서 정한 지급기준에 구속될 것은 아니므로, 乙 회사는 甲에게 상법 제724조 제2항에 따라 교환가치 감소의 손해를 배상할 의무가 있는데도, 甲의 교환가치 하락분에 대한 손해가 보험계약에 따른 보험자의 보상범위에 속하지 않는다고 본 원심판단에 '대법원의 판례에 상반되는 판단'을 하여 판결에 영향을 미친 위법이 있다.

한편 보험약관별 보상한도와 관련하여 직접청구권은 보험계약을 전제로 하기 때문에 보험계약에 따른 보험자의 책임한도액의 범위 내에서 인정되며, 이러한 취지에서 개별 상해와 후유장해 등급별 한도액 범위 내에서 피해자의 직접청구권이 인정된다고 판시하고 있다.155) 직접청구권의 법적성질을 손해배상청구권으로 보더라도 피해자가 행사한 직접청구권에 대해 보험자는 보험계약별 책임한도액의 범위 내에서 보상책임을 부담하게 된다. 결과적으로 보험계약에 따른 책임한도액 범위 내에서 직접청구권이 인정되는 반면, 지급금액은 민법상 손해배상책임 산정에 관한 법리를 기초로 하게 되므로 보험자로서는 실제로 자신이 체결한 보험계약 내용과는 전혀 다른 책임을 부담하게 되는 문제가 발생한다.

　② 검　　토　　보험약관상의 지급기준에 따라 산정되는 보상한도가 제724조 제2항의 '보험금액의 한도'에 해당하는 것이라고 보게 되면 약관상의 지급기준이 피해자에게도 적용될 수 있을 것이다. 그러나 판례의 태도는 약관상의 지급기준이 보험자와 피보험자 사이에서는 구속력이 있으나 제3자인 피해자에 대해서는 그 적용을 배제한다는 것이다. 피해자가 가지는 직접청구권은 피보험자가 보험자에 대해 가지는 보험금청구권 범위 내에서 인정됨이 타당하다. 그럼에도 불구하고 명확한 기준도 없이 보험약관 중에서 총 한도액이나 자기부담금 조항 등 그 일부에 대해서만 피해자인 제3자에게 약관 내용이 효력이 미친다고 제한적으로 해석하는 것에 대해서는 의문이 제기된다. 본래 책임보험에서의 보험자가 계약에 의해 부담하게 되는 채무의 내용을 고려할 때 법원의 이러한 이중적 잣대

---

155) 대판 2017. 5. 18, 86895; 대판 2019. 1. 17, 2018다245702; 한기정, 668면-669면.

에 타당성이 있는 것인지 의문이다. 이러한 문제는 감독기관인 금융감독원이 제정한 표준약관의 구속력이 계약당사자가 아닌 제3자에게도 미치는 것인가의 문제와 연계된다.

(2) 영국법 준거약관의 인정 문제

해상보험 중 충돌손해배상보험과 같은 책임보험적 성격을 갖는 경우에도 직접청구권 제도가 적용될 수 있다고 해석된다. 우리 대법원은 해상보험에 있어서 영국법 및 영국 관습을 준거법으로 하는 이른바 영국법 준거약관의 효력을 인정[156]하고 있어서 실무상 영국의 법과 관습이 해석의 기준이 되고 있다. 판례는 피보험자와 보험자가 체결한 해상적하책임보험계약에 보험자의 책임에 관하여 영국법을 적용하기로 하는 영국법 준거조항이 포함되어 있는 경우에 보험계약에 따른 보험자의 '책임'에 관한 준거법으로 영국법이 적용되며, 따라서 피해자의 보험자에 대한 직접청구권 행사에는 상법 제724조 제2항이 아니라 보험계약의 준거법인 영국법(제3자 권리법, Third Parties (Rights against Insurers) Act 1930)이 적용된다고 해석하고 있다.[157] 그런데 영국법에서 규정하고 있는 직접청구권 행사요건은 '피보험자의 파산'을 특별히 요구하고 있다. 즉 우리의 경우보다 그 행사요건이 까다롭다. 영국법이 적용되는 경우에 피해자 보호가 상대적으로 미흡해질 가능성이 있다. 이와 관련하여 우리 대법원이 영국법 준거약관을 유효하다고 판단한 결과 실무에 있어서 많은 문제점을 야기한다고 비판하는 견해가 있다.[158]

[대법원 2017. 10. 26. 선고 2015다42599 판결]

〈주요 판시내용〉

보험자가 피보험자의 손해배상채무를 병존적으로 인수하게 되는 원인은, 피보험자가 제3자에 대하여 손해배상채무를 부담하는 것과는 별개로, 기초가 되는 보험자와 피보험자 사이의 법률관계인 책임보험계약에 관하여 제3자의 보험자에 대한 직접청구권을 인정하는 법 규정이 존재하기 때문이다. 그리고 제3자 직접청구권이 인정되는 경우에 보험자가 제3자에 대하여 부담하는 구체적인 책임의 범위와 내용은 책임보험계약에 따라 정해질 수밖에 없고, 책임보험계약에 따라 보험자와 피보험자가 부담하는 권리의무도 변경된다. 위와 같은 사정들을 종합하여 보면, 외국적 요소가 있는 책임보험계약에서 제3자 직접청구권의 행사에 관한 법률관계에 대하여는 기초가 되는 책임보험계약에 적용되는 국가의 법이 가장 밀접한 관련이 있다고 보이므로, 그 국가의 법이 준거법으로 된다고 해석함이 타당하다. 이 사건에서 피보험자와 보험자가 체결한 해상적하책임보험계약에 보험자의 책임에 관하여 영국법을 적용하기로 하는 영국법 준거조항이 포함되어 있으므로,

---

156) 대판 1996. 3. 8, 95다28779; 대판 1991. 5. 14, 90다카25314.
157) 대판 2017. 10. 26, 2015다42599.
158) 서영화, "해상의 책임보험과 피해자의 직접청구권—소위 Pay First Clause와 관련하여", 한국해법학회지 제28권 제1호, 2006, 47-50면, 55-69면.

이 사건 보험계약에 따른 보험자의 책임에 관한 준거법으로 영국법이 적용되며, 피해자의 보험자에 대한 직접청구권의 행사는 보험계약의 준거법에 따라야 하므로, 피해자의 보험자에 대한 직접청구권 행사에는 보험계약의 준거법인 영국법이 적용된다.

(3) 기　　타

(가) 보험자의 통지의무와 피보험자의 협조의무

보험자는 제3자로부터 직접청구를 받은 때에는 지체없이 이를 피보험자에게 통지하여야 한다(제724조 제3항). 책임보험은 피보험자가 부담하는 피해자에 대한 손해배상을 보험자가 대신하는 것이므로 직접 청구 받은 사실을 피보험자에게 지체없이 통지함으로써 보험금 지급과 관련하여 보험자와 피보험자가 함께 대처하고 각종 항변권 등 피보험자의 협조를 요구하거나 기대할 수 있기 때문이다.159) 제724조 제4항은 이러한 피보험자의 협조를 의무화하여 제3자가 직접청구권을 행사한 경우에 보험자의 요구가 있을 때에는 피보험자는 필요한 서류, 증거의 제출, 증언 또는 증인의 출석에 협조하여야 한다고 정하고 있다. 그런데 견해에 따라서는 이러한 피보험자의 보험자에 대한 협조의무는 피해자가 직접청구권을 행사한 경우에만 인정되는 것이 아니라, 보험계약에서 정한 보험사고로 제3자가 손해를 입어 그 책임관계를 확정짓는 경우에도 인정되는 것이라고 확대해석하기도 한다.160) 견해에 따라서는 보험자의 통지의무는 피보험자의 이익을 보호하기 위한 것이므로 보험자 통지의무를 위반하여 피보험자에게 손해가 생겼다면 보험자가 이를 배상할 책임이 있다고 해석하기도 한다.161)

(나) 직접청구권 제한 특약의 효력문제

명문으로 규정되어 있는 직접청구권의 존재를 보험계약 체결시 특약을 통해 부인한다든지 아니면 그 행사에 제한을 가할 수 있는가의 문제에 있어서, 이 제도가 상법 제663조의 대상이 되지는 않지만162) 피해자 보호라는 정책적 측면에서 특별히 법이 인정한 취지를 고려하면 직접청구권을 인정하고 있는 제724조 제2항은 강행규정으로 보아야 하며 따라서 당사자간의 특약으로 그 존재를 부인하거나 행사에 제한을 가하지는 못하는 것으로 해석해야 할 것이다.163)

---

159) 양승규, 378면; 최기원, 457면에서는 보험자의 통지의무는 피보험자의 이익을 보호하기 위한 것이므로 보험자가 이 의무를 위반한 때에는 피보험자에 대해 손해배상의무를 부담한다고 해석하고 있다.

160) 양승규, 379면.

161) 최기원, 457면.

162) 제663조는 피해자가 아니라 보험계약자 또는 피보험자에 대한 유·불리를 따지기 때문이다.

163) 同旨: 김성태, 618-619면.

(대) 법정이율

직접청구권의 법적 성질을 손해배상청구권설로 보면 지연손해금은 5%의 민사법정이율이 적용된다는 것이 판례의 입장이다.[164] 반면 보험금청구권설에 따르면 지연손해금은 상사법정이율 연6%가 적용된다.

6. 직접청구권과 보험금청구권의 관계

(1) 별개 독립의 권리

책임보험에서 가해자인 피보험자가 보험자에 대해 가지는 보험금청구권과 피해자가 보험자에 대해 가지는 직접청구권은 별개 독립의 권리이다.[165]

(2) 기판력의 문제

보험자가 피보험자를 상대로 보험금청구권부존재의 승소확정 판결을 받은 경우에 그 기판력이 직접청구권을 가진 피해자에게도 미치는가의 문제가 제기된다. 직접청구권의 법적 성질을 보험금청구권으로 본다면 기판력이 피해자에게도 미친다고 해석함이 논리적이다. 그러나 다수 판례와 같이 손해배상청구권으로 볼 때 피해자의 직접청구권과 피보험자의 보험금청구권은 서로 그 성질이 달라 보험자와 피보험자간의 소송 기판력이 제3자에게 미친다고 볼 수 없으므로 제3자는 직접청구권으로 소구할 수 있다고 본다. 다시 말하여 피해자인 제3자가 약관에서 정한 요건을 갖추어 보험자에게 직접청구권을 행사하기 이전에 피보험자의 보험자에 대한 보험금청구권이 부존재한다는 판결이 확정되었다고 하여도 그 판결의 당사자가 아닌 제3자에 대하여서까지 판결의 효력이 미치는 것이 아니어서 이 사유만으로 당연히 직접청구권을 행사 못하게 되는 것은 아니다.[166] 보험자와 피보험자 사이의 전소판결에서 비록 약관에서 정한 면책사유의 존재로 인하여 피보험자에게 보험금청구권이 없다고 판단되었다고 하더라도 피해자가 그 약관에서 정한 요건을 갖추어 보험자를 상대로 하여 보험금을 직접 청구하는 사건의 경우에 있어서는 전소판결과 관계없이 피보험자가 보험자에 대하여 보험금청구권이 있는지 여부를 다시 따져보아야 하는 것이다.

---

164) 대판 2019. 5. 30, 2016다205243.
165) 김성태, 625면.
166) 대판 1995. 2. 10, 94다4424; 대판 2004. 8. 20, 2003다1878; 임용수, 390면.

> **[대법원 1995. 2. 10. 선고 94다4424 판결]**
>
> 〈사실관계〉
>
> 보험사고의 피해자인 원고가 가해자의 보험자인 피고회사에 보험금을 청구하자, 피고회사는 이미 가해자인 피보험자와의 소송에서 피보험자는 피고회사에 보험금을 청구할 수 없다는 판결을 받았으므로 원고에게도 보험금을 지급할 책임이 없다고 주장하였다.
>
> 〈주요 판시내용〉
>
> 책임보험인 자동차종합보험에 관하여 개정상법의 시행 전에 그 약관에 의하여 인정되던 보험금 직접청구권은 피보험자의 보험자에 대한 보험금청구권에 바탕을 두고 그와 내용을 같이 하는 것이기는 하지만, 피해자가 그 약관에서 정한 요건을 갖추어 보험자에게 보험금청구권을 행사하기 이전에 보험자와 피보험자 사이에 피보험자의 보험자에 대한 보험금청구권이 부존재한다는 판결이 선고되고 그 판결이 확정되었다고 하여도 그 판결의 당사자가 아닌 피해자에 대하여서까지 판결의 효력이 미치는 것이 아니어서 이 사유만으로 당연히 보험금을 청구하지 못하게 되는 것은 아니다.

(3) 우선순위의 문제

(가) 제724조 제1항과 직접청구권의 우선성

보험계약상의 보험금액의 한도가 없는 경우에는 양 청구권 중 어떤 것이 우선하는가는 크게 문제되지 않는다. 그러나 보험금액의 한도를 약정한 경우에는 우선 순위의 문제가 생길 수 있다. 즉 피보험자가 손해배상액의 일부를 피해자에게 먼저 배상을 한 후 자신의 보험자에 대한 보험금청구권을 행사하는 경우에, 보험금청구권 행사금액과 피해자가 손해배상을 받지 못한 잔액에 대한 피해자의 직접청구권 행사금액의 합계액이 약정 보험금액 한도액을 초과한 때에 어느 청구권에 우선권이 있는가의 문제가 있다. 예를 들어 자동차보험 대인배상 I의 책임한도액이 1억원이라고 가정하고, 피해자의 손해액이 1억 5천만원, 피보험자(가해자)의 피해자에 대한 기지급액이 3,000만원일 때 피보험자가 보험자에 대해 갖는 3,000만원의 보험금청구권과 피해자가 보험자에 대해 가지는 직접청구권과의 경합문제가 발생한다. 가해자인 피보험자가 배상액을 피해자에게 지급했다면 그 금액에 대해서 피보험자는 보험자에게 청구할 수 있음이 원칙이다. 그런데 가해자인 피보험자가 피해자에게 일부(3,000만원)만을 배상했고 피해자가 아직 배상을 받지 못한 잔액(1억 2천만원)과의 합계액(1억 5천만원)이 대인배상 I 보험금의 한도액을 초과한 경우에 만약 피보험자가 무한배상을 내용으로 하는 임의보험에 별도로 가입하지 않았다면 대인배상 I 보험금 한도 내에서만 피해자의 직접청구권이 인정될 수 있을 것이고 이러한 경우에 피해자는 배상을 받지 못한 잔액(1억 2천만원) 중 대인배상 I 보험금 한도 내에서 우선권이 있으며 나머지 손해액에 대해서는 가해자인 피보험자에게 손해배상청구를 할 수 있는 것으로 해석할 수 있을 것이다. 이에 따르면 피해자는 피보험자로부터 지급받은 3,000만원 이외에 1억 2천만원 중 보험자에게 1억원 전부를 직접 청구할 수 있다고 해석해야 할 것이다.167)

제3자인 피해자가 피보험자로부터 배상을 받기 전에는 제724조 제1항에 의해 보험자는 피보험자의 보험금지급 청구를 거절할 수 있다. 다시 말해 피보험자가 보험금을 청구하여 보험자로부터 이를 지급받기 위해서는 피보험자가 제3자인 피해자에게 배상을 먼저 해야 한다는 것이다. 이 규정은 직접청구권과 보험금청구권의 관계에 대하여, 제3자의 직접청구권이 피보험자의 보험금청구권에 우선한다는 것을 선언한 것이라고 할 수 있다.168) 판례도 같은 취지이다.169)

> ### [대법원 2015. 2. 12. 선고 2013다75830 판결]
>
> 〈주요 판시내용〉
>
> 상법 제724조 제1항은 피보험자가 상법 제723조 제1항, 제2항의 규정에 의하여 보험자에 대하여 갖는 보험금청구권과 제3자가 상법 제724조 제2항의 규정에 의하여 보험자에 대하여 갖는 직접청구권의 관계에 관하여, 제3자의 직접청구권이 피보험자의 보험금청구권에 우선한다는 것을 선언하는 규정이라고 할 것이므로, 보험자로서는 제3자가 피보험자로부터 배상을 받기 전에는 피보험자에 대한 보험금 지급으로 직접청구권을 갖는 피해자에게 대항할 수 없다.

만약 피보험자로부터 피해자가 배상을 받지 못했음에도 불구하고 보험자가 보험금을 피보험자에게 임의로 지급했다면 그 경우 그 지급 자체는 유효하다고 해석될 수는 있다. 다만 피해자에게 그 지급을 가지고 대항할 수 없다.170) 따라서 보험금을 수령한 피보험자(가해자)가 그 돈을 피해자에게 주지 않고 임의로 소비해버렸다고 해도 보험자는 보험금을 피보험자에게 이미 지급했다고 주장하면서 피해자에게 대항할 수 없다. 피해자는 보험자를 상대로 전체 손해액에 대해(물론 약정 보험금액 한도 내에서) 직접청구권을 행사할 수 있고 이를 통해 보호받을 수 있다. 또한 피보험자의 다른 채권자가 피보험자의 보험금청구권에 강제집행을 하더라도 제724조 제1항에 따라 피해자가 배상을 받기 전에는 보험자는 피보험자의 채권자에게 보험금을 지급하지 않아야 한다. 즉 피보험자가 보험자에게 직접청구하든, 피보험자의 다른 채권자가 보험금청구권을 강제집행하든 피해자가 직접청구

---

167) 임용수, 389면.
168) 김성태, 625면; 장덕조, 358면 각주 172.
169) 대판 2015. 2. 12, 2013다75830; 대판 1995. 9. 26, 94다28093; 임용수, 390면; 정동윤, 659면.
170) 대판 1995. 9. 26, 94다28093.

권을 행사하면 우선해서 피해자에게 손해배상액을 지급해야 한다.[171] 피보험자가 보험계약에 따라 보험자에 대하여 가지는 보험금청구권에 관한 가압류 등의 경합을 이유로 행한 집행공탁은 피보험자에 대한 변제공탁의 성질을 가질 뿐이므로, 이러한 집행공탁에 의하여 피해자의 직접청구권이 소멸된다고 볼 수는 없으며, 따라서 그 집행공탁으로써 직접청구권을 가지는 제3자에게 대항할 수 없다.

[대법원 2014. 9. 25. 선고 2014다207672 판결]

〈주요 판시내용〉

보험자인 피고가 보험계약에 따라 피보험자에게 부담하여야 할 보험금 중 남아있는 금액 329,760,874원에 대하여 제3자인 원고와 ○○손해보험주식회사가 피보험자에 대한 손해배상채권과 구상금채권을 피보전채권으로 하여 피보험자의 피고(보험자)에 대한 보험금청구권을 가압류함에 따라 피고(보험자)가 압류된 보험금채권액 전액을 공탁하였다는 이유로 상법 제724조 제2항에 따른 피고(보험자)의 제3자 원고에 대한 보험금 직접지급의무가 소멸하였다는 주장은 타당하지 않다.

(나) 지급거절권과 포기

① 지급거절권의 내용과 피해자 보호 역할   제723조에 따르면 피보험자는 책임이 확정되어야 보험금을 청구할 수 있고 보험자는 보험금 지급의무가 있게 되지만. 제724조 제1항에 따르면 피보험자가 책임을 질 사고로 인하여 생긴 손해에 대하여 제3자가 그 배상을 받기 전에는 책임보험의 보험자는 보험금액의 전부 또는 일부를 피보험자에게 지급하지 못한다고 규정하고 있다. 즉 피보험자가 제3자에게 배상책임을 먼저 이행해야만 보험자는 피보험자에게 보험금을 지급한다는 것이다. 양 조문이 충돌되는 모습을 가진다. 제724조 제1항은 제724조 제2항에서 인정하는 이른바 직접청구권을 가지는 피해자를 보호하기 위한 규정이다.

제724조 제1항은 결국 보험자에게 지급거절권을 부여한 것인데, 보험자가 임의로 피보험자에게 보험금을 지급하더라도 그 지급 자체가 무효로 되는 것은 아니다. 즉 보험자의 임의지급이 유효한 지급이기는 하지만 그 지급을 가지고 제3자에게 대항할 수 없다는 의미이다.[172] 제3자가 배상을 받기 전에 보험자가 피보험자에게 먼저 보험금을 지급했는데 보험금을 받은 피보험자가 이를 개인적으로 유용함으로써 제3자가 배상을 받지 못하는 피해가 발생한 경우 제724조 제1항에 따라 보험자는 자신이 이미 보험금을 피보험자에게 지급했다는 항변을 제3자에게 하지 못한다. 결국 이러한 경우에 보험자는 제3자의 피해에

---

171) 한기정, 658면.
172) 대판 1995. 9. 26, 94다28096.

대한 손해보상의 책임이 인정된다. 이것은 피해자의 직접청구권이 피보험자의 보험금청구권에 우선한다는 것을 의미한다.173) 제724조 제1항에서 정하고 있는 지급거절권한은 피보험자가 가지는 보험금청구권에 피보험자의 채권자가 강제집행을 할 때에도 피해자를 보호하는 역할을 한다. 가해자인 피보험자에게 다른 채권자가 존재하는 경우에 채권자의 강제집행에 있어서 피해자가 다른 채권자에 우선하여 변제를 받을 수 있는 것으로 해석되기 때문이다. 가해자의 다른 채권자가 피보험자의 보험금청구권에 강제집행을 해도 보험자는 피해자가 배상을 받기 전에는 가해자에게 보험금을 지급할 수 없음을 이유로 가해자의 다른 채권자에 대한 의무이행을 거절할 수 있다.174) 이러한 취지에서 제724조 제1항이 피해자의 직접청구권이 피보험자의 보험금청구권에 우선한다는 것을 선언하는 규정이라고 해석된다.175)

② 지급거절 권한의 포기　　　보험자가 가지는 지급거절권한은 포기할 수 있는 것으로 해석된다. 판례는 보험자가 약관에서 지급거절에 관한 조항을 명시적으로 두고 있지 않았다면 보험자는 지급거절권을 포기한 것으로 해석한 것으로 해석하고 있다.176) 만약에 약관에서 "피보험자는 판결의 확정, 재판상의 화해, 중재 또는 서면에 의한 합의로 손해액이 확정되었을 때에 회사에 대하여 보험금의 지급을 청구할 수 있으며, 회사는 피보험자로부터 보험금 청구에 관한 서류를 받은 때에는 지체 없이 필요한 조사를 마치고 곧 보험금을 지급한다"는 취지로 규정하면서, 피보험자가 제3자에게 손해배상을 하기 전에는 보험자는 피보험자에게 보험금을 지급하지 않는다는 내용의 조항을 약관에 두지 않고 있다면, 보험자는 상법 제724조 제1항 소정의 지급거절권을 포기한 것으로 해석할 수도 있다.

[대법원 1995. 9. 26. 선고 94다28093 판결]

〈사실관계〉

　원고는 피고회사와 업무용자동차보험계약을 체결하였는데 약관에는 "피보험자는 판결의 확정, 재판상의 화해, 중재 또는 서면에 의한 합의로 손해액이 확정되었을 때에 회사에 대하여 보험금의 지급을 청구할 수 있고, 회사는 피보험자로부터 보험금청구에 관한 서류를 받은 때에는 지체 없이 필요한 조사를 마치고 곧 보험금을 지급한다"는 내용이 있다. 원고의 사고로 피해를 입은 소외인이 원고를 상대로 손해배상판결이 확정되자 원고는 피고 보험회사에게 보험금 지급을 청구하였다. 피고회사는 원고에게 아직 소외인에게 손해배상금을 지급하지 않았다는 이유로 보험금 지급을 거절할 수 있는가?

---

173) 정동윤, 652면; 임용수, 381면 및 385면; 최준선, 278면; 양승규, 366면; 서헌제, 203면; 김은경, 514면.
174) 한기정, 658면.
175) 대판 1995. 9. 25, 94다28093.
176) 대판 2007. 1. 12, 2006다43330; 대판 1995. 9. 29, 95다24807; 대판 1995. 9. 25, 94다28093; 대판 1995. 9. 15, 94다17888.

〈주요 판시내용〉

　업무용자동차 종합보험 보통약관에 위와 같은 내용이 있고 피보험자가 제3자에게 손해배상을 하기 전에는 피보험자에게 보험금을 지급하지 않는다는 내용의 조항을 두지 않고 있다면, 보험자는 약관에 의하여 상법 제724조 제1항 소정의 지급거절권을 포기하였다고 봄이 상당하고, 따라서 피보험자로서는 그 약관 소정의 요건을 충족하기만 하면 보험자에 대하여 보험금청구권을 행사할 수 있다.

[대법원 2007. 1. 12. 선고 2006다43330 판결]

〈사실관계〉

　원고는 피해자에게 배상할 손해배상액이 재판으로 확정된 이후에 피해자에게 손해배상금을 지급하지 않은 채 피고회사에 보험금을 청구하였다. 그러나 피고회사는 약관에 "피고는 손해배상청구권자가 손해배상을 받기 전에는 보험금의 전부 또는 일부를 피보험자에게 지급하지 않으며, 피보험자가 지급한 손해배상액을 초과하여 지급하지 않습니다"라고 규정함으로써 명시적으로 지급거절조항을 두고 있으므로 피해자가 원고로부터 손해배상을 받기 전에는 보험금을 지급하지 않겠다고 주장하였다.

〈주요 판시내용〉

　보험회사의 자동차보험약관상 상법 제724조 제1항의 내용과 같이 피보험자가 제3자에게 손해배상을 하기 전에는 피보험자에게 보험금을 지급하지 않는다는 내용의 지급거절조항을 두고 있지 않다면 보험자는 그 약관에 의하여 상법 제724조 제1항의 지급거절권을 포기한 것으로 보아야 하지만, 만약 약관에 명시적으로 지급거절조항을 두고 있다면 달리 지급거절권을 포기하거나 이를 행사하지 않았다고 볼 만한 특별한 사정이 없는 한 보험자는 상법 제724조 제1항 및 지급거절조항에 의하여 피보험자의 보험금지급청구를 거절할 권리가 있다.

　　그런데 제724조 제1항의 지급거절권을 보험자가 포기한 것으로 해석되는 경우라 하더라도 보험자는 이로써 제3자의 직접청구권 행사에 대항하지 못한다고 해석된다. 제3자의 보호에는 문제가 없는 것으로 해석된다. 따라서 피보험자가 지급거절권한이 포기된 것으로 해석될 수 있는 약관에 기초하여 보험금지급 청구를 하면 보험자는 청구에 응해야 하지만, 이 때 보험자로서는 직접청구권을 갖는 피해자인 제3자에게 직접 보험금을 지급함으로써 보험금이 이중지급되는 위험을 회피하는 방법을 선택하여야 할 것이다.[177] 결국 해석상 피해자가 가지는 직접청구권이 피보험자의 보험금청구권에 대해 우선하며, 지급거절권을 보험자가 포기한 것으로 해석되는 경우에도 피해자가 가지는 직접청구권의 우선적 성질이 인정된다.

---

177) 대판 1995. 9. 26, 94다28093; 최준선, 286-287면; 한기정, 659면.

(4) 보험자의 항변권

피해자가 가지는 직접청구권은 피보험자가 보험자에 대해 가지는 보험금청구권의 존재를 전제하며 피보험자와 보험자간의 보험계약 관계에 부종하는 성질을 갖는다.[178] 제724조 제2항은 이를 반영하여 직접청구권은 보험계약상 보험금액의 한도 내에서 보험자에게 청구할 수 있다고 규정하고 있다. 판례도 피해자의 직접청구권에 따라 보험자가 부담하는 손해배상채무는 보험계약을 전제로 하는 것으로서 보험계약에 따른 보험자의 책임한도액의 범위 내에서 인정되어야 한다고 판시하고 있다.[179]

> [대법원 2017. 10. 26. 선고 2015다42599 판결]
>
> 〈주요 판시내용〉
> 제3자 직접청구권이 인정되는 경우에 보험자가 제3자에 대하여 부담하는 구체적인 책임의 범위와 내용은 책임보험계약에 따라 정해질 수밖에 없고, 책임보험계약에 따라 보험자와 피보험자가 부담하는 권리의무도 변경된다.

직접청구권이 가지는 이러한 부종성은 보험자가 보험계약자나 피보험자에게 갖는 항변을 피해자에게 원용할 수 있는가의 문제로 연결된다.

⑺ 피보험자의 피해자에 대한 항변사유

상법 제724조 제2항 단서는 피해자가 직접청구권을 행사하는 경우에 피보험자가 그 사고에 관하여 피해자에 대하여 가지는 항변을 가지고 있다면 보험자는 그 항변을 갖고 피해자에게 대항할 수 있다고 규정하고 있다. 예를 들어 가해자인 피보험자와의 관계에서 피해자인 제3자의 과실이 일부 인정되는 경우에는 보험자는 직접청구권을 행사한 피해자에게 과실상계의 항변을 할 수 있다. 만약 피보험자가 피해자에 대해 손해배상책임을 부담하지 않는 경우라면 보험자도 피해자의 직접청구권에 응할 필요가 없다.[180]

> [대법원 1981. 7. 7. 선고 80다2271 판결]
>
> 〈사실관계〉
> 교통사고 피해자인 원고가 가해자의 책임보험사인 피고회사에 보험금을 청구하자, 피고회사는 사고에 있어서 원고의 과실비율에 해당하는 만큼의 치료비는 피고가 지급할 손해배상액에서 공제되어야 한다고 주장하였다.

---

178) 양승규, 379면; 장덕조, 362면.
179) 대판 2017. 5. 18, 2012다86895; 대판 2017. 10. 26, 2015다42599.
180) 임용수, 391면; 양승규, 379-380면.

<주요 판시내용>

　피고가 가입한 위 보험회사에서 지급한 치료비액수 중 원고의 과실에 상당하는 부분은 원고가 부담하여야 할 것인데도 이를 피고가 부담한 셈이 되어 부당하므로 비록 이 사건 청구가 치료비에 관한 것이 아니라고 하더라도 이를 피고가 배상할 손해액에서 공제하여야 한다.

　화재보험자와 아파트 입주자대표회의 사이에 화재보험계약을 체결하면서 보험약관에 '보험회사는 타인을 위한 계약인 경우 계약자에 대한 대위권을 포기한다'는 이른바 대위권 포기약정이 있고 아파트 입주자대표회의가 다른 보험자와 재난배상책임보험을 체결하였다면, 대위권 포기약정은 화재보험자와 입주자대표회의 사이에 별도로 체결된 화재보험계약의 약관에 의해 피보험자가 화재보험계약의 보험자에 대하여 가지는 항변일 뿐, 피보험자가 피해자에 대하여 가지는 항변이 아니고 그 내용도 피해자에 대한 손해배상채무의 성립이나 범위에 관한 것이라고 볼 수 없다. 따라서 화재사고가 발생하여 입주자대표회의에게 보험금을 지급한 화재보험자가 보험자대위에 기하여 재난배상책임보험자에게 지급보험금에 상응하는 대위구상을 하였다면, 재난배상책임보험자는 피해자의 직접청구권 행사에 대해 대위권 포기약정을 항변사유로 삼을 수 없다.[181]

[대법원 2024. 7. 11. 선고 2020다246913 판결]

<사실관계>

　원고는 아파트 입주자대표회의와 아파트 12개동과 부속설비 및 아파트 내 가재도구에 대해 화재보험계약을 체결했다. 피보험자는 별도로 특정되지 않았고 보험증권의 '보험목적 소유자'란에는 입주자대표회의로 기재되었다. 해당 약관에는 '보험자인 원고는 타인을 위한 계약인 경우 계약자에 대한 대위권을 포기한다'라고 규정되어 있다(이하 '면책약관'이라 함). 피고는 입주자대표회의와 아파트 12개동과 부속건물에 대해 재난배상책임보험계약을 체결했다. 원인미상 발화로 공용부분을 포함하여 20세대의 건물 및 가재도구가 훼손되는 화재사고가 발생했다. 피해자에게 보험금을 지급한 원고 화재보험자는 보험자대위에 기하여 피고 재난배상책임보험자에게 지급보험금에 상등하는 대위구상을 청구하였다. 그러나 피고 재난배상책임보험자는 화재보험계약상의 대위권 포기약정에 따라 자신에 대한 원고의 대위권 행사는 불가하다면서 원고의 청구에 응하지 않았다.

<주요 판시내용>

　이 사건 면책규정은 원고와 입주자대표회의 사이에 별도로 체결된 화재보험계약의 약관에 의해 피보험자가 화재보험계약의 보험자인 원고에 대하여 가지는 항변일 뿐, 피보험자가 피해자에 대

181) 대판 2024. 7. 11, 2020다246913. 유사한 사안을 다른 사건에서도 피해자에게 화재보험금을 지급한 화재보험자는 재난책임보험자에게 대위구상을 할 수 있다고 판단했다. 대판 2024. 12. 26, 2024다250286. 다만 이 사건에서는 대위권 포기약정이 쟁점이 되었던 것은 아니며, 보험자 대위의 대상이 되는 제3자의 문제가 쟁점이었는데, 대법원은 발화세대 입주자는 손해배상책임의 상대방인 타인에 해당하므로 보험자대위의 대상이 된다고 판결하였다, 이준교, "2024년 손해보험 분쟁관련 주요 대법원 판결 및 시사점(下)", 손해보험, 2025년 1월호, 손해보험협회, 13면.

하여 가지는 항변이 아니고 그 내용도 피해자에 대한 손해배상채무의 성립이나 범위에 관한 것이라고 볼 수 없다. 따라서 피고는 피해자의 직접청구권 행사에 대해 이 사건 면책규정을 항변사유로 삼을 수 없는데, 피고가 피해자의 직접청구권을 보험자대위로 취득한 원고에 대해 이 사건 면책규정을 들어 항변할 수 있다고 보면, '이 사건 화재보험계약의 체결 및 그 약관상 이 사건 면책규정의 존재'라는 우연한 사정으로 인해 책임보험자인 피고가 보험금 지급의무를 면하는 이익을 얻게 되어 불합리하다. 이 사건 면책규정은 그 문언상 이 사건 화재보험계약의 보험계약자가 보험사고를 일으킨 경우에는 보험자인 원고가 상법 제682조에 따라 법률상 취득하는 피보험자의 제3자에 대한 권리를 보험계약자를 상대로는 청구하거나 행사하지 않겠다는 취지의 약정으로 보이고, 원고가 이 사건 면책규정에 의하여 보험계약자의 재난배상책임보험자에 대한 대위권까지 포기할 의사였다고 추단하기는 어렵다.

(나) 보험자의 피보험자(보험계약자)에 대한 항변사유

문제는 보험자가 보험계약자나 피보험자에게 가지는 항변사유로 제3자에게 대항할 수 있는가의 문제이다. 예를 들어 보험계약자가 고지의무를 위반하면서 보험계약을 체결한 경우에 보험자가 이를 이유로 제3자에게 대항할 수 있는가 하는 문제이다. 보험계약상의 하자나 면책사유의 존재, 보험계약의 해지나 실효 등에 대해서도 같은 문제가 발생한다.

직접청구권을 보험금청구권으로 보게 되면 보험자 입장에서는 피보험자에 대해 부담하는 보험금지급채무와 제3자에게 부담하는 채무가 동일한 것이므로 보험자는 보험계약자(피보험자)에 대해 가지는 계약상의 항변사유를 가지고 피해자인 제3자에게도 대항할 수 있다.

반면에 직접청구권의 법적 성질을 손해배상청구권설로 보게 되면 원칙적으로 두 권리는 독립적이기 때문에 보험자의 항변이 당연히 가능하다고 보기는 어렵다. 그러나 손해배상청구권설에 따를 때에도 직접청구권의 부종적 성격으로 인해 보험자가 보험계약자나 피보험자에게 대항할 수 있는 항변사유로써 피해자인 제3자에게 대항할 수 있다고 본다. 왜냐하면 보험자와 직접 관계가 없는 제3자의 개입이 있다고 하여 보험자가 불이익을 받을 이유는 없기 때문이다. 또한 직접청구권은 유효하게 체결된 책임보험계약을 전제로 하는 것이기 때문이다(부종성의 인정). 피해자인 제3자는 피보험자가 보험자에 대해 가지는 권리보다 더 큰 것을 가질 수는 없으므로 보험자는 피보험자나 보험계약자에 대한 항변사유로써 당연히 제3자인 피해자에게 대항할 수 있다고 해석해야 한다. 따라서 보험자는 계약상의 하자나 면책사유, 보험계약자나 피보험자 측의 고지의무위반, 계속보험료 부지급을 이유로 행한 해지 및 실효 등을 이유로 제3자의 직접청구권에 의한 보험금 청구에 대항할 수 있다고 해석해야 할 것이다.182) 최근의 판례도 이를 확인하고 있다.183)

---

182) 정찬형, 765면; 양승규, 379면; 이기수/최병규/김인현, 304면; 최준선, 287면; 임용수, 391면; 정동윤, 657면; 정희철, 459면; 서헌제, 214면; 장덕조, 362면; 한기정, 676-677면.
183) 대판 2017. 3. 30, 2014다688911.

[대법원 2017. 3. 30. 선고 2014다68891 판결]

〈사실관계〉

이 사건에서 보험계약자의 사기행위로 책임보험계약이 체결되었고 보험자는 민법 제110조 제1항에 따라 보험계약을 취소하였다. 그런데 피보험자가 제3자에게 손해를 야기했고, 피해자인 제3자는 직접청구권을 행사했다.

〈주요 판시내용〉

피해자의 직접청구권이 법률의 규정에 의하여 인정된 것이라고 하더라도, 이는 보험계약의 존재를 전제로 하고, 원칙적으로 피해자들은 피보험자가 보험자에 대하여 가지는 권리 이상을 가질 수 없으므로, 보험자는 보험계약자 또는 피보험자에 대한 항변사유로써 피해자들에게도 대항할 수 있다. 책임보험계약이 취소되었으므로 보험금청구권은 상실되었고 보험금청구권의 존재를 전제로 한 직접청구권은 행사할 수 없다고 판시하였다. 피해자는 민법 제110조 제3항에 말하는 선의의 제3자에 포함되지 않는다.

[대법원 2000. 12. 8. 선고 99다37856 판결]

〈사실관계〉

소외인 1은 원고 보험회사와 자신 소유의 자동차에 대해 26세 이상 한정운전특약의 업무용자동차종합보험계약을 체결하였다. 보험기간 중에 23세 아들이 운전 중 사고를 내어 피해자(피고) 1, 2에게 상해를 입혔다. 소외인은 보험금을 받기 위해 원고 보험회사의 보험설계사와 공모하여 교통사고 발생일 이전에 21세 이상 한정운전특약이 체결된 것으로 변경하였다. 이러한 공모사실을 알지 못한 원고 보험회사는 소외인 1을 상대로 보험금채무부존재 확인청구소송을 제기하였는데 패소하여 확정되었다. 이에 따라 원고 보험회사는 피해자(피고) 1, 2에게 보험금을 지급하였다. 피해자(피고) 1, 2는 소외인 1에 대한 교통사고로 인한 모든 손해배상청구권을 포기하였다. 뒤늦게 원고 보험회사는 연령한정운전특약의 변경이 사기와 공모에 의한 것임을 알게 되었고 이를 이유로 하여 피해자(피고) 1, 2가 지급받은 보험금 부분에 대한 부당이득반환청구를 했다.

〈주요 판시내용〉

교통사고가 발생한 후 자동차종합보험의 보험자가 피보험자에 대하여 보험금채무부존재확인의 소를 제기하였다가 패소 확정되자 피해자에게 직접 손해배상금을 지급하였으나 다른 원인으로 그 교통사고에 대하여 보험계약의 효력이 미치지 않아 출연의 목적 내지 원인을 결여하였음이 밝혀진 경우, 그 확정판결의 효력은 보험자와 피해자 사이에는 미치지 아니하므로 피해자들은 법률상의 원인없이 수령한 보험금 상당의 이득을 얻고 이로 인해 보험자는 피해자에게 부당이득반환을 구할 수 있다고 해석해야 할 것이다.

위 사건에서 보험자와 피보험자간의 보험금채무부존재확인의 소송에서 보험자가 패소했지만 그 판결의 기판력은 피해자의 직접청구권에 영향을 미치지 않으므로 보험자는 일단 피해자에게 손해보상을 했는데, 그 후 피보험자 측의 사기 등을 이유로 본 교통사고에 보험계약의 효력이 미치지 않게 되었다. 이에 따라 손해전보채무를 부담하지 않게 된 보험자는 법률상 원인없이 자신으로부터 손해전보를 받은 피해자를 상대로 부당이득반환을 구할 수 있게 되었다. 보험금을 보험자에게 반환한 피해자로서는 자신의 손해에 대해 가해자인 피보험자를 상대로 손해배상청구를 할 수 있다. 한편, 이러한 경우 보험자의 변제로 피보험자가 채무면제 이익을 얻었다고 볼 수 없으므로 보험자는 피보험자에게 부당이득반환청구권을 행사할 수는 없다.

그런데 제3자가 가지는 직접청구권은 보험사고가 발생한 이후에 원시적으로 생겨나는 것이고 직접청구권은 피보험자가 가지는 보험금청구권과는 별개 독립의 권리라는 점에서, 보험사고가 발생하여 직접청구권이 생긴 이후(제3자의 손해 발생 후)에 보험계약이나 피보험자의 행위로 인해 생긴 보험자의 항변사유(예를 들어 피보험자의 통지의무 위반)를 가지고는 보험자가 피해자인 제3자에게 대항할 수 없다고 보아야 한다. 이는 직접청구권의 부종성 문제로 볼 수 없기 때문이다. 보험자는 보험사고 발생 이전에 존재하던 항변사유 및 보험사고 발생 자체에 관한 항변사유만을 대상으로 제3자에게 대항할 수 있을 뿐이라고 해석함이 타당하다(항변제한론).184) 또한 항변이 보험계약 또는 보험금청구권의 발생 원인과 무관한 것이라면 보험자는 이를 피해자에게 원용할 수 없다고 해석된다. 피보험자의 보험금청구에 대해 보험자가 상계항변을 갖고 있는 경우에 피해자의 직접청구에 대항할 수 없다고 해석해야 한다. 여기에서 상계항변은 보험금청구권의 발생 원인과 관련이 없기 때문이다.185) 다만 직접청구권의 법적성질을 보험금청구권으로 보게 되면 이 경우 상계항변은 가능할 수 있다. 피보험자가 보험금청구권을 포기하거나 시효로 소멸된 경우에 직접청구권과 보험금청구권은 별개 독립의 권리이므로 직접청구권은 행사할 수 있다고 해석된다.

피해자보호를 중요한 목표로 하는 의무책임보험에서는 정책적으로 보험자의 항변권을 제한하기도 한다. 예를 들어 자동차손해배상보장법에 의한 대인배상 Ⅰ에서 보험계약자나 피보험자의 고의로 사고가 생긴 경우에도 보험자는 면책을 주장하지 못하고 피해자에 대해 보험금을 지급하도록 규정하고 있다. 다시 말하여 보험자는 피보험자 등에 대해서는 고의를 이유로 면책을 주장할 수 있는 경우라도 자배법 규정에 따른 피해자의 직접청구가 있으면 보험자는 자배법에서 정한 액수를 한도로 피해자에게 손해배상액을 보험금으로 지

---

184) 정진세, "인보험에 있어서 음주운전과 무면허운전면책약관의 법적 효력—프랑스법을 참조하여", 판례실무연구 Ⅱ, 박영사, 1998, 589면 및 626면 이하; 서헌제, 214면; 김성태, 629면; 임용수, 391-392면; 최준선, 285면, 288면.
185) 한기정, 678면.

급하고 그 후 피보험자에게 구상할 수 있도록 하고 있다.[186] 피해자의 직접청구권에 따라 보험자가 부담하는 손해배상채무는 보험계약을 전제로 하는 것으로서 보험계약에 따른 보험자의 책임 한도액의 범위 내에서 인정되어야 한다. 법원은 이러한 항변의 당부나 그 인정 범위를 판단해야 한다.[187]

[대법원 2019. 1. 17. 선고 2018다245702 판결]

〈사실관계〉

甲(사고 당시 만 4세)이 乙이 운영하는 놀이방에서 놀이기구를 이용하다가 떨어져 상해를 입자, 甲과 그 부모가 乙 및 乙과 어린이놀이시설 배상책임 공제계약을 체결한 새마을금고중앙회를 상대로 손해배상을 청구했다.

〈주요 판시내용〉

새마을금고중앙회가 '중앙회는 공제계약의 어린이놀이시설 배상책임 보통약관의 규정에 따라 대인사고 부상과 그로 인해 후유장애가 생긴 경우 상해등급 및 후유장해등급에 따른 공제금 지급한도 내에서 책임을 부담한다'는 취지로 항변하고 있고, 위 약관 규정에서 정한 한도액이 공제계약에 따른 보험자의 책임 한도액에 해당한다면 피해자의 직접청구권에 따라 새마을금고중앙회가 부담하는 손해배상채무는 그 책임 한도액의 범위 내에서 인정되어야 하므로, 위 약관 규정이 공제계약에 따른 보험자의 책임한도액을 규정한 것인지 등을 심리하여 항변의 당부나 인정 범위를 판단하여야 하는데도, 이에 대하여 아무런 판단을 하지 않은 원심판결에는 피해자의 직접청구권에 따라 보험자가 부담하는 손해배상채무의 범위에 관한 법리오해 등 잘못이 있다.

---

7. 직접청구권과 손해배상청구권과의 관계

(1) 별개 독립의 권리

피해자인 제3자는 가해자인 피보험자에 대해 민법 제750조, 제756조, 자배법 등에 의한 손해배상청구권을 가지며 이에 터잡아 제3자는 보험자에 대해 직접청구권을 가지게 된다. 양 청구권은 별개 독립의 권리로서 양자의 관계는 청구권 경합의 관계에 있다.[188] 직접청구권의 법적 성질을 손해배상청구권으로 볼 때, 보험자가 직접 피해자에게 그 손해를 보상하였다면 이것은 피보험자의 피해자에 대한 손해배상채무를 보험자가 병존적으로 인수함으로써 부담하게 된 자신의 손해배상채무를 변제할 의사로 한 것이라고 보아야 한다

---

186) 자동차보험표준약관 제5조; 양승규, 379면; 직접청구권과 보험금청구권과의 관계에 관하여 박세민, "책임보험상의 직접청구권을 둘러싼 법적논점에 관한 고찰", 안암법학 27호, 2008. 10, 516~523면 참조.
187) 대판 2019. 1. 17, 2018다245702.
188) 대판 1994. 1. 14, 93다25004; 김성태, 624면; 장덕조, 355면.

는 것이다.189)

　　양 청구권은 별개 독립된 권리이므로 피해자가 직접청구권을 포기하더라도 피보험자에 대한 손해배상청구권은 그대로 존속한다. 두 청구권 중 어떠한 청구권을 행사하는가의 문제는 제3자의 자유이다. 어느 하나를 행사하더라도 손해전보가 이루어졌다면 그 범위 내에서 다른 권리도 같이 소멸한다는 것이 판례의 입장이다. 예를 들어 제3자가 보험자에 대한 직접청구권을 먼저 행사하고 보험자가 이에 따라 손해배상액을 지급한 경우라면 보험자가 피해자에게 지급한 손해배상액 범위 내에서 가해자인 피보험자는 피해자인 제3자에 대한 손해배상책임으로부터 벗어나게 된다.190) 가해자인 피보험자가 피해자에게 부담하는 손해배상채무에 대해 시효가 중단되는 경우에 보험자가 피해자에게 부담하는 직접지급의무의 시효도 중단되는가의 문제에 대해 양 자가 개별 독립적 성질을 갖고 있음을 고려할 때 시효 중단은 개별적으로 판단함이 타당하다고 여겨진다.191)

(2) 기판력의 문제

　　주류적 경향에 따라 직접청구권의 성질을 손해배상청구권으로 해석한 사건에서 대법원은 피해자가 가지는 보험자에 대한 손해배상채권(직접청구권)과 피보험자에 대한 손해배상채권은 별개 독립의 것으로서 병존하기 때문에, 피해자와 피보험자 사이에 손해배상책임의 존부 내지 범위에 관한 판결이 선고되고 그 판결이 확정되었다고 하여도 그 판결의 당사자가 아닌 보험자에 대하여서까지 판결의 효력이 미치는 것은 아니므로, 피해자가 보험자를 상대로 하여 손해배상금을 직접 청구하는 사건의 경우에 있어서는, 특별한 사정이 없는 한 피해자와 피보험자 사이의 전소판결과 관계없이 피해자의 보험자에 대한 손해배상청구권의 존부 내지 범위를 다시 따져보아야 한다고 판시한 바 있다.192)

[대법원 2000. 6. 9. 선고 98다54397 판결]

〈주요 판시내용〉

　피해자의 보험자에 대한 손해배상채권과 피해자의 피보험자에 대한 손해배상채권은 별개 독립의 것으로서 병존하고, 피해자와 피보험자 사이에 손해배상책임의 존부 내지 범위에 관한 판결이 선고되고 그 판결이 확정되었다고 하여도 그 판결의 당사자가 아닌 보험자에 대하여서까지 판결의 효력이 미치는 것은 아니므로, 피해자가 보험자를 상대로 하여 손해배상금을 직접 청구하는 사건의 경우에 있어서는, 특별한 사정이 없는 한 피해자와 피보험자 사이의 전소판결과 관계없이 피해자의 보험자에 대한 손해배상청구권의 존부 내지 범위를 다시 따져보아야 하는 것이다.

---

189) 대판 2000. 12. 8, 99다37856.
190) 대판 1975. 7. 22, 75다153; 정찬형, 764-765면; 한기정, 670면; 최준선, 284면; 정동윤, 658면.
191) 한기정, 672면.
192) 대판 2000. 6. 9, 98다54397.

(3) 보험자와 피보험자(가해자)가 피해자에 대해 부담하는 채무의 성질

(개) 양 채무 상호간의 성질에 대한 판례의 태도

상법 제724조 제2항에 의하여 피해자에게 인정되는 직접청구권의 법적 성질은 보험자가 피보험자의 피해자에 대한 손해배상채무를 중첩적으로 인수한 결과로서193) 피해자가 보험자에 대하여 가지게 된 손해배상청구권이라고 해석하는 것이 판례와 다수설이다. 중첩적 채무인수에서 인수인이 채무자의 부탁으로 인수한 경우 채무자와 인수인은 주관적 공동관계가 있는 연대채무관계에 있는바, 보험자의 채무인수는 피보험자의 부탁(보험계약이나 공제계약)에 따라 이루어지는 것이므로 보험자의 손해배상채무와 가해자인 피보험자의 손해배상채무는 연대채무관계에 있다는 것이 판례의 태도이다.194)

(내) 부진정연대채무로 보는 견해

이러한 판례와 달리 일부 견해는 양자의 관계를 부진정연대채무관계라고 해석하고 있다. 보험자와 가해자인 피보험자 사이에 주관적 공동관계를 인정하기 어렵다는 이유에서이다.195) 보험자의 손해배상채무의 인수는 제724조 제2항에 따른 것이지 판례의 해석처럼 피보험자의 부탁에 의한 것이라고 볼 수 없다는 것이다. 또한 이를 연대채무로 해석하게 되면 부진정연대채무에 비해 절대적 효력의 인정 범위가 확대되므로 피해자에게 불리한 점도 존재하게 되므로 양자의 관계를 부진정연대채무로 해석해야 한다는 것이다. 본래 부진정연대채무의 경우 1인의 채무자에 의한 변제, 대물변제, 공탁에는 절대적 효력이 있으나, 그 밖의 이행청구, 경개, 면제, 혼동, 소멸시효 등에는 상대적 효력만이 있다. 그러나 판례와 같이 보험자와 가해자 사이에 주관적 공동관계를 인정하면서 연대채무로 보게 되면 부진정연대채무에 비해서 절대적 효력의 범위가 넓어지게 되어 피해자 보호라는 직접청구권 도입 취지와 부합하지 않게 된다.

(다) 검   토

피보험자의 부탁에 의해 피보험자의 손해배상채무를 보험자가 중첩적으로 인수한 것으로 해석하는 판례에도 법리상 문제가 있는 것으로 보이지만, 그렇다고 양자의 관계를 부진정연대채무관계로 보는 것에도 동의할 수 없다. 부진정연대채무관계라면 피해자가 가해자에 대한 손해배상청구권을 포기하더라도 보험자에 대한 직접청구권은 행사할 수 있어야 한다. 그러나 피보험자에 대한 손해배상청구권에 종속되는 직접청구권의 성질상 그러하지 못한다. 양자의 관계를 부진정연대채무관계로 보게 되면 제724조 제2항 단서196)

---

193) 대판 2000. 12. 8, 99다37856.
194) 대판 2018. 10. 25, 2018다234177; 대판 2019. 1. 17, 2018다245702.
195) 김성태, 624면; 장덕조, 355면; 임용수, 389면; 채이식, 193면.
196) 제724조 단서 "피해자의 직접청구에 대해 보험자는 피보험자가 가지는 항변을 가지고 피해자에게 대항

가 규정하는 성질 즉 직접청구권이 가해자인 피보험자에 대한 손해배상청구권에 종속하는 성질을 논리적으로 설명하기 어렵게 된다. 양자의 관계는 연대채무와 부진정연대채무의 중간적 지위에 있다고 해석할 수밖에 없다. 어느 한 설을 취할 때에 분명 논리적으로 설명하기 어려운 부분이 존재하기 때문이다.

생각건대 두 견해를 부분적으로 변형하여 해석을 하는 것이 타당하다고 여겨진다. 연대채무적 성질을 갖고 있으나 피해자 보호를 위해 변형된 해석을 해야 하는 연대채무로 보아야 한다.197) 가해자인 피보험자가 피해자에 대해 가지는 항변사유를 갖고 있다면 보험자는 그 항변사유를 갖고 피해자에게 대항할 수 있다(민법 제433조 제1항, 상법 제724조 제2항 단서). 가해자인 피보험자가 항변을 포기해도 그 항변포기는 보험자에게 효력이 없다고 해석한다(민법 제433조 제2항).

양 청구권은 별개 독립한 것이므로 가해자와 피해자가 손해배상의 범위에 대해 합의를 했다고 하여 그 합의에 관여하지 않은 보험자를 상대로 그 내용대로의 직접청구권을 곧바로 행사할 수 있는 것도 아니다.198) 하나의 권리를 행사하여 손해에 대한 배상이 이루어졌으면 다른 권리를 행사해서는 안 되며 따라서 피해자의 이중이득은 인정될 수 없다.199)

양 청구권이 별개 독립적이라 하더라도 직접청구권은 피해자가 가해자인 피보험자에 대해 가지는 손해배상청구권의 존재를 전제로 하며 그 범위를 넘어설 수는 없다. 따라서 손해배상청구권이 시효로 소멸했다면 직접청구권도 시효로 소멸한 것으로 해석된다. 이는 직접청구권이 책임관계에 부종적인 성격을 갖고 있음을 의미한다.200) 이러한 취지에서 가해자가 보험사고에 대해 가지는 항변을 갖고 보험자는 피해자에게 대항할 수 있다(제724조 제2항 단서). 또한 보험자와 피보험자 간에는 책임분담이라는 것이 있을 수 없으므로 보험자가 피해자에게 보험금 상당액을 지급했다고 해서 보험자가 가해자인 피보험자에게 구상권을 행사하는 것도 아니다.201)

양 청구권이 별개 독립하면서 병존한다는 것은 직접청구권을 포기한 경우라도 손해배상청구권은 그대로 존속한다고 보아야 한다. 그런데 이에 대해 반대의 견해도 있다. 직접청구권 인정의 주된 이유가 피해자의 손해배상에 대해 피해자 보호를 확실하게 하기 위한 것임을 고려할 때, 피해자가 보험자에 대한 직접청구권의 권리행사를 포기한 경우에 손해배상

할 수 있다."

197) 과거 제3판(2015년 출간) 613면에서 양자의 관계를 부진정연대채무관계에 있는 것으로 설명했는데, 이를 수정한다. 한편 한기정, 672면-673면에서는 가해자가 피해자에 대해 부담하는 채무와 보험자가 피해자에 대해서 부담하는 채무는 주채무와 연대보증채무와 비슷한 관계에 있으므로, 연대보증 법리를 적용하자고 해석한다.

198) 이연갑, 앞의 논문, 231-249면; 장덕조, 355-356면.

199) 임용수, 389면.

200) 김성태, 624면.

201) 장덕조, 357면.

을 반드시 가해자인 피보험자로부터만 받아야 할 충분한 이유가 존재하지 않는 한 가해자인 피보험자에 대해 가지는 손해배상청구권도 소멸하는 것으로 보아야 하며 가해자인 피보험자가 이에 따라 손해배상채무에서 벗어나게 된다면 결국 피보험자가 보험자에 대하여 가지는 보험금청구권도 소멸하는 것으로 해석함이 타당하다는 견해도 있다.202) 생각건대 피해자가 가해자인 피보험자에 대해 가지는 손해배상청구권과 보험자에 대한 직접청구권은 분명 별개 독립된 권리임이 분명하고, 어떠한 청구권을 행사할 것인가는 피해자의 자유로운 선택에 달려 있는 것임을 고려할 때 보험자에 대한 직접청구권을 포기한 경우라도 가해자인 피보험자에 대한 손해배상청구권은 그대로 존속한다고 해석하는 것이 논리적이라 할 수 있다.

(4) 상계의 문제

책임보험에서 보험자의 채무인수는 피보험자의 부탁(보험계약)에 따라 이루어지는 것이므로 피해자를 상대로 하는 보험자의 손해배상채무와 피보험자의 손해배상채무는 연대채무관계에 있다는 것이 판례의 태도이다.203) 여기에서 보험자가 피해자에 대해 채권을 가지고 있으면서 동시에 피해자에게 손해배상채무를 부담하고 있는 경우에 보험자가 피해자에 대해 가지는 채권을 자동채권으로 하여 스스로 행사하여 상계를 한 경우에는 상계한 금액의 범위 내에서 피해자에 대한 변제가 이루어진 것과 같은 경제적 효과가 달성되어 피해자를 만족시키게 되므로 그 상계로 인한 손해배상채권 소멸의 효력은 피보험자에게도 미친다고 해석해야 할 것이다(상계의 절대적 효력).

과거 대법원 판례 중에는 부진정연대채무자 중 1인이 채권자에 대한 반대채권으로 채무를 대등액에서 상계한 경우에 그 상계로 인한 채무소멸의 효력은 다른 부진정연대채무자에게 미치지 않는다고 판시하기도 했지만,204) 아래의 전원합의체 판결에 의해 다른 부진정연대채무자에 대해서도 상계로 인한 채무소멸 효력이 절대적으로 미친다고 변경되었다.

[대법원 2010. 9. 16. 선고 2008다97218 전원합의체 판결]

〈주요 판시내용〉

[다수의견] 부진정연대채무자 중 1인이 자신의 채권자에 대한 반대채권으로 상계를 한 경우에도 채권은 변제, 대물변제, 또는 공탁이 행하여진 경우와 동일하게 현실적으로 만족을 얻어 그 목적을 달성하는 것이므로, 그 상계로 인한 채무소멸의 효력은 소멸한 채무 전액에 관하여 다른 부진정연대채무자에 대하여도 미친다고 보아야 한다. 이는 부진정연대채무자 중 1인이 채권자와 상계

---

202) 김성태, 625면.
203) 대판 2018. 10. 25, 2018다234177; 대판 2019. 1. 17, 2018다245702.
204) 대판 1989. 3. 28, 88다카4994; 대판 1996. 12. 10, 95다24364; 대판 2008. 3. 27, 2005다75002

계약을 체결한 경우에도 마찬가지이다. 나아가 이러한 법리는 채권자가 상계 내지 상계계약이 이루어질 당시 다른 부진정연대채무자의 존재를 알았는지 여부에 의하여 좌우되지 아니한다.

한편 가해자인 피보험자가 피해자에 대해 갖는 채권을 자동채권으로 하는 상계권을 행사할 수 있는데 이를 행사하지 않는 경우에, 보험자가 이를 대신 행사하여 자신의 채무를 면할 수 있는가의 문제가 있다. 제724조 제2항 단서가 "피보험자가 그 사고에 관하여 가지는 항변"으로 보험자가 대항할 수 있다고 명시적으로 규정하고 있는바, 피보험자가 가지는 항변이 사고에 관한 항변이 아니라면 보험자가 이를 대신 행사하는 것은 불가능한 것으로 해석될 수 있다.205) 피해자가 가해자인 피보험자에 대한 손해배상청구권을 포기하고 보험자에게 직접청구권을 행사했다면 제724조 제2항 단서에 따라 보험자는 피보험자가 그 사고에 관하여 피해자에게 가지는 항변을 가지고 직접청구권을 행사한 피해자에게 대항할 수 있는가의 문제가 있다. 생각건대 보험자는 자신에게 직접청구권을 행사한 피해자에게 가해자인 피보험자가 가지는 사고에 관한 항변을 갖고 피해자에게 대항할 수 있다고 판단된다.

(5) 혼동의 문제

㈎ 혼동으로 소멸이 안되는 경우

민법 제507조에서 채권과 채무가 동일한 주체에 귀속되는 혼동을 채권의 소멸사유로 인정하고 있는 것은 이러한 혼동의 경우에 채권과 채무의 존속을 계속 인정하는 것이 무의미하기 때문에 채권·채무의 소멸을 인정함으로써 그 후의 권리의무 관계를 간소화하려는 데 그 목적이 있는 것이다. 그러나 만약 채권과 채무가 동일한 주체에 귀속하게 되더라도 그 채권의 존재가 제3자에 대한 다른 권리행사의 전제가 되는 경우라면 그 채권의 존속을 인정하여야 할 특별한 이유가 있는 경우로 볼 수 있고 따라서 그 채권은 혼동에 의하여 소멸되지 아니하고 그대로 존속한다고 보아야 할 것이다.206)

자동차 운행 중 교통사고가 발생하여 자동차의 운행자나 동승한 그의 친족의 일방 또는 쌍방이 사망하여 자동차손해배상보장법 제3조에 의한 손해배상 채권과 채무가 상속으로 동일인에게 귀속하게 되는 경우가 있다. 예를 들어 미혼인 형이 운전하는 차에 역시 미혼인 동생이 탑승하였는데 형이 다른 차량과 충돌하여 형과 동생이 모두 사망하여 그 부모가 운전자인 형 및 동승한 동생의 상속인이 된 경우를 가정하여 보자. 형의 과실로 동생이 사망한 경우이므로 그들 사이에는 손해배상채권과 채무가 존재하게 된다. 그 부모는 형과 동생 사이에 존재하게 되는 손해배상채권과 손해배상채무를 모두 상속하게 된다.

---

205) 同旨: 한기정, 672면.
206) 김성태, 455면; 최준선, 288면; 임용수, 393면.

그런데 이 사고로 인해 피해자인 동생은 보험자를 상대로 직접청구권을 행사할 수 있게 되는데 직접청구권 행사는 형에 대한 손해배상채권을 전제로 하게 된다. 한편 자동차손해배상책임보험의 보험자는 상속에 의한 채권·채무의 혼동 그 자체와는 무관한 제3자일 뿐 아니라 이미 자신의 보상의무(보험금 지급의무)에 대한 대가인 보험료까지 받고 있는 상황이다. 따라서 교통사고의 가해자(형)와 피해자(동생) 사이에 발생하는 채권과 채무가 부모에게 상속에 의한 혼동이 생긴다는 우연한 사정이 존재한다고 해도 보험자 자신의 보상책임을 면한다고 해석할 수는 없다. 이러한 상황에서 손해배상채권이 소멸하게 되면 보험자에 대한 직접청구권 행사가 불가능하게 된다. 따라서 피해자인 동생이 보험자에 대해 가지는 직접청구권의 전제가 되는 피해자의 운행자에 대한 손해배상청구권은 상속에 의한 혼동으로 소멸되지 않는다고 보아야 한다.207) 상속의 대상인 손해배상채권이 혼동으로 소멸하는 것을 인정하게 되면 피해자가 가지는 직접청구권도 소멸하게 되는 것이므로 그 예외를 인정하는 것이다.

[대법원 2003. 1. 10. 선고 2000다41653, 41660 판결]

〈주요 판시내용〉

자동차 운행 중 사고로 인하여 구 자동차손해배상보장법(1999. 2. 5. 법률 제5793호로 개정되기 전의 것) 제3조에 의한 손해배상채권과 채무가 상속으로 동일인에게 귀속하더라도 교통사고의 피해자에게 책임보험 혜택을 부여하여 이를 보호하여야 할 사회적 필요성은 동일하고 책임보험의 보험자가 혼동이라는 우연한 사정에 의하여 자신의 책임을 면할 합리적인 이유가 없다는 점 등을 고려할 때 가해자가 피해자의 상속인이 되는 등 특별한 경우를 제외하고는 피해자의 보험자에 대한 직접청구권의 전제가 되는 위 법 제3조에 의한 피해자의 운행자에 대한 손해배상청구권은 상속에 의한 혼동에 의하여 소멸되지 않는다.

(나) 혼동으로 소멸되는 경우

위에서 설명한 자동차손해배상보장법 제3조의 손해배상채권과 채무가 동일인에게 귀속되더라도 혼동에 의해 소멸되지 않는 것은 채권 및 채무가 가해자 이외의 자에게 귀속되는 경우에 한한다. 만약 가해자가 피해자의 상속인이 되는 경우에는 소멸된다고 해석해야 할 것이다. 사고를 야기한 가해자가 피해자를 상속하여 보험금을 수령할 수 있게 하는 것은 타당하지 않기 때문이다. 이 경우에는 원칙에 의해 혼동에 따른 손해배상채권은 소멸된다고 보아야 한다. 손해배상채권이 소멸하므로 직접청구권 행사도 불가능하게 된다. 예를 들어 아버지 소유의 자동차를 어머니가 운전하던 중 동승한 미성년 子가 사망한 경

---

207) 대판 1995. 5. 12, 93다48373; 대판 1995. 7. 14, 94다36698; 대판 2003. 1. 10, 2000다41653, 41660.

우를 예로 들어보자. 이 경우에 피해자인 미성년 子가 가지는 손해배상청구권과 가해자인 어머니가 부담하는 손해배상의무가 가해자인 어머니에게 귀속되게 된다. 이때에는 가해자가 피해자의 상속인이 되는 특수한 경우이므로 손해배상채권은 혼동으로 소멸하고 그 결과 그 범위 내에서 피해자가 보험자에 대해 가지는 직접청구권도 소멸한다고 해석해야 한다. 즉 피해자인 망인(子)의 보험자에 대해 가지는 직접청구권은 그의 사망으로 상속인인 아버지와 가해자인 어머니에게 1/2씩 상속되는데 이 경우에 아버지는 손해배상채권이 그대로 살아 있어서 자신의 상속분에 대하여 직접청구권 행사가 가능하지만, 가해자인 어머니는 사고의 가해자로서 직접청구권의 전제가 되는 망인(子)의 어머니(가해자)에 대한 손해배상청구권과 어머니(가해자)의 망인(子)에 대한 손해배상채무가 동일인(가해자인 어머니)에게 귀속되면서 혼동으로 소멸된다고 해석되므로 자신의 상속분에 해당하는 직접청구권을 행사할 수 없게 된다. 아버지는 자동차손해배상보장법시행령 소정의 한도액 중 자신의 상속지분에 상응하는 금액과 치료비를 합한 금액 범위에서 청구할 수 있을 것이다.208)

　이 경우에 가해자가 상속을 포기하는 경우 직접청구권 행사는 가능한 가의 문제가 남는다. 가해자인 어머니가 적법하게 상속을 포기하면 손해배상청구권과 이를 기초로 하는 직접청구권은 소멸하지 않게 된다. 상속포기는 자기를 위하여 개시된 상속의 효력을 상속개시시로 소급하여 확정적으로 소멸시키는 제도이다. 피해자의 사망으로 상속이 개시되어 가해자가 피해자의 자신에 대한 손해배상청구권을 상속함으로써 위 법리에 따라 그 손해배상청구권과 이를 전제로 하는 직접청구권이 소멸하였다고 할지라도 가해자가 적법하게 상속을 포기하면 그 소급효로 인하여 위 손해배상청구권과 직접청구권은 소급하여 소멸하지 않았던 것으로 되어 다른 상속인에게 귀속된다고 할 것이다. 그 결과 앞에서 본 '가해자가 피해자의 상속인이 되는 등 특별한 경우'에 해당하지 않게 되므로 위 손해배상청구권과 이를 전제로 하는 직접청구권은 소멸하지 않는다고 할 것이다.209) 이러한 경우 상속포기가 신의칙에 반한다고 해석할 수는 없다.

[대법원 2005. 1. 14. 선고 2003다38573, 38580 판결]

〈사실관계〉
　보험사고로 피고의 아들이 사망하였는데, 보험사고의 가해자는 피해자의 어머니(피고의 아내)였다. 가해자가 상속을 포기하여 단독상속인이 된 피고가 가해자의 책임보험자인 원고회사에 보험

---

208) 대판 2003. 1. 10, 2000다41653.
209) 이러한 법리 해석은 자동차손해배상보장법에 의한 대인배상 Ⅰ에서만 적용된다. 임의보험인 대인배상 Ⅱ에서는 피보험자의 부모, 배우자 및 자녀가 죽거나 다친 경우에 보험자의 면책을 인정하고 있기 때문이다. 사법연수원, 보험법연구, 2007, 147면; 직접청구권과 손해배상청구권과의 관계에 관하여, 박세민, "책임보험법상의 직접청구권을 둘러싼 법적논점에 관한 고찰", 안암법학 27호, 2008. 11, 524-529면 참조.

금을 청구하자, 원고회사는 사고로 피해자가 사망할 당시 이미 손해배상채권과 손해배상채무가 동일인에게 귀속되어 보험금채무는 혼동으로 소멸하였으므로 그 후 상속포기가 있어도 보험금채무는 존재하지 않는다는 취지의 채무부존재확인의 소를 제기하였다.

〈주요 판시내용〉

자배법에 의한 피해자의 보험자에 대한 직접청구권이 수반되는 경우에는 그 직접청구권의 전제가 되는 자배법 제3조에 의한 피해자의 운행자에 대한 손해배상청구권은 비록 위 손해배상청구권과 손해배상의무가 상속에 의하여 동일인에게 귀속되더라도 혼동에 의하여 소멸되지 않고 이러한 법리는 자배법 제3조에 의한 손해배상의무자가 피해자를 상속한 경우에도 동일하지만, 예외적으로 가해자가 피해자의 상속인이 되는 등 특별한 경우에 한하여 손해배상청구권과 손해배상의무가 혼동으로 소멸하고 그 결과 피해자의 보험자에 대한 직접청구권도 소멸한다고 할 것이다. 그런데 상속포기는 자기를 위하여 개시된 상속의 효력을 상속개시시로 소급하여 확정적으로 소멸시키는 제도로서 피해자의 사망으로 상속이 개시되어 가해자가 피해자의 자신에 대한 손해배상청구권을 상속함으로써 위의 법리에 따라 그 손해배상청구권과 이를 전제로 하는 직접청구권이 소멸하였다고 할지라도 가해자가 적법하게 상속을 포기하면 그 소급효로 인하여 위 손해배상청구권과 직접청구권은 소급하여 소멸하지 않았던 것으로 되어 다른 상속인에게 귀속되고, 그 결과 위에서 본 '가해자가 피해자의 상속인이 되는 등 특별한 경우'에 해당하지 않게 되므로 위 손해배상청구권과 이를 전제로 하는 직접청구권은 소멸하지 않는다고 할 것이다.

(6) 보험자대위 구상에 대한 가해자 책임보험자의 변제공탁 항변[210]

사고 피해자에게 보험금을 지급한 피해자 측 보험자는 보험자대위에 의해 화재 책임이 있는 자(가해자)에게 그의 책임액 이내로 대위구상을 청구할 수 있다. 그런데 가해자의 책임보험자가 사고 피해자 전부를 피공탁자로 하여 변제공탁을 한 경우에 항변의 문제가 생길 수 있다. 이 문제는 변제공탁이 유효하기 위한 조건 및 조건 충족 여부에 관한 것이 쟁점 사항이라 할 수 있다. 변제공탁제도는 채무자가 채무의 목적물을 공탁함으로써 그 채무를 면하는 제도이다(민법 제487조). 민법상의 변제공탁원인(① 채권자의 수령거절, ② 채권자의 수령 불능, ③ 객관적으로 채권자 또는 변제수령권자가 존재하지만 채무자가 선량한 관리자의 주의를 다해도 채권자가 누구인지 알 수 없는 경우)이 없음에도 공탁을 하면 그 공탁은 무효이고 채무소멸 효과는 발생하지 않는다.[211] 이에 대한 최근의 대법원 판례가 있다.

---

210) 이준교, "2023년 손해보험 분쟁 관련 주요 대법원 판결 및 시사점(上)", 손해보험, 2024년 1월호, 손해보험협회, 76면~79면.
211) 대판 2015. 2. 12, 2013다75830.

[대법원 2023. 4. 27. 선고 2019다259042 판결]

〈사실관계〉

甲 소유의 창고에서 갑 측의 과실로 화재가 발생하여 창고 옆 3층 乙 소유의 빌라에 피해가 발생했다. 乙이 피해 복구를 위해 약 7천만원을 집행했다. 화재 피해자는 乙과 빌라에 살고 있는 사람들 총 10명이었고 총 피해액은 3억원을 크게 초과했다. 다만 甲의 손해배상책임은 손해액의 50% 수준으로 평가되었다. 창고 소유자 甲은 보험자 A와 3억원 보상한도로 화재배상책임보험을 체결했고, 피해빌라 소유자 乙은 보험자 B와 건물 및 가재도구에 대한 화재보험계약을 체결했다. 甲측 보험자 A는 피해자별로 지급할 보험금액을 알 수 없다는 이유로 10인을 피공탁자로 하여 보험금 3억원을 변제공탁했다. 한편 보험자 B는 빌라 소유자 乙에게 위 복구비용 약7천만원을 화재보험금으로 지급했다. 乙에게 보험금을 지급한 보험자 B(원고)는 피보험자 乙을 대위하여 화재사고 배상책임을 부담하는 창고 소유자 甲에게 구상을 청구했으나, 피고 甲은 자신의 책임보험자 A가 모든 피해자들에게 보험금 지급책임을 부담하여 변제공탁을 했으므로 피고 甲이 보험자 B에 대해 부담하는 구상채무액 중 보험자 B의 공탁금 부분에 해당하는 범위 내에서는 변제공탁이 유효하다고 주장하면서 보험자 B의 대위구상 청구에 응하지 않았다.

〈주요 판시내용〉

변제공탁은 공탁자가 적법한 변제의 제공을 하였음에도 피공탁자가 수령을 거절하였거나 또는 수령할 의사가 없는 경우, 변제자가 과실 없이 채권자를 알 수 없는 경우에 그 효력이 있다고 할 것이다. 이 사건에서 피고(창고 소유자) 및 참가인(창고 소유자측 보험자 A) 주장에 의하더라도 화재 피해자들이 입은 전체 손해액이 참가인이 공탁한 금액을 훨씬 초과함이 명백하므로 피고가 원고(빌라 소유자 측 보험자 B)에 대하여 피해액 전액을 공탁한 것으로 볼 수 없으며, 원고 역시 공탁금을 수령하지 아니한 점, 참가인이 원고에게 적법한 변제의 제공을 하였는데도 원고가 그 수령을 거절하였거나 수령할 수 없는 상태에 있었다는 점을 인정할 자료가 없으므로 원고에 대한 이 사건 변제공탁은 효력이 없다. 따라서 甲측은 보험자 B의 대위구상청구에 대해 자신의 책임금액 (약 3,500만원=약 7천만원의 50%) 전액을 지급해야 한다고 판단했다.

　　변제공탁이 유효하려면 채무 전부에 대한 변제제공 및 채무 전액에 대한 공탁이 있어야 하고, 채무 전액이 아닌 일부에 대한 공탁은 그 부족액이 아주 근소하다는 등의 특별한 사정이 있는 경우를 제외하고는 채권자가 이를 수락하지 않는 한 그 공탁 부분에 관하여도 채무 소멸의 효과가 발생하지 않는다. 위 사실관계에서 비록 보험자 A가 공탁한 금액이 자신의 보상한도액 3억원 전액이지만 피해자들의 총 손해액에 훨씬 못 미친다. 따라서 피고 및 피고의 참가인인 책임보험자 A가 보험자대위에 의해 구상청구를 하는 원고인 보험자 B에게 유효한 변제제공을 했다고 인정할 수 없고 변제공탁 항변은 인정될 수 없다.212)

---

212) 대판 1977. 9. 13, 76다1866.

VIII. 영업배상책임보험

1. 의   의

영업배상책임보험은 피보험자가 경영하는 사업과 관련된 사고로 인해 제3자에게 배상책임을 지는 경우를 보험의 목적으로 하는 책임보험의 일종이다(제721조 전단). 여기에서 사업이란 반드시 영리의 목적이 있어야 하는 것은 아니며 피보험자가 인적, 물적 시설을 갖추어 영위하는 경제활동을 의미하는 것으로 볼 수 있다. 제조물책임보험이나 영업용자동차책임보험, 주차장책임보험 등이 그 예이다.213)

2. 보험자의 보상범위 확대

사업자는 자신의 영업을 위해 상업사용인이나 대리인 또는 피용자를 사용하는 경우가 많다. 이러한 경우 사업자는 이들 피용자가 그 사무집행에 관하여 제3자에게 가한 손해를 배상할 책임이 있다(민법 제756조). 이에 따라 영업배상책임보험은 피보험자의 대리인 또는 그 사업감독자가 제3자에 대하여 부담하는 책임도 보험의 목적에 포함하는 것으로 정함으로써 보험자의 담보범위를 확대하고 있다(제721조 후단). 영업배상책임보험에 있어서 피보험자의 대리인 또는 사업감독자의 제3자에 대한 책임은 피보험자가 영위하는 사업과 관련하여 발생한 것으로 제한되며 사업과 관련 없이 제3자에게 가한 손해에 대해서는 보험자는 보상책임이 없다. 대리인은 피보험자가 영위하는 사업을 위해 피보험자를 대리할 권한(법률행위를 할 권한)을 가진 자로서 상업사용인을 포함한 넓은 개념이며, 사업감독자란 그 사업의 지휘 또는 감독을 담당하기 위해 고용된 사용인인데 사업감독자 여부는 구체적 사정에 따라 결정하여야 한다.214)

원래의 영업배상책임보험은 피보험자 자기를 위한 보험이지만 피보험자의 대리인 또는 그 사업감독자의 제3자에 대한 책임까지 담보하는 경우에는 타인을 위한 보험의 성질을 가지는 것으로 해석될 수 있다.215) 그런데 이 규정이 특별한 의미를 가지는 것은 대리인이나 사업감독자의 행위에 대해 사업자 자신이 책임을 부담하는 경우가 아닌 사안에 적

---

213) 최준선, 289면; 임용수, 394면; 정동윤, 660면; 정찬형, 769면; 양승규, 381면; 정희철, 460면.
214) 정동윤, 660면; 정희철, 460면; 양승규, 381면; 정찬형, 770면.
215) 양승규, 381면; 최준선, 289면; 정동윤, 660면. 이에 대해 피보험자의 대리인 또는 그 사업감독자의 책임은 피보험자 자신에게 귀속되는 경우가 많으므로 피보험자의 이익을 위한다는 측면도 있기 때문에 자기를 위한 보험과 타인을 위한 보험의 성질을 모두 가진다고 해석하기도 한다. 임용수, 394면.

용될 때이다. 즉 대리인이나 사업감독자가 제3자에 대해 부담하는 책임이 법률행위에 의한 책임일 경우에는 일반적으로 대리의 법리에 의해 본인인 사업주가 당연히 부담하게 되는 것이므로, 제721조 후단은 단순히 이를 확인하는 정도에 불과하다. 따라서 제721조 후단이 법적으로 또는 사실적으로 실질적인 의미를 갖는 것은 이들의 책임이 불법행위에 의한 책임일 경우이다. 이렇게 영업배상책임보험의 목적을 확대하여 보험자의 책임범위를 확대하는 이유는 기업경영의 안전을 도모하고 사업주, 대리인, 사업감독자 및 피해자의 이해관계를 합리적으로 조정하기 위함이다.216)

IX. 보관자의 책임보험

1. 의의와 성질

보관자의 책임보험이란 임차인, 창고업자, 질권자 기타 타인의 물건을 보관하는 자가 보험기간 중에 그 물건의 멸실이나 훼손 등으로 인해 그 물건의 소유자에게 지급할 손해배상책임을 담보하기 위하여 그 물건을 부보한 손해보험을 말한다(제725조). 본래 창고업자와 같은 물건의 보관자는 자기 또는 사용인이 임치물의 보관에 관하여 주의를 해태하지 아니하였음을 증명하지 아니하면 임치물의 멸실 또는 훼손에 대하여 손해를 배상할 책임을 면하지 못한다(상법 제160조). 이러한 물건 보관자의 책임을 보험자에게 전가함으로써 자신의 사업경영의 안전을 유지하고 피해자를 보호할 수 있다. 보관자 책임보험의 법적 성질은 보관자 자신을 피보험자로 하는 자기를 위한 책임보험이다. 그러나 경제적으로는 물건의 소유자인 타인이 직접청구권 등을 통해 보호를 받기 때문에 사실상 타인을 위한 보험으로서의 기능을 하게 된다.217)

2. 보관자의 개념과 피보험자 적격

보관자의 책임보험에서 보험계약자 또는 피보험자는 창고업자 또는 타인의 물건을 임차하여 사용하고 있는 임차인 등 타인의 물건을 보관하고 있는 보관자이어야 한다. 보관자의 책임보험에서는 보관자가 보험계약자나 피보험자가 된다. 물건의 소유자를 피보험자

---

216) 임용수, 395면; 서헌제, 215면; 정찬형, 770면; 양승규, 381-382면; 정동윤, 660면; 정희철, 460면; 한기정, 682면.

217) 양승규, 382면; 임용수, 396면; 정찬형, 771면; 최준선, 289면; 정동윤, 660-661면; 정희철, 460-461면; 김성태, 639면; 서헌제, 215-216면.

로 하는 것은 아니다.218) 자기의 물건을 보관하는 자는 보관자 책임보험에서의 피보험자 적격이 없다.

3. 소유자의 직접청구권

책임보험에서 일반적인 직접청구권이 우리 상법에 도입되기 전에도 일부 책임보험에서 제한적으로 피해자의 직접청구권을 인정하기도 했는데, 그 예가 보관자의 책임보험이다(제725조 후단). 즉 본 조항은 상법전이 처음 만들어질 당시 1962년 부터 피해자의 직접청구권을 인정하여 왔던 것으로서 1991년 책임보험에서의 직접청구권을 전면적으로 도입하기 이전에는 매우 의미가 컸던 조문이었으나, 지금은 제724조 제2항으로 인해 그 의미가 줄어들었다.219) 제724조 제2항의 직접청구권 내용은 제725조에도 적용되며 따라서 보관자의 책임보험에서 피해자인 물건의 소유자는 보험계약관계의 당사자는 아니지만 보험자를 상대로 직접 손해의 보상을 청구할 수 있다.

보험사고가 발생하면 소유자는 물건의 보관자에 대한 손해배상청구권과 보험자에 대한 직접청구권을 가지는데 어느 것을 행사하는 가는 소유자의 자유이다. 소유자가 보관자로부터 손해배상을 받은 경우에는 보험자에 대한 직접청구권을 잃게 된다. 물건 소유자가 물건의 보관자에게 손해배상을 청구한 때에 보관자는 소유자에게 손해배상책임을 이행하고 보험자에게 보험금을 청구할 수 있다.220) 만약 보험자가 소유자의 청구에 따라 직접 그에게 지급한 경우 보험자는 피보험자인 보관자에게 이를 통지해야 한다(제724조 제3항). 물건의 소유자가 보험자에 대해 가지는 직접청구권과 물건의 보관자가 보험자에 대하여 가지는 보험금청구권과의 관계에 있어서 보관자는 소유자에게 손해배상책임을 이행하기 전에는 보험자로부터 보험금을 지급받을 수 없으므로(제724조 제1항), 보관자와 소유자가 동시에 보험금을 청구한 경우 소유자의 권리가 우선된다.221)

4. 소유자 자신이 보험계약을 체결한 경우

물건의 소유자가 자신의 소유권을 피보험이익으로 하는 별도의 보험계약(물건보험)을 체결한 경우(예를 들어 타인이 보관하는 자신의 물건에 대해 소유자가 화재보험계약을 체결한 경우) 보관자의 책임보험과는 피보험이익이 다르므로 중복보험의 문제는 발생하지 않는다.

---

218) 정동윤, 661면; 양승규, 383면.
219) 정찬형, 771면; 임용수, 397면; 양승규, 384면; 정동윤, 661면.
220) 양승규, 385면.
221) 최준선, 291면; 양승규, 385면; 임용수, 397면; 정동윤, 662면.

따라서 보험사고가 발생한 경우 소유자는 두 보험계약으로 인한 두 개의 청구권을 함께 가지게 된다. 물건보험으로부터 보험금청구권을, 보관자가 체결한 책임보험에서는 직접청구권을 행사할 수 있게 된다. 물론 이중이득금지의 원칙에 따라 소유자가 하나의 보험계약에 의해 보상을 받으면 다른 청구권은 상실하게 된다. 즉 물건이 훼손되거나 멸실되어 소유자가 자신이 체결한 보험계약의 보험자로부터 보험금을 수령한 경우에는 보관자의 책임보험에 기초한 손해보상청구권은 보상받은 범위 내에서 소멸한다. 다만 소유권에 관한 피보험이익을 대상으로 보험계약을 체결한 보험자가 보상을 했으면 그 보험자는 소유자가 보관자에 대해 가지는 손해배상청구권 또는 소유자가 보관자의 책임보험자에 대해 가지는 직접청구권을 대위행사할 수 있다(제682조).222)

X. 재 보 험

1. 재보험계약의 의의

재보험계약(contract of reinsurance)은 보험자(원보험자)가 인수한 보험계약상의 책임의 전부 또는 일부를 다른 보험자에게 인수시키는 보험계약을 말한다. 재보험계약의 원인이 되는 최초의 보험, 즉 원보험의 보험자는 그 보험계약이 손해보험계약이든 인보험계약이든 불문하고 보험사고로 부담하게 될 지급책임에 대해 다른 보험자로부터 보상을 받기로 하는 내용으로 다른 보험자와 재보험계약을 체결할 수 있다(제661조).223) 재보험계약에는 임의재보험과 특약재보험이 있다. 임의재보험은 원보험자가 원보험계약을 통해 인수한 위험을 원보험자가 재보험자에게 인수 여부를 문의하고 재보험자가 인수할 지를 자체적으로 검토하여 결정하는 것을 말한다. 반면에 특약재보험은 보험회사들 간에 미리 합의된 특약에 의해 원보험계약을 통해 인수한 위험을 원보험자는 자동적으로 출재(出再)하고 재보험자는 인수 여부에 대한 검토작업 없이 이를 인수하는 것을 말한다.224) 일반적으로 일반 보험회사는 純보유한도(최대손실한도) 이내의 손해액을 부담하며, 손실보유액(excess point)을 초과하는 금액부터 總보유한도까지의 손해액은 재보험사가 부담하게 된다.

---

222) 대판 1998. 9. 18, 96다19765; 정찬형, 693면, 771면; 정동윤, 662면; 최준선, 291면; 임용수, 397면; 양승규, 385면; 한기정, 683면.
223) 최준선, 292면; 서헌제, 216면; 정동윤, 662면; 양승규, 386면; 정찬형, 772면.
224) 장덕조, 366면.

2. 재보험의 역할

재보험은 원보험자가 인수한 위험의 전부 또는 일부를 분산함(위험의 양적 분산)으로 써 우연한 대형 사고가 발생함으로 인해 원보험자가 겪을 수 있는 보험금 지급의 어려움을 극복할 수 있다. 또한 원보험자가 인수한 보험종목 중 특히 위험률이 높은 것을 분산 시키는 기능도 있다(위험의 질적 분산). 장소적으로 몰려 있는 다수의 위험에 대해서도 위험의 장소적 분산 기능을 제공할 수 있다. 장소적 분산 기능을 통해 재보험은 보험의 국제화를 수행하기도 한다. 위험을 분산함으로써 원보험자의 위험을 재보험자에게 전가하여 보험경영의 합리화를 추구할 수 있게 된다. 재보험제도의 존재로 인해 원보험자는 위험측정에 대한 보험기술이 아직 확립되지 않은 새로운 위험에 대한 신종보험 개발과 판매에 보다 적극적으로 임할 수 있다. 재보험은 위험도가 높고 보험금액이 매우 큰 선박보험이나 화재보험 등에서 주로 이용된다.225)

3. 재보험의 법적 성질

재보험계약의 법적 성질에 대해 대표적인 학설로 책임보험계약설, 조합계약설226) 등이 있는데 원보험이 손해보험이든 생명보험이든 재보험은 손해보험의 성질을 가지고 있다. 또한 재보험자는 원보험자가 원보험계약의 피보험자 또는 보험수익자에게 보험금지급책임을 부담하는 경우에 그 손해를 보상하게 되는 것을 고려할 때 재보험계약은 책임보험계약으로 보는 것이 통설적인 견해이다.227) 기존 제726조는 책임보험에 관한 보험법상의 조문이 재보험계약에 준용된다고 규정하고 있었다. 그런데 2015년 개정 보험법에서는 제726조에서 상법 보험편 책임보험절의 규정은 '그 성질에 반하지 아니하는 범위에서' 재보험계약에 준용한다고 정하고 있다. 과거와 달리 '그 성질에 반하지 아니하는 범위에서'라는 표현이 추가되었다. 예를 들어 제720조(피보험자가 지출한 방어비용의 지출)는 재보험계약의 성질상 책임보험에 관한 규정 중 재보험계약에 준용함이 적당하지 아니한 경우가 될 것이다. 원보험계약관계에서 보험금청구소송이 제기되었을 때 재보험자는 특약이 없는 한 방어의무가 없기 때문이다. 재보험계약은 책임보험계약으로서의 법적 성질을 가지면서도 동시에 일반적인 책임보험과는 적지 않은 차이가 있다. 재보험계약은 원보험계약 관계 위에서 성

---

225) 서헌제, 216면; 최기원, 459면; 최준선, 292면; 정동윤, 663면; 양승규, 387면; 정희철, 461면; 정찬형, 772면.

226) 재보험계약의 당사자는 위험을 분산한다는 공동의 목적을 가지므로, 재보험계약의 성질을 조합으로 보는 견해이다.

227) 김성태, 719면; 서헌제, 217면; 정동윤, 663면; 정희철, 462면; 서돈각/정완용, 468면; 양승규, 388면; 정찬형, 773면; 최기원, 459면; 최준선, 292면; 한기정, 683면.

립되는 것임에 비해, 일반적인 책임보험계약은 책임관계 위에서 성립되는 것이기 때문이다.228) 재보험은 기업보험의 성격을 가지므로 불이익변경금지의 원칙이 적용되지 않는다(제663조 단서).

4. 재보험계약의 법률관계

(1) 재보험자와 원보험자와의 관계

㈎ 재보험자의 의무와 책임발생시기

가장 중요한 재보험자의 의무는 원보험자에게 부담하는 손해보상의무이다. 재보험자의 손해보상책임의 발생시기, 즉 재보험의 보험사고 시점과 관련하여 견해가 나뉘고 있으나, 원보험계약의 보험사고가 발생한 때에 재보험계약의 보험사고가 발생한 것으로 보며, 다만 원보험자가 보험금지급의무를 부담한 때에 재보험자의 손해보상책임이 발생하는 것으로 해석할 수 있다.229) 재보험자의 책임은 일반 보험계약과는 달리 최초보험료의 수령 여부와 상관없이 개시될 수 있다. 특히 특약재보험은 원보험자의 자동 출재(出再)와 재보험자의 수재(受再) 거절의 제한으로 인해 최초보험료 지급과는 무관하게 재보험자의 책임이 개시된다.230)재보험에 대해서도 보험자대위는 허용된다. 원보험자는 피보험자에게 보험금을 지급하면 보험사고를 야기한 제3자를 상대로 피보험자가 가지는 권리를 대위취득하게 된다. 재보험자는 원보험자에게 보험금을 지급하게 되는데 재보험금의 한도 내에서 원보험자가 대위취득한 권리가 다시 재보험자에게 이전한다(제682조). 그런데 재보험자는 원보험계약의 보험계약자 등과는 직접적인 법률관계를 가지지 않는다. 이를 고려하여 재보험자의 대위권 행사에 있어서 실무적으로는 원보험자가 재보험자의 수탁자적 지위에서 자기의 이름으로 재보험자의 대위권을 행사하고 회수된 금액을 재보험자에게 재보험금의 비율에 따라 교부하는 상관습법이 인정되고 있다.231)

[대법원 2015. 6. 11. 선고 2012다10386 판결]

〈주요 판시내용〉

재보험자가 보험자대위에 의하여 취득한 제3자에 대한 권리의 행사는 재보험자가 이를 직접 하지 아니하고 원보험자가 재보험자의 수탁자의 지위에서 자기 명의로 권리를 행사하여 그로써 회

---

228) 장덕조, 370면.
229) 최기원, 460면; 정동윤, 665면; 양승규, 391면; 정찬형, 776면; 김은경, 554면.
230) 장덕조, 370면.
231) 대판 2015. 6. 11, 2012다10386. 정찬형, 775면; 최준선, 294면; 정동윤, 665면; 양승규, 257면; 한기정, 684면.

수한 금액을 재보험자에게 재보험금의 비율에 따라 교부하는 방식에 의하여 이루어지는 것이 상
관습이다. 따라서 재보험자가 원보험자에게 재보험금을 지급함으로써 보험자대위에 의하여 원보
험자가 제3자에 대하여 가지는 권리를 취득한 경우에 원보험자가 제3자와 기업개선약정을 체결하
여 제3자가 원보험자에게 주식을 발행하여 주고 원보험자의 신주인수대금채무와 제3자의 채무를
같은 금액만큼 소멸시키기로 하는 내용의 상계계약 방식에 의하여 출자전환을 함으로써 재보험자
가 취득한 제3자에 대한 채권을 소멸시키고 출자전환주식을 취득하였다면, 이는 원보험자가 재보
험자의 수탁자의 지위에서 재보험자가 취득한 제3자에 대한 권리를 행사한 것이라 할 것이므로,
재보험자의 보험자대위에 의한 권리는 원보험자가 제3자에 대한 권리행사의 결과로 취득한 출자
전환주식에 대하여도 미친다. 그리고 이러한 법리 및 상관습은 재재보험관계에서도 마찬가지로
적용된다.

(나) 원보험자의 의무

재보험자와의 관계에서 가장 중요한 원보험자의 의무는 재보험료지급의무이다. 기타
재보험에 의해 인수되는 위험에 대한 고지의무와 통지의무, 손해방지의무 등이 있고 신의
칙에 따라 독립한 의사결정으로 원보험사무를 처리해야 할 의무와 그에 따른 정보제공의
무 등이 있다.[232]

(2) 재보험자와 원보험계약자와의 관계

(가) 원보험계약과 재보험계약의 독립성

원보험계약과 재보험계약은 독립된 계약이므로 재보험계약은 원보험계약의 효력에 영
향을 미치지 아니한다(제661조). 원보험계약의 해지나 무효의 원인이 재보험계약에 영향을
미치지는 않는다.[233] 원보험자는 원보험계약자의 계속보험료 부지급을 이유로 재보험료의
지급을 거절할 수 없으며, 재보험자가 재보험금을 지급하지 않는다고 하여 원보험자 자신
이 피보험자나 보험수익자에게 부담하는 보험금의 지급을 거절할 수 없다.[234]

(나) 원보험계약자와 재보험자의 관계

원보험의 보험계약자가 재보험자에 대해 직접 재보험료를 지급할 의무는 없다. 따라
서 재보험자는 원보험계약의 보험계약자에게 재보험료의 지급청구를 할 수 없다. 그러나
원보험계약의 보험계약자가 원보험자에게 원보험료를 지급하지 않아서 원보험자가 재보험
료를 지급하지 않는다면, 재보험자는 민법상의 채권자대위권(민법 제404조)에 의해 원보험

---

232) 양승규, 392면; 정동윤, 665면; 최준선, 294면.
233) 그런데 재보험은 원보험을 전제로 하기 때문에 재보험계약에는 '재보험자는 원보험자의 처리에 따른
다'는 조항을 대개의 경우 마련하고 있다. 장덕조, "재보험에 관한 연구", 서울대 박사논문, 1998, 159면
이하.
234) 최준선, 294-295면; 정찬형, 776면; 최기원, 460면; 양승규, 392면; 정동윤, 665면; 한기정, 684면.

자의 보험료청구권을 대위행사하여 원보험의 보험계약자에게 원보험료의 지급을 청구할 수 있다고 해석된다.235)

(다) 원보험의 피보험자 등과 재보험자의 관계

원보험계약의 보험계약자나 피보험자 또는 보험수익자는 원보험계약과 독립적인 지위에 있는 재보험자에게 청구권 등 직접적인 권리를 가지지 않는다. 원보험계약자와 재보험자 상호간에는 법률관계가 존재하지 않는다. 따라서 원칙적으로 원보험자가 보험금지급을 불이행하더라도 이를 이유로 원보험계약의 피보험자가 재보험자에 대해 직접 재보험금의 지급을 청구할 수는 없다고 해석된다.236) 원보험자의 피보험자는 원보험자의 재보험자에 대한 청구권을 압류하거나 대위행사 또는 전부명령을 받을 수 있을 뿐이다. 책임보험에서의 피해자 직접청구권에 관한 규정이 재보험계약의 독립성을 고려할 때 재보험계약의 성질에 반하는 것으로 볼 수 있다면 책임보험에서의 직접청구권 조항은 재보험계약에서는 준용되지 않는 것이 원칙이다.237) 한편 재보험계약을 체결하면서 재보험자에 대해 직접 청구할 수 있다는 조항을 특약으로 둘 수 있고, 이때에는 예외적으로 원보험계약의 피보험자 또는 보험수익자는 재보험자에게 직접 보험금을 청구할 수 있게 된다.238)

---

235) 손주찬, 657면; 정동윤, 666면; 한기정, 685면; 정찬형, 776면; 서돈각/정완용, 469면; 최준선, 295면.

236) 양승규, 393면; 정찬형, 773면; 김성태, 725면.

237) 최준선, 295면, 정동윤, 665면, 한기정, 684면에서는 책임보험에 관한 규정이 재보험계약에 준용되므로 원보험계약의 피보험자는 재보험자에게 보험금 직접청구권을 행사할 수 있다고 설명하고 있다. 만약 직접청구권이 인정된다면 재보험자는 원보험자에게 자신이 갖고 있는 항변사유를 갖고 원보험계약의 피보험자에게 대항할 수 있다고 해석된다.

238) 최기원, 460면; 양승규, 393면; 정찬형, 773면, 776면.

　　자동차보험(automobile insurance)이란 피보험자가 피보험자동차를 소유, 사용 또는 관리하는 동안에 발생한 사고로 인한 피보험자의 손해를 보험자가 보상하는 손해보험계약을 말한다(제726조의2).[2] 자동차보급이 일반화되어 있는 현 상황에서 자동차보험은 현대 사회에서 필수적으로 요구되고 있다. 자동차보험에는 개인용자동차보험, 영업용자동차보험, 업무용자동차보험, 운전자보험, 자동차취급업자종합보험, 이륜자동차보험, 농기계보험 등이 있다.[3] 자동차사고로 인한 손해는 매우 다양하며 이러한 손해를 종합적으로 보상하기 위한 노력이 이어지고 있다. 그 결과 운전자보험도 등장하게 되었다. 상법 보험편은 자동차보험에 관한 규정을 두고 있지 않다가 1991년 보험법을 개정하면서 비로소 자동차보험에 관한 독립한 절을 만들었다. 그러나 그 조문은 세 개에 불과하며 자동차 양도에 관한 조문(제726조의4)을 제외하고는 자동차 보험계약의 실질적 내용을 다루고 있지는 않다. 따라서 실무상으로는 자동차보험표준약관 및 판례의 해석이 매우 중요하다고 할 수 있다.[4] 교통사고처리특례법 제3조와 제4조는 교통사고에 대해 공소를 제기할 수 없는 경우와 그렇지 않은 경우를 나누어 규정하고 있다.

---

[1] 자동차보험에 관한 법률, 판례 및 약관분석에 대하여는, 박세민, 자동차보험법의 이론과 실무, 2007을 참조할 것. 현행 자동차보험표준약관은 2022년 12월 22일에 개정되었다.

[2] 자동차보험에서 말하는 '자동차'란 자동차손해배상보장법 제2조 제1호에서 정하고 있는 바와 같이 「자동차관리법」의 적용을 받는 자동차와 「건설기계관리법」의 적용을 받는 건설기계 중 대통령령으로 정하는 것을 말한다. 개인용자동차는 법정정원 10인승 이하의 개인소유 자가용승용차이며, 업무용자동차는 개인용자동차를 제외한 모든 비사업용자동차이며, 영업용자동차는 사업용자동차를 말한다. '소유'란 자동차등록부에 소유자로 등재된 것을 말하며 '사용'이란 소유자 자신 또는 다른 운전자에 의한 운행을 말하며 '보관'이란 소유자 또는 다른 운전자 또는 기타 임차인이나 수리업자 등에 의한 보관을 말한다. 농업용동력운반차는 농업기계화법 제2조 제1호에서 정한 농업기계로서 무면허운전 처벌규정의 적용대상인 도로교통법 제2조 제18호에 정한 자동차에 해당하지 않는다. 대판 2021. 9. 30, 2017도13182(도로교통법 제2조 제18호 "자동차"란 철길이나 가설된 선을 이용하지 아니하고 원동기를 사용하여 운전되는 차(견인되는 자동차도 자동차의 일부로 본다)로서 다음 각 목의 차를 말한다. 가. 「자동차관리법」 제3조에 따른 다음의 자동차. 다만, 원동기장치자전거는 제외한다. 1) 승용자동차 2) 승합자동차 3) 화물자동차 4) 특수자동차 5) 이륜자동차 나. 「건설기계관리법」 제26조 제1항 단서에 따른 건설기계).

[3] 보험연수원(편), 보험심사역 공통 1 교재, 2016, 52면.

[4] 양승규, 394면.

[헌법재판소 2009. 2. 26. 선고 2005헌마764 결정]

〈주요 판시내용(위헌)〉

교통사고처리특례법 제4조는 운전자들의 종합보험 가입을 유도하여 교통사고 피해자의 손해를 신속하고 적절하게 구제하고, 교통사고로 인한 전과자 양산을 방지하기 위한 것으로 그 목적의 정당성이 인정되며, 그 수단의 적절성도 인정된다. 그러나 교통사고 피해자가 중상해를 입은 경우에 사고발생 경위, 피해자의 특이성(노약자 등)과 사고발생에 관련된 피해자의 과실 유무 및 정도 등을 살펴 가해자에 대하여 정식 기소 이외에도 약식기소 또는 기소유예 등 다양한 처분이 가능하고 정식 기소된 경우에는 피해자의 재판절차진술권을 행사할 수 있게 하여야 함에도, 이 사건 법률조항에서 가해차량이 종합보험 등에 가입하였다는 이유로 교통사고처리특례법 제3조 제2항 단서조항(이하 '단서조항'이라고 한다)에 해당하지 않는 한 무조건 면책되도록 한 것은 기본권침해의 최소성에 위반된다. 가해자는 자칫 사소한 교통법규위반을 대수롭지 않게 생각하여 운전자로서 요구되는 안전운전에 대한 주의의무를 해태하기 쉽고, 교통사고를 내고 피해자가 중상해를 입은 경우에도 보험금 지급 등 사고처리는 보험사에 맡기고 피해자의 실질적 피해회복에 성실히 임하지 않는 풍조가 있는 점 등에 비추어보면 이 사건 법률조항에 의하여 중상해를 입은 피해자의 재판절차진술권의 행사가 근본적으로 봉쇄된 것은 교통사고의 신속한 처리 또는 전과자의 양산 방지라는 공익을 위하여 위 피해자의 사익이 현저히 경시된 것이므로 법익의 균형성을 위반하고 있다. 따라서 이 사건 법률조항은 과잉금지원칙에 위반하여 업무상 과실 또는 중대한 과실에 의한 교통사고로 중상해를 입은 피해자의 재판절차진술권을 침해한 것이라 할 것이다.

Ⅰ. 자동차보험의 담보성격

자동차보험은 담보종목의 성격이 책임보험, 인보험, 물건보험으로 구성된 종합보험적 성격을 가지고 있다. 인적사고로 인해 위자료, 장례비, 치료비, 상실수익액 또는 휴업손해, 간병비, 입원식대, 통원교통비 등의 손해가 발생하며, 물적사고는 수리비, 수리가 불가능한 경우 교환비용, 대차료, 휴차료 등의 손해를 야기한다. 물적 사고 중 직접손해로는 피해 자동차를 사고 발생 직전 상태로 원상회복 시키는데 필요한 수리비가 있고, 간접손해로는 수리 기간 동안 차량을 이용할 수 없음으로 인해 발생하는 교통비 등의 손해, 해당 차량이 사업용 차량인 경우 수리기간 동안 발생하는 영업 손실, 사고로 인해 수리를 했음에도 차량의 재산적 가치가 하락한 경우 그 가치하락 손해 등이 있다.5)

---

5) 정문선, "자동차보험의 대차료에서 통상손해의 산정 기준에 관한 연구—부산지법 2021. 2. 18. 선고 2020나53231 판결을 중심으로—, 경영법률, 제33집, 제4호, 2023, 275면 및 290면.

1. 책임보험

자동차보험에서 책임보험은 피보험자동차에 의한 사고로 인해 피보험자가 제3자에게 법률상의 배상책임을 부담함으로써 야기되는 손해를 보험자가 보상해주는 보험을 말한다. 여기에서 피보험자동차란 보험증권에 기재된 자동차를 말한다. 보험자가 보상책임을 부담하는 객체에 따라 대인배상책임보험과 대물배상책임보험으로 나누어진다. 또한 보험가입의 강제성 유무에 따라 의무(강제)책임보험과 임의책임보험으로 나눌 수 있다. 배상책임액이 보험사고 후에 판결이나 화해 등을 통해 결정되는 책임보험의 성질로 인해 책임보험에서의 보험가액 개념은 적극적으로 인정하기 어렵다. 보험금액은 대인배상과 대물배상에 따라 다르며 대인배상의 경우 다시 대인배상 Ⅰ과 대인배상 Ⅱ에 따라 다르다. 자동차책임보험은 자동차의 보유자나 운전사 등 피보험자의 이익을 보호하는 자위적 기능 이외에 피해자를 보호하는 사회적 기능도 하고 있다.6)

(1) 대인배상

타인의 생명이나 신체에 손해를 야기하여 이에 대한 배상책임을 대상으로 하는 대인배상책임보험에는 의무적 성격과 임의적 성격 두 종류가 있다. 하나는 민법상의 불법행위책임에 대한 특별법에 해당하는 자동차손해배상보장법(이하 '자배법')에 의해 가입이 강제적인 의무보험(자동차손해배상책임보험)인데 자동차보험표준약관에서는 이를 '대인배상 Ⅰ'이라 한다. 대인배상 Ⅰ은 자배법 제3조에 의한 운행자책임에 대한 보상을 내용으로 하며, 보험금액과 관련해서는 자배법시행령에서 정한 액수를 한도로 보험자가 보상해주는 유한배상의 성격을 가진다. 대인배상 Ⅰ의 현재 보상최고한도는 사망 및 후유장해 1억 5천만원, 부상은 3,000만원이다. 따라서 대인배상 Ⅰ만으로는 교통사고의 피해자를 위한 충분한 보상을 제공할 수 없다.

이를 초과하는 손해에 대해서는 임의보험적 성격의 대인배상책임보험이 적용되는데 약관에서는 이를 '대인배상 Ⅱ'라고 한다. 대인배상 Ⅱ는 그 가입이 자유롭고 대인배상 Ⅰ에 가입된 경우에 체결할 수 있으며, 무한 또는 유한으로 담보하고 있는데 무한배상으로 가입하는 경우가 대부분이다. 대인배상 Ⅱ는 대인배상 Ⅰ로 지급되는 금액 또는 피보험자동차가 대인배상 Ⅰ에 가입되어 있지 아니한 경우에는 대인배상 Ⅰ로 지급될 수 있는 금액을 넘는 손해에 대하여 그 초과손해를 약관에서 정하는 바에 따라 보험자가 보상하는 책임을 부담하는 것을 말한다. 대인배상책임보험은 자기신체사고보험과 상호 연계되어 보완관계에 있다.

---

6) 최준선, 296면 및 308면; 양승규, 399면.

(2) 대물배상

피보험자가 피보험자동차를 소유·사용·관리하는 동안에 생긴 피보험자동차의 사고로 타인의 재물을 없애거나 훼손하여 법률상 손해배상책임을 부담함으로써 입은 손해를 보험자가 보상하는 것이다. 대물배상은 자배법에 의해 일정한 보험금액까지는 가입이 강제되는 의무보험으로서의 대물배상과 임의보험으로서의 대물배상으로 이원화되었다. 의무보험적 성격의 대물배상책임보험은 보험가입금액 2,000만원을 한도로 하고 있다. 2,000만원을 초과하는 부분에 대하여는 임의보험으로서의 대물배상에서 보상하게 되는데 보상한도는 계약의 내용에 따라 다양하다. 대물배상은 원칙적으로 한 사고당 보험증권에 기재된 보험가입금액을 한도로 하므로 유한책임이다.7) 대물배상책임보험은 자기차량손해보험과 보완관계에 있다고 하겠다.

2. 인 보 험

(1) 자기신체사고보험

과거 자손사고로 불리었던 자기신체사고보험은 피보험자가 피보험자동차를 소유·사용·관리하는 동안에 생긴 피보험자동차의 사고로 인하여 죽거나 다친 때에 그로 인한 손해를 보험자가 보상하여 주는 것이다. 사고로 인한 피보험자의 사망이나 부상에 대해 보험금이 지급되므로 그 성질은 인보험이다.

(2) 무보험자동차에 의한 상해

무보험자동차에 의한 상해란 피보험자가 피보험자동차 이외의 무보험자동차로 인하여 생긴 사고로 죽거나 다친 때에 그로 인한 손해에 대하여 배상의무자8)가 있는 경우에 피보험자와 보험계약을 체결한 보험자가 약관에서 정하는 바에 따라 보상하는 것을 말한다. 무보험자동차보유자의 책임있는 사유로 손해를 입은 피보험자가 그 보유자를 상대로 효율적인 손해배상청구권을 행사할 수 없게 됨으로 인해 입게 되는 손해를 피보험자와

---

7) 자동차보험표준약관 제6조 제2항; 자동차손해배상보장법 제5조 제2항; 동법 시행령 제3조 제3항.
8) 배상의무자란 무보험자동차로 인하여 생긴 사고로 피보험자를 사망하게 하거나 부상을 입힌 경우에 그로 인하여 피보험자에게 입힌 손해에 대하여 법률상 손해배상책임을 지는 사람을 말한다. 예를 들면 무보험자동차의 소유자 및 운전자, 무보험자동차 소유자의 사용자(사용자의 업무수행중인 경우), 배상의무자가 미성년자일 경우 그 감독자 및 이들의 상속인이 배상의무자이다. 배상의무자가 있을 경우 보험자의 보상책임이 인정되는데 배상의무자의 존재는 객관적으로 인정할 수 있으면 족하고 구체적으로 그 자가 누구인지까지 알아야 하는 것은 아니므로 가령 뺑소니차량에 의한 사고의 경우에도 배상의무자가 있는 것으로 간주한다. 김주동/마승렬, 176면; 남원식 외, 348면.

보험계약을 체결한 보험자가 보상하는 것이다.9)

3. 물건보험(자기차량손해)

자기차량손해란 피보험자가 피보험자동차를 소유·사용·관리하는 동안에 발생한 사고로 인하여 피보험자동차에 직접적으로 생긴 손해를 보험증권에 기재된 보험금액을 한도로 보험자가 보상하는 것을 말한다. 물건보험이므로 보험가액의 개념이 인정되며, 보험금액이 보험가액보다 많은 경우에는 보험가액을 한도로 보상한다. 이 경우 피보험자동차에 통상 붙어있거나 장치되어 있는 부속품과 부속기계장치는 피보험자동차의 일부로 본다. 통상 붙어 있거나 장치되어 있는 것이 아닌 것은 보험증권에 기재한 것에 한한다.10) 자기차량보험의 성질은 손해보험(물건보험)이다. 손해는 자손과 타손으로 구분되는데 자손의 경우는 피보험자의 과실로 인한 경우에 한정된다. 타손의 경우에는 원래 피해자(피보험자)의 보험자가 보상을 하고 가해자 또는 가해자의 보험자에게 구상해야 하지만 실무에서는 가해자의 보험자가 직접 보상을 하는 방식을 취하고 있다.11) 물건보험이므로 일부보험, 중복보험, 초과보험의 문제가 생길 수 있다. 자기차량손해보험에 있어서 피보험이익은 자동차에 대한 소유권이므로 피보험이익의 귀속주체인 피보험자는 피보험자동차의 소유자이다. 이를 반영하여 약관에서는 자기차량손해보험에 있어서 피보험자는 보험증권에 기재된 기명피보험자라고 한정하여 규정하고 있다.12)

Ⅱ. 피보험자

1. 특　　성

자동차보험의 경우에는 자동차의 소유자 이외에 그 가족, 피용자 또는 친구 등 다수의 사람에 의해 피보험자동차가 사용되며 이들 모두가 사고 피해자에 대해 배상책임의 주체가 될 수 있다. 따라서 자동차 소유자 이외에 피보험자동차를 실제로 운행하는 자들의 배상책임도 자동차보험의 보상 범위에 포함시킬 필요가 있다. 그렇지 않으면 이들이 각각 개별적으로 보험에 가입해야 하는 번거로움이 있고 또한 보험가입이 안되어 무보험상태에

---

9) 양승규, 396면.
10) 자동차보험표준약관 제21조 제2호.
11) 정찬형, 785면.
12) 자동차보험표준약관 제22조.

서의 운전 가능성도 충분히 예상될 수 있기 때문이다. 이러한 이유에서 다른 종류의 손해
보험에 비해 자동차보험의 경우에는 피보험자의 범위가 상대적으로 넓은 특색이 있다. 자
동차보험표준약관 제1조 제13호는 피보험자 종류로 기명피보험자, 승낙피보험자, 친족피보
험자, 사용피보험자, 운전피보험자 이렇게 5종류로 열거하고 있다. 이들 다섯 종류가 모두
피보험자가 되는 보험으로는 대인배상Ⅰ, 대인배상 Ⅱ 그리고 대물배상이 있다. 자기차량
손해보험에서는 기명피보험자만 피보험자로 기재되어 있고, 자기신체사고보험, 무보험자동
차에 의한 상해보험의 경우엔 개별약관에서 피보험자 유형을 정할 수 있도록 하고 있다
(자동차보험표준약관 제13조, 제18조). 이들 피보험자는 청구권대위에서의 제3자에 해당되지
않으므로, 사고 손해에 대해 보험금을 지급한 보험자라 하더라도 사고를 야기한 이들 피
보험자에 대해 청구권대위를 행사할 수 없다.13) 자기신체사고보험이나 무보험자동차에
의한 상해보험은 그 성격이 인보험이다. 인보험에서는 피보험자가 보험사고의 객체를
의미하기 때문에 보험금을 청구할 수 있는 자로서 보험수익자가 따로 있는 것이 원칙이
다. 그런데 자기신체사고보험이나 무보험자동차에 의한 상해보험에서는 보험금을 청구
할 수 있는 별도의 보험수익자 개념이 없고 피보험자가 보험금청구권을 행사할 수 있는
법리로 구성되고 있다.14)

2. 기명피보험자

기명피보험자란 피보험자동차를 소유·사용·관리 하는 자 중에서 보험계약자의 지
정에 의해 보험증권상의 기명피보험자란에 성명이 기재된 피보험자를 말한다. 대부분 자
동차등록원부상의 소유자가 기명피보험자가 된다. 기명피보험자는 사고당시 피보험자동차
의 사용 또는 관리 중인지의 여부를 불문하고 피보험자의 지위에 있을 수 있다.15) 따라서
절취운전자나 무단운전자 등이 제3자에 대해 야기한 사고에 대하여도 관리소홀 등을 이유
로 기명피보험자에게 책임을 물을 수 있는 경우라면 기명피보험자의 배상책임은 보험자의
보상대상이 된다. 할부차량의 매수인이나 리스계약상의 리스이용자처럼 법률상의 소유자
는 아니지만 피보험자동차를 사실상 자기의 소유물로서 자유로이 사용, 관리, 지배할 수
있는 지위에 있는 자도 기명피보험자가 될 수 있다. 기명피보험자와 실질적인 피보험자가
동일하지 않은 경우도 있다. 지입차량(持入車輛)16)의 경우에 실제 차주가 지입회사를 피보

---

13) 대판 2000. 9. 29, 2000다33331; 대판 1993. 6. 29, 93다1770; 대판 1991. 11. 26, 90다10063; 서헌제, 232면.
14) 한기정, 688면.
15) 김주동/마승렬, 143면.
16) 차량지입계약을 통해 차량의 실제 소유자가 차량을 운수회사에 지입하게 되면 차량은 운수회사의 명의
    로 등록이 되는데, 이 차량을 실제 소유자에게 사용, 수익하게 해주는 대신 실제 소유자는 이에 대한 대
    금을 운수회사에 지급하게 된다. 레미콘 등 화물차의 경우에 많이 활용되고 있다.

험자로 하여 보험계약을 체결한 경우 그 지입한 회사가 기명피보험자가 되며 실제 차주는 승낙피보험자가 된다.17) 이는 기명피보험자와 승낙피보험자를 판단함에 있어서 계약상의 명의자가 누구인가를 기준으로 할 수 있다는 것을 보여주는 것이라고 할 수 있다.18)

[대법원 1998. 5. 12. 선고 97다36989 판결]

〈주요 판시내용〉

지입회사 직원이 자기 회사의 명의로 등록되어 있는 지입차량에 관하여 자기 회사가 사고가 많아 보험료율이 높은 관계로 보험료율이 낮은 계열회사의 명의로 보험계약을 체결하기 위하여 보험회사 직원에게 그 차량이 계열회사 소유라고 말하여 보험계약자 및 피보험자 명의를 계열회사로 하는 보험계약을 체결한 경우, 지입회사의 내심의 의사는 자신을 보험계약자 내지 피보험자로 하려는 의사가 있었을지 모르나 상대방인 보험회사와 사이에 그렇게 하기로 하는 의사의 합치가 있었다고 볼 수 없고, 또 보험회사로서는 계약 명의자인 계열회사가 실제의 보험계약자 및 피보험자인 것으로 이해하고 그에 따른 보험료율 등을 정하여 보험계약을 체결한 것이라고 보여지므로, 보험계약자 및 기명피보험자는 계약 명의자인 계열회사라고 본다.

[대법원 1993. 4. 13. 선고 92다6693 판결]

〈주요 판시내용〉

차량을 매수하였으나 수리비 정리 등의 사유로 이전등록을 하지 않고 있는 사이에 보험기간이 만료되어 매수인이 보험회사와 자동차종합보험계약을 체결하면서 피보험자 명의를 보험회사의 승낙을 얻어 公簿상 소유명의인으로 하였다면 보험계약상 기명피보험자가 공부상 소유명의자로 되어 있다 하더라도 실질적인 피보험자는 매수인이다.

기명피보험자라 함은 피보험자동차에 대한 운행지배나 운행이익을 향유하는 피보험자를 말한다고 보아야 할 것인바, 자동차양도와 같이 자동차에 대한 소유, 처분권이 양수인에게 이전되어 양수인 명의로 차량이전등록까지 이행되었다면 자동차양수인이 피보험차량에 대한 운행지배나 운행이익을 가지고 있는 것으로 해석된다. 따라서 양수인을 기명피보험자의 승낙을 얻어 자동차를 사용 또는 관리하는 승낙피보험자로 볼 수 없으며, 양수인이 기명피보험자의 지위를 갖게 된다.19)

17) 대판 2000. 10. 6, 2000다32840; 대판 1998. 5. 12, 97다35989; 장덕조, 395면.
18) 한기정, 688면.
19) 대판 1991. 8. 9, 91다1158.

[대법원 1992. 9. 22. 선고 92다28303 판결]

〈주요 판시내용〉

갑이 승용차를 을 명의로 등록하고 자동차종합보험에도 그 기명피보험자를 을로 하였다. 갑과 을 두 사람을 잘 알면서 평소 위 차량을 빌려 타고 다니던 병이 갑으로부터 위 차량의 열쇠를 받아 위 차량을 몰고 그의 심부름으로 김밥을 사러 갔다가 마음대로 부산에서 서울로 올라가 위 차량을 운행 중에 사고가 발생하였고 그 후 병이 갑에게 무단운행을 사과하는 전화를 하였는데도 그 차량의 반환을 요구하지도 아니한 채 그 운행을 묵인하고 있었다면 을은 자배법상의 운행자성을 상실하였다고 할 수 없고 따라서 보험자는 보험금지급책임을 부담한다.

3. 승낙피보험자

(1) 개념 및 승낙의 의미

기명피보험자의 승낙을 얻어 피보험자동차를 사용 또는 관리중인 자를 승낙피보험자라 한다. 승낙피보험자는 자배법상의 운행자책임을 부담할 수 있기 때문에 피보험자 범위에 포함시킨 것이다.[20] 승낙은 기명피보험자로부터의 승낙임을 요한다. 기명피보험자로부터의 승낙인 이상 승낙피보험자에게 승낙을 직접적으로 하건 전대(轉貸)를 승낙하는 등 간접적으로 하건 상관이 없다. 자동차를 빌려주면서 포괄적인 관리를 위임한 경우에는 전대까지 승낙한 것으로 보아야 할 것이다. 특히 기명피보험자와 자동차를 빌리는 사람과의 사이에 밀접한 인간관계나 특별한 거래관계가 있어 전대를 제한하지 아니하였을 것이라고 추인할 수 있는 등 특별한 사정이 있는 경우에는 전대의 추정적 승낙도 인정할 수 있다.[21] 승낙이 반드시 명시적이거나 자동차를 사용할 때마다 개별적으로 할 필요는 없고, 묵시적·포괄적인 승낙 및 사후의 추인도 가능하다. 기명피보험자가 알지 못하는 사이에 기명피보험자의 승낙을 받은 자로부터 다시 승낙받은 자는 승낙피보험자에 해당하지 않는다.[22]

[대법원 1993. 2. 23. 선고 92다24127 판결]

〈주요 판시내용〉

기명피보험자의 승낙은 특단의 사정이 없는 한 기명피보험자로부터의 직접적인 승낙이어야 하므로 비록 매수인으로부터 자동차를 인도받고 사용을 승낙 받았다 하더라도 기명피보험자인 매도

---

20) 박세민, 자동차보험법의 이론과 실무, 세창출판사, 2007, 275면-276면.
21) 대판 1993. 1. 19, 92다32111; 대판 1995. 4. 28, 94다43870.
22) 대판 1989. 11. 28, 88다카26758; 대판 1997. 3. 14, 95다48728; 대판 1995. 4. 28, 94다43870.

인으로부터 자동차의 사용 또는 관리에 대한 직접적인 승낙을 받지 아니하였으면 위 약관에서 말하는 승낙피보험자에 해당한다고 볼 수 없다(同旨: 대판 1995. 4. 28, 94다43870).

[대법원 1993. 1. 19. 선고 92다32111 판결]

〈사실관계〉

원고회사는 피고의 차량사고에 대해 사고 당시 운전자는 피고로부터 운전을 승낙받은 자가 아니라, 피고로부터 운전을 승낙받은 자에 의해 다시 승낙받은 자에 불과하므로 보험금을 지급할 수 없다고 하였다. 그러나 피고는 이에 대해 피고가 운전을 승낙한 자뿐 아니라 사고 당시의 운전자도 피고와 친분이 있는 자이며, 사고 이전에도 서로 자동차를 빌려 타는 관계에 있었고, 피고가 차량을 최초의 승낙자에게 빌려주면서 반드시 운전의 목적지와 운전자를 한정해서 빌려준 것이 아니라 단순히 탑승인원이 많다는 이야기만 듣고 차량을 대여해 준 것이므로 이는 피고가 최초로 승낙한 자에게 포괄적인 권리를 위임한 것이어서 사고 당시의 운전자도 승낙피보험자에 해당한다고 주장하였다.

〈주요 판시내용〉

자동차종합보험 보통약관에서 승낙피보험자는 기명피보험자로부터의 명시적, 개별적 승낙을 받아야만 하는 것이 아니고 묵시적, 포괄적인 승낙이어도 무방하나, 그 승낙은 기명피보험자로부터의 승낙임을 요하고, 기명피보험자로부터의 승낙인 이상 승낙피보험자에게 직접적으로 하건 전대를 승낙하는 등 간접적으로 하건 상관이 없다. 자동차를 빌려주면서 포괄적인 관리를 위임한 경우 전대까지 승낙한 것으로 보아야 하고, 그 전대의 승낙은 명시적, 개별적일 필요는 없고 묵시적, 포괄적이어도 무방하며, 자동차를 빌린 사람만이 사용하도록 승낙이 한정되어 있지 아니하고 자동차의 전대가능성이 예상되며 기명피보험자와 자동차를 빌리는 사람과의 사이에 밀접한 인간관계나 특별한 거래관계가 있어 전대를 제한하지 아니하였을 것이라고 추인할 수 있는 등 특별한 사정이 있는 경우에는 전대의 추정적 승낙도 인정할 수 있다.

---

(2) 피보험자동차의 사용 또는 관리의 의미

승낙피보험자는 기명피보험자의 승낙을 얻어 '피보험자동차를 사용 또는 관리'하는 자를 말한다. 대표적으로 기명피보험자로부터 피보험자동차를 임대받아 운행하는 자가 여기에 해당될 수 있다.[23] 여기에서 '사용 또는 관리'란 반드시 현실적으로 피보험자동차를 사용 또는 관리하는 경우만을 의미하는 것이 아니고, 사회통념상 피보험자동차에 대한 지배가 있다고 볼 수 있는 경우도 포함하는 의미라 할 것이다. 따라서 직접 자동차를 운전하거나 관리하지 않더라도 특정인이 사회통념상 피보험자동차에 대한 지배가 있다고 평가되는 한 그 특정인을 승낙피보험자로 볼 수 있다. 예를 들어 피해자가 콘크리트 타설작업을

---

23) 대판 2000. 10. 6, 2000다32840.

위해 기명피보험자인 차주로부터 콘크리트펌프를 운전사(차주의 피용인)와 함께 임차했고, 콘크리트펌프가 공사 현장 부근에 도착한 후 임차인(피해자)의 지시에 의해 공사 현장으로 진입하기 위해 후진하려 하였으나 작업장에 널린 자재를 정리하기 위해 임차인(피해자)이 콘크리트펌프 운전사에게 정차해 있을 것을 지시한 후 10여 분간 자재를 정리하던 중 콘크리트펌프가 후진하다 임차인(피해자)이 다친 경우에는 사고 당시 콘크리트펌프는 사회통념상 이미 피해자인 임차인의 지배하에 있었다고 보아 피해자는 승낙피보험자에 해당한다고 해석된다.24) 공사 현장 부근에 콘크리트펌프가 도착한 후 임차인인 피해자의 지시에 의해 정차한 때부터 이미 사회통념상 임차인의 지배를 인정할 수 있고 따라서 임차인은 피보험자동차를 사용 또는 관리 중인 자에 해당한다고 해석할 수 있다.

승낙피보험자 개념과 피보험자동차의 사용 또는 관리의 의미를 다룬 아래 판례는 참고할 만하다.

[대법원 2024. 5. 9. 선고 2022다290648 판결]

〈사실관계〉

원고 보험회사는 ○○회사가 소유하는 통학버스에 대해 ○○회사를 기명피보험자로 하여 자동차보험계약을 체결했다. 피고 A는 유치원을 운영하면서 ○○회사로부터 통학버스를 임차하여 유치원생들의 통학에 사용했다. B가 운전하는 통학버스에 유치원생 인솔교사 C가 유치원생 甲의 하차를 확인하지 않고 차량 문을 잠갔고, 운전기사는 그대로 운행을 종료했다. 한편 원생의 출석을 확인해야 하는 담임교사 D는 甲의 출석여부를 확인하지도 않은 채 출석한 것으로 출석부를 작성했다. 甲은 오랫동안 버스에 방치된 채 뇌손상을 입었다. 원고 보험회사는 甲에게 치료비로 약 14억원을 지급했고, 유치원의 피용자인 인솔교사와 담임교사의 사용자인 유치원장 A에게 사용자책임을 근거로 보험자대위에 기한 구상을 청구하였다.

〈주요 판시내용〉

보험계약 약관에서 보험회사에 보상을 청구할 수 있는 사람 중 하나로 기명피보험자의 승낙을 얻어 피보험자동차를 사용하거나 관리하는 승낙피보험자를 들고 있고, 여기에서 말하는 '피보험자동차를 사용하거나 관리한다.'는 것은 반드시 현실적으로 피보험자동차를 사용 또는 관리하는 경우만을 의미하는 것이 아니고 사회통념상 피보험자동차에 대한 지배가 있다고 볼 수 있는 경우도 포함하는 의미로 해석되는데, 유치원 원장 A는 기명피보험자인 ○○회사로부터 통학차량을 임차하여 ○○회사 등의 관여 없이 자신이 운영하는 유치원 원생들의 통학에 사용하면서 운행노선, 운행시간, 운행 횟수 등의 운행방법을 직접 정하고, 피용자인 C 등을 동승시켜 원생들을 인솔하도록 하였던 것으로 보이므로, A는 통학차량을 사용 · 관리하는 사람으로서 보험계약의 승낙피보험자에 포함된다고 볼 여지가 있으며, A가 보험계약의 승낙피보험자라면 보험계약 약관에 따라

---

24) 대판 1997. 8. 29, 97다12884; 대판 2010. 8. 30, 2016다165, 172.

보험회사에 보상을 청구할 수 있는 사람에 해당하고 상법 제682조에서 정한 보험자 대위를 할 수 있는 제3자에 해당하지 않을 수 있다.(공제를 보험으로 용어 변경함)

위 판례에서 보듯 유치원 원장이 ○○회사로부터 통학차량을 임차하여 ○○회사의 관여 없이 자신이 운영하는 유치원 원생들의 통학에 사용하면서 운행노선, 운행시간, 운행횟수 등의 운행방법을 직접 정한 사정을 감안하면 사회통념상으로 통학차량을 임차한 유치원 원장의 통학차량에 대한 지배가 인정될 수 있으므로 이 사건 보험계약의 승낙피보험자로 볼 수 있다. 또한 통학차량의 임대인인 기명피보험자뿐만 아니라 유치원 원장도 공동의 운행지배 내지 운행이익을 향유하는 것으로 볼 수 있다는 점에서도 유치원 원장은 자동차보험계약상의 승낙피보험자에 해당된다고 해석된다. 따라서 유치원 원장은 사고 발생시 승낙피보험자 지위에서 보험회사에게 보상을 청구할 수 있다. 한편 위 사고는 통학버스 운전자 B, 인솔교사 C, 담임교사 D의 과실이 경합한 것인데 인솔교사와 담임교사는 유치원의 피용자이므로 이들의 사용자인 유치원 원장 A는 사용자책임을 부담한다. 한편 피해자에게 보험금을 지급한 보험회사는 보험자대위에 기해 기명피보험자인 ○○회사가 공동불법행위자인 C와 D에게 행사할 수 있는 구상권을 대위하여 사용자책임에 근거하여 유치원 원장 A에게 구상 청구할 수 있는가의 문제와 관련하여 유치원 원장 A는 승낙피보험자 지위를 갖고 있으므로 제682조에서 정하는 보험자대위의 상대방에 해당되지 않는다고 해석된다.[25] 기존의 대법원 판례에 따르면 특별한 사정이 없는 한 피해자(또는 피보험자)에게 보험금을 지급한 책임보험자는 사고책임이 있는 피용자의 사용자에 대한 대위구상이 가능하다고 해석한다.[26] 그러나 본 사건에서는 사용자가 승낙피보험자의 지위를 갖고 있기 때문에 피용자의 사용자로서의 책임을 부담한다고 해도 보험계약상의 피보험자 지위를 갖고 있는 사용자에게 보험자가 대위를 주장할 수는 없다고 판단한 것이다.[27] 한편 위 사건에서 실제 운전을 한 B와 유치원생 승하차를 돕고 정차 위치의 사각지대를 살피는 등 운전보조행위를 한 인솔교사 C는 운전피보험자로서의 지위를 인정받을 수 있다고 판단된다. 반면 담임교사 D는 자동차보험계약의 피보험자 범주에 포함되지 않는다.

(3) 승낙피보험자 인정 범위

렌터카 회사로부터 차량을 빌린 경우 차량을 빌린 사람은 승낙피보험자이다. 차량의 실제 소유자가 차량을 운수회사에 지입하게 되면 차량은 운수회사의 명의로 등록이 되는

---

25) 대판 2024. 5. 9, 2022다290648; 이준교, "최근 법원 판례로 본 자동차보험자의 대위행사 관련 쟁점 및 시사점", 손해보험, 2024년 7월호, 손해보험협회, 4면-13면.

26) 대판 2005. 9. 15, 2005다10531; 대판 2010. 8. 26, 2010다32153.

27) 이준교, "2004년 손해보험 분쟁 관련 주요 대법원 판결 및 시사점(上)", 손해보험, 2005년 1월, 손해보험협회, 56면-57면.

데, 이 차량을 실제 소유자에게 사용, 수익하게 해주는 대신 실제 소유자는 이에 대한 대금을 운수회사에 지급하는 것을 차량지입계약이라 한다. 레미콘 등 화물차의 경우에 많이 활용되고 있다. 지입차량(持入車輛)의 실제 차주가 지입회사를 피보험자로 하여 보험계약을 체결한 경우 실제 차주가 승낙피보험자이며, 기명피보험자는 지입회사가 된다. 경찰서 소속의 관용차량에 대해 자동차보험이 체결되는 경우에 해당 경찰서장이 보험증권상의 기명피보험자로 기재되었다고 해도 실제 기명피보험자는 국가이고 해당 차량을 사용하는 경찰서 직원은 승낙피보험자가 된다.[28] 자동차정비업, 세차업이나 대리운전업 등 자동차취급업자는 대인배상 Ⅰ에서는 승낙피보험자 범위에 포함되지만, 대인배상 Ⅱ와 대물배상에서는 승낙피보험자 범주에서 제외된다.

[대법원 1992. 2. 25. 선고 91다12356 판결]

〈주요 판시내용〉

경찰서장이 그 경찰서 소속의 관용차량을 관리·운행하고 소속 공무원인 운전자를 지휘·감독한다고 하더라도, 대외적으로는 자동차의 운행으로 인한 손해배상책임을 부담할 권리의무의 주체가 될 수 없음이 명백하므로 자동차보험계약상의 기명피보험자가 "○○경찰서장"으로 표시되었다고 하더라도, 이는 국가를 가리키는 것으로 봄이 상당하고, 따라서 경찰서장의 직위에 있는 공무원 개인이 기명피보험자로 되는 것이 아니다. 경찰서 경비과장으로서 경찰서장의 승낙을 받아 자동차를 운전하다가 사고가 일어난 것이라면, 위 운전자는 기명피보험자인 국가의 승낙을 얻어 자동차를 사용 또는 관리중인 자에 해당하거나 국가를 위하여 자동차를 운전중인 자에 해당하여 보험계약에 있어서의 피보험자의 범주에 속한다고 할 것이고, 그가 피보험자인 이상 자동차의 운행으로 인한 사고로 말미암아 자신이 법률상 손해배상책임을 지게 되는 경우, 보험자에 대하여 보험금액지급청구권을 가지게 된다고 보아야 한다.

---

(4) 매수인의 승낙피보험자 인정 여부

기명피보험자가 매도인으로서 피보험자동차를 매수인에게 매도한 후 아직 자동차의 소유 명의가 매도인으로 되어 있는 상황에서 매수인이 자동차를 운행하는 경우 그 매수인을 승낙피보험자로 볼 수 있는가의 문제가 있다. 사고 당시 차량에 대한 운행이익과 운행지배를 누가 가지고 있는가를 따져보고 결정해야 할 것이다. 이 경우 매매대금의 완제 여부와 이전등록 서류의 교부 여부가 매도인의 운행자성 상실 여부를 판단하는 하나의 기준이 될 수 있다.[29] 자동차보험에 가입한 매도인이 매수인에게 차량을 인도하였을 뿐 아니라 당해 차량사고 이전에 그 소유명의까지 이전해 주었다면, 특별한 사정이 없는 한 기명

---

28) 대판 1992. 2. 25, 91다12356.
29) 이 문제는 후술하는 자동차의 양도에서 다시 다루어진다.

피보험자인 매도인은 사고 당시 차량에 대한 운행지배 및 피보험이익을 상실한 것으로 보아야 한다. 따라서 매수인을 기명피보험자의 승낙을 얻어 자동차를 사용 또는 관리 중인 승낙피보험자로 볼 수 없다.30) 그러나 자동차를 매수한 매수인이 소유권이전등록을 마치지 아니한 채 자동차를 인도받아 운행하면서 매도인과의 합의 아래 매도인을 피보험자로 한 자동차종합보험계약을 체결하였다면, 매도인이 기명피보험자이고 매수인은 승낙피보험자에 해당한다.31) 자동차를 매매한 후 소유권이전등록이 안된 상황에서 매도인이 가입했던 자동차보험기간이 만료되자, 매수인이 보험계약을 체결하였는데 보험자의 승낙을 얻어 자동차등록원부상의 소유명의인을 기명피보험자로 기재한 경우에 실질적인 피보험자는 매수인이라는 것이 판례의 입장이다.32) 한편 차량 매수인이 매도인의 승낙을 얻어 기명피보험자를 매도인으로 하고 주운전자를 매수인으로 한 경우에 매도인이 차량에 대한 운행지배 관계 및 피보험이익을 상실한 것으로 인정되는 경우에는 매수인이 기명피보험자의 지위를 갖는다고 보아야 한다. 매수인을 단순히 승낙피보험자로 볼 수 없다.

(5) 청구권대위와 승낙피보험자

승낙피보험자의 행위로 인하여 보험사고가 발생한 경우에 기명피보험자와 승낙피보험자가 사전에 모든 손해는 승낙피보험자가 부담한다는 약정을 했고, 기명피보험자가 승낙피보험자에 대하여 손해배상채무부담에 관한 약정에 기하여 청구권을 갖는다 하여도 보험자는 청구권대위의 법리에 의하여 그 권리를 취득할 수 없다. 승낙피보험자는 피보험자의 지위에 있으므로 청구권대위의 제3자의 범위에 포함될 수 없기 때문이다.

4. 친족피보험자

친족피보험자란 기명피보험자와 같이 살거나 살림을 같이하는 친족으로서 피보험자동차를 사용 또는 관리 중인 자를 말한다. 친족피보험자는 기명피보험자로부터 반드시 명시적 또는 묵시적 승낙을 얻은 후에 피보험자동차를 사용·관리해야만 피보험자가 되는 것이 아니다. 기명피보험자의 승낙 여부를 불문하고 피보험자에 해당한다. 승낙피보험자와 구별되는 특징이다. 실무적으로는 운전할 자의 범위를 기명피보험자와 그 가족으로 한정하는 가족운전자 한정운전 특별약관이 많이 사용되고 있다. 여기에서 기명피보험자의 가족이란 ① 기명피보험자의 부모와 양부모, 계부모 ② 기명피보험자의 배우자의 부모 또는 양부모, 계부모 ③ 법률상의 배우자 또는 사실혼관계에 있는 배우자 ④ 법률상의 혼인관

30) 대판 1996. 7. 30, 96다6110.
31) 대판 1993. 2. 23, 92다24127; 대판 1994. 6. 14, 94다15264.
32) 대판 1993. 4. 13, 92다6693.

계에서 출생한 자녀, 사실혼 관계에서 출생한 자녀, 양자 또는 양녀, 계자녀 ⑤ 기명피보험자의 며느리 또는 사위(계자녀의 배우자 포함)로 약관에서 정하고 있다. 일반적으로 형제자매는 포함되지 않으며 형제자매를 포함시키는 특별약관(가족운전자와 형제자매 한정운전 특별약관)은 따로 존재한다.

가족운전자 한정운전 특별약관은 가족의 범위와 관련하여 기명피보험자의 배우자와 자녀는 사실혼관계에 기초한 경우도 포함된다는 규정을 두고 있다. 그러나 기명피보험자의 사위나 며느리의 경우에 기명피보험자의 자녀와 사실혼관계에 기초한 경우도 포함되는지에 관하여 아무런 규정을 두고 있지 않은 점을 고려하면 약관에 규정된 기명피보험자의 사위나 며느리는 기명피보험자의 자녀와 법률상 혼인관계에 있는 사람을 의미하는 것으로 한정적으로 해석하여야 한다는 것이 판례의 입장이다.[33]

[대법원 2014. 9. 4. 선고 2013다66966 판결]

〈주요 판시내용〉
가족운전자 한정운전 특별약관에 규정된 가족의 범위에 기명피보험자의 자녀와 사실혼관계에 있는 사람이 포함되는지 문제 된 사안에서, 약관의 해석에 관한 법리 및 가족운전자 한정운전 특별약관은 가족의 범위에 관하여 기명피보험자의 배우자, 자녀는 사실혼관계에 기초한 경우도 포함된다는 규정을 두고 있으나 기명피보험자의 사위나 며느리는 사실혼관계에 기초한 경우가 포함되는지에 관하여 아무런 규정을 두고 있지 않은 점 등을 종합하여 보면, 위 약관에 규정된 기명피보험자의 사위나 며느리는 기명피보험자의 자녀와 법률상 혼인관계에 있는 사람을 의미한다.

사실혼이란 당사자 사이에 주관적으로 혼인의 의사가 있고, 객관적으로도 사회 관념상 가족질서적인 면에서 부부공동생활을 인정할 만한 혼인생활의 실체가 있는 경우라야 한다. 법률상 혼인을 한 부부가 별거하고 있는 상태에서 그 한쪽이 제3자와 혼인의 의사로 실질적인 부부생활을 하고 있다고 하더라도, 특별한 사정이 없는 한, 이를 사실혼으로 인정하여 법률혼에 준하는 보호를 할 수는 없는 것이다. 또한 일반적으로 중혼적 사실혼관계의 배우자도 사실혼관계의 배우자로 볼 수 없다.[34] 그러나 비록 중혼적 사실혼관계일지라도 법률혼 관계가 사실상 이혼상태 또는 혼인 해소상태에 있다는 등의 특별한 사정이 있다면 중혼적 사실혼관계를 법률혼에 준하는 보호를 할 필요가 있을 수 있다. 이 경우 특별한 사정이 있다는 사실은 이를 주장하는 보험계약자에게 증명책임이 있다고 할 것이다. 이러한 취지에서 사실상 이혼상태에 있는 법률상 배우자와의 혼인이 아직 해소되지 않은 상태에서 甲과 혼인의 의사로 실질적인 혼인생활을 하고 있는 乙은, 甲이 가입한 부부운전

33) 대판 2014. 9. 4, 2013다66966.
34) 대판 2010. 3. 25, 2009다844141.

자한정운전 특별약관부 자동차 보험계약상의 '사실혼관계에 있는 배우자'에 해당한다.[35]

한편 부첩(夫妾)관계, 계부자 또는 계부모 관계, 사실혼관계에 대하여는 다음과 같이 해석되고 있다.

> **[대법원 1995. 5. 26. 선고 94다36704 판결]**
>
> 〈주요 판시내용〉
>
> 보통거래약관 및 보험제도의 특성에 비추어 볼 때 약관의 해석은 일반 법률행위와는 달리 개개 계약 당사자가 기도한 목적이나 의사를 기준으로 하지 않고 평균적 고객의 이해가능성을 기준으로 하되 보험단체 전체의 이해관계를 고려하여 객관적·획일적으로 해석하여야 하므로 가족운전자 한정운전 특별약관 소정의 배우자에 夫妾 관계의 일방에서 본 타방은 포함되지 아니한다고 해석함이 상당하다.

부첩(夫妾) 관계의 일방에서 본 타방은 가족에 포함시키지 않고 있는데 이는 부첩(夫妾) 관계가 선량한 풍속에 위반되며 법률상으로도 무효이고[36] 법률상 또는 사실상의 부부 관계로 볼 수 없기 때문이다. 따라서 사실상 생계 및 생활범위를 같이 한다고 해도 사실혼 관계가 아닌 부첩(夫妾)관계가 인정되는 이상 여기서 말하는 가족의 범위에 포함되지는 않는다. 피보험자의 계모가 부(父)의 배우자로 실질적으로 가족의 구성원으로 가족공동체를 이루어 생계를 같이 하고 피보험자의 어머니의 역할을 하면서 피보험자동차를 이용하고 있다면, 이러한 경우의 계모는 자동차종합보험의 가족운전자 한정운전 특별약관상의 모에 포함된다.[37]

> **[대법원 1994. 10. 25. 선고 93다39942 판결]**
>
> 〈사실관계〉
>
> 자동차종합보험(대인배상)에 가입한 원고는 원고의 사실혼 배우자가 원고에 의해 사고를 당하자 피고회사에 보험금을 청구하였다. 하지만 피고회사는 약관에서 '보험증권에 기재된 피보험자 또는 그 부모, 배우자 및 자녀가 죽거나 다친 경우에는 보상하지 아니합니다'라고 규정되어 있음을 이유로 보험금지급을 거절하였다. 원고는 약관에서 말하는 배우자는 법률상 배우자만을 의미하며, 이에 사실혼관계의 배우자가 포함된다고 해석하는 것은 약관의 규제에 관한 법률에 어긋난다고 주장하였다.
>
> 〈주요 판시내용〉
>
> 여기에서 "배우자"라 함은 반드시 법률상의 배우자만을 의미하는 것이 아니라, 이 사건에서와

---

35) 대판 2009. 12. 24, 2009다64141.
36) 대판 1995. 5. 26, 94다36704; 대판 1960. 9. 29, 4293민상302.
37) 대판 1997. 2. 28, 96다53857.

같이 관행에 따른 결혼식을 하고 결혼생활을 하면서 아직 혼인신고만 되지 않고 있는 사실혼관계의 배우자도 이에 포함된다고 봄이 상당하다. 약관의 문언상 "배우자"에 사실혼관계에 있는 배우자도 포함한다는 것이 약관규정의 합리적 해석원칙에서 고객에게 불리하다고 볼 수도 없다.

그런데 아래 판결에 대해서는 의문이 제기된다.

[대법원 2009. 1. 30. 선고 2008다68944 판결]

〈주요 판시내용〉

보통거래약관 및 보험제도의 특성에 비추어 볼 때 약관의 해석은 일반 법률행위와는 달리 개개 계약 당사자가 기도한 목적이나 의사를 기준으로 하지 않고 평균적 고객의 이해가능성을 기준으로 하되 보험단체 전체의 이해관계를 고려하여 객관적, 획일적으로 해석하여야 하므로, 자동차종합보험의 가족운전자 한정운전 특별약관에 정한 기명피보험자의 모(母)에 기명피보험자의 법률상의 모가 아닌 기명피보험자의 부(父)의 사실상의 배우자는 포함되지 아니한다.

생각건대 기명피보험자와 실질적인 가족관계를 형성하고 있다면 부(父)의 사실상의 배우자는 보험자의 보상범위에 포함시키는 것이 합리적이라 할 수 있다. 이러한 취지에서 "자동차종합보험의 가족운전자 한정운전 특별약관에 정한 기명피보험자의 모(母)에 기명피보험자의 법률상의 모가 아닌 기명피보험자의 부(父)의 사실상의 배우자는 포함되지 아니한다"고 판시한 위 판결은 타당하지 않은 것으로 보인다.[38]

5. 사용피보험자

기명피보험자의 사용자 또는 계약에 따라 기명피보험자의 사용자에 준하는 지위에 있는 자는 기명피보험자가 자신의 피보험자동차를 사용자의 업무에 사용하고 있는 때에 한하여 기명피보험자가 가입한 자동차보험계약의 피보험자가 된다. 회사와 고용관계에 있는 직원이 자기 소유의 자동차를 회사의 업무를 위해 사용, 운행하다가 사고를 야기한 경우 사용자인 회사는 자배법 제3조에 의한 운행자책임 및 민법 제756조에 의한 사용자배상책임을 부담하는바, 회사는 직원이 가입한 자동차보험에서의 피보험자의 범위에 포함되어 보험의 보호를 받을 수 있게 된다.

---

38) 同旨: 장덕조, 398-399면.

> [대법원 1988. 3. 22. 선고 87다카1163 판결]
>
> 〈주요 판시내용〉
>
> 　미군부대 소속 선임하사관이 소속부대장의 명령에 따라 공무차 예하부대로 출장을 감에 있어 부대에 공용차량이 없었던 까닭에 개인소유의 차량을 빌려 직접 운전하여 예하부대에 가서 공무를 보고 나자 퇴근시간이 되어서 차량을 운전하여 집으로 운행하던 중 교통사고가 발생하였다면 선임하사관의 이 차량의 운행은 실질적·객관적으로 그가 명령받은 출장명령을 수행하기 위한 직무와 밀접한 관련이 있는 것으로서 사용자의 운행이익과 운행지배가 인정되어 국가의 운행자책임이 인정되어 보험의 보호를 받을 수 있다.

6. 운전피보험자

　위에서 언급된 피보험자(기명, 친족, 승낙, 사용피보험자)들을 위하여 피보험자동차를 운전 중인 자와 운전보조자도 피보험자의 범위에 포함되어 이들이 야기한 사고에 대해 보험자는 보상책임을 진다. 이와 같이 자동차보험에서는 운전자를 운전피보험자에 포함하고 있는데 이는 보험자의 책임범위를 확대함으로써 피해자 및 피보험자를 보호하기 위함이지 결코 운전피보험자의 면책을 위한 것이 아니다.39) 대개 기명피보험자에 의해 운전사로 고용된 자를 의미하며 사고당시 현실적으로 기명피보험자 등을 위하여 운전 중인 자를 말한다. 회사가 기명피보험자인 경우에 회사를 위하여 피보험차량을 운전하는 피용자는 운전피보험자 지위에 있으며, 따라서 피용자가 사고를 야기하여 보험자가 사고피해자에게 보험금을 지급했다고 해도 피용자는 운전피보험자의 지위에 있으므로 보험자가 청구권대위를 행사할 수 있는 제3자에 해당하지 않는다.40) 무단운전자와 같이 기명피보험자 등의 승낙도 없이 피보험차량을 운전한 자는 여기에 포함되지 않는다. 대인배상 Ⅱ와 대물배상에서는 운전피보험자의 범위에 자동차취급업자가 업무상 위탁받은 피보험자동차를 사용하거나 관리하는 경우를 포함시키지 않고 있다.41) 이들 자동차취급업자는 자신들의 영업을 하는 자이기 때문에 별도로 자동차취급업자종합보험에 가입하여 보호를 받을 수 있기 때문이다.

　운전피보험자와 구별하여 승낙피보험자를 별도로 피보험자로 보고 있는 점 등에 비추어 본다면 운전피보험자의 경우에는 당해 운행에 있어서의 구체적이고 개별적인 승낙의 유무에 관계없이 약관상의 피보험자에 해당한다고 보아야 한다.42) 기명피보험자가 근로자

---

39) 대판 2005. 9. 15, 2005다10531.
40) 대판 2006. 2. 24, 2005다31637; 대판 1993. 1. 12, 91다7828.
41) 자동차보험표준약관 제7조 제5호; 정준택, "자동차보험표준약관 개정내용 해설", 손해보험 2004년 8월호, 43면.
42) 대판 2005. 9. 15, 2005다10531; 대판 2002. 3. 26, 2001다78430; 대판 2000. 9. 29, 2000다33331; 최준선, 306면; 임용수, 421면.

파견계약에 의하여 근로자 파견회사로부터 파견받아 피보험자동차의 운전업무에 종사하도록 한 자는 운전피보험자로 볼 수 있는데 당해 피보험자동차의 운행에 관하여 기명피보험자의 구체적이고 개별적인 승낙을 얻었는지를 불문하고 자동차종합보험계약상 운전피보험자에 해당한다고 해석된다.43)

[대법원 2005. 9. 15. 선고 2005다10531 판결]

〈주요 판시내용〉

  기명피보험자가 근로자 파견계약에 의하여 근로자 파견회사로부터 파견받아 피보험자동차의 운전업무에 종사하도록 한 자도 당해 피보험자동차의 운행에 관하여 기명피보험자의 구체적이고 개별적인 승낙을 얻었는지를 불문하고 자동차종합보험계약상 운전피보험자에 해당한다고 해석된다. 파견근로자가 운전하는 자동차의 운행으로 인한 운행이익은 사용사업주에 귀속하는 것이지 파견사업주에게 귀속하는 것이 아니고, 파견사업주는 파견근로자가 일으킨 사고에 있어 피보험자동차의 운행에 관하여 지휘·감독할 여지가 없기 때문에 피보험자동차를 지배하거나 지배할 가능성이 없다.

  운전업무를 위하여 고용된 자가 아니라고 하더라도 기명피보험자 등으로부터 구체적·개별적인 승낙을 받고 그 기명피보험자 등을 위하여 운전을 하였다면 운전피보험자 범주에 포함되어 보험보호를 받을 수 있다.44)

  한편 승낙피보험자와의 관계에서 볼 때에, 설령 승낙피보험자로부터 구체적·개별적인 승낙을 받고 그 승낙피보험자를 위하여 자동차 운전을 하였다고 하더라도, 그것이 기명피보험자의 의사에 명백히 반하는 것으로 볼 수 있는 경우에는 그 운전자를 기명피보험자가 가입한 자동차보험에서의 운전피보험자에 해당한다고 볼 수는 없다.45)

[대법원 2002. 3. 26. 선고 2001다78430 판결]

〈주요 판시내용〉

  어떤 피용자가 운전업무 외의 업무를 위하여 고용되었을 뿐 아니라 자동차 운전면허를 갖고 있지 못하여 그 피용자가 피보험자동차를 운전하는 것이 기명피보험자 등의 의사에 명백히 반하는 것으로 보이는 경우에 무면허인 그 피용자가 기명피보험자인 사용자 등의 개별적 또는 포괄적, 명시적 또는 묵시적 승낙 없이 무단으로 자동차를 운전하였다면 설사 그 피용자가 기명피보험자 등을 위하여 운전한다는 의사로 그 자동차를 운전하였다고 하더라도 그 피용자는 운전피보험자에 해당하지 않는다.

---

43) 대판 2005. 9. 15, 2005다10531; 대판 2000. 9. 29, 2000다33331.
44) 대판 2013. 9. 26, 2012다116123.
45) 대판 2002. 3. 2. 6, 2001다78430.

피용자가 운전업무 외의 업무 수행을 목적으로 고용되었고 또한 자동차면허도 없는 상황에서 피보험자동차를 운전했다면 그 피용자가 기명피보험자를 위해 운전했다는 내심의 의사가 있었다고 해도 그 피용자가 피보험자동차를 운전하는 것이 기명피보험자 등의 의사에 반하는 것으로 보이므로 그를 운전피보험자로 볼 수는 없다. 따라서 그러한 운전자가 피보험자동차를 운전하던 중 일으킨 사고로 인한 손해에 대해서 보험금을 지급한 보험자는 제682조에 따라 기명피보험자를 대위하여 운전자를 상대로 손해배상청구를 할 수 있다. 같은 취지에서 렌터카 계약을 체결하면서 임차인 본인 이외의 사람이 운전하다가 발생한 사고에 대해서는 보험혜택을 받지 못한다는 내용이 계약서에 기재되었고 이를 인지한 후 서명한 후 임차인이 제3자에게 차량을 운전하게 하여 제3자가 운전하던 중 사고가 발생했다면 이는 기명피보험자인 렌터카 업자의 의사에 명백히 반하는 것으로 보아야 하며 다른 특별한 사정이 없는 한 그 제3자는 운전피보험자에 해당될 수 없고 따라서 보험금을 지급한 보험자는 불법행위를 야기한 운전자에게 렌터카 업체가 가지는 손해배상청구를 대위행사할 수 있다.46)

[대법원 2013. 9. 26. 선고 2012다116123 판결]

〈사실관계〉

갑(승낙피보험자, 임차인)이 ○○렌트카(기명피보험자)로부터 승용차를 임차하면서 작성한 차량대여계약서에는 '임차인의 제3자가 운전하여 사고가 발생하였을 시 보험혜택을 받지 못합니다'라는 문구가 기재되어 있었다. 그럼에도 불구하고 갑(승낙피보험자)은 을로 하여금 이 사건 승용차를 운전하게 하였고 을이 이 사건 승용차를 운전하던 중 사고가 발생했다.

〈주요 판시내용〉

운전피보험자는 통상 기명피보험자 등에 고용되어 피보험자동차를 운전하는 자를 의미하지만, 운전업무를 위하여 고용된 자가 아니라고 하더라도 기명피보험자 등으로부터 구체적·개별적인 승낙을 받고 그 기명피보험자 등을 위하여 운전을 하였다면 운전피보험자가 될 수 있다. 그러나 설령 승낙피보험자로부터 구체적·개별적인 승낙을 받고 그 승낙피보험자를 위하여 자동차 운전을 하였다고 하더라도, 그것이 기명피보험자의 의사에 명백히 반하는 것으로 볼 수 있는 경우에는 그 운전자를 운전피보험자에 해당한다고 볼 수는 없다. 이 사건 문구 중 '제3자'는 '임차인 본인 이외의 사람'을 의미하는 것이라고 보는 것이 그 문언이나 거래관행에 비추어 타당해 보이고, 그러한 제3자가 운전하여 사고가 발생한 경우에는 보험혜택을 받지 못한다고 규정함으로써 결국 기명피보험자인 ○○렌트카는 임차인 본인 이외의 다른 사람은 이 사건 승용차를 운전하여서는 아니 된다는 의사를 명백히 표시한 것이라고 보기에 충분하다. 따라서 설령 을이 승낙피보험자인 갑의 허락을 받아 갑을 위하여 이 사건 승용차를 운전하였다고 하더라도, 이는 기명피보험자인

46) 대판 2013. 9. 26, 2012다116123.

○○렌트카의 의사에 명백히 반하는 것이라고 보아야 하므로 다른 특별한 사정이 없는 한 을은 '운전피보험자'가 될 수 없다고 할 것이다. 따라서 그러한 운전자가 피보험자동차를 운전하던 중 일으킨 사고로 인한 손해에 대해서 보험금을 지급한 보험자는 상법 제682조에 따라 기명피보험 자를 대위하여 운전자를 상대로 손해배상청구를 할 수 있다.

한편 실질적 기명피보험자가 보험증권상 기명피보험자가 아니라 운전자명세서에 기재 된 대리운전기사들이 소속된 협력업체들인 경우에 콜업체로부터 직접 배정받아 대리운전 을 한 대리운전기사는 실질적 기명피보험자인 협력업체를 위하여 운전하는 자이므로 대리 운전업자 특별약관의 '기명피보험자를 위하여 피보험자동차를 운전하는 자'에 해당한다. 실 무에서 대리운전이 이루어지는 과정이 콜업체가 협력업체를 통하지 아니하고 직접 보험계 약의 운전자명세서에 기재된 협력업체 소속 대리운전기사에게 개인용 휴대단말기를 이용 하여 대리운전기사로 배정되었음을 통지하고, 그 대리운전기사가 대리운전 고객으로부터 직접 자동차를 수탁받아 대리운전을 한 다음 수수료로 받은 돈 중에서 일부를 소속 협력업 체에 배차비로 지급하는 관계라면, 비록 그 협력업체가 대리운전 고객으로부터 직접 대리 운전 의뢰를 받지는 아니하였지만 콜센터를 통하여 간접적으로 대리운전 의뢰를 받았다고 볼 수 있고, 그 자동차는 그 협력업체가 소속 대리운전기사를 통하여 대리운전 고객으로부 터 대리운전을 위하여 수탁받아 관리 중인 자동차에 해당한다고 볼 수 있으므로, 결국 그 대리운전기사가 대리운전 고객으로부터 대리운전 의뢰를 받은 소속 협력업체의 대리운전업 영위를 위하여 자동차를 운전하는 경우에 해당한다고 보아야 한다.47)

[대법원 2014. 7. 10. 선고 2012다26480 판결]

〈사실관계〉

독자적인 콜번호를 가지고 콜센터를 운영하는 콜업체 甲 주식회사와 콜번호 공유계약을 체결하 여 협력관계에 있는 乙 대리운전업체의 운영자가 乙 업체를 기명피보험자로 하고 乙 업체 소속 대리운전기사들뿐만 아니라 甲 회사의 다른 협력업체 소속 대리운전기사들도 운전자명세서에 기 재하여 丙 보험회사와 대리운전 중 발생한 사고에 관한 보험계약을 체결하였는데, 甲 회사의 협 력업체인 丁 대리운전업체 소속으로 위 운전자명세서에 등재된 대리운전기사 戊가 丁 업체와 협 력관계인 다른 콜업체 己 주식회사의 콜센터로부터 직접 개인휴대용단말기로 대리운전기사 배정 을 통보받아 고객으로부터 수탁한 자동차를 운행하던 중 교통사고를 일으켰다.

〈주요 판시내용〉

실질적인 기명피보험자는 戊가 소속된 丁 업체를 비롯하여 운전명세서에 기재된 대리운전기사 들이 소속된 협력업체들이고, 丁 업체가 己 회사의 콜센터를 통해 간접적으로 대리운전 의뢰를

47) 대판 2014. 7. 10, 2012다26480.

받았다고 볼 수 있어 위 자동차는 丁 업체가 소속 대리운전기사인 戊를 통해 고객으로부터 대리
운전을 위하여 수탁받아 관리 중인 자동차에 해당하므로, 결국 戊는 고객으로부터 대리운전 의뢰
를 받은 실질적 기명피보험자 丁 업체의 대리운전업 영위를 위하여 피보험자동차인 위 자동차를
운전하는 자에 해당한다.

유치원 통학차량에 동승한 인솔교사가 유치원 원생들의 승하차 여부를 확인한 후 운
전자에게 출발 또는 정지 신호를 보내고 차량 문을 개폐하기 전에 사각지대를 살펴보거나
통학차량이 정차해야 할 장소를 안내하는 등 유치원생의 승하차를 도왔다면 이는 운전보
조행위의 일종으로 볼 수 있으므로 인솔교사는 운전보조자 지위에서 운전피보험자 지위가
인정된다. 원아들의 차량 승하차 과정은 피보험자동차의 운행 또는 사용 및 관리의 영역
에 포함되고, 통학차량 운전자가 운전과 함께 원아들의 승하차를 동시에 수행하는 것은
차량 운행에 지장을 초래하므로 별도 인솔교사를 두어 이러한 업무를 전담하거나 운전자
와 분담하는 것으로 이해함이 타당하다. 이러한 취지에서 볼 때 인솔교사는 운전보조자
지위를 가지며 자동차보험약관상 운전보조자는 운전피보험자에 속하므로 인솔교사는 청구
권대위의 대상이 될 수 없다.48)

Ⅲ. 자동차보험증권의 기재사항

자동차보험자는 보험계약이 성립되면 지체없이 자동차보험증권을 작성하여 보험계약
자에게 교부하여야 한다(제640조). 자동차보험증권에는 손해보험에 관한 공통적인 기재사항
인 제666조 소정의 사항 외에 ① 자동차소유자와 그 밖의 보유자의 성명과 생년월일 또는
상호(여기에서 보유자란 자동차의 소유자 또는 자동차를 사용할 권리가 있는 자로서 자기를 위
하여 자동차를 운행하는 자를 말한다), ② 피보험자동차의 등록번호, 차대번호, 차형연식과
기계장치, ③ 차량가액을 정한 때에는 그 가액을 기재하여야 한다. 신차의 경우에는 현금
구입가격이 되고, 중고차의 경우에는 중고차시장의 시세에 따라 결정한다(제726조의3).49)

48) 대판 2024. 5. 9, 2022다290648; 이준교, "최근 법원 판례로 살펴본 자동차보험자의 대위행사 관련 쟁점
및 시사점", 손해보험, 2024년 7월호, 손해보험협회, 12면.
49) 정찬형, 809면.

Ⅳ. 자동차보험의 보험기간

일반적인 보험자의 책임기간은 보험증권에 기재된 보험기간의 첫 날 24시에 시작되어 보험기간 마지막 날의 24시에 끝난다. 다만 자동차보험에 처음 가입하는 자동차 및 의무보험의 경우에는 보험자의 보험책임은 보험료를 받은 때로부터 시작되어 보험기간 마지막 날의 24시에 끝나며, 다만 이 경우 보험증권에 기재된 보험기간 개시 이전에 보험료를 받은 때에는 보험기간의 첫날 0시부터 시작된다. 여기에서 자동차보험에 처음으로 가입하는 자동차란 자동차 판매업자 또는 기타 양도인 등으로부터 매수인 또는 양수인에게 인도된 날부터 10일 이내에 처음으로 그 매수인 또는 양수인을 기명피보험자로 하는 자동차보험에 가입하는 신차 또는 중고차를 말한다.50) 의무보험인 대인배상 I 에 대한 보험기간의 개시시점은 일반 원칙과 달리 정하고 있는데 이것은 대인배상 I 의 성격이 피해자를 보호하기 위한 의무보험의 성격임을 고려하여 무보험상태가 발생하는 것을 막기 위함이다.51)

Ⅴ. 대인배상 I

1. 자배법의 적용

(1) 대인배상 I 개념

대인배상책임보험 I 은 자배법에 의해 가입이 강제되는 의무책임보험이다(자배법 제5조 제1항). 자동차보험에서 다른 담보 종목은 보험법이나 표준약관이 적용되지만, 대인배상 I 은 자배법의 적용을 받는다. 대인배상 I 이란 피보험자가 피보험자동차의 운행 중에 피보험자동차 사고로 타인을 죽게 하거나 다치게 하여 자배법 제3조의 운행자책임을 부담함으로써 입게 되는 손해를 자배법시행령 제3조 제1항 및 제2항에서 정한 액수를 한도로 보험자가 보상해주는 의무·유한배상책임보험이다. 여기에서의 손해배상책임에는 적극적, 소극적 재산상 손해뿐만 아니라 정신적 손해에 대한 배상도 포함된다.52)

대인배상 I 은 피해자를 강력하게 보호하기 위한 강제보험으로서 사회보험적 기능을 담당하지만, 국민건강보험이나 산업재해보상보험과 달리 그 운영은 국가가 담당하지 않고 민간영리보험자가 담당한다. 공보험 및 강제보험의 성격상 사적자치의 원칙은 일정 부분 제

---

50) 자동차보험표준약관 제42조.
51) 남원식 외, 186-187면; 최준선, 317면.
52) 대판 2017. 10. 12, 2017다231119; 대판 1999. 1. 15, 98다43922.

한된다. 사적자치의 원칙이 제한되는 예로는 계약체결의 강제(자배법 제5조, 제24조), 가불금 제도(동법 제11조), 자동차보험진료수가 기준의 고시(동법 제15조), 자동차보험계약의 해지 및 해제의 제한(동법 제25조), 자동차양도시 양수인에 대한 승계의제제도(동법 제26조) 등을 들 수 있다.53) 또한 가입이 강제되고 있으므로 보험자 역시 대통령령으로 정하는 사유54) 이외 에는 계약의 체결을 거부할 수 없다. 즉 법률상 보험자의 계약강제가 수반되고 있다.55)

(2) 대인배상 Ⅰ과 자배법

경제성장과 이에 따른 산업의 기계화 및 자동화가 이루어진 20세기에 들어와서 불법 행위의 개념을 넓게 해석하여 고도의 위험성이 있는 기업을 운영하여 이익을 얻는 자는 사고발생에 대하여 과실이 없어도 손해배상책임을 부담하도록 하는 경우가 많은데 이를 무과실책임주의 또는 결과책임주의라 한다. 이러한 사회적 경향은 자동차사고로 인한 피 해자 구제와 책임의 문제에 영향을 주어 기존의 개인주의적인 과실책임 이론에서 사회적 책임을 중시하는 무과실책임 이론으로 그 무게의 중심이 옮겨졌다. 이러한 추세 속에서 1963년 4월 4일 법률 제1314호로 민법의 불법행위 규정에 관한 특별규정의 성격인 자배 법을 공포하여 시행하였고 그 후 수차례의 개정을 통해 현재에 이르고 있다.

대인배상 Ⅰ은 민법상의 과실책임주의를 수정하여 자동차운행에 있어서 위험책임의 원리를 도입함으로써 피해자를 보호하고 있다. 즉 피해자가 가해자의 고의 또는 과실을 입증해야 하는 전통적인 과실책임주의에 의해서는 피해자 보호에 충실할 수 없으므로 피 해자를 보호하기 위해 일종의 사회보장적 성격의 보험으로 그 성격을 탈바꿈한 것이다. 대인배상 Ⅰ은 가입이 강제되는 의무책임보험이기 때문에 가해자에게 자력이 없는 경우에 도 피해자에게 최소한의 경제적 보장을 하기 위한 사회보험으로서의 기능을 하고 있다.56) 자배법의 적용을 받는 대인배상 Ⅰ에서는 보험계약자나 피보험자의 고의에 의한 사고에 대해서도 피해자의 직접청구권을 인정함으로써 보험자는 피해자에게 보상을 하고 고의사 고를 야기한 피보험자에게 구상할 수 있도록 하고 있다.57)

---

53) 한기정, 694면.
54) 자배법시행령 제17조(보험계약 체결의 거부) 법 제24조 제1항에서 "대통령령으로 정하는 사유가 있는 경우"란 다음 각 호의 어느 하나에 해당하는 경우를 말한다. 1.「자동차관리법」또는「건설기계관리법」에 따른 검사를 받지 아니한 자동차에 대한 청약이 있는 경우 2.「여객자동차 운수사업법」,「화물자동차 운 수사업법」,「건설기계관리법」, 그 밖의 법령에 따라 운행이 정지되거나 금지된 자동차에 대한 청약이 있 는 경우 3. 청약자가 청약 당시 사고 발생의 위험에 관하여 중요한 사항을 알리지 아니하거나 부실하게 알린 것이 명백한 경우.
55) 자배법 제24조 제1항. 양승규, 401면; 임용수, 407면. 대인배상 Ⅰ에 가입하지 아니한 자동차는 운행할 수 없으며 보유자는 형사처벌을 받는다. 자배법 제8조 및 제46조 제2항.
56) 임용수, 408면; 양승규, 401면.
57) 일반적으로 책임보험에서 피해자에게 직접청구권이 인정되더라도 보험계약자나 피보험자의 고의 또는 중과실로 야기된 배상책임 사고에서는 보험자가 면책된다. 하지만 대인배상 Ⅰ에서 해당 내용을 피해자 에게 유리하게 변경한 것이다.

자배법 제3조는 불법행위에 관한 민법 제750조, 제756조 및 국가배상법 제2조의 특별 규정으로서 피해자가 자배법에 의한 손해배상을 소송과정에서 주장하지 않더라도 법원은 직권으로 민법이나 국가배상법보다 자배법을 우선적용하여야 한다.58) 자배법 제4조는 자기를 위하여 자동차를 운행하는 자의 손해배상책임에 대하여 자배법 제3조에 따른 경우 외에는 민법에 따른다고 규정하고 있다. 자배법상의 운행자책임이 인정되지 않고 민법상 불법행위책임이 인정된다면 보험자는 대인배상 Ⅰ에 따른 보상의무는 부담하지 않는다. 이 경우 피해자는 민법상의 손해배상청구를 할 수 밖에 없는데, 대인배상 Ⅱ 등에 의해 보상될 수 있다.59)

[대법원 1997. 11. 28. 선고 95다29390 판결]

〈주요 판시내용〉

자동차손해배상보장법 제3조는 불법행위에 관한 민법 규정의 특별 규정이라고 할 것이므로 자동차 사고로 인하여 손해를 입은 자가 자동차손해배상보장법에 의하여 손해배상을 주장하지 않았다고 하더라도 법원은 민법에 우선하여 자동차손해배상보장법을 적용하여야 한다. 자동차사고로 인한 손해배상청구사건에서 자동차손해배상보장법이 민법에 우선하여 적용되어야 할 것은 물론이지만 그렇다고 하여 피해자가 민법상의 손해배상청구를 하지 못한다고는 할 수 없으므로, 자동차손해배상보장법상의 손해배상책임이 인정되지 않는 경우에 민법상의 불법행위책임을 인정할 수는 있다.

[대법원 1997. 6. 10. 선고 95다22740 판결]

〈사실관계〉

피고 보험회사는 택시의 사고로 다른 사람을 사상하게 하여 택시회사가 법률상 손해배상책임을 짐으로써 입은 손해에 대하여 소송이 제기되었을 경우에는 법원의 확정판결에 의하여 택시회사가 배상하여야 할 금액을 보상하기로 하는 내용의 대인배상책임보험을 포함하는 영업용 자동차종합보험계약을 택시회사와 체결하였다. 그런데 택시운전사가 원고들을 태우고 운행하던 중 택시 조수석 아래에서 폭발물이 폭발하여 원고들이 부상을 입었다. 조사 결과 폭발물은 택시운전사들이 업무교대를 하는 과정에서 아무런 시정장치 없이 택시를 회사 부근에 방치한 사이에 설치된 것으로 밝혀졌다. 이에 원고들이 피고회사를 상대로 보험금을 청구하였고 피고회사는 이 사고는 자동차손해배상보장법상 자동차 보유자가 책임져야 하는 사고가 아니므로 보험금을 지급할 수 없다고 항변하였다.

〈주요 판시내용〉

보험약관 제9조 제1항 제1호는 "회사는 피보험자가 피보험자동차의 사고로 남을 죽게 하거나

---

58) 대판 1997. 11. 28, 95다29390; 대판 2001. 6. 29, 2001다23201; 대판 2020. 1. 30, 2016다267890.
59) 대판 1988. 3. 22, 86다카2747; 대판 1987. 10. 28, 87다카1388; 대판 1997. 6. 10, 95다22740.

다치게 하여 법률상 손해배상책임을 짐으로써 입은 손해를 보상한다"고 규정하고, 같은 항 제2호
는 위 보상의 범위를 자동차손해배상책임보험(이하 '강제책임보험'이라 한다)으로 지급되는 범위를
넘는 손해로 규정하고 있으므로, 위 약관에 의하여 보험자가 보상할 피보험자의 '법률상 손해배상
책임'의 범위는 강제책임보험과는 달리 자동차손해배상보장법상의 자동차 보유자의 손해배상책임
에 한정되는 것이 아니라, 민법상의 일반 불법행위책임, 사용자책임 등을 포함한다고 보는 것이
상당할 것이다. 그러므로 택시 기사가 택시를 주차시키면서 열쇠를 차 안에 꽂아 두거나 시정장
치를 하지 아니하여 성명불상자로 하여금 택시에 폭발물을 설치하도록 방치한 과실로 말미암아
폭발물이 폭발하여 승객이 다친 경우, 보험자는 피보험자가 피해자에 대하여 부담하는 사무집행
상의 과실로 말미암아 발생한 손해에 대하여 직접 배상할 책임이 있다. 즉 피고 보험회사는 원고
들에게 상법 제724조 제2항에 의하여 위 택시의 사용 또는 관리상의 사무집행에 관한 택시운전
사의 과실로 인한 위 사고로 말미암아 원고들이 입은 손해를 직접 배상할 책임이 있다.

(3) 대인배상 Ⅰ에서의 피보험자

(개) 피보험자 종류

　대인배상 Ⅰ은 약관에서 정하고 있는 피보험자가 피보험자동차의 운행으로 인하여 다
른 사람을 죽거나 다치게 하여 자배법 제3조에 의한 손해배상책임을 짐으로써 입은 손해
를 보상하는 배상책임보험이다. 배상책임보험이기 때문에 피보험자는 사고에 대한 가해자
의 지위에 있게 된다. 자동차보험 표준약관에서는 대인배상 Ⅰ에서의 피보험자를 기명피
보험자, 친족피보험자, 승낙피보험자, 사용피보험자, 운전피보험자로 규정하고 있다. 또한
약관은 자배법상 자동차보유자에 해당하는 자가 있는 경우에는 그 자를 대인배상 Ⅰ의 피
보험자로 보고 있다.60) 자동차보유자란 자동차의 소유자 또는 자동차를 사용할 권리가 있
는 자로서, 자기를 위하여 자동차를 운행하는 자를 말한다(자배법 제2조 제3호).

2. 대인배상 Ⅰ의 배상책임의 주체(운행자)

(1) 자배법 제3조61)의 운행자 책임

(개) 운행자 개념

　대인배상 Ⅰ은 자배법 제3조의 운행자책임을 담보한다. 따라서 대인배상 Ⅰ의 피보험
자 범주에 포함되는 자들은 자배법 제3조의 운행자책임을 부담하는 운행자여야 한다. 자
배법상의 배상책임의 주체인 운행자란 '자동차관리법의 적용을 받은 자동차와 건설기계관

---

60) 자동차보험표준약관 제4조.
61) 자배법 제3조 본문 "자기를 위하여 자동차를 운행하는 자는 그 운행으로 다른 사람을 사망하게 하거나
　　부상하게 한 경우에는 그 손해를 배상할 책임을 진다."

리법의 적용을 받는 건설기계를 자기의 점유·지배하에 두고 자기를 위하여 사용하는 자'를 말한다. 운행자는 자동차에 대한 운행을 지배(운행지배)하여 그 이익(운행이익)을 향수하는 책임주체로서의 지위에 있는 자를 의미한다.[62] 자동차의 소유자 또는 자동차를 사용할 권리가 있는 자로서 자기를 위하여 자동차를 운행하는 자를 의미하는 자동차보유자(자배법 제2조 제3호)는 운행을 지배하고 운행이익을 향유하기 때문에 통상 운행자 지위에 있는 것으로 추정된다.

그런데 운행자 개념은 자동차의 소유자 또는 자동차의 임차인, 자동차 위탁판매업자, 자동차의 정비업자, 보관업자 등 정당하게 사용할 권한을 가진 자보다도 넓은 개념이다. 운행자 개념은 절취운전자 또는 무단운전자 등 정당한 권한 없이 자동차를 사용하는 자까지도 포함될 수 있는 광의의 개념이기 때문이다. 절취운전자는 자동차를 정당하게 사용할 권리가 없지만, 불법영득의 의사를 가지고 자동차를 운행하기 때문에 자기를 위하여 자동차를 운행하는 자로서 운행지배와 운행이익이 인정되므로 자배법 제3조에 의한 운행자책임의 귀속주체가 된다. 무단운전자의 경우도 마찬가지이다. 운행자 개념은 자배법상의 독특한 개념으로서 직접 운전을 한 운전자 및 운전보조자와도 구별된다. 운전자는 다른 사람을 위하여 자동차를 운전하거나 운전을 보조하는 일에 종사하는 자를 말한다(자배법 제2조 제4호).

일반적으로는 자동차보유자는 제3자가 그 자동차를 운전하더라도 자배법 제3조에서 규정하고 있는 배상책임의 주체가 될 수 있다. 다만 이러한 경우에 보유자의 운행지배와 운행이익을 완전히 배제하고 전적으로 제3자의 운행지배 및 운행이익으로 행해졌다는 특단의 사정이 인정되는 경우에는 그러하지 아니하다. 예를 들어 자동차보유자가 자동차를 절취당한 경우 자동차보유자는 운행지배와 운행이익을 상실한 것으로 보아 운행자성을 인정하기 어렵다. 이 경우 운행지배와 운행이익을 가지는 절취운전자가 운행자이다. 따라서 절취운전자가 사고를 야기하여 다른 사람이 죽거나 다치면 절취운전자가 자배법 제3조상의 운행자책임을 부담한다. 이와 같이 자동차보유자가 운행자책임에서 벗어나려면 자동차 사고 당시 자신이 운행자 지위를 상실했다는 사실을 입증해야 한다.

[대법원 2001. 4. 24. 선고 2001다3788 판결]

〈주요 판시내용〉

자동차손해배상보장법 제3조 소정의 '자기를 위하여 자동차를 운행하는 자'라 함은 자동차에 대한 운행을 지배하여 그 이익을 향수하는 책임주체로서의 지위에 있는 자를 의미하므로, 자동차

---

62) 운행이익과 운행지배 양자를 요구하는 것을 이원설이라 하며, 운행이익을 운행지배에 포함되는 개념으로 보고 운행지배만을 요구하는 것을 일원설이라 한다. 이원설이 대법원의 입장이다. 대판 2001. 4. 24, 2001다3788.

보유자와 아무런 인적 관계도 없는 사람이 자동차를 보유자에게 되돌려 줄 생각 없이 자동차를 절취하여 운전하는 이른바 절취운전의 경우에는 자동차 보유자는 원칙적으로 자동차를 절취 당하였을 때에 운행지배와 운행이익을 잃어버렸다고 보아야 할 것이고, 다만 예외적으로 자동차 보유자의 차량이나 시동열쇠 관리상의 과실이 중대하여 객관적으로 볼 때에 자동차 보유자가 절취운전을 용인하였다고 평가할 수 있을 정도가 되고, 또한 절취운전 중 사고가 일어난 시간과 장소 등에 비추어 볼 때에 자동차 보유자의 운행지배와 운행이익이 잔존한다고 평가할 수 있는 경우에 한하여 자동차를 절취당한 자동차 보유자에게 운행자성을 인정할 수 있다고 할 것이다.

자동차보유자의 운행자 지위가 상실되지 않은 채 다른 사람이 동시에 운행자성을 가지는 경우도 있다. 이러한 경우는 복수의 사람이 운행자가 되는 것이다. 이 경우 다른 사람이 자동차 운행 중 타인을 사망하게 하거나 다치게 한 경우 다른 사람 뿐만 아니라 보유자도 운행자책임을 부담하게 된다. 이들의 책임은 공동운행자 지위에서 부진정연대책임을 부담하는 것으로 해석된다. 이와 관련하여 공동운행자 중 1인이 다른 공동운행자의 자동차운행으로 인해 피해를 입은 경우 피해를 입은 공동운행자가 사고를 야기한 다른 공동운행자에게 운행자책임을 물을 수 있는가의 문제가 있다. 이는 공동운행자의 타인성 인정 문제이다. 이에 대해서는 후술한다.

(나) 운행이익과 운행지배

운행이익이란 당해 차량의 운행으로부터 나오는 이익을 말한다. 운행이익이란 운행으로부터 직접 얻어지는 경제적 이익은 물론이고 간접적인 의미의 경제적 이익과 소위 정신적 만족감을 포함한다고 해석된다. 자동차임대업자, 명의대여인은 임대료, 명의료 등을 통해 운행이익을 가질 수 있다. 한편 자동차를 소유하거나 사용할 권리가 있는 자가 그 친구, 가족, 피용인 등 밀접한 인적 관계에 있는 자에게 자동차를 무상으로 대여한 경우에도 무상대여로 인해 정신적 이익을 얻을 수 있으므로 특단의 사정이 없는 한 그 차량에 대한 운행이익을 상실하는 것은 아니다.

[대법원 1987. 1. 20. 86다카1807 판결]

〈주요 판시내용〉

결혼 축의금 대신에 자기가 보유하는 자동차를 혼주에게 스스로 내어 주면서 결혼식장까지 혼주와 그의 가족 및 하례객을 운송하도록 운전수까지 딸려 주어서 그 운전수가 그 자동차로 이들을 태우고 운행하다가 사고를 냈다면 특별한 사정이 없는 한, 그 자동차의 운행지배와 운행이익은 여전히 그 자동차의 보유자에게만 있다 할 것이다.

운행지배란 자동차를 자기의 실력적 지배하에 두고 사실적인 처분권을 가지면서   자동차의 운행과 관련하여 현실적으로 자동차를 관리·운영할 수 있는 것을 말한다. 이 경우 운행지배는 현실적인 지배에 한하지 아니하고 사회통념상 간접지배 내지는 지배가능성이 있다고 볼 수 있는 경우 또는 제3자를 통한 관념적인 지배관계도 포함시키는 경향이 있다.63) 예를 들어 공적인 업무로 사용되는 자동차는 국가나 지방자치단체가 운행자가 되며, 회사의 업무용으로 사용되는 경우에는 회사가 운행자가 된다.64) 국가나 회사가 자동차의 운행을 현실적으로 지배하지 않아도 운행자가 될 수 있는 것이다.

[대법원 1991. 7. 9. 선고 91다14291 판결]

〈주요 판시내용〉

야간에 편도 2차선 직선도로의 2차선에 차폭등 또는 미등을 켜놓지 않은 채 15톤 덤프트럭을 주차시켜 놓았는데 2차선 도로부분은 폭이 3.4미터로서 2차선 도로의 오른쪽 부분에 트럭을 주차시켜 놓았던 관계로 2차선의 나머지 부분으로는 차량이 통행할 수 없었던 상황에서 뒤에서 오던 오토바이가 덤프트럭과 추돌한 사고에서 트럭 소유자에게는 자배법 소정의 자기를 위하여 자동차를 운행하는 자로서의 손해배상책임을 인정한다.

[대법원 2009. 10. 15. 선고 2009다42703, 42710 판결]

〈주요 판시내용〉

여관이나 음식점 등의 공중접객업소에서 주차 대행 및 관리를 위한 주차요원을 일상적으로 배치하여 이용객으로 하여금 주차요원에게 자동차와 시동열쇠를 맡기도록 한 경우에 위 자동차는 공중접객업자가 보관하는 것으로 보아야 하고 위 자동차에 대한 자동차 보유자의 운행지배는 떠난 것으로 볼 수 있다. 그러나 자동차 보유자가 공중접객업소의 고객으로서의 일반적 이용객이 아니라 공중접객업자와의 사업·친교 등 다른 목적으로 공중접객업소를 방문하였음에도 호의적으로 주차의 대행 및 관리가 이루어진 경우, 일상적으로는 주차대행이 행하여지지 않는 당해 공중접객업소에서 자동차 보유자의 요구에 의하여 우발적으로 주차의 대행 및 관리가 이루어진 경우 등 자동차 보유자가 자동차의 운행에 대한 운행지배와 운행이익을 완전히 상실하지 아니하였다고 볼 만한 특별한 사정이 있는 경우에는 달리 보아야 한다.

---

63) 대판 2021. 9. 30, 2020다280715; 대판 2011. 11. 10, 2009다80309; 대판 1995. 10. 13, 94다17253; 대판 1992. 4. 14, 91다4102; 대판 1994. 9. 23, 94다21672; 자배법상 자동차 보유자의 운행지배는 현실적으로 보유자와 운전자 사이에 사실상의 지배관계가 존재하는 경우뿐만 아니라 간접적이거나 제3자의 관리를 통한 관념상의 지배관계가 존재하는 경우도 포함하므로, 자동차를 할부로 매도한 자가 그 자동차에 대한 운행지배를 하고 있는가 여부는 매도인과 매수인 사이의 실질적인 관계를 살펴서 사회통념상 매도인이 매수인의 차량운행에 간섭을 하거나 지배 관리할 책무가 있는 것으로 평가할 수 있는지의 여부를 가려 결정하여야 한다고 판시하고 있다.

64) 서헌제, 222면; 김은경, 571면.

[대법원 1998. 10. 27. 선고 98다36382 판결]

〈사실관계〉

평소 절친한 사이로서 갑의 집안일을 돌보아 왔던 을이 화재로 인해 소실된 갑의 돈사 복구작업시 매일 작업현장에 나와 대민지원을 나온 군인들에게 갑을 대신하여 작업을 지시하였으며 작업 후에는 자기 소유 차량을 이용하여 군인들을 소속 부대까지 귀대시켜 왔었는데 그 귀대 중 교통사고가 발생한 사안에서 갑의 운행이익, 운행지배의 귀속 여부가 문제되었다.

〈주요 판시내용〉

갑이 위 사고 차량의 운행에 있어서 어떠한 형태로든 운행이익을 향수하고 있었다고 보여지기는 하지만, 한편 사고 차량의 소유자인 을은 다른 주민들과 함께 호의로 복구작업에 참여하였을 뿐 갑으로부터 그 작업에 대한 일당 등 직접적인 대가를 받은 일은 없으며, 그가 사고 차량을 운행하게 된 경위도 당시 작업장에는 위 차량 이외에 다른 차량이 없어서 운전면허가 없음에도 불구하고 할 수 없이 사고 차량을 운전하게 된 사정에 비추어 볼 때, 갑과 을의 관계는 사용자·피용자의 관계나 도급 또는 위임관계 등 민법상의 전형적인 법률관계로 파악되기보다는 오히려 우리나라의 농촌에서 흔히 볼 수 있는 호의에 의한 협동관계에 불과한 것으로 보여질 뿐이므로, 결국 그와 같은 관계에 있던 갑이 사고 당시 사고 차량에 대한 사회통념상의 간접지배 내지는 지배가능성을 가지고 있었다고는 볼 수 없다.

[대법원 1994. 12. 27. 선고 94다31860 판결]

〈사실관계〉

피고 지방자치단체는 원고 보험회사와 업무용자동차종합보험계약을 체결하면서 보험증권상의 피보험자는 피고가 교육법에 따라 설립한 '○○특수학교'로 기재되었고 주된 운전자로는 소외인으로 기재되었다. 소외인이 ○○특수학교 교장을 태우고 학교에서 운영하는 야영장으로 가다가 교통사고를 일으켜 교장이 상해를 입었다. 약관에는 배상책임의 피보험자로 '기명피보험자의 승낙을 얻어 피보험자동차를 사용 또는 관리 중인 자'를 들고 있고 면책사유로 '배상책임의무 있는 피보험자가 죽거나 다친 경우'를 규정하고 있었다. 원고 보험회사는 피해 공무원이 학교의 교장으로서 학교의 업무를 통할하고, 소속직원을 지휘·감독할 지위에 있으며, 피고 교육감의 위임에 따라 이 사건 승용차를 사용·관리하고 피고 소속 운전자를 지휘감독하고 있었으므로 면책사유에 해당한다고 주장하였다.

〈주요 판시내용〉

공무원이 그 직무를 집행하기 위하여 국가 또는 지방자치단체 소유의 공용차를 운행하는 경우, 그 자동차에 대한 운행지배나 운행이익은 그 공무원이 소속한 국가 또는 지방자치단체에 귀속된다고 할 것이고 그 공무원 자신이 개인적으로 그 자동차에 대한 운행지배나 운행이익을 가지는 것이라고는 볼 수 없으므로, 그 공무원이 자기를 위하여 공용차를 운행하는 자로서 같은 법조 소정의 손해배상책임의 주체가 될 수는 없다. 이 사건에서 승용차에 대한 운행이익이나 운행지배는 지방자치단체인 피고가 가지며 학교의 교장이 가진다고 할 수 없다. 따라서 피해를 입은 교장에게 이 사건 승용차에 대한 구체적인 운행지배나 운행이익이 있다고 판단하기 위하여는 그 운행이 개인적인 목적에서 이루어진 것인지 여부를 심리하여야 할 것이다(同旨: 대판 1992. 2. 25, 91다12356).

(다) 입증책임

자동차보유자는 통상적으로 자동차에 대한 운행을 지배하여 그 이익을 향수하는 책임주체로서의 지위에 있는 자라고 추정된다. 따라서 자동차사고로 인한 손해배상청구소송에서 피해자로서는 사고 차량의 자동차등록원부 등을 제출함으로써 상대방이 소유자임을 입증하는 것으로 충분하다. 자동차 소유자가 자신에게 추정되는 자배법상의 운행자책임을 면하기 위해서는 사고 발생 당시에 운행지배와 운행이익을 완전히 상실했다는 사정이 있었음을 입증해야 한다. 따라서 제3자가 무단히 피보험자동차를 운전하다가 사고를 야기한 경우에도 소유자는 운행이익과 운행지배를 상실한 것으로 볼 수 있는 사정이 있지 않는 한 당해 사고에 대해 자배법 제3조상의 운행자책임을 부담하게 된다.[65]

[대법원 1997. 11. 14. 선고 95다37391 판결]

〈주요 판시내용〉

제3자가 무단히 그 자동차를 운전하다가 사고를 내었다고 하더라도 그 운행에 있어 소유자의 운행지배와 운행이익이 완전히 상실되었다고 볼 특별한 사정이 없는 경우에는 그 사고에 대하여 자배법 소정의 운행자로서의 책임을 부담한다.

(라) 운전피보험자와 운행자성의 문제

① 운행자책임   대인배상 Ⅰ이 보상하는 것은 자배법 제3조에서 정하고 있는 손해배상책임에 따른 피보험자의 손해이다.[66] 자배법 제3조에 따른 손해배상책임을 특별히 운행자책임이라고 한다. 그 배상책임의 주체는 운행자이고 손해배상의 객체(대상)는 타인(다른 사람)이다. 여기에서 다른 사람이란 운행자와 운전자, 운전보조자를 제외한 자를 의미한다. 자동차보험표준약관에서 정하고 있는 대인배상 Ⅰ에서의 피보험자는 대인배상 Ⅰ에서 정한 보험사고가 발생하여 피해자에게 손해배상책임을 부담하게 될 때에 보험자에게 보험금을 청구하는 자를 말한다. 그런데 대인배상 Ⅰ에서의 책임이 운행자책임이므로 엄밀히 말하면 대인배상 Ⅰ에서의 피보험자가 대인배상 Ⅰ에 따른 보험금을 청구하기 위해서는 이들 피보험자가 운행자책임을 부담하여야 한다.

---

65) 대판 2002. 9. 24, 2002다27620; 대판 1999. 4. 23, 98다61395; 대판 1998. 7. 10, 98다1072; 대판 1995. 2. 24, 94다41232.
66) 자동차보험표준약관 제3조.

② 운전피보험자와 운행자책임   운전피보험자는 약관에서 정한 피보험자(기명, 친족, 승낙, 사용피보험자)를 위하여 피보험자동차를 운전 중인 자를 말한다.67) 즉 운전피보험자는 자기가 아닌 다른 사람을 위해 운전을 하는 자이다. 그런데 운행자책임의 귀속주체인 운행자란 자동차를 자기의 점유·지배하에 두고 자기를 위하여 사용하는 자라고 정의된다. 다른 사람을 위해 운전하는 운전피보험자는 자기를 위해 운전하는 것이 아니므로 자배법상의 운행자라 할 수 없는 것이다.68) 손해보험에서 피보험자가 되기 위해서는 단순히 보험증권에 피보험자로 기재되어 있는 것으로는 부족하며, 피보험이익의 귀속주체가 되어야 한다. 자기를 위하여 자동차를 운행하는 것이 아니기 때문에 운행자책임을 부담할 일이 없는 운전피보험자는 대인배상 Ⅰ에서의 피보험이익이 없다. 그럼에도 불구하고 운전피보험자는 대인배상 Ⅰ에서의 피보험자 범주에 포함되어 있다.

사고 당시에 실제로 운전을 한 운전피보험자에게는 민법 제750조의 책임이 인정될 수 있다. 과거 표준약관에서 대인배상 Ⅰ의 보상책임과 관련하여 '피보험자가 보험증권에 기재된 피보험자동차의 소유, 사용, 관리로 인하여 남을 죽게 하거나 다치게 하여 자배법 등에 의한 손해배상책임을 짐으로써 입은 손해를 보험회사가 약관에 따라 보상하여 준다'고 규정한 적이 있었다.69) 운행이라는 표현 대신 '소유, 사용, 관리'라는 표현을 사용하고 있고, '자배법 등에 의한 손해배상책임'이라고 규정되어 있어서 대인배상 Ⅰ의 보상책임에 자배법 외의 다른 법률에 따른 손해배상책임도 포함될 수 있었다. 이러한 이유에서 과거에는 운전피보험자의 피보험자성이 인정될 여지가 있었다. 그러나 표준약관이 변경되면서 현재는 '피보험자가 피보험자동차의 운행으로 인하여 다른 사람을 죽게 하거나 다치게 하여 자배법 제3조에 의한 손해배상책임을 짐으로써 입은 손해를 보상한다'고 한정하여 규정하고 있다. '운행'이라는 표현과 '자배법 제3조에 의한 손해배상책임'이라는 문구로 인해 운전피보험자의 대인배상 Ⅰ에서의 피보험자성이 문제될 수가 있는 것이다.

③ 사   견   이 문제는 결국 자동차보험표준약관 제3조에서 보상하는 손해를 '자배법 제3조에 의한 손해배상책임'뿐만 아니라 '다른 법에 의한 배상책임'도 포함시키는 방식으로 변경함으로써 해결하는 것이 합리적이라 여겨진다. 즉 과거와 같이 대인배상Ⅰ의 보상책임과 관련하여 '보험회사는 피보험자가 보험증권에 기재된 피보험자동차의 소유, 사용, 관리로 인하여 남을 죽게 하거나 다치게 하여 자배법 등에 의한 손해배상책임을 짐으로써 입은 손해를 보험회사가 약관에 따라 보상하여 준다'라는 표현으로 그 문구를 다시 바꿔야 한다.70) 이러한 개정을 통해 운전피보험자가 민법상의 손해배상책임을 부담하는

---

67) 자동차보험표준약관 제1조 제13호 마.
68) 손해배상소송실무(교통·산재), 서울중앙지방법원, 2017 개정판, 11면 및 55면.
69) 예를 들어 2000년 8월에 시행되던 자동차보험표준약관.
70) 조규성, "판례를 통해 본 자동차보험 약관의 문제점과 개선방안에 관한 고찰", 보험학회지 제90집,

경우에 피보험이익을 가질 수 있게 된다. 또한 대인배상 Ⅰ의 책임이 운행자책임에 한정되지 않기 때문에 운전피보험자가 대인배상 Ⅰ의 피보험자 범주에 포함되더라도 무리가 없게 된다. 다만 이 경우에 대인배상 Ⅰ에서의 책임이 기본적으로 무과실에 가까운 운행자책임인데 여기에 과실책임을 기초로 하는 민법 제750조 등의 불법행위로 인한 손해배상책임을 같이 규정하게 되어 동일한 조문에서 상이한 책임법리가 적용된다는 지적이 있을 수 있다.

(2) 무단운전

(가) 개   념

무단운전이란 자동차 보유자와 고용관계나, 친척 등 인적관계가 있는 사람이 보유자의 승낙 없이 자동차를 운전하는 것을 말한다. 무단운전 중 사고가 발생하여 피해자가 생긴 경우에 자기 자신을 위해 운행을 하는 무단운전자 본인이 운행자책임을 지는 것은 분명한데, 차량 보유자에게 운행지배 등을 인정할 수 있는가의 문제가 있다. 대법원은 "자기를 위하여 자동차를 운행하는 자라 함은 일반적·추상적으로 자동차의 운행을 지배하여 그 이익을 향수하는 책임주체로서의 지위에 있는 자를 말하는 것"71)이며, "자동차의 소유자 또는 보유자는 통상 그러한 지위에 있는 것으로 추인된다 할 것이므로 사고를 일으킨 구체적 운행이 보유자의 의사에 기하지 아니한 경우(예를 들어 제3자가 무단히 그 자동차를 운전하다가 사고를 낸 경우)에도 그 운행에 있어 보유자의 운행지배와 운행이익이 완전히 상실되었다고 볼 만한 특별한 사정이 없는 한 보유자는 당해 사고에 대하여 운행자로서의 책임을 부담하게 된다"라고 판시하고 있다.72) 자동차보유자에게도 운행자책임을 인정하게 되면 무단운전자와 보유자는 피해자에 대해 부진정연대채무를 부담하며 무단운전자가 약관상 친족피보험자의 범주에 해당하지 아니하는 한 보험자는 피해자에게 보험금을 지급한 후 무단운전자에게 구상할 수 있다.73)

(나) 운행이익 및 운행지배 상실 판단기준

무단운행에서 자동차보유자의 운행지배와 운행이익의 상실 여부는 ① 평소의 자동차나 그 열쇠의 보관 및 관리상태, ② 소유자의 의사와 관계없이 운행이 가능하게 된 경위, ③ 소유자와 운전자의 관계, ④ 운전자의 차량반환의사의 유무, ⑤ 무단운전에 대한 피해자의 주관적 인식 유무(특히 동승자의 경우), ⑥ 무단운전 후 보유자의 사후승낙가능성 등 여러 사정을 사회통념에 따라 종합적으로 평가하여 이를 판단하여야 한다.74) 무단운전자

2011, 245-246면에서도 과거 약관 방식이 타당하다는 견해를 밝히고 있다.
71) 대판 1988. 9. 13, 88다카80.
72) 대판 1986. 12. 23, 86다카556; 대판 1999. 4. 23, 98다61395.
73) "무단운전과 절취운전에 있어서 보유자책임의 한계", 손해보험 2006년 7월호, 61면.
74) 대판 2006. 7. 27, 2005다56728; 대판 1999. 4. 23, 98다61395; 대판 1998. 7. 10, 98다1072; 대판 1995. 2. 24, 94다41232; 대판 1994. 9. 23, 94다9085; 대판 1993. 7. 13, 92다41733; 대판 1992. 6. 23, 91다28177; 대판

와 자동차보유자간의 인적 신분관계가 가까울수록 또한 차량이나 차량 열쇠의 보관이나 관리 상태가 허술할수록 보유자의 운행자책임을 인정할 가능성은 높아진다고 해석된다.75)

[대법원 1999. 4. 23 선고 98다61395 판결]

〈주요 판시내용〉

원심은, 이 사건 사고 당시 사고차량을 운전한 소외 1은 당시 18세로 차량 소유자인 소외 2의 외사촌 동생인데, 이 사건 사고 전부터 소외 2와 같이 살면서 소외 2가 경영하는 카센터에서 심부름 등을 하여 주고 정비기술을 배우고 있었던 사실, 소외 2는 이 사건 사고차량을 운전하지 않을 때에는 그 열쇠를 거실 탁자 위에 보관하여 왔는데, 이 사건 사고 전날 소외 1은 평소와 같이 거실 탁자 위에 놓여 있던 소외 2 소유 차량의 열쇠를 발견하고는 그 열쇠를 가지고 밖으로 나와, 위 카센터 옆에 있는 음식점의 종업원으로 평소 가깝게 지내던 소외 이희영에게 연락하여 만난 다음 이희영을 사고차량의 운전석 옆자리에 태우고 운전을 하던 중 서로 손장난을 하다가 운전대를 잘못 조작하는 바람에 이 사건 사고가 발생하여 이희영이 사망한 사실을 인정한 후, 운전자인 소외 1과 차량 소유자인 소외 2와의 관계, 소외 1의 직업과 연령, 평소 소외 2의 차량과 열쇠의 보관 및 관리상태, 무단운행의 목적과 무단운행에 이르게 된 경위 및 무단운행에 걸린 시간 등 제반 사정을 참작하면 피해자인 이희영에 대한 관계에서 사고차량의 소유자인 소외 2는 운행지배나 운행이익을 전적으로 상실하였다고 단정할 수 없다고 판단하였는바, 기록과 위에서 본 법리에 비추어 보면, 원심의 위 인정과 판단은 정당하다.

[대법원 1992. 3. 10. 선고 91다43701 판결]

〈사실관계〉

평소 피고의 차량을 운전하여 현장에서 업무를 하거나 직원들을 출퇴근시키고 자기 집 근처에 차량을 주차시켜 놓고 그 다음날 운행일지를 작성하여 사업소장과 총무의 결재를 받아온 피고의 고용인인 소외 운전사는, 사고당일 직원들을 퇴근시킨 후에 자신의 친구와 그의 애인을 만나 술을 마신 후, 친구의 요청에 따라 친구에게 운전을 맡겨 그 애인을 집에 데려다주게 하였는데 사고가 발생하여 친구의 애인이 사망하였다. 유족들이 피고에게 손해배상청구를 하였다. 그러자 피고는 이 사건 사고는 무단운전으로 일어난 것이어서 책임이 없다고 항변하였다.

〈주요 판시내용〉

회사가 차량을 운전사의 집 근처에 보관하고 그 열쇠도 운전사에게 보관하도록 하여 무단운전의 기회를 제공한 점, 차량의 운행을 전적으로 운전사에게 맡기고 사후 운행일지 결재를 통하여 차량을 관리한 점, 친구가 운전사의 승낙을 받고 차량을 운행한 경위 등에 비추어 볼 때 피해자와의 관계에서 소유자인 회사가 사고 당시의 차량 운행에 대한 운행지배와 운행이익을 상실하였다고 볼 수는 없다.

[대법원 1983. 6. 14. 선고 82다카1831 판결]

〈주요 판시내용〉

피고 회사가 업무용 승용차의 안전관리를 위한 별도의 차고를 마련함이 없이 공장 안의 사무실 앞에 방치하여 두고, 차의 문마저 잠그지 아니하였을 뿐만 아니라 피용인이 공장 밖으로 운전하여 나가는 것을 정문에서 제지한 바도 없다면 피용인의 위 무단운행은 피고 회사의 피용인에 대한 주의감독 태만과 자동차관리보관에 있어서의 주의의무 태만에 기인한 것이라고 할 수 있으므로 위 무단운행에 의한 사고에 대하여 자동차손해배상보장법 제3조에 의한 손해배상책임을 면할 수 없다.

대법원이 제시한 운행이익 및 운행지배 상실 판단기준에 기초하여 볼 때 무단운전의 경우에 자동차보유자의 운행자성은 부인되면서 무단운전자만 운행자로 해석되는 경우가 있다. 보유자가 운행자책임을 면하려면 무단운전자가 일으킨 사고에 대해 자동차보유자는 사고 당시 운행지배와 운행이익을 가지지 않아 운행자성을 보유하고 있지 않다는 것을 입증해야 할 것이다.

무단운전자가 운전한 차량에 동승한 자가 사고피해자인 경우에 그가 무단운행의 정(情)을 알았는지의 여부가 자동차 보유자의 운행지배 내지 운행이익의 상실 여부를 판단하는 중요한 요소가 될 수 있다. 피해자인 동승자가 무단운행에 가담하였다거나 무단운행의 정을 알고 있었다고 하더라도 그 운행 경위나 운행 목적에 비추어 당해 무단운행이 사회통념상 있을 수 있는 일이라고 해석할 만한 사정이 있거나, 그 무단운행이 운전자의 평소 업무와 사실상 밀접하게 관련된 것이어서 보유자의 사후승낙 가능성을 인정할 여지가 있는 경우에는 보유자가 운행지배와 운행이익을 완전히 상실하였다고 볼 수 없을 것이다. 따라서 동승자(피해자)가 무단운전자에게 무단운전을 적극적으로 권유하거나 무단운전자와 함께 술을 마시고 동승하는 등의 특별한 사정이 있는 경우(피해자인 동승자가 무단운전에 적극적 가담한 경우)를 제외하고는 보유자의 운행자책임은 일반적으로 인정된다.76)

---

76) 대판 1997. 7. 8, 97다15685(피보험자인 소외 1이 제주도에 간 사이에 그의 아들인 고등학생 소외 2가 소외 1의 차량에 피해자들을 태우고 차량을 운전하다가 사고를 내어 피해자들이 사망한 사건에서 법원은 제반 사정을 참작하여 보면, 피해자들에 대한 관계에서 차량의 소유자인 소외 1은 운행자로서의 지위를 상실하였다고 볼 수 없다고 판단하였다); 대판 1999. 4. 23, 98다61395.

(3) 절취운전

(가) 개 념

절취운전이란 차량의 보유자가 전혀 예상할 수 없었던 제3자가 차량을 절취하여 운전한 것, 다시 말하여 차량 보유자와 아무런 인적관계가 없는 제3자에 의해 보유자의 승낙이 없고 반환할 의사도 없이 운전된 경우로서 무단운전 중에서 가장 극단적인 경우라 할 것이다. 절취운전자는 자동차 운행에 관하여 정당한 권리가 없어 자배법상 보유자는 아니지만, 불법영득의 의사로 자동차를 운행함으로써 결국 자기를 위하여 자동차를 운행하는 자로서 자배법상의 배상책임의 주체가 될 수 있다. 자배법상의 운행자 책임을 묻는 절취운전은 형법상의 절도죄의 성립 여부와는 다른 개념이다.

(나) 보유자의 운행자책임 인정 기준

대법원은 절취운전의 경우에 자동차 보유자는 원칙적으로 자동차를 절취 당하였을 때에 운행지배와 운행이익을 잃어버렸다고 보아야 한다고 해석한다.[77] 무단운전과 비교해볼 때 절취운전의 경우에는 자동차보유자의 운행자성을 부정하는 것이 상대적으로 쉽다. 다만 예외적으로 자동차 보유자의 차량 또는 시동열쇠 관리상의 과실이 중대하여 객관적으로 볼 때에 자동차 보유자가 절취운전을 용인하였다고 평가할 수 있다면 자동차보유자는 민법상의 불법행위책임을 부담할 수 있다.[78] 자동차사고로 인한 손해배상청구사건에서 자배법이 민법에 우선하여 적용되어야 할 것은 물론이지만, 그렇다고 하여 피해자가 민법상의 손해배상청구를 하지 못한다고는 할 수 없으므로, 자배법상의 손해배상책임이 인정되지 않는 경우에도 민법상의 불법행위책임을 인정할 수는 있다.[79]

[대법원 1988. 3. 22. 선고 86다카2747 판결]

〈사실관계〉

야간에 노상에 차량을 주차시키면서 자동차의 열쇠를 그대로 꽂아둔 채 출입문도 잠그지 아니하고 10여분 동안 자리를 비운 사이 성명 미상자가 차량을 절취하여 약 3주가 지난 후 절취장소에서 200여 ㎞나 떨어진 장소(도난은 인천에서, 사고는 충남 대덕군에서 발생)에서 교통사고를 일으켜 피해자에게 상해를 입혔다.

〈주요 판시내용〉

차량의 시동열쇠를 뽑지 아니하고 출입문도 잠그지 아니한 채 노상에 주차시킨 행위와 그 차량을 절취한 제3자가 일으킨 사고로 인한 손해와의 사이에는 우리 민법이 손해배상의 범위를 정함

---

77) 대판 1998. 6. 23, 98다10380.
78) 대판 2001. 6. 29, 2001다23201; 대판 1988. 3. 22, 86다카2747; 사법연수원, 보험법연구, 2007, 157면.
79) 대판 2001. 6. 29, 2001다23201.

에 있어서 통설로 간주하는 상당인과관계론에 의한 상당인과관계가 있으므로 차량의 소유자는 민법상의 손해배상의무가 있다.

한편 자동차보유자의 차량 및 열쇠 관리상의 과실이 중대하여 객관적으로 볼 때 자동차보유자가 절취운전을 용인하였다고 평가할 수 있을 정도가 되고, 절취운전 중 사고가 일어난 시간과 장소 등에 비추어 볼 때에 자동차 보유자의 운행지배와 운행이익이 잔존하고 있다고 평가할 수 있는 경우라면 절취운전자뿐만 아니라 자동차를 절취당한 자동차 보유자에게도 운행자성을 인정할 수 있다고 판시하고 있다.80)

[대법원 2001. 4. 24. 선고 2001다3788 판결]

〈주요 판시내용〉

이 사건 차량의 소유자인 피고가 차량을 주차하여 둔 장소가 평소 아파트 경비가 관리하는 아파트 주차장인 점, 피고가 주차시 비록 그 시정 여부를 확인하지는 않았다고는 하나 자동잠금장치를 작동한 점, 소외인 등이 이 사건 차량을 절취하여 간 시간이 02:40경인 점, 소외인 등은 위 아파트에 입주하여 사는 주민이 아닌 점 등에 비추어 피고가 이 사건 차량을 관리함에 있어 현저하게 주의를 결여하였다고 보기 어려워 피고는 소외인 등이 이 사건 차량을 절취하여 감으로써 그에 대한 운행지배와 운행이익을 상실하였다 할 것이어서 자동차손해배상보장법 제3조 소정의 운행자라 할 수 없다.

---

(4) 차량 임대차와 사용대차

(개) 借主의 운행자성

일반적으로 자동차의 임대차의 경우에는 특단의 사정이 없는 한, 임차인은 임차한 자동차에 대하여 현실적으로 운행을 지배하여 그 운행이익을 향수하는 자라고 해석하여야 한다.81) 사용대차의 경우에도 제3자에 대한 관계에서는 특별한 사정이 없는 한 차주(借主)의 운행자책임이 인정된다.82)

---

80) 대판 2001. 4. 24, 2001다3788; 대판 2001. 2. 23, 99다66593; 대판 1998. 6. 23, 98다10380; "무단운전과 절취운전에 있어서 보유자책임의 한계", 손해보험 2006년 7월호, 68-69면.

81) 대판 1993. 6. 8, 92다27782(회사가 직원들의 출퇴근을 위하여 출퇴근시간에만 운전수가 딸린 버스를 임차하여 이용하다가 임대인측에서 대체버스를 제공한 경우 대체버스의 운행 중 일으킨 사고에 대하여 회사의 운행자책임을 인정하고 있다); 대판 1997. 4. 8, 96다52724; 대판 1992. 3. 31, 91다39849.

82) 대판 2000. 7. 6, 2000다560; 대판 1989. 6. 27, 88다카12599; 대판 2001. 1. 19, 2000다12532. 그런데 판례에 따라서는 무상으로 차량을 빌려서 사용하다가 사고를 야기한 경우에 자동차를 빌린 자가 이를 사용하였다는 사정만을 가지고는 그를 자배법상의 운행자로 볼 수 없다고 판시한 것도 있다(대판 1987. 1. 20, 86다카1807; 대판 1991. 5. 10, 91다3918). 사법연수원, 보험법연구, 157면.

[대법원 2001. 1. 19. 선고 2000다12532 판결]

〈주요 판시내용〉

자동차운전학원에서 연습중인 피교습자에게 학원 소유의 교습용 자동차를 이용하여 운전연습을 하게 하는 경우, 학원과 피교습자 사이에는 교습용 자동차에 관하여 임대차 또는 사용대차의 관계가 성립된다고 할 것이고, 이와 같이 임대차 또는 사용대차의 관계에 의하여 자동차를 빌린 차주(借主)는 자동차를 사용할 권리가 있는 자로서 자기를 위하여 자동차를 운행하는 자에 해당하므로, 피교습자가 교습용 자동차를 이용하여 운전연습을 하던 중 제3자에게 손해를 가한 경우에는 제3자에 대한 관계에서 자동차손해배상보장법 제3조 소정의 운행자책임을 면할 수 없다.

다만 자동차보유자가 밀접한 인적관계가 있는 자에게 자신의 자동차와 운전기사를 무상으로 대여한 경우에는 예외적으로 보유자만 운행자성이 인정될 수도 있다.[83]

(나) 貸主의 책임

임대차의 경우에 차주(借主)만을 위한 배타적인 운행이었음을 입증할 별도의 사정이 없는 한, 대주(貸主)도 운행지배권을 상실하지 않는다고 해석되며 따라서 차주와 함께 운행자책임을 진다고 여겨지고 있다. 임대인은 일반적으로 유상으로 자동차를 대여하게 되고 특히 운전자와 함께 자동차를 대여한 경우 임대인은 운전자를 통하여 임차인의 운행을 지배하는 것으로 해석되므로 대주인 임대인의 운행자성은 인정되는 것이다.[84]

[대법원 2021. 9. 30. 선고 2020다280715 판결]

〈주요 판시내용〉

자동차대여약정에 자동차대여사업자로 하여금 임차인에 대한 인적 관리와 대여자동차에 대한 물적 관리를 하도록 되어 있다면, 대여자동차에 대한 자동차대여사업자의 관리가능성 또는 지배가능성이 완전히 상실되었다고 볼 특별한 사정이 없는 한, 자동차대여사업자와 임차인 사이에는 대여자동차에 대한 운행지배관계가 직접적이고 현재적으로 존재한다고 보아야 한다.

사용대차의 경우에도 대주의 운행자책임을 부인하기 어려운 사정이 존재한다고 볼 수 있다. 첫째 사용대차의 경우에는 차주와 대주 사이에 친족, 피용인 또는 가까운 친구 등 밀접한 인적 관계가 존재하는 경우가 많다는 점, 둘째 그 대여가 무상인 경우가 많으며 비용의 일부를 아예 대주가 부담하는 경우도 있다는 점, 셋째 대여기간이 비교적 단기이며 반환할 것으로 예정되고 따라서 차량에 대한 현실적 지배의 이전 기간이 일시적이며

---

83) 대판 1987. 1. 20, 86다카1807.
84) 대판 2021. 9. 30, 2020다280715; 대판 1987. 1. 20, 86다카1807; 대판 1987. 6. 9, 86다카1549.

차주의 사용 목적이 일정한 한도로 제한된다고 할 수 있다는 점, 넷째 대주는 항상 대여
자동차의 반환을 청구할 수 있는 지위에 있다는 특성이 있다. 이러한 면을 고려할 때 사
용대차의 대주는 운행지배권을 상실하지 않고 있으며 정신적 만족감 등의 운행이익도 지
니고 있다고 할 수 있다.[85]

(다) 렌터카 영업에서의 운행자성

자동차 임대차의 대표적인 것이 렌터카 영업이라 할 수 있고 자동차의 임대차에 대한
문제는 주로 이 렌터카업자를 중심으로 논의되고 있다. 일반적으로 렌터카업자는 차를 임
대함에 있어 임차인을 선별하고, 임차인에게 운행기간 준수에 관하여 특히 주의를 환기시
키며, 임대기간이 비교적 단기인 점 등을 고려하여 렌터카업자에게 운행자책임을 인정한
다. 즉 렌터카업자는 임차인에 대해 인적관리와 임대차량에 대한 물적관리를 통해 임대차
량에 대해 운행지배와 운행이익을 보유하는 것으로 해석된다. 물론 차량을 빌린 임차인도
운행자 지위를 갖는다. 따라서 이러한 경우에는 렌터카업자와 임차인이 모두 운행자의 지
위를 가지며, 사고 피해자에 대해 공동운행자로서 부진정연대책임을 부담하는 것으로 해
석된다. 그러나 반환할 의사도 없이 임대기간을 경과하여 고객이 계속 사용하는 경우나
고객이 자동차를 매각할 의사로 임차하는 경우 등은 렌터카업자에게 운행지배를 인정하기
어려울 것이다.[86]

[대법원 1991. 4. 12. 선고 91다3932 판결]

〈주요 판시내용〉

자동차대여업체의 손수자동차대여약정에 임차인이 자동차운전면허증 소지자라야 하고 사용기간
과 목적지를 밝혀서 임료를 선불시키고 임대인은 자동차대여 전에 정비를 해두고 인도해야 하고
임차인은 사용기간중 불량연료를 사용하지 말아야 함은 물론 계약기간을 엄수해야 하고 자동차를
양도하거나 질권, 저당권을 설정할 수 없을 뿐 아니라 유상으로 운송에 사용하거나 전대할 수 없
고 제3자에게 운전시킬 수도 없게끔 되어 있다면 대여업자는 임차인에 대한 인적관리와 임대목적
차량에 대한 물적관리를 하고 있음을 부정할 수 없어 대여업자와 임차인간에는 임대목적차량에
대하여 대여업자의 운행지배관계가 직접적이고 현재적으로 존재한다.

[대법원 1993. 8. 13. 선고 93다10675 판결]

〈사실관계〉

X는 친구들인 A, B와 함께 입영신체검사를 받으러 가기 위한 교통편으로 승용차를 임차하기로

---

85) 대판 1987. 11. 10, 87다카376; 대판 1991. 5. 10, 91다3918; 대판 1988. 9. 13, 88다카80.
86) 대판 1991. 4. 12, 91다3932. 장덕조, 404면.

하였으나, 모두 운전면허가 없었기 때문에 운전면허가 있는 C에게 승용차의 임차를 부탁하여 C가 자동차대여업체인 Y회사 제천지점으로부터 사고 승용차를 임차한 후 B에게 넘겨주었다. B는 위 승용차에 X와 A를 태우고 목적지로 떠나기에 앞서 자신의 용무를 보기 위하여 위 승용차의 시동을 켜놓은 채 잠시 자리를 비웠는데, 그 사이에 A가 술에 취한 상태에서 위 승용차를 사고장소까지 운전하여 가서 운전연습을 하다가 이 사건 사고를 일으켰다. 한편 Y회사는 손수운전자동차대여의 경우에는 운전면허를 취득한 자에게만 자동차를 임대하고 제3자로 하여금 임대차량을 운전시킬 수 없다는 내용의 약관을 정하여 시행하고 있다. 이 사고로 상해를 입은 X가 Y회사에게 손해배상을 청구하자, Y는 이 사고 당시에 운행지배가 인정되지 않아 자배법상 손해배상책임이 없다고 주장하였다.

〈주요 판시내용〉

자동차대여업자인 Y는 승용차의 보유자로서 위와 같은 차량임차인에 대한 인적 관리와 임대차량에 대한 물적 관리를 통하여 임대차량에 대한 운행이익과 운행지배를 가지고 있는바, 승용차의 사고 당시의 운전자인 A가 임차인 아닌 제3자이고 운전면허도 없는 자였다는 사실만으로는 위 승용차에 대한 Y의 운행지배가 단절되었다고 볼 수 없고, 오히려 Y는 A를 통하여 위 승용차의 운행을 간접적·잠재적으로 계속 지배함으로써 사고 당시에도 위 승용차에 대한 운행지배와 운행이익을 가지고 있었다 할 것이며, 또한 위 승용차의 대여경위 및 사고 당시의 운행경위에 비추어 볼 때 사고 당시 X도 운전자인 A와 함께 위 승용차에 대한 운행이익을 어느 정도는 공유하고 있었다 할 것이지만 그렇다고 하여 Y와의 관계에 있어서 위 X를 자배법 소정의 '타인'으로 볼 수 없을 정도로 위 승용차에 대한 운행이익과 운행지배가 전면적으로 위 X에게 이전된 것으로는 볼 수 없다고 해석된다. 즉 운전면허를 취득한 자에게만 차량을 임대하고 제3자로 하여금 임대차량을 운전시킬 수 없다는 약관에 위배하여 임차인이 아닌 제3자가 운전면허도 없이 운전하다가 사고를 낸 경우에도 렌터카업자의 승용차에 대한 운행지배가 단절되었다고 볼 수 없다.

㈜ 대주와 차주의 운행자성 공유 문제

차량의 반환이 곧 예정되어 있다는 측면에서 보면 대주의 상대적으로 우월한 지위를 인정할 수 있는 반면에, 차량에 대한 현실적 지배의 측면에서 보면 차주의 지위가 강하다고 할 수 있다. 이 점이 운행자성 공유의 인정 근거라고 말할 수 있을 것이다.87) 즉 대주와 차주는 공동운행자 지위에 있게 된다. 문제는 공동운행자 중 한 명이 자동차 운행으로 다친 경우에 다른 공동운행자에 대해 운행자책임을 물을 수 있는가이다. 운행자책임을 물으려면 자배법상 타인의 지위를 가져야 하는데 운행자 지위에 있는 자는 타인의 지위를 가질 수 없기 때문이다. 예를 들어 차주가 부상을 당한 경우에 차주는 대주를 상대로 운행자책임을 물을 수 있는가? 만약 사고 당시에 차주의 운행지배와 운행이익이 대주에 비해 구체적이고 직접적이며 또한 사고의 발생을 방지함에 있어서도 차주가 보다 용이하게

---

87) 대판 1991. 3. 27, 91다3048; 대판 1992. 2. 11, 91다42388, 42395.

이를 방지할 수 있는 입장에 있다면 차주는 대주에 대하여 자배법상의 운행자책임을 청구할 수 있는 타인임을 주장할 수 없다.

[대법원 1991. 7. 9. 선고 91다5358 판결]

〈주요 판시내용〉

피해자가 계원들의 여행을 위하여 피고 소유 차량을 무상으로 빌린 다음 운행비용은 계원들의 공동부담으로 하고 운전은 계원 중 한 사람에게 맡겨 그 차를 타고 놀러갔다가 돌아오던 중 운전 부주의로 발생한 사고로 사망한 경우, 피해자는 사고 당시 위 차량의 운행지배와 운행이익을 가지고 있는 자동차손해배상보장법 제3조 소정의 자기를 위하여 자동차를 운행하는 자의 지위에 있었고, 자동차보유자인 피고에 비하여 그 운행지배와 운행이익이 보다 구체적이고도 직접적으로 나타나 있어 용이하게 사고의 발생을 방지할 수 있었다고 보여지므로 피고에 대하여 같은 법조 소정의 타인임을 주장할 수 없다.

---

(5) 명의대여와 명의잔존

(가) 명의대여 및 명의대여자의 책임

자동차등록원부 또는 중기등록원부상의 등록명의를 타인에게 유상 혹은 무상으로 대여하는 것을 명의대여라 한다. 이를 통해 등록원부상의 소유명의자와 차량의 실질적인 소유자가 달라지게 된다. 이때 실질적인 소유자가 운행 중 사고를 야기하여 타인을 사상케한 경우 실질적인 소유자 외에 등록원부상의 소유명의자에게도 운행자책임이 인정될 수 있는가의 문제가 있다. 명의대여자의 운행자책임을 인정하기 위해서는 명의대여자가 차량에 대한 운행이익과 운행지배를 가지고 있어야 하는데, 이와 관련하여 두 당사자(명의대여자와 명의차용자)의 사업협동관계 또는 지휘·감독관계 등 명의대여를 둘러싼 내부적인 실질관계를 판단하여야 할 것이다. 판례의 경향은 실질적인 소유자 이외에 등록원부상의 소유명의자에게도 광범위하게 운행자책임을 인정하고 있다.[88] 실무상으로는 명의대여자가 구체적 운행에 있어서 운행이익과 운행지배가 자신에게 없음을 스스로 입증해야만 명의대여라는 사실에 의해 자신에게 추정되는 운행자성이 부인될 수 있다.

[대법원 1993. 4. 23. 선고 93다1879 판결]

〈주요 판시내용〉

지입차주로부터 운전수가 딸린 차를 임차하여 동승운행 중 야기된 교통사고로 임차인이 상해를 입은 데 대하여 지입회사에게 직접적 운행지배를 인정하여 손해배상책임을 긍정한다.

---

88) 대판 1993. 4. 23, 93다1879; 대판 1991. 2. 26, 90다6460.

[대법원 1991. 2. 26. 선고 90다6460 판결]

〈주요 판시내용〉

빌라건설회사가 빌라 입주자들의 교통편의를 위하여 차량을 매입하여 준 뒤 그 운행은 빌라입주자들의 자치기구인 빌라관리회에서 운전사를 고용하고 입주자들로부터 일정 요금을 받아 연료비, 보수비, 보험료, 제세공과금 등의 차량운영관리비에 충당하여 왔으나, 그 등록명의는 위 관리회가 법인이 아니어서 위 회사 명의로 소유권이전등록을 하여 둔 것이라면, 비록 회사가 위 차량의 운행에 관하여 실제로는 별다른 이해관계가 없다고 하더라도 위 차량은 대외적으로는 여전히 위 회사의 소유인 것이고, 또 위 차량의 등록명의를 그 명의로 유보하여 둔 채 운행할 것을 허용한 것으로 볼 것이므로 위 회사는 자동차손해배상보장법 제3조 소정의 "자기를 위하여 자동차를 운행하는 자"에 해당한다.

(나) 명의잔존

명의잔존이란 자동차의 매매 또는 교환 등에 의하여 실질적으로는 매매계약의 목적물인 자동차가 매수인에게 인도되어 소유권과 사용권이 넘겨졌으나 등록명의 이전절차가 종료되지 않아 소유명의가 아직 매도인에게 남아 있는 상태를 말한다. 이러한 상황에서 매수인이 사고를 야기한 경우 매수인의 운행자성은 어렵지 않게 인정될 수 있다. 문제는 등록명의가 아직 남아 있는 매도인(명의잔존자)이 운행자책임을 부담하게 되는가하는 것이다.

일반적으로 명의잔존의 경우에 매매대금 완제 여부와 이전등록서류 교부여부를 명의잔존자의 운행지배 인정에 대한 판단에 있어서 중요한 요소로 삼고 있다.89) 따라서 명의잔존자인 자동차 매도인이 매매대금을 모두 받고 차량을 인도한 후 매수인에게 차량의 자동차등록부상 소유명의의 이전등록과 할부구입계약상의 채무자 명의변경 및 보험관계의 명의변경 등에 필요한 일체의 서류를 교부함으로써 매수인은 그 이전등록과 명의변경이 가능하였는데도, 매수인 측 사정으로 명의변경절차를 미루다가 사고가 발생한 것이라면 매도인은 더 이상 운행지배와 운행이익을 가지고 있다고 해석할 수 없으므로 명의잔존자의 운행자책임은 부정될 것이다.90)

---

89) 물론 이들 두 요소 이외에도 차량매매에 관련된 여러 사정을 모두 참작하여 매도인의 운행자책임 여부를 판단해야 할 것이다. 대판 1999. 5. 14, 98다57501; 대판 1985. 4. 23, 84다카1484.
90) 대판 1999. 5. 14, 98다57501; 대판 1998. 5. 12, 97다49329; 대판 1992. 4. 14, 91다41866; 대판 1992. 4. 14, 91다41873; 대판 1983. 12. 13, 83다카975; 대판 1980. 9. 24, 79다2238; 대판 1971. 5. 24, 71다617; 대판 1970. 9. 29, 70다1554; 대판 1985. 4. 23, 84다카1484.

> **[대법원 1980. 9. 24. 선고 79다2238 판결]**
>
> 〈주요 판시내용〉
>
> 소외회사 소유인 버스를 매수한 피고가 이를 다시 제3자에게 매도하여 대금전액을 수령하면서 버스를 인도하고 등록명의이전에 필요한 일체의 서류를 교부하였으나 제3자의 사정으로 그 절차를 마치지 못하였다면, 피고는 형식상으로나 실질상으로 위 버스의 소유자라고 할 수도 없고 달리 특별한 사정이 없는 한 위 버스의 운행에 관하여 어떠한 이익을 받는 것도 아니며, 위 버스의 운행은 피고의 지배를 이탈하였다고 봄이 상당하므로 피고는 위 버스의 운행에 관하여 제3자를 지휘감독할 지위에 있다거나 자동차손해배상보장법 제3조 소정의 "자기를 위하여 자동차를 운행하는 자"라고 할 수 없다.

대금의 완전결제가 이루어지지 않았고 이전등록서류도 교부되지 않았다면 매도인의 운행지배를 인정하여 명의잔존자의 운행자책임을 인정할 수 있게 된다.[91] 대금 완납과 이전등록서류 교부 중 어느 한 가지만 이행된 경우엔 개별 사정을 종합적으로 고려하여 매도인의 운행자성을 판단해야 한다. 외형적으로 대금의 완전결제가 이루어지지 않았다고 해서 항상 매도인이 매수인의 차량운행을 지배하고 있다고 해석하여서는 아니 될 것이며, 명의이전에 필요한 서류를 아직 교부하지 않았다 해도 대금의 완전결제와 매도에 뒤이어 전매까지 이루어진 경우라면 최초 매도인의 운행자성은 부정되어야 할 것이다.[92]

> **[대법원 1994. 2. 22. 선고 93다37052 판결]**
>
> 〈주요 판시내용〉
>
> 갑이 오토바이를 구입하여 자동차등록원부에 명의등록하고 운행하여 오던 중 이를 을에게 매도하여 그 대금 전액을 지급받고 인도하여 을이 운행하여 오다가 을은 이를 다시 병에게 매도하고 인도하였다면, 위 오토바이의 운행지배권은, 자동차등록원부상의 소유자 명의변경이 되지 아니하였다 하더라도, 등록명의인인 갑으로부터 이탈되었다고 할 것이어서 갑을 자동차손해배상보장법 제3조 소정의 자기를 위하여 자동차를 운행하는 자로 볼 수 없으며, 갑이 인감증명서 등 명의이전에 필요한 서류를 교부한 바가 없다고 하여 달리 볼 것은 아니다.

(다) 소유권유보부할부판매

소유권유보부할부판매란 자동차를 매매함에 있어서 분할지급의 약정 하에 매매대금이 완제되지 않은 경우에도 매수인의 요구에 따라 차량을 매수인에게 인도하여 완전한 사용

---

91) 대판 1980. 6. 10, 80다591.
92) 대판 1992. 10. 27, 92다35455; 대판 1994. 2. 22, 93다37052.

수익권을 부여하되, 다만 매매대금지급의 담보를 위하여 대금완제시까지 소유권을 매도인이 유보하여 등록명의 등을 매도인이 가지는 것을 말한다. 명의잔존의 일종이라 할 수 있고, 결국 논의의 핵심은 명의잔존자에게 운행자책임을 물을 수 있는가이다.

　　이 문제를 분석하기 위해서는 소유권유보부할부판매에 있어서 매도인이 자동차판매업자인 경우와 그렇지 않은 경우로 나누어서 해석해야 한다. 소유권유보부할부판매에 있어서 매도인이 자동차판매업자인 경우에는 매도인은 잔대금 채권을 확보하기 위해서 소유명의를 가지는 것일 뿐 계약과 동시에 차량의 실질적 소유권이 매수인에게 이전되며 차량의 현실적인 운행에는 간섭, 개입할 수 없고, 따라서 매도인인 자동차판매업자는 운행이익과 운행지배를 갖지 못한다고 해석된다.93) 이 경우 대금완납 및 이전등록서류교부가 없지만 자동차판매업자의 운행자성은 부정된다.

　　그러나 자동차 할부매매가 일반 개인으로서의 매도인과 매수인 사이의 거래인 경우에는, 매도인의 운행자책임의 인정 여부는 매도인과 매수인 사이의 실질적인 관계를 고려하여 매도인이 매수인의 운행에 관하여 지배와 간섭을 하거나 또는 협동운행관계 또는 지배관리책무를 갖고 있는지를 판단하여 결정하여야 할 것이다.94) 매도인의 운행자책임을 인정하기 위해서는 매도인이 자동차를 지배하는 것으로 사회통념상 객관적으로 받아들일 수 있어야 하고 운행이익도 향유하고 있어야 할 것이다. 여기서 실질관계란 매매당사자 사이에 고용관계나 명의대여관계 등의 특수한 관계가 존재하는가 하는 것이며, 자동차할부판매계약 이후에 매도인이 자기영업의 일부를 매수인에게 대행시키는 등 운송관계에 있어서 종속관계가 있는가, 차량의 보관 등에 매도인의 관리, 지시, 확인 또는 점검 등을 통해 매도인이 실질적으로 지배하고 있는가, 실질적 의미의 명의료를 받고 있는가, 매수인이 매도인의 운송을 우선적으로 취급해주는가, 그 운행으로부터 생기는 운임에서 할부금의 변제를 받는가, 연료비나 수리비 등을 누가 부담하는가, 운임이 어느 정도 저렴한 가 등으로 판단한다.

　　한편 할부금 인수조건부 자동차매매로 대금을 받고도 곧바로 차량에 대한 소유권이전등록서류를 교부할 수 없는 사정이 있는 경우, 예를 들어 할부회사 명의의 근저당권이 설정되어 있어서 소유자 명의 이전이 불가능하며 할부금을 모두 지급한 후에 교부할 수 있는 경우에, 운행지배가 매도인에게 남아 있다고 단정할 수 없다. 매도인의 운행자성은 자동차의 이전등록서류 교부에 관한 당사자의 합의 내용, 자동차의 매매 경위 및 인도 여부, 인수자동차의 운행자, 자동차의 보험관계 등을 종합적으로 판단해야 한다는 것이 판례의 태도이다.95)

---

93) 대판 1990. 11. 13, 90다카25413.
94) 대판 1994. 9. 23, 94다21672.
95) 대판 1990. 12. 11, 90다7203; 한기정, 700면.

> **[대법원 1996. 7. 30. 선고 95다54716 판결]**
>
> 〈주요 판시내용〉
>
> 할부로 매수한 자동차를 제3자에게 다시 매도하고 인도까지 하였으나 제3자의 할부대금 완납시까지 이전등록을 유보한 경우, 회사 명의의 근저당권이 설정되어 있기 때문에 소유자 명의의 이전이 불가능하여 할부금을 모두 지급한 후에 이전하기로 하였다는 사정만으로는 운행지배가 매도인에게 남아 있다고 단정할 수 없고, 이러한 경우 법원이 차량의 매매로 인한 매도인의 운행지배권이나 운행이익의 상실 여부를 판단함에 있어서는 차량의 이전등록서류 교부에 관한 당사자의 합의 내용, 차량의 매매 경위 및 인도 여부, 인수차량의 운행자, 차량의 보험관계 등 여러 사정을 심리하여 판단하여야 한다(同旨: 대판 1990. 12. 11, 90다7203).

(6) 세차, 수리, 보관 등

일반적으로 자동차정비업자, 세차업자, 주차장업자 또는 주유업자 등은 각각 고객과의 계약에 기초하여 위탁받은 목적 하에서 차량을 사용·관리할 수 있으므로 그 범위 내에서는 운행자책임을 인정할 수 있다. 예를 들어 차량소유자가 세차의 목적으로 세차장에 자동차를 맡기면서 세차장의 요구에 의하여 자동차 열쇠를 차량에 그대로 두었는데, 세차장의 종업원이 차량소유자 모르게 운행하다가 사고가 발생한 경우를 가정해보자. 세차를 의뢰하는 것은 세차작업의 완료를 목적으로 하는 도급계약관계이며 특별한 사정이 없는 한 세차업자에게만 운행자책임을 인정할 수 있으므로 세차업자의 지배와 관리 중의 사고에 대해서는 차량소유자에게 운행자책임을 묻기는 어렵다.[96]

그런데 아래 사실관계에서 판례는 차량 소유자가 운행지배와 운행이익을 상실했다고 볼 수 없다고 판시했다.

> **[대법원 1988. 3. 22. 선고 87다카1011 판결]**
>
> 〈주요 판시내용〉
>
> 사건 차량의 소유자인 피고가 이 사고 발생일로부터 약 3개월 전부터 사고당시 이 차량을 운전한 갑이 종업원으로 근무하던 집 부근의 세차장에 수차례에 걸쳐 세차를 의뢰하고, 야간에는 피고 집에는 주차할 만한 장소가 없었으므로 이 차량을 세차장 건너편 공터에 주차시켜 오면서 같은 장소에 주차시킨 다른 차량의 소통을 위하거나 세차할 차량이 많을 경우 같은 장소에 다른 차량을 보관하여야 할 경우에 대비하여 차량의 열쇠를 아무런 대가 없이 편의상 세차장에 보관시켜 왔다. 사고 전날에도 차량을 같은 장소에 주차시키면서 열쇠를 세차장의 경리직원에게 맡겨두었으나, 갑이 개인 용무를 보기 위하여 사무실내 금고에서 열쇠를 꺼내어 차량을 운행 중 사고가

---

96) 대판 1979. 9. 11, 79다1279.

발생한 것이라면, 피고는 차량을 세차장 부근에 주차시킨 경우에도 스스로 이를 관리하고 있었고, 다만 차량소통 등 필요한 범위 내에서의 운전행위를 세차업자나 그 종업원에게 부탁하기 위하여 열쇠를 세차장에 보관시킨 것에 불과하다고 볼 것이므로 피고가 이 사건 차량에 대한 운행지배와 운행이익을 상실하였다고 볼 수 없다고 할 것이다.

　자동차의 수리 의뢰는 수리업자에게 자동차의 수리와 관계되는 일체의 작업을 맡기는 것으로서, 여기에는 수리나 시운전에 필요한 범위 안에서의 운전행위도 포함되는 것이다. 자동차의 소유자는 수리를 의뢰하여 자동차를 수리업자에게 인도한 이상 수리완료 후 다시 인도받을 때까지는 자동차에 대하여 관리지배권을 가지지 아니한다고 할 것이며, 수리하는 동안에도 자동차의 소유자가 사고 당시 자동차의 운행에 대한 운행지배와 운행이익을 완전히 상실하지 아니하였다고 볼 특별한 사정이 없는 한 그 자동차의 운행지배권은 수리업자에게만 있다. 그런데 자동차 소유자의 운전기사가 수리업자에게 자동차의 수리를 맡기고서도 정비업소를 떠나지 않은 채 부품 교체작업을 보조·간섭하였을 뿐만 아니라, 교체작업의 마지막 단계에서는 수리업자의 부탁으로 시동까지 걸어 준 상황에서 사고가 발생했다면 자동차 소유자는 수리작업 동안 수리업자와 공동으로 자동차에 대한 운행지배를 하고 있다고 해석된다. 또한 자동차의 수리업자가 수리완료 여부를 확인하고자 시운전을 하면서 동시에 수리의뢰자의 요청에 따라 수리의뢰자 등이 거주할 방을 알아보고자 운행한 경우에는 자동차 소유자와 수리업자의 공동 운행지배와 운행이익을 인정할 수 있다.97)

[대법원 2005. 4. 14. 선고 2004다68175 판결]

〈사실관계〉
　자동차의 소유주가 자동차수리업자인 피고에게 승용차의 수리를 의뢰하였는데, 피고는 승용차를 직접 수리하기가 곤란하자 다른 정비업자에게 그 수리를 의뢰하였다. 그런데 다른 정비업자가 피고를 찾아가 피고로부터 수리할 부분에 관하여 설명을 들은 후 승용차를 운전하여 자신의 작업장으로 돌아가던 중 사고를 발생시켰고, 이에 자동차 소유주와 보험계약을 체결한 원고회사가 피해자에게 보험금을 지급한 후 피고를 상대로 구상권을 행사하였다.
〈주요 판시내용〉
　피고는 이 사건 자동차의 수리를 의뢰받은 후 소유주의 의사를 확인하지 않은 채 다시 다른 수리업자에게 전화를 걸어 이 사건 승용차의 수리를 의뢰하였고, 이에 따라 피고가 운영하는 카센터에 도착한 위 다른 수리업자는 피고로부터 직접 이 사건 승용차를 건네받으며, 수리할 부분에 관한 설명과 지시를 받은 사실, 통상적으로 카센터에서 타 수리업자에게 수리를 의뢰할 경우 카센터 업자는 자신이 받은 수리비 중 소개비조로 일부를 공제한 후 나머지만을 타 수리업자에게

97) 대판 2000. 4. 11, 98다56645; 대판 2002. 12. 10, 2002다53193.

지급하는데, 이 사건 당시도 수리비용은 피고가 소유주로부터 직접 받았던 사실을 알 수 있는바, 사정이 이와 같다면, 이 사건 사고 당시 피고는 이 사건 승용차의 운행지배를 완전히 상실하였다고 할 수는 없고, 다른 수리업자와 공동으로 이 사건 승용차의 운행지배와 운행이익을 가지고 있었다고 보아야 할 것이다.

호텔이나 유흥음식점에서의 차량 보관(예를 들어 발렛파킹) 등을 하는 경우 업소에 맡긴 차량을 주차관리자가 차량소유자의 승낙 없이 운전하다가 사고를 야기한 경우, 주차를 의뢰한 자(차량 보유자)는 당해 차량에 대한 운행지배가 없는 것으로 해석된다. 차량과 열쇠를 업소 측에게 맡기는 순간에 차량소유자의 운행지배는 상실된 것으로 보아야 한다는 것이 판례의 태도이다.98)

[대법원 1988. 10. 25. 선고 86다카2516 판결]

〈사실관계〉

교통사고로 사망한 자의 유족인 원고들은 사고차량의 차주인 피고를 상대로 소를 제기하였다. 그런데 사고차량은 피고의 고용인인 소외인이 나이트클럽에 가면서 운전하여 간 차량으로 나이트클럽 입구에서 소외인은 나이트클럽의 주차관리인에게 차를 맡겼는데, 주차관리인이 무단으로 이 자동차를 운전하여 업소에 온 다른 손님을 목적지까지 태워다주고 돌아오는 길에 사고를 야기한 것이다.

〈주요 판시내용〉

차량은 호텔 나이트클럽이 보관한 것으로 보아야 하고 소외인의 그 차에 대한 운행지배는 떠난 것으로 보는 것이 상당하고 따라서 주차관리인의 그 차량 운전은 피고를 위하여 운행한 것으로 볼 수 없다. 즉 소외인의 운행지배는 상실한 것으로 보아야 한다.

(7) 대리운전(운전대행)중의 사고

(가) 제3자가 피해자인 경우

자동차의 보유자가 음주 기타 운전 장애 사유 등으로 인하여 일시적으로 타인에게 대리운전을 시킨 경우, 대리운전자의 과실로 인하여 발생한 차량사고의 피해자에 대한 관계에서 판례는 자동차의 보유자가 객관적, 외형적으로 자동차의 운행지배와 운행이익을 가지고 있다고 해석하고 있다. 이 경우 실제로 운전을 한 대리운전자의 운행자성도 함께 인정하고 있다.99) 판례는 대리운전자 또는 대리운전업자가 대리운전 의뢰자와 유상계약을 체결하고 자동차를 사용, 관리한다는 측면에서 운행자성을 인정할 수 있다고 해석하는 것

---

98) 대판 1988. 10. 25, 86다카2516.
99) 대판 1994. 4. 15, 94다5502; 대판 2008. 3. 27, 2008다2616.

이다. 자동차소유자가 자동차보험계약을 체결하면서 '대리운전 위험담보특약'에 가입했다면 대리운전자는 특약상의 피보험자가 되기 때문에 피해자는 차주가 가입한 보험에 의해 대인배상 Ⅰ부분을 보상받게 될 것이다. 반면 자동차소유자는 대리운전 위험담보특약에 가입하지 않은 채 대리운전업자가 '대리운전업자 특약보험'에 가입한 경우도 있는데, 이러한 경우에 제3자가 대리운전자의 과실로 피해를 입었다면 실무상으로는 피해자에 대한 대인배상 Ⅰ부분은 차량소유자 측이 부담하며, 대인배상 Ⅰ을 초과하는 손해에 대해서만 대리운전업자 특약보험에서 보상이 이루어지게 된다.100) 대리운전업자 특별약관은 대인배상 Ⅱ, 대물배상, 자기신체손해 및 자기차량손해를 담보하며 대인배상 Ⅰ은 담보범위에서 제외되고 있기 때문이다.

(나) 대리운전 의뢰자가 피해자인 경우

판례는 대리운전자의 과실로 대리운전 의뢰자가 다친 경우에 대리운전의뢰자는 차량에 대한 운행지배와 운행이익을 공유하고 있다고 할 수 없고 차량의 단순한 동승자에 불과하다고 판시한 바 있다.101) 대리운전업체의 직원이 운전하는 차량에 동승한 대리운전 의뢰자가 사상을 당한 경우에 대리운전을 의뢰한 자와 대리운전업자와의 내부관계에서는 대리운전업자만 운행자책임을 부담하며 대리운전을 의뢰한 사람은 자배법상의 '다른 사람'(타인)에 해당된다는 해석이다. 따라서 부상을 입은 대리운전 의뢰자는 내부적 관계에서 운행자 지위에 있는 대리운전업자에게 자배법상의 운행자책임을 물을 수 있게 된다. 대리운전 의뢰자에게는 운전자가 현저하게 난폭운전을 한다든가, 그 밖의 사유로 인하여 사고 발생의 위험성이 상당한 정도로 우려된다는 것을 인식할 수 있었다는 등의 특별한 사정이 없는 한, 운전자에게 안전운행을 촉구할 주의의무가 없다고 해석하고 있다.102)

한편 기명피보험자(대부분 차량소유자)로부터 피보험차량을 빌려 운행하던 자가 대리운전자에게 차량을 운전하게 하고 자신은 동승하였다가 교통사고가 발생하여 상해를 입었다면, 차량을 빌린 자는 대리운전업체에 대해서는 타인성을 주장할 수 있지만, 차량을 빌려 준 기명피보험자와의 관계에서는 '타인(다른 사람)'에 해당한다고 볼 수 없어, 기명피보험자의 자동차책임보험자는 그 자에 대하여 책임보험금 지급의무를 부담하지는 않는다고 법원은 해석하고 있다.103)

(다) 검　　토

① 피해자가 제3자인 경우　　대리운전업자는 대리운전비를 대가로 받으면서 대리운전의 위탁을 받고 소속 대리운전자에게 운전을 하도록 한 자로서 자신의 영업을 위해 정

---

100) 김성완, 전게논문, 87면 및 99-100면
101) 대판 2005. 9. 29, 2005다25755; 대판 2009. 5. 28, 2007다87221. 이 판례를 비판하는 평석으로, 양승규, "대리운전 중의 사고로 입은 운행자의 상해", 보험법연구 제5권 제1호, 2011, 17면.
102) 대판 2005. 9. 29, 2005다25755; 대판 1999. 2. 9, 98다53141.
103) 대판 2009. 5. 28, 2007다87221.

당하게 자동차를 사용할 권리가 있는 것으로 해석될 수 있어서 대인배상 Ⅰ에서의 피보험
자 지위(운행자성)를 갖는 것으로 인정할 수 있는 여지가 강하다.104) 또한 실제로 운전을
한 대리운전자에 대한 현행 판례 역시 대리운전자에게도 운행자성을 인정하여 운행자책임
의 주체가 될 수 있다고 해석하고 있다.105)

　　한편 이러한 사고에 대해 대리운전 의뢰인에 대해 판례는 앞에서 설명한 바와 같이
대리운전 의뢰자가 객관적, 외형적으로 자동차의 운행지배와 운행이익을 가지고 있다고
보는 것이 상당하다는 입장이다.106) 즉 판례는 대리운전자가 야기한 사고로 제3자가 피
해를 입은 경우에 대리운전 의뢰자, 대리운전업자 및 실제로 운전을 한 대리운전자 모
두 운행자성이 인정되고 운행자책임의 주체가 된다고 해석하고 있다. 학설 중에도 대리
운전 중에 대리운전 의뢰인에게 운행이익과 운행지배가 상실되었다고 볼 수 없으므로 운
행자성을 인정함이 타당하다는 견해가 있다.107)

　　그러나 유상으로 대리운전약정을 하고 대리운전을 위탁한 것은 대리운전 의뢰자 입장
에서 볼 때 자신은 택시 승객과 다를 바 없다고 생각하는 것이 일반적이라 할 수 있다.
대리운전자의 과실로 제3자가 다치는 사고에 대해서 대리운전 의뢰자에게 운행자책임을
부과하는 것은 타당하지 않다고 판단된다.108) 대리운전약정을 한 의뢰자의 합리적 기대와
부합하지 않기 때문이다. 대리운전을 의뢰한 자가 목적지를 지시하는 것을 갖고 운행지배
의 인정근거로 해석하는 견해가 있으나,109) 목적지 지시는 대리운전 위탁을 위한 것일
뿐, 차량에 대한 운행지배와는 무관한 것으로 보아야 할 것이다. 택시 승객이 목적지를 택
시 기사에게 지시했다고 해서 승객의 운행지배를 인정할 수는 없는 일이다. 또한 대리운
전 의뢰자가 중간에 대리운전을 중단시킬 수 있는 것처럼, 택시 승객도 언제든지 차량의
운행을 중지시킬 수 있다는 점에서 이것이 대리운전 의뢰자의 운행자 지위 인정의 근거가
되는 것으로 보는 것은 설득력이 약하다. 차량소유자 측이 대리운전을 의뢰하고 유상으로

---

104) 박세민, "음주운전대행중의 자동차사고에 대한 책임관계와 보험약관의 해석연구", 보험학회지, 제73집,
　　2006, 29-30면; 양진태, "대리운전의뢰자가 가입한 대인배상 Ⅰ에서 대리운전업자와 대리운전의뢰자의
　　지위", 손해보험 제445호, 2005, 55면; 김성완, "대리운전자보험에 관한 고찰", 보험학회지 제94집, 2013,
　　93면. 이와 달리 대리운전은 행위의 대부분이 보유자의 의사와 지시에 따라 이루어진다는 점에서 대리운
　　전업자의 운행자성을 부인하는 견해도 있다. 박윤철, "대리운전업자의 운행자책임에 관한 고찰", 한양법
　　학 제22권 제2호, 2011, 266면; 조규성, "교통사고 차량에 동승 중 사상당한 대리운전의뢰인의 공동운행
　　자성에 관한 판례연구", 상사판례연구 제23집 제2권, 2010, 229-231면.
105) 대판 2009. 5. 28, 2007다87221.
106) 대판 1994. 4. 15, 94다5502; 대판 2008. 3. 27, 2008다2616.
107) 이병석, "운전대행과 운행자책임에 관한 일고찰", 기업법연구 제14집, 2003, 185면; 조규성, 전게논문,
　　223면; 오지용, "대리운전과 관련한 법률관계 분석", 재산법연구 제26권 제2호, 2009, 225면; 조규성, 전게
　　논문, 218면; 김성완, 전게논문, 94-95면.
108) 김재형/송종선, "대리운전에 의한 사고 발생시 차주의 운행자책임의 인정여부", 기업법연구 제23권 제4
　　호, 2009, 423면; 박세민, 전게논문, 31면.
109) 이병석, 전게논문, 184-186면

대리운전을 약정했다면 운행에 대한 지배권은 차량 열쇠를 대리운전자에게 맡기는 그 순간 대리운전업자에게 넘어간 것으로 보아야 한다. 결론적으로 대리운전 의뢰인은 피해자가 제3자인 경우에 운행자책임을 부담하지 않는다고 해석함이 타당하다. 또한 실제로 차량을 운전한 대리운전자는 자신의 영업을 위한 운전이기는 하지만 그 본질은 대리운전 의뢰인을 위하여 운행을 하는 것이며 자기를 위하여 운행을 하는 것이 아니기 때문에 자배법상의 운행자로 보기는 어렵다. 대리운전 의뢰자와 대리운전자 모두에게 운행자성을 인정하는 현행 판례에 동의하기 어렵다.

② 피해자가 의뢰인인 경우   판례는 대리운전자가 운전하는 차에 동승한 대리운전 의뢰자가 대리운전자의 과실로 사상을 당한 경우에 대리운전 의뢰자의 운행자성을 부인하고 타인성을 인정하고 있는데 이는 타당하다.110) 대리운전 의뢰자가 다친 사고시점에서 대리운전업자의 운행이익과 운행지배가 보다 주도적이고 직접적이며, 대리운전업자가 사고 발생을 용이하게 방지할 수 있는 지위에 있으므로 대리운전업자에게만 운행자성을 인정하고 대리운전 의뢰자의 운행자성은 부인하는 것이 설득력있는 해석이라 할 것이다.111)

③ 자배법 적용 법리에 대한 비판   대리운전으로 인한 사고의 책임 문제를 자배법상의 운행자책임의 문제로 해결하고 있는 현행 해석 방향은 검토의 여지가 있다고 판단된다. 판례의 입장처럼 피해자가 제3자인 경우와 대리운전 의뢰인인 경우를 나누어 이를 따로 해석하는 것이 합리적인 것인지 의문이다. 대리운전자가 운전하는 차량에 동승하고 대리운전자의 과실에 의해 사고가 발생했다는 동일한 사실에도 불구하고 피해자가 누구냐에 따라 일반적으로는 서로 양립할 수 없는 운행자성과 타인성을 동일한 사람(대리운전 의뢰인)에게 귀속되도록 하는 현행 판례의 해석 방식은 너무 기교적이고 목적 지향적이라 할 수 있다.

자배법상의 운행자책임은 운행지배와 운행이익의 존재를 필요로 한다. 운행지배와 운행이익은 적용 범위를 확장시키기 위해 매우 관념적이고 추상적인 개념으로 해석되고 있다. 피해자 보호를 위해 운행지배와 운행이익을 넓게 해석함으로써 운행자책임이 인정되는 범위를 확장시킴으로써 가해자에 대하여 운행자책임을 수월하게 부담시키기 위함이다. 이러한 법리 및 입법취지에는 자력이 없거나 부족한 사람이 가해자인 경우에 피해자에게 최소한도의 피해보상을 신속하게 해주려는 사회보장적인 목적이 있다고 여겨진다. 이러한 취지에서 운행자책임을 대인배상 I과 연계시키면서 대인배상 I을 의무보험으로 강제가입시키고 있는 것이다. 그런데 만약 대리운전자가 대리운전 의뢰자를 탑승시키고 운전을 하다가 대리운전자의 과실로 발생한 사고에 대해 피해자에 대한 배상책임을 제도적으로 보장할 수 있는 다른 방법이 있다면 배상책임 문제를 해결하기 위해 굳이 자배법 제3조의 운행자책임과 같이 지극히 추상적이고 관념적인 개념을 활용하지 않아도 될 것이다. 이

---

110) 대판 2004. 4. 28, 2004다10633; 대판 2002. 12. 10, 2002다51654; 대판 2005. 9. 29, 2005다25755.
111) 김성완, 전게논문, 96면.

문제를 자배법상의 운행자책임의 적용 문제로 해결하려다 보니 해석상 여러 문제가 발생한다. 대리운전업자의 운행자성을 인정할 것인가의 문제에 대해 판례는 인정하고 있으나, 학설은 찬성과 반대 의견으로 나뉜다. 실제로 운전을 한 대리운전자의 운행자성 인정에 대해서도 의견이 일치하지 않는다. 다른 사람을 위해 운전을 하는 자에게 운행자성을 인정하는 것은 법이론상 설득력이 낮은 것이 사실이다. 또한 자배법상의 운행자책임 문제로 해결하려다 보니 대리운전을 의뢰한 자의 운행자성 인정 여부를 피해자가 누구냐에 따라 해석을 달리하게 되는 문제가 있다.

생각건대 이 문제는 보험정책적인 차원에서 해결해야 한다. 대리운전업을 영위하기 위해서는 주무관청으로부터 대리운전 영업에 관한 허가를 받도록 하면서 대인배상 Ⅰ이 포함된 대리운전자(종합)보험계약의 체결을 허가조건으로 하여 이 보험에 의무적으로 가입시켜야 할 것이다. 이에 관한 조문을 자배법에 신설하는 것을 고려할 수 있다.112) 즉 대리운전 약정에 따라 대리운전자가 야기한 사고에 대해서는 피해자 보상의 문제를 자배법상의 운행자책임으로 해결하지 않고 대리운전 종합보험을 적용한다는 내용을 자배법 제3조에 추가해 보는 것을 생각할 수 있다. 현행 실무를 보면 대리운전자 보험에 가입했는지 여부를 불문하고 대인배상 Ⅰ에 대한 피해자 보상은 대리운전 의뢰인(차주)이 가입한 자동차보험으로부터 이루어진다. 이는 현행 대리운전업자가 가입하는 대부분의 보험이 대인배상 Ⅰ을 제외하고 담보하는 것으로 상품구성을 하기 때문이다. 대리운전업자가 가입하는 보험은 대리운전업을 영위하는 자기 자신의 영업을 위한 것이므로 여기에서 대인배상 Ⅰ 해당 부분을 제외해야 할 합리적 이유가 없다. 자신의 영업상 발생할 수 있는 사고에 대한 피해 보상을 대리운전 의뢰인인 고객이 가입한 자동차보험으로부터 혜택을 받고 담보하려는 것은 타당하지 않다.

대리운전 의뢰자는 사고에 대하여 아무런 과실이 없는데도 제3자인 피해자의 손해 중 대인배상 Ⅰ부분을 자신의 보험으로부터 보상을 해야 한다는 것은 타당하지 않다. 영업을 하는 대리운전업자에게 대인배상 Ⅰ이 포함된 대리운전자(종합)보험을 강제적으로 가입하도록 하는 것이 필요하다. 물론 피해자는 자배법상의 대인배상 Ⅰ에 의한 보상을 받든 대리운전업자가 가입한 보험에 의해 보상을 받든 아무런 차이가 없어야 할 것이다. 대리운전자에게 차량의 운전을 맡긴 대리운전 의뢰자는 통상적으로 대리운전자의 과실로 발생한 사고에 대해 피해자가 제3자이든 아니면 자신이든 불문하고 자기 자신은 아무 책임이 없다고 믿을 것이며 이러한 기대에는 합리성이 있다고 판단된다. 대리운전자의 사고로 인한 배상책

---

112) 김선정, "대리운전의 법적 문제점—보험보호 문제를 중심으로(나)", 법과 정책연구 제9집 제1호, 한국법정책학회, 2009, 318면. 김성완, 전게논문, 107면은 실무상 일부 보험회사가 대리운전업자 특별약관에 '대인배상 Ⅰ 지원금 추가 특별약관'을 추가 운용하고 있음을 설명하면서 이를 참고로 궁극적으로는 대리운전업자의 보험에서 대인배상 Ⅰ도 포함해야 한다고 설명한다.

임 문제는 자배법상의 운행자책임이 아니라 대리운전업자가 의무적으로 가입하는 대리운전 (종합)보험으로부터 해결되도록 해야 한다. 피해자에 대한 책임의 근거가 운행자책임이 아니라 의뢰자와의 대리운전계약의 의무위반 또는 민사상의 불법행위 책임에 따른 손해배상 책임이어야 한다. 대리운전자(종합)보험에 근거하여 피해자인 제3자에 대한 배상책임 문제를 해석하게 되면 운행자성을 인정하기 힘든 대리운전자에게 굳이 운행자책임을 인위적으로 부과하지 않더라도 피해자 보호가 가능하게 된다. 동승한 대리운전 의뢰자가 피해를 입은 경우에도 의뢰인의 운행자성이나 타인성 여부를 따질 것이 없이 대리운전(종합)보험에 의해 사고 피해자에 대한 배상이 이루어질 수 있게 된다. 이에 대한 제도의 개선이 요구된다.

3. 운행의 개념

자배법상 운행이라 함은 사람 또는 물건의 운송 여부에 관계없이 자동차를 그 용법에 따라 사용 또는 관리하는 것을 말한다(자배법 제2조 제2호). 자배법상의 운행은 도로교통법 상의 운전보다 넓은 개념이다.[113]

(1) 운행 개념 해석을 위한 학설 및 판례

개정 전의 자배법 제2조 제2호에서는 자동차의 운행이란 사람 또는 물건의 운송 여부에 관계없이 자동차를 당해 장치의 용법에 따라 사용하는 것을 말한다고 규정했다. 당해 장치의 의미를 규명하려는 대표적인 학설로는 '원동기설', '주행장치설', '고유장치설', 및 '차고출입설' 등이 있다. 이러한 학설은 '당해장치'라는 용어가 삭제된 현행 자배법에도 적용될 수 있다. 학설 중 특히 '고유장치설'과 '차고출입설'이 중요한 의미를 갖는다.[114]

(가) 고유장치설

자동차의 용도에 따라 그 구조상 설비되어 있는 각종의 고유장치를 각각의 장치목적에 따라 사용하는 것을 말하는 것으로서, 자동차가 반드시 주행 상태에 있지 않더라도 주행의 전후단계로서 주·정차 상태에서 문을 열고 닫는 등 각종 부수적인 장치를 사용하는 것도 포함한다.[115] 고유장치설은 원동기 또는 주행장치 이외에 자동차의 용도에 따라 그 구조상 설비되어 있는 고유의 계속적인 고정장치 ―기관, 조향, 전동, 제동, 전기, 연료, 냉각, 윤활, 배기, 기타 장치 외에 자동차의 문, 크레인차의 크레인, 덤프카의 덤프, 화물자동

---

113) 최준선, 299면; 대판 1999. 11. 12, 98다30834.
114) '원동기설'이란 원동기의 용법에 의하여 육상을 이동하는 것으로서 기계력에 의한 발진에서 정지까지의 주행을 운행으로 본다. 한편 '주행장치설'이란 원동기 이외에 제동장치 또는 조향장치 같은 주행장치의 조종에 의해 이동하는 것을 운행으로 본다. 이들 두 학설은 운행의 개념을 지나치게 좁게 보아 피해자 보호에 충실하지 못하다고 해석된다.
115) 대판 2004. 7. 9, 2004다20340; 대판 2000. 9. 8, 2000다89; 대판 2000. 1. 21, 99다41824; 대판 1999. 11. 12, 98다30834.

차 적재함의 측판 및 후판 ― 의 전부 또는 일부를 각각의 목적에 따라 사용하는 것을 운행(당해장치의 용법에 따른 사용)이라고 해석한다. 이 설에 따르면 버스 주행 중 선반에서 짐이 떨어져서 생긴 사고 또는 하차하던 중 자동차의 출입문에 신체의 일부가 끼어 부상을 입거나 주행 중 차량의 바닥에 넘어져서 승객이 부상당한 경우도 운행 중의 사고로 볼 수 있다. 즉 자동차의 사용이 반드시 주행에 관련된 부분만으로 한정되는 것이 아니고 자동차 구성 부분을 이루는 고유장치의 사용까지를 포함하는 것이다.

야간에 소형화물차를 운전하던 자가 편도 1차로의 도로상에 미등이나 차폭등이 꺼진 채 우측 가장자리에 역방향으로 불법주차된 덤프트럭을 지나쳐 가다가 덤프트럭 뒤에서 길을 횡단하려고 갑자기 뛰어나온 피해자를 충격하여 상해를 입힌 사안에서, 덤프트럭을 불법주차한 것 자체가 사고의 원인이 된 운행으로 판단한 사례116) 또는 야간에 지하철공사장 부근을 주행하다가 불법주차중이던 트럭에 추돌하여 발생한 사고에 있어서 트럭이 미등 및 차폭등을 켜지 않은 채 주차하여 둠으로써 발생하였다면, 이는 트럭 운전사의 트럭운행과 관련하여 발생한 것이어서 트럭소유자는 자배법 소정의 자기를 위하여 자동차를 운행하는 자로서 위 사고로 피해자가 입은 손해를 배상할 의무가 있다고 판시한 판례117)도 고유장치설의 입장에서 설명이 가능하다. 다만 이 설은 고유장치만을 대상으로 한 것이지 결코 자동차에 존재하는 모든 장치를 포함하는 것이 아니라는 점을 유의해야 한다. 따라서 어떤 장치가 고유장치인지의 여부 및 그 범위에 대한 해석이 중요한 문제로 남는다. 고유장치설은 원동기설이나 주행장치설에 따른 운행의 범주보다 넓은 개념의 운행을 인정할 수 있게 되었다.

(나) 차고출입설

피해자보호의 문제가 중대한 사회적 과제로 떠오르자 운행개념의 지속적인 확대가 요구되었다. 이에 대한 해결책으로서 고유장치설에서 한 단계 더 나아가 자동차가 차고에서 나와 차고로 다시 돌아갈 때까지 도로에 있는 동안 주행·주차·정차·적하물의 적재 및 하차를 불문하고 모두 운행으로 보는 '차고출입설'이 등장하였다. 이 설은 자의적인 운전 중단 또는 자동차의 일시적인 주·정차 중에 생긴 사고도 '운행 중의 사고'로 어렵지 않게 해석할 수 있다.

(다) 대법원의 경향

운행의 개념과 관련하여 고유장치설에 입각한 판례가 많다(자배법 개정 이후에도 동일함).118) 특히 자동차의 용법에 따른 사용 이외에 그 사고의 다른 직접적인 원인이 존재하거

116) 대판 2005. 2. 25, 2004다66766.
117) 대판 1993. 2. 9, 92다31101.
118) 대판 1997. 1. 21, 96다42314; 대판 1994. 8. 23, 93다59595; 대판 1993. 4. 27, 92다8101; 대판 1988. 9. 27, 86다카2270; 대판 1980. 8. 12, 80다904.

나 그 용법에 따른 사용 도중에 일시적으로 본래의 용법 이외의 용도로 사용한 경우에도 전체적으로 그 용법에 따른 사용이 사고발생의 원인이 된 것으로 평가될 수 있다면 이것 역시 그 용법에 따른 장치목적에 사용하는 것으로 해석하고 있다. 즉 운행 중의 사고로 보고 있다.[119] 이를 '완화된 고유장치설'이라 부를 수 있다.[120] 이는 법조문을 문언 그대로 엄격하게 해석하기 보다는 일부 완화하여 해석할 수 있다는 입장이다.

[대구지법 2016. 4. 21. 선고 2015가단129059 판결(확정)]

〈주요 판시내용〉

자동차의 당해 장치의 용법에 따른 사용 이외에 그 사고의 다른 직접적인 원인이 존재하거나, 그 용법에 따른 사용의 도중에 일시적으로 본래의 용법 이외의 용도로 사용한 경우에도 전체적으로 위 용법에 따른 사용이 사고발생의 원인이 된 것으로 평가될 수 있다면 역시 운행 중의 사고라고 보아야 한다. 하지만 자동차와 관련된 사고라 하더라도 자동차가 운송수단으로서의 본질이나 위험과는 전혀 무관하게 사용되었을 경우까지 자동차의 운행 중의 사고라고 보기는 어렵다.

[대법원 2008. 5. 29. 선고 2008다17359 판결]

〈주요 판시내용〉

고속도로 상에서 선행 교통사고가 발생한 후 운전자가 피보험차량을 사고지점인 1차로에 그대로 둔 상태에서 동승자가 운전자의 부탁으로 후행차량들에 대한 수신호를 하던 중 후행차량에 충격당한 사고가 발생한 사안에서, 피보험차량 운전자의 불법 정차와 후행 교통사고 사이의 상당인과관계를 인정할 수 있고, 이 사고는 피보험자동차의 운행으로 인하여 발생한 사고이다.

[대법원 2009. 2. 26. 선고 2008다86454 판결]

〈주요 판시내용〉

피보험자인 운전자가 화물자동차를 정차하여 적재함에 화물을 적재하던 중 바지가 적재함 문짝 고리에 걸려 중심을 잃고 땅바닥으로 떨어져 상해를 입은 사안에서, 전체적으로 자동차의 용법에 따른 사용이 사고발생의 원인이 된 것이다.

---

119) 대판 1980. 8. 12, 80다904(버스 운행 중 승객이 휘발유를 갖고 탑승을 했고 성냥불꽃을 던진 행위가 사고의 직접 원인이지만, 버스 엔진의 진동에 의해 휘발유 일부가 바닥에 유출되었고, 버스 실내 조명이 어두워 승객이 소지품을 찾기 위해 성냥불을 켰던 점 등도 사고의 간접적인 요인으로 인정할 수 있으며 이는 버스 내 장치 일체의 그 용법에 따른 사용에서 비롯된 것이므로 전체적으로 운행 중의 사고로 볼 수 있고, 따라서 사고에 대해 버스운행인인 버스 소유자는 자배법 제3조의 책임을 부담한다); 대판 2000. 9. 8, 2000다89; 대판 2005. 3. 25, 2004다71232.

120) 이준교, "2023년 손해보험 분쟁 관련 주요 대법원 판결 및 시사점(上)", 손해보험, 2024년 1월호, 손해보험협회, 63면-64면.

[대법원 2009. 4. 9. 선고 2008다93629 판결]

〈주요 판시내용〉

차량 적재함에 실려 있던 건설기계를 하차하기 위하여 차량의 엔진을 켠 상태에서 리프트를 사용하여 적재함을 들어 올리고 뒷 발판을 내려 고정시킨 후 와이어 인지를 푸는 작업을 하던 중, 차량 운전자의 조작 실수로 와이어 인지를 잡고 있던 사람이 차량에서 추락한 사안에서, 그 사고는 차량의 운행으로 인하여 발생한 사고에 해당한다.

위 판례에 대해 화물자동차의 경우 그 차량을 주차하고 기계를 조작하여 하역작업을 준비하는 과정에서 생긴 사고는 운행 중에 생긴 사고이고, 화물의 하역 중에 생긴 사고는 운행 중에 생긴 사고가 아니라고 판단하는 기준을 제시한 것이라고 해석하는 견해가 있다.121) 그러나 화물의 하역 중에 생긴 사고라도 고유장치설이나 차고출입설에 의할 때 사안에 따라 운행 중의 사고로 인정될 수도 있으므로 이렇게 단정지을 수는 없다 할 것이다. 예를 들어 피보험자의 지시에 따라 도로 갓길에 주차된 피보험자동차에서의 하역작업을 하던 사람이 교통사고를 당한 것은 운행 중의 사고에 해당한다.122)

반면에 아래 판례는 하차작업 중 사고와 관련하여 운행 중의 사고가 아니라고 판시했다.

[대법원 1996. 5. 31. 선고 95다19232 판결]

〈주요 판시내용〉

화물의 하차 작업중 화물고정용 밧줄에 오토바이가 걸려 넘어져 사고가 발생한 경우 화물고정용 밧줄은 적재함 위에 짐을 실을 때에 사용되는 것이기는 하나 물건을 운송할 때 일반적·계속적으로 사용되는 장치가 아니고 또한 적재함과 일체가 되어 설비된 고유장치라고도 할 수 없으므로 본 사고는 자동차의 운행 중의 사고로 볼 수 없다.

자동차를 안전하게 주정차하기 어려운 곳 또는 지형과 도로상태에 맞추어 주정차하고 변속기나 브레이크 등을 조작해야 하는데 그렇지 못해 사람이 사망하거나 부상한 경우 운행 중의 사고로 보는 경향이 강하다.

[서울지법 1997. 12. 11. 선고 97나7560 판결]

〈주요 판시내용〉

차량 소유자가 아파트 단지 내의 경사진 비탈길에 사이드 브레이크를 채우지 않고 기아를 중립

---

121) 양승규, "자동차보험판례의 중요쟁점에 대한 고찰", 보험법연구 제4권 제1호, 2010, 14면.
122) 대판 2008. 11. 27, 2008다55788.

으로 둔 채 돌멩이만 받쳐 주차해 둔 차량을 다른 주민이 자기 차량의 통행을 위해 밀다가 차량과 함께 비탈길로 굴러 사망한 경우, 위 주차행위는 비록 아파트 단지 내이긴 하나 다른 주차차량의 입·출고를 위해 앞·뒤로 아무나 밀 수 있도록 자동차를 주차한 것인 만큼 자동차를 당해 장치의 고유한 용법에 따라 사용하는 행위가 아직 종료하지 않은 상태로서 자동차의 운행과 관련성이 있고, 한편 차량의 운전자가 경사진 비탈길 부근에 차량을 주차하면서 제동장치를 철저하게 하지 않을 경우 차량이 비탈길을 굴러 사고가 날 수도 있음을 예견할 수 있었다 할 것이므로 그 사고는 승용차의 운행 중 발생한 사고라는 이유로, 차량 소유자에게 자동차손해배상보장법상의 운행자로서의 책임을 인정한다(同旨: 대판 1997. 8. 26. 97다5183; 대판 2003. 9. 23. 2002다65936; 대판 2004. 3. 12. 2004다445; 대판 2005. 3. 25. 2004다71232).

자동차의 사용은 용법에 따른 사용이어야 하므로 자동차를 자동차 고유의 용법에 따라 사용하지 않고 그 용도를 벗어나 다른 목적으로 이용한 경우에는 운행으로 보지 않는다.

[대법원 2000. 1. 21. 선고 99다41824 판결]

〈사실관계〉

원고회사와 보험계약을 체결한 소외인은 차량으로 자녀와 외출했다가 잠시 휴식을 취하려고 도로에 승용차를 주차시킨 뒤 승용차의 창문을 모두 닫고 시동과 히터를 켜 놓은 상태에서 잠을 잤고, 산소결핍으로 인하여 질식사하였다. 그러자 원고회사는 이 사고는 약관에서 규정한 보험사고가 아니므로 보험금채무가 없다고 이 사건 채무부존재확인의 소를 제기하였다.

〈주요 판시내용〉

자동차에 타고 있다가 사망하였다 하더라도 그 사고가 자동차의 운송수단으로서의 본질이나 위험과는 전혀 무관하게 사용되었을 경우까지 자동차의 운행 중의 사고라고 보기는 어렵다. 승용차를 운행하기 위하여 시동과 히터를 켜 놓고 대기하고 있었던 것이 아니라 잠을 자기 위한 공간으로 이용하면서 다만 방한 목적으로 시동과 히터를 켜놓은 상태에서 잠을 자다 질식사한 경우, 자동차 운행 중의 사고에 해당하지 않는다.123)124)

---

123) 그런데 이와 관련하여 피보험자동차의 '사용' 또는 '관리'라는 측면에서 볼 때 자동차는 장소의 이동이라는 기능 이외에 사람의 존거 장소로서의 기능도 제공한다고 볼 수 있고 이 기능은 피보험자동차가 도로에 있든 도로 밖에 있든, 시동이 걸려 있든 그렇지 않든, 자동차를 실제로 조작하고 있든 아니든 자동차가 폐차 등에 의한 말소등록이 되지 않은 상태에 있는 한 계속된다고 볼 수 있으므로, 예를 들어 차량이 밀폐된 상태로 장시간 주차된 자동차 안에 어린아이가 차량 안에 있다가 열사로 사망한 경우에도 자동차의 용법에 따른 사용 또는 관리에 해당하는 것으로 보아야 한다는 견해가 있다. 이병석, "자동차손해보상보장법상의 운행 개념", 보험학회지 제55집, 2000, 32-33면; 사법연수원, 보험법연구, 163-164면. 그러나 자동차의 용법을 자동차의 본질적인 기능을 훨씬 넘어서까지 확대하여 해석하는 것이 과연 타당한 것인가에 대해서는 의문이 든다.
124) 그런데 이 판결은 자배법상 대인배상 Ⅰ에서의 운행 중의 사고에 관한 것이 아니라, 자동차보험에서 자기신체사고에 관한 것이다. 법원이 이러한 결론을 낸 것은 자배법상의 운행의 개념과 약관에서 정하고

위 판결은 자동차를 잠을 자기 위한 공간으로 이용하면서 방한 목적으로 시동과 히터를 켜놓은 상태에서의 사망사고에 대해 비록 시동과 히터를 켠 것이 자동차의 고정적 장치를 사용한 것이라고 해도 차량을 본래의 목적으로 이용한 것이 아니고 잠을 자기 위한 공간으로 사용한 것이라고 판시한 것이다.125) 겨울철에 승용차의 시동을 켠 채 잠을 자다가 뒷좌석에서 발화된 화재로 사망한 사고도 동일하게 해석하였다.126)

그러나 아래 판결에서는 외형상 유사한 사실관계임에도 불구하고 운행 중의 사고를 인정했다.127)

> **[대법원 2000. 9. 8. 선고 2000다89 판결]**
>
> 〈주요 판시내용〉
>
> 심야에 LPG 승용차를 운전하여 목적지로 향하여 운행하던 중 눈이 내려 도로가 결빙되어 있어 도로 상태가 좋아질 때까지 휴식을 취할 목적으로 도로변에 승용차를 주차한 후 시동을 켠 채 승용차 안에서 잠을 자다가 차내에 누출된 엘피지 가스의 폭발로 화재가 발생하여 운전자가 소사한 경우, 자동차의 운행 중의 사고에 해당한다.

위 사건의 사실관계를 보면, ① 사고발생 부근의 도로가 결빙되어 있었고, ② 결빙된 고갯길 도로를 야간에 운전하여 내려가기 어려웠던 점, ③ 도로 상태가 좋아질 때까지 안전을 위해 휴식을 취할 목적으로 히터를 작동시킨 상태에서 잠을 잤던 점 등을 감안할 때 전체적으로 이는 목적지를 향한 운행이 종료되기 이전에 안전운전을 위하여 취한 조치로 보아 운전의 연속상태로 볼 수 있고 이러한 이유에서 전체적으로 운행 중에 발생한 사고로 볼 수 있다.128) 위 99다41824 사건과 유사한 사실관계에서의 사고임에도 불구하고 법원은 처음부터 잠을 자기 위한 공간사용의 목적인가 아니면 날씨 등으로 인해 안전운전이 위협을 받는 불가피한 상황에서 휴식을 취할 목적이었는가를 고려하여 전체적으로 운전의 연속 상태 여부를 갖고 판단한 것으로 보인다.

자동차의 용도에 따라 그 구조상 설비되어 있는 각종의 장치는 원칙적으로 당해 차에 계속적으로 고정되어 사용되는 것이지만, 당해 자동차에서 분리하여야만 그 장치의 사용 목적에 따른 사용이 가능한 경우에는 그 장치를 자동차에서 분리하여 사용하더라도 자동차를 그 용법에 따라 사용하는 것으로 볼 수 있다.

있는 운행의 개념을 동일하게 해석한 것으로 보인다. 한기정, 702면.

125) 양승규, 전게논문, 13면.

126) 대판 2000. 12. 8, 2000다46375.

127) 대판 2000. 9. 8, 2000다89.

128) 이준교, "2023년 손해보험 분쟁 관련 주요 대법원 판결 및 시사점(上)", 손해보험, 2024년 1월호, 손해보험협회, 64면.

[대법원 2004. 7. 9. 선고 2004다20340, 20357 판결]

〈주요 판시내용〉

구급차로 환자를 병원에 후송한 후 구급차에 비치된 간이침대로 환자를 하차시키던 도중 들것을 잘못 조작하여 환자를 땅에 떨어뜨려 상해를 입게 한 경우, 이는 자동차의 운행으로 인하여 발생한 사고에 해당한다.

한편 '용법에 따른 사용'이라는 표현은 자기신체사고약관, 상해보험약관, 운전자상해보험약관에서도 사용된다. 예를 들어 자기신체사고보험에서의 보상에 해당되려면 자동차의 고유장치의 일부를 그 사용목적에 따라 사용, 관리하던 중 그 자동차에 기인하여 발생한 사고여야 한다. 아래 사건에서의 담보는 피보험자가 피보험자동차를 소유, 사용, 관리하는 동안에 생긴 피보험자동차의 운행으로 인한 사고 등으로 상해를 입은 때 그로 인한 손해를 자기신체사고로 보상하는 내용의 이른바 '자손담보' 또는 상해보험에 관한 것인데, 운행에 관한 해석은 동일하다.

[대법원 2023. 2. 2. 선고 2022다266522 판결]

〈주요 판시내용〉

甲이 乙 보험회사와 체결한 영업용자동차보험계약의 피보험차량인 트럭의 적재함에 화물을 싣고 운송하다가 비가 내리자 시동을 켠 상태로 운전석 지붕에 올라가 적재함에 방수비닐을 덮던 중 미끄러져 상해를 입은 사안에서, 위 사고는 전체적으로 피보험차량의 용법에 따른 사용이 사고발생의 원인이 되었으므로 보험계약이 정한 보험사고에 해당한다.

[대법원 2015. 1. 29 선고 2014다73053 판결]

〈사실관계〉

甲을 피보험자로 하는 상해보험계약의 보험약관에서 보험금 지급사유로 '운행 중인 자동차에 운전을 하고 있지 않는 상태로 탑승 중이거나 운행 중인 기타 교통수단에 탑승하고 있을 때에 급격하고도 우연한 외래의 사고(탑승 중 교통사고)로 인한 상해의 직접결과로써 사망한 경우'를 규정하고 있었다. 甲이 고소작업차의 작업대에 탑승하여 아파트 10층 높이에서 외벽 도장공사를 하던 중 고소작업차의 와이어가 끊어지면서 추락하여 사망하였는데, 보험회사는 보험사고가 교통사고만의 담보특약부 상해보험계약에서 정한 약관상 운행 중 사고가 아니므로 보험금 지급을 거절하였다.

〈주요 판시내용〉

이 사건 고소작업차는 자동차관리법 시행규칙 제2조에 따른 특수자동차로 등록된 차량으로, 이 사건 보험약관에서 '운행 중인 자동차'로 규정한 특수자동차에 해당하며 이 사건 고소작업차는 위 법령상 특수자동차 중 견인형 내지 구난형에 속하지 아니하는 특수작업형 차량으로, 트럭에 고정된 크레인 붐대와 그에 고정된 작업대 등의 구조상 설비를 갖추고 그 작업대에 작업자가 탑승한 후 크레인 붐대에 의한 작업대의 상승, 하강을 통하여 높은 곳(고소)에서의 작업이 가능하도록 하는 자동차이며, 보험약관에서 '운행 중인 자동차'로 규정한 특수자동차에 해당하는 점 등에 비추어, 위 사고는 고소작업차의 당해 장치를 용법에 따라 사용하던 중에 발생한 사고로서 보험약관에서 정한 자동차 운행 중의 교통사고에 해당하므로 보험금을 지급해야 한다.

한편 아파트 단지 내 이삿짐 운반을 위해 장시간 주차한 화물차의 고가사다리를 이용한 이삿짐 운반 작업 도중에 발생한 사고에 대해 그 차량은 차량의 운전과 관계없이 부착장치를 이용해 작업 중 발생한 사고로서 이는 자동차가 아닌 작업기계로 장시간 사용 중에 생긴 사고이므로 운전자상해보험약관상의 운행 중의 사고로 볼 수 없다고 판시한 것도 있다.129) 이 사건에서 법원은 운전 자체가 아니라 차량에 부착된 장치를 이용하던 중 발생한 사고가 운전자상해보험에서 담보하는 보험사고 범위에 포함되는가를 해석하면서 약관의 객관적 해석 원칙을 적용하여 담보범위에 포함되지 않는다고 해석한 것이다. 그런데 만약 자배법상의 운행 여부가 문제된 경우의 해석이라면 이 사고는 해당 화물차를 자동차의 용도에 맞게 고유의 부착장치를 사용하던 중 발생한 사고이므로 운행 중의 사고로 해석함이 타당할 것이다.

(2) 운행기인성

운행자는 운행 중에 발생한 모든 사고에 대해 자배법상의 운행자책임을 부담하는 것이 아니라 운행으로 인하여 발생한 사고에 대해서만 책임을 진다. 과거 자배법 제3조가 '운행으로 말미암아 다른 사람을 사망하게 하거나 …'라고 규정했던 것을, 현행 자배법 제3조에서는 '운행으로 다른 사람을 사망하게 하거나 … '로 규정하면서 운행자의 손해배상책임요건에 대한 표현을 바꾸었다. '운행으로 말미암아'는 사고와 운행 사이에 상당인과관계가 인정할 수 있어야 함을 의미한다.130) 여기에서 말하는 인과관계는 의학적, 자연과학적 인과관계가 아니라 사회적, 법적 인과관계를 말한다.131) 예를 들어 한강 선착장 주차장에 주차시킨 승용차가 비탈면을 굴러서 강물에 빠짐으로서 동승자가 사망한 사고는 자동차의 운행으로 말미암은 사고라는 것이 판례의 입장이다.132) 또한 주차한 자동차에서 동승자가

129) 대판 2009. 5. 28, 2009다9294, 9300.
130) 대판 2006. 4. 13, 2005다73280; 대판 1998. 9. 4, 98다22604, 22611; 대판 1997. 9. 30, 97다24276; 대판 1997. 4. 8, 95다26995; 대판 1996. 5. 28, 96다7359; 대판 1996. 5. 31, 95다19232.
131) 대판 2000. 3. 28, 99다67147.
132) 대판 1997. 8. 26, 97다5183.

하차하다가 차량 밖의 터널 바닥으로 떨어져 다친 사고 역시 자동차의 운행으로 인한 사고라고 판단했다.[133)

[대법원 1998. 9. 4. 선고 98다22604 판결]

〈주요 판시내용〉

　소외인은 피고 1을 승용차의 조수석에 동승하게 하고 차량을 운전하여 목적지에 도착한 다음, 그곳에는 도로 우측단에 나지막하게 설치된 턱의 아래로 높이 4.3m의 터널이 관통하고 있었는데, 소외인은 그 사실을 모른 채 차량 우측 앞바퀴가 도로 우측의 턱에 닿도록 바짝 붙여 주차하였고, 피고 1도 위와 같은 사실을 모른 채 조수석 문을 열고 차량의 밖으로 나오다가 우측 아래의 위 터널 바닥으로 떨어져 부상을 입었다. 사실관계가 위와 같다면, 소외인이 차량을 사고 지점에 주차시키고 동승자로 하여금 하차하도록 한 것은 자동차를 당해 장치의 용법에 따라 사용하는 것으로서 차량의 운행에 해당하고, 이 사건 사고는 차량의 운행과 상당인과관계가 있다고 보아야 할 것이다.

[대법원 2006. 4. 13. 선고 2005다73280 판결]

〈주요 판시내용〉

　속칭 날치기 범행을 하기로 마음먹고 승용차를 정상적인 용법에 따라 운행하여 가면서, 같은 방향 왼쪽 앞을 걸어가고 있던 피해자의 핸드백을 잡아채고는 피해자가 핸드백을 빼앗기지 않으려고 아직 잡고 있는 상태에서 위 승용차를 가속하여 도주함으로써, 피해자가 그 힘을 이기지 못하여 차에 끌려오다가 핸드백을 놓치면서 뒹굴면서 넘어졌고 그로 인하여 상해를 입은 사안에서, 승용차의 운행과 사고 사이에 상당인과관계가 있다.

※ 차량 운전자가 오토바이 운전자와 시비가 붙어 차량을 운전하여 오토바이를 추격하던 중 그 오토바이 운전자가 당황한 나머지 넘어져 사고를 당한 경우, 차량의 운행과 사고 발생 사이에 상당인과관계가 있다(대판 1997. 9. 30, 97다24276).

[대법원 1993. 4. 27. 선고 92다8101 판결]

〈사실관계〉

　피고가 제재소 내에서 피고 소유의 화물차량을 정차하여 두고 적재함에 목재를 싣기 위하여 지면과 차량적재함 후미 사이에 각목으로 발판을 걸쳐서 설치한 후 제재소의 인부 3명과 함께 목재를 적재하는 작업을 하던 중, 먼저 적재함에 올라간 인부가 매고 있던 나무를 차량에 내리는 충격으로 차량이 상하로 진동하여 발판이 차량과 분리되어 떨어지면서 때마침 목재를 메고 발판을 딛고 적재함으로 올라가던 소외인이 땅에 떨어져 상해를 입었다. 피고가 원고회사에 보험금을 청

133) 대판 1998. 9. 4, 98다22604.

구하자 원고회사는 이 사고는 운행으로 인한 사고가 아니라고 하면서 채무부존재확인의 소를 제기하였다.

〈주요 판시내용〉

자동차를 운행하는 자는 이와 같은 운행 중에 일어난 모든 사고에 대하여 자동차손해배상보장법에 의한 손해배상책임을 지는 것이 아니라 그 중에서 운행으로 말미암아 일어난 사고에 대하여서만 그 책임을 지는 것이라 할 것인바, 원심이 확정한 바와 같이 위 성명불상의 인부가 메고 있던 통나무를 차량에 내리는 충격으로 위 차량이 상하로 진동하여 위와 같이 설치된 발판이 차량과 분리되어 떨어지는 바람에 이 사건 사고가 일어났고 그 밖에 같은 법 소정의 당해 장치에 해당하는 고정장치의 사용으로 인하여 일어난 것이 아니라면 위 발판은 위 자동차에 계속적으로 고정되어 있는 장치가 아니어서 같은 법 소정의 당해 장치에 해당된다고 볼 수 없으므로 위 사고를 이 사건 자동차의 운행으로 말미암아 일어난 것이라고 할 수는 없을 것이다.

[대법원 1994. 8. 23. 선고 93다59595 판결]

〈주요 판시내용〉

자동차를 운행하는 자는 운행 중에 일어난 모든 사고에 대하여 책임을 지는 것이 아니라 그 중에서 운행으로 말미암아 일어난 사고에 대하여만 책임을 지는 것이므로, 버스가 정류소에 완전히 정차한 상태에서 구 심신장애자복지법 소정의 장애 2급 해당자인 승객이 열린 출입문을 통하여 하차하다가 몸의 중심을 잃고 넘어져 부상한 경우 이는 자동차 운행 중의 사고이기는 하나 운행으로 말미암아 일어난 것이라고는 볼 수 없다는 이유로 자동차손해배상 책임을 부인함이 옳다.

4. 타인의 개념

(1) 의   의

대인배상 I 에서의 타인이란 운행자, 운전자, 운전보조자를 제외한 자로서 자배법상의 손해배상청구를 할 수 있는 자이다.134) 다만 이들의 타인성이 항상 부정되는 것은 아니며, 사안에 따라 타인성이 인정되어 손해배상을 청구할 수 있는 경우도 있다. 대인배상 I 에서 피보험자란 자동차 운행 중의 사고로 타인에게 손해배상책임을 지고 보험자에게 보험금을 청구할 수 있는 자이므로 여기 피보험자 범주에 속하는 자들은 자배법 제3조에서의 타인이 아니다. 타인의 개념이 중요한 이유는 타인성이 인정되는 자가 자배법상의 손해배상청구권을 가지기 때문이다. 자배법상 타인은 보험금액의 한도에서 보험자에게 직접청구권을 가진다. 자동차 보유자의 배우자, 직계존속 또는 직계비속 등 근친자가 피해자인

---

134) 대판 2004. 4. 28, 2004다10633; 대판 2002. 12. 10, 2002다51654. 양승규, 404면.

경우에 동거가족이 서로 손해배상청구권을 행사하는 것은 윤리적으로 문제가 있으므로 이러한 동거가족은 타인의 개념에 포함되지 않는다고 해석하는 견해135)와 이들이 후술하는 공동운행자가 되어 타인성이 부정되는 특별한 사정이 없는 한 타인성이 인정되어 운행자에 대해 손해배상을 청구할 수 있다고 해석하는 견해로 나뉜다.136) 보험자는 손해배상청구를 하는 자가 자배법상의 타인이 아니라는 점을 입증해야 한다.

[대법원 1992. 3. 13. 선고 91다33285 판결]

〈주요 판시내용〉

자동차일반종합보험계약의 기명피보험자와 동거중인 형이 다른 사람들과 함께 기명피보험자로부터 자동차를 빌려 여행 목적에 사용하다가 사고로 사망하였다면 형은 승낙피보험자에 해당할 뿐만 아니라 사고 자동차에 대하여 직접적이고 구체적으로 운행지배를 하고 있었다 할 것이므로 기명피보험자의 형은 자동차 소유자인 기명피보험자에 대하여는 타인성이 결여되어 위 자동차의 사고로 인한 자동차손해배상보장법 제3조 소정의 손해배상을 청구할 수 없고 따라서 보험자도 대인배상책임이 없다.

---

(2) 공동운행자의 타인성 인정여부

자동차보유자의 운행자 지위가 상실되지 않은 채 다른 사람이 동시에 운행자성을 가지는 경우도 있다. 이러한 경우는 복수의 사람이 운행자가 되는 것이다. 이렇게 자동차가 수인에 의하여 운행되는 경우 그 수인을 공동운행자라 한다. 이 경우 다른 사람이 자동차 운행 중 타인을 사망하게 하거나 다치게 한 경우 보유자도 운행자책임을 부담하게 된다. 이들의 책임은 부진정연대책임을 부담하는 것으로 해석된다.

여기에서 특별히 문제가 되는 것은 다른 공동운행자의 자동차 운행으로 인하여 공동운행자 중 1인이 사고로 사상을 입은 경우 그 피해를 입은 공동운행자가 타인의 범위에 포함되어 자배법상의 보호를 받을 수 있는가 하는 점이다. 원래 자배법상 운행자는 타인이 될 수 없으므로 공동운행자 역시 자배법상의 타인이 될 수 없기에 자배법상의 손해배상을 청구할 수 없음이 원칙이다.

그런데 공동운행자들 내부관계에서 피해를 입은 공동운행자의 운행자성이 부정되는 경우엔 타인의 지위에서 손해배상 청구를 할 수 있게 된다. 판례의 태도는 공동운행자간의 상호관계, 운행지배의 모습과 정도 등에 따라 피해를 입은 공동운행자의 타인성이 인정될 수도 있다는 입장이다. 즉 사고를 당한 공동운행자의 운행이익과 운행지배에 비하여 사고를 야기한 다른 공동운행자의 그것이 보다 주도적이거나 직접적이고 구체적으로 나타

---

135) 양승규, 405면.
136) 임용수, 411-412면.

나 있고 용이하게 사고의 발생을 방지할 수 있었다고 보이는 경우에 사고를 당한 공동운행자는 사고를 야기한 다른 공동운행자 및 그 보험자에게 자신이 타인임을 예외적으로 주장할 수 있다는 것이다.[137] 반대로 피해자인 공동운행자의 운행지배가 배상의무자로 거론되는 다른 공동운행자의 운행지배보다 직접적이고 구체적이라면 피해자인 공동운행자의 타인성은 부정된다. 예를 들어 임차인이 차량을 임차하여 스스로 운전을 하다가 사고를 야기했다면 임차인의 운행지배와 운행이익은 소유자(예를 들어 렌터카 회사)의 그것보다 구체적이고 직접적이며 사고발생을 보다 용이하게 방지할 수 있는 지위에 있기 때문에 소유자를 상대로 한 임차인의 타인성은 부정된다.[138] 기명피보험자로부터 피보험차량을 빌려 운행하던 자가 대리운전자에게 차량을 운전하게 하고 자신은 동승하였다가 교통사고가 발생하여 상해를 입은 사안에서, 그 피해자는 공동운행자인 대리운전업자와의 내부관계에서는 단순한 동승자에 불과하여 자배법 제3조에 정한 '다른 사람'에 해당하지만, 기명피보험자와의 관계에서는 타인에 해당하지 않는다.[139] 다만 부상을 당한 공동운행자의 타인성을 인정할 수 있는 경우에 사고를 야기한 다른 공동운행자의 책임을 모두 묻지 않고 양적으로 제한하여 배상액을 감액하는 것은 가능하다.[140]

[대법원 1997. 8. 29. 선고 97다12884 판결]

〈주요 판시내용〉

사고를 당한 피보험자의 운행지배 및 운행이익에 비하여 상대방 피보험자의 그것이 보다 주도적이거나 직접적이고 구체적으로 나타나 있어 사고를 당한 피보험자가 상대방 피보험자에 대하여 자동차손해배상보장법 제3조 소정의 타인임을 주장할 수 있는 경우, 상대방 피보험자에게 사고로 인한 모든 손해의 배상을 부담지우는 것은 손해의 공평부담을 지도원리로 하는 손해배상제도의 근본 취지에 어긋난다고 할 것이므로, 사고를 당한 피보험자가 상대방 피보험자와의 관계에서 나누어 가지고 있는 사고자동차에 대한 운행지배 및 운행이익의 정도, 사고자동차의 운행 경위 및 운행 목적 등을 참작하여 손해부담의 공평성 및 형평과 신의칙의 견지에서 상대방 피보험자가 부담할 손해액을 감경함이 상당하고, 또한 사고를 당한 피보험자에게 사고 발생에 관한 과실이 있었으면 그 과실 역시 함께 참작하여 상대방 피보험자가 부담할 손해액을 감경함이 상당하다.

---

137) 대판 2009. 5. 28, 2007다87721; 대판 2000. 10. 6, 2000다32840.
138) 대판 2000. 10. 6, 2000다32840; 대판 1992. 6. 12, 92다930; 대판 1989. 6. 27, 88다카12599; 대판 1997. 7. 25, 96다46613. 김홍도, "동일한 자동차에 대한 복수의 운행자 중 1인이 당해 자동차의 사고로 피해를 입은 경우, 다른 운행자에 대하여 자신이 타인임을 주장할 수 있는지 여부", 대법원판례해설 49호, 법원도서관, 2004, 695면. 장덕조, 411면.
139) 대판 2009. 5. 28, 2007다87221.
140) 대판 2004. 4. 28, 2004다10633; 대판 2002. 12. 10, 2002다51654; 대판 2000. 10. 6, 2000다32840; 대판 1997. 8. 29, 97다12884; 대판 1993. 4. 23, 93다1879; 남원식 외, 63-64면; 대판 1989. 6. 27, 88다카12599; 대판 1992. 3. 13, 91다33285; 대판 임용수, 412-413면.

공동운행자에는 다음과 같은 종류가 있다.

㈎ 진정한 공동운행자(전부적 공동운행자)

이는 자동차 운수업의 동업자 또는 교대운전을 하기로 하고 자동차를 빌린 공동임차인과 같이 수인이 동일한 공동목적을 위하여 자동차를 운행하고 경비도 공동으로 부담하는 경우로서 이 경우 공동운행자의 1인이 동승 또는 보행 중 다른 공동운행자의 자동차사고로 사상을 입더라도 타인의 범위에 포함될 수 없다.[141]

㈏ 부분적 공동운행자

이는 수인이 자동차를 공유하고 경비도 공동으로 부담하지만 자동차의 구체적이고 실제적인 운행에 있어서는 그 중 어느 1인이 운행지배와 운행이익을 개별적·독점적으로 향유하는 경우를 말하는바 자동차를 격일제로 사용하는 경우를 예로 들 수 있다. 공동운행자 1인이 동승 또는 보행 중 다른 공동운행자의 자동차사고로 사상을 입은 경우 피해를 입은 공동운행자는 그 구체적이고 개별적인 운행에 있어서 내부적으로 운행지배나 운행이익의 향유가 없는 상황이므로 타인의 범위에 포함될 수 있다.

㈐ 절충적 공동운행자

이는 1인이 자동차를 소유하며 경비도 혼자서 부담하지만 그와 특수한 신분관계 또는 계약관계에 있는 자도 그 자동차를 자기를 위하여 수시로 운행하는 경우에 그 특수한 신분관계가 무엇이냐에 따라 타인성의 유무가 판단된다. 가족이 사용하는 이른바 family car가 여기에 해당될 것이다.

㈑ 중첩적 공동운행자

이는 수인의 공동운행자 사이에 자동차에 대한 운행지배가 수직적으로 존재하게 되는 것으로서 렌터카 사업자와 임차인 사이를 예로 들 수 있다. 실무상으로도 차량의 사용대차 또는 임대차에 있어서 대주와 차주 사이의 중첩적 공동운행자 사이에서 문제가 되고 있다. 타인성 인정 여부는 구체적인 사안에서 운행지배가 완전히 임차인에게 이전했는가에 따라 결정된다고 하겠다.

예를 들어 렌터카업체로부터 자동차를 임차하여 직접 운전하다가 운전과실로 사망한 경우, 사망한 자는 사고 자동차에 대해 운행지배와 운행이익을 가지는 운행자이며, 렌터카업체에 비해 그 운행지배와 운행이익이 보다 직접적이고 구체적으로 나타나 있어 보다 용이하게 사고의 발생을 방지할 수 있었다고 보여지므로 피해자는 자동차보유자인 렌터카업체에 대해 타인성을 주장할 수 없다.[142] 차량을 빌린 사람이 운전하던 차량에 의해 빌려준 사람이 우연히 횡단보도에서 사상을 당한 경우 빌린 사람에게 운행지배가 이전된 상황

---

141) 대판 1992. 6. 12, 92다930.
142) 대판 2000. 10. 6, 2000다32840.

에서의 사고라고 할 수 있어 빌려 준 사람은 타인의 범위에 속한다.

㈎ 공동운행자의 타인성에 대한 판례

① 타인성을 부정한 예   사용차주(借主)가 다른 사람으로 하여금 운전하게 하고 자동차에 동승했다가 사고를 당한 경우, 사용대주에 대해 타인성을 주장할 수 없다.[143] 차량소유자이자 사실혼 관계의 배우자로부터 피해자가 차량을 빌린 후 피해자의 친구에게 운전하게 하고 자신은 동승했다가 사고를 당한 경우에 피해자는 구체적 운행에 대한 지배의 정도와 그 모습이 소유자보다 직접적·구체적으로 나타나 있어 용이하게 사고발생을 방지할 수 있었다고 보이므로 그는 자배법상 운행자 지위에 있다고 해석되며 따라서 차량 소유자에 대하여 자배법 제3조상의 타인임을 주장할 수 없다.[144] 병원에 입원중인 차량소유자의 차량을 협의이혼신고를 하였지만 실질적인 혼인생활을 유지해 온 전처가 실제로 사용해오던 중 차량 소유자의 동생과 음주 후 만취되어 소유자의 동생이 운전하던 중 사고가 발생한 경우에 처는 사고 차량에 대해 실질적인 운행지배와 운행이익을 가지고 있으므로 자배법 소정의 타인에 해당되지 않는다.[145]

[대법원 1989. 6. 27. 선고 88다카12599 판결]

〈주요 판시내용〉

갑이 사촌형인 을에게 자기 소유의 자동차를 무상으로 빌려주고 을은 병, 정에게 무상으로 빌려주어 갑, 을과는 아무런 관계없이 정과의 친분관계로 동승한 무가 병과 교대로 그 차를 운전하다가 사고를 일으켰다면 정은 사고당시 그 자동차의 운행을 지배하고 그 운행이익도 가지고 있어서 자동차손해배상보장법 제3조 소정의 자기를 위하여 자동차를 운행하는 자의 지위에 있었다 할 것이고 그 구체적 운행에 대한 지배의 정도, 상태에 있어서 갑의 운행지배보다 구체적이고 직접적으로 나타나 있어 용이하게 사고의 발생을 방지할 수 있었다고 보여지므로 정은 갑에 대하여 자배법 소정의 타인임을 주장할 수 없어 갑에게 같은 법에 따른 손해배상책임이 있다 할 수 없다.

---

② 타인성을 인정한 예   임차인이 임대인으로부터 운전사와 함께 차량을 임차하여 그 운전사가 운전을 하다가 임차인이 사고를 당한 경우에 차량 소유자인 임대인의 운행지배가 임차인의 그것보다 구체적이고 직접적인 것으로 보아 사고를 당한 공동운행자인 임차인의 타인성을 인정하고 있다.[146]

---

143) 대판 1989. 6. 27, 88다카12599.
144) 대판 2004. 4. 28, 2004다10633; 대판 1991. 7. 9, 91다5358.
145) 대판 2002. 12. 10, 2002다51654.
146) 대판 1992. 2. 11, 91다42388, 42395; 대판 1993. 4. 23, 93다1879. 대판 1987. 1. 20, 86다카1807; 대판 1991. 5. 10, 91다3918.

(3) 공동운전자

운전자란 다른 사람을 위하여 피보험자동차의 운전 또는 운전의 보조에 종사하는 자를 말한다. 사고 당시 운전을 실제로 한 운전자는 자배법상 타인이 될 수 없는 것이 원칙이다.[147) 운전자는 자동차 보유자에게 반드시 고용되어야 하는 것은 아니며, 위임 기타의 계약관계도 가능하다. 앞에서 언급한 바와 같이 운전자나 운전보조자는 원칙적으로 자배법상의 타인의 범주에 포함되지 않지만, 상황에 따라서 타인성이 인정될 수도 있다.

(가) 교대운전자[148)

판례는 직접 운전한 자가 운전 숙련자인 경우에 사고 당시 현실적으로 운전을 하지 않은 교대운전자의 타인성을 대체로 인정하고 있다. 그러나 공동운전자 중 1인이 차량을 후진함에 있어 다른 공동운전자가 그 후진을 유도하다가 사고를 당한 경우에 이는 피해를 입은 공동운전자가 운전업무에 관여한 자로서 자배법상의 타인에 해당한다고 할 수 없다.[149)

[대법원 1983. 2. 22. 선고 82다128 판결]

〈사실관계〉

원고의 보험금 청구에 대해 피고회사는 피해자가 피보험차량의 교대운전수로 근무하던 자로, 사고 당시에도 차량에 탑승하여 있었음을 이유로 자배법상 '타인'에 해당하지 않아 보험금을 지급할 수 없다고 하였다.

〈주요 판시내용〉

운전사 2인이 장거리를 교대로 운전하여 오는 경우 비번인 교대운전자는 위험에 당하여 담당운전자로부터 요청이 있는 등 특단의 사정이 없는 한 자기의 당번에 대비하여 수면휴식함이 허용된다 할 것이므로 사고당시 조수석에 앉아 수면휴식 중이던 교대운전자는 자동차손해배상보장법 제3조의 "타인"에 해당한다 할 것이다.

[대법원 1997. 11. 28. 선고 97다28971 판결]

〈사실관계〉

Y가 경영하는 회사의 운전기사로서 사고 당일 Y로부터 사건 화물자동차를 운전하여 화물을 운반하라는 지시를 받은 망 A는 자신이 위 차량을 운전하지 아니하고 택시회사의 운전기사로서 당일 비번으로 쉬고 있던 자신의 형인 B에게 자기 대신 운전하여 달라고 부탁하여 B가 Y회사의

---

147) 대판 1987. 10. 28, 87다카1388.
148) 교대운전자란 본운전자와 교대하기 위하여 탑승한 운전자, 교대한 뒤 동승한 운전자, 운전 중 수시로 교대하기 위하여 동승한 비번운전자 등을 말한다. 사법연수원, 보험법연구, 168면.
149) 대판 1987. 10. 28, 87다카1388. 이 경우 피해를 입은 공동운전자는 사고를 야기한 다른 공동운전자에게 민법상의 책임을 물을 수는 있다. 사법연수원, 보험법연구, 168면.

사무실로 와서 이 사건 화물자동차를 운전하여 가다가 운전 부주의로 위 차량을 전복하게 하면서 조수석에 탑승하고 가던 A가 사망하게 되었다. B는 운전 숙련자로서 이 사건 사고 이전에도 Y의 승낙하에 A를 대신하여 이 사건 화물자동차를 운전한 적이 있었다. 사고 당일에도 Y는 자기회사의 경리직원을 통하여 B가 Y회사 사무실에 들어와서 A를 태우고 화물자동차를 운전해 나가는 것을 보고받고도 그대로 묵인하였다. 이에 A의 상속인인 X들이 Y에 대하여 자배법상의 운행자책임에 근거하여 손해배상을 청구하였다.

〈주요 판시내용〉

차량의 운전사가 차량소유자인 사용자의 묵인 하에 전에도 자신을 대신해 그 차량을 운전한 적이 있는 운전 숙련자인 자신의 형에게 운전을 맡기고 동승해 가던 중 사고로 사망한 경우, 사망한 운전사는 자동차손해배상보장법 제3조 소정의 타인에 해당한다.

사고당시에 현실적으로 운전을 하지 않았더라도 당해 자동차를 운전하여야 할 지위에 있는 자가 법령상 또는 직무상의 임무에 위배하여 타인에게 운전을 위탁했다가 사고로 피해를 당한 경우는 타인으로 보호될 수 없다. 상대가 운전무자격자나 운전미숙자인 때도 마찬가지이다. 즉 운전면허가 없는 동승자에게 운전을 맡긴 경우나 또는 업무명령에 위반하여 조수에게 운전을 맡기고 조수석에 동승한 운전자 또는 무면허자에게 차량의 조작을 맡기고 변속장치를 점검하기 위하여 차체 밑에 들어간 운전자처럼 관련법령이나 업무명령의 위반인 경우에는 그 자는 타인으로부터 제외된다. 이삿짐센터 화물차의 운전과 이에 부착된 고가사다리의 작동을 담당하던 종업원이 자신은 깔판을 타고 올라탄 다음 이삿짐센터에서 짐을 나르는 종업원으로서 운전면허도 없는 자에게 고가사다리를 조작하도록 지시했는데 그의 작동미숙으로 땅에 떨어져 사망한 경우, 망인은 자배법 제3조 소정의 타인에 해당하지 않는다.150)

(나) 운전의 보조에 종사하는 자

운전보조자는 조수 또는 차장과 같이 운전자의 운전행위에 참여하고 그 지배하에 운전행위를 도와주는 자를 말한다. 대개의 경우 고용관계가 있겠으나 고용관계의 존재가 반드시 요구되는 것은 아니며 보수의 유무도 불문한다. 계속적 관계에 있을 필요도 없고 일시적인 보조행위를 한 경우에도 운전보조자의 지위가 인정될 수 있다.151) 자배법 제2조 제4항에서는 운전보조자를 운전자에 준하여 해석하고 있다. 운전보조자가 차량의 후진을 유도하다가 사상을 당한 경우에는 그 운전보조자도 운전에 관여한 것으로 되어 타인성이 부정된다.152) 앞에서 설명한 대로 자동차를 운전하여야 할 지위에 있는 자가 법령상 또는 직무상의 임무에 위배하여 타인에게 운전을 위탁했는데 타인이 운전무자격자나 운전미숙

150) 대판 2000. 3. 28, 99다53827.
151) 박세민, 자동차보험법의 이론과 실무, 2007, 141면.
152) 대판 1979. 2. 13, 78다1536.

자인 경우에는 운전을 위탁한 자는 자신이 사고로 다치더라도 자배법 제3조에 규정된 타인에 해당하지 않는다.153) 이때 운전을 위탁받은 자가 자동차의 용법에 따른 사용행위를 실제 하였더라도 그는 특별한 사정이 없는 한 운전보조자에 해당할 수는 있으나 운전자에는 해당하지 않는다고 해석될 수 있다.

운전의 보조에 종사한 자에 해당하는지를 판단할 때에는, 업무로서 운전자의 운전행위에 참여하였는지 여부, 운전자와의 관계, 운전행위에 대한 구체적인 참여 내용, 정도 및 시간, 사고 당시의 상황, 운전자의 권유 또는 자발적 의사에 따른 참여인지 여부, 참여에 따른 대가의 지급 여부 등 여러 사정을 종합적으로 고려하여야 한다. 자신의 업무와 관계 없이 별도의 대가를 받지 않고 운전행위를 도운 것에 불과한 자는 특별한 사정이 없는 한 운전의 보조에 종사한 자에 해당하지 않는다.154) 운전자와 비교할 때 운전보조자의 타인성이 부정되어 자배법상의 보호를 받지 못하게 되는 것이 타당한지는 의문이다. 이러한 취지에서 운전보조자라도 사고 당시에 현실적으로 자동차의 운전에 관여하지 않고 있었다면, 자배법 제3조 소정의 타인으로서 보호된다고 판례는 해석하고 있다.155) 즉 운전자나 운전보조자의 타인성 인정 여부는 사안별로 판단해야 하며, 현실적으로 사고발생을 방지해야 할 의무가 없거나 실제 운전에 관여하지 않았다면 타인성은 인정됨이 타당하다.

[대법원 1999. 9. 17. 선고 99다22328 판결]

〈사실관계〉

원고회사는 피고 소유의 굴삭기에 대해 보험계약을 체결하였다. 약관에서 '피보험자를 위하여 피보험자동차를 운전 중인 자(운전보조자 포함)'도 피보험자의 하나로 규정하였고, 또한 '피보험자동차를 운전 중인 자(운전보조자 포함)가 피보험자동차의 사고로 인하여 죽거나 다친 경우에는 보상하지 아니한다'고 정하였다. 피고의 피용자가 굴삭기를 운전하던 중 그의 보조기사인 소외 피해자를 치어 상해를 입혔다. 그러자 원고회사는 운전보조자가 죽거나 다친 경우에는 면책된다는 약관을 이유로 보험금 지급을 거절하였고, 피고는 피해자가 보조기사이기는 했지만 사고 당시에는 운전과 아무런 상관이 없는 다른 일을 하고 있었으므로 보험금이 지급되어야 한다고 주장하였다.

〈주요 판시내용〉

자배법 제3조에서 말하는 타인이란 '자기를 위하여 자동차를 운행하는 자 및 당해 자동차의 운전자를 제외한 그 이외의 자'를 지칭하므로, 당해 자동차를 현실로 운전하거나 그 운전의 보조에 종사한 자는 같은 법 제3조 소정의 타인에 해당하지 아니한다고 할 것이나, 당해 자동차의 운전

---

153) 대판 2000. 3. 28, 99다53827.
154) 대판 2016. 4. 28, 2014다236830, 236847; 대판 2010. 5. 27, 2010다5175.
155) 대판 1999. 9. 17, 99다22328; 대판 2010. 5. 27, 2010다5175(甲이 크레인 차량 소유자인 乙의 부탁으로 크레인의 와이어를 수리하여 준 후 크레인 차량 적재함에서 크레인 작동방법을 지도하던 중 크레인 차량이 기울어지면서 적재함 위에서 추락하여 상해를 입은 사안에서, 甲이 자동차손해배상 보장법상 '운전의 보조에 종사하는 자'에 해당한다고 볼 수 없다).

자나 운전보조자라도 사고 당시에 현실적으로 자동차의 운전에 관여하지 않고 있었다면 그러한 자는 같은 법 제3조 소정의 타인으로서 보호된다.

예를 들어 후진하던 운전자를 도와줄 생각으로 부근을 지나가던 사람이 후진을 유도해 주던 중 그 차에 치여 부상을 입은 경우와 같이 선의로 운전보조행위를 하던 사람은 자배법상의 운전보조자에 해당하지 않으며 타인으로서 자배법상의 보호를 받게 된다. 유치원 통학차량에 동승한 인솔교사가 유치원 원생들의 승하차 여부를 확인한 후 운전자에게 출발 또는 정지 신호를 보내고 차량 문을 개폐하기 전에 사각지대를 살펴보거나 통학차량이 정차해야 할 장소를 안내하는 등 유치원생의 승하차를 도왔다면 이는 운전보조행위의 일종으로 볼 수 있으므로 운전보조자 지위가 인정된다.156)

(다) 운전교습

운전교습생의 운전은 운전 강사 자신의 운전행위로 보아야 하므로, 운전교습생의 사고로 운전 강사가 다친 경우 운전 강사는 자신이 자배법상의 타인임을 주장할 수 없다.

(4) 호의동승

(가) 개 념

대가의 지급 없이 타인의 자동차에 동승하는 것을 일반적으로 무상동승이라 하는데, 이 중 타인의 호의에 의해 무상으로 동승하게 된 것을 특히 호의동승이라고 한다. 차량동승자가 유류대를 일부 분담하였거나 일정금액을 지급하였다면 여기에서 말하는 호의동승이라 할 수 없다. 그러나 금전 지급이 있더라도 그것이 대가성의 성격보다는 단순히 감사의 표시라고 볼 수 있는 경우에는 호의동승으로 해석할 수 있을 것이다. 불특정 다수를 대상으로 영업하는 백화점이나 스키장 등이 운영하는 무료 셔틀버스와 같이 자동차보유자(백화점이나 스키장)의 영리활동의 범위 내에서 탑승이 이루어졌거나 운행자 또는 운전자의 이익을 위해 차량이 제공된 경우는 무상성의 요소를 결하므로 호의동승으로 해석될 수 없다.157) 운전자의 호의로 동승한 자는 직접 운전행위를 하지 않아야 하는데, 판례 중에는 피해자인 호의동승자가 일시 운전을 한 일이 있어도 여전히 호의동승자에 해당한다고 판시한 것도 있다.158)

---

156) 대판 2024. 5. 9, 2022다290648.
157) 박인호, "호의동승자에 대한 운행자 및 보험자의 배상책임 제한", 보험법연구 제12권 제2호, 2018, 49면.
158) 대판 1988. 9. 13, 88다카80. 차량의 운행자가 아무 대가를 받음이 없이 동승자의 편의와 이익을 위해서 동승을 제공하고 동승자로서도 그 자신의 편의와 이익을 위해서 이를 제공받은 경우라 하더라도 동승자에게 바로 위 법 제3조에서 말하는 자동차의 보유자성을 인정하기 어렵다 할 것이며, 동승자가 운행자와 친척이라거나 운행도중 일시 교대로 운전을 하였다 하여 그 사실만으로 사정이 달라진다 할 수 없다.

(나) 호의동승자의 타인성

자배법의 목적을 고려할 때 비록 호의동승자가 차내에 함께 있다고 해도 운행지배를 갖는다고 볼 수 없으므로 자배법상 타인이라 분류된다. 차량의 운행자가 아무런 대가를 받음이 없이 동승자의 편의와 이익을 위해서 동승을 제공하고 동승자로서도 그 자신의 편의와 이익을 위해서 이를 제공받고 심지어 일시적으로 차량을 운전한 경우라도 호의동승자에게 자배법 제3조에서 말하는 자동차의 보유자성을 인정하기 어렵다. 자배법상 타인에 해당되어 호의동승자가 다친 경우에 운행자가 부담하는 운행자책임으로부터 보호받을 수 있다.159)

> **[대법원 1991. 7. 12. 선고 91다8418 판결]**
>
> 〈주요 판시내용〉
> 동승자가 손수운전 자동차의 임차계약(렌트)과 관련하여 명의를 대여하기는 하였으나 사실상의 임차인이자 실제 사고차량의 운전을 하였던 직장동료의 호의로 같은 목적지에 다녀오는 사건 차량에 편승하였을 뿐인 경우 동승자는 사건 차량의 운행에 대하여 지배권을 가진다고 할 수 없는 것이므로 동승자에 대하여 자배법 제3조에서 말하는 자동차의 보유자성을 인정하기는 어렵다.

(다) 판례의 경향

① 타인성 인정   법원의 기본적인 태도는 호의동승자에 대해 운행자성을 부정하면서 타인으로 보호해야 한다는 입장이다. 피해자가 사고차량에 무상으로 동승하여 그 운행으로 인한 이익을 누리는 지위를 가졌다 하여도 특별한 사정이 없는 한, 그 점만으로 피해자에게도 잘못이 있었다 하여 이를 가해자의 책임을 감경하는 사유로 삼을 수 없다는 입장이다.160) 법원은 부동산 소개업을 영업으로 하는 차량의 소유자가 피해자에게 길안내를 부탁하여 피해자가 자신의 일정을 포기하고 차량에 탑승하고 가다가 사고를 당한 경우 피해자가 무상으로 동승했다고 해도 이 운행은 전적으로 소유자의 영업과 관련된 것이고 따라서 소유자의 손해배상액을 산정함에 있어서 호의동승관계를 배상액 감경사유로 참작할 이유가 없다고 판시한 바 있다.161)

---

159) 대판 1999. 2. 9, 98다53141; 대판 1991. 1. 15, 90다13710.
160) 대판 1999. 2. 9, 98다53141; 대판 1987. 1. 20, 86다카251; 대판 1987. 4. 14, 84다카2250; 대판 1992. 11. 27, 92다24561; 대판 1991. 1. 15, 90다13710; 대판 1992. 5. 12, 91다40993; 대판 1994. 11. 25, 94다32917; 대판 1995. 10. 12, 93다31078.
161) 수원지법 1985. 7. 18, 85가합436(박인호, 전게논문, 50면에서 재인용); 대판 1987. 12. 22, 86다카2994.

[대법원 1996. 3. 22. 선고 95다24302 판결]

〈사실관계〉

소외 1이 자신의 자동차에 직장 동료인 소외 2를 태우고 가다가 갑자기 반대차선을 침범하여 반대차선으로 진행하여 오던 차량과 정면충돌하여 두 사람 모두 사망하였다. 소외 2의 유족인 원고들이 소외 1의 유족인 피고들을 상대로 손해배상을 청구하였는데, 피고들은 이 사건 사고 당시 소외 2는 직장 동료관계인 소외 1의 차량에 동승하여 유흥을 위하여 대구로 가던 중이었으므로 위 소외 1과 운행이익을 공유한 운행자의 지위에 있어 자동차손해배상보장법 제3조 소정의 '다른 사람'에 해당하지 않으므로 위 소외 1에게 위와 같은 손해배상책임이 없다고 항변하였다. 가사 손해배상청구권이 있다고 하더라도 동승경위와 운행목적 및 운전 중 잡담을 하면서 소외 1의 주의를 산만하게 한 소외 2의 과실을 참작하여 손해배상액을 감액해야 한다고 주장하였다.

〈주요 판시내용〉

차량의 운행자가 아무런 대가를 받지 아니하고 동승자의 편의와 이익을 위하여 동승을 허락하고 동승자도 그 자신의 편의와 이익을 위하여 그 제공을 받은 경우 그 운행 목적, 동승자와 운행자의 인적관계, 그가 차에 동승한 경위, 특히 동승을 요구한 목적과 적극성 등 여러 사정에 비추어 가해자에게 일반 교통사고와 동일한 책임을 지우는 것이 신의칙이나 형평의 원칙으로 보아 매우 불합리하다고 인정될 때에는 그 배상액을 경감할 수 있으나, 사고 차량에 단순히 호의로 동승하였다는 사실만 가지고 바로 이를 배상액 경감사유로 삼을 수 있는 것은 아니다.

호의동승자가 자배법상 타인으로 해석되어 손해배상청구를 하는 경우에 호의동승한 사실 자체가 운행자가 부담하는 배상액의 감경사유가 될 수는 없다. 그러나 운행자의 손해배상액 산정에 있어서 호의동승자의 과실에 대한 과실상계의 문제는 남을 수 있다. 호의동승자의 과실문제는 주로 호의동승자가 호의동승한 차량의 운전자에게 안전운전을 위한 주의를 환기시켜야 할 의무를 부담하고 있는가와 관련된다. 무상동승 사실만으로 호의동승자가 운전자에게 안전운행을 촉구하여야 할 주의의무가 있다고는 할 수 없다.[162] 심지어 대리운전을 의뢰하는 것과 같이 유상인 경우에도 대리운전의뢰자에게는 운전자가 현저하게 난폭운전을 한다든가, 그 밖의 사유로 인하여 사고발생의 위험성이 상당한 정도로 우려된다는 것을 인식할 수 있었다는 등의 특별한 사정이 없는 한, 운전자에게 안전운행을 촉구할 주의의무가 없다고 해석하고 있다.[163] 다만 판례 중에 운전자가 운전 중에 새로운 목적지를 입력하기 위해 내비게이션을 조작하는 것을 조수석에 탄 사람이 봤다면 그는 운전자가 운전 중에는 조작을 못하게 말렸어야 했는데 그러지 못한 과실이 있다고 보고 사고를 당한 동승자의 과실을 10% 인정한 것이 있다.[164]

---

162) 대판 2012. 4. 26, 2010다60769.
163) 대판 2005. 9. 29, 2005다25755; 대판 1999. 2. 9, 98다53141.
164) 서울중앙지법 2017. 1. 20, 2015가단5333588.

[대법원 2005. 9. 29. 선고 2010다60769 판결]

〈주요 판시내용〉

　원고와 자동차 대리운전 회사 사이의 대리운전약정에 따라 회사의 직원이 이 사건 차량을 운전하다가 경부고속도로에서 사고를 야기한 것이라면, 원고와 대리운전 회사 사이의 내부관계에 있어서는 대리운전 회사가 유상계약인 대리운전계약에 따라 그 직원을 통하여 위 차량을 운행한 것이라고 봄이 상당하므로 원고는 위 차량에 대한 운행지배와 운행이익을 공유하고 있다고 할 수 없고, 또한 자동차의 단순한 동승자에게는 운전자가 현저하게 난폭운전을 한다든가, 그 밖의 사유로 인하여 사고발생의 위험성이 상당한 정도로 우려된다는 것을 동승자가 인식할 수 있었다는 등의 특별한 사정이 없는 한, 운전자에게 안전운행을 촉구할 주의의무가 있다고 할 수 없다.

　　② 배상액 감경　　앞에서 설명한대로 호의동승했다는 사실만으로 사고가 발생한 경우에 동승한 차량의 운행자의 책임을 감경사유로 삼을 수는 없다.

[대법원 1992. 6. 9. 선고 92다10586 판결]

〈주요 판시내용〉

　야간근무를 마친 운행자가 친구와 함께 기분전환 하러 해수욕장에 가면서 자신의 권유로 동향의 선후배 사이이고 같은 회사 같은 부서에 근무하고 있던 피해자를 동승하게 하였다가 돌아오던 길에 교통사고가 발생한 것이라면 호의동승이라 하더라도 차량운행자의 손해배상책임을 감경할 만한 사유가 있었다고 보기는 어렵다.

　　그러나 판례는 (비록 호의동승한 사실만으로는 책임감경사유가 될 수 없더라도) 신의칙이나 형평의 원칙상 호의동승자와 동승차량의 운행자 사이의 인적관계 또는 동승의 경위 등을 고려할 때 책임의 감경을 인정할 만한 특별한 사정이 있었는가 여부는 따져볼 수 있다는 입장이다. 대법원은 배상액 감경사유가 될 수 있는 특별한 사정의 기준으로서 그 운행의 목적, 동승자와 운행자와의 인적 관계, 동승의 경위 및 동승요구의 목적과 적극성 등 제반 사정에 비추어 가해자에게 일반적인 교통사고와 같은 책임을 지우는 것이 신의칙이나 형평의 원칙상 매우 불합리하다고 인정되는 경우 등을 제시하면서 이러한 예외적인 경우에는 그 배상액을 감경할 수 있다는 입장이다.165) 감액의 비율은 동승의 유형, 즉 동승이 운행자나 운전자의 승낙이 없이 이루어진 강제동승 또는 무단동승의 여부, 승낙이 있더라도 그것이 동승자의 요청에 의해서인가 운전자의 권유에 의해서인가 아니면 상호 의

---

165) 대판 1999. 2. 9, 98다53141; 대판 1996. 3. 22, 95다24302; 대판 1994. 11. 25, 94다32917; 대판 1987. 12. 22, 86다카2994.

논하여 합의하에 이루어진 경우인가에 따라 각각 다르다. 예를 들어 운행이 전적으로 호의동승자를 위한 것이라든지 운전자가 명백히 거절했음에도 불구하고 동승자가 강력히 요구하여 동승을 하게 되었다든지 등의 특수한 사정이 있었다면 예외적으로 배상액 감경사유로 인정될 수 있을 것이다. 상세한 동승자 유형별 감액비율은 자동차보험표준약관의 보험금지급기준을 다루는 별표에 나와 있다.[166)]

[대법원 1992. 5. 12. 선고 91다40993 판결]

〈주요 판시내용〉

사고차량의 동승자들이 모두 그 차량의 소유자 겸 운행자와 같은 회사 소속 직원들로서 喪을 당한 같은 회사 소속 직원을 문상하러 가기 위하여 위 차량에 호의로 동승하였다가 사고를 당하였다면 위 동승자들에 대한 관계에서 운행자의 책임을 상당한 정도 감액 조정하는 것이 신의칙이나 형평의 원칙에 합당하다.

[대법원 1991. 4. 23. 선고 90다12205 판결]

〈주요 판시내용〉

회사 소유 차량운전사가 퇴근길에 동료직원인 피해자와 함께 술을 마시고 자기 집으로 태우고 가던 중 일으킨 사고에 대하여도 회사의 손해배상책임을 인정할 수 있으며, 운전자가 술에 취했으며 차량이 이미 정원초과상태라는 것을 알면서도 동승한 경우처럼 호의동승자에게 40%의 민법상의 과실상계규정을 적용하여 손해배상액을 감경한다.

판례는 2인 이상의 공동불법행위로 인하여 호의동승한 자가 피해를 입은 경우, 공동불법행위자 상호간의 내부관계에서는 일정한 부담부분이 있으나 피해자에 대한 관계에서는 부진정연대책임을 지므로, 동승자가 입은 손해액에 대한 배상액을 산정함에 있어서는 먼저 호의동승으로 인한 감액 비율을 참작하여 공동불법행위자들이 동승자에 대하여 배상하여야 할 금액을 정하여야 한다는 입장이다.[167)] 이는 사안에 따라 배상액 감경사유가 될 수 있는 호의동승 사유가 호의동승차량 운행자의 보험자에게만 적용되는 것이 아니라 호의동승 차량과 충돌한 상대방 운전자의 보험자에게도 적용되어 상대방 운전자의 보험자도 호의동승을 이유로 한 배상액 감경의 혜택을 누릴 수 있다는 것이다.

---

166) 자동차보험표준약관 〈별표 4〉 동승자 유형별 감액비율표.
167) 대판 2014. 3. 27, 2012다87263; 대판 1995. 10. 12, 93다31078.

[대법원 2014. 3. 27. 선고 2012다87263 판결]

〈주요 판시내용〉

2인 이상의 공동불법행위로 인하여 호의동승한 사람이 피해를 입은 경우, 공동불법행위자 상호간의 내부관계에서는 일정한 부담 부분이 있으나 피해자에 대한 관계에서는 부진정연대책임을 지므로, 동승자가 입은 손해에 대한 배상액을 산정함에 있어서는 먼저 호의동승으로 인한 감액 비율을 참작하여 공동불법행위자들이 동승자에 대하여 배상하여야 할 수액을 정하여야 한다. 이 사건에서 망인의 사망과 관련한 공동불법행위자들인 소외 2와 소외 1이 부담할 손해배상액을 산정함에 있어서도 먼저 망인의 호의동승으로 인한 감액 비율을 고려하여 두 사람이 망인의 유족에 대한 관계에서 연대하여 부담하여야 할 손해액을 산정하여야 하고, 그 당연한 귀결로서 위와 같은 책임제한은 동승차량 운전자뿐만 아니라 상대방 차량 운전자 및 그 보험자에게도 적용된다 할 것이다.

그런데 이 판결에 대해 신의칙 또는 형평의 원칙에 의한 배상액 감경은 호의동승자와 호의동승차량의 운행자 사이에서만 인정되어야 하며, 따라서 호의동승자가 호의동승차량 운전자와 다른 차량 운전자의 공동불법행위로 인해 피해를 입은 경우에 배상액 감경의 문제가 공동불법행위자인 다른 차량의 운전자나 그 보험자에 대해서까지 적용되어서는 안된다고 해석하는 견해가 있다.[168]

㈑ 피해자측 과실이론

호의동승차량 운전자의 과실과 다른 차량의 운전자인 제3자의 과실이 경합되어 사고가 발생하였고 이로 인하여 호의동승자가 사망하거나 부상을 입어 상대방 차량의 보유자를 상대로 손해배상청구를 하는 경우에 호의동승차량 운전자의 과실을 피해자인 동승자의 과실로 보아 제3자의 배상액을 산정함에 있어 과실상계할 수 있는가(피해자측 과실이론)의 문제가 있다. 이에 대하여 대법원은 단지 피해자가 호의동승했다는 이유만으로 호의차량 운전자의 과실을 피해자측의 과실로 보지는 않지만, 운행자와 피해자인 동승자 사이에 신분상 · 생활관계상 일체를 이루고 있다고 볼 수 있는 관계에서는 과실상계를 함에 있어서 소위 '피해자측 과실이론'을 인정하고 있다.

피해자측 과실이론이 적용될 수 있는 사례로서, 아버지가 운전하는 차량에 피해자인 아들이 동승하여 가다가 제3자의 과실 이외에 아버지의 과실도 원인이 되어 교통사고가 발생한 경우,[169] 피해자인 여동생이 오빠가 운전하는 오토바이 뒷좌석에 편승하였다가 교통사고가 발생하였는데 오빠의 운전상의 과실도 있는 경우,[170] 피해자인 처가 남편이 운

168) 박인호, 전게논문, 66면(공동불법행위자에게 부진정연대책임을 지운 취지에서 보더라도 다른 차량의 운전자나 그 보험자에게까지 호의동승을 이유로 한 배상액 감액이 적용되는 것은 타당하지 않다고 한다).
169) 대판 1989. 4. 11, 87다카2933.

전하는 오토바이 뒷좌석에 타고 가다가 제3자가 운전하는 승용차와 충돌하여 상해를 입었는데 남편의 과실도 있었던 경우171) 등이 있다.

5. 면책사유

(1) 대인배상Ⅰ 면책사유

대인배상Ⅰ은 누가 운전을 하더라도 피해자에 대한 보험자의 보상책임이 인정된다. 예를 들어 운전자의 연령이나 부부한정 또는 가족한정 등 운전자의 범위를 한정하는 특별약관에 가입한 경우에 이를 위반한 운전자의 사고로 인한 손해에 대해서도 대인배상Ⅰ에 의해 보상이 된다. 운전자가 민법상의 책임무능력자인 경우에도 자배법상의 운행자는 면책되지 않는다고 해석된다. 운행자 자신이 책임무능력자인 경우에도 자배법의 입법 취지가 피해자 보호인 점을 고려하면 운행자는 원칙적으로 면책되지 않는 것으로 해석되어야 한다.172)

그렇다고 하여 자배법 제3조의 운행자책임이나 자동차보험표준약관상의 대인배상Ⅰ에 면책사유가 없는 것은 아니다. 대인배상Ⅰ에 관한 자동차보험표준약관에서는 보험계약자 또는 피보험자의 고의로 인한 손해를 보험자의 면책사유로 규정하고 있다.173) 다만 이 경우에도 피해자가 보험자에게 직접청구를 한 경우에 보험자는 피해자에게 보험금을 지급하고 피보험자에게 그 금액을 구상할 수 있도록 하고 있다. 고의에 대한 인정범위를 보험사고 발생을 인식하고 예견하면 되고 손해의 발생까지 인식, 예견할 필요가 없다는 견해에 의하면 보험자의 구상권 인정이 수월하지만, 결과손해에 대한 인식까지 필요하다는 견해에 따르면 결과인 보험사고로 인한 손해발생에 대한 고의가 인정되지 않는 한 보험자의 구상권은 부인된다고 해석될 가능성이 있다.174)

(2) 자배법 제3조 면책사유

자배법 제3조 단서는 피해자를 승객인 경우와 승객이 아닌 경우로 나누어 면책사유를 규정하고 있다.

(개) 피해자가 승객이 아닌 경우

운행자는 운행으로 인해 승객이 아닌 자가 사망하거나 부상한 경우에는, ① 운행자

---

170) 대판 1973. 9. 25, 72다2082.
171) 대판 1993. 5. 25, 92다54753.
172) 이병석, "책임무능력의 운행자 책임에 관한 일 고찰", 보험학회지 제86집, 2010, 203-228면.
173) 자동차보험표준약관 제5조 제1문.
174) 신인식, "책임보험에서 면책사유 고의의 인정기준 및 범위", 보험법연구 제1권 제2호, 2007, 179면.

및 운전자가 자동차의 운행에 관하여 주의를 게을리 하지 아니하고, ② 피해자 또는 자기 및 운전자 이외의 제3자에게 고의·과실이 있으며, ③ 자동차의 구조상의 결함 또는 기능에 장해가 없었다는 것을 증명한 때 면책된다(제1호).[175]

(나) 피해자가 승객인 경우

승객이 사망하거나 부상한 경우에 그것이 그 승객의 고의 또는 자살행위로 인한 경우에 운행자는 손해배상책임을 지지 아니한다(제2호). 이와 같이 자배법은 차량에 탑승한 승객을 비승객과 비교해서 더욱 보호하고 있다. 그 이유로 승객은 자동차에 동승함으로써 자동차의 위험과 일체화되어 승객 아닌 자에 비하여 그 위험이 더 크다고 할 수 있기 때문이다.[176] 이 조항에 의해 자동차 사고로 승객이 사망한 경우 운행자는 승객의 사망이 승객의 고의 또는 자살행위로 인한 것임을 증명하지 못하는 한, 운행자 자신에게 운전상의 과실이 없는 경우에도 승객의 사망에 따른 손해를 배상할 책임이 있다. 그런데 실무상으로는 승객에 대한 운행자의 면책이 인정되는 일은 거의 없어 승객에 대해서는 사실상 무과실책임을 인정하고 있는 셈이다. 여기에서 승객의 고의 또는 자살행위는 그 행위가 승객 스스로의 자유로운 의사결정에 의해서 의식적으로 이루어진 경우에만 면책행위로서 인정할 수 있다.[177] 예를 들어 차량에 동승한 자가 이 사고 당시 기존의 정신병적 질환이 완치되지 아니한 상태였고 상당히 심리적으로 불안감을 갖고 있었던 사정 등을 고려하면, 시속 40~50㎞ 속력으로 주행 중이던 이 사건 자동차에서 뛰어내렸을 때에는 어느 정도 큰 상해를 입으리라는 것을 인식·용인하였으나, 사망 등 중대한 결과까지를 인식·용인하였다고 볼 수 없다면서 자배법 제3조 단서 제2호 단서에 따른 운행자의 면책 주장은 타당하지 않다는 것이 법원의 입장이다.[178]

[대법원 2017. 7. 18. 선고 2016다216953 판결]

〈주요 판시내용〉

자동차손해배상보장법의 목적이 자동차의 운행으로 사람이 사망하거나 부상한 경우에 손해배상을 보장하는 제도를 확립함으로써 피해자를 보호하고 자동차 운송의 건전한 발전을 촉진함에 있음(제1조)에 비추어 보면, '승객의 고의 또는 자살행위'는 승객의 자유로운 의사결정에 기하여 의식적으로 행한 행위에 한정된다. 망인이 이 사고 당시 기존의 정신병적 질환이 완치되지 아니한

---

175) 그런데 실무상 운전을 실제로 하지 않은 운행자 자기의 고의·과실이 없었다는 점과 자동차의 구조상의 결함 또는 기능에 장해가 없었다는 점에 대한 입증은 특별히 이러한 사유가 사고에 문제가 되었을 때에만 요구하고 있는 상황이다. 예를 들어 운전자에게는 운행상의 아무런 과실이 없는데 운행자의 정비의무 해태로 인하고 사고가 발생한 경우를 들 수 있다. 사법연수원, 보험법연구, 170면.
176) 대판 2017. 7. 18, 2016다216953.
177) 고의의 개념에 관한 학설과 판례에 대하여, 장덕조, "2017년도 보험법 판례의 동향과 그 연구", 상사판례연구 제31집 제1권, 2018, 222~228면.
178) 대판 2017. 7. 18, 2016다216953.

상태였고 상당히 심리적으로 불안감을 갖고 있었던 사정 등을 고려하면, 시속 40~50㎞ 속력으로 주행 중이던 이 사건 자동차에서 뛰어내렸을 때에는 어느 정도 큰 상해를 입으리라는 것을 인식·용인하였으나, 사망 등 중대한 결과까지를 인식·용인하였다고 볼 수 없다.

[대법원 2008. 2. 28. 선고 2006다18303 판결]

〈주요 판시내용〉

고속도로상에서 1차사고로 정차한 관광버스의 승객 일부가 버스에서 하차하여 갓길에 서서 사고 상황을 살피다가 얼마 지나지 않아 2차 사고를 당하여 사망한 사안에서, 망인이 2차사고시에도 운행 중인 관광버스의 직접적인 위험범위에서 벗어나지 않았으므로 자동차손해배상보장법 제3조 단서 제2호의 승객에 해당한다.

[대법원 1997. 11. 11. 선고 95다22115 판결]

〈주요 판시내용〉

운전자가 그 동안 정을 통해 오던 여자의 변심을 알고 찾아가 차에 태운 후 강제적인 성행위, 폭행, 감금 등을 하면서 여자의 정차 요구에도 계속 이를 거절하자 여자가 달리는 차에서 무작정 뛰어내려 사고를 당한 경우, 이는 급박한 범죄적 불법행위를 벗어나기 위한 행위로서 비록 여자가 여러 시간 전에 일시적으로 자살을 기도했다는 사정을 감안하더라도 그의 자유로운 의사 결정에 따라 의식적으로 행한 자살행위라고 단정하기는 어렵고 오히려 운전자의 범죄행위로 유발된 자동차 사고일 뿐이므로, 이를 '승객의 고의 또는 자살행위'에 해당한다고 볼 수 없다.

⑷ 위헌성 여부

자배법 제3조 단서는 피해자가 승객인 경우에 운행자의 면책 가능성을 극도로 제한하고 있다. 이는 피해자를 승객인 경우와 승객이 아닌 경우로 나누어 승객인 피해자를 훨씬 두텁게 보호하는 결과를 초래하고 있다. 승객이 피해자인 경우 운행자는 자신에게 과실이 없고, 피해자인 승객에게 과실이 있거나 제3자의 고의 또는 과실이 있는 경우에도 운행자는 배상책임을 부담하게 된다. 그 결과 다른 자동차의 운전자의 일방적인 과실로 중앙선을 침범한 사고로 자신의 차에 타고 있던 승객이 사망하거나 다친 경우에 그 자동차의 운행자에게 아무런 과실이 없음에도 불구하고, 승객의 사상이 승객의 고의 또는 자살행위로 인한 것임을 운행자가 입증하지 못하는 한 운행자는 손해배상책임을 부담하게 된다. 승객이 아닌 경우와 달리 승객에 관해서는 무과실책임을 부과하고 있는데 이것이 헌법상의 평등의 원칙 또는 운행자의 재산권을 침해하는 것이 아닌가하는 관점에서 그 위헌성이 문제될 수 있다. 자배법 제3조 단서 제2호의 규정이 헌법에 위반되는지의 여부에 대해 위헌제청179)이 있었고, 헌법재판소는 1998년 5월 28일 자배법 제3조 단서 제2호 규정에 대하여 합헌 결정을 하였다.180)

[헌법재판소 1998. 5. 28. 선고 96헌가4 결정]

〈주요 판시내용〉

승객은 자동차에 동승함으로써 자동차의 위험과 일체화되어 승객이 아닌 자에 비하여 그 위험이 더 크다는 점에서 본질적인 차이가 있고, 과실있는 운행자나 과실없는 운행자는 다 같이 위험원인 자동차를 지배한다는 점에서는 본질적으로 차이가 없으므로 이 사건 법률조항이 승객을 승객이 아닌 자와 차별하고 과실있는 운행자와 과실없는 운행자에게 다 같이 승객에 대한 무과실책임을 지게 한 데에는 합리적인 이유가 있고 평등의 원칙에 위반된다고 할 수 없다.

그러나 자배법 제3조 단서 제2호가 승객과 승객이 아닌 자를 구분하여 승객에 대하여는 자동차 운행자에게 아무런 과실이 없고 제3자의 일방적인 과실로 생긴 사고에 대하여도 자신의 인적·물적 손해를 감수하면서 그 승객의 사망 또는 부상에 대하여 책임을 지우는 것이 과연 법논리적으로 타당한지 의문이며, 헌법상의 원칙과도 조화를 이루지 못한다고 판단된다.181)

(3) 음주운전, 무면허운전 등에 따른 사고부담금

피보험자 본인이 음주운전이나 무면허운전 또는 마약, 약물운전을 하는 동안에 생긴 사고 또는 사고 발생시의 조치의무를 위반한 경우 또는 기명피보험자의 명시적, 묵시적 승인하에서 피보험자동차의 운전자가 음주운전이나 무면허운전을 하는 동안에 생긴 사고 또는 마약, 약물운전을 하는 동안에 생긴 사고 또는 사고발생시의 조치의무를 위반한 경우로 인하여 보험회사가 대인배상 I에서 보험금을 지급하는 경우, 피보험자는 보험회사가 피해자에게 대인배상 I 한도 내에서 지급한 보험금을 사고부담금으로 보험회사에 납입하여야 한다. 이는 2022년 7월 28일부터 시행되는 개정 자배법 제29조 제1항 제1호-3호182) 및 개정된 자동차보험표준약관 제11조에 따른 것이다. 대인배상 I 한도 내에서 보

---

179) 제청법원: 수원지법(96헌가4), 서울지법 남부지원(97헌가6), 전주지법 정읍지원(97헌가7) 등.
180) 헌법재판소 1998. 5. 28, 96헌가6·7, 95헌바58(병합).
181) 위헌성에 찬성하는 논문으로는, 양승규, "자배법 제3조 단서 제2호의 위헌성", 보험법연구 2, 삼지원, 100-114면; 서상출, "자배법 제3조 단서 제2호의 위헌", 손해보험, 1998년 5월호, 손해보험협회, 28-37면. 반면에 합헌성에 찬성하는 논문으로는, 양창수, "자동차손해배상보장법 제3조 단서 제2호의 합헌성", 인권과 정의, 제258호, 65-78면.
182) 자배법 제29조(보험금등의 지급 등) ① 다음 각 호의 어느 하나에 해당하는 사유로 다른 사람이 사망 또는 부상하거나 다른 사람의 재물이 멸실되거나 훼손되어 보험회사등이 피해자에게 보험금등을 지급한

험자가 피해자에게 지급한 보험금을 피보험자측이 사고부담금 명목으로 보험자에게 납입해야 하므로 효과적인 측면에서 볼 때 보험자가 면책되는 것과 유사하다고 할 수 있다.

6. 대인배상 I 보험금의 청구와 지급

(1) 일 반 론

대인배상 I은 자배법 제3조상의 손해배상책임(운행자책임)에 대한 담보를 내용으로 한다. 대인배상 I은 유한배상책임보험이다. 자배법시행령 제3조에 정해진 한도액에 따라 보험자는 피해자 1인당 사망, 부상 및 후유장해에 따른 보험금을 지급하게 되는데 이 금액은 최저보장기금이 아니라 그 한도에서 실손해액을 보상하도록 하고 있다.183) 예를 들어 사망사고의 경우 피해자 1인당 1억 5천만원을 한도로 그 범위 내에서 손해액을 보상한다. 단, 손해액이 2천만원 미만이면 2천만원을 보상한다. 자배법 제3조에 기한 보험자의 배상책임은 사고와 상당인과관계 있는 법률상 손해 일체를 내용으로 한다. 동법 제5조에 기하여 책임보험자가 피해자에게 지급하여야 할 금액은 동법시행령에 정한 책임보험금의 한도 내에서 피해자가 실제로 입은 손해액이므로 치료비 등의 적극적 손해, 일실 수입 등의 소극적 손해 및 정신적 손해를 모두 포함하는 것으로 해석하여야 한다. 자배법 제5조 제1항에서 피해자가 사망한 경우에 손해배상을 받을 권리를 가진 자를 피해자라고 규정하고 있기 때문에 유족이 지출한 장례비 손해는 보험자의 보상책임에 포함된다.184) 보험자가 보험금을 지급하기 전에 보험가입자가 피해자에게 손해에 대한 배상금을 지급한 경우에는 보험가입자는 보험자에게 보험금 등의 보상한도에서 그가 피해자에게 지급한 금액의 지급을 청구할 수 있다(자배법 제10조 제2항). 피해자는 보험자에게 제724조 제2항에 따라 보험금을 자기에게 직접 지급할 것을 청구할 수 있고, 이 경우 피해자는 자동차보험진료수가에 해당하는 금액을 자신을 진료한 의료기관에 직접 지급하여 줄 것을 청구할 수 있다(자배법 제10조 제1항).

피해자가 직접청구권의 행사를 통해 보험자에게 직접 손해배상을 청구하는 경우에,

경우에는 보험회사등은 해당 보험금등에 상당하는 금액을 법률상 손해배상책임이 있는 자에게 구상(求償)할 수 있다. 〈개정 2013. 3. 23, 2017. 11. 28, 2021. 7. 27, 2021. 12. 7.〉 1.「도로교통법」에 따른 운전면허 또는「건설기계관리법」에 따른 건설기계조종사면허 등 자동차를 운행할 수 있는 자격을 갖추지 아니한 상태(자격의 효력이 정지된 경우를 포함한다)에서 자동차를 운행하다가 일으킨 사고 2.「도로교통법」제44조 제1항을 위반하여 술에 취한 상태에서 자동차를 운행하거나 같은 법 제45조를 위반하여 약물의 영향으로 정상적으로 운전하지 못할 우려가 있는 상태에서 자동차를 운행하다가 일으킨 사고 3.「도로교통법」제54조 제1항에 따른 조치를 하지 아니한 사고(「도로교통법」제156조 제10호에 해당하는 경우는 제외한다).

183) 양승규, 406면; 김은경, 611면.
184) 대판 2017. 10. 12, 2017다231119. 한기정, 708면.

약관상의 지급기준(과실상계, 위자료, 장례비, 일실수입에 관한 기준)을 그대로 따라야 하는가의 문제가 있다. 직접청구권의 법적 성질을 보험금청구권으로 본다면, 판례에 의해 배상액이 정해지지 않는 한, 약관상의 지급기준에 따라야 할 것이다. 그러나 직접청구권의 법적 성질을 다수설과 판례가 지지하는 손해배상청구권으로 본다면 보험회사가 보상하여야 할 손해액을 산정함에 있어서 자동차보험 약관상의 지급기준에 구속될 것은 아니며 일반적인 손해배상책임 법리와 판례에 따르면 된다는 것이 법원의 해석이다.[185] 약관상의 지급기준이 계약당사자가 아닌 피해자에게까지 구속력을 가지지는 않는다는 취지로 보인다.

[대구지법 2016. 4. 21 선고 2015나15243 판결(확정)]

〈주요 판시내용〉

상법 제724조 제2항에 의하여 피해자에게 인정되는 직접청구권의 법적 성질은 보험자가 피보험자의 피해자에 대한 손해배상채무를 병존적으로 인수한 것으로서 피해자가 보험자에 대하여 가지는 손해배상청구권이고, 피보험자의 보험자에 대한 보험금청구권의 변형 내지는 이에 준하는 권리가 아니다. 또한 이에 따라 법원이 보험회사가 보상하여야 할 손해액을 산정함에 있어서 자동차종합보험 약관상의 지급기준에까지 구속될 것은 아니다(同旨: 대판 1994. 5. 27, 94다6819 참조).

자배법상 보험자에 대한 의료기관의 진료비 지급청구는 사고로 인한 환자의 상해를 치료하는 범위 안에서 인정되기 때문에 과잉진료를 한 의료기관은 과잉진료 치료비 상당액을 부당이득으로 보험회사에 반환해야 한다.[186] 강제책임보험의 성질에 비추어 강제책임보험 또는 공제에 가입되어 있는 둘 이상의 자동차가 공동으로 하나의 사고에 관여한 경우, 각 보험자는 피해자의 손해액을 한도로 하여 각자의 책임보험 또는 책임공제 한도액 전액을 피해자에게 지급할 책임을 진다고 해석하고 있다.[187] 예를 들어 甲 보험자와 乙보험자의 대인배상 I에 각각 가입한 2대의 자동차가 공동으로 사고를 야기해서 사망사고가 발생한 경우 사망피해자의 손해액이 4억원이라면 甲 보험자와 乙보험자는 1억 5천만원씩 보상해야 한다.

[대법원 2002. 4. 18. 선고 99다38132 전원합의체 판결]

〈주요 판시내용〉

구 자동차손해배상보장법(1999. 2. 5. 법률 제5793호로 전문 개정되기 전의 것) 제5조와 같은

---

185) 대판 1994. 5. 27, 94다6819; 한기정, 668면.
186) 수원지법 2017. 4. 4, 2016나50686.
187) 대판 2002. 4. 18, 99다38132; 이 판결에 대해 자배법상 책임보험 취지를 지나치게 확대한 것이라는 이유로 비판적인 평석으로, 백승재, "하나의 자동차사고에 관여한 불법행위자와 보험회사간의 법률관계", 법률신문 제3112호, 2002. 10. 7, 14면; 정찬형, 792면.

법시행령(1995. 7. 14. 대통령령 제14736호로 개정되기 전의 것) 제3조 제1항에 의하면, 자동차의 등록 또는 사용신고를 한 자는 반드시 자동차의 운행으로 다른 사람이 사망하거나 부상할 경우에 피해자에게 대통령령이 정하는 금액의 지급책임을 지는 책임보험 또는 책임공제에 가입하여야 하며, 피해자 1인에게 지급하여야 할 책임보험금 또는 책임공제금은 사망자의 경우 최고 금 1,500만 원, 부상한 경우에는 [별표 1]에서 정하는 금액을 기준으로 한다고 규정하고 있는바, 위 책임보험 또는 책임공제의 성질에 비추어 책임보험 또는 책임공제에 가입되어 있는 2 이상의 자동차가 공동으로 하나의 사고에 관여한 경우, 각 보험자는 피해자의 손해액을 한도로 하여 각자의 책임보험 또는 책임공제 한도액 전액을 피해자에게 지급할 책임을 지는 것이라고 새겨야 한다.(사망 최고금액 등은 과거 자배법을 근거로 한 것임)

[대법원 2002. 7. 23. 선고 2002다24461, 24478 판결]

〈주요 판시내용〉

책임보험에 가입되어 있는 2 이상의 자동차가 공동으로 사고를 일으킨 경우 각 보험자는 피해자의 손해액을 한도로 하여 각자의 책임보험 한도액 전액을 피해자에게 지급할 책임을 진다. 갑과 을이 공동으로 하나의 교통사고에 관여하고 을에 대한 자동차종합보험 및 책임보험의 보험자인 동시에 갑에 대한 책임보험의 보험자인 병이 을의 보험자로서 피해자들에게 손해배상금을 지급한 경우, 병은 갑의 책임보험자의 지위에서 책임보험금 한도액 전액을 피해자들에게 지급할 책임이 있고, 따라서 병의 갑에 대한 구상금에서 공제되어야 할 금액은 병이 지급한 책임보험금 중 갑의 과실비율에 해당하는 금액이 아니라 병이 지급하여야 할 책임보험금 전액이다.

(2) 자동차보험진료수가

(개) 자동차보험진료수가에 관한 기준

자동차보험진료수가란 자동차의 운행으로 사고를 당한 자가 의료법에 따른 의료기관에서 진료를 받음으로써 발생하는 비용을 말하며 보험자의 보험금으로 해당 비용을 지급하는 경우에 적용된다. 1999년에 당시 건설교통부 장관(현 국토교통부 장관)은 '자동차보험진료수가에 관한 기준'을 고시하였다. 피해자를 치료한 의료기관은 이 기준에 의해 자동차보험진료수가를 청구할 수 있다.

과거에 대법원은 '자동차보험진료수가에 관한 기준'이 자배법에 근거를 둔 것이기는 해도 법원이나 자동차사고 피해자를 직접 구속하지는 못한다고 보면서 향후치료비의 산정기준이 될 수 없다는 입장이었다.[188] 그 후 2009년에 자배법을 개정하여 동법 제2조 제7호는 자동차보험진료수가가 교통사고환자에 대한 배상(보상)이 종결된 후 해당 교통사고로

---

188) 대판 2003. 2. 14, 2002다63411; 조규성, "2017년 자동차보험분야 판례 회고", 보험법연구 제12권 제1호, 2018, 77면.

발생한 치료비를 교통사고 환자가 의료기관에 지급하는 경우에도 적용된다고 규정하였다. 그동안 성형수술비와 같은 향후치료비 산정기준에 일반수가를 적용하여 왔으나,189) 2009년 자배법 개정으로 법원에서 향후치료비에 자동차보험진료수가를 적용할 근거가 마련된 것이다.

교통사고 피해자가 소송을 통하여 보험회사 등에 직접 손해배상을 청구하는 경우 자동차보험진료수가는 치료비 손해액 산정의 하나의 기준이 될 수 있을 뿐, 이를 절대적 기준으로 볼 수는 없다는 것이 법원의 입장이다.190) 법원이 자동차보험진료수가에 따라 치료비 손해액을 산정하지 않았더라도 신체감정 등 다양한 증거방법을 통하여 해당 교통사고 피해자의 부상과 장해의 정도, 치료내용, 횟수 및 의료사회 일반에서 보편적인 진료비 수준, 해당 부상과 장해에 대한 자동차보험진료수가의 적용 가능성이나 적정성 등을 참작한 다음 합리적인 범위로 치료비 손해액을 산정하였다면 이것도 상당인과관계 있는 손해라 할 수 있다는 것이 판례의 입장이다.191)

(나) 가불금청구권

피해자 보호를 위한 제도적 장치로서 자배법에 근거를 두로 있는 가불금청구권이 있다. 가불금청구권이란 일반적으로 교통사고 피해자가 가해자의 손해배상책임의 유무 또는 그 규모가 아직 확정되지 않아 제때에 아무런 보상을 받지 못함으로 인해 후유장해가 발생하거나 생계가 곤란해질 수 있는 점을 고려하여 피해자에게 미리 신속하게 일정부분에 대한 보상을 하기 위한 제도이다. 가해자가 가입한 보험자와 아무런 계약관계가 없는 피해자가 가해자의 보험자에게 가불금청구권을 행사할 수 있는 것은 자배법 제10조에서 정하고 있는 피해자의 직접청구권에 그 근거가 있다고 해석된다.192) 교통사고처리특례법 제4조에서는 '우선지급금', 자동차보험표준약관 제28조에서는 '가지급보험금'이라는 유사한 제도가 운영되고 있다.

이들 제도 상호간에는 차이가 있다. 가불금은 책임보험(대인배상 Ⅰ)을 전제로 하는 반면에, 우선지급금은 임의보험(대인배상 Ⅱ)에서도 가능하다. 가불금은 사망사고에도 적용이 되지만, 우선지급금은 그렇지 않다. 또한 가불금은 대인사고에 대해서만 적용이 되는 반면에 우선지급금은 대물손해에 대해서도 적용된다. 가불금과 우선지급금의 경우 피해자만 청구권이 인정되는 반면에 자동차보험표준약관상의 가지급보험금은 피해자 외에 피보험자도 청구권자로 규정하고 있다. 한편 뺑소니 차량이나 무보험차량에 의한 사고 피해자

---

189) 대판 2004. 11. 25, 2004다47895.
190) 대판 2017. 8. 29, 2016다265511.
191) 대판 2017. 8. 29, 2016다265511; 대판 2008. 10. 23, 2008다41574, 41581; 대판 2003. 2. 14, 2002다63411.
192) 이러한 취지에서 가불금청구권의 인정근거와 법적 성질은 직접청구권과 마찬가지로 각각 법정효과설 및 손해배상청구권설로 보는 것이 합리적이다.

를 위한 자동차손해배상 정부보장사업의 성격이 대인배상 Ⅰ과 같은 점에서 정부보장사업에 대해서도 가불금청구권 제도는 인정될 수 있다고 여겨진다.193)

피해자는 대통령령으로 정하는 바에 따라 보험자에게 자동차보험진료수가에 대하여는 그 전액을, 그 외의 보험금 등에 대하여는 대통령령으로 정한 금액을 가불금으로 지급할 것을 청구할 수 있다(자배법 제11조 제1항, 자배법시행령 제10조). 그런데 자배법 제14조의2에 따라 자동차보험진료수가의 경우 가해자(자동차보유자)가 책임보험 등의 보상한도를 초과하는 손해를 보상하는 보험(예를 들어 대인배상 Ⅱ)에 가입한 경우에 피해자는 청구범위를 임의보험으로까지 확대할 수 있도록 하고 있다. 한편 '그 외의 보험금 등에 대하여는 대통령령으로 정한 금액'은 피해자 1명당 자배법시행령 제10조 제1항에서 정한 금액의 범위에서 피해자에게 발생한 손해액의 100분의 50에 해당하는 금액을 말한다.194)

보험자는 지급한 가불금이 지급하여야 할 보험금 등을 초과하면 가불금을 지급받은 자에게 그 초과액의 반환을 청구할 수 있으며, 가불금을 지급한 후 교통사고를 야기한 보험가입자 등에게 손해배상책임이 없는 것으로 판명된 경우에는 가불금을 지급받은 자에게 그 지급액의 반환을 청구할 수 있다(자배법 제11조 제3항 및 제4항).195) 직접청구권과 가불금청구권, 자동차손해배상보장사업에 따른 청구권에 대해서는 압류 또는 양도가 금지된다(자배법 제40조). 직접청구권, 가불금청구권, 자동차손해배상보장사업에 따른 청구권은 3년간 행사하지 아니하면 시효로 소멸한다(자배법 제41조).

[대법원 2019. 7. 4, 선고 2018다304229 판결]

〈주요 판시내용〉

자동차손해배상보장법 제19조 제3항은, 의료기관의 보험회사에 대한 자동차보험진료수가 청구에 관한 건강보험심사평가원의 심사결과를 통보받은 보험회사와 의료기관이 통보받은 날로부터 30일 이내에 자동차보험진료수가분쟁심의회에 심사를 청구하지 아니하면 보험회사와 의료기관은 그 기간이 끝나는 날에 의료기관이 지급 청구한 내용 또는 심사결과에 합의한 것으로 본다고 규정하고 있다. 위 법률조항은, 자동차보험진료수가를 둘러싼 보험회사와 의료기관 사이의 분쟁을 조속히 마무리하여 교통사고 피해자의 적절한 진료를 보장하기 위한 것이고, 교통사고로 인하여 발생한 보험회사와 피해자 사이의 법률관계를 규율하기 위한 것은 아니다. 따라서 보험회사가 건강보험심사평가원의 심사결과에 따른 진료비를 의료기관에 지급함으로써 보험회사와 의료기관 사

---

193) 김성완, "책임보험에서의 가불금청구권에 관한 고찰", 저스티스 통권 제143호, 2014, 72-73면 및 95면.
194) 자배법시행령 제10조(가불금액 등) ① 법 제11조 제1항에서 "대통령령으로 정하는 금액"이란 피해자 1명당 다음 각 호의 구분에 따른 금액의 범위에서 피해자에게 발생한 손해액의 100분의 50에 해당하는 금액을 말한다. 〈개정 2009. 12. 31, 2020. 2. 25.〉 1. 사망의 경우: 1억5천만원 2. 부상한 경우: 별표 1에서 정하는 상해 내용별 한도금액 3. 후유장애가 생긴 경우: 별표 2에서 정하는 신체장애 내용별 한도금액; 김성완, 전게논문, 89-92면.
195) 보험금의 지급청구절차에 대해서는 자배법시행령 제7조에서 정하고 있다.

이에 위 법률조항에서 정한 합의간주의 효력이 발생하더라도, 보험회사가 의료기관에 지급한 진료비 중 당해 교통사고와 상당인과관계가 인정되지 않는 상해 등의 치료를 위하여 지급된 금원 상당액은 피해자가 보험회사에 대한 관계에서 법률상 원인 없이 이득을 얻었다고 봄이 타당하므로, 보험회사는 피해자에게 그 부당이득의 반환을 구할 수 있다.

(3) 교통사고 가해자측 보험자에 대한 국민건강보험공단의 대위구상

예를 들어 피해자의 과실비율이 90%이고 가해자의 과실비율이 10%인 경우에 국민건강보험공단이 피해자의 손해에 대해 10% 책임을 부담하는 가해자의 보험자에게 행사할 수 있는 대위구상 금액은 피해자의 과실상계를 적용한 금액이 아니라 책임보험금 한도로 그 진료비 해당액 전액이 된다. 자배법시행령 제3조 제1항 제2호 단서196) 규정은 피해자가 입은 손해 중 그의 과실비율에 해당하는 금액을 공제한 손해액이 이 규정의 진료비 해당액에 미달하는 경우에도 교통사고로 인한 피해자의 치료 보장을 위해 그 진료비 해당액을 손해액으로 보아 이를 책임보험금 한도액의 범위 내에서 책임보험금으로 지급하라는 취지라고 판단하였다.197) 피해자에게 보험급여를 지급한 국민건강보험공단은 피해자를 대위하여 가해자의 손해배상책임액을 한도로 하여 보험급여액에 가해자의 과실비율을 곱한 금액을 가해자에게 구상할 수 있다.198) 자배법시행령 제3조에 따라서 피해자는 사고 발생에 기여한 자기 자신의 과실의 유무나 그 정도에 불구하고 부상급수별 책임보험금 한도 내 진료비 해당액을 책임보험금으로 청구할 수 있고, 국민건강보험공단은 피해자가 갖는 책임보험자에 대한 직접청구권을 대위취득하여 그 동일성을 유지한 채 책임보험자에게 행사할 수 있기 때문에, 국민건강보험공단의 구상금액이 가해자 개인에게 구상할 수 있는 금액보다 높아질 수 있다. 199) 한편 가해자의 책임보험자가 피해자에게 향후치료비와 위자료 명목의 합의금을 지급했다면 가해자의 책임보험자가 지급한 위자료 등은 국민건강보험공단의 급여와 상호관련성이 없으므로 구상액 산정시 감안하여야 한다고 판단하

---

196) 자배법시행령 제3조(책임보험금) ①법 제5조 제1항에 따라 자동차보유자가 가입하여야 하는 책임보험 또는 책임공제(이하 "책임보험등"이라 한다)의 보험금 또는 공제금(이하 "책임보험금"이라 한다)은 피해자 1명당 다음 각 호의 금액과 같다. 〈개정 2014. 2. 5, 2014. 12. 30.〉 2. 부상한 경우에는 별표 1에서 정하는 금액의 범위에서 피해자에게 발생한 손해액. 다만, 그 손해액이 법 제15조 제1항에 따른 자동차보험 진료수가에 관한 기준에 따라 산출한 진료비 해당액에 미달하는 경우에는 별표 1에서 정하는 금액의 범위에서 그 진료비 해당액으로 한다.

197) 대판 2022. 2. 10, 2010다261117.

198) 대판 2021. 3. 18, 2018다287935(전원합의체 판결). 이 판결 이전에는 가해자의 책임금액 이내에서 공단이 지급한 보험급여 전액에 대해 가해자에게 구상(과실상계 후 공제방식)할 수 있었으나, 동 판결 이후부터는 공단이 지급한 보험급여액에 가해자의 과실비율을 곱한 금액만을 가해자에게 구상(공제후 과실상계 방식)할 수 있다. 이준교, "2022년 손해보험 분쟁 관련 주요 대법원 판결 및 시사점(상)", 손해보험 2023년 1월호, 손해보험협회, 35면.

199) 이준교, "2022년 손해보험 분쟁 관련 주요 대법원 판결 및 시사점(상)", 손해보험 2023년 1월호, 손해보험협회, 34면.

였다.200)

(4) 동일사고로 사망보험금과 후유장해보험금이 각각 지급되는가?

하나의 보험계약에 장해보험금과 사망보험금이 함께 규정되어 있는 경우, 사망보험금은 사망을 지급사유로 하는 반면 장해보험금은 생존을 전제로 한 장해를 지급사유로 하는 것이므로, 일반적으로 동일한 사고로 인한 보험금은 그중 하나만을 지급받을 수 있을 뿐이라고 보아야 한다. 다만 보험계약에서 중복지급을 인정하는 별도의 규정을 두고 있는 등 특별한 사정이 있는 경우에는 장해보험금과 사망보험금을 각각 지급받을 수 있다. 이 경우 사고로 인한 장해상태가 회복 또는 호전을 기대하기 어렵거나 또는 호전가능성을 전혀 배제할 수는 없지만 기간이 매우 불확정적인 상태에 있어 증상이 고정되었다면 장해보험금의 지급을 청구할 수 있고, 그 증상이 고정되지 아니하여 사망으로의 진행단계에서 거치게 되는 일시적 장해상태에서 치료를 받던 중 사고와 인과관계가 있는 원인으로 사망한 경우에는 그 사이에 장해진단을 받았더라도 장해보험금이 아닌 사망보험금을 지급받을 수 있을 뿐이다. 이때 사고 이후 사망에 이르기까지의 상태가 증상이 고정된 장해상태인지 사망으로의 진행단계에서 거치게 되는 일시적 상태인지는 장해진단으로부터 사망에 이르기까지의 기간, 사고로 인한 상해의 종류와 정도, 장해부위와 장해율, 직접사인과 장해의 연관성 등 관련 사정을 종합적으로 고려하여 판단해야 한다는 것이 대법원의 태도이다.201)

[대법원 2022. 3. 17. 선고 2021다284462 판결]

〈사실관계〉

甲과 그 배우자인 乙이 피공제자를 甲으로 하여 丙 보험회사와 체결한 각 공제계약의 약관에서 사망공제금과 일반후유장해공제금을 함께 규정하면서 '하나의 사고로 사망공제금 및 일반후유장해공제금을 지급하여야 할 경우 이를 각각 지급한다.'고 정하고 있는데, 甲이 교통사고로 '외상성 뇌출혈(지주막하, 경막하 출혈), 오른쪽 팔의 외상성 절단 등'의 상해를 입고 오른쪽 팔에 단단성형술을 시행받은 후 외상성 뇌출혈에 따른 뇌부종으로 사망하자, 乙 및 자녀들인 丁 등이 丙 회사를 상대로 사망보험금과 일반후유장해공제금의 지급을 구했다.

〈주요 판시내용〉

甲이 위 사고로 '외상성 뇌출혈, 외상성 뇌부종, 오른쪽 팔의 외상성 절단 등'의 상해를 입었고, 다음 날 오후 오른쪽 팔에 대하여는 접합 수술이 불가능하여 단단성형술을 시행한 사실, 甲이 그 다음 날 사망하였는데 직접사인은 외상성 뇌출혈에 따른 뇌부종인 사실에 비추어 보면, 甲은 사고로 오른쪽 팔 절단상을 입고 접합 수술이 불가능하여 단단성형술을 시행받은 직후 '팔의 손목

200) 대판 2022. 2. 10, 2010다261117.
201) 대판 2022. 3. 17, 2021다284462.

이상을 잃는 장해상태'에 처하게 되었고, 그 장해상태는 치료의 가능성이 전혀 없이 증상이 고정된 것이며, 그 직후 甲이 사망하였지만 사망 경위가 위 장해상태와는 관련이 없는 외상성 뇌출혈로 인한 뇌부종이었으므로, 위 장해상태를 사망으로의 진행단계에서 거치게 되는 일시적 증상이라고 보기는 어려운데도, 甲이 입은 오른쪽 팔 절단으로 인한 상해를 고정된 상태가 아니라고 보아 일반후유 장해상태에 있었다고 볼 수 없다고 판단한 원심판결에는 법리오해의 잘못이 있다.

그런데 중복지급 약관규정은 동일한 원인에 의한 것이라면 장해 또는 사망보험금 중 하나만을 지급해야 한다는 일반 원칙에 부합하지 않는 것이어서 해석상의 논란을 야기할 수 있다. 장해상태로 장기간 있다가 사망한 경우에 사망의 원인을 두고 분쟁이 있을 수 있어 이를 방지하기 위해 사고와 사망 간의 인과관계를 묻지 않고 유가족을 위해 사망보험금을 추가로 지급하겠다는 취지로 보여진다. 그러나 사고와 사망 간에 인과관계가 인정되지 않는 경우까지도 이미 지급한 후유장해보험금 외에 사망보험금을 추가로 지급하는 것이 타당한지는 의문이다.202) 이는 결국 다른 사람이 체결하게 될 동일 내용의 보험계약의 보험료 인상을 가져올 수 있기 때문이다.

7. 자동차손해배상보장사업

자배법에 기초한 대인배상 I 의 취지는 자동차사고로 인해 타인이 인적손해를 당한 경우에 최소한의 보상을 법률로 보장함으로써 피해자를 보호하려는 것이다. 자배법상 자동차의 운행으로 인한 피해자는 보험자에게 보험금을 청구하기 위해 가해자의 주소, 성명, 사고자동차의 종류, 등록번호 등을 청구서에 기재하여야 한다.203) 그런데 소위 '뺑소니사고'와 같이 가해자를 알 수 없거나 가해자동차를 알 수 없는 경우 또는 가해자를 안다고 해도 그가 대인배상 I 에 가입하지 않았고 배상능력도 없는 경우에 피해자는 보호를 받을 수 없게 된다. 이러한 상황에서도 피해자를 보호하기 위해 정부가 주체가 되어 자동차손해배상보장사업을 시행하고 있으며 국토교통부가 주무관청으로서 그 업무를 관장한다. 피해자의 손해를 대인배상 I 한도 안에서 보상하는 것을 주된 내용으로 하며, 법률상 강제되는 자동차책임보험제도를 보완하려는 것이다.204)

자동차손해배상보장사업의 취지를 고려하면 보상금 지급시를 기준으로 하여 현출된 자료 및 보장사업에 관한 업무를 정부로부터 위탁받은 보장사업자가 확인 가능한 자료를

---

202) 同旨: 이준교, "2022년 손해보험 분쟁 관련 주요 댑접원 판결 및 시사점(상)", 손해보험, 2023년 1월호, 손해보험협회, 41면.
203) 자배법시행령 제7조 제1항.
204) 대판 2005. 4. 15, 2004다35113; 대판 2005. 4. 15, 2003다62477.

통해 자동차보유자를 알 수 없는 자동차의 운행으로 인한 사고라고 판단했다면 보장사업
자는 피해자에게 보상금을 지급할 의무가 있으며, 보상금 지급 후 가해 자동차보유자가
판명되었다 하더라도 보장사업자가 자배법상의 보상금지급의무를 면하는 것으로 볼 것은
아니다.205) 정부는 그 보상금액의 한도에서 자배법 제3조에 따른 손해배상책임이 있는 자
에 대한 피해자의 손해배상 청구권을 대위행사 할 수 있다(자배법 제39조 제1항).

8. 자율주행자동차 사고와 자배법 적용 문제206)

(1) 자율주행자동차의 개념

차선, 도로상의 표지판, 주행정보, 장애물, 신호등과 같은 도로 주변의 주행 환경과 다
른 차량이나 보행자 등 주변 물체를 차량에 장착된 카메라와 레이더(Radar), 라이더
(LiDAR) 등이 인지하여 그 영상과 데이터 신호를 컴퓨터가 분석하고 일정한 알고리즘을
형성하여 운전자에 의한 인위적인 운전행위 없이도 자동차의 속도와 방향을 제어하면서
입력된 목적지까지 차체에 장착된 자율주행시스템에 의해 스스로 주행하게 되는 자동차를
자율주행 자동차라고 한다.207) 자동차관리법 제2조 1의3호에서 자율주행자동차란 운전자
또는 승객의 조작없이 자동차 스스로 운행이 가능한 자동차를 말한다고 규정하고 있다.

(2) 자율주행 기술단계에 의한 자율주행자동차 분류

자율주행자동차를 분류하는 기준의 하나로 미국 도로교통안전국(NHTSA, National
Highway Traffic Safety Administration)의 분류기준이 널리 사용되고 있다. 레벨 0-레벨 4
로 분류하고 있는데, 현재 자율주행자동차와 관련하여 기술 개발과 시범 운행이 이루어지
고 있는 것이 레벨 3과 레벨 4단계이다. 레벨 0-레벨 2단계는 현재 사용되는 일반 차량을
말하며 이 단계에서의 차량 사고에 대해서는 이미 자배법을 기초로 하는 현재의 배상책임
법리가 적용된다. 새롭게 배상책임 법리에 관한 논의가 특별히 필요한 것은 자율주행모드
와 수동주행모드에 의한 운행이 모두 가능한 레벨 3단계 중에서 자율주행을 위한 조건을
충족한 정상적인 자율주행모드에서 야기된 사고라 할 수 있다. 완전자율주행이 가능한 레
벨 4단계에서의 사고에 대해서는 제조물책임의 문제로 해석될 가능성이 높다. 또 다른 분
류에서는 레벨 5를 별도로 두고 있는데, 레벨 4와 달리 레벨 5는 조건이나 장소의 제약없

---

205) 대판 2012. 1. 27, 2011다77795.
206) 이에 대해서는 박세민, "레벨 3 자율주행자동차의 자율주행모드시 사고에 다른 민사상 책임법리의 해
     석에 대한 연구", 기업법연구 제33권 제1호, 2019. 3, 49-77면 참조.
207) 이충훈, "자율주행자동차의 교통사고에 대한 민사법적 책임", 법학연구 제19권 제4호, 인하대학교 법학
     연구소, 2016. 12, 141면; 한민홍, "무인자동차의 기술 및 동향", 로봇공학회지 제5권 제3호, 한국로봇학회,
     2008.

이 자율주행이 이루어진다는 차이가 있다.

(3) 레벨 3 자율주행자동차 사고와 자배법상의 책임

자율주행모드 운전을 위해 요구되는 각종 조건과 환경을 충족한 상태에서 자율주행모드로 운행하던 중 시스템에 의한 비상상황 경고에 따라 운전자가 운전에 개입한 이후의 사고 또는 처음부터 수동모드로 운전을 하다가 야기된 사고에 대해서만 현행 자배법상의 운행지배 개념 및 운행자책임을 인정할 것인지, 아니면 운전 개입이 없는 상황 즉 조건이 충족된 정상적인 자율주행 모드에서 사고가 발생했더라도 자배법상의 운행자책임을 현재와 똑같이 적용하는 것으로 해석할 것인지가 핵심적인 쟁점 사항이다

(가) 자배법 전면 적용 인정

자율주행자동차의 보유자는 수동모드로 운행이 되는 경우뿐만 아니라 자율주행모드로 운행이 되는 경우에도 운행이익과 운행지배의 귀속주체가 될 수 있다고 해석하는 입장으로 현재 통설적 견해이다.[208] 따라서 레벨 3단계에서의 사고는 그 사고가 수동운전 중인지 아니면 자율주행 상태였는지를 구분하지 않고 자배법상의 운행자책임을 적용하게 된다.

(나) 자배법 전면 적용 부정

자배법 적용을 주장하는 통설적 견해에 반대하면서 레벨 3단계의 자율주행모드에서의 사고에 자배법을 전면적으로 적용해서는 안된다는 입장이다. 현행 자배법상 운행지배와 운행이익 개념은 보유자나 운전자 등 사람에 의한 운전행위가 실제로 이루어진다는 사실 위에 관념적으로 만들어진 개념이다. 다시 말해 자배법이 제정된 이래 운행지배나 운행이익은 차량소유자나 차량을 정당하게 사용할 권한이 있는 자 또는 무단운전이나 절취운전자 등 사람이 대인배상Ⅰ의 피보험자동차를 실제로 운전하다가 사고가 야기되었다는 점이 전제가 된 개념이다. 이러한 전제 하에서 운행지배나 운행이익 개념을 추상적으로 또는 관념적으로 확장하여 그동안 해석해 왔던 것이다.

이를 고려할 때 사람에 의해 움직이게 되는 전통적인 자동차와는 완전히 다른 개념인 자율주행자동차의 자율주행모드의 경우에까지도 자배법상의 운행자책임을 동일하게

---

208) 이제우/명순구, "자율주행자동차의 등장과 민사책임법의 변화", 고려법학 제86호, 2017. 9, 387-388면; 이중기/황창근, "3단계 자율주행차 사고와 책임의 구조: 우버 자율주행차 사고를 중심으로", 중앙법학 제20집 제3호, 2018. 9, 중앙법학회, 17-18면, 20면; 김규옥/문영준/조선아/이종덕, "자율주행자동차 윤리 및 운전자 수용성 기초연구", 한국교통연구원, 2016, 205면; 박은경, "자율주행자동차의 등장과 자동차보험제도의 개선방안", 법학연구 통권 제64호, 2016, 한국법학원, 111면; 황현아, "레벨 3 자율주행차 도입에 따른 배상책임법제 개선 방안", KiRi 리포트, 2018. 8. 29, 보험연구원, 7-9면; 이충훈, "자율주행자동차의 교통사고에 대한 민사법적 책임", 법학연구 제19권 제4호, 인하대 법학연구소, 2016. 12, 151면, 157면, 164면; 지광운, "자율주행차의 발전에 따른 자동차보험관련 법제의 개선방안에 관한 연구", 법학논문집 제41집 제2호, 2017, 중앙대학교 법학연구원, 138면.

해석하고 적용하는 것에 대해서는 비판의 여지가 있다. 자율주행자동차가 가지는 일반자동차와의 근본적인 차이점은 긴급상황 또는 자의에 의한 수동운전 등 예외적인 경우를 제외하고는 자연인인 사람의 운전행위나 운전개입이 없다는 점이다. 자율주행시스템에 의해 100% 차량 운행이 통제되고 제어되는 것이다. 운전자가 자율주행모드를 선택하기 위해서는 날씨, 도로나 교통상황, 지역조건, 제한속도 등 레벨 3단계에서 요구되는 자율주행 조건을 충족시켜야 한다.209) 자율주행자동차를 개발 중인 해외 유명 자동차제조회사는 자율주행차량의 사고에 대해서는 자신들이 모든 책임을 지겠다고 선언하기도 했다. 정상적인 자율주행모드에서의 운행은 자율주행시스템이 100% 실제로 담당하는 것이고 탑승한 사람은 전혀 운전에 개입하지 않을 뿐만 아니라, 일반자동차의 운전시 요구되는 전방주시의무 등도 부과되지 않는다. 다만 긴급상황시 수동모드로 신속하게 전환할 대기 의무만이 부과되는 것으로 해석되고 있다. 이와 같이 자율주행모드중의 자율주행차량은 사람에 의해 차량이 운행되는 경우와 근본적인 차이가 있다. 탑승한 운전자가 언제든지 수동모드로 전환할 수 있다고 해서 이것이 운행지배의 근거가 될 수는 없다고 할 것이다.

   적어도 조건이 충족된 정상적인 자율주행모드에서 사고가 발생한 경우에 사고 발생 당시 보유자나 운전자는 차량의 운행 자체에 대한 통제와 관리를 전혀 하지 못하고 있는 것으로 해석해야 한다. 사고 발생시점에서 보유자가 자율주행중의 차량에 대한 운행지배를 가진 것은 아니라는 것이다. 자율주행모드에서의 사고의 원인은 운전자에 의한 운전상 주의의무 위반이 아니라 자율주행시스템의 오작동 등이 될 것으로 예상된다. 현행 자배법 상의 법리를 자율주행모드시의 사고에 대해서도 그대로 적용해야 한다는 견해에 따르면 자율주행자동차 보유자의 보험회사는 피해자에게 먼저 보상을 한 후에 자율주행자동차 제조회사에게 구상을 해야 하는데, 실무상 자동차 제조회사를 상대로 차량의 결함을 입증하여 구상을 하는 것이 대단히 어려운 것이 사실이다. 일반 자동차 급발진 사고의 차량결함 입증의 인정 여부에 대한 그 동안의 법원의 경향을 보면 그 입증이 얼마나 어려운 것인지를 쉽게 알 수 있다. 즉 자율주행모드에서의 사고에 대해서도 자배법을 적용해야 한다는 주장은 '선보상 후구상' 방식을 강조하고 있으나, 실무상 '선보상 후구상' 방식은 입증책임의 주체와 입증의 정도 등에 대한 대대적인 입법상의 변화가 있지 않는 한 공평한 책임귀속을 가져오지 못한다고 여겨진다.210)

   (다) 새로운 책임 법리의 필요성
   피해자에게는 현행 자배법상의 운행자책임과 마찬가지의 동일한 수준의 배상이 이루

---

209) 미국에서는 도로교통안전국이 가이드라인에서 제시한 자율주행이 가능한 조건(Operational Design Do-main, ODD)을 준수하여야만 자율주행이 가능하도록 하고 있다. 황현아, "레벨 3 자율주행차 도입에 따른 배상책임법제 개선 방안", KiRi 리포트, 2018. 8. 29, 보험연구원, 6면.
210) 박세민, 전게논문, 63-68면.

어져야 함은 당연하다. 이 것만 보장된다면 자율주행자동차라는 새로운 교통수단에 적합한 새로운 배상책임 체계를 시도하는 것이 가능한데 그 새로운 시도로써 제조물책임보험을 의무보험과 임의보험 방식으로 운용하는 것을 고려할 수 있다. 레벨 3 단계의 자율주행모드에서는 의무보험으로서의 제조물책임보험을 통해 제조회사가 자배법과 동일한 유한 배상책임 범위 내에서 무과실책임에 가까운 배상책임을 1차적으로 피해자에게 부담하도록 하는 것을 고려해볼 수 있다. 이를 위해서는 제조물책임법 및 제조물책임보험상의 면책조항의 개정이 요구된다고 하겠다. 자율주행 조건을 충족하지 못했음에도 불구하고 인위적으로 자율주행모드를 선택했거나, 수동운전으로의 전환이 요구되었음에도 불구하고 자율주행모드로 운행하다가 발생한 사고 및 자의에 의한 수동운전시의 사고에 대해서는 현행 자배법상의 보유자 운행자책임을 그대로 적용할 수 있을 것이다.211)

Ⅵ. 대인배상 Ⅱ

　가입이 강제되는 대인배상 Ⅰ과 달리 대인배상 Ⅱ는 그 가입이 보험계약자 측의 자유로운 선택에 맡겨져 있는 임의보험이다. 따라서 대인배상 Ⅱ에는 사적자치의 원칙이 적용된다.212) 대인배상 Ⅱ에 가입하면 운전 중의 사고로 상해사고가 발생하거나 재물손해를 야기한 운전자에 대한 형사소추가 금지되도록 함으로써 그 가입을 적극적으로 유도하고 있다. 다시 말해 교통사고처리특례법상 처벌 특례에 따라 교통사고 피해자가 처벌을 원하지 않거나 가해자가 자동차종합보험에 가입한 경우에는 공소를 제기할 수 없으므로 가해운전자는 형사처벌을 면할 수 있게 된다. 다만 모든 운전사고에 대해 형사소추가 금지되는 것은 아니며 사망사고, 중상해사고, 뺑소니사고 등 교통사고처리특례법이 따로 정한 사고에 대해서는 형사소추가 가능하다. 또한 이른바 교통사고처리특례법상의 12대 중과실213)에 대해서도 이러한 처벌 특례가 배제된다(교통사고처리특례법 제3조 및 제4조). 자배법에 기초한 대인배상 Ⅰ은 운행자책임으로서 무과실책임에 가깝다고 할 수 있다. 반면에 대인배상 Ⅱ에서는 피보험자의 제3자에 대한 손해배상책임의 법적 근거가 상법 및 자동차보험 표준약관이며, 따라서 보험자가 보상하게 되는 피보험자의 책임범위가 자배법과는 다르다. 대인배상 Ⅱ에는 민법상의 불법행위책임과 사용자책임이 포함되기 때문에 민법 제750조 이

---

211) 박세민, 전게논문, 66면.
212) 대판 1993. 9. 14, 93다10774.
213) 신호/지시위반, 중앙선 침범 및 불법유턴, 제한속도 20㎞ 초과, 앞지르기 등 위반, 철길건널목 통과위반, 횡단보도 사고, 무면허운전, 음주운전, 보도횡단방법 위반, 승객의 추락방지의무 위반(개문발차), 스쿨존 위반, 화물고정장치 위반. 교통사고처리특례법 제3조 제2항 단서.

하의 규정이 적용되기도 한다.214) 임의책임보험에서도 피해자는 보험자에게 직접청구권을 행사할 수 있는데 그 근거는 자배법 제10조가 아니라 상법 제724조 제2항이다.

1. 적용범위와 지급보험금

대인배상 Ⅰ에서는 자배법상의 운행자책임을 보험목적으로 했지만, 대인배상 Ⅱ에서의 보험목적 범위는 이 보다 더 광범위하다. 대인배상 Ⅱ는 피보험자동차에 의한 인적사고로 인해 피보험자가 부담하게 되는 법률상의 손해배상책임을 보험목적으로 한다. 여기에서의 법률상 손해배상책임에는 자배법상의 운행자책임은 물론, 민법상의 불법행위책임 및 사용자책임도 포함된다. 대인배상 Ⅱ에서의 보험사고를 피보험자동차의 '운행'중의 인적사고로 제한하지 않기 때문이다.215)

(1) 적용범위

(가) 피보험자가 운행자책임을 지는 경우

대인배상 Ⅱ가 보상하는 손해는 대인배상 Ⅰ에서 보상하는 손해를 초과하는 손해로 한정한다. 피보험자가 자배법 제3조에 따른 운행자책임을 지게 되면 피보험자는 대인배상 Ⅰ에서 보상하는 손해를 초과하는 손해에 대해서 보험자에게 대인배상 Ⅱ의 보상청구를 할 수 있다. 대인배상 Ⅱ는 보험기간 중 피보험자가 피보험자동차의 소유·사용·관리 중에 발생한 피보험자동차 사고로 타인이 사망하거나 상해를 입어 과실 있는 피보험자가 피해자에게 법률상 손해배상책임을 짐으로써 입은 손해 중 대인배상Ⅰ로 지급되는 금액 또는 피보험자동차가 대인배상Ⅰ에 가입되어 있지 아니한 경우에는 대인배상Ⅰ로 지급될 수 있는 금액을 넘는 손해에 대하여 그 초과손해를 약관에서 정하는 바에 따라 보험자가 보상하는 책임을 부담하는 것을 말한다. 이는 피보험자가 법률상 손해배상책임을 부담함으로써 입은 손해 중 대인배상Ⅰ로 지급되거나 지급될 수 있는 금액이 있으면 이를 보험자가 보상할 금액에서 공제하고 그 나머지만을 보상한다는 취지이다.216)

(나) 피보험자가 불법행위책임을 지는 경우

피보험자가 피해자에 대해 자배법상의 운행자책임을 부담하지 않아서 대인배상 Ⅰ이 적용될 여지가 없는 경우에 피보험자는 민법상 불법행위책임으로 인한 손해 전부를 대인배상 Ⅱ에서 보상받을 수 있다. 대인배상 Ⅱ는 피보험자가 피해자에 대하여 자배법에 의한 손해배상책임을 지지 아니하고 민법상의 불법행위로 인한 손해배상책임만을 부담(예

---

214) 대판 1997. 6. 10, 95다22740. 양승규, 411면; 서헌제, 229-230면.
215) 한기정, 710면.
216) 대판 2000. 10. 6, 2000다32840.

를 들어 절취운전에서 자동차보유자의 운행자성이 부정되더라도 차량이나 열쇠의 관리상 과실이 인정되어 민법상의 불법행위책임을 부담하게 되는 경우)하는 관계로 대인배상 Ⅰ이 적용될 여지가 없어서 대인배상Ⅰ로 지급되거나 지급될 수 있는 금액이 전혀 없는 경우에까지 대인배상Ⅰ이 적용될 경우를 가상하여 산정한 금액을 공제하고 이를 초과하는 손해만을 보상한다는 취지는 아니다. 이러한 경우에는 다른 특별한 사정이 없는 한 피보험자가 법률상 손해배상책임을 짐으로써 입은 손해의 전부를 대인배상Ⅱ로 보상받을 수 있다고 해석된다.217)

[대법원 2017. 6. 15. 선고 2013다215454 판결]

〈주요 판시내용〉

甲 보험회사가 乙 주식회사 등과 자동차손해배상보장법상 '자동차'에 해당하지 않는 타이어식 지게차에 관하여 담보내용을 '대인배상Ⅰ·Ⅱ 및 대물배상 등'으로 하는 보험계약을 체결하면서, 보험약관에 '대인배상Ⅱ는 대인배상Ⅰ에 가입하는 경우에 한하여 가입할 수 있다', '대인배상Ⅰ은 자동차손해배상보장법에 의한 자동차손해배상책임에 한한다', '대인배상Ⅱ는 대인배상Ⅰ로 지급되는 금액 또는 피보험자동차가 대인배상Ⅰ에 가입되어 있지 아니한 경우 대인배상Ⅰ로 지급될 수 있는 금액을 공제한 금액을 보상한다'는 내용의 규정을 둔 사안에서, 위 지게차에 대해서도 자동차손해배상보장법이 적용되는 건설기계와 동일하게 취급하여 대인배상Ⅰ·Ⅱ의 보상책임을 보장하는 내용의 자동차보험계약을 체결할 수 있고, 다만 보험약관에서 정한 대인배상Ⅰ과 대인배상Ⅱ의 보상 내용을 고려하면 위 보험계약은 계약 체결 당시 甲 회사와 乙 회사 등이 지게차 사고로 피보험자들이 자동차손해배상보험법에 따른 손해배상책임 외의 손해배상책임을 짐으로써 손해가 발생한 경우 이를 모두 대인배상Ⅱ에 포함시켜 보상하기로 약정한 것이다.

(다) 보험사고, 피보험자 등

① 보험사고   보험계약자가 임의로 가입하는 대인배상Ⅱ는 대인배상Ⅰ의 가입이 있어야 체결할 수 있다. 인적손해의 원인이나 보험사고의 범위가 운행 및 운행자를 핵심요건으로 하는 대인배상 Ⅰ과는 달리 대인배상Ⅱ는 피보험자동차의 소유·사용·관리 중에 발생한 피보험자동차 사고를 대상으로 한다.218)

[대법원 2008. 11. 27. 선고 2008다55788 판결]

〈주요 판시내용〉

피보험자의 지시에 따라 도로 갓길에 주차된 피보험자동차에서의 하역작업을 하던 사람이 교통

---

217) 대판 2000. 10. 6, 2000다32840; 대판 2017. 6. 15, 2013다215454.
218) 임용수, 418면; 장덕조, 414-415면.

사고를 당한 사안에서, 위 사고는 자동차의 운행중의 사고에 해당할 뿐만 아니라 피보험자동차의 소유, 사용, 관리중에 피보험자의 책임 있는 사유로 발생한 사고로서 자동차종합보험약관이 정하는 보험사고에 해당한다. 즉 대인배상 Ⅱ가 부보하는 사고 범위에 포함된다.

    ② 피보험자   대인배상 Ⅱ는 피보험자동차의 소유, 사용, 관리 중의 사고를 대상으로 하기 때문에 피보험자의 범위가 확대될 수밖에 없다. 대인배상 Ⅱ에서의 피보험자에는 대인배상 Ⅰ과 마찬가지로 기명피보험자, 친족피보험자, 승낙피보험자, 사용피보험자, 운전피보험자가 있다. 다만 대인배상 Ⅰ과 달리 대인배상 Ⅱ에서는 자동차정비업, 대리운전업, 주차장업, 급유업, 세차업, 자동차판매업, 자동차탁송업 등 자동차를 취급하는 것을 업으로 하는 자(이들의 피용자 및 이들이 법인인 경우에는 그 이사와 감사를 포함)[219]가 업무로서 위탁받은 피보험자동차를 사용 또는 관리하는 경우에 이들을 승낙피보험자 또는 운전피보험자로 보지 않는다. 비록 이들이 차량소유자로부터 차량 사용에 대한 승낙을 얻었다고 해도 자동차취급업자는 자동차취급업자종합보험이라는 별도의 보험상품에 가입해야 한다. 이들은 자신들의 영업을 하는 것이므로 차량소유자가 가입한 자동차보험으로부터 피보험자 지위(승낙 또는 운전피보험자)를 취득하고 그 혜택을 누리도록 하는 것이 합리적이지 못하기 때문이다.

[대법원 1997. 6. 10. 선고 95다22740 판결]

〈사실관계〉

  피고 보험회사는 택시의 사고로 다른 사람을 사상하게 하여 택시회사가 법률상 손해배상책임을 짐으로써 입은 손해에 대하여 소송이 제기되었을 경우에는 법원의 확정판결에 의하여 택시회사가 배상하여야 할 금액을 보상하기로 하는 내용의 대인배상책임보험을 포함하는 영업용 자동차종합보험계약을 택시회사와 체결하였다. 그런데 택시운전사가 원고들을 태우고 운행하던 중 택시 조수석 아래에서 폭발물이 폭발하여 원고들이 부상을 입었다. 조사 결과 폭발물은 택시운전사들이 업무교대를 하는 과정에서 아무런 시정장치 없이 택시를 회사 부근에 방치한 사이에 설치된 것으로 밝혀졌다. 이에 원고들이 피고회사를 상대로 보험금을 청구하였고 피고회사는 이 사고는 자동차손해배상보장법상 자동차 보유자가 책임져야 하는 사고가 아니므로 보험금을 지급할 수 없다고 항변하였다.

〈주요 판시내용〉

  보험약관 제9조 제1항 제1호는 "회사는 피보험자가 피보험자동차의 사고로 남을 죽게 하거나 다치게 하여 법률상 손해배상책임을 짐으로써 입은 손해를 보상한다"고 규정하고, 같은 항 제2호는 위 보상의 범위를 자동차손해배상책임보험(이하 '강제책임보험'이라 한다)으로 지급되는 범위를

---

219) 이들을 실무상 자동차취급업자라 부르고 있다.

넘는 손해로 규정하고 있으므로, 위 약관에 의하여 보험자가 보상할 피보험자의 '법률상 손해배상 책임'의 범위는 강제책임보험과는 달리 자동차손해배상보장법상의 자동차 보유자의 손해배상책임에 한정되는 것이 아니라, 민법상의 일반 불법행위책임, 사용자책임 등을 포함한다고 보는 것이 상당할 것이다. 그러므로 택시 기사가 택시를 주차시키면서 열쇠를 차 안에 꽂아 두거나 시정장치를 하지 아니하여 성명불상자로 하여금 택시에 폭발물을 설치하도록 방치한 과실로 말미암아 폭발물이 폭발하여 승객이 다친 경우, 보험자는 피보험자가 피해자에 대하여 부담하는 사무집행상의 과실로 말미암아 발생한 손해에 대하여 직접 배상할 책임이 있다. 즉 피고 보험회사는 원고들에게 상법 제724조 제2항에 의하여 위 택시의 사용 또는 관리상의 사무집행에 관한 택시운전사의 과실로 인한 위 사고로 말미암아 원고들이 입은 손해를 직접 배상할 책임이 있다.

(2) 지급보험금

㈎ 보험금 지급기준

보험계약자는 대인배상 Ⅱ에 있어서 무한배상책임보험과 유한배상책임보험을 선택할 수 있다. 그런데 일반적으로 보험증권에 대인배상 Ⅱ의 보험금액이 기재되지 않고 무한으로 기재되고 있기 때문에 보험자의 보상액은 피해자의 소득금액 등에 따라 피해자마다 다르게 지급된다.[220] 대인배상 Ⅱ에서 보험자는 약관의 보험금지급기준에 의해 산출한 금액과 비용을 합한 액수에서 대인배상 Ⅰ에 의해 지급되는 금액 또는 대인배상 Ⅰ에 가입되지 않은 경우에는 대인배상 Ⅰ에서 지급될 수 있는 금액을 공제한 후 보험금으로 지급하는데, 대인배상 Ⅱ의 경우 보험증권에 기재된 보험가입금액을 한도로 한다.[221] 피해자와 가해자인 피보험자 사이에 소송 대신에 서면에 의한 합의로 배상액을 결정했다고 하더라도 약관에서 정한 보험금 지급기준에 의하여 산출된 금액을 기초로 한 보험금을 보험자가 지급한다. 그러나 소송이 제기된 경우에는 보험자는 법원의 판결에 의하여 산출된 배상액을 약관의 보험금 지급기준에 의하여 산출한 금액으로 보고 이를 기초로 한 보험금을 지급한다.[222]

대인배상 Ⅱ에 대해서는 민법상의 과실책임원리가 적용되며 따라서 과실비율이 적용된다. 다만 부상을 당한 자에게 지급하는 치료관계비는 과실비율에 상관없이 치료관계비 전액을 지급한다. 약관의 보험금 지급기준에 의해 산출한 금액에 대하여 피해자 측의 과

---

220) 양승규, 414-415면에서는, 무한배상책임보험제도에 비판을 하면서 인적사고에 대한 손해배상책임의 최고한도를 설정해야 한다고 주장한다. 김은경, "자동차책임보험상 대인배상 Ⅱ에서의 무한보상책임의 문제", 보험법연구 제5권 제1호, 2011, 106면도 일정한 한도를 정해야 한다고 주장한다. 초과전보보험에 대해서, 장덕조, "초과전보보험의 법률관계에 관한 연구", 상사법연구 제21권 제3호, 2002, 441-474면; 정찬형, 794면.
221) 자동차보험표준약관 제10조 제1항 및 제4항.
222) 대판 1995. 11. 7, 95다1675. 자동차보험표준약관 제10조 제1항, 제2항 및 제4항

실비율에 따라 상계한 후의 금액이 치료관계비 해당액에 미달하는 경우에는 치료관계비 해당액(입원환자 식대 포함)을 보상한다고 약관에서 규정하고 있다.

[대법원 2019. 8. 14. 선고 2017다217151 판결]

〈사실관계〉
갑 보험회사의 자동차종합보험계약에 가입된 차량과 을 보험회사의 자동차종합보험계약에 가입된 차량 사이에 발생한 교통사고에 관하여 자동차보험 구상금분쟁심의에 관한 상호협정에 따라 구성된 심의위원회가 갑 회사 측 차량 운전자와 을 회사 측 차량 운전자의 과실비율을 정하는 내용의 조정결정을 하여 그 결정이 확정되자, 갑 회사가 조정결정이 정한 대로 구상금을 지급한 다음 을 회사를 상대로 위 사고에 대해 갑 회사 측 차량 운전자는 과실이 전혀 없다며 위 구상금 상당의 부당이득반환을 구했다.

〈주요 판시내용〉
상호협정의 참가자와 적용대상, 조정결정을 하는 심의위원회의 구성과 심의절차 및 불복절차 등을 고려하면, 상호협정은 적법·유효하므로 협정회사들 사이에서 구속력이 있고, 상호협정의 내용상 심의위원회의 조정결정이 일정한 절차를 거쳐 확정된 경우에 당사자 사이에 조정결정의 주문과 같은 내용의 합의가 성립되는데, 이러한 합의는 민법상 화해계약에 해당하므로 여기에는 특별한 사정이 없는 한 민법상 화해계약에 관한 법리가 동일하게 적용될 수 있다. 상호협정의 해석상 조정결정이 확정된 경우에 부제소합의가 성립된 것으로 볼 여지가 있다고 하더라도, 이는 상호협정의 당사자들이 재판청구권을 구체적인 분쟁이 생기기 전에 미리 일률적으로 포기한 것으로서 부제소합의 제도의 취지에 위반되어 무효이며, 부제소합의의 존재를 부정할 수밖에 없다.

(나) 손해배상액 산정과 기왕증

일반적으로 손해배상액을 산정하는 경우에 개별손해 항목별로 손해액을 산정한 후 과실상계나 손익상계 그리고 책임제한 등의 감액사유를 적용하여 최종적인 손해액을 계산하게 된다. 여기에서 개별손해 항목이란 기왕치료비, 향후치료비, 개호비와 같은 적극적 손해 외에 휴업손해나 일실이익 등의 소극적 손해 그리고 위자료로 구성된다.

피해자의 손해배상액을 산정함에 있어 피해자에게 기왕증이 있는 경우에 이를 어떻게 고려할 것인가의 문제가 있다. 자동차보험 표준약관은 기왕증의 기여부분에 대해서는 보험자는 보험금을 지급하지 않는다고 규정하고 있다.[223] 대법원은 최근 판결에서 일실이익 산정시에 기왕증의 기여도를 고려했다면 치료비 산정시에도 이를 반영해야 하며 기왕증을 책임제한사유로 고려했다고 하여 치료비 산정시 기왕증을 별도로 고려하지 않았다면 이는 잘못이라고 판단하였다. 즉 대법원은 위자료를 제외한 적극적 손해 및 소극적 손해에 모두

---

223) 자동차보험 표준약관 〈별표 3〉 과실상계 등. 4. 기왕증.

기왕증을 반영하는 것이 필요하며, 책임제한사유로도 기왕증이 반영될 수 있다고 판단하였다. 위자료를 제외한 개별손해의 모든 항목에 대해 기왕증의 기여도를 고려할 수 있다고 판단한 것이다.224) 이에 대해 기왕증의 기여도를 이중으로 고려하는 결과라는 비판이 있다.225)

대법원은 기왕증의 기여도 참작에 관한 사건에서 가해행위와 피해자 측의 요인이 경합하여 손해가 발생하거나 확대된 경우에는 그 피해자 측의 요인이 체질적인 소인 또는 질병의 위험도와 같이 피해자 측의 귀책사유와 무관한 것이라고 할지라도, 그 질환의 태양·정도 등에 비추어 가해자에게 손해의 전부를 배상하게 하는 것이 공평의 이념에 반하는 경우에는, 법원은 손해배상액을 정하면서 과실상계의 법리를 유추적용하여 그 손해의 발생 또는 확대에 기여한 피해자 측의 요인을 참작할 수 있다고 판시하였다.226) 또 다른 판례에서도 교통사고 피해자의 기왕증이 그 사고와 경합하여 악화됨으로써 피해자에게 특정 상해의 발현 또는 치료기간의 장기화, 나아가 치료종결 후 후유장해 정도의 확대라는 결과 발생에 기여한 경우에는, 기왕증이 그 특정 상해를 포함한 상해 전체의 결과 발생에 대하여 기여하였다고 인정되는 정도에 따라 피해자의 전체 손해 중 그에 상응한 배상액을 부담하게 하는 것이 손해의 공평한 부담을 위하여 타당하고 판시하였다.227)

(3) 형사합의금

보험회사는 피보험자의 법률상 손해배상액뿐만 아니라 각종 비용도 보상하는데 이와 관련하여 당사자간에 많은 분쟁을 야기하는 것이 형사합의금이다. 피해자가 가해자로부터 합의금 명목의 금원을 받고 가해자에 대한 처벌을 원치 않는다는 내용의 합의를 하는 경우가 있는데 이 때 수수하는 금원을 형사합의금이라 한다. 대인배상이나 대물배상에서 형사합의금을 보상대상에 포함시키기로 하는 약정이 있으면 보험자는 보상책임이 있다. 그런데 그러한 약정이 없는 경우라도 형사합의금 명목으로 일정 금액이 수수된 경우 보상범위에 포함되는 경우가 있다. 당사자간 합의 당시 지급받은 금원(형사합의금)을 위자료 명목으로 지급받는 것임을 특별히 명시하였다는 등의 사정이 없는 한, 그 금원은 손해배상금의 일부로 지급된 것으로 볼 수 있고, 이에 따라 보험자의 보상범위에 포함된다는 것이 판례의 입장이다.228)

---

224) 대판 2019. 5. 30, 2015다8902.
225) 최우진, "이른바 형평성에 근거한 손해배상책임제한 실무의 사례유형별 분석과 비판", 고려법학 제94호, 2019, 고려대학교 법학연구원, 173면; 황현아, "2019년 보험 관련 중요 판례 분석(2)" KiRi 보험법리뷰 포커스 2020. 4, 보험연구원, 8-9면.
226) 대판 2010. 2. 11, 2009다85922.
227) 대판 2015. 4. 9, 2014다88383, 88390; 대판 2010. 3. 25, 2009다95714; 대판 1994. 11. 25, 94다1517.
228) 대판 1999. 1. 15, 98다43922; 대판 1996. 9. 20, 95다53942.

[대법원 1996. 9. 20. 선고 95다53942 판결]

〈사실관계〉

교통사고로 구속 기소된 원고는 피해자의 유족들에게 합의금으로 1천만원을 지급하였다. 원고가 이 금액에 대해 피고 보험회사에 보험금을 청구하자 피고 보험회사는 원고가 지급한 위 돈은 자신의 형사책임을 가볍게 하고자 망인의 유족과 형사상 합의를 하면서 지급한 형사합의금이어서 위 사고로 인한 법률상 손해배상책임을 짐으로 인한 손해라 할 수 없다며 보험금 지급을 거절하였다.

〈주요 판시내용〉

불법행위의 가해자에 대한 수사 과정이나 형사재판 과정에서 피해자가 가해자로부터 합의금 명목의 금원을 지급받고 가해자에 대한 처벌을 원치 않는다는 내용의 합의를 한 경우에, 그 합의 당시 지급받은 금원을 특히 위자료 명목으로 지급받는 것임을 명시하였다는 등의 사정이 없는 한 그 금원은 손해배상금(재산상 손해금)의 일부로 지급되었다고 봄이 상당하다고 할 것이다. 따라서 원고가 지급한 형사합의금은 달리 특별한 사정이 없는 한 손해배상금(재산상 손해금)의 일부로 지급되었다고 봄이 상당하다고 할 것이고, 형사합의금은 약관에서 정한 '사고 차의 운행으로 남을 죽게 하거나 다치게 하여 법률상 손해배상책임을 짐으로써 입은 손해'에 대한 배상으로 지급된 것이고, 그 지급 목적이 형사상 처벌을 원하지 아니한다는 의사표시를 얻어내기 위한 소위 형사상 합의에 있었다 하더라도 사정이 달라진다고 할 수 없다. 피고 보험회사는 보험계약에 따라 보험금으로 위 금액 상당을 원고에게 지급할 의무가 있음이 분명하다.

[대법원 1999. 1. 15. 선고 98다43922 판결]

〈주요 판시내용〉

교통사고의 가해자 측이 피해자의 유족들을 피공탁자로 하여 위로금 명목으로 공탁한 돈을 위 유족들이 출급한 경우, 공탁서상의 위로금이라는 표현은 민사상 손해배상금 중 정신적 손해인 위자료에 대한 법률가가 아닌 일반인의 소박한 표현에 불과한 것으로 보아 위 공탁금은 민사상 손해배상금의 성질을 갖고, 자동차종합보험계약에 의한 보험자의 보상범위에 속한다.

다시 말하여 가해자와 피해자가 이러한 형사 문제에 관한 합의를 할 때에 '위로금 명목으로', '속죄의 뜻으로', '손해배상과는 별개로' 또는 '보험금과는 별개로' 등 합의금 성격을 위자료로 볼 수 있는 경우를 특별히 명시하지 않았다면, 이를 손해배상액의 일부로 보아야 하며 보험자는 약관의 지급기준 등에 의해 산출되어 피해자에게 지급해야 하는 손해액에서 형사합의금 상당액을 공제하게 된다.229) 왜냐하면 약관 지급기준에 의해 산출된 손해액에서 가해자인 피보험자가 피해자에게 손해배상금으로서의 성질을 가지는 형사합의

---

229) 대판 2001. 2. 23, 2000다46894.

금을 지급함으로써 손해의 일부를 변제했다고 볼 수 있기 때문이다.

　　만약 합의금 성격을 위자료로 볼 수 있다면 형사합의금은 손해배상금과 무관하므로 보험자는 자신이 지급해야 할 손해배상액에서 이를 공제해서는 안되며, 위자료 산정에서 참작사유로 인정할 수 있을 뿐이다.230) 또한 가해자가 피해자의 인적, 물적 손해에 대한 민사상의 배상책임을 초과하여 형사합의를 위해 추가로 지급한 금원이 있는 경우 이는 손해배상의 성격과 다르므로 보험자의 보상범위에 포함될 수 없다고 해석되며, 이를 보상범위에 포함시키기 위해서는 별도의 약정이 있어야 한다.231)

[대법원 2001. 2. 23. 선고 2000다46894 판결]

〈주요 판시내용〉

　기록상의 증거들과 대조하여 본즉, 원심이 제1심판결을 인용하여, 소외 1의 가족들로부터 원고들이 형사합의금으로 금 1,500만원을 수령하면서 작성한 합의서에 원고들이 국가를 상대로 이 사건 손해배상청구를 함은 별개로 하고, 소외 1의 부모, 친척들이 깊은 속죄의 뜻으로 위 금원을 지급한다는 내용이 기재되어 있는 사실을 인정한 다음, 위 금원은 소외 1에 대한 형사책임을 완화하기 위하여 지급되었을 뿐 민사상의 손해배상금(재산상 손해금)의 일부로 지급한 것은 아니라고 하여 위 금원을 재산상 손해배상금에서 공제하지 않고 위자료액수의 산정에 있어서 참작한 것은 위의 법리에 따른 것으로 수긍할 수 있고, 거기에 형사합의금의 법적 성격에 관한 법리오해의 위법이 없다.

[대법원 1991. 8. 13. 선고 91다18712 판결]

〈주요 판시내용〉

　원심판결 이유에 의하면, 원심은 이 사건 사고 차량의 운전사인 소외인이 원고에게 형사합의금으로 550만원을 지급하였으니 이를 재산상 손해배상금에서 공제하여야 한다는 피고 보험회사의 주장에 대하여, 위 소외인이 그와 같은 돈을 지급한 사실은 인정되나 위 망인 및 원고들이 이 사건 사고로 입은 모든 손해에 비추어 위 합의금은 당시 구속되었던 가해자가 망인의 사망으로 엄청난 고통을 받고 있던 위 원고에게 다소나마 그 고통을 위자하여 자신의 형사처벌을 가볍게 하려는 의도에서 지급한 것으로 보이므로 이는 위자료액 산정에 있어서 참작사유로 삼을 수 있을 뿐 재산상 손해배상금에서 공제할 것이 아니라고 판단하여 이를 배척하고 있다. 기록에 비추어 보면 원심의 위와 같은 판단은 정당하고 이에 소론의 위법사유는 없다.

　　이러한 판례의 태도를 종합하면 손해배상액의 일부로 볼 수 있는 형사합의금을 가해

---

230) 대판 1991. 8. 13, 91다18712.
231) 한기정, 724면-725면.

자인 피보험자가 피해자에게 지급한 경우 가해자인 피보험자는 자신의 보험자에게 형사합의금 상당액을 공제하고 피해자에게 손해배상을 해줄 것을 요구할 수 있다. 보험자가 이를 공제하고 피해자에게 손해배상액을 지급했다면, 보험자는 피보험자가 피해자에게 이미 지급한 형사합의금 상당액을 피보험자에게 보험금으로 지급하게 된다. 이를 위해서 피해자와 합의하기 전에 가해자인 피보험자가 보험자에게 형사합의금 지급사실을 통지하고 그 상당액을 자신에게 지급할 것을 청구해야 한다. 형사합의금은 수사 또는 재판과정에서 처벌 감면을 목적으로 지급되기 때문에 약식명령으로 형사 절차가 종결되었다면 그 이후 지급된 금액은 형사합의금으로 보기 어려워 보상대상에서 제외될 수 있다. 형사합의금은 형사 철차가 종결되지 않은 것을 전제로 한다. 합의서가 경찰서 또는 검찰청에 제출되지 않았거나 합의금액이 명시되어 있지 않은 경우에도 해당 합의금을 보상받기 어려울 수도 있다.232) 판례는 이 청구권의 성격을 보험금청구권으로 보고 있고, 형사합의금을 피해자에게 지급한 날로부터 소멸시효가 진행된다고 해석된다.233)

[대법원 2006. 4. 13. 선고 2005다77305, 77312 판결]

〈주요 판시내용〉

상법 제723조에 의하여 피보험자가 제3자에게 손해배상금을 지급하였거나 상법 또는 보험약관이 정하는 방법으로 피보험자의 제3자에 대한 채무가 확정되면 피보험자는 보험자에 대하여 보험금청구권을 행사할 수 있으므로, (이 사건에서) 피보험자인 피고가 위와 같은 보험금청구권 이외에 별도의 구상금청구권을 취득한다고 볼 수 없고, 한편 피고가 피해자측에게 손해배상금 2,800만 원을 지급한 것은 자신의 손해배상채무를 이행한 것으로서 법률상 원인 없는 행위가 아닐 뿐 아니라 피보험자인 피고에게 보험금을 지급할 채무를 부담하고 있는 원고 보험회사가 이로 인하여 어떠한 이익을 얻었다고 할 수도 없으므로 피고에게 부당이득반환청구권이 발생하였다고 할 수도 없다.

자동차보험약관에서 무보험자동차에 의한 상해의 지급보험금을 계산함에 있어 '피보험자가 배상의무자로부터 이미 지급받은 손해배상액'을 공제하도록 정하고 있는데, 피해를

---

232) 매일경제 기사 "후진하다 다친 피해자에 합의금 1억준다 했는데… 보험사는 '거절' 어쩌나", 2024. 8. 2
233) 대판 2006. 4. 13, 2005다77305, 77312; 조규성, "인신사고 손해배상에 있어 형사합의금과 관련된 제(諸) 문제 고찰", 기업법연구 제26권 제3호, 2012, 219면, 228면 및 231면. 한편 이 논문 232-233면에서 형사합의금이 실제로는 당사자 간에 손해배상의 일부로 지급되는 것이 아니라 형사처벌을 완화하려는 것이 주된 목적임을 지적하면서, 가해자는 돈을 주고 양형참작 사유를 취득한 후 다시 그 금액 상당액을 보험회사로부터 돌려받는 것은 심각한 문제라고 비판하고 있다. 한편 김시승, "교통사고와 관련된 형사합의금의 법적성질", 판례연구 제3집, 부산판례연구회, 1993, 372면에서 형사합의금은 제반사정을 종합하여 호의적, 동정적, 위문적, 의례적인 금원의 수수로 인정되는 경우에만 손해배상 채무의 변제가 아닌 증여라고 판단하고, 그 이외는 손해배상채무의 변제로 인정해야 한다면서 형사합의금의 법적 성질을 해석하고 있다.

입은 피보험자가 가해자로부터 형사합의금을 수령했다면 이는 손해배상금으로서 공제 대상이 된다.

2. 무면허운전과 사고부담금

(1) 과거 약관

2020년 10월 이전에는 무면허운전의 경우 대인사고에 대하여 피보험자는 1사고당 300만원, 대물사고의 경우 100만원만 사고부담금으로 보험회사에 납부하면 되었고, 그 외 손해부분에 대해서는 보험회사가 부담하였다. 다만 무면허운전의 경우 사고부담금은 대인배상 Ⅰ에만 적용되었고, 대인배상 Ⅱ에 대해서는 무면허운전 사고부담금이 없었다.

(2) 자배법(대인배상 Ⅰ) 및 약관 개정

무면허운전으로 인한 사고를 보다 강력하게 방지하고자 2022년 7월 28일부터 시행되는 자배법 제29조 및 현행 자동차보험표준약관234) 제11조 제1항은 피보험자 본인이 무면허운전을 하는 동안에 생긴 사고 또는 사고 발생시의 조치의무를 위반한 경우 또는 기명피보험자의 명시적, 묵시적 승인하에서 피보험자동차의 운전자가 무면허운전을 하는 동안에 생긴 사고 또는 사고발생 시의 조치의무를 위반한 경우로 인하여 보험회사가 대인배상 Ⅰ, 대인배상 Ⅱ에서 보험금을 지급하는 경우, 보험회사는 대인배상 Ⅰ 한도 내에서 피해자에게 지급한 보험금을 피보험자에게 구상할 수 있도록 개정하였다. 이로써 대인배상 Ⅰ에서 피보험자의 사고부담금 상한을 '지급된 보험금 전액'으로 하였다.235) 사고부담금은 자기부담금과 유사하다고 할 수 있으나, 사고부담금이 금전적 제재적 의미가 강한 대신에, 자기부담금은 손해의 일부를 피보험자가 부담하는 것이다. 대인배상 Ⅱ의 경우 1사고당 1억원의 사고부담금을 보험회사에 납입하도록 개정하였다.

(3) 성　질

자동차의 운전을 위해 운전면허를 취득해야 함은 당연하며 무면허운전 행위는 형사처벌의 대상이 된다. 과거에는 무면허운전이나 음주운전사고에 대해 보험자가 책임을 면하

---

234) 2022년 12월 22일 개정.

235) 자배법 제29조(보험금등의 지급 등) ① 다음 각 호의 어느 하나에 해당하는 사유로 다른 사람이 사망 또는 부상하거나 다른 사람의 재물이 멸실되거나 훼손되어 보험회사 등이 피해자에게 보험금등을 지급한 경우에는 보험회사 등은 해당 보험금등에 상당하는 금액을 법률상 손해배상책임이 있는 자에게 구상(求償)할 수 있다. 〈개정 2021. 12. 7.〉 1. 「도로교통법」에 따른 운전면허 또는 「건설기계관리법」에 따른 건설기계조종사면허 등 자동차를 운행할 수 있는 자격을 갖추지 아니한 상태(자격의 효력이 정지된 경우를 포함한다)에서 자동차를 운행하다가 일으킨 사고

게 되는 면책사유로 취급하였으나, 사고부담금제도의 도입으로 인해 이제는 보험자가 피해자에게 보험금 등을 지급한 경우에 해당 보험금 등에 상당하는 금액을 법률상 손해배상 책임이 있는 자에게 구상할 수 있게끔 제도가 바뀌었다. 이것은 사고 발생의 원인이 무면허운전에 있음을 이유로 한 것이 아니라 사고 발생시에 무면허운전 중이었다는 법규위반 상황을 중시하여 사고부담금 제도를 도입한 것이며, 피보험자의 고의 또는 중과실 여부와 관계없다.

[대법원 1992. 1. 21. 선고 90다카20654 판결]

〈사실관계〉

피고는 무면허 상태로 운전하던 중 사고를 발생시켜 타인을 사망케 하였다. 당시 피고와 원고 회사 사이의 보험계약에는 무면허운전 면책약관이 포함되어 있었는데, 피고는 이 약관에도 불구하고 보험금을 청구하였고 원고회사는 약관을 이유로 면책을 주장했다. 그런데 원심은 위 약관의 조항이 무면허운전의 경우 보험사고의 발생이 고의에 의한 것인지 또는 과실에 의한 것인지를 가리지 아니하고 모두 면책되는 것이라면, 과실로 평가되는 행위로 인한 사고에 관한 한 위 상법 규정에 저촉되어 무효라고 볼 것인데, 무면허운전의 경우 그 고의는 특별한 사정이 없는 한 무면허운전 자체에 관한 것이고 직접적으로 사망이나 상해에 관한 것은 아니므로, 위와 같은 경우 피고가 단지 무면허로 운전하다가 사고를 일으켰다는 사유만으로 원고회사의 보험금액 지급의무가 면책된다고 하는 위 약관조항은 위 상법 규정(제732조의2)에 위배되어 무효라고 판시했고 원고회사는 상고했다.

〈주요 판시내용〉

상법 제732조의2의 규정취지는 보험사고를 직접 유발한 자, 즉 손해발생 원인에 전적인 책임이 있는 자를 보험의 보호 대상에서 제외하려는 데에 있으므로, 보험약관에서 손해발생 원인에 대한 책임조건을 위 규정들보다 경감하는 내용으로 면책사유를 정하는 것은 상법 제663조의 불이익변경금지에 저촉되겠지만, 위와 같은 무면허운전 면책조항은 사고발생의 원인이 무면허운전에 있음을 이유로 한 것이 아니라, 사고발생시에 무면허운전 중이었다는 법규위반 상황을 중시하여 이를 보험자의 보상 대상에서 제외하는 사유로 정한 것이므로, 제663조의 규정이 적용된다고 보기 어렵다. 상법 제732조의2는 인보험에만 적용되며 피보험자가 보험기간 중의 교통사고로 인해 제3자에게 손해를 배상할 책임을 지는 경우에 보험자가 이를 보상할 책임을 지는 책임보험계약에는 적용되지 않는다.

---

(4) 무면허운전의 의미와 인과관계

(가) 무면허운전의 의미

무면허운전이란 도로교통법 또는 건설기계관리법의 운전(조종)면허에 관한 규정에 위반하는 무면허 또는 무자격운전(조종)을 말한다. 무면허운전은 도로교통의 안전에 위해가 될 뿐만 아니라 반사회적인 행위이며 법률위반행위이다. 무면허운전은 운전면허를 취득하지 못한 경우뿐만 아니라 취득한 운전면허가 정지되거나 취소된 경우 또는 운전면허의 효력정지 기간 중의 운전도 무면허운전에 해당하는 것으로 해석하고 있다.236)

[대법원 1997. 9. 12. 선고 97다19298 판결]

〈주요 판시내용〉

무면허운전면책조항은 사고 발생의 원인이 무면허운전에 있음을 이유로 한 것이 아니라 사고 발생시에 무면허운전 중이었다는 법규위반 상황을 중시하여 이를 보험자의 보험 대상에서 제외하는 사유로 규정한 것이므로, 운전자의 운전면허가 정지되거나 취소된 경우에도 위 면책규정상의 무면허운전에 해당된다고 보아야 할 것이고, 위 면책조항이 무면허운전과 보험사고 사이에 인과관계가 있는 경우에 한하여 적용되는 것으로 제한적으로 해석할 수는 없다.

운전자가 그 무면허운전 사실을 인식하지 못하였다고 하더라도 무면허운전에 해당한다.237) 또한 예를 들어 12인승 승합차는 주운전자가 소지한 2종 보통운전면허로는 이를 운전할 수 없는데 주운전자가 그 자동차를 운전하였다면 무면허운전에 해당한다.238) 무면허운전의 여부는 실제로 면허취득을 위한 운전기술이나 운전능력이 있는지를 불문하고 형식적으로 법령위반에 해당하는지의 여부가 판단의 기준이 되고 있다. 운전면허의 정지나 취소는 도로교통법시행령 소정의 적법한 통지 또는 공고가 없으면 효력을 발생할 수 없으므로 운전면허취소처분 이후 적법한 통지 또는 공고가 없는 동안의 자동차운전은 자동차종합보험약관상의 무면허운전이라고 할 수 없다.

한편 행정청의 자동차 운전면허 취소처분이 직권으로 또는 행정쟁송절차에 의하여 취소되면, 운전면허 취소처분은 그 처분 시에 소급하여 효력을 잃고 운전면허 취소처분에 복종할 의무가 원래부터 없었음이 확정되므로, 운전면허 취소처분을 받은 사람이 운전면허 취소처분이 취소되기 전에 자동차를 운전한 행위는 도로교통법에 규정된 무면허운전의 죄에 해당하지 아니한다.239) 자동차 운전면허가 취소된 사람이 그 처분의 원인이 된 교통사고 또는 법규 위반에 대하여 '혐의 없음' 등으로 불기소처분을 받거나 무죄 확정판결을 받은 경우 지방경찰청장은 즉시 그 취소처분을 취소하고, 도로교통공단에 그 내용을 통보하여야 하며, 도로교통공단도 즉시 취소당시의 정기적성검사기간, 운전면허증 갱신기간을

---

236) 대판 1993. 3. 9, 92다38928; 대판 1997. 9. 12, 97다19298.
237) 대판 2000. 5. 30, 99다66236; 대판 1998. 3. 27, 97다6308.
238) 대판 1997. 10. 10, 96다19079.
239) 대판 2021. 9. 16, 2019도11826; 대판 2008. 1. 31, 2007도9220; 대판 1999. 2. 5, 98도4239.

유효기간으로 하는 운전면허증을 새로이 발급하여야 한다.240)

> [대법원 1998. 3. 27. 선고 97다6308 판결]
>
> 〈주요 판시내용〉
>   자동차종합보험 보통약관상의 무면허운전 면책조항은 사고 발생의 원인이 무면허운전에 있음을 이유로 한 것이 아니라 사고 발생시에 무면허운전 중이었다는 법규위반 상황을 중시하여 이를 보험자의 보험 대상에서 제외하는 사유로 규정한 것이므로, 운전자의 운전면허가 정지되거나 취소된 경우에도 위 면책규정상의 무면허운전에 해당된다고 보아야 하고, 운전자의 운전면허가 적법한 절차에 따라 정지 또는 취소된 이상 운전자가 그 무면허운전 사실을 인식하지 못하였다고 하더라도 달리 볼 것은 아니다.

> [대법원 1993. 5. 11. 선고 92다2530 판결]
>
> 〈주요 판시내용〉
>   운전면허의 취소는 도로교통법시행령 소정의 적법한 통지 또는 공고가 없으면 효력을 발생할 수 없으므로 운전면허취소처분 이후 적법한 통지 또는 공고가 없는 동안의 자동차운전은 자동차종합보험약관상의 무면허운전이라고 할 수 없다. 운전면허증을 회수당하여 소지하지 아니한 채 운전한 것을 일컬어 자동차종합보험약관상의 무면허운전에 해당한다고 할 수 없다.

> [대법원 1991. 3. 22. 선고 91도223 판결]
>
> 〈주요 판시내용〉
>   자동차운전면허관청이 피고인이 정기적성검사 기간만료일까지 검사를 받지 아니하였다는 사유를 들어 자동차운전면허를 취소하고, 그 통지서를 피고인의 주소로 발송하였다가 반송되어 왔다는 이유로 주소지의 관할경찰서 게시판에 10일간 취소사실을 공고하였지만 피고인은 이 주소지에 계속 거주하여 왔다면, 이 공고는 도로교통법시행령 소정의 절차를 거치지 아니한 것이 되어 부적법하므로 면허관청의 운전면허 취소처분은 아직 그 효력이 발생하지 아니한 것이라고 해석된다.

(나) 인과관계의 유무

　　무면허운전에 대한 사고부담금 제도는 무면허운전이라는 법규위반 상황을 중시한 것이므로, 무면허운전과 보험사고 사이에 인과관계가 있는 경우에 한하여 적용되는 것으로 제한적으로 해석할 수 없다는 것이 판례의 태도이다.241)

---

240) 대판 2021. 9. 16, 2019도11826.
241) 대판 1997. 9. 12, 97다19298; 대판 1990. 6. 22, 89다카32965.

[대법원 1990. 6. 22. 선고 89다카32965 판결]

〈사실관계〉

원고의 직원이 굴삭기로 작업하던 중 갑자기 산에서 굴러 떨어진 바위로 인해 굴삭기가 완파되었다. 원고가 피고회사에 보험금을 청구하자 피고회사는 당시 원고의 직원이 중기면허 없이 굴삭기를 운전하였다는 이유로 면책을 주장하였다. 원심은 무면허운전 면책약관은 무면허운전과 사고 사이에 인과관계가 있는 경우에 한하여 면책된다는 의미이므로, 직원의 중기면허 여부와 관계없이 피고회사는 면책될 수 없다고 판결하였다.

〈주요 판시내용〉

자동차종합보험보통약관에 "무면허운전을 하였을 때 생긴 손해"에 관하여는 면책된다고 규정한 경우, 면책사유에 관하여 "무면허운전으로 인하여 생긴 손해"라고 되어 있지 않으므로 무면허운전과 사고 사이에 인과관계의 존재를 요구하고 있지 않으며, 위 약관조항의 취지는 무면허운전의 경우 사고의 위험성이 통상의 경우보다 극히 증대하는 것이어서 그러한 위험은 보험의 대상으로 삼을 수 없다는 취지 외에도 보험자로서는 무면허운전과 사고 사이의 인과관계의 존재 여부를 입증하기가 곤란한 경우에 대비하여 사고가 무면허운전 중에 발생한 경우 인과관계의 존부에 상관없이 면책되어야 한다는 취지도 포함되었다고 할 것이고, 도로교통법과 중기관리법은 무면허운전이나 조종을 금지하면서 그 위반에 대하여는 형벌을 과하고 있고, 또 국민은 누구나 무면허운전이나 조종이 매우 위험한 행위로서 범죄가 된다는 것을 인식하고 있는 터이므로 그와 같은 범죄행위 중의 사고에 대하여 보상을 하지 아니한다는 약관의 규정이 결코 불합리하다고 할 수 없으므로 위 면책조항이 무면허운전과 보험사고 사이에 인과관계가 있는 경우에 한하여 적용되는 것으로 제한적으로 해석할 수 없다(同旨: 대판 1997. 9. 12, 97다19298).

무면허운전 사고를 보험자의 면책사유로 본다고 할 때에 무면허운전과 보험사고 사이에 인과관계가 필요하지 않다는 입장은 무면허운전 사고를 보험자가 담보하는 위험에서 처음부터 제외하는 '담보위험배제사유(exclusion)로 해석한 것이라 할 수 있다. 반면에 무면허운전 면책사유를 보험사고의 원인과 관련하여 보험자의 책임을 면제하려는 '책임면제사유(exceptions)'로 보게 되면 인과관계의 필요성 문제가 거론될 수 있다. 인과관계가 요구되지 않는다고 해석한 위 대법원의 판례에 찬성하는 견해242)와 반대하는 견해243)가 있다.

---

242) 박세민, "현행 자동차보험약관상 무면허 · 음주운전 면책약관의 해석론" 경영법률 제13집 제1호, 2002, 8-10면; 양승규, "무면허운전 면책 보험약관의 효력과 그 적용한계", 상사법의 기본문제(이범찬 교수 화갑기념), 1993, 696면.

243) 김종대, "보험자의 무면허 · 음주운전면책에 관한 보통보험약관의 효력", 사법논집 제22집, 1991, 350면; 심상무, "자동차보험에 있어서 무면허운전면책조항", 사법행정, 1992, 95면; 홍복기, "보험계약에 있어서 무면허운전조항의 해석", 동아법학 제13호, 1992, 325면(정찬형, 801-802면에서 재인용).

(5) 보험계약자 등의 지배 또는 관리가 가능한 상황

과거에는 자동차보유자의 지배관리가 미치지 못하는 상황에서 피보험자동차의 운전자(예를 들어 절취운전자)가 무면허운전을 하다가 야기한 사고에 대해 이를 보험자의 면책사유로 해석했다. 이에 대해 보험계약자의 합리적 기대에 반한다는 비판이 지속적으로 제기되었다. 생각건대 보험계약자나 피보험자의 지배 또는 관리가능성이 없는 무면허운전의 경우에까지 보험자의 면책을 인정하는 약관조항은 신의성실의 원칙에 반하여 공정을 잃은 조항으로서 약관규제법상 무효라고 볼 수밖에 없다. 그러므로 무면허운전 조항은 무면허운전이 보험계약자나 피보험자의 지배 또는 관리가 가능한 상황에서 이루어진 경우에 한하여 적용되는 조항으로 수정해석을 할 필요가 있다. 무면허운전이 보험계약자나 피보험자의 지배 또는 관리 가능한 상황에서 이루어진 경우라고 함은 구체적으로는 무면허운전이 보험계약자나 피보험자 등의 명시적 또는 묵시적 승인 하에 이루어진 경우를 말한다.244) 이는 무면허운전에 관한 약관조항의 해석이 대법원에 의해 수정해석 또는 효력유지적 축소해석된 것이라 할 수 있다.245)

[대법원 1991. 12. 24. 선고 90다카23899 전원합의체 판결]

〈사실관계〉

원고가 잠시 차량 열쇠를 꽂아두고 정차한 사이 과거 원고가 경영하는 공장에서 잠시 일한 적이 있는 자가 차량을 절취하여 무단히 운전하던 중 교통사고를 일으켰다. 이에 피해자의 유족들이 원고에게 손해배상청구를 하여 승소하자, 원고는 자신의 보험자인 피고회사에 보험금지급을 청구하였다. 그런데 피고회사는 사고 당시 운전자(차량 절취범)가 무면허운전 상태였으므로 무면허운전 면책약관에 의해 피고회사는 아무런 책임이 없다고 항변하였다.

〈주요 판시내용〉

이 사건 무면허운전 면책조항을 문언 그대로 무면허운전의 모든 경우를 아무런 제한 없이 보험의 보상대상에서 제외한 것으로 해석하게 되면 절취운전이나 무단운전의 경우와 같이 자동차보유자는 피해자에게 손해배상책임을 부담하면서도 자기의 지배관리가 미치지 못하는 무단운전자의 운전면허 소지 여부에 따라 보험의 보호를 전혀 받지 못하는 불합리한 결과가 생기는바, 이러한 경우는 보험계약자의 정당한 이익과 합리적인 기대에 어긋나는 것으로서 고객에게 부당하게 불리하고 보험자가 부담하여야 할 담보책임을 상당한 이유 없이 배제하는 것이어서 현저하게 형평을 잃은 것이라고 하지 않을 수 없으며, 이는 보험단체의 공동이익과 보험의 등가성 등을 고려하더

---

244) 대판 1997. 9. 12, 97다19298; 대판 1998. 1. 23, 97다38305; 대판 1998. 2. 13, 96다55525; 대판 1998. 3. 27, 97다6308.
245) 한기정, 712면.

라도 마찬가지라고 할 것이다. 결국 위 무면허운전 면책조항이 보험계약자나 피보험자의 지배 또는 관리가능성이 없는 무면허운전의 경우에까지 적용된다고 보는 경우에는 그 조항은 신의성실의 원칙에 반하여 공정을 잃은 조항으로서 위 약관규제법의 각 규정에 비추어 무효라고 볼 수밖에 없다. 그러므로 위 무면허운전 면책조항은 위와 같은 무효의 경우를 제외하고 무면허운전이 보험계약자나 피보험자의 지배 또는 관리가 가능한 상황에서 이루어진 경우에 한하여 적용되는 조항으로 수정해석을 할 필요가 있으며 그와 같이 수정된 범위 내에서 유효한 조항으로 유지될 수 있는바, 무면허운전이 보험계약자나 피보험자의 지배 또는 관리 가능한 상황에서 이루어진 경우라고 함은 구체적으로는 무면허운전이 보험계약자나 피보험자 등의 명시적 또는 묵시적 승인하에 이루어진 경우를 말한다고 할 것이다(同旨: 대판 2002. 9. 24, 2002다27620; 대판 1995. 12. 12, 95다19195; 대판 1995. 9. 15, 94다17888; 대판 1998. 1. 23, 97다38305; 대판 1997. 9. 12, 97다19298; 대판 1994. 8. 26, 94다4073; 대판 1992. 1. 21, 90다카20654).

(6) 명시적·묵시적 승인

(가) 승인의 주체

기명피보험자의 승인이 있어야 한다. 기명피보험자의 승낙을 받은 승낙피보험자의 승인만이 있는 경우에는 보험계약자나 피보험자의 묵시적인 승인이 있다고 할 수 없다. 자동차를 지입한 경우에 지입회사를 기명피보험자로 하여 보험에 가입한 이상 다른 특별한 사정이 없는 한 보험자와 관계에 있어서는 지입회사만이 기명피보험자이고 지입차주는 승낙피보험자에 불과하므로 지입차주만의 승낙을 받고 무면허로 중기를 운전하다가 사고를 낸 경우에는 무면허운전 면책조항이 적용되지 않는다고 판시했던 판례가 있다.[246] 같은 취지로 차량소유자가 회사 명의로 차량을 등록하고 그 업무수행을 위해 차량을 사용하면서 운전사의 고용 및 급여 지급 등 일체의 사항에 대하여 자신이 책임을 지기로 약정한 후 차량소유자의 승낙 하에 그 피용자가 무면허로 운전하다가 사고를 낸 경우에도 무면허운전 면책조항이 적용되지 않는다고 판시한 것도 있다.[247]

(나) 승인의 대상 및 방법

판례는 승인의 대상이 운전행위가 아니라 '무면허운전행위'라고 판시하고 있다.[248] 무면허운전자의 무면허운전행위를 승인해야 하는 것이다. 무면허운전자의 구체적인 운전행위 그 자체는 보험계약자 또는 피보험자 등의 승인 내지 지시에 의하여 이루어졌다고 하더라도 보험계약자 또는 피보험자가 차량의 관리자 내지 운전자의 사용자로서 그에게 요구되는 통상의 주의의무를 다하였음에도 운전자의 무면허사실을 알 수 없었던 특별한 사

---

246) 대판 1995. 9. 15, 94다17888; 대판 2000. 5. 30, 99다66236; 대판 2000. 2. 25, 99다40548.
247) 대판 2000. 5. 30, 99다66236.
248) 대판 1994. 8. 26, 94다4073.

정이 있는 경우에는 무면허운전행위를 승인한 것이라 할 수 없다.249)

> **[대법원 1993. 11. 23. 선고 93다41549 판결]**
>
> 〈주요 판시내용〉
>
> 무면허운전자의 구체적인 운전행위 그 자체는 보험계약자 또는 피보험자 등의 명시적 승인 내지 지시에 의하여 이루어졌다고 하더라도 보험계약자 또는 피보험자가 차량의 관리자 내지 운전자의 사용자로서 그에게 요구되는 통상의 주의의무를 다하였음에도 운전자의 무면허사실을 알 수 없었던 특별한 사정이 있는 경우에까지 면책조항이 적용된다고 한다면, 이는 보험계약자의 정당한 이익과 합리적인 기대에 어긋나는 것으로서 고객에게 부당하게 불리하고 보험자가 부담하여야 할 담보책임을 상당한 이유 없이 배제하는 것이어서 현저하게 형평을 잃은 것이라고 하지 않을 수 없으므로, 위 면책조항은 신의성실의 원칙에 반하여 공정을 잃은 조항으로서 약관의규제에관한법률 제6조 제1항 및 제2항, 제7조 제2호 및 제3호의 각 규정에 비추어 그 한도 내에서는 무효라고 볼 수밖에 없고, 따라서 위 면책조항은 그와 같은 경우에는 적용되지 않는 것으로 수정해석하는 범위 내에서 유효한 조항으로 유지될 수 있다.

> **[대법원 1994. 8. 26. 선고 94다4073 판결]**
>
> 〈주요 판시내용〉
>
> 자동차대여업자의 직원으로서는 운전면허 없는 운전자가 위조된 운전면허증의 복사본을 제시하였기 때문에 그를 운전면허를 받은 사람으로 오인하였고 특단의 사정이 없는 한 그가 무면허운전자임을 알았더라면 자동차를 대여하지는 아니하였을 것이므로 비록 그 원본 또는 주민등록증의 제시를 요구하는 등 이를 확인하는 조치를 취한 바 없었다고 하더라도 보험계약자인 자동차대여업자가 그의 무면허운전행위를 묵시적으로 승인한 것으로 보기는 어렵다고 하여 자동차종합보험약관상의 무면허운전면책조항을 적용할 수 없다.

묵시적인 승인이란 피보험자의 무면허 운전에 대한 승인 의도가 명시적으로 표현되어 있는 경우와 동일시할 수 있을 정도로 그 승인 의도를 추단할 만한 사정이 있는 경우여야 한다. 무면허운전이 보험계약자나 피보험자의 묵시적 승인하에 이루어졌는지 여부는 보험계약자나 피보험자와 무면허운전자의 관계, 평소 차량의 운전 및 관리 상황, 당해 무면허운전이 가능하게 된 경위와 그 운행 목적, 평소 무면허운전자의 운전에 관하여 보험계약자나 피보험자가 취해 온 태도 등의 제반 사정을 함께 참작하여 인정해야 한다.250) 대체

---

249) 대판 1993. 11. 23, 93다41549.

250) 대판 2013. 9. 13, 2013다32048; 대판 2000. 5. 30, 99다66236; 대판 1996. 2. 23, 95다50431; 대판 1999. 4. 23, 98다61395; 대판 2002. 9. 24, 2002다27620; 대판 1997. 7. 8, 97다15685; 대판 1998. 3. 24, 96다38391.

로 보험계약자나 피보험자의 가족, 친지 또는 피용인으로서 당해 차량을 운전할 기회에 쉽게 접할 수 있는 자에 대하여는 묵시적인 승인이 있었다고 볼 수 있을 것이다.

　　판례는 피보험자의 무면허운전 승인이 있었는지 여부를 판단함에 있어서 엄격하게 해석하고 있다. 무면허운전의 승인이 있었음을 너무 넓고 쉽게 인정하면 보험계약자측에게 절대적으로 불리하기 때문이다. 피보험자가 과실로 운전자가 무면허자임을 알지 못하였다거나 무면허운전이 가능하게 된 데에 과실이 있었다는 점만 가지고는 묵시적 승인이 있었다고 볼 수 없다.251) 명절을 지내러 시골에 내려온 삼촌 소유의 자동차를 조카가 무면허로 운전하다가 사고를 낸 사안에서 이전에도 조카의 무면허운전을 묵인한 적이 있다고 하여 당해 무면허운전에 대하여 묵시적 승인이 있었던 것으로 볼 수 없다.252) 또는 무면허인 미성년자가 아버지가 외출한 사이에 옷 주머니에 넣어 둔 열쇠를 꺼내어 무단운전한 경우 아버지의 그 자동차에 대한 지배 또는 관리가 가능한 상태라고 볼 수 없으며, 아들의 무면허운전에 대해 묵시적인 승인이 있는 것으로 해석할 수 없다.253)

[대법원 1996. 11. 15. 선고 96다33242, 33259 판결]

〈주요 판시내용〉

　택시회사가 그 소속 택시 운전기사의 입사 당시 운전면허증을 제시받아 이를 확인하고 그 사본을 보관하였는데 그 운전기사가 수차례 주소를 이전하는 바람에 정기적성검사 통지나 정기적성검사 미필로 인한 운전면허취소 통지를 받지 못하여 자신의 면허가 취소된 사실을 알지 못하고 운전을 계속하였고, 택시회사 또한 정기적성검사 통지는 운전사 개인에게만 통지될 뿐만 아니라 운전을 직업으로 하는 운전기사는 정해진 시기에 알아서 적성검사를 받는 것이 통례여서 이 부분에 관하여는 별다른 관심을 갖고 있지 아니하여 운전면허 취소 사실을 전혀 알지 못하였다면, 비록 택시회사가 그 소속 운전사들의 운전면허 등에 관한 관리를 소홀히 한 잘못은 있다 하더라도 그 무면허운전을 묵시적으로 승인하였다고 볼 수는 없다.

(다) **무면허운전 약관의 적용배제 합의**

　　약관에서 규정하고 있는 무면허운전 조항에 대해 계약 당사자가 이와 다른 내용으로 정하였다면 약관해석의 원칙인 개별약정우선의 원칙에 따라 무면허운전 약관이 적용되지 않을 수도 있다. 예를 들어 보험자가 보험계약자와 사이에 1종 특수면허가 있어야 운전할 수 있는 차량에 대하여 1종 대형면허 소지자를 주운전자로 한 보험계약을 체결하였다면, 보험자는 주운전자가 소지한 1종 대형면허로 당해 차량을 운전하더라도 그 운전이 운전면허가

---

251) 대판 2000. 10. 13, 2000다2542.
252) 대판 1997. 9. 9, 97다9390.
253) 대판 1998. 7. 10, 98다1072.

취소, 정지된 상태에서 이루어진 것이 아닌 한 그 운전으로 인한 사고로 인한 손해를 보상하여 주기로 하는 약정을 한 것으로 인정할 수 있다.[254] 다만 보험자가 약관문언과 다른 내용을 보험계약을 체결할 의사가 있었는가의 판단 문제는 신중히 접근해야 한다.[255]

[대법원 1997. 10. 10. 선고 96다19079 판결]

〈주요 판시내용〉

보험계약 업무를 담당했던 보험회사 영업소 직원이 2종 보통운전면허로는 도로교통법상 12인승 승합차는 운전할 수 없다는 사실을 잘 알고 있으면서도, 보험계약자로부터 제출받은 피보험자동차의 검사증 사본의 '승차정원'란의 승차인원수가 '12명'임을 알 수 있었음에도 불구하고, 그 차량을 운전하게 되면 무면허운전으로 처벌받는 보험계약자와 사이에 보험계약자를 주운전자로 하여 보험계약을 체결하고, 그 보험계약 체결 후 보험계약자가 그 자동차를 운전하다가 사고를 일으켰는데도 보험회사가 아무런 이의 없이 이에 대한 손해의 보상금을 지급한 사실까지 있었던 경우, 보험회사는 보험계약자 겸 주운전자가 자신이 소지한 2종 보통운전면허로 그 차량을 운전하더라도 그 운전이 2종 보통운전면허가 취소·정지된 상태에서 이루어진 것이 아닌 한 그 운전으로 인한 사고로 인한 손해를 보상하여 주기로 하는 약정을 한 것으로 봄이 상당하다.

㈐ 운행자성과의 관계

자동차 보유자가 무면허운전자의 무면허운전에 대해 명시적 또는 묵시적으로 승인을 하지 않은 것으로 인정되더라도 그 자동차 보유자의 운행지배와 운행이익은 상실되지 않은 것으로 해석되어 자배법 제3조상의 운행자책임을 부담할 수 있다.[256] 예를 들어 무단운전자가 무면허운전을 한 경우, 자동차보유자가 무면허운전에 대해 승인을 하지 않았지만, 자동차보유자의 운행지배와 운행이익이 완전히 상실된 것으로 볼 수 없는 경우 자동차보유자는 운행자책임을 부담할 수 있다는 것이다.[257]

3. 음주운전과 사고부담금

음주운전이란 도로교통법에서 정하고 있는 일정한 기준 이상의 술을 마시고 운전하는 것을 말한다. 현행 도로교통법 제44조에서 운전이 금지되는 술에 취한 상태의 기준에 대해 운전자의 혈중알코올농도 0.03% 이상인 경우로 정하고 있다. 과거 자동차보험표준약관은 음주운전 사고부담금을 대인배상 Ⅰ의 경우 1 사고당 1,000만원, 대인배상 Ⅱ의 경우 1

---

254) 대판 1998. 10. 13, 97다3163; 대판 1997. 10. 10, 96다19079.
255) 한기정, 714면.
256) 대판 1999. 4. 23, 98다61395; 사법연수원, 보험법연구, 174면.
257) 대판 1999. 4. 23, 98다61395; 한기정, 713면.

사고당 1억원의 사고부담금을 보험회사에 납입하도록 했었다. 그러나 사고부담금의 단순
증액을 갖고는 음주운전 등의 사고방지에 효과적이지 못한 것이 사실이다. 음주운전사고
의 심각성과 그 피해를 감안할 때 보험자가 피해자에게 지급한 보험금 전액을 피보험자에
게 구상하는 제도의 도입과 그 적용 대상에 마약이나 약물운전 사고도 포함되어야 한다는
그 간의 논의를 반영하여 2022년 7월 28일부터 시행되는 자배법 제29조는 음주, 과로, 질
병 또는 마약과 약물 등에 의해 정상적으로 운전하지 못할 우려가 있는 상태에서 자동차
를 운전하다가 다른 사람을 사망 또는 부상에 이르도록 한 경우에 보험회사 등이 피해자
에게 보험금 등을 지급한 경우에 보험회사 등은 해당 보험금 등에 상당하는 금액을 피보
험자에게 구상할 수 있도록 새로이 정하였다. 사고부담금 상한을 '지급된 보험금 전액'으
로 한 것이다.258) 따라서 음주운전으로 사망사고를 야기했을 때 개정 자동차보험표준약관
에 따라 대인배상 Ⅰ 한도인 1억 5천만원 내에서 보험자가 피해자에게 지급한 보험금을 사
고부담금으로 정함으로써 사실상 대인배상 Ⅰ 피보험자는 보험혜택을 받지 못하게 되었다.
또한 지금까지는 사고 건당 사고부담금을 부과했으나 자배법 개정에 따라 사망, 부상자가
몇 명인지에 따라 사고부담금이 다르게 된다. 한편 대인배상 Ⅱ의 경우에는 기존과 마찬가
지로 1사고당 1억원을 사고부담금으로 보험회사에게 지급해야 한다. 한편 마약과 약물운
전은 대인배상 Ⅱ 및 의무대물배상 가입금액 초과손해에 대해서만 사고부담금이 적용되는
것으로 자동차보험표준약관은 규정하고 있다.

　　피보험자는 지체없이 음주운전, 마약, 약물운전에 따른 사고부담금을 보험회사에 납입
해야 하는데, 피보험자가 경제적인 이유 등으로 사고부담금을 미납하였을 때 보험회사는
피해자에게 이 사고부담금을 포함하여 손해배상금을 우선 지급하고 피보험자에게 이 사고
부담금의 지급을 청구할 수 있도록 규정하였다. 대법원은 도로교통법상 마약 · 대마 등 약
물의 영향으로 정상적으로 운전하지 못할 '우려가 있는 상태'에서 운전한 사람을 처벌함에
있어서 현실적으로 '정상적으로 운전하지 못할 상태'에 이르러야만 하는 것은 아니라고 해
석하면서, 통상적인 수량의 히로뽕을 투약하고 얼마 지나지 않아 운전했다면 운전 당시
정상적으로 운전하지 못할 우려가 있음을 인정할 증거가 없다고 해도 마약투약 혐의 이외
에 도로교통법 위반죄가 성립된다고 하였다.259)

　　한편, 자동차보험의 약관 중 '피보험자가 음주운전 또는 무면허 운전을 하는 동안의

---

258) 자배법 제29조(보험금등의 지급 등) ① 다음 각 호의 어느 하나에 해당하는 사유로 다른 사람이 사망
　　또는 부상하거나 다른 사람의 재물이 멸실되거나 훼손되어 보험회사 등이 피해자에게 보험금등을 지급
　　한 경우에는 보험회사 등은 해당 보험금등에 상당하는 금액을 법률상 손해배상책임이 있는 자에게 구상
　　(求償)할 수 있다. 〈개정 2021. 12. 7.〉 2. 「도로교통법」 제44조제1항을 위반하여 술에 취한 상태에서 자동
　　차를 운행하거나 같은 법 제45조를 위반하여 약물의 영향으로 정상적으로 운전하지 못할 우려가 있는 상
　　태에서 자동차를 운행하다가 일으킨 사고
259) 대판 2010. 12. 23, 2010도11272.

사고로 인하여 보험회사가 보험금을 지급하게 되는 경우 피보험자는 약관에 정한 금액을 사고부담금으로 하여야 한다'는 조항에서의 '피보험자'가 기명피보험자에 한정되는가의 문제가 있다. 특별한 사정이 없는 한 책임보험 약관조항에서 말하는 '피보험자'는 자배법 제29조 제1항에서 정한 '법률상 손해배상책임이 있는 자'와 동일한 의미라고 보아야 하는데, 이에는 기명피보험자 뿐만 아니라 그로부터 사용 승낙을 받은 친족피보험자 등도 포함되는 점 등 여러 사정에 비추어 '피보험자'를 기명피보험자로 한정하여 해석할 것은 아니다.260)

4. 업무상재해 면책약관261)

(1) 개   념

업무상 재해가 자동차사고로 인해 발생하고 그 피해자가 가해자인 피보험자에게 고용되어 있는 근로자인 경우에는 산업재해보상보험과 자동차보험에서의 대인배상책임보험의 적용문제가 함께 발생한다. 산업재해보상보험법 제5조 제1호에서 업무상의 재해라 함은 업무상의 사유에 의한 근로자의 부상, 질병, 장해 또는 사망을 말한다고 규정하고 있으며, 대법원은 업무상 재해를 근로자가 사업주와의 근로계약에 기하여 사업주의 지배·관리 하에서 근로업무의 수행 또는 그에 수반되는 통상적인 활동을 하는 과정에서 이러한 업무에 기인하여 발생한 재해라고 해석하고 있다.262)

자동차보험에서의 업무상 재해면책이란 자동차사고에 대한 배상책임이 있는 피보험자의 피용자로서 산업재해보상보험법에 의한 재해보상을 받을 수 있는 사람이 죽거나 다친 경우에 이를 대인배상 Ⅱ에서의 보험자 면책사유로 규정한 것이다. 다만 그 사람이 입은 손해가 산업재해보상보험법에 의한 보상범위를 넘는 경우에는 그 초과손해를 자동차보험 대인배상 Ⅱ에서 보상한다. 2004년 약관까지는 '산업재해보상보험법에 의한 보상범위를 넘어서는 손해가 발생한 경우에도 자동차보험자는 보상하지 않는다'고 규정하고 있었으나, 2005년 대법원 전원합의체에서 해당 조항은 무효로 판단하면서 산업재해보상보험법의 보

---

260) 대판 2013. 3. 14, 2012다90603.

261) 자동차보험표준약관 제8조 제1항에서는 대인배상 Ⅱ에 적용되는 면책사유를 규정하고 있는데 이는 대물배상책임보험에서도 공통적으로 적용된다. 이하에서는 그 중 중요한 면책사유를 중심으로 하여 설명한다. 자동차종합보험약관상 사고가 면책대상에 해당되는데도 보험자가 이를 모르고서 피해자에게 보험금을 지급한 경우 보험자로서는 피해자에게 그 반환을 구할 수 있고, 따라서 피해자가 보험자에게 부당이득반환 의무가 있는 이상 피해자의 피보험자(가해자)에 대한 손해배상채권은 그대로 존속한다고 할 것이어서, 피보험자가 그로 인해 이득을 본 것이라고 할 수는 없다. 대판 1995. 11. 7, 94다53327; 자동차보험 면책약관에 대해서, 맹수석, "자동차보험약관상의 면책사유에 관한 연구", 충남대 법학박사학위논문, 1996.

262) 대판 1999. 9. 3, 99다24744; 대판 1992. 1. 21, 90다카25499; 대판 1995. 9. 15, 95누6946; 대판 1996. 2. 9, 95누16769; 대판 1997. 11. 14, 97누13009; 보험감독원 분쟁조정국, "근로기준법상 업무상 재해에 해당하는지 여부", 손해보험, 1994년 8월호, 75-81면.

상범위를 초과하는 손해를 자동차보험에서 보상하도록 판시했고,[263] 이를 2006년 4월 약관 개정시 반영하여 현재에 이르고 있다.

[대법원 2005. 3. 17. 선고 2003다2802 전원합의체 판결]

〈사실관계〉

피고회사와 업무용 자동차종합보험계약을 체결하고 상시 1명의 정규직원을 두고 사업을 하던 자가 업무를 위해 자동차 운전석 옆자리에 일용직 근로자를 탑승시켜 운행하다가 사고로 사망하였다. 이에 근로자의 유족들이 산업재해보상보험에 의한 보험금 지급범위를 넘는 손해에 대해 피고회사에 보험금을 청구하였는데, 피고회사는 "산업재해보상보험법에 의한 보상범위를 넘어서는 손해가 발생한 경우에도 보상하지 아니한다"는 면책약관을 이유로 면책을 주장하였다.

〈주요 판시내용〉

업무상 자동차사고에 의한 피해 근로자의 손해가 산재보험법에 의한 보상범위를 넘어서는 경우에도 이 사건 면책조항에 의하여 보험자가 면책된다고 한다면 자동차보험의 피보험자인 사업주의 피해 근로자에 대한 자동차손해배상보장법 또는 민법 등에 의한 손해배상책임이 남아 있음에도 불구하고 보험자의 면책을 인정하여 피보험자에게 실질적으로 손해배상책임을 부담하게 하는 것이 되는바, 이는 피보험자동차의 사고로 인하여 피보험자가 타인에 대하여 부담하는 손해배상책임을 담보하기 위한 자동차보험의 취지에 어긋나는 것으로서, 약관의규제에관한법률 제6조 제1항, 제2항 제1호 및 제7조 제2호 소정의, 고객인 보험계약자 및 피보험자에게 부당하게 불리할 뿐만 아니라, 사업자인 보험자가 부담하여야 할 위험을 고객에게 이전시키는 것이 된다. 따라서 "산재보험법에 의한 보상범위를 넘어서는 손해가 발생한 경우에도 보상하지 아니한다"는 이 사건 면책조항의 '괄호 안 기재 부분'은 위 같은 법률의 각 조항에 의하여 효력이 없다고 할 것이다(同旨: 대판 2005. 11. 10, 2005다39884).[264]

---

(2) 업무상재해 면책약관의 취지와 유효성 근거

사용자와 근로자의 노사관계에서 발생한 업무상 재해로 인한 손해에 대하여는 노사관계를 규율하는 근로기준법에서 사용자의 각종 보상책임을 규정하는 한편 이러한 보상책임을 담보하기 위하여 산업재해보상보험법에 의해 산재보험 제도를 설정하고 있다. 산재보험 대상인 업무상 자동차사고에 의한 피해 근로자의 손해에 대하여도 산재보험에 의하여 전보받도록 하고, 이처럼 산재보험에 의한 전보가 가능한 범위에서는 제3자에 대한 배상책임을 전보하는 것을 목적으로 하는 자동차보험의 대인배상 범위에서 이를 제외하려는

---

263) 대판 2005. 3. 17, 2003다2802; 대판 2005. 11. 10, 2005다39884; 대판 2006. 7. 28, 2006다23084.
264) 이 판결에 대해 반대하는 견해로, 양승규, "자동차보험판례의 중요쟁점에 대한 고찰", 보험법연구 제4권 제1호, 2010, 32면. 이 논문에서 산재사고를 자동차보험의 대인배상책임보험의 담보위험에서 제외함으로써 피용자의 산재사고에 대한 책임이 없는 자동차보험자에게 산재보험금을 초과하는 손해에 대한 책임을 인정한 것은 타당하지 않다고 한다.

것이 본 면책약관의 취지이다.265) 본 면책약관은 담보위험배제사유로서의 성질을 가지는 것이다. 본 면책조항은 상법 제659조에서 정한 보험자의 면책사유보다 보험계약자 또는 피보험자에게 불이익하게 면책사유를 변경함으로써 상법 제663조에 위반된다고 볼 수 없으며, 약관의 규제에 관한 법률 제7조 제2호에서 정한 '상당한 이유 없이 사업자(즉 보험회사)의 손해배상 범위를 제한하거나 사업자가 부담하여야 할 위험을 고객에게 이전시키는 조항'에도 해당되지 아니하므로 이를 무효라고 할 수 없다는 것이 판례의 입장이다.266) 즉 업무상 재해로 인한 교통사고에 대해서는 산재보험이 적용된다는 이유로 자동차보험에서 이를 담보범위에서 제외한 것이다. 또한 같은 자동차사고라고 해도 업무상 재해로 인한 사고와 일반 자동차사고는 서로 위험도가 다르기 때문에 자동차보험에서 이를 동일하게 취급하여 담보할 수는 없다는 이유도 있다.267) 이러한 취지에서 볼 때 자동차보험에서 담보위험배제사유로서의 업무상 재해면책약관은 유효하다고 할 수 있다.

[대법원 2000. 4. 25. 선고 99다68027 판결]

〈사실관계〉

보험계약의 기명피보험자로부터 승낙을 얻어 기중기와 소속 기사를 사용하던 원고의 작업장에서 사고가 발생하자 원고는 피고회사에 보험금을 청구하였다. 그러자 피고회사는 피해자가 원고의 피용자로서 본 사고는 산재사고이므로 피해자는 산업재해보상보험에 의하여 보험금을 수령할 수 있고, 이 경우는 피고회사가 면책되는 것으로 약관에서 정했으므로 보험금을 지급할 수 없다고 하였다.

〈주요 판시내용〉

사용자와 근로자의 노사관계에서 발생한 업무상 재해로 인한 손해에 대하여는 노사관계를 규율하는 근로기준법에서 사용자의 각종 보상책임을 규정하는 한편 이러한 보상책임을 담보하기 위하여 산업재해보상보험법으로 산업재해보상보험제도를 설정하고 있으므로, 대인배상에 관한 보험회사의 면책사유의 하나로 피해자가 배상책임 있는 피보험자의 피용자로서 근로기준법에 의한 재해보상을 받을 수 있는 사람인 경우를 들고 있는 자동차종합보험보통약관은 노사관계에서 발생하는 재해보상에 대하여는 산업재해보상보험에 의하여 전보받도록 하고 제3자에 대한 배상책임을 전보하는 것을 목적으로 한 자동차보험의 대인배상 범위에서는 이를 제외한 취지라고 보는 것이 타당하며, 위와 같은 면책조항이 상법 제659조에서 정한 보험자의 면책사유보다 보험계약자 또는 피보험자에게 불이익하게 면책사유를 변경함으로써 같은 법 제663조에 위반된다고 볼 수 없으며, 약관의규제에관한법률 제7조 제2호에서 정한 '상당한 이유 없이 사업자(즉 보험회사)의 손해배상

---

265) 대판 2011. 11. 24, 2011다64768; 대판 2000. 4. 25, 99다68027.
266) 대판 2000. 9. 29, 2000다19021; 대판 1990. 4. 27, 89다카24070.
267) 양승규, "업무상 재해사고를 면책사유로 한 자동차보험약관의 효력", 서울대학교 법학 제31권 제3, 4호, 1990, 262면; 박용수, "종업원재해를 자동차보험의 대인배상에 관한 보험회사의 면책사유로 규정한 자동차종합보험보통약관의 효력", 대법원판례해석 12호, 1990, 71면 이하; 장덕조, 419면.

범위를 제한하거나 사업자가 부담하여야 할 위험을 고객에게 이전시키는 조항'에도 해당되지 아니하므로 이를 무효라고 할 수 없다(同旨: 대판 2000. 9. 29, 2000다19021; 대판 1999. 3. 23, 98다63773; 대판 1994. 3. 11, 93다58622).

(3) 면책조항 적용범위

본 면책조항이 정하고 있는 '산업재해보상보험법에 의하여 재해보상을 받을 수 있는 자'로 되기 위해서는 배상책임의무가 있는 피보험자(사업주)와의 사이에 피용자의 지위에 있어야 하고 또한 피용자가 피보험자인 사용자의 업무에 종사하던 중 사고가 발생해야 한다.[268] 만약 피해자가 근로기준법에 의한 재해보상을 받을 수 있는 자가 아닌 경우 또는 근로기준법에 의한 재해보상을 받을 수 있다고 하더라도 산업재해보상보험법에 의하여 보상을 받을 수 없는 경우에는 본 면책사유의 적용대상에서 제외되어야 한다.[269] 산업재해보상보험법에 의하여 보상을 받을 수 없는 경우까지 대인배상 Ⅱ에서 면책으로 해서는 안된다.[270]

산업재해보상보험법에 의한 재해보상을 받을 수 있는 사람에 해당하는지 여부는 자동차 보험사고 발생 당시를 기준으로 하며, 이후 피해자가 실제로 산업재해보험급여를 지급받았거나 그에 대한 지급 결정이 있었는지 여부는 본 면책조항 적용요건의 고려대상이 아니다. 즉 산업재해보상보험에 의한 재해보상을 받을 수 있는 경우에 해당되어 그 금액만큼을 자동차보험의 손해배상액에서 공제함에 있어서 이를 위해 보상액을 현실로 지급받았거나 산재보험급여 지급결정이 있었을 필요까지는 없다. 다만 그 보상여부가 불확실한 경우에는 함부로 이를 공제하여서는 안된다.[271] 또한 보험사고가 산재사고에 해당하는 경우 피해자가 제3자로부터 산재보험급여에 해당하는 손해배상금을 받았더라도 피해자는 산업재해보상보험법에 의한 재해보상을 받을 수 있는 사람이라는 것이 판례의 입장이다.[272] 산업재해보상보험에 의한 재해보상을 받을 수 있는지 여부는 이를 이유로 자동차보험에서 면책을 주장하는 보험자가 입증해야 한다.

사업장이 산업재해보상보험법 제6조 단서[273]에 해당하여 산업재해보상보험에 당연가입대상자가 아닌 경우에도 근로복지공단의 승인을 얻어 산업재해보상보험에 가입하고 있

---

268) 대판 1993. 11. 9, 93다23107.
269) 대판 1994. 1. 11, 93다5376; 대판 1991. 5. 14, 91다6634; 대판 1999. 3. 23, 98다63773; 대판 1994. 3. 11, 93다58622.
270) 대판 1995. 2. 10, 94다4424.
271) 대판 2011. 11. 24, 2011다64768.
272) 대판 2018. 10. 25, 2018다237817.
273) 산업재해보상보험법 제6조(적용 범위) "이 법은 근로자를 사용하는 모든 사업 또는 사업장에 적용한다. 다만, 위험률·규모 및 장소 등을 고려하여 대통령령으로 정하는 사업에 대하여는 이 법을 적용하지 아니한다."

으면 본 면책조항은 적용된다.274) 사업주의 사업이 당연가입 사업이 아니라면 산업재해보상보험의 (임의) 보험가입자가 되어 당해 사업개시일에 보험관계가 성립하고 있어야 한다. 한편 산업재해보상보험에 당연 가입되는 사업주가 사업을 개시한 후에 그 사업에 소속한 근로자가 업무상 재해를 입은 때에는 사업주가 보험관계 성립의 신고를 하거나 보험료를 납부하는 등의 절차를 밟은 후에 발생한 업무상 재해에 한하여 피해 근로자가 보험급여의 지급을 청구할 수 있는 것은 아니다. 따라서 재해를 입은 근로자가 보험급여를 실제로 지급받은 경우에 한하여 위 면책조항이 적용되는 것은 아니다.275)

본 면책조항은 보험자간의 구상관계에서도 적용된다. 예를 들어 갑과 산업재해보상보험에 가입한 을의 피용자인 병의 쌍방과실로 인해 을의 다른 피용자인 정에게 업무상 재해가 발생한 경우에, 근로복지공단이 정에게 산재보험금을 지급한 후 갑에게 구상권을 행사하면 갑의 보험자는 구상금을 지급한 다음에 을의 보험자에 대해 을의 피용자의 과실비율에 해당하는 구상금을 청구하게 되는데, 을의 보험자는 대인배상 Ⅱ의 업무상재해 면책조항이 적용되어 면책되므로 갑의 보험자의 구상금 청구는 기각된다는 것이 판례의 입장이다.276)

한편 본 면책조항은 피용자와 직접 근로계약을 맺은 사용자가 가입한 산업재해보상보험에 의하여 근로자가 재해보상을 받을 수 있는 경우에만 적용되는 것으로 한정하는 것이 아니고, 피용자와 직접 근로계약을 맺지 않았다고 해도 수차의 도급에 의한 사업의 원수급인이 가입한 산재보험에 의하여 근로자가 재해보상을 받는 경우도 포함하는 것이라고 해석해야 할 것이다.277)

5. 유상운송 면책약관

(1) 약관규정

요금이나 대가를 목적으로 반복적으로 피보험자동차를 사용하거나 대여한 때에 생긴 손해에 대하여 보험자는 면책된다. 다만 1개월 이상의 기간을 정한 임대차계약에 의하여 임차인이 피보험자동차를 전속적으로 사용하는 경우에는 보상한다. 그러나 임차인이 피보험자동차를 요금이나 대가를 목적으로 반복적으로 사용하는 경우는 보상하지 아니한다. 즉 1개월 이상의 기간을 정한 임대차계약에 의한 임차인이 그 고유의 운송사업에 전속적으로 사용하던 중 발생한 사고에 대하여는 보험자의 책임이 없다.278) 1회의 유상운송은

---

274) 대판 1995. 2. 10, 94다4424.
275) 대판 2002. 9. 4, 2002다4429; 대판 1995. 11. 24, 95다39540.
276) 대판 2000. 9. 29, 2000다19021; 한기정, 716면.
277) 서울민사지법 1993. 11. 3, 93가합3900.
278) 대판 1993. 2. 23, 92다49508.

본 면책약관의 적용대상에서 제외된다.279)

(2) 취　　지

자동차는 개인용, 업무용 및 영업용으로 나누어 각각의 담보위험과 보험료율을 달리하고 있는데 그 이유는 자동차의 용도에 따라 사고의 위험이 다르기 때문이다.280) 여객자동차운송사업을 경영하기 위해서는 국토교통부 장관의 면허를 받아야 하며281) 자가용차를 영업에 사용하는 것을 금지하고 있다.282) 유상운송을 보험자의 면책사유로 하는 것은 사업용자동차 이외의 자동차를 유상운송에 제공하는 행위가 여객자동차운수사업법에 의하여 처벌의 대상이 되는 범법행위이므로 이를 억제하려는 데 그 취지가 있을 뿐 아니라, 사업용자동차와 비사업용자동차는 보험사고의 위험률에 큰 차이가 있어 별도의 위험담보특약에 의하여 보험료를 추가로 납부하지 않는 한 그로 인한 위험을 인수하지 않겠다는 데 그 주된 취지가 있다.283) 즉 비사업용자동차로서 보험에 가입한 차량을 계속적·반복적으로 유상운송행위에 사용하는 경우에 발생된 사고에 관하여 보험자의 면책을 규정한 것이다.

(3) 적용범위

보험가입시에 회사동료나 직원의 출·퇴근용, 학생의 통학용 등으로 공동사용하려는 목적을 밝히고 공동사용 특별요율에 의한 할증보험료를 납입한 후 피보험자동차를 이용하는 동료, 직원, 학생들로부터 일정한 금원을 받아 온 경우에 본 면책사항이 적용될 수 있는지가 실무상 문제가 된다. 이 경우 피보험차량을 이용하는 사람들로부터 반복적으로 돈을 받았다고 하여 곧바로 본 면책조항이 적용되는 것으로 해석해서는 안 된다. 운행의 목적과 빈도, 운행경로나 이용 승객 수, 운행형태의 변경으로 인한 위험의 증가 정도 등을 종합적으로 고려해야 한다. 피보험자가 단체구성원 또는 소속원을 위하여 사용할 목적으로 업무용자동차보험에 가입하여 공동사용 특별요율에 의한 보험료를 납부하고 그 운행과 관련하여 단체구성원으로부터 반복적으로 금원을 수수하였으나 그것이 운행경비의 분담 차원에서 행해진 것에 불과한 경우 본 면책약관이 말하는 유상에 해당되지 않는다.284) 예를 들어 사회복지법인 응급구조단이 구급차를 이용하여 응급환자를 이송하고 이송처치료

---

279) 대판 1992. 9. 22, 92다28303; 임용수, 429면.
280) 대판 1999. 1. 26, 98다48682.
281) 여객자동차운수사업법 제4조.
282) 서헌제, 247면.
283) 대판 1999. 1. 26, 98다48682; 대판 1999. 9. 3, 99다10349; 대판 1992. 5. 22, 91다36642.
284) 대판 1999. 9. 3, 99다10349; 대판 1995. 5. 12, 94다54726.

를 받은 경우에, 이는 운송에 대한 대가로 볼 수 없으므로 구급차 운행은 유상운송이 아니다.285)

[대법원 1999. 9. 3. 선고 99다10349 판결]

〈사실관계〉

고속도로 휴게소의 직원인 피고는 출퇴근용으로 사용하는 자신의 승합차에 동료직원들을 태워 출퇴근하면서 1인당 5만원씩을 지급받았다. 동 승합차는 원고회사와 비사업용자동차로 보험계약이 체결되어 있는데, 피고는 보험설계사에게 같은 동네에 사는 동료 직원들과 함께 출퇴근할 것임을 알렸고 이에 보험설계사는 보험청약서에 승합공동형태를 인부수송용으로 기재하고 공동사용특별요율을 130%로 정하였다. 약관에는 '요금이나 대가를 목적으로 반복적으로 피보험자동차를 사용하거나 대여한 때에 생긴 사고로 인한 손해 중 자배법에 의한 책임보험금액을 초과하는 손해는 보상하지 아니한다'고 규정하고 있다. 사고로 탑승한 다수가 상해를 입었다. 원고회사는 피고는 비사업용자동차를 사업용으로 사용하였으므로 보험금을 지급할 수 없다고 하면서 이 사건 채무부존재확인의 소를 제기하였다.

〈주요 판시내용〉

피보험자동차의 운행이 약관에서 말하는 유상운송에 해당되려면 단순히 운행과 관련하여 반복적으로 금원을 지급받았다는 것만으로는 부족하고, 그 운행의 형태가 당초 예정한 것과 달라져 위험이 보험자가 예상한 것 이상으로 커지는 정도에까지 이르러야 한다. 피보험자가 단체구성원 또는 소속원을 위하여 사용하거나, 이와 유사한 형태로 다른 사람의 운송을 위하여 반복적으로 사용할 목적으로 업무용자동차보험에 가입하여 공동사용 특별요율에 의한 보험료를 납부하고 그 운행과 관련하여 단체구성원 등으로부터 반복적으로 금원을 수수하였다 하더라도 그 금원의 수수가 운행경비의 분담 차원에서 행해진 것에 불과하다면, 그로 인하여 운행 형태가 당초와 다르게 변경되었다거나 위험이 예상 이상으로 커졌다고 할 수는 없으므로 그것을 들어 위 보험약관상의 면책사유인 유상운송이라고 할 수는 없다.

[대법원 1995. 5. 12. 선고 94다54726 판결]

〈주요 판시내용〉

피보험자인 법인이 운영하는 학교에 소속된 학생들 중 이용료를 내는 특정된 인원만이 승차하여 일정한 시간에 일정한 경로를 주행하는 통학버스의 운행은, 유상운송위험담보특약요율에 의하여 할증보험료를 징수하는 유상운송의 경우와 비교해 볼 때 그 운행의 목적과 빈도, 운행경로나 이용 승객 수 등 그 운행형태가 여러 가지 면에서 차이가 있어, 그 사고 발생의 위험률이 유상운송의 경우에 비하여 낮고, 학생들의 편의를 위하여 제공되고 그 이용 학생들로부터 실비의 분담

---

285) 대판 1997. 10. 10, 96다23252.

차원에서 이용료를 받은 점 등 그 전체적인 운행형태에 비추어 볼 때, 업무용자동차종합보험 보통약관 소정의 "피보험자동차를 요금이나 대가를 목적으로 계속적 또는 반복적으로 사용하는 경우", 즉 유상운송의 범주에 들어가지 않는다고 봄이 상당하다.

한편 본 면책약관이 유상운송을 야기한 탑승자와 같이 유상운송과 직접 관련이 있는 자가 입은 손해에 한하여 적용된다는 근거는 없으므로, 유상운송과 직접 관계가 없는 피해자가 입은 손해에 대하여도 본 면책약관은 적용된다고 해석된다.286)

[대법원 1992. 5. 22. 선고 91다36642 판결]

〈사실관계〉

소외 1은 소외 2 소유의 중형버스에 대해 피고 보험회사와 피보험자를 소외 1로 하는 업무용자동차보험계약을 체결했고 약관에 유상운송면책조항이 포함되어 있다. 소외 2는 경제적 어려움 때문에 피보험 버스를 소외 3 관광회사의 알선을 받아 여객을 운송하고 그 대가를 받아 왔다. 소외 2는 운임을 받고 결혼축하객을 태우고 운전하던 중 보행자 소외 4를 치어 사망케 하였다. 소외 4의 유족인 원고는 피고 보험회사에게 보험금을 지급받을 수 있는지 문제되었다.

〈주요 판시내용〉

비사업용자동차로서 보험에 가입한 차량을 계속적 또는 반복적으로 유상운송행위에 사용하는 경우에 발생된 사고에 관하여 약관조항으로 보험자의 면책을 규정한 것은, 사업용자동차 이외의 자동차를 유상운송에 제공하는 행위가 자동차운수사업법에 의하여 처벌의 대상이 되는 범법행위로서 이를 억제하려는 데 그 취지가 있을 뿐 아니라, 사업용자동차와 비사업용자동차는 보험사고의 위험률에 큰 차이가 있어 보험료의 액수도 다르기 때문이며, 위 면책약관이 유상운송을 유발한 탑승자와 같이 유상운송과 직접 관련이 있는 자가 입은 손해에 한하여 적용된다는 근거는 없으므로 유상운송과 직접 관계가 없는 피해자(소외 4, 원고)가 입은 손해에 대하여 적용되지 않는 것으로 해석할 수는 없다.

---

6. 대인배상 Ⅱ에서 피해자의 범위와 타인성 인정 여부

(1) 개   념

원래 타인이란 자동차사고를 야기한 가해자 즉 피보험자의 입장에서 볼 때 자기 이외의 모든 사람을 의미한다. 그런데 경우에 따라서는 법률상 타인에 해당되면서도 피보험자 또는 운전자와의 일정한 인적 신분관계로 인하여 타인성이 희박하다고 하여 피해자의 범

---

286) 대판 1992. 5. 22, 91다36642.

위에서 제외시킴으로써 보험자가 면책되기도 한다. 자동차보험표준약관 제8조 제2항에서 일정 범위의 사람이 죽거나 다친 경우에는 대인배상 Ⅱ에서 보상하지 않는다고 하여 피해자의 범위를 간접적으로 제한하고 있다. 결국 본 조항은 피해자 범위에 따른 보험자의 면책사항을 규정한 것으로 볼 수 있다.287)

(2) 약관 규정

대인배상 Ⅱ에서 다음에 해당하는 사람이 죽거나 다친 경우에 보험자는 면책된다. ① 피보험자 또는 그 부모, 배우자 및 자녀,288) ② 배상책임이 있는 피보험자의 피용자로서 산업재해보상보험법에 의한 재해보상을 받을 수 있는 사람이 죽거나 다친 경우 보험자는 보상하지 않는다. 다만 그 사람이 입은 손해가 동법에 의한 보상범위를 넘어서는 경우에는 그 초과손해는 보상한다.(업무상 재해면책) ③ 피보험자동차를 피보험자의 사용자의 업무에 사용하는 경우 그 사용자의 업무에 종사중인 다른 피용자로서 산업재해보상보험법에 의한 재해보상을 받을 수 있는 사람이 죽거나 다친 경우 보험자는 면책이 된다. 다만 그 사람이 입은 손해가 동법에 의한 보상범위를 넘는 경우에는 그 초과손해는 보상한다. 이는 이른바 '동료재해면책'에 관한 것이다. 동료재해면책조항이 적용되기 위해서는 첫째, 가해자와 피해자가 모두 동일한 사용자에게 고용되어 있어야 하며, 둘째, 피보험자(가해자)가 자신의 피보험자동차를 사용자의 업무에 사용하는 중이어야 하고, 셋째, 피해자인 동료피용자가 산업재해보상보험법에 의해 재해보상을 받을 수 있어야 한다. 과거에는 동료재해면책조항에 "피용자인 기명피보험자가 개인으로서 법률상 손해배상책임을 지는 경우에는 그 손해를 보상한다"는 내용이 있었으나 삭제되었다.289)

피보험자의 부모, 배우자 및 자녀가 죽거나 다친 경우를 대인배상 Ⅱ에서 보험회사의 면책사항으로 정하는 대신 후술하는 자기신체사고보험에서 이를 보상한다. 자기신체사고보험은 피보험자가 피보험자동차를 소유, 사용, 관리하는 동안에 생긴 피보험자동차의 사고로 인하여 죽거나 다친 때 그로 인한 손해를 보험회사가 보상한다고 하면서, 기명피보험자의 부모 등을 피보험자에 포함시키고 있다. 기명피보험자의 부모 등이 죽거나 다친 경우를 대인배상 Ⅱ의 보상대상에서 제외한 취지는 일정 범위의 친족 간 사고에서 기명피보험자의 부모 등이 사고로 손해를 입은 경우에는 그 문제를 가정 내에서 처리함이 보통

---

287) 이러한 범위 내의 가족에 대해서는 자기신체사고보험에서 보상한다.

288) 피보험자의 부모와 양부모, 법률상의 배우자 또는 사실혼관계에 있는 배우자, 법률상의 혼인관계에서 출생한 자녀, 사실혼 관계에서 출생한 자녀, 양자 또는 양녀가 포함되는 개념이다(자동차보험표준약관 제1조 제15호).

289) 삭제결과 기명피보험자의 배상책임손해는 보상하지 않게 되므로, 기명피보험자가 자동차보험으로부터 보호를 받지 못하게 된다고 비판하면서, 삭제된 문구를 부활해야 한다는 견해가 있다. 조규성, "판례를 통해 본 자동차보험 약관의 문제점과 개선방안에 관한 고찰", 보험학회지 제90집, 2011, 256-257면.

이고 손해배상을 청구하지 않는 것이 사회통념에 속하기 때문이며 이러한 경우의 보호는 별도의 보험인 자기신체사고보험에 의하도록 하기 위함이다.290)

[대법원 1993. 9. 14. 선고 93다10774 판결]

〈주요 판시내용〉

임의보험인 자동차종합보험의 대인배상보험은 강제보험인 자동차손해배상책임보험과는 달리 그 목적이 피해자의 보호에 있다기보다는 피보험자의 손해배상책임을 전보하고자 함에 있을 뿐 아니라 그 가입 여부 또한 자유로우므로 일반적으로 사적 자치의 원칙이 적용되는 영역에 속하고, 피보험자나 운전자의 배우자 등이 사고로 손해를 입은 경우에는 그 가정 내에서 처리함이 보통이고 손해배상을 청구하지 않는 것이 사회통념에 속한다고 보이며, 이러한 경우의 보호는 별도의 보험인 자손사고보험에 의하도록 하고 있는 점 등으로 미루어 보면, 피보험자나 운전자의 배우자 등이 사고로 손해를 입은 경우를 자동차종합보험의 대인배상보험에서 제외하고 있는 약관규정이 약관의규제에관한법률 제7조 제2호에 위반된다거나 경제적인 강자인 보험자에게 일방적으로 유리한 규정에 해당하여 무효라고 할 수 없다.

---

7. 면책약관의 개별적용

자동차보험에 있어서 동일 자동차사고로 인하여 피해자에 대하여 배상책임을 지는 피보험자가 복수로 존재하는 경우에는 그 피보험이익도 피보험자마다 개별로 독립하여 존재하는 것이니만큼 각각의 피보험자마다 손해배상책임의 발생요건이나 면책조항의 적용 여부 등을 개별적으로 가려서 보상책임의 유무를 결정하는 것이 원칙이다. 이것이 면책약관의 피보험자 개별적용이다. 즉 대인배상이나 대물배상에서 피해자 또는 피해물과 피보험자 사이에 약관에서 정하고 있는 면책사유가 적용될 수 있는 일정한 관계가 있는 경우에 한하여 그 피보험자에게만 면책사유가 적용되는 것으로 해석해야 한다. 어느 한 사람이 면책조항에 해당된다고 해도 면책조항의 적용은 각각의 피보험자마다 개별적으로 적용 여부를 따져야 한다. 면책약관의 개별적용 문제는 배상책임이 문제되는 대인배상과 대물배상에서 주로 문제가 되며, 자기신체사고, 자기차량손해, 무보험자동차에 의한 상해에서는 면책약관 개별적용 문제가 발생할 여지가 크지 않다.

이러한 면책약관의 개별적용의 내용이 약관에서 명시적으로 규정하고 있지 않다고 해도 개별적으로 적용해야 한다. 판례도 같은 취지이다.291) 약관 내용이 명백하면 그에 따

---

290) 대판 2014. 6. 26, 2013다211223; 대판 1993. 9. 14, 93다10774.
291) 대판 2020. 5. 14, 2018다269739; 대판 2010. 12. 9, 2010다70773; 대판 1996. 5. 14, 96다4305; 대판 1988. 6. 14, 87다카2276. 면책약관의 개별적용에 대해서는 장덕조, "피보험자 개별적용론에 대한 비판적 고찰(그 확대해석을 우려하며)", 상사법연구 제20권 제1호, 2001, 455-474면; 김광국, "손해보험약관 해석에 있어서

라 면책약관의 개별적용 문제를 결정하면 된다. 예를 들어 보험계약자와 기명피보험자의 고의로 인한 손해, 유상운송 면책, 시험용·경기용·경기준비연습용으로 사용 중의 손해에 대해서는 모든 피보험자에 대해 보험자는 보상책임을 면한다고 명시적으로 약관에 규정이 되어 있다면 개별적용 문제는 거론될 이유가 없다.292)

[대법원 1996. 5. 14. 선고 96다4305 판결]

〈사실관계〉

원고회사는 병원(피보험자)과 보험계약을 체결하였는데, 병원의 직원(피보험자의 피용인)이 구급차에 그의 처와 딸을 태우고 병원으로 오던 도중 사고가 발생하였다. 이에 처와 딸이 보험금을 청구하자 원고회사는 '피보험자동차를 운전중인 자 또는 그 부모, 배우자 및 자녀가 죽거나 다친 경우'가 면책사유로 규정되어 있으므로 보험금을 지급할 수 없다고 하였다. 그러자 피고들(처와 딸)은 딸의 출산을 위해 병원으로 가는 중이었고 병원 직원의 처는 임신한 딸의 어머니로서 돌발 상황에 대비하기 위하여 부득이 구급차에 동승하였을 뿐이었으므로 피고들과 구급차 운전사와의 가족관계는 우연적인 요소에 해당하여 면책조항이 적용될 수 없다고 주장하였다. 그리고 기명피보험자인 병원 이외에 병원을 위해 운전하던 병원 직원도 약관상 피보험자로 규정되어 있어 결국 복수의 피보험자가 존재하는 계약에서 면책약관은 피보험자마다 개별적으로 적용되어야 하는 것이므로 비록 병원 직원에 대한 관계에서는 원고회사가 면책된다 하더라도 기명피보험자인 병원이 구급차의 운행자로서 피고들에게 배상책임을 부담하는 것에 대해서는 원고회사가 면책될 이유가 없으므로 원고회사는 보험금을 지급해야 된다고 주장하였다.

〈주요 판시내용〉

자동차종합보험약관상 보험증권상의 기명피보험자인 병원과 함께 복수의 피보험자인 구급차 운전자가 출산을 위하여 그의 딸과 처를 태우고 가던 중 사고를 낸 경우, 피해자들은 그 운전자(직원)에 대한 관계에서는 그 약관의 면책사유인 배상책임 있는 피보험자의 배우자 및 자녀에 해당하고, 그 병원과의 관계에서는 피보험자동차를 운전 중인 자의 배우자 및 자녀에 해당하므로, 병원 및 운전자(직원) 모두와의 관계에서 보험자에게 면책사유가 존재하므로 대인배상 지급채무는 없다.

[대법원 1999. 5. 14. 선고 98다58283 판결]

〈주요 판시내용〉

하나의 보험사고로 인하여 배상책임을 지는 피보험자가 복수로 존재하는 경우에 위 면책조항의 적용 여부를 판단함에 있어서는 특별한 사정이 없는 한 그 약관에 피보험자 개별적용조항을 별도로 규정하고 있지 않더라도 각 피보험자별로 면책조항의 적용요건인 인적관계의 유무를 가려 보

의 피보험자 개별적용의 이론(자동차보험을 중심으로)", 상사법연구 제19권 제3호, 2001, 313-338면.
292) 한기정, 725면-726면.

험자의 면책 여부를 결정하여야 하며, 이러한 면책조항 개별적용의 법리는 그 보험사고가 복수의 피보험자들의 공동불법행위로 인하여 발생한 경우에 피보험자 중 1인(갑)의 출연에 의하여 다른 피보험자(을)를 면책시킨 다음 갑이 을의 부담 부분에 대한 구상권 행사로서 직접 보험자에 대하여 구상금청구를 하는 경우에도 적용되는 것으로서, 이러한 경우에 면책조항의 적용요건인 인적관계의 유무는 보험금 청구의 원인이 된 구상금지급의무자를 기준으로 가려본 다음 그에 따라 보험자의 면책 여부를 판단하여야 할 것이므로, 보험자는 피보험자 갑에 대한 면책조항을 들어 피보험자 을의 책임 부분에 관한 구상금청구에 대하여 그 면책을 주장할 수 없다.

Ⅶ. 대물배상

1. 보험사고와 피보험자

피보험자가 피보험자동차를 소유, 사용, 관리하는 동안에 생긴 피보험자동차의 사고로 다른 사람의 재물을 없애거나 훼손하여 피해자에게 발생한 손해에 대하여 법률상 손해배상책임을 부담함으로써 입은 손해를 보험자가 보상하는 책임보험이다.293) 피보험자동차의 운행에 한정하지 않고 피보험자동차의 소유, 사용, 관리 중의 사고를 보험사고로 한다. 이는 대인배상 Ⅱ와 같다. 대물배상의 약정보험금액은 당사자가 정하면 된다. 다만 2,000만원 한도까지는 가입이 강제되는 의무보험이며 이에 대해서는 자배법이 적용된다.294) 대물배상 책임보험에서의 피보험자의 범위는 대인배상 Ⅱ의 경우와 동일하다. 기명피보험자, 친족피보험자, 승낙피보험자, 사용피보험자, 운전피보험자가 있다. 대인배상 Ⅱ와 마찬가지로 대물배상에서도 자동차정비업, 대리운전업, 주차장업, 급유업, 세차업, 자동차판매업, 자동차탁송업 등 자동차를 취급하는 것을 업으로 하는 자(이들의 피용자 및 이들이 법인인 경우에는 그 이사와 감사를 포함)295)가 업무로서 위탁받은 피보험자동차를 사용 또는 관리하는 경우에 이들을 승낙피보험자 또는 운전피보험자로 보지 않는다. 이에 대해서는 대인배상 Ⅱ에서 설명한 바 있다.

---

293) 자동차보험표준약관 제6조 제2항.
294) 본래 자배법은 대인배상책임보험만을 의무보험으로 하였으나, 2003년 8월 21일 동법 개정시 자동차의 운행으로 타인의 재물을 멸실 또는 훼손한 경우에 피해자에게 발생한 손해를 보상하는 것으로 보상금액 1사고당 1천만원 범위 안에서 의무보험화한 후 2016년 4월부터 2천만원으로 확대하였다.
295) 이들을 실무상 자동차취급업자라 부르고 있다.

2. 보상책임

(1) 약관상 지급기준

의무보험화 되어있는 대물배상 부분에 대해서는 자배법이 적용되며, 임의보험으로서의 대물배상은 자배법상의 대물배상에서 지급하는 금액을 초과하는 손해를 보상하게 된다.296) 대물손해에 대해서는 민법 제750조 이하의 불법행위에 의한 손해배상책임을 규정하는 조항들이 적용된다. 보험자는 보험약관의 보험금지급기준에 의해 산출한 금액과 비용을 합한 액수에서 공제액을 공제한 후 보험금을 지급하는데 보험증권에 기재된 보험가입금액을 한도로 한다. 대물배상에서 공제액이란 사고차량을 고칠 때에 엔진·변속기(트랜스미션) 등 부분품을 교체한 경우 교체된 기존 부분품의 감가상각에 해당하는 금액을 말한다.297) 피보험자가 복수인 경우에 그 중 한 사람이라도 손해배상책임을 지는 경우에는 보험자는 그 피보험자의 손해를 보상하여야 한다.298)

(2) 대차비용 산정기준

실무적으로는 대물배상에 있어서 사고차량에 대한 대차비용(렌트비)과 적정수리비 산정 기준에 대해 많은 쟁점이 있다. 2016년 4월1일부터 시행된 자동차보험표준약관은 대차료 기간 및 대차료 산정기준을 대폭 개정했고 지금까지 시행되고 있다. 대차와 관련해서는 등록된 렌터카업체로 한정하고, 동종이 아닌 동급의 최저가 렌터 차량 제공, 렌터 차량 제공기간은 피해차량을 정비업자에게 인도한 때부터 시작되어 수리가 완료될 때까지의 소요된 기간(최대 30일 인정)으로 정하고 있다. 대차비용이란 '동급의 대여자동차 중 최저요금의 대여자동차를 빌리는데 소요되는 통상의 요금'이라고 자동차보험표준약관은 정의하고 있다(별표 2 대물배상 지급기준). 이에 따라 피해차량이 외제차량이더라도 현행 자동차보험표준약관에 따르면 보험자는 배기량이 같은 국산 자동차의 대차료를 기준으로 대차비용을 지급할 수 있다.

그런데 최근 일부 렌터카 회사가 손해보험사를 상대로 피해 외제차량의 휴차에 따른 대차료로서 이미 지급 받은 동급의 국산차량 기준 대차료 보상액을 초과하는 외제차량의 대차료 상당액의 추가 지급을 구한 손해배상청구 소송을 제기하였다. 일부 하급심은 자동차보험표준약관이 보험계약 당사자가 아닌 피해자에게는 구속력이 미치지 못하며 민사상 손해배상은 완전배상이 원칙이므로 외제차 대차료를 기준으로 산정해야 한다

---

296) 최준선, 297면.
297) 자동차보험표준약관 제10조 제4항 제2호.
298) 대판 1997. 3. 14, 95다48728.

고 판시한 바 있다.299) 그러나 항소심은 본래 대차료란 수리기간 동안 피해차량 소유자에게 발생할 수 있는 불편함을 해소하기 위한 것으로서 동종의 외제차량을 대차해야만 그 불편함이 해소된다고 할 수 없고, 자동차보험표준약관이 정한 대차료 인정기준은 렌터비 등 물적 손해의 과잉증가로 자동차보험의 손해율을 악화시켜 보험료 인상 요인으로 작용하는 것을 방지하기 위한 것으로서 그 합리성이 인정된다고 판단하면서 손해보험회사들이 표준약관상의 기준에 따라 산정하여 대차료를 지급한 것은 정당하며 피해 외제차량의 소유자들에게 동급의 국산차량을 넘어서 동종의 외제차량을 대차해야 할 특별한 사정에 대해 렌터카 회사가 입증하지 못했음을 이유로 1심 판결을 취소한 바 있다.300) 항소심 판결이 정당하다. 이에 관한 대법원 판결을 기다리고 있다.

(3) 대차기간 산정기준

적정수리기간은 국토교통부가 공고한 표준작업시간표301)에 근거하여 산정된 것이기는 하지만, 그 산정에 정비업자의 인력 현황, 수리를 위해 대기하고 있는 차량의 수 등 실제 작업시간에 영향을 미치는 세부 사항이 반영되어 있지는 않으므로 정비업자가 적정 수리기간 내에 차량 수리를 반드시 마쳐야 할 의무를 부담하지는 않는다고 법원은 해석하고 있다. 이 문제는 소비자들이 특히 직영 정비소를 선호하는 경향, 부품 조달이 지연되거나 정비 인력이 부족한 상황 등이 정비업자의 귀책사유로 보기 어려우며 이를 이유로 수리가 지연되는 경우 정비업자가 추가 렌트비에 대한 손해배상책임을 부담하는 것으로 볼 수 없다고 판단하고 있다.302)

그런데 수리 지연의 정당한 사유 여부에 대한 판단을 위해서는 다음의 사항들이 고려되어야 할 것이다. 자동차제조회사 직영 정비소라면 자동차 부품 조달에 문제가 생기지 않도록 미리 대비를 해야 하며, 타사 제조 차량에 대한 수리시간과 비교하여 자신이 제조한 차량에 대해서는 적정 수리 기간을 준수할 수 있는 가능성이 상대적으로 높을 수 있으며, 적정 수리 기간을 준수하기 위한 필요한 조치들 예를 들어 대기 차량이 많은 경우에 차량 수리를 위한 협력업체를 안내하거나 대기 시간을 줄이기 위해 예약수리 제도 활용을 얼마나 적극적으로 이행했는가, 무엇을 기준으로 대기 차량이 많고 적은 것을 판단할 것인가 등의 문제가 감안되어야 한다. 필요한 정비 인력을 추가적으로 채용하지 않은 결과 등을 일방적으로 보험회사에게만 전가시키는 것은 개선되어야 할 사항이다.

---

299) 부산지법 2021. 2. 28, 2020나53231.
300) 서울고법 2023. 12. 22, 2023나2017503.
301) 과거에는 적정 수리비 산출을 위한 표준작업시간을 국토부가 공고했으나, 2020년 정비요금 공표제가 폐지되었고, 현재는 자동차보험정비협의회에서 표준작업시간과 시간당 공임을 정하고 있다(자배법 제15조의2).
302) 황현아, "2021년 보험 관련 중요 판례 분석(2), KiRi 보험법리뷰 포커스, 2022. 2, 보험연구원, 5-6면.

아래 판결은 이러한 쟁점 사항에 관한 것이다.

[대구지법 2016. 4. 21. 선고 2015나15243 판결(확정)]

〈사실관계〉

교통사고 피해차량의 소유자 甲이 수리를 위해 피해차량을 서비스센터에 입고한 다음 피해차량과 동종인 승용차를 임차하여 사용하고 가해차량의 보험자인 乙 보험회사에 사용 기간에 대한 대차비용의 지급을 청구하자, 乙 회사가 보험약관의 대차비용 지급기준에서 정한 기간에 대해서만 대차비용을 지급하였다. 약관에는 대차비용의 지급기준과 관련하여 30일을 한도로 한다고 명시되어 있고, 甲은 실제 41일 동안 차량을 임차하였다. 보험회사는 30일을 초과하는 대차비용은 특별손해로 취급되어야 한다고 주장하며 30일을 초과하는 대차비용은 지급할 수 없다고 주장하였다.

〈주요 판시내용〉

'수리가 실제 시작된 때부터 수리가 완료되어 출고될 때까지의 기간'이 피해차량의 수리에 필요한 통상의 기간으로서 대차비용이 지급되어야 할 대차기간에 해당하고, 乙 회사가 자신의 피보험자인 가해자가 피해자인 甲에 대해 부담하는 손해배상채무를 병존적으로 인수한 이상 채무의 범위가 보험약관의 대차비용 지급기준에 구속되어 한정된다고 볼 수 없으므로, 乙 회사는 위 대차기간(41일)에 대하여 대차비용을 지급할 의무가 있다. 대차의 필요성과 대차비용 액수의 상당성에 관하여 당사자 사이에 다툼이 있다면, 그에 대한 주장과 증명 책임은 자동차를 대차한 피해자에게 있다. 또한 그 필요성과 상당성이 인정되는 범위의 대차비용은 차량 수리에 따른 이동수단의 부재로 인하여 피해자가 입은 손해로서 통상의 손해로 봄이 타당하다. 피해차량의 수리가 실제 시작된 때로부터 수리완료로 출고될 때까지의 기간에 포함된 휴일 기간은 통상의 수리에 필요한 기간에 포함되는 것으로 해석함이 상당하다.

[대법원 2021. 9. 9. 선고 2016다203933 판결]

〈사실관계〉

원고 보험회사에 가입한 피보험자 甲이 乙 소유차량(피고 자동차회사 제조)에 대물사고를 야기했고 乙은 피고 자동차회사 직영 정비소에 차량 수리를 맡겼다. 원고 보험회사는 수리비 및 수리기간 중 동급 차량 렌트비를 보상해야 하는데 약관에서는 부당한 수리지연이나 출고 지연의 사유로 통상의 수리기간을 초과하는 기간에 대해서는 렌트비를 인정하지 않고 있다. 사고 차량의 적정 수리기간은 5일인데 실제 수리기간 및 렌트기간은 이를 훨씬 초과하게 되었다. 원고 보험회사는 피고 자동차회사를 상대로 피고 자동차회사 직영 정비소의 지연수리로 인해 원고 보험회사가 추가로 부담해야 하는 렌트비 상당의 손해배상을 청구하였다.

〈주요 판시내용〉

구 자동차손해배상 보장법(2013. 3. 23. 법률 제11690호로 개정되기 전의 것) 제16조 제1항은 "국토해양부장관은 보험회사 등과 자동차 정비업자 간의 정비요금에 대한 분쟁을 예방하기 위하여 적절한 정비요금(표준작업시간과 공임 등을 포함한다)에 대하여 조사 · 연구하여 그 결과를 공표한다."라고 규정하고 있는데, 주무장관이 위 법률 조항에 근거하여 공표한 자료는 다른 반증이 없는 한 객관성과 합리성을 지닌 자료로서 정비요금의 액수가 타당한지 여부에 관한 다툼이 있을 때 유력한 증거자료가 된다. 즉, 정비업자가 보험회사에 차량 수리비를 청구하는 경우 국토해양부장관이 위와 같이 공표한 자료는 특별한 사정이 없는 한 당사자들 사이에 수리비를 산정하기 위한 기준이 된다. 그러나 국토해양부장관이 위 법률 조항에 따라 공표한 '탈착교환 표준작업시간표'에는 특정 정비업자의 실제 작업 상황, 즉 인력 현황, 대기 차량의 수, 차주와의 협의 사항 등이 반영되어 있지 않으므로, 일반적으로 정비업자가 자신이 처한 실제 작업 상황과 무관하게 위 '탈착교환 표준작업시간표'에 따라 산정된 수리기간 내에 차량의 수리를 마쳐야 할 의무를 부담한다고 볼 수는 없다. 한편 보험회사는 보험계약에 따라 사고 차량의 차주가 렌터카를 이용한 기간의 전부 또는 일부에 대해 차주 또는 렌터카 업체에 렌트비 상당의 보험금을 지급하는데, 차주가 대체로 차량 수리기간 동안 렌터카를 이용하는 상황에서는 보험회사가 지출할 금액은 주로 정비업자가 차량을 인수하여 수리하는 기간에 영향을 받게 된다. 정비업자는 이러한 법률관계에 당사자로서 직접 관여하는 것은 아니므로 정비업자가 단지 수리를 지연하였다는 사정만으로 당연히 보험회사에 대해 불법행위책임을 부담하는 것은 아니고, 위와 같은 법률관계를 이용하여 보험회사로 하여금 과다한 금액을 지출하도록 할 의도로 적극적으로 수리를 지연하는 등의 특별한 사정이 있는 경우에 한하여 비로소 보험회사에 대해 불법행위책임을 부담할 여지가 있을 뿐이다.

(4) 자동차시세하락손해

(가) 개   념

불법행위로 인하여 물건이 훼손되었을 때 통상의 손해액은 수리가 가능한 경우에는 그 수리비, 수리가 불가능한 경우에는 교환가치의 감소액이 된다. 그런데 수리를 한 후에도 자동차의 가격하락이 당연히 생긴다. 가격하락으로 인한 손해를 자동차시세하락손해(격락손해, 감가손해라고도 한다)라 부른다. 자동차보험약관 별표 2 대물배상지급기준은 자동차시세하락손해에 대한 지급기준에 관하여 규정하고 있다. 약관에 따르면 출고 후 5년 이하인 자동차의 사고 수리비용이 사고 직전 자동차가액의 20%를 초과하는 경우에 ① 출고 후 1년 이하인 자동차는 수리비용의 20%, ② 출고 후 1년 초과 2년 이하인 자동차는 수리비용의 15%, ③ 출고 후 2년 초과 5년 이하인 자동차는 수리비용의 10%를 자동차시세하락손해의 인정기준으로 정하고 있다.

잠재적 장애가 남는 정도의 중대한 손상이 있는 사고에 해당하는지 여부는 사고의 경위 및 정도, 파손 부위 및 경중, 수리방법, 자동차의 연식 및 주행거리, 사고 당시 자동차 가액에서 수리비가 차지하는 비율, 중고자동차 성능 · 상태점검기록부에 사고 이력으로 기재할 대상이 되는 정도의 수리가 있었는지 여부 등의 사정을 종합적으로 고려하여, 사회일반의 거래관념과 경험칙에 따라 객관적·합리적으로 판단하여야 하고, 이는 중대한 손상이라고 주장하는 당사자가 주장·증명하여야 한다.303) 자동차시세하락손해가 통상손해인지 아니면 특별손해인지 과거에는 판례가 엇갈렸으나, 현재 대법원 판례는 그 성격을 통상손해로 해석하고 있다.304) 통상손해로 보면 상대방 보험회사가 약관 지급기준에 따라 일반적으로 보상을 하는 것이지만, 특별손해로 보게 되면 상대방 운전자가 사고 당시에 이러한 자동차시세하락손해의 발생을 예견 가능했다는 것이 증명된 경우에만 보상이 가능하게 된다.305)

(나) 직접청구권 행사시 손해액 산정기준

피해자가 직접청구권을 행사한 경우에 법원이 피해자에게 보상해야 할 손해액을 산정함에 있어서 직접청구권의 법적 성질이 손해배상청구권임을 감안하여 약관상 지급기준의 구속을 받지 않는다는 것이 법원의 입장이다. 약관상 지급기준은 보험금 지급에 관한 것이기 때문이다. 예를 들어 교통사고 피해차량의 소유자인 甲이 가해차량의 보험자인 乙 보험회사를 상대로 차량의 교환가치 감소에 따른 손해(시세하락손해)에 대해 상법상 직접청구권을 행사했으나, 乙 회사가 자동차종합보험약관의 대물배상 지급기준에 '자동차 시세 하락의 손해'에 대해서는 수리비용이 사고 직전 자동차 거래가액의 20%를 초과하는 경우에만 일정액을 지급하는 것으로 규정하고 있음을 이유로 거절하였다. 대법원은 피해자의 직접청구권에 따라 보험자가 부담하는 손해배상채무는 보험계약을 전제로 한 것으로서 보험계약에 따른 보험자의 책임 한도액의 범위 내에서 인정되어야 한다는 취지일 뿐이며, 법원이 보험자가 피해자에게 보상하여야 할 손해액을 산정할 때에 약관의 지급기준에 구속될 것을 의미하는 것은 아니라고 판시하였다. 즉 피해차량은 교통사고로 통상의 손해에 해당하는 교환가치 감소의 손해를 입었고, 해당 약관조항은 보험자의 책임한도액을 정한 것이 아니라 보험금 지급기준에 불과하기 때문에, 수리비용이 사고 직전 차량 거래가액의 20%를 초과해야 한다는 약관상 요건을 충족하지 못했다고 해도 乙 회사는 甲에게 상법 제724조 제2항에 따라 교환가치 감소의 손해를 배상할 의무가 있다고 판시하였다.306)

그러나 이러한 대법원의 판단은 의문이다. 보험자는 보험계약에 따라 담보범위 내의 사고에 대해 보험금을 지급하는 것이 옳다. 계약에 따른 약관상의 보상 대상에서 제외되

---

303) 대판 2017. 5. 17, 2016다248806.
304) 대판 2019. 4. 11, 2018다300708; 대판 2017. 6. 29, 2016다245197; 대판 2017. 5. 17, 2016다248806; 대판 2001. 11. 13, 2001다52889; 대판 1992. 2. 11, 91다28719.
305) 조규성, "2017년 자동차보험분야 판례회고", 보험법연구 제12권 제1호, 2018, 70면, 73면.
306) 대판 2019. 4. 11, 2018다300708.

는 항목까지 보상하도록 해석하는 것은 타당하지 않다. 직접청구권의 도입이 피해자를 보호하기 위한 정책적 측면이 있다고 하더라도 보험자의 책임 범위는 보험계약에 기초한 것이기 때문이다. 보험자로서는 피보험자에게 보험금을 지급하든, 법률에 따라 피해자의 직접청구권 행사에 따른 금액을 피해자에게 지급하든 보험계약에서 정한 지급대상 범위 내에서만 지급책임이 있는 것이다. 지급대상이 되어야만 보험자의 책임범위 안에 속할 수 있는 것이다. 대법원 판단처럼 시세하락손해에 대한 약관 규정을 지급기준으로 본다고 하더라도 약관에서 정하고 있는 지급대상이나 인정기준액은 결국 보험자의 보상범위 또는 책임한도를 의미하는 것이라 해석해야 한다. 누가 청구하느냐 하는 우연한 사정에 의해 보험자의 책임범위가 달라지는 것은 타당하지 않다고 여겨진다. 보험자 입장에서 피보험자로부터 청구를 받든 피해자로부터 청구를 받든 약관상의 보상범위에서 제외된 것에 대해 보상하도록 요구할 수는 없는 것이다.307)

(5) 개정 필요사항

교통사고처리특례법상 12대 중과실 사고308)의 경우에 가해자 측의 수리비 청구를 제한해야 한다는 주장이 제기되고 있다. 지금까지는 차 대 차 사고시 물적피해는 과실비율에 기초하여 책임을 분담했다. 그러나 음주운전 등 상대방의 과실이 명백한 경우에 피해자가 음주운전을 한 상대방 차량의 수리비를 보상하는 것이 공평의 원리에 맞는지 의문이 제기되고 있다. 음주운전 사고 방지 차원에서도 합리적이지 못하다. 또한 저가의 국산차량과 고가의 수입차량 간에 쌍방과실 사고가 발생한 경우에 과실비율이 훨씬 높은 가해차량이 고가의 수입차량인 경우에 과실비율이 훨씬 적은 피해자(저가의 국산차 소유자)가 가해자에게 배상해야 하는 금액이 오히려 더 많은 사례도 자주 발생하고 있다. 두 차량이 모두 폐차 처리된 추돌사고에서 1,000만원 상당의 경차 운전자의 과실이 10%, 1억원 상당의 외제차 운전자의 과실이 90%인 차량사고를 예를 들어보자. 경차 운전자는 과실이 매우 경미함에도 불구하고 상대방 손해액 1억원의 10%인 1,000만원의 손해배상책임이 있는 반면에, 외제차 운전자는 90% 과실이 인정됨에도 불구하고 상대방 손해액인 1,000만원에 대한 90%인 900만원만 배상하면 된다. 과실은 10% : 90%인데 손해배상액 크기는 완전히 역전되고 있다. 이러한 불합리한 양상은 고가 차량이 많아지면서 더욱 빈번해지고 있다. 국토교통부는 12대 중과실 사고의 경우 가해자의 차 수리비를 상대방에게 청구할 수 없도

---

307) 同旨: 황현아, "2019년 보험 관련 중요 판례 분석(1), KiRi 보험법리뷰 포커스, 2020. 2, 보험연구원, 7-8면.
308) 신호위반, 중앙선침범, 제한속도보다 20㎞ 초과하여 과속, 앞지르기 방법, 금지시기, 금지장소 또는 끼어들기 금지 위반, 철길건널목 통과방법 위반, 횡단보도에서의 보행자 보호의무 위반, 무면허운전, 음주운전, 보도침범, 승객추락 방지의무 위반, 어린이보호구역 안전운전의무 위반, 자동차 화물이 떨어지지 않도록 필요한 조치를 하지 않고 운전

록 하는 제도를 추진 중에 있는 것으로 알려지고 있다.309) 고가의 외국 수입차에 대한 고액의 수리비와 대차비용(렌트비)으로 인해 대물배상담보에서의 손해율이 계속 올라가고 있는 상황에서, 감사원은 2021년 7월 외국 수입차의 대물배상 보험료의 인상 필요성을 공식적으로 제기하였고, 금융위원회 등 감독기관 역시 같은 입장이다. 대물배상 보험료를 산정함에 있어서 차량 크기(배기량) 외에 차량가액을 적극적으로 반영하는 문제가 보험개발원과 보험업계의 과제로 등장하게 되었다.

3. 면책사유 및 사고부담금

대인배상 Ⅱ와 대물배상책임보험에 공통적으로 적용되는 면책사유는 자동차보험표준약관 제8조 제1항에서 정하고 있다. 한편 대물배상보험에서의 특유한 면책사유에 대해서는 자동차보험표준약관 제8조 제3항에서 규정하고 있는데 그 내용을 보면, ① 피보험자 또는 그 부모, 배우자 및 자녀가 소유·사용 또는 관리하는 재물에 생긴 손해, ② 피보험자가 사용자의 업무에 종사하고 있을 때 피보험자의 사용자가 소유·사용 또는 관리하는 재물에 생긴 손해, ③ 피보험자동차에 싣고 있거나 운송중인 물품에 생긴 손해,310) ④ 다른 사람의 서화, 골동품, 조각물 기타 미술품과 탑승자와 통행인의 의류나 휴대품311)에 생긴 손해, ⑤ 탑승자와 통행인의 분실 또는 도난으로 인한 소지품312)에 생긴 손해. 그러나 훼손된 소지품에 대하여는 피해자 1인당 200만원의 한도 내에서 실제 손해를 보상한다.

대물배상의 경우에도 무면허운전 또는 음주운전 및 사고발생시의 조치의무 위반(뺑소니)에 대해 사고부담금 제도가 존재한다. 2022년 7월 28일부터 시행되는 개정 자배법 및 자동차보험표준약관에서 자동차보유자가 의무적으로 가입하여야 하는 대물배상 보험가입금액 이하의 손해에 대해서는 보험자가 피해자에게 지급한 지급보험금을 사고부담금으로서 피보험자가 보험회사에 납입하도록 하였고, 의무가입금액을 초과하는 손해에 대해서는 1사고당 5,000만원을 사고부담금으로 피보험자는 보험회사에 납입하도록 하였다.313) 피보험자는 지체없이 음주운전, 무면허운전, 마약, 약물운전 또는 사고발생 시의 조치의무 위반 사고부담금을 보험회사에 납입해야 하는데, 피보험자가 경제적인 이유 등으로 사고부

---

309) 연합뉴스 2021년 3월 28일자 기사.
310) 이는 운송보험의 담보대상이다.
311) 휴대품이란 통상적으로 몸에 지니고 있는 물품으로 현금, 유가증권, 만년필, 소모품, 손목시계, 귀금속, 장신구, 그 밖에 이와 유사한 물품을 말한다. 자동차보험표준약관 제1조 제16호 가.
312) 소지품이란, 휴대품을 제외한 물품으로 장착(볼트, 너트 등으로 고정되어 있어서 공구 등을 사용하지 않으면 쉽게 분리할 수 없는 상태)되어 있지 않고 휴대할 수 있는 물품을 말한다.(휴대전화기, 노트북, 캠코더, 카메라 CD플레이어, MP3 플레이어 카세트테이프 플레이어 등 음성재생기, 녹음기, 전자수첩, 전자사전, 휴대용라디오, 핸드백, 서류가방 및 골프채)(자동차보험표준약관 제1조 제16호 나.).
313) 자동차보험표준약관 제11조 1항 제3호.

담금을 미납하였을 때 보험회사는 피해자에게 이 사고부담금을 포함하여 손해배상금을 우선 지급하고 피보험자에게 이 사고부담금의 지급을 청구할 수 있도록 규정하였다. 대인배상 Ⅱ에서 설명한 면책약관의 개별적용 문제는 대물배상에서도 적용된다.

[대법원 1998. 4. 23. 선고 97다19403 전원합의체 판결]

〈주요 판시내용〉

甲은 기명피보험자로서 중기대여업자인 乙로부터 덤프트럭을 그 소속 운전기사 丙과 함께 임차하여 甲의 지휘·감독하에 丙으로 하여금 이를 운전하게 하였는데, 丙이 덤프트럭을 운전하다가 부주의하게 후진한 과실로 甲이 사용·관리하던 제3자 소유의 재물이 파손된 경우, 乙은 기명피보험자, 甲은 승낙피보험자, 丙은 운전피보험자이어서 피해자에게 배상책임을 지는 피보험자가 복수로 존재하는 경우라고 할 것이므로, 甲에 대한 관계에 있어서는 약관의 면책조항 소정의 '피보험자가 사용 또는 관리하는 재물'에 해당하고, 丙에 대한 관계에 있어서는 '피보험자가 사용자의 업무에 종사하고 있을 때 피보험자의 사용자가 사용 또는 관리하는 재물에 생긴 손해'에 해당하므로, 보험자에게 면책사유가 존재한다고 할 것이나, 乙에 대한 관계에 있어서는 乙은 위 피해 재물을 소유, 사용 또는 관리하는 자가 아니고, 甲이 乙의 사용자로 되거나 乙이 甲의 업무를 수행한 일도 없으므로 위 약관 제21조 제2항 제1호, 제2호 소정의 각 면책사유에 해당되지 아니하므로, 보험자의 보험금지급책임이 면책되는 것은 아니다.

앞에서 설명한 대로 의무보험인 대인배상 Ⅰ은 글자 그대로 누가 운전을 하더라도 일단 보험자의 보상책임이 인정된다. 따라서 운전자의 연령이나 부부한정 등 운전자 범위를 한정하는 특별약관에 가입한 경우에 이를 위반한 운전자의 사고 손해도 대인배상 Ⅰ에 의해 보상이 된다. 그러나 대물배상의 경우 2,000만원까지는 대인배상 Ⅰ과 마찬가지로 똑같이 의무보험인데도 불구하고 운전자의 연령이나 그 범위를 한정하는 특약을 위반한 경우에는 보상되지 않는다. 운전자의 연령이나 범위 등에 관한 한정운전 특별약관에서는 대인배상 Ⅰ에 대해서만 특별약관이 아닌 보통약관의 규정에 의해 보상한다고 정하고 있을 뿐, 대물배상에 대해서는 이러한 규정이 없기 때문이다. 대인배상 Ⅰ과 마찬가지로 의무보험적 성격의 대물배상에는 특별약관이 아니라 보통약관이 적용된다는 내용으로 해당약관이 개정되어야 할 것이다. 이것이 자배법의 제정 취지 또는 일정금액 이하의 대물배상을 의무보험으로 한 제도의 취지에 맞는다고 할 것이다.314)

---

314) 이재복/양해일, "자동차보험 한정운전 특별약관상 대물배상 부담보에 다른 문제점에 관한 연구", 기업법연구 제22권 제3호, 2008, 218면.

Ⅷ. 자기차량손해보험

1. 의   의

자기차량손해보험이란 피보험자가 피보험자동차를 소유, 사용, 관리하는 동안에 우연한 사고로 피보험자동차 및 피보험자동차에 통상 붙어 있거나 장치되어 있는 부속품과 부속기계장치에 직접적인 물적 손해가 발생한 경우에 보험가입한도 내에서 보험자가 피보험자의 손해를 보상하는 물건보험이다.315) 자기차량손해보험은 피보험자의 과실에 의한 손해를 담보하는 것이다. 쌍방과실에 의한 차대차 사고에서 상대방 과실에 의한 손해에 대해서는 상대방이 가입한 대물배상 보험에서 담보를 받게 된다.

2. 피보험자

자기차량손해보험에 있어서 피보험이익은 자동차에 대한 소유권이므로 피보험이익의 귀속주체인 피보험자는 피보험자동차의 소유자라고 말할 수 있다. 이러한 취지에서 약관에서는 자기차량손해보험에 있어서 피보험자는 보험증권에 기재된 기명피보험자라고 제한하여 규정하고 있다.

3. 보험목적 · 보험가액

자기차량손해보험의 목적은 피보험자동차, 통상 붙어 있거나 장치되어 있는 부속품과 부속 기계장치이다. 특수한 목적에 따른 기계장치 등 통상 붙어 있거나 장치되어 있는 것이 아닌 부속품이나 부속기계장치는 보험증권에 기재된 것에 한하여 보험의 목적에 포함된다.

자기차량손해보험은 물건보험으로서 보험가액이 존재한다. 자기차량손해보험의 보험금액은 피보험자동차의 보험가액을 한도로 하여 계약당사자가 정할 수 있다. 자기차량손해보험은 물건보험이므로 일부보험, 초과보험, 중복보험의 문제가 발생할 수 있다. 보험자가 보상해야 할 손해액은 보험가액을 보상의 상한으로 하여 결정하며, 지급보험금 역시 보험증권에 기재된 보험가입금액을 한도로 보상하는데 보험가입금액이 보험가액보다 많은 경우에는 보험가액을 한도로 보상한다. 보험개발원이 정한 차량기준가액표에 따라 보험계

---

315) 자동차보험표준약관 제21조.

약을 맺었을 때에는 사고발생 당시의 보험개발원이 정한 최근의 차량기준가액을 자기차량손해보험에서의 보험가액으로 한다. 만약 이러한 차량기준가액이 없거나 이와 다른 가액으로 보험계약을 맺었을 경우 보험증권에 기재된 가액이 손해가 생긴 곳과 때의 가액을 현저하게 초과할 때에는 그 손해가 생긴 곳과 때의 가액을 보험가액으로 한다.[316]

4. 보험사고

　자동차보험표준약관은 자기차량손해에서 보장하는 사고에 관한 구체적인 사항은 개별 보험회사의 약관에서 정하도록 하고 있다. 자기차량손해보험에서 담보하는 위험에 대하여 일반적으로 피보험자가 피보험자동차를 소유, 사용, 관리하는 동안에 ① 타 차 또는 타 물체[317]와의 충돌, 접촉, 추락, 전복 또는 차량의 침수로 인한 손해, ② 화재, 폭발, 낙뢰, 날아온 물체나 떨어지는 물체에 의한 손해 또는 풍력에 의해 차체에 생긴 손해, ③ 피보험자동차 전부의 도난으로 인한 손해에 대해 보험자가 보상한다고 정하고 있다.[318] 이러한 사고로 인하여 자동차와 그 부속품 또는 부속기계 장치가 파손되어 손해가 발생하여야 하는데 손해와 사고 사이에 상당인과관계가 있어야 한다. 자동차 침수[319]에 따른 피해를 보상받기 위해서는 자기차량손해담보의 확대특별약관에 가입해야 한다.

　자기차량손해담보가 타 차와의 직접충돌이나 접촉으로 인한 손해 또는 자동차의 전부 도난의 경우에만 보상하는 반면에, 확대특별약관은 자동차 단독사고(가해자 불명사고 포함)까지 보상하고 있다. 실무에서는 대부분 자기차량손해담보에 가입하게 되면 자동적으로 특약에 가입되도록 하고 있다. 홍수지역을 지나던 중 물에 휩쓸려 차량이 파손된 경우에는 보상이 되지만 출입통제구역을 고의로 통행하여 발생한 손해 등은 보장받기 어려울 수도 있다. 주차장에 세워둔 차량이 태풍으로 인해 침수된 경우 자기차량손해담보 확대특별약관에 가입되어 있다면 보상받을 수 있다.[320]

　훼손의 경우 자손과 타손으로 구분할 수 있는데, 고의로 인한 자손은 보험자의 면책사유이므로 피보험자 등의 과실로 인한 자손만이 보상의 대상이 된다. 타손의 경우에는 피보험자(피해자)의 보험자가 그 손해를 보상하고 가해자 또는 가해자의 보험자에게 이를

---

316) 자동차보험표준약관 제21조.
317) 물체라 함은 구체적인 형체를 지니고 있어 충돌이나 접촉에 의해 자동차 외부에 직접적인 손상을 줄 수 있는 것을 말하며, 엔진내부나 연료탱크 등에 이물질을 삽입하는 경우 물체로 보지 않는다.
318) 이때 피보험자동차에 장착 또는 장치되어 있는 일부 부분품, 부속품, 부속기계장치만의 도난에 대해서는 보상하지 않는다.
319) 침수라 함은 흐르거나 고인 물, 역류하는 물, 범람하는 물, 해수 등에 피보험자동차가 빠지거나 잠기는 것을 말하며, 차량 도어나 선루프 등을 개방해 놓았을 때 빗물이 들어간 것은 침수로 보지 않는다.
320) 손해보험, 2024년 7월호, 52면-53면, 손해보험협회.

구상하는 것이 원칙인데, 실무에서는 타손의 경우 보통 가해자의 보험자가 피보험자의 손해를 보상하고 있다.321)

> **[대법원 1999. 7. 13. 선고 99다20346, 20353 판결]**
>
> 〈사실관계〉
> 원고가 피고회사와 체결한 보험계약의 약관에서 '도로운행 중 차량의 침수사고로 인한 손해'에 대해 보험금 지급사유로 정하고 있다. 피고의 차량은 도로를 운행하다가 회전 중 도로 주변의 모래밭에 바퀴가 빠지게 되었고, 이를 견인하기 위해 준비하던 중 밀물이 들어와 차량이 침수되었다. 피고가 원고회사에 차량수리비의 지급을 청구하자 원고회사는 이 사고는 도로가 아닌 곳에서 발생하였다는 이유로 면책을 주장하였다.
>
> 〈주요 판시내용〉
> 업무용자동차보험약관 소정의 보험사고로서 '도로운행 중 차량의 침수로 인한 손해'의 규정 중 '도로운행 중'이라 함은 약관 소정의 도로 자체의 운행뿐만 아니라 도로에서의 회전 등을 위하여 필요한 범위 내에서 도로를 부득이 이탈한 운행도 포함되는 것으로 해석함이 마땅하다.

5. 보험자의 보상책임

자기차량손해에서 보험자가 지급해야 하는 지급보험금의 계산 방식은 자동차보험표준약관에서 이를 정하지 않고 개별 보험회사의 약관에서 규정하도록 하고 있다. 대부분의 개별 보험회사 약관에 따르면 지급보험금은 「피보험자동차에 생긴 손해액+비용-보험증권에 기재된 자기부담금」이 된다. 피보험자 과실에 의한 자손사고가 담보범위에 포함되기 때문에 자기차량손해의 피보험자 측의 과실 비율은 고려하지 않고 있다.

(1) 자기부담금

(가) 개념과 역할

자기차량손해담보에 자기부담금이라는 제도가 있다. 자기부담금은 글자 그대로 손해의 일정 부분을 피보험자측이 부담하겠다는 것이다. 자기부담금 제도는 도덕적 해이 및 역선택의 방지라는 취지를 가지고 있다. 피보험사고가 발생하여 손해가 발생하게 되면 자기부담금 제도로 인하여 자기가 부담하게 되는 금액도 존재하게 된다는 것을 피보험자가 알게 되므로 그렇지 않은 경우에 비해 보험사고 발생을 감소시키려는 노력을 기울일 가능성이 있다. 또한 피보험자가 보험사고를 유발하거나 발생된 손해 확대를 내버려둘 가능성

---

321) 정찬형, 785면.

을 감소시키는 효과도 있다.322) 자기부담금제도로 인해 보험회사로서는 일정금액 이하의 소손해 발생사고에 대해서는 손해사정절차가 생략됨으로 인해 비용 절감의 효과를 기대할 수 있고, 이러한 사업비의 절약은 피보험자 측에게는 보험료 할인이라는 혜택을 제공하게 된다. 보험회사 입장에서는 자기부담금 상당액의 공제를 통해 그 금액만큼의 지급 규모가 감소되는 이익도 있다. 자기부담금 제도는 계약 당사자가 상호 일정한 목적을 갖고 약정한 것으로서 계약의 채무적 성질을 가지는 것이라 할 수 있다. 자기부담금은 처음부터 보험료 할인이라는 혜택을 받는 대신 피보험자가 손해의 일부를 자기 스스로 부담하기로 약정한 금액이다.

(나) 법적 성질

최근 판결에서 자기부담금은 보험회사로부터 받지 못하는 금액이기 때문에 이를 피보험자 입장에서 미보전된 손해로 보고 이를 쌍방과실 상대방에게 구상할 수 있는가의 문제가 논의된 바 있다. 자기차량손해담보 보험료 산정에 자기부담금의 존재가 당연히 반영된다. 자기부담금 비중이 높을수록 보험료는 저렴해진다. 따라서 자기부담금 상당액을 피보험자가 쌍방과실 상대방으로부터 다시 환급받을 수 있는 것이라고 해석하게 되면 자기차량손해 보험료는 재산출되어야 한다. 보험료 할인이라는 혜택을 누리고서도 환급을 받는 것이라면 자기차량손해담보 보험료는 필연적으로 인상됨이 타당하다. 자기부담금은 피보험자의 과실로 인한 손해를 담보하는 자기차량손해 보험자와의 사이에서 약정하는 것이기 때문에 상대방이 가입한 보험에서의 대물배상 담보와는 아무런 관련이 없다. 따라서 최근의 하급심과 같이 자기차량손해담보에서 자기부담금 상당액을 미보전 손해로 간주하여 상대방 보험자인 대물배상 보험자에게 손해배상청구할 수 있다고 판시323)한 것은 자기부담금의 성질을 제대로 이해하지 못한 것이라 할 수 있다.324)

(2) 전   손

자동차를 도난당하거나 화재 등으로 전부 멸실하였거나 파손 또는 오손되어 수리할 수 없는 경우 또는 자동차에 생긴 손해액과 비용의 합산액이 보험가액 이상으로 되는 경우를 전손으로 본다.325) 전손의 경우 보험증권에 기재된 보험금액을 한도로 하여 보험금

---

322) 임대순, "자동차보험 자기차량담보의 역선택과 도덕적 해이에 관한 연구", 국민대학교 박사학위논문, 2015, 25-26면; 장경환, "자동차의무책임보험에서의 음주운전사고 등에 대한 구상방식에 의한 자기부담금제 도입에 관하여", 보험법연구 5, 삼지원, 2003, 172면; 황현아, "자차보험 자기부담금 환급의 쟁점", KiRi 보험법리뷰 포커스, 2020. 6. 1, 보험연구원, 7면.
323) 서울중앙지법 2020. 2. 13, 2019나25676; 서울중앙지법 2019. 4. 26, 2018나65424; 서울남부지법 2018. 9. 14, 2018가소132538; 서울남부지법 2018. 8. 21, 2018가소181653.
324) 박세민, "자기부담금이 약정된 자기차량손해 보험자의 구상권 범위와 상법 제682조 제1항 단서의 해석에 관한 연구—자기부담금의 성질 분석과 함께—", 상사판례연구 제34집 제1권, 2021, 229-272면 참조.
325) 양승규, 418면.

전액을 보상하며, 만약 보험금액이 보험가액보다 많은 경우에는 보험가액을 한도로 보상한다. 보험자가 보상한 손해가 전부손해일 경우 또는 보험자가 보상한 금액이 보험금액 전액 이상인 경우에는 자기차량손해의 보험계약은 사고 발생시에 종료된다. 보험자가 피보험자동차의 전부손해에 대해 보험금 전액을 지급한 경우에는 피해물을 인수한다(잔존물 대위). 보험가입금액이 보험가액보다 적을 때에는(일부보험) 보험가입금액의 보험가액에 대한 비율에 따라 피해물을 인수한다.326)

(3) 분　　손

　분손이란 전손 이외의 손해로서 수리비 기타 부수비용(예를 들어 견인비)의 합계액이 보험가액에 미달하는 손해이다. 보험자는 이 합계액에서 보험증권에 기재된 공제금액을 뺀 액수를 피보험자에게 지급한다.327) 대부분의 자기차량손해에서는 자기부담금제도가 있어서 보상액에서 이 부분은 제외되고 지급된다. 피보험자동차의 손상을 고칠 수 있는 경우에는 사고가 생기기 바로 전의 상태로 만드는 데 소요되는 수리비를 보험자가 보상해야 하는데, 잔존물이 있는 경우에는 그 값을 공제하게 된다. 또한 피보험자동차를 고칠 때에 부득이 새 부분품을 쓴 경우에는 그 부분품의 값과 그 부착 비용을 합한 금액을 수리비로 한다.328) 피보험자동차가 제 힘으로 움직일 수 없는 경우 이를 고칠 수 있는 가까운 정비 공장이나 보험자가 지정하는 곳까지 운반하는 데 든 비용 또는 그곳까지 운반하는 데 든 임시수리비용 중에서 정당하다고 인정되는 부분에 대해서도 보험자는 보상책임이 있다. 이때 교환가격(중고차가격)보다 높은 수리비를 요하는 경우, 특별한 사정이 없는 한 그 수리비 가운데 교환가격을 넘는 부분은 피보험자의 부담으로 한다.329) 다만 교환가격보다 높은 수리비를 지출하고도 피보험자동차를 수리하는 것이 사회통념에 비추어 시인될 수 있을 만한 특별한 사정이 있는 경우는 그 수리비 전액을 손해배상액으로 인정할 수 있다.330) 피보험자동차의 단독사고(가해자 불명사고 포함) 또는 일방과실사고의 경우에 해당 보험금 지급을 위해서는 실제 수리를 원칙으로 한다. 현행 자동차보험표준약관은 자기차량 손해 담보는 원칙적으로 실제 수리한 경우에만 수리비용을 보상하도록 함으로써 미수선수리비(추정수리비) 제도는 자기차량손해 담보에서는 더 이상 시행되지 않고 있다(자동차보험 표준약관 별표 2 대물배상 지급기준).331) 경미한 손상332)의 경우 보험개발원이 정한 경미손

---

326) 서헌제, 236면.
327) 양승규, 419면.
328) 다만 엔진, 미션 등 중요한 부분을 새 부분품으로 교환한 경우 그 교환된 기존 부분품의 감가상각에 해당하는 금액을 공제한다.
329) 대판 1990. 8. 14, 90다카7569; 정찬형, 786면.
330) 대판 1998. 5. 29, 98다7735.
331) 그러나 대물배상 담보에서는 피해자에 대한 손해배상을 담보하는 성격으로 인해 추정수리비를 폐지하기 어려운 것이 사실이다.

상 수리기준에 따라 복원수리하거나 품질인증부품333)으로 교환수리하는데 소요되는 비용
을 한도로 보상한다.

[대법원 1990. 8. 14. 선고 90다카7569 판결]

〈주요 판시내용〉

　사고로 인하여 자동차가 파손된 경우에 그 수리가 가능한 경우에 인정되는 수리비용은 특별한 사
정이 없는 한 그 수리비용의 전액이 되어야 하나 그 수리는 필요하고도 상당한 것이어야 하는 것이
지 이른바 편승수리나 과잉수리 등의 비용이 여기에 포함될 수 없음은 당연하다. 사고 당시의 피해
차량의 교환가격을 현저하게 웃도는 수리비용을 지출했다 하더라도 이런 경우는 경제적인 면에서
수리불능으로 보아 사고 당시의 교환가격으로부터 고물(고철)대금을 뺀 나머지만을 손해배상으로
청구할 수 있을 뿐이라고 할 것이고, 이렇게 보아야만 손해배상제도의 이상인 공평의 관념에 합치
되는 것이며, 따라서 교환가격보다 높은 수리비를 요하는 경우에 굳이 수리를 고집하는 피해자(피
보험자)가 있는 경우에는 그 소망을 들어 주어야 하는 것이 사회통념에 비추어 시인되어야 할 특별
한 사정이 없는 한 그 수리비 가운데 교환가격을 넘는 부분은 피보험자에게 부담시켜야만 한다.

---

6. 면책조항

　　자기차량손해에 있어 면책사유에 대해서는 자동차보험표준약관 제23조에서 정하고 있
다. 유상운송면책 및 보험계약자 또는 피보험자의 고의로 인한 손해에 대한 보험자의 면
책이 인정된다. 특히 보험계약자, 기명피보험자, 30일을 초과하는 기간을 정한 임대차계약
에 의해 피보험자동차를 빌린 임차인,334) 기명피보험자와 같이 살거나 생계를 같이 하는
친족이 무면허운전, 음주운전 또는 마약, 약물운전을 하였을 때에 생긴 손해를 면책사유로
규정하고 있다. 자기차량손해에서는 친족 등의 무면허 또는 음주운전 등이 기명피보험자
의 지배 또는 관리가 가능한 상황에서 발생했을 때 비로소 면책조항이 적용되는 것으로
제한적으로 해석하지 않는다. 면책조항의 문언 그대로 아무런 제한이나 조건 없이 보험자
는 면책된다. 자기차량손해에서 무면허운전 또는 음주운전과 사고 사이에 인과관계의 존
재를 요구하지 않는다.335) 자기차량손해는 물건보험이기 때문에 보험금의 귀속주체가 보

---

332) 경미한 손상이란 외장부품 중 자동차의 기능과 안전성을 고려할 때 부품교체없이 복원이 가능한 손상
　　을 말한다. 자동차보험표준약관 제21조 제4호.
333) 품질인증부품이란 자동차관리법 제30조의5에 따라 인증된 부품을 말한다. 자동차보험표준약관 제21조
　　제4호.
334) 임차인이 법인인 경우에는 그 이사, 감사 또는 피고용자(피고용자가 피보험자동차를 법인의 업무에 사
　　용하고 있는 때에 한함)를 포함한다.
335) 대판 1990. 6. 22, 89다카32965.

험계약자 또는 피보험자이며 제3자인 피해자 보호 문제는 발생하지 않는다.[336]

[대법원 2000. 10. 6. 선고 2000다32130 판결]

〈주요 판시내용〉

　자기차량 손해보험은 물건보험으로서 손해보험에 속하기는 하나 보험금이 최종적으로 귀속될 자가 보험계약자 또는 피보험자 자신들이므로 대인·대물배상 보험에 있어서와 같이 제3자(피해자)의 보호를 소홀히 할 염려가 없을 뿐만 아니라, 보험계약자나 피보험자의 지배관리가 미치지 못하는 자동차 운전자의 음주운전 여부에 따라 보호를 받지 못한다고 하더라도 자기차량 손해보험의 보상금 상한이 제한되어 있어 보험계약자나 피보험자가 이를 인용할 여지도 있는 점 등에 비추어 보면, 보험계약자나 피보험자가 입은 자기차량 손해가 자동차종합보험의 음주면책약관 조항과 같이 보험계약자 등이 음주운전을 하였을 때에 생긴 손해에 해당하는 경우에는 그 면책조항의 문언 그대로 아무런 제한없이 면책되는 것으로 해석하여야 한다. 이렇게 해석한다 하여 약관의규제에관한법률 제6조 제1항, 제2항, 제7조 제2호, 제3호의 규정에 반하는 해석이라고 볼 수는 없다(同旨; 대판 1998. 12. 22, 98다35730).

[대법원 1990. 6. 22. 선고 89다카32965 판결]

〈주요 판시내용〉

　자동차종합보험보통약관에 "무면허운전을 하였을 때 생긴 손해"에 관하여는 면책된다고 규정한 경우, 면책사유에 관하여 "무면허운전으로 인하여 생긴 손해"라고 되어 있지 않으므로 무면허운전과 사고 사이에 인과관계의 존재를 요구하고 있지 않으며, 위 약관조항의 취지는 무면허운전의 경우 사고의 위험성이 통상의 경우보다 극히 증대하는 것이어서 그러한 위험은 보험의 대상으로 삼을 수 없다는 취지 외에도 보험자로서는 무면허운전과 사고 사이의 인과관계의 존재 여부를 입증하기가 곤란한 경우에 대비하여 사고가 무면허운전중에 발생한 경우 인과관계의 존부에 상관없이 면책되어야 한다는 취지도 포함되었다고 할 것이고, 도로교통법과 중기관리법은 무면허운전이나 조종을 금지하면서 그 위반에 대하여는 형벌을 과하고 있고, 또 국민은 누구나 무면허운전이나 조종이 매우 위험한 행위로서 범죄가 된다는 것을 인식하고 있는 터이므로 그와 같은 범죄행위 중의 사고에 대하여 보상을 하지 아니한다는 약관의 규정이 결코 불합리하다고 할 수 없으므로 위 면책조항이 무면허운전과 보험사고 사이에 인과관계가 있는 경우에 한하여 적용되는 것으로 제한적으로 해석할 수 없다.

---

336) 대판 1998. 12. 22, 98다35730; 대판 2000. 10. 6, 2000다32130.

Ⅸ. 자기신체사고보험

1. 의   의

　자기신체사고보험은 피보험자 자신이 피보험자동차를 소유·사용·관리하는 동안에 생긴 우연한 피보험자동차의 사고로 인하여 죽거나 다친 때에 그로 인한 손해에 대하여 보험자가 약관이 정하는 보험금을 보험계약시 합의한 보험가입금액 한도 내에서 지급하는 상해보험(인보험)의 일종이다.337) 자기신체사고보험의 보험목적은 피보험자의 생명 또는 신체이다. 피보험자가 피보험차량의 운행 중 자동차사고로 상해를 입었을 때 그 사고가 자신의 과실에 의한 단독사고이거나 가해자가 있더라도 가해자 측이 무보험 또는 무자력 등으로 인하여 가해자 측 대인배상책임보험이 적용되지 않는 사고가 발생하여 피보험자나 그 가족들이 구제받지 못하게 되는 경우를 대비하기 위한 제도라 할 수 있다. 대법원도 대인배상책임보험과 자기신체사고보험이 상호 보완관계에 있음을 인정하고 있다.338)

[대법원 2004. 11. 25. 선고 2004다28245 판결]

〈주요 판시내용〉

　상고이유 중 이 사건 약관 조항(자기신체사고보험금을 산정함에 있어서 상대방의 대인배상 담보로부터 수령한 보험금을 공제한다는 조항)이 상법 제729조 및 약관의규제에관한법률 제6조 등에 위배된다는 주장에 대하여, 자기신체사고보험은 원래 피보험자가 피보험차량을 운행하던 중 자기의 단독사고 또는 무보험차량과의 충돌사고 등으로 인하여 보험혜택을 받지 못하게 되는 경우를 대비하기 위하여 개발된 것으로서, 다른 차량과의 충돌사고에 있어서 그 다른 차량이 자동차보험에 가입되어 있어 그 보험금을 지급받을 수 있는 경우에 이에 더하여 중복하여 보상을 하거나 다른 차량이 가입한 보험의 보험금으로도 전보받지 못한 나머지 손해를 보상하고자 개발된 것은 아닌바, 이 사건 약관 조항은 이러한 취지를 구현하기 위하여 자동차보험에 가입한 다른 차량과의 보험사고에 있어서 보험금의 지급내용을 규정한 것이지 제3자에 대한 보험자대위를 규정한 것으로 볼 수는 없다. (상법 제729조와 약관규제에 관한 법률 제6조 위반이 아님)

---

337) 자동차보험표준약관 제12조 및 제15조; 대판 1998. 12. 22, 98다35730.
338) 대판 2004. 11. 25, 2004다28245; 황현아, "자차보험 자기부담금 환급의 쟁점", KiRi 보험법리뷰 포커스, 2020. 6. 1, 보험연구원, 5면

2. 법적 성질

자기신체사고보험은 피보험자의 상해를 보험사고로 하고, 그 원인을 자동차사고로 한정하는 것으로 그 성질은 상해보험(인보험)이다.[339] 인보험이므로 보험가액은 없고 보험금액만이 존재하는데 보험금액에는 사망보험금, 부상보험금 및 후유장해보험금이 있다. 사망과 후유장해의 경우에는 정액보험이므로 손해보험적 성격이 없이 인보험의 성격을 그대로 보여주고 있다. 그러나 부상의 경우에는 각 상해급별 보험금액 한도 내에서 실제치료비가 지급되는 등 보험금이 不定額 방식으로도 지급되므로, 자기신체사고보험은 상해보험이면서도 실손보상인 손해보험적인 성격도 있다.[340] 손해보험형 상해보험 성격의 자기신체사고보험을 복수로 체결하고 각 보험계약상의 보험금액 합계액이 피보험자가 입은 손해액을 초과하면 중복보험의 법리가 적용될 수 있다고 해석된다. 원칙적으로 인보험에는 청구권대위가 적용되지 않는다. 그러나 자기신체사고보험의 성격이 손해보험형 상해보험인 경우에 제729조 단서가 적용되어 계약당사자 사이에 청구권대위를 한다는 약정이 있으면 보험자는 피보험자의 권리를 해하지 않는 범위 안에서 그 권리를 대위행사할 수 있다. 판례는 이러한 약정 유무에 관한 해석은 엄격히 해야 하며, 특별한 사정이 없는 한 보험자는 보험약관이 예정하지 아니하는 피보험자의 손해배상청구권을 대위행사해서는 안된다는 입장이다.[341]

[대법원 2008. 6. 12. 선고 2008다8430 판결]

〈주요 판시내용〉

자기신체사고 자동차보험은 인보험의 일종인 상해보험으로서상법 제729조 단서에 의하여 보험자는 당사자 사이에 다른 약정이 있는 때에는 피보험자의 권리를 해하지 아니하는 범위 안에서 그 권리를 대위하여 행사할 수 있는바, 상법 제729조의 취지가 피보험자의 권리를 보호하기 위하여 인보험에서의 보험자대위를 일반적으로 금지하면서 상해보험에 있어서 별도의 약정이 있는 경우에만 예외적으로 이를 허용하는 것인 이상, 이러한 약정의 존재 및 그 적용 범위는 보험약관이 정한 바에 따라 이를 엄격히 해석하여야 하는 것이 원칙이므로, 보험자는 특별한 사정이 없는 한 보험약관이 예정하지 아니하는 피보험자의 손해배상청구권을 대위할 수 없다.

---

339) 대판 1998. 12. 22, 98다35730; 대판 2004. 7. 9, 2003다29463.
340) 대판 2008. 6. 12, 2008다8430. 송성열, 교통사고 보험처리의 법률지식(1998년), 255-256면; 남원식 외, 335면; 박세민, 자동차보험법의 이론과 실무, 2007, 468면.
341) 대판 2008. 6. 12, 2008다8430.

3. 피보험자

자기신체사고보험의 피보험자의 범위는 개별 보험회사의 약관에서 정하도록 하고 있다. 일반적으로 대인배상 Ⅱ 또는 대물배상책임보험과 비교해 볼 때 자기신체사고보험에서는 피보험자를 보다 넓은 범위로 확대하고 있다. 이는 대인배상 Ⅱ에서 보상받을 수 없는 자(예를 들어 피보험자의 가족)를 자기신체사고보험의 피보험자 범주에 포함시킬 수 있기 때문이다. 자기신체사고보험에서 일반적인 피보험자의 범위는 대인배상 Ⅱ에 있어서의 피보험자(자동차보험표준약관 제7조) 및 이들 피보험자의 부모, 배우자 및 자녀이다.

4. 보험사고

자기신체사고보험의 피보험자가 피보험자동차를 소유·사용·관리하는 동안에 생긴 피보험자동차의 사고로 죽거나 상해를 입어야 하며 피보험자동차의 사고와 피보험자의 상해 사이에 상당인과관계가 존재해야 한다. 대법원은 자기신체사고보험에서 자동차사고라 함은 보험증권에 기재된 자동차를 소유·사용·관리하는 동안에 그 용법에 따라 사용 중 그 자동차에 기인하여 피보험자가 상해를 입거나 이로 인하여 사망한 사고가 발생하는 경우를 의미한다고 판시하였다.342)

[대법원 2000. 12. 8. 선고 2000다46375 판결]

〈주요 판시내용〉

자동차보험약관 중 자기신체사고에 관하여 "피보험자가 피보험자동차를 소유, 사용, 관리하는 동안에 생긴 피보험자동차의 사고로 인하여 상해를 입었을 때 약관이 정하는 바에 따라 보험금을 지급한다"고 규정된 자동차종합보험의 계약자 겸 피보험자가 주차된 피보험자동차에 들어가 시동을 켜고 잠을 자다가 담배불로 인하여 발화된 것으로 추정되는 화재로 사망한 경우, 위 약관에서 말하는 '피보험자가 피보험자동차를 소유, 사용, 관리하는 동안에 생긴 피보험자동차의 사고로 인하여 상해를 입었을 때'라고 함은 피보험자가 피보험자동차를 그 용법에 따라 소유, 사용, 관리하던 중 그 자동차에 기인하여 피보험자가 상해를 입거나 이로 인하여 사망한 경우를 의미하고, 자동차에 타고 있다가 사망하였다고 하더라도 그 사고가 자동차의 운송수단으로서의 본질이나 위험과는 전혀 무관하게 사용되었을 경우까지 여기에 해당된다고 하기는 어렵다고 할 것인데, 위 사고는 자동차의 운송수단으로서의 본질이나 위험과 관련되어 망인이 자동차의 고유장치의 일부를 그 사용목적에 따라 사용, 관리하던 중 그 자동차에 기인하여 발생한 사고에 해당한다고 보기 어려워 위 보험약관에서 정한 보험사고에 해당하지 않는다.

---

342) 대판 1989. 4. 25, 88다카11787.

'용법에 따른 사용'이라는 표현은 대인배상 Ⅰ에서 운행의 개념을 설명하기 위해 사용되는데, 자기신체사고약관, 상해보험약관, 운전자상해보험약관에서도 동일 또는 유사한 용어가 사용된다. 자기신체사고(이른바 '자손사고')에서 이에 대한 해석은 대인배상 Ⅰ에서와 동일하다. 자기신체사고보험에서의 보상에 해당되려면 자동차의 고유장치의 일부를 그 사용목적에 따라 사용, 관리하던 중 그 자동차에 기인하여 발생한 사고여야 한다.

[대법원 2023. 2. 2. 선고 2022다266522 판결]

〈주요 판시내용〉

甲이 乙 보험회사와 체결한 영업용자동차보험계약의 피보험차량인 트럭의 적재함에 화물을 싣고 운송하다가 비가 내리자 시동을 켠 상태로 운전석 지붕에 올라가 적재함에 방수비닐을 덮던 중 미끄러져 상해를 입은 사안에서, 위 사고는 전체적으로 피보험차량의 용법에 따른 사용이 사고발생의 원인이 되었으므로 보험계약이 정한 보험사고에 해당한다.

화물운송을 주목적으로 하는 트럭이 운송과정에서 적재함에 실린 화물을 빗물로부터 보호하기 위해 방수비닐을 이용하여 적재함을 덮는 과정에서의 추락사고는 고정적 설비인 적재함을 용법에 따라 사용한 것이며 이것이 사고발생의 원인으로 본 것이다. 이른바 완화된 고유장치설의 입장에서 판단한 것이다.[343)]

[대법원 2000. 1. 21. 선고 99다41824 판결]

〈사실관계〉

원고회사와 보험계약을 체결한 소외인은 자녀와 외출했다가 잠시 휴식을 취하려고 도로에 승용차를 주차시킨 뒤 승용차의 창문을 모두 닫고 시동과 히터를 켜 놓은 상태에서 잠을 잤고, 산소결핍으로 인하여 질식사하였다. 그러자 원고회사는 이 사고는 약관에서 규정한 보험사고가 아니므로 보험금채무가 없다고 이 사건 채무부존재확인의 소를 제기하였다.

〈주요 판시내용〉

자동차에 타고 있다가 사망하였다 하더라도 그 사고가 자동차의 운송수단으로서의 본질이나 위험과는 전혀 무관하게 사용되었을 경우까지 자동차의 운행 중의 사고라고 보기는 어렵다. 승용차를 운행하기 위하여 시동과 히터를 켜 놓고 대기하고 있었던 것이 아니라 잠을 자기 위한 공간으로 이용하면서 다만 방한 목적으로 시동과 히터를 켜놓은 상태에서 잠을 자다 질식사한 경우, 자동차 운행 중의 사고에 해당하지 않는다.

---

343) 이준교, "2023년 손해보험 분쟁 관련 주요 대법원 판결 및 시사점(上)", 손해보험, 2024년 1월호, 손해보험협회, 64면.

위 판결은 피보험자동차를 잠을 자기 위한 공간으로 이용하면서 방한 목적으로 시동과 히터를 켜놓은 상태에서의 피보험자 사망사고에 대해 비록 시동과 히터를 켠 것이 자동차의 고유장치를 사용한 것이라고 해도 장소이동이라는 자동차의 운송수단으로서의 본질이나 위험과 무관한 사고로 본 것이다.

[대법원 1989. 4. 25. 선고 88다카11787 판결]

〈사실관계〉

피고회사의 자동차보험에 가입한 소외 망인은 운전 중 타이어가 파손되어 차량을 세운 후 타이어를 살펴보다가 과속으로 달려오던 다른 차량에 치어 숨졌다. 유족인 원고들은 피고회사에 자기신체사고라는 이유로 보험금을 청구하였다.

〈주요 판시내용〉

자동차사고라 함은 보험증권에 기재된 자동차를 그 용법에 따라 사용 중 그 자동차에 기인하여 피보험자가 상해를 입거나 이로 인하여 사망한 사고가 발생하는 경우를 의미한다고 풀이되고, 보험증권에 기재된 자동차를 운전하다가 그 타이어가 파손되어 이를 살펴보기 위하여 도로변에 위 자동차를 정차시킨 후 하차한 자가 보험증권에 기재된 자동차가 아닌 다른 자동차에 충돌되어 사망한 경우까지 보험계약에 있어서의 자기신체사고의 보험사고에 해당된다고 볼 수 없다.

[대구지법 2016. 4. 21. 선고 2015가단129059 판결 (확정)]

〈주요 판시내용〉

甲이 乙 보험회사와 자동차보험계약을 체결하면서 피보험자가 피보험자동차의 운행으로 인한 사고로 죽거나 상해를 입은 경우 손해를 보상받는 내용의 자동차상해 특별약관에 가입하였는데, 승낙피보험자인 丙이 피보험자동차가 주차단속 견인차에 의하여 한쪽이 들어올려져 다른 쪽 두 바퀴만 도로 위를 구르는 상태로 견인되는 것을 보고 이를 제지하기 위하여 견인차와 피보험자동차 사이에서 견인차 뒷부분을 잡고 달리다가 넘어지면서 피보험자동차에 치여 사망한 사안에서, 사고 당시 피보험자동차는 운송수단이라는 사용 목적에 따라 사용되고 있었던 것이 아니라 견인차의 견인 대상 내지 화물에 지나지 않았으므로, 위 사고는 피보험자동차의 운행 중 사고라고 볼 수 없다. 이 사건 사고 당시 스타렉스의 장치 일부가 운송수단이라는 스타렉스의 사용 목적에 따라 사용되고 있었다고 볼 수 없고, 스타렉스는 그 사용 목적에 따라 사용되고 있었던 것이 아니라 견인차의 견인 대상 내지 화물에 지나지 않았다. 그러므로 이 사건 사고는 '견인차'의 운행 중 사고에 해당할 뿐이고 '스타렉스'의 '운행 중' 사고라고까지는 볼 수 없다.

자기신체사고보험의 피보험자가 피보험자동차를 소유, 사용, 관리하는 동안에 생긴 사고로 인하여 다른 피보험자인 기명피보험자의 부모, 배우자 및 자녀가 죽거나 다친 때에

도 자기신체사고보험에서 보상된다. 이때 죽거나 다친 다른 피보험자가 직접 피보험자동
차를 소유, 사용, 관리한 경우로 한정하여 해석할 것은 아니다. 예를 들어 자기신체사고보
험의 약관상 어머니와 딸이 기명피보험자의 배우자 및 자녀로서 모두 피보험자에 해당하
는데, 어머니가 차량을 출발하려던 중 급발진으로 인해 전방에서 차량 탑승을 위해 대기
중이던 딸을 충격하여 사망에 이르게 하였다면 피해자인 딸이 차량 운행 등에 관여하지
않았더라도 약관에서 정한 자기신체사고보험이 적용된다.[344]

> **[대법원 2014. 6. 26. 선고 2013다211223 판결]**
>
> 〈주요 판시내용〉
> 자기신체사고의 피보험자인 기명피보험자의 부모 등이 피보험자동차를 소유·사용·관리하는
> 동안에 생긴 피보험자동차의 사고로 다른 피보험자인 기명피보험자의 부모 등이 죽거나 다친 때
> 는 위와 같은 약관에서 정한 자기신체사고에 해당한다고 보아야 하고, 죽거나 다친 다른 피보험
> 자인 기명피보험자의 부모 등이 직접 피보험자동차를 소유·사용·관리한 경우로 한정하여 해석
> 할 것은 아니다.

5. 보험자의 보상책임

(1) 약관상 지급보험금

보험자가 자기신체사고보험에서 지급하는 보험금의 종류와 한도 및 지급보험금의 계
산에 관해서는 개별 보험회사의 약관에서 규정하도록 하고 있다. 일반적으로 보험자가 지
급하는 보험금(사망보험금, 후유장해보험금, 부상보험금)은 피보험자의 사상의 정도에 따라
보험약관에서 정한 보험금액(정액) 또는 그 보험금액 범위 내에서의 실제치료비를 의미한
다. 피보험자가 상해를 입은 직접적인 결과로 사망한 경우 보험증권상의 사망보험가입금
액을 한도로 지급한다. 피보험자가 상해를 입은 직접적인 결과로 의사의 치료를 필요로
하는 때에는 자기신체사고 지급기준의 상해구분 및 급별 보험가입금액표상의 보험가입금
액을 한도로 한다. 피보험자가 상해를 입은 직접적인 결과로 치료를 받은 후 신체에 장해
가 남는 경우에 후유장해구분 및 급별 보험가입금액표에 따라 보험증권에 기재된 후유장
해 보험가입금액에 해당하는 각 장해등급별 보험금액을 한도로 한다. 보험자는 이러한 자
기신체사고보상액에서 공제액을 공제한 후 보험금을 지급하게 되는데, 공제액은 예를 들
어 사고피해자인 피보험자가 가해자 측이 가입한 대인배상 I (정부보장사업 포함) 및 대인
배상 II에 의하여 보상받을 수 있는 금액 또는 배상의무자 이외의 제3자로부터 보상받은

344) 대판 2014. 6. 26, 2013다211223.

금액을 말한다.

  만약 근로자가 사업주 명의의 자동차를 운전하여 배송업무를 하던 중 사고를 당하여 사고차량 보험자로부터 자기신체사고보험금을 지급받은 후 근로복지공단에 요양급여를 청구했다면, 사용자가 가입한 자기신체사고보험에 의해 근로자가 지급받은 보험금은 사용자의 손해배상의무의 이행으로 지급받은 것이 아니므로 산업재해보상보험급여에서 공제될 수 없다는 것이 법원의 해석이다.[345]

[대법원 2015. 1. 15. 선고 2014두724 판결]

〈사실관계〉

  근로자 甲이 사업주 명의의 자동차를 운전하여 배송업무를 하던 중 교통사고를 당하여 위 차량이 가입된 보험회사로부터 자기신체사고보험금을 지급받은 후 근로복지공단에 요양급여를 신청하였으나 자기신체사고보험금은 산업재해보상보험급여에서 공제되어야 한다는 이유로 요양급여를 불승인하는 처분을 받았다.

〈주요 판시내용〉

  산업재해보상보험법 제80조 제1항, 제2항 전문, 제3항 본문, 제87조 제1항 본문, 제2항 규정의 취지는 산업재해로 인하여 손실 또는 손해를 입은 근로자는 재해보상청구권과 산재보험급여수급권을 행사할 수 있고, 아울러 일정한 요건이 충족되는 경우 사용자에 대하여 불법행위로 인한 손해배상청구권도 행사할 수 있다. 따라서 산재보험법 제80조 제3항에서 말하는 '동일한 사유'란 산업재해보상보험급여의 대상이 되는 손해와 근로기준법 또는 민법이나 그 밖의 법령에 따라 보전되는 손해가 같은 성질을 띠는 것이어서 산재보험급여와 손해배상 또는 손실보상이 상호 보완적 관계에 있는 경우를 의미한다. 이 사건에서 사용자가 가입한 자기신체사고보험에 의해 근로자가 지급받은 보험금은 사용자의 손해배상의무의 이행으로 지급받은 것이 아니므로 산업재해보상보험급여에서 공제될 수 없다.

---

(2) 공제조항과 보험자대위의 관계

(가) 문제의 제기

  자기신체사고보험과 같은 인보험의 경우에는 원칙적으로 청구권대위가 금지되기 때문에 보험자가 자기신체사고보험에서 먼저 보험금을 지급하고 사고에 대한 과실이 있는 가해자 측 대인배상 보험자에게 구상하지 못한다. 자기신체사고보험금을 산정할 때에 가해자 측 대인배상 보험자로부터 지급받는 보험금을 공제한다는 점을 미리 약관에서 정하는 경우가 있는데 이를 공제조항이라 한다.[346]

---

345) 대판 2015. 1. 15, 2014두724.
346) 황현아, "자차보험 자기부담금 환급의 쟁점", KiRi 보험법리뷰 포커스, 2020. 6. 1, 보험연구원, 6면; 조

그런데 자기신체사고보상액에서 대인배상 I (정부보장사업 포함) 및 대인배상 II에 의해 보상받을 수 있는 금액을 공제하도록 한 약관조항으로 인해 결국 청구권대위를 허용한 것과 마찬가지라고 해석하게 되면 이는 자동차보험표준약관 제34조 제2항에서 자기신체사고를 청구권대위의 대상에서 제외한 것과 서로 모순이 있는 것 아닌가 하는 의문이 생길 수 있다. 이러한 의문에 찬성하면서 손해보험형 상해보험에서만 청구권대위가 허용될 수 있다는 상법 제729조 단서는 강행규정이며 따라서 자기신체사고보험 중 사망보험금과 후유장해보험금에 대해 공제조항을 적용하는 것은 청구권대위를 허용하는 것과 다름없으므로 이는 강행규정 위반이라고 해석하는 견해가 있다.347)

(나) 검   토

자기신체사고보험은 원칙적으로 피보험자가 피보험차량을 운행하던 중 자기의 단독사고 또는 타 차량과의 충돌사고시 보험혜택을 받지 못하게 되는 경우를 대비하기 위하여 개발된 것이다. 다른 차량이 자동차보험에 가입되어 있어 그 보험계약으로부터 보험금을 지급받을 수 있는 경우에 이에 더하여 중복하여 보상을 하고자 개발된 것이 아니다. 자기신체사고보험금의 계산에 있어서 약관상의 공제조항은 이러한 취지를 구현하기 위하여 자동차보험에 가입한 다른 차량과의 보험사고에 있어서 '보험금의 지급 내용'을 규정한 것으로 보아야 한다. 결코 제3자에 대한 청구권대위를 규정한 것으로 볼 수 없다. 판례도 자기신체사고보상액에서 대인배상 I (정부보장사업 포함) 및 대인배상 II에 의해 보상받을 수 있는 금액을 공제하도록 한 약관상의 공제조항은 보험금의 지급내용을 규정한 것이지 제3자에 대한 청구권대위를 규정한 것이 아니라고 판시하였다.348)

인보험과 관련하여 제729조 본문이 제3자에 대한 청구권대위를 금지하고 있는 것은 인보험에서 손해의 개념을 인정할 수 없어서 이중이득이 발생할 여지가 없는 성격을 반영한 것이다. 그런데 인보험 중에도 보험금 지급 방식이 손해보험적 성격을 갖고 있는 것이 있다면 이중이득의 문제가 발생할 수 있다. 청구권대위를 규정한 자동차보험표준약관 제34조 제2항은 자기신체사고를 청구권대위에서 제외하면서 다만 보험금을 '별표 1. 대인배상, 무보험자동차에 의한 상해지급기준'에 의해 지급할 때에는 피보험자의 권리를 취득한다'고 규정하고 있다. 즉 자기신체사고보험 중에서 정액보험적 성격의 보험금 지급에 대해서만 청구권대위가 금지되는 것이다.

기능적 측면에서 공제를 청구권대위와 같은 것으로 해석하게 되면 피해자가 자기신체

규성, "자기차량손해의 자기부담금 관련 쟁점에 관한 고찰―최근 선고된 구상금 항소심 판결에 대한 비판을 중심으로(다)", 법학연구, 제23집 제3호, 인하대학교, 2020. 9, 10면.

347) 박기억, "인보험에 있어서 보험자대위금지원칙과 자기신체사고보험", 보험법연구 제3권 제2호, 2009, 197면.

348) 대판 2004. 11. 25, 2004다28245.

사고보험 중 정액보험금인 사망보험금이나 후유장해보험금을 지급받는 경우에 가해자 측 보험자로부터 받은 대인배상 보험금을 공제하는 것은 문제가 있어 보인다. 그러나 이 문제는 자기신체사고보험의 담보 성격을 고려해야 할 것으로 판단된다. 자기신체사고보험은 대인배상책임보험과의 관계에서 상호 보완을 목적으로 만들어진 담보 종목이라는 특성이 자기신체사고보험금의 계산 과정에 반영되어야 한다. 자기신체사고보험의 보완적 성격으로 인해 자기신체사고보험에서의 피보험자 범위는 대인배상 II 등과 비교할 때 더 확장되었다. 예를 들어 대인배상 II에서 보상받을 수 없는 자가 자기신체사고보험의 피보험자로 규정된다. 보험자대위 적용 문제를 해석함에 있어서도 이러한 특성을 고려해야 한다고 여겨진다. 자기신체사고보험의 특성과 개발 취지를 볼 때 약관상의 공제조항은 유효하며 이것이 약관의 규제에 관한 법률이나 상법 제663조 위반이라 할 수 없다. 지급보험금의 산정 문제는 담보종목의 특성 또는 목적과 연관성이 있기 때문이다.

[대법원 2004. 11. 25. 선고 2004다28245 판결]

〈주요 판시내용〉

상고이유 중 이 사건 약관 조항(자기신체사고보험금을 산정함에 있어서 상대방의 대인배상 담보로부터 수령한 보험금을 공제한다는 조항)이 상법 제729조 및 약관의규제에관한법률 제6조 등에 위배된다는 주장에 대하여, 자기신체사고보험은 원래 피보험자가 피보험차량을 운행하던 중 자기의 단독사고 또는 무보험차량과의 충돌사고 등으로 인하여 보험혜택을 받지 못하게 되는 경우를 대비하기 위하여 개발된 것으로서, 다른 차량과의 충돌사고에 있어서 그 다른 차량이 자동차보험에 가입되어 있어 그 보험금을 지급받을 수 있는 경우에 이에 더하여 중복하여 보상을 하거나 다른 차량이 가입한 보험의 보험금으로도 전보받지 못한 나머지 손해를 보상하고자 개발된 것은 아닌바, 이 사건 약관 조항은 이러한 취지를 구현하기 위하여 자동차보험에 가입한 다른 차량과의 보험사고에 있어서 보험금의 지급내용을 규정한 것이지 제3자에 대한 보험자대위를 규정한 것으로 볼 수는 없다.

[대법원 2009. 12. 24. 선고 2009다46811 판결]

〈주요 판시내용〉

자동차종합보험의 '피보험자가 자기신체사고로 인하여 사망한 경우로서 사고가 주말에 발생한 때에는 그 사망보험금을 사망보험가입금액의 2배로 한다'는 주말사고 추가보상 특약은, 자기신체사고인 사망사고가 주말에 발생한 경우 실제 손해액과 상관없이 무조건 사망보험가입금액의 2배액을 지급한다는 취지가 아니라, 사망보험가입금액을 2배로 하여 그 보상범위를 확대하는 취지이다. 따라서 공제액의 공제는 가능하다.

한편 보험회사가 사망보험금을 지급할 경우에 이미 후유장해로 지급한 보험금이 있을 때에는 사망보험금에서 이를 공제한 금액을 지급한다.

6. 면책조항의 효력

(1) 약관 내용

자기신체사고보험에 있어서 면책사항에 대해서는 자동차보험표준약관 14조에서 정하고 있다. 인보험적 성격을 고려하여 피보험자의 고의사고만 면책대상이고 중과실 사고에 대해서는 사고보상을 해야 한다. 사망이나 상해를 보험사고로 하는 인보험에서 피보험자의 고의는 보험사고가 전체적으로 보아 고의로 평가되는 행위로 인한 것이어야 한다. 종신보험의 재해사망특약에서 한국표준질병·사인분류상 S00~Y84에 해당하는 우발적인 외래의 사고를 보장대상이 되는 재해로 규정한 다음 그 중 고의적 자해(X60~X84)를 보험금을 지급하지 아니하는 재해로 규정한 사안에서, 피보험자가 의도적인 자해에 의한 중독 또는 손상으로 인하여 사망함으로써 피보험자의 사인이 위 고의적 자해로 분류되더라도 피보험자에게 사망에 대한 고의가 없었던 경우에는 보험사고가 전체적으로 보아 고의로 평가되는 행위로 인한 사고가 아니므로 그 경우에 관한 한 면책약관은 무효라는 것이 법원의 입장이다.349) 예를 들어 차량에 동승한 자가 이 사고 당시 기존의 정신질환이 완치되지 아니한 상태였고 상당히 심리적으로 불안감을 갖고 있었던 사정 등을 고려하면, 시속 40~50㎞ 속력으로 주행 중이던 이 사건 자동차에서 뛰어내렸을 때에는 어느 정도 큰 상해를 입으리라는 것을 인식·용인하였으나, 사망 등 중대한 결과까지를 인식·용인하였다고 볼 수 없다. 따라서 전체적으로 보아 사망에 대한 고의가 인정될 수 없기에 자기신체사고 보험자의 면책주장은 타당하지 않다고 법원은 판시하고 있다.350)

상해가 보험금을 받을 자의 고의로 생긴 때도 그 사람이 받을 수 있는 금액은 보상하지 않는다. 유상운송에 대해서도 면책이며 피보험자동차 또는 피보험자동차 이외의 자동차를 시험용, 경기용 또는 경기를 위해 연습용으로 사용 하던 중 생긴 손해에 대해서도 보험자는 면책이다. 다만 운전면허시험을 위한 도로주행시험용으로 사용하던 중 생긴 손해에 대해서는 보험자는 보상을 한다. 이외에도 여러 종류의 면책사유가 약관에 규정되어 있다.

---

349) 대판 2010. 3. 25, 2009다38438; 대판 2017. 7. 18, 2016다216953.
350) 대판 2017. 7. 18, 2016다216953. 자배법상 운행자책임의 면책주장도 타당하지 않다. 동승자가 사망한 경우 보험자의 면책이 인정되지 않는다면 대인배상 I, II 및 자기신체사고보험에서의 보상이 가능하다. 그런데 만약 동승자가 가족이라면 대인배상 I과 자기신체사고보험에서만 보상문제가 발생한다. 대인배상 II의 경우에는 가족임을 이유로 보험자의 보상책임이 인정되지 않는다. 조규성, "2017년 자동차보험분야 판례회고", 보험법연구 제12권 제1호, 2018, 81면; 박세민, 자동차보험법의 이론과 실무, 2007, 148-149면.

[대법원 1998. 10. 20. 선고 98다34997 판결]

〈사실관계〉

피보험자가 운전면허 없이 혈중알콜농도 0.13%의 주취상태에서 시동열쇠가 꽂혀 있는 채로 골목길에 주차되어 있던 타인의 차량을 훔쳐 무단운행을 하던 중 신호대기로 정차중이던 차량을 추돌하여 사망하였다.

〈주요 판시내용〉

상법 제732조의2는 "사망을 보험사고로 한 보험계약에는 사고가 보험계약자 또는 피보험자나 보험수익자의 중대한 과실로 인하여 생긴 경우에도 보험자는 보험금액을 지급할 책임을 면치 못한다"라고 규정하고 있고, 위 규정은 상법 제739조에 의해 상해보험계약에도 준용되며, 한편 상법 제663조는 당사자 간의 특약으로 보험계약자 또는 피보험자나 보험수익자에게 불이익하게 위 각 규정을 변경하지 못하도록 규정하고 있는바, 상해 또는 사망을 보험사고로 하는 보험계약상의 무면허·음주 등 면책약관이 만일 보험사고가 전체적으로 보아 고의로 평가되는 행위로 인한 경우뿐만 아니라 과실(중과실 포함)로 평가되는 행위로 인한 경우까지 보상하지 아니한다는 취지라면 과실로 평가되는 행위로 인한 사고에 관한 한 위 각 규정들에 위배되어 무효라고 봄이 상당하다. 위 사고가 비록 피보험자가 타인의 차량을 절취하여 무면허, 음주 상태로 운전을 하던 중에 발생한 것이라고 하더라도 그 고의는 특별한 사정이 없는 한 차량의 절취와 무면허, 음주운전 자체에 관한 것이고 직접적으로 사망이나 상해에 관한 것으로 볼 것은 아니다. 위 사고는 피보험자가 사고발생 가능성을 인식하면서도 이를 용인하고 감행한 미필적 고의에 의한 사고라기보다 피보험자의 과실로 평가되는 행위로 인하여 발생하였다고 보는 것이 타당하며 따라서 보험자는 면책되지 않는다(同旨; 대판 1990. 5. 25, 89다카17591; 대판 1999. 2. 12, 98다26910).

(2) 인보험에서의 무면허·음주운전면책약관 해석[351]

(가) 관련조문

제659조 제1항에서 "보험사고가 보험계약자 또는 피보험자나 보험수익자의 고의 또는 중대한 과실로 인하여 생긴 때에는 보험자는 보험금액을 지급할 책임이 없다"라고 규정하고 있다. 그러나 인보험편에서는 별도로 제732조의2를 두고 있고, 다시 제739조에 의해 상해보험계약에도 제732조의2를 준용함으로써 생명보험과 상해보험 같은 인보험에 관하여는 비록 보험계약자 등의 중대한 과실로 인하여 보험사고가 생긴 경우라 하더라도 보험자는 보험금을 지급하도록 규정하고 있다. 이로 인하여 자기신체사고보험이나 후술하는 무보험자동차에 의한 상해 및 일반 상해보험 등 인보험계약상의 무면허 및 음주운전면책약관에 대한 해석에 있어서 논란이 제기되고 있다.

---

351) 상해보험상 무면허 음주운전 면책약관의 효력에 관하여는, 박세민, "보험법 개정방향에 관한 연구(하)", 법조 제597호(2006. 6), 법무부, 240-248면.

(나) 판 례

대법원은 인보험상의 무면허운전 및 음주운전 면책약관에 대해 한정적 무효설을 취하고 있다.352) 인보험에 있어서의 무면허운전이나 음주운전 면책약관의 해석이 책임보험에 있어서의 그것과 반드시 같아야 할 이유가 없다고 풀이한다. 즉 무면허운전, 음주운전이 고의적인 범죄행위기는 하나 그 고의는 특별한 사정이 없는 한 무면허운전, 음주운전 자체에 관한 것이고 직접적으로 사망이나 상해에 관한 것이 아니어서 그로 인한 손해보상을 해 준다고 하여 그 정도가 보험계약에 있어서의 당사자의 선의성·윤리성에 반한다고는 할 수 없다는 것이다. 또한 제732조의2와 제739조가 인보험에 있어서 중대한 과실로 보험사고가 생긴 경우에도 보험자는 보험금을 지급하도록 하고 있고 제663조는 당사자간의 특약으로 이들 규정을 보험계약자나 피보험자, 보험수익자에게 불이익하게 변경하지 못하도록 정하고 있음을 지적하고 있다. 상해보험에 있어서의 무면허운전, 음주운전 면책약관이 보험사고가 전체적으로 보아 고의로 평가되는 행위로 인한 경우뿐만 아니라 과실(중과실 포함)로 평가되는 행위로 인한 경우까지 포함하는 취지라면 과실로 평가되는 행위로 인한 사고에 관한한 무효라고 보고 있다. 다시 말하여 피보험자의 고의가 입증되지 않는 한 보험자의 보상책임을 인정한다는 것이다.

이러한 취지에서 법원은 자기신체사고보험, 무보험자동차에 의한 상해 또는 일반 상해보험약관에 규정하고 있었던 무면허운전, 음주운전 면책약관은 제663조에 위배되어 무효라고 해석한다. 그 보험약관이 금융위원회의 인가를 받았다 하여 달라지는 것은 아니라고 풀이한다.353) 현재 자기신체사고보험에서 무면허운전 또는 음주운전 면책조항은 존재하지 않는다. 법리적으로 무면허운전 또는 음주운전 상태에서 사고를 야기하여 운전자가 사망하거나 상해를 입게 된 경우에 운전자의 미필적 고의에 의한 사고로 보게 되면 무면허운전 또는 음주운전 면책약관의 유효성을 인정하여 보험자의 면책을 받아들일 수도 있지만, 대법원은 특별한 사정이 없는 한 무면허운전 또는 음주운전 상태에서 운전자의 운전 감행 행위를 미필적 고의로 보지 않고 과실로 평가되는 행위로 인한 사고로 해석함으로써 면책조항의 적용을 배제하고 있다.

안전벨트 미착용도 해석상 같은 문제를 가지고 있다. 제732조의2, 제739조, 제663조의 입법 취지 등에 비추어 보면, 피보험자에게 안전띠 미착용 등 법령위반의 사유가 존재하는 경우를 보험자의 면책사유로 약관에 정한 경우에도 그러한 법령위반행위가 보험사고의 발

352) 대판 1990. 5. 25, 89다카17591; 대판 1996. 4. 26, 96다4909; 대판 1998. 3. 27, 97다27039; 대판 1998. 3. 27, 97다48753; 대판 1998. 4. 28, 98다4330; 대판 1998. 10. 20, 98다34997; 대판 1999. 2. 12, 98다26910.
353) 대판 1998. 4. 28, 98다4330; 대판 2000. 7. 4, 98다56911; 대판 1990. 5. 25, 89다카17591(무면허운전 면책약관의 경우); 대판 1999. 2. 12, 98다26910(무보험자동차에 의한 상해); 대판 1996. 4. 26, 96다4909; 대판 1998. 3. 27, 97다48753; 대판 1998. 10. 20, 98다34997. 이들 판결은 책임보험에 속하는 자동차보험 대인배상 Ⅱ에 관한 대판 1991. 12. 24, 90다카23899와 그 적용 범위가 다르다.

생원인으로서 고의에 의한 것이라고 평가될 정도에 이르지 않는다면 그 조항은 무효라고 해석하고 있다. 과거 자기신체사고보험 약관에 운전석과 옆좌석에 탑승한 자가 안전띠를 착용하지 않은 경우에 20%, 뒷자석은 10%를 자기신체사고 보험금에서 감액한다는 '안전벨트 미착용 감액약관'이 있었다. 법원은 자기신체사고보험은 인보험의 일종이고, 안전벨트 미착용 감액약관에서 공제라는 표현을 사용하고 있으나 그 실질은 보험금의 일부를 지급하지 않겠다는 것이어서 일부 면책약관이라고 할 것인데, 피보험자가 안전벨트를 착용하지 않은 것이 보험사고의 발생원인으로서 고의에 의한 것이라고 할 수 없으므로 제739조, 제732조의2 및 제663조에 따라 이러한 감액약관은 무효라고 판시했고[354] 그 후 감액약관은 삭제되었다. 법원의 입장은 안전벨트를 고의로 미착용했다고 하더라도 이는 미착용 행위 자체에 대한 고의일 뿐, 상해나 사망이라는 결과에 대한 고의로 볼 수는 없기 때문에 자기 신체사고보험금을 지급함에 있어서는 보험자의 책임은 그대로 인정이 된다는 것이다.

[대법원 1990. 5. 25. 선고 89다카17591 판결]

〈주요 판시내용〉

무면허운전이 고의적인 범죄행위이긴 하나 그 고의는 특별한 사정이 없는 한 무면허운전 자체에 관한 것이고 직접적으로 사망이나 상해에 관한 것이 아니어서 그 정도가 결코 그로 인한 손해보상을 가지고 보험계약에 있어서의 당사자의 선의성, 윤리성에 반한다고 할 수 없을 것이므로 장기복지상해보험계약의 보통약관 중 피보험자의 무면허운전으로 인한 상해를 보상하지 아니하는 손해로 정한 규정은 보험사고가 전체적으로 보아 고의로 평가되는 행위로 인한 경우뿐만 아니라 과실(중과실 포함)로 평가되는 행위로 인한 경우까지 포함하는 취지라면 상법 제659조 제2항 및 제663조의 규정에 비추어 볼 때 과실로 평가되는 행위로 인한 사고에 관한 한 무효이다(同旨: 대판 1998. 3. 27, 97다27039; 대판 1996. 4. 26, 96다4909).

(다) 비   판

무면허운전 또는 음주운전을 행한 자가 부상을 당한 경우에 보험의 혜택을 제공하는 현행 판례에 대해 비판이 끊임없이 제기되어 왔다. 상해보험 약관에서 기왕증 감액을 정하고 있는 경우에 법원은 그 효력을 인정하고 있다.[355] 기왕증은 선천적인 것으로서 피보험자에게 그 어떤 책임을 물을 수 없음에도 보험자에게 일종의 면책 효과를 가져다주는 감액을 인정하고 있다. 그런데 무면허운전 또는 음주운전이라는 중대한 법규위반자에겐 보험금을 전혀 감액할 수 없다고 해석하는 것은 분명 문제가 있다.[356] 2008년 법무부가

---

354) 대판 2014. 9. 4, 2012다204808.
355) 대판 2013. 10. 11, 2012다25890.
356) 한기정, 322면.

제출한 구 보험법개정(안)은 상해보험에 있어서 보험계약자, 피보험자 또는 보험수익자의 중과실로 인한 사고에 대한 보험자의 책임을 원칙적으로 인정하되, 단서조항을 신설하여 '반사회성 및 고도의 위험성이 있는 행위 중 대통령령으로 정하는 행위의 경우에는 당사자 간에 다르게 약정할 수 있다'라는 문구를 추가하였다. 이로써 상해보험에 있어서 무면허운전 또는 음주운전을 대통령령으로 반사회성 및 고도의 위험성이 있는 행위로 분류하여 이에 대한 면책조항의 효력을 유효한 것으로 인정할 수 있는 법적 근거를 제시하였으나 최종적으로 채택되지 않았다.357)

　　생각건대 무면허운전 및 음주운전 행위는 고도의 사고발생 위험성이 있고 그 행위 자체가 반사회적 범죄행위로서 법규 위반의 정도가 매우 중대하다. 현행 판례의 태도는 결과적으로 보험계약의 선의성 및 윤리성에 반하는 음주 및 무면허운전행위를 조장할 우려가 있고, 보험사고 발생의 우연성을 기본적인 개념으로 하고 있는 보험원리에 맞지 않는다. 미국, 영국, 독일, 일본 등에서도 상해보험에서 무면허 및 음주운전 등에 대한 보험자면책을 인정하고 있다. 자기신체사고보험이나 무보험자동차에 의한 상해 및 상해보험에서 무면허 및 음주운전의 면책조항은 유효한 것으로 해석해야 한다. 안전띠 미착용 감액조항의 경우도 마찬가지이다. 헌법재판소에서도 제659조, 제663조, 제732조의2 및 제739조의 상호관계에 대해 위헌에 이를 정도는 아니지만 문제점이 있음을 지적한 바 있다.358)

　　대법원은 대인배상과 같은 책임보험에서는 이들 면책조항을 사고발생시의 상황에 초점을 맞추어 담보위험배제사유로 보는 반면에, 자기신체사고보험과 같은 인보험에서는 사고의 원인과 관련하여 고의나 중과실 여부를 따지는 책임면제사유로 보고 있다. 이렇게 동일한 무면허운전 또는 음주운전 면책조항의 성질에 대해 책임보험의 경우와 인보험의 경우를 달리 보는 것은 아무런 근거도 없고 설득력이 없다.359) 보험자가 자신들의 영업상의 특성을 고려하여 인보험에서 특정사고를 담보위험배제사유로 정한 것을 가지고 법원이 이를 책임면제사유로 보면서 고의 과실이라는 사고의 원인과 결부시켜 해석하는 것은 타당하지 않다.

　　무면허운전 및 음주운전행위가 선량한 사회질서에 반하는 범죄행위이고 반사회적 행위임이 명백하며 그로 인한 폐해에 대해서도 일반인들은 충분히 잘 알고 있는 상황이다. 그럼에도 불구하고 피보험자가 무면허운전이나 음주운전을 감행하여 자신이 부상을 당했다면 이는 보험자의 담보범위에서 제외되는 것으로 해석함이 타당하다. 실무상 피보험자

---

357) 개정안 논의과정에서 단서조항의 내용으로 "다만 담보되지 않는 사고의 범위에 관하여 약정이 있는 경우에 그 사고에 대해서는 그러하지 아니하다"로 정하는 것을 고려하기도 했으나, 면책조항의 범위가 너무 광범위하게 결정될 우려가 있어서 이 또한 채택되지 못했다. 그 대신 면책범위를 무면허 및 음주운전에 한하도록 입법기술적으로 대통령령을 이용하기로 정한 것이다.
358) 헌재 1999. 12. 23, 98헌가12, 99헌바33.
359) 서헌제, 242면.

의 미필적 고의가 인정되어 보험자가 면책되는 경우는 거의 없다고 판단된다. 물건보험이나 재산보험과 달리 인보험의 경우 보험계약자 측을 더욱 두텁게 보호하려는 제732조의2 도입취지는 충분히 인정되고 존중되어야 한다. 그런데 실무상 내심의 의사인 고의 입증은 매우 어렵다. 외관상 고의사고로 보이는 경우임에도 고의를 입증 못하면 보험자의 책임은 그대로 인정이 될 수밖에 없는데 이렇게 되면 제732조의2가 도입취지와 달리 이 조문이 악용될 소지가 충분하며 그 혜택을 반사회적 행위를 감행한 사람이 누리면서 선의의 보험계약자들의 보험료는 인상되는 불공정한 결과를 초래하게 된다.360)

　　자기신체사고보험 등과 같은 상해보험에서 무면허운전이나 음주운전을 보험자가 약관상의 면책사유로 분류했다면 이는 담보위험배제사유로 판단해서 면책으로 해석해야 함이 타당하다. 또는 판례와 같이 책임면제사유로 본다고 하더라도 미필적 고의성이 널리 인정될 수 있는 것으로 해석되어야 할 것이다. 보험원리상 자기신체사고보험이나 상해보험에 있어서 무면허운전, 음주운전 면책조항, 또는 안전띠 미착용 감액조항 등은 그 유효성을 인정함이 타당할 것이다.

7. 자동차상해특별약관

(1) 자기신체사고와의 차이점

　　자동차상해특별약관은 기존의 자기신체사고보험의 보상내용을 강화하여 피보험자가 누리는 혜택이 크다. 자기신체사고보험의 보험금 지급기준이 아니라 배상액이 더 많이 산정될 수 있는 대인배상 지급기준에 따라 지급보험금이 산정된다. 자기신체사고의 경우 피보험자가 부상을 당한 경우 해당 급수별 한도(1-14급) 내에서 실제 발생된 치료비만 보상하는 것인데 비해, 자동차상해는 상해급수와 상관없이 보험가입금액 한도 내에서 부상치료비 보상을 받는다. 사망과 후유장해 과실상계에 있어서도 자기신체사고에는 과실상계를 하지만 자동차상해에서는 과실상계를 하지 않는다. 보상방법에 있어서도 자기신체사고에서는 사망, 후유장해 급수별 정액보상을 하는 반면에, 자동차상해에서는 사망, 후유장해 %에 따른 실비보상이 이루어진다. 보상범위와 관련해서 자기신체사고에서는 부상등급 한도 내에서 치료비만 보상하지만, 자동차상해에서는 치료비 외에 향후치료비, 위자료, 휴업손해 및 합의금이 보험가입금액 한도 내에서 보상범위에 포함된다. 피보험자의 범위는 자기신체사고보험과 동일하게 대인배상 Ⅱ에 있어서의 피보험자(자동차보험표준약관 제7조) 및 이들 피보험자의 부모, 배우자 및 자녀이다.

---

360) 조규성, "자기신체사고보험에서 안전벨트 미착용 감액약관의 효력에 대한 판례연구", 상사판례연구 제27집 제4권, 2014, 201면.

(2) 기타 특징

자동차상해보험의 법적성격은 실손형 부정액 보험으로서의 상해보험이라는 것이 판례의 입장이다.[361] 자동차상해담보에서 지급보험금 계산시 실제손해액을 평가할 때에 자동차보험 대인배상 Ⅰ, 대인배상 Ⅱ, 배상의무자 이외의 제3자로부터 보상받은 금액, 무보험자동차에 의한 상해에 따라 지급될 수 있는 금액 등을 공제한다.[362]

대법원 판례 중에 자기신체사고에서는 청구권대위를 행사할 수 없다고 정한 보험약관을 해석함에 있어서 자기신체사고와 상호 대체적 관계에 있다고 볼 수 있는 자동차상해담보의 경우에도 보험자가 청구권대위권 행사를 미리 포기한 것으로 보아야 한다고 판시한 것이 있다.[363] 그러나 이와 달리 자동차상해보험은 그 성질상 상해보험에 속하므로, 자동차상해보험계약에 따른 보험금을 지급한 보험자는 상법 제729조 단서에 따라 청구권대위를 허용하는 약정이 있는 때에 한하여 피보험자의 권리를 해치지 않는 범위에서 그 권리를 대위할 수 있다고 해석되며 이러한 취지의 판례도 있다.[364] 비록 자동차보험표준약관 제34조 제2항에서 자기신체사고의 경우 청구권대위가 허용되지 않는다고 규정하고 있으나, 이러한 내용이 없는 자동차상해특약까지 당연히 적용하는 것으로 볼 수는 없다.[365]

자동차상해특별약관상 지급보험금과 관련하여 '실제손해액'이란 자동차보험약관〈별표 1-4〉 보험금지급기준에 의해 산출한 금액 또는 대인배상의 소송이 제기된 경우 확정판결 금액(과실상계 및 보상한도 미적용 기준)을 말한다. 여기에서 '소송이 제기되었을 경우'가 어떤 경우를 의미하는 것인가의 문제가 있다. 이에 관하여 아래의 판례가 있다.

[대법원 2023. 6. 15. 선고 2021다206691 판결]

〈사실관계〉

원고는 교통사고로 인해 중상해를 입었다. 원고는 민사소송시 적용하는 일반적 손해액 산정에 기초하여 약 19억원(일실수입 2억 7천여원+장래의 보조구 구입비용 2백 3십여만원+개호비 약 16억원+위자료 5천만원)의 손해를 주장하면서 원고 보험자인 피고에게 자동차상해담보특약에 따른 보상한도액 5억원의 보험금을 청구했다. 이에 대해 피고 보험자는 소송 시 적용되는 기준이 아니라 자동차보험약관상의 보험금 지급기준이 적용되어야 하며, 이에 따르면 원고의 손해액은 5억원

---

361) 대판 2004. 7. 9. 2003다29463.
362) 이준교, "2023년 손해보험 분쟁관련 주요 대법원 판결 및 시사점(下)", 손해보험, 2024년 2월호, 손해보험협회, 58면.
363) 대판 2005. 6. 10, 2004다32077.
364) 대판 2002. 8. 31, 2018다212740. 대판 2015. 11. 12, 2013다71227에서는 자동차상해특약에 보험자대위를 허용하는 약정이 있는 때에 한하여 피보험자의 권리를 해치지 않는 범위 내에서 그 권리를 대위할 수 있다고 판시하고 있다.
365) 황현아, "2022년 보험 관련 중요 판례 분석(2)", KiRi 보험법리뷰 포커스, 2023. 2. 20, 보험연구원, 9-11면.

미만이라고 주장했다.(민사소송에서의 개호비 인정기준과 보험약관에서 정한 기준에 차이가 있기 때문에 손해액의 크기에 상당한 차이가 있고 이에 따라 보험금에도 차이가 있게 된다.)

〈주요 판시내용〉

이 사건 특별약관상 '법원의 확정판결 등에 따른 금액으로서 과실상계 및 보상한도를 적용하기 전의 금액'을 '실제손해액'으로 볼 수 있게 되는 '소송이 제기된 경우'란 보험사고에 해당하는 자동차사고 피해에 관하여 손해배상청구 등 별개의 소가 제기된 경우를 의미하는 것이지 특별약관에 따라 자동차상해보험금을 청구하는 소 그 자체가 제기된 경우는 포함되지 않는다고 해석함이 타당하다. 이 사건 특별약관에 따르면 소가 제기되었을 경우 법원의 확정판결 등에 따른 금액 그 자체가 아니라 여기에 '과실상계 및 보상한도를 적용하기 전의 금액'을 '실제손해액'으로 보게 된다. '과실상계'는 통상 가해자나 배상책임자의 손해배상채무를 전제로 한 개념으로 사용되고 있고 '보상한도'는 이미 보험계약에 내재된 개념이므로, 이러한 표현은 보험사고에 해당하는 자동차사고 피해와 관련된 손해배상소송 등 별개 소송을 염두에 둔 것으로 보인다. 이 사건 특별약관은 자동차상해보험에 근거한 보험금의 청구소송에서 약관의 내용과 무관하게 일반적인 손해액 산정 기준에 따라 보험금을 산정한다고 규정하지는 않고 있다. 원고가 이 사건 사고와 관련하여 일반적인 손해액 산정 기준에 따라 원고의 손해액을 인정해야 할 다른 소송이 계속되거나 그에 관한 확정판결 등이 존재하지 않는 상태에서 자동차상해보험금 지급을 구하는 이 사건 소를 제기한 이상, 이 사건 특별약관상 '실제손해액'은 '〈별표1〉 대인배상, 무보험자동차에 의한 상해보험금 지급기준'에 따라 계산되어야 한다고 봄이 타당하다.

위 판례의 취지는 자동차상해특별약관상의 '소송이 제기되었을 경우'에 해당되려면 자동차상해보험금 청구의 소 제기 여부 그 자체만으로는 부족하며 원고의 손해액을 인정해야 할 다른 소송이 제기되거나 그에 관한 확정판결 등이 존재하는 경우 여야 한다는 것이다. 그 상세한 논거는 위 판결문에 나와 있다. 다만 실무상으로 대인배상에 대한 소송제기가 있는 경우 자동차상해보험담보에서도 약관상 보험금 지급기준이 배제되고 대인배상에서 판결된 금액을 실제손해액으로 대체하고 있다. 따라서 실무상으로는 자동차상해담보의 보험금 산출은 대인배상과 관련한 소송이 제기되었을 경우엔 법원 판결금액 기준이 적용되며, 대인배상과 관련된 소송 제기가 없는 경우에는 약관상의 지급기준이 적용되는 문제가 있다. 이들 해석상의 문제점을 완화하기 위해 자동차상해특별약관의 '소송이 제기되었을 경우'의 문구를 '대인배상과 관련한 소송이 제기된 경우'로 명확히 개정하는 것을 고려할 수 있을 것이다.366)

---

366) 일부 자동차상해담보특약에서는 '실제손해액이란 보험계약의 보통약관〈별표1-4〉보험금지급기준에 의해 산출한 금액 또는 대인배상의 소송이 제기된 경우 확정판결금액(과실상계 및 보상한도 미적용기준)을 말합니다'라고 규정하여 소송이 대인배상과 관련된 것임을 명확히 하고 있다. 이준교, "2023년 손해보험 분쟁관련 주요 대법원 판결 및 시사점(下)", 손해보험, 2024년 2월호, 손해보험협회, 59면-60면.

X. 무보험자동차에 의한 상해보험

1. 개   념

(1) 의   의

무보험자동차에 의한 상해보험이라 함은 보험가입자 및 그의 가족 등이 운전(다른 자동차 탑승 포함) 또는 보행 중 무보험차량 또는 뺑소니 차량 등 보유자를 알 수 없는 자동차에 의한 사고로 사망하거나 상해를 입은 경우 그로 인한 손해에 대해 배상의무자가 있는 경우에 자기가 가입한 보험자로부터 보험약관에서 정한 기준에 따라 보상을 받는 보험을 말한다. 이 보험에 가입하기 위해서는 가입자가 개인이어야 하며 동일한 보험증권에 대인배상Ⅰ, 대인배상Ⅱ, 대물배상 및 자기신체사고보험을 모두 체결해야 한다. 보험가입금액은 피보험자 1인당 현재 5억원을 한도로 하고 있다. 보험목적은 피보험자의 생명 또는 신체이며, 보험사고는 피보험자가 무보험자동차로 인해 생긴 사고로 죽거나 다치는 것이다.

[대법원 2019. 8. 29. 선고 2016다259417 판결]

〈사실관계〉

甲 등은 일몰시간 이후에 도로에서 전선 지중화작업을 했다. 이들의 작업차량은 미등과 차폭등을 켜지 않고 차량의 운전석 방향이 도로 안쪽 방향으로 향한 채 1미터 정도 도로를 침범하여 주차를 했다. 甲은 차량 탑승을 위해 도로를 걷던 중 만취상태에서 운전을 한 무보험 차량에 치어 사망했다. 甲의 유가족은 무보험자동차에 의한 상해보험자(Y)로부터 1억 5천만원을 수령했다. Y는 중복보험자인 X로부터 비례보상에 의한 7,500만원을 수령했다. 그 후 X 보험자는 사고는 음주운전 차량뿐만 아니라 정차된 차량의 과실도 있으므로 무보험 차량으로 인한 사고를 보상할 책임이 없다면서 Y에게 지급한 비례 분담금 상당액의 반환을 청구했다.

〈주요 판시내용〉

제반 사정에 비추어 작업차량들이 도로교통법 규정에 따라 점등을 하고 우측 공간을 확보하여 정차하였다면 가해차량이 보다 멀리서 작업차량들을 발견하고 필요한 조치를 취하였거나, 그렇지 않더라도 피해자 일행이 작업차량들 우측으로 보행함으로써 피해를 최소화하여 최소한 전원이 현장에서 즉사하는 사고는 피할 수 있었을 여지가 충분하므로, 도로교통법상 주정차방법을 위반하여 점등을 하지 않거나 도로 우측 공간을 확보하지 않은 작업차량들의 과실과 사고의 발생 및 손해의 확대 사이에 아무런 인과관계가 없다고 단정할 수 없고, 만취 상태에서 운전한 가해차량의 과실이 중대하다고 하여 작업차량들의 과실과 사고 발생 사이의 인과관계가 단절되었다고 할 수도 없는데도, 사고의 발생과 작업차량들의 주차 위치나 등화를 켜지 않은 것 사이에 상당인과관계를 인정할 수 없다고 본 원심판단에 법리오해 등의 잘못이 있다.

(2) 무보험자동차와 배상의무자

(개) 무보험자동차

무보험자동차란 피보험자동차 이외의 자동차로서 무보험자동차에 의한 상해보험에서의 피보험자를 사망시키거나 다치게 한 자동차이다. 구체적으로는, ① 자동차보험 대인배상Ⅱ나 공제계약이 없는 자동차, ② 자동차보험 대인배상 Ⅱ나 공제계약에 가입했으나 보상하지 아니하는 경우에 해당하는 자동차(상대자동차가 대인배상 Ⅱ 등에 가입했어도 보험자의 면책이 되는 경우), ③ 본 약관에서 보상될 수 있는 금액보다 보상한도가 낮은 자동차보험의 대인배상 Ⅱ나 공제계약이 적용되는 자동차(다만 피보험자를 죽게 하거나 다치게 한 자동차가 2대 이상인 경우에는 각각의 자동차에 적용되는 자동차보험의 대인배상 Ⅱ 또는 공제계약에서 보상되는 금액의 합계액이 본 약관에서 보상될 수 있는 금액보다 낮은 경우에 한하는 그 각각의 자동차를 무보험자동차로 본다), ④ 피보험자를 죽게 하거나 다치게 한 자가 명백히 밝혀지지 않은 경우에 그 자동차 등을 말한다.[367] 가해차량과 대인배상 Ⅱ 계약을 체결한 보험회사가 피해자에 대하여 면책사유를 내세워 보험금의 지급을 거절함으로써 당해 교통사고에 대한 가해차량 보험회사의 면책 여부가 문제가 되어 결과적으로 가해차량 보험회사의 보상책임 유무가 객관적으로 명확히 밝혀지지 않은 경우에 있어서의 가해차량 역시 약관에서 말하는 무보험자동차에 해당한다.[368]

[대법원 2003. 12. 26. 선고 2002다61958 판결]

〈사실관계〉

원고회사는 보험사고 피해자의 보험자이고 피고회사는 보험사고 가해자의 보험자인데, 피해자가 피고회사에 보험금을 청구하자 피고회사는 무면허운전 면책약관을 이유로 보험금의 지급을 거절하였다. 이에 피해자는 원고회사에 무보험자동차상해담보특약에 기하여 보험금의 지급을 요청하였고 원고회사는 보험금을 지급하였다. 이 과정에서 피해자는 사고와 관련된 모든 권리를 원고회사에 양도하기로 합의하였고 원고회사가 피고회사를 상대로 구상권을 행사하였다. 그러자 피고회사는 원고회사가 지급한 보험금은 '무보험', 즉 이 사건 차량에 보험이 적용되지 않는 경우에 대비한 특약에 의해 지급된 것인데, 원고회사가 보험금을 지급한 후 피고회사에 구상하는 것은 무보험이 아니라 유보험 상태를 인정하는 것이 되어 원고회사의 구상은 모순이라고 항변하였다.

---

367) 자동차보험표준약관 제1조 제5호; 대판 2003. 12. 26, 2002다61958.
368) 대판 2003. 12. 26, 2002다61958.

〈주요 판시내용〉

교통사고를 일으킨 가해차량을 피보험자동차로 하여 자동차보험 대인배상 Ⅱ 계약을 체결한 보험회사가 피해자에 대하여 예컨대 그 사고가 무면허운전중에 일어난 사고라는 이유 등으로 면책약관을 내세워 보험금의 지급을 거절한 관계로 당해 교통사고에 대한 가해차량 보험회사의 면책 여부가 문제로 되어 결과적으로 가해차량 보험회사의 보상책임 유무가 객관적으로 명확히 밝혀지지 않은 경우에 있어서의 가해차량 역시 위 약관에서 말하는 무보험차에 해당한다고 보아 피해자가 자신의 보험회사에 대하여 위 특약에 따른 보험금의 지급을 청구할 수 있다고 보는 것이 피해자에 대한 신속한 피해보상을 목적으로 하는 자동차 보험정책은 물론이고, 약관의 뜻이 명백하지 아니한 경우에는 고객에게 유리하게 해석되어야 한다는 약관의규제에관한법률 제5조 제2항 소정의 약관해석원칙에도 부합한다고 할 것이다. 따라서 이 경우 피해자 보험회사로서는 피해자가 입은 손해에 대하여 가해차량 보험회사가 궁극적으로 보상의무를 질 것인지 여부가 법률상 객관적으로 명확히 밝혀지지 아니한 이상 단지 가해차량 보험회사가 무면허운전을 이유로 면책처리한 것이 부당하다고 하여 그 보험금청구를 거절할 수는 없고 우선 피보험자인 피해자에게 무보험차상해담보특약에 따른 보험금을 지급하여야 할 것이고, 그 이후 보험자대위 등에 터잡아 가해차량 보험회사를 상대로 구상권을 행사하여 무면허운전에 의한 가해차량 보험회사의 면책 여부에 따라 쌍방 보험회사들 사이의 종국적 책임 귀속 여부를 가려내면 족하다고 할 것이다.

(나) 배상의무자

배상의무자란 무보험자동차의 사고로 인하여 피보험자를 사망하게 하거나 부상을 입힌 경우에 그로 인하여 피보험자에게 입힌 손해에 대하여 법률상 손해배상책임을 지는 사람을 말한다.[369] 예를 들면 무보험자동차의 소유자 및 운전자, 무보험자동차 소유자의 사용자(사용자의 업무수행중인 경우), 배상의무자가 미성년자일 경우 그 감독자 및 이들의 상속인이 배상의무자이다. 배상의무자가 있을 경우에 무보험자동차에 의한 상해보험자의 보상책임이 인정되는데 배상의무자의 존재는 객관적으로 인정할 수 있으면 충분하고 구체적으로 그 자가 누구인지까지 알아야 하는 것은 아니므로, 가령 뺑소니차량에 의한 사고의 경우에도 배상의무자가 있는 것으로 간주한다.[370]

2. 법적 성질

대법원은 무보험자동차에 의한 상해보험을 상해보험의 일종이라 해석하기도 하고,[371]

---

369) 무보험자동차에 의한 상해에 대해서는, 박세민, "무보험자동차에 의한 상해보험에 관한 해석(개정된 약관을 중심으로)", 상법학의 전망(임홍근교수 정년퇴임기념 논문집), 2003, 375-400면; 김은경, 631면.
370) 김주동/마승렬, 176면; 남원식 외, 348면; 김은경, 631면; 한기정, 723면.
371) 대판 1999. 2. 12, 98다26910; 대판 2003. 12. 26, 2002다61958.

손해보험으로서의 성질과 상해보험으로서의 성질도 갖고 있는 손해보험형 상해보험으로 보기도 한다.372) 보험자 입장에서 볼 때는 책임보험적 성격을 가지고 있는 것도 사실이다. 보상 방식으로 정액형과 비정액형 모두 가능한데, 비정액 보상방식을 취하는 경우 무보험자동차 상해보험은 손해보험형 상해보험이다.373) 손해보험형 상해보험 성격의 무보험자동차 상해보험의 경우 자기신체사고보험에서와 마찬가지로 중복보험 법리가 적용될 수 있다. 또한 제729조 단서에 따라 당사자 사이에 청구권대위를 허용하는 약정이 있는 때에는 보험자는 피보험자의 권리를 해하지 아니하는 범위 안에서 피보험자의 배상의무자에 대한 손해배상청구권을 대위행사할 수 있다.374) 무보험자동차에 의한 상해보험이나 자기신체사고보험이나 모두 인보험으로서의 공통점을 가지고 있으나, 자기신체사고보험은 피보험자동차에 의해 사고가 발생한 경우이며, 무보험자동차에 의한 상해보험은 피보험자동차 이외의 무보험자동차에 의한 사고인 점에서 구별된다.375)

3. 피보험자의 범위

무보험자동차에 의한 상해보험에서 피보험자의 범위는 계약당사자가 정할 문제이다. 구체적으로 피보험자 범위를 보면 ① 기명피보험자 및 기명피보험자의 배우자(피보험자동차에 탑승중이었는지 여부를 불문한다), ② 기명피보험자 또는 그 배우자의 부모 및 자녀(피보험자동차에 탑승중이었는지 여부를 불문한다),376) ③ 피보험자동차에 탑승중인 경우로 기명피보험자의 승낙을 얻어 피보험자동차를 사용 또는 관리중인 자. 다만 자동차정비업, 주차장업, 급유업, 세차업, 자동차판매업, 자동차탁송업 등 자동차를 취급하는 것을 업으로 하는 자(이들의 피용자 및 이들이 법인인 경우에는 그 이사와 감사를 포함한다)가 업무로서 위탁받은 피보험자동차를 사용·관리하는 경우에는 피보험자로 보지 않는다. ④ 위 각 피보험자를 위하여 피보험자동차를 운전 중인 자. 다만 자동차정비업, 주차장업, 급유업, 세차업, 자동차판매업, 자동차탁송업 등 자동차를 취급하는 것을 업으로 하는 자(이들의 피용자 및 이들이 법인인 경우에는 그 이사와 감사를 포함한다)가 업무로서 위탁받은 피보험자동차를 사용·관리하는 경우에는 피보험자로 보지 않는다.

---

372) 대판 2016. 12. 29, 2016다217178; 대판 2014. 10. 15, 2012다88716; 대판 2006. 11. 23, 2006다10989; 대판 2003. 12. 26, 2002다61958; 대판 2000. 2. 11, 99다50699.
373) 대판 2003. 12. 26, 2002다61958.
374) 대판 2000. 2. 11, 99다50699; 대판 2003. 12. 26, 2002다61958.
375) 임용수, 437면, 440면.
376) 보험가입자의 가족(부모, 배우자, 자녀)의 경우 피보험자동차에 탑승중의 여부를 묻지 않으며 또한 기명피보험자와의 동거 여부도 묻지 않고 무보험자동차에 의한 상해보험의 피보험자로 인정되어 보상을 받을 수 있다.

4. 보험자의 보상책임

무보험자동차에 의한 상해에서 지급보험금의 계산에 관한 구체적인 사항은 개별 보험회사의 약관에서 규정하도록 하고 있다. 무보험자동차에 의한 상해보험의 보험자는 피보험자의 실제 손해액을 기준으로 위험을 인수한 것이 아니라 약관에서 정한 보험금 지급기준에 따라 산정된 금액만을 제한적으로 인수한 것이다.377) 따라서 무보험자동차에 의한 상해담보특약을 맺은 보험자가 피보험자에게 보험금을 지급한 경우 상법 제729조 단서에 따라 피보험자의 배상의무자에 대한 손해배상청구권을 대위행사 할 수 있는 범위는 피보험자가 그 배상의무자에 대하여 가지는 손해배상청구권의 한도 내에서 약관에서 정한 보험금 지급기준에 따라 피보험자에게 지급된 보험금에 한정된다.

[대법원 2014. 10. 15. 선고 2012다88716 판결]

〈주요 판시내용〉

무보험자동차에 의한 상해담보특약의 보험자는 피보험자의 실제 손해액을 기준으로 위험을 인수한 것이 아니라 보통약관에서 정한 보험금 지급기준에 따라 산정된 금액만을 제한적으로 인수한 것이므로, 무보험자동차에 의한 상해담보특약을 맺은 보험자가 피보험자에게 보험금을 지급한 경우 상법 제729조 단서에 따라 피보험자의 배상의무자에 대한 손해배상청구권을 대위행사할 수 있는 범위는 피보험자가 배상의무자에 대하여 가지는 손해배상청구권의 한도 내에서 보통약관에서 정한 보험금 지급기준에 따라 정당하게 산정되어 피보험자에게 지급된 보험금액에 한정된다.

보험자는 약관상의 보험금지급기준에 의해 산출한 금액과 비용을 합한 액수에서 공제액을 공제한 후 보험금으로 지급한다. 여기에서 비용은 손해의 방지와 경감을 위하여 지출한 비용 또는 다른 사람으로부터 손해배상을 받을 수 있는 권리의 보전과 행사를 위하여 지출한 비용을 말한다. 공제액은 ① 대인배상Ⅰ에 의하여 지급될 수 있는 금액, ② 자기신체사고에 의해 지급될 수 있는 금액(단 자기신체사고 보험금의 청구를 포기한 경우에는 공제하지 않는다), ③ 배상의무자가 가입한 대인배상Ⅱ 또는 공제계약에 의해 지급될 수 있는 금액(본 약관에서 보상될 수 있는 금액보다 보상한도가 낮은 자동차보험의 대인배상Ⅱ나 공제계약에 가입한 경우), ④ 피보험자가 탑승중이었던 자동차가 가입한 대인배상Ⅱ 또는 공제계약에 의해 지급될 수 있는 금액, ⑤ 피보험자가 배상의무자로부터 이미 지급받은 손해배상액, ⑥ 배상의무자가 아닌 제3자가 부담할 금액으로 피보험자가 이미 지급받

---

377) 대판 2004. 4. 27, 2003다7302.

은 금액은 공제대상이다. 보험금 산정시 과실상계에 관한 약관규정은 적용된다.[378]

[대법원 2009. 12. 24. 선고 2009다46811 판결]

〈주요 판시내용〉

　자동차종합보험의 무보험차사고 특약에 의해 보상받을 수 있는 때에는 피보험자로 보지 않는다는 규정을 둔 '자기신체사고 특약'과 무보험차사고 보험금에서 자기신체사고에 의해 지급될 수 있는 금액을 공제한다는 규정을 둔 '무보험차사고 특약'에 가입한 경우, 피보험자는 무보험차사고 보험에 의하여 보상을 받을 수 있는 때라도 자기신체사고의 보험금을 청구할 수 있을 뿐만 아니라, 무보험자동차사고의 보험금도 자기신체사고보험으로 지급받을 수 있는 금액 등을 공제한 잔액이 있는 경우에는 이를 청구할 수 있다.

　판례는 무보험자동차에 의한 상해보험에 있어서 약관에서 규정하고 있는 보험금액의 산정기준이나 방법에 관한 내용은 보험자의 명시·설명의무의 대상이 아니라고 해석한다.[379] 한편 전동킥보드 같은 개인형 이동장치가 무보험차량[380]인 경우에는 사고를 당한 피해자는 자신 또는 가족이 가입한 무보험자동차 상해보험에 의해 보상을 받게 되는데, 자동차보험표준약관에서 도로교통법에 의한 개인형이동장치로 인한 손해는 자배법시행령 제3조에서 정하는 금액을 한도로 보험금을 지급한다고 정하고 있으므로 대인배상Ⅰ 보상한도 내에서 보험금이 지급된다. 보험금을 지급한 보험사는 가해자인 킥보드 운전자에게 구상권을 청구한다.

[대법원 2024. 2. 15. 선고 2023다272883 판결]

〈사실관계〉

　군인 甲은 복무 중 병원에 가기 위해 운전병이 운전한 전투용 구급차량에 승차했다가 운전병의 과실로 추돌사고가 발생하였고 그로 인해 부상을 당했다. 甲의 어머니는 자신의 소유 차량에 대해 A 보험회사와 무보험자동차상해특약에 가입했고, 아버지도 이와 별도로 B 보험회사와 소유차량에 대해 같은 특약에 가입했다. B 보험회사는 甲에게 보험금 8천만원을 지급했고, 중복보험자인 A 보험회사에게 구상권을 행사하여 A 보험회사로부터 4천만원을 받았다. A 보험회사는 사고 책임자인 대한민국을 상대로 보험자대위에 따른 구상금 청구의 소[381]를 제기했는데, 국가배상법 제2조 제1항 단서에 따라 甲은 대한민국에게 손해배상을 청구할 수 없다는 판결을 받았다. 손해

---

378) 대판 1999. 7. 23, 98다31868.
379) 대판 2004. 4. 27, 2003다7302.
380) 과거 도로교통법에서는 전동킥보드를 원동기장치 자전거로 분류하였으나, 2020년 12월 개정된 도로교통법에서는 전동킥보드, 새그웨이, 전기자동차를 개인용 이동장치로 정의하고 있다.
381) 서울중앙지법 2018. 2. 23, 2017가단515254(보험회사 패소 확정).

보험업계에는 보험사업자 사이에 발생한 분쟁을 합리적·경제적으로 신속히 해결함을 목적으로 하는 '자동차보험 구상금분쟁심의에 관한 상호협정'과 그 시행규약이 시행되고 있는데, 이에 따라 중복보험의 경우 선처리사가 먼저 보험금을 지급한 뒤 후처리사에 그 부담부분에 해당하는 금액을 구상하게 된다. A 보험회사는 甲의 손해에 대한 배상의무자가 없어 제1 보험계약의 무보험차상해 담보특약에 따른 보험금 지급의무가 없는데도 甲에게 보험금 4,000만 원을 지급하였다면서 甲을 상대로 위 보험금 상당의 부당이득 반환을 구했다. 甲은 자신에게 보험금을 지급한 주체는 A 보험회사가 아니라 B 보험회사이므로 보험금 지급 사유가 없다고 해도 A 보험회사는 자신을 상대로 부당이득 반환을 청구할 수는 없다고 주장했다.

〈주요 판시내용〉

중복보험자는 각자 보험금액 안에서 피보험자에게 보험금 전액에 관하여 부진정연대책임을 부담하는 것이 원칙이고, 피보험자는 각 보험자에게 보험금 전액의 지급을 청구할 수 있으며, 이에 따른 보험자의 보험금 지급은 피보험자와의 관계에서 자신의 채무를 변제하는 것이다. 그 이후 이루어지는 다른 보험자의 부담부분에 관한 구상은 중복보험자 간에 내부적으로 해결되어야 할 문제일 뿐이고, 이 사건 상호협정 및 시행규약도 이러한 이해에 기초하여 제정된 것으로 보인다. 이와 달리 중복보험자가 피보험자에게 각자의 부담부분 내에서 분할채무만 부담한다고 보는 것은 피보험자에게 불이익하므로 위 약관 조항을 그러한 취지로 해석하는 것은 약관의 뜻이 명백하지 아니한 경우 고객에게 유리하게 해석되어야 한다는 약관 해석의 원칙 등에 비추어 신중하게 이루어져야 한다. 이 사건에 나타난 각 보험계약의 당사자 및 내용, 보험금 청구 및 지급 경위와 그 전후 사정, 이 사건 상호협정 및 시행규약의 법률관계, 이에 따른 보험금의 출연 및 구상관계, 이러한 사정으로부터 추단할 수 있는 당사자들의 의사나 인식 등을 종합하여 보면 A 보험회사가 변제 주체로 평가될 여지가 크다. 그럼에도 원심은 그 판시 사정만으로 B 보험회사가 A 보험회사를 대신하여 4,000만 원의 보험금을 지급한 것일 뿐이므로 A 보험회사가 그 보험금 상당액의 부당이득 반환청구를 할 수 있다고 판단하였다. 이러한 원심의 판단에는 논리와 경험의 법칙을 위반하여 자유심증주의의 한계를 벗어나거나 변제나 부당이득 반환청구의 주체 등에 관한 법리를 오해하여 필요한 심리를 다하지 않음으로써 판결에 영향을 미친 잘못이 있다.

위 사건은 피해자가 군인이고 국가배상법에 따라 무보험자동차상해특약의 보상조건인 배상의무자가 존재하지 않는 경우에 해당된다. B 보험자는 배상의무자가 존재하지 않는 이 사건에서 보상책임이 없음에도 불구하고 甲에게 보험금을 지급하였고, A 보험자 또한 B 보험자에게 지급의무가 없는 중복구상금을 지급한 것이다. 대법원은 중복보험에 있어서 각자의 부담부분을 분할채무로 해석할 수 없으며, 다른 중복보험자에 대한 구상은 중복보험자 간에 내부적인 문제에 불과하다는 이유에서 甲에게 직접 보험금을 지급하지 않은 A 보험자는 부당이득반환청구권을 가지지 않는다고 해석하였다. 다시 말해 자신의 몫의 지급채무를 상환하겠다는 의사표시를 甲에게 하지 않은 A 보험자는 이 채무변제의 주체가

아니므로 甲에게 부당이득반환청구권을 행사할 수 없다고 판단했다.[382]

5. 면책약관

무보험자동차에 의한 상해보험의 면책사유에 대해서는 자동차보험표준약관 제19조에 규정되어 있다. 주요 면책 사항을 보면 ① 보험계약자의 고의로 인한 손해, ② 피보험자의 고의로 그 본인이 상해를 입은 때,[383] ③ 상해가 보험금을 받을 자의 고의로 생긴 때는 그 사람이 받을 수 있는 금액, ④ 피보험자가 피보험자동차가 아닌 자동차를 영리를 목적으로 요금이나 대가를 받고 운전하던 중 생긴 사고로 인한 손해, ⑤ 상해를 입은 피보험자의 부모, 배우자, 자녀가 배상의무자인 경우 또는 피보험자가 사용자의 업무에 종사하고 있을 때 피보험자의 사용자 또는 피보험자의 사용자의 업무에 종사중인 다른 피용자에 해당하는 사람이 배상의무자의 경우에도 보험자는 면책된다.[384] 그 밖의 사유도 면책범위에서 정하고 있다. 한편 무면허운전, 음주운전 사고에 대해서는 무보험자동차에 의한 상해보험의 인보험적 성질을 고려하여 자기신체사고보험에서와 마찬가지로 이를 면책사유에서 삭제함으로써 보험자의 보상책임을 인정하고 있다. 이에 대한 문제점과 비판점은 자기신체사고보험에서 설명한 바 있다.

6. 중복보험규정의 적용문제

하나의 사고에 대해 수개의 무보험자동차에 의한 상해보험계약이 체결되고 그 보험금액의 총액이 피보험자가 입은 실손해액을 초과하는 때에 중복보험에 관한 규정이 준용될 수 있는가의 문제가 있다. 이는 무보험자동차에 의한 상해보험의 법적 성질을 무엇으로 보느냐의 문제와 연관된다. 그 성질을 상해보험으로만 보면 제672조를 적용할 수 없겠지만, 손해보험형 상해보험으로 보게 되면 적용이 가능하다. 대법원은 이 문제에 대해 중복보험 조항의 적용을 인정하고 있다.[385] 상법 제672조 제1항이 준용됨에 따라 여러 보험자가 각자의 보험금액의 한도에서 연대책임을 지는 경우 특별한 사정이 없는 한 보험금 지급책임의 부담에 관하여 각 보험자 사이에 주관적 공동관계가 있다고 보기 어려우므로, 각 보험자는 보험금 지급채무에 대하여 부진정연대관계에 있다. 따라서 한 보험회사의 보

---

382) 이준교, "2024년 손해보험 분쟁 관련 주요 대법원 판결 및 시사점(上)", 손해보험, 2024년 1월호, 손해보험협회, 43면-44면.
383) 이 경우는 당해 피보험자에 대한 보험금만 지급하지 않는다.
384) 다만 이들이 무보험자동차를 운전하지 않은 경우로, 이들 이외에 다른 배상의무자가 있는 경우에는 보험자가 보상한다.
385) 대판 2023. 6. 1, 2019다237586.

험금지급채무의 소멸시효가 완성되었다고 하더라도, 이는 채권자를 만족시키는 사유가 아니므로 상대적 효력이 있음에 불과하여 다른 보험회사에게 대항할 수 없다. 무보험자동차상해보험이 중복보험인 경우 한 보험자가 다른 보험자에 대하여 가지는 중복보험에 따른 구상금채권의 소멸시효기간은 보험회사간의 상사채권으로 5년이며 그 기산점은 현실로 피해자에게 보험금을 지급한 날이다.386)

[대법원 2006. 11. 10. 선고 2005다35516 판결]

〈사실관계〉

보험사고의 피해자가 원고회사는 물론 피고회사에도 무보험자동차에 의한 상해담보특약에 피보험자로 가입되어 있었는데, 사고가 발생하자 원고회사는 보험금을 지급한 후 피고회사에 일부분을 구상하였다. 이에 대해 피고회사는 무보험자동차에 의한 상해담보특약의 경우 손해보험형 상해보험으로서 결국 그 본질은 상해보험으로서 인보험이고 이러한 인보험에 있어서는 피보험이익의 관념이 존재할 수 없어 상법 제672조의 중복보험규정이 적용될 수 없고 따라서 중복보험에 따른 구상권 청구는 허용될 수 없다고 주장하였다.

〈주요 판시내용〉

하나의 사고에 관하여 여러 개의 무보험자동차특약보험계약이 체결되고 그 보험금액의 총액이 피보험자가 입은 손해액을 초과하는 때에는 손해보험에 관한 상법 제672조 제1항이 준용되어 보험자는 각자의 보험금액의 한도에서 연대책임을 지고, 이 경우 각 보험자 사이에서는 각자의 보험금액의 비율에 따른 보상책임을 진다. 복수의 무보험자동차특약보험이 상법 제672조 제1항이 준용되는 중복보험에 해당함을 전제로 보험자가 다른 보험자에 대하여 그 부담비율에 따른 구상권을 행사하는 경우, 각각의 보험계약은 상행위에 속하고, 보험자와 다른 보험자는 상인이므로 중복보험에 따른 구상관계는 가급적 신속하게 해결할 필요가 있는 점 등에 비추어, 그 구상금채권은 상법 제64조가 적용되어 5년의 소멸시효에 걸린다.

---

7. 다른 자동차 운전담보 특약

(1) 개   념

다른 자동차 운전담보는 개인용자동차보험 중 무보험자동차에 의한 상해보험에 가입한 경우에 자동으로 적용된다. 경우에 따라서는 무보험자동차에 의한 상해보험과 다른 자동차 운전담보 특약을 별도로 가입하도록 하는 경우도 있다. 담보내용은 약관에서 규정하고 있는 기명피보험자 또는 배우자가 다른 자동차를 운전하던 중(주차 또는 정차 중 제외)

---

386) 대판 2016. 12. 29, 2016다217178; 조규성, "2016년 자동차보험분야 판례의 회고", 기업법연구 제31권 제1호, 2017, 469-470면.

생긴 대인사고 또는 대물사고로 인하여 법률상 손해배상책임을 짐으로써 손해를 입은 때 또는 피보험자가 상해를 입었을 때에 피보험자가 운전한 다른 자동차를 피보험자 자신이 가입한 보험약관상의 피보험자동차로 간주하여 보통약관에서 규정하는 바에 따라 대인배상 Ⅱ, 대물배상, 자기신체사고보험(자동차상해특별약관)에서 보상하는 것이다.

　　기명피보험자와 그 배우자를 보호하기 위해 제한된 범위에서 기명피보험자 등이 무보험상태가 되는 것을 방지하고자 다른 자동차를 일시적으로 피보험자동차로 간주하여 보상을 하는 것이다. 이 특약은 예를 들어 가족한정운전 특약에 가입되어 있는 다른 자동차를 기명피보험자 등이 운전하다가 사고가 발생한 경우에 그 효과를 발휘할 수 있다. 운전을 한 자가 그 자동차에 적용되는 가족의 범위에 포함되지 않기 때문이다. 그러나 만약 기명피보험자가 본래 자신의 자동차보험계약을 체결하면서 운전자 연령 제한 특약에 가입한 경우에 예를 들어 배우자가 그 연령에 미달하는 경우에는 배우자가 다른 자동차를 운전하던 중 발생한 사고에 대해서는 보상되지 않는다.

(2) 피보험자와 담보범위

　　다른 자동차 운전담보 특별약관에서 피보험자의 범위는 기명피보험자와 기명피보험자의 배우자로 한정하고 있다. 피보험자가 다른 자동차를 운전 중 생긴 대인사고, 대물사고로 인한 법률상 손해배상책임으로 인한 손해에 대해 대인배상 Ⅱ, 대물배상책임으로, 피보험자가 상해를 입은 경우에는 자기신체사고보험(자동차상해)으로 보상이 된다.

　　의무책임보험인 대인배상 Ⅰ에는 본 특약이 적용되지 않는다. 만약 다른 자동차의 소유자가 죽거나 다친 경우에는 대인배상으로 보상되는 것이 아니고 자기신체사고보험(자동차상해)의 피보험자로 보고 보상을 한다. 다른 자동차 운전담보 특약에 추가로 가입하면 다른 자동차의 파손에 대해 피보험자가 다른 자동차 소유자에게 부담하게 되는 배상책임으로 인한 손해를 보상해준다.

(3) 다른 자동차의 범위

㈎ 일 반 론

　　다른 자동차 운전담보 특약에서 다른 자동차는 자가용자동차여야 한다. 예를 들어 다른 사람의 영업용자동차를 운전하다가 발생한 사고는 담보범위에서 제외된다. 피보험자의 차량과 동일한 차종일 경우에만 본 특약이 적용되는데 승용자동차, 경·3종승합자동차 및 경·4종화물자동차 간에는 동일한 차종으로 본다. 한편 피보험자동차를 교체(대체)하는 경우에 그 교체(대체)된 자동차(새로운 자동차)에 대해 보험회사의 승인을 받아야 기존의 보험계약이 교체(대체)된 자동차에 적용될 수 있는데,387) 이때 보험회사로부터 승인이 있을 때까지 교체된 자동차를 다른 자동차로 간주하고 이 특약을 적용시킴으로써 무보험상태로 교체(대체)된 자동차를 운전하는 것을 방지하게 된다.

(나) 통상적으로 사용하는 자동차의 의미

기명피보험자의 부모, 배우자 또는 자녀가 소유하거나 통상적으로 사용하는 자동차는 다른 자동차의 범위에서 제외된다. 통상적으로 사용하는 자동차는 본래 피보험자동차와는 별개로 따로 보험에 가입해야 할 대상이기 때문에 본 특약에 의한 담보 범위에서 제외한 것이다. 여기에 해당하는지 여부는 당해 자동차의 사용기간 이외에도 피보험자가 당해 자동차를 상시 자유롭게 사용할 수 있는 상태에 있는지 여부(사용재량권의 유무), 피보험자가 간헐적으로 사용하는 이상으로 당해 자동차를 자주 사용하는지 여부(사용빈도), 피보험자가 사용할 때마다 당해 자동차 소유자의 허가를 받을 필요가 있는지 아니면 포괄적 사용허가를 받고 있는지 여부(사용허가의 포괄성 유무), 당해 자동차의 사용목적이 특정되어 있는지 여부(사용목적의 제한 유무) 등을 종합적으로 고려하여, 당해 자동차의 사용이 피보험자동차의 사용에 관하여 예측될 수 있는 위험의 범위를 일탈한 것이라고 평가될 수 있는지에 의하여 판단하여야 한다.388)

통상적으로 사용한다는 의미는 결국 본인이 사용하고자 할 때에 기간, 횟수 등에 제한받지 않고 자유롭게 사용할 수 있는가의 여부를 가지고 판단해야 할 문제이다. 따라서 어쩌다가 주말에 타인 소유의 자동차를 빌려 운전하는 경우는 통상적인 사용이라 할 수 없지만, 매 주말마다 타인 소유의 자동차를 빌려 운전하는 것이라면 통상적인 사용이 인정될 수 있고 따라서 특약상의 다른 자동차에 해당된다고 보기 어려울 것이다.

> ### [서울북부지원 2006. 8. 10. 선고 2005가단52136 판결]
> 〈주요 판시내용〉
> 피보험자가 사고차량을 4회 정도 사용한 것에 불과하더라도 친척으로부터 사고차량의 압류가 해제될 때까지 사용할 수 있도록 허락받아 약 14일간 출퇴근용 등의 목적으로 자유로이 사용하였고, 친척이 사고발생 이후 차량을 반환해갔으나 경제적 사정이 어려워 압류를 해제하지 못하고 있는 상황이라면 만일 사고가 발생하지 않았다면 오랜 기간 동안 피보험자 등이 사고차량을 사용했을 것으로 보이므로 사고차량은 피보험자 등이 통상적으로 사용하는 자동차에 해당한다.389)

---

387) 피보험자동차의 교체에 대해서는 자동차보험표준약관 제49조에서 정하고 있다.
388) 대판 2008. 10. 9, 2007다55491.
389) 조규성, "다른 자동차운전 담보특약에서의 다른 자동차의 의미와 범위에 관한 판례연구", 상사판례연구 제22집 제1권, 2009, 318면에서 재인용.

(다) 피보험자동차의 폐차

기존 피보험자동차에 대한 운행이익과 운행지배가 상실되었는지 분명하지 않은 경우에 새로운 자동차로 교체했으나 아직 자동차등록을 하지 않은 상태에서 새로운 자동차를 운전 중에 사고가 발생한 경우에 어떠한 경우가 피보험자동차의 폐차에 해당되며 등록되지 않은 새로운 자동차를 본 특약의 다른 자동차로 볼 수 있는가의 문제가 있다.

[대법원 2008. 10. 9. 선고 2007다55491 판결]

〈사실관계〉

다른 자동차 운전담보 특약이 가입된 피보험차량을 폐차하려고 길가에 방치해놓은 채 새 자동차를 구입하고 등록서류를 교부받았으나 아직 차량 등록을 하지 못한 상태에서 새 자동차를 운전하다가 대인사고를 일으킨 경우에 새 차량이 다른 자동차 운전담보 특약에서의 다른 자동차에 포함되어 보상을 받을 수 있는가가 쟁점인 사안이다.

〈주요 판시내용〉

피보험자동차를 해체하여 자동차의 차대번호가 표기된 차대 또는 차체, 조향장치 중 조향기어기구, 제동장치 중 마스터실린더와 배력장치를 그 성능을 유지할 수 없도록 압축·파쇄 또는 절단하거나 피보험자동차를 해체하지 아니하고 바로 압축·파쇄하는 것이 여기서 말하는 '폐차'에 해당함은 물론이고, 나아가 피보험자동차가 그에 준하는 상태에 달하는 등의 사유가 있어 피보험자가 피보험자동차에 관한 운행지배 및 운행이익을 완전히 상실하고 그로 인하여 피보험자동차에 관한 보험사고의 발생 위험이 소멸하기에 이른 경우에도 '폐차'에 해당한다. 그렇지만 단순히 피보험자동차가 사고로 운행이 불가능하다는 이유로 피보험자동차를 노상에 방치해 둔 경우에는 그 피보험자동차에 관한 운행지배 및 운행이익이 완전히 상실되고 그로 인한 보험사고 발생 위험이 소멸하였다고 단정할 수 없음에 비추어 볼 때 그러한 사정만으로 그 피보험자동차에 관하여 위 특약에서 말하는 '폐차'를 하였다고 볼 수는 없다.

이에 대한 해석과 관련하여 법원은 자동차관리법 및 동법 시행규칙에 따른 폐차 이외에도 피보험자동차에 대한 운행지배나 운행이익이 완전히 상실되어 피보험자동차에 관한 보험사고의 발생 위험이 소멸되었는가의 여부를 판단 기준으로 해야 한다는 입장이다. 따라서 기존 피보험자동차에 여전히 운행이익과 운행지배가 남아 있는 상태에서 새로운 자동차를 구입하고 보험회사로부터의 승인을 기다리고 있는 중이라면 새로운 자동차는 본 특약에서 말하는 다른 자동차(대체자동차)에 해당된다고 볼 수 없게 된다. 이 경우 새로 구입한 자동차는 등록이 아직 이루어지지 않았다고 해도 사실상 소유권을 취득하여 상시 아무런 제한없이 자유롭게 사용할 수 있는 상태에 있는 것이므로 본 특약의 부보대상에서 제외되는 '통상적으로 사용하는 자동차'에 해당된다고 해석함이 타당하다. 즉 다른 자동차

운전담보 특약으로부터 혜택을 받을 것이 아니라 별도로 자동차보험에 가입해야 한다. 다른 자동차의 범위를 지나치게 확대하여 해석하게 되면 피보험차량을 중심으로 해석되는 자동차보험 원리와 충돌이 발생할 수 있고, 지나치게 좁게 해석하게 되면 피해자 보호에 문제가 생길 수 있다.390)

(4) 담보되지 않는 손해

일반적으로 대인배상, 대물배상, 자기신체사고보험(자동차상해)에서 보상하지 않는 손해에 대해서는 다른 자동차 운전담보 특별약관에서도 보상을 하지 않는다. 운전연령 제한 범위 밖에 있는 자가 다른 자동차를 운전하던 중 야기한 사고로 인한 손해에 대해서도 보상이 되지 않는다. 또한 사용자의 업무에 종사하는 피보험자가 사용자가 소유하는 자동차를 운전하다가 발생한 사고, 자동차취급업자가 그 업무상 받은 자동차를 운전하던 중에 발생한 사고, 소유자 또는 정당한 권리를 가지고 있는 자로부터 승낙을 받지 않고 다른 자동차를 사용한 경우, 승낙을 받았더라도 다른 자동차를 유상운송으로 사용한 경우도 보상범위에서 제외된다.

(5) 담보배제 사유로서의 정차의 의미

도로교통법 제2조 제24호에서 주차란 운전자가 승객을 기다리거나 화물을 싣거나 차가 고장나거나 그 밖의 사유로 차를 계속 정지 상태에 두는 것 또는 운전자가 차에서 떠나서 즉시 그 차를 운전할 수 없는 상태에 두는 것이라고 정하고 있다. 반면에 동조 제25호에서 정차란 운전자가 5분을 초과하지 아니하고 차를 정지시키는 것으로서 주차 외의 정지 상태라고 규정하고 있다.391) 판례는 객관적으로 보아 운전자가 차에서 이탈하여 즉시 운전할 수 없는 상태에 이르면 차가 정지된 시간의 경과와는 관계없이 바로 주차에 해당한다고 해석하고 있다.392)

甲의 남편 乙이 丙 주식회사와 체결한 자동차종합보험계약에 다른 자동차 운전담보 특별약관이 포함되어 있다고 가정해보자. 甲이 다른 자동차인 丁 소유 차량을 운전하다가 丁을 하차시키기 위해 차를 멈춘 상태에서 교통사고가 발생한 경우에 이것이 담보범위에서 제외되는 정차 중인 사고로 볼 수 있는가의 문제가 있다. 대법원은 운전 자체의 위험에서 나온 사고로 볼 수 없는 경우는 보상하지 않겠다는 의미에서 주차나 정차 중의 사고를 담보범위에서 제외한 것이다. 운전자가 승객을 하차시키기 위해 차를 세우는 경우는

---

390) 조규성, 전게논문, 308면 및 317면.
391) 박세민, 자동차보험법의 이론과 실무, 2007, 548면.
392) 대판 1997. 9. 30, 97다24412; 최병규, "2018 주요 보험판례에 대한 연구", 상사판례연구 제32집 제1권, 2019, 135면.

위 특별약관에서 정한 정차에 해당하고, 따라서 甲이 자동차를 정지시킨 것은 丁을 하차시키기 위한 것이었고 동승자가 차문을 여는 순간 오토바이가 와서 사고가 난 경우는 정차중의 사고에 해당한다고 보아 다른 자동차운전담보 특약상의 면책에 해당된다는 것이 법원의 입장이다.393) 그런데 이러한 해석에 대해서는 비판의 여지가 있다고 하겠다. 동승자를 하차시키기 위한 정차는 운전 자체의 위험에서 나온 사고로 볼 수 있기 때문에 이러한 정차 중의 사고는 면책이 아니라 담보범위에 포함된다고 해석해야 할 것이다.

XI. 자동차의 양도

1. 특칙규정

(1) 내   용

피보험자동차의 양도에 대하여 상법 제726조의4 제1항에서 "피보험자가 보험기간 중에 피보험자동차를 양도한 때에는 양수인은 보험자의 승낙을 얻은 경우에 한하여 보험계약으로 인하여 생긴 권리와 의무를 승계한다"고 규정하고 있다. 이 조문이 적용되는 자동차보험은 대인배상, 대물배상, 자기차량손해보험이다. 자기신체사고보험은 보험목적이 사람이므로 양도대상이 될 수 없기 때문이다.

자동차 양도에 관한 제726조의4는 일반적인 물건보험의 경우 보험의 목적이 양도된 경우에 양수인이 보험계약상의 권리와 의무를 승계한 것으로 추정된다는 제679조 제1항에 대한 특칙이라 할 수 있다. 이러한 특칙을 마련한 이유는 물건보험의 경우와 달리 자동차보험의 경우에는 운전자(피보험자)가 누구냐에 따라 위험률이 달라지고 운전경력, 사고경력, 사고에 따른 보험료 할증, 운전자의 성별 및 연령 등에 따라 보험료 산출기준이 달라지므로 자동승계의 추정을 인정하지 않는 것이다.394)

자동차보험표준약관은 제726조의4 제1항의 내용을 보다 구체적으로 정하고 있다. 동약관 제48조 제1항에서는 "보험계약자 또는 기명피보험자가 보험기간 중 피보험자동차를 양도한 경우에는 이 보험계약으로 인하여 생긴 보험계약자 및 피보험자의 권리와 의무는 피보험자동차의 양수인에게 승계되지 않습니다. 그러나 보험계약자가 이 권리와 의무를 양수인에게 이전하고자 한다는 뜻을 서면으로 보험회사에 통지하여 보험회사가 승인한 경우에는 그 승인한 때로부터 양수인에 대하여 이 보험계약을 적용합니다"라고 정하고 있

---

393) 대판 2018. 7. 12, 2016다202299.
394) 김성태, 706면(자동차보험에 제679조가 적용될 여지가 없다고 한다). 반면 한기정, 727면-728면은 비록 제679조의 적용 실익이 크지 않지만 제679조의 승계추정이 배제된다고 볼 일은 아니라는 입장이다).

다. 상법 조문이나 약관 내용을 보면 피보험자동차가 양도되면 원칙적으로 보험계약상의 권리와 의무는 승계되지 않는 것으로 정하면서, 만약 기존의 보험계약을 승계하고자 할 경우에는 보험자의 승낙을 필요로 한다고 정하고 있다. 자동차보험표준약관에서는 보험계약자가 양도에 관한 서면통지를 하고 보험자의 승인을 얻어야 한다고 규정하고 있는 반면에, 상법 제726조의4는 통지에 대해서는 규정하지 않고 양수인이 보험자의 승낙을 얻어야 할 것을 정하고 있을 뿐이다. 제도의 취지를 고려할 때 양도에 관한 통지는 보험계약자나 양수인 모두 할 수 있는 것으로 보아야 할 것이다. 판례는 이러한 약관 규정이 상법 제663조의 보험계약자 등에 대한 불이익변경금지의 원칙에 위배되거나 약관의 규제에 관한 법률 제6조의 신의칙에 반한 불공정 약관조항 또는 동법 제12조 제2호에서 정하는 고객의 의사표시의 형식이나 요건에 대하여 부당하게 엄격을 가하는 조항으로서 무효로 볼 수 없다고 판단하여 약관 조항이 유효하다고 해석하고 있다.395) 또한 법원은 이 약관 내용이 보험자의 약관설명의무의 대상이 되지 않는다고 해석하고 있다.

(2) 자동차양도와 보험승계의 실제 활용

그런데 실무적으로 피보험자동차의 양도와 관련하여 보험계약의 승계제도가 사용되는 경우는 없다. 제726조의4 제1항이 적용되는 경우는 거의 없다. 피보험자동차를 보험계약자나 기명피보험자가 양도하는 경우는 더 이상 자동차를 운전하지 않거나 새로운 자동차(신차 또는 중고차)를 구입하는 경우가 될 것이다. 더 이상 운전을 하지 않아서 자동차를 타인에게 양도하는 경우는 해당 자동차보험계약을 해지하고 보험계약자는 해지환급금을 받게 될 것이다. 새로운 자동차를 구입하는 경우라면 보험계약자는 자신의 보험계약을 새로 구입한 자동차에 적용하려고 할 것이며, 이것이 후술하는 피보험자동차의 교체가 된다. 기존의 자동차를 양도하고 새로운 자동차를 구입했는데 자신의 보험계약을 전에 타던 자동차를 양수한 사람에게 승계시키기 위해 보험자에게 서면으로 승계신청을 하고 보험자의 승낙을 구하는 경우는 실무상 거의 없다. 다만 피보험자동차의 교체가 인정되려면 새로 구입한 자동차의 차종이 약관에서 규정하고 있는 동일한 차종이어야 한다. 만약 동일한 차종이 아니라면 피보험자동차의 교체가 이루어지지 않고 기존의 보험계약은 소멸될 것이며 보험계약자는 새로운 보험계약을 체결해야 할 것이다.

---

395) 대판 1996. 5. 31, 96다10454; 대판 1991. 8. 9, 91다1158(제726조의4가 신설되기 전의 약관규정 해석에 관한 판례임).

2. 피보험자동차 양도의 의미

(1) 일반적인 양도의 의미

일반적으로 자동차의 양도란 매매, 교환 또는 증여로 인해 양도인이 양수인에게 자동차의 소유권을 이전하는 것을 말하며, 소유권 이전의 효력이 발생하기 위해서는 자동차등록원부에 양수인 명의로 자동차가 등록되어야 한다.396) 개별적인 의사표시에 의해 법률행위에 의한 권리의 물권적 이전을 필요로 한다. 상속이나 합병 등과 같이 권리와 의무가 상속인이나 존속회사에 법률상 당연히 포괄적으로 이전하게 되는 것은 양도라 할 수 없다. 만약 보험계약자나 기명피보험자가 사망했는데 사망 사실을 보험자에게 통지하지 않은 채 상속인이 자동차를 운전하다가 사고를 일으켰다면 보험계약상의 권리와 의무는 법률에 의해 당연히 상속인에게 자동적으로 승계되기 때문에 보험자는 보상책임을 부담하게 된다(자동차보험표준약관 제48조 제6항).

(2) 약관 및 대법원 판결에서의 양도의 의미

자동차보험표준약관 제48조 제3항은 피보험자동차의 양도의 의미를 확대하고 있다. 양도의 범위에 매매 등에 따른 소유권의 이전 이외에 자동차의 사용 권한이나 관리자의 교체를 포함시키고 있다. 표준약관에 따르면 피보험자동차의 소유권을 유보하고 매매계약에 따라 자동차를 산 사람 또는 대차계약에 의해 자동차를 빌린 사람이 자기 자신을 보험계약자나 기명피보험자로 하여 체결한 보험계약의 존속 중에 자동차를 판 사람 또는 빌려준 사람에게 피보험자동차를 반환하는 것도 양도로 본다. 이때 판 사람 또는 빌려준 사람이 양수인 지위에 있게 된다. 이러한 입장은 대법원이 양도의 의미를 해석할 때에 운행지배와 운행이익의 이전을 중요한 요소로 보고 있음을 반영한 것이라 할 수 있다.397) 이는 특히 대인배상 Ⅰ과 관련해서 의미를 갖는다. 양수인이 자동차등록원부상 명의를 이전받고 법률상의 소유권을 취득한 경우에도 양도인(전 소유자)에게 운행지배 및 운행이익이 여전히 남아있다고 인정되는 경우에는 양도의 의미는 운행자성 귀속의 문제로 연결된다.398)

대법원은 자동차 양도란 양도인이 그 자동차에 대한 운행지배를 상실하고 양수인이 사실상의 운행지배를 취득하는 경우를 의미한다고 판시하고 있다. 예를 들어 기명피보험자가 그 등록명의만을 변경한 채 실제로는 그 자동차를 보유하며 운행지배를 갖고 있는 경우에는 양도가 아니라고 판시하고 있다.399) 지입차주가 차량을 회사에 지입하여 그 회

---

396) 자동차관리법 제6조; 양승규, 397면.
397) 박세민, 자동차보험법의 이론과 실무, 2007, 632-633면.
398) 한기정, 727면.
399) 대판 2007. 2. 23, 2005다65463; 대판 1993. 6. 29, 93다1480.

사를 기명피보험자로 하여 보험계약을 체결하였다가 다시 지입회사를 교체하면서 그 교체된 지입회사로 차량소유권이전등록을 마쳤다면, 설령 지입차주가 이전등록 이후에도 여전히 지입차주로서 그 차량을 실질적으로 운행관리 하여 오다가 사고를 일으켰다고 하더라도, 보험계약상의 기명피보험자인 교체 전 지입회사로서는 그 차량에 대한 운행이익이나 운행지배권을 이미 상실하고 교체 후의 지입회사가 새로이 운행지배를 취득하므로 이는 피보험자가 실질적으로 교체되어 예측위험률의 변화 등 보험계약의 기초에 변경을 초래할 가능성이 있는 경우라 할 것이므로, 차량의 양도에 따른 보험승계 절차가 이루어지지 않았다면 보험자는 차량의 양도 후에 발생한 사고에 대하여 면책된다.[400]

일반적으로 자동차의 임대차에 의해 점유권만이 이전된 경우는 자동차의 양도라 할 수 없다. 그러나 그 자동차의 운행지배와 운행이익이 완전히 임차인에게 이전되는 경우는 자동차의 양도에 준하여 해석해야 할 것이다.[401]

[대법원 1993. 6. 29. 선고 93다1480 판결]

〈사실관계〉

피보험자인 원고는 사업상 필요에 의해 자동차의 소유권 및 운행지배권을 자신에게 유보한 채 형식상 자동차등록명의를 소외 회사로 변경 등록한 후 소외 회사의 운전사로 입사한 형태를 취했다. 그러나 사실상으로는 원고 스스로가 자동차를 이용하여 소외 회사의 물품을 전속적으로 운송하여 주고 월급이나 유류대의 형식으로 운임을 받아왔고 자동차의 할부대금과 보험료 등도 원고가 부담하여 왔다. 원고는 소외인과 함께 자동차를 운전하여 놀러가던 중 사고를 일으켜 소외인이 사망하였다. 이에 원고가 보험금 지급을 청구하자 피고회사는 '피보험자가 보험기간 중 피보험자동차를 양도한 때에는 이 보험계약으로 인하여 생긴 보험계약자 및 피보험자의 권리와 의무는 양수인에게 승계되지 아니한다. 그러나 보험계약자가 이 보험계약에 의하여 생긴 권리와 의무를 피보험자동차의 양수인에게 양도한다는 뜻을 서면으로써 회사에 통지하여 보험증권에 승인의 배서를 청구하고 회사가 이를 승인한 때에는 그때로부터 양수인에 대하여 이 보험계약을 적용한다고 규정하고, 제2항은 회사는 피보험자동차가 양도된 후(전항 단서의 승인이 있는 경우는 제외함)에 발생된 사고에 대하여는 보험금을 지급하지 아니한다'고 규정된 면책약관을 이유로 면책을 주장하였다.

〈주요 판시내용〉

약관의 규정에서 자동차의 양도로 보험자인 피고회사가 책임을 면하는 경우란 당해 자동차의 운행지배상태 및 유체동산인 자동차의 양도를 의미하는 것으로서 양도인이 그 자동차에 대한 운행지배를 상실하고 양수인이 사실상의 운행지배를 취득하는 경우를 의미하고, 따라서 당해 기명

---

400) 대판 1996. 5. 31, 96다10454.

401) 김광국, "피보험자동차 양도와 관련된 쟁점", 기업법연구 제21권 제4호, 303면; 박세민, 전게서, 633면; 대판 1993. 4. 13, 92다8552.

피보험자가 그 등록명의만을 양수인으로 변경하고 실제로는 그 자동차를 보유하며 운행지배를 하면서 직접 그 자동차를 운행하다가 사상사고를 일으켜 손해를 발생시킨 경우에는 위 규정은 적용되지 아니하는 것으로 해석함이 상당하다.

(3) 자동차 양도와 '다른 자동차 운전담보 특별약관' 적용

기명피보험자가 피보험자동차를 양도한 경우 기명피보험자는 피보험자동차에 관한 운행이익·운행지배를 상실하여 피보험자동차의 운행에 관하여 보험계약에 의한 보호를 받을 이익은 상실하게 된다. 그런데 피보험자동차의 양도가 있어도 보험계약 자체가 당연히 정지 또는 실효된다고 볼 수는 없다. 기명피보험자가 가입했던 자동차보험에 '다른 자동차 운전담보 특별약관'이 있는 경우에 이 특별약관에 의하여 담보하는 위험은 양도된 피보험자동차의 운행을 전제로 하지 아니한다. 특별약관에서는 '다른 자동차'가 피보험자동차로 간주되어 그 운행에 관하여 보험계약에 의한 보호를 하게 된다. 따라서 기명피보험자는 피보험자동차를 양도했으므로 피보험자동차 사고에 대한 보호를 받을 수는 없어도 '다른 자동차 운전담보 특별약관'에 의해 보호를 받을 이익은 여전히 가질 수 있다. 기명피보험자가 피보험자동차를 양도한 후 보험기간 내에 특별약관에 규정된 '다른 자동차'를 운전하다가 사고가 발생한 경우에 보험회사는 특별약관에 의하여 보험금을 지급할 의무를 부담한다.402)

(4) 양도의 시점

상법이나 자동차보험 표준약관에서 보험자는 피보험자동차의 양도 이후에 발생한 사고에 대해서는 원칙적으로 보험자의 책임이 인정되지 않는다고 규정하고 있기 때문에 양도 시점을 언제로 볼 것인가의 문제는 보험자의 면·부책 판단에 있어서 중요하다. 대법원은 양도인이 운행지배와 운행이익을 상실하고 양수인이 이를 가지게 되는 때를 양도시기로 해석하고 있다. 양도인이 피보험자동차에 대한 운행이익과 운행지배를 상실했는가의 여부는 매매계약 체결 및 매매대금의 완납여부, 등록명의의 이전 여부, 그 이전에 필요한 서류의 교부 여부, 양도 후 양도인이 운행에 관여하는지 여부, 관여한다면 어느 정도인지, 매매계약 후에도 명의유보의 약정이 있는가의 여부, 자동차보험이 누구의 명의로 체결되고 자동차 사고시 책임관계의 귀속 문제 등을 종합적으로 고려하여야 한다.403)

---

402) 대판 1998. 12. 23, 98다34904.
403) 대판 1980. 4. 22, 79다1942; 대판 1980. 6. 10, 80다591; 대판 1990. 12. 11, 90다7203.

> **[대법원 1992. 4. 14. 선고 91다4102 판결]**
>
> 〈주요 판시내용〉
>
> 대리점 경영자가 구입하여 할부상환중인 자동차를 그에게 고용되어 판매실적에 따른 급여를 받고 있는 자에게 매도하면서 매도인 명의로 할부계약상 명의와 그 계약상 의무를 그대로 보유하고 이전등록하지 않은 채 자동차종합보험까지도 매도인 명의로 가입케 하면서 매도인 자신의 사업과 관련된 매수인의 외판업무에 사용케 하여 왔다면, 매도인은 위 자동차의 운행지배에 대한 책무를 벗어난 것으로 보기 어려우므로 자동차손해배상보장법 제3조 소정의 "자기를 위하여 자동차를 운행하는 자"에 해당한다.

위 판례(대판 91다4102)는 양도인이 피보험자동차를 양도 후에도 피보험자동차에 대한 운행지배를 여전히 가지고 있는가를 판단하기 위해서는 사회통념상 양도인이 양도 후에도 양수인의 차량운행에 간섭을 하거나 관리할 책무가 있는 것인가 여부를 고려해야 함을 보여주고 있다.404)

자동차의 매도합의와 인도가 있어도 대금이 완전히 결제되지 아니하고 이전서류도 교부되지 않았다면 매도인의 운행지배는 여전히 인정될 수 있다.405) 반면에 차량의 매도합의와 인도 후 대금을 완제받고 이전등록 서류까지 양수인에게 교부했으나 양수인이 이전등록을 하지 않고 있다가 사고가 발생했다면 운행지배는 양도인으로부터 양수인에게로 이전된 것으로 볼 수 있다.406) 법원은 운행지배 상실 여부를 판단하기 위해 매도합의, 대금의 완납, 차량의 인도, 이전등록 서류의 교부를 중요한 기준으로 해석하고 있으나, 반드시 이들 요소를 모두 갖출 것을 요구하지는 않는다. 양도인이 양도대금을 모두 받고 차량을 인도했으나 아직 명의이전에 필요한 서류를 교부하지 않은 상태에서 양수인이 차량을 운행하다가 제3자에게 차량을 전매하고 인도했다면 자동차에 대한 운행지배는 이미 양도인으로부터 이탈된 것으로 보아야 한다.407)

자동차판매회사가 차량을 할부로 판매하며 매수인으로 하여금 운행케 하고도 다만 그 할부대금채권의 확보를 위하여 그 소유명의만을 유보한 경우에 자동차판매회사로서는 그 자동차의 운행에 대해 운행지배나 운행이익을 갖는다고 할 수 없다.408) 그러나 피보험자동차에 대한 할부매매계약이 자동차판매회사가 아닌 일반인과의 사이에서 체결된 것이라면 매도인의 운행자성 여부를 판단하기 위해서는 매도인이 매매계약 체결 이후에 해당 차

---

404) 대판 1995. 1. 12, 94다38212.
405) 대판 1980. 6. 1 0, 80다591.
406) 대판 1992. 4. 14, 91다41866; 대판 1998. 5. 12, 97다49329.
407) 대판 1994. 2. 22, 93다37052.
408) 대판 1990. 11. 13, 90다카25413.

량에 대해 실질적인 지배를 하고 있었는가의 여부를 따져야 할 것이다. 차량할부금을 매수인이 부담하는 조건으로 차량매매계약이 이루어진 채 매도인이 할부매매의 성격상 곧바로 차량에 대한 소유권이전등록서류를 교부할 수 없다고 한다면 차량의 매매로 인한 매도인의 운행지배권이나 운행이익 상실여부를 판단함에 있어서는 대금수수나, 자동차검사증 교부 이외에 차량의 이전등록서류 교부에 관한 당사자 간의 합의내용, 차량의 매매경위, 차량인도여부, 인수차량의 운행자 차량의 보험관계 등에 관하여도 판단을 해야 한다.409) 특히 매도인과 매수인이 차량을 공동으로 사용하는 관계인가 또는 고용관계에 있는가 등을 살펴서 매도인이 차량운행으로 인한 이익을 향유하고 있는가 여부도 고려해야 한다.410) 매도인으로부터 할부로 매수한 자동차를 매수인이 제3자에게 다시 매도(전매)하고 계약금을 받으면서 자동차를 인도함과 아울러 자동차등록증·종합보험청약서 등을 교부한 후 잔대금을 지급받았으나 제3자의 할부대금 완납시까지 이전등록을 매도인 측에게 유보한 경우 제3자가 야기한 사고에 대해 매도인은 형식상으로만 소유 명의를 가지고 있을 뿐, 차량운행에 대한 아무런 이해관계가 없어 운행지배와 운행이익을 가진 것으로 해석할 수는 없다.411)

[대법원 1995. 1. 12. 선고 94다38212 판결]

〈주요 판시내용〉

매도인이 자동차를 매도하여 인도하고 잔대금까지 완제되었다 하더라도, 매수인이 그 자동차를 타인에게 전매할 때까지 자동차등록원부상의 소유명의를 매도인이 그대로 보유하기로 특약하였을 뿐 아니라 그 자동차에 대한 할부계약상 채무자의 명의도 매도인이 그대로 보유하며, 자동차보험까지도 매도인의 명의로 가입하도록 한 채 매수인으로 하여금 자동차를 사용하도록 하여 왔다면, 매도인은 매수인이 그 자동차를 전매하여 명의변경등록을 마치기까지 매도인의 명의로 자동차를 운행할 것을 허용한 것으로서 위 자동차의 운행에 대한 책무를 벗어났다고 보기는 어려우므로 자동차손해배상보장법 제3조 소정의 자기를 위하여 자동차를 운행하는 자에 해당한다고 봄이 상당하다.

[대법원 1993. 1. 26. 선고 92다50690 판결]

〈주요 판시내용〉

甲이 乙에게 차량을 매도하면서 계약금을 지급받고 차량을 인도하고 이전등록서류를 교부한 후 보험계약해지신청을 하였는데 乙이 잔금지급기일 전날 교통사고를 일으킨 경우 甲은 운행의 지배

---

409) 대판 1990. 12. 11, 90다7203.
410) 대판 1994. 9. 23, 94다21672.
411) 대판 1992. 3. 31, 92다510.

나 이익을 상실하였으므로 乙을 자동차종합보험약관에 정한 '기명피보험자의 승낙을 얻어 자동차를 사용 또는 관리하는 자'로 볼 수 없다.

[대법원 1970. 9. 29. 선고 70다1554 판결]

〈주요 판시내용〉

자동차를 매수한 자가 인도를 받아 운전수를 고용하여 운행하고 있는 이상 아직 자동차등록명의가 매수인명의로 변경되어 있지 아니한 경우에 그 이유가 무엇이든 간에 매도인을 자기를 위하여 자동차를 운행한 자라고 할 수는 없다(同旨: 대판 1983. 12. 13, 83다카975).

3. 통지와 보험자의 승낙

(1) 서면통지와 낙부통지의무

앞에서 설명한 대로 피보험자동차의 양도에 관한 통지는 보험계약자뿐만 아니라 양수인도 할 수 있는 것으로 해석함이 타당할 것이다. 피보험자가 보험기간 동안에 자동차를 양도한 때에 양수인은 보험자의 승낙을 얻은 경우에 한하여 보험계약상의 권리의무를 승계하게 된다. 피보험자동차의 양도에 있어서 보험자가 승낙을 지연시키는 경우에 양수인의 보호문제가 야기될 수 있다. 보험자가 보험계약자나 양수인으로부터 양수사실을 통지받은 때에는 지체없이 낙부를 통지하여야 하고 통지받은 날부터 10일 내에 낙부의 통지가 없을 때에는 승낙한 것으로 본다(제726조의4 제2항). 승낙을 받지 못한 양수인의 불안정한 지위를 고려하여 보험자에게 낙부통지의무와 승낙의제 제도를 적용한 것이다.[412] 보험계약자 등의 통지나 보험자의 승낙의 방법에 대해서는 상법 보험편에 아무런 규정이 없으나 약관에서는 서면에 의한 통지를 규정하고 있고 보험자는 보험증권에 보험자의 승인배서를 한다.[413]

(2) 의무보험에 있어서의 특칙

보험자의 승낙이 있어야 양수인에게 보험계약상의 권리의무가 승계된다는 제726조의4 조항은 자동차손해배상보장법상의 대인배상 Ⅰ과 같은 의무보험에는 적용되지 않는다. 의무보험에 가입된 자동차가 양도된 경우 그 양도 일부터 소유권 이전등록 신청기간이 끝나는 날(자동차소유권 이전등록 신청기간이 끝나기 전에 양수인이 새로운 책임보험 등의 계약을 체결한 경우에는 그 계약 체결일)까지의 기간은 제726조의4에도 불구하고 자동차의

---

412) 정동윤, 682면.
413) 자동차보험표준약관 제48조 제1항; 양승규, 398면; 서헌제, 251면.

양수인이 의무보험의 계약에 관한 양도인의 권리의무를 승계하게 된다. 즉 의무보험에 가입한 자동차가 양도된 경우에 양도된 자동차를 의무보험에서의 피보험자동차로 보고 양수인을 기명피보험자로 해석함으로써 자동차의 양수인이 의무보험의 계약에 관한 양도인의 권리의무를 자동적으로 승계한다.414) 의무보험의 사회보험적인 성격을 반영하여 무보험 상태를 방지하고자 의무보험에 관해서는 보험자의 승낙 여부와 무관하게 보험계약의 자동 승계를 인정하고 있는 것이다. 실무에서는 '의무보험일시담보특약'이 있는데 이 특약은 의무보험에 대해 자동적으로 적용되는 것이며 별도로 특약에 가입하는 절차가 요구되는 것은 아니다. 자동차손해배상보장법 제26조 제1항이 이에 관한 법적 근거가 된다.

4. 양수인의 지위와 법률효과

　　피보험자동차의 매매가 있은 후에 양수인이 양도인의 승낙을 얻어 보험계약 명의를 양도인으로 그대로 둔 채 양수인이 운행하는 경우가 많다. 이때 양수인을 기명피보험자의 승낙을 얻은 승낙피보험자로 볼 수 있는가의 문제가 있다. 이 문제는 양도인이 자동차에 대해 운행이익과 운행지배를 보유하는 기명피보험자인가를 판단해야 한다.415) 일반적으로 양수인이 매매대금을 모두 지급하고 차량을 인도받은 후 등록명의까지 이전된 경우에 양도인의 운행이익과 운행지배는 상실된다.416) 이 경우에 양수인을 기명피보험자(양도인)의 승낙을 얻어 자동차를 사용 또는 관리중인 자에 해당한다고 볼 수 없으며, 따라서 양수인이 차량 운행 중 발생한 교통사고에 대해 양도인의 보험자는 보상책임이 없다.

> **[대법원 1991. 7. 26. 선고 91다14796 판결]**
>
> 〈사실관계〉
> 　소외인 1은 피고회사와 자동차보험계약을 체결하였다. 약관에는 자동차 양도시 회사에 서면통지하여 보험증권에 승인배서를 받지 아니하면 보험계약상의 권리가 양수인에게 승계되지 아니하고, 피보험자의 범위에 기명피보험자의 승낙을 얻어 자동차를 사용 또는 관리 중인 자를 포함한다고 규정하였다. 원고는 보험기간 중에 소외인 1로부터 이 차량을 매수하여 소유권이전등록을 마치고 운행하다가 교통사고를 야기하여 소외인 2 등에게 상해를 입혔다. 소외인 1은 사고 발생 직후에 피고회사에게 차량양도로 인한 보험상의 권리승계의 승인을 요구하여 피고회사가 이를 승인하였다. 원고는 자신이 기명피보험자인 소외인 1로부터 승낙을 얻어 운전하는 자로서 피보험자에 해당한다는 이유로 피고 보험회사에게 보험금 지급을 청구하였다.

---

414) 자동차손해배상보장법 제26조 제1항.
415) 서헌제, 250면.
416) 대판 1992. 12. 22, 92다30221; 대판 1992. 4. 10, 91다44803; 대판 1991. 7. 26, 91다14796.

<주요 판시내용>

　보험차량의 매수인(원고)이 매매대금을 모두 지급하고 차량을 인도받았을 뿐 아니라 그 명의로 소유권이전등록까지 마침으로써 매도인이 차량에 대한 운행지배관계 및 피보험이익을 상실한 것으로 인정되는 경우에 있어서는 매수인을 자동차종합보험약관에 규정된 "기명피보험자의 승낙을 얻어 자동차를 사용 또는 관리중인 자"에 해당한다고 볼 수 없다고 하여 매수인의 위 차량 운행 중 발생한 교통사고로 인한 보험금지급 청구를 부정한다.

　　자동차보험표준약관에서 기명피보험자의 승낙을 얻어 자동차를 사용 또는 관리중인 자를 피보험자로 규정하고 있는 경우에 기명피보험자라 함은 피보험자동차에 대한 운행지배나 운행이익을 향유하는 피보험자를 말한다고 보아야 한다. 만약 피보험차량을 양수받아 양수인 명의로 차량이전등록을 마친 후에도 여전히 양도인이 보험계약에서의 기명피보험자의 지위에 있는 상황에서 양수인이 고용한 운전사가 그 차량을 운전하던 중 사고를 냈다면 기명피보험자인 양도인은 그 차량에 대한 운행이익이나 운행지배권을 이미 상실하였으므로, 양수인을 위 약관에 정한 기명피보험자의 승낙을 얻어 자동차를 사용 또는 관리중인 자(승낙피보험자)에 해당한다고 할 수 없고 따라서 양도인의 보험자는 책임이 없다.417)

　　반면에 매수인이 소유권이전등록을 자신 앞으로 마치지 아니한 채 자동차를 인도받아 운행하면서 매도인과의 합의 아래 그를 기명피보험자로 한 자동차종합보험계약을 체결하였다면, 매수인은 기명피보험자의 승낙을 얻어 자동차를 사용 또는 관리중인 자에 해당하며 보험자는 승낙피보험자로 해석되는 양수인의 보험사고에 대해 보상책임을 부담한다.418)

[대법원 1999. 5. 14. 선고 98다57501 판결]

<주요 판시내용>

　차량의 명의수탁자가 실소유자의 명시적인 승낙 없이 실소유자의 채무변제를 위한 대물변제조로 차량을 양도하기로 합의한 후 채권자(양수인)에게 차량을 인도하고 차량의 이전등록에 필요한 인감증명 등의 서류도 모두 교부한 경우, 비록 명의수탁자가 실소유자의 채권자에 대한 채무에 관하여 정확한 액수를 알지 못하였다고 할지라도, 대외적으로 차량에 관한 처분권한을 가지고 있는 명의수탁자가 실소유자의 채무변제를 위하여 대물변제에 이르게 되었고, 그 차량의 시가가 실소유자의 채권자에 대한 채무 액수에 미치지 못하는 것이 분명한 이상, 위 차량의 운행에 있어서 그 운행지배와 운행이익은 모두 채권자(양수인)에게 실질적으로 이전되었다고 봄이 상당하다.

) 대판 1992. 12. 22, 92다30221; 대판 1991. 8. 9, 91다1158; 대판 1992. 4. 10, 91다44803; 대판 1993. 4. 13, 92다8552; 대판 1991. 7. 26, 91다14796; 정찬형, 810면; 임용수, 445면; 최준선, 317면.
418) 대판 1993. 2. 23, 92다24127; 대판 1993. 4. 13, 92다6693; 대판 1994. 6. 14, 94다15264; 대판 1997. 3. 14, 95다48728.

[대법원 1993. 4. 13. 선고 92다6693 판결]

〈주요 판시내용〉

차량을 매수하였으나 수리비 정리 등의 사유로 이전등록을 하지 않고 있는 사이에 보험기간이 만료되어 매수인이 보험회사와 자동차종합보험계약을 체결하면서 피보험자 명의를 보험회사의 승낙을 얻어 公簿상 소유명의인으로 하였다면 보험계약상 기명피보험자가 공부상 소유명의자로 되어 있다 하더라도 실질적인 피보험자는 매수인이다.

[대법원 1990. 12. 11. 선고 90다7708 판결]

〈주요 판시내용〉

차량매수인이 잔대금을 지급하지 아니하여 아직 그 소유권이전등록을 마치지 아니한 채 차량을 인수받아 운행하면서, 매도인과의 합의 아래 그를 피보험자로 하여 자동차종합보험계약을 체결하였다면, 그 이래 매수인은 보험회사의 자동차종합보험보통약관에 정한 피보험자로서 "기명피보험자의 승낙을 얻어 자동차를 사용하는 자"에 해당한다 할 것이므로, 그 후 잔대금을 지급하여 그 명의로 차량 소유권이전등록을 마치고서도 보험약관에 따라 그 보험계약의 승계절차를 거치지 아니하였더라도 그와 같은 피보험자로서의 지위가 상실되는 것은 아니므로 매수인은 그 약관에 따라 차량의 사고로 인한 보험금지급청구권을 취득한다.

XII. 피보험자동차의 교체(대체)

1. 약관 규정

일반적으로 자동차가 양도되는 경우에 양도인이 체결한 보험계약은 양도인에 의해 해지되거나 자동차 양수인에게 승계되거나 또는 양도인이 새로 구입한 자동차에 이전된다. 이 중에서 양수인에게 보험계약을 승계시키는 것이 자동차의 양도 문제이며, 양도인이 새로 구입한 자동차에 이전시키는 것이 피보험자동차의 교체(대체)이다. 현행 자동차보험표준약관 제49조는 보험계약자 또는 기명피보험자가 보험기간 중에 기존의 피보험자동차를 폐차 또는 양도하고 그 자동차와 동일한 차종의 다른 자동차로 교체한 경우에는 보험계약자가 이 보험계약을 교체된 자동차에 승계시키고자 한다는 뜻을 서면으로 보험회사에 통지하여 이에 대한 승인을 청구한 경우에 보험회사가 승인한 때로부터 이 보험계약을 교체된 자동차에 적용하며 이 경우 기존의 피보험자동차에 대한 보험계약의 효력은 이 승인이 있는 때에 상실된다고 규정하고 있다. 보험자의 교체승인을 받지 않고 자동차를 운행하다가 발생한 교통사고에 대해서는 보험자의 책임이 없다.

2. 제도의 취지

피보험자동차의 교체에 관한 규정이 필요한 것은 피보험자가 피보험자동차를 보험기간 중에 폐차하거나 양도한 후 다른 차량을 구입하는 경우 기존의 보험계약을 해지하고 새로이 구입한 차량에 대해 다시 새로운 보험계약을 체결해야 하는 번거로움을 해소하기 위해서이다.419) 피보험자가 보험기간 중 피보험자동차의 폐차 또는 양도 등으로 피보험자동차와 동일한 차종의 다른 자동차를 새로 취득하여 교체하였을 때에 보험계약의 승계를 원한다면 그 사실을 보험자에게 알리고 보험증권에 보험자의 승인을 받아야 하며, 승인을 받은 때로부터 교체된 자동차에 그 보험계약이 승계된 것으로 본다. 보험자가 피보험자동차의 교체에 관하여 승인을 하는 경우에는 교체된 자동차에 적용하는 보험요율에 따라 보험료의 차이가 나는 경우 보험계약자에게 남는 보험료를 반환하거나 추가보험료를 청구할 수 있다. 보험료 반환이 필요한 경우에 기존의 피보험자동차를 말소등록한 날 또는 소유권을 이전등록한 날로부터 승계를 승인한 날의 전날까지 기간에 해당하는 보험료를 일할로 계산하여 보험계약자에게 반환하여 준다.

대법원은 보험계약의 피보험차량이 교체됨으로써 보험계약 내용의 변경이 초래되었으므로, 보험자에게 보험계약의 유지나 변경 등의 결정에 관한 기회를 부여할 필요가 있고, 따라서 보험자에게 피보험자동차의 대체 사실을 알려 보험자의 승인을 얻은 때로부터 대체된 자동차에 보험계약이 승계된 것으로 본다는 약관의 규정이 보험계약자나 피보험자에게 부당하게 불리하다고 할 수 없어 이를 무효로 볼 수 없다고 해석하였다.420)

---

419) 남원식 외, 414면.
420) 대판 2003. 8. 22, 2002다31315.

보증보험

제17장

Ⅰ. 개 념

보증보험은 주계약의 존재를 전제로 한다. 주계약에서의 채무자가 보증보험계약을 체결하는 보험계약자이며, 주계약상의 채권자가 보증보험에서의 피보험자 지위를 가지기 때문에 보증보험은 타인(제3자)을 위한 보험의 형태가 된다.[1] 보증보험(guaranty insurance)은 피보험자와 특정한 법률관계를 가진 보험계약자가 계약상의 채무불이행 또는 법령상의 의무불이행을 함으로써 피보험자가 입게 될 손해의 전보를 보험자가 인수하는 것을 내용으로 하는 손해보험계약이다. 보증보험자는 대가를 받고 보험계약자의 보증인적 지위에서 피보험자에 대한 보험계약자의 채무의 이행을 담보하는 보험이다.[2] 판례는 보증보험에 대해 형식적으로는 채무자의 채무불이행 등을 보험사고로 하는 보험계약이지만, 실질적으로는 보증의 성격을 가지고 민사상의 보증계약과 같은 효과를 가진다고 해석하고 있다. 보험으로서의 성질을 가지면서도 성질에 반하지 않는 한 민법의 보증에 관한 규정이 보증보험계약에도 적용된다.[3] 판례는 민법의 보증에 관한 규정은 그 성질에 반하지 않는 한 보증보험계약에도 적용되기는 하지만, 이는 성질상 허용되는 범위 내에서 보증의 법리가 보증보험에도 적용될 수 있다는 것에 불과할 뿐이라고 한다.[4]

---

1) 김성태, 772면; 서헌제, 251면.
2) 양승규, 420면.
3) 대판 2014. 11. 13, 2011다90170; 대판 2014. 9. 4, 2011다67637; 대판 1990. 5. 8, 25912; 대판 1990. 5. 8, 89
   다카25912; 대판 1997. 10. 10, 95다46265; 대판 2000. 12. 8, 99다53484; 대판 1995. 9. 29, 93다3417; 대판
   2004. 12. 24, 2004다20265; 대판 2001. 2. 9, 2000다55089; 양승규, 420면; 정찬형 811면; 정동윤, 683면.
4) 대판 2010. 4. 15, 2009다81623.

[대법원 1995. 7. 14. 선고 94다10511 판결]

〈주요 판시내용〉

　리스보증보험은 보험금액의 한도 내에서 리스이용자의 채무불이행으로 인한 손해를 담보하는 것으로서 보증에 갈음하는 기능을 가지고 있어 보험자의 보상책임은 본질적으로 보증책임과 같은 것이고, 보증보험의 당사자 사이에서는 주된 채무자인 리스이용자의 채무불이행으로 인한 손해 중 리스물건 인도 전에 발생한 손해(이른바 공리스의 경우에 발생한 손해)에 대하여는 이를 보증 대상에서 제외하는 뜻의 특약을 둘 수 있다. 리스보증보험은 보험계약의 일종이므로 일반적으로 상법상 보험에 관한 통칙규정이 적용되는 것이나, 이 보증보험은 보험금액의 한도 내에서 리스이용자의 채무불이행으로 인한 손해를 담보하는 것으로서 보험자는 리스이용자의 채무불이행이 고의에 의한 것이든 과실에 의한 것이든 그 손해를 보상할 책임을 지는 보증에 갈음하는 기능을 가지고 있어 보험자의 그 보상책임의 법률적 성질은 본질적으로 보증책임과 같다고 할 것이므로, 상법 제659조 제1항은 리스보증보험계약이 보험계약자의 사기행위에 피보험자인 리스회사가 공모하였다든지 적극적으로 가담하지는 않았더라도 그러한 사실을 알면서도 묵인한 상태에서 체결되었다고 인정되는 경우를 제외하고는 원칙적으로 그 적용이 없다.

[대법원 2012. 8. 17. 선고 2010다93035 판결]

〈주요 판시내용〉

　공인중개사의 업무 및 부동산 거래신고에 관한 법률 제42조에 의하여 한국공인중개사협회(이하 '협회'라고 한다)가 운영하는 공제사업은, 비록 보험업법에 의한 보험사업은 아닐지라도 성질에 있어서 상호보험과 유사하고 중개업자가 그의 불법행위 또는 채무불이행으로 거래당사자에게 부담하게 되는 손해배상책임을 보증하는 보증보험적 성격을 가진 제도로서 협회가 중개업자와 체결하는 공제계약은 기본적으로 보험계약의 본질을 갖고 있으므로, 적어도 공제계약이 유효하게 성립하기 위해서는 공제계약 당시에 공제사고의 발생 여부가 확정되어 있지 않아야 한다는 '우연성'과 '선의성'의 요건을 갖추어야 한다. 여기서 '우연성'이란 특정인의 의사와 관계없는 사고라는 의미의 우연성을 뜻하는 것이 아닐 뿐만 아니라, 특정인의 어느 시점에서의 의도와 장래의 실현 사이에 필연적·기계적인 인과관계가 인정되는 것도 아니므로, 중개업자가 장래 공제사고를 일으킬 의도를 가지고 공제계약을 체결하고 나아가 실제로 고의로 공제사고를 일으켰다고 하더라도, 그러한 사정만으로는 공제계약 당시 공제사고의 발생 여부가 객관적으로 확정되어 있다고 단정하여 우연성이 결여되었다고 보거나 공제계약을 무효라고 볼 수 없다.

　보증보험은 보험업법에서는 손해보험업의 보험종목으로 분류되어 왔으나5) 그 동안

---

5) 보험업법 제4조 제1항 제2호.

상법 보험편에서는 이를 규정하는 조항이 없었다. 보증보험에는 보험의 성격과 보증의 성격이 함께 존재하고 있는데 보험법에 보증보험에 관한 조문이 없어 그 법적 성질과 적용 법률에 대해 명확하지 않은 부분이 있었다. 2015년 개정 보험법에서는 보증보험에 관한 조문을 손해보험 부분에 신설하여 마침내 상법 보험편에서 규정하는 전형계약으로 되었다. 2015년 개정 보험법 제726조의5는 보증보험자의 책임을 규정하면서 "보증보험계약의 보험자는 보험계약자가 피보험자에게 계약상의 채무불이행 또는 법령상의 의무불이행으로 입힌 손해를 보상할 책임이 있다"고 정하고 있다.6)

Ⅱ. 기능과 효용

채권자의 채권 확보를 위해 민법상의 보증인 제도와 담보물권제도가 있다. 그런데 보증인 제도가 가지는 심각한 부작용 및 담보물의 확보와 담보권 실행과 같은 집행절차의 불편함 등의 문제점이 존재하고 있다. 물적 자산이 없는 자는 담보제도를 활용할 수도 없다. 이를 고려하여 채무의 이행을 보험회사가 보장함으로써 채권자에게 담보적 기능을 제공하고 채무자로서는 쉽게 보증을 얻을 수 있는 제도로써 만들어진 것이 보증보험제도이다. 채무자의 신용보완을 위해 공신력 있는 금융기관인 보험회사가 보증인 역할을 행함으로써 신용거래에 있어서의 채권자의 금융 안전을 담보하는 것이다. 보증보험은 보험의 형태로 이루어지는 보증의 하나로서 채권자와 채무자 양자에게 도움이 되고 있다.7)

Ⅲ. 보증보험의 종류8)

1. 계약상의 채무이행을 보증하는 보험

건설공사계약이나 납품계약 등과 같이 계약에 따른 채무의 이행을 보증하는 이행보증보험이 여기에 속한다. 이행보증보험은 피보험자에 대한 보험계약자의 계약상의 채무이행을 담보하는 것이므로 이행보증보험자가 피보험자에게 담보하는 채무이행의 내용은 채권자와 채무자 사이에서 체결된 주계약에 의하여 정하여진다. 주계약을 전제로 이행보증보험계약이 성립하지만, 그 주계약이 이행보증보험계약을 체결할 당시 이미 확정적으로 유

---

6) 강민규/이기형, "보험계약법 개정안의 주요 내용과 특징", KiRi Weekly, 2013. 2. 25, 보험연구원, 11면.
7) 정희철, 467면; 양승규, 421면; 정찬형, 812면; 최준선, 318면; 정동윤, 684면; 임용수, 449면.
8) 임용수, 449-451면; 최준선, 322면; 양승규, 425-429면; 정찬형, 816-817면.

효하게 성립되어 있어야 하는 것은 아니고 장차 체결될 주계약을 전제로 하여서도 유효하게 이행보증보험계약이 체결될 수 있다. 구체적으로 채무의 내용에 따라 하자보증보험, 지급계약보증보험, 입찰보증보험으로 구분된다. 실손보상방식으로도 영위할 수 있고 정액보상방식도 가능하다. 이행보증보험계약에서 정액보상특약을 체결하는 경우에 이는 채무자의 채무불이행으로 인한 배상액의 예정이라는 성격을 가진다. 정액보상특약을 맺었다고 해서 이행보증보험을 정액보험이라고는 할 수 없다.9) 보상방식이 정액이라는 것이다.

지급계약보증보험 또는 할부판매보증보험은 예를 들어 임대차계약에 있어서의 임대료 지급 또는 할부판매계약에 의한 상품 매수인이 갖는 할부금 지급채무의 이행보증을 내용으로 하는 계약이다. 할부판매보증보험은 보험계약자가 누가 되는가에 따라 보증보험이 될 수도 있고 신용보험이 될 수도 있다. 우리나라에서는 할부구입을 한 매수인이 보험계약자가 되어 보증보험의 형태로 운영되지만 일본에서는 할부판매업자가 보험계약자가 되어 신용보험의 형식으로 영위되고 있다.10) 사채보증보험은 주식회사가 회사채를 발행하는 경우 사채권자에 대한 사채원리금을 상환하지 못하는 것을 대비하는 것으로서 사채상환의 보증을 보험자가 인수하는 것이다. 기타 리스보증보험, 어음보증보험, 가계수표보증보험도 있다.

2. 법령에 의한 의무이행을 보증하는 보험

납세보증보험과 같이 세법상의 납세의무를 부담하는 자가 정해진 기간에 세금납부를 하지 않음으로 인해 조세권자인 국가나 지방자치단체가 입게 되는 손해를 보험자가 보상하는 보험이다. 또한 인허가보증보험이 있는데 이는 출원자가 인가 · 허가 · 특허 · 면허 · 등록에 따른 조건을 불이행하여 인 · 허가자 또는 제3자가 입게 되는 손해를 보험자가 보상하는 것이다.11)

3. 기타 보증보험

보증보험과 유사한 보험으로 신용보험(credit insurance)이 있는데, 이는 보험계약자가 동시에 피보험자로서 피보증인인 채무자의 채무불이행 또는 그 밖의 행위로 인하여 생긴 손해의 보상을 위해 체결하는 자기를 위한 보험이다. 사용자와 피용자간에 적용되는 보증보험에는 두 종류가 있다. 그 첫째가 신원보증보험인데 사용자가 피보험자 지위에 있고 피용자가 보험계약자가 되어 피용자가 사용자를 위해 그의 사무를 집행함에 있어 보험기

---

9) 최병규, "2018년도 주요 보험판례에 대한 연구", 상사판례연구 제32집 제1권, 2019, 126면.
10) 정동윤, 686면; 김은경, 638면.
11) 대판 2008. 11. 13, 2007다19624.

간 중에 민사 또는 형사상의 위법행위를 함으로써 사용자가 입은 손해를 보험자가 보상하
는 보험이 신원보증보험이다. 반면에 사용자 자신이 보험계약자인 동시에 피보험자가 되
어 자신이 고용한 피용자의 행위에 의한 손해를 보상받는 것을 내용으로 하는 자기를 위
한 보험으로서의 신원신용보증보험도 존재한다.12)

Ⅳ. 법 적 성 질

1. 보험계약으로서의 보증보험

(1) 보험성 인정 여부

㈎ 보험성과 보증성의 혼재

보증보험이란 피보험자(주계약상의 채권자)와 특정한 법률관계를 가진 보험계약자(주계
약상의 채무자)의 채무불이행으로 인하여 피보험자가 입게 될 재산상의 손해의 전보를 보
험자가 인수하는 것을 내용으로 하는 손해보험이다.13) 보증보험은 손해보험의 일종이다.
그러나 그 계약의 핵심 내용이 보증으로서의 채권담보기능의 성격(보증성)을 가지고 있고,
보험사고가 채무자의 채무불이행이라는 인위적인 사고인 점에서 보험사고의 우연성과 거
리가 있는 것이 사실이다. 보증보험에 있어서 보험사고는 채무자인 보증보험계약자가 보
험사고 발생 여부에 대해 직접적으로 영향을 끼칠 수 있으며, 보험계약자의 고의 또는 과
실로 인해 보험사고가 야기되는 것이므로 보증보험이 가지는 보험적 성격(보험사고의 우연
성)에 대해 의문이 제기되기도 한다. 일반손해보험에서는 보험계약자 등의 고의 또는 중과
실이 보험자의 면책사유가 될 수 있다는 면을 고려할 때, 보증보험에서의 보험사고는 일
반보험에서의 보험사고와는 다른 성격을 가지고 있는 것이 사실이다.14) 손해보험의 일종
이기는 하지만 손해보험에 대한 보험법 규정이 그대로 적용되기는 어려운 측면이 있다.15)

판례는 보증보험도 보험계약의 일종이므로 일반적으로 상법상 보험에 관한 통칙규정

---

12) 임용수, 448면; 정동윤, 684면; 양승규, 420면.

13) 이행보증보험계약에서 정액보상특약을 한 경우라 하더라도 그것은 채무자의 채무불이행으로 인한 배상
　　액의 예정의 한 형태로 볼 수 있으므로 그에 의하여 보증보험이 정액보험으로 되는 것은 아니다. 양승규,
　　423면.

14) 장덕조, 16면.

15) 한기정, "보증보험의 법적 성질에 대한 연구", 상사법연구 제21권 제1호, 2002, 579-625면(보증보험의
　　법적 성질은 완전한 보험의 형식을 갖춘 것으로서 보증성을 부인하는 것이 바람직하다고 한다); 정희철,
　　468면; 이에 대한 반대의견으로 장덕조, "보증보험의 법적 성질에 대한 의문의 제기", 보험법연구 4,
　　2002, 175-195면(보증보험을 보험으로 보는 점에 대하여는 재론이 필요하며 기존의 견해를 대신하는 보
　　다 정교한 논리가 필요하다고 한다); 양승규, 422면; 정찬형, 813면.

이 적용되지만, 보증보험은 보험금액의 한도 내에서 보험계약자의 채무불이행으로 인한 손해를 담보하는 것으로서 보험자는 보험계약자의 채무불이행이 고의에 의한 것이든 과실에 의한 것이든 그 손해를 보상하는 보증에 갈음하는 기능을 가지고 있어 보험자의 그 보상책임의 법률적 성질은 본질적으로 보증책임과 같다고 한다. 따라서 보험계약자의 기망이 있더라도 피보험자가 보험계약자의 사기행위에 공모했다든지 아니면 그러한 사실을 알면서도 이를 묵인한 채 보험계약을 체결한 경우 외에는 보험자 면책에 관한 제659조를 적용하지 않고 있다.16)

(나) 검   토

민법 보증에 관한 규정이 직접 또는 간접적으로 적용될 수는 있지만 보증보험이 손해보험으로서의 성격을 가지고 있음을 부인할 수는 없다고 해석된다.17) 생각건대 첫째, 적어도 보증보험계약 체결 시점에서 채무불이행이라는 보험사고의 발생 여부가 불확정적이며 보험사고의 우연성을 인정하는 것에 큰 무리가 없으며, 둘째, 보증보험은 타인을 위한 보험인데 보험계약자의 고의 또는 중과실에 의해 야기된 보험사고에 대해 보험자가 보상책임을 진다고 하더라도 그로 인한 보험 혜택은 궁극적으로 피보험자에게 귀속되는 것이어서 보증보험에 있어서 손해보험적 성격을 인정할 수 있으며, 더구나 피보험자의 고의 또는 중과실에 대해서는 보험자의 면책을 인정하고 있다. 셋째, 보험계약자는 원칙적으로는 청구권대위에서의 제3자 범위에 포함되지 않지만 보험계약자가 고의로 사고를 야기한 경우에는 청구권대위가 가능하다고 해석할 수 있는 여지가 있고, 또한 구상권 약정을 하는 것도 가능하므로 보험제도가 악용되거나 남용될 가능성은 크지 않다고 할 수 있다.18)

보증보험계약을 민사보증적 측면에서만 보면 수긍하기 어려운 부분이 확연히 존재한다. 보증성 측면에서 보게 되면 주채무의 이행기가 연기되면 원칙적으로 보증채무의 이행기도 연기된다. 그러나 보증보험과 관련된 판례의 태도는 이와 다르다. 예를 들어 주채무의 이행기일이 아직 도래하지 않았음에도 불구하고 피보험자가 보험계약자에게 주채무에 해당되는 주계약상의 준공기한을 보증보험계약의 보험기간 이후로 연기하였다 하더라도 이로써 보증보험자와 보험계약자 사이의 보험계약상의 보험기간도 당연히 변경된다고 할 수 없다. 연기된 이행기일이 보험기간 이후임이 분명한 이상 연기된 이행기일에 계약이행이 없었다고 하더라도 이는 보험사고가 약정 보험기간 이후에 발생한 것이므로 보험계약에서 정한 보험금지급사유에 해당되지 아니한다고 법원은 해석하고 있다.19) 판례는 보증보험이 민사보증적 성격을 갖고 있더라도 기본적으로는 보험적 성격을 가지고 있음을 분

---

16) 대판 1995. 7. 14, 94다10511.
17) 김성태, "보증보험계약의 성질", 상사판례연구 제2권, 1996, 267면.
18) 한기정, 732면.
19) 대판 1997. 4. 11, 96다32263.

명하게 보여주고 있다.20)

[대법원 2014. 9. 4. 선고 2012다67559 판결]

〈주요 판시내용〉

보증보험은 피보험자와 특정 법률관계가 있는 보험계약자(주계약상의 채무자)의 채무불이행으로 피보험자(주계약상의 채권자)가 입게 될 손해의 전보를 보험자가 인수하는 것을 내용으로 하는 손해보험으로서, 형식적으로는 채무자의 채무불이행을 보험사고로 하는 보험계약이나 실질적으로는 보증의 성격을 가지고 보증계약과 같은 효과를 목적으로 하는 것이므로, 보증보험계약은 주계약 등의 법률관계를 전제로 하여 보험계약자가 주계약 등에 따른 채무를 이행하지 아니함으로써 피보험자가 입게 되는 손해를 보험약관이 정하는 바에 따라 그리고 보험계약금액의 범위 내에서 보상하는 것이다. 따라서 보증보험계약이 효력을 가지려면 보험계약자와 피보험자 사이에 주계약 등이 유효하게 존재하여야 하는데, 보증보험계약의 전제가 되는 주계약이 무엇인지와 피보험자가 누구인지는 보험계약서와 당사자가 보험계약의 내용으로 삼은 보험약관의 내용 및 당사자가 보험계약을 체결하게 된 경위와 과정 등 제반 사정을 종합하여 판단하여야 한다.

[대법원 2010. 4. 15. 선고 2009다81623 판결]

〈주요 판시내용〉

민법의 보증에 관한 규정은 그 성질에 반하지 않는 한 보증보험계약에도 적용되기는 하나, 이는 성질상 허용되는 범위 내에서 보증의 법리가 보증보험에도 적용될 수 있다는 것에 불과할 뿐, 이로써 보험계약이 민법상 순수한 보증계약과 같게 된다거나 보증계약으로 전환된다는 의미로 볼 수는 없다. 따라서 보증보험계약이 보험계약으로서 효력이 없다면 이는 그 자체로 무효이고, 이를 보증계약으로나마 유효하다고 할 수는 없다.

[대법원 1997. 4. 11. 선고 96다32263 판결]

〈주요 판시내용〉

이행보증보험계약은 주계약에서 정한 채무의 이행기일이 보험기간 안에 있는 채무를 이행하지 아니함으로써 발생한 피보험자가 입은 손해를 보상하기로 한 보험계약이므로, 피보험자가 보험계약 당시의 준공기한이 도래하기 전에 미리 준공기한을 연기하여 준 나머지 보험계약자가 연기되기 전의 이행기일에 채무불이행을 한 바가 없게 되었고, 피보험자와 보험계약자 사이에 주계약상의 준공기한을 연기하였다 하더라도 보험회사와 보험계약자 사이의 보험계약상의 보험기간도 당

---

20) 한기정, 733면.

연히 변경된다고 할 수 없으므로, 이와 같이 연기된 이행기일이 보험기간 이후임이 분명한 이상 비록 연기된 이행기일에 이행이 없었다고 하더라도 이는 보험사고가 약정 보험기간 이후에 발생한 것으로 보험계약에서 정한 보험금지급사유에 해당되지 아니한다.

(2) 책임보험과의 차이

보증보험은 보험계약자인 주계약상의 채무자가 피보험자인 주계약상의 채권자에게 부담하는 책임을 보험자가 부담하게 되는 것이기 때문에 책임보험적 성격을 가지는 측면이 있다. 그러나 책임보험에서의 배상책임이란 책임보험의 피보험자인 가해자와 피해자인 제3자간의 문제인 데 반해, 보증보험은 보험계약자와 피보험자간의 문제인 점에서 근본적인 차이가 있고, 배상책임의 발생 원인에서도 책임보험에서는 특별한 제한이 없는 반면, 보증보험에서는 계약상의 채무불이행 또는 법령상의 의무불이행으로 한정되어 있는 차이가 있다.21)

또한 보증보험약관에서 주계약상의 채권자인 피보험자가 주계약상의 채무자인 보험계약자에 대하여 집행권원을 얻어야 보험금을 청구할 수 있다고 규정하고 있다면 피보험자가 약관내용에 따라 집행권원을 얻지 않은 채 제724조의 직접청구권 규정을 적용하여 보험자에게 직접 보험금을 청구할 수는 없다.22) 보증보험이 책임보험과 다르다는 점을 보여주는 것이다.

(3) 타인을 위한 보험성

보증보험은 타인을 위한 보험으로의 형식을 취한다. 그러나 그 실질을 보면 보험계약자가 인적보증인이나 물적 담보 대신 보증보험을 통해 수월하게 보증을 얻기 위한 목적 하에 체결되는 것이므로 자기를 위한 보험으로의 성격도 가진다. 따라서 자기를 위한 보험과 타인을 위한 보험의 결합 형태라 해석될 수도 있다.23) 2015년 개정 보험법은 일반적인 타인을 위한 보험계약에서와 달리 보증보험계약에 관하여는 제639조 제2항 단서의 적용을 배제하고 있다. 일반적인 손해보험계약에서는 보험계약자가 타인에게 보험사고 발생으로 야기된 손해를 배상한 때에 보험계약자는 그 타인의 권리를 해하지 아니하는 범위 안에서 보험자에게 보험금의 지급을 청구할 수 있다(제639조 제2항 단서). 그런데 보증보험과 같이 보험계약자(주계약상의 주채무자)의 피보험자(주계약상의 채권자)에 대한 채무이행을 보험자가 보증하는 경우에 보험계약자의 보험금청구권은 인정되지 않는다. 보증보험의

---

21) 정동윤, 685면; 정찬형, 814면; 정희철, 468면; 최준선, 320면.
22) 대판 1999. 4. 9, 98다19011.
23) 양승규, 425면; 최준선, 321면; 정찬형, 815면. 반면에 한기정, "보증보험의 법적 성질에 대한 연구", 상사법연구 제21권 제1호, 2002, 591-593면에서는 반대하고 있다.

보험계약자가 피보험자에게 손해배상을 했다는 것은 피보험자에 대한 자신의 채무를 변제한 것이기 때문이다. 보증보험에서는 보험계약자가 피보험자의 손해를 배상하면 보증보험의 전제인 주계약상의 채무가 없는 것이므로 보증보험의 부보대상이 존재하지 않게 된다. 따라서 이러한 경우 보험자는 누구에 대해서도 보험금을 지급할 의무가 없다. 이러한 이유에서 제639조 제2항 단서는 보증보험에는 적용되지 않는다(제726조의6 제1항).

2. 민사 보증계약성

(1) 보증적 성격

보증보험은 보증보험계약자(주계약상의 채무자)가 주채무를 이행하지 않는 경우에 보증인적 지위에 있는 보험자가 주채무의 이행을 담보하는 채권담보적 기능을 하고 있기 때문에 민법상의 보증을 거래계의 편의를 위하여 보험으로 규정한 것으로 해석하면서 보증보험의 실질은 민법상의 보증계약이라 해석하는 견해가 있다.[24]

보증보험이 가지는 보증적 성격에 대해 판례는 다음과 같이 해석하고 있다. 첫째, 민법의 보증에 관한 규정이 보증보험의 보험자와 보험계약자인 채무자 사이에 준용될 수 있으며[25] 특히 민법 제441조 이하에서 정한 보증인의 구상권에 관한 규정이 보증보험계약에도 적용된다. 이에 따라 보험금을 지급한 보증보험자는 주계약상의 채무자인 보험계약자에게 구상권을 가지게 되며, 구상권의 범위 내에서 변제자대위의 법리에 따라 주계약상의 채권자인 피보험자가 주계약상의 채무자인 보험계약자에 대하여 가지는 채권 및 그 담보에 관한 권리를 대위하여 행사할 수 있다고 해석하고 있다.[26] 보증보험약관에서도 보험금을 지급한 보험자의 보험계약자에 대한 구상권을 규정하고 있다. 이 점에서 보증보험의 민사보증계약적 성격을 강하게 볼 수 있다. 만약 보증보험에서 보험성을 강조하게 되면 보험자가 부담하는 보험금 지급의무는 보험료를 수령한 대가이기 때문에 구상권을 행사할 수 없고, 당연히 변제자대위 행사도 불가능하다.[27]

둘째, 판례는 보증보험이 담보하는 채권이 양도되면 당사자 사이에 다른 약정이 없는 한 보험금청구권도 그에 수반하여 채권양수인에게 함께 이전된다고 보아야 한다고 판시하

---

24) 장덕조, 441면; 정경영, "보증보험에서 보험자의 구상권", 21세기 한국상사법학의 과제와 전망, 2002, 411면; 최준선, 321면.

25) 대판 2002. 5. 10, 2000다70156; 대판 2002. 10. 25, 2000다16251; 대판 1997. 10. 10, 95다46265; 대판 1992. 5. 12, 92다4345; 양승규, 422면.

26) 대판 1997. 10. 10, 95다46265; 대판 1997. 11. 14, 95다11009. 대판 1992. 5. 12, 92다4345; 대판 2012. 2. 23, 2011다62144; 보증보험계약은 실질적으로는 보증의 성격을 가지고 보증계약과 같은 효과를 목적으로 하므로, 민법의 보증에 관한 규정, 특히 민법 제441조 이하에서 정한 보증인의 구상권에 관한 규정이 보증보험계약에도 적용된다.

27) 同旨: 한기정, 731면.

고 있는데, 이것도 보증계약적 성질에 따른 것이라 할 수 있다.[28]

[대법원 2002. 5. 10. 선고 2000다70156 판결]

〈주요 판시내용〉

　보증보험이 담보하는 채권이 양도되면 당사자 사이에 다른 약정이 없는 한 보험금청구권도 그에 수반하여 채권양수인에게 함께 이전된다고 보아야 한다. 보증보험이 담보하는 물품판매대금채권 발생의 기초가 되는 매매알선계약에 따른 모든 권리, 의무가 영업양도 등에 수반된 계약인수에 의하여 양도된 경우에, 그와 같이 계속적으로 발생하는 물품판매대금채무를 그 보험기간 동안 보험금액 한도 내에서 보증하는 이행(상품판매대금)보증보험계약에 따른 피보험자의 지위도 계약인수 및 보증계약의 법리상 이에 부수하여 함께 이전된다고 보아야 할 것인데, 그 보증보험약관 제9조 제1호는 이러한 경우에 보험자의 승인을 받지 않으면 보험계약은 효력이 상실된다고 규정하고 있는바, 이는 실질적으로 그와 같은 피보험자의 변경을 이유로 하여 계약인수인에게 인수된 보증보험계약에 대해 아무런 제한 없는 해지권을 보증보험회사에게 부여한 것에 다름없고 한편, 보증보험약관 제9조 제1호는 상법 제652조와 제653조를 구체화한 규정으로 볼 수 있는바, 피보험자의 변경은 피보험자의 고의로 사고발생의 위험이 변경되는 한 경우라고는 할 것이지만, 약관의 규정은 제653조와 달리 피보험자의 변경으로 위험이 현저하게 변경 또는 증가되었는지를 묻지 않고, 또 계약해지권과 함께 보험료의 증액청구권을 선택적으로 규정하지도 않았으며, 그 계약해지권 행사의 제척기간도 규정하지 않은 점에서 제653조의 규정보다 그 해지권의 행사요건을 크게 완화하였음을 알 수 있으므로, 보증보험약관 제9조 제1호는 법률의 규정에 의한 해지권의 행사요건을 완화하여 고객에 대하여 부당하게 불이익을 줄 우려가 있는 조항으로서, 약관의규제에관한법률 제6조 제2항 제1호를 적용하기에 앞서 같은 법률 제9조 제2호에 의하여 무효라고 하지 않을 수 없다.

　　셋째, 민법 제434조도 준용되어 보험자는 보험계약자의 채권을 가지고 상계로 피보험자에게 대항할 수 있고, 그 상계로 피보험자의 보험계약자에 대한 채권이 소멸되는 만큼 보험자의 피보험자에 대한 보험금 지급채무도 소멸된다.[29] 민법 제433조도 준용되어 보증보험자는 주계약상의 채무자가 주계약상의 채권자에 대하여 가지는 항변으로 채권자인 피보험자에게 대항할 수 있으며, 주계약상의 채무자가 그 항변을 포기하더라도 보증보험자에게는 그 효력이 없다.[30] 이것도 보증계약적 성질이라 할 수 있다.

---

28) 대판 2002. 5. 10, 2000다70156; 대판 1999. 6. 8, 98다53707; 대판 1997. 10. 10, 95다46265.
29) 대판 2002. 5. 10, 2000다70156; 대판 2002. 10. 25, 2000다16251.
30) 대판 2002. 10. 25, 2000다16251.

[대법원 2002. 10. 25. 선고 2000다16251 판결]

〈주요 판시내용〉

　이행보증보험은 보험계약자인 채무자의 주계약상 채무불이행으로 인하여 피보험자인 채권자가 입게 되는 손해의 전보를 보험자가 인수하는 것을 내용으로 하는 손해보험으로서 실질적으로는 보증의 성격을 가지고 보증계약과 같은 효과를 목적으로 하는 점에서 보험자와 채무자 사이에는 민법상의 보증에 관한 규정이 준용되므로, 이행보증보험의 보험자는 민법 제434조를 준용하여 보험계약자의 채권에 의한 상계로 피보험자에게 대항할 수 있고, 그 상계로 피보험자의 보험계약자에 대한 채권이 소멸되는 만큼 보험자의 피보험자에 대한 보험금 지급채무도 소멸된다.

　넷째, 판례에 따르면 주계약상의 다른 보증인이 따로 있는 경우에 이 보증인과 보증보험자는 채권자에 대한 관계에서 채무자의 채무이행에 관한 공동보증인의 관계에 있다고 보아야 할 것이므로, 그들 중 어느 일방이 변제 기타 자기의 출재로 채무를 소멸하게 하였다면 그들 사이에 구상에 관한 특별한 약정이 없다 하더라도 민법 제448조에 의하여 상대방에 대하여 구상권을 행사할 수 있다고 해석하고 있다.31)

　다섯째, 보증보험에는 보증채무의 부종성 성질이 있다. 따라서 민사보증적 성격이 강하다고 할 수 있다. 보증계약은 주채무의 존재를 전제로 하므로, 보험자의 급부이행(보험금 지급) 당시에는 주채무가 유효하게 존속하고 있었더라도 그 후 주계약이 해제되어 소급적으로 소멸하게 되면 보험자는 변제를 수령한 주계약상의 채권자를 상대로 이미 이행한 급부를 부당이득으로 반환청구할 수 있다. 또 보증보험자가 보험금을 지급할 당시 피보험자의 채권이 성립되지 아니하였거나 타인의 면책행위로 이미 소멸한 경우 보증인 지위에 있는 보증보험자는 변제를 수령한 피보험자(주계약상의 채권자)를 상대로 이미 이행한 급부를 부당이득으로 반환청구할 수 있다.32)

[대법원 2004. 12. 24. 선고 2004다20265 판결]

〈주요 판시내용〉

　보증채무는 주채무와 동일한 내용의 급부를 목적으로 함이 원칙이지만 주채무와는 별개 독립의 채무이고, 한편 보증채무자가 주채무를 소멸시키는 행위는 주채무의 존재를 전제로 하므로, 보증

31) 대판 2008. 6. 19, 2005다37154(전원합의체 판결).
32) 대판 2004. 2. 13, 2003다43858; 대판 2012. 2. 23, 2011다62144; 대판 2004. 12. 24, 2004다20265; 대판 2005. 8. 25, 2004다58277. 납세보증보험사업자가 무효인 납세보증보험에 기한 피보험자의 보험금지급청구에 기하여 보험금 명목의 급부를 이행한 경우 그 급부의 귀속자는 법률상 원인 없이 이득을 얻고 그로 인하여 납세보증보험사업자에게 손해를 가하였다 할 것이어서, 납세보증사업자는 직접 그 급부의 귀속자를 상대로 이미 이행한 급부를 부당이득으로 반환을 청구할 수 있다.

인의 출연행위 당시에는 주채무가 유효하게 존속하고 있었다 하더라도 그 후 주계약이 해제되어 소급적으로 소멸하는 경우에는 보증인(보험자)은 변제를 수령한 채권자를 상대로 이미 이행한 급부를 부당이득으로 반환청구할 수 있다 할 것이다.

(2) 검   토

생각건대 보증보험은 민법상의 보증계약과 분명 차이가 있다. 보험자가 주계약상의 채무자인 보험계약자로부터 보험료를 받고 보험계약자의 채무불이행 등으로 인한 손해의 배상을 보증하는 보증보험은 독립된 채무인데 반해(부종성도 없고 최고·검색의 항변권이 없음), 민법상의 보증채무는 대가를 받지 않고 종(從)된 채무로서의 성질을 가지며, 부종성과 최고·검색의 항변권이 있다. 또한 보증보험은 보증인의 지위에 있는 보험자와 주계약상의 채무자인 보험계약자가 당사자인 데 비해, 민법상의 보증계약은 보증인과 채권자와의 계약인 점에서 엄연한 차이가 있다.[33)]

[대법원 2014. 9. 25. 선고 2011다30949 판결]

〈주요 판시내용〉

보증보험회사는 보증보험계약을 체결함에 있어서 일반적으로 보증대상인 주계약의 부존재나 무효 여부 등에 관하여 조사·확인할 의무가 없다. 다만 보증보험청약서 등 보험계약자가 제출하는 서류에 보증대상인 주계약의 부존재나 무효 등을 의심할만한 점이 발견되는 등의 특별한 사정이 있는 경우에는 위와 같은 조사·확인 의무가 면제되지 않는다.

3. 법적 성질에 관한 사견

보증보험에서의 보험사고인 보험계약자의 채무불이행은 채무불이행이라는 성격 자체가 주계약사의 채무자인 보험계약자의 고의 또는 과실 요소를 수반할 수 밖에 없다. 따라서 보험계약자의 고의 또는 과실은 채무불이행에 대한 주관적 요건으로 보아야 하며, 일반 보험에서 논의되는 보험자 면책사유로서의 보험계약자 등의 고의·중과실과는 다른 성격이라 할 수 있다. 또한 보증보험에서의 채무불이행이 비록 보험계약자의 고의 또는 과실에 의해 야기되지만, 일반보험에서와 달리 보증보험에서는 이에 대한 위험률 측정이 보험계리에 의해 가능하고 이에 기초하여 대수의 법칙에 따라 보험료와 보험금이 결정되는 것이므로 보험성 인정에 전혀 무리가 없다고 할 것이다. 정상적인 상황에서라면 적어도 보증보험계약 체결 당시에 채무불이행이라는 보험사고가 발생할 것인가에

---

33) 정찬형, 816면; 양승규, 422-423면; 정동윤, 685면.

대해 불확정적인 상태에 있는 것이므로 우연성 요건이 결여된 것이라고 일반화하여 해석할 수는 없다고 할 것이다. 보증보험은 이러한 특수한 성격을 가지는 보험사고를 부보대상으로 하는 것이므로 보험성이 부인될 이유는 없다고 판단된다.

다만 보증보험의 보험성을 인정한다고 해도 보증보험의 특수성 및 보증보험계약의 채권담보적 기능을 신뢰하여 보증보험계약의 피보험자가 새로운 이해관계를 가지게 되었다면 피보험자의 신뢰를 보호할 필요가 있다.[34] 이에 대해서는 후술한다.

Ⅴ. 보증보험의 요소

1. 관 계 자

계약 당사자는 주계약상의 채무자인 보험계약자와 보험자이다. 피보험자는 주계약상의 채권자로서 보험금을 수익하는 지위에 있으며 계약 당사자는 아니다. 보험계약자와 피보험자는 이해가 대립되는 자로서 동일인이 될 수 없다. 따라서 보증보험계약은 언제나 형식적으로는 타인을 위한 보험계약이 된다.[35] 다만 일반적인 타인을 위한 보험에서는 보험계약자와 피보험자가 상호 협력관계에 있지만, 보증보험에서의 보험계약자와 피보험자는 각각 채무자와 채권자로서 상호 이해가 대립되는 관계에 있다.[36]

보증보험에서 주계약상의 채권자인 피보험자가 보험자에 보험금을 청구하는 것은 주계약상의 채무자인 보험계약자에 대한 주계약상의 권리를 주장하는 것과 같다. 아직 보증보험금이 지급되지 않은 상태에서 보험계약자와 피보험자 사이의 주계약 채무에 관한 다툼은 보증보험자의 피보험자에 대한 보험금채무에 관한 다툼에도 영향을 미칠 수 있다. 따라서 보증보험계약자는 피보험자를 상대로 주계약에 따른 채무의 부존재 확인을 구할 이익이 있다.[37]

2. 보험의 목적

계약 또는 법률에 의하여 피보험자(주계약상의 채권자)가 보험계약자(주계약상의 채무자)에 대해 가지는 무형의 채권이 보증보험계약의 목적이 된다. 채권이 보험의 목적인 점

---

34) 대판 1999. 7. 13, 98다63162.
35) 정찬형, 817면; 임용수, 454면; 정동윤, 686면; 양승규, 429면.
36) 서헌제, 253면.
37) 대판 2022. 12. 15, 2019다269156.

에서 물건이 보험의 목적인 화재보험이나 운송보험과 구별되며, 피보험자가 제3자에 대해 부담하는 배상책임으로 인한 손해를 담보하는 책임보험과도 구별된다.38) 보험자가 피보험자에게 담보하는 채무이행의 내용은 피보험자(주계약상의 채권자)와 보험계약자(주계약상의 채무자) 사이에서 체결된 주계약에 의하여 정하여지고, 이러한 주계약을 전제로 보증보험계약이 성립한다.39) 주계약이 반드시 보증보험계약을 체결할 당시 이미 확정적으로 유효하게 성립되어 있어야 하는 것은 아니고 장차 체결될 주계약을 전제로 하여서도 유효하게 보증보험계약이 체결될 수 있다.

[대법원 1999. 2. 9. 선고 98다49104 판결]

〈주요 판시내용〉

이행보증보험계약에 의하여 보험자가 피보험자에게 담보하는 채무이행의 내용은 채권자와 채무자 사이에서 체결된 주계약에 의하여 정하여지고 이러한 주계약을 전제로 이행보증보험계약이 성립하지만, 그 주계약이 반드시 이행보증보험계약을 체결할 당시 이미 확정적으로 유효하게 성립되어 있어야 하는 것은 아니고 장차 체결될 주계약을 전제로 하여서도 유효하게 이행보증보험계약이 체결될 수 있다.

보험계약 체결 당시에 보험사고가 발생할 수 없는 것인 때에는 보험계약자, 보험자 그리고 피보험자가 이를 알지 못한 경우가 아닌 한 그 보험계약은 무효이며 따라서 보험의 목적이 존재하지 않는 것으로 본다.40) 만약 보증보험계약의 주계약이 통정허위표시로서 무효인 때에는 보험계약 체결 당시에 주계약상의 채무자가 채권자에게 이행해야 할 채무 자체가 없다. 따라서 채무불이행이라는 보험사고의 발생가능성이 없으므로 보험계약은 무효이다. 보험계약이 무효이기 때문에 피보험자는 보험금청구권을 가지지 못하며, 피보험자의 파산관재인이 있는 상황이라면 파산관재인 역시 보험금청구권을 행사할 수 없다.41)

[대법원 2010. 4. 15. 선고 2009다81623 판결]

〈사실관계〉

甲과 乙이 통모하여 실제 임대차계약을 체결하거나 임대차보증금을 수수함이 없이 은행으로부터 대출을 받기 위하여 허위로 甲을 임대인, 乙을 임차인으로 하는 임대차계약서를 작성한 후, 甲이 보증보험회사와 그 임대차계약을 주계약으로 삼아 임대인이 임대차보증금반환의무를 불이행

---

38) 이기수/최병규/김인현, 376면; 양승규, 429면; 최준선, 323면; 임용수, 454면; 정동윤, 686면.
39) 대판 1999. 2. 9, 98다49104; 정찬형, 818면; 양승규, 429면; 임용수, 454면; 정동윤, 686면.
40) 대판 2015. 3. 26, 2014다203229; 대판 1999. 2. 9, 98다49104.
41) 대판 2015. 3. 26, 2014다203229.

하는 보험사고가 발생할 경우 보증보험회사가 보험금수령권자로 지정된 은행에 직접 보험금을 지급하기로 하는 내용의 보증보험계약을 체결하고, 은행은 乙로부터 그 보증보험계약에 따른 이행보증보험증권을 담보로 제공받고 乙에게 대출을 했다.

〈주요 판시내용〉

이 사건 보증보험계약이 성립될 당시에는 주계약인 임대차계약이 통정허위표시로서 아무런 효력이 없어 보험사고가 발생할 수 없는 경우에 해당하므로 이 사건 보증보험계약은 상법 제644조의 규정에 따라 무효라고 보아야 할 것이다. 그리고 이 사건 보증보험계약이 무효로 된 것은 위와 같이 보험계약으로서의 고유한 요건을 갖추지 못한 것이 그 원인이므로, 원고가 주계약인 이 사건 임대차계약이 통정허위표시인 사정을 알지 못하고 이 사건 대출에 이르렀다고 하더라도 이 사건 보증보험계약의 보험자인 피고가 원고에 대하여 이 사건 보증보험계약이 무효임을 주장할 수 없다고 볼 것은 아니다. 원고인 은행은 피고 보험회사에 보험금을 청구할 수 없다.

[대법원 2015. 3. 26. 선고 2014다203229 판결]

〈주요 판시내용〉

보증보험계약은 보험계약으로서의 본질을 가지고 있으므로, 적어도 계약이 유효하게 성립하기 위해서는 계약 당시에 보험사고의 발생 여부가 확정되어 있지 않아야 한다는 우연성과 선의성의 요건을 갖추어야 한다. 만약 보증보험계약의 주계약이 통정허위표시로서 무효인 때에는 보험사고가 발생할 수 없는 경우에 해당하므로 그 보증보험계약은 무효이다. 이때 보증보험계약이 무효인 이유는 보험계약으로서의 고유한 요건을 갖추지 못하였기 때문이므로, 보증보험계약의 보험자는 주계약이 통정허위표시인 사정을 알지 못한 제3자에 대하여도 보증보험계약의 무효를 주장할 수 있다.

3. 주계약상의 채무에 대한 보증성

보증보험에 있어서의 보험기간은 보증보험자의 책임기간으로서 보험자의 책임이 개시되어 종료될 때까지의 기간이다. 보험기간은 당사자가 계약에서 정한다. 이러한 보험기간은 주계약의 기간과는 구별된다. 주계약의 당사자인 보험계약자(주계약상의 채무자)와 피보험자(주계약상의 채권자)가 주계약상의 이행기를 연기했다고 하여 보증보험의 보험기간이 당연히 변경되는 것은 아니다.42)

보증보험계약이 체결된 후에 주계약상의 채무의 내용이 동일성이 상실되지는 않은 채 변경된 경우에 특히 채무가 확장되거나 가중되는 경우에 보증인에 해당하는 보험자에게 영

---

42) 대판 1997. 4. 11, 96다32263.

향을 미치지 않는다. 즉 보증보험자는 변경 전의 주계약상의 채무의 내용에 따라 책임을
부담하게 된다. 반대로 주계약상의 채무의 내용이 동일성을 유지한 채 부담 내용이 축소되
거나 감경된 경우라면 보증보험자는 축소 또는 감경된 내용에 따라 책임을 부담한다. 보증
계약이 성립한 후에 보증인이 알지도 못하는 사이에 주계약상의 채무의 목적이나 형태가
변경되어 그 변경으로 인하여 주계약상 채무의 실질적 동일성이 상실되었다고 인정되면 당
초의 주계약상의 채무는 경개(更改)로 인하여 소멸하였다고 보아야 할 것이므로 변경 전의
주계약을 담보하려던 보증채무는 당연히 소멸한다. 보증보험의 주계약상의 채무에 대한 부
종성으로 인해 주계약상의 채무가 소멸하면 보증채무도 소멸하고 같은 취지에서 보증보험계
약도 소멸한다.[43)]

[대법원 1997. 4. 11. 선고 96다32263 판결]

〈사실관계〉

  소외 회사는 원고와 건설계약을 체결하면서 소외 회사의 채무불이행에 대비하여 피고회사와 보
증보험계약을 체결하였다. 그런데 원고가 소외 회사의 이행기를 연장해주었음에도 소외 회사는
결국 건설공사를 완료하지 못했고 이에 원고가 피고회사에 보험금을 청구하였는데, 피고회사는
원고가 연장해 준 이행기일이 보험기간 이후라며 보험금 지급을 거절하였다.

〈주요 판시내용〉

  이행보증보험계약은 주계약에서 정한 채무의 이행기일이 보험기간 안에 있는 채무를 이행하지
아니함으로써 발생한 피보험자가 입은 손해를 보상하기로 한 보험계약이므로, 피보험자가 보험계
약 당시의 준공기한이 도래하기 전에 미리 준공기한을 연기하여 준 나머지 보험계약자가 연기되
기 전의 이행기일에 채무불이행을 한 바가 없게 되었고, 피보험자와 보험계약자 사이에 주계약상
의 준공기한을 연기하였다 하더라도 보험회사와 보험계약자 사이의 보험계약상의 보험기간도 당
연히 변경된다고 할 수 없으므로, 이와 같이 연기된 이행기일이 보험기간 이후임이 분명한 이상
비록 연기된 이행기일에 이행이 없었다고 하더라도 이는 보험사고가 약정 보험기간 이후에 발생
한 것으로 보험계약에서 정한 보험금지급사유에 해당되지 아니한다.

[대법원 2000. 1. 21. 선고 97다1013 판결]

〈주요 판시내용〉

  보증계약이 성립한 후에 보증인이 알지도 못하는 사이에 주채무의 목적이나 형태가 변경되었다
면, 그 변경으로 인하여 주채무의 실질적 동일성이 상실된 경우에는 당초의 주채무는 경개로 인
하여 소멸하였다고 보아야 할 것이므로 보증채무도 당연히 소멸한다. 만약 그 변경으로 인하여

---

43) 대판 2000. 1. 21, 97다1013. 장덕조, 443면 및 445면.

주채무의 실질적 동일성이 상실되지 아니하고 동시에 주채무의 부담 내용이 축소·감경된 경우에는 보증인은 그와 같이 축소·감경된 주채무의 내용에 따라 보증책임을 질 것이지만, 그 변경으로 인하여 주채무의 실질적 동일성이 상실되지는 아니하고 주채무의 부담내용이 확장·가중된 경우에는 보증인은 그와 같이 확장·가중된 주채무의 내용에 따른 보증책임은 지지 아니하고, 다만 변경되기 전의 주채무의 내용에 따른 보증책임만을 진다.

계약이행보증보험 약관에서 보험계약자인 주계약상의 채무자의 정당한 사유 없는 주계약상의 채무불이행을 보험사고로 명시하면서 주계약의 해제 또는 해지가 보험기간 안에 있을 것을 요하지 않는다고 정하고 있다면, 특별한 사정이 없는 한 주계약상의 채무자의 정당한 사유 없는 주계약상의 채무불이행이 보험사고이고, 주계약의 해제 또는 해지는 보험사고가 아니라 보험금청구권의 행사요건에 불과하다는 것이 판례의 입장이다.[44]

4. 보험사고

보험의 성질상 보증보험을 체결할 당시에 보험사고의 발생 여부는 불확정적이어야 한다. 보증보험에서 보험사고가 구체적으로 무엇인지는 당사자 사이의 약정으로 계약 내용에 편입된 보험약관과 보험약관이 인용하고 있는 보험증권 및 주계약의 구체적인 내용 등을 종합하여 결정하여야 한다.[45] 대체로 주계약상의 채무자인 보험계약자의 채무불이행이 보증보험에서의 보험사고로 볼 수 있다. 예를 들어 입찰보증보험에서 보험계약자가 보험증권에 기재된 계약에 입찰을 하여 낙찰이 되었음에도 불구하고 보험계약자가 낙찰에 따른 계약을 체결하지 않은 것이 보험사고가 된다.[46]

그런데 보증보험의 종류에 따라 보증보험에서의 보험사고 시점이 달라질 수 있다. 예를 들어 리스보증보험에 있어서 주계약에서 정한 채무의 불이행 즉 리스료의 연체 사실 그 자체만으로는 아직 보험사고가 발생한 것으로 볼 수 없고, 피보험자(리스업자)가 보험기간 안에 리스료 채무불이행을 이유로 리스계약 채무자인 보험계약자에 대하여 주계약인 리스계약을 해지하여 계약이행보증금 반환채권을 가지게 된 때에 비로소 보험사고가 발생한 것으로 봄이 상당하다고 판시하기도 했다.[47]

---

44) 대판 2020. 3. 12, 2016다225308.
45) 대판 2021. 2. 25, 2020다248698; 대판 2015. 11. 26, 2013다62490; 대판 2014. 6. 26, 2012다44808; 대판 2006. 4. 28, 2004다16976.
46) 양승규, 430면.
47) 대판 2006. 4. 28, 2004다16976; 대판 1998. 2. 13, 96다19666; 임용수, 456면.

[대법원 2014. 7. 24. 선고 2013다27978 판결]

〈주요 판시내용〉

보험사고란 보험계약에서 보험자의 보험금 지급책임을 구체화하는 불확정한 사고를 의미하는 것으로서, 계약이행보증보험에서 보험사고가 구체적으로 무엇인지는 당사자 사이의 약정으로 계약내용에 편입된 보험약관과 보험약관이 인용하고 있는 보험증권 및 주계약의 구체적인 내용 등을 종합하여 결정하여야 한다. 또한 보험금액청구권의 소멸시효의 기산점은 특별한 사정이 없는 한 보험사고가 발생한 때라고 할 것이지만, 약관 등에 의하여 보험금액청구권의 행사에 특별한 절차를 요구하는 때에는 그 절차를 마친 때, 또는 채권자가 그 책임 있는 사유로 그 절차를 마치지 못한 경우에는 그러한 절차를 마치는 데 소요되는 상당한 기간이 경과한 때부터 진행한다고 보아야 한다.

[대법원 1998. 2. 13. 선고 96다19666 판결]

〈사실관계〉

리스회사인 원고는 리스이용자의 채무불이행에 대비하여 보증보험증권을 요구하였고, 이에 소외 리스이용자는 피고회사와 보증보험계약을 체결한 후 증권을 제공하였다. 그런데 소외인이 리스료를 지급하지 않는 상황이 계속되자 원고는 리스계약을 해지한 후 피고회사에 보험금을 청구하였는데, 피고회사는 매월 리스료가 지급되지 않을 때마다 보험사고는 발생한 것이므로 원고가 청구한 보험금 중 일부는 이미 2년의 소멸시효가 완성되었다고 항변하였다. 반면 원고는 보험사고는 리스계약이 해지된 시점에서 발생한 것이므로 아직 소멸시효가 완성되지 않았다고 주장했다.

〈주요 판시내용〉

리스보증보험계약에 있어서의 보험사고는 단지 리스계약상의 리스이용자의 리스료의 연체 사실 그 자체만으로는 보험사고가 발생한 것으로 볼 수 없고, 리스이용자의 위와 같은 리스료의 연체를 이유로 리스계약이 해지된 때 비로소 보험사고가 발생한 것으로 봄이 상당하다고 할 것이다.

[대법원 1992. 9. 22. 선고 92다20729 판결]

〈주요 판시내용〉

갑이 을과 가스집진기류를 제작·납품하는 도급계약을 체결하면서 보증보험회사와 이행보증보험계약을 체결하였는데, 갑이 납기일까지 납품을 하지 못하고 아무런 대책도 수립하지 못하자, 을이 갑과의 합의하에 갑이 아직 작업에 착수하지도 아니한 전체 도급물량의 38퍼센트에 해당하는 물량을 회수하여 갔다면 을은 갑의 이행지체를 이유로 위 도급계약 중 38퍼센트에 해당하는 부분을

해제하였다 할 것이고, 이는 보험사고가 발생한 경우에 해당하는 것이지 이행보증보험약관상의
"주계약의 내용에 중대한 변경이 있었을 때"에 해당한다고 볼 수 없다. 보험약관에 "피보험자는
보험금을 청구하기 전에 주계약을 해제 또는 해지하여야 한다"고 규정되어 있으나 피보험자가 보
험금을 청구한 후에 주계약을 해제하였다 하더라도, 피보험자가 보험기간 내에 이행지체를 이유
로 주계약을 해제한 이상 보험자는 피보험자에게 보험금을 지급할 의무가 있다.

경우에 따라서는 보증보험의 보험기간(책임기간)이 종료된 후에 주계약상의 채무불이
행 사고가 발생하더라도 보증보험자의 책임이 인정되기도 한다. 보증보험증권에 보험기간
이 정해져 있는 경우에는 보험사고가 그 기간 내에 발생한 때에 한하여 보험자가 보험계
약상의 책임을 지는 것이 원칙이다. 그러나 보험기간을 주계약의 하자담보책임기간과 동
일하게 정한 경우 특단의 사정이 없으면 보증보험계약은 하자담보책임기간 내에 발생한
하자에 대하여는 비록 보험기간이 종료된 후 보험사고가 발생하였다고 하더라도 보증보험
자로서 책임을 부담할 수 있다고 해석된다.[48]

[대법원 2021. 2. 25. 선고 2020다248698 판결]

〈주요 판시내용〉

보험계약에서 정한 보험사고는 보험계약자(주계약상의 채무자)인 甲(갑) 회사가 5년의 보험기간
내에 발생한 하자에 대하여 보수 또는 보완청구를 받았음에도 이를 이행하지 아니하는 것 자체를
의미하고, 이때의 보험기간은 甲(갑) 회사가 시행한 공사의 하자발생에만 걸리는 것이지 甲(갑)
회사가 보수 또는 보완청구를 받는 것에는 걸리지 않음이 보험약관의 문언상 분명하므로, 위 보
험계약의 보험기간 내에 발생한 하자에 대하여는 설령 보험기간이 지난 후에 보수 또는 보완청구
가 이루어지더라도 甲(갑) 회사가 주계약에 따라 이를 이행하지 않는 이상 乙(을) 보증보험회사
회사 역시 이러한 하자에 관하여 보험가입금액의 범위 내에서 보험자로서 책임을 부담하는 것이
원칙이다.

[대법원 2015. 3. 26. 선고 2012다25432 판결]

〈주요 판시내용〉

보증보험은 형식적으로는 보험계약자의 채무불이행을 보험사고로 하는 보험계약이지만 실질적
으로는 보증의 성격을 가지고 보증계약과 같은 효과를 목적으로 하는 것이므로 민법의 보증에 관
한 규정이 준용될 뿐만 아니라, 구상권의 범위 내에서 법률상 당연히 변제자에게 이전되는 채권

48) 대판 2021. 2. 25, 2020다248698; 대판 2015. 11. 26, 2013다62490; 대판 2001. 5. 29, 2000다3897; 대판
2008. 8. 21, 2008다31874.

자의 담보에 관한 권리에는 질권, 저당권이나 보증인에 대한 권리 등과 같이 전형적인 물적·인
적 담보는 물론, 채권자와 채무자 사이에 채무의 이행을 확보하기 위한 특약이 있는 경우에 그
특약에 기하여 채권자가 가지는 권리도 포함되므로, 면책행위를 한 다른 공동수급체 구성원은 하
자보수를 요구받은 보험계약자에게 구상권을 행사할 수 있는 범위에서 민법 제481조에 따라 채권
자인 도급인의 담보에 관한 권리인 하자보수보증보험계약에 따른 보험금청구권을 대위행사할 수
있다. 보험금청구권의 소멸시효 기산점은 특별한 사정이 없는 한 보험사고가 발생한 때이고, 하자
보수보증보험계약의 보험사고는 보험계약자가 하자담보 책임기간 내에 발생한 하자에 대한 보수
또는 보완청구를 받고도 이를 이행하지 아니한 것을 의미한다.

Ⅵ. 보증보험자의 보상책임

1. 책임요건

일반 손해보험과 마찬가지로 보증보험의 경우에도 보험기간 중에 보험계약자에 의한
채무불이행 또는 법령상의 의무불이행이라는 보험사고가 발생하고 이로 인해 피보험자에
게 재산상의 손해가 발생할 것이 요구된다. 보증보험에는 입찰보증보험과 같이 입찰에 응
한 보험계약자가 계약을 체결하지 않았지만 피보험자가 같은 금액으로 제3자와 계약을 체
결한 것과 같이 채무 및 의무불이행이라는 보험사고가 발생하더라도 피보험자의 손해가
발생하지 않는 경우도 있다. 이때에는 보험자는 손해보상의 책임을 지지 않는다.49)

보증보험에서 피보험자가 보험사고의 발생을 보험자에게 통지하고 관련 서류를 제출
하면서 보험금을 청구한다. 보증보험자는 보험계약자의 채무불이행 등으로 인하여 피보험
자가 입은 모든 손해를 보상하는 것이 아니라, 약관에서 정한 절차에 따라 보험금액의 한
도 내에서 피보험자가 실제로 입은 손해를 보상을 한다. 정액보상에 대한 합의가 당사자
사이에 있는 경우에는 약정된 금액을 지급한다. 정액보상의 특약은 보험사고 발생시 손해
배상액 평가에서 생길 수 있는 분쟁을 예방하고 손해액의 입증에 따른 불편을 제거하기
위해 이용된다. 그런데 정액보상특약을 하더라도 보험자는 그 예정액이 부당하게 높은 경
우에는 법원에 그 감액을 청구할 수 있다고 해석된다.50)

---

49) 정찬형, 820면; 임용수, 456-457면; 최준선, 323면; 양승규, 430면.
50) 양승규, 432면; 정동윤, 687면; 정찬형, 819면; 최준선, 323면; 임용수, 456면; 정희철, 469면.

[대법원 1994. 9. 9. 선고 94다2725 판결]

〈주요 판시내용〉

리스보증보험계약이 리스물건 등 일부 세부적인 사항이 확정되지 아니한 상태에서 향후 이를 확정할 것을 전제로 리스계약에 기한 일정액의 손해배상채무를 담보하기로 하고 그에 기하여 보험기간 및 보험료율 등을 정한 것이라면 그 후 리스변경계약에 따라 리스물건을 추가한 것은 최초의 리스계약의 한도금액 범위 내에서 그 계약의 내용을 구체적으로 확정한 것일 뿐이므로 추가된 리스물건에 관한 채무에 대하여 보증보험책임이 있다.

일반적으로 리스계약은 물건의 인도를 계약 성립의 요건으로 하지 않는 낙성계약이다. 리스이용자가 리스물건 수령증서를 리스회사에게 발급한 이상 현실적으로 리스물건이 인도되기 전이라고 하여도 수령증서 발급시점부터 리스기간이 개시되고 리스이용자의 리스료 지급의무도 발생하게 된다. 그런데 리스보증보험계약에서 "리스물건 인도 전에 피보험자가 입은 손해에 대하여는 담보책임을 부담하지 않는다"는 내용의 특약을 한 때에는, 리스물건 수령증서가 발급되었다고 하여도 아직 리스물건이 인도되지 않는 동안에 발생한 손해에 대하여 보험자는 보증보험금을 지급할 책임이 없다.[51]

일반적으로 주계약이 통정허위표시로 인해 주계약이 무효인 경우에 민법 제108조 단서에 의해 선의의 제3자는 주계약의 유효를 주장할 수 있다. 이 경우에 선의의 제3자가 보증보험계약의 유효를 주장할 수 있는가의 문제가 있다.[52] 주계약이 통정허위표시에 의한 경우 주계약상의 채무불이행 발생이 불가능한 경우이므로 제644조에 따라 보증보험계약은 무효이며 선의의 제3자라고 해도 보증보험계약의 유효를 주장할 수는 없으며 따라서 보험금 지급청구를 하는 것은 불가능하다.

[대법원 2015. 3. 26. 선고 2014다203229 판결]

〈사실관계〉

이 사건 하도급대금지급보증계약은 2차 하도급변경계약을 주계약으로 하여 체결되었는데 2차 하도급변경계약이 통정허위표시로서 무효가 되는 경우에 주계약상의 파산관재인은 선의의 제3자로서 하도급대금지급보증보험계약의 유효를 주장할 수 있는가가 쟁점이다.

〈주요 판시내용〉

하도급대금지급보증계약의 주계약인 2차 하도급변경계약이 통정허위표시로서 무효라면, 하도급대금지급보증계약은 보험사고가 발생할 수 없는 경우에 해당하므로 상법 제644조에 의하여 무효

51) 대판 1995. 7. 14, 94다10511.
52) 대판 2015. 3. 26, 2014다203229.

이다. 이 경우 원고가 2차 하도급변경계약이 통정허위표시인 사정에 대하여 선의의 제3자라고 하더라도, 건설공제조합은 선의의 제3자(원고)에 대하여 하도급대금지급보증계약의 무효를 주장할 수 있다. 선의의 제3자에 해당되는 파산관재인은 보험금청구권을 행사할 수 없다.

2. 면책사유

(1) 원칙과 예외

상법 보험편 및 약관에서 정한 면책사유에 따라 보험자는 면책된다. 천재지변, 전쟁, 내란 기타 이와 유사한 변란으로 생긴 손해는 보험자의 면책사유가 된다. 보증보험에 있어서의 보험사고는 불법행위 또는 채무불이행 등으로 발생하는 것이고 불법행위나 채무불이행 등은 보험계약자의 고의 또는 과실을 그 전제로 하고 있으므로 보험계약자에게 고의 또는 중대한 과실이 있는 경우 보험자의 면책을 규정한 상법 제659조는 보증보험에서는 그 적용이 배제된다.[53) 보험계약자의 고의 또는 중과실에 대해 보험자의 면책을 인정하게 되면 보증보험의 본질적 기능에 반하기 때문이다. 2015년 개정 보험법에서 이 점을 명문화하였다(제726조의6 제2항).

[대법원 1995. 9. 29. 선고 93다3417 판결]

〈주요 판시내용〉

리스이용자의 계약상 채무불이행으로 인한 손해의 보상을 목적으로 한 리스보증보험도 보험계약의 일종이므로 일반적으로 상법상 보험에 관한 통칙 규정이 적용되는 것이기는 하나, 이 보증보험은 보험금액의 한도 내에서 리스이용자의 채무불이행으로 인한 손해를 담보하는 것으로서 리스이용자의 채무불이행이 고의에 의한 것이든 과실에 의한 것이든 그 손해를 보상할 책임을 지는 보증에 갈음하는 기능을 가지고 있어 보험자의 그 보상책임의 법률적 성질은 본질적으로 보증책임과 같은 것이므로, 상법 제659조 제1항은, 보험계약이 보험계약자의 사기행위에 피보험자인 리스회사가 공모하였다든지 적극적으로 가담하지는 않았더라도 그러한 사실을 알면서 묵인한 상태에서 체결되었다고 인정되는 경우를 제외하고는, 원칙적으로 그 적용이 없다(同旨: 대판 1995. 7. 14, 94다10511; 대판 2001. 2. 13, 99다13737; 대판 1998. 3. 10, 97다20403; 대판 1997. 1. 24, 95다12613).

---

(2) 피보험자의 귀책사유로 인한 손해

반면에 채권자의 수령지체와 같이 피보험자의 고의나 중과실 등 책임있는 사유로 인

---

53) 대판 1995. 9. 29, 94다47261.

해 채무불이행이 발생된 경우에는 약관에서 보험자의 면책사유로 정하고 있다.54) 보험자의 보상책임을 인정하게 되면 보험범죄 발생 가능성이 높고 신의칙에 위배되기 때문이다.55)

[대법원 1999. 6. 22. 선고 99다3693 판결]

〈사실관계〉

원고의 보험금 청구에 대해 피고회사가 "피고 회사는 피보험자의 책임 있는 사유로 생긴 손해는 보상하지 아니한다"라는 약관에 규정된 내용을 주장하며 면책을 주장하자, 원고는 이 약관이 상법 제659조 제1항에 위반하여 보험계약자에게 더 불리하게 규정되어 있으므로 무효라고 주장하였다.

〈주요 판시내용〉

약관규정은 보상하지 아니하는 피보험자의 재산상의 손해에 관한 규정이라 할 것이고, 한편 상법 제659조 제1항은 보증보험에는 그대로 적용될 수 없는 규정일 뿐 아니라, 보상하지 아니하는 보험사고에 관한 규정이다. 한편 이 사건 선급금 이행보증보험약관 제2조 제2항은 "피고 회사는 피보험자의 책임 있는 사유로 생긴 손해는 보상하지 아니한다"고 규정하고 있는바, 위 약관 규정은 보상하지 아니하는 피보험자의 재산상 손해에 관한 규정이라 할 것이므로, 두 규정은 별개의 요건에 관한 것으로서 서로 저촉 여부의 문제가 발생할 수 없는 것이다. 위 약관 제2조 제2항이 보상하지 아니하는 피보험자의 귀책사유를 상법 제659조 제1항보다 넓게 규정하였다 하여 위 약관 규정이 상법 제659조 제1항 및 불이익변경을 금지한 제663조의 규정에 위반된다고 할 수 없다.

---

3. 피보험자의 사고발생 통지 및 협조의무위반

보험계약자 또는 피보험자는 보증보험에서의 보험사고의 발생을 안 때에는 지체없이 보험자에게 통지하여야 한다(제657조). 보험자가 피보험자에게 보상액을 지급하기 위해서는 보험사고 발생을 피보험자가 입증하고 보험자는 그 손해액에 대한 조사를 해야 하는데 여기에는 피보험자의 협조가 요구된다. 만약 피보험자가 정당한 이유 없이 사고발생을 통지하지 않거나 보험자의 협조요구에 응하지 않음으로 인해 손해가 증가되었다면 보험자는 이러한 사실을 입증함으로써 증가된 손해에 대한 책임을 면할 수 있다고 해석된다.56)

---

54) 양승규, 431면; 김은경, 646면.
55) 최기원, 594면; 임용수, 457면.
56) 임용수, 458면; 정찬형, 821-822면; 양승규, 431-432면; 정희철, 469면; 최준선, 324면.

4. 보증보험과 직접청구권

보증보험에서는 원칙적으로 직접청구권이 인정되지 않는다. 보증보험계약이 실질적으로는 보증의 성격을 가진 것이어서 보험자는 보험계약자가 주계약에 따른 채무를 이행하지 아니함으로써 피보험자가 입게 되는 손해를 보상하는 것이라 할지라도 그 보상은 보험약관이 정하는 바에 따라 보험금액의 범위 내에서 보상하는 것이므로 보증보험계약의 보증성으로 부터 곧바로 피보험자가 보험약관이 정한 집행권원이 없이도 보험자에 대하여 직접청구권을 취득한다고 볼 수는 없다.[57)]

5. 피보험자의 손해방지의무와 상계

제680조 제1항은 피보험자의 손해방지의무를 규정하고 있다. 그 내용에는 손해를 직접적으로 방지하는 행위는 물론이고 간접적으로 방지하는 행위도 포함된다. 그런데 손해는 피보험이익에 대한 구체적인 침해의 결과로서 생기는 손해만을 뜻하는 것이고, 보험자의 구상권과 같이 보험자가 손해를 보상한 후에 취득하게 되는 이익을 상실함으로써 결과적으로 보험자에게 부담되는 손해까지 포함된다고 볼 수는 없다.

상계는 단독행위로서 상계를 할지 여부는 채권자의 의사에 따른다. 상계적상에 있는 자동채권이 있다고 하여 반드시 상계를 해야 할 것은 아니다. 주계약상의 채권자와 주계약상의 채무자 사이에 상계적상에 있는 자동채권을 상계하지 않았다고 하여 이를 이유로 보증보험자가 면책되는 것은 아니다. 또한 이를 피보험자의 손해방지의무 위반으로 볼 수 없다는 것이 판례의 입장이다.[58)] 보험자는 민법 제434조에 따라 주계약상의 채무자인 보험계약자가 주계약상의 채권자인 피보험자에 대해 가지는 채권에 의한 상계를 직접 주장하면 된다.[59)] 한편 보험금을 지급한 보험자는 보험계약자에게 구상권을 가지며 보험계약자가 무자력이면 보험계약자를 대위(민법 제404조)하여 보험계약자의 피보험자에 대한 채권을 행사할 수 있다.[60)]

---

57) 대판 1999. 4. 9, 98다19011; 정동윤, 688면.
58) 대판 2018. 9. 13, 2015다209347.
59) 대판 2002. 10. 25, 2000다16251.
60) 한기정, 736면-737면.

Ⅶ. 청구권대위와 구상권

1. 청구권대위와 변제자대위

(1) 청구권대위

보증보험에서의 청구권대위 인정 문제는 학설이 나뉘고 있는데, 부정설이 다수설이다.[61] 청구권대위를 보험자가 행사하기 위해서는 손해가 제3자의 행위로 인해 발생해야 한다. 그런데 타인을 위한 보험계약을 체결한 보험계약자가 청구권대위에서의 제3자 범위에 포함되는가의 문제에 관하여 판례와 다수설은 포함설의 입장에 서고 있다.[62] 판례에 따르게 되면 보증보험을 체결한 보험계약자에 대해 보험자는 청구권대위를 행사할 수 있다는 해석이 가능하다. 그러나 앞에서도 설명한 바와 같이 타인을 위한 보험계약에서 보험계약자는 청구권대위의 상대방인 제3자가 될 수 없으며 같은 논리에서 보증보험에서 보험자는 보험계약자에 대하여 청구권대위를 주장할 수 없다고 해석해야 한다.

보증보험에서 보험계약자는 계약의 당사자이지 제3자가 아니다. 보증보험에서는 보험사고가 보험계약자의 채무불이행에 의해 발생하며, 보험자가 피보험자의 손해를 보상하게 되는데 그 본질은 보증채무를 이행한 것이다. 그 결과 피보험자(채권자)가 보험계약자(주채무자)에 대해 가지는 채권은 소멸한다. 소멸한 채권에 대한 청구권대위 행사는 가능하지 않다.[63] 특히 보증보험자에게 구상권이 인정된다는 점을 감안할 때 청구권대위는 부정함이 타당하다.

(2) 변제자대위

민법 제481조에 따른 변제자대위권의 행사는 보증보험에서 가능하다고 해석된다. 즉 보증인에 해당되는 보험자가 보험계약자를 상대로 취득한 구상권의 범위 내에서 피보험자

---

61) 정희철, 469면; 양승규, 433면(제682조는 보증보험에도 적용되나 보증보험의 특성상 보험자가 피보험자의 보험계약자에 대한 권리를 취득한다는 것은 의미가 없다고 한다); 최준선, 324-325면; 이기수/최병규/김인현, 379-380면(대위제도를 인정할 것인가의 문제는 부정설이 논거로 하고 있는 제3자 개념의 제한해석과 보험금의 지급으로 인해 주채무가 소멸하였으므로 더 이상 권리행사를 할 수 없다는 논리적 설명에서가 아니라 보험자대위를 인정할 만한 실익이 있는가의 여부에서 찾아야 할 것이며, 구상권이 인정되는 점을 감안한다면 대위권은 부인해야 할 것이다); 임용수, 462면; 정동윤, 689면. 한기정, 737면도 보증보험에서 보험자는 보험계약자에게 청구권대위를 주장할 수 없다고 해석한다. 반면에 최기원, 596-597면에서는 대위권 행사를 인정하고 있다. 그 근거로 이중이득을 방지하고 손해야기에 대한 책임있는 자가 책임을 면하지 못하게 한다는 보험자대위제도의 입법취지를 고려하고 보증보험이 타인을 위한 보험의 형식을 취하므로 보험계약자를 청구권대위에서의 제3자로 볼 수 있다고 한다; 김은경, 647면.

62) 그러나 이론적으로 불포함설이 타당하다는 설명은 타인을 위한 보험계약 부분에서 다루었다.

63) 한기정, 737면.

(주계약상의 채권자)의 채권을 대위행사할 수 있는데 이것이 변제자대위이다. 이러한 해석은 일반 보험에서는 변제자대위가 적용되지 않는 것과 비교된다. 즉 일반 보험에서 보험자가 보험금을 지급한다는 것은 보험계약에 의해 자신이 부담하는 자신의 채무를 이행한 것이기 때문에 민법상의 변제자대위가 적용되지 아니한다.64) 변제자대위는 주계약상의 채무를 변제함으로써 주계약상의 채무자 및 다른 연대보증인에 대하여 갖게 된 구상권의 효력을 확보하기 위한 제도인 점을 고려할 때, 대위에 의한 원채권 및 담보권의 행사 범위는 구상권의 범위로 한정된다는 것이 법원의 해석이다.65) 구상권의 범위 내에서 법률상 당연히 변제자에게 이전되는 채권자의 담보에 관한 권리에는 질권, 저당권이나 보증인에 대한 권리 등과 같이 전형적인 물적 · 인적 담보는 물론, 채권자와 채무자 사이에 채무의 이행을 확보하기 위한 특약이 있는 경우에 그 특약에 기하여 채권자가 가지는 권리도 포함된다.66)

[대법원 1997. 11. 14. 선고 95다11009 판결]

〈주요 판시내용〉

리스보증보험에서 보험자의 보상책임은 본질적으로 보증책임과 같으므로, 그 보증성에 터잡아 보험금을 지급한 리스보증보험의 보험자는 변제자대위의 법리에 따라 피보험자인 리스회사가 리스이용자에 대하여 가지는 채권 및 그 담보에 관한 권리를 대위하여 행사할 수 있다. 변제자대위에서 말하는 '담보에 관한 권리'에는 질권, 저당권이나 보증인에 대한 권리 등과 같이 전형적인 물적 · 인적 담보뿐만 아니라, 채권자와 채무자 사이에 채무의 이행을 확보하기 위한 특약이 있는 경우에 그 특약에 기하여 채권자가 가지게 되는 권리도 포함된다(同旨: 대판 2000. 1. 21, 97다1013).

---

2. 구 상 권

보증보험은 그 본질에 있어서 보증의 성격이 있음을 부인할 수 없고, 약관에서 달리 정하지 않는 한 보험자는 구상권을 갖는다. 구상권이라는 용어의 사용은 보증보험이 갖는 보증적 성격과 관계있다. 보험료를 받고 보증을 약속함으로써 보증인의 지위에 있게 되는

---

64) 대판 1993. 1. 12, 91다7828(자신의 계약상 채무이행으로 보험금을 지급한 보험자는 민법 제481조에 의한 변제자대위를 주장할 수 있는 자에 해당하지 아니한다).

65) 대판 1999. 10. 22, 98다22451(연대보증인이 자신의 출재로 채무자를 대신하여 주채무를 변제하면 채권자가 주채무자 및 다른 연대보증인에 갖고 있던 채권(원채권) 및 담보권이 연대보증인에게 법률상 당연히 이전되지만, 변제자대위는 주채무를 변제함으로써 주채무자 및 다른 연대보증인에 대하여 갖게 된 구상권의 효력을 확보하기 위한 제도인 관계상, 대위에 의한 원채권 및 담보권의 행사 범위는 구상권의 범위로 한정된다). 장덕조, 447면.

66) 대판 2015. 3. 26, 2012다25432.

보험자는 주계약상의 채무자인 보험계약자의 부탁에 의한 보증인(수탁보증인)이라 볼 수 있고, 이에 따라 민법 제441조의 수탁보증인의 구상권을 행사할 수 있다고 해석될 수 있다.67) 보증보험약관은 보험자가 보험금을 지급한 때에는 주계약상의 채무자인 보험계약자나 그의 다른 연대보증인에 대하여 구상권을 가진다고 정하고 있는데,68) 이러한 구상권약정이 보험의 본질에 반하거나 불공정한 법률행위로서 무효라고 볼 수 없다.69) 구상권의 범위 내에서 법률상 당연히 변제자에게 이전되는 채권자의 담보에 관한 권리에는 질권, 저당권이나 보증인에 대한 권리 등과 같이 전형적인 물적·인적 담보는 물론, 채권자와 채무자 사이에 채무의 이행을 확보하기 위한 특약이 있는 경우에 그 특약에 기하여 채권자가 가지는 권리도 포함된다.

구상권과 변제자대위권은 동일한 목적을 달성하기 위한 권리이지만, 그 원본, 변제기, 이자, 지연손해금의 유무 등에 있어서 그 내용이 다른 별개의 권리이므로, 대위변제자와 채무자 사이에 구상금에 관한 지연손해금 약정이 있더라도 이 약정은 구상금을 청구하는 경우에 적용될 뿐, 변제자대위권을 행사하는 경우에는 적용될 수 없다는 것이 법원의 입장이다.70)

보증보험자의 보험금 지급 당시 주채무가 성립되지 아니하였거나 타인의 면책행위로 이미 소멸되었거나 유효하게 존속하고 있다가 그 후 소급적으로 소멸한 경우에, 이와 같이 주계약상의 채무 부존재를 알지 못한 채 피보험자에게 보험금을 지급한 보증보험자는 피보험자를 상대로 비채변제에 의한 부당이득반환청구권을 행사할 수 있을 뿐, 주채무자(보험계약자)에게 구상권을 행사할 수는 없다.71)

[대법원 2012. 2. 23. 선고 2011다62144 판결]

〈주요 판시내용〉

보증보험은 형식적으로는 채무자의 채무불이행을 보험사고로 하는 보험계약이나 실질적으로는 보증의 성격을 가지고 보증계약과 같은 효과를 목적으로 하는 것이므로, 민법의 보증에 관한 규정, 특히 보증인의 구상권에 관한 민법 제441조 이하의 규정이 준용되고, 보증채무자가 주채무를 소멸시키는 행위는 주채무의 존재를 전제로 하므로, 보증인의 출연행위 당시 주채무가 성립되지 아니하였거나 타인의 면책행위로 이미 소멸되었거나 유효하게 존속하고 있다가 그 후 소급적으로

---

67) 대판 2008. 6. 19, 2005다37154(전원합의체); 대판 2009. 2. 26, 2005다32418; 대판 1997. 10. 10, 95다46265.
68) 대판 1978. 3. 14, 77다1758; 대판 1997. 10. 10, 95다46265; 대판 1997. 11. 14, 95다11009; 정찬형, 822면; 정희철, 469면; 양승규, 433면(보증보험자가 피보험자에게 보험금을 지급하고 보험계약자에게 구상권을 행사하는 것은 손해보험에서 인정되는 보험자대위와 달리 보증인으로서의 구상권이라고 보아야 한다고 설명하고 있다); 최준선, 325면; 이기수/최병규/김인현, 379면; 정동윤, 689면.
69) 대판 1992. 5. 12, 92다4345.
70) 대판 2009. 2. 26, 2005다32418.
71) 대판 2012. 2. 23, 2011다62144.

소멸한 경우에는 보증채무자의 주채무 변제는 비채변제가 되어 채권자와 사이에 부당이득반환의
문제를 남길 뿐이고 주채무자에 대한 구상권을 발생시키지 않는다.

　　판례에 따르면 보증보험자와 주계약상의 다른 보증인은 채권자에 대한 관계에서 채무
자의 채무이행에 관하여 공동보증인의 관계에 있다고 보아야 할 것이므로, 그들 중 어느
일방이 변제 기타 자기의 출재로 채무를 소멸하게 하였다면 그들 사이에 구상에 관한 특
별한 약정이 없다 하더라도 민법 제448조에 의하여 상대방에 대하여 구상권을 행사할 수
있다고 해석하고 있다.72)

> **[대법원 2008. 6. 19. 선고 2005다37154 전원합의체 판결]**
>
> 〈주요 판시내용〉
> 　구 건설공제조합법(1996. 12. 30. 법률 제5230호로 제정된 건설산업기본법 부칙 제2조 제1호로
> 폐지)에 따라 건설공제조합이 조합원으로부터 보증수수료를 받고 그 조합원이 다른 조합원 또는
> 제3자와의 도급계약에 따라 부담하는 하자보수의무를 보증하기로 하는 내용의 보증계약은, 무엇
> 보다 채무자의 신용을 보완함으로써 일반적인 보증계약과 같은 효과를 얻기 위하여 이루어지는
> 것으로서, 그 계약의 구조와 목적, 기능 등에 비추어 볼 때 그 실질은 의연 보증의 성격을 가진다
> 할 것이므로, 민법의 보증에 관한 규정, 특히 보증인의 구상권에 관한 민법 제441조 이하의 규정
> 이 준용된다. 따라서 건설공제조합과 주계약상 보증인은 채권자에 대한 관계에서 채무자의 채무
> 이행에 관하여 공동보증인의 관계에 있다고 보아야 할 것이므로, 그들 중 어느 일방이 변제 기타
> 자기의 출재로 채무를 소멸하게 하였다면 그들 사이에 구상에 관한 특별한 약정이 없다 하더라도
> 민법 제448조에 의하여 상대방에 대하여 구상권을 행사할 수 있다.73)

Ⅷ. 보증보험계약의 해지와 실효

1. 해　　지

(1) 보험자의 계약해지권의 제한

　　보험자가 계약을 해지할 때에는 해지권의 행사를 피보험자가 아니고 계약당사자인 보
험계약자에게 해야 한다. 타인을 위한 보험인 보증보험의 성격상 보험자의 해지권 행사에

---

72) 대판 2008. 6. 19, 2005다37154(전원합의체 판결).
73) 이 판결에 대한 평석으로 최정식, "보증보험자의 주계약상 보증인에 대한 구상권", 상사판례연구 제22
　　집 제3권, 2009, 444-454면; 장덕조, "보증보험자의 공동보증인으로서의 지위", 기업법연구 제22권 제4호,
　　2008, 469-485면.

일정한 제한이 있어야 할 것이다. 그 이유는 보증보험은 손해보험의 일종이면서도 동시에 주계약상의 채권자(피보험자)에 대한 채무자(보험계약자)의 채무이행을 담보하는 기능을 하고 있기 때문에 보험자의 해지권을 아무런 제한없이 인정하게 되면 주계약상의 채권자인 피보험자의 이익보호에 문제가 생길 수 있고 보증보험 제도 자체에 대한 신뢰성에 문제를 야기할 수 있기 때문이다. 제한의 내용과 관련하여 ① 피보험자의 승낙이 필요하다는 견해, ② 피보험자의 동의를 요구한다는 견해, ③ 의무위반이 보험계약자에게만 있고 피보험자의 귀책사유가 없는 경우에는 해지권 행사를 부정한다는 견해 등이 있다.

2015년 개정 보험법은 보험계약자의 사기, 고의 또는 중대한 과실이 있는 경우에도 이에 대하여 피보험자에게 책임이 있는 사유가 없으면 고지의무위반으로 인한 해지(제651조), 위험변경증가의 통지와 계약해지(제652조), 보험계약자 등의 고의나 중과실로 인한 위험증가와 계약해지(제653조), 보험자의 면책사유(제659조 제1항)를 적용하지 아니한다고 명문으로 정하고 있다(제726조의6 제2항). 예를 들어 보증보험에서 보험계약자의 사기행위에 피보험자인 채권자가 공모했다든가 알면서 묵인하고 계약을 체결했다고 인정되는 경우를 제외하고는 제659조 적용이 없다.74) 보증보험자는 보증인의 지위에 있는 것이므로 보험계약자에게만 귀책사유가 있고 피보험자의 귀책사유가 없는 때에는 보험자는 그 계약을 해지할 수 없는 것으로 해석해야 한다.75)

(2) 보험계약자의 임의해지권의 제한

일반 손해보험에서 보험계약자는 원칙적으로 보험사고가 발생하기 전에는 언제든지 보험계약의 전부 또는 일부를 해지할 수 있다. 그런데 보증보험은 채권담보의 목적으로 체결된 것이기 때문에 피보험자와 보험계약자간의 채권채무관계가 소멸되지 않은 상태에서 보험계약자는 임의로 계약을 해지할 수 없다고 보아야 한다.76) 제649조 제1항 단서는 타인을 위한 보험계약의 경우에 보험계약자는 그 타인의 동의를 얻지 아니하거나 보험증권을 소지하지 아니하면 그 계약을 해지하지 못한다고 정하고 있는데, 이는 보증보험에 적용된다.

2. 보증보험계약의 실효

보증보험계약은 보험계약자와 피보험자간의 주계약상의 채무이행을 담보로 하고 있으므로 피보험자가 변경되어 보험자가 부담하는 위험이 본질적으로 변경되거나 증가된 때

---

74) 대판 1995. 7. 14, 94다10511.
75) 최기원, 597-598면; 정동윤, 589면; 양승규, 435-436면; 최준선, 326면; 임용수, 463-464면; 김은경, 649면.
76) 양승규, 435-436면; 임용수, 463-464면; 정동윤, 589면; 최준선, 326면.

또는 계약 금액 등 주계약에 중대한 내용의 변경이 있게 되면, 보험자의 서면에 의한 승인이 없는 한 보증보험계약은 실효한다. 약관에서도 실효에 대해 규정하고 있다.77)

3. 취소권 행사와 피보험자 보호

본래 보험계약자의 기망을 이유로 보험자가 민법에 따른 취소권을 행사하는 경우에 피보험자는 민법 제110조 제3항에서의 제3자가 아니며 따라서 피보험자가 선의이더라도 보험자는 취소권을 행사할 수 있음이 원칙이다.78) 같은 논리로 보증보험계약에서도 보험계약자가 기망을 통해 보증보험계약을 체결한 것이라면 보증보험자는 계약을 취소할 수 있으며, 피보험자가 선의라고 해도 보험자의 취소권 행사에는 영향이 없다는 해석이 가능하게 된다.

그런데 이렇게 해석하게 되면 보증보험계약 체결을 통해 주계약상의 채무자를 상대로 하는 자신의 채권이 확실하게 담보되고 있다고 생각하는 주채무의 채권자 즉 피보험자의 기대가 보호되지 못할 수 있다. 이러한 점을 고려하여 판례는 보증보험계약에서 주채무자에 해당하는 보험계약자가 보증보험계약 체결에 있어서 보험자를 기망하였고, 보험자가 그로 인하여 보증보험계약 체결의 의사표시를 취소하였다 하더라도, 이미 그 보증보험계약의 피보험자인 주계약상의 채권자가 보증보험계약의 채권담보적 기능을 신뢰하여 새로운 이해관계를 가지게 되었다면, 피보험자가 보험계약자의 기망행위가 있었음을 알았거나 알 수 있었던 경우 등의 특별한 사정이 없는 한 보험자는 그 취소를 가지고 피보험자에게 대항할 수 없다고 해석하고 있다.79)

> **[대법원 1999. 7. 13. 선고 98다63162 판결]**
>
> 〈사실관계〉
> 피보험자인 피고는 보험계약자가 원고회사로부터 수령한 보증보험증권을 담보로 물건을 판매하였다. 피고가 보험금을 청구하자 원고회사는 보험계약자가 기망행위를 하여 보증보험계약을 체결하였다는 이유로 보증보험계약을 취소하였으므로 보험금을 지급할 수 없다고 주장하면서 이 사건 채무부존재확인의 소를 제기하였다.
> 〈주요 판시내용〉
> 자동차할부판매보증보험과 같은 경우 피보험자는 보증보험에 터잡아 할부판매계약을 체결하거나 혹은 이미 체결한 할부판매계약에 따른 상품인도의무를 이행하는 것이 보통이므로, 일반적으

---

77) 양승규, 436면.
78) 한기정, 739면. 보험자가 피보험자에 대해 보험계약의 취소를 주장할 수 있다는 판례로는 대판 1991. 12. 27, 91다1165.
79) 대판 1999. 7. 13, 98다63162.

로 타인을 위한 보험계약에서 보험계약자의 사기를 이유로 보험자가 보험계약을 취소하는 경우 보험사고가 발생하더라도 피보험자는 보험금청구권을 취득할 수 없는 것과는 달리, 보증보험계약의 경우 보험자가 이미 보증보험증권을 교부하여 피보험자가 그 보증보험증권을 수령한 후 이에 터잡아 새로운 계약을 체결하거나 혹은 이미 체결한 계약에 따른 의무를 이행하는 등으로 보증보험계약의 채권담보적 기능을 신뢰하여 새로운 이해관계를 가지게 되었다면 그와 같은 피보험자의 신뢰를 보호할 필요가 있다 할 것이다. 주채무자에 해당하는 보험계약자가 보증보험계약 체결에 있어서 보험자를 기망하였고, 보험자는 그로 인하여 착오를 일으켜 보증보험계약을 체결하였다는 이유로 보증보험계약 체결의 의사표시를 취소하였다 하더라도, 이미 그 보증보험계약의 피보험자인 채권자가 보증보험계약의 채권담보적 기능을 신뢰하여 새로운 이해관계를 가지게 되었다면, 피보험자가 그와 같은 기망행위가 있었음을 알았거나 알 수 있었던 경우 등의 특별한 사정이 없는 한 그 취소를 가지고 피보험자에게 대항할 수 없다.[80]

※ 피보험자가 보험계약자의 기망행위가 있었음을 알았거나 알 수 있었다는 등의 특별한 사정이 있는 때에는 보험자는 보험계약자의 기망을 이유로 취소할 수 있고 피보험자에게 대항할 수 있다(同旨: 대판 2002. 11. 8, 2000다19281; 대판 2001. 2. 13, 99다13737).[81]

여기에서 '특별한 사정'과 관련하여 판례는 피보험자가 보험자를 위하여 보험계약자가 제출하는 보증보험계약 체결 관련 서류들이 진정한 것인지 등을 심사할 책임을 부담하며, 보험자는 그와 같은 심사를 거친 서류만을 확인하고 보증보험계약을 체결하도록 피보험자와 보험자 사이에 미리 약정이 되어 있는데, 피보험자가 그와 같은 서류심사에 있어서 필요한 주의의무를 다하지 아니한 과실이 있었던 탓으로 보험자가 보증책임을 이행한 후 구상권을 확보할 수 없게 되었다면 이는 여기에서 말하는 특별한 사정에 해당되어 보증보험자는 취소를 가지고 피보험자에게 대항할 수 있다고 해석하고 있다.[82]

Ⅸ. 보증보험 포괄약정

해상적하보험에서 자주 이용되는 예정보험(floating policy)은 보증보험에서도 이용될 수 있다. 해상적하보험에서 예정보험이란 계약체결 당시에 보험계약의 주요 원칙에 대해서만 일단 합의를 하고 적하물의 종류나 이를 적재할 선박, 보험금액 등 보험증권에 기재해야 할 보험계약 내용의 일부가 확정되지 않은 보험계약을 말한다.[83] 보증보험의 계약자

---

80) 이 판결에 대해 찬성취지의 평석으로 홍성주, "보증보험에서의 보험계약자의 사기를 이유로 보험계약이 취소될 경우 피보험자의 보험금청구권의 유무", 「판례연구」, 부산판례연구회 제13집, 2002, 131-171면.
81) 이 판결에 대한 평석으로 장덕조, "보증보험에서의 고지의무와 기망행위", 보험법연구 5, 2003, 10-25면.
82) 대판 2001. 2. 13, 99다13737.
83) 임용수, 340면.

는 피보험자로부터 물품을 계속적으로 공급받는 거래를 담보하기 위하여 보험자와 사이에 계속적·반복적으로 이행보증보험계약을 체결할 필요가 있는 경우에 보험자에게 먼저 보험의 종목과 거래한도액, 거래기간 및 제공 담보에 관한 사항을 정하여 보증보험한도액 거래승인신청을 함으로써 양자 사이에 보증보험 포괄약정을 맺을 수 있다. 그 후 이 포괄약정에 따라 피보험자와의 사이에 작성된 구체적인 물품매매합의서를 첨부하여 이행보증보험청약서를 보험자에게 제출하고, 보험자가 이에 응낙하여 보험가입금액 및 보험기간, 주계약내용 및 보증내용, 보험료가 각각 독자적으로 기재 되어 있는 개별 이행보증보험증권을 발급하게 되었다면, 구체적인 개별 보험기간 내에 결제일이 도래한 물품대금채무의 불이행이라는 구체적인 보험사고의 발생 여부는 보증보험 포괄약정이 아닌 개별 보험계약별로 나누어 판단하여야 한다.84)

---

84) 대판 2002. 11. 8, 2000다19281.

인보험 통칙

제18장

I. 인보험의 의의와 종류

인보험계약(contract of person insurance)이란 보험자가 피보험자의 생명 또는 신체에 관하여 보험사고가 생길 경우에 보험계약에서 정하는 바에 따라 보험금이나 기타의 급여를 지급할 책임을 약정하고 이에 대해 상대방은 보험료를 지급할 것을 약정하는 보험계약을 말한다(제727조 제1항).[1) 인보험계약도 낙성·불요식 계약이며, 유상·쌍무계약이다. 상법 보험편은 인보험의 종류를 생명보험, 상해보험, 질병보험으로 나누고 있다. 생명보험은 보험목적이 생명인데 다시 보험사고가 사망인 사망보험과 보험사고가 생존인 생존보험으로 나뉜다. 신체가 보험목적인 인보험은 보험사고가 상해인 상해보험과 보험사고가 질병인 질병보험으로 나뉜다. 그런데 질병보험과 여행자보험은 피보험자의 생명·신체·질병과 같은 보험사고를 종합적으로 담보하는 종합보험적 성격을 가지기도 한다.

II. 인보험의 특성

1. 보험의 목적, 보험사고, 피보험자

인보험에서는 보험의 목적이 사람(구체적으로는 사람의 생명 또는 신체)이며, 인보험에서의 피보험자는 생명과 신체가 부보된 사람을 말한다. 손해보험에서의 피보험자가 피보험이익의 귀속주체로서 보험금청구권을 가지는 자를 의미하는 것과 근본적인 차이가 있다. 인보험 특히 생명보험에서는 사람의 생명을 대상으로 행해지는 보험범죄를 예방하기

---

1) 국민건강보험법에 의한 의료보험은 피보험자의 질병, 부상, 분만 또는 사망 등에 대하여 보험급여를 하는 인보험으로서 사회보험에 속한다. 양승규, 438면.

위해 피보험자와 관련된 제한이 있다(제731조, 제732조). 인보험에서는 피보험자의 상해, 질병, 사망, 생존 등이 보험사고이다. 인보험에서의 상해와 질병사고는 발생 여부 자체나 발생시기가 모두 불확정적인 데, 이는 물건이나 재산에 생기는 손해보험에서의 보험사고가 발생 여부와 발생시기가 불확정적하다는 것과 같다. 반면 인보험에서 사망사고의 경우에는 발생시기만이 불확정적이다. 손해보험과 달리 인보험에서는 보험사고로 인해 특정인에게 손해가 발생해야 하는 것도 요구되지 않는다.[2] 손해보험과 달리 인보험에서는 보험목적의 양도라는 것이 불가능하다.

일반적으로 보험사고 해당 여부는 청구원인에 관한 것으로서 보험금을 청구하는 자가 증명책임을 부담하는 반면에, 면책사유의 존재에 대해서는 항변에 해당되기 때문에 보험자가 입증책임을 부담한다.[3] 손해보험에서 보험계약자 등의 고의나 중과실에 의해 보험사고가 발생했는가의 문제에 대한 증명책임은 보험자가 부담하며, 화재보험에서는 사고의 우연성이 추정되므로 보험사고가 보험계약자 등의 고의 또는 중과실에 의해 발생했다는 것을 보험자가 입증해서 그 추정을 깨뜨려야 한다는 입장이다.[4] 판례에 따르면 인보험에서 보험사고는 우연히 발생해야 하는데, 보험금청구권자가 우연성에 관한 입증책임을 부담한다는 입장이다.[5] 그러나 이는 의문이다. 보험사고의 우연성 여부의 문제와 보험사고가 보험계약자의 고의 등에 의해 발생했는지 문제가 명확히 구별되지는 않는다. 이러한 취지에서 볼 때 보험사고의 우연성 여부는 보험계약자 등의 고의에 의한 사고 발생인가의 문제로서 항변에 해당되는 내용이며, 보험자의 면책 문제로 파악하는 것이 타당하기 때문에 보험자가 입증책임을 부담하는 것이 타당하다.[6]

2. 보험금 지급방식

(1) 정액 및 부정액 방식

인보험 중에서 생명보험은 보험사고가 발생하게 되면 손해 여부와 관계없이 보험계약에서 미리 정한 일정한 금액을 일시에 또는 연금으로 지급하는 정액보험이다. 손해보험에서는 보험자의 보상범위가 보험가액과 보험금액의 한도 내에서 실제 발생한 손해범위에 따라 정해지며 손해와 보험사고간의 인과관계를 따지게 된다. 그러나 인보험에서는 금전적으로 가치를 매길 수 없는 사람을 보험계약의 대상으로 하기 때문에 손해라는 개념이

---

2) 정찬형, 827면; 임용수, 468면; 정동윤, 696면; 양승규, 439면.
3) 임용수, 270면; 한기정, 752면.
4) 대판 2009. 3. 26, 2008다72578; 대판 2009. 12. 10, 2009다56603.
5) 대판 2001. 11. 9, 2002다55499; 대판 2003. 11. 28, 2003다35215.
6) 최기원, 642면-643면; 정동윤, 723면; 장덕조, "보험계약법상 우연성의 개념 및 입증책임", 보험학회지 제85집, 2010, 133면 이하; 한기정, 753면.

있을 수 없으며 따라서 약정된 보험사고가 발생하면 보험자는 손해사정 절차 없이 미리 계약에서 정해진 액수를 지급하는 것이다. 다만 생명보험을 변액보험(variable life insurance)으로 영위하는 경우 지급되는 보험금은 정액이 아니고 보험자의 자산운용 성과에 따라 변동될 수 있다.7) 손해보험에서의 보험금액은 지급하게 되는 보험금의 약정 최고한도를 의미하는 데 비해 인보험 특히 생명보험에서의 보험금액은 실제 지급해야 할 정액을 의미하게 된다.

손해보험이 피보험자의 재산상의 손해에 대해 보험금액의 한도 내에서 실손보상을 하는 것인데 반해(부정액보험), 피보험자의 신체를 보험목적으로 하는 상해보험과 질병보험에서 부정액 방식에 의한 보상이 가능하다. 상해보험과 질병보험의 경우에는 상해 급수에 따라 일정액의 급여를 하는 정액보험으로 보험금을 지급할 수도 있고, 상해나 질병으로 인한 의료비 등의 경제적 손실에 대해 보상하는 부정액보험으로 계약을 체결할 수도 있다.8) 상해보험에서 보험금이 부정액방식으로 지급되는 경우에 판례는 해당 계약의 성질을 손해보험형 상해보험이라고 부른다.9) 손해보험형 상해보험은 손해보험적 요소를 가지고 있지만, 손해보험과 동일하지는 않다. 후술하는 바와 같이 손해보험형 상해보험의 경우 청구권대위 약정이 없으면 이중이득 금지의 원칙이 적용되지 않아 보험금청구권과 제3자에 대한 손해배상청구권을 중복해서 청구할 수 있고, 피보험이익이 없는 자도 보험금을 청구할 수 있다.10)

[대법원 2016. 12. 29. 선고 2016다217178 판결]

〈주요 판시내용〉

피보험자가 무보험자동차에 의한 교통사고로 인하여 상해를 입었을 때에 손해에 대하여 배상할 의무자가 있는 경우 보험자가 약관에 정한 바에 따라 피보험자에게 손해를 보상하는 것을 내용으로 하는 무보험자동차에 의한 상해담보특약(이하 '무보험자동차특약보험'이라 한다)은 상해보험의 성질과 함께 손해보험의 성질도 갖고 있는 손해보험형 상해보험이므로, 하나의 사고에 관하여 여러 개의 무보험자동차특약보험계약이 체결되고 보험금액의 총액이 피보험자가 입은 손해액을 초과하는 때에는 손해보험에 관한 상법 제672조 제1항이 준용되어 보험자는 각자의 보험금액의 한도에서 연대책임을 지고, 이 경우 각 보험자 사이에서는 각자의 보험금액의 비율에 따른 보상책임을 진다. 위와 같이 상법 제672조 제1항이 준용됨에 따라 여러 보험자가 각자의 보험금액의 한

---

7) 김선정, "변액보험과 계약자보호", 상사법연구 제16권, 1997, 230면; 김지환, "변액보험과 설명의무", 상사법연구 제21권 제2호, 2002, 563-566면; 김대연, "변액보험(부당권유로 인한 보험회사의 책임을 중심으로", 비교사법 제9권 제1호, 2002. 4, 419-450면; 정동윤, 696-697면; 정찬형, 828면.

8) 정찬형, 827-828면; 임용수, 468면; 정동윤, 696면; 양승규, 439면.

9) 대판 2016. 12. 29, 2016다217178; 대판 2003. 12. 26, 2002다61958; 대판 2000. 2. 11, 99다50699.

10) 한기정, 746면.

도에서 연대책임을 지는 경우 특별한 사정이 없는 한 보험금 지급책임의 부담에 관하여 각 보험자 사이에 주관적 공동관계가 있다고 보기 어려우므로, 각 보험자는 보험금 지급채무에 대하여 부진정연대관계에 있다.

손해보험에서는 이중이득금지 원칙에 따라 피보험자가 제3자로부터 손해배상을 받았으면 보험자에게 보험금을 청구하지 못한다.[11] 그러나 인보험에서는 그러하지 아니하다. 보험사고가 제3자의 불법행위에 의해 발생하여 그로 인해 생명보험금이 지급된 경우에 그 생명보험금도 불법행위를 원인으로 한 이익으로 보아 보험수익자가 제3자에 대하여 가지는 손해배상액에서 공제되어야 할 이득에 해당되어 손익상계의 문제가 발생하는가에 대해, 피해자가 개별적으로 가입한 생명보험 등 보험에 의해 지급되는 정액보험금은 가해자가 보상해야 할 금액에서 손익상계할 대상이 아니라는 것이 판례의 입장이다.[12]

[대법원 1998. 11. 24. 선고 98다25061 판결]

〈주요 판시내용〉

상해보험인 해외여행보험에 의한 급부금은 이미 납입한 보험료의 대가적 성질을 가지는 것으로서 그 부상에 관하여 제3자가 불법행위 또는 채무불이행에 기한 손해배상의무를 부담하는 경우에도, 보험계약의 당사자 사이에 다른 약정이 없는 한, 상법 제729조에 의하여 보험자대위가 금지됨은 물론, 그 배상액의 산정에 있어서 손익상계로서 공제하여야 할 이익에 해당하지 아니한다.

부정액 지급방식을 취하는 상해 또는 질병보험에서 청구권대위 약정이 없는 한 보험금청구권과 제3자에 대한 손해배상청구권이 모두 가능하다(제729조 단서). 이와 달리 청구권대위 약정이 있으면 일반 손해보험과 마찬가지로 이득금지의 원칙이 적용된다.

3. 피보험이익

제668조에서 피보험이익은 금전으로 산정할 수 있는 이익이어야 한다는 점을 명기하고 있다. 손해보험에서는 보험의 도박화 및 도덕적 위험을 방지하기 위해 피보험이익의 존재가 요구되며 피보험이익을 가진 자만이 보험금을 청구할 수 있다. 손해보험의 경우와 달리 인보험계약에서는 보험의 목적이 사람이고 보험사고는 사람의 생명과 신체에 관하여

---

11) 대판 2000. 11. 10, 2000다29769(손해보험계약에 있어 손해가 제3자의 행위로 인하여 생긴 경우 피보험자는 보험자가 보험금을 지급하기 전까지는 자유로이 제3자로부터 손해배상을 받을 수 있고, 그 경우 보험자는 그 한도 내에서 면책된다).
12) 임용수, 148면; 김은경, 654면.

발생하는 것이며, 사람의 사망, 생존, 상해, 질병에 대해 금전적인 평가가 현실적으로 어렵다는 점에서 피보험이익을 인정할 수 없다고 해석하는 것이 대륙법계에서의 통설적인 견해이다.13) 인보험에서 피보험이익을 인정하지 않게 되면 보험금이 손해보험형 보상방식에 의해 지급되는 경우에 피보험이익을 가지지 않는 자도 보험금을 청구할 수 있다는 해석이 가능하다. 통설에 따를 때 인보험에서는 피보험이익의 관념과 보험가액이 인정되지 않으므로 초과, 중복, 일부보험의 문제는 발생하지 않게 된다.14) 따라서 수개의 사망보험이 체결된 상태에서 보험사고가 발생하게 되면 보험자 각자는 보험수익자에게 약정된 보험금액 전액을 지급해야 한다. 다만 예외적으로 인보험이라 하더라도 무보험자동차에 의한 상해를 담보하는 보험과 같이 인보험으로서의 성질과 함께 손해보험의 성질도 갖고 있는 경우에는 중복보험의 법리가 적용된다.15)

[대법원 2007. 10. 25. 선고 2006다25356 판결]

〈주요 판시내용〉

하나의 사고에 관하여 여러 개의 무보험자동차에 의한 상해담보특약보험이 체결되고 그 보험금액의 총액이 피보험자가 입은 손해액을 초과하는 때에는, 중복보험에 관한 상법 제672조 제1항의 법리가 적용되어 보험자는 각자의 보험금액의 한도에서 연대책임을 지고 피보험자는 각 보험계약에 의한 보험금을 중복하여 청구할 수 없다.

그런데 대륙법계와 달리 영미 보험법계의 학설과 판례에서는 일반적으로 인보험계약에서의 피보험이익을 인정하고 있다. 우리나라에서도 도덕적 위험의 방지를 위해 인보험계약에서 피보험이익의 개념을 인정할 수 있다는 견해가 힘을 얻고 있다.16) 그런데 인보험에서 피보험이익을 인정한다는 것이 결코 피보험자의 생명 가치를 금전적으로 산정하자는 의미는 아니다. 인보험에서의 피보험이익이란 피보험자의 사망, 상해 또는 질병 등 보험사고가 발생하게 되어 경제적 불이익을 받게 되는 자가 피보험자의 보험사고에 대해 가지는 이해관계라고 풀이된다. 이 점에서 인보험에서의 피보험이익 개념은 보험수익자와 피보험자와의 혈연관계, 부양관계 그 밖의 정당하고 실제적인 경제적 이익을 전제로 한다

---

13) 김성태, 811면; 김은경, 655면; 임용수, 482면; 채이식, 209면; 장덕조, 458면; 최기원, 605면; 한기정, 747면; 강위두/임재호, 790면; 이기수/최병규/김인현, 385면.

14) 정찬형, "미국법상 생명보험에서의 피보험이익", 보험법연구 3, 1999, 393-412면; 임용수, 469면; 서돈각/정완용, 404면, 474면.

15) 대판 2007. 10. 25, 2006다25356; 대판 2006. 11. 10, 2005다35516.

16) 정희철, 475면; 이재복, "보험범죄의 방지를 위한 법률적 대처방안(생명보험계약을 중심으로)", 기업법연구, 제8집, 2001, 111-143면; 양승규, 440면; 정동윤, 698면; 안귀옥, "생명보험의 피보험이익에 관한 연구", 고려대 법학석사 학위논문, 1998, 68-70면; 김철호, "생명보험에서의 피보험이익에 관한 연구", 고려대 법학박사 학위논문, 2010. 12 참조.

고 해석할 수 있다. 일반적으로 영미법계에서는 자기의 생명보험계약에 대해서는 무제한의 피보험이익이 인정되는 반면에, 타인의 생명보험계약의 경우에는 혈연관계나 정당하고 실제적인 경제적 이해관계가 존재하여 타인의 생존 또는 사망으로부터 어떤 이익 또는 불이익을 구체적으로 기대할 수 있는 경우에 한하여 제한적으로 피보험이익의 개념을 인정하고 있다. 적법한 테두리 안에서 인정될 수 있는 경제적 이익 또는 이해관계를 가지고 그 이익을 한도로 하여 피보험이익을 인정할 수 있다.

인보험에서도 피보험이익의 개념을 인정하는 것이 인보험의 도박화를 방지하고 보험범죄나 도덕적 위험을 방지하는 데도 기여할 수 있다고 판단된다.17) 우리 보험법은 타인의 사망을 보험사고로 하거나 보험계약자가 보험수익자를 지정 또는 변경할 때에 보험수익자와 피보험자 사이에 아무런 경제적 이해관계의 존재를 특별히 요구하지는 않으며 단지 피보험자의 동의를 얻도록 하고 있을 뿐이다(제731조, 제733조). 이러한 입법태도는 인보험계약에서 피보험이익을 인정하지 않는 통설적인 견해에 기초한 것으로 보인다. 그런데 인보험 영역에서 피보험이익의 개념을 인정하지 않은 채 형식적으로 피보험자의 서면동의만 얻으면 아무런 이해관계 없는 자도 보험금을 수령할 수 있게끔 하는 현행 제도와 해석이 과연 합리적인가에 대해 강한 의문이 제기된다. 사실 우리 보험법에서도 인보험계약에서의 피보험이익 개념이 반영되어 있다고 해석할 여지가 있기도 하다. 제731조와 제733조는 피보험자의 서면동의를 얻도록 하고 있는데 실무적으로 피보험자와 아무런 이해관계가 없는 제3자가 보험수익자로 지정되는 경우는 매우 드물다. 우리 보험법이 명문으로 인보험에서의 피보험이익을 인정하고 있지는 않지만, 이해관계 있는 자의 개념을 서면동의 제도와 연결시키고 있다고 해석할 수 있고, 이러한 면에서 우리 보험법에서도 인보험계약에서의 피보험이익을 인정할 여지가 있다고 해석된다.18)

영국법을 준거법으로 한 경우에 인보험 계약에서의 피보험이익을 다룬 대법원 판례가 있다.

[대법원 2019. 5. 30. 선고 2017다254600 판결]

〈사실관계〉
甲 주식회사와 乙 보험회사가 보험사고의 지역적 범위를 남극으로 한정하고 甲 회사가 운항·관리하는 헬기에 탑승하게 되는 다수의 승무원 및 승객을 피보험자로 하여 보험기간 동안 그들이 탑승 및 비행 중에 발생한 사고로 사망하거나 상해를 입을 경우 甲 회사가 乙 회사로부터 정액의 사망보험금 또는 상해보험금을 지급받는 내용의 보험계약을 체결하면서 영국법을 준거법으로 정

---

17) 정동윤, 698면; 양승규, 440면.
18) 김동석, "피보험이익", 고시연구, 1994. 9, 73~82면; 정동윤, 698면; 생명보험계약에서의 피보험이익에 관하여는 김철호, "생명보험에서의 피보험이익에 관한 연구", 고려대 법학박사 학위논문, 2010. 12 참조.

하였는데, 위 헬기가 보험기간 중 남극 지방에서 착륙하다 전복되면서 탑승하고 있던 승객이 상해를 입는 보험사고가 발생하자, 乙 회사가 甲 회사에 보험금 전액을 지급하여 완불확인서를 교부받은 다음, 甲 회사를 상대로 위 보험계약은 甲 회사에 피보험이익이 없어 무효라고 주장하면서 위 보험금 상당의 부당이득반환을 구하였다.

〈주요 판시내용〉

위 보험계약의 내용, 헬기의 운항·관리자로서 사고 발생 시 손해배상 등 책임을 부담하여야 할 甲 회사의 지위 등 제반 사정에 비추어 보험계약자인 甲 회사에 피보험이익이 인정되므로 위 보험계약이 영국법상 유효하다고 본 원심판단에 영국 생명보험법(Life Assurance Act 1774)상 피보험이익에 관한 법리오해 등 잘못이 없다.

인보험에서 피보험이익을 요구할 것인가의 문제는 입법례와 따라 다르며, 크게 이익주의와 동의주의가 있다. 이에 대해서는 후술하는 '타인의 생명보험'에서 보다 상세히 설명한다.

4. 중과실면책금지

사망을 보험사고로 한 보험계약에는 사고가 보험계약자 또는 피보험자나 보험수익자의 중대한 과실로 인하여 생긴 경우에도 보험자는 보험금액을 지급할 책임을 면하지 못한다(제732조의2). 이 조항은 상해보험계약 및 질병보험계약에도 준용된다(제739조, 제739조의3). 제659조 제1항에 대한 예외적 내용이다. 보험계약자 측의 중과실로 인한 사고에 있어서 손해보험과 달리 보험자의 면책을 인정하지 않음으로써 소비자인 인보험의 보험계약자 측, 특히 생명보험의 보험수익자가 되는 유족의 생활보장을 도모하려는 인도적 목적을 가진다. 헌법재판소는 제732조의2가 헌법에 위반되는지 여부를 판단하면서 보험계약자 측의 중과실로 인한 사고에 있어서 보험자의 면책을 인정하지 않음으로써 소비자인 인보험의 보험계약자 측, 특히 생명보험의 보험수익자로 되는 유족의 생활보장을 도모하는 데에 그 입법취지가 있으므로 그 입법목적의 정당성은 인정된다고 해석했다. 또한 중과실과 경과실의 구별이 상대적이며, 그 경계가 모호한데다가 보험계약자 측이 현저히 약자의 지위에 있어 보호의 필요성이 있음에 비추어 볼 때, 제732조의2에 의해 야기될 수 있는 자유를 제한하는 정도는 상반되는 법익과의 균형을 해할 정도로 과도하지는 않아 입법재량의 범위를 벗어났다고 볼 수 없으므로 보험자의 영업의 자유, 보험자와 보험계약자 사이의 계약의 자유를 침해하였다고 할 수 없다고 판단하면 제732조의2는 합헌이라고 해석했다.[19]

---

19) 헌재 1999. 12. 23, 98헌가12 결정.

제732조의2에 의해 자동차보험 중 자기신체사고보험과 같은 상해보험에 있어서 기존의 무면허, 음주운전 면책약관이 법원에 의해 그 효력이 부인되었고[20) 이에 따라 자동차보험표준약관에서도 인보험 영역(자기신체사고보험 및 무보험자동차에 의한 상해)에서 무면허, 음주운전 면책조항이 삭제되었다. 만약 인보험계약 당사자 사이에 보험계약자 등의 중과실로 인한 보험사고에 대해 보험자가 면책되도록 하는 약정을 하였다면 현재의 대법원의 입장을 고려할 때 이러한 약정은 제663조 위반으로서 무효라고 해석된다.[21)

[대법원 1998. 3. 27. 선고 97다27039 판결]

〈주요 판시내용〉

무면허운전이 고의적인 범죄행위이기는 하나 그 고의는 특별한 사정이 없는 한 무면허운전 자체에 관한 것이고 직접적으로 사망이나 상해에 관한 것이 아니어서 그로 인한 손해보상을 해 준다고 하여 그 정도가 보험계약에 있어서의 당사자의 선의성·윤리성에 반한다고는 할 수 없다.

[대법원 1998. 3. 27. 선고 97다48753 판결]

〈사실관계〉

소외인이 음주운전 중 사고로 사망하자 보험수익자인 원고는 보험금을 청구하였다. 그러자 피고회사는 소외인이 사고 당시 음주운전을 하고 있었으므로 '피보험자가 음주운전을 하던 중 그 운전자가 상해를 입은 때에 생긴 손해는 보상하지 아니한다'는 약관에 의해 보험금을 지급할 수 없다고 하였다. 원고는 이 약관이 상법 제732조의2에 위배된다며 소를 제기하였고, 이 사건을 포함하여 사실관계가 유사한 여러 사건에서의 담당 재판부가 음주운전의 경우에도 보험금을 지급받을 수 있는 근거규정이 되는 상법 제732조의2를 대상으로 직권으로 위헌법률심판을 제청하거나 보험회사들이 헌법소원을 제기하였다.

〈대법원 주요 판시내용〉

이 사건 보험계약은 상해를 보험사고로 한 보험계약에 해당하므로 상법 제732조의2, 제739조 및 제663조들이 적용된다고 할 것이어서 피고회사는 보험사고가 고의로 인하여 발생한 것이 아니라면 비록 중대한 과실에 의하여 생긴 것이라 하더라도 이 사건 보험계약에 의한 보험금을 지급할 의무가 있다고 할 것인데, 음주운전에 관하여 보면 음주운전이 고의적인 범죄행위이기는 하나 그 고의는 특별한 사정이 없는 한 음주운전 자체에 관한 것이고 직접적으로 사망이나 상해에 관한 것이 아니어서 그 정도가 결코 그로 인한 손해보상을 가지고 보험계약에 있어서의 당사자의 신의성·윤리성에 반한다고는 할 수 없을 것이어서, 이 사건 보험계약 약관 중 '피보험자가 음주운전을 하던 중 그 운전자가 상해를 입은 때에 생긴 손해는 보상하지 아니한다'고 규정한 이 사

---

20) 대판 1998. 3. 27, 97다27039; 대판 1998. 3. 27, 97다48753; 대판 1998. 4. 28, 98다4330.
21) 임용수, 470면; 정동윤, 700면.

건 음주운전 면책약관이 보험사고가 전체적으로 보아 고의로 평가되는 행위로 인한 경우뿐만 아니라 과실(중과실 포함)로 평가되는 행위로 인한 경우까지 보상하지 아니한다는 취지라면 과실로 평가되는 행위로 인한 사고에 관한 한 무효이므로, 이 사건 보험계약의 피보험자인 소외 망인이 비록 음주운전 중 이 사건 보험사고를 당하였다 하더라도 그 사고가 고의에 의한 것이 아닌 이상 피고회사는 원고들에 대하여 위 음주운전 면책약관을 내세워 보험금의 지급을 거절할 수 없다(同旨: 대판 1998. 10. 20, 98다34997; 대판 1999. 2. 12, 98다26910).

제732조의2는 본래의 도입취지를 일탈하여 악용될 가능성이 높다. 인보험에서는 피보험자의 고의로 인한 사고에 대해서만 보험자의 면책을 인정하는데, 외관상으로 고의사고로 보이는 경우에도 보험자가 고의에 대한 입증을 하지 못한다면 보험자의 책임이 인정될 수밖에 없고 이에 따라 도덕적 위험의 문제가 발생할 가능성이 높기 때문이다.[22] 판례는 '고의'의 의미를 제한적으로 해석함으로써 고의가 인정될 수 있는 범위를 가능한 좁히는 경향이며 따라서 보험자의 보상책임을 광범위하게 인정하는 추세이다. 생각건대 상해보험이나 질병보험에서 중과실 면책은 재고의 여지가 있다. 음주운전 등 행위 자체가 사고발생 위험성이 대단히 높고 해당 행위가 법령 위반이면서 반사회적인 행위임에도 불구하고 고의만을 면책 대상으로 하게 되면 도덕적 해이의 문제나 보험계약의 단체성 측면에서의 문제 등이 발생하기 때문이다. 이러한 행위는 보험계약의 선의성이나 윤리성에 명백히 반하기 때문에 보험자의 면책을 인정함이 타당하다. 즉 무면허운전이나 음주운전 등으로 인해 운전자가 상해를 입은 경우에 미필적 고의의 인정범위를 확대하거나 상해보험에서 음주운전과 같은 법률위반 행위 또는 반사회성 행위에 대해 제732조의2 적용 배제를 인정함으로써 보험자의 면책을 인정해야 한다. 이를 위한 법률 개정이 요구된다.

5. 보험자대위의 금지

(1) 원   칙

잔존물대위는 그 성격상 아예 인보험계약에 적용될 수 없다. 잔존물대위를 허용하게 되면 보험자가 보험금 전부를 지급한 후 보험목적인 생명 또는 신체에 대한 권리를 보험자가 취득하게 되므로 이는 사회질서에 어긋나기 때문이다. 청구권대위의 경우에도 인보험계약의 보험자는 원칙적으로 보험사고로 인하여 생긴 보험계약자 또는 보험수익자의 제3자(가해자)에 대한 권리를 대위하여 행사하지 못한다(제729조 본문). 청구권대위 제도는

---

22) 양승규, 471면(사망보험에서도 보험계약자 등의 중대한 과실로 인한 보험사고에 대해서 보험자의 면책사유로 하고, 일정한 기간이 경과한 후에는 피보험자의 중대한 과실에 대해서 담보하도록 하는 것이 바람직하다고 설명하고 있다).

손해에 대해 실손보상을 하고 이중의 이득을 얻지 못하게 하려는 목적 하에 만들어진 것이다. 그런데 인보험계약은 실손보상이 본질이 아니며 정액보상을 원식으로 하기 때문이다. 즉 인보험에서는 원칙적으로 보험수익자가 보험금청구권과 가해자인 제3자에 대한 손해배상청구권을 모두 행사할 수 있음이 원칙이다. 피해자가 가해자인 제3자에 대해 청구권을 가지느냐 여부는 보험자와는 상관없는 사항이며, 보험자는 보험계약에 따라 보험사고가 발생하게 되면 보험수익자에게 보험금을 지급하면 된다. 또한 생명에는 일정한 가액이 있는 것이 아니므로 보험수익자나 그 상속인에게 보험금과 손해배상금(예를 들어 불법행위로 인한 손해배상청구권) 모두를 지급한다고 하더라도 이를 부당하다고 볼 수 없으므로 보험수익자를 보호하기 위해 인보험에서 보험자의 청구권대위를 금지한 것이다. 생명보험에 있어서의 청구권대위 금지는 강행규정이며 따라서 청구권대위를 인정하는 특약은 무효라고 해석해야 할 것이다.

> **[대법원 2002. 3. 29. 선고 2000다18752, 18769 판결]**
>
> 〈주요 판시내용〉
>
> 상해보험의 경우 보험금은 보험사고 발생에 의하여 바로 그 지급조건이 성취되고, 보험자와 보험계약자 또는 피보험자 사이에 피보험자의 제3자에 대한 권리를 대위하여 행사할 수 있다는 취지의 약정이 없는 한, 피보험자가 제3자로부터 손해배상을 받더라도 이에 관계없이 보험자는 보험금을 지급할 의무가 있고, 피보험자의 제3자에 대한 권리를 대위하여 행사할 수도 없다.

다만 제729조 본문은 특별한 사정이 없는 한 정액보상 방식의 인보험에서 보험수익자 등이 자신이 제3자에 대하여 가지는 권리를 보험자와의 다른 원인관계나 대가관계 등에 의하여 보험자에게 양도하는 것까지 금한 것은 아니라고 해석된다.[23) 다시 말해 정액보상 방식의 인보험에서 피보험자가 보험자와의 다른 원인관계나 대가관계 등에 따라서 자신이 제3자를 상대로 가지는 권리를 보험자에게 양도하는 것은 청구권대위의 금지원칙에 위반되지 않는다.[24)

> **[대법원 2007. 4. 26. 선고 2006다54781 판결]**
>
> 〈주요 판시내용〉
>
> 상법 제729조 전문이나 보험약관에서 보험자대위를 금지하거나 포기하는 규정을 두고 있는 것은, 손해보험의 성질을 갖고 있지 아니한 인보험에 관하여 보험자대위를 허용하게 되면 보험자가 보험사고 발생시 보험금을 피보험자나 보험수익자(이하 '피보험자 등'이라고 한다)에게 지급함으로

---

23) 최준선, 329면; 양승규, 441면; 정동윤, 701면; 정찬형, 830면; 임용수, 469면.
24) 한기정, 750면.

써 피보험자 등의 의사와 무관하게 법률상 당연히 피보험자 등의 제3자에 대한 권리가 보험자에게 이전하게 되어 피보험자 등의 보호에 소홀해질 우려가 있다는 점 등을 고려한 것이므로, 피보험자 등의 제3자에 대한 권리의 양도가 법률상 금지되어 있다거나 상법 제729조 전문 등의 취지를 잠탈하여 피보험자 등의 권리를 부당히 침해하는 경우에 해당한다는 등의 특별한 사정이 없는 한, 상법 제729조 전문이나 보험약관에서 보험자대위를 금지하거나 포기하는 규정을 두고 있다는 사정만으로 피보험자 등이 보험자와의 다른 원인관계나 대가관계 등에 기하여 자신의 제3자에 대한 권리를 보험자에게 자유롭게 양도하는 것까지 금지된다고 볼 수는 없다.

(2) 예외—상해보험약관에서의 대위 허용

부정액 보상방식으로 영위되는 상해보험이나 질병보험의 경우에는 청구권대위 인정이 예외적으로 허용될 수 있다. 청구권대위를 인정하는 당사자간에 약정이 있는 때에는 보험자는 부정액 보상방식의 상해보험이나 질병보험에서의 피보험자의 권리를 해하지 아니하는 범위 안에서 그 권리를 대위하여 행사할 수 있다(제729조 단서). 당사자간의 다른 약정이란 일반적으로 약관을 의미한다. 예를 들어 상해로 인해 소요되는 입원비나 치료비, 수술비를 지급하기로 하는 상해보험(부정액 보상방식의 상해보험)은 피보험자의 의료비 지급으로 인한 경제적 손실에 대한 보상적 성격이 있어서 손해보험적 성격을 가지게 된다. 여기에서 당사자간에 청구권대위 인정에 대한 합의가 있고 보험사고가 제3자의 행위에 의해 야기된 경우에 피보험자가 보험자로부터 치료비 전액 상당의 보험금을 지급받고도 제3자에게 손해배상금 전액을 청구하도록 하는 것은 이중이득금지의 원칙에 어긋난다고 할 수 있다. 이러한 이유에서 손해보험적 성격을 가지는 상해보험에서 당사자간의 약정에 의해 예외적으로 청구권대위가 인정될 수 있다.

다만 상해보험에서 보험자에게 청구권대위가 인정된다고 해도 그 대위권은 법정대위가 아니라 당사자간의 약정에 의한 대위(약관상의 대위)로서[25] 보험금을 지급한 보험자에게 피보험자의 권리가 법률상 당연히 이전하는 것으로 볼 수는 없다. 대위에 관한 약정 이외에도 권리 취득을 위한 요건(등기, 인도, 대항요건 구비 등)을 갖추어야 보험자는 피보험자의 권리를 취득할 수 있다고 해석된다. 이에 대해 당사자 합의가 있더라도 법정대위적 성격은 그대로 존재하며, 법정대위를 규정한 제682조와 마찬가지로 보험자가 곧바로 청구권대위를 행사할 수 있다는 해석이 있다.[26] 제729조의 취지가 인보험에서의 청구권대위를 일반적으로 금지하면서 부정액 보상방식의 인보험에 있어서 별도의 약정이 있는 경

---

25) 정찬형 831면; 양승규, 442면(독일 보험법학계에서도 인보험 중 손해보험 방식으로 영위되는 의료보험이나 상해보험에 있어서 의료비보상을 목적으로 하는 보험에 대해서는 이득금지의 원칙이 적용되며 따라서 보험자대위가 인정될 수 있다고 해석되고 있다); 임용수, 470면; 정동윤, 701면; 김은경, 658면; 장덕조, 461면.
26) 한기정, 750면.

우에만 예외적으로 이를 허용하는 것이기 때문에, 이러한 약정의 존재 및 그 적용 범위는 보험약관이 정한 바에 따라 엄격히 해석해야 한다. 법조문을 보면 당사자간의 약정에 의해 청구권대위가 인정되는 것이 분명하며, 청구권대위를 허용하는 약정에서 권리 취득을 위한 요건 등에 관해서도 약정을 하고 이에 따르는 것이 마땅하다. 당사자간의 약정에 의한 대위를 법정대위와 동일시할 수는 없다. 보험자는 특별한 사정이 없는 한 보험약관이 예정하지 아니하는 피보험자의 손해배상청구권을 대위할 수 없다.27)

그런데 실무상 상해보험약관에 대위를 허용하는 내용이 포함된 경우는 거의 없다. 또한 피보험자의 권리를 해하지 아니하는 범위 내에서 예외적으로 보험자의 청구권대위가 인정되는 것이므로 피보험자가 보험금의 지급을 받았다고 해도 제3자에 대한 피보험자의 손해배상청구액이 커서 완전한 손해배상을 받지 못했다면 보험자의 청구권대위 행사는 제한될 수 있다. 제3자의 자력이 충분하지 않은 상태에서 보험자의 청구권대위 행사로 인해 제3자의 지급능력이 완전히 없어진다면 피보험자가 가지는 손해배상청구권이 의미가 없어지기 때문이다.28) 상해보험급부 중에서 그 성격이 정액보험에 해당하는 부분에 대해서는 대위약정이 당사자간에 맺어졌다고 하더라도 대위할 수 없다고 해석된다.29) 상해보험에서 약정에 의한 대위권 허용은 질병보험에 준용된다(제739조의3, 제729조 단서).

[대법원 2003. 12. 26. 선고 2002다61958 판결]

〈주요 판시내용〉

피보험자가 무보험자동차에 의한 교통사고로 인하여 상해를 입었을 때에 그 손해에 대하여 배상할 의무자가 있는 경우 보험자가 약관에 정한 바에 따라 피보험자에게 그 손해를 보상하는 것을 내용으로 하는 무보험자동차에 의한 상해담보특약은 손해보험으로서의 성질과 함께 상해보험으로서의 성질도 갖고 있는 손해보험형 상해보험으로서, 상법 제729조 단서의 규정에 의하여 당사자 사이에 다른 약정이 있는 때에는 보험자는 피보험자의 권리를 해하지 아니하는 범위 안에서 피보험자의 배상의무자에 대한 손해배상청구권을 대위행사할 수 있다(同旨: 대판 2000. 2. 11, 99다50699).

[대법원 2001. 9. 7. 선고 2000다21833 판결]

〈주요 판시내용〉

자기신체사고 자동차보험은 그 성질상 상해보험에 속한다고 할 것이므로, 그 보험계약상 타 차

---

27) 대판 2008. 6. 12, 2008다8430.
28) 보험연수원(편), 보험심사역 공통 1 교재, 2016, 236-237면.
29) 김성태, 810면; 장덕조, 461면. 그러나 채이식, 216면은 이에 반대한다.

량과의 사고로 보험사고가 발생하여 피보험자가 상대차량이 가입한 자동차보험 또는 공제계약의 대인배상에 의한 보상을 받을 수 있는 경우에 자기신체사고에 대하여 약관에 정해진 보험금에서 위 대인배상으로 보상받을 수 있는 금액을 공제한 액수만을 지급하기로 약정되어 있어 결과적으로 보험자대위를 인정하는 것과 같은 효과를 초래한다고 하더라도, 그 계약 내용이 위 상법 제729조를 피보험자에게 불이익하게 변경한 것이라고 할 수는 없다.

6. 유진사보험의 특성

인보험에서 피보험자가 신체검사를 받아야 하는 계약을 실무에서는 유진사계약(有診査契約)이라 하는데, 피보험자가 신체검사를 받았는가의 유무가 중요한 기준이 되는 경우가 있다. 즉 보험자는 보험계약자로부터 보험계약의 청약과 함께 보험료 상당액의 전부 또는 일부의 지급을 받은 때에는 다른 약정이 없으면 30일 내에 그 상대방에 대하여 낙부의 통지를 발송하여야 하는데(제639조의2 제1항 본문), 인보험계약의 피보험자가 신체검사를 받아야 하는 경우에는 그 기간은 신체검사를 받은 날부터 기산한다(제638조의2 제1항 단서). 또한 보험자가 보험계약자로부터 보험계약의 청약과 함께 보험료 상당액의 전부 또는 일부를 받은 경우에 그 청약을 승낙하기 전에 보험계약에서 정한 보험사고가 생긴 때에는 그 청약을 거절할 사유가 없는 한 보험자는 보험계약상의 책임을 져야 하는데(제638조의2 제3항 본문), 이때에도 인보험계약의 피보험자가 신체검사를 받아야 하는 경우에는 그 검사를 받지 아니한 때에는 보험자가 책임을 지지 않는다(제638조의2 제3항 단서).

7. 타인을 위한 인보험과 일부 조문의 적용 배제

인보험도 타인을 위한 보험 형식으로 체결될 수 있다. 그런데 제639조가 정하고 있는 타인을 위한 보험에 대한 내용 중에 인보험에는 적용되지 않는 것이 있다. 타인을 위한 손해보험계약의 경우에 타인의 위임이 없는 때에는 보험계약자는 이를 보험자에게 고지하여야 하고, 그 고지가 없는 때에는 타인이 그 보험계약이 체결된 사실을 알지 못하였다는 사유로 보험자에게 대항하지 못한다는 규정(제639조 제1항 단서)은 인보험에는 적용되지 않는다. 또한 타인을 위한 손해보험계약의 경우에 보험계약자가 그 타인에게 보험사고의 발생으로 생긴 손해의 배상을 한 때에는 보험계약자는 그 타인의 권리를 해하지 아니하는 범위 안에서 보험자에게 보험금액의 지급을 청구할 수 있다는 규정(제639조 제2항 단서) 역시 손해보험의 경우에만 적용된다.[30] 이들은 법조문상 손해보험계약에만 적용되는 것으

---

30) 장덕조, 459면.

로 규정되어 있다.

Ⅲ. 인보험증권의 기재사항

인보험증권에는 손해보험에 있어서의 공통적 기재사항(제666조) 이외에 보험계약의 종류, 피보험자의 주소·성명 및 생년월일, 보험수익자를 정한 때에는 그 주소·성명 및 생년월일을 기재하여야 한다(제728조). 보험수익자는 보험계약 체결시에 반드시 정해야 하는 것은 아니며 계약 체결 후에도 정할 수 있다. 피보험자와 보험수익자에 대한 인적 사항을 기재하도록 한 것은 보험사고의 객체가 되는 피보험자와 보험금 지급대상이 되는 보험수익자의 동일성을 입증하기 위함이며, 특히 생명보험계약의 경우 피보험자의 연령에 따라 예정사망률이 달라지고 이는 보험료 산정의 중요한 자료가 되기 때문에 기재하도록 한 것이다.31)

Ⅳ. 인보험과 기왕증 등에 따른 보험금감액

판례는 상해보험에서 기왕증이나 체질 등의 기여도에 따른 감면조항을 규정하고 있는 보험약관은 유효하다는 입장이다. 원칙적으로는 상해보험의 경우 기왕증 감액에 관한 약관조항이 없으면 피보험자의 체질 또는 소인 등이 보험사고로 인한 후유장해에 기여하였다는 사유로 보험금을 감액할 수는 없지만, 예외적으로 약관에서 기왕증감액을 따로 정하고 있다면 감액이 가능하다는 것이다.32) 예를 들어 교통사고로 인하여 피해자에게 신체상의 후유증이 생긴 경우에 그 후유증이 그 사고를 유일한 원인으로 하여 생긴 것이 아니고 피해자의 종전 지병과 사고가 경합하여 피해자에게 그러한 후유증이 나타난 경우에 있어서는 그 후유증으로 인한 전 손해를 그 사고 만에 기인한 것으로 단정할 수 없을 것임은 당연하고 불법행위 책임으로서의 손해의 공평한 부담이라는 견지에서도 그러하다 할 것이다. 이러한 경우에는 약관에 기왕증 감액 조항이 있다면 그 사고가 후유증이라는 결과발생에 대하여 기여하였다고 인정되는 기여도에 따라 그에 상응한 배상액을 가해자에게 부담시키는 것이 옳을 것이므로 법원이 그 기여도를 정함에 있어서는 기왕증의 원인과 정도, 기왕증과의 상관관계. 피해자의 연령과 직업 및 그 건강상태 등 제반사정을 고려하여 합리적으로 판단하여야 할 것이다.33)

---

31) 양승규, 441면; 정동윤, 699면.
32) 대판 2007. 10. 11, 2006다42610; 대판 2005. 10. 27, 2004다52033.
33) 대판 1987. 4. 14, 86다카112; 대판 1993. 4. 9, 93다180; 대판 1988. 4. 27, 87다카74; 대판 1993. 4. 9, 93다

[대법원 2005. 10. 27. 선고 2004다52033 판결]

〈주요 판시내용〉

　상해보험은 피보험자가 보험기간 중에 급격하고 우연한 외래의 사고로 인하여 신체에 손상을 입는 것을 보험사고로 하는 인보험으로서, 일반적으로 외래의 사고 이외에 피보험자의 질병 기타 기왕증이 공동 원인이 되어 상해에 영향을 미친 경우에도 사고로 인한 상해와 그 결과인 사망이나 후유장해 사이에 인과관계가 인정되면 보험계약 체결시 약정한 대로 보험금을 지급할 의무가 발생하고, 다만 보험약관에 계약체결 전에 이미 존재한 신체장해, 질병의 영향에 따라 상해가 중하게 된 때에는 그 영향이 없었을 때에 상당하는 금액을 결정하여 지급하기로 하는 내용이 있는 경우에는 지급될 보험금액을 산정함에 있어서 그 약관 조항에 따라 피보험자의 체질 또는 소인 등이 보험사고의 발생 또는 확대에 기여하였다는 사유를 들어 보험금을 감액할 수 있다.

[대법원 2007. 4. 13. 선고 2006다49703 판결]

〈주요 판시내용〉

　상해보험은 피보험자가 보험기간 중에 급격하고도 우연한 외래의 사고로 인하여 신체에 손상을 입는 것을 보험사고로 하는 인보험으로서, 상해사고가 발생하기 전에 피보험자가 고지의무에 위배하여 중대한 병력을 숨기고 보험계약을 체결하여 이를 이유로 보험자가 상법의 규정에 의하여 보험계약을 해지하거나, 상해보험약관에서 계약체결 전에 이미 존재한 신체장해 또는 질병의 영향에 따라 상해가 중하게 된 때에는 보험자가 그 영향이 없었을 때에 상당하는 금액을 결정하여 지급하기로 하는 내용의 약관이 따로 있는 경우를 제외하고는 보험자는 피보험자의 체질 또는 소인 등이 보험사고로 인한 후유장해에 기여하였다는 사유를 들어 보험금의 지급을 감액할 수 없다 (同旨: 대판 1999. 8. 20, 98다40763; 대판 2002. 10. 11, 2002다564).

　　상해보험은 피보험자가 보험기간 중에 급격하고 우연한 외래의 사고로 인하여 신체에 손상을 입는 것을 보험사고로 하는 인보험으로서, 보험금의 지급범위와 보험료율 등 보험상품의 내용을 어떻게 구성할 것인가는 보험상품을 판매하는 보험자의 정책에 따라 결정되는 것이므로, 피보험자에게 보험기간 개시 전의 원인에 의하거나 그 이전에 발생한 신체장해가 있는 경우에 그로 인한 보험금 지급의 위험을 인수할 것인지 등도 당사자 사이의 약정에 의하여야 한다고 해석하고 있다.34) 기왕증 감액약관은 보험계약자로 하여금 인하된 보험료를 부담시키며 또한 도덕적 위험을 방지하는 효과를 기대할 수 있으므로 보험계약자에게 불리한 내용이라고 할 수 없다.35)

180.

34) 대판 2013. 10. 11, 2012다25890.

35) 한기정, 753면 및 824면.

반면에 사망을 보험사고로 하는 생명보험계약에서 사망사고의 발생에 피보험자의 기여도에 따라 보험금을 감액하여 지급하는 것을 허용하는 것은 정액보험을 통해 유가족을 보호한다는 취지 등을 고려할 때 명백히 보험계약자 등에게 불이익한 변경으로서 이러한 감액 특약은 제663조 위반이며 따라서 무효로 해석함이 타당할 것이다. 만약 이를 허용하게 되면 약정된 보험금액에서 감액된 액수를 지급하게 되는 것이 되고 이는 정액보험임에도 불구하고 실손해액을 산정하는 것과 다름없는 결과가 된다.36) 한편 보험계약자 등의 중과실로 인한 보험사고에 대해서도 보험자의 보상책임을 인정하는 제732조의2의 취지를 고려할 때, 현행 법제하에서는 인보험사고 발생에 보험계약자 등의 경과실이 있는 경우 지급보험금 산정에 있어 과실상계 규정을 적용하여 보험금액을 감액한다는 당사자간의 특약은 보험계약자에게 불이익한 변경으로서 제663조 위반으로서 무효라고 보아야 할 것이다.37) 중과실 사고에 대해서 보험자의 보상책임을 그대로 인정하고 있기 때문에 경과실로 인한 사고에 대해 과실상계 규정을 적용한다는 것은 논리적으로 맞지 않기 때문이다. 다만 자신의 잘못이 아닌 기왕증을 이유로 보험금 감면이 가능할 수도 있는데, 과실에 대해서는 과실상계를 하지 못하는 것이 타당한 것인지 의문이다. 또한 앞에서도 설명한 바와 같이 반사회성 행위나 범법행위의 고의 입증이 어려운 경우에 제732조의2 조문으로 인해 그 행위자에게 보험금이 지급될 수밖에 없는 심각한 문제점이 있는 것도 사실이다.

---

36) 임용수, 470-471면.
37) 同旨: 임용수, 472-474면; 김은경, 661면.

I. 의의와 특성

1. 의 의

보험법은 생명보험계약의 정의에 대해 "생명보험계약의 보험자는 피보험자의 사망, 생존, 사망과 생존에 관한 보험사고가 발생할 경우에 약정한 보험금을 지급할 책임이 있다"고 정함으로써 과거보다 상세하게 규정하고 있다(제730조). 생명보험에서의 보험사고는 피보험자의 생존, 사망 또는 생존과 사망이며, 보험목적은 사람의 생명이며 보험금의 정액보상 방식이다. 피보험자가 일정한 기간 동안 사망하지 않고 생존하게 되면 만기보험금을 지급하며 보험기간 중에 사망하면 사망보험금을 지급하고 있다.

2. 기 능

노후생활의 보장과 사망에 따른 개인과 그 가족의 경제적 보장을 위해 국가는 각종 사회보장제도를 마련하여 시행하고 있으나 이것만 가지고는 불충분하다. 생명보험제도는 그 부족함을 보완해 주는 사적 보장제도이다. 생명보험계약에서 당사자가 정한 정액보험금의 지급을 통한 본래의 보장적 기능과 함께 납입보험료의 일부를 지속적으로 축적하여 이를 금융기관 등에서 운용하여 보험계약자 측에게 돌려주는 저축적 기능을 담당하기도 한다. 또한 축적된 자산의 운용을 통해 기관투자가로서의 기능도 하고 있다.[1] 생명보험계약은 단체보험 등의 예외를 제외하고는 개인이 자신과 가족의 장래를 위해 보험에 가입하는 가계보험이며 따라서 보험계약자 불이익변경금지원칙의 적용대상이 된다. 생명보험은 장기보험적 성격을 가진다.[2] 이에 따라 보험료의 지급이 일시납보다는 월납 형태로 이루

---

1) 양승규, 443-445면; 정찬형, 832면; 최준선, 329면; 임용수, 475-476면; 정동윤, 702면.
2) 장기보험적 성격으로 인해 보험기간 중에 보험계약자는 회사의 승낙을 얻어 보험종목, 보험기간, 보험료의 납입주기, 납입방법 및 납입기간, 보험가입금액, 보험계약자 또는 기타 계약의 내용을 변경할 수 있

어지며, 장기계약성을 고려하여 보험계약 체결의 번복을 인정하는 청약철회제도도 마련하고 있다.3)

3. 특   성

생명보험은 피보험자의 생명에 보험사고가 발생하게 되면 그로 인한 손해발생 유무나 손해의 크기 등을 불문하고 약정된 일정한 금액을 지급하는 정액보험인 점에서 손해보험과 본질적인 차이가 있다. 통설적 견해에 따를 때 생명보험계약에서 피보험이익의 개념은 인정되지 않으며 따라서 피보험이익의 유무는 계약의 성립이나 효력에 영향을 미치지 않는다. 또한 보험가액의 개념이 없기 때문에 초과, 중복, 일부보험 문제는 발생하지 않는다. 사람의 생명에 대해 그 가액을 산정하는 것은 불가능하며 보험금액은 당사자의 약정에 의해 정해진다. 따라서 보험범죄에 노출될 위험이 크다고 할 수 있다.4)

Ⅱ. 생명보험계약 관계자

1. 보험계약자와 피보험자

생명보험계약의 당사자는 보험금 지급책임을 부담하는 보험자와 보험료 지급의무를 부담하는 보험계약자이다. 생명보험계약에서 보험계약자의 지위(명의)를 변경하는 것은 가능하다. 다만 생명보험약관에서 보험계약자의 지위를 변경하는 데 보험자의 승낙이 필요하다고 정하고 있다면, 보험계약자가 보험자의 승낙없이 일방적인 의사표시만으로는 보험계약상의 지위를 이전할 수는 없다(생명보험표준약관 제20조 제1항 5호).5) 보험계약자의 지위 변경은 피보험자, 보험수익자 사이의 이해관계나 보험사고 위험의 재평가, 보험계약의 유지 여부 등에 영향을 줄 수 있기 때문이다. 유증은 유언으로 수증자에게 일정한 재산을 무상으로 주기로 하는 단독행위이지만, 유증에 따라 보험계약자의 지위를 이전하는 데에도 보험자의 승낙이 필요하다. 이는 보험계약자가 이미 보험료를 전액 납부해 보험료 지

다. 생명보험표준약관 제20조 제1항. 계약자가 보험수익자를 변경하는 경우에는 회사의 승낙이 필요하지 않다. 다만 변경된 보험수익자가 회사에 권리를 대항하기 위해서는 계약자가 보험수익자가 변경되었음을 회사에 통지하여야 한다.

3) 서헌제, 263면; 김은경, 662면.

4) 최준선, 330면; 임용수, 475면; 양승규, 443면.

5) 생명보험계약자의 지위 양도에 관하여, 김문재, "생명보험계약자의 지위의 양도", 상사판례연구 제21집 제4권, 2008, 281-305면; 정진옥, "생명보험계약자의 명의변경", 상사판례연구 제23집 제2권, 2010, 175-206면; 김선정, "보험계약자 변경", 상사판례연구 제21집 제4권, 2008, 237-274면.

급이 더 이상 문제되지 않는 경우에도 마찬가지로 해석된다.[6)]

[대법원 2018. 7. 12. 선고 2017다235647 판결]

〈주요 판시내용〉

생명보험계약에서 보험계약자의 지위를 변경하는 데 보험자의 승낙이 필요하다고 정하고 있는 경우, 보험계약자가 보험자의 승낙이 없는데도 일방적인 의사표시만으로 보험계약상의 지위를 이전할 수는 없다. 유증에 따라 보험계약자의 지위를 이전하는 데에도 보험자의 승낙이 필요하다고 보아야 한다. 유언집행자가 유증의 내용에 따라 보험자의 승낙을 받아서 보험계약상의 지위를 이전할 의무가 있는 경우에도 보험자가 승낙하기 전까지는 보험계약자의 지위가 변경되지 않는다. 유언공정증서에 유증의 대상이 '무배당 ○○ 즉시 연금보험금'으로 기재되어 있다면 '연금보험금'과 '보험계약자의 지위'는 구분해야 하며 유증된 재산은 연금보험청구권이지 연금보험상의 계약자의 지위로 볼 수 없다.

생명보험은 보험사고의 객체인 피보험자의 생명에 관한 사고(생존과 사망)를 담보하게 되므로 피보험자는 자연인이어야 하며 피보험자는 계약 체결시부터 확정되어 있어야 한다. 보험계약자와 피보험자가 동일하면 '자기의 생명보험'이라 하고 다른 경우를 '타인의 생명보험'이라 한다. 타인의 사망을 보험사고로 하는 보험계약을 체결하는 때에는 보험계약자는 피보험자의 서면동의를 보험계약 체결시에 얻도록 하고 있다(제731조). 또한 보험범죄를 방지하기 위해 15세 미만자, 심신상실자 또는 심신박약자의 사망을 보험사고로 한 보험계약은 무효로 하고 있다(제732조). 다만 심신박약자가 계약을 체결하거나 소속 단체의 규약에 따라 단체보험의 피보험자가 될 때에 의사능력이 있는 경우에는 계약을 유효한 것으로 하고 있다. 심신상실자 또는 심신박약자는 한정치산선고 또는 금치산선고를 받았는가와 관계없이 심신상실의 상태에 있거나 심신이 박약하여 스스로의 판단에 따라 법률행위를 할 수 없는 자를 말한다. 사망보험계약이 성립할 당시에 피보험자가 15세 미만이었다면 보험사고가 발생한 때에 피보험자가 15세 이상으로 되었다고 해도 그 보험계약은 무효로서 보험자는 보험금 지급책임이 없다.[7)]

사망보험이나 생사혼합보험에서 보험금액이 고액인 경우에 피보험자는 보험의에 의한 신체검사를 받도록 보험자로부터 요구받을 수 있다. 이때 피보험자는 고지의무를 부담한다고 해석된다. 따라서 피보험자가 기왕증 등에 대해 보험의에게 고지하지 아니하거나 부실의 고지를 하였다면 보험의가 신체검사시 통상적인 주의를 기울이면 쉽게 알 수 있는

---

6) 대판 2017. 7. 12, 2017다235647.
7) 생명보험표준약관 제19조 제2호; 양승규, 476면(악의로 보험계약자가 피보험자의 연령을 속이거나 심신상실자를 피보험자로 하여 보험계약을 체결한 때에는 보험자는 보험료반환의무가 없다).

것이 아닌 한, 보험자는 피보험자의 고지의무위반을 이유로 보험계약을 해지할 수 있다고 해석된다.[8]

피보험자의 지위는 인보험에서 핵심적인 위치에 있다. 보험자의 위험인수 여부에 영향을 주고 보험료의 산정이나 기타 보험계약의 조건과도 관련되기 때문이다. 따라서 인보험계약 체결 후에 피보험자를 변경한다는 것은 단순한 계약 내용의 변경이 아니라 새로운 계약의 체결이라고 할 수 있다. 그런데 생명보험표준약관에서는 피보험자의 변경을 제20조 제6호에서 '기타 계약의 내용'에 포함시켜 정하고 있다. 이에 따라 보험계약자는 보험자의 승낙을 얻어 피보험자를 변경할 수 있는 것으로 해석된다.

2. 보험수익자

손해보험에서의 피보험자와 같이 생명보험에서 보험금청구권을 가지는 자를 보험수익자라 한다. 보험수익자가 될 수 있는 특별한 자격이 요구되지는 않으며 따라서 배우자나 자녀 등 가족 외에도 일정한 제한 하에 가족 외의 사람이나 법인 또는 법인 이외의 단체를 보험수익자로 지정할 수도 있다. 보험수익자를 추상적으로 정할 수도 있고 특정인으로 하여 구체적으로 정할 수도 있다. 만약 보험증권상의 보험수익자란에 추상적으로 '상속인'으로만 기재되어 있다면 피보험자의 사망시(보험사고 발생시점) 법률에 따라 정해지는 피보험자의 법정상속인을 보험수익자로 하는 것으로 해석된다.[9]

보험수익자로 지정된 상속인이 여러 명인 경우에는 이들 공동상속인들의 각자의 상속분의 비율에 따라 보험금청구권을 취득하게 된다. 반면에 처음부터 상속인과 무관하게 보험수익자를 특정하여 여러 명을 지정한 경우에 보험계약자가 보험금 취득비율에 대해 따로 정하지 않았다면 각자 균등한 비율에 따라 보험금청구권을 취득한다고 보아야 할 것이다(민법 제408조). 보험수익자의 지정에 대해서는 생명보험표준약관 제11조와 보험법 제733조에서 규정하고 있다. 특히 보험수익자가 2인 이상인 경우에 약관은 그 중에 대표자를 지정하도록 하고 있고, 그 대표자는 다른 보험수익자를 대리하는 것으로 한다. 만약 지정된 보험수익자의 소재가 확실하지 아니한 경우에는 보험자가 보험수익자 1인에 대하여한 행위는 다른 보험수익자에 대하여도 효력이 미친다.[10] 보험계약자와 보험수익자가 동일하면 '자기를 위한 생명보험'이라 하고, 다르면 '타인을 위한 생명보험'이라 한다. 보험수익자가 보험금의 수령을 거부하는 때에는 보험계약자를 위한 생명보험계약이 된다.[11]

---

8) 양승규, 463면.
9) 대판 2006. 11. 9, 2005다55817.
10) 생명보험표준약관 제12조 제1항 및 제2항.
11) 최준선, 342면; 임용수, 479~480면.

[헌법재판소 2009. 11. 26. 선고 2007헌바137 결정]

〈결정 요지〉

피상속인이 실질적으로 보험료를 지불하고 그의 사망을 원인으로 일시에 무상으로 수취하는 생명보험금은 유족의 생활보장을 목적으로 피상속인의 소득능력을 보충하는 금융자산으로서의 성격도 지니고 있는 등 그 경제적 실질에 있어서는 민법상의 상속재산과 다를 바 없다. 실제로 상속과 동일한 경제적 효과를 가져 오는 생명보험금에 대하여 이를 상속재산으로 의제하여 상속세를 과세함으로써 과세형평 및 실질과세의 원칙을 실현하기 위한 불가피한 조치이며 이것이 실질적 조세법률주의에 위배되거나 납세의무자의 재산권을 침해하지 않는다.

보험계약자의 해지환급금 청구권에 대한 강제집행이 있거나 채권자에 의한 담보권실행 또는 국세 및 지방세 체납처분절차에 따라 계약이 해지된 경우, 해지 당시의 보험수익자는 계약 해지로 인하여 보험회사가 채권자에게 지급한 금액을 보험계약자의 동의를 얻어 보험회사에 지급한 후 보험계약자 명의를 보험수익자로 변경하여 계약의 특별부활(효력회복)을 청약할 수 있다. 보험자는 계약이 해지된 날부터 7일 이내에 지정된 보험수익자에게 이를 통지하되, 법정상속인이 보험수익자로 지정된 경우에는 통지를 보험계약자에게 할 수 있다.12)

Ⅲ. 생명보험의 종류

1. 보험사고에 의한 분류

(1) 사망보험

피보험자의 사망을 보험사고로 하는 생명보험계약이다. 피보험자가 사망하면 사망보험금이 지급되지만, 피보험자가 생존하고 있는 동안엔 지급되는 보험금이 없다. 사망보험의 경우 보험사고의 발생 여부는 확실하며, 다만 그 발생 시기만이 불확정적이라 할 수 있다. 여기에서의 사망은 사망사실의 확정, 피보험자의 생사불명으로 인해 법원으로부터 실종선고를 받은 것, 재해로 사망한 것으로 정부기관이나 법원이 인정하는 경우도 포함한다. 단순히 행방불명으로 생환하지 못하였다는 사실만으로는 약관상의 사망이라고 할 수는 없다고 본 판결이 있다.13)

---

12) 생명보험표준약관 제28조.
13) 대판 1985. 4. 23, 84다카2123; 임용수, 476-477면; 정동윤, 703면; 양승규, 445면.

> **[대법원 1989. 1. 31. 선고 87다카2954 판결]**
>
> 〈사실관계〉
>
> 갑판원이 시속 30노트 정도의 강풍이 불고 파도가 5-6미터 가량 높게 일고 있는 등 기상조건이 아주 험한 북태평양의 해상에서 어로작업 중 갑판위로 덮친 파도에 휩쓸려 찬 바다에 추락하여 행방불명이 되었다.
>
> 〈주요 판시내용〉
>
> 수난, 전란, 화재 기타 사변에 편승하여 타인의 불법행위로 사망한 경우에 있어서는 확정적인 증거의 포착이 손쉽지 않음을 예상하여 법은 인정사망, 위난실종선고 등의 제도와 그 밖에도 보통실종선고제도도 마련해 놓고 있으나 그렇다고 하여 위와 같은 자료나 제도에 의함이 없는 사망사실의 인정을 수소법원이 절대로 할 수 없다는 법리는 없다. 위와 같은 사실관계에서 비록 시신이 확인되지 않았다 하더라도 그 사람은 그 무렵 사망한 것으로 확정함이 우리의 경험칙과 논리칙에 비추어 당연하다.

사망보험은 다시 종신보험과 정기보험으로 구분된다. 종신보험이란 기간을 정하지 않은 채 피보험자가 사망할 때까지 사망보험의 효력이 지속되며 사망하게 되면 보험자가 약정된 보험금액을 지급할 책임을 부담하는 보험이다. 반면에 정기보험은 5년, 10년, 20년과 같이 약정된 기간 안에 발생된 피보험자의 사망에 대해서만 보험자의 보험금 지급책임을 인정하는 것이다. 정기보험에서 보험사고의 불확정성 문제는 정해진 기간 내에 사망사고의 발생 여부이다. 따라서 정기사망보험은 사망의 발생 여부를 보험사고의 불확정성으로 하는 반면, 종신보험은 사망사고의 발생시기를 보험사고의 불확정성으로 본다.[14] 정기보험에서 피보험자가 보험기간의 만료시까지 생존하면 원칙적으로 만기보험금을 지급하지 않고 보험계약은 그대로 소멸하게 된다.

사망보험에서는 15세미만자, 심신상실자 또는 심신박약자를 피보험자로 한 경우 그 보험계약은 절대적으로 무효이다(제732조). 무능력자의 사망을 보험사고로 하는 보험계약을 인정하는 경우 보험범죄 등 악용될 우려가 있기 때문이다.[15] 2015년 개정 보험법은 심신박약자가 보험계약을 체결하거나 제735조의2에 따른 단체보험의 피보험자가 될 때에 의사능력이 있는 경우에는 심신박약자의 사망을 보험사고로 한 보험계약을 유효한 것으로 규정하였다(제732조 단서). 또한 사망을 보험사고로 한 보험계약에서 사고가 보험계약자 또는 피보험자나 보험수익자의 중과실로 인하여 생긴 경우에도 보험자는 보험금액을 지급해야 할 책임을 부담한다(제732조의2). 중과실로 사망한 경우에 유족 등 보험수익자를 보

---

14) 한기정, 755면.
15) 정희철, 478면; 양승규, 446면.

호하기 위해 정책적으로 고려한 것으로서 그 입법목적은 정당하며 그 법률조항은 위헌이 아니라고 해석하고 있다.16)

(2) 생존보험

피보험자의 생존이 보험사고인 것이 생존보험이다. 생존보험이란 피보험자가 정해진 연령까지 생존하는 것을 보험사고로 하는 생명보험으로서 교육보험, 퇴직보험과 연금보험 (年金保險, annuity, pension)17)이 여기에 속한다. 당사자가 약정한 보험기간이 종료할 때까지 피보험자가 생존해 있을 때에 보험금이 지급되며, 보험기간 도중에 지급되기도 한다. 만일 보험기간이 만료되기 전에 피보험자가 사망하게 되면 보험자는 보험금 지급책임을 지지 않는다. 실무에서 생존보험은 저축성 보험으로 불리기도 한다. 실무상 순수한 의미에서의 생존보험은 거의 이용되지 않는다. 그 대신 연금보험이 생존보험의 한 형태로 이용되고 있다.18) 생존보험으로서의 연금보험은 피보험자가 일정한 연령 이후까지 생존하면 그 시점마다 생존보험금이 지급되는 보험을 말한다.

(3) 생사혼합보험

사망보험과 생존보험이 결합된 것으로서 일정한 만기를 정하여 피보험자가 그 연령까지 생존하는 경우 생존보험금을 지급하고 또한 그 연령에 도달하기 전에 사망한 경우에도 사망보험금을 지급하는 생명보험의 일종이다. 2015년 보험법 개정 전 제735조에서 규정하고 있었던 양로보험이 그 예이다. 2015년 개정 보험법은 생명보험의 보험사고가 피보험자의 사망, 생존, 사망과 생존을 모두 포함하는 것으로 명확히 규정하면서, 생사혼합보험과 생존보험의 근거조항으로 해석되던 제735조(양로보험)과 제735조의2(연금보험)을 삭제하였다.

2. 피보험자 수에 의한 분류

(1) 개인보험(단생보험)

피보험자 1인의 사망 또는 생존을 보험사고로 하는 보험계약이다. 피보험자 1인이 개별적으로 생명보험계약을 체결하는 경우이다.

---

16) 헌재 1999. 12. 23, 98헌가12, 99헌가3, 99헌바33; 최준선, 331면; 임용수, 476-477면.
17) 피보험자가 계약에서 정한 연령 이후에 생존하고 있는 동안에만 매월 또는 약정한 시기에 일정한 보험금을 연금으로 지급하는 특수한 형태의 생존보험이다. 양승규; 446면.
18) 정동윤, 704면; 양승규, 446면.

(2) 연생보험 · 생잔보험

연생보험(連生保險)이란 부부 또는 동업자와 같이 피보험자를 2인으로 하여 그 중의 1인이 사망을 하면 다른 1인이 보험금액을 지급받도록 하는 계약이다. 생잔보험(生殘保險)이란 피보험자 2인 가운데 1인이 사망한 경우 다른 1인이 생존할 것으로 조건으로 하여 보험금이 지급되도록 하는 특약이 포함된 보험을 말한다.[19]

(3) 단체보험

회사 등 특정 단체가 단체규약에 따라 그 구성원의 전부 또는 일부를 포괄적으로 피보험자로 하여 이들의 생존과 사망을 보험사고로 하는 생명보험계약을 단체보험이라 한다 (제735조의3 제1항 본문).[20]

3. 보험금 지급방법에 의한 분류

(1) 일시금 보험

일시금 보험은 보험사고가 발생한 때에 약정보험금액의 전부를 한꺼번에 지급하는 방식으로서 특별히 달리 정한 바가 없다면 일시금 지급 방식이 원칙이다.

(2) 분할지급 보험 (pay in installment)

2015년 개정 보험법에서는 연금보험에 관한 제735조의2[21]를 삭제하였고 대신 제727조 제2항을 신설하여 인보험계약에서의 보험금은 인보험계약 당사자간의 약정에 따라 분할하여 지급할 수 있다고 정하였다. 과거 제735조의2에서 '보험금을 연금으로 분할하여 지급할 수 있다'고 규정한 것을 제727조의2에서는 '보험금을 당사자간의 약정에 따라 분할하여 지급'할 수 있다고 그 표현을 바꾼 것이다. 이는 피보험자의 생명에 관한 보험사고가 생긴 때에 보험자가 보험금을 일시에 지급하지 않고 약정에 따라 보험금액을 연금으로 분할하여 순차적으로 지급하는 것을 말한다.

제735조의2를 삭제한 이유는 이 조문의 내용이 여러 형태의 연금보험 중에서 생존연금만을 규정하고 있을 뿐이고, 또한 이 조문이 생명보험의 절에 규정되어 있어 마치 보험금 분할지급 방식이 생명보험에서만 가능한 것으로 오해를 불러일으킬 수 있기 때문이다.

---

19) 정찬형, 834면; 정동윤, 704면; 임용수, 478면; 양승규, 447면.

20) 단체보험은 후술하는 타인의 생명보험에서 설명한다.

21) 제735조의2(연금보험) "생명보험계약의 보험자는 피보험자의 생명에 관한 보험사고가 생긴 때에 약정에 따라 보험금액을 연금으로 분할하여 지급할 수 있다."

민법상 손해배상금을 정기금으로 지급하기도 하며 손해보험의 일종인 책임보험의 경우 판결에 의해 보험금 지급이 강제적으로 분할지급 되기도 한다.22) 불법행위로 입은 상해의 후유장애로 인하여 장래에 계속적으로 치료비나 간병비 등을 지출하여야 할 손해를 입은 피해자가 그 손해의 배상을 정기금에 의한 지급과 일시금에 의한 지급 중 어느 방식에 의하여 청구할 것인지는 원칙적으로 손해배상청구권자인 그 자신이 임의로 선택할 수 있지만, 식물인간 등의 경우와 같이 그 후유장애의 계속기간이나 잔존여명이 단축된 정도 등을 확정하기 곤란하여 일시금 지급방식에 의한 손해의 배상이 사회정의와 형평의 이념에 비추어 현저하게 불합리한 결과를 초래할 우려가 있는 때에는 손해배상청구권자가 일시금에 의한 지급을 청구하였더라도 법원이 재량에 따라 정기금에 의한 지급을 명하는 판결을 할 수 있다. 분할지급방식의 필요성은 손해보험에서도 인정이 되고 있고 이에 따라 조세특례제한법에 의한 개인연금저축과 상해보험에서의 장해연금 등을 손해보험사에서도 판매하고 있다.

이러한 이유에서 보험금 분할지급에 관한 조문을 생명보험절에 그대로 두는 것이 타당하지 않다는 지적이 있어서 개정을 한 것이다. 보험금 지급방식의 문제는 모든 형태의 보험에 공통적으로 적용되는 것으로서 아예 보험법 통칙 부분에서 따로 규정할 필요가 있다고 여겨진다. 보험금의 분할지급이 법적인 의미를 갖는 것은 피보험자가 일정 연령 이후까지 생존하는 것을 보험사고로 하고 생존기간 동안 보험금을 분할하여 지급하는 경우이다. 이를 생존보험에서의 연금보험이라 함은 앞에서 설명하였다. 보험금을 단순히 분할하여 지급한다는 것과 생명보험에서의 연금보험은 다른 것이다.23)

(3) 변액생명보험

생명보험은 장기보험으로서 10년, 20년 후에 약정된 보험금액의 가치가 그 기간 동안의 물가상승으로 인해 하락하여 보험계약자 측에게 불리한 측면이 있다. 이러한 면을 극복하기 위해 보험계약자로부터 받는 보험료를 다른 자산과 구별하여 주식이나 사채 등의 유가증권에 투자, 운용하여 생기는 투자수익을 보험계약자에게 배분하는 보험상품이 등장하였는데 이러한 계약을 변액생명보험계약(variable life insurance)이라 한다. 인플레이션의 역작용을 상쇄하기 위한 상품이다. 만약 투자에 실패하는 경우에는 약정된 보험금액 조차 수령하지 못하는 등 보험계약자에게 더욱 불리하게 될 수도 있다.24) 이러한 투자성 상품은 「자본시장과 금융투자업에 관한 법률」의 규제 대상이 된다. 상품에 따라서는 보험계약

---

22) 대판 1996. 8. 23, 96다21691.
23) 한기정, 757면.
24) 양승규, 449면; 최준선, 333면.

자를 보호하기 위해 최저보장금액을 약정하는 경우도 있다.

4. 기타의 분류

  생명보험계약을 체결하면서 보험계약자 또는 피보험자의 고지 이외에 보험의가 피보험자의 신체검사를 실시하고 그 결과를 토대로 보험자가 위험의 인수 여부를 결정하는 것이 유진사계약이다. 고액보험의 경우는 유진사보험이 대부분이다. 반면에 보험의에 의한 신체검사를 요구하지 않은 채 보험계약자나 피보험자의 고지에 기초하여 보험자가 인수 여부를 결정하는 것이 무진사보험이다.25) 피보험자가 계약체결 당시에 아무런 결함이 없는 표준체(standard risk)인 경우 표준보험료에 의해 인수되며, 만약 건강 등에 문제가 있으면(표준하체, substandard risk) 특별보험료를 납입하거나 담보범위 축소 또는 보험금 삭감 등의 조건이 부가될 수 있는데 이와 같이 피보험자의 피보험적격체 여부에 따른 분류를 표준체보험과 표준하체보험이라 한다.26)

  그 밖에 이익배당을 보험계약자에게 행하는가의 여부에 따라 이익배당부보험과 무배당보험으로 나뉜다. 이익배당부보험이란 보험료를 산정하면서 그 기초가 되는 예정사망률, 예정이율 및 예정사업비 등을 먼저 보수적으로 계산하고 추후 실제사망률, 실제이율, 실제사업비율과의 차이인 死差益, 利差益 및 費差益 등 이익이 발생했을 때 이를 보험계약자에게 배당하는 것을 말한다. 장기생명보험의 경우에는 이익을 보험계약자에게 배당하는 것이 일반적이다. 무배당보험은 예정률을 실제율에 근접하게 산출함으로써 이익배당이 없는 대신에 동일한 보장에 대해 보험료가 상대적으로 저렴하다. 단기생명보험이나 보장성이 강한 생명보험의 경우에는 무배당보험이 일반적이다.27)

[대법원 2005. 12. 9. 선고 2003다9742 판결]

〈주요 판시내용〉

  주식회사 형태의 보험회사가 판매한 배당부 생명보험의 계약자배당금은 보험회사가 이자율과 사망률 등 각종 예정기초율에 기반한 대수의 법칙에 의하여 보험료를 산정함에 있어 예정기초율을 보수적으로 계산한 결과 실제와의 차이에 의하여 발생하는 잉여금을 보험계약자에게 정산·환원하는 것으로서 이익잉여금을 재원으로 주주에 대하여 이루어지는 이익배당과는 구별되는 것이

---

25) 정동윤, 706면.
26) 양승규, 448면.
27) 대판 2005. 12. 9, 2003다9742; 양승규, 450면; 최준선, 334면. 이익배당부 보험을 판매하면서 회사의 형태가 상호회사가 아니라 주식회사인 우리나라 생명보험사의 기업공개와 상장차익의 귀속문제에 관한 논문으로, 박세민, "생명보험사의 기업공개와 상장차익 귀속에 관한 법적 고찰", 상사법연구 제18권 제3호, 2000, 143-160면.

므로, 계약자배당전잉여금의 규모가 부족한 경우에도 이원(利源)의 분석 결과에 따라 계약자배당
준비금을 적립하는 것이 그 성질상 당연히 금지된다고는 할 수 없는 것이나, 사차익(死差益)이나
이차익(利差益) 등 이원(利源)별로 발생한 이익이 있다 하여 보험계약자들에게 구체적인 계약자배
당금 청구권이 당연히 발생하는 것이라고는 볼 수 없고, 보험회사가 약관에서 정한 바에 따라 그
지급률을 결정하여 계약자배당준비금으로 적립한 경우에 한하여 인정되는 것이며, 계약자배당전
잉여금의 규모와 적립된 각종 준비금 및 잉여금의 규모 및 증감 추세를 종합하여 현재 및 장래의
계약자들의 장기적 이익 유지에 적합한 범위 내에서 계약자배당이 적절하게 이루어지도록 하기
위한 감독관청의 규제나 지침이 있는 경우, 보험회사로서는 위 규제나 지침을 넘어서면서까지 계
약자배당을 실시할 의무는 없는 것이다.

또한 생명보험은 보장성보험과 저축성보험으로 분류될 수도 있는데 보장성보험은 사
망이나 상해, 입원 등의 보험사고가 발생한 경우에 약정 급부금을 주는 보험상품을 말한
다. 중도해지나 만기에 지급되는 환급금이 그때까지 납입한 보험료보다 많으면 저축성보
험, 그렇지 않으면 보장성보험이라 한다. 보장성보험의 보험료가 저축성보험의 보험료보다
일반적으로 저렴하다.28)

Ⅳ. 생명보험자의 의무

1. 보험금지급의무

(1) 보험기간 중의 사고

(가) 보험기간

보험자의 책임은 당사자간에 다른 약정이 없으면 보험계약이 성립하여 최초의 보험료
의 지급을 받은 때로부터 개시되는 것이 원칙이다(제656조). 그런데 실무상 보험자가 먼저
제1회 보험료를 수령하고 그 후 보험계약의 청약을 승낙한 경우에는 제1회 보험료를 수령
한 때, 유진사보험의 경우에는 피보험자가 신체검사를 받은 때부터 보험자의 책임이 개시
되는 것으로 정하기도 한다. 이러한 경우에는 보험계약이 성립되기 이전의 시기를 보험기
간의 시기로 하는 일종의 소급보험이 된다.29)

(나) 보 험 금

① 보험금의 종류   생명보험의 보험자는 계약에서 정한 피보험자의 생명에 관한 보
험사고가 발생하면 미리 당사자간에 약정된 보험금(정액보험)을 보험수익자에게 지급해야

---

28) 장덕조, 464면.
29) 생명보험표준약관 제23조 제1항; 양승규, 465면, 468면.

한다(제730조). 생사혼합보험에서 보험기간 중에 피보험자가 사망하면 사망보험금이 지급되며 보험기간 중에 피보험자가 사망하지 않고 생존한 채로 보험기간이 종료하게 되면 만기보험금을 지급한다.[30] 생명보험에서는 보험가액의 관념을 인정하지 않고 보험자와 보험계약자간의 개별적 합의에 의해 정해진 보험금액만이 있다. 보험범죄를 예방하기 위해 보험금액의 최고한도액을 미리 정하여 그 한도(예를 들어 피보험자 1인당 5억원 한도)에서만 보험인수를 하기도 한다. 지급되는 보험금은 같은 사망사고라 하더라도 일반사망 또는 재해로 인한 사망 등 보험사고의 원인에 따라 금액의 크기가 달라질 수 있고 또한 계약 체결 후 1년 또는 2년 내의 사고와 같이 보험사고가 발생한 시점에 따라 차등적으로 지급될 수도 있다.[31]

② 재해사고와 장해보험금　　실무상으로 생명보험에서 피보험자의 생존이나 사망만을 보장하는 경우는 드물고 약관에서 재해 또는 질병으로 인한 피보험자의 사망 또는 장해를 특별히 담보하는 보험을 추가하는 경우가 대부분이다. 재해로 인한 사망에 대해서는 일반사망에 비해 2배에 해당되는 보험금을 지급하기도 하고, 제1급 후유장해에 대해 일반사망보험금에 해당되는 금액이 지급되기도 한다.

(a) 재　　해　　생명보험표준약관에서 재해란 우발적인 외래의 사고로서 약관 재해분류표에 따른 사고라고 규정하고 있다. 생명보험에서는 생명보험표준약관 〈부표 4〉에서 재해를 분류하고 있다. 반면에 손해보험회사의 약관에서는 재해 대신에 상해사고를 규정하고 있는데 상해를 급격하고도 우연한 외래의 사고라고 정의하고 있다.[32] 재해란 예기치 않게 일어난 우연한 외부사고라고 할 수 있고, 상해란 예기치 않게 우연히 일어나고 예측할 수 없는(피할 수 없는) 결과의 외부사고를 의미한다. 예를 들어 겨울에 얼어 있는 계단 사용을 금지하는 안내가 있었음에도 이를 무시하고 계단을 오르다가 미끄러지면서 다리에 골절사고를 당한 경우에, 생명보험회사의 재해로는 보상이 되지만 손해보험회사의 상해로는 보상이 안된다. 위험한걸 알면서도 얼어 있는 계단을 사용한 것이기 때문에 해당 사고가 예측할 수 없는(피할 수 없는) 결과라고 할 수 없기 때문이다. 한편 전 세계 인류를 위험에 빠뜨렸던 코로나바이러스 감염증(COVID-19)에 대해 생명보험에서의 재해보상을 받을 수 있도록 관련 약관과 감염병 예방법을 개정한 바 있다. 생명보험표준약관에서는 질병 또는 체질적 요인이 있는 사람이 경미한 외부 요인에 의하여 발병하거나 그 증상이 악화되었을 때에 그 경미한 외부 요인은 우발적인 외래의 사고로 보지 않아 재해분류에서 제외하고 있다.[33] 또한 외과적 및 내과적 치료 중 발생한 환자의 재난을 기본적으

---

30) 최준선, 342면; 정찬형, 848면; 정동윤, 714면.
31) 정찬형, 848면; 양승규, 464-465면.
32) 실손의료보험표준약관 〈붙임 1〉 용어의 정의.
33) 생명보험표준약관 재해분류표 참조; 양승규, 450면, 470면, 472면; 최준선, 334면; 임용수, 475면, 502-

로 재해사고로 보지만, 진료기관의 고의 또는 과실이 없는 사고는 재해 분류에서 제외하고 있다.

(b) 장   해   재해사고가 발생하여 피보험자에게 장해가 생기면 장해보험금을 지급하는데 생명보험표준약관 〈부표 3〉에서 장해를 정의하고 있다. 장해란 상해 또는 질병에 대하여 치유된 후 신체에 남아있는 영구적인 정신 또는 육체의 훼손상태를 말하며, 다만 질병과 부상의 주증상과 합병증상 및 이에 대한 치료를 받는 과정에서 일시적으로 나타나는 증상은 장해에 포함되지 않는다고 정하고 있다. 재해사고를 담보하는 재해보험은 생명보험계약에 보장적 기능을 강화한 상품으로 생명보험과 상해보험의 결합에 의한 상품으로 볼 수 있다. 후유장해보험금 청구권은 후유장해 등급이나 그 정도가 판명된 때에 시효가 진행되는 것으로 해석해야 한다.[34]

(c) 동일사고에서의 보험금 지급   하나의 보험계약에서 장해보험금과 사망보험금을 함께 규정하고 있는 경우, 사망보험금은 사망을 지급사유로 하는 반면 장해보험금은 생존을 전제로 한 장해를 지급사유로 하는 것이므로, 동일한 재해로 인한 보험금은 당해 보험계약에서 중복지급을 인정하는 별도의 규정을 두고 있는 등 특별한 사정이 없는 한, 그중 하나만을 지급받을 수 있는 것으로 해석해야 한다. 따라서 재해로 인한 장해상태가 회복 또는 호전을 기대하기 어렵거나 또는 호전가능성을 전혀 배제할 수는 없지만 기간이 매우 불확정적인 상태에 있어 증상이 고정되었다면 장해보험금의 지급을 청구할 수 있다. 그 후 발생한 사망사고가 기존의 사고가 아닌 새로운 재해사고로 인한 경우에는 재해사망보험금을 지급하게 될 것이다. 한편 그 증상이 고정되지 아니하여 사망으로의 진행단계에서 거치게 되는 일시적 장해상태에서 치료를 받던 중 재해와 상당인과관계가 있는 원인으로 사망한 경우에는 그 사이에 장해진단을 받았더라도 일시적 장해상태였으므로 장해보험금이 아닌 재해사망보험금을 지급받을 수 있을 뿐이다. 만약 장해보험금이 이미 지급되었다면 그 금액과 약정된 재해사망보험금액과의 차액만 지급하면 된다. 이때 재해 이후 사망에 이르기까지의 상태가 증상이 고정된 장해상태인지 사망으로의 진행단계에서 거치게 되는 일시적 상태인지의 판단을 위해서는 장해진단으로부터 사망에 이르기까지의 기간, 재해로 인한 상해의 종류와 정도, 장해부위와 장해율, 직접사인과 장해의 연관성 등 관련 사정을 종합적으로 고려하여야 한다.[35]

503면; 김성태, 811면; 양승규/장덕조, 510-511면.

34) 대판 1992. 5. 22, 91다41880; 김선정, "장해보험금을 지급받은 피보험자가 사망한 경우 보험자의 사망보험금지급책임—대법원 2013. 5. 23, 선고 2011다45736 판결—", 기업법연구 제27권 제3호, 2013, 238면 및 243면; 김성태, 872-873면.

35) 대판 2013. 5. 23, 2011다45736; 김선정, "장해보험금을 지급받은 피보험자가 사망한 경우 보험자의 사망보험금지급책임—대법원 2013. 5. 23, 2011다45736 판결", 기업법연구 제27권 제3호, 2013, 246면.

[대법원 2013. 5. 23. 선고 2011다45736 판결]

〈주요 판시내용〉

망인은 장해상태에 들어가 단기간 내에 사망한 것이 아니라 이 사건 사고로부터 약 1년 4개월, 장해진단을 받은 후 약 9개월 동안 생존하였고 그 장해상태가 계속하여 유지되다가 사망하였으므로 그 장해상태가 일시적 장해상태라고 보기는 어렵다 할 것이다. 오히려 망인은 장해상태가 상당한 기간 계속되면서 면역력 등이 저하되어 발생한 폐렴에 의하여 사망에 이르게 된 것이고, 재해 이후 1년 4개월 동안이나 지속된 뇌손상 후유증으로 인한 통합적 뇌기능 장해 상태는 회복 내지 호전의 가능성이 거의 없이 증상이 고정된 것이고, 사망으로의 진행과정에서 나타나는 일시적인 증상이라고 보기는 어렵다고 봄이 상당하다. 따라서 망인의 증상이 장해상태로 고정된 것임을 전제로 재해장해연금을 지급받은 것은 정당하고, 그 후 이 사건 사고로 결국 사망에 이르게 되었다고 하여 추가로 재해사망보험금을 지급받을 권리는 인정되지 않는다 할 것이다.

피보험자가 질병치료 중에 의료과실로 인해 후유장해를 입었고 재해사망특약에서 정한 후유장해보험금 지급을 구하는 소송에서 패소한 경우에 그 후 피보험자가 사망하자 의료과실이라는 재해에 해당하는 사고를 직접적인 원인으로 사망하였다는 이유로 재해사망특약에서 정한 사망보험금을 청구하는 소송을 제기하였다면 후유장해 보험금에 대한 선행소송의 기판력이 사망보험금에 대한 후행소송에 미치는가의 문제에서 대법원은 동일한 재해를 원인으로 하였다고 하더라도 제1급 장해상태에 따른 보험금 청구와 사망에 따른 보험금 청구는 별개라고 보면서 선행소송 확정판결의 기판력은 후행소송에 영향을 미치지 못하므로 보험자는 사망보험금을 유족에게 지급하라고 판단하였다. 한편 대법원은 만약 제1급 장해상태에 대한 보험금 청구 소송에서 승소하여 보험금을 수령한 후에 사망에 따른 사망보험금 청구소송을 제기하더라도 제1급 장해상태에 따른 보험금과 사망에 따른 보험금의 중복지급은 허용되지 않는다는 점을 분명히 하였다.[36]

(2) 보험자의 책임개시시점과 승낙 전 사고에 대한 보장

보험이론상 청약에 대한 보험자의 승낙 전에 피보험자가 사망한 경우에는 비록 보험자와 보험계약자가 그러한 사실을 알지 못했다고 해도 그 보험계약은 무효로 해석된다. 생명보험계약을 체결하면서 보험사고의 객체없이 계약체결을 인정할 수 없기 때문이다.[37] 그런데 제683조의2 제3항과 생명보험표준약관 제23조 제2항에서 승낙 전 사고에 대한 보상에 대해 규정하고 있다. 보험자가 보험계약자로부터 보험계약의 청약과 함께 보험료 상

---

36) 대판 2022. 10. 27, 2019다249305; 이준교, "2022년 생명보험 분쟁 관련 주요 대법원 판결 및 시사점", 생명보험, 2023년 2월호, 30-33면.
37) 양승규, 476면.

당액의 전부 또는 일부를 받은 경우에 그 청약을 승낙하기 전에 보험계약에서 정한 보험사고가 생긴 때에는 그 청약을 거절할 사유가 없는 한 보험자는 보험계약상의 책임을 지도록 하고 있다. 다만 인보험계약의 피보험자가 신체검사를 받아야 하는 경우에 그 검사를 받지 아니한 때에는 보험자의 책임은 없다. 즉 유진사보험의 경우 피보험자가 신체검사를 받기 전에 사망한 경우에는 비록 제1회 보험료 상당액을 지급하고 가수증 교부를 받았다고 해도 보험으로부터의 보호를 받을 수는 없는 것이다. 만약 보험계약 청약시에 보험계약자 측이 고지의무를 위반하고 이것이 보험금 지급사유의 발생에 영향을 미쳤음을 보험자가 입증한 경우에는 청약을 거절할 사유에 해당될 수 있다.[38] 물론 승낙 전 보상은 생명보험계약에만 적용되는 것은 아니지만 계약 체결 전에 신체검사를 받아야 하고 계약기간이 장기간에 걸치는 생명보험에서 특히 중요한 의미를 가진다.[39]

[대법원 1991. 11. 8. 선고 91다29170 판결]

〈주요 판시내용〉

보험회사가 보험설계사를 통하여 위험보장배수 10배인 '태양보험'(生命保險) 가입청약을 받고 제1회 보험료를 납부받은 직후 피보험자가 오토바이 운전중 교통사고로 사망하는 보험사고가 발생하였으나 피보험자가 오토바이 사용자인 위험직종으로서 그 약관에 정한 적격피보험체가 아님을 사유로 보험회사가 그 승낙을 거절함으로써 위 보험계약은 성립되지 않았다.

---

(3) 보험금 감액 사유

피보험자의 직업이나 직종에 따라 보험금 가입한도나 보상비율에 차등이 있는 생명보험계약에서 그 피보험자의 직업이나 직종에 관한 사항에 대하여 고지의무위반이 이루어지고 이에 따라 실제의 직업이나 직종에 따른 보험금 가입한도나 보상비율을 초과하여 보험계약이 체결되는 경우가 있다. 이 경우 보험사고의 발생 여부와 관계없이 보험자가 보험금을 피보험자의 실제 직업이나 직종에 따른 보험금 가입한도나 보상비율 이내로 감축하는 것은 실제 직업이나 직종에 따른 보험금 가입한도나 보상비율을 초과하는 부분에 관한 보험계약을 실질적으로 해지하는 것이라고 해석될 수 있다. 따라서 그 해지에 관하여는 제651조에서 규정하고 있는 해지기간, 고지의무위반 사실에 대한 보험자의 고의나 중과실 여부, 제655조에서 규정하고 있는 고지의무위반의 사실과 보험사고 발생 사이의 인과관계 등에 관한 규정이 적용되어야 한다. 만일 이러한 조문들이 적용될 여지가 없이 원래 실제 직업이나 직종에 따라 가능하였던 가입한도나 보상비율 범위 이내로 지급하여야 할 보험

---

38) 생명보험표준약관 제23조 제3항; 양승규, 463면, 469-470면; 임용수, 501-502면.
39) 대판 1991. 11. 8, 91다29170; 서헌제, 267면.

금을 자동적으로 감축하는 취지의 약정이 있다면 이는 당사자의 특약에 의하여 보험계약
자나 피보험자, 보험수익자에게 불리하게 변경한 것으로서 제663조에 의하여 허용되지 않
는다.40)

2. 보험료적립금 반환의무

(1) 취　　지

장기보험인 생명보험에서는 저축적 요소가 포함되어 있기 때문에 보험료적립금반환의
문제가 발생할 수 있다. 즉 보험계약이 해지되거나 보험자가 면책이 될 때에 보험수익자
를 위해 적립해놓은 보험료적립금을 보험계약자에게 반환해야 하는 문제가 있다(제736조
제1항 본문).41) 2015년 개정 보험법에서는 보험료적립금 반환청구권은 보험료반환청구권
및 보험금청구권과 함께 3년간 행사하지 아니하면 시효의 완성으로 소멸한다고 규정하고
있다(제662조).

(2) 반환사유

보험계약이 해지되는 제649조(사고발생전 임의해지), 제650조 제2항(보험료부지급으로
인한 해지), 제651조(고지의무위반으로 인한 해지), 제652조(위험변경증가로 인한 해지), 제
653조(보험계약자 등의 귀책사유에 의한 위험증가로 인한 해지), 제654조(보험자의 파산선고
에 따른 해지)의 경우 보험료적립금을 반환해야 한다. 다음으로 제732조의2(생명보험에서
보험계약자, 피보험자, 보험수익자의 고의사고 면책) 및 제660조(전쟁면책)에 의해 보험자가
보험금 지급책임을 면하게 된 때에 보험자는 보험수익자를 위하여 적립한 보험료적립금을
보험계약자에게 반환하여야 한다(제736조 본문).42) 이 경우는 보험자의 면책뿐만 아니라
피보험자의 사망이라는 보험사고가 발생함으로 인해 보험계약은 자연히 그 효력을 상실하
게 된다. 이러한 이유에서 보험료적립금반환의무를 규정하고 있다.43)

(3) 예　　외

보험료적립금반환사유 중에 보험사고가 보험계약자의 고의로 인해 발생하여 보험자가
보험금 지급책임을 면하게 된 때에 당사자간에 다른 약정이 없는 한 보험자는 보험료적립

---

40) 대판 2000. 11. 24, 99다42643; 최준선, 342면.
41) 양승규, 473면; 정찬형, 854면; 임용수, 508-509면. 보험료적립금 반환청구권의 귀속문제, 양도, 압류에
　　대해서는 정진옥, "해지환급금청구권에 관한 연구", 기업법연구 제8집, 2001, 499-526면.
42) 양승규, 473면.
43) 한기정, 804면.

금 반환의무를 부담하지 않는다(제736조 제1항 단서). 계약의 당사자인 보험계약자가 고의로 사고를 일으킨 경우에는 제재적 차원뿐만 아니라 신의칙상으로도 보험료적립금을 반환받을 권리를 인정할 수 없기 때문이다. 반면 피보험자나 보험수익자에 의한 고의사고에 대해서는 보험자는 보험계약자에게 보험료적립금을 반환해야 한다.44) 보험계약자의 사기로 인한 고지의무 위반인 경우에 견해가 나뉘기는 하지만 보험자의 보험료적립금 반환의무는 없다고 해석된다.45)

(4) 반환 대상

생존보험 또는 생사혼합보험의 경우 보험자는 보험기간의 종료 시점 또는 보험기간 중의 특정 시점에 피보험자가 생존하고 있으면 생존보험금을 지급해야 하므로 일정 금액을 적립해야 한다. 그런데 그 시점 이전에 보험계약이 해지되는 등의 반환사유가 발생하는 경우 보험자는 적립해 놓은 금액을 보험계약자에게 반환해야 한다. 이것이 제736조에서의 보험료적립금 반환대상이 된다.

본래 생명보험계약의 보험료를 정확하게 산정하기 위해서는 보험기간의 초반에는 피보험자의 연령이 높지 않으므로 사망의 위험이 작고 따라서 보험료가 소액이어야 하며, 보험기간이 경과할수록 사망의 위험이 커지므로 보험료가 증가되어야 한다(자연보험료). 즉 위험의 크기가 다르게 평가되는 보험기간의 전반부와 후반부의 보험료가 달라져야 할 것이다. 그러나 실무에서는 편의상 전 기간에 걸쳐 보험료를 균등하게 산정하여 납입하도록 하고 있다(평균보험료). 보험기간의 전반부 동안에는 보험계약자가 위험의 실제 크기보다 더 높게 계산된 보험료를 지급하는 것이라 할 수 있다. 다시 말해 위험의 실제 크기를 산정하는 자연보험료와 실무상의 편의를 위해 산정한 평균보험료 사이에 차이가 발생할 수 있는데, 만약 평균보험료 방식이 채택이 된 사망보험이라면 평균보험료가 자연보험료보다 높은 시점까지는 보험자가 나중에 자연보험료가 평균보험료보다 높아지는 시점부터 보험기간의 종료시까지의 위험대비를 위해 보험료를 미리 수령한 것이 되므로 이것 역시 보험료적립금 반환대상이 된다.46) 보험기간 도중에 보험계약이 해지되어 보험자의 지급책임이 면제된 경우에 보험자는 보험수익자를 위하여 적립한 금액을 보험계약자에게 지급하도록 하고 있다(제736조). 보험료적립금을 실무상으로는 해지환급금이라 하며 약관에서는 이 가운데서 일정한 비용을 공제한 잔액을 반환하도록 정하고 있다. 이를 반환 받을 것을

---

44) 피보험자 또는 보험수익자의 고의사고에 대해서도 보험자의 보험료적립금 반환의무가 없는 것으로 해석해야 한다고 했던 과거 견해를 변경한다.
45) 양승규, 474면. 임용수, 510면. 반면 정찬형, 855면 및 한기정, 805면은 이 경우에도 보험자가 보험료적립금반환의무를 부담하는 것으로 해석한다.
46) 한기정, 805면.

목적으로 하여 계약을 해지하는 것을 환매라 한다.47)

일반보험에서는 보험사고 발생 전에 보험계약자에 의해 임의로 계약이 해지되는 경우에 미경과보험료를 반환하게 된다(제649조 제3항). 그런데 미경과보험료가 보험료적립금 반환대상이 되는가에 대해 견해가 나뉜다. 보험자가 결산기마다 보험계약의 종류에 따라 대통령령으로 정하여 계상(보험업법 제120조 제1항 및 동법시행령 제63조 제1항 제1호)하는 책임준비금이란 보험기간의 전반부에 발생하는 초과분 즉 보험료적립금과 미경과보험료 등을 합한 금액을 말한다. 이 중 보험수익자를 위하여 적립한 금액이란 보험료적립금만을 의미한다고 해석하는 견해가 설득력이 있다. 왜냐하면 미경과보험료는 손해보험에도 적용될 수 있기 때문이다.48) 생명보험과 손해보험에 공통적으로 나오는 미경과보험료는 생명보험에서 제736조가 아니라 보험편 통칙 규정들(예를 들어 제649조 제3항 등)에 의해서 반환 문제를 처리하면 된다.49)

3. 약관상의 의무

(1) 보험약관 대출의무

생명보험표준약관에서 보험계약자는 보험증권을 담보로 하여 해지환급금의 범위 내에서 보험자가 정한 방법에 따라 보험자로부터 대출을 받을 수 있다고 정하고 있고 이에 따라 보험자는 대출의무를 부담한다.50) 실무상 '약관대출 또는 보험계약대출'이라 불리며 그 법적 성질은 특수한 금전소비대차로 보는 것이 다수설이다 보험자가 보험금이나 해약환급금 등 약관상 지급채무가 발생하는 경우 여기에서 대출원리금을 상계한 후 지급하기로 약정한 특수한 소비대차라는 것이다.51)

---

47) 손주찬, 697면; 정찬형, 854면; 정동윤, 716면; 정희철, 484면.
48) 양승규, 473면; 임용수, 509면; 이기수/최병규/김인현, 427면. 이와 달리 미경과보험료도 반환대상이라는 견해로는 최기원, 626면.
49) 한기정, 805면.
50) 생명보험표준약관 제33조(보험계약대출) ① 계약자는 이 계약의 해지환급금 범위 내에서 회사가 정한 방법에 따라 대출(이하 "보험계약대출"이라 합니다)을 받을 수 있습니다. 그러나 순수보장성보험 등 보험상품의 종류에 따라 보험계약대출이 제한될 수도 있습니다.
    ② 계약자는 제1항에 의한 보험계약대출금과 보험계약대출이자를 언제든지 상환할 수 있으며 상환하지 아니한 때에는 보험금, 해지환급금 등의 지급사유가 발생한 날에 지급금에서 보험계약대출 원금과 이자를 차감할 수 있습니다.
    ③ 회사는 제26조(보험료의 납입이 연체되는 경우 납입최고와 계약의 해지)에 따라 계약이 해지되는 때에는 즉시 해지환급금에서 보험계약대출 원리금을 차감합니다.
    ④ 회사는 보험수익자에게 보험계약대출 사실을 통지할 수 있습니다; 임용수, 510면.
51) 양승규, 474면; 손주찬, 698면; 최기원, 627면(상계의 방법으로 변제하는 금전소비대차로 해석한다); 임용수, 511면; 최준선, 344면; 이기수/최병규/김인현, 428면; 서돈각/정완용, 481면; 서헌제, 268면; 김성태, 830면; 김은경, 692면. 과거 판례 중에 소비대차설을 지지한 판례도 있다. 대판 1997. 4. 8, 96다51127.

그러나 현재 판례는 약관대출을 보험자가 장래에 지급해야 할 보험금이나 해약환급금을 미리 지급하는 선급금과 같다고 해석한다.52) 일부 견해도 마찬가지이다. 선급금으로 보는 주요 논거는 해약환급금의 범위 내에서 대출이 가능하고 대출원리금의 합계액이 보험금액을 초과하게 되면 보험계약이 종료하는 점을 들고 있다. 약관대출원리금을 상환하지 않으면 보험자는 대출자에게 해약환급금을 지급해야 하는 사유가 발생했을 때 그 지급금에서 상계하기로 미리 약정하는 관행이 있는데, 이를 고려하면 해약환급금의 선급으로 해석하는 것이 타당하다.53) 약관대출을 규정하고 있는 생명보험표준약관 제33조도 약관대출의무의 법적성질을 선급금으로 보고 있다. 약관대출이 가능한 보험상품은 생사혼합보험, 종신보험, 연금보험과 같이 해약시에 해약환급금이 있는 보험이며, 순수보장성보험과 같이 해약환급금이 없는 경우 또는 보험상품의 종류에 따라 해약환급금이 소액인 경우에는 약관대출이 제한될 수 있다.54)

[대법원 2007. 9. 28. 선고 2005다15598 판결]

〈주요 판시내용〉

생명보험계약의 약관에 보험계약자는 보험계약의 해약환급금의 범위 내에서 보험회사가 정한 방법에 따라 대출을 받을 수 있고, 이에 따라 대출이 된 경우에 보험계약자는 그 대출 원리금을 언제든지 상환할 수 있으며, 만약 상환하지 아니한 동안에 보험금이나 해약환급금의 지급사유가 발생한 때에는 위 대출 원리금을 공제하고 나머지 금액만을 지급한다는 취지로 규정되어 있다면, 그와 같은 약관에 따른 대출계약은 약관상의 의무의 이행으로 행하여지는 것으로서 보험계약과 별개의 독립된 계약이 아니라 보험계약과 일체를 이루는 하나의 계약이라고 보아야 하고, 보험약관대출금의 경제적 실질은 보험회사가 장차 지급하여야 할 보험금이나 해약환급금을 미리 지급하는 선급금과 같은 성격이라고 보아야 한다. 따라서 위와 같은 약관에서 비록 '대출'이라는 용어를 사용하고 있더라도 이는 일반적인 대출과는 달리 소비대차로서의 법적 성격을 가지는 것은 아니다.55)

---

52) 대판 2007. 9. 28, 2005다15598;
53) 장덕조, 496면; 정동윤, 717면; 정찬형, 855면; 정희철, 485면; 정진옥, "보험약관대출의 법적 성질", 상사판례연구 제21권 제1호, 2008, 67면. 한편 한기정, 809면-811면은 상환의무가 존재한다고 인정되는 약관대출은 그 법적 성격을 소비대차로 보고, 상환의무가 존재하지 않는다고 인정되는 약관대출은 그 법적 성격을 선급으로 보는 것이 타당하다는 입장이다.
54) 생명보험표준약관 제33조 제1항 단서; 임용수, 511면.
55) 이 판결에 대해 선급금으로 해석한 것은 보험실무상의 약관대출의 운용실제와 일치하지 않는 해석이라고 비판하는 평석으로, 오창수, "보험약관대출의 법적성격", 법률신문 제3679호, 2008. 9. 4, 15면; 정찬형, 855면.

(2) 계약자배당의무

생명보험회사는 회사의 형태가 주식회사인 경우도 있고 상호회사인 경우도 있다. 미국의 경우에는 상호회사 형태의 생명보험회사도 많이 존재한다. 그러나 우리나라의 생명보험회사는 예외 없이 주식회사 형태이다. 본래 주식회사 형태로 운영되는 생명보험사의 사업이익은 주주에게 배당하는 것이며 계약자에게 배당해야 하는 것은 아니다. 그러나 약관에서 보험계약자에게 사업이익을 배당할 것을 특별히 정하고 있는 경우에는 보험계약자는 배당금에 대한 권리가 있다.

생명보험료의 산정의 기초가 되는 것은 예정사망률, 예정이율 및 예정사업비이다. 앞에서 설명한 대로 일반적으로 보험자는 이들 예정기초율을 보수적으로 산정하게 되는데 보험자는 보험경영을 통해 사차익, 이차익, 비차익 등의 이익금이 생길 수 있다. 이 이익금을 보험계약자에게 배당할 것을 약관에서 정하는 경우가 많은데 이러한 보험을 이익배당부보험이라 하며 이에 따라 보험자는 보험계약자배당의무를 부담하게 된다. 생명보험표준약관 제34조에서 보험자는 금융감독원장이 정하는 방법에 따라 보험자가 결정한 배당금을 계약자에게 지급한다고 정하고 있다. 이익을 배당하는 방법으로는 ① 보험료와 상계하는 방법, ② 이자를 붙여서 적립하는 방법, ③ 보험가입금액을 늘이는 방법, ④ 현금으로 지급하는 방법 등이 있다.[56]

[대법원 2005. 12. 9. 선고 2003다9742 판결]

〈주요 판시내용〉

주식회사인 보험회사가 판매한 배당부 생명보험의 계약자배당금은 보험회사가 이자율과 사망률 등 각종 예정기초율에 기반한 대수의 법칙에 의하여 보험료를 산정함에 있어 예정기초율을 보수적으로 계산한 결과 실제와의 차이에 의하여 발생하는 잉여금을 보험계약자에게 정산·환원하는 것으로서 이익잉여금을 재원으로 주주에 대하여 이루어지는 이익배당과는 구별되는 것이므로, 계약자배당전잉여금의 규모가 부족한 경우에도 이원(利源)의 분석 결과에 따라 계약자배당준비금을 적립하는 것이 그 성질상 당연히 금지된다고는 할 수 없는 것이나, 사차익(死差益)이나 이차익(利差益) 등 이원(利源)별로 발생한 이익이 있다 하여 보험계약자들에게 구체적인 계약자배당금 청구권이 당연히 발생하는 것이라고는 볼 수 없고, 보험회사가 약관에서 정한 바에 따라 그 지급률을 결정하여 계약자배당준비금으로 적립한 경우에 한하여 인정되는 것이다.

---

56) 임용수, 511면; 서헌제, 268-269면; 정동윤, 717면; 양승규, 475면.

Ⅴ. 면책사유

생명보험에서 보험계약자가 처음부터 피보험자를 살해하여 보험금을 편취할 목적으로 보험계약을 체결한 경우라면 이러한 보험계약의 체결은 사회질서에 위배되기 때문에 보험계약 자체가 무효가 된다.[57] 그 법적 근거로 보통 민법 제103조가 거론되고 있다.

[대법원 2000. 2. 11. 선고 99다49064 판결]

〈주요 판시내용〉

생명보험계약은 사람의 생명에 관한 우연한 사고에 대하여 금전을 지급하기로 약정하는 것이어서 금전을 취득할 목적으로 고의로 피보험자를 살해하는 등의 도덕적 위험의 우려가 있으므로, 그 계약 체결에 관하여 신의성실의 원칙에 기한 선의(이른바 선의계약성)가 강하게 요청되는바, 당초부터 오로지 보험사고를 가장하여 보험금을 취득할 목적으로 생명보험계약을 체결한 경우에는 사람의 생명을 수단으로 이득을 취하고자 하는 불법적인 행위를 유발할 위험성이 크고, 이러한 목적으로 체결된 생명보험계약에 의하여 보험금을 지급하게 하는 것은 보험계약을 악용하여 부정한 이득을 얻고자 하는 사행심을 조장함으로써 사회적 상당성을 일탈하게 되므로, 이와 같은 생명보험계약은 사회질서에 위배되는 법률행위로서 무효이다. 피보험자를 살해하여 보험금을 편취할 목적으로 체결한 생명보험계약은 사회질서에 위배되는 행위로서 무효이고, 따라서 피보험자를 살해하여 보험금을 편취할 목적으로 피보험자의 공동상속인 중 1인이 상속인을 보험수익자로 하여 생명보험계약을 체결한 후 피보험자를 살해한 경우, 다른 공동상속인은 자신이 고의로 보험사고를 일으키지 않았다고 하더라도 보험자에 대하여 보험금을 청구할 수 없다. 이 사건에서 아내를 피보험자로 하는 생명보험계약을 체결한 남편이 아내를 살해하였는데 보험계약자인 남편 이외에 보험수익자로 지정된 피보험자의 친정부모도 보험금청구를 할 수 없다고 판시하였다.

---

1. 법정면책사유

(1) 고의면책

사망보험의 경우 보험계약자, 피보험자 또는 보험수익자의 고의에 의한 사고에 대해서 보험자는 면책이 된다. 고의는 자신의 행위로 인해 일정한 결과가 야기될 것이라는 것을 알면서도 이를 감행하는 심리상태를 말한다. 이러한 내심의 의사를 인정할 만한 직접적인 증거가 없는 경우에는 고의와 상당한 관련성이 있는 간접사실을 통해 증명해야 하는데, 무엇이 간접사실에 해당하는가에 관해서는 논리와 경험칙에 의해 합리적으로 판단해

---

57) 대판 2000. 2. 11, 99다49064.

야 할 것이다.58)

　피보험자가 자살하였다면 그것이 정신질환 등으로 자유로운 의사결정을 할 수 없는 상태에서 사망의 결과를 발생케 한 경우에 해당하지 않는 한 원칙적으로 보험자의 면책사유에 해당한다. 여기서 말하는 정신질환 등으로 자유로운 의사결정을 할 수 없는 상태의 사망이었는지 여부는 자살자의 나이와 性行, 자살자의 신체적·정신적 심리상황, 정신질환의 발병시기, 진행 경과와 정도 및 자살에 즈음한 시점에서의 구체적인 상태, 자살자를 에워싸고 있는 주위 상황과 자살 무렵의 자살자의 행태, 자살행위의 시기 및 장소, 기타 자살의 동기, 그 경위와 방법 및 태양 등을 종합적으로 고려하여 판단하여야 한다.59)

　사망을 보험사고로 한 보험계약에서 사고가 보험계약자 또는 피보험자나 보험수익자의 중대한 과실로 인하여 발생한 경우라면 보험자는 면책되지 않고 보험금을 지급할 책임을 부담하는데, 상해보험 및 질병보험에도 준용된다(제732조의2, 제739조, 제739조의3).

[대법원 2015. 9. 24. 선고 2015다30398 판결]

〈주요 판시내용〉

사망을 보험사고로 하는 보험계약에서 자살을 보험자의 면책사유로 규정하고 있는 경우에, 그 자살은 자기의 생명을 끊는다는 것을 의식하고 그것을 목적으로 의도적으로 자기의 생명을 절단하여 사망의 결과를 발생케 한 행위를 의미하고, 피보험자가 정신질환 등으로 자유로운 의사결정을 할 수 없는 상태에서 사망의 결과를 발생케 한 경우까지 포함하는 것은 아니므로, 피보험자가 자유로운 의사결정을 할 수 없는 상태에서 사망의 결과를 발생케 한 직접적인 원인행위가 외래의 요인에 의한 것이라면, 그 사망은 피보험자의 고의에 의하지 않은 우발적인 사고로서 보험사고인 사망에 해당할 수 있다(同旨: 대판 2015. 6. 23, 2015다5378).

[대법원 2008. 8. 21. 선고 2007다76696 판결]

〈주요 판시내용〉

피보험자가 술에 취한 나머지 판단능력이 극히 저하된 상태에서 신병을 비관하는 넋두리를 하고 베란다에서 뛰어내린다는 등의 객기를 부리다가 마침내 음주로 인한 병적인 명정으로 인하여 심신을 상실한 나머지 자유로운 의사결정을 할 수 없는 상태에서 충동적으로 베란다에서 뛰어내려 사망한 사안에서, 이는 우발적인 외래의 사고로서 보험약관에서 재해의 하나로 규정한 '추락'에 해당하여 사망보험금의 지급대상이 된다.

※ 부부싸움 중 극도의 흥분되고 불안한 정신적 공황상태에서 베란다 밖으로 몸을 던져 사망한 경

---

58) 대판 2004. 8. 20, 2003다26075.
59) 대판 2011. 4. 28, 2009다97772.

우, 위 사고는 자유로운 의사결정이 제한된 상태에서 망인이 추락함으로써 사망의 결과가 발생하게 된 우발적인 사고로서 보험약관상 보험자의 면책사유인 '고의로 자신을 해친 경우'에 해당하지 않는다(대판 2006. 3. 10, 2005다49713).

(2) 제732조의2 제2항 신설

2015년 개정 보험법은 제732조의2 제2항을 신설하였다. 신설된 조항에서 "둘 이상의 보험수익자 중 일부가 고의로 피보험자를 사망하게 한 경우에는 보험자는 다른 보험수익자에 대한 보험금 지급책임을 면하지 못한다"고 규정하였다. 기존 보험법에서는 생명보험에서 다수의 보험수익자가 존재하는 경우에 그 중 일부가 고의로 피보험자를 사망하게 한 경우에 나머지 보험수익자에 대해서 보험자가 책임을 면하게 되는지 아니면 책임을 부담하는지에 대해 규정이 존재하지 않아 논란을 야기하였는데 2015년 개정 보험법은 이에 관한 내용을 신설한 것이다. 신설 조항은 제739조에 의해 상해보험 및 제739조의3에 의해 질병보험에서 복수의 보험수익자가 있는 경우에도 준용된다. 이로써 생명보험 또는 상해보험에서 보험수익자가 다수 있는 경우에 피보험자의 사망 또는 상해에 책임이 없는 보험수익자에 대해서는 보험자가 보험금 지급책임을 부담하게 됨을 명확히 하여 선의의 보험수익자의 권리를 보호할 수 있게 되었다. 그런데 보험수익자의 경우와 달리 보험계약자가 둘 이상 있을 때 그 중 일부가 고의로 피보험자의 사망사고를 야기했다면 보험자는 전부 면책이 된다고 해석된다.60)

(3) 복수의 원인과 고의

보험계약자 등의 고의와 보험사고 즉 피보험자의 사망 사이에는 인과관계가 있어야만 보험자가 면책이 된다. 인과관계 유무에 대해 판례는 엄격한 입장이다. 보험사고의 발생에 기여한 복수의 원인이 존재하는 경우, 그 원인 중 하나가 보험계약자 등의 고의행위인 경우에 이를 이유로 보험자가 면책되기 위하여는 그 행위가 단순히 공동원인의 하나이었다는 점을 입증하는 것으로는 부족하고 보험계약자 등의 고의행위가 보험사고 발생의 유일하거나 결정적 원인이었음을 입증하여야 한다. 자신이 유발한 교통사고로 중상해를 입은 동승자를 병원으로 후송하였으나 동승자에 대한 수혈을 거부함으로써 사망에 이르게 한 경우, 수혈거부가 사망의 유일하거나 결정적인 원인이었다고 단정할 수 없다면 수혈거부 행위가 사망의 중요한 원인 중 하나이었다는 점만으로는 보험자가 보험금의 지급책임을 면할 수 없다고 법원은 판시하였다.61) 이는 고의와 사고 사이의 인과관계에 대해 법원이

60) 同旨: 한기정, 758면.
61) 대판 2004. 8. 20, 2003다26075.

엄격하게 해석하고 있음을 보여주는 것이다.

2. 약관상의 면책사유

(1) 피보험자가 고의로 자신을 해친 경우

㈎ 원 칙

피보험자가 고의로 자신을 해쳤다면 보험사고의 우연성을 결하며 보험계약과 관련하여 신의칙에도 위반되기 때문에 보험자는 면책이 된다. 이 경우 보험자는 보험계약자가 이미 납입한 보험료를 보험계약자에게 반환해주게 된다. 보험법리상 고의사고에 대해 보험금을 지급하기로 약정했다면 이는 보험계약의 불확정성에 반하고 도덕적 해이와 보험범죄를 조장할 수 있으며 법정 고의면책을 규정하고 있는 제659조 입법취지에 반한다고 할 것이므로 무효로 보아야 한다는 것이 다수의 입장이다.62) 원칙적으로 피보험자의 자살은 피보험자의 고의행위이므로 고의면책에 해당된다. 그러나 생명보험에서는 고의사고인 자살에 대해 보험자의 책임을 예외적으로 인정하는 내용이 약관에 포함되어 있으며, 판례도 이러한 약관의 내용을 유효하다고 판단하고 있다.

㈏ 약관에서 정한 고의면책 예외

① 약관규정   자살은 피보험자가 자신의 생명을 끊는다는 것을 인식하고 이를 위해 자신의 생명을 절단하여 사망의 결과를 발생케 한 행위를 의미한다. 자신의 행위에 대한 인식, 그 행위를 결정하고 실행에 옮기는 능력 그리고 이러한 일련의 인식과 결정에 대하여 심리적으로 억제할 수 있는 능력 등이 있는 것으로 인정될 수 있는 상황에서의 자살이 고의면책의 대상이 된다. 이와 달리 피보험자가 자유로운 의사결정을 할 수 없는 상태에서 사망의 결과를 발생케 한 경우는 본래 고의에 의한 보험사고에 포함되지 않는다. 자유로운 의사결정을 할 수 없는 상태에서의 자살을 '자사(自死)'라고 부르기도 한다. 자유로운 의사결정을 할 수 없는 상태에서의 자살은 보험계약을 악용하기 위해 인위적으로 사고를 야기한 것으로 볼 수 없다는 것이 판례의 입장이다.63)

[대법원 2006. 3. 10. 선고 2005다49713 판결]

〈주요 판시내용〉

사망을 보험사고로 하는 보험계약에 있어서 자살을 보험자의 면책사유로 규정하고 있는 경우,

---

62) 최기원, 222면; 정찬형, 617-618면; 양승규, 143면; 최준선, 138면; 정희철, 394면; 서돈각/정완용, 383면; 정동윤, 534면; 이기수/최병규/김인현, 140면.

63) 대판 2006. 3. 10, 2005다49713; 대판 2014. 4. 10, 2013다18929; 대판 2008. 8. 21, 2007다76696; 대판 2011. 4. 28, 2009다97772.

그 자살은 사망자가 자기의 생명을 끊는다는 것을 의식하고 그것을 목적으로 의도적으로 자기의 생명을 절단하여 사망의 결과를 발생케 한 행위를 의미하고, 피보험자가 정신질환 등으로 자유로운 의사결정을 할 수 없는 상태에서 사망의 결과를 발생케 한 경우까지 포함하는 것이라고 할 수 없을 뿐만 아니라, 그러한 경우 사망의 결과를 발생케 한 직접적인 원인행위가 외래의 요인에 의한 것이라면 그 보험사고는 피보험자의 고의에 의하지 않은 우발적인 사고로서 재해에 해당한다.

생명보험표준약관에서는 피보험자가 고의로 자신을 해쳤다고 하더라도 피보험자가 심신상실 등으로 자유로운 의사결정을 할 수 없는 상태[64]에서 자신을 해치거나 계약의 보장개시일(부활계약의 경우에는 부활청약일)로부터 2년이 경과된 후에 자살한 경우[65] 보험자는 보험금지급책임을 부담하도록 하고 있다.[66] 이 규정은 법률상의 고의면책에 대한 예외조항으로서 피보험자에게 불리하지 않으므로 그 효력이 인정된다고 일반적으로 받아들여진다. 판례도 이러한 약관의 내용을 인정한다.[67] 피보험자가 심신상실 등으로 자유로운 의사결정을 할 수 없는 상태에서의 자살은 고의성을 인정할 수 없기 때문에 이에 대한 약관조항의 유무를 따지지 않고 판례는 보험자의 지급책임을 인정하고 있다.[68] 심신상실 등에 의해 자살이 행해진 경우에 과거에는 일반사망보험금을 지급했으나 지금은 재해사망보험금을 지급하는 것으로 약관에서 규정하고 있다. 약관에서는 피보험자의 고의는 보험계약자나 보험수익자의 고의와 달리 평가하여 피보험자가 자살(피보험자가 자신의 생명을 끊는다는 것을 인식하고 자신의 생명을 절단하여 사망의 결과를 발생케 한 행위로 인정되는 경우)한 경우에만 보험자가 면책될 수 있도록 하고 있다. 피보험자의 고의 사고에 대해 보험자가 면책되는 범위를 자살로 한정함으로써 보험수익자인 유족을 보다 강하게 보호하기 위함이다.

---

64) 2010년 4월 1일 이전의 생명보험표준약관에서는 "… 정신질환 등으로 자유로운 의사결정을 할 수 없는 상태 …"로 규정했었다. 그 후 특종보험과 장기손해보험의 표준약관이 삭제되었고 질병·상해보험표준약관이 신설되면서 현재와 같이 생명보험과 손해보험의 약관내용이 동일하게 작성되고 있다. 개정을 통해 현재와 같이 '심신상실 등으로' 그 내용이 변경되었다. 정신질환은 의학적으로 정신장애, 의식장애 또는 정신병으로 한정되어 해석될 여지가 있는데, 책임능력과 연관이 있는 심신상실이란 개념은 이보다 더 광범위하게 자유로운 의사결정 배제상태를 포함하는 것으로 보아 변경한 것으로 판단된다. 최정식, "생명보험약관상 심신상실상태의 자살에 대한 보험자 면책", 법률신문 2021. 11. 15.
65) 자살면책기간 이후의 자살과 보험금 지급에 관하여, 박세민, "생명보험약관상 자살면책기간 이후의 고의 자살에 대한 보험금 지급에 관한 문제 및 자살면책기간 연장에 관한 연구", 안암법학 제45호, 2014, 137-181면.
66) 생명보험표준약관 제5조 제1호 가, 나목. 피보험자가 심신상실 등으로 자유로운 의사결정을 할 수 없는 상태에서 자신을 해친 경우 특히 그 결과 사망에 이르게 된 경우에는 재해사망보험금(약관에서 정한 재해사망보험금이 없는 경우에는 재해 이외의 원인으로 인한 사망보험금)을 지급하며, 계약의 보장개시일(부활(효력회복)계약의 경우는 부활(효력회복)청약일)부터 2년이 지난 후에 자살한 경우에는 재해 이외의 원인에 해당하는 사망보험금을 지급한다.
67) 대판 2009. 9. 24, 2009다45351.
68) 대판 2006. 3. 10, 2005다49713; 대판 2014. 4. 10, 2013다18929; 대판 2011. 4. 28, 2009다97772.

② 심실상실 등에 관한 법원의 판단기준　　일반적으로 심신상실이란 심신장애로 사물에 대한 변별력이 없거나 의사를 결정하지 못하는 상태를 말하는데 심신상실 여부의 판단은 전문의사의 진단에 따라 결정되는 것이 아니다. 전문의 등 전문가의 감정을 토대로 법관이 결정해야 할 법적, 규범적 문제에 속한다. 심신상실 상태에서의 자살 여부를 입증하는 것과 관련하여 입증의 정도를 너무 엄격하게 하는 것은 타당하지 않다. 정신질환 또는 심신상실 등으로 자유로운 의사결정을 할 수 없는 상태의 사망이었는지 여부는 자살자의 나이와 성행(性行), 자살자의 신체적·정신적 심리상황, 정신질환의 발병 시기, 진행 경과와 정도 및 자살에 즈음한 시점에서의 구체적인 상태, 자살자를 에워싸고 있는 주위 상황과 자살 무렵의 자살자의 행태, 자살행위의 시기 및 장소, 기타 자살의 동기, 그 경위와 방법 및 태양 등을 종합하여 판단해야 한다는 것이 법원의 입장이다.69) 그런데 이러한 판단기준은 대단히 추상적이고 포괄적이기 때문에 결국에는 개별적인 사실관계로부터 판단을 내릴 수밖에 없다.

③ 판단기준 해석에 관한 최근 판례　　최근 몇 년간의 피보험자의 자살 또는 자사 여부가 쟁점이 된 판례의 경향을 보면 자유로운 의사결정을 할 수 없는 상태, 즉 자사(自死)에서의 사망의 인정범위가 다소 확대되어 가는 추세라고 여겨진다.70) 주요우울장애(major depressive disorder)와 자살의 관련성에 관한 의학적 판단 기준은 이미 확립되어 있다. 따라서 자살을 행한 자가 주요우울장애를 겪고 있었다는 것에 대해 정신과 전문의의 진단서 등이 증거로 제출되었다면 법원은 함부로 이를 부정할 수 없다는 것이 최근 판례의 입장이다. 그를 치료하였던 정신과 전문의의 견해 및 그 바탕에 있는 의학적 판단 기준을 고려하지 않은 채 그가 자살할 무렵 주변 사람들에게 겉으로 보기에 이상한 징후를 보이지 않았다거나 충동적이라고 보이지 않는 방법으로 자살하였다는 등의 사정만을 내세워 우울증으로 자유로운 의사결정을 할 수 없는 상태에서 자살한 것으로 보기 어렵다고 판단해서는 안 된다는 것이 대법원의 입장이다.71)

대법원은 특히 자살자의 신체적·정신적 심리상황, 정신질환의 발병 시기, 진행 경과와 정도를 비중있게 고려하여 판단하고 있다. 예를 들어 자살을 감행한 자의 장기간의 신용불량상태의 지속, 실직상태에서의 정신건강상태 악화, 여러 차례의 자살시도, 전문의에 의한 중증 정신질환 진단 사실을 중시하여 자유로운 의사결정을 할 수 없는 상태에서의 자살이라고 판단하기도 했다.72) 이들 사건에서 대법원은 사망한 자를 치료했던 주치의 소견과 의학적 판단을 기초로 하여 자유로운 의사결정을 할 수 없는 상태 여부를 판단한 것으

---

69) 대판 2011. 4. 28, 2009다97772; 대판 2006. 4. 14, 2005다70540, 70557.
70) 이준교, "2023년 손해보험 분쟁 관련 주요 대법원 판결 및 시사점(下)", 손해보험, 2024년 2월호, 손해보험협회, 46면.
71) 대판 2021. 2. 4, 2017다281367.
72) 대판 2022. 11. 10, 2022다241493.

로 보여진다. 망인이 사고 발생 전에 적극적인 정신과 치료를 받지 않았다는 사실이나, 스스로 목숨을 끊기 전에 친척 또는 지인들에게 자살을 암시하는 말이나 행동을 했거나 또는 자살 전에 가족들에게 유서를 남기는 행동 등을 했더라도 이것을 두고 자유로운 의사결정을 할 수 있었던 상태라고 쉽사리 판단해서는 안된다고 여겨진다.[73] 대법원 판례 중에 이 문제를 특별히 거론한 것이 있다.

[대법원 2018. 2. 8. 선고 2017다226537 판결]

〈주요 판시내용〉
판단력이 극히 떨어져도 유서를 작성하거나 다른 사람에게 전화를 걸어 자녀의 신변을 부탁하는 것이 가능하므로 단순히 유서 등이 존재한다는 사실만을 근거로 피보험자가 계획적으로 자살한 것으로 판단하는 것은 적절하지 않다.

그런데 정신과 전문의의 진단서 등 의학적 견해를 보다 중시하고자 하는 최근의 대법원 입장은 자살에 즈음한 시점에서의 자살자의 상태나 자살의 동기, 그 경위와 방법 등을 종합적으로 판단해야 한다는 기존의 대법원 해석과 거리가 있는 것으로 보인다. 주치의 소견 등 의학적 견해는 법원이 자유로운 의사결정을 할 수 없는 상태에서의 자살 여부를 판단하기 위한 중요한 자료임에는 틀림이 없지만, 결코 결정적 또는 절대적인 판단자료로 간주해서는 안 된다. 자유로운 의사결정을 할 수 있었는가, 없었는가의 판단은 다른 증거 또는 자료들과 함께 판단해야 할 문제라고 보아야 한다.

아래 사건에서는 자유로운 의사결정을 할 수 없는 상태에서 자살을 한 것으로 볼 수 없다고 판단한 것이다.

[대법원 2011. 4. 28. 선고 2009다97772 판결]

〈사실관계〉
공제계약의 피공제자가 직장에 병가를 신청하고 병원에 찾아가 불안, 의욕저하 등을 호소하면서 직장을 쉬기 위하여 진단서가 필요하다고 거듭 요구하여 병명이 '우울성 에피소드'인 진단서를 발급받은 후 주거지 인근 야산에서 처(妻) 등에게 유서를 남긴 채 농약을 마시고 자살을 했다.

〈주요 판시내용〉
피보험자가 자살하였다면 그것이 정신질환 등으로 자유로운 의사결정을 할 수 없는 상태에서 사망의 결과를 발생케 한 경우에 해당하지 않는 한 원칙적으로 보험자의 면책사유에 해당하는데, 여기서 말하는 정신질환 등으로 자유로운 의사결정을 할 수 없는 상태의 사망이었는지 여부는 자

---

73) 이준교, "2022년 손해보험 분쟁 관련 주요 대법원 판결 및 시사점(하)", 손해보험, 2023년 2월호, 손해보험협회, 38면.

살자의 나이와 성행(性行), 자살자의 신체적·정신적 심리상황, 정신질환의 발병 시기, 진행 경과와 정도 및 자살에 즈음한 시점에서의 구체적인 상태, 자살자를 에워싸고 있는 주위 상황과 자살 무렵의 자살자의 행태, 자살행위의 시기 및 장소, 기타 자살의 동기, 그 경위와 방법 및 태양 등을 종합적으로 고려하여 판단하여야 한다. 망인이 자살 당일 우울성 에피소드 진단을 받기는 하였으나 발병 시기가 그다지 오래된 것으로 보이지 않고, 망인의 나이, 평소 성격, 가정환경, 자살행위 당일 행적, 망인이 자살하기 전에 남긴 유서의 내용과 그로부터 짐작할 수 있는 망인의 심리상태, 자살행위의 시기와 장소, 방법 등에 비추어, 망인은 정신질환 등으로 자유로운 의사결정을 할 수 없는 상태에서 자살을 한 것으로 보기 어렵다.

판례 중에 공무원 단체보험에 가입한 피보험자가 우울증을 앓다가 자살을 하여 공무원연금법에 의한 유족보상금과 단체보험에 따른 재해사망보험금 청구가 문제된 것이 있다. 법원은 초등학교 교사인 피보험자가 학부모로부터 폭언을 들은 후 우울증 증상이 발현되었고 그 후 재발하다가 자살을 한 것은 공무와 사망 사이에 상당인과성이 있다고 판단하면서 유족보상금의 지급을 인정하였다.[74] 한편 재해사망보험금 청구 소송의 하급심에서는 피보험자가 자신의 생명을 끊는다는 것을 의식하고 의도적으로 행한 것이므로 자유로운 의사결정을 할 수 없는 상태에서의 자살로 볼 수 없으며, 유족보상금 청구소송에서 공무와 자살 사이에 상당인과관계성이 인정되었다고 하더라도 이것은 보험자의 면책제한사유로서의 정신질환 등으로 자유로운 의사결정을 할 수 없는 상태에서의 자살인가의 문제를 해석하는 것과 서로 다른 것이라고 판단하였다. 이에 대해 대법원은 피보험자의 증상은 주요우울장애에 해당되며 이는 자살과 관련성이 있으며 사망당시에 인지왜곡 증상을 보였으며 유족보상금 청구 사건에서 우울증으로 인해 피보험자의 정신적 억제력이 현저히 저하되어 합리적인 판단을 기대할 수 없을 상태였음이 인정되었다는 점 등을 이유로 재해사망보험금은 지급되어야 한다고 판단하였다.[75] 대법원은 산업재해보상보험법에서의 고의면책 제한사유와 생명보험에서의 자살면책 제한사유를 해석함에 있어서 동일한 판단기준을 적용할 수 있다는 입장이다.[76]

[대법원 2015. 10. 15. 선고 201두10608 판결]

〈주요 판시내용〉

망인은 공무 수행 중에 발생한 2006년 사건으로 인하여 극도의 스트레스와 정신적인 상처를

---

74) 대판 2015. 10. 15, 2014두10608.
75) 대판 2021. 2. 4, 2017다281367. 다만 이 사건에서 보험금청구권 소멸시효가 경과하여 보험금청구는 기각되었다. 황현아, "2021년 보험 관련 중요 판례 분석(1)", KiRi 보험법리뷰 포커스, 2021. 12. 20, 보험연구원, 2~3면.
76) 대판 2020. 7. 9, 2019다302718.

받아 최초 우울증이 발병한 이래 매년 그 사건이 있었던 가을이 되면 우울증이 재발하여 정신과 치료를 받아 왔는데, 2011년 가을 무렵 피부질환과 간수치 이상 등으로 입원치료를 받아야 함에도 학교 업무에 복귀하여야 한다는 정신적 부담과 압박감으로 인하여 제대로 된 치료를 받지 못하던 차에 기존의 우울증까지 재발함으로써 인지왜곡 증상까지 겹쳐 신병을 비관한 나머지 자살에 이르게 된 것으로 판단되고, 위와 같은 우울증의 발병 경위, 우울증의 발현 빈도와 치료기간을 통하여 알 수 있는 증상의 정도, 자살 무렵 망인의 신체적·정신적 상황, 망인이 학교 업무에 느꼈던 부담의 정도, 망인을 에워싸고 있는 주위상황, 망인이 자살을 선택하게 된 동기나 계기가 될 수 있는 다른 사유가 나타나 있지 아니한 사정 등을 모두 참작해 보면, 망인은 질병 치료와 학교 업무 사이에서 정신적으로 갈등하다가 공무수행 중에 발병하였던 우울증이 재발함으로써 정신적인 억제력이 현저히 저하되어 합리적인 판단을 기대할 수 없을 정도의 상태에 빠져 자살에 이르게 된 것이라고 볼 여지가 충분하므로 공무와 사망 사이에 상당인과관계가 인정된다고 봄이 상당하고, 여기에 망인의 성격 등 개인적인 취약성이 자살을 결의하게 된 데에 일부 영향을 미쳤을 가능성이 있다고 하여 달리 볼 것은 아니다.

④ 자살면책기간   생명보험표준약관은 계약의 보장개시일로부터 2년이 경과한 후 자살을 한 경우에는, 비록 과거에 보험금을 취득하려는 불법적인 의도로 생명보험계약을 체결했더라도 일정기간이 경과할 때까지 이러한 동기나 목적을 지속적으로 유지하기가 쉽지 않으며 이 기간이 경과한 후의 자살에는 불법목적이 없는 것으로 일반적으로 인정할 수 있다는 이유에서 일반사망보험금을 지급하는 것으로 규정하고 있다. 이에 따라 2년이라는 면책기간이 경과한 후 피보험자가 자살을 한 경우에 보험금을 지급하더라도 공서양속에 반한다는 등의 특별한 사정이 없는 한 유가족 보호 차원에서 보험자는 면책되지 않는다고 일반적으로 해석된다.77)

대법원은 두 달 사이에 10건의 생명보험에 집중적으로 가입한 후 마지막 보험계약 체결일로부터 2년의 자살면책기간 만료일의 다음 날에 자살78)을 했더라도 당초 부정한 목적으로 보험에 가입했다는 것이 명확하게 입증되지 않았다면 보험금을 지급해야 한다고 판시하였다.79) 이 판결은 자살에 대한 보험금 지급은 공서양속과 상관관계가 있으므로 만약에 피보험자가 오로지 보험금을 취득할 목적으로 고의 자살한 것임이 입증된 경우라면 2년이라는 면책기간이 경과한 후라도 보험금 지급의 문제는 소극적으로 해석할 수 있음을 간접적으로 보여주는 것이라 할 수 있다. 이것이 보험의 원리에 부합하는 것이라 여겨진다.80) 그런데 그 입증은 매우 어렵다고 할 수 있다. 이 사건에서 대법원은 보험금 편취

---

77) 정찬형, 621면; 최준선, 133면; 임용수, 165면.
78) 사망시 사망보험금 지급총액은 31억 5천만원이었다.
79) 대판 2022. 4. 28, 2021다231406.
80) 반대의견으로, 임용수, 163-164면; 한기정, 309면 및 759면.

목적의 보험계약을 망인이 단기간에 다수의 보장성 계약을 체결한 것과 체결 당시의 경제적 사정 등에 비추어 보험계약 체결의 동기 또는 목적에 다소의 의문은 있으나, 그 동기 또는 목적이 명확히 입증이 되지 않았고 이를 추단할 수 있는 다른 객관적인 자료가 더 존재하지 않아 이 사건 보험계약 체결 당시 자살에 의한 보험금 부정취득의 목적이 있었다고 단정할 수 없고, 따라서 이 사건 보험계약이 민법 제103조의 선량한 풍속 기타 사회질서에 반하여 무효라고 보기 어렵다고 판단하였다. 그런데 대법원의 기준대로라면 이와 유사한 사실관계를 가진 사건에서 민법 제103조 위반 여부 및 보험금 부정취득의 목적을 입증하는 것은 현실적으로 불가능하다고 할 수 있다. 한편 2021년 11월에 개정된 '보험사기 예방 모범 기준'에 보험회사는 계약을 인수할 때에 고액 사망보험 가입내역을 확인하고 적정한 보험가입한도를 운영하도록 규정하고 있다.[81]

(다) 기타 문제

피보험자가 자유로운 의사결정을 할 수 없는 상태에서 사망의 결과를 발생케 한 직접적인 원인행위가 외래의 요인에 의한 것이라면, 그 사망은 피보험자의 고의에 의하지 않은 우발적인 사고로서 보험사고인 사망(재해)에 해당할 수 있다.[82]

한편 자살을 감행한 피보험자가 우울증으로 인하여 자유로운 의사결정을 할 수 없는 상태였던 경우 질병사망보장 특별약관에 규정하고 있는 '피보험자의 질병 그 자체를 직접적인 원인으로 한 질병 사망'이라고는 볼 수 없다고 판시한 것도 있다.[83]

[대법원 2015. 9. 24. 선고 2015다217546 판결]

〈사실관계〉

보험계약자가 자신의 자녀를 피보험자로 하면서 질병사망보장 특별약관이 포함된 보험계약을 체결을 했는데 체결 후 3년이 지나면서 우울증 치료를 받고 2번에 걸친 자살시도 끝에 그 후 술과 약물을 과다 복용해 사망하였다. 이 보험계약에는 피보험자의 정신질환을 피보험자의 고의나 피보험자의 자살과 별도의 독립된 면책사유로 규정하고 있었다.

〈주요 판시내용〉

자살을 한 피보험자가 우울증으로 인하여 자유로운 의사결정을 할 수 없는 상태였더라도 질병사망보장 특별약관이 보장하는 보험사고인 피보험자의 질병 그 자체를 직접적인 원인으로 한 질병 사망이라고는 볼 수 없다. 피보험자의 정신질환을 자살과 별도의 면책사유로 둔 취지는 피보험자의 정신질환으로 인식능력이나 판단능력이 악화되어 상해의 위험이 현저히 증대된 경우 그 증대된 위험이 현실화되어 발생한 손해는 보험보호의 대상으로부터 배제하려는 것이다. 만일 피

---

81) 이준교, "2022년 생명보험 분쟁 관련 주요 대법원 판결 및 시사점", 손해보험, 2023년 2월호, 손해보험협회, 18면.
82) 대판 2021. 2. 4, 2017다281367.
83) 대판 2015. 9. 24, 2015다217546.

보험자가 정신질환에 의하여 자유로운 의사결정을 할 수 없는 상태에 이르렀고, 그로 인하여 보험사고가 발생한 경우라면 이 면책사유에 의하여 보험자의 보험금 지급의무는 면제된다(同旨: 대판 2015. 6. 23, 2015다5378).[84]

최근 판례 중 보험자가 특유재산에 대한 반환청구권 행사가 가능한가 여부에 대하여 판단한 것이 있다. 친권자가 미성년자인 자녀들을 대신해 보험금을 수령한 후에 자녀들이 성인이 되어 친권이 종료됨에 따라 자녀가 친권자에게 그 돈의 반환을 청구할 권리가 일신전속적 권리에 해당되어 보험자(채권자)가 압류할 수 없는 것인지, 일신전속권이 아니어서 압류가 가능하고 친권자로부터 보험금을 반환받을 수 있는지에 관한 사건이다. 법원은 자녀의 친권자에 대한 반환청구권은 일신전속저거 권리가 아니라고 판단했다. 따라서 채권자인 보험자는 반환청구권을 압류할 수 있고 친권자에게 행사하는 보험자의 특유재산 반환청구권을 인정한 바 있다.[85]

[대법원 2022. 11. 17. 선고 2018다294179 판결]

〈사실관계〉
갑과 을이 결혼하여 두 자녀를 낳은 뒤 이혼했다. 남편인 갑은 이혼 이후 사망보험계약을 체결한 바 있고, 아파트 추락사고로 사망하게 되어 당시 미성년자인 자녀들을 대신하여 모친인 을이 보험금을 수령했다. 그 후 갑의 사망이 자살이었음이 입증되었고, 보험자는 자녀들을 상대로 보험금 반환청구소송을 하여 승소하였다. 이에 보험자는 자녀들이 모친에 대해 갖는 보험금 반환청구권에 대해 압류 및 추심명령을 받고 을을 상대로 추심금을 청구하는 소송을 제기했다.

〈주요 판시내용〉
자녀의 친권자에 대한 반환청구권은 재산적 권리로서 일신전속적인 권리라고 볼 수 없으므로, 자녀의 채권자(이 사건에서는 보험자)가 그 반환청구권을 압류할 수 있으므로 친권자인 을에게 행사하는 보험자의 특유재산 반환청구권을 인정하였다.[86]

실무상 주계약에서 사망사고에 대해 사망보험금을 지급하고, 재해사망특약에서는 재해를 직접적인 원인으로 사망한 경우에 재해사망보험금을 지급하기로 하면서 주계약과 특약에서 각각 위 생명보험표준약관과 유사한 내용을 면책사유 또는 면책제한사유로서 정한

---

84) 이러한 판결은 "정신질환을 앓던 사람이 스스로 목숨을 끊은 것은 자유로운 의사결정을 할 수 없는 상태에서 일어난 사고로 봐야 한다"며 보험금청구권을 인정한 기존의 대법원 판례(대판 2006. 3. 10, 2005다49713)와 구별이 된다. 백승재, "2015년 분야별 중요판례 분석 보험법", 법률신문, 2016. 7. 7.
85) 대판 2022. 11. 17, 2018다294179.
86) 다만 본 사건에서 두 자녀 중 1인은 모친인 을에게 반환청구의무를 면제해주었고, 다른 자녀에 대한 보험금은 그의 양육비에 사용된 것이 인정되어 반환할 보험금은 없다고 판결했다. 이준교, "2022년 손해보험 분쟁 관련 주요 대법원 판결 및 시사점(하)", 손해보험, 2023년 2월호, 손해보험협회, 40면.

경우에 보장개시일로부터 2년이 경과한 자살에 대해 일반사망보험금을 지급할 것인지 아니면 재해사망보험금을 지급해야 하는 것인지 논란이 야기된 적이 있다.[87] 법원은 그 판단을 위해 약관해석상 작성자불이익의 원칙, 평균적 고객의 이해가능성, 객관적 해석의 원칙 또는 신의성실의 원칙 등을 적용하고 있다. 이에 대한 판례의 경향은 주계약과 재해사망특약의 내용 및 규정 형식에 따라 그 결론이 다르다.[88]

(2) 보험수익자가 고의로 피보험자를 해친 경우

보험수익자가 고의로 피보험자를 해친 경우는 공익에 반하므로 보험자는 면책된다. 그런데 보험수익자가 여러 명 있는 경우에 그 중 한 보험수익자가 고의로 피보험자를 해친 경우에는 그 보험수익자에 해당하는 보험금을 제외한 나머지 보험금을 다른 보험수익자에게 지급하도록 하고 있다(제732조의2 제2항). 흉기를 사용하여 부부싸움을 하던 중에 보험에 가입한 배우자가 사망하였다면 보험수익자로 지정된 타 배우자에게는 적어도 살인의 미필적 고의가 있음이 인정될 수 있고 이로 인해 사망사고를 발생시켰으므로 보험자는 면책된다고 해석된다.

(3) 보험계약자가 고의로 피보험자를 해친 경우

보험계약자가 고의로 피보험자를 해쳤다면 보험자는 면책된다. 수인의 보험계약자 중 1인이 피보험자를 해친 경우에 보험자는 전부 면책된다. 보험자는 보험계약자가 이미 납입한 보험료를 반환하지 않으며,[89] 보험료적립금 반환의무도 부담하지 않는다(제736조 제1항 단서).

(4) 자살과 독립된 면책사유로서의 정신질환

사망보험약관에서 피보험자의 정신질환을 피보험자의 자살과 연계시키지 않고 별도의 독립된 면책사유로 규정한 경우 법원은 그 효력을 인정한 바 있다. 이러한 면책사유를 둔 취지는 피보험자의 정신질환으로 인식능력이나 판단능력이 약화되어 보험사고의 위험이 현저히 증대된 경우 그 증대된 위험이 현실화되어 발생한 손해는 보험보호의 대상으로부터 배제하려는 데에 있다. 보험에서 인수하는 위험은 보험상품에 따라 달리 정할 수 있는 것이어서 피보험자의 자살과 별도로 피보험자의 정신질환을 면책사유로 규정한 약관조항이 고객에게 부당하게 불리하여 공정성을 잃은 조항이라고 할 수 없으며, 만일 피보험

87) 이러한 자살면책 단서규정은 2010. 1. 29. 약관 개정시 삭제되어 더 이상 문제가 되지 않으며, 논란이 되었던 상품은 그 이전에 판매된 상품이다.
88) 이에 대해서는 제3장 보험계약법의 법원(法源) 중 약관해석원칙으로서의 객관적 해석의 원칙 부분에서 설명하였다.
89) 생명보험표준약관 제5조 제2호 및 제3호; 임용수, 499-500면.

자가 정신질환에 의하여 자유로운 의사결정을 할 수 없는 상태에 이르렀고 이로 인하여 보험사고가 발생한 경우라면 본 면책조항에 의해 보험자의 보험금지급의무가 면제된다.[90]

3. 입증책임

사망보험에서 보험사고의 우연성이란 사고가 피보험자가 예측할 수 없는 원인에 의하여 발생하는 것으로서 고의에 의한 것이 아니고 예견하지 않았는데 우연히 발생하고 통상적인 과정으로는 기대할 수 없는 결과를 가져오는 사고를 의미하는데 보험금을 청구하는 보험계약자 측이 이를 입증해야 한다는 것이 법원의 해석이다.[91]

[대법원 2001. 11. 9. 선고 2001다55499 판결]

〈주요 판시내용〉

피보험자가 술에 취한 상태에서 출입이 금지된 지하철역 승강장의 선로로 내려가 지하철역을 통과하는 전동열차에 부딪혀 사망한 경우, 피보험자에게 판단능력을 상실 내지 미약하게 할 정도로 과음을 한 중과실이 있더라도 보험약관상의 보험사고인 우발적인 사고에 해당한다. 인보험계약에 의하여 담보되는 보험사고의 요건 중 '우연한 사고'라 함은 사고가 피보험자가 예측할 수 없는 원인에 의하여 발생하는 것으로서, 고의에 의한 것이 아니고 예견치 않았는데 우연히 발생하고 통상적인 과정으로는 기대할 수 없는 결과를 가져오는 사고를 의미하는 것이며, 이러한 사고의 우연성에 관해서는 보험금청구자에게 그 입증책임이 있다.

그러나 판례의 결론에 동의할 수 없다. 보험사고의 우연성 문제는 보험자의 면책사유 문제로 보고 보험자가 피보험자 측의 고의 여부를 입증하도록 함이 타당하다. 참고로 손해보험의 경우에는 이 문제를 면책사유 문제로 파악하면서 보험자가 보험계약자나 피보험자 등의 고의 또는 중과실을 입증하도록 하고 있다.[92]

Ⅵ. 보험계약자 · 피보험자 · 보험수익자의 의무

보험료지급의무와 각종 통지의무를 부담하는 것은 이미 설명하였다. 보험료지급의무는 보험계약자가 부담하는데 일시지급 이외에 생명보험의 장기보험적 성격으로 인해 분할

---

90) 대판 2015. 6. 23, 2015다5378; 한기정, 323면, 759면.
91) 대판 2001. 11. 9, 2001다55499.
92) 대판 2009. 3. 26, 2008다72578; 대판 2009. 12. 10, 2009다56603.

지급도 약정하고 있다. 본래 보험기간 경과에 따라 피보험자의 연령 및 예정사망률 증가가 반영된 보험료를 매년 산정하여 지급하여야 하지만, 실무적으로는 전 보험기간을 동일 보험료로 계산하여 정하고 있다.93) 생명보험절에서는 보험계약자 등의 고지의무에 관하여 별도 규정을 두지 않고 있고 보험편 통칙상의 제651조가 적용된다. 여기에서 고지대상이 되는 중요한 사항에 '다른 생명보험계약의 체결 사실'이 포함되는가의 문제가 있다. 학설은 긍정설과 부정설이 있고 판례는 긍정하는 것으로 보인다.94)

Ⅶ. 타인의 생명보험

1. 개   념

타인의 생명보험이란 보험계약자가 자기 이외의 제3자를 피보험자로 한 생명보험계약을 말한다. 예를 들어 남편이 아내를 피보험자로 하여 생명보험계약을 체결한 경우를 말한다. 반면에 보험계약자가 자신을 피보험자로 한 생명보험을 자기의 생명보험이라 한다. 만약 남편이 아내를 대리하여 그 위임에 따라 아내의 사망을 보험사고로 생명보험계약을 체결한 경우에 남편은 대리인의 지위에 있으므로 보험계약자와 피보험자는 모두 아내이므로 타인의 생명보험이 아니다.95) 또한 보험회사 직원으로 일하면서 영업실적을 올리기 위해 동의없이 자기 배우자를 보험계약자 겸 피보험자로 하고 지인으로 하여금 배우자 대신에 서명하도록 하여 사망보험을 체결했고, 그 후에 배우자가 건강진단서를 보험회사에 제출하고 보험료를 5년간 납입한 경우에, 대법원은 배우자의 동의 없이 배우자를 보험계약자 겸 피보험자로 하여 체결한 사망보험은 비록 보험증권상의 보험계약자와 피보험자가 동일인이라고 하더라도, 실질적으로 타인의 사망보험(남편이 보험계약자, 아내가 피보험자)이며 계약 체결시에 타인인 배우자의 서면동의가 없다면 보험계약은 확정적으로 무효라고 해석한 판례가 있다.96)

---

93) 양승규, 464면.
94) 대판 2001. 11. 27, 99다33311.
95) 양승규, 451면.
96) 대판 2010. 2. 11, 2009다74007(이 사건 원심은 배우자를 보험계약자 겸 피보험자로 하여 체결했으므로 자기의 사망보험계약이며, 배우자가 건강진단서를 보험자에게 제출했고 보험료를 납입한 것은 계약 체결의 추인으로 볼 수 있으므로 유효한 보험계약이라 판단했다).

[대법원 2010. 2. 11. 선고 2009다74007 판결]

〈주요 판시내용〉

상법 제731조 제1항은 타인의 사망을 보험사고로 하는 보험계약에 있어서 도박보험의 위험성과 피보험자 살해의 위험성 및 선량한 풍속 침해의 위험성을 배제하기 위하여 마련된 강행규정인바, 제3자가 타인의 동의를 받지 않고 타인을 보험계약자 및 피보험자로 하여 체결한 생명보험계약은 보험계약자 명의에도 불구하고 실질적으로 타인의 생명보험계약에 해당한다. 상법 제731조 제1항에 의하면 타인의 생명보험에서 피보험자가 서면으로 동의의 의사표시를 하여야 하는 시점은 '보험계약 체결시까지'이고, 이는 강행규정으로서 이를 위반한 보험계약은 무효이므로, 타인의 생명보험계약 성립 당시 피보험자의 서면동의가 없다면 그 보험계약은 확정적으로 무효가 되고, 피보험자가 이미 무효가 된 보험계약을 추인하였다고 하더라도 그 보험계약이 유효로 될 수 없다.

타인의 사망보험은 보험계약자 이외의 자의 사망을 보험사고로 하게 되므로 이러한 계약체결에 아무런 제한이 없다면 피보험자에 대한 살해의 위험, 보험금을 노린 고의의 보험범죄와 보험계약의 도박화의 문제가 야기된다. 또한 피해자의 동의를 얻지 않고 타인의 사망을 사행계약의 조건으로 하는데서 오는 공서양속의 침해 문제와도 연관된다.[97] 보험료 대비 지급 보험금의 비율이 매우 높은데다가 인명 살해의 문제도 있어서 타인의 사망보험이 가지는 부작용은 심각하다. 따라서 여러 방식에 의해 타인의 사망보험의 체결은 제한되고 있다.[98]

2. 제한의 방법

타인의 사망보험계약 체결에 대한 제한의 방법에는 이익주의와 동의주의로 크게 대별된다. 영국은 이익주의, 독일은 동의주의를 취하고 있다.

(1) 이익주의

이익주의는 인보험에서 피보험이익의 존재를 필요로 하는 입법례이다. 이익주의는 피보험자의 생사에 대해 경제적 이익, 즉 피보험이익을 가지는 자만이 보험계약자로서 보험계약을 체결할 수 있도록 하는 것이다. 이를 통해 보험의 도박화, 인위적 사고 위험을 방지할 수 있다는 것이다.[99] 보험계약자가 타인의 사망에 대하여 피보험이익을 가지지 못한

---

97) 대판 1996. 11. 22. 96다37084.
98) 양승규, 451면; 정희철, 479면; 정찬형, 838-839면; 최준선, 336면; 한기정, 761면.
99) 한기정, 762면.

다면 해당 계약을 무효로 하는 것이다. 피보험이익의 존재는 계약의 성립요건으로써 보험계약 체결시에 요구되는데, 다만 계약 존속을 위한 요건 인정 여부에 대해서는 의견이 나뉘고 있다. 이익주의의 예로는 생명보험에서도 피보험이익의 개념을 인정하는 영미법계의 입법태도를 들 수 있다.100) 영미법계의 보험 실무에서는 예를 들어 가족 간에는 피보험이익이 인정되며, 채권자와 채무자간에도 채권액 범위 내에서 피보험이익이 존재하는 것으로 해석된다. 다만 이 경우에도 추가로 피보험자의 동의를 요구하는 경우도 있다.101)

이익주의가 갖는 한계도 있다. 정액방식에 의한 보험금지급을 원칙으로 하는 인보험에서 피보험이익 존재 요건만 가지고는 보험범죄나 보험의 도박화를 방지하는 데에는 한계가 있다. 또한 타인에게 피보험이익이 있더라도 타인의 동의 없이 그의 사망을 사행계약상 조건으로 삼는 것은 인격권 침해로서 공서양속에 반하는 측면이 있다. 이익주의는 인보험에서 피보험이익 개념을 인정하지 않는 대륙법계에서는 쉽게 받아들이기 어려운 제한 방식이며, 아무리 경제적 이해관계가 있는 경우라 해도 피보험자의 동의 없이 계약이 체결되고 피보험자의 사망에 대해 보험금을 제3자가 수령하도록 하는 것은 도덕적 해이나 보험범죄 가능성 등의 적지 않은 문제를 내포하고 있다.102)

(2) 동의주의

동의주의는 피보험이익 대신에 피보험자의 동의를 요구하는 입법례이다. 타인의 사망, 상해, 질병을 보험사고로 하는 경우에 타인의 동의가 있어야 보험계약이 유효하다고 해석하는 것이다. 피보험자의 동의를 통해 보험의 도박화 및 인위적 보험사고의 발생을 방지하려는 목적을 갖는다. 동의주의는 대표적으로 타인의 사망을 보험사고로 하는 보험계약을 체결함에 있어 그 타인에 해당하는 피보험자의 동의를 요구하는 것으로서 제731조, 제734조, 제739조 및 제739조의3에서 타인의 서면에 의한 동의를 요구하고 있다.103) 독일 보험계약법 제150조 제2항 및 일본 보험법 제38조에서도 동의주의를 취하고 있다. 생명보험표준약관 제19조에서도 같은 내용을 정하고 있고 그 위반시 보험계약을 무효로 하고 있다. 한편 미국 뉴욕주 보험법은 이익주의와 동의주의를 결합한 조문들을 가지고 있다.104)

---

100) 예를 들어 영국 1774년 생명보험법(Life Assurance Act) 제1조.
101) 김철호, "생명보험에서의 피보험이익에 관한 연구", 고려대학교 박사학위논문, 2010, 43-47면; 정호열, "피보험자의 동의가 없는 사망보험계약의 효력", 고시계, 1997년 8월호, 141면 이하; 정진세, 267면; 임용수, 482면; 정동윤, 708면; 장덕조, 466면.
102) 한기정, 746면 및 762면.
103) 그 밖에 유효하게 체결된 타인의 사망보험에서 보험금의 증액이 있는 경우에도 타인의 동의가 필요하다고 해석될 수 있다. 한기정, 763면.
104) 미국 뉴욕주 보험법 §3205(a)(b). 인보험금청구권자는 피보험자 사망에 대한 일정한 피보험이익이 있어야 하며, 계약 체결 당시에 피보험자로부터 서면 동의를 얻어야 한다. 다만 서면동의에 대한 일정한 예외가 있다.

제731조는 서면동의주의를 취하고 있고 따라서 피보험자의 서면동의를 얻지 못하면 보험계약자의 계약 체결 의도가 아무리 선의라고 하더라도 그 보험계약은 확정적으로 무효가 된다. 동의서에는 타인의 진정한 서명이나 기명날인이 있어야 한다.105) 동의를 요구하게 되면 이익주의에서의 피보험이익 개념보다 더 명확하다는 장점이 있다. 또한 도박보험의 위험성도 피보험자의 동의 과정을 통해 상당부분 방지될 수 있다. 다만 피보험자의 동의 유무를 지나치게 강조하게 되면 타인의 사망에 아무런 경제적 이해관계가 없어도 동의만 있으면 계약 성립이 유효가 될 수 있고, 보험수익자가 피보험자에 대해 아무런 경제적 이익이 없음에도 피보험자의 동의만으로 보험금청구권자가 되는 등 형식적인 동의가 관행화되고 동의의 위조 여부에 대한 다툼이 제기될 수 있다.106) 또한 피보험자가 동의하더라도 동의 시점에 피보험자가 알지 못하는 사정 또는 동의 후에 사정의 변화 등에 따라서 여전히 인위적 사고발생의 위험이 존재한다.107) 이와 같이 동의주의를 취하더라도 보험의 도박화 문제는 여전히 존재한다. 이러한 취지에서 피보험자의 서면동의와 함께 타인의 사망보험계약을 체결할 수 있는 자를 피보험자의 배우자나 피부양자 등과 같이 정당하고 실제적인 이해관계를 가지는 자로 한정하는 것도 고려해 볼 수 있다.108)

3. 피보험자의 동의

(1) 동의의 법적 성질

피보험자의 동의는 피보험자 자신을 보험의 목적으로 하려는 보험계약의 체결에 이의가 없다는 피보험자의 일방적 의사표시로서 그 법적 성질은 준법률행위(의사의 통지)에 속한다. 피보험자의 동의는 보험계약을 성립시키는 성립요건이 아니고 동의가 있을 때까지 체결된 계약의 효력이 발생하지 않는 효력발생요건으로 해석함이 타당하다(통설 및 판례).109) 계약 당사자가 아닌 제3자의 의사표시를 계약의 성립요건으로 해석하는 것은 계약의 일반관념에 어긋나고, 타인의 사망보험계약도 일반 보험계약과 같이 낙성계약이기 때문이다. 피보험자의 동의에 관한 규정은 절대적 강행규정으로서 동의가 없는 보험계약은 무효이며 피보험자의 동의를 배제하는 특약은 무효이다.110) 피보험자의 동의는 피보험

105) 정찬형, 838면.
106) 김선정, "타인의 생명의 보험계약", 보험학회지 41집(1993), 105-106면.
107) 한기정, 762면.
108) 양승규, 452면; 김은경, 674면.
109) 대판 1989. 11. 28, 88다카33367; 대판 2006. 9. 22, 2004다56677; 최기원, 615면; 양승규, 453면; 손주찬, 691면; 서돈각/정완용, 483면; 정희철, 480면; 장덕조, 495면; 김은경, 678면; 한기정, 766면.
110) 대판 2010. 2. 11, 2009다74007; 대판 2006. 6. 29, 2005다11602; 대판 2004. 4. 23, 2003다62125; 대판 1989. 11. 28, 88다카33367; 대판 1996. 11. 22, 96다37084; 대판 1998. 11. 27, 98다23690; 김성태, 838면; 최기원, 615면; 양승규, 453면; 최준선, 339면; 서돈각/정완용, 483면; 임용수, 483면; 정찬형, 839면; 정동윤, 710면; 정희철, 480면; 채이식, 211면; 이기수/최병규/김인현, 405-406면.

자 보호뿐만 아니라 공서양속의 문제이기 때문에 절대적 강행규정인 것이다. 동의에 하자
가 있으면, 의사표시 하자에 관한 규정을 유추적용한다. 따라서 피보험자가 진의가 아닌
동의 의사표시를 행한 경우 상대방이 진의 아님을 알았거나 알 수 있었을 때에는 무효이
다(민법 제107조). 피보험자가 상대방과 통정하여 행한 허위의 동의 역시 무효이며(민법 제
108조), 피보험자가 착오로 동의하면 취소할 수 있다(민법 제109조). 피보험자가 사기 또는
강박으로 인해 동의한 경우도 취소할 수 있다(민법 제110조).

[대법원 1989. 11. 28. 선고 88다카33367 판결]

〈주요 판시내용〉

상법 제731조 제1항의 규정은 강행법규로 보아야 하므로 피보험자의 동의는 방식이야 어떻든
당해 보험계약의 효력발생 요건이 되는 것이다. 그 입법취지에는 도박보험의 위험성과 피보험자
살해의 위험성 외에도 피해자의 동의를 얻지 아니하고 타인의 사망을 이른바 사행계약상의 요건
으로 삼는다는 데서 오는 공서양속 침해의 위험성을 배제하기 위한 것도 들어 있다고 할 것이다.

[대법원 2006. 9. 22. 선고 2004다56677 판결]

〈주요 판시내용〉

제731조 제1항에 의하면 타인의 생명보험에서 피보험자가 서면으로 동의의 의사표시를 하여야
하는 시점은 '보험계약 체결시까지'이고, 이는 강행규정으로서 이에 위반한 보험계약은 무효이므
로, 타인의 생명보험계약 성립 당시 피보험자의 서면동의가 없다면 그 보험계약은 확정적으로 무
효가 되고, 피보험자가 이미 무효가 된 보험계약을 추인하였다고 하더라도 그 보험계약이 유효로
될 수는 없다.

[대법원 2015. 10. 15. 선고 2014다204178 판결]

〈주요 판시내용〉

상법 제731조 제1항이 타인의 사망을 보험사고로 하는 보험계약의 체결 시 타인의 서면동의를
얻도록 규정한 것은 동의의 시기와 방식을 명확히 함으로써 분쟁의 소지를 없애려는 데 취지가
있으므로, 피보험자인 타인의 동의는 각 보험계약에 대하여 개별적으로 서면에 의하여 이루어져
야 하고 포괄적인 동의 또는 묵시적이거나 추정적 동의만으로는 부족하다. 그리고 상법 제731조
제1항에 의하면 타인의 생명보험에서 피보험자가 서면으로 동의의 의사표시를 하여야 하는 시점
은 '보험계약 체결 시까지'이고, 이는 강행규정으로서 이에 위반한 보험계약은 무효이므로, 타인의
생명 보험계약 성립 당시 피보험자의 서면동의가 없다면 보험계약은 확정적으로 무효가 되고, 피
보험자가 이미 무효로 된 보험계약을 추인하였다고 하더라도 보험계약이 유효로 될 수는 없다.

(2) 동의를 요하는 경우

(가) 타인의 사망을 보험사고로 하는 계약

보험계약자가 타인의 사망을 보험사고로 하는 보험계약 체결시에는 피보험자의 서면동의를 얻어야 한다(제731조 제1항). 타인의 사망보험과 그 이익상황이 유사하다고 할 수 있는 타인의 생사혼합보험, 타인의 상해보험, 타인의 질병보험에도 피보험자의 서면동의가 요구된다.111) 다만 단체가 규약에 따라 구성원의 전부 또는 일부를 피보험자로 하는 생명보험계약을 체결하는 경우에는 타인의 서면동의를 요구하지 않는다(제735조의3 제1항). 타인이 보험수익자 지위를 겸한다고 해도 피보험자인 타인의 사망으로 인해 실제로 보험금을 받게 되는 자는 타인 본인이 아니라 타인의 상속인이기 때문에 이 경우에 동의가 면제된다고 해석할 수는 없다.112) 타인의 생존보험에서는 피보험자의 서면동의가 필요 없다. 피보험자의 서면동의가 없다면 아무리 보험계약자의 계약체결 의도가 피보험자 측을 위한 것이라 해도 보험계약은 무효가 된다.113)

> **[대법원 1992. 11. 24. 선고 91다47109 판결]**
>
> 〈주요 판시내용〉
> 피보험자의 동의가 없는 타인의 생명보험계약은 무효이고, 보험계약이 피보험자에게 지급할 퇴직금의 적립을 위하여 체결된 것이라 하여 사정이 달라지지 아니한다.

그동안 서면동의 외에 동의 방식의 다양화에 대한 논의가 있었다. 「보험업법」 및 「보험업법시행령」은 이미 전자문서에 전자서명만으로 보험계약을 체결할 수 있도록 하는 내용으로 개정한 바 있다.114) 금융위원회는 2016. 4. 1 「보험업법 시행령」을 개정함으로써 보험회사가 자체적으로 계약자 본인의 의사를 증명할 수 있는 안전성과 신뢰성이 확보될 수 있는 수단을 계약 체결에 활용할 수 있도록 법적 근거를 마련하였고, 그 결과로 2017년 10월에 제731조의 개정이 이루어졌다. 서면의 범위를 종이 이외에 「전자서명법」 제2조 제2호에 따른 전자서명 또는 제2조 제3호에 따른 공인전자서명이 있는 경우로서 대통령령115)으로 정하는 바에 따라 본인 확인 및 위조·변조 방지에 대한 신뢰성을 갖춘 전자문

---

111) 타인의 상해보험과 타인의 질병보험에서 타인의 동의가 필요한 이유는 상해보험과 질병보험에는 생명보험에 관한 규정이 준용되기 때문이다(제739조, 제739조의3).
112) 한기정, 764면. 판례 중에 보험계약을 체결한 목적이 타인인 피보험자에게 지급할 퇴직금의 적립을 위한 것이라고 해도 피보험자의 동의를 얻어야 한다고 판시한 것이 있다. 대판 1992. 11. 24, 91다47109.
113) 대판 1992. 11. 24, 91다47109.
114) 보험업법시행령 제42조의2, 제43조 제4항 제2호, 제6항 등.
115) 상법시행령 제44조의2(타인의 생명보험) 법 제731조제1항에 따른 본인 확인 및 위조·변조 방지에 대한 신뢰성을 갖춘 전자문서는 다음 각 호의 요건을 모두 갖춘 전자문서로 한다. 1. 전자문서에 보험금 지급

서를 포함하는 것으로 확대하여 2018년 11월 1일부터 시행하고 있다. 제731조 제1항이 전자문서를 서면에서 배제하고 있지 않으므로 「전자문서 및 전자거래기본법」제4조 제1항에 따라 피보험자 동의를 전자문서로도 할 수 있는 것이다.116)

생각건대 정보통신기술과 보험거래환경의 변화를 고려할 때 피보험자 본인의 의사를 증명할 수 있는 안전성과 신뢰성이 확보될 수 있다면 피보험자의 동의 방식을 더욱 다양화하는 것을 적극적으로 고려해야 한다. 이러한 취지에서 향후 생체정보 인증 기술의 발전을 고려하여 해당 전자문서에 동의자 본인을 확인할 수 있는 지문·홍채·정맥 등 생체정보를 첨부하고, 동의자 본인확인을 위한 비교검증이 가능한 경우에도 제731조상 동의 방식의 하나로 인정하는 개정 방안을 함께 고려해 볼 수 있을 것이다.117)

한편 15세 미만자, 심신상실자 또는 심신박약자의 사망을 보험사고로 하는 보험계약은 이들의 서면동의의 유무를 묻지 않고 무조건 무효로 하고 있다. 다만 심신박약자가 보험계약을 체결하거나 제735조의3에 따른 단체보험의 피보험자가 될 때에 의사능력이 있는 경우에는 그러하지 아니하다. 법정대리인에 의한 대리동의도 인정되지 않는다.118) 보험범죄의 위험이 높기 때문이다.

(나) 권리의 양도

피보험자의 동의를 얻어 일단 타인의 사망보험계약이 유효하게 성립된 경우에(생사혼합보험 포함) '보험계약으로 인한 권리(보험수익자의 보험금청구권)'를 보험사고 발생 전에 피보험자가 아닌 제3자에게 양도하는 경우에도 피보험자의 서면동의를 요구한다(제731조 제2항). 보험계약자가 자기 자신을 피보험자로 하고 보험수익자를 타인으로 지정한 경우에도 보험수익자가 피보험자(=보험계약자) 이외의 자에게 보험금청구권을 양도하려면 피보험자의 동의가 필요한 것으로 해석할 수 있다. 이 경우 본 조항은 사망보험 또는 생사혼합보험에 적용된다. 보험금청구권의 양도나 후술하는 보험수익자 지정·변경에서도 피보험자의 동의를 요구하는 것은 사망을 보험사고로 하는 경우이므로 해지환급금청구권이나 생존보험금청구권은 해당되지 않는다고 해석함이 타당하다.119) 보험수익자가 해당 권리

사유, 보험금액, 보험계약자와 보험수익자의 신원, 보험기간이 적혀 있을 것 2. 전자문서에 법 제731조제1항에 따른 전자서명(이하 "전자서명"이라 한다)을 하기 전에 전자서명을 할 사람을 직접 만나서 전자서명을 하는 사람이 보험계약에 동의하는 본인임을 확인하는 절차를 거쳐 작성될 것 3. 전자문서에 전자서명을 한 후에 그 전자서명을 한 사람이 보험계약에 동의한 본인임을 확인할 수 있도록 지문정보를 이용하는 등 법무부장관이 고시하는 요건을 갖추어 작성될 것 4. 전자문서 및 전자서명의 위조·변조 여부를 확인할 수 있을 것 [본조신설 2018. 10. 30.]

116) 이에 대해 제731조 제1항의 입법취지를 고려할 때 전자문서에 의한 피보험자 동의의 유효성 인정에 부정적인 견해도 있다. 김성태, 840면; 한기정, 767면.

117) 박세민, "상법 제731조 상 피보험자의 동의 방식 다양화에 대한 연구 — 전자자필 서명방식의 추가 —", 상사법연구 제36권 제1호, 2017, 53-54면.

118) 정찬형, 838-839면; 김은경, 675면.

119) 同旨: 한기정, 764면.

를 피보험자에게 양도하는 경우에는 피보험자의 동의가 요구되지 않는다. 제731조 제2 항의 반대해석 결과 이러한 경우에 피보험자에게 추가로 동의를 구할 이유가 없기 때문이다.

법문에서 표현하고 있는 것처럼 피보험자의 동의가 필요한 것은 보험사고 발생 전에 보험금청구권을 양도하는 때이다. 피보험자가 사망한 후(보험사고 발생 후)에는 피보험자가 동의를 할 수도 없으며 보험사고 발생으로 확정된 보험금청구권은 금전채권이기 때문에 그 양도에 특별한 폐해가 없기 때문이다.120)

(다) 보험수익자의 지정·변경

타인의 사망보험계약이 체결된 후 보험계약자가 보험수익자를 새로이 지정하거나 지정된 보험수익자를 변경할 때에 피보험자의 사망에 대한 위험을 방지하기 위하여 그 피보험자의 서면에 의한 동의가 필요하다(제734조 제2항). 생사혼합보험의 경우도 마찬가지이다. 보험계약자와 피보험자가 동일한 자기의 사망보험의 경우에는 적용되지 않는다. 앞에서 설명한대로 이 경우에도 서면의 범위를 일정한 요건을 갖춘 전자문서도 포함하도록 확대하였다.

본 조항은 타인의 사망보험계약이 체결된 이후를 적용 대상으로 하고 있는데, 제도의 취지를 고려할 때 보험계약 체결 시에 보험수익자를 지정하는 경우에도 피보험자의 동의가 필요하다고 해석할 수 있다.121) 피보험자의 동의가 없는 보험수익자의 지정이나 변경이 있다면 그러한 지정 또는 변경행위만 무효가 되는 것으로 해석해야 한다. 한편 피보험자를 보험수익자로 지정 또는 변경하는 경우에는 피보험자의 동의가 필요 없다고 해석하는 견해도 있지만,122) 피보험자가 보험수익자가 된다고 해도 결국에는 피보험자의 상속인이 보험금을 수령하게 되므로 이는 피보험자 이외의 타인을 보험수익자로 지정하거나 변경하는 것과 같기 때문에 피보험자의 동의가 필요하다고 해석함이 타당하다.123)

(라) 기   타

법조문에서는 위 세 경우에 피보험자의 동의가 필요한 것으로 규정하고 있으나, 예를 들어 타인의 생명보험계약을 체결한 후 보험금액이 증액되는 경우, 또는 피보험자가 아닌 보험수익자가 자신의 보험금청구권에 질권을 설정하는 경우에도 피보험자의 동의가 요구되는 것으로 해석될 수 있다.124)

---

120) 정진옥, "생명보험계약상의 권리의 양도", 상사판례연구 제22집 제3권, 2009, 397-421면; 임용수, 484 면; 정동윤, 709면; 양승규, 453면; 김은경, 676면.
121) 김성태, 836면.
122) 최기원, 615면; 양승규, 453면; 김은경, 676면.
123) 김성태, 837면; 정동윤, 709면; 장덕조, 467면; 손주찬, 691면; 임용수, 484면; 한기정, 765면.
124) 한기정, 763면.

(3) 동의의 방법과 시기, 철회

㈎ 동의의 주체, 상대방 및 방법

동의는 주체는 피보험자이다. 동의의 상대방은 각각 다르다. 타인의 사망보험계약 체결시 피보험자는 동의의 의사표시를 서면으로 보험자나 보험계약자에게 표시하여야 한다. 제731조는 서면동의의 의사표시 상대방을 보험자로 제한하고 있지 않다.[125] 다만 서면동의의 의사표시를 보험자가 아닌 보험계약자에게 한 경우 보험계약자는 보험계약 체결시점까지 피보험자의 서면동의가 있었다는 사실을 보험자에게 입증해야 할 부담이 생긴다.[126] 보험금청구권을 양도하는 경우 피보험자 동의의 상대방은 보험자, 보험계약자, 양도인 및 양수인으로 해석할 수 있고, 보험수익자를 지정·변경할 때에는 보험자, 보험계약자, 보험수익자 중 1인에게 동의의 의사표시를 행하면 된다.[127] 외국 입법례에 따라서는 동의를 하는 서면에 보험금액이 표시되어 있을 것을 요구하기도 한다.[128] 도달로써 동의의 효력이 생긴다.

서면이나 전자문서 등 법률이 정하고 있는 것 이외의 구두에 의한 동의나 추상적, 묵시적 동의는 효력이 없다. 개별적, 명시적, 명확한 동의여야 하며 피보험자는 자신이 행하는 동의의 의미가 무엇인가에 대해 이해하는 상황하에서 동의가 이루어져야 한다.[129] 피보험자의 동의서에는 피보험자의 진정한 서명이나 기명날인이 있어야 한다.[130] 실무상으로는 보험계약청약서에 피보험자가 서면동의를 하지만 별도의 인증서 등 다른 방식에 의한 서면동의도 가능하다. 앞으로 체결하게 될 모든 사망보험계약에 대해 미리 동의를 하는 방식, 즉 포괄적 동의는 효력을 인정할 수 없다.[131]

[대법원 2003. 7. 22. 선고 2003다24451 판결]

〈주요 판시내용〉

상법 제731조 제1항은 타인의 사망을 보험사고로 하는 보험계약에 있어서 도박보험의 위험성과 피보험자 살해의 위험성 및 공서양속 침해의 위험성을 배제하기 위하여 마련된 강행규정이고, 보험계약 체결시에 피보험자인 타인의 서면에 의한 동의를 얻도록 규정한 것은 그 동의의 시기와 방식을 명확히 함으로써 분쟁의 소지를 없애려는데 그 취지가 있으므로, 피보험자인 타인의 동의

---

125) 양승규, 454면. 그러나 김성태, 839면은 보험자에게만 동의의 의사표시를 할 수 있다고 해석한다.
126) 임용수, 487면.
127) 한기정, 772면.
128) 양승규, 454면; 김성태, 839-840면.
129) 대판 2006. 9. 22, 2004다56677; 정찬형, 840면; 임용수, 485면.
130) 정희철, 480면.
131) 대판 2006. 4. 27, 2003다60259; 대판 2006. 9. 22, 2004다56677; 대판 2003. 7. 22, 2003다24451; 정찬형, 841면; 임용수, 485면 및 487면; 양승규, 454면.

는 각 보험계약에 대하여 개별적으로 서면에 의하여 이루어져야 하며, 포괄적인 동의 또는 묵시적이거나 추정적 동의만으로는 부족하다.

피보험자의 동의를 대리 또는 대행할 수 있는가의 문제가 있다. 판례는 이를 제한적인 범위 안에서 예외적으로 인정하고 있다. 즉 타인으로부터 특정한 보험계약에 관하여 서면동의를 할 권한을 구체적, 개별적으로 수여받은 사람이 타인을 대리 또는 대행하여 서면동의를 한 경우에는 그 서면동의는 유효하다는 것이 판례의 입장이다.132) 판례의 취지를 볼 때 단순한 작성대행 또는 구체적으로 부여받은 권한 내의 제한된 대리만 가능하다고 할 수 있고, 동의 여부를 대리인이 전적으로 판단하도록 하는 것은 허용될 수 없다고 해석해야 할 것이다.133) 즉 피보험자가 동의여부를 스스로 결정하고 서면상의 의사표시의 대리 또는 작성 대행만을 위임하는 것이 허용된다는 것이다.

[대법원 2006. 12. 21. 선고 2006다69141 판결]

〈사실관계〉

보험계약자가 피보험자와 보험설계사가 동석한 상황에서 보험청약서를 작성했는데, 피보험자가 보험설계사로부터 계약 및 약관 내용을 설명 듣고, 이에 명시적 동의를 한 후 자신은 글을 잘 모른다고 하면서 보험계약자에게 보험청약서상의 피보험자 자필서명을 자신을 대행하여 서명해줄 것을 요청했고, 보험계약자가 그 요청에 따라 그 자리에서 피보험자를 대행해서 피보험자의 이름을 청약서에 기재했다.

〈주요 판시내용〉

피보험자인 타인의 서면동의가 그 타인이 보험청약서에 자필로 직접 서명하는 것만을 의미하지는 않는다. 따라서 피보험자인 타인이 참석한 자리에서 보험계약을 체결하면서 보험계약자나 보험설계사가 타인에게 보험계약의 내용을 설명한 후 타인으로부터 명시적으로 권한을 수여받아 보험청약서에 타인의 서명을 대행하는 경우와 같이, 타인으로부터 특정한 보험계약에 관하여 서면동의를 할 권한을 구체적·개별적으로 수여받았음이 분명한 사람이 권한 범위 내에서 타인을 대리 또는 대행하여 서면동의를 한 경우에 그 타인의 서면동의는 적법한 대리인에 의하여 유효하게 이루어진 것으로 해석할 수 있다.

(나) 동의의 시기

통설은 피보험자의 서면동의의 법적 성질을 성립요건이 아니라 계약의 효력발생요건

---

132) 대판 2006. 12. 21, 2006다69141. 양승규/장덕조, 475면은 피보험자가 자신의 동의를 보험계약자나 보험수익자에게 위임하는 것은 동의의 위임이 도덕적 위험의 방지와 상충되는 것이기 때문에 허용되지 않으나, 피보험자 스스로 동의를 결정하고 서면상의 의사표시의 대행을 보험계약자나 보험수익자가 아닌 제3자에게 부탁하는 것은 가능하다고 해석한다. 정찬형, 841면.
133) 同旨: 김성태, 840면.

으로 해석하고 있다. 따라서 이론적으로는 계약체결시에 서면동의를 얻지 못하여도 계약
은 일단 성립하며 단지 효력이 발생하지 않을 뿐이라고 해석함이 옳다. 이와 같이 효력발
생요건으로 보면 이론적으로는 계약성립 후 추인도 가능할 수 있다.134) 그러나 강행규정
인 제731조 제1항은 보험계약 체결시까지 또는 권리의 양도 및 보험수익자의 지정변경 행
위가 있을 때까지 서면에 의한 동의가 행해질 것으로 정하고 있다.135) 판례 역시 피보험
자의 서면동의는 보험계약 체결시까지 요구된다고 한다.136) 도덕적 위험이 큰 타인의 사
망보험계약을 엄격하게 규제하기 위한 정책적 고려에서 계약체결시에 동의를 요구하고 있
다. 제731조 제1항이 강행규정임을 고려할 때 계약체결시 타인의 서면동의가 없는 타인의
사망보험계약은 확정적인 무효로 해석하려는 것이 입법취지이다.137) 따라서 통설과 판례
에 따르면 보험계약이 성립한 후에 피보험자가 서면동의를 하더라도 그 계약은 무효이며,
피보험자가 이미 무효가 된 보험계약을 추인하였다고 하더라도 그 보험계약이 유효로 될
수는 없다고 해석함이 원칙이다.138)

　　그런데 이러한 대법원의 입장에 대해 서면동의의 행사시기에 관한 엄격성을 다소 완
화하는 것을 고려할 필요도 있다. 생각건대 피보험자가 보험계약체결 후에 서면으로 동의
하더라도 그 동의의 진정성이 입증된다면 보험계약 체결 시에 소급하여 유효한 것으로 해
석해 보는 것도 고려할 수 있을 것이다. 이때 계약 체결 후 서면 동의를 행할 수 있는 시
기를 보험계약 체결 후 일정한 기간 이내로 제한하는 것도 함께 생각할 수 있다. 피보험
자 서면동의를 요구하는 이유 중 가장 중요한 것은 피보험자 보호를 위함이다. 피보험자
가 진정으로 동의함에도 불구하고 단순히 계약 체결 시점을 약간 도과했다고 하여 이를
확정적 무효로 볼 것은 아니다. 확정적 무효로 해석하게 되면 무효가 된 보험계약을 대신
하여 보험계약자는 다시 보험계약의 체결과정을 거치면서 피보험자의 서면동의를 받을 텐
데 피보험자의 진정성이 이미 확보된 상황이라면 이는 무의미한 시간과 비용의 낭비라 여

---

134) 손주찬, 691면; 정진세, "타인의 사망보험과 피보험자의 동의", 정진세교수 정년기념 상사법연구, 2001,
512-513면.
135) 이에 대해 정동윤, 710면은 동의가 효력발생요건이므로 계약성립 후에 동의를 하면 계약이 효력을 발
생한다고 해석한다. 정찬형, 840면은 동의가 효력요건이므로 계약체결시에 이를 얻지 못하여도 보험계약
은 제638조의2의 규정에 의하여 성립하고 다만 서면동의를 얻어야 그 효력이 발생한다고 본다; 양승규,
455에서도 의문을 제기한다(다만 강행규정성을 인정하여 보험계약 성립 후의 동의는 효력이 생기지 않는
다고 한다). 정희철, 480면; 최준선, 339-340면에서는 서면동의가 효력발생요건이므로 보험계약 체결 후
보험사고 발생 전까지만 하면 된다고 해석하고 있고 이에 대한 법률개정이 필요하다고 한다.
136) 대판 1996. 11. 22, 96다37084; 대판 1998. 11. 27, 98다23690; 대판 2001. 11. 9, 2001다55499; 대판 2006. 9.
22, 2004다56677.
137) 김성태, 838면; 한기정, 774면; 양승규, 455면; 임용수, 488면; 박은경, "피보험자의 서면동의 없는 타인
의 생명보험계약에 대한 보험자의 책임", 상사판례연구 제10권, 1999, 301면; 정진옥, "피보험자의 서면동
의 없는 타인의 생명보험계약의 효력", 상사판례연구 제8권, 1997, 417면.
138) 대판 2006. 9. 22, 2004다56677; 대판 1996. 11. 22, 96다37084; 대판 1999. 10. 8, 98다24563, 24570; 대판
1996. 11. 22, 96다37084.

겨진다.139)

(다) 동의의 철회

피보험자의 서면동의는 계약성립 전(권리양도 전, 보험수익자 지정·변경 전)에는 언제든지 철회할 수 있지만, 일단 서면으로 동의하여 계약의 효력이 생긴 후에는 임의로 철회할 수 없다. 다만 통설은 보험계약자와 보험수익자의 동의가 있으면 철회가 가능한 것으로 해석하고 있다.140) 보험계약자와 보험수익자 모두의 동의가 필요하며, 어느 한 쪽이 동의에 반대한다면 동의의 철회는 효과가 없다. 한편 판례는 계약성립 이후라도 피보험자가 서면동의를 할 때 전제가 되었던 사정에 중대한 변경(예를 들어 보험수익자 살해 위협, 보험계약자와 보험수익자의 결혼관계의 파탄 등)이 있는 경우에는 보험수익자나 보험계약자의 동의없이도 피보험자는 일방적으로 자신의 서면동의를 철회할 수 있다는 입장이다.141) 판례의 입장이 타당하다고 여겨진다. 이 경우 피보험자가 철회의 뜻을 보험자와 보험계약자 및 보험수익자에게 철회통지를 하면 된다.142)

[대법원 2013. 11. 14. 선고 2011다101520 판결]

〈사실관계〉

甲 주식회사가 임직원으로 재직하던 乙 등이 재직 중 보험사고를 당할 경우 유가족에게 지급할 위로금 등을 마련하기 위하여 乙 등을 피보험자로 한 보험계약을 체결하고 乙 등이 보험계약 체결에 동의했는데 乙 등이 퇴직하였다.

〈주요 판시내용〉

상법 제731조, 제734조 제2항의 취지에 비추어 보면, 보험계약자가 피보험자의 서면동의를 얻어 타인의 사망을 보험사고로 하는 보험계약을 체결함으로써 보험계약의 효력이 생긴 경우, 피보험자의 동의 철회에 관하여 보험약관에 아무런 규정이 없고 계약당사자 사이에 별도의 합의가 없었다고 하더라도, 피보험자가 서면동의를 할 때 기초로 한 사정에 중대한 변경이 있는 경우에는 보험계약자 또는 보험수익자의 동의나 승낙 여부에 관계없이 피보험자는 그 동의를 철회할 수 있다. 그리고 피보험자가 서면동의를 할 때 기초로 한 사정에 중대한 변경이 있는지는 보험계약자 또는 피보험자가 보험계약을 체결하거나 서면동의를 하게 된 동기나 경위, 보험계약이나 서면동의를 통하여 달성하려는 목적, 보험계약 체결을 전후로 한 보험계약자 또는 보험수익자와 피보험자 사이의 관계, 보험계약자 또는 보험수익자가 고의로 피보험자를 해치려고 하는 등으로 피보험

---

139) 이기수/최병규/김인현, 408면; 최준선, 339면. 그러나 한기정, 774면은 이에 반대한다.
140) 이기수/최병규/김인현, 410면; 최기원, 617면; 양승규, 455면; 정희철, 481면; 정찬형, 841면; 임용수, 488면; 최준선, 340면; 정동윤, 710면; 서헌제, 271면; 김은경, 679면; 손주찬, 692면.
141) 대판 2013. 11. 14, 2011다101520; 김성태, 840면; 한기정, 773면; 장덕조, "2013년도 보험법 판례의 동향과 그 연구", 상사판례연구 제27집 제2권, 2014, 101면; 유관우/이현열, 인보험약관해석, 2006, 엘림 G&P, 109면.
142) 김선정, "피보험자의 서면동의 철회 입법에 관한 검토", 경영법률 제24집 제2호, 2014, 431면.

자의 보험계약자 또는 보험수익자에 대한 신뢰가 깨졌는지 등의 제반 사정을 종합하여 사회통념에 비추어 개별적·구체적으로 판단하여야 한다. 乙 등이 甲 회사에 계속 재직한다는 점은 보험계약에 대한 동의의 전제가 되는 사정이므로 乙 등이 甲 회사에서 퇴직함으로써 보험계약의 전제가 되는 사정에 중대한 변경이 생긴 이상 乙 등은 보험계약에 대한 동의를 철회할 수 있다.

생명보험표준약관 제29조 제2항에서는 판례보다 한 걸음 더 나아가 서면으로 동의를 한 피보험자는 계약의 효력이 유지되는 기간에는 언제든지 서면동의를 장래를 향하여 철회할 수 있다고 규정하고 있다. 이는 판례가 중대한 사정 변경이 있을 때에 한해 피보험자가 동의를 일방적으로 철회할 수 있다는 것과 다른 내용이다. 이 내용은 피보험자에게는 유리하지만, 보험계약자나 보험수익자에게는 예상하지 못했던 결과를 초래할 수도 있다. 그러나 제731조의 입법취지를 고려할 때, 피보험자의 보호가 우선시되어야 하므로 약관상의 이 내용은 유효하다고 해석된다.

피보험자의 서면동의가 철회되는 경우에 보험계약자나 보험수익자 이외의 제3자의 이해관계에 영향을 미칠 수 있다. 만약 보험계약자의 제3채권자가 해지환급금을 압류한 상황에서 피보험자가 동의권을 철회하면 보험계약은 해지되는데 이 경우 해지환급금은 보험계약자에게 지급되므로 압류권을 가지고 있는 제3채권자가 불리해질 것은 없다. 그러나 생명보험금청구권에 질권이 설정되어 있는 경우에 피보험자가 동의를 철회하여 보험계약이 해지되면 보험계약자의 채권자가 가지는 담보권은 영향을 받게 된다.143)

(4) 동의능력

(가) 개정 취지와 내용

피보험자는 자신이 하는 동의의 의미가 무엇인지를 이해하고 그 결과를 합리적으로 예견할 수 있는 의사능력을 가지고 각 보험계약에 대해 구체적 개별적으로 서면동의를 하여야 한다. 의사능력이 없는 자의 동의는 무효이다.144) 이러한 취지에서 판단능력이 완전하다고 볼 수 없는 15세 미만자, 심신상실자 또는 심신박약자의 사망을 보험사고로 하는 보험계약은 이들의 서면동의가 있다고 해도 절대적으로 무효이다(제732조). 실제로 이들에게 의사능력이 있는가를 따지지 않고 이들의 의사능력이 완전하지 않다고 법적으로 간주한 것이다.145) 보험수익자가 누구인지와 관계없이 무효이다. 이는 정신능력 또는 의사능력이 완전하지 않은 이들의 사망을 보험사고로 하는 경우 보험범죄의 대상이 될 수 있기 때문에 입법적으로 절대 무효로 한 것이다.146) 이들의 법정대리인에 의한 대리동의도 인

---

143) 김선정, 전게논문, 429면.
144) 대판 2009. 1. 15, 2008다58367; 대판 2002. 10. 11, 2001다10113.
145) 이들에 대해 민법상의 후견절차가 개시되었는지의 문제와는 무관하다. 한기정, 769면.
146) 정동윤, 711면; 양승규, 455면.

정되지 않는다.147) 예를 들어 15세 미만 자녀를 피보험자로 하는 사망보험에 가입하면서 법정대리인인 어머니가 자녀의 서명을 대신한 경우에 해당 보험계약은 무효이다. 통상 정신능력이 불완전한 15세 미만자 등을 피보험자로 하는 경우 그들의 자유롭고 성숙한 의사에 기한 동의를 기대할 수 없고, 그렇다고 해서 15세 미만자 등의 법정대리인이 이들을 대리하여 동의할 수 있는 것으로 하면 보험금의 취득을 위하여 이들이 희생될 위험이 있으므로, 그러한 사망보험의 악용에 따른 도덕적 위험 등으로부터 15세 미만자 등을 보호하기 위하여 둔 효력규정이라고 할 것이다.148) 이에 대해 단체 활동이 수반되는 수학여행 등에 있어서 15세 미만자의 사망보험을 부분적으로 허용하자는 논의가 있었고, 2017년에는 개정안이 국회에 제출되기도 했으나 통과되지 못했다.149)

(나) 15세 이상 미성년자의 경우

15세 이상 19세 미만의 미성년자(심신박약자 또는 심신상실자가 아니어야 함)의 경우에는 법정대리인(친권자 또는 미성년후견인)의 동의를 얻게 되면 유효하게 사망보험계약을 체결할 수 있다. 19세 미만의 미성년자가 법정대리인의 동의를 얻지 않고 한 피보험자 동의는 취소할 수 있다. 민법 제920조에 따라 법정대리인은 미성년자를 대리할 수 있다. 여기에서 법정대리인이 피보험자의 동의를 대리할 수 있는가의 문제가 있다. 피보험자 동의제도 취지를 고려할 때 미성년자 본인의 동의가 있어야 한다고 해석된다.150) 보험계약 체결 시 피보험자가 15세 미만이었으나 계약 체결 후 보험사고 발생시 15세 이상이 되더라도 그 계약은 무효이다. 이때 보험계약자에게 악의가 없었다면 지급한 보험료의 반환청구는 가능하다고 판단된다.151) 만약 법정대리인이 보험수익자 또는 보험계약자인 경우에는 미성년자의 피보험자 동의에 대해 법정대리인으로서 행하는 동의는 이익 상반행위가 될 수 있다. 이 때에는 민법 제921조에 따라서 법원이 선임한 특별대리인의 동의를 얻어서 피보험자 동의를 해야 한다.152)

(다) 제732조 단서 신설

① 기존 제732조 문제점　　　2015년 보험법 개정 전의 제732조는 단서 없이 본문에서 '15세 미만자, 심신상실자 또는 심신박약자의 사망을 보험사고로 한 보험계약은 무효로

---

147) 정희철, 480면.
148) 대판 2013. 4. 26, 2011다9068.
149) 김두환, "미성년자를 피보험자로 하는 사망보험계약에 대한 소고", 경영법률 제29집 제3호, 2019, 325면 이하에서 해외 입법례를 고려할 때 친권자 및 피보험자의 동의하에 보험가입금액의 한도를 설정하는 등의 방법으로 15세 미만자를 피보험자로 하는 사망보험계약을 유효로 하자는 입장이다. 그러나 15세 미만자의 정신적 판단능력이 동의의 정확한 의미를 이해한다고 보기 어렵고, 이 제도가 악용될 가능성이 분명히 존재하는 것이 사실이다.
150) 김성태, 840면; 한기정, 771면; 정희철, 480면.
151) 보험연수원(편), 보험심사역 공통 1 교재, 2016, 240면.
152) 양승규/장덕조, 475면; 김성태, 840면; 임용수, 487면 및 489면; 정찬형, 842면; 양승규, 455면; 김은경, 681면.

한다'고 규정하고 있었다. 판단능력이나 의사결정 능력 등이 떨어지는 사람들이 보험범죄의 대상이 될 수 있는 상황을 차단하기 위함이다. 다만 예외 없이 제732조를 해석하다 보니 성인의 심신박약자가 의사능력이나 판단능력이 있는 상태에서 자신의 가족을 위해 스스로를 피보험자로 하여 사망보험에 가입하는 것조차 무조건 무효가 되어 오히려 이 조문으로 인해 심신박약자 등의 보호에 문제가 있었던 것이 사실이다. 정신장애인의 장애의 정도를 고려하지 않고 자기의 생명보험이건 타인의 생명보험이건 무조건 무효로 한 것은 이들을 보호하겠다는 본래의 목적을 넘어 오히려 이들에게 차별적인 조항이 되었다. 획일적 내용의 본 규정은 헌법상의 행복추구권이나 평등권 원칙과 충돌된다는 지적도 있다. 특히 본 조문에 의해 사망사고가 포함된 상해보험조차도 체결할 수 없게 된다. 성인연령의 심신박약자가 개인으로서 가지는 권리의 행사가 지나치게 필요 이상으로 제한되고 있는 것이다. 심신박약자의 상태는 일시적으로 정상적인 경우도 있고 경제적 활동이 가능하기도 하다. 즉 심신박약자는 때때로 의사능력이나 판단능력을 갖추고 있는 경우도 있기 때문에 15세 미만자나 심신상실자와 동일하게 취급할 수는 없다.

② 단서 신설　　　이러한 문제점을 고려하여 2015년 개정 보험법은 심신박약자가 보험계약을 체결하거나 제735조의3에 따른 단체보험의 피보험자가 될 때에 의사능력이 있는 경우에는 자신을 피보험자로 하는 사망보험계약을 체결할 수 있도록 단서 조항을 신설했다. 현행 제732조의 전면 삭제를 주장하는 견해도 있다. 그러나 15세 미만자는 원칙적으로 근로기준법상 근로자가 될 수 없고, 심신상실자는 의사능력이 결여되어 이들 대부분은 경제적 활동능력이 없는 피부양자의 지위에 있게 된다. 따라서 이들이 스스로 자신을 피보험자로 하는 생명보험계약을 체결할 것으로 기대하기 어려우며, 또한 이들의 유족이 15세 미만자 또는 심신상실자를 피보험자로 하는 사망보험계약 체결하는 것을 허용할 경우 도덕적 위험의 문제가 존재하므로 제732조의 전면 삭제는 신중하여야 할 것이다.

③ 단서 조항의 문제점　　　심신상실자 또는 심신박약자는 한정치산, 금치산과 함께 본래 민법에서 인정되던 개념인데 민법이 개정되면서 2013년 7월부터는 이에 대한 대체제도로서 성년후견제도가 시행되고 있다. 즉 심신상실이나 심신박약은 민법에 더 이상 존재하지 않는다. 그럼에도 불구하고, 2014년에 국회는 민법에 존재하지 않는 이들 개념이 포함된 보험법 개정안을 통과시켰다. 성년후견제도를 시행하게 된 여러 이유 중의 하나가 심신상실과 심신박약의 구별에 대한 어려움 때문이었는데 2015년 개정 보험법은 두 개념을 여전히 인정하면서 그 효과에 대해 현격한 차이를 두고 있다. 개정된 제732조 단서가 적용되기 위해서는 개인보험의 경우 심신박약자는 보험계약의 청약시에 의사능력을 갖추고 있어야 하는데 의사능력 유무에 관한 입증의 문제 및 보험회사에 의한 청약 거절이 부당한지 여부에 대해서 분쟁이 야기될 수 있을 것으로 우려된다. 또한 법문상 심신박약자

의 동의가 청약 시뿐만 아니라 계약 체결 시에도 모두 요구되는 것으로 해석될 가능성도 있는데 이렇게 이중으로 의사능력의 존재를 요구하는 것이 제732조 단서 입법 취지에 부합하는 것인지 의문이다.153) 또한 단서를 악용하여 심신박약자를 대상으로 한 보험범죄의 가능성도 존재할 수 있다. 동시에 심신박약자의 의사능력 판단기준과 절차 및 판단주체 등에 대한 기준이 불명확하다는 점도 지적될 수 있다.154) 단서 내용은 실무상으로나 해석상 새로울 것이 없다. 개정 전 민법하에서 심신박약자가 한정치산선고를 받으면 행위무능력자가 되는 것이고, 한정치산선고를 받지 않은 경우에는 행위능력이 인정되며 따라서 보험계약 체결시나 서면동의를 할 시점에 의사능력을 가지고 있다면 당연히 유효한 보험계약 체결을 할 수 있는 것이기 때문이다.

개정된 단서 내용에서 '심신박약자가 보험계약을 체결하거나 … ' 문구를 해석함에 있어서 의문이 있다. 제732조 본문('15세 미만자, 심신상실자 또는 심신박약자의 사망을 보험사고로 한 보험계약은 무효로 한다')을 보면 심신박약자가 사망보험의 피보험자가 되는 것을 금지하면서 보험계약 체결의 형식은 자기의 사망보험이든 타인의 사망보험이든 구분하지 않고 있다. 제732조 본문이 심신박약자가 피보험자인 사망보험을 무효로 하면서 단서에서 무효에 대한 예외를 규정하고 있는 조문의 형식적, 구조적 측면에서 볼 때에, 단서 역시 심신박약자가 피보험자인 경우를 대상으로 한 것이라고 보아야 한다. 피보험자는 계약체결권이 없다. 그런데 단서 문구에서 피보험자인 '심신박약자가 보험계약을 체결'한다는 표현을 사용한 것을 보면 심신박약인 피보험자가 보험계약자 지위에서 보험계약을 체결(자기의 사망보험계약)할 때에 의사능력이 있는 경우를 말하는 것으로 보인다. 즉 단서 내용이 자기의 사망보험 형식만 규정하고 있다고 해석될 수도 있다. 그러나 이렇게 제한적으로 해석할 이유는 없다. 제732조 본문 내용을 고려할 때 단서 역시 피보험자와 보험계약자가 동일하지 않은 타인의 사망보험 형식에 대해서도 적용된다고 보아야 한다. 실무상 본문이나 단서는 오히려 타인의 사망보험에 더 큰 의미가 있다고 할 것이다. 심신박약자 본인이 보험계약자 지위에서 보험계약을 체결할 때에 의사능력이 있으면 당연히 해당 보험계약은 유효하기 때문이다. 이러한 취지에서 제732조 본문과 단서가 모두 타인의 사망보험만을 적용 대상으로 한다고 해석하는 견해도 있다.155)

제732조 단서에 의해 심신박약자가 단체보험의 피보험자가 될 때에 의사능력이 있으면 계약 체결이 가능하다. 따라서 심신박약자가 단체규약에 대한 동의나 합의를 할 때에

---

153) 同旨: 한기정, 770면.
154) 同旨: 손해보험협회 법무회계팀, "상법 보험편 개정안의 주요쟁점 사항에 대한 고찰", 손해보험 2009년 9월호, 74면; 강민규/이기형, "보험계약법 개정안의 주요 내용과 특징", KiRi Weekly, 2013. 2. 25, 보험연구원, 9면.
155) 한기정, 769면.

의사능력을 갖추어야 한다.156) 그런데 제732조 단서의 법문을 보면 단체규약에 대한 동의 시점 뿐만 아니라 단체보험 체결을 통해 피보험자가 될 때에도 의사능력을 가져야 하는가의 문제가 있다.157) 심신박약자의 경우 단체규약에 대한 동의를 할 때에 의사능력이 있으면 제732조 단서의 요건을 충족하는 것으로 해석함이 타당하다.

　　④ 15세 미만자158)에 대한 제732조 개정안　　15세 미만자에 대한 사망보험계약 체결을 절대적으로 무효로 규정하고 있는 제732조의 개정을 주장하는 견해와 유지를 주장하는 견해가 과거부터 대립되고 있다. 개정을 주장하는 견해는 15세 미만자에 대한 획일적 금지가 행복추구권이나 평등권과 같은 보편적인 헌법상의 원리와 충돌되며, 15세 미만자 등도 본인의 뜻에 따라 가족을 위해 사망보험에 가입하고자 하는 필요성이 현실에서 있을 수 있으며, 재난 사고 등으로부터 15세 미만자도 보호를 받아야 할 당위성이 있고, 보험사기나 보험범죄의 방지는 살인이나 사기 등 형법상의 조문 또는 보험법과 약관에서 규정하고 있는 각종 면책사유 적용 등을 통해 그 목적을 달성할 수 있다고 해석하고 있다.159) 반면에 제732조의 유지론은 제732조가 미성년자 등에 대한 차별이 아니라 자기를 제대로 방어할 수 없는 이들을 보호하기 위한 것이고 형법상의 조문이나 면책사유 등을 가지고는 인위적인 보험범죄로부터 15세 미만자를 사전적으로 보호하기에 부족하다는 이유를 들고 있다.160)

　　태풍과 같은 자연재해로 숨진 15세 미만자가 지방자치단체가 가입한 단체보험의 사망보험금을 받지 못하는 일이 발생하게 되자, 단체보험의 경우에는 피보험자의 연령에 상관없이 사망보험계약 체결이 가능하도록 하는 내용의 상법 개정안이 국회에서 여러 건 발의된 바 있다. 비교법적으로 볼 때도 연령상의 제한을 두고 사망보험계약 체결을 무효로 하는 경우는 드물다. 독일, 일본, 미국 등은 연령 제한이 없으며, 프랑스는 12세 미만자를 대상으로 사망보험계약 체결을 금지시키고 있다. 다만 국회에 발의된 개정안은 15세 미만자가 단체보험의 피보험자가 되는 모든 경우에 사망보장을 허용하는 것과 재해, 천재지변 또는 감염병 등으로 인한 보험사고나 단체활동 중의 보험사고로 한정하여 15세 미만자에 대한 보장을 허용하는 것으로 나뉜다.161)

---

156) 피보험자가 회사 입사 후에 단체규약이 제정된 경우라면 제정 시점에, 이미 규약이 정해진 회사에 입사하는 경우에 입사 시점이 동의시점이 될 것이다.

157) 同旨: 한기정, 770면; 김문재, "단체보험계약에서의 보험금청구권의 행방―대법원 2020. 2. 6. 선고 2017다215728 판결을 중심으로―", 상사판례연구 제33집 제3권, 2020, 150면.

158) 15세 미만자 여부는 공문서상의 나이를 기준으로 객관적으로 판단하는 것이 타당하다.

159) 임성택, "개정 상법 제732조와 장애인 차별", 법학평론 제5권, 2015, 144면; 김선광, "보험법상 장애인 차별에 관한 고찰", 민주법학 제30호, 2006, 267-269면.

160) 김선정, "상법 제732조 개정안에 대한 검토", 보험학회지 제78집, 2007, 179-181면; 최병규, "정신질환자에 대한 보험가입과 차별", 상사법연구 제26권 제2호, 2007, 328-329면.

161) 양승현, "15세 미만자 단체보험 사망보장 허용 관련 상법 개정안 검토", KiRi 보험법리뷰 포커스, 보험연구원, 1-3면.

(5) 동의요건의 흠결

타인의 사망보험에서 동의요건의 흠결이란 동의가 아예 없거나 제731조에서 인정하는 방법이 아닌 방식에 의한 동의이거나 동의가 요구되는 시점이 아닌 경우에 행해진 동의, 동의자인 피보험자의 행위무능력 및 의사무능력 그리고 동의행위 자체에 흠결이 있는 경우 등을 말한다. 법원은 피보험자의 서면동의의 흠결로 해당 계약이 무효가 되는 범위는 피보험자의 사망을 보험사고로 하는 내용과 불가분적으로 일체가 되어 있는 나머지 부분을 포함하여 그 전부에 대하여 효력이 발생하지 아니한다고 해석하였다.[162] 그러나 앞에서 설명한대로 피보험자가 보험계약체결 후에 서면으로 동의하더라도 그 동의의 진정성이 입증된다면 피보험자 동의 제도의 취지를 고려할 때 보험계약 체결 시에 소급하여 유효한 것으로 해석해 보는 것도 고려할 수 있을 것이다.[163]

제731조 제1항은 그 법적 성질이 절대적 강행규정이다.[164] 절대적 강행규정이라 함은 모든 사람과의 관계에서 무효인 것이다. 판례는 특단의 사정이 없는 한 피보험자의 동의 없음을 이유로 보험자가 보험계약의 무효를 주장하는 것은 보험계약자와의 관계에서 신의칙 위반이 아니라는 입장이다. 타인의 서면동의 없이 타인의 사망보험계약을 체결한 보험자가 곧바로 무효를 주장하지 않고 보험료를 계속 수령해오다가 보험사고의 발생 후 피보험자가 보험금을 지급 청구하는 시점에 이르러 타인의 서면에 의한 동의가 없었음을 이유로 그때 비로소 보험계약의 무효를 주장한다고 해도 이를 신의칙이나 금반언의 원칙에 반한다고 볼 수 없다는 것이 법원의 태도이다.[165]

[대법원 2006. 6. 29. 선고 2005다11602 판결]

〈주요 판시내용〉

신의성실의 원칙은 법률관계의 당사자가 상대방의 이익을 배려하여 형평에 어긋나거나 신뢰를 저버리는 내용 또는 방법으로 권리를 행사하거나 의무를 이행하여서는 아니 된다는 추상적 규범으로서, 신의성실의 원칙에 위배된다는 이유로 그 권리의 행사를 부정하기 위해서는 상대방에게 신의를 공여하였다거나, 객관적으로 보아 상대방이 신의를 가짐이 정당한 상태에 있어야 하고, 이러한 상대방의 신의에 반하여 권리를 행사하는 것이 정의관념에 비추어 용인될 수 없는 정도의 상태에 이르러야 할 것이며, 또한 특별한 사정이 없는 한, 법령에 위반되어 무효임을 알고서도 그 법률행위를 한 자가 강행법규 위반을 이유로 무효를 주장하는 것이 신의칙 또는 금반언의 원칙에 반하거나 권리남용에 해당한다고 볼 수는 없는 것인바, 이 사건에서 강행법규인 상법 제731조 제

---

162) 대판 1996. 11. 22, 96다37084.
163) 이기수/최병규/김인현, 408면; 최준선, 339면. 그러나 한기정, 774면은 이에 반대한다.
164) 대판 2006. 6. 29, 2005다11602; 대판 2004. 4. 23, 2003다62125; 대판 1996. 11. 22, 96다37084.
165) 대판 2006. 6. 29, 2005다11602; 대판 1996. 11. 22, 96다37084.

1항에 위반되는 법률행위를 한 보험회사가 한때 그 법률행위의 효력을 다투지 않을 듯한 태도를 취하였다 하여 상대방인 보험계약자가 이에 대한 신의를 가짐이 정당한 상태라고 할 수 없으며 이러한 보험계약자의 신의에 반하여 보험회사가 무효를 주장하는 것이 정의관념에 비추어 용인될 수 없는 정도의 상태에 이른다 할 수도 없으므로, 보험회사의 보험금 지급거절이나 이 사건 채무부존재확인의 소송 제기가 신의칙이나 금반언의 원칙에 위배된다고 할 수 없다.

[대법원 1996. 11. 22. 선고 96다37084 판결]

〈사실관계〉

원고는 남편이 사망하자 피고회사에 보험금을 청구하였는데, 이 사건 보험은 보험계약자와 보험수익자는 원고, 피보험자는 남편이지만 남편의 서면에 의한 동의가 없이 체결된 계약이어서 피고회사는 보험금지급을 거절하였다. 그러자 원고는 피고회사가 보험계약의 유효를 전제로 보험료를 징수하고서도 보험금 지급을 거절하는 것은 신의칙에 위반되는 행위이며, 계약체결당시 원고는 남편으로부터 서면동의서의 작성권한을 위임받은 상태였고 원고의 요구에 따라 보험설계사가 청약서에 피보험자인 남편의 이름을 기재하였고 계약체결 후에 남편이 보험계약에 동의한다는 인증서를 제출했으므로 비록 남편의 서면에 의한 동의가 없어도 계약은 유효하다고 주장했다.

〈주요 판시내용〉

타인의 사망을 보험사고로 하는 보험계약에는 보험계약 체결시에 그 타인의 서면에 의한 동의를 얻어야 한다는 상법 제731조 제1항의 규정은 강행법규로서 위 규정에 위반하여 체결된 보험계약은 무효라고 할 것이고, 위 규정의 입법취지에는 도박보험의 위험성과 피보험자 살해의 위험성 외에도 피해자의 동의를 얻지 아니하고 타인의 사망을 이른바 사행계약상의 조건으로 삼는 데서 오는 공서양속의 침해의 위험성을 배제하기 위한 것도 들어있다고 해석되므로, 상법 제731조 제1항을 위반하여 계약을 체결한 자 스스로가 무효를 주장함이 신의성실의 원칙 또는 금반언의 원칙에 위배되는 권리 행사라는 이유로 이를 배척한다면, 위와 같은 입법취지를 완전히 몰각시키는 결과가 초래되므로 특단의 사정이 없는 한 그러한 주장이 신의성실 또는 금반언의 원칙에 반한다고 볼 수는 없다고 할 것이다.

(6) 약관설명의무 등 그 밖의 문제

(가) 서면동의에 대한 약관설명의무 위반

보험설계사는 타인의 사망보험계약을 체결할 때에 피보험자의 서면동의가 반드시 필요하다는 것을 보험계약자 측에게 설명할 의무가 있는가의 문제가 있다. 생명보험표준약관 제19조 제1호에서 타인의 서면동의를 보험계약 체결할 때까지 얻지 않으면 당해 보험계약을 무효로 하고 있다. 그런데 이러한 내용은 제731조에 규정되어 있고, 약관은 이를 되풀이하거나 부연하는 정도에 불과하므로 보험자의 설명의무 대상이 되지 않는다고 해석하는 견해가 있다.166) 피보험자 동의 요건은 상법 조문에 의해 요구되고 있는 것을 감안할 때 약관규제법 제3조상의 설명의무가 아니고 계약 체결 당사자에게 부과되는 신의칙상 의무라고 해석할 수 있다.167)

[대법원 2004. 4. 23. 선고 2003다62125 판결]

〈주요 판시내용〉

보험모집인 또는 보험대리점 등이 타인의 생명보험계약을 모집함에 있어서는 보험계약자에 대하여 타인의 생명보험은 다른 보험과는 달리 피보험자의 서면 동의가 없으면 보험사고가 발생하더라도 보험금을 지급받을 수 없다는 내용을 설명하거나 정보를 제공하여야 할 법적 의무가 신의칙상 요구된다고 할 것이고, 객관적으로 보아 그와 같은 내용을 이해시킬 수 있도록 충분히 설명하거나 정보를 제공하지 아니하였다면 타인의 생명보험계약을 모집함에 있어서 요청되는 설명의무 내지 정보제공의무를 다하지 아니하였다고 할 것이다. 보험회사는 보험금을 지급받지 못하게 된 보험계약자에게 보험업법 제102조에 따른 손해배상책임을 부담하여야 한다.

보험설계사 등 모집종사자가 보험계약자에게 피보험자인 타인의 서면 동의를 얻어야 하는 사실에 대한 설명의무를 위반하여 보험계약이 무효로 된 경우 보험설계사는 불법행위로 인한 손해배상책임을 부담하며 보험자는 사용자책임을 부담한다는 것이 판례의 입장이다.168) 보험계약자는 금융소비자보호에 관한 법률 제45조 및 민법 제750조에 따라 보험사고가 발생한 경우에는 보험자에게 '보험금상당액'의 손해배상을 청구할 수 있고, 보험사고가 발생하지 않은 경우에는 기납입보험료 상당액을 손해배상으로 청구할 수 있다.

[대법원 1998. 11. 27. 선고 98다23690 판결]

〈주요 판시내용〉

보험모집인과 영업소장은 보험업에 관한 전문가로서 타인의 사망을 보험사고로 하는 보험계약을 체결할 때에는 피보험자인 타인의 서면에 의한 동의를 얻지 않으면 그 보험계약이 무효로 된다는 사실을 보험계약자에게 설명하여 피보험자의 서면 동의를 받아오게 하여 보험계약을 체결하도록 조치할 주의의무가 있음에도 불구하고, 보험모집인이 그와 같은 사실 자체를 모른 채 보험계약자의 말만 믿고 피보험자 동의란에 자신이 직접 피보험자인 타인의 서명을 대신하였으며, 영업소 소장은 그 사실을 알고 있으면서도 이를 방치함으로써 보험계약자가 피보험자의 서면 동의가 없어도 보험회사가 보험금지급책임을 지는 것으로 잘못 알고 위 보험계약을 체결한 결과, 그

---

166) 임용수, 86면.
167) 대판 2004. 4. 23, 2003다62125. 同旨: 한기정, 776-777면.
168) 대판 1998. 11. 27, 98다23690; 대판 2004. 4. 23, 2003다62125.

> 후 피보험자가 교통사고로 사망하는 보험사고가 발생하였으나 위 보험계약이 피보험자의 서면 동
> 의가 없었다는 이유로 보험계약자가 보험금을 지급받지 못하게 된 경우, 위 보험모집인과 영업소
> 장이 보험모집을 하면서 범한 위와 같은 잘못과 보험계약자가 보험금을 지급받지 못하게 된 손해
> 사이에는 상당인과관계가 있다.

보험계약 체결 당시 피보험자 서면동의의 유효요건을 갖추지 아니하여 무효로 돌아갈 수밖에 없음을 잘 알면서 보험계약자 겸 보험수익자가 피보험자를 대신하여 서명을 한 것이라면, 보험계약이 무효로 됨에 따라 보험금을 지급받지 못하게 되었다고 하더라도, 이는 전적으로 보험계약자 측의 책임있는 사유로 인한 것으로 보아야 할 것이므로, 보험계약자 측의 손해발생과 설명의무 위반 사이에는 인과관계가 없다고 해석된다.[169]

삭제된 보험업법 제102조 제1항에 의한 배상책임과 관련하여 이 책임은 보험회사의 보험계약자에 대한 배상책임을 규정한 것으로 보험수익자는 직접 보험자에게 보험업법 제102조 제1항에 따른 책임을 물을 수 없다고 보면서, 타인의 사망보험계약이 강행규정인 상법 제731조 제1항을 위반하여 그 계약 자체가 무효로 된 경우에 보험수익자는 특별한 사정이 없는 한 보험회사에게 불법행위 또는 채무불이행을 원인으로 손해배상청구를 할 수 없다고 법원은 해석한 바 있다.[170]

> ### [대법원 2015. 10. 15. 선고 2014다204178 판결]
>
> 〈주요 판시내용〉
> 보험계약자와 보험수익자가 다른 타인을 위한 보험계약은 제3자를 위한 계약의 일종인데, 위 보험계약이 강행규정인 상법 제731조 제1항을 위반하여 무효로 된 경우에, 보험수익자는 보험계약자가 아니므로 특별한 사정이 없는 한 보험회사를 상대로 보험계약의 무효로 인한 손해에 관하여 불법행위를 원인으로 손해배상청구를 할 수 없다.

그런데 사망이라는 보험사고가 발생했음에도 불구하고 설명의무 위반을 이유로 보험계약이 무효가 될 때에 결국 피해를 입게 되는 자는 보험수익자임을 고려해보면, 보험사고 발생시 보험수익자가 보험금상당액을 손해배상으로서 보험자에게 청구할 수 있도록 해석하는 것도 무방하리라 여겨진다.[171]

피보험자의 서면동의에 대해 신의칙상 요구되는 설명의무가 보험자에게 부과된다고 하더라도 만약 보험계약자가 서면동의에 관한 해당 내용을 청약서나 약관 등을 통해 미리

---

169) 대판 2008. 8. 21, 2007다76696.
170) 대판 2015. 10. 15, 2014다204178.
171) 同旨: 장경환, 앞의 논문, 188면 각주 54.

알 수 있었는데 과실로 이를 알지 못했다면 보험자의 손해배상액 산정에 있어서 과실상계가 인정이 된다. 인정 과실 비율은 정해진 바 없고, 사실관계에 따라 판단하게 된다. 보험계약자 측의 과실을 10%로 본 것도 있고,[172] 30%로 해석한 판결도 있다.[173] 아래 판결은 40%로 보았다.

[대법원 2006. 6. 29. 선고 2005다11602 판결]

〈주요 판시내용〉

타인의 사망을 보험사고로 하는 보험계약에 있어서 보험설계사가 보험계약자에게 피보험자인 타인의 서면 동의를 얻어야 하는 사실에 대한 설명의무를 위반하여 보험계약이 무효로 된 사안에서, 보험회사는 보험업법 제102조 제1항에 따라 보험계약자에게 보험금 상당액의 손해배상책임을 부담하되, 보험계약 체결 당시 보험계약청약서 및 약관의 내용을 검토하여 피보험자의 서면 동의를 받았어야 할 주의의무를 게을리한 보험계약자의 과실비율을 40% 정도로 보고 과실상계를 할 수 있다.

(나) 기타 문제

상법 제731조 제1항을 위반하여 무효인 보험계약에 따라 납부한 보험료에 대한 반환청구권은 특별한 사정이 없는 한 그 보험료를 납부한 때에 발생하여 행사할 수 있다고 할 것이므로, 보험료반환청구권의 소멸시효는 특별한 사정이 없는 한 보험료를 마지막으로 납입한 때부터 진행한다고 해석해서는 안되며, 각 보험료를 납부한 때부터 진행한다고 보아야 한다는 것이 법원의 태도이다.[174]

타인의 사망을 보험사고로 하는 생명보험계약을 체결함에 있어 제3자가 피보험자인 것처럼 가장하여 체결하는 것처럼 그 유효요건이 갖추어지지 못했다고 하더라도, 그 보험계약 체결 당시에 이미 보험사고가 발생하였음에도 이를 숨겼다거나 보험사고의 구체적 발생 가능성을 예견할 만한 사정을 인식하고 있었던 경우 또는 고의로 보험사고를 일으키려는 의도를 가지고 보험계약을 체결한 경우와 같이 보험사고의 우연성과 같은 보험의 본질을 해칠 정도라고 볼 수 있는 특별한 사정이 없는 한, 그와 같이 하자 있는 보험계약을 체결한 행위만으로는 미필적으로라도 보험금을 편취하려는 의사에 의한 기망행위의 실행에 착수한 것으로 볼 것은 아니라는 것이 법원의 입장이다.[175] 그러므로 그와 같은 기망행위를 실행의 착수로 인정할 수 없는 경우에 피보험자 본인임을 가장하는 등으로 보험계약을 체결한 행위는 단지 장차의 보험금 편취를 위한 예비행위에 해당하는 것으로 해석될

---

172) 대판 1998. 11. 27, 98다23690.
173) 대판 2001. 11. 9, 2001다55499.
174) 대판 2011. 3. 24, 2010다92612.
175) 대판 2012. 11. 15, 2010도6910.

수 있다.

[대법원 2012. 11. 15. 선고 2010도6910 판결]

〈주요 판시내용〉

보험계약자가 상법상 고지의무를 위반하여 보험자와 생명보험계약을 체결한다고 하더라도 그 보험금은 보험계약의 체결만으로 지급되는 것이 아니라 우연한 사고가 발생하여야만 지급되는 것 이므로, 상법상 고지의무를 위반하여 보험계약을 체결하였다는 사정만으로 보험계약자에게 미필 적으로나마 보험금 편취를 위한 고의의 기망행위가 있었다고 단정하여서는 아니 되고, 더 나아가 보험사고가 이미 발생하였음에도 이를 묵비한 채 보험계약을 체결하거나 보험사고 발생의 개연성 이 농후함을 인식하면서도 보험계약을 체결하는 경우 또는 보험사고를 임의로 조작하려는 의도를 갖고 보험계약을 체결하는 경우와 같이 그 행위가 '보험사고의 우연성'과 같은 보험의 본질을 해 할 정도에 이르러야 비로소 보험금 편취를 위한 고의의 기망행위를 인정할 수 있다고 할 것이다.

[대법원 2013. 11. 14. 선고 2013도7494 판결]

〈주요 판시내용〉

피고인은 공범의 부탁을 받고 그 공범의 배우자인 것처럼 가장하여 그 배우자 명의로 3개의 생 명보험계약을 체결한 다음 그 이후로는 아무런 관여를 하지 않았는데, 그 공범은 배우자가 살해 되어 살인교사로 기소되었다가 무죄판결을 받은 후 보험회사에 보험금을 청구하여 8억 원의 보험 금을 지급받았고, 피고인은 위 공범의 보험사기 범행의 공동정범으로 기소되었는데, 대법원은 피 고인이 보험계약 체결에 관여한 사실은 알 수 있으나, 나아가 그 보험계약 체결 당시 피고인의 보험계약 체결행위 자체로 보험사고의 우연성 등 보험의 본질을 해칠 정도에 이른 것으로 볼 수 있는 특별한 사정을 인정할 만한 자료는 발견할 수 없고, 그 후 공범의 보험금 청구에 가담하였 다는 점을 인정할 만한 증거도 없으므로, 피고인의 행위는 보험금 편취를 위한 예비행위에 불과 하여 위 공범의 사기범행에 대한 종범으로 인정될 여지가 있을 뿐이라는 이유로 피고인을 공범의 보험사기에 대한 공동정범으로 인정한 원심을 파기하였다.

그런데 2016년 9월에 제정된 보험사기방지특별법은 보험사기죄 실행의 착수 문제를 보험금청구와 관련짓고 있다. 또한 예비죄에 관한 조문도 없다. 생각건대 제3자를 피보험 자인 것처럼 속이고 보험계약을 체결하는 행위는 그 자체로 기망행위의 실행의 착수로 보 아야 한다. 이렇게 해석하지 않으면 보험계약 체결 단계에서의 보험사기 행위를 처벌할 수 없다.

4. 단체보험[176)]

(1) 단체보험의 의의와 기능

광의의 단체보험이란 단체가 규약에 따라 구성원 전부 또는 일부를 집단으로 피보험자로 하여 그들의 생사를 보험사고로 하여 체결하는 인보험계약을 말한다(제735조의3).[177)] 단체가 보험계약자가 되며 그 구성원이 피보험자가 되는 형식이므로 타인의 생명보험의 하나이다. 제735조의3은 생명보험만을 규정하고 있으나, 제739조와 제739조의3에서 제735조의3을 준용하도록 하고 있으므로 단체보험은 단체사망보험, 단체생존보험, 단체생사혼합보험, 단체상해보험, 단체질병보험 등을 내용으로 할 수 있다.

[대법원 2007. 10. 12. 선고 2007다42877 판결]

〈주요 판시내용〉

단체가 구성원의 전부 또는 일부를 피보험자로 하고 보험계약자 자신을 보험수익자로 하여 체결하는 생명보험계약 내지 상해보험계약은 단체의 구성원에 대하여 보험사고가 발생한 경우를 부보험으로써 단체 구성원에 대한 단체의 재해보상금이나 후생복리비용의 재원을 마련하기 위한 것이므로, 피보험자가 보험사고 이외의 사고로 사망하거나 퇴직 등으로 단체의 구성원으로서의 자격을 상실하면 그에 대한 단체보험계약에 의한 보호는 종료되고, 구성원으로서의 자격을 상실한 종전 피보험자는 보험약관이 정하는 바에 따라 자신에 대한 개별계약으로 전환하여 보험 보호를 계속 받을 수 있을 뿐이다.

단체보험은 단체 구성원의 복리후생 차원(구성원 및 유족의 생계비, 치료비 등)에서 운영되는데 보험회사 입장에서는 단체를 단위로 하여 계약을 체결하기 때문에 개개인 별로 계약을 체결하기 위해 들어가는 영업비용을 절감할 수 있고 대개의 경우 개개인에 대한 개별적인 건강진단을 하지 않고 단체에서 실시한 신체검사 등을 기초로 일괄하여 계약을 체결하므로 개인보험에 비해 저렴한 보험료 산정이 가능하다. 기업체 입장에서는 납입하는 보험료가 세법상 손비(損費)처리가 되어 세제상의 혜택을 볼 수 있다. 또한 기업 입장에서는 사고로 인한 단체의 사망, 퇴직, 상해, 질병보상금, 대체구성원 등의 채용이나 교육훈련비 등을 대비하려는 목적도 가진다.[178)] 이와 같이 단체보험은 단체 구성원 뿐만 아니라 단체 자체의 경제적 수요 대비 목적을 가진다. 구성원의 교체 및 변동이 쉽게 예상

---

176) 단체보험에 관한 법률적 쟁점에 대해서는, 박세민, "상법 제735조의3(단체보험) 조문의 해석상 문제점에 대한 소고", 경영법률 제18집 제3호, 2008, 83-112면 참조.

177) 대판 2000. 2. 25, 99다60443, 60450.

178) 정규명/정영동, 생명보험론, 1997, 179면; 김성태, 820면; 임용수, 489면. 이를 위해서는 보험수익자가 단체의 구성원이어야 한다. 한기정, 795면.

되는 단체보험이 체결된 때에는 보험자는 보험계약자인 단체 또는 그 대표자에게만 보험
증권을 교부한다(제735조의3 제2항). 물론 단체보험에서도 피보험자별로 보험증권을 개별적
으로 발급하는 것은 가능하다.179) 단체보험이 가지는 가장 큰 특징은 타인의 생명보험
성격임에도 불구하고 피보험자의 개별적 서면동의를 요구하는 제731조 제1항이 적용
되지 않는다는 점이다.

[대법원 2007. 10. 12. 선고 2007다42877 판결]

〈주요 판시내용〉

단체가 구성원의 전부 또는 일부를 피보험자로 하고 보험계약자 자신을 보험수익자로 하여 체
결하는 생명보험계약 내지 상해보험계약은 단체의 구성원에 대하여 보험사고가 발생한 경우를 부
보함으로써 단체 구성원에 대한 단체의 재해보상금이나 후생복리비용의 재원을 마련하기 위한 것
이므로, 피보험자가 보험사고 이외의 사고로 사망하거나 퇴직 등으로 단체의 구성원으로서의 자
격을 상실하면 그에 대한 단체보험계약에 의한 보호는 종료되고, 구성원으로서의 자격을 상실한
종전 피보험자는 보험약관이 정하는 바에 따라 자신에 대한 개별계약으로 전환하여 보험 보호를
계속 받을 수 있을 뿐이다.

---

(2) 단체보험의 특성

(가) 피보험자의 집단성, 변경성, 불특정성

단체보험에서의 보험계약자는 단체(사업자) 또는 그 대표자이고 단체의 구성원이 일괄
하여 피보험자가 되므로 타인의 생명의 보험이다. 피보험자가 단체의 구성원이 되므로 집
단적 성격을 가진다. 보험료는 단체가 부담하거나 단체와 피보험자가 분담하게 된다. 생명
보험표준약관 제20조에서는 보험계약자와 보험수익자의 변경에 대해서만 규정하고 있을
뿐 피보험자의 변경에 대해서는 명확한 내용이 없다.180) 보험계약자가 보험계약자를 변경
하는 경우에는 보험자의 승낙을 얻도록 하고 있다. 보험수익자의 변경에 대해 현행 생명
보험표준약관은 보험계약자는 회사의 승낙없이 보험수익자를 변경할 수 있되, 다만 보험
계약자가 보험수익자를 변경하는 경우 회사에 통지하지 아니하면 변경 후 보험수익자는
그 권리로써 회사에 대항하지 못한다고 정하고 있다.181) 반면에 인보험에서는 피보험자에

---

179) 임용수, 494면.
180) 다만 생명보험 중 연생보험의 경우에 종피보험자의 변경은 가능하다. 종피보험자는 주피보험자와 함께
   보험사고 발생대상이 되는 자인데 주된 피보험자에 종속되어 보장의 계속 여부가 결정되는 피보험자이다.
   기존의 종피보험자가 자격을 상실하고 새로운 자가 종피보험자의 자격을 취득할 경우 보험계약자가 종피
   보험자의 변경사실을 보험회사에 알리고 승낙을 받으면 종피보험자를 변경할 수 있다. 임용수, 490면.
181) 생명보험표준약관 제20조 제2항.

따라 위험률이 크게 달라지고 피보험자를 기초로 보험료가 산정되는 것이기 때문에 피보험자의 변경은 단순한 계약 내용의 변경이 아니라 새로운 계약으로 보아야 한다. 그런데 생명보험표준약관에서는 제20조 제1항 제6호에서 보험계약자는 보험자의 승낙을 얻어 계약의 내용을 변경할 수 있다고 정함으로써 해석상 피보험자를 변경이 가능할 수 있다고 해석될 여지가 있다.

그런데 단체보험의 경우에는 그 특성상 단체 구성원이 입사와 퇴사 등을 통해 수시로 변경될 수밖에 없기 때문에 그 구성원의 교체가 있더라도 단체보험 계약은 전체로서 그 동일성이 유지되는 특성을 가진다.[182] 단체보험은서 이와 같이 인보험의 일반적 원칙과는 달리 피보험자가 변경되는 것을 예정하게 된다. 단체보험계약 체결 시점 또는 보험사고 발생 이전에는 피보험자의 확정이 문제되지 않는다. 그러나 보험사고 발생 시점에서 단체 구성원이 단체보험에서의 피보험자로서 확정된다. 단체보험에서 피보험자의 수시 교체가 예정된다는 점에서 총괄보험(제687조)과 유사하다. 그러나 총괄보험은 손해보험 영역에 속한다.

피보험자는 단체 구성원의 지위를 갖는 동안에 보험사고가 발생해야 보험자의 보험금 지급책임이 발생하게 된다. 즉 사고발생 시점에 피보험자가 단체의 구성원 지위를 갖고 있어야 한다. 단체의 구성원인 피보험자가 퇴직하여 단체의 구성원으로서의 지위를 상실하게 되면 단체보험의 피보험자 지위를 상실하는 것이며 단체보험에 의한 보호는 종료된다. 따라서 퇴사 후 그 직원이 사망하게 되는 경우 단체보험에 의한 보호를 받을 수는 없다. 회사의 직원이 퇴사한 후에 사망하는 보험사고가 발생한 경우, 회사가 그 직원의 퇴사 후에 이 사실을 보험자에게 통지하지 않고 직원에 대한 보험료를 계속 납입하였다고 하더라도 퇴사와 동시에 단체보험의 해당 피보험자 자격은 상실되며 이 시점에서 단체보험에 의한 보호는 종료된다.[183]

[대법원 2007. 10. 12. 선고 2007다42877 판결]

〈주요 판시내용〉

단체가 구성원의 전부 또는 일부를 피보험자로 하고 보험계약자 자신을 보험수익자로 하여 체결하는 생명보험계약 내지 상해보험계약은 단체의 구성원에 대하여 보험사고가 발생한 경우를 부보함으로써 단체 구성원에 대한 단체의 재해보상금이나 후생복리비용의 재원을 마련하기 위한 것이므로, 피보험자가 보험사고 이외의 사고로 사망하거나 퇴직 등으로 단체의 구성원으로서의 자격을 상실하면 그에 대한 단체보험계약에 의한 보호는 종료되고, 구성원으로서의 자격을 상실한

---

182) 정희철, 478면; 진홍기, "단체보험을 둘러싼 몇 가지 법적고찰", 보험법연구 3, 1999, 413-426면; 임용수, 491면; 정찬형, 834-835면; 서헌제, 265면.
183) 대판 2007. 10. 12, 2007다42877, 42884.

종전 피보험자는 보험약관이 정하는 바에 따라 자신에 대한 개별계약으로 전환하여 보험 보호를 계속 받을 수 있을 뿐이다. 단체보험약관에서 보험회사의 승낙 및 피보험자의 동의를 조건으로 보험계약자가 구성원으로서의 자격을 상실한 종전 피보험자를 새로운 피보험자로 변경하는 것을 허용하면서 종전 피보험자의 자격상실 시기를 피보험자 변경신청서 접수시로 정하고 있다고 하여도, 이는 보험회사의 승낙과 피보험자의 동의가 있어 피보험자가 변경되는 경우 단체보험의 동일성을 유지하기 위하여 피보험자 변경신청서 접수시까지 종전 피보험자의 자격이 유지되는 것으로 의제하는 것이므로, 위 약관조항이 피보험자 변경이 없는 경우에까지 적용되는 것으로 볼 수는 없다. 단체보험 계약자 회사의 직원이 퇴사한 후에 사망하는 보험사고가 발생한 경우, 회사가 퇴사 후에도 계속 위 직원에 대한 보험료를 납입하였더라도 퇴사와 동시에 단체보험의 해당 피보험자 부분이 종료되는 데 영향을 미치지 아니한다.

(나) 피보험자의 서면동의 문제

① 서면동의의 생략   타인의 사망보험은 타인의 서면동의가 요구된다. 그런데 타인의 사망을 보험사고로 하는 보험계약을 체결하더라도 그것이 단체보험인 경우에는 피보험자의 서면동의를 요구하는 제731조 제1항이 적용되지 않는다. 단체규약으로써 집단적 동의에 갈음한 것으로 보기 때문이다. 즉 규약에 정함이 있으면 개별적 서면동의를 생략할 수 있다. 또한 타인의 생명보험을 단체보험 형식을 체결하는 경우에는 도덕적 위험이 상대적으로 적어 단체구성원의 개별적 동의를 꼭 얻어야 할 실익이 적기 때문이다.[184]

② 규   약   피보험자의 서면동의가 생략되는 단체보험의 유효요건으로 규약의 존재가 요구된다. 만약 그러한 규약이 갖추어지지 아니한 경우에는 강행법규인 상법 제731조의 규정에 따라 피보험자인 구성원들의 서면에 의한 동의를 갖추어야 보험계약으로서의 효력이 발생한다. 즉 단체보험에서 규약 요건이 흠결되면 단체보험은 확정적으로 무효이며, 보험계약 체결 이후에 피보험자가 개별적으로 추인하더라도 유효가 되지 못한다.[185]

제735조의3에서 '규약'의 의미는 단체협약, 취업규칙, 정관 등 그 명칭이나 형식을 막론하고 단체보험의 가입에 관한 단체내부의 협정에 해당하는 것을 의미한다. 반드시 당해 보험가입과 관련한 상세한 사항까지 규정하고 있을 필요는 없고 보험가입에 관하여 단체의 대표자가 구성원을 위하여 일괄하여 계약을 체결할 수 있다는 취지를 담고 있는 것이면 충분하다 할 것이다. 규약에 이러한 내용이 포함되어 있지 않으면 개별적 서면동의 절차를 생략할 수가 없다. 강행법규인 제731조에 따라 피보험자인 단체구성원들의 서면동의를 얻어야만 보험계약이 유효하게 된다. 단체규약이 강행법규인 제731조 소정의 피보

184) 대판 2006. 4. 27, 2003다60259. 최기원, 614면; 임용수, 484면 및 491면; 정동윤, 705면; 한기정, 797면.
185) 대판 2006. 4. 27, 2003다60259.

험자의 서면동의에 갈음하는 것인 이상 취업규칙이나 단체협약에 단체보험 체결에 대한 내용은 존재하지 않은 채 단순히 근로자의 채용 및 해고, 재해부조 등에 관한 일반적 규정을 두고 있다는 것만으로는 제735조의3에서 말하는 규약에 해당한다고 볼 수 없다.186) 적어도 단체나 대표자가 보험계약자가 되어 구성원을 위해 일괄하여 보험계약을 체결한다는 내용이 포함되어야 한다.

　　규약에 따른 단체보험에서 단체의 구성원인 피보험자의 서면동의를 요구하지 않는 특칙이 인간의 존엄성과 가치를 훼손하고 행복추구권을 침해하며 국가의 기본권 보장의무에 위배하여 헌법에 위반되는 것이 아닌가 하는 의문이 제기되었으나 헌법재판소는 이러한 특칙의 합헌성을 인정하였다.187)

[헌법재판소 1999. 9. 16. 선고 98헌가6 결정]

〈사실관계〉

　소외인은 직원들의 서면동의를 받지 않고 직원들을 피보험자로 하는 단체보험계약을 소외 보험사와 체결하였는데, 보험료 납입자와 보험수익자는 모두 소외인으로 설정되어 있었다. 그런데 직원 1명이 상해를 입자 소외인을 상대로 보험금을 반환하라며 소를 제기하였고, 재판부는 단체보험에서 서면에 의한 동의를 요하지 않는 상법 제735조의3 제1항에 대해 직권으로 위헌법률심판을 제청했다.

〈주요 판시내용(합헌)〉

　상법 제735조의3 제1항의 입법취지는, 타인의 생명보험계약을 체결함에 있어서 계약체결시 피보험자의 서면동의를 얻도록 하는 개별보험의 일반원칙에서 벗어나 규약으로써 동의에 갈음할 수 있게 함으로써 단체보험의 특성에 따른 운용상의 편의를 부여해 주어 단체보험의 활성화를 돕는다는 것이다. (중략) 이 사건 법률조항의 위와 같은 입법취지에 비추어볼 때, 이 사건 법률조항은 단체구성원들의 복리 증진 등 이익에 기여하는 바가 있고, 단체보험의 특성에 따라 개별적 동의를 집단적 동의로 대체하는 것에 불과하며 그 방법은 합리성을 가지고 있다. (중략) 그러므로, 이 사건 법률조항이 인간의 존엄성과 가치를 훼손하고 행복추구권을 침해하는 것이며, 국가의 기본권 보장의무에 위배되는 것이라고는 할 수 없다.

---

　　③ 단체보험과 심신박약자　　신설된 제732조 단서에 의해 심신박약자가 단체보험의 피보험자가 될 때에 의사능력이 있으면 계약 체결이 가능하다. 심신박약자가 단체규약에 대한 동의나 합의를 할 때에 의사능력을 갖추어야 한다. 그런데 제732조 단서의 법문을 보면 심신박약자가 '단체보험의 피보험자가 될 때에' 의사능력을 가질 것을 요구하고

---

186) 대판 2006. 4. 27, 2003다60259; 임용수, 493면; 장덕조, 477면; 한기정, 797면.
187) 헌재 1999. 9. 16, 98헌가6.

있다. 이 문구의 해석에 있어서 단체규약에 대해 동의할 때에도 심신박약자가 의사능력을 가져야 하고, 단체보험 체결을 통해 피보험자가 될 때에도 의사능력을 가져야 하는 것으로 해석될 수 있는데, 이것이 제732조 단서를 만든 입법 취지와 맞는 것인지 의문이다.[188] 심신박약자의 경우 단체규약에 대한 동의를 할 때에 의사능력이 있으면 제732조 단서의 요건을 충족하는 것으로 해석함이 타당하다. 따라서 단체보험 체결을 통해 피보험자 지위를 가지게 될 때에도 의사능력이 있어야 하는 것으로 해석하는 것은 타당하지 않다. 이 규정은 제739조에 의해 상해보험에도 적용된다.

　　④ 보험금청구권의 양도와 서면동의 필요성　　제731조는 타인의 사망보험계약 체결뿐만 아니라 제2항에서 보험수익자가 자신이 가지는 보험금청구권을 피보험자 아닌 자에게 양도하는 경우에도 피보험자의 서면동의를 얻도록 하고 있다. 여기에서 규약에 따라 체결된 단체보험에서 보험금청구권을 피보험자가 아닌 제3자에게 양도하는 경우에도 피보험자의 서면동의가 필요 없는 것으로 해석한다는 것인지의 여부에 관한 것이다. 제735조의3 제1항이 계약 체결에 대해서만 규정하고 있고, 보험금청구권 양도에 대해서는 제731조를 적용할지 아니면 적용을 배제할 지에 대해 아무런 규정을 두고 있지 않고 있다. 구성원을 위하는 단체보험 제도의 취지를 고려하면, 단체규약에 양수인에 관한 사항 등이 명시되어 있는 등의 특별한 사정이 없는 한, 보험금청구권을 피보험자 이외의 자에게 양도하는 경우에 구성원들의 서면동의가 필요하다고 해석해야 할 것이다.[189] 판례는 단체가 자기 스스로를 보험수익자로 지정하는 단체보험계약을 체결할 수 있음을 인정하고 있다.[190] 이렇게 체결된 계약의 보험수익자(단체)가 자신의 보험금청구권을 피보험자가 아닌 제3자 또는 제3의 단체에 양도하는 것에 대해 단체 구성원들의 서면동의가 필요 없다고 해석하는 것은 타당하지 않다고 판단된다.

(3) 자기를 위한 보험계약 형식의 단체보험

(가) 판례의 태도

　　일반적으로 단체보험은 구성원의 복리후생 차원에서 체결되는 것이므로 단체보험에서의 보험수익자는 구성원 또는 그 가족이 되도록 함으로서 타인을 위한 보험계약의 형식으로 체결된다.[191] 그러나 제735조의3 규정을 문리적으로 해석할 때 단체보험을 반드시 타인을 위한 보험계약으로만 체결해야 하는 것은 아니다. 보험계약자인 사업자(단체) 자신이

---

188) 同旨: 한기정, 770면; 김문재, "단체보험계약에서의 보험금청구권의 행방─대법원 2020. 2. 6. 선고 2017 다215728 판결을 중심으로─", 상사판례연구 제33집 제3권, 2020, 150면.
189) 同旨: 한기정, 798면.
190) 대판 2006. 4. 27, 2003다60259; 대판 1999. 5. 25, 98다59613.
191) 양승규, 447면; 정찬형, 835면; 정동윤, 705면.

보험수익자가 되어도 가능한 것으로 해석될 수 있다. 실무에서 단체가 자기를 위한 단체보험을 체결하는 경우가 드물기는 하지만 법률이 이를 금지하는 것이 아니기 때문에 사례가 전혀 없지도 한다. 판례도 단체보험에서 사업자가 보험계약자인 동시에 보험수익자가 되는 자기를 위한 보험계약의 체결도 유효하다고 판시하고 있다.192) 헌법재판소 역시 단체를 보험수익자로 하는 계약체결에서 피보험자인 단체 구성원들의 개별적인 동의를 생략한다는 특칙이 위헌이 아니라고 결정하였다.193)

[대법원 1999. 5. 25. 선고 98다59613 판결]

〈사실관계〉

피고는 종업원들의 업무상 재해에 대비하여 피보험자를 소외인 1 등 자신의 직원들로 하고 피보험자의 생존시 및 사망시의 수익자를 보험계약자인 자기 자신으로 하는 단체보험을 소외 보험회사와 체결하였다. 피고가 소외인 1 등 직원을 피보험자로 정하고 보험수익자로 피고로 정함에 있어서 소외인 1 등의 서면동의를 받았다. 소외인 1이 질병으로 사망하였고 피고는 소외 보험회사로부터 보험금을 지급받았다. 망인의 유족인 원고는 보험수익자를 회사가 자기 자신으로 정하는 것은 단체보험의 본질에 반하는 것이므로 피고가 수령한 보험금의 반환을 청구하였다.

〈주요 판시내용〉

단체보험의 경우 보험수익자의 지정에 관하여는 상법 등 관련 법령에 별다른 규정이 없으므로 보험계약자는 단체의 구성원인 피보험자를 보험수익자로 하여 타인을 위한 보험계약으로 체결할 수도 있고, 보험계약자 자신을 보험수익자로 하여 자기를 위한 보험계약으로 체결할 수도 있을 것이며, 단체보험이라고 하여 당연히 타인을 위한 보험계약이 되어야 하는 것은 아니므로 보험수익자를 보험계약자 자신으로 지정하는 것이 단체보험의 본질에 반하는 것이라고 할 수 없다(同旨: 대판 2006. 4. 27, 2003다60259).

⑷ 비   판

그러나 위 판례 및 법조문의 문리해석은 단체보험의 본질 및 제도의 취지상 타당하지 않다. 피보험자의 서면동의도 받지 않은 채 단체의 대표자가 자신을 보험수익자로 지정하여 보험사고 발생시 단체의 대표자가 보험금을 수령하는 것이 비록 제735조의3 규정만 볼 때에는 형식적으로 아무런 문제가 없다고 해석할 수 있겠으나, 단체보험의 도입 취지와 본질을 고려할 때 받아들이기 힘든 해석이다. 판례 중에 단체보험에 있어서 보험수익자를 단체 자신으로 지정하여 보험계약을 체결하는 것이 법문상 가능하다고 보면서도 그에 따

---

192) 대판 2006. 4. 27, 2003다60259; 대판 1999. 5. 25, 98다59613; 임용수, 490면; 고평석, "단체보험금 귀속의 법리에 관한 검토", 기업법연구 제8집, 2001, 101-109면(단체보험계약은 종업원 개개인을 위하여 체결할 수도 있고 사업자 자신을 위해서도 체결할 수 있다); 정찬형, 835면; 양승규, 448면.
193) 헌재 1999. 9. 16, 98헌가6.

른 문제점을 간접적으로 지적한 것이 있다.194)

　회사 직원 자신들이 업무상 재해가 아닌 이유로 사망이나 부상을 당하는 보험사고가 발생한 경우에 회사가 그 보험금을 수령하는 것을 용인할 의도로 단체보험에서의 보험수익자를 특별히 회사로 지정하는 보험계약 체결에 동의하였다고 보기는 통상적으로 어렵다. 보험계약자인 회사와 피보험자인 그 직원들 사이에서는 보험기간 내에 업무상 재해로 인한 보험사고가 발생한 경우뿐만 아니라 업무상 재해로 인한 것이 아닌 경우에도 회사가 보험금을 수령하여 이를 보유하는 것이 아니라 피보험자나 그 유족에게 지급하기로 하는 의미로 보험수익자를 회사로 하는 것에 대하여 동의한 것이라고 해석함이 그들 사이의 의사에 합치된다고 해석함이 타당하다.

　생각건대 피보험자와 보험수익자가 다른 경우에는 통상 보험범죄 가능성이 존재하고 특히 보험계약자인 기업주가 자기 스스로를 보험수익자로 지정하는 방식으로 자기를 위한 보험형식으로 단체보험을 체결한 경우에 피보험자인 자는 자신의 사망사고를 보험사고로 하는 사망보험계약 체결 사실을 알지 못할 수 있으므로(서면동의가 생략되므로) 보험범죄 및 도덕적 위험이 커질 우려가 있다.195) 규약에 따라 단체보험이 체결되는 경우에 피보험자인 근로자는 단체보험의 구체적 급부 내용 등에 대해 잘 알지 못하는 경우도 많으며, 더구나 피보험자인 근로자가 보험료의 일부를 부담하는 경우에 기업주가 보험수익자가 되는 것은 부당한 것이다.196)

(다) 제735조의3 제3항 신설

　이러한 문제점에 대한 지적을 반영하여 2015년 개정 보험법은 제735조의3 제3항을 신설했다. 즉 단체보험에서 보험계약자가 피보험자 또는 그 상속인이 아닌 자를 보험수익자로 지정하는 경우에 단체규약에서 이에 대해 명시적으로 정하지 않았다면 그 피보험자의 서면동의를 받아야 한다고 새롭게 정하였다. 이를 반대로 해석하면 회사가 자기 자신을 보험수익자로 하는 단체보험계약 체결에 대해 단체규약에서 정했다면 피보험자의 서면동의가 필요 없으며, 피보험자 또는 그 상속인을 보험수익자로 지정하는 경우에는 규약에 별도로 정함이 없더라도 피보험자의 서면동의는 필요 없다.197)

194) 대판 1999. 5. 25, 98다59613.
195) 김문재, "단체보험의 귀속", 상사판례연구 제10집, 1999, 103-122면; 장경환, "단체보험의 보험수익자", 고시계, 1998. 5, 123면; 주기종, "단체보험계약의 기본적 법률관계", 상사법연구 제20권 제2호, 2001, 520-526면(보험계약자를 보험수익자로 하는 단체보험에는 피보험자의 서면동의가 있어야 한다)(정찬형, 836면에서 재인용); 양승규, 448면에서도 단체생명보험에서 보험계약자가 보험수익자가 되기 위해서는 규약에 명시적인 규정이 있거나 제734조 제2항을 유추적용하여 피보험자의 개별적인 동의가 있어야 한다고 해석하고 있다.
196) 장덕조, 479-481면.
197) 다만 피보험자가 보험수익자가 되어도 실제로 보험사고가 발생하고 보험금을 수령하는 자는 피보험자가 아니라 그 상속인이라는 점에서 이 경우에도 규약에서 정할 필요가 있다고 해석하는 견해가 있다. 한기정, 799면.

단체규약에서 피보험자 또는 그 상속인이 아닌 자를 보험수익자로 정한 것이라고 인정받기 위해서는 그 의사가 분명하게 확인되어야 한다.198) 제735조의3 제3항은 보험수익자의 지정뿐만 아니라 변경의 경우에도 적용됨이 타당하다.199) 만약에 단체협약에서 "보험계약의 수익자는 아래와 같이 별도로 정한다. 사망 외 수익자는 (□회사, □피보험자), 사망시 수익자는 (□회사, □피보험자의 법정상속인)으로 한다"라고만 기재되었고, □칸에 아무런 체크 표기가 되어 있지 않은 상황에서 이러한 협약에 기초하여 단체구성원인 피보험자의 개별동의를 얻지 않고 단체보험 수익자를 회사로 지정한 것은 제735조의3 제3항 위반이라 할 것이다. 여기에서 위반의 효과로서 보험계약 자체가 무효가 되는 것은 아니고 보험수익자 지정만 무효가 된다.200) 보험수익자 지정이 무효가 되면 보험수익자의 지정이 없는 것과 같고 이러한 상황에서 피보험자가 사망을 하게 되면 피보험자의 상속인이 보험수익자가 된다(제733조 제4항).201)

[대법원 2020. 2. 6. 선고 2017다215728 판결]

〈주요 판시내용〉

단체의 규약에서 피보험자 또는 그 상속인이 아닌 자를 보험수익자로 명시적으로 정하였다고 인정하기 위해서는 피보험자의 서면 동의가 있는 경우와 마찬가지로 취급할 수 있을 정도로 그 의사가 분명하게 확인되어야 한다. 따라서 단체의 규약으로 피보험자 또는 그 상속인이 아닌 자를 보험수익자로 지정한다는 명시적인 정함이 없음에도 피보험자의 서면 동의 없이 단체보험계약에서 피보험자 또는 그 상속인이 아닌 자를 보험수익자로 지정하였다면 그 보험수익자의 지정은 구 상법 제735조의3 제3항에 반하는 것으로 효력이 없고, 이후 적법한 보험수익자 지정 전에 보험사고가 발생한 경우에는 피보험자 또는 그 상속인이 보험수익자가 된다.202)

단체가 자신을 보험수익자로 지정했다면 단체가 보험금을 수령하게 된다. 그러나 이것이 수령한 보험금을 단체가 계속 보유할 수 있다는 의미는 아니다. 보험금을 어떻게 할 것인가는 대개 노사합의에서 정하게 된다. 단체가 보험금을 수령한 후에 구성원 등에게 보상금 등으로 지급한다는 내용으로 노사 간에 합의를 하는 경우가 대부분이다. 만약 노사합의로 단체가 보험금을 계속 보유하는 것으로 정했다고 해도 그 내용이 불공정한 경우엔 그 합의가 무효가 되어 단체가 보험금을 보유하는 것이 제한될 수 있다. 아래 판례처

---

198) 대판 2020. 2. 6, 2017다215728.
199) 한기정, 799면-800면.
200) 대판 2020. 2. 6, 2017다215728.
201) 황현아, "2020년 보험 관련 중요 판례 분석", KiRi 보험법리뷰 포커스, 2020. 2, 보험연구원, 9-10면; 김문재, "단체보험계약에서의 보험금청구권의 행방 — 대법원 2020. 2. 6. 선고 2017다215728 판결을 중심으로 — ", 상사판례연구 제33집 제3권, 2020, 146-147면.
202) 이 판결에 대한 평석으로 김문재, 전게논문, 123-156면.

럼 단체가 수령한 보험금을 구성원에 지급한다는 묵시적 합의를 인정할 수 있는 경우도 있다.203)

[대법원 1999. 5. 25. 선고 98다59613 판결]

〈주요 판시내용〉

이 사건 보험계약은 보험기간 중에 피보험자인 회사 직원들이 사망하거나 부상을 당하는 등의 보험사고가 발생할 경우에는 보험회사가 보험약관에 정해진 보험금을 보험수익자인 회사에게 지급하고, 보험기간의 만기까지 보험사고가 발생하지 아니한 경우에는 보험회사가 회사에게 납입한 보험료의 원금을 지급하는 내용의 계약으로서 보험사고를 업무상 재해로 인한 사망 또는 부상에 국한시키지 아니한 점, 회사 직원들이 자신들이 업무상 재해가 아닌 사망이나 부상을 당하는 보험사고가 발생한 경우에는 회사가 그 보험금을 수령하여 보유하는 것을 용인할 의도로 특별히 보험수익자를 회사로 하는 보험계약 체결에 동의하였다고 보기는 통상적으로 어려운 점 등에 비추어 보면, 보험계약자인 회사와 피보험자인 그 직원들 사이에서는 보험사고 내용에 따라 특별히 다른 약정을 하였다는 사정이 없는 한, 이 사건 보험기간 내에 피보험자가 사망하거나 부상을 당하는 보험사고가 발생하지 아니한 경우에는 보험료를 납부한 회사가 보험료의 원금을 수령하여 이를 취득하고, 보험기간 내에 업무상 재해로 인한 보험사고가 발생한 경우뿐만 아니라 보험사고가 업무상 재해로 인한 것이 아닌 경우에도 회사가 보험금을 수령하여 이를 보유하는 것이 아니라 피보험자나 그 유족에게 지급하기로 하는 의미로 보험수익자를 보험계약자인 회사로 하는 데 대하여 회사가 그 직원들에게 동의를 구하였고 직원들도 그와 같은 의미로 알고서 이에 동의한 것이라고 해석함이 그들 사이의 의사에 합치된다고 할 것이다.

단체보험의 근본 취지를 고려할 때 기업주가 단체보험을 자기를 위한 보험형식으로 체결하는 것 자체를 금지하거나 제한하는 내용의 입법을 고민해 보아야 할 것이다.

VIII. 타인을 위한 생명보험

1. 개   념

타인을 위한 생명보험이란 타인을 위한 보험의 일종이며 보험계약자가 계약을 체결하면서 자기 이외의 제3자를 보험금청구권을 가지는 자(보험수익자)로 지정한 생명보험계약을 말한다(제733조 제1항). 기본적으로는 민법상 제3자를 위한 계약으로서의 성질을 갖지

---

203) 한기정, 802면–803면.

만, 후술하는 바와 같이 상법상 인정되는 특수한 계약으로서의 성질이 더 강하다.

2. 보험수익자의 지위

(1) 개   괄

보험수익자는 타인을 위한 계약의 수익자로서 보험사고가 발생한 경우 보험금청구권을 직접 행사하여 보험금을 수령할 수 있는 자이다. 반드시 1인이어야 하는 것은 아니며 여러 명으로 지정해도 상관없다. 보험수익자는 보험계약자가 지정하는 시점에 특정되지 않아도 된다. 그러나 보험사고 발생시에는 특정될 수 있어야 한다.[204] 대륙법계에 기초한 통설에 의하면 손해보험에서의 피보험자와 달리 생명보험계약에서의 보험수익자는 피보험이익을 가질 필요가 없고 따라서 누구라도 지정될 수 있다고 해석된다. 그러나 생명보험계약에서도 피보험이익의 개념이 필요하다는 견해에 따르면 제한된 개념으로서의 피보험이익이 보험수익자에게 존재할 것이 요구될 수 있다.[205] 보험수익자를 단순히 상속인이라고 지정한 경우는 피보험자의 사망 시점을 기준으로 하여 그 때 피보험자의 상속인이 보험수익자가 된다.[206] 보험계약자가 보험수익자를 변경할 수 있는 권리를 가지고 있음을 고려할 때 보험수익자의 지위는 가변적이다. 보험계약자가 보험수익자 변경권을 갖고 있지 않으면 지정된 보험수익자의 지위는 확정된다. 보험계약자가 가지는 보험수익자 변경권은 보험사고 발생 이전에 행사해야 하며, 보험사고가 발생한 후에는 그 행사를 할 수 없으므로(제733조 제4항) 보험수익자의 지위는 확정된다.

과거 대법원이 제3자를 위한 계약관계에서 낙약자와 요약자 사이의 법률관계(이른바 기본관계)를 이루는 계약이 무효이거나 해제된 경우 그 계약관계의 청산은 계약의 당사자인 낙약자와 요약자 사이에 이루어져야 하므로, 특별한 사정이 없는 한 낙약자가 이미 제3자에게 급부한 것이 있는 경우에 낙약자는 계약해제 등에 기한 원상회복 또는 부당이득을 원인으로 제3자를 상대로 그 반환을 구할 수 없다고 판시[207]한 바 있다. 그러나 타인을 위한 생명보험에서는 이와 달리 해석되어야 한다. 타인을 위한 생명보험계약에서 보험자가 보험수익자에게 보험금을 지급하는 것은 계약에 따른 보험자 자신의 고유한 채무를 이행한 것이다. 따라서 보험자는 보험계약이 무효가 된 경우에 이를 이유로 보험수익자를 상대로 하여 그가 이미 지급한 것의 반환을 구할 수 있다. 보험사기가 의심되는 보험계약에 있어서 계약 체결시에 보험수익자를 가족 등 제3자로 지정하거나 보험기간 중에

---

204) 대판 2006. 11. 9, 2005다55817.
205) 정동윤, 712면.
206) 김성태, 847면; 이기수/최병규/김인현, 413면; 한기정, 788면.
207) 대판 2010. 8. 19, 2010다31860, 31877.

보험수익자를 타인으로 변경한 후 보험계약이 무효가 된 경우에 지정 또는 변경된 보험수익자가 보험금 반환의무를 부담하게 된다.[208)]

[대법원 2018. 9. 13 선고 2016다255125 판결]

〈사실관계〉

원고 보험회사와 소외인은 2010. 2. 25. 피고를 피보험자 겸 보험수익자로 하는 제1 보험계약을 체결하였다가 2013. 6. 24. 보험계약자를 소외인에서 피고로 변경하였다. 원고와 피고는 2010. 7. 21. 피고를 피보험자 겸 보험수익자로 하는 제2 보험계약을 체결하였으며, 이를 2013. 7. 21. 갱신하였다. 피고는 이 사건 각 보험계약에 따라 원고로부터 합계 10,370,000원의 보험금을 지급받았는데, 그중 제1 보험계약과 관련하여 피고가 2013. 6. 24. 이전에 보험수익자의 지위에서 지급받은 보험금의 액수는 2,220,000원이다

〈주요 판시내용〉

선량한 풍속 기타 사회질서에 반하여 보험계약이 무효인 이상, 원고는 제1 보험계약과 관련하여 피고가 2013. 6. 24. 이전에 보험수익자의 지위에서 지급받은 보험금 2,220,000원에 대하여도 피고를 상대로 부당이득반환청구를 할 수 있다. 이에 따라 총 10,370,000원 전액을 반환하라고 판시했다.[209)]

---

(2) 보험수익자의 권리

(가) 보험금청구권

생명보험계약에서 보험수익자는 약정된 보험사고가 발생한 경우 보험자를 상대로 보험금을 청구할 수 있는 권리를 갖는다. 보험수익자가 가지는 보험금청구권은 보험사고 발생을 정지조건으로 하는 추상적인 권리이로서, 타인을 위한 생명보험계약의 효력으로부터 발생하는 고유권이다. 보험수익자가 수익의 의사표시를 하지 않았더라도 타인의 위한 생명보험계약의 체결의 효과로서 보험수익자는 사망보험금청구권을 원시적으로 취득하고 피보험자의 사망으로 그 권리는 구체화된다. 보험수익자는 계약의 당사자는 아니다. 따라서 보험금청구권 외의 기타의 권리, 예를 들어 보험증권교부청구권, 계약해지권, 보험료감액 또는 반환청구권, 해약환급금청구권, 적립금반환청구권 등 계약당사자가 가질 수 있는 권

---

208) 김형진, "보험금부정취득 목적 다수보험계약에 대한 소송실무상의 쟁점—대법원 2018. 9. 13. 선고 2016다255125 판결에 대한 평석을 중심으로—", 재산법연구 제36권 제1호, 2019, 238면; 최병규, "2018년도 주요 보험판례에 대한 연구", 상사판례연구 제32집 제1권, 2019, 150면.
209) 그런데 이 사건 2심에서는 보험계약이 무효이기는 하지만 타인을 위한 보험계약은 제3자를 위한 계약이므로 계약 무효로 인한 부당이득을 원인으로 계약자가 아닌 제3자(보험수익자)를 상대로 그 반환을 구할 수 없다고 판시하였다. 즉 10,370,000원에서 2,200,000원을 뺀 나머지 금액만을 보험회사에게 돌려주라고 판시했다.

리는 갖지 못한다. 다만 약관에서 계약해지권을 제외한 다른 권리를 보험수익자가 행사할 수 있도록 정했다면 그 효력을 특별히 부인할 이유는 없다할 것이다.

⑷ 보험금청구권의 양도

보험사고가 발생한 이후에 보험금청구권은 구체화되면서 통상적인 금전채권이 되기 때문에 보험수익자는 보험금청구권을 양도하거나 질권을 설정할 수 있다. 보험수익자의 채권자는 보험금청구권에 대하여 압류 및 추심명령, 전부명령을 받는 것이 가능하다고 해석된다.

보험사고 발생 이전에 보험금청구권을 양도할 수 있는가는 보험계약자에게 보험수익자 변경권이 있는가의 문제에 따라 달리 해석될 수 있다. 변경권이 없다면 보험수익자의 지위는 그대로 확정되는 것이고 피보험자 이외의 자를 상대로 보험금청구권의 양도를 위해서는 제731조 제2항에 따라 피보험자의 서면동의를 요구하고 있기 때문에, 확정적 지위에 있는 보험수익자가 피보험자의 서면동의를 얻고 보험금청구권을 양도하는 것이라면 이를 인정할 수 있을 것이다.[210] 만약 보험계약자에게 보험수익자의 변경권이 있는 경우라면 보험수익자가 지정되었더라도 보험수익자는 불확정적인 지위에 있으며, 보험사고 발생 전까지는 그러한 보험수익자는 보험금청구권의 양도 등을 할 수 없다고 해석해야 한다.[211]

(3) 보험수익자의 의무

보험수익자는 보험계약의 당사자가 아니기 때문에 보험계약상의 의무를 부담하지 않는 것이 원칙이다. 그러나 보험사고의 발생을 안 때에 보험수익자는 지체없이 보험자에게 보험사고의 발생 사실을 통지해야 한다(제657조 제1항). 그런데 보험수익자가 가지는 보험금청구권은 보험수익자로 지정되면 원시적으로 생기는 것이며, 보험사고발생 통지를 하지 않았다고 해도 보험수익자는 보험금청구권을 행사할 수 있다. 다만 사고발생에 대한 통지가 있을 때까지 보험자는 보험금 지급채무의 이행지체에 빠지지 않는다. 보험수익자는 제653조에 따라 위험의 현저한 변경·증가 금지의무를 부담한다. 또한 보험수익자는 보험계약의 당사자가 아니므로 원칙적으로 보험료를 지급해야 할 의무가 없으나, 보험계약자가 파산선고를 받거나 보험료의 지급을 지체한 때에 보험수익자가 그 권리를 포기하지 않는 한 제2차적으로 보험료 지급의무를 부담하게 된다(제639조 제3항).

---

210) 이에 대해 김성태, 844면과 장덕조, 482면은 보험사고 발생 이전에는 보험수익자 변경권의 유무를 묻지 않고 사회통념을 이유로 보험금청구권의 양도를 반대한다. 보험금청구권이 피보험자의 생명과 신체에 대한 사고를 대상으로 하기 때문이다.
211) 김은경, 682면, 임용수, 495면; 한기정 780-781면.

3. 보험수익자의 지정 · 변경

(1) 개　　념

생명보험계약은 타인을 위한 계약의 형식으로 체결되는 경우가 많으며 또한 장기간에 걸쳐 계약이 유지되기 때문에 보험기간 중에 계약체결 당시의 사정이 상당히 변경될 가능성이 존재한다. 이를 반영하여 보험계약의 당사자로서 보험료지급의무를 부담하는 보험계약자는 보험수익자를 지정하거나 변경할 수 있는 권리를 가진다.(제733조 제1항, 제4항). 보험계약자는 자기를 위한 보험계약을 체결한 이후에도 다시 제3자를 보험수익자로 지정하거나 변경할 수 있다.[212] 보험계약자의 보험수익자 지정 · 변경권은, 이러한 권리를 포기하였다는 등의 특별한 사정이 없는 한, 보험사고 발생 전까지는 보험계약자가 행사할 수 있도록 보험계약자에게 유보된 것으로 해석된다. 특별히 유보의 의사표시를 하지 않더라도 보험계약자는 지정권이나 변경권을 유보한 것으로 해석된다.[213] 보험계약자가 지정권을 유보하지 않는 경우는 거의 없다. 실무에서 문제가 되는 경우는 변경권을 유보하지 않은 경우이다. 보험계약자가 변경권을 유보하지 않으면 지정된 보험수익자의 지위는 그대로 확정되며, 보험금청구권을 확정적으로 취득한다.

보험계약자가 보험수익자를 지정 또는 변경하는 경우에 보험수익자를 단순히 피보험자의 '자녀', '배우자' 또는 '상속인' 등과 같이 추상적으로 지정할 수도 있고, 반대로 보험수익자의 성명을 명기함으로써 특정인을 구체적으로 지정할 수도 있다. 자연인이 아닌 법인이나 단체를 보험수익자로 지정할 수도 있다. 보험수익자를 추상적으로 정한 경우에는 보험사고 발생시에 특정될 수 있으면 충분하며, 많은 경우에 보험사고 발생시를 기준으로 하여 그때의 배우자 또는 상속인이 될 것이다.[214]

(2) 보험수익자의 지정 · 변경권의 성질

지정권 행사는 계약 체결시에 할 수도 있고 계약 체결 이후에 할 수도 있다. 변경권은 지정권이 행사되어 보험수익자가 지정된 이후에 할 수 있다. 보험계약자의 보험수익자 지정 · 변경권은 형성권으로서 보험자의 동의를 요하지 않고 보험계약자의 자유로운 일방적인 의사표시에 의해 효력이 생긴다.[215] 보험계약자가 보험수익자를 변경할 때에 기존의 보험수익자의 동의를 얻어야 하는 것도 아니다. 보험자에게로 의사표시의 도달 등 상대방의 수령을 요하지 않는 보험계약자의 단독행위이다.[216] 판례 역시 상대방 없는 의사표시

---

212) 양승규, 458면.
213) 한기정, 782면.
214) 대판 2006. 11. 9, 2005다55817; 정찬형, 845면; 임용수, 496면; 정동윤, 713면; 양승규, 458면.
215) 대판 2020. 2. 27, 2019다204869. 양승규, 458면; 정희철, 481면; 김성태, 846면; 서헌제, 273면.
216) 양승규, 458면; 임용수, 497면.

로 해석하고 있다.217) 유언의 형식으로 지정권과 변경권을 행사하는 것도 가능하다. 보험수익자의 지정·변경권이 보험계약자의 일신전속권인가 의문이 제기될 수 있으나, 일신전속권이라 할 수 없다.218) 지정권은 성질상 1회 행사하는 것이 원칙이지만, 지정된 보험수익자가 사망하는 경우 지정권을 보험계약자가 다시 행사할 수 있다. 변경권의 행사 횟수는 제한이 없다.

> **[대법원 2020. 2. 27. 선고 2019다204869 판결]**
>
> 〈주요 판시내용〉
>
>   보험계약자는 보험수익자를 변경할 권리가 있다(상법 제733조 제1항). 이러한 보험수익자 변경권은 형성권으로서 보험계약자가 보험자나 보험수익자의 동의를 받지 않고 자유로이 행사할 수 있고 그 행사에 의해 변경의 효력이 즉시 발생한다. 다만 보험계약자는 보험수익자를 변경한 후 보험자에 대하여 이를 통지하지 않으면 보험자에게 대항할 수 없다(상법 제734조 제1항). 이와 같은 보험수익자 변경권의 법적 성질과 상법 규정의 해석에 비추어 보면, 보험수익자 변경은 상대방 없는 단독행위라고 봄이 타당하므로, 보험수익자 변경의 의사표시가 객관적으로 확인되는 이상 그러한 의사표시가 보험자나 보험수익자에게 도달하지 않았다고 하더라도 보험수익자 변경의 효과는 발생한다.

    만약 약관에서 보험계약자가 보험수익자를 변경할 때에 보험자의 승낙을 받아야 한다고 규정하고 있다면 이는 무효가 된다. 과거 생명보험표준약관에서는 보험자의 승낙을 얻어 보험수익자를 변경할 수 있다고 정했었는데, 그 당시에도 다수 견해는 보험계약자가 보험수익자를 변경한 후 보험자에게 통지를 하면 보험자는 이에 대한 확인을 한다는 의미이며, 결코 보험계약자가 보험수익자를 변경하기 위해서 사전에 보험자의 승낙을 얻어야 한다는 의미는 아닌 것으로 해석하였다.219) 현행 생명보험표준약관에 따르면 보험계약자는 보험자의 승낙없이 보험수익자를 변경할 수 있으며, 다만 보험계약자가 보험수익자를 변경한 사실을 회사에 통지하지 아니하면 변경 후의 보험수익자는 그 권리로써 회사에 대항하지 못한다고 규정하고 있다.220)

    한편 실무상 청약에 대한 보험자의 승낙 과정에서 피보험자, 지정된 보험수익자 및 보험계약자의 상호 관계를 심사한 후에 보험회사가 보험계약의 체결을 거절하는 것으로 해석될 수 있는 경우가 있다. 예를 들어 보험계약자와 보험수익자가 동일한 경우에 피보

---

217) 대판 2020. 2. 27, 2019다204869.
218) 김성태, 846면; 양승규, 460면.
219) 양승규, 460면; 정찬형, 846면; 임용수 497면.
220) 생명보험표준약관 제20조 제2항.

험자의 사망에 대해 보험수익자가 아무런 이해관계가 없는 경우에 보험자는 해당 위험의 인수를 거절할 수도 있다. 이에 대해 형성권으로서의 보험계약자의 일방적인 보험수익자 지정권 행사를 실질적으로 무력화시킬 수 있는 것으로 해석하기도 한다.221) 이 문제는 보험수익자 지정권의 법적 성질의 문제로 볼 수도 있지만, 청약서상의 보험계약자, 피보험자 및 보험수익자 상호관계의 분석을 통한 위험인수 심사 과정으로 볼 수도 있다. 지정된 보험수익자가 피보험자의 사망에 대해 아무런 이해관계가 없는 경우에 보험자가 위험인수를 거절할 수도 있다는 것은 생명보험계약에서도 일정한 관계에서의 피보험이익의 존재가 간접적으로 요구되는 것이라고 해석할 수 있는 여지가 있다고 할 수 있다.

(3) 지정·변경권의 행사222)

보험계약자가 보험수익자의 변경권을 유보하고 있는 경우에는 보험수익자가 지정된 이후에도 다시 변경될 수도 있어서 보험수익자의 지위는 불확정적이다. 타인의 사망보험에서 보험수익자를 지정하거나 변경하는 경우에는 타인의 서면동의를 얻어야 한다. 타인의 서면동의를 얻지 못하면 해당 지정 또는 변경행위는 효력이 없다. 해당 보험계약이 무효가 되는 것은 아니라 할 것이다.223) 보험사고가 발생한 이후에는 보험계약자는 보험수익자 지정권과 변경권을 행사하지 못하며, 따라서 이미 지정된 보험수익자가 있으면 그대로 보험수익자의 지위가 확정된다. 보험계약자가 보험수익자 변경권을 유보하지 않았다면 지정된 보험수익자의 지위는 그대로 확정되는 것이지만, 보험수익자의 동의가 있다면 보험계약자가 변경할 수 있다.224) 보험수익자의 지정 또는 변경의 방법에 대해서는 별도로 정하고 있지 않으므로 서면에 의하든 구두에 의하든 무방하다. 그 밖의 경우 보험수익자의 확정은 다음과 같다.

(가) 보험계약자의 사망

보험계약자가 보험수익자 지정권을 행사하지 않고 사망한 경우에 그 승계인이 그 권리를 행사할 수 있다는 약정이 있으면 승계인이 보험수익자를 지정할 수 있지만, 그러한 약정이 없으며 피보험자가 보험수익자로 확정된다. 만약 보험계약자가 지정권을 행사하기 전에 피보험자가 사망하는 보험사고가 발생하면 피보험자의 상속인이 보험수익자로 확정된다(제733조 제2항, 제4항, 제739조, 제739조의3).

보험계약자가 변경권을 행사하기 전에 보험계약자가 사망하면 이미 지정된 보험수익

---

221) 한기정, 782면.
222) 최준선, 341면; 서헌제, 273-274면; 정찬형, 847면; 임용수, 497-498면; 양승규, 460-462면; 장덕조, 483면; 경익수, "보험수익자의 지정·변경에 있어서의 문제점", 손주찬 교수 고희기념 논문집, 699면 이하.
223) 한기정, 782면.
224) 양승규, 459면.

자가 그 지위를 확정짓게 된다(제733조 제2항 본문 후단). 보험계약자가 보험수익자를 지정한 후 지정된 보험수익자를 변경할 수 있는 권리를 행사하지 아니하고 사망한 때에는 보험수익자의 권리는 확정된다(제733조 제2항 본문).

　　보험계약자가 타인을 피보험자로 하고 자기 자신을 보험수익자로 한 경우 즉 타인의 사망보험이 자기를 위한 보험 형식을 갖추고 있는 경우에 보험수익자가 보험기간 중에 사망을 했다면(즉 보험계약자의 사망), 해석상 이는 보험계약자가 보험수익자를 변경하지 못한 상태에서 사망한 경우로 보고, 보험수익자(보험계약자)의 상속인이 보험수익자가 되는 것으로 해석해야 할 것이다.225) 다만 보험계약자가 사망한 경우에 그 승계인이 보험수익자를 지정하거나 변경할 수 있는 권리를 행사할 수 있다는 약정을 한 때에는 보험수익자의 권리는 확정되지 않고 그 지위는 그 승계인의 지정과 변경에 따르게 된다(제733조 제2항 단서). 승계인이 보험료지급의무를 부담하게 되기 때문이다.226) 여기에서 승계인은 법정상속으로 인한 상속인과 유언으로 보험계약자의 지위를 승계받은 경우도 포함된다.227)

> **[대법원 2007. 11. 30. 선고 2005두5529 판결]**
>
> 〈주요 판시내용〉
> 　보험계약자가 자기 이외의 제3자를 피보험자로 하고 자기 자신을 보험수익자로 하여 맺은 생명보험계약에 있어서 보험존속 중에 보험수익자가 사망한 경우에는 상법 제733조 제3항 후단 소정의 보험계약자가 다시 보험수익자를 지정하지 아니하고 사망한 경우에 준하여 보험수익자의 상속인이 보험수익자가 되고, 이는 보험수익자와 피보험자가 동시에 사망한 것으로 추정되는 경우에도 달리 볼 것은 아니다.

　⑷ 피보험자의 사망 및 생존

　　보험계약자가 보험수익자 지정권을 행사하기 전에 피보험자가 사망하는 보험사고가 발생하면 보험수익자가 없는 상태이므로 피보험자의 상속인이 보험수익자로 확정된다(제733조 제2항 제4항, 제739조, 제739조의3, 생명보험표준약관 제11조). 이 때 피보험자의 상속인이 가지게 되는 보험금청구권은 상속의 효과로서 승계취득하는 것이 아니고 법률 규정에 의해 원시취득하는 것이며, 보험금청구권은 상속인의 고유재산으로 해석된다.228) 만약 보험계약자가 이미 보험수익자를 지정한 상황에서 피보험자 사망이라는 보험사고가 발생하면 그 지정된 보험수익자가 보험수익자로 확정된다.

---

225) 대판 2007. 11. 30, 2005두5529.
226) 최기원, 622면; 이기수/최병규/김인현, 416면.
227) 한기정, 783면.
228) 대판 2004. 7. 9, 2003다29463.

[대법원 2004. 7. 9. 선고 2003다29463 판결]

〈주요 판시내용〉

보험계약자가 피보험자의 상속인을 보험수익자로 하여 맺은 생명보험계약에 있어서 피보험자의 상속인은 피보험자의 사망이라는 보험사고가 발생한 때에는 보험수익자의 지위에서 보험자에 대하여 보험금 지급을 청구할 수 있고, 이 권리는 보험계약의 효력으로 당연히 생기는 것으로서 상속재산이 아니라 상속인의 고유재산이라고 할 것인데, 이는 상해의 결과로 사망한 때에 사망보험금이 지급되는 상해보험에 있어서 피보험자의 상속인을 보험수익자로 미리 지정해 놓은 경우는 물론, 생명보험의 보험계약자가 보험수익자의 지정권을 행사하기 전에 보험사고가 발생하여 상법 제733조에 의하여 피보험자의 상속인이 보험수익자가 되는 경우에도 마찬가지라고 보아야 할 것이며, 나아가 보험수익자의 지정에 관한 상법 제733조는 상법 제739조에 의하여 상해보험에도 준용되므로, 결국 이 사건과 같이 상해의 결과로 사망한 때에 사망보험금이 지급되는 상해보험에 있어서 보험수익자가 지정되어 있지 않아 위 법률규정에 의하여 피보험자의 상속인이 보험수익자가 되는 경우에도 보험수익자인 상속인의 보험금청구권은 상속재산이 아니라 상속인의 고유재산이라고 보아야 할 것이다.

보험계약자의 보험수익자 지정·변경권이 유보된 경우에 피보험자가 사망하게 되면 그 이후에 보험계약자는 지정·변경권을 행사할 수 없다. 지정권이 행사되지 않은 상태에서 피보험자의 사망이라는 보험사고의 발생으로 피보험자의 상속인이 보험수익자가 되며 그 권리는 확정된다. 보험수익자는 지정되었는데 그 보험수익자가 보험기간 중에 사망한 후 보험계약자가 새로운 보험수익자를 지정하기 전에 피보험자가 사망하는 보험사고가 발생하게 되면 사망한 보험수익자의 상속인이 새로운 보험수익자가 된다(제733조 제4항, 제733조 제2항 후단). 이 경우에 보험수익자의 상속인이 결정되는 시점은 보험수익자의 사망시로 본다.229)

생명보험은 피보험자의 사망 이외에 피보험자의 생존이 보험사고인 경우도 있다. 그런데 생존보험의 경우에 피보험자의 생존이라는 보험사고 발생 당시 보험수익자가 지정되지 않은 경우에 중도보험금(피보험자의 생존시 지급) 또는 만기보험금(보험기간의 만료시 지급)의 귀속주체를 누구로 할 것인가에 대해 상법 보험편에는 관련 조문이 없다. 생명보험 표준약관 제11조에 의하면 보험계약자가 보험수익자를 지정하지 않은 상황에서 피보험자가 사망하면 피보험자의 상속인이 보험수익자가 되며, 피보험자가 생존하면 보험계약자가 보험수익자가 되어 만기보험금 또는 중도보험금을 수령할 수 있게 된다.

---

229) 양승규, 461면; 서헌제, 274면; 임용수, 497면; 정찬형, 847면; 장덕조, 483면; 한기정, 786-787면; 김은경, 686면. 피보험자의 사망시로 보는 견해도 있다(장경환, "보험수익자 재지정권 불행사시의 보험수익자의 확정시점", 보험학회지 제41집, 237-238면).

(다) 보험수익자의 사망

제733조 제3항 전단은 피보험자 이외의 제3자를 보험수익자로 지정했는데 그 자가 보험기간 중에 사망한 때에는 보험계약자는 다시 보험수익자를 지정할 수 있다고 규정하고 있다. 이 내용은 보험계약자가 변경권을 유보하지 않은 경우에 보험계약자에게 재지정권이 인정된다는 의미이다. 만약 변경권이 유보되어 있는 경우엔 이 조문이 없더라도 재지정할 수 있는 것이 당연하기 때문이다. 이론적으로는 보험계약자에게 보험수익자 변경권이 유보되지 않았다면 지정된 보험수익자의 지위는 확정적인 것이며 따라서 보험기간 중에 보험수익자가 사망하면 보험수익자의 상속인이 보험수익자가 되는 것으로 해석하는 것이 논리적일 것이다. 그러나 보험계약자의 재지정권을 규정한 제733조 제3항 전단을 둔 이유는 이러한 경우에 보험료납입의무를 부담하면서 보험계약을 체결한 보험계약자의 의사(보험수익자와의 관계 변경 등)를 보다 존중하기 위해서 보험수익자가 사망한 경우에 새로운 지정권을 보험계약자에게 부여한 것이라 할 수 있다. 이런 의미에서 볼 때 보험수익자가 사망 후 보험계약자가 재지정권을 행사하기 전에는 보험수익자가 지정되지 않은 상태에 있는 것이라고 할 수 있다.230)

보험수익자가 사망했는데 재지정권을 가지고 있는 보험계약자가 아직 보험수익자를 재지정하지 않고 있다면 보험수익자는 누군가로 장차 재지정될 수 있는 것이므로 사망한 보험수익자의 상속인이 보험수익자 지위를 곧바로 상속하는 것으로 해석할 수는 없다. 이 경우에 보험계약자가 재지정권을 행사하지 않은 채 보험계약자도 사망한 때에는 보험수익자의 상속인을 보험수익자로 한다(제733조 제3항 후단). 그 시점은 보험수익자의 사망시로 본다.231) 이 경우에는 보험수익자가 확정된다. 만약 보험수익자가 사망한 후 보험계약자가 재지정권을 행사하기 전에 피보험자 사망이라는 보험사고가 발생하면 보험계약자는 재지정권을 행사하지 못하게 되므로 이 경우에도 보험수익자의 상속인이 보험수익자로 확정된다(제733조 제4항). 만약 보험계약자가 사망한 때에 또는 피보험자 사망이라는 보험사고 발생한 때에 보험수익자의 상속인도 이미 사망했다면 보험수익자 상속인의 상속인이 보험수익자가 된다고 본다.

(4) 보험금청구권의 포기

타인을 위한 생명보험계약이 체결되면 보험수익자는 자기 고유의 권리로서 추상적인 보험금청구권을 원시취득하게 되는데 보험사고 발생 전에는 언제든지 이를 포기할 수 있다. 타인을 위한 사망보험에서 보험수익자가 수익의 의사표시 없이 제733조 등의 법률의

---

230) 同旨: 한기정, 786면.
231) 정찬형, 847면; 임용수, 497면; 김은경, 686면; 한기정, 787면. 보험계약자의 사망시로 보는 견해도 있다(장경환, "보험수익자 재지정권 불행사시의 보험수익자의 확정시점", 보험학회지 제41집, 234-237면).

규정에 의해 원시적으로 보험금청구권을 취득한다고 해도 보험수익자로 지정되는 자에게 계약상의 각종 의무가 부과되기 때문에 보험수익자가 이를 원치 않거나 기타 다른 이유로 이를 원하지 않는다면 보험수익자는 이를 포기할 수 있다. 포기의 의사표시는 보험자에게 도달하여야 한다.

보험금청구권 포기의 효과는 포기가 보험사고 발생 전에 이루어졌는지 아니면 보험사고 발생 후에 이루어졌는지에 따라 다르다.

(개) 보험사고 발생 전의 포기

보험계약자와 피보험자가 동일한 자기의 생명보험계약에서 지정된 보험수익자가 보험사고 발생 전에 보험금청구권을 포기하는 경우에 보험계약자에게 보험수익자 변경권이 있으면 보험수익자를 다시 지정할 수 있다. 변경권이 없으면 이론적으로는 보험사고가 발생하더라도 보험자는 보험금지급의무를 부담하지 않는 것으로 해석될 수 있다. 그러나 이 경우에 해당 계약은 보험계약자 자기를 위한 보험계약으로 변하여 그 청구권은 보험계약자에게 귀속되는 것으로 해석하고, 이 때 제733조 제3항 전단을 유추적용해서 (변경권이 유보되지 않았음에도 불구하고) 보험계약자가 보험수익자를 재지정할 수 있는 것으로 해석해야 할 것이다.[232]

보험계약자와 피보험자가 동일인이 아닌 타인의 사망보험계약에서 보험사고 발생 전에 보험수익자가 보험금청구권을 포기하는 경우, 보험계약자에게 변경권이 있으면 피보험자의 서면동의를 얻어 보험수익자를 다시 지정할 수 있고, 변경권이 없으면 피보험자 또는 피보험자의 상속인이 보험수익자가 되는 것으로 해석된다.

(내) 보험사고 발생 후의 포기

보험사고가 발행한 이후에도 보험수익자는 보험금청구권을 포기할 수 있다. 보험금청구권은 보험사고가 발생하게 되면 구체적인 금전채권으로 변하게 되며 보험수익자는 확정된 자신의 고유한 권리인 보험금청구권을 자유로이 처분할 수 있다. 따라서 보험사고가 발생한 이후에도 보험수익자가 보험금청구권을 포기하면 이로써 보험금청구권은 소멸하게 되어 보험자는 보험금 지급의무를 면하게 된다.[233] 일단 보험사고가 발생하게 되면 보험

---

232) 상법 제733조 제3항 전단 "보험수익자가 보험존속 중에 사망한 때에는 보험계약자는 다시 보험수익자를 지정할 수 있다." 이는 보험계약자가 재지정권을 유보하고 있는 경우엔 당연한 것을 확인하는 것에 불과하다. 본 조문이 의미를 갖는 것은 이러한 경우에 보험계약자가 재지정권을 갖지 못하는 경우에도 예외적으로 재지정권을 인정한다고 해석하는 것이다. 同旨: 한기정, 780면.

233) 이승환, 전게논문, 388면 및 390면. 서민의 금융생활 지원에 관한 법률 제2조 제2호 나목은 '보험계약에 따라 장래에 지급할 환급금, 보험금 및 계약자배당금'을 출연대상으로 하고 있는데, 동법 제40조 제1항은 휴면보험금을 '출연할 수 있다'라고 규정함으로써 보험회사가 출연여부를 결정하도록 하고 있다. 출연대상이 되는 것은 만기/해지일로부터 3년이 경과한 환급금이나 보험금이며, 이와 무관한 사고보험금은 일반적으로는 출연하지는 않는다. 이러한 휴면보험금은 서민금융진흥원에 출연되어 저소득층의 복지사업 등에 지원되고 있다. 한기정, 780면.

계약자는 더 이상 보험수익자를 변경하거나 재지정할 수 없기 때문에 만약 보험수익자가 보험금청구권을 포기하게 되면 보험수익자가 더 이상 존재하지 않게 되는 것과 같으므로 보험자는 보험금 지급의무를 면하게 되는 것이다.

보험수익자를 상속인으로 지정했는데 그 상속인이 상속포기를 한 경우에는 보험금청구권은 어떠한가? 상속인이 상속포기를 한 경우에도 보험금청구권은 상속인의 상속재산이 아니라 고유재산이기 때문에 상속포기와 무관하게 보험금청구권은 행사할 수 있다. 보험수익자로 지정된 복수의 상속인 중 1인이 자신에게 귀속된 보험금청구권을 포기한 경우에 포기한 부분이 다른 상속인에게 귀속되지는 않는다. 즉 공동상속인들이 보험수익자인 경우에 그 중 1인이 청구권을 포기한 경우 포기한 1명 몫의 보험금이 다른 공동상속인들이 받은 보험금에 가산되는 것이 아니다. 보험수익자가 보험금청구권을 포기한 경우에 피보험자의 상속인이 별도로 있는 경우에 이들이 보험금청구권을 행사할 수 있는가의 의문이 있을 수 있으나, 보험수익자가 따로 정해진 경우에는 피보험자의 재산상속인에게는 보험금청구권이 인정되지 않는다. 보험금청구권을 포기했는지 여부는 분명한 포기의 의사가 있었는지 또는 보험계약자가 정당한 보험수익자의 지위에 있는 것처럼 허위로 가장함으로써 보험금청구권 포기가 이루어진 것인지 등을 명확하게 따져보고 판단해야 할 문제이다.[234]

[대법원 2020. 2. 6. 선고 2017다215728 판결]

〈주요 판시내용〉

소외인이 제출한 성명서에는 '이 사건과 관련하여 발생하는 모든 상속권(지분)을 포기한다'는 내용이 기재되어 있고, 원고들은 위 성명서를 근거로 이 사건 보험금에 관한 소외인의 권리가 자신들에게 귀속되었다고 주장하고 있는바, 제반 사정에 비추어 볼 때 소외인이 단순히 보험금청구권을 포기하였다고 단정하기 어려운 측면이 있으므로 환송 후 원심으로서는 성명서를 제출하게 된 경위, 소외인의 진정한 의사가 무엇인지 등에 대해 석명권을 행사하여 그 효과를 확정할 필요가 있음을 지적하여 둔다.

---

(5) 통지와 대항요건

보험계약자의 보험수익자 지정, 변경권은 보험자에게로 의사표시의 도달 등 상대방의 수령을 요하지 않는 보험계약자의 단독행위이다.[235] 보험자의 동의도 요하지 않으며 보험

---

234) 대판 2020. 2. 6, 2017다215728.
235) 최병규, "보험수익자 변경에 대한 보험계약자 의사표시의 성격―대법원 2020. 2. 27, 2019다204869 판결―", 법률신문 판례평석, 2021. 1. 4. 독일 보험계약법에서는 보험수익자 지정·변경권을 형성권으로 보면서도 보험자에게 그 의사표시가 도달하여야 한다고 설명하면서 상법 개정이 필요하다는 입장이다. 같

계약자의 일방적인 의사표시만 있으면 가능하기 때문에 형성권적 성질을 갖는다. 그런데 변경 후의 보험수익자가 보험자에게 대항하기 위해서는 통지가 보험자에게 도달되어야 한다.236) 보험수익자 변경을 보험계약자가 보험자에게 통지하지 않았어도 보험계약자는 그 사실을 증명하여 보험자에게 주장할 수 있다.

보험계약자가 계약체결 후에 보험수익자를 지정 또는 변경할 때에는 보험자에 대하여 그 통지를 하지 않으면 이로써 보험자에게 대항할 수 없다. 보험자의 입장에서 볼 때 보험수익자는 제2차적으로 보험료 지급의무를 부담하게 되므로 보험수익자가 누구인지를 알아야 할 필요가 있으며 또한 보험자가 그 사실을 알지 못한 채 변경 전의 보험수익자에게 보험금을 지급함으로써 야기되는 보험금 이중지급의 위험을 피하기 위하여 통지가 필요하다.237)

통지의 주체는 원칙적으로 보험계약자이다. 보험수익자가 변경된 후, 새로운 보험수익자가 행한 통지는 효력을 인정할 수 없다는 견해가 있으나,238) 보험자가 그 사실을 확인할 수 있다면 변경 후 보험수익자의 통지도 유효하다고 해석해야 할 것이다. 보험계약자가 유언으로 보험수익자를 변경했다면 유언집행자가 통지할 수 있고, 보험계약자나 피보험자가 통지 전에 사망했다면 그의 상속인이 통지를 행할 수 있다.

통지는 대항요건에 불과하기 때문에 통지를 하지 않았다고 해도 보험계약자의 지정 또는 변경행위는 유효하다. 따라서 통지가 없더라도 지정된 또는 변경된 보험수익자는 보험금청구권을 가지는데 문제가 없다. 보험수익자 변경의 의사표시가 객관적으로 확인된다면 그러한 의사표시가 보험자나 보험수익자에게 도달하지 않았다고 하더라도 보험수익자 변경의 효과는 발생한다. 예를 들어 보험계약자가 이미 지정된 보험수익자에게 수익자를 변경하겠다고 구두로 통보하고 함께 보험회사 방문 일정까지 잡았으나 일정상 보험회사 방문이 이루어지지 않은 경우에 보험계약자의 보험수익자 변경의 의사표시는 객관적으로 확인이 된 것으로 보아야 한다. 따라서 그 변경 의사표시가 보험회사 또는 기존 보험수익자에 아직 도달되지 않았다고 해도 보험수익자는 변경된 것으로 해석해야 한다.239) 다만 객관적으로 확인이 되었다는 의미가 구체적으로 무엇이며 어떠한 경우가 여기에 해당되는가의 문제는 명확하지 않다고 할 수 있다. 보험계약자가 기존의 보험수익자 또는 제3자에게 수익자 변경의 의사표시를 했다고 주장하지만 기존의 보험수익자나 제3자가 이를 부정

은 취지에서 보험자나 기존의 보험수익자가 변경 내용을 알아야 변경의 효력이 발생하는 것으로 해석해야 한다는 견해로는 양지훈, "보험수익자 변경의 의사표시가 상대방 없는 단독행위인지 여부에 대한 법적 검토", 한국사회과학연구 제39권 제3호, 2020, 136-138면; 전한덕, "보험수익자 변경의 효력발생 요건— 대법원 2020. 2. 27. 선고 2019다204869 판결", 외법논집 제44권 제3호, 2020, 346-349면.
236) 최기원, 623면.
237) 서헌제, 273면; 정찬형, 846면; 양승규, 459면; 한기정, 790면; 최기원, 622면; 정동윤, 714면.
238) 한기정, 790면.
239) 대판 2020. 2. 27, 2019다204869.

하는 경우에 이러한 상황을 객관적으로 확인된 것으로 볼 수 있는 것인지 의문이다.

[대법원 2020. 2. 27. 선고 2019다204869 판결]

〈주요 판시내용〉

보험계약자는 보험수익자를 변경할 권리가 있다. 이러한 보험수익자 변경권은 형성권으로서 보험계약자가 보험자나 보험수익자의 동의를 받지 않고 자유로이 행사할 수 있고 그 행사에 의해 변경의 효력이 즉시 발생한다. 다만 보험계약자는 보험수익자를 변경한 후 보험자에 대하여 이를 통지하지 않으면 보험자에게 대항할 수 없다(제734조 제1항). 이와 같은 보험수익자 변경권의 법적 성질과 상법 규정의 해석에 비추어 보면, 보험수익자 변경은 상대방 없는 단독행위라고 봄이 타당하므로, 보험수익자 변경의 의사표시가 객관적으로 확인되는 이상 그러한 의사표시가 보험자나 보험수익자에게 도달하지 않았다고 하더라도 보험수익자 변경의 효과는 발생한다.

보험수익자 변경 통지를 받지 않은 보험자는 보험수익자가 변경되지 않았다고 전제하고 업무를 처리하면 면책이 된다고 해석된다.[240] 즉 보험계약자가 보험수익자를 변경해놓고 보험자에게 통지하지 않았다면 보험자는 변경 전 보험수익자에게 보험금을 지급하더라도 보험자는 면책이 된다. 보험계약자가 보험수익자 변경사실을 통지하지 않은 경우에 이 사실을 알고 있는 악의의 보험자라 할지라도 변경 전 보험수익자에게 보험금을 지급하게 되면 보험자는 면책이 된다고 해석하고 있다. 이 경우 변경 전 보험수익자는 지급받은 보험금을 변경 후 보험수익자에게 부당이득으로 반환해야 할 의무를 부담한다. 보험수익자 지정이 없어서 보험법 조문이나 보험계약 해석 등을 통해 결정되는 보험수익자에게 보험자가 보험금을 지급하면 보험자는 자신의 책임을 이행한 것이 된다. 지정이나 변경행위가 보험사고 발생 이전에 이루어졌다면 통지가 보험사고 후에 보험자에게 도달되었다고 해도 대항요건을 갖추어진 것으로 해석된다.[241]

과거 약관에서는 통지방법과 관련하여 보험증권에 보험자에 의한 '승인의 배서'를 받도록 하는 경우가 많았다.[242] 그러나 생명보험표준약관 제20조가 개정되면서 보험수익자 변경 시 보험증권에 승인의 배서를 받아야 한다는 내용은 삭제되었다.[243] 제734조 제1항은 보험자에 대한 통지만을 규정하고 있으므로, 만약 약관에서 통지 외에 보험자의 승낙이 있어야 대항할 수 있는 것으로 규정하고 있다면 그 약관의 효력은 인정될 수 없

---

240) 황현아, "2020년 보험 관련 중요 판례 분석", KiRi 보험법리뷰 포커스, 2020. 2, 보험연구원, 11-12면.
241) 최기원, 622면; 한기정, 789-790면.
242) 정찬형, 846면; 정동윤, 714면.
243) 생명보험표준약관 제20조 제1항에서 승인배서가 필요한 사항에서 '보험수익자'가 빠졌으며, 제2항이 신설되어 "계약자는 보험수익자를 변경할 수 있으며, 이 경우에는 회사의 승낙이 필요하지 않습니다. 다만, 변경된 보험수익자가 회사에 권리를 대항하기 위해서는 계약자가 보험수익자가 변경되었음을 회사에 통지하여야 합니다"라고 규정하고 있다.

다.244) 타인의 생명보험인 경우 즉 보험계약자와 피보험자가 다른 경우에 보험계약자가 피보험자 이외의 제3자로 보험수익자를 지정하거나 변경하게 되면 보험자에의 통지 이외에 제731조에 의한 피보험자의 서면에 의한 동의도 얻어야 한다(제734조 제2항).

4. 보험금청구권과 상속

(1) 상속인의 고유재산으로서의 보험금청구권

보험증권의 보험수익자란에 단순히 '상속인'이라고 기재되어 있는 경우 타인의 생명보험에서는 피보험자의 상속인을 보험수익자로 한 것이며, 자기의 생명보험에서는 보험계약자의 상속인을 보험수익자로 한 것으로 해석하게 된다. 여기에서 상속인의 의미는 피보험자 사망이라는 보험사고 발생시의 상속인을 말한다.

보험수익자가 정해진 경우에는 보험계약자 또는 피보험자의 재산상속인이 따로 존재하더라도 이들 재산상속인은 보험금청구권을 행사할 수 없다. 보험금청구권은 보험계약에 따라 보험수익자에게만 귀속되기 때문이다. 상속인 지위를 갖는 자가 보험수익자로 지정된 경우에 상속인은 상속의 효과로서 보험금청구권을 승계취득하는 것이 아니고, 보험계약의 효과로서 보험계약자의 지정에 의해 보험수익자 지위를 취득한 것이며, 그 지위에서 자신의 고유의 권리로서 보험금청구권을 원시취득하는 것이다. 보험금청구권은 상속재산에 편입되지 않고 상속인의 고유재산이 된다.245) 보험계약자가 보험수익자 지정권을 행사하기 전에 피보험자가 사망하는 보험사고가 발생하면 제733조 제4항에 의해 피보험자의 상속인이 보험수익자가 된다. 이렇게 보험계약자의 지정행위에 의해서가 아니라 법률의 규정에 의해 상속인이 보험수익자로 정해지는 경우에도 보험금청구권은 원시취득되는 것이다.246)

생명보험의 보험계약자가 스스로를 피보험자로 하면서 만기까지 자신이 생존할 경우에는 자기 자신을 보험수익자로 지정하고, 만약 자신이 사망한 경우에는 보험수익자를 '상속인'이라고만 지정한 후 사망한 경우, 보험금청구권은 보험계약자의 상속인들의 고유재산으로 보아야 할 것이고, 이를 상속재산이라 할 수 없다. 보험수익자의 상속인이 취득하는 보험금청구권도 상속재산이 아니고 보험수익자 상속인의 고유재산으로 해석함이 타당할 것이다.247)

244) 양승규, 460면; 김은경, 685면; 최기원, 623면.
245) 대판 2001. 12. 28, 2000다31502; 대판 2004. 7. 9, 2003다29463. 양승규, 461면은 보험수익자의 보험금청구권은 보험수익자의 채권으로서 상속재산을 구성한다고 해석한다. 이승환, "보험금청구권의 포기에 관한 연구", 경영법률 제27집 제3호, 2017, 377면.
246) 대판 2004. 7. 9, 2003다29463.
247) 대판 2004. 7. 9, 2003다29463. 한기정, 787면. 반면 이기수/최병규/김인현, 413면은 상속재산으로 본다.

[대법원 2004. 7. 9. 선고 2003다29463 판결]

〈사실관계〉

피보험자가 사망하자 상속인인 피고는 보험금을 수령하였고, 그 후 상속포기신고를 하였다. 피보험자의 채권자인 원고는 피고가 보험금을 수령한 행위는 상속재산의 처분행위이므로 민법 제1026조에 의해 피고는 단순승인 의제되어 이후의 상속포기는 무의미하다며 소를 제기하였다.

〈주요 판시내용〉

보험계약자가 피보험자의 상속인을 보험수익자로 하여 맺은 생명보험계약에 있어서 피보험자의 상속인은 피보험자의 사망이라는 보험사고가 발생한 때에는 보험수익자의 지위에서 보험자에 대하여 보험금 지급을 청구할 수 있고, 이 권리는 보험계약의 효력으로 당연히 생기는 것으로서 상속재산이 아니라 상속인의 고유재산이라고 할 것인데, 이는 상해의 결과로 사망한 때에 사망보험금이 지급되는 상해보험에 있어서 피보험자의 상속인을 보험수익자로 미리 지정해 놓은 경우는 물론, 생명보험의 보험계약자가 보험수익자의 지정권을 행사하기 전에 보험사고가 발생하여 상법 제733조에 의하여 피보험자의 상속인이 보험수익자가 되는 경우에도 마찬가지라고 보아야 할 것이며, 나아가 보험수익자의 지정에 관한 상법 제733조는 상법 제739조에 의하여 상해보험에도 준용되므로, 결국 이 사건과 같이 상해의 결과로 사망한 때에 사망보험금이 지급되는 상해보험에 있어서 보험수익자가 지정되어 있지 않아 위 법률규정에 의하여 피보험자의 상속인이 보험수익자가 되는 경우에도 보험수익자인 상속인의 보험금청구권은 상속재산이 아니라 상속인의 고유재산이라고 보아야 할 것이다.

보험수익자가 '상속인' 또는 '배우자'로 지정되어 있는 경우에 보험계약 체결시가 아니라 보험사고 발생 당시를 기준으로 하여 상속인 또는 배우자의 지위가 결정된다.248) 여기에서 사실혼 관계의 배우자가 포함되는가에 대해서는 의견이 나뉜다. 만약 타인을 위한 자기의 사망보험계약에서 보험계약자이자 피보험자가 자신의 사망시점의 사실혼 관계에 있는 배우자를 보험수익자로 지정한 것이라면 이를 존중하여 사실혼 관계에 있는 배우자도 보험금청구권을 취득하는 것으로 해석해야 할 것이다.249)

(2) 피보험자와 보험수익자가 동일인인 경우

(개) 판   례

피보험자와 보험수익자가 동일한 경우에 피보험자 사망이라는 보험사고가 발생하면 보험금청구권은 피보험자의 상속인들의 상속재산이라는 것이 판례의 태도이다.250) 상속인

---

248) 임채웅, "생명보험의 수익자를 '상속인'으로 지정한 경우의 의미", 대법원판례해설 38호, 2002, 357-362면.

249) 이승환, 전게논문, 381면.

250) 대판 2000. 10. 6, 2000다38848; 대판 2002. 2. 8, 2000다64502. 장덕조, 485면과 임용수, 205면은 이 판례

이 보험수익자인 경우에 일반적으로는 보험금청구권은 상속인의 고유재산에 편입되지만, 피보험자와 보험수익자가 동일한 경우에는 보험금청구권이 피보험자의 상속인들의 상속재산이라는 것이다.

(나) 검 토

피보험자와 보험수익자가 동일한 경우에 판례와 같이 예외적으로 보험금청구권을 상속재산으로 보는 것이 타당한지 의문이다. 타인의 사망보험에서 보험계약자가 보험수익자의 지정권을 행사하기 전에 피보험자의 사망이라는 보험사고가 발생하면 피보험자의 상속인이 보험수익자가 되는데(제733조), 피보험자의 상속인이 보험수익자가 되는 경우에 보험금청구권은 상속재산이 아니라 상속인의 고유재산이다.251) 보험계약자가 타인을 피보험자로 하고 보험계약자 자신을 보험수익자로 지정했는데 보험기간 중에 보험수익자(보험계약자)가 사망하면 이는 보험계약자가 보험수익자를 변경하지 않은 채 사망한 경우라 할 수 있으므로 보험수익자의 상속인이 보험금청구권을 가지게 되며 이때 보험금청구권도 상속인의 고유재산이라는 것이 판례의 태도이다.252) 법논리 일관성 차원에서 위 판례의 결론은 의문이다. 보험존속 중에 보험수익자가 사망하면 보험계약자는 다시 보험수익자를 지정할 수 있고 보험계약자가 이러한 재지정권을 행사하지 않은 채 사망하면 보험수익자의 상속인이 보험수익자가 된다는 제733조 제3항을 유추하여 보험금청구권은 상속인의 고유재산으로 해석함이 타당하다고 해석하는 견해도 있다.253)

(3) 보험계약자와 보험수익자의 내부관계에 따른 상속세 부과

보험금청구권이 보험수익자의 고유재산이라고 하더라도 내부적으로는 보험계약자가 보험수익자에게 보험금에 상당하는 금액을 무상 출연한 것으로 볼 수 있다. 이에 따라 판례는 보험금상당액에 대해 상속세 및 증여세법 제8조 및 상속세 및 증여세법시행령 제4조 제1항에 따라 상속세를 과세한다는 입장이다.254)

(4) 상속결격

상속인에게 상속결격 사유가 있게 되면 여기에 소급효가 인정되면서 민법 제1004조255)에 따라 상속결격자는 처음부터 상속인이 아니었다고 풀이된다. 여러 명의 상속인이

를 지지한다.

251) 대판 2004. 7. 9, 2003다29463; 대판 2001. 12. 28, 2000다31502. 양승규, 459면; 김성태, 853면.
252) 대판 2007. 11. 30, 2005두5529.
253) 同旨: 한기정, 793면.
254) 대판 2001. 12. 28, 2000다31502.
255) 민법 제1004조(상속인의 결격사유) 다음 각 호의 어느 하나에 해당한 자는 상속인이 되지 못한다. 〈개정 1990. 1. 13, 2005. 3. 31〉
  1. 고의로 직계존속, 피상속인, 그 배우자 또는 상속의 선순위나 동순위에 있는 자를 살해하거나 살해

보험수익자로 지정되는 경우가 있다. 이때 그들 중 상속결격 사유가 있는 상속인을 제외한 나머지 공동상속인들이 보험수익자 지위에서 보험금 전액을 청구할 수 있는가의 문제가 있다. 예를 들어 공동상속인이 있는 경우에 피보험자를 고의로 해친 상속인이 취득하였을 보험금만큼을 다른 공동상속인이 취득할 수 있는가의 문제에 대해 다른 공동상속인도 취득하지 못하는 것으로 해석해야 할 것이다.256) 생명보험표준약관 제5조 제2호에서 보험수익자가 고의로 피보험자를 해친 경우를 보험자의 면책사유로 규정하면서, 다만 그 보험수익자가 여러 보험수익자들 중의 한 명일 때에 다른 보험수익자에 대한 보험금은 지급하는 것으로 규정하고 있다. 여기에서 다른 보험수익자가 보험금을 청구할 수 있더라도 고의로 사고를 야기한 보험수익자가 받았을 보험금은 다른 수익자들에게 분배되지 않는다고 해석되어야 한다. 고의사고를 야기한 자의 상속분에 대해서만 보험자를 면책시킬 수 있는 것이다. 보험수익자가 상속인이라고 지정된 경우 위 약관 규정이 없어도 피보험자를 해친 상속인(보험수익자)이 취득했을 보험금은 다른 공동상속인(보험수익자)이 취득할 수는 없다. 이와 관련하여 2015년 개정 보험법도 둘 이상의 보험수익자 중 일부가 고의로 피보험자를 사망에 이르게 한 때에 보험자는 다른 보험수익자에 대한 보험금 지급책임은 부담한다고 규정하였다(제732조의2 제2항).

그러나 상속자로서의 보험수익자가 그 이외의 다른 상속결격 사유에 해당되어 민법 제1004조에 따라 처음부터 상속인이 아닌 것으로 된 경우에 보험약관에서 특별히 면책사유로 규정하지 않는 한 해당 결격사유를 가진 보험수익자가 보험금청구권을 취득하는 데에 아무런 문제가 없다. 보험금청구권은 상속결격과는 무관하게 상속인 고유재산이기 때문이다.257)

(5) 상속포기

상속인이 상속을 포기하는 경우 상속포기는 재산상속에만 영향을 미치게 된다. 상속인이 보험수익자가 된 경우에 보험수익자가 가지는 보험금청구권은 상속재산이 아니고 보험수익자의 고유재산으로 해석되므로 상속인이 상속포기를 했다고 하더라도 보험금청구권을 행사하는 데에는 영향을 미치지 않는다.258) 보험수익자로서의 상속인이 갖는 보험금청구권은 상속인의 고유재산이며 상속포기와 무관하기 때문이다.

하려한 자
2. 고의로 직계존속, 피상속인과 그 배우자에게 상해를 가하여 사망에 이르게 한 자
3. 사기 또는 강박으로 피상속인의 상속에 관한 유언 또는 유언의 철회를 방해한 자
4. 사기 또는 강박으로 피상속인의 상속에 관한 유언을 하게 한 자
5. 피상속인의 상속에 관한 유언서를 위조·변조·파기 또는 은닉한 자
256) 사법연수원(편), 보험법연구, 2007, 195-196면.
257) 임용수, 203면.
258) 양승규, 459면; 김성태, 854면; 장덕조, 486-487면; 임용수, 202면-203면.

(6) 복수의 법정상속인이 보험수익자로 지정된 경우 수익권 배분

보험수익자가 '상속인'으로 표시되지 않고 단순히 甲, 乙, 丙과 같이 수인으로 나열되어 지정된 경우 보험계약자가 각각의 보험수익자의 몫을 정해주지 않은 경우에 각각의 보험수익자는 균등한 비율로 보험금을 수령할 수 있다고 해석된다.259) 만약 보험수익자를 '상속인'으로만 지정하였는데 상속인이 여러 명인 경우에, 비록 보험금청구권이 상속재산이 아니라고 하더라도, 각 상속인은 그 상속분의 비율에 따라 보험금청구권을 갖는다고 풀이된다. 판례의 입장도 마찬가지이다.260)

[대법원 2017. 12. 22. 선고 2015다236820 판결]

〈주요 판시내용〉

상해의 결과로 피보험자가 사망한 때에 사망보험금이 지급되는 상해보험에서 보험계약자가 보험수익자를 단지 피보험자의 '법정상속인'이라고만 지정한 경우, 특별한 사정이 없는 한 그와 같은 지정에는 장차 상속인이 취득할 보험금청구권의 비율을 상속분에 의하도록 하는 취지가 포함되어 있다고 해석함이 타당하다. 따라서 보험수익자인 상속인이 여러 명인 경우, 각 상속인은 특별한 사정이 없는 한 자신의 상속분에 상응하는 범위 내에서 보험자에 대하여 보험금을 청구할 수 있다.

---

259) 장덕조, 487면; 양승규, 459면; 이기수/최병규/김인현, 413면; 임용수, 205면.
260) 대판 2017. 12. 22, 2015다236820. 이에 대해 이승환, 전게논문, 383면은 보험금청구권이 상속재산의 일부로서 보험수익자에게 귀속된 경우에는 상속분비율에 따르지만, 보험수익자의 고유재산으로 해석된다면 보험계약자의 특별한 의사표시가 없는 한 민법 제408조의 규정에 따라 균등한 비율로 분배되어야 한다고 해석한다.

Ⅰ. 개   념

상해보험계약(contract of accident insurance)이란 피보험자의 신체 손상(상해)에 관한 보험사고가 생길 경우에 보험자가 보험금 또는 기타의 급여를 할 책임이 있는 인보험계약을 말한다(제737조). 상해보험에서의 보험사고인 상해란 피보험자가 보험기간 중에 외부로부터의 급격하고(돌발적) 우연한 사고로 신체에 손상을 입는 것을 말한다.[1] 즉 사고의 원인이 피보험자 신체의 외부로부터 야기된 것을 말한다. 반면에 질병보험은 피보험자의 신체 내부적 원인에 의해 발생한 질병을 보험사고로 하고 있다.[2] 상해보험은 현대 산업사회에서 신체상의 상해를 유발하는 사고발생이 급증함에 따라 그 수요가 폭발적으로 증가하고 있는 추세이다.[3] 상해보험에서 보험목적은 사람의 신체이므로 생명보험과 상해보험에 공통적으로 적용되는 통칙(제727조-제729조)이 상해보험에 적용된다. 또한 제732조를 제외한 생명보험에 관한 규정들은 상해보험에 준용되도록 하고 있다(제739조). 인보험에서 청구권대위는 원칙적으로 금지되지만 상해보험의 경우 당사자 사이에 청구권대위를 인정하는 약정을 한 경우에는 상해보험자는 피보험자의 권리를 해하지 아니하는 범위 안에서 피보험자의 권리를 대위하여 행사할 수 있다(제729조). 상해보험은 고액의 보험금을 노리고 고의로 사고를 야기하는 보험범죄에 악용될 가능성이 높다. 약관에서는 다수의 상해보험계약을 체결하는 경우에 보험계약자 등에게 다수보험계약 체결사실에 대한 통지의무를 부과하고 있고 통지의무를 해태한 경우에 보험자에게 보험계약 해지권을 부여하고 있다.[4]

---

[1] 대판 1980. 11. 25, 80다1109.
[2] 이 점에서 질병, 부상, 사망 또는 분만 등을 보험사고로 하는 질병보험 또는 건강보험과 구별된다. 대판 2001. 8. 21, 2001다27579; 정동윤, 720면; 양승규, 480면; 최준선, 345면.
[3] 임용수, 512면; 양승규, 479면.
[4] 임용수, 513면.

Ⅱ. 특징과 보험금의 종류

1. 특   징

보험업법은 상해보험을 제3보험업으로 분류하고 있다. 원래 보험업법상 보험회사는 생명보험업과 손해보험업을 겸영하지 못하도록 하고 있다(보험업법 제10조 본문). 다만 상해보험, 질병보험, 간병보험 등 생명보험적 성격과 손해보험적 성격을 같이 가지는 제3보험업의 경우에는 손해보험회사와 생명보험회사 모두 취급할 수 있도록 하고 있다(동법 제4조 제1항 제3호; 제10조). 사람을 보험의 객체로 하는 점에서 인보험에 속하지만, 지급방식을 부정액보험으로도 할 수 있는 등 손해보험적 성질도 가지고 있다. 이러한 이유에서 상해보험은 제3보험업으로 분류되는 것이다. 실무상 손해보험회사는 상해보험을 독립된 보험상품으로 취급하고 있고, 생명보험회사는 생명보험약관에서 재해담보를 추가하는 방식으로 상해에 해당되는 사고를 담보하고 있다.5)

상해보험에서 피보험자는 사람이다. 그런데 생명보험은 사람의 사망 또는 생존을 보험사고로 하기 때문에 보험사고의 발생은 확실하며 다만 그 시기만이 불확정적인 데 반해, 상해보험은 급격하고 우연한 외래의 사고로 신체에 상해가 생기는 것을 보험사고로 하기 때문에 손해보험과 마찬가지로 시기뿐만 아니라 보험사고의 발생 자체가 불확정적이다.

2. 보험금의 종류

제737조에서 상해보험자가 '보험급여 기타의 급여'를 지급한다고 규정하고 있다. 기타의 급여란 치료 또는 의약품의 급여와 같이 현금 이외의 급여를 말한다.6) 상해보험금의 지급에 있어서 정액 및 부정액 방식 모두 가능하다.7) 상해보험금은 약관에서 사망보험금, 후유장해보험금, 치료보험금으로 나누고 있다. 피보험자가 일정한 기간(예를 들어 상해를 입은 날로부터 1년) 안에 상해의 직접적인 결과로 사망하게 되면 계약에서 약정한 보험금 전부를 지급하고 있는데 이는 완전한 정액보험적 성격이다(사망보험금, 순정액보험). 또한 상해보험은 상해의 등급(態樣)과 부위에 따라 차등하여 계약에서 정한 보험금액의 비율에 따라 정액을 지급하는 것으로 정할 수도 있다(후유장해보험금, 준정액보험). 즉 피보험자가

---

5) 정찬형, 857면; 양승규, 482면.
6) 정찬형, 856면; 정동윤, 719면; 정희철, 487면.
7) 대판 2006. 11. 10, 2005다35516.

상해를 입고 그 직접적인 결과로 사고일로부터 1년 이내에 신체의 장해가 생긴 때에 보험자는 그 장해의 등급에 따라 그에 해당하는 보험금을 지급한다. 이와 같이 상해사망보험금과 후유장해보험금은 정액방식으로 지급된다.[8] 후유장해보험금 청구권 소멸시효는 후유장해로 인한 손해가 발생한 때로부터 진행한다.[9] 한편 피보험자의 상해의 직접적인 결과로 인해 실제 소요된 치료비 등을 실비 지급하는 방식(부정액보험)으로 정할 수도 있다. 상해로 인한 입원비도 부정액 방식에 의해 지급된다. 이때 하나의 사고 당 보험계약에서 정한 가입금액을 한도로 의료실비를 지급하며 치료일 수를 제한하기도 한다.[10] 이러한 면에서 볼 때 상해보험은 생명보험과 손해보험의 중간 영역에 속한다고 할 수 있을 것이다.[11]

Ⅲ. 상해보험증권의 기재사항

상해보험증권에는 제666조(손해보험증권 기재사항)에서 정하고 있는 사항과 제728조에서 정하고 있는 인보험증권의 기재사항을 기재하면 된다. 다만 피보험자와 보험계약자가 동일인이 아닐 때에는 피보험자의 주소·성명 및 생년월일에 갈음하여 피보험자의 직무 또는 직위만을 기재만을 기재할 수 있다(제738조). 예를 들어 공장의 근로자와 같이 일정한 직무 또는 직위에 있는 자를 피보험자로 하는 타인의 상해보험(단체보험)에서 그 직무나 직위에 있는 자가 누구인가를 불문하고 수시로 교체될 수 있는 상황에서 그 자리에 있는 자를 피보험자로 하는 상해보험계약을 체결할 수 있도록 하기 위함이다.[12]

Ⅳ. 생명보험계약 규정의 준용

1. 피보험자

(1) 일 반 론

15세 미만자, 심신상실자 또는 심신박약자의 사망을 보험사고로 한 보험계약을 무효로

---

8) 다만 후유장해보험금은 후유장해의 등급에 따라 보험금이 차등적으로 정해진다는 면에서 정액으로서의 성격과 부정액으로서의 성격이 혼재되어 있다. 이러한 의미에서 후유장해금을 '준정액형'이라고 부르기도 한다. 한기정, 813면.
9) 대판 1992. 5. 22, 91다41880.
10) 최준선, 345면; 양승규, 481면, 491면.
11) 정찬형, 858면; 임용수, 512면; 정동윤, 720면; 양승규, 481면.
12) 정동윤, 723면; 정희철, 487면; 정찬형, 864면; 양승규, 488면; 임용수, 527면.

하는 제732조를 제외하고는 생명보험에 관한 보험법의 조문은 상해보험에 준용된다(제739조).13) 상해보험이 상해로 인한 치료비 등에 관한 보상 이외에 상해를 원인으로 하여 발생한 사망 또는 후유장해 등에 대해 일정한 금액을 지급한다는 점에서 생명보험과 유사하며 생명보험과 함께 인보험에 속하는 성질을 반영한 것이라 볼 수 있다. 제732조가 상해보험에 준용되지 않음을 명시한 제739조에 따라 15세 미만자, 심신박약자 또는 심신상실자는 상해보험에서의 피보험자가 될 수 있다. 즉 이들에 대한 상해를 보험사고로 하는 보험계약 체결은 유효하다. 한편 사망을 보험사고로 한 보험계약에서 사고가 보험계약자 또는 피보험자나 보험수익자의 중대한 과실로 인하여 생긴 경우에도 보험자의 보험금 지급책임을 인정하고 있는 제732조의2는 상해사망보험에 준용된다. 또한 제739조에 의해 제731조 역시 상해보험에 적용되는데 그 적용범위는 타인의 '상해사망'을 보험사고로 하는 경우로 제한해야 할 것이다.

상해보험의 종류에 따라 피보험자의 자격에 제한이 있을 수 있다. 예를 들어 운전자상해보험의 경우 피보험자는 운전자이어야 한다.14) 상해보험은 정액보험 부분 외에도 손해보험적 성질(부정액보험)도 가지고 있으므로 입법적으로는 성격이 동일하지 않은 생명보험에 대한 규정을 단순히 준용하기보다는 상해보험 특유의 성질을 반영한 별도의 조문들을 입법화하는 보완이 필요하다고 할 것이다.15)

(2) 상해사망사고의 성격

상해보험의 보험사고인 상해에는 피보험자의 상해사망이 포함된다. 상해사망은 상해 요소와 사망 요소가 같이 존재한다. 따라서 상해사망보험이 상해보험인지 아니면 사망보험인지에 대한 의문이 있다. 판례와 다수설은 상해사망보험을 상해보험이라고 해석하고 있다.16) 그 이유는 사망의 원인과 관련하여 급격성, 우연성, 외래성 등의 특징이 모두 포함되어 있으며, 발생시점과 발생 여부가 모두 불확정적이라는 면에서 상해사망은 일반사망과 구별되기 때문이다. 상해사망의 경우 외래성이 분명한 반면에 일반사망의 경우는 그러하지 않다. 판례도 같은 취지로 보인다.

---

13) 다만 제731조의 경우에 피보험자가 보험수익자인 경우에는 상해보험에 이를 적용하지 아니하는 것으로 해석하자는 견해도 있다.

14) 양승규, 483-484면; 임용수, 514면.

15) 정희철, 488면; 임용수, 527면; 양승규, 493면; 정찬형, 864면; 장덕조, 514면.

16) 대판 2004. 7. 9, 2003다29463. 장덕조, 506-507면; 양승규, 485면; 정동윤, 721면. 반면 한기정, 815면에서는 상해사망보험은 사망보험이라고 해석한다. 정진옥, "상해보험에 관한 입법론적 검토", 상사판례연구 제32집 제2호, 2019, 195면 및 이경재, "상해보험에서 상해로 인한 사망의 경우 상법 적용에 관한 연구", 보험금융연구 제13권 제1호, 2002, 18면에서도 상해사망보험은 사망보험으로 해석한다.

> **[대법원 2004. 7. 9. 선고 2003다29463 판결]**
>
> 〈주요 판시내용〉
>
> 이 사건 자동차상해보험은 피보험자가 피보험자동차를 소유·사용·관리하는 동안에 생긴 피보험자동차의 사고로 인하여 상해를 입었을 때에 보험자가 보험약관에 정한 사망보험금이나 부상보험금 또는 후유장해보험금 등을 지급할 책임을 지는 것으로서 인보험의 일종이기는 하나, 피보험자가 급격하고도 우연한 외부로부터 생긴 사고로 인하여 신체에 상해를 입은 경우에 그 결과에 따라 보험약관에 정한 보상금을 지급하는 보험이어서 그 성질상 상해보험에 속한다고 할 것이다. 따라서 이 사건 자동차상해보험 중 피보험자가 상해의 결과 사망에 이른 때에 지급되는 사망보험금 부분을 분리하여 이를 생명보험에 속한다고 본 원심의 판단은 잘못이다.

상해사망보험의 법적성격을 무엇으로 보느냐에 따라 적용되는 법규가 달라진다. 상해사망보험을 사망보험으로 본다면 제732조가 준용되지만, 상해보험으로 보게 되면 제732조의 준용이 배제된다. 제732조는 15세 미만자 등의 '사망'을 보험사고로 하는 경우를 적용대상으로 한다. 그런데 상해사고의 범주에 상해사망이 포함되는 것이라고 보게 되면 상해보험에서는 15세 미만자 등도 상해사망을 보험사고로 하는 보험계약의 대상이 될 수 있다는 해석이 가능할 수도 있다. 그러나 사망사고에 대한 도덕적 위험과 보험범죄 발생의 우려는 생명보험에서나 상해보험에서나 동일하다. 이러한 취지에서 보면 상해사망보험의 경우에도 제732조가 준용되는 것으로 해석해야 한다. 즉 15세 미만자 등이 상해보험의 피보험자가 될 수는 있어도 15세 미만자, 심신상실자, 심신박약자의 상해사망을 보험사고로 하는 경우에는 해석상 피보험자가 될 수 없는 것으로 보는 것이 타당하다고 여겨진다.17) 이는 상해사망보험에 대한 법적 성격을 상해보험으로 해석함에 따라 생기는 부작용을 막기 위한 예외적 해석이라 할 수 있다.

(3) 태아의 피보험자 적격 문제

태아가 상해보험의 피보험자가 될 수 있는가의 문제가 있다. 논란이 되는 부분은 출생 전인 태아 상태에서 발생한 상해 및 후유장해가 담보범위에 포함되는가의 문제 및 상해보험에서의 피보험자 적격 문제를 어떻게 해석할 것인가이다. 일반적으로 태아보험의 피보험자는 '출생 후의 신생아'이며, 보험자의 책임기간도 '출생 직후'부터 시작되기 때문에 태아 상태에서 발생한 상해 및 후유장해를 담보 범위에서 제외하고 있다.

상법 보험편에는 상해보험계약 체결에서 태아의 피보험자 적격에 관하여 이를 명시적으로 허용하는 규정도 없지만 동시에 명시적으로 금지하는 규정도 없다. 즉 태아의 피보

---

17) 同旨: 장덕조, 506면.

험자 적격에 대한 조문이 없다. 그런데 태아는 헌법상 생명권의 주체가 될 수 있고, 이에 따라 산모의 뱃속에서 형성 중인 태아의 신체에도 그 자체로 보호해야 할 법익이 존재하고 보호의 필요성도 출생 후의 사람과 본질적으로 다르지 않다는 점에서 보험보호의 대상이 될 수 있다고 판단된다.

이러한 취지에서 약관이나 개별 약정으로 출생 전 상태인 태아의 신체에 대한 상해를 보험의 담보범위에 포함하는 것으로 정했다면 이러한 약관이나 개별약정은 보험제도의 목적과 취지에 부합하고 보험계약자나 피보험자에게 불리하지 않으므로 상법 제663조에 반하지 아니하고 민법 제103조의 공서양속에도 반하지 않는다는 해석이 가능하다. 따라서 계약자유의 원칙상 태아를 피보험자로 하는 상해보험계약은 유효하고, 그 보험계약이 정한 바에 따라 보험기간이 개시된 이상 출생 전이라도 태아가 보험계약에서 정한 우연한 사고로 상해를 입었다면 이는 보험기간 중에 발생한 보험사고에 해당한다고 해석된다.

최근 대법원은 태아를 피보험자로 하는 상해보험계약은 유효하고 청약서 등에 태아가 피보험자로 명시되어 있다면 태아 상태에서 입은 상해에 대해서도 후유장해보험금을 지급해야 한다고 하면서, 보장개시 시점도 출생 시가 아니라 제1회 보험료 지급시로 판단했다. 이로써 태아는 상해보험의 피보험자가 될 수 있다고 판시하였다.[18] 판례에 동의한다.

[대법원 2019. 3. 28. 선고 2016다211224 판결]

〈주요 판시내용〉

인보험인 상해보험에서 피보험자는 '보험사고의 객체'에 해당하여 그 신체가 보험의 목적이 되는 자로서 보호받아야 할 대상을 의미한다. 헌법상 생명권의 주체가 되는 태아의 형성 중인 신체도 그 자체로 보호해야 할 법익이 존재하고 보호의 필요성도 본질적으로 사람과 다르지 않다는 점에서 보험보호의 대상이 될 수 있다. 이처럼 약관이나 개별 약정으로 출생 전 상태인 태아의 신체에 대한 상해를 보험의 담보범위에 포함하는 것이 보험제도의 목적과 취지에 부합하고 보험계약자나 피보험자에게 불리하지 않으므로 상법 제663조에 반하지 아니하고 민법 제103조의 공서양속에도 반하지 않는다. 따라서 계약자유의 원칙상 태아를 피보험자로 하는 상해보험계약은 유효하고, 그 보험계약이 정한 바에 따라 보험기간이 개시된 이상 출생 전이라도 태아가 보험계약에서 정한 우연한 사고로 상해를 입었다면 이는 보험기간 중에 발생한 보험사고에 해당한다.

---

18) 대판 2019. 3. 28, 2016다211224; 황현아, "2019년 보험 관련 중요 판례 분석(1), KiRi 보험법리뷰, 2020. 2, 보험연구원, 3-4면; 박인호, "인보험 계약에 있어서 태아의 지위", 법학논총 제36권 제4호, 전남대학교 법학연구소, 2016, 363면; 장덕조, "태아의 피보험자 적격성", 상사법연구 제38권 제1호, 2019, 249면. 한편 김선정, "태아보험에 관한 검토", 보험법연구 제2권 제2호, 2008, 55면은 태아는 민법상 권리의무 주체가 아니므로 보험계약상 피보험자도 될 수 없다고 해석하고 있다.

2. 타인의 상해보험과 피보험자의 동의 여부

보험계약자와 피보험자가 다른 상해보험을 타인의 상해보험이라고 한다. 사망보험에서 피보험자의 동의를 요구하는 제731조 및 제734조 제2항은 제739조에 의해 상해보험에 준용된다. 따라서 보험계약자가 자신과 다른 사람을 피보험자로 하는 타인의 상해보험계약을 체결할 때, 이 계약에서 생겨난 보험금청구권 등의 권리를 피보험자가 아닌 자에게 양도할 때, 보험계약자가 보험수익자를 지정, 변경할 때에 타인의 서면동의가 필요하다.

그런데 타인의 상해보험을 체결할 때에 피보험자와 보험수익자가 동일인인 경우 또는 보험계약자가 피보험자를 보험수익자로 지정하거나 변경하는 경우에도 피보험자의 서면동의가 필요한가의 문제가 있다. 생각건대 이 경우엔 피보험자의 서면동의가 필요하지 않은 것으로 해석해야 할 것이다. 타인의 사망보험에서는 피보험자와 보험수익자가 동일하다고 해도 피보험자의 사망이라는 보험사고 발생 후에 최종적으로 보험금을 수령하는 자는 피보험자의 상속인이기 때문에 피보험자와 보험수익자가 동일한 경우라도 피보험자의 서면동의가 요구되는 것이다. 그러나 타인의 상해보험에서는 상해사고가 발생하더라도 피보험자는 생존하고 그 자가 보험수익자로서 보험금을 수령하는 것이기 때문에 부당하게 보험금을 노리는 도덕적 위험의 발생가능성이 적다.[19]

3. 피보험자와 보험수익자를 달리하는 상해보험의 체결

현행법상 제739조에서 제732조를 제외하고는 생명보험에 관한 규정이 상해보험에 준용한다고 명시하고 있기 때문에 제731조, 제733조 및 제734조에 따라 타인에 해당하는 피보험자의 동의가 있다면 피보험자 이외의 제3자를 보험수익자로 하는 것은 조문의 문리적 해석상 가능하다고 보여진다. 실무상 피보험자와 보험수익자가 다른 상해보험 체결은 가능하다. 학설은 나뉘고 있다. 다수설은 타인의 상해보험의 경우 그 타인(피보험자)의 동의가 있어야만 피보험자와 보험수익자를 달리하는 형식으로의 상해보험계약을 체결할 수 있다고 본다.[20] 이에 대해 피보험자의 동의와 무관하게 피보험자와 보험수익자를 달리하는 상해보험계약 체결은 무효라는 견해도 있다.[21] 무효설의 근거로 피보험자가 상해를 입었는데 보험금을 수령하는 자가 다른 사람이라면 부당하게 보험금을 노리는 도덕적 위험 발생 가능성이 크다는 점을 들고 있다. 판례는 유효설의 입장이다.[22]

---

19) 김성태, 860면; 장덕조, 505면; 한기정, 831면.
20) 정찬형, 857면; 장덕조, 505면; 양승규, 484면(보험계약자를 보험수익자로 하는 경우에도 피보험자의 동의가 있어야 한다); 이기수/최병규/김인현, 439면; 임용수, 512면 및 514면.
21) 김성태, 860면; 한기정, 832-833면; 정희철, 487면.
22) 대판 2006. 11. 9, 2005다55817.

[대법원 2006. 11. 9. 선고 2005다55817 판결]

〈주요 판시내용〉

상법 제639조에 의하면 보험계약자는 특정 또는 불특정의 타인을 위하여 보험계약을 체결할 수 있고, 타인을 위한 생명보험에 있어서 보험수익자의 지정 또는 변경에 관한 상법 제733조는 상법 제739조에 의하여 상해보험에도 준용되므로, 상해보험계약을 체결하는 보험계약자는 자유롭게 특정 또는 불특정의 타인을 수익자로 지정할 수 있다. 또한, 정액보험형 상해보험의 경우 보험계약자가 보험수익자를 지정한 결과 피보험자와 보험수익자가 일치하지 않게 되었다고 하더라도, 그러한 이유만으로 보험수익자 지정행위가 무효로 될 수는 없다.

상해만을 담보하는 일반상해보험에서 피보험자가 다치거나 후유장해시 지급되는 보험금을 피보험자가 아닌 제3자 특히 보험계약자가 수령하도록 하는 것은 보험계약이 악용될 소지가 있는 것이 사실이다. 그러나 만약 피보험자의 서면동의가 있고 또한 악용될 소지가 희박하다고 일반적으로 예상할 수 있는 경우, 예를 들어 자녀 또는 배우자를 피보험자로 하는 일반상해보험에서 자녀의 부모 또는 그 상대 배우자가 보험계약자 겸 보험수익자가 되는 것은 예외적으로 약관에서 허용할 필요가 있다. 그런데 이러한 해석은 피보험자의 상해사고에 대해 법적 또는 사실적 관계에서 일정한 관계를 가지고 있는 사람이 누구인가를 따지는 것과 관련되는데 이는 결국 인보험인 상해보험에서 피보험이익 개념을 인정할 수 있는가의 문제로 연계될 수도 있다.

V. 보험자의 책임

1. 보험금의 지급

(1) 지급 방식

피보험자의 신체의 상해에 관한 상해보험사고가 발생하면 보험자는 사망보험금, 후유장해보험금 및 상해로 인한 치료비 등을 지급한다. 기타의 급여를 할 책임도 있다(제737조). 보험자는 보험금을 생명보험과 같이 일시금으로 지급할 수도 있고, 연금 형식으로 지급할 수도 있다. 상해보험의 경우 보험가액의 관념은 없고, 보험금액은 계약 당사자의 합의에 의해 정해진다. 사망보험금은 약정된 금액을 지급하며 후유장해보험금의 경우에는 약관에서 정한 등급에 따라 정해진 금액을 지급한다. 치료비의 경우에는 보험기간 중에 생긴 각 사고마다 증권에서 정한 가입금액을 한도로 실제 소요된 비용 상당액을 지급하게

된다.[23)]

> **[대법원 1992. 5. 22. 선고 91다41880 판결]**
>
> 〈주요 판시내용〉
>
> 피해자가 부상을 입은 때로부터 상당한 기간이 지난 뒤에 후유증이 나타나 그 때문에 수상시에 는 의학적으로도 예상치 아니한 치료방법을 필요로 하고 의외의 출비가 불가피하였다면 위의 치 료에 든 비용에 해당하는 손해에 대하여서는 그러한 사태가 판명된 시점까지 손해배상청구권의 시효가 진행하지 아니하고, 따라서 후유장해의 발생으로 인한 손해배상청구권에 대한 소멸시효는 후유장해로 인한 손해가 발생한 때로부터 진행된다고 할 것이고, 그 발생시기는 소멸시효를 주장 하는 자가 입증하여야 한다.

(2) 부제소합의

장해사고 또는 재해사고에 있어서 장해에 관한 일정 등급을 확정손해로 간주하여 보 험금을 지급하면서 보험자와 피보험자 또는 보험수익자 사이에 이 문제에 대해 더 이상 다투지 않기로 하는 부제소합의가 실무에서 이루어지고 있다. 당사자가 자유롭게 처분할 수 있는 권리관계에 대하여 부제소특약이 이루어진 경우에는 그 부제소특약이 당해 강행 법규에 위반하여 무효로 된다고 볼 수는 없다는 것이 법원의 입장이다.[24)] 즉 부제소합의 자체는 유효하다는 입장이다.

그런데 부제소합의 후 보험수익자나 피보험자가 보험자에게 추가보험금 지급을 청구 하면서 이에 응하지 않으면 소송을 제기하겠다고 주장하는 경우가 적지 않다. 생각건대 상해보험자가 장해보험금을 지급하면서 피보험자와 향후 추가 청구나 민원 등 일체의 이 의를 제기하지 않는다는 부제소합의를 서면으로 했더라도 이후 담보기간 중에 장해가 악 화되었다면, 피보험자는 악화된 장해 상태를 기준으로 하여 장해지급률에 따라 보험회사 에게 보험금의 추가 지급 청구가 가능하다고 해석함이 타당하다.[25)] 그런데 후발손해가 합 의 당시에 충분히 예견할 수 있었던 상황에서 당사자가 자유롭게 처분이 가능한 권리에 대하여 피해자와 보험회사 사이에 '향후 사고와 관련된 일체의 권리를 포기한다'는 합의가 있었다면 그 합의는 보험회사뿐만 아니라 피보험자인 가해자에게까지 효력이 미친다. 따 라서 피해자는 이후 가해자에게 별도로 손해배상청구를 할 수 없다고 해석된다. 달리 말

---

23) 최준선, 350면; 임용수, 526면; 양승규, 484면(도덕적 위험 방지를 위해 보험자가 피보험자 1인당 인수 할 수 있는 보험금액 최고한도를 설정하는 것이 바람직하다고 한다), 491면; 김은경, 706면.

24) 대판 2008. 2. 14, 2006다18969.

25) 서울고법 2016. 4. 27, 2014나2040600; 최혜원, "보험사와 향후부제소 합의 뒤 보험금 수령했어도", 법률 신문 판례해설, 2016. 7. 11.

하면 부제소합의시 장해악화를 예견할 수 없었다면 추가 지급청구가 가능할 수 있다는 것이다. 보험수익자나 피보험자가 충분히 후발손해를 예상할 수 있었는지의 여부, 당사자가 후발손해를 예상했더라면 사회통념상 그 합의금으로는 화해하지 않았을 것으로 볼 수 있는가의 여부 또는 보험수익자 등의 합리적 기대가 무엇인가의 문제 등을 고려하여 부제소합의 후 소송제기 가능 문제를 따져야 할 것이다.26)

2. 기왕증 감액약관

(1) 판 례

상해의 발생 또는 확대에 급격하고 우연하며 외래의 사고가 유일하거나 결정적인 원인인 경우만 존재하지는 않는다. 상해보험에서 일반적인 외래의 사고 이외에 피보험자의 질병, 장해, 체질 또는 기왕증이 공동원인이 되었다고 하더라도 그 사고로 인한 상해와 (입원)치료 사이 또는 사고로 인한 상해와 그 결과인 사망이나 후유장해 사이에 통상 일어나는 원인과 결과의 관계가 있다고 인정되는 이상 상당인과관계는 인정될 수 있고 외래성이 인정되는 부분이 있으므로 보험계약에서 약정한 대로 보험금을 지급할 의무가 보험자에게 있다고 해석된다.27) 고의와 같은 면책사유는 인과관계를 엄격히 해석해서 보험사고의 발생에 유일하거나 결정적인 원인이어야 한다고 해석하지만,28) 보험자의 보상책임에 관한 부보사유에 대해서는 상당인과관계만 인정되면 보험자의 보상책임이 인정된다고 해석함이 타당하다.29)

[대법원 2002. 3. 29. 선고 2000다18752, 18769 판결]

〈주요 판시내용〉

상해보험계약에 적용된 임시생활비담보 특별약관에 정한 '사고로 상해를 입고 그 직접 결과로서 생활기능 또는 업무능력에 지장을 가져와 입원하여 치료를 받은 경우'나 의료비담보 특별약관에 정한 '사고로 상해를 입고 그 직접 결과로서 요양기관에서 치료를 받은 경우'라 함은, 사고로 입은 상해가 주요한 원인이 되어 생활기능 또는 업무능력에 지장을 가져와 피보험자가 입원하여 치료를 받게 되거나, 요양기관에서 치료를 받은 경우를 말하고, 사고로 입은 상해 이외에 피보험자가 가진 기왕의 질환 등이 공동원인이 되었다 하더라도 사고로 인한 상해와 (입원)치료 사이에

26) 김선정, "장해보험금을 지급받은 피보험자가 사망한 경우 보험자의 사망보험금지급책임—대법원 2013. 5. 23, 2011다45736 판결", 기업법연구 제27권 제3호, 2013, 243-245면.
27) 대판 2005. 10. 27, 2004다52033; 대판 2002. 3. 29, 2000다18752; 대판 2007. 4. 13, 2006다49703. 임용수, 520-521면.
28) 대판 2004. 8. 20, 2003다26075.
29) 同旨: 한기정, 823면-824면.

통상 일어나는 원인 결과의 관계가 있다고 인정되는 이상 여기서 말하는 직접 결과에 해당한다고 봄이 상당하다.

그런데 계약체결 전에 피보험자에게 이미 존재하던 신체장해, 질병 등의 기왕증 또는 체질이나 소인 등이 보험사고의 발생 또는 확대에 기여하였다는 사유를 들어 보험금을 감액할 수 있다는 내용이 상해보험약관에 포함될 수 있다. 이러한 내용의 약관을 '기왕증기여에 따른 감액약관'이라 한다.30) 과거 판례는 기왕증이나 체질 등의 기여도에 따른 감면조항을 규정하고 있는 보험약관은 손해의 공평한 부담이라는 견지에서 유효하다는 입장이다.31) 상해보험의 경우 기왕증 감액에 관한 약관조항이 없으면 피보험자의 체질 또는 소인 등이 보험사고로 인한 후유장해에 기여하였다는 사유로 보험금을 감액할 수는 없지만, 예외적으로 약관에서 기왕증감액을 따로 정하고 있고 보험계약자가 이러한 약관이 계약에 편입되는 것에 합의했다면 지급 보험금에 대한 감액은 가능하다고 한다. 기왕증 감액약관은 상해사망으로 인한 보험금지급에도 적용될 수 있다고 판시하였다.32)

[대법원 2002. 10. 11. 선고 2002다564 판결]

⟨주요 판시내용⟩

상해보험의 보통약관에 "피보험자가 약관 소정의 상해를 입고 이미 존재한 신체장해 또는 질병의 영향으로 약관 소정의 상해가 중하게 된 경우 보험자는 그 영향이 없었던 때에 상당하는 금액을 결정하여 지급한다"고 규정되어 있는 경우, 그 취지는 보험사고인 상해가 발생하였더라도 보험사고 외의 원인이 부가됨에 따라 본래의 보험사고에 상당하는 상해 이상으로 그 정도가 증가한 경우 보험사고 외의 원인에 의하여 생긴 부분을 공제하려는 것이고, 따라서 여기의 '약관 소정의 상해가 이미 존재한 신체장해 또는 질병의 영향으로 중하게 된 경우'에서 '중하게 된 경우'에는 피보험자가 사망에 이른 경우도 포함되므로 약관의 적용하여 감액 지급할 수 있다.

※ 상해보험약관에서 계약체결 전에 이미 존재한 신체장해 또는 질병의 영향에 따라 상해가 중하게 된 때에는 보험자가 그 영향이 없었을 때에 상당하는 금액을 결정하여 지급하기로 하는 내용의 약관이 따로 있는 경우를 제외하고는 보험자는 피보험자의 체질 또는 소인 등이 보험사고로 인한 후유장해에 기여하였다는 사유를 들어 보험금의 지급을 감액할 수 없다(대판 2007. 4. 13, 2006다49703).

---

30) 정희철, 487면; 정찬형, 860면; 양승규, 484면.
31) 대판 2009. 11. 26, 2008다44689; 대판 2013. 10. 11, 2012다25890; 대판 2007. 10. 11, 2006다42610; 대판 2005. 10. 27, 2004다52033; 대판 2007. 4. 13, 2006다49703; 대판 2002. 3. 29, 2000다18752; 대판 2002. 10. 11, 2002다564; 대판 1993. 4. 9, 93다180; 대판 1992. 4. 28, 91다31517; 대판 1988. 4. 27, 87다카74; 대판 1987. 4. 14, 86다카112.
32) 대판 2007. 10. 11, 2006다42610; 대판 2007. 4. 13, 2006다49703; 대판 2005. 10. 27, 2004다52033.

판례의 태도는 상해보험에서 보험금의 지급범위와 보험료율 등 보험상품의 내용을 어떻게 구성할 것인가는 그 보험상품을 판매하는 보험자의 영업방침에 따라 결정되며 따라서 피보험자에게 보험기간 개시 전의 원인에 의하거나 그 이전에 발생한 신체장해가 있는 경우에 그로 인한 보험금 지급의 위험을 인수할 것인지 등도 당사자 사이의 약정에 의하도록 함이 타당하다는 것이다. 이것이 정액보험의 원리에 반하는 것이라거나 고객에 대하여 부당하게 불리한 조항이거나 보험계약의 목적을 달성할 수 없을 정도로 보험계약에 따르는 본질적 권리를 제한하는 조항으로서 약관의 규제에 관한 법률 제6조에 따라 무효로 되는 것이라고 할 수 없다고 해석하였다.33)

[대법원 2013. 10. 11. 선고 2012다25890 판결]

〈주요 판시내용〉

이 사건 특별약관 조항은 보험기간 개시 전의 원인에 의하거나 그 이전에 발생한 신체장해가 있었던 피보험자에게 그 신체의 동일 부위에 외래의 사고로 인하여 새로이 후유장해가 발생한 경우에는 기존의 신체장해에 대한 후유장해보험금이 지급된 것으로 간주하고 최종 후유장해상태에 해당하는 후유장해보험금에서 이미 지급된 것으로 간주한 기존의 신체장해에 대한 후유장해보험금을 차감하여 지급하기로 하는 내용의 조항이라고 봄이 타당하다고 할 것이다. 그렇다면 이 사건 특별약관 조항은 보험자가 기존의 신체장해로 인한 보험금 지급의 위험을 담보하지 않기로 한다는 내용으로 볼 수 있으므로 이를 정액보험의 원리에 반하는 것이라거나 고객에 대하여 부당하게 불리한 조항이거나 보험계약의 목적을 달성할 수 없을 정도로 보험계약에 따르는 본질적 권리를 제한하는 조항으로서 약관의 규제에 관한 법률 제6조에 따라 무효로 되는 것이라고 할 수도 없다.

법원은 기왕증의 상해 전체에 대한 기여도를 정함에 있어서는 반드시 의학상으로 정확히 판정해야 한다는 입장은 아니며, 기왕증의 원인과 정도, 상해의 부위 및 정도, 기왕증과 전체 상해와의 상관관계, 치료경과, 피해자의 연령과 직업 및 건강상태 등 제반 사정을 고려하여 합리적으로 판단해야 한다고 해석하고 있다.34)

[대법원 1987. 4. 14. 선고 86다카112 판결]

〈주요 판시내용〉

지병과 사고가 경합하여 피해자에게 후유증이 나타난 경우에는 그 사고가 후유증이라는 결과발생에 대하여 기여하였다고 인정되는 기여도에 따라 그에 상응한 배상액을 가해자에게 부담시켜야

---

33) 대판 2013. 10. 11, 2012다25890.
34) 대판 2010. 3. 25, 2009다95714; 대판 1993. 4. 9, 93다180.

할 것이므로 법원은 그 기여도를 정함에 있어서는 기왕증의 원인과 정도, 기왕증과 후유증과의 상관관계, 피해자의 연령과 직업 및 그 건강상태 등 제반사정을 고려하여 합리적으로 판단하여야 한다(同旨: 대판 1993. 4. 9, 93다180).

사망의 원인으로 기왕증과 상해가 경합하는 경우에 상해보험자가 기왕질병의 영향이 훨씬 더 크다는 것을 입증하면 상해사망보험금에 대한 지급책임을 면하게 될 수도 있다. 이러한 취지에서 치료 불가능한 말기 암과 같은 중대질병과 외래사고가 결부된 경우에는 중대질병이라는 기왕증이 사망의 주된 원인으로 인정된다면 상해로 인한 사망으로 인정되지 않을 수도 있다.35) 또한 무릎 인공관절 수술을 받다가 사망했는데 사망원인이 기왕병력인 심근경색으로 사망한 것으로 판명되었다면 수술과 사망 사이의 상당인과관계가 인정될 수 없고 따라서 보험자는 상해사망보험금 지급에 대해 면책될 수 있을 것이다. 이러한 취지에서 피보험자가 교통사고로 상해를 입고 치료 중 자신이 앓고 있던 지병(간암 등)으로 사망한 때에 교통사고로 인한 상해와 입원 치료 사이에는 상당인과관계를 인정할 수 있어도 교통사고와 사망 사이에 상당인과관계를 인정할 수는 없다. 통상 일어나는 원인과 결과의 관계라고 해석할 수 없기 때문이다. 또한 계단에서 떨어져 다리가 부러진 피보험자가 병원에서 입원치료 중에 다른 입원 환자로부터 타 질병이 감염되어 사망한 경우에 상해보험자는 입원치료비에 대해서는 보상하지만 피보험자의 사망에 대한 보상책임은 없다고 해석될 수 있다.36)

(2) 학 설

기왕증 감액약관을 유효하다고 판단하고 있는 판례와 달리 학설은 기왕증 감액약관의 유효성 여부에 대해 견해가 나누어지고 있다. 상해의 결과가 기존의 질병으로 인해 악화되었다면 이 부분은 외래성이 결여되어 상해보험의 담보에서 배제되는 것이므로 질병으로 악화된 부분을 제외하고 보험금이 지급되어야 한다는 측면에서 기왕증 감액약관이 유효라고 해석하는 견해와,37) 기왕증 기여를 이유로 감액한다는 것은 실손보상의 원칙을 기본으로 하는 손해보험에서는 나름 이유가 있지만, 상해사고가 발행하면 실손해의 크기에 상관없이 약정된 보험금을 지급하기로 하는 정액보험으로서의 상해보험 성격을 고려하면 기왕증 감액약관은 무효라고 해석하는 견해가 있다.38)

---

35) 대판 2007. 8. 24, 2007다29362; 최병규, 전게논문, 220면 및 222면.
36) 양승규, 487-488면; 임용수, 520면.
37) 김성태, 871면; 양승규, "기왕증과 상해의 인과관계", 손해보험 414호, 대한손해보험협회, 2003, 62-66면.
38) 장덕조, 502면; 박기억, "정액보험계약에 관한 소고", 법조 52권 4호, 법조협회, 2003, 124면; 이현열, "개정 표준약관 개관", 보험법연구 제4권 제1호, 2010, 151면에서도 상해보험에서 기왕증감액약관은 무효라고 해석하고 있다.

(3) 실   무

과거 판례의 입장을 견지한다면 보험회사가 약관에 기왕증 감액내용을 포함시키는 경우에 정액보험형 상해보험에서 정액보험적 본질은 사라지고 부정액보험으로 변질될 우려가 있다. 정액보험형 상해보험에서 기왕증 문제는 고지의무 위반이나 통지의무 위반 문제로 해결하자는 견해가 있으나, 이렇게 되면 고지의무나 통지의무 위반을 이유로 사안에 따라서는 보험계약이 해지될 수도 있기 때문에 오히려 보험계약자 측에게 불리하게 작용될 수도 있다.

손해보험회사가 판매하는 제3보험(상해보험)에서는 과거 기왕증으로 인한 보험금 감액규정이 존재한 적이 있었으나(구 장기손해보험 표준약관), 2010년 표준약관 개정으로 해당 감액약관은 삭제되었다. 생명보험회사가 판매하는 제3보험(상해보험)의 경우엔 기왕증 감액약관이 과거에도 없었고 현재에도 없다. 실무상 생명보험회사는 기왕증과 관련하여 장해 등의 결과가 해당 사고가 아닌 기왕증으로 인해 발생한 것으로 판단되는 경우엔 보험금을 지급하지 않으며, 그 반대의 경우엔 보험금을 전액 지급하는 이른바, '全部 아니면 全無(all or nothing)' 방식을 취하고 있다. 손해보험회사의 정액형 장기상해보험의 경우에도 발생손해액의 크기를 사정하지 않고 면·부책 사항을 따져 약정된 보험금을 지급하고 있다.

[대법원 2019. 5. 30. 선고 2015다8902 판결]

〈주요 판시내용〉

교통사고 피해자의 기왕증이 사고와 경합하여 악화됨으로써 피해자에게 특정 상해의 발현 또는 치료기간의 장기화, 나아가 치료종결 후 후유장해 정도의 확대라는 결과 발생에 기여한 경우에는, 기왕증이 특정 상해를 포함한 상해 전체의 결과 발생에 기여하였다고 인정되는 정도에 따라 피해자의 전체 손해 중 그에 상응한 배상액을 부담하게 하는 것이 손해의 공평한 부담을 위하여 타당하다. 갑이 을 보험회사와 체결한 보험계약의 피보험차량을 운전하다가 병이 운전하던 차량을 충격하는 바람에 병에게 복합부위통증증후군이라는 후유장해가 발생하였는데, 이에 따른 병의 손해에 대한 기왕증 기여도의 고려 범위가 문제 된 사안에서, 병의 기왕증이 노동능력상실률에 기여한 정도를 심리할 수 있다면, 특별한 사정이 없는 한 기왕치료비와 향후치료비에 관해서도 병의 기왕증이 기여한 정도를 심리할 수 있으므로, 병의 기왕증을 을 회사의 책임제한 사유로만 참작할 것이 아니라 일실수입의 경우와 마찬가지로 기왕치료비와 향후치료비에 관해서도 병의 기왕증이 기여한 정도를 심리한 다음 기왕증 기여도를 고려한 나머지를 손해로 인정했어야 하는데도, 병의 기왕증을 을 회사의 책임제한 사유로 참작하였다는 이유로 기왕치료비와 향후치료비에 관하여 병의 기왕증을 별도로 고려하지 않은 원심판단에는 기왕증 기여도의 고려 범위에 관한 법리오해 등 잘못이 있다.

3. 청구권대위의 문제

생명보험에서는 보험의 목적이 사람의 신체인 점 및 정액보험적 성격으로 인해 잔존물대위나 청구권대위가 허용되지 않는다. 상해보험에서 잔존물대위는 그 성질상 당연히 허용될 수 없다. 그러나 상해보험에서는 당사자간에 약정이 있을 때에 피보험자의 권리를 해하지 아니하는 범위 안에서 보험자는 그 권리를 대위행사할 수 있다고 정하고 있어서 약정에 따른 청구권대위는 가능하다(제729조 단서). 따라서 상해보험의 경우 보험자와 보험계약자 또는 피보험자 사이에 피보험자의 제3자에 대한 권리를 대위하여 행사할 수 있다는 취지의 약정이 없으면 피보험자가 제3자로부터 손해배상을 받더라도 이에 관계없이 보험자는 보험금을 지급할 의무가 있고, 보험자는 피보험자의 제3자에 대한 권리를 대위하여 행사할 수 없지만, 대위의 약정이 있으면 보험자는 피보험자의 권리를 해하지 않는 범위 내에 그 권리를 대위행사할 수 있게 된다.

제729조 단서는 상해보험을 정액형 방식과 부정액형 방식으로 구분하지 않고 있다. 부정액형 방식의 상해보험에 제729조 단서가 적용된다는 것에는 문제가 없다. 판례도 부정액 방식의 상해보험에 청구권대위 약정이 가능하다는 입장이다.[39] 자동차보험에서 설명한 대로 무보험자동차에 의한 상해담보특약은 손해보험으로서의 성질과 함께 상해보험으로서의 성질을 겸비한 손해보험형 상해보험으로서, 상법 제729조 단서에 따라 당사자 사이에 다른 약정이 있는 때에는 보험자는 피보험자의 권리를 해하지 아니하는 범위 안에서 피보험자의 배상의무자에 대한 손해배상청구권을 대위행사할 수 있다.[40] 자동차상해담보특약도 부정액보험 방식의 상해보험이며 당사자간에 약정이 있으면 청구권대위가 허용된다.[41]

[대법원 2001. 9. 7. 선고 2000다21833 판결]

〈주요 판시내용〉

인보험에 관한 상법 제729조는 보험자가 보험사고로 인하여 생긴 보험계약자 또는 보험수익자의 제3자에 대한 권리를 대위하여 행사하지 못하도록 규정하면서, 다만 상해보험계약의 경우에 당사자간에 다른 약정이 있는 때에는 피보험자의 권리를 해하지 아니하는 범위 안에서 그 권리를 대위하여 행사할 수 있도록 규정하고 있고, 한편 자기신체사고 자동차보험은 피보험자가 피보험자동차를 소유·사용·관리하는 동안에 생긴 피보험자동차의 사고로 인하여 상해를 입었을 때에 약관이 정하는 바에 따라 보험자가 보험금을 지급할 책임을 지는 것으로서 인보험의 일종이기는

---

39) 대판 2002. 3. 29, 2000다18752; 대판 2000. 2. 11, 99다50699.
40) 대판 2014. 10. 15, 2012다88716; 대판 2000. 2. 11, 99다50699.
41) 대판 2022. 8. 31, 2018다212740.

하나, 피보험자가 급격하고도 우연한 외부로부터 생긴 사고로 인하여 신체에 상해를 입은 경우에 그 결과에 따라 정해진 보상금을 지급하는 보험이어서 그 성질상 상해보험에 속한다고 할 것이므로, 그 보험계약상 타 차량과의 사고로 보험사고가 발생하여 피보험자가 상대차량이 가입한 자동차보험 또는 공제계약의 대인배상에 의한 보상을 받을 수 있는 경우에 자기신체사고에 대하여 약관에 정해진 보험금에서 위 대인배상으로 보상받을 수 있는 금액을 공제한 액수만을 지급하기로 약정되어 있어 결과적으로 보험자 대위를 인정하는 것과 같은 효과를 초래한다고 하더라도, 그 계약 내용이 위 상법 제729조를 피보험자에게 불이익하게 변경한 것이라고 할 수 없어 유효하다.

문제는 순수한 정액보험으로서의 상해보험의 경우이다. 이 경우에도 당사자간의 약정만 있으면 청구권대위를 허용할 수 있다는 것인지 의문이 제기될 수 있다. 제729조 단서는 청구권대위가 허용되기 위해서는 당사자간의 약정이 있을 것과 함께 '피보험자의 권리를 해하지 않을 것'을 요구하고 있기 때문에 정액보험형 상해보험에 대해서는 청구권대위가 허용되지 않는 것으로 해석함이 타당할 것이다.[42]

한편 보험가액의 일부만 부보된 일부보험에서의 청구권대위와 관련하여 피보험자의 제3자에 대한 손해배상청구권과 보험자의 청구권대위가 경합할 때에 일반 손해보험에서는 피보험자에게 유리한 차액설이 판례와 다수설의 입장인데 반해, 손해보험형 상해보험에서의 대위에 관한 판례 중에는 보험자 대위권 우선설의 입장에 선 것으로 보이는 것도 있다. 손해보험형 상해보험의 성격을 가지는 무보험자동차에 의한 상해보험에서 피보험자에게 사망보험금을 지급한 보험자가 가해자에게 과실비율에 따라 청구권대위를 행사한 경우에 대법원은 "보험자의 실제 손해액을 기준으로 위험을 인수하는 일반 손해보험과 달리 보험금 지급기준에 따라 보험금이 지급되는 손해보험형 상해보험에서는 보험자의 대위권이 우선한다"고 판시한 바 있다.[43]

4. 중복보험 규정의 적용 문제

상해보험은 인보험으로서 피보험이익의 금전적 평가액인 보험가액 개념이 인정되기 어렵다. 보험가액이 없으므로 초과보험이나 중복보험 또는 일부보험의 문제가 발생하지 않는다. 이러한 이유에서 상해보험에는 중복보험에 관한 조문이 적용되지 않는다. 그런데 상해보험 중 부정액보험으로 영위되는 부분은 손해보험의 성질을 가지고 있기 때문에 중복보험의 계약체결을 통하여 보험범죄 가능성 및 보험계약의 도박화 우려가 있다. 즉 손해보험적 성격을 가지는 상해보험의 경우에 보험금의 중복 수령 등을 통해 실손해를 초과

---

42) 同旨: 한기정, 834면. 반대: 채이식, 216면.
43) 대판 2015. 2. 12, 2014다227010. 같은 취지로 대판 2013. 4. 25, 2011다94981.

하는 이득 발생 가능성이 있기 때문에 이에 대한 규제의 필요성이 있다. 판례는 손해보험적 상해보험의 성질을 갖는 무보험자동차에 의한 상해담보특약에 대해 중복보험 법리를 준용하고 있다. 만약 상해보험이 정액보험형으로만 영위되는 것이라면 중복보험의 법리는 적용되지 않을 것이다.44)

[대법원 2007. 10. 25. 선고 2006다25356 판결]

〈주요 판시내용〉

하나의 사고에 관하여 여러 개의 무보험자동차에 의한 상해담보특약보험이 체결되고 그 보험금액의 총액이 피보험자가 입은 손해액을 초과하는 때에는, 중복보험에 관한 상법 제672조 제1항의 법리가 적용되어 보험자는 각자의 보험금액의 한도에서 연대책임을 지고 피보험자는 각 보험계약에 의한 보험금을 중복하여 청구할 수 없다.

[대법원 2006. 11. 10. 선고 2005다35516 판결]

〈주요 판시내용〉

복수의 무보험자동차특약보험이 상법 제672조 제1항이 준용되는 중복보험에 해당함을 전제로 보험자가 다른 보험자에 대하여 그 부담비율에 따른 구상권을 행사하는 경우, 각각의 보험계약은 상행위에 속하고, 보험자와 다른 보험자는 상인이므로 중복보험에 따른 구상관계는 가급적 신속하게 해결할 필요가 있는 점 등에 비추어, 그 구상금채권은 상법 제64조가 적용되어 5년의 소멸시효에 걸린다.

생각건대 실손보상을 하는 상해보험 즉 손해보험형 상해보험의 경우에 그 성질에 반하지 아니하는 범위에서 손해보험에 관한 규정이 준용될 필요가 있고 이로써 중복보험에 관한 규정이 손해보험형 상해보험에도 유추적용될 수 있도록 해야 할 것이다.45) 즉 동일한 피보험자가 수개의 상해보험계약을 체결하여 각 보험금액을 합친 금액이 보험자가 인수할 수 있는 보험금액의 한도를 초과하였거나 의료실비를 초과하는 경우에 중복보험(제672조)에 준하여 보험계약자는 각 보험자에 대하여 계약의 내용을 통지해야 하고 보험자는 중복보험 법리에 따라 비례적으로 보상하는 것으로 해석함이 타당하다.46) 다만 손해보험형 상해보험에 중복보험의 법리를 적용함에 있어서 계약 당사자의 약정이 있을 것을 요

---

44) 同旨: 장덕조, 504-505면; 김성태, 879면.
45) 정찬형, 864면; 양승규, 492면. 이에 대해 보험가입자 측이 다른 상해보험계약에 관하여 고지와 통지를 제대로 했다면 중복보험 법리를 준용할 수 없으며, 이를 하지 아니한 경우에 한하여 중복보험의 법리를 적용해야 한다는 견해가 있다. 김성태, 879면.
46) 양승규, 484면, 492면.

구하지는 않는 것으로 해석함이 타당하다.47)

5. 보험사고의 발생

상해보험에 있어서의 보험사고에 대해 상법 보험편에서는 '피보험자의 신체의 상해'로 규정하고 있는 데 비해, 질병·상해보험표준약관(손해보험 회사용)에서는 '보험기간 중에 발생한 급격하고도 우연한 외래의 사고로 피보험자가 신체에 입은 상해'로 정하고 있다.48) 사고의 원인이 피보험자의 신체의 외부에서 발생되어야 하며 신체의 질병과 같은 신체의 내부적 원인은 제외된다.49)

교통사고로 인해 발생하게 되는 신체적 상해 또는 사망에 대해 보상해주는 상품이 교통상해보험이다. 교통상해보험에서 교통사고란 피보험자가 자동차를 운전하던 중에 발생한 사고(운전 중 사고), 피보험자가 비운전 상태로 자동차에 탑승 중이거나 운행 중인 기타 교통수단에 탑승하고 있을 때 발생한 사고(탑승 중 사고), 교통수단에 탑승하지 않은 상태에서 운행 중인 자동차 및 기타 교통수단과 충돌 등에 의해 발생한 사고(비탑승 중 사고)를 말한다. 여기에서 '자동차를 운전 하던 중'이란 도로 여부, 주정차 여부, 엔진의 시동 여부를 불문하고 피보험자가 자동차 운전석에 탑승해 핸들을 조작하거나 조작 가능한 상태에 있는 것을 말한다. 한편 기타 교통수단으로는 약관에 따라 기차, 전동차, 엘리베이터, 에스컬레이터, 자전거, 항공기, 선박까지 포함될 수 있다. 교통상해보험약관에 '하역작업'을 하는 동안 발생한 사고에 대해 보험자의 면책을 정하는 경우가 있다. 하역작업을 교통사고로 보지 않는 이유는 하역작업에는 차량 교통사고와는 별개로 그 자체의 고유한 사고 발생가능성이 내재되어 있기 때문이다. 법원의 입장도 하역작업을 하는 동안 사고가 발생한 경우 교통사고로 보지 않고 있다. 다만 구체적으로 하역작업의 범위를 놓고 분쟁이 발생하고 있다. 예를 들어 고소작업대에 탑승해 이를 작동하여 화물차량 적재함에서 바닥까지 연결된 경사로를 내려오던 중 발생한 사고에 대해 법원은 고소작업대가 자체적으로 이동이 가능한 구조이고, 사고가 발생한 것이 하역 자체의 위험이 현실화된 것이라기보다는 고소작업대 이동 과정에서 일어날 수 있는 위험이 현실화된 것이라고 보면서 하역작업 중

47) 한기정, 835면-836면. 반면에 박기억, "상해보험계약과 생명보험계약의 구분", 변호사 43권, 2013, 164면 및 장덕조, 504면-505면에서는 중복보험 법리를 적용하자는 내용의 당사자 약정이 있을 것을 요구하고 있다. 그 근거로 기왕증기여도 감액약관의 효력을 판례는 유효하다고 보고 있는데 이 경우에도 계약당사자의 약정이 있어야 할 것을 전제로 하므로, 중복보험 법리 적용에도 계약 당사자의 약정이 있어야 한다고 한다.
48) 질병·상해보험표준약관(손해보험 회사용) 제2조 제2호 가목(현행 질병·상해보험표준약관은 2015년 12월 29일에 개정되었다).
49) 대판 2001. 8. 21, 2001다27579.

사고에 해당하지 않는다고 판단하였다.[50]

대법원은 교통상해사망 특약상 '교통사고로 발생한 상해의 직접적인 결과로써 사망한 경우에 보험금을 지급한다'는 약관상의 문구를 해석함에 있어서 의문을 남기는 판결을 내렸다. 해당 특약에 가입한 피보험자가 교통사고로 부상을 당한 후 우울증으로 인해 자살을 한 사건에서 교통사고→우울증→사망 사이에 인과관계가 있다는 의사의 소견이 있으면 교통상해의 직접적인 결과로써 사망한 것으로 보아야 한다고 판단한 것이다.[51] 그런데 이러한 해석은 상해보험이나 질병·상해보험, 자동차보험 또는 자배법 등에서 상해를 '신체에 대한 상해'나 '신체에 대한 부상'을 의미하는 것으로 보고, 우울증은 상해의 개념에 포함되지 않는다는 통상적인 해석과 충돌된다. 질병·상해보험표준약관은 '상해'를 '신체에 입은 상해'를 의미하는 것으로 정하고 있고,[52] 우울증이나 외상 후 스트레스 장애 등의 질환은 장해 보상대상에서도 제외하고 있기 때문이다.[53]

상해보험에서의 상해사고를 인정하기 위해서는 급격성, 우연성, 외래성 및 신체의 손상이라는 요건이 필요하다. 아래에서 차례로 설명한다.

(1) 급 격 성

일반적으로 상해보험사고의 급격성, 즉 급격한 사고(violent accident)란 순간적으로 사고가 발생한 것과 같은 시간적인 의미로 제한되는 것이 아니다. 피보험자가 예측(기대)하지 않았거나 예측(기대) 할 수 없는 순간에 피할 수 없이 돌발적으로 갑자기 사고가 발생하는 것을 급격성이라고 해석되고 있다.[54] 여기에서 순간은 상대적 개념으로서 사고의 내용 및 성질에 따라 순간인지 여부를 구체적, 개별적으로 판단해야 한다고 한다.[55] 예측불능과 불가피성이 급격성 인정 여부에 있어서 중요한 요소이다. 길에서 미끄러져서 넘어지는 것, 갑작스런 자동차 사고, 가시에 손, 발이 찔리는 것, 보행 중 동물에 물리는 것, 갑자기 날아온 돌에 다치는 것, 타인에게 구타를 갑자기 당하는 것 등이 그 예이다. 바닥에 있는 바나나 껍질을 밟아 넘어져 신체의 손상을 입은 것도 급격성이 인정될 수 있다.[56]

반면에 직업병이나 운동과 같이 계속적, 반복적으로 외부의 자극이 신체에 가해짐으로써 야기된 관절의 통증으로 인한 기능장애, 연령증가로 인한 신체의 노쇠현상, 질병이

---

50) 매일경제 2024년 11월 24일 기사.
51) 대판 2022. 8. 11, 2021다270555.
52) 질병상해보험표준약관 제2조.
53) 황현아, "2022년 보험 관련 중요 판례 분석(1)", KiRi 보험법리뷰 포커스, 2022. 12. 19, 보험연구원, 2-5면.
54) 양승규, 486면; 임용수, 516면; 최기원, 633면; 김성태, 862면; 정동윤, 721면.
55) 한기정, 817면.
56) 양승규, 486면; 최준선, 347면; 임용수, 506면.

악화되어 사망하는 것 등은 급격성 요건이 결여되었다고 해석된다.[57] 따라서 무거운 물건을 순간적으로 들어 올리다가 허리를 다친 경우는 급격성이 인정되지만, 계속적, 반복적으로 무거운 물건을 올리는 직업에서 생긴 허리 부상은 급격성이 인정되지 않는다.[58]

[대법원 1998. 10. 13. 선고 98다28114 판결]

〈주요 판시내용〉

'급격하고도 우연한 외래의 사고'를 보험사고로 하는 상해보험에 가입한 피보험자가 술에 취하여 자다가 구토로 인한 구토물이 기도를 막음으로써 사망한 경우, 보험약관상의 급격성과 우연성은 충족된다.

[울산지법 2015. 8. 26. 선고 2014가합18571 판결(확정)]

〈사실관계〉

甲이 乙 보험회사 등과 체결한 보험계약의 약관에 '재해분류표에서 정한 재해로 피보험자가 장해상태가 되었을 때 보험금을 지급한다'는 취지로 규정하고 있는데, 甲이 골프장에서 드라이버 티샷을 하던 중 목 부위가 젖혀지면서 통증이 발생하였고, MRI 촬영 결과 경추부 추간판탈출증을 진단받자 보험금 지급을 구하였다.

〈주요 판시내용〉

위 사고는 골프라는 반복적인 운동 동작에서 비롯되었는데, 보험약관의 재해분류표에서 기타 불의의 사고 중 '과로 및 격심한 또는 반복적 운동으로 인한 사고'를 명시적으로 재해사고의 유형에서 제외하고 있고, 여기서 반복적 운동이란 운동 횟수의 반복은 물론 동일한 동작의 반복을 의미하므로, 동일한 스윙 동작을 반복하면서 발생한 사고는 보험금 지급대상인 재해사고에 해당하지 아니한다.

---

(2) 우 연 성

상해보험사고의 우연성(accidental)이라 함은 고의에 의한 것이 아니고 우연히 발생하고 통상적인 과정으로는 피보험자가 기대(예측)할 수 없는 결과를 가져오는 사고를 의미하는 것이다.[59] 교통사고, 낙마, 침대로부터의 추락 등으로 입은 상해를 예로 들 수 있다.[60]

---

57) 서헌제, 276면; 김은경, 710면; 임용수, 516면.
58) 임용수, 516면.
59) 대판 2010. 8. 19, 2008다78491, 78507; 대판 2010. 5. 13, 2010다6857; 대판 2003. 11. 28, 2003다35215, 35222; 대판 2001. 11. 9, 2001다55499, 55505; 대판 1998. 10. 13, 98다28114; 임용수, 517면.

자연적 원인에 의한 자연적 결과의 발생은 통상적인 과정으로 기대할 수 있는 결과로 해석될 수 있다. 예를 들어 엄청난 더위가 계속되면서 태양 열기에 의해 야기된 일사병은 통상적인 과정으로 예측할 수 있는 결과이기에 상해가 아니라고 해석된다.[61] 우연성 여부를 판단한 많은 판례는 사고 발생에 중과실이 있더라도 우연성을 인정할 수 있다는 입장으로 보인다. 피보험자가 술에 취한 상태에서 출입이 금지된 지하철역 승강장의 선로로 내려가 걷던 중 지하철역을 통과하는 전동열차에 부딪혀 사망한 경우, 피보험자에게 판단능력을 상실 내지 미약하게 할 정도로 과음을 한 중과실이 있더라도 상해보험약관상의 보험사고인 우발적인 사고에 해당한다고 판시했다.[62]

[대법원 1998. 10. 27. 선고 98다16043 판결]

〈사실관계〉

소외 망인은 피고회사와의 공제계약에서 사망시 공제금 수령자를 원고로 지정하였다. 공제약관에는 재해의 의미에 대해 재해란 우발적인 외래의 사고로서 추락, 익수 및 기타 불의의 사고로 정의하였다. 망인은 평소에 술을 좋아하고 주벽이 심한 편이었으며 사고 이틀 전에는 심한 부부싸움을 하였고 사고 당일에는 술에 취한 상태에서 택시에 승차하여 집으로 가고 있었다. 망인은 다른 여자손님 2명과 합석하였는데, 택시운전사의 뺨을 때리기도 하며 여자 승객들을 죽이겠다고 욕설을 하는 등 매우 심한 주정을 부렸고, 택시를 강물 다리 위에 세우게 한 다음 내려서 다시 주정을 하였다. 이에 택시는 그냥 그 자리를 떠나버렸고, 망인은 강물에 뛰어내려 익사했다.

〈주요 판시내용〉

망인이 추락 당시 병적인 명정상태(酩酊狀態)에 있었던 이상 그 사고는 위 망인이 예견하지 못한 우발적인 사고에 해당한다고 할 것이고, 또한 사망의 직접적인 원인이 된 것은 물에 의한 기도의 폐쇄이므로 그 자체로 외래의 사고임이 명백하므로, 비록 위 망인에게 평소 주벽이 심한데도 불구하고 명정에 이를 정도로 과음한 중대한 과실이 있다고 하더라도, 이 사건 익사사고는 위 각 공제약관에서 사망공제금의 지급 대상으로 열거하고 있는 재해의 하나인 '익수'에 해당하는 사고로서 위 공제금의 지급 대상에서 제외될 수 없다고 할 것이다.

※ 피보험자가 술에 취한 나머지 판단능력이 극히 저하된 상태에서 신병을 비관하는 넋두리를 하고 베란다에서 뛰어내린다는 등의 객기를 부리다가 마침내 음주로 인한 병적인 명정으로 인하여 심신을 상실한 나머지 자유로운 의사결정을 할 수 없는 상태에서 충동적으로 베란다에서 뛰어내려 사망한 사안에서, 이는 우발적인 외래의 사고로서 보험약관에서 재해의 하나로 규정한 '추락'에 해당하여 사망보험금의 지급대상이 된다(대판 2008. 8. 21. 2007다76696).

---

60) 정찬형, 860-861면; 정동윤, 721면.
61) 한기정, 820면.
62) 대판 2001. 11. 9, 2001다55499.

이러한 해석은 중과실이 있다고 해서 우연성이 부정되는 것으로 해석해서는 안된다는 것을 보여주고 있다. 중과실이 인정된다고 하여 우연성 요건을 쉽사리 부정하게 되면 제732조의2, 제739조의 취지를 고려할 때 보험계약자에게 불리한 해석이 도출될 수 있기 때문이다.63) 만일 피보험자가 어떤 커다란 위험을 피하기 위해 의도적인 행위를 했고 그로 인해 상해가 야기된 경우에는 비록 커다란 위험이 실제로 존재하지 않았다고 판명되더라도 우연한 사고로 해석될 수 있다. 가해 행위에 대한 정당방위나 위험회피행위, 인명구조행위 등으로 인해 야기된 상해도 우연한 사고로 본다. 연기, 유독가스나 유독물질을 우연하게 일시에 흡입, 섭취하여 중독되었을 때에는 상해로 볼 수 있으나, 상습적으로 흡입, 섭취함으로써 중독증상이 있을 때에는 우연성이 없다고 해석된다.64) 술을 마시고 잠을 자다가 구토를 해서 기도폐색으로 질식하여 사망한 것도 우연한 사고이며,65) 부부싸움 중에 극도로 흥분되고 불안한 정신 상태에서 아파트 베란다 밖으로 몸을 던져서 추락사한 경우 이 사고는 자유로운 의사결정이 제한된 상태에서 발생한 우발적인 사고라고 해석하고 있다.66)

[대법원 2006. 3. 10. 선고 2005다49713 판결]

〈사실관계〉

가족과의 갈등, 과도한 업무, 각종 질병으로 신체적, 정신적으로 많이 쇠약해져 있었던 피보험자가 원고(피보험자의 남편)와의 격렬한 부부싸움 도중 극도의 흥분되고 불안한 심리상태를 이기지 못하고 순간적인 정신적 공황상태에서 아파트 베란다 밖으로 뛰어내려 자살하였다. 이에 원고가 보험금을 청구하자 피고회사는 사고가 피보험자의 고의에 의한 것임을 이유로 면책을 주장하였다.

〈주요 판시내용〉

제659조 제1항 및 제732조의2의 입법 취지에 비추어 볼 때, 사망을 보험사고로 하는 보험계약에 있어서 자살을 보험자의 면책사유로 규정하고 있는 경우, 그 자살은 사망자가 자기의 생명을 끊는다는 것을 의식하고 그것을 목적으로 의도적으로 자기의 생명을 절단하여 사망의 결과를 발생케 한 행위를 의미하고, 피보험자가 정신질환 등으로 자유로운 의사결정을 할 수 없는 상태에서 사망의 결과를 발생케 한 경우까지 포함하는 것이라고 할 수 없을 뿐만 아니라, 그러한 경우 사망의 결과를 발생케 한 직접적인 원인행위가 외래의 요인에 의한 것이라면 그 보험사고는 피보험자의 고의에 의하지 않은 우발적인 사고로서 재해에 해당한다.

---

63) 한기정, 820면.
64) 양승규, 486면; 임용수, 517-518면; 정동윤, 721면.
65) 대판 1998. 10. 13, 98다28114.
66) 대판 2006. 3. 10, 2005다49713.

　　한편 승용차를 운전하던 중 휴대 전화기가 차량 조수석 앞바닥에 떨어져 이를 줍다가 클러치를 밟고 있던 왼발이 떨어지면서 페달을 잘못 밟아 급정지되는 바람에 피보험자의 오른쪽 가슴 부위를 부딪힘으로써 상해를 입은 경우에 우연한 사고에 해당하지 않는다는 것이 판례의 입장이다.[67] 이러한 해석은 운전 중 돌발적인 행동이 야기할 수 있는 결과에 대한 예측가능성을 인정함으로써 우연성이 없다고 판단한 것이라 할 수 있다.[68]

(3) 외 래 성

　　상해보험은 상해의 원인이 외부로부터 야기되어야 한다는 점에서 질병보험과 차이가 있다. 판례는 상해보험사고에서의 외래성이란 상해사고의 원인이 피보험자의 질병이나 체질적 소인 등 내부적 원인에 기인하는 것이 아니라 외부적 요인에 의해 초래된 것을 말한다고 해석한다.[69]

[대법원 2001. 8. 21. 선고 2001다27579 판결]

〈주요 판시내용〉

　상해보험에서 담보되는 위험으로서 상해란 외부로부터의 우연한 돌발적인 사고로 인한 신체의 손상을 말하는 것이므로, 그 사고의 원인이 피보험자의 신체의 외부로부터 작용하는 것을 말하고 신체의 질병 등과 같은 내부적 원인에 기한 것은 제외된다.

　　외래성이란 상해의 원인이 피보험자의 신체 밖(외래)으로부터의 작용이라는 의미이며, 상해 자체가 신체 밖에서 발생하여야 한다는 의미는 아니다. 즉 외부적 원인으로 발생한 사고이면 상해는 신체의 내부에서 발생할 수도 있고 신체 외부에서 발생할 수도 있는 것이다. 피보험자가 무거운 짐을 들어 올리다가 허리를 다친 경우는 상해가 신체 내부에 발생했지만 상해의 원인이 외래성을 가지고 있기 때문에 외래적인 사고로 볼 수 있다.[70] 피보험자가 동사한 경우나 익사한 경우[71] 또는 어린아이가 떨어뜨린 물건을 주우려다가 무릎 뼈를 삔 경우 등은 상해 자체는 내부적인 것이지만 상해의 원인이 외래로부터의 작용

---

67) 대판 2003. 11. 28, 2003다35215, 35222.
68) 이에 대해 한기정, 821면에서는 우연성의 입증책임은 보험계약자에게 있다는 것이 법원의 태도인데, 이 사건에서 이에 대한 증명이 이루어지지 않아서 우연성을 인정하지 않은 것이며, 만약 증명이 있었다면 우연성이 인정될 수 있는 사안이라고 해석하고 있다.
69) 대판 2014. 4. 10, 2013다18929; 대판 2010. 9. 30, 2010다12241, 12258; 대판 2001. 8. 21, 2001다27579; 임용수, 518면.
70) 정동윤, 721면; 양승규, 487면; 김성태, 864면; 최기원, 636면.
71) 임용수, 506면, 518-519면; 배의 침몰이나 홍수 등으로 익사하는 경우는 외부로부터 신체에 작용한 사고로서 외래성이 인정되지만, 성인이 욕조나 풀에서 익사한 경우의 대부분은 외상과 타박상이 없고 의식장해가 선행하는데, 의식장해가 발생하는 원인은 뇌의 혈류장해, 심근경색 등 피보험자 자신의 병이라고 하는 것이 법의학상의 유력설이므로 이 경우는 외래성을 인정하기 어렵다는 견해가 있다. 정동윤, 722면.

에 의한 것이면 외래성이 인정된다.[72)]

　피보험자가 본래 내부적인 질병을 가지고 있었는데 경미하게 외부적 요인이 작용을
하여 증상의 악화를 초래하여 사망한 것이라면 경미한 外因은 외래의 사고라고 할 수 없
다. 예를 들어 놀이기구를 강제로 급격하게 회전시키다 피보험자인 어린이가 사망한 사건
에서 피보험자가 평소 기관지천식이 있는 상태에서 경미한 외인에 의해 그 증상이 악화되
어 사망한 것이라면 외래의 작용에 의한 불측의 사고라고 할 수 없다.[73)] 고등학생이 체육
시간에 150미터 달리기와 짐볼(Jimball) 주고받기, 피구 등을 한 뒤 앉아서 다른 친구들의
경기를 보다 갑자기 쓰러져 병원으로 후송 후 사망한 경우에 체육활동과 사망 사이의 상
당인과관계를 입증하지 않는 한 내적 원인으로 인한 사망으로 보아야 하며 이를 급격하고
도 우연한 외래의 사고로 보기 어렵다.[74)]

　대법원은 피보험자가 술에 취해 건물 밖으로 추락하여 상해를 입은 사안에서 본 추락
사고는 '우발적인 외래의 사고'로서 보험계약이 정한 재해에 해당되며 보험자의 면책사유
로 정한 '피보험자가 고의로 자신을 해친 경우'에 해당하지 않는다고 판시하였다.[75)]

[대법원 2010. 5. 13. 선고 2010다6857 판결]

〈주요 판시내용〉

　원고는 이 사건 추락사고가 발생한 건물의 위치 등에 대해서 알지 못하고, 과거에 방문한 적도
없었으며, 이 사건 건물은 원고의 집과도 전혀 동떨어진 곳에 위치한 점, 현재 원고가 의식을 상
당히 회복하였음에도 이 사건 사고 경위에 관하여 제대로 기억하지 못하고 있고, 특히 이 사건
사고 전날 술자리에서 친구들과 헤어진 뒤 자신의 행적에 대해서조차 전혀 기억하지 못하고 있는
점, 이 사건 창문에서 사람이 실수로 추락하는 것이 쉽지는 않으나 180㎝가 넘는 원고가 술에 취
해 바람을 쐬거나 구토하기 위하여 머리를 밖으로 내미는 경우 균형을 잃고 이 사건 건물 밖으로
추락할 가능성이 없다고 단정할 수 없는 점 등에 비추어 보면, 이 사건 사고는 '우발적인 외래의
사고'로서 이 사건 보험계약이 정한 재해에 해당한다.

　피보험자가 방안에서 술에 취한 채 선풍기를 틀어놓고 자다가 사망한 경우도 외래의
사고로 해석하여 상해사망을 인정하고 있다.[76)] 술에 만취된 것과 선풍기를 틀고 잠을 잔

72) 대판 1998. 10. 13, 98다28114; 최준선, 347면; 정찬형, 862면.
73) 김영선, "상해보험사고에 관한 고찰", 양승규교수 화갑기념 현대상사법의 과제와 전망, 1994, 408면 이
　하; 최준선, 347면; 임용수, 518-519면(질병의 위험인자를 가지고 있던 피보험자에게 가해진 외부적 조건
　이 그 질병의 발현 또는 악화에 있어 전형적인 발생 원인으로 작용하는 것이라면 그것은 질병의 발생 원
　인에 불과한 것이므로 사고에 외래성이 있는 것으로 해석할 수 없다).
74) 서울중앙지법 2017. 12. 8, 2017나61975.
75) 대판 2010. 5. 13, 2010다6857.
76) 대판 1991. 6. 25, 90다12373. 다만 유사한 사실관계를 가진 최근의 사건에서 대법원은 "문과 창문이 닫
　힌 채 방안에 에어컨이 켜져 있었고 실내온도가 차가웠다는 사정만으로 망인의 사망 종류 및 사인을 알

것은 모두 외인에 해당되는 것으로 해석하고 있다. 만취상태에서 잠을 자다가 구토 중에 구토물이 기도를 막아 사망한 것[77])도 외래성이 인정된다. 우연성과 외래성은 상호 밀접한 관계에 있는바, 만취상태에서 승강장 선로로 걷다가 지하철역으로 들어오는 전동차에 치여 사망한 사건[78])이나 평소 주벽이 심한 피보험자가 만취상태에서 다리 아래로 뛰어 내려 익사한 사건,[79]) 만취상태에서의 추락사고[80]) 등은 우연성과 외래성이 모두 인정된다.[81])

그러나 겨드랑 밑의 악취제거를 위한 수술 중에 급성심부전증으로 사망한 경우에는 외래성 인정이 어려우며, 피보험자가 무너진 돌담을 보수하기 위하여 돌을 운반하던 중 갑자기 사망한 것은 보험약관상의 외래의 사고에 의한 상해의 직접적인 결과라고 단정하기 어렵고, 돌연사 등 신체 내부적 원인에 의한 사망으로 해석될 가능성이 높다.[82]) 작업 중에 고혈압으로 인해 갑자기 피보험자가 넘어지면서 땅바닥에 있는 물건에 부딪혀 상처를 입은 것이나, 평소 고혈압과 간질환이 있는 피보험자가 과음 후 야외에서 장시간 체류하다가 체내의 높은 알코올 농도로 인해 심장마비로 사망한 경우도 피보험자가 사망에 이르게 된 원인이 불명이거나 피보험자의 질병 또는 체질적 요인에 의한 것으로 보아 외래성이 부정되므로 상해사고로 볼 수 없다는 것이 판례의 태도이다.[83])

[대법원 1980. 11. 25. 선고 80다1109 판결]

〈사실관계〉

소외인이 겨드랑 밑 악취방지를 위한 수술 중 급성심부전증에 의하여 사망하자 보험수익자인 원고는 피고회사를 상대로 보험금을 청구하였다. 그러자 피고회사는 소외인이 가입한 보험은 상해보험이었는데 이 사건 소외인의 사망 원인은 상해가 아니라며 보험금지급을 거절하였다.

〈주요 판시내용〉

상해보험은 피보험자가 급격한 외부적인 우연의 사고로 인하여 신체에 손상을 입는 것을 보험사고로 하는 것인바, 위와 같이 소외인이 겨드랑 밑의 악취방지를 위한 수술 중에 급성심부전증에 인하여 사망한 경우는 갑자기 신체의 외부에서 생긴 사고로 뜻하지 않게 신체상의 손상을 입었다는 상해보험사고의 범주에 속한다고 할 수 없으며, 본건 보험약관에 외과적 수술 기타의 의

수 없다는 검안 의사의 의견과 달리 망인의 사망 원인이 '에어컨에 의한 저체온증'이라거나 '망인이 에어컨을 켜 둔 채 잠이 든 것'과 망인의 '사망' 사이에 상당한 인과관계가 있다고 볼 수 없다"고 판시함으로써 보험금청구권자가 부담하고 있는 외래성과 관련된 인과관계 입증을 더 엄격하게 하고 있다. 대판 2010. 9. 30, 2010다12241, 12258.

77) 대판 1998. 10. 13, 98다28114.
78) 대판 2001. 11. 9, 2001다55499, 55505.
79) 대판 1998. 10. 27, 98다16043.
80) 대판 2010. 5. 13, 2010다6857.
81) 대판 1980. 11. 25, 80다1109; 대판 2001. 7. 24, 2000다25965.
82) 대판 2001. 8. 21, 2001다27579; 대판 2004. 11. 26, 2004다46151.
83) 대판 1998. 5. 8, 98다3900; 대판 1992. 2. 25, 91다30088.

료처치의 경우는 보험금 지급의 책임을 지지 아니한다(단, 보험증권에서 담보된 상해의 치료는 제외)는 특약조항은 상해보험의 성질상 당연한 경우를 규정한데 지나지 아니한 것으로 해석되므로 이 조항을 가리켜 보험당사자의 불이익으로 상법의 규정을 변경한 것으로는 볼 수 없다고 할 것이다.

[대법원 2001. 7. 24. 선고 2000다25965 판결]

〈주요 판시내용〉

피보험자가 욕실에서 페인트칠 작업을 하다가 뇌교(腦橋)출혈을 일으켜 장애를 입게 되었으나, 뇌교출혈이 페인트나 시너의 흡입으로 발생한 것이 아니라 피보험자가 평소 가지고 있던 고혈압 증세로 인하여 발생한 것으로 보아 보험계약에서 정한 우발적인 외래의 사고가 아니다.

(4) 신체의 손상

급격하고 우연한 외래의 사고로 인해 궁극적으로 신체의 손상이 있어야 한다. 신체의 손상이란 질병이나 신체적인 결함, 자연발생적인 것 또는 정신적 충동에 기인한 것이 아님을 의미한다. 이러한 취지에서 볼 때 일사병으로 인한 사망이나 배변 중 자발성 뇌실질 내출혈로 인한 사망은 상해사망사고로 볼 수 없다.[84] 신체의 손상이어야 하므로 정신적 손상은 상해담보에서 제외된다. 신체의 개념에 인공심장이나 관절, 의수, 의족, 의치 등 인공적인 부착물도 포함하여 이들이 신체에 유기적으로 부착되어 신체의 일부분을 이루고 있다면, 급격하고 외래의 우연한 사고가 인공적인 부착물에 발생한 경우도 상해보험사고로 볼 수 있는 것으로 해석해야 할 것이다. 다만 이러한 인공적인 부착물이 분리되어 있는 상태에서 손상된 경우는 신체의 상해로 볼 수 없다.[85]

6. 상당인과관계

보험계약 약관에서 정하는 상해의 요건인 '급격하고도 우연한 외래의 사고' 중 '외래의 사고'는 상해 또는 사망의 원인이 피보험자의 신체적 결함, 즉 질병이나 체질적 요인 등에 기인한 것이 아닌 외부적 요인에 의해 초래된 모든 것을 의미하고, 이러한 사고의 외래성 및 상해 또는 사망이라는 결과와 사이에 상당인과관계가 있는 경우에 한하여 보험자는 보험금지급책임을 부담한다.[86] 판례는 상해보험에서 사고의 원인과 결과의 관계에

---

84) 정찬형, 864면; 양승규, 487면; 임용수, 520면; 정동윤, 722면.
85) 김성태, 866면; 최준선, 346면; 임용수, 515면; 김은경, 709면; 장덕조, 510-511면.
86) 대판 2023. 4. 27, 2022다303216; 대판 2010. 9. 30, 2010다12241; 대판 2001. 8. 21, 2001다27579.

있어서 그 원인이 반드시 유일하거나 결정적이어야 한다고 해석하지 않는다. 여기에서의 상당인과관계란 사고원인이 상해의 결과에 대해 중요한 원인인 경우이거나 또는 병존하는 다른 원인이 공동으로 작용한 때에 그 사고원인이 병존하는 다른 원인과 대체로 보아 같은 정도로 상해의 결과에 영향을 미치는 경우를 의미한다.87) 민사 분쟁에서의 인과관계는 의학적 또는 자연적 인과관계가 아니라 사회적 또는 법적 의미에서의 인과관계를 말한다. 사회적 또는 법적 의미에서의 인과관계란 결국 경험칙에 비추어 어떠한 사실이 있을 때 어떠한 결과발생이 초래되는 것이라고 인정할 수 있는가의 여부를 기준으로 따져야 할 것이다.88)

[대법원 2018. 8. 30. 선고 2018다228356 판결]

〈주요 판시내용〉

심장질환이 있던 甲이 술에 취한 채 고온의 밀폐된 차량 안에서 잠을 자다가 사망한 사안에서, 甲이 가진 심장의 병변이 경도에 불과하고 혈중알코올농도 역시 사망에 이를 정도는 아니었던 점 등 제반 사정에 비추어 甲의 직접적이고 중요한 사망원인은 주취상태에서 고온의 밀폐된 차량 안에서 잠을 잤다는 외부적 요인이라고 보는 것이 타당하다.

[대법원 2023. 4. 27. 선고 2022다303216 판결]

〈사실관계〉

甲의 배우자였던 乙이 丙 보험회사와 사이에, 피보험자를 甲, 보험수익자를 피보험자의 법정상속인으로 하여 피보험자가 상해의 직접 결과로 사망하는 경우 일반상해사망보험금을 지급하는 내용의 보험계약을 체결하였는데, 甲이 계단에서 미끄러져 넘어지는 사고로 병원에서 입원치료를 받다가 식사 중 의식을 잃고 쓰러져 사망했다. 보험계약의 약관에서 일반상해사망보험금은 피보험자가 보험기간 상해의 직접 결과로써 사망한 경우(질병으로 인한 사망은 제외)에 지급하도록 정하고 있는데, 甲의 사인에 관해 ① 질식과 급성 심근경색증이 모두 가능성이 있다는 A 의료원 원장에 대한 진료기록감정촉탁 결과와 ② 급성 심근경색증이라는 B 대학병원 원장에 대한 진료기록감정촉탁 및 사실조회 결과가 각 제출되었다. 甲의 상속인 丁이 丙 회사를 상대로 일반상해사망보험금의 지급을 청구했고 보험회사는 질병에 의한 사망이라는 이유로 지급을 거절했다. 사망원인이 질병에 의한 것인지 외부요인이라 할 수 있는 질식에 의한 것인지가 문제가 되었다.

---

87) 대판 2004. 8. 20, 2003다26075(피보험자가 원룸에서 에어컨을 켜고 자다 사망한 경우에 법원은 사망원인이 에어컨에 의한 저체온증이라거나 망인이 에어컨을 켜 둔 채 잠을 잔 것과 사망 사이에 상당인과관계가 있다고 볼 수 없다고 판시했다).
88) 김선정, "장해보험금을 지급받은 피보험자가 사망한 경우 보험자의 사망보험금지급책임—대법원 2013. 5. 23, 2011다45736 판결", 기업법연구 제27권 제3호, 2013, 248면.

〈주요 판시내용〉

甲에게 질식이라는 외래의 사고로 상해가 발생하였고 상해가 甲의 사망과 상당인과관계가 있다는 사정에 관한 증명책임은 보험금청구권자인 丁에게 있다. 甲에게 외부요인에 해당되는 질식이 발생하였고 이로써 사망하였다는 사정을 쉽게 추정하여 보험금청구권을 인정하는 것에는 신중하여야 한다. 특히 A 의료원 원장에 대한 진료기록감정촉탁 결과에 배치되는 진료기록감정촉탁 및 사실조회 결과와 국립과학수사연구원의 부검의견이 반증으로 제시되어 있을 뿐만 아니라 A 의료원 원장에 대한 진료기록감정촉탁 과정에 일부 절차상 미비점까지 존재하므로, A 의료원 원장에 대한 진료기록감정촉탁 결과를 채택하려면 감정촉탁 결과의 보완을 명하거나 증인신문, 사실조회 등 추가적인 증거조사를 통해 甲이 의식을 잃고 사망하는 과정에서 질식이 발생하였다고 볼만한 사정이 있었는지, 부검감정서에 질식이 발생한 경우 특징적으로 보이는 내용이 있었고 이러한 내용을 근거로 질식 발생 여부에 관한 의견을 제시한 것인지 등에 관한 각 감정기관의 견해를 구체적으로 심리·파악하여 감정촉탁 결과의 신빙성 여부를 판단하였어야 하는데도, 위와 같은 사정을 면밀히 살펴보거나 심리하지 않은 채 甲에게 질식이 발생하였고 질식이 甲의 사망에 원인이 되었음을 완전히 배제할 수 없다는 이유로 丁의 청구를 일부 받아들인 원심판단에 법리오해 등의 잘못이 있다고 판단했다.

위 사실관계에서 질식과 급성심근경색이 원인이라는 소견과 급성심근경색만 원인이라는 소견이 제출되었다. 보험금청구권자가 일반상해보험금을 지급받기 위해서는 사망 원인이 외부요인인 질식에 의한 것이라는 것을 입증해야만 한다. 질식과 사망사이의 상당인과관계의 존재에 대한 입증은 객관적으로 존재하는 증빙자료에 의할 수 밖에 없다. 질식사 가능성을 배제한 타 감정 결과를 충분한 검토와 심리절차를 거치지 않고 배제한 것은 문제가 있다고 대법원은 판단한 것이다.

급격하고 우연하며 외래의 사고와 기타 원인이 상해에 공동원인으로 작용한 경우에 사고와 상해에 통상 일어나는 원인 결과의 관계가 있다고 판단되면 상당인과관계를 인정함에 문제가 없다는 것이 판례의 태도이다.[89]

[대법원 2002. 3. 29. 선고 2000다18752 판결]

〈주요 판시내용〉

사고로 입은 상해 이외에 피보험자가 가진 기왕의 질환 등이 공동원인이 되었다 하더라도 사고로 인한 상해와 (입원)치료 사이에 통상 일어나는 원인 결과의 관계가 있다고 인정되는 이상 여기서 말하는 직접 결과에 해당한다고 봄이 상당하다.

---

89) 대판 2002. 3. 29, 2000다12241; 임용수, 520면-521면.

[대법원 2010. 9. 30. 선고 2010다12241, 12258 판결][90]

〈주요 판시내용〉

피보험자가 원룸에서 에어컨을 켜고 자다 사망한 사건에서, 최근의 의학적 연구와 실험 결과 등에 비추어 망인의 사망 원인이 에어컨에 의한 저체온증이라거나 망인이 에어컨을 켜 둔 채 잠이 든 것과 사망 사이에 상당한 인과관계가 있다고 볼 수 없다. 의사의 사체 검안만으로 망인의 사망 원인을 밝힐 수 없음에도 유족의 반대로 부검이 이루어지지 않은 경우, 그로 인한 불이익은 사망원인을 밝히려는 증명책임을 다하지 못한 유족들이 감수해야 한다.

7. 입증책임

급격성, 우연성, 외래성 및 상해 또는 사망과의 인과관계에 대해 보험금청구자가 입증책임을 부담해야 한다는 것이 판례의 태도이다.[91] 피보험자가 사망한 경우에 생명보험에서는 보험기간 내에 피보험자가 사망했다는 사실만 입증하면 되며 사망의 원인까지 입증할 필요는 없으나, 상해보험에 있어서는 상해의 결과 피보험자가 사망한 경우를 대상으로 하므로 사망의 사실 이외에 상해와 사망사이의 인과관계의 존재에 대해 입증하여야 한다.

[대법원 2001. 8. 21. 선고 2001다27579 판결]

〈주요 판시내용〉

상해보험에서 담보되는 위험으로서 상해란 외부로부터의 우연한 돌발적인 사고로 인한 신체의 손상을 말하는 것이므로, 그 사고의 원인이 피보험자의 신체의 외부로부터 작용하는 것을 말하고 신체의 질병 등과 같은 내부적 원인에 기한 것은 제외되며, 이러한 사고의 외래성 및 상해 또는 사망이라는 결과와 사이의 인과관계에 관해서는 보험금청구자에게 그 입증책임이 있다.

[대법원 2003. 11. 28. 선고 2003다35215 판결]

〈주요 판시내용〉

인보험계약에 의하여 담보되는 보험사고의 요건 중 우연한 사고라 함은 사고가 피보험자가 예측할 수 없는 원인에 의하여 발생하는 것으로서, 고의에 의한 것이 아니고 예견치 않았는데 우연히 발생하고 통상적인 과정으로는 기대할 수 없는 결과를 가져오는 사고를 의미하는 것이며, 이

---

90) 이 판결에 대해 상당인과관계 요건을 지나치게 엄격하게 본 것이라는 비판이 있다. 한기정, 826면.
91) 대판 2023. 4. 27, 2022다303216; 대판 2010. 9. 30, 2010다12241, 12258(외래성); 대판 2003. 11. 28, 2003다 35215, 35222(우연성); 대판 2001. 8. 21, 2001다27579. 이 판결에 대한 찬성취지의 평석으로, 최윤성, 판례연구, 부산판례연구회 제14집, 2003, 571-604면; 정찬형, 859면, 861면; 김성태, 868면; 임용수, 521면.

러한 사고의 우연성에 관해서는 보험금청구자에게 그 입증책임이 있고 사고의 외래성 및 상해라
는 결과와 사이의 인과관계에 대해서도 보험금청구자에게 그 입증책임이 있다.

그런데 판례의 일부분에 동의하기 어렵다. 상해사고의 급격성과 외래성은 보험금청구
자가 증명해야 한다는 것에 동의할 수 있다. 급격성이나 외래성은 보험사고 해당 여부의
문제이며 따라서 보험금을 청구하는 자가 입증을 하는 것이 타당하다. 그런데 우연성 요
건의 입증책임에 관한 판례의 입장은 의문이다. 우연성은 일단 추정되는 것으로 하고 보
험자가 이 추정을 번복해야 하는 것으로 해석함이 타당할 것이다.92) 우연성이란 보험자의
면책사유인 고의 여부와 관련이 있고 면책사유 해당여부는 항변사유이므로 보험자가 증명
책임을 부담하는 것이 타당하기 때문이다. 독일 보험계약법 제178조 제2항에서 우연성은
반증이 없는 한 추정된다고 규정하고 있다. 우연성 요건도 보험금청구권자가 입증해야 한
다고 하면 이는 보험자의 면책사유에 대한 증명책임을 피보험자 측에게 전가하는 결과가
되어 부당하며, 입증의 곤란성으로 인해 피보험자 등의 보험금 청구가 받아들여지지 않을
수 있기 때문이다.93) 상해보험에서 우연성 요건과 관련해서는 보험자가 보험금지급책임을
면하기 위해 해당 사고가 우연히 발생하지 않았음을 입증해야 한다고 해석함이 타당하다.
같은 취지에서 화재보험 사건에서 우연성이란 인위적 사고 여부에 관한 것으로서 화재가
우연하게 발생한 것이 아니라는 점을 보험자가 입증해야 한다고 해석한 판례가 있다.94)

[대법원 2009. 12. 10. 선고 2009다56603, 56610 판결]

〈주요 판시내용〉

화재가 발생한 경우에 보험자에게 면책사유가 존재하지 않는 한, 소정의 보험금을 지급하도록
함으로써 피보험자로 하여금 신속하게 화재로 인한 피해를 복구할 수 있게 하려는 화재보험제도
의 존재의의에 비추어 보면, 화재보험에서 화재가 발생한 경우에는 일단 우연성의 요건을 갖춘
것으로 추정되고 다만 화재가 보험계약자나 피보험자의 고의 또는 중과실에 의하여 발생하였다는
사실을 보험자가 증명하는 경우에는 위와 같은 추정이 번복되는 것으로 보아야 할 것이다.

---

92) 최기원, 642-643면; 한기정, 752면, 828면; 정동윤, 723면; 장덕조, 511면.
93) 유주선, "상해보험 정신질환 면책약관에 관한 연구", 경영법률 제28집 제1호, 2017, 93면; 정동윤, 723
    면; 최기원, 642-643면; 장덕조, 511면.
94) 대판 2009. 12. 10, 2009다56603, 56610.

8. 약관상의 면책사유

(1) 일 반 론

㈎ 면책규정

피보험자의 상해가 상해보험계약에서 담보하지 않는 사고로 인해 발생했다면 보험자는 보험금을 지급할 계약상의 책임이 없다. 상해보험자는 그 원인의 직접, 간접을 묻지 아니하고 약관에서 정한 면책사유로 인한 손해에 대해서는 보상하지 않는다. 2010년 1월 29일 장기손해보험표준약관을 폐지하고 그 대신에 질병상해보험표준약관을 제정하였다. 질병상해보험표준약관에서 ① 피보험자가 고의로 자신을 해친 경우(다만, 피보험자가 심신상실 등으로 자유로운 의사결정을 할 수 없는 상태에서 자신을 해친 경우에는 보험금을 지급한다), ② 보험수익자가 고의로 피보험자를 해친 경우(다만, 그 보험수익자가 보험금의 일부 보험수익자인 경우에는 다른 보험수익자에 대한 보험금은 지급한다), ③ 계약자가 고의로 피보험자를 해친 경우, ④ 피보험자의 임신, 출산(제왕절개를 포함), 산후기(그러나 회사가 보장하는 보험금지급사유와 보장개시일부터 2년이 지난 후에 발생한 습관성 유산, 불임 및 인공수정 관련 합병증으로 인한 경우에는 보험금을 지급), ⑤ 전쟁, 외국의 무력행사, 혁명, 내란, 사변, 폭동을 면책사유로 규정하고 있다. 또한 피보험자가 직업, 직무 또는 동호회 활동목적으로 ⑥ 전문등반(전문적인 등산용구를 사용하여 암벽 또는 빙벽을 오르내리거나 특수한 기술, 경험, 사전훈련을 필요로 하는 등반), 글라이더 조종, 스카이다이빙, 스쿠버다이빙, 행글라이딩, 수상보트, 패러글라이딩, ⑦ 모터보트, 자동차 또는 오토바이에 의한 경기, 시범, 흥행(이를 위한 연습을 포함) 또는 시운전(다만, 공용도로상에서 시운전을 하는 동안 보험금지급사유가 발생한 경우에는 보장), ⑧ 선박에 탑승하는 것을 직무로 하는 사람이 직무상 선박에 탑승하고 있는 동안의 사고를 면책사유로 규정하고 있다. 상해보험에서 보험계약자 또는 피보험자는 상해의 악화를 방지할 의무를 지며 따라서 고의로 악화된 상해 결과에 대해서는 보험자는 면책된다고 해석된다.[95] 교통상해를 보상하는 상해보험에서 건설기계를 작업에 사용하다가 발생한 사고를 면책사유로 하고 있다. 이러한 행위에서 야기되는 위험의 성격이 일반적인 상해위험과 전혀 별개의 것으로 볼 수 있어서 상해담보 범위에서 명시적으로 배제한 것이다.[96]

㈏ 검   토

앞에서 설명한대로 제732조의2와 제739조에 의해 상해보험 등 인보험에서는 고의사고에 대해서만 보험자가 면책이 되고 중과실로 인한 사고에 대해서는 보험자의 보험금 지

---

[95] 임용수, 526면; 양승규, 489면.
[96] 이준교, "2023년 손해보험 분쟁 관련 주요 대법원 판결 및 시사점(上)", 손해보험, 2024년 1월호, 손해보험협회, 61면.

급책임이 인정된다. 법원은 고의란 자신의 행위로 인해 일정한 결과가 야기될 것이라는 것을 알면서도 이를 감행하는 심리상태이며 이러한 내심의 의사를 인정할 만한 직접적인 증거가 없는 경우에는 고의와 상당한 관련성이 있는 간접사실을 통해 증명해야 하는데, 무엇이 간접사실에 해당하는가에 관해서는 논리와 경험칙에 의해 합리적으로 판단해야 할 것이라고 해석하고 있다.97) 그런데 상해보험의 면책약관 중 예를 들어 전문등반, 글라이더 조종, 스카이다이빙, 스쿠버다이빙 등에 의한 사고를 원인 및 인과관계의 문제를 따지는 책임면제사유로 해석하게 되면 사망이나 상해발생에 대한 고의를 가지고 직업, 직무 또는 동호회 활동 목적으로 이러한 활동을 하는 경우는 거의 없을 뿐만 아니라 그 입증이 거의 불가능하기 때문에 결국 해석상 이들 활동에 대해 면책약관이 적용되지 못할 가능성이 있다. 반면에 이들 면책사유를 담보위험배제사유로 해석한다면 사고의 원인이나 인과관계의 존부를 불문하며, 불이익변경금지의 원칙에 대한 제663조도 적용되지 않은 채 보험자는 면책이 된다.98) 다만 담보위험배제사유로 본다고 해도 해당 약관에 대한 내용통제는 법원에 의해 이루어질 수 있다고 판단된다.

위 면책사유 중에서 '선박에 탑승하는 것을 직무로 하는 사람이 직무상 선박에 탑승하고 있는 동안의 사고'에 대한 문구 해석에 대한 아래의 판례가 있다.

[대법원 2023. 2. 2. 선고 2022다272169 판결]

〈주요 판시내용〉

甲 보험회사가 乙과 체결한 보험계약 중 상해사망 담보는 피보험자인 乙이 보험기간 중 상해사고로 사망한 경우 보험가입금액을 지급하는 것을 보장 내용으로 하고, 면책약관으로 '선박승무원, 어부, 사공, 그 밖에 선박에 탑승하는 것을 직무로 하는 사람(이하 이들을 통틀어 '선박승무원 등'이라고 한다)이 직무상 선박에 탑승하고 있는 동안 상해 관련 보험금 지급사유가 발생한 때에는 보험금을 지급하지 않는다.'는 내용을 규정하고 있는데, 乙이 선박에 기관장으로 승선하여 조업차 출항하였다가 선박의 스크루에 그물이 감기게 되자 선장의 지시에 따라 잠수장비를 착용하고 바다에 잠수하여 그물을 제거하던 중 사망한 사안에서, 위 면책약관은 선박의 경우 다른 운송수단에 비하여 운행 과정에서의 사고발생 위험성이나 인명피해 가능성이 높은 점을 고려하여 규정된 것으로, '선박승무원 등이 직무상 선박에 탑승하고 있는 동안'을 면책사유로 정하고 있을 뿐 특정한 행위를 면책사유로 정하고 있지 않고, 이러한 면책약관의 문언이나 목적, 취지 등을 종합하여 보면, 선박승무원 등이 선박에 탑승한 후 선박을 이탈하였더라도 선박의 고장 수리 등과 같이 선박 운행을 위한 직무상 행위로 일시적으로 이탈한 경우로서 이탈의 목적과 경위, 이탈 거리와 시간 등을 고려할 때 전체적으로 선박에 탑승한 상태가 계속되고 있다고 평가할 수 있는 경우에는

---

97) 대판 2004. 8. 20, 2003다26075.
98) 同旨: 조규성, "자기신체사고보험에서 안전벨트 미착용 감액약관의 효력에 대한 판례연구", 상사판례연구, 제27집 제4권, 2014, 202면.

면책약관이 적용될 수 있으며, 위 사고는 선원인 乙이 선박에 탑승하고 있는 동안 발생한 선박의 고장 혹은 이상 작동을 점검·수리하기 위하여 선장의 지시에 따라 일시적으로 선박에서 이탈하여 선박 스크루 부분에서 작업을 하다가 발생한 것으로 전체적으로 乙이 직무상 선박에 탑승하고 있는 동안 발생한 사고라고 할 것이므로 면책약관이 적용된다고 볼 여지가 충분하다.

만약 면책사유 중의 하나인 '선박 탑승 중에 발생한 상해사고'라고 하더라도 예를 들어 선박에 탑승한 상태에서 식사 도중 음식이 기도에 막혀 피보험자가 '질식'으로 사망사고가 발생했다면 해당 면책약관에서 배제하려는 위험과는 관련이 없는 것이므로 선박의 탑승 중에 발생한 사고라고 하더라도 면책약관은 적용될 수 없다고 해석해야 할 것이다.99)

(2) 수술관련 면책약관

의료과실 등으로 인한 의료사고가 수술과정에서 발생하여 피보험자의 사상(死傷)을 야기한 경우에 수술관련 면책 여부가 문제된다.

(개) 2010년 4월 이전의 장기손해보험표준약관상의 해석

2010년 4월 이전까지 손해보험회사가 사용하던 장기손해보험표준약관에서는 '피보험자의 임신, 출산(제왕절개 포함), 유산 또는 외과적 수술이나 그 밖의 의료처치'를 원인으로 하여 생긴 손해를 면책사유로 규정하고 있었다. 다만 이러한 경우에 보험회사가 담보하는 상해로 인한 경우에는 보상한다고 규정하였다. 보험자가 담보하는 상해로 인한 외과적 수술이나 그 밖의 의료처치를 원인으로 생긴 손해에 대해서는 보상하지만, 보험회사가 보장하지 않는 질병을 치료하기 위해 수술을 하다가 의료사고가 난 경우에 보험회사가 면책되도록 정했던 것이다.100) 판례는 특정 질병 등을 치료하기 위한 외과적 수술 등으로 인하여 증가된 위험이 현실화되어 상해가 발생한 경우에는 면책조항이 적용되어 보험금 지급대상이 되지 않는다고 해석했다. 이때 외과적 수술 등의 과정에서 의료과실에 의하여 상해가 발생하였는지(얼마나 또는 어떻게 사고에 기여했는가) 여부는 특별한 사정이 없는 한 면책조항의 적용 여부를 결정하는 데 고려할 필요가 없다는 입장이었다.101)

---

99) 이준교, "2023년 손해보험 분쟁 관련 주요 대법원 판결 및 시사점(上)", 손해보험, 2024년 1월호, 손해보험협회, 61면-62면.
100) 조규성, "상해보험약관에서 의료과실과 의료처치 면책조항의 적용에 관한 고찰", 보험법연구 제14권 제1호, 2020, 234면.
101) 대판 2010. 8. 19, 2008다78491, 78507.

> **[대법원 2010. 8. 19. 선고 2008다78491, 78507 판결]**
>
> 〈주요 판시내용〉
>
> "외과적 수술, 그 밖의 의료처치로 인한 손해를 보상하지 아니한다. 그러나 회사가 부담하는 상해로 인한 경우에는 보상한다"는 상해보험약관 면책조항의 취지는 피보험자에 대하여 보험회사가 보상하지 아니하는 질병 등을 치료하기 위한 외과적 수술 기타 의료처치가 행하여지는 경우, 피보험자는 일상생활에서 노출된 위험에 비하여 상해가 발생할 위험이 현저히 증가하므로 그러한 위험을 처음부터 보험보호의 대상으로부터 배제하고, 다만 보험회사가 보상하는 보험사고인 상해를 치료하기 위한 외과적 수술 등으로 인한 위험에 대해서만 보험보호를 부여하려는 데 있다. 상해보험의 피보험자가 병원에서 복막암 진단을 받고 후복막강 종괴를 제거하기 위한 개복수술을 받았으나 그 과정에서 의료진의 과실로 인한 감염으로 폐렴이 발생하여 사망한 사안에서, 위 사고는 보험자가 보상하지 않는 질병인 암의 치료를 위한 개복수술로 인하여 증가된 감염의 위험이 현실화됨으로써 발생한 것이므로 그 사고 발생에 의료진의 과실이 기여하였는지 여부와 무관하게 상해보험약관상 면책조항이 적용된다.

이러한 대법원의 해석은 최근 판례에서도 반복되었다.[102]

> **[대법원 2019. 10. 31. 선고 2016다258063 판결]**
>
> 〈사실관계〉
>
> 갑 보험회사가 을을 피보험자로 하여 체결한 보험계약의 보통약관에 '회사는 피보험자가 보험기간 중에 급격하고도 우연한 외래의 사고로 신체에 상해를 입었을 때에는 그 상해로 인하여 생긴 손해를 보상한다'고 규정하면서, '피보험자의 임신, 출산(제왕절개 포함), 유산 또는 외과적 수술, 그 밖의 의료처치를 원인으로 하여 생긴 손해는 보상하지 아니한다. 그러나 회사가 부담하는 상해로 인한 경우에는 보상한다'는 면책조항을 두고 있는데, 을이 피부과의원에서 프로포폴을 투여받은 후 미용 목적의 시술인 고주파를 이용한 신경차단술에 기한 종아리근육 퇴축술을 받다가 저산소성 뇌손상을 입은 후 사망하였다.
>
> 〈주요 판시내용〉
>
> 위 면책조항의 취지는 피보험자에 대하여 보험회사가 보상하지 아니하는 질병 등을 치료하기 위한 외과적 수술 기타 의료처치(이하 '외과적 수술 등'이라고 한다)가 행하여지는 경우, 피보험자는 일상생활에서 노출된 위험에 비하여 상해가 발생할 위험이 현저히 증가하므로 그러한 위험을 처음부터 보험보호의 대상으로부터 배제하고, 다만 보험회사가 보상하는 보험사고인 상해를 치료하기 위한 외과적 수술 등으로 인한 위험에 대해서만 보험보호를 부여하려는 데 있는데, 위 시술은 갑 회사가 보상하는 보험사고인 상해를 치료하기 위한 외과적 수술 등이 아니며, 피보험자인

---

102) 대판 2019. 10. 31, 2016다258063.

을은 위 시술을 받음으로써 일상생활에서 노출된 위험에 비하여 상해가 발생할 위험이 현저히 증가하는 상태에 처하였고 그 위험이 현실로 나타남으로써 사망하기에 이르렀으므로, 이는 면책조항에 의하여 보험보호의 대상에서 배제된 상해에 해당한다.

위 판결문을 보면 보험자가 보상하지 않은 질병을 치료하기 위한 외과적 수술 등에 의한 의료사고를 담보위험배제사유로 분류하여 보험자를 면책시키겠다는 것이다. 그런데 한 가지 유의할 것은 위 사건(대판 2016다258063)은 2019년 10월에 선고된 판결이기는 하지만 2010년 4월 이전의 약관을 대상으로 한 것이었다.

(나) 2010년 이후의 질병상해보험표준약관상의 해석

장기손해보험표준약관이 삭제되고 이를 대체하여 질병상해보험표준약관이 제정되었다. 2010년 4월부터 새롭게 시행된 질병상해보험표준약관 제5조 제1항 제4호에서는 피보험자의 임신, 출산(제왕절개 포함), 산후기를 면책사유로 하되, 보험회사가 담보하는 보험금 지급사유로 인한 경우에는 보험금을 지급하도록 개정하였다. 현행 질병상해보험표준약관에서는 과거 약관에 규정되었던 '외과적 수술이나 그 밖의 의료처치' 문구가 삭제되었다. 따라서 상해보험의 수술관련 면책약관에 관한 과거 대법원 판례의 해석 방식이 2010년 4월 이후 질병상해보험표준약관에 의해 체결된 계약에서도 적용될 수 있는가의 문제가 있다. 앞에서 설명한 대로 과거에는 상해보험약관을 해석함에 있어서 보험자가 보상하지 않는 질병치료 중의 수술사고는 면책이며, 보험자가 보상하는 상해치료 중의 수술사고에 대해서는 보험자의 책임이 인정된다는 방식으로 해석하였다.103)

생각건대 2010년 4월 이후에는 이러한 경우에 모두 보상이 가능하다고 해석된다. 현행 질병상해보험표준약관은 질병과 상해를 모두 보험자의 담보범위에 포함시키고 있기 때문이다.104) 현행 질병상해보험표준약관에서는 보상범위 내의 질병과 보상범위 밖의 질병을 따로 구분하지 않은 채, 보험기간 중 진단 확정된 질병을 각종 보험금 지급사유의 대상으로 규정하고 있다. 이에 따라 보험기간 중에 피보험자가 진단 확정된 질병을 치료하기 위해 수술을 받는 것이라면 이는 보험회사가 보장하는 보험금 지급사유에 해당되는 것이다. 즉 질병 자체도 담보범위에 포함되고 그 치료를 위한 수술행위도 담보범위 내에 있으며, 특히 의료사고가 발생하여 피보험자의 사상(死傷)의 결과가 생겼다면, 이는 피보험자

---

103) 조규성, "상해보험약관에서 의료과실과 의료처치 면책조항의 적용에 관한 고찰", 보험법연구 제14권 제1호, 2020, 234면.

104) 질병상해보험표준약관 제3조는 보험금 지급사유에 대해 '보험기간 중에 상해의 직접결과로써 사망한 경우에 사망보험금을 지급하고(질병으로 인한 사망은 제외), 보험기간 중 진단 확정된 질병 또는 상해로 장해분류표에서 정한 각 장해지급률에 해당하는 장해상태가 되었을 때는 후유장해보험금을, 보험기간 중 진단 확정된 질병 또는 상해로 입원, 통원, 요양, 수술 또는 수발(간병)이 필요한 상태가 되었을 때는 입원보험금이나 간병보험금 등을 지급한다'고 규정하고 있다.

입장에서는 전혀 예기치 않은 사고로서 상해사고의 성격을 가지고 있으므로, 결국 보험회사의 보험금 지급사유에 해당된다고 해석될 수 있다. 판례 중에 순수하게 건강검진을 목적으로 행한 의료행위로 의료사고가 발생한 경우에도 면책조항의 적용대상이 아니라고 하여 보험자의 보험금 지급사유로 판시한 것이 있다.[105]

2010년 4월 이후부터 체결된 계약에서는 미용과 관련된 의료과실로 인한 사고에 대해서도 보험자의 보상책임을 인정하고 있다. 예를 들어 피부과에서 필러(filler)시술 후 실명(失明)하게 된 의료사고에 대해 상해후유장해보험금의 지급 대상이 되며, 갑상선 수술 중 저산소성 뇌손상으로 식물인간 상태가 된 의료사고에 대해서도 상해후유장해보험금이 지급될 수 있고, 부인과 수술 중 혈관손상으로 사망한 사고에 대해서도 상해사망보험금 지급이 가능하다.

[대법원 2014. 4. 30. 선고 2012다76553 판결]

〈사실관계〉

상해보험계약을 체결한 보험계약자가 건강검진 중 전신마취제인 프로포폴을 투여받고 수면내시경 검사를 받다가 호흡곤란으로 의식불명 상태에 빠져 사망한 사건에서 유족의 보험금 청구에 대해 보험자는 보험약관에 '외과적 수술, 그 밖의 의료처치를 원인으로 하여 생기는 손해는 보상하지 않는다'는 면책조항을 들어 수면내시경은 '그 밖의 의료처치'에 해당한다며 보험금 지급을 거절하였다.

〈주요 판시내용〉

이 사건은 질병을 치료하기 위한 외과적 수술에 기한 상해가 아니라 건강검진 목적으로 수면내시경 검사를 받다가 마취제로 투여된 프로포폴의 부작용으로 발생한 것이므로 면책조항이 적용되지 않는다고 해석하면서 건강검진을 위한 검사는 외과적 수술이 아니므로 보험계약자가 전신 마취 후 수면내시경 검사 중 사망했다면 상해보험계약을 맺은 보험자는 보험금을 지급할 의무가 있다고 판시하였다.

---

(3) 정신질환 면책약관

2010년 4월 이전에는 상해보험약관에서 피보험자의 정신질환을 피보험자의 고의나 피보험자의 자살과 무관하게 별도의 독립된 면책사유로 규정했다. 그 취지는 피보험자의 정신질환으로 인식능력이나 판단능력이 약화되어 상해의 위험이 현저히 증대된 경우 증대된 위험이 현실화되어 발생한 손해는 보험보호의 대상으로부터 배제하려는 데에 있었다. 그러나 2010년 표준약관 개정을 통해 현재는 상해보험에서 정신질환 면책약관은 삭제되었

---

105) 대판 2014. 4. 30, 2012다76553.

다. 다만 판례는 상해보험약관에서의 정신질환 면책약관이 고객에게 부당하게 불리하여 공정성을 잃은 조항이라고 할 수 없으므로, 유효하다고 해석하여 보험자의 면책을 인정한 바 있다.106)

(4) 무면허 · 음주운전 면책약관 등의 효력

과거 상해보험약관, 자동차보험 중 자기신체사고보험약관 또는 무보험자동차에 의한 상해약관 등에서 피보험자의 무면허 운전 및 음주운전을 보험자의 면책사유로 규정하고 있었다. 이에 대해 판례는 제732조의2를 근거로 하여 무면허운전이나 음주운전의 경우 고의는 특별한 사정이 없는 한 무면허 운전 또는 음주운전 자체에 대한 고의이지 사망이나 상해에 관한 고의가 아니며 따라서 사망 또는 상해는 과실 또는 중과실로 인한 결과라고 보아야 하기 때문에 보험자의 면책을 인정할 수 없다는 입장이었다.107) 이러한 판례를 받아들여 현재는 해당 면책약관이 아예 삭제되었다. 같은 취지에서 피보험자의 안전띠 미착용 위반행위가 있는 경우 보험금을 감액하는 안전띠 미착용 감액조항에 대해서도 판례는 사망이나 상해 결과에 대해 보험계약자 등의 고의가 있었다고 해석할 수 없으므로 해당 감액조항은 제732조의2와 제663조 위반으로서 무효라고 판시하기도 했다.108)

생각건대 무면허운전 및 음주운전 행위는 고도의 사고발생 위험성이 있고 그 행위 자체가 반사회적 범죄행위로서 법규 위반의 정도가 매우 중대하다. 현행 판례의 태도는 결과적으로 보험계약의 선의성 및 윤리성에 반하는 음주 및 무면허운전행위를 조장할 우려가 있고, 보험사고 발생의 우연성을 기본적인 개념으로 하고 있는 보험원리에 맞지 않는다. 대법원은 손해보험 일종인 책임보험에서는 이들 면책조항을 사고발생시의 상황에 초점을 맞추어 담보위험배제사유로 보는 반면에, 인보험에서는 사고의 원인과 관련하여 고의나 중과실 여부를 따지는 책임면제사유로 보고 있는데, 동일한 무면허운전 또는 음주운전 면책조항의 성질에 대해 책임보험의 경우와 인보험의 경우를 달리 보는 것은 설득력이 없다. 보험자가 인보험에서 특정사고를 처음부터 담보하지 않기로 하면서 약관에서 담보위험배제사유로 정한 것을 가지고 법원이 이를 책임면제사유로 보면서 사고의 원인과 결부시켜 해석하는 것은 타당하지 않다. 대법원 해석을 따르게 되면 피보험자의 미필적 고의가 인정되어 보험자가 면책되는 경우는 거의 없다고 판단된다. 보험원리상 상해보험이나 자기신체사고보험 등에 있어서 무면허운전, 음주운전 면책조항, 또는 안전띠 미착용 감액조항 등은 그 유효성을 인정함이 타당할 것이다. 현행 보험약관에서 피보험자에게 아무

---

106) 대판 2015. 6. 23, 2015다5378; 대판 2015. 9. 24, 2015다217546; 대판 2015. 10. 15, 2015다34956, 34963; 유주선, 전게논문, 104-109면.
107) 대판 1990. 5. 2. 5, 89다카17591(전원합의체); 대판 1999. 2. 12, 98다26910.
108) 대판 2014. 9. 4, 2012다204808.

런 귀책사유가 없는 피보험자의 기왕증 등에 대해 보험금 감액을 인정하면서도[109], 피보험자의 귀책사유를 명백히 인정할 수 있는 법 위반행위에 대해서는 보험금을 전혀 감액할 수 없다고 해석하는 것은 형평에 맞지 않다.[110]

상해보험, 자기신체사고보험 또는 무보험자동차에 의한 사고에 있어서 제732조의2에 따라 보험계약자, 피보험자 또는 보험수익자의 중과실로 인한 사고에 대한 보험자의 책임을 원칙적으로 인정하되, 단서조항을 신설하여 '반사회성 및 고도의 위험성이 있는 행위 중 대통령령으로 정하는 행위의 경우에는 당사자 간에 다르게 약정할 수 있다'라는 문구를 추가하고, 무면허운전 또는 음주운전을 대통령령으로 반사회성 및 고도의 위험성이 있는 행위로 분류함으로써 음주운전 등에 대해 보험자의 면책이 가능하도록 법조문 개정이 필요하다.

---

109) 대판 2013. 10. 11, 2012다25890.
110) 同旨: 한기정, 830면.

I. 질병보험의 의의와 성질

질병보험계약이란 피보험자의 질병에 관한 보험사고가 발생할 경우 보험자가 보험금이나 그 밖의 급여를 지급할 책임을 부담하고 그 대가로 보험계약자는 보험료를 지급할 것을 약정하는 보험계약을 말한다. 피보험자의 신체 내부적 원인에 의한 질병의 발생 결과 입원을 하거나 수술을 하는 것과 같이 사람의 신체에 발생하는 사고를 보험사고로 한다. 상해보험은 보험사고(상해)의 중요한 요건인 외래성이 피보험자의 질병이나 체질적 요인 등에 기인하지 않고 외부의 우연한 돌발적인 사고로 인해 신체에 손상이 발생해야 한다는 점에서 질병보험과 구별된다.[1] 보험업법 제4조는 질병보험을 제3보험업으로 분류하여 생명보험회사와 손해보험회사가 모두 영위할 수 있게 하였다. 질병보험은 보험목적이 사람의 신체이고 보험사고는 질병으로서 인보험의 일종이다. 따라서 그 성질에 반하지 않는 한 생명보험 및 상해보험에 관한 규정을 준용한다. 질병보험의 보험자는 제737조에 따라 보험금이나 그 밖의 급여를 지급할 책임을 부담하므로 보험금의 지급 방식은 정액방식과 비정액방식 모두 가능하다. 치료비 등 실손보상적 보험금을 지급하는 부정액 보상방식의 질병보험은 손해보험형 질병보험으로서 손해보험의 성질을 가진다고 해석된다.

[대법원 2014. 4. 10. 선고 2013다18929 판결]

〈주요 판시내용〉

상해보험에서 담보되는 위험으로서 상해란 외부로부터의 우연한 돌발적인 사고로 인한 신체의 손상을 뜻하므로, 그 사고의 원인이 피보험자의 신체의 외부로부터 작용하는 것을 말하고, 신체의 질병 등과 같은 내부적 원인에 기한 것은 상해보험에서 제외되고 질병보험 등의 대상이 된다. 甲이 乙 보험회사와 체결한 보험계약의 질병사망 특별약관에서 '보험기간 중에 발생한 질병으로 인하여 보험기간 중에 사망한 경우 질병사망보험금을 지급한다'고 정하였는데, 甲이 지속적으로 정

---

1) 대판 2001. 8. 21, 2001다27579.

신과치료 등을 받던 중 목을 매 경부압박질식을 직접 사인으로 사망한 사안에서, 甲의 사망을 위 특별약관이 보장하는 보험사고로 볼 수 없다.

Ⅱ. 보험법 조문

생명보험사와 손해보험사 모두 영위할 수 있는 제3보험 중의 하나인 질병보험에 관해 그 동안 상법 보험편에서 아무런 조문을 가지지 않았는데, 2015년 개정 보험법은 상해보험절에서 질병보험에 관하여 다음과 같이 두 개의 조문을 마련하였다. 그런데 질병보험에 관한 조문이 신설되었다고는 하지만 조문의 내용이 구체적인 법률관계에 대한 규정이 아니고 추상적으로 원칙만을 정하고 있을 뿐이다. 제739조의2에서 "질병보험계약의 보험자는 피보험자의 질병에 관한 보험사고가 발생할 경우 보험금이나 그 밖의 급여를 지급할 책임이 있다"고 정함으로써 질병보험자의 책임을 규정하고 있고, 제739조의3에서는 "질병보험에 관하여는 그 성질에 반하지 아니하는 범위에서 생명보험 및 상해보험에 관한 규정을 준용한다"고 규정하고 있다. 질병보험계약에 관한 구체적 내용은 실무상 약관에서 상세히 규정하고 있다.

보험법 개정안 논의 과정에서는 질병보험의 특유한 면책사유에 대해서 조문을 준비한 바 있다. 질병보험 특유의 면책사유로서 '고의에 의한 질병의 악화'라는 표제 하에 "피보험자가 질병을 악화시켜 보험금을 취득할 목적으로 통상적으로 받아야 할 치료를 받지 아니하여 질병이 악화된 경우 보험자는 그로 인하여 악화된 부분에 대하여는 보험금을 지급할 책임이 없다"는 내용의 조문을 마련하였다. 그런데 조문의 내용 중 "통상적으로 받아야 할 치료를 받지 아니하여 질병이 악화된 경우"에 대한 해석과 그 입증에 있어서 객관적인 기준이 마련되지 않아 계약 당사자 간에 적지 않은 분쟁이 야기될 것으로 예상되어 국회 심사과정에서 삭제되었다. 향후 논의가 필요한 부분이다.

최근 들어 다양한 의료서비스의 제공과 본인의료비 부담의 증가 등으로 인해 공보험인 건강보험을 보완할 목적으로 민영보험사는 여러 형태의 질병보험 상품을 개발·판매하고 있고 그 시장규모는 계속 증가하고 있다. 동시에 이에 관한 보험회사와 소비자 간의 분쟁도 지속적으로 늘고 있다. 우리사회에서 질병보험이 차지하는 비중이나 분쟁발생의 현황 등을 고려할 때 질병보험에 있어서 보다 상세한 입법이 요구된다.

Ⅲ. 실손의료보험과 비급여 진료

1. 쟁점 사항

국민건강보험제도 하에서 비급여 의료비는 건강보험급여를 받지 못하며, 급여 의료비에 대해서는 가입자인 국민이 일정범위의 자기부담금을 지출하도록 하고 있다.[2] 이와 같이 공보험인 국민건강보험이 담보하지 못하는 부분의 의료비를 보상하고자 만들어진 보험상품이 실손의료보험이다.[3] 그런데 실손의료보험은 태생적으로 악용될 소지가 있다. 비급여 진료비는 표준화가 거의 이루어지지 않았기 때문에 비급여 진료행위의 값을 의료기관이 임의로 책정하고 있고, 의료기관은 실손의료보험에 가입한 환자에게 비급여 치료를 실시한 후 의료기관에 의료비를 지급한 환자는 보험자에게 보험금을 청구하는 구조가 형성되었다. 도수치료, 증식주사 등 비급여 의료비는 비상식적으로 팽창하면서 의료비 뿐만 아니라 필수의료분야의 쇠퇴와 공백 등 여러 심각한 부작용을 만들어 내고 있다. 백내장, 갑상선 결절, 티눈 치료 등과 관련된 의료기관과 환자들의 심각한 도덕적 해이가 사회적으로 빈번하게 문제가 되기도 했다. 실손의료보험에서는 약관에서 보상범위로 정하고 있는 '피보험자가 부담하는 비용'의 문구 의미, (법정)비급여 진료의 남용, 건강보험심사평가원 산하 신의료기술평가위원회로부터 안전성과 효능에 대한 승인을 얻지 못한 (임의)비급여 진료행위의 효력 문제[4] 및 보험금청구, (법정)비급여 표준화 작업 등이 쟁점이 되고 있다.[5] 실손의료보험의 보장범위에 대한 개혁이 요구된다.

---

2) 요양급여기준은 법규명령으로서 강행규정의 성질을 갖는다는 것이 법원의 입장이다. 대판 2001. 7. 13, 99두12267.

3) 박성원, "위험분담제에 따른 약제비용 환급금에 대한 실손의료보험에서의 보상에 관한 법적 문제점―대법원 2024. 7. 11. 선고 2024다223949 판결에 대한 검토―", 제111회 보험판례연구회 발표문, 2면 및 16면-17면, 2024. 11. 25, 한국보험법학회.

4) 대판 2016. 3. 24, 2014두779 "요양기관이 국민건강보험의 틀 밖에서 임의로 비급여 진료행위를 하고 그 비용을 가입자 등으로부터 지급받은 경우라도, ① 그 진료행위 당시 시행되는 관계 법령상 이를 국민건강보험 틀 내의 요양급여대상 또는 비급여대상을 편입시키거나 관련 요양급여비용을 합리적으로 조정할 수 있는 등의 절차가 마련되어 있지 아니한 상황에서, 또는 그 절차가 마련되어 있다 하더라도 비급여 진료행위의 내용 및 시급성과 함께 그 절차의 내용과 이에 소요되는 기간, 그 절차의 진행 과정 등 구체적 사정을 고려해 볼 때 이를 회피하였다고 보기 어려운 상황에서, ② 그 진료행위가 의학적 안전성과 유효성뿐 아니라 요양급여 인정 기준 등을 벗어나 진료하여야 할 의학적 필요성을 갖추었고, ③ 가입자 등에게 미리 그 내용과 비용을 충분히 설명하여 본인 부담으로 진료받는 데 대하여 동의를 받았다면, 이러한 경우까지 구 국민건강보험법 제52조 제1항, 제4항과 제85조 제1항 제1호, 제2항에서 규정한 '사위 기타 부당한 방법으로 가입자 등으로부터 요양급여비용을 받거나 가입자 등에게 이를 부담하게 한 때'에 해당한다고 볼 수는 없다. 다만 요양기관이 임의로 비급여 진료행위를 하고 그 비용을 가입자 등으로부터 지급받더라도 그것을 부당하다고 볼 수 없는 사정은 이를 주장하는 측인 요양기관이 증명하여야 한다."

5) 박세민, "국민건강보험법상 임의비급여 진료비 부당이득반환채권에 대한 보험회사의 채권자대위 가능성-트리암시놀론 주사사건과 맘모톰 절제술 사건을 중심으로-', 보험법연구 제17권 제2호, 2023, 한국보

2. 임의비급여 진료행위와 보험자의 채권자대위권 행사

실손의료보험을 체결한 피보험자(환자)가 의료기관으로부터 진료를 받은 후 진료비를 지급했고 실손의료보험금을 청구했다. 실손의료보험자는 해당 진료행위가 임의비급여에 해당한다는 사실을 확인하지 못한 상태에서 피보험자에게 실손보험금을 지급하였다. 임의비급여는 실손의료보험에서 담보하지 않는다. 그 후 실손의료보험자는 해당 진료행위가 「국민건강보험 요양급여의 기준에 관한 규칙」 제9조 〔별표 2〕에 규정된 비급여대상에 해당하지 않는 임의비급여 진료행위이기 때문에 환자와의 진료계약은 무효이며 따라서 피보험자들이 수령한 보험금은 법률상 원인 없이 지급된 것이라고 주장하였다.

실손의료보험자는 피보험자들에 대한 보험금 상당의 부당이득반환채권을 피보전채권으로 하고 환자가 의료기관에 대해 가지는 진료비 부당이득반환채권을 피대위채권으로 하여 의료기관을 상대로 진료비 부당이득 반환을 구하는 채권자대위소송을 제기하였다. 소송의 주된 이슈는 채권자인 실손의료보험자가 채무자인 피보험자가 가지는 의료기관에 대하여 가지는 진료비반환채권을 대위행사하지 않을 경우 자기채권의 완전한 만족을 얻지 못할 위험이 있는지, 즉 '보전의 필요성'이 있는가에 대한 판단 문제였다. 보전의 필요성은 피보전채권이 금전채권인 경우에 채권자대위권 행사를 위해서는 채무자의 무자력이 요구된다는 것이 기존 대법원의 입장[6]이고, 피대위채권과 피보전채권 사이에 특별관 관련성이 있는 경우에는 예외적으로 무자력 요건이 면제되기도 하는데 본 사건에서 무자력 요건이 면제될 수 있는지가 쟁점 사항이었다.

대법원 전원합의체에서 다수의견은 보험자가 피보험자들의 자력 유무에 관해 아무런 주장과 증명을 하지 않아 보전의 필요성을 인정할 수 없다고 하면서 실손의료 보험금 반환채권과 진료비 반환채권 사이에 사실상 관련성이 있기는 하나 무자력 요건을 면제해야 할 정도의 밀접한 관련성이 있다고 보기는 어렵고, 채무자의 권리를 대위행사하지 않은 경우 자기채권의 완전한 만족을 얻지 못하게 될 위험이 있다고 보기 어려우며, 보험회사의 채권자대위권 행사가 채무자인 피보험자의 자유로운 재산관리행위에 대한 부당한 간섭이 된다고 판단하면서 보전의 필요성이 인정되지 않아 채권자대위는 허용될 수 없다고 판단하였다.[7] 한편 피보험자가 병원에 대한 부당이득반환채권을 보험자에게 양도한 것은 채

험법학회, 333면; 이현복/정홍주, "실손의료보험 보장범위 축소에 따른 가입자 의료이용 변화에 관한 연구", 보험학회지 제106집, 2016, 한국보험학회, 69면; 김형진, "실손의료보험에서 백내장 수술 진료비의 보상책임에 관한 판례 평석―서울고등법원 2022. 1. 20. 선고 2021나2013354 판결을 중심으로―", 보험법연구 제16권 제2호, 2022, 한국보험법학회, 143면.

6) 대판 1963. 4. 25, 63다122 등 다수

7) 대판 2022. 8. 25, 2019다229202. 황현아, "2022년 보험관련 중요 판례 분석 (1)", KiRi 보험법리뷰 포커스, 2022. 12. 보험연구원, 9면; 이준교, "2022년 생명보험 분쟁 관련 주요 대법원 판결 및 시사점", 생명보험, 2023년 2월호, 24-26면.

권양도 경위와 방식, 소제기까지의 시간적 간격, 양도인과 양수인간의 신분관계 등 제반 상황에 비추어 채권양도가 소송행위를 하게 하는 것을 주된 목적으로 이루어진 경우에 해당하므로[8] 소송신탁에 해당하여 무효라고 판단했다.[9] 또한 병원의 임의비급여 진료행위와 실손의료보험자의 손해사이에 상당인과관계를 인정할 수 없으므로 병원의 불법행위에 기한 보험자의 손해배상청구를 받아들이지 않았다.

그러나 하급심[10]은 채무자가 무자력 상태가 아니더라도 채권자대위권 행사가 가능할 수 있는 조건이 충족되었다고 판단하면서 채무자의 무자력 요건을 엄격히 적용할 필요는 없고 보험회사는 피보험자의 권리를 대위하여 행사할 수 있다고 판시했다. 이에 따라 의료기관은 보험회사에게 부당이득금을 지급할 의무가 있다고 판단했다. 사실관계를 살펴볼 때 보전의 필요성이 충분하다고 보이므로 하급심 판결에 동의한다.

---

8) 대판 2018. 10. 25, 2017다227103.
9) 대판 2023. 2. 23, 2021다304045; 대판 2022. 8. 25, 2019다229202.
10) 대전지방법원 2018. 5. 17, 2015가단210771; 대전지방법원 2019. 4. 4, 2018나107877.

판례색인

사항색인

저자약력

박 세 민

고려대학교 법과대학 졸업
영국 University of London, London School of Economics 졸업(법학석사)
영국 University of Bristol, College of Law 졸업(보험법 박사)
미국 Univ. of California, Berkeley Law School, Visiting Professor
미국 Univ. of North Carolina(Chapel Hill) Law School, Visiting Professor
한국보험법학회 회장(2025-)
상법 보험편 개정위원(법무부)
금융감독자문위원회 보험분과위원장(금융감독원)
금융분쟁조정위원회 전문위원(금융감독원)
보험상품위원회 제3보험위원(금융위원회)
생명/손해보험협회 신상품심의위원
알리안츠 생명(현 ABL 생명) 사외이사(2016)
삼성화재 사외이사 겸 감사위원(2017-2023)
폭스바겐 파이낸셜서비스 코리아 사외이사 겸 감사위원(2024)
DB손해보험 사외이사 겸 감사위원(2025-)

고려대학교 자유전공학부장
고려대학교 법학전문대학원 교수(상법/보험법)

주요저서

「보험법」(2025, 2023, 2021, 2019, 2017, 2015, 2013, 2011)
「Insurance Law on South Korea」 Kluwer Publishing Co.(E.U.) 2015
「주석 상법(보험법)」 제2판(공저) 2015
「자동차보험법의 이론과 실무」 2007
「영국보험법과 고지의무」 2004(학술원 선정 우수사회과학도서)
「The Duty of Disclosure in Insurance Contract Law」 Dartmouth Publishing Co.(U.K.) 1997

제 8 판
보 험 법

초판발행   2011년 7월 20일
제 8 판발행   2025년 5월 10일

지은이   박세민
펴낸이   안종만·안상준

편 집   김선민
기획/마케팅   조성호
표지디자인   이수빈
제 작   고철민·김원표

펴낸곳   (주)**박영사**
            서울특별시 금천구 가산디지털2로 53, 210호(가산동, 한라시그마밸리)
            등록 1959. 3. 11. 제300-1959-1호(倫)

전 화   02)733-6771
f a x   02)736-4818
e-mail   pys@pybook.co.kr
homepage   www.pybook.co.kr
ISBN   979-11-303-4965-7   93360

정 가   60,000원